Bonefeld / Daragan / Wachter
Der Fachanwalt für Erbrecht

Bonefeld / Daragan / Wachter

Der Fachanwalt für Erbrecht

Herausgegeben von

Rechtsanwalt, FAErbR und FAFamR Dr. Michael Bonefeld, München

Rechtsanwalt und FAStR Dr. Hanspeter Daragan, Bremen

Notar Thomas Wachter, Osterhofen

zerb verlag

Hinweis:
Die Formulierungsbeispiele in diesem Buch wurden mit Sorgfalt und nach bestem Wissen erstellt, sie stellen jedoch lediglich Anregungen für die Lösung typischer Fallgestaltungen dar. Autoren und Verlag übernehmen keine Haftung für die Richtigkeit und Vollständigkeit der in dem Buch enthaltenen Ausführungen und Formulierungsmuster.

Die Deutsche Bibliothek – CIP Einheitsaufnahme

Bonefeld / Daragan / Wachter
Der Fachanwalt für Erbrecht
zerb verlag, Angelbachtal 2006
ISBN 3-935079-34-6

zerb verlag GmbH
Am Reitersberg 16
74918 Angelbachtal

© 2006 by zerb verlag

Das Werk einschließlich aller seiner Teile ist urheberrechtlich geschützt. Jede Verwertung, die nicht ausdrücklich vom Urheberrechtsgesetz zugelassen ist, bedarf der vorherigen Zustimmung des Verlages. Das gilt insbesondere für Vervielfältigungen, Bearbeitungen, Übersetzungen, Mikroverfilmungen sowie Einspeicherung und Verarbeitung in elektronischen Systeme.

Satz: Cicero Computer GmbH, Bonn
Druck: Druckhaus Nomos, Sinzheim

Vorwort

Seit Juli 2005 gibt es ihn nun endlich, den Fachanwalt für Erbrecht. Das vorliegende Handbuch richtet sich sowohl an die Rechtsanwälte, die bereits die Bezeichnung „Fachanwalt für Erbrecht" führen dürfen, als auch an die Kollegen, die sich auf den Fachanwaltskurs vorbereiten. Dabei ist das Buch an der Praxis ausgerichtet und dient damit gleichermaßen als Nachschlagewerk als auch als Vademecum für die tägliche Praxis.

Auch wenn die Fachanwaltsordnung in § 14 f FAO die entsprechend nachzuweisenden Kenntnisse des Erbrechts aufzählt, wollten wir nicht nur diese Vorgaben erfüllen, sondern auch die darüber hinaus für die tägliche Praxis relevanten Themen umfassend abdecken.

Für die Vorbereitung auf den Fachanwaltslehrgang finden sich zudem fünf Klausuren mit ausführlichen Lösungshinweisen im Anhang. Ergänzend hierzu dient auch das Kapitel, welches sich mit der richtigen Antragstellung für die Führung der Bezeichnung „Fachanwalt für Erbrecht" und Fragen der FAO befasst.

Die Formulierungshinweise in diesem Buch stellen lediglich Anregungen für die Lösung typischer Fallgestaltungen dar. Eine Haftung für die Richtigkeit und Vollständigkeit der enthaltenen Ausführungen und Formulierungsbeispiele können wir daher nicht übernehmen.

Wir hoffen, dass die Leser für ihre Tätigkeit als Fachanwälte im Erbrecht Nutzen aus diesem Buch ziehen können. Für Anregungen und Kritik sind wir jederzeit dankbar.

München/Bremen/Osterhofen

Im November 2005

Dr. Michael Bonefeld   Dr. Hanspeter Daragan   Thomas Wachter

Autoren

Rechtsanwalt Michael Baczko, Erlangen

Rechtsanwalt und FAErbR Dr. Herbert Bartsch, Mainz

Rechtsanwältin Susanne Bittler, Mannheim

Rechtsanwalt und FAErbR und FAFamR Dr. Michael Bonefeld, München

Rechtsanwalt und FAStR Dr. Hanspeter Daragan, Bremen

Rechtsanwalt und FAErbR Florian Enzensberger, Weilheim

Rechtsanwältin und FAinErbR Birgit Eulberg, Augsburg

Rechtsanwalt Dr. Ernst Martin Feick, Mannheim

Rechtsanwältin Nina Lenz, Schwetzingen

Rechtsanwalt Thomas Littig, Würzburg

Rechtsanwalt Dr. Malte Masloff, Hamburg

Rechtsanwalt Thomas Maulbetsch, Fürth/Odenwald

Rechtsanwalt Dr. Gebhard Mehrle, Stuttgart

Rechtsanwalt Eike Mittenzwei, Osnabrück

Rechtsanwalt und FAErbR Michael Ott-Eulberg, Augsburg

Rechtsanwalt Michael Ramstetter, Mannheim

Rechtsanwalt und FAStR Dr. Andreas Richter M.A. LL.M., Berlin

Rechtsanwalt und FAStR und Steuerberater Dr. Christopher Riedel, Düsseldorf

Rechtsanwalt und FAErbR Stephan Rißmann, Berlin

Rechtsanwalt und FAErbR Wolfgang Roth, Obrigheim

Rechtsanwalt und FAErbR Dr. Stephan Scherer, Mannheim

Rechtsanwalt und FAStR Dr. Bernd Schmalenbach, Sindelfingen

Rechtsanwalt Dr. Rembert Süß, Estenfeld

Rechtsanwalt Elmar Uricher, Konstanz

Notar Thomas Wachter, Osterhofen (Bayern)

Inhaltsübersicht

1.	Annahme und Führung des Mandates in Erbsachen	1
2.	Kosten in Erbsachen	32
3.	Rund um die Beerdigung	81
4.	Ausschlagung und Anfechtung	140
5.	Gesetzliche und gewillkürte Erbfolge	151
6.	Alleinerbe	202
7.	Immobilienbewertung	220
8.	Vor- und Nacherbe	235
9.	Erbengemeinschaft	284
10.	Vermächtnisrecht	386
11.	Mandat im Pflichtteilsrecht	463
12.	Nachlasspflegschaft und Nachlassverwaltung	567
13.	Nachlassinsolvenzverfahren	646
14.	Einstweiliger Rechtsschutz im Erbrecht	667
15.	Erbscheinsverfahren	681
16.	Ansprüche des Vertragserben	724
17.	Testamentsvollstreckung	753
18.	Unternehmertestament – Schnittstellen zwischen Erb- und Gesellschaftsrecht –	878
19.	Ausgewählte Schnittstellen zwischen Familien- und Erbrecht	970
20.	Sozialhilferegress	1026
21.	Testamentsgestaltung	1087
22.	Verzichtsverträge	1162
23.	Vorweggenommene Erbfolge	1184
24.	Stiftungsrecht	1245
25.	Steuerrechtliche Bezüge im Erbrecht	1308
26.	Internationales Privatrecht im Erbrecht	1411
27.	Privatrechtliche Vorsorgeregelung	1464
28.	Patientenverfügung	1475

Anhang
    Klausur: Pflichtteilsrecht 1486
    Klausur: Testament und Testamentsgestaltung 1497
    Klausur: Einstweiliger Rechtsschutz 1505
    Klausur: Internationales Privatrecht 1511
    Klausurfragen: Testamentsvollstreckung 1518
    Fachanwalt für Erbrecht – Die richtige Antragstellung 1523

Stichwortverzeichnis 1535
Literaturverzeichnis 1585

1. Kapitel
Annahme und Führung des Mandates in Erbsachen

Übersicht:

	S.		S.
A. Allgemeines	1	IV. Tätigkeitsverbote und Mehrheit von Mandanten/Interessenkollision	23
B. Erstkontakt und Terminsvereinbarung	2	1. Tätigkeitsverbot nach § 45 BRAO	23
C. Mandantengespräch und Mandatsannahme	4	2. Typische Fallkonstellationen zur Interessenkollision	23
I. Sachverhaltsaufnahme	4	a) Beauftragung eines Rechtsanwaltes durch eine Erbengemeinschaft	23
1. Personen und Verwandtschaftsverhältnisse/Güterstände	6	b) Vertretung mehrerer Pflichtteilsberechtigter	24
a) Personen und Verwandtschaftsverhältnisse	6	c) Beratung von Ehegatten bei der Gestaltung eines gemeinschaftlichen Testaments bzw. Ehegattenerbvertrages	24
b) Güterstände und Informationen zur Ehe	7	d) Beratung der Parteien eines Übergabevertrages	25
2. Erfassen des Vermögens bzw. des Nachlasses	8	V. Mandantenschreiben/Mandatsbestätigung:	25
a) Aktueller Vermögens- bzw. Nachlassbestand	8	D. Besonderheiten bei vermögensverwaltenden Tätigkeiten im Erbrecht	27
b) Fiktives Vermögen/fiktiver Nachlass, Vorempfänge	10	I. Allgemeines	27
3. Ermittlungen zu testamentarischen Verfügungen	11	II. Einzelne Tätigkeiten	27
4. Stand des Nachlassverfahrens	11	1. Annahme des Amtes des Testamentsvollstreckers	27
II. Klären der Mandatsvergütung	12	2. Annahme der Bestellung zum Nachlasspfleger	29
1. Vergütung nach dem RVG	12	3. Annahme der Bestellung zum Nachlassverwalter	30
2. Vergütungsvereinbarung	13		
a) Pauschalvergütung	14		
b) Zeitvergütung	16		
c) Zeitvergütung mit Mindestpauschalvergütung	17		
d) Gegenstandswertvereinbarung	19		
III. Vereinbarungen zur Haftungsbeschränkung	20		

A. Allgemeines

Das erbrechtliche Mandat unterscheidet sich in vielerlei Hinsicht von der Mehrzahl der sonst üblicherweise einem Rechtsanwalt zur Bearbeitung übertragenen Mandate.

Das erbrechtliche Mandat ist nämlich in der Mehrheit der Fälle dadurch gekennzeichnet, dass nicht nur ein einzelner eng eingegrenzter Lebenssachverhalt, wie z.B. eine Forderung, ein Verkehrsunfall oder ein vertraglicher Anspruch im Streit steht. Vielmehr ist Grundlage der anwaltlichen Tätigkeit die **Regelung eines gesamten Vermögens** bzw. Ansprüche an einem über Jahre hinweg gebildeten Vermögen bzw. Nachlass. Bereits hieraus deutet sich an, dass die Bearbeitung der erbrechtlichen Mandate sowohl hinsichtlich des Umfangs der Sachverhalte, einschließlich der Fülle der rechtlich relevanten Informationen, als auch im Hinblick auf die Arbeitsintensität und den Streitwert, einschließlich damit verbundener Haftungsgefahren und des Gebührenvolumens, eine Sonderstellung i.R.d. anwaltlichen Mandate einnehmen. Hinzu kommt die für diesen rechtlichen Bereich einschlägige hohe Anzahl an rechtlichen Vorschriften einschließlich der Berührungspunkte zu Rechtsgebieten wie dem Familien- und Gesellschaftsrecht sowie zum Steuerrecht.

Nicht vergessen werden darf hierbei auch die besondere **Vertrauensstellung**, die der Rechtsanwalt im Rahmen eines erbrechtlichen Mandates aus der Sicht des beauftragenden Mandanten einnimmt. Insbesondere in Fällen der Testamentsgestaltung offenbart der Mandant gegenüber dem Rechtsanwalt seine gesamte Vermögenssituation einschließlich seiner Familienverhältnisse, erst recht wenn diese durch Differenzen oder aus sonstigen Gründen streng vertraulich sind. Auch derjenige, der als Erbe, Pflichtteilsberechtigter oder sonstiger Anspruchsinhaber einen Rechtsanwalt mit seiner Beratung oder auch Vertretung beauftragt, wird häufig sensible Informationen zur Familien- und Vermögenssituation mitteilen müssen.

Die Annahme und Führung eines erbrechtlichen Mandates setzt daher neben einem fundierten Rechtswissen der erbrechtlich relevanten Vorschriften ein hohes Maß an vertrauenswürdiger und verantwortungsvoller Mandatsbearbeitung durch den Rechtsanwalt voraus. Dabei ist bereits bei Annahme des Mandates der Grundstein für eine im Interesse des Mandanten liegende Bearbeitung zu legen und die einmal geschaffenen Voraussetzungen und Grundlagen während der gesamten Führung des Mandates zu beachten.

B. Erstkontakt und Terminsvereinbarung

2 Ausgehend von den regelmäßigen Organisationsabläufen innerhalb einer Rechtsanwaltskanzlei – bzw. dem regelmäßigen Zustandekommen eines ersten Kontaktes zwischen Mandant und Rechtsanwalt – kommt es in den meisten Fällen zur Beauftragung des Rechtsanwaltes aufgrund eines zunächst vom Mandanten vereinbarten Besprechungstermins.

Hierzu wird sich i.d.R. der „potentielle" Mandant vorab telefonisch mit der Rechtsanwaltskanzlei in Verbindung setzen und einen Termin mit dem Rechtsanwalt vereinbaren. Normalerweise trifft hierbei der „potentielle" Mandant bei seinem **Telefonanruf** auf Mitarbeiter des Rechtsanwalts, die möglicherweise ohne vorherige Rücksprache mit dem Rechtsanwalt zur Vereinbarung von Besprechungsterminen berechtigt sind. Nicht nur in erbrechtlichen Mandaten ist es dabei der Eignung und Schulung der in der Rechtsanwaltskanzlei eingesetzten **Mitarbeiter** zuzuschreiben, wenn bereits im Rahmen dieses ersten telefonischen Kontaktes Informationen zum Inhalt der möglichen Beauftragung sowie auch Dringlichkeit einer Terminsvereinbarung abgefragt werden können. Gerade im Bereich der erbrechtlichen Mandate ist in die eingesetzten Mitarbeiter ein hohes Maß an Verantwortungsbewusstsein zu setzen. Die Mitarbeiter sollten also erkennen können, inwieweit u.U. die Notwendigkeit besteht, sofort einen Gesprächskontakt zum Rechtanwalt herzustellen oder zumindest einen umgehenden Rückruf zu gewährleisten.

3 Aus verschiedenen Gründen ist dabei gerade bei erbrechtlichen Mandaten zwingend anzuraten, dass bereits **vor einem ersten Besprechungstermin** der Rechtsanwalt sich hinsichtlich des Inhaltes des möglichen zukünftigen Mandates **erste Kenntnisse verschafft**, um letztlich auch gerade in Fällen einer weitläufigeren Terminsvereinbarung vorab schon feststellen zu können, inwieweit im betreffenden Mandat der Ablauf irgendwelcher Fristen droht. Etwaige dahingehend bereits vor Mandatsannahme eintretende, bzw. bei rechtzeitiger Mandatsannahme vermeidbare Fristabläufe stellen Ver-

säumnisse dar, die zu einer **Haftung** nach den Grundsätzen der seit 1.1.2002 in § 311 Abs. 2 BGB geregelten c.i.c. führen.[1]

Denkbar sind hier insbesondere **Fristabläufe** in Mandatsfällen, in denen ein Erbfall bereits vorliegt, also z.B. bei

- Ablauf der Ausschlagungsfrist von sechs Wochen nach § 1944 Abs. 1 BGB
- Ablauf von Anfechtungsfristen, wie z.B. nach § 1954 BGB (Anfechtung der Annahme oder Ausschlagung), § 2082 BGB (Anfechtung von Testamenten)
- Verjährung von Pflichtteilsansprüchen nach § 2332 BGB

Aber auch außerhalb der Frage der vorvertraglichen Haftung ist es wohl zweckmäßig, dass sich der Rechtsanwalt **vor** dem **ersten Besprechungstermin** über den möglichen Inhalt – und über ausstehende Rechtsfragen – des zukünftigen Mandates informiert bzw. ein erstes Vorgespräch mit dem Mandanten führt. So kann bereits anlässlich dieses ersten Gespräches der Mandant darauf hingewiesen werden, welche **Unterlagen** und Informationen bestenfalls für den ersten Besprechungstermin benötigt werden. Hierdurch wird ggf. bereits eine gezielte Fragestellung zur Ermittlung des Sachverhaltes anlässlich des ersten Besprechungstermins möglich, was nicht zuletzt gerade in nicht typisch gelagerten Fällen dem Rechtsanwalt größere Sicherheit verleiht und darüber hinaus auch das Vertrauen des Mandanten in die fachliche Eignung des Rechtsanwaltes fördert; schließlich werden gar zusätzlich Termine vermieden.

> *Beispiele für mögliche zur Vorbereitung veranlassende Sachverhalte sind:*
> *(a) Sachverhalt vor dem Erbfall:*
> - *Testamentsgestaltung bei besonderen Familienverhältnissen (nichteheliche Kinder, behinderte Abkömmlinge, überschuldete Abkömmlinge etc.)*
> - *Übertragungen im Wege der vorweggenommenen Erbfolge mit Versorgungsrechten (steuerrechtliche Gesichtspunkte, Sozialhilferegresssituation)*
>
> *(b) Nach dem Erbfall*
> - *Maßnahmen zur Nachlasssicherung (Nachlasspflegschaft)*
> - *Haftungsbeschränkungsmöglichkeiten (Nachlassverwaltung, Nachlassinsolvenz etc.)*
> - *Testamentsanfechtung (Testierunfähigkeit etc.)*
> - *Nachlässe mit Testamentsvollstreckung (Auskunftsansprüche, Auseinandersetzungsplan, Haftung und Entlassung des Testamentsvollstreckers etc.)*
> - *Erbauseinandersetzung bei ausgleichungspflichtigen Vorempfängen nach §§ 2050 ff. BGB*
> - *Ausgleichungspflicht bei besonderen Leistungen nach § 2057a BGB. Pflichtteilsansprüche nach §§ 2303 ff. BGB (Zusatzpflichtteil, Beschränkungen und Beschwerungen, Anrechnungsbestimmungen, Pflichtteilsergänzung etc.)*

Nicht zuletzt dient ggf. der erste Kontakt vor dem eigentlichen ersten Besprechungstermin, erste Fragen zur mit der Beauftragung anfallenden **Vergütung** anzusprechen. Soweit sich der „potentielle" Mandant bereits durch eine Rückfrage bei seiner – soweit vorhandenen – Rechtsschutzversicherung informiert hat, wird er regelmäßig von dort über die von der Rechtsschutzversicherung zu erstattende Vergütung für Beratungstätigkeiten erfahren haben. In vielen Fällen beschränken die Rechtsschutzversicherungs-

---

[1] Palandt/*Heinrichs*, § 280 Rn. 76 BGB.

gesellschaften eine Gebührenzusage **für ein erstes Beratungsgespräch** nach **VV-RVG Nr. 2102**, also auf einen Betrag i.H.v. 190,00 € (netto).

8   Aber auch der nicht vorinformierte, „potentielle" Mandant ist unsicher, welche Kosten mit der anwaltlichen Beauftragung verbunden sind. Sicherlich können in einem ersten Gespräch hierzu von einem verantwortungsvoll handelnden Rechtsanwalt keine gesicherten Angaben gemacht werden, allerdings besteht wohl in jedem Fall die Möglichkeit, dem Mandanten dahingehend eine verbindliche Auskunft zur Vergütung zu geben, als ihm versichert werden kann, dass eine Vergütung für ein erstes Beratungsgespräch, sollte darüber hinaus keine weitere Beratung oder Vertretung gewünscht werden, maximal mit einem Betrag i.H.v. 190,00 € (netto) zzgl. Mehrwertsteuer, bzw. zzgl. Auslagen und Mehrwertsteuer, beträgt. Soweit bereits absehbar ist, dass das Mandat den Umfang eines ersten Beratungsgespräches überschreiten wird, können ferner kurze **Hinweise zur Abrechnung der Vergütung** auf der Grundlage des Rechtsanwaltsvergütungsgesetzes, bzw. zu Grundlagen einer Honorarvereinbarung gemacht werden. Hierdurch besteht die Möglichkeit, etwaige, nicht wenig verbreitete Ansichten, wonach ein erstes Gespräch mit dem Anwalt kostenfrei wäre, zu begegnen. Zudem führt sicherlich die offene Vorgehensweise, gerade auch in Bezug auf die mit der anwaltlichen Tätigkeit verbundenen Kosten bereits von Anfang an zu einem vertrauensvollen Mandatsverhältnis und vermeidet spätere bzw. bereits anlässlich des ersten Beratungsgespräches aufkommende Differenzen über Grund und Höhe der Gebührenansprüche des Rechtsanwaltes.

C. Mandantengespräch und Mandatsannahme

I. Sachverhaltsaufnahme

9   Für die Bearbeitung erbrechtlicher Mandate ist zwingend eine **umfassende Sachverhaltsaufklärung** erforderlich. Dabei macht es keinen Unterschied, inwieweit es sich um ein Mandat vor dem Erbfall, oder nach dem Erbfall handelt, da letztlich nur aus der Beurteilung eine umfassende im Hinblick auf Vermögensverhältnisse, Personen und Güterstände sowie aktueller Vermögensbestände bzw. Nachlassbestände ermittelte Mandatsgrundlage, eine Beurteilung unter rechtlichen Gesichtspunkten durch den Rechtsanwalt zulässt.

10 So kann ohne Beurteilung der **Personen- und Güterstände** im Bereich der Gestaltung von Testamenten keinerlei rechtlich gesicherte Angabe zur Höhe von gesetzlichen Erbquoten bzw. daraus resultierenden Pflichtteilsquoten gemacht werden. Für Mandate nach dem Erbfall ist dies ohnehin offenkundig. Gleiches gilt für die genaue **Erfassung der Vermögenssituation** eines Mandanten, der den Rechtsanwalt mit der Gestaltung einer testamentarischen Verfügung beauftragt. Ohne den Umfang des Vermögens sowie die Zusammensetzung im Einzelnen zu ermitteln, können i.R.d. Gestaltung einer letztwilligen Verfügung von Todes wegen, neben der Frage der Umsetzung des Willen des Mandanten, keinerlei Gefahren im Hinblick auf steuerliche oder gesellschaftsrechtliche Besonderheiten erkannt, geschweige denn beurteilt werden. Hinzu kommen Kenntnisse zum Inhalt bereits **vorliegender testamentarischer Verfügungen** zur Beurteilung von testamentarischen bzw. erbvertraglichen Bindungen. Die Kenntnis von Inhalten bekannter testamentarischer Verfügungen nach Vorliegen eines Erbfalls ist dabei genauso wichtig wie Kenntnisse über ein möglicherweise bereits laufendes Erbscheinsverfahren.

11 Die genaue und **umfassende Sachverhaltserfassung** ist daher gerade in erbrechtlichen Mandaten die maßgebliche Grundlage für eine sachgerechte und rechtlich zutreffende

Beratung bzw. auch zukünftige Vertretung des Mandanten. Auch soweit sich das erste Mandantengespräch entsprechend den vom Mandanten gemachten Vorgaben auf ein erstes Beratungsgespräch i.S.v. VV-RVG Nr. 2102 beschränken soll, setzt eine rechtliche Beratung die zur Beurteilung notwendigen Sachverhaltskenntnisse voraus.

Letztlich führt dies in erbrechtlichen Mandaten nicht selten dazu, dass bereits die Sachverhaltsaufklärung und Ermittlung der Ausgangsgrundlage sich derart umfassend und zeitaufwändig gestaltet, dass die Beratung **nicht auf ein erstes Beratungsgespräch** mit der daraus resultierenden Kappungsgrenze der Beratungsgebühren beschränkt werden kann. Man denke z.B. an einen zur Prüfung und anschließenden Beratung vorgelegten Grundstücksüberlassungsvertrag mit umfangreich geregelten Versorgungsrechten, Ausgleichungsanordnungen oder Regelungen zur Hinauszahlung an weichende Geschwister und Vereinbarungen zu Erb- und/oder Pflichtteilsverzichten. Unabhängig davon, dass allein das Lesen und die Durchsicht der in diesem Überlassungsvertrag enthaltenen Regelungen bereits umfangreiche Zeit in Anspruch nimmt, stellt sich die Frage, inwieweit ohne zusätzliche Informationen zu weiteren lebzeitigen Zuwendungen eine rechtlich fundierte Beratung des Mandanten bzgl. seiner etwaigen Ansprüche aus diesem Überlassungsvertrag in einem ersten Beratungsgespräch möglich ist. Auch wenn sich aus der bisherigen Rspr. und Kommentarliteratur[2] keinerlei zeitliche Begrenzung für dieses „erste Beratungsgespräch" entnehmen lässt, wird außer in den Fällen, in welchen die Terminsdauer durch den Rechtsanwalt als wesentlich zu kurz angesetzt wurde, sich in einer Vielzahl der Fälle ergeben, dass die Beratung nicht im Rahmen eines „ersten Beratungsgespräches" erbracht werden kann. Wünscht der Mandant dennoch **im Hinblick auf die Vermeidung von Gebühren** über der Kappungsgrenze des VV-RVG Nr. 2102 eine Beratung beschränkt auf ein erstes Beratungsgespräch, so zwingt dies den Rechtsanwalt zu **besonderen Hinweisen** hinsichtlich Umfang und Verbindlichkeit der von ihm vorgenommenen Beratung. In diesem Fall wird es als unabdingbar angesehen werden müssen, dass der Rechtsanwalt den Mandanten darauf hinweist, dass er für die von ihm vorgenommene Beratung nur auf der Grundlage der anlässlich des ersten Beratungsgespräches möglichen Sachverhaltsaufklärung „haftet".

Letztlich zwingt dies auch in den meisten Fällen dazu, **nach Beendigung** des Beratungsgespräches **Grundlagen** und Inhalt der Beratung gegenüber dem Mandanten nochmals **im** Rahmen eines **umfassenden Schreibens darzustellen**, um spätere Unklarheiten über die Grundlagen der erteilten Rechtsauskunft zu vermeiden.

Trotz all dieser soeben ausgeführten Gefahren bietet sicherlich gerade in erbrechtlichen Mandaten ein erstes Mandatsgespräch die Möglichkeit, dem Mandanten zu verdeutlichen, dass der zur Beratung bzw. Überprüfung unterbreitete Sachverhalt nicht pauschal und vergleichbar wie z.B. ein eindeutiger Verkehrsunfall beurteilt werden kann. Durch zielgerichtete Fragestellung zur Sachverhaltsaufklärung sowie Darlegung möglicher zu berücksichtigender Rechtsfragen besteht für den im Erbrecht tätigen Rechtsanwalt die Möglichkeit, sich hinsichtlich seines Fachwissens und seiner Kompetenz in der Beratung und Vertretung in erbrechtlichen Mandaten positiv darzustellen. Häufig wird dem Mandanten selbst erst i.R.d. Gespräches mit dem im Erbrecht versierten Rechtsanwalt deutlich, dass die Inanspruchnahme der Beratung und Vertretung durch den Rechtsanwalt zwingend für die bestmögliche Durchsetzung seiner Wünsche oder Ansprüche erforderlich ist. Ist ein Mandant erst einmal zu dieser Überzeugung gelangt, wird er letztendlich auch Verständnis für die mit der Tätigkeit des

---

2 Vgl. z.B. *Mayer/Kroiß*, RVG, Nr. 2102 VV Rn. 9.

Rechtsanwalts verbundene Vergütung aufbringen und damit den Rechtsanwalt das über das erste Beratungsgespräch hinausgehende Mandat zur Beratung bzw. Vertretung erteilen.

15 Für die umfassende und genaue Sachverhaltserfassung bietet sich gerade für den – noch nicht in erbrechtlichen Mandaten erfahrenen – Rechtsanwalt an, Checklisten für die Sachverhaltsaufklärung zu verwenden bzw. zu erstellen. Je nach der eigenen Arbeitsweise des Rechtsanwaltes, also ggf. mittels Einsatz von erbrechtlicher Software[3], kann die Aufklärung des zur Mandatsbearbeitung erforderlichen Sachverhaltes in folgende **Teilbereiche** untergliedert werden:
- Personen- und Güterstände einschließlich Verwandtsaftsverhältnisse
- Aktueller Vermögensbestand bzw. Nachlassbestand
- Lebzeitige Zuwendungen/Vorempfänge
- Bei Mandaten nach dem Erbfall: Angaben zum Erbfall, einschließlich Nachlassverfahren

Innerhalb dieser Teilbereiche ergeben sich dann aufklärungsbedürftige Sachverhalte, bzgl. derer die nachfolgenden Ausführungen den Umfang der notwendigen Kenntnisse verdeutlichen sollen.

1. Personen und Verwandtschaftsverhältnisse/Güterstände

a) Personen und Verwandtschaftsverhältnisse

16 Bei der Bearbeitung erbrechtlicher Mandate hat es sich als bewährt erwiesen, die einzelnen beteiligten Personen in einer Art **Familienstammbaum** des Mandanten bzw. des Erblassers zu erfassen. Anhand dieses Familienstammbaums lässt sich gerade bei der Bearbeitung einer größerer Anzahl von erbrechtlichen Mandaten jeweils schnell die im vorliegenden Mandat bestehende Ausgangsgrundlage erfassen, ohne jeweils bei Bearbeitung des Mandates erneut zunächst die Personen- und Verwandtschaftsverhältnisse ermitteln zu müssen.

Darüber hinaus bildet der Familienstammbaum die Grundlage der Ermittlung der einzelnen Erbordnungen gem. §§ 1924 ff. BGB sowie auch der sich daraus ergebenden Erb- und Pflichtteilsquoten. Gerade in Fällen, in denen eine größere Personenanzahl oder ggf. Erben der 2. Ordnung oder fernerer Ordnungen beteiligt sind, dient die **grafische Darstellung** eines Familienstammbaumes einerseits dem schnelleren Überblick über die maßgeblichen Verwandtschaftsverhältnisse und andererseits auch der Vermeidung von Fehlern. Die Einbeziehung einer grafischen Darstellung im Mandantengespräch führt zudem sehr schnell dazu, dass auch dem Mandanten auffällt, wenn irgendwelche für die Beurteilung des Sachverhaltes maßgeblichen Personen vergessen worden sein.

In diesem grafisch dargestellten Familienstammbaum können schließlich die notwendigen Angaben zu den Personen einschließlich Geburts- und Sterbedatum, Verwandtschaftsverhältnis sowie bei Ehegatten,-Fragen zum Güterstand aufgenommen werden.

---

3 Z.B. das Haufe-Programm „Erbrecht".

Demnach sind zur Ermittlung von beteiligten Personen/Verwandten (nicht Ehegatten) folgende Angaben erforderlich:
- Name
- Verwandtschaftsverhältnis zum Erblasser/Abstammung
- Alter
- ggf. Sterbedatum
- eigene Abkömmlinge

17

b) Güterstände und Informationen zur Ehe

Soweit der Erblasser verheiratet war oder ist, müssen im Hinblick auf die Bedeutung der Güterstände für die gesetzlichen Erb- und Pflichtteilsquoten sowie auch ggf. hinsichtlich erbschaftsteuerlicher Auswirkungen auch **Angaben zum Güterstand** erfasst werden. Wie sich aus § 1931 BGB ergibt, ist für die **Höhe der Erbquote** des Ehegatten, wie auch die Erbquote der Abkömmlinge oder Erben 2. Ordnung, der während der Ehe geltende Güterstand von maßgeblicher Bedeutung. Ferner ergibt sich aus den besonderen Bestimmungen zum Güterstand der Zugewinngemeinschaft aus § 1371 BGB, dass der während der Ehe geltende Güterstand auch Bedeutung für **Zugewinnausgleichsansprüche** nach dem Tod eines Ehegatten hat.

18

Aber auch Fragen im Hinblick auf ein eventuell beabsichtigtes oder anhängiges **Scheidungsverfahren** sind vor dem Hintergrund des § 1933 BGB für die Beurteilung der erbrechtlichen Situation von Bedeutung. Dies gilt dabei nicht nur für die Fälle der gesetzlichen Erbfolge, sondern wegen § 2077 BGB auch für Fälle der gewillkürten Erbfolge. Sowohl über die Verweisungsvorschrift des § 2268 Abs. 2 BGB (als auch aufgrund § 2279 BGB) ist die Frage des **Bestandes der Ehe**, wie auch der **Stand eines Scheidungsverfahrens** für gemeinschaftliche Testamente, wie auch Erbverträge unter Ehegatten zu beachten.

19

Ferner können auch etwaige Modifizierungen hinsichtlich des gesetzlichen Güterstandes aufgrund eines notariellen Ehevertrages für die Beurteilung des erbrechtlichen Sachverhaltes, also insbesondere für Ansprüche des Ehegatten am Nachlass des Verstorbenen in Zusammenhang mit § 1371 Abs. 2, 3 BGB maßgeblich sein. Hinzu kommen Fragen im Fall des Vorliegens von Eheschließungen nach ausländischem Güterrecht.

20

Zusammenfassend lassen sich die notwendigen vom Rechtsanwalt zu ermittelnden Angaben bei Beteiligung eines Ehegatten wie folgt darstellen:
- Name und Geburtsdatum des Ehegatten
- Art des Güterstandes
  - gesetzlicher Güterstand der Zugewinngemeinschaft
  - durch Ehevertrag modifizierte Zugewinngemeinschaft
  - Gütertrennung
  - Gütergemeinschaft
  - fortgesetzte Gütergemeinschaft
  - Eigentums- und Vermögensgemeinschaft
  - Errungenschaftsgemeinschaft
  - ausländische Güterstände

Littig

- Dauer bzw. Ende des Güterstandes/der Ehe
- Angaben zu einem ggf. anhängigen, bzw. beabsichtigten Scheidungsverfahren

2. Erfassen des Vermögens bzw. des Nachlasses

21 Nach Erfassen der beteiligten Personen, inklusive Verwandtschaftsverhältnissen sowie auch der Güterstände, heisst inkl. Vorliegen eines mit den entsprechenden Informationen versehenen „Familienstammbaumes", bedarf es zur weiteren Sachverhaltserfassung der Feststellung der für die Bearbeitung des Mandates einschlägigen Vermögensverhältnisse bzw. im Mandat nach Vorliegen eines Erbfalles der Erfassung des Nachlassbestandes.

a) Aktueller Vermögens- bzw. Nachlassbestand

22 Auch hier bietet sich an, das Erfassen der Vermögens- bzw. Nachlasswerte in Form eines **Verzeichnisses** vorzunehmen. In Anlehnung an die im gerichtlichen Verfahren üblichen Nachlassverzeichnisse bietet sich an, für das Erfassen der Vermögens- bzw. Nachlasswerte der dort vorgesehenen Gliederung zu folgen. Dies erleichtert im Übrigen dann gleichzeitig die ggf. i.R.d. Mandatsbearbeitung notwendige Mithilfe bei Ausfüllung des Nachlassverzeichnisses durch den Mandanten. Die entsprechende Gliederung kann dabei bedenkenlos auch auf das Erfassen des Vermögens einer Person zu Lebzeiten übernommen werden.

23 **Diese Gliederung könnte bspw. wie folgt aussehen:**

(A) Aktiva

I. Geldwerte
    1. Bargeld
    2. Bankguthaben (Bank, Kontonummer, Anteil des Erblassers)
    3. Wertpapiervermögen (Depot Bank, Depotnummer, Anteil des Erblassers)
    4. Sonstige Geldwerte
II. Forderungen (Darlehen, Erstattung von ärztlichen Behandlungskosten, sonstige Versicherungsleistungen, etc.)
III. Gesellschaftsrechtliche Beteiligungen (GmbH-Beteiligungen, stille Beteiligung Gesellschafterdarlehen, etc.)
IV. Grundbesitzwerte (Grundbuchstelle, Flurnummer, Bezeichnung/Anschrift, Fläche, Verkehrswert)
V. Sonstige Forderungen

(B) Passiva

I. Schulden
    1. Verbindlichkeiten gegenüber Banken
    2. Verbindlichkeiten gegenüber Dritten
II. Sonstige Verbindlichkeiten (ärztliche Behandlungskosten, Rentenrückforderungen, etc.)

III. Beerdigungskosten/Todesfallskosten

IV. Kosten des Nachlassverfahrens (Gerichtskosten, Wertermittlungskosten, etc.)

Nach Erfassen des aktuellen Vermögensstandes des Mandanten bzw. des Nachlass des verstorbenen Erblassers ist zu den einzelnen erfassten Vermögens- bzw. Nachlasspositionen zu ermitteln, inwieweit diese der freien **Verfügungsbefugnis des Mandanten** unterliegen bzw. inwieweit über die grundsätzlich im Nachlassverzeichnis erfassten Vermögensgegenstände vom Erblasser testamentarisch verfügt werden konnte, bzw. auf der Grundlage einer gesetzlichen Erbfolge auf den/die Erben übergehen können. Besonderheiten ergeben sich bspw. aus einer **Vorerbenstellung** des Mandanten, bzw. des Erblassers. Auch bei gesellschaftsrechtlichen Beteiligungen ist im Einzelnen zu überprüfen, inwieweit sich aufgrund gesellschaftsrechtlicher Vorschriften Besonderheiten bezüglich der Rechtsnachfolge in der gesellschaftsrechtlichen Beteiligung ergeben, bzw. welche Auswirkungen das Versterben des Erblassers auf die gesellschaftsrechtliche Beteiligung hat. Hier ist letztlich durch Ermittlung der **gesellschaftsvertraglichen Grundlagen** zu klären, inwieweit sich dort besondere Nachfolgeregelungen i.S.v. Nachfolgeklauseln, bzw. Eintrittsklauseln ergeben oder die Gesellschaft ggf. mit dem Ausscheiden des Gesellschafters durch Tod aufgelöst wird oder der Gesellschafter mit seinem Tod aus der Gesellschaft ausscheidet.

Nicht zuletzt muss bei vorhandenem Auslandsvermögen, insbesondere bei Auslandsimmobilien, die Frage des Erbstatutes im Einzelnen überprüft und festgehalten werden, da gerade bei **Auslandsimmobilien** möglicherweise eine Nachlassspaltung aufgrund der „Lex rei sitae" vorliegt.

Die Erfassung des Vermögens- bzw. Nachlassbestandes wird sich dabei regelmäßig nicht allein auf die Befragung des Mandanten beschränken können. Häufig bedarf es bei der Ermittlung der Grundbesitzwerte der Einholung aktueller Grundbuchauszüge. Die im Einzelnen hier dem Rechtsanwalt zur Verfügung stehenden Möglichkeiten sind dabei wesentlich von der Art des zu bearbeitenden Mandates bzw. der Stellung des Mandanten abhängig.

So ist im Bereich der Beratung vor dem Erbfall, d.h. in Fällen der gestaltenden Beratung einer Person bzgl. einer Gestaltung einer Vermögensnachfolge (vorweggenommene Erbfolge, Testamentsgestaltung) die Ermittlung durch Einholung entsprechender Auskünfte leichter möglich als in Mandaten nach dem Erbfall. Bei der Vertretung eines gesetzlichen oder testamentarischen Erben benötigt der Rechtsanwalt für die Einholung entsprechender Auskünfte regelmäßig zunächst einen Nachweis über das Erbrecht des Mandanten, also einen **Erbschein** bzw. in Fällen des notariellen Testamentes das Testament selbst nebst der Eröffnungsniederschrift. In Fällen der Vertretung von pflichtteilsberechtigten Personen wird sich die Erfassung der Nachlasswerte zunächst auf vollkommen ungesicherte Kenntnisse des Mandanten beschränken. Auch, wenn in derartigen Fällen letztlich Grundlage der Ermittlung des maßgeblichen Nachlasses nach § 2311 BGB die vom Erben nach § 2314 BGB geschuldete Auskunft ist, ist es nicht zuletzt zur Überprüfung der vom Erben erteilten Auskunft notwendig, dass sich der Rechtsanwalt einen Überblick über mögliche Nachlasswerte entsprechend der Kenntnisse des Pflichtteilsberechtigten verschafft. Nur in Ausnahmefällen wird ein pflichtteilsberechtigter Abkömmling hierzu keinerlei Angaben machen können.

Littig

b) Fiktives Vermögen/fiktiver Nachlass, Vorempfänge

27 Zum Bereich der Erfassung des aktuellen Vermögens bzw. Nachlasses gehört in jedem Fall auch die Erfassung von **lebzeitigen Zuwendungen** des Erblassers an die beteiligten Personen bzw. dritte Personen. Auch hier gilt dies grundsätzlich sowohl für die gestaltende Beratung vor dem Erbfall, als auch für die Beratung bzw. Vertretung eines Mandanten nach dem Erbfall. Lebzeitige Zuwendungen spielen i.R.d. gestaltenden Beratung eine erhebliche Rolle für die Frage von Ausgleichungs- und Anrechnungsbestimmungen, Pflichtteilsergänzungsansprüche und auch bei Fragen des Schenkungswiderrufes nach § 528 BGB. Gerade der Schenkungswiderruf ist in Fällen eines nicht auszuschließenden Rückgriffs eines Sozialhilfeträges vor dem Hintergrund der gesamten Bandbreite der Rückgriffsmöglichkeiten nach dem Sozialhilferecht zu beurteilen.

28 Nach dem Erbfall ist sowohl i.R.d. Erbauseinandersetzung als auch in Fällen der Geltendmachung von Pflichtteilsansprüchen der Bereich der **lebzeitigen Zuwendungen** des Erblassers ebenfalls von maßgeblicher Bedeutung. Besonders deutlich wird dies auch in Mandaten, vor dem Hintergrund von § 2306 BGB. In diesen Fällen kann lediglich die genaue Kenntnis von ausgleichungspflichtigen Vorempfängen eine Beurteilung ermöglichen, inwieweit dem Mandanten ggf. zu einer Ausschlagung der Erbschaft zu raten ist. Vor dem Hintergrund der sehr kurz bemessenen Ausschlagungsfrist ist es daher geboten, dass frühzeitig der Sachverhalt auch hinsichtlich der Vermögenswerte einschließlich Vorempfänge zu ermitteln ist.

29 Bei der Ermittlung der Vorempfänge ist ferner neben dem **Wert des Vorempfanges** auch die Ermittlung des Zeitpunktes der Zuwendung von maßgeblicher Bedeutung. Unabhängig von den ohnehin gesondert zu beurteilenden steuerlichen Fragen, für welche u.a. auch der Zeitpunkt der Zuwendungen maßgeblich ist, ist die Kenntnis über den Zeitpunkt der Zuwendung ebenso von maßgeblicher Bedeutung für die sich aus dem Gesetz ergebenden **Fristen** (z.B. §§ 529 Abs. 1, 2325 Abs. 3 BGB). Hinzu kommt gerade bei Grundstückszuwendungen die Ermittlung eines ggf. vorbehaltenen Nießbrauchsrechtes, da dies für den Lauf der Zehnjahresfrist nach § 2325 Abs. 3 BGB von erheblicher Bedeutung ist.[4]

30 Bei der Ermittlung lebzeitiger Zuwendungen bzw. Vorempfänge sind zusammenfassend zu erfassen,

- Art der Zuwendung
- Wert der Zuwendung
- Empfänger der Zuwendung
- Zeitpunkt der Zuwendung
- Vereinbarungen in Zusammenhang mit der Zuwendung (Ausgleichungspflicht, Anrechnungspflicht, vorbehaltene Rechte)

31 Auch hier bedarf es nötigenfalls eigener zusätzlicher Ermittlungen seitens des Rechtsanwaltes durch Einholung von aktuellen **Grundbuchauszügen** und in Mandaten nach dem Erbfall der Einholung von **Bankauskünften** bzw. Geltendmachung von möglichen Auskunftsansprüchen gegen die Erben, bzw. Dritte.

---

[4] Palandt/*Edenhofer*, § 2325 Rn. 22.

3. Ermittlungen zu testamentarischen Verfügungen

Bei der Beratung eines Mandanten **vor dem Erbfall** und zwar in den Fällen der gestaltenden Beratung, bedarf es zwingend der Ermittlung des Vorliegens irgendwelcher bereits vorhandener testamentarischer Verfügungen des Erblassers sowie der Beachtung der sich hieraus möglicherweise ergebenden Verfügungsbeschränkungen des Mandanten.

Während bereits i.R.d. Erfassung der Vermögenssituationen etwaige Verfügungsbeschränkungen aufgrund einer Vorerbenstellung oder aufgrund gesellschaftsrechtlicher Beschränkungen zu ermitteln waren, ist hier die Ermittlung einer möglicherweise vorliegenden **Bindungswirkung** auf der Grundlage eines gemeinschaftlichen Testamentes bzw. Erbvertrages notwendig. Soweit sich für den Rechtsanwalt irgendwelche Anhaltspunkte für das Vorliegen früherer testamentarischer oder erbvertraglicher Verfügungen ergeben, ist zwingend deren inhaltliche Prüfung vorzunehmen. Im Bereich der Testamentsgestaltung ist letztlich jede Gestaltungsberatung hinfällig, sollte der Mandant durch ein gemeinschaftliches Testament aufgrund des Versterbens des Ehegatten gem. § 2271 Abs. 2 BGB an eine wechselbezügliche **Schlusserbeneinsetzung gebunden** sein. Gleiches gilt hinsichtlich etwaiger erbvertraglicher Bindungen bzw. der Prüfung der Möglichkeiten des Rücktritts vom Erbvertrag. Möglicherweise führt dies dann auch zur Notwendigkeit der Prüfung etwaiger Anfechtungsmöglichkeiten, wie z.B. aus § 2079 BGB wegen der Übergehung eines weiteren vorhandenen Pflichtteilsberechtigten. Zuletzt sollte nicht vergessen werden, dass bei Vorhandensein früherer, ggf. nicht bindend wirkender letztwilliger Anordnungen bei einer neuen Testamentserrichtung vorsorglich diese früheren testamentarischen Verfügungen zu widerrufen sind.

Nach Vorliegen des Erbfalls ist die Überprüfung des Vorhandenseins von testamentarischen Verfügungen bereits zur Ermittlung der Erbfolge erforderlich. Dabei kann sich der Rechtsanwalt sicherlich nicht darauf beschränken, lediglich das zeitlich zuletzt errichtete Testament einer Prüfung zu unterziehen, da dies – ausgenommen in Fällen des ausdrücklichen Widerrufes früherer Verfügungen – lediglich insoweit ein früheres Testament aufhebt, als das spätere Testament mit diesem in Widerspruch steht, § 2258 Abs. 1 BGB. Auch weitere Ermittlungen hinsichtlich möglicherweise vorliegender anderer testamentarischer Verfügungen sind vor dem Hintergrund der in § 2259 BGB geregelten **Ablieferungsverpflichtung** von erheblicher Bedeutung. Hier muss der Rechtsanwalt möglicherweise durch eingehende Befragung des Mandanten ermitteln, ob Anhaltspunkte für das Vorliegen weiterer u.U. bislang noch nicht bekannter testamentarischer Verfügungen vorliegen.

4. Stand des Nachlassverfahrens

In erbrechtlichen Mandaten, in denen ein Erbfall vorliegt, bedarf es der genauen Ermittlung des Standes eines ggf. bereits **anhängigen Nachlassverfahrens** bzw. genauer Kenntnisse zum Zeitpunkt des Erbfalls, Zeitpunkt der Eröffnung von testamentarischen Verfügungen, einschließlich etwaiger bereits ergangener Vorbescheide, die die Erteilung eines Erbscheins ankündigen. Unter Vorlage einer auf den Rechtsanwalt ausgestellten Vollmacht empfiehlt es sich dabei umgehend nach Annahme des Mandates zur weiteren Sachverhaltsaufklärung **Akteneinsicht** in die Nachlassakten zu beantragen.

36 Die genauen Sachverhaltsermittlungen dienen dabei neben den inhaltlich für die Beratung bzw. Interessenvertretung des Mandanten erforderlichen Kenntnissen, insbesondere auch der Überprüfung etwaiger **drohender Fristabläufe**.

37 Ohne im Folgenden eine vollständige Auflistung sämtlicher maßgeblicher Fristen vorzunehmen – insoweit ist auf die einschlägigen Hilfsmittel in der Lit.[5] zu verweisen – sollen die nachfolgend erwähnten Fristen lediglich die Notwendigkeit dahingehender Ermittlungen verdeutlichen.

> Praxishinweis:
> So sind Kenntnisse über den Erbfall, bzw. die Mitteilung einer Eröffnungsniederschrift nebst Testamentsabschrift, bspw. für die genaue Prüfung folgender Fristen erforderlich:
> - Ausschlagungsfrist nach § 1944 BGB
> - Anfechtung der Annahme/Ausschlagung der Erbschaft nach § 1954 BGB
> - Anfechtung eines Testamentes bzw. Erbvertrages nach § 2082 BGB bzw. § 2283 BGB
> - Pflichtteilsverjährungsfrist nach § 2332 BGB
> - Verjährung des Zugewinnausgleichs nach § 1378 Abs. 4 BGB

II. Klären der Mandatsvergütung

38 Soweit als möglich sollte bereits vor bzw. im Zusammenhang mit der Annahme des Mandates durch den Rechtsanwalt eine Klärung hinsichtlich der ihm für seine Tätigkeit zustehenden Vergütung herbeigeführt werden.

> Praxishinweis:
> Unabhängig davon, ob die Abrechnung der Vergütung des Rechtsanwaltes auf der Grundlage des RVG oder aufgrund einer Vergütungsvereinbarung vereinbart wird, ist im Hinblick auf das Vorliegen eines Vertragsverhältnisses zunächst anzuraten, in einer **gesonderten Auftragsvereinbarung** festzulegen, wer Auftraggeber und Schuldner der Vergütung des Rechtsanwaltes ist und mit welchen Tätigkeiten der Rechtsanwalt vom Mandanten beauftragt wurde. Dies legt einerseits den Umfang der vom Anwalt zu erbringenden Tätigkeiten fest, andererseits erleichtert dies die Klärung, welche Vergütung für die im Auftrag festgelegten Tätigkeiten nach dem RVG oder aufgrund einer Vergütungsvereinbarung anfallen.

1. Vergütung nach dem RVG

39 Auch wenn für die Bearbeitung des Mandates eine Abrechnung auf der Grundlage des RVG und daher nach dem **Gegenstandswert** erfolgt, muss der Rechtsanwalt nach § 49b Abs. 5 BRAO den Mandanten hierauf bereits **vor der Mandatsübernahme** ausdrücklich hinweisen.

> Praxishinweis:
> Es ist daher ratsam, den erfolgten Hinweis sich ausdrücklich, d.h. schriftlich vom Mandanten bestätigen zu lassen bzw. im Zusammenhang mit einer Auftragsbestätigung (vgl. unten Rn. 48) nochmals ausdrücklich den **erfolgten Hinweis** zu bestäti-

---

[5] Z.B. *Bonefeld/Daragan/Tanck*, Arbeitshilfen im Erbrecht, Teil A./Fristen in Erbsachen.

> gen. Die genaue Beachtung der Hinweispflicht nach § 49b Abs. 5 BRAO ist nicht zuletzt gerade wegen der häufig hohen Gegenstandwerte bei erbrechtlichen Mandaten zur Vermeidung von Einwendungen gegen die Vergütungsabrechung von besonderer Bedeutung.

Problematisch erscheint es hierbei häufig, dass i.R.d. Mandatsannahme gegenüber dem Mandanten noch keine genauen Auskünfte über die **Höhe des Gegenstandwertes** gemacht werden können, da gerade in den Fällen der Erbauseinandersetzung und Fällen der Geltendmachung von Pflichtteilsansprüchen der zugrunde zulegende Wert erst nach annähernd gesicherten Kenntnissen über den Wert des Nachlasses und dem sich daraus ergebenden Wert des Interesses des Mandanten (§ 3 ZPO) ermittelt bzw. geschätzt werden kann.[6]

In erbrechtlichen Mandaten kommt es häufig zu der Situation, dass der Rechtsanwalt in derselben Angelegenheit für **mehrere Auftraggeber** tätig wird. Der Vorschrift des § 7 RVG (ehemals § 6 BRAGO) sowie dem unter VV-RVG Nr. 1008 geregelten **Mehrvertretungszuschlag** (ehemals § 6 Abs.1 Satz 2 und 3 BRAGO) kommt folglich gerade bei erbrechtlichen Mandaten, insbesondere auch im Hinblick auf die schwierige Handhabung bei gemeinschaftlicher Beteiligung,[7] besondere Bedeutung zu. Unter Verweis auf die einschlägige Lit.[8] hinsichtlich der sonstigen Pflichten des Rechtsanwalts zur Aufklärung des Mandanten über die anfallende Vergütung ist eine sorgfältige Unterrichtung des Mandanten über die mit der Tätigkeit des Rechtsanwaltes verbunden Vergütung nach dem RVG ohnehin zur Vermeidung von Streitigkeiten i.R.d. Gebührenabrechung dringend anzuraten. Insbesondere sollte dabei bereits von vorne herein die Frage des vom Rechtsanwalt in Bezug auf **Rahmengebühren nach § 14 RVG** beabsichtigten Gebührensatzes offen angesprochen werden, da sicherlich in einer Vielzahl der erbrechtlichen Mandate der Ansatz der Mittelgebühr (z.B. Gebührensatz von 5,5 bei Beratungsgebühr nach VV-RVG 2100) oder der Regelgebühr (Gebührensatz von 1,3 bei Geschäftsgebühr nach VV-RVG 2400) im Hinblick auf Umfang und Schwierigkeit des Mandates nicht gerechtfertigt wäre. Im Zusammenhang von Vergütungsvereinbarungen dürfte dabei die Vereinbarung eines bestimmten Gebührensatzes i.R.d. allg. Grundsätze wohl als zulässig angesehen werden.[9]

2. Vergütungsvereinbarung

Unter Beachtung der Regelungen in § 4 RVG ist gerade in erbrechtlichen Mandaten zu überlegen, inwieweit dem Mandanten der Abschluss einer Vergütungsvereinbarung vorgeschlagen werden sollte.

> **Praxishinweis:**
> Dabei ist jedoch zu beachten, dass die Vereinbarung eines Erfolgshonorars oder einer Vergütung in Höhe eines Teils des erstrittenen Betrages (quota litis) nach § 49b Abs. 2 BRAO von vorneherein unzulässig ist.

Gerade im Bereich der beratenden Tätigkeit, also insbesondere bei der **gestaltenden Beratung** zeigen sich die Vorteile einer durch **Vereinbarung** geregelten Vergütung,

---

6 Zu den Gegenstandwerten der einzelnen Anspruchsarten vgl. z.B. *Kerscher/Tanck/Krug*, Erbrechtliche Mandat, § 6 Rn. 10 ff.; *Bonefeld/Daragan/Tanck*, Arbeitshilfen im Erbrecht, Teil C. 2.
7 Vgl. *Mayer/Kroiß*, Rechtsanwaltsvergütung, Nr. 1008 VV Rn. 7.
8 Z.B. *Gebauer/Schneider*, RVG, § 1 Rn. 16 ff.
9 *Gebauer/Schneider*, RVG, § 4 Rn. 46.

da letztlich der zeitliche Aufwand der für die Gestaltung notwendigen Beratung meist zum Zeitpunkt der Annahme des Mandates nur sehr schwer einschätzbar ist. Bei einer Berechung der Vergütung nach dem RVG können dabei sehr häufig Gebührenhöhen entstehen, die entweder dem Mandanten nur sehr schwer vermittelbar sind oder andererseits zu Lasten des Rechtsanwaltes bei sehr zeitintensiven Beratungen nicht mehr eine **angemessene Vergütung** der Beratungstätigkeit darstellen.

44 Aber auch bei der Vertretung des Mandanten, z.B. i.R.d. Geltendmachung von **Pflichtteilsansprüchen**, kann es sich als problematische herausstellen, die Abrechnung der Vergütung nach dem RVG vorzunehmen. Nicht selten treten Fälle auf, in denen der Pflichtteilsberechtigte den Wert seiner Ansprüche selbst **bei weitem zu hoch** einschätzt, sich dann aber im Laufe der teilweise sehr arbeitsintensiven Mandatsbearbeitung herausstellt, dass der eigentliche Wert der Ansprüche des Mandanten weit unter den zunächst angenommenen Werten liegt. Zwar ist für die Berechnung der Vergütung nach dem RVG als Gegenstandswert nicht der Wert des im Ergebnis erzielten Anspruches, sondern der Wert des Auftrages des Mandanten maßgeblich, jedoch ist dieser Wert nach **objektiven Gesichtpunkten** zu ermitteln. Unvernünftige und unrealistische Vorstellungen des Mandanten müssen jedoch ausscheiden.[10] Es besteht daher die Gefahr, dass sich nach Vorliegen der Abrechnung der Mandant darauf beruft, dass der Rechtsanwalt bereits hier hätte erkennen können, dass die von ihm zum Zeitpunkt der Beauftragung angenommenen Werte unrealistisch waren. Auch in derartigen Fällen ist daher zu erwägen, etwaigen Unsicherheiten hinsichtlich der Vergütung des Rechtsanwaltes durch Abschluss einer Vergütungsvereinbarung zu beseitigen.

45 Soweit durch diese Vergütungsvereinbarungen die gesetzlichen Gebühren unterschritten werden und dies an sich nach § 49b Abs. 1 BRAO unzulässig ist, so ergibt sich nach § 4 Abs. 2 RVG, dass in außergerichtlichen Angelegenheiten die Vereinbarung von Pauschalgebühren und Zeitvergütungen möglich ist.

46 Da im Fall des Abschlusses einer **Vergütungsvereinbarung** nicht in jedem Falle abschätzbar ist, ob damit eine niedrigere als die gesetzliche Vergütung gefordert wird, ist die Einhaltung der gesetzlichen **Formerfordernisse** des § 4 RVG zwingend erforderlich. Sie ist demnach als Vergütungsvereinbarung ausdrücklich zu bezeichnen in einem gesonderten Schriftstück aufzunehmen, von anderen Vereinbarungen deutlich abzusetzen und darf **nicht in der Vollmacht** enthalten sein. Hinzu kommt der in der Vergütungsvereinbarung aufzunehmende Hinweis über die Abweichung und damit die Vereinbarung höherer als die gesetzlichen Gebühren nach dem RVG.

Folgende Arten der Vergütungsvereinbarung in erbrechtlichen Mandaten haben sich dabei in der Praxis herausgebildet:

a) Pauschalvergütung

47 Die Vereinbarung einer Pauschalvergütung birgt gerade für den Rechtsanwalt nicht unerhebliche Gefahren im Hinblick auf den regelmäßig **nicht sicher feststellbaren Aufwand** der Tätigkeit verbunden. Sollte es dennoch zum Abschluss einer Pauschalvergütungsvereinbarung kommen – bspw. weil der Mandant dies zur Bedingung der Mandatserteilung macht –, so obliegt es dem Rechtsanwalt dann in der Vergütungsvereinbarung den Umfang der Beauftragung und der von ihm geschuldeten Tätigkeiten genau festzuhalten.

---

10 *Mayer/Kroiß*, Rechtsanwaltsvergütung, § 2 Rn. 16.

Formulierungsbeispiel: *Vergütungsvereinbarung*
zwischen

...

– Auftraggeber –
und der Kanzlei

...

– Auftragnehmer –
Die Auftragnehmer wurden vom Auftraggeber, für das diese Vergütungsvereinbarung getroffen wird, mit folgendem Mandant beauftragt:

...

wegen Erbfolgeberatung/Testamentsgestaltung nach Herrn ...
Im Hinblick auf die Bedeutung und den Umfang der vorstehend bezeichneten Angelegenheit und ihrer rechtlichen und tatsächlichen Besonderheiten wird anstelle der gesetzlichen Gebühren nach dem Rechtsanwaltsvergütungsgesetz (RVG) nebst Vergütungsverzeichnis (VV-RVG) zwischen dem o.g. Auftraggeber und den Auftragnehmern die folgende Vergütungsvereinbarung getroffen:
1. Die Abrechnung erfolgt vereinbarungsgemäß **pauschal mit ... €** (in Worten: ... Euro) zzgl. der gesetzlichen Umsatzsteuer.
2. Ihre Auslagen rechnen die Auftragnehmer gem. Nrn. 7000 ff. VV-RVG ab. Es steht ihnen frei, statt nachgewiesener Auslagen die Auslagenpauschale zu verlangen.
3. Alle Beträge verstehen sich zzgl. der gesetzlichen Umsatzsteuer.
4. Grundsätzlich ist das Honorar der Auftragnehmer gem. § 8 RVG nach Beendigung des Auftrages fällig. Die Auftragnehmer sind aber berechtigt, für erbrachte Leistung Abschlagsrechnungen zu stellen.
5. Mit Zahlung des Rechnungsbetrages erkennt der Auftraggeber die jeweils zugrunde liegende Gebührenforderung an. Dem Auftraggeber ist bekannt, dass diese Vereinbarung von der gesetzlichen Regelung abweicht. Die Auftragnehmer weisen den Auftraggeber ausdrücklich auf Folgendes hin: Wird in dieser Angelegenheit ein Rechtsstreit geführt und steht dem Auftraggeber aus diesem Rechtsstreit ein Erstattungsanspruch gegen einen anderen Beteiligten des Rechtsstreites zu, besteht dieser Erstattungsanspruch nur i.R.d. gesetzlichen Gebühren. Aufgrund dieser Vereinbarung über die gesetzlichen Gebühren hinaus gegenüber den Auftragnehmern geschuldetes Honorar kann der Auftraggeber nicht von Dritten erstattet verlangen.
6. Der Auftraggeber tritt etwaige Erstattungsansprüche gegen die Landeskasse oder andere Verfahrensbeteiligte zur Sicherung der Honoraransprüche an die Auftragnehmer ab. Die Abtretung wird von den Auftragnehmern angenommen.
..., den ...

...

Auftraggeber

...

Auftragnehmer

b) Zeitvergütung

49 Die Vereinbarung der Berechnung der Vergütung auf der Grundlage des **Zeitaufwandes** für die Bearbeitung des Mandates ist zwischenzeitlich sicherlich weit verbreitet. Gerade im Bereich der beratenden Tätigkeit wird durch die Anknüpfung an den Umfang der Tätigkeit des Rechtsanwaltes für den Mandant wie auch den Rechtsanwalt die Höhe der Vergütung nachvollziehbarer. Durch die Festlegung des der Berechnung zugrunde zulegenden **Stundensatzes** wird dem besonderen Know-how des Rechtsanwaltes und den örtlichen Gegebenheiten Rechnung getragen.

50 Problematisch ist in Fällen der Abrechnung nach Zeitvergütung allerdings der **Nachweis** des geleisteten und damit abzurechnenden Zeitaufwandes. Während bei Gesprächen unter Beteiligung des Mandanten diesem der vom Rechtsanwalt aufgezeichnete und abgerechnete Zeitaufwand noch nachvollziehbar sein wird, kann sich dies für Tätigkeiten des Aktenstudiums, der rechtlichen Prüfung oder sonstigen Recherche völlig anders verhalten. Wichtig ist daher gerade in diesen Fällen eine überzeugendes **System der Zeiterfassung**, das auch genau und vollständig unter Angabe der jeweils zugrunde liegenden Tätigkeit geführt wird. Hier leistet zwischenzeitlich die erhältliche Anwaltssoftware wertvolle Dienste.

51 Ferner bedarf es bei einer derartigen Vergütungsberechnung eines ausgewogenen Vertrauensverhältnisses zwischen Mandant und Rechtsanwalt. Durch regelmäßige Mitteilung des bislang angefallenen und aufgezeichneten Zeitaufwandes – auch wenn dieser möglicherweise noch nicht sofort zur Abrechnung gelangt – können sicherlich spätere Streitigkeiten bzgl. der Richtigkeit des vom Rechtsanwalt aufgezeichneten Zeitaufwandes vermieden werden. Im Rahmen von Zeitvergütungsvereinbarungen sollte auch zur Sicherheit des Mandanten ggf. ein **Zeitkontingent** vereinbart werden, bei dessen (drohender) Überschreitung der Mandant dann zu informieren ist.

52 Nicht übersehen werden darf, dass möglicherweise der Rechtsanwalt durch sein besonderes **Know-how** für die Bearbeitung des Mandates nur relativ wenig Zeit aufwenden muss und daher die Zeitvergütung nicht der Schwierigkeit und Bedeutung des Mandates, insbesondere aber auch des darin liegenden Haftungsrisikos, gerecht wird. Gerade bei den „spezialisierten" Rechtsanwälten ist daher weit verbreitet, neben der Stundensatzvergütung zusätzlich ein **Pauschalbetrag** als Grundvergütung zu vereinbaren.

53 **Formulierungsbeispiel:** *Vergütungsvereinbarung*
zwischen

...

– Auftraggeber –
und der Kanzlei

...

– Auftragnehmer –
Die Auftragnehmer wurden vom Auftraggeber, für das diese Vergütungsvereinbarung getroffen wird, mit folgendem Mandant beauftragt:

...

wegen Erbfolgeberatung/Testamentsgestaltung nach Herrn ...
Im Hinblick auf die Bedeutung und den Umfang der vorstehend bezeichneten Angelegenheit und ihrer rechtlichen und tatsächlichen Besonderheiten wird anstelle der

gesetzlichen Gebühren nach dem Rechtsanwaltsvergütungsgesetz (RVG) nebst Vergütungsverzeichnis (VV-RVG) zwischen dem o.g. Auftraggeber und den Auftragnehmern die folgende Vergütungsvereinbarung getroffen:

1. Die Abrechnung erfolgt vereinbarungsgemäß
- mit einer **Grundvergütung von pauschal ..€** (in Worten: … Euro) zzgl. der gesetzlichen Umsatzsteuer und zusätzlich
- nach Zeitaufwand, wobei die Parteien einen **Stundensatz von … €** (in Worten: … Euro) zzgl. der gesetzlichen Umsatzsteuer vereinbaren. Soweit nicht anders vereinbart, erfolgt die Abrechnung von Beginn des Mandatsverhältnisses an. Die Abrechnung erfolgt je angefangene 15 Minuten.

2. Ihre Auslagen rechnen die Auftragnehmer gem. Nrn. 7000 ff. VV-RVG ab. Es steht ihnen frei, statt nachgewiesener Auslagen die Auslagenpauschale zu verlangen.

3. Alle Beträge verstehen sich zzgl. der gesetzlichen Umsatzsteuer.

4. Grundsätzlich ist die Vergütung der Auftragnehmer gem. § 8 RVG nach Beendigung des Auftrages fällig. Die Auftragnehmer sind aber berechtigt, für erbrachte Leistung Abschlagsrechnungen zu stellen.

5. Mit Zahlung des Rechnungsbetrages erkennt der Auftraggeber die jeweils zugrunde liegende Gebührenforderung an.

6. Dem Auftraggeber ist bekannt, dass diese Vereinbarung von der gesetzlichen Regelung abweicht. Die Auftragnehmer weisen den Auftraggeber ausdrücklich auf Folgendes hin: Wird in dieser Angelegenheit ein Rechtsstreit geführt und steht dem Auftraggeber aus diesem Rechtsstreit ein Erstattungsanspruch gegen einen anderen Beteiligten des Rechtsstreites zu, besteht dieser Erstattungsanspruch nur i.R.d. gesetzlichen Gebühren. Aufgrund dieser Vereinbarung über die gesetzlichen Gebühren hinaus gegenüber den Auftragnehmern geschuldetes Honorar kann der Auftraggeber nicht von Dritten erstattet verlangen.

7. Der Auftraggeber tritt etwaige Erstattungsansprüche gegen die Landeskasse oder andere Verfahrensbeteiligte zur Sicherung der Honoraransprüche an die Auftragnehmer ab. Die Abtretung wird von den Auftragnehmern angenommen.

…, den …

…

Auftraggeber

…

Auftragnehmer

c) Zeitvergütung mit Mindestpauschalvergütung

Eine Kombination aus Pauschalvergütung und Zeitvergütung stellt ebenfalls eine häufig verwendete Vergütungsvereinbarung dar. Sie beinhaltet eine Pauschalvergütung als **Mindestvergütung**, auf die dann anfallende Zweitaufwände des Rechtsanwaltes zur Anrechnung gelangen. Eine solche Vergütungsvereinbarung gewährleistet gerade für den mit besonderen Know-how ausgestatten Rechtsanwalt einerseits eine seinen besonderen Fähigkeiten – wegen derer er vom Mandanten regelmäßig beauftragt wurde – entsprechende Vergütung und sichert ferner ab, dass bei unerwartet hohem Zeitaufwand, der möglicherweise im Verhalten des Mandaten begründet ist, das Mandat für den Rechtsanwalt noch wirtschaftlich sinnvoll zu bearbeiten ist.

55 **Formulierungsbeispiel:** *Vergütungsvereinbarung*
zwischen

...

– Auftraggeber –
und der Kanzlei

...

– Auftragnehmer –
Die Auftragnehmer wurden vom Auftraggeber, für das diese Vergütungsvereinbarung getroffen wird, mit folgendem Mandant beauftragt:

...

wegen Erbfolgeberatung/Testamentsgestaltung nach Herrn ...
Im Hinblick auf die Bedeutung und den Umfang der vorstehend bezeichneten Angelegenheit und ihrer rechtlichen und tatsächlichen Besonderheiten wird anstelle der gesetzlichen Gebühren nach dem Rechtsanwaltsvergütungsgesetz (RVG) nebst Vergütungsverzeichnis (VV-RVG) zwischen dem o.g. Auftraggeber und den Auftragnehmern die folgende Vergütungsvereinbarung getroffen:
1. Die Abrechnung erfolgt vereinbarungsgemäß
– nach Zeitaufwand, wobei die Parteien **einen Stundensatz von ... €** (in Worten: ... Euro) zzgl. der gesetzlichen Umsatzsteuer vereinbaren. Soweit nicht anders vereinbart, erfolgt die Abrechnung von Beginn des Mandatsverhältnisses an. Die Abrechnung erfolgt je angefangene 15 Minuten.
– unabhängig von dem mit der Bearbeitung des Mandates durch die Auftragnehmer verbundenen Zeitaufwand mit einer **Mindestvergütung von pauschal ... €** (in Worten: ... Euro) zzgl. der gesetzlichen Umsatzsteuer. Angefallener Zeitaufwand kommt dabei auf die Mindestvergütung zur Anrechnung.
2. Ihre Auslagen rechnen die Auftragnehmer gem. Nrn. 7000 ff. VV-RVG ab. Es steht ihnen frei, statt nachgewiesener Auslagen die Auslagenpauschale zu verlangen.
3. Alle Beträge verstehen sich zzgl. der gesetzlichen Umsatzsteuer.
4. Grundsätzlich ist die Vergütung der Auftragnehmer gem. § 8 RVG nach Beendigung des Auftrages fällig. Die Auftragnehmer sind aber berechtigt, für erbrachte Leistung Abschlagsrechnungen zu stellen.
5. Mit Zahlung des Rechnungsbetrages erkennt der Auftraggeber die jeweils zugrunde liegende Gebührenforderung an.
6. Dem Auftraggeber ist bekannt, dass diese Vereinbarung von der gesetzlichen Regelung abweicht. Die Auftragnehmer weisen den Auftraggeber ausdrücklich auf Folgendes hin: Wird in dieser Angelegenheit ein Rechtsstreit geführt und steht dem Auftraggeber aus diesem Rechtsstreit ein Erstattungsanspruch gegen einen anderen Beteiligten des Rechtsstreites zu, besteht dieser Erstattungsanspruch nur i.R.d. gesetzlichen Gebühren. Aufgrund dieser Vereinbarung über die gesetzlichen Gebühren hinaus gegenüber den Auftragnehmern geschuldetes Honorar kann der Auftraggeber nicht von Dritten erstattet verlangen.
7. Der Auftraggeber tritt etwaige Erstattungsansprüche gegen die Landeskasse oder andere Verfahrensbeteiligte zur Sicherung der Honoraransprüche an die Auftragnehmer ab. Die Abtretung wird von den Auftragnehmern angenommen.
..., den ...

…
Auftraggeber

…
Auftragnehmer

d) Gegenstandswertvereinbarung

Diese Form der Vereinbarung findet in der Lit. und Rspr. zur Rechtsanwaltsvergütung nur wenig Erwähnung, wird jedoch offensichtlich als wirksam angesehen.[11] Da sie im Eigentlichen keine Vereinbarung über die Vergütung darstellt, allerdings bei der Abrechnung nach dem RVG die Höhe des Gegenstandswertes von maßgeblicher Bedeutung ist, ist dies nach hier vertretener Auffassung im vorliegenden Zusammenhang zu erwähnen. Wie bereits angeführt (Rn. 40), ist in nicht seltenen Fällen eine Ermittlung des Gegenstandswertes zum Zeitpunkt der Mandatserteilung nur schwer möglich. Da sich i.R.d. Bearbeitung des Mandates, bzw. den Sachverhaltsermittlungen durch den Rechtsanwalt möglicherweise herausstellt, dass die ursprünglich bei Mandatserteilung zugrunde gelegten Wertannahmen völlig unrealistisch[12] waren, sollte von vorne herein im Rahmen einer Vereinbarung festgelegt werden, von welchem **Gegenstandswert** bei der Beauftragung des Rechtsanwaltes von beiden Parteien der Vereinbarung ausgegangen wird. Möglicherweise kann dies auch in Form der Vereinbarung eines **Mindestgegenstandswertes** erfolgen.

Eine derartige Vereinbarung vermeidet auch bei Abrechnung nach dem RVG Streitigkeiten darüber, von welchem Gegenstandswert der Rechtsanwalt bei Annahme des Mandates ausgehen konnte und daher bei der Abrechnung seiner Vergütung zugrunde legen durfte.

Formulierungsbeispiel: *Vergütungsvereinbarung*
zwischen

…

– Auftraggeber –
und der Kanzlei

…

– Auftragnehmer –
Die Auftragnehmer wurden vom Auftraggeber, für das diese Vergütungsvereinbarung getroffen wird, mit folgendem Mandant beauftragt:

…

wegen Pflichtteilsansprüchen am Nachlass nach Herrn …, verst. am …
Im Hinblick auf die Bedeutung und den Umfang der vorstehend bezeichneten Angelegenheit und ihrer rechtlichen und tatsächlichen Besonderheiten wird zu der Berechnung der gesetzlichen Gebühren nach dem Rechtsanwaltsvergütungsgesetz (RVG) nebst Vergütungsverzeichnis (VV-RVG) zwischen dem o.g. Auftraggeber und den Auftragnehmern die folgende Vereinbarung über die Höhe des der Berechnung zugrunde zulegenden Gegenstandswertes getroffen:

---

11 OLG Hamm, Beschl. v. 28.1.1986, AnwBl 1986, 452.
12 *Mayer/Kroiß*, Rechtsanwaltsvergütung, § 2 Rn. 16.

1. Die Abrechnung der nach dem Rechtsanwaltsvergütungsgesetz (RVG) nebst Vergütungsverzeichnis (VV-RVG) anfallenden Gebühren erfolgt vereinbarungsgemäß auf der Grundlage eines Gegenstandswertes i.H.v. mindestens ... € (in Worten: ... Euro)

2. Ihre Auslagen rechnen die Auftragnehmer gem. Nrn. 7000 ff. VV-RVG ab. Es steht ihnen frei, statt nachgewiesener Auslagen die Auslagenpauschale zu verlangen.

3. Alle Beträge verstehen sich zzgl. der gesetzlichen Umsatzsteuer.

4. Grundsätzlich ist die Vergütung der Auftragnehmer gem. § 8 RVG nach Beendigung des Auftrages fällig. Die Auftragnehmer sind aber berechtigt, für erbrachte Leistung Abschlagsrechnungen zu stellen.

5. Mit Zahlung des Rechnungsbetrages erkennt der Auftraggeber die jeweils zugrunde liegende Gebührenforderung an.

6. Dem Auftraggeber ist bekannt, dass diese Vereinbarung von der gesetzlichen Regelung abweicht. Die Auftragnehmer weisen den Auftraggeber ausdrücklich auf Folgendes hin: Wird in dieser Angelegenheit ein Rechtsstreit geführt und steht dem Auftraggeber aus diesem Rechtsstreit ein Erstattungsanspruch gegen einen anderen Beteiligten des Rechtsstreites zu, besteht dieser Erstattungsanspruch nur i.R.d. gesetzlichen Gebühren. Aufgrund dieser Vereinbarung über die gesetzlichen Gebühren hinaus gegenüber den Auftragnehmern geschuldetes Honorar kann der Auftraggeber nicht von Dritten erstattet verlangen.

7. Der Auftraggeber tritt etwaige Erstattungsansprüche gegen die Landeskasse oder andere Verfahrensbeteiligte zur Sicherung der Honoraransprüche an die Auftragnehmer ab. Die Abtretung wird von den Auftragnehmern angenommen.

..., den ...

...

Auftraggeber

...

Auftragnehmer

III. Vereinbarungen zur Haftungsbeschränkung

59 Die Bearbeitung erbrechtlicher Mandate ist aufgrund der rechtlich schwierigen Materie und der vergleichsweise hohen Gegenstands-/Streitwerte für den Rechtsanwalt mit nicht unerheblichen **Haftungsrisiken** verbunden. So birgt allein bereits die große Anzahl der vom Rechtsanwalt i.R.d. Bearbeitung zu beachtenden Verjährungsfristen, wie auch seine umfassenden Aufklärungspflichten[13] und Belehrungspflichten[14] die Gefahr einer Haftung. Auch wenn jeder Rechtsanwalt nach § 51 BRAO zum Abschluss einer **Berufshaftpflichtversicherung** zumindest mit einer **Mindestversicherungssumme** von 250.000 € für jeden Versicherungsfall verpflichtet ist, kann sich dies gerade in Erbrechtsmandaten als nicht ausreichend erweisen. Durch einen Haftungsfall kann daher durchaus die wirtschaftliche Existenz des Rechtsanwaltes bedroht sein.

60 Es ist daher bei jeder Annahme eines erbrechtlichen Mandates vom Rechtsanwalt genau zu überprüfen, welchen Haftungsrisiken er sich gerade im Hinblick auf den im jeweiligen Mandat anzunehmenden Gegenstands-/Streitwert ausgesetzt sieht. Sollte

---

13 BGH AnwBl. 1999, 343, 344; BGH NJW 1991, 601, 602.
14 BGH NJW 1991, 2079.

sich dabei herausstellen, dass die bestehende Haftpflichtversicherungssumme nicht ausreicht, ist dringend anzuraten eine Klärung des **Haftpflichtrisikos** mit dem Mandanten herbeizuführen. Dabei ist in diesem Zusammenhang gleichzeitig die Frage zu erörtern, in welchem Umfang möglicherweise der Rechtsanwalt seine Haftung für **bestimmte Tätigkeiten** beschränkt, also welche Tätigkeiten weder geschuldet noch von der Haftung umfasst sind. Zu denken wäre hierbei bspw. an den ausdrücklichen Ausschluss einer Haftung für steuerliche Beratung oder Sachverhalte mit Bezug zu ausländischen Rechtsvorschriften. Auch wenn grundsätzlich verschiedene Versicherungsgesellschaften den Abschluss gesonderter auf das Mandat bezogener Haftpflichtversicherungsverträge anbieten, wird in den seltensten Fällen der Mandant bereit sein, die nicht unerheblichen Kosten hierfür zu tragen.

> **Praxishinweis:**
> Bei Mandaten mit hohem Gegenstands-/Streitwert ist daher dringend anzuraten, mit dem Mandanten die Vereinbarung einer Haftungsbegrenzung zu erörtern.

Dabei ergibt sich aus § 51a BRAO, unter welchen Voraussetzungen eine vertragliche Begrenzung der Ersatzansprüche möglich ist. Grundsätzlich sind dort **drei Möglichkeiten einer Haftungsbegrenzung** vorgesehen, nämlich:

– durch schriftliche Vereinbarung im Einzelfall bis zur Höhe der Mindestversicherungsumme i.H.v. 250.000,– € (§ 51a Abs.1 Nr. 1 BRAO)
– durch vorformulierte Vertragsbedingungen für Fälle einfacher Fahrlässigkeit auf den vierfachen Betrag der Mindestversicherungssumme, also auf 1.000.000,– €, wenn insoweit Versicherungsschutz besteht (§ 51a Abs.1 Nr. 2 BRAO)
– durch vorformulierte Vertragsbedingungen für Fälle einfacher Fahrlässigkeit auf einzelne Mitglieder einer Sozietät bei namentlicher Nennung der haftenden Rechtsanwälte (§ 51a Abs. 2 BRAO)

Soweit daher in der Kanzlei des Rechtsanwaltes nicht ohnehin bereits im Rahmen von **allg. Vertragsbedingungen** eine wirksame Haftungsbegrenzung regelmäßig vereinbart wird, ist dann zumindest auf eine **einzelfallbezogene** Haftungsbegrenzungsvereinbarung hinzuwirken.

> **Praxishinweis:**
> Aufgrund der nach § 51a Abs. 1 Nr. 1BRAO vorgeschriebenen Notwendigkeit einer Einzelfallvereinbarung ist in jedem Fall davon abzuraten, mit vorformulierten Texten zu arbeiten.[15] Ferner ist auf das Erfordernis des Empfangsbekenntnisses[16] auch in diesem Zusammenhang hinzuweisen, da bei Fehlen eines Empfangsbekenntnisses teilweise die Unwirksamkeit der Haftungsbegrenzungsvereinbarung vertreten wird. Ratsam ist daher, sich das Empfangsbekenntnis gesondert unterzeichnen zu lassen und das Empfangsbekenntnis nicht bereits in die Vereinbarung mit aufzunehmen.[17]

Da es sich in Fällen, in denen eine Haftungsbegrenzungsvereinbarung von Bedeutung werden wird, wohl ausnahmslos um Mandate mit hohem **Gegenstands-/Streitwert** und damit auch einem entsprechend hohem Vergütungsanspruch handelt, ist es sicherlich hinzunehmen, dass die Abwicklung des Abschlusses dieser Vereinbarung einschließlich der zu beachtenden Formalien zu einem zusätzlichen Aufwand führt.

---

15 *Kerscher/Tanck/Krug,* Erbrechtliche Mandat, § 5 Rn. 5 f.
16 OLG Düsseldorf MDR 2000, 420 zum Empfangsbekenntnis bei Honorarvereinbarungen.
17 *Bonefeld,* Haftungsfallen, Rn. 769.

Eine Haftungsbegrenzungsvereinbarung könnte wie folgt formuliert sein:

64 **Formulierungsbeispiel:** *Vereinbarung über die Begrenzung der Haftung*
zwischen
Herrn ...
und
RA ...
betreffend das Mandat
... / ...
wegen Pflichtteilsansprüchen am Nachlass nach Herrn ..., verst. am ...
Vorwort:
Herr ... hat Pflichtteilsansprüche am Nachlass des ..., verst. am ... . Zum Nachlass des Erblassers gehört u.a. neben einer hohen Beteiligung an der Unternehmensgruppe ... AG unfangreicher Grundbesitz u.a. in ..., sowie in ... . Herr ... ist der einzige leibliche Abkömmling des Erblassers und wurde mit notariellem Testament vom ... des Notars ... (Urk.Nr. ...) von der Erbfolge ausgeschlossen. Der Wert des für die Höhe der Pflichtteilsansprüche von Herrn ... maßgeblichen Nachlasses beträgt nach Einschätzung von Herrn ... mindestens ... Mio. €. Aufgrund der sich aus der Höhe der in Streit stehenden Pflichtteilsansprüche ergebenden Haftungsrisiken von Herrn RA ... bei Bearbeitung des Mandates wurde zwischen Herrn RA ... und Herrn ... die Frage der Haftungsbegrenzung ausführlich erörtert. Vor diesem Hintergrund schließen Herr ... und Herr RA ... folgende Vereinbarung zur Haftungsbeschränkung:
1. Die Haftung des beauftragten Herrn RA ... wird für Fälle der leichten Fahrlässigkeit auf einen Höchstbetrag von 250.000,– € beschränkt. Unberührt bleibt die Haftung für Vorsatz und grobe Fahrlässigkeit.
2. Herr RA ... wurde ausschließlich mit der zivilrechtlichen Geltendmachung der Ansprüche beauftragt. Eine Beauftragung zur Überprüfung von steuerlichen Fragen im weitesten Sinne, insbesondere zum Erbschaft- und Einkommensteuerrecht ist ausdrücklich nicht erfolgt, sondern wird Herrn ..., einem steuerlichen Berater, gesondert übertragen.
..., den ...
...
(Herr ...)
...
(RA ...)

65 Die Vereinbarung einer Haftungsbeschränkung könnte nach entsprechender mündlicher Erörterung auch im Rahmen eines an den Mandanten zu richtenden und von diesem zu bestätigendes Anschreibens formuliert werden,[18] wodurch dann bei Rücksendung des vom Mandanten bestätigten Schreibens auch ein Empfangsbekenntnis vorliegt.

---

18 Formulierungsbsp. bei *Bonefeld*, Haftungsfallen, Rn. 771 oder *Kerscher/Tanck/Krug*, Erbrechtliche Mandat, § 5 Rn. 10 ff.

IV. Tätigkeitsverbote und Mehrheit von Mandanten/Interessenkollision

Bei Annahme des Mandates, aber auch während der Bearbeitung des Mandates ist vom Rechtsanwalt genau zu prüfen, inwieweit sich für ihn ein Tätigkeitsverbot aufgrund **Vorbefassung** ergibt oder er aufgrund **Interessenkollision** zur Ablehnung und Niederlegung des Mandates verpflichtet ist. Gerade bei erbrechtlichen Mandaten ist daher die Prüfung veranlasst, inwieweit der Rechtsanwalt bereits in „derselben Rechtssache" tätig war, oder bei der Vertretung mehrerer Mandanten sich widerstreitende Interessen ergeben.

1. Tätigkeitsverbot nach § 45 BRAO

Aus § 45 BRAO ergibt sich, in welchen Fällen der Rechtsanwalt nicht in der Bearbeitung des Mandates tätig sein darf. Besondere Erwähnung verdienen hier die Fälle, in denen der Rechtsanwalt vorher als Schiedsrichter, Notar, Insolvenzverwalter, Nachlassverwalter, Testamentsvollstrecker, Betreuer oder in ähnlicher Funktion bereits befasst war, § 45 Abs. 1 BRAO. Im umgekehrten Fall ist ihm eine Tätigkeit in Angelegenheiten als Insolvenzverwalter, Nachlassverwalter, Testamentsvollstrecker, Betreuer oder in ähnlicher Funktion versagt, mit denen er bereits als Rechtsanwalt gegen den Träger des zu verwaltenden Vermögens befasst war. Ausdrücklich hinzuweisen ist allerdings darauf, dass die Vorbefassung eines Rechtsanwaltes i.R.d. **Testamentsgestaltung** gerade nicht ausschließt, dass er in diesem Testament dann vom Erblasser als **Testamentsvollstrecker** ernannt wird.[19]

2. Typische Fallkonstellationen zur Interessenkollision

In erbrechtlichen Mandaten tritt in verschiedenen Fallkonstellationen häufig die Gefahr einer Interessenkollision auf. Als Beispiele können insbesondere genannt werden:

a) Beauftragung eines Rechtsanwaltes durch eine Erbengemeinschaft

Nicht selten wird der Rechtsanwalt durch mehrere Erben beauftragt, sie i.R.d. **Erbauseinandersetzung** zu unterstützen. Eine gleiche Situation ergibt sich bei der Beauftragung des Rechtsanwaltes zur Vertretung mehrerer Erben gegen einen Testamentsvollstrecker. Auch wenn in derartigen Situationen häufig gerade zu Beginn des Mandates durchaus Einvernehmen zwischen den in der gleichen Sache beteiligten Mandanten besteht, kann sich dies im Verlauf der Bearbeitung sehr schnell ändern. So kann sich z.B. aus einer i.R.d. Erbauseinandersetzung nach §§ 2055 ff. BGB durchzuführenden Ausgleichung dann doch das Vorliegen von **widerstreitenden Interessen** ergeben. Gleiches kann sich auch im Zusammenhang mit einem zur Durchführung der Auseinandersetzung notwendigen Verkauf eines Grundstückes ergeben, also wenn hinsichtlich des Kaufpreises oder des Käufers Streit zwischen den Erben auftritt. Auch über die einzelnen Zeitpunkte von **lebzeitigen Zuwendungen** kann wegen der in § 2329 Abs. 3 BGB enthaltenen Regelungen, wonach sich eine Anspruch zunächst gegen den zuletzt Beschenkten richtet, schnell Streit ergeben und ein zunächst bestehendes Einvernehmen unter den Mandaten in das Gegenteil umschlagen. Nachdem der Rechtsanwalt bei Auftreten dieser zunächst nicht zu erwartenden Interessenkollision bzw. des Vorliegens widerstreitender Interessen gezwungen sein könnte, alle in diesem Zusammenhang vorliegenden Mandate zu beenden, ist grundsätzlich bei der Annahme von Mandaten mehrerer Erben zu größter Vorsicht zu raten.

---

19 Anm.: ein an der Beurkundung eines Testamentes beteiligter Notar kann dagegen nicht wirksam zum Testamentsvollstrecker ernannt werden, §§ 27, 7 BeurkG.

> **Praxishinweis:**
> Zudem wird es vom Rechtsanwalt zu fordern sein, dass er bei Vertretung mehrerer Mitglieder einer Erbengemeinschaft bereits bei Mandatsannahme alle Mandanten auf die Gefahr des Eintritts einer Interessenkollision und die daraus möglichen Folgen der Beendigung aller Mandate hinweist. Es wird letztlich zu empfehlen sein, dass der Rechtsanwalt die Übernahme der Vertretung mehrerer Mitglieder der Erbengemeinschaft ablehnt.

b) Vertretung mehrerer Pflichtteilsberechtigter

70 Auch bei der Vertretung mehrerer Pflichtteilsberechtigter ist das Entstehen einer Interessenkollision nicht auszuschließen. Zwar besteht zwischen Pflichtteilsberechtigten, die jeweils durch eine testamentarische Verfügung von der Erbfolge ausgeschlossen wurden, regelmäßig Einvernehmen hinsichtlich des Vorgehens gegen den/die Erben, jedoch kann sich auch hier wegen ausgleichungspflichtiger und wegen § 2316 BGB auch bei der Berechnung der Pflichtteilsansprüche zu berücksichtigender **Vorempfänge** Streit ergeben. Gleiches ergibt sich auch bzgl. der Frage von Vorempfängen, die bei dem einen Mandanten zu Pflichtteilsergänzungsansprüchen nach § 2325 BGB und bei dem anderen Mandanten zusätzlich aber zu einer Anrechnung nach § 2327 BGB führen.

> **Praxishinweis:**
> Auch in diesen Fällen, in denen zunächst das Auftreten einer Interessenkollision auf den ersten Blick unwahrscheinlich erscheint, sollte bereits i.R.d. Mandatsannahme bzw. Aufklärung des Sachverhaltes genau die Frage des Vorliegens ausgleichungspflichtiger Vorempfänge geprüft werden. Auch wenn das Vorliegen einer Interessenkollision zunächst bei Mandatsannahme fern liegt, sollte soweit der Rechtsanwalt sich zur Vertretung mehrerer Pflichtteilsberechtigter entschließt dennoch ein Hinweis an alle Mandanten zur Folge einer ggf. auftretenden Interessenkollision obligatorisch sein.

c) Beratung von Ehegatten bei der Gestaltung eines gemeinschaftlichen Testaments bzw. Ehegattenerbvertrages

71 Grundsätzlich besteht bei Mandaten, bei denen die Ehegatten den Rechtsanwalt mit einer Beratung oder Gestaltung einer gemeinschaftlichen Verfügung von Todes wegen beauftragen, i.d.R. Einvernehmen zwischen den Ehegatten. Die Ehegatten erscheinen in den meisten Fällen gemeinsam beim Rechtsanwalt und haben sich bereits gemeinsame **übereinstimmende Vorstellungen** über ihre zu treffenden Anordnungen gebildet. Gerade aus der Beratung des Rechtsanwaltes können dann aber nicht selten Interessengegensätze auftreten. Dies kann sich z.B. aus der Beratung über Pflichtteilsansprüche von Abkömmlingen aus einer **früheren Ehe oder Partnerschaft** eines Ehegatten oder Pflichtteilsrechten von Eltern bei Fehlen von Abkömmlingen ergeben. Auch die Frage der Bindung des überlebenden Ehegatten hinsichtlich einer **Schlusserbeneinsetzung** birgt die Gefahr, dass erst im Rahmen einer entsprechenden anwaltlichen Beratung die Ehegatten erkennen, dass ihre zunächst angenommen Vorstellungen doch nicht in vollem Umfang übereinstimmen. Auch wenn in derartigen Fällen dann letztlich unter Vermittlung des Rechtsanwaltes bzw. bei entsprechender Darstellung der Gestaltungsmöglichkeit doch eine Einigung zwischen den Ehegatten erzielt werden kann, muss der Rechtsanwalt in diesen Fällen großes Augenmerk darauf richten,

dass der Wille und die Gestaltungswünsche des jeweilgen Ehegatten tatsächlich im Gestaltungsvorschlag entsprechend Niederschlag gefunden haben.

d) Beratung der Parteien eines Übergabevertrages

In der Beratung von Parteien bei lebzeitigen Vermögensübertragungen wird das Vorliegen von Interessengegensätzen regelmäßig sehr schnell deutlich. Zwar besteht zwischen Übergeber und Übernehmer regelmäßig grundsätzliches **Einvernehmen** hinsichtlich der gewünschten Überlassung, jedoch treten dann bei der Erörterung über die einzelnen Details der Übertragung nicht selten **widerstreitende Interessen** zu Tage. Diese können sich bspw. aus dem Umfang der von den Übernehmern regelmäßig gewünschten **Altersversorgung** ergeben. Auch bei den Bedingungen zu etwaigen **Rückübertragungsvorbehalten** – insbesondere in Abhängigkeit von ehevertraglichen Vereinbarungen des Übernehmers mit seinem Ehegatten – in Abhängigkeit vom Bestand der Ehe oder im Übertragungs- oder Verkaufsfalle treten häufig erst i.R.d. anwaltlichen Beratung die widerstreitenden Interessen zwischen dem Übergeber und Übernehmer auf. Gleiches entsteht nicht selten bei Erörterungen über die Frage, ob und in welcher Höhe bzw. zu welchem Zeitpunkt der Übernehmer **Ausgleichszahlungen** an **weichende Geschwister** zu zahlen hat. Noch schwieriger stellt sich diese Konstellation dar, wenn auch die „weichenden Geschwister" mit in die Beratung einbezogen werden, da diese dann regelmäßig im Gegenzug Erklärungen zu einem (gegenständlich beschränkten) Pflichtteilsverzicht abgeben sollen. 72

In derartigen Fällen sollte der Rechtsanwalt genau überlegen, inwieweit er von Anfang an lediglich die Bereitschaft zur Übernahme des Mandates von einem der Beteiligten erklärt und die Gründe hierfür ausführlich den Beteiligten erläutert. Etwaige Einbußen hinsichtlich der Vergütung des Rechtsanwaltes bezogen auf die Vertretung nur eines Mandanten sollten in diesen Fällen sicherlich nicht maßgeblich sein. Zudem bietet sich in derartigen Angelegenheiten ohnehin an, die Berechnung der Vergütung auf der Grundlage einer Vergütungsvereinbarung zu regeln. 73

V. Mandantenschreiben/Mandatsbestätigung:

Praxishinweis: 74
Gerade in erbrechtlichen Mandaten ist es anzuraten, nach Mandatserteilung, Sachverhaltsaufnahme sowie ggf. auch erforderlich gewordener Klärung von Vergütungs- und Haftungsfragen, dies im Rahmen eines Anschreibens gegenüber dem Mandanten nochmals ausdrücklich zusammenzufassen.

Selbst in Fällen, in dem sich das Mandat auf ein „**erstes Beratungsgespräch**" beschränkt hat, vermag ein entsprechendes Mandantenschreiben spätere Unklarheiten und Streitigkeiten hinsichtlich des dem Rechtsanwalt zur Beratung mitgeteilten Sachverhaltes sowie auch des Inhaltes der Beratung zu vermeiden. Gerade in Fällen, in denen der Rechtsanwalt von Mandanten in Begleitung einer weiteren Person aufgesucht wird oder der Rechtsanwalt erst mehrere Monate später aufgrund einer vermeintlich fehlerhaften Beratung auf Haftung in Anspruch genommen wird, erweist sich ein derartiges Anschreiben als äußerst hilfreich. Auch wenn sicherlich bei diesen Mandaten mit geringer Vergütung die Frage des vertretbaren Aufwandes gerechtfertigt ist, so sollte zumindest eine kurze Zusammenfassung des dem Rechtsanwalt mitgeteilten Sachverhaltes sowie die wesentlichen Inhalte der Beratung und Hinweise, wie z.B. ein Hinweis auf laufende Verjährungsfristen, erfolgen. Dies kann dabei regelmäßig mit der Übersendung der Vergütungsabrechnung verbunden werden. Im Fall der möglichen 75

Anschlussbeauftragung dient dieses Schreiben ferner zur Vorbereitung auf einen weiteren Besprechungstermin bzw. erspart möglicherweise „peinliche" erneute Nachfragen beim Mandanten.

76 Auch in Fällen, in denen der Rechtsanwalt das Ergebnis einer sich an einen Besprechungstermin anschließenden rechtlichen Prüfung dem Mandanten schriftlich mitteilt oder der Mandat selbst eine schriftliche **Zusammenfassung der Beratung** wünscht, sollte auf die zusammenfassende Darstellung des zugrunde gelegten Sachverhaltes großes Augenmerk gerichtet werden. Durch ein sorgfältig abgefasstes und ausführliches Anschreiben an den Mandanten werden Missverständnisse zwischen Rechtsanwalt und Mandanten sowohl hinsichtlich der Sachverhaltsgrundlagen und dem Auftragsumfang als auch hinsichtlich der Hinweise zu Vergütung und Prozessrisiken vermieden. Ferner bietet dieses Schreiben dem Mandant die Möglichkeit, nochmals seine gegenüber dem Rechtsanwalt mitgeteilten Angaben auf ihre Richtigkeit und Vollständigkeit hin zu überprüfen.

77 Soweit zwischen dem Rechtsanwalt und dem Mandanten **besondere Vereinbarungen** zur Vergütung und/oder Haftungsbeschränkung getroffen wurden, dient dieses Schreiben – mit dem gleichzeitig um Empfangsbestätigung durch den Mandanten gebeten wird – zur Übersendung der Vergütungs- und Haftungsbeschränkungsvereinbarung.

78 **Praxishinweis:**
Die **Gliederung** dieses Anschreibens könnte daher wie folgt aussehen:
(1) Sachverhaltsfeststellungen:
- beteiligte Personen (einschließlich Verwandtschaftsverhältnissen, Güterstand)
- Vermögen und Vorempfänge (einschließlich Belastungen, Verfügungsbeschränkungen etc.)
- erbrechtliche Verfügungen (testamentarische Verfügungen, Erb- und Pflichtteilsverzichte, Ausschlagungserklärungen etc.)
- Besonderheiten zum Sachverhalt (z.B. getrennt lebende Ehegatten, behinderter Abkömmling)

(2) Mandantenziele/Vorstellung des Mandanten:
- (z.B. Alterssicherung, Gleichstellung der Kinder, Schutz des Vermögens etc.)

(3) rechtliche Ausführungen:
- Zusammenfassung des Inhaltes der Ausführungen anlässlich des Mandantengespräches
- Ergänzung um das Ergebnis der weiteren rechtlichen Prüfung
- Darstellung von Lösungsvorschlägen
- Hinweise zur Verjährung
- Hinweise zu Vergütung und Prozess(-kosten)risiken

(4) Umfang der Beauftragung

(5) Bestätigung und Übersendung zusätzlicher Vereinbarungen mit der Aufforderung zur Rückbestätigung, wie
- Vergütungsvereinbarung
- Haftungsbeschränkungsvereinbarung

D. Besonderheiten bei vermögensverwaltenden Tätigkeiten im Erbrecht

I. Allgemeines

Die Bearbeitung einer größeren Anzahl erbrechtlicher Mandate durch einen Rechtsanwalt hat nicht selten zur Folge, dass er auch mit vermögensverwaltenden Tätigkeiten aus dem Bereich des Erbrechtes in Berührung kommt, d.h. ihm die Funktion eines Vermögensverwalters in Form eines **Testamentsvollstreckers, Nachlasspflegers oder Nachlassverwalters** übertragen wird. Auch wenn sich sicherlich bei Nachlasspflegschaften und Nachlassverwaltungen die berechtigte Frage stellen lässt, ob derartige „Mandate" als wirtschaftlich lukrativ anzusehen sind,[20] so sind sie sicherlich geeignet, die erbrechtliche Kompetenz des „Erbrechtsfachanwaltes" herauszustellen bzw. zu dokumentieren. Ferner fördert die Bearbeitung solcher Mandate auch den Kontakt zum eigenen örtlichen Nachlassgericht. Die Tätigkeit als Testamentsvollstrecker kann dagegen auch hinsichtlich der daraus resultierenden Vergütungsansprüche durchaus interessant sein, auch wenn das Amt des Testamentsvollstreckers nicht selten mit erheblichem Arbeitsaufwand, wie auch großem Konfliktpotential verbunden sein kann.

II. Einzelne Tätigkeiten

Im Folgenden soll daher kurz auf die Besonderheiten bei der Annahme und Führung einer solchen vermögensverwaltenden Tätigkeit eingegangen werden.

1. Annahme des Amtes des Testamentsvollstreckers

Der Testamentsvollstrecker „hat die Stellung eines Treuhänders und ist **Inhaber eines privaten Amtes**, zu dem er allein durch den Willen des Erblassers berufen ist, auch wenn er von anderer Seite zum Testamentsvollstrecker ernannt worden ist".[21] Der Testamentsvollstrecker übt sein Amt aus eigenem Recht aus und hat eine weitgehend freie Stellung gegenüber den Erben. Auch wenn § 2218 BGB die entsprechende Anwendung von Auftragsvorschriften bestimmt, beruht die Stellung des Testamentsvollstreckers nicht auf einem Auftragsverhältnis. Zwischen Erben und Testamentsvollstrecker besteht vielmehr ein **gesetzliches Schuldverhältnis**, wobei die Erben anders als bei einem Auftragsverhältnis nicht gegenüber dem Testamentsvollstrecker weisungsbefugt sind.[22]

Der Testamentsvollstrecker wird daher nicht aufgrund einer Mandatserteilung tätig, sondern aufgrund **Ernennung durch den Erblasser** (§ 2197 BGB), durch einen Dritten (§§ 2198, 2199 BGB) oder durch das Nachlassgericht (§ 2200 BGB). Das Amt des Testamentsvollstreckers beginnt jedoch dabei nicht bereits mit seiner Ernennung und dem Eintritt des Todesfalles, sondern nach § 2202 BGB erst in dem Zeitpunkt, in welchem der Testamentsvollstrecker die **Annahme des Amtes** gegenüber dem Nachlassgericht erklärt (§ 2202 Abs.1 und 2 BGB).

---

20 Anm.: Die Vergütung wird entgegen früherer Vorgehensweisen zwischenzeitlich nur noch auf der Grundlage des Zeitaufwandes des Nachlasspflegers/Nachlassverwalters berechnet; dabei kommt es je nach regionaler Handhabung bzw. Rechtsansicht dann auch bei unzulänglichen Nachlässen zur Anwendung des Berufsvormündervergütungsgesetzes u. daher zum Ansatz von Stundensätzen zwischen 31,– € – 150,– €, vgl. im Einzelnen *Zimmermann*, Nachlasspflegschaft, Rn. 738 ff. insbes. Rn. 784.
21 BGHZ 25, 275, 279.
22 MünchKomm/*Brandner*, § 2218 Rn. 1.

83 **Praxishinweis:**
Dabei ist dem Testamentsvollstrecker dringend anzuraten, sich vor der Entscheidung über die Annahme des Amtes so umfassend wie möglich über die auf ihn ihm konkreten Nachlassfall zukommenden Aufgaben durch Einblick in die Nachlassakte, einschließlich der vorhandenen testamentarischen Verfügungen zu informieren.

84 Auch die häufig zum Anlass von Streitigkeiten werdende Frage der Höhe der **Vergütung** des Testamentsvollstreckers verdient hierbei großes Augenmerk, also insbesondere die Klärung, inwieweit durch den Erblasser im Testament Anordnungen zur Vergütung getroffen wurden. Nach § 2221 BGB steht dem Testamentsvollstrecker zwar eine angemessene Vergütung zu, jedoch findet keine gerichtliche Überprüfung statt, wenn der Erblasser zur Höhe der Vergütung Regelungen getroffen oder diese sogar ausgeschlossen hat.[23] Dem Ernannten ist daher anzuraten, vor Annahme des Amtes, hierüber eine Klärung durch Abschluss einer Vereinbarung über die Vergütung herbeizuführen.[24]

85 Nach Annahme des Amtes des Testamentsvollstreckers obliegt dem Testamentsvollstrecker die Verpflichtung, den Nachlass in Besitz zu nehmen und zu verwalten, § 2205 BGB. Ferner hat er den Erben unverzüglich ein **Nachlassverzeichnis** mitzuteilen und ihnen bei der Aufnahme eines Inventars (§ 1993 BGB) erforderliche Beihilfe zu leisten, § 2215 Abs.1 BGB. Anders als bei einem durch einen Mandanten erteilten Mandates ist der als Testamentsvollstecker tätige Rechtsanwalt daher aufgrund seines Amtes zur **umfassenden Aufklärung** des Sachverhaltes, insbesondere der Feststellung der zum Nachlass gehörenden Vermögensgegenstände (Aktiva und Passiva) verpflichtet. Er kann sich dabei nicht auf Angaben des/der Erben verlassen, sondern muss sich selbst durch Nachforschungen über den Umfang des Nachlasses informieren.

86 Auch wenn die Erben gegenüber dem Testamentsvollstrecker nicht weisungsbefugt sind, so treffen den Testamentsvollstrecker dennoch umfasende Pflichten gegenüber den Erben, wie **Auskunfts- und Rechnungslegungspflichten** nach §§ 2218 i.V.m. 666 BGB. Insbesondere in den Fällen der Auseinandersetzungsvollstreckung nach § 2205 BGB trifft den Testamentsvollstrecker bei Beendigung seines Amtes, also bei Vollzug der Auseinandersetzung, die Verpflichtung zur Herausgabe des Nachlasses nach §§ 2218 i.V.m. § 667 BGB.

87 Ferner ist der Testamentsvollstrecker den Erben gegenüber nach § 2219 BGB haftbar. Häufig sind gerade Fragen der **ordnungsgemäßen Verwaltung** des Nachlasses nach § 2216 BGB Anlass dafür, dass der Testamentsvollstrecker von den Erben auf Schadensersatz in Anspruch genommen wird. Bei groben Pflichtverletzungen oder Unfähigkeit zur Amtsführung kann das Nachlassgericht den Testamentsvollstrecker auf Antrag eines Beteiligten entlassen, § 2227 BGB.

88 Das Amt des Testamentsvolleckers stellt insgesamt hohe Ansprüche an die Tätigkeit des Rechtsanwaltes, wobei er zwar aufgrund seiner weitgehend freien Stellung unabhängig von Weisungen der Erben handelt und auch nicht einer direkten Aufsicht durch das Nachlassgericht unterliegt,[25] andererseits sich neben den Anforderungen an fundierte Kenntnisse im Erbrecht, der hohen Verantwortung hinsichtlich der ord-

---

23 *Bengel/Reimann*, Testamentsvollstreckung, X Rn. 1.
24 *Bengel/Reimann*, Testamentsvollstreckung, X Rn. 1.
25 *Reimann*, FamRZ 1995, 588.

nungsgemäßen Verwaltung einschließlich Sicherung des Nachlasses, auch seiner sicherlich nicht unbedeutenden Haftung, bewusst sein muss.

2. Annahme der Bestellung zum Nachlasspfleger

Liegen die Voraussetzungen für die Anordnung einer Nachlasspflegschaft wegen eines Sicherungsbedürfnisses nach § 1960 BGB vor oder kommt es aufgrund eines Antrages nach § 1961 BGB zur Anordnung einer sog. Prozesspflegschaft, so bestellt das Nachlassgericht nach § 1962 BGB einen Nachlasspfleger mit dem Wirkungskreis der selbständigen Verwaltung des Nachlasses.[26]

„Der Nachlasspfleger vertritt die unbekannten Erben, er ist gesetzlicher Vertreter der **unbekannten Erben** (Vertretertheorie)"[27] Anders als der Testamentsvollstrecker untersteht der Nachlasspfleger der Aufsicht durch das Nachlassgericht, dass sich seiner zur Erfüllung der staatlichen Fürsorgepflicht bedient.[28] Das Nachlassgericht hat demnach den Nachlasspfleger zu überwachen, aber auch zu unterstützen und gegen etwaige Pflichtwidrigkeiten mit Ge- und Verboten vorzugehen.[29] Für eine Vielzahl von Handlungen benötigt zudem der Nachlasspfleger die Genehmigung seitens des Nachlassgerichtes, § 1915 i.V.m. §§ 1806 ff. BGB.

Die **Aufgaben** des Nachlasspflegers werden durch den Wirkungskreis bestimmt, den das Nachlassgericht nach dem Bedürfnis des jeweiligen Einzelfalles bestimmt. Die Erbenermittlung ist nur unter besonderen Voraussetzungen von diesem Wirkungskreis umfasst.[30]

Auch wenn der Nachlasspfleger demnach Vertreter der – noch unbekannten – Erben ist, beruht seine Tätigkeit nicht auf einer **Mandatserteilung**, sondern auf einer Bestellung durch das Nachlassgericht, das sich des Nachlasspflegers zur Erfüllung seiner staatlichen **Fürsorgepflicht** bedient. Demzufolge unterscheidet sich auch diese Tätigkeit bereits dem Grunde nach von den regelmäßigen Mandatserteilungen.

Dies wird vor allem auch durch die den Nachlasspfleger treffenden **Pflichten** deutlich, wie insbesondere:

– eigenverantwortliche Ermittlung des Nachlasses und Erstellung eines Nachlassverzeichnisses
– Trennung von Nachlassvermögen zu Vermögen des Nachlasspflegers.
– Inbesitznahme des Nachlasses
– Verwaltung des Nachlasses (Geldvermögen, Einzug von Forderungen, Verwaltung von Grundstücken)
– Klärung der Bestattung
– Klärung der Nachlassverbindlichkeiten
– Zahlung von Steuerschulden; Wahrnehmung der steuerlichen Erklärungspflichten etc.

---

26 Palandt/*Edenhofer*, § 1962 Rn. 2.
27 *Zimmermann*, Nachlasspflegschaft, Rn. 211.
28 BGH NJW 1983, 226.
29 Palandt/*Edenhofer*, § 1960 Rn. 16.
30 Palandt/*Edenhofer*, § 1960 Rn. 17.

94 Da der Nachlasspfleger zu sichern und zu verwalten hat, gehört es nicht zu seinen Aufgaben Nachlassgegenstände zu veräußern,[31] auch wenn er hierzu i.R.d. pflichtgemäßen Handelns berechtigt ist.[32]

95 Das Amt des Nachlasspflegers ist daher durch umfassende Befugnisse und daher trotz der Aufsicht und des teilweise für einzelne Handlungen bestehenden Genehmigungsvorbehaltes von hoher **Eigenverantwortung** geprägt. Besonderes Augenmerk bei der Übernahme einer Nachlasspflegschaft verdient auch die Frage der aus der Tätigkeit erzielbaren **Vergütung**. Dies insbesondere bei mittellosen Nachlässen, in welchen die Vergütung des Nachlasspflegers aus der Staatskasse erstattet wird. Hier kommt es aufgrund der Verweisung nach § 1815 BGB auf die Vorschriften über die Vormundschaft zur Anwendung des § 1836a BGB. Es ist demzufolge davon auszugehen, das auch die seit dem 1.1.1999 geltenden Vergütungssätze nach § 1 BVormVG (i.H.v. 31,- €/Std. für den Rechtsanwalt als Nachlasspfleger) als Höchstgrenze von den Nachlassgerichten bei der Vergütungsfestsetzung zugrund gelegt werden.[33]

96 In jedem Fall muss jedoch die für die Festsetzung der Vergütung nach § 1836 Abs. 2 Satz 4 BGB bestehende **Ausschlussfrist von 15 Monaten** genauestens beachtet werden, da diese von Amts wegen bei der Vergütungsfestsetzung durch das Nachlassgericht zu beachten ist.[34]

97 Inwieweit es dem Nachlasspfleger gelingt, mit den letztlich ermittelten Erben eine grundsätzlich mögliche Vereinbarung über die Vergütungshöhe[35] zu erzielen, ist sicherlich zunächst zum Beginn der Nachlasspflegertätigkeit noch nicht abzusehen. Hier ist der Nachlasspfleger auf den „good will" der Erben angewiesen, die allerdings im Zweifelsfall nur einer Vereinbarung in Höhe der durch das Nachlassgericht festzusetzenden Vergütung zustimmen werden.

98 **Praxishinweis:**
Es ist daher dem Rechtsanwalt dringend die Überlegung nahe zu legen, inwieweit die Tätigkeit als Nachlasspfleger sich organisatorisch mit den sonstigen Tätigkeiten in Übereinstimmung bringen und auch unter Berücksichtigung der relativ geringen Vergütung wirtschaftlich sinnvoll gestalten lässt.

3. Annahme der Bestellung zum Nachlassverwalter

99 Die Nachlassverwaltung nach § 1975 BGB ist begrifflich **„eine Nachlasspflegschaft zum Zwecke der Befriedigung der Nachlassgläubiger"**. „Faktisch handelt es sich um ein insolvenzähnliches Verfahren (vgl. § 1984 BGB). Der Nachlassverwalter führt ein Amt zur Verwaltung fremden Vermögens."[36] Sie ist nur wenig verbreitet. Wesentlicher Grund und Folge der Beantragung der Nachlassverwaltung ist die **Beschränkung der Erbenhaftung**. In den meisten Fällen, in denen der Erbe das Erfordernis der Beschränkung der Erbenhaftung sieht, kommt es daher häufig sofort zu einem Antrag auf Eröffnung des Nachlassinsolvenzverfahrens. Wurde zunächst Antrag auf Anord-

---

31 *Zimmermann*, Nachlasspflegschaft, Rn. 282.
32 Palandt/*Edenhofer*, § 1960 Rn. 17.
33 Anm.: Ob dies allerdings vor dem Hintergrund der unterschiedlichen Tätigkeit und Intereressenlage von Nachlasspfleger und Vormund/Betreuer vertretbar ist, erscheint als überaus fraglich u. ist auch nicht mit fiskalischen Interessen zu begründen; vgl. auch *Zimmermann*, ZEV 2001, 15.
34 Palandt/*Edenhofer*, § 1836 Rn. 12.
35 *Zimmermann*, Nachlasspflegschaft, Rn. 805.
36 *Zimmermann*, Nachlasspflegschaft, Rn. 87.

D. Besonderheiten bei vermögensverwaltenden Tätigkeiten im Erbrecht

nung der Nachlassverwaltung gestellt, münden derartige Verfahren regelmäßig in das Nachlassinsolvenzverfahren, da der Nachlassverwalter im Rahmen seiner Ermittlungen die Überschuldung des Nachlasses feststellt und in diesem Fall nach § 1985 Abs. 2 i.V.m. § 1980 BGB zur Stellung eines **Nachlassinsolvenzantrages** verpflichtet ist. Den Nachlassverwalter trifft dabei sicherlich eine erhöhte Sorgfaltspflicht im Hinblick auf die Prüfung der Zulänglichkeit der vorhandenen Nachlassmasse, bei deren Verletzung er nach § 1980 BGB den Nachlassgläubiger zum Schadensersatz verpflichtet ist. „Zahlungen an Nachlassgläubiger sind ihm daher erst nach sorgfältiger Zulänglichkeitsprüfung gestattet".[37]

Nach § 1987 BGB steht dem Nachlassverwalter für die Führung seines Amtes eine **angemessene Vergütung** zu. Seit der Neuregelung in § 1836 BGB ist dabei auf den Zeitaufwand und einen dem Beruf des Verwalters angemessenen Stundensatz abzustellen.[38] Im Fall der **Eröffnung des Nachlassinsolvenzverfahrens** haben derartige Vergütungsansprüche zwar den Rang einer **Masseverbindlichkeit** nach § 324 Abs.1 Nr. 4, 6 InsO, jedoch ist bei Anzeige der Masseunzulänglichkeit durch den Nachlassinsolvenzverwalter der Vergütungsanspruch des Nachlassverwalters nicht mehr als gesichert anzusehen. Gleiches gilt selbstverständlich in den Fällen der Ablehnung der Eröffnung des Insolvenzverfahrens mangels einer die Verfahrenskosten deckenden Masse, § 26 InsO. Soweit daher aus dem Nachlass keine Befriedigung der Vergütung zu erlangen ist, wird auch in der Nachlassverwaltung als besondere Form der Nachlasspflegschaft der Rechtsanwalt auf die Erstattung seiner Vergütung aus der Staatskasse angewiesen sein. Inwieweit sich dann der Erstattungsanspruch durch entsprechende Anwendung von § 1836 a BGB bzw. § 1 BVormVG auf einen Stundensatz von max, 31,- € beschränkt, dürfte dabei gerade bei den Tätigkeiten als Nachlassverwalter sicherlich nicht mehr als angemessene Vergütung angesehen werden können, kann aber zum derzeitigen Zeitpunkt noch nicht als gesichert angesehen werden.

100

---

37 Palandt/*Edenhofer*, § 1985 Rn. 6.
38 Palandt/*Edenhofer*, § 1987 Rn. 2.

2. Kapitel
Kosten in Erbsachen

Übersicht:

	S.
A. Wesentliche Änderungen durch das RVG	33
B. Einzelheiten zu den wesentlichen Änderungen für die Abrechnungspraxis	34
I. Allgemeines	34
1. Gegenstand des Auftrages	34
2. Der Abgeltungsbereich der Gebühren	35
a) Einheitlicher Auftrag	36
b) Innerer Zusammenhang	36
3. Vergütung bei mehreren Angelegenheiten und bei mehreren Auftraggebern	37
a) Allgemeines	37
b) Mehrere Auftraggeber	38
c) Gegenstandsverschiedenheit	39
d) Durchführung der Gebührenerhöhung	40
e) Gesamtschuldnerische Haftung	40
II. Besonderheiten bei der außergerichtlichen Tätigkeit des Rechtsanwalts und FGG-Verfahren	41
1. Neue Geschäftsgebühr der Nr. 2400 VV	41
a) Höhe der Geschäftsgebühr	41
b) Das FGG-Verfahren	41
c) Problem durch den anrechnungsfreien Teil der Geschäftsgebühr - Informationspflicht bei der Geschäftsgebühr?	42
2. Einigungsgebühr	45
3. Terminsgebühr	46
4. Gebühren bei Beschwerden und Berufung	49
a) Übersicht	49
b) Problem Beschwerde im Erbscheinsverfahren	49
C. Informationspflichten des Rechtsanwalts hinsichtlich der Vergütung	50
1. Nachfrage wegen Rechtsschutzversicherung	50
2. Hinweispflicht bei Erstberatungsmandat	51
3. Vergütungsvereinbarung	52

	S.
D. Abrechnungsbeispiele für das erbrechtliche Mandat	55
I. Abrechnung der Beratung und des Führens eines Geschäfts	55
1. Erstberatungsgebühr oder volle Beratungsgebühr?	55
2. Rahmengebühr und Abrechnung	56
3. Anrechnung bei Beratungsgebühr	57
a) Anrechnung bei Geschäftsgebühren etc.	58
b) Beispiele für die Durchführung der Anrechnung	59
II. Ausgewählte Abrechnungsbeispiele	61
1. Erstellung von Testamenten nach dem RVG	61
2. Abrechnung einer Erbauseinandersetzung	62
a) Erbauseinandersetzung ohne Vergleich	63
b) Erbauseinandersetzung mit Vergleich	64
3. Abrechnung im Erbscheinsverfahren	65
4. Berechnungsbeispiele für das gerichtliche Verfahren (z.B. Pflichtteil)	66
a) Auswirkung der Terminsgebühr bei Anerkenntnis	66
b) Die Anrechnung der Verfahrensgebühr	67
5. Ausgewählte Gebühren im Erbprozess	67
a) Ausschlagung und Haftungsbeschränkung	67
b) Stufenklage	68
aa) Auskunftsklage	68
bb) Stufenklage	68
cc) Steckengebliebene Stufenklage	68
dd) Antrag auf Abgabe der Eidesstattlichen Versicherung	69
c) Erbauseinandersetzungsklage	70
6. Gebühren im Zwangsvollstreckungsverfahren	70
a) Teilungsversteigerung	70
b) Zwangsvollstreckung des Auskunftsanspruchs nach § 888 ZPO	71

c) Eidesstattliche Versicherung nach § 889 ZPO	71	a) Grundsätze der Gegenstandswertbestimmung nach dem RVG	71
d) Rechtshängigkeitsvermerk	71		
7. Gegenstandswerte in Erbsachen	71		

Literaturhinweise:[1]

Bayer, Der Beratungsrechtsschutz gemäß §§ 25 Abs. 2 e, 26 Abs. 3 g ARB, VersR 1987, 959; *Bonefeld*, Erbrechtliche Beratung und Rechtsschutzversicherung, ZErb 1999, 11; *ders.*, Gebührentipps für Erbrechtspraktiker, ZErb 2001, 37; *Cambeis*, Problematischer Beratungsrechtsschutz, AnwBl. 1976, 330; *Enders*, Die anwaltliche Honorarrechnung in erbrechtlichen Angelegenheiten, Teil I – Die Annahme des Mandates und Belehrungspflichten des Rechtsanwalts über die anfallende Vergütung, JurBüro 2000, 449; *ders.*, Die anwaltliche Honorarrechnung in erbrechtlichen Angelegenheiten, Teil II – Der Auftrag und die gebührenrechtliche Angelegenheit, JurBüro 2000, 505; *ders.*, Die anwaltliche Honorarrechnung in erbrechtlichen Angelegenheiten, Teil III – Gebührenerhöhung bei mehreren Auftraggebern, JurBüro 2000, 561; *ders.*, Die anwaltliche Honorarrechnung in erbrechtlichen Angelegenheiten, Teil IV – Beratung, JurBüro 2000, 617; *ders.*, Die anwaltliche Honorarrechnung in erbrechtlichen Angelegenheiten, Teil V – außergerichtliche Tätigkeit, JurBüro 2001, 1; *ders.*, Die anwaltliche Honorarrechnung in erbrechtlichen Angelegenheiten, Teil VI – Gerichtliche Tätigkeit – Stufenklage, JurBüro 2001, 57; *ders.*, Die anwaltliche Honorarrechnung in erbrechtlichen Angelegenheiten, Teil VII – FGG-Verfahren, JurBüro 2001, 113; *ders.*, Die anwaltliche Honorarrechnung in erbrechtlichen Angelegenheiten, Teil VIII – Die Vergleichsgebühr, JurBüro 2001, 225; *ders.*, Die 2. Zwangsvollstreckungsnovelle und ihre Auswirkungen auf das Gebührenrecht, JurBüro 1999, 57; *ders.*, Außergerichtliche Tätigkeit – Mahnverfahren – ordentlicher Zivilprozeß – 3x Auslagenpauschsatz des § 26 Satz 2 BRAGO, JurBüro 1996, 561; *Hansens*, Gebührentips für Rechtsanwälte, ZAP Fach 24, 359; *Henke*, Anmerkung zu AG Karlsruhe AnwBl.1997, 500, AnwBl. 1997, 500; *Kohlhaas*, Probleme bei der Rechtsschutzversicherung, VersR 1976, 29; *Madert*, Die Erstberatungsgebühr, AnwBl. 1996, 246; *ders.*, Die Änderung der BRAGO durch das Kostenrechtsänderungsgesetz 1994, AnwBl. 1994, 305; *Mümmler*, Rechtsanwalt und Rechtsschutzversicherung, JurBüro 1984, 1602; *Pakulla*, Beratungsrechtsschutz gemäß den Allgemeinen Bedingungen für die Rechtsschutzversicherung (ARB), AnwBl. 1980, 221; *Raczinski/Rademacher*, Der problematische Beratungsrechtsschutz in den Allgemeinen Bedingungen für die Rechtschutzversicherung (ARB), AnwBl. 1991, 94; *Schmidt*, Zur Vergleichsgebühr des einen Rat erteilenden Rechtsanwalts, AnwBl. 1978, 132; *Ruby/Klinger*, Die Rechtsschutzversicherung im erbrechtlichen Mandat, ZEV 2004, 319; *Schneider, Norbert*, Höhe der Vergleichsgebühr bei Miteinbeziehung nicht anhängiger Ansprüche im Berufungsverfahren, MDR 1998, 197; *Schneider, Egon*, Vermeidung der Erstattungsablehnung von Kopiekosten, ZAP Fach 24, 476.

A. Wesentliche Änderungen durch das RVG

Aus den früheren 134 Vorschriften der BRAGO wurden nunmehr 61 des RVG. Die Gebühren selbst finden sich nicht mehr im RVG, sondern im eigens dafür geschaffenen Vermögensverzeichnis (VV) mit ca. 260 Kostentatbeständen.

Die bekannten Gebührenbeträge der §§ 11, 123 BRAGO ändern sich nicht. Die Änderungen betreffen vielmehr:
– die Gebühren selbst
– die Gebührenanrechnung
– die Gebührensätze

---

1 Die Reform der Anwaltsvergütung durch das Rechtsanwaltsvergütungsgesetz (RVG) hatte auch erhebliche Auswirkungen für die Abrechnung erbrechtlicher Verfahren. Selbstverständlich können in einer kurzen Gesamtdarstellung aller Themen zum FA Erbrecht nur die Besonderheiten der Berechnung der Kosten in Erbsachen dargestellt werden. Wegen allgemeiner Ausführungen zum Kostenrecht wird auf die einschlägige Kommentarliteratur verwiesen.

- den Gebührenrahmen
- die Festgebühren.

2 Des Weiteren gibt es keine Bruchteilsgebühren mehr, sondern wie beim alten GKG Dezimalgebühren.

3 Die nachfolgende Übersicht soll die wesentlichen Änderungen kurz darstellen:

Verfahrensart	Wegfallende Gebühren	Neue Gebühren
Außergerichtliche Vertretung	• keine Besprechungsgebühr mehr • keine Beweisaufnahmegebühr mehr	• stattdessen: einheitliche Geschäftsgebühr mit Rahmen 0,5 – 2,5
	• keine Vergleichsgebühr mehr	• stattdessen: Einigungsgebühr mit größerem Anwendungsbereich (1000 VV)
Gerichtliche Vertretung	• keine Prozessgebühr mehr	• stattdessen: Verfahrensgebühr 1,3 (3100 VV) Wichtig: Geschäftsgebühr wird nur noch zur Hälfte, höchstens aber zu 0,75 auf die Verfahrensgebühr angerechnet!
	• keine Erörterungsgebühr mehr • keine Beweisgebühr mehr	• stattdessen: Terminsgebühr 1,2 (3104 VV)
	• **Anerkenntnis löst keine 1/2 Verhandlungsgebühr nach § 33 BRAGO aus**	• stattdessen: volle Terminsgebühr 1,2 (3104 VV)
Beratung	• Änderung: Erhöhung von 180,00 € auf 190,00 €, sofern Mandant Verbraucher • ab dem 01.07.2006 muss entweder eine Honorarvereinbarung erfolgen oder aber es erfolgt nach § 612 BGB eine übliche Vergütung, die höchstens 250,00 € beträgt	
Mediation im Familien- und Erbrecht	Jetzt nach § 34 RVG abrechenbar	
Hilfeleistung in Steuersachen	Jetzt nach § 35 RVG abrechenbar	

B. Einzelheiten zu den wesentlichen Änderungen für die Abrechnungspraxis

I. Allgemeines

1. Gegenstand des Auftrages

Die Entstehung der einzelnen Gebühren ist abhängig vom **Auftrag** durch den Mandanten. Dementsprechend ist nicht ausschlaggebend, welche Tätigkeit tatsächlich vom Rechtsanwalt ausgeübt wurde. Wird der Rechtsanwalt beauftragt, eine Klage für den Mandanten abzuwehren und erklärt dieser für seinen Mandanten die Verteidigungsbereitschaft, kommt aber bei der Überprüfung der Klageschrift zu dem Ergebnis, dass keine hinreichende Erfolgsaussicht für den Mandanten besteht und rät er ihm letztendlich lediglich, den Anspruch anzuerkennen, liegt eine vorzeitige Beendigung des Auftrages vor, so dass sich die Verfahrensgebühr von 1,3 (1,6 für die Berufungsinstanz) um 0,5 auf 0,8 (1,1) reduziert.

Auch wenn der Rechtsanwalt nur beratend tätig war, so ist hier dennoch eine **Verfahrensgebühr** entstanden. Auf Grund der Neuregelung durch das RVG und dem VV wird nunmehr für alle bürgerlichen Streitigkeiten und Verfahren der Freiwilligen Gerichtsbarkeit eine einheitliche Verfahrensgebühr von 1,3 in Ansatz gebracht. Erkennt ein Rechtsanwalt, trotz ausdrücklichen Auftrages eine Klage einzureichen, dass zunächst noch eine Fristsetzung außergerichtlich gesetzt werden müsste, um ein sofortiges Anerkenntnis zu vermeiden und kommt es außergerichtlich zu einer Einigung zwischen den Parteien, dann hat der Rechtsanwalt wiederum nur einen Anspruch auf eine Vergütung nach Nr. 3101 VV-RVG i.H.v. 0,8. 5

Erkennt also ein Rechtsanwalt, dass er trotz Klageauftrags zunächst noch außergerichtlich tätig werden muss, sollte er sich auf jeden Fall einen neuen Auftrag durch den Mandanten erteilen lassen. Um hier für jeden Fall Klarheit für die Abrechnung des Anwalts zu schaffen, ist es ratsam, eine klar formulierte **Honorarvereinbarung** mit dem Mandanten zu schließen. 6

Neu ist die Einführung einer **Einigungsgebühr** i.H.v. 1,5 gem. Nr. 1000 VV. 7

Diese Gebühr entsteht für die Mitwirkung beim Abschluss eines Vertrages, durch den der Streit oder die Ungewissheit der Parteien über ein Rechtsverhältnis beseitigt wird, es sei denn, der Vertrag beschränkt sich ausschließlich auf ein Anerkenntnis oder einen Verzicht. Dies gilt auch für die **Mitwirkung** bei einer Einigung der Parteien i.R.v. schiedsrichterlichen Verfahren. Die Gebühr entsteht auch für die Mitwirkung bei Vertragsverhandlungen, es sei denn, dass diese für den Abschluss des Vertrages nicht ursächlich war. Für die Mitwirkung bei einem unter aufschiebender Bedingung oder dem Vorbehalt des Widerrufs geschlossenen Vertrages entsteht die Gebühr, wenn die Bedingung eingetreten ist oder der Vertrag nicht mehr widerrufen werden kann. 8

Die Einigungsgebühr kommt somit der Vergleichsgebühr nach § 23 BRAGO nahe. Im Unterschied zu ihr fällt die Einigungsgebühr jedoch auch dann an, wenn der Rechtsanwalt nur bei den Vertragsverhandlungen mitgewirkt hat und seine Mitwirkung für den Abschluss des Vertrages mitursächlich war. Um einen Missbrauch zu verhindern, entsteht die Gebühr nicht, wenn ein Anspruch bereits vollständig anerkannt oder auf ihn verzichtet wurde. Hierin ist keine Einigung der Parteien zu sehen. Außerdem soll durch den Wegfall der Voraussetzungen des gegenseitigen Nachgebens Streit darüber vermieden werden, welche Abreden als Nachgeben zu bewerten sind. Damit würde der Anwalt die Einigungsgebühr erhalten, wenn der Gegner ein Anerkenntnis abgibt und gleichzeitig sich verpflichtet, ein notarielles Schuldanerkenntnis mit Zwangsvollstreckungsunterwerfungsklausel herzureichen. 9

2. Der Abgeltungsbereich der Gebühren

Der Abgeltungsbereich der Gebühren richtet sich nach § 15 RVG, der die Regelung des alten § 13 BRAGO übernommen hat. Nach § 15 Abs. 2 Satz 1 BRAGO konnte der Rechtsanwalt die Gebühren in derselben Angelegenheit nur einmal fordern. Zwar wird in den §§ 16 bis 18 RVG immer wieder der Begriff der „Angelegenheit" benutzt, eine Begriffsbestimmung der „**Angelegenheit**" wird sich weder in der BRAGO noch im RVG finden, so dass zur näheren Bestimmung auf gerichtliche Entscheidungen 10 zurückgegriffen werden muss. Nach dem BGH[2] bedeutet die Angelegenheit *„den Rahmen, innerhalb dessen sich die anwaltliche Tätigkeit abspielt, wobei im Allgemeinen der dem Rechtsanwalt erteilte Auftrag entscheidet". „Als Gegenstand wird das Recht oder das Rechtsverhältnis angesehen, auf das sich auftragsgemäß die jeweilige anwaltliche Tätigkeit bezieht".*

11 Danach liegt eine Angelegenheit vor,[3] wenn
– dem Rechtsanwalt ein **einheitlicher Auftrag** erteilt wurde;
– der **gleiche Rahmen** bei der Verfolgung mehrerer Ansprüche eingehalten wird und
– zwischen den einzelnen Gegenständen/Ansprüchen ein innerer Zusammenhang besteht.

Eine gebührenrechtliche Angelegenheit ist nur dann anzunehmen, wenn alle vorgenannten drei Voraussetzungen erfüllt sind.

a) Einheitlicher Auftrag

12 Der einheitliche Auftrag muss nicht notwendig zum selben Zeitpunkt erteilt werden. Zeitlich nacheinander erteilte Aufträge können vom Rechtsanwalt noch als einheitlicher Auftrag verstanden werden.[4]

> ***Beispiel:***
> *Wollen zwei Pflichtteilsberechtigte Abkömmlinge ihre Ansprüche außergerichtlich durchsetzen und beauftragen sie zu unterschiedlichen Zeitpunkten den Rechtsanwalt mit der Geltendmachung in einem Aufforderungsschreiben, so liegt auch ein einheitlicher Auftrag und damit eine gebührenrechtliche Angelegenheit vor. Folglich wäre nur von zwei unterschiedlichen Aufträgen auszugehen, wenn in getrennten Aufforderungsschreiben die Geltendmachung erfolgt wäre.*

13 Wird der Rechtsanwalt zu einem **gleichgerichteten Vorgehen** für alle Auftraggeber berechtigt und verpflichtet, entsprechen die Aufträge somit einander nach Inhalt, Ziel und Zweck.[5] Wenn also ein Rechtsanwalt einen Teil der Ansprüche außergerichtlich und andere Ansprüche auftragsgemäß gerichtlich geltend macht, so handelt es sich um zwei gebührenrechtliche Angelegenheiten, weil der gleiche Rahmen bei der Verfolgung der Ansprüche nicht eingehalten wird.[6]

b) Innerer Zusammenhang

14 Ein innerer Zusammenhang ist immer dann gegeben, wenn die Angelegenheit einem **einheitlichen Lebenssachverhalt** entstammt,[7] also wenn die Ansprüche in einem gerichtlichen Verfahren geltend gemacht werden können. Macht ein Rechtsanwalt zunächst die Auskunft geltend und beziffert er anschließend dann den Pflichtteilsanspruch, um diesen geltend zu machen, so handelt es sich regelmäßig um einen einheit-

---

2 BGH MDR 1972, 765 sowie BGH AnwBl. 1976, 337.
3 So *Enders*, JurBüro 2000, 507.
4 *Kindermann*, S. 137.
5 BGH AnwBl. 1984, 501.
6 *Enders*, JurBüro 2000, 508.
7 *Kindermann*, S. 138.

lichen Lebenssachverhalt. Er ist zu verneinen, wenn die verschiedenen Ansprüche nicht zwischen denselben Personen bestehen. Er kann aber noch gegeben sein, wenn z.B. verschiedene Kläger wegen ihrer Ansprüche in einer Klage denselben Beklagten in Anspruch nehmen.[8]

Wird der Rechtsanwalt, nachdem er in **einer Angelegenheit** tätig geworden ist, vom Mandanten beauftragt, in der selben Angelegenheit weiter tätig zu werden, so erhält er gem. § 15 Abs. 5 RVG (§ 13 Abs. 5 BRAGO) nicht mehr an Gebühren, als er erhalten würde, wenn er vornherein hiermit beauftragt worden wäre. Ist der frühere Auftrag seit mehr als zwei Kalenderjahren erledigt, gilt die weitere Tätigkeit als neue Angelegenheit gem. § 15 Abs. 5 Satz 2 RVG (§ 13 Abs. 5 Satz 2 BRAGO). Diese Regelung führen dazu, dass es sich um eine neue gebührenrechtliche Angelegenheit handelt, wenn der Rechtsanwalt erst nach Beendigung des ersten Auftrages von dem selben Mandanten beauftragt wird, auch wenn er wiederum gegen den selben Gegner einen weiteren Anspruch geltend machen soll.[9]

15

Eine Angelegenheit ist grundsätzlich dann beendet, sobald der Rahmen, innerhalb dessen sich die anwaltliche Tätigkeit auftragsgemäß abspielen soll, ausgefüllt ist.[10]

16

Aus alledem wird deutlich, dass es zweckmäßig ist, den Umfang der Beauftragung so genau wie möglich schriftlich zu fixieren.

17

Praxishinweis:
Zur Vermeidung von Problemen bei der Abrechnung verschiedener Angelegenheiten, sollte der Rechtsanwalt auf seinen Vollmachten nur diejenigen Tätigkeiten erwähnen, die auch einheitlich als eine Angelegenheit abgerechnet werden sollen. Besser ist es, mehrere Vollmachten sich unterzeichnen zu lassen und jeweils genaue Tätigkeitsbereiche aufzuführen.
Nicht also z.B. Vollmacht i.S. X ./. Y wegen erbrechtlicher Ansprüche
Besser: ... wegen Herausgabe des Bildes „röhrender Hirsch" von Maier (bei Ansprüchen gegen Erbschaftsbesitzer)

3. Vergütung bei mehreren Angelegenheiten und bei mehreren Auftraggebern

a) Allgemeines

Die Werte mehrerer Gegenstände werden in derselben Angelegenheit gem. § 5 ZPO grundsätzlich **zusammengerechnet**. Die Anwaltsgebühren richten sich dann nach den zusammengerechneten Werten aller in der Klage geltend gemachten Ansprüche. Dies gilt nicht, wenn die geltend gemachten Ansprüche wirtschaftlich identisch sind, sofern nicht die Ausnahmen nach §§ 44, 45 GKG (§§ 18, 19 GKG a.F.) gegeben sind.

18

Nach § 7 RVG erhält der Rechtsanwalt nur einmal die Gebühren, wenn er in derselben Angelegenheit für **mehrere Auftraggeber** tätig wird.

19

Nach Nr. 1008 VV erhöht sich die Verfahrens- oder Geschäftsgebühr für jede weitere Person einfach um 0,3, wobei der Gebührensatz von 2,0 jedoch nicht überschritten werden darf. Durch den Zusatz in Nr. 1008 VV RVG wird deutlich, dass Auftraggeber in der derselben Sache mehrere Personen sind. Voraussetzung der Erhöhung ist,

20

---

8 *Enders*, JurBüro 2000, 508.
9 Gerold/Schmidt/v. Eicken/Madert, § 13 Rn 93.
10 Gerold/Schmidt/v. Eicken/Madert, § 16 Rn 6.

– dass es sich um **dieselbe Angelegenheit** handelt, d.h. der Gegenstand der anwaltlichen Tätigkeit für sämtliche Auftraggeber derselbe ist und

– dass der Anwalt für **mehrere** natürliche und/oder juristische **Personen** tätig wird.

b) Mehrere Auftraggeber

21 Mehrere Auftraggeber i.S.d. § 7 RVG (§ 6 BRAGO) sind bspw.:
– Ehegatten,[11]
– Erbengemeinschaft[12]
– mehrere Testamentsvollstrecker.[13]

22 Entscheidend ist letztendlich lediglich die Zahl der Vertretenen und nicht die Zahl der vertraglichen oder gesetzlichen Vertreter. § 7 RVG gilt unabhängig davon, ob der Rechtsanwalt die Erbengemeinschaft in einem Aktiv- oder Passivprozess vertritt.[14] Dies gilt auch dann, wenn die Erbengemeinschaft erst den Rechtsstreit vom Erblasser übernommen hat.[15] Ausnahmsweise kann aber auch bei der Vertretung einer Erbengemeinschaft eine Einzelvertretung vorliegen, wenn z.B. ein Unternehmen des Erblassers wie ein selbstständiges Rechtsgebilde in **ungeteilter Erbengemeinschaft** fortgeführt und vertreten wird.[16]

23 Die Begrenzung der **Auslagenerstattung** bei einer Unterrichtung von mehr als zehn Auftraggebern, wie dies noch § 6 Abs. 2 Satz 1 BRAGO vorsah, ist weggefallen.

24 Wenn der Rechtsanwalt bereits den Erblasser im Prozess vertreten hat, so werden nunmehr die weiteren Gebühren inklusive der Verfahrensgebühr erhöht. § 7 RVG gilt allerdings nicht bei Klagen eines **Miterben**, der nach § 2039 BGB Klage einreicht und Leistung an alle Erben verlangt.[17] Vertritt der Rechtsanwalt mehrere **Pflichtteilsberechtigte** gegen den Erben, handelt es sich hinsichtlich der Pflichtteilsgeltendmachung um mehrere selbstständige Ansprüche. § 7 RVG greift hier ebenfalls nicht ein.[18]

25 Wird ein Rechtsstreit durch den Tod einer Partei **unterbrochen** und nehmen die Rechtsnachfolger den Rechtsstreit wieder auf, so handelt es sich um eine gebührenrechtliche Angelegenheit, auch wenn der Rechtsanwalt zunächst die verstorbene Partei und später den Rechtsnachfolger in dem Verfahren vertritt.[19]

26 Bei Vorliegen einer Erbengemeinschaft als **Rechtsnachfolger** erhöht sich die Verfahrensgebühr nach § 7 RVG i.V.m. Nr. 1008 VV und zwar ab dem Zeitpunkt, ab wel-

---

11 *Hansens*, § 6 Rn 6.
12 OLG Stuttgart JurBüro 1986, 719. Jetzt auch BGH ZErb 2004, 223 = ZEV 2004, 246 m. Anm. *Klinger*. Für die Frage der Gebührenerhöhung kommt es darauf an, ob an der betreffenden Angelegenheit mehrere rechtsfähige oder im Rechtsverkehr so behandelte natürliche oder juristische Personen beteiligt sind.
13 OLG Düsseldorf AnwBl. 1983, 518.
14 *Hartmann*, § 6 Rn 6 m.w.N.
15 H.M. *Hansens*, § 6 Rn 6 m.w.N.; a.A: OLG Koblenz JurBüro 1988, 1162; OLG Frankfurt JurBüro 1982, 858.
16 So *Schnapp* in: Gebauer/Schneider, AnwK RVG, VV 1008 Rn. 20.
17 Gerold/Schmidt/v. Eicken/Madert, § 6 Rn 9.
18 *Hansens*, § 6 Rn 4.
19 So *Enders*, JurBüro 2000, 564.

chen die mehreren Rechtsnachfolger den Rechtsanwalt mit der Wahrnehmung ihrer Interessen beauftragen.[20]

Besonderheiten gelten auch nach der neuen Rspr. bei der Vertretung einer **Gesellschaft bürgerlichen Rechts**, wenn diese durch Teilnahme am Rechtsverkehr eigene Rechte und Pflichten begründet.[21] Aufgrund der dann bestehenden eigenen Subjektivität bzw. eigennützigen Interessenvertretung kommt es nicht wie früher zu einem Mehrvertretungszuschlag. Vielmehr wird die Gesellschaft bürgerlichen Rechts als eine Person behandelt.

c) Gegenstandsverschiedenheit

Eine **Erhöhung** gem. § 7 RVG kommt nur dann in Betracht, wenn der Rechtsanwalt wegen desselben Gegenstandes für mehrere Auftraggeber in derselben Angelegenheit tätig ist. Eine Erhöhung nach § 7 RVG tritt somit dann nicht ein, wenn der Rechtsanwalt in derselben Sache mehrere Auftraggeber wegen verschiedener Gegenstände tätig ist. In einem derartigen Fall wären dann die Werte der einzelnen Gegenstände zu addieren, wobei die Gebühren je nach der Summe der Werte nur einmal entstehen können.

Im Einzelnen ist genau darauf zu achten, ob tatsächlich wegen desselben Gegenstandes der Rechtsanwalt tätig wird.

Gegenstandsverschiedenheit liegt grundsätzlich dann vor, wenn die einzelnen Gegenstände den Auftraggeber selbst betreffen, sei es, dass er die Gegenstände einzeln zu fordern oder einzeln zu erfüllen hat.

Gegenstandsgleichheit ist hingegen gegeben, wenn der Auftraggeber nur notwendigerweise gemeinsam mit anderen etwas verlangen kann oder für etwas einzustehen hat.[22]

Nach alledem ist bspw. grundsätzlich **nicht derselbe Gegenstand** anzunehmen bei:
– Klagen mehrerer Pflichtteilsberechtigter gegen Erben,[23]
– Klagen mehrerer Vermächtnisnehmer auf Erfüllung oder Feststellung des Vermächtnisses,[24]
– Klagen mehrerer Testamentsvollstrecker für denselben Nachlass,[25]
– Klagen mehrerer Miterben gegen weitere Miterben auf Zustimmung zum Teilungsplan[26] bzw. auf Zustimmung zur Verteilung des Versteigerungserlöses und
– grundsätzlich bei Klagen der Erbengemeinschaft.[27]

Gegenstandsgleichheit und damit eine Erhöhung der Gebühr nach § 7 RVG gilt z.B.

---

20 *Enders,* JurBüro 2000, 564.
21 BGH NJW 2002, 1207.
22 So Kerscher/Tanck/Krug, § 6 Rn. 62.
23 OLG München JurBüro 1990, 602.
24 OLG Koblenz JurBüro 1982, 1828.
25 BGH MDR 1994, 413.
26 *Kerscher/Tanck/Krug,* § 6 Rn 62; OLG Karlsruhe JurBüro 1990, 334.
27 *Kerscher/Tanck/Krug,* § 1 Rn 62, dort Fn. 45 m.w.N.

- bei einer Klage der Erbengemeinschaft, wenn der Anwalt schon vom Erblasser den Auftrag erhalten hatte,[28]
- bei Geltendmachung eines gemeinsamen Kostenerstattungsanspruches durch die Erbengemeinschaft[29] und
- bei Klagen von Gesamtgläubigern oder Gesamtschuldnern.[30]

d) Durchführung der Gebührenerhöhung

32 Die Erhöhung darf einen **Gebührensatz von 2,0** nicht übersteigen (gem. Nr. 1008 Abs. 3 VV). Durch die Neuregelung ist jetzt auch der Streit geklärt, dass alle genannten Verfahrens- bzw. Geschäftsgebühren und nicht nur die der Nrn. 3100 und 2400 VV erhöht werden können. Durch die **Neuregelung** ist die Berechnung einfacher geworden, da das umständliche Brüchebilden ein Ende hat. Es ist lediglich die Grundgebühr um jeweils 0,3 höchstens aber um 2,0 zu erhöhen.

> *Beispiel:*
>
> *Rechtsanwalt R vertritt 12 Parteien in einer durchschnittlichen Angelegenheit mit einem Gegenstandswert von 4.000,00 €. Nach erfolgloser außergerichtlicher Tätigkeit wird Klage eingereicht. Nach der mündlichen Verhandlung wird per Urteil den Mandanten letztendlich der geforderte Betrag zugesprochen.*
>
> *Neben der Verfahrensgebühr nach Nr. 3100 VV RVG für eine Partei, kommt es zu einer Erhöhung von 0,3 für weitere 11 Parteien nach Nr. 1008 VV RVG, wobei die Höchstgrenze von 2,0 nicht überschritten werden darf. Da es zu einer Erhöhung von 3,3 kommen würde, greift die Kappungsgrenze von 2,0*
>
> *Des Weiteren ist die Geschäftsgebühr von 1,3 zu erhöhen und zwar wiederum eigentlich mit 3,3. Wegen der Kappungsgrenze von 2,0 erhöht sie sich jedoch nur auf insgesamt 3,3 (1,3 + 2,0) abzüglich 0,75 durch Nr. 2400 Vorbem. 3 Abs. 4, wonach höchstens ein Gebührensatz von 0,75 auf die Verfahrensgebühr angerechnet wird!*
>
> *Demzufolge ergibt sich eine Gebühr von 2,55.*

33 Nach hiesiger Auffassung erhöht sich wie bei der Altregelung auch die Beratungsgebühr nach Nr. 2100 VV, da eine Schlechterstellung des Anwalts bei der Beratung von mehreren Auftraggebern vom Gesetzgeber nicht gewollt sein kann.

e) Gesamtschuldnerische Haftung

34 Durch § 7 RVG kommt es im Ergebnis zur **Haftungsbeschränkung** des einzelnen Auftraggebers für maximal eine Grundgebühr. Kann die Erhöhung von dem weiteren Auftraggeber nicht beigetrieben werden, so hat der Rechtsanwalt keinen Anspruch gegen den ersten Auftraggeber. Aus diesem Grund ist es ratsam, von den Mandanten eine Erklärung einzuholen, wonach es zur **gesamtschuldnerischen Haftung** kommt und auf die Haftungsbegrenzung nach § 7 RVG Abs. 2 verzichtet wird.

---

28 OLG Koblenz MDR 1993, 284 m.w.N.
29 KG AGS 1996, 73.
30 OLG München AnwBl. 1988, 70.

II. Besonderheiten bei der außergerichtlichen Tätigkeit des Rechtsanwalts und FGG-Verfahren

1. Neue Geschäftsgebühr der Nr. 2400 VV

a) Höhe der Geschäftsgebühr

Der Streit über die Geschäftsgebühr, die über der nicht arithmetischen Mittelgebühr von 1,3 liegt, ist vorprogrammiert. Nach der Stellungnahme des DAV und der BRAK ist die Begründung als Regel-/Schwellengebühr systemwidrig und ist mit der Regelung des § 14 RVG nicht in Einklang zu bringen. Dennoch ist keine Änderung der Nr. 2400 VV mehr erfolgt. Demzufolge bleibt es dabei, dass eine **Gebühr von mehr als 1,3 nur gefordert werden kann, wenn die Tätigkeit umfangreich oder schwierig** war bzw. überdurchschnittlich ist. Doch was ist denn ein durchschnittlicher Fall? Im Familien- und Erbrecht lässt man sich ohne weiteres auf den Standpunkt stellen, dass Mandate aus diesen Bereichen grundsätzlich immer überdurchschnittliche Schwierigkeiten in der Beurteilung der Rechtslage mit sich bringen. Es liegt auf der Hand, dass um diese Begriffe erheblicher Streit zwischen dem Anwalt und seinem Mandanten entstehen kann. Somit kann auch hier wiederum nur zu einer Honorarvereinbarung geraten werden.

35

Nach a.A.[31] muss wegen der Mittelgebühr wiederum differenziert werden. So beträgt die Mittelgebühr bei umfangreichen und schwierigen Mandaten 1,9 (Mittelwert von 1,3 – 2,5) und bei nicht umfangreichen und nicht schwierigen 0,9 (Mittelwert von 0,5 – 1,3). Diese Ansicht wird damit begründet, dass die Gesetzesbegründung ausdrücklich den Wert von 1,3 nicht als Mittelgebühr bezeichnet, sondern als **Regelgebühr**. Eine derartige Sichtweise ist abzulehnen.

36

Nach hiesiger Auffassung wurde nur deshalb der Begriff Regelgebühr gewählt, weil eben 1,3 nicht die Mitte von 0,5 und 2,5 ist. Letztendlich ist in der Praxis eine Mittelgebühr ebenfalls eine Regelgebühr. In der Begründung findet sich auch kein Argument, warum nicht grundsätzlich von einer 1,3 auszugehen ist. Vielmehr wurde in der Begründung nur erklärt, warum nicht von der Mittelgebühr von 1,5 auszugehen ist.

37

> **Praxishinweis:**
> Mittlerweile streiten insbesondere die Rechtsschutzversicherer mit den Anwälten über die Höhe der Geschäftsgebühr. Zwischenzeitlich sind bereits einige interessante Entscheidungen hierzu gefallen, die die Ansicht der Anwaltschaft stützen, es sei grundsätzlich eine 1,3 Gebühr angemessen. Um sich hier den aktuellen Überblick über die Entwicklung zu verschaffen, ist empfehlenswert, die Rechtsprechungsübersicht auf der Homepage des Deutschen Anwaltvereins unter: www.anwaltverein.de zu verfolgen.

b) Das FGG-Verfahren

Die wesentliche Erneuerung ist, dass sämtliche FGG-Verfahren, jetzt nicht mehr nur eine Geschäftsgebühr auslösen, sondern einheitlich eine Verfahrensgebühr nach Nr. 3100 VV. Im Erbrecht führt dies zu einer tatsächlichen Erhöhung des Gebührenaufkommens. Durch die Änderungen der Gebühren für die außergerichtliche Vertre-

38

---

31 *Braun*, Gebührenabrechnung nach dem neuen Rechtsanwaltsvergütungsgesetz (RVG), S. 62.

tung in den Nr. 2400 ff. VV entfällt aber die Besprechungsgebühr, was insbesondere bei Erbauseinandersetzungen von erheblicher Bedeutung ist. Allerdings besteht unter den Anwaltskammern und der Praxis dahingehend Einigkeit, dass selbstverständlich durchgeführte Besprechungen zu einer Erhöhung der Mittelgebühr aus Nr. 2400 VV RVG führen können.

39 Hat sich der Rechtsanwalt mit der Gegenseite besprochen oder hat dieser an einer Erbauseinandersetzung mitgewirkt, so liegt grundsätzlich eine umfangreiche Tätigkeit i.S.d. Nr. 2400 VV RVG vor. Wie viel mehr es als 1,3 gerechtfertigt sind, hängt schließlich vom Einzelfall ab. Eine **Erhöhung** ist selbstverständlich nicht bereits durch eine bloße kurze telefonische Besprechung an sich gerechtfertigt. Auch hier ist auf die Grundregel des § 14 RVG zurückzugreifen.

40 Ferner entfällt auch die **Beweisaufnahmegebühr,** was z.B. häufig im Erbscheinsverfahren von negativer Bedeutung ist. Allerdings kommt es hier aufgrund der Vergütung der FGG-Verfahren mit der höheren Verfahrensgebühr zu einer gewissen Kompensation.

c) Problem durch den anrechnungsfreien Teil der Geschäftsgebühr - Informationspflicht bei der Geschäftsgebühr?

41 Durch die Einführung des neuen Gesetzes über die Vergütung der Rechtsanwältinnen und Rechtsanwälte (Rechtsanwaltsvergütungsgesetz - RVG) wurde die **Anrechnung der Geschäftsgebühr** auf die Verfahrensgebühr völlig neu geregelt. Wie sich aus Abs. 4 der Vorbem. zu 3. ergibt, wird die Geschäftsgebühr, soweit sie wegen desselben Gegenstandes entstanden ist, höchstens mit einem Gebührensatz von 0,75 auf die Verfahrensgebühr des gerichtlichen Verfahrens angerechnet. Sind mehrere Gebühren entstanden, ist für die Anrechnung die zuletzt entstandene Gebühr maßgebend. Die Anrechnung erfolgt nach dem Gegenstandswert, der in das gerichtliche Verfahren übergegangen ist.

42 Nach altem Recht richtete sich die Anrechnung der Geschäftsgebühr nach § 118 Abs. 2 BRAGO. Die Grundsätze der neuen Regelung sind in etwa gleich, so dass wiederum darauf zurückgegriffen werden kann.

43 Die **Haftungsfalle** für den Anwalt wird erst auf den zweiten Blick deutlich, nämlich durch die Art und Weise der Durchführung der Anrechnung. Anrechnung bedeutete früher grundsätzlich den Wegfall der Gebühr. War zunächst eine 7,5/10 Geschäftsgebühr nach § 118 Abs. 1 Nr. 1 BRAGO entstanden und anschließend eine 10/10 Prozessgebühr nach § 31 Abs. 1 Nr. 1 BRAGO, dann verblieb bei der Prozessgebühr durch den Abzug der Geschäftsgebühr lediglich die Wertdifferenz zwischen der Geschäfts- und der Prozessgebühr. Die zusätzlich entstandenen Auslagenpauschalen nach § 26 Satz 2 BRAGO waren nicht anzurechnen.

44 Zur teilweisen Anrechnung kam es nur, wenn der Gegenstand der außergerichtlichen Tätigkeit und der Gegenstand des anschließenden gerichtlichen oder behördlichen Verfahrens nur teilidentisch waren. In einem derartigen Fall wurde die Geschäftsgebühr auch nur teilweise, d.h. hinsichtlich des teilidentischen Bereichs, anrechenbar.

45 Durch die Neuregelung kommt es nun nicht mehr zum vollen Verlust der Geschäftsgebühr, da diese lediglich bis zur Höhe von 0,75 auf eine Verfahrensgebühr angerechnet wird (vgl. Vorbem. 3 Abs. 3 zu Nr. 3100 VV RVG). Der Grundsatz, dass jedoch nur bei Identität angerechnet wird, bleibt auch bei der Neuregelung bestehen.

Aber wie sieht es in einem **Kostenfestsetzungsverfahren** aus? Die Geschäftsgebühr für die außergerichtliche Tätigkeit ist nicht nach § 104 ZPO festsetzbar.[32] Im Ergebnis bleibt also der Mandant trotz Obsiegens auf seinen Kosten für den nicht anrechnungsfähigen Teil der Geschäftsgebühr sitzen.

Was muss der Anwalt machen, um nicht in die Haftung zu kommen?
Muss er den Mandanten wegen der Kosten informieren?

*Als **Beispiel** folgender typischer Fall:*

Mandant M kommt zum Rechtsanwalt R und bittet ihn, seine Pflichtteilsansprüche gegen seine Schwester S außergerichtlich geltend zu machen. Der Rechtsanwalt macht auftragsgemäß zunächst Pflichtteilsansprüche i.H.v. 20.000,00 € gegen den Alleinerben geltend. Nach der anwaltlichen Aufforderung werden unter Zurückweisung im Übrigen lediglich 11.000,00 € gezahlt. Nunmehr soll der Rechtsanwalt die restlichen 9.000,00 € einklagen und obsiegt im Verfahren.

Die Rechnung des Anwalts sieht wie folgt aus:

Berechnung nach dem RVG:

Gebührenart	Vorschriften	Höhe	Gegenstandswert	Wertgebühr	Gebührenwert
Geschäftsgebühr	gem. §§ 2 Abs.2, 13 RVG i.V.m. Nr. 2400 VV RVG	1,3[33]	20.000,00 €	646	839,80 €
Verfahrensgebühr	gem. §§ 2 Abs. 2, 13 RVG i.V.m. Nr. 3100 VV RVG	1,3	9.000,00 €	449	583,70 €
Anrechnung der Geschäftsgebühr zur Hälfte, höchstens mit 0,75					
Geschäftsgebühr	gem. §§ 2 Abs.2, 13 RVG i.V.m. Nr. 2400 VV RVG; Vorbem. 3 Abs. 4 VV RVG	0,65	9.000,00 €	449	291,85 €
verbleiben					291,85 €
Auslagenpauschale	7002 VV RVG		Zwei x 20,00 €		40,00 €
				Zwischensumme	1.171,65 €

---

32 Ganz einhellige Auffassung: Vgl. nur *Schönemann*, RVG professionell 2004, 97 ff.
33 Es wird ausnahmsweise davon ausgegangen, dass die Angelegenheit tatsächlich nicht umfangreich oder schwierig war.

Gebührenart	Vorschriften	Höhe	Gegenstandswert	Wertgebühr	Gebührenwert
Umsatzsteuer	*7008 VV RVG*			*16%*	*187,46 €*
GESAMTSUMME					*1.359,11 €*

Da es sich um eine Rahmengebühr handelt, ist die Geschäftsgebühr nicht nach § 104 ZPO festsetzungsfähig, d.h. in unserem Beispiel verbleiben mindestens[34] 291,85 € zzgl. Umsatzsteuer beim Mandanten. Hier hätte der Rechtsanwalt regelmäßig den anrechnungsfreien Teil der Gebühr zusätzlich als Schadensersatz im Wege der Klageerweiterung fordern müssen. Erfolgt die Klage nachträglich, ist das Rechtsschutzbedürfnis fraglich, zumindest, ob die Gebühren, die dann im neuen Verfahren entstanden sind, überhaupt selbst erstattungsfähig sind.

48 Regelmäßig kann der **anrechnungsfreie Teil** der **Geschäftsgebühr** nur dann erfolgreich geltend gemacht werden, wenn die Kosten im Wege des Verzuges, der Vertragsverletzung oder des Delikts materiellrechtlich vom Gegner zu ersetzen wären.

49 Wie sieht das aber regelmäßig z.B. im **Pflichtteilsverfahren** aus? In unseren Beispielsfall war der Gegner nicht im Verzug, zumal die Aufforderung zur Auskunft und Zahlung erst durch den Anwalt erfolgte. Hätte er sich in Verzug befunden, so hätte der Rechtsanwalt R auf jeden Fall auch die Kosten für den anrechnungsfreien Teil der Geschäftsgebühr einklagen müssen. Zumindest hätte er den Mandanten diesbezüglich aufklären müssen. Ein Einklagen kann ggf. auch nicht sinnvoll sein, da zu bedenken ist, dass wegen § 14 RVG ein Gutachten des Vorstands der Rechtsanwaltskammer eingeholt werden muss, wenn die Höhe der Geschäftsgebühr (also insbesondere in den Fällen einer höheren Gebühr als 1,3) streitig ist. Dies führt nämlich zu erheblichen Zeitverzögerungen, die der Mandant u.U. nicht in Kauf nehmen will. Über all diese Umstände ist m.E. der Mandant zu informieren.

50 Hätte hier der Rechtsanwalt den Mandanten wieder nach Hause schicken und ihm erklären müssen, dass der Gegner nur dann in Verzug gerät, wenn er z.B. eine Frist vom Mandanten fruchtlos verstreichen lässt? M.E. muss diese Frage bejaht werden.

51 Allg.[35] anerkannt ist, dass der Anwalt **ohne** ausdrückliche **Nachfrage** des Mandanten selbst keine Belehrungspflicht über die entstehenden Anwaltsgebühren oder Gerichtskosten trifft. Eine Ausnahme besteht jedoch in den Fällen eines besonders hohen Kostenrisikos[36] oder aber, wenn die Erfolgsaussichten einer Klage sehr gering sind.[37]

52 Fragt allerdings der Mandant ausdrücklich nach, so ist der Anwalt selbstverständlich zur richtigen **Auskunft** verpflichtet, muss jedoch nur die ungefähren Kosten angeben. Ungefragt ist der Anwalt lediglich dann verpflichtet von sich aus den Mandanten zu informieren, wenn sich der Mandant offensichtlich nicht über die Kostenfrage im Klaren ist oder unrichtige Vorstellungen hierüber hat und dies kundgetan hat.

---

34 Regelmäßig wird auch die Auslagenpauschale für die Geschäftsgebühr nicht als festsetzungsfähig erachtet!
35 Vgl. *Zugehör*, HB der Anwaltshaftung, Rn. 677; Vollkommer/*Heinemann*, Anwaltshaftungsrecht, S. 395 ff m.w.N.
36 *Schneider*, Klage im Zivilprozess, Rn. 36; OLG München NJW-RR 1991, 1460 (leitet Aufklärungspflicht aus Treu und Glauben ab).
37 *Zugehör*, HB Anwaltshaftung, Rn. 676.

Des Weiteren muss der Anwalt immer dann seinen Mandanten über die Kostenrisiken aufklären, wenn ein bestimmtes Vorgehen dessen **Kostenrisiko** erhöht.[38]

> **Praxishinweis:**
> Den Anwalt trifft immer eine Pflicht, den Mandanten vor Vermögenseinbußen zu schützen. Er ist zwar nicht zur Einschlagung des billigsten Weges, wohl aber zur Einschlagung des sichersten Weges verpflichtet. Aus beiden Grundsätzen kann gefolgert werden, dass der Anwalt seinen Mandanten darauf aufmerksam machen muss, dass dieser die Kosten für eine Geschäftsgebühr nur dann voll ersetzt erhält, wenn der Gegner sich in Verzug befindet.
>
> Der Mandant ist sich diesbezüglich überhaupt nicht im Klaren, insbesondere dann nicht, wenn er nur die alte Rechtslage vor dem RVG kennt.
>
> Demgemäß ist der Mandant auf diese neuen Umstände vorsorglich hinzuweisen.
>
> Allerdings ist dann der billigere Weg einzuschlagen, wenn der identische Erfolg hierdurch erzielt werden kann. So macht es keinen Sinn, ein Erbscheinsverfahren einzuleiten, wenn ein Erbschein durch ein vorliegendes notarielles Testament nebst Eröffnungsprotokoll quasi unnötig ist, um an Bankguthaben zu gelangen.[39]

2. Einigungsgebühr

Das VV RVG beginnt nunmehr sehr unsystematisch gleich mit der **Einigungsgebühr** (Nr. 1000 VV RVG). Die für die Praxis wichtigsten Regelungen finden sich in den Nrn. 1000 und 1003 VV RVG. Grundsätzlich gilt für die Einigungsgebühr, was bis dahin bereits für die alte Vergleichsgebühr galt. Jedoch gibt es eine entscheidende Änderung, nämlich es wurde auf das Merkmal des gegenseitigen Nachgebens nach § 779 BGB verzichtet.

In der Gesetzesbegründung heißt es dazu:

> *Die neue Fassung stellt sowohl durch die Änderung der Bezeichnung „Vergleichsgebühr" in „Einigungsgebühr" wie auch durch die neu formulierten Voraussetzungen klar, dass es nicht mehr auf den Abschluss eines echten Vergleichs ankommt, vielmehr soll es genügen, wenn durch Vertrag der Streit oder die Ungewissheit der Parteien über ein Rechtsverhältnis beseitigt wird. Ein vollständiges Anerkenntnis oder vollständiger Verzicht sollen jedoch nicht für den zusätzlichen Anfall einer Einigungsgebühr ausreichen. Diese Einschränkung ist notwendig, damit nicht schon die Erfüllung des geltend gemachten Anspruchs oder der Verzicht auf Weiterverfolgung eines Anspruchs die Gebühr auslösen kann. Satz 2 übernimmt im Ergebnis die Regelung des § 65 Abs. 2 Satz 1 BRAGO.*

In der Praxis hat somit die Einigungsgebühr eine erhöhte Bedeutung erlangt. Durch den Wegfall der Notwendigkeit eines gegenseitigen Nachgebens können nunmehr auch Ratenzahlungsvereinbarungen als Einigung nach Nr. 1000 VV RVG abgerechnet werden. Wie sich aus der Begründung ergibt, liegt eine Einigung dann vor, wenn durch Vertrag der Streit oder die Ungewissheit der Parteien über ein Rechtsverhältnis beseitigt wird. Ein vollständiges Anerkenntnis oder vollständiger Verzicht sollen jedoch nicht für den zusätzlichen Anfall einer Einigungsgebühr ausreichen. Fraglich ist jedoch, ob sog. **Zwischenvergleiche** ebenfalls eine Einigungsgebühr auslösen können. Darunter fallen z.B. Einigungen über die Person eines Sachverständigen oder die Hö-

---

[38] Hierzu der Fall des LG Erfurt ZEV 1998, 391.
[39] KG-Report 1995, 154.

he eines Anspruchs, behält sich aber weiterhin wegen des Grundes einen Vorbehalt vor.

56 Nach hiesiger Auffassung[40] dürfte angesichts der Begründung keine Einigungsgebühr mit Zwischenvergleichen verdient sein, denn der Gesetzgeber wollte, dass das gesamte Rechtsverhältnis geklärt ist und nicht nur Teilfragen.

57 Ferner ist problematisch, ob bei einer **Klagerücknahme** eine Einigungsgebühr verdient werden kann. Dies wird jedoch nur zu befürworten sein, wenn die Klagerücknahme Zug um Zug gegen ein Anerkenntnis erfolgt.[41] Bei Rücknahme eines Rechtsmittels – wie z.B. die Berufung – kann letztlich eine Einigungsgebühr anfallen, wenn der auf der Gegenseite dann vereinbarungsgemäß für längere Zeit nicht aus dem Urteil vollstreckt werden soll.

58 Wie im alten Recht der BRAGO sinkt die Gebühr (von 1,5 auf 1,0), wenn ein gerichtliches Verfahren außer einem selbstständigen **Beweisverfahren** anhängig ist. Unter einem gerichtlichen Verfahren ist auch ein **PKH-Verfahren** zu verstehen. PKH-Anträge sind jedoch nicht gebührenmindernd zu berücksichtigen, wenn sie nur für die gerichtliche Protokollierung eines Vergleichs über eine bis dato noch nicht anhängige Sache oder die Erstreckung der Beiordnung nach § 48 Abs. 3 RVG gestellt wurden.

59 Im Zusammenhang mit der Einigungsgebühr ist auf eine Besonderheit hinzuweisen. Sofern die Einigung formbedürftig ist, so ersetzt die gerichtliche Protokollierung gem. § 127a BGB die notwendige Form. Voraussetzung ist aber, dass ein ausdrücklicher Vergleich protokolliert wird und nicht nur eine bloße Einigung, denn § 127 a BGB ist nicht an den Wortlaut der Nr. 1000 VV RVG angepasst worden und benutzt weiterhin das Wort Vergleich.

60 Soll im Rahmen einer **Erbauseinandersetzung** gleich die Auflassung eines Grundstückes erklärt werden, so bedarf wegen § 313 Satz 1 BGB diese Auflassung der notariellen Beurkundung. Diese notarielle Beurkundung kann nur dann durch einen protokollierten gerichtlichen Vergleich ersetzt werden. Haben sich die Parteien lediglich geeinigt, fehlt es an der wirksamen Form des § 127 a BGB. In diesem Zusammenhang sollte auch darauf geachtet werden, dass der Vergleich vor Gericht in der Verhandlung noch einmal vorgelesen und genehmigt wird. Die Protokollierungsform der §§ 160 ff. ZPO sind unbedingt einzuhalten.

3. Terminsgebühr

61 Die **Terminsgebühr** entspricht in etwa der Verhandlungs- bzw. Erörterungsgebühr aus § 31 Abs. 1 Nr. 2 und 4 BRAGO. Sie entsteht für die Vertretung in einem Verhandlungs-, Erörterungs- oder Beweisaufnahmetermin oder die Wahrnehmung eines von einem gerichtlich bestellten Sachverständigen anberaumten Termins oder die Mitwirkung an auf die Vermeidung oder Erledigung des Verfahrens gerichteten Besprechungen ohne Beteiligung des Gerichts; dies gilt jedoch nicht für Besprechungen mit dem Auftraggeber. Nach Nr. 3104 beträgt die Gebühr 1,2.

62 Sie **entsteht** auch, wenn in einem Verfahren, für das mündliche Verhandlung vorgeschrieben ist, im Einverständnis mit den Parteien ohne mündliche Verhandlung entschieden oder in einem solchen Verfahren ein schriftlicher Vergleich geschlossen wird. Sind in dem Termin auch Verhandlungen zur Einigung über in diesem Verfahren nicht

---

40 A.A. ist N. *Schneider*, AnwBl. 2004, 136.
41 So auch N. *Schneider* in: *Gebauer/Schneider*, AnwK RVG VV 1000 Rn. 78.

rechtshängiger Ansprüche geführt worden, wird eine Gebühr nach dem Wert dieser Ansprüche auf eine Terminsgebühr, die wegen des selben Gegenstandes in einem anderen Verfahren entsteht, angerechnet. Allerdings entsteht die Terminsgebühr nicht, soweit lediglich beantragt ist, eine Einigung der Parteien oder mit Dritten über nicht rechtshängige Ansprüche zu Protokoll zu nehmen. Nach alledem kommt es künftig nicht mehr darauf an, ob in dem Termin Anträge gestellt werden oder ob die Sache erörtert wird. Vielmehr ist für das Entstehen der Gebühr ausreichend, dass der Rechtsanwalt den Termin wahrnimmt. Ein Anerkenntnis löst also jetzt keine halbe, sondern eine 1,2 fache Terminsgebühr aus.

Die Terminsgebühr[42] fällt also durch die Neuerung durch das RVG bereits bei Besprechungen über rechtshängige Sachen an, wenn diese mit dem Ziel verfolgt werden, eine nicht anhängige Sache durch Vereinbarung zu erledigen. Dies gilt auch außerhalb von gerichtlichen Verhandlungen. 63

Nach richtiger und überwiegender Auffassung kann sogar eine Terminsgebühr schon anfallen, bevor eine Klage anhängig ist.[43] Voraussetzung hierfür ist, dass ein Prozessmandat erteilt wurde, entweder zur Einreichung einer Klage oder deren Abwehr. 64

Praxishinweis:
Es ist dennoch darauf zu achten, einen Prozessauftrag auch für die noch nicht anhängigen Sachverhalte zu erhalten, denn nur dann fällt auch eine Terminsgebühr an. Ist kein Klageauftrag ergangen, kann lediglich eine Geschäftsgebühr anfallen.
Auf jeden Fall sollten die Verhandlungen außerhalb des Gerichts in das Protokoll aufgenommen werden, um einen Nachweis für die Entstehung der Gebühr zu haben. Andernfalls sollten die Gespräche bestätigt werden.
Damit es nicht zu Problemen kommt, sollte selbstverständlich der Mandant über die Einzelheiten aufgeklärt werden.

Wegen Nr. 3104 Abs. 1 Nr. 1 VV RVG entsteht die Terminsgebühr auch, wenn keine mündliche Verhandlung durchgeführt wird, jedoch die Voraussetzungen des §§ 307 Abs. 2, 495 a ZPO vorliegen. Ferner, wenn dort ein Vergleich im schriftlichen Verfahren abgeschlossen wird. Des Weiteren ist die Anrechnung zu beachten, wonach die Terminsgebühr, die wegen Erledigungsverhandlungen über nicht rechtshängige Sachen angefallen ist, auf die dann neu entstehende Terminsgebühr angerechnet werden muss (vgl. Nr. 3104 Abs. 2 VV RVG). 65

Ferner kommt es bei einem Anerkenntnis im Termin zu einer vollen Terminsgebühr, denn es ist auch keine Erörterung mehr notwendig. Der Unterschied zwischen streitiger und unstreitiger Verhandlung ist somit quasi weggefallen. M.E. muss der Mandant auf diesen Umstand hingewiesen und für ihn der günstigste Weg eingeschlagen werden. 66

Praxishinweis:
Aufgrund des Anfalls einer vollen Terminsgebühr auch bei Anerkenntnis ist demzufolge der Mandant nach hiesiger Auffassung im Vorfeld aufzuklären, ob alternativ nicht ein Versäumnisurteil genommen werden sollte, wenn hierdurch Kosten erspart werden können.

---

42 Hierzu ausführlich: *Bonefeld*, Gebührenabrechnung, S. 69 ff.
43 Dazu ausführlich *Henke*, AnwBl 2004, 511 m.w.N.

67 Bei einem **Anerkenntnis** wird neben der Verfahrensgebühr von 1,3 auch die Terminsgebühr i.H.v. 1,2 verdient. Nach Nr. 1211 Nr. 2 KV GKG erniedrigt sich die Gerichtsgebühr von 3,0 auf 1,0.

68 Beim **Versäumnisurteil** erhält der Anwalt lediglich eine Verfahrensgebühr von 1,3. Grundsätzlich entstehen durch ein Versäumnisurteil gegen die sämige Partei nicht noch weitere Gebühren als die bereits entstandenen 3,0 Verfahrensgebühren. Eine Ermäßigung kommt im Unterschied zum Anerkenntnis nicht in Frage. Sofern jedoch im Termin lediglich ein Antrag auf Versäumnisurteil gestellt wird, erhält der beantragende Anwalt nur eine Terminsgebühr von 0,5 nach Nr. 3105 VV RVG.

Beispiel:

Rechtsanwalt R vertritt seinen Mandanten in einer Pflichtteilsangelegenheit (ausschließlich) vor dem Gericht. Die Ansprüche der Gegenseite sind nach Durchsicht der Klage begründet. Soll Rechtsanwalt R für den Mandanten anerkennen oder soll er nichts unternehmen, so dass ein Versäumnisurteil ergeht, welches der gegnerische Anwalt voraussichtlich in der mündlichen Verhandlung beantragen wird. Der Gegenstandswert beträgt 25.000,00 €.

Kosten bei Anerkenntnis:

Gebührenart	Vorschriften	Höhe	Gebührenwert
Verfahrensgebühr	gem. §§ 2 Abs. 2, 13 RVG i.V.m. Nr. 3100 VV RVG	1,3	891,80 €
Terminsgebühr	gem. §§ 2 Abs. 2, 13 RVG i.V.m. Nr. 3104 VV RVG	1,2	823,20 €
Auslagenpauschale	7002 VV RVG		20,00 €
			1.735,00 €
Umsatzsteuer	7008 VV RVG		277,60 €
GESAMTSUMME			2.012,60 €
Gerichtskosten		1 x	311,00 €

Der Gegner erhält ebenfalls 1.735,00 € zzgl. MwSt.

Zusammen ergibt sich ein Betrag von **4.336,20 €.**

Kosten bei Versäumnisurteil:

Gebührenart	Vorschriften	Höhe	Gebührenwert
Verfahrensgebühr	gem. §§ 2 Abs. 2, 13 RVG i.V.m. Nr. 3100 VV RVG	1,3	891,80 €
Auslagenpauschale	7002 VV RVG		20,00 €
			911,80 €
Umsatzsteuer	7008 VV RVG		145,89 €
GESAMTSUMME			1.057,69 €
Zu tragende Gerichtskosten		3 x 311	933,00 €

Der Gegner erhält zusätzlich eine halbe Gebühr für den Antrag auf Versäumnisurteil i.H.v. 343,00 € zzgl. MwSt.

Zusammen ergibt sich ein Betrag von **3.446,26 €.**

69 Im Einzelnen muss also konkret nachgerechnet werden, bei welcher Konstellation der Mandant günstiger fährt, um nicht in die Haftung zu gelangen.

4. Gebühren bei Beschwerden und Berufung

a) Übersicht

Folgende Übersicht zeigt die entstehenden Gebühren bei der **Einlegung von Rechtsmitteln** 70

Berufung	– Verfahrensgebühr nach Nr. 3200 VV RVG
	– Terminsgebühr nach Nr. 3202 VV RVG
Beschwerden gem. §§ 621 e, 629 a ZPO	– Verfahrensgebühr nach Nr. 3200 VV RVG
	– Terminsgebühr nach Nr. 3202 VV RVG
Beschwerden gem. § 19 FGG	– Verfahrensgebühr nach Nr. 3200 VV RVG
	– Terminsgebühr nach Nr. 3202 VV RVG
Beschwerde gegen einstweilige bzw. vorläufige Anordnungen gem. §§ 620 c ZPO, 19 FGG	– Verfahrensgebühr nach Nr. 3500 VV RVG
	– Terminsgebühr nach Nr. 3513 VV RVG
Beschwerde gegen Erinnerung gem. §§ 11 RPflG, 573, 766 ZPO	– Verfahrensgebühr nach Nr. 3500 VV RVG
	– Terminsgebühr nach Nr. 3513 VV RVG
Beschwerden und Erinnerungen gegen Kostenfestsetzung und Kostenansatz	– Verfahrensgebühr nach Nr. 3500 VV RVG
	– Terminsgebühr nach Nr. 3513 VV RVG
PKH-Beschwerde	– Verfahrensgebühr nach Nr. 3500 VV RVG
	– Terminsgebühr nach Nr. 3513 VV RVG
Rechtsbeschwerde zum BGH nach §§ 574 ff. ZPO	– Verfahrensgebühr nach Nr. 3502 VV RVG

Werden **mehrere Beschwerden** eingereicht, so bilden die jeweils auch mehrere gebührenrechtliche Angelegenheiten. Zu beachten sind in diesem Zusammenhang die Ausnahmeregelungen der § 16 Nr. 12 und § 18 Nr. 5 RVG. 71

Kommt es zu einer **Rückverweisung in die erste Instanz**, so fallen nach § 21 Abs. 1 und 2 RVG die Gebühren neu an. Etwaige Gebühren sind jedoch wegen der Vorbemerkung zu 3 Abs. 6 VV RVG ggf. anzurechnen. Sofern eine Rückverweisung nach § 629 b ZPO vorliegt, so bildet das neue Verfahren mit dem alten Verfahren einen einheitlichen Rechtszug. 72

b) Problem Beschwerde im Erbscheinsverfahren

Die Gebühren in FGG-Angelegenheiten richten sich jetzt nach den Gebührentatbeständen der Nrn. 3100 ff. VV-RVG.[44] Problematisch aus Erbrechtspraktikersicht ist jedoch, dass der Gesetzgeber offensichtlich die Problematik der **Beschwerden** und **weiteren Beschwerden** im Erbscheinsverfahren übersehen hat. Im Beschwerdeverfahren kommt es grundsätzlich nach Nr. 3500 und 3513 VV-RVG zu je einer 0,5 Verfahrens- bzw. Terminsgebühr. Für das familienrechtliche Verfahren wurde hingegen eine Anwendung der Vorschriften aus Nrn. 3200 ff. VV-RVG erklärt: 73

Berufung, bestimmte Beschwerden und Verfahren vor dem Finanzgericht
Vorbemerkung 3.2.1:
(1) Dieser Unterabschnitt ist auch anzuwenden
1. in Verfahren vor dem Finanzgericht,

---

44 Dazu *Kroiß*, RVG-Letter 2004, 110, der jedoch eine (wohl unzulässige) Analogie befürwortet.

2. in Verfahren über Beschwerden oder Rechtsbeschwerden gegen die den Rechtszug beendenden Entscheidungen

a) in Familiensachen,

b) in Lebenspartnerschaftssachen,

74 Hier hat der Gesetzgeber das **Erbscheinsverfahren** bzw. das Nachlassgerichtliche Verfahren nicht aufgenommen. Aus der Begründung zum KostRMoG ergibt sich jedoch nicht, dass er dies absichtlich getan hat. Dort beträgt die Verfahrensgebühr 1,6 nach Nr. 3200 VV-RVG und die Terminsgebühr 1,2 nach Nr. 3202 VV-RVG. M.E.[45] müssen auch für die Beschwerde und die weitere Beschwerde im Erbscheinsverfahren die Vorschriften der Nrn. 3200 ff. bzw. 3500 ff. VV-RVG angewendet werden. Hierfür sprechen u.a. folgende Gründe:

Das Beschwerdeverfahren ist ein Verfahren mit voller Tatsacheninstanz. Es ist daher nicht nachvollziehbar, warum sich bei einer Beschwerde plötzlich die Gebühr von 1,3 auf 0,5 (bei der Verfahrensgebühr) verringern sollte, obwohl gerade im Beschwerdeverfahren erheblich neu vorgetragen werden kann und häufig auch muss. Gleiches gilt für die weitere Beschwerde, wobei bei dieser revisionsähnlich vorgetragen werden muss. Auch hier erscheint eine Vergütung mit 0,5 für nicht angemessen.

75 Problematisch ist ferner, ob z.B. bei **Beschwerden** im **Erbscheinsverfahren** (FGG-Verfahren) eine erhöhte Einigungsgebühr nach Nr. 1004 VV RVG verlangt werden kann. Dies ist in Fortführung der o.g. Argumentation zu befürworten.[46]

C. Informationspflichten des Rechtsanwalts hinsichtlich der Vergütung

76 Die ersten Probleme können bereits bei der Anbahnung des Mandates insbesondere bei der Frage der Rechtsanwaltsgebühren entstehen. Das Problem durch den anrechnungsfreien Teil der Geschäftsgebühr ist bereits oben erläutert worden.

1. Nachfrage wegen Rechtsschutzversicherung

77 Des Weiteren muss der Rechtsanwalt nicht den Mandanten ungefragt von sich aus auf das Bestehen einer **Rechtsschutzversicherung** ansprechen.[47] Rein vorsorglich sollte aber geklärt sein, ob die Beauftragung zur Beratung etc. nur unter der aufschiebenden Bedingung der Gewährung einer Deckungszusage durch die Rechtsschutzversicherung erfolgt oder nicht. Um hier aber von Anfang an eine klare Stellungnahme des Mandanten in seinen Akten zu haben, ist es am besten sich eine diesbezügliche Erklärung unterzeichnen zu lassen.[48]

78 Bei erbrechtlichen Mandanten kommt i.d.R. die Rechtsschutzversicherung ohnehin nur selten in Betracht, so z.B. bei Erstberatungen. Als Grundsatz lässt sich dabei festhalten: Beratungsrechtsschutz ist von der Rechtsschutzversicherung zu gewähren, wenn durch ein erbrechtliches Ereignis eine tatsächliche Rechtsänderung für den Mandanten eintritt, die eine Beratung erforderlich macht und keine prophylaktische Beratung erfolgt.

---

45 So auch *Kroiß*, RVG-Letter 2004, 111.
46 So auch *N. Schneider*, AnwBl. 2005, 204; *ders.* in *Gebauer/Schneider*, AnwK RVG, Nr. 1000 Rn. 132; *Mayer/Kroiß*, RVG Nr. 1004 VV Rn. 4.
47 OLG Oldenburg VersR 1991, 1004; OLG Nürnberg NJW-RR 1989, 1370.
48 Eine Formulierung ist zu finden in: *Bonefeld/Kroiß/Tanck*, Der Erbprozess, S. 682.

> **Vertiefungshinweis:**
> Zur erbrechtlichen Beratung und Rechtsschutzversicherung ausführlich: *Bonefeld/Kroiß/Tanck*, Der Erbprozess; *Bonefeld*, ZErb 1999, 11 ff. sowie ZErb 2001, 37; ebenso *Ruby/Klinger*, ZEV 2004, 319.

2. Hinweispflicht bei Erstberatungsmandat[49]

Häufig wenden sich Mandanten mit einer Rechtsschutzversicherung mit dem Wunsch nach einer Erstberatung an den Anwalt. Die Neuregelung durch **Nr. 2100 VV RVG** hat nur wenige Änderungen mit sich gebracht. Der Gebührentatbestand übernimmt die Regelung des § 20 Abs. 1 Satz 1 und 4 BRAGO. Die **Nr. 2101 VV RVG** regelt die Beratungsgebühr in Angelegenheiten, in denen der Rechtsanwalt im gerichtlichen Verfahren Betragsrahmengebühren erhält. Dies betrifft die in den Teilen 4 bis 6 VV RVG geregelten Angelegenheiten und bestimmte sozialrechtliche Angelegenheiten. Im Vergleich zum geltenden Recht ist der Gebührenrahmen erhöht. Allerdings hat die Neufassung des Wortlautes in Nr. 2102 VV RVG eine Änderung zur Folge. Jetzt ist ausdrücklich von einem Beratungsgespräch die Rede, so dass die Erstberatungsgebühr sich nicht auf eine schriftliche Beratung erstrecken kann. Des Weiteren gilt diese Regelung nur bis zum 30.06.2006. Danach kommt es zur Regelung der Beratungsgebühr in § 34 RVG. Dann besteht kein Vergütungstatbestand mehr, sondern der Gesetzgeber will den Rechtsanwalt zu einer Honorarvereinbarung mit seinem Mandanten veranlassen. Andernfalls richtet sich die Vergütung nach den gesetzlichen Vorschriften des BGB (vgl. §§ 675, 612 Abs. 2, 632 Abs. 2 BGB) mit der Folge, dass zudem keine höhere Vergütung für die Erstberatung i.H.v. 190,00 € und für eine „Voll"-Beratung i.H.v. 250,00 € erfolgen kann.

Will der Rechtsanwalt nicht die Erstberatung gem. Nr. 2102 VV RVG abrechnen, so ist er dem Mandanten gegenüber **hinweispflichtig.** Zudem besteht eine Hinweispflicht, wenn durch eine weitergehende Beratung die **Kappungsgrenze überschritten** wird.[50] In diesem Fall kann er mit dem Mandanten z.B. eine Honorarvereinbarung schließen, die allerdings nicht in voller Höhe von der Rechtsschutzversicherung auszugleichen ist. Diese wird regelmäßig nur die Kosten für die Erstberatung übernehmen.

Die **Darlegungs- und Beweislast** für die günstige Ausnahmeregelung der Erstberatungsgebühr liegt zwar im Übrigen regelmäßig beim Auftraggeber,[51] wenn jedoch der Anwalt gegen seine Hinweispflicht verstößt, so kann er nicht mehr als die Erstberatungsgebühr berechnen. Will der rechtsschutzversicherte Mandant nach erfolgter Erstberatung eine Folgebratung und besteht kein erweiterter Beratungsrechtsschutz, so ist der Mandant darauf hinzuweisen, dass die Folgeberatung nicht von der Rechtsschutzversicherung übernommen wird, wenn der Mandant offensichtlich sich über die Kostenfrage nicht im Klaren ist. Allerdings lässt sich hier i.d.R. entgegnen, der Mandant ist durch das Deckungszusageschreiben der Rechtsschutzversicherung über die Reichweite des Rechtsschutzes aufgeklärt.

---

49 Dazu ausführlich: *Bonefeld*, ZErb 1999, 11; *Ruby*, Münchner Prozessformularbuch, S. 46 ff.
50 Gebauer/Schneider, S. 942.
51 AG Karlsruhe AnwBl. 1997, 500 m. zutreffenden Anm. v. *Henke*.

> **Praxishinweis:**
> Keinesfalls sollte sich der Rechtsanwalt auf das Begehren des Mandanten einlassen, trotz erfolgter Folgeberatung oder gar weiterer außergerichtlicher Tätigkeit, die grundsätzlich den Wegfall des Beratungsrechtsschutzes zur Folge[52] hat, dennoch gegenüber der Rechtsschutzversicherung eine Erstberatung abzurechnen. Hier handelt der Anwalt gem. § 263 StGB betrügerisch.

3. Vergütungsvereinbarung

82 Ohnehin sollte in Fragen der Gebühren immer eine **Vergütungsvereinbarung** getroffen werden, um einen Nachweis für die Höhe der Gebühren zu haben.

Im Rahmen einer Vergütungsvereinbarung sind folgende Vereinbarungen möglich:
- Pauschalhonorar
- Zeithonorar
- Vereinbarung eines Streitwertes
- **Vereinbartes Honorar anstelle** oder zusätzlich zu den **gesetzlichen Gebühren** bzw. für die gesamte Angelegenheit oder nur für Teilabschnitte des Mandates

83 Eine Vergütungsvereinbarung kann ohne weiteres auch **nach Annahme** des Mandates geschlossen werden. Sofern allerdings die Annahme des Mandates vom Abschluss einer Vergütungsvereinbarung abhängig gemacht wurde, ist diese vor Annahme des Mandates zu vereinbaren.[53]

84 Nach § 49b BRAO sind Vereinbarungen verboten, wonach die Höhe der Vergütung von einem bestimmten Erfolg der Sache abhängig gemacht wird. Gleiches gilt für quota-litis-Regelungen. Nicht möglich war nach § 3 Abs. 1 Satz 1 BRAGO die Honorarvereinbarung im Rahmen einer **Vollmacht** oder **Vordrucken** mit weiteren Vereinbarungen. Hier hat es in der Neuregelung des § 4 Abs. 1 RVG eine Lockerung in der Form gegeben.

85 Ausdrücklich **nicht verboten** sind also Vereinbarungen, die erst nach dem Erfolgseintritt geschlossen werden. Jetzt braucht die Vereinbarung nur außerhalb einer Vollmacht erfolgen. In den eigenen AGB's oder in der Haftungsbegrenzungsvereinbarung kann hingegen eine Vergütungsvereinbarung getroffen werden. Dabei ist darauf zu achten, dass es jedoch ausdrücklich als Vergütungsvereinbarung und nicht nur Haftungsbegrenzung bezeichnet wird. Der Gesetzeswortlaut spricht ansonsten für sich.

> **Praxishinweis:**
> Vorsorglich sollten in der Vergütungsvereinbarung folgende Regelungen berücksichtigt werden:
> - Die Leistung des Anwalts sollte so präzise wie möglich angegeben werden. Falsch wäre also zu schreiben „In der Erbrechtssache x ./. y"
> - Ferner ist die Vergütungsart genau zu beschreiben. (Pauschale/Stunden/Gegenstandswert)
> - Des Weiteren sollte eine Bestimmung der Auslagen und Umsatzsteuer eingearbeitet werden. So können z.B. auch Recherchekosten etc. als Auslagen erstattungsfä-

---

52 Zur Frage der Abrechnung eines Mandates, bei dem eine Rechtsschutzversicherung besteht: *Bonefeld*, ZErb 1999, 13; Vgl. auch *Ruby/Klinger*, ZEV 2004, 319.
53 Dazu *Kindermann*, S. 244 ff.; *Madert*, Honorarvereinbarung, S. 1 ff.

C. Informationspflichten des Rechtsanwalts hinsichtlich der Vergütung

hig sein. Klarstellend ist darauf hinzuweisen, dass diese Auslagen zusätzlich anfallen.
- Sofern bereits Tätigkeiten vorvergütet wurden, ist es ratsam, eventuelle Anrechnungen zu klären.
- Wichtig ist auch, gebührenrechtlich unselbstständige Tätigkeiten zu achten. Nach der Neuregelung durch § 17 RVG ist auf den dort aufgeführten Katalog zu achten.
- Selbstverständlich sollte auch eine Fälligkeits- und Vorschussregelung nicht fehlen.
- Abschließend soll die Möglichkeit einer Vereinbarung einer anderen Gebührenordnung (z.B. Steuerberatung) angesprochen werden. Die Neuregelung hat zumindest in Punkto Steuerberatung durch Rechtsanwälte in § 35 RVG Klärung geschaffen.
- Wegen der Anwendbarkeit der §§ 305 ff. BGB sollte grundsätzlich auf Vordrucke von Honorarvereinbarungen verzichtet werden.
- Sofern höhere Gebühren als die gesetzlichen Gebühren vereinbart werden – oder bei Abschluss der Sache im Rahmen eines Prozesses –, sollte vorsorglich ein Hinweis erfolgen, dass auf jeden Fall die gesetzlichen Gebühren geschuldet werden.

Aufgrund der Probleme, die im Zusammenhang mit den leidigen Fahrt- und Kopiekosten sowie der Auslagenpauschale entstehen können, ist es ratsam, auch diesbezüglich eine Ergänzung in die Vergütungsvereinbarung aufzunehmen.

Nachfolgend ist ein Beispiel für eine Vergütungsvereinbarung nach dem neuen RVG aufgeführt:

Vergütungsvereinbarung

In Sachen …
habe ich, …

Herrn/Frau Rechtsanwalt/Rechtsanwältin

zu meinem/r Vertreter/in bestellt.
Gem. § 49 b Abs. 5 BRAO bin ich vor Annahme des Mandates darüber belehrt worden, dass grundsätzlich nach Gegenstandswerten abgerechnet wird.
Vorliegend wird von einem Gegenstandswert i.H.v. mindestens … € als vereinbart ausgegangen.
Nachfolgend wurde ich auf mehrere Möglichkeiten der Abrechnung hingewiesen. Ich habe mich wie folgt für die Alternative … entschieden und daher die weiteren Alternativen gestrichen:
1. Alt.:
Ich verpflichte mich, für das gesamte außergerichtliche Verfahren die Geschäftsgebühr der Nr. 2400 VV RVG i.H.v. 2,2 zu entrichten.
Entgegen der letzten Anmerkung in Abschnitt 4 des VV RVG findet eine Anrechnung oder teilweise Anrechnung dieser Gebühr im nachfolgenden Gerichtsverfahren nicht statt.

2. Alt.:

Ich verpflichte mich, anstelle der gesetzlichen Gebühren, wenn diese nicht höher sind, für die Geschäftsgebühr gem. Nr. 2400 VV RVG ein Honorar i.H.v. 250,00 € pro angefangener Arbeitsstunde zu zahlen. Eine Anrechnung dieser Vergütung auf die Gebühren im nachfolgenden gerichtlichen Verfahren findet nicht statt.

Erteilt der Rechtsanwalt Zwischenabrechnungen, ist er berechtigt, weitere Leistungen erst dann zu erbringen, sobald die Zwischenabrechnung vom Mandanten abgezeichnet und bezahlt ist.

Die gesonderte Berechnung der Gebühren im nachfolgenden gerichtlichen Verfahren erfolgt nach dem Gegenstandswert und den Grundsätzen des RVG.

3. Alt.:

Ich verpflichte mich, anstelle der gesetzlichen Gebühren, auch wenn diese höher sind, für die Geschäftsgebühr gem. Nr. 2400 VV RVG ein pauschales Honorar i.H.v. ... € zu zahlen. Eine Anrechnung dieser Vergütung auf die Gebühren im nachfolgenden gerichtlichen Verfahren findet nicht statt. In diesem Pauschalhonorar sind ... Arbeitsstunden enthalten.

Mit dem Pauschalhonorar wird die Erstellung eines Entwurfs für

1. ...

2. ...

vergütet.

Sollten diese Stunden überschritten werden, so ist der Rechtsanwalt berechtigt, den darüber hinausgehenden Zeitaufwand mit 250,00 € zzgl. gesetzlicher Mehrwertsteuer pro Stunde abzurechnen.

Vor Überschreiten der avisierten Stundenzahl ist der Rechtsanwalt verpflichtet, den Mandanten darüber zu informieren. Diese Informationspflicht entfällt nur, wenn die Stundenzahl weniger als 20 % überschritten wird.

Des Weiteren soll folgendes vereinbart werden:

Die gesonderte Berechnung der Gebühren im nachfolgenden gerichtlichen Verfahren erfolgt nach dem Gegenstandswert und den Grundsätzen des RVG.

Auslagen, Reisekosten, Abwesenheits- und Tagegelder und dergleichen sowie die gesetzliche Umsatzsteuer sind daneben gesondert zu bezahlen.

Mir ist bekannt, dass dieses Honorar in keinem Fall von der Landeskasse, dem Gegner, von Dritten oder meiner Rechtsschutzversicherung erstattet wird, soweit es die gesetzlichen Gebühren übersteigt. Es ist mir ferner bekannt, dass die Höhe des vereinbarten Honorars die gesetzliche Gebühr übersteigen kann.

Ich bin ferner auf die besonderen Umstände der nur teilweisen Anrechnung der Geschäftsgebühr auf eine Verfahrensgebühr und die fehlende Möglichkeit der Festsetzungsfähigkeit nach §§ 104 ff. ZPO des anrechnungsfreien Teils der Geschäftsgebühr sowie die Problematik des Verzuges als Anspruchsgrundlage gegen den Gegner hingewiesen worden.

Für den Fall der Unwirksamkeit der vorstehenden Vereinbarung sollen die gesetzlichen Gebühren gelten.

Ort, Datum   Unterschriften

D. Abrechnungsbeispiele für das erbrechtliche Mandat

I. Abrechnung der Beratung und des Führens eines Geschäfts

1. Erstberatungsgebühr oder volle Beratungsgebühr?

Die Neuregelung durch **Nr. 2100 VV RVG** hat nur wenige Änderungen mit sich gebracht. Seit der Neuregelung ist darauf zu achten, dass jetzt ausdrücklich von einem Beratungsgespräch die Rede ist, also sich die **Erstberatungsgebühr** nicht auf eine schriftliche Beratung erstrecken kann. Häufig bleibt es jedoch nicht bei der Erstberatung, sondern es erfolgt aufgrund der recht schwierigen Materie des Erbrechts eine Rückfrage mit anschließender Weiterberatung. Die h.M.[54] sieht richtigerweise den Normbereich der Erstberatungsgebühr dann für beendet an, wenn die erste Beratung beendet oder wegen ihres Beratungsstandes unterbrochen ist. Muss also wegen fehlender Unterlagen, die trotz Hinweises des Rechtsanwalts nicht zum Termin mitgebracht wurden, nach erfolgter Grundberatung eine weitere fortführende Beratung erfolgen, so bleibt es nicht bei der Erstberatung. Dies soll natürlich nicht dazu verleiten, den Mandanten auf jeden Fall aus fadenscheinigen Gründen wieder zur Anschlussberatung in die Kanzlei zu locken. Häufig wird aber übersehen, dass in derartigen Fällen nicht der Ausnahmetatbestand der Erstberatung greift und der Rechtsanwalt die volle Beratungsgebühr abrechnen kann.

88

Die **Darlegungs- und Beweislast** für die günstige Ausnahmeregelung der Erstberatungsgebühr liegt im Übrigen regelmäßig beim Auftraggeber.[55] Um jedoch Streitigkeiten von vornherein vorzubeugen, ist der Rechtsanwalt gut beraten, wenn er dem Auftraggeber ein Bestätigungsschreiben über die Beratung zusendet. Dies bietet sich insbesondere bei Telefonberatungen an, die der Rechtsanwalt aber ohnehin aus haftungsrechtlichen Gesichtspunkten unterlassen sollte.

89

Eine Entscheidung von erheblicher Tragweite für die erbrechtliche Beratungspraxis ist das Urteil des OLG München vom 17.09.1998.[56] Danach kann der Rechtsanwalt eine **schriftliche Auskunft** nur mit der Erstberatungsgebühr des § 2102 VV RVG (bzw. damals nach § 20 Abs. 1. Satz 2 BRAGO) abrechnen, wenn er, ohne bei Erhalt schriftlicher Unterlagen mit der Beratung begonnen zu haben, die erbetene Auskunft erst nach Durchsicht dieser Unterlagen erteilt. Schließt sich an diese Auskunft eine weitere an, bleibt es für die zunächst erteilte, bei der Erstberatungsgebühr, auch wenn die zweite Auskunft mit der Erstberatung in einem engen gegenständlichen oder zeitlichen Zusammenhang steht oder diese fortsetzt. Eine **weitere Auskunft** kann dann nur unter Berücksichtigung von § 15 Abs. 5 nach Nr. 2100 VV RVG abgerechnet werden. Diese Entscheidung verdeutlicht noch einmal, dass auf jeden Fall im ersten Kanzleitermin bereits mit der Beratung begonnen werden muss. Hat im ersten Termin keine Beratung stattgefunden, so kann diese auch nicht unterbrochen oder fortgeführt werden. Die „Zweitberatung" ist somit dann in Wirklichkeit eine Erstberatung.

90

In der erbrechtlichen Beratungspraxis ist es häufig nötig, dass der Rechtsanwalt die **Beratung unterbrechen** muss, um sich z.B. im Bereich der nicht alltäglichen Höfeordnung oder etwaiger Spezialprobleme im Zusammenhang mit dem DDR-Recht

91

---

54 AG Brühl NJW-RR 1998, 493; *Madert*, AnwBl. 1996, 246 m.w.N.
55 AG Karlsruhe AnwBl. 1997, 500 m. zutreffenden Anm. von *Henke*.
56 AnwBl. 1999, 228.

sachkundig zu machen. Nach der h.M.[57] ist dann die Erstberatung beendet und kann nach Nr. 2100 VV RVG abgerechnet werden. Hat der Rechtsanwalt bereits Unterlagen zur Durchsicht angenommen und diese durchgelesen, **nimmt** der **Mandant** anschließend jedoch **von der Beratung Abstand**, ist fraglich, ob dem Rechtsanwalt bei vorzeitiger Auftragserledigung eine Erstberatungsgebühr zusteht.

92 Die Beratungsgebühr fällt nicht bereits für **vorbereitende Tätigkeiten** an.[58] Allein die Entgegennahme der Information ist noch nicht gebührenauslösend, da diese keine Anwaltstätigkeit i.S.d. BRAGO ist.[59] Eine Anwendung von § 15 Abs. 4 RVG scheidet aus dem gleichen Grunde aus. Richtigerweise konnte der Rechtsanwalt aber wegen der Vorschrift des § 2 BRAGO die Beratungsgebühr in analoger Anwendung des § 20 Abs. 1 Satz 1 BRAGO berechnen.[60] Allerdings war dann zu berücksichtigen, welcher Bereich des Gebührenrahmens für die Tätigkeit angemessen erscheint. Dies konnte regelmäßig nur der untere Bereich sein, wenn lediglich Unterlagen eingesehen wurden. Da nunmehr § 2 BRAGO ersatzlos gestrichen wurde, bleibt auch angesichts der Begründungen zum RVG für eine derartige Argumentation kaum Spielraum.

> **Praxishinweis:**
> Um also ein gebührenrechtliches Desaster zu vermeiden, ist bei Sachverhalten mit notwendiger Durchsicht schriftlicher Unterlagen der Mandanten zu empfehlen, so schnell wie möglich mit der Beratung zu beginnen und lieber die begonnene Beratung zu unterbrechen, sofern etwas unklar geblieben ist. Eine derartige Vorgehensweise ist allerdings nur dann möglich, wenn der Rechtsanwalt in der Lage ist, wenigstens ein paar Fragen des Mandanten zu beantworten, weil erst damit die Erstberatung begonnen hat.

2. Rahmengebühr und Abrechnung

93 Zur Bestimmung des richtigen Gebührensatzes sind die in § 14 RVG aufgeführten Merkmale zu berücksichtigen:
- **Bedeutung der Angelegenheit** für den Auftraggeber
- **Einkommensverhältnisse** des Auftraggebers
- **Umfang** der Angelegenheit und der anwaltlichen Tätigkeit
- **Schwierigkeitsgrad** der anwaltlichen Tätigkeit
- **besonderes Haftungsrisiko**

94 Regelmäßig wird der Rechtsanwalt die Mittelgebühr in Ansatz bringen. Der Rechtsanwalt sollte aber prüfen, wie durch seine Beratungstätigkeit von der Mittelgebühr nach unten oder nach oben abgewichen werden kann. Folgende Abstufungen haben sich in Anlehnung an *Madert*[61] bewährt:

---

57 AG Brühl NJW-RR 1998, 493; *Madert*, AnwBl. 1996, 246 m.w.N.
58 Derartige Tätigkeiten werden aber selbstverständlich von der später entstehenden Gebühr mit umfasst; *Riedel/Süssbauer/Fraunholz*, § 20 Rn. 7; *Hansens*, § 20 Rn. 5.
59 *Hansens*, ZAP Fach 24, S. 324; *Henke*, AnwBl. 1997, 500.
60 So auch *Hansens*, § 20 Rn. 5 sowie § 2 Rn. 4.
61 *Madert*, AnwBl. 1994, 306.

Schwierigkeit und Umfang der Angelegenheit	Gebührenhöhe
einfach	0,1 bis 0,3
mittelschwer oder etwas umfangreicher	0,4 bis 0,9
sehr schwierig oder sehr umfangreich	1,0

So dürfte im komplizierten Bereich der **Vorempfänge** oder der **Ausgleichung** mindestens eine 0,75 Gebühr gerechtfertigt sein, zumal hier teils sehr schwierige Berechnungen anzustellen sind. Insbesondere im Pflichtteilsrecht hat der Rechtsanwalt regelmäßig derart viele Vorschriften und einzelne Theorien o.ä. (z.B. Wert- und Quotentheorie; Niederstwertprinzip etc.) bei der Beratung anzusprechen, dass er sicherlich neben der Schwierigkeit auch den erheblichen Zeitaufwand gegenüber der Rechtsschutzversicherung vorbringen kann und sollte.

95

Das Anfallen einer **Beratungsgebühr** von mindestens 0,75 in jeder Pflichtteilsangelegenheit lässt sich selbstverständlich nicht generalisieren. Als grober Bewertungsmaßstab für den Schwierigkeitsgrad der Angelegenheit könnte aber der Grundsatz gelten: *Je höher die Haftungsgefahr durch eine Fehlberatung, desto höher die Beratungsgebühr.*

96

Diese Sichtweise wird gerade durch die Neueinführung des § 14 Abs. 1 Satz 2 RVG unterstützt, wonach nunmehr ausdrücklich die Haftungsrisiken bei der Bestimmung der Rahmengebühr zu berücksichtigen sind.

97

Nach h.M.[62] fällt bei der Beratungsgebühr für jeden weiteren Auftraggeber eine **Erhöhungsgebühr** nach § 7 RVG, Nr. 1008 VV RVG an, da hierdurch die weitere Arbeitsbelastung und Verantwortung vergütet wird. Es ergibt sich somit eine Erhöhung um 0,3 für jeden weiteren Auftraggeber.

98

Die Beratungsgebühr kann im Übrigen auch zusätzlich zu einer Einigungsgebühr aus Nr. 1000 VV RVG kommen. Er hat dann an dem Vergleichsabschluss mitgewirkt.[63]

99

3. Anrechnung bei Beratungsgebühr

Die **Beratungsgebühr** ist nach Nr. 2100 Abs. 2 VV RVG auf diejenigen weiteren Gebühren **anzurechnen**, die mit der Auskunft oder der Beratung zusammenhängen. Häufig wird dies eine Geschäftsgebühr nach Nr. 2400 VV RVG sein. Allerdings wird häufig übersehen, dass Teile der Beratungsgebühr dann bestehen bleiben und nicht angerechnet werden, wenn die Gegenstände der Beratung und der weiteren Tätigkeit nur teilidentisch sind.

100

> *Beispiel: Erfolgt die Beratung hinsichtlich eines Quotenvermächtnisses über 12.000,00 € und kommt der Rechtsanwalt im Rahmen der Beratung zu dem Ergebnis aus rechtlichen Gründen seien nur 3.000,00 € durchsetzbar und erfolgt darauf hin eine Beauftragung des Rechtsanwalts zur außergerichtlichen Geltendmachung dieses Betrages, dann ist folgendes zu beachten:*
>
> *Es wird nur die Beratungsgebühr in Höhe der außergerichtlich geltend gemachten Ansprüche in Anrechnung gebracht, also nicht eine 0,55 nach 12.000,00 €, sondern eine 0,55 Gebühr nach 3.000,00 €.*

---

62 *Lappe*, ZAP Fach 24, S. 261; *Gerold/Schmidt/v. Eicken/Madert*, § 20 Rn. 11; LG Saarbrücken JurBüro, 1988, 860; LG Dortmund JurBüro 1991, 237; a. A. *Hansens*, § 20 Anm. 7; *Hartmann*, § 6 Anm. 43.
63 So *Frieser*, Rn. 200; *Schmidt*, AnwBl. 1978, 132.

101 Die beiden entstandenen **Auslagenpauschalen** nach Nr. 7001-7002 VV RVG werden ebenfalls nicht in Anrechnung gebracht.[64]

102 Bei höherem Beratungsgebührensatz als 0,55 (z.B. 0,75, 0,9 oder 1,0) bleibt es bei einer Anrechnung nur in Höhe der Gebühr mit der die Anrechnung erfolgen soll. Wird z.B. nur eine 0,5 Geschäftsgebühr geltend gemacht, kann auch nur eine 0,5 Beratungsgebühr in Anrechnung gebracht werden.

a) Anrechnung bei Geschäftsgebühren etc.

103 Wie bereits oben erläutert, hat sich die Anrechnung der Geschäftsgebühr (aus den Nrn. 2400 - 2403) grundlegend geändert. Wie sich aus Abs. 4 der Vorbem. zu 3. ergibt, wird die Geschäftsgebühr, soweit sie wegen desselben Gegenstandes entstanden ist, höchstens mit einem **Gebührensatz von 0,75** auf die **Verfahrensgebühr** des gerichtlichen Verfahrens angerechnet. Sind mehrere Gebühren entstanden, ist für die Anrechnung die zuletzt entstandene Gebühr maßgebend. Die Anrechnung erfolgt nach dem Gegenstandswert, der in das gerichtliche Verfahren übergegangen ist.

104 Nach altem Recht richtete sich die Anrechnung der Geschäftsgebühr nach § 118 Abs. 2 BRAGO. Die Grundsätze der neuen Regelung sind in etwa gleich, so dass wiederum darauf zurückgegriffen werden kann. Die Geschäftsgebühr wird nicht auf eine spätere Prozessgebühr angerechnet, wenn sie für eine Tätigkeit innerhalb eines **gerichtlichen** oder **behördlichen Verfahrens** entstanden ist.

105 Die Gebühren sind **nicht anzurechnen**, wenn
– die Gebühr in einem gerichtlichen oder behördlichen Verfahren entstanden ist oder
– die Gebühr nach einem gerichtlichen oder behördlichen Verfahren entstanden ist oder
– kein innerer Zusammenhang besteht, da Streitigkeit nicht mit demselben Gegner und demselben Gegenstand oder
– kein zeitlicher Zusammenhang besteht.

106 Wird zunächst der Mandant in einem **Erbscheinsverfahren** vertreten und klagt der Gegner anschließend vor einem **Zivilgericht** auf Feststellung des Erbrechtes, dann sind die im FGG-Verfahren entstandenen Gebühren nicht auf die Verfahrensgebühren anzurechnen.

107 Des Weiteren müssen die Gebühren, damit sie in Anrechnung gebracht werden, können **vor** einem gerichtlichen oder behördlichen Verfahren entstanden sein. Wird der Rechtsanwalt nach Abschluss des Erbscheinsverfahren nochmals beauftragt, außergerichtlich tätig zu sein, entstehen zwei voneinander unabhängige und nicht anrechenbare Geschäftsgebühren, da das gerichtliche (bzw. behördliche) Verfahren nicht nachfolgend war. Ferner muss ein **innerer Zusammenhang** dergestalt bestehen, dass sich das noch folgende gerichtliche oder behördliche Verfahren gegen denselben Gegner mit demselben Streitgegenstand richtet. Es muss sich also um die Fortsetzung des ehemaligen Streites handeln, für den die Geschäftsgebühr angefallen ist. Letztendlich muss auch ein **zeitlicher Zusammenhang** bestehen, der grundsätzlich nach § 15 Abs. 5 Satz 2 RVG dann nicht gegeben ist, wenn mehr als **zwei Jahre** zwischen der außergerichtlichen und der gerichtlichen bzw. behördlichen Tätigkeit liegen. Ob bereits zuvor kein

---

64 *Enders*, JurBüro 1996, 561.

zeitlicher Zusammenhang mehr gegeben ist, richtet sich wiederum nach den besonderen Umständen des Einzelfalls.

b) Beispiele für die Durchführung der Anrechnung

Fall: 108

Der Rechtsanwalt macht auftragsgemäß zunächst Pflichtteilsansprüche i.H.v. 20.000,00 € gegen den Alleinerben geltend. Nach der anwaltlichen Aufforderung werden unter Zurückweisung im Übrigen lediglich 11.000,00 € gezahlt. Nunmehr soll der Rechtsanwalt die restliche 9.000,00 € einklagen.

Gebührenart	Vorschriften	Höhe	Gegenstandswert	Wertgebühr	Gebührenwert
Geschäftsgebühr	gem. §§ 2 Abs.2, 13 RVG i.V.m. Nr. 2400 VV RVG	1,3[65]	20.000,00 €	646	839,80 €
Verfahrensgebühr	gem. §§ 2 Abs.2, 13 RVG i.V.m. Nr. 3100 VV RVG	1,3	9.000,00 €	449	583,70 €
Anrechnung der Geschäftsgebühr zur Hälfte, höchstens mit 0,75					
Geschäftsgebühr	gem. §§ 2 Abs.2, 13 RVG i.V.m. Nr. 2400 VV RVG; Vorbem. 3 Abs. 4 VV RVG	0,65	9.000,00 €	449	291,85 €
verbleiben					291,85 €
Auslagenpauschale	Nr. 7002 VV RVG		2 x 20,00 €		40,00 €
				Zwischensumme	1.171,65 €
Umsatzsteuer	Nr. 7008 VV RVG			16%	187,46 €
GESAMTSUMME					1.359,11 €

Fall: 109

Der Rechtsanwalt macht auftragsgemäß zunächst Pflichtteilsansprüche i.H.v. 12.000,00 € gegen den Alleinerben geltend. Nach der anwaltlichen Aufforderung werden unter Zurückweisung im Übrigen lediglich 3.000,00 € gezahlt. Nunmehr soll der Rechtsanwalt die restliche 9.000,00 € einklagen und auch noch die Herausgabe eines vermächtnisweise zugewandten Gegenstandes im Werte von 11.000,00 € im Klagewege herausverlangen.

---

[65] Es wird ausnahmsweise davon ausgegangen, dass die Angelegenheit tatsächlich nicht umfangreich oder schwierig war.

Gebührenart	Vorschriften	Höhe	Gegenstandswert	Wertgebühr	Gebührenwert
Geschäftsgebühr	gem. §§ 2 Abs.2, 13 RVG i.V.m. Nr. 2400 VV RVG	1,3[66]	12.000,00 €	526	683,80 €
Verfahrensgebühr	gem. §§ 2 Abs. 2, 13 RVG i.V.m. Nr. 3100 VV RVG	1,3	20.000,00 €	646	839,80 €
Anrechnung der Geschäftsgebühr zur Hälfte, höchstens mit 0,75					
Geschäftsgebühr	gem. §§ 2 Abs.2, 13 RVG i.V.m. Nr. 2400 VV RVG; Vorbem. 3 Abs. 4 VV RVG	0,65	12.000,00 €	526	341,90 €
verbleiben					497,90 €
Auslagenpauschale	Nr. 7002 VV RVG		2 x 20,00 €		40,00 €
				Zwischensumme	1.221,70 €
Umsatzsteuer	Nr. 7008 VV RVG			16%	195,47 €
GESAMT-SUMME					1.417,17 €

110 Der **Grundsatz der nur teilweisen Anrechnung** bei Vorliegen einer Teilidentität gilt selbst dann, wenn der Gebührensatz der Betriebsgebühr des anschließenden gerichtlichen bzw. behördlichen Verfahrens geringer ist als der Gebührensatz für die außergerichtliche Tätigkeit.

111 **Fall:**

Der Rechtsanwalt wird beauftragt, außergerichtlich die Herausgabe eines vermächtnisweise zugewandten Gegenstandes im Werte von 12.000,00 € zu verlangen. Nachdem der Gegner die Herausgabe verweigert, soll zunächst ein Antrag auf Prozesskostenhilfe unter der aufschiebenden Bedingung der Gewährung von Prozesskostenhilfe gestellt werden. Das Gericht lehnt eine Bewilligung der Prozesskostenhilfe jedoch ab.

Gebührenart	Vorschriften	Höhe	Gegenstandswert	Wertgebühr	Gebührenwert
Geschäftsgebühr	gem. §§ 2 Abs.2, 13 RVG i.V.m. Nr. 2400 VV RVG	1,3[67]	12.000,00 €	526	683,80 €

---

66 Es wird ausnahmsweise davon ausgegangen, dass die Angelegenheit tatsächlich nicht umfangreich oder schwierig war.

67 Es wird ausnahmsweise davon ausgegangen, dass die Angelegenheit tatsächlich nicht umfangreich oder schwierig war.

Gebührenart	Vorschriften	Höhe	Gegenstandswert	Wertgebühr	Gebührenwert
Verfahrensgebühr	gem. §§ 2 Abs. 2, 13 RVG i.V.m. Nr. 3335 VV RVG	1,0	12.000,00 €	526	526,00 €
Anrechnung der Geschäftsgebühr zur Hälfte, höchstens mit 0,75					
Geschäftsgebühr	gem. §§ 2 Abs.2, 13 RVG i.V.m. Nr. 2400 VV RVG; Vorbem. 3 Abs. 4 VV RVG	0,65	12.000,00 €	526	341,90 €
Verbleiben					184,10 €
Auslagenpauschale	Nr. 7002 VV RVG		2 x 20,00 €		40,00 €
				Zwischensumme	907,90 €
Umsatzsteuer	Nr. 7008 VV RVG			16%	145,26 €
GESAMT-SUMME					1.053,16 €

II. Ausgewählte Abrechnungsbeispiele

1. Erstellung von Testamenten nach dem RVG

Für die Erstellung von **Testamenten** spielt Abs. 3 der Vorbem. 2.4 eine große Rolle. Nach der alten Regelung des § 118 Abs. 1 Satz 1 BRAGO hieß es noch „*...und des Entwerfens für Urkunden*", jetzt ist nur noch von „Verträgen" die Rede. Der Unterschied zwischen beiden Formulierungen liegt somit darin, dass künftig **nicht einseitige Urkunden**, sondern **nur noch Verträge** wie z.B. Erbverträge, mithin zweiseitige Rechtsgeschäfte, eine Geschäftsgebühr auslösen. Demzufolge ließe sich nach der Neuregelung für die Erstellung eines Testaments nur noch eine Ratsgebühr nach Nr. 2100 VV RVG abrechnen. Nach der hier vertretenen Ansicht kann dies nicht richtig sein.

112

Entsprechend der Rspr. zu § 2287 BGB hat ein bindend gewordenes gemeinschaftliches Testament den gleichen Charakter wie ein Erbvertrag. Demzufolge müsste wenigstens ein gemeinschaftliches Testament mit wechselbezüglichen Verfügungen wie ein Vertrag i.S.d. Abs. 3 der Vorbem. 2.4 zu behandeln sein. Eine **Geschäftsgebühr** bei gleicher Tätigkeit wäre aber dann nicht verdient, wenn dieses gemeinschaftliche Testament eine Freistellungsklausel enthält, die eine Abänderung durch den überlebenden Ehegatten möglich macht. Kann die Neuregelung wirklich nur bedeuten, dass künftig Testamente lediglich eine **Beratungsgebühr** nach Nr. 2100 VV RVG auslösen?

113

Betrachtet man die Anmerkungen zu den Nrn. 2100 bzw. 2400 VV RVG fällt auf, dass der Fall der Testamente überhaupt nicht erwähnt wird. Des Weiteren sollte sich der Anwendungsbereich der Beratungsgebühr nicht erweitern, da die alte Vorschrift des § 20 BRAGO inhaltlich übernommen wurde. Im Gegensatz dazu sollte es zu einer leistungsorientierten Vergütung des Anwalts kommen, denn der Anwendungsbereich der Geschäftsgebühr wurde sogar noch erweitert.

114

115 Das Erstellen eines Testaments geht weit über die bloße Erteilung eines schriftlichen Rates hinaus. Im Einzelnen kommt es auf den jeweiligen Auftrag des Mandanten an. Insofern ist jetzt dringend anzuraten, dass der genaue Inhalt des Auftrages gesondert schriftlich fixiert wird. Die Erteilung einer Vollmacht bestimmt i.d.R. lediglich das Außenverhältnis, so dass eine Vollmachtserteilung lediglich Indizwirkung hat.

116 Eine Beratung ist lediglich ein **Informationsaustausch** zwischen Anwalt und Mandant. Anschließend erfolgt ein Rat, wonach der Anwalt seinem Mandanten empfiehlt, wie er sich in einer bestimmten Lage verhalten soll. Ist also die Erstellung eines Testaments nunmehr nur noch die Erteilung eines schriftlichen Rates?

Durch die Änderungen des RVG kann nicht plötzlich etwas eine Beratung sein, was vorher ein Geschäft war. Das Erstellen eines Testaments ist vielmehr das Betreiben eines Geschäfts zugunsten des Mandanten anzusehen. Immerhin muss der Mandant das Testament höchstpersönlich abfassen. Um dies richtig zu machen, bedient er sich eines Anwalts, der ihm bei der Ausarbeitung der richtigen Formulierungen hilft. Ein Testament ist mehr als ein bloßer Rat, denn es werden spezielle Formulierungen für den Fall des Ablebens des Mandanten durch den Anwalt ausgearbeitet.

117 Die Annahme einer **Geschäftsgebühr** für die Ausarbeitung eines Testaments kommt auch dem Charakter dieser Gebühr als Betriebsgebühr am nächsten, denn der Anwalt muss zahlreiche weitere Informationen (Gesellschaftsverträge, Bilanzen, steuerliche Gesichtspunkte) einholen und andere Verträge auswerten, um das Geschäft für den Mandanten sachgerecht durchführen zu können. Allerdings lässt sich fragen, warum das Wort Urkunde durch Verträge ersetzt wurde. Ein Blick in die Materialien vermag das Rätsel nicht zu lösen. In den Erläuterungen fehlt eine Bezugnahme auf Abs. 3 der Vorbem. 2.4. Letztendlich kann aber der ausdrückliche Wechsel in der Wortwahl bedeuten, dass gerade nur noch die Ausarbeitung von zweiseitigen Verträgen eine Geschäftsgebühr auslösen soll, nicht aber die Ausarbeitung einer Urkunde. Der Wortlaut des Abs. 3 lässt aber genügend Spielraum für andere Interpretationen, denn weiterhin kann das Erstellen auch unter das Betreiben eines Geschäfts fallen, ohne dass das Nichterstellen eines Vertrages ein Ausschlusskriterium ist. Nach hiesiger Auffassung muss somit der Anwendungsbereich der Nr. 2400 VV RVG in Testamentssachen so interpretiert werden, dass jetzt eine Testamentserstellung unter den Begriff „Betreiben eines Geschäfts" fällt.

> **Praxishinweis:**
> Solange diesbezüglich keine Klarheit besteht, ist dringend anzuraten, entweder sich einen Auftrag für das Betreiben eines Geschäfts zu erteilen oder sich aber eine Honorarvereinbarung vom Mandanten unterzeichnen zu lassen.

2. Abrechnung einer Erbauseinandersetzung

118 Nach altem Recht führte die **Auseinandersetzung** einer **Erbengemeinschaft** wegen § 118 Abs.1 Nr. 2 BRAGO grundsätzlich zu einer Besprechungsgebühr, und zwar selbst dann, wenn der Rechtsanwalt noch nicht einmal mit den weiteren Erben gesprochen hat. Durch die Abschaffung der Besprechungsgebühr ist nunmehr die Einigungsgebühr in den Vordergrund gerückt. Dies fällt nämlich nach Nr. 1000 Abs. 2 VV RVG auch dann an, wenn lediglich bei Vertragsverhandlungen mitgewirkt wurde, es sei denn das diese Mitwirkung für den späteren Vertragsabschluss nicht ursächlich war. Das Vorlegen eines Teilungsplans oder Auseinandersetzungsvertrages ist als Vertrag i.S.d. Nr. 1000 Abs. 1 VV RVG zu werten. Voraussetzung ist aber, dass auf jeden

Fall früher oder später es zu einem Vertragsabschluss der Parteien gekommen sein muss.

Ohne Vertrag keine Einigungsgebühr!

Die Einigungsgebühr entsteht auch, wenn der Anwalt seinem Mandant lediglich dahingehend berät, den bereits geschlossenen Vergleich oder Vertragsabschluss, der noch widerrufen werden kann oder unter einer aufschiebenden Bedingung steht, nicht zu widerrufen und dann die Frist abläuft bzw. die Bedingung eintreten zu lassen. Dies ergibt sich aus Nr. 1000 Abs. 3 VV RVG. Um den **Verlust** der **Besprechungsgebühr** zu **kompensieren**, sollte darauf geachtet werden, ob die Erbauseinandersetzung nicht überdurchschnittlich schwierig und umfangreich war. Hiervon ist i.d.R. auszugehen, so dass grundsätzlich eine 2,2 Geschäftsgebühr anzusetzen ist. Allerdings ist natürlich immer auf den Einzelfall abzustellen.

a) Erbauseinandersetzung ohne Vergleich

Fall:

Rechtsanwalt R erhält den Auftrag, den Mandanten im Rahmen einer Erbauseinandersetzung zu vertreten. Aufgrund der Problematik der §§ 2050 ff. BGB ist die Angelegenheit überdurchschnittlich schwierig und umfangreich. Die Erben können sich nicht auf einen Auseinandersetzungsvertrag einigen, da die Ausgleichung kontrovers bleibt. Das Mandat des Rechtsanwalts endet. Der Gegenstandswert für den Mandanten beläuft sich auf 75.000,00 €.

Gebührenart	Vorschriften	Höhe	Gegenstandswert	Wertgebühr	Gebührenwert
Geschäftsgebühr	gem. §§ 2 Abs.2, 13 RVG i.V.m. Nr. 2400 VV RVG	2,2	75.000,00 €	1200	2.640,00 €
Auslagenpauschale	7002 VV RVG				20,00 €
				Zwischensumme	2.660,00 €
Umsatzsteuer	7008 VV RVG			16%	425,60 €
GESAMTSUMME					3.085,60 €

Fallabwandlung:

Sachverhalt beliebt gleich, mit der Ausnahme, dass lediglich durchschnittliche Angelegenheit vorliegt.

Gebührenart	Vorschriften	Höhe	Gegenstandswert	Wertgebühr	Gebührenwert
Geschäftsgebühr	gem. §§ 2 Abs.2, 13 RVG i.V.m. Nr. 2400 VV RVG	1,3	75.000,00 €	1200	1.560,00 €
Auslagenpauschale	7002 VV RVG				20,00 €
				Zwischensumme	1.580,00 €

Gebührenart	Vorschriften	Höhe	Gegenstandswert	Wertgebühr	Gebührenwert
Umsatzsteuer	7008 VV RVG			16%	252,80 €
GESAMTSUMME					1.832,80 €

> **Praxishinweis:**
> Demzufolge ist dringend darauf zu achten, dass die Höhe der Geschäftsgebühr angepasst wird. Um hier von vornherein Streitigkeiten zu vermeiden, sollte entweder der Nachweis der Schwierigkeit und des Umfangs hinreichend dokumentiert werden oder aber noch besser diesbezüglich eine Vereinbarung mit dem Mandanten getroffen werden.

b) Erbauseinandersetzung mit Vergleich

121 Fall:
Rechtsanwalt R erhält den Auftrag, den Mandanten im Rahmen einer Erbauseinandersetzung zu vertreten. Aufgrund der Problematik der §§ 2050 ff. BGB ist die Angelegenheit überdurchschnittlich schwierig und umfangreich. Die Erben können sich nach langen und zahlreichen Verhandlungen auf einen Kompromiss einigen, der in einem Erbauseinandersetzungsvertrag mündet. Der Gegenstandswert für den Mandanten beläuft sich auf 75.000,00 €.

Gebührenart	Vorschriften	Höhe	Gegenstandswert	Wertgebühr	Gebührenwert
Geschäftsgebühr	gem. §§ 2 Abs.2, 13 RVG i.V.m. Nr. 2400 VV RVG	2,2	75.000,00 €	1200	2.640,00 €
Einigungsgebühr	gem. §§ 2 Abs.2, 13 RVG i.V.m. Nr. 1000	1,5	75.000,00 €	1200	1.800,00 €
Auslagenpauschale	7002 VV RVG				20,00 €
				Zwischensumme	4.460,00 €
Umsatzsteuer	7008 VV RVG			16%	713,60 €
GESAMTSUMME					5.173,60 €

122 Fallabwandlung:
Sachverhalt bleibt gleich, mit der Ausnahme, dass lediglich durchschnittliche Angelegenheit vorliegt.

Gebührenart	Vorschriften	Höhe	Gegenstandswert	Wertgebühr	Gebührenwert
Geschäftsgebühr	gem. §§ 2 Abs.2, 13 RVG i.V.m. Nr. 2400 VV RVG	1,30 €	75.000,00 €	1200	1.560,00 €

Gebührenart	Vorschriften	Höhe	Gegenstandswert	Wertgebühr	Gebührenwert
Einigungsgebühr	gem. §§ 2 Abs. 2, 13 RVG i.V.m. Nr. 1000	1,5	75.000,00 €	1200	1.800,00 €
Auslagenpauschale	7002 VV RVG				20,00 €
				Zwischensumme	3.380,00 €
Umsatzsteuer	7008 VV RVG			16%	540,80 €
GESAMTSUMME					3.920,80 €

3. Abrechnung im Erbscheinsverfahren

Die gebührenrechtliche Gleichsetzung der FGG-Verfahren mit den Verfahren nach der ZPO führt regelmäßig zu einer Erhöhung des anwaltlichen Gebührenaufkommens, da im Erbrecht in den seltensten Fällen eine Beweisgebühr angefallen ist.

Hierzu folgende Beispielsfälle:

- **Erbscheinsverfahren ohne Beweisaufnahme**

  Fall:

  Die Mandantin M beauftragt den Rechtsanwalt R, sie im Erbscheinsverfahren vor dem Nachlassgericht München zu vertreten. Ihre Schwester hat ein Testament vorgelegt, das den Anforderungen des § 2247 BGB entspricht. Eine mündliche Verhandlung findet nicht statt. Die Sache ist durchschnittlich. Der Gegenstandswert beläuft sich auf 25.000,00 €.

Gebührenart	Vorschriften	Höhe	Gegenstandswert	Wertgebühr	Gebührenwert
Verfahrensgebühr	gem. §§ 2 Abs. 2, 13 RVG i.V.m. Nr. 3100 VV RVG	1,3	25.000,00 €	686	891,80 €
Auslagenpauschale	7002 VV RVG				20,00 €
				Zwischensumme	911,80 €
Umsatzsteuer	7008 VV RVG			16%	145,89 €
GESAMTSUMME					1.057,69 €

- **Erbscheinsverfahren mit Beweisaufnahme**

  Fall:

  Die Mandantin M beauftragt den Rechtsanwalt R, sie im Erbscheinsverfahren vor dem Nachlassgericht München zu vertreten. Ihre Schwester hat ein Testament vorgelegt, das den Anforderungen des § 2247 BGB entspricht. Die Mandantin glaubt aber nicht daran, dass das Testament tatsächlich von der Erblasserin unterschrieben wurde. Es kommt zu einer Anhörung der Parteien und zu einer Einholung eines Schriftsachverständigengutachtens. Die Sache ist durchschnittlich. Der Gegenstandswert beläuft sich auf 25.000,00 €.

Gebührenart	Vorschriften	Höhe	Gegenstandswert	Wertgebühr	Gebührenwert
Verfahrensgebühr	gem. §§ 2 Abs. 2, 13 RVG i.V.m. Nr. 3100 VV RVG	1,3	25.000,00 €	686	891,80 €
Terminsgebühr	gem. §§ 2 Abs. 2, 13 RVG i.V.m. Nr. 3104 VV RVG	1,2	25.000,00 €	686	823,20 €
Auslagenpauschale	7002 VV RVG				20,00 €
				Zwischensumme	1.735,00 €
Umsatzsteuer	7008 VV RVG			16%	277,60 €
GESAMTSUMME					2.012,60 €

126 Wie oben bereits ausgeführt, müssen für die Beschwerde und die weitere Beschwerde im Erbscheinsverfahren die Vorschriften der Nrn. 3200 ff. bzw. 3500 ff. VV-RVG angewendet werden.

4. Berechnungsbeispiele für das gerichtliche Verfahren (z.B. Pflichtteil)

a) Auswirkung der Terminsgebühr bei Anerkenntnis

127 **Fall:**
Rechtsanwalt R fordert zunächst außergerichtlich, dann per Klage die Zahlung eines Pflichtteils i.H.v. 35.000,00 €. Die Gegenseite erkennt im Prozess einen Betrag von 30.000,00 € an. Über den Rest wird streitig verhandelt. Es kommt zu keiner Beweisaufnahme.

Gebührenart	Vorschriften	Höhe	Gegenstandswert	Wertgebühr	Gebührenwert
Verfahrensgebühr	gem. §§ 2 Abs. 2, 13 RVG i.V.m. Nr. 3100 VV RVG	1,3	35.000,00 €	830	1.079,00 €
Terminsgebühr	gem. §§ 2 Abs. 2, 13 RVG i.V.m. Nr. 3104 VV RVG	1,2	35.000,00 €	830	996,00 €
Geschäftsgebühr	gem. §§ 2 Abs.2, 13 RVG i.V.m. Nr. 2400 VV RVG	0,65	35.000,00 €	830	539,50 €
Auslagenpauschale	7002 VV RVG				20,00 €
				Zwischensumme	2.634,50 €
Umsatzsteuer	7008 VV RVG			16%	421,52 €
GESAMTSUMME					3.056,02 €

b) Die Anrechnung der Verfahrensgebühr

Fall:

Rechtsanwalt R vertritt M bei einem Pflichtteilsergänzungsanspruch i.H.v. 30.000,00 €. Die Sache ist recht kompliziert, so dass eine Geschäftsgebühr von 2,2 angemessen ist. Anschließend erhält R einen Klageauftrag.

Gebührenart	Vorschriften	Höhe	Gegenstandswert	Wertgebühr	Gebührenwert
Geschäftsgebühr	gem. §§ 2 Abs.2, 13 RVG i.V.m. Nr. 2400 VV RVG	2,2	30.000,00 €	758	1.667,60 €
Verfahrensgebühr	gem. §§ 2 Abs. 2, 13 RVG i.V.m. Nr. 3100 VV RVG	1,3	30.000,00 €	758	1.099,10 €
Anrechnung der Geschäftsgebühr auf die Verfahrensgebühr, Hälfte höchstens aber 0,75	gem. §§ 2 Abs.2, 13 RVG i.V.m. Nr. 2400, Vorbem. 3 Abs.4 VV RVG	0,75	30.000,00 €	758	568,50 €
es verbleiben von der Verfahrensgebühr					530,60 €
Auslagenpauschale	7002 VV RVG				20,00 €
				Zwischensumme	2.218,20 €
Umsatzsteuer	7008 VV RVG			16%	354,91 €
GESAMTSUMME					2.573,11 €

Der Mehrverdienst ist hier 1.670,63 €. Es kommt vorliegend die **Kappungsgrenze** zum Tragen, wonach höchstes 0,75 von der Geschäftsgebühr in Anrechnung gebracht werden können. Es ist also bei schwierigen Sachverhalten darauf zu achten, sich im Vorfeld eine höhere Geschäftsgebühr als 1,5 zu sichern, um in den vollen Genuss der neuen Vorschrift zu kommen.

5. Ausgewählte Gebühren im Erbprozess

Im Rahmen eines **Erbprozesses** fallen selbstverständlich wie in anderen Prozessen die üblichen und hinreichend bekannten Verfahrensgebühren an. Nachfolgend werden nur die typischen und problematischen Fallkonstellationen aus Vereinfachungsgründen aufgeführt.

a) Ausschlagung und Haftungsbeschränkung

Wird im Vorfeld zu einem Prozess der Rechtsanwalt um Überprüfung gebeten und kommt er zu dem Ergebnis, die Erbschaft kann noch ausgeschlagen werden oder aber es kann wenigstens eine **Haftungsbeschränkung** erfolgen, bestehen erhebliche Probleme bei der Bestimmung des Gegenstandswertes.

131 Bei der **Ausschlagung** ist das Problem, dass ein „negativer" Nachlass besteht. Dementsprechend ist auf das Interesse des Mandanten an der Ausschlagung abzustellen. Wenn der Nachlass mit einer Summe von 10.000,00 € überschuldet ist, so ist das Interesse des Erbenschuldners in selbiger Höhe und unabhängig davon, ob er Allein- oder Miterbe ist, da er andernfalls mit seinem Privatvermögen voll haften würde.

132 Die Haftungsbeschränkung durch die Erben vermindert den Streitwert nicht beim Schuldnervertreter. Wird der Anwalt nur mit der **Haftungsbeschränkung** beauftragt, ist wiederum auf sein Interesse abzustellen.

b) Stufenklage

aa) Auskunftsklage

133 Wird der Rechtsanwalt nur mit der Geltendmachung des **Auskunftsanspruchs** beauftragt und klagt er danach aufgrund eines weiteren gesonderten Auftrages die Zahlung ein, dann sind auch **zwei separate Gebührentatbestände** erfüllt. Kostenerstattungsprobleme für den Kläger nach §§ 91 ff. ZPO entstehen durch diese Vorgehensweise nicht, selbst wenn durch eine Stufenklage insgesamt geringere Gebühren entstanden wären.[68]

bb) Stufenklage

134 Werden hingegen die Ansprüche im Rahmen einer Stufenklage geltend gemacht, dann handelt es sich nur um **eine gebührenrechtliche Angelegenheit**. Nach § 44 GKG ist nur der **höhere** der stufenweisen Ansprüche **maßgebend**, also i.d.R. der Zahlungsanspruch. Mit der Stufenklage werden bereits alle Stufen rechtshängig gemacht. Ist die Klage abgewiesen worden, ohne dass es zu einer mündlichen Verhandlung gekommen ist, so entsteht die Verhandlungsgebühr nur nach dem Wert der Auskunft. Kommt es nach erfolgter Auskunft zu einer höheren Bezifferung des Leistungsantrags als zunächst vom Mandanten angenommen, dann ist die frühere Wertangabe zu berichtigen.[69] Im umgekehrten Fall, also einem geringeren Leistungsantrag nach zunächst höherer Schätzung, bleibt die frühere Schätzung solange wertbestimmend, bis ein Leistungsantrag gestellt wird.[70]

cc) Steckengebliebene Stufenklage

135 Problematisch ist die Bewertung der Leistungsstufe, wenn diese **nach Auskunft nicht beziffert** wird (sog. steckengebliebene Stufenklage). Richtigerweise[71] ergibt sich der Wert aus der bei Klageerhebung erkennbar gewordenen Vorstellung des Klägers zum Zeitpunkt der Klageerhebung. Dies gilt allerdings nicht für den späteren Leistungsantrag, sofern dieser gestellt wird. Notfalls muss der vermeintliche Leistungsanspruch geschätzt werden, wobei anschließend nach der Rspr. von 1/10 bis 2/5 des Wertes des Leistungsanspruchs als Gegenstandswert für den Auskunftsanspruch auszugehen ist.[72] Letztendlich kommt es auf die Umstände des Einzelfalls an, welche konkrete Bruchteilsquote gerechtfertigt ist. Stellt sich nach der Auskunft heraus, dass weit höhere An-

---

68 So auch *Enders*, JurBüro 2001, 58.
69 *Schneider/Herget*, Rn. 4261.
70 *Schneider/Herget*, Rn. 4263 ff.
71 Vgl. in Familiensachen dazu OLG Dresden MDR 1998, 64 m.w.N.
72 *Schneider/Herget*, Rn. 4270 ff.

Bonefeld

sprüche bestehen, so erhöht sich nachträglich der Gegenstandswert der Auskunftsklage.

> **Praxishinweis:**
> Besteht die Gefahr, dass nach Auskunftserteilung der Leistungsantrag nicht beziffert wird oder werden kann, da kein Vermögen vorhanden ist, so sollte auf jeden Fall vor Einholung der Auskunft die (Begehrens-)Vorstellung des Mandanten schriftlich niedergelegt werden, damit sie Grundlage für die spätere Berechnung werden kann.
> Dabei ist aber immer realistisch vorzugehen und sich vorsorglich die Begehrensvorstellung vom Mandanten bestätigen zu lassen.
> Bei zu hohen Vorstellungen kann es ggf. zu einer negativen Kostenentscheidung kommen.[73]

dd) Antrag auf Abgabe der Eidesstattlichen Versicherung

Was den Antrag auf Abgabe der **Eidesstattlichen Versicherung** angeht, so hat dieser neben den anderen Stufen keinen eigenständigen Wert.[74] Wird aber nur die Abgabe der Eidesstattlichen Versicherung isoliert begehrt, dann liegt dieser Wert regelmäßig sogar unter dem Wert für die Auskunft. Teilweise wird von der Hälfte des Wertes für die **Auskunft oder Rechnungslegung** ausgegangen.[75] Das OLG Bamberg[76] hat in einer familienrechtlichen Angelegenheit nur ca. 1/3 des Wertes des Auskunftsanspruchs genommen, also 3,33 % vom Wert des Hauptanspruchs.

136

> *Beispiel:*
> *Wert der Auskunftsstufe bei Zugewinnausgleichklage 10 % von 20.000,00 €*
> *Wert für Eidesstattliche Versicherung = 660,00 €*
> *ergibt Wert des Rechtsstreits – ohne Zugewinnstufe – von 2.660,0 €*

Letztendlich wird es wie bei der Auskunft auf die Umstände des Einzelfalls hinsichtlich der richtigen Bruchteilsquote ankommen. Werden Auskunft und die Abgabe der eidesstattlichen Versicherung zusammen geltend gemacht, ist die Bruchteilsquote zu erhöhen.[77]

Schneider/Herget[78] bemessen den Streitwert im Rahmen einer Berufung grundsätzlich nicht nach dem Interesse des Klägers an der Richtigkeit der Auskunft, sondern nach dem Interesse des Beklagten und Berufungsklägers, also dem Aufwand an Zeit und Kosten, der mit der Abgabe der Eidesstattlichen Versicherung verbunden ist.

137

Ferner ist zu differenzieren, ob die Eidesstattliche Versicherung i.R.d. § 259 BGB aus materiellem Recht oder nach § 807 ZPO aus prozessualem Recht abgeleitet wird. Der Gegenstandswert (d.h. Bruchteilswert zum Leistungswert) der Auskunft wird je höher anzusetzen sein, desto weniger der Kläger vor Einholung der Auskunft kennt.[79]

138

---

73 Vgl. OLG Dresden ZErb 2001, 25.
74 Vgl. *Kindermann*, S. 469.
75 *Enders*, JurBüro 2001, 59 m.w.N.
76 OLG Bamberg FamRZ 1997, 40.
77 So richtig *Enders*, JurBüro 2001, 59.
78 *Schneider/Herget*, Rn. 555 ff.
79 *Schneider/Herget*, Rn. 513 ff.

139 *Beispiele:*
(1) Klage auf Auskunft mit anschließender Zahlung. Mandant erwartet mindestens 100.000,00 €. Nach Auskunftserteilung ergibt sich jedoch eine erheblich niedrigere Forderung von 12.500,00 €.
Rechtsanwalt R reicht am 15.02.2004 einen Schriftsatz ein mit dem er die Zahlung von 12.500,00 € an den Mandanten beantragt.
Der Gegenstandswert für die Auskunftsklage belief sich auf 25.000,00 € (bei Rspr. 1/4) bis zum 14.02.2001 und danach auf 12.500,00 €.
Somit berechnen sich alle Gebühren, die bis zum 14.02.2004 entstanden sind, nach 25.000,00 € und diejenigen nach dem 15.02.2001 nach 12.500,00 €.
(2) Wie (1) nur höhere Ansprüche als erwartet, nämlich 150.000,00 €.
Dann gilt: 25.000,00 € Gegenstandswert für die Auskunft und 150.000,00 € für den Leistungsantrag.

140 Die Unterscheidung kann wichtig werden, und zwar immer dann, wenn im Rahmen der Auskunftsklagestufe Gebühren entstehen, die anschließend im Rahmen der Zahlungsklagestufe nicht mehr entstehen.

c) Erbauseinandersetzungsklage

141 Wegen der großen Schwierigkeiten im Zusammenhang mit einem Teilungsplan im Rahmen einer **Erbauseinandersetzungsklage** werden häufig zahlreiche Hilfsanträge gestellt. Nur bei verschiedenen Streitgegenständen sind die Werte nach § 45 GKG aus dem Haupt- und dem Hilfsantrag zu addieren, wenn das Gericht auch über den Hilfsantrag entscheidet. Bei einer Erbauseinandersetzungsklage wird aber nur ausnahmsweise von verschiedenen Streitgegenständen auszugehen sein. Wird der Rechtsstreit durch **Vergleich** beendet, so sind i.d.R. nach § 45 Abs. 4 GKG Haupt- und Hilfsanspruch zusammenzurechnen, da das Ergebnis grundsätzlich auch eine Entscheidung über den Hilfsanspruch beinhaltet.[80]

6. *Gebühren im Zwangsvollstreckungsverfahren*

142 Die Gegenstandswerte im Zwangsvollstreckungsverfahren richten sich nunmehr nach § 25 RVG. Die Gebühren haben sich durch das RVG kaum geändert.

a) Teilungsversteigerung

143 Für die Berechnung der Gebühren kommt es auf die einzelne Vertretung in den verschiedenen Zwangsvollstreckungsstufen an.
– Eine 0,4 nach Nr. 3310 Nr. 1 VV RVG entsteht für die Vertretung im Zwangsversteigerungsverfahren bis zur Einleitung des Verteilungsverfahrens. Die Gebühr entsteht mit Stellung des Antrages auf Anordnung der Teilungsversteigerung bzw. auf Zulassung des Beitritts zu dem bereits angeordneten Zwangsversteigerungsverfahren.
– Eine 0,4 Gebühr nach Nr. 3312 VV RVG entsteht für die **Wahrnehmung des Versteigerungstermins** sowie eine

---

80 Vgl. *Kerscher/Tanck/Krug*, § 6 Rn. 53.

– 0,4 nach Nr. 3311 VV RVG für die **Tätigkeit im Verteilungsverfahren**. Die letzte Gebühr entsteht auch, wenn es unter Mitwirkung als Anwalt zu einer außergerichtlichen Einigung kommt.

Die Gebühren entstehen bereits mit dem Vertretungsauftrag. Der Gegenstandswert richtet sich nach dem Wert des diesem zustehenden Rechts nach § 26 RVG, wobei Nebenforderungen mitgerechnet werden. Obergrenze ist der Wert bzw. der Erlös für das Grundstück.

b) Zwangsvollstreckung des Auskunftsanspruchs nach § 888 ZPO

Bei einer Zwangsvollstreckungsmaßnahme nach § 888 ZPO erhält der Rechtsanwalt eine 0,3 nach Nr. 3309 VV RVG und zwar für seine Mitwirkung im gesamten Verfahren. Die Neuregelung findet sich in § 18 Nr. 15 RVG. Bei dieser **Zwangsvollstreckungsmaßnahme** ist nun die Neuregelung des § 18 RVG zu beachten. Sie fällt aber im Verfahren nur einmal an, d.h. für einen weiteren Antrag auf Zwangshaft, nachdem Zwangsgeld beantragt wurde, bleibt es bei der einen Gebühr nach Nr. 3309 VV RVG

c) Eidesstattliche Versicherung nach § 889 ZPO

Hierbei handelt es sich um ein besonderes Verfahren. Die Neuregelung sieht in Nr. 3310 VV RVG eine Termingebühr i.H.v. 0,3 vor. Der Gegenstandswert richtet sich nach § 25 RVG. Es macht für die Entstehung dieser Gebühr keinen Unterschied, ob die Abgabe der Eidesstattlichen Versicherung freiwillig erfolgt ist oder nicht.

d) Rechtshängigkeitsvermerk

Erhebliche Probleme bestehen bei der Beantwortung der Frage, wie nach dem RVG die Eintragung eines **Rechtshängigkeitsvermerks** zu vergüten ist. Zunächst bleibt festzuhalten, dass es sich bei einem Rechtshängigkeitsvermerk nicht um eine Angelegenheit der §§ 16, 17 oder 18 RVG handelt, da sich diese dem Wortlaut nach nicht auf den gesetzlich nicht geregelten Rechtshängigkeitsvermerk beziehen. Der Rechtshängigkeitsvermerk ist dem Grunde nach aber nichts anderes als ein Grundbuchberichtigungsantrag. Da es sich bei Tätigkeiten in Grundbuchsachen um Angelegenheiten der Freiwilligen Gerichtsbarkeit handelt, kann m.E. eine Vergütung über die Nrn. 3100 ff. VV RVG erfolgen. Dort dürfte die Nr. 3101 Nr. 3 VV RVG einschlägig sein, da lediglich ein Antrag gestellt wird, so dass sich die Vergütung auf 0,8 reduziert. Der Geschäftswert für die Eintragungsgebühren liegt nur bei 15-20 % des Hauptssachestreitwerts.[81]

7. *Gegenstandswerte in Erbsachen*

a) Grundsätze der Gegenstandswertbestimmung nach dem RVG

Das häufigste Problem bei der Erstellung der Kostennote in Erbsachen ist die richtige Bestimmung des **Gegenstandswertes**. Im Rahmen eines gerichtlichen Verfahrens bestimmt grundsätzlich der Antrag im Rahmen der Klage den Gegenstands- bzw. Streitwert, nach dem der Rechtsanwalt abrechnen kann. Bei außergerichtlichen Tätigkeiten ist mangels bestimmten Klageantrags, der Auftrag des Mandanten ausschlaggebend. Der Gegenstandswert berechnet sich somit nach dem, was der Mandant fordert,

---

81 BayObLG JurBüro 1993, 227.

wobei allerdings völlig überzogene unrealistische Vorstellungen des Mandanten bei der Bestimmung des Gegenstandswertes außer Betracht bleiben.[82]

149 Für die Bestimmung des Gegenstandswertes gelten folgende **Grundsätze**:
- Gegenstandswert richtet sich nach § 23 RVG i.V.m. § 48 GKG.
- Bestehen keine Sonderregelungen in den §§ 48 ff. GKG, sind die §§ 3 bis 9 ZPO anwendbar.
- Ist danach § 23 RVG nicht einschlägig oder sind die §§ 48 ff. GKG. und die §§ 3 bis 9 ZPO nicht ergiebig, gilt § 23 RVG i.V.m. den jeweils dort genannten Vorschriften der Kostenordnung.
- Sind die genannten Vorschriften der KostO nicht einschlägig, greifen die Wertvorschriften des RVG nach Maßgabe des § 23 RVG ein.
- Nach h.M.[83] gilt i.R.v. Erbstreitigkeiten untereinander der Grundsatz, dass der Streitwert gem. § 3 ZPO nach dem wirtschaftlichen Interesse unter Abzug des Anteils des klagenden Erben zu bemessen ist. Werden aber Ansprüche von Dritten oder gegen Dritte geltend gemacht, die außerhalb der Erbengemeinschaft stehen, dann ist im Regelfall der ganze Wert in Ansatz zu bringen.[84]

150 **Problematisch** sind die Fälle, bei der der Rechtsanwalt im Rahmen seiner Beratung zu dem Ergebnis kommt, dass dem **Mandanten kein Anspruch zusteht**, weil z.B. der Nachlass überschuldet ist oder aber ggf. das Erbe ausgeschlagen werden soll. Hier ist es dann ratsam, zuvor die Vorstellung des Mandanten schriftlich zu fixieren und sich vom Mandanten bestätigen zu lassen, um eine Berechnungsgrundlage zu haben. Hat der Mandant jedoch überhaupt keine Vorstellung geäußert, so kann der Rechtsanwalt nur gem. § 23 RVG, § 48 GKG und § 3 ZPO vorgehen und den Gegenstandswert schätzen. Fehlen also anderweitige Anhaltspunkte, so verbleibt es beim Regelstreitwert i.H.v. 4.000,00 € gem. § 23 Abs. 3 RVG.

151 **Übersicht**[85] **über Gegenstandswerte in Erbsachen**

Art der Streitigkeit	Berechnung des Gegenstandswertes
Leistungsklage wegen Geldforderung	• Höhe der Forderung • Nebenforderungen bleiben unberücksichtigt (§ 43 GKG, § 4 ZPO). soweit sie nicht als Hauptforderung geltend gemacht werden

---

82 *Enders*, JurBüro 2000, 506 m.w.N.
83 BGH 1975, 1415; *Stein/Jonas*, § 3 Rn. 48.
84 *Schneider/Herget*, Rn. 3155.
85 Nachfolgende Tabellen sollen bei der Einschätzung eine kleine Hilfestellung geben: nach *Kerscher/Tanck/Krug*, S. 151 ff. sowie *Bonefeld/Daragan/Tanck*, S. 45 ff.

D. Abrechnungsbeispiele für das erbrechtliche Mandat

Art der Streitigkeit	Berechnung des Gegenstandswertes
Vermögensrechtliche Streitigkeit	• richtet sich danach, was der Kläger mit seiner Klage wirtschaftlich erreichen will – z.B. Besserstellung des Klägers infolge der Erbunwürdigkeitserklärung des Beklagten.
– Erbunwürdigkeitsklage	• zu beachten, dass sich ein ihm ohnehin gebührender Anteil wertmindernd auswirkt. Nach dem streitigem Anteil des Anspruchstellers.
– Erbberechtigung	• ist nur die Erbberechtigung und nicht die Pflichtteilsberechtigung streitig, entspricht der Gegenstandswert der Differenz zwischen streitigen Erbteil und unstreitigem Pflichtteil.
– Ausgleichungsanspruch nach § 2050 BGB	• Wert um den sich der Erbteil durch die Ausgleichung erhöht
– Pflichtteilsergänzungsansprüche und Pflichtteilsrestansprüche	• Wert um den sich der Erbteil durch die Pflichtteilsergänzung bzw. Pflichtteil erhöht
Nichtvermögensrechtliche Streitigkeit	• nach § 48 GKG unter Berücksichtigung des Einzelfalls, insbesondere des Umfangs und der Bedeutung der Sache und der Vermögens- und Einkommensverhältnisse der Parteien zu bestimmen • regelmäßig 4.000,00 €
Stufenklage	• nach § 44 GKG bestimmt sich der Gegenstandswert einer Stufenklage nach dem höchsten der verbundenen Ansprüche, also regelmäßig nach dem Zahlungsanspruch.
Hauptanspruch vorbereitende Maßnahme, wie z.B. Auskunft, Vorlegen von Vermögensverzeichnissen	• orientiert sich am Wert des nachfolgenden Leistungsantrags; maßgebend ist der Leistungsanspruch, den der Kläger bei Klageerhebung erwartet Ist nach Erteilung der Auskunft der Leistungsanspruch geringer oder besteht er nicht, gilt bis zur Einreichung des spezifizierten Leistungsantrags der Wert des anfänglich Erwarteten; nachträgliche Erhöhung, wenn nach Erteilung der Auskunft sich herausstellt, dass der Kläger weit höhere Ansprüche hat. Dann gilt gem. § 44 GKG insgesamt nur der höhere Wert. Bei Auskunftsantrag ist regelmäßig nur ein Bruchteil des Werts des Leistungsantrags anzunehmen. Die Rspr. tendiert dabei zwischen 1/10–5/10 des Werts des Leistungsantrags, im Regelfall zu 3/10 des Leistungsantrags.
Haupt- und Hilfsantrag mit verschiedenem Streitgegenstand	• Nach § 45 GKG zu addieren, sofern das Gericht auch über den Hilfsantrag entscheidet, d.h., sich i.R.d. Urteils mit dem hilfsweise geltend gemachten Anspruch befasst hat. Bei vergleichsweiser Rechtsstreiterledigung sind die Werte des Haupt- und Hilfsanspruchs regelmäßig zusammenzurechnen (§ 45 GKG), da das Ergebnis stets auch eine Entscheidung über den hilfsweise erhobenen Anspruch beinhaltet.
Klage und Widerklage	• Bei demselben Gegenstand oder wenn die eine Klage in der anderen aufgeht, bestimmt die höhere Klage den Streitwert. Betreffen Klage und Widerklage verschiedene Gegenstände, werden sie addiert (§ 45 GKG).

Art der Streitigkeit	Berechnung des Gegenstandswertes
Feststellungsklage	• ergibt sich aus § 23 RVG, § 48 GKG, § 3 ZPO Sowohl bei der positiven als auch bei der negativen Feststellungsklage wird zur Bestimmung des Gegenstandswertes der Wert eines entsprechenden Leistungsanspruchs zugrunde gelegt. Bei einer positiven Feststellungsklage ist von dem Betrag des Leistungsanspruchs ca. 20 % abzuziehen (Wert kann im Einzelfall im Hinblick auf das zu bewertende Interesse höher oder geringer ausfallen).

152 Übersicht einzelner Gegenstandswerte

Art der Streitigkeit	Berechnung des Gegenstandswertes
Auseinandersetzung einer Erbengemeinschaft (§ 3 ZPO, § 11 GKG)	• Nach derzeitiger Rspr. gem. § 3 ZPO regelmäßig nur das Interesse des Klägers und somit der Anteil am Nachlass maßgebend;[86] Ermittlung des wirtschaftlichen Wertes des Streitgegenstands notwendig[87]
– Aufteilung nur einzelner Vermögensgegenstände streitig	• Gegenstandswert ist auf diese Gegenstände zu beschränken. (z.B. bei Streit über die Verteilung einzelner Immobilien, Streitwert nur nach den Grundstückswerten, über deren Verteilung Streit besteht und zwar auch dann, wenn der der Klage zugrundeliegende Teilungsplan den ganzen Nachlass betrifft.[88])
– Bei Beendigung durch Vergleich	• wirtschaftliches Interesse des die Auseinandersetzung betreibenden Miterben für die Streitwertbestimmung entscheidend, somit i.d.R. der Wert des Anteils am Nachlass.[89]
– Bei Klage auf Feststellung der Unzulässigkeit einer Erbauseinandersetzung	• Interesse des Klägers am Fortbestehen der Erbengemeinschaft.[90]
Auskunft (§ 3 ZPO)	• Interesse des Klägers an der Offenlegung der für die Hauptsache maßgeblichen Tatsachen • der Wert des Auskunftsanspruches beträgt i.d.R. nur einen Bruchteil (1/5 bis 1/4) des Wertes des Hauptanspruchs[91] • Beachte: Bruchteilswert berechnet sich aus dem Wert der Miterbenquote des Klägers.[92]
Ausgleichung (§ 3 ZPO)	• Interesse des Klägers an der Ausgleichung, also Wert um den sich der Erbteil durch die Ausgleichung erhöht
Erbersatzanspruch (§ 3 ZPO)	• Höhe des geforderten Betrages
Erbschein	• Umfang des beanspruchten Erbteils des jeweilgen Miterben, wobei der Wert des bereinigten Nachlasses zugrunde zu legen ist[93]

---

[86] BGH NJW 1975, 1415; *Stein/Jonas*, § 3 Rn. 48.
[87] A.A. Schmidt, Anm. zu BGH NJW 1975, 1415, 1417.
[88] BGH NJW 1969, 1350. Konsequenterweise ist aber auch hier der jeweilige Anteil der Parteien am Nachlass zu berücksichtigen (§ 3 ZPO) vgl. *Kerscher/Tanck/Krug*, § 6 Rn. 68.
[89] OLG Koblenz JurBüro 1991, 103.
[90] OLG Hamm JurBüro 1977, 1616.
[91] BGH BB 1960, 796.
[92] OLG Schleswig JurBüro 1960, 263.
[93] BGH NJW 1968, 2234.

D. Abrechnungsbeispiele für das erbrechtliche Mandat

Art der Streitigkeit	Berechnung des Gegenstandswertes
– im Beschwerdeverfahren	• nach freien Ermessen unter Berücksichtigung des wirtschaftlichen Interesses des Beschwerdeführers am Nachlass[94]
– Klage auf Herausgabe eines unrichtigen Erbscheins	• nach freien Ermessen unter Berücksichtigung der Nachteile, die dem Kläger durch den unrichtigen Erbschein drohen;[95] Wert ist i. d. R. deutlich geringer als Nachlasswert
Erbunwürdigkeitsklage	• frühere Rspr.: Interesse der Klägerpartei[96] derzeitige Rspr.: Wert der gesamten Beteiligung des Beklagten am Nachlass[97]
Erbvertrag § 46 KostO beachten	• nach § 46 Abs. 4 KostO ist bei Testamenten und Erbverträgen, wenn über den ganzen Nachlass oder einen Bruchteil davon verfügt wird, der Gebührenberechnung der Wert des nach Abzug der Verbindlichkeiten verbleibenden reinen Vermögens oder der Wert des entsprechenden Bruchteils des reinen Vermögens zugrunde zu legen. Vermächtnisse, Pflichtteilsrechte und Auflagen werden nicht abgezogen. Mit der weitergehenden Verweisung wird klar geregelt, wie in diesen Fällen der Gegenstandswert zu bestimmen ist. Sie führt dazu, dass auch für die Wertberechnung des Rechtsanwalts, anders als nach altem Recht, die Schulden in Abzug zu bringen sind. Bei gleichzeitiger Beurkundung eines Ehevertrag wird der Wert des betroffenen Vermögens nur einmal berücksichtigt (vgl. § 46 Abs. 2 KostO).
– Feststellung der Unwirksamkeit des Rücktritts	• Wert lediglich 1/4 des reinen Vermögens des Erblassers.[98]
Feststellung des Erbrechts	• bei Feststellungsklage grundsätzlich Abschlag von ca. 20 % vorzunehmen[99]
– Klage des Miterben auf Feststellung, dass ein bestimmtes Bankguthaben zum Nachlass gehört	• Wert des Bankguthabens, abzüglich des quotalen Anteils des Beklagten, abzüglich eines 20 % Abschlags.[100]
– Klage auf Feststellung einer Vorerbschaft	• ein unstreitiger Pflichtteilsanspruch bei der Streitwertbestimmung bleibt unberücksichtigt;[101] geringer zu bewerten als die Feststellung einer Vollerbenstellung.[102]
– Feststellung der Nichtigkeit eines Testaments	• Wert der Besserstellung des Klägers bei Erfolg der Klage[103]
Klage auf Feststellung der Nichtigkeit eines Testaments	• Höhe der Besserstellung des Klägers infolge der Nichtigkeit und nicht nach dem Wert des ganzen Nachlasses
Feststellung der Nichtigkeit einer behaupteten Testamentsauslegung	• Höhe der Besserstellung des Klägers infolge der Nichtigkeit und nicht nach dem Wert des ganzen Nachlasses[104]

---

94 BayObLG JurBüro 1992, 166.
95 BGH KostRsp § 3 ZPO Nr. 176.
96 BGH LM Nr. 16 zu § 3 ZPO.
97 BGH NJW 1970, 197; a.A. *Hillach/Rohs*, § 57 A III.
98 BGH NJW 1972, 540.
99 OLG Köln JurBüro 1979, 1704.
100 OLG Bamberg JurBüro 1974, 1433.
101 BGH NJW 1975, 539.
102 BGH FamRZ 1989, 958.
103 BGH NJW 1956, 1877.
104 BGH LM 1954 Nr. 11 zu § 3 ZPO.

Art der Streitigkeit	Berechnung des Gegenstandswertes
Feststellung, dass Kläger Vorerbe eines bestimmten Nachlasses geworden ist	• gewisser Abschlag vom Nachlasswert notwendig, da es sich bei der Vorerbenstellung um eine wesentlich schwächere Stellung handelt als bei einer Vollerbeneinsetzung[105]
Klage eines Miterben auf Feststellung der Nichtigkeit eines Vertrags der Erbengemeinschaft, der einen Miterben zum Ankauf eines Gegenstands berechtigt	• Interesse des anderen Miterben an der Befreiung von den im Vertrag eingegangenen Verbindlichkeiten[106]
Klage auf Grundbuchberichtigung	• Wert des Grundstücks abzüglich des Anteils des beklagten Miterben.[107]
Klage auf Grundstücksauflassung	• Verkehrswert des Grundstückes abzüglich des gesamthänderischen Teils des Klägers.[108] Investitionen, die der Kläger bereits in das Grundstück erbracht hat, sind abzuziehen.[109]
– Klage eines Miterbe gegen einen anderen Miterben auf Auflassung eines Nachlassgrundstückes an einen Dritten	• Voller Wert des Grundstücks.[110] Nach Änderung der Rspr. des BGH[111] ist bei wirtschaftlicher Betrachtungsweise, der Streitwert nach dem Anteil desjenigen Miterben zu bestimmen, der durch die Klage zur Auflassung an einen Dritten gezwungen werden soll.[112]
Klagen unter Miterben auf Leistung an die Erbengemeinschaft	• Wert der Forderung abzüglich des unstreitigen Erbteils des Beklagten an der geforderten Leistung[113] Grundsätzlich auch, sofern nur ein Miterbe als Kläger auftritt und gem. § 2039 BGB Leistung an die aus mehreren Personen bestehende Erbengemeinschaft verlangt wird[114]
Klagen unter Miterben auf Leistung an den Kläger	• Vollen Wert der Forderung • unstreitiger Anteil des Klägers an der Forderung ist abzuziehen, wenn die Klage gegen die Erbengemeinschaft erhoben wird[115]
Klagen zwischen Miterben und Dritten	• voller Wert des Gegenstands anzusetzen, auch wenn auf Kläger- oder Beklagtenseite nur ein Miterbe vertreten ist[116]
Löschung eines im Grundbuch eingetragenen Nacherbenvermerk	• nach freiem Ermessen gem. § 3 ZPO unter Berücksichtigung des Interesses des Vorerben; ggf. gesamter Wert des Grundstücks, sofern Interesse des Vorerben an einem lastenfreien Verkauf[117]

---

105 BGH FamRZ 1989, 958.
106 BGH LM 1954 Nr. 4 zu § 3 ZPO.
107 OLG Neustadt Rpfleger 1963, 66.
108 OLG Celle NJW 1969, 1355.
109 OLG Bamberg JurBüro 1973, 768.
110 So auch die frühere Rspr. des BGH NJW 1956, 1071.
111 BGH NJW 1972, 909; BGH NJW 1975, 1415.
112 Anders ist dies aber bei einer Klage auf Zahlung eines bestimmten Geldbetrages; hier haftet der einzelne Miterbe voll, *Schneider/Herget*, Rn. 3184.
113 BGH NJW 1972, 904.
114 BGH NJW 1972, 904.
115 BGH NJW 1972, 904.
116 MDR 1962, 912; Rpfleger 1957, 274.
117 OLG Celle OLG-Report Celle 1995, 109.

D. Abrechnungsbeispiele für das erbrechtliche Mandat

Art der Streitigkeit	Berechnung des Gegenstandswertes
Widerspruchsklage des Nacherben nach § 773 ZPO gegen Veräußerung eines zur Vorerbschaft gehörenden Grundstücks	• Anteil des Klägers[118]
Nachlassforderung (§ 6 ZPO)	• Wert der Forderung
Patientenverfügung	• Nichtvermögensrechtliche Streitigkeit = Regelstreitwert nach § 23 Abs.3 RVG = 4.000,00 €
Rechnungslegung	Differenzierte Betrachtungsweise! • Anspruch auf Rechnungslegung notwendig, um den Hauptanspruch durchsetzen zu können: Bemessung in Richtung der Hauptforderung • bei nur Erleichterung der Geltendmachung des Hauptanspruchs, nur hälftiger Wert der Hauptforderung[119]
Klage auf Satzungsänderung einer durch Verfügung von Todes wegen errichteten gemeinnützigen Stiftung durch die Angehörigen des Erblassers	• Schätzung gem. § 3 ZPO[120]
Klage auf Herausgabe eines Testaments	• Interesse des Klägers unter Berücksichtigung des von ihm behaupteten Anspruchs am Nachlass
Testamentsvollstreckung – Wirksamkeit der Einsetzung – Beendigung der Testamentsvollstreckung	• Streitwert auf Grundlage der dem Testamentsvollstrecker zustehenden Vergütung zu ermitteln[121] • Abstellen auf das dahingehende Interesse des Klägers
Klage eines Vermächtnisnehmers gegen Miterben auf Erfüllung eines ihm zustehenden Vermächtnisses	• gesamter Verkehrswert des dem Vermächtnis zugrundeliegenden Gegenstandes[122] • bei wiederkehrenden Leistungen gilt § 9 ZPO
Klage des Vorerben auf Zustimmung zur Veräußerung eines Nachlassgrundstückes	• Schätzung gem. § 3 ZPO[123]

• **Geschäfts- und Gegenstandswertübersicht in Nachlasssachen**   153

Nachfolgend werden typische Konstellationen und deren kostenrechtlichen Auswirkungen dargestellt:

Grundsatz:

Nach § 18 KostO werden die Gebühren nach dem Gegenstandswert zum Zeitpunkt der Fälligkeit berechnet.

---

118 RG HRR 1932, Nr. 1954.
119 *Frieser*, Rn. 195.
120 OLG Hamm ZIP 1993, 1384.
121 OLG Zweibrücken Rpfleger 1967, 2; OLG Schleswig JurBüro 1966, 152; die Vergütung des Testamentsvollstreckers richtet sich in erster Linie nach dem Nachlassbruttowert.
122 OLG Bamberg JurBüro 1988, 517.
123 OLG Schleswig Rpfleger 1968, 325.

Einzelfälle:

Amtliche Verwahrung einer Verfügung von Todes wegen	§§ 103, 46 Abs. 4 KostO	• Wert nach Abzug der Verbindlichkeiten ohne Berücksichtigung von Vermächtnissen, Auflagen oder Pflichtteilsrechten
Eröffnung einer Verfügung von Todes wegen	§§ 103, 46 Abs. 4 KostO	s.o.
Erbscheinserteilung	§ 107 Abs. 2 Satz 1 KostO	• Wert des nach Abzug der Nachlassverbindlichkeiten verbleibenden Nachlasses z.Zpkt. des Erbfalls (nach h. M. also Abzug von Vermächtnissen, Auflagen und Pflichtteilsrechten als Verbindlichkeit)
Erbscheinserteilung nur zum Zwecke der Grundbuchberichtigung bzw. zur Verfügung über Grundstücke	§ 107 Abs. 3 Satz 1 KostO	• Wert des im Grundbuch eingetragenen Grundstücks und Rechte unter Abzug der dinglichen Belastungen
Entlassung eines Testamentsvollstreckers	§§ 113 Satz 2, 30 Abs. 2 KostO	• Regelwert 3.000,00 € • Wert kann unterschritten und höchstens auf 500.000,00 € erhöht werden
Ernennung eines Testamentsvollstreckers	§§ 113 Satz 2, 30 Abs. 2 KostO	• Regelwert 3.000,00 € • Wert kann unterschritten und höchstens auf 500.000,00 € erhöht werden
Feststellung des Todeszeitpunktes und Todeserklärung	§§ 128 Abs. 3, 30 Abs. 2 KostO	• Regelwert 3.000,00 € • Wert kann unterschritten und höchstens auf 500.000,00 € erhöht werden
Grundstücksbewertung allg.	§ 19 Abs. 2 KostO	• Einheitswert Nach BVerfGE 93, 165 ist allerdings der Verkehrswert maßgeblich und nach § 19 Abs. 3 KostO kann das Gericht bei erheblicher Abweichung nach freiem Ermessen ermitteln.
Grundstücksbewertung unbebautes Grundstück	§ 19 Abs. 2, 3 KostO	• Regelmäßig. Verkehrswertermittlung bzgl. Bodenwert nach amtlichen Richtwerten und Mindest-Abschlag von 25 %
Grundstücksbewertung bebautes Grundstück	§ 19 Abs. 2, 3 KostO	• zum Bodenwert (s.o.) ist Gebäudewert zu addieren, der nach der Versicherungssumme der Brandversicherung ermittelt wird; dieser wird mit einem Faktor multipliziert, dessen Höhe vom Baujahr abhängt; danach Abschlag von 20 %.
Bewertung eines Hofes	§ 19 Abs. 4 KostO	• vierfacher Einheitswert multipliziert mit seinem Netto-Verkehrswert dividiert durch den Verkehrswert des Hofes

D. Abrechnungsbeispiele für das erbrechtliche Mandat

Übersicht Gerichts- und Notarkosten in Erbsachen

c. Tätigkeit	Rechtsgrundlage	Gebühr/Gebührensatz
Beglaubigung von ...		
Abschriften	§§ 33, 35 KostO	Grundgebühr von 10,00 € (zzgl. 0,50 €) pro angefangene Seite
Unterschriften	§ 45 KostO	1/4 – höchstens aber 130,00 € –
Beurkundung von ...		
von Zustimmungserklärungen, Vollmachten, deren Widerruf, Anträgen von Grundbucheintragungen, -löschungen, Auflassungen sowie Anmeldung zum Handelsregister und anderen Registern	§ 38 Abs. 2 KostO	1/2
Erklärungen gegenüber dem Nachlassgericht (z.B. Eidesstattliche Versicherung)	§ 38 Abs. 3 KostO	1/4
Verfügungen von Todes wegen (Einzeltestament)	§ 46 KostO	1
Verfügung von Todes wegen (Gemeinschaftliches Testament)	§ 46 KostO	2
Verwahrung von Verfügungen von Todes wegen	§ 101 KostO	1/4
Eröffnung einer Verfügung von Todes wegen	§ 102 KostO	1/2
Sicherung des Nachlasses	§ 104 KostO	1 • daneben werden Gebühren für Siegelung, Entsiegelung oder Aufnahme des Vermögensverzeichnisses (§ 52 KostO) erhoben
Erbenermittlung	§ 105 KostO	-
Nachlasspflegschaft	§ 106 KostO	1
Stundung des Pflichtteilsanspruchs	§ 106a KostO	1
Erteilung des Erbscheins	§ 107 KostO	1
Einziehung des Erbscheins	§ 108 KostO	1/2 • keine Gebühr, wenn im selben Verfahren neuer Erbschein erteilt wird
Kraftloserklärung des Erbscheins	§ 108 KostO	1/2 s.o.
Testamentsvollstreckerzeugnis	§ 109 Abs. 1 Nr. 2 KostO	1 • 1/4 für jedes weitere Zeugnis
Feststellung des Erbrechts des Fiskus	§§ 110, 107 KostO	1
Anfechtung des Erbvertrages oder Testament gegenüber Nachlassgericht	§ 112 Abs. 1 Nr. 4 KostO	1/4
Ausschlagung der Erbschaft	§ 112 Abs. 1 Nr. 2 KostO	1/4

c. Tätigkeit	Rechtsgrundlage	Gebühr/Gebührensatz
Anzeige des Vorerben oder Nacherben, Eintritt der Nacherbfolge	§ 112 Abs. 1 Nr. 5 KostO	1/4
Anzeige des Erbschaftsverkaufs	§ 112 Abs. 1 Nr. 7 KostO	1/4
Annahme/Ablehnung der Testamentsvollstreckung	§ 112 Abs. 1 Nr. 6 KostO	1/4
Kündigung des Amtes des Testamentsvollstreckers	§ 112 Abs. 1 Nr. 6 KostO	1/4
Bestimmung der Person des Testamentsvollstreckers	§ 112 Abs. 1 Nr. 6 KostO	1/4
Testamentsvollstreckerernennung bzw. -entlassung	§ 113 KostO	1/2
Entgegennahme eines Nachlassinventars sowie Fristbestimmungen	§ 114 KostO	1/2
Vermittlung der Erbauseinandersetzung	§ 116 KostO	4 • ggf. Ermäßigung nach § 116 Abs. 1 Nr. 2, Abs. 2, 4 KostO
Genehmigung der Familienstiftung	§ 118 Abs. 1 KostO	1
Aufsicht über Stiftung	§ 118 Abs. 2 KostO	1 je Kalenderjahr

155 **Anmerkung:**

Die in den §§ 112 bis 114 KostO aufgeführten Tätigkeiten bleiben gebührenfrei, wenn sie im Zusammenhang mit anderen gebührenpflichtigen Verfahren stehen.

3. Kapitel
Rund um die Beerdigung

Übersicht:

	S.		S.
A. Gesetzliche Regelungen	82	b) Anordnungen im Testament	92
I. Bestattungsgesetze der Bundesländer	82	c) Übertragung der Totenfürsorge auf Dritte	92
1. Baden-Württemberg	82	d) Anordnungen durch eine Bestattungsverfügung	93
2. Bayern	82	e) Muster einer Bestattungsverfügung	94
3. Berlin	83	f) Anordnungen durch einen Bestattungsvorsorgevertrag	95
4. Brandenburg	83	2. Angehörige	98
5. Bremen	83	a) Reihenfolge der Angehörigen	98
6. Hamburg	84	b) Beschlussfassung unter Angehörigen und gerichtliche Durchsetzung	99
7. Hessen	84	c) Umbettung der Leiche	100
8. Mecklenburg-Vorpommern	84	d) Inhalt und Umfang des Totenfürsorgerechts	102
9. Niedersachsen	84	D. Bestattungsarten	102
10. Nordrhein-Westfalen	84	I. Bestattungszwang	102
11. Rheinland-Pfalz	84	II. Erdbestattung	103
12. Saarland	84	III. Feuerbestattung	104
13. Sachsen	85	1. Allgemein	104
14. Sachsen-Anhalt	85	2. Wille des Verstorbenen	104
15. Schleswig-Holstein	85	3. Durchführung der Feuerbestattung	104
16. Thüringen	85	4. Baumbestattung	106
II. Ergänzende bundesgesetzliche Regelungen	85	5. Die Seebestattung	106
1. Gesetz über die Feuerbestattung	85	IV. Recht am Leichnam, Plastination und Anatomie	107
2. Personenstandsgesetz und Ausführungsverordnung	85	1. Recht am Leichnam	107
3. Internationales Abkommen über Leichenbeförderung	86	2. Plastination	108
III. Leitfassung für eine Friedhofsordnung	86	3. Anatomie	108
B. Vom Todesfall bis zur Bestattung	86	E. Eigentliche Beerdigung	109
I. Anzeigepflichten bei Todesfällen	86	I. Allgemeines	109
II. Leichenschau	87	II. „Ehrliches Begräbnis"	110
III. Besorgung der Leiche	87	III. Kirchliches Begräbnis	110
1. Sargzwang	87	IV. Friedhöfe	111
2. Beschaffenheit der Särge	88	V. Friedhofsgebühren	113
IV. Benutzungszwang von Leichenhallen	88	F. Bestattungskosten	114
V. Beförderung der Leiche	89	I. Kostentragungspflicht	114
1. Beförderung innerhalb des Gemeindegebietes	89	1. Vorrangige Kostentragung der Erben nach § 1968 BGB	114
2. Beförderung außerhalb des Gemeindegebietes	89	2. Subsidiäre Kostentragung der unterhaltspflichtigen Verwandten und des Ehegatten	114
3. Beförderung mit der Bahn	90	3. Kostentragung des Unfallverursachers und sonstiger zum Schadensersatz Verpflichteter	115
4. Beförderung mit Flugzeug und Schiff	90	4. Kostentragung durch Sozialhilfeträger	116
5. Auslandsbeförderung	90	a) Anspruchsberechtigte	116
C. Bestattungspflicht und Totenfürsorge	90		
I. Allgemeines	90		
II. Die Totenfürsorgeberechtigten	91		
1. Vorrang der Anordnungen des Verstorbenen	91		
a) Allgemeines	91		

b) Umfang der Kostenerstattung	117
5. Ersatzvornahmen durch die Ordnungsbehörde	118
6. Bildung von Schonvermögen	119
II. Kosten der standesgemäßen Beerdigung	119
III. Sterbegeld	121
G. Grabstätte	122
I. Bestattungsanspruch	122
II. Grabstätte und Arten von Gräbern	123
1. Reihen- (Einzel-) Grab	124
2. Wahl- (Sonder-) Grab	124
3. Rechtsnachfolge an Sondergrabstätten	126
III. Ruhezeit	127
IV. Grabgestaltung und Grabpflege	127
1. Allgemeines	127
2. Kosten, Auflagen, Dauergrabpflege	129
3. Eigentum an Pflanzen und Grabschmuck	129
H. Grabdenkmal	130
I. Erwerb des Grabdenkmals	130
II. Genehmigungspflicht	130
1. Genehmigung	130
2. Fehlende Genehmigung	131
III. Gestaltung der Grabdenkmale	131
1. Zulässige Gestaltungsauflagen und Verbote	133
2. Unzulässige Gestaltungsauflagen und Verbote	134
IV. Eigentum am Grabdenkmal	134
V. Pfändung des Grabdenkmals	135
VI. Verkehrssicherungspflicht an Grabmälern	136
I. Steuerliche Fragen	137
I. Geltendmachung der Bestattungskosten als Pauschbetrag	137
II. Geltendmachung der Bestattungskosten durch Einzelnachweis	137
1. Kosten üblicher Grabpflege	137
2. Abzugsfähige Bestattungskosten	138
III. Vom Erblasser abgeschlossener Grabpflegevertrag	138
1. Erblasser hat Kosten bereits bezahlt	138
2. Erblasser hat Kosten noch nicht bezahlt	138
IV. Behandlung von Grabpflegeauflagen des Erblassers	139

A. Gesetzliche Regelungen

I. Bestattungsgesetze der Bundesländer

1 Die gesetzlichen Regelungen rund um die Beerdigung finden sich vorwiegend in den Bestattungsgesetzen der einzelnen Bundesländer. In diesen ist neben der Bestattung in Form der Erd- und Feuerbestattung auch die Anlegung und Unterhaltung von Bestattungsplätzen und Grabstätten, sowie das Leichenwesen und der Umgang mit Leichen geregelt. Nachfolgende Bestattungsgesetze und die sie ergänzenden Verordnungen sind für die einzelnen Bundesländer maßgeblich:

1. Baden-Württemberg

2 – Gesetz über das Friedhofs- und Leichenwesen (Bestattungsgesetz) vom 21.7.1970 (GBl. S. 395), zuletzt geändert durch Gesetze vom 23.7.1993 und 7.2.1994 (GBl. S. 533 und S. 86)
– Rechtsverordnung des Sozialministeriums zur Durchführung des Bestattungsgesetzes (Bestattungsgesetzverordnung – BesttVO) vom 15.9.2000 (GBl. S. 669) geändert durch Verordnung vom 14.2.2002 (GBl. S. 127)

2. Bayern

3 – Bestattungsgesetz (BestG) vom 24.9.1970 (GVBl. S, 417), geändert durch die Gesetze am 11.11.1974, 7.9.1982, 27.12.1991, 10.8.1994, 26.7.1997 und vom 24.7.2003 (GVBl. S. 610, 722, 496, 770, 323 und 452)

- Verordnung zur Durchführung des Bestattungsgesetzes (Bestattungsverordnung-BestV-) vom 1.3.2001 (GVBl. S. 92, ber. S. 190)
- Aufgaben der Gemeinden beim Vollzug des Bestattungsgesetzes (BestBek) Bekanntmachung des Bayerischen Staatsministeriums des Innern vom 12.11.2002 (AIlMBl. S. 965)
- Anlage von Friedhöfen, Leichenhäusern und Grüften vom 8.7.1911 (BayBSVI 1 S. 33)
- Verfahren bei Anhaltspunkten für einen nicht natürlichen Todesfall und bei Auffindung von unbekannten Leichen

Gemeinsame Bekanntmachung der Staatsministerien Justiz, des Innern und der Finanzen vom 23.2.1973 (MABl. S 181)

3. Berlin

- Gesetz über die landeseigenen und nichtlandeseigenen Friedhöfe Berlins (Friedhofsgesetz) vom 1.11.1995 (GVBl. S. 707), geändert durch die Gesetze vom 16.7.2001 und vom 30.7.2001 (GVBl. S. 260 und 313)
- Verordnung über die Verwaltung und Benutzung der landeseigenen Friedhöfe Berlins (Friedhofsordnung) vom 19.11.1997 (GVBl. S. 614), geändert durch Gesetze vom 15.10.2001 (GVBl. S. 540)
- Gesetz über das Leichen- und Bestattungswesen (Bestattungsgesetz) vom 2.11.1973 (GVBl. S. 1830) geändert durch die Gesetze vom 5.3.1987, 9.12.1988, 8.2.1994, 21.9.1995, 8.12.2000, 16.7.2001 und 15.10.2001 (GVBl. S. 998, 2263, 71, 608, 515, 260 und 540)
- Verordnung zur Durchführung des Bestattungsgesetzes (DVO-Bestattungsgesetz) vom 22.10.1980 (GVBl. S. 2403) geändert durch die Verordnungen vom 12.3.1986 und vom 24.3.1987 (GVBl. S. 496 und 1085)

4. Brandenburg

- Gesetz über das Leichen-, Bestattungs- und Friedhofswesen im Land Brandenburg (Brandenburgisches Bestattungsgesetz – BbgBestG) vom 7.11.2001 (GVBl. S. 226)
- Verordnung über die Anforderungen für den Betrieb von Feuerbestattungsanlagen im Land Brandenburg (Brandenburgische Feuerbestattungsanlagenverordnung BbgFBAV) vom 4.9.2002 (GVBl. S. 564)

5. Bremen

- Gesetz über das Friedhofs- und Bestattungswesen in der Freien Hansestadt Bremen vom 16.10.1990 (GBl. S. 303) geändert durch die Gesetze vom 25.3.1997 und vom 4.12.2001 (GBl. S. 129 und 393)
- Friedhofsordnung für die stadteigenen Friedhöfe in Bremen vom 18.12.1990 (GBl. S. 476), geändert durch Ortsgesetz vom 25.11.1997 (GBl. S. 607)
- Gesetz über das Leichenwesen vom 27.10.1992 (GBl. S. 627), geändert durch die Gesetze vom 25.3.1997, 27.2.2001 und vom 4.12.2001 (GBl. S. 129, 35 und 393)

Schmalenbach

6. Hamburg

- Gesetz über das Leichen-, Bestattungs- und Friedhofswesen vom 14.9.1988 (GVBl. S. 167), geändert durch Gesetze vom 7.6.1994, 8.11.1995 und vom 30.1.2001 (GVBl. S. 175, 290 und 18)
- Verordnung zur Durchführung des Bestattungsgesetzes (Bestattungsverordnung) vom 20.12.1988 (GVBl. S. 303), geändert durch Verordnung vom 24.2.1998 (GVBl. S. 35)

7. Hessen

- Gesetz über das Friedhofs- und Bestattungswesen vom 17.12.1964 (GVBl. S. 225) in der Fassung der Gesetze vom 29.10.1969, 5.10.1970, 31.1.1978 und 4.11.1987 (GVBl. S. 199, 598, 109 und 193)
- Verordnung über das Leichenwesen vom 12.3.1965 (GVBl. S. 63) in der Fassung der Änderungsverordnungen vom 3.10.1967, 1.7.1974, 4.11.1987, 7.12.1991 und vom 15.4.1996 (GVBl. S. 183, 335, 193, 428 und 138)

8. Mecklenburg-Vorpommern

- Gesetz über das Leichen-, Bestattungs- und Friedhofswesen im Land Mecklenburg-Vorpommern (Bestattungsgesetz – BestattG M-V) vom 3.7.1998 (GVBl. S. 617)

9. Niedersachsen

- Gesetz über das Leichenwesen vom 29.3.1963 (GVBl. S. 142) in der Fassung der Gesetze vom 24.6.1970, 2.2.1974 und 5.12.1983 (GVBl. S. 237, 535 bzw. 281)
- Verordnung über die Bestattung von Leichen vom 29.10.1964 (GVBl. S. 183) in der Fassung der Verordnung vom 11.4.1967, 9.8.1971 und 17.9.1986 (GVBl. S. 115, 268 und 303)
- Gesetz über das Friedhofs- und Bestattungswesen vom 23.11.1927 (GuVS 1927 S. 405)

10. Nordrhein-Westfalen

Gesetz über das Friedhofs- und Bestattungswesen (Bestattungsgesetz – BestG NRW) vom 17.6.2003 (GVBl. S. 313)

11. Rheinland-Pfalz

- Bestattungsgesetz vom 4.3.1983 (GVBl. S. 69), geändert durch Gesetz vom 6.2.1996 (GVBl. S. 65)
- Landesverordnung zur Durchführung des Bestattungsgesetzes vom 20.6.1983 (GVBl. S. 133), geändert durch Verordnung vom 6.3.1996 (GVBl. S. 183)

12. Saarland

- Gesetz über das Friedhofs-, Bestattungs- und Leichenwesen (Bestattungsgesetz – BestattG) vom 5.11.2003 (ABl. S. 2920)

13. Sachsen

– Sächsisches Gesetz über das Friedhofs-, Leichen- und Bestattungswesen (Sächsisches Bestattungsgesetz) vom 8.7.1994 (GVBI. S. 1321), geändert durch die Gesetze vom 18.3.1999, 26.6.2001, 6.6.2002 und 25.8.2003 (GVBI. S. 115, 428, 168 und 341)

14

14. Sachsen-Anhalt

– Gesetz über das Leichen-, Bestattungs- und Friedhofswesen des Landes Sachsen-Anhalt (Bestattungsgesetz des Landes Sachsen-Anhalt – BestattG LSA) vom 5.2.2002 (GVBI. S. 46)

15

15. Schleswig-Holstein

– Gesetz über das Leichen-, Bestattungs- und Friedhofswesen des Landes Schleswig Holstein (Bestattungsgesetz – BestattG) vom 4.2.2005 (GVBl. S. 70)
– Verordnung zur Änderung der Verordnung zur Regelung der Zuständigkeit der Landes- und Kreispolizeibehörden vom 18.1.1951 (GVBI. S. 17)

16

16. Thüringen

– Thüringer Bestattungsgesetz (ThürBestG) vom 19.5.2004 (GVBl. S. 505)

17

II. Ergänzende bundesgesetzliche Regelungen

Die landesrechtlichen Regelungen werden u.a. durch das Personenstandsgesetz und das internationale Abkommen über Leichenbeförderung vom 10.2.1937 ergänzt. Darüber hinaus gilt als Landesrecht früheres Reichsrecht fort, so insbesondere das Gesetz über die Feuerbestattung vom 15.5.1934 und die Verordnung zur Durchführung des Feuerbestattungsgesetzes vom 10.8.1938

18

1. Gesetz über die Feuerbestattung

– Gesetz über die Feuerbestattung vom 15.5.1934 (RGBl. I S. 380)

19

Regelungsinhalt: Gleichstellung mit Erdbestattung, Wille des Verstorbenen, Genehmigungspflicht, Nachweis des Willens des Verstorbenen, Feuerbestattungsanlagen, Behandlung der Aschenreste

– Verordnung zur Durchführung des Feuerbestattungsgesetzes vom 10.8.1938 (RGBl. I S. 1000)

Regelungsinhalt: Verzeichnis über Feuerbestattungen, Widerruf der Willensbekundung, Leichenhalle, Aufsicht

2. Personenstandsgesetz und Ausführungsverordnung

– Personenstandsgesetz in der Fassung der Bekanntmachung vom 8.8.1957 (BGBl. I S. 1126), zuletzt geändert durch Gesetz vom 21.8.2002 (BGBl. I S. 3322)

20

Regelungsinhalt: Eintragungen in das Geburtenbuch, Anzeigepflicht von Sterbefällen, Eintragungen in das Sterbebuch, Todeserklärungen

Schmalenbach

– Verordnung zur Ausführung des Personenstandsgesetzes

Regelungsinhalt: Lebendgeburten, Vorlage von Urkunden bei Anzeige von Sterbefällen, Eintragung von Todesfällen, Tod auf See, Sterbefälle bei Landfahrzeugen, Luftfahrzeugen, Binnenschiffen

3. Internationales Abkommen über Leichenbeförderung

21 – Internationales Abkommen über Leichenbeförderung vom 10.2.1937 (RGBl. 1938 II S. 199)

Regelungsinhalt: Allgemeine Vorschriften (Inhalt des Leichenpasses, weitere notwendige Unterlagen, Sargvorschriften), Besondere Vorschriften (Eisenbahnbeförderung, Kfz Beförderung, Luftbeförderung, Seebeförderung, Tod auf See)

– Vertragsstaaten des internationalen Abkommens über Leichenbeförderung sind: Ägypten, Belgien, Bundesrepublik Deutschland, Frankreich, Italien, Mexiko, Österreich, Portugal, Rumänien, Schweiz, Slowakei, Tschechische Republik, Türkei und Zaire

III. Leitfassung für eine Friedhofsordnung

22 Der **Deutsche Städtetag** hat im Jahr 1999 eine Leitfassung für eine Friedhofssatzung verabschiedet. Diese „Mustersatzung" wurde von vielen Gemeinden ganz oder teilweise als kommunale Friedhofssatzung übernommen. Aus diesem Grund wird ggf. auf die Leitfassung Bezug genommen, auch wenn diese selbst lediglich empfehlenden Charakter hat und rechtlich unverbindlich ist.

B. Vom Todesfall bis zur Bestattung

I. Anzeigepflichten bei Todesfällen

23 Nach § 32[1] PersStG ist der Tod eines Menschen dem **Standesbeamten**, in dessen Bezirk der Mensch gestorben ist, spätestens am folgenden Werktag anzuzeigen. Verpflichtet zu dieser Anzeige sind nach § 33 Abs. 1 PersStG in dieser Reihenfolge:

– das Familienhaupt,
– derjenige, in dessen Wohnung sich der Sterbefall ereignet hat,
– jede Person, die bei dem Tod zugegen war oder von dem Sterbefall aus eigener Kenntnis unterrichtet ist.

24 Für die Anzeige von Sterbefällen in öffentlichen **Entbindungs-, Hebammen-, Kranken-** und ähnlichen Anstalten ist gem. §§ 34, 18 PersStG der **Leiter** der betreffenden Anstalt oder der von der zuständigen Behörde ermächtigte Beamte oder Angestellte zu der Anzeige verpflichtet. Der Standesbeamte muss die Angaben des Anzeigenden prüfen, wenn er an ihrer Richtigkeit zweifelt, § 35 PersStG. Die Angaben über den Todesfall werden vom Standesbeamten in das **Sterbebuch** eingetragen. Vor Eintragung des Sterbefalls darf ein Verstorbener nur mit ortspolizeilicher Genehmigung bestattet werden, § 39 PersStG.

---

1 Personenstandsgesetz.

Gibt es Anhaltspunkte für einen **nicht natürlichen Tod** oder wird der Leichnam eines Unbekannten gefunden, so sind die Polizei – und Gemeindebehörden nach § 159 StPO zur sofortigen Anzeige gegenüber der **Staatsanwaltschaft** oder dem **Amtsgericht** verpflichtet. Ergänzend gilt die Regelung in § 9 Abs. 3 Infektionsschutzgesetz: Ist der Tote an einer **übertragbaren Krankheit** gestorben oder besteht ein entsprechender Verdacht, ist der Todesfall unverzüglich, spätestens innerhalb 24 Stunden, dem für den Aufenthalts- bzw. Sterbeort zuständigen **Gesundheitsamt** anzuzeigen.

II. Leichenschau

Leichen und Totgeburten müssen vor der Bestattung zur Feststellung des Todeszeitpunktes, der Todesart (natürlicher oder nicht natürlicher Tod) und der Todesursache von einem Arzt untersucht werden (Leichenschau). Die ärztliche Leichenschau ist in allen landesrechtlichen Bestattungsgesetzen vorgesehen. Die Leichenschau soll nicht nur die Bestattung von Scheintoten verhindern, sie spielt auch für die Zulässigkeit einer **Organtransplantation** eine wichtige Rolle sowie für die Frage, ob eine strafbare Handlung begangen wurde. Berechtigt und verpflichtet, eine Leichenschau zu verlangen, sind entsprechend den Bestattungsgesetzen der Länder i.d.R. der **Ehegatte, die volljährigen Kinder, Verwandte, Personenberechtigte und Betreuer** sowie hierzu ermächtigte Behörden. Darüber hinaus sind auch die Inhaber der tatsächlichen Gewalt von Grundstücken, Räumen und beweglichen Sachen verpflichtet, wenn sich die Leiche dort befindet. Schließlich auch jede Person, die beim Tod zugegen war oder vom Sterbefall aus eigenem Wissen unterrichtet war. Jeder **niedergelassene Arzt** ist zur Leichenschau auf Verlangen verpflichtet, in Krankenhäusern jeder dort tätige Arzt. Der Arzt erstellt eine (ländereinheitliche) **Todesbescheinigung** und einen **Leichenschauschein** aus. Zwischen dem Auftraggeber der Leichenschau und dem Arzt besteht ein privatrechtliches Rechtsverhältnis. Die Kosten der Leichenschau hat aber i.d.R. aufgrund der gesetzlichen Bestimmungen der Erbe zu tragen. Für die Besichtigung und Untersuchung des Toten und die Ausstellung des Leichenschauscheines erhält der Arzt eine Vergütung nach GOÄ. Diese Kosten werden i.d.R. von der gesetzlichen Krankenkasse gezahlt.

25

III. Besorgung der Leiche

Unter der Besorgung der Leiche ist die **Reinigung**, das **Ankleiden**, die **Aufbahrung** und **Einsargung der Leiche** zu verstehen. Üblicherweise wird die Besorgung der Leiche durch besondere Leichenbesorger(-innen) oder durch ein Bestattungsunternehmen ausgeführt. Für das Reinigen und Ankleiden der Leiche bestehen nur wenige gesetzliche Bestimmungen. So dürfen Leichenbesorger nicht im Lebensmittel-, Gaststätten- oder Friseurgewerbe tätig sein[2] und müssen bestimmte Hygienevorschriften beachten.[3] Die Einsargung der Leiche ist gesetzlich umfassend geregelt.

26

1. Sargzwang

Es besteht grundsätzlich die Pflicht, menschliche Leichen in Särgen zu bestatten oder einzuäschern (sog. Sargzwang), auch wenn dies in den Ländergesetzen nur vereinzelt ausdrücklich geregelt ist.[4] Die Träger der kommunalen Friedhöfe können in den Friedhofssatzungen die Verwendung von Särgen vorschreiben. Im Saarland können

27

---

2 Bsp. § 26 Bestattungsgesetz Baden – Württemberg.
3 Bsp. § 15 BestattVO Baden – Württemberg.
4 *Gaedke*, S. 127.

mittels Friedhofssatzung diejenigen von der **Sargpflicht** entbunden werden, deren religiöse Glaubensüberzeugung eine Sargbestattung nicht erlaubt.[5] In Hamburg kann die zuständige Behörde ebenfalls aus religiösen oder weltanschaulichen Gründen Ausnahmen zulassen.[6]

2. Beschaffenheit der Särge

28 Die Beschaffenheit der Särge ist durch die Bestattungsgesetze der Länder und der sie ergänzenden Verordnungen geregelt. Dies liegt insbesondere daran, dass zum einen die Verwesung erleichtert, zum anderen aber bei Überführungen oder beim Vorliegen übertragbarer Krankheiten der Austritt von Verwesungsprodukten und Krankheitskeimen verhindert werden soll. Bei **Erdbestattungen** dürfen i.d.R. lediglich **Holzsärge** verwendet werden, es sei denn, dass eine Leiche in einem Metallsarg überführt werden musste. Die Särge sind mit einer saugfähigen Bodenlage (5-10 cm) auszustatten. Werden keine Holzsärge verwendet, so müssen die Särge aus reinigungsfähigem und desinfektionsfähigem Material bestehen. Besteht die Gefahr, dass Leichen in Särgen aus Hartholz oder Metall innerhalb der Ruhezeit oder der Nutzungszeit nicht ausreichend verwesen, so kann die Friedhofssatzung die Verwendung von leicht verweslichen Hölzern für Särge vorschreiben oder aber besondere Teile des Friedhofs für die Bestattung schwer verwesender Materialien vorsehen, mit entsprechend längerer Ruhenszeit.

Nach § 9 (**Beschaffenheit von Särgen**) der Leitfassung des Deutschen Städtetages für eine Friedhofssatzung müssen Särge fest gefügt und so abgedichtet sein, dass jedes Durchsickern von Feuchtigkeit ausgeschlossen ist. Für die Bestattung sind zur **Vermeidung von Umweltbelastungen** nur Särge aus leicht abbaubarem Material (z.B. Vollholz) erlaubt, die keine PVC-, PCB-, formaldehydabspaltenden, nitrozellulosehaltigen oder sonstigen umweltgefährdenden Lacke und Zusätze erhalten. Entsprechendes gilt für Sargzubehör und Ausstattung. Die Kleidung der Leiche soll nur aus Papierstoff und Naturtextilien bestehen.

Bei der **Feuerbestattung** müssen die Särge, um eine restlose Verbrennung zu gewährleisten, aus dünnem Holz oder Zinkblech bestehen und frei von Metallbeschlägen sein. Die Asche Verstorbener ist in festen und **verschlossenen Urnen** beizusetzen, sofern nicht das Bestattungsgesetz etwas anderes zulässt. Die **Urnen** sind dauerhaft zu kennzeichnen mit vollständigem Namen, Geburts- und Sterbedatum des Verstorbenen, sowie Bezeichnung der Feuerbestattungsanlage und Nr. des Einäscherungsverzeichnisses.

IV. Benutzungszwang von Leichenhallen

29 Die Gemeindeordnungen der Länder sehen auch für die Benutzung der Bestattungseinrichtungen die Möglichkeit vor, einen Benutzungszwang vorzuschreiben. Ist eine **öffentliche Leichenhalle** in der Gemeinde vorhanden, so sehen die Bestattungsgesetze der Länder vor, dass jede menschliche Leiche spätestens 36 Stunden nach dem Tod, jedoch nicht vor Ausstellung der **Todesbescheinigung**, dorthin zu überführen ist, wenn sie nicht innerhalb dieser Frist in einer anderen Leichenhalle oder einem Leichenraum aufgebahrt wird.[7] Als andere Leichenhallen gelten grundsätzlich auch die als

---

5 § 34 Abs. 1 Bestattungsgesetz Saarland.
6 § 1 Abs. 4 Bestattungsverordnung Hamburg.
7 *Gaedke*, S. 128.

geeignet genehmigten Räume gewerblicher Bestattungsunternehmen. Somit ist es nicht möglich, durch gemeindliche Satzung die Einführung eines **Benutzungszwanges** für eine gemeindliche Leichenhalle einzuführen, wenn in der Gemeinde ein hierfür ebenso geeigneter Raum eines Bestattungsunternehmens vorhanden ist.[8] Ein derartiger Benutzungszwang greift in unzulässiger Form in die Berufsausübungsfreiheit privater Bestattungsunternehmen ein. Die Gemeinde kann auch nicht verlangen, dass eine in einer privaten Leichenhalle aufgebahrte Leiche vor der Bestattung in die gemeindliche Leichenhalle zu überführen ist.[9]

Die zuständige Behörde kann die **Aufbahrung der Leiche** an einem anderen Ort als der Leichenhalle bewilligen, wenn die beabsichtigte Aufbahrung gesundheitlich unbedenklich ist. Die Leiche ist jedoch in einem Raum unterzubringen, der nicht gleichzeitig zu Wohn-, Schlaf-, Arbeits-, oder Wirtschaftszwecken benutzt wird.

Es ist nicht zulässig, die Leiche im **offenen Sarg** in der Kirche oder auf dem Friedhof auszustellen, noch, den Sarg während der Trauerfeier offen zu lassen oder zu öffnen. Zulässig ist es dagegen, den Sarg vor der Trauerfeier noch einmal zu öffnen, damit die nächsten Angehörigen den Verstorbenen noch einmal sehen können. Ist der Verstorbene jedoch an einer übertragbaren Krankheit gestorben, oder ist die Leiche aufgrund Zeitablaufs und/oder Jahreszeit bereits in die Verwesung übergegangen, so bleibt der Sarg verschlossen. Darüber hinaus kann die Ordnungsbehörde besondere Regelungen für die Besorgung, Einsargung und Bestattung der Leiche treffen, wenn die Todesursache eine übertragbare Krankheit war.

V. Beförderung der Leiche

1. Beförderung innerhalb des Gemeindegebietes

Die Beförderung einer Leiche innerhalb des Gemeindegebietes erfordert keine besondere Erlaubnis.[10] So ist es insbesondere zulässig, die Leiche unmittelbar vom Sterbehaus aus zur Bestattung zu überführen (**Leichenbegleitung**). Leichen sind jedoch grundsätzlich in würdiger und gesundheitlich unbedenklicher Weise zu befördern.

2. Beförderung außerhalb des Gemeindegebietes

Die Beförderung von Leichen außerhalb des Gemeindegebietes ist ebenfalls nicht von einer Erlaubnis abhängig, sofern die Beförderung im Leichenwagen erfolgt. Bei der Überführung sind die für eine Bestattung erforderlichen Unterlagen oder der Leichenpass mitzuführen. Leichen dürfen im **Straßenverkehr** grundsätzlich nur mit **Leichenwagen** befördert werden, also mit Fahrzeugen, die zur Leichenbeförderung eingerichtet sind und ausschließlich hierfür verwendet werden. Die zuständige Behörde kann allerdings entsprechend den Bestimmungen der Bestattungsgesetze der Länder auch die Beförderung in einem anderen Fahrzeug zulassen, sofern eine würdige Beförderung gesichert ist und gesundheitliche Gefahren nicht zu befürchten sind. Die Benutzung von Fahrzeugen, die der gewerblichen Personenbeförderung, der Beförderung von Lebensmitteln oder Tieren dienen, dürfen von den zuständigen Behörden nicht zugelassen werden.

---

8 OVG Weimar NVwZ 1998, 871.
9 *Gaedke*, S. 128.
10 *Gaedke*, S. 130.

3. Beförderung mit der Bahn

32 Die Beförderung von Leichen mit der Eisenbahn richtet sich grundsätzlich nach den normalen Frachtvorschriften des **Eisenbahnfrachtrechts**. Die Leiche ist ein transportiertes „Gut". Die Beförderung erfolgt in einem widerstandsfähigen Metallbehälter, in einem mit Blech abgedichteten verschlossenen Sarg, oder zumindest in einem gut abgedichteten Holzsarg mit aufsaugender Innensicht. Die Leichen sind als Eilgut mit Eilfrachtbrief auszuliefern.[11] Der bei der Auflieferung übergebene Leichenpass ist bei der Auslieferung der Leiche an den Empfänger zu übergeben. Die Leichensendung ist zu begleiten, es sei denn, es liegt eine entsprechende schriftliche Erklärung des Empfängers vor, dass er die Sendung sofort nach dem Empfang übernimmt. Ist der Empfänger ein Bestattungsunternehmen, wird diese Erklärung nicht benötigt. Auch die Beförderung einer Urne unterliegt dem Eisenbahnfrachtrecht.

4. Beförderung mit Flugzeug und Schiff

33 Die Beförderung von Leichen mit dem **Flugzeug** regelt die IATA (International Air Transport Association) Luftfrachttarif vom Oktober 1987. Benötigt wird regelmäßig die Sterbeurkunde, Leichenpass sowie der Frachtbrief. Für den Transport von Urnen wird die Einäscherungsurkunde verlangt, die Leichenasche gilt als normales Frachtgut. Für die Beförderung mit dem **Schiff** gelten die allg. Bestimmungen des internationalen Abkommens über Leichenbeförderung vom 10.2.1937.

5. Auslandsbeförderung

34 Erfolgt die Leichenbeförderung von oder nach einem **Vertragsstaat des Berliner Abkommens**, so gelten für die Leichenbeförderung die Bestimmungen des internationalen Abkommens über Leichenbeförderung vom 10.02.1937. Neben allg. Vorschriften finden sich auch besondere Vorschriften zur Beförderung von Leichen per Bahn, Kraftfahrzeug, Schiff und Flugzeug. Nach Art. 1 dieses Abkommens bedarf jede Art der internationalen Leichenbeförderung eines **Leichenpasses**, der möglichst in zwei Sprachen ausgestellt sein sollte, nämlich der nationalen Sprache und der im internationalen Verkehr gebräuchlichen Sprache. Auch hier wird die Leiche zunächst in einen Metallsarg gelegt, der wiederum in einem Holzsarg befestigt wird. Bei besonders ansteckenden Krankheiten (z.B. Pest, Cholera) ist die Beförderung erst ein Jahr nach dem Todesfall zulässig. Das Abkommen findet gem. Art. 11 auf die Beförderung von Leichenasche keine Anwendung.

C. Bestattungspflicht und Totenfürsorge

I. Allgemeines

35 Die Bestattungspflicht regelt die Frage, wer für die Fürsorge des menschlichen Leichnams vom Augenblick des Todes an bis zur Beendigung der Bestattung[12] verantwortlich ist. Die **Bestattungspflicht** ist **öffentlich-rechtlicher Natur**.[13] Die Bestattungsgesetze der Länder regeln meist ausdrücklich die Bestattungspflicht, ihren Umfang und

---

[11] Ausführungsbestimmungen zu den §§ 53 ff. der Eisenbahn-Verkehrsordnung v. 8.3.1938 (RGBl. II S. 663).
[12] *Gaedke*, S. 130.
[13] *Gaedke*, S. 103.

die hierfür verantwortlichen Personen. Mit der Bestattungspflicht geht i.d.R. das **Recht der Totenfürsorge** einher, nämlich die Einzelheiten der Bestattung (Art und Ort der Bestattung) zu bestimmen und diese entsprechend den Vorgaben der Bestattungsgesetze durchzuführen. Das Recht der Totenfürsorge erstreckt sich somit von der sicheren Verwahrung der Leiche über die Vorbereitungshandlungen für die Bestattung bis hin zur Durchführung der eigentlichen Bestattung einschließlich der Bestattungsfeier und die Auswahl des Grabsteins, der Grabgestaltung und der Grabpflege.

Bestattungspflicht und das Recht zur Totenfürsorge können allerdings dann auseinanderfallen, wenn sich die Totenfürsorgeberechtigten nicht um die Bestattung der menschlichen Leiche kümmern oder wenn sie gar nicht bekannt sind (z.B. bei dem Fund einer unbekannten Leiche). In diesen Fällen ist die Gemeinde im Wege der Ersatzvornahme verpflichtet, zunächst für die Bestattung zu sorgen. Hinsichtlich der Kosten kann sie später die Erben durch Leistungsbescheid in Regress nehmen.

36

Das Recht der Totenfürsorge stellt ein sonstiges Recht i.S.d. § 823 Abs. 1 BGB dar und gibt dem Totenfürsorgeberechtigten einen Abwehranspruch gegen unberechtigte Beeinträchtigungen. Wird das Recht der Totenfürsorge verletzt, bestehen zugunsten des Berechtigten **Schadensersatzansprüche** gem. §§ 823 Abs. 1, 249 BGB bzw. Beseitigungs- sowie Unterlassungsansprüche nach § 1004 BGB analog.[14]

37

II. Die Totenfürsorgeberechtigten

1. Vorrang der Anordnungen des Verstorbenen

a) Allgemeines

Vorrangig steht es dem **Verstorbenen** zu, sowohl den Ort der Bestattung festzulegen wie auch die näheren Einzelheiten der Bestattung selbst (Lage der Grabstelle, Ausschmückung, Gestaltung und Inschrift des Grabdenkmals).[15] Dieses Recht ist ein Ausfluss des Persönlichkeitsrechts und eine Ausprägung der natürlichen Handlungsfreiheit, denn die Vorsorge des Lebenden für die Zeit nach seinem Tod gehört zu dieser natürlichen Handlungsfreiheit.[16] Dieses Recht ist jedoch nur in den Schranken der verfassungsmäßigen Ordnung gewährleistet, der Gesetzgeber hat bei der Regelung der mit der Bestattung Verstorbener zusammenhängender Fragen einen weiten Gestaltungsspielraum.

38

Ob der Verstorbene diesen Willen in einer **letztwilligen Verfügung**, lediglich mündlich oder gar konkludent z.B. durch den Erwerb einer Grabstelle oder den Abschluss eines Bestattungsvertrages kundgetan hat, spielt keine Rolle.[17] Es genügen Umstände und Tatsachen, aus denen ein bestimmter Wille des Verstorbenen hinsichtlich des Ortes und der Art und Weise seiner Bestattung gefolgert werden kann.[18] So reicht es aus, dass entsprechende Angaben in einem maschinengeschriebenen Abschiedsbrief enthalten sind.[19] Es ist nicht erforderlich, dass die Angaben den formalen Anforderungen

---

14 LG Gießen NJW-RR 1995, 264; OLG Frankfurt NJW-RR 1989, 1159.
15 RGZ 100, 171; RGZ 108, 217; RGZ 154, 269; Bayerischer VGH, Bayerische Verwaltungsblätter 1976, 310.
16 BVerfG NJW 1979, 1493; BVerwG NJW 1990, 2079.
17 *Zimmermann*, ZEV 1997, 440.
18 *Gaedke*, S. 107.
19 LG Giessen NJW-RR 1995, 264.

eines Testamentes entsprechen.[20] Grundsätzlich können auch **Geschäftsunfähige** Anordnungen über die Einzelheiten ihrer Bestattung treffen.[21] Es kommt auch eine konkludente Änderung eines ursprünglich geäußerten Bestattungswunsches in Betracht. So kann eine Äußerung am Krankenbett, nun doch an einem anderen Ort bestattet werden zu wollen, eine solche konkludente Änderung des ursprünglichen Willens darstellen.

b) Anordnungen im Testament

39 Der Erblasser kann in seinem Testament im Wege der **Auflage** den Erben oder Vermächtnisnehmer verpflichten, die Bestattung nach seinen Vorgaben durchzuführen. Diese Auflage wird nur dann als wirksam angesehen, wenn der Auflageverpflichtete auch zum Kreis der **bestattungspflichtigen bzw. bestattungsberechtigten** Personen zählt.[22] Liegt diese Vorraussetzung nicht vor, so soll allein in der Auflage noch nicht automatisch das (alleinige) Recht des Auflagepflichtigen zur Totenfürsorge zu sehen sein.[23] Hier wird aber stets anhand der näheren Umstände genau zu prüfen sein, ob mit der Auflage nicht auch eine konkludente Bestimmung des Totenfürsorgeberechtigten erfolgt ist. Ergibt sich anhand der Prüfung allerdings das Ergebnis, dass der Erblasser mit der Auflage an den Erben die Totenfürsorgeberechtigung nicht ändern wollte, so ist die Auflage insoweit unwirksam. Es sind dann nur die bestattungsberechtigten Personen, allerdings unter Beachtung der Auflage, berechtigt, die Bestattung vorzunehmen. Die Auflage beschwert den Auflageverpflichteten dann allerdings mit der Übernahme der Bestattungskosten der Bestattungspflichtigen, auch wenn die Bestattungskosten über den in § 1968 BGB bestimmten Umfang hinausgehen. Die Auflage im Testament hat für die bestattungsberechtigten Angehörigen dann **Vermächtnischarakter**.[24]

> **Praxishinweis:**
> Will also der Erblasser den mit der Auflage Verpflichteten auch gleichzeitig zum alleinigen Inhaber der Totenfürsorge machen, sollte er dies sowohl in seinem Testament als auch in einem weiteren Schriftstück klarstellen.

c) Übertragung der Totenfürsorge auf Dritte

40 Der Verstorbene kann auch einem Dritten das Totenfürsorgerecht übertragen. Dieses Recht des Dritten, die Totenfürsorge wahrzunehmen, umfasst auch das Recht, notfalls eine **Umbettung** der Leiche vorzunehmen, um für die Bestattung an dem vom Verstorbnen bestimmten Ort zu sorgen. Dieser Dritte muss weder naher Angehöriger noch Erbe sein,[25] es kann vielmehr auch ein Freund oder auch der Testamentsvollstrecker sein.[26] Auch die Bestimmung des Dritten kann in einer letztwilligen Verfügung, lediglich schriftlich oder mündlich erfolgen, sie muss es aber nicht. Ausreichend, aber auch erforderlich ist lediglich, dass der Wille des Verstorbenen aus den Umständen

---

20 RGZ 154, 269.
21 Zu beachten ist aber die Vorschrift des § 5 FeuerbestattungsG: War der Verstorbene z.Zt. seines Todes noch nicht 16 Jahre alt oder war er geschäftsunfähig, so bestimmt derjenige, dem die Sorge des Verstorbenen oblag, die Bestattungsart.
22 *Fritz*, BWNotZ 1992, 139.
23 *Fritz*, BWNotZ 1992, 139.
24 *Fritz*, BWNotZ 1992, 139.
25 OLG Karlsruhe MDR 1990, 443.
26 BGH NJW-RR 1992, 834.

mit Sicherheit geschlossen werden kann.[27] Somit kommt auch hier eine konkludente Bestimmung eines Dritten mit dem Totenfürsorgerecht in Betracht.

Nicht ausreichend für einen konkludenten Ausschluss von Totenfürsorgeberechtigten soll es sein, wenn der Verstorbene seine nächsten Angehörigen enterbt und auch sonst nicht testamentarisch bedacht hat, sonst aber keine weiteren Bestimmungen hinsichtlich der Totenfürsorge getroffen hat. In diesem Fall haben trotzdem die Angehörigen über die Bestattung zu bestimmen und nicht die Erben.[28] Auch hierbei ist allerdings zu fragen, ob der Ausschluss der nächsten Familienangehörigen von der Erbschaft nicht auch gleichzeitig so zu verstehen ist, dass diesen kein Verfügungsrecht über die Bestattung einzuräumen ist. Hat der Verstorbene aber in seinem Testament dem Alleinerben auch die Grabpflege auferlegt, so kann dies eine konkludente Übertragung der Totenfürsorge darstellen.

Dass der Verstorbene lediglich über einen längeren Zeitraum mit einem **Dritten zusammengelebt** hat, reicht für die Annahme der konkludenten Übertragung der Totenfürsorge jedoch nicht aus,[29] und auch die Einsetzung eines Dritten zum Alleinerben für sich allein dürfte hierfür nicht ausreichend sein. Die Beweislast für sein Totenfürsorgerecht trägt der Dritte. Gelingt ihm der Beweis nicht, verbleibt es beim Totenfürsorgerecht der Angehörigen.

Praxishinweis:
Um sein Recht gegenüber den Angehörigen durchzusetzen, wird der Dritte regelmäßig auf den vorläufigen Rechtsschutz durch Beantragung einer einstweiligen Verfügung zurückgreifen müssen. Ergibt sich sein Recht erst nach der Bestattung im Rahmen einer Testamentseröffnung, kommt lediglich noch eine Umbettung der Leiche in Frage.[30]

d) Anordnungen durch eine Bestattungsverfügung

Praxishinweis:
Aus oben genannten Gründen empfiehlt es sich weder, Wünsche und Regelungen hinsichtlich der Bestattung nur mündlich zu formulieren, noch, diese (nur) in die letztwillige Verfügung mit aufzunehmen. Ein Testament ist im Todesfalle oft nicht sofort auffindbar, die Eröffnung eines Testamentes erfolgt meist erst nach der Bestattung. Es ist daher dem Erblasser zu empfehlen, die Anordnungen für seine Beerdigung und die totenfürsorgeberechtigten Person(en) in einem gesonderten Schriftstück zu bestimmen und dies an einem den totenfürsorgeberechtigten Personen bekannten Platz aufzubewahren.

41

Anordnungen des Verstorbenen außerhalb einer letztwilligen Verfügung sind zwar nur von begrenzter rechtlicher Durchsetzbarkeit, sie entfalten i.d.R. eher eine rein sittliche Pflicht.[31] Sofern bei dem Mandanten jedoch der Wunsch besteht, die Einzelheiten seiner Bestattung im Vorfeld festzulegen, kann dies im Rahmen einer sog. Bestattungsverfügung erfolgen. Diese erleichtert es den Angehörigen im Trauerfall, die oft schwierigen Entscheidungen hinsichtlich der Art und Weise der Bestattung zu treffen.

---
27 BGH NJW-RR 1992, 834.
28 *Gaedke*, S. 104.
29 BGH NJW-RR 1992, 834.
30 *Zimmermann*, ZEV 1997, 440.
31 BGH NJW 1973, 2103.

Darüber hinaus empfiehlt sich eine Bestattungsverfügung insbesondere dann, wenn von der **Reihenfolge der Totenfürsorgeberechtigten** abgewichen werden soll. Neben dem Totenfürsorgeberechtigten kann die Bestattungsverfügung dem zuständigen Pfarramt, der Friedhofsverwaltung oder einem Bestattungsunternehmen übergeben werden. Die Bestattungsverfügung sollte den formellen Anforderungen einer letztwilligen Verfügung entsprechen, also **eigenhändig handschriftlich** erstellt und unterzeichnet sein.

Die Bestattungsverfügung sollte folgende Punkte enthalten:
- Benennung und Bevollmächtigung des Totenfürsorgeberechtigten
- Namensliste mit Adresse und Telefonnummer derjenigen Personen, die vom Tod unterrichtet werden bzw. zur Beerdigung eingeladen werden sollen
- Bestimmung über Art und Ort (sofern möglich) der Bestattung
- Ggf. nähere Regelungen zur Trauerfeier
- Mitteilung über Sterbegeldversicherungen bzw. angelegte Gelder für die Bestattung
- Ggf. Verweis auf abgeschlossenen Bestattungsvorsorgevertrag
- Verweis auf neben dieser Erklärung bestehende letztwillige Verfügung

e) Muster einer Bestattungsverfügung

Bestattungsverfügung

1. Ich, Herr/Frau ..., geb. am ... in ... möchte mit der nachfolgenden Bestattungsverfügung die Art und Weise meiner Bestattung regeln.

2. Abweichend von der gesetzlichen Reihenfolge der Bestattungspflichtigen / Totenfürsorgeberechtigten bestimme ich Herrn/Frau..(Adresse, Telefonnummer) zum alleinigen Bestattungspflichtigen / Totenfürsorgeberechtigten für die Durchführung meiner Bestattung und der Umsetzung gemäß den nachfolgenden Anordnungen.

Alternativ bei Abschluss eines Bestattungsvertrages:

2. Abweichend von der gesetzlichen Reihenfolge der Bestattungspflichtigen / Totenfürsorgeberechtigten bestimme ich Herrn ... vom Bestattungsunternehmen ... (Adresse, Telefonnummer) zum alleinigen Bestattungspflichtigen / Totenfürsorgeberechtigten für die Durchführung meiner Bestattung und der Umsetzung gemäß den in meinem Bestattungsvertrag vom ... getroffenen Anordnungen.

3. Ich möchte eine stille Beisetzung ohne Trauerfeier / *Alternativ: Ich möchte eine (kirchliche) Trauerfeier vor meiner Beisetzung.*

– Für Erdbestattung:

4. Ich möchte, dass mein Leichnam auf einem Friedhof beigesetzt wird.
Mein Leichnam soll auf folgendem Friedhof / in folgender Grabstätte beigesetzt werden:

...

Alternativ: Mein Leichnam soll anonym beigesetzt werden.

– Für Feuerbestattung:

5. Ich möchte, dass mein Leichnam eingeäschert wird. Die Einäscherung soll in folgendem Krematorium durchgeführt werden:

...

Schmalenbach

Alternativ: Ich möchte, dass die Einäscherung meines Leichnams in dem preisgünstigsten Krematorium durchgeführt wird.
Die Urne mit meiner Totenasche soll auf folgendem Friedhof / in folgender Grabstätte beigesetzt werden: ...
Alternativ: Mein Leichnam soll anonym beigesetzt werden.
Alternativ bei Baumbestattung:
Ich möchte, dass die Urne mit meiner Totenasche (ggf.: meine Totenasche ohne Urne) in einer Baumbestattungsanlage beigesetzt wird. Ich möchte eine Kennzeichnung meines Bestattungsorts / eine anonyme Baumbestattung.
Die Beisetzung soll in der folgenden Baumbestattungsanlage erfolgen:
...
Alternativ bei Seebestattung:
Ich möchte, dass die Urne mit meiner Totenasche auf See bestattet wird. Die Beisetzung soll auf folgendem Meer stattfinden: ...
6. Ich möchte, dass folgende Personen von meinem Tod benachrichtigt werden:
... (Name, Adresse, Telefonnummer)
... (Name, Adresse, Telefonnummer)
7. Ich möchte, dass folgende Personen ausdrücklich zu meiner Beisetzung eingeladen werden und auch am nachfolgenden Trauermahl teilnehmen:
... (Name, Adresse, Telefonnummer)
... (Name, Adresse, Telefonnummer)
8. Im Anschluss an meine Beisetzung soll ein Trauermahl in ..(Name, Adresse, Telefonnummer) stattfinden.
9. Ich habe eine Sterbegeldversicherung bei der ..Versicherung ... (Adresse, Telefonnummer), Vertragsnummer ... über ... Euro abgeschlossen.
Alternativ: Ich habe einen Bestattungsvorsorgevertrag beim Bestattungsinstitut ... (Name, Adresse, Telefonnummer) abgeschlossen.
Alternativ: Ich habe auf folgendem Sparbuch/Konto/Wertpapierdepot etc. (Name des Institutes, Adresse, Kontoverbindung) einen Betrag in Höhe von ... Euro hinterlegt, von dem meine Bestattung bezahlt werden soll. Den nicht verbrauchten Betrag soll ... erhalten.
10. Die Kosten der Bestattung soll mein Erbe tragen. Ich verweise diesbezüglich auf meine letztwillige Verfügung vom ..., die unverändert neben dieser Bestattungsverfügung fortbesteht.
...
Ort, Datum, Unterschrift

f) Anordnungen durch einen Bestattungsvorsorgevertrag

Die Regelung der Totenfürsorge und die Art und Weise der Bestattung kann auch in einem Bestattungsvorsorgevertrag von dem Betroffenen geregelt werden. Der Bestattungsvorsorgevertrag wird wie der normale Bestattungsvertrag mit einem **Bestattungsunternehmer** geschlossen. Während jedoch der Bestattungsvertrag i.d.R. von den Angehörigen aus Anlass des Todesfalles mit dem Bestattungsunternehmen geschlossen wird, handelt es sich bei dem Bestattungsvorsorgevertrag um einen Vertrag, den i.d.R. der Betroffene mit einem Bestatter abschließt, um bereits **zu Lebzeiten** seine eigene spätere Bestattung zu regeln, insbesondere auch im Hinblick auf den finanziellen Umfang. Die Besonderheit beim Bestattungsvorsorgevertrag liegt also darin, dass der Auftraggeber die zur Bestattung benötigte **Summe** i.d.R. **vorauszahlt** und der Bestatter erst wesentlich später, möglicherweise mehrere Jahre oder Jahrzehnte später, leistet.

Der **Bestattungsvertrag** ist gesetzlich nicht geregelt. Bei dem Bestattungsvertrag und dem Bestattungsvorsorgevertrag handelt es sich nach h.M. um einen gemischten Vertrag, bei dem allerdings die **werkvertragliche** Komponente der Kernbereich des Vertrages ist.[32] Ein Geschäftsbesorgungsvertrag mit den entsprechenden Auskunfts- und Rechenschaftspflichten liegt indes nicht vor, da Gegenstand des Vertrages nicht die Besorgung selbstständiger wirtschaftlicher Tätigkeiten der Angehörigen oder des Auftraggebers ist. Üblicherweise wird der Bestattungsvorsorgevertrag schon im Hinblick auf seine lange Laufzeit bis zur vollständigen Vertragserfüllung **schriftlich** abgeschlossen.

Die zu erwartenden Kosten werden beim Bestattungsvorsorgevertrag im Ganzen oder in Raten bezahlt. Die Summe wird dann auf einem **Sondersparkonto zinstragend** angelegt mit der Abrede, dass auflaufende Zinsen zum Ausgleich von Kosten- oder Gebührenerhöhungen bestimmt sind und dass das Guthaben in Höhe der Bestattungsrechnung unmittelbar mit dem Tode des Auftraggebers, ohne in den Nachlass zu fallen, auf den Bestatter übergehen soll.[33] Wird der Bestattungsvorsorgevertrag unter Verwendung des **vom Bundesverband der deutschen Bestatter** empfohlenen Vertragsmusters geschlossen, unterliegen die darin enthaltenen Bestimmungen den Vorgaben des BGB zur Regelung der Verwendung von allg. Geschäftsbedingungen.

44 Verstirbt der Auftraggeber des Bestattungsvorsorgevertrages, so geht das eingezahlte Guthaben, das als Sonderguthaben des Auftraggebers verwahrt wird, im Todesfall gem. § 1922 Abs. 1 BGB auf den Erben über. Es gehen zwar auch die Verpflichtungen des Auftraggerbers aus dem Bestattungsvorsorgevertrag auf den Erben über, ihm steht aber, wie auch dem Auftraggeber, das **Kündigungsrecht** des § 649 BGB zu. Dieses Kündigungsrecht ist grundsätzlich vertraglich nicht abdingbar.[34] Im Kündigungsfall kann der Bestatter daher im Allg. nur die vereinbarte Vergütung abzüglich ersparter Aufwendungen und die Einnahmen aus der anderweitigen Verwendung seiner Arbeitskraft geltend machen. Er kann für diesen **Vergütungsanspruch** aber auf das eingezahlte Guthaben zurückgreifen und eine verbleibende Differenz ggf. beim Erben einklagen.[35] Insoweit mag das Interesse des Erben an der Kündigung des Bestattungsvertrages, insbesondere wenn er nicht totenfürsorgeberechtigt ist, eher gering sein.

Damit der ursprüngliche Auftraggeber sicher sein kann, dass sein mit dem Bestatter geschlossener Vertrag auch Bestand hat, wird deshalb teilweise empfohlen, den Bestatter für den Aufgabenkreis der Durchführung der Bestattung als Testamentsvollstrecker einzusetzen.

---

32 *Widmann*, S. 4.
33 *Widmann*, S. 189.
34 *Widmann*, S. 191; unter Verweis auf AG Hamburg NJW-RR 2001, 1132; BGH DB 1974, 870.
35 *Widmann*, S. 192 m.w.N.

C. Bestattungspflicht und Totenfürsorge

> **Praxishinweis:**
> Praktischer erscheint es indes, den Bestatter mit der Wahrnehmung der Totenfürsorge zu bestimmen und damit die an sich berufenen Angehörigen auszuschließen. Dies kann in einer gesonderten Bestattungsverfügung erfolgen, aber auch in dem abgeschlossenen Bestattungsvertrag selbst. Die entsprechende Verfügung sollte allerdings den formellen Anforderungen eines Testamentes entsprechen, also eigenhändig handschriftlich geschrieben und unterschrieben sein. In diesem Fall soll ein Widerruf nur persönlich durch den Auftraggeber möglich sein. Dennoch empfiehlt es sich, das Kündigungsrecht des Vorsorgevertrages zumindest insoweit einzuschränken, als es nur durch den Auftraggeber höchstpersönlich, nicht aber durch dessen Erben ausgeübt werden kann.

Zu Recht wird hier auf die Rspr. zur Kündigung von **Dauergrabpflegeverträgen** verwiesen.[36] Bei Dauergrabpflegeverträgen wurde die Möglichkeit zum Ausschluss des Kündigungsrechtes durch die Erben richtiger Weise bejaht. Die vom Erblasser zur Bezahlung der **Bestattungskosten** auf einem Sparbuch deponierten Beträge fallen nicht in den Nachlass, wenn die Abrede mit der Bank dahingeht, dass aus dem eingezahlten Geld bei Vorlage einer Sterbeurkunde die gleichzeitig vorgelegte **Bestattungsrechnung** bezahlt wird (§ 331 BGB).

Bei unverschuldeter Unausführbarkeit des Bestattungsvorsorgevertrages, weil dieser von den Angehörigen erst nach der Bestattung gefunden wurde, wird die entsprechende Anwendung von § 645 Abs. 1 BGB empfohlen, da dies im vorliegenden Fall zu sachgerechten Ergebnissen führt. Dem Bestatter ist in diesem Fall jedenfalls das zu vergüten, was er bereits geleistet oder ausgelegt hat, also der zeitliche Vorbesprechungsaufwand einschließlich z.B. Fahrtkosten, wenn eine bestimmte Grabstelle besichtigt wurde oder eine Friedhofsanlage begangen.[37] Alternativ wäre an die Anwendung des § 326 BGB zu denken, dies würde allerdings dazu führen, dass der Bestatter das deponierte Guthaben inklusive Zinsen zurückzuzahlen hat und auszugleichende Bereicherungsansprüche nicht geltend machen kann.

Wird der Auftraggeber **pflegebedürftig**, und kann er diese Kosten aus eigenen Mitteln nicht voll tragen, stellt sich immer wieder die Frage, ob das in diesen Fällen eintretende **Sozialamt** den **Vorsorgevertrag kündigen**, den verbleibenden Überschuss an sich nehmen kann und der Auftraggeber später auf die Durchführung einer Sozialbestattung zu beschränken ist. Unabhängig davon, dass der wirtschaftliche Nutzen dieser Maßnahme gering ist, erscheint es grundsätzlich richtig, dem Auftraggeber ein **Schonvermögen** für seine Bestattung zu belassen, da es eine unwillige Härte i.S.v. § 88 Abs. 3 BSHG darstellt, wenn verlangt wird, ein Grabpflegevertrag für das Grab aufzulösen, wenn weder der Auftraggeber noch Angehörige Grabpflege leisten können.[38]

Um im Falle der **Liquidierung des Bestattungsunternehmens** vor der eigentlichen Vertragserfüllung auch die „Einzahlung" vor jedem Zugriff (z.B. durch einen Insolvenzverwalter) zu schützen, kann zusätzlich eine Treuhandlösung etwa über einen Notar oder eine Verbandsorganisation der Bestatter vorgesehen werden. Wird dem Unternehmen oder dem Treuhänder bei der Regelung über eine Sterbegeld-/ Bestattungsvorsorgeversicherung das unwiderrufliche Bezugsrecht an der Versicherungs-

---

36 *Widmann*, S. 194.
37 *Widmann*, S. 196.
38 OVG Münster NVwZ-RR 2004, 360.

summe eingeräumt, kann diese Regelung weder durch einen Betreuer noch durch sonstige Dritte aufgehoben oder geändert werden.

> **Praxishinweis:**
> Damit der Bestattungsvertrag auch tatsächlich erfüllt werden kann, ist es unbedingt erforderlich, einen Dritten, nach Möglichkeit nahen Familienangehörigen, hiervon in Kenntnis zu setzen und diesem eine Kopie des Bestattungsvertrages zu überlassen. Alternativ kann in einer Bestattungsverfügung auf den Bestattungsvertrag verwiesen werden, sofern diese dann Dritten zur Kenntnis gebracht wird.

2. Angehörige

49 Hat der Verstorbene keine Anordnungen getroffen oder einen Dritten mit der Totenfürsorge beauftragt und ist auch ein sonstiger, zumindest konkludent geäußerter Wille nicht erkennbar, so obliegt die **Totenfürsorge** nach Gewohnheitsrecht in erster Linie den **nächsten Familienangehörigen** und nicht den Erben.[39] Jene sind zunächst berechtigt und verpflichtet, über Ort und Art der Bestattung zu bestimmen. Das Totenfürsorgerecht der nächsten Angehörigen ist eine Nachwirkung aus dem familienrechtlichen Verhältnis, das den Verstorbenen bei Lebzeiten mit den überlebenden Angehörigen verbunden hat.[40] Es gehört damit zu den absoluten Persönlichkeitsrechten, das durch Art. 1, Art. 2 Abs. 1, Art. 19 Abs. 2 GG geschützt ist.

a) Reihenfolge der Angehörigen

50 Die Reihenfolge, in der die Angehörigen zur Entscheidung berufen sind, bemisst sich nach den Vorgaben des § 2 Abs. 3 des Gesetzes über die **Feuerbestattung** vom 15.5.1934. Diese Regelung, die Ausdruck einer Grundwertung des Gesetzgebers ist, wurde zwischenzeitlich sowohl von den meisten landesrechtlichen Bestattungsgesetzen übernommen als auch von der Rspr.[41] Danach haben für die Bestattung die Angehörigen in folgender Reihenfolge zu sorgen:

- Ehegatte
- volljährige Kinder
- Eltern
- Großeltern
- volljährige Geschwister
- Enkelkinder

Somit geht der Wille des überlebenden **Ehegatten**, dem der Verwandten und Kinder, insbesondere auch dem der Eltern und Geschwister vor. Der Wille der **Kinder** und ihrer Ehegatten geht demjenigen der übrigen Verwandten, der Wille näherer Verwandter oder des Verlobten demjenigen weiterer Verwandter vor. Der Wille des überlebenden Ehegatten hat also absoluten Vorrang, fehlt ein Ehegatte, ist der Wille der Kinder maßgeblich. Die Reihenfolge gilt unabhängig davon, ob die Angehörigen Erben geworden sind oder nicht.[42]

---

39 BGH NJW 1973, 2103; OLG Frankfurt NJW-RR 1989, 1159.
40 OVG Berlin DöV 1964, 557.
41 BGH NJW-RR 1991, 982; OLG Düsseldorf ZEV 1994, 372.
42 OLG Frankfurt NJW-RR 1989, 1159.

Die landesrechtlichen Bestattungsgesetze von Brandenburg, Hamburg und Mecklenburg-Vorpommern haben den Kreis der Totenfürsorgeberechtigten um die **Lebensgefährten** erweitert. In Berlin und Nordrein-Westfalen wurde der Kreis nur um eingetragenen Lebensgefährten i.S.d. Lebenspartnergesetzes erweitert, im Saarland sowohl um eingetragene als auch nicht eingetragene Lebensgefährten/-partner. Auch hier ist allerdings stets zu prüfen, ob die Erbeinsetzung von Dritten, die nicht Familienmitglieder sind, nicht zugleich auch eine konkludente Bestimmung des Erblassers darstellt, wer die Totenfürsorge ausüben soll. Entscheidet sich der Erblasser bewusst ihm Rahmen seiner Nachfolgeregelung gegen seine Familienangehörigen, so dürfte hierin regelmäßig auch der Wille zum Ausdruck kommen, dass sich diese auch nicht um Ort und Art der Bestattung zu kümmern haben.

Der Erblasser kann auch die **Reihenfolge** der Totenfürsorgeberechtigten bestimmen, er kann einzelnen das **Totenfürsorgerecht** entziehen oder einem von mehreren Berechtigten den Stichentscheid überlassen.[43] Er kann den Angehörigen das Totenfürsorgerecht auch insgesamt entziehen. Abweichend hiervon überträgt § 9 des rheinland-pfälzischen Bestattungsgesetzes die Entscheidung vorrangig den Erben. Sind diese allerdings nicht rechtzeitig zu ermitteln, sind die Angehörigen totenfürsorgeberechtigt.

Ist ein Angehöriger zum **Betreuer** des Erblassers bestellt, steht ihm das Recht der Totenfürsorge vorrangig zu.[44] Der Betreuer als solcher hat jedoch kein Totenfürsorgerecht hinsichtlich des von ihm betreuten Verstorbenen.[45]

b) Beschlussfassung unter Angehörigen und gerichtliche Durchsetzung

Sind mehrere Angehörige gleichen Grades (z.B. mehrere Kinder) vorhanden, so müssen grundsätzlich alle die Einwilligung zu den vorgesehenen Regelungen der Bestattung erteilen, es gibt **keinen Mehrheitsbeschluss**. Ist nur eines der Kinder nicht einverstanden, so verhindert dies die von den anderen beabsichtigte Verfügung. Die Ausübung des Totenfürsorgerechts setzt nämlich die Übereinstimmung sämtlicher Berechtigter voraus.[46] Es ist allerdings zu überlegen, ob nicht im Rahmen von Entscheidungen, die lediglich Zweckmäßigkeitsfragen betreffen, bindende Mehrheitsbeschlüsse für zulässig erachtet werden sollten. Dies ist nach hiesiger Auffassung zu bejahen, da dies den Kern der Totenfürsorge nicht tangiert.

Lässt sich keine Übereinstimmung erreichen, so wird ortsüblich bestattet, es ist also i.d.R. nur die **Erdbestattung** zulässig und etwaige beabsichtigte andere Maßnahmen sind zu unterlassen.[47] Bestehen unterschiedliche Auffassungen unter den Totenfürsorgeberechtigten über die Ausübung der Bestattungspflicht oder Art und Ort der Bestattung, so können hierzu die **ordentlichen Gerichte** angerufen werden, da es sich hierbei um Rechtsstreitigkeiten privatrechtlicher Natur handelt.[48] Versucht ein Teil der Angehörigen, einzelne Maßnahmen gegen den Willen der anderen auszuführen, so stehen diesen ebenfalls die zivilprozessualen Schutzmöglichkeiten zur Verfügung. Auch hier wird i.d.R. aufgrund der Kürze der Zeit lediglich **vorläufiger Rechtsschutz** möglich und sinnvoll sein.

---

43 *Zimmermann*, ZEV 1997, 441; BGH MDR 1992, 588.
44 *Gaedke*, S. 105; s.a. BGH MDR 1992, 588; OLG Karlsruhe NJW 2001, 2980.
45 *Zimmermann*, ZEV 1997, 440 m.w.N.
46 *Bader*, S. 369.
47 *Gaedke*, S. 110.
48 Std. Rspr. RGZ 108, 217; RGZ 154, 269.

52 Beabsichtigt ein Angehöriger, entgegen dem Willen des Verstorbenen Art und Einzelheiten der Bestattung zu regeln, so können die anderen Angehörigen die Vollziehung der Anweisungen des Verstorbenen gerichtlich erzwingen. Der Betroffene hat allerdings die Möglichkeit, gewichtige Gründe für seine Weigerung vorzutragen.[49] Als gewichtiger Grund kommt allerdings i.d.R. nur der von ihm nachzuweisende Einwand in Betracht, dass der Verstorbene seinen Willen über den Bestattungsort geändert hat. Beabsichtigt ein Angehöriger, sich nicht dem Willen der anderen Totenfürsorgeberechtigten anzuschließen, und liegt keine Willenserklärung des Verstorbenen vor, so kann der Angehörige als gewichtigen Grund für seine Weigerung nur einwenden, dass der Verstorbene doch eine solche Willenserklärung geäußert habe. Auch hierfür ist der Totenfürsorgeberechtigte beweispflichtig.

Anordnungen des Verstorbenen sind stets an **§ 138 BGB** zu messen, darüber hinaus haben die Angehörigen die Möglichkeit, lediglich mündlich oder formlos erklärte Anweisungen des Verstorbenen abzulehnen, wenn dies gegen ihr Pietätgefühl verstößt.[50] Zulässig sind sowohl Vereinbarungen zwischen den Angehörigen über Ort und Art der Bestattung wie auch Vereinbarungen der Erben mit den bestattungsberechtigten Angehörigen.[51] Sind **keine Angehörige vorhanden**, so können die Erben als Totenfürsorgeberechtigte in Betracht kommen, da sie die Bestattungskosten tragen müssen. Darüber hinaus kommen aber auch Personen als Totenfürsorgeberechtigte in Betracht, die dem Verstorbenen besonders nahe gestanden haben, ohne mit ihm familiär verbunden gewesen zu sein.

Der Wille des Verstorbenen, **Meinungsverschiedenheiten** über den Ort seiner letzten Ruhestätte nicht mit den Mitteln des Rechts auszutragen, kann die Entstehung von Abwehransprüchen aus einem Eingriff in das Recht der Totenfürsorge hindern.[52] In dem zu entscheidenden Fall hatte der Verstorbene bestimmt, dass seine Kinder nicht „mit Mitteln des Rechts" eine von seiner Lebensgefährtin einmal getroffene Entscheidung über den Bestattungsort ändern können sollen. Das Gericht hat hier zu Recht eine Entziehung des Totenfürsorgerechts der Kinder zugunsten der Lebensgefährtin gesehen.

c) Umbettung der Leiche

53 Die Rspr. hat seit langem den Grundsatz entwickelt, dass bei einem Streit darüber, ob der Verstorbene umgebettet werden soll, weil der Bestattungsort nicht richtig oder nicht von der zur Entscheidung berufenen Person bestimmt worden ist, Pietät und Achtung vor der **Totenruhe** einem Verlangen nach Umbettung entgegenstehen können.[53] Der Tote hat Anspruch auf Pietät und Wahrung seiner Totenruhe, unabhängig davon, ob sich das Umbettungsbegehren auf Aschenreste oder einen in der Erde bestatteten Leichnam bezieht.[54] Der mutmaßliche Wille eines Verstorbenen liegt zunächst einmal darin, dass seine **Totenruhe** nicht gestört wird. Mit Rücksicht auf die Achtung der Totenruhe kann daher ein Umbettungsverlagen durch die Rechtsordnung nur dann anerkannt werden, wenn es von ganz besonders dringlichen, **sittlich**

---

49 BGH MDR 1978, 299.
50 *Gaedke*, S. 108.
51 *Gaedke*, S. 110 m.w.N.
52 LG Gießen NJW-RR 1995, 264.
53 BGH FamRZ 1978, 15.
54 LG Gießen NJW-RR 1995, 264 unter Verweis auf OLG Oldenburg FamRZ 1990, 1273 u. LG Kiel FamRZ 1986, 56.

gerechtfertigten Gründen getragen wird, etwa weil der Verstorbene den Wunsch hatte, an einem anderen als dem derzeitigen Bestattungsort beerdigt zu werden.[55]

Dies ist allerdings nicht der einzige gewichtige Grund, aus welchem heraus eine **Umbettung** begehrt werden kann. Auch solche Erwägungen, die nicht allein in der Person des Verstorbenen liegen, kommen in Betracht, sofern der Umbettungswunsch Ausdruck einer über den Tod hinausgehenden Verbundenheit mit dem Verstorbenen ist. Dies ist z.B. dann der Fall, wenn der überlebende Ehegatte später neben dem Verstorbenen beigesetzt werden möchte.[56] Auch die familiäre Verbundenheit über den Tod hinaus kann ein Umbettungsbegehren rechtfertigen, nicht jedoch der Wegzug der Angehörigen und die damit verbundenen Schwierigkeiten der Grabpflege. Die Achtung der Totenruhe kann dem Umbettungsverlangen entgegenstehen, dies gilt aber grundsätzlich dann nicht, wenn der Verstorbene selbst den Ort seiner letzten Ruhe bestimmt hat. Besteht einer der nächsten Angehörigen darauf, dass diesem Wunsch Rechnung getragen wird, so muss diesem Begehren stattgegeben werden.[57] Der Inhaber des Totenfürsorgerechts kann dann auch die **Rückbettung** des ohne seine Zustimmung umgebetteten Verstorbenen verlangen.[58] Aus der Achtung vor dem letzten Willen des Verstorbenen sind auch Umstände zu berücksichtigen, die erst nach der Bestattung auftauchen und die Frage einer Umbettung hervorrufen.[59]

Soll die Umbettung gerichtlich durchgesetzt werden, so geht der **Klagantrag auf Feststellung**, zur Umbettung der Leiche berechtigt zu sein[60] bzw. auf Zustimmung zur Umbettung. Anspruchsgrundlage ist § 1004 BGB analog,[61] daneben auch §§ 823 Abs. 1, 249 BGB. Um die Umbettung vornehmen zu lassen, benötigt der Totenfürsorgeberechtigte noch die Genehmigung des Friedhofsträgers. Mit seinem Antrag muss der Totenfürsorgeberechtigte auch den „wichtigen Grund" darlegen, weshalb eine Umbettung vorgenommen werden soll. Wird die Genehmigung versagt, so ist der **Verwaltungsrechtsweg eröffnet**, notfalls muss im Wege des einstweiligen Rechtsschutzes vorgegangen werden.

54

Doch auch der umgekehrte Fall ist denkbar, nämlich der Wille des Friedhofsträgers, eine Umbettung vorzunehmen und die Weigerung der Angehörigen, dieser Umbettung zuzustimmen. Ein wichtiger Grund für ein derartiges Umbettungsbegehren der Friedhofsverwaltung liegt z.B. dann vor, wenn ein Friedhofsteil dringend anderen öffentlichen Zweck dienstbar gemacht werden soll, bevor die Ruhezeit der dort befindlichen Gräber abgelaufen ist.[62] Hingegen soll kein wichtiger Grund für eine Umbettung gegeben sein, wenn in der Grabstätte eines Nutzungsberechtigten aufgrund eines rechtswidrigen Verhaltens der Friedhofsverwaltung eine **fremde Leiche** beigesetzt worden ist. Dies gilt zumindest für den Fall, dass der Ehepartner des Verstorbenen der Umbettung nicht zugestimmt hat, denn die Rücksichtnahme auf die Gefühle der Hinterbliebenen verbietet es i.d.R., gegen den Willen des Ehegatten oder eines anderen nahe Verwandten des Verstorbenen der Umbettung zuzustimmen oder diese zu bewirken.[63] Eine Umbettung in ein **Reihengrab** soll auch dann erfolgen können, wenn

---

55 OLG Frankfurt NJW-RR 1993, 1482.
56 LG Gießen NJW-RR 1995, 264.
57 OLG Karlsruhe ZEV 2001, 447.
58 OLG Karlsruhe ZEV 2001, 447.
59 OLG Karlsruhe MDR 1990, 443.
60 BGH NJW-RR 1992, 759.
61 OLG Frankfurt NJW-RR 1989, 1159.
62 VGH Mannheim DÖV 1988, 474.
63 OVG Münster NVwZ 2000, 217.

der Grabnutzungsberechtigte einer **Wahlgrabstätte** die für die Verlängerung des Grabnutzungsrechts in Rechnung gestellte **Friedhofsgebühr** nicht zahlen will und er der Umbettung zustimmt.[64]

d) Inhalt und Umfang des Totenfürsorgerechts

55 Hat der Verstorbene keine Anordnungen getroffen, so sind die Angehörigen berechtigt, sowohl den Ort als auch die Art und die Einzelheiten der Bestattung zu bestimmen und zu regeln. Dabei ist aber stets der **mutmaßliche Wille des Verstorbenen** zu beachten, wie auch sein gesellschaftlicher Stand, seine persönlichen Wünsche und Interessen. Nicht maßgeblich ist der persönliche Geschmack der Angehörigen. Auch die Angemessenheit der Ruhestätte ist vom Standpunkt des Verstorbenen aus zu beurteilen. Bestandteil der Totenfürsorge durch die Angehörigen ist auch die Bestimmung der **Inschrift auf dem Grabdenkmal**. Auch bei der Auswahl des Grabdenkmals und der Beschriftung haben die Angehörigen ebenfalls in erster Linie den wirklichen oder mutmaßlichen Willen des Verstorbenen zu berücksichtigen, „im Übrigen nach allg. Herkommen und den sittlichen Anschauungen zu verfahren".[65]

Da der wirkliche oder zumindest mutmaßliche Wille des Verstorbenen zu beachten ist, verbieten sich insbesondere sämtliche Inschriften oder Gestaltungen, die sein Verhältnis zu nahen Angehörigen falsch oder unzureichend darstellen oder ihm persönlich nahestehende Personen nicht genügend würdigen. So ist z.B. bei der Inschrift einer verstorbenen Ehefrau nicht deren Mädchenname anzugeben, sondern der Familienname des Ehemannes, den sie geführt hat.

Auch hier steht den Angehörigen der Weg über die **Zivilgerichte** offen, um entweder die Berichtigung oder Beseitigung einer Inschrift durchzusetzen, oder um Meinungsverschiedenheiten über eine Inschrift auszutragen.

D. Bestattungsarten

I. Bestattungszwang

56 Die Bestattung ist die mit religiösen oder weltanschaulichen Gebräuchen verbundene Übergabe des menschlichen Leichnams an die Elemente. In der Bundesrepublik besteht grundsätzlich Bestattungszwang, dieser besteht für alle **menschlichen Leichen und Totgeburten (Leichen)**. Dieser Bestattungszwang ist in allen Bestattungsgesetzen der Länder normiert. Eine menschliche Leiche liegt vor, wenn bei einem Kind nach der Trennung vom Mutterleib entweder das Herz geschlagen, die Nabelschnur pulsiert oder die natürliche Lungenatmung eingesetzt hat. Als **Totgeburt (Leiche)** gilt ein totgeborenes oder während der Geburt verstorbenes Kind, wenn sein Gewicht mindestens 500 Gramm beträgt.[66] Totgeburten mit einem Gewicht von weniger als 500 Gramm, bei denen sich kein Merkmal des Lebens gezeigt hat, gelten als **Fehlgeburten** und unterliegen grundsätzlich nicht dem Bestattungszwang.[67] Wünschen die Eltern die Bestattung, auch wenn die Totgeburt weniger als 500 Gramm wiegt, so kann die Friedhofsbehörde nach freiem Ermessen die Bestattung zulassen.[68] **Haustiere** dürfen

---

64 OVG Münster NVBl 1992, 261.
65 *Gaedke*, S. 110
66 § 29 Abs. 2 der Verordnung zur Ausführung des Personenstandsgesetzes.
67 § 29 Abs. 3 der Verordnung zur Ausführung des Personenstandsgesetzes.
68 Art. 6 Abs. 1 BestG Bayern.

nur auf behördlich zugelassenen Tierfriedhöfen begraben werden, ansonsten sind sie entweder in eine Tierkörperbeseitigungsanstalt zu bringen oder im Krematorium eines Tierschutzvereins zu verbrennen.[69] Dem Bestattungszwang entspricht der Beisetzungszwang für Aschenreste.

II. Erdbestattung

Die Erdbestattung (Begräbnis) dürfte auch heute noch der Regelfall sein. Mit der Erdbestattung wird der menschliche Leichnam der Erde übergeben. Erdbestattungen wie auch Feuerbestattungen dürfen grundsätzlich nur auf einem **öffentlichen Bestattungsplatz** erfolgen, also auf einem gemeindlichen (kommunalen) oder kirchlichen Friedhof (**sog. Friedhofszwang**). Die Erdbestattung kann auch auf einem privaten Bestattungsplatz erfolgen, soweit dessen Anlegung und Unterhaltung genehmigt ist. Dies ist in einigen Bestattungsgesetzen der Länder ausdrücklich vorgesehen, so dass insbesondere eine Beisetzung auf Anstaltsfriedhöfen oder in Klostergärten genehmigungsfähig ist, sofern hierfür ein wichtiger Grund vorliegt und der Bestattungsplatz den Anforderungen, die an Friedhöfe hinsichtlich Wasserhaushalt und öffentliche Gesundheit gestellt werden, erfüllt.

Der **Friedhofszwang** ist durch legitime öffentliche Interessen und überragende Gründe des Gemeinwohls gerechtfertigt.[70] Auch wenn der Friedhofszwang in das Grundrecht der allg. Handlungsfreiheit eingreift, stellen die betreffenden Vorschriften Teil der verfassungsmäßigen Ordnung i.S.d. Art. 2 Abs. 1 GG dar.[71] Eine Ausnahme vom Friedhofszwang kann allerdings aus Glaubens-, Gewissens- oder Bekenntnisgründen nach Art. 4 GG geboten sein. Hierfür ist allerdings eine schwere innere Belastung erforderlich. Der Hinweis, der dies Begehrende fühle sich mit seinem Grundstück mehr verbunden als mit dem kommunalen Friedhof, reicht hierfür freilich nicht aus.[72]

Der Friedhofszwang darf allerdings nicht dazu führen, dass nunmehr die ausschließliche Benutzung eines bestimmten Friedhofes vorgeschrieben wird. Vielmehr muss es dem Bestattungsberechtigten oder seinen Angehörigen frei stehen, darüber zu entscheiden, ob die Beisetzung auf einem **kommunalen** oder einem **kirchlichen Friedhof** erfolgen soll, sofern in der Gemeinde beide Friedhofsarten zur Auswahl stehen. Zulässig ist es allerdings, wenn die Gemeinde i.R.d. Ausübung pflichtgemäßen Ermessens eine Regelung für die Benutzung der verschiedenen kommunalen Friedhöfe trifft. So ist es insbesondere zulässig. dass bestimmte kommunale Friedhöfe bestimmten Stadtteilen zugeordnet bzw. nach diesen aufgeteilt werden.

Praxishinweis:
Insofern sieht § 3 (Bestattungsbezirke) der Leitfassung des Deutschen Städtetages für eine Friedhofssatzung die **Einteilung des Stadtgebietes in Bestattungsbezirke** vor. Die Verstorbenen sollen auf dem Friedhof des Bezirkes bestattet werden, in dem sie zuletzt ihren Wohnsitz hatten. Die Bestattung auf anderen Friedhöfen soll möglich sein, wenn dies gewünscht wird und die Belegung dies zulässt oder dort ein Nutzungsrecht an einer Wahlgrabstätte besteht.

---

69 Die Einzelheiten hierzu sind im Tierkörperbeseitigungsgesetz i.d.F. vom 11.04.2001, BGBl. I Nr. 16, 523 geregelt.
70 BVerwG NJW 1974, 2018.
71 BVerwG NJW 1974, 2018.
72 BVerwG NJW 1974, 2018.

III. Feuerbestattung

1. Allgemein

58 Die meisten Bundesländer haben zwischenzeitlich in ihre Bestattungsgesetze Vorschriften über die Feuerbestattung mit aufgenommen, so dass das Feuergesetz nur noch in einigen Bundesländern unmittelbar zur Anwendung gelangt. In Deutschland gibt es derzeit ca. 118 Feuerbestattungsanlagen (Krematorien). Der Anteil der Feuerbestattungen beträgt derzeit ca. 30 Prozent mit steigender Tendenz. Die Hintergründe hierfür dürften überwiegend auch wirtschaftlicher Natur sein, da die mit der Feuerbestattung verbunden Kosten deutlich unter denjenigen einer Erdbestattung liegen. Erd- und Feuerbestattung sind grundsätzlich als **gleichwertige Bestattungsarten** nebeneinander gestellt. Dies bedeutet jedoch nicht, dass die Gemeinden beide Bestattungsmöglichkeiten zur Verfügung stellen müssen. Die Gemeinden haben nicht die Pflicht, Feuerbestattungsanlagen zu errichten.[73] Stellt die Gemeinde allerdings die Möglichkeit der Feuerbestattung zur Verfügung, ist sie auch verpflichtet, die Einäscherung derjenigen, die sich dafür entschließen, zu gewährleisten. Besteht am Ort keine Feuerbestattungsanlage, sind die Gemeinden dennoch verpflichtet, auf dem öffentlichen Friedhof **Urnengrabstellen** zur Verfügung zu stellen.[74]

2. Wille des Verstorbenen

59 Liegt keine Willenserklärung des Verstorbenen vor, so können die **Totenfürsorgeberechtigten** sich für eine Feuerbestattung entscheiden. Wenn sich die **Angehörigen** gleichen Grades nicht einigen können, so ist bis zu einer gerichtlichen Entscheidung lediglich eine Erdbestattung zulässig.[75] Sind die Totenfürsorgeberechtigten nicht zugleich Angehörige des Verstorbenen, reicht allein ihr Wunsch nach einer Feuerbestattung nicht aus. Es muss vielmehr nachgewiesen werden, dass der Verstorbene selbst diesen Willen gehabt hat, § 4 Gesetz über die Feuerbestattung.

Der **Nachweis** ist zu erbringen

- durch eine vom Verstorbenen getroffene Verfügung von Todes wegen,
- durch eine von dem Verstorbenen abgegebene mündliche Erklärung, die von einer zur Führung des öffentlichen Siegels berechtigten Person als in ihrer Gegenwart abgegeben beurkundet ist sowie
- durch eine unter Angabe des Ortes und Tages eigenhändig geschriebene und unterschriebene Erklärung des Verstorbenen.

Der **Umfang der Nachweispflicht** soll verhindern, dass aus Kostengründen eine Bestattungsart gewählt wird, die nicht dem Willen des Verstorbenen entsprochen hat.

3. Durchführung der Feuerbestattung

60 Voraussetzung für die Durchführung der Feuerbestattung ist das Vorliegen der **Todesbescheinigung** oder der Sterbeurkunde sowie eine durchgeführte zusätzliche amtliche Leichenschau. Darüber hinaus muss der Wille des Verstorbenen nachgewiesen sein. Entsprechend den Bestattungsgesetzen der Bundesländer und ergänzend für die Bundesländer Bremen, Hessen, Niedersachsen und Schleswig-Holstein entsprechend

---

[73] Gaedke, S. 101.
[74] *Gaedke*, S. 102.
[75] So z.B. § 32 Abs. 2 Bestattungsgesetz Baden – Württemberg.

dem Gesetz über die Feuerbestattung bedarf die Einäscherung der Erlaubnis der zuständigen Behörde. Diese Erlaubnis darf erst erteilt werden, wenn auszuschließen ist, dass der Verstorbene eines nicht natürlichen Todes gestorben ist.

Die Feuerbestattung selbst erfolgt regelmäßig in **zwei Schritten**: Zunächst erfolgt die **Einäscherung** der Leiche im Krematorium und in einem zweiten Schritt erfolgt dann i.d.R. die Übergabe der in einer Urne verschlossenen Aschenreste in die Erde oder einen anderen dafür bestimmten Platz. Diese Übergabe wird nicht als Bestattung bezeichnet, sondern als **Beisetzung**.[76] Erst mit ihr ist die Feuerbestattung abgeschlossen.

Die Feuerbestattung darf nur in **behördlich genehmigten Feuerbestattungsanlagen** (Krematorium) erfolgen, eine Verbrennung in freier Natur ist somit weder zeitgemäß noch zulässig. Der Sarg wird in einer Kammer des Krematoriums mit heißer Luft in Asche verwandelt. Die Einäscherung erfolgt also nicht unmittelbar durch Brennstoffe. Die Asche soll rein, unvermischt und vollständig aufgefangen werden. Dem Sarg wird ein nichtverbrennbares Schild beigefügt, damit es später zu keiner Verwechslung der Asche kommen kann. Die Urne wird dann in einer Urnenhalle, einem Urnenheim, einer Urnengrabstelle oder in einem Grab beigesetzt. Eine Aushändigung der Urne an die Angehörigen darf lediglich erfolgen, wenn die Bestattung der Asche außerhalb eines Friedhofs vorher genehmigt worden ist.[77]

Grundsätzlich werden die **Kosten** der Kremation dem Bestatter in Rechnung gestellt und der Bestatter reicht die Rechnung an die Bestattungspflichtigen weiter. Einige Krematorien haben jedoch so genannte „Rahmenvereinbarungen" mit den Bestattern und bieten darüber hinaus auch noch den Transport des Leichnams beim Bestatter an. Dieser kann sowohl als Einzel- als auch als Sammeltransport erfolgen. Die Abholung durch das Krematorium ist i.d.R. deutlich preisgünstiger, als wenn der Bestatter dies mit eigenem Fahrzeug und Personal vornimmt. Dies sollte im Vorfeld mit dem Bestattungsunternehmen geklärt werden.

Offensichtlich besteht ein starkes Bedürfnis der Hinterbliebenen, die Aschenreste in einer Urne oder einem sonstigen Behältnis zu Hause aufzubewahren. Angehörige versuchen dieses Ergebnis dadurch zu erreichen, dass sie eine Beisetzung der Urne auf einem Friedhof außerhalb Deutschlands vornehmen lassen, und sich dort vor Ort die Urne aushändigen lassen, also die Beisetzung nicht vornehmen und mit der Urne wieder den Heimweg antreten. Diese Vorgehensweise **verstößt gegen** das **deutsche Bestattungsrecht**, stellt jedoch lediglich eine Ordnungswidrigkeit dar. Darüber hinaus kann an der Grenze die Beschlagnahme einer Urne drohen, wenn diese als solche erkennbar ist.

> **Praxishinweis:**
> Nach § 16 (Beisetzung von Aschen) der Leitfassung des Deutschen Städtetages für eine Friedhofssatzung dürfen Aschen in Urnenreihengrabstätten, in Urnenwahlgrabstätten, in **anonymen** Urnenreihengrabstätten und in Wahl- und Ehrengrabstätten beigesetzt werden.

---

76 *Gaedke*, S. 100.
77 Dies sehen nur die Bestattungsgesetze von Baden-Württemberg, Bayern, Berlin und Rheinland Pfalz ausdrücklich vor. In Nordrhein-Westfalen darf die Totenasche auch zur anschließenden Beisetzung an die Angehörigen ausgehändigt werden. Setzen diese dann die Asche nicht bei, stellt dies lediglich eine Ordnungswidrigkeit dar.

Urnenreihengrabstätten sind Aschengrabstätten, die der Reihe nach belegt und erst im Todesfall für die Dauer der Ruhezeit zur Besetzung einer Asche abgegeben werden. In einer Urnenreihengrabstätte können mehrere Aschen gleichzeitig beigesetzt werden. Urnenwahlgrabstätten sind Aschengrabstätten, an denen auf Antrag ein Nutzungsrecht für die Dauer von mehreren Jahren (Nutzungszeit) verliehen und deren Lage im Benehmen mit dem Erwerber bestimmt wird. **Urnenwahlgrabstätten** können außer in Grabfeldern auch in Mauern, Terrassen und Hallen eingerichtet werden. Die Zahl der Urnen, die in einer Urnenwahlgrabstätte beigesetzt werden können, richtet sich nach der Größe der Aschengrabstätte. In anonymen Urnen- und Reihengrabstätten werden Urnen der Reihe nach innerhalb einer Fläche von 0,25 cm x 0,25 cm je Urne für die Dauer der Ruhezeit beigesetzt. Diese Grabstätten werden nicht gekennzeichnet. Sie werden vergeben, wenn dies dem Willen des Verstorbenen entspricht.

4. Baumbestattung

61 Von dem Wunsch getragen, nicht auf einem Friedhof, sondern noch enger verbunden mit der Natur bestattet zu werden, ist die Bestattung der Aschenreste an den Wurzeln eines Baumes in einem **Friedwald** entstanden. Während in der Schweiz die Asche des Verstorbenen direkt an die Wurzeln des Baumes gestreut werden kann, muss die Asche in Deutschland in einer biologisch abbaubaren Urne direkt an der Wurzel des Baumes begraben werden. Die Friedwälder sind für jedermann frei zugänglich; der Baum selbst ist allerdings nicht als Bestattungsort zu erkennen. Vielmehr werden die Bäume eines Friedwaldes eingemessen, mit Koordinaten versehen und in ein Baumregister eingetragen. Der Käufer erhält eine mit den Baumkoordinaten versehene **Urkunde zum Nachweis** des von ihm erworbenen Nutzungsrechtes. Der Baum trägt eine kleine Plakette mit einer Kennzeichnung, die allerdings nicht auf einen Bestattungsort hinweist. Möglich ist auch der Erwerb eines Familienbaumes, der für eine ganze Familie genutzt werden kann.

Vorteil des Friedwaldes ist es u.a., dass keine Kosten für die **Grabpflege** anfallen und der Erwerb eines Baumes nur ein Bruchteil eines Familiengrabes kostet. Üblicherweise findet die Trauerfeier wie bisher am Heimatort des Verstorbenen statt. Lediglich die Beisetzung erfolgt im Friedwald. Die Trauerfeier kann aber auch im Friedwald selbst abgehalten werden. Für die Regelung der Trauerfeier gibt es grundsätzlich keine Besonderheiten, einmal davon abgesehen, dass die Kleidung bei einer Friedwaldbestattung eher waldgemäß sein sollte. Im Todesfall setzen sich die Angehörigen mit der entsprechenden Organisation zusammen, die die Friedwälder verwaltet. Diese wiederum setzt sich mit dem Bestatter in Verbindung und sorgt für die erforderlichen Formalitäten, die Einäscherung, die Organisation der Trauerfeier usw. Gewöhnlich erwirbt allerdings der Verstorbene bereits zu Lebzeiten einen entsprechenden Baum. Seit November 2001 ist es möglich, auch in Deutschland ein Baumgrab zu wählen. Für Nordrhein-Westfalen besteht die Möglichkeit, die Errichtung und den Betrieb von Friedhöfen auf private Rechtsträger zu übertragen, sofern diese ausschließlich Totenasche im Wurzelbereich des Bewuchses beisetzen. In der Nähe von Kassel ist im Reinhardtswald der erste deutsche Friedwald entstanden, gefolgt vom Friedwald Odenwald und vom Friedwald Eifel.

5. Die Seebestattung

62 Die Versenkung von Urnen auf hoher See bedarf der Genehmigung durch die zuständige Behörde. Sie stellen einen Sonderfall der Feuerbestattung dar, da die Urne statt in

einem Grab im Meer versenkt wird. Ein Verstreuen der Asche ist, wie auch bei der Urnenbeisetzung, nicht zulässig.

Liegt ein entsprechender Wunsch des Verstorbenen vor, wird die Genehmigung i.d.R. erteilt, wenn der Wunsch schriftlich niedergelegt ist.[78] Die Bestattungsgesetze gewähren allerdings keinen Anspruch auf die Erteilung einer Genehmigung zur Seebestattung.[79] Der Anspruch kann sich allerdings aus dem Gleichheitsgrundsatz des Art. 3 GG oder aus Glaubens-, Gewissens- und Bekenntnisgründen nach Art 4. GG ergeben.[80] Wird die Genehmigung dennoch nicht erteilt, so kann diese ablehnende Entscheidung mit der **Anfechtungsklage** vor den Verwaltungsgerichten angefochten und vollumfänglich überprüft werden.

Die **Genehmigung** kann insbesondere im Hinblick auf eine möglichst geringe Belastung der Meere **mit Auflagen** hinsichtlich des Materials der Urne verbunden werden. Mit der Seebestattung ist eine Reederei zu beauftragen.[81] Die Stelle, an der die Urne dem Meer übergeben wurde, wird auf einer Karte mit Angaben über Uhrzeit sowie Breiten und Längengrad vermerkt und den Angehörigen und der zuständigen Behörde ausgehändigt.

IV. Recht am Leichnam, Plastination und Anatomie

1. Recht am Leichnam

Leichnam ist der „entseelte menschliche Körper bis zu dem Zeitpunkt, in dem der Zusammenhang zwischen den einzelnen Teilen durch den natürlichen Verwesungsprozess oder einem diese gleichzustellende Vernichtungsart (z.B. Verbrennung) aufgehoben ist, sowie der zu wissenschaftlichen Zwecken zerlegte menschliche Körper, so lange die Absicht einer gemeinsamen Bestattung der einzelnen Teile in der herkömmlichen Weise" besteht.[82] Auch wenn der **menschliche Leichnam** nach h.M.[83] eine Sache ist, so kann der Leichnam jedoch nicht Objekt dinglicher Rechte, insbesondere des Eigentums sein, und ist aus ethischen Erwägungen heraus dem Rechtsverkehr entzogen.[84] Allerdings ist Gewahrsam an der Leiche möglich, und hieraus resultiert die Pflicht zur richtigen Aufbewahrung bis zu ihrer Bestattung, danach geht der Gewahrsam auf den Friedhofsträger über.

Auch wenn der Leichnam nicht Objekt dinglicher Rechte sein kann, so ist doch anerkannt, dass aus dem Familienrecht als Ganzem ein hieraus herführendes Verfügungsrecht anzuerkennen ist, dessen wichtigste Befugnis darin besteht, den Leichnam angemessen zu bestatten und Einwirkungen Unberechtigter von ihm auszuschließen.

Träger dieses Verfügungsrechts werden i.d.R. die Angehörigen sein, also diejenigen, die zu dem Verstorbenen in besonders nahen familienrechtlichen Beziehungen gestanden haben. Das Verfügungsrecht ist privatrechtlicher Natur und im ordentlichen Rechtsweg verfolgbar.[85] Als Inhaber eines absoluten Familienrechts können die Ange-

---

78 *Zimmermann*, ZEV 1997, 442.
79 *Gaedke*, S. 101.
80 *Kahler*, NVwZ 1983, 662.
81 *Zimmermann*, ZEV 1997, 442.
82 *Gaedke*, S. 106 m. Verw. auf v. Schwerin, S. 658.
83 *Bieler*, JR 1976, 224 ff.
84 *Gaedke*, S. 106.
85 RGZ 108, 211.

hörigen daher die Herausgabe des Leichnams von jedem Dritten verlangen, der ihnen den Leichnam widerrechtlich vorenthält (analog zu § 1632 BGB).[86] Einwendungen hiergegen werden nur beachtlich sein, wenn sie sich auf den deutlich zum Ausdruck gekommenen Willen des Verstorbenen stützen können.[87]

2. Plastination

64 Die Technik der Plastination besteht im Wesentlichen im Austausch von Gewebswasser durch Aceton und den daran sich anschließenden Austausch des Acetons im Vakuum gegen Reaktionskunststoffe. Nach Entnahme der Leiche aus dem Kunststoffbad erfolgt dann die Härtung zum **Plastinat**,[88] es entstehen dreidimensionale Strukturen als kunststoffdurchtränkte und ausgehärtete Präparate unter Erhaltung ihres Oberflächenreliefs. Durch dieses Verfahren bleibt die **menschliche Leiche** dauerhaft erhalten und kann ausgestellt werden. Hierin liegt ein entscheidender Unterschied zur Anatomie. Wird eine Leiche einem anatomischen Institut zur Verfügung gestellt, so muss das Institut für die spätere Bestattung der Leiche sorgen.

Nach **akademischer Sitte** erfolgt am Ende des Semesters in einem ökumenischen Gottesdienst die Aussegnung der Leiche, anschließend wird sie bestattet.[89] Die Bestattungsgesetze der Länder sehen vor, dass Leichen zu bestatten sind. Nach § 13 der Bestattungsverordnung von Baden-Württemberg dürfen Leichen nicht öffentlich ausgestellt werden. Bereits aus diesem Grund sind zu Recht Bedenken gegen die Plastination und Ausstellung von Leichen erhoben worden, weil die Plastinate gerade nicht bestattet werden (was sie sollten), dafür aber ausgestellt werden (was sie nicht sollten).[90] Eingewandt wird hiergegen – nach hiesiger Auffassung nach nicht sehr überzeugend – es handle sich nicht um Leichen, sondern durch Plastination erzeugte „**Ausstellungsstücke**". Tatsächlich sind plastinierte menschliche Körper jedoch als Leichen anzusehen.[91]

Darüber hinaus bewegt sich die **Diskussion** um die Zulässigkeit dieser Ausstellungen i.R.d. Fragen der Reichweite und des Umfanges der Menschenwürde, des Selbstbestimmungsrechtes des Verstorbenen über den Tod hinaus und hin und wieder der Kunstfreiheit. Grundsätzlich kann jeder, so das Bundesverfassungsgericht, selbst bestimmen, wie er sich Dritten oder gegenüber der Öffentlichkeit darstellen will.[92] Dies gilt grundsätzlich zunächst auch für den Fall, dass ein Verstorbener, nach ausführlicher Information, seine Zustimmung zur Plastination und Ausstellung erteilt. Doch auch trotz Zustimmung ist die Achtung der Menschenwürde zu beachten, und hier insbesondere auch die Menschenwürde der Lebenden.

3. Anatomie

65 Wie bereits ausgeführt, ist der Verstorbene berechtigt, zu Lebzeiten darüber zu entscheiden, was mit seiner Leiche geschehen soll. Er kann anordnen, dass sein Leichnam der Anatomie übergeben wird. Hat der Verstorbene diese Anordnungen lediglich

---

86 *Gaedke*, S. 105.
87 KG Berlin, 14.11.1983 – 24U2950/83, n.v.
88 Katalog „Körperwelten", S. 22.
89 *Benda*, NJW 2000, 1769.
90 *Benda*, NJW 2000, 1769 f.
91 OVG Koblenz DÖV 1987, 826.
92 BVerfG NJW 1980, 2070.

mündlich oder formlos erklärt, können die Angehörigen die Ausführung dieser Anordnung ablehnen, wenn dies mit ihrem Pietätsgefühl nicht zu vereinbaren ist.

Doch selbst vertraglich eingegangene Verpflichtungen des Verstorbenen mit einem Institut, seine Leichnam der **Anatomie zur Verfügung** zu stellen, müssen die Angehörigen nicht erfüllen, dies Verpflichtung bleibt für die Angehörigen unverbindlich.[93]

Somit kommt eine Überführung der Leiche in die **Anatomie** nur dann in Betracht, wenn
- der Verstorbene hiermit sein Einverständnis erklärt oder seinen Körper gespendet hat oder
- die Angehörigen ausdrücklich zugestimmt haben oder sich nicht um die Bestattung kümmern oder
- der Verstorbene keine Angehörigen hinterlässt oder diese nicht ermittelt werden können
- und dies dem ausgesprochenen oder mutmaßlichen Willen des Verstorbenen nicht widerspricht.

Ist der Wille des Verstorbenen nicht zu ermitteln, ist die Gemeinde berechtigt, den Leichnam der Anatomie zur Verfügung zu stellen.[94] Die **Kosten** für die Überführung der Leichen und deren Bestattung tragen die Anatomischen Institute. Im Hinblick auf **die Formvorschriften der Schenkung** auf den Todesfall und dem für eine positivrechtliche Anordnung vergleichbaren Fall der Feuerbestattung des § 4 Feuerbestattungsgesetz wird gefordert, dass der Verstorbene in analoger Anwendung seinen Wunsch, seinen Leichnam der Anatomie zur Verfügung zu stellen, nur in der **Form einer letztwilligen Verfügung** treffen kann.[95] Es sollen deshalb die entsprechenden Formvorschriften gelten, so dass insbesondere das Unterschreiben von Vordrucken (Vollmachten oder Verträge), auch wenn diese notariell beglaubigt werden, nicht ausreicht. Erforderlich sei vielmehr stets entweder notarielle Beurkundung oder eben eine eigenhändig handschriftlich verfasste und unterschriebene Erklärung.

E. Eigentliche Beerdigung

I. Allgemeines

Nach den Bestattungsgesetzen der Länder dürfen menschliche Leichen erst nach Eintritt der Todesmerkmale, frühestens nach **Ablauf von 48 Stunden** nach dem Tode bestattet werden. Auf Antrag des Bestattungspflichtigen kann in Ausnahmefällen eine frühere Bestattung genehmigt werden, wenn eine Leichenöffnung stattgefunden hat, offenkundig jede Möglichkeit des **Scheintods ausgeschlossen** ist oder gesundheitliche Gefahren zu befürchten sind. Aus Gründen des Gesundheitsschutzes kann auch die Ordnungsbehörde im Einvernehmen mit dem Gesundheitsamt eine vorzeitige Bestattung anordnen. Spätestens jedoch vor Ablauf von 96 Stunden nach ihrem Tod muss eine menschliche Leiche entweder bestattet, in eine öffentliche Leichenhalle überführt oder auf den Weg gebracht werden. Tage, an denen keine Bestattungen stattfinden, bleiben bei der Berechnung der Bestattungsfrist unberücksichtigt.

---

93 *Gaedke*, S. 108.
94 *Gaedke*, S. 105.
95 *Reimann*, NJW 1973, 2240.

> Nach § 8 (Allgemeines) der Leitfassung des Deutschen Städtetages für eine Friedhofssatzung sind **Bestattungen unverzüglich** nach Beurkundung des Sterbefalls bei der Stadt **anzumelden**. Der Anmeldung sind die erforderlichen Unterlagen beizufügen. Die Stadt setzt Ort und Zeit der Bestattung fest.

II. „Ehrliches Begräbnis"

67 Das „ehrliche Begräbnis" steht jedem Gemeindeeinwohner zu, der Anspruch auf eine Grabstätte hat. Jedem Gemeindeeinwohner ist ein derartiges anständiges und ordnungsgemäßes Begräbnis zu gewährleisten, auch Selbstmördern oder Verbrechern. Der **Anspruch** auf ein **würdiges Begräbnis** wird aus Art. 1 Abs. 1 GG abgeleitet. Das Begräbnis ist mit allen üblichen Ehren und Feierlichkeiten durchzuführen. Jede Maßnahme, jedes Tun oder Unterlassen, das geeignet wäre, das Andenken des Verstorbenen in der Gesellschaft herabzusetzen oder zu entwürdigen, ist zu vermeiden.[96] Es ist eine den jeweiligen Pietätsvorstellungen der Gesellschaft und der herrschenden Kultur angemessene Bestattung zu gewährleisten.[97] Somit ist jede diskriminierende Art der Bestattung untersagt, wie z.B. das Beisetzen von Verbrechern in einem gesonderten Teil des Friedhofs oder direkt neben einer öffentlichen Toilette auf dem Friedhof. Es muss auf „**Sitte, Herkommen und örtliche Kulturanschauung**" Rücksicht genommen werden.

Der Anspruch auf ein „ehrliches Begräbnis" bedeutet nicht, dass auch ein Anspruch darauf besteht, dass die Bestattung genau „in der Reihe" erfolgt. Dazu gehört allerdings eine ordnungsgemäße Lage des Sarges im Grab. Eine Schrägstellung oder ein Absenken in eine mit Wasser gefüllte Gruft entsprechen keinem würdigen Begräbnis. Die zugewiesene Grabstätte darf ihrer Lage, ihres Zustandes und Umgebung nach keinen **„unwürdigen" Eindruck** vermitteln. Es darf aufgrund des äußeren Anblicks der Grabstätte nicht der Eindruck entstehen, dass der Verstorbene nicht für würdig befunden wurde, eine Grabstätte wie die anderen Verstorbenen zu bekommen. Hat die Gemeinde einem Verstorbenen eine angemessene Grabstelle verweigert, so erfordert der Anspruch auf Gewährung des „ehrlichen Begräbnisses" nicht unbedingt eine Umbettung, es genügt vielmehr, wenn der Platz, auf dem der Verstorbene beigesetzt ist, in einen den übrigen Friedhofsteilen entsprechenden würdigen Zustand versetzt wird.[98] Der Anspruch auf ein ordentliches Begräbnis ist im ordentlichen Rechtsweg verfolgbar. Anspruchsberechtigt sind die nächsten Angehörigen bzw. die Totenfürsorgeberechtigten, die über die Bestattung zu bestimmen haben.[99]

III. Kirchliches Begräbnis

68 Die Bestattung erfolgt in den Fällen, in denen der Verstorbene **Mitglied einer Religionsgemeinschaft** war und somit einen Anspruch auf Mitwirkung der Kirche bei der Beisetzung hat, als kirchliches Begräbnis. Auf kommunalen Friedhöfen können alle Religionsgemeinschaften kirchliche Begräbnisfeiern abhalten, auch Bestattungsfeiern von Weltanschauungsgemeinden und Laienreden sind zugelassen. Wünscht der Verstorbene oder seine Angehörigen keine Mitwirkung der Kirche, so erfolgt die Bestattung ohne Mitwirkung der Kirche als „stilles Begräbnis".

---

[96] *Gaedke*, S. 136.
[97] BayVerfGH NVwZ 1997, 481.
[98] RGZ 106, 188.
[99] *Gaedke*, S. 137.

Der Ablauf kirchlicher Bestattungen folgt dem jeweiligen kirchlichen Ritus. Das christliche Begräbnis besteht aus drei Teilen: dem **Gottesdienst**, dem **Trauerzug** und der **Grablegung**. Der Gottesdienst mit Aussegnung (Segenswunsch über Sarg oder Urne) findet entweder im Trauerhaus, in der Kirche oder auf dem Friedhof statt. Der Trauerzug von der Friedhofskapelle zum Grab wird von Glockengeläut begleitet. Die Grablegung ist die Übergabe des Leibes an die Erde. Zu ihr gehört das Einsenken des Sarges bzw. der Urne, Bestattungsformel, Schriftwort, Gebet, Segen und Erdwurf. Musikalische Darbietungen bei der Bestattungsfeier oder am Grab selbst bedürfen regelmäßig besonderer Genehmigung. Laienreden auf kommunalen Friedhöfen bedürfen keiner vorherigen Genehmigung, sie können regelmäßig nicht beschränkt werden.

Die römisch-katholische Kirche verbietet die **Feuerbestattung** nicht, so dass die Teilnahme eines katholischen Geistlichen bei Feuerbestattungsfeiern und Urnenbeisetzungen möglich ist. Auch Sterbesakramente und kirchliche Einsegnung können gewährt, Totenmessen gelesen werden. Die evangelische Kirche stellt es ihren Geistlichen frei, an einer Feuerbestattungsfeier und an der Beisetzung von Aschenresten in Amtstracht mitzuwirken; verpflichtet hierzu sind sie nicht. Auch an einer Bestattungsfeier teilnehmende oder diese durchführende Geistliche haben sich auf ihrem Friedhof verletzender Äußerungen gegen Andersgläubige zu enthalten.

IV. Friedhöfe

Der **Friedhofszweck** besteht nach allg. Anschauung in der Ermöglichung einer angemessenen und geordneten Leichenbestattung und in dem pietätvollen Gedenken der Verstorbenen entsprechenden würdigen Ausgestaltung und Ausstattung des mit der Totenbestattung gewidmeten Grundstücks.[100] Ein Grundstück erhält seine Eigenschaft als Friedhof durch **Widmung**. Dies gilt gleichermaßen für staatliche als auch für kirchliche Friedhöfe. Das Friedhofswesen fällt gleichermaßen in den Verantwortungsbereich von Staat und Kirche. Nach h.M. handelt es sich um einen Bestandteil der sog. res mixtae. Die Kirchen haben somit das Recht – und in religiöser Hinsicht auch die Pflicht – zur Anlage eigener Begräbnisstätten. Friedhöfe von Kirchengemeinden, denen gem. Art. 140 GG i.V.m. Art. 137 Abs. 5 WRV der verfassungsrechtliche garantierte Status einer öffentlich-rechtlichen Körperschaft zukommt, sind öffentliche Sachen im Kirchengebrauch.[101] Es gibt kommunale oder kirchliche Friedhöfe. Friedhöfe sind öffentliche Einrichtungen, ihrem rechtlichen Charakter nach sind sie unselbständige Anstalten des öffentlichen Rechts.[102] Bei den kommunalen Friedhöfen handelt es sich um Gemeindeanstalten, so dass jeder Gemeindeeinwohner ein Recht auf Benutzung nach den von der Gemeinde festgelegten Vorraussetzungen und Bedingungen hat. Das Friedhofsgrundstück ist eine öffentliche Sache, die Friedhöfe stehen im privatrechtlichen Eigentum der Gemeinde. Somit stehen dieser, wenn sie Eigentümer ist, auch die Nutzungen an dem Friedhof zu. Friedhöfe unterliegen grundsätzlich dem **Nachbarrecht**. Weist eine Gemeinde sowohl einen kirchlichen als auch einen kommunalen Friedhof auf, so wird der Kommunalfriedhof trotz Vorhandenseins der alternativen kirchlichen Bestattungsmöglichkeit als zumindest faktischer **Monopolfriedhof** qualifiziert.

Auf **kirchlichen Friedhöfen**, die verpflichtet sind, die Bestattung Andersgläubiger zu gestatten, kann den Geistlichen anderer anerkannter Religionsgemeinschaften die

---
100 RGZ 157, 246.
101 OVG Münster NVwZ 1992, 1214.
102 H.M. RGZ 144, 285; BGH NJW 1956, 548; BVerwG DVBl. 1967, 451.

Amtsausübung ebenfalls nicht untersagt und Glockengeläut nicht verboten werden.[103] Allerdings bedürfen Ansprachen von Laien dagegen i.d.R. einer besonderen Genehmigung durch den zuständigen Pfarrer oder den Kirchenvorstand. Ist nach der Friedhofsordnung das Halten von Laienreden von einer Genehmigung abhängig oder sogar ausdrücklich untersagt, so begeht derjenige Laienredner Hausfriedensbruch, der trotz Aufforderung nicht bereit ist, den Friedhof zu verlassen. Das Halten von Laienreden kann im Einzelfall durch die Polizei zwecks Aufrechterhaltung der öffentlichen Ruhe, Sicherheit und Ordnung untersagt werden.[104] Hat der kirchliche Friedhof jedoch Monopolcharakter, so sollen auch die Weltanschauungsgemeinschaften und Laienredner ohne weiteres tätig werden dürfen, weil ein kirchlicher Friedhof mit Monopolcharakter in jeder Hinsicht einem kommunalen gleichgestellt sein muss.[105] Gibt es jedoch in der Gemeinde auch noch einen kommunalen Friedhof, so können Weltanschauungsgemeinden und Laienrednern auf diesen verwiesen werden.

Ist der kirchliche Friedhof ausschließlich zur Bestattung von Angehörigen der betreffenden Konfession bestimmt, spricht man von einem konfessionellen Friedhof. Dieser Friedhof mit Ausschließlichkeitscharakter ist nur in Gemeinden möglich, in denen noch ein weiterer Friedhof besteht, der allen Gemeindemitgliedern zugänglich ist. Darüber hinaus gibt es aber auch kirchliche Friedhöfe, die auch Angehörigen anderer Bekenntnisse oder Bekenntnislosen offen stehen, sog. **Simultan-Friedhöfe**. In beiden Fällen soll nach h.M. der kirchliche Träger berechtigt sein, die Benutzung (einschließlich Grabgestaltung und Gebühren) durch **Satzung** zu regeln und im Einzelfall durch Verwaltungsakt zu konkretisieren.[106]

Für die Rechtsverhältnisse kirchlicher Friedhöfe ist maßgeblich, ob diese **Monopolcharakter** haben. Ist kein kommunaler Friedhof vorhanden, so entsteht hinsichtlich des kirchlichen Friedhofs in tatsächlicher und rechtlicher Hinsicht ein Benutzungszwang, weil eine andere zumutbare Bestattungsmöglichkeit nicht gegeben ist. Da der kirchliche Friedhof den kommunalen ersetzt, muss die Friedhofsverwaltung dann den Erfordernissen staatlicher Verwaltung entsprechen.[107] Das der Kirchengemeinde zustehende **Recht zum Ausschluss** von der Benutzung des kirchlichen Friedhofs wird in diesem Falle durch die öffentlich-rechtliche Aufgabe und Zweckbestimmung unterbunden, die dem kirchlichen Friedhof im gleichen Maße wie einem kommunalen Friedhof obliegt und die sich aus dem erheblichen öffentlichen Interesse an einem geordneten Bestattungswesen und aus gesundheitspolizeilichen Gesichtspunkten ergibt.

Für Streitigkeiten hinsichtlich der Frage der Anlegung und Ausgestaltung von Grabdenkmalen, der Zulässigkeit erhobener Gebühren und anderer Streitigkeiten aus Anlass der Nutzung ist der Verwaltungsrechtsweg eröffnet.[108] Der Rechtsschutz vor den staatlichen Gerichten wird nur bei Streitigkeiten im religiösen internen Autonomiebereich beschränkt, besteht aber ansonsten bei allen Fragen der Nutzung kirchlicher Friedhöfe. Insbesondere gehören auch **Gebührenstreitigkeiten** zum staatlichen Rechtskreis. Der Streit geht i.d.R. zum Verwaltungsgericht, bei bürgerlich-rechtlicher Benutzungsregelung zum Zivilgericht.[109] Die Erhebung eines Zuschlages zu den Friedhofsgebühren anlässlich der Bestattung Bekenntnisloser auf einem kirchlichen

---

103 *Widmann*, S. 442.
104 *Gaedke*, S. 139.
105 *Widmann*, S. 442.
106 *Widmann*, S. 443.
107 OVG Bremen NVwZ 1995, 804.
108 BVerwG NJW 1990, 2079.
109 OVG Bremen NVwZ 1995, 804.

Friedhof kann gegen Art 3 GG verstoßen,[110] wenn der Friedhof eine Monopolstellung hat. Ist dies jedoch nicht der Fall, so kann dieser **Gebührenzuschlag** unter dem Gesichtspunkt der gerechten Lastenverteilung als auch unter dem Gesichtspunkt einer begrenzten Verhaltenssteuerung gerechtfertigt sein.[111] In diesem Fall ist der kirchliche Träger in der rechtlichen Ausgestaltung freier.

Träger des kirchlichen Friedhofs ist eine Religionsgemeinschaft (Körperschaft des öffentlichen Rechts, Art. 140 GG i.V.m. Art. 137 Abs. 5 WRV). Auch Weltanschauungsgemeinschaften, die Körperschaften des öffentlichen Rechts sind, können eigene Friedhöfe anlegen.

V. Friedhofsgebühren

Der Friedhofsträger erhebt für die Nutzung des Friedhofs und seiner Einrichtungen Gebühren. Die Einzelheiten über Art und Bemessung der Gebühren werden in einer gesonderten **Friedhofsgebührensatzung** festgelegt. Die in der Satzung geregelten Gebühren unterteilen sich in Verwaltungsgebühren (Gebühren für die Genehmigung der Grabstelle, Gebühren für die Genehmigung einer Umbettung) und **Benutzungsgebühren** (Grabnutzungsgebühr, Bestattungsgebühr, Benutzungsgebühr für die Leichenhalle u.a.). Rechtsgrundlage für den Erlass einer Gebührensatzung ist i.d.R. das landesrechtliche Kommunalabgabengesetz. Nach den Kommunalabgabengesetzen (KAG) der Länder müssen in einer entsprechenden Gebührensatzung i.d.R. die Abgabenschuldner, der die Abgabe begründende Tatbestand, Maßstab und Satz der Abgabe sowie der Zeitpunkt der Fälligkeit angegeben sein.

Für die Gebühren gilt sowohl der **Grundsatz der Kostendeckung** als auch der Grundsatz der Abgabengleichheit. Darüber hinaus müssen die Gebühren dem Äquivalenzprinzip entsprechen, die Gebühren dürfen also in keinem Missverhältnis zu der von der öffentlichen Gewalt gebotenen Leistung stehen. Verfügt eine Gemeinde über mehrere Friedhöfe, so können die Gebühren für jeden einzelnen Friedhof in unterschiedlicher Höhe festgesetzt werden. Da sich die Benutzungsgebühr nach der Inanspruchnahme der Einrichtung zu messen hat (Wirklichkeitsmaßstab), verbieten sich grundsätzlich sog. **Auswärtigenzuschläge**.[112] Unzulässig ist ebenfalls eine **soziale Staffelung** bei der Bemessung der Friedhofs- und Bestattungsgebühr. Die Gebühren dürfen also nicht von der Höhe des Einkommens oder der finanziellen Leistungsfähigkeit des Benutzers abhängig gemacht werden. Eine pauschale Forderung von Frostzuschlägen und Gießzuschlägen in Friedhofssatzungen dürfte ebenfalls nicht zulässig sein. Gebühren dieser Art dürfen grundsätzlich nur dann geltend gemacht werden, wenn der tatsächliche Aufwand auch entstanden ist. Die Erhebung von Gebühren bei Verlängerung des Nutzungsrechts an Wahlgräbern ist grundsätzlich zulässig, hier besteht allerdings eine gewisse Informationspflicht des Friedhofsträgers.

---

110 OVG Lüneburg DVBl. 1993, 266.
111 OVG Bremen NVwZ 1995, 804.
112 OVG Münster OVGE 33, 280.

F. Bestattungskosten

I. Kostentragungspflicht

1. Vorrangige Kostentragung der Erben nach § 1968 BGB

71 Das Recht der Totenfürsorge und die Verpflichtung, die Bestattungskosten zu tragen, fallen oft auseinander. Während grundsätzlich bei fehlenden anderweitigen Bestimmungen durch den Verstorbenen die nahen Angehörigen Art und Weise der Bestattung regeln, sind die diesbezüglich entstehenden Kosten gem. § 1968 BGB durch den oder die Erben zu tragen. Die Vorschrift des § 1968 BGB gibt den totenfürsorgeberechtigten Personen einen **schuldrechtliche Anspruch** auf Ersatz der verauslagten Kosten bzw. Befreiung von einer eingegangenen Verbindlichkeit (§ 257 BGB) gegenüber dem Erben. Die Beerdigungskosten sind als **Nachlassverwaltungsschulden Nachlassverbindlichkeiten** i.S.d. § 1967 Abs. 2 BGB.

Haben die Totenfürsorgeberechtigten den Steinmetz mit der Erstellung des Grabsteins beauftragt, diesen aber noch nicht bezahlt, so ist umstritten, ob der Steinmetz einen eigenen Anspruch auf Erstattung der Kosten nach § 1968 BGB hat. Nach einer Auffassung stellt § 1968 BGB eine selbständige Anspruchsgrundlage für die Erstattung von Bestattungskosten dar, die auch Dritten, die nicht totenfürsorgeberechtigt sind, zusteht.[113] Nach anderer Auffassung hat ein Dritter, der nicht totenfürsorgeberechtigt ist, kein Anspruch aus § 1968 BGB gegenüber dem Erben.[114] Anspruchsberechtigte nach § 1968 BGB sind nach richtiger Auffassung lediglich diejenigen, die **bestattungs- bzw. totenfürsorgeberechtigt** sind. Liegt diese Voraussetzung nicht vor, weil z.B. das Altenheim oder Freunde zunächst die Kosten der Bestattung übernommen haben, steht diesen kein Anspruch gem. § 1968 BGB zu, sondern aus **Geschäftsführung ohne Auftrag** gem. § 683, 677 BGB. Darüber hinaus kann natürlich der Steinmetz aus vertraglichen Ansprüchen gegen seinen Auftraggeber vorgehen. Bei einer Erbengemeinschaft richtet sich der Anspruch gegen die einzelnen Miterben als Gesamtschuldner der Bestattungskosten.[115] Hat ein **Miterbe** die Bestattung vorgenommen und die entstandenen Kosten alleine verauslagt, so steht ihm der Anspruch des § 1968 BGB gegen die anderen Miterben zu, reduziert um seinen eigenen Anteil an den Bestattungskosten. Die Erbengemeinschaft ist hierbei ein dem einzelnen Miterben gegenüberstehendes selbständiges Rechtssubjekt. Besteht Vor- und Nacherbfolge, so haftet sowohl der Vorerbe als auch der Nacherbe für die Bestattungskosten. Haben die Erben ausgeschlagen und finden sich keine sonstigen Unterhaltsverpflichteten, so erhalten die in Vorleistung getretenen Dritten keine Erstattung ihrer verauslagten Kosten.

2. Subsidiäre Kostentragung der unterhaltspflichtigen Verwandten und des Ehegatten

72 Die Verpflichtung des Erben, die Bestattungskosten der standesgemäßen Beerdigung zu tragen, geht der Verpflichtung der unterhaltspflichtigen Angehörigen und derjenigen des Ehegatten vor. Ist die Übernahme der Kosten durch die Erben jedoch nicht zu erreichen (z.B. weil die Erben ausgeschlagen haben), so haften subsidiär gegenüber dem Anspruchsberechtigten auf Erstattung der Bestattungskosten:

---

113 *Damrau/Gottwald*, Erbrecht, § 1968 Rn. 5.
114 Palandt/*Edenhofer*, § 1968 Rn. 2.
115 BGH NJW 1962, 791.

- der überlebende Ehegatte (§§ 1360, 1360a Abs. 3; § 1615 Abs. 2 BGB), auch wenn die Parteien getrennt gelebt haben (§ 1361 Abs. 4 i.V.m. §§ 1360a Abs. 3, 1615 Abs. 2 BGB)
- die unterhaltspflichtigen Verwandten (§ 1615 Abs. 2 BGB)
- der nichteheliche Vater bei Tod der Mutter (§ 1615m BGB)

Diese unterhaltspflichtigen Personen sind zur Kostentragung jedoch lediglich im Umfang des §§ 1610, 1611 BGB verpflichtet. Der zu **erstattende Aufwand** ist nach der Lebensstellung des Verstorbenen zu bemessen, wobei Schulden des Erblassers keine Rolle spielen. Es sind somit nur die Kosten einer **standesgemäßen Bestattung** zu bezahlen. Bei **grober Unbilligkeit** der Inanspruchnahme des Unterhaltsverpflichteten gem. § 1611 BGB kann dessen Verpflichtung zur Kostentragung entfallen. Dies kommt insbesondere dann in Betracht, wenn der Verstorbene den Unterhaltspflichtigen tätlich angegriffen oder bedroht hat, ihn beruflich oder wirtschaftlich schwer geschädigt hat. Haben die Unterhaltspflichtigen die Kosten der Bestattung bezahlt, erlangen sie einen Ersatzanspruch gegen die Erben. Ist der Nachlass nicht werthaltig, ändert dies nichts an der Verpflichtung der Unterhaltspflichtigen zur Kostentragung. Konnte der Erbe die **Bestattungskosten** seinerseits nicht aus dem Nachlass begleichen, so kann er sich von ihm aufgewandte Eigenmittel von den unterhaltspflichtigen Personen erstatten lassen. Haben sich die Angehörigen geweigert, Bestattungsmaßnahmen in die Wege zu leiten, so kann die Behörde im Wege der Ersatzvornahme die Bestattung veranlassen und den Angehörigen die Kosten der Ersatzvornahme in Rechnung stellen. Die Angehörigen können allerdings einwenden, die Übernahme der Bestattungskosten sei unbillig oder die Bestattung sei zu aufwendig gewesen.[116] Der Maßstab, den die unterhaltspflichtigen Tatbestände für die **grobe Unbilligkeit** und damit einen Wegfall der Unterhaltspflicht zugrunde legen, ist von den Behörden im Rahmen öffentlicher – rechtlicher Vorschriften, die ebenfalls das Tatbestandsmerkmal der groben Unbilligkeit beinhalten, zu übernehmen.[117]

3. Kostentragung des Unfallverursachers und sonstiger zum Schadensersatz Verpflichteter

Neben den erb- und unterhaltsrechtlichen Vorschriften finden sich weitere Normen, die eine Verpflichtung Dritter zur Übernahme der Bestattungskosten vorsehen. Es handelt sich dabei i.d.R. um Haftungstatbestände, die eine Schadensersatzpflicht des Geschädigten bzw. seiner Erben vorsehen. Zu diesen Schadensersatzansprüchen zählen im Fall der Tötung auch die Kosten der Bestattung. Nach § 844 Abs. 1 BGB ist derjenige, der schuldhaft den Tod eines anderen verursacht hat, zum Schadensersatz verpflichtet. Der Fahrzeughalter ist nach § 10 StVG bereits i.R.d. **Gefährdungshaftung** verpflicht, Bestattungskosten zu ersetzen, ohne dass die Tötung schuldhaft erfolgt sein muss. Haftpflichtgesetz, Luftfahrtverkehrsgesetz und Atomgesetz sehen ebenfalls gesetzliche Kostentragungspflichten vor. **Anspruchsberechtigter** ist in diesen Fällen derjenige, der aufgrund gesetzlicher oder vertraglicher Bestimmung zur Tragung der Bestattungskosten verpflichtet ist. War der Dritte überhaupt nicht zur Tragung der Bestattungskosten verpflichtet, so kommt ein Anspruch gem. §§ 683, 677 BGB in Betracht. Der Anspruch richtet sich auf Kostenerstattung oder Befreiung von einer Verbindlichkeit, es handelt sich um einen selbständigen Anspruch des Dritten. Der Schädiger muss jedoch nur die Kosten einer standesgemäßen Bestattung über-

---

116 OVG Münster FamRZ 1996, 1472.
117 OVG Münster FamRZ 1996, 1472.

nehmen. Der zu erstattende Aufwand bemisst sich auch hier nach der Lebensstellung des Erblassers (§ 1610 BGB). Das **Sterbegeld** der gesetzlichen Krankenversicherung wie auch der Unfallversicherung wird an den Träger der Bestattungskosten ausgezahlt (§ 203 RVO).

4. *Kostentragung durch Sozialhilfeträger*

a) Anspruchsberechtigte

74 Nach § 74 SGB XII (früher: § 15 BSHG) sind die erforderlichen Kosten einer Bestattung vom **Sozialhilfeträger** zu übernehmen, soweit dem hierzu Verpflichteten die Kostentragung nicht zugemutet werden kann. Anspruchsberechtigter nach § 74 SGB XII ist derjenige, der rechtlich zur Tragung der Bestattungskosten verpflichtet ist.[118] Verpflichteter i.S.d. § 74 SGB XII ist aber nur, wer der Kostenlast von vornherein nicht ausweichen kann, weil sie ihn rechtlich notwendig trifft.[119] Verpflichteter ist nach diesem neuen Urteil des BVerwG nicht, wer als Bestattungsberechtigter Kostenverpflichtungen eingeht, sondern nur, wer rechtlich (erbrechtlich, familienrechtlich, landesrechtlich) zur Kostentragung verpflichtet ist. Dies ist zunächst der **Erbe**. Die Vorschrift des § 74 SGB XII stellt ihm einen sozialhilferechtlichen Anspruch eigener Art zur Verfügung, dem auch nicht entgegensteht, dass die Bestattung bereits vor Unterrichtung des Sozialhilfeträgers durchgeführt worden ist und die Kosten vor seiner Entscheidung beglichen worden sind.[120] Neben dem Erben kommt jedoch auch eine Anspruchsberechtigung der nach dem Bestattungsrecht öffentlich-rechtlich zur Vornahme der Bestattung verpflichteten **Angehörigen** in Betracht, wenn diese den Bestattungsauftrag erteilt haben, hieraus nach den §§ 631 ff. BGB dem Bestattungsunternehmer das vereinbarte Entgeld schulden und ihrerseits von keinem anderen zivilrechtlich vorrangig Verpflichteten Ersatz oder Freistellung erlangen können.[121]

Ein **Heimträger**, der aufgrund Heimvertrages zur Bestattung eines Heiminsassen berechtigt ist, den insoweit aber weder eine landesrechtliche Bestattungspflicht noch eine vertragliche Kostenverpflichtung trifft, ist **nicht „Verpflichteter"** i.S.d. **§ 74 SGB XII**.[122] Anders hatte zuvor das OVG Lüneburg entschieden.[123] Danach besteht für den Fall, dass ein Heimbewohner im Heimvertrag vereinbart hat, dass der Heimträger für die Bestattung sorgen soll, wenn Angehörige nicht rechtzeitig erreicht werden können, ein Anspruch gegen den Sozialhilfeträger auf Übernahme der erforderlichen, durch Leistungen anderer nicht gedeckter Kosten besteht. Wer allerdings die Durchführung oder Bestattung lediglich aus dem Gefühl **sittlicher Verpflichtung**, aber ohne Rechtspflicht übernimmt, ist nicht „Verpflichteter" i.S.d. § 74 SGB XII.[124]

Unzumutbar ist die Kostentragung für die Verpflichteten, wenn die Kosten der Bestattung aus dem **Nachlass nicht gedeckt** sind. Dabei sind die persönlichen und wirtschaftlichen Verhältnisse der Verpflichteten zu berücksichtigen. Ist ein, auch erst nachrangiger, Angehöriger sehr wohlhabend, so kann ihm i.d.R. die Übernahme der Kosten zugemutet werden. Ist noch offen, ob der Erbe überhaupt die Erbschaft an-

---

118 BVerwG NJW 1998, 1329 u. BVerwG NVwZ 2001, 297.
119 BVerwG NJW 2003, 78.
120 BGHZ 61, 238.
121 VGH Baden-Württemberg FEVS 42, 380; BVerwG NVwZ 2000, 927.
122 BVerwG NJW 2003, 78.
123 OVG Lüneburg NJW 2000, 3513.
124 BVerwG NJW 2003, 3146.

nimmt, muss der Sozialhilfeträger ggf. in **Vorleistung** treten. Verpflichtet zur Kostenübernahme ist gem. § 98 Abs. 3 SGB XII der örtliche Sozialhilfeträger, der bis zum Tod des Verstorbenen diesem Sozialhilfe gewährte. Hat der Verstorbene zu Lebzeiten keine Sozialhilfe erhalten, steht dies dem Anspruch gem. § 74 SGB XII nicht entgegen. Auch in diesem Fall ist der örtliche Sozialhilfeträger (kreisfreie Städte und Landkreise) zur Kostenübernahme verpflichtet, in dessen Bereich der Ort der Bestattung (Erd- oder Feuerbestattung) liegt.

Die Verpflichtung zur Kostenübernahme bedeutet nicht, dass nunmehr der Sozialhilfeträger die Bestattung auszurichten hat. Dies bleibt Aufgabe und Verpflichtung der Totenfürsorgeberechtigten.

b) Umfang der Kostenerstattung

Der Sozialhilfeträger ist zur Erstattung der „**erforderlichen**" **Kosten** verpflichtet. Dieser Begriff ist enger als die „Kosten einer Bestattung", die der Erbe gem. § 1968 BGB zu tragen hat. Eine Kostenübernahme erfolgt nur insoweit, als der Nachlass oder Versicherungsleistungen für die erforderlichen Bestattungskosten nicht ausreichen. **Bemessungsgrundlage** für die erforderlichen Kosten ist eine der Würde des Toten entsprechende Bestattung, also ein ortsübliches und angemessenes Begräbnis.[125] Zu den erforderlichen, zu übernehmenden Kosten zählen die Kosten der Beschaffung des Grabplatzes, ein einfaches Grabkreuz, Urne, Benutzung der Leichenhalle, Sarg, Grabeinfassung, die Gebühren für das Grabgeläute und das Orgelspiel bei der Trauerfeier und wohl auch die Kosten für einen Grabstein (str.), sowie eine einfache Erstbepflanzung des Grabes.[126] Darüber hinaus sind zu ersetzen die Aufwendungen für die Leichenschau, die Leichenbeförderung und die Leichengebühren sowie die Kosten der Verständigung der Angehörigen. Zu den nicht zu übernehmenden Kosten gehören nach einem Urteil des Bundesverwaltungsgerichts auch die Kosten für die **Mitwirkung eines Geistlichen**.[127] Grundsätzlich sind die Kosten religiöser Bestattungsfeiern allerdings von den betreffenden Religionsgemeinschaften zu tragen. Nicht zu den von den Sozialhilfeträgern zu übernehmenden erforderlichen Kosten gehören Aufwendungen für die Grabpflege, die Trauerkleidung, Reisekosten der Angehörigen zum Bestattungsort sowie Überführungskosten an einen anderen Ort und die Kosten für Leichenschmaus sowie die Exhumierung.[128]

Der Sozialhilfeträger hat die Kosten für eine **Erdbestattung** auch dann zu übernehmen, wenn diese teurer sind als diejenigen einer Feuerbestattung. Umgekehrt ist er jedoch nicht verpflichtet, Kosten einer Feuerbestattung zu übernehmen, wenn diese höher waren als die Kosten einer Erdbestattung. Der Erstattungsanspruch darf nicht auf die Höhe einer billigeren Feuerbestattung gekürzt werden, wenn der Verstorbene sich für eine Erdbestattung ausgesprochen hat oder aber sein Wille nicht nachweisbar ist und die bestattungspflichtigen Angehörigen sich für die Erdbestattung entschieden haben.[129]

Umstritten ist, ob der Sozialhilfeträger die Kosten übernehmen muss, die entstehen, wenn ein im Inland Verstorbener im **Ausland** bestattet werden soll. Dies ist zumindest dann abzulehnen, wenn eine Bestattung nach dem religiösen Brauchtum auch in

---

125 VGH Mannheim NVwZ 1992, 83.
126 *Gaedke*, S. 116; OLG Düsseldorf NJW-RR 1995, 1161.
127 BverwG DVBl 1960, 246.
128 *Gaedke*, S. 116.
129 *Gaedke*, S. 116 m.w.N.

Deutschland durchgeführt werden kann und die Bestattung im Ausland hierzu in einem unverhältnismäßigen Aufwand steht.[130]

Grundsätzlich gehören die **aufgewandten Sozialhilfeleistungen** zu den **Nachlassverbindlichkeiten**. Die Erben sind gem. § 1967 BGB zum Ersatz verpflichtet, jedoch ist die Haftung der Erben auf den Nachlass beschränkt. Erben, die mit dem Unterstützten bis zu seinem Tode nicht nur vorübergehend in häuslicher Gemeinschaft gelebt oder ihn ohne rechtliche Verpflichtung oder ohne Gegenleistung unterstützt haben, können den Ersatz verweigern, falls die Geltendmachung ihnen gegenüber eine besondere Härte bedeuten würde. Das gleiche Recht steht unterhaltsberechtigten Angehörigen als Erben zu, solange sie nicht nur vorübergehend in öffentlicher Sozialhilfe stehen.

5. Ersatzvornahmen durch die Ordnungsbehörde

76 Wird eine Bestattung im Wege der Ersatzvornahme durch die Ordnungsbehörde veranlasst, so ist zu beachten, dass dem Ersatzpflichtigen nur die Kosten für einen „**notwendigen Mindestaufwand**", die unter den „erforderlichen Kosten" i.S.d. § 74 SGB XII und auch unter dem Aufwand für eine Beerdigung, die der Erbe gem. § 1968 BGB zu tragen hat, liegen, in Rechnung gestellt werden dürfen. Dieser notwendige Mindestaufwand umfasst die Kosten für ein einfaches Begräbnis ohne religiöse Beerdigungsfeierlichkeiten. Hierzu gehören deshalb z.B. nicht Friedhofsgebühren für die Kapellenbenutzung, Kosten für Blumen, für ein Grabkreuz mit Schrift, aufwendige Sargausstattung und ähnliches.

Nach der Rspr. des OVG Münster muss sich die Behörde bei der Ersatz-vornahme für eine Feuerbestattung entscheiden, wenn diese günstiger ist als eine Erdbestattung und eine anders lautende Willenserklärung des Verstorbenen oder der Angehörigen nicht vorliegt.[131] Der VGH Baden-Württemberg[132] hingegen verneint eine Verpflichtung der Behörde, die Feuerbestattung zu wählen, wenn diese kostengünstiger als eine Erdbestattung sei. Vielmehr steht der Behörde bei einer Ersatzvornahme bei der Wahl der Bestattungsart grundsätzlich ein **Auswahlermessen** zu. Dieses Auswahlermessen übt die Behörde nach der hier vertretenen Auffassung falsch aus, wenn Anhaltspunkte dafür vorliegen, dass der Verstorbene eine Feuerbestattung nicht gewünscht hat bzw. eine Erdbestattung wollte. In diesem Fall darf keine Feuerbestattung erfolgen. So sieht denn auch z.B. § 17 Abs. 3 Satz 4 Bestattungsverordnung Bayern vor, dass die Gemeinde bei einer Ersatzvornahme die Bestattungsart dann bestimmt, wenn weder der Wille des Verstorbenen noch des Personenvorsorgeberechtigten, des Betreuers und auch nicht des Angehörigen nachweisbar ist.

Die **Gemeinde** kann vom Sozialhilfeträger nicht nach § 74 SGB XII Ersatz fordern, wenn sie im Wege der Ersatzvornahme die Bestattung vorgenommen hat.[133] Gleiches gilt, falls der **Fiskus Erbe** geworden ist. Die zivilrechtlichen Bestimmungen über die Pflicht, die Kosten der Bestattung zu tragen, hindern die Ordnungsbehörde nicht daran, von dem Bestattungspflichtigen, der seiner Bestattungspflicht nicht nachgekommen ist, den Ersatz von Aufwendungen zu verlangen, die ihr durch die Ersatzvornahme entstanden sind, und zwar unbeschadet eines etwaigen Erstattungsanspruchs des

---

130 OVG Hamburg NJW 1992, 3118; grundsätzlich ablehnend OVG Münster NJW 1991, 2232.
131 OVG Münster NVBl 98, 347.
132 VGH Baden-Württemberg NVwZ 2002, 995.
133 VG Würzburg NVwZ 1992, 88.

Bestattungspflichtigen gegenüber den zivilrechtlich zur Kostentragung Verpflichteten.[134]

6. Bildung von Schonvermögen

Für die Bestattungsvorsorge kann ein Schonvermögen gebildet werden. Mittel für die **Grabpflege** sind zwar nicht in der Aufzählung verschonter Vermögensgegenstände in § 90 SGB XII aufgeführt. Ihre Verschonung ist aber unter den Voraussetzungen des § 90 SGB XII möglich. Entsprechend ist der Wunsch vieler Menschen, für die Zeit nach ihrem Tod vorzusorgen, dahin zu respektieren, dass ihnen die Mittel erhalten bleiben, die sie für eine angemessene Bestattung und eine angemessene Grabpflege zurückgelegt haben. Es ist deshalb gerechtfertigt, eine angemessene finanzielle Vorsorge für den Todesfall nach § 88 Abs. 3 Satz 1 BSHG zu verschonen.[135]

II. Kosten der standesgemäßen Beerdigung

Die **Kosten** einer **standesgemäßen Beerdigung** gehen über das unbedingt notwendige hinaus und umfassen alles, was nach den in den Kreisen des Erblassers herrschenden Auffassungen und Gebräuchen zu einer würdigen und angemessenen Bestattung zählt.[136] Der Erbe ist jedoch nicht verpflichtet, schlichtweg alles zu bezahlen, was die Angehörigen für die Bestattung aufgewandt haben. Entscheidend kommt es für die Angemessenheit auf die Lebensstellung des Erblassers an, nicht jedoch auf die Lebensstellung der Hinterbliebenen.[137] Das bedeutet, dass über das zur Bestattung schlechthin Notwendige hinaus auch zu berücksichtigen ist, was zu einer den Verhältnissen entsprechenden angemessen und würdigen Ausgestaltung der Bestattung gehört.[138] In erster Linie ist natürlich der ausdrückliche oder mutmaßliche Wille des Verstorbenen zu berücksichtigen. Daneben sind nicht nur die besonderen Umstände des einzelnen Falles, insbesondere die Einkommens- und Vermögensverhältnisse des Verstorbenen, sondern auch die Lebensstellung der gesamten Familie sowie die wirtschaftliche Lage der zur Tragung der Kosten verpflichteten Erben, und örtliche Bräuche und Sitten von bedeutsamer Rolle.[139] So entspricht es einem verbreiteten Brauch, die Grabstätte mit Grabstein, Grabeinfassung und Grabvase auszustatten.[140] Dass der **Nachlass** des Verstorbenen möglicherweise zur vollständigen Bezahlung der Rechnung **nicht ausreicht**, also die gesamten Nachlassverbindlichkeiten nicht deckt, steht der Annahme einer standesgemäßen Bestattung also nicht entgegen. Auch in soweit entspricht es einer weit verbreiteten Übung, dass ggf. über den Nachlass hinaus weitere Aufwendungen für eine standesgemäße Beerdigung getätigt werden.[141] So können die bei der Beerdigung eines LKW-Fahrers dadurch bedingten Aufwendungen i.H.v. DM 8.175,00 (jetzt € 4.000,00) den Kosten einer standesgemäßen Beerdigung des Erblassers entsprechen. Dies ergibt sich aus dem sozialen Status des Verstorbenen, der als Lkw-Fahrer tätig war und der schuldenfrei lebte. Die Feuerbestattung ist als standesgemäße Bestattung anzusehen. Dies auch dann, wenn die Kosten höher sind, als die der Erdbestattung.

---

134 OVG Lüneburg NJW 2003, 1268.
135 OVG Münster NVwZ-RR 2004, 360.
136 BGH NJW 1973, 2103.
137 OLG Düsseldorf NJW-RR 1995, 1161.
138 BGH NJW 1960, 910; OLG Düsseldorf MDR 1961, 940; OLG Düsseldorf NJW RR 1995, 1161.
139 *Gaedke*, S. 113.
140 OLG Düsseldorf ZEV 1994, 372.
141 OLG Düsseldorf NJW-RR 1995, 1161.

Zu den standesgemäßen Bestattungskosten gehören, je nach den Umständen:

– die Kosten der **Vorbereitung und Durchführung** der Beerdigung;
– die Kosten der üblichen **Todesanzeigen** und der sog. **Danksagungen**;
– die Kosten für die **Sterbeurkunde**, Leichenpass, Polizeigebühr für Feuerbestattung
– die Gebühren für die **Leichenschau** und die **Leichenbesorgung**, die Kosten des **Sarges/Urne** sowie die Kosten für **Transport/Überführung** zum Friedhof;
– die Kosten für die landesüblichen, bürgerlichen und kirchlichen **Leichenfeierlichkeiten** einschließlich etwa erhobener Gebühren für die **Mitwirkung des Geistlichen**, u.U. einschließlich einer der Landessitte entsprechenden **Trauermahlzeit**;
– die Kosten für die **Anschaffung und Herrichtung der Grabstätte** einschließlich der ersten Bepflanzung;
– die Kosten für die Beschaffung und Errichtung eines **Grabdenkmals** i.R.d. Angemessenen, wobei die Leistungsfähigkeit des Nachlasses und der Erben zu berücksichtigen ist;[142]
– u.U. die Kosten für eine **Exhumierung, Überführung und endgültigen Bestattung**, wobei die Frage, ob eine Übernahme der hierfür entstandenen Kosten zumutbar ist, nach dem Gewicht der Gründe zu beurteilen sein wird, aus dem die Überführung erfolgen soll;
– aus Anlass der im Trauerfall aufgewandten **Reisekosten** und durch die Teilnahme an der Bestattung entstandener **Verdienstausfall der Bestattungspflichtigen**,[143] d.h. derjenigen, die öffentlich rechtlich zur Bestattung verpflichtet sind.

Nicht erstattungsfähig sind

– Die Kosten der **späteren Unterhaltung und Pflege der Grabstätte** gehören **nicht** mehr zu den Kosten nach § 1968 BGB. Zur Aufwendung dieser Kosten ist der Erbe nicht mehr verpflichtet, da es sich insoweit um eine sittliche Verpflichtung derjenigen handelt, die dem Erblasser am nächsten gestanden haben, aber nicht mehr um eine Rechtspflicht des Erben als solchen.[144] Die Kosten sind allerdings dann Nachlassverbindlichkeit, wenn der Erblasser noch zu Lebzeiten eine entsprechende Verpflichtung eingegangen ist (z.B. durch Abschluss eines Grabpflegevertrages) und der Erbe diesen nunmehr zu erfüllen hat.
– Die **Mehrkosten für ein Doppelgrab.** Zu dieser Frage nahm das OLG Düsseldorf Stellung. Danach sind die Aufwendungen für eine angemessene Beerdigung derartige Aufwendungen, die nach den Gebräuchen in den Kreisen des Verstorbenen und nach dem Herkommen für dessen Beisetzung gemacht werden. Dazu gehören die Kosten für Grab und Grabdenkmal, sowie sie der Lebensstellung und dem Einkommen des Verstorbenen und der wirtschaftlichen Lage derjenigen entsprechen, die die Beerdigungskosten zu tragen haben. Dabei kann es aber immer nur um die Aufwendungen für die Beisetzung des Verstorbenen gehen. Aufwendungen, die aus Anlass der Beerdigung des Verstorbenen als Vorsorge für den Tod anderer Personen gemacht werden, können auch dann nicht Ersatz verlangt

---

142 OLG Düsseldorf MDR 1961, 940; OLG München NJW 1968, 252; OLG München NJW 1974, 703; nach OLG Düsseldorf NJW-RR 1995, 1161 auch Aufwendungen, die durch den Nachlass nicht gedeckt sein können.
143 OLG Karlsruhe MDR 1970, 48; a.A. OLG München NJW 1974 703; *Berger*, S. 41 lehnt Erstattung von Verdienstausfall generell ab, da er nur in lockerem Zusammenhang mit der Bestattung stehe.
144 OLG Hamm VersR 1950 105 (BGH NJW 1973, 2103; OLG München NJW 1974, 703).

werden, wenn sie üblich und angemessen sind und zwar unabhängig davon, ob es sich um einen Schadensersatz- oder Erstattungsersatz handelt.[145] Der Erstattungsanspruch muss seinem Umfang nach darauf beschränkt sein, was durch die Beisetzung des Verstorbenen allein an notwendigen Aufwendungen entsteht.[146]

- Ebenfalls nicht erstattungsfähig sind die **Reisekosten und** der **Verdienstausfall** naher Angehöriger, die nicht nach öffentlichem Recht zur Bestattung verpflichtet sind.[147]
- die Kosten für **Trauerkleidung**;[148] hier steht die Möglichkeit, schwarze Kleidung auch im Alltag tragen zu können, einer Erstattungspflicht i.d.R. entgegen.
- Die **Anwaltskosten,** die im Zusammenhang mit der Inanspruchnahme durch den von einer Angehörigen beauftragten Steinmetz entstanden sind.[149] Gleiches gilt für den Ersatz fiktiver Anwaltskosten. Im konkreten Fall hatte eine der totenfürsorgeberechtigten Angehörigen den Steinmetz im eigenen Namen alleine beauftragt. Nachdem die anderen totenfürsorgeberechtigten Angehörigen nicht bereit waren, die der Auftraggeberin in Rechnung gestellten Kosten auszugleichen, zahlte diese die Rechnung des Steinmetzes nicht und wurde verklagt. In diesem Fall hätte die beauftragende Totenfürsorgeberechtigte unter dem Gesichtspunkt der Schadensminderungspflicht diese Kosten im Zeitpunkt ihrer Fälligkeit selbst zahlen müssen. Sofern dazu ihre eigenen Mittel nicht ausreichen, wäre sie berechtigt und verpflichtet gewesen, diesen Betrag zu finanzieren. In beiden Fällen hätte sie dann von den anderen Totenfürsorgeberechtigten als Ersatz entweder die entgangenen oder berechneten Zinsen verlangen können.

III. Sterbegeld

Mit dem Gesetz zur Modernisierung der gesetzlichen Krankenversicherung[150] wurde die bisherige Sterbegeldleistung ersatzlos aufgehoben. Umstritten ist, ob für **Sterbefälle des Jahres 2004** noch Sterbegeld beantragt werden kann. Das Sterbegeld betrug nach der alten Fassung des SGB V € 525,00 für verstorbene Mitglieder der Krankenversicherung, für ihre Angehörigen noch € 262,50. Voraussetzung für die Zahlung von Sterbegeld durch die Krankenkasse war und ist dabei, dass der oder die Verstorbene am 1.1.1989 bereits Mitglied der gesetzlichen Krankenversicherung war und damit der sog. „Besitzstandsregelung" unterfiel. Anspruchsberechtigt gegenüber der Krankenkasse war derjenige, der die Bestattungskosten getragen hat.

Das GKV-Modernisierungsgesetz befasst sich im Wesentlichen an zwei Stellen mit dem Sterbegeld. Zum einen wird in der Aufzählung der zu beanspruchenden Leistungen in § 11 SGBV der Satz 2 gestrichen. Zum anderen bekamen die §§ 58 und 59 SGBV, die sich bis dato mit dem Sterbegeld befassten, einen neuen Inhalt. Hier werden Regelungen bzgl. des Zahnersatzes getroffen, die erst zum 1.1.2005 In-Kraft-treten. Es wird deshalb die Auffassung vertreten, das die §§ 58 und 59 SGBV in ihrer bisherigen Form weiterhin Gültigkeit hatten und zwar bis zum In-Kraft-treten der neuen Regelung dieser Paragrafen am 1.1.2005.

---

145 OLG Düsseldorf MDR 1973, 67.
146 BGHZ 61, 238; OLG Düsseldorf MDR 1973, 67.
147 BGH NJW 1960, 910.
148 *Damrau/Gottwald*, Erbrecht, § 1968 Rn. 11 m.w.N.
149 OLG Düsseldorf ZEV 1994, 372.
150 BGBl. 2003, S. 2190 ff.

> **Praxishinweis:**
> Grundsätzlich wird daher bzgl. der Sterbefälle des Jahres 2004 geraten, den Antrag auf Sterbegeld in jedem Fall zu stellen und für den Fall, dass der Sterbefall im Jahr 2004 erfolgt sein sollte und eine Ablehnung der Kostenübernahme erfolgt, Widerspruch einzulegen.[151]

G. Grabstätte

I. Bestattungsanspruch

80 Dem Benutzungszwang steht der subjektiv-öffentlich-rechtliche Anspruch der Gemeindebewohner auf Benutzung der öffentlichen Gemeindeeinrichtungen gegenüber. Jeder Gemeindeeinwohner hat somit einen **öffentlich-rechtlichen Anspruch**, auf dem Gemeindefriedhof bestattet zu werden. Hat die Gemeindesatzung Wahlgrabstellen eingeräumt, besteht auch hierauf ein Rechtsanspruch, sonst nicht. Dieser Bestattungsanspruch umfasst das Recht auf Gewährung einer **Grabstelle** (und damit verbunden Bestattung einer Leiche) unter für alle gleichen Voraussetzungen und Bedingungen, Benutzung aller üblicherweise für eine Bestattung benötigten Einrichtungen und das Recht der Angehörigen, die Grabstelle zu schmücken und zu pflegen.[152] Der Bestattungsanspruch besteht grundsätzlich nur für die jeweiligen Gemeindemitglieder. Häufig wird jedoch der Verstorbene zuletzt in einem Pflegeheim gelebt haben. Da nicht jede Gemeinde über ein Pflegeheim verfügt, kann mit dem Umzug in ein Pflegeheim ein **Wegzug** aus der Gemeinde verbunden sein. In diesem Fall handelt die Gemeinde ermessensfehlerhaft, wenn sie einer langjährigen Gemeindeeinwohnerin, die vor ihrem Tode **aus pflegerischer Notwendigkeit** in eine andere Gemeinde umgezogen war, die Bestattung auf dem Gemeindefriedhof unter Hinweis auf die Ummeldung verweigert.[153]

Der Bestattungsanspruch ist auf Zuweisung eines **Reihengrabes** gerichtet. Meist wird bereits beim Erwerb festgelegt, wer bestattet werden soll. Der Erwerber der Grabstelle wird jedoch nicht Eigentümer der Grabstelle. Die Grabstellen bleiben im Eigentum des Grundstückseigentümers (Friedhofsträger). Die weiteren Rechte an der Grabstelle bemessen sich nach der Friedhofsordnung. Der Bestattungsanspruch umfasst jedoch nicht das Recht, an einer bestimmten Stelle des Friedhofs bestattet oder umgebettet zu werden. Die **Zuweisung** der einzelnen Grabstätte liegt im Ermessen der Friedhofsverwaltung und kann daher nur im Hinblick auf die Ausübung des pflichtgemäßen Ermessens hin überprüft werden. Lagen der Entscheidung allerdings sachfremde Erwägungen zugrunde, so kann die Entscheidung vor dem Verwaltungsgericht angefochten werden.

---

151 Mit Urt. v. 15.12.2004 hat das SozialG Dresden zur Frage Stellung genommen, ob ein Anspruch auf Sterbegeld für das Jahr 2004 noch besteht und ein Urt. des SozialG Chemnitz bestätigt. Wie bereits das SozialG Chemnitz vertritt auch das SozialG Dresden die Auffassung, dass ein Anspruch auf Sterbegeld bereits ab dem 1.1.2004 nicht mehr besteht. SozialG Dresden, Urt. v. 15.12.2004, S 25 KR 1229/04, SozialG Chemnitz, Urt. v. 24.11.2004, S 13 KR 684/04 n.v.
152 *Gaedke*, S. 150.
153 OVG Koblenz FK (7) 2000, 14.

> **Praxishinweis:**
> Nach § 15 (Wahlgrabstätten) der Leitfassung des Deutschen Städtetages für eine Friedhofssatzung besteht **kein Anspruch auf Verleihung oder Wiedererwerb** von Nutzungsrechten an einer der Lage nach bestimmten Grabstätte, an Wahlgrabstätten, an Urnenwahlgrabstätten, an Ehrengrabstätten oder auf Unveränderlichkeit der Umgebung.

Der Bestattungsanspruch wird weder durch das Vorhandensein kirchlicher Friedhöfe am gleichen Ort beeinträchtigt, noch kann er durch die Friedhofsordnung eingeschränkt oder entzogen werden.[154] Gibt es in der Gemeinde **mehrere kommunale Friedhöfe**, so besteht kein Anspruch auf Bestattung auf einem bestimmten Friedhof. Die Gemeinde kann durch Satzung die Benutzung bestimmter Friedhöfe für bestimmte Ortsteile regeln (Bestattungsbezirke) oder Wahlgräber nur auf bestimmten Friedhöfen zulassen.[155] Da Erd- und Feuerbestattung gleichgestellt sind, umfasst der Bestattungsanspruch auch das Recht auf Beisetzung von Aschenresten. Im Hinblick auf die konfessionelle Neutralität der Bundesrepublik Deutschland wird in der Lit. vertreten, dass Gemeinden, sofern sich die entsprechenden Bedürfnisse ergeben, besondere **Grabfelder für Moslems** anlegen müssen.[156] Durch diese soll gewährleistet sein, dass Moslems nicht unter Nichtmoslems bestattet werden und die Grabstätten in Richtung Mekka ausgerichtet sind.

II. Grabstätte und Arten von Gräbern

Die Grabstätte ist ein für Bestattungen oder Beisetzungen vorgesehener, genau bestimmter Teil des Friedhofsgrundstückes mit dem darunter liegenden **Erdreich**. Die Grabstätte kann ein oder mehrere Gräber umfassen. Das Grab wiederum ist der Teil der Grabstätte, der der Aufnahme einer menschlichen Leiche oder der Totenasche dient. Bei der Anlage von Grabstätten ist zu beachten, dass durch eine hinreichende Tiefe gewährleistet sein muss, dass nach der Zuschüttung des Grabes die Zersetzungsprodukte nicht an die Oberfläche treten können. Die Grabtiefe soll grundsätzlich 180 cm, bei Leichen von Kindern unter fünf Jahren 150 cm betragen.

> **Praxishinweis:**
> Nach § 10 (Ausheben der Gräber) der Leitfassung des Deutschen Städtetages für eine Friedhofssatzung soll die Tiefe der einzelnen Gräber an der Erdoberfläche (ohne Hügel) bis zur Oberkante des Sarges mindestens 0,90 Meter, bis zur Oberkante der Urne mindestens 0,5 Meter betragen. Die Gräber für Erdbeisetzungen müssen voneinander durch mindestens 0,30 Meter starke Erdwände getrennt sein. Eine zusätzliche Aufhügelung ist nicht geeignet, die mangelnde Tiefe einer Grabstätte auszugleichen.

Bei sog. **Tiefbestattungen bzw. Doppelbelegungen** sind die genannten Bestimmungen sinngemäß anzuwenden. Grundsätzlich muss die Anlage der Grabstätten so erfolgen, dass durch sie keine Schäden oder Nachteile für die menschliche Gesundheit oder für das menschliche Wohlbefinden entstehen können. Insbesondere muss verhindert werden, dass es zu Geruchsbelästigungen kommt und dass Zersetzungsprodukte und Krankheitserreger durch Versickerung in den Untergrund oder auf sonstige Weise zu

---

154 *Gaedke*, S. 150.
155 *Gaedke*, S. 151.
156 *Gaedke*, S. 154.

einer Verunreinigung des Grundwassers oder eines oberirdischen Gewässers führen können. Als Mindestfläche der einzelnen Gräber wird bei Erwachsenen eine Fläche von 210 x 90 cm empfohlen und bei Kindern unter fünf Jahren 120 x 60 cm. Wegen der unterschiedlichen Grabtiefen sollen Grabfelder für Kinder bis zu fünf Jahren getrennt von den Grabfeldern für Erwachsene angelegt werden.

> **Praxishinweis:**
> Nach § 13 (Allgemeines) der Leitfassung des Deutschen Städtetages für eine Friedhofssatzung werden die Grabstätten unterschieden in:
> - Reihengrabstätten,
> - Wahlgrabstätten,
> - Urnenreihengrabstätten,
> - Urnenwahlgrabstätten,
> - Anonyme Urnenreihengrabstätten,
> - Ehrengrabstätten.

1. Reihen- (Einzel-) Grab

82 Die Benutzung des Friedhofs erfolgt als Regelfall in Form der Bestattung in einem Reihengrab (Einzelgrab). Reihengräber (Bsp.: Reihe 20 Grab 4) werden zeitlich und räumlich „der Reihe nach" für die Dauer der Ruhezeit nach allg. Grundsätzen zur Verfügung gestellt. In ihnen wird grundsätzlich nur ein Verstorbener bestattet. Das Nutzungsrecht an ihnen kann erst anlässlich des Todesfalles durch die Angehörigen oder sonstige Bestattungspflichtige erworben werden. Das Nutzungsrecht am Reihengrab erlischt nach Ablauf der Ruhezeit. Eine **Verlängerung** des **Nutzungsrechtes** ist grundsätzlich nicht zulässig, da dies die Gestaltung und Neubelegung der Reihengrabfelder erschwert. Für die Maße der Gräber sowie die Abstände zwischen den einzelnen Gräbern und den Grabreihen sind ebenfalls die Vorschriften der Friedhofsordnung maßgeblich, da gesetzliche Vorgaben in den Bestattungsgesetzen weitgehend fehlen. Die Tiefe der Gräber richtet sich nach den jeweiligen Boden- und Grundwasserverhältnissen.

> **Praxishinweis:**
> Nach § 14 (Reihengrabstätten) der Leitfassung des Deutschen Städtetages für eine Friedhofssatzung darf in jeder Reihengrabstätte nur eine Leiche beigesetzt werden. Ausnahmen können bei gleichzeitig verstorbenen Familienangehörigen zugelassen werden. Das Abräumen von Reihengrabfeldern oder Teilen von ihnen nach Ablauf der Ruhezeit wird einige Monate vorher öffentlich und durch ein Hinweisschild auf dem betreffenden Grabfeld bekannt gemacht.

2. Wahl- (Sonder-) Grab

83 Die Überlassung eines Wahl- (Sonder-) Grabes begründet ein über das normale Nutzungsrecht hinausgehendes **Sondernutzungsrecht**.[157] Es liegt allerdings im Ermessen des Friedhofsträgers, ob er zur Erfüllung des Friedhofszweckes nur Reihengräber oder auch Wahlgräber zur Verfügung stellt.[158] Im Gegensatz zu dem Reihengrab kann

---

157 BVerwG DBVl 1960, 722.
158 HessVGH ESVGH 28, 79.

der Erwerber das Sondergrab aus den hierfür vorgesehenen und noch verfügbaren Grabplätzen selbst auswählen und nach **Lage und Größe** mitbestimmen. Sondergrabstellen unterscheiden sich oft durch Größe und besondere Lage von Reihengrabstellen. Sie bieten darüber hinaus auch die Möglichkeit zur Errichtung größerer Grabdenkmäler. Der Berechtigte erhält ein subjektiv-öffentliches Recht auf ausschließliche Benutzung der ausgewählten Grabstelle durch sich und seine Angehörigen bzw. Rechtsnachfolger.[159] Die Überlassung eines Sondergrabes hat aber ebenso wenig einen Eigentumsübergang zur Folge wie die Zuweisung eines Reihengrabes.

Sondergräber dienen überwiegend der Aufnahme der Verstorbenen einer Familie oder eines durch Verwandtschaft verbundenen Personenkreises und werden für eine **längere Benutzungsdauer** für 40 bis 60 Jahre zur Verfügung gestellt. Der Personenkreis, der auf einer Sondergrabstätte bestattet werden kann, kann in der Friedhofsordnung festgelegt werden. Die Entscheidung im Einzelfall bleibt dem Nutzungsberechtigten vorbehalten.[160] Der Wesenskern des Sondergrabes besteht in der längeren Nutzungsdauer.[161] Dieser Wesenskern darf nicht beeinträchtigt werden. Die Nutzungsdauer darf nicht auf die Dauer der Ruhezeit von Reihengräbern beschränkt werden, sondern muss wesentlich länger bemessen werden.[162]

Die Zulassung von Wahl- (Sonder-) Gräbern an sich wie auch die Entscheidung, unter welchen Bedingungen ihre Vergabe erfolgen soll, ist Sache des Anstaltsträgers. Er hat nach Maßgabe des Leistungsvermögens der Anstalt und nach pflichtgemäßem Abwägen aller Umstände darüber zu entscheiden, ob er Wahl- (Sonder-) Grabstellen zur Verfügung stellen will.[163] Eine Rechtspflicht, **Wahlgräber** bereit zu halten, besteht nicht.

> **Praxishinweis:**
> Nach § 15 (Wahlgrabstätten) der Leitfassung des Deutschen Städtetages für eine Friedhofssatzung werden Wahlgrabstätten unterschieden nach **ein- und mehrstelligen Grabstätten** als **Einfach- oder Tiefgräber**. In einem **Tiefgrab** sind bei gleichzeitig laufenden Ruhezeiten mindestens zwei Beisetzungen übereinander zulässig. Eine Beisetzung darf nur stattfinden, wenn die Ruhezeit die Nutzungszeit nicht übersteigt oder ein Nutzungsrecht mindestens für die Zeit bis zum Ablauf der Ruhezeit wieder erworben worden ist.

Inzwischen ist es wohl allg. üblich, Sondergrabstätten erst anlässlich eines Todesfalls oder unter Lebenden nur an Personen eines bestimmten Alters (z.B. 65 Jahre) zu überlassen. Die Einführung einer **Altersgrenze** für den Erwerb von Wahlgräbern verfolgt das Ziel, eine Vorratshaltung hinsichtlich des Nutzungsrechtes ohne begründeten Anlass – nämlich das Erreichen eines Alters, in dem es angemessen erscheint, an die eigene Bestattung zu denken – auszuschließen.[164] Grundsätzlich unzulässig ist es aber, die Vergabe von Wahlgrabstätten durch eine zusätzliche Altersbegrenzung einzuschränken, also bei Eheleuten davon abhängig zu machen, dass der überlebende Ehegatte ein bestimmtes Alter (z.B. 55 Jahre) vollendet hat, wenn diese Regelung nicht durch triftige, wie durch besondere örtliche Gegebenheiten gebotene Gründe gerechtfertigt

---

159 HessVGH ESVGH 28, 79.
160 *Gaedke*, S. 156 Fn. 36
161 BVerwG DÖV 1974, 390.
162 BVerwGE 11, 168.
163 BVerwG DVBl 1960, 722; BayVGH BayVerwbl. 1980, 689; BVerwG BayVerwbl. 1993, 88.
164 OVG Koblenz NVwZ 1995, 510.

wird.¹⁶⁵ Für die Festsetzung einer Altersgrenze müssen also stets sachliche Gesichtspunkte vorliegen.¹⁶⁶ Ein sachlicher Gesichtspunkt wurde in dem Fall bejaht, dass der Friedhof nur über eine beschränkte Kapazität verfügt.¹⁶⁷ Nicht beanstandet wurde auch die Regelung, dass die Vergabe eines Wahlgrabes als Doppelgrab an den Ehepartner des Verstorbenen davon abhängig gemacht wurde, dass dieser beim Ableben des Ehepartners 60 Jahre alt ist, um so die beabsichtigte Schließung des Friedhofs nicht zu verzögern.¹⁶⁸

Das **Nutzungsrecht** an einem Sondergrab kann nach Ablauf gegen Entrichtung einer Gebühr entsprechend den Bestimmungen der Friedhofsordnung verlängert werden (sog. **Beweihenkaufung**). Ein Rechtsanspruch besteht darauf nicht, wohl aber ein Anspruch gem. Art 3 GG auf gleichmäßige Handhabung durch den Friedhofsträger. Einige Zeit vor Ablauf des Nutzungsrechtes sind die Nutzungsberechtigten hiervon zu benachrichtigen und zur Entrichtung der **Verlängerungsgebühr** aufzufordern.

3. Rechtsnachfolge an Sondergrabstätten

84 | **Praxishinweis:**
Nach § 15 (Wahlgrabstätten) der Leitfassung des Deutschen Städtetages für eine Friedhofssatzung soll der Erwerber schon bei der Verleihung des Nutzungsrechts für den Fall seines Ablebens seinen **Nachfolger im Nutzungsrecht bestimmen** und ihm das Nutzungsrecht durch einen **Vertrag übertragen**, der erst im Zeitpunkt des Todes des Übertragenen wirksam wird. Wird bis zu seinem Ableben **keine** derartige **Regelung** getroffen, geht das Nutzungsrecht in nachstehender Reihenfolge auf die Angehörigen des verstorbenen Nutzungsberechtigten mit deren Zustimmung über,

a) auf den überlebenden Ehegatten, und zwar auch dann, wenn Kinder aus einer früheren Ehe vorhanden sind,

b) auf die ehelichen, nicht ehelichen Adoptivkinder,

c) auf die Stiefkinder,

d) auf die Enkel in der Reihenfolge der Berechtigung ihrer Väter oder Mütter,

e) auf die Eltern,

f) auf die vollbürtigen Geschwister,

g) auf die Stiefgeschwister,

h) auf die nicht unter a. bis g. fallenden Erben.

In der Lit. ist die Auffassung vertreten worden, dass das Nutzungsrecht praktisch einem vermögenswerten Recht gleichsteht und damit für die Neuordnung dieses Rechtes allein die für die Neuzuordnung von Vermögensrechten nach dem Tod ihres bisherigen Rechtsträgers allg. geltenden Normen des Erbrechts maßgebend sein können.¹⁶⁹

In der Rspr. hat sich die Auffassung durchgesetzt, dass die dem öffentlichen Recht angehörigen Sonderrechte an Grabstätten nicht unmittelbar dem bürgerlichen Erbrecht unterworfen werden können. Da das Nutzungsrecht die Befugnis verteilt, zu bestimmen, welche Personen in der Grabstätte beigesetzt werden sollen, besteht ein

---

165 *Gaedke*, S. 159.
166 VGH Kassel NVwZ 1995, 509.
167 OVG Koblenz NVwZ 1995, 510.
168 HessVGH ESVGH 28, 79.
169 *Bayer*, S. 1814.

enger Zusammenhang zwischen dem Nutzungsrecht und der öffentlich-rechtlichen Bestattungspflicht, so dass es grundsätzlich möglich sein muss, das **Nutzungsrecht** auf denjenigen **zu übertragen**, dem die Bestattungspflicht obliegt. Für die Bestattung sind aber die Angehörigen und nicht die Erben verantwortlich. Es steht den Friedhofsträgern jedoch frei, vorbehaltlich der Zustimmung der jeweiligen Erwerber, eine Rechtsnachfolge nach Maßgabe der erbrechtlichen Bestimmungen vorzunehmen.

III. Ruhezeit

Da mit dem „Kauf" der Grabstelle kein Eigentum, sondern lediglich ein Nutzungsrecht erworben wird, ist natürlich entscheidend, wie lange das Grab genutzt werden darf. Die sog. Ruhezeit bestimmt den **Zeitraum**, innerhalb dessen ein Grab nicht erneut belegt werden darf. Die Ruhezeit ist eine **Mindestfrist**.

In einigen Bundesländern sind die Mindestruhezeiten gesetzlich vorgeschrieben: In Baden-Württemberg **15 Jahre**, in Brandenburg und Mecklenburg-Vorpommern je **20 Jahre**, in Rheinland-Pfalz, Saarland und Sachsen-Anhalt je 15 Jahre und in Sachsen 20 Jahre. In den anderen Bundesländern sind die Friedhofsträger zur Festlegung der jeweiligen Ruhezeit verpflichtet. Ansonsten richtet sich die Ruhenszeit im Wesentlichen nach der Bodenart und beträgt, für Leichen von über fünf Jahren **15 bis 50 Jahre**, für Leichen von Kindern bis zu fünf Jahren 6 bis 26 Jahre. Bei Bodenverhältnissen, die für die Verwesung besonders günstig sind, können diese Zeiten bis auf 10 bis 12 Jahre bzw. 15 bis 20 Jahre verkürzt werden. Der Friedhofsträger kann auch längere Ruhezeiten festsetzen. Die Ruhezeit der Aschenreste muss mindestens der Ruhezeit für Erdbestattungen auf dem jeweiligen Friedhof entsprechen; sie braucht jedoch nicht länger als 20 Jahre zu sein. Die Ruhezeit kann auch für bereits belegte Gräber bis zur Mindestruhezeit verkürzt, aber auch verlängert werden. Die Mindestruhezeit darf allerdings auf keinen Fall unterschritten werden.

Durch den eröffneten Spielraum wird es dem Friedhofsträger auch ermöglicht, längere Nutzungszeiten zuzulassen, die etwa aus religiösen Vorgaben resultieren. So gebietet es beispielsweise der **Islam**, die Toten ruhen zu lassen, bis sie „eins sind mit der Erde", also bis zum vollständigen Abschluss des Verwesungsprozesses. Dies dauert unter mitteleuropäischen Bedingungen gut 50 Jahre.

IV. Grabgestaltung und Grabpflege

1. Allgemeines

Mit der Zuweisung einer Grabstelle ist das Recht verbunden, diese in einer dem Herkommen, der allg. „Pietätsauffassung und dem Friedhofszweck entsprechenden Weise zu gestalten, zu schmücken und zu pflegen".[170] Die Nutzungsberechtigten sind hierbei allerdings nicht völlig frei, sondern an die vom Friedhofsträger erlassenen Bestimmungen gebunden. Gestaltungsbestimmungen des Friedhofsträgers sind daran zu messen, ob sie nicht etwa das Recht auf individuelle Gestaltung und Pflege der Grabstelle einschränken. Sollte dies der Fall sein, ist eine derartige Beschränkung nur zulässig, wenn sie der Vermeidung der Verletzung von Rechten anderer dient und hierfür notwendig und zulässig ist. Bestimmungen des Friedhofsträgers, die überhaupt nicht dem **Anstaltszweck** dienen, sind unzulässig. Darüber hinaus muss stets gewährleistet sein,

---

[170] *Gaedke*, S. 166.

dass eine **individuelle Gestaltung und Pflege** der Grabstelle für die Betroffenen noch möglich ist.

Der Friedhofsträger ist nicht berechtigt, bestimmte „ästhetische Anschauungen oder subjektive Geschmacksvorstellungen" durchzusetzen, die dem Durchschnittsempfinden fremd sind oder in ihrer Zielsetzung darüber hinausgehen.[171] Auf der anderen Seite sind auch die Betroffenen gehalten, Gestaltungen zu unterlassen, die der Würde und dem Charakter des Friedhofs abträglich sind. Der Würde des Friedhofs sind Gestaltungen allerdings nicht schon dann abträglich, wenn sie bestimmten ästhetischen Vorstellungen nicht entsprechen. Auf Grabfeldern, die der **Bestattung von Kindern** dienen, müssen gestalterische Vorgaben gelten, die die besondere Situation der Hinterbliebenen berücksichtigen. Ist ein Kind gestorben, so entspricht es häufig dem Wunsch der Eltern, **Kinderspielzeug** o.ä. auf dem Grab zu platzieren. Derartige Grabgestaltungen zu untersagen, ist nicht nur rechtlich bedenklich, sondern zeugt auch von mangelndem Pietätsempfinden der Friedhofsverwaltung.

Wird eine Friedhofssatzung mit zusätzlichen **Gestaltungsbestimmungen** erlassen, gelten für die Grabstellen, über die vor deren In-Kraft-treten verfügt und die benutzt worden sind, die im Zeitpunkt des Erwerbes maßgebenden Vorschriften grundsätzlich für die Dauer des Nutzungsrechtes weiter. Für unterschiedliche Friedhofsteile können unterschiedliche Gestaltungsregelungen getroffen werden.

Nicht möglich ist es, das **Recht auf persönliche Pflege** der Grabstätte und freie Auswahl der zu beauftragenden Gewerbetreibenden auszuschließen. Es kann durch den Friedhofsträger nur insoweit eingeschränkt werden, als dies vom Friedhofszweck unabweisbar geboten wird.[172] Der **Bepflanzung** der einzelnen Grabstätten kommt eine zentrale Rolle für die Wirkung der Grabfelder und damit des gesamten Friedhofes zu. Die Bepflanzung eines Grabes stellt noch immer einen festen Bestandteil abendländischer, insbesondere deutscher Bestattungskultur da. An die Pflicht zur **gärtnerischen Anlage** knüpft die Pflicht zur dauerhaften Grabpflege an, die nach h.M. zur würdigen Gestaltung einer Grabstätte erforderlich ist. Dies darf allerdings nicht dazu führen, dass in der Friedhofssatzung eine Pflicht zur jahreszeitlich wechselnden Bepflanzung der Grabstätte vorgesehen ist. Gestaltungsvorschriften, die das Pflanzen von Bäumen sowie großwüchsigen Sträuchern und Hecken, die sich über benachbarte Gräber ausdehnen können, verbieten, sind grundsätzlich zulässig. Der Friedhofsträger kann hiervon jedoch wiederum Ausnahmen zulassen. Nicht zulässig ist es hingegen, schlichtweg jede Art der Bepflanzung von einer vorherigen Genehmigung abhängig zu machen.

> **Praxishinweis:**
> Nach § 18 (Allgemeine Gestaltungsgrundsätze) und § 19 (Wahlmöglichkeit) der Leitfassung des Deutschen Städtetages für eine Friedhofssatzung ist jede Grabstätte so zu gestalten und so an die Umgebung anzupassen, dass die Würde des Friedhofs in seinen einzelnen Teilen und in seiner **Gesamtanlage** gewährt wird. Auf Friedhöfen sollen Abteilungen mit und Abteilungen ohne besondere Gestaltungsvorschriften eingerichtet werden.

---

171 *Gaedke*, S. 167.
172 *Gaedke*, S. 171.

2. Kosten, Auflagen, Dauergrabpflege

Die meisten Friedhofsordnungen sehen eine gärtnerische Anlage der Grabstätten vor. Die angemessene Grabpflege beinhaltet daher auch die angemessene und regelmäßige gärtnerische Pflege der Grabstätte. Die Angehörigen können diese gärtnerische Pflege selbst übernehmen oder aber durch Dritte besorgen lassen (Gärtner, Gärtnereibetriebe etc.). Die **Kosten** der Erstbepflanzung gehören zu den Bestattungskosten, die vom Erben zu tragen sind, die Kosten der weiteren Grabpflege hingegen nicht.[173] Hier sind die Kosten vom jeweiligen Auftraggeber zu tragen, wenn nicht schon der Verstorbene durch den Abschluss eines Grabpflegevertrages die Kosten vorab bezahlt hat. Die Kündigung eines vom Betreuten zu seinen Gunsten abgeschlossenen **Dauergrabpflegevertrages** zum Zweck der Ermöglichung anderweitiger Schuldentilgung (z.B. Bezahlung der Kosten des Pflegeheims) entspricht regelmäßig nicht dem Willen des zu einer eigenen Meinungsäußerung nicht mehr fähigen Betreuten.[174] Möglich ist es auch, mittels **Auflage** einem der Erben oder Vermächtnisnehmer die Pflege des Grabes aufzuerlegen. Wurde dem Vermächtnisnehmer die Grabpflege mittels Auflage auferlegt, so kann der Erbe die Vollziehung der Auflage fordern, wie auch ein Miterbe vom anderen Miterben die Vollziehung der Grabpflegeauflage verlangen kann. Ist der Alleinerbe mit der Auflage belastet, können diejenigen, denen der Wegfall des Alleinerben unmittelbar zustatten käme, die Erfüllung der Auflage gem. § 2194 BGB fordern.

87

3. Eigentum an Pflanzen und Grabschmuck

Pflanzen, die auf den Grabstätten gepflanzt werden, werden nur zu einem vorübergehenden Zweck mit dem Grund und Boden verbunden und bleiben daher im Eigentum des Grabinhabers. Sie werden nicht wesentlicher Bestandteil des **Friedhofsgrundstückes**, es handelt sich vielmehr um Scheinbestandteile gem. § 95 Abs. 1 BGB, bei denen ein Rechtsverlust nach § 946 BGB nicht eintritt. Bei größeren Pflanzen, wie z.B. Büschen, die dauerhaft auf dem Grab bleiben sollen, wird allerdings ein Eigentumsübergang auf den Eigentümer des Friedhofs gem. § 94 BGB anzunehmen sein.

88

Werden die Grabstellen nicht in einem angemessenen Zustand erhalten oder werden die vom Friedhofsträger erlassenen Bestimmungen nicht beachtet, so können die Nutzungsberechtigten zur angemessenen **Instandhaltung der Grabstätten** verpflichtet werden. Kommen sie derartigen Aufforderungen nicht innerhalb der gesetzten Frist nach, so können die betreffenden Grabstellen vom Friedhofsträger im Wege der Ersatzvornahme eingeebnet und eingesät werden. Auch können verwelkte Pflanzen durch die Friedhofsverwaltung entfernt werden, wenn sie von den Nutzungsberechtigten trotz Aufforderung nicht innerhalb der gesetzten Frist beseitigt werden.

Grabschmuck (Kränze, Gestecke etc.) wird mit der Niederlegung am Grabe nicht herrenlos. Er verbleibt im Eigentum desjenigen, der ihn am Grab niedergelegt hat. Denn derjenige möchte solange das Eigentum am Grabschmuck behalten, bis die Blumen verwelkt oder die Kränze unansehnlich geworden sind. Erst wenn dies der Fall ist, ist anzunehmen, dass der Eigentümer sich ihrer stillschweigend entäußert und die Friedhofsverwaltung sie beseitigen darf.[175] Wer also die auf einem Grab niedergelegten Blumen, Kränze u.a. unbefugt wegnimmt, erfüllt den Tatbestand des § 242 StGB (Diebstahl).

---

173 OLG Oldenburg DNotZ 1993, 135.
174 OLG Köln ZEV 2003, 471.
175 *Gaedke*, S. 171.

H. Grabdenkmal

I. Erwerb des Grabdenkmals

89 Üblicherweise wird das Grabdenkmal bei einem Steinmetz erworben, der auch für die Inschrift Sorge trägt und sich um die Genehmigung und Aufstellung des Grabdenkmals kümmert. Der Steinmetz ist dann auch zur Beachtung der jeweiligen Gestaltungsvorschriften verpflichtet und hat das Grabdenkmal genehmigungsfähig zu erstellen.[176] Alternativ kann bei der Friedhofsverwaltung ein gebrauchter Grabstein gekauft werden, die alte Inschrift wird dabei natürlich abgeschliffen und eine neue Inschrift eingefügt. Auch die Internetauktionshäuser bieten den Erwerb gebrauchter (und neuer) Grabsteine an. Grabdenkmale sind **Bauwerke**, bei deren Errichtung die allg. anerkannten **Regeln der Baukunst zu beachten** sind.[177] Der Grabstelleninhaber darf sich zunächst einmal darauf verlassen, dass der Steinmetz seine Arbeit einwandfrei verrichtet hat. Das Grabdenkmal ist von diesem also insbesondere standsicher aufzustellen. Für Grabdenkmale gilt grundsätzlich die Gewährleistungsfrist von fünf Jahren.

II. Genehmigungspflicht

1. Genehmigung

90 Das durch den Berechtigten erworbene Nutzungsrecht umfasst zwar auch die Errichtung eines Grabdenkmals. Der Nutzungsberechtigte kann aber auch bei der Erstellung und Aufstellung eines Grabdenkmals nicht nach Belieben verfahren. Der Friedhofsträger ist vielmehr berechtigt, die Errichtung und Aufstellung der Grabdenkmale von seiner vorherigen Genehmigung abhängig zu machen und auch Bestimmungen über die Gestaltung der Grabdenkmale zu erlassen.[178] Bei Friedhöfen mit Monopolcharakter und Benutzungszwang sind Regelungen, die die Freiheit der Grabmalgestaltung beschränken, aber nur insoweit zulässig, als sie der Verwirklichung des **Friedhofszweckes** dienen.[179]

Die Friedhofsträger haben deshalb i.d.R. Grabdenkmalordnungen erlassen, so dass die Errichtung und Veränderung des Grabdenkmals sowie die Erstellung der Einfriedungen und Einfassungen der vorherigen Genehmigung bedarf. Auf diese Genehmigung besteht nach Maßgabe der Bestimmungen der Friedhofsordnungen ein Rechtsanspruch. Die Genehmigung für die Errichtung sowie für jede Veränderung eines Grabdenkmals ist rechtzeitig vor Beginn der Herstellungsarbeiten einzuholen.[180] Beantragt wird die Genehmigung vom Nutzungsberechtigten oder dem beauftragten Steinmetz beim Friedhofsamt.

> **Praxishinweis:**
> Nach § 22 (Zustimmungserfordernis) der Leitfassung des Deutschen Städtetages für eine Friedhofssatzung ist die Errichtung und jede Veränderung von Grabmalen von der vorherigen **schriftlichen Zustimmung der Stadt** abhängig. Die Zustimmung soll bereits vor der Anfertigung oder der Veränderung der Grabmale eingeholt werden. Auch **provisorische** Grabmale sind zustimmungspflichtig, sofern sie größer als

---

176 OLG Köln MDR 1993, 1174.
177 BGH NJW 1971, 2308 u. BGH NJW 1977, 1392.
178 LVG Hannover NJW 1956, 1372; VGH BaWü DöV 1958, 498.
179 VGH BaWü DöV 1961, 141.
180 *Gaedke*, S. 174.

15 cm x 30 cm sind. Die Anträge sind durch die Verfügungsberechtigten zu stellen; der Antragssteller hat bei Reihengrabstätten die Grabanweisung vorzulegen, bei Wahlgrabstätten sein Nutzungsrecht nachzuweisen.

Den Anträgen sind zweifach beizufügen:

- Der **Grabmalentwurf mit Grundriss** und **Seitenansicht** im Maßstab 1:10 unter Angabe des Materials, seiner Bearbeitung, des Inhalts, der Form und der Anordnung. Ausführungszeichnungen sind einzureichen, soweit es zum Verständnis erforderlich ist.
- **Zeichnungen der Schrift, der Ornamente und** der **Symbole** im Maßstab 1:1 unter Angabe des Materials, seiner Bearbeitung, des Inhalts, der Form und der Anordnung. Ausführungszeichnungen sind einzureichen, soweit es zum Verständnis erforderlich ist. In besonderen Fällen kann die Vorlage eines Models im Maßstab 1:5 oder das Aufstellen eines Models in natürlicher Größe auf der Grabstätte verlangt werden.

Die nicht zustimmungspflichtigen provisorischen Grabmale sind nur als naturlasierte Holztafeln oder -kreuze zulässig und dürfen nicht länger als zwei Jahre nach der Beisetzung verwendet werden.

2. Fehlende Genehmigung

Wird ein Grabdenkmal in einer von der genehmigten Ausführung abweichenden Form aufgestellt oder abgeändert, so kann das Grabdenkmal auf Kosten des Nutzungsberechtigten entfernt werden, falls die erforderliche Genehmigung nicht nachträglich erteilt werden kann, der Nutzungsberechtigte das Grabdenkmal nicht so abgeändert hat, dass es der genehmigten Ausführung entspricht oder falls er das Grabdenkmal trotz entsprechender Aufforderung nicht binnen einer Frist entfernt.[181] Das Fehlen einer vorherigen Genehmigung rechtfertigt jedoch noch keine Beseitigungsanordnung. Wenn das Grabdenkmal in seiner Gestaltung den materiellen Vorschriften entspricht, so ist die **nachträgliche** Erteilung der **Genehmigung** vorzunehmen. Eine Beseitigungsanordnung würde dem Grundsatz der Verhältnismäßigkeit von Mittel und Zweck widersprechen und wäre rechtswidrig und anfechtbar.[182]

Wird das Grabdenkmal zunächst vorübergehend bis zur Herstellung des ordnungsgemäßen Zustandes von der **Friedhofsverwaltung** entfernt, so muss dies fachgerecht und ohne Schäden für das Grab wie auch das Grabdenkmal erfolgen. Die Friedhofsbehörde muss das Grabdenkmal sachgerecht verwahren, bis der Eigentümer seine Verfügungen über das Grabdenkmal getroffen hat. Für etwa entstandene Schäden haftet die Friedhofsverwaltung.

III. Gestaltung der Grabdenkmale

Die Friedhofsträger bestimmen in ihren **Grabdenkmalordnungen** (Satzungen), unter welchen Auflagen baulicher, künstlerischer oder gärtnerischer Art die Genehmigung eines Grabdenkmals erfolgen kann. In diesen Grabdenkmalordnungen finden sich teilweise sehr detaillierte Vorgaben zur Zulässigkeit einzelner Gestaltungen. Dies führt immer wieder zu Auseinandersetzungen, welche Anforderungen an die Gestaltung der Grabdenkmale zulässig sind und wo die Grenzen der Anordnungsbefugnis des Fried-

---

181 *Gaedke*, S. 175.
182 BayVGH BayVerwbl. 1973, 382.

hofträgers sind. Auf der einen Seite wirkt das allg. Persönlichkeitsrecht des Verstorben nach Art. 2 GG fort und muss von der Friedhofsverwaltung beachtet werden. Auf der anderen Seite ist der Friedhofträger verpflichtet, für eine würdige Ausgestaltung und Ausstattung des Friedhofs zu sorgen und auch die Rechte der anderen Nutzungsberechtigten zu gewährleisten. Grundsätzlich müssen **private Wünsche** vor dem religiösen und ästhetischen Empfinden der Gesamtheit zurücktreten, da der Friedhof der gemeinsamen Ehrung der Toten und der Pflege ihres Andenkens gilt und nicht der postmortalen Selbstdarstellung Einzelner.

Vom Nutzungsberechtigten kann daher verlangt werden, dass er eine **Grabdenkmalgestaltung** unterlässt, die geeignet ist, die Empfindungen anderer zu verletzen. Allerdings sind nicht alle Empfindungen Dritter, die durchaus überzogen sein können, maßgeblich. Nur diejenigen Empfindungen, die von der Mehrheit der Friedhofsbenutzer geteilt werden, sind entscheidend, da andernfalls eine Minderheit oder sogar ein einzelner alle Benutzer zwingen könnte, auf seine individuellen Anschauungen Rücksicht zu nehmen, ein Verlangen, das natürlich nicht als rechtsschutzwürdig anerkannt werden könnte.[183] Durch die Wahrung des Rechts der Nutzungsberechtigten auf würdige Gestaltung der Grabstätte und auf ungestörte Totenehrung werden nicht nur Bestimmungen gerechtfertigt, die dazu dienen, jedes Grab seiner Lage nach und durch Beschränkung der Größe der umliegenden Grabdenkmale zur Geltung kommen zu lassen, sondern auch derartige, mit denen vermieden werden soll, was nach Form, Material oder Bearbeitung aufdringlich wirkt, was unruhig, effektheischend oder sonst wie geeignet ist, Ärgernis zu erregen und den Grabbesucher im Totengedenken zu stören.[184]

Da es weder in religiösen noch in künstlerisch-ästhetischen Fragen eine einheitliche Meinung gibt, hat die Rspr. übereinstimmend darauf abgestellt, dass für die Entscheidung über das zur Erhaltung der Würde Notwendige und Zulässige das Empfinden des sog. gebildeten Durchschnittsmenschen, also des für ästhetische Eindrücke offenen Betrachters maßgebend sein soll.[185] Der Friedhofsträger ist daher nicht befugt, Ansichten durchzusetzen, die von der überwiegenden Mehrheit der Benutzer nicht geteilt werden. Die Friedhöfe können auch nicht der Ort sein, um eine gehobene oder in eine bestimmte Richtung gelenkte Denkmal- oder Kunstpflege zu betreiben.[186] Versuche, durch Ge- oder Verbote bestimmte ästhetische Ansichten durchzusetzen, überschreiten den Rahmen dessen, was zur **Erfüllung des Friedhofzweckes** notwendig ist.[187] Zulässig sind hingegen grundsätzlich Vorgaben der Grabdenkmalgestaltung, die der Verwirklichung des Friedhofzweckes dienen (z.B. Verbot von Grababdeckungen). Weitere Schranken zusätzlicher Gestaltungsklauseln ergeben sich aus dem Verhältnismäßigkeitsgrundsatz und dem Willkürverbot.[188]

Praxishinweis:
Nach § 20 (Abteilung mit besonderen Gestaltungsvorschriften) der Leitfassung des Deutschen Städtetages für eine Friedhofssatzung müssen Grabmale in ihrer Gestaltung, Bearbeitung und Anpassung an die Umgebung erhöhten Anforderungen entsprechen. Für Grabmale dürfen nur Natursteine (außer Findlingen), Holz, Schmie-

---

183 VGH BaWü NVwZ 1994, 793.
184 BayVGH DVBl 1960, 528.
185 VGH BaWü ESVGH 7, 178; BVerwG DöV 1964, 200.
186 *Gaedke*, S. 179.
187 BVerwG, DöV 1964, 200.
188 BayVerfGH BayVBl. 1985, 461.

deeisen sowie geschmiedete oder gegossene Bronze verwendet werden. Nach näherer Bestimmung der Belegungspläne sind stehende oder liegende Grabmale zulässig. **Stehende Grabmale** sind allseitig gleichwertig zu entwickeln und sollen in Form und Größe unterschiedlich sein. Liegende Grabmale dürfen auch flach auf die Grabstätte gelegt werden. In den Belegungsplänen können liegende Grabmale bis zur Größe der Grabbeete zugelassen oder vorgeschrieben werden. **Liegende Grabmale** sind nicht in Verbindung mit stehenden Grabmalen zulässig. Die Abdeckung der Gräber mit Steinplatten ist nur bis zu einem bestimmten Anteil von der Fläche zulässig.

1. Zulässige Gestaltungsauflagen und Verbote

Als zulässig wird erachtet: **Verbot** der Verwendung von Ersatzstoffen (Terrazo, Gips), von Kork, Tropf- und Grottensteinen, Glas, Porzellan, Blech, Zementschmuck, Lichtbildern, Ölfarbenanstrich auf Grabsteinen sowie der Verwendung aufdringlicher Farben bei der Beschriftung.[189] In gewissem Umfange auch Vorschriften über die Größe der Grabdenkmale, insbesondere zur Verhinderung unwürdiger oder – etwa durch Übergröße – störender Grabdenkmale. Im Hinblick auf Größenbeschränkungen für Grabmale gilt grundsätzlich, dass der freien Gestaltung der Grabstelleninhaber Raum gelassen werden muss, soweit das Grabmal nicht durch seine Übergröße störend wirkt. Von einer Übergröße des Grabmals dürfte dann auszugehen sein, wenn dieses deutlich eine Größe von 2 bis 2,50 Meter überschreitet. Bei der Vorgabe der Größe des Grabmals ist auch zu bedenken, dass hier Erfordernisse der Verkehrssicherungspflicht eine Rolle spielen und somit eine Beschränkung, die der Abwehr von Gefährdungen dient, zulässig sein dürfte. Es muss aber dem Nutzungsberechtigten noch genügend Raum zur freien Gestaltung verbleiben.

Will der Anstaltsträger eine **einheitliche Anlage** schaffen, für die er zusätzliche einengende Bestimmungen für die Grabgestaltung erlässt, so muss er an anderer Stelle die Möglichkeit gewähren, dass ein Friedhofsbenutzer eine Grabgestaltung wählen kann, die seinen eigenen Wünschen entsprechen, sofern sie nicht störend wirkt.[190] Diese Vorgabe des Bundesverwaltungsgerichtes hat zur Schaffung des heute auf Friedhöfen üblichen **Zwei-Felder-Systems** geführt. Nach diesem System unterteilen sich die insgesamt zur Verfügung stehenden Grabstätten in Grabfelder mit allg. Gestaltungsvorschriften, in denen es dem Nutzungsberechtigten grundsätzlich gestattet sein soll, seine eigenen gestalterischen Wünsche zu verwirklichen, und in Grabfelder mit besonderen bzw. zusätzlichen Gestaltungsvorschriften, in denen der Friedhofsträger seine vom Gedanken der Einheitlichkeit getragenen Vorstellungen umsetzen darf. Nach einer Entscheidung des OVG Münster ist eine satzungsrechtliche Delegation der Einteilung von Bestattungsplätzen in Bereiche mit allg. und zusätzlichen Gestaltungsvorschriften auf die Friedhofsverwaltung grundsätzlich zulässig.[191] Zusätzliche Anforderungen an die Gestaltung der Grabdenkmale lassen sich mit dem Grundrecht der freien Entfaltung der Persönlichkeit also derart vereinbaren, dass für verschiedene Friedhofsteile unterschiedliche Gestaltungsregelungen getroffen werden.[192]

Als statthaft anerkannt sind ein **Verbot bestimmter Werkstoffe**, wie z.B. ausländische Gesteine oder von Grabdenkmale aus Aluminium, ein Gebot der Verwendung nur

---

189 Aufzählung nach *Gaedke*, S. 180.
190 BVerwGE 17, 119.
191 OVG Münster NWBVl 1990, 423.
192 *Gaedke*, S. 181.

heimischer Steine, ein Verbot dunkler oder schwarzer Grabsteine, ein Ge- oder Verbot bestimmter Bearbeitungsarten, ein Verbot bestimmter Schriftarten, ein Verbot von Sockeln, Einfassungen sowie ein Verbot, das Sockel und Oberteile aus dem gleichen Material herzustellen sind. Statthaft ist weiterhin ein Gebot, nur einen Teil der Grabstätte zu bepflanzen, ein Verbot bestimmter (z.B. Abdeckplatten) oder unüblicher Grabdenkmalformen sowie Vorschriften über feste Ausmaße.

2. Unzulässige Gestaltungsauflagen und Verbote

94 Nicht zulässig: Allgemeines Politurverbot, ein Politurverbot für dunkle Steine, ein Verbot der Verwendung aller nicht örtlich vorkommenden Natursteine, ein Verbot jeglicher Art Gesteins und ähnliches oder auch ein allg. Verbot, bestimmter Schriftarten – Goldschrift, Silberschrift, Schrägschrift, Druckschrift, Verbot von Metallbuchstaben, soweit nicht dunkel pateniert – oder ein Verbot allg. üblicher Grabdenkmalformen (z.B. Kreuze oder Kruzifixe) für einen ganzen Friedhof.[193] Insbesondere die **Polierung von Steinen** verleiht diesen an sich noch keine unwürdige Note.[194] Der Gesamteindruck eines Friedhofs wird durch die Polierung von Grabsteinen aus Märkergranit nicht beeinträchtigt.[195] Ob die Verwendung von Gold - oder Silberschrift aufdringlich wirkt, hängt vom Werkstoff des Grabdenkmals ab und wie sich die Schrift davon abhebt.[196] Gleiches gilt auch für Vorschriften für andere **Gestaltungselemente:** Die Verwendung von Kunst-, insbesondere Betonwerksteinen, und von anderen Kunststoffen, soweit sie nicht bestimmten Anforderungen entsprechen, über das Belegen der Grabstätte mit Kies und für ein generelles Verbot von Einfassungen.[197] Die Würde des Friedhofs wird auch nicht dadurch beeinträchtigt, dass Gräber mit **Steinplatten** bedeckt werden. Grundsätzlich können Abdeckverbote als zusätzliche Gestaltungsvorschriften erlassen werden, unzulässig ist aber ein allg. Verbot von Grababdeckplatten auf allen Teilen des Friedhofs. Nur wenn der Friedhofsträger die Vollabdeckung von Grabstätten auf Abteilungen ohne zusätzliche Gestaltungsvorschriften gestattet, handelt er rechtmäßig.[198]

Ein teilweises oder generelles Verbot von Grababdeckungen ist daher nur zulässig, wenn entsprechende geologisch-bodenkundliche Untersuchungen den Nachweis erbracht haben, dass anders eine ausreichende Verwesung innerhalb der Ruhefrist nicht gewährleistet ist.[199]

IV. Eigentum am Grabdenkmal

95 Eigentümer des Grabdenkmals ist derjenige, der es durch Kauf, Schenkung oder in sonstiger Weise erworben hat. Dies wird also i.d.R. der Erbe sein. Die Aufstellung des Grabdenkmals auf dem Friedhof führt zu keiner Eigentumsänderung. Das Grabdenkmal wird lediglich für die Dauer des Nutzungsrechts mit dem Grund und Boden des Friedhofs verbunden. Es geht aber nicht in das Eigentum des Friedhofsträgers über. Grabdenkmale und Grabeinfassungen gelten nicht als wesentliche Bestandteile des Friedhofsgrundstücks i.S.d. §§ 93, 94 BGB, sondern bleiben selbstständige **beweg-**

---

193 *Gaedke*, S. 180 m.w.N.
194 BayVGH DVBl. 1960, 528.
195 VGH BaWü BaWüVBl. 1961, 141.
196 BayVGH ESVGH 12, 51.
197 *Gaedke*, S. 180 m.w.N.
198 VGH Kassel NVbZ-RR 1994, 342.
199 HessVGH NVwZ-RR 1989, 505; VG Karlsruhe BWGZ 1987, 240; VGH BaWü NVwZ 1994, 793.

liche Sachen i.S.d. § 95 Abs. 1 BGB.[200] Bei **alten Grabdenkmalen**, deren Eigentümer nicht mehr zu ermitteln sind, besteht die Vermutung, dass sie im Eigentum des Friedhofsträgers stehen.

Während der Nutzungszeit an der Grabstätte ist allerdings das Verfügungsrecht des Eigentümers am Grabdenkmal eingeschränkt. Dem Friedhofsträger steht der unmittelbare Besitz und der alleinige Gewahrsam am Grabdenkmal zu. Der Nutzungsberechtigte kann daher nach der Aufstellung des Grabdenkmals nicht mehr frei darüber verfügen, sondern nur in den von der Pietät und **Zweckbestimmung** gezogenen Grenzen.[201] Der Friedhofsträger kann in seiner Satzung bestimmen, dass Grabdenkmale vor Ablauf des Nutzungsrechtes nicht oder nicht ohne seine ausdrückliche Genehmigung verändert, umgesetzt oder entfernt werden dürfen. Nach der Beendigung der Nutzungszeit ist der Nutzungsberechtigte bzw. sein Erbe verpflichtet, das Grabdenkmal wieder zu entfernen. Die Friedhofsverwaltung setzt dem Nutzungsberechtigten hierzu eine angemessene Frist. Verstreicht diese, ohne dass das Grabdenkmal entfernt wird, kann die Friedhofsverwaltung das Grabdenkmal auf Kosten des Verpflichteten beseitigen. Die vorzeitige Entfernung eines Grabdenkmals vor Ablauf des Nutzungsrechts durch den Friedhofsträger ist nicht zulässig.

Auf Friedhöfen aufgestellte Grabdenkmale genießen den Schutz des **Urheberrechtsgesetzes** dann, wenn im Einzelfall der Rang eines Kunstwerkes erreicht ist, eine individuelle und nicht nur durch einen seltenen Zufall wiederholbare künstlerische Aussage des Schöpfers. Ihre Nachbildung durch Fotografie, Zeichnung u.a. ist grundsätzlich zulässig, doch kann in der Friedhofssatzung das Fotografieren beschränkt oder von einer besonderen Erlaubnis des Friedhofsträgers abhängig gemacht werden.[202]

V. Pfändung des Grabdenkmals

Die Frage der Pfändung eines Grabdenkmals stellt sich i.d.R. dann, wenn der Steinmetz wegen seiner eigenen Forderung aus der Herstellung des Grabsteins diesen pfänden und verwerten will. Nach § 811 Nr. 13 ZPO sind jedoch die „zur unmittelbaren Verwendung für die Bestattung bestimmten Gegenstände" von einer Pfändung ausgeschlossen. Mit der Novellierung des § 811 ZPO und dem neu eingefügten Abs. 2 hat der Gesetzgeber noch einmal klar gestellt, dass es nur in den in Abs. 2 bestimmten Fällen zulässig ist, dass der Verkäufer wegen einer durch Eigentumsvorbehalt gesicherten Geldforderung vollstreckt. Die zur unmittelbaren Verwendung für die Bestattung bestimmten Gegenstände werden jedoch nicht als Ausnahmefall aufgeführt. Hieraus schließt die h.M., dass der Gesetzgeber das Pietätsinteresse schützen wollte und dass auf einem Friedhof die **Pfändung wegen einer Geldforderung** ausgeschlossen sein sollte.[203] Dieser Auffassung ist im Ergebnis zuzustimmen. Der Hersteller des Grabdenkmals ist hierdurch auch nicht benachteiligt. Zum einen ist ihm zu empfehlen, die Aufstellung des fertigen Grabsteins erst nach Zahlung seiner Rechnung vorzunehmen. Zum anderen wird er sich ohnehin das Eigentum vorbehalten und kann dann auf Herausgabe seines vorbehaltenen Eigentums klagen und nach § 883 ZPO vollstrecken.

---

200 OLG München VersR 1960, 68.
201 *Gaedke*, S. 185.
202 *Gaedke*, S. 185.
203 *Gaedke*, S. 187 unter Verweis auf LG München DGVZ 2003, 122; a.A. Zöllner/*Stöcker*, § 811, Rn. 37.

VI. Verkehrssicherungspflicht an Grabmälern

97 Neben dem Eigentümer des Friedhofs muss auch der Inhaber einer Grabstelle den darauf errichteten Grabstein regelmäßig daraufhin überprüfen, ob erkennbare oder versteckte Mängel seine **Standsicherheit** beeinträchtigen.[204] In gewissen Abständen (etwa einmal im Jahr nach Beendigung der Frostperiode) muss daran „gerüttelt" werden, um die Festigkeit zu kontrollieren (sog. **Rüttelprobe**). Dies gilt insbesondere bei alten, hohen und schon schief stehenden Grabdenkmälern.[205] Liegt vor dem Grabplatz eine polierte Steinplatte, ist sie im Winter vor Eisglätte zu schützen.[206] Neben der Verkehrssicherungspflicht des Nutzungsberechtigten besteht diejenige des Friedhofsträgers. Neben der Überwachung des Friedhofes (z.B. Bäume) und seiner Wege (**Streupflicht**) obliegt auch dem Friedhofsträger die Verpflichtung, die Grabsteine auf Standsicherheit zu prüfen. Der Friedhofsträger muss einen Grabstein, der nicht mehr standsicher ist, sofort umlegen oder zumindest absperren.[207] Diese Verkehrssicherungspflicht besteht gegenüber Friedhofsbesuchern im weiteren Sinne.[208]

Die **Haftung** ist privatrechtlicher Natur; sie setzt immer Verschulden in Form von Vorsatz oder (wenigstens) leichter Fahrlässigkeit voraus. Dabei haftet der Friedhofsträger nach den §§ 823, 831, 839 BGB, der Nutzungsberechtigte nach den §§ 823, 836, 837 BGB. Hat der Gesetzgeber die Verkehrssicherungspflicht dem Träger als öffentliche Pflicht auferlegt, haftet er nach § 839 BGB, Art. 34 GG. Nutzungsberechtigter und Träger können als Gesamtschuldner haften. Hat der Nutzungsberechtigte eine Haftpflichtversicherung abgeschlossen, so leistet diese i.d.R.

Ein Grabstein ist ein mit dem Grundstück verbundenes Werk i.S.v. § 836 BGB, so dass an sich zu Lasten des Eigenbesitzers des Grundstückes die bestehende Haftung aus § 836 Abs. 1 BGB eingreift. Besitzt aber jemand auf einem fremden Grundstück in Ausübung eines Rechtes ein Werk, so trifft ihn nach § 837 BGB, und zwar anstelle des Besitzers des Grundstückes die in § 836 BGB bestimmte Verantwortlichkeit. Fallen also **Eigenbesitz** am Grundstück und Eigenbesitz am **Werk** auseinander, dann greift § 837 BGB ein, diese Vorschrift schließt die Anwendung von § 836 BGB aus.[209]

Somit trifft den Grabstelleninhaber und nicht den Eigenbesitzer des Friedhofs – und zwar auch nicht neben diesen – die Haftung aus dem §§ 837, 836 Abs. 1 BGB. In Betracht kommt allerdings eine Verurteilung des Friedhofsträgers wegen Verletzung der ihr im Hinblick auf die Eröffnung einer Gefahrenstelle obliegende **Verkehrssicherungspflicht** nach § 823 BGB. Diese Haftung aus § 823 BGB besteht gesamtschuldnerisch mit derjenigen des nutzungsberechtigten Eigenbesitzers aus § 837 BGB.

> **Praxishinweis:**
> Nach § 24 (Standsicherheit des Grabmale) der Leitfassung des Deutschen Städtetages für eine Friedhofssatzung sind Grabmale ihrer Größe entsprechend nach den allg. anerkannten Regeln des Handwerks (Richtlinien des Bundesinnungsverbandes des deutschen Steinmetz-, Stein-, und Holzbildhauerhandwerks für das Fundamentieren und Versetzen von Grabdenkmälern in der jeweils geltenden Fassung) zu fundamen-

---

204 BGH NJW 1971, 2308.
205 *Zimmermann*, ZEV 1997, 446.
206 OLG Hamm NVwZ-RR 1990, 2.
207 OLG Dresden NJW-RR 1995, 382.
208 OLG Frankfurt NJW 1989, 2824.
209 BGH NJW 1977, 1392.

tieren und so zu befestigen, dass sie dauerhaft standsicher sind und auch beim Öffnen benachbarter Gräber nicht umstürzen oder sich senken können.

I. Steuerliche Fragen

I. Geltendmachung der Bestattungskosten als Pauschbetrag

Der Erbschaftssteuerpflichtige kann von seinem Erwerb die Nachlassverbindlichkeiten in Abzug bringen. Nach § 10 Abs. 5 Nr. 3 ErbStG kann hierbei für die Bestattungs-, Grab- Denkmal-, und **Grabpflegekosten** insgesamt ein Betrag i.H.v. € 10.300,– als Pauschbetrag ohne Nachweis abgezogen werden.

§ 10 ErbStG unterscheidet bei der Ermittlung des steuerpflichtigen Erwerbes nicht zwischen Erwerben durch Erbfall und anderen Erwerben. Deshalb besteht grundsätzlich für jeden Erwerber, also z.B. auch für den **Vermächtnisnehmer** oder **Pflichtteilsberechtigten**, die Möglichkeit, die Bestattungs-, Grab- Denkmal-, und Grabpflegekosten steuermindernd geltend zu machen. Dies bedeutet, dass nicht nur der Erbe, der die Bestattungskosten trägt, den Pauschbetrag geltend machen kann, sondern auch derjenige, der an der Stelle des Erben zur Kostenübernahme rechtlich oder sittlich verpflichtet ist. Der Pauschbetrag wird für jeden Erbfall einmal gewährt. Verunglückt ein Ehepaar tödlich, so stehen dem einzigen Kind als Erben zwei Pauschbeträge zu, weil es um zwei Erbfälle geht, auch wenn es zu einer gemeinsamen Bestattung kommt.[210] Tragen mehrere Hinterbliebene die Bestattungskosten, dann ist der Pauschbetrag unter ihnen nach dem Verhältnis der auf sie entfallenden Kosten zu verteilen.

Wird dieser Pauschbetrag geltend gemacht, können gem. ErbStR 30 zu § 10 ErbStG einzelne Kosten daneben nicht mehr selbstständig in Abzug gebracht werden. Sind höhere Nachlassverbindlichkeiten der genannten Art angefallen, so sind sie im Einzelnen nachzuweisen. Der Pauschbetrag kann aber selbst dann in Anspruch genommen werden, wenn Bestattungskosten gar nicht in Frage stehen, weil der tödlich verunglückte Erblasser nicht aufgefunden werden kann oder weil der Erblasser als Verschollener für tot erklärt worden ist.[211]

II. Geltendmachung der Bestattungskosten durch Einzelnachweis

1. Kosten üblicher Grabpflege

Entsprechend des Erbschaftssteuerhinweises H 29 zu § 10 ErbStG sind die nach § 10 Abs. 5 Nr. 3 ErbStG abzugsfähigen üblichen Grabkosten mit ihrem Kapitalwert für eine **unbestimmte Dauer** anzusetzen. Dieser ist mit dem **9,3fachen** (§ 13 Abs. 2 Bewertungsgesetz) der jährlichen ortsüblichen Aufwendungen anzunehmen. Als übliche Grabpflegekosten sind die am Bestattungsort allg. erforderlichen Aufwendungen für die Grabpflege zu verstehen, unter Berücksichtigung des Preisgefälles zwischen größeren und kleineren Gemeinden. Soweit die geltend gemachten Kosten über den am Bestattungsort üblichen Rahmen hinausgehen, sind sie zum Abzug nicht zugelassen. Dies gilt auch dann, wenn höhere Grabpflegekosten etwa auf der gesellschaftlichen

---

[210] *Meincke*, ErbStG § 10 Rn. 42.
[211] *Meincke*, ErbStG § 10 Rn. 42.

bzw. beruflichen Stellung des Erblassers, seiner Vermögensverhältnisse oder auf persönlichen, im Verhältnis des Erblassers zu seinen Erben begründeten Umständen beruhen.

2. Abzugsfähige Bestattungskosten

100 Werden die Bestattungskosten durch **Einzelnachweis** geltend gemacht, so sind neben den eigentlichen Kosten für Erd- oder Feuerbestattung insbesondere nachfolgende Kosten berücksichtigungsfähig: Todesanzeigen, Fahrtkosten für Verwandte, die auf Kosten der Erben zur Beerdigung anreisen, Trauerkleidung, Überführungskosten, kirchliche und weltliche Trauerfeier, Danksagungen, Herrichtung der Grabstelle, Grabdenkmal, Grabpflege.

III. Vom Erblasser abgeschlossener Grabpflegevertrag

1. Erblasser hat Kosten bereits bezahlt

101 Hat der Erblasser mit einer Friedhofsgärtnerei ein Grabpflegevertrag geschlossen, der Art, Umfang und Kosten der Pflegemaßnahmen bestimmt, und wurden die Grabpflegekosten bereits vom Erblasser zu Lebzeiten bezahlt, gehört zu seinem Nachlass ein **Sachleistungsanspruch** in gleicher Höhe. Dieser Sachleistungsanspruch hat jedoch für die Erben keine Bereicherung zur Folge, weil diese zur Grabpflege bürgerlich-rechtlich nicht verpflichtet sind. Für den Sachleistungsanspruch ist daher kein Wert anzusetzen. Die Erben brauchen sich die Kosten der Grabpflege also nicht auf den Pauschbetrag anrechnen zu lassen. Vorausbezahlte Bestattungs- und Grabpflegekosten sind allerdings auch keine Nachlassverbindlichkeit. Hat der Erblasser durch Abtretung seiner Ansprüche aus einer Sterbegeldversicherung einem Bestattungsunternehmer bereits zu Lebzeiten die Bestattungskosten bezahlt, so ist ein Abzug dieser Kosten als Nachlassverbindlichkeit nach § 10 Abs. 5 Nr. 1 ErbStG neben dem allg. Pauschbetrag nach § 10 Abs. 5 Nr. 3 Satz 2 ErbStG ausgeschlossen. **Vorausbezahlte Grabpflegekosten** bereichert den Erben weder noch belastet sie ihn.[212]

2. Erblasser hat Kosten noch nicht bezahlt

102 Hat der Erblasser seine Bestattung bereits zu Lebzeiten verbindlich geregelt, aber noch nicht bezahlt, dann ist die Vergütungsforderung des Beerdigungsunternehmens **Nachlassverbindlichkeit** nach § 10 Abs. 5 Nr. 1 ErbStG. Es fallen bei den Erben dann **Grabpflegekosten** i.S.d. § 10 Abs. 5 Nr. 3 Satz 1 ErbStG an. Die Erben können daher über den Pauschbetrag von € 10.300,00 liegende Kosten nur geltend machen, wenn die übrigen Kosten – ohne die vom Erblasser gezahlten Grabpflegekosten – den Pauschbetrag überschreiten. Hat der Erblasser zur Bestreitung der Grabpflegekosten ein **Sparguthaben** angelegt und mit dem Geldinstitut vereinbart, dass dieses oder ein Dritter während der Pflegedauer über das Guthaben verfügungsberechtigt sind, gehört das Guthaben zum Nachlass und damit zum Erwerb des Erben. Die Verfügungsbeschränkung der Erben ist für die Besteuerung ohne Bedeutung (§ 9 Abs. 3 Bewertungsgesetz).

---

[212] FG München ZEV 2003, 159.

IV. Behandlung von Grabpflegeauflagen des Erblassers

Mittels **Auflage** kann dem Erben ein Tun oder Unterlassen jeglicher Art auferlegt werden. Verbindlichkeiten aus Auflagen kann der Erwerber erbschaftssteuerlich nach § 10 Abs. 5 Nr. 2 ErbStG als Nachlassverbindlichkeiten abziehen. Betreffen die Auflagen nach § 10 Abs. 5 Nr. 2 ErbStG jedoch die Kosten der Bestattung des Erblassers, die Kosten für ein Grabdenkmal oder die Kosten der Grabpflege, so fallen diese unter den Pauschbetrag nach § 10 Abs. 5 Nr. 3 ErbStG und können nicht zusätzlich zum Pauschbetrag als Nachlassverbindlichkeiten steuerlich geltend gemacht werden.[213]

Weitere umfassende Fallgestaltungen hinsichtlich der Kosten der Grabpflege behandelt die **Erbschaftsteuerrichtlinie** R 29 zu § 10 ErbStG.

---

213 FG Nürnberg ZEV 1999, 460.

4. Kapitel
Ausschlagung und Anfechtung

Übersicht:

	S.		S.
A. Ausschlagung	140	4. Begrenzung der Ausschlagung nach Erbteilen	145
I. Allgemeines	140	5. Auswirkung auf Pflichtteil und Vermächtnis	146
1. Annahme der Erbschaft	140	6. Geschäftsführung vor der Ausschlagung	146
2. Motive der Ausschlagung	141	7. Erbenermittlung	147
II. Zeitpunkt der Ausschlagung	141	VI. Besonderheiten bei Vor-/Nacherbschaft	147
III. Ausschlagende Person	142	B. Anfechtung von Annahme und Ausschlagung	148
1. Erben und Vermächtnisnehmer	142	I. Allgemeines	148
2. Probleme bei Minderjährigkeit	143	II. Zeitpunkt der Anfechtung	149
IV. Adressat und Form der Ausschlagung	144	III. Anfechtende Person	149
V. Wirkung der Ausschlagung	144	IV. Adressat und Form der Anfechtung	150
1. Allgemeines	144	V. Wirkung der Anfechtung	150
2. Unteilbarkeit der Ausschlagung	145		
3. Begrenzung der Ausschlagung nach Berufungsgründen	145		

A. Ausschlagung

I. Allgemeines

1 Die Erbschaft geht von Gesetzes wegen nach dem sog. **Von-Selbst-Erwerb** und dem Prinzip der **Universalsukzession** auf den Erben über (§ 1922 BGB). Dem Erben bleibt eine Reaktionsmöglichkeit: die Ausschlagung. Einen besonderen Grund benötigt der Erbe für die Ausschlagung nicht. Die zentralen Normen der Ausschlagung finden sich in §§ 1942 ff. BGB. In § 1943 BGB ist ausdrücklich auch die **Annahme** der Erbschaft angesprochen. Auch wenn es der Annahme der Erbschaft nicht zwingend bedürfte, so hat diese doch Auswirkungen auf die Struktur der Vermögenszuordnung der Erbschaft in Bezug auf das Vermögen des Erben. Durch den Von-Selbst-Erwerb wird der Erbe zunächst nur vorläufiger Rechtsnachfolger des Erblassers. Der Nachlass ist noch Sondervermögen des vorläufigen Erben, was insbesondere Auswirkungen auf die Zwangsvollstreckung hat.[1] Mit der Annahme der Erbschaft erstarkt der Erbe jedoch zum endgültigen Erben und der Nachlass wird zu Eigenvermögen des Erben.

1. Annahme der Erbschaft

2 Die Annahmeerklärung ist **nicht formbedürftig** und kann deswegen ausdrücklich oder stillschweigend erklärt werden. Mit Ablauf der **Ausschlagungsfrist** gilt die Erbschaft als angenommen (§ 1943 2. HS BGB). Voraussetzung einer stillschweigenden Annahmeerklärung ist, dass nach allg. Auslegungsgrundsätzen auf das Vorliegen eines Annahmewillens bei dem Erben geschlossen werden kann. Das kann schon in der Geltendmachung des Herausgabeanspruches nach § 2018 BGB liegen.[2]

---

[1] *Damrau/Masloff*, Erbrecht, § 1942 Rn. 3 u. § 1943 Rn. 2; *Weirich*, § 3 Rn. 53.
[2] Übersicht bei *Damrau/Masloff*, Erbrecht, § 1943 Rn. 4.

> **Praxishinweis:**
> Vorsicht ist geboten, wenn das Vorliegen einer Annahmeerklärung zweifelhaft ist – nach § 1943 1. HS BGB ist eine Ausschlagung ausgeschlossen, wenn bereits eine Annahme vorliegt. Der Rechtsanwalt sollte in diesen Fällen auch die hilfsweise Anfechtung der Annahme erklären.

2. Motive der Ausschlagung

Die Motive der Ausschlagung sind vielfältig. In der Praxis ist darauf zu achten, ob wirklich die Ausschlagung das geeignete Mittel ist, diese Motive umzusetzen. In erster Linie wird die Ausschlagung bei einem überschuldeten Nachlass erklärt werden, damit der Erbe die Verbindlichkeiten des Erblassers nicht erfüllen muss. Hier sollten die **Alternativen** der Nachlassverwaltung (§ 1975 BGB), Nachlassinsolvenz (§§ 1975, 1980 BGB, §§ 315 ff. InsO) und Unzulänglichkeitseinrede (§ 1990 BGB, § 780 ZPO) geprüft werden. In zweiter Linie kommen persönliche Motive in Betracht. So kommt es vor, dass der Erbe schlicht mit dem Nachlass des Erblassers nichts zu tun haben möchte oder aber durch die Ausschlagung anderen den Erbteil zukommen lassen möchte (Nachlasslenkung).

> **Praxishinweis:**
> Das gesetzliche Erbrecht nach §§ 1922 ff. BGB bedarf bei der Nachlasslenkung der sorgfältigen Prüfung. Zu prüfen sind insbes. §§ 2069, 2094, 2096 u. 2102 BGB. Irrt sich der Ausschlagende über die im Wege der gesetzlichen Erbfolge berufene Person, so kann er die Ausschlagung nach h.M. nicht einmal anfechten.[3]

Schließlich sind erbschaftsteuerliche Motive zu nennen. Durch die Ausschlagung kann z.B. die Ausnutzung erbschaftsteuerlicher Freibeträge nach § 16 ErbStG optimiert werden.[4]

II. Zeitpunkt der Ausschlagung

Die Ausschlagung ist fristgebunden und kann nur binnen **sechs Wochen** erklärt werden (§ 1944 BGB). Bei grenzüberschreitenden Sachverhalten kann sich die Ausschlagungsfrist nach § 1944 Abs. 3 BGB auf sechs Monate verlängern. Für die Rechtzeitigkeit der Ausschlagungserklärung ist auf den **Zugang** bei der empfangsbedürftigen Stelle – i.d.R. dem Nachlassgericht – abzustellen. Problematisch ist die Bestimmung des Zeitpunktes, indem die Ausschlagungsfrist zu laufen beginnt. Hierfür ist die **positive Kenntnis** von dem **Anfall der Erbschaft und** dem **Berufungsgrund** erforderlich. Zunächst muss der Erbe danach zuverlässige Kenntnis über den Tod des Erblassers und seine Erbenstellung haben. Sodann muss der Erbe zuverlässig wissen, ob er aufgrund gesetzlicher Erbfolge (Verwandtschaftsverhältnis oder Ehe) oder letztwilliger Verfügungen berufen ist. Nicht erforderlich ist die Kenntnis des genauen Umfanges des Erbteils.[5] Fahrlässige Unkenntnis der relevanten Umstände sowie Unfähigkeit zur Kenntnisnahme infolge körperlicher oder geistiger Behinderungen setzen den Fristenlauf nicht in Gang.

---

3 S. auch Rn. 26; näher *Damrau/Masloff*, Erbrecht, § 1958 Rn. 2 u. § 1954 Rn. 6.
4 Näher *Christ*, ZEV 1996, 446.
5 *Damrau/Masloff*, Erbrecht, § 1944 Rn. 5 ff.

6 Für den Fall der **Verkündung** des Testamentes oder Erbvertrages beginnt die Ausschlagungsfrist erst mit der Verkündung (§ 1944 Abs. 2 BGB). Erforderlich ist nach der h.M. insoweit, dass der Erbe zumindest **Kenntnis** von dem „ob" der Verkündung/Eröffnung erlangt. Einzelheiten der letztwilligen Verfügung muss der Erbe nicht kennen.[6]

> **Praxishinweis:**
> In den Fällen, in denen der Fristablauf unmittelbar bevorsteht, haben Notare und Rechtsanwälte das Risiko, dass die Ausschlagungserklärung wegen Verzögerungen in der Postlaufzeit nicht rechtzeitig zugeht. Hier sollte der Mandant – bei entsprechender Absprache und Belehrung – selbst die Ausschlagungserklärung in öffentlich beglaubigter Form an das Nachlassgericht übermitteln.

7 In den Fällen, in denen die Ausschlagung nach § 2306 Abs. 1 BGB oder § 2307 Abs. 1 BGB zu der **Entstehung eines Pflichtteilsrechtes** führen soll, beginnt die Ausschlagungsfrist erst mit Kenntnis von den angeordneten Beschränkungen und Beschwerungen des Erbes. Ist der Erbe über die Wirksamkeit der Beschränkung oder Beschwerung im Irrtum, so hindert dies den Lauf der Ausschlagungsfrist. Der Irrtum über die Auswirkungen der Beschränkung oder Beschwerung ist jedoch unbeachtlich.[7]

8 In Bezug auf die Entstehung des Pflichtteilsrechts ist darüber hinaus auch Kenntnis aller sonstigen Umstände nach Satz 1 oder 2 von § 2306 Abs. 1 BGB erforderlich. Insbesondere die Kenntnis darüber, ob der hinterlassene Erbteil die Hälfte des gesetzlichen Erbteils übersteigt, oder Kenntnis über Wertverhältnis von Zuwendung und Gesamtnachlass sind notwendig.[8] Dabei berechnet sich das **Wertverhältnis** bei der Zuwendung eines Quotenerbteils nach der Erbquote (**Quotentheorie**). Bei der gegenständlichen Zuwendung dagegen wird das Verhältnis nach dem Wert der Zuwendung und dem Wert des Gesamtnachlasses berechnet (**Werttheorie**). Diese kommt ferner dann zur Anwendung wenn Anrechnungs- oder Ausgleichspflichten – z.B. bei Vorempfängen – unter den Erben zu berücksichtigen sind.[9]

III. Ausschlagende Person

1. Erben und Vermächtnisnehmer

9 Die Ausschlagung der Erbschaft ist durch den vorläufigen Erben zu erklären. Der Fiskus kann die ihm als gesetzlichem Erben angefallene Erbschaft nicht ausschlagen (§ 1942 Abs. 2 BGB).

> **Praxishinweis:**
> Der Erbe kann sich bei der Ausschlagung auch im Wege der rechtsgeschäftlichen Stellvertretung – etwa durch einen Rechtsanwalt – vertreten lassen. Der Bevollmächtigte muss innerhalb der Ausschlagungsfrist eine öffentlich beglaubigte Vollmacht vorlegen.

10 Ausschlagung und Annahme fallen in die persönliche Entscheidungsmacht des Erben. Gläubiger, Sozialhilfeträger, Testamentsvollstrecker, Nachlassverwalter, Insolvenz-

---

6 BGHZ 112, 229, 233 ff.; *Damrau/Masloff*, Erbrecht, § 1944 Rn. 9.
7 BGH LM § 2306 Nr. 4.
8 *Bonefeld/Kroiß/Tanck/Bittler*, Erbprozess, S. 36.
9 *Damrau/Riedel/Lenz*, Erbrecht, § 2306 Rn. 11 ff. u. 22 f. m.w.N.

verwalter oder Nachlasspfleger sind daher insoweit von einer **Stellvertretung** ausgeschlossen. Dagegen können Ergänzungspfleger, Betreuer oder Abwesenheitspfleger grundsätzlich zur Vertretung berechtigt sein.[10]

Neben der Ausschlagung der Erbschaft anerkennen §§ 2176-2180 BGB auch die **Ausschlagung eines Vermächtnisses**. Dabei sind die dort z.T. abweichenden Regelungen zu beachten (§ 2180 BGB). Die Ausschlagung bedarf hier **keiner Form** und ist gegenüber dem Beschwerten zu erklären. Eine **Ausschlagungsfrist** ist – abgesehen von den Fällen des § 2307 Abs. 2 BGB – nicht einzuhalten, allerdings ist eine Ausschlagung des Vermächtnisses dann nicht mehr möglich, wenn bereits dessen Annahme erklärt wurde.

2. Probleme bei Minderjährigkeit

Für die Erklärung der Ausschlagung durch minderjährige Erben ist die Einwilligung des **gesetzlichen Vertreters** erforderlich (§§ 104 ff., 111 BGB).[11] Minderjährige Kinder werden dabei regelmäßig durch ihre Eltern vertreten (§ 1629 Abs. 1 BGB). Der gesetzliche Vertreter kann nach § 181 BGB von der Stellvertretung ausgeschlossen sein, dass Familien- bzw. Vormundschaftsgericht wird deswegen häufig dem gesetzlichen Vertreter die Vertretung entziehen und eine **Pflegschaft** bestellen.[12] Das gilt insbesondere in den Fällen, in denen infolge der Ausschlagung der Erbschaft für das Kind der Erbteil eines Elternteils erhöht wird (§ 1643 Abs. 2 BGB).

Der **gesetzliche Vertreter** bedarf für die Erklärung der Ausschlagung darüber hinaus grundsätzlich der **Genehmigung des Familien- bzw. Vormundschaftsgerichts** (§§ 1643 Abs. 2, 1822 Nr. 2, 1896, 1903, 1908i, 1915 Abs. 1 BGB). Die Genehmigung des Familien- bzw. Vormundschaftsgerichts muss bei der Ausschlagung dem Nachlassgericht mit dem Nachweis, dass die Genehmigung den gesetzlichen Vertretern bekannt gemacht wurde, vorgelegt werden.[13] Dieses muss innerhalb der Ausschlagungsfrist erfolgen.

Nach §§ 1944 Abs. 2, 206 BGB kann es jedoch genügen, dass zumindest der Antrag auf Genehmigung des Familien- bzw. Vormundschaftsgerichts innerhalb der Ausschlagungsfrist gestellt wird.[14] Die **Genehmigung** durch das Familiengericht für die Ausschlagungserklärung der Eltern für ihr Kind (oder mehrere Kinder) ist dann nicht notwendig, wenn das Kind (oder mehrere Kinder) erst durch die Ausschlagung eines Elternteils zum Erben berufen wird (§ 1643 Abs. 2 Satz 2 BGB), weil anzunehmen ist, dass die Erbschaft dann auch für die Abkömmlinge nachteilig ist.[15] Für ein gezeugtes aber noch nicht geborenes Kind (**nasciturus**) ist von der h.M. anerkannt, dass dessen gesetzliche Vertreter schon vor der Geburt die Ausschlagung mit Genehmigung des Familiengerichtes erklären können.[16]

---

10 *Bonefeld/Kroiß/Tanck/Bittler*, Erbprozess, S. 38; *Damrau/Masloff*, Erbrecht, § 1942 Rn. 9, 1943 Rn. 7 m.w.N.
11 Näher *Damrau*, Minderjährige im Erbrecht, S. 5 ff.
12 *Damrau/Masloff*, Erbrecht, § 1945 Rn. 9 f.
13 *Damrau/Masloff*, Erbrecht, § 1945 Rn. 16.
14 OLG Frankfurt DNotZ 1966, 613; *Damrau/Masloff*, Erbrecht, § 1944 Rn. 13 m.w.N.
15 OLG Hamm NJW 1959, 2215 f.
16 *Damrau/Masloff*, Erbrecht, § 1946 Rn. 3.

IV. Adressat und Form der Ausschlagung

14 Die Ausschlagung ist gem. § 1945 BGB gegenüber dem Nachlassgericht zu erklären. Zuständig ist das **Nachlassgericht** bei dem der Erblasser zuletzt seinen Wohnsitz hatte. Allerdings kann **Landesrecht** insoweit **abweichende Regelungen** treffen.[17] Der Zugang der Ausschlagungserklärung wird von der h.M. sogar gegenüber einem örtlich unzuständigen Nachlassgericht bejaht, wenn die Ausschlagungserklärung von dort nicht sofort zurückgereicht wird.[18] Das Nachlassgericht wird auf Antrag den Empfang der Ausschlagungserklärung bestätigen, ohne jedoch materiell die Rechtmäßigkeit der Ausschlagung zu prüfen.[19] Nach § 1945 BGB bedarf die Ausschlagungserklärung als form- und amtsempfangsbedürftige Willenserklärung der **öffentlichen Beglaubigung** eines Notars oder der Protokollierung durch den Rechtspfleger des Nachlassgerichtes (§§ 72 f. FGG). Die Formbedürftigkeit der Ausschlagung steht der Annahme von konkludenten Ausschlagungserklärungen nicht entgegen. Vielmehr ist die Ausschlagungserklärung allg. Auslegungsgrundsätzen zugänglich.[20]

15 Die Ausschlagung und auch die Annahme können nicht unter einer Bedingung oder Befristung erfolgen (§ 1947 BGB) (**Bedingungsfeindlichkeit**). Damit sind rechtsgeschäftliche Bedingungen gemeint, um einen unsicheren Schwebezustand zu vermeiden. Bloße **Motive** und **Beweggründe** sind dagegen unschädlich. Eine Ausschlagung unter der Bedingung, dass der Nachlass nicht überschuldet ist, wäre z.B. unwirksam. Eine Ausschlagung mit dem Motiv, einen Dritten zu begünstigen, wäre jedoch zulässig. Einen Sonderfall der zulässigen **bedingten Ausschlagung** stellt die Ausschlagung unter dem **Vorbehalt des Pflichtteils** dar, bei der der Ausschlagende die Entstehung eines Pflichtteilsanspruches nach §§ 1371 Abs. 3, 2305 oder 2306 Abs. 1 BGB anstrebt.[21] In der Praxis ist insoweit jedoch Vorsicht geboten, weil die Ausschlagung grundsätzlich auch den Pflichtteil erfasst und sich eine eindeutige Rspr. zu der bedingten Ausschlagung noch nicht herausgebildet hat.

V. Wirkung der Ausschlagung

1. Allgemeines

16 Für den Fall der form- und fristgerecht erklärten Ausschlagung fingiert § 1953 BGB zum einen, dass der Anfall der Erbschaft bei dem Ausschlagenden mit Rückwirkung als nicht erfolgt gilt (§ 1953 Abs. 1 BGB), und zum anderen, dass nun derjenige zum **vorläufigen Erben** berufen ist, der berufen worden wäre, wenn der Ausschlagende im Zeitpunkt des Erbfalles nicht gelebt hätte (§ 1953 Abs. 2 BGB). Die Fiktion erfasst Abkömmlinge des Ausschlagenden aber nicht. Für die Bestimmung des Nächstberufenen ist auf die letztwillige Verfügung des Erblassers – insbesondere etwaige Ersatzerbenbestimmungen – oder die gesetzliche Erbfolge der §§ 1922 ff. BGB abzustellen. Für den Nächstberufenen läuft erneut eine Ausschlagungsfrist.

---

17 So z.B. für Baden-Württemberg das staatliche Notariat, vgl. *Krug/Rudolf/Kroiß*, Erbrecht, § 7 Rn. 117.
18 BGH WM 1977, 1145.
19 *Damrau/Masloff*, Erbrecht, § 1945 Rn. 17.
20 *Damrau/Masloff*, Erbrecht, § 1945 Rn. 2.
21 Näher *Damrau/Masloff*, Erbrecht, § 1947 Rn. 5.

2. Unteilbarkeit der Ausschlagung

Die Ausschlagung und auch die Annahme können nur in Bezug auf den **gesamten Erbteil** erklärt und nicht auf einzelne Teile der Erbschaft beschränkt werden (Grundsatz der Unteilbarkeit, § 1950 BGB). Der Erbe kann sich daher nicht die besten Erbschaftsgegenstände aussuchen.

> **Praxishinweis:**
> Vorsicht ist insoweit geboten, da bei einer unwirksam erklärten Ausschlagung auf einen Teil der Erbschaft letztlich über § 1943 BGB die ganze Erbschaft anfällt.

3. Begrenzung der Ausschlagung nach Berufungsgründen

Auch wenn die Ausschlagung der Erbschaft grundsätzlich unteilbar ist, ermöglicht § 1948 BGB dem Erben die Ausschlagung nur des Erbes aus gewillkürter Erbfolge (Testament oder Erbvertrag) oder gesetzlicher Erbfolge. Anknüpfend an § 1944 Abs. 2 BGB unterscheidet das Gesetz damit **verschiedene Berufungsgründe** ohne jedoch das Tatbestandsmerkmal des Berufungsgrundes näher zu definieren. In Rspr. und Lit. werden insoweit unterschiedliche Ansätze vertreten. Vorzugswürdig erscheint es, auf den konkreten Erbtatbestand abzustellen:[22]

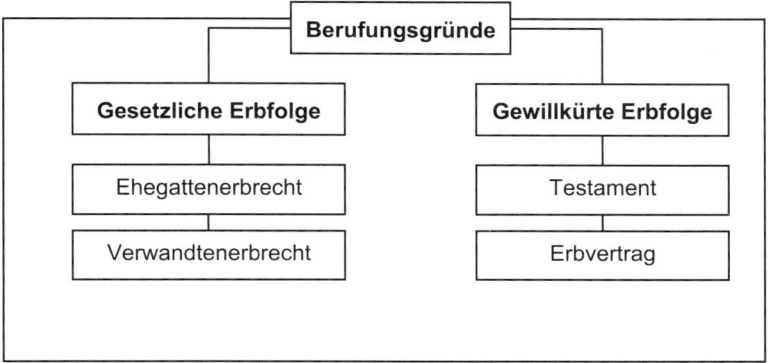

I.R.d. **Wahlrechtes**, einen Erbteil auf Grundlage nur eines Berufungsgrundes ausschlagen zu können, ist in der Praxis sorgfältig zu prüfen, ob das beabsichtigte **Ausschlagungsergebnis** – insbesondere die gewünschte Erbfolge – realisiert werden kann. Hierbei ist zu bedenken, dass bei Ausschlagung eines gewillkürten Erbteils der gesetzliche Erbteil nicht größer werden kann, wenn noch andere Miterben eingesetzt sind (Enterbung durch Erbeinsetzung).[23]

4. Begrenzung der Ausschlagung nach Erbteilen

Der **Gestaltungsspielraum** des Ausschlagenden wird durch § 1951 BGB nochmals erweitert. Danach kann der eine Erbteil angenommen und der andere ausgeschlagen werden, wenn die Berufung auf verschiedenen Gründen beruht. Auch hier definiert

---

22 *Damrau/Masloff*, Erbrecht, § 1948 Rn. 1 m.w.N.
23 *Damrau/Masloff*, Erbrecht, § 1948 Rn. 4.

das Gesetz den Begriff des Erbteils nicht und vermengt überdies noch das Tatbestandsmerkmal des Berufungsgrundes. Vorzugswürdig ist es daher, hier von dem einheitlichen Tatbestandsmerkmal „Teil des Nachlasses" zu sprechen. Dieser liegt etwa vor, wenn der Erbe aufgrund unterschiedlicher Verwandtschaftsverhältnisse berufen ist.[24] Die Grenze des Wahlrechtes ist jedenfalls dann erreicht, wenn lediglich ein Teil der Erbschaft i.S.v. § 1950 BGB, also ein einzelner Erbschaftsgegenstand, betroffen wäre. Ausnahmsweise jedoch lässt § 11 HöfeO die **Ausschlagung des Hofes** bei Annahme der Erbschaft im Übrigen zu.[25]

5. Auswirkung auf Pflichtteil und Vermächtnis

21 Im Zusammenhang mit der Ausschlagung ist ein Blick auf das Pflichtteilsrecht zu werfen.[26] Zwar ist insoweit zu erkennen, dass eine Ausschlagung des Pflichtteilsanspruchs nicht möglich ist.[27] Die Ausschlagung des Erbteils kann aber in Bezug auf Pflichtteilsansprüche in Einzelfällen wirtschaftlich sinnvoll sein.

> **Praxishinweis:**
> Mit der Ausschlagung verliert der Erklärende grundsätzlich seinen Pflichtteilsanspruch und Restpflichtteil nach § 2305 BGB.[28]

Für die Entstehung des Pflichtteilsanspruches fehlt es insoweit an den Voraussetzungen von § 2303 Abs. 1 BGB, der Erklärende wird eben nicht durch Verfügung von Todes wegen von der Erbfolge ausgeschlossen. Für den Ehegatten im **gesetzlichen Güterstand** bleibt jedoch auch bei einer Ausschlagung der Erbschaft über den Zugewinnausgleich der **kleine Pflichtteil** nach § 1371 Abs. 3 BGB erhalten. Ferner verbleibt dem Ausschlagenden der Pflichtteil in den **Fällen von § 2306 Abs. 1 BGB** in denen der hinterlassene Erbteil zwar größer als der Pflichtteil ist, jedoch durch Nacherbschaft, Testamentsvollstreckung oder Teilungsanordnung beschränkt oder mit einem Vermächtnis oder einer Auflage beschwert ist (s. Rn. 7 f.).[29] Nach § 2306 Abs. 2 BGB gilt das auch für den Fall, dass der Pflichtteilsberechtigten als **Nacherbe** eingesetzt ist.

Erwächst dem Erklärenden durch die Ausschlagung ein Pflichtteilsanspruch, so ist für die **Pflichtteilslast** besonders auf § 2320 BGB hinzuweisen. Danach muss derjenige die Pflichtteilslast tragen, der für den Erklärenden in die Position des Erben nachrückt.

Schließlich bestimmt § 2307 Abs. 1 BGB, dass der Pflichtteil dann bestehen bleibt, wenn lediglich ein **Vermächtnis** ausgeschlagen wird. Im Zusammenhang mit einem Vorausvermächtnis ist zudem zu erkennen, dass die Ausschlagung des Erbteils ein zugewandtes Vorausvermächtnis unberührt lässt, es sei denn, auch das Vorausvermächtnis wird ausgeschlagen oder es stand unter der aufschiebenden oder auflösenden Bedingung der Annahme der Erbschaft.

6. Geschäftsführung vor der Ausschlagung

22 Für den Zeitraum bis zur Ausschlagung, in dem der vorläufige Erbe in Bezug auf den Nachlass rechtsgeschäftlich tätig wird, trifft § 1959 BGB einen Teil der erforderlichen

---

24 I.E. sehr str., Übersicht bei *Damrau/Masloff*, Erbrecht, § 1951 Rn. 4, 2 f. m.w.N.
25 *Damrau/Masloff*, Erbrecht, § 1951 Rn. 6.
26 S. ausführlicher Handbuch Pflichtteilsrecht/*J. Mayer*, § 12 Rn. 1 ff.
27 *Damrau/Riedel/Lenz*, Erbrecht, § 2317 Rn. 14.
28 OLG Celle ZErb 2003, 89 f.
29 Näher zur Ausschlagung bei Behindertentestament *Joussen*, ZErb 2003, 134 ff.

Regelungen. In Bezug auf erbschaftsbezogene Geschäfte bestimmt § 1959 Abs. 1 BGB, dass der Ausschlagende dem endgültigen Erben gegenüber nach den Grundsätzen zur **Geschäftsführung ohne Auftrag** nach §§ 677 ff. BGB berechtigt und verpflichtet ist. Erbschaftsbezogene Geschäfte sind alle tatsächlichen und rechtsgeschäftlichen Handlungen, die im Zusammenhang mit dem Nachlass oder dem Erbfall stehen, bspw. die Reparatur von Nachlassgegenständen.[30]

Verfügungsgeschäfte des Ausschlagenden bleiben nach § 1959 Abs. 2 BGB nur dann wirksam, wenn die Verfügung nicht ohne Nachteil für den Nachlass verschoben werden konnte. Damit wird die Wirksamkeit von Verfügungsgeschäften auf unaufschiebbare Verfügungen beschränkt, so z.B. die Bezahlung von Beerdigungskosten.[31] Allerdings ist ein **gutgläubiger Erwerb** möglich, soweit der Erwerber in Bezug auf die Berechtigung bzw. das Eigentum und auch die Vorläufigkeit des Erbrechtes in gutem Glauben ist. Im Gegensatz zu Verfügungen bleiben **Verpflichtungsgeschäfte**, die gegenüber Dritten eingegangen wurden, wirksam und der Ausschlagende haftet mit seinem ganzen Vermögen, es sei denn, für den Dritten war erkennbar, dass der Ausschlagende nur für den Nachlass gehandelt hat und seine Haftung auf diesen beschränken wollte.[32]

Schließlich bestimmt § 1959 Abs. 3 BGB, dass einseitige empfangsbedürftige Rechtsgeschäfte, die dem vorläufigen Erben gegenüber erklärt wurden, auch nach der Ausschlagung wirksam bleiben. Für **Mahnungen** zur Begründung des Schuldnerverzuges gilt dies jedoch nicht. Bei der **Aufrechnung** ist die Trennung der Vermögensmassen zu beachten (s. Rn. 1), sodass eine Aufrechnung nur bei nachlassbezogenen Forderungen wirksam bleibt.[33]

7. Erbenermittlung

Nach § 1953 Abs. 3 BGB soll das Nachlassgericht die Ausschlagung demjenigen mitteilen, dem die Erbschaft infolge der Ausschlagung angefallen ist. Damit trifft das Nachlassgericht auch eine **Ermittlungspflicht** für die ersatzweise berufenen Personen (§ 12 FGG; § 105 KostO). In der Praxis können dabei professionelle Erbenermittler eingesetzt werden, die Erbensucher benötigen im Einzelfall eine Erlaubnis nach dem Rechtsberatungsgesetz.[34]

VI. Besonderheiten bei Vor-/Nacherbschaft

Im Rahmen einer Vor-/Nacherbschaft[35] steht das Recht der Ausschlagung der Erbschaft zum einen dem **Vorerben** zu. Nach § 2142 BGB kann zum anderen auch der **Nacherbe** die Erbschaft ausschlagen. Die Ausschlagungsfrist nach § 1944 Abs. 2 BGB i.V.m. § 2139 BGB beginnt nicht vor Eintritt des Nacherbfalls. Für den Lauf der Ausschlagungsfrist ist nämlich die **Kenntnis des Eintritts** des Nacherbfalles und bei Kettenausschlagungen die Kenntnisnahme von der Ausschlagung des vorhergehenden Erben durch den Ausschlagenden erforderlich. Der Nacherbe ist jedoch nicht gehindert, die **Nacherbschaft** schon nach dem Vorerbfall auszuschlagen und einen etwaigen Pflichtteil zu verlangen. Schlägt der Nacherbe aus, verbleibt die Erbschaft nach § 2142

---
30 Übersicht bei *Damrau/Masloff*, Erbrecht, § 1959 Rn. 2.
31 Näher *Damrau/Masloff*, Erbrecht, § 1959 Rn. 6.
32 *Damrau/Masloff*, Erbrecht, § 1959 Rn. 4.
33 *Damrau/Masloff*, Erbrecht, § 1959 Rn. 12.
34 BGH ZErb 2003, 129 u. 328; Hilfestellungen für die Erbenermittlung bei *Bonefeld*, ZErb 2003, 47.
35 S. ausführlich *Mehrle*, Kap. 8 Rn. 1 ff.

Abs. 2 BGB im Zweifel dem Vorerben. Sind mehrere Nacherben vorhanden und schlägt nur einer aus, wächst der ausgeschlagene Erbteil den Mitnacherben zu (§ 2094 BGB).[36] Schlägt der Vorerbe die Erbschaft aus, so fällt das Erbe im Zweifel dem Nacherben als Ersatzerben zu (§ 2102 Abs. 1 BGB).

25 In dem Zusammenhang mit vorstehenden Zweifelsregelungen kommt es schließlich auf die allg. Regeln der **Testamentsauslegung** an. Dabei sind auch §§ 2096 und 2069 BGB von besonderer Bedeutung. Der Erblasser hat die Möglichkeit, nach § 2096 BGB einen **Ersatzerben** zu bestimmen. Nach § 2069 BGB sind ferner im Zweifel die im Zeitpunkt des Nacherbfalles lebenden Abkömmlinge des Ausschlagenden bedacht.[37] Nach der h.M. ist § 2069 BGB im Wege einer tatsächlichen Vermutung jedoch dann nicht anwendbar, wenn der pflichtteilsberechtigte Nacherbe ausschlägt, um einen Pflichtteil zu erlangen. In diesem Fall würde nämlich der Stamm des Ausschlagenden bevorzugt, was i.d.R. dem Erblasserwillen widersprechen soll.[38]

B. Anfechtung von Annahme und Ausschlagung

I. Allgemeines

26 Die Annahme- oder Ausschlagungserklärung kann gem. § 1954 BGB nach den allg. Anfechtungsgründen der §§ 119 ff. BGB angefochten werden. Damit ist die Anfechtung wegen Inhalts- und Eigenschaftsirrtum, wegen falscher Übermittlung oder wegen Täuschung oder Drohung eröffnet. Im Einzelfall ist die Abgrenzung zu unbeachtlichen Motiv- oder Rechtsirrtümern problematisch und streitig.[39] Jedenfalls ist die **stillschweigende Annahme** der Erbschaft in Unkenntnis des Ausschlagungsrechtes als Inhaltsirrtum nach § 119 Abs. 1 BGB anfechtbar.[40] Dagegen soll die **ausdrückliche Annahme** im Irrtum über das Bestehen des Ausschlagungsrechtes unbeachtlicher Rechtsirrtum sein.[41] In der Praxis verbreitet ist der Irrtum über die **Überschuldung des Nachlasses**. Nach der h.M. soll in diesen Fällen die Annahme jedoch nur dann nach § 119 Abs. 2 BGB anfechtbar sein, wenn sich der Irrtum auf die wertbildenden Faktoren und auf die Zugehörigkeit von Nachlassgegenständen oder Nachlassverbindlichkeiten zum Nachlass bezog. Nicht ausreichend ist insoweit ein Irrtum bei der Bewertung der Nachlassgegenstände.[42] Der Irrtum des Ausschlagenden über die Entstehung von Pflichtteilsansprüchen wird in Rspr. und Lit. unterschiedlich beurteilt, die wohl h.M. sieht hierin einen unbeachtlichen Motivirrtum.[43]

---

36 *Damrau/Hennicke*, Erbrecht, § 2142 Rn. 4.
37 *Damrau/Hennicke*, Erbrecht, § 2143 Rn. 5.
38 BayObLGZ 1962, 239, 243; *Bonefeld/Kroiß/Tanck/Bittler*, Erbprozess, S. 36; *Damrau/Hennicke*, Erbrecht, § 2143 Rn. 5 m.w.N.
39 Überblick bei *Damrau/Masloff*, Erbrecht, § 1954 Rn. 6.
40 BayObLG MDR 1983, 937.
41 BayObLG NJW-RR 1995, 904 ff.
42 BGHZ 106, 359 ff.
43 BayObLG NJW-RR 1995, 904 ff.; *Bonefeld/Kroiß/Tanck/Bittler*, Erbprozess, S. 39; a.A. OLG Hamm MDR 1981, 1017.

> **Praxishinweis:**
> Der Irrtum muss für die anzufechtende Erklärung ursächlich gewesen sein (Kausalität). Bei Anfechtung der (stillschweigenden) Annahme gilt: Im Zeitpunkt des Ablaufes der Ausschlagungsfrist hätte der Anfechtungsberechtigte in Kenntnis der wirklichen Sachlage die Ausschlagung erklären müssen.

Die Sonderregelung des § 1956 BGB eröffnet darüber hinaus die Anfechtung der gesetzlich fingierten Annahme durch **Verstreichen der Ausschlagungsfrist** nach § 1943 BGB. Allerdings muss auch insoweit ein Anfechtungsgrund nach §§ 119, 120, 123 BGB vorliegen.[44] Dagegen muss der Erbe bei einem Irrtum über den Berufungsgrund die Erklärung der Annahme gar nicht anfechten, vielmehr gilt in diesem Fall die Annahme als nicht erfolgt (§ 1949 BGB).[45]

Für den **Pflichtteilsberechtigten** gewährt § 2308 Abs. 1 BGB darüber hinaus einen weiteren Anfechtungsgrund für die Anfechtung der Ausschlagung eines Vermächtnisses oder Erbteils. Nämlich dann, wenn der Pflichtteilsberechtigte keine Kenntnis davon hatte, dass **Beschränkungen oder Beschwerungen** zwischen Anfall der Zuwendung und Erklärung der Ausschlagung weggefallen waren. Dabei geht die h.M. davon aus, dass auch der mit ex tunc Wirkung eintretende nachträgliche Wegfall einer Beschwerungen oder Belastung – etwa im Zuge der Testamentsanfechtung – die Anfechtung nach § 2308 Abs. 1 BGB eröffnet.[46] Nach § 2308 Abs. 2 BGB erfolgt die Anfechtungserklärung insoweit analog der Vorschriften der §§ 1954, 1955, 1945 BGB, wobei die Erklärung gem. § 2308 Abs. 2 Satz 2 BGB nicht gegenüber dem Nachlassgericht sondern gegenüber dem Beschwerten selbst zu erfolgen hat.[47]

II. Zeitpunkt der Anfechtung

Die Anfechtung von Annahme oder Ausschlagung ist abweichend von §§ 121, 124 BGB innerhalb von sechs Wochen zu erklären (§ 1954 BGB). Bei grenzüberschreitenden Sachverhalten beträgt die Anfechtungsfrist sechs Monate (§ 1954 Abs. 3 BGB). Jedenfalls ist die Anfechtung ausgeschlossen, wenn seit der Annahme oder Ausschlagung 30 Jahre verstrichen sind (§ 1954 Abs. 3 BGB). Die **Anfechtungsfrist** beginnt im Fall einer Anfechtung wegen Drohung mit dem Wegfall der Zwangslage, für die Irrtumsfälle mit Kenntnis des Anfechtungsgrundes durch den anfechtungsberechtigten Erben. Erforderlich ist insoweit die positive Kenntnis der das Anfechtungsrecht begründenden Tatsachen.[48] In den Fällen der Anfechtung der Annahme wegen Verstreichens der Ausschlagungsfrist (§ 1943 BGB) beginnt die Anfechtungsfrist nicht erst mit Kenntnis der Anfechtungsmöglichkeit, sondern schon mit Kenntnis von der Annahmewirkung.[49]

III. Anfechtende Person

Zur Erklärung der Anfechtung ist derjenige berechtigt, der die anzufechtende Erklärung – die Annahme oder Ausschlagung der Erbschaft – erklärt hat. Nach Eintritt der Volljährigkeit kann ein durch seinen gesetzlichen Vertreter vertretenes Kind anfech-

---

44 Überblick bei *Damrau/Masloff*, Erbrecht, § 1956 Rn. 3 ff.
45 S. zum Tatbestandsmerkmal des Berufungsgrundes Rn. 18.
46 BGHZ 112, 229, 238 f.; a.A. *Damrau/Riedel*, Erbrecht, § 2308 Rn. 5 m.w.N.
47 *Damrau/Riedel*, Erbrecht, § 2308 Rn. 3, 8; a.A. *Bonefeld/Kroiß/Tanck/Bittler*, Erbprozess, S. 40.
48 *Damrau/Masloff*, Erbrecht, § 1954 Rn. 8.
49 OLG Hamm Rpfleger 1985, 364 f.

ten, wenn in der Person des gesetzlichen Vertreters ein Anfechtungsgrund vorlag. Die Zustimmungserfordernisse des Familien- bzw. Vormundschaftsgerichtes können wie folgt dargestellt werden:

Anfechtungssituation	Einwilligung von Familien- bzw. Vormundschaftsgericht für Anfechtung erforderlich?
Anfechtung der Ausschlagung	Nein, Genehmigung durch Familien- bzw. Vormundschaftsgericht verpflichtet nicht zur Ausschlagung
Anfechtung der Annahme	Ja, Genehmigung durch Familien- bzw. Vormundschaftsgericht wie bei der Ausschlagung erforderlich

Von der Erklärung der Anfechtung sind auch diejenigen Personen ausgeschlossen, die auch die Annahme oder Ausschlagung nicht für den Erben erklären können (s. Rn. 10). Von der Anfechtung der Ausschlagung ist die **Insolvenzanfechtung** der §§ 129 ff. InsO zu trennen.[50] Verstirbt der anfechtungsberechtigte Erbe innerhalb des Laufes der Anfechtungsfrist, ohne dass er die Anfechtung erklärt hat, so kann dessen Erbe noch die Anfechtung des vorherigen Erbes erklären. In Anwendung von § 207 BGB läuft in diesem Fall die Anfechtungsfrist erst mit Annahme der Erbschaft durch den Erbeserben.[51]

IV. Adressat und Form der Anfechtung

31 Die **Anfechtungserklärung** ist gegenüber dem zuständigen Nachlassgericht vorzunehmen (§ 1955 BGB). Anders als bei der Erklärung der Ausschlagung selbst ist die Erklärung der Anfechtung gegenüber einem unzuständigen Nachlassgericht nicht fristwahrend möglich.[52] Die Form der Anfechtung richtet sich nach den **Formerfordernissen** der Ausschlagung (§§ 1955, 1945 BGB). Auch die Anfechtung ist daher zur Niederschrift des Nachlassgerichtes zu erklären oder in öffentlich beglaubigter Form abzugeben.

> **Praxishinweis:**
> Die Anfechtung von Ausschlagung oder Annahme kann nicht durch bloßen Anwaltsschriftsatz erklärt werden.

V. Wirkung der Anfechtung

32 Die form- und fristgerecht erklärte Anfechtung der Annahme gilt nach § 1957 Abs. 1 BGB als Ausschlagung der Erbschaft, die der Ausschlagung als Annahme der Erbschaft (s. Rn. 2). Die Anfechtungserklärung ist – abgesehen von § 130 BGB – als **unwiderrufliche Willenserklärung** ausgestaltet. Möglich ist jedoch die **Anfechtung der Anfechtung**. Die Anfechtung der Anfechtung richtet sich grundsätzlich nach den allg. Vorschriften des Anfechtungsrechtes. Form und Frist der Anfechtung bestimmen sich aber nach §§ 1954 f. BGB,[53] jedoch wird vielfach die unverzügliche Erklärung der Anfechtung nach § 121 BGB verlangt.[54]

---

50 Näher *Ivo*, ZErb 2003, 250 ff.
51 *Bonefeld/Kroiß/Tanck/Bittler*, Erbprozess, S. 38.
52 *Damrau/Masloff*, Erbrecht, § 1955 Rn. 2; a.A. Soergel/*Stein*, § 1955 Rn. 1.
53 *Damrau/Masloff*, Erbrecht, § 1954 Rn. 14.
54 BayObLG MDR 1980, 492; *Weirich*, § 3 Rn. 74.

5. Kapitel
Gesetzliche und gewillkürte Erbfolge

Übersicht:

	S.
A. Gesetzliches Erbrecht	152
I. Verwandtschaft als Grundlage des gesetzlichen Erbrechts	153
II. Adoption und Verwandtschaft	154
1. Rechtsfolge bei Adoption Minderjähriger	154
2. Rechtsfolge bei Adoption Volljähriger	154
3. Rechtslage und Erbrecht adoptierter Kinder vor dem 1.1.1977	154
III. Verwandtschaft und nicht eheliche Kinder	156
IV. Verwandtenerbrecht	157
1. Grundsätze des Verwandtenerbrechts, § 1930 BGB	157
a) Repräsentationssystem und Eintrittsrecht	157
b) Erbfolge nach Stämmen	158
c) Erbfolge nach dem Linienprinzip	158
d) Erbfolge nach dem Gradualsystem	159
2. Gesetzliche Erbfolge und DDR-Recht	159
V. Erbrecht des Ehegatten in Abhängigkeit vom Güterstand	159
1. Grundlage, § 1931 BGB	159
2. Erbrecht des Ehegatten bei der Zugewinngemeinschaft, §§ 1931 Abs. 3, 1371 BGB	160
a) Erbrechtliche – Güterrechtliche Lösung – Kleiner Pflichtteil	160
b) Überlegungen zur Ausübung des Ausschlagungsrechts gem. § 1371 Abs. 3 BGB	161
c) Güterrechtliche Lösung und Prozessrecht	162
3. Gütergemeinschaft	162
a) Sondergut – Vorbehaltsgut	162
b) Gütergemeinschaft ohne Fortsetzungsvereinbarung	162
c) Ehegattenerbrecht bei fortgesetzter Gütergemeinschaft	163
d) Begründung der Gütergemeinschaft als unentgeltliche Zuwendung?	163
e) Pflichtteilsergänzungsfeste Zuwendungen durch Begründung der Gütergemeinschaft?	164
f) Rechtsfolgen bei Aufhebung der Gütergemeinschaft	164
g) Die „Güterstandsschaukel"	164
4. Gütertrennung, § 1931 Abs. 4 BGB	165
5. Sonstige Besonderheiten beim Ehegattenerbrecht	166
a) Voraus nach § 1932 BGB	166
b) Dreißigster, § 1969 BGB	167
c) Scheidungsantrag und Ehegattenerbrecht	167
d) Ehescheidung und gemeinschaftliches Testament, § 2077 BGB	168
6. Das Lebenspartnerschaftsgesetz	169
B. Gewillkürte Erbfolge	170
I. Grundzüge	170
1. Testier- und Erbfähigkeit	170
2. Die Erbfähigkeit	170
3. Testamentserrichtung	171
a) Privatschriftliches Testament	171
b) Öffentliches Testament	172
c) Gemeinschaftliches Testament	172
d) Nottestament	173
e) Erbvertrag	174
4. Verfügung behinderter Personen	175
a) Blinde	175
b) Schrift- und Leseunfähige	175
c) Lesefähige Schreibbehinderte	176
d) Stumme	176
e) Taube	176
f) Taubstumme	176
g) Minderjährige über 16 Jahre	177
h) Sprachunkundige	177
5. Erbunwürdigkeit nach § 2339 BGB	177
a) Verhältnis des § 2339 BGB zu § 2078 BGB	177
b) Praktische Hinweise zu § 2339 BGB	178
c) Ausschluss der Erbunwürdigkeit	179
d) Geltendmachung durch Anfechtungsklage	179
II. Verzichtsverträge	180
1. Erbverzicht	180
a) Grundzüge des Erbverzichts	180
aa) Formalia des Erbverzichtsvertrages	180

bb) Erbverzichtsvertrag durch konkludenten Vertragsschluss?	181
cc) Parteien des Verzichtsvertrages	181
b) Rechtsfolgen des Erbverzichts	182
c) Rechtsfolge des Pflichtteilsverzichtsvertrages	182
d) Gegenleistungen als Inhalt des Erbverzichtsvertrages	182
e) Verzichtsvertrag und Ehegatte	183
f) Leistungsstörungen beim Erbverzicht	184
g) Willensmängel beim Erbverzichtsvertrag	184
h) Aufhebung des Erbverzichts	185
i) Erbverzicht und Auslandsberührung	185
j) Höferecht und Erbverzichtsverträge	185
k) Erbverzicht und Steuer	186
2. Pflichtteilsverzichtsverträge	187
a) Rechtsfolgen des Pflichtteilsverzichtes	187
b) Vorteile des Pflichtteils gegenüber dem Erbverzichtsvertrag	188
c) Inhaltsvarianten des Pflichtteilsverzichtsvertrages	188
aa) Gegenständliche Beschränkung	188
bb) Beschränkung auf einen Bruchteil	188
cc) Sonstige Beschränkungsmöglichkeiten	189
d) Steuerliche Auswirkungen	189
3. Zuwendungsverzichtsverträge	190
a) Rechtsgrundlagen	190
b) Verzicht auf testamentarische und erbvertragliche Zuwendungen	190
c) Rechtsfolgen des Zuwendungsverzichts	190
d) Gegenstand des Zuwendungsverzichts	191
e) Beschränkung des Zuwendungsverzichts	191
C. Ausschlagung	192
I. Allgemeine Grundsätze	192
II. Anfechtung der Erbschaftsannahme wegen Irrtums	193
III. Ausschlagung und § 2306 BGB	194
1. Prüfschema bei § 2306 BGB; Quoten- und Werttheorie	195
2. Ausschlagung bei Zuwendung eines Vermächtnisses nach § 2307 BGB	196
D. Familienrechtliche Bezüge des Erbrechts	196
I. Verzichtserklärung und Scheidungsfolgenvereinbarung	196
II. Erb- und Pflichtteilsverzicht	197
III. Zugewinnausgleich und Erb- und Pflichtteilsverzicht	197
IV. Unterhaltsverzicht, § 1586 b BGB	197
V. Zugewinn und Pflichtteil	198
1. Taktische Ausschlagung	199
2. Taktische Enterbung	199
VI. Ehegatteninnengesellschaft	200

Literaturhinweise:

Wegmann, ZEV 1996, 206: „Ehevertragliche Gestaltungen zur Pflichtteilsreduzierung"; *Dr. Christopher Keim*, ZEW 2001, 1 ff.: „Der stillschweigende Erbverzicht: Sachgerechte Auslegung oder unzulässige Unterstellung?"; *Edenfeld*, ZEV 1997, 134 ff.: „Die Stellung weichender Erben beim Erbverzicht"; *Dieckmann*, NJW 1980, 2777: „Zur Auswirkung eines Erb- oder Pflichtteilsverzichts auf die nachehelichen Unterhaltsansprüche eines (früheren) Ehegatten"; *Bonefeld*, ZErb 2001, 1 ff.: „Eingetragene Lebenspartnerschaft und Erbrecht"; *Steiner*, MDR 1998, 1481: „Anm. zu BGH Urt. vom 24.6.1998 – IV ZR 159/97; mit Gründen abgedruckt in MDR 1998, 1229; Keine Aufhebung des Erbverzichts nach Tod des Verzichtenden"; *Mayer*, ZEV 2000, 263: „Der beschränkte Pflichtteilsverzicht"; *Kanzleiter*, ZEV 1997, 261 ff.: „Umverteilung des Nachlasses mit Zustimmung des Vertragserben und Eintritt der Ersatzerbfolge"; *Mayer*, ZEV 1996, 127 ff.: „Zweckloser Zuwendungsverzicht?"; *Frenz*, ZEV 1997, 450 f.: „Erbrechtliche Gestaltung und Unterhaltsansprüche"

A. Gesetzliches Erbrecht

I. Verwandtschaft als Grundlage des gesetzlichen Erbrechts

Die §§ 1924 ff. BGB regeln die gesetzliche Erbfolge. Ein gesetzliches Erbrecht steht danach Verwandten zu, wobei es laut § 1589 BGB auf die **Blutsverwandtschaft** ankommt.

Die Frage, ob Verwandtschaft i.S.d. § 1589 BGB vorliegt, hängt davon ab, ob eine **rechtliche Verwandtschaft** gegeben ist. Diese kann von der – vorrangig im Gesetz geregelten – Blutsverwandtschaft abweichen.

> **Praxishinweis:**
> Ist ein Verwandtschaftsverhältnis streitig, kann eine Klage auf Feststellung des Verwandtschaftsverhältnisses gem. §§ 640 ff. ZPO im Statusverfahren, bzw. bei Vorliegen eines Rechtsschutzinteresses auch nach § 256 ZPO erhoben werden.[1]

Verwandte sind grundsätzlich der **Vater** und die **Mutter** einer Person.

Vater ist gem. § 1592 BGB derjenige, der zum Zeitpunkt der Geburt mit der Mutter des Kindes verheiratet ist, der die Vaterschaft anerkannt hat oder dessen Vaterschaft nach § 1600 d BGB gerichtlich festgestellt wurde. Hintergrund ist, dass das BGB die „Ehelichkeit" von Personen so weit als möglich erreichen will.

Ist eine Feststellung nach § 1592 Nr. 3 BGB notwendig, treten die Rechtswirkungen in Bezug auf das Verwandtschaftsverhältnis erst ab gerichtlicher Feststellung ein, § 1600 d Abs. 4 BGB. Wird die Vaterschaft erst nach dem Tod des Erblassers festgestellt, rückt der Abkömmling ex tunc nachträglich in eine Erbenstellung ein. Auch die Erweiterung des § 1593 BGB ist zu berücksichtigen: Sofern die Ehe durch Tod aufgelöst und der Abkömmling nach 300 Tagen geboren wird, gilt der Erblasser als Vater. Praktisch relevant sind hierbei die Fälle, in denen der Vater im Krieg gefallen und ein Kind vorhanden ist. Auch hierbei gibt es wiederum eine Ausnahme, nämlich wenn es sowohl zur Wiederheirat und Geburt innerhalb von 300 Tagen kommt, gilt der neue Ehemann als Vater.

Die gerichtliche Feststellung der Vaterschaft gem. § 640 Abs. 2 Nr. 1 ZPO erfolgt durch Klage des Kindes oder der Mutter vor dem Familiengericht. Ein so ergangenes rechtskräftiges Urteil kann nur durch Nichtigkeits- oder Restitutionsklage festgestellt werden §§ 578 ff. ZPO. Liegt jedoch bereits eine „förmliche" Vaterschaft eines anderen Mannes vor – **Sperrfunktion** des § 1599 BGB – kann eine Vaterschaftsfeststellung nicht erfolgen.[2] Hier ist zunächst die „förmliche Vaterschaft" per Anfechtungsklage aufzuheben,[3] §§ 1599, 1600 BGB. Die Anfechtungsfrist für die Vaterschaft beträgt zwei Jahre, § 1600 b BGB. Nach dem Tod des Vaters ist die Vaterschaftsfeststellung im FGG-Verfahren durch das FamG durchzuführen, § 55 b FGG, § 1600 e Abs. 2 BGB. Eine Feststellungsklage in diesem Fall wäre unzulässig.[4] Jedoch ist den Erben die Möglichkeit zu einer Feststellungsklage auf Nichtbestehen einer erbrechtlichen Beteiligung eröffnet.[5]

---

1 BGH NJW 1973, 5.
2 BGH FamRZ 1989, 538.
3 BGH NJW 1999, 1632.
4 *Damrau/Tanck,* § 1924 Rn. 8.
5 Soergel/*Stein,* § 1924 Rn. 13.

5   **Mutter** ist nach § 1591 BGB die Frau, die das Kind geboren hat. Die genetische Mutter ist insoweit irrelevant. Ihr steht auch kein Anfechtungsrecht zu. Eine Leihmutter, die das Kind nur ausgetragen hat, ist dennoch „Mutter" i.S.d. Gesetzes, auch wenn sie nicht genetisch mit dem Kind verwandt ist.[6]

II. Adoption und Verwandtschaft

6   Auch durch Adoption kann eine Verwandtschaft gem. §§ 1741 ff. BGB begründet werden. Die Auswirkungen des Erbrechts adoptierter Kinder hängen davon ab, ob die Adoption vor dem 1.1.1977 erfolgte und ob die Adoption Voll- oder Minderjährige betrifft.

1. Rechtsfolge bei Adoption Minderjähriger

Bei der **Adoption Minderjähriger** erwirbt das adoptierte Kind den Status eines ehelichen Kindes, § 1754 BGB. Daraus erwächst dem adoptierten minderjährigen Kind ein gesetzliches Erb- und Pflichtteilsrecht. Zu den bisherigen Verwandten erlischt laut § 1755 BGB das vormalige Verwandtschaftsverhältnis. Dies gilt selbst dann, wenn das adoptierte Kind seinerseits Abkömmlinge hat. Eine Ausnahme gilt nur bei Verwandtschaft zweiten oder dritten Grades, da insoweit nur die Rechte gegenüber den leiblichen Eltern erlöschen, § 1756 BGB.

2. Rechtsfolge bei Adoption Volljähriger

8   Nach § 1767 Abs. 1 BGB kann ein Volljähriger nur dann als Kind angenommen werden, wenn die Annahme **sittlich gerechtfertigt** ist. Hierzu ist vor allem zwischen dem Annehmenden und Anzunehmenden ein Eltern-Kind-Verhältnis als Grundlage der Kindesannahme notwendig, § 1767 Abs. 1, Abs. 2 BGB. Die Annahme Volljähriger begründet die rechtliche Stellung eines ehelichen Kindes. Allerdings werden der adoptierte Volljährige sowie dessen eigene Abkömmlinge nur mit den annehmenden Eltern verwandt, nicht jedoch mit deren eigenen Verwandten. Dies kann durch eine **Volladoption Volljähriger** umgangen werden, wenn selbiges vom Vormundschaftsgericht angeordnet wird.

3. Rechtslage und Erbrecht adoptierter Kinder vor dem 1.1.1977

9   Erfolgte die Adoption bis zum 31.12.1976, wurde die Verwandtschaft des angenommenen Kindes zu den leiblichen Eltern und deren Verwandten nicht aufgehoben. Daher behielt das adoptierte Kind sein volles Erb- und Pflichtteilsrecht gegenüber den Blutsverwandten, § 1964 BGB a.F. Daneben erhielt das adoptierte Kind ein Erbrecht auf das Ableben des Annehmenden, es sei denn dies wurde im Adoptionsvertrag explizit ausgeschlossen. Der Annehmende selbst erhielt gegenüber dem Adoptivkind kein Erbrecht, § 1759 BGB a.F. Hierfür war ein Kindesannahmevertrag notwendig, wobei eine Unterscheidung zwischen der Adoption Minderjähriger oder Volljähriger nicht vorgenommen wurde. Sofern bei der Volljährigenadoption vertraglich das Erbrecht gegenüber dem Annehmenden ausgeschlossen wurde, besitzt diese Regelung weiterhin Rechtsgültigkeit. Zu beachten ist die Übergangsregelung nach § 12 AdoptG, sofern der Annehmende vor dem 1.1.1977 verstorben ist. Bei der Minderjährigenadoption gilt seit 1.1.1977 grundsätzlich die neue Rechtslage, die auch dann anzuwenden

---

6 Palandt/*Diederichsen*, § 1591 Rn. 1.

ist, wenn die Minderjährigenadoption vor dem 1.1.1978 erfolgte,[7] der Todesfall danach.

Bei einer **Stiefkindadoption,** bei der ein nicht eheliches Kind eines verheirateten Elternteils von dessen Ehepartner bis 1.7.1998 angenommen wurde, bleibt das gesetzliche Erbrecht nach diesem Elternteil bestehen.[8] Über § 1755 Abs. 2 BGB gilt nunmehr für alle Stiefkinder ein Erbrecht nach den Blutsverwandten des adoptierten Kindes.[9]

10

Übersicht: Erbrecht des adoptierten Kindes

11

Erbrecht des adoptierten Kindes	Gesetzeslage vor dem 1.1.1977 Kind minderjährig	Gesetzeslage vor dem 1.1.1977 Kind volljährig	Gesetzeslage nach dem 1.1.1977 Kind minderjährig	Gesetzeslage nach dem 1.1.1977
gegenüber				
Leiblichen Eltern	Erbrecht bleibt bestehen, § 1764 BGB a.F.	Erbrecht bleibt bestehen, § 1764 BGB a.F.	Erbrecht erlischt, § 1755 Abs. 1 BGB mit Ausnahme bei Halbwaisenadoption, § 1756 Abs. 2 BGB	Erbrecht bleibt erhalten, § 1770 BGB mit Ausnahme bei Adoption mit starker Wirkung, § 1772 BGB
Verwandten der leiblichen Eltern	Erbrecht bleibt bestehen, § 1764 BGB a.F.	Erbrecht bleibt bestehen, § 1764 BGB a.F.	Erbrecht erlischt, § 1755 Abs. 1 BGB mit Ausnahme bei Verwandten-Adoption, § 1756 Abs. 1 BGB	Erbrecht bleibt erhalten, § 1770 BGB mit Ausnahme bei Adoption mit starker Wirkung, § 1772 BGB
Adoptiveltern	Erbrecht entsteht, § 1757 BGB a.F. sofern nicht ausgeschlossen, § 1767 Abs. 1 BGB a.F.	Erbrecht entsteht, § 1757 BGB a.F. sofern nicht ausgeschlossen, § 1767 Abs. 1 BGB a.F.	Erbrecht entsteht, § 1754 BGB	Erbrecht entsteht, §§ 1767 Abs. 1, 1754 BGB
Verwandten der Adoptiveltern	Erbrecht entsteht nicht, § 1763 BGB a.F.	Erbrecht entsteht nicht, § 1763 BGB a.F.	Erbrecht entsteht, § 1754 BGB	Erbrecht entsteht, § 1770 Abs. 1 BGB, es sei denn § 1772 BGB greift

Übersicht: Erbrecht gegenüber dem adoptierten Kind

12

Erbrecht gegenüber dem adoptierten Kind durch seine:	Gesetzeslage vor dem 1.1.1977 Kind minderjährig	Gesetzeslage vor dem 1.1.1977 Kind volljährig	Gesetzeslage nach dem 1.1.1977 Kind minderjährig	Gesetzeslage nach dem 1.1.1977 Kind volljährig
Leiblichen Eltern	Erbrecht bleibt bestehen, § 1764 BGB a.F.	Erbrecht bleibt bestehen, § 1764 BGB a.F.	Erbrecht erlischt, § 1755 Abs. 1 BGB	Erbrecht bleibt erhalten, § 1770 Abs. 2 BGB

---

7 Krug/*Zwißler*, Rn. 123.
8 Palandt/*Edenhofer*, § 1924 Rn. 18.
9 Zum Erbrecht adoptierter Kinder: *Damrau/Tanck*, § 1924 Rn. 10 ff.

Erbrecht gegenüber dem adoptierten Kind durch seine:	Gesetzeslage vor dem 1.1.1977 Kind minderjährig	Gesetzeslage vor dem 1.1.1977 Kind volljährig	Gesetzeslage nach dem 1.1.1977 Kind minderjährig	Gesetzeslage nach dem 1.1.1977 Kind volljährig
Verwandten der leiblichen Eltern	Erbrecht bleibt bestehen, § 1764 BGB a.F.	Erbrecht bleibt bestehen, § 1764 BGB a.F.	Erbrecht erlischt, § 1755 Abs. 1 BGB mit Ausnahme bei Verwandten-Adoption, § 1756 Abs. 1 BGB und Halbwaisenadoption, § 1756 Abs. 2 BGB	Erbrecht bleibt erhalten, § 1779 Abs. 2 BGB
Adoptiveltern	Erbrecht entsteht nicht, § 1759 BGB a.F.	Erbrecht entsteht nicht, § 1759 BGB a.F.	Erbrecht entsteht, § 1754 BGB	Erbrecht entsteht nicht, §§ 1767 Abs. 2, 1754 BGB
Verwandten der Adoptiveltern	Erbrecht entsteht nicht, §§ 1759, 1763 BGB a.F.	Erbrecht entsteht nicht, §§ 1759, 1763 BGB a.F.	Erbrecht entsteht, § 1754 BGB	Erbrecht entsteht nicht, § 1770 Abs. 1 BGB

Praxishinweis:
Nach § 15 Abs. 1 a ErbStG gelten die **Steuerklassen** I und II Nr. 1-3 ErbStG auch dann, wenn durch die Annahme als Kind die Verwandtschaft nach den Regeln des BGB erloschen ist.

III. Verwandtschaft und nicht eheliche Kinder

13 Die Kinder nicht verheirateter Eltern und eheliche Kinder sind nach dem Erbrechtsgleichstellungsgesetz zum 1.4.1998 gleichgestellt worden. Das anzuwendende Recht hängt vom Todestag ab: bis zum 1.7.1970 bestand zwischen dem Kind und dem Vater kein Erb- oder Pflichtteilsrecht mangels Verwandtschaft. Zwischen dem 1.7.1970 und dem 31.3.1998 bestand rechtlich eine Verwandtschaftsbeziehung, wobei die Sonderregelungen der §§ 1934 a bis 1934 e BGB a.F. eingriffen. Für diese Zeitspanne bestand ein **Erbersatzanspruch**.

Beachte: Das Erbrecht des nicht ehelichen Kindes greift nur dann ein, wenn der Erblasser nach dem 30.6.1970 verstarb und das nicht eheliche Kind frühestens am 1.7.1949 geboren worden war. Eine völlige Gleichstellung der ehelichen mit den nicht ehelichen Kindern erfolgt erst dann, wenn der Erblasser nach dem 31.3.1998 verstarb.

14 Für die Kinder nicht verheirateter Eltern in der ehemaligen **DDR** gelten Sonderregeln: nach Art. 235 § 1 Abs. 1 EGBGB bleibt die alte Rechtslage erhalten, wenn der Erbfall vor dem 3.10.1990 eintrat. Verstarb der Erblasser auf dem Hoheitsgebiet der ehemaligen DDR, gilt das **ZGB**, andernfalls das Recht der Bundesrepublik Deutschland. Liegt der Erbfall nach dem 3.10.1990, tritt die Gleichstellung der nicht ehelichen mit den ehelichen Kindern altersunabhängig ein, sofern die Kinder vor dem 3.10.1990 geboren

wurden. Zu berücksichtigen ist, dass die Gleichstellung in Abweichung zu den vorbezeichneten Altersgrenzen auch vor dem 1.7.1949 greift.¹⁰

IV. Verwandtenerbrecht

Um in die Rechtsstellung des Erblassers eintreten zu können, § 1922 BGB, ist die Erbfähigkeit des Rechtsnachfolgers notwendig. Erbfähig ist, wer zur Zeit des Erbfalls lebt, § 1923 BGB. Der **nasci turus** ist aufgrund einer gesetzlichen Fiktion bereits erbfähig, obwohl er noch nicht rechtsfähig ist, § 1 BGB. Hierbei ist allerdings Voraussetzung, dass das Kind lebend zur Welt kommt; erst zu diesem Zeitpunkt fällt eine Erbschaft an.¹¹ Nach dem Grundsatz der **zeitlichen Koexistenz** müssen Erbe und Erblasser zumindest einen Augenblick lang gemeinsam gelebt bzw. eine Rechtspersönlichkeit besessen haben, um als „lebende Personen" gem. § 1923 Abs. 1 BGB zu gelten.

> **Beachte:** Die Erbfähigkeit endet mit dem Tod, wobei es nicht auf den Herztod sondern den Hirntod ankommt.¹²

Steht fest, dass mehrere Personen verstorben sind, sind allerdings hierüber keine Beweise erhebbar, ist nach § **11 VerschollenheitsG** vom gleichzeitigen Versterben auszugehen. Die Vorschrift umfasst auch die Fallkonstellationen, in denen der Todeszeitpunkt ungeklärt ist.¹³

> **Praxishinweis:**
> Da der Verschollene Erbe werden kann, solange er nicht für tot erklärt worden ist, § 10 VerschollenheitsG, sollten, um etwaige Erbgänge zu klären, entsprechende Anträge auf Todeserklärung gestellt werden.

Wer zur Erbfolge gelangt, hängt davon ab, ob gesetzliche oder gewillkürte Erbfolge eintritt. Nur wenn Verfügungen von Todes wegen fehlen oder ersatzlos entfallen, gilt die gesetzliche Erbfolge. Beide Erbfolgearten können jedoch auch gleichzeitig zur Anwendung kommen, nämlich dann, wenn der Erblasser nur hinsichtlich eines bestimmten Nachlassteiles letztwillig verfügte. Für den Restnachlass greift dann die gesetzliche Erbfolge ein.

1. Grundsätze des Verwandtenerbrechts, § 1930 BGB

a) Repräsentationssystem und Eintrittsrecht

Der dem Erblasser am nächsten Stehende repräsentiert seinen Stamm und schließt die eigenen Abkömmlinge von der Erbfolge aus (§§ 1924 Abs. 2, 1925 Abs. 2, Abs. 3 Satz 1, 1926 Abs. 5, 1928 Abs. 2, 1929 Abs. 2 BGB). Fällt der gesetzliche Erbe weg, treten seine Abkömmlinge in seine erbrechtliche Position, § 1924 Abs. 3 BGB. Dieses Eintrittsrecht resultiert aus dem Prinzip der **Erbfolge nach Stämmen**. Jeder Abkömmling repräsentiert einen Stamm, wobei jeder Stamm die gleiche Erbquote erhält, § 1924 Abs. 4 BGB. Dass an die Stelle eines zuvor weggefallenen gesetzlichen Erben seine Abkömmlinge eintreten (§ 1924 Abs. 3 BGB), gilt auch dann, wenn ein lebender Ab-

---
10 *Damrau/Tanck*, § 1924 Rn. 5.
11 AnwK/*Kroiß*, § 1923 Rn. 12.
12 OLG Köln NJW-RR 1992, 1481.
13 BayObLG NJW-RR 1999, 1309.

kömmling nicht Erbe wird. Dies kann z.B. durch Ausschlagung, Erbunwürdigkeit oder durch Todesfiktion der Fall sein.

> **Praxishinweis:**
> Für Fälle dieser – o.g. – Art sollte in einer letztwilligen Verfügung die Anwachsung des frei werdenden Erbteils an die anderen Erben bestimmt werden, sofern der Erblasser seine eigenen Abkömmlinge enterbt und auch die aus diesem Stamm stammenden Enkel nichts erhalten sollen.

Der Grund hierfür liegt in § 1938 BGB, wonach im Zweifel der Ausschluss nicht für alle weiteren Abkömmlinge gilt. Diese bleiben dann weiterhin erbberechtigt, so dass wegen § 1938 BGB der gesamte Stamm – sofern gewollt – in einer letztwilligen Verfügung ausdrücklich ausgeschlossen werden muss.

19 Ist hingegen ein **Erbverzichtsvertrag** nach § 2346 ff. BGB geschlossen, ist der ganze Stamm des Verzichtenden von der weiteren Erbfolge ausgeschlossen.[14]

20 Gesetzliche Erben sind die Verwandten gem. der einzelnen Erbenordnung, §§ 1924 ff. BGB, sowie der Ehegatte und der eingetragene Lebenspartner. I.R.d. gesetzlichen Erben der ersten bis dritten Ordnung greift das **Parentelsystem** ein. Der Nachlass wird somit grundsätzlich nach Stämmen und nicht nach der Anzahl der Personen geteilt, wobei gem. § 1930 BGB die nähere Ordnung die entferntere ausschließt. Nach dem **Gradualsystem** erben die Erben der vierten Ordnung. Dies bedeutet, dass im gleichen Verwandtschaftsgrad zu gleichen Teilen geerbt wird. Zu berücksichtigen ist auch das **Repräsentationsprinzip**. Es besagt, dass der innerhalb der zum Zuge kommenden Erbenordnung dem Erblasser dem Grad nach am nächsten Stehende seine eigenen Abkömmlinge von der Erbfolge ausschließt. Daher sind bspw. Enkel von den eigenen Eltern auf den Tod der Großeltern ausgeschlossen.

b) Erbfolge nach Stämmen

21 Die **Erbfolge nach Stämmen** besagt, dass jeder Abkömmling mit seinen eigenen Abkömmlingen einen eigenen erbrechtlich relevanten Stamm bildet. Dieser Grundsatz gilt für die absteigende Richtung.

c) Erbfolge nach dem **Linienprinzip**

22 Von der zweiten Ordnung an bestimmen sich die Erben gem. § 1925 Abs. 2, Abs. 3 BGB nach der **aufsteigenden** Linie. Hierzu rechnen die Eltern des Erblassers sowie seine weiteren Vorfahren. Das Linienprinzip gilt allerdings erst ab der zweiten Ordnung. Halbgeschwister nehmen lediglich an der Hälfte des Nachlasses teil.

> *Beispiel:*
> *Verstirbt der Erblasser ohne Abkömmlinge, hat allerdings zwei Geschwister S 1 und S 2 sowie eine Halbschwester T väterlicherseits, und sind seine eigenen Eltern vorverstorben, erben S 1 und S 2 je ¼ von der Mutter sowie je 1/6 vom Vater (da insgesamt drei Abkömmlinge vorhanden sind; sie erben somit vom Bruder und Erblasser wie folgt: S 1 und S 2 je 5/12 sowie T insgesamt 2/12).*

---

14 *Kerscher/Tanck/Krug*, Das erbrechtliche Mandat, § 11 Rn. 93.

d) Erbfolge nach dem Gradualsystem

Ab der vierten Ordnung greift das **Gradualsystem** für die Erbfolge ein. Es besagt, dass der Verwandtschaftsgrad, also die Zahl der die Verwandtschaft vermittelnden Geburten, maßgeblich ist, § 1589 Satz 2 BGB, § 1928 Abs. 3, § 1929 Abs. 2 BGB. Sind die Urgroßeltern bereits verstorben, erben diejenigen Abkömmlinge, die mit dem Erblasser dem Grade nach am nächsten verwandt sind. Dabei richtet sich der Grad der Verwandtschaft nach § 1589 Satz 3 BGB.

2. Gesetzliche Erbfolge und DDR-Recht

Nach Art. 230 Abs. 2 EGBGB gelten für **ab dem 3.10.1990** eingetretene Erbfälle in den neuen Bundesländern die Regelungen des BGB. Die vor diesem Stichtag eingetretenen Erbfälle werden nach dem ehemaligen DDR-Erbrecht beurteilt, Art. 230 Abs. 1 EGBGB.

Liegt eine Verfügung von Todes wegen vor, die **vor dem 3.10.1990** errichtet wurde, ist für Fragen der Testierfähigkeit, Form, Inhalt und Aufhebung das Erbrecht der ehemaligen DDR gem. Art. 235 § 2 EGBGB maßgeblich.[15]

Bei in der ehemaligen DDR belegenen Grundstücken trat bei vor dem 3.10.1990 verstorbenen Bundesbürgern und DDR-Bürgern mit gewöhnlichem Aufenthalt in der Bundesrepublik eine Nachlassspaltung gem. Art. 3 Abs. 3 und Art. 25 Abs. 2 EGBGB ein. Es galt als lex rei sitae das Recht der DDR. Diese Konstellationen erfassen insbesondere die „**Republikfluchtfälle**". Beging bspw. der Erblasser 1980 Republikflucht und verstarb 1988 – also vor dem 3.10.1990 – im ehemaligen Westdeutschland, tritt die Nachlassspaltung ein: Das DDR-Grundstück des Republikflüchtlings ist nach DDR-Regeln als sonstiges Vermögen nach BGB zu beurteilen.

V. Erbrecht des Ehegatten in Abhängigkeit vom Güterstand

1. Grundlage, § 1931 BGB

Für die Höhe des jeweiligen gesetzlichen Erbteils des Ehegatten kommt es darauf an, welche Ordnung die anderen erbenden Verwandten haben und in welchem Güterstand der Erblasser mit den überlebenden Ehegatten verheiratet war. Neben Verwandten der ersten Ordnung (Abkömmlinge) beträgt die Erbquote des überlebenden Ehegatten 1/4. Neben Verwandten der zweiten Ordnung und neben den Großeltern beträgt dessen Erbquote 1/2.

> **Beachte:** Da der Güterstand auf die Erbquoten Einfluss hat, muss der erbrechtliche Berater i.R.d. Nachfolgeplanung immer auch den Güterstand des Erblassers abfragen.

Sofern ein Großelternteil vorverstorben ist und gleichzeitig Abkömmlinge vorhanden sind, schließt der Ehegatte diese Abkömmlinge aus. Somit erhält der Ehegatte also immer mindestens die Hälfte der Erbschaft sowie für jeden vorverstorbenen Großelternteil ein weiteres Achtel § 1931 Abs. 1 Satz 2 BGB. Hier weicht das Gesetz also von der Grundregel des § 1926 Abs. 3 Satz 1 BGB ab. Sind hingegen auch die Großeltern verstorben, fällt dem überlebenden Ehegatten die gesamte Erbschaft an, § 1931 Abs. 2 BGB.

---

15 Bonefeld/Kroiß/Tanck, Der Erbprozess, S. 63.

2. Erbrecht des Ehegatten bei der Zugewinngemeinschaft, §§ 1931 Abs. 3, 1371 BGB

a) Erbrechtliche – Güterrechtliche Lösung – Kleiner Pflichtteil

29 Sofern die Ehepartner im gesetzlichen Güterstand der Zugewinngemeinschaft verheiratet waren, kann der Überlebende zwischen der **erbrechtlichen Lösung** (§ 1371 Abs. 2 BGB) und der **güterrechtlichen Lösung** wählen. Nach §§ 1931 Abs. 3, 1371 Abs. 1 BGB erhöht sich in diesen Fällen der 1/4-Ehegattenerbteil um ein weiteres Viertel. Daraus folgt, dass der Ehegatte neben Erben der ersten Ordnung zu einer Quote von insgesamt 1/2 und neben Verwandten der zweiten und dritten Ordnung zu einer Quote von insgesamt 3/4 als Erbe berufen ist. Bei einer so vorgenommenen pauschalen Erhöhung der Erbquote um ein weiteres Viertel kommt es nicht darauf an, ob der überlebende Ehepartner einen Zugewinnausgleichsanspruch gehabt hätte oder wie lange die Ehe bestand.[16] Mit diesem „güterrechtlichen Viertel" wird pauschal dem Ende der Zugewinngemeinschaft durch Tod des Ehegatten Rechnung getragen und ein etwaiger Ausgleichsanspruch des Überlebenden pauschal abgegolten.[17] Vor allem bei kurzer Ehedauer oder einem hohen Anfangsvermögen des Erblassers stellt die erbrechtliche Lösung den überlebenden Ehegatten besser, als bei der im nachfolgenden beschriebenen güterrechtlichen Lösung.

30 Bei der güterrechtlichen Lösung wird der Ehegatte kein Erbe. Ihm steht statt der pauschalen Abgeltung des Zugewinnausgleichs durch Erhöhung des gesetzlichen Erbteils um 1/4 (s.o. Rn. 29) die Möglichkeit offen, die Erbschaft auszuschlagen und nach den Zugewinnvorschriften der §§ 1372 bis 1390 BGB den errechneten **konkreten Zugewinnausgleich** sowie den Pflichtteil aus dem erbrechtlichen Anteil zu verlangen.[18] Dem Ehegatten steht der Pflichtteilsanspruch zu, da er nach § 2303 Abs. 2 BGB zu den pflichtteilsberechtigten Personen zählt. Dieser Pflichtteil bestimmt sich dabei allerdings nicht nach dem erhöhten, gesetzlichen Erbteil des § 1371 Abs. 1 BGB. Für die Pflichtteilsberechnung in diesen Fällen verbleibt es bei der Grundregel des § 1931 Abs. 1 und 2 BGB. Das bedeutet, dass dem Ehegatten bei Vorhandensein von Abkömmlingen ein Pflichtteilsanspruch von lediglich 1/8 des Rein-Nettonachlasses und neben Verwandten der zweiten Ordnung eine Pflichtteilsquote i.H.v. 1/4 zusteht.

Zwei Fallvarianten sind für die güterrechtliche Lösung maßgeblich:

Zum einen werden die Fälle erfasst, in denen der Ehegatte ausdrücklich enterbt ist und ihm auch kein Vermächtnis zugewandt wurde, § 1371 Abs. 2 BGB. Weiterhin sind die Fälle umfasst, in denen der Ehegatte – gesetzlicher oder testamentarischer – Erbe oder Vermächtnisnehmer wird, er die Erbschaft bzw. das Vermächtnis jedoch ausschlägt.

> **Beachte:** Eine Ausschlagung dieser Art muss sich allerdings auf das Erbe und gleichzeitig auch auf das Vermächtnis beziehen. Es genügt nicht, wenn der Ehegatte nur die Erbschaft, nicht aber das Vermächtnis ausschlägt!

31 § 1371 Abs. 3 BGB gibt dem überlebenden Ehegatten ein **Ausschlagungsrecht.** Hinter der gesetzlichen Regelung steht der Gedanke, dass dem ausschlagenden Ehegatten neben dem Zugewinnausgleich der Pflichtteilsanspruch auch dann verbleibt, wenn dieser ihm nach erbrechtlichen Vorschriften nicht zustünde.[19] Macht der Ehegatte

---

16 OLG Bamberg OLGR 1999, 265; Palandt/*Edenhofer,* § 1931 Rn. 8.
17 AnwK/*Kroiß,* § 1931 Rn. 12.
18 *Kerscher/Tank/Krug,* Das erbrechtliche Mandat, § 11 Rn. 93.
19 Palandt/*Brudermüller,* § 1371 Rn. 19.

dann diesen Pflichtteilsanspruch geltend, handelt es sich dabei um den **kleinen Pflichtteil**. Nur hierauf hat der Ehegatte einen Anspruch gem. § 1371 Abs. 2 BGB. Das bedeutet, dass sich der Pflichtteilsanspruch nur aus der zugrundelegenden Quote des § 1931 BGB errechnet. Dem überlebenden Ehegatten steht somit hinsichtlich der Ausübung des Ausschlagungsrechts nach § 1371 Abs. 3 das **Wahlrecht** zu, ob er also die ihm zugewendete Erbschaft oder das Vermächtnis annimmt oder den Zugewinnausgleichsanspruch zusammen mit dem kleinen Pflichtteil geltend machen will.

b) Überlegungen zur Ausübung des Ausschlagungsrechts gem. § 1371 Abs. 3 BGB

Ob der überlebende Ehegatte die Ausschlagung erklären soll, ist auf den Einzelfall bezogen zu ermitteln. Dabei spielen Überlegungen eine Rolle, die wie folgt vom erbrechtlichen Berater berücksichtigt werden sollten:

Zu beachten ist, ob sich der Ehegatte auf seine Zugewinnausgleichsforderung möglicherweise Vorempfänge nach § 1380 BGB anrechnen lassen muss. Auch sollte überlegt werden, ob damit zu rechnen ist, dass Erben ein Leistungsverweigerungsrecht i.S.d. § 1381 BGB möglicherweise geltend machen. Ebenso ist eine mögliche Stundung des Zugewinnausgleichsanspruchs durch das FamG zu beachten. Aufzuklären ist auch, ob möglicherweise der Ehegatte, der den Zugewinnausgleich einfordert, nach § 1383 BGB Vermögensgegenstände des Erblassers anstelle von Geld erhält. Nicht außer Acht zu lassen ist die Möglichkeit, das Endvermögen nach § 1375 Abs. 2 BGB fiktiv zu erhöhen, sofern dies möglich ist. Auch prozessuale Überlegungen (Beweismittel, usw.) i.R.v. etwaigen Prozesschancen sind in die Abwägung einzustellen.

Um die Schwierigkeiten bei der Überlegung, ob eine Ausschlagung erfolgen soll oder nicht, zu verdeutlichen, haben sich folgende praxisrelevanten Fallkonstellationen herauskristallisiert:

Wird dem Ehepartner ein **Vermächtnis** hinterlassen, das **geringer ist** als der eigentliche Pflichtteil, kann der überlebende Ehegatte nach § 2305 BGB den Restpflichtteil verlangen. Dieser bemisst sich allerdings nach dem erhöhten Ehegattenerbrecht (**großer Pflichtteil**). Ein Zugewinnausgleichsanspruch ergibt sich in diesen Konstellationen allerdings nicht. Der überlebende Ehegatte kann diesen Zugewinnausgleichsanspruch und den kleinen Pflichtteil nur dann geltend machen, wenn das Vermächtnis ausgeschlagen wird.

Ist der dem überlebenden Ehegatten hinterlassene **Erbteil genau so hoch** wie der erhöhte Pflichtteil, wäre zur Ausschlagung anzuraten, um den Zugewinnausgleichsanspruch und den kleinen Pflichtteil zu erlangen. Sofern der Erbteil des überlebenden Ehegatten mit Auflagen, Vermächtnissen, etc. gem. § 2306 BGB beschwert ist, gelten diese Beschwerungen als nicht angeordnet, sofern der hinterlassene Erbteil kleiner oder gleich dem Pflichtteil ist. Um festzustellen, ob der Erbteil kleiner oder gleich dem Pflichtteil ist, ist wiederum vom erhöhten gesetzlichen Erbteil des Ehegatten auszugehen.

Praxishinweis:
Wenn dem Ehegatten mehr als der große Pflichtteil zugewandt wurde, dies allerdings mit Beschränkungen oder Beschwerungen verbunden ist, ist dem überlebenden Ehegatten regelmäßig zur Ausschlagung anzuraten, um den Zugewinnausgleichsanspruch sowie den kleinen Pflichtteil zu erhalten.[20]

---

20 S. hierzu Übersicht in *Damrau/Tanck*, § 1931 Rn. 23.

c) Güterrechtliche Lösung und Prozessrecht

35 Wird der kleine Pflichtteil sowie der konkrete Zugewinnausgleichsanspruch geltend gemacht, ist für die Geltendmachung des Zugewinnausgleichsanspruch das **FamG** zuständig, § 23 b Abs. 1 Nr. 9 GVG, § 621 Abs. 1 Nr. 8 ZPO. Der Pflichtteilsanspruch ist vor dem besonderen **Gerichtsstand der Erbschaft**, § 27 Abs. 1 ZPO, oder dem allg. Gerichtsstand anzumelden. Wird zunächst nur der vermeintlich **große Pflichtteilsanspruch** eingeklagt, ist die Verjährung des Zugewinnausgleichsanspruchs hierdurch nicht gehemmt.[21] Wird im Rahmen einer Klage auf Rückabwicklung einer fälschlicherweise erfolgten Erbauseinandersetzung eine **Widerklage** auf Zustimmung zum Teilungsplan erhoben, unterbricht die Widerklage die Verjährung des Zugewinnausgleichsanspruchs auch dann nicht, wenn zur Begründung der Widerklage auf den Zugewinnausgleichsanspruch Bezug genommen wird.[22]

3. Gütergemeinschaft

36 Die **Gütergemeinschaft** ist heute wegen der ungünstigen Haftungslage jedes Ehegatten für die Schulden des anderen nur noch selten vorzufinden.[23] Die Gütergemeinschaft begründet verschiedene Vermögensmassen der Ehepartner, die auch unterschiedlich vererbt werden. Es entsteht zunächst das **Gesamtgut** als einheitliche **Vermögensmasse** beider Ehepartner. Alles Vermögen, das die Eheleute in die Ehe einbringen oder während der Ehe erwerben, fließt in das Gesamtgut ein. Hinsichtlich der Verfügungsbefugnis hierüber ist § 1419 BGB zu beachten.

a) Sondergut – Vorbehaltsgut

37 Darüber hinaus verfügt der jeweilige Ehegatte noch über das **Sondergut**, § 1417 BGB. Das Sondergut wird von Gegenständen gebildet, die nicht durch Rechtsgeschäft übertragen werden können (z.B. Schmerzensgeldansprüche, Nießbrauch, usw.). Daneben wird das **Vorbehaltsgut** begründet, was durch Erklärung mittels Ehevertrag oder Verfügung von Todes wegen mit dieser Bestimmung oder per Surrogation geschieht, § 1418 BGB. Für den erbrechtlichen Bereich ist maßgeblich, dass den Ehegatten am Gesamtgut jeweils nur 1/2-Anteil zusteht, am Sonder- und Vorbehaltsgut hingegen der volle Anteil. Das Sondergut ist regelmäßig nicht vererbbar, da es sich auf nicht übertragbare Rechte bezieht.[24] Hinsichtlich des dem Erblasser vollständig gehörenden Vorbehaltsgutes ergeben sich erbrechtlich keine Besonderheiten. Das Gesamtgut steht beiden Ehegatten zu je 1/2 zu, so dass nur der hälftige Anteil hieran erbrechtlich zu berücksichtigen ist. Mit dem Tod des Ehegatten ist die Gesamthandsgemeinschaft allerdings noch nicht aufgeteilt. Hierzu bedarf es einer Liquidation.[25] Die gesetzliche Erbquote bei der Gütergemeinschaft liegt immer bei einem Viertel.[26]

b) Gütergemeinschaft ohne Fortsetzungsvereinbarung

38 Ist die Gütergemeinschaft durch notarielle Vereinbarung als eine solche ohne **Fortsetzungsvereinbarung** begründet worden, bedarf es beim Tod eines Ehegatten einer ge-

---

21 *Damrau/Tanck*, § 1931 Rn. 19.
22 BGH NJW 1993, 2439.
23 *Bonefeld*, Haftungsfallen im Erbrecht, Rn. 339.
24 Palandt/*Brudermüller*, § 1417 Rn. 1-4.
25 *Krug/Zwißler*, Familienrecht und Erbrecht, S. 63.
26 AnwK/*Kroiß*, § 1931 Rn. 14.

sonderten Auseinandersetzung dieser Gesamthandsgemeinschaft. Dies kann auch durch Vermittlung des Nachlassgerichtes geschehen §§ 99, 86 ff., 193 FGG. Wird eine Einigung nicht erzielt, kann jeder Teilhaber der Gemeinschaft auf Zustimmung zum Abschluss eines Auseinandersetzungsvertrages klagen. Insoweit ähnelt diese Form der Gütergemeinschaft der Miterbengemeinschaft. Deshalb ist auch ein konkreter Teilungsplan für den Klageantrag notwendig, § 253 Abs. 2 Nr. 2 ZPO. Voraussetzung ist, dass das Gesamtgut teilungsreif ist. Sind Grundstücke in der Gesamthandsgemeinschaft enthalten, hat die Teilungsversteigerung vorauszugehen.[27] Außerdem sind Gesamtguts- und Nachlassverbindlichkeiten zuvor wegzufertigen, wenn die Gesamtgutsmit der Nachlassauseinandersetzung zusammenfällt, §§ 1475, 2046 BGB.[28] Ein entsprechendes Urteil wirkt gem. § 894 ZPO, so dass ein rechtskräftiges Urteil die Zustimmung zum Auseinandersetzungsvertrag ersetzt.

Beispiel:
Liegt eine Gütergemeinschaft ohne Fortsetzungsvereinbarung der Konstellation vor, dass die Ehepartner Gütergemeinschaft vereinbart haben, wobei einer der Ehepartner verstirbt und zwei Kinder vorhanden sind, so erhält der überlebende Ehepartner 1/4 gem. § 1931 Abs. 1 BGB, die Kinder jeweils 3/8-Anteil gem. § 1924 Abs. 1, 4 BGB. Am Gesamtgut erhält der überlebende Ehepartner insgesamt 5/8 (1/2 + 1/4), die Kinder je 3/16 (3/8 vom 1/2-Anteil des Erblassers). Am Vorbehaltsgut und Sondergut – soweit vererblich – erhält der Ehepartner 1/4, die beiden Kinder je 3/8.[29]

c) Ehegattenerbrecht bei fortgesetzter Gütergemeinschaft

Haben durch Ehevertrag die Ehegatten bestimmt, dass die **Gütergemeinschaft** beim Tod eines von ihnen nicht aufgelöst, sondern mit gemeinschaftlichen Abkömmlingen, die am Nachlass des Erstversterbenden erbberechtigt wären, **fortgesetzt** wird, liegt eine fortgesetzte Gütergemeinschaft vor, §§ 1483 ff. BGB. Diese Variante ist allerdings kaum praxisrelevant, da diese Gütergemeinschaften regelmäßig durch anschließende Eheverträge aufgelöst worden sind. Bei dieser Art der Gütergemeinschaft wird der Anteil des Erblassers am Gesamtgut regelmäßig nicht vererbt, weil die Fortsetzung der Gemeinschaft nach § 1483 BGB vereinbart ist. Ein Erbrecht kann daher nur hinsichtlich des Sonder- und Vorbehaltsgutes begründet werden. Das gilt allerdings dann nicht, wenn gemeinschaftliche Abkömmlinge mit anderen (bspw. aus anderen Ehen) zusammentreffen. Dann steht den nicht gemeinschaftlichen Abkömmlingen der Ehepartner, die die fortgesetzten Gütergemeinschaften begründet haben, ein Erbrecht so zu, als ob die fortgesetzte Gütergemeinschaft nicht bestehen würde, § 1483 Abs. 2 BGB. In diesen Fallkonstellationen ist somit das Gesamtgut erbrechtlich relevant.

39

d) Begründung der Gütergemeinschaft als unentgeltliche Zuwendung?

Wird eine Gütergemeinschaft begründet, §§ 1415 ff. BGB, wird Vermögen von einem Ehegatten auf den anderen transferiert, ohne dass der Empfänger hierfür eine Gegenleistung erbringt. Die Vermögensmassen der Eheleute verschmelzen zu einer Einheit, unabhängig davon, ob nur einer oder beide Ehepartner Vermögen eingebracht haben.

40

---

27 OLG München FamRZ 1996, 291.
28 BGH FamRZ 1988, 813.
29 Berechnungsbeispiel nach *Bonefeld*, Haftungsfallen im Erbrecht, Rn. 348.

e) Pflichtteilsergänzungsfeste Zuwendungen durch Begründung der Gütergemeinschaft?

41 Es fragt sich, ob die Begründung der Gütergemeinschaft ein taugliches Mittel zur **Pflichtteilsreduzierung** sein kann. Die Rspr. geht dahin, dass grundsätzlich in diesen Gestaltungsvarianten keine den Pflichtteilsergänzungsanspruch auslösende Schenkung liegt, es sei denn, dass andere Zwecke als die Verwirklichung der Ehe damit verfolgt werden.[30] Zur Annahme einer Schenkung bedarf es nach der Rspr. außer der Einigung über die Unentgeltlichkeit der Zuwendung zusätzlich der Verdrängung der güterrechtlichen Rechtsgrundlage für die Bereicherung durch den schuldrechtlichen Schenkungsvertrag. Die causa für einen solchen Rechtsübergang ist im ehelichen Güterrecht zu sehen. Ob diese "ehefremden Zwecke" vorliegen, hat nach den allg. Beweislastgrundsätzen der Pflichtteilsberechtigte zu beweisen. Ihm stehen hierfür gewichtige Indizien zur Verfügung, so, wenn nach einem einheitlichen Plan der Ehepartner zunächst die Gütergemeinschaft und anschließend ein anderer Güterstand wieder vereinbart werden oder wenn nachträglich wertvolle Gegenstände aus dem Vorbehaltsgut eines Ehegatten in dasjenige des anderen oder in das Gesamtgut übertragen werden. Auch die Begründung der Gütergemeinschaft kurz vor dem Tod eines Ehegatten stellt solch ein starkes Indiz dar.[31] Wegen der erheblichen Beweisproblematik für den Pflichtteilsberechtigten ist regelmäßig die dem Ehegatten zugewandte Bereicherung durch Begründung des Gesamtgutes pflichtteilsergänzungsfest.

Beachte: Wegen der Vergemeinschaftung der Vermögensmassen kann eine Bereicherung des jeweils anderen Ehepartners, der weniger einbringt, entstehen. Dies kann erbschaftsteuerlich nachteilig sein, § 7 Abs. 4 ErbStG.

f) Rechtsfolgen bei Aufhebung der Gütergemeinschaft

42 Sofern durch Ehevertrag die bestehende Gütergemeinschaft aufgelöst und in den gesetzlichen Güterstand der Zugewinngemeinschaft wieder gewechselt wird, hat dies auch erbrechtliche Konsequenzen. Zunächst ist die Pflichtteilsquote – unabhängig von der Zahl der Abkömmlinge – von 3/8 auf 1/4 für alle Abkömmlinge herabgesetzt. Weiterhin wird das **Gesamtgut** gem. § 1471 Abs. 1 BGB dergestalt auseinandergesetzt, dass vom Überschuss des Gesamtgutes je die Hälfte gem. § 1476 BGB auf die Ehepartner übertragen wird; Verbindlichkeiten des Gesamtgutes sind vorab auszugleichen. Durch Ehevertrag kann allerdings auch der Halbteilungsgrundsatz abbedungen werden, da dieser dispositiv ist. Hiervon abweichende Auseinandersetzungsquoten können somit vertraglich fixiert werden. Wird diese Gestaltungsvariante gewählt, muss beachtet werden, dass der Betrag, der über der regelmäßigen hälftigen Quote liegt, nicht pflichtteilsergänzungsfest ist.

g) Die „Güterstandsschaukel"

43 Die Begründung der Gütergemeinschaft ist geeignet, außerhalb des § 2325 BGB Vermögen auf den weniger begüterten Ehegatten pflichtteilsfest zu übertragen. Allerdings führt dies regelmäßig auch zu einer Erhöhung der Pflichtteilsquote. Es werden Modelle diskutiert, die unter den Begriffen **„Güterstandsschaukel"**[32] oder „Schaukelmo-

---

[30] BGH NJW 1992, 558; *Krug/Zwißler*, Familienrecht und Erbrecht, S. 65.
[31] *Bonefeld*, Haftungsfallen im Erbrecht, S. 138.
[32] Vgl. hierzu BFH ZErb 2005, 420.

dell" erörtert werden.³³ Dabei geht es um Gestaltungsvarianten, wonach zunächst der Güterstand der Gütergemeinschaft begründet wird und anschließend wieder in den gesetzlichen Güterstand der Zugewinngemeinschaft „zurückgeschaukelt" wird. Durch die erfolgte Auseinandersetzung nach der Aufhebung der Gütergemeinschaft wäre so wegen des anzuwendenden Halbteilungsgrundsatzes überschießendes Vermögen vom „begüterteren" Ehepartner auf den „ärmeren" Ehegatten übertragen worden. Aufgrund der Rückkehr zur Zugewinngemeinschaft wird der Nachteil der Gütergemeinschaft (Erhöhung der Pflichtteilsquoten der Abkömmlinge) wieder neutralisiert.³⁴ Sofern eine derartige Wahl der Güterstände auf einem „einheitlichen Plan" der Ehepartner beruht, hat der BGH bereits entschieden, dass das ein Indiz dafür sein kann, dass die Gütergemeinschaft zu ehefremden Zwecken begründet wurde.³⁵ Die Vermögensbegünstigung, die für den „ärmeren" Ehegatten in der Vereinbarung der Gütergemeinschaft liegt, stellt dann eine Schenkung i.S.v. § 2325 BGB dar. Dies soll selbst dann der Fall sein, wenn zwischen dem Hin- und Herwechseln auch eine längere Zeit liegt.

Praxishinweis:
Das „Schaukeln" zur Gütergemeinschaft und anschließend wieder zurück in die Zugewinngemeinschaft kann daher nicht empfohlen werden, wenn diese Gestaltung aus den dargestellten Gründen nachweislich von Anfang an geplant ist.

Wenn allerdings der ursprüngliche Wechsel des Güterstandes hin zur Gütergemeinschaft vor mehreren Jahren und aus ganz anderen Motiven gewählt wurde als Pflichtteilsansprüche von Abkömmlingen zu reduzieren, fehlt es an dem vom BGH geforderten **„einheitlichen Plan"**. Deshalb ist jeweils die Einzelbetrachtung entscheidend.

Praxishinweis:
Um den Nachweis des „einheitlichen Planes" zur Schädigung der Pflichtteilsberechtigten zu erschweren, sollte eine erhebliche Zeit (mehrere Jahre) zwischen dem Wechseln der Güterstände verstreichen. Darüber hinaus sollten die Motive der Begründung des Güterstandes in die notarielle Urkunde aufgenommen werden. Sie können bspw. in der Neuordnung der Vermögensmassen der Ehepartner liegen, die aufgrund geänderter Umstände – etwa durch Hinzutreten eines weiteren Abkömmlings oder unerwartetem Zuwachs von Vermögensmassen – notwendig werden.

4. Gütertrennung, § 1931 Abs. 4 BGB

Die **Gütertrennung** wird durch notariellen Ehevertrag begründet oder entsteht dadurch, dass in einem Ehevertrag der gesamte Zugewinn ausgeschlossen oder die Gütergemeinschaft aufgehoben wird, § 1414 BGB. Dadurch wird also der Erbteil des überlebenden Ehegatten nur nach den erbrechtlichen Regeln bestimmt, § 1931 BGB, da es keine pauschale Erhöhung des Zugewinns gibt. Sind allerdings Abkömmlinge vorhanden, ist die Höhe des Ehegattenerbteils je nach Anzahl der vorhandenen Kinder unterschiedlich, § 1931 Abs. 4 BGB. Sofern zum Zeitpunkt des Erbfalls Gütertrennung bestand, beträgt die Erbquote für den Ehegatten nur 1/4, bzw. 1/2 neben Verwandten der zweiten Ordnung. Sind Abkömmlinge vorhanden, erben der Ehegatte und die Kinder des Erblassers zu jeweils gleichen Teilen. Ist somit ein Abkömmling vorhanden, erben der überlebende Ehegatte und das Kind jeweils 1/2 (§ 1931 Abs. 4

---

33 *Wegmann*, ZEV 1996, 206.
34 *Wegmann*, ZEV 1996, 206 m.w.N.
35 BGHZ 116, 178, 182.

BGB), sind zwei Kinder vorhanden, erben diese und der Ehegatte jeweils 1/3. Sind drei oder mehr Abkömmlinge vorhanden, erben nach den allg. Regeln der überlebende Ehepartner 1/4 und die Kinder unter sich zu gleichen Teilen die übrigen 3/4.

46 Sofern nach **ausländischem Recht Gütertrennung** vereinbart ist, kann diese auch die Erbfolge nach § 1931 Abs. 4 BGB genau so vereinbaren wie die Gütertrennung des BGB. Das ist vor allem dann der Fall, wenn nach Art. 25 Abs. 1 EGBGB deutsches Erbrecht Anwendung findet. Über diese Norm wird ebenfalls auf § 1931 Abs. 4 BGB verwiesen, so dass auch bei ausländischer Gütertrennung die Sonderregel des § 1931 Abs. 4 BGB Anwendung findet. Sind Kinder des Erblassers weggefallen, treten deren Abkömmlinge an ihre Stelle, § 1931 Abs. 4 letzter HS i.V.m. § 1924 Abs. 3 BGB.

Güterstand	1 Abkömmling	2 Abkömmlinge	Mehr als 2 Abkömmlinge
Zugewinngemeinschaft	1/2	1/2	1/2
Gütertrennung	1/2	1/3	1/4
Gütergemeinschaft	1/4	1/4	1/4

5. Sonstige Besonderheiten beim Ehegattenerbrecht

a) Voraus nach § 1932 BGB

47 Damit der überlebende Ehegatte sein Leben nach dem Tod des Ehepartners in der bisherigen Umgebung fortführen kann, hat er kraft Gesetzes einen Anspruch auf die Haushaltsgegenstände und Hochzeitsgeschenke, soweit diese dem Erblasser gehört haben, § 1932 Abs. 1 BGB. Der Anspruch auf den **Voraus** setzt allerdings voraus, dass der überlebende Ehegatte **gesetzlicher Erbe** wurde; dieser Anspruch besteht unabhängig vom Güterstand. Ist der überlebende Ehegatte enterbt oder als Erbe weggefallen oder **als testamentarischer Erbe** berufen, entfällt der Anspruch auf den Voraus.[36]

> **Praxishinweis:**
> Bei Ehegattentestamenten, insbesondere dem Berliner Testament, ist, um dem überlebenden Ehegatten den Anspruch auf § 1932 Abs. 1 BGB zu erhalten, dies als gesonderte Klausel im Testament niederzulegen.

48 Von den zum ehelichen Haushalt gehörenden Gegenständen sind die persönlichen Gegenstände des Erblassers, Gegenstände, die Zubehör eines Grundstücks sind oder die der Erblasser zur Ausübung seines Berufs benötigte, ausgenommen.[37] Sind auch Abkömmlinge als gesetzliche Erben vorhanden, ist der Anspruch aus § 1932 BGB nur dann gegeben, wenn dem Ehegatten eigene Gegenstände der bezeichneten Art fehlen und eine Neubeschaffung unzumutbar erscheint. Hierbei ist eine Interessenabwägung zwischen den Belangen der Abkömmlinge und des überlebenden Ehegatten vorzunehmen. Dabei kommt es ausschließlich auf den Bedarf des Ehegatten zum Zeitpunkt des Erbfalls an.[38] Sind neben dem Ehegatten auch Abkömmlinge zur Erbfolge berufen, ist der Anspruch nach § 1932 Abs. 1 Satz 2 BGB eingeschränkt. Der Anspruch auf den Hausrat besteht nur soweit, wie der überlebende Ehegatte die Gegenstände zur Führung des **angemessenen Haushalts** benötigt. Verfahrensrechtlich ist zu beachten, dass

---

36 *Damrau/Seiler*, § 1932 Rn. 9.
37 AnwK/*Kroiß*, § 1932 Rn. 6.
38 AnwK/*Kroiß*, § 1932 Rn. 9.

die **Durchsetzung** des Voraus vor dem **Prozessgericht** erfolgt, nicht hingegen vor dem Nachlassgericht.[39]

b) Dreißigster, § 1969 BGB

Der „**Dreißigste**" ist ein **gesetzliches Vermächtnis**, welches dem darin bestimmten Personenkreis der Familienangehörigen für 30 Tage nach dem Tod des Erblassers **Wohnung** und **Unterhalt** gewährt. Auch der eingetragene Lebenspartner deutschen oder ausländischen Rechts zählt zu dem Kreis der Anspruchsberechtigten, § 11 LPartG. Der Anspruch ist eine Nachlassverbindlichkeit, der weder übertragbar noch pfändbar oder vererblich ist, §§ 850 b Abs. 1 Nr. 2, Abs. 2, 851 ZPO, § 399 BGB. Ein Zurückbehaltungsrecht ihm gegenüber besteht ebenso wenig wie ein Aufrechnungsrecht, §§ 394, 273 BGB.[40] Da der Anspruch Nachlassverbindlichkeit ist, ist er von der Steuer befreit, § 10 Abs. 5 Nr. 2 ErbStG.

c) Scheidungsantrag und Ehegattenerbrecht

Die im Hinblick auf eine Scheidung vorgenommene Trennung ändert das gesetzliche Erbrecht des jeweiligen Ehegatten noch nicht. Das ändert sich allerdings mit der **Rechtshängigkeit** eines Scheidungsantrages. Liegt ein gemeinschaftliches Testament der Ehegatten vor, ist für jeden Ehepartner ein **einseitiger Rücktritt** hiervon möglich, §§ 2296, 2271 Abs. 1 BGB. Liegt ein Erbvertrag vor, ist ein solcher Rücktritt nur bei einem entsprechenden Rücktrittsvorbehalt möglich. Fehlt diese Rücktrittsklausel, ist die Möglichkeit zur **Selbstanfechtung wegen Irrtums** über die erfolgte Trennung gem. §§ 2281, 2078 Abs. 2 BGB eröffnet. Prozessual trägt der Anfechtende die Beweislast für diesen Irrtum.

Das gesetzliche Erbrecht des Ehegatten entfällt bereits dann, wenn beim Erbfall die Scheidung zwar noch nicht ausgesprochen, jedoch schon vom Erblasser beantragt war oder wenn dieser dem Scheidungsantrag des anderen/überlebenden Ehepartners gegenüber dem Gericht zugestimmt hatte. Allerdings müssen die Voraussetzungen der Scheidung vorgelegen haben, § 1933 Satz 1 BGB. In prozessualer Hinsicht bedeutet dies, dass der Scheidungsantrag vor dem Todestag des Erblassers rechtshängig geworden sein muss. Anhängigkeit des Scheidungsantrages bei Gericht genügt hierfür nicht.[41] Zum Zeitpunkt des Erbfalls müssen deshalb die Scheidungsvoraussetzungen festgestellt sein.[42]

> **Praxishinweis:**
>
> Um das gesetzliche Erbrecht des Ehegatten während des Scheidungsverfahrens auszuschließen, sollte der Antragsgegner im Scheidungsverfahren selbst einen Scheidungsantrag stellen. Andernfalls könnte der ursprüngliche Antragsteller den Scheidungsantrag zurücknehmen und dadurch das Ehegattenerbrecht bestehen lassen.
>
> Das gesetzliche Erbrecht des überlebenden Ehepartners bleibt allerdings bestehen, wenn nur der überlebende Ehegatte die Scheidung beantragte, diese aber noch nicht vom Gericht durchgeführt wurde. Der Zustimmung zur Ehescheidung steht ein eigener Scheidungsantrag gleich.

---

39 *Damrau/Seiler*, § 1933 Rn. 25.
40 AnwK/*Krug*, § 1969 Rn. 4.
41 BGHZ 111, 329.
42 BGH NJW 1995, 1082.

51 Da es für den Verlust des Ehegattenerbrechts auf die **Rechtshängigkeit des Scheidungsantrages** ankommt (s.o. Rn. 50), ist eine erst nach dem Tod erfolgte Zustellung des Scheidungsantrags an den verstorbenen Ehepartner nicht geeignet, eine Rückwirkung zu entfalten. Deshalb bleibt das Ehegattenerbrecht bestehen, wenn zum Zeitpunkt des Todes des Erblassers keine Rechtshängigkeit des Scheidungsantrags vorliegt.[43]

> **Praxishinweis:**
> Wird die Zustimmung zur Scheidung nicht erteilt, oder die Härteklausel gem. § 1568 BGB verneint, sollte unverzüglich eine Verfügung von Todeswegen gefertigt werden; dies gilt auch, wenn bei einer streitigen Scheidung die Folgesachen auch streitig bleiben.

52 Bei einverständlichen Scheidungen werden regelmäßig **Scheidungsfolgenvereinbarungen** fixiert. Hierbei wird häufig übersehen, auch die erbrechtliche Seite mit zu regeln. Um die Konsequenzen des § 1933 BGB nicht auf den Zeitpunkt der Rechtshängigkeit des Scheidungsantrags zu verschieben, sollte auch ein Erb- und Pflichtteilsverzicht[44] in die Scheidungsfolgenvereinbarung aufgenommen werden.

53 Derjenige, der sich auf die Voraussetzungen des § 1933 BGB beruft (Wegfall des Ehegattenerbrechts), trägt hierfür die **Beweislast** dahingehend, dass zum Zeitpunkt des Erbfalls der Scheidungsgrund bestand.[45] Ist das Ehegattenerbrecht nach § 1933 BGB weggefallen, verliert der überlebende Ehegatte auch sein Pflichtteilsrecht. Er hat allerdings u.U. gegen die Erben des Erblassers einen nachehelichen Unterhaltsanspruch nach §§ 1569 bis 1586 b BGB, § 1933 Satz 3 BGB. Der **Voraus** nach § 1932 BGB steht dem Ehegatten allerdings nicht (mehr) zu.

54 Sind **ausländische Scheidungsurteile** für die Frage des gesetzlichen Ehegattenerbrechts oder dessen Verlust zu berücksichtigen, gelten Sonderregeln.[46]

d) Ehescheidung und gemeinschaftliches Testament, § 2077 BGB

55 Eine letztwillige Verfügung, durch die der Erblasser den Ehegatten bedacht hat, ist unwirksam, wenn die Ehe vor dem Tod des Erblassers aufgelöst worden ist. Der Auflösung der Ehe steht es gleich, wenn zur Zeit des Todes des Erblassers die Voraussetzungen für die Scheidung der Ehe gegeben waren und der Erblasser die Scheidung beantragt oder ihr zugestimmt hatte, § 2077 Abs. 1 Satz 1 und 2 BGB.

56 Nach der **Vermutungsregel** des § 2077 Abs. 3 BGB ist die Verfügung allerdings nicht unwirksam, wenn anzunehmen ist, dass der Erblasser sie auch für diesen Fall getroffen haben würde. Nach der **Fiktion des § 2077 Abs. 3 BGB** kommt es deshalb auf den Willen der Testierenden hinsichtlich ihrer gemeinschaftlichen letztwilligen Verfügung an. Über § 2268 Abs. 2 BGB wird deshalb den Ehepartnern die Möglichkeit gegeben, auch über die Dauer der Ehe hinaus zu testieren. Entscheidend ist somit, ob ein **Aufrechterhaltungswille** der Ehegatten hinsichtlich der letztwilligen Verfügung trotz Ehescheidung vorliegt. Nach BGH vom 7.7.2004[47] können die über § 2268 Abs. 2 BGB fortgeltenden wechselbezüglichen Verfügungen auch nach der Scheidung der

---

43 *Bonefeld*, Haftungsfallen im Erbrecht, Rn. 700 ff.
44 Dazu ausführlich *Bonefeld*, Anwaltformulare Erbrecht, S. 269 ff.
45 BGH NJW 1995, 1082.
46 Dazu ausführlich: *Krug/Zwißler*, Familienrecht und Erbrecht, S. 79-82.
47 BGH ZEV 2004, 423.

Ehe ihre Wechselbezüglichkeit behalten. Daher können sie grundsätzlich nicht gem. § 2271 Abs. 1 Satz 2 BGB durch einseitige Verfügungen von Todes wegen wieder aufgehoben werden. Dahingehende fortgeltende wechselbezügliche Verfügungen können nur nach den für den Rücktritt vom Erbvertrag geltenden Regeln widerrufen werden.

Soll dies verhindert werden, ist im gemeinschaftlichen Testament der Ehepartner der **ausdrückliche Hinweis aufzunehmen**, dass für den Fall eines rechtshängigen Scheidungsantrages die gesamte Verfügung von Todes wegen unwirksam und § 2268 Abs. 2 BGB ausgeschlossen sein soll. Da die Vorschrift des § 2077 BGB eine widerlegbare Fiktion beinhaltet, sollte der jeweils geschiedene Ehegatte durch ein einfaches Schreiben darlegen, ob das ursprüngliche Testament mit der Erbeinsetzung des vormaligen Ehepartners weiter gelten soll oder nicht. Dies kann durch ausdrücklichen Widerruf in einem neuen Testament erfolgen.

6. Das Lebenspartnerschaftsgesetz

Erst nach 2001 trat das **Lebenspartnerschaftsgesetz (LPartG)** in Kraft. Das Erbrecht des eingetragenen Lebenspartners ist nunmehr in § 10 LPartG geregelt. Der eingetragene Lebenspartner wird nun genau so wie ein Ehegatte behandelt, so dass ihm folgende gesetzliche Erbquoten zustehen:

Neben Verwandten der ersten Ordnung: 1/4; neben Verwandten der zweiten Ordnung: die Hälfte; neben Verwandten der dritten Ordnung: bei noch lebenden Großeltern die Hälfte; bei vorverstorbenen Großeltern die gesamte Erbschaft, § 10 Abs. 2 LPartG; die gesamte Erbschaft fällt dem Lebenspartner auch an neben Verwandten der vierten und ferneren Ordnungen des Erblassers.

Zusätzlich steht ihm auch der **Voraus** zu.[48] Die Erbquote ist ebenso wie die Pflichtteilsquote abhängig vom gewählten Güterstand der Lebenspartner. Die Höhe des Erbteils des Lebenspartners neben Erben erster Ordnung zeigt folgende Übersicht:

Güterstand	1 Abkömmling	2 Abkömmlinge	Mehr als 2 Abkömmlinge
Ausgleichsgemeinschaft	1/2	1/2	1/2
Gütertrennung	1/4	1/4	1/4
Vermögensgemeinschaft	1/4	1/4	1/4

Neben Verwandten der zweiten Ordnung und den Großeltern erhält der Lebenspartner einen Erbteil i.H.v. 3/4 bei Ausgleichsgemeinschaft; i.H.v. 1/2 bei Lebenspartnervertrag mit Gütergemeinschaft; i.H.v. 1/2 bei Vermögenstrennung. Neben Verwandten der dritten Ordnung ohne Großeltern und Verwandten der vierten und entfernteren Ordnungen steht dem Lebenspartner die gesamte Erbschaft zu.[49]

---

48 *Bonefeld*, ZErb 2001, 1 ff.; Rn. 47 f.
49 Vgl. Überblick *Bittler*, Erbprozess, S. 54.

B. Gewillkürte Erbfolge

I. Grundzüge

1. Testier- und Erbfähigkeit

60 § 2229 BGB regelt die **Testierfähigkeit.** Dies ist die Fähigkeit, ein Testament zu errichten, zu ändern oder aufzuheben, die beim Errichtungsakt bis zu dessen Abschluss (Unterschriftsleistung) vorhanden sein muss.[50] Die Testier- und Erbfähigkeit hängt vom Lebensalter und der Frage der Einsichtsfähigkeit über die Bedeutung der abgegebenen Willenserklärung ab. Hierzu dient folgende Übersicht:

Alter	Testierfähigkeit	Erbvertragsfähigkeit
Vor Vollendung des 16. Lebensjahres	Testierfähigkeit besteht nicht (§ 2229 Abs. 1 BGB)	Erbvertragsfähigkeit besteht nicht (§§ 2275 Abs. 1, 104, 106 BGB)
Nach Vollendung des 16. aber vor Vollendung des 18. Lebensjahres	Die Testierfähigkeit ist nur nach Maßgabe der §§ 2233 Abs. 1, 2247 Abs. 4 BGB gegeben; § 2229 Abs. 1 BGB	Die Erbvertragsfähigkeit ist bei Ehegatten und Verlobten mit Zustimmung ihrer gesetzlichen Vertreter gegeben (§ 2275 Abs. 2, 3 BGB)
Nach Vollendung des 18. Lebensjahres	Testierfähigkeit gegeben (§ 2233 BGB)	Erbvertragsfähigkeit ist gegeben (§ 2275 Abs. 1 BGB)
Bei angeordneter Betreuung (§§ 1806 ff. BGB)	Testierfähigkeit ist grundsätzlich gegeben, es sei denn § 2229 Abs. 4 BGB liegt vor.	Erbvertragsfähigkeit ist grundsätzlich gegeben, es sei denn, § 2229 Abs. 4 BGB liegt vor.

Häufig wird verkannt, dass auch ein **unter Betreuung Stehender** allein wegen der Tatsache der Betreuungsbedürftigkeit seine Testierfähigkeit nicht verliert.[51]

2. Die Erbfähigkeit

61 Die Erbfähigkeit folgt aus der allg. Rechtsfähigkeit, § 1 BGB. Nur Rechtssubjekte sind daher erbfähig, nicht hingegen Rechtsobjekte, wie z.B. Tiere. Rechtssubjekte sind alle natürlichen Personen sowie juristische Personen des öffentlichen Rechts und Privatrechts. Die Rechtsfähigkeit des Menschen beginnt mit Vollendung der Geburt, § 1 BGB. Allerdings wird das noch ungeborene, bereits gezeugte Kind (nasci turus) durch eine Reihe von Sondervorschriften geschützt. In erbrechtlicher Hinsicht ist § 1923 Abs. 2 BGB zu berücksichtigen. Wer zur Zeit des Erbfalls noch nicht lebte, aber schon gezeugt war, gilt als vor dem Erbfall geboren. Zur Erlangung der Erbfähigkeit verlangt das Gesetz allerdings, dass der Erbe zumindest kurz außerhalb des Mutterleibes gelebt hat. Bei Fehl- oder Totgeburten oder versterben der Mutter samt Leibesfrucht ist ein Erbrecht des nasci turus daher nicht möglich und fällt dem Nächstberufenen an, § 2094 BGB.[52] Die noch nicht erzeugte Person (nondum conceptus) ist nach der Zweifelsregel des § 2101 Abs. 1 Satz 1 BGB nur als Nacherbe anzusehen.

---

50 Palandt/*Edenhofer*, § 2229 Rn. 1; BGHZ 30, 294.
51 Palandt/*Edenhofer*, § 2229 Rn. 5; *Roth*, Erbrechtliche Probleme bei Betreuung, S. 4.
52 Palandt/*Edenhofer*, § 1923 Rn. 1.

3. Testamentserrichtung

Das Gesetz unterscheidet zwischen ordentlichen Testamentsformen und **Nottestamenten**. Nottestamente kommen in der Praxis kaum vor. Zu den ordentlichen Testamentsformen zählen das **privatschriftliche, öffentliche** und **gemeinschaftliche** Testament.

a) Privatschriftliches Testament

Vom privatschriftlichen Testament ist zunächst ein bloßer Testamentsentwurf abzugrenzen. Bei diesem handelt es sich mangels **Testierwillens** nicht um ein gültiges Testament. Um den Testierwillen zu bejahen, muss der Erblasser die von ihm erstellte Testamentsurkunde als rechtsverbindliche letztwillige Verfügung ansehen oder zumindest in dem Bewusstsein gehandelt haben, die Urkunde könne als Testament angesehen werden.[53] Zwingende **Gültigkeitsvoraussetzung** für das privatschriftliche Testament ist die eigenhändig geschriebene und unterschriebene Erklärung des Erblassers, § 2247 Abs. 1 BGB. Dies ist deshalb notwendig, damit zur Nachprüfung der Echtheit und Einheit des niedergelegten Willens aufgrund der individuellen Schrift des Erblassers notfalls ein graphologisches Gutachten eingeholt werden kann und eine Nachahmung erschwert wird.[54] Die **Eigenhändigkeit** schließt aus, dass der Erblasser zur Niederlegung seines letzten Willens mechanische Schreibhilfen (Schreibmaschine, Druck, Telegramm) verwendet. Zulässig ist nur eine **unterstützende Schreibhilfe**, bspw. das Halten einer geschwächten Hand oder das Abstützen des Arms, sofern der Erblasser die Ausformung der Schriftzüge selbst bestimmt und diese ausschließlich von seinem eigenen Willen getragen werden.[55] Ein aktives Führen der Hand des Testierenden durch einen Dritten ist somit zur Herstellung eines wirksamen Testaments ausgeschlossen, da der so niedergelegte Wille des Erblassers nicht mehr von ihm stammt.

Auch die **Unterschrift** muss vom Erblasser selbst stammen. Hierbei genügt, wenn die Identifizierung des Erblassers aus der Unterschrift möglich ist. Daher können – sofern der Erblasser diese üblicherweise verwendet – Abkürzungen, Initialen oder Anfangsbuchstaben ausreichen.[56] Die Unterschrift muss am Ende der Verfügung angebracht sein und den voranstehenden Urkundstext räumlich abschließen. Nur so sind alle Anordnungen eindeutig vom Testierwillen des Erblassers umfasst.

Beachte: Die Erwähnung des Namens des Erblassers im Urkundstext selbst reicht für die Wirksamkeit des Testaments nicht aus.

Bei mehrseitigem Testamentstext ist die Unterschrift auf dem letzten Blatt als ausreichend angesehen worden.[57] Hingegen bedürfen vom Erblasser selbst geschriebene Anlagen nur dann keiner besonderen jeweils eigenen Unterschrift, wenn sie nach seinem nach außen erkennbaren Willen zum Testamentsbestandteil gemacht sind.[58] Häufig werden Testamente nicht unterschrieben, sondern in einem verschlossenen Umschlag vom Erblasser verwahrt und dieser Umschlag mit der Unterschrift des Erblassers versehen. Sofern die Unterschrift auf dem Umschlag keine eigenständige Bedeutung hat und sie mit dem Text der einliegenden Blätter in einem so engen inneren Zusammen-

---

53 Palandt/*Edenhofer*, § 2247 Rn. 4.
54 AnwK/*Beck*, § 2247 Rn. 14.
55 BGHZ 47, 68; OLG Hamm NJW-RR 2002, 222.
56 *Damrau/Weber*, § 2247 Rn. 36 ff.
57 BayObLGZ 75, 243.
58 Palandt/*Edenhofer*, § 2247 Rn. 15.

hang steht, dass sie sich nach dem Erblasserwillen und der Verkehrsauffassung als äußere Fortsetzung und Abschluss der einliegenden Erklärung darstellt, kann der Umschlag als Teil der Testamentsurkunde angesehen und damit die Testamentsform gewahrt sein.[59] Ist der Umschlag allerdings unverschlossen und unterschrieben, ist wegen der losen, jederzeit aufhebbaren Verbindung zwischen Testamentsurkunde und Hülle (Umschlag) streitig, ob o.g. Wirksamkeitserfordernis Genüge getan ist.[60]

65 Nicht unterschriebene Testamente, die in einem unterschriebenen Briefumschlag befindlich sind, bieten erhebliches Streitpotential. Die **Feststellungslast** trägt grundsätzlich derjenige, der Rechte aus dem Schriftstück herleitet.[61] Die Angabe von **Zeit und Ort** der Errichtung des Testaments (§ 2247 Abs. 2 BGB) ist für die Formwirksamkeit nicht zwingend, da es sich insoweit nur um eine Sollvorschrift handelt. Es ist allerdings sinnvoll, diese Daten aufzunehmen, um die Feststellung später zu ermöglichen, welches von möglicherweise mehreren Testamenten früher errichtet worden ist. Dies ist vor allem bei **mehreren Testamenten** mit widersprechenden Inhalten wichtig. Mehrere Testamente mit gleichem Datum gelten als gleichzeitig errichtet. Sofern sie sich widersprechen, heben sie sich gegenseitig auf und es tritt dann gesetzliche Erfolge ein. Andernfalls hebt das jüngere das ältere Testament insoweit auf, als sich die beiden Testamente widersprechen.

66 Sofern ein Testament ohne Willen des Erblassers vernichtet wurde oder das Original nicht mehr auffindbar ist, kann der **Testamentsinhalt** mit allen zulässigen **Beweismitteln** bewiesen werden.[62] Als Beweismittel tauglich sind hierfür Zeugen- und Sachverständigenbeweis ebenso wie Kopien, Durchschriften, Ablichtungen oder Abschriften. Um den Verlust oder die Vernichtung des Testaments zu umgehen, sollten letztwillige Verfügungen beim Nachlassgericht **hinterlegt** werden.

b) Öffentliches Testament

67 **Öffentliche Testamente** werden gem. § 2232 BGB zur Niederschrift eines Notars erklärt. Die gebräuchlichste Form ist die mündliche Erklärung des letzten Willens, die der **Notar** dann **schriftlich niederlegt**. Ein notarielles Testament kann auch in der Form errichtet werden, dass dem Notar eine **offene oder verschlossene Schrift**, die nicht vom Testierenden eigenhändig geschrieben sein muss, mit dem Hinweis übergeben wird, diese Schrift enthalte den letzten Willen.[63] Die Schrift kann daher in jeder Form (z.B. eigenhändig, maschinenschriftlich, in fremder Sprache, usw.) gefertigt sein; allerdings muss der Erblasser den Inhalt kennen. Datum, Ortsangabe und Unterschrift sind hierbei entbehrlich.[64] Bei so übergebenen offenen Schriften entfällt die fachkundige Beratung durch den Notar. Der Notar hält die Übergabe der Schrift fest in einer Niederschrift, § 30 Abs. 1 Satz 1 BeurkG. Das – gleich auf welche Art – errichtete öffentliche Testament wird sodann beim Nachlassgericht hinterlegt.

c) Gemeinschaftliches Testament

68 Für alle Arten der gemeinschaftlichen Testamente sind vom Gesetz **Formerleichterungen** vorgesehen, §§ 2266, 2267 BGB. Hierbei genügt bei Ehegatten (oder Lebens-

---

59 OLG Celle NJW 1996, 2938; Palandt/*Edenhofer*, § 2247 Rn. 16 m.w.N.
60 Dafür: BayObLG Rpfleger 1986, 294; dagegen: Hamm OLGZ 1986, 292.
61 OLG Hamm OLGZ 66, 498.
62 Palandt/*Edenhofer*, § 2255 Rn. 12.
63 Palandt/*Edenhofer*, § 2232 Rn. 3.
64 Palandt/*Edenhofer*, § 2232 Rn. 3.

partnern nach LPartG), wenn einer unter Wahrung der gesetzlichen Form das Testament handschriftlich niederlegt und der andere Ehegatte die gemeinschaftliche Erklärung mit unterzeichnet, § 2267 Satz 1 BGB. Für diejenigen gemeinschaftlichen Testamente, in welchen sich Ehegatten zunächst auf den ersten Todesfall gegenseitig als Erben einsetzen, ist die **Auslegungsregel** des § 2269 BGB zu beachten („**Berliner Testament**").

> **Praxishinweis:**
> Der das Testament mit unterzeichnende Ehegatte sollte den Satz „dies ist auch mein letzter Wille" zusätzlich vor seine Unterschrift und nach Abschluss des vom anderen Ehegatten unterzeichneten Testaments anbringen.

Ein gemeinschaftliches Testament kann auch als **gemeinschaftlich öffentliches Testament** errichtet werden. Dies erfolgt nach Maßgabe der §§ 2231 Nr. 1, 2232 ff. BGB §§ 1–13, 16 ff., 22–32; 34 ff. BeurkG. Dabei kann der letzte Wille mündlich oder durch Übergabe einer (offenen oder verschlossenen) Schrift erklärt werden. Wird die Errichtung der letztwilligen Verfügung in getrennten Beurkundungsverhandlungen, ggf. auch vor unterschiedlichen Notaren, vorgenommen, ist erforderlich, dass jeder der testierenden Ehegatten die Erklärung des anderen hierbei kennt.[65] In inhaltlicher Hinsicht hat die Erklärung des das Testament niederschreibenden Ehegatten auch die letztwillige Verfügung beider Ehegatten zu enthalten, § 2265 BGB. Das bedeutet, dass der das Testament mit unterzeichnende Ehegatte seine Unterschrift mit eigenem Testierwillen unter das Dokument abschließend setzen muss.

69

> **Praxishinweis:**
> Wird ein öffentliches Testament errichtet, ist im Erbfall der Erbschein durch das notarielle Testament nebst Eröffnungsprotokoll zu erlangen, so dass die entsprechenden Kosten für den Erbschein gespart werden können. Allerdings besteht die Gefahr, einen stillschweigenden Pflichtteilsverzicht insoweit zu erklären.[66] Hingegen schuldet der beurkundende Notar keine steuerrechtliche Prüfung, was der erbrechtlich versierte Anwalt hingegen leisten kann.

Nach dem Tod des Lebenspartners/Ehegatten ist das gemeinschaftliche Testament allerdings nur **beschränkt abänderbar.** Aufgrund der dann eintretenden **Bindungswirkung** sind etwaige Freistellungsklauseln des überlebenden Ehegatten im gemeinschaftlichen Testament angezeigt, sofern diese gewünscht werden.

70

d) Nottestament

Nottestamente können in drei außerordentlichen Testamentsformen errichtet werden: Dies ist möglich durch ein Bürgermeistertestament, § 2249 BGB, „Drei-Zeugentestament", § 2250 BGB und als Nottestament auf See, § 2251 BGB. Sowohl beim Bürgermeister- als auch Drei-Zeugentestament ist u.a. Voraussetzung, dass die Besorgnis besteht, dass die Errichtung eines Testaments vor einem Notar nicht mehr möglich sein werde, also eine **Todesbesorgnis.**

71

Beim Bürgermeistertestament muss diese Todesbesorgnis beim Bürgermeister entweder subjektiv in seiner Vorstellung liegen oder objektiv vorhanden sein.[67] Der Bür-

---

65 AnwK/*Radlmayr,* § 2267 Rn. 2.
66 BGH NJW 1977, 1728.
67 AnwK/*Beck,* § 2249 Rn. 5.

germeister hat dann zwei Zeugen zur Testamentserrichtung hinzuzuziehen. Als Zeuge kann allerdings nicht hinzugezogen werden, wer in dem zu beurkundenden Testament bedacht oder zum Testamentsvollstrecker ernannt wird, § 2249 Abs. 1 Satz 2 und 3 BGB. Die vom Bürgermeister aufgenommene **Niederschrift** des letzten Willens ist von beiden Zeugen dem Erblasser **vorzulesen und von diesem zu genehmigen.** Ein Formmangel bei der Abfassung der Niederschrift steht der Gültigkeit des Testaments nicht entgegen, sofern sicher anzunehmen ist, dass es eine zuverlässige Wiedergabe der Erklärung des Erblassers enthält, § 2249 Abs. 6 BGB. Das ordnungsgemäß errichtete Bürgermeistertestament ist in beweisrechtlicher Hinsicht eine öffentliche Urkunde gem. § 415 ZPO und eine **öffentliche Urkunde** i.S.v. § 35 GBO.

Zu berücksichtigen ist, dass gem. § 2252 Abs. 1 BGB dieses Nottestament eine beschränkte **Gültigkeitsdauer** von drei Monaten ab der Errichtung unter der Voraussetzung hat, dass der Erblasser dann noch lebt.

72 Das **Drei-Zeugentestament** kann durch mündliche Erklärung vor drei Zeugen errichtet werden, wobei hierüber eine Niederschrift aufzunehmen ist, § 2250 Abs. 3 Satz 1 BGB. Diese drei Zeugen müssen sowohl während des Errichtungsaktes als auch bei Verlesung und Genehmigung der Niederschrift durch den Erblasser anwesend sein.[68] Als Zeugen ausgeschlossen sind der Erblasser selbst, dessen Ehegatte oder Lebenspartner und die mit ihm in gerader Linie Verwandten, § 2250 Abs. 3 Satz 2 BGB. Das Schriftformerfordernis des Drei-Zeugentestamentes ist zwingend.[69]

73 Durch mündliche Erklärung vor drei Zeugen mit anschließender Niederschrift kann auch ein **Nottestament auf See** errichtet werden, § 2251 BGB. Dies setzt allerdings – im Gegensatz zum Drei-Zeugen- und Bürgermeistertestament – **keine Gefahr des Todes** des Erblassers voraus. Auch bei dieser Art des Nottestaments ist die Wirkungsdauer nach § 2252 BGB (drei Monatsfrist) zu berücksichtigen. Wichtig ist, dass sich der Erblasser an Ort eines **deutschen Schiffes** für diese Testamentsform befinden muss, was sich nach §§ 1, 2, 3 des Flaggenrechtsgesetzes vom 8.2.1951 beurteilt.[70]

e) Erbvertrag

74 Als weitere Möglichkeit, eine Verfügung von Todes wegen zu errichten, ist der Weg eröffnet, einen **Erbvertrag** abzuschließen, was der Erblasser allerdings nur **persönlich** vornehmen kann, § 2274 BGB. Die Errichtung des Erbvertrages folgt nach §§ 2274 ff. BGB: Im Erbvertrag muss mindestens eine **vertragsmäßige Verfügung** enthalten sein, andernfalls ein Testament vorliegt.[71] Vertragsmäßig können nur Erbeinsetzungen, Vermächtnisse oder Auflagen getroffen werden, §§ 1941 Abs. 1, 2278 Abs. 2 BGB. Andere letztwillige Anordnungen, wie z.B. die Ernennung eines Testamentsvollstreckers oder Teilungsanordnungen, können hingegen nur einseitig im Erbvertrag verfügt werden und sind deshalb nach Testamentsrecht zu beurteilen.[72] Da der Erbvertrag rechtsdogmatisch eine **Doppelnatur** besitzt, stellt er einen echten Vertrag sowie gleichzeitig eine Verfügung von Todes wegen dar.[73] Der Erbvertrag ist vom Rechtsgeschäft unter Lebenden abzugrenzen. Als **Abgrenzungskriterium** ist die angestrebte Art der Bindung der Vertragsparteien heranzuziehen. Der Erbvertrag soll

---

68 BayObLG NJW 1970, 1152.
69 *Damrau/Tanck/Bonefeld/Deininger*, § 2250 Rn. 35.
70 BGBl. I S.79 ff. i.d.F. v. 26.10.1994, BGBl. I S. 3140.
71 BGHZ 26, 204.
72 *Damrau/Krüger*, Vor § 2274 Rn. 3.
73 *Dittmann/Reimann/Bengel/Mayer*, Testament und Erbvertrag, Vor § 2274 Rn. 5.

verhindern, dass der Erblasser ohne Kenntnis oder Mitwirkung seines Erbvertragspartners seine erbrechtliche Verteilung bzgl. der vertragsmäßigen Verfügungen ändert. Hierbei wird allerdings keine schuldrechtliche Verpflichtung konstruiert, so dass kein Anspruch gegen den Erblasser zu dessen Lebzeiten begründet wird. Auch eine rechtlich gesicherte Anwartschaft wird durch den Erbvertrag nicht hervorgerufen.[74]

Der Unterschied zwischen Erbvertrag und Testament liegt darin, dass das Testament grundsätzlich widerruflich ist, der Erbvertrag hinsichtlich seiner vertragsmäßigen Verfügungen nicht, §§ 2253 ff., 2289 Abs. 1 Satz 2 BGB. Damit geht die Bindung des Erblassers an seine vertragsgemäßen Verfügungen einher. Hierzu fordert der BGH, dass im Erbvertrag zumindest eine vertragsgemäße Verfügung enthalten sein muss.[75] Eine freie Widerrufbarkeit ohne Vorbehaltsklauseln im Erbvertrag ist für den Erblasser daher nicht gegeben; dadurch wird eine sehr starke Bindungswirkung durch den Erbvertrag geschaffen.

In **formeller** Hinsicht kann der Erblasser den Erbvertrag nur persönlich schließen, § 2274 BGB. Sofern der Vertragsgegner nur die Annahme der erblasserseits getroffenen vertragsgemäßen Verfügungen erklären will, kann er sich nach allg. Stellvertretungsregeln vertreten lassen. Wenn der Vertragsgegner hingegen selbst vertragsmäßige oder seinerseits einseitige Verfügungen treffen möchte, ist seine Vertretung ausgeschlossen. In formeller Hinsicht ist für einen Erbvertrag immer notarielle Beurkundung notwendig, § 2276 Abs. 1 Satz 1 BGB.

> **Praxishinweis:**
> Der Abschluss eines Erbvertrages sollte nur dann ins Auge gefasst werden, wenn eine nicht mehr abänderbare Regelung der Vertragsparteien gewünscht wird.[76]

4. *Verfügung behinderter Personen*

a) Blinde

Ein **Blinder,** der die **Blindenschrift beherrscht,** kann seinen letzten Willen durch Übergabe einer in Blindenschrift gefertigten Erklärung nach § 2232 Satz 2 BGB erklären.

Ist der Blinde hingegen dergestalt **leseunfähig,** dass er auch die Blindenschrift nicht beherrscht, kann er nur durch Erklärung gegenüber dem Notar sein Testament errichten.[77] Bei blinden Erblassern ist hinsichtlich der Übergabe einer Schrift die Vorschrift des § 22 BeurkG hinsichtlich der Zuziehung von Zeugen oder eines zweiten Notars zu berücksichtigen.

b) Schrift- und Leseunfähige

Schrift- und Leseunkundige haben gem. § 2233 Abs. 2 BGB nur die Möglichkeit, ihr Testament durch eine Erklärung gegenüber dem Notar zu errichten. Dies deshalb, weil derjenige, der schriftlich selbst testieren will, zumindest in der Lage sein muss, sich durch eigenes Lesen Kenntnis vom Inhalt der vom ihm verfassten Schrift zu ver-

---

74 *Damrau/Krüger,* Vor § 2274 Rn. 2; AnwK /*Kornexel,* Vor § 2274 Rn. 18 ff.
75 BGHZ 26, 204, 208 f.
76 Zu den „Gefahren des Erbvertrags": *Mayer,* Testament und Erbvertrag, Vor § 2274 Rn. 42 f.
77 BayObLG FamRZ 2000, 322.

schaffen.[78] Ein Verstoß gegen § 2233 Abs. 2 BGB führt gem. § 125 BGB zur Nichtigkeit des Testaments. Dies ist insbesondere dann der Fall, wenn der Testierende sich entweder selbst als nicht lesefähig einschätzt und es auch so erklärt oder wenn das Fehlen der Lesefähigkeit zur Überzeugung des Notars feststeht. Fehleinschätzungen des Notars führen hingegen nicht zur Nichtigkeit; die tatsächliche Leseunfähigkeit ist insoweit ohne Bedeutung.[79]

c) Lesefähige Schreibbehinderte

77 Derjenige, der lesen kann, allerdings schreibbehindert ist, kann einen Schreibzeugen oder zweiten Notar, § 25 BeurkG, hinzuziehen, sofern nicht schon ein Zeuge gem. § 22 BeurkG hinzugezogen wurde. Diese Möglichkeit besteht für alle öffentlichen Verfügungen von Todes wegen.

d) Stumme

78 **Stumme** können gem. § 2233 Abs. 1 BGB ein notarielles Testament nur durch Übergabe einer Schrift errichten, sofern sie **schreib- aber leseunfähig** sind. Ist der Stumme hingegen schreibunfähig, hingegen lesefähig, kann die letztwillige Verfügung von Todes wegen durch Übergabe einer offenen Schrift unter Zuziehung einer Vertrauensperson und eines Schreibzeugen errichtet werden, § 24 BeurkG. Ist der Stumme **schreib- und lesefähig**, kann er seinen letzten Willen durch Übergabe einer Schrift nach § 2233 Abs. 3 BGB errichten. Er muss dann die Erklärung, dass die übergebene und von ihm verfasste Schrift seinen letzten Willen enthält, eigenhändig auf ein Blatt niederlegen, § 31 BeurkG. Ihm bleibt auch die Möglichkeit, ein eigenhändiges Testament zu errichten, eröffnet.

e) Taube

79 Ist der **Taube** schreib- und/oder **des Lesens fähig**, stehen ihm alle Testamentsformen offen. Da er eine Niederschrift nicht akustisch vernehmen kann, ist diese zur Durchsicht vorzulegen, § 23 BeurkG. Ist der Taube hingegen **leseunfähig**, verbleibt ihm nur die Möglichkeit des § 2233 Abs. 2 BGB, um zu testieren. Mangels Verständigungsmöglichkeit ist die Zuziehung einer Vertrauensperson nach § 24 BeurkG notwendig. Dies kann bspw. ein naher Angehöriger oder Gebärdendolmetscher sein. Sofern auch mittels der Vertrauensperson oder des Gebärdendolmetschers eine Verständigung mit dem leseunfähigen Tauben nicht möglich ist, liegt faktische Testierunfähigkeit vor.

f) Taubstumme

80 Ist der **Taubstumme schreibfähig**, hingegen leseunfähig, ist zur Errichtung der letztwilligen Verfügung lediglich die Übergabe einer offenen Schrift unter Beiziehung einer Vertrauensperson, § 24 BeurkG, möglich. Ist der Taubstumme des **Lesens fähig**, aber **schreibunfähig**, kann die letztwillige Verfügung nur durch Übergabe einer offenen Schrift unter Beiziehung einer Vertrauensperson sowie eines Schreibzeugen errichtet werden. Ist der Taubstumme sowohl **schreib- als auch lesensfähig**, greift wiederum § 2233 Abs. 3 BGB ein. Zusätzlich ist die errichtete Niederschrift zur Durchsicht vorzulegen, § 23 BeurkG.

---

78 Motive V, 277.
79 *Voit*, Testament und Erbvertrag, § 2233 Rn. 10.

g) Minderjährige über 16 Jahre

Minderjährige, die sowohl des Schreibens als auch des Lesens fähig sind, können gem. § 2233 Abs. 1 BGB ihr Testament nur durch **Übergabe** einer **offenen Schrift** errichten. Diese Möglichkeit besteht, da die Testierfähigkeit nach § 2229 Abs. 1 BGB mit der Vollendung des 16. Lebensjahres eintritt.

81

h) Sprachunkundige

Sprachunkundige können durch Beiziehung eines Gebärdendolmetschers vor dem Notar ihr Testament errichten. Das Mündlichkeitsprinzip wurde insoweit aufgegeben,[80] so dass seit 1.8.2002 die **Gebärdensprache** als zulässige Erklärungsform im Testamentsrecht eingeführt wurde.[81]

82

5. Erbunwürdigkeit nach § 2339 BGB

Unter den in § 2339 BGB **abschließend**[82] aufgezählten Erbunwürdigkeitsgründen besteht die Möglichkeit, jemanden vom Erbrecht auszuschließen. Der Erbunwürdige verliert ebenfalls ein ihm zustehenden Pflichtteils- oder Vermächtnisanspruch.[83]

83

Die **Erbunwürdigkeitsgründe** des § 2339 BGB sind **nicht analogiefähig.**[84] Die fehlende Analogiefähigkeit der Vorschrift ist allerdings bestritten.[85] Eine Erweiterung der Erbunwürdigkeitsgründe wurde bisher abgelehnt. Da das gesamte Pflichtteilsrecht derzeit allerdings auf dem Prüfstand des Bundesverfassungsgerichts steht, ist wegen möglicher Regelungslücken der Erbunwürdigkeitsgründe davon auszugehen, dass eine „Öffnungsklausel", ähnlich der Vorschrift des § 1579 Nrn. 6 oder 7 BGB im Familienrecht in das Gesetz aufgenommen wird. Die Gründe für die Erbunwürdigkeit erschließen sich aus § 2339 Abs. 1 BGB direkt.

84

Zu beachten ist allerdings, dass die Erbunwürdigkeitsgründe des § 2339 Abs. 1 Nrn. 3 und 4 BGB dann nicht eintreten, wenn *vor dem Eintritt des Erbfalls* diejenige Verfügung, zu deren Errichtung der Erblasser bestimmt oder in Ansehung derer die Straftat begangen wurde, unwirksam wurde oder die Verfügung, zu deren Aufhebung er bestimmt wurde, unwirksam geworden sein würde. Diesbezüglich ist also die Prüfung einer möglichen Wirksamkeit der Verfügung und des Zeitpunkts deren Unwirksamkeit notwendig. Insofern fehlt es dann an einem Kausalzusammenhang zwischen der Handlung des potentiell Erbunwürdigen und der Errichtung bzw. Aufhebung der letztwilligen Verfügung. Dies ist insbesondere der Fall, wenn die letztwillige Verfügung vor der „schädigenden Handlung" widerrufen wurde oder der Bedachte vorverstorben ist.

a) Verhältnis des § 2339 BGB zu § 2078 BGB

Die Anfechtungsgründe der §§ 2078 ff. BGB sind dann unzureichend, wenn dem Begünstigten ein Erbrecht zusteht, das durch eine **Anfechtung** nicht (mehr) entzogen werden kann. Für diese Fälle ist dem Erblasser die Möglichkeit des § 2339 Abs. 1 BGB

85

---

80 BVerfG NJW 1999, 1853 ff.
81 Zur Neuregelung des § 2233 Abs. 3 BGB a.F.: *Damrau/Weber,* § 2233 Rn. 7 ff.
82 BGH NJW 1968, 2051.
83 *Damrau/Mittenzwei,* § 2339 Rn. 28.
84 *Soergel/Damrau,* Vor § 2339 Rn. 1.
85 Staudinger/*v. Olshausen,* § 2339 Rn. 21.

eröffnet. Ist die Erbunwürdigkeit erfolgreich durch **Klage** geltend gemacht worden, werden alle zugunsten des Erbunwürdigen ergangenen letztwilligen Verfügungen unwirksam, unabhängig davon, ob sie durch die Täuschung verursacht worden sind oder nicht.[86] Die Anfechtung nach § 2078 BGB hingegen hat nur die Unwirksamkeit der irrtumsbedingt errichteten Verfügungen zur Folge; sind erbrechtliche Verfügungen des Erblassers teilbar, bleibt der Rest der Verfügung trotz der Anfechtung wirksam.[87]

b) Praktische Hinweise zu § 2339 BGB

86 Nach § 2339 Abs. 1 Nr. 2 BGB ist erbunwürdig, wer den Erblasser vorsätzlich oder widerrechtlich daran gehindert hat, eine Verfügung von Todes wegen zu errichten oder aufzuheben. Diese „schädigende Handlung" kann auch durch **Gewalt, Täuschung** oder **Drohung** erfolgen. Auch die Ausnutzung einer Willensschwäche oder Zwangslage des Erblassers ist hierunter zu subsumieren. Der bloße **Versuch** dieser Handlungen hingegen **reicht nicht** aus.[88] § 2339 Abs. 1 Nr. 2 BGB ist auch auf den Erbverzicht anwendbar.[89] § 2339 Abs. 1 Nr. 3 BGB zielt auf die Fälle der arglistigen Täuschung hinsichtlich der Willensbildung des Erblassers ab. Da eine Täuschung auch durch **Unterlassen** begangen werden kann, fragt sich, ob eine **Offenbarungspflicht** des Bedachten für bestimmte Umstände besteht, deren Unterlassen die Willensbildung des Erblassers nach dieser Vorschrift beeinflusst hat. Insbesondere bei fortdauerndem **ehewidrigem Verhältnis,** das verschwiegen wird, obwohl der ehebrecherische Begünstigte weiß, dass der andere Ehegatte im Vertrauen auf die eheliche Treue das Testament zu seinen Gunsten errichtet, geht die Rspr. davon aus, dass dieser Ehegatte erbunwürdig ist.[90] Allerdings macht der BGH diese Offenbarungspflicht davon abhängig, zu welchem Zeitpunkt die eheliche Verfehlung vorliegt. Je länger diese zurückliegt, um so weniger ist von einer Offenbarungspflicht auszugehen. Aufgrund der Lebenserfahrung ist die eheliche Treue für den den Ehegatten einsetzenden Ehepartner regelmäßig immer als tragendes Motiv der Willensbildung anzusehen. Dasselbe gilt auch für gleichgeschlechtliche Lebenspartner nach dem LPartG. Die von der Lit. kritisierte Rspr. hat bisher deren Linie nicht verlassen.[91]

> **Praxishinweis:**
> Sofern der Erbunwürdigkeitsgrund des § 2339 Abs. 1 Nr. 3 BGB wegen ehelicher Verfehlungen des begünstigten Ehegatten geltend gemacht werden soll, sind wegen des von der Rspr. angenommenen „Zeitmoments" der ehelichen Verfehlung diese Gründe unverzüglich geltend zu machen. Andernfalls droht durch faktisches Nichtstun für den Anfechtenden der Verlust der Anfechtungsmöglichkeit nach § 2340 Abs. 1 BGB.

87 Praxisrelevant ist auch der Tatbestand des § 2339 Abs. 1 Nr. 4 BGB in Form der fälschlichen Anfertigung oder **Verfälschung** des Testaments. Auf den Zeitpunkt der strafbaren Handlung (§§ 267, 271-274 StGB) kommt es nicht an. Liegt ein Urkundsdelikt in dieser Form vor, führt das regelmäßig zur Erbunwürdigkeit.[92] Auf die Beweggründe des Täters kommt es nach der Rspr. des BGH hierbei nicht an, was bedeutet,

---

86 RGZ 59, 33.
87 Staudinger/*Otte,* § 2078 Rn. 36 ff.
88 *Damrau/Mittenzwei,* § 2339 Rn. 15.
89 Staudinger/*v. Olshausen,* § 2339 Rn. 33.
90 BGHZ 49, 155.
91 Zum Streitstand: *Damrau/Mittenzwei,* § 2339 Rn. 21.
92 AnwK/*Kroiß,* § 2339 Rn. 11.

dass jeder unerlaubte Eingriff in den Vorgang der Testamentserrichtung zur Erbunwürdigkeit führt.[93] Dies bedeutet andererseits, dass es nicht darauf ankommt, ob der Täter aus anerkennenswerten Motiven handelte, oder nicht. Auch wenn die Fälschung möglicherweise dem „wahren Willen" des Erblassers entspricht, ist die Erbunwürdigkeit gegeben.[94]

c) Ausschluss der Erbunwürdigkeit

Die Erbunwürdigkeit ist ausgeschlossen, sofern der Erblasser dem Erbunwürdigen verziehen hat, § 2343 BGB. Die **Verzeihung** setzt voraus, dass der Erblasser den Unwürdigkeitsgrund kennt. Sie ist, da sie ein auf verzeihende Gesinnung beruhendes Verhalten ist,[95] formlos möglich. Der Anfechtungsberechtigte kann auf die Anfechtung auch verzichten. Dies ist auch durch vertragliche Vereinbarungen möglich, die dann eine inter partes Wirkung entfalten. Das bedeutet letztendlich, dass anderen Anfechtungsberechtigten durch den Verzicht deren Anfechtungsrecht erhalten bleibt.[96] Der Anfechtungsberechtigte verliert sein Anfechtungsrecht auch dann, wenn er die Anfechtung nicht oder nicht rechtzeitig geltend macht, § 2340 Abs. 3 i.V.m. § 2082 Abs. 1 BGB (Jahresfrist).

88

d) Geltendmachung durch Anfechtungsklage

Die Erbunwürdigkeit wird durch Anfechtung des Erbschaftserwerbes geltend gemacht und ist erst nach dem Anfall der Erbschaft zulässig; einem Nacherben gegenüber kann die Anfechtung erfolgen, sobald die Erbschaft dem Vorerben angefallen ist, § 2340 Abs. 1 und 2 BGB. Die Anfechtung kann nur innerhalb der in § 2082 BGB bestimmten Fristen erfolgen. Daher ist die Anfechtung nur binnen **Jahresfrist** ab Kenntnis des Anfechtungsgrundes möglich. Die Frist beginnt, wenn der Anfechtungsberechtigte vom **Anfechtungsgrund** Kenntnis erlangt. Diese **positive Kenntnis** ist dann anzunehmen, wenn der Anfechtungsberechtigte von der die Erbunwürdigkeit begründenden Tatsache sowie der Tatsache Kenntnis erlangt, durch welche die Anfechtung zulässig wurde (sc. der Erbanfall an den Erbunwürdigen).

89

> **Praxishinweis:**
> Da die Anfechtungsfrist erst dann beginnt, wenn dem Anfechtungsberechtigten das Vorhandensein der Beweismittel bekannt ist,[97] kann der Anfechtungsberechtigte zunächst ein Privatgutachten einholen, mit dessen Zugang dann die Jahresfrist beginnt.

Sind seit dem Erbfall 30 Jahre verstrichen, ist die Anfechtung wegen Erbunwürdigkeit ausgeschlossen, § 2340 Abs. 3 i.V.m. § 2082 Abs. 3 BGB.

90

Da die Erbunwürdigkeit nicht von Gesetzes wegen eintritt, ist sie durch **Anfechtungsklage** geltend zu machen. Für der der Klage zugrunde zu legenden **Gegenstandswert** ist der Wert der gesamten Beteiligung des Beklagten/Erbunwürdigen am Nachlass heranzuziehen.[98] Die Feststellung der Erbunwürdigkeit hat durch Anfech-

91

---

93 BGH FamRZ 1970, 17.
94 OLG Stuttgart ZEV 1999, 187; zum Versuch der Urkundsdelikte und Erbunwürdigkeit: AnwK/*Kroiß*, § 2339 Rn. 12.
95 Staudinger/*v. Olshausen*, § 2343 Rn. 2.
96 *Damrau/Mittenzwei*, § 2343 Rn. 3.
97 Staudinger/*v. Olshausen*, § 2340 Rn. 16.
98 BGH NJW 1970, 197.

tungsklage des Berechtigten zu erfolgen, also von demjenigen, dem der Wegfall zu statten kommt. Sie ist vor den ordentlichen Gerichten zu führen. Ist der Erbe selbst pflichtteilsberechtigt, dann ist im Antrag auf Feststellung der Erbunwürdigkeit regelmäßig auch eine Anfechtungserklärung nach § 2345 BGB zu sehen.[99] Die Wirkung der Anfechtung tritt mit Rechtskraft des stattgebenden Urteils ein, § 2343 Abs. 2 BGB.

> **Praxishinweis:**
> Die Formulierung der Erbunwürdigkeitsklage kann wie folgt aussehen.[100] „Es wird beantragt, den Beklagten als (Mit-)Erben am Nachlass des am ... in ... verstorbenen ... für erbunwürdig zu erklären."

II. Verzichtsverträge

1. Erbverzicht

a) Grundzüge des Erbverzichts

92 Der Erbverzicht ist in §§ 2346-2352 BGB geregelt. Nach § 2346 Abs. 1 BGB können die Verwandten sowie der Ehegatte auf das gesetzliche Erbrecht gegenüber dem Erblasser verzichten. Der Erbverzichtsvertrag wirkt deshalb verändernd auf die künftige gesetzliche Erbfolge ein. Der Erbverzicht ist ein abstrakter Verfügungsvertrag mit negativem Inhalt.[101] Sofern ein Verwandtschaftsverhältnis noch nicht begründet ist, kann schon vor Begründung desselben der Verzicht auf das sich künftig ergebende Erb- und Pflichtteilsrecht erklärt werden.[102] Eine Beschränkung des Erbverzichts auf einzelne Nachlassgegenstände ist unzulässig, da dies den Grundsatz der Universalsukkzession widerspräche. Wird dieser Verzichtsvertrag geschlossen, ist allerdings eine Umdeutung in einen **Bruchteilsverzicht** möglich.[103] Eine weitere Beschränkung des Erbverzichts ist möglich, indem eine Beschränkung auf den Verzicht eines Hoferbrechts nach der HöfeO, ein Verzicht auf einen früheren Erbersatzanspruch nach § 1934 b Abs. 2 a.F. BGB oder eines Vorbehalts des Pflichtteilsrechts vereinbart wird. Er kann deshalb auf die o.g. Vertragsvarianten beschränkt werden. Der Erbverzicht kann erblasserseits nur zu dessen Lebzeiten vertraglich abgeschlossen werden. Daher kann auch ein schwebend unwirksamer Erbverzicht nicht durch nachträgliche Genehmigung wirksam werden, sofern die Genehmigung erst nach dem Erbfall erfolgt.[104]

aa) Formalia des Erbverzichtsvertrages

93 Nach § 2348 BGB bedarf der Erbverzichtsvertrag der notariellen Beurkundung. Regelmäßig liegt dem Erbverzichtsvertrag als schuldrechtliches Kausalgeschäft ein Abfindungsvertrag zugrunde. Auch dieses Kausalgeschäft bedarf zu seiner Wirksamkeit der notariellen Beurkundung.[105] Anders als beim Erbvertrag ist beim Erbverzichtsvertrag die gleichzeitige Anwesenheit der Parteien nicht notwendig. Der Erblasser kann den Vertrag gem. § 2347 Abs. 2 Satz 1 BGB nur persönlich schließen. Hingegen ist die **Stellvertretung des Verzichtenden** grundsätzlich zulässig. Der in der Geschäftsfä-

---

99 *Krug/Rudolf/Kroiß/Tanck*, Anwaltformulare Erbrecht, § 17 Rn. 58.
100 Bsp. nach Münchener AnwaltsHB Erbrecht/*Malitz*, § 52 Rn. 24.
101 BayObLG Rpfleger 1981, 305.
102 *Bittler*, Der Erbprozess, S. 51 Rn. 42.
103 MünchKomm/*Strobel*, § 2346 Rn. 14.
104 BGH NJW 1978, 1159.
105 KG OLGZ 74, 263.

higkeit beschränkte Erblasser bedarf hingegen nicht der Zustimmung seines gesetzlichen Vertreters. Lediglich der Geschäftsunfähige kann sich durch seinen gesetzlichen Vertreter vertreten lassen, wobei hierbei die Genehmigung des Vormundschaftsgerichts zusätzlich erforderlich ist.[106]

bb) Erbverzichtsvertrag durch konkludenten Vertragsschluss?

Höchst umstritten ist, ob ein Verzichtsvertrag auch **konkludent** geschlossen werden kann. Nach der Rspr. des BGH soll unter gewissen Voraussetzungen ein **stillschweigender Verzicht** zulässig sein.[107] Das soll z.B. dann der Fall sein, wenn in einem gemeinschaftlichen Testament die Ehegatten einen Dritten zum Erben berufen oder wenn das ehegemeinschaftliche Kind Vertragspartner eines Erbvertrages ist, in dem sich die Eltern wechselseitig zu Alleinerben einsetzen. Dann soll sich ein stillschweigender Verzicht des Ehegatten, bzw. ein stillschweigender Pflichtteilsverzicht des Kindes als Vertragspartner ergeben.[108] Die h.M. tritt dieser Rspr. mit dem Argument entgegen, dass andernfalls der Schutzzweck des § 2348 BGB umgangen werde.[109] Auch die neue Rspr. des BGH scheint sich nunmehr dieser Rechtsmeinung anzuschließen.[110]

94

Praxishinweis:
Bei Erbverträgen ist die Pflichtteilsproblematik des Verfügenden offen anzusprechen und in der Vertragsurkunde ist niederzulegen, dass ein Pflichtteilsverzicht mit der niedergelegten letztwilligen Verfügung nicht verbunden sein soll. Sofern der Pflichtteilsverzicht gewünscht wird, kann er mit dem Erbvertrag in einer Urkunde verbunden werden.

cc) Parteien des Verzichtsvertrages

Mit Ausnahme des Fiskus kann jeder künftige gesetzliche Erbe den Erbverzichtsvertrag abschließen. Darauf, dass dieser schon zum Verzichtszeitpunkt gesetzlicher Erbe ist, kommt es nicht an. Deshalb kann auch der künftige Ehegatte noch vor der Heirat wirksam den vertraglichen Verzicht erklären.

95

Trotz des Erbverzichtsvertrages kann der Erblasser durch eine **Verfügung von Todes wegen** den Verzichtenden zusätzlich wirksam bedenken.[111] Hintergrund ist, dass nach § 2346 BGB nur auf das **gesetzliche Erbrecht** verzichtet wird, so dass eine hiervon abweichende gewillkürte Erbfolge möglich bleibt. Die Vertragsparteien können in inhaltlicher Hinsicht einen Rücktrittsvorbehalt nicht vereinbaren, da dies mit dem abstrakten Rechtsgedanken des Erbverzichtsvertrages unvereinbar ist.[112] Hingegen steht es den Vertragsparteien frei, den Erbverzicht unter eine auflösende oder aufschiebende Bedingung zu stellen, wobei die Bedingung bzw. der Anfangs- oder Endtermin auch nach dem Erbfall noch eintreten kann. Somit ist der Verzichtende bis zum Bedingungseintritt als Vorerbe oder bei auflösender Bedingung als Nacherbe anzusehen.[113]

---

106 *Roth*, Erbrechtliche Probleme bei Betreuung, S. 27.
107 BGH NJW 1977, 1728; Münchener AnwaltsHB Erbrecht/*Bengel*, § 34 Rn. 18 m.w.N.
108 *Bittler*, Der Erbprozess, S. 53 Rn. 49.
109 OLG Hamm NJW-RR 1996, 906; *Keim*, ZEV 2001, 1.
110 BGH NJW 1997, 653.
111 BGHZ 30, 261.
112 Palandt/*Edenhofer*, Vor § 2346 Rn. 5.
113 *Damrau/Mittenzwei*, § 2346 Rn. 12.

b) Rechtsfolgen des Erbverzichts

96 Der Erbverzicht nach § 2346 Abs. 1 BGB hat für den Verzichtenden den **Austritt aus der gesetzlichen Erbfolge** zur Konsequenz. Dieser Verzicht gilt daher auch für Abkömmlinge, wenn der Verzichtende seitenverwandt oder selbst Abkömmling ist.

97 Der Erbverzicht geht fehl, wenn der Ehegatte als Verzichtender weiterhin durch Verfügung von Todes wegen zum Erben berufen ist.[114] Wird eine **Scheidungsfolgenvereinbarung** erarbeitet, ist eine bisher zugunsten des Ehegatten bestehende letztwillige Verfügung von Todes wegen zu widerrufen bzw. abzuändern. Gleiches gilt für Bezugsrechte aus einer Lebensversicherung, die nicht automatisch mit dem Scheidungsausspruch abgeändert werden. Die Wirkung des Erbverzichts wird nur gegenüber dem Erblasser entfaltet. Der Verzichtende wird so gestellt, als wenn er zum Zeitpunkt des Erbfalls nicht mehr leben würde (**Todesfiktion**). Deshalb entfällt sein **Pflichtteilsrecht**. Und Pflichtteilsrestansprüche nach § 2305 BGB oder Pflichtteilsergänzungsansprüche gehen verloren.

98 Der Verzicht wirkt auch für die Abkömmlinge, sofern der Verzichtende seitenverwandt oder selbst Abkömmling des Erblassers ist. Diese Rechtsfolge ist allerdings dispositiv, da nach § 2349 BGB hier etwas anderes bestimmt werden kann. Insbesondere führt der Erbverzicht u.U. zu einer **Erhöhung der Pflichtteilsquoten** anderer Pflichtteilsberechtigter. Bei der Ermittlung der Pflichtteilsquoten wird nach § 2310 Satz 2 BGB derjenige nicht mitgezählt, der durch Erbverzicht oder von der gesetzlichen Erbfolge ausgeschlossen ist.[115] Auch bei der Berechnung der Ausgleichungspflicht bleibt der durch Erbverzicht von der gesetzlichen Erbfolge Ausgeschlossene gem. § 2316 Abs. 1 Satz 2 BGB außen vor.

> **Praxishinweis:**
> Bei der Beratung über einen Erbverzicht ist aus Haftungsgründen dem Berater nahe zu legen, den Mandanten darüber aufzuklären, dass durch den Erbverzicht die Pflichtteilsbelastung des Erben in aller Regel erhöht wird. Der Hinweis sollte schriftlich in der Handakte dokumentiert werden.

c) Rechtsfolge des Pflichtteilsverzichtsvertrages

99 Zu beachten ist auch, dass der **Zugewinnausgleichsanspruch** nach §§ 1371 Abs. 2, 1372 BGB vom Erb- und Pflichtteilsverzicht nicht umfasst wird. Für den Fall einer Scheidungsfolgenvereinbarung ist der Ausschluss des Zugewinnausgleichsanspruchs zusätzlich aufzunehmen.[116]

d) Gegenleistungen als Inhalt des Erbverzichtsvertrages

100 Regelmäßig ist ein Erbverzicht nur gegen eine Abfindung zu vereinbaren. Diese ist genau zu beziffern und ggf. zu bewerten. Dabei ist zu beachten, dass die **Abfindung** gem. § 7 Abs. 1 Nr. 5 ErbStG nach Überschreitung der Freibeträge zu versteuern ist. Unabhängig davon, wer die Abfindung leistet, bestimmt sich die Erbschaftsteuerklasse dabei nach dem Verhältnis des Verzichtenden zum Erblasser.[117] Die Leistung des Erb-

---

114 BGHZ 30, 261.
115 BGHZ 111, 138 f.
116 *Bonefeld*, Haftungsfallen im Erbrecht, Rn. 640.
117 BFH BStBl. II 1977, 733; *Edenfeld*, ZEV 1997, 141.

lassers kann – ebenso wie der Erbverzicht – **von einer Bedingung abhängig** gemacht werden, was sich in der Praxis als effektiv erwiesen hat.[118] Als Bedingung kann die Zahlung einer Abfindung in Geld, Einräumung eines Vermächtnisses zugunsten des Verzichtenden, u.a. aufgenommen werden.

> **Praxishinweis:**
> Die Vertragsparteien sollten den Beweis des Bedingungseintritts sicherstellen (z.B. Erstellen einer Quittung bei Geldabfindung).

Ob die für den Erbverzicht gewährte **Abfindung** eine **Schenkung** darstellt und daher konsequenter Weise Pflichtteilsergänzungsansprüche auslösen kann, ist von höchstrichterlicher Rspr. noch nicht entschieden und in der Lit. streitig.[119] Sofern sich jedenfalls die Abfindung i.R.d. Erberwartung des Verzichtenden hält, also die Abfindung und die Verzichtsleistung deckungsgleich sind, wird dies zu verneinen sein. Nur eine darüber hinaus gehende Abfindung ist als **gemischte Schenkung** nach §§ 2325 ff. BGB zu berücksichtigen. Der Erbverzicht seinerseits steht in keinem synallagmatischen Verhältnis zur Abfindungsvereinbarung selbst. Der Erbverzicht ist ein erbrechtlich **abstrakter Verfügungsvertrag**,[120] dem ein Rechtsgeschäft zugrunde liegt. Diese causa kann jedoch den Erbverzicht und die Abfindung miteinander verbinden. Das Kausalgeschäft seinerseits kann ein gegenseitiger Vertrag sein, der den Erblasser zur Leistung der vereinbarten Abfindung, den Verzichtenden zum Abschluss des Verzichtsvertrages verpflichtet.

101

Eine Vereinbarung dahingehend zu treffen, wonach sich als Abfindung jemand verpflichtet, eine **Verfügung von Todes wegen** zu errichten oder nicht zu errichten oder aufzuheben, ist wegen § 2302 BGB nicht möglich. Rechtstechnisch ist in diesen Fällen die Verfügung von Todes wegen als aufschiebende oder auflösende Bedingung des Erbverzichts zu konstruieren.

102

e) Verzichtsvertrag und Ehegatte

Da der Erbverzicht nicht per se den **Zugewinnausgleichsanspruch** des Ehegatten umfasst, sollte zusätzlich ein **Ehevertrag** abgeschlossen werden, in dem der Ausschluss des Zugewinnausgleichsanspruchs aufgenommen oder Gütertrennung vereinbart wird. Wird der Ehegatte, der den Erbverzichtsvertrag abgeschlossen hat, dennoch Erbe durch gewillkürte Verfügung von Todes wegen, verbleibt es bei der **erbrechtlichen Lösung**, wonach keine Erhöhung des Erbteils nach § 1371 Abs. 1 BGB erfolgt. Schlägt der Ehegatte nicht aus, ist ein Zugewinnausgleichsanspruch ebenso wenig gegeben. Wird gleichzeitig ein Erbverzicht geschlossen, ist dem Ehepartner allerdings auch die Möglichkeit des Pflichtteilsanspruchs versagt.

103

Nach §§ 1615, 1360 a Abs. 3 BGB gehen alle **Unterhaltsansprüche** mit dem Tod des Unterhaltspflichtigen unter, sofern nicht der Ausschluss des Ehegattenerbrechts nach § 1933 BGB u.a. gegeben ist. Dann geht die Unterhaltslast auf die Erben über. Für diese Fälle ist die Erbenhaftung auf die Höhe des fiktiven **kleinen Pflichtteils** nach § 1586 b BGB beschränkt. Liegt seitens des Ehepartners ein Erbverzichtsvertrag vor, soll

---

118 BGHZ 37, 319, 327.
119 OLG Hamm ZEV 2000, 277; Palandt/*Edenhofer*, § 2325 Rn. 14.
120 Münchener AnwaltsHB Erbrecht/*Bengel*, § 34 Rn. 3.

auch der Unterhaltsanspruch entfallen und die Erben somit nicht belasten, was allerdings streitig ist.[121]

> **Praxishinweis:**
> In einer Vereinbarung über nacheheliche Unterhalt sollte, sofern der Ehegatte einen Erbverzicht abgegeben hat, aufgenommen werden, ob die Unterhaltspflicht mit dem Tod des Erblassers erlöschen oder bis zur Grenze des fiktiven Pflichtteils nach § 1586 b Abs. 1 Satz 3 BGB bestehen bleiben soll.

f) Leistungsstörungen beim Erbverzicht

104 Bei einer **Leistungsstörung** kann der Verzichtende auf Erfüllung der vereinbarten Abfindung Klage erheben oder vom Vertrag zurücktreten. Sofern er bereits einen Erbverzicht erklärt hat, ist dieser nach § 2351 BGB durch Abschluss eines Aufhebungsvertrages zurück zu gewähren. Die verweigerte Zustimmung des Erblassers hierzu kann gem. § 894 ZPO durch Klage ersetzt werden. Ist der Erbfall bereits eingetreten, kann dem Erbverzicht nicht mehr entgegen gehalten werden, die Geschäftsgrundlage sei weggefallen oder der mit dem Verzicht beabsichtigte Erfolg sei nicht eingetreten.[122] Dies bedeutet, dass Veränderungen zwischen Vertragsabschluss und dem Eintritt des Erbfalls grundsätzlich nicht mehr zu berücksichtigen sind, insbesondere nicht die Veränderung von Vermögensverhältnissen des Erblassers nach Vertragsabschluss.[123] Daher kann der Erblasser eine bereits geleistete Abfindung nicht mehr zurückfordern, wenn der Verzichtende vor dem Erblasser verstirbt. Ob für Ausnahmefälle eine Vertragsanpassung nach den Grundsätzen des Wegfalls der Geschäftsgrundlage eingreift, ist streitig.[124]

g) Willensmängel beim Erbverzichtsvertrag

105 Die Frage der **Willensmängel** regelt sich nach den Vorschriften des BGB AT, insbesondere die Unwirksamkeit ist an § 139 BGB zu messen.[125] **Motivirrtümer** sind – anders als bei § 2078 Abs. 2 BGB – unbeachtlich. Grundsätzlich ist zwischen der Anfechtung des abstrakten Erbverzichtsvertrages einerseits und der Anfechtung des Kausalgeschäfts andererseits zu unterscheiden. Da für die Anfechtung beider Rechtsgeschäfte die §§ 119 ff. BGB gelten, fragt sich, ob die Anfechtung des Erbverzichts auch nach dem Tod des Erblassers noch zulässig bleibt. Dies ist mit dem Argument, dass die Rechtssicherheit die Anfechtung nach Eintritt des Erbfalls ausschließt, streitig.[126] Liegt ein **Irrtum über** den **Umfang** des gegenwärtigen Vermögens des Erblassers als Grundlage für die Berechnung der Abfindung nach § 119 Abs. 2 BGB vor, ist regelmäßig nur die Anfechtung des Abfindungsvertrages als Kausalgeschäft möglich. Diese Anfechtung ist allerdings nur noch zu Lebzeiten des Erblassers möglich.[127] Insbesondere ist streitig, wie eine Rückabwicklung für die Fälle der erfolgreichen Anfechtung durchzuführen ist, und ob und wie die Kondizierung des Erbverzichtsvertrages nach

---

121 *Dieckmann*, NJW 1980, 2777; *Damrau/Mittenzwei*, § 2346 Rn. 19, 20; a.A. *Reul*, MittRhNotK 1997, 376.
122 BGH ZEV 1999, 62.
123 BayObLG FamRZ 1995, 964; *Damrau/Mittenzwei*, § 2346 Rn. 23.
124 Zum Streitstand: Staudinger/*Schotten*, § 2346 Rn. 191.
125 OLG Zweibrücken NJW-RR 1987, 7.
126 Zum Streitstand: *Damrau/Mittenzwei*, § 2346 Rn. 22 m.w.N.
127 OLG Zweibrücken NJW-RR 1987, 7.

erfolgreicher Anfechtung des Kausalgeschäfts über § 812 Abs. 1 Satz 1 BGB erfolgen soll.[128]

Praxishinweis:
Um der Gefahr der streitigen Kondizierung zu entgehen, sollte der Erbverzicht und das ihm zugrunde liegende Abfindungsgeschäft durch einen bedingten Erbverzicht verknüpft werden, so dass der Erbverzicht nur wirksam wird, wenn das Grundgeschäft wirksam ist. Weiterhin sollte die Abfindungszahlung unabhängig von den Vermögensverhältnissen des Erblassers gestaltet werden.

h) Aufhebung des Erbverzichts

Als Ausfluss der Vertragsfreiheit gibt § 2351 BGB die Möglichkeit, den Erbverzichtsvertrag in einem **actus contrarius** wieder aufzuheben. Wegen des Verweises des § 2351 BGB auf § 2347 Abs. 2 BGB kann die **Aufhebung** des **Erbverzichtsvertrages** nur zu Lebzeiten des Erblassers erfolgen. Hingegen kann nach dem Tod des Verzichtenden der Vertrag auch mit dessen Erben aufgehoben werden. Dies ist allerdings streitig, wobei die Rspr. dahin tendiert, dass nach dem Tod des Verzichtenden die Aufhebung des Erbverzichtsvertrages nicht mehr möglich ist.[129] Für den **geschäftsunfähigen Verzichtenden** ist nur die Zustimmung des gesetzlichen Vertreters notwendig, nicht hingegen eine vormundschaftsgerichtliche Genehmigung.[130] Sind im Aufhebungsvertrag Rücktritts- oder Widerrufsvorbehalte aufgenommen, so ist dies unzulässig. Derartige Vorbehalte können jedoch als auflösende Bedingungen ausgelegt werden. Ein Rücktritts- oder Widerrufsvorbehalt ist nur in Bezug auf das Kausalgeschäft hinsichtlich einer Abfindung zulässig. Durch die Aufhebung des Erbverzichtsvertrages erlangt der Verzichtende dieselbe Rechtsstellung wieder, die vor dem Vertragsschluss bestand. Ist inzwischen eine erbvertragliche Bindung des Erblassers eingetreten, so ist diese als „auflösend bedingt" unwirksam.[131] Eine höchstrichterliche Entscheidung zu diesem Fragenkomplex ist bisher nicht ergangen.

106

i) Erbverzicht und Auslandsberührung

Die Zulässigkeit eines Erbverzichts unterliegt dem Recht des Staates, das im Zeitpunkt des Vertragsschlusses auf die Rechtsnachfolge von Todes wegen nach dem Erblasser anzuwenden wäre, also nach dem **Erbstatut** des Erblassers. Daher ist nach Art. 25 EGBGB für das deutsche IPR das Heimatrecht des Erblassers maßgebend.[132] Tritt eine Nachlassspaltung ein, ist für jede Nachlassmasse einzeln über die Zulässigkeit des Erbverzichts zu entscheiden. Die Frage der **Formgültigkeit** unterliegt Art. 11 EGBGB. Das Haager Testamentsabkommen ist für den Erbverzichtsvertrag nicht anzuwenden.

107

j) Höferecht und Erbverzichtsverträge

Das **Höferecht** unterliegt einem Sondererbrecht. Daher kann ein Erbverzichtsvertrag punktuell auf das Hofvermögen als auch auf das hoffreie Vermögen beschränkt wer-

108

---
128 Dazu ausführlich: *Reul*, MittRhNotK 1997, 381.
129 BGH NJW 1998, 3117; *Steiner*, MDR 1998, 1481.
130 AnwK/*Ullrich*, § 2352 Rn. 7.
131 LG Kempten MittBayNotZ 1978, 63.
132 Staudinger/*Dörner*, Art. 25 EGBGB Rn. 377 ff.

den.[133] Da das hoffreie Vermögen und das **Hofvermögen** nicht vereinheitlicht sind, ist bei der Niederlegung des Erbverzichtes streng darauf zu achten, ob sich der Verzicht auch auf Abkömmlinge erstrecken soll. Die häufig zu findende Formulierung, dass der Hofeserbe im Hofübergabevertrag erklärt, dass er wegen des künftigen Erbrechts abgefunden sei, ist nicht zu empfehlen, wenn dies als Erbverzicht von den Parteien gewünscht ist. Die Rspr. geht davon aus, dass die Vertragsparteien im Zweifel nur über das Hofvermögen Regelungen treffen wollten.[134] Hier sind **klarstellende Zusätze** in der **notariellen Urkunde** unabdingbar.

k) Erbverzicht und Steuer

109 Eine Erbschaftsteuer fällt für den Erbverzicht zunächst nicht an, da die Erhöhung der Erbteile für die verbleibenden Erben **keine Schenkung** darstellt. Hingegen wird eine Abfindungszahlung gem. § 7 Abs. 1 Nr. 5 des ErbStG einer Erbschaft gleich gestellt. Sofern die Abfindung nicht der Erblasser, sondern ein Dritter leistet, ist für die Ermittlung der Steuerklasse das Verhältnis zwischen dem Verzichtenden zum Erblasser weiterhin maßgebend.[135] Sofern der gesetzliche Erbe auf seinen Erb- oder Pflichtteil verzichtet und hierfür der Höhe nach begrenzte wiederkehrende Zahlungen anstelle eines Gesamtabfindungsbetrages erhält, sind diese bei ihm **nicht als wiederkehrende Leistungen** nach § 22 Nr. 1 Satz 1 EStG besteuerbar.[136] Wird für den **Verzicht** eine Grundstücksübertragung als Abfindung geleistet, ist sie nach § 3 Nr. 2 Satz 1 GrEStG steuerbefreit.

110 **Formulierungsvorschlag für einen Erbverzichtsvertrag:**
Notarielle Urkundenformalien

Anwesend sind Herr X und seine Tochter Y. Sie erklären mit der Bitte um notarielle Beurkundung folgenden Erbverzichtsvertrag:

I. Präambel

Herr X ist Vater der Y, verwitwet und wird durch Frau F gepflegt. Er wünscht deshalb, in einem noch zu errichtenden Testament Frau F zur Alleinerbin einzusetzen. Tochter Y erklärt, dass sie zu Lebzeiten bereits ein Grundstück mit einem Verkehrswert von € 200.000,00 erhalten habe.

II. Erbverzichtserklärungen

Frau Y erklärt, dass sie unter Berücksichtigung des Wunsches des Vaters auf ihr gesetzliches Erbrecht gegenüber ihrem Vater verzichtet. Sie erklärt diesen Verzicht für sich und ihre Abkömmlinge. Die Verzichtserklärung steht unter der Bedingung, dass Herr X tatsächlich Frau F testamentarisch zur Alleinerbin beruft und diese dessen Alleinerbin wird.

Herr X nimmt den Verzicht unter der genannten Bedingung an.

II. Belehrungen; Vollmachten; Durchführungsanweisungen; Kosten[137]

---

133 BGH NJW 1952, 103.
134 BayObLGZ 1981, 30.
135 BFH BStBl. II 1977, 733.
136 BFH ZEV 2000, 121.
137 Formulierungsbeispiel nach *Bonefeld,* Anwaltformulare Erbrecht, S. 300.

2. Pflichtteilsverzichtsverträge

a) Rechtsfolgen des Pflichtteilsverzichtes

Der Pflichtteilsverzichtsvertrag ist eine **Unterart des Erbverzichts**. Daher gelten die vorherigen Ausführungen sinngemäß für diese Art des Verzichtsvertrages, wobei allerdings teilweise wesentliche Abweichungen vorhanden sind. Ist in der notariellen Urkunde nicht hinreichend deutlich geregelt, ob die Parteien einen Erbverzicht oder einen Pflichtteilsverzichtsvertrag abschließen wollten, ist im Zweifel eine einschränkende Auslegung vorzunehmen, die für den Verzichtenden am günstigsten ist.[138] Das gesetzliche Erbrecht wird durch einen Pflichtteilsverzicht nicht geändert. Dadurch bleibt dem Verzichtenden und seinem Stamm das gesetzliche Erbrecht erhalten. Der Pflichtteilsverzichtsvertrag erstreckt sich auch auf den Pflichtteilsrestanspruch aus §§ 2305, 2307 BGB. Gleiches gilt für den Pflichtteilsergänzungsanspruch. Beim **Pflichtteilsverzicht** unterscheidet der BGH zwischen dem **Pflichtteilsrecht**, das bis zum Tod des Erblassers besteht, sowie dem Pflichtteilsanspruch, der erst mit dem Tod entsteht.[139] Hingegen sieht die h.M. im Pflichtteilsrecht ein Rechtsverhältnis, das den Tod des Erblassers überdauert und sich mit dem Erben fortsetzt.[140]

111

> **Praxishinweis:**
> Sofern Pflichtteilsverzichtsverträge nicht sofort wirksam werden, ist eine zusätzliche Vereinbarung dahingehend aufzunehmen, dass zugleich auf alle künftigen Pflichtteilsansprüche, die erst mit dem Tod des Erblassers entstehen, ebenfalls verzichtet wird.

Erfolgt der Verzicht **unentgeltlich,** stellt das keine Schenkung des Verzichtenden gegenüber dem Erblasser dar. Wird hingegen eine **Abstandszahlung** für den Verzicht geleistet, wird diese als Schenkung gewertet. Dies hat zur Folge, dass Pflichtteilsergänzungsansprüche entstehen können. Sie sind durch die objektive Beeinträchtigung des Berechtigten begrenzt. Der Pflichtteilsverzicht kann gem. § 2351 BGB wieder aufgehoben werden. Sofern Ehegatten mit einem ihrer Abkömmlinge einen Erbvertrag schließen, können diese Erklärungen ggf. gleichfalls als Verzicht des Schlusserben auf seinen Pflichtteil mit gleichzeitiger Annahme dieses Verzichtsangebots durch die Erblasser ausgelegt werden, sofern der Erbvertrag dahin zielt, dass die Ehepartner sich zunächst gegenseitig als Alleinerben einsetzen und den am Vertrag beteiligten Abkömmling zum Schlusserben berufen, während den anderen Abkömmlingen Vermächtnisse für den Fall zugewendet werden, dass sie auf ihre Pflichtteilsansprüche verzichten. Ergänzend hat der BGH ausgeurteilt, dass ein notarielles gemeinschaftliches Ehegattentestament die stillschweigende Erklärung des Erb- oder Pflichtteilsverzichts des einen Ehegatten und das Verhalten des anderen Ehepartners die Annahme dieses Verzichts enthalten kann.[141]

112

> **Beachte:** Sofern sich Ehepartner unterhalb der Pflichtteilsquote bedenken, kann darin ein stillschweigender Pflichtteilsverzicht liegen, so dass ein solcher Verzicht zur Vermeidung späterer Auseinandersetzungen beurkundet werden sollte.[142]

---

138 *Bonefeld,* Anwaltformulare Erbrecht, S. 302 Rn. 57.
139 BGH NJW 1997, 521.
140 *Bengel,* Testament und Erbvertrag, S. 61 m.w.N.
141 BGH NJW 1977, 1728.
142 *Bonefeld,* Anwaltformulare Erbrecht, S. 303 Rn. 62.

b) Vorteile des Pflichtteils gegenüber dem Erbverzichtsvertrag

113 Anders als beim Erbverzicht erhöhen sich die Pflichtteilsansprüche weiterer Pflichtteilsberechtigter nicht, sofern ein Pflichtteilsverzichtsvertrag geschlossen wird. Darüber hinaus bleiben **Zugewinnausgleichsansprüche** des Ehegatten gem. §§ 1373 ff. BGB bestehen. Wird der Pflichtteilsverzichtsvertrag abgeschlossen, hat der Erblasser dadurch die Möglichkeit erlangt, ohne drohende Pflichtteilsansprüche Verfügungen von Todes wegen zu errichten. Dies ist vor allem im Bereich der **Unternehmensnachfolge** wichtig, damit der bedachte Unternehmensnachfolger den Betrieb ohne Bezahlung von Pflichtteils- oder Pflichtteilsergänzungsansprüchen fortführen kann. Eine dadurch drohende Liquidationslücke wird durch derartige Vertragsgestaltungen vermieden. Schwierigkeiten treten vor allem auf, sofern **Ausgleichungen** zum Tragen kommen. Die durch den Erbverzicht eintretende Quotenerhöhung führt auch zur Erhöhung der Ausgleichungspflichtteilsansprüche und deren Restansprüche, unabhängig davon, ob eine Miterbschaft vorliegt oder nicht.[143] Allerdings kommt es nicht zur Zurechnung einer dem Verzichtenden gegenüber gemachten ausgleichspflichtigen Zuwendung.

c) Inhaltsvarianten des Pflichtteilsverzichtsvertrages

aa) Gegenständliche Beschränkung

114 Durch einen Pflichtteilsverzichtsvertrag ist eine gegenständliche **Beschränkung** möglich, was beim Erbverzichtsvertrag unzulässig ist. Den Parteien steht sogar frei, dass im Rahmen eines gegenständlich beschränkten Pflichtteilsverzichtsvertrages vereinbart werden kann, dass ein bestimmter Gegenstand bei der Berechnung oder Bewertung der Pflichtteilsansprüche entweder gar keine oder nur eine bestimmte wertmäßige Berücksichtigung finden soll.

bb) Beschränkung auf einen Bruchteil

115 Die Beschränkung des Pflichtteilsverzichtes auf einen **Bruchteil** ist zulässig. Dies hat zur Folge, dass bei gesetzlicher Erbfolge der Verzichtende zumindest Erbe in Höhe des Bruchteils wird, auf den nicht verzichtet wurde. Andernfalls erstreckt sich der Pflichtteilsanspruch auf den hälftigen Wert des nicht vom Verzicht erfassten **Bruchteil**.[144] Darüber hinaus kann auch ein Ehepartner auf seinen zusätzlichen Anteil i.H.v. 1/4 aus § 1371 Abs. 1 BGB verzichten. Sofern der Ehepartner nur auf seinen Pflichtteil verzichtet, nicht hingegen auf sein Erbrecht insgesamt, verbleibt es bei der **erbrechtlichen Lösung**. Daher erhöht sich der Erbteil um 1/4 nach § 1371 Abs. 1 BGB. Sofern der Ehegatte dann Erbe oder Vermächtnisnehmer aufgrund einer erbrechtlichen Verfügung von Todes wegen wird, kann er neben diesem **Zugewandten** nichts mehr beanspruchen, außer er schlägt das Zugewendete aus und realisiert seinen Zugewinnausgleich.[145] Wegen des Pflichtteilsverzichtes steht ihm dann nach § 1371 Abs. 3 BGB nicht noch ein weiterer Anspruch auf den kleinen Pflichtteil zu. Sofern der Ehegatte nur auf das gesetzliche Erbrecht verzichtet und das Pflichtteilsrecht eingreift, kommt die güterrechtliche Lösung zum Zuge.[146] Wenn der Zugewinnausgleich durchgeführt wird, steht dem überlebenden Ehegatten der Pflichtteil von 1/4 zu, sofern er erbrechtlich nicht bedacht wurde. Sofern der überlebende Ehegatte in der Erbfolge übergangen

---

143 *Bühler*, DNotZ 1967, 778.
144 Palandt/*Edenhofer*, § 2346 Rn. 6.
145 *Reul*, MittRhNotK 1997, 376.
146 *Reul*, MittRhNoK 1997, 376.

wurde, kann er zusätzlich noch den kleinen Pflichtteil beanspruchen, außer der Ehegatte schlägt die Erbschaft aus. Hierzu folgendes Schema:

Konsequenz für:	Ehegatte ist trotz Erbverzicht Erbe durch Verfügung von Todes wegen	Nur Pflichtteilsverzicht ohne Erbverzicht	Nur Verzicht auf gesetzliches Erbrecht
Zugewinnausgleich	Ausgeschlossen	Erfolgt	Erfolgt
Erbteil	Keine Erhöhung	Erhöhung um 1/4	Nur Pflichtteil von 1/4 jedoch daneben kleiner Pflichtteil möglich, wenn Ehegatte übergangen

cc) Sonstige Beschränkungsmöglichkeiten

Pflichtteilsverzichtsverträge können zur Nachlassplanung in vielgestaltiger Weise eingesetzt werden. Möglich ist ein Verzicht auf die Geltendmachung der Unwirksamkeit von Beschränkungen und Beschwerungen der §§ 2306, 2307 BGB, isolierte Verzichte auf Pflichtteilsrestansprüche (§§ 2305, 2307 BGB) oder Pflichtteilsergänzungsansprüche nach § 2325 BGB. Auch relative Verzichte zugunsten eines Dritten sind möglich, was insbesondere bei Berliner Testamenten anzuraten ist. Der überlebende Ehegatte sollte von Pflichtteilsansprüchen Dritter dergestalt geschützt werden, dass für den ersten Erbfall ausgeschlossene Erbberechtigte (Abkömmlinge) einen Pflichtteilsverzichtsvertrag unter der Bedingung schließen, dass ihnen die Schlusserbeneinsetzung zufällt.[147]

116

d) Steuerliche Auswirkungen

Der Pflichtteilsanspruch wird von der **Erbschaftsteuer** nur dann erfasst, wenn er auch tatsächlich angemeldet wird. Auch ist entscheidend, zu welchem Zeitpunkt der Pflichtteilsverzicht erklärt wird. Geschieht dies zu Lebzeiten des Erblassers gegen eine Abfindung, liegt eine Schenkung seitens des Erblassers nach § 7 Abs. 1 Nr. 5 ErbStG vor. Dabei kommt es nicht darauf an, ob die Abfindung der Erblasser selbst oder ein Dritter ausgezahlt hat. Ist der Pflichtteilsverzicht erst nach dem Tod des Erblassers zustande gekommen, ohne dass zuvor der Pflichtteil geltend gemacht wurde, stellt § 13 Abs. 1 Nr. 1 des ErbStG dies von der **Steuerpflicht** frei. Sofern für den Verzicht eine Gegenleistung erbracht wird, ist diese vom Verzichtenden aufgrund § 3 Abs. 2 Nr. 4 ErbStG zu versteuern. Die Steuerschuld entsteht zum Zeitpunkt des Pflichtteilsverzichts (§ 9 Abs. 1 Nr. 1 f. ErbStG), wobei der Steuerwert der Abfindungszahlung anzusetzen ist. Wird auf den Pflichtteilsanspruch nach seiner Geltendmachung ohne Gegenleistung verzichtet, ist die so eingetretene Bereicherung des durch den Verzicht begünstigten Erben bei diesem ein steuerlicher Erwerb nach § 7 Abs. 1 Nr. 1 ErbStG. Sofern zur Abgeltung des Pflichtteilsanspruchs Grundvermögen an Erfüllungs Statt gem. § 364 BGB geleistet wird, kann die Grunderwerbsteuerfreiheit entfallen, da nach der Rspr. des BFH kein Fall des § 3 Nr. 2 GrEStG vorliegen soll.[148]

117

---

147 Zu den verschiedenen Gestaltungsmöglichkeiten: *Mayer*, ZEV 2000, 263.
148 BFH DStR 2002, 1527.

3. Zuwendungsverzichtsverträge

a) Rechtsgrundlagen

118 Der **Zuwendungsverzichtsvertrag** ist ein vom zugrundeliegenden Kausalgeschäft zu trennendes, abstraktes Rechtsgeschäft zwischen dem Erblasser und einem Dritten. In der Praxis relevant wird der Zuwendungsverzichtsvertrag insbesondere nach der eingetretenen Bindungswirkung bei gemeinschaftlichen Testamenten, Geschäftsunfähigkeit des Erblassers oder der Umgehung der Rechtsfolgen des § 2287 BGB.[149] Der Verzicht auf Zuwendungen ist in § 2352 BGB normiert. Dabei ist zwischen dem Verzicht auf testamentarische Zuwendungen und Zuwendungen aufgrund eines Erbvertrages zu unterscheiden. Die Aufhebung eines Zuwendungsverzichtsvertrages ist nach § 2351 BGB möglich.[150]

b) Verzicht auf testamentarische und erbvertragliche Zuwendungen

119 Auf eine Zuwendung testamentarischer Art kann uneingeschränkt verzichtet werden. Sofern auf **erbvertragliche Zuwendungen** verzichtet werden soll, ist Voraussetzung, dass der Bedachte „Dritter", somit nicht Vertragspartner des Erbvertrages ist. Der Begriff des „Dritten" ist einschränkend aufgrund einer teleogischen Reduktion auszulegen, wobei die bloße Mitunterzeichnung noch nicht genügt, wenn mehr als zwei Personen den Erbvertrag unterschrieben haben, um den Mitunterzeichner schon zum Vertragspartner zu erheben und den **Zuwendungsverzicht** auszuschließen.[151] Somit ist als „Dritter" jeder anzusehen, der am Abschluss des Erbvertrages nicht formell beteiligt war, bei einem mehrseitigen Erbvertrag jeder, zu dessen Gunsten eine vertragsgemäße Verfügung enthalten ist und der Erbvertragspartner selbst, sofern die Aufhebung wegen einer inzwischen eingetretenen Geschäftsunfähigkeit des Erblassers nicht mehr möglich wird. Der Zuwendungsverzichtsvertrag ist **formbedürftig**, §§ 2352 Satz 2, 2348 BGB. Der Formzwang gilt in selbiger Weise für das Kausalgeschäft.[152] Der Zuwendungsverzichtsvertrag kann auch unter eine Bedingung gestellt werden.[153]

c) Rechtsfolgen des Zuwendungsverzichts

120 Der Zuwendungsverzicht beseitigt nicht die betreffende letztwillige Verfügung, sondern verhindert lediglich den Anfall der Zuwendung an den Verzichtenden und hat **keine übertragende Wirkung**. Ebenso hat der Zuwendungsverzicht keinerlei Auswirkungen auf das gesetzliche Erb- und Pflichtteilsrecht, sofern er nicht darauf erstreckt wird. Diese Erstreckung ist allerdings auch im Wege der Auslegung möglich.[154] Das gesetzliche Erb- und Pflichtteilsrecht der übrigen Erben lässt diese Vertragsart unbeeinflusst. Sofern der Vorerbe auf seine Einsetzung verzichtet, rückt der **Nacherbe** an seine Stelle auf, § 2102 Abs. 2 BGB. Entsprechendes gilt für das Vorvermächtnis.

Der Verzichtende wird so gestellt, als wenn er beim Tod des Erblassers nicht mehr vorhanden gewesen wäre, § 2346 Abs. 1 Satz 1 BGB analog. Besonders zu beachten ist, dass der Verzichtende nur über das eigene Erbrecht vertragliche Regelungen trifft. Er-

---

149 BGHZ 108, 252; *Kanzleiter*, ZEV 1997, 261 ff.
150 Palandt/*Edenhofer*, § 2352 Rn. 1.
151 *Mayer*, Testament und Erbvertrag, S. 241 Rn. 39, 40.
152 AnwK/*Ullrich*, § 2352 Rn. 5.
153 Palandt/*Edenhofer*, § 2352 Rn. 3.
154 OLG Frankfurt OLGZ 1993, 201; BGH DNotZ 1972, 500.

satzberufene treten daher nicht an seine Stelle, wobei § 2352 Abs. 3 BGB gerade nicht auf § 2349 BGB verweist. Auch eine analoge Anwendung des § 2349 BGB wird von der h.M. abgelehnt; liegt eine **vermutete Ersatzberufung** nach § 2069 BGB und zugleich eine erfolgte vollständige Abfindung zur Vermeidung der Doppelbegünstigung vor, ist ausnahmsweise § 2349 BGB analog auf § 2352 BGB anzuwenden. Für diese Fälle wird die **Zuwendung gegenstandslos**.

> **Praxishinweis:**
> Sofern der Zuwendungsverzicht ins Leere geht, sollten für bereits geleistete Abfindungen Regelungen zur Rückabwicklung vertraglich fixiert werden.

d) Gegenstand des Zuwendungsverzichts

Wie sich aus § 2352 BGB ergibt, kann lediglich auf die **Erbeinsetzung** oder ein **Vermächtnis** verzichtet werden. Auf **gesetzliche Vermächtnisse**, wie z.B. dem Voraus nach § 1932 BGB oder dem Dreißigsten nach § 1969 BGB ist hingegen ein Zuwendungsverzicht nicht möglich. Ersatzvermächtnisnehmer und Ersatzerbe können allerdings ebenso wie Auflagenbegünstigte Verzichtserklärungen abgeben. Nicht möglich ist, auf **künftige Zuwendungen** zu verzichten. Lediglich auf Zuwendungen, die zum Zeitpunkt der Verzichtserklärung bestehen, kann verzichtet werden.[155] Fraglich ist, ob ein Zuwendungsverzicht auf eine Vermächtniseinsetzung nur zu Lebzeiten des Erblassers möglich ist. Da ein Vermächtnis auch schon zu Lebzeiten wegfallen kann, wird man davon ausgehen können, dass ein wirksamer Zuwendungsverzicht auf ein Vermächtnis auch dann bejaht werden kann, wenn der Verzicht durch Annahme oder Genehmigung erst nach dem Tod des Erblassers zustande gekommen ist.[156]

121

e) Beschränkung des Zuwendungsverzichts

Ob und wie weit der Zuwendungsverzicht beschränkt werden kann, hängt von der vertraglich geregelten Zuwendung ab. Es ist bspw. möglich, auf ein **Vorausvermächtnis** zu verzichten, das neben der Erbeinsetzung zugewendet wird, da es sich bzgl. der beiden Zuwendungen und zwei selbstständige Berufungsgründe handelt. Auch auf die Zuwendung einzelner (Vermächtnis-) Gegenstände oder **Sachgesamtheiten** kann verzichtet werden.[157] Durch den Zuwendungsverzicht kann dem Erblasser auch das Recht eingeräumt werden, den Erben mit neuen oder anderen Auflagen oder Vermächtnissen zu beschweren oder Testamentsvollstreckung oder Vor- und Nacherbschaft anzuordnen. Ein gegenständlicher Verzicht ist hingegen nicht möglich. Der Verzicht auf einen ideellen Bruchteil bleibt zulässig.

122

Verzichtsart	Auswirkungen für Verzichtenden	Auswirkungen für den Stamm	Weitere Auswirkungen oder Vor- u. Nachteile
Erbverzicht, § 2346 Abs. 1 BGB	Austritt von gesetzlicher Erbfolge	Verzicht gilt auch für Abkömmlinge, wenn Verzichtender seitenverwandt oder Abkömmling	Pflichtteilerhöhung der Verbleibenden (§ 2310 Satz 2 BGB) Einsetzung des Verzichtenden als Erbe oder Vermächtnisnehmer möglich. Zugewinnausgleich nicht vom Verzicht umfasst

---

155 *Mayer*, ZEV 1996, 127 ff.
156 *Reul*, MittRhNotK 1997, 387.
157 *Mayer*, ZEV 1996, 128.

Verzichtsart	Auswirkungen für Verzichtenden	Auswirkungen für den Stamm	Weitere Auswirkungen oder Vor- u. Nachteile
Pflichtteilsverzicht, § 2346 Abs. 2 BGB	Bleibt gesetzlicher Erbe	Bleibt gesetzlicher Erbe	Keine Erhöhung des Pflichtteils der anderen (Vorteil); Zugewinnanspruch bleibt, Pflichtteilsanspruch kann nicht nur auf reine Pflichtteilsergänzungsansprüche nach §§ 2325 ff. BGB beschränkt werden, sondern auch Ausgleichspflichtteil nach § 2316 BGB erfassen.
Zuwendungsverzicht § 2352 BGB	Anfall der Zuwendung wird verhindert	Keine Auswirkungen auf Abkömmlinge des Verzichtenden; keine Erstreckung auf Ersatzberufene	Macht den Weg frei für neue Verfügungen (z.B. bei Bindungswirkung nicht widerrufbarer Verfügungen)

C. Ausschlagung[158]

I. Allgemeine Grundsätze

123   Der Erwerb von Todes wegen wird durch die Grundsätze der **Gesamtrechtsnachfolge**, § 1922 BGB, und dem Prinzip des **Von-Selbst-Erwerbs** beherrscht, § 1942 Abs. 1 BGB. Als Ausgleich für den ohne oder sogar gegen den Willen des Erben eintretenden Von-Selbst-Erwerb erhält der Erbe gem. § 1942 Abs. 1 BGB das Recht, sich von der Erbschaft durch Ausschlagung wieder zu lösen. Dies hat binnen der 6-Wochenfrist der §§ 1943, 1944 BGB zu erfolgen. Die **Ausschlagung** kann frühestens mit Eintritt des Erbfalls erklärt werden, § 1946 BGB. Hingegen steht dem Nacherben das Recht zu, die Ausschlagung mit Eintritt des Erbfalls oder wahlweise mit dem Tod des Vorerben zu erklären, § 2142 Abs. 1 BGB. Die Ausschlagungsfrist des § 1944 Abs. 1 BGB beginnt mit dem Zeitpunkt, zu dem der Erbe vom Anfall und dem Grunde der Berufung Kenntnis erlangt. Sofern der Erbe durch Verfügung von Todes wegen berufen ist, beginnt diese Frist nicht vor der **Verkündung** der entsprechenden Verfügung. Die Ausschlagungsfrist wird auf sechs Monate verlängert, wenn der Erblasser seinen letzten Wohnsitz nur im Ausland hatte oder sich der Erbe bei Beginn der Frist im Ausland aufhielt, § 1944 Abs. 3 BGB.

Häufig übersehen wird die Vorschrift des § 1943 BGB. Danach kann die Erbschaft nicht mehr ausgeschlagen werden, wenn sie angenommen wurde oder die Ausschlagungsfrist verstrichen ist. Die **Annahme** der Erbschaft kann sowohl **ausdrücklich** als auch durch **schlüssiges Verhalten** herbeigeführt werden. Die **Annahmeerklärung** ist eine formlose, nicht empfangsbedürftige **Willenserklärung**.[159] Eine schlüssige Annahmerklärung kann bspw. in der Aufnahme eines gem. § 239 ZPO unterbrochenen Prozesses, dem Antrag auf Erteilung eines Erbscheins, dem Erlass einer Nachlassforderung oder der Verfügung über einzelne Nachlassgegenstände liegen.[160]

---

158 Vgl. hierzu auch Kapitel 4 Rn. 1 ff.
159 AnwK/*Ivo*, § 1943 Rn. 2.
160 Zu weiteren schlüssigen Annahmehandlungen: AnwK/*Ivo*, § 1943 Rn. 2.

Beachte: Bis die Erbschaft angenommen ist, besteht in prozessualer Hinsicht keine passive Prozessführungsbefugnis. Auch die Einrede des § 1958 BGB kann bis dahin erhoben werden.

Nach § 1947 BGB ist die Annahme- und Ausschlagungserklärung **bedingungsfeindlich** und kann auch nicht auf nur einen Teil der Erbschaft beschränkt werden, § 1950 BGB. Ist die Erbschaft ausgeschlagen, bewirkt dies, dass der Anfall der Erbschaft an den Ausschlagenden als nicht erfolgt gilt, § 1953 Abs. 1 BGB. Das Erbe fällt dann nach § 1953 Abs. 2 BGB an den Nächstberufenen, der auch ein Miterbe sein kann, dem dann der Erbteil anwächst.

Praxishinweis:
Durch die Ausschlagung der Erbschaft verliert der Erbe neben seinem Erbrecht auch sein Pflichtteilsrecht, außer ihm stünde ein Ausschlagungsrecht zur Seite, z.B. aus §§ 2306, 1371 Abs. 3 BGB.

124

Die **Ausschlagungserklärung** bedarf der **Form** und ist **gegenüber** dem **Nachlassgericht** zu erklären, § 1945 Abs. 1 BGB. Die örtliche Zuständigkeit des Nachlassgerichtes folgt aus § 73 FGG, somit nach dem Wohnsitz des Erblassers. Da die Ausschlagungsfrist kenntnisabhängig ist, kann aus prozesstaktischen Gründen die Unkenntnis genutzt werden. Auch längere Zeit nach Anfall der Erbschaft besteht die Möglichkeit, vorzutragen, dass man berechtigterweise die Annahme hegte, der Erblasser habe ein Testament hinterlassen, das die gesetzliche Erbfolge aufhebt. Ist dieser Vortrag möglich, kann der Beginn der Ausschlagungsfrist „taktisch hinausgeschoben" werden. Für die Ausschlagungserklärung Minderjähriger ist die vormundschafts- bzw. familiengerichtliche Genehmigung notwendig, §§ 1643 Abs. 2, 1822 Nr. 2, 1915 BGB.

125

II. Anfechtung der Erbschaftsannahme wegen Irrtums

Häufig tritt das Problem auf, dass die Erbschaft angenommen wurde, sich im Nachhinein aber herausstellt, dass die Ausschlagung derselben wirtschaftlich vorteilhafter gewesen wäre, z.B. wenn später die Überschuldung des Nachlasses festgestellt wird. Ist ein entsprechender Irrtum gegeben, kann die **Anfechtung der Annahmeerklärung** erklärt und gleichzeitig die Ausschlagungserklärung abgegeben werden.

126

Da die Annahmeerklärung eine Willenserklärung ist, gelten für deren Anfechtung die §§ 119, 120, 123 BGB. In der Praxis relevant ist der **Eigenschaftsirrtum** nach § 119 Abs. 2, § 1954 BGB, sofern ein Irrtum über die Eigenschaft des Nachlasses vorliegt. Dies bedeutet, dass ein Irrtum über eine Eigenschaft der Erbschaft vorliegen muss, die im Verkehr als wesentlich anzusehen ist, um die Anfechtung erfolgreich zu gestalten. Als **verkehrswesentliche Eigenschaft** ist die Höhe des Erbteils im Sinne einer quotenmäßigen Beteiligung angesehen worden,[161] das Bestehen von Beschränkungen und Beschwerungen des Erben durch Testamentsvollstreckung, Nacherbfolge, Vermächtnisse und Auflagen oder Teilungsanordnungen.[162] Auch die **Überschuldung des Nachlasses** wird allg. als verkehrswesentliche Eigenschaft angesehen.[163] Häufig wird fälschlicherweise die Anfechtungserklärung mit einem Irrtum über die Bewertung einzelner Nachlassgegenstände begründet. Dies ist unrichtig, da sich der Irrtum auf eine falsche Vorstellung über die **Zusammensetzung des Nachlasses** beziehen muss. Nur

---
161 OLG Hamm NJW 1966, 1080.
162 BayObLG NJW-RR 1997, 72; BGH NJW 1989, 2885; AnwK/*Ivo*, § 1954 Rn. 10.
163 OLG Düsseldorf ZEV 2000, 64, 65; BayObLG FamRZ 1999, 1172 ff.

dieser Irrtum ist relevant.[164] Daher muss der Erbe dem Irrtum über einzelne Aktiva und Passiva, die dem Nachlass angehören, unterliegen, um erfolgreich anfechten zu können. Hat der Erbe sich nur über die Höhe der Erbschaftsteuer geirrt oder den Wert einzelner Nachlassgegenstände falsch eingeschätzt, stellt dies einen unbeachtlichen Motivirrtum dar.[165]

> **Praxishinweis:**
> Taucht eine unbekannte Nachlassverbindlichkeit auf, die die Anfechtung der Versäumung der Ausschlagungsfrist gestützt werden soll, darf nicht über den Wert des Nachlasses vorgetragen werden, sondern der Irrtum ist auf den Umfang und die Zusammensetzung, insbesondere die Überschuldung des Nachlasses, zu stützen.

III. Ausschlagung und § 2306 BGB

127 Schlägt der Bedachte aus, verliert er grundsätzlich auch seinen Pflichtteil, außer es liegen Ausschlagungsgründe nach §§ 1371, 2306 oder 2307 BGB vor.

> **Praxishinweis:**
> Der Anwalt begeht einen Beratungsfehler, wenn er dem Mandanten anrät, eine Ausschlagung zu erklären, weil dem Mandanten weniger als der Pflichtteil zugewandt wurde. Vielmehr ist der Mandant dann auf die Geltendmachung des Restpflichtteils zu verweisen. Würde ausgeschlagen, entfiele der komplette Anspruch auf den Pflichtteil.

128 I.R.d. § 2306 BGB bestehen im Zusammenhang mit der Ausschlagung die häufigsten Probleme. Dies nicht zuletzt deshalb, weil § 2306 BGB wohl eine der am schwierigsten zu handhabenden Normen des BGB ist. Wurde dem pflichtteilsberechtigten Erben ein Erbteil hinterlassen, der geringer ist als der halbe gesetzliche Erbteil, besteht der Anspruch auf den Pflichtteilsrestanspruch in Höhe des fehlenden Wertes, § 2305 BGB. Beschränkungen (z.B. Nacherbeneinsetzung, Testamentsvollstreckung) oder Beschwerungen (Vermächtnisse, Auflagen), die den Wert des hinterlassenen Erbteils noch weiter mindern würden, gelten als nicht angeordnet, wenn der hinterlassene Erbteil die Hälfte des gesetzlichen Erbteils nicht übersteigt, § 2306 Abs. 1 Satz 1 BGB. Ist der hinterlassene Erbteil zwar größer als der halbe gesetzliche Erbteil, jedoch mit einer der o.g. Beschränkungen oder Beschwerungen belastet, kann der Pflichtteil verlangt werden, sofern der Erbteil ausgeschlagen wird, § 2306 Abs. 1 Satz 2 BGB. Soweit es in diesen Fällen auf die Höhe des hinterlassenen Erbteils ankommt, ist grundsätzlich die Größe des Bruchteils maßgebend, sog. **Quotentheorie**.[166] Sind allerdings bei der Berechnung des Pflichtteilsanspruchs **Anrechnungs- und Ausgleichungspflichten** (§ 2315 f. BGB) zu berücksichtigen, erscheint es sachgerecht, auch bei der Anwendung des § 2306 Abs. 1 BGB danach zu fragen, ob der hinterlassene Erbteil den unter Beachtung dieser Anrechnungs- und Ausgleichungsregeln bestimmten Wert des Pflichtteils übersteigt oder darunter bleibt, sog. **Werttheorie**.[167] Für das Prüfschema bei § 2306 BGB ist daher folgende Vorgehensweise ratsam:

---

164 BayObLG NJW 2003, 216, 221; BayObLG FamRZ 1996, 59.
165 AnwK/*Ivo*, § 1954 Rn. 12 m.w.N.
166 BGH NJW 1983, 2378.
167 AnwK/*Bock*, § 2306 Rn. 5 und 13 ff.

1. Prüfschema bei § 2306 BGB; Quoten- und Werttheorie

Eingangsfrage: Ist der zugewandte Erbteil mit einer Nacherbenbestimmung, Testamentsvollstreckung, Teilungsanordnung, Vermächtnis oder Auflage belastet?

Übersteigt der hinterlassene Erbteil die Hälfte des gesetzlichen Erbteils *nicht*, entfallen diese Beschwerungen oder Beschränkungen automatisch nach § 2306 Abs. 1 Satz 1 BGB.

Übersteigen diese Beschränkungen oder Beschwerungen die Hälfte des gesetzlichen Erbteils, kann der Bedachte die Ausschlagung nach § 2306 Abs. 1 Satz 1 BGB erklären und den unbelasteten Pflichtteil geltend machen oder wahlweise die Erbschaft mit den Belastungen und Beschwerungen annehmen und dann die beschwerte Erbschaft mit dem höheren Erbteil erhalten.

Daher kann der pflichtteilsberechtigte Erbe, der auf einen höheren Erbteil als seinen Pflichtteil gesetzt und mit Beschränkungen oder Belastungen beschwert ist, die Erbschaft ausschlagen und seinen vollen Pflichtteil geltend machen. Für den Erblasser bedeutet dies vice versa, dass eine zu starke Beschwerung des Erben zur Ausschlagung der Erbschaft und Anmeldung des gesamten Pflichtteils führen kann.

Für die **Bewertung** ist zunächst die **Quotentheorie** heranzuziehen. Diese stellt die Weiche zu § 2306 Abs. 1 Satz 1 BGB oder § 2306 Abs. 1 Satz 2 BGB. Daher ist die Prüfung nach der o.g. Eingangsfrage wie folgt fortzusetzen:

Es ist der Erbteil des Bedachten nach der Quotentheorie zu ermitteln. Anschließend ist die zugewendete Erbschaft mit dem Pflichtteil zu vergleichen. Entsprechend ist zu entscheiden, ob die Ausschlagung erfolgen soll oder nicht, je nach wirtschaftlichem Vorteil für den Mandanten.

Liegen **Vorempfänge** vor, ist in den Fällen, in denen zur Pflichtteilsberechnung Werte anzunehmen sind, die allerdings nicht mehr im Nachlass vorhanden sind, ist die Quotentheorie am Ende. Sie wird dann durch die **Werttheorie** ersetzt. Somit wird für die **Entscheidung** nicht die Erbquote, sondern der tatsächliche Wert des Pflichtteils herangezogen.

> *Beispiel:[168]*
>
> *Erblasser E hinterlässt den einzigen Abkömmling S. Er wird zum Miterben zu 2/5 berufen, der Neffe N zu 3/5. Ein Freund F soll 40.000,00 € erhalten. S hatte zuvor unter Anrechnungsbestimmung eine Zuwendung i.H.v. 30.000,00 € erhalten. Der Nachlasswert beträgt 100.000,00 €.*
>
> *Berechnung nach Quotentheorie:*
>
> *Der Erbteil wäre mit 40.000,00 € geringer als der Pflichtteil mit 50.000,00 € (2/5 aus 100.000,00 gegenüber 1/2 aus 100.000,00 Pflichtteil). Das Vermächtnis über 40.000,00 € zugunsten des F gilt als nicht angeordnet.*
>
> *Ergebnis nach der Werttheorie:*
>
> *Zum Realnachlass wird der Vorempfang von 30.000,00 € hinzugerechnet, so dass ein „fiktiver Nachlass" von 130.000,00 € entsteht. Die Pflichtteilsquote (hier: 1/2) ergibt 65.000,00 €. Hiervon ist der Vorempfang von 30.000,00 € abzuziehen, so dass ein verbleibender Pflichtteilsanspruch von 35.000,00 € besteht.*

---

168 Nach *Kerscher/Riedl/Lenz*, Pflichtteilsrecht, § 6 Rn. 39.

Dem S wurden als Erbteil 40.000,00 € hinterlassen, also mehr als nach der o.g. Berechnung.

Somit ist in diesem Berechnungsbeispiel die Ausschlagung zu erklären und der Pflichtteil mit 50.000,00 € geltend zu machen.

> **Beachte:** Da sowohl Rspr. als auch Lit. die Anwendung der Werttheorie unterschiedlich heranziehen,[169] ist die jeweils obergerichtliche Rspr. zu prüfen, bevor die Ausschlagung angeraten wird oder nicht.

2. Ausschlagung bei Zuwendung eines Vermächtnisses nach § 2307 BGB

132 I.R.d. § 2307 BGB hat der Pflichtteilsberechtigte die Wahl, ob er das Vermächtnis ausschlagen soll oder nicht. Wenn er ausschlägt, erhält er stets den vollen unbeschränkten Pflichtteil. Nimmt er das Vermächtnis an, hat er, sofern die wertmäßige Zuwendung kleiner als der Pflichtteil ist, ergänzend Anspruch auf den Zusatzpflichtteil nach § 2307 Abs. 1 Satz 2 BGB. Schlägt der überlebende Ehegatte einer Zugewinngemeinschaft das ihm zugewendete Vermächtnis aus, so kann er neben dem rechnerischen Zugewinn, § 1371 Abs. 2 BGB, nur noch den kleinen nach § 1931 BGB berechneten Pflichtteil fordern.

Zu berücksichtigen ist, dass vor der Annahme des Vermächtnisses häufig übersehen wird, dass alle auf dem Vermächtnis lastenden Beschränkungen oder Beschwerungen bei der Wertermittlung außer acht bleiben. Daher werden auch aufschiebend bedingte Vermächtnisse mit dem vollen Wert in Abzug gebracht, auch wenn die Bedingung nicht eintritt.[170] Liegt der **Wert** des zugewandten Vermächtnisses also **unter** dem **Pflichtteil**, so steht dem **Vermächtnisnehmer** neben dem Vermächtnis ein **Pflichtteilsrestanspruch** in Höhe der Differenz zu, § 2307 Abs. 1 Satz 2. Der Pflichtteilsberechtigte muss sich somit das Vermächtnis aus dem Pflichtteil anrechnen lassen, nicht dagegen umgekehrt. Es besteht auch die Möglichkeit, dass dem Pflichtteilsberechtigten sowohl ein Erbteil als auch ein Vermächtnis hinterlassen wurde. Für die in § 2306 Abs. 1 BGB maßgebende Grenze ist dann der Wert des hinterlassenen Erbteils des Vermächtnisses zu addieren. Liegt jedoch der Wert des hinterlassenen Erbteils allein nicht über der Hälfte des gesetzlichen Erbteils, kann der Bedachte das Vermächtnis ausschlagen und hinsichtlich des Erbteils den Wegfall der Beschränkungen und Beschwerungen nach § 2306 Abs. 1 Satz 1 BGB geltend machen.[171]

D. Familienrechtliche Bezüge des Erbrechts[172]

I. Verzichtserklärung und Scheidungsfolgenvereinbarung

133 Das Familiengericht soll einem Scheidungsantrag nach § 630 Abs. 3 ZPO stattgeben, wenn sich die Ehegatten über die in § 630 Abs. 1 Nr. 3 ZPO bezeichneten Gegenstände dergestalt geeinigt haben, dass ein vollstreckbarer Schuldtitel herbeigeführt wurde. Dies wird regelmäßig durch **Scheidungsfolgenvereinbarungen** erzielt. Nach § 1933 Satz 1 BGB verliert der Ehepartner sein gesetzliches Erbrecht erst dann, wenn zur Zeit des Todes des Erblassers die Voraussetzungen der Scheidung der Ehe gegeben waren

---

169 AnwK/*Bock,* § 2306 Rn. 13 ff.
170 Hierzu eingehend: *Mayer,* HB Pflichtteilsrecht, S. 73 ff.
171 BGHZ 80, 263.
172 Vgl. hierzu Kapitel 19 Rn. 1 ff.

und der Erblasser die Scheidung entweder selbst beantragt oder ihr zugestimmt hatte. Ist hingegen das **Trennungsjahr** noch nicht abgelaufen oder sind weitere Scheidungsvoraussetzungen noch nicht vorhanden, um den Scheidungsantrag bei Gericht einzureichen, sollten die Parteien durch Vereinbarung die Wirkung des Ausschlusses des Erbrechts des Ehegatten auf den Zeitpunkt der Scheidungsvereinbarung vorverlegen.

II. Erb- und Pflichtteilsverzicht

Wie bereits dargestellt, hat der Erbverzicht gem. § 2346 Abs. 1 BGB für den Verzichtenden den Austritt aus der gesetzlichen Erbfolge zur Konsequenz (s. Rn. 92). Der Verzicht gilt auch für Abkömmlinge. Wird der Ehegatte jedoch durch eine **Verfügung von Todes wegen** zusätzlich als Erbe bedacht, geht der Erbverzicht ins Leere.[173] Im Zuge der Scheidungsfolgenvereinbarung ist eine bisher zugunsten des Ehegatten bestehende letztwillige Verfügung von Todes wegen zu widerrufen oder abzuändern.

134

Ist diese Todesfiktion des Erbverzichts i.R.d. Scheidungsfolgenvereinbarung unerwünscht, so sollte ein **isolierter Pflichtteilsverzichtsvertrag** abgeschlossen werden. Beim Erbverzicht entfallen die Pflichtteils-, Pflichtteilsergänzungs- und Pflichtteilsrestansprüche des Verzichtenden. Nach § 2310 Satz 2 BGB erhöhen sich dadurch die Pflichtteile der Verbleibenden. Wird nur ein isolierter Pflichtteilsverzicht nach § 2346 Abs. 2 BGB erklärt, entfällt diese Pflichtteilserhöhung anderer. Daher reicht es häufig aus, wenn der Ehepartner auf seinen Pflichtteil verzichtet und gleichzeitig auf etwaige Zugewinnausgleichsansprüche, weil diese nicht vom Pflichtteilsverzicht umfasst werden.

135

III. Zugewinnausgleich und Erb- und Pflichtteilsverzicht

Weder Erb- noch Pflichtteilsverzichte umfassen den Zugewinnausgleichsanspruch nach §§ 1371 Abs. 2, 1372 BGB. Daher sollte eine Scheidungsvereinbarung den Ausschluss eines Zugewinnausgleichsanspruchs beinhalten oder eine Gütertrennung aufnehmen. Sofern der Ehegatte den Erbverzichtsvertrag abschließt, aber er dennoch Erbe oder Vermächtnisnehmer durch eine Verfügung von Todes wegen werden sollte, verbleibt es bei der **erbrechtlichen Lösung**. Danach erfolgt keine Erhöhung des Erbteils nach § 1371 Abs. 1 BGB. Der Zugewinnausgleich erfolgt nicht, sofern der Ehegatte nicht die Ausschlagung erklärt. Wegen des Erbverzichts kann ein Ehegatte dann aber auch keinen Pflichtteil verlangen.

136

IV. Unterhaltsverzicht, § 1586 b BGB

Auf **familienrechtliche Unterhaltsansprüche** wird regelmäßig in Scheidungsfolgenvereinbarungen verzichtet. Daneben bestehen jedoch auch **erbrechtliche Unterhaltsansprüche**, die nicht selten in derartigen Vereinbarungen ungeregelt bleiben. Alle Unterhaltsansprüche gehen mit dem Tod des Unterhaltspflichtigen unter (§§ 1615, 1360 a Abs. 3 BGB), sofern nicht ausnahmsweise ein gesetzlicher Unterhaltsanspruch geschiedener Ehegatten sowie der Ausschluss des Ehegattenerbrechts nach § 1933 BGB gegeben ist. Gerade im Fall des § 1933 BGB geht die Unterhaltsverpflichtung auf die Erben über. Dabei ist die Erbenhaftung auf die Höhe des **fiktiven kleinen Pflichtteils** nach § 1586 b BGB beschränkt.

137

---

173 BGHZ 30, 261.

Der BGH hat inzwischen ausgeurteilt, dass in die Berechnung der Haftungsgrenze des § 1586 b Abs. 1 Satz 3 BGB die fiktiven Pflichtteilsergänzungsansprüche gegen den Erben einzubeziehen sind.[174] Höchstrichterlich ist derzeit ungeklärt, wie sich ein **Pflichtteilsverzicht** des Unterhaltsberechtigten auswirkt, der während bestehender Ehe erklärt wurde. Dies ist in der Beratungspraxis gegenüber dem Mandanten deutlich zu machen und die Rspr. hier im Auge zu behalten. Ungeklärt ist ebenfalls, ob § 1586 b BGB auch auf **vertraglich vereinbarte Unterhaltspflichten** Anwendung findet. Sofern die gesetzliche Unterhaltspflicht nur durch die vertragliche Regelung näher ausgestaltet wird, gilt § 1586 b Abs. 1 Satz 1 BGB analog. Werden allerdings erhebliche Abweichungen von der gesetzlichen Unterhaltspflicht durch vertragliche Vereinbarungen neu geregelt, ist davon auszugehen, dass § 1586 b BGB unanwendbar ist.

> **Praxishinweis:**
> Aufgrund der unklaren Rechtslage ist in eine Scheidungsfolgenvereinbarung hinsichtlich § 1586 b BGB mit aufzunehmen, dass Unterhaltsansprüche mit dem Tod des Unterhaltspflichtigen erlöschen.

> **Formulierungsvorschlag:**
> „Mit dem Tod des Vorversterbenden sollen alle Unterhaltsansprüche erlöschen, wobei die Anwendbarkeit der §§ 1586 b und 1933 Satz 3 BGB ausdrücklich ausgeschlossen wird."

138 Wird nicht gewünscht, dass die **Unterhaltsansprüche** erlöschen, ist dahingehend eine Klarstellung zu treffen, dass der überlebende Ehepartner im Fall des Todes des Unterhaltsverpflichteten so gestellt werden soll, als ob der Pflichtteilsverzicht nicht erklärt worden wäre und die Unterhaltsansprüche gem. §§ 1586 b, 1933 Satz 3 BGB ausdrücklich nicht ausgeschlossen werden sollen.[175] Wünschen die Ehepartner, dass der Unterhaltsanspruch abweichend von der gesetzlichen Regelung durch die Scheidungsfolgenvereinbarung geregelt werden soll, sollte durch einen Erbvertrag eine Zusatzregelung gefunden werden, die festlegt, dass die Erben dem vormaligen Ehegatten diejenigen Zahlungen zu leisten haben, die sie schulden würden, wenn §§ 1586 b, 1933 Satz 3 BGB weiterhin anwendbar wären. Diese **Zahlungspflicht** der Erben kann durch ein Vermächtnis zugunsten des Unterhaltsberechtigten im Erbvertrag geregelt werden.

V. Zugewinn und Pflichtteil

139 Wird der Ehegatte weder Erbe noch Vermächtnisnehmer, erhält er neben dem kleinen Pflichtteil **zusätzlich** den **Zugewinnausgleich** nach güterrechtlichen Vorschriften. Bei der Berechnung des Pflichtteils wird häufig § 1371 Abs. 2 BGB nicht erkannt. Der Pflichtteil weiterer Pflichtteilsberechtigter erhöht sich.

> *Beispiel:[176]*
> *Die Ehefrau des Erblassers erhält weder ein Vermächtnis noch wird sie Erbin. Sohn S1 wird Alleinerbe, die weiteren Söhne S2 und S3 begehren gegenüber S1 den Pflichtteil.*

---

174 BGH ZErb 2001, 58.
175 *Frenz*, ZEV 1997, 451.
176 *Bonefeld*, Haftungsfallen im Erbrecht, S. 244.

Es wäre falsch, S2 und S3 lediglich 1/6 als gesetzlichen Erbteil zuzurechnen und hieraus eine Pflichtteilsquote von 1/12 zu ermitteln. Richtig ist vielmehr, dass die Verteilungsmasse statt 1/2 quasi 3/4 ist, so dass der Pflichtteil sich daraus errechnet und die Pflichtteilsquote 1/8 ist.

1. Taktische Ausschlagung

Häufig wird zur taktischen Ausschlagung angeraten, um die güterrechtliche Lösung einzuleiten. Zuvor gilt es jedoch, genau zu überprüfen, ob sich der Ehegatte etwaige **Vorempfänge** gem. § 1380 BGB anrechnen lassen muss. Auf die Zugewinnausgleichsforderung des Ehegatten werden nämlich diejenigen Zuwendungen angerechnet, die der Ehegatte während der Ehe vom anderen mit einer entsprechenden Anrechnungsbestimmung erhalten hat, § 1380 Abs. 1 Satz 2 BGB. Übersteigen die Zuwendungen den Wert von Gelegenheitsgeschenken, die nach den Lebensverhältnissen der Ehegatten üblich sind, wird die Anrechnung der Zuwendung vermutet. Dabei ist derjenige Wert maßgebend, der sich nach dem **Zeitpunkt der Zuwendung** richtet, § 1380 Abs. 2 BGB. Dieser Zuwendungswert ist dem Zugewinn des Ehegatten hinzuzurechnen. § 1380 BGB greift nur dann ein, wenn sich eine Ausgleichsforderung des Zuwendungsempfängers (s.c. des nicht bedachten Ehegatten) ergibt.[177] Als Zuwendungen werden auch die praxisrelevanten **ehebedingten Zuwendungen** angesehen.[178] Insbesondere sind Zuwendungen, die in der Übertragung des Miteigentums einer Immobilie, des Bezugsrechts aus einer Lebensversicherung, der Unternehmensbeteiligung, Geldleistungen oder kostbaren Geschenken bestehen, bei der Anrechnung zu berücksichtigen.[179]

Beachte: Zuwendungen unter Ehegatten sind hinsichtlich ihrer Anrechnung sowohl auf den Erb- und/oder Pflichtteil zu regeln und auch auf einen etwaigen Zugewinnanspruch nach § 1380 BGB.[180] Bei der „taktischen Ausschlagung" muss weiter beachtet werden, ob nicht die Erben von der Einrede des § 1381 BGB Gebrauch machen könnten.

2. Taktische Enterbung

Es können Situationen eintreten, in denen der Ehegatte aus rein wirtschaftlichen Gründen vollständig enterbt wird und ihm auch kein Vermächtnis letztwillig zugewandt werden soll. Dies ist insbesondere der Fall, wenn eine unwiderrufliche Bezugsberechtigung aus einer Lebensversicherung für ihn begründet wird. Durch diese **taktische Enterbung** kommt diese Forderung dann zur Anrechnung. Zu berücksichtigen ist, dass es nicht die Versicherungsprämien sind, die Gegenstand der Zuwendung sind, sondern die Versicherungssumme selbst.[181]

Beispiel:[182]

Ehemann E hinterlässt eine Nachlassmasse von 5 Mio. €. Zugunsten der Ehefrau F besteht eine Lebensversicherung i.H.v. 10 Mio. € mit unwiderruflichem Bezugsrecht. F hat – außer der Lebensversicherung – kein Endvermögen erwor-

---

177 BGH FamRZ 1982, 779.
178 BGH FamRZ 1982, 246.
179 *Bonefeld*, Haftungsfallen im Erbrecht, S. 245 Rn. 675.
180 Berechnungsbeispiele bei *Bonefeld*, Haftungsfallen im Erbrecht, S. 246 ff.
181 Hierzu zusammenfassend: *Krug/Zwißler*, Familienrecht und Erbrecht, Kap. IX, Rn. 535 ff.
182 Nach *Bonefeld*, Haftungsfallen im Erbrecht, S. 249.

ben. E setzt seine Tochter zur Alleinerbin ein. Wie hoch ist der Anspruch der Ehefrau F?

Fallabwandlung:

F erhält von E ein Vermächtnis i.H.v. 1,00 €. Wie ändert sich durch dieses Vermächtnis der Anspruch der Ehefrau F der Höhe nach?

Variante 1:

Wegen § 1371 Abs. 2 BGB erhält F den kleinen Pflichtteil und den realen Zugewinn. Die Zuwendung aus der Lebensversicherung i.H.v. 10 Mio. € ist anzurechnen wegen § 1380 BGB, da es sich insoweit um keine „Gelegenheitszuwendung" handelt.

Zugewinn: 5 Mio. € + 10 Mio. € = 15 Mio. €

1/2 aus 15 Mio. € = 7,5 Mio. €

7,5 Mio. €./. Zuwendung 10 Mio. € = 0 € Zugewinnausgleichsanspruch

1/8 Pflichtteilsquote aus 5 Mio. € = 625.000 €

Wirtschaftlicher Erwerb von F:

Pflichtteil (625.000 €) + Zahlung aus LV (10 Mio. €) = 10.625.000 €

Variante 2:

Wegen des Vermächtnisses – unabhängig von dessen Höhe – erhält F wegen § 1371 Abs. 1 BGB den großen Pflichtteil ((1/4 + 1/4) : 2), also 1,25 Mio. €.

Wirtschaftlicher Erwerb von F:

großer Pflichtteil (1,25 Mio. €) + Zuwendung aus LV (10 Mio. €) = 11.250.000 €

Aufgrund des Vermächtnisses erhält F somit 625.000 € mehr.

VI. Ehegatteninnengesellschaft

142 Ein viel zu seltenes Mittel, um Zahlungsansprüche im Rahmen pflichtteilsrechtlicher Berechnungen „zu steuern", ist das Konstrukt der **Ehegatteninnengesellschaft**. Aus einer Ehegatteninnengesellschaft kann ein **Auseinandersetzungsguthaben** entstehen, das erbrechtlich als Verbindlichkeit oder Forderung Einfluss auf die Nachlassmasse haben kann. Hintergrund dieses von der Rspr. entwickelten Rechtsinstitutes ist die Frage, wie bei Auflösung der Ehe ein gerechter Vermögensausgleich unter den Ehegatten erfolgen kann, wenn – unabhängig aus welchen Gründen – ein Zugewinnausgleich nicht stattfindet. Dies betrifft vor allem Konstellationen, in denen der Ehegatten im Geschäft oder Betrieb des anderen mitarbeitete und so Forderungen entstehen können, die ihren Rechtsgrund in dem „Innengesellschaftsverhältnis" haben. Da diese Forderungen auf Abrechnung und Zahlung des Abfindungsguthabens Erblasserschulden sind, die den Nachlass schmälern,[183] ist diese Forderung für die Pflichtteilsberechnung bei der Ermittlung des Nettonachlasses bedeutsam.

143 Um eine Forderung aus einer Ehegatteninnengesellschaft zu generieren, ist zunächst eine Abgrenzung dieser Forderung gegenüber einer **unbenannten Zuwendung** vorzunehmen. Die unbenannte Zuwendung hat den Zweck, die eheliche Lebensgemeinschaft selbst zu verwirklichen. Dies geschieht regelmäßig durch Vermögensbildung beider Ehepartner oder durch Errichtung eines Eigenheims zum gemeinsamen Wohnen. Eine Ehegatteninnengesellschaft hingegen setzt einen **eheübergreifenden Zweck**

---

183 BGH NJW 1990, 573.

i.S.d. BGB-Gesellschaftsrechts voraus. Dies ist vor allem dann der Fall, wenn die Ehe durch **planmäßige, zielstrebige Zusammenarbeit** der Ehegatten erhebliche Vermögenswerte vorrangig abwirft und dies von den Ehegatten gewollt ist.[184] In subjektiver Hinsicht muss also – auch wenn Vermögenswerte zu Alleineigentum eines Ehepartners begründet wurden – bei den Eheleuten die Vorstellung vorhanden sein, die gemeinsam geschaffenen Gegenstände würden wirtschaftlich beiden gehören.[185] Wird die Innengesellschaft durch Scheidung, Tod oder einvernehmlich aufgelöst, fällt das **Auseinandersetzungsguthaben** erbrechtlich ins Gewicht, je nachdem, wem das Guthaben bei Beendigung zusteht. Dieses Guthaben ist ein Geldanspruch gem. §§ 738 ff. BGB, wobei zur Ermittlung der Höhe des Zahlungsanspruchs eine Bestandsaufnahme und Vermögensbewertung auf den Zeitpunkt der Beendigung der Ehegatteninnengesellschaft vorzunehmen ist.[186] Ist diese Abfindung dem Grunde oder der Höhe nach aus einer Innengesellschaft streitig, kann die Klage vor dem Zivilgericht erhoben werden. Obwohl der Anspruch aus familienrechtlichen Beziehungen resultiert, ist das Familiengericht hier nicht zuständig, sondern die allg. Zivilgerichte.

> **Praxishinweis:**
> Der Klageantrag sollte auf Feststellung, dass dem Kläger der Liquidationserlös aus der am … aufgelösten Ehegatteninnengesellschaft zwischen … zusteht, lauten.

---

[184] BGH FamRZ 1999, 1580; *Münch*, FamRZ 2004, 233 ff. m.w.N. und Formulierungsvorschlägen.
[185] *Bonefeld/Kroiß/Tanck*, Der Erbprozess, S. 580, Rn. 101 ff.
[186] *Krug/Zwißler*, Familienrecht und Erbrecht, S. 174 Rn. 658 ff.

6. Kapitel
Alleinerbe

Übersicht:

	S.		S.
A. Auskunftsansprüche des Alleinerben	202	II. Herausgabeanspruch gegen den Beauftragten (§ 667 BGB)	210
I. Überblick „Gesetzliche Auskunftsansprüche"	203	1. Vorliegen eines Auftragsverhältnisses	210
II. Überblick „Auskunftsansprüche aus Treu und Glauben"	204	2. Anspruchsinhalt	211
III. Überblick „Auskunftspflichten des Alleinerben"	205	3. Konkurrenzen	211
IV. Allgemeines zu den Auskunftsinhalten	205	4. Verjährung und Verfahrensfragen	211
V. Fälligkeit und Verjährung des Auskunftsanspruches	206	C. Vollmachten des Erblassers	212
		I. Erteilung von Vollmachten	212
VI. Verfahrensfragen	207	II. Vollmachtstypen	213
B. Herausgabeansprüche des Alleinerben	207	1. Bankvollmacht	214
I. Herausgabeanspruch gegen den Erbschaftsbesitzer (§ 2018 BGB)	207	2. Grundstücksvollmacht	215
		3. Vorsorgevollmacht	216
1. Anspruchsinhaber	208	III. Missbrauch der Vertretungsmacht	217
2. Anspruchsgegner	208	IV. Erlöschen und Widerruf von Vollmachten	217
3. Anspruchsinhalt	208	1. Ausschluss des Widerrufs der Vollmacht	218
4. Rechtsfolgen des Erbschaftsanspruches	209	2. Abgrenzung der Vollmacht zur Testamentsvollstreckung	219
5. Konkurrenzen	209		
6. Verjährung und Verfahrensfragen	209		

Der Alleinerbe im erbrechtlichen Mandat hat insbesondere im Bereich der Feststellung des Umfanges des Erbrechts bzw. Nachlasses, der Beschaffung von Nachlassgegenständen sowie der Frage des Bestandes von Vollmachten des Erblassers Beratungsbedarf. Hier sollen daher die **Auskunfts- und Herausgabeansprüche** des Alleinerben im Vordergrund stehen sowie ein Überblick über **Vollmachten des Erblassers**, einschließlich dem Widerruf durch den Alleinerben, gegeben werden.[1]

A. Auskunftsansprüche des Alleinerben

1 Bestimmte Informationen über Nachlassgegenstände sind die Voraussetzung, um dem Alleinerben die Durchsetzung seines Erbrechts gegenüber Dritten zu ermöglichen (§ 253 Abs. 2 ZPO). Diesem Informationsbedürfnis wird durch einzelne Auskunftsansprüche Rechnung getragen.

---

1 S. vertiefend: *Bonefeld/Kroiß/Tanck/Bittler*, Erbprozess, S. 35 ff., m. Formulierungshilfen S. 85 ff.; *Kerscher/Tanck/Krug*, Erbrechtliche Mandat, Teil 3, § 11.

I. Überblick „Gesetzliche Auskunftsansprüche"

Im BGB und den Prozessordnungen finden sich eine Vielzahl von Auskunftsansprüchen. Eine **Auswahl** gesetzlicher Auskunftsansprüche kann im Überblick wie folgt dargestellt werden:[2]

Anspruchsgegner	Anspruchsinhalt & Besonderheiten	Relevante Norm
Bank (des Erblassers)	Alleinerbe hat alle Auskunftsrechte des Erblassers, z.B. Kontenbestand im Zeitpunkt des Erbfalles, einschließlich Gemeinschaftskonten und Wertpapierdepots, Daueraufträge/Lastschriften, Vorhandensein eines Schließfaches, Umfang von Kontovollmachten, Abschluss von Verträgen zugunsten Dritter (auf den Todesfall). § 257 HGB verpflichtet die Bank zur Aufbewahrung von Kontounterlagen für sechs Jahre.	§§ 675, 666 BGB
Beauftragte/Bevollmächtigte (des Erblassers)	Auskunft über Geschäftsführung	§§ 666 f., 681 BGB
Erbe, vorläufiger	Bestand und Verbleib von Nachlassgegenständen	§ 1959 BGB
Erbschaftsbesitzer und Besitzer (und je dessen Erben, str.)	Bestand und Verbleib der Erbschaft und von Nachlassgegenständen und deren Surrogate (§ 2019 BGB) sowie Nutzungen und Früchte (§ 2020 BGB) durch Vorlage eines Bestandsverzeichnisses. Nicht geschuldet sind Angaben über Werte, Schulden oder Schenkungen. Erbschaftsbesitzererben haben eine Informationsbeschaffungspflicht.[3] Bei Geschäftsführungen durch den Erbschaftsbesitzer besteht auch eine Rechenschaftspflicht nach §§ 681, 666 BGB.	§ 2027 Abs. 1 u. 2 BGB i.V.m. §§ 260, 261 BGB
Erwerber (vom Erbschaftsbesitzer)	Bestand und Verbleib von Nachlassgegenständen	§§ 2030, 2027 BGB
Familiengericht	Akteneinsicht betr. Rechnungslegung durch Pfleger eines Kindes	§§ 1666, 1915, 1890, 1892 f. BGB
Grundbuchamt	Einsicht in das Grundbuch	§ 12 GBO
Handelsregister	Einsicht in das Handelsregister und Recht auf Abschrift	§ 9 Abs. 1 HGB
Hausgenossen (des Erblassers)	Hausgenossen sind z.B. Angehörige, Hausangestellte oder Mitbewohner (weite Auslegung nach räumlicher und persönlicher Beziehung). Bestand und Verbleib von Nachlassgegenständen, einschließlich Surrogaten und Wertersatz verschwundener Gegenstände sowie etwaige Geschäftsführungen sind mitzuteilen. Eine Nachforschungspflicht besteht nicht.	§ 2028 BGB
Miterbe	Vorempfänge	§§ 2057, 260 Abs. 2 BGB

---

2 Näher *Damrau/Schmalenbach*, Erbrecht, § 2027 Rn. 2.
3 BGH NJW 1985, 3068 f.; *Damrau/Schmalenbach*, Erbrecht, § 2027 Rn. 12.

Anspruchsgegner	Anspruchsinhalt & Besonderheiten	Relevante Norm
Nachlassgericht	Akteneinsicht betr. Nachlassakten	§ 34 FGG
Nachlassverwalter	Nachlassbestand/Amtsführung	§§ 1888, 1890, 1975, 1915 BGB
Scheinerben	Bestand und Verbleib von Nachlassgegenständen	§ 2362 BGB
Testamentsvollstrecker	Nachlassbestand / Amtsführung	§§ 2218, 666 BGB
Vormundschaftsgericht	Akteneinsicht in Nachlass- und Betreuungsakten, einschl. Rechnungslegung durch Vormund	§§ 1890, 1892 f. BGB u. § 34 FGG

II. Überblick „Auskunftsansprüche aus Treu und Glauben"

3   Die gesetzlichen Auskunftsansprüche konkretisieren letztlich § 242 BGB, so dass ein Rückgriff auf Treu und Glauben zur Begründung eines Auskunftsanspruches die **Ausnahme** bleiben muss. Der BGH hält jedoch in den Fällen, in denen ein Recht auf Auskunft gegenüber dem Verpflichteten die **Rechtsverfolgung in hohem Masse erleichtert** oder ermöglicht, nach Treu und Glauben einen Auskunftsanspruch für möglich, wenn es das Rechtsverhältnis mit sich bringt, dass der Berechtigte in entschuldbarer Weise über Bestand und Umfang seines Rechtes im Ungewissen ist und der Verpflichtete in der Lage ist, eine Auskunft unschwer zu erteilen.[4] Allerdings soll der Auskunftsanspruch nur Nebenpflicht sein, so dass Voraussetzung immer auch ein erbrechtlicher Hauptanspruch gegen den Verpflichteten sein muss.[5] Folgende Konstellationen sind in der Rspr. anerkannt:

Anspruchsgegner	Anspruchsinhalt & Besonderheiten
Beschenkter	– Vorempfänge wegen Anrechnung und Ergänzungspflichtteil (§ 2315 BGB);[6] – Bei dem Vertragserben wegen beeinträchtigender Schenkungen, wenn hinreichender Verdacht dargelegt und bewiesen werden kann (§ 2287 BGB),[7] einschließlich eines Wertermittlungsanspruches, wenn der Wert der Schenkung dem Vertragserben unbekannt ist;[8] – Bei dem Schlusserben eines bindenden gemeinschaftlichen Testamentes (§§ 2270 f., 2287 BGB analog) nach vorstehenden Grundsätzen.
Ehegatte (des Erblassers)	– Inhalt von Eheverträgen, – Empfang unbenannter/ehebedingter Zuwendungen,[9] nicht aber über Verwendung von Kontoguthaben;[10] – Bestand des Endvermögens (§ 1379 BGB) bei Beanspruchung von Zugewinnausgleich, – Bestand von Einkünften und Vermögen wegen Unterhalt als Nachlassverbindlichkeit (§§ 1580, 1586 BGB),

---

4 BGHZ 10, 385; BGH NJW 1978, 1002.
5 BGH NJW 1957, 669.
6 BGH FamRZ 1991, 796.
7 BGHZ 97, 188.
8 BGH NJW 1986, 127.
9 BGH NJW 1992, 558 u. 564.

Anspruchsgegner	Anspruchsinhalt & Besonderheiten
Pflichtteilsberechtigter Abkömmling	Vorempfänge wegen Ausgleichung (§ 2316 BGB).[11]

III. Überblick „Auskunftspflichten des Alleinerben"

Der Alleinerbe ist nicht nur Gläubiger, sondern auch Schuldner von Auskunftsansprüchen. Eine **Auswahl** der Auskunftspflichten soll im Überblick wie folgt dargestellt werden:

Anspruchsinhaber	Anspruchsinhalt	Relevante Norm
Insolvenzverwalter	Nachlassbestand	§ 97 InsO
Nachlassgläubiger	Nachlassbestand	§ 2006 BGB (für eidesstattliche Versicherung)
Nachlassverwalter	Nachlassbestand, einschließlich Rechnungslegung über Geschäftsführung, auch bei Dürftigkeits- und Überschwerungseinrede	§§ 1978, 666, 259 f. BGB; §§ 1991, 1978, 666, 259 f. BGB; §§ 1992, 1991, 1978, 666, 259 f. BGB
Nießbraucher	Umfang Nießbrauch als Inhalt eines Vermächtnisses	§§ 1035, 1968 BGB
Pflichtteilsberechtigter	Nachlassbestand und Nachlasswert	§ 2314 BGB

Praxishinweis:
I.R.d. Auskunftspflicht des Alleinerben gegenüber dem Pflichtteilsberechtigten nach § 2314 BGB ist zu beachten, dass nach der Rspr. schon die Auskunftserteilung oder nur die Bereitschaft zur Inventarerrichtung ein Anerkenntnis des Pflichtteilsanspruches selbst darstellen kann.[12] In der Praxis sollte deswegen ausdrücklich klargestellt werden, dass die Auskunft ohne Anerkenntnis des materiellen Pflichtteilsanspruches erfolgt.[13]

IV. Allgemeines zu den Auskunftsinhalten

Wie vorstehend skizziert sind die Inhalte der Auskunftsansprüche unterschiedlich. Der Umfang hängt regelmäßig von Zumutbarkeitserwägungen ab.[14] Grundsätzlich geht der Anspruchsinhalt aber auf die Mitteilung von Tatsachen. Umfasst der Auskunftsanspruch die **Rechnungslegung** (§ 259 BGB), so ist eine Einnahmen- und Ausgabenrechnung nebst Belegen vorzulegen.[15] Bei der **Rechenschaftslegung** (z.B. nach § 666 BGB) müssen darüber hinaus die Tatsachen für eine Nachvollziehbarkeit der Geschäftsvorgänge dargelegt werden. Auf Antrag ist daher z.B. über den Stand von Geschäften zu informieren. Die Pflicht zur Rechenschaftslegung trifft bspw. den Bevollmächtigten des Erblassers, der entgeltlich oder unentgeltlich Geschäfte des Erblassers besorgt hat, oder den Erbschaftsbesitzer, der vor oder nach dem Erbfall Geschäfte des Erblassers besorgt hat.

---

10 OLG Karlsruhe ZErb 2003, 62.
11 OLG Nürnberg NJW 1957, 1482.
12 BGH NJW 1987, 1411.
13 *Bonefeld/Kroiß/Tanck/Bittler*, Erbprozess, S. 83.
14 Arg. § 242 BGB, *Bonefeld/Kroiß/Tanck/Bittler*, Erbprozess, S. 82.
15 Aktuell z.B. AG Bad Mergentheim ZErb 2003, 54 f.

6   In der Praxis ist schließlich zu bedenken, dass § 666 BGB im Rahmen von Treu und Glauben dispositiv ist. Durch Vertrag oder konkludentes Handeln kann die **Pflicht zur Rechenschaftslegung** entfallen.[16] Begründete Zweifel an der Zuverlässigkeit des Beauftragten können einen solchen Verzicht hinfällig werden lassen.[17] Der Anspruch auf Rechenschaftslegung kann als Nebenanspruch nur mit dem Hauptanspruch abgetreten werden.[18]

7   Geht der Auskunftsanspruch auf den **Bestand des Nachlasses** oder von Nachlassgegenständen, so genügt der Auskunftsverpflichtete dem Auskunftsanspruch (§ 260 BGB) nicht bereits durch die Vorlage einzelner Belege; vielmehr hat er ein schriftliches und geordnetes **Bestandsverzeichnis** vorzulegen.[19] Ein Anspruch auf **Ergänzung der Auskunft** ist grundsätzlich nicht möglich, da der Anspruchsinhaber die Abgabe einer eidesstattlichen Versicherung über Vollständigkeit und Richtigkeit der Auskunft verlangen kann (§ 260 Abs. 2 BGB i.V.m. § 889 Abs. 1 ZPO). Ausnahmsweise soll der Anspruchsberechtigte jedoch Ergänzung der Auskunft verlangen können, wenn der Auskunftsverpflichtete irrtümlich den Umfang der Auskunft falsch angenommen hat und dadurch Nachlassgegenstände unberücksichtigt ließ oder erst Teilauskünfte gegeben hat.[20]

V. Fälligkeit und Verjährung des Auskunftsanspruches

8   Der Auskunftsanspruch ist unverzüglich zu erfüllen (§ 121 Abs. 1 BGB). Wann ein schuldhaftes Zögern vorliegt, ist freilich eine Frage des Einzelfalles. Bei umfangreichen oder schwierigen Auskünften wird der Verpflichtete daher unter Umständen zu **Teilauskünften** verpflichtet sein, wenn er die vollständige Auskunft nicht innerhalb angemessener Frist vorlegen kann.[21] I.R.d. Beurteilung der Unverzüglichkeit wird sich der Tatrichter ferner an den Grundsätzen der unzulässigen Rechtsausübung und der Verkehrssitte orientieren.[22] Der Auskunftsverpflichtete hat schließlich kein **Zurückbehaltungsrecht** nach § 273 BGB.[23]

9   Bei der **Verjährung** eines Auskunftsanspruches ist je nach Anspruchsgrundlage die Eigenschaft als Nebenanspruch und als erbrechtlicher Anspruch zu beachten. Die Verjährung orientiert sich daher an der des Hauptanspruches. Der Auskunftsanspruch nach § 2027 BGB verjährt als erbrechtlicher Anspruch nach § 197 Abs. 1 Nr. 2 BGB in 30 Jahren nach Entstehung des Anspruches (§ 200 BGB). Der Auskunftsanspruch nach § 666 BGB verjährt dagegen nach §§ 195, 199 BGB in drei Jahren.[24] Durch die gerichtliche Anhängigkeit (nur) des Auskunftsanspruches wird der Hauptanspruch in seiner Verjährung nicht gehemmt.

---

16 BGH NJW 1994, 1861; Palandt/*Edenhofer*, § 666 Rn. 1 f.
17 OLG Stuttgart NJW 1968, 2338.
18 Palandt/*Edenhofer*, § 666 Rn. 1.
19 *Damrau/Schmalenbach*, Erbrecht, § 2027 Rn. 14.
20 *Bonefeld/Kroiß/Tanck/Bittler*, Erbprozess, S. 83; *Damrau/Schmalenbach*, Erbrecht, § 2027 Rn. 20.
21 BGH NJW 1962, 245.
22 BGH MDR 1985, 31; BGH NJW 1985, 2699.
23 BGH NJW 1978, 1157.
24 *Damrau/Schmalenbach*, Erbrecht, § 2027 Rn. 3 u. 9.

> **Praxishinweis:**
> Erst mit Erhebung der Stufenklage wird auch der auf dritter Stufe geltend gemachte Hauptanspruch durch den Auskunftsanspruch auf erster Stufe gehemmt (§ 254 ZPO, § 204 Abs. 1 Nr. 1 BGB).

In den Fällen der **Auskunftspflicht** des Alleinerben gegenüber dem Pflichtteilsberechtigten nach § 2314 BGB ist schließlich zu beachten, dass schon die Auskunftserteilung oder die Bereitschaft zur Inventarerrichtung als Anerkenntnis des Pflichtteilsanspruches gewertet werden kann und damit ein Neubeginn der Verjährung nach § 212 Abs. 1 Nr. 1 BGB ausgelöst werden kann (s. Rn. 4).

VI. Verfahrensfragen

Der Auskunftsanspruch wird regelmäßig i.R.d. **Stufenklage** geltend gemacht (§ 254 ZPO).[25] Für die instanzielle Zuständigkeit ist nach § 5 ZPO der Wert der einzelnen Stufen zusammen zu ziehen. Dabei beträgt nach § 3 ZPO der Wert der Auskunft 1/10 bis 1/4 des Hauptanspruches. Die dem zugrunde liegende Schätzung stellt auf den Aufwand der Auskunft für den Beklagten ab. Der Wert des Hauptanspruches bestimmt sich nach den Erwartungen des Klägers. Für den Gebührenstreitwert zählt der höchste Einzelanspruch, also der Hauptanspruch (§ 44 GKG).[26] Verfahren des **vorläufigen Rechtsschutzes** für Auskunftsansprüche sind grundsätzlich unzulässig, ausnahmsweise soll Auskunft nach § 940 ZPO dann durchgesetzt werden können, wenn die Auskunft für der Hauptanspruch existenzielle Bedeutung hat und der Hauptanspruch nicht ohne die sofortige Auskunft geltend gemacht werden kann.[27]

B. Herausgabeansprüche des Alleinerben

Die Herausgabeansprüche des Alleinerben gegen den Erbschaftsbesitzer (§ 2018 BGB) sowie gegen den Beauftragten (§ 667 BGB) stellen in der Praxis vor allem in tatsächlicher Hinsicht Probleme dar. Zu nennen ist auch der Herausgabeanspruch gegen den Beschenkten (§ 2287 BGB), der gesondert unter Kap. 16, Rn. 1 ff. behandelt wird.

I. Herausgabeanspruch gegen den Erbschaftsbesitzer (§ 2018 BGB)

Der wirkliche Erbe hat nach § 2018 BGB gegen denjenigen einen Herausgabeanspruch, der aufgrund eines ihm in Wirklichkeit nicht zustehenden Erbrechtes etwas erlangt hat. Dem Erbschaftsbesitzer steht derjenige gleich, der das „Etwas" von dem Erbschaftsbesitzer durch Vertrag erworben hat (§ 2030 BGB). Der Herausgabeanspruch deckt auch Surrogate, Nutzungen und Früchte ab (§§ 2019, 2020 BGB). Damit stellt sich der Herausgabeanspruch nach § 2018 BGB als einheitlicher **erbrechtlicher Gesamtanspruch** dar, der es dem Erben ermöglichen soll, einfach an den Nachlass zu kommen; der Erbe muss lediglich seine **Erbenstellung** und den **Erbschaftsbesitz** des

---

25 Näher *Damrau/Schmalenbach*, Erbrecht, § 2027 Rn. 19 ff. auch mit Formulierungshilfen.
26 Weiter *Bonefeld*, Gebührenabrechnung, S. 102 ff.
27 OLG Rostock WM 1998, 1530; Zöller/*Vollkommer*, § 940 Rn. 8.

Beklagten **darlegen und beweisen**.[28] Fällig wird der Anspruch in dem Zeitpunkt, in dem sich der Erbschaftsbesitzer wie ein Erbe verhält.[29]

1. Anspruchsinhaber

Aktivlegitimiert ist der **wahre Erbe**, auch der Vorerbe bis zum Eintritt des Nacherbfalles, danach der Nacherbe (§ 2139 BGB). Den Anspruch können auch der Erbteilskäufer (§§ 2033, 2036 BGB) sowie Nachlassgläubiger geltend machen, die den Erbteil gepfändet haben.[30] Ferner können auch Testamentsvollstrecker (§§ 2211 f. BGB), Nachlassinsolvenzverwalter (§ 80 Abs. 1 InsO) oder der Nachlassverwalter (§ 1984 BGB) den Erbschaftsanspruch geltend machen. Nicht dagegen steht der Anspruch dem Nachlasspfleger zu, der muss sein Recht vielmehr über § 1960 BGB durchsetzen. Ein Miterbe des ungeteilten Nachlasses kann lediglich Herausgabe an die Erbengemeinschaft bzw. Hinterlegung für diese verlangen.[31]

2. Anspruchsgegner

Passivlegitimiert ist nach der Legaldefinition in § 2018 BGB der **Erbschaftsbesitzer**. Erbschaftsbesitzer ist, wer sich subjektiv ein ihm nicht zustehendes Erbrecht anmaßt.[32] Dabei ist es nicht erforderlich, dass das „Etwas" erst nach dem Erbfall in seinen Besitz kommt, auch der Mieter oder Verwahrer kommen daher als Erbschaftsbesitzer in Betracht. Der **Miterbe**, der sich die Stellung eines Alleinerben anmaßt, ist ebenfalls Erbschaftsbesitzer bzgl. des ihm nicht zustehenden Nachlasses. Es reicht überdies aus, dass der Erbschaftsbesitzer das „Etwas" in Besitz genommen hat, eine Berufung auf ein vermeintliches Erbrecht ist nicht notwendig. Auch der **Erbe des Erbschaftsbesitzers** ist passivlegitimiert.

Beruft sich der Besitzer auf andere Anspruchsgrundlagen für seinen Besitz – etwa rechtsgeschäftlicher Eigentumserwerb vom Erblasser, Schenkung von Todes wegen (§ 2301 BGB) oder sonstige dingliche Rechte – oder hat er verbotene Eigenmacht geübt, ist er nicht Erbschaftsbesitzer im tatbestandlichen Sinne. Hier ist der Erbe auf die konkurrierenden Einzelansprüche verwiesen. In der bloßen Erfüllung von Nachlassverbindlichkeiten oder der Führung erbrechtlicher Geschäfte ist die Anmaßung fremden Rechts ebenfalls nicht zu sehen. Nachlass- und Insolvenzverwalter, Testamentsvollstrecker und Nachlasspfleger üben ihr Amt aus und maßen sich deswegen kein Erbrecht an. Wegen der Sondernorm des § 1959 BGB ist der **ausschlagende Erbe** (vorläufiger Erbe) nicht Erbschaftsbesitzer.[33] Im Fall der **Vor-/Nacherbschaft** ist schließlich auch der Vorerbe, selbst mit Eintritt des Nacherbfalles, nicht passivlegitimiert.

3. Anspruchsinhalt

Der Erbschaftsanspruch richtet sich auf die Herausgabe des „Etwas", das aus der Erbschaft erlangt wurde. Dazu gehört jeder **Vermögensvorteil**, der unmittelbar aus dem

---

[28] S. auch Rn. 21; Erman/*Schlüter*, Vor § 2018 Rn. 1 ff.; *Bonefeld/Kroiß/Tanck/Bittler*, Erbprozess, S. 90 u. 92.
[29] MünchKomm/*Frank*, § 2018 Rn. 18.
[30] MünchKomm/*Frank*, § 2018 Rn. 14.
[31] *Damrau/Schmalenbach*, Erbrecht, § 2018 Rn. 3.
[32] *Damrau/Schmalenbach*, Erbrecht, § 2018 Rn. 7 ff.
[33] *Kerscher/Tanck/Krug*, § 11 Rn. 64.

Nachlass stammt oder mit Nachlassvermögen erworben wurde.³⁴ Erfasst sind natürlich einzelne Nachlassgegenstände, auf die Besitzrichtung – Eigen- oder Fremdbesitz – kommt es dabei nicht an. Als „Etwas" sind auch Rechte anerkannt, bei Grundbuchrechten richtet sich der Erbschaftsanspruch auf Berichtigung des Grundbuches (§ 894 BGB).

4. Rechtsfolgen des Erbschaftsanspruches

Der Erbschaftsbesitzer ist zur Herausgabe des Erlangten verpflichtet. Ist ihm die Herausgabe unmöglich, haftet der **gutgläubige** und **nicht verklagte Erbschaftsbesitzer** nach § 2021 BGB nach Bereicherungsrecht auf Wertersatz (§ 818 Abs. 2 BGB). Damit kommen insbesondere die Berufung auf den Wegfall der Bereicherung (§ 818 Abs. 3 BGB) und die Geltendmachung von Verwendungsersatz in Betracht (§ 2022 BGB). Zurückbehaltungsrechte können aus § 2022 Abs. 2 BGB oder § 273 Abs. 1 BGB bestehen. Ein **Zurückbehaltungsrecht** eines pflichtteilsberechtigten Erbschaftsbesitzers aus Pflichtteilsanspruch besteht dagegen nicht, wenn dies eine wirtschaftlich sinnvolle Nachlassabwicklung beeinträchtigt.³⁵ Der **bösgläubige oder verklagte Erbschaftsbesitzer** haftet nach den Regeln des Eigentümer-Besitzer-Verhältnisses (§§ 2023 f., 985, 987 ff. BGB).

16

5. Konkurrenzen

Der Herausgabeanspruch nach § 2018 BGB steht in Anspruchskonkurrenz zu den Einzelansprüchen, wie dem Eigentumsherausgabeanspruch nach § 985 BGB oder dem Besitzentziehungsanspruch nach § 861 BGB. Daneben sind delikts- (§§ 823 Abs. 1, 249 BGB) und konditionsrechtliche Ansprüche (§ 812 Abs. 1 Satz 1 2. Alt. BGB) eröffnet. Da die §§ 2018 ff. BGB den Erbschaftsbesitzer aber auch schützen wollen, ist auf Rechtsfolgenseite § 2029 BGB zu beachten.

17

6. Verjährung und Verfahrensfragen

Als erbrechtlicher Anspruch kommt dem Herausgabeanspruch nach § 2018 BGB die **30jährige Verjährungsfrist** nach § 197 Abs. 1 Nr. 2 BGB zu Gute.

18

Die Klassifizierung als erbrechtlicher Gesamtanspruch entbindet nicht von dem Erfordernis, den Erbschaftsgegenstand im **Klageantrag** möglichst genau zu bezeichnen (§ 253 Abs. 2 ZPO). Ein Klageantrag kann noch nach Rechtshängigkeit spezifiziert werden, da nach h.M. eine Ergänzung der Nachlassgegenstände keine Klageänderung sondern nach § 264 Nr. 2 ZPO zulässige Klagerweiterung sein soll.³⁶ Der Klageantrag wirkt sich auf den Umfang der Rechtshängigkeit (Hemmung der Verjährung), der Rechtskraft und die Zwangsvollstreckungsmöglichkeiten (§ 883 ZPO) aus.

19

> **Praxishinweis:**
> Um einen zu ungenauen Klageantrag für den Erbschaftsanspruch zu vermeiden, sollte der Erbschaftsanspruch im Wege der Stufenklage (§ 254 ZPO) mit Auskunftsanspruch (§ 2027 BGB) und Abgabe der eidesstattlichen Versicherung geltend gemacht werden. Liegt nach den ersten Stufen dann das Vermögensverzeichnis vor, kann der Klageantrag auf dritter Stufe ergänzt werden.

---

34 *Damrau/Schmalenbach*, Erbrecht, § 2018 Rn. 11.
35 BGH MDR 1964, 151; näher *Damrau/Schmalenbach*, Erbrecht, § 2018 Rn. 14, str.
36 *Damrau/Schmalenbach*, Erbrecht, § 2018 Rn. 21; MünchKomm/*Frank*, § 2018 Rn. 30.

20 Das **Urteil** im Herausgabeprozess enthält nach h.M. **keine rechtskräftige Feststellung** des Erbrechts des Klägers selbst, diese Frage soll bloße Vorfrage sein.[37] Insoweit wäre **Feststellungsklage** auf Erbenstellung zu erheben, die nach § 260 ZPO mit dem Erbschaftsanspruch verbunden werden kann, auch die Zwischenfeststellungsklage nach § 256 Abs. 2 ZPO ist eröffnet.[38] Das erforderliche **Feststellungsinteresse** folgt aus der geringeren Rechtskraftwirkung im Herausgabeprozess.

21 Wie eingangs erwähnt, muss der Erbe lediglich seine Erbenstellung und Erbschaftsbesitz des Beklagten darlegen und beweisen. Hierzu gehört jedoch auch die **Erbrechtsanmaßung**; erforderlich ist insoweit der Vortrag von Umständen, nach denen der Beklagte das „Etwas" als Erbe besitzt. Es ist dann Sache des Beklagten darzulegen und zu beweisen, dass er den Besitz verloren oder ein sonstiges Recht zum Besitz – z.B. Miete oder Vermächtnis – hat.[39] Bestreitet der Beklagte eine Zugehörigkeit des Gegenstandes zum Nachlass und damit eine Anmaßung des Erbrechts – etwa durch Behauptung anderweitigen Erwerbes – so muss der Kläger entgegen der **Eigentumsvermutung** des § 1006 Abs. 1 Satz 1 BGB darlegen und beweisen, dass der Gegenstand zum Nachlass gehört. Den Erbschaftsbesitzer schließlich trifft die Darlegungs- und Beweislast für die Voraussetzungen des § 2022 BGB.

22 Verfahren des **vorläufigen Rechtsschutzes** zur Sicherung des Herausgabeanspruches sind vor dem Erbfall grundsätzlich unzulässig, danach nach den allg. Voraussetzungen.[40]

II. Herausgabeanspruch gegen den Beauftragten (§ 667 BGB)

23 Rechte und Pflichten aus einem **Auftragsverhältnis** (§§ 622 ff. BGB) des Erblassers gehen, wie andere Rechte und Pflichten auch, im Wege der Gesamtrechtsnachfolge nach § 1922 BGB auf den Erben über. Insoweit haben wir den Auskunftsanspruch nach § 666 BGB bereits behandelt (s. Rn. 2 u. 5). Nach § 667 BGB ist der Beauftragte verpflichtet, dem Auftraggeber alles, was er zur Ausführung des Auftrages erhält und was er aus der Geschäftsbesorgung erlangt, herauszugeben. Die Vererblichkeit dieses Anspruches kann allerdings vertraglich ausgeschlossen werden.[41]

1. Vorliegen eines Auftragsverhältnisses

24 Besonders im Auftragsrecht ist vorab die Frage einer rechtsgeschäftlichen Verpflichtung genau zu prüfen. Bloße **Gefälligkeiten** oder Dienste des täglichen Lebens begründen noch **kein Auftragsverhältnis**. Nach dem verobjektivierten Empfängerhorizont (§ 157 BGB) muss vielmehr auf das Vorliegen eines Rechtsbindungswillens bei beiden Parteien geschlossen werden können. Dieses ist Frage des Einzelfalles[42] Anhaltspunkte für einen rechtsgeschäftlichen Bindungswillen bietet die wirtschaftliche Bedeutung des Auftrages, je größer die wirtschaftlichen Auswirkungen oder die beteiligten Vermögensinteressen, desto eher wird das Vorliegen eines Rechtsbindungswillens bejaht werden können. Liegt eine förmliche **Vollmacht** vor, spricht auch dies für

---

37 Staudinger/*Gursky*, § 2018 Rn. 18.
38 *Bonefeld/Kroiß/Tanck/Bittler*, Erbprozess, S. 92.
39 Näher *Damrau/Schmalenbach*, Erbrecht, § 2018 Rn. 13 ff., 24 f.
40 *Tanck*, ZErb 2003, 198, 202 f.
41 BGH WM 1989, 1813.
42 BGHZ 21, 102.

einen Rechtsbindungswillen. Bei Unentgeltlichkeit liegt dann Auftragsverhältnis und bei Entgeltlichkeit eine Geschäftsbesorgung vor.[43]

2. Anspruchsinhalt

Der Herausgabeanspruch ist weit auszulegen und erfasst Sachen und Rechte, sowie Zubehör und Unterlagen, etwa Akten und Schriftverkehr.[44] Gezogene Nutzungen und Früchte, aber auch sonstige Vorteile wie Provisionen, Schadensersatzansprüche oder „Schmiergelder" sind herauszugeben.[45] Das Herausgaberecht wird jedoch begrenzt durch einen **bestimmungsgemäßen Verbrauch** des Erhaltenen.[46] Der **Herausgabeanspruch geht** nach allg. schuldrechtlichen Grundsätzen **unter**, etwa durch Erfüllung, auch an Dritte (§ 362 BGB), oder Aufrechnung (§§ 387 ff. BGB). I.R.d. Aufrechnung kann mit Ansprüchen außerhalb des Auftragsverhältnisses nur dann aufgerechnet werden, wenn sich die **Aufrechnungslage** aufgrund einer umfangreicheren Geschäftsbesorgung noch bejahen lässt.[47] Darüber hinaus kann ein Zurückbehaltungsrecht nach § 273 BGB geltend gemacht werden.

25

3. Konkurrenzen

Liegen die Voraussetzungen eines Auftragsverhältnisses nicht vor, können **Herausgabeansprüche** nach §§ 812 ff. BGB bestehen.[48] Das gilt insbesondere dann, wenn in Abgrenzung zum Erklärungsboten nicht aufgrund einer Vollmacht auf den Rechtsbindungswillen geschlossen werden kann. Ist die Herausgabe unmöglich, kommen Schadensersatzansprüche in Betracht (§§ 280, 667 BGB).

26

4. Verjährung und Verfahrensfragen

Anders als § 2018 BGB ist § 667 BGB kein erbrechtlicher Anspruch, er unterliegt deswegen nach §§ 195, 199 BGB der regelmäßigen **Verjährungsfrist** von nur **drei Jahren**.

27

Der Erbe bzw. Auftraggeber ist **darlegungs- und beweispflichtig** für den Abschluss eines Auftragsverhältnisses, die Überlassung von Gegenständen für die Ausführung des Auftrages und für die Erlangung von Gegenständen aus der Geschäftsbesorgung durch den Beauftragten.[49] Dagegen trifft den Beauftragten die Darlegungs- und Beweislast für die bestimmungsgemäße Verwendung des zur Ausführungen Erhaltenen bzw. den bestimmungsgemäßen Verbrauch.[50] Behauptet er ein Recht zum Behaltendürfen – etwa Schenkung –, so trifft ihn im Wege der gestuften Darlegungs- und Beweislast zunächst die Pflicht mit Substanz ein solches Recht darzulegen. Der Erbe bzw. Auftraggeber hat dann das Fehlen des rechtlichen Grundes darzulegen und ggf. zu beweisen.[51]

28

---

43 Palandt/*Sprau*, Vor § 662 Rn. 6.
44 BGH NJW 1994, 3346; BGHZ 109, 260.
45 BGH NJW-RR 1991, 483; 1992, 560.
46 BGH NJW 1997, 47.
47 *Bonefeld/Kroiß/Tanck/Bittler*, Erbprozess, S. 106.
48 BGH NJW-RR 1997, 778.
49 BGH WM 1987, 1979.
50 BGH NJW 1997, 47.
51 BGH NJW 1980, 2069.

C. Vollmachten des Erblassers

29 In letzter Zeit rückt aufgrund gewachsenen Problembewusstseins auch die Vorsorgevollmacht in den Vordergrund. Daneben ist der Bereich des Widerrufes von Vollmachten von besonderer Bedeutung. Mit dem Begriff der Vollmacht beschreiben wir das **Außenverhältnis** zwischen dem Bevollmächtigten und dem Dritten. Das Außenverhältnis betrifft das rechtliche „Können" des Bevollmächtigten. Das **Innenverhältnis** zwischen Erblasser und Bevollmächtigten dagegen wird durch einen Auftrag oder einen Geschäftsbesorgungsvertrag geprägt (s. Rn. 24) und regelt das rechtliche „Dürfen" des Bevollmächtigten. Allerdings kann die Vollmacht auch als isolierte Vollmacht abgegeben werden.[52]

> **Praxishinweis:**
> Bei der Beratung des Erblassers muss darauf geachtet werden, auch das Innenverhältnis bei Vollmachtsfragen genau zu regeln. Andernfalls ist eine Haftung des Bevollmächtigten (z.B. nach §§ 280, 675 ff. BGB) kaum zu realisieren und das Missbrauchsrisiko durch den Bevollmächtigten groß.[53]

I. Erteilung von Vollmachten

30 Auf der Grundlage von Vollmachten (§§ 164 ff. BGB) kann der Erblasser außerhalb erbrechtlicher letztwilliger Verfügungen Vorkehrungen für den Todesfall treffen. In der Praxis sollte der Rechtsberater dieses Gestaltungsmittel daher immer in Erwägung ziehen. Dabei kann der Umfang der Vollmacht ganz unterschiedlich ausgeprägt sein. Die Erteilung der Vollmacht durch den Erblasser kann gegenüber dem Bevollmächtigten oder gegenüber dem Dritten, dem gegenüber die Vertretung stattfinden soll, erfolgen (§ 167 BGB). Dabei genügt es, dass die abgegebene bevollmächtigende Willenserklärung nach dem Tode des Vollmachtgebers zugeht (arg. § 130 Abs. 2 BGB).

> **Praxishinweis:**
> Vollmachten können auch im Rahmen letztwilliger Verfügungen vorgesehen werden. Dabei ist die Abgrenzung zur Testamentsvollstreckung zu beachten. Nach der Eröffnung ist für einen unverzüglichen Zugang der Bevollmächtigung zu sorgen, erst dann wird die Vollmacht wirksam.

Der Bevollmächtigte gibt seine **Willenserklärung im Namen des Erblassers** ab. Nach § 1922 BGB wirkt die Erklärung daher auch für und gegen die Erben. Der Vertretene bleibt nach § 137 Satz 1 BGB zur eigenen Rechtswahrnehmung berechtigt, die Vollmacht verdrängt den Vertretenen nicht.

31 Nach § 167 Abs. 2 BGB bedarf die Vollmacht nicht der **Form**, die für das Rechtsgeschäft selbst erforderlich ist. Aus Beweisgründen wird gerade im Erbrecht jedoch die Schriftform zu wählen sein. Von der Form sind die **Einwilligungs- oder Genehmigungserfordernisse** des Familien- bzw. Vormundschaftsgerichts bei Minderjährigen bzw. beschränkt Geschäftsfähigen zu unterscheiden (§§ 1643 Abs. 2, 1822 Nr. 2, 1896, 1903, 1908i, 1915 Abs. 1 BGB). Über die Universalsukzession nach § 1922 BGB rückt jedoch der minderjährige Erbe in die Rechtsposition des Erblassers ein, die familien-

---

52 Erman/*Schmidt*, Vor § 2197 Rn. 7.
53 BGH ZEV 1995, 187.

oder vormundschaftsgerichtlichen Genehmigungserfordernisse gelten für die Wirksamkeit und Ausübung der Vollmacht daher nicht.[54]

Der Umfang der Vertretungsmacht richtet sich nach den Vorgaben des Vertretenen. Im Bereich des **Vollzuges von Schenkungsversprechen** des Erblassers durch einen Stellvertreter mit postmortaler Vollmacht ist die Vertretungsmacht jedoch begrenzt. Dabei sind zunächst die Schenkungsversprechen unter Lebenden (§ 516 BGB) und das Schenkungsversprechen von Todes wegen (§ 2301 BGB) zu unterscheiden. Im ersten Fall kann der Bevollmächtigte nach dem Erbfall mit Heilungswirkung nach § 518 Abs. 2 BGB die Schenkung zu Lasten des Nachlasses vollziehen.[55] Im zweiten Fall verneint der BGH dagegen nach dem Wortlaut des § 2301 Abs. 2 BGB richtigerweise eine Heilungsmöglichkeit durch Vollzug nach dem Erbfall, weil der Schenkungsvollzug nur ein unwirksames Schenkungsversprechen, nicht aber eine unwirksame letztwillige Verfügung heilen kann.[56]

32

Auch bei der Vollmacht ist die Struktur der Vermögenszuordnung nach dem Erbfall zu beachten (s. Masloff, Kap. 4 Rn. 1). Der Bevollmächtigte kann mit seiner Willenserklärung den Erben nur bzgl. des Nachlasses, das zunächst als Sondervermögen von dem Eigenvermögen des Erben zu trennen ist, berechtigen oder verpflichten. Verbreitet wird diese Struktur vernachlässigt, wenn der Bevollmächtigte bei der **transmortalen Vollmacht** den Erben auch mit seinem Privatvermögen verpflichten können soll.[57] Aus einem **Nicht-Widerruf** der Vollmacht durch den Erben auf eine entsprechende Willensrichtung zu schließen, ist allerdings zweifelhaft. Jedenfalls hängt die Reichweite von Willenserklärungen von dem Empfängerhorizont ab (§ 157 BGB). Dritte werden daher bei einer Vollmacht des Erblassers regelmäßig von einer Beschränkung auf den Nachlass ausgehen.[58]

33

> Praxishinweis:
> Die post- oder transmortale Vollmacht ist für die Fortführung eines Handelsgeschäftes eines Einzelkaufmannes oder einer Personenhandelsgesellschaft daher oft unzureichend. Im Rahmen der Gestaltung der Unternehmensnachfolge sollten deswegen die erb- und gesellschaftsrechtlichen Lösungen den Vorzug erhalten.

II. Vollmachtstypen

Nach allg. schuldrechtlicher Dogmatik werden die Spezialvollmacht, Gattungsvollmacht und Generalvollmacht unterschieden. Während die **Spezialvollmacht** auf ein einzelnes Rechtsgeschäft beschränkt ist, ermöglicht die **Gattungsvollmacht** die Durchführung einer bestimmten Art von Geschäften. Schließlich wird mit der **Generalvollmacht** eine umfassende Vertretung in allen Bereichen ermöglicht.[59]

34

Die Vollmacht ist von Gesetzes wegen als Vollmacht über den Tod hinaus (**transmortale Vollmacht**) ausgestaltet.[60] Die Vollmachtsgestaltung ist insoweit jedoch disposi-

35

---

54 *Kerscher/Tanck/Krug*, § 13 Rn. 159; *Weirich*, § 29 Rn. 1279 f.
55 BGH FamRZ 1988, 2731; *Kerscher/Tanck/Krüger*, § 8 Rn. 661.
56 BGHZ 87, 19, 25 ff.; näher *Damrau/Krüger*, Erbrecht, § 2301 Rn. 6.
57 BGHZ 30, 391; MünchKomm/*Brandner*, Vor § 2197 Rn. 19; dagegen Erman/*Schmidt*, Vor § 2197 Rn. 9 m.w.N.
58 *Kerscher/Tanck/Krug*, § 13 Rn. 158.
59 Näher Palandt/*Heinrichs*, § 167 Rn. 6.
60 Arg. §§ 168, 170, 672, 675 BGB; OLG Zweibrücken DNotZ 1983, 105.

tiv. Verbreitet ist die Ausgestaltung der Vollmacht auf den Todesfall (**postmortale Vollmacht**), die Vollmacht kann auch nur bis zum Tod ausgestellt werden.

> **Praxishinweis:**
> Aus Gründen der anwaltlichen Vorsicht und Klarstellung für die Beteiligten sollte die Vollmacht ausdrückliche Formulierungen zur Fortgeltung über den Tod hinaus haben, wenn dies durch den Erblasser gewünscht ist.

1. Bankvollmacht

36 Bankvollmachten sind in der Rechtspraxis weit verbreitet. Der Bedarf für die Bankvollmacht – insbesondere die **Kontovollmacht** – ist groß. Im Erbfall ist es erforderlich, auf Schließfächer oder Wertpapierkonten zeitnah zugreifen zu können, schon um Nachlassverbindlichkeiten begleichen zu können und den Nachlass zu verwalten.[61] Die Klärung der erbrechtlichen Rechtsnachfolge kann hier oft nicht Schritt halten, insbesondere, wenn die Erbfolge streitig ist und sich die Erteilung des Erbscheins oder die Testamentseröffnung verzögert. Die Kontovollmachten werden meist auf Formularen der Bank abzugeben sein und sind regelmäßig als **transmortale Vollmacht** ausgestaltet.

> **Praxishinweis:**
> Sind keine Kontovollmacht und kein Erbschein vorhanden und weigert sich die Bank, Kontoverfügungen zuzulassen, sollte bei der Bank angeregt werden, über eine Geschäftsführung ohne Auftrag zumindest dringliche Nachlassverbindlichkeiten wie Beerdigungskosten zu begleichen.

37 Die Kontovollmacht stellt dem Bevollmächtigten gegenüber keine Zuwendung dar.[62] Ohne Rechtsgrund abgehobenes Vermögen ist daher durch den Bevollmächtigten nach § 812 Abs. 1 BGB herauszugeben.[63]

> **Praxishinweis:**
> In der Beratung des Alleinerben sollten Kontovollmachten für Dritte sofort widerrufen werden. Es kommt immer wieder vor, dass Bevollmächtigte nach dem Erbfall auf das Konto zugreifen, obwohl diese Verfügungen durch das Innenverhältnis der Bevollmächtigung nicht gedeckt sind. Der Regress ist oft schwierig. Diese problemlagen sind bei der Nachlassgestaltung mit dem Mandanten zu erörtern und ggf. durch die Anordnung eines Vermächtnisses auszuschließen, wenn dies gewollt ist.

38 Von der Kontovollmacht ist das **Gemeinschaftskonto** zu unterscheiden. Das Gemeinschaftskonto beschreibt die Kontoinhaber und nicht bloß Bevollmächtigte. Gemeinschaftskonten gibt es sowohl bei Geldkonten, insbesondere den Girokonten, aber auch bei den Sachkonten (Wertpapierdepot). Gemeinschaftskonten wiederum unterscheiden sich in „Und-" und „Oder-Konten":

---

[61] *Kerscher/Tanck/Krug*, § 13 Rn. 155.
[62] *Weirich*, § 29 Rn. 1284.
[63] BGH NJW 1976, 807.

	Und-Konto	Oder-Konto
Verfügungsbefugnis der Kontoinhaber	Kontoinhaber gemeinschaftlich (Regelfall bei Eintritt einer Erbengemeinschaft in ein Einzelkonto des Erblassers, arg. § 2038 BGB)	Kontoinhaber einzeln, auch über den Tod des Mitinhabers hinaus (bei Bankkonten der Regelfall, Nr. 2 AGB-Banken)
Widerruf der Verfügungsbefugnis	Kontoinhaber gemeinschaftlich, mit der regelmäßigen Folge eines Und-Kontos	Kontoinhaber einzeln, mit der Folge eines Und-Kontos[64]
Zuordnung des Vermögens zu den Kontoinhabern	Gemeinschaftsgläubiger, und regelmäßig Gesamtschuldner	Gesamtgläubiger, Gesamtschuldner (§§ 428, 421 BGB), zu gleichen Teilen (§ 430 BGB); abweichende Abreden im Innenverhältnis möglich[65]
	Bei Wertpapierkonto findet Wertpapierrecht Anwendung: bei Inhaberpapieren folgt das Recht aus dem Papier, dem Recht am Papier;[66] im Zweifel gilt § 742 BGB[67]	
Erfüllungswirkung der Verfügung für die Bank	Bei Leistung an alle Kontoinhaber gemeinschaftlich mit befreiender Wirkung	Bei Leistung an jeden Kontoinhaber mit befreiender Wirkung

Besonderheiten in der Vermögenszuordnung bei Und- und Oder-Konten gibt es bei **Ehegatten** und Partnern einer eheähnlichen Gemeinschaft. Die Zuordnung des Vermögens auf den Konten wird hier im Innenverhältnis grundsätzlich beiden Partnern zu gleichen Teilen zustehen.[68]

2. Grundstücksvollmacht

Sind Immobilien im Nachlass, kann eine auf die Angelegenheiten des Grundstückes bezogene **Gattungsvollmacht** sinnvoll sein. Das gilt maßgeblich für die Übertragung des Grundstückes in Erfüllung eines Vermächtnisses oder Vorausvermächtnisses nach §§ 2174, 925 BGB (**postmortale Auflassungsvollmacht**). Die Auflassungsvollmacht bedarf der **notariellen Beurkundung** oder Beglaubigung (§ 29 GBO); bei Grundbuchberichtigung im Zuge der Erbfolge ist ferner § 35 GBO mit dem Erfordernis der Eröffnungsniederschrift zu beachten. Es ist deswegen sinnvoll, diese schon in der notariell beurkundeten letztwilligen Verfügung mit aufzunehmen. Der Vermächtnisnehmer kann auch unter Befreiung von § 181 BGB selbst bevollmächtigt werden. Bei der Grundstücksvollmacht rücken somit insbesondere **Form- und Genehmigungserfordernisse** in den Vordergrund (z.B. § 29 GBO, § 311b BGB oder §§ 1643 Abs. 2, 1822 Nr. 2, 1896, 1903, 1908i, 1915 Abs. 1 BGB). Der Bevollmächtigte kann das Grundstück veräußern (Verpflichtungsgeschäft), ohne dass die Vollmacht notariell beurkundet wurde.

39

---

64 OLG Karlsruhe NJW 1986, 63.
65 BGH NJW-RR 1986, 1133.
66 Näher Palandt/*Sprau,* Vor § 793 Rn. 2 ff.
67 BGH ZEV 1997, 160.
68 BGH NJW 1997, 1434; *Damrau/Riedel,* Erbrecht, § 2311 Rn. 13; zu Besonderheiten des Einzelkontos von Ehegatten ferner *Bonefeld,* ZErb 2003, 369 f.

> **Praxishinweis:**
> Wenn bei der trans- oder postmortalen Vollmacht minderjährige Erben in die Rechtsstellung des Erblassers eintreten, sind Verfügungen durch den Bevollmächtigten möglich, ohne dass das Familien- bzw. Vormundschaftsgericht befasst wurde (s. Rn. 31).

Für die **Berichtigung des Grundbuches** genügt darüber hinaus ein notariell beurkundetes Testament oder ein Erbvertrag (§ 35 Abs. 1 GBO). Mit einer Auflassungsvollmacht mag daher in Bezug auf Immobilien im Nachlass sogar ein Erbscheinsverfahren vermieden werden können.

3. Vorsorgevollmacht

40 Einen **Sonderfall** der **rechtsgeschäftlichen Vollmacht** stellt die Vorsorgevollmacht oder Betreuungsverfügung dar und soll hier nur der Vollständigkeit halber genannt sein.[69] Die Vorsorgevollmacht steht in Zusammenhang mit dem Betreuungsrecht der §§ 1896 – 1908i BGB und soll letztlich ein weder von dem Betroffenen noch von den Erben zu kontrollierendes gerichtliches Betreuungsverfahren vermeiden (§§ 1896 Abs. 2, 164 ff. BGB).

> **Praxishinweis:**
> Die Vorsorgevollmacht sollte deswegen auch beim Familien- bzw. Vormundschaftsgericht hinterlegt werden. Neuerdings kann auch über die Bundesnotarkammer eine Anmeldung zum zentralen Vorsorgeregister (www.vorsorgeregister.de) erfolgen.

Die Vorsorgevollmacht ist grundsätzlich **formfrei**, sollte aber aus **Beweisgründen** schriftlich abgefasst werden. Die Ärztekammern oder das Bundesministerium der Justiz halten auf ihren Internet-Seiten entsprechende Formulare zum Download bereit. Diese Formulierungshilfen sollten jedoch durch den Berater kritisch auf den Einzelfall angepasst werden.[70] Vielfach wird für die Vermeidung von Zweifeln an der Freiheit des Willens und der Geschäftsfähigkeit des Vollmachtgebers und Stärkung des Regelungswillens die **notarielle Beurkundung empfohlen**.[71] Das kann die Gerichtspraxis jedoch nicht bestätigen. Allerdings kann der Notar durch Verwahrung der Urkunde bis zum Vorsorgefall etwaigem Missbrauch vorbeugen.

41 Die Vorsorgevollmacht kann vertrauensvolle Vertreter – etwa Familienangehörige – für die Bereiche der **Vermögens- und/oder Personensorge** benennen und inhaltlich auch auf einzelne Teilbereiche beschränkt werden. Die Teilbereiche sollten dann aber gegenständlich so genau wie möglich formuliert werden.[72] Vielfach ist es jedoch ratsam, die Vorsorgevollmacht weit auszugestalten und einer **Generalvollmacht anzunähern**. Damit die Vorsorgevollmacht durchgreift, sollten auch für den Fall der Verhinderung des Vertreters Ersatzvertreter benannt werden. Für eine höhere Kontrolldichte des Vertreters kann zudem ein Ergänzungsvertreter (Überwachungsvertreter) oder eine Gesamtvertretung vorgesehen werden; in der Praxis ergeben sich dabei jedoch oft Uneinigkeiten der Vertreter, so dass das Ziel der Vermeidung einer Befassung des Betreuungsgerichtes nicht erreicht wird.

---

69 Näher *Kerscher/Tanck/Krug*, § 8 Rn. 662 ff. auch m. Formulierungshilfen.
70 Näher *Krug/Rudolf/Kroiß/Bittler*, Erbrecht, § 2 m. Bsp.
71 *Weirich*, § 29 Rn. 1292.
72 Kerscher/Tanck/Krug, § 8 Rn. 669.

> **Praxishinweis:**
> Die Vollmacht sollte nicht aufschiebend bedingt auf den Vorsorgefall formuliert werden, um Unsicherheiten der Bevollmächtigung zu vermeiden. Aber selbst das Fehlen einer Bedingung erfordert bei Ausübung der Vollmacht den Nachweis, dass der Betroffene seine Angelegenheiten nicht mehr selbst besorgen kann (§ 1896 Abs. 1 BGB). Für Dritte, insbesondere Behörden, sollte die Vollmacht deswegen die Feststellung des Vorsorgefalles durch zwei unabhängige fachpsychiatrische Ärzte vorsehen.

Konsequenterweise sollte eine Vorsorgevollmacht auch ausdrückliche Regelungen zu gefährlichen ärztlichen Maßnahmen, der Unterbringung und unterbringungsähnlichen Maßnahmen – z.B. die Anbringung von Bettgittern – enthalten (§§ 1904 f., 1906 BGB). Ein bloßer Verweis auf die gesetzlichen Normen ist dabei nicht ausreichend. Das **Einwilligungserfordernis des Vormundschaftsgerichtes** in diesen Fällen bleibt jedoch zu beachten (§§ 1904 Abs. 1 u. 2; 1906 Abs. 1, 4 u. 5 BGB).

III. Missbrauch der Vertretungsmacht

Die Willenserklärung wirkt dann nicht nach § 164 BGB für und gegen den Vertretenen, wenn der Stellvertreter seine Vollmacht missbraucht. In diesen Fällen greift § 177 BGB. Als **Missbrauchsfälle** anerkannt sind Fälle des kollusiven Zusammenwirkens und des ersichtlichen Treuemissbrauches (§ 242 BGB).[73] Diese Missbrauchsfälle gelten grundsätzlich auch bei der postmortalen Vollmacht. Nach st.Rspr. des BGH hat der Vertretene das Risiko eines Vollmachtsmissbrauchs zu tragen. Der Vertragspartner hat keine Prüfungspflicht, ob und inwieweit der Vertreter im Innenverhältnis gebunden ist. Der Vertretene ist gegen einen erkennbaren Missbrauch der Vertretungsmacht im Verhältnis zum Vertragspartner nur dann geschützt, wenn der Vertreter von seiner Vertretungsmacht in ersichtlich verdächtiger Weise Gebrauch gemacht hat, so dass beim Vertragspartner begründete Zweifel entstehen mussten, ob nicht ein Treueverstoß des Vertreters gegenüber dem Vertretenen vorliege. Notwendig ist dabei eine massive Verdachtsmomente voraussetzende objektive Evidenz des Missbrauchs.[74] Der Missbrauch wird daher nach den Umständen des Einzelfalles unter zusätzlicher Berücksichtigung der Interessen des Erblassers zu erfolgen haben.[75]

42

IV. Erlöschen und Widerruf von Vollmachten

Die Vollmacht kann als trans- oder postmortale Vollmacht ausgestaltet werden oder bis zum Todesfall begrenzt werden (s. Rn. 35). Im letzteren Fall erlischt die Vollmacht dann mit dem **Tod des Vollmachtgebers**. Nach allg. Schuldrecht erlischt die Vollmacht ferner mit **Beendigung** des ihr zugrunde liegenden Rechtsverhältnisses (§ 168 Satz 1 BGB). Wird daher das Auftrags- oder Geschäftsbesorgungsverhältnis beendet, sei es in Folge Widerruf des Auftrages oder Befristung, erlischt auch die Vollmacht. Zugunsten des Rechtsverkehrs wirkt die Vollmacht fort, wenn nach den §§ 170-173 BGB ein besonderes Vertrauen gerechtfertigt ist. Bei Vorliegen einer Vollmachtsurkunde erlischt die Vollmacht deswegen erst mit **Rückgabe der Urkunde** an den Vollmachtgeber oder Kraftloserklärung der Urkunde (§ 172 Abs. 2 BGB). Schließlich er-

43

---

73 Dazu auch Palandt/*Heinrichs*, § 164 Rn. 13 ff.
74 BGH NJW 1995, 250, 251.
75 *Kerscher/Tanck/Krug*, § 13 Rn. 164 m.w.N.

lischt die Vollmacht auch durch den Tod des Bevollmächtigten, wenn nicht ein Ersatzbevollmächtigter vorgesehen ist.[76]

44 Die Vollmacht ist grundsätzlich widerruflich ausgestaltet (§ 168 Satz 2 BGB). Dabei geht das **Recht zum Widerruf** nach § 1922 BGB auf die Erben über. Auch der Testamentsvollstrecker kann nach h.M. eine Vollmacht i.R.v. § 2205 BGB widerrufen, soweit die letztwillige Verfügung nicht etwas anderes bestimmt. Auch Nachlassverwalter und Nachlasspfleger sind zum Widerruf berechtigt.[77] Bei einer **Erbengemeinschaft** müssen grundsätzlich alle Erben den Widerruf der Vollmacht erklären. Erklären nur einzelne Erben der Erbengemeinschaft den Widerruf, so erlischt die Vollmacht nur partiell gegenüber den widerrufenden Erben, für die übrigen Erben bleibt die Bevollmächtigung unberührt. Der Widerrufende kann deswegen auch nicht die Herausgabe der Vollmachtsurkunde verlangen, nur die Vorlegung zur Anbringung des beschränkten Widerrufsvermerks.[78] Für die bedeutenden Vertretungsfälle der Praxis, in denen es um die **Verfügung über Nachlassgegenstände** der ungeteilten Erbengemeinschaft geht, führt die gemeinschaftliche Verfügungsmacht der Erben (§ 2040 BGB) jedoch dazu, dass der Bevollmächtigte ohne Zustimmung des widerrufenden Erben nicht tätig werden kann. Der Widerruf der Vollmacht kann als actus contrarius gegenüber dem Bevollmächtigten oder dem Dritten, dem die Bevollmächtigung gegenüber gelten soll, erfolgen (§§ 168 Satz 3, 167 Abs. 1 BGB). Der Widerruf kann auch öffentlich bekannt gemacht werden (§ 171 Abs. 2 BGB). Nach § 175 BGB (analog) hat der Bevollmächtigte oder Dritte eine Vollmachtsurkunde dann zurückzugeben.[79]

1. Ausschluss des Widerrufs der Vollmacht

45 Der Ausschluss von Widerrufsmöglichkeiten bei Vollmachten ist wie folgt darzustellen:

	Ausschluss des Widerrufes wirksam	Ausschluss des Widerrufes unwirksam
Einseitiger Verzicht des Vollmachtgebers		X (BayObLG DNotZ 1997, 312, str.)
Zweiseitiger Vertrag zwischen Vollmachtgeber und Bevollmächtigtem	X Verbreitet wird dies nur zugelassen, wenn auch die Erben an der Vereinbarung beteiligt sind.[80] Ausschluss ist jedenfalls auch konkludent möglich, insbes. wenn berechtigtes Interesse des Bevollmächtigten, z.B. bei Treuhandverhältnissen oder Auflassungsvollmacht für den Begünstigten, vorliegt.[81]	

---

76 Arg. §§ 168, 673, 675 BGB; *Damrau/Tanck*, Erbrecht, § 1922 Rn. 71.
77 *Kerscher/Tanck/Krug*, § 8 Rn. 658 m.w.N.
78 BGH NJW 1990, 507; *Weirich*, § 29 Rn. 1303.
79 Palandt/*Heinrichs*, § 175 Rn. 1.
80 *Damrau/Tanck*, Erbrecht, § 1922 Rn. 72 m.w.N, zw. wegen § 1922 BGB.
81 BGH NJW-RR 1991, 441.

	Ausschluss des Widerrufes wirksam	Ausschluss des Widerrufes unwirksam
Vollmacht ausschließlich im Interesse des Vollmachtgebers		X (BGH DNotZ 1972, 229)
Isolierte Vollmacht		X
Generalvollmachten		X (BGH (DNotZ 1972, 229), m. Verweis auf die Umgehung der Testamentsvollstreckung)

Auch die unwiderrufliche Vollmacht kann dabei bei Vorliegen eines wichtigen Grundes widerrufen werden.[82] Ist der Ausschluss des Widerrufes unwirksam, bleibt die Vollmacht im Übrigen wirksam (§ 139 BGB).

2. Abgrenzung der Vollmacht zur Testamentsvollstreckung

Will der Erblasser den **Widerruf** der Vollmacht durch seine Erben **verhindern**, bieten sich neben dem Ausschluss des Widerrufs erbrechtliche **Strafklauseln** für den Fall des Widerrufes oder Auflagen an.[83] Damit wird die Vollmacht insbesondere in den Fällen zu einer echten Alternative der Testamentsvollstreckung, in denen der Erblasser aufgrund einer **Bindungswirkung** – etwa bei gemeinschaftlichem Testament (§ 2289 Abs. 1 BGB) – an der Anordnung der Testamentsvollstreckung gehindert ist. Die Widerruflichkeit der Vollmacht durch die Erben kann für den Erblasser jedenfalls problematisch sein und die Vollmacht als unzureichend erscheinen lassen, wenn er für die Erben bindende Vorkehrungen für seinen Nachlass treffen will. In diesen Fällen kann die Testamentsvollstreckung das richtige Gestaltungsmittel sein (s. Kap. 17 u. 21).

46

Die postmortale **Vollmacht** bleibt aber auch i.R.d. Testamentsvollstreckung sinnvoll, etwa um die **Rechte des Testamentsvollstreckers** zu erweitern und ihn von Zustimmungserfordernissen der Erben unabhängiger zu machen.[84] Dabei besteht dann die Gefahr, dass sich die Aufgaben und Befugnisse des Testamentsvollstreckers als Amtsinhaber und als Bevollmächtigter überschneiden. Dabei geht die h.M. aus Gründen des Vertrauensschutzes davon aus, dass in diesen Fällen die Vollmacht nicht durch die Testamentsvollstreckung beschränkt wird, da sie in keinem Akzessorietätsverhältnis zueinander stehen.[85] Für Dritte besteht daher kein Anlass davon auszugehen, dass die Anordnung einer Testamentsvollstreckung als Widerruf einer Vollmacht zu werten ist.[86] Die Grenze ist allerdings dann überschritten, wenn der Testamentsvollstrecker von den Beschränkungen des § 181 BGB befreit wurde.[87]

47

---

82 BGH WM 1985, 646.
83 *Kerscher/Tanck/Krug*, § 8 Rn. 659 u. § 13 Rn. 160.
84 *Kerscher/Tanck/Krug*, § 13 Rn. 157; näher *Mayer/Bonefeld/Daragan*, Testamentsvollstreckung, S. 149 ff.
85 BGH NJW 1962, 1718; Soergel/*Damrau*, § 2205 Rn. 62; Erman/*Schmidt*, Vor § 2197 Rn. 8 m.w.N.
86 *Kerscher/Tanck/Krug*, § 13 Rn. 162.
87 Palandt/*Edenhofer*, Einf. v. § 2197 Rn. 19.

7. Kapitel
Immobilienbewertung

Übersicht:

A. Erbrechtliche Situationen der Immobilienbewertung ... 220
B. Grundzüge der Wertermittlung im materiellen Erbrecht ... 221
   I. Rechtsgrundlagen der Wertermittlung ... 221
   II. Überblick über die Wertermittlungsmethoden ... 222
   III. Einzelne Wertermittlungsmethoden ... 223
      1. Vergleichswertverfahren ... 223
      2. Ertragswertverfahren ... 223
      3. Sachwertverfahren ... 225
      4. Sonderfall: Nießbrauch und Wohnrecht ... 226
   IV. Besonderheiten der Wertermittlung im Pflichtteilsrecht ... 226
   V. Besonderheiten der Wertermittlung bei der Teilungsanordnung ... 227
   VI. Besonderheiten der Wertermittlung bei Vorausempfängen ... 227
   VII. Besonderheiten der Wertermittlung bei Pflichtteilsergänzung ... 228
C. Abgrenzung zur Immobilienbewertung im Steuerrecht ... 229
   I. Rechtsgrundlagen der Bewertung ... 229
   II. Überblick über die Bewertungsmethoden ... 229
   III. Ermittlung des Bedarfswertes ... 230
   IV. Bewertungsgegenstand ... 231
   V. Einzelne Bewertungssituationen ... 231
      1. Bewertung unbebauter Grundstücke ... 231
      2. Bewertung bebauter Grundstücke ... 232
      3. Bewertung von Sonderimmobilien ... 233
      4. Sonderfall: Nießbrauch und Wohnrecht ... 234

A. Erbrechtliche Situationen der Immobilienbewertung

1 Grundbesitz stellt oft den wesentlichen Nachlassgegenstand dar. Bei einem Grundvermögen in Deutschland mit einem Verkehrswert von ca. 3.500 Mrd. € ist deswegen die Immobilienbewertung ein Beratungsschwerpunkt in fast jedem erbrechtlichen Mandat. Die erbrechtlichen Situationen der Immobilienbewertung sind deshalb vielfältig und gehen weit über die Erbschaftsteuermeldung hinaus:

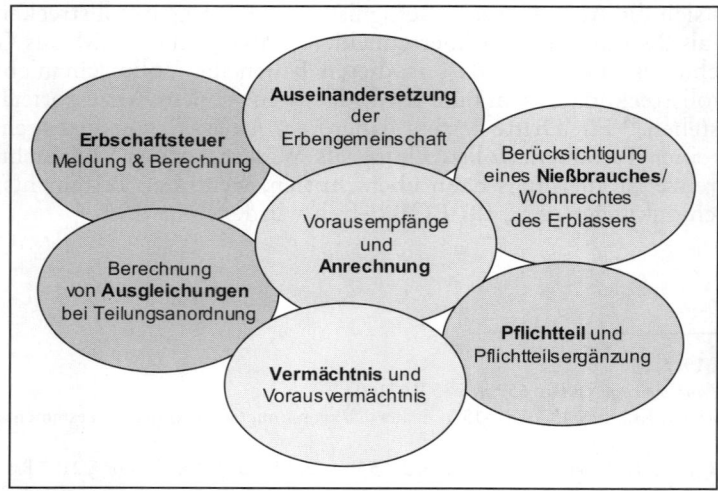

Wichtig ist, dass die erbrechtlichen Situationen der Immobilienbewertung **bewertungsrechtlich** unterschiedlich zu behandeln sind. Dies wird in Rspr. und Lit. regelmäßig nicht mit der gebotenen Sorgfalt getan, im Ergebnis kommt es deshalb oftmals zu falschen Bewertungen. Verwirrend sind insoweit auch die zahlreichen „**Wertbegriffe**". Die Gesetze selbst gebrauchen keinen einheitlichen Wertbegriff und sprechen u.a. von dem vollen und wirklichen Wert oder dem gemeinen Wert. Daneben stehen der Verkaufswert, Zeitwert, Beleihungswert oder market value. Ziel ist aber regelmäßig die **Ermittlung des individuellen Verkehrswertes**. Bei der Wertberechnung sind das Bewertungsgesetz (BewG) und die Wertermittlungsverordnung (WertV) streng zu unterscheiden:

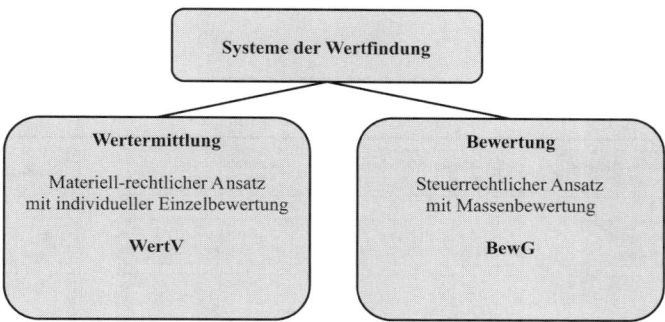

B. Grundzüge der Wertermittlung im materiellen Erbrecht

Im materiellen Erbrecht erfolgt nach dieser Struktur die Wertfindung daher als Wertermittlung.

I. Rechtsgrundlagen der Wertermittlung

Das Recht der Wertermittlung basiert auf dem BauGB (§ 199 BauGB). Das BauGB enthält in § 194 BauGB auch die **Legaldefinition** des Verkehrswertes:

> „*Der Verkehrswert wird durch den Preis bestimmt, der in dem Zeitpunkt, auf den sich die Ermittlung bezieht, im gewöhnlichen Geschäftsverkehr nach den rechtlichen Gegebenheiten und tatsächlichen Eigenschaften, der sonstigen Beschaffenheit und der Lage des Grundstücks oder des sonstigen Gegenstandes der Wertermittlung ohne Rücksicht auf ungewöhnliche oder persönliche Verhältnisse zu erzielen wäre.*"

Die WertV[1] wird konkretisiert durch die **Wertermittlungsrichtlinien 2002 (WertR)**.[2] Wichtig sind ferner die **Gutachterausschüsse**, die ihre Rechtsgrundlagen in Landesverordnungen finden.[3]

---

[1] V. 6.12.1988, BGBl. I, S. 2209; i.d.F. v. 18.8.1997, BGBl. I, S. 2081, s. *Sartorius*, Nr. 310.
[2] V. 11.6.1991, BAnz. Nr. 182 a; i.d.F v. 17.3.1992, BAnz. Nr. 86 a.
[3] S. für Hamburg: VO über den Gutachterausschuss für Grundstückswerte v. 20.2.1990 (HH GVBl. 1990, 37); sehr ausführlich: *Kleiber/Simon/Weyers*, Verkehrswertermittlung von Grundstücken, S. 570 ff.

II. Überblick über die Wertermittlungsmethoden

4 Die Verkehrswertermittlung nach der WertV erfolgt jeweils zu einem bestimmten Wertermittlungsstichtag. Der Wertermittlungsstichtag bestimmt sich nach den jeweiligen materiell-rechtlichen Situationen der Immobilienbewertung (o. Rn. 13 ff.). Dabei sind **Sach-, Ertrags-** und **Vergleichswertverfahren** vorrangig anzuwenden. Jedoch sind diese Verfahren nicht abschließend, das Gesetz ist für andere Wertermittlungsmethoden offen.[4] Sach-, Ertrags- und Vergleichswertverfahren sind des Weiteren untereinander grundsätzlich gleichrangig.[5] Der Sachverständige hat die Wahl eines Verfahrens deswegen zu begründen. Der BGH hält diese Festlegung als Rechtsfrage durch den Richter für voll überprüfbar. Im Überblick sind die Wertermittlungsmethoden wie folgt darzustellen:

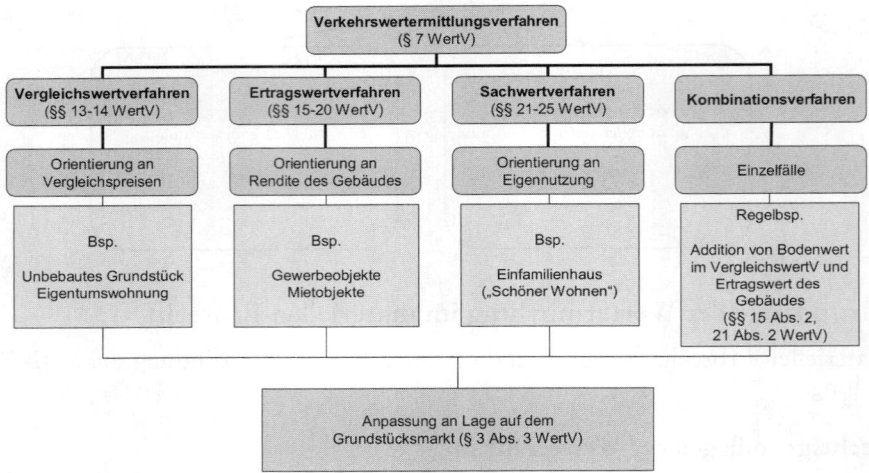

---

[4] BVerwG, Urt. v. 16.1.1998, IV B 69/95 (n.v.); ferner BVerwGE 57, 88, 90 ff.
[5] BGH, Urt. v. 13.7.1970, VII ZR 189/68 = BGH NJW 1970, 2018 = BGH WM 1970, 1139 f.

III. Einzelne Wertermittlungsmethoden

1. Vergleichswertverfahren

Vergleichswertverfahren

Schritt 1 (§ 13 WertV):	Über die Kaufpreissammlungen oder die Bodenrichtwerte wird der Vergleichspreis ermittelt.

m² x Bodenrichtwert = Bodenwert

Schritt 2 (§ 14 WertV):	Berücksichtigung von individuellen Zu- und Abschlägen (ggf. über Indexreihen oder Umrechnungskoeffizienten, §§ 9 f. WertV)

Bspiele:
- Geschoßflächenzahlen
- Erschließungskosten
- Lage, Lage, Lage
- Lärm-Umrechnungskoeffizienten

Die **Kaufpreissammlung** und die **Bodenrichtwerte** (Bodenrichtwertkarte) werden nach Landesrecht i.d.R. bei den Gutachterausschüssen oder Bauämtern geführt.[6]

2. Ertragswertverfahren

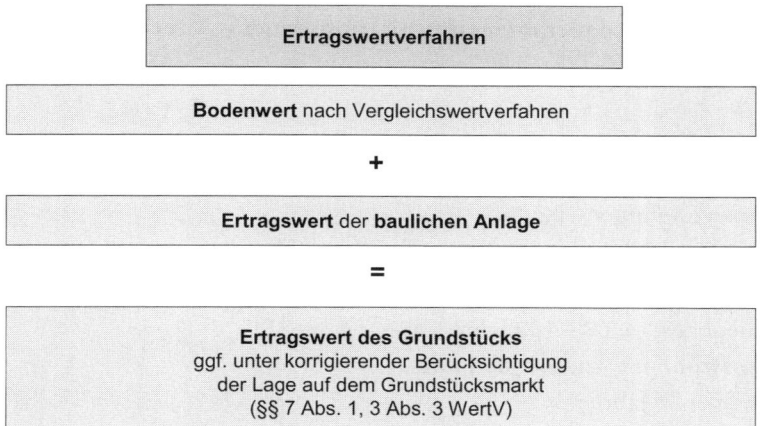

---

[6] S. z.B. für *Hamburg*: Gutachterausschuss beim Landesbetrieb Geoinformation und Vermessung; oder für *Niedersachsen*: Gutachterausschüsse für Grundstückswerte in Niedersachsen bei den Katasterämtern der Landkreise.

In diesem Rahmen ermittelt sich der **Ertragswert** der baulichen Anlage wie folgt:

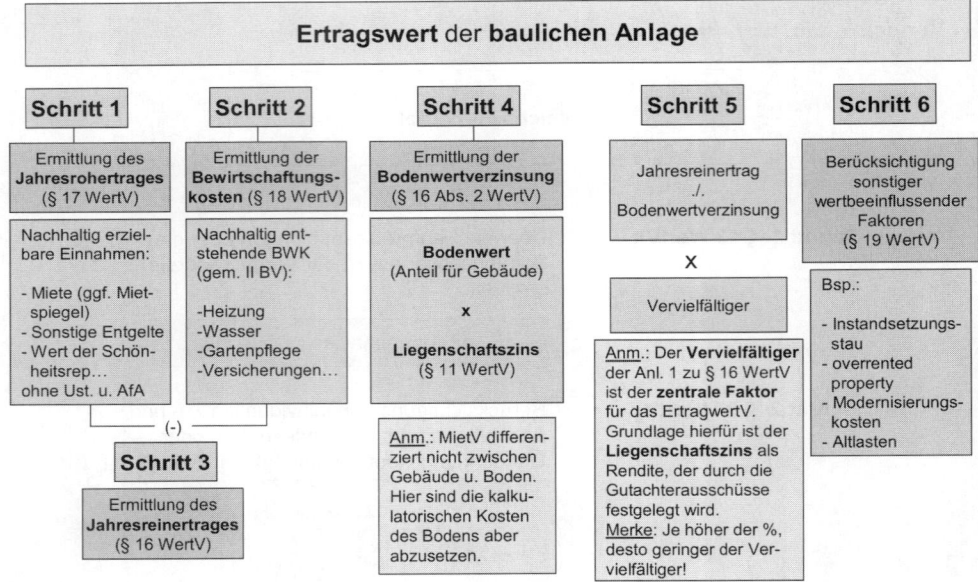

8   I.R.d. Ermittlung des Ertragswertes der baulichen Anlage wird deutlich, dass der „**Vervielfältiger**" nach § 16 WertV zentrale Bedeutung hat. In der Anlage 1 zu § 16 WertV lässt sich dieser nach **Liegenschaftszins** und **Restnutzungsdauer** des Gebäudes ablesen. Die Restnutzungsdauer ist wie folgt zu ermitteln:

Restnutzungsdauer = Gesamtnutzungsdauer – Alter des Gebäudes

9   Liegenschaftszinssätze und Gesamtnutzungsdauer haben typischerweise folgende Werte:[7]

Typische Liegenschaftszinssätze:
    Einfamilienhaus: ca. 2,0 – 3,5 %
    Eigentumswohnung: ca. 3,5 %
    Büro: ca. 6,0 – 7,0 %

Typische Gesamtnutzungsdauer:
    Einfamilienhaus: ca. 60 – 100 Jahre
    Eigentumswohnung: ca. 60 – 80 Jahre
    Büro: ca. 50 – 70 Jahre

---

7   Näher zu Liegenschaftszinssätzen für Gewerbeimmobilien *Zeißler*, GuG 2001, 269 ff.; *Kleiber/Simon/Weyers*, Verkehrswertermittlung von Grundstücken, S. 1509 ff.; *Metzger*, Vermittlung von Immobilien und Grundstücken, S. 143 ff. (mit CD-ROM).

3. Sachwertverfahren

Sachwertverfahren

Bodenwert nach Vergleichswertverfahren

+

Herstellungswert der **baulichen Anlage(n)** im Wertermittlungszeitpunkt, wobei Außenanlagen (Anpflanzungen...) und Betriebseinrichtungen (Aufzüge...) (DIN 276) gesondert bewertet werden.

=

Sachwert des Grundstücks
regelmäßig unter korrigierender Berücksichtigung
der Lage auf dem Grundstücksmarkt (§§ 7 Abs. 1, 3 Abs. 3 WertV).
Die Gutachterausschüsse legen insoweit z.T. **Marktanpassungsfaktoren** fest.

Dabei bestimmt sich der **Herstellungswert** der baulichen Anlage wie folgt:

Herstellungswert der baulichen Anlage(n)

Schritt 1	Schritt 2	Schritt 3	Schritt 4
Ermittlung der **Normalherstellungskosten** (§ 22 WertV)	**Wertminderung** wegen **Alters** (§ 23 WertV)	**Wertminderung** wegen **Baumängeln** (§ 24 WertV)	Berücksichtigung sonstiger wertbeeinflussender Faktoren (§ 25 WertV)
1. Gewöhnliche Kosten der Ersatzbeschaffung (Neubauwert) je m² bzw. m³ (BGF) gem. NHK 2000 2. Addition der Baunebenkosten (ca. 17 % von 1.) (nicht DIN 276). 3. Korrektur der NHK 2000 auf den Wertermittlungsstichtag nach Baupreisindex für Hamburg (Basis 95) 4. Korrektur der NHK 2000 für die Region (HH = 1,30)	Restnutzungsdauer (beachte Instandsetzungsstau) : Gesamtnutzungsdauer = Altersminderungsfaktor Anm.: 1. Anl. 6 der WertR enthält diverse Rechenmethoden hierfür. 2. ggf. nach § 23 Abs. 2 WertV zusätzl. Berücksichtigung von Instandsetzungsstau	1. Abschlag auf der Grundlage der Schadensbeseitigungskosten (BGH 28.6.1961, V ZR 201/60 = NJW 1961, 1860) 2. Ggf. Ansatz eines merkantilen Minderwertes (zB. Schwamm)	Ab- und Zuschläge, str. ist, ob Abschlag incl. der Ust. bei gewerblichen Objekten anzusetzen ist (Die NHK 2000 sind incl. 16 % Ust.).

Masloff

4. Sonderfall: Nießbrauch und Wohnrecht

12 Die Wertermittlung von Nießbrauch und Wohnrecht ist im Erbrecht von besonderer Bedeutung. Und auch diese Rechte lassen sich strukturgerecht im materiellen Erbrecht nach der WertV bewerten:

IV. Besonderheiten der Wertermittlung im Pflichtteilsrecht

13 Bei der Pflichtteilsberechnung nach §§ 2303 ff. BGB ermittelt die h.M. den Verkehrswert vereinfacht vorrangig unter Bezugnahme auf den Normalverkaufswert, also durch den Ansatz von **Verkaufserlösen**.[8] Relevanter Wertermittlungsstichtag ist der Zeitpunkt des Erbfalles. Danach eintretende **Wertveränderungen** bleiben unbeachtlich, nach der Wurzeltheorie sollen **lediglich** diejenigen wertbildenden Faktoren berücksichtigt werden, die im Zeitpunkt des Erbfalles schon **im Keim angelegt** waren.[9] Diese Stichtagsberechnung ist jedoch um den **Kaufkraftschwund** zu bereinigen, der Stichtagswert deswegen nach der Preisentwicklung zu korrigieren.[10] Von dem zu Grunde zu legenden Normalverkaufspreis sind schließlich die Transaktionskosten, wie Notarkosten und Maklergebühren, in Abzug zu bringen.[11]

14 Der **Ansatz von Verkaufserlösen** bei tatsächlich durchgeführten Veräußerungen soll nach der h.M. eine so gesicherte Bewertung darstellen, dass es kaum gerechtfertigt sei, diese Bewertung zu korrigieren.[12] Die Bewertungssicherheit wird in der Praxis jedoch von der **zeitlichen Nähe** des Verkaufes zum Erbfall abhängen. Dass der BGH dabei

---

8 OLG Düsseldorf ZEV 1994, 361; *Riedel*, Kap. 11 Rn. 62 ff.; *Damrau/Riedel*, Erbrecht, § 2311 Rn. 23 ff.
9 BGH NJW 1973, 509; *Riedel*, Kap. 11 Rn. 62 ff.; *Damrau/Riedel*, Erbrecht, § 2311 Rn. 2
10 BGH NJW-RR 1993, 834.
11 Näher *Riedel*, Kap. 11 Rn. 62 ff.; *Damrau/Riedel*, Erbrecht, § 2311 Rn. 26.
12 BGH NJW-RR 1991, 131; *Riedel*, Kap. 11 Rn. 62 ff.; *Damrau/Riedel*, Erbrecht, § 2311 Rn. 25.

noch einen Zeitraum von bis zu fünf Jahren genügen lassen will,[13] ist problematisch. Allerdings soll insoweit Voraussetzung sein, dass keine wesentliche Veränderung der Marktverhältnisse, der Bausubstanz und keine sonstigen außergewöhnlichen Verhältnisse seit dem Erbfall eingetreten sein dürfen.

Ist nach den vorgenannten Kriterien der Ansatz von Verkaufserlösen nicht möglich, so ist der Verkehrswert durch Schätzung nach der WertV zu ermitteln. Dabei obliegt die Wahl der **Wertermittlungsmethode** dem Tatrichter, der regelmäßig einen Sachverständigen hinzuziehen haben wird.[14] Die **Kosten der Wertermittlung** sind Nachlassverbindlichkeiten und mindern daher den Pflichtteil.[15]

V. Besonderheiten der Wertermittlung bei der Teilungsanordnung

Bei der **Auseinandersetzung der Erbengemeinschaft** wird die Immobilienbewertung erforderlich, wenn eine Teilungsanordnung verfügt wurde. Denn in Abgrenzung zum Vorausvermächtnis ist eine vom Erblasser gewollte Wertverschiebung unter den Erben auszugleichen.[16] Der Verkehrswert des auszugleichenden Nachlassgegenstandes ist auf den Zeitpunkt der Auseinandersetzungsreife zu ermitteln. Der ausgleichungspflichtige Erbe ist dabei nicht verpflichtet, sein eigenes Vermögen für die Ausgleichung einzusetzen. Damit wird die Ausgleichung letztlich auf den Nachlass beschränkt.[17] Die Wertermittlungsmethode kann der Erblasser i.R.d. letztwilligen Verfügung bestimmen.

VI. Besonderheiten der Wertermittlung bei Vorausempfängen

Vorausempfänge sind **Zuwendungen** und Ausstattungen, **die auf den Erbteil** des Begünstigten im Wege der fiktiven Nachlassberechnung zum Zeitpunkt des Erbfalles **anzurechnen** sind (§§ 2050 ff., 2055 f. BGB) bzw. bei der Pflichtteilsberechnung auszugleichen sind (§§ 2315, 2316 BGB). Wertermittlungsziel für die Zuwendung ist der Verkehrswert im Zeitpunkt der Zuwendung (Eintragung im Grundbuch) ohne Berücksichtigung seit dem gezogener Nutzungen oder Früchte. Der so berechnete Wert ist nach h.M. auf den Zeitpunkt des Erbfalles nach dem Lebenshaltungskostenindex zu indexieren.[18] Nach der WertV wäre es wohl richtiger, auf den Baukostenindex abzustellen.

Ein durch den Erblasser vorbehaltenes **Nießbrauchs- oder Wohnrecht** ist nach h.M. gem. Anlage 9 zu § 14 BewG nach der statistischen Lebenserwartung auf den Zeitpunkt der Zuwendung zu kapitalisieren und abzuziehen.[19] Diese h.M. ist abzulehnen. I.R.d. materiell erbrechtlichen Wertermittlung hat auch die Wertermittlung von Nießbrauch und Wohnrecht strukturell nach der WertV zu erfolgen.[20]

---

13 BGH NJW-RR 1993, 131.
14 *Riedel*, Kap. 11 Rn. 62 ff.; *Damrau/Riedel*, Erbrecht, § 2311 Rn. 31.
15 OLG Koblenz ZErb 2003, 159 f.
16 Näher *Damrau/Rißmann*, Erbrecht, § 2048 Rn. 1 ff., 22.
17 Näher *Damrau/Rißmann*, Erbrecht, § 2048 Rn. 19 ff.
18 *Damrau/Bothe*, Erbrecht, §§ 2055, 2056 Rn. 4 ff. m. zahlreichen Beispielsrechnungen.
19 OLG Koblenz FamRZ 2002, 772, 773; OLG Celle ZErb 2003, 383; *Damrau/Riedel*, Erbrecht, § 2325 Rn. 102.
20 S. o. Rn. 12.

> **Praxishinweis:**
> Die Anrechnung von Vorempfängen muss der Erblasser bereits bei der Zuwendung bestimmen (§ 2050 Abs. 3 BGB).[21] Die Wertermittlungsmethode oder den Wert selbst kann der Erblasser in diesem Rahmen ebenfalls festlegen.

VII. Besonderheiten der Wertermittlung bei Pflichtteilsergänzung

19 Die Immobilienbewertung bei der Pflichtteilsergänzung nach § 2325 BGB unterliegt dem **Niederstwertprinzip** und damit unterschiedlichen Wertermittlungszeitpunkten. Im Überblick kann die Wertermittlung bei der Pflichtteilsergänzung wie folgt dargestellt werden:[22]

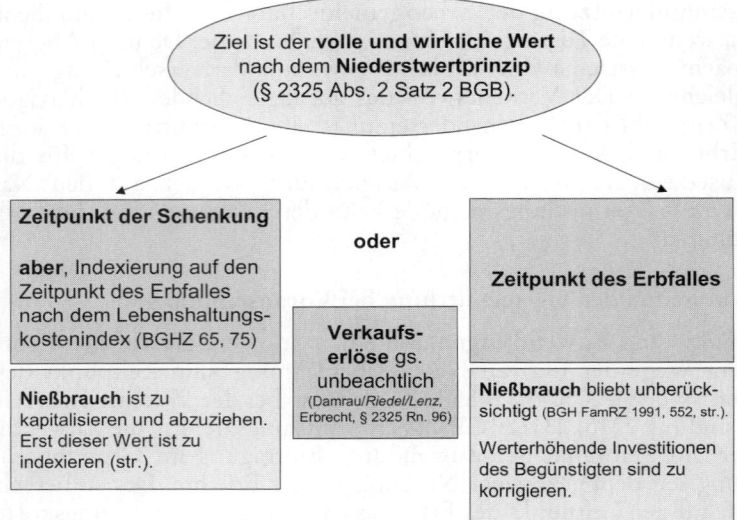

20 Folge dieser Niedererstwertbetrachtung ist, dass **Wertsteigerungen** der Zuwendung seit der Schenkung bis zum Erbfall dem Pflichtteilsberechtigten nicht zu Gute kommen, umgekehrt **Wertverringerungen** den Pflichtteilsberechtigten aber treffen.[23] Geht die zugewendete Immobilie gänzlich unter, ist der Wert der Zuwendung letztlich Null und eine Berücksichtigung bei der Pflichtteilsergänzung muss entfallen. Im Einzelfall kann der Pflichtteilsberechtigte dann Schadensersatzansprüche haben.[24] Ist die zugewendete Immobilie inzwischen von dem Begünstigten veräußert worden, so tritt der Kaufpreis nicht an die Stelle der Zuwendung, die Wertermittlung hat vielmehr nach dem Niederstwert zu erfolgen.

---

21 Näher *Tanck*, ZErb 2003, 41 f.
22 Näher zur Anrechnung von Nutzungen/Nießbrauch: BGH ZErb 2003, 317 f.
23 *Riedel*, Kap. 11 Rn. 62 ff.; *Damrau/Riedel*, Erbrecht, § 2325 Rn. 95.
24 Näher *Mayer/Süß/Tanck/Bittler/Wälzholz*, HB Pflichtteilsrecht, § 8 Rn. 82.

C. Abgrenzung zur Immobilienbewertung im Steuerrecht

Die Bewertung i.R.d. Erbschaft- und Schenkungsteuerrechts kann hier nicht vertieft werden. Gleichwohl sollen die wesentlichen Unterschiede zur Wertermittlung dargestellt werden.

I. Rechtsgrundlagen der Bewertung

Das Bewertungsrecht hat seine wesentliche Rechtsgrundlage im BewG und im Erbschaft- und Schenkungsteuergesetz (ErbStG). Daneben stehen die Erbschaftsteuer-DV, die Erbschaftsteuer-Richtlinien 2003 (R 124 ff.), die Hinweise zu den Erbschaftsteuer-Richtlinien 2003 (H 124 ff.) und diverse gleichlautende Erlasse zum neuen Beitrittsgebiet. Desweiteren gibt es zahlreiche Verfügungen der regionalen Oberfinanzdirektionen.[25]

Die Legaldefinition des gemeinen Wertes findet sich in § 9 BewG und die des Bedarfswertes in § 138 BewG. Letzterer ist für die erbschaftsteuerliche Beratungspraxis der Wesentliche:

> „Anstelle dieser Einheitswerte [...] werden Grundstückswerte [...] unter Berücksichtigung der tatsächlichen Wertverhältnisse zum 01. Januar 1996 festgestellt."

II. Überblick über die Bewertungsmethoden

Das BewG baut auf den bekannten Wertermittlungsmethoden auf, kennt jedoch zusätzlich das **Steuerbilanzwertverfahren**:

Überblick der Bewertungsverfahren

	Vergleichs-wertverfahren	Ertragswert-verfahren	Steuerbilanz-wertverfahren	Relevante Norm BewG
Unbebautes Grundstück	X			145
Bebautes Grundstück		X	oder VergleichsW des Bodens + Steuerwert des Gebäudes	146 f.
Unbebautes Erbbaurecht	X, aber abzgl. 18,6facher jährl. Erbbauzins			148
Bebautes Erbbaurecht		X, aber abzgl. 18,6facher jährl. Erbbauzins		148
Gebäude auf fremd. Boden		X, aber abzgl. 18,6facher jährl. Miete		148
Grdst. in Bebauung		X, aber abzgl. 80 % und zzgl. angefallene HerstellungsK.		149
Zivilschutz-grundstücke	X, ohne Gebäude			150

BFH hält diese Regelung für verfassungswidrig (Beschl. v. 22.5.2002, BStBl. 2002 II, 844), (Aussetzung der Vollziehung d. FVerw.)

In Bezug auf den Sonderfall der Bewertung von **Gebäuden auf fremdem Boden** – z.B. von Pächtern erbaute Häuser – wird die Bewertung nach § 148 BewG mit dem

---

[25] S. für Hamburg z.B. Vfg. der OFD Hamburg betr. die Bewertung von Hafengrundstücken v. 9.2.1971 (S 3014-4/70-St 31); sehr ausführlich *Halaczinski/Teß*, Grundbesitzbewertung für Erbfall und Schenkung, S. 121 ff.

18,6fachen des jährlichen Pachtzinses ebenfalls für verfassungsrechtlich zweifelhaft gehalten.[26]

26 Das ErbStG kennt neben dem **Bedarfswert**, der für den Fachanwalt für Erbrecht den bedeutendsten Wert darstellt, auch noch den **Einheitswert** und den **Verkehrswert**:

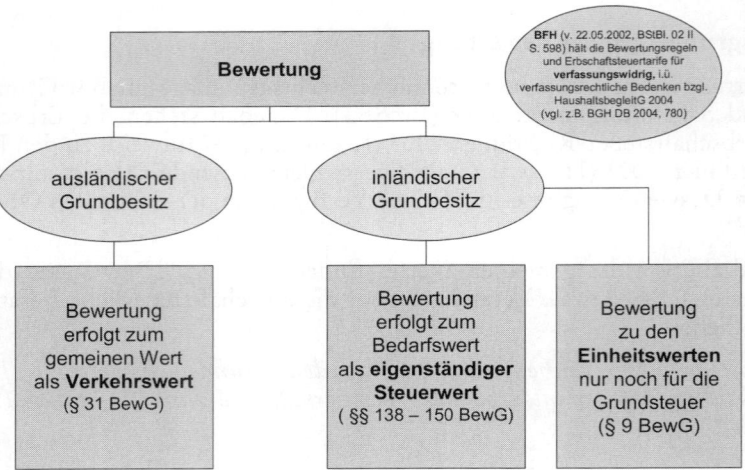

III. Ermittlung des Bedarfswertes

27 Bei der Ermittlung des Bedarfswertes ist zu beachten, dass dieser gerade nicht dem **Verkehrswert** entsprechen soll, sondern regelmäßig deutlich darunter liegt:

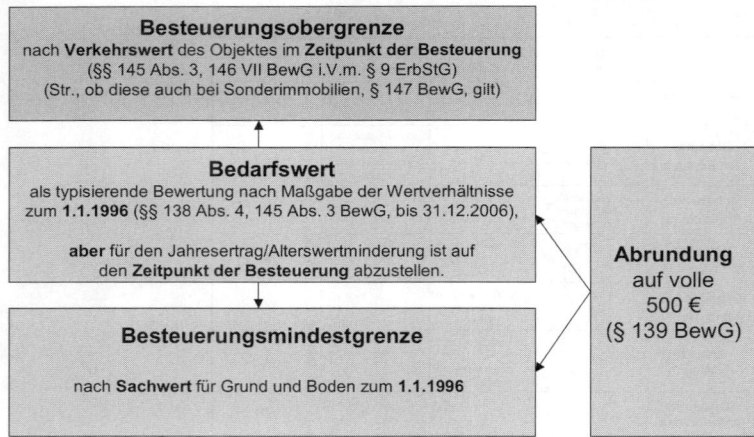

28 In Bezug auf den Verkehrswert als **Besteuerungsobergrenze** ist festzuhalten, dass die Darlegungs- und Beweislast dem Steuerpflichtigen obliegt. Bei der Ermittlung des Verkehrswertes kann sich der Steuerpflichtige allen anerkannten Wertermittlungsmethoden bedienen. Das Lagefinanzamt verlangt allerdings i.d.R. ein Wertermittlungsgutachten eines öffentlich bestellten und vereidigten Sachverständigen oder des örtli-

---

26 BFH ZErb 2003, 55 f.

chen Gutachterausschusses. Bei **Verkauf** des Grundstückes **innerhalb eines Jahres** nach dem Erbfall wird der Kaufpreis grundsätzlich ohne weitere Wertkorrekturen als Nachweis für den Verkehrswert akzeptiert.[27] Der BFH hat jetzt entschieden, dass auch eine größere Zeitspanne möglich sein kann, wenn die durch den zeitlichen Abstand nachlassende Indizwirkung des Kaufpreises durch eine gutachterliche Äußerung ergänzt wird und die erzielbaren Jahresmieten gleich geblieben sind. Im Urteilsfall wurde drei Jahre nach dem Erbfall verkauft.[28]

Ein etwaiger **Nießbrauch** oder ein entsprechendes **Wohnrecht** sind im Rahmen dieser Verkehrswertermittlung in Abzug zu bringen. Konsequenterweise lässt sich dabei nach der WertV vorgehen, obwohl die Bewertung von Nießbrauch und Wohnrecht, wie noch zu zeigen sein wird, im Steuerrecht anderen Grundsätzen folgt.

IV. Bewertungsgegenstand

Gegenstand der Bewertung
(§§ 19, 69 BewG)

Grundbesitz als **wirtschaftliche Einheit** eines Eigentümers nach Maßgabe einer wirtschaftlichen Betrachtung (R 158 ErbstR)

- **Grund & Boden** (laufende Nummer des Grundbuches)
- **Gebäude**
- **wesentliche Bestandteile**

V. Einzelne Bewertungssituationen

1. Bewertung unbebauter Grundstücke

Die Bewertung unbebauter Grundstücke erfolgt grundsätzlich nach der **Vergleichswertmethode**. Ein unbebautes Grundstück liegt nach folgenden Grundsätzen vor:[29]

---

27 Arg. § 9 Abs. 2 BewG; FG Hessen EFinG 2001, 615.
28 BFH, Urt. v. 2.7.2004, Az. II R 55/01 = BFHE 205, 492 = ZErb 2004, 391 f.
29 Auch BFH ZErb 2003, 300.

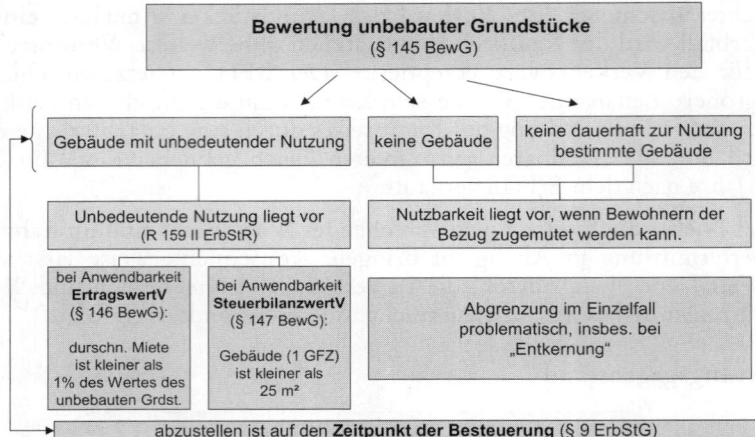

31 Die Vergleichswertmethode wird in folgenden Schritten angewendet:

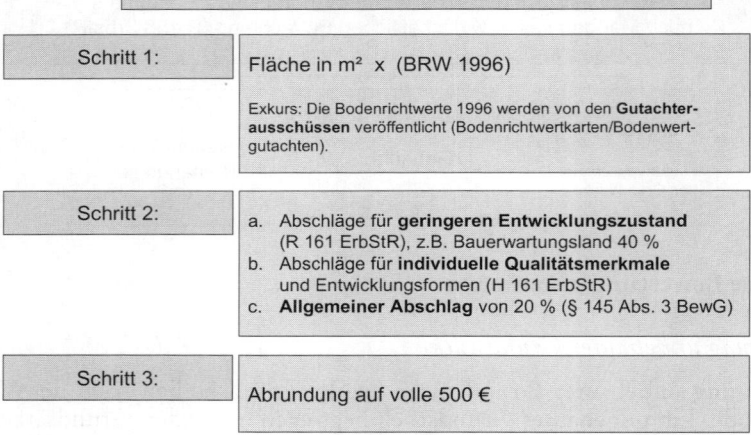

2. Bewertung bebauter Grundstücke

32 Die Bewertung bebauter Grundstücke erfolgt grundsätzlich nach der Ertragswertmethode:

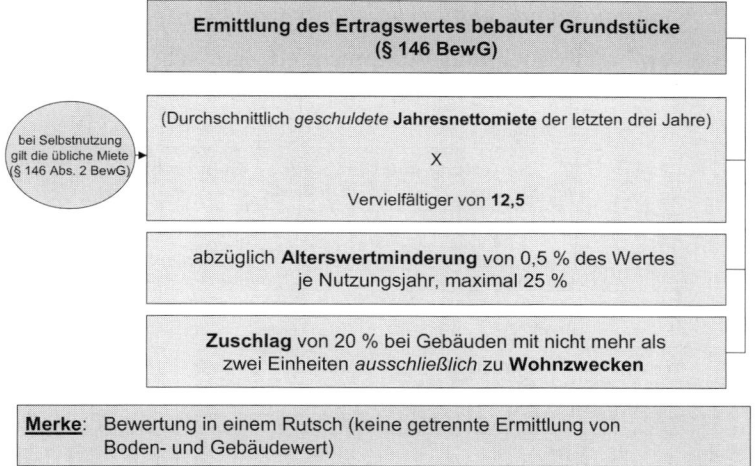

3. Bewertung von Sonderimmobilien

Die Bewertung von Sonderimmobilien erfolgt nach einer **Kombinationsmethode**, die in § 147 BewG geregelt ist:

Bewertung von Sonderimmobilien (§ 147 BewG)	
Das sind z.B. Badehäuser, Gewächshäuser, Kliniken, Hotels oder Sporthallen (näher R 178 ErbStR)	
Schritt 1:	Fläche in m² x (BRW 1996)
Schritt 2:	a. Abschläge für **geringeren Entwicklungszustand** b. Abschläge für **individuelle Qualitätsmerkmale** und Entwicklungsformen c. **Allgemeiner Abschlag** von 30 %
Schritt 3:	Zzgl. **Steuerbilanzwert des Gebäudes** im Zeitpunkt der Besteuerung
Schritt 4:	Abrundung auf volle 500 €

4. Sonderfall: Nießbrauch und Wohnrecht

34 Die Bewertung von Nießbrauch und Wohnrecht erfolgt nach §§ 13 ff. BewG und damit nach wesentlich anderen Grundsätzen als im materiellen Erbrecht nach der WertV:[30]

---

30 Näher *Daragan*, ZErb 2003, 109 ff.

8. Kapitel
Vor- und Nacherbe

Übersicht:

	S.
A. Allgemeines	237
B. Anordnung der Vor- und Nacherbschaft	238
I. Letztwillige Verfügung	238
II. Bestimmung des Vor- und Nacherben	238
1. Anordnung durch den Erblasser	238
2. Gesetzliche Auslegungs- und Ergänzungsregeln	239
a) §§ 2101 Abs. 1, 2106 Abs. 2 BGB	239
b) § 2102 BGB	240
c) §§ 2103 BGB i.V.m. § 2269 BGB	240
d) §§ 2104, 2105 BGB i.V.m. §§ 2065 Abs. 2, 2066, 2069, 2085, 2142 Abs. 2 BGB	240
e) § 2107 BGB	243
3. Ermächtigung des Vorerben zur Änderung der Nacherbeneinsetzung	243
III. Bestimmung des Eintritts des Nacherbfalls	244
1. Explizite Anordnung	244
2. Erbeneinsetzung unter Bedingung und Befristung (§§ 2074, 2075, 2104 BGB)	244
IV. Zeitliche Beschränkung (§ 2109 BGB)	245
1. Grundsatz für natürliche und juristische Personen	245
2. Ausnahmen bei natürlichen Personen	245
C. Rechtliche Stellung des Vorerben	246
I. Vorerbe als „wahrer Erbe"	246
1. Verfügungsbefugnis	246
2. Beschränkungen mit Befreiungsmöglichkeit	246
a) Verfügungen über ein Grundstück oder ein Recht an einem Grundstück	246
b) Kündigung und Einziehung von Grundpfandrechten	247
c) Verfügung über Geldvermögen	247
3. Beschränkung ohne Befreiungsmöglichkeit	248
4. Gutglaubensschutz	249

	S.
II. Entwicklung des Nachlasses während der Vorerbschaft	249
1. Vergrößerung des Erbteils (§ 2110 BGB)	249
2. Surrogation (§ 2111 BGB)	249
a) Erwerb aufgrund eines zur Erbschaft gehörenden Rechts	250
b) Ersatzerwerb	250
c) Mittelsurrogation	250
3. Verwaltungspflichten mit Befreiungsmöglichkeit	251
a) Behandlung von Wertpapieren (§§ 2116, 2117 BGB)	251
b) Erstellung eines Wirtschaftsplans (§ 2123 BGB)	252
c) Auskunft und Sicherheitsleistung (§§ 2127 – 2129 BGB)	252
d) Ordnungsgemäße Verwaltung und Rechenschaftspflicht (§§ 2130, 2131 BGB)	252
e) Übermäßige Fruchtziehung und eigene Verwendung (§§ 2133, 2134 BGB)	253
4. Verwaltungspflichten ohne Befreiungsmöglichkeit	253
a) Erstellung eines Nachlassverzeichnisses (§ 2121 BGB)	253
b) Ermittlung des Nachlasszustandes durch Sachverständigen (§ 2122 Satz 2 BGB)	254
5. Nutzungen, Erhaltungskosten	254
6. Schutz vor Gläubigern des Vorerben	255
III. Ansprüche des Vorerben nach dem Nacherbfall	255
1. Wegnahme eingebrachter Einrichtungen (§ 2125 Abs. 2 BGB)	255
2. Aufwendungsersatzansprüche	256
a) Außergewöhnliche Erhaltungsmaßnahmen (§ 2124 Abs. 2 Satz 2 BGB)	256
b) Ersatz für Verwendungen (§ 2125 Abs. 1 BGB)	256
IV. Prozessuale Fragen	257
1. Freiwillige Gerichtsbarkeit	257
a) Erbscheinsverfahren	257
b) Feststellung des Zustandes des Nachlasses	257

2. ZPO-Verfahren	258	
a) Klage auf Zustimmung zu Verwaltungsmaßnahmen	258	
b) Klage auf Feststellung, dass Vorerbe Vollerbe geworden ist	258	
D. Rechtliche Stellung des Nacherben	259	
I. Anwartschaftsrecht	259	
1. Veräußerbarkeit	260	
a) Grundsatz	260	
b) Ausschluss	260	
2. Vererblichkeit	260	
a) Auslegungsregel (§ 2108 Abs. 2 BGB)	260	
b) Aufschiebende Bedingung	261	
II. Sicherungs- und Kontrollrechte	262	
1. Rechte des Nacherben zur Sicherung von Beweismitteln	262	
a) Erstellung des Verzeichnisses der Erbschaftsgegenstände (§ 2121 BGB)	262	
b) Feststellung des Zustands der Erbschaft (§ 2122 BGB)	263	
c) Auskunft über den Bestand des Nachlasses (§ 2127 BGB)	263	
d) Weitere Auskunftsansprüche	263	
2. Sicherungsrechte des Nacherben	264	
a) Sicherheitsleistung (§ 2128 Abs. 1 BGB)	264	
b) Zwangsverwaltung (§ 2128 Abs. 2 BGB)	264	
III. Ansprüche des Nacherben bei Anfall der Erbschaft	264	
1. Herausgabeanspruch (§ 2130 Abs. 1 BGB)	264	
a) Inhalt des Herausgabeanspruchs	264	
b) Beweisproblematik	265	
2. Rechenschaft durch den Vorerben (§ 2130 Abs. 2 BGB)	266	
3. Schadensersatzanspruch wegen nicht ordnungsgemäßer Verwaltung	266	
4. Schadensersatzanspruch gegen den befreiten Vorerben (§ 2138 Abs. 2 BGB)	266	
IV. Prozessuale Fragen	267	
1. FGG-Verfahren: Klage auf Duldung der Feststellung des Erbschaftszustandes	267	
2. ZPO-Verfahren	267	
a) Klage auf Erstellung eines Nachlassverzeichnisses	267	
b) Klage auf ordnungsgemäße Geldanlage	267	
c) Klage auf Auskunft über den Bestand des Nachlasses und Sicherheitsleistung	267	
d) Feststellungsklage wegen Pflichtverletzung des Vorerben	268	
e) Drittwiderspruchsklage nach § 773 ZPO	268	
V. Ergänzende Fragen des Anfalls der Nacherbschaft	269	
1. Eintritt des Nacherbfalls während eines Rechtsstreits	269	
2. Insolvenz des Vorerben	269	
E. Gestaltungsberatung	270	
I. Anwendungsgebiete für Vor- und Nacherbschaft	270	
1. Einsetzung noch nicht gezeugter Personen	270	
2. Ausschluss von Erben-/Pflichtteilsberechtigten des Vorerben	270	
3. „Belohnung von Wohlverhalten"	270	
4. „Behindertentestamente"	271	
a) Verfügungsziel	271	
b) Zulässigkeit der Verfügungen	271	
c) Testamentsvollstreckung beim Behindertentestament	272	
d) Zugriff des Sozialversicherungsträgers nach § 93 SGB XII	272	
5. Ehegattentestamente	274	
a) Einheits- und Trennungslösung	274	
b) Wiederverheiratungsklauseln	275	
c) Praktische Gestaltung	276	
II. Vor- und Nacherbschaft und Unternehmensnachfolge	277	
1. Gesellschaftsrechtliche Nachfolgeklauseln	277	
2. Unentgeltliche Verfügungen	277	
3. Weitere Einzelfragen	278	
a) Surrogation (§ 2111 BGB)	278	
b) Nutzungen	278	
c) Erhaltungskosten	279	
d) Umwandlung	279	
4. Ergebnis	280	
III. Erbschaftsteuerliche Aspekte	281	
1. Besteuerung des Vorerben	281	
2. Besteuerung des Nacherben	281	
a) Nacherbfall durch Tod des Vorerben	281	
b) Nacherbfall durch sonstiges Ereignis	281	
F. Zusammenfassung	282	

Literaturhinweise:

Daragan, Die Vor- und Nacherbschaft aus zivilrechtlicher und steuerrechtlicher Sicht, ZErb 2001, 43; *Damrau,* Beweisprobleme bei Vor- und Nacherbschaft, ZErb 2003, 281; *Findeklee,* Gegenseitige Vorerbeinsetzung in einem gemeinschaftlichen Testament – Bindungswirkung für das eigene Vermögen des Längstlebenden?, ZErb 2002, 116; *Joussen,* Das Testament zu Gunsten behinderter Kinder, NJW 2003, 1851; *Köster,* Vor- und Nacherbschaft im Erbscheinsverfahren, Rpfleger 2000, 90, 133; *van de Loo,* Die letztwillige Verfügung von Eltern behinderter Kinder, NJW 1990, 2852; *Mayer,* Der superbefreite Vorerbe? – Möglichkeiten und Grenzen der Befreiung des Vorerben, ZEV 2000, 1; *Meier-Kraut,* Zur Wiederverheiratungsklausel in gemeinschaftlichen Testamenten mit Einheitslösung, NJW 1992, 143; *Nieder,* Das Behindertentestament – Sittenwidrige Umgehung des sozialhilferechtlichen Nachrangprinzips oder Familienlastenausgleich, NJW 1994, 1264; *Steinbacher,* Die Sicherung des Nacherben durch Hinterlegungs- und Anlagerechte, ZErb 2000, 174; *Wilhelm,* Wiederverheiratungsklausel, bedingte Erbeinsetzung und Vor- und Nacherbfolge, NJW 1990, 2857; *Zawar,* Der auflösend bedingte Vollerbe, NJW 1988, 16; Einsetzung des Behinderten im Behinderten-Testament als befreiten Vorerben, Verwaltungsanordnungen gem. § 2216 Abs. 2 BGB, DNotI-Report 6/1996, 48.

A. Allgemeines

Die Möglichkeit, den Vermögensfluss über den Zeitpunkt des eigenen Todes hinaus zu steuern, wird in unmittelbarer Weise durch das Institut der **Vor-** und **Nacherbschaft** gewährleistet. Sei es durch die explizite Einsetzung von Vor- und Nacherben (§§ 2100 BGB ff.), sei es durch die Einsetzung des Erben unter aufschiebender und auflösender Bedingung (§§ 2074, 2075 BGB). Die reichhaltige Rspr. zu Testamenten von Ehegatten[1] zeigt, dass vor allem die Sicherung des Vermögens im Stamm auf der einen und die Absicherung des überlebenden Ehegatten auf der anderen Seite durch dieses Institut zu einem Ausgleich gebracht werden sollen. Eine weitere Motivation ist die Sicherung des Vermögens vor dem Zugriff Dritter.[2] Beratend und forensisch tätige Anwältinnen und Anwälte werden mit zwei Feldern konfrontiert. In der Gestaltungsberatung muss dem Wunsch des Mandanten um eine Vermögensweitergabe nach seinem Willen die testamentarische Konzeption entsprechen. Beim Umgang mit einem Testament, sei es im Erbscheinsverfahren, sei es bei der Auseinandersetzung, ist im Umgang mit dem letzten Willen des Verstorbenen neben exakter Sachverhaltsaufklärung,[3] der korrekten Anwendung von Ergänzungs-[4] und Auslegungsregeln auch die Kenntnis der prozessualen Möglichkeiten der Sicherung von Ansprüchen notwendig.

Das **Pflichtteilsrecht** spielt sowohl bei der Beratung des Testierenden, als auch bei der Beratung der Vor- und Nacherben im Zusammenhang mit der „taktischen Ausschlagung" nach § 2306 BGB eine Rolle. Der beratende Anwalt hat hier insbesondere § 43a Abs. 4 BRAO, § 3 BORA zu beachten.

---

1 Allein aus den Veröffentlichungen seit 2000 seien genannt: OLG Oldenburg ZEV 2003, 33; BayObLG FamRZ 2002, 269; BayObLG FamRZ 2002, 274; OLG Zweibrücken FamRZ 2004, 984; OLG Hamm FamRZ 2003, 1503; BayObLG, 1Z BR 044/03 v. 18.3.2004, dokumentiert www.dnoti.de/DOC/2004/1zbr44_03.doc; OLG Düsseldorf NJW-RR 2000, 375; OLG Karlsruhe NJW-RR 2003, 582; BayObLG NJW-RR 2002, 1237; diese Auswahl bildet einen guten Überblick über die entstehenden Probleme bei der Weitergabe von (Privat-)Vermögen innerhalb der Familie.
2 Hier ist vor allem das „Behindertentestament" zu nennen, aber auch der Versuch, finanziell in Schieflage geratene Abkömmlinge als Erben zu erhalten, deren Gläubiger jedoch zu distanzieren.
3 Im Umgang mit dem letzten Willen eines Verstorbenen besteht die Gefahr, zu rasch die Auslegungsregeln des BGB zu bemühen, die es gerade im Vor- und Nacherbenrecht an verschiedenen Stellen gibt (§§ 2074, 2075, 2101 Abs. 1, 2102 Abs. 1 u. Abs. 2, 2108 Abs. 2, 2110 Abs. 1 u. Abs. 2 BGB), ohne die Auslegungsbedürftigkeit selbst exakt festzustellen.
4 Z.B. §§ 2103, 2104, 2105, 2106 BGB.

> **Praxishinweis:**
> Erscheinen Vor- und Nacherbe in bester Eintracht zum Beratungsgespräch in der Kanzlei, ist höchste Vorsicht geboten. Die Abklärung, welcher Beteiligte das Mandat erteilt, hat sauber zu erfolgen.

B. Anordnung der Vor- und Nacherbschaft

I. Letztwillige Verfügung

3   Nacherbe ist, wer erst dann Erbe des Erblassers wird, wenn zuvor ein anderer Erbe war. § 2100 BGB normiert dies zu Beginn des 3. Titels des 3. Abschnitts („Testament"). Damit wird u.a. deutlich: eine gesetzliche Vor- und Nacherbfolge gibt es nicht, es bedarf des Testaments oder eines Erbvertrages.[5] Auch die gesetzliche Folge der Auslegungs- und Ergänzungsregeln der §§ 2074, 2075 i.V.m. 2104, 2105, 2108 Abs. 2 BGB ist kein gesetzliches Erbrecht, sondern Folge der gesetzlich vorgegebenen Auslegung einer letztwilligen Verfügung.

II. Bestimmung des Vor- und Nacherben

1. Anordnung durch den Erblasser

4   Der Vor- und Nacherbe müssen grundsätzlich vom Erblasser bestimmt werden. Ein Auswahlermessen Dritter, also auch des Vorerben, existiert nicht. Dies ergibt sich aus § 2065 Abs. 2 BGB. Das BayObLG hat mit Beschluss vom 18.3.2004 nochmals klargestellt:

> „Der Erblasser darf die Bestimmung der Person des Nacherben nicht den Vorerben überlassen (§ 2065 Abs. 2 BGB). Nur die Bezeichnung nicht die Bestimmung der Person darf einem Dritten übertragen werden. Dann müssen aber die Hinweise im Testament so genau sein, dass den Bedachten eine jede mit genügender Sachkunde ausgestattete Person bezeichnen kann, ohne dass deren Ermessen auch nur mitbestimmend ist.[6] Von diesen Grundsätzen ist das Landgericht zutreffend ausgegangen. Es hat darauf abgestellt, dass der Vorerbe als bestimmender Dritter angesichts der Unschärfe des Auswahlkriteriums „Geeignetheit für die Erhaltung und Bewirtschaftung des Grundbesitzes" den Nacherben nicht nur bezeichnen, sondern ihn vielmehr tatsächlich wählen könne. Das hierdurch eröffnete Auswahlermessen führt wegen Verstoßes gegen § 2065 Abs. 2 BGB zur Unwirksamkeit der Bestimmungsklausel mit der Folge, dass es bei der im Erbschein zutreffend angegeben Nacherbenstellung der Beteiligten verbleibt."[7]

5   Diese Entscheidung steht in der Linie der Entscheidung des OLG Frankfurt.[8] Der Abschied auch von der sog. **„Dieterle-Klausel"**, nach der die (gewillkürten) Erben des Vorerben die Nacherben des Erblassers sein sollen, ist dogmatisch sauber und zu be-

---

5   § 2279 Abs. 1 BGB.
6   BGHZ 15, 199/202; BayObLG FamRZ 1991, 610/611.
7   BayObLG – 1Z BR 044/03, Beschl. v. 18.3.2004, s. II 4., dokumentiert www.dnoti.de/DOC/2004/1zbr44_03.doc; vgl. auch OLG Frankfurt FamRZ 2000, 1607.
8   DNotZ 2001, 143.

grüßen.⁹ Der Erblasser muss den Bestand des Testaments, den Gegenstand der Zuwendung und den Zuwendungsempfänger selbst bestimmen.¹⁰

Praxishinweis:
Es ist in der Gestaltungspraxis dringend abzuraten, Klauseln zu verwenden, die ein Bestimmungsrecht des Vorerben in diesen Punkten beinhalten.

Davon abzugrenzen ist die Möglichkeit, die gesamte „Konstruktion" Vor- und Nacherbschaft selbst von einer **Bedingung** abhängig zu machen. Ist als Bedingung festgelegt, dass der Vorerbe nicht anderweitig testiert, stellt diese abweichende Testierung eine (**erlaubte**) **Potestativbedingung** dar. Die **auflösend bedingte Vorerbschaft** erlischt, der Vorerbe wird automatisch Vollerbe und kann damit auch Änderungen im Erbschein bzw. den Grundbüchern vornehmen lassen (s. Rn. 17).

2. Gesetzliche Auslegungs- und Ergänzungsregeln

Die Fälle, in denen **handschriftliche Testamente** unvollständig oder undeutlich formuliert werden, sind zahlreich. Hinzu kommen gemeinschaftliche Testamente mit verwirrendem Inhalt. Krone der auslegungsbedürftigen Testamente sind Mehrfach-Testamente mit unterschiedlichem oder unterschiedlich detailreichem Inhalt. Für sie alle gilt zunächst, dass der Wille des Erblassers ermittelt werden muss. Grundregeln wie §§ 2084, 2085 BGB sollen die Wirksamkeit des Testaments bzw. einzelner Verfügungen retten. Bleibt der Wille des Erblassers offen, aber auch nur dann, greifen die gesetzlichen Auslegungs- und Ergänzungsregeln ein. Kann der Wille des Erblassers ermittelt werden, ist für deren Anwendung kein Raum. Im Zusammenhang mit **notariellen Testamenten** hat das OLG Hamm¹¹ darauf verwiesen, dass konkrete Anhaltspunkte bestehen müssen, um die **Wortlautauslegung** zugunsten eines anderen Erblasserwillens zu überwinden.¹²

6

a) §§ 2101 Abs. 1, 2106 Abs. 2 BGB

Nach § 1923 BGB kann eine im Erbfall noch nicht gezeugte Person nicht Erbe werden. Setzt der Erblasser daher eine noch nicht gezeugte Person zum **Erben** (nicht: Nacherben) ein, so ist diese nach der Auslegungsregel des § 2101 Abs. 1 BGB Nacherbe und erhält mit der Geburt als Ereignis, das den Nacherbfall auslöst (§ 2106 Abs. 2 BGB) das Erbe als Nach- und damit Vollerbe. Scharf hiervon abzugrenzen ist die Einsetzung einer im Erbfall noch nicht gezeugten Person als **Nacherbe**,¹³ die erst zum Zeitpunkt des Anfalls der Nacherbschaft nach den allg. Regeln bereits gezeugt sein muss und die Erbschaft dann mit dem Nacherbfall gem. § 2139 BGB erhält.

7

---

9 Dagegen z.B. *Damrau/Hennicke*, Erbrecht, § 2100 Rn. 12.
10 OLG Oldenburg NJW-RR 1991, 646.
11 OLG Hamm FamRZ 2002, 201.
12 Dass gerade bei gemeinschaftlichen Testamenten notarielle Testamente oftmals krit. hinterfragt werden müssen, zeigt der hier angesprochene Fall des OLG Hamm. Die Entscheidung ist u.a. wegen der Ausführungen zur Auslegung und zur Wechselbezüglichkeit von Verfügungen lesenswert. I.E. ist die Ablehnung der Wechselbezüglichkeit in diesem Urt. höchst fraglich. Plausibler zur Wechselbezüglichkeit OLG Karlsruhe NJW-RR 2003, 582.
13 Typischer Fall ist die Ketten-Nacherbschaft, wonach das Kind Vorerbe, der Enkel 1. Nacherbe und 2. Vorerbe und der noch nicht geborene Urenkel 2. Nacherbe werden soll.

Eine weitere Frage soll die Berufung einer im Erbfall noch nicht gezeugten Person als **Ersatzerbe** aufwerfen.[14] Abgesehen davon, dass diese Fälle nur schwer konstruierbar sind, muss Grunsky gefolgt werden, dass die Rechtsstellung einer noch nicht gezeugten Person nicht besser sein darf als einer bereits gezeugten Person. Die „Rettung" der Erbenstellung des noch nicht gezeugten Ersatzerben als Nacherben ist daher zu verneinen.

b) § 2102 BGB

8 § 2102 BGB spiegelt die unterschiedliche Stärke der beiden Rechte als **Nacherbe** und **Ersatzerbe** wider. Die Stellung als Ersatzerbe ist schwächer als die des Nacherben. Der Ersatzerbe hat keine Mitwirkungs- und Kontrollrechte, er geht schlicht leer aus, wenn der „Haupt"erbe das Erbe antreten kann. Deshalb kennt die Auslegungsregel des § 2102 Abs.1 BGB nur die Richtung, dass der Nacherbe im Zweifel auch Ersatzerbe ist, nicht umgekehrt. Konsequent ist dann auch die Regel des § 2102 Abs. 2 BGB, wonach bei bestehen bleibenden Zweifeln eine Verfügung als Ersatzerbeneinsetzung zu werten ist. Auch für das gemeinschaftliche Testament gilt § 2102 BGB. Setzen sich die Eheleute gegenseitig zu Vorerben und einen Dritten zum „Nacherben des Vorverstorbenen" ein, so ist der Dritte im Zweifel auch Ersatzerbe für den „weggefallenen" Erstverstorbenen nach dem länger lebenden Ehegatten und erbt als Nacherbe und Ersatzerbe beim Tod des überlebenden Ehegatten beide Vermögensmassen.[15] § 2102 Abs. 1 BGB gilt auch für den Nachnacherben, der im Zweifel Ersatznacherbe ist.[16]

c) §§ 2103 BGB i.V.m. § 2269 BGB

9 § 2103 BGB trägt dem Umstand Rechnung, dass in der Laiensphäre die Herausgabe eines Gegenstandes und die Übertragung dinglicher Rechtspositionen oft gleichgesetzt werden. Die Anordnung, dass z.B. A erbt und dem B zu dessen 25. Geburtstag das Erbe herausgeben muss, stellt eine Einsetzung als Vor- und Nacherbe dar. Bei **gemeinschaftlichen Testamenten** ist § 2269 Abs. 1 BGB zu beachten, wonach die gegenseitige Erbeinsetzung der Ehegatten mit der Einsetzung eines Dritten auf den „beiderseitigen Nachlass" nach dem Tod des überlebenden Ehegatten im Zweifel eine **Allein- und Schlusserbeneinsetzung** darstellt. Auch in diesem Fall gilt jedoch, dass die Anwendung des § 2269 Abs. 1 BGB Schlusspunkt der Auslegungsbemühungen sein muss.[17]

d) §§ 2104, 2105 BGB i.V.m. §§ 2065 Abs. 2, 2066, 2069, 2085, 2142 Abs. 2 BGB

10 § 2104 BGB regelt die sog. **konstruktive Nacherbfolge**. Voraussetzung ist, dass der Erblasser zwar eindeutig festgelegt hat, dass sein Erbe nur Vorerbe sein soll, es jedoch unterließ, einen Nacherben zu bestimmen. Hauptanwendungsbereich ist wohl der Fall, dass der Erblasser zu Lebzeiten im Testament den Nacherben ersatzlos streicht. Bei eigenhändigen Testamenten sind Retuschen dieser Art durchaus möglich. In diesem Fall muss zunächst der Erblasserwille ermittelt werden. Kann dies nicht geleistet werden, sind die gesetzlichen Erben des Erblassers zu Nacherben berufen, die zum Zeitpunkt des Nacherbfalles leben oder gezeugt sind. Ist der zunächst eingesetzte und

---

14 Grundlegend *Diederichsen*, NJW 1965, 671, 675; MünchKomm/*Grunsky*, § 2102 Rn. 6.
15 Palandt/*Edenhofer*, § 2102 Rn. 3; OLG Karlsruhe NJW-RR 2003, 582.
16 MünchKomm/*Grunsky*, § 2102 Rn. 7.
17 *Damrau/Klessinger*, Erbrecht, § 2269 Rn. 4 f.

dann „gelöschte" Nacherbe selbst gesetzlicher Erbe, entspricht es regelmäßig dem Willen des Erblassers, dass sowohl der Nacherbe, als auch dessen Abkömmlinge nicht Nacherben nach § 2104 BGB werden sollen. Vor Anwendung des § 2104 BGB muss bei der Auslegung berücksichtigt werden, wer als **konstruktiver Nacherbe** in Frage kommt. Ist z.B. in einer Ehe der einzige Sohn als Nacherbe vorgesehen und wird dieser nach Errichtung des Testaments gestrichen, so entspricht es kaum dem Willen des Erblassers, den Ehegatten durch die Berufung des Schwagers als Nacherben über § 2104 BGB zu beschränken. Der Ehegatte wird dann **Vollerbe**.

Es wird in der Lit. und Rspr. auch die analoge Anwendung von § 2104 BGB diskutiert.

Beispiel:

Die Eheleute A und B setzten sich in einem gemeinsamen Testament gegenseitig zu Vorerben und den Sohn C zum Nacherben ein. Der Nacherbfall soll mit der Wiederverheiratung des überlebenden Ehegatten, spätestens jedoch mit dem Tod des Überlebenden eintreten. C ist vor den beiden Eltern[18] gestorben und hinterlässt zwei Kinder, die Enkel D und E. Weiterhin lebt noch die Tochter F. A stirbt.

In diesem Fall sollen nach einer Meinung dann, wenn der Vorerbe „auf jeden Fall" nur bis zu einem bestimmten Zeitpunkt Erbe sein soll,[19] D, E und F in entsprechender Anwendung des § 2104 BGB als **Ersatznacherben** eingesetzt gelten.[20] Das ist abzulehnen. Nach § 2108 Abs. 1 BGB gilt § 1923 BGB auch für die Nacherbfolge. In diesem Fallbeispiel gibt es keinen Nacherben. Eine Ersatznacherbeneinsetzung fehlt. Kann diese nicht im Wege der **ergänzenden Auslegung** als Erblasserwille festgestellt werden, gibt es auch keine analoge Anwendung des § 2104 BGB. Dies ist auch sachgerecht, weil F in dem gemeinsamen Testament ja ausgeschlossen werden soll. Die von Edenhofer vorgeschlagene Anwendung kann auch nicht mit § 2069 BGB in Einklang gebracht werden.

*Im Fallbeispiel werden D und E über die Auslegungsregel des § 2069 BGB Ersatznacherben des C. F bleibt weiterhin außen vor. Konstruktionen, die ohne Not zu Konkurrenzen zwischen Auslegungsregeln führen, sind abzulehnen. In diesem Fall gibt es daher nur deshalb Ersatznacherben, weil C **Abkömmling** von A war.*

Beispiel (Abwandlung, s. Rn. 11): Der zuerst sterbende C hat keine Nachkommen. A verstirbt, B heiratet erneut.

Die Abwandlung zeigt zunächst für die Praxis, dass A und B beratungsresistent oder schlecht beraten waren, sonst hätten sie das Testament nach dem Tod des C geändert. Es gibt zwei Möglichkeiten: B wird **Vollerbin** und kann letztwillig frei auch über den Vermögensanteil nach A verfügen, oder sie ist **Vorerbin** geworden und muss nun den Nachlass des A an die Nacherbin F herausgeben. Eine „analoge Anwendung" von § 2104 BGB machte F zur Nacherbin, wenn durch Auslegung nicht ermittelt werden kann, ob A nun die Vorerbenstellung der B, oder die Enterbung der F wichtiger war. Zusätzlich komplizierter wird die Konstellation, wenn B als frisch verwitwete Erbin einen **Alleinerbschein** beantragt. Bekommt sie nur einen Erbschein mit Nacherben-

---

18 Bei Versterben nach A und vor B ist die Auslegungsregel § 2108 Abs. 2 BGB zu beachten.
19 Z.B. bei einer Wiederverheiratungsklausel.
20 Palandt/*Edenhofer*, § 2104 Rn. 3: D, E und F sind gesetzliche Erben des A im Nacherbfall.

vermerk? Soll § 2075 BGB ggf. „analog" dergestalt gelten, dass B dann in der Todessekunde Vollerbin wird, wenn sie nicht heiratet, bei Wiederverheiratung soll jedoch F Nacherbin werden?

Das Ergebnis ist nach der hier vertretenen Auffassung stets der Entscheidung des BGH aus dem Jahre 1986 nachzubilden.[21]

Entweder lässt sich aus der Ermittlung des Erblasserwillens darstellen, dass B auch nach dem Wegfall des C beschränkt werden sollte, oder dies ist nicht möglich, dann wurde B **Vollerbin** und sie erhält dann einen Alleinerbschein ohne Nacherbenvermerk.[22]

„Die Auslegungsregel des § 2104 BGB findet keine Anwendung, wenn der Erblasser den Nacherben zwar bestimmt hat, die Bestimmung aber hinfällig ist, oder wird"[23]

13 Dies gilt für alle Arten, nach denen die Einsetzung hinfällig sein kann. Verstößt die Einsetzung des Nacherben gegen § 2065 Abs. 2 BGB, muss der Erblasserwille ermittelt werden. Kann dies nicht zuverlässig geschehen, ist ein Rückgriff auf die entsprechende Anwendung des § 2104 BGB verwehrt.[24] Wird die Stellung des Nacherben wirksam angefochten, scheidet ein Rückgriff auf § 2104 BGB ebenfalls aus. Für die **Ausschlagung** durch den Nacherben normiert § 2142 Abs. 2 BGB bereits, dass bei fehlender abweichender Auslegung, die Nacherbschaft wegfällt. Der „**Vorerbe**" wird dann **Vollerbe**.

14 § 2105 BGB bietet dagegen keine Probleme. Ist Nacherbschaft angeordnet, **fällt der Vorerbe jedoch weg** und ist durch Auslegung zu ermitteln, dass der Nacherbe trotz Wegfalls des geplanten Vorerben den Zeitpunkt für den Nacherbfall abzuwarten hat, muss es einen Vorerben geben. Dies stellt § 2105 Abs. 1 BGB sicher. § 2105 Abs. 2 BGB ergänzt insbesondere § 2101 Abs. 1 BGB, wenn eine beim Erbfall noch nicht gezeugte Person zum Erben eingesetzt wurde. Hier gilt die gesetzliche Vermutung der Einsetzung dieser Person als Nacherbe. § 2105 Abs. 2 BGB stellt den Vorerben fest. Auch hier gilt, dass Diskussionen über eine „analoge Anwendung" abzulehnen sind.[25] Sollte die **Auslegung** eines Testamentes ergeben, dass die Vor- und Nacherbschaft trotz späteren Wegfalls des Vorerben erhalten bleibt, muss sie zwingend auch zur Person des Ersatzvorerben führen. Gelingt dies nicht, werden die **gesetzlichen Erben Vollerben**.

---

21 BGH NJW 1986, 1812; vgl. *Damrau/Hennicke*, Erbrecht, § 2104 Rn. 3, der das Urt. nur für den Grundsatz heranzieht. Die Entscheidung lässt jedoch nur den Schluss zu, dass eine analoge Anwendung nicht befürwortet wird.
22 BGH NJW 1986, 1812: „Es kommt erfahrungsgemäß vor, dass es einem Erblasser, der seine Ehefrau zur Vorerbin und einen Abkömmling als Nacherben einsetzt, nicht nur darum zu tun ist, gerade den bestimmten Nachkommen als Nacherben zu bedenken, sondern außerdem und unabhängig davon, ob dieser als Nacherbe eintritt oder nicht, verhüten will, dass der Nachlass auf Dauer in den Händen seiner Ehefrau (und ihrer Erben) verbleibt. Einen entsprechenden Willen muss der Erblasser in seiner Verfügung von Todes wegen aber, wie bereits das RG zutreffend erkannt hat – sei es durch die Einsetzung eines Ersatznacherben oder sonst wie – hinreichend deutlich zum Ausdruck bringen".
23 BGH NJW 1986, 1812, LS 1.
24 Zutreffend in der Abgrenzung zwischen dem „Wegfall" des Nacherbens durch Streichung (Anwendung von § 2104 BGB), was kein „Wegfall" ist, und Unwirksamkeit nach § 2065 Abs. 2 BGB (keine Anwendung von § 2104 BGB) *Lange/Kuchinke*, § 28 II 2.
25 *Damrau/Hennicke*, Erbrecht, § 2105 Rn. 2; Palandt/*Edenhofer*, § 2105 Rn. 1.

e) § 2107 BGB

Die Auslegungsregel des § 2107 BGB ist ein weiteres Bsp. für die Berücksichtigung von Abkömmlingen durch das Gesetz. Voraussetzung für die Anwendbarkeit ist, dass zum Zeitpunkt der Testamentserrichtung ein tatsächlich oder aus Sicht des Erblassers vermeintlich kinderloser Abkömmling als Vorerbe eingesetzt und der **Nacherbfall** ausschließlich oder über § 2106 Abs. 1 BGB bei dessen Tod eintritt. Ergebnis der Anwendung von § 2107 BGB ist, dass der Nacherbe **auflösend bedingt** mit dem Vorhandensein eines Abkömmlings des Vorerben eingesetzt ist. Liegt die Bedingung zum Zeitpunkt des Todes des Vorerben vor, dann ist der **Abkömmling** vom Erbfall an als **Vollerbe** anzusehen, die Nacherbschaft gilt als nicht angeordnet.

Hieraus ergeben sich Rechtsfragen. Für den Nacherben gelten sämtliche Vorschriften der Nacherbschaft, sollte beim Tod des Vorerben kein Abkömmling des Vorerben vorhanden sein. Damit gilt auch § 2108 Abs. 2 BGB. Stirbt der Nacherbe zwischen Erbfall und Nacherbfall, geht das Anwartschaftsrecht vorbehaltlich einer anderen Auslegung des Testaments auf seine Erben über.[26] Stirbt der Enkel, der nach dem Tod des Erblassers geboren wird, vor seinem Vater und verstirbt dieser daher ohne Abkömmling, bleibt die Nacherbenanordnung bestehen.

Nach § 2107 BGB „ist anzunehmen", dass bei **Hinzutreten der nächsten Generation** die Nacherbschaft als nicht angeordnet gilt. Die Tatsache, dass der Erblasser bei Kenntnis der Geburt des Enkels das Testament nicht ändert, soll nach einer Literaturmeinung als „Indiz" gelten, dass er an der Nacherbeneinsetzung trotz Hinzutreten der nächsten Generation festhalte.[27] Dies widerspricht jedoch dem Wortlaut des § 2107 BGB. Entweder der Nacherbe kann beweisen, dass der Erblasser die Nacherbenanordnung aufrechterhalten wollte, oder er kann es nicht. Die Tatsache, dass ein Testament nicht geändert wird, allein entfaltet **keine Indizwirkung**.

Zusammenfassend gilt, dass sämtliche Auslegungsregeln, insbesondere aus dem Bereich der gemeinschaftlichen Testamente[28] und aus dem Bereich des Schutzes der Abkömmlinge[29] im Zusammenspiel mit den Regeln der §§ 2101 bis 2108 BGB berücksichtigt werden. Für eine entsprechende Anwendung einzelner Vorschriften ist bei konsequenter Beachtung des Primats der Auslegung und unter Berücksichtigung der Regelungsdichte der Auslegungs- und Ergänzungsvorschriften in der Praxis kein Raum.

3. Ermächtigung des Vorerben zur Änderung der Nacherbeneinsetzung

Im Gegensatz zu den Fällen, in denen der Erblasser die Vor- und Nacherbfolge anordnet und die Auswahl der Nacherben dem Vorerben oder sonst einem Dritten überlässt,[30] stehen die Fälle, in denen die **Nacherbeneinsetzung** selbst **unter einer Bedingung** steht. Während die einen Klauseln wegen Verstoßes gegen § 2065 BGB unwirksam sind, ist die zweite Gestaltungsmöglichkeit nach § 2075 BGB möglich. So kann der Erblasser verfügen, dass die von ihm bestimmten Nacherben unter der auflösenden Bedingung eingesetzt werden, dass der Vorerbe nicht anderweitig letztwillig ver-

---

26 Die Diskussion, ob § 2074 BGB anwendbar ist, ist daher überflüssig, weil keine aufschiebend bedingte Nacherbschaft vorliegt.
27 Staudinger/*Avenarius*, § 2107 Rn. 4; *Damrau/Hennicke*, Erbrecht, § 2107 Rn. 3.
28 § 2269 BGB.
29 §§ 2068, 2069 BGB, i.V.m. 2099 BGB (Ersatzerbeneinsetzung geht Anwachsung vor).
30 Was entgegen der „Dieterle-Klausel" gegen § 2065 BGB verstößt, vgl. oben Fn. 6.

fügt. In diesem Fall wird spätestens mit dem Tod des „Vorerben" klar, ob dieser die Stellung eines Vorerben innehatte oder durch abweichende Verfügung dafür gesorgt hat, dass er Vollerbe wurde, der nun seinerseits letztwillig auch den Vermögensanteil des Erblassers weitergeben kann. Der Erblasser kann es von der Handlung des Erben abhängig machen, ob sich die Erbeinsetzung als (bedingte) Vorerbschaft oder als (bedingte) Vollerbschaft verwirklicht. In dieser Gestaltung ist auch keine unzulässige Umgehung des § 2065 BGB zu erkennen. Auflösende Bedingungen sind gesetzlich normiert, § 2065 BGB geht § 2075 BGB nicht vor.[31] **Prozessual** muss es dann möglich sein, dass der „Vorerbe" nach Abschluss eines bindenden Erbvertrages mit seinen Erben **auf Feststellung klagen** kann, dass ein Nacherben-Anwartschaftsrecht nicht (mehr) besteht.

III. Bestimmung des Eintritts des Nacherbfalls

1. Explizite Anordnung

18 Aus den §§ 2103 bis 2106 BGB ergibt sich, dass der Erblasser über die Bestimmung des Zeitpunkts oder des Ereignisses, zu dem der Nacherbe das vererbte Vermögen vom Vorerben übernimmt, frei ist. Ordnet er keinen Zeitpunkt an, gilt nach § 2106 Abs. 1 BGB, dass der **Nacherbfall mit dem Tod des Vorerben** eintritt. Zeitlich ist er an die Grenzen des § 2109 BGB gebunden, so dass eine Weitergabe des Vermögens ad infinitum nicht möglich ist. Er darf auch die Wahl des Zeitpunkts oder des Ereignisses nicht Dritten überlassen (§ 2065 BGB).[32]

2. Erbeneinsetzung unter Bedingung und Befristung (§§ 2074, 2075, 2104 BGB)

19 In jüngster Zeit hatte das BayObLG die Gelegenheit, Amts- und Landgericht darauf hinzuweisen, dass eine auflösende Bedingung gem. § 2075 BGB zwingend die Vor- und Nacherbfolge bedeutet.

> **Fall:**
> Der Entscheidung des BayObLG[33] lag ein Testament zugrunde, in dem die Bedachte A das Eigentum an einem Grundstück erhalten sollte, das den wesentlichen Teil des Vermögens darstellte. Die Übertragung stellte die Erblasserin jedoch unter die „Bedingung", dass A das Anwohnen „benutzt", „bewirtschaftet" und ein beim Erbfall vorhandenes Haustier „versorgt". Wenn sie dies nicht erfülle, solle das Grundstück verkauft und der Erlös unter drei Personen, darunter die Bedachte, aufgeteilt werden.

AG und LG wollten auf Antrag der Bedachten einen Alleinerbschein ohne Nacherbenvermerk ausstellen. Übersehen hatten beide Instanzen, dass A bis zu ihrem Tod **auflösend bedingte Vollerbin** und damit automatisch **aufschiebend bedingte Vorerbin**, sowie gemeinsam mit den anderen beiden Personen **auflösend bedingte Nacherbin** wurde. Erst mit der berühmten Todessekunde wird sicher sein, ob A endgültig Vollerbin wurde. Der Erbschein zugunsten A muss nach § 2363 Abs. 1 BGB den Nacherbenvermerk in der dort ausgeführten Eindeutigkeit enthalten. Wird der Erbschein nicht in dieser Form von A beantragt, ist der Antrag zurückzuweisen.

---

31 Vgl. OLG Oldenburg NJW-RR 1991, 646 m. treffendem Hinweis auf die der Vor- und Nacherbenanordnung eigentümlichen Schwäche der Möglichkeit von Potestativbedingungen.
32 BGHZ 15, 199; Palandt/*Edenhofer*, § 2100 Rn. 5.
33 BayObLG ZErb 2004, 53.

Die zwingende rechtssystematische Folge einer Erbeinsetzung unter auflösender Bedingung ist die Einsetzung von Vor- und Nacherben.[34] Schwierigkeiten ergeben sich zwangsläufig aus der Tatsache, dass der Erblasser, der **Bedingungen** in sein Testament aufnimmt, sich über die Person des oder der Nacherben ausschweigt. Aufgabe der Testamentsauslegung ist dann die Lösung der Frage, ob die Anordnung des Erblassers lediglich ein Wunsch war, oder ob dem Erben, der sich der Anordnung widersetzt, das Erbe rückwirkend entzogen werden soll (§ 2075 BGB).

IV. Zeitliche Beschränkung (§ 2109 BGB)

1. Grundsatz für natürliche und juristische Personen

§ 2109 Abs. 1 Satz 1 BGB beschränkt die Wirkung der **Anordnung der Nacherbfolge** auf die Dauer von **30 Jahren** nach dem Erbfall.[35] Die Nacherbenberufung wird nach Ablauf der 30jährigen Frist ohne weiteres unwirksam mit der Folge, dass der Nachlass freies Vermögen des Vorerben als Vollerben wird. Sind **mehrere Nacherbfolgen angeordnet**, kommt das Unwirksamwerden demjenigen zustatten, der bei Fristablauf Vorerbe ist.[36] Eine für einen späteren als den gesetzlich zulässigen Zeitpunkt angeordnete Nacherbeinsetzung ist von vornherein unwirksam. Ergibt die Auslegung jedoch, dass der Erblasser dem Nacherben die Erbschaft auf jeden Fall zukommen lassen und nur die Nacherbfolge so weit wie möglich hinausschieben wollte, so erwirbt der Nacherbe die Erbschaft nach Ablauf der 30jährigen Frist.[37]

20

2. Ausnahmen bei natürlichen Personen

Von der Beschränkung auf 30 Jahre macht das Gesetz in zwei Fällen durch Lösung der starren Frist Ausnahmen:

21

Ordnet der Erblasser an, dass der Nacherbfall durch ein **bestimmtes Ereignis** in der Person des Vorerben oder Nacherben ausgelöst wird, oder tritt die Nacherbfolge durch den Tod des Vorerben ein, tritt die Nacherbfolge auch noch nach Ablauf der 30 Jahresfrist ein, wenn Vor- oder Nacherbe beim Erbfall bereits vorhanden waren. **Voraussetzung** ist also, dass die betroffene Person beim Erbfall lebt oder bereits gezeugt war (§ 1923 Abs. 2 BGB). Dadurch kann sich die Erbenbindung zeitlich höchstens auf die gesamte Lebensdauer dieses Beteiligten erstrecken.[38] So kann z.B. der Erblasser, dessen Kind und Enkel leben, folgende Nacherbenkette wirksam verfügen:

Das Kind wird Vorerbe, der Enkel mit dem Tod des Kindes Nacherbe und gleichzeitig Vorerbe des Urenkels, der als Nacherbe mit dem Tod des Enkels den Nachlass des Erblassers als Vollerbe erwirbt. Der letzte Nacherbfall ist durch § 2109 Abs. 1 Nr. 1 BGB wirksam angeordnet, da der Enkel, mit dessen Tod die Nacherbschaft anfallen

---

34 *Krug*, Examenskurs Erbrecht, 8 II; *Bonefeld/Kroiß/Tanck/Steinbacher*, Erbprozess, IV Rn. 1; die Unsicherheit bei der Fassbarkeit dieses Instituts zeigt sich jedoch auch (vgl. *Bonefeld/Kroiß/Tanck/Steinbacher*, Erbprozess, IV Rn. 52), wenn es darum geht, dem Ehegatten hier wenigstens die Stellung des befreiten Vorerben zuzubilligen; *Lange/Kuchinke*, § 28 II 1d) sehen in § 2105 Abs. 1 BGB eine „gesetzliche Vorerbschaft", korrigieren sich jedoch unmittelbar im Anschluss dahingehend, dass es „trotz des Gesetzeswortlauts besser" sei, beide Vorschriften als „Auslegungsregeln" anzusehen. Dieses Kunstgriffs bedarf es nicht.
35 Vgl. die entsprechend ausgestalteten §§ 2044 Abs. 2, 2162, 2163, 2210 Satz 1 BGB.
36 Staudinger/*Avenarius*, § 2109 Rn. 6; Palandt/*Edenhofer*, § 2109 Rn. 1.
37 Staudinger/*Avenarius*, § 2109 Rn. 6; MünchKomm/*Grunsky*, § 2109 Rn. 2.
38 *Edenfeld*, DNotZ 2003, 4.

soll, zum Zeitpunkt des Erbfalls gelebt hat. Das Bsp. zeigt, dass so meist drei Generationen überbrückt werden können. § 2109 Abs. 1 Nr. 2 BGB **privilegiert Geschwister**, die nach dem Tod des Erblassers dessen als Vor- bzw. Nacherben geboren werden.

C. Rechtliche Stellung des Vorerben

I. Vorerbe als „wahrer Erbe"

22 Der Vorerbe ist Erbe. Auf ihn gehen das gesamte Vermögen (§ 1922 BGB), der Besitz (§ 857 BGB) und die Verbindlichkeiten (§ 1967 BGB) über. Diese Rechtsstellung fällt jedoch mit **Fristablauf** oder **Eintritt** der Bedingung weg. Der Nachlass bildet daher ein **Sondervermögen**, das im Interesse der Nachlassgläubiger und des Nacherben eigenen rechtlichen Regelungen folgt. Aufgrund der Tatsache, dass in vielen Fällen erst mit dem Ereignis, das den Nacherbfall auslöst, die Position des Vorerben als solche feststeht, muss die Rechtsposition des Vorerben als Eigentümer des Nachlasses näher ausgestaltet werden. In den §§ 2112 bis 2145 BGB ist dieses Rechtsverhältnis für die Zeit der Vorerbschaft und die Zeit nach dem Nacherbfall geregelt. Grundsätzlich ist zwischen dem befreiten Vorerben (§ 2136 i.V.m. § 2137 BGB) und dem Vorerben zu unterscheiden, der zusätzlich zu den unabdingbar vorhandenen Beschränkungen und Verpflichtungen (§§ 2113 Abs. 2, 2121, 2124 Abs. 1 BGB) diejenigen in § 2136 BGB beschriebenen zu tragen hat.

1. Verfügungsbefugnis

23 Wegen § 2113 Abs. 1 BGB („ist im Falle des Eintritts der Nacherbfolge insoweit unwirksam") ergibt sich bereits aus dem Gesetz, dass dingliche Rechtsänderungen, die der Vorerbe bzgl. des Nachlasses vornimmt, zunächst wirksam sind. Erst im Nacherbfall selbst entscheidet sich, ob die Verfügung unwirksam wird und der Nacherbe sich auf diese Unwirksamkeit berufen kann.[39] Die Unwirksamkeit wirkt automatisch für und gegen jedermann. Dies führt jedoch nicht zur Annahme der Nichtigkeit. Es ist daher nachträgliche Genehmigung durch den Nacherben möglich. Verfügung ist hierbei technisch zu verstehen. Schuldrechtliche Verträge werden hiervon nicht erfasst. Diese sind immer möglich, führen jedoch eventuell zur Haftung des Vorerben nach §§ 2130, 2131 BGB bzw. zur **Schadensersatzpflicht** gegenüber dem Vertragspartner, wenn sich der Vorerbe zu einer Verfügung verpflichtet, die dem Verdikt der Unwirksamkeit ausgesetzt ist.

2. Beschränkungen mit Befreiungsmöglichkeit

a) Verfügungen über ein Grundstück oder ein Recht an einem Grundstück

24 Nach § 2113 Abs. 1 BGB ist die **Verfügung** des Vorerben über ein zur Erbschaft gehörendes **Grundstück** oder Recht an einem Grundstück bei Eintritt der Nacherbfolge insoweit unwirksam, als sie das Recht des Nacherben vereiteln oder beeinträchtigen würde. Hierunter fallen alle dinglich wirkenden Übertragungen, Belastungen, Inhaltsänderungen und die Aufgabe eines Grundstücksrechts. Dazu gehören auch die Bewil-

---

39 *Damrau/Hennicke*, Erbrecht, § 2113 Rn. 11.

ligung einer Vormerkung, die Erbbaurechtsbestellung sowie Rangrücktritt von Grundpfandrechten. Wirtschaftliche Gesichtspunkte spielen keine Rolle.

Eine wichtige **Ausnahme** gilt, wenn ein **Grundstück im Eigentum einer Gesamthand steht**. Ist das Erbe, über das Vor- und Nacherbschaft angeordnet wurde, z.B. in einer Miterbengemeinschaft gebunden, so kann der Vorerbe die Auseinandersetzung gem. § 2042 BGB betreiben. Die Ausübung dieses Rechts bedarf keiner Zustimmung durch den Nacherben. Bei Verfügungen über Nachlassgegenstände, die im Wege der Auseinandersetzungen auf Miterben oder Dritte übertragen oder veräußert werden, muss nach der h.M. die Beschränkung des § 2113 BGB nicht berücksichtigt werden, auch nicht analog.[40] Grund hierfür ist, dass Nachlassbestandteil nicht das Recht am Grundstück, sondern der Gesamthandsanteil an der Miterbengemeinschaft ist. Die übrigen Gesamthänder müssen sich die Zustimmungspflicht durch einen nicht an der Gesamthand beteiligten Dritten nicht entgegenhalten lassen. Das bedeutet weiter, dass bei derartigen Grundstücken ein Nacherbenvermerk nicht eingetragen wird. Geschieht dies doch, ist das Grundbuch unrichtig.[41] Der Erlös aus der Auseinandersetzung ist Surrogat gem. § 2111 BGB.

25

b) Kündigung und Einziehung von Grundpfandrechten

§ 2114 BGB normiert als Ausnahmevorschrift zu § 2113 BGB die Kündigung und Einziehung des Kapitals bei Grundpfandrechten. Zu diesen Verfügungen über ein Grundstücksrecht ist eine Zustimmung des Nacherben nicht erforderlich. Das **Einziehungsrecht** ist jedoch zum Schutz des Nacherben eingeschränkt. Es kann vom Vorerben nur so ausgeübt werden, dass das eingezogene Kapital für den Vor- und Nacherben zur gemeinsamen Verfügung hinterlegt wird. Auszahlung an den Vorerben selbst kann nur nach Beibringen der Einwilligung des Nacherben vorgenommen werden.

26

c) Verfügung über Geldvermögen

Bei Geldvermögen, das vom Vorerben verwaltet wird, ist zunächst zu unterscheiden zwischen Geld, das für die **laufende Verwaltung** benötigt wird und Geld, das „dauernd anzulegen" ist. Liquide Mittel können auch größere Geldbeträge sein, wenn z.B. die Liquidität einer Firma erhalten werden muss. Im Einzelfall hat hier eine Klärung zu erfolgen, die sich in Anlehnung an eine alte RG-Entscheidung nach **objektiven wirtschaftlichen Kriterien** zu richten hat.[42] Mündelsicher sind Anlagen nach § 1807 Abs. 1 BGB (sichere Grundpfandrechte an inländischen Grundstücken; Schuldverschreibungen des Bundes und der Länder, nach Genehmigung auch von kommunalen Körperschaften; Wertpapiere, die von der Bundesregierung als mündelsicher eingestuft werden, z.B. Sparkassenbriefe). Darüber hinaus sind in den Bundesländern gem. Art. 212 EGBGB die jeweiligen Anlagen zu berücksichtigen.

27

---

[40] Grundentscheidung ist BGH NJW 1976, 893; vgl. auch *Lange/Kuchinke*, § 28 IV 5b; *Groll/Edenfeld*, PraxisHB, B IV Rn. 46; a.A. OLG Saarbrücken ZEV 2000, 27 für den Fall, dass die Erbengemeinschaft erst durch den Erbfall entsteht u. ein Miterbe durch Vor- und Nacherbschaft beschränkt ist. Hier besteht noch einige Unsicherheit. So wird bei *Damrau/Hennicke*, Erbrecht, § 2112 Rn. 3 erklärt, dass die Verfügungen über Grundstücke in der Auseinandersetzung einer Miterbengemeinschaft (§ 2113 BGB) unterliegen, bei *Damrau/Hennicke*, Erbrecht, § 2113 Rn. 4 für alle Arten des Gesamthandsvermögens der h.M. gefolgt.

[41] BayObLGZ 1994, 177.

[42] RGZ 73, 4, 6.

Die Verpflichtung, dauernde Anlagen **mündelsicher** vorzunehmen, ist gesetzlich vorgegeben, einer besonderen Aufforderung des Nacherben bedarf es nicht. Eine andere Art der Anlage und damit andere Verfügung über den Geldbetrag ist dem Vorerben nicht gestattet.

28 Nach § 2136 BGB kann der Erblasser den **Vorerben** in seiner letztwilligen Verfügung von den o.g. **Beschränkungen befreien**. § 2137 BGB gibt in seiner Auslegungsregel für die Befreiung zwei „Formulierungsvorschläge". Die Befreiung von allen in § 2136 BGB bezeichneten Beschränkungen und Verpflichtungen gilt im Zweifel als angeordnet, wenn der Vorerbe zur „freien Verfügung über die Erbschaft " berechtigt sein soll, oder der Nacherbe auf dasjenige eingesetzt wird, was „bei dem Eintritt der Nacherbfolge übrig sein wird". Selbstverständlich ist der Erblasser befugt, die Befreiung von einzelnen Beschränkungen, so z.B. bzgl. Grundstücksverfügungen anzuordnen.

3. Beschränkung ohne Befreiungsmöglichkeit

29 Verfügt der **Vorerbe unentgeltlich** über Nachlassgegenstände, so mindert sich der Nachlasswert. § 2113 Abs. 2 BGB berücksichtigt daher auf Kosten der Verkehrssicherheit das Interesse des Nacherben am Erhalt des Nachlasswertes dahingehend, dass unentgeltliche Verfügungen, die der Nacherbe nicht genehmigt, unwirksam sind, was auch vom Erblasser nicht durch Befreiung umgangen werden kann. Ausgenommen hiervon sind lediglich wie in den anderen gesetzlich normierten Fällen die **Pflicht- und Anstandsschenkungen**.[43] § 2113 Abs. 2 BGB bezieht sich auf § 2113 Abs. 1 BGB, so dass die unentgeltliche Verfügung das Nacherbenrecht beeinträchtigen muss. Dies ist z.B. dann nicht der Fall, wenn die unentgeltliche Weggabe eines kostenträchtigen Nachlassgegenstandes der ordnungsgemäßen Verwaltung entspricht, oder auf eine wertlose Forderung verzichtet wird. Die Beeinträchtigung des Nacherben ist bei der Frage der Unentgeltlichkeit wirtschaftlich zu betrachten. Unentgeltlich sind daher bereits **gemischte Schenkungen**, so wie alle anderen teilweise unentgeltlichen Verfügungen. Diese sind in vollem Umfang unwirksam. Der Nacherbe hat nicht nur einen Anspruch auf Wertdifferenz, das entsprechende Rechtsgeschäft ist rückabzuwickeln. Der Erwerber muss den Herausgabeanspruch Zug um Zug gegen Rückerstattung der Gegenleistung erfüllen.[44]

30 Eine Besonderheit besteht bei der **Verfügung über Grundstücke**, die mit einem **Nacherbenvermerk** versehen sind. Der Vorerbe muss gegenüber dem Grundbuchamt den Nachweis der Entgeltlichkeit erbringen. Diesen Nachweis muss er bei fehlender Offenkundigkeit grundsätzlich in der Form des § 29 Abs. 1 Satz 2 GBO durch öffentliche Urkunde erbringen. Hierbei gewährt die Rspr. bei Vorlage von notariellen Verträgen Erleichterungen, wenn in diesen Verträgen die Entgeltlichkeit des Geschäfts erklärt wird.[45] Zwar ist das **Grundbuchamt** nicht zu **Amtsermittlungen** verpflichtet, muss jedoch Umständen, die Zweifel an der Entgeltlichkeit begründen, nachgehen. Vor der Löschung des Nacherbenvermerkes ist der Nacherbe stets anzuhören. Dieser kann den Nachweis der Entgeltlichkeit durch eigene beglaubigte Erklärung zugunsten des Vorerben erbringen.

31 Eine **Befreiung** von dieser Beschränkung durch den Erblasser ist **nicht möglich**. Zwar gesteht die h.M. in der Lit. dem Erblasser zu, den **Nacherben durch Vermächtnis** zu **verpflichten**, einzelnen Schenkungen vorab zuzustimmen. Diese Möglichkeit ist je-

---

43 Vgl. z.B. §§ 1641, 1804, 2205, 2230 BGB.
44 BGH FamRZ 1990, 1344.
45 *Damrau/Hennicke*, Erbrecht, § 2113 Rn. 22.

doch dahingehend einzuschränken, dass dies nur für einzelne Gegenstände in beschränktem Umfang möglich ist. Eine generelle Befreiung durch Vermächtnis stellt ansonsten eine Umgehung des § 2113 Abs. 2 BGB dar und ist unwirksam.[46]

4. Gutglaubensschutz

Nach § 2113 Abs. 3 BGB finden die Vorschriften zugunsten derjenigen Anwendung, die Rechte von einem Nichtberechtigten herleiten. Von erheblicher Bedeutung ist der Gutglaubensschutz bei **unentgeltlichen Verfügungen** über bewegliche Sachen. Zwar genügt gem. § 932 Abs. 2 BGB die grob fahrlässige Unkenntnis der Nacherbenbindung, allerdings wird sich diese im gewöhnlichen Geschäftsverkehr kaum nachweisen lassen. Liegt ein Alleinerbschein vor, der keine Nacherbeneinsetzung ausweist, so schadet gem. §§ 2365 – 2367 BGB nur **positive Kenntnis** der Nacherbschaft. Bei Immobilien gilt, dass der Nacherbenvermerk den guten Glauben ausschließt, auf der anderen Seite schützt § 892 BGB den Erwerber dann, wenn der Vorerbe uneingeschränkt als Eigentümer eingetragen ist, ein Nacherbenvermerk also fehlt. Nicht geschützt ist ein „guter Glaube" an eine Befreiung von § 2113 Abs. 2 BGB sowie an eine nicht vorhandene Entgeltlichkeit des Rechtsgeschäfts. § 2138 Abs. 2 BGB konkretisiert den **Schadensersatzanspruch** gegenüber dem ansonsten befreiten Vorerben, der entgegen § 2113 Abs. 2 BGB unentgeltlich verfügt hat.

32

II. Entwicklung des Nachlasses während der Vorerbschaft

1. Vergrößerung des Erbteils (§ 2110 BGB)

Nach § 2110 Abs. 1 BGB rückt der Nacherbe im Zweifel in den gesamten Erbteil des Vorerben ein. Dies bedeutet, dass er an den Erweiterungen nach dem Vorerbfall partizipiert. Dies gilt für die Erbteilserhöhung wegen Wegfalls eines Miterben gem. § 1935 BGB, durch Anwachsung gem. § 2094 BGB oder durch Ersatzerbenberufung gem. § 2096 BGB. Der Wegfall eines Miterben aufgrund § 1953 BGB (Ausschlagung), § 2074 BGB (Nichterleben der aufschiebenden Bedingung), § 2078 BGB (Anfechtung), und § 2344 BGB (Erbunwürdigkeit) wird auf den Erbfall selbst zurückbezogen, so dass der Nacherbe stets von der Vergrößerung des Erbteils profitiert. Nach § 2110 Abs. 2 BGB wird diese **Auslegungsregel für Vorausvermächtnisse** (§ 2150 BGB) umgekehrt. „Im Zweifel" kann der Vorerbe das Vorausvermächtnis bei Eintritt des Nacherbfalls behalten. Das entbindet den Juristen nicht von der Ermittlung des Erblasserwillens. Dieser kann auch darauf gerichtet gewesen sein, dass bei Verstoß gegen „Wohlverhaltensklauseln" auch das Vermächtnis wegfällt und damit ein Vorvermächtnis angenommen werden muss. Dann unterliegt auch das Vermächtnis an den Vorerben dem Recht des Nacherben.

33

2. Surrogation (§ 2111 BGB)

Um der Entwicklung zwischen Vor- und Nacherbfall gerecht zu werden, normiert § 2111 BGB drei Fallgruppen, nach denen Gegenstände in die Nacherbmasse fallen, die zum Zeitpunkt des Todes des Erblassers nicht Gegenstand seines Vermögens waren.

34

---

46 *Damrau/Hennicke*, Erbrecht, § 2138 Rn. 6.

a) Erwerb aufgrund eines zur Erbschaft gehörenden Rechts

35 Zu dieser Gruppe gehören nur Erwerbstatbestände aufgrund dieses Rechts selbst, also **ohne Hinzutreten eines Rechtsgeschäfts**. Hierzu zählen die Verbindung, Vermischung, Verarbeitung (§§ 946 ff. BGB), Ersitzung (§ 937 BGB), der dem Grundeigentümer zustehende Schatzanteil (§ 984 BGB) und die Annahme einer dem Erblasser angefallenen Erbschaft (§ 1952 BGB). Bei Grundstücken ist zu beachten, dass Erwerb durch Zuschlag in der Zwangsversteigerung ebenso nicht zu einer Surrogation führt, wie der Erwerb einer Eigentümergrundschuld, die der Vorerbe durch Zahlung auf eine an einem Nachlassgrundstück hypothekarisch gesicherte Forderung aus Eigenmitteln erwirbt.[47]

b) Ersatzerwerb

36 Der Surrogation unterliegen Ersatzleistungen an den Nachlass aufgrund der Zerstörung, Beschädigung oder Entziehung eines Erbschaftsgegenstandes (§ 2111 Abs. 1 Satz 1 Fall 2 BGB). Dazu gehören insbesondere **deliktische Schadensersatzansprüche** und die auf sie erbrachten Leistungen, Versicherungsansprüche, Enteignungsentschädigungen, an den Vorerben ausgekehrte Überschüsse aus der Zwangsversteigerung eines Nachlassgrundstücks,[48] Ausgleichsansprüche nach dem Lastenausgleichsgesetz und Entschädigungen nach dem Vermögensgesetz, die bereits zu Lebzeiten dem Erblasser zustanden.

c) Mittelsurrogation

37 Der wichtigste Fall der Surrogation ist die „**Mittelsurrogation**". Sie ist anzunehmen, wenn die zum Erwerb eines Wertes verwandten Mittel aus dem Nachlass stammen. Dies ist objektiv zu bestimmen. Auf den Willen des Vorerben kommt es nicht an.[49] Zum Nachlass gehören daher auch Gegenstände, die der Vorerbe für den persönlichen Gebrauch aus Mitteln der Erbschaft erworben hat und für die er irrtümlich Eigenmittel zu verwenden glaubte. Löst der Vorerbe mit Mitteln des Nachlasses eine **Hypothek** ab, so fällt die dann entstehende **Eigentümergrundschuld** als Surrogat in den Nachlass, obgleich der Übergang kraft Gesetzes (§§ 1163, 1177 BGB) erfolgt, denn die Entstehung der Grundschuld steht in unmittelbarem Zusammenhang mit der rechtsgeschäftlich bewirkten Tilgung der Schuld.

> **Fall:**
> *Der Vorerbe erwarb ein Grundstück und nahm hierfür ein Darlehen auf. Dies zahlte er dadurch ab, dass er ein Nachlassgrundstück verkaufte und mit dem Verkaufserlös das Darlehen bezahlte (nach BGH). Der Nacherbe hat hier das Recht, Eintragung des Nacherbenvermerks im Grundbuch zu verlangen.*

Der BGH führte aus:

> *„Das Berufungsgericht ist rechtsfehlerfrei zu der Auffassung gelangt, dass das Grundstück, in das die Beklagte vollstreckt, Teil der Vorerbschaft ist. Es stand zwar nicht schon im Eigentum des Erblassers, vielmehr hat der Vorerbe es erst am 6.10.1978 von der Beklagten gekauft; die Auflassung war am 13.3.1985, und*

---

47 OLG Celle NJW 1953, 1265.
48 BGH NJW 1993, 3198.
49 Hierzu gehört auch der Erwerb von Miterbenanteilen im Wege der Erbschaftsauseinandersetzung (BGH NJW-RR 2002, 1518).

die Umschreibung im Grundbuch wurde am 4.6.1985 vorgenommen. Der Vorerbe hat das Grundstück aber mit Mitteln der Erbschaft erworben, indem er das Grundstück des Erblassers in Hamburg verkaufte und den Kredit bei der K-Kasse H., mit dem er seine Kaufpreisverpflichtung aus dem Kaufvertrag v. 6.10.1978 über das hier umstrittene neue Grundstück erfüllt hatte, aus dem Erlös des Hamburger Grundstücks vollständig ablöste. Der hierin liegenden Mittel-Surrogation gem. § 2111 BGB von dem Grundstück des Erblassers in Hamburg über die Kaufpreisforderung dafür bis in den Anspruch auf das neue Grundstück und schließlich in das neue Grundstück selbst steht nicht entgegen, dass in den Erwerbsvorgang zur Zwischenfinanzierung zusätzlich noch ein Kreditinstitut eingeschaltet war, dass der Kaufvertrag über das neue Grundstück bereits vor dem Verkauf des alten Grundstücks zustande gekommen war, und dass bis zu dem Eigentumserwerb des neuen Grundstücks durch den Vorerben viel Zeit vergangen ist."[50]

Zahlt der Vorerbe einen zum Nachlass gehörenden **Kredit aus Eigenmitteln** ab, erhält er im Nacherbfall einen Zahlungsanspruch gegen den Nacherben; hier findet keine Surrogation aus dem Nachlass in das Eigenvermögen des Vorerben statt, weil es an einer entsprechenden gesetzlichen Regelung fehlt.[51]

39

Bei einem **Girokontoguthaben**, das der Vorerbe zu eigenem Zahlungsverkehr und für den Nachlass verwendet, ist zu differenzieren: In das Vertragsverhältnis zwischen Vorerbe und Bank rückt der Nacherbe nicht mit dem Nacherbfall ein, wenn dieser nicht mit dem Tod des Vorerben bestimmt ist. Allerdings hat er gegen den Vorerben einen Herausgabeanspruch auf die Guthabensumme, die durch Kontobewegungen aufgrund der Nachlassverwaltung entstanden ist.[52]

40

3. Verwaltungspflichten mit Befreiungsmöglichkeit

a) Behandlung von Wertpapieren (§§ 2116, 2117 BGB)

Der Vorerbe unterliegt bzgl. Wertpapieren Beschränkungen. Er hat die Pflicht, sie entweder zu hinterlegen (§ 2116 BGB), oder sie auf seinen Namen umzuschreiben bei gleichzeitiger Sicherung, dass nur mit Zustimmung des Nacherben über sie verfügt werden darf (§ 2117 BGB).[53] § 2116 BGB zählt zu den entsprechenden Papieren **Inhaberpapiere** (nebst Erneuerungsscheinen, § 805 BGB) und die mit Blankoindossament versehenen **Orderpapiere** (Schuldverschreibungen auf den Inhaber, §§ 793 ff. BGB, Grund- und Rentenschuldbriefe auf den Inhaber, §§ 1195, 1199 BGB und Inhaberaktien, §§ 10, 278 Abs. 3 AktG). Hierzu gehören **nicht** die Legitimationspapiere (§ 808 BGB) wie Sparbücher oder Pfandscheine.[54] Ausdrücklich von der Hinterle-

41

---

50 BGH NJW 1990, 1237. Die Entscheidung illustriert die maßgeblich an den wirtschaftlichen Auswirkungen orientierte Betrachtungsweise.
51 MünchKomm/*Grunsky*, § 2111 Rn. 15. Der Erblasser ist jedoch berechtigt, dem Vorerben im Wege eines Vermächtnisses aufzuerlegen, Kredite aus den aus der Vorerbschaft gezogenen Nutzungen zu tilgen; dann entsteht kein Ersatzanspruch des Vorerben (BGH – IV ZR 140/03, Urt. v. 7.7.2004).
52 BGH NJW 1996. 190. Zu Fragen der Beweislastverteilung bei Konten, die der Vorerbe für sich und den Nachlass führt, MünchKomm/*Grunsky*, § 2111 Rn. 10; zutreffend wird hier dargestellt, dass bei dieser Vorgehensweise den Vorerben die Substantiierungspflicht gegenüber dem Nacherben trifft, welche Geschäfte er aus Eigenmitteln geführt hat.
53 Einen Überblick über die Hinterlegungs- und Anlagerechte mit Formulierungsbsp. für Anträge u. Klagen bietet *Steinbacher*, ZErb 2000, 174 ff.
54 MünchKomm/*Grunsky*, § 2116 Rn. 3.

gungspflicht ausgenommen (§ 2116 Abs. 1 Satz 2 BGB) sind Inhaberpapiere, die nach § 92 BGB zu den verbrauchbaren Sachen gehören, wie z.B. Banknoten; gleiches gilt für Zins-, Renten- und Gewinnanteilscheine.

Orderpapiere sind Namenspapiere, die durch Indossament übertragen werden können. Hierzu gehören Wechsel, Scheck, Namensaktien (§ 68 AktG), kaufmännische Orderpapiere (§ 363 HGB) und Orderschuldverschreibungen (§ 808a BGB). Zu hinterlegen sind nur die mit Blankoindossament (d.h. ohne Angabe eines Indossatars) versehenen Papiere. Der Vorerbe kann die **Hinterlegungspflicht** dadurch abwenden, dass er das **Blankoindossament** ausfüllt. Soweit Orderpapiere verbrauchbare Sachen sind, entfällt ebenso wie für verbrauchbare Inhaberpapiere die Hinterlegungspflicht.[55]

Zu beachten ist, dass die Hinterlegungspflicht **nicht kraft Gesetzes**, sondern auf Verlangen des Nacherben besteht. Bis zu dieser Aufforderung gelten lediglich die allg. Verfügungsbeschränkungen. Auch das Verlangen selbst beendet die Verfügungsbefugnis des Vorerben nicht. Erst mit der **Hinterlegung** wird über 3 2116 Abs. 2 BGB eine **dingliche Beschränkung** geschaffen, die Verfügungen ohne Zustimmung des Nacherben unwirksam macht.[56]

b) Erstellung eines Wirtschaftsplans (§ 2123 BGB)

42 Gehört ein **Wald**, ein **Bergwerk**, eine Kiesgrube o.ä. zur Erbschaft, muss auf Verlangen des Vor- oder des Nacherben ein Wirtschaftsplan erstellt werden. Die **Kosten** sind aus der Erbschaft zu tragen.[57] Ist von dieser Verpflichtung Befreiung angeordnet und wird dennoch ein Wirtschaftsplan aufgestellt, so ist auch dieser Plan bindend.

c) Auskunft und Sicherheitsleistung (§§ 2127 – 2129 BGB)

43 Den Kontroll- und Sicherungsrechten des Nacherben (s. Rn. 66 ff.) stehen die entsprechenden **Mitwirkungspflichten** des Vorerben gegenüber. Liegen die Voraussetzungen[58] vor, muss der Vorerbe Auskunft erteilen, bzw. Sicherheit leisten. § 2129 BGB sanktioniert in Anlehnung an § 1052 BGB die Verweigerung der Sicherheitsleistung mit der **Entziehung der Verfügungsbefugnis**. Der Vorerbe hat dann die Erbschaftsbestandteile oder die ganze Erbschaft an den gerichtlich bestellten Verwalter herauszugeben. Da diese Verpflichtung nicht im Erbschein ausgewiesen wird, kann der Erbschein auch keinen guten Glauben an die bestehende Verfügungsbefugnis vermitteln.[59]

d) Ordnungsgemäße Verwaltung und Rechenschaftspflicht (§§ 2130, 2131 BGB)

44 Ordnungsgemäße Verwaltung durch den Vorerben bedeutet **Erhaltung** des Nachlasses nach seiner **Wertsubstanz**, nicht nach den konkreten Gegenständen.[60] Die Beurteilung der Ordnungsmäßigkeit ist, unabhängig von der persönlichen Situation des Vorerben, allein anhand der **Verhältnisse des Nachlasses** unter Berücksichtigung der Zeitumstände und für jede einzelne konkrete Maßnahme vorzunehmen. Unentgeltliche (§ 2113 Abs. 2 BGB) oder mit Benachteiligungsabsicht (§ 2138 Abs. 2 BGB) vorgenommene Verfügungen sind grundsätzlich nicht ordnungsgemäß. Dagegen kann die

---

55 *Damrau/Hennicke*, Erbrecht, § 2117 Rn. 2.
56 *Steinbacher*, ZErb 2000, 174, 175.
57 Vgl. die bis auf die Kostenregelung identische Vorschrift § 1038 BGB aus dem Nießbrauch.
58 „Grund zur Annahme" bzw. „Besorgnis" einer erheblichen Verletzung der Nacherbenrechte.
59 Palandt/*Edenhofer*, § 2129 Rn. 2.
60 Staudinger/*Avenarius*, § 2130 Rn. 8.

Aufnahme eines Krediets zur Zahlung von Nachlassverbindlichkeiten eine ordnungsgemäße Verwaltung darstellen. Regelmäßig wird das dann jedoch nicht mehr der Fall sein, wenn aus den Erträgen der Erbschaft die Zinsleistungen und ein Tilgungsanteil nicht erbracht werden können.[61] Um die ordnungsgemäße Verwaltung hier sicherzustellen, kommt die Einschaltung eines erfahrenen und zuverlässigen **Treuhänders** in Betracht.[62]

Korrelat der Verpflichtung zur ordnungsgemäßen Verwaltung ist die Verpflichtung zur **Rechenschaftslegung** (§ 2130 Abs. 2 BGB) am Ende der Vorerbschaft, um dem Nacherben die Prüfung der Verwaltungsmaßnahmen zu gestatten.

Der Vorerbe haftet nach dem Grundsatz der *diligentia quam in suis* nur nach dem Maßstab der für ihn eigenen üblichen Sorgfalt. Für absichtliche Benachteiligung haftet der Vorerbe immer (§ 2138 Abs. 2 BGB), für die übrige Haftung, auch für grobe Fahrlässigkeit (vgl. § 277 BGB) kann Befreiung erteilt werden. Bei umfassender Befreiung nach § 2137 BGB bestimmt dies bereits das Gesetz (§ 2138 Abs. 1 BGB).

e) Übermäßige Fruchtziehung und eigene Verwendung (§§ 2133, 2134 BGB)

Der Vorerbe ist durch die Verpflichtung, Wertersatz zu leisten, in der Fruchtziehung und eigenen Verwendung beschränkt. Bei der übermäßigen Fruchtziehung ist zu prüfen, ob ein „besonderes Ereignis" (z.B. Windbruch) vorlag, das den Vorerben zwang, so vorzugehen. Wichtig ist, dass über den reinen Wertersatz hinaus der Vorerbe auch Schadensersatz leisten muss, wenn zusätzlich Verschulden hinzutritt (§ 2134 Satz 2 BGB). 45

Nach § 2136 BGB kann der Erblasser den Vorerben in seiner letztwilligen Verfügung von den o.g. Beschränkungen befreien. 46

> **Praxishinweis:**
> Auf die Formulierung des § 2137 BGB ist, vor allem bei der Gestaltungsberatung, aber auch bei der Auslegung, zu achten.

4. Verwaltungspflichten ohne Befreiungsmöglichkeit

Neben den o.g. Verwaltungspflichten bestehen noch solche, von denen der Erblasser den Vorerben nicht befreien kann. 47

a) Erstellung eines Nachlassverzeichnisses (§ 2121 BGB)

In dem Verzeichnis sind die zum Zeitpunkt seiner Errichtung, nicht des Erbfalls, zum Nachlass gehörenden Gegenstände anzugeben. Es sind daher die vorhandenen Surrogate (§ 2111 BGB), nicht dagegen die aus dem Nachlass ausgeschiedenen Gegenstände, aufzunehmen.[63] Wie sich aus dem Wortlaut der Bestimmung ergibt, sind nur die **Nachlassaktiva** mitzuteilen; die Angabe der Nachlassverbindlichkeiten ist nicht erforderlich. Auch zum Wert der Nachlassgegenstände muss sich das Verzeichnis nicht äußern. Gehört zum Nachlass ein Einzelunternehmen oder eine Gesellschaftsbeteiligung, muss nur das Unternehmen oder die **Beteiligung** als solche angegeben werden, nicht jedoch die einzelnen Gegenstände des Gesellschaftsvermögens. Für das Ver- 48

---

61 BGH NJW 1990, 1137.
62 BGH NJW 1993, 1582.
63 BGH NJW 1995, 456.

zeichnis ist die **Schriftform** erforderlich, es muss das Erstellungsdatum und die Unterschrift tragen, die auf Verlangen beglaubigt werden muss. Wie in anderen Fällen der Verzeichniserstellung stehen dem Nacherben Hinzuziehungsrechte und das Recht auf Erstellung durch den zuständigen Beamten oder Notar zu. Die Kosten fallen dem Nachlass zur Last (§ 2121 Abs. 4 BGB). Der Nacherbe kann nach h.M. allerdings **nur ein Mal** eine Verzeichniserstellung **verlangen**.[64] Zwischen Verzeichniserstellung und Nacherbfall auftretende Veränderungen (insbesondere Hinzutreten von Surrogaten), können nicht mehr durch Verzeichniserstellung vom Vorerben dargestellt verlangt werden.

b) Ermittlung des Nachlasszustandes durch Sachverständigen (§ 2122 Satz 2 BGB)

49 Der Vorerbe hat auf Verlangen eine **Zustandsaufnahme** durch Sachverständige zu dulden. Verlangt der Nacherbe eine Zustandsaufnahme, die gem. §§ 15, 164 FGG vorgenommen wird,[65] so hat er die **Kosten** zu tragen. Von den beiden hier genannten Mitwirkungs- und Verwaltungspflichten kann der Erblasser den Vorerben nicht befreien.

5. Nutzungen, Erhaltungskosten

50 Nach § 2111 Abs. 1 Satz 1 BGB gebühren dem Vorerben die Nutzungen, während er im Gegenzug die gewöhnlichen **Erhaltungskosten zu tragen** hat (§ 2124 Abs. 1 BGB). Was Nutzungen sind, ergibt sich aus §§ 99, 100 BGB (Früchte und Gebrauchsvorteile). Dem Vorerben stehen die Nutzungen für die Zeit vom Erbfall bis zum Nacherbfall zu. Die **zeitliche Verteilung** wird durch § 101 BGB geregelt. Der Erblasser kann die **Nutzungsverteilung** zwischen Vor- und Nacherbe abweichend regeln, insbesondere dem Nacherben durch Vermächtnis einzelne Nutzungen zuweisen.

Zu beachten ist, dass der gesamte Nachlass als **wirtschaftliche Einheit** zu betrachten ist. Dies ist dann entscheidend, wenn im Abrechnungszeitraum (regelmäßig das Kalenderjahr) in Teilen des Vermögens Gewinne und in anderen Teilen Verluste anfallen. Dann ist es im Wege der **ordnungsgemäßen Verwaltung** Aufgabe des Vorerben **mit den Gewinnen Verluste auszugleichen**, bevor Überschüsse als Nutzung gezogen werden können. Verluste aus früheren Jahren sind mit Gewinnen aus dem laufenden Jahr zunächst zu decken. Andererseits ist der Vorerbe nicht verpflichtet, einmal berechtigt gezogene Nutzungen in den Folgejahren zum Verlustausgleich heranzuziehen. Der Vorerbe wäre sonst nie sicher, gezogene Nutzungen auch behalten zu dürfen und nicht im Nacherbfall Schadensersatz leisten zu müssen.[66]

51 Die gewöhnlichen Erhaltungskosten werden analog des Nießbrauchsrechts bestimmt. Die Parameter des BGH klar gestellt:

Gewöhnliche Erhaltungskosten, die gem. § 2124 I BGB dem Vorerben zur Last fallen, sind diejenigen Kosten, die nach den rechtlichen und wirtschaftlichen Umständen des Nachlasses regelmäßig aufgewendet werden müssen, um das Vermögen in seinen Gegenständen tatsächlich und rechtlich zu erhalten. Die Frage, welche Maßnahmen sich aus den Erträgen bezahlen lassen, die das Objekt im Laufe mehrerer Jahre abwirft,

---

64 BGH NJW 1995, 456.
65 Palandt/*Edenhofer*, § 2122 Rn. 1.
66 MünchKomm/*Grunsky*, § 2111 Rn. 22.

bietet kein geeignetes Kriterium für die Abgrenzung der gewöhnlichen von den außergewöhnlichen Erhaltungskosten.[67]

6. Schutz vor Gläubigern des Vorerben

Während sich der Nachlass im Eigentum des Vorerben befindet, muss Gewähr dafür geboten werden, dass Eigengläubiger[68] des Vorerben nicht zu Lasten des Nacherben in die ihm zustehende Vermögenssubstanz vollstrecken. Prozessual sichert über die **Drittwiderspruchsklage** § 773 ZPO den Nacherben gegen derartige Verfügungen ab, die wie bei § 2113 BGB zunächst wirksam sind und erst mit dem Nacherbfall unwirksam werden. Deshalb eröffnet § 773 Satz 2 ZPO bereits während der Vorerbschaft dem Nacherben eine eigenständige Klage wie in § 771 ZPO.

§ 2115 BGB geht über die Sicherungsvorschrift des § 2113 BGB hinaus, da er keine Beschränkung auf bestimmte Nachlassgegenstände enthält. So wird die Zwangsvollstreckung wegen Geldforderungen gegen den Vorerben in das Nachlassvermögen verhindert. Da nur der Nacherbe geschützt werden soll, ist z.B. die **Zwangsverwaltung** in ein Nachlassgrundstück für die Zeit der Vorerbschaft zulässig, weil dadurch die dem Vorerben zustehenden Nutzungen eingezogen werden können.[69] § 2136 BGB stellt sicher, dass auch gegen den befreiten Vorerben, der Nachlassgegenstände frei veräußern kann, die **Zwangsvollstreckung** oder Verwertung in der Insolvenz gegenüber dem Nacherben unwirksam sind. Gläubiger können auch nicht durch die Aufrechnung mit einer Forderung gegen den Vorerben eine Nachlassforderung reduzieren.[70]

Abzugrenzen hiervon ist der Erwerb der zu versteigernden Gegenstände und seine Wirksamkeit. In der **Zwangsversteigerung** erwirbt der Ersteigerer das Eigentum durch Zuschlag, wobei sich die Frage nach dem „guten Glauben" nicht stellt. Wurde ein Grundstück nicht mit dem Nacherbenvermerk versehen und unterblieb die Anmeldung des Nacherbenrechts nach § 37 Nr. 4, 5 ZVG, erwirbt der Ersteigerer das Grundstück und der Nacherbe hat das Nachsehen. Ihm bleiben dann nur Ansprüche gegen den Gläubiger des Vorerben aus ungerechtfertigter Bereicherung, bzw. bei Verstoß gegen § 773 ZPO durch den Rechtspfleger Amtshaftungsansprüche.

III. Ansprüche des Vorerben nach dem Nacherbfall

1. Wegnahme eingebrachter Einrichtungen (§ 2125 Abs. 2 BGB)

Während des Bestehens der Vorerbschaft kann der Vorerbe die von ihm eingebrachten Sachen stets wieder entnehmen, die er eingebracht hat.[71] Selbst nach Eintritt des Nacherbfalls wird davon auszugehen sein, dass zunächst der Besitz an der eingebrach-

---

67 BGH NJW 1993, 3198. Im Fall einer Immobilie wurde konkretisiert, dass der Einbau einer modernen Heizungsanlage sowie von Isolierglasfenstern in ein Mietshaus „andere Aufwendungen" sind, die aus dem Nachlass bestritten werden können. BGH – IV ZR 140/03, Urt. v. 7.7.2004, stellt klar, dass die Tilgung von Grundpfandrechten, die bereits der Erblasser aufgenommen hatte, außergewöhnliche Aufwendungen sind, die letztlich nicht den Vorerben treffen dürfen.
68 Im Gegensatz zu Nachlassgläubigern, die stets in den Nachlass vollstrecken können.
69 MünchKomm/*Grundky*, § 2115 Rn. 3.
70 MünchKomm/*Grunsky*, § 2115 Rn. 9.
71 **Schulfall** in der Lit. ist die **Einbauküche**, vgl. *Krug/Rudolf/Kroiß*, Erbrecht, § 14 Rn. 93; *Bonefeld/Kroiß/Tanck/Steinbacher*, Erbprozess, IV Rn. 101.

ten Sache beim Vorerben verbleibt und er die Wegnahme vornehmen kann. Erst nach Inbesitznahme durch den Nacherben besteht der Anspruch auf **Duldung der Wegnahme**. Dies ist vor allem dann der Fall, wenn der Nacherbfall durch Tod des Vorerben eintritt und die Erben des Vorerben an den Nacherben herantreten. Umstritten ist, ob Einrichtungsgegenstände, die gem. § 2111 Abs. 2 BGB als **Inventar** (vgl. § 98 BGB) in Grundstücke eingebracht wurden und damit zur Erbschaft gehören, weggenommen werden können. Sie sind mit dem Nacherbfall im Besitz des Nacherben, dieser ist jedoch verpflichtet, die Wegnahme nach § 2125 Abs. 1 BGB zu dulden.[72] Aus § 2125 BGB lässt sich nicht entnehmen, dass das Inventar in ein Grundstück nicht mitumfasst werden sollte.[73]

> **Praxishinweis:**
> Der Vorerbe wird vor Eintritt des Nacherbfalls seine eingebrachten Sachen i.d.R. entfernen. Dies sollte ihm auch empfohlen werden.

2. *Aufwendungsersatzansprüche*

a) Außergewöhnliche Erhaltungsmaßnahmen (§ 2124 Abs. 2 Satz 2 BGB)[74]

54 Bestreitet der Vorerbe unter § 2124 Abs. 2 BGB fallende Aufwendungen aus seinem eigenen Vermögen bzw. aus den ihm zustehenden **Nutzungen** der Erbschaft, so hat er gegen den Nacherben nach Eintritt der Nacherbfolge einen **Ersatzanspruch**.[75] Voraussetzung ist, dass der Vorerbe die Aufwendungen für erforderlich halten durfte. Hierbei steht ihm ein Ermessen zu, das er gutgläubig ausüben muss. Bis zum Nacherbfall kann der Vorerbe die von ihm gemachten Aufwendungen aus der Substanz der Erbschaft entnehmen. Um diese den Nachlass treffende Verbindlichkeit erfüllen zu können, kann die Veräußerung von Nachlassgegenständen notwendig sein. Falls der Vorerbe i.R.v. Befreiungen hierzu die Genehmigung des Nacherben benötigt, so ist dieser ggf. nach § 2120 BGB verpflichtet.[76]

b) Ersatz für Verwendungen (§ 2125 Abs. 1 BGB)

55 § 2125 Abs. 1 BGB umfasst alle Verwendungen, die zwar zweckmäßig sind, jedoch nicht erforderlich. Diese „unnötigen" Aufwendungen sind dann erstattungsfähig, wenn sie gem. § 683 BGB dem wirklichen oder mutmaßlichen Willen des Nacherben entsprachen. Die Ermittlung folgt den allg. Regeln zur **GoA**. Im Gegensatz zu Aufwendungen gem. § 2124 Abs. 2 BGB kann der Vorerbe die aufgewendeten Beträge nicht aus dem Stamm der Erbschaft entnehmen.[77] Dies gilt auch für die Aufwendungen, die dem Willen des Nacherben entsprechen. Ein Ersatz ist daher erst zum Zeitpunkt des Nacherbfalls möglich.[78]

---

72 Zum Meinungsstreit MünchKomm/*Grunsky*, § 2111 Rn. 19, § 2125 Rn. 3; *Damrau/Hennicke*, Erbrecht, § 2125 Rn. 3.
73 Insgesamt muss beim Wegnahmerecht auf die fehlende Praxisrelevanz der juristischen Diskussion hingewiesen werden. Das einzige zitierte Urt. (BGH NJW 1981, 2564) stammt aus dem Mietrecht, die Klagevorschläge in den Handbüchern sind mit dem Hinweis „hohes Prozessrisiko" versehen.
74 Zu den gewöhnlichen Erhaltungskosten vgl. o. Fn. 67.
75 Zur Möglichkeit des Erblassers, dem Vorerben im Wege des Vermächtnisses aufzuerlegen, Aufwendungen aus den Nutzungen der Vorerbschaft zu bestreiten, vgl. BGH – IV ZR 140/03, Urt. v. 7.7.2004.
76 MünchKomm/*Grunsky*, § 2124 Rn. 6.
77 MünchKomm/*Grunsky*, § 2125 Rn. 2.
78 *Damrau/Hennicke*, Erbrecht, § 2125 Rn. 2.

IV. Prozessuale Fragen

1. Freiwillige Gerichtsbarkeit

a) Erbscheinsverfahren

Von zentraler Bedeutung bei Vor- und Nacherbschaft ist der Erbschein. Allein der Vorerbe ist nach dem Erbfall **antragsberechtigt**, nicht der Nacherbe.[79] Dies ergibt sich aus § 2363 BGB. Der Vorerbe hat darauf zu achten, dass bei **Befreiungen** nicht nur die „globalen" Befreiungen nach § 2137 BGB aufgenommen werden, die in § 2363 BGB ausdrücklich zitiert sind, sondern auch einzelne Befreiungen. Weiter sind die (Voraus-)Vermächtnisse an den Vorerben in den Erbschein aufzunehmen. Dies ist sonst bei Vermächtnissen nicht der Fall und geschieht mit der Formulierung: „Das Recht des Nacherben erstreckt sich nicht auf den Gegenstand ..".[80] Da das Nachlassgericht nur den beantragten Erbschein erteilen, oder die Erteilung ablehnen kann, ist es im Interesse des Vorerben, die notwendigen Bestandteile auch zu beantragen. Das Nachlassgericht wiederum ist gehalten, entsprechende Hinweise zu erteilen. Zu den Voraussetzungen des Eintritts des Nacherbfalls, die im Erbschein eingetragen werden müssen, gehört auch der Zeitpunkt,[81] zweite, bzw. Kettennacherbenfolgen,[82] sowie Befristungen und Bedingungen nach §§ 2074, 2075 BGB. Dies gilt insbesondere für **Wiederverheiratungsklauseln**.[83] Ist der im Testament eingesetzte Nacherbe bereits vor dem Erbfall weggefallen, oder hat er vor Erteilung des Erbscheins ausgeschlagen und ist oder wird der Vorerbe dadurch Vollerbe, kann er einen Alleinerbschein beantragen. Dies hat auch zur Folge, dass Grundbücher von vornherein **frei von Nacherbenvermerken** bleiben.

56

b) Feststellung des Zustandes des Nachlasses

Die Feststellung des Zustandes des Nachlasses ist nicht nur Recht des Nacherben, sondern dient auch dem Schutz des Vorerben vor Schadensersatzansprüchen im Nacherbfall. Der Antrag auf Feststellung ist an das Nachlassgericht[84] zu richten. Der Antrag kann auf einzelne Nachlassgegenstände beschränkt werden.

57

> **Formulierungsbeispiel:** „Der Antrag auf Feststellung des Zustandes der Erbschaft nach § 2122 BGB wird auf folgende, der Vorerbschaft unterfallende Sachen ausdrücklich beschränkt: Grundstück, Grundbuch von ...,Einfamilienhaus mit Garten ...".[85]

---

79 Der Nacherbe hat nur das Recht, Herausgabe eines unrichtigen Erbscheins an das Nachlassgericht zu verlangen (§ 2363 Abs. 2 i.V.m. § 2362 BGB).
80 Formulierung bei Palandt/*Edenhofer*, § 2363 Rn. 7. Dies ist insbesondere deshalb wichtig, weil bei Grundstücken dann sicher kein Nacherbenvermerk im Grundbuch eingetragen wird.
81 Palandt/*Edenhofer*, § 2363 Rn. 2 m. Hinw. auf BayObLG.
82 BayObLG FamRZ 1990, 320.
83 Formulierungsbsp. bei Palandt/*Edenhofer*, § 2353 Rn. 3.
84 § 72 FGG (AG, in Baden-Württemberg: staatliches Notariat).
85 Formulierung s. auch bei *Bonefeld/Kroiß/Tanck/Steinbacher*, Erbprozess, IV Rn. 60.

2. ZPO-Verfahren

a) Klage auf Zustimmung zu Verwaltungsmaßnahmen

58 Der nicht befreite Vorerbe und für (teil-)unentgeltliche Verfügungen auch der befreite Vorerbe müssen die Möglichkeit haben, die ihnen obliegende **ordnungsgemäße Verwaltung** (vgl. Rn. 44) auch in Ansehung der Verfügungen und vertraglichen Maßnahmen durchführen zu können, die den Beschränkungen des Gesetzgebers oder Erblassers unterliegen. Hierzu regelt § 2120 BGB die **Einwilligungspflicht** des Nacherben.[86] Da unentgeltliche Verfügungen generell nicht ordnungsgemäß sind, hat die Zustimmungspflicht für den befreiten Vorerben vor allem bei gemischten Schenkungen Bedeutung. Um hier Blockaden zu vermeiden (z.B. durch den Nacherbenvermerk im Grundbuch) gibt die Rspr. bei Veräußerung von Grundstücken durch den befreiten Vorerben die Möglichkeit, den Nacherben auf Zustimmung zu verklagen, wenn der Vertragspartner darauf besteht und Zweifel an der vollständigen Entgeltlichkeit ausgeräumt werden müssen. Die Zustimmung kann dem Vorerben oder dessen Vertragspartner gegenüber erklärt werden und bindet den Nacherben dergestalt, dass nach **Genehmigung Schadensersatzansprüche** abgeschnitten sind.[87] Bei minderjährigen Nacherben ist die Genehmigung durch das FamG nach §§ 1643, 1821 Abs. 1 Nr. 1 BGB notwendig.

Vor Klageerhebung ist der Nacherbe zur Abgabe der Genehmigung aufzufordern. § 2120 Satz 2 BGB normiert aus Beweissicherungsgründen die Möglichkeit des Vorerben, die Zustimmung durch **beglaubigte Urkunde** erteilen zu lassen. Da die Zustimmung für den Nacherben kostenneutral sein muss, hat der Vorerbe die Kostenübernahme vorab zuzusichern. Dem Nacherben gegenüber sind das Rechtsgeschäft, evtl. Formbedürftigkeit der Zustimmungserklärung (§ 311b BGB bei Grundstücken), sowie die Gründe dafür darzulegen, warum es sich um ein für die ordnungsgemäße Verwaltung erforderliches Rechtsgeschäft/Verfügung handelt. Weigert sich der Nacherbe, kann zum örtlich zuständigen Zivilgericht Zustimmungsklage erhoben werden.

> **Formulierungsbeispiel:** „Der Beklagte wird verurteilt, seine Zustimmung zu der Übertragung des Grundstücks ... an Herrn ... zum Kaufpreis von ... € zu erteilen und die Löschung des zu seinen Gunsten eingetragenen Nacherbenvermerks an dem Grundstück zu bewilligen."[88]

b) Klage auf Feststellung, dass Vorerbe Vollerbe geworden ist

59 Schlägt der Nacherbe die Erbschaft aus (§ 2142 Abs. 1 BGB), z.B. um nach § 2306 Abs. 2 BGB den Pflichtteil zu erlangen, wird, wenn nichts Gegenteiliges im Testament angeordnet wurde (§ 2142 Abs. 2 BGB) der Vorerbe Vollerbe. § 2069 BGB, der „im Zweifel" beim Wegfall von Abkömmlingen deren Abkömmlinge als Ersatz-(nach)erben berücksichtigt, soll bei der Anfechtung zum Zweck der Geltendmachung des

---

[86] Es ist anerkannt, dass nicht nur „Verfügungen" im engeren Sinne hierzu gehören; die Möglichkeit der Einholung der Vorabgenehmigung i.R.d. ordnungsgemäßen Verwaltung bezieht sich auch auf Verpflichtungsgeschäfte; vgl. *Damrau/Hennicke*, Erbrecht, § 2120 Rn. 2.

[87] *Bonefeld/Kroiß/Tanck/Steinbacher*, Erbprozess, IV Rn. 73.

[88] Andere Formulierung bei *Bonefeld/Kroiß/Tanck/Steinbacher*, Erbprozess, IV Rn. 75. Die Zustimmung zur Übertragung reicht jedoch bereits aus. Die Löschung des Nacherbenvermerks, obwohl auch eher deklaratorisch, stellt jedoch die „Sauberkeit" des Grundbuchs her u. ist daher mit aufzunehmen.

Pflichtteils nicht gelten.[89] Dies soll sogar dann gelten, wenn die weiteren Abkömmlinge explizit als Ersatznacherben im Testament bestimmt sind, weil es regelmäßig nicht dem Erblasserwillen entspreche, dass bei **Ausschlagung zum Zwecke des Erhalts des Pflichtteils** der Stamm des Nacherben noch Erbrechte erhalten soll.[90]

Stirbt der Nacherbe nach dem Erbfall und hat der Erblasser die **Vererblichkeit** nach § 2108 Abs. 2 BGB **ausgeschlossen**, wird der Vorerbe ebenfalls Vollerbe. Dies gilt auch, wenn der Nacherbfall objektiv nicht mehr eintreten kann („…wenn mein Sohn die Meisterprüfung erfolgreich abgelegt hat"). Für diese Fälle kann der Vorerbe mit der **Feststellungsklage** zum ordentlichen Gericht gegen den Nacherben bzw. dessen Erben vorgehen.

> **Formulierungsbeispiel:** „Es wird festgestellt, dass die Klägerin Vollerbin ihrer am … in … verstorbenen Mutter, Frau …, zuletzt wohnhaft …, ist.
> Die Beklagte wird verurteilt, die Löschung des im Grundbuch von … in Abteilung II, lfd. Nr. … eingetragenen Nacherbenvermerks zu bewilligen."[91]

D. Rechtliche Stellung des Nacherben

I. Anwartschaftsrecht

Der Erwerb des Nachlasses durch den Nacherben vollzieht sich in zwei Schritten. Zunächst erwirbt er mit dem Tod des Erblassers ein **Anwartschaftsrecht** auf Eintritt in die Erbenposition.[92] Neben den in den §§ 2116–2119, 2121-2123, 2127-2129 BGB geregelten Mitwirkungs- und Sicherungsrechten entsteht eine **gesicherte Rechtsposition**. Diese Rechtsposition kann angenommen und ausgeschlagen werden (§ 2142 BGB). Die Annahme folgt den allg. Regeln, so dass auch die konkludente Annahme möglich ist. Dies ist jedoch nur dann der Fall, wenn der gesamte Personenkreis der Nacherben bereits mit dem Erbfall feststeht und nicht erst mit dem Ereignis, das den Nacherbfall auslöst. Dies gilt z.B. für die Bezeichnung, dass „**alle Abkömmlinge**" zu Nacherben eingesetzt werden. Hier entsteht für keinen der Abkömmlinge ein Anwartschaftsrecht, da diese Gruppe erst mit dem Nacherbfall endgültig feststeht.[93]

Diese Rechtsposition ist von Amts wegen bei Eintragung des Vorerben in das Grundbuch mit dem „**Nacherbenvermerk**" zu sichern (§ 51 GBO). Wenn der oder die Nacherben noch nicht feststehen, so sind diese so genau wie möglich personalisiert zu bezeichnen („die Abkömmlinge des A"). Das Anwartschaftsrecht kann auch **gepfändet** werden (§ 857 ZPO als „sonstiges Vermögensrecht"). Die Pfändung geht jedoch ins Leere, wenn ein Ersatznacherbenfall eintritt oder der Nacherbe nach § 2142 BGB die Nacherbschaft ausschlägt. Da die Ausschlagungsfrist erst mit dem Nacherbfall be-

---

[89] BGHZ 33, 60, 63; MünchKomm/*Grunsky*, § 2142 BGB Rn. 5; vgl. *Riedel*, Kap. 11 Rn. 1 ff.
[90] MünchKomm/*Grunsky*, § 2142 Rn. 5; *Damrau/Hennicke*, Erbrecht, § 2142 Rn. 5. Zum Sonderfall, dass der Ehegatte Vorerbe, das einzige Kind Nacherbe ist u. wegen des Pflichtteils ausschlägt, Staudinger/*Avenarius*, § 2142 Rn.11. Hier soll der Enkel dennoch als Ersatzerbe berufen sein, wenn Intention des Erblassers war, den Nachlass in seine Familie u. nicht in die des Ehegatten fließen zu lassen; es wird auch hier auf eine am Erblasserwillen orientierte Einzelfallprüfung ankommen.
[91] *Krug/Rudolf/Kroiß*, Erbrecht, § 14 Rn. 30.
[92] *Groll/Edenfeld*, PraxisHB, B IV Rn. 87; *Damrau/Hennicke*, Erbrecht, § 2100 Rn. 18; Palandt/*Edenhofer*, Vor § 2100 Rn. 10 („Voranfall").
[93] BayObLG FamRZ 2001, 1561.

ginnt,⁹⁴ ist diese Pfändung immer gefährdet. Geht es um größere Summen, wird der Nacherbe dem Gläubiger auch selten den Gefallen erweisen, nach der Ausschlagung den Pflichtteil geltend zu machen.

1. Veräußerbarkeit

a) Grundsatz

61 Das Anwartschaftsrecht ist veräußerbar. Auf die Veräußerung finden die §§ 2033 f., 2371, 3285 BGB Anwendung.⁹⁵ So ist sowohl für das Verpflichtungs- als auch das Verfügungsgeschäft **notarielle Beurkundung** notwendig. Nach § 2034 Abs. 1 BGB haben sowohl die Mitnacherben und bei deren Fehlen der Vorerbe ein Vorkaufsrecht, das innerhalb von zwei Monaten ausgeübt werden muss.⁹⁶

b) Ausschluss

62 Der Erblasser soll nach der h.M. die Veräußerbarkeit ausschließen können.⁹⁷ Dies ist jedoch äußerst fraglich und im Ergebnis abzulehnen, da gesetzlich lediglich der Ausschluss der Vererblichkeit festgelegt ist (§ 2108 Abs. 2 BGB) und § 137 BGB auch für Testamente gilt.⁹⁸ So kann in einem Veräußerungsverbot eine zulässige auflösende Bedingung gesehen werden, für die eine aufschiebend bedingte Nachnacherbeneinsetzung vorgesehen werden sollte. Auch hier zeigt sich, wie durch nicht konsequent durchgehaltene Bedingungskonstruktionen die konstruktive Vor- und Nacherbschaft Probleme verursachen kann.

2. Vererblichkeit

a) Auslegungsregel (§ 2108 Abs. 2 BGB)

63 Das **Anwartschaftsrecht** des Nacherben ist, sofern der Erblasser nichts Gegenteiliges verfügt hat,⁹⁹ vererblich. § 2108 Abs. 2 BGB ist eine Auslegungsregel.¹⁰⁰ Hat der Erblasser den Wegfall des Nacherben zwischen Erbfall und Nacherbfall nicht in Erwägung gezogen, so treten an die Stelle des Nacherben dessen Erben, wobei es unerheblich ist, ob sie gesetzliche oder gewillkürte Erben sind.¹⁰¹ Der Erblasser kann die **Vererblichkeit** des Anwartschaftsrechts grundsätzlich ausschließen, so dass der Vorerbe mit dem Tod des Nacherben, bzw. Unerreichbarkeit des Eintritts der Nacherbfolge zum Vollerben wird. Sauber abzugrenzen sind Fälle, in denen der Erblasser einen Nachnacherben¹⁰² oder Ersatznacherben¹⁰³ einsetzt. Dies ist vor allem zu prüfen, wenn der Nacherbe zwischen Erbfall und Nacherbfall stirbt. Schließt der Ersatznach-

---

94 *Damrau/Hennicke*, Erbrecht, § 2142 Rn. 1.
95 *Lange/Kuchinke*, § 28 VII 3e; Palandt/*Edenhofer*, § 2100 Rn. 11.
96 *Bonefeld/Kroiß/Tanck/Steinbacher*, Erbprozess, IV Rn. 86 ff.
97 Palandt/*Edenhofer*, § 2108 Rn. 6 m.w.N.; *Damrau/Hennicke*, Erbrecht, § 2100 Rn. 19; *Bonefeld/Kroiß/Tanck/Steinbacher*, Erbprozess, V Rn. 3.
98 So z.B. auch *Bonefeld/Kroiß/Tanck/Steinbacher*, Erbprozess, IV Rn. 86; wie hier: Staudinger/*Avenarius*, § 2100 Rn. 76.
  Dies kann sich, wie stets bei Testamenten, auch aus der ergänzenden Testamentsauslegung ergeben.
100 Zu dogmatischen Spitzfindigkeiten vgl. Staudinger/*Avenarius*, § 2108 Rn. 8.
101 MünchKomm/*Grunsky*, § 2108 Rn. 5.
102 Nacherbenkette. Der Nacherbe ist gleichzeitig Vorerbe des Nachnacherben.
103 Der Ersatznacherbe wird nur Nacherbe, wenn der Nacherbe wegfällt.

erbe den Erwerb des Anwartschaftsrechts der Erben des Nacherben aus? Ist eine „zweifelsfreie" Ersatznacherbeneinsetzung immer als Ausschluss der Vererblichkeit anzusehen?[104] Was, wenn der Nacherbe, Kind des Erblassers, testamentarisch seine Ehefrau als Alleinerbin eingesetzt hat, § 2069 BGB aber für den Enkel des Erblassers zu streiten scheint?[105] Die Versuche in der Lit., Kriterien aufzustellen, sind meist nur Hinweise zur peinlich genauen Auslegungsarbeit. Das OLG Braunschweig hat in seiner Entscheidung[106] wohl zutreffend darauf hingewiesen, dass die Auslegung der Einsetzung von Ersatznacherben regelmäßig auch den Fall umfasst, dass die Notwendigkeit, als Ersatz „einspringen" zu müssen, auch dadurch entsteht, dass der Nacherbe zwischen Vor- und Nacherbfall wegfällt. Die **Erben des Nacherben** werden schon nachweisen müssen, dass in der Vorstellungswelt des Erblassers gerade dieser Fall nicht als Ersatzfall angesehen wurde, sondern § 2108 Abs. 1 BGB gelten soll.

Anders ist der Fall der Konkurrenz zischen § 2069 BGB und § 2108 Abs. 1 BGB zu bewerten. In den meisten Testamenten ist ein Abkömmling Nacherbe. § 2069 BGB den Vorzug zu geben hieße, § 2108 Abs. 1 BGB den hauptsächlichen Anwendungsbereich zu entziehen. Deshalb ist bei nicht möglicher **Auslegung** in die eine oder andere Richtung § 2108 Abs. 1 BGB der Vorzug zu geben.[107] Hat der Nacherbe seine Ehefrau als Alleinerbin eingesetzt, so erbt sie im Zweifel anstatt der Kinder des Nacherben. Der BGH hat jedoch ausdrücklich darauf hingewiesen, dass die Frage nach dem Erblasserwillen, das Familienvermögen in seinem Stamm zu halten, exakt geprüft werden müsse.[108]

64

b) Aufschiebende Bedingung

Ist die Nacherbeneinsetzung unter einer aufschiebenden Bedingung nach § 2074 BGB angeordnet, gilt im Zweifel, dass bei Wegfall des Nacherben vor Bedingungseintritt kein **Ersatznacherbe** berufen ist. War z.B. die Bedingung, dass der Nacherbe einen bestimmten Berufsabschluss macht und stirbt er zuvor, wird im Zweifel der Vorerbe mit dem Tod des Nacherben zum Vollerben.[109] **Aufschiebend bedingte Nacherben** gibt es jedoch zwangsläufig auch bei auflösend bedingten Erbeneinsetzungen nach § 2075 BGB. Dies gilt vor allem bei Wiederverheiratungsklauseln, die immer eine aufschiebend bedingte Nacherbeneinsetzung, meist der Kinder, enthalten.[110] Stirbt der Nacherbe zwischen dem Erbfall und der **Wiederheirat des Ehegatten** des Erblassers, gilt nach den §§ 2108 Abs. 2 Satz 2 i.V.m. § 2074 BGB zwar im Zweifel, dass die Nacherbenstellung nicht vererbt werden konnte. Gerade im engsten Familienkreis greifen jedoch weitere Auslegungsregeln. Hier können §§ 2068, 2069 BGB Anwendung finden, wonach im Zweifel Abkömmlinge des vorverstorbenen Erben nachrücken.

65

---

104 So BayObLG ZEV 2001, 440; OLG Braunschweig FamRZ 1995, 443. MünchKomm/*Leipold*, § 2069 Rn. 26 spricht sich eindeutig für den Vorrang aus, während MünchKomm/*Grunsky*, § 2102 Rn. 7 dies verneint.
105 MünchKomm/*Grunsky*, § 2102 Rn. 7, der von „Faustregeln" spricht u. die „Würdigung sämtlicher Umstände des Einzelfalls" empfiehlt.
106 Ersatznacherbeneinsetzung.
107 H.M. folgt hier BGH NJW 1963, 1150.
108 MünchKomm/*Leipold*, § 2069 Rn. 28.
109 *Damrau/Hennicke*, Erbrecht, § 2108 Rn. 8.
110 Zu Ehegattentestamenten und Wiederverheiratungsklauseln vgl. unten Rn. 101 ff.

> **Praxishinweis:**
> In diesen Fällen zeigt sich die Notwendigkeit, zunächst den Willen des Erblassers sauber zu ermitteln, bevor bei der Anwendung der Auslegungsregeln die dogmatischen Streitigkeiten beginnen, die eine zielführende Beratung erschweren. In der Gestaltungsberatung gehört der Hinweis auf die Gefahren atypischer Geschehensabläufe und die Notwendigkeit, ausreichende Ersatznacherbeneinsetzungen vorzusehen, zum unverzichtbaren Instrumentarium.

II. Sicherungs- und Kontrollrechte

1. Rechte des Nacherben zur Sicherung von Beweismitteln

66 Der Nacherbe, dem mit Anfall der Nacherbschaft der Herausgabeanspruch nach § 2130 BGB und Schadensersatzansprüche zustehen, hat, meist unter der Voraussetzung, dass der Vorerbe nicht befreit ist, **Kontroll- und Sicherungsrechte**. Hat der Erblasser einen **Nacherbentestamentsvollstrecker** für die Zeit der Vorerbschaft gem. § 2222 BGB ernannt, so kann nur dieser und nicht der Nacherbe die Rechte ausüben.[111]

a) Erstellung des Verzeichnisses der Erbschaftsgegenstände (§ 2121 BGB)

67 Der Nacherbe kann vom Vorerben während der Vorerbschaft grundsätzlich ein Mal die **Erstellung eines Verzeichnisses** verlangen. Er hat, wie der Pflichtteilsberechtigte, das Recht, öffentliche Beglaubigung ebenso verlangen zu können, wie Hinzuziehung und Aufnahme durch die Behörde oder den Notar.[112] **Fraglich** ist, ob ein Anspruch auf **Fortschreibung** des Verzeichnisses besteht. Da das Verzeichnis auf den Tag der Ausstellung, nicht auf den Tag der Erbschaft ausgestellt wird, hängt von der Zeit, die seit der Erstellung bis zum Anfall für den Nacherben verstreicht, der **Aussagewert** des Verzeichnisses ab. Zwar können gute Gründe vorgebracht werden, um dem Vorerben eine Ergänzung oder Fortschreibung bei Zeitablauf aufzuerlegen, der BGH hat jedoch nochmals bekräftigt, dass der Anspruch nur ein Mal durchgesetzt werden kann.[113] Weiter wird diskutiert, ob **mehrere Nacherben** unabhängig voneinander zu verschiedenen Zeitpunkten das Verzeichnis verlangen können.[114]

> **Praxishinweis:**
> Der Berater, der den Vorerben vertritt, wird ihm raten, bei erstmaliger Aufforderung durch einen Nacherben Auskunft an alle Nacherben zu erteilen, um die mehrfache Erstellung auf jeden Fall zu vermeiden.

---

111 Testamentsvollstrecker hat dann die Pflicht, den Anspruch nach § 2121 BGB (Verzeichnis der Erbschaftsgegenstände) geltend zu machen u. über den Stand der Erbschaft zum Zeitpunkt der Übernahme der Testamentsvollstreckung zu informieren, BGH NJW 1995, 456.
112 § 2121 Abs. 1 Satz 2 2. HS, Abs. 2, Abs. 3 BGB.
113 BGH NJW 1995, 456.
114 Für h.M., die dies bejaht, *Damrau/Hennicke*, Erbrecht, § 2121 Rn. 3; dagegen MünchKomm/*Grunsky*, § 2121 Rn. 3. Aus BGH NJW 1995, 456, 457 lässt sich jedoch der Rechtsgedanke entnehmen, dass die Erstellung zwar von jedem Nacherben allein, jedoch nur auf Mitteilung des Verzeichnisses an alle Nacherben verlangt werden kann.

b) Feststellung des Zustands der Erbschaft (§ 2122 BGB)

Dieser Anspruch, der gem. § 809 BGB auch die Vorlegung zur Besichtigung umfasst, stellt zwar keinen Wertermittlungsanspruch des Nacherben dar, dient jedoch wie der Verzeichnisanspruch der Sicherung von Beweisen für spätere Schadensersatzansprüche, insbesondere wegen nicht ordnungsgemäßer Verwaltung und Ansprüchen auf **Ersatz aus übermäßiger Fruchtziehung**. Im Regelfall wird bei Immobilien der Sachverständige auf Betreiben des Nacherben auch ein Substanz- oder Ertragswertgutachten erstellen. Da die **Kosten** den **Auftraggeber** treffen und nicht, wie bei § 2121 Abs. 4 BGB den Nachlass, wird hier ein größerer Gestaltungsspielraum eröffnet. Der Anspruch geht auf Duldung der Feststellung des Zustandes, die auch in den Grenzen des Schikaneverbots des § 226 BGB wiederholt werden kann.[115] Beide Ansprüche (§§ 2121, 2122 BGB) stehen dem Nacherben unabhängig von einer Befreiung des Vorerben zu. Sie erlöschen mit dem Anfall des Nachlasses an den Nacherben.

c) Auskunft über den Bestand des Nachlasses (§ 2127 BGB)

Der Auskunftsanspruch, von dem der Erblasser den Vorerben befreien kann, setzt zunächst voraus, dass Grund zu der Annahme besteht, dass der Vorerbe durch seine Verwaltung die Rechte des Nacherben erheblich verletzt. Die Vermutung einer bevorstehenden Verletzung genügt. Es muss auch kein Verschulden des Vorerben behauptet werden, die Verwaltung muss für den Nacherben **objektiv rechtsverletzend** sein. Dies ist dann nicht der Fall, wenn innerhalb einer ordnungsgemäßen Verwaltung der Nacherbe nach § 2120 BGB gehalten war, zuzustimmen.[116] Erheblich ist eine Rechtsverletzung dann, wenn sie sich auf nicht **unwesentliche Bestandteile** des Nachlasses bezieht. Eine mögliche erhebliche Verletzung der Nacherbenrechte liegt insbesondere in der **eigenmächtigen** Vornahme von **Verfügungen**, die nach § 2113 BGB im Fall des Eintritts der Nacherbfolge unwirksam sind. Weiter ist bei Verstoß gegen die Anlagevorschriften, die dem nicht befreiten Vorerben obliegen, die notwendige substantiierte Darlegung der Annahme einer erheblichen Verletzung gegeben.[117]

Bei Vorliegen der Voraussetzungen kann der Nacherbe **mehrfach** die **Auskunft** verlangen. Bei Erstellung des **Bestandsverzeichnisses** gilt § 260 BGB, so dass bei Besorgnis, dass die Auskunft nicht mit der erforderlichen Sorgfalt aufgestellt worden ist, die **eidesstattliche Versicherung** verlangt werden kann. Hat der Vorerbe zu einem früheren Zeitpunkt ein Verzeichnis nach § 2121 BGB erstellt, so kann der Nacherbe lediglich die **Fortschreibung** des Verzeichnisses, insbesondere über die nach dem Verzeichnis eingetretene Surrogation verlangen.[118]

d) Weitere Auskunftsansprüche

Der Nacherbe hat über die beiden gesetzlich normierten Ansprüche gem. §§ 2121, 2127 BGB weitere Ansprüche. Nach § 242 BGB kann er vom Vorerben verlangen, dass der nicht befreite Vorerbe ihm Auskunft über die Art der **mündelsicheren Geld-**

---

115 MünchKomm/*Grunsky*, § 2121 Rn. 2.
116 H.M. seit RGZ 149, 65, 68.
117 *Damrau/Hennicke*, Erbrecht, § 2127 Rn. 3.
118 Palandt/*Edenhofer*, § 2127 Rn. 2.

anlage nach § 2119 BGB gibt.[119] Da die Stellung des Nacherben, der mit dem Tod des Vorerben Nacherbe wird, bzgl. der Kenntnisse von Verfügungen des Vorerben vergleichbar mit einem Pflichtteilsberechtigten[120] ist, wird ihm bei Vorliegen von Anhaltspunkten ein Auskunftsanspruch gegen den Beschenkten zugebilligt.[121]

2. Sicherungsrechte des Nacherben

71 Der Nacherbe hat, wenn dies während der Zeit der Vorerbschaft aufgrund von Verwaltungsmängeln beim Vorerben notwendig wird, Möglichkeiten, seinen späteren Anspruch durch Sicherung zu gewährleisten.

a) Sicherheitsleistung (§ 2128 Abs. 1 BGB)

72 Wie beim Anspruch nach § 2127 BGB muss die Besorgnis bestehen, dass eine erhebliche Verletzung der Nacherbenrechte eintreten kann. Die Sicherheitsleistung erfolgt nach den §§ 232 ff. BGB. Im Gegensatz zu § 2127 BGB kann die Besorgnis auch durch die **ungünstige Vermögenslage** beim Vorerben entstehen. Dies ist der Fall, wenn die Vollstreckung durch Gläubiger des Vorerben in das Nachlassvermögen droht, wobei § 2115 BGB der Annahme der Besorgnis nicht entgegensteht. Auch wenn durch die Verwaltung des Vorerben bereits Schadensersatzansprüche errechnet werden, die über die Leistungsfähigkeit des Vorerben hinaus zu gehen drohen, kann Sicherheitsleistung verlangt werden. Die Sicherheit ist regelmäßig in Höhe des gegenwärtigen Wertes des Nachlasses zu stellen. Ist der Nachlass nur bzgl. einzelner Gegenstände gefährdet, genügt **Sicherheitsleistung** in Höhe des Wertes dieser Gegenstände.[122]

b) Zwangsverwaltung (§ 2128 Abs. 2 BGB)

73 Der Nacherbe kann nach rechtskräftiger Entscheidung über die Sicherheitsleistung dem Vorerben eine Frist zur Stellung der Sicherheit durch das Gericht beantragen. Verstreicht die Frist, so kann der Nacherbe beantragen, dass für Rechnung des Vorerben ein Nachlassverwalter vom Gericht bestellt wird (§ 1052 BGB). Dessen **Verwaltervergütung** wird aus den dem Vorerben zustehenden Nutzungen bestritten. Für die Zwangsverwaltung gelten die Vorschriften des § 2129 BGB. Da dem Vorerben die Verfügungsmacht entzogen wird (§ 2129 Abs. 1 BGB), ist für Gläubiger und Schuldner des Vorerben der Gutglaubensschutz gem. § 2129 Abs. 2 BGB zu gewähren.

III. Ansprüche des Nacherben bei Anfall der Erbschaft

1. Herausgabeanspruch (§ 2130 Abs. 1 BGB)

a) Inhalt des Herausgabeanspruchs

74 Der zentrale Anspruch des Nacherben richtet sich auf Herausgabe der Erbschaft als Sachgesamtheit. Dieser Anspruch richtet sich allein gegen den Vorerben, bzw. dessen

---

119 LG Berlin ZEV 2002, 160 m. Anm. *Krug*, der diesen Anspruch zutreffend nur gegen den nicht befreiten Vorerben gegeben sieht.
120 Vor allem des Pflichtteilsberechtigten, der Ergänzungsansprüche geltend machen will u. nach dem Tod des Erblassers auch auf Informationen durch den Beschenkten angewiesen ist.
121 BGH NJW 1972, 907.
122 MünchKomm/*Grunsky*, § 2128 Rn. 3.

Erben, falls der Nacherbfall mit dem Tod des Vorerben eintritt.[123] Darüber hinaus hat der Nacherbe gegenüber Dritten die Ansprüche aus seiner Rechtsstellung als Rechtsnachfolger des Erblassers und kann daher **Eigentums- und Besitzrechte** gegenüber jedermann geltend machen. Dem Nacherben kann keine Befreiung durch den Erblasser entgegengehalten werden. Die Befreiungsmöglichkeit des § 2136 BGB, der auch auf § 2130 BGB verweist, bezieht sich hier allein auf den Zustand des Nachlasses, nicht auf die Herausgabepflicht als solche. Der Nacherbe übernimmt den Nachlass mit allem ihn betreffenden Rechten und Pflichten. Er hat daher bei abgeschlossenen Verpflichtungsgeschäften des Vorerben, zu denen dieser befugt war, die dingliche Übertragung zu gewährleisten.[124]

b) Beweisproblematik

Gerade bei Vor- und Nacherbschaft in der Familie ist es meist so, dass der Nacherbe die **Informationsrechte** zur Sicherung von Beweismitteln nicht geltend macht. Wird der Nacherbe dann nicht selbst auch Erbe des Vorerben, können bei der Ermittlung des Nachlassbestandes große Schwierigkeiten entstehen. Vorerben, die Familienvermögen erben, vermischen meist die Erbschaft mit dem Eigenvermögen. Stirbt der Vorerbe, ist grundsätzlich der Erbe des Vorerben verpflichtet, dem Nacherben Rechenschaft zu leisten und den Nachlass herauszugeben. Er ist auch verpflichtet, die eidesstattliche Versicherung abzugeben.[125] Die Möglichkeiten des Erben des Vorerben, den Nachlassbestand zu ermitteln, sind jedoch oft limitiert. Er kann die Nachlassgegenstände nicht sauber auseinander halten. Der Nacherbe, der auf Herausgabe klagen möchte, muss jedoch die Zugehörigkeit eines Nachlassgegenstandes zur Nacherbmasse beweisen.[126] Grundsätzlich gilt bei Beweisvereitelung bzw. Verletzung von Dokumentationspflichten, dass dem Nacherben eine **Beweiserleichterung** zugute kommen kann.[127] Die Tatsache, dass der Nacherbe während der Vorerbschaft versäumt hat, gegenüber dem Vorerben die Sicherungsrechte geltend zu machen, soll ihm nach einer Auffassung nicht zum Nachteil gereichen.[128] Dieser Auffassung ist vom Ansatz her zuzustimmen. Es ist der Erbe des Vorerben, der in die Position des Vorerben voll einrückt und damit auch dessen Versäumnisse erbt. Der BGH hat verdeutlicht, dass der Erbe sich „bis zur Grenze der Unzumutbarkeit" eigenes Wissen beschaffen müsse, um die Rechenschaft so vollständig und richtig abzugeben, wie ihm dies möglich ist.[129]

> **Praxishinweis:**
> In einem Prozess wird daher der Vertreter des Erben des Vorerben darauf zu achten haben, dass dem Gericht verdeutlicht wird, dass alle nur möglichen Anstrengungen unternommen wurden, das Sondervermögen zu ermitteln und der Substantiierungspflicht bei der Vermögensverwaltung genüge zu tun.

---

123 Palandt/*Edenhofer*, § 2130 Rn. 1.
124 Für den Fall der Auflassung MünchKomm/*Grunsky*, § 2130 Rn. 4.
125 BGHZ 104, 369 ff.
126 Zur Substantiierungspflicht des Vorerben bei Vermischung auf Girokonten, vgl. o. Rn. 40.
127 Zu den allg. Regeln vor dem Hintergrund der ausgefeilten Rspr. bei Schadensersatzansprüchen wegen ärztlicher Fehler, vgl. *Laumen*, NJW 2002, 3739 ff.
128 *Damrau*, ZErb 2003, 281, 283, der mit Erwägungen über den Erhalt des Familienfriedens argumentiert; der Beitrag zeigt in aller Offenheit ein weiteres Dilemma des Instituts Vor- und Nacherbschaft.
129 BGHZ 104, 369/373.

Der Nacherbe wird dann zumindest Anhaltspunkte liefern müssen, warum ein Nachlassgegenstand dem Erblasser gehörte, oder als Surrogat in das Sondervermögen fiel. Letztlich wird dann das Gericht im Einzelfall entscheiden müssen, welche Partei bei Aufklärungslücken das Nachsehen hat.

76 Beim **umfassend befreiten Vorerben**, der bereits vom Erblasser z.B. von der Rechenschaftslegungspflicht befreit wurde, wird der Nacherbe stark einzuschränken sein. Das nicht entziehbare Recht des Nacherben, ein Verzeichnis nach § 2121 BGB zu verlangen, erlischt mit dem Nacherbfall. Dem Nacherben, der gem. § 2363 Abs. 1 BGB aus dem Erbschein die Befreiung entnehmen konnte, muss der Erbe des Vorerben dieses Versäumnis entgegenhalten können. Großzügige Beweiserleichterungen sind hier nicht zu gewähren.

2. Rechenschaft durch den Vorerben (§ 2130 Abs. 2 BGB)

77 Für die Rechenschaftslegung gelten zunächst die Ausführungen zum Bestandsverzeichnis entsprechend. Der Nacherbe kann, ggf. im Anschluss an ein bereits vorhandenes Bestandsverzeichnis die Mitteilung über die **Bestandsveränderungen** verlangen. Weiter kann er gem. § 259 BGB über die **Einnahmen** und **Ausgaben** während der Verwaltung Rechenschaft verlangen, soweit sie nicht die gewöhnlichen Erhaltungskosten nach § 1924 Abs. 1 BGB und die vom Vorerben gezogenen Nutzungen umfasst.[130] Von dieser Verpflichtung kann der Erblasser den Vorerben befreien.

3. Schadensersatzanspruch wegen nicht ordnungsgemäßer Verwaltung

78 Aus der Pflicht des Vorerben, den Nachlass in dem Zustand herauszugeben, der sich bei einer bis zur Herausgabe fortgesetzten ordnungsgemäßen Verwaltung ergibt (§ 2130 Abs. 1 Satz 1 BGB), leitet sich der **Schadensersatzanspruch** für den **Nacherben** ab, wenn diese ordnungsgemäße Verwaltung unterblieb. Zu beachten ist, dass eine Gesamtschau gebildet werden muss, um die ordnungsgemäße Verwaltung zu bewerten. Eine Garantie auf einzelne Nachlassgegenstände gibt es nicht. Auch ist der Haftungsmaßstab des § 2131 BGB zu beachten. Obwohl grundsätzlich zunächst Naturalrestitution gefordert werden kann, wird meist der Anspruch auf Wertsatz in Geld für unterbliebene oder fehlgelaufene Verwaltungsmaßnahmen greifen.

4. Schadensersatzanspruch gegen den befreiten Vorerben (§ 2138 Abs. 2 BGB)

79 Auch der befreite Vorerbe kann zum Schadensersatz verpflichtet sein. § 2138 Abs. 2 BGB nennt zwei Alternativen, zum einen die unentgeltliche Verfügung entgegen der Bestimmung des § 2113 Abs. 2 BGB, zum anderen die Nachlassminderung in **Benachteiligungsabsicht**. Auch dieser Schadensersatzanspruch entsteht erst im Zeitpunkt des Nacherbfalls. Er besteht neben den Ansprüchen des Nacherben gegenüber dem beschenkten Dritten. Der Vorerbe kann vom Nacherben nicht verlangen, dass er zunächst die Rechte aus der Unwirksamkeit der unentgeltlichen Verfügungen geltend machen muss. Die Höhe des Schadensersatzes bestimmt sich aufgrund Bewertung zum Nacherbfall. Auf der Basis dieser Berechnung ist der Anspruch gegeben.

---

130 MüchKomm/*Grunsky*, § 2130 Rn. 8.

IV. Prozessuale Fragen

1. FGG-Verfahren: Klage auf Duldung der Feststellung des Erbschaftszustandes

Der Anspruch gem. § 2122 BGB wird im FGG-Verfahren nach §§ 15, 164 FGG beim Nachlassgericht geltend gemacht. Der **Sachverständige** ist nach diesen Vorschriften vom Nachlassgericht auszuwählen.[131] die Kosten trägt der Antragsteller. Der Antrag kann auf einzelne Nachlassgegenstände beschränkt werden, was aus Kostengründen ratsam ist. Aufgrund der Verfahrensart ist kein bestimmter Antrag zu stellen. Der Sachverhalt und das Verfahrensziel, sowie die gegenständliche Beschränkung sind jedoch genau zu bezeichnen.

80

2. ZPO-Verfahren[132]

a) Klage auf Erstellung eines Nachlassverzeichnisses

Der Anspruch nach § 2121 BGB ist mit einer Klage zum ordentlichen Gericht im ZPO-Verfahren geltend zu machen. Will der Nacherbe die Beteiligungsrechte (Hinzuziehung, Erstellung durch einen Notar) geltend machen, so sollte er dies im Klageantrag geltend machen.[133]

81

> **Formulierungsbeispiel Klage gegen eine Vorerbengemeinschaft:** Die Beklagten werden als Gesamtschuldner verurteilt, dem Kläger ein von einem Notar unter Hinzuziehung des Klägers aufgenommenes aktuelles Verzeichnis über sämtliche Gegenstände, die zur Erbschaft des am ... in ... verstorbenen ... gehören, vorzulegen. Das Verzeichnis hat auch sämtliche Gegenstände zu umfassen, die vom Erbfall bis zur Erstellung des Verzeichnisses Erbschaftsgegenstände ersetzt haben.

b) Klage auf ordnungsgemäße Geldanlage

Der nicht befreite Vorerbe hat Geld mündelsicher anzulegen. Der Nacherbe kann dies mit einer Klage zum ordentlichen Gericht erzwingen. Dabei ist für den vollstreckungsfähigen Inhalt des Titels darauf zu achten, dass Geldbeträge des Vorerben als zum Nachlass gehörend exakt beschrieben werden, da es sich meist um Surrogate handelt.

82

> **Formulierungsbeispiel:** Der Beklagte wird verurteilt, den sich aus dem Verkauf des Pkw ... erzielten Kauferlös i.H.v. ... € mündelsicher anzulegen.

c) Klage auf Auskunft über den Bestand des Nachlasses und Sicherheitsleistung

Da die Voraussetzungen für den Anspruch auf Auskunft über den Nachlassbestand enger sind als die des Anspruchs auf Sicherheitsleistung,[134] kann der Auskunftsanspruch stets mit dem Anspruch auf Sicherheitsleistung kombiniert werden. Da die Annahme einer erheblichen Verletzung Voraussetzung ist, wird dies in aller Regel notwendig sein. Für einzelne Maßnahmen (Abverkauf von Nachlassgegenständen durch den Vorerben) wird der Erlass einer einstweiligen Verfügung auf Sicherheitsleis-

83

---
131 § 164 Abs. 1 FGG.
132 *Krug/Rudolf/Kroiß*, Erbrecht, § 14 Rn. 109 ff.
133 *Krug/Rudolf/Kroiß*, Erbrecht, § 14 Rn. 126 mahnen die Hinzuziehung innerhalb der Begründung an.
134 Vgl. §§ 2127, 2128 BGB.

tung notwendig sein, vor allem, wenn der Vorerbe finanziell angeschlagen und zu befürchten ist, dass er den Verkaufserlös zweckentfremdet verwendet. Da in diesen Fällen der Schadensersatzanspruch zwar besteht, aber nach dem Anfall der Nacherbschaft nicht durchsetzbar ist, ist diese Verfügung geboten.

> **Formulierungsbeispiel (Klage):** Der Beklagte wird verurteilt, dem Kläger Auskunft zu erteilen über den gegenwärtigen Bestand des Nachlasses des am ... verstorbenen ... durch Vorlage eines Verzeichnisses.
>
> Für den Fall, dass das Verzeichnis nicht mit der erforderlichen Sorgfalt aufgestellt worden sein sollte, wird der Beklagte verurteilt, an Eides statt zu versichern, dass er nach bestem Wissen den Bestand so vollständig angegeben hat, als er dazu im Stande ist.
>
> Der Beklagte wird des Weiteren verurteilt, für die Vorerbschaft dem Nacherben eine Sicherheitsleistung i.H.v. € ... zu erbringen.
>
> Dem Beklagten wird für die zu erbringende Sicherheitsleistung eine Frist von zwei Wochen ab Eintritt der Rechtskraft des Urteils gesetzt.

> **Formulierungsbeispiel (einstweilige Verfügung):** Der Antragsgegner wird verpflichtet, vor dem geplanten Verkauf des PKW ... amtliches Kennzeichen: ..., Sicherheit i.H.v. € ... zu leisten.

d) Feststellungsklage wegen Pflichtverletzung des Vorerben

84 Der Nacherbe kann im Wege der Leistungsklage erst Schadensersatzansprüche durchsetzen, wenn der Nacherbfall eingetreten ist. Zuvor kann er jedoch zumindest während der Dauer der Vorerbschaft zur Vorbereitung späterer Schadensersatzklagen auf Feststellung klagen.[135]

> **Formulierungsbeispiel:** Es wird festgestellt, dass der Beklagte durch die Übereignung des PKW ... amtliches Kennzeichen: ... aufgrund des Vertrages vom ... an ... gegen die ihn als Vorerben bestehende Verpflichtung, nicht unentgeltlich über Nachlassgegenstände verfügen, verstoßen hat.

e) Drittwiderspruchsklage nach § 773 ZPO

85 Aufgrund der Tatsache, dass der Nacherbe lediglich **benachteiligende Verfügungen verhindern** kann, ist bei Klagen nach § 773 ZPO darauf zu achten, dass lediglich dieser Teil der Zwangsvollstreckung mit der Drittwiderspruchsklage angegriffen wird. Die Pfändung, die Zwangsverwaltung oder die bloße Anordnung der Zwangsversteigerung können nicht verhindert werden. Hier ist lediglich zur Absicherung die Sicherheitsleistung durch den Vorerben anzustreben.

> **Formulierungsbeispiel:** Die Überweisung im Wege der Zwangsvollstreckung des gepfändeten Anspruchs gegenüber der ...-Bank in ..., Kontonummer ... Bankleitzahl ..., i.H.v. € ... wird i.H.d. Betrages von € ... für unzulässig erklärt.

---

[135] BGH NJW 1977, 1631.

V. Ergänzende Fragen des Anfalls der Nacherbschaft

Mit Eintritt des Nacherbfalls wird der Nacherbe Erbe des Erblassers mit den **dinglichen Wirkungen** des § 1922 Abs. 1 BGB. Dies stellt § 2139 BGB nochmals klar. Die §§ 2140, 2141 BGB regeln für die **Übergangszeit** die notwendigen Rechtsfolgen, die sich aus der dinglichen Rechtsposition des Nacherben ergeben, wenn der Nacherbfalleintritt dem Vorerben noch nicht bekannt ist (§ 2140 BGB) bzw. wenn der Nacherbe gezeugt, aber noch nicht geboren ist (§ 2141 BGB). Über das Rechtsverhältnis von Vor- und Nacherbe hinaus, sind noch weitere Rechtsbeziehungen zu beachten, sobald der Nacherbfall eingetreten ist.

1. Eintritt des Nacherbfalls während eines Rechtsstreits

Ist der Vorerbe zu Verfügungen über den Streitgegenstand ohne Zustimmung des Nacherben befugt (z.B. befreiter Vorerbe), gelten §§ 239, 242, 246 ZPO. Prozessual wird der **Nacherbe wie** ein **Rechtsnachfolger des Vorerben** behandelt. die Parteistellung geht auf den Nacherben über. War kein Prozessbevollmächtigter mandatiert, wird der Prozess unterbrochen, sonst wird der Prozess weitergeführt, mit dem Recht, Aussetzung zu beantragen.

Bedarf der Vorerbe grundsätzlich der Zustimmung des Nacherben zu einer Verfügung über den Streitgegenstand und führt er einen **Aktivprozess**, fehlt die Aktivlegitimation, wenn die Zustimmung nicht erfolgt.[136] Der Vorerbe muss dann den Rechtsstreit für erledigt erklären, um einer Abweisung zu entgehen. Beim **Passivprozess** kommt es darauf an, ob der Vorerbe nach § 2145 BGB weiter für Verbindlichkeiten haftet. Wird dies bejaht, kann der Kläger diesen Prozess weiterführen. Wenn nicht, bleibt dem Kläger nur die Erledigungserklärung und die erneute Klage gegen den Nacherben. Bei rechtskräftigen Urteilen ist § 326 ZPO zu beachten. Vor dem Nacherbfall **rechtskräftig gewordene Urteile** wirken stets in den Teilen auch für den Nacherben, wenn sie für ihn günstig sind. Die nachteiligen Urteile wirken nur insofern gegen den Nacherben, wenn sie einen Streitgegenstand betreffen, über den der Vorerbe ohne Zustimmung des Nacherben verfügen durfte (§ 326 Abs. 2 ZPO). Nur unter diesen Voraussetzungen kann es auch gegen den Nacherben vollstreckt werden.[137]

2. Insolvenz des Vorerben

Zwar fällt der Nachlass als Eigentum des Vorerben in die **Insolvenzmasse**, doch ist der Nacherbe durch § 2115 BGB geschützt. Gegen eine Verwertung im Wege der Zwangsvollstreckung hat der Nacherbe die Möglichkeit der speziellen **Drittwiderspruchsklage** nach § 773 Satz 2 ZPO. Bei freihändiger Veräußerung durch den Insolvenzverwalter kann der Nacherbe nach Anfall der Erbschaft an ihn die Unwirksamkeit der Verfügungen geltend machen.

---

[136] MünchKomm/*Grunsky*, § 2100 Rn. 22.
[137] MünchKomm/*Grunsky*, § 2100 Rn. 25.

E. Gestaltungsberatung

I. Anwendungsgebiete für Vor- und Nacherbschaft

1. Einsetzung noch nicht gezeugter Personen

89 Eine erste Anwendungsmöglichkeit bietet die gesetzliche Regelung des § 2101 Abs. 1 BGB, dass auch eine noch nicht gezeugte Person als Erbe vorgesehen werden kann. Diese, in manchen familiären Konstellationen wichtige Möglichkeit sollte für die Mandantenberatung vorgehalten werden.

2. Ausschluss von Erben-/Pflichtteilsberechtigten des Vorerben

90 Eine häufig auftretende Fallgruppe ist der Wunsch, bei den als Erben vorgesehenen Kindern, dem **Schwiegerkind** den „Durchgriff" auf das Erbe bei Tod des Kindes nach Anfall der Erbschaft zu verwehren. Dies gewinnt in zweifacher Hinsicht bei den Enkeln an Bedeutung. Zunächst soll erneut der „**Durchgriff**" von den Enkeln auf das Schwiegerkind verhindert, zum Zweiten auch der Zugriff des sorgeberechtigten Schwiegerkindes im Wege der elterlichen Vermögenssorge vermieden werden. Dieses „Umschlagen" des Vermögens von den minderjährigen Enkeln auf das (geschiedene) Schwiegerkind kann mit einer einfachen, klaren Lösung verhindert werden.

> **Praxishinweis:**
> Über das an die Enkel zu vererbende Vermögen wird bis zu einem Alter von z.B. 25 Jahren Testamentsvollstreckung angeordnet. Verknüpft wird dies mit einer aufschiebend bedingten Vorerbschaft der Enkel bis zu diesem Zeitpunkt. Erleben die Enkel in diesem Fall das 25. Lebensjahr, erstarkt ihr Erbrecht zum Vollerbrecht. Wenn nicht, fällt das Vermögen an die eingesetzten Ersatzerben. Erreichen sie den Zeitpunkt des Nacherbfalls, obliegt es den Enkeln, ob sie Erben einsetzen, oder ihren verbliebenen Elternteil bedenken wollen. Bei Konstruktionen dieser Art ist immer die Grenze auszuloten, wo Intention und Darstellbarkeit noch zusammenzuführen sind. Nochmals: bei direkten Nachkommen droht immer auch die Ausschlagung nach § 2306 Abs. 1 Satz 2 BGB!

3. „Belohnung von Wohlverhalten"

91 Der Wunsch, „Wohlverhalten" der weiterlebenden Verwandten mit der Zuwendung des Vermögens zu verbinden, ist weit verbreitet. Er ist emotional nachzuvollziehen und sollte in der Gestaltungsberatung stets angehört und ernst genommen werden. Der Wunsch, dass das Elternhaus nicht verkauft werden soll, ist sicher der am weitesten verbreitete im privaten Nachlassbereich. Neben der Dauertestamentsvollstreckung, meist kombiniert mit einem Auseinandersetzungsverbot, stellt die Vor- und Nacherbschaft das gängigste Instrument der Sicherung dar.

> **Praxishinweis:**
> Es gilt, für die entsprechenden Anordnungen auf die Zeitschranken der §§ 2044 Abs. 2, 2109 Abs. 1, 2162 Abs. 1 BGB zu achten, die sämtlich die **30-Jahresfrist** mit entsprechenden **personenbedingten Erweiterungen** normieren. Dabei ist von zent-

raler Bedeutung, dem Mandanten den Grundsatz des § 137 BGB[138] zu vermitteln. Im Anschluss daran ist vor allem bei auflösenden Bedingungen, die Auseinandersetzungs- und Veräußerungs"verbote" darstellen, auf die zwingende Folge des Eintritts von Vor- und Nacherbschaft hinzuweisen und gemeinsam mit dem Mandanten sicherzustellen, welche Personen als Nacherben, Ersatznacherben, ggf. Vermächtnisnehmer in Frage kommen. Letztlich geht es auch darum, die Zielsetzung auf Praktikabilität und „Sinn" zu überprüfen.

Der beratende Anwalt hat hier die Aufgabe, mit der klaren Darstellung der testamentarischen und tatsächlichen Konsequenzen zur Mäßigung beizutragen.

4. „Behindertentestamente"[139]

a) Verfügungsziel

Ausgangspunkt für diese besondere Verfügungsart ist, dem meist in einer entsprechenden Einrichtung lebenden und von Hilfe zum Lebensunterhalt abhängigen Kind Leistungen aus dem Nachlass zugute kommen zu lassen, ohne dass diese auf die **Grundsicherung** angerechnet werden. Über die Nachlasssubstanz wird oft dahingehend verfügt, dass sie nach dem Tod des Behinderten einer karitativ tätigen Institution zugewandt wird.

92

Praxishinweis:

Es muss beachtet werden, dass bei Nachlassanfall nicht § 102 Abs. 1 SGB XII eintritt und der Erbe des Behinderten rückwirkend für Leistungen bis zehn Jahre vor dem Erbfall haftet. Weiterhin muss beachtet werden, dass keine Ansprüche des Kindes entstehen, insbesondere der mit dem Tod des Elternteils fällige Pflichtteil (§ 2317 Abs. 1 BGB). Das Kind muss also erben. Dem Kind muss darüber hinaus ein ausreichend großer Erbteil hinterlassen werden, damit nicht die automatische Folge des § 2306 Abs. 1 Satz 1 BGB eintritt und das Kind unbeschränkt Erbe wird.

Die rechtliche Möglichkeit, den Zugriff zu verhindern und dem Kind eine Erbenstellung einzuräumen, ohne dem nach dessen Tod § 102 Abs. 1 SGB XII eingrift, bietet die Vor- und Nacherbfolge mit Dauertestamentsvollstreckung.

b) Zulässigkeit der Verfügungen

Ist in einem Behindertentestament Vorerbschaft unter Anordnung der Testamentsvollstreckung sowie einer Zweckbestimmung in dem Sinne, dass die Erträge für Leistungen an den Behinderten verwandt werden sollen, die über die von der Sozialhilfe gewährte Grundsicherung hinausgehen, unter Ausschluss eines Auskehrungsanspruchs des Vorerben testiert worden, steht dies im Gegensatz zum **sozialhilferechtlichen Subsidiaritätsprinzip**. In der Rspr. vor der BGH-Entscheidung vom 20.10.1993[140] wurde noch argumentiert, dies führe zur Sittenwidrigkeit.[141] Dies ist jedoch mit der Grundsatzentscheidung des BGH ausgeräumt.

93

---

138 Unwirksamkeit des rechtsgeschäftlichen Verfügungsverbotes.
139 Vgl. hierzu auch Kapitel 20 Rn. 174 ff.
140 BGHZ 123, 368 = BGH NJW 1994, 248.
141 Zu den starken Formulierungen in den jeweiligen Gründen der unterinstanzlichen Gerichte vgl. *Nieder*, NJW 1994, 1264, 1265.

> **Praxishinweis:**
> Zu beachten ist, dass der Vorerbe, wenn die Substanz der Erbschaft vollständig geschützt werden soll, als nicht befreiter Vorerbe eingesetzt werden. Dann kann die ihm als befreiten Vorerben eingeräumte Verfügungsbefugnis nicht an den Sozialhilfeträger übergeleitet werden.

c) Testamentsvollstreckung beim Behindertentestament

94 Die Testamentsvollstreckung ist die zweite Säule des Behindertentestaments. Während durch die Einsetzung des Behinderten zum nicht befreiten Vorerben der Zugriff des Sozialhilfeträgers auf die Substanz des Nachlasses verhindert werden soll, dient die Testamentsvollstreckung in einem Behindertentestament kombiniert mit einer entsprechenden **Verwaltungsanordnung** gem. § 2216 Abs. 2 BGB dem Ziel, die **Früchte** des zugewandten Erbteils dem Zugriff des Sozialhilfeträgers zu entziehen. Die Früchte des dem Behinderten zugewandten Erbteils stehen nämlich stets ihm als Vorerben zu. Wird keine Verwaltungsanordnung getroffen, gilt für die Verwaltung des Nachlasses durch den Testamentsvollstrecker das Gesetz. In der Rspr. ist anerkannt, dass es zur ordnungsgemäßen Verwaltung des Nachlasses durch den Testamentsvollstrecker gehört, dass er für einen angemessenen Unterhalt des Erben zu sorgen hat, soweit dieser aus den Einkünften des Nachlasses getragen werden kann. Dieser Anspruch aus § 2216 Abs. 1 BGB des Behinderten gegen den Testamentsvollstrecker auf ordnungsgemäße Verwaltung des Nachlasses und Auskehrung der für seinen Unterhalt erforderlichen Erträge kann allerdings vom Sozialhilfeträger gem. § 93 SGB XII **übergeleitet** werden.

d) Zugriff des Sozialversicherungsträgers nach § 93 SGB XII

95 Ein Sozialhilfeträger kann grundsätzlich weder vom Erben Geltendmachung dieses Anspruchs auf Leistung verlangen, noch den Testamentsvollstrecker auf Zahlung in Anspruch nehmen, wenn im Testament gegenteilige Verwaltungsanordnungen enthalten sind. Dieser von der höchstrichterlichen Rspr. für den Bereich des Sozialhilferechts herausgearbeitete Grundsatz steht in einem Spannungsverhältnis zum **Subsidiaritätsprinzip**. Der BGH[142] hat hervorgehoben, dass der dem Subsidiaritätsprinzip gegenläufige Gedanke des Familienlastenausgleichs ein erhebliches Gewicht beikommt. Der besonderen Belastung der Eltern behinderter Kinder müsse die Allgemeinheit im gewissen Umfang Rechnung tragen. Dies bedinge auch, dass sie ihnen die Möglichkeit zubilligt, ihrem behinderten Kind zusätzliche Leistungen zukommen lassen zu dürfen, die nicht behinderten Kindern als Einkünfte zugerechnet werden müssten. Aus alldem folgt zunächst, dass bei der Bemessung der Beihilfe zum Lebensunterhalt des Behinderten Zuwendungen des Testamentsvollstreckers, soweit diese aus dem Nachlass der Eltern stammen, nicht als Einkünfte aus Kapitalvermögen anzurechnen sind.[143] Im Rahmen eines „angemessenen Unterhalts" wird dies auch weiterhin zugelassen sein.[144] Vollständig lässt sich jedoch die aus dem Anspruch auf ordnungsgemäße Verwaltung durch den Testamentsvollstrecker entspringende Überleitungsansprüche des Sozialhilfeträgers nicht vermeiden, insbesondere wenn die Erträge so hoch sind, dass sie für eine Unterhaltung des Behinderten vollständig ausreichen.[145] Dem entspricht die

---

142 BGHZ 123, 368 = BGH NJW 1994, 248.
143 VG Lüneburg NJW 2000, 1885.
144 DNotI-Report 6/1996, 48.
145 *Nieder*, NJW 1994, 1264, 1266.

Möglichkeit des Sozialhilfeträgers, Leistungen zu kürzen, wenn entgegen des Ertragsreichtums des Nachlassanteils keine Leistungen zum Unterhalt gewährt werden. Hiermit wird einer i.E. gemeinschaftsschädlichen **vollständigen Thesaurierung** des Ertrags **entgegengewirkt**, was von der h.M. akzeptiert wird und auch gerechtfertigt ist.[146]

Bislang ist noch nicht höchstrichterlich geklärt, ob beim Behindertentestament der Sozialhilfeträger das Ausschlagungsrecht des Behinderten gem. § 2306 Abs. 1 Satz 2 BGB auf sich überleiten kann.[147] Die h.M. geht davon aus, dass der Pflichtteilsanspruch des Behinderten in diesem Fall **erst mit Ausübung des Ausschlagungsrechtes** entstehe. Vorher könne er nicht gem. § 93 SGB XII vom Sozialhilfeträger übergeleitet werden.[148] Das Ausschlagungsrecht sei höchstpersönlicher Natur. Es obliege allein dem Erben zu entscheiden, ob er die belastete Erbeinsetzung annimmt oder nicht. Das Ausschlagungsrecht ist daher nicht übertragbar und kann nicht übergeleitet werden.[149]

Im Ergebnis ist also festzuhalten, dass die entsprechende letztwillige Verfügung folgende **Elemente** enthalten sollte:
– Einsetzung des Behinderten auf mindestens 1% mehr als den gesetzlichen Erbteil nach **beiden** Eltern;[150]
– Einsetzung als nicht befreiten Vorerben;
– Einsetzung eines Testamentsvollstreckers mit der Verwaltungsanordnung, insbesondere aus dem Ertrag der Vorerbschaft Leistungen über den Lebensunterhalt zu erbringen (Reisen, Taschengeld, Zuwendungen zu Festtagen);
– Einsetzung eines Nach- und ggf. Ersatznacherben, damit bei Wegfall nicht die Vollerbenstellung des Vorerben eintritt.

Den verbreiteten Vorschlägen, mit (Quoten-)**Vermächtnissen** der Bindung des Nacherbenvermögens in Erbengemeinschaften zu entgehen, wird zu recht mit Skepsis begegnet.[151] Insbesondere die zivilrechtliche Haftung des (Nach)Vermächtnisnehmers des Behinderten nach dessen Tod und die noch nicht geklärte Frage der Haftung des Nachlassgegenstandes nach § 102 SGB XII sprechen gegen Vermächtnislösungen und für die Vorerbschaft als eingeführtes und von der BGH-Rspr. anerkanntes Modell.

---

146 DNotI-Report 6/1996, 48.
147 Die mit Spannung erwartete Entscheidung des BGH (BGH – IV ZR 223/03) v. 8.12.2004, BGH ZEV 2005, 117, lässt dies unter Zitierung der h.M. offen: „Dem steht nicht entgegen, dass der Sozialhilfeträger in den Fällen des § 2306 Abs. 1 Satz 2 BGB – folgt man der h.M. – das Recht zur Ausschlagung einer etwa durch Nacherbfolge u. Testamentsvollstreckung beschränkten Erbschaft des Sozialhilfeempfängers nicht auf sich überleiten u. ausüben kann. Denn für das Pflichtteilsrecht hat der Gesetzgeber – anders als etwa für das Erbrecht (§§ 1942 ff. BGB) – kein besonderes Ausschlagungsrecht geschaffen".
148 Vgl. *Nieder*, NJW 1994, 1264, 1266; *Mayer*, DNotZ 1994, 347, 354. Eine a.A. geht dagegen davon aus, dass auch in den Fällen des § 2306 Abs. 1 Satz 2 BGB der Pflichtteilsanspruch bereits mit dem Erbfall entstehe; der Sozialhilfeträger könne daher mit Eintritt des Erbfalls den Pflichtteilsanspruch des Behinderten auf sich überleiten.
149 DNotI-Report 6/1996, 48.
150 Wie wichtig die Einsetzung als Erbe auch des zuerst sterbenden Elternteils ist, zeigt BGH ZEV 2005, 117; der BGH stellt klar, dass beim Berliner Testament der Sozialversicherungsträger den Pflichtteil auch dann nach dem ersten Erbgang geltend machen kann, wenn im Testament eine Pflichtteilsstrafklausel enthalten ist. Nach Auffassung des BGH bleibt der Behinderte auch (Mit-) Erbe nach dem Tod des zweiten Elternteils, wenn der Pflichtteil nach § 93 SGB XII übergeleitet u. geltend gemacht wurde. Eine Weigerung des Betreuers, den Pflichtteil geltend zu machen, ist unbeachtlich.
151 *Joussen*, NJW 2003, 1851, 1853.

Hinsichtlich der **Person** des **Testamentsvollstreckers** sollte beachtet werden, dass **keine Identität** mit dem gerichtlich eingesetzten **Betreuer** besteht, da sonst durch die Notwendigkeit der Kontrolle über den Testamentsvollstrecker i.d.R. ein Dauerzusatzbetreuer eingesetzt wird.[152]

5. *Ehegattentestamente*

a) Einheits- und Trennungslösung

99 Zunächst ist zu fragen, ob die Ehegatten das beiderseitige Vermögen als Einheit betrachtet haben und dies auch einheitlich an die nächste Generation übergeben wollten, ohne den Überlebenden, ggf. über §§ 2286, 2287 BGB hinaus, binden zu wollen (**Einheitslösung**), oder ob die Vermögensmassen getrennt behandelt werden sollten, so dass für das Vermögen des Erstversterbenden eine Sondererbfolge eingerichtet werden sollte, was zur Annahme der Vor- und Nacherbschaft führt (**Trennungslösung**).

Das OLG Hamm hat für ein Grundstück, das im Alleineigentum eines Ehegatten stand wie folgt entschieden:

> „Die Formulierung in einem gemeinschaftlichen Ehegattentestament, dass das den wesentlichen Teil des Nachlasses des Erstverstorbenen ausmachende Hausgrundstück nicht verkauft werden darf und von einem der gemeinschaftlichen Kinder übernommen werden soll, kann eine Auslegung im Sinne der Trennungslösung rechtfertigen."[153]

Andererseits kann auch die Bezeichnung als „Nacherbe" eine Einsetzung als Ersatzerbe bzw. Schlusserbe i.S.d. Einheitslösung sein, wenn sich aus der Auslegung die Vorstellung vom gemeinsamen Vermögen als Einheit ergibt.[154]

100 Bei der Auslegung ist insbesondere heranzuziehen, welcher Personenkreis und in welchem Verteilungsgrad die Erben der nächsten Generation bedacht wurden. Werden Verwandte des Ehemannes als seine und Verwandte der Ehefrau als ihre Erben angegeben, gilt die **Trennungslösung**. Sollte der Nachlass nach dem Tod des zweiten Ehegatten, egal um welchen es sich handelt, insgesamt an die Erben weitergegeben werden, spricht dies für die **Einheitslösung**.

Auch nähere Ausgestaltungen zu den **Rechten des Überlebenden** sind heranzuziehen. Werden diese durch Kontrollrechte der Kinder beschränkt, spricht dies für die **Trennungslösung** ebenso, wie Formulierungen, die dem Ehegatten den Nutzen des Vermögens zu Lebzeiten gewähren.[155] Auch eine signifikant unterschiedliche Vermögensverteilung kann für die Trennungslösung sprechen, da dann die Annahme eines einheitlichen gemeinsamen Vermögens erschwert ist.[156]

> **Praxishinweis:**
> Die hier dargestellten Kriterien sollen vor allem illustrieren, dass der vorschnelle Bezug auf § 2269 Abs. 1 BGB und damit die Annahme der Einheitslösung, oft in die Irre führen kann. Die Tatsache, dass gerade gemeinschaftliche Privattestamente mit

---

152 *Hartmann*, ZEV 2001, 89, 91.
153 OLG Hamm FamRZ 2003, 1503.
154 BayObLG FamRZ 1999, 814.
155 Palandt/*Edenhofer*, § 2269 Rn. 7.
156 Palandt/*Edenhofer*, § 2269 Rn. 8.

Wünschen, Motiven und Ermahnungen angefüllt sind, verlangt eine penible Auslegungsarbeit.

b) Wiederverheiratungsklauseln

Mit der Wiederverheiratungsklausel, sei es innerhalb der Einheits-, sei es innerhalb der Trennungslösung regeln die Ehegatten ein „unwägbares Moment ihres Ordnungsplans".[157] Der Wille der Ehegatten bei Abfassung des Testaments kann verschiedene Schwerpunkte haben. Soll das **Ausschlussprinzip** den Vorrang erhalten, ist lediglich **wichtig**, dass nach dem Wegfall des (zumindest bis zur Wiederheirat) zu versorgenden überlebenden Ehegatten, der **vorhandene Rest des Vermögens**, das der Vor- und Nacherbschaft unterlag, an die Abkömmlinge und nicht in die Familie des zweiten Ehegatten fällt.[158] Soll das Erhaltungsinteresse für den Nachlass Vorrang haben, die Weitergabe im Stamm von zentraler Bedeutung sein, werden weitere Beschränkungen auf der Verfügungsbefugnis des Überlebenden lasten.

Bei der **Trennungslösung** wird der Ehegatte von vornherein an diese Beschränkungen gebunden, da stets, sei es mit Wiederheirat, sei es mit Tod, die Nacherbschaft eintritt, er also immer **Vorerbe** war. Rechtlich ist diese dem Überlebenden eine einheitliche Stellung unabhängig vom Grund des Nacherbfalls zuweisende Regelung die einfacher handhabbare. In der Praxis überwiegt jedoch die vom Gesetz als „im Zweifel anzunehmende" Einheitslösung.

Bei der **Einheitslösung** sind die rechtlichen Folgen komplizierter. Auszugehen ist zunächst von der „klassischen Lösung" der gemeinsamen wechselseitigen Erbeinsetzung mit Schlusserbeneinsetzung der Abkömmlinge. Eingesetzt ist der Ehegatte dann als Vollerbe. Heiratet er nicht, geht die Erbfolge ihren normalen Gang. Die Abkömmlinge erben als Schlusserben nur nach dem Überlebenden.

Anders bei der **Wiederverheiratung**. In diesem Moment tritt die **aufschiebend bedingte** Einsetzung als **Vorerbe** des Ehegatten in Kraft, mit allen Konsequenzen. Alles, was bis dahin qua Verfügungsmacht möglich war, unterliegt jetzt den Beschränkungen der Vorerbschaft, von denen ggf. nicht befreit werden kann.[159] Das dogmatische Spiegelbild ist die **auflösend bedingte Vollerbschaft** nach § 2075 BGB. Mit der Wiederverheiratung wird klar, dass der überlebende Ehegatte rechtlich nie Vollerbe, sondern Vorerbe war, während ohne Wiederverheiratung beim Tod des Überlebenden klar wird, dass die auflösende Bedingung nie eingetreten ist, er also immer Vollerbe war.[160]

Noch weiter treiben lässt sich die Dogmatik, wenn man aus Nachlasssicherungsinteresse den überlebenden Ehegatten auch bei der Einheitslösung bis zu seinem eigenen Tod als Vorerben einsetzt und erst mit dem Tod feststehen soll, dass er **aufschiebend**

---

157 *Zawar*, NJW 1988, 16.
158 Was regelmäßig der Fall sein soll, so dass für den Ehegatten grundsätzlich befreite Vorerbschaft gem. § 2136 BGB gelten soll; Palandt/*Edenhofer*, § 2269 Rn. 18. Zahlreiche Nachweise aus Lit. und Rspr. bei *Meier-Kraut*, NJW 1992, 143, 146 Fn. 41.
159 Wobei die Kommentarliteratur zu oft recht leicht über §§ 2286, 2287 BGB hinweg geht, der in vielen Aufsätzen nicht einmal Erwähnung findet. Die Meinung, dass die Ehegatten bis zum Eintritt der Bedingung von allen Beschränkungen, also auch von § 2311 Abs. 2 BGB, befreit sein sollen, ist mit der h.M. abzulehnen. Zu bedenken ist nur, dass die Wiederverheiratungsklausel sowohl im Erbschein ausgewiesen werden (Palandt/*Edenhofer*, § 2269 Rn. 23), als auch mit entsprechendem Vermerk im Grundbuch festgehalten werden muss (*Damrau/Klessinger*, Erbrecht, § 2269 Rn. 61).
160 H.M., vgl. *Meier-Kraut*, NJW 1992, 143, 144.

bedingt doch die ganze Zeit **Vollerbe** war.[161] Hier müssen bei der gegenseitigen aufschiebenden Einsetzung mit Schlusserbeneinsetzung die Beschränkungen der Vorerbschaft beachtet werden, im Erbschein wie im Grundbuch. Diese Auffassung geht jedoch zu weit. Wenn das Sicherungsinteresse überwiegt und der **Ehegatte nur Vorerbe** sein soll, führt dies in die Trennungslösung. Dann gibt es keine Vollerbschaft, auch nicht in einer „juristischen Sekunde".

103 Zuletzt muss die Folge für die eigenen **wechselbezüglichen Verfügungen** des Überlebenden beachtet werden, wenn er aufgrund einer Wiederverheiratungsklausel zur Herausgabe des Nachlasses an die Nacherben verpflichtet ist. Auch hier wird alles vertreten. Die h.M. geht davon aus, dass der Vorerbe dann die Testierfreiheit wiedererlangt.[162] Dies gilt nicht, wenn sich aus dem Testament ergibt, dass die Bindungswirkung auch für diesen Fall erhalten bleiben soll. Überlegungen, dann mit der **Selbstanfechtung** nach § 2078 BGB abzuhelfen, tragen nicht.[163] Auch eine „Teilbindung" wird vertreten, zu recht jedoch als nicht praxistauglich angesehen.

c) Praktische Gestaltung

104 Oft lässt sich als anwaltlicher Vertreter nicht mehr in die Testierphase eingreifen. So muss anhand der Auslegung gemeinschaftlicher Testamente mühsam der Erblasserwille festgestellt und im Zweifel bei der Trennungslösung die Probleme der aufschiebend bedingten Vorerbschaft, kombiniert mit der auflösend bedingten Vollerbschaft erklärt werden.

> **Praxishinweis:**
> Aus Sicht der Schluss-/bzw. Nacherben wird auf die korrekte Abfassung des Erbscheins ebenso hinzuweisen sein, wie auf den Eintrag des Nacherbenvermerks im Grundbuch.
> Bei der Beratung des überlebenden Ehegatten muss die Überlegung an den Mandanten herangetragen werden, ob die Beschränkung durch die Wiederverheiratungsklausel mit Blick auf die verbleibende Lebenszeit und -gestaltung akzeptiert werden soll, oder ob nicht die mögliche Ausschlagung nach § 2306 Abs. 1 BGB gewählt wird.
> Bei der Gestaltungsberatung ist dringend von dieser Konstruktion abzuraten. Die Beschränkungen des Ehegatten durch die Vorerbenvermerke in Erbschein und Grundbuch sind meist nicht gewollt. Die Vollerben-/Vermächtnislösung, nach der der überlebende Ehegatte Nachlassgegenstände herauszugeben hat, wenn er wieder heiratet, ist vorzuziehen. Wird die Konstruktion gewählt, dass sich auch bei dieser Vorabherausgabe an die Abkömmlinge oder sonstigen Dritten an der Schlusserbeneinsetzung nichts ändert, ist den Schlusserben immer noch die Sicherung der §§ 2286, 2287 an die Hand gegeben, was stets als Bindung des überlebenden Ehegatten beim gemeinschaftlichen Testament zu beachten ist. Die Wechselbezüglichkeit der Schlusserbenseinsetzung soll, wenn von beiden Ehegatten gewollt, explizit in das Testament aufgenommen werden.

---

161 *Meier-Kraut*, NJW 1992, 143, 146.
162 BGH FamRZ 1985, 1123; BayObLG FamRZ 2002, 640; OLG Hamm FamRZ 1995, 250.
163 Überzeugend *Damrau/Klessinger*, Erbrecht, § 2269 Rn. 57.

II. Vor- und Nacherbschaft und Unternehmensnachfolge

1. Gesellschaftsrechtliche Nachfolgeklauseln

In der Unternehmensnachfolge sind neben den erbrechtlichen Anordnungen und Wirkungen stets vor allem bei Personengesellschaften auch die **gesellschaftsrechtlichen Vorgaben** zu beachten. So muss bei einer Unternehmensnachfolge im Wege der Vor- und Nacherbschaft auch das Vertragswerk innerhalb der Gesellschaft(en)[164] auf diese Nachfolgeart ausgerichtet werden. Bei **qualifizierten Nachfolgeklauseln** müssen sowohl Vor- als auch Nacherbe den Anforderungen der Klausel genügen, um in die Gesellschaft eintreten zu können.

Bei **rechtsgeschäftlichen Nachfolgeklauseln**, wenn z.B. die verbleibenden Gesellschafter des Erblassers den Anteil treuhänderisch halten und der Vorerbe ein Eintrittsrecht ausübt, mit dem er den Gesellschaftsanteil übernimmt, ist im Zweifel der gesamte Vorgang am Nachlass vorbei unter Lebenden erfolgt und der Nacherbe kann keine Rechte aus der Eintrittsklausel herleiten.

Bei Personengesellschaften ist weiter § 139 HGB zu beachten. Der Vorerbe kann das Recht ausüben, nicht als persönlich haftender Gesellschafter einer OHG, sondern als **Kommanditist** weiter an der Gesellschaft beteiligt zu sein, ohne, dass der Nacherbe außerhalb der engen Grenzen des Vorwurfs nicht ordnungsgemäßer Verwaltung darauf Einfluss nehmen könnte.

Im Gegensatz dazu sind bei **GmbH-Anteilen** oder bei **Aktien** durch die **freie Vererbbarkeit** für den Übergang der Anteile **keine Probleme** zu gewärtigen.

2. Unentgeltliche Verfügungen

Das größte Problem stellt jedoch die nicht mögliche Befreiung von der **Unwirksamkeit unentgeltlicher Verfügungen** nach § 2113 Abs. 2 BGB dar, wie die Zustimmung zur Änderung von Gewinnverteilungen,[165] aus Nachlassmitteln finanzierte Sanierungsmaßnahmen für eine GmbH,[166] Änderungen im Gesellschaftsvertrag bzgl. der Nachfolgeklauseln,[167] Kündigung der Gesellschaft gegen Abfindungszahlung als Surrogat[168] – all diese Maßnahmen können unentgeltlich oder zumindest teilunentgeltlich sein und damit gegenüber dem Nacherben unwirksam. Stets ist im Einzelfall zu prüfen, ob nicht doch ein unentgeltlicher Teil in einer **Stimmrechtsausübung** des Vorerben liegt. Die Problematik der Unentgeltlichkeit gilt sowohl für Personen- als auch für Kapitalgesellschaften. Sie stellt ein großes Hindernis für die ordnungsgemäße Verwaltung der Unternehmensanteile dar. Die Einholung der Zustimmung durch den Nacherben ist für viele Erklärungen des Vorerben zwingend, ggf. muss der Nacherbe durch Klage auf Zustimmung zu einer Verwaltungsmaßnahme angehalten werden.

---

164 Man denke nur an die GmbH & Co. KG; weitere Schwierigkeiten ergeben sich bei Sonderbetriebsvermögen, wie Betriebsgrundstücken.
165 BGH NJW 1981, 1560.
166 BGH NJW 1984, 366.
167 BGH NJW 1981, 115.
168 BGH NJW 1984, 362.

3. Weitere Einzelfragen

a) Surrogation (§ 2111 BGB)

107 Im Bereich der Surrogation im Gesellschaftsrecht entstehen verschiedene Fragen. So fällt z.B. bei einer **Kapitalerhöhung** zunächst das Bezugsrecht[169] als Bestandteil des „alten Gesellschaftsanteils" in den Nachlass. Wird die Anteilsvergrößerung jedoch aus freien Mitteln des Vorerben, oder aus den im Rahmen seiner Nutzungsrechte erzielten Einnahmen finanziert, so entsteht an dem erhöhten Anteil eine Bruchteilsgemeinschaft, bestehend aus einer Person, die gleichzeitig unabhängig und durch die Vorerbschaft belastet ist.[170] **Streitig** war lange Zeit, ob im Gegensatz zu frei handel- und vererbbaren Beteiligungen (Aktienkauf, GmbH-Anteile: § 15 GmbHG) Anteile an Personengesellschaften, insbesondere **Kommanditanteile, die der Vorerbe mit Mitteln des Nachlasses erwirbt**, kraft Surrogation in den Nachlass fallen können. Dies hat der BGH mit Urt. v. 21.11.1989 klarstellend bejaht.[171] Hieraus ergeben sich dann Fragen der „Nachfolgefähigkeit", wenn der Gesellschaftsvertrag eine qualifizierte Nachfolgeklausel enthält. Jedenfalls steht der **Abfindungsanspruch** bei Ausscheiden/Unmöglichkeit der Übernahme des/durch den Nacherben dann dem Nacherben zu.[172] Ob sich das **Einbringen von Nachlassmitteln** in eine derartige Gesellschaft noch als ordnungsgemäße Verwaltung klassifizieren lässt, kann bezweifelt werden. Stellt sich beim Nacherbfall heraus, dass dies nicht der Fall war, steht dem Nacherben der Anspruch nach §§ 2130, 2131 BGB gegen den nicht befreiten Vorerben zu.

b) Nutzungen

108 Bei den Nutzungen ist erneut zwischen Einzelunternehmen, Personen- und Kapitalgesellschaften zu unterscheiden.

Beim **Einzelunternehmen** bestehen die Nutzungen im Netto-Reingewinn.[173] Die Ermittlung dieses Gewinns kann sich nur aus der jeweiligen Jahresbilanz ergeben. Da jedoch sowohl die Handelsbilanz[174] als auch die Steuerbilanz mit ihren Abschreibungsmöglichkeiten nicht geeignet sind, den Reingewinn vollständig auszuweisen, ist eine „**bereinigte**" **Bilanz** zu erstellen.[175] Der Erblasser kann selbst in der letztwilligen Verfügung die Nutzungsrechte näher ausgestalten.

Bei **Personengesellschaften** steht dem Vorerben zum einen das Recht auf Entnahme des 4%-Kapitalanteils pro Jahr nach § 122 HGB zu, zum anderen die durch Ertragslage und Gesellschafterbeschlüsse gewährten jährlichen **Gewinnausschüttungen**. Prob-

---

169 § 186 Abs. 1 AktG; § 203 Abs. 1 i.V.m. § 186 Abs. 1 AktG.
170 Dogmatisch sauber MünchKomm/*Grunsky*, § 2111 Rn. 9 m. Hinw. auf die Gegenmeinung, dass der Nachlass alleinberechtigt bleibt, der Vorerbe jedoch Ausgleichsansprüche im Nacherbfall haben soll (so z.B. *Damrau/Hennicke*, Erbrecht, § 2111 Rn. 14).
171 BGHZ 109, 214 = BGH NJW 1990, 514: „Bringt ein Vorerbe Nachlaßgegenstände als seine Einlage in eine Kommanditgesellschaft ein und wird er Kommanditist, dann gehört seine Rechtsstellung als Kommanditist als Surrogat zum Nachlaß (Aufgabe von BGH NJW 1977, 433 = LM § 2019 BGB Nr. 1)".
172 *Damrau/Hennicke*, Erbrecht, § 2111 Rn. 9.
173 MünchKomm/*Grunsky*, § 2111 Rn. 25.
174 Vgl. §§ 247, 252, 253, 254 HGB.
175 MünchKomm/*Grunsky*, § 2111 Rn. 25 m.w.N. Skeptisch zur „bereinigten" Bilanz *Damrau/Hennicke*, Erbrecht, § 2111 Rn. 12, der allerdings an anderer Stelle (*Damrau/Hennicke*, Erbrecht, § 2124 Rn. 3) energisch für die Unterscheidung von Bilanz- und Zivilrecht eintritt.

lematisch sind Fragen, die sich aus der **Rücklagenbildung von Gewinnen** ergeben. Es wird vertreten, dass die bis zum Nacherbfall aufgelaufenen Rücklagen, die nicht „kaufmännisch geboten" sind, dem Vorerben zustehen.[176] Nur die kaufmännisch gebotenen Rücklagen seien Erhaltungskosten nach § 2124 Abs. 1 BGB und träfen damit den Vorerben. Diese Auffassung steht im Gegensatz zur BGH-Rspr. von 1980/1981, die immer noch grundlegend für die rechtliche Bewertung von Maßnahmen des Vorerben bei Personengesellschaften ist.[177] Was hier für die Realisierung stiller Reserven insgesamt klargestellt wurde, gilt wohl auch für die Rücklagen aus Gewinnen. Der Vorerbe ist daher nach der BGH-Rspr. so zu behandeln, dass er bei entsprechenden Gesellschafterbeschlüssen **keine Nutzungen** ziehen kann und somit leer ausgeht.

Bei **Kapitalgesellschaften** sind zwei Dinge zu beachten. Zunächst gilt das „Für"-Prinzip. **Ausschüttungen** auf aus vorangegangenen Jahren vorgetragenen Gewinnen, die in der Zeit der Vorerbschaft erwirtschaftet wurden, stehen auch nach dem Nacherbfall dem Vorerben zu.[178] Zu beachten ist weiter, dass bei Auflösung von Rücklagen und Ausschüttungen an die Gesellschafter beachtet werden muss, in welcher Zeit die entsprechende Rücklage gebildet wurde. Wurde sie noch zu Lebzeiten des Erblassers gebildet, fällt deren Ausschüttung als Nachlasssubstanz in den Nachlass des Erblassers und steht mit dem Nacherbfall dem Nacherben zu.[179]

c) Erhaltungskosten

Differenziert wird auch die Frage nach den gewöhnlichen und außergewöhnlichen Erhaltungskosten bei Unternehmen. So sind bei **Rechtsverfolgungsmaßnahmen** die Kosten, die i.R.d. Geschäftstätigkeit (Haftungsprozesse, Forderungseinzug) anfallen, **gewöhnliche Kosten**, die den Gewinn und damit die Nutzungsmöglichkeit des Vorerben beeinflussen. Außergewöhnliche Kosten sind die, die die Erbschaft in ihrem Bestand betreffen (z.B. Enteignungsverfahren bei Betriebsgrundstücken). Auch besondere Maßnahmen zur Umstrukturierung des Gesamtbetriebes fallen unter § 2124 Abs. 2 BGB, so dass Ersatzansprüche des Vorerben entstehen, wenn er die Umstrukturierung mit Eigenmitteln betreibt.[180]

109

d) Umwandlung

I.R.d. ordnungsgemäßen Verwaltung ist zu prüfen, ob der Vorerbe an einer **Umwandlung** des Unternehmens, z.B. von der Personen- in eine Kapitalgesellschaft, mitwirken

110

---

176 MünchKomm/*Grunsky*, § 2111 Rn. 29, *Damrau/Hennicke*, Erbrecht, § 2111 Rn. 13.
177 BGH NJW 1981, 1560, 1561: „Im Verhältnis zu den Nacherben gebühren zwar der Vorerbin die Nutzungen der zur Erbschaft gehörenden Rechte allein, also die während des Bestands der Gesellschaft ausgeschütteten, auf ihren Gesellschaftsanteil entfallenden entnahmefähigen Gewinne (§§ 2111, 100 , 99 II BGB). Die gebundenen stillen Reserven sind dagegen, da es sich dabei um Betriebsgewinne handelt, die in Gesellschaftskapital umgewandelt und ständig weiter so behandelt worden sind, der Substanz des Gesellschaftsanteils zuzurechnen, auf die sich die Nacherbschaft erstreckt (vgl. für eine ähnliche Rechtslage beim Nießbrauch BGHZ 58, 316, 320 = NJW 1972, 1755). Als Gesellschaftskapital, mit dem die Gesellschaft gelebt hat, werden sie auch dann nicht zu „Erträgen, die das Recht (= der Gesellschaftsanteil) seiner Bestimmung gemäß gewährt" (§ 99 II BGB), wenn sie nach Auflösung der Gesellschaft mit dem Verkauf des Unternehmens realisiert werden.
178 Der Gewinnvortrag bei einer GmbH (Thesaurierung) ist damit anders zu bewerten als die Einstellung in Rücklagen, wie sie für Personengesellschaften vom BGH beurteilt wurden.
179 *Damrau/Hennicke*, Erbrecht, § 2111 Rn. 14.
180 MünchKomm/*Grunsky*, § 2124 Rn. 3.

darf. Vor allem die unterschiedliche Besteuerung von Personen- und Kapitalgesellschaften kann dazu führen, dass der Nacherbe, vor allem wenn ein Börsengang in die Zeit der Vorerbschaft fällt, eine um ein Vielfaches höhere Erbschaftssteuer bezahlen muss, als er dies bei Erhalt der Personengesellschaft getan hätte.[181]

4. Ergebnis

111 Im Ergebnis kann festgehalten werden, dass im Unternehmensbereich in den meisten Fällen von Gestaltungen der Vor- und Nacherbfolge abzuraten ist. Lediglich für Konstellationen, in denen Vor- und Nacherbe die Gewähr für eine gute Zusammenarbeit bieten, testamentarisch der Nacherbe durch Vermächtnis zur Zustimmung zu bestimmten Verfügungen verpflichtet werden kann[182] und die Laufzeit der Vorerbschaft absehbar ist, kann mit der Vor- und Nacherbschaft ein Übergang in den Generationen gestaltet werden. Bei Personengesellschaften ist die Gefahr durch abweichende Gesellschaftsregeln i.d.R. zu groß. Es gibt für das jeweilige Sicherungsinteresse des Erblassers andere Möglichkeiten, die die Nachteile der Vor- und Nacherbschaft vermeiden.

Ein weit verbreitetes Motiv ist die Verhinderung des Umschlags des Vermögens in die Familie des (geschiedenen) Schwiegerkindes. Dies kann jedoch wirksam mit einem **Herausgabevermächtnis**, meist kombiniert mit einer **Testamentsvollstreckung**[183] verhindert werden.

> *Beispiel:*
> *Derjenige (A), der als erster Firmenwerte erhält, wird mit dem Vermächtnis beschwert, diese Werte zu einem bestimmten Zeitpunkt, jedenfalls mit seinem Tod, an den nächsten Nachfolger (B) herauszugeben. Die Erben des A erwerben an diesen Gegenständen keine Rechte und müssen sie im Fall des Todes des A an B herausgeben. Die Weitergabe des Vermögens auf B ist auch „pflichtteilsfest", da keine Werte unentgeltlich aus dem Vermögen des A weggegeben werden – sie waren stets mit der Herausgabeverpflichtung belastet.*

Erbschaftssteuerlich muss in jedem Fall darauf geachtet werden, die Möglichkeit des § 6 Abs. 3 Satz 2 ErbStG (Anrechnung der von dem Vorerben bezahlten Steuer, soweit sie nicht auf dessen Bereicherung während der Vorerbschaft entfiel) zu nutzen (vgl. Rn. 115).[184]

> **Praxishinweis:**
> Kann innerhalb eines Mandats auf die Gestaltung von Unternehmensnachfolge Einfluss genommen werden, sind die Gefahren der Vor- und Nacherbfolge (auch die des § 2306 Abs. 2 BGB) deutlich herauszuarbeiten. Meist sind andere Lösungen vorzuziehen.

---

181 Besteuerungszeitpunkt ist nach § 9 Abs. 1 Nr. 1h ErbStG der Nacherbfall.
182 OLG Düsseldorf NJW-RR 2000, 375.
183 Testamentsvollstreckung am Unternehmen bzw. Gesellschaftsanteil gewährt z.B. über § 2214 BGB wie die Vor- und Nacherbschaft den Schutz vor Eigengläubigern des Erben, der mit dem Herausgabevermächtnis belastet ist.
184 Vgl. u. Rn. 115. Deshalb ist auch aus diesem Grund bei interimistischer Unternehmensführung, weil der Nachfolger „noch nicht so weit ist", die Verwaltungs-Testamentsvollstreckung als erbschaftsteuerrechtlich neutral zu bevorzugen.

III. Erbschaftsteuerliche Aspekte

1. Besteuerung des Vorerben

Steuerrechtlich gilt der **Vorerbe als Vollerbe** des Erblassers (§ 6 Abs. 1 ErbStG). Der Vorerbe hat nach § 20 Abs. 4 ErbStG die Erbschaftsteuer aus den Mitteln der Vorerbschaft zu entrichten. Die Steuer wird daher aus der Substanz der Erbschaft gezahlt. Sie ist damit ausdrücklich geregelte **außerordentliche Last** gem. § 2126 BGB. Wird die Erbschaftsteuer aus Eigenmitteln bestritten, gilt § 2124 Abs. 2 BGB. Erlangt der Vorerbe die Stellung des Vollerben, so ist hierin kein zusätzlicher steuerpflichtiger Erwerb zu erkennen.

112

2. Besteuerung des Nacherben

Die Steuerpflicht des Nacherben entsteht **mit dem Anfall** nach § 1139 BGB. Bis zu diesem Zeitpunkt sind nur dann Steuern zu entrichten, wenn der Nacherbe gegen Abfindung auf das Nacherbenrecht verzichtet, gegen Abfindung ausschlägt, das Anwartschaftsrecht gegen Erlös überträgt, bzw. Nachlassgegenstände vom Vorerben unentgeltlich erhält.[185]

113

Bei der Besteuerung des Nacherben ist zu unterscheiden, ob der Nacherbfall mit dem Tod des Vorerben oder durch ein anderes Ereignis eintritt.

a) Nacherbfall durch Tod des Vorerben

In diesem Fall hat der Nacherbe den **Erwerb** als **vom Vorerben** stammend **zu versteuern**. Für die Steuerklasse und den persönlichen Freibetrag gilt das Verhältnis zum Vorerben. Auf Antrag kann das Verhältnis des Nacherben zum Erblasser zugrunde gelegt werden.[186] **Erwirbt** der **Nacherbe** mit dem Tod des Vorerben neben dem Vermögen aus dem Nacherbfall auch **Eigenvermögen** des Vorerben und hat er für den Nacherbfall das Steuerverhältnis zum Erblasser gewählt, so bestimmt sich zunächst der Steuersatz nach dem zusammengerechneten Vermögen.[187] Hinsichtlich der Steuerklasse ist jeder Erbfall jedoch getrennt zu bewerten.[188] Für den Erwerb des Eigenvermögens vom Vorerben kann jedoch ein Freibetrag nur noch soweit genutzt werden als er nicht für das Vermögen vom Erblasser verbraucht wurde.[189] Mit diesen Regelungen wird gewährleistet, dass der Anfall an den Nacherben vom Erblasser und vom Vorerben steuerrechtlich als **ein einziger Erbvorgang** behandelt wird. Dies kann zu gravierenden steuerlichen Benachteiligungen des Nacherben führen, so dass in der Beratung von einer Nacherbfolge auf den Tod des Vorerben immer dann abgeraten werden muss, wenn der Nacherbe auch Erbe des Eigenvermögens des **Vorerben** werden soll.

114

b) Nacherbfall durch sonstiges Ereignis

Nach § 6 Abs. 3 ErbStG gilt in diesen Fällen die Vorerbfolge als auflösend bedingter und die Nacherbfolge als aufschiebend bedingter Anfall. Dies bedeutet zunächst, dass

115

---

[185] § 3 Abs. 2 Nr. 4, § 6, § 7 Abs. 1 ErbStG.
[186] § 6 Abs. 2 Satz 2 ErbStG.
[187] § 6 Abs. 2 Satz 5 ErbStG.
[188] § 6 Abs. 2 Satz 3 ErbStG.
[189] § 6 Abs. 2 Satz 4 ErbStG.

der Erwerb des Nacherben auch steuerlich als Anfall vom Erblasser behandelt wird. Eines Antrages hierzu bedarf es nicht.[190] Der Nacherbe kann die vom Vorerben entrichtete Steuer, mit Ausnahme der beim Vorerben entstanden Bereicherung aus der Zeit der Vorerbschaft, von seiner zu zahlenden Steuer abziehen.

> *Beispiel:*
> *Hat der Vorerbe bei Immobilienvermögen als Nachlass auf den Wert nach § 12 ErbStG Erbschaftssteuer bezahlt und dann wenige Jahre die Nutzungen ziehen können, bevor der Nacherbfall eintritt, kann der Nacherbe fast den gesamten vom Vorerben bezahlten Steuerbetrag von seiner Belastung absetzen. Lediglich die Summe, die dem kapitalisierten Wert der Nutzung der Immobilie entspricht, kann nicht abgesetzt werden. Dies bedeutet für die Beratung, dass bei Einrichtung des Instituts Vor- und Nacherbfolge stets darauf geachtet werden sollte, den Nacherbfall nicht auf den Tod des Vorerben zu bestimmen.*
> *Nicht möglich ist allerdings, bezahlte Erbschaftssteuer im Nacherbfall zurückzuverlangen, wenn der Nacherbe rechnerisch weniger zu bezahlen hätte, als er von der Vorerbenbelastung anrechnen kann.[191]*

F. Zusammenfassung

116 „Nach der Lektüre wird man freilich jedem Erblasser von der Verwendung dieses Rechtsinstituts noch dringender abraten als zuvor".[192] Die Problematik der Vor- und Nacherbschaft liegt in der Praxis weniger in der Gestaltungsberatung als im Umgang mit privatschriftlichen Testamenten, die oft ohne dass die Erblasser es wussten, Vor- und Nacherbschaft mit Bedingungen und Kettenanordnungen enthalten. Hier ist zunächst die akribische **Auslegungsarbeit notwendig**. Es gibt viele Schlupflöcher, die den anwaltlichen Berater verleiten, in Auslegungsregeln auszuweichen, bevor sichergestellt ist, ob die im Gesetz geforderten Zweifel bestehen. Der schlechte Ruf, der diesem Institut anhaftet,[193] entsteht zum einen aus der Komplexität des Zusammenspiels von Auslegungsmühen und Bedingungsgeflecht, die nur schwer in eine sichere Ordnung zu bringen sind. Zum anderen ergibt sich auch für die Zeit zwischen Vor- und Nacherbfall eine Fülle von Problemen, von denen die Erteilung des richtigen und vollständigen Erbscheins und die Sorge der Grundbuchsicherung durch Nacherbenvermerke nur die auffälligsten sind.

Beim **Behindertentestament** allerdings ist die dogmatische Konstruktion in Verbindung mit der Testamentsvollstreckung hilfreich. Wenn sich der Mandant in der Gestaltungsberatung bei der Weitergabe des Vermögens unter Ausschluss der Familie des Schwiegerkindes in der Generationentiefe bescheiden kann, ist die Vor- und Nacherbfolge ebenfalls nützlich und praktikabel.

Für **einige Lebensbereiche** eignet sich dieses Konstrukt wegen der nicht möglichen Befreiung von § 2113 Abs. 2 BGB und der damit verbundenen Folge der Unwirksamkeit von teilunentgeltlichen Verfügungen nicht, auch wenn die Kautelarpraxis mit der Konstruktion des Vermächtnisses hilft, mit dem der Nacherbe zur Zustimmung zu

---

190 MünchKomm/*Grunsky*, § 2101 Rn. 44.
191 BFH BStBl. 1972 II S. 765.
192 *Waldner*, NJW 2001, 953 in seiner Rezension über *Friederich*, Rechtsgeschäfte zwischen Vorerben und Nacherben – München, C.H.Beck 1999.
193 Ein versierter Landrichter ließ vor kurzem verlauten, dieser „nordisch-rechtliche" Fremdkörper habe im BGB nichts zu suchen.

bestimmten Maßnahmen angehalten werden kann. Letztlich wird in der Beratung des durch Vor- und Nacherbschaft beschwerten Pflichtteilsberechtigten – und das ist die große Mehrheit – nie der Hinweis auf die Möglichkeit der Anfechtung und Geltendmachung des Pflichtteils fehlen. Im Umkehrschluss ist dies auch dem zu beratenden Testator deutlich vor Augen zu führen. Vor allem bei der befreiten Vorerbschaft ist die vage Aussicht auf einen Überrest immer weniger Grund, den Pflichtteil nicht geltend zu machen.

9. Kapitel
Erbengemeinschaft

Übersicht:

	S.
A. Überblick	286
B. Entstehen der Erbengemeinschaft	291
C. Grundsätzliche Rechte und Pflichten der Miterben	291
I. Verfügung über den Anteil am gesamten Nachlass, § 2033 Abs. 1 BGB	291
1. Voraussetzungen	292
a) Verfügungsberechtigte	292
b) Gegenstand und Form der Verfügung	292
2. Rechtsfolgen	293
a) Rechtsstellung des Erben	293
b) Rechtsstellung des Erwerbers	294
c) Unwirksamkeit der Verfügung über Nachlassgegenstände	295
II. Vorkaufsrecht bei Verkauf eines Miterbenanteils, § 2034 BGB	295
1. Überblick zum Vorkaufsrecht	296
2. Ausübung des Vorkaufsrechts	297
3. Nach Ausübung des Vorkaufrechts	298
III. Verfügung über Nachlassgegenstände, §§ 2033 Abs. 2, 2040 Abs. 1 BGB	298
1. Allgemeines	298
2. Voraussetzungen	299
3. Rechtsfolgen	299
a) Verfügung gegenüber der Erbengemeinschaft	299
b) Verfügung ohne Zustimmung aller Erben	300
4. Prozessführung und Zwangsvollstreckung	300
IV. Unternehmensbeteiligungen im Nachlass	301
1. Einzelunternehmen	301
2. Personengesellschaft	302
3. Kapitalgesellschaft	303
V. Auskunft	303
D. Haftung der Miterben gegenüber Dritten	303
I. Allgemeines	303
II. Haftung des minderjährigen Miterben, § 1629 a BGB	304
III. Haftung für Unternehmen im Nachlass	304
IV. Haftung der Erben, §§ 2058 ff. BGB	304

	S.
1. Bis zur Teilung	304
2. Nach der Teilung	305
E. Behandlung von Nachlassforderungen, §§ 2039, 2040 Abs. 2 BGB	305
I. Allgemeines	305
II. Voraussetzungen	306
III. Rechtsfolgen	307
1. Allgemeines	307
2. Prozessführung und Zwangsvollstreckung	308
F. Verwaltung des Nachlasses durch die Erbengemeinschaft, § 2038 BGB	309
I. Überblick	309
II. Außerordentliche Verwaltung, § 2038 Abs. 1 Satz 1 BGB	309
1. Begriff der außerordentlichen Verwaltung	309
2. Rechtsfolgen bei außerordentlicher Verwaltung	311
a) Miterben haben gemeinschaftlich gehandelt	311
b) Miterben haben nicht gemeinschaftlich gehandelt	311
III. Ordnungsgemäße Verwaltung, § 2038 Abs. 1, Satz 2 1. HS BGB	312
1. Begriff der ordnungsgemäßen Verwaltung	312
2. Rechtsfolgen	315
a) Allgemeines	315
b) Maßnahme war Fall ordnungsgemäßer Verwaltung, Mehrheitsbeschluss liegt vor	316
c) Maßnahme war kein Fall ordnungsgemäßer Verwaltung	316
d) Verletzung der Mitwirkungspflicht	316
aa) Im Vorfeld der Maßnahme	316
bb) Im Nachhinein	317
IV. Notwendige Verwaltung (Notverwaltung)	317
1. Allgemeines	317
2. Rechtsfolgen	320
a) Objektiv lag ein Fall der Notverwaltung vor	320
b) Objektiv lag kein Fall der Notverwaltung vor	321
V. Verwaltung, Nutzung und Verteilung der Früchte und	

Nachlassgegenstände bei laufender Verwaltung, § 2038 Abs. 2 i.V.m. §§ 743, 745 BGB	322
1. Verteilung und Nutzung der Früchte, § 2038 Abs. 2 Satz 1 i.V.m. § 743 BGB	322
a) Kein Auseinandersetzungsverbot	322
b) Auseinandersetzung länger als ein Jahr ausgeschlossen	323
2. Verwaltung und Benutzung von Nachlassgegenständen, § 2038 Abs. 2 Satz 1 i.V.m. §§ 743 Abs. 2, 745 BGB	324
VI. Tragung der Kosten und Lasten bei laufender Verwaltung, § 2038 Abs. 2 i.V.m. § 748 BGB	327
G. Surrogation von Rechten und Gegenständen, § 2041 BGB	329
I. Allgemeines	329
II. Gegenstand der Surrogation	329
III. Formen der Surrogation	330
1. Rechtssurrogation	330
2. Ersatzsurrogation	330
3. Beziehungssurrogation (Mittelsurrogation)	331
IV. Rechtsfolgen	332
1. Allgemeines	332
2. Kettensurrogation	333
3. Gutgläubiger Erwerb	333
4. Verhältnis zur dinglichen Surrogation nach §§ 2019, 2111 BGB	333
5. Entsprechende Anwendung von § 2041 BGB	334
V. Prozessführung	334
1. Feststellungsklage	334
2. Beweislast	334
VI. Steuerrechtliche Behandlung der Surrogation	335
H. Prozessführung für und gegen die Erbengemeinschaft	335
I. Erbengemeinschaft – Miterbe als Mandant	335
II. Erbengemeinschaft als Gegner	336
I. Zwangsvollstreckung für und gegen die Erbengemeinschaft	338
I. Miterbe ist Schuldner	338
1. Allgemeines	338
2. Zwangsvollstreckung in einen Miterbenanteil	338
II. Miterbe ist Gläubiger	339
III. Zwangsvollstreckung einer Nachlassforderung	340
J. Beendigung der Erbengemeinschaft	340
I. Allgemeines	340
II. Auseinandersetzung nach den gesetzlichen Teilungsregeln, § 2042 i.V.m. §§ 752 ff. BGB	341
1. Allgemeines	341
2. Anspruch der Miterben auf Auseinandersetzung	343
a) Allgemeines	343
b) Aufschub der Auseinandersetzung	343
aa) Unbestimmtheit der Erbteile, § 2043 BGB	343
bb) Ungewisser Nachlassverbindlichkeiten, § 2045 BGB	344
c) Ausschluss der Auseinandersetzung	345
aa) Ausschluss durch Anordnung des Erblassers, § 2044 BGB	345
bb) Vereinbarung der Miterben, § 2042 Abs. 2 i.V.m. § 749 Abs. 2 BGB	347
3. Berichtigung der Nachlassverbindlichkeiten, § 2046 BGB	348
a) Allgemeines	348
b) Voraussetzungen	348
c) Rechtsfolgen	350
4. Teilung der Nachlassgegenstände	350
5. Rechtsfolgen	354
III. Auseinandersetzungsvertrag	355
IV. Abschichtung	356
V. Vermittlungsverfahren	356
VI. Teilungsklage (Auseinandersetzungsklage)	357
a) Gerichtsstand der Teilungsklage	357
b) Prozesstaktik bei der Teilungsklage	357
VII. Übertragung der Erbteile auf einen Miterben	360
VIII. Gerichtliche Zuweisung eines landwirtschaftlichen Betriebes	360
IX. Schiedsverfahren der DSE	360
K. Gestaltungshinweise	361
I. Allgemeines	361
II. Teilungsanordnung	362
III. Teilungsverbot	364
1. Allgemeines	364
2. Möglichkeiten der Gestaltung	365
3. Formulierungsvorschläge eines Teilungsverbotes	366
a) Teilungsverbot als Vermächtnis	366
b) Gegenständliche Beschränkung des Teilungsverbotes	366
c) Sanktionsklausel	366
IV. Testamentsvollstrecker	367
V. Schiedsgericht	367
L. Haftungsfallen	368
I. Teilungsklage	368

II. Interessenkollision	368	N. Grundbuchrecht	373
III. Versäumung der		O. Vergütungs- und Kostenrecht	374
Haftungsbeschränkung	368	I. Rechtsanwalt	374
IV. Verkauf eines Miterbenanteils	369	1. Allgemeines	374
V. Mitwirkung bei der Verwaltung	369	2. Verfügung über einen	
VI. Mitwirkung bei		Nachlassanteil	374
Auseinandersetzung	370	3. Streitwert bei Geltendmachung	
M. Steuerrecht	370	von Nachlassforderungen	375
I. Allgemeines	370	4. Streitwert der Teilungsklage	375
II. Veräußerung eines Erbteils	371	5. Haftung für Kosten und	
1. Ertragsteuer	371	Vergütung	375
2. Erbschaftsteuer	371	6. Gewährung von	
III. Auseinandersetzung	371	Prozesskostenhilfe	375
1. Erbschaftsteuer	371	II. Notar	375
2. Einkommensteuer	372	P. Anhang	376
a) Ausgleichszahlungen	372	I. Schiedsordnung der DSE	376
b) Betriebsvermögen	373	II. Schiedsvereinbarung	385
3. Grunderwerbsteuer	373		

Literaturhinweise

Behr, Überblick über die Gläubigerstrategien bei der Vollstreckung in den Nachlass, ZAP Fach 14, Seite 41; *Bengel*, Zur Rechtsnatur des vom Erblasser verfügten Erbteilungsverbots, ZEV 1995, 178; *Berolzheimer*, Zuteilung eines nicht zum Nachlass gehörenden Gegenstandes durch erblasserische Teilungsanordnung (§ 2048 S. 1 BGB), AcP 177 (1919), 404; *Brambring*, Teilungsanordnung – Vorausvermächtnis – Übernahmerecht, ZAP Fach 12, Seite 15; *Bürger*, Einzelzuwendungen an Erben, MDR 1986, 371; *Damrau*, Die Abschichtung, ZEV 1996, 361; *Damrau*, Die Fortführung des von einem Minderjährigen ererbten Handelsgeschäfts, NJW 1985, 2236; *Daragan*, Anmerkung zum BFH Urt. v. 4.5.2000 – IV R 10/99 –, ZEV 2000, 375; *Heil*, Die Erbteilsveräußerung bei Fortführung eines Handelsgeschäfts in ungeteilter Erbengemeinschaft (Anmerkung zu KG Beschl. v. 29.9.1998 – 1 W 4007/97 –), MittRhNotK 1999, 148; *Johannsen*, Die Rechtsprechung des Bundesgerichtshofes auf dem Gebiete des Erbrechts – 6. Teil: Die Erbengemeinschaft, WM 1970, 573 und 738 sowie WM 1977, 271; *Keller*, Ausscheiden eines Miterben aus der Erbengemeinschaft durch „Abschichtung"?, ZEV 1998, 281; *Keller*, Fortführung eines in ungeteilter Erbengemeinschaft betriebenen Handelsgeschäfts durch Erbteilserwerber, ZEV 1998, 174; *Kiethe*, Ausschluß der Auseinandersetzung der Erbengemeinschaft mit Verfügungsverbot über den Erbteil – Schutz vor unerwünschten Dritten beim Unternehmernachlaß?, ZEV 2003, 225; *Kohler*, Gemeinschaften mit Zwangsteilung, AcP 91 (1901), 309, 334 f; *Krug*, Die dingliche Surrogation der Miterbengemeinschaft, ZEV 1999, 381; *Krug*, Wertermittlungsanspruch bei „überquotaler" Teilungsanordnung, ZErb 2001, 5; *Lehmann*, Ist eine Teilungsanordnung keine beeinträchtigende Verfügung?, MittBayNot 1988, 157; *Piltz*, Die Teilungsanordnung als Instrument der Nachfolgeplanung, DStR 1991, 1075; *Reimann*, Erbauseinandersetzung durch Abschichtung, ZEV 1998, 213; *Schmidt, Karsten*, Die Erbengemeinschaft nach einem Einzelkaufmann, Verfassung, Haftung, Umwandlung und Minderjährigenschutz, NJW 1985, 2785; *Schneider*, Der Streitwert der Miterbenklagen, Rpfleger 1982, 268; *Steiner*, Die Praxis der Klage auf Erbauseinandersetzung, ZEV 1997, 89; *Steiner*, Nutzung von Nachlaßgegenständen durch Miterben, ZEV 2004, 405; *Storz*, Praxis der Teilungsversteigerung, 2. Aufl. 1999; *Storz*, Praxis des Zwangsversteigerungsverfahrens, 8. Aufl. 2000; *Strübing*, Haftungsbeschränkung des Erben bei Steuerverbindlichkeiten, ZErb 2005, 177; *Winkler*, Verhältnis von Erbteilsübertragung und Erbauseinandersetzung – Möglichkeiten der Beendigung der Erbengemeinschaft –, ZEV 2001, 435; *Wolf*, Die Fortführung eines Handelsgeschäfts durch die Erbengemeinschaft, AcP 181, 481.

A. Überblick

Ausgangsfall

Erblasser Max Meier (E) verstarb 2004. Er war verheiratet mit Magda (F) und hinterlässt zwei erwachsene Kinder, Daniel (K1) und Anna (K2). Er hatte keinen Ehevertrag geschlossen und hinterlässt kein Testament.

Rißmann

Den Eheleuten gehörte gemeinsam je zu ½ das selbst bewohnte Einfamilienhauses in Berlin (EFH, Wert insgesamt 450 T€). Außerdem gehört zum Nachlass des E
eine von K2 bewohnte Eigentumswohnung in München (ETW, Wert 350 T €),
ein Mehrfamilienhaus in Dresden (MFH, Wert 250 T€) sowie Bar- und Depotvermögen (BDV, Wert 150 T€).
K1 lebt in Hamburg (s. dazu weiter Rn. 10).

Fragen:
1. Hat F künftig an K1 und K2 etwas zu zahlen, wenn sie weiter in dem EFH wohnt? Dürfen K1 und K2 verlangen, in das EFH einzuziehen? (s. dazu weiter Rn. 139)
2. K2 ist sich nicht sicher, ob und ggf. in welcher Höhe sie Miete für die ETW bezahlen muss. Welche Pflichten hat sie? (s. dazu weiter Rn. 131)
3. K2 möchte von F und K1 die ETW in München „vorab zum Verkehrswert kaufen". Kann sie dies erzwingen? (s. dazu weiter Rn. 202)
4. K1 möchte eine Wohnung in dem MFH in Dresden an seine Tochter zur Hälfte des ortsüblichen Mietzinses vermieten. F ist einverstanden. K2 hingegen möchte, dass die Wohnung zum üblichen Mietzins vermietet wird. Ist K1 auf die Zustimmung von K2 angewiesen? (s. dazu weiter Rn. 91)
5. F möchte das von ihr bewohnte EFH renovieren lassen. Hat sie K1 und K2 um „Erlaubnis zu fragen"? (s. dazu weiter Rn. 89)
6. F verkauft aus dem Depot des E Aktien der X-AG im Wert von 50 T€. Sie hatte im Fernsehen gehört, dass die Aktien zum Verkauf empfohlen werden. K1 und K2 konnte sie an diesem Tag nicht erreichen. Tatsächlich steigt die Aktie der X-AG jedoch in den folgenden Tagen um 25 Prozent und hält diesen Wert. Wer könnte etwaige Ansprüche gegen F geltend machen? Hat sie die Differenz zu ersetzen? (s. dazu weiter Rn. 112)
7. In der von K2 bewohnten ETW ist ein Wasserrohrbruch. Sie beauftragt ohne Rücksprache mit F und K1 ein Sanitärunternehmen mit der Beseitigung der Schäden und lässt bei der Gelegenheit auch gleich ein zusätzliches Gäste-Bad für die Besuche von F und K1 einbauen. Haben K1 und F die Kosten hierfür sogleich zu erstatten? (s. dazu weiter Rn. 118, 121)
8. Durch einen Sturm wird das Dach des MFH beschädigt. Die Wohngebäudeversicherung erstattet auf das Konto der F den entstandenen Schaden i.H.v. 23.997,– €. Hat F das Geld an die Erbengemeinschaft weiterzuleiten? (s. dazu weiter Rn. 153)
9. Die Auseinandersetzung der Erbengemeinschaft ist auch über ein Jahr nach dem Tod des E nicht wesentlich vorangekommen. K1 verlangt deswegen, dass 1/4 der bisherigen Mieterträge des MFH an ihn direkt ausgezahlt werden. Außerdem sollen künftig die laufenden Mietüberschüsse monatlich an ihn überwiesen werden. Hat er darauf einen Anspruch? (Rn. 125, 129)
10. E und F wurden gemeinsam zur Einkommensteuer veranlagt. Für 2004 ergibt sich eine Einkommensteuererstattung der Eheleute i.H.v. 15 T€. F hatte keine einkommensteuerpflichtigen Einkünfte. Wie ist die Erstattung i.R.d. Erbauseinandersetzung zu berücksichtigen? (s. dazu weiter Rn. 261)

> 11. Eine Woche nach der Beerdigung meldet sich bei F die B-Bank. E hatte dort ein Darlehen über 25 T€ abgeschlossen, das am Todestag noch mit 20T€ valutierte und nun fällig ist. Geraten F, K1 oder K2 mit der Rückzahlung in Verzug, wenn auf die Mahnung der Bank nach Fälligkeit nicht gezahlt wird? Wie können F, K1 und K2 eine Vollstreckung der Bank in den Nachlass verhindern? (s. dazu weiter Rn. 55)

1 In der Praxis ist eine **Mehrheit von Erben die Regel**, der Alleinerbe die Ausnahme. Dies gilt umso mehr, wenn der Erblasser kein Testament hinterlassen hat. Es wird häufig übersehen, dass der Gesetzgeber im 1. Untertitel insb. durch Verweise auf Vorschriften des Gemeinschaftsrechts die Rechte innerhalb der Erbengemeinschaft umfassend geregelt hat. Auch die Verwaltung der Gemeinschaft, die neben der Auseinandersetzung häufig die größten praktischen Schwierigkeiten bereitet, ist im Gesetz umfassend geregelt und mittlerweile durch die höchstrichterliche Rspr. erschöpfend durchdrungen worden. Dass es sowohl bei der Verwaltung als auch bei der Auseinandersetzung der Erbengemeinschaft gleichwohl regelmäßig zu überflüssigen Differenzen zwischen den Miterben kommt, hat seine Ursachen daher nicht unbedingt in unklaren oder nicht ausreichenden gesetzlichen Regelungen. Häufig wird es daran liegen, dass die Erbengemeinschaft als **Zufallsgemeinschaft** entsteht, ohne dass ein Erbe die anderen Miterben auswählen könnte. Persönliche Differenzen zwischen den Erben, die zumeist den Ursprung vor dem Erbfall haben, und Benachteiligungsängste bei der Auseinandersetzung führen hier häufig zu „Rachegefechten", die mit der eigentlichen Verwaltung und Auseinandersetzung der Erbengemeinschaft nur noch indirekt etwas zu tun haben. Es darf hierbei nicht übersehen werden, dass die Regelungen zur Verwaltung und Auseinandersetzung der Erbengemeinschaft im Wesentlichen seit der Einführung des BGB nicht geändert worden sind. Zum damaligen Zeitpunkt herrschten jedoch andere soziale Strukturen (mehrere Generationen „unter einem Dach", die aufeinander angewiesen waren), die Mobilität war geringer (Miterben waren daher „dichter" am Nachlass und „dichter" beieinander) und die Erben waren jünger, da die Lebenserwartung noch nicht so hoch war wie heute.

2 Ein **anderes Problem** ist die leider häufig nicht zu übersehende Unkenntnis von den Regelungen, die der Verwaltung und Auseinandersetzung der Erbengemeinschaft zu Grunde liegen – bei allen Personen, die mit einer Erbengemeinschaft zu tun haben, ob direkt oder indirekt. Verunsicherte Erben versuchen häufig in der Angst, andernfalls „zu kurz zu kommen", durch eigenmächtiges Handeln einen Vorteil zu erlangen, unwissende Berater versuchen Unkenntnis durch unnötige Drohgebärden zu kompensieren.

3 Der Erblasser hat es jedoch in der Hand, mit durchdachten Verfügungen unter Lebenden und von Todes wegen die **Nachlassgestaltung** so vorzunehmen, dass Streit unter den Miterben weitgehend vermieden wird.[1] Ein „Königsweg" der Nachlassgestaltung ist hier die Anordnung der **Testamentsvollstreckung** und – für den „Notfall" – die Anordnung eines **Schiedsgerichtsverfahrens**.[2] Nicht ohne Grund erhält bspw. in den USA in den meisten Bundesstaaten regelmäßig zunächst *eine* Person den Nachlass, die im deutschen Recht am ehesten einem Testamentsvollstrecker entspricht.

---

[1] S. hierzu unten Rn. 286.
[2] Beispielsweise durch die Deutsche Schiedsgerichtsbarkeit für Erbstreitigkeiten e.V., Hauptstraße 18, 74918 Angelbachtal/Heidelberg; s. hierzu auch unten Rn. 305.

Das Vermögen der Erbengemeinschaft ist **gesamthänderisch gebunden** und ein vom Privatvermögen der einzelnen Erben dinglich getrenntes **Sondervermögen**. Die Vermögen der Erben und das Sondervermögen der Erbengemeinschaft sind Vermögen verschiedener Rechtsträger und bleiben getrennt.[3] Rechtsbeziehungen, die der Erblasser mit einem Miterben hatte, bleiben bestehen. **Konfusion** tritt nicht ein, da der Miterbe auf das Sondervermögen nicht allein zugreifen kann.[4] Eine bestehende **Bürgschaft** erlischt auch nicht teilweise, wenn Gläubiger und Bürge den Hauptschuldner als Miterben beerben.[5] Inhaber von Nachlassforderungen und anderen Rechten ist die Gemeinschaft der Erben.[6] Die **Trennung** des Nachlassvermögens vom Privatvermögen der Erben dient in erster Linie der Sicherung der Rechte der Nachlassgläubiger. Würde der Nachlass sogleich auf eine Mehrheit von Erben übergehen, so stünden die Nachlassgläubiger einer Vielzahl von Schuldnern und einer zersplitterten Nachlassmasse gegenüber.[7]

Der einzelne Erbe kann lediglich über seinen gesamten Anteil am Nachlass verfügen (§ 2033 Abs. 1 BGB), nicht jedoch über einzelne Nachlassgegenstände (§ 2033 Abs. 2 BGB). Durch den Erbfall erlangt der Miterbe daher auch keine unmittelbare gegenständliche Beziehung zu einem Nachlassgegenstand.[8] Dies gilt auch dann, wenn der Nachlass nur noch aus einer Sache besteht.[9] Auch die „Zuweisung" eines Nachlassgegenstandes durch Testament des Erblassers führt zu keinem anderen Ergebnis: Der Erbe erlangt hier lediglich einen schuldrechtlichen Anspruch gegen die Miterben auf Erfüllung der Teilungsanordnung (§ 2048 BGB) bzw. des Vorausvermächtnisses (§ 2150 BGB).

Ausnahmen bilden lediglich Nachlassgegenstände oder -rechte, die im Rahmen einer Sondererbfolge nicht in das Gesamthandsvermögen der Erbengemeinschaft fallen, sondern unmittelbar auf den oder die Begünstigten übergehen (**Singularsukzession**).[10] Die Singularsukzession ist im Erbrecht des BGB die absolute Ausnahme. Es gibt sie beim Eintrittsrecht in den **Mietvertrag** nach dem Tod des bzw. eines Mieters, §§ 563, 563a BGB sowie bei **Gesellschaftsanteilen**, die aufgrund einer Nachfolgeklausel unmittelbar auf die gesellschaftsvertraglich bestimmten Erben übergehen: Ist die Mitgliedschaft in einer Personengesellschaft durch Gesellschaftsvertrag (**Nachfolgeklausel**) vererblich gestellt, wird sie im Erbfall nicht gemeinschaftliches Vermögen der mehreren Nachfolger-Erben, sondern gelangt durch Sondererbfolge (Singularsukzession) unmittelbar und geteilt ohne weiteres Dazutun an die einzelnen Nachfolger.[11] Dies ist ein nur ausnahmsweise vorkommender Fall der Erbfolge in einzelne Vermögensgegenstände, der so auch im Gesetz nicht geregelt ist, sondern von der Rspr. entwickelt wurde, um den besonderen Anforderungen im Gesellschaftsrecht Rechnung zu tragen.[12] Die so aufgeteilten Gesellschaftsanteile der Nachfolger gehören aber gleichwohl zum Nachlass.[13] Ist im Gesellschaftsvertrag eine **einfache Nachfolgeklau-**

---

3 MünchKomm/*Dütz*, § 2032 Rn. 23.
4 BGHZ 48, 214, 218.
5 RGZ 76, 57, 58.
6 MünchKomm/*Dütz*, § 2032 Rn. 7.
7 MünchKomm/*Dütz*, Vor. § 2032 Rn. 3.
8 Palandt/*Edenhofer*, § 2032 Rn. 1.
9 BGH NJW 2001, 2396, 2397 unter Hinw. auf BGH, Urt. v. 17.11.2000 – V ZR 487/99 –, n.v.
10 MünchKomm/*Dütz*, Vor. § 2032 Rn. 8.
11 BGH NJW 1983 2376, LS 1 u. 2377.
12 BGH NJW 1983 2376, 2377.
13 BGH NJW 1983 2376, LS 2 u. 2377; BGH NJW 1986, 2431, LS 1 u. 2432.

sel enthalten, so erwirbt jeder Erbe einen Bruchteil des Gesellschaftsanteils des Erblassers i.H.d. Beteiligung, die auch seiner Quote an der Erbengemeinschaft entspricht. Sofern im Gesellschaftsvertrag festgelegt ist, dass die Gesellschaft lediglich mit bestimmten Erben fortgesetzt werden soll (**qualifizierte Nachfolgeklausel**), so ist zu unterscheiden:

7 – Erhalten ein oder mehrere Miterben aufgrund ausdrücklicher Regelung lediglich einen Teil des Gesellschaftsanteils des Erblassers, so wächst der übrige Teil den anderen Gesellschaftern an. Die entsprechenden **Abfindungsansprüche** fallen in den Nachlass und stehen der Erbengemeinschaft zur gesamten Hand zu.[14]

8 – Im Zweifel ist jedoch davon auszugehen, dass der oder die Miterben den gesamten Gesellschaftsanteil erhalten sollen.[15] Folgen dem Erblasser mehrere Miterben nach, so bestimmt sich ihr Anteil am Gesellschaftsanteil in erster Linie nach den Bestimmungen im Gesellschaftsvertrag; nachrangig sind die Anordnungen im Testament heranzuziehen. Fehlen anderweitige Regelungen, so richtet sich der Anteil nach dem Verhältnis der Erbquoten der nachfolgenden Miterben zueinander. Zwar dürfen die Miterben nicht mehr erhalten, als ihnen aufgrund des Erbrechts zusteht; die Erbquote ist jedoch keine gegenständliche, sondern vielmehr eine zwingende Begrenzung des Wertes, der den Miterben vom Gesamtnachlass zufließen darf.[16] Eine qualifizierte Nachfolgeklausel lässt sich daher als eine bereits mit dem Erbfall vollzogene Teilungsanordnung mit unmittelbar dinglicher Wirkung und etwaiger Ausgleichsverpflichtung gegenüber den nicht nachfolgenden Erben verstehen.[17]

9 Der **Besitz** geht nach § 857 BGB auf den Erben über. Daher wird jeder Erbe gem. § 866 BGB Mitbesitzer. Ergreift ein Miterbe alleinige Sachherrschaft für die Erbengemeinschaft, so werden alle Erben mittelbare Mitbesitzer und er unmittelbarer Fremdbesitzer.[18] Der Miterbe wird Eigenbesitzer, wenn er den Besitz für sich ergreift, § 872 BGB. **Früchte** von Nachlassgegenständen werden Gesamthandsvermögen der Erbengemeinschaft, §§ 953, 2041 BGB.[19]

10 Im **Ausgangsfall** ist durch den Tod des E zwischen F, K1 und K2 eine Erbengemeinschaft entstanden. F ist Miterbe zu 1/2 und K1 und K2 jeweils zu 1/4.

Mit dem Erbfall sind F, K1 und K2 entsprechend ihren Erbquoten Miteigentümer sämtlicher Immobilien sowie des Bar- und Depotvermögens geworden.

11 Die Erbengemeinschaft ist als **Gesamthandsgemeinschaft** im Wesentlichen auf **einvernehmliches Handeln** der Miterben angewiesen. Hierdurch hat jeder Erbe eine Art „Veto"-Recht, was die Verwaltung und Veräußerung von Nachlassgegenständen erheblich erschweren kann. Gelingt es den Erben, sich nachträglich auf eine dritte, unbeteiligte Person zu einigen und sich deren Maßnahmen wie einem Testamentsvollstrecker zu unterwerfen, wird dies häufig zum Vorteil der Erbengemeinschaft sein, da der Nachlasswert gesichert wird und die Auseinandersetzung zügiger betrieben werden kann.

---

14 BGH NJW 1977, 1339, 1342; MünchKomm/*Leipold* § 1922 Rn. 38 u. *Dütz*, § 2032 Rn. 55.
15 BGH 1977, 1339, 1342.
16 BGH NJW 1977, 1339, 1342.
17 BFH NJW-RR 1992, 1123, 1124.
18 Palandt/*Bassenger*, § 857 Rn. 4.
19 S. hierzu unten Rn. 123.

Die Erben haben gegeneinander einen Anspruch auf jederzeitige Auseinandersetzung nach Maßgabe des § 2042 BGB[20] sowie die Mitwirkung an der Verwaltung, § 2038 Abs. 1 BGB.[21]

B. Entstehen der Erbengemeinschaft

Hinterlässt der Erblasser keine letztwillige Verfügung von Todes wegen, ist der Alleinerbe die Ausnahme, eine Mehrheit von Erben hingegen die Regel. Aber auch bei gewillkürter Erbfolge erben meist mehrere Personen. Die Erbengemeinschaft entsteht unabhängig vom Willen der Erben kraft Gesetzes als **Zufallsgemeinschaft** mit dem Tod des Erblassers aufgrund gesetzlicher oder testamentarischer Erbfolge. Sie ist von ihrem Wesen her auf Auseinandersetzung und schließlich Auflösung ausgerichtet. Sie kann weder vertraglich begründet werden noch nach erfolgter Auflösung wieder hergestellt werden.[22]

12

C. Grundsätzliche Rechte und Pflichten der Miterben

Zur Verwaltung der Erbengemeinschaft s. unten Rn. 78; zum Prozess der Erbengemeinschaft s. unten Rn. 173.

I. Verfügung über den Anteil am gesamten Nachlass, § 2033 Abs. 1 BGB

Das schuldrechtliche *Verpflichtungs*geschäft über den Verkauf eines Erbteils wird durch die §§ 2371 ff. BGB geregelt. Das **Verfügungsrecht** der Miterben über den ererbten Nachlass regelt demgegenüber **§ 2033 BGB**. Anders als bei der Gesellschaft bürgerlichen Rechts (dort § 719 Abs. 1 BGB) und der ehelichen Gütergemeinschaft (dort § 1419 Abs. 1 BGB) kann bei der Miterbengemeinschaft aufgrund von § 2033 BGB jeder Miterbe über seinen *Anteil am Nachlass* verfügen. Die Bindung des Anteils zum gesamthänderisch gebundenen Eigenvermögen des Miterben wird so aufgehoben: Der Miterbe kann seinen Anteil veräußern oder auch als Kreditsicherheit belasten. Dies ist vor allen Dingen in Fällen der aufgeschobenen oder ausgeschlossenen Auseinandersetzung (§ 2044 BGB) nützlich[23] oder wenn ein Miterbe die Auseinandersetzung verweigert.[24] § 2033 BGB ist **zwingend** und durch den Erblasser **nicht abdingbar**.[25] Die Veräußerung kann auch nicht von der Zustimmung durch einen Testamentsvollstrecker abhängig gemacht werden.[26] Ein rechtsgeschäftliches Verfügungsverbot der Miterben ist gem. § 137 Satz 1 BGB dinglich unwirksam. Die (lediglich schuldrechtliche) Verpflichtung, über den Erbteil nicht zu verfügen, ist hingegen wirksam, § 137 Satz 2 BGB. Eine gleichwohl vorgenommene Verfügung wird bei Verstoß gegen diese schuldrechtliche Verpflichtung *nicht* unwirksam (**Abstraktionsprinzip**), sondern begründet ggf. **Schadensersatzansprüche**. Der Erblasser kann jedoch einen Miterben

13

---

20 S. hierzu unten Rn. 199.
21 S. hierzu unten Rn. 78 ff.
22 Palandt/*Edenhofer,* Vor § 2032 Rn. 1.
23 S. hierzu unten Rn. 214.
24 MünchKomm/*Dütz,* § 2032 Rn. 1.
25 OLG Düsseldorf FamRZ 1997, 769, 770.
26 RG JW 1915, 245, 246; LG Essen RPfleger 1960, 58.

auflösend bedingt bis zur Vornahme einer Verfügung über den Erbteil als Erben einsetzen und so die Verfügung für den Erben „unattraktiv" machen.[27]

14 Das **Verfügungsverbot** in § 2033 Abs. 2 BGB an einzelnen Nachlassgegenständen wird ergänzt durch die Vorschrift des **§ 2040 BGB**, wonach die Erben *gemeinschaftlich* über einen Nachlassgegenstand verfügen können.

1. Voraussetzungen

a) Verfügungsberechtigte

15 Nach § 2033 BGB kann jeder Miterbe über seinen Nachlassanteil verfügen. „Miterbe" ist auch der lediglich bedingt oder befristet als Miterbe Berufene, egal ob aufgrund gesetzlicher oder testamentarischer Erbfolge. Die Höhe der Beteiligung am Nachlass ist unerheblich, so dass auch die Beteiligung mit einem **geringen Bruchteil** gleiche Rechte gewährt. Der **Nachlasspfleger** für einen unbekannten Miterben ist **nicht Miterbe** i.S.v. § 2033 BGB (und darf daher nicht über den Erbanteil verfügen).[28]

16 Der **Vor-Miterbe** darf aufgrund §§ 2113–2115 BGB nicht zum Nachteil des Nach-Miterben verfügen. Sowohl der Nach-Miterbe als auch der Allein-Nacherbe können zwischen Erbfall und Nacherbfall über ihr Anwartschaftsrecht analog § 2033 Abs. 1 BGB verfügen.[29] Bei Verzicht auf das Nacherbenrecht zugunsten des Vorerben ist § 2033 Abs. 1 BGB daher ebenfalls analog anwendbar, da auch darin eine Verfügung liegt.[30]

b) Gegenstand und Form der Verfügung

17 Der Anteil am Nachlass wird durch die **Erbquote** bestimmt, mit der ein Miterbe am Nachlass beteiligt ist. Über diesen Anteil kann der Miterbe verfügen, so lange auch nur noch ein einziger Nachlassgegenstand vorhanden und die Erbengemeinschaft noch nicht auseinandergesetzt ist.[31] Als Minus zur Verfügung über den *gesamten* Anteil kann der Erbe auch über einen Bruchteil seines Miterbenanteils verfügen.[32] Einzelne Gegenstände oder Rechte können *nicht* von der Verfügung ausgenommen werden.[33]

18 Die Verfügung ist ein Rechtsgeschäft, das unmittelbar darauf gerichtet ist, auf das Recht am Miterbenanteil einzuwirken, es also entweder auf einen Dritten zu übertragen, mit einem Recht zu belasten, das Recht aufzuheben oder es sonst wie in seinem Inhalt zu verändern.[34] Unter **Verfügung** i.S.v. § 2033 Abs. 1 BGB ist mithin nur das **dingliche** Rechtsgeschäft, nicht die (bloße) schuldrechtliche Verpflichtung zur Übertragung zu verstehen, da jene noch nicht unmittelbar auf das Recht am Miterbenanteil einwirkt. Auch die **Zwangsvollstreckung** gem. §§ 859 Abs. 2, 857 ZPO ist Verfügung

---

27 *Lange/Kuchinke*, Erbrecht, § 42 II 2 c.
28 LG Aachen RPfleger 1991, 314.
29 MünchKomm/*Dütz*, § 2033 Rn. 6.
30 MünchKomm/*Dütz*, § 2033 Rn. 6.
31 BGH NJW 1969, 92.
32 BayObLG NJW-RR 1991, 1030, 1031; BGH NJW 1963, 1610, LS 1 u. 1611.
33 *Lange/Kuchinke*, Erbrecht, § 44 II 3 Fn. 79.
34 BGH NJW 1987, 3177.

i.S.v. § 2033 BGB, so dass der Nachlassanteil, nicht hingegen der Anteil an einzelnen Nachlassgegenständen gepfändet werden kann.³⁵

Die Verfügung über einen Erbteil muss gem. § 2033 Abs. 1 Satz 2 BGB **notariell beurkundet** werden, § 128 BGB, § 20 BNotO. Ein Verstoß gegen das Erfordernis der notariellen Beurkundung führt gem. § 125 Satz 1 BGB zur Nichtigkeit des Verfügungsvertrages. Durch Vollziehung der Übertragung wird ein Mangel in der Form *nicht* geheilt.³⁶

19

Über einen **Anteil am Nachlassgegenstand** kann ein Miterbe weder allein noch zusammen mit den übrigen Miterben verfügen. Möglich ist aber die einvernehmliche Verfügung aller Miterben über den gesamten Nachlassgegenstand, § 2040 Abs. 1 BGB.³⁷ *Jedes* **dingliche** Rechtsgeschäft ist „Verfügung", da es ohne weiteres auf das Recht am Nachlassgegenstand einwirkt. Die (bloße) **schuldrechtliche Verpflichtung** ist keine Verfügung, da jene noch nicht unmittelbar auf das Recht am Nachlassgegenstand einwirkt.³⁸ Es gibt jedoch auch im Bereich des Schuldrechts Erklärungen, die unmittelbar ein Schuldverhältnis umgestalten und daher Verfügungen sind. So sind z.B. der Erlass (§ 397 BGB), die Abtretung (§ 398 ff.), die befreiende Schuldübernahme (§§ 414 ff. BGB)³⁹ und die Vertragsübernahme⁴⁰ Verfügungen i.S.v. § 2033 Abs. 2 BGB. **Gestaltungserklärungen** wie die Anfechtung (§§ 119 ff. BGB),⁴¹ der Rücktritt (§ 349 BGB), die Aufrechnung (§ 388 BGB) und die Kündigung wirken auch unmittelbar auf ein Recht am Nachlassgegenstand ein und sind daher ebenfalls Verfügungen.⁴² Grundsätzlich gilt dieses Verfügungsverbot auch, wenn lediglich noch ein Nachlassgegenstand vorhanden ist. Dann ist jedoch § 140 BGB (Umdeutung) zu beachten.⁴³ Unwirksam ist insb. die Verfügung eines Miterben über seinen Anteil an einem **Nachlassgrundstück**, die Belastung mit einem Nießbrauch oder Grundpfandrecht.⁴⁴ Auch nicht verfügen kann ein Miterbe aus Gründen des Gläubigerschutzes über seinen Anspruch auf das künftige **Auseinandersetzungsguthaben**.⁴⁵

20

2. Rechtsfolgen

a) Rechtsstellung des Erben

Der Erbe bleibt **auch nach Veräußerung** seines Erbteils **Erbe**, da diese Position nur in seiner Person durch Erwerb von Todes wegen begründet werden kann und **nicht übertragbar** ist.⁴⁶ Er hat damit alle Rechte und Pflichten, die ihn auch wie zuvor trafen. Insb. haftet er gem. §§ 2382, 2385 BGB weiterhin für die Nachlassverbindlichkei-

21

---

35 BGH NJW 1967, 200, 201; BGH NJW 1969, 1347, 1348; im Einzelnen zur Zwangsvollstreckung: s. unten Rn. 181.
36 BGH NJW 1967, 1128, 1130 f.
37 S. unten Rn. 33.
38 S. zum Vorkaufsrecht gem. § 2034 BGB unten Rn. 26.
39 Palandt/*Heinrichs*, Überblick vor § 104 Rn. 16.
40 Palandt/*Heinrichs*, § 398 Rn. 38 f.
41 Nicht hingegen die Anfechtung nach dem AnfG.
42 Palandt/*Heinrichs*, Überblick vor § 104 Rn. 17.
43 S. unten Rn. 24.
44 RGZ 88, 21, 26.
45 H.M., Einzelheiten zum Streitstand bei Staudinger/*Werner*, § 2033 Rn. 12, zur Möglichkeit der Pfändung s. unten Rn. 183.
46 Zuletzt: BGH NJW 1993, 726.

ten und kann noch gem. § 2344 BGB für erbunwürdig erklärt werden.[47] Er ist auch künftig im **Erbschein** aufzuführen.[48] Ihm stehen Pflichtteilsrest- oder Ergänzungsansprüche zu[49] und er kann weiterhin die Entlassung des Testamentsvollstreckers beantragen.[50]

b) Rechtsstellung des Erwerbers

22 Der Erwerber tritt – lediglich – in die **vermögensrechtliche Position** des veräußernden Miterben und wird nicht anstelle des Veräußernden **Miterbe**,[51] da er keine Rechtsbeziehung zum Erblasser hat. Er übernimmt vom Miterben die Rechte und Pflichten hinsichtlich der Verwaltung und Auseinandersetzung des Nachlasses[52] und ihn treffen auch die Beschränkungen und Beschwerungen wie Vermächtnisse, Auflagen, Pflichtteilsansprüche, Teilungsanordnungen, Ausgleichsansprüche, Testamentsvollstreckung und Nacherbenrechte.[53] Der Erwerber kann – neben dem Veräußerer – einen Erbschein[54] sowie Nachlassverwaltung und -insolvenz-verfahren beantragen.[55] Im Insolvenzverfahren tritt der Erwerber an die Stelle des Erben, § 330 Abs. 1 InsO. Die von der Erbengemeinschaft getroffenen **Regelungen** hinsichtlich Verwaltung und Nutzung wirken auch gegen den Erwerber, § 2038 Abs. 2 Satz 1, i.V.m. § 746 BGB. Der Erwerber **haftet** nun neben dem veräußernden Erben gegenüber den Nachlassgläubigern, § 2382 Abs. 1 Satz 1 BGB.

Selbst wenn Dritte sämtliche Miterbenanteile erwerben, können sie ein von den veräußernden Miterben in ungeteilter Erbengemeinschaft geführtes **Handelsgeschäft** nicht ihrerseits in ungeteilter Erbengemeinschaft weiterführen. Dies gilt selbst dann, wenn die Erwerber Nacherben der Veräußerer sind und die Übertragung i.R.d. vorweggenommenen Erbfolge geschieht.[56]

Überträgt ein Miterbe seinen Erbteil an die **übrigen Miterben**, so entsteht keine Bruchteilsgemeinschaft am Erbteil, es sei denn, es liegen abweichende Anhaltspunkte vor (z.B. Angabe von Bruchteilen). Der übertragene Erbteil wächst stattdessen den in Gesamthandsgemeinschaft stehenden Erwerbern ebenfalls zur gesamten Hand an.[57]

23 Gehört ein **Grundstück** zum Nachlass, ist die Übertragung von Erbteilen im Wege der **Grundbuchberichtigung** einzutragen, weil sich der Rechtsübergang außerhalb des Grundbuchs vollzieht:[58] Das Grundbuch kann nur so berichtigt werden, dass zunächst gleichzeitig alle Miterben eingetragen werden, denn es muss den neuen Rechtszustand insgesamt richtig wiedergeben. Da nicht ein einzelner Miterbe sondern die Erbengemeinschaft als Gesamthandsgemeinschaft Erbe des ursprünglich im Grund-

---

47 Palandt/*Edenhofer*, § 2033 Rn. 7.
48 RGZ 64, 173, 178.
49 *Lange/Kuchinke*, Erbrecht, § 42 II 3.
50 KG DJZ 1929, 1347.
51 BGH NJW 1960, 291.
52 RGZ 83, 27, 30.
53 MünchKomm/*Dütz*, § 2033 Rn. 26.
54 KG OLGE 44, 106.
55 Palandt/*Edenhofer*, § 2033 Rn. 7.
56 KG ZEV 1999, 28; a.A. *Heil*, MittRhNotK 1999, 148; *Keller*, ZEV 1999, 174.
57 BayObLG NJW 1981, 830.
58 BayObLGR 1994, 61.

buch eingetragenen Berechtigten ist, kann § 40 **Abs. 1 GBO** (Ausnahmen von der Voreintragung) bei der Übertragung von Erbteilen **nicht** angewandt werden.[59]

Praxishinweis:
Dem Rechtsanwalt ist es nicht gestattet, beide Vertragspartner eines Verfügungsvertrages zu vertreten. Dies gilt selbstverständlich auch bereits im Stadium der Beratung. Hat der Rechtsanwalt zuvor – in anderen Angelegenheiten – mehrere Erben der Erbengemeinschaft vertreten, so ist er dann gehindert, einen Miterben allein i.R.d. Verfügung über einen Erbteil zu beraten. Die erstaunliche Kritiklosigkeit mit der dies häufig übersehen wird, ist nicht allein mit der – vermeintlichen – Aussicht auf höhere Gebühren zu erklären. Vielmehr lassen sich die anwaltlichen Berater häufig von den Mandanten „überreden" mit dem Argument, man sei sich „im wesentlichen einig" und es müsse „nur zu Papier gebracht" werden. Der Anwalt, der hier nicht sofort jedes weitere Gespräch ablehnt, verliert nicht nur seinen Honoraranspruch aufgrund der Vertretung widerstreitender Interessen, sondern wird auch ein strafrechtliches Verfahren befürchten müssen.

Jeder Anwalt sollte auch nur den Anschein des „Parteiverrats" vermeiden und „im Zweifel" das Mandat ablehnen. Sobald mehrere Mandanten beabsichtigen, in einer Angelegenheit ein Mandat zu erteilen, muss der Anwalt äußerst krit. bereits zu Beginn des Gespräches prüfen, ob er nicht sogleich ausdrücklich das Mandatsverhältnis auf eine Person beschränken muss. Dem Mandanten bleibt es dann selbst überlassen, ob er sich bspw. die Gebühren mit dem oder den Miterben teilt, diese(n) bei Besprechungen mit dem Anwalt weiter hinzuzieht und auch sonst über den Verlauf des Mandats informiert.

c) Unwirksamkeit der Verfügung über Nachlassgegenstände

Liegt ein gem. § 2033 Abs. 2 BGB unwirksamer Vertrag vor, so ist zu prüfen, ob der gewünschte Erfolg im Wege einer **Umdeutung** gem. § 140 BGB erreicht werden kann. Dies ist bspw. dann möglich, wenn der Nachlass lediglich nur noch aus einem Gegenstand besteht. In diesem Fall kann in der Verfügung über den Anteil am Nachlassgegenstand eine Verfügung über den Erbteil selbst gesehen werden. Hierzu muss der Erwerber jedoch wissen, dass es sich bei dem übertragenen Gegenstand um den ganzen oder nahezu ganzen Erbteil handelt, oder er muss die Verhältnisse kennen, aus denen sich dies ergibt.[60] Der BGH wendet hier die zu § 419 BGB a.F. (Vermögensübernahme) entwickelten Grundsätze an. Auch in Grundbuchsachen ist § 140 BGB anwendbar.[61] Daher kann bei Verkauf eines Anteils an einem Grundstück an die Miterben der gem. § 2033 Abs. 2 BGB unwirksame Vertrag in einen – wirksamen – Auseinandersetzungsvertrag umgedeutet werden. Hierzu müssen alle Miterben an der Übertragung mitgewirkt haben.[62] Der **Verpflichtungsvertrag** ist aufgrund des Abstraktionsprinzips regelmäßig *nicht* gem. § 2033 Abs. 2 BGB unwirksam.

II. Vorkaufsrecht bei Verkauf eines Miterbenanteils, § 2034 BGB

Ein Miterbe darf alleine über seinen Anteil (oder einen Bruchteil davon) am gesamten Nachlass verfügen (§ 2033 Abs. 1 Satz 1 BGB), nicht hingegen über einzelne Nach-

---
59 BayObLGR 1994, 61 m.w.N.
60 BGH FamRZ 1965, 267, 268.
61 OLG Bremen OLGZ 1987, 10, 11.
62 OLG Bremen OLGZ 1987, 10, 12.

lassgegenstände (§ 2040 Abs. 1 BGB). Das **schuldrechtliche Verpflichtungsgeschäft** ist in §§ 2371 ff. BGB geregelt. Für den Fall des Verkaufes gewährt § 2034 BGB den Miterben ein Vorkaufsrecht.

1. *Überblick zum Vorkaufsrecht*

26 Verkauft ein Miterbe seinen Anteil an der Erbengemeinschaft, gewährt § 2034 Abs. 1 BGB den übrigen Miterben ein **Vorkaufsrecht.** Hierdurch können die Miterben den Eintritt Außenstehender in die Gemeinschaft verhindern, um die Zuordnung des Nachlasses an die Erbengemeinschaft zu erhalten und die Auseinandersetzung oder das Fortbestehen der Gemeinschaft zu erleichtern oder zu sichern. Darauf könnte sonst der Anteilserwerber Einfluss nehmen.[63] Die **Ausübung** des Vorkaufsrechts steht den Miterben **gemeinschaftlich** zu.

27 § 2034 BGB bezieht sich abschließend nur und ausschließlich auf den **freiwilligen Verkauf** eines Miterbenanteils. Auf andere Verträge wird § 2034 BGB nach der ganz h.M. nicht entsprechend angewendet, gleich ob Schenkung,[64] gemischte Schenkung,[65] Sicherungsabrede,[66] Tausch,[67] Vergleich, Zwangsvollstreckung[68] (§ 471 BGB) oder Teilungsversteigerung gem. § 180 ZVG[69] vorliegt. Der Wortlaut des § 2034 BGB ist insoweit eindeutig und stellt gerade nicht lediglich auf „Verfügungen" ab. Daher ist die Übertragung aufgrund der Erfüllung eines Vermächtnisses u.ä. ebenfalls kein Fall des § 2034 BGB. Soweit versucht wird, durch ein „**Umgehungsgeschäft**" die Regelung des § 2034 BGB zu vermeiden, ist die Anwendung von § 2034 BGB auszudehnen: Ein Umgehungsgeschäft liegt bei Verträgen vor, die einem Kaufvertrag nahezu gleichkommen und in die der Vorkaufsberechtigte zur Wahrung seiner Erwerbs- und Abwehrinteressen „eintreten" kann, ohne die vom Verpflichteten ausgehandelten Konditionen des Veräußerers zu beeinträchtigen.[70]

Das Vorkaufsrecht gibt den Miterben die Befugnis, den Miterbenanteil zu den vertraglichen **Konditionen** zu erwerben, zu denen der veräußernde Miterbe ihn an den Dritten veräußern wollte. Mit Ausübung[71] kommt der Vertrag mit dem gleichen Inhalt zwischen vorkaufsverpflichteten und vorkaufsberechtigten Miterben zustande, § 464 Abs. 2 BGB. Die Miterben haften dem Käufer als Gesamtschuldner.

28 Ist ein **Miterbe verstorben** und hat seinen Miterbenanteil – zusammen mit seinem Eigenvermögen – **weiter vererbt**, ist danach zu unterscheiden, über welchen Gegenstand verfügt wird und ob eine weitere Erbengemeinschaft entstanden ist.[72]

---

63 BGH NJW 1982, 330.
64 BGH WM 1957, 1162, 1164 m. Bezug auf RGZ 101, 99, 101.
65 RGZ 101, 99, 101.
66 BGH NJW 1957, 1515, 1516.
67 BGH NJW 1964, 540, 541: der Vorkaufsberechtigte hätte bei Ausübung des Vorkaufsrechts nicht die Möglichkeit, den Tauschgegenstand anstelle des ursprünglichen Vertragspartners zu übereignen.
68 BGH NJW 1977, 37, 38.
69 Kein Vorkaufsrecht der Miterben gegenüber dem Meistbietenden.
70 BGH NJW 1992, 236, 237.
71 S. hierzu unten Nr. 8.
72 Zu Einzelheiten s. *Damrau/Rißmann*, Erbrecht, § 2034 Rn. 4 ff. u. dort Rn. 8 ff. zu den Voraussetzungen des Vorkaufsrechts im Einzelnen.

2. Ausübung des Vorkaufsrechts

Die **Frist** zur Ausübung des Vorkaufsrechts beginnt für jeden Vorkaufsberechtigten individuell mit Zugang der Mitteilung über den Abschluss des Kaufvertrages.[73] Diese Mitteilung hat gem. § 469 Abs. 1 Satz 1 BGB **unverzüglich** (§ 121 Abs. 1 Satz 1 BGB) durch den veräußernden Miterben zu erfolgen. Die Frist beginnt jedoch gleichfalls, wenn der Käufer den Miterben von dem Vertrag mitteilt (§ 469 Abs. 1 Satz 2 BGB) oder wenn der Miterbe bei der Beurkundung des Vertrages anwesend war.[74] Eine Mitteilung durch Dritte ist hingegen nicht ausreichend.[75] Die **Mitteilung** bedarf keiner **Form**, daher kann sie auch mündlich oder durch einen Beauftragten erfolgen. Es muss sich für den Empfänger jedoch erkennbar um eine rechtlich erhebliche Erklärung und nicht lediglich um eine gesprächsweise Äußerung handeln.[76] Wird der vereinbarte Kaufpreis nicht angegeben, liegt keine Mitteilung i.S.v. § 469 Abs. 1 BGB vor. Vielmehr muss der Verpflichtete die Vertragsbedingungen, die für die Entschließung des Vorkaufsberechtigten von Bedeutung sein können, klar, richtig und vollständig eröffnen. Maßgebend für den Beginn der Frist ist nicht die Kenntnis, sondern die Mitteilung vom Inhalt des Kaufvertrages.[77] Dies gilt auch für Vertragsergänzungen und -änderungen.[78]

29

Das **Vorkaufsrecht erlischt** nach Ablauf der Frist von **zwei Monaten** gem. § 2034 Abs. 1 Satz 1 BGB. Die Frist ist **Ausschlussfrist**, keine Verjährungsfrist (§ 194 Abs. 1 BGB). Daher kann der Fristlauf auch **nicht gehemmt** werden. Sie läuft nur einmal und beginnt auch nicht von neuem, wenn der Erbteil innerhalb der Frist weiter veräußert wird, da die Voraussetzungen des § 2034 BGB nur beim ersten Verkauf vorliegen.[79] Etwaige Genehmigungen müssen innerhalb der Frist des § 2034 Abs. 2 BGB erfolgen.[80] Die vorkaufsberechtigten Miterben können jedoch – auch schon vor Abschluss des Erbteilskaufvertrages – auf die Ausübung des Vorkaufsrechts **verzichten**.[81] Der Verzicht kann formlos durch Vertrag erfolgen.[82]

30

Das Vorkaufsrecht wird durch **formlose** Erklärung gegenüber dem veräußernden Miterben **ausgeübt**, § 464 Abs. 1 BGB. Es ist nicht erforderlich, dass bereits eine Mitteilung gem. § 469 Abs. 1 BGB erfolgt ist.[83] Ist der Erbanteil bereits dinglich auf den Käufer übertragen, so ist das Vorkaufsrecht ihm gegenüber auszuüben, § 2035 BGB, bzw. gegenüber dem nachfolgenden Empfänger, § 2037 BGB. Wurde das Vorkaufsrecht jedoch bereits gegenüber dem veräußernden Miterben ausgeübt und der Erbanteil erst danach auf den Erwerber übertragen, so ist § 2035 Abs. 1 Satz 1 BGB entsprechend anzuwenden.[84] Die Erklärung ist **unwirksam**, wenn sie gegen Treu und Glauben verstößt.[85] Das ist bspw. dann der Fall, wenn der Vorkaufsberechtigte offenbar nicht in der Lage ist, seine Verpflichtungen aus dem Kaufvertrag zu erfüllen oder die

31

---

73 BGH ZErb 2002, 75, 76.
74 MünchKomm/*Dütz*, § 2034 Rn. 29.
75 BGH WM 1979, 1066.
76 MünchKomm/*Dütz*, § 2034 Rn. 29 m.w.N.
77 BGH WM 1962, 720.
78 Soergel/*Wolf*, § 2034 Rn. 14.
79 MünchKomm/*Dütz*, § 2034 Rn. 31.
80 Palandt/*Putzo*, § 469 Rn. 4.
81 Soergel/*Wolf*, § 2034 Rn. 15.
82 MünchKomm/*Dütz*, § 2034 Rn. 42.
83 Palandt/*Putzo*, § 469 Rn. 3.
84 BGH ZErb 2002, 75, 76.
85 Palandt/*Edenhofer*, § 2034 Rn. 3.

Erfüllung des Vertrages ablehnt. Die Höhe der **Quote**, mit der ein Miterbe am Nachlass beteiligt ist, hat **keinen Einfluss** auf die Wirksamkeit der Erklärung: Auch wenn der verkaufende Erbe lediglich noch einen geringen Anteil an der Erbengemeinschaft und der Käufer bereits die Anteile der übrigen Miterben erworben hat, bleibt die Ausübung des Vorkaufrechts zulässig.[86]

3. Nach Ausübung des Vorkaufrechts

32   Bei Ausübung des Vorkaufsrechts treten die Miterben in den geschlossenen Erbteilskaufvertrag mit allen Rechten und Pflichten ein, § 464 Abs. 2 BGB. Da das Vorkaufsrecht lediglich schuldrechtlich wirkt, erwerben die Miterben im Rahmen eines gesetzlichen Schuldverhältnisses einen Anspruch auf Übertragung des Erbteils.[87] Sie haben dem Käufer einen etwaig bereits bezahlten Kaufpreis zu erstatten und aufgewandte Kosten zu erstatten.[88] Die **Erstattungspflicht** für **Kosten** bezieht sich aber nur auf solche Aufwendungen, die Gegenstand des ursprünglichen Kaufvertrages waren, in den die Miterben eintreten. Nicht hiervon erfasst werden Aufwendungen, die anlässlich der **Akquisition** des Objekts oder der **Finanzierung** des Kaufpreises entstanden sind.[89] Diese Kosten sind nicht Gegenstand des ursprünglichen Kaufvertrages und verbleiben beim ursprünglichen Käufer: Da der Käufer weiß, dass ein Erwerb am Vorkaufsrecht der Miterben scheitern kann, sind Aufwendungen, die über die vertraglichen Pflichten hinausgehen, sein Risiko.[90] Für den Kaufpreis und die Kosten haften die Miterben – wie auch sonst – als **Gesamtschuldner**.[91] Durch die Übertragung erwerben die Miterben den Anteil als Gesamthänder im Verhältnis ihrer Erbteile.[92] Die **Haftung** des Käufers für Nachlassverbindlichkeiten bestimmt sich nach § 2036 BGB.[93]

III. Verfügung über Nachlassgegenstände, §§ 2033 Abs. 2, 2040 Abs. 1 BGB

1. Allgemeines

33   § 2033 Abs. 2 BGB regelt, dass ein Erbe nicht über seinen Anteil an einem Nachlassgegenstand verfügen darf: Dies dürfen nur alle Erben gemeinschaftlich, § 2040 Abs. 1 BGB.[94] § 2040 BGB ist damit ebenso wie § 2033 BGB Ausdruck des **Gesamthandsprinzips** der **Erbengemeinschaft**. Er hätte damit systematisch zutreffend als Abs. 3 des § 2033 BGB eingefügt werden müssen,[95] da § 2040 Abs. 1 BGB normiert, unter welchen Voraussetzungen die Miterben über einen Nachlassgegenstand verfügen können: Nicht durch Verfügung über ihren Anteil am Nachlassgegenstand (§ 2033 Abs. 2 BGB), sondern durch **gemeinschaftliche** Verfügung über den Nachlassgegenstand (§ 2040 Abs. 1 BGB).

---

86 BGH WM 1972, 503, 505.
87 MünchKomm/*Dütz*, § 2034 Rn. 35.
88 BGHZ 6, 85, 88; BGH MDR 1963, 303, 304.
89 KGR 1996, 241.
90 KGR 1996, 241, 242.
91 Staudinger/*Werner*, § 2034 Rn. 20.
92 MünchKomm/*Dütz*, § 2034 Rn. 36.
93 S. hierzu im Einzelnen Damrau/*Rißmann*, Erbrecht, § 2036 Rn. 1 ff.
94 Zur Umdeutung einer unwirksamen Verfügung s.o. Rn. 24.
95 So auch Staudinger/*Werner*, § 2040 Rn. 1.

Im Gegensatz zur Verwaltung[96] greift eine Verfügung in den „Kernbestand" der Erbengemeinschaft ein und muss i.R.d. Gesamthandsgemeinschaft nicht lediglich mehrheitlich, sondern gemeinschaftlich, also einstimmig erfolgen.[97] Andernfalls würde dies dazu führen, dass einzelne Erben „vollendete Tatsachen" schaffen und die übrigen Erben darauf angewiesen wären, „im Nachhinein" ihre Ansprüche geltend zu machen. Abs. 1 entspricht im wesentlichen § 747 Satz 2 BGB (Verfügung über gemeinschaftliche Gegenstände).

2. Voraussetzungen

Erforderlich ist die **Zustimmung** aller Miterben, §§ 182 ff. BGB. Diese muss mithin nicht gleichzeitig, sondern kann auch einzeln im Vorfeld (Einwilligung, § 183 Satz 1 BGB), nacheinander und auch nachträglich (Genehmigung, § 184 Abs. 1 BGB) erfolgen.

Verfügung ist ein Rechtsgeschäft, das unmittelbar darauf gerichtet ist, auf das Recht am Nachlassgegenstand einzuwirken, es also entweder auf einen Dritten zu übertragen, mit einem Recht zu belasten, das Recht aufzuheben oder es sonst wie in seinem Inhalt zu verändern.[98] Jedes dingliche Rechtsgeschäft ist „Verfügung", da es ohne weiteres auf das Recht am Nachlassgegenstand einwirkt.

Die (bloße) schuldrechtliche **Verpflichtung** ist **keine** Verfügung, da jene noch nicht unmittelbar auf das Recht am Nachlassgegenstand einwirkt. Es gibt jedoch auch im Bereich des Schuldrechts Erklärungen, die unmittelbar ein Schuldverhältnis umgestalten und daher Verfügungen sind. So sind z.B. der Erlass (§ 397 BGB), die Abtretung (§§ 398 ff.), die befreiende Schuldübernahme (§§ 414 ff. BGB)[99] und die Vertragsübernahme[100] Verfügungen i.S.v. § 2033 Abs. 2 BGB.

Gestaltungserklärungen wie die Anfechtung (§§ 119 ff. BGB), den Rücktritt (§ 349 BGB), die Aufrechnung (§ 388 BGB) und Kündigung wirken auch unmittelbar auf ein Recht am Nachlassgegenstand ein und sind daher ebenfalls **Verfügungen**.[101]

Auch die **Zwangsvollstreckung** gem. §§ 859 Abs. 2, 857 ZPO ist Verfügung i.S.v. § 2033 BGB, so dass der Nachlassanteil, nicht hingegen der Anteil an einzelnen Nachlassgegenständen gepfändet werden kann.[102]

3. Rechtsfolgen

a) Verfügung gegenüber der Erbengemeinschaft

§ 2040 Abs. 1 BGB gilt auch entsprechend für Verfügungen *gegenüber* der Erbengemeinschaft, obgleich dies vom Wortlaut nicht ausdrücklich umfasst ist. Es folgt jedoch aus dem Rechtsgedanken des Abs. 1: Würde bspw. lediglich ein Miterbe auf Auflassung eines Grundstückes im Klagewege in Anspruch genommen und verurteilt wer-

---

96 S. unten Rn. 78.
97 Staudinger/*Werner*, § 2040 Rn. 1.
98 BGH NJW 1987, 3177.
99 Palandt/*Heinrichs*, Überblick vor § 104 Rn. 16.
100 Palandt/*Heinrichs*, § 398 Rn. 38 f.
101 Palandt/*Heinrichs*, Überblick vor § 104 Rn. 17.
102 BGH NJW 1967, 200, 201; s. im Einzelnen zur Zwangsvollstreckung unten Rn. 182.

den, so nützt dem Gläubiger das rechtskräftige Urteil aufgrund des Abs. 1 nichts, wenn die übrigen Miterben nun ihrerseits die Auflassung verweigern.[103]

41 Bei Verfügungen, die eine Mitwirkung der Erbengemeinschaft nicht erfordern, kann daher nichts anderes gelten. Deswegen sind Gestaltungserklärungen wie **Kündigung** oder **Rücktritt** stets gegenüber **allen Miterben** zu erklären.[104] Bei der **Anfechtung** ist **zu unterscheiden**, ob eine Erklärung anzufechten ist, die gegenüber dem Erblasser abgegeben worden war (dann Anfechtung gegenüber allen Miterben als Rechtsnachfolgern) oder eine Erklärung, die lediglich einem Miterben gegenüber abgegeben worden war (dann Anfechtung gegenüber diesem Miterben, wobei die weitere Wirksamkeit des Vertrages dann nach § 139 BGB zu beurteilen ist).[105]

b) Verfügung ohne Zustimmung aller Erben

42 Verfügt entgegen der zwingenden Vorschrift des § 2040 BGB einer oder verfügen mehrere Miterben ohne Zustimmung *aller* Miterben, so ist die Verfügung bis zur Genehmigung **schwebend unwirksam**.[106] Wird die Genehmigung versagt oder war bereits im Vorfeld die Einwilligung verweigert worden, so ist die Verfügung endgültig unwirksam. Der Verfügungsempfänger, auch ein Miterbe, kann i.R.d. allg. Vorschriften **gutgläubig erwerben**, §§ 932 ff., 892 BGB.[107] Der eigenmächtig verfügende Miterbe haftet dann ggf. der Erbengemeinschaft auf Schadensersatz gem. §§ 816 Abs. 1 Satz 1, 823 Abs. 1, 823 Abs. 2 BGB i.V.m. § 266 StGB. Hinzu kommt eine mögliche strafrechtliche Verantwortlichkeit gem. § 266 StGB (Untreue).

43 Auch eine **Mehrheitsentscheidung** gem. § 2038 Abs. 1 Satz 2 1. HS BGB der Erbengemeinschaft ersetzt nicht die Zustimmung aller Miterben, sondern begründet lediglich eine *Verpflichtung* an der Verfügung mitzuwirken oder einzuwilligen.[108] Diese Verpflichtung ist dann ggf. im Wege der Klage durchzusetzen. Nach § 2040 BGB gibt es kein „**Notverfügungsrecht**". Die Rspr. wendet hier jedoch § 2038 Abs. 1 Satz 2 2. HS BGB auf Verfügungen als *„vorrangige"* Norm an.[109]

4. Prozessführung und Zwangsvollstreckung

44 Muss eine Forderung gegen den Nachlass, die auf eine **Verfügung** gerichtet ist, im Wege der Klage durchgesetzt werden, so sind nur die nicht zustimmenden Erben zu verklagen. Der Klageantrag lautet auf Mitwirkung des nicht zustimmenden Erben bei der von den übrigen Miterben vorzunehmenden Verfügung.[110]

---

103 Zum prozessualen Vorgehen s. unten Rn. 44.
104 OLG Rostock OLG Rspr. 30, 188, LS u. S. 189.
105 RGZ 65, 399, 405 f. (für den Fall der Anfechtung gegenüber einem von zwei Verkäufern); MünchKomm/*Dütz*, § 2040 Rn. 17.
106 BGH NJW 1994, 1470, 1471.
107 MünchKomm/*K. Schmidt*, § 747 Rn. 17 u. 27.
108 Staudinger/*Werner*, § 2040 Rn. 18; s. hierzu auch unten Rn. 93.
109 BGH NJW 1989, 2694, 2696 (ohne nähere Begründung); a.A. m. überzeugenden Argumenten: Staudinger/*Werner*, § 2040 Rn. 19.
110 MünchKomm/*Dütz*, § 2040 Rn. 18, § 2059 Rn. 21.

> **Praxishinweis:**
> Im **Vorfeld** des Prozesses sollte der Gläubigervertreter sich jedoch der Zustimmung der übrigen Miterben sicher sein. Allein die „erklärte Bereitschaft" nutzt hinterher wenig, wenn sie nicht in der erforderlichen Form[111] rechtlich bindend erfolgt ist. Ebenso müssen die Miterben vorgehen, wenn eine im Rahmen von § 2038 Abs. 1 Satz 2 1. HS BGB getroffene **Mehrheitsentscheidung** eine Verfügung über einen Nachlassgegenstand erfordert oder eine **frühere Vereinbarung** über die Verfügung eines Nachlassgegenstandes besteht und gegen einen nicht zustimmenden Miterben durchgesetzt werden soll.[112]

Ein rechtskräftiges Urteil ersetzt gem. **§ 894 Abs. 1 ZPO** dann die Zustimmung des bzw. der nicht zustimmenden Miterben.

Die **Zwangsvollstreckung** ist gem. § 747 ZPO beim ungeteilten Nachlass nur zulässig, wenn Titel gegen alle Erben vorliegen. Über den Wortlaut des § 747 ZPO hinaus („Urteil") ist mithin auch ein sonstiger Titel (Vollstreckungsbescheid, vollstreckbare Urkunde) ausreichend.[113] Es ist – weiter als § 747 ZPO normiert – nicht erforderlich, dass tatsächlich nur „ein" Titel vorliegt: Es können auch mehrere Titel unterschiedlicher Art existieren. Die übrigen Zwangsvollstreckungsvoraussetzungen (Klausel, Zustellung) müssen zum Zeitpunkt der Pfändung gegen alle Erben vorliegen.[114] Jeder Miterbe – auch der verurteilte –, der sich gegen eine Vollstreckung wehren will, da kein Titel gegen alle Miterben vorliegt, kann im Wege der Vollstreckungserinnerung gem. § 766 ZPO oder der sofortigen Beschwerde gem. § 793 ZPO vorgehen.[115] Der nicht verurteilte Miterbe gegen den vollstreckt wird, kann sich auch i.R.d. Drittwiderspruchsklage gem. § 771 ZPO wehren.[116]

IV. Unternehmensbeteiligungen im Nachlass

1. Einzelunternehmen

Das Einzelunternehmen ist **vererblich**, § 22 Abs. 1 HGB, und geht auf die Miterben über. Die Miterben können in gesamthänderischer Verbundenheit ohne zeitliche Begrenzung und ohne gesellschaftlichen Zusammenschluss ein ererbtes Handelsgeschäft in ungeteilter Erbengemeinschaft fortführen.[117] Die **Umwandlung** in eine Handelsgesellschaft ist gesetzlich nicht vorgeschrieben, aber aufgrund der Probleme bei der Fortführung durch eine Erbengemeinschaft, **anzustreben**.[118] Denn sinnvoll dürfte die Fortführung durch die Erbengemeinschaft nur in seltenen Fällen sein, da sich u.a. Schwierigkeiten bei der Führung des Geschäfts und der Haftung ergeben.[119] Die **Führung des Geschäfts** steht den Miterben entsprechend § 2038 BGB gemeinschaftlich

---

111 Vgl. z.B. § 925 BGB (Auflassung); wegen § 29 Abs. 1, Satz 1 GBO sollte daher trotz § 182 Abs. 2 BGB bei Verfügungen über Immobilien die Zustimmung in öffentlich beglaubigter Urkunde vorliegen.
112 Staudinger/*Werner*, § 2040 Rn. 19.
113 BGH NJW 1970, 473 (obiter dictum); Zöller/*Stöber*, § 747 Rn. 5.
114 Zöller/*Stöber*, § 747 Rn. 5.
115 Zöller/*Stöber*, § 747 Rn. 8.
116 Zöller/*Stöber*, § 747 Rn. 8.
117 BGH NJW 1985, 136, 137 m.w.N.; das Urt. wurde durch das BVerfG NJW 1986, 1859 nur hinsichtlich der Frage der Haftung des Minderjährigen aufgehoben.
118 Palandt/*Edenhofer*, § 2032 Rn. 7; *K. Schmidt*, Anm. zum Urt. des BGH NJW 1985, 136, 139 m.w.N.; sowie *ders.*, NJW 1985, 2785, 2787.
119 Palandt/*Edenhofer*, § 2032 Rn. 7.

zu. Die Miterben können das Unternehmen unter der alten Firma mit oder ohne Nachfolgezusatz fortführen, § 22 HGB. Sie können das Unternehmen auch unter einer neuen Firma weiterführen. Wegen des notwendigen Rechtsformzusatzes gem. § 19 HGB muss kenntlich gemacht werden, dass Miterben in gesamthänderischer Verbundenheit Inhaber der Firma sind.[120]

47 Allein durch Zeitablauf wird aus dem durch die Erbengemeinschaft fortgeführten Einzelunternehmen keine OHG.[121] Notwendig ist der Abschluss eines Gesellschaftsvertrages. Dies soll auch konkludent erfolgen können.[122] Hierzu ist jedoch – wie bei jeder stillschweigenden Willenserklärung – ein Verhalten erforderlich, dass den Schluss zulässt, sämtliche Miterben wollten das Geschäft nunmehr in Form einer OHG führen. Zeitablauf allein scheidet als Kriterium auch nach Auffassung des BGH und des BFH für die Annahme eines konkludent abgeschlossenen Vertrages aus.[123] Fehlte den Miterben Erklärungsbewusstsein bei ihrer Handlung, wäre ein derartiger Abschluss eines Gesellschaftsvertrages jedenfalls anfechtbar gem. §§ 119, 121, 143 BGB.[124]

48 Zur **Haftung** der Erbengemeinschaft s. unten Rn. 58.

2. Personengesellschaft

49 Sieht der Gesellschaftsvertrag nichts anderes vor, so scheiden der Gesellschafter der OHG und der Komplementär der KG bei Tod lediglich aus, § 131 Abs. 3 Nr. 1 HGB direkt bzw. über § 161 Abs. 2 HGB für die KG.[125] Der sich ergebende Abfindungsanspruch fällt der Erbengemeinschaft zur gesamten Hand an, §§ 105 Abs. 3, 131 Abs. 3 Nr. 1 HGB, § 738 Abs. 1 Satz 2 BGB. Beim Tod eines Kommanditisten wird die KG mit dessen Erben fortgesetzt, § 177 HGB.

50 Die **GbR** wird ohne anderweitige Regelung im Gesellschaftsvertrag mit dem Tod eines Gesellschafters aufgelöst, § 727 Abs. 1 BGB. Im Fall der **Auflösung** der GbR wird die Erbengengemeinschaft Mitglied der Abwicklungs- (**Liquidations-**)**Gesellschaft**. Die Vererbung von Anteilen an einer Liquidationsgesellschaft vollzieht sich nach rein erbrechtlichen Regeln. Die Einschränkungen, die sich aus der Sondervererbung von Gesellschaftsanteilen ergeben, bestehen insoweit nicht. So werden bei einer Mehrheit von – zur Nachfolge berufenen – Erben nicht, wie bei einer noch werbend tätigen Gesellschaft, die einzelnen Erben je für sich, sondern in ihrer gesamthänderischen Ver-

---

120 Palandt/*Edenhofer*, § 2032 Rn. 5.
121 BGH NJW 1985, 136, 137.
122 BGH NJW 1985, 136, 137.
123 BGH NJW 1951, 311; BGH NJW 1985, 136, 137; BFH NJW 1988, 1343 u. LS 1; a.A. Soergel/*Wolf*, § 2032 Rn. 6: die Fortführung durch „alle oder einzelne Miterben (...) auf eine Art und Weise, die nur in der Rechtsform der OHG oder KG möglich oder zumindest für diese Gesellschaftsform typisch ist, so z.B. wenn einige der Miterben unter Ausschluss der übrigen das Geschäft fortführen oder wenn ein Dritter als zusätzlicher Geschäftspartner eintritt" soll den Schluss auf den konkludenten Abschluss eines Gesellschaftsvertrages nahelegen. Dies vermag nicht zu überzeugen: es ist bereits nicht erkennbar, weshalb die (konkludente) Willenserklärung einzelner Miterben Wirkung für und gegen die anderen Miterben erzeugen könnte; wenn überhaupt, kann nur eine konkludente Erklärung durch Handlung aller Miterben zur Annahme des stillschweigenden Abschlusses eines Gesellschaftsvertrages führen, andernfalls läge ein Verstoß gegen den Grundsatz der gemeinschaftlichen Verwaltung gem. § 2038 BGB vor; die „konkludente Umwandlung" lehnt *K. Schmidt*, NJW 1985, 2785, 2788, ebenso ab.
124 BGH NJW 1984, 2279, 2280.
125 Zu den Problemen u. Wertungswidersprüchen, die sich aus der Neuregelung des HGB ergeben, vgl. *Landsittel*, Gestaltungsmöglichkeiten bei Erbfall und Schenkung, Rn. 707 ff. u. 742 ff.

bundenheit als Erbengemeinschaft Gesellschafter.[126] Sieht der Gesellschaftsvertrag eine Fortsetzung unter den übrigen Gesellschaftern vor (**Fortsetzungsklausel**), dann stehen die Abfindungsansprüche aus § 738 Abs. 1 Satz 2 BGB der Erbengemeinschaft zur gesamten Hand zu.

Die **Rechte der Gesellschaftererben** innerhalb der Gesellschaft bestimmen sich in erster Linie nach dem **Gesellschaftsvertrag**. Im Gesellschaftsvertrag kann auch bestimmt werden, dass die Erben eines Gesellschafters ihre Rechte nur gemeinschaftlich ausüben dürfen. Hierdurch sollen – ähnlich wie bei § 18 Abs. 1 GmbHG – die Gesellschaft und die übrigen Gesellschafter davor geschützt werden, dass die mit wachsender Gesellschafterzahl steigende Anzahl unterschiedlicher Meinungen und Interessen die Meinungsbildung innerhalb der Gesellschaft erschwert.[127] Da der **Gesellschaftsanteil unmittelbar** und mit dinglicher Wirkung auf die Gesellschafter-Erben **übergeht**, besteht jedoch keine Einschränkung der Handlungsfreiheit durch § 2033 BGB (Verfügungsrecht des Miterben) oder § 2038 BGB (Gemeinschaftliche Verwaltung des Nachlasses). Zur **Haftung** s. unten Rn. 59.

3. Kapitalgesellschaft

GmbH-Anteile gehen ebenso auf die Erbengemeinschaft über[128] wie Anteile an einer Personengesellschaft oder eines Einzelhandelsgeschäfts:[129] Die Geschäftsanteile der GmbH sind gem. § 15 Abs. 1 GmbHG vererblich. Dies kann auch nicht durch Satzung ausgeschlossen werden. Die Satzung kann jedoch vorsehen, dass der Geschäftsanteil an eine bestimmte Person, die Gesellschaft oder an einen von der Gesellschaft benannten Dritten abgetreten werden muss.[130]

V. Auskunft

Zur Frage, in wie weit die Miterben untereinander zur Auskunft verpflichtet sind, s. unten Rn. 92.

D. Haftung der Miterben gegenüber Dritten

I. Allgemeines

Die Haftung der Miterben richtet sich zunächst nach den allg. Bestimmungen der **§§ 1967–2017 BGB**. Jeder Miterbe hat daher auch dieselben Möglichkeiten wie der Alleinerbe, die Haftung zu beschränken. Diese Vorschriften werden ergänzt durch §§ 2062, 2063 BGB: Nach § 2062 BGB kann die Anordnung der **Nachlassverwaltung** von den Erben nur gemeinschaftlich beantragt werden. Nach § 2063 Abs. 1 BGB kommt die **Inventarerrichtung** grundsätzlich allen Erben zustatten. Gem. § 2063 Abs. 2 BGB kann sich ein Miterbe gegenüber den **anderen Miterben** auch dann auf eine Haftungsbeschränkung berufen, wenn er im Übrigen bereits unbeschränkt haftet.

---

126 BGH NJW 1995, 3314, 3315.
127 BGH NJW 1993, 1265, 1267.
128 BGH NJW 1985, 2592, 2593.
129 BGH NJW 1985, 136, 137.
130 *Landsittel*, Gestaltungsmöglichkeiten bei Erbfall und Schenkung, Rn. 762 ff.

55 **Praxishinweis (Lösung Frage 11):**
Die Erbengemeinschaft kann – ebenso wie der Alleinerbe – die **Drei-Monats-Einrede** gem. § 2014 BGB erheben und ggf. mit einer Vollstreckungsgegenklage die Zwangsvollstreckungsmaßnahmen (zunächst) abwehren. Nach h.M. hat die Einrede jedoch lediglich prozessuale und vollstreckungsrechtliche Wirkung jedoch keine materiell rechtliche.[131] Daher geraten die Erben trotz der Drei-Monats-Einrede mit der Leistung in Verzug.

56 Daneben gibt es für die Erbengemeinschaft die **besonderen Vorschriften** der §§ 2058–2061 BGB, die den Besonderheiten der Erbengemeinschaft Rechnung tragen. Von den allg. Vorschriften zur Haftungsbegrenzung werden nachfolgend zwei ebenso praxisrelevante wie häufig übersehene besonders erläutert.

II. Haftung des minderjährigen Miterben, § 1629 a BGB

57 § 1629a BGB gewährt dem Minderjährigen einen Schutz davor, dass er mit Schulden oder sonstigen Verpflichtungen in die Volljährigkeit „startet", die sein gesetzlicher Vertreter für ihn begründet hat:[132] Nach § 1629a Abs. 1, Satz 1 3. Alt. BGB sind Verbindlichkeiten, die von einem Erwerb von Todes wegen während der Minderjährigkeit herrühren, auf das Vermögen des Minderjährigen beschränkt, das bei Eintritt der Volljährigkeit vorhanden ist. Wenn sich der Miterbe auf die **Haftung beruft**, sind gem. § 1629a Abs. 1 Satz 2 BGB die §§ 1990, 1991 BGB entsprechend anzuwenden. § 1629a Abs. 4 BGB enthält eine gesetzliche Vermutung, dass Verbindlichkeiten nach dem Eintritt der Volljährigkeit entstanden sind, wenn der Volljährige nicht spätestens **drei Monate** nach dem Eintritt der Volljährigkeit die Auseinandersetzung der Erbengemeinschaft (§ 2042 BGB) verlangt hat. Da es sich lediglich um eine Vermutung handelt, kann der Volljährige durch geeignete Nachweise das Gegenteil darlegen.

III. Haftung für Unternehmen im Nachlass

58 Für bereits eingegangene Verbindlichkeiten haften Miterben gem. §§ 27 Abs. 1, 25 Abs. 1 HGB persönlich und unbeschränkt. Der Miterbe kann die unbeschränkte Haftung verhindern, wenn er innerhalb von **drei Monaten** nach Kenntnis von dem Erbfall die Fortführung des Geschäfts einstellt, § 27 Abs. 2 Satz 1 HGB. Diese Frist läuft gem. § 27 Abs. 2 Satz 2 HGB nicht vor der Frist zur Ausschlagung der Erbschaft gem. §1944 BGB ab.

IV. Haftung der Erben, §§ 2058 ff. BGB

59 Die Haftung für Nachlassverbindlichkeiten durch die Erbengemeinschaft gegenüber Dritten ist in den §§ 2058–2061 BGB geregelt.

1. Bis zur Teilung

60 Bis zur Teilung (Auseinandersetzung) des Nachlasses haften die Erben als **Gesamtschuldner** (ausschließlich) mit dem Nachlass, §§ 2058, 2059 BGB. Der Gläubiger hat

---

131 *Damrau/Gottwald*, Erbrecht, § 2014 Rn. 8.
132 Die Regelung ist Ausfluß der Entscheidung des BVerfG NJW 1986, 1859. Danach verstößt § 1629 BGB insoweit gegen Art. 2 Abs. 1 i.V.m. 1 Abs. 1 GG als minderjährige Erben durch ihre Eltern i.R.d. Fortführung eines ererbten Handelsgeschäftes in ungeteilter Erbengemeinschaft finanziell unbegrenzt verpflichtet werden können.

ein **Wahlrecht**, ob er **Gesamtschuld- oder Gesamthandsklage** erhebt.[133] „Geteilt" ist der Nachlass, nachdem die Auseinandersetzung vollzogen ist. Zum Risiko der Haftung bei Teilauseinandersetzung s. Rn. 201.

§ 2059 Abs. 1 Satz 1 BGB gewährt dem in Anspruch genommenen Erben eine aufschiebende **Einrede** gegen die Inanspruchnahme aufgrund einer Nachlassverbindlichkeit in das Eigenvermögen. Die Einrede führt zwar nicht zu einer Klageabweisung; der in Anspruch genommene Miterbe kann aber einen **Vorbehalt der Haftung** nach § 780 ZPO in das Urteil aufnehmen lassen.[134]

61

2. Nach der Teilung

Nach der Teilung haften die Miterben weiterhin **gesamtschuldnerisch** für Nachlassverbindlichkeiten. Nur unter bestimmen **Voraussetzungen** kann der Miterbe gem. § 2060 BGB seine Haftung auf seinen Anteil am Nachlass beschränken:

62

1. wenn der Gläubiger im Aufgebotsverfahren ausgeschlossen ist
2. wenn der Gläubiger später als fünf Jahre nach dem Erbfall seine Forderung geltend macht
3. wenn das Nachlassinsolvenzverfahren beendet ist

Ergänzend bietet § 2061 BGB dem Miterben die Möglichkeit, eine **teilschuldnerische Haftung** durch ein **Privataufgebot** herbeizuführen (im Gegensatz zum gerichtlichen Aufgebot in § 2060 Nr. 1 BGB).[135]

63

E. Behandlung von Nachlassforderungen, §§ 2039, 2040 Abs. 2 BGB

I. Allgemeines

Da das Vermögen der Erbengemeinschaft gesamthänderisch gebunden ist, können **Leistungen** nur an die Erben **gemeinschaftlich** erfolgen, § 2039 BGB. Ebenso können danach die Erben **Forderungen** des Nachlasses nur gemeinschaftlich geltend machen. Selbst wenn es sich bei der Geltendmachung der Forderung um einen Fall der ordnungsgemäßen Verwaltung handelt,[136] wären die Erben stets gezwungen, einen Mehrheitsbeschluss herbeizuführen. Widerspenstige oder passive Erben müssten dann ggf. im Klageweg zur Mitwirkung gezwungen werden.[137] Um der Erbengemeinschaft hier den Handlungsspielraum zu erweitern, eröffnet § 2039 BGB[138] jedem Erben das Recht, Forderungen für den Nachlass geltend zu machen. § 2039 BGB gilt ausschließlich für Forderungen, die für den Nachlass geltend gemacht werden; Forderungen gegen den Nachlass sind nach §§ 2058 ff. BGB zu beurteilen.[139] Zur Behandlung gemeinschaftlicher Forderungen bei der Auseinandersetzung s. unten Rn. 248.

64

---

133 S. hierzu unten Rn. 178.
134 *Damrau/Syrbe*, Erbrecht, § 2059 Rn. 11.
135 *Damrau/Syrbe*, Erbrecht, § 2061 Rn. 1 ff.
136 S. hierzu unten 86.
137 Staudinger/*Werner*, § 2039 Rn. 1.
138 Entsprechend § 432 Abs. 1 BGB.
139 S. hierzu oben Rn. 59.

II. Voraussetzungen

65 Ein Anspruch i.S.d. Legaldefinition des § 194 BGB gehört zum Nachlass, wenn es sich um

– Ansprüche der Erbengemeinschaft handelt, die *nach* dem Erbfall *entstanden* sind

oder

– Ansprüche des Erblassers handelt, die *mit dem* Erbfall auf die Erbengemeinschaft *übergegangen* sind.

Ansprüche des Erblassers können sowohl schuldrechtlicher als auch dinglicher sowie öffentlich-rechtlicher Natur sein.

66 Die Ausübung von **Gestaltungsrechten** fällt **nicht** unter § 2039 BGB, wie sich aus dem weiteren Wortlaut ergibt („an alle Erben (...) leisten"[140]). Für Gestaltungsrechte gilt § 2038 BGB, für Verfügungen § 2040 BGB. Ebenso wenig gehört der Anspruch aus **§ 2287 BGB** zum Nachlass.[141] Er steht jedem Schluss- oder Vertragserben persönlich zu. Die Höhe des Bruchteils wird bestimmt durch die Erbquote. Bei einem Grundstück richtet sich der Anspruch auf Übereignung eines entsprechenden Miteigentumsanteils an den Schluss- bzw. Vertragserben.[142]

67 Zu den Ansprüchen i.S.v. § 2039 BGB gehört auch der **Auskunfts- und Rechenschaftsanspruch gegen den Steuerberater** des Erblassers. Ein Miterbe kann somit allein gem. § 2039 BGB, trotz des Widerspruchs der übrigen Miterben, den Steuerberater des Erblassers auf Auskunft hinsichtlich der Steuererklärungen des Erblassers in Prozessstandschaft für die Erbengemeinschaft verklagen. Hat der Erblasser seine Steuererklärung zusammen mit seiner Ehefrau abgegeben, so ist dieser Auskunftsanspruch zwar wegen der fortbestehenden Verschwiegenheitspflicht des Steuerberaters gegenüber der Ehefrau eingeschränkt. Der Anspruch geht dennoch nicht nur auf Ablichtung einer teilweise abgedeckten gemeinsamen Steuererklärung, sondern auf **Einsichtgewährung** in die Unterlagen durch einen zur Verschwiegenheit verpflichteten anderen Steuerberater. Der verklagte Steuerberater kann den klagenden Erben nicht auf eine Einsicht in die Akten des Finanzamts verweisen.[143]

68 Ebenso wie in § 432 Abs. 1 Satz 1 BGB leistet der Schuldner („Verpflichtete") nur dann mit befreiender Wirkung, wenn er an alle Gläubiger („Erben") leistet. Die Leistung nur an einen oder mehrere Erben, führt nicht zum Erlöschen der Forderung der Erbengemeinschaft. Etwas anderes gilt, wenn die übrigen Miterben vertreten werden und Leistung an den oder die Bevollmächtigten erfolgt. Das **Angebot** des Schuldners hat daher auch gegenüber allen Erben zu erfolgen. Da es sich beim Vermögen der Erbengemeinschaft um Sondervermögen der Miterben handelt, kann der Schuldner der Forderung der Erbengemeinschaft **keine Einwendungen** und **Einreden** entgegenhalten, die aus einem Rechtsverhältnis mit einem einzelnen Miterben herrühren. Die **Aufrechnung** einer gegen einen einzelnen Miterben bestehenden Forderung ist gem. § 2040 Abs. 2 BGB **ausgeschlossen**.[144] Konfusion tritt auch nicht zu einem Bruchteil

---

140 BGH NJW 1989, 2694, 2696 m. Bezug auf MünchKomm/*Dütz*, § 2039 Rn. 9.
141 BGH NJW 1989, 2389, 2391.
142 BGH NJW 1989, 2389, 2391.
143 OLG Koblenz BB 1991, 1663 (LS 2).
144 S. hierzu unten Rn. 73.

ein,¹⁴⁵ so dass auch der miterbende Nachlassschuldner nur durch Leistung an die Erbengemeinschaft mit befreiender Wirkung leisten kann.

Der **Leistungsort** ändert sich durch den Erbfall nicht.¹⁴⁶ Gerät nur einer der Miterben in Annahmeverzug, § 293 BGB, führt dies zum **Annahmeverzug** sämtlicher Miterben.¹⁴⁷

III. Rechtsfolgen

1. Allgemeines

Der **einzelne Miterbe** kann nur die **Leistung des Schuldners an alle Erben fordern** (*actio pro socio*). Er kann daher insb. nicht etwa lediglich die Forderung in Höhe seiner eigenen Erbquote geltend machen (und Zahlung an sich verlangen). Dies wäre eine eigenmächtige und somit **unzulässige Teilauseinandersetzung**. Etwas anderes gilt nur dann, wenn die übrigen Miterben zustimmen und den fordernden bzw. klagenden Miterben insoweit ermächtigen.¹⁴⁸

69

Auch wenn neben dem fordernden Miterben lediglich noch ein weiterer Miterbe vorhanden ist, muss auf Leistung an die Erbengemeinschaft geklagt werden. Dies gilt auch dann, wenn Schuldner der andere Miterbe ist. Der Miterbe kann **Leistung direkt** an sich verlangen, wenn eine andere Forderung unstreitig nicht mehr besteht: Der fordernde Miterbe müsste dann den Anspruch um den Anteil des anderen Miterben (Schuldners) kürzen. Kann der Schuldner jedoch erfolgreich geltend machen, dass der Nachlass noch nicht teilungsreif ist (weil noch Nachlassverbindlichkeiten oder weitere Nachlassgegenstände vorhanden sind), wird die Klage zur **unzulässigen Teilungsklage**.

70

Als „notwendiges Minus" zum Recht des einzelnen Miterben, die *Leistung* des Schuldners zu fordern, kann auch der einzelne Miterbe den Schuldner durch **Mahnung in Verzug** setzen. Die Realisierung der Forderung gegen den Schuldner durch Erklärung der **Aufrechnung** ist hingegen dem einzelnen Miterben **versagt**, da es sich hierbei um ein Gestaltungsrecht handelt, für das § 2038 BGB gilt.

71

Nach § 2039 Satz 2 BGB kann auch die **Hinterlegung** der zu leistenden **Sache** beansprucht werden. Der Anspruch auf Hinterlegung kann von jedem Miterben allein geltend gemacht werden. Die Hinterlegung richtet sich nach der Hinterlegungsordnung (HinterlO¹⁴⁹). Der Hinterleger hat im Antrag gem. § 6 Satz 2 Nr. 1 HinterlO die Tatsachen anzugeben, die eine Hinterlegung rechtfertigen.¹⁵⁰ Zur Hinterlegung werden gem. § 5 HinterlO „Geld, Wertpapiere und sonstige Urkunden sowie Kostbarkeiten" angenommen. Aus praktischen Erwägungen heraus sollten „Kostbarkeiten" eher einem gerichtlich bestellten Verwahrer übergeben werden. Der Verwahrer wird gem. § 165 Abs. 1 FGG durch das Amtsgericht an dem Ort bestimmt, in dessen Bezirk sich die zu verwahrende Sache befindet.

72

---

145 Staudinger/*Werner*, § 2039 Rn. 20.
146 Staudinger/*Werner*, § 2039 Rn. 19.
147 MünchKomm/*Dütz*, § 2039 Rn. 12.
148 Staudinger/*Werner*, § 2039 Rn. 18.
149 *Schönfelder*, Nr. 121.
150 Der Hinweis auf den ausdrücklichen Wortlaut des § 2039 Satz 2 BGB ist dringend zu empfehlen, um unnötige Rückfragen der Hinterlegungsstelle zu vermeiden.

73 Der Schuldner darf gegenüber der Nachlassforderung nicht mit Forderungen aufrechnen, die ihm nur gegen einen einzelnen Miterben zustehen, § 2040 Abs. 2 BGB. Dieses **Aufrechnungsverbot** folgt letztlich bereits aus § 387 BGB: Gläubiger der Forderung ist die Erbengemeinschaft als Gesamthand; die Erbengemeinschaft ist jedoch nicht gleichzeitig Schuldner der (aufzurechnenden) Gegenforderung. Somit besteht **keine Gegenseitigkeit** der Forderung und daher auch keine Aufrechnungslage. Würde abweichend von §§ 387, 2040 Abs. 2 BGB eine Aufrechnung in diesen Fällen zugelassen, so würde das Nachlassvermögen ohne Einflussmöglichkeit der übrigen Miterben und zum Nachteil der übrigen Nachlassgläubiger verringert werden. Nach einer Auffassung soll die Aufrechnung dann zulässig sein, wenn ein Nachlassschuldner eine Eigenforderung gegen **alle Miterben** als Gesamtschuldner hat. Zwar fehle es auch hier an der Gegenseitigkeit der Forderungen; da der Nachlassschuldner jedoch die Möglichkeit habe, alle Miterbenanteile pfänden zu lassen und die Auseinandersetzung ohne Mitwirkung aller, Miterben durchzuführen, soll ihm dieser „Umweg" erspart werden, indem die Aufrechnung zugelassen wird.[151] Das Argument kann nicht überzeugen: Denn hierdurch werden die übrigen Nachlassgläubiger ohne erkennbaren Grund benachteiligt, die den – vermeintlichen – „Umweg gehen" müssen, sich einen Titel zu verschaffen und sich dann erst im Wege der Pfändung und Verwertung der Erbanteile befriedigen können.

74 Dem Nachlassschuldner steht auch **kein Zurückbehaltungsrecht** gem. § 273 BGB zur Seite, da hier ebenfalls keine Gegenseitigkeit der Forderungen besteht.

2. Prozessführung und Zwangsvollstreckung

75 Vom BGH ist bislang ausdrücklich offen gelassen worden, ob Miterben notwendige Streitgenossen sind,[152] die überwiegende Meinung scheint dies jedoch abzulehnen.[153]

> **Praxishinweis:**
> Bei einer Klage der Erbengemeinschaft sollte daher lediglich ein Miterbe klagen, damit die übrigen Erben ggf. als Zeugen zur Verfügung stehen.[154] Klagen sämtliche Miterben, sind die einzelnen Miterben gleichwohl immer noch **selbst Partei** mit der Folge, dass jedem einzelnen Miterbe prozessuale oder materiell-rechtliche Einwendungen entgegengehalten, aber auch von jedem einzelnen erhoben werden können.[155]

76 Der einzelne Miterbe klagt im eigenen Namen in **gesetzlicher Prozessstandschaft** und nicht als Vertreter der anderen Erben. § 2039 BGB gewährt kein Vertretungsrecht.[156]

> **Formulierungsbeispiel:** „(…) die Beklagte zu verurteilen, an die Erbengemeinschaft nach Max Meier, bestehend aus der Klägerin und Daniel Meyer sowie Anna Meyer, beide wohnhaft Ahornstr. 16, 14163 Berlin, 16.605,– € nebst Zinsen in Höhe von 5 Prozentpunkten über dem Basiszinssatz seit dem 19. November 2005 zu zahlen."

---

151 Staudinger/*Werner*, § 2040 Rn. 29; MünchKomm/*Dütz*, § 2040 Rn. 21.
152 BGH NJW 1989, 2133, 2134.
153 Ausdrücklich: Brandenburgisches OLG OLGR 1998, 421, 422 m.N. zum Meinungsstand.
154 *Frieser*, Anwaltliche Strategien im Erbschaftsstreit, Rn. 370.
155 BGH NJW 1989, 2133, 2134.
156 Palandt/*Edenhofer*, § 2039 Rn. 7

Durch Klageerhebung eines Miterben wird die **Verjährung** zugunsten aller Miterben gehemmt, § 204 Abs. 1 Nr. 1 BGB.[157]

77

F. Verwaltung des Nachlasses durch die Erbengemeinschaft, § 2038 BGB

I. Überblick

Die Verwaltung des Nachlasses durch die Erbengemeinschaft stellt eines der großen praktischen Probleme im Recht der Erbengemeinschaft dar. § 2038 BGB unterscheidet **drei Arten** der Verwaltung:

(1) Außerordentliche Verwaltung gem. § 2038 Abs. 1 Satz 1 BGB[158]
(2) Ordnungsgemäße Verwaltung gem. § 2038 Abs. 1 Satz 2 1. HS BGB[159]
(3) Notwendige Verwaltung gem. § 2038 Abs. 1 Satz 2 2. HS BGB[160]

Es ist also zunächst zu prüfen, ob eine Handlung überhaupt eine Verwaltungsmaßnahme darstellt. Erst danach ist zu unterscheiden, welcher Art die Verwaltung war und ob die Miterben einvernehmlich oder mehrheitlich hierüber zu beschließen haben und wie sie hierdurch verpflichtet werden. Der Aufbau des § 2038 BGB enthält insoweit abgestufte Anforderungen: Ausgangspunkt ist der Fall der außerordentlichen Verwaltung, die Erben müssen einstimig handeln (§ 2038 Abs. 1 Satz 1 BB). In Fällen der ordnungsgemäßen Verwaltung genügt ein Mehrheitsbeschluss (§ 2038 Abs. 1 Satz 1 1. HS BGB), und in Fällen der notwendigen Verwaltung kann ein Miterbe alleine handeln (§ 2038 Abs. 1 Satz 1 2. HS BGB). Während § 2038 BGB die *Verwaltungs*befugnis regelt ist die *Verfügungs*befugnis in §§ 2033, 2040 BGB geregelt.

78

II. Außerordentliche Verwaltung, § 2038 Abs. 1Satz 1 BGB

1. Begriff der außerordentlichen Verwaltung

Die Regelung in § 2038 Abs. 1 Satz 1 BGB ist im Wesentlichen deckungsgleich mit § 744 Abs. 1 BGB. Der Begriff der „Verwaltung" ist weit und umfassend zu verstehen: Er umfasst **alle tatsächlichen und rechtlichen Maßnahmen**, die zur Verwahrung, Sicherung, Erhaltung und Vermehrung sowie zur Gewinnung der Nutzungen und dem Bestreiten laufender Verbindlichkeiten des Nachlasses erforderlich oder geeignet sind.[161] Nach einer Entscheidung des BGH können u.U. zur Verwaltung auch Verfügungen erforderlich werden, d.h. derartige Handlungen, die die Substanz des Nachlasses durch Veräußerung oder Belastung von Nachlassgegenständen dinglich verändern.[162] Diese Entscheidung betraf jedoch einen absoluten Ausnahmefall, indem ein zum Nachlass gehörendes Grundstück enteignet worden wäre, wenn die Erben es nicht dem Land aufgelassen hätten. Das Urteil ist daher keineswegs ohne weiteres auf sonstige Verfügungsfälle zu übertragen, da für Verfügungen grundsätzlich § 2040 BGB gilt.

79

---

[157] MünchKomm/*Dütz*, § 2039 Rn. 20 m.w.N. auch zur a.A.; mittlerweile aber auch für Hemmung: Palandt/*Edenhofer*, § 2039 Rn. 7.
[158] S. hierzu unten Rn. 79 ff.
[159] S. hierzu unten Rn. 86 ff.
[160] S. hierzu unten Rn. 103 ff.
[161] BGH FamRZ 1965, 267, 269; OLG Düsseldorf OLGR 1995, 301; Staudinger/*Werner*, § 2038 Rn. 4.
[162] BGH FamRZ 1965, 267, 269.

80 Im Rahmen von § 2038 Abs. 1 Satz 1 BGB ist die *außerordentliche* Verwaltung gemeint. Die *ordentliche* Verwaltung wird von § 2038 Abs. 1 Satz 2 1. HS BGB erfasst.[163] **Außerordentliche Verwaltung** bezeichnet Maßnahmen, die für den Nachlass eine *erhebliche* wirtschaftliche Bedeutung haben.[164]

Außerordentliche Verwaltungsmaßnahmen sind bspw.:
– Umänderung der Erbengemeinschaft in eine werbende Gesellschaft[165]
– Umwandlung eines Gewerbes in ein Unternehmen einer anderen Branche[166]
– Veräußerung eines Nachlassgrundstückes wird im Regelfall ebenfalls eine Maßnahme der außerordentlichen Verwaltung sein, mit der Folge, dass auch die gesamte Abwicklung des Kaufvertrages der Einstimmigkeit der Miterben bedarf.[167] Dies gilt dann auch für eine etwaige Nachfristsetzung zur Zahlung des Kaufpreises.[168]
– Anregung zur Aufhebung einer Nachlassverwaltung.[169]

81 Im Rahmen der außerordentlichen Verwaltung ist **Einstimmigkeit** der Miterben erforderlich.[170] § 2038 BGB unterscheidet nicht danach, ob eine Maßnahme auch außerhalb der Erbengemeinschaft oder lediglich im Innenverhältnis wirkt. „Verwaltung" umfasst daher sowohl die interne Beschlussfassung (also Maßnahmen im **Innenverhältnis**) als auch bspw. Rechtsgeschäfte mit Dritten (also Maßnahmen im **Außenverhältnis**).

82 Die Verwaltung ist durch die Erben selbst vorzunehmen. Die Verwaltung durch einen außenstehenden (Fremd-)Verwalter ist nur dann erforderlich (und damit möglich), wenn die Miterben selbst nicht in der Lage oder nicht bereit sind, den Nachlass ordnungsgemäß zu verwalten.[171] Die Erben können aber *einstimmig* einen **(Fremd-)Verwalter bestimmen**. Dies ist manchmal ein guter Weg, um die „Patt-Situation" zwischen den Erben zu beenden und den Nachlass in seinem wirtschaftlichen Bestand zu wahren und zu mehren. In bestimmten Fällen können **Erben von der Verwaltung ausgeschlossen** sein bzw. können ausgeschlossen werden:[172]
– Auflage zu bestimmtem Verwaltungshandeln oder die Verwaltung bestimmten Erben bzw. Dritten zu übertragen, § 1940 BGB;
– Erblasserbestimmung (Verwaltungsvollstreckung), § 2209 BGB;
– Insolvenzverwaltung, § 80 InsO;
– Miterbenregelung, entweder durch Mehrheitsbeschluss[173] oder – erst recht – einverständlich (Übertragung der Verwaltung auf einen Miterben o.ä.);
– Nachlassinsolvenzverfahren, § 80 Abs. 1 InsO;
– Nachlassverwaltung, § 1984 Abs. 1 Satz 1 BGB;
– Pfändung eines Erbteils (Verwaltung durch Pfändungsgläubiger);

---

163 S. hierzu unten Rn. 86 ff.
164 *Krug/Rudolf/Kroiß*, Erbrecht, § 12 Rn. 24.
165 *Krug/Rudolf/Kroiß*, Erbrecht, § 12 Rn. 24.
166 MünchKomm/*Dütz*, § 2038 Rn. 33.
167 *Krug/Rudolf/Kroiß*, Erbrecht, § 12 Rn. 24.
168 BGH NJW 2000, 506.
169 MünchKomm/*Dütz*, § 2038 Rn. 33.
170 S. hierzu unten Rn. 83.
171 BGH NJW 1983, 2142.
172 MünchKomm/*Dütz*, § 2038 Rn. 18 ff.
173 BGHZ 56, 47, 51 = NJW 1971, 1265.

– Testamentsvollstreckung in Form der Abwicklungsvollstreckung (soweit die Anordnung reicht), § 2205 BGB;
– Verwaltungsvollstreckung, § 2209 BGB.

Nur wenn alle Miterben **übereinstimmend** handeln, liegt „gemeinschaftliches" Verwaltungshandeln i.S.v. § 2038 Abs. 1 Satz 1 BGB vor. Im **Innenverhältnis** ist ein einstimmiger Beschluss der Erben erforderlich; im **Außenverhältnis** bedarf es einvernehmlichen Auftretens.[174] Nicht erforderlich ist es jedoch, dass alle Erben auch gleichzeitig handeln. Im Außenverhältnis genügt das Handeln eines Miterben mit Zustimmung der anderen, §§ 182 ff. BGB. Nehmen die übrigen Miterben Verwaltungshandlungen eines Miterben hin, so kann darin eine **stillschweigende Bevollmächtigung** liegen.[175] Hierbei müssen die Miterben jedoch erkennen können, dass die Verwaltungshandlungen des Miterben solche für den Nachlass und nicht für ihn selbst sind. Ein Verstoß gegen die Pflicht des gemeinschaftlichen Handelns führt zur Unwirksamkeit der Handlung im Innen- und Außenverhältnis: Bei **internen** Verwaltungshandlungen brauchen sich die nicht handelnden Erben nicht gebunden zu fühlen, da die Handlung für die Miterben untereinander ohne Bedeutung ist.[176] Bei **externem** Verwaltungshandeln richtet sich die Haftung des Miterben nach den §§ 177 ff. BGB, wenn der Erbe ohne die erforderliche Vollmacht sämtlicher Erben handelt.[177] Einseitige Rechtsgeschäfte sind daher nach § 180 BGB zu beurteilen. Die Pflicht zum gemeinschaftlichen Handeln gilt *nur* in Fällen der außerordentlichen Verwaltung.

83

2. Rechtsfolgen bei außerordentlicher Verwaltung

a) Miterben haben gemeinschaftlich gehandelt

Die gemeinschaftlich und offen erkennbar für den Nachlass handelnden Miterben haften nicht mit ihrem Eigenvermögen, sondern ausschließlich mit dem Nachlass.[178] Ist ein Handeln für den Nachlass nicht erkennbar, gilt § 164 Abs. 2 BGB und die Miterben haften auch persönlich. Die Miterben sind jedoch einander nicht verpflichtet, eine persönliche Haftung einzugehen.[179]

84

b) Miterben haben nicht gemeinschaftlich gehandelt

Ein Verstoß gegen den Grundsatz des gemeinschaftlichen Handelns macht die Handlung im Innen- und Außenverhältnis unwirksam. Bei Verwaltungshandlungen innerhalb der Erbengemeinschaft werden die nicht handelnden Miterben nicht gebunden, die Handlung ist für die Miterben ohne Bedeutung.[180] Bei Verwaltungshandlungen nach außen tritt keine Wirkung der Rechtsgeschäfte ein. Die Handelnden haften ggf. aus § 179 BGB oder aus § 311 Abs. 2 und 3 BGB (culpa in contrahendo).[181]

85

---

174 MünchKomm/*Dütz*, § 2038 Rn. 24.
175 BGH NJW 1959, 2114, 2115.
176 Staudinger/*Werner*, § 2038 Rn. 19.
177 Staudinger/*Werner*, § 2038 Rn. 19.
178 BGH BB 1968, 769, 770.
179 MünchKomm/*Dütz*, § 2038 Rn. 27.
180 Staudinger/*Werner*, § 2038 Rn. 19.
181 Staudinger/*Werner*, § 2038 Rn. 19.

III. Ordnungsgemäße Verwaltung, § 2038 Abs. 1, Satz 2 1. HS BGB

1. Begriff der ordnungsgemäßen Verwaltung

86 „Ordnungsgemäße" Verwaltung[182] gem. § 2038 Abs. 2, Satz 1 i.V.m. § 745 BGB umfasst alle Maßnahmen, die der Beschaffenheit des betreffenden Nachlassgegenstandes und dem Interesse aller Miterben nach billigem Ermessen entsprechen.[183] Die Frage der Ordnungsmäßigkeit ist an dem Verhalten einer verständigen Person in der gleichen Situation zu beurteilen.[184] Maßgebend ist der Standpunkt eines vernünftig und wirtschaftlich denkenden Beurteilers zum Zeitpunkt, in dem die Handlung vorgenommen werden soll.[185] „*Vernünftig*" und „*wirtschaftlich*" ist es, bei mehreren Wegen, die zum gleichen Erfolg führen, den einfacheren und leichteren Weg zu wählen.[186] Eine **wesentliche Veränderung** des Nachlassgegenstandes ist keine ordnungsgemäße Verwaltung mehr, § 2038 Abs. 2 Satz 1 i.V.m. § 745 Abs. 3 BGB. Daher darf die einem Miterben zustehende Nutzung und das Vermögen der Gemeinschaft weder gefährdet noch gemindert werden.[187]

87 Verwaltungsmaßnahmen sind bspw.:[188]
- Anfechtung (auch eines Eigentümerbeschlusses);
- Antragstellung und deren Rücknahme beim Grundbuchamt;
- Baumaßnahmen auf einem Grundstück;
- Entlassung oder Anstellung von Grundstücksverwaltern oder Bediensteten;
- Erlass von Forderungen;
- Forderungseinziehung (auch Miet- und Pachtzins);[189]
- Handelsgeschäft fortführen oder einstellen;[190]
- Kapitalanlage bis zur Auseinandersetzung;
- Klage zum Schutz eines verpfändeten Grundstückes vor ungerechtfertigter Vollstreckung;[191]
- Mahnungen;[192]
- Nachlassschulden begleichen, insbes. laufende Verbindlichkeiten;[193]
- Pflichtteilsansprüche beziffern und auszahlen (auch bei Testamentsvollstreckung);
- Rechtsstreitigkeiten einschließlich der Prozessführung;[194]
- Regelung der Benutzung von Nachlassgegenständen;[195]

---

182 Zum Begriff der Verwaltung s.o. Rn. 79.
183 Palandt/*Edenhofer*, § 2038 Rn. 6.
184 KG OLGE 30, 184.
185 BGH BGHZ 6, 76, 81.
186 BGH FamRZ 1965, 267, 269.
187 Staudinger/*Werner*, § 2038 Rn. 13.
188 Zum Begriff der Verwaltung vgl. Rn. 79; Staudinger/*Werner*, § 2038 Rn. 4; MünchKomm/*Dütz*, § 2038 Rn. 16; Palandt/*Edenhofer*, § 2038 Rn. 7.
189 BGH NJW 1967, 440.
190 BGH NJW 1959, 2114, 2115; BGH NJW 1960, 959, 962.
191 MünchKomm/*Dütz*, § 2038 Rn. 32.
192 S. hierzu auch oben Rn. 71.
193 BGH FamRZ 1965, 267, 269.
194 OLG Hamm BB 1976, 671.
195 BGH WM 1968, 1172, 1173.

- Reparaturen und Instandhaltungsmaßnahmen, soweit sie aus Nachlassmitteln beglichen werden können;[196]
- Rücktritt;
- Stille Gesellschaft mit Dritten eingehen;[197]
- Stimmrechtsausübung aufgrund eines GmbH-Geschäftsanteils vor Ausübung des Stimmrechts gem. § 18 Abs. 1 GmbHG;[198]
- Verarbeitung halbfertiger Produkte, auch wenn dadurch neue Produkte entstehen;
- Veräußerung von Grundstücken;[199]
- Vergleichsabschluss über Forderungen für und gegen den Nachlass;[200]
- Vermietung und Verpachtung[201] von Nachlassgegenständen;
- Vertragsabschluss;
- Verwaltung und Vertretung auf einzelne Miterben oder einen Dritten übertragen;[202]
- Vollmachterteilung;[203]
- Widerspruch gegen Verlängerung eines Mietverhältnisses.[204]

Eine „Übertragung" dieser Beispiele auf den konkreten Fall darf jedoch nur mit größter Vorsicht erfolgen. Es kommt auf die *konkreten* Umstände an, ob eine *Verwaltungsmaßnahme* vorliegt. Auch ist stets im Einzelfall zu beurteilen, ob es sich darüber hinaus um eine *ordnungsgemäße* Verwaltungsmaßnahme handelt.

Beispiel (Lösung Frage 5):

Die Renovierung des EFH ist eine Verwaltungsmaßnahme. Eine bloße Renovierung wird jedoch in diesem Fall eine *außerordentliche* Verwaltungsmaßnahme darstellen, die einstimmig beschlossen werden müsste. Würde das EFH leer stehen, würde möglicherweise die Vermietbarkeit gefördert, was zum Nutzen der gesamten Erbengemeinschaft wäre. Hier dürfte jedoch allein die F Nutznießerin sein.

Wie sieht es jedoch aus, wenn F die Kosten der Renovierung selbst tragen möchte (weil ihr „ohnehin 1/2 + 1/4 = 3/4 des Hauses gehören")? Fällt ihr –aus welchen Gründen auch immer- i.R.d. Auseinandersetzung das EFH dann nicht zu, wird sie wohl kaum Ersatz ihrer Aufwendungen verlangen können. Auch dürfen die Renovierungsarbeiten i.R.d. Auseinandersetzung freilich nicht werterhöhend berücksichtigt werden.

---

196 BGHZ 6, 76, 83: gerade in diesen Fällen verbietet sich jedoch eine generelle Aussage und es kommt maßgebend auf den Einzelfall an, mithin auf die allg. wirtschaftlichen Verhältnisse und zwar auf die konkreten wirtschaftlichen Verhältnisse des gesamten Nachlasses und den Zustand des Nachlassgegenstandes.
197 BFH NJW 1988, 1343, 1344.
198 BGH NJW 1993, 1265, 1266.
199 BGH FamRZ 1965, 267: Sonderfall, da hier andernfalls die Enteignung des Grundstückes bei niedrigerem Erlös erfolgt wäre.
200 BGH NJW 1967, 440.
201 BGHZ 56, 47, 50 = NJW 1971, 1265.
202 BGHZ 56, 47, 51 = NJW 1971, 1265.
203 *Wolf*, AcP 181 (1981), 481, 496.
204 KGR 2002, 102: im Gegensatz zur Kündigung ist der Widerspruch die Ablehnung eines „*Angebots auf Abschluss eines inhaltsgleichen Mietvertrages*".

90 Fraglich erscheint bspw., ob tatsächlich regelmäßig der Abschluss von **Mietverträgen** als ein Fall der *ordnungsgemäßen* Verwaltung angesehen werden kann. Hier muss stets eine Abwägung im Einzelfall vorgenommen werden, generelle Aussagen lassen sich nicht treffen: Wird eine **zu geringe Miete** vereinbart oder ist ein Leerstand für eine Veräußerung der Immobilie dienlich, so wird die (Neu-)Vermietung nicht dem Interesse aller Miterben dienen. Unterschiedlich wird auch beurteilt, ob die **Kündigung** von Miet- und Pacht-Verträgen sowie auch anderen Verträgen eine Verwaltungsmaßnahme[205] oder eine Verfügung i.S.v. § 2040 BGB darstellt. Da eine Kündigung als einseitig empfangsbedürftige Willenserklärung unmittelbar auf das Rechtsverhältnis einwirkt, kann es sich letztlich nur um eine **Verfügung** handeln, die dann nach § 2040 BGB von den Erben **nur gemeinschaftlich** vorgenommen werden kann.

91 **Beispiel (Lösung Frage 4):** Die Vermietung an die Tochter des K1 ist eine Verwaltungsmaßnahme. Da sie lediglich die Hälfte des ortsüblichen Mietzinses zahlen soll, wird dies jedoch wohl nicht im Interesse der Miterben liegen. K1 benötigt daher in diesem Fall die Zustimmung von K2 und F.

Keine Verwaltungsmaßnahmen sind[206]
– Ausübung des Vorkaufsrechts nach § 2034 BGB;
– Bestattung des Erblassers (Leiche ist nicht Eigentum der Erben);
– Exhumierung des Erblassers (Leiche ist nicht Eigentum der Erben);
– Obduktion des Erblassers (Leiche ist nicht Eigentum der Erben);
– Handlungen, die auf die Auseinandersetzung oder Auflösung des Nachlasses gerichtet sind (keine Erhaltung oder Nutzung des Nachlasses);
– Mitgliedschaftsrechtliche Organisation der Erbengemeinschaft (z.B. Regelung des Stimmenverhältnisses und der Stimmabgabe);
– Vereinbarung über den Ausschluss der Auseinandersetzung;
– Widerruf einer vom Erblasser oder von den Miterben erteilten Vollmacht (Widerruf bezieht sich auf die personenbezogene Vollmacht, nicht auf einen Nachlassgegenstand; jeder Miterbe widerruft mit Wirkung gegen sich alleine[207]);

92 Unterschiedlich wird in der Lit. beurteilt, ob und inwieweit die Erben **i.R.d. Verwaltung** untereinander zur **Auskunft** verpflichtet sind.[208] Teilweise wird hier zwischen Auskunftspflicht einerseits und Mitwirkungspflicht bei der Aufnahme eines Nachlassverzeichnisses andererseits unterschieden. Die Differenzierung dürfte wohl einigermaßen praxisfern sein: Denn wenn die Erben eine Pflicht zur Mitwirkung bei der Aufnahme des Nachlassverzeichnisses trifft, haben sie hierbei auch die erforderlichen Auskünfte zu erteilen. Über die Pflicht, bei der Aufnahme des Nachlassverzeichnisses mitzuwirken, wird ebenfalls streitig diskutiert.[209] Ausgehend von dem Begriff „Verwaltung" kann jedoch kein Zweifel daran bestehen, dass die Miterben einander allein aufgrund der Pflicht zur Mitwirkung an der ordnungsgemäßen Verwaltung grundsätzlich auch verpflichtet sind, Auskunft über den Nachlass zu erteilen. Ob dies nun im

---

205 BGH NJW 1952, 1111.
206 MünchKomm/*Dütz*, § 2038 Rn. 17; Staudinger/*Werner*, § 2038 Rn. 5.
207 BGH NJW 1959, 2114, 2115.
208 Vgl. zum Meinungsstand: MünchKomm/*Dütz*, § 2038 Rn. 47 sowie *Frieser*, Anwaltliche Strategien im Erbschaftsstreit, 2000, Rn. 345 Fn. 348.
209 Vgl. zum Meinungsstand: MünchKomm/*Dütz*, § 2038 Rn. 49 in Fn. 153; widersprüchlich: Palandt/*Edenhofer*, § 2038 Rn. 8 u. 13.

Rahmen von Einzelauskünften oder i.R.d. Mitwirkung bei der Aufnahme eines Nachlassverzeichnisses zu geschehen hat, kann letztlich dahingestellt bleiben. Anders als durch gegenseitige Information über Tatsachen, die nicht allen Miterben bekannt sind, kann eine ordnungsgemäße Verwaltung nicht erfolgen. So können bspw. weder Forderungen für die Erbengemeinschaft geltend gemacht noch abgewehrt werden, wenn die notwendigen Informationen der Erbengemeinschaft nicht vorliegen. Somit gehört zur Mitwirkungspflicht i.R.d. ordnungsgemäßen Verwaltung auch die gegenseitige Erteilung von Auskünften und wechselseitige Information über den Stand der Verwaltung.

Anderweitige **Rechenschafts-** und **Auskunftsverpflichtungen** bspw. aus §§ 242, 666, 2027, 2028, 2058 BGB bleiben freilich unberührt und können ungeachtet dessen geltend gemacht werden:[210] Gerade die Geltendmachung der Rechenschaftspflicht gegen einen vormals vom Erblasser bevollmächtigten Miterben ist ein Fall der ordnungsgemäßen Verwaltung. Erst aufgrund der Rechenschaft kann die Erbengemeinschaft das Bestehen möglicher Ansprüche gem. § 667 BGB beurteilen.[211]

2. Rechtsfolgen

a) Allgemeines

Liegt eine Maßnahme der ordnungsgemäßen Verwaltung vor, so ist jeder Miterbe den anderen gegenüber gem. § 2038 Abs. 1 Satz 2 BGB verpflichtet, an den erforderlichen Maßregeln mitzuwirken. Die **Mitwirkungspflicht** besteht nach dem ausdrücklichen Wortlaut nur unter den Miterben. Ein Dritter kann daher weder von einem Miterben die Mitwirkung zu einer Verwaltungshandlung verlangen,[212] noch kann er aus dem Unterlassen Schadensersatzansprüche herleiten.[213] Der Dritte kann sich aber von einem Miterben dessen Anspruch **abtreten** lassen oder im Wege der Prozessstandschaft geltend machen.[214] Zur **Mitwirkungspflicht** i.S.v. Satz 2 gehört **nicht lediglich die Zustimmung** zum Handeln der Gemeinschaft. „Mitwirkung zu Maßregeln" ist hier weiter zu verstehen und umfasst ggf. auch **eigenes** aktives, auch rechtsgeschäftliches **Handeln**.[215] Diese Verpflichtung kann im Klageweg erzwungen werden,[216] wobei der Klageantrag ausschließlich gegen die Erben zu richten ist, die eine Mitwirkung entweder in Form ihrer Zustimmung oder einer Handlung verweigern.[217] Die Anträge sind auf eine Maßnahme zu richten, die dem Interesse aller Miterben nach billigem Ermessen entsprechen muss.

„Erforderlich" ist eine Maßnahme i.S.v. § 2038 Abs. 1 Satz 2 1. HS BGB nur, wenn sie erfolgen muss, um eine ordnungsgemäße Verwaltung zu gewährleisten.[218] Wenn andere, weniger einschneidende Maßnahmen zum gleichen Erfolg führen, war die Maßnahme nicht „*erforderlich*" und die Mitwirkungspflicht entfällt. Auch hier verbieten

---

210 Eine Übersicht über die wichtigsten Auskunftsansprüche des Erben und des Miterben gibt *Damrau/Schmalenbach*, Erbrecht, § 2027 Rn. 2 ff.
211 S. zum Abstimmungsverbot des betroffenen Erben hierbei unten Rn. 132.
212 BGH NJW 1958, 2061, 2062.
213 Staudinger/*Werner*, § 2038 Rn. 12.
214 BGH FamRZ 1965, 267, 270.
215 Soergel/*Wolf*, § 2038 Rn. 15.
216 BGHZ 6, 76, 85.
217 BGH FamRZ 1992, 50.
218 Staudinger/*Werner*, § 2038 Rn. 13.

sich generelle Aussagen, da es auf eine **Betrachtung des Einzelfalles** ankommt. Im Rahmen der Prüfung der Erforderlichkeit einer Maßnahme wird sich häufig ergeben, dass eine Mitwirkungspflicht der Erben *nicht* vorliegt.

95 § 2038 Abs. 1 Satz 2 1. HS BGB regelt eine **Ausnahme** vom Grundsatz der Einstimmigkeit: Zwar ist auch bei ordnungsgemäßer Verwaltung Einstimmigkeit erforderlich. Hier sind die Erben jedoch *verpflichtet* mitzuwirken, um so das gemeinschaftliche Handeln i.S.v. § 2038 Satz 1 BGB zu gewährleisten. Bei *außerordentlicher* Verwaltung i.S.v. § 2038 Abs. 1 Satz 1 BGB kann hingegen bereits *ein* Erbe die Handlungsfähigkeit der Erbengemeinschaft blockieren, indem er seine Zustimmung bzw. Mitwirkung verweigert. Gezwungen werden kann er dann nicht.

96 **Verfügungen** über *Nachlassgegenstände* müssen trotz § 2038 Abs. 1 Satz 2 1. HS BGB durch die Erben *gemeinschaftlich* vorgenommen werden; insoweit bleibt es bei der Regelung des § 2040 BGB als lex specialis.

b) Maßnahme war Fall ordnungsgemäßer Verwaltung, Mehrheitsbeschluss liegt vor

97 Der Mehrheitsbeschluss gewährt den handelnden Erben **Vollmacht**, die Erbengemeinschaft als Ganzes auch im Außenverhältnis zu verpflichten.[219]

c) Maßnahme war kein Fall ordnungsgemäßer Verwaltung

98 War eine Maßnahme für die Erhaltung des Nachlasses *ungeeignet*, so ist sie weder für die Miterben verbindlich, noch nach außen wirksam.[220] Es bleibt jedoch zu prüfen, ob die Erbengemeinschaft eventuell nach den Grundsätzen der **Geschäftsführung ohne Auftrag** verpflichtet wird. Es erscheinen aber kaum Maßnahmen denkbar, die zwar die Voraussetzungen des § 683 BGB erfüllen (Geschäftsführung entsprach Interesse und wirklichem oder mutmaßlichem Willen des Geschäftsherrn), jedoch kein Fall der ordnungsgemäßen Verwaltung sind. Daher wird sich meist ein Anspruch der Erbengemeinschaft gegenüber dem Handelnden aus **§ 678 BGB** ergeben.

d) Verletzung der Mitwirkungspflicht

aa) Im Vorfeld der Maßnahme

99 Im Vorfeld einer Maßnahme, die einen Mehrheitsbeschluss erfordert, kann die Mitwirkung der Miterben im **Klageweg erzwungen** werden. Zu verklagen sind die Erben, die entweder gegen die Maßnahme gestimmt haben oder sich überhaupt nicht an der Verwaltung beteiligt haben.

> **Praxishinweis:**
> Liegt ein Beschluss der Erbengemeinschaft noch nicht vor, ist ausschließlich die weitreichendere **Klage auf Zustimmung** zu der beabsichtigten Maßnahme zu erheben. Für eine Feststellungsklage besteht kein Rechtsschutzbedürfnis. Das obsiegende Urteil gegen einen Miterben, der seine Mitwirkung verweigert hat, ersetzt gem. § 894 ZPO dessen verweigerte Zustimmung. Daher muss die abzugebende Willens-

---

219 Unter der Voraussetzung, dass es sich – lediglich – um eine *Verwaltungs*maßnahme u. nicht um eine *Verfügung* handelt: BGHZ 56, 47, 50 = NJW 1971, 1265; geht es um *Verfügungen* der Erbengemeinschaft über einen *Nachlassgegenstand*, so wird § 2038 Abs. 1 Satz 2 1. HS BGB von § 2040 BGB als lex specialis verdrängt.
220 BGH NJW 1958, 2061.

erklärung in dem Urteil inhaltlich so bestimmt und eindeutig bezeichnet sein, dass ihre rechtliche Bedeutung feststeht.[221] Notfalls kann hier eine Auslegung durch Heranziehen des Tatbestands und der Entscheidungsgründe erfolgen.

Handlungen werden nach §§ 887, 888 ZPO vollstreckt.

Die sich widersetzenden Erben können sich **schadensersatzpflichtig** machen, wenn sie ihre Mitwirkungspflichten schuldhaft verletzen. Die Anspruchsgrundlage ist § 280 Abs. 1 BGB (positive Forderungsverletzung).

100

bb) Im Nachhinein

Mitwirken bedeutet nicht ausschließlich ein Handeln oder eine Einwilligung (vorherige Zustimmung, § 183 Satz 1 BGB) im *Vorfeld* der Verwaltungsmaßnahme. Handelt der Miterbe zunächst **ohne** einen Mehrheitsbeschluss, so erfolgt dies auf eigenes Risiko. Er läuft dann Gefahr, schlussendlich allein für die Maßnahme mit seinem Vermögen zu haften. Er kann jedoch gleichwohl ggf. noch auf *Genehmigung* (nachträgliche Zustimmung, § 184 Abs. 1 BGB) seiner Maßnahme klagen, um hierdurch eine Haftung auch der übrigen Erben zu erreichen.

101

Geht es ausschließlich um **Aufwendungsersatz** und kommt es dem Miterben nicht darauf an, die übrigen Erben auch sonst in die Haftung zu nehmen, so kann der Miterbe sogleich auf Zahlung klagen. Hierbei muss der klagende Miterbe den auf sich selbst entfallenden Anteil an den Aufwendungen abziehen.[222]

102

IV. Notwendige Verwaltung (Notverwaltung)

1. Allgemeines

Die Regelung des § 2038 Abs. 1 Satz 2 2. HS BGB ist im Wesentlichen deckungsgleich mit § 744 Abs. 2 Satz 1 BGB. Sie soll die Handlungsfähigkeit der Erbengemeinschaft in **besonderen Ausnahmefällen** gewährleisten. „Zur Erhaltung notwendig" ist eine Maßregel, wenn ohne sie der Nachlass insgesamt oder Teile hiervon Schaden nehmen würden.[223] Notwendige Maßregeln sind zwangsläufig gleichzeitig Maßnahmen ordnungsgemäßer Verwaltung.[224] Entspricht eine Maßnahme nach billigem Ermessen *schon nicht* der Beschaffenheit des betreffenden Nachlassgegenstandes oder/und nicht dem Interesse aller Miterben (ordentliche Verwaltung), so kann sie *erst recht nicht* ein Fall der notwendigen Verwaltung sein. Daher müssen **zunächst** die **Voraussetzungen** der ordnungsgemäßen Verwaltung vorliegen.[225] Bei der Entscheidung, ob (lediglich) ein Fall der ordnungsgemäßen Verwaltung vorliegt oder ein Fall der Notverwaltung, kommt es nicht allein darauf an, ob die Maßnahme derart dringlich ist, dass sie keinen weiteren Aufschub duldet. Vielmehr ist der **Eingriff** in das Recht der übrigen Miterben zu beurteilen und zu beachten, wie weit sie daran interessiert sein könnten, an der Maßregel mitzuwirken: Ist die Maßregel für die Erhaltung des Nachlasses erforderlich und wirkt sich die Maßregel auf den übrigen Nachlass nur gering und auf die anderen Miterben nur unbedeutend aus, so ist das Interesse an einer Mitwirkung nur sehr gering. Die Maßnahme kann dann notwendig i.S.v. Abs. 1 Satz 2 2. HS sein, obwohl sie

103

---
221 MünchKomm/*Schilken*, ZPO, § 894 Rn. 5.
222 MünchKomm/*Dütz*, § 2038 Rn. 50.
223 Staudinger/*Werner*, § 2038 Rn. 27.
224 BGHZ 6, 76, LS 2 sowie Rn. 81.
225 S. oben Rn. 86.

ohne Gefahr aufgeschoben und die Zustimmung der Erben eingeholt werden könnte.[226]

104 Ebenso wie bei der ordnungsgemäßen Verwaltung kommt es auch hier auf den **Standpunkt** eines vernünftig und wirtschaftlich denkenden Beurteilers zu dem **Zeitpunkt** an, an dem die Handlung vorgenommen werden soll.[227] Zu beachten bleibt aber unbedingt, dass die Maßnahme zur Erhaltung des Nachlasses erforderlich sein muss. Liegt bereits diese Voraussetzung nicht vor, handelt es sich nicht um einen Fall der Notverwaltung, selbst wenn die Beeinträchtigung des Nachlasses und der Miterben gering ist.

105 Die Vorschrift ist **eng auszulegen**, da sie andernfalls die übrigen Regelungen des Einstimmigkeits- bzw. Mehrheitsprinzips aushöhlen würde. Soweit ohne weitere objektive Gefährdung des Nachlasses oder Teilen davon eine Zustimmung der Erben eingeholt werden kann, liegt kein Fall der Notverwaltung vor.[228] Handelt es sich um eine **bedeutsame Maßnahme**, durch die erhebliche Verpflichtungen für den Nachlass oder die anderen Miterben begründet werden, ist die Maßnahme nur dann notwendig, wenn sie so dringend ist, dass die Zustimmung der anderen Miterben nicht eingeholt werden kann, ohne den Nachlass zu gefährden.[229]

106 Wurde ein Beschluss von den Miterben mit **Stimmenmehrheit** gem. §§ 2038 Abs. 2, 745 BGB gefasst, kann dieser Beschluss nicht ohne Änderung der tatsächlichen Voraussetzungen umgangen werden.[230] Gegen den Willen der übrigen Erben darf keine Maßnahme erfolgen – auch nicht eine Notverwaltung: Das Recht zur alleinigen Vornahme von Notverwaltungsmaßnahmen ist lediglich eine Ausnahmeregelung, um bei dringenden Gefahrenlagen die Handlungsfähigkeit der Erbengemeinschaft beschleunigen und Schaden vom Nachlass abwenden zu können.[231]

107 **Einzelfälle**:[232]
– Abwehrmaßnahmen gegen Eingriffe in den Nachlass;[233]
– Anfechtung eines Eigentümerbeschlusses;[234]
– Anfechtung eines die Erbengemeinschaft belastenden Verwaltungsaktes;[235]
– Erhebung einer Klage, insb. einer gesellschaftsrechtlichen Anfechtungsklage;[236]
– Reparaturarbeiten an einem Hausgrundstück, die mit Rücksicht auf die Erhaltung des Bestandes des Gebäudes, seiner Bewohnbarkeit oder Sicherheit so dringend waren, dass sie nicht aufgeschoben werden können, bis die anderen Miterben zustimmen;[237]
– Unzulässigkeit der Zwangsvollstreckung gem. §§ 747, 766, 771 ZPO.[238]

---

226 BGHZ 6, 76, 81.
227 BGHZ 6, 76, 81.
228 S. unten Rn. 119 zu den Rechtsfolgen bei Verstoß hiergegen.
229 BGHZ 6, 76, 81.
230 MünchKomm/*Dütz*, § 2038 Rn. 56.
231 Staudinger/*Werner*, § 2038 Rn. 27.
232 S. zu weiteren Einzelfällen auch MünchKomm/*Dütz*, § 2038 Rn. 59.
233 Staudinger/*Werner*, § 2038 Rn. 28.
234 BayObLGZ 1998, 34.
235 BVerwG NJW 1982, 1113.
236 BGH NJW 1989, 2694, 2696.
237 BGHZ 6, 76, 83f.
238 Staudinger/*Werner*, § 2038 Rn. 28.

Keine Notverwaltungsmaßnahmen sind:[239]
- Klage auf Rechnungslegung;[240]
- Antrag auf Bestimmung einer Inventarfrist gegen den Erben des Schuldners einer Nachlassforderung;[241]
- Abschluss eines langjährigen Mietvertrages;[242]
- Anfechtung eines vom Erblasser geschlossenen Vertrages;[243]
- Widerruf einer schwebend unwirksamen Auflassungserklärung[244] (einzelfallabhängig);
- Umfangreiche Instandsetzungsarbeiten an einem Haus, die nicht aus Mitteln des Nachlasses zu finanzieren sind;[245]
- Kündigung einer Nachlassforderung.[246]

Diese Aufzählung ist mit Vorsicht zu betrachten: Wie bereits mehrfach betont, kommt es stets auf eine **Abwägung im Einzelfall** an. Eine generalisierende Betrachtung verbietet sich. Die Aufzählung von Einzelentscheidungen kann daher lediglich dazu dienen, mögliche **Kriterien** für den eigenen, konkreten Fall zu vermitteln. Eine schlichte „Übertragung" der Einzelfallentscheidung scheidet jedoch aus. So kann bspw. gerade die Anfechtung eines vom Erblasser geschlossenen Vertrages[247] ein Fall der Notverwaltung sein, insb. dann, wenn die Anfechtungsfristen abzulaufen drohen.

Der **untätige Miterbe**, der die Möglichkeit zur Notverwaltung hat, sieht sich bei Untätigkeit später möglicherweise sogar **Schadensersatzansprüchen** der Erbengemeinschaft ausgesetzt: Die Verwendung des Wortes „kann" in § 2038 Abs. 1 Satz 2 1. HS BGB ist missverständlich und lässt auf den ersten Blick annehmen, dass sich der Miterbe aussuchen könne, ob er i.R.d. Notverwaltung tätig wird oder nicht. Die Formulierung ist jedoch im Zusammenschau mit 1. HS („verpflichtet") und den sich aus der Erbengemeinschaft insgesamt ergebenden Rechtsverhältnissen zu sehen: Danach ist ein Miterbe *verpflichtet*, Maßnahmen durchzuführen, die einerseits keinen Aufschub dulden und andererseits erforderlich sind, um Schaden vom Nachlass abzuwenden.[248]

Im Rahmen der Notverwaltung ist es Tatbestandsvoraussetzung, dass eine **Mitwirkung** der übrigen Miterben nicht rechtzeitig möglich ist. Notverwaltungsmaßnahmen können jedoch nicht nur ohne Mitwirkung der anderen sondern sogar „**gegen**" die übrigen Miterben vorgenommen werden:[249]

> **Beispiel (Lösung Frage 6):**
> Ein möglicher Schadensersatzanspruch gegen F aufgrund ihres Handelns für die Erbengemeinschaft ist ein Anspruch der Erbengemeinschaft, § 2039 BGB. Daher kön-

---

[239] MünchKomm/*Dütz*, § 2038 Rn. 60.
[240] OLG Hamm BB 1976, 671.
[241] KG OLGE 35, 360, 361.
[242] BGH NJW 1958, 2061.
[243] OLG Düsseldorf NJW 1954, 1041.
[244] SchlHOLG SchlHA 1965, 276.
[245] BGHZ 6, 76, 83f.
[246] RGZ 65, 5, 6: Kündigung einer Nachlassforderung ist eine Verfügung u. unterliegt daher gem. § 2040 Abs. 1 BGB der gemeinschaftlichen Verfügung der Miterben.
[247] OLG Düsseldorf NJW 1954, 1041.
[248] BGH JZ 1953, 706.
[249] MünchKomm/*Dütz*, § 2038 Rn. 57.

nen sowohl K1 als auch K2 allein den Anspruch *„für die Erbengemeinschaft"* geltend machen.

Fraglich ist jedoch, ob F sich überhaupt schadensersatzpflichtig gemacht hat: Hier kommt es entscheidend auf die konkreten Umstände an: Der Verkauf der Aktien könnte eine Maßnahme der Notverwaltung gewesen sein, wenn sich nur so ein drohender *erheblicher* Verlust abwenden ließ.

Bei dem Verkauf der Aktien handelt es sich um eine Verfügung, die grundsätzlich gemeinschaftlich von den Erben vorgenommen werden muss, § 2040 BGB als lex specialis zu § 2038 BGB. Nur in seltenen Ausnahmefällen darf ein Miterbe i.R.d. Notverwaltung auch über Nachlassgegenstände verfügen (str.).

Hatte F möglicherweise noch andere, ebenso gut geeignete, aber weniger „einschneidende" Möglichkeiten zur „Gefahrenabwehr" zur Auswahl (z.B. Setzen eines Stop-Loss-Limits, Put-Optionen u.ä.)? Wie verlässlich war der Rat zum Verkauf? Hätte F noch anderweitig fachkundigen Rat einholen können, z.B. bei der depotführenden Bank? Wie dringend musste der Verkauf erfolgen?

Zu beurteilen ist all dies zum Zeitpunkt des Verkaufes, nicht etwa ex post mit dem „besseren Wissen" um den höheren Aktienkurs.

2. Rechtsfolgen

a) Objektiv lag ein Fall der Notverwaltung vor

113 Lagen die Voraussetzungen der Notverwaltung vor, werden im Innenverhältnis alle Miterben durch den handelnden Miterben zueinander verpflichtet. Der handelnde Miterbe kann außerdem im Außenverhältnis die Erbengemeinschaft verpflichten, ohne dass die Erben die Maßnahme genehmigen müssten.[250] Zur Vermeidung einer *persönlichen* Haftung muss der Erbe entweder im Namen der Erbengemeinschaft handeln oder seine Haftung auf den Nachlass **beschränken**.[251] Im Streitfall hat der handelnde Erbe zu beweisen, dass die Haftung auf den Nachlass beschränkt ist.

114 Der handelnde Miterbe kann von der Erbengemeinschaft **Ersatz seiner Aufwendungen** nach § 2038 Abs. 2 i.V.m. § 748 BGB verlangen[252] und muss damit auch nicht bis zur Auseinandersetzung der Erbengemeinschaft warten.

115 Nach *Krug* kann der handelnde Miterbe i.R.d. Notverwaltung einen **Vorschuss** gem. § 669 BGB von der Erbengemeinschaft fordern.[253] In der Praxis wird man jedoch kein Vorschuss von den Erben fordern, sondern die **Zustimmung** der Miterben herbeiführen: Jede Notverwaltung ist auch ein Fall der ordnungsgemäßen Verwaltung, bei der durch eine Mehrheitsentscheidung die Erbengemeinschaft verpflichtet und eine Nachlassverbindlichkeit begründet wird.[254] Hätte der Miterbe Zeit einen Vorschuss zu fordern, kann die Maßnahme nicht *dringlich* sein. Es bleibt also lediglich das Kriterium der *Erforderlichkeit* der Maßnahme für die Erhaltung des Nachlasses.[255] Ist die Maßnahme jedoch lediglich erforderlich, hat der Miterbe ausreichend Zeit den „besseren" Weg zu wählen und kann die Erben auf Zustimmung in Anspruch nehmen.

---

250 MünchKomm/*Dütz*, § 2038 Rn. 61; zum Verfügungsrecht s. unten Rn. 117.
251 MünchKomm/*Dütz*, § 2038 Rn. 27, 61.
252 S. hierzu unten Rn. 140.
253 *Krug/Rudolf/Kroiß*, Erbrecht, § 12 Rn. 28.
254 S. hierzu oben Rn. 94.
255 S. hierzu oben Rn. 94.

Jeder Miterbe ist nicht nur berechtigt sondern auch **verpflichtet**, Maßnahmen der Notverwaltung zu ergreifen. Ein Miterbe, der schuldhaft keine Notverwaltungsmaßnahmen ergreift und hierdurch den Nachlass schädigt, ist dem Nachlass **schadensersatzpflichtig**.[256]

In Fällen der **Verfügungen** im Rahmen von Notverwaltungsmaßnahmen soll nach dem BGH § 2038 Abs. 1 Satz 2 2. HS BGB der Regelung des § 2040 BGB vorgehen.[257]

> **Beispiel (Lösung Frage/Teil 1):**
> Die Beseitigung des Wasserrohrbruches ist ein Fall der Notverwaltung. K2 *konnte* hier nicht nur handeln, sie *musste* es sogar, um sich nicht schadensersatzpflichtig zu machen: Nur so ließ sich weiterer Schaden von der Erbengemeinschaft abwenden und der Nachlasswert erhalten. Den Ersatz dieser Kosten kann K2 von F und K1 bereits vor der Auseinandersetzung der Erbengemeinschaft aus dem Nachlass verlangen.

b) Objektiv lag kein Fall der Notverwaltung vor

Eine Maßnahme der Notverwaltung ist stets auch ein Fall der ordnungsgemäßen Verwaltung.[258] Handelt der Miterbe im Rahmen einer *vermeintlichen* Notverwaltung, lag objektiv jedoch nicht die erforderliche Dringlichkeit vor bzw. war die Maßnahme für die *Erhaltung* des Nachlasses nicht erforderlich,[259] so ist zunächst zu prüfen, ob (wenigstens) die Voraussetzungen einer ordnungsgemäßen Verwaltung vorgelegen haben.

Nach einer Entscheidung des BGH[260] kann der handelnde Miterbe bei **Überschreitung des Notverwaltungsrechts** Aufwendungsersatz über die Regelungen der Geschäftsführung ohne Auftrag verlangen. Diese Entscheidung übersieht, dass die Notverwaltung auch ein Fall der ordnungsgemäßen Verwaltung sein muss[261] und die Miterben dann zur Mitwirkung verpflichtet sind. Mitwirkung ist jedoch nicht lediglich im Sinne einer Einwilligung, also der vorhergehenden Zustimmung (§ 183 Abs. 1 Satz 1 BGB) zu verstehen. Hat ein Miterbe – zunächst auf eigenes Risiko – für die Erbengemeinschaft gehandelt, so kommt auch die Genehmigung (nachträgliche Zustimmung, § 184 Abs. 1 BGB) in Betracht.[262] Liegen die Voraussetzungen der ordnungsgemäßen Verwaltung vor, so sind die Miterben bei Überschreitung des Notverwaltungsrechts über § 2038 Abs. 1 Satz 2 1. HS BGB verpflichtet, mitzuwirken und ggf. dementsprechend auch zu verurteilen. Für die Folgen der Überschreitung seines Verwaltungsrechtes hat der Miterbe selbst einzustehen.[263] Hinsichtlich des Aufwendungsersatzes des handelnden Miterben bedarf es keines Rückgriffes auf die Regeln der Geschäftsführung ohne Auftrag: Der Maßstab der Prüfung ist und bleibt § 2038 BGB.

---

256 S. hierzu oben Rn. 110.
257 BGH NJW 1989, 2694, 2697 (ohne nähere Begründung); a.A. m. überzeugenden Argumenten: Staudinger/*Werner*, § 2038 Rn. 40.
258 S. oben Rn. 103.
259 S. oben Rn. 94.
260 BGH NJW 1987, 3001.
261 BGHZ 6, 76, LS 2 sowie S. 81.
262 S. oben Rn. 101.
263 BGHZ 6, 76, 85.

> **Beispiel (Lösung Frage 7/Teil 2):**
> Mit den Kosten für den Einbau des Gäste-Bades sieht es anders aus als mit denen für die Beseitigung des Wasserrohrbruches: Hier liegt keine Verwaltung des Nachlasses vor. Solange F und K1 diese „Luxusaufwendung" nicht genehmigen, handelt es sich um das „Privatvergnügen" der K2, für das sie von der Erbengemeinschaft keinen Ersatz verlangen kann.

V. Verwaltung, Nutzung und Verteilung der Früchte und Nachlassgegenstände bei laufender Verwaltung, § 2038 Abs. 2 i.V.m. §§ 743, 745 BGB

§ 2038 Abs. 2 Satz 1 BGB verweist auf ausgewählte Vorschriften des Gemeinschaftsrechts und regelt so Verwaltung, Nutzung und Verteilung von Früchten bei laufender Verwaltung des Nachlasses.

1. Verteilung und Nutzung der Früchte, § 2038 Abs. 2 Satz 1 i.V.m. § 743 BGB

a) Kein Auseinandersetzungsverbot

Der Verweis auf § 743 BGB regelt die Verteilung der Früchte der Erbengemeinschaft. Hierunter sind sowohl die „Früchte" i.S.v. § 99 BGB als auch die „Nutzungen" i.S.v. § 100 BGB zu verstehen.[264] Früchte von Nachlassgegenständen sind zunächst **Gesamthandsvermögen** der Erbengemeinschaft, §§ 953, 2041 BGB. Die Regelung, dass jedem Miterben ein „Anteil" der Früchte „gebührt", sagt somit ausschließlich etwas über die *Beteiligung* an vorhandenen Nutzungen. Die *Voraussetzungen* der Nutzungen werden jedoch durch die Entscheidung der Erbengemeinschaft geregelt.[265] § 2038 Abs. 1 BGB ist eine Regelung für das *Innen*verhältnis der Erbengemeinschaft, nicht für das *Außen*verhältnis. Wurde bspw. ein Nachlassgegenstand vermietet, so hat nicht etwa jeder Miterbe nun nach §2038 Abs. 1 BGB gegen den Mieter einen eigenen Anspruch auf Zahlung des Mietzinses entsprechend seiner Erbquote.[266] Der Anspruch des Miterben auf seinen Anteil an den Früchten und Nutzungen kann nicht durch Mehrheitsbeschluss ausgeschlossen werden, § 745 Abs. 3 Satz 2 BGB.

Die **Teilung** der Früchte unter den Miterben erfolgt gem. § 2038 Abs. 2 Satz BGB grundsätzlich erst **bei der Auseinandersetzung** der Erbengemeinschaft.[267] Bis zur Auseinandersetzung der Erbengemeinschaft (§§ 2042 ff. BGB) steht bei jedem Miterben lediglich seine Erbquote am Nachlass fest. Der konkrete Auszahlungsanspruch eines Miterben ergibt sich jedoch erst im Zeitpunkt der Auseinandersetzung, wenn die Schulden der Erbengemeinschaft getilgt und Ausgleichsansprüche der Miterben berücksichtigt worden sind. Aus diesem Grund verschiebt § 2038 Abs. 2 Satz 2 BGB die Verteilung der Früchte bis zur Auseinandersetzung. So haben bspw. Mieteinnahmen bis zur Auseinandersetzung der Erbengemeinschaft ebenso wie Zinserträge und Einkünfte eines Handelsgeschäftes u.ä. beim Nachlass zu verbleiben und kein Miterbe hat einen Anspruch auf eine (Vorschuss-)Zahlung.[268] Die Miterben können sich nur **einvernehmlich** (**nicht** hingegen durch **Mehrheitsbeschluss**) hierüber hinwegsetzen,

---

264 BGH NJW 1966, 1707, 1708.
265 MünchKomm/*Schmidt*, § 743 Rn. 4.
266 MünchKomm/*Schmidt*, § 743 Rn. 5.
267 Ausnahme gem. § 2038 Abs. 2 Satz 3 BGB; s. unten Rn. 126.
268 Staudinger/*Werner*, § 2038 Rn. 43.

§ 745 Abs. 3 Satz 2 BGB.²⁶⁹ Ist ein derartiger Beschluss gefasst worden, so kann er daher auch nur einvernehmlich wieder aufgehoben werden.

Beispiel (Lösung Frage 9):
K1 kann ohne Zustimmung von F und K2 keine vorgezogene Verteilung der Mieterträge verlangen – weder für die Vergangenheit noch künftig (s. auch noch unten Rn. 129).

125

b) Auseinandersetzung länger als ein Jahr ausgeschlossen

Der **Ausschluss der Auseinandersetzung** kann gem. §§ 2042 Abs. 2; 2045 BGB für einen längeren Zeitraum als ein Jahr ausgeschlossen werden oder sein. Für diesen Fall gewährt § 2038 Abs. 2 Satz 3 BGB jedem Miterben das Recht, „*am Schluss jeden Jahres die Teilung der Reinerträge zu verlangen*". Die **Jahresfrist** ist seit dem Erbfall zu berechnen, Rechtsgedanke aus § 188 Abs. 2 BGB. Sie gilt nicht bereits, wenn lediglich ein Jahr seit dem Erbfall vergangen ist. Die bloße **Verzögerung** der Auseinandersetzung über ein Jahr hinaus genügt nicht; dies gilt auch, wenn die Verzögerung durch den leistungspflichtigen Miterben verschuldet wird.²⁷⁰ Erforderlich ist aufgrund des eindeutigen Wortlauts der Vorschrift, dass die Auseinandersetzung „*ausgeschlossen*" ist, mithin ein Fall der §§ 2042 Abs. 2, 2043, 2044 oder 2045 BGB vorliegt. Schwierigkeiten bereiten Verfügungen mit einem bei Eintritt des Erbfalls **unbestimmten** Ende des Verbots (z.B. Ausschluss der Auseinandersetzung bis eine bestimmte Person eine Berufsausbildung abgeschlossen hat oder eine bestimmte Person verstorben ist). Hier kann beim Erbfall noch nicht festgestellt werden, ob ein Fall des § 2038 Abs. 2 Satz 3 BGB vorliegt. Es kann hier jedoch allein auf eine nachträgliche Betrachtungsweise ankommen: Ist seit dem Erbfall mehr als ein Jahr vergangen und konnte die Erbengemeinschaft aufgrund eines kalendermäßig nicht bestimmbaren Auseinandersetzungsverbotes nicht auseinandergesetzt werden, so erwächst der Anspruch auf Teilung des Reinertrages. Eine Betrachtung „im Vorhinein" im Sinne einer „ex-ante-Beurteilung" verbietet sich, da es dann auf bloße Mutmaßungen ankäme.

126

Fraglich ist jedoch, ob mit der Formulierung „**am Schluss jedes Jahres**" in § 2038 Abs. 2 Satz 3 BGB der Schluss eines Kalenderjahres, also jeweils der 31.12. gemeint ist oder ein Zeitraum von zwölf Monaten. Für die erste Möglichkeit sprechen praktische Erwägungen, da zum Ende eines Jahres ohnedies regelmäßig Abrechnungen zu erstellen sind und so die fälligen Erträge bei dieser Gelegenheit gewissermaßen „nebenbei" berechnet werden. Für einen Zeitraum von zwölf Monaten spricht zum einen der Rechtsgedanke aus § 188 Abs. 2 BGB. Zum anderen mag es zwar sein, dass grundsätzlich Abrechnungen zum Jahresende erstellt werden. Gerade mit Eintritt des Erbfalls und Begründung der Erbengemeinschaft wird es sich jedoch sowieso anbieten, stichtagsbezogen auf den Erbfall neu abzurechnen, um eine Zuordnung der Einkünfte des Erblassers sowie der Erbengemeinschaft zu ermöglichen. Steuerlich ist dies meist ohnedies notwendig. Die Teilung der Früchte kann mithin **erstmals zwölf Monate nach dem Erbfall** verlangt werden.

127

Der zu verteilende „**Reinertrag**" i.S.v. § 2038 Abs. 2 Satz 3 BGB sind die Einkünfte der Erbengemeinschaft abzüglich der Aufwendungen. Nicht entsprechend anwendbar ist die Vorschrift auf **Abschlagszahlungen** auf den Erbteil.²⁷¹ Nach *Werner* habe sich

128

---
269 OLG Hamburg MDR 1965, 665.
270 OLG Hamburg MDR 1965, 665.
271 Staudinger/*Werner*, § 2038 Rn. 43.

die vorzeitige Verteilung der Früchte an dem Anteil der Erben an dem Nachlass zu orientieren, da es eine vorweggenommene Auseinandersetzung sei.[272] Wer also aufgrund eines Vorempfangs keinen Anspruch auf ein Auseinandersetzungsguthaben hätte, würde auch an der Fruchtziehung nicht zu beteiligen sein.[273] Diese Auffassung findet im Gesetz keinen Rückhalt und erscheint auch nicht praxisgerecht: Solange ein Miterbe an der Erbengemeinschaft beteiligt ist, ist er bei der Verteilung der Früchte ohne Einschränkung zu berücksichtigen. Hieran ändern auch etwaige Vorempfänge eines Miterben nichts, die er sich bei der Auseinandersetzung gem. §§ 2050 ff. BGB anrechnen lassen muss. Denn die endgültig zur Verteilung anstehende Erbmasse steht erst fest, wenn keine Erträge mehr realisiert werden. Erst dann lässt sich endgültig bestimmen, welches Auseinandersetzungsguthaben einem Erben zusteht. Es mag zwar sein, dass aus der Sicht eines Jahres einem Erben (mutmaßlich) kein Anspruch mehr auf Auszahlung bei der Auseinandersetzung der Erbengemeinschaft zusteht. Dies kann sich jedoch im folgenden Jahr schon wieder ändern, weil die Erbengemeinschaft weitere Erträge erzielt, die zusammen mit dem übrigen Auseinandersetzungsguthaben über den Vorempfängen des Miterben liegen. Es ist daher kein Grund ersichtlich, bereits bei der Teilung des Nettoertrages einen Miterben auszuschließen, zumal der Wortlaut der Vorschrift dafür nichts hergibt.

129 **Beispiel (Lösung Frage 9):**
Obwohl die Auseinandersetzung über ein Jahr nach dem Tode des Erblassers noch nicht abgeschlossen ist, kann K1 keine vorgezogene Teilung der Reinerträge verlangen. Dies wäre nur möglich, wenn die Auseinandersetzung durch letztwillige Verfügung von Todes wegen für ein Jahr ausgeschlossen worden wäre. Allein die Verzögerung der Auseinandersetzung für ein Jahr oder länger gewährt keinen Anspruch auf vorzeitige Verteilung der Früchte (s. auch noch oben Rn. 125).

2. *Verwaltung und Benutzung von Nachlassgegenständen, § 2038 Abs. 2 Satz 1 i.V.m. §§ 743 Abs. 2, 745 BGB*

130 §§ 2038 Abs. 2, 743 Abs. 2 BGB gewähren jedem Miterben ein selbstständiges **Recht zum Besitz** an den Nachlassgegenständen. Der Miterbe muss etwaigen Widerspruch nicht erst durch Klage brechen.[274] So wie § 743 Abs. 1 BGB sich auf die Regelung der *Beteiligung* beschränkt, regelt § 743 Abs. 2 BGB lediglich das *Maß* des Gebrauches, nicht jedoch die *Art* und *Weise*.[275] Auch hier gilt: **Art und Weise des Gebrauchs** werden **durch Mehrheitsbeschluss geregelt**. Im Rahmen der von den Miterben getroffenen Regelung über die Art und Weise der Nutzung bestimmt dann § 743 Abs. 2 BGB, dass jeder Miterbe insoweit zum Gebrauch berechtigt ist. Ein Miterbe kann einen **Ausgleich** in Geld für Benachteilungen bei der Nutzung nur dann verlangen[276] wenn eine entsprechende – auch stillschweigende[277] – Benutzungsvereinbarung vorliegt, oder ein Antrag auf gerichtliche Entscheidung gem. § 745 Abs. 2 BGB[278] gestellt wurde, oder die Miterben den Gebrauch hartnäckig verweigern.[279] Allein der Umstand,

---

272 Staudinger/*Werner*, § 2038 Rn. 43.
273 Staudinger/*Werner*, § 2038 Rn. 43.
274 BGH WM 1978, 1012, 1013.
275 MünchKomm/*Schmidt*, § 743 Rn. 9.
276 BGH WM 1978, 1012, 1013.
277 BGH NJW 1986, 1340, 1341.
278 BGH NJW 1986, 1340, 1341.
279 BGH NJW 1966, 1707, 1708.

dass ein Miterbe von seinem Recht gem. § 743 Abs. 2 BGB keinen Gebrauch macht, gewährt ihm noch keinen Ersatzanspruch gegen die übrigen Miterben.[280] Eine **Nutzungsentschädigung** steht dem Miterben daher frühestens ab dem Zeitpunkt zu, ab dem er gem. § 745 Abs. 2 BGB eine Neuregelung von Verwaltung und Benutzung verlangen kann und auch tatsächlich mit hinreichender Deutlichkeit verlangt hat.[281] Im Gegensatz zur Regelung in § 743 Abs. 1 BGB über den Anteil an Früchten und Nutzungen, kann die Mehrheit der Erben für die Verwaltung nach § 745 Abs. 1 BGB eine von § 743 Abs. 2 BGB **abweichende Regelung** treffen.[282]

> **Beispiel (Lösung Frage 2):**
> Die von K2 bewohnte ETW ist in den Nachlass gefallen. Hat K2 bisher an E eine Miete gezahlt, so ist sie auch weiterhin verpflichtet, diese Miete zu zahlen – nunmehr an die Erbengemeinschaft. Sie darf die Miete auch nicht um ihren Anteil am Nachlass (1/4) kürzen: Inhaber der gesamthänderisch gebundenen Forderung ist die Erbengemeinschaft, über die ein Miterbe auch nicht teilweise zu seinen Gunsten verfügen darf.
> Wohnte K2 bisher mietfrei, kommt es auf die Regelungen an, die sie mit E getroffen hatte; bspw. könnte die Mietfreiheit eine Gegenleistung des E zugunsten der K2 gewesen sein. Hieran müssen sich K1 und F eventuell dann festhalten lassen, da sie in die Rechtsposition des E eingetreten sind.

131

Nach § 745 BGB wird die **Verwaltung** und **Benutzung von Nachlassgegenständen** durch Beschluss der Erbengemeinschaft geregelt. Bei der Abstimmung ist jeder Miterbe stimmberechtigt. Für minderjährige, abwesende oder sonst an der Stimmabgabe verhinderte Erben bedarf es keines Pflegers, Vertreters u.ä., wenn auch ohne diese Erben eine Mehrheit zustande kommt.[283] Bei **Interessenwiderstreit in eigenen Angelegenheiten** hat der Miterbe kein Stimmrecht,[284] bspw. wenn es um Ansprüche aus § 666 BGB gegen einen Miterben oder um die Entscheidung über die Entnahme von Aktien zum Zweck der Begleichung einer Forderung des Miterben[285] geht. Allerdings führt nicht jede Interessenkollision zum **Verlust des Stimmrechts**: So ist der Gesellschafter einer GmbH nicht vom Stimmrecht ausgeschlossen, wenn er zugleich Mitglied einer Erbengemeinschaft ist, die über den Abschluss eines Geschäftes mit der GmbH abstimmt.[286]

132

§ 745 Abs. 1 BGB ergänzt die Regelung des § 2038 Abs. 1 Satz 2 1. HS BGB. Erst aufgrund dieser Verweisung ergibt sich das Prinzip der Entscheidung durch Mehrheitsbeschluss bei ordnungsgemäßen Verwaltungsmaßnahmen. Aus § 745 Abs. 1 Satz 2 BGB ergibt sich, dass es nicht auf eine Mehrheit nach Köpfen ankommt, sondern auf die **Höhe** der **Erbquote** an der Gemeinschaft. Auf die „Werthaltigkeit" der Erbquote kommt es nicht an. Stimmberechtigt bleibt daher auch der Miterbe, der aufgrund von Vorempfängen oder Schadensersatzansprüchen bei der Auseinandersetzung nichts mehr zu erwarten hat.[287] In Betracht kommt hier eventuell eine rechtsmissbräuchliche

133

---

280 BGH NJW-RR 1993, 386, 387.
281 BGH NJW 1986, 1339.
282 BGH NJW 1995, 267, 268.
283 Staudinger/*Werner*, § 2038 Rn. 33.
284 BGHZ 56, 47, 53 = NJW 1971, 1265; OLG Nürnberg ZErb 2001, 148, 150; Staudinger/*Werner*, § 2038 Rn. 36.
285 BGH WM 1973, 360, 361.
286 BGHZ 56, 47, LS b) u. S. 53 f. = NJW 1971, 1265.
287 MünchKomm/*Dütz*, § 2038 Rn. 35.

Stimmausübung, falls der Miterbe den Interessen der Erbengemeinschaft grob zuwider handelt.[288]

134 Bei **Erben,** die zu **je 1/2-Anteil** an der Erbengemeinschaft beteiligt sind, gibt es keine Mehrheit. Wenn ein Erbe einen Anteil von mehr als 50 Prozent an der Erbengemeinschaft hat, beherrscht er vorbehaltlich des Rechtsmissbrauchs die Erbengemeinschaft. Die Minderheit in der Erbengemeinschaft wird durch das Recht geschützt, jederzeit die Auseinandersetzung zu verlangen, § 2042 BGB.[289] Der **überstimmte Miterbe** kann **Feststellungsklage** erheben, wenn er der Auffassung ist, dass kein Fall der ordnungsgemäßen Verwaltung vorliegt. Den Vollzug des Mehrheitsbeschlusses kann er ggf. durch eine einstweilige Verfügung blockieren.[290] Jeder Miterbe ist vor der Beschlussfassung **anzuhören,** insb. die Minderheiten. Ein Verstoß hiergegen führt zwar nicht zur Unwirksamkeit des Beschlusses, begründet aber möglicherweise Schadensersatzansprüche.[291] Die Beschlussfassung selbst kann formlos oder auch im schriftlichen Umlaufverfahren erfolgen.[292]

135 Jeder Miterbe hat **Anspruch auf** eine **Regelung** der Verwaltung und Benutzung, die billigem Ermessen entspricht. Eine gerichtliche Entscheidung ist nur dann zulässig, wenn durch die Erbengemeinschaft weder eine Vereinbarung noch ein Beschluss getroffen wurde, der billigem Ermessen entspricht.[293] Liegt eine derartige Regelung vor, kommt ein Anspruch auf (Neu-)Regelung oder eine gerichtliche Änderung nur in Betracht, wenn sich die Umstände seit der Regelung wesentlich geändert haben[294] oder wenn eine getroffene Regelung in einem bestimmten Punkt lückenhaft ist.[295]

136 Wird eine Regelung begehrt, die nicht billigem Ermessen und vernünftiger Interessenabwägung i.S.v. § 745 Abs. 2 BGB entspricht, muss die Klage abgewiesen werden, ohne dass auf eine interessengerechte Maßnahme nach dem Ermessen des Richters erkannt werden könnte.[296] Auch Verfügungen über Eigentumsrechte können eine ordnungsgemäße Verwaltung darstellen und unter § 745 Abs. 2 BGB fallen, wenn die begehrte Regelung nach billigem Ermessen dem Interesse der Miterben entspricht und die Grenze des § 745 Abs. 3 BGB wahrt, insb. eine übermäßige finanzielle Belastung des Anspruchsgegners vermieden wird.[297] Bei der Abwägung muss das Gericht die konkreten Verhältnisse und die bisherige Bestimmung und Benutzung berücksichtigen sowie die Interessen der Beteiligten gegeneinander abwägen.[298] Diese Entscheidung ist bereits in der **Berufungsinstanz** lediglich darauf zu überprüfen, ob sie auf grundsätzlich falschen oder offenbar unsachlichen Erwägungen beruht oder ob wesentliche Tat-

---

288 MünchKomm/*Dütz*, § 2038 Rn. 35.
289 MünchKomm/*Dütz*, § 2038 Rn. 35.
290 OLG Nürnberg ZErb 2001, 148, 150.
291 BGHZ 56, 47, 56 = NJW 1971, 1265; a.A. (fehlende Anhörung führt zur Unwirksamkeit bzw. Nichtigkeit) MünchKomm/*Schmidt*, §§ 744, 745 Rn. 16 u. 27.
292 MünchKomm/*Schmidt*, §§ 744, 745 Rn. 16; Palandt/*Sprau*, § 745 Rn. 1.
293 BGH FamRZ 1992, 50, 51.
294 BGH FamRZ 1992, 50 (der von der Redaktion dort verfasste LS Nr. 2 dieser Entscheidung ist daher unvollständig); BGH NJW 1993, 3326, 3327; BGH NJW 1961, 1299, 1301 (Kündigung der einem Miterben übertragenen Verwaltung bei Vorliegen eines wichtigen Grundes).
295 MünchKomm/*Schmidt*, §§ 744, 745 Rn. 29.
296 BGH NJW 1993, 3326, 3327.
297 BGH NJW 1987, 3177 u. LS 1.
298 BGH FamRZ 1992, 50, 51.

sachen außer acht gelassen worden sind.²⁹⁹ Die Feststellungen des Gerichts müssen so umfassend erfolgen, dass eine Überprüfung anhand dieser Maßstäbe durch das Rechtsmittelgericht ermöglicht wird.³⁰⁰ Ein Miterbe kann von den anderen Miterben eine **Vergütung** für die **Gebrauchsüberlassung** verlangen, wenn er selbst den Nachlassgegenstand ohne eigenes Verschulden nicht ebenso wie die anderen Miterben nutzen kann.³⁰¹

Der **Klageantrag** ist auf Einwilligung zu einer bestimmten Verwaltungs- und Benutzungsregelung zu richten.³⁰² Verklagt werden die widersprechenden Miterben. Das Gericht hat dann zu prüfen, ob die bisherige Regelung nicht billigem Ermessen entspricht und die Neuregelung diesen Anforderungen genügt.³⁰³

137

Eine für die Miterben einschneidende Veränderung der Gestaltung oder Zweckbestimmung („**wesentliche Veränderung**", § 745 Abs. 3 BGB) kann weder beschlossen noch verlangt werden. Auch kann das Recht auf Nutzungen des einzelnen Miterben entsprechend seinem Erbteil am Nachlass nicht durch die Mehrheit der Erbengemeinschaft eingeschränkt werden, vgl. § 745 Abs. 3 Satz 2 BGB.

138

Beispiel (Lösung Frage 1):
Gegenüber F müssen K1 und K2 ihren Anspruch auf Nutzungsentschädigung wegen des von F allein bewohnten EFH ausdrücklich geltend machen. K1 und K2 werden jedoch keinen Anspruch auf eigene Nutzung des EFH haben, da dieses Verlangen wohl keine *„dem billigen Ermessen entsprechende Verwaltung und Benutzung"* darstellt, vgl. § 745 Abs. 2 BGB.

139

VI. Tragung der Kosten und Lasten bei laufender Verwaltung, § 2038 Abs. 2 i.V.m. § 748 BGB

Die Erbengemeinschaft hat die Lasten des Gesamthandsvermögens, einzelner Nachlassgegenstände, Verwaltungs- und Erhaltungskosten sowie Auslagen für eine *gemeinsame* Benutzung von Erbschaftsgegenständen **im Verhältnis ihrer Erbquoten** zu tragen.³⁰⁴ Dies bestimmt § 748 BGB auf den § 2038 Abs. 2 BGB verweist. Die Verpflichtung ist zunächst auf das im Nachlass vorhandene Vermögen beschränkt, wobei auch **keine Vorschusspflicht** der Miterben besteht.³⁰⁵ Der Aufwendungsersatzanspruch ist mit seinem Entstehen fällig.³⁰⁶ Dem Ersatzanspruch von Kosten, die der Verwaltung und Erhaltung des Nachlasses dienen, kann nicht der Einwand der unzulässigen Teilauseinandersetzung entgegengehalten werden.³⁰⁷ Die Kosten einer auch nur für *einen* Miterbenanteil angeordneten **Testamentsvollstreckung** sind gemeinschaftliche Kosten der Verwaltung und von der *gesamten* Erbengemeinschaft zu tragen.³⁰⁸ Klagt der Testamentsvollstrecker eines Miterben gegen einen anderen Miterben und verliert die-

140

---

299 Vor der ZPO-Reform war der Prüfungsmaßstab erst in der Revisionsinstanz insoweit eingeschränkt: BGH FamRZ 1992, 50, 51.
300 BGH FamRZ 1992, 50, 51.
301 Für den Sonderfall des aus einer Miterben-OHG ausscheidenden Miterben: BGH NJW 1984, 45, 46.
302 MünchKomm/*Schmidt*, §§ 744, 745 Rn. 32 m.w.N.
303 MünchKomm/*Schmidt*, §§ 744, 745 Rn. 32.
304 MünchKomm/*Dütz*, § 2038 Rn. 66.
305 Staudinger/*Werner*, § 2038 Rn. 42.
306 BGH WM 1975, 196, 197.
307 OLG Köln OLGR 1996, 153, 155.
308 BGH MDR 1997, 502, LS u. 503.

sen Prozess, so sind die Prozesskosten von der Erbengemeinschaft einschließlich der des Prozessgegners zu tragen.[309]

141 § 748 BGB ist auch anwendbar, wenn die Erbengemeinschaft mittlerweile auseinandergesetzt worden ist, aber ein regressberechtigter Miterbe i.R.d. Auseinandersetzung gem. §§ 2042 Abs. 2, 755 BGB keine Befriedigung erlangt hat.

142 Nicht zu den Verwaltungskosten gehören Aufwendungen, die eine – auch wertsteigernde – Veränderung eines Nachlassgegenstandes verursachen und eine über die bisher beschlossene Gebrauchsbestimmung hinausgehende Nutzung ermöglichen sollen.[310] Kosten für **Erhaltungsmaßnahmen**, die während der Dauer der Erbengemeinschaft erforderlich geworden, aber nicht ausgeführt worden sind, fallen nicht unter § 748 BGB. Ein etwaiger Minderwert des Nachlassgegenstandes wird dann bei der Teilung berücksichtigt.[311] Ebenfalls nicht zu den Verwaltungskosten gehört ein **Tätigkeitsentgelt** oder eine sonstige Vergütung für eigene Tätigkeiten eines Miterben: Zeitaufwand und Arbeitskraft sind keine Kosten.[312] Miterben können mithin – entgegen einer häufig gänzlich anderen Erwartungshaltung der Mandanten – grundsätzlich kein Entgelt für Tätigkeiten für die Erbengemeinschaft i.R.d. Verwaltungstätigkeit verlangen. Soweit eine entgeltliche Tätigkeit Dritter üblich und nach dem Verhältnis der Miterben zu erwarten gewesen wäre, kann u.U. aus **Geschäftsführung ohne Auftrag** und mithin aus § 683 BGB ein Anspruch auf Ersatz von Aufwendungen hergeleitet werden.[313]

143 **Praxishinweis:**
Für eine **erfolgreiche Vertretung** eines Miterben bei der Auseinandersetzung der Erbengemeinschaft kommt es maßgebend darauf, sowohl auf passive als auch auf „zu aktive" Miterben unverzüglich und konsequent zu reagieren. Nur so kann eine Benachteiligung des Mandanten verhindert werden. So ist ein Miterbe, der einen Nachlassgegenstand eigenmächtig in Besitz nimmt und nutzt, unverzüglich aufzufordern, dem Mandanten entweder Mitbesitz einzuräumen oder aber eine Nutzungsentschädigung zu zahlen. Diese Fallkonstellation kommt in der Praxis vor allen Dingen vor, wenn eine zum Nachlass gehörende Immobilie von einem oder einigen Erben genutzt wird, ohne dass sich die Erben hierüber gem. § 2038 Abs. 2 Satz 1 i.V.m. § 745 Abs. 2 BGB verständigt haben[314].

---

309 BGH MDR 2003, 1116.
310 MünchKomm/*K. Schmidt*, § 748 Rn. 8.
311 MünchKomm/*K. Schmidt*, § 748 Rn. 10.
312 MünchKomm/*K. Schmidt*, § 748 Rn. 9; in einem nicht veröffentlichten Urt. des BGH v. 24./27.01.1975 – IV ZR 33/73 –, zitiert nach *Johannsen*, WM 1977, 270, 271 hatten die Erben die Fortführung eines zum Nachlass gehörenden Unternehmens untereinander aufgeteilt; während ein Erbe die „technische Verrichtung" selbst vornahm, bediente sich der andere Erbe für die ihm übertragene „Buchhaltung" der Hilfe seiner Ehefrau; in dieser Konstellation hat der BGH dem Miterben der für die „technische Verrichtung" zuständig war (also selbst tätig wurde) eine „angemessene Vergütung" aus dem Nachlass zugestanden.
313 MünchKomm/*K. Schmidt*, § 748 Rn. 9.
314 Sehr instruktiv zu diesem Themenkreis und mit praxisnahen Hinweisen und Formulierungsvorschlägen: Frieser, Anwaltliche Strategien im Erbschaftsstreit, Rn. 322 ff., hier: Rn. 347 ff.

G. Surrogation von Rechten und Gegenständen, § 2041 BGB

I. Allgemeines

Die **dingliche Surrogation** ist in § 2041 BGB für die Erbengemeinschaft geregelt. Es handelt sich um eine erbrechtliche Besonderheit, die außerdem noch in § 2019 BGB für den Erbschaftsanspruch und § 2111 BGB für die Vor- und Nacherbfolge normiert ist: Sie führt im Falle des § 2041 BGB zu einer unmittelbaren Ersetzung der Nachlassgegenstände durch den Ersatzgegenstand und bewahrt nach der ratio legis die Miterben und Nachlassgläubiger vor einer Verringerung des Nachlassvermögens. Eine **Mitwirkung** der Erben ist **nicht** erforderlich: Der Ersatzgegenstand wird vielmehr ohne Zutun der Miterben Gegenstand des gesamthänderisch verbundenen Vermögens der Erbengemeinschaft.

144

Die Auswirkungen von § 2041 BGB werden in der Praxis häufig übersehen.[315] Die unmittelbare Ersetzung hat den Zweck,
– die realen Werte des Vermögens der Erbengemeinschaft zu **binden**
– den Nachlass im Interesse der Miterben und der Nachlassgläubiger über alle Wechsel der zu ihm gehörenden konkreten Bestandteile hinweg **zusammenzuhalten** und
– für den Zweck des Sondervermögens zu **reservieren**.

145

Dies wird dadurch erreicht, dass

146

> „die im Laufe der wirtschaftlichen Entwicklung des Sondervermögens eintretenden Änderungen im konkreten Bestand seiner Einzelteile unter bestimmten Voraussetzungen in den vom Gesetz geordneten Surrogationsfällen kraft Gesetzes auch zu einer entsprechenden rechtlichen (dinglichen) Zuordnung der Ersatzstücke (Surrogate) zu dem Sondervermögen und seinen Trägern führen".[316]

Dahinter steht der Gedanke, dass der *Wert* des Sondervermögens und nicht seine konkrete *Erscheinungsform* das Ausschlaggebende ist. Wenn der Wert des Ganzen erhalten bleiben soll, muss daher jeder Umsatz einzelner Bestandteile des Vermögens und der darin liegende Abfluss realer Werte durch die rechtliche Neuzuordnung eben derjenigen konkreten Ersatzgegenstände zum Nachlass ausgeglichen werden, in die die abgeflossenen Werte eingegangen sind.[317]

147

II. Gegenstand der Surrogation

Die möglichen Gegenstände der Surrogation werden durch § 2041 BGB bestimmt. Die Formulierung des § 2041 BGB ist offen („*Was ... erworben wird*"). Jedenfalls können
– verkörperte Gegenstände und
– Forderungen[318]
durch ein Surrogat ersetzt werden.

148

Um einen umfassenden Schutz der Miterben und Nachlassgläubiger zu gewährleisten, hat der BGH aber auch entschieden, dass

149

---

315 S. hierzu auch unten Rn. 163.
316 BGH NJW 1990, 514, 515.
317 BGH NJW 1990, 514, 515.
318 Folgt ausdrücklich aus § 2041 Satz 2 BGB.

- nichtübertragbare Rechte sowie
- nichtübertragbare Rechtsstellungen

ebenfalls Erwerbsgegenstand einer Surrogation sein können. Seine gegenteilige Auffassung hat der BGH ausdrücklich aufgegeben.[319]

III. Formen der Surrogation

1. Rechtssurrogation

150 Die erste Alternative von § 2041 BGB regelt den Surrogationserwerb für den Fall der Rechtssurrogation. Der Begriff des „Rechts" ist weiter als der des Anspruches i.S.v. § 194 BGB. Neben den unmittelbaren schuldrechtlichen und sachlichen **Ansprüchen** sind die Früchte i.S.v. § 99 Abs. 2 BGB ebenfalls mit umfasst. Aber auch Rechte, die nicht gleichzeitig Ansprüche sind, fallen unter die 1. Alt. Dies sind namentlich **Gestaltungsrechte** (wie Anfechtung, Kündigung, Rücktritt, Widerruf), **absolute Rechte** (wie Eigentum, Persönlichkeitsrecht und Urheberrecht), und das **Recht zum Besitz** (§ 986 BGB).

151 Es ist gleichgültig, ob die ursprüngliche Rechtsposition dem Zivilrecht oder dem öffentlichen Recht entstammt.[320] Soweit es um einen Erwerb aufgrund eines rechtsgeschäftlich begründeten Anspruches geht, kommt die *Rechts*surrogation nur in Betracht, soweit das Rechtsgeschäft noch vom Erblasser selbst abgeschlossen worden und damit der bereits entstandene Anspruch in den Nachlass gefallen ist. Wird das Rechtsgeschäft hingegen erst von einem oder mehreren Miterben getätigt, können die Voraussetzungen einer *Beziehungs*surrogation erfüllt sein.[321]

2. Ersatzsurrogation

152 Die zweite Alternative von § 2041 BGB regelt den Surrogationserwerb für den Fall der Ersatzsurrogation. Hierunter fallen die **Leistungen aufgrund** von **Schadensersatzansprüchen** *„für Zerstörung, Beschädigung oder Entziehung eines Nachlassgegenstandes"* nach dem Erbfall (sonst Rechtssurrogation). Dies sind bspw. Ersatzansprüche gegen den **Testamentsvollstrecker**, wenn der Schaden in einer Verminderung des Nachlasswertes besteht.[322] Ist der Schaden jedoch auf Fehler des Testamentsvollstreckers bei der Auseinandersetzung zurückzuführen, so handelt es sich um Ansprüche, die dem oder den betroffenen Miterben einzeln zustehen.[323] Verletzt ein **Notar** bei der Beurkundung eines Rechtsgeschäfts, das sich auf einen Nachlass bezieht, fahrlässig die ihm gegenüber den Miterben obliegende Amtspflicht, gehört der Schadensersatzanspruch gegen den Notar ebenfalls zum Nachlass, wenn die Miterben nicht auf andere Weise Ersatz zu erlangen vermögen.[324]

---

319 S. hierzu im Einzelnen unten Rn. 161.
320 Staudinger/*Werner*, § 2041 Rn. 4.
321 MünchKomm/*Dütz*, § 2041 Rn. 7 sowie unten Rn. 154.
322 RGZ 138 ,132, 134.
323 RGZ 138 ,132, 134.
324 BGH NJW 1987, 434.

> **Beispiel (Lösung Frage 8):**
> Die Versicherungsleistung wurde für eine Beschädigung nach dem Erbfall bezahlt und fällt durch Ersatzsurrogation in den Nachlass. Die F muss die Ersatzleistung an die Erbengemeinschaft auskehren.

153

3. Beziehungssurrogation (Mittelsurrogation)

Die dritte Alternative des § 2041 BGB regelt den Surrogationserwerb für den Fall der Beziehungssurrogation. Anders als §§ 2019, 2111 BGB spricht die dritte Alternative nicht davon, dass der Gegenstand „mit Mitteln des Nachlasses" (Mittelsurrogation) erworben wurde; vielmehr muss sich das Rechtsgeschäft hier auf den Nachlass *beziehen*.

154

Vielfach diskutiert ist die Frage, ob der Unterschied im Wortlaut auch einen Unterschied bzgl. der rechtlichen Voraussetzungen zur Folge hat.[325] Neben der **objektiven Voraussetzung** der Mittelsurrogation, also dass der Gegenstand mit Mitteln des Nachlasses erworben sein muss, ist nach einer Auffassung noch eine subjektive Voraussetzung erforderlich. Es wird dann weiter differenziert, ob *subjektive* Kriterien allein ausreichend sein können oder neben objektive Kriterien treten können. Ein **Beispiel** ist der Erwerb von Nachlassgegenständen ohne Einsatz von Mitteln aus dem Nachlass (kein objektives Kriterium) durch einen Miterben mit dem Willen, es für den Nachlass zu erwerben (subjektives Kriterium).

155

Wie *Dütz* überzeugend darlegt, spricht nichts dafür, dass der Gesetzgeber bewusst zwischen der Beziehungs- und Mittelsurrogation unterschieden hat und der Beziehungssurrogation noch ein subjektives Element hinzufügen wollte.[326] Der Schutzzweck der Norm (Werterhaltung des Nachlasses für Nachlassgläubiger *und* Miterben) erfordert es nicht, dass beim bloßen *Wollen* etwas für den Nachlass zu erwerben der Gegenstand kraft „unmittelbarer Ersetzung" zum Nachlassvermögen gehört. Denn hier wird nichts „ersetzt", selbst wenn ein Miterbe sich das vorstellt: Wenn keine Nachlassmittel eingesetzt werden, brauchen sie auch nicht ersetzt werden oder mit weniger Worten: Wo nichts war, kann nichts ersetzt werden. Würden subjektive Kriterien genügen, könnte ein Miterbe die Erbengemeinschaft gegen ihren Willen „bereichern", was einem Grundsatz des Privatrechts widerspräche.[327] Könnte ein Miterbe lediglich „kraft seines Willens" (subjektive Seite) für den Nachlass erwerben, würden die Vorschriften zur Verwaltung (§ 2038 BGB) ausgehöhlt werden.

156

Etwas anderes gilt erst dann, wenn dem handelnden Erben seine **privat eingesetzten Mittel** aus dem Nachlass **erstattet** werden, denn dann wurden zum Erwerb wieder Mittel des Nachlasses eingesetzt, so dass es auf eine subjektive Seite nicht ankommt.[328]

157

Eine Beziehung i.S.d. dritte Alternative liegt unstreitig aber jedenfalls vor, wenn der Gegenstand durch **Mittelsurrogation** erworben worden ist. Es ist dann unerheblich,

158

---

325 Zum Meinungsstand ausführlich: MünchKomm/*Dütz*, § 2041 Rn. 13 ff.; a.A. z.B.: Palandt/*Edenhofer*, § 2041 Rn. 3, der ohne weitere Begründung auch subjektiven Willen für den Nachlas zu handeln verlangt.
326 MünchKomm/*Dütz*, § 2041 Rn. 27.
327 MünchKomm/*Dütz*, § 2041 Rn. 27.
328 MünchKomm/*Dütz*, § 2041 Rn. 26.

ob der Miterbe, der Testamentsvollstrecker oder/und der Geschäftspartner einen Erwerb „für" den Nachlass beabsichtigten oder gar ausschließen wollten.[329]

159 **Beispiel:**
Die Verpachtung eines zum Nachlass gehörenden Gewerbebetriebs „beruht auf Nachlassmitteln", so dass der Pachtzins selbst dann zum Nachlass gehört, wenn der handelnde Miterbe die Verpachtung im eigenen Namen vorgenommen hatte, um den Pachtzins für sich zu behalten.[330]

IV. Rechtsfolgen

1. Allgemeines

160 § 2041 Satz 1 BGB bestimmt die **unmittelbare Ersetzung** der ausgegebenen Mittel durch den erworbenen Gegenstand. Es bedarf hierzu weder eines besonderen Übertragungsaktes noch ist ein möglicherweise entgegenstehender Wille der Miterben beachtlich: Der erworbene Gegenstand wird **ohne Durchgangserwerb** beim handelnden Miterben zum Bestandteil des gesamthänderischen Vermögens der Erbengemeinschaft. Die Miterben bzw. Nachlassgläubiger als geschützte Personen des § 2041 BGB sind mithin nicht darauf angewiesen, erst schuldrechtliche Ansprüche durchzusetzen, um den Ersatzgegenstand zum Nachlassvermögen „zu ziehen".

161 Aus diesem Grund hat der BGH auch seine Meinung aufgegeben, wonach ein nichtübertragbares Recht oder eine nichtübertragbare Rechtsstellung nicht Gegenstand einer Surrogation sein könne, sondern statt dessen ein etwa an die Stelle tretender *schuldrechtlicher* Ausgleichsanspruch: Diese Auffassung würde den durch § 2041 BGB beabsichtigten Schutz der Miterben und Nachlassgläubiger aushöhlen, da Miterben lediglich Nachlassgegenstände in nichtübertragbares Recht oder eine nichtübertragbare Rechtsstellung tauschen müssten, um sich der gesetzlichen Folge des § 2041 BGB zu entziehen. Die dingliche Sicherung würde sich ohne zwingende Sachgründe zu einem bloß persönlichen ungesicherten Geldanspruch „verflüchtigen".[331] Darüber hinaus wird das Risiko einer Pfändung des Erworbenen beim handelnden Miterben (wegen dessen Eigenverbindlichkeiten) ausgeschlossen. Die Ersetzung tritt auch ein, wenn eine Person, die **nicht Miterbe** ist, eine der Surrogationsalternativen verwirklicht. Der Gesetzestext ist hier bewusst offen formuliert worden.[332] § 2041 BGB ist mithin nicht auf Handlungen und Rechtsgeschäfte der Miterben beschränkt.[333]

162 Durch den Verweis auf § 2019 Abs. 2 BGB in § 2041 Satz 2 BGB wird der **Schuldner einer Forderung** geschützt: Solange der Schuldner keine Kenntnis von der Ersetzung einer Forderung hat, kann er weiterhin mit befreiender Wirkung an den „alten" Gläubiger leisten.

163 § 2041 BGB ist eine häufig übersehene Vorschrift. Nicht selten wird zwischen den Parteien der Erbengemeinschaft heftig darüber gestritten, ob bspw. ein Miterbe einen

---

329 BGH NJW 1968, 1824 (der Senat hat ausdrücklich offengelassen, ob in dieser Konstellation nicht bereits ein Fall der 1. Alternative – Erwerb aufgrund eines zum Nachlas gehörenden Rechts – vorliegt); OLG Hamm ZEV 2001, 275; Staudinger/*Werner*, § 2041 Rn. 6 m.w.N.
330 BGH NJW 1968, 1824.
331 BGH NJW 1990, 514, 515 (Aufgabe der Rspr. aus dem Urt. des IV. ZS des BGH NJW 1977, 433).
332 Prot. V 867, zit. nach *Mugdan*.
333 Staudinger/*Werner*, § 2041 Rn. 10.

Nachlassgegenstand einfach „eigenmächtig" veräußern durfte (soweit verfügt wurde natürlich nicht, § 2040 BGB) und er den Erlös als „vorweggenommene Teilauseinandersetzung" schon einmal „für sich behalten" darf. Es bedarf hier keiner langen Diskussionen, dass der handelnde Miterbe *nicht* verfügen durfte. Ebenso wenig muss aber darüber diskutiert werden, dass der Veräußerungserlös Vermögen der gesamthänderisch gebundenen Erbengemeinschaft ist und der handelnde Erbe daher den Erlös auch der Gesamthand zur Verfügung stellen muss. Handelt es sich um einen *Gegenstand*, können die Miterben **Einräumung des Mitbesitzes** gem. § 866 BGB verlangen, da der handelnde Miterbe gem. § 872 BGB als Eigenbesitzer besitzt. Es wird auch zu prüfen sein, ob der Geschäftspartner aufgrund § 2039 Satz 1 1. Alt. BGB überhaupt mit befreiender Wirkung geleistet hat. Wurde der „eigenmächtig" handelnde Miterbe – fälschlich – im Grundbuch als Alleineigentümer eingetragen, so haben die Miterben einen Grundbuchberichtigungsanspruch gem. § 894 BGB.

2. Kettensurrogation

Die Ersetzung ist nicht auf einen Vorgang beschränkt. Vielmehr gilt § 2041 BGB uneingeschränkt auch in Fällen der Doppel- oder Kettensurrogation.[334] Somit kann auch noch nach Jahren ggf. ein Grundbuchberichtigungsanspruch gem. § 894 BGB geltend gemacht werden (keine Verjährung, § 898 BGB).

Beispiel:[335]
Einer von zwei Erben wurde 1924 als Alleineigentümer eines Grundstückes eingetragen, dass mit dem Erlös aus dem Verkauf eines Nachlassgrundstückes erworben worden war. Aufgrund der unmittelbaren Ersetzung durch § 2041 BGB sind beide Erben gem. § 47 GBO in Erbengemeinschaft in das Grundbuch einzutragen, auch wenn der Berichtigungsanspruch erst 1992 geltend gemacht wird (keine Verjährung des Berichtigungsanspruches, § 898 BGB).
Dies ist die einzige Möglichkeit, wie ein Grundstück durch eine Erbengemeinschaft in Erbengemeinschaft erworben werden kann.

3. Gutgläubiger Erwerb

Auch beim Erwerb durch Surrogation gelten die Vorschriften der §§ 932 ff. BGB über den **gutgläubigen Erwerb** vom Nichtberechtigten.[336] Ist mithin der handelnde Miterbe bösgläubig, so ist ein gutgläubiger Erwerb durch die Erbengemeinschaft ausgeschlossen.

4. Verhältnis zur dinglichen Surrogation nach §§ 2019, 2111 BGB

Beim Surrogationserwerb des Erbschaftsbesitzers gilt § 2019 BGB, beim Vorerben § 2111 BGB. Ist jedoch der Vorerbe Miterbe der Erbengemeinschaft, so gilt im Verhältnis zu den übrigen Miterben § 2041 BGB und im Verhältnis zum Nacherben § 2111 BGB.[337]

---

334 BGH ZEV 2000, 62.
335 Nach BGH ZEV 2000, 62.
336 Palandt/*Edenhofer*, § 2041 Rn. 4.
337 MünchKomm/*Dütz*, § 2041 Rn. 2.

5. Entsprechende Anwendung von § 2041 BGB

167 Eine entsprechende Anwendung von § 2041 BGB muss dort erfolgen, wo anders ein Schutz des als Sondervermögen vorhandenen Nachlassvermögens zugunsten der Nachlassgläubiger bzw. Erben nicht erreicht werden kann. Dies ist bei der **Testamentsvollstreckung** der Fall, da hier der Nachlass gesondert vom übrigen Vermögen der oder des Erben der Verwaltung durch den Testamentsvollstrecker unterliegt. Unerheblich ist hierbei, ob der Nachlass einem oder mehreren Erben zusteht.[338]

168 Bei **Nachlassverwaltung**, **Nachlassinsolvenz** und **Nachlasspflegschaft** wird § 2041 BGB **nicht** analog angewandt, da durch die amtliche Anordnung und Überwachung der Fremdverwaltung ein ausreichender Schutz der Interessen der Erben und Nachlassgläubiger gewährleistet ist.[339] Im Rahmen der **Nachlassverwaltung** sind die spezielleren Vorschriften der § 1985 Abs. 2 Satz 2 i.V.m. § 1978 Abs. 2 BGB zu beachten. **Ersatzansprüche** gegen den Nachlasspfleger fallen aufgrund einer analogen Anwendung des § 2041 BGB in den Nachlass.[340]

V. Prozessführung

1. Feststellungsklage

169 Ist zwischen den Miterben streitig, ob ein Gegenstand als Surrogat zum Sondervermögen der Erbengemeinschaft gehört, so kann diese Frage im Rahmen einer Feststellungsklage im Vorfeld der Auseinandersetzung der Erbengemeinschaft geklärt werden. Dies ist nach der Rspr. des BGH zulässig, auch wenn eine Leistungsklage grundsätzlich möglich wäre.[341] Mehrere streitige Punkte können hier auch in einer Klage zusammengefasst werden. Dieser Weg ist im Gegensatz zur Teilungsklage stets der kostengünstigere und weniger risikobehaftete Weg.

2. Beweislast

170 Für den Fall der Surrogation beim Vorerben hat der BGH entschieden, dass die **Darlegungs- und Beweislast** für die Ersetzung beim Nacherben liegt. Der BGH räumt zwar ein, dass dies für den Nacherben mit großen Schwierigkeiten verbunden sei, insb. dann, wenn er sein Recht auf Erstellung eines Verzeichnisses (§ 2121 BGB) nicht wahrgenommen hat. Im entschiedenen Fall kam noch hinzu, dass der Vorerbe befreit war und sich mit Verbrauch (statt der vom Nacherben behaupteten Ersetzung) verteidigt hatte. Der Fall lässt sich auf die Surrogation gem. § 2041 BGB **nicht übertragen**. Bei § 2111 BGB liegt es einerseits in der Hand des Erblassers durch die Anordnung der befreiten Vorerbschaft, den Nachlass der Gefahr des völligen Verbrauchs auszusetzen und andererseits in der Hand des Nacherben, wenigstens den Anfangsbestand durch Verzeichnis feststellen zu lassen, § 2121 BGB. Diese Möglichkeiten hat der Miterbe jedoch nicht. Er kann weder von den übrigen Miterben verlangen, ein Nachlassverzeichnis allein zum Zweck der Feststellung des Anfangsbestandes erstellen zu lassen; noch wäre es dem Erblasser möglich, durch testamentarische Anordnungen, einzelne oder auch alle Miterben indirekt von der Rechtsfolge des § 2041 BGB freizustel-

---

338 Staudinger/*Werner*, § 2041 Rn. 12.
339 *Lange/Kuchinke*, Erbrecht, § 41 VI 2.
340 Str: OLG Dresden ZEV 2000, 402 wendet hier wohl § 2041 BGB „stillschweigend" an (so *Damrau* in der Anm. zu diesem Urt. ZEV 2000, 405, 406 m.w.N. zur a.A.).
341 BGH NJW-RR 1990, 1220.

len. Hinzu kommt jedoch auch die weitreichendere Schutzrichtung des § 2041 BGB: Während § 2111 BGB lediglich den Nacherben schützen soll, bezweckt § 2041 BGB den Schutz der Miterben *und* **der Nachlassgläubiger**. Jene hätten keinerlei Möglichkeiten, die Ersetzung darzulegen und zu beweisen. Die Darlegungs- und Beweislast liegt daher bei dem oder den in Anspruch genommenen Miterben. Ist ein Gegenstand nicht mehr vorhanden, der zum Nachlass gehört hat, so ist es Sache der Miterben zu beweisen, dass der Gegenstand nicht ersetzt wurde. Durch eine andere Beweislastverteilung würde der Schutzzweck der Norm ausgehöhlt: Die Miterben könnten gegenüber einem Nachlassgläubiger bspw. die bloße Behauptung aufstellen, dass der ursprüngliche Nachlassgegenstand im weitesten Sinne des Wortes „ersatzlos weggefallen" ist.

VI. Steuerrechtliche Behandlung der Surrogation

Bis zur Auseinandersetzung wird die Erbengemeinschaft bei Überschusseinkünften als Bruchteilsgemeinschaft gem. § 39 Abs. 2 Nr. 2 AO und bei Gewinneinkünften als Mitunternehmerschaft i.S.v. § 15 Abs. 1 Satz 1 Nr. 2 EStG behandelt.[342] Hat die Erbengemeinschaft ein Grundstück veräußert, so ersetzt der Verkaufserlös gem. § 2041 BGB das Grundstück im Nachlassvermögen. Soweit durch die Veräußerung ein **Einkommenstatbestand** (§ 23 Abs. 1 Nr. 1 EStG) verwirklicht worden ist, ist der Gewinn den Erben entsprechend ihren Anteilen an der Erbengemeinschaft zuzurechnen.

171

Für die steuerliche (anteilige) Zurechnung der Gewinne oder Verluste eines zum Nachlass gehörenden **Unternehmens** ist es ohne Bedeutung, ob ein Miterbe das Unternehmen nach außen hin im Namen der Erbengemeinschaft oder im eigenen Namen geführt hat. Die im Unternehmen erwirtschafteten Erträge sind der Erbengemeinschaft gem. § 2041 BGB schon dann zuzurechnen, wenn sie durch Rechtsgeschäfte erzielt werden, die eine objektive Beziehung zum Nachlass haben.[343]

172

H. Prozessführung für und gegen die Erbengemeinschaft

I. Erbengemeinschaft – Miterbe als Mandant

Der Anwalt, der eine gegen die Erbengemeinschaft geltend gemachte Forderung abwehren soll, wird zunächst sehr genau zu prüfen haben, ob er tatsächlich alle Miterben vertreten kann oder ob hier nicht eine Interessenkollision droht.[344] Nach der Entscheidung des II. Senats des BGH zur **Rechtsfähigkeit** der GbR[345] wurde (erneut) **diskutiert**, ob diese Rspr. auf die Erbengemeinschaft zu übertragen sei. Die Diskussion dürfte durch die Entscheidung des XII. Senats zugunsten der bisherigen Rechtsauffassung beendet worden sein:[346] Zwar ist auch bei der Erbengemeinschaft ein durch die Gesamthand gebundenes Sondervermögen vorhanden. Die Erbengemeinschaft ist im Gegensatz zur GbR jedoch dadurch gekennzeichnet, dass sie gesetzlich und nicht rechtsgeschäftlich begründet wird. Außerdem ist die Erbengemeinschaft auf Auseinandersetzung gerichtet und keine werbende Gesellschaft. Es bleibt mithin dabei, dass

173

---

342 BMF-Schreiben v. 11.1.1993, – IV B 2 – S 2242-86/92 – „Ertragsteuerliche Behandlung der Erbengemeinschaft", BStBl. I 1993, 62; Arbeitshilfen im Erbrecht I 26a–1, Rn. 1 f.
343 BFH, Urt. v. 10.2.1987 – VIII R 297/81 –, BFH NV 1987, 637; BGH NJW 1968, 1824.
344 S. hierzu auch unten Rn. 307.
345 BGH NJW 2001, 1056.
346 BGH ZErb 2002, 352 = NJW 2002, 3389.

jeder einzelne Miterbe im Prozess Partei ist. Etwas anderes gilt lediglich im sozialgerichtlichen Verfahren, § 70 Nr. 2 SGG.

174 Einer oder mehrere Miterben können **Forderungen der Erbengemeinschaft** im Aktivprozess geltend machen. Aufgrund von § 2039 BGB ist auf Leistung an sämtliche Miterben zu klagen.[347] Dies gilt auch dann, wenn ein Erbe Nachlassforderungen gegen einen Miterben geltend macht: In diesem Fall ist ebenfalls auf Leistung an die Erbengemeinschaft zu klagen.

175 Regelmäßig wird es falsch sein, die Nachlassforderung um den Anteil des verklagten Miterben zu kürzen, weil er insoweit ohnedies Inhaber der Forderung sei. Dies ist nur dann zulässig, wenn der Nachlass ansonsten bereits vollständig auseinandergesetzt ist. Andernfalls würde es sich um eine **Teilauseinandersetzung** des Nachlasses handeln, die wegen fehlender Teilungsreife unzulässig (nach anderer Auffassung: „unbegründet") wäre.[348]

176 In einem Prozess unter Beteiligung der vollständigen Gemeinschaft sind deshalb die einzelnen Miterben **selbst Partei**. Dies hat zur Folge, dass jeder Einzelne prozessualen oder materiell-rechtlichen Einwendungen ausgesetzt sein kann oder solche geltend machen kann.[349] Miterben sind daher im Aktivprozess wohl auch nicht notwendige Streitgenossen.[350]

177 Der Anwalt, der Erben im Prozess vertritt, hat stets an die **Haftungsbeschränkung** gem. § 780 ZPO zu denken, die ausdrücklich beantragt werden muss. Dies gilt auch, wenn ein Miterbe klagt. Für den Fall des Unterliegens ist ausdrücklich Haftungsbeschränkung auch hinsichtlich der Kostentragungspflicht zu beantragen.[351]

II. Erbengemeinschaft als Gegner

178 Da die Miterben gem. § 2058 BGB als Gesamtschuldner haften, kann jeder einzelne Miterbe auf die Gesamtforderung verklagt werden, und nicht lediglich auf den Anteil, der seiner Erbquote entspricht. Der **Gläubiger kann** es sich **aussuchen**, ob er **Gesamtschuldklage** (also auf Haftung eines oder einiger Miterben für die gesamte Schuld, § 2058 BGB) oder **Gesamthandsklage** (also Klage auf Befriedigung aus dem ungeteilten Nachlass, § 2059 Abs. 2 BGB) erhebt.[352]

---

347 Nicht jedoch auf Leistung an die Erbengemeinschaft (keine eigene Rechtspersönlichkeit).
348 S. hierzu auch unten Rn. 306.
349 BGH NJW 1989, 2133, 2134.
350 Offengelassen von BGH NJW 1989, 2133, 2134; ausdrücklich verneinend: Brandenburgisches OLG OLGR 1998, 421, 422 m.N. zum Meinungsstand.
351 *Bonefeld/Kroiß/Tanck*, Erbprozess, S. 582 m.w.N. u. Formulierungsbsp.
352 BGH NJW 1963, 1611, 1612; OLG Düsseldorf FamRZ 1997, 769, 770.

	Gesamtschuldklage[353]	Gesamthandsklage[354]
Voraussetzung	– Klage gegen einen oder mehrere Miterben – Vor oder nach der Nachlassteilung möglich	– Klage gegen alle sich widersetzenden Miterben – nur bis zur Teilung möglich, § 2059 Abs. 2 BGB
Streitgenossenschaft	Keine notwendige, sondern lediglich einfache Streitgenossenschaft:[355] die Erben können einzeln verklagt werden	Notwendige Streitgenossenschaft (§ 62 ZPO[356]) zwischen den sich widersetzenden Miterben, da Verfügung über Nachlassgegenstände nur gemeinschaftlich möglich, § 2040 Abs. 1 BGB[357]
Verteidigungsmöglichkeit der Erben im Prozess	– Haftungsbeschränkungsvorbehalt gem. § 780 ZPO[358] – Aufschiebende Einreden gem. §§ 2014 – 2017 BGB	– Haftungsbeschränkungsvorbehalt gem. § 780 ZPO überflüssig, da Urteil auf Duldung der Zwangsvollstreckung in den Nachlass lautet; Vorbehalt aber – insb. in Zweifelsfällen – möglich[359] – Aufschiebende Einreden gem. §§ 2014 – 2017 BGB
Zwangsvollstreckung[360]	– Vollstreckung in das Eigenvermögen des Erben[361] – Pfändung des Erbteils (als Teil des Eigenvermögens), §§ 859 Abs. 2, 857 Abs. 1, 829 ZPO – Vollstreckung in Einzelnachlassgegenstände (§ 747 ZPO) nur möglich, wenn Urteil gegen alle Miterben[362] – Vollstreckung in den geteilten Nachlass	– Vollstreckung in den ungeteilten Nachlass, § 2059 Abs. 2 ZPO – Vollstreckung in Einzelnachlassgegenstände, § 747 ZPO[363]
Verteidigungsmöglichkeit in der Zwangsvollstreckung[364]	Vollstreckungsabwehrklage gem. §§ 781, 785 i.V.m. 767 ZPO	Bei Vollstreckung in das Eigenvermögen des Miterben: Erinnerung gem. § 766 ZPO

Urteile gegen **einzelne Miterben** kann der Gläubiger nur gem. § 859 Abs. 2 ZPO vollstrecken.[365]

---

353 Formulierungsbsp. bei *Bonefeld/Kroiß/Tanck*, Erbprozess, S. 592.
354 Formulierungsbsp. bei *Bonefeld/Kroiß/Tanck*, Erbprozess, S. 590.
355 BGH NJW 1963, 1611, LS u. 1612.
356 Str., jedoch im Ergebnis nicht entscheidend, ob dies ein Fall von § 62 Abs. 1, Alt. 1 oder Alt. 2 ZPO ist; vgl. zum Meinungsstand MünchKomm/*Dütz*, § 2059 Rn. 21.
357 BGH NJW 1982, 441 442; *Johannsen*, WM 1970, 573, 580.
358 Um Vollstreckung in das Eigenvermögen des Erben und Pfändung des Erbteils zu verhindern.
359 *Bonefeld/Kroiß/Tanck*, Erbprozess, S. 591.
360 S. hierzu unten Rn. 182.
361 Unter der Voraussetzung, dass der Erbe vergessen hat, den Vorbehalt nach § 780 ZPO aufnehmen zu lassen.
362 S. hierzu oben Rn. 45.
363 S. hierzu oben Rn. 45.
364 S. hierzu auch unten Rn. 188 ff.
365 S. hierzu auch unten Rn. 188 ff.

I. Zwangsvollstreckung für und gegen die Erbengemeinschaft

I. Miterbe ist Schuldner

1. Allgemeines

181 Wenn der Mandant als Miterbe Schuldner einer Forderung ist, so muss das Ziel der anwaltlichen Tätigkeit einerseits der Schutz des Nachlasses andererseits aber auf jeden Fall der **Schutz des Eigenvermögens** des Miterben sein. Der Miterbe kann die Zwangsvollstreckung in das nicht zum Nachlass gehörende Vermögen nur dann verhindern, wenn die Beschränkung seiner Haftung im Urteil vorbehalten ist, § 780 ZPO. Der Miterbe muss gem. § 785 ZPO die Beschränkung der Erbenhaftung in der Zwangsvollstreckung als Einwendung mit einer Zwangsvollstreckungsgegenklage gem. § 767 ZPO geltend machen, andernfalls ist sie unbeachtlich, § 781 ZPO. Etwas anderes gilt nur dann, wenn im Urteil bereits in der Sache selbst über den Vorbehalt abschließend entschieden worden ist.[366] Hatte der Gläubiger **bereits gegen** den **Erblasser** ein **Urteil erwirkt**, so ist der Titel gem. § 727 ZPO auf die Miterben umzuschreiben. Dann ist bereits auf dem Titel vermerkt, dass sich die Zwangsvollstreckung gegen einen Erben richtet. Eines Haftungsbeschränkungsvorbehaltes gem. § 780 ZPO bedarf es daher nicht, um den Weg der Zwangsvollstreckungsgegenklage gem. §§ 781, 785, 767 ZPO zu eröffnen.[367] Wird durch den Gläubiger der Erbteil gepfändet, kann die Erbengemeinschaft durch Herbeiführung der Nachlassverwaltung die Aufhebung der Pfändung bewirken, § 1975 BGB, §§ 780 Abs. 2, 781, 784, 785, 767 ZPO.[368]

2. Zwangsvollstreckung in einen Miterbenanteil

182 Der Anteil am einzelnen Nachlass*gegenstand* ist nicht pfändbar, § 859 Abs. 1 Satz 2, Abs. 2, 2. Fall ZPO. Jedoch kann der *Anteil* eines Miterben *am Nachlass* gem. § 859 Abs. 2 ZPO gepfändet werden. Testamentsvollstreckung oder Nachlassverwaltung hindert die Pfändung nicht.[369] Nach Pfändung und Überweisung kann der Pfändungsgläubiger dann seinerseits die Auseinandersetzung der Erbengemeinschaft betreiben und somit den Anteil verwerten.[370] Drittschuldner der Pfändung sind die übrigen Miterben.[371] Unbekannte Miterben werden durch den Nachlasspfleger vertreten.[372] Der Testamentsvollstrecker, dem die Nachlassverwaltung obliegt,[373] sowie der Nachlassverwalter sind ebenfalls Drittschuldner. Sind mehrere Miterben vorhanden, wird die Pfändung mit der Zustellung an alle bewirkt und – erst – mit der Zustellung an den letzten wirksam.[374]

---

366 Das Prozessgericht kann sachlich entscheiden statt einen bloßen Vorbehalt aufzunehmen: BGH NJW 1964, 2298, 2300 (obiter dictum).
367 *Krug/Rudolf/Kroiß*, Erbrecht, § 11 Rn. 130; gleichwohl ist ein Vorbehalt möglich; Formulierungsbsp. für Vollstreckungsgegenklage: *Bonefeld/Kroiß/Tanck*, Erbprozess, S. 584.
368 *Bonefeld/Kroiß/Tanck*, Erbprozess, S. 584.
369 Zöller/*Stöber*, § 859 Rn. 15.
370 *Stöber*, Forderungspfändung, Rn. 1676.
371 RGZ 86, 294, 295; BayObLGZ 59, 50, 60; Zöller/*Stöber*, § 859 Rn. 16; *Stöber*, Forderungspfändung, Rn. 1670.
372 Zöller/*Stöber*, § 859 Rn. 16.
373 KG OLGE 23, 221; RGZ 86, 294, 295 f.; MünchKomm/*Smid*, ZPO, § 859 Rn. 17.
374 BGH NJW 1998, 2904.

Neben dem Miterbenanteil besteht kein selbstständiger Anspruch auf ein künftiges **183** Auseinandersetzungsguthaben als pfändbares Recht.[375] Wird der Anspruch auf das Auseinandersetzungsguthaben gleichwohl durch Pfändungsbeschluss gepfändet, wird dies im Zweifel als Pfändung des Erbteils und der damit enthaltenen Ansprüche auf das Auseinandersetzungsguthaben auszulegen sein.[376] Zu pfänden ist der Miterbenanteil als Vermögensrecht nach § 857 Abs. 1 ZPO (mit § 829 ZPO), auch wenn zum Nachlass Grundstücke gehören.[377]

Gehört zum Nachlass eine **Immobilie**, ist gem. §§ 859 Abs. 2 i.V.m. 857 Abs. 1, 848 **184** ZPO die Eintragung der Zwangsvollstreckung im Grundbuch als Verfügungsbeschränkung des Miterben hinsichtlich seines Erbteils zulässig.[378] Der Pfändungsgläubiger kann die Eintragung der Pfändung in das Grundbuch im Rahmen einer **Grundbuchberichtigung** beantragen, § 894 BGB, § 22 Abs. 1 GBO.[379] Die Miterben müssen „*in Erbengemeinschaft*" voreingetragen[380] und die Wirksamkeit der Pfändung muss nachgewiesen werden (§ 22 GBO). Für die Voreintragung der Miterben gilt § 35 GBO (Nachweis der Erbfolge durch Erbschein oder notariell beurkundetes Testament und Eröffnungsprotokoll). Besteht ein Miterbenanteil praktisch nur aus einem Grundstück und wurde der Anteil gem. §§ 857 Abs. 1, 829 ZPO gepfändet, ohne dass die Pfändung im Grundbuch eingetragen worden ist, so erwirbt ein **gutgläubiger Käufer** des Miterbenanteils dennoch nur ein mit dem Pfandrecht belastetes Recht: Da der Erwerb des Miterbenanteils außerhalb des Grundbuchs erfolgt, sind die **§§ 891, 892 BGB nicht anwendbar**.[381] Zu **grundbuchrechtlichen** Fragen in diesem Zusammenhang s. nachfolgend auch Rn. 330.

Der Pfändungsgläubiger kann nach Überweisung des gepfändeten Miterbenanteils die **185** Rechte des Miterben auf Auseinandersetzung der Gemeinschaft gem. § 2042 Abs. BGB geltend machen und auch die Teilungsversteigerung gem. §§ 180, 181 Abs. 1 Satz 1, letzte Alt. ZVG beantragen.[382]

Dem Miterben verbleibt trotz Pfändung die Möglichkeit, die Erbschaft **auszuschla- 186 gen**.[383] Der Gläubiger ist zur **Anfechtung** nicht berechtigt. Eine vor der Ausschlagung erfolgte Pfändung wird unwirksam, denn der an die Stelle des Ausschlagenden tretende Erbe ist nicht Rechtsnachfolger des Schuldners, sondern (Ersatz-)Erbe des Erblassers.[384]

Das **Vorkaufsrecht** aus § 2034 BGB ist gem. § 473 BGB nicht übertragbar und daher **187** auch nicht pfändbar, §§ 857, 851 ZPO.

II. Miterbe ist Gläubiger

Ist der Mandant Gläubiger einer gegen eine Erbengemeinschaft gerichteten Forderung, **188** muss das Ziel der anwaltlichen Tätigkeit sein, einerseits Zugriff auf den **gesamten Nachlass** zu erhalten, andererseits aber auch auf das **Eigenvermögen** der Miterben:

---

375 RGZ 60, 127, 132; KG OLGE 12, 373, 374; Zöller/*Stöber*, § 859 Rn. 15.
376 Staudinger/*Werner*, § 2040 Rn. 13.
377 Zöller/*Stöber*, § 859 Rn. 16; BGH NJW 1969, 1347, 1348.
378 *Stöber*, Forderungspfändung, Rn. 1682 ff.
379 BayObLGZ 59, 50, LS 1 u. 56; Zöller/*Stöber*, § 859 Rn. 18.
380 *Stöber*, Forderungspfändung, Rn. 1685.
381 OLG Köln OLGR 1997, 37.
382 Zöller/*Stöber*, § 859 Rn. 18.
383 Zöller/*Stöber*, § 859 Rn. 17.
384 Zöller/*Stöber*, § 859 Rn. 17.

189 Für eine Zwangsvollstreckung in den **ungeteilten Nachlass** sind gem. § 747 ZPO alle Miterben gleich lautend zu verurteilen. Die Verurteilung muss nicht notwendig in einem Prozess erfolgen, sie kann auch in mehreren getrennten Verfahren erwirkt werden.[385] Die Zwangsvollstreckung erfolgt durch Pfändung von Nachlassgegenständen oder durch Pfändung sämtlicher Miterbenanteile (**Gesamthandvollstreckung**).[386] Sind nur einzelne Miterben bekannt und/oder liegen nur Titel gegen einzelne Miterben vor, kann der Gläubiger nur gem. § 859 Abs. 2 ZPO vollstrecken (**Gesamtschuldvollstreckung**): Gegenstand der Pfändung ist der *Erbteil* als Inbegriff der Rechte und Pflichten des einzelnen Miterben am gesamten Nachlass.[387] Die Pfändung wird mit Zustellung an alle Miterben bzw. Testamentsvollstrecker oder Nachlassverwalter wirksam.[388]

190 Sobald der **Nachlass geteilt** ist, sind Nachlassvermögen und Eigenvermögen der Erben grundsätzlich keine getrennten Vermögensmassen mehr und die Vollstreckung ist uneingeschränkt möglich. Haben die Miterben jedoch die Haftung auf den Nachlass beschränkt, bleibt es bei der Trennung der Vermögensmassen und den eben dargestellten Vollstreckungsmöglichkeiten.

191 Der Anspruch des Klägers aus einer erfolgreichen **Teilungs- (Auseinandersetzungs-) klage** bedarf keiner Vollstreckung, da das Urteil die Zustimmung ersetzt, § 894 ZPO.

III. Zwangsvollstreckung einer Nachlassforderung

192 Ist ein Titel zugunsten aller Miterben ergangen, kann jeder einzelne eine vollstreckbare Ausfertigung verlangen. Jeder Einzelne kann auch Vollstreckungsmaßnahmen aus einem zugunsten aller oder einzelner Miterben ergangenen Titel durchführen.[389]

J. Beendigung der Erbengemeinschaft

I. Allgemeines

193 Die Erbengemeinschaft ist von Beginn an auf Auseinandersetzung ausgerichtet. Der Begriff der „Auseinandersetzung" ist weit zu verstehen und umfasst zwangsläufig nicht lediglich die Verteilung des Nachlasses unter den Erben, sondern zuvor auch die **Begleichung** der **Verbindlichkeiten** des Nachlasses (§ 2046 BGB) und die **Ausgleichung** von **Vorempfängen** (§§ 2050 ff. BGB).

194 Die **Teilung** hat grundsätzlich **in Natur** zu erfolgen, § 2042 Abs. 2 i.V.m. § 752 BGB. Nur wenn die Teilung in Natur ausgeschlossen ist, hat die Teilung durch Verkauf entsprechend den Vorschriften über den Pfandverkauf bzw. bei Immobilien durch Zwangsversteigerung gem. § 180 ZVG zu erfolgen, § 2042 Abs. 2 i.v.m. § 753 BGB. Es gibt keine gesetzlichen Vorschriften, in welcher Form die Auseinandersetzung stattfinden muss. Es gibt daher zahlreiche Wege, die Auseinandersetzung durchzuführen (Auseinandersetzungsvertrag, Vermittlungsverfahren, Teilungsklage usw.[390]). Die Praxistauglichkeit der verschiedenen Verfahren ist sehr unterschiedlich und die Wahl

---

385 RGZ 68, 221, 222 f.
386 *Behr*, ZAP Fach 14, S. 44.
387 S. hierzu § 2033 C 3; so bereits RGZ 68, 221, 222 f.
388 BayObLGZ 59, 50, 60; OLG Frankfurt RPfleger 1979, 205.
389 Staudinger/*Werner*, § 2039 Rn. 28.
390 Zu Einzelheiten s. unten Rn. 265 ff.

des richtigen Verfahrens kann über Erfolg und Misserfolg der Auseinandersetzung entscheiden.

Auch ein Miterbe, der bei der Auseinandersetzung aufgrund von Vorempfängen nichts mehr zu erwarten hat, kann die Auseinandersetzung verlangen, da er sonst keine Möglichkeit hätte, aus der Erbengemeinschaft auszuscheiden. Entsprechend anwendbar ist § 2042 BGB über den ausdrücklichen Wortlaut hinaus („*Jeder Miterbe*") auf den **Erbteilserwerber** (§ 2033 BGB).[391] Für den **Testamentsvollstrecker** gilt § 2042 BGB über den Verweis des § 2204 Abs. 1 BGB. Auch der **Abwesenheitspfleger** für einen bekannten Erben (§ 1911 BGB) kann die Auseinandersetzung fordern; dies ist ein Minus zu seinem Recht, die Erbschaft anzunehmen oder auszuschlagen.[392] Nach Eintritt der Verkaufsberechtigung kann der **Pfandgläubiger** allein die Aufhebung der Gemeinschaft verlangen, § 1258 Abs. 2 Satz 2 BGB. Vor Verkaufsberechtigung kann der Pfandgläubiger gem. § 1258 Abs. 2 Satz 1 BGB, ebenso wie der Nießbraucher am Miterbenanteil, gem. § 1066 Abs. 2 BGB die Auseinandersetzung nur gemeinschaftlich mit dem Miterben verlangen. Wurde der Erbteil gepfändet und überwiesen, kann der Miterbe sich nicht mehr an der Auseinandersetzung beteiligen.[393]

195

Für den **Nachlasspfleger** ist § 2042 BGB nicht entsprechend anwendbar. Der Nachlasspfleger darf jedoch an einer von einem anderen betriebenen Auseinandersetzung mitwirken.[394]

196

Familiengerichtliche Genehmigungen sind bei **minderjährigen Miterben** nicht erforderlich, wenn lediglich den **gesetzlichen Teilungsregeln** gefolgt wird (§ 2042 Abs. 2 i.V.m. §§ 752 ff. BGB). Dies gilt auch dann, wenn die Verteilung des Erlöses nicht einfach zu berechnen ist, sondern Fragen der Ausgleichung (§§ 2050 ff. BGB) zu berücksichtigen sind.[395] Diese allein dem Gesetz folgende Art der Auseinandersetzung fällt nicht unter §§ 1643, 1822 Nr. 2 BGB, da es sich hierbei nicht um eine vertragliche Regelung i.S.v. § 1822 Nr. 2 BGB handelt.

197

Ist der **minderjährige Miterbe** an einer Auseinandersetzung beteiligt, die nicht bloß den **gesetzlichen Regelungen** folgt und soll ein Auseinandersetzungsvertrag geschlossen werden, dann sind die Eltern bei der Vertretung der minderjährigen Erben ausgeschlossen, §§ 181, 1629 Abs. 2, 1795 BGB. In diesem Fall muss ein Ergänzungspfleger bestellt werden, § 1909 BGB.[396]

198

II. Auseinandersetzung nach den gesetzlichen Teilungsregeln, § 2042 i.V.m. §§ 752 ff. BGB

1. Allgemeines

Unter Auseinandersetzung ist nicht lediglich die Verteilung des Nachlasses unter den Erben entsprechend den gesetzlichen oder/und testamentarischen Vorschriften zu verstehen: Zur Auseinandersetzung gehört vorrangig die **Berichtigung** der Nachlassverbindlichkeiten, § 2046 BGB. Bevor die Nachlassverbindlichkeiten nicht vollständig

199

---

391 KG OLGE 14, 154.
392 *Lange/Kuchinke*, Erbrecht, § 44 II 1b Fn. 38 a.E.
393 Staudinger/*Werner*, § 2042 Rn. 37
394 KG NJW 1971, 565.
395 Im Einzelnen: *Damrau*, Minderjährige im Erbrecht, Rn. 217 f.
396 *Damrau*, Minderjährige im Erbrecht, Rn. 226.

beglichen sind, kann eine Verteilung des Vermögens nicht erfolgen. Die **Pflicht zur Berichtigung** der Nachlassverbindlichkeiten besteht jedoch nur im Verhältnis der Erben untereinander, nicht im Verhältnis zu den Gläubigern.[397]

200 Durch die Auseinandersetzung müssen **alle Rechtsbeziehungen** der Gesamthand abgewickelt werden. Daher müssen auch Rechtsgeschäfte der Gesamthand mit Dritten – auch mit Miterben – erledigt und Vorempfänge ausgeglichen werden.[398] Die Auseinandersetzung wird durch die Verteilung des Nachlasses vorrangig entsprechend den letztwilligen Anordnungen des Erblassers und üblicherweise entsprechend den gesetzlichen Regelungen vollzogen. Einvernehmlich können sich die Erben indes über die testamentarischen Anordnungen hinwegsetzen. Dies wird nur durch die Anordnung einer **Testamentsvollstreckung** verhindert. Ist Testamentsvollstreckung angeordnet, so ist die Auseinandersetzung durch den Testamentsvollstrecker vorzunehmen, § 2204 BGB.

201 Die Auseinandersetzung muss sich stets auf den **gesamten Nachlass** beziehen. Eine gegenständlich beschränkte **Teilauseinandersetzung** wird zugelassen, wenn besondere Gründe hierfür bestehen. Dies ist bspw. dann der Fall, wenn **Nachlassverbindlichkeiten** nicht mehr bestehen und berechtigte Belange der Erbengemeinschaft und der einzelnen Miterben nicht gefährdet werden.[399] Auf eine **persönlich beschränkte** Auseinandersetzung lediglich hinsichtlich eines Miterben hat kein Miterbe einen Anspruch.[400] In der Praxis läuft die Auseinandersetzung einer Erbengemeinschaft regelmäßig in Teilauseinandersetzungen ab: Die in Natur zu teilenden Nachlassgegenstände (z.B. Bank- und Depotguthaben) werden „vorab" verteilt; die Verteilung der übrigen Nachlassgegenstände erfolgt nach Veräußerung bzw. Einigung über Ausgleichszahlungen innerhalb der Erbengemeinschaft. Es muss jedoch noch einmal betont werden, dass die Miterben auf eine derartige Teilauseinandersetzung grundsätzlich keinen Anspruch haben. Eine Teilauseinandersetzung birgt auch die Gefahr der unbeschränkten Haftung für Nachlassverbindlichkeiten.[401]

202 **Beispiel (Lösung Frage 3):**
K2 kann den Erwerb der ETW von K1 und F somit nicht ohne weiteres erzwingen. Findet sie keine einvernehmliche Regelung mit K1 und F, bleibt ihr die Möglichkeit, die Teilungsversteigerung gem. § 180 ZVG zu beantragen und dann die Immobilie selbst zu ersteigern.

203 Der Anspruch auf das **Auseinandersetzungsguthaben** kann **erst** dann isoliert durch einen Miterben **abgetreten** werden, wenn die Erbengemeinschaft aufgelöst ist.[402] Vorher verstößt eine Abtretung gegen § 2040 BGB. Dies gilt auch, wenn ein Nachlassgegenstand zur Vorbereitung der Teilung „versilbert" worden ist: In diesem Fall fällt der Erlös als Surrogat gem. § 2041 BGB in das gesamthänderisch gebundene Vermögen.[403]

---

397 Staudinger/*Werner*, § 2042 Rn. 51.
398 *Brox*, Erbrecht, Rn. 512.
399 BGH NJW 1985, 51, 52.
400 BGH NJW 1985, 51, 52.
401 *Lange/Kuchinke*, Erbrecht, § 44 III 2a).
402 OLG Frankfurt OLGR 1999, 226, 227.
403 S. hierzu oben Rn. 144 ff.

2. Anspruch der Miterben auf Auseinandersetzung

a) Allgemeines

Inhaltlich ist das **Verlangen auf Auseinandersetzung** gem. § 2042 BGB auf Mitwirkung bei allen für eine Auseinandersetzung erforderlichen Maßnahmen[404] gerichtet, vergleichbar mit der Mitwirkungspflicht nach § 2038 Abs. 1 Satz 2 1. HS BGB.[405] Das *Recht* eines jeden Miterben aus § 2042 BGB führt somit zur ungeschriebenen, aber zwangsläufig zwingenden *Pflicht* der übrigen Miterben an der Auseinandersetzung **mitzuwirken**. Gerade diese *Verpflichtung* wird von vielen Erben „übersehen". Das Verlangen ist **formlos** möglich. Ein Miterbe gibt **Anlass zur Klage**, wenn er dem berechtigten Verlangen schuldhaft nicht nachkommt. Der Miterbe, der seine Mitwirkung bei der Auseinandersetzung verweigert, macht sich unter Umständen schadensersatzpflichtig.[406] Durch den Verweis auf **§§ 2043 bis 2045 BGB** in § 2042 Abs. 1 BGB wird klar gestellt, dass dem Recht des Miterben die Auseinandersetzung zu verlangen, die gesetzlichen (§ 2043 BGB) bzw. testamentarischen Anordnungen (§ 2044 BGB) sowie das Recht, einen Aufschub gem. § 2044 BGB zu verlangen, vorgehen.

204

Nach § 2042 BGB kann jeder Miterbe grundsätzlich jederzeit ohne Rücksicht auf die Interessen der Miterben die Auseinandersetzung verlangen.[407] Anders also als im Gesellschaftsrecht, auf das das Recht der Erbengemeinschaft vielfach verweist, ist kein **„wichtiger Grund"** erforderlich und das Auseinandersetzungsbegehren kann auch zur Unzeit gestellt werden (Abweichung von § 723 Abs. 2 BGB). Die Formulierung in § 2042 BGB steht damit im Gegensatz zur „Parallelregelung" im Gesellschaftsrecht in § 723 Abs. 2 BGB: Während im Gesellschaftsrecht eine Kündigung nur dann zur Unzeit erfolgen darf, wenn wichtige Gründe vorliegen, gibt es bei der Erbengemeinschaft solch eine derartige Einschränkung nicht. In der Rspr. vor dem Jahr 1956 finden sich einige Entscheidungen, die ein Auseinandersetzungsverlangen aus dem Gesichtspunkt des Rechtsmissbrauchs gem. § 242 BGB einschränken wollen.[408] Es gibt hingegen keine entsprechenden Entscheidungen neueren Datums: Es sind nur schwer Fälle nach neuerer Rspr. denkbar, in denen der „letzte Rettungsanker" des § 242 BGB anzuwenden wäre.

205

b) Aufschub der Auseinandersetzung

aa) Unbestimmtheit der Erbteile, § 2043 BGB

§ 2043 BGB enthält ebenso wie §§ 2044 und 2045 BGB **Ausnahmen** von dem Recht der Miterben, jederzeit die Auseinandersetzung verlangen zu können. Durch § 2043 BGB wird verhindert, dass sich nach der erfolgten Auseinandersetzung die Zusammensetzung der Erbengemeinschaft und damit auch die Erbteile ändern. Hierdurch werden die möglichen Erben geschützt.

206

Die Auseinandersetzung ist gem. § 2043 Abs. 1 BGB nur dann aufgeschoben, wenn der potentielle Miterbe beim Erbfall bereits gezeugt ist, § 1923 Abs. 2 BGB (nasciturus). Der nasciturus muss lebend geboren werden, um Miterbe zu werden.

207

---

[404] MünchKomm/*Dütz*, § 2042 Rn. 4.
[405] S. oben Rn. 93.
[406] S. unten Rn. 264.
[407] Zu den Ausnahmen s. unten Rn. 206.
[408] S. hierzu Staudinger/*Werner*, § 2042 Rn. 37.

208 Ebenfalls ausgeschlossen ist die Auseinandersetzung in den Fällen des § 2043 Abs. 2 BGB:

- Die **Annahme als Kind** wird durch das Vormundschaftsgericht auf Antrag des Annehmenden ausgesprochen, § 1752 Abs. 1 BGB; bei der Volljährigenadoption kann der Antrag auch vom Anzunehmenden erfolgen, § 1768 Abs. 1 Satz 1 BGB.
- Die **Aufhebung** der Adoption beim Minderjährigen richtet sich nach § 1760 BGB und § 1763 BGB und erfolgt durch das Vormundschaftsgericht. Die Aufhebung bei Volljährigen richtet sich nach § 1771 BGB und kann durch das Vormundschaftsgericht auf Antrag des Annehmenden oder Angenommenen ausgesprochen.
- Die **Anerkennung einer Stiftung** als rechtsfähig[409] richtet sich nach §§ 80, 84 BGB.

209 § 2043 BGB ist **nicht entsprechend anwendbar** auf andere Fälle, in denen noch nicht feststeht, ob ein weiterer Miterbe an der Erbengemeinschaft beteiligt ist (wie Verschollenheit, noch bestehende Ausschlagungsmöglichkeiten etc.).[410]

210 Eine entgegen § 2043 BGB vorgenommene Auseinandersetzung führt nicht zur Nichtigkeit, da § 2043 BGB **kein gesetzliches Verbot** i.S.v. § 134 BGB beinhaltet. Die Auseinandersetzung ist jedoch schwebend unwirksam bis der übergangene Miterbe entweder genehmigt (was er wohl kaum tun wird) oder die Zustimmung endgültig verweigert. Die Auseinandersetzung ist nur ausgeschlossen, soweit Erbteile unbestimmt sind. Fällt der Nachlass an mehrere **Stämme** und besteht nur hinsichtlich eines Stammes Ungewissheit, kann die Auseinandersetzung ansonsten erfolgen.[411]

bb) Ungewisser Nachlassverbindlichkeiten, § 2045 BGB

211 Bei der Ungewissheit über Nachlassverbindlichkeiten bietet § 2045 BGB ebenfalls eine Ausnahme von § 2042 BGB und dem Recht eines Miterben, jederzeit die Auseinandersetzung zu verlangen. Die **Berichtigung der Nachlassverbindlichkeiten** und somit auch die notwendige, abschließende Feststellung der betroffenen Gläubiger findet sinnvollerweise vor der Teilung des Nachlasses statt. Um vor einer Teilung des Nachlasses (und den sich ergebenden Haftungskonsequenzen aus §§ 2058, 2059 BGB) zunächst allen Miterben die Möglichkeit zu geben, die Nachlassgläubiger im Rahmen eines Aufgebotes festzustellen, gewährt § 2045 BGB jedem Miterben eine **aufschiebende Einrede** gegen den geltend gemachten Auseinandersetzungsanspruch. Die Vorschrift wird ergänzt durch die Regelung des § 2046 BGB, wonach jeder Miterbe vor der Auseinandersetzung die Begleichung der Nachlassverbindlichkeiten verlangen kann.

212 Der Anspruch kann nicht durch Bestimmungen des Erblassers ausgeschlossen werden; der Erbe selbst kann jedoch freilich auf die Geltendmachung verzichten: Der Anspruch ist als **Einrede** durch den Miterben geltend zu machen und nicht etwa von Amts wegen zu beachten. Die Formulierung „kann" stellt klar, dass die Entscheidung einen Aufschub zu verlangen, allein beim Erben liegt. **Voraussetzung** für die Einrede nach § 2045 Satz 1 BGB ist es, dass das Aufgebot bereits beantragt oder die öffentliche Aufforderung bereits erlassen ist. Ist dies nicht der Fall, muss der Miterbe dies unver-

---

409 Geändert durch das Gesetz zur Modernisierung des Stiftungsrechts v. 15.7.2002 m. Wirkung ab dem 1.10.2002; vorher lautete die Formulierung: „*die Genehmigung einer vom Erblasser errichteten Stiftung noch aussteht*".
410 Staudinger/*Werner*, § 2043 Rn. 3.
411 *Johannsen*, WM 1970, 738, 739.

züglich, also ohne schuldhaftes Zögern, (§ 121 BGB Abs. 1 Satz 1 BGB) nachholen, § 2045 Satz 2 BGB.

Eine bereits eingereichte Klage auf Auseinandersetzung wird durch die Erhebung der Einrede nicht unbegründet; vielmehr erfolgt eine **Aussetzung analog § 148 ZPO**.[412] Es hängt dann vom vorprozessualen Verhalten des Beklagten ab, ob ein sofortiges Anerkenntnis nach Fortsetzung des Verfahrens die Kostenfolge des § 93 ZPO nach sich ziehen kann. Unter dem Gesichtspunkt der Kostentragungspflicht dürfte es selten sinnvoll sein, gegen eine erhobene Auseinandersetzungsklage die Einrede nach § 2045 BGB entgegenzuhalten: Taktisch klüger wird es meist sein, auf eine Entscheidung zu drängen, während noch Nachlassverbindlichkeiten bestehen und der Auseinandersetzungsklage den Einwand des **nicht teilungsreifen Nachlasses** entgegenzuhalten, so dass der Prozess für den Kläger verloren und nicht lediglich analog § 148 ZPO ausgesetzt wird.[413]

213

c) Ausschluss der Auseinandersetzung

aa) Ausschluss durch Anordnung des Erblassers, § 2044 BGB

Die Möglichkeit eines Erben gem. § 2042 BGB jederzeit die Auseinandersetzung verlangen zu können, ist häufig vom Erblasser unerwünscht. Grundsätzlich ist die Erbengemeinschaft zwar auf Auseinandersetzung gerichtet. Durch § 2044 BGB wird dem Erblasser jedoch die Möglichkeit gegeben, hier gestaltend einzugreifen. Das bloße **Teilungsverbot** nach § 2044 BGB ist eine Teilungsanordnung i.S.v. § 2048 BGB mit negativem Inhalt. Es kann aber auch als Vorausvermächtnis i.S.v. § 2150 BGB oder Auflage i.S.v. § 1940 BGB ausgestaltet sein. Die Gestaltungsmöglichkeiten, die § 2044 BGB dem Erblasser bietet, sind vielfältig. Da der Erblasser abweichend von § 2042 BGB das Recht auf Auseinandersetzung vollständig ausschließen kann, ist es auch möglich, als „Minus" hierzu bspw. eine **Mehrheitsentscheidung** der Erbengemeinschaft zu verlangen oder die Auseinandersetzung nur hinsichtlich **einzelner Nachlassgegenstände** auszuschließen.[414]

214

Der Ausschluss der Auseinandersetzung kann nicht nur im Testament, sondern auch im Erbvertrag und gemeinschaftlichen Testament erfolgen. Es hängt dann von der konkreten Ausgestaltung der Anordnung ab,[415] ob sie entsprechend dem gesetzlichen „Urtyp" des § 2044 BGB **einseitig** bleibt (§ 2299 BGB) oder **vertragsmäßig** bindend (§ 2278 BGB) bzw. wechselbezüglich (§ 2270 BGB) für die Erben ist. Der **Testamentsvollstrecker** kann nicht „nachträglich" die Auseinandersetzung ausschließen, wenn der Erblasser dies nicht bereits letztwillig geregelt hat. Die Auseinandersetzung kann aber von den Erben **einvernehmlich ausgeschlossen** werden.[416] Dies ist dann jedoch kein Fall des § 2044 BGB, sondern eine Vereinbarung i.R.d. Verwaltung des Nachlasses, § 2038 BGB.

215

Die Formulierung des § 2044 BGB lässt dem Erblasser **alle Freiheiten**, die Auseinandersetzung gegenständlich, personell oder zeitlich eingeschränkt auszuschließen. Der Erblasser kann die Auseinandersetzung daher für spezielle einzelne Nachlassgegen-

216

---

412 RGRK/*Kregel*, § 2045 Rn. 3.
413 S. hierzu unten Rn. 275.
414 Zu Gestaltungshinweisen s. unten Rn. 293 ff.
415 Form der negativen Teilungsanordnung, des Vermächtnisses oder der Auflage, s. hierzu unten Rn. 294 ff.
416 S. hierzu unten Rn. 222; BGH WM 1968, 1172, 1173.

stände (z.B. eine bestimmte Vitrine), bestimmte Arten von Nachlassgegenständen (z.B. alle vermieteten Immobilien) aber auch für einzelne Personen (z.B. einen bestimmen Stamm der Familie[417]) verbieten. Der Erblasser kann sowohl die Länge der **Kündigungsfrist** als auch deren **Form** frei regeln. Beschränkt ist er insoweit lediglich durch die Grenzen des Abs. 2.

217 Um zu verhindern, dass der Erblasser „auf ewig" eine Auseinandersetzung verhindert und letztlich damit eine Regelung träfe, die langfristig zu einer Zersplitterung des Vermögens führen würde (durch Vererbung der Erbteile an Erbeserben), setzt § 2044 Abs. 2 Satz 1 BGB eine **zeitliche Grenze** von 30 Jahren. Dies entspricht der auch sonst im Erbrecht zulässigen Höchstgrenze für die Fortwirkung von Anordnungen des Erblassers. Diese Höchstdauer gilt jedoch ausschließlich für **juristische Personen** (Umkehrschluss aus § 2044 Abs. 2 Satz 3 BGB). Die Frist ist nach § 188 Abs. 2 BGB zu berechnen.

218 Bei **natürlichen Personen** kann der Erblasser gem. Abs. 2 Satz 2 den Ausschluss auch über 30 Jahre hinaus anordnen, wenn das Ende der Frist durch
 – Eintritt eines bestimmten Ereignisses in der Person eines Erben (z.B. Beendigung der Berufsausbildung, Heirat, bestimmtes Alter, Tod[418]) oder
 – Eintritt des Nacherbfalls (§ 2139 BGB) oder
 – Anfall eines Vermächtnisses (§ 2177 BGB)
bestimmt ist.

219 Für den **Nacherbfall** findet sich die entsprechende zeitliche Begrenzung in § 2109 BGB und für das bedingte Vermächtnis in §§ 2162, 2163 BGB.

220 Der Ausschluss der Auseinandersetzung hat lediglich **schuldrechtliche Wirkung**, da die Verfügungsbefugnis nicht durch Testament oder Erbvertrag ausgeschlossen werden kann (§ 137 Abs. 1 BGB) und es sich auch nicht um ein gesetzliches Veräußerungsverbot i.S.v. §§ 134, 135 BGB handelt.[419] Verfügungen, die alle Erben (auch die Nacherben) entgegen einer Anordnung nach § 2044 BGB vornehmen, bleiben wirksam, so wie sich die Erben generell über die Anordnungen des Erblassers gemeinschaftlich hinwegsetzen können. Dem kann der Erblasser durch Gestaltung in Form der Anordnung einer Testamentsvollstreckung sowie mit Sanktionsklauseln vorbeugen.[420] Aufgrund der lediglich schuldrechtlichen Wirkung der Anordnung nach § 2044 BGB ist eine Eintragung im **Grundbuch nicht** möglich.[421]

Besteht zwischen einem geschiedenen oder verwitweten Elternteil und einem minderjährigen Kind eine Erbengemeinschaft und will der **Elternteil wieder heiraten**, so hat der Elternteil abweichend von § 2044 BGB die Erbengemeinschaft auseinanderzusetzen, § 1683 Abs. 1 BGB. Nach der Rspr. enthält § 1683 Abs. 1 BGB insoweit zwingendes Recht und geht der Anordnung des Erblassers vor.[422] Der Wortlaut der Vorschrift („*hat (...) Auseinandersetzung herbeizuführen*") und die Möglichkeiten, Ausnahmegenehmigungen nach § 1683 Abs. 2 und 3 BGB zu erhalten, sprechen für die Auffassung der Rspr.

---

417 MünchKomm/*Dütz*, § 2044 Rn. 4.
418 Auch des längstlebenden Miterben, vgl. RGRK/*Kregel*, § 2044 Rn. 8.
419 BGH NJW 1963, 2320.
420 Zur Sanktionsklausel s. unten Rn. 301.
421 Palandt/*Edenhofer*, § 2044 Rn. 2; *Bengel*, ZEV 1995, 178, 179.
422 BayObLGZ 1967, 230, 235; zum Streitstand *Lange/Kuchinke*, Erbrecht, § 44 II 5 Fn. 85.

Betreibt einer oder betreiben mehrere der Miterben **entgegen** einer **Anordnung** nach § 2044 BGB die Auseinandersetzung, so sind die übrigen Miterben nicht zur Mitwirkung gem. § 2042 BGB verpflichtet. Die Verfügungen über einen Nachlassgegenstand i.R.d. angestrebten Auseinandersetzung können ausschließlich gemeinschaftlich vorgenommen werden, § 2040 BGB. Wird entgegen einem vom Erblasser verfügten Ausschluss nach § 2044 BGB die Teilungsversteigerung (§ 180 ZVG) betrieben, so steht den übrigen Miterben die **Drittwiderspruchsklage** gem. § 771 ZPO zur Verfügung.[423] Jedoch kann kein Verbot des Erblassers und keine Vereinbarung der Erbengemeinschaft einen Gläubiger eines Miterben hindern, aufgrund eines endgültig vollstreckbaren Titels dessen Anteil am Nachlass zu **pfänden** und die Auseinandersetzung zu betreiben, §§ 2044 Abs. 1 Satz 2, 751 Satz 2 BGB.[424]

221

bb) Vereinbarung der Miterben, § 2042 Abs. 2 i.V.m. § 749 Abs. 2 BGB

Die Miterben können einstimmig formlos **vereinbaren**, dass die Erbengemeinschaft für bestimmte Zeit oder gar **nicht auseinandergesetzt** werden darf, §§ 2042 Abs. 2 i.V.m. **749 Abs. 2 BGB**. Nach *Werner* führt eine Vereinbarung, die Auseinandersetzung auf Dauer oder Zeit auszuschließen, zum Vollzug der Auseinandersetzung der Erbengemeinschaft.[425] Durch die Vereinbarung sei über die Zuordnung der Nachlassgegenstände entschieden, da die Erben anstelle der vom Erblasser gewollten Regelung eine eigene Vereinbarung gesetzt haben. Dies würde dann u.a. dazu führen, dass die Erben grundsätzlich auch mit ihrem Eigenvermögen haften, § 2059 Abs. 1 BGB. Daraus ergeben sich jedoch erhebliche Abgrenzungsschwierigkeiten (Wann wird die Auseinandersetzung lediglich nicht zügig vorangetrieben? Wann liegt eine – stillschweigende? – Vereinbarung vor? usw.).

222

Das Recht, die Aufhebung aus wichtigem Grund zu verlangen, ist nach §§ 2042 Abs. 2 i.V.m. 749 Abs. 3 BGB unabdingbar. Die Feststellung des **wichtigen Grundes** ist eine Frage des Einzelfalles.[426] Es können **Umstände in der Person des Miterben** sein, die einen wichtigen Grund darstellen. Jedoch liegt auch in einer tiefgreifenden Störung des gegenseitigen Vertrauens, bspw. bei Verfeindung der Miterben, nur dann ein wichtiger Grund für die Aufhebung der Gemeinschaft vor, wenn hierdurch die Erbengemeinschaft unmittelbar berührt wird. Es ist maßgebend, ob die Fortsetzung der Verwaltungs- und Nutzungsgemeinschaft noch zumutbar ist.[427] Der Eintritt der **Volljährigkeit** ist ein wichtiger Grund i.S.v. § 749 Abs. 2 Satz 1 BGB und berechtigt dazu, die Aufhebung zu verlangen.[428]

223

§ 2042 BGB verweist auch auf § 750 BGB (Ausschluss der Aufhebung im **Todesfall**). Da es sich bei § 750 BGB lediglich um eine Auslegungsregel für den **Zweifelsfall** handelt, können die Miterben im Rahmen einer Vereinbarung nach § 749 Abs. 2 BGB etwas Abweichendes regeln. Steht fest, dass eine Fortdauer des Aufhebungsausschlusses über den Tod hinaus vereinbart ist, so ist der Tod an sich **kein** wichtiger Kündigungsgrund i.S.v. § 749 Abs. 2 BGB.[429]

224

---

423 OLG Hamburg NJW 1961, 610, LS a) u. S. 611.
424 *Lange/Kuchinke*, Erbrecht, § 44 II 5.
425 Staudinger/*Werner*, § 2042 Rn. .29.
426 OLG Hamburg NJW 1961, 610, LS b) u. S. 611.
427 BGH WM 1984, 873; im Einzelnen: MünchKomm/*K. Schmidt*, § 749 Rn. 10.
428 BT-Drucks. 13/5624 S. 10 unter A 3 g).
429 MünchKomm/*K. Schmidt*, § 749 Rn. 10.

225 Eine Vereinbarung der Miterben gem. § 749 Abs. 2 BGB wirkt auch für und gegen den **Erbteilskäufer** gem. § 2033 BGB. Die Vereinbarung eines Auseinandersetzungsverbotes unter Miterben wirkt zudem ohne **Grundbucheintragung** gegen den Erbteilserwerber; § 1010 BGB ist erst nach der Umwandlung der Erbengemeinschaft in eine Bruchteilsgemeinschaft anwendbar.[430] Der gute Glaube wird nicht geschützt.[431]

3. Berichtigung der Nachlassverbindlichkeiten, § 2046 BGB

226 In einem ersten Schritt sind bei der Auseinandersetzung der Erbengemeinschaft „zunächst" die Nachlassverbindlichkeiten zu berichtigen, § 2046 BGB.

a) Allgemeines

227 § 2046 BGB soll zugunsten der Miterben verhindern, dass der Nachlass vor Begleichung der Nachlassverbindlichkeiten verteilt wird und weicht damit von den allg. Vorschrift der §§ 2042 Abs. 2, 755 BGB ab, wonach die Begleichung bei der Auseinandersetzung zu erfolgen hätte. Der Grund hierfür liegt in der **Haftungsänderung** nach der Auseinandersetzung des Nachlasses: Die Erben haften zwar immer noch als Gesamtschuldner (§ 2058 BGB), im Innenverhältnis ist jedoch der Nachlass nicht mehr als Haftungsmasse als solche vorhanden, sondern unter den Erben bereits verteilt (und möglicherweise untergegangen), so dass mögliche Ersatzansprüche der Erben untereinander (§ 426 BGB) nicht oder nur schwer zu befriedigen sind. Darüber hinaus **haften die Erben** nach der Teilung gegenüber den Nachlassgläubigern nicht mehr lediglich mit dem Nachlass, sondern **mit ihrem Eigenvermögen**, §§ 2059, 2060 BGB.

228 Eine vor Begleichung der Nachlassverbindlichkeiten erhobene **Teilungsklage** ist unbegründet, weil der Nachlass noch nicht teilungsreif ist.[432] § 2046 BGB entspricht den Regelungen der §§ 733, 1475 BGB.

229 Der Anspruch auf Auseinandersetzung der Erbengemeinschaft gem. § 2042 BGB **verjährt nicht**, § 758 BGB. Mit der Auseinandersetzung im Zusammenhang stehende Ansprüche, wie bspw. der **Anspruch auf Verwendungsersatz** u.ä., werden von § 758 BGB **nicht erfasst** und verjähren nach den jeweiligen Vorschriften.

b) Voraussetzungen

230 Was zu den Nachlassverbindlichkeiten i.S.v. § 2046 Abs. 1 Satz 1 BGB gehört, ergibt sich aus § 1967 Abs. 2 BGB. „**Streitig**" oder „**nicht fällig**" ist eine Nachlassverbindlichkeit i.S.v. § 2046 Abs. 1 Satz 2 BGB bereits dann, wenn nur unter den Miterben Streit über die Verbindlichkeit besteht.[433] Im Rahmen der „Zurückbehaltung" hat **kein Miterbe Anspruch auf Hinterlegung**.[434]

231 Zur Berichtigung der Nachlassverbindlichkeiten ist der Nachlass notfalls zu „**versilbern**", § 2046 Abs. 3 BGB. Dies hat gem. § 2042 Abs. 2 i.V.m. § 753 BGB zu erfolgen.[435] Die Auswahl der Nachlassgegenstände, die zu „versilbern" sind, ist Verwal-

---

430 MünchKomm/*K. Schmidt*, § 751 Rn. 2.
431 Palandt/*Sprau*, § 751 Rn. 1.
432 OLG Brandenburg FamRZ 1998, 1521, 1522.
433 Staudinger/*Werner*, § 2046 Rn. 15.
434 MünchKomm/*Dütz*, § 2046 Rn. 10 m. Bezug auf Prot. V S. 885 f. in Fn. 28.
435 S. hierzu Rn. 240.

tungsmaßnahme i.S.v. § 2038 Abs. 1 Satz 1 BGB und kann daher von den Miterben nur gemeinschaftlich vorgenommen werden.[436]

Sind bestimmte **Nachlassverbindlichkeiten** nur von **einigen Miterben** zu **erfüllen**, würde es die anderen Miterben benachteiligen, wenn trotzdem von dem gesamten Nachlass eine „Rückstellung" gebildet werden müsste. Nachlassverbindlichkeiten treffen bspw. nur einzelne Miterben, wenn der Erblasser durch **Teilungsanordnung** bestimmt hat, dass Vermächtnisse oder Auflagen ausschließlich von einzelnen Miterben zu tragen sind. Ebenso gilt es jedoch für den Fall, dass die **Pflichtteilslast** im Innenverhältnis aufgrund von § **2320 BGB** nur einen oder einige Miterben trifft. Für diesen Fall schränkt § 2046 Abs. 2 BGB den Anspruch aus Abs. 1 ein: Da die übrigen Miterben von der Verbindlichkeit nicht betroffen sind, muss „ihr" Anteil auch nicht für die Begleichung herhalten. Durch diese Regelung erfolgt letztlich eine gewisse „Vorab-Auseinandersetzung", da der Anteil des betroffenen Miterben vorab ermittelt werden muss und ggf. auch Nachlassgegenstände „versilbert" werden müssen. Weil § 2046 Abs. 2 BGB den Grundsatz § 2046 Abs. 1 BGB lediglich einschränkt, ihn jedoch nicht ausschließt, können die Miterben gleichwohl die Berichtigung auch dieser, nur sie betreffenden Nachlassverbindlichkeiten vor der Nachlassteilung verlangen.[437] Dies ist vor allen Dingen mit Blick auf § 2046 Abs. 3 BGB und der Pflicht der Miterben, bei der **Versilberung mitzuwirken**, von erheblicher praktischer Bedeutung.

232

Gehört eine **belastete Immobilie** zum Nachlass und soll diese Immobilie aufgrund einer **Teilungsanordnung** gem. § 2048 BGB einem oder einigen Miterben mit den **Verbindlichkeiten** zufallen, so müssen der oder die Erben mit der Ablösung der Verbindlichkeiten nicht abwarten, bis der Nachlass insoweit aufgeteilt worden ist (oder gar die Umschreibung im Grundbuch vollzogen wurde). Vielmehr kann er/können sie verlangen, dass die Verbindlichkeiten *vor* der Teilung des Nachlasses vorab – notfalls durch Versilbern von Nachlassgegenständen, Abs. 3 – getilgt werden. Die Tilgung *vor* Auseinandersetzung ist schon aufgrund der weitergehenden Haftung *nach* der Auseinandersetzung gem. §§ 2058 ff. BGB für den Miterben wichtig.[438] Soweit die übrigen Miterben für die Nachlassverbindlichkeit im Rahmen von § 2058 BGB haften, können sie den Anspruch ebenfalls gegen den oder die belasteten Miterben geltend machen.[439]

233

Bei Streit über **Ausgleichungspflichten** nach §§ 2050 ff. BGB soll nach einer Auffassung § 2046 Abs. 1 Satz 2 BGB entsprechend gelten.[440] Dies kann nicht überzeugen: Der Gesetzgeber hat in § 1967 Abs. 2 BGB die Nachlassverbindlichkeiten u.a. bestimmt als die „*den Erben als solchen treffenden Verbindlichkeiten*". Die Ausgleichungspflicht ist jedoch gerade keine Verbindlichkeit, sondern (lediglich) eine Berechnungsregel.[441] Es ist nicht zu erkennen, dass der Gesetzgeber einerseits bei § 1967 BGB die Ausgleichungspflicht „versehentlich" nicht als Nachlassverbindlichkeit geregelt und dann auch noch bei § 2046 BGB übersehen hat, dass mit der Verwendung dieses Begriffes, die Ausgleichungspflicht nicht erfasst wird. Ausgehend von der ratio legis besteht aber auch gar keine Notwendigkeit, § 2046 BGB entsprechend anzuwen-

234

---

436 S. hierzu oben Rn. 83.
437 BGH NJW 1953, 501 (nur LS): „*Die Geltendmachung ist jedoch ausgeschlossen, wenn das Verlangen auf Vorwegbefriedigung nach den besonderen Umständen des Einzelfalles mit Treu und Glauben im Widerspruch steht*".
438 Staudinger/*Werner*, § 2046 Rn. 6.
439 Staudinger/*Werner*, § 2046 Rn. 6.
440 MünchKomm/*Dütz*, § 2046 Rn. 10 u. Staudinger/*Werner*, § 2046 Rn. 15 unter Hinw. auf KG OLGE 9, 389, 391.
441 Palandt/*Edenhofer*, § 2050 Rn. 2; insoweit dann auch MünchKomm/*Dütz*, § 2050 Rn. 17.

den, denn der ausgleichungsberechtigte Miterbe läuft nicht Gefahr, nach der Auseinandersetzung „mit leeren Händen dazustehen": Da die Ausgleichung *bei* der Auseinandersetzung von dem *noch verbliebenen* Nachlass zu berücksichtigen ist, ist der auszukehrende Nachlass begriffsnotwendig *immer* ausreichend. Mag es vielleicht wünschenswert sein, die oft komplizierten und „streitintensiven" Fragen der Ausgleichungspflicht aus der Auseinandersetzung herauszuhalten, so gibt das Gesetz hierfür nichts her, weder direkt noch „entsprechend". Es bleibt den Erben aber natürlich freigestellt, insoweit einvernehmlich eine „Rückstellung" zu bilden; jedoch hat ein Erbe hierauf **keinen klagbaren Anspruch**.

235 Jeder Miterbe kann darüber hinaus verlangen, dass Verbindlichkeiten, die zwar solche der Erbengemeinschaft, jedoch keine *Nachlass*verbindlichkeiten i.S.v. § 1967 BGB sind (Problematik der **Nachlasserbenschulden**, vgl. hierzu § 1967 BGB), vorab aus dem Nachlass beglichen werden, § 2042 Abs. 2 i.V.m. § 754 BGB.

236 Nach § 2042 Abs. 2 i.V.m. § 756 BGB kann ein Miterbe, der **Forderungen gegen** die anderen **Miterben** hat, die aufgrund der Zugehörigkeit zur Erbengemeinschaft entstanden sind, bei der Auseinandersetzung die Berichtigung aus dem Nachlass verlangen. Hauptanwendungsfall wird hier in der Praxis der Anspruch von Aufwendungsersatz einer **GoA** sein.[442]

c) Rechtsfolgen

237 § 2046 BGB gewährt **allein** den **Miterben** einen **Anspruch**. Nachlassgläubiger haben weder auf Berichtigung der Verbindlichkeiten (Abs. 1 Satz 1) noch auf Zurückbehaltung (Abs. 1 Satz 2) oder „Versilberung" (Abs. 3) einen Anspruch. Sie können ungeachtet des § 2046 BGB gem. § 2059 Abs. 2 BGB gegen den ungeteilten Nachlass vorgehen. Auch der **Miterbe**, der eine Forderung gegen den Nachlass hat, kann Befriedigung aus dem ungeteilten Nachlass verlangen. Die Klage ist gegen die übrigen Erben auf Befriedigung aus dem Nachlass zu richten.[443]

4. Teilung der Nachlassgegenstände

238 Die Teilung der Nachlassgegenstände erfolgt nach § 2042 Abs. 2 i.V.m. **§§ 752–757 BGB**. Vor einer Verteilung des Nachlasses gem. §§ 752, 753 BGB sind etwaige **Teilungsanordnungen** des Erblassers gem. § 2048 BGB zu berücksichtigen. Über Teilungsanordnungen des Erblassers können sich die Erben einstimmig hinwegsetzen. Grundsätzlich kann dies nur durch einen Testamentsvollstrecker verhindert werden.[444]

239 Grundsätzlich hat die Teilung gem. § 752 BGB „*in Natur*" zu erfolgen. Die **Gewährleistung** der übrigen Miterben richtet sich nach § 757 BGB. § 757 BGB gilt jedoch nur bei einer Zuteilung an einen Miterben i.R.d. Auseinandersetzung der Erbengemeinschaft, **nicht** bei **Veräußerung** an Außenstehende (dort gelten die dem jeweiligen Vertrag zu Grunde liegenden Regelungen). Es gelten für die Miterben die Vorschriften der §§ 434 ff. BGB, wobei jeder Miterbe im Verhältnis seines Anteils haftet. § 757 BGB soll nicht gelten, wenn gleichartige gemeinschaftliche Gegenstände an alle Miter-

---

442 S. hierzu oben Rn. 120 u. 142.
443 Staudinger/*Werner*, § 2046 Rn. 8.
444 Zu Einzelheiten s. Rn. 287.

ben verteilt worden sind, aber nur einer oder wenige einen Schaden erlitten haben, da ungleiche Folgerisiken durch § 757 BGB nicht geschützt werden sollen.[445]

Falls eine Teilung in Natur gem. § 752 BGB nicht möglich ist, sieht § 753 BGB den **Verkauf** des Nachlassgegenstandes vor. Für **bewegliche Sachen** gelten nach § 753 BGB die Vorschriften der §§ 1234–1240 BGB über den Pfandverkauf. Bei **Immobilien**, grundstücksgleichen Rechten wie Erbbaurecht, Schiffen, Schiffsbauwerken und Luftfahrzeugen erfolgt eine Teilungsversteigerung nach § 180 ZVG (Aufhebung einer Gemeinschaft).[446] **Unstatthaft** ist eine Versteigerung an Dritte bei einer Vereinbarung unter den Erben oder Anordnung durch den Erblasser, § 2048 BGB. Mithin begründet § 753 BGB **kein Veräußerungsverbot**, sondern setzt es voraus und lässt es unberührt.[447]

Einzelfälle:

– **Aktien** können unter den Miterben entsprechend ihren Erbquoten durch gemeinsame Anweisung an die Bank zu Alleineigentum der Erben in deren Depots übertragen werden. Einzelne Aktien sind nicht teilbar, § 8 Abs. 5 AktG. Etwaige Differenzen, die sich dadurch ergeben, dass die Aktien nicht vollständig „ohne Rest" zu verteilen sind, werden entweder durch Zahlungen zwischen den Erben ausgeglichen oder die verbleibenden Aktien werden verkauft und der Erlös wird verteilt, § 753 BGB. Aufgrund der anfallenden Gebühren für den Verkauf wird diese Alternative regelmäßig jedoch wirtschaftlich nicht sinnvoll sein, weil der Verkaufserlös häufig hierzu nicht im angemessenen Verhältnis steht.

– **Barvermögen**: Bargeld wird unter Erben entsprechend ihren Erbquoten aufgeteilt. Hier ergeben sich keine Besonderheiten bei der Verteilung.

– **Besitz- und Nutzungsverhältnisse** sind grundsätzlich unteilbar aber auch nicht veräußerlich (also auch kein Fall des § 753 BGB). Die Verteilung kann – wenn überhaupt – nur durch Zustimmung des Vertragspartners zur „Teilung" erfolgen.[448] Bei Mietverträgen über Wohnraum sollte die Erbengemeinschaft innerhalb der Frist des § 564 Satz 2 BGB den Mietvertrag kündigen. Wurde dies versäumt oder will die Erbengemeinschaft gemeinschaftlich das Vertragsverhältnis weiterführen, so wird durch eine einvernehmliche Regelung der Erben mit dem Vertragspartner ebenfalls eine Teilung vollzogen. Ist eine gemeinschaftliche Nutzung nicht beabsichtigt, so hat die Erbengemeinschaft das Vertragsverhältnis zu kündigen, § 2040 BGB. Da eine Auseinandersetzung sonst nicht erfolgen kann, sind die Erben verpflichtet, hieran mitzuwirken.

– **Bruchteile** einer Gemeinschaft sind teilbar, so dass durch die Teilung die Miterbenanteile in der Bruchteilsgemeinschaft aufgehen.[449] Zum Anteil an einer (anderen) Erbengemeinschaft als Teil des Vermögens der Erbengemeinschaft s. unter „Erbteile" (Rn. 245).

– **Erbteile** an anderen Erbengemeinschaften sind nicht in Natur teilbar, sondern lediglich in Bruchteile zerlegbar.[450] Bei der Auseinandersetzung kann somit der ge-

---

445 So MünchKomm/*K. Schmidt*, § 757 Rn. 4 m.w.N.
446 MünchKomm/*K. Schmidt*, § 753 Rn. 15.
447 MünchKomm/*K. Schmidt*, § 752 Rn. 10.
448 MünchKomm/*K. Schmidt*, § 752 Rn. 15.
449 MünchKomm/*K. Schmidt*, § 752 Rn. 16.
450 BGH NJW 1963, 1610, 1611; MünchKomm/*K. Schmidt*, § 752 Rn. 17.

samthänderisch gehaltene Erbteil an einer anderen Erbengemeinschaft in eine Bruchteilsgemeinschaft umgewandelt werden, § 741 BGB. Die Auseinandersetzung ist damit insoweit ebenfalls vollzogen. Der Erbteil des vormals gesamthänderisch gehaltenen Erbteils „spaltet" sich jedoch nicht entsprechend den Erbquoten auf. Die Teilung findet nur ideell statt und die Anzahl der Erbteile ändert sich nicht.[451]

246 – **Erfindungen** sind nicht teilbar, sondern müssen nach § 753 BGB veräußert werden.[452]

247 – **Festverzinsliche Wertpapiere** oder ähnliche Anlageformen, die auf bestimmte Dauer vom Erblasser abgeschlossen worden sind und daher nicht ohne weiteres „tagggleich" aufgelöst werden können: Hier muss eine Abwägung im Einzelfall vorgenommen werden hinsichtlich der Verpflichtung zur Mitwirkung bei der Auseinandersetzung (und somit der vorzeitigen und kostenintensiven Kündigung) und der Restlaufzeit der Papiere. Handelt es sich jedoch um Forderungen gegen den Emittenten der Wertpapiere, die teilbar sind (Bundesschatzbriefe u.ä.), so lassen sich die Papiere in Depots der Miterben zu Alleineigentum übertragen. Etwaige Differenzen, die sich durch Überschüsse bei der Teilung ergeben, sind von den jeweils anderen Erben auszugleichen.

248 – **Forderungen** sollen unter bestimmten Voraussetzungen teilbar sein.[453] In der Praxis der Auseinandersetzung der Erbengemeinschaft wird jedoch regelmäßig die Forderung gem. § 754 BGB bzw. § 2039 BGB eingezogen oder sie ist es bereits. § 754 BGB bestimmt die **Reihenfolge**, in der die Auseinandersetzung hinsichtlich einer Forderung stattzufinden hat: Vorrangig (gemeinschaftliche) Einziehung der Forderung (vgl. auch § 2039 BGB) und erst nachrangig Verkauf der Forderung gem. § 753 BGB. Abweichende Vereinbarungen der Erben oder Teilungsanordnungen des Erblassers gem. § 2048 BGB haben Vorrang. Ist die Forderung noch nicht fällig oder kann aus anderen Gründen noch nicht eingezogen werden, so wird eine Teilabtretung der Forderung – wenn sie überhaupt zulässig ist – i.R.d. Auseinandersetzung häufig wirtschaftlich nicht sinnvoll sein. Letztlich wird es dann auf eine Veräußerung der Forderung entsprechend § 753 BGB hinauslaufen, was auch eine praktikable Lösung darstellt (zu Steuererstattungsansprüchen s. dort, Rn. 260).

– **Fotos**: s. Schriftstücke (Rn. 258)

249 – **Gesellschaftsanteil**: s. Personengesellschaften (Rn. 256) bzw. GmbH-Anteil

250 – **GmbH-Anteil**: Ein zum Nachlass gehörender GmbH-Anteil muss in Teilgeschäftsanteile aufgeteilt werden, sofern dies nicht durch die Satzung der GmbH ausgeschlossen ist.[454] Die Aufteilung in Teilgeschäftsanteile bedarf gem. § 17 Abs. 1 GmbHG der Genehmigung durch die Gesellschaft. Die Satzung der GmbH kann bestimmen, dass eine Genehmigung entbehrlich ist, § 17 Abs. 3 2. Alt. GmbHG.[455]

251 – **Grabstelle/Grabrecht**: Kein real teilbares Recht, regelmäßig aufgrund der jeweiligen Friedhofsordnung auch keine Teilungsversteigerung gem. § 753 Abs. 1 Satz

---

451 BGH NJW 1963, 1610, 1611.
452 MünchKomm/*K. Schmidt*, § 752 Rn. 18.
453 Zu Einzelheiten vgl. MünchKomm/*K. Schmidt*, § 752 Rn. 19.
454 Palandt/*Edenhofer*, § 2042 Rn. 12.
455 S. dazu ausführlich Kap. 18 Rn. 260 ff.

1 BGB möglich; daher bleibt lediglich Versteigerung unter den Miterben, § 753 Abs. 1 Satz BGB.[456]

– **Immobilien** können nur bei – praktisch kaum vorkommender – Gleichartigkeit der Teile nach § 752 BGB verteilt werden.[457] Regelmäßig wird daher Teilung durch Verkauf, (§ 753 BGB) oder Teilungsversteigerung (§ 180 ZVG) erfolgen.

252

– **Kunstwerke** sind unteilbar, auch wenn sie aus mehreren Stücken bestehen. Bei einer Kunstsammlung ist es eine Frage des Einzelfalls, ob eine wirtschaftlich notwendige Zusammengehörigkeit besteht. Allein die Tatsache, dass die vollständige Sammlung mehr Wert hat als die Einzelteile, ist nach *K. Schmidt* noch kein ausreichender Anhaltspunkt.[458] Dies erscheint widersprüchlich. Vielmehr steht wohl bei einer Sammlung von Kunstgegenständen, Münzen, Büchern u.ä. der tatsächliche Zusammenhang, den der Erblasser durch das Sammeln geschaffen hat, derart im Vordergrund, dass sich eine Teilung nach § 752 BGB verbietet. Eine Veräußerung der gesamten Sammlung nach § 753 BGB ist dann der einzige Weg der Auseinandersetzung, wenn sich die Erben nicht anderweitig verständigen wollen.

253

– **Mietverträge**: s. Besitz- und Nutzungsverhältnisse (Rn. 243).

254

– **Pachtverträge**: s. Besitz- und Nutzungsverhältnisse (Rn. 243).

255

– **Personengesellschaften**: Anteile an einer Personengesellschaft können nur mit Zustimmung aller Gesellschafter oder aufgrund des Gesellschaftsvertrages geteilt werden. Zu prüfen ist vorab, ob der Gesellschaftsanteil überhaupt in das Gesamthandsvermögen der Erbengemeinschaft gefallen ist oder durch vorrangige gesellschaftsvertragliche Regelungen anderweitig übergegangen ist.[459]

256

– **Sammlung**: s. Kunstwerke (Rn. 253)

257

– **Schriftstücke**: Beziehen sich Schriftstücke auf die persönlichen Verhältnisse des Erblassers, dessen Familie oder auf den ganzen Nachlass, bleiben sie Eigentum der Gesamthand der Miterben, wodurch ein Vollzug der Teilung i.S.v. §§ 2059 ff. BGB indes nicht verhindert wird. Jeder Miterbe hat ein Recht auf Einsicht und sachgemäßen Gebrauch an den Papieren.[460] Im Umkehrschluss zu § 2373 Satz 2 BGB ist anzunehmen, dass Familienfotos nicht unter Abs. 2 fallen,[461] was der – häufig sicherlich unbefriedigenden – Lage nach dem Gesetz entspricht.

258

– **Sparbücher** (mit gesetzlicher Kündigungsfrist): Das Kündigungsrecht steht den Erben nur gemeinschaftlich zu, § 2040 BGB.[462] Zur Ausübung des Kündigungsrechts sind die Erben im Rahmen ihrer Mitwirkungspflicht bei der Auseinandersetzung verpflichtet. Fraglich ist allein, ob die übrigen Erben im Rahmen ihrer Mitwirkungspflicht auch verpflichtet sind, einer vorzeitigen Kündigung zuzustimmen (was mit der Verpflichtung einhergeht, Vorfälligkeitszinsen zahlen zu müssen). Da bei Sparbüchern regelmäßig eine dreimonatige Kündigungsfrist besteht, wird sich das Problem in der Praxis jedoch selten stellen: Kein vernünftig und wirtschaftlich denkender Erbe wird angesichts dieses kurzen Zeitraumes im Verhältnis zu teilwei-

259

---

456 OLG Oldenburg OLGR 1996, 8, 9.
457 MünchKomm/*K. Schmidt*, § 752 Rn. 21.
458 MünchKomm/*K. Schmidt*, § 752 Rn. 13, 23.
459 S. dazu ausführlich Kap. 18 Rn. 132 ff.
460 MünchKomm/*Dütz*, § 2047 Rn. 7.
461 Staudinger/*Werner*, § 2047 Rn. 5.
462 S. oben Rn. 90.

Rißmann

se erheblichen Vorfälligkeitsentschädigungen auf eine vorzeitige Auszahlung bestehen. Andernfalls wird der betreibende Miterbe sich wohl den Einwand aus § 242 BGB entgegenhalten lassen müssen, da er ein Recht ausüben möchte, „um des Rechts willen", jedoch ohne schutzwürdiges Eigeninteresse.

260 – **Steuererstattungsansprüche**: Die Behandlung von Einkommensteuererstattungsansprüchen des Erblassers wirft dann Probleme auf, wenn die Steuer aufgrund **gemeinsamer Veranlagung** gezahlt worden ist und ein Ehegatte überlebt. Der Erstattungsanspruch, der auf den überlebenden Ehegatten entfällt, wird im Steuerbescheid nicht gesondert ausgewiesen.[463] Um den Betrag zu erfahren, der im Rahmen der Steuererstattung auf den *Erblasser* entfallen ist, kann beim Finanzamt formlos die Aufteilung des Erstattungsanspruches beantragt werden. Möglich ist es auch, einen Antrag auf **getrennte Veranlagung** zu stellen, so daß sich ein isolierter Erstattungsanspruch des Erblassers ergibt, der dann vollständig in den Nachlass fällt und geteilt werden kann. Die Steuervorauszahlungen der Ehegatten müssen in beiden Fällen aufgeteilt und zugeordnet werden. Durch die getrennte Veranlagung wird jedoch der Vorteil der Splitting-Tabelle nicht nur zum Nachteil des überlebenden Ehegatten, sondern auch zum Nachteil der gesamten Erbengemeinschaft aufgegeben.

261 **Beispiel (Lösung Frage 10):**
Trotz der gemeinsamen Veranlagung der Eheleute ist der Erstattungsanspruch des E in den Nachlass gefallen. Da F kein Einkommen hatte und daher auch keine Einkommensteuervorauszahlungen gezahlt hatte, fällt der gesamte Erstattungsanspruch iHv 15T in den Nachlass und ist zwischen den Erben aufzuteilen.

5. Rechtsfolgen

262 Der Miterbe, der grundlos seine Mitwirkung bei der Auseinandersetzung verweigert, gibt **Anlass zur Klage** und macht sich möglicherweise **schadensersatzpflichtig**: Soweit ersichtlich ist die Frage der Schadensersatzpflicht in Rspr. und Lit. bislang nicht behandelt worden. Es ist jedoch nicht erkennbar, weshalb ein Miterbe durch starrsinniges Verhalten den Nachlass zum Nachteil der übrigen Miterben schmälern darf, ohne hierfür zur (finanziellen) Verantwortung gezogen werden zu können. Kann der die Auseinandersetzung verlangende Miterbe darlegen und beweisen, dass ihm durch ungerechtfertigte Verweigerungshaltung des oder der anderen Miterben ein Schaden entstanden ist, so ist dieser **Schaden gem. § 280 BGB zu ersetzen**. Da der Auseinandersetzungsanspruch ein Anspruch jedes einzelnen Miterben ist (und nicht der Erbengemeinschaft), ist der Schadensersatzanspruch nicht bei der Auseinandersetzung zu beachten und es handelt sich auch **nicht** um einen **Anspruch der Erbengemeinschaft** (somit kein Fall des § 2039 BGB). Vielmehr ist der Schadenssersatzanspruch neben oder nach der Auseinandersetzung zu berücksichtigen. Soweit der Anspruch im Rahmen einer Erbauseinandersetzungsklage noch nicht zu beziffern ist, sollte der Kläger an einen diesbezüglichen Feststellungsantrag denken.

---

463 Das Finanzamt kann diesen Erstattungsanspruch gem. § 36 Abs. 4 Satz 3 EStG grundsätzlich an den überlebenden Ehegatten mit befreiender Wirkung auf das in der gemeinsamen Steuererklärung benannte Konto leisten.

Nach der Auseinandersetzung haften die Erben unbeschränkt auch mit ihrem Eigenvermögen als Gesamtschuldner, §§ 2058 ff. BGB.[464]

263

Mit Beendigung der Erbengemeinschaft ist die **Gesamthandsgemeinschaft beendet** und kann auch nicht durch Vertrag wieder begründet werden. **Rücktritt** vom Auseinandersetzungsvertrag ist möglich, führt jedoch nicht zum „Wiederaufleben" der Erbengemeinschaft, da jene nur durch Erbfall entstehen kann.[465] Allein die **Anfechtung** des Vollzuges der Auseinandersetzung führt gem. § 142 BGB dazu, dass die Erbengemeinschaft nicht beendet ist.[466]

264

III. Auseinandersetzungsvertrag

Der Vertrag, mit dem sich die Miterben auf eine Auseinandersetzung einigen, ist grundsätzlich an keine Form gebunden. Zu beachten sind ggf. Formvorschriften, die sich bei der Übertragung einzelner Nachlassgegenstände i.R.d. Auseinandersetzung ergeben.[467] Es liegt jedoch auf der Hand, dass in der Praxis schon aus Beweisgründen mindestens die Schriftform vorzuziehen ist. Zur Beteiligung **minderjähriger Miterben** an einem Auseinandersetzungsvertrag s.o. Rn. 198.

265

Grundsätzlich ist der Auseinandersetzungsvertrag zwischen allen Miterben eine **abschließende Regelung** über die endgültige Verteilung des Nachlasses. Selbst wenn ein Miterbe danach mehr erhalten haben sollte als ihm nach Testament und Gesetz zustehen würde, ist er den anderen Erben nicht zum Ausgleich verpflichtet: Im Rahmen des Auseinandersetzungsvertrages können *„einzelne bevorzugt, andere benachteiligt"* werden.[468] In dem Auseinandersetzungsvertrag liegt dann zugleich der **Verzicht** der übrigen Miterben auf eine bessere Berücksichtigung. Mangels Einigung über die Unentgeltlichkeit wird das „Mehr" jedoch regelmäßig nicht im Wege der Schenkung übertragen, so dass es nicht der Form des § 518 BGB bedarf.[469] Liegt in dem Auseinandersetzungsvertrag eine vergleichsweise Regelung, so ist ein **Irrtum** über die geregelten Zweifelsfragen zwar bedeutungslos, ein Irrtum über die Vergleichsgrundlage jedoch in den engen Grenzen des § 779 Abs. 1 BGB beachtlich.[470]

266

Daher ist bei Abschluss des Auseinandersetzungsvertrages durch den Rechtsanwalt sorgfältig zu prüfen, ob die Interessen des Mandanten bestmöglich durchgesetzt worden sind oder aber der Mandant bestätigt hat, dass er mit einem (Teil-)Verzicht einverstanden ist. Außerdem wird der Anwalt auf **eindeutige** und zweifelsfreie Formulierungen zu achten haben, die spätere Differenzen über Wirkung und Reichweite des Vertrages verhindern.[471]

267

---

464 S. hierzu oben Rn. 62.
465 Staudinger/*Werner*, § 2042 Rn. 64.
466 Staudinger/*Werner*, § 2042 Rn. 64.
467 Z.B. bei Übertragung von Grundstücken , § 311b Abs. 1 BGB oder Geschäftsanteilen einer GmbH, § 15 Abs. 1 Nr. 3 GmbHG.
468 *Lange/Kuchinke*, Erbrecht, § 44 III 3.
469 *Lange/Kuchinke*, Erbrecht, § 44 III 3; selbst die Übertragung des gesamten Nachlasses auf einen von zwei Miterben ohne Gegenleistung soll eine formlos mögliche Auseinandersetzungsvereinbarung sein: LG Stuttgart FamRZ 2000, 1251 (nur redaktioneller LS; im Übrigen n.v.).
470 *Lange/Kuchinke*, Erbrecht, § 44 III 3.
471 Zur Schadensersatzpflicht eines Notars bei missverständlicher Formulierung des Parteiwillens in einem Erbauseinandersetzungsvertrag vgl. BGH NJW-RR 1992, 772.

IV. Abschichtung

268 Mittlerweile ist auch durch den BGH neben dem Auseinandersetzungsvertrag[472] und der Erbteilsübertragung[473] ein „dritter Weg" der Auseinandersetzung anerkannt, der zu einer Teilauseinandersetzung führt: Miterben scheiden einverständlich gegen Abfindung aus der Erbengemeinschaft aus. Dies wird allg. als „Abschichtung" bezeichnet, ein Begriff, den der BGH übernommen hat.[474] Bei der Abschichtung gibt ein Miterbe seine Mitgliedschaftsrechte an der Erbengemeinschaft auf, insb. sein Recht auf ein Auseinandersetzungsguthaben. Der Erbteil des Ausgeschiedenen wächst den verbleibenden Miterben „kraft Gesetzes" an.[475] Bleibt lediglich ein Miterbe übrig, führt die Anwachsung zum Alleineigentum am Nachlass und die Erbengemeinschaft ist beendet.[476] Da der Ausscheidende lediglich auf seine Mitgliedschaftsrechte verzichtet, sie jedoch nicht auf einen bestimmten Rechtsnachfolger überträgt, liegt hierin keine Verfügung über einen Erbteil gem. § 2033 Abs. 1 Satz 1 BGB. Der Abschichtungsvertrag ist aus diesem Grund auch **formfrei** möglich, wenn zur Erbengemeinschaft ein Grundstück gehört.[477] Dabei ist es unerheblich, ob die Abfindung aus dem Nachlass oder dem Privatvermögen der oder des anderen Erben geleistet wird. **Formbedürftig** bleibt es jedoch, wenn als Abfindung ein Gegenstand übertragen werden soll, der nur durch formbedürftiges Rechtsgeschäft übertragen werden darf.[478]

V. Vermittlungsverfahren

269 In §§ 86–98 FGG ist das Vermittlungsverfahren des Nachlassgerichts geregelt. Nach § 3 Nr. 2 lit. c) RPflG ist für das Verfahren der Rechtspfleger zuständig.[479] Der Raum, der dem Vermittlungsverfahren in der Lit. eingeräumt wird, steht im umgekehrten Verhältnis zur praktischen Relevanz: Das Verfahren hat **kaum praktische Bedeutung**,[480] was vor allen Dingen an § 95 Satz 1 FGG liegt: Danach ist das Verfahren auszusetzen, wenn sich „Streitpunkte ergeben". Ist es möglich, die unstreitigen Punkte gesondert in einer Urkunde zu erfassen, so hat das Gericht dies zu veranlassen, § 95 Satz 2 FGG. Gerade die „streitigen" Punkte sind es jedoch, die regelmäßig die Entscheidung durch einen Dritten erfordern. Durch § 95 Satz 1 FGG hat aber jeder Miterbe zu jeder Zeit die Möglichkeit, das Vermittlungsverfahren zu „sabotieren". Dem Rechtspfleger stehen im Vermittlungsverfahren keine verfahrensrechtlichen „Sanktionen" zur Verfügung.

270 Einzig gegenüber dem gem. § 89 FGG geladenen, aber nicht erschienen Miterben kann unter den Voraussetzungen des § 91 Abs. 3 FGG die Zustimmung zur Teilungsvereinbarung ersetzt werden. Selbst wenn anzunehmen wäre, dass ein Miterbe nicht erscheint und trotz Belehrung gem. § 91 Abs. 3 FGG nicht die Anberaumung eines neuen Termins beantragen wird, bietet das Verfahren gegenüber dem ordentlichen Zivilprozess mit der Möglichkeit des Versäumnisurteils keine Vorteile. Dies vor allen Din-

---

472 S. hierzu oben Rn. 265 ff.
473 S. hierzu unten Rn. 283.
474 BGH NJW 1998, 1557.
475 „Entsprechende Anwendung von §§ 1935, 2094, 2095 BGB", BGH NJW 1998, 1557, 1558.
476 BGH NJW 1998, 1557.
477 BGH NJW 1998, 1557, LS 1 u. S. 1558; dagegen mit beachtlichen Argumenten: *Keller*, ZEV 1998, 281.
478 BGH NJW 1998, 1557, LS 1 u. S. 1558; z.B. Übertragung von Grundstücken, § 311b Abs. 1 BGB oder Geschäftsanteilen einer GmbH, § 15 Abs. 1 Nr. 3 GmbHG.
479 Dem Richter bleibt lediglich gem. § 3 Nr. 2 i.V.m. § 16 Abs. 1 Nr. 8 RPflG die Genehmigung gem. § 97 Abs. 2 FGG vorbehalten.
480 Ebenso: *Bonefeld/Kroiß/Tanck*, Erbprozess, S. 207 Rn. 404.

gen auch aufgrund der Möglichkeit, im Zivilverfahren durch öffentliche Zustellung zu laden (im Gegensatz hierzu § 89 S. 2 FGG) sowie der regelmäßig deutlich kürzeren Fristen im Zivilprozess.

Das Vermittlungsverfahren bietet daher keinerlei Vorzüge: Die bloße „Beurkundung" der unstreitigen Punkte hingegen bedarf nicht der Durchführung des Vermittlungsverfahrens.

271

VI. Teilungsklage (Auseinandersetzungsklage)

a) Gerichtsstand der Teilungsklage

Gerichtsstand für eine Teilungsklage ist neben dem allg. Gerichtsstand des Beklagten der **besondere Gerichtsstand** gem. § 27 ZPO. Hiernach kann die Teilungsklage vor dem Gericht erhoben werden, bei dem der Erblasser zur Zeit seines Todes den allg. Gerichtsstand (§ 13 ZPO) gehabt hat. Hatte der Erblasser zum Zeitpunkt seines Todes keinen allg. Gerichtsstand im Inland, kann die Teilungsklage vor dem Gericht erhoben werden, in dessen Bezirk der Erblasser seinen letzten inländischen Wohnsitz hatte (§ 27 Abs. 2 ZPO). Hatte der Erblasser keinen derartigen Wohnsitz, ist gem. § 27 Abs. 2 2. HS i.V.m. § 15 Abs. 1 Satz 2 ZPO das Amtsgericht Berlin-Mitte[481] bzw. LG Berlin[482] zuständig.

272

b) Prozesstaktik bei der Teilungsklage

Vor der übereilten Erhebung einer **Teilungsklage** muss nachdrücklich gewarnt werden.[483]

273

> **Praxishinweis:**
> Prozesstaktisch klüger wird es regelmäßig sein, streitige Einzelfragen durch eine **Feststellungsklage** vorab zu klären. Dies ist nach der Rspr. des BGH ausdrücklich zulässig, auch wenn eine Leistungsklage grundsätzlich möglich wäre.[484] Mehrere streitige Punkte können hier auch in einer Klage zusammengefasst werden. Die Auseinandersetzungsklage wird in der Praxis häufiger erhoben, als es sinnvoll und erfolgversprechend wäre. Allein weil in vielen Verfahren sich die Parteien unter dem Druck des Verfahrens vergleichen, scheitern nicht noch mehr der regelmäßig unbegründeten Teilungsklagen (was zu Haftungsproblemen der Klägervertreter führen würde).

Kaum ein anderer Bereich des Erbrechts ist so auf eine vernünftige Prozesstaktik angewiesen, wie die gerichtliche (aber natürlich auch außergerichtliche) Auseinandersetzung der Erbengemeinschaft. Zwar ist es unbedingt sinnvoll, streitige Einzelfragen im Vorfeld durch eine Feststellungsklage zu klären. Andererseits zieht sich dadurch jedoch die vollständige Auseinandersetzung der Erben möglicherweise in die Länge. Es

274

---

481 Amtsgericht Berlin-Mitte, Littenstr. 11–17, 10179 Berlin (Briefanschrift: Amtsgericht Berlin-Mitte, 10174 Berlin), Telefax: 030/90 23-22 23 (Stand: 1.6.2005).
482 Berlin hat in Zivilsachen derzeit zwei „Standorte" des LG. Schriftsätze und Klagen können fristwahrend bei **beiden** Gerichten eingereicht werden, so dass hier lediglich der Standort Berlin-Mitte angegeben wird: LG Berlin, Littenstr. 11–17, 10179 Berlin (Briefanschrift: LG Berlin, 10174 Berlin), Telefax: 030/90 23-22 23 (Stand: 1.6.2005).
483 S. hierzu unten Rn. 306.
484 BGH NJW-RR 1990, 1220.

gibt in diesem Bereich mithin keinerlei allgemeingültige Hinweise, „wie man es richtig macht".

> **Praxishinweis:**
> Der Anwalt muss jederzeit flexibel bleiben und seine Taktik immer wieder überprüfen. Die „Klage einreichen und auf den Termin warten" kann manchmal der einzig mögliche Weg sein, in anderen Fällen sind jedoch parallel dazu weitere Maßnamen zu ergreifen (Teilungsversteigerung, Klageerweiterung auf sich neuerlich ergebende Streitpunkte, Klageänderung[485] u.ä.).

275   Die Klage ist **gerichtet auf die Zustimmung** zu einem bestimmten, vorzulegenden Teilungsplan. Von diesem Plan darf das Gericht nicht abweichen, soll aber nach *Edenhofer* i.R.d. § 139 Abs. 1 ZPO *„wegen der Schwierigkeiten"* verpflichtet sein, auf sachgemäße Antragstellung hinzuwirken.[486] Dies wird jedoch nur in wenigen Ausnahmefällen richtig sein. Denn es kann nicht sein, dass das Gericht i.R.d. richterlichen Hinweispflicht für eine *begründete* Klage sorgt: *Jede* Abweichung ist kein Minus zum Teilungsplan, sondern ein Aliud und muss eine Abweisung der Klage als unbegründet nach sich ziehen.[487] Daher kann das Gericht nicht verpflichtet sein, gewissermaßen als Gehilfe des Klägers für die Begründetheit der Klage zu sorgen: Das Gericht hat keine Gestaltungsbefugnis.[488] Der Kläger selbst muss einer Abweisung der Klage durch eine Staffelung von **Hilfsanträgen** vorbeugen, mit denen Alternativ-Teilungspläne vorgelegt werden. Eine Teilungsklage wird jedoch nur da Aussicht auf Erfolg haben, wo der Nachlass unstreitig **teilungsreif** ist:

– sämtliche Nachlassverbindlichkeiten müssen beglichen (§ 2046 BGB) worden sein;[489]
– der Nachlass muss „versilbert" worden sein bzw. die verbleibenden Nachlassgegenstände werden von Teilungsanordnungen gem. § 2048 BGB „erfasst" und müssen einem bestimmten Miterben zugewandt werden;
– der gesamte Nachlass muss bekannt sein;
– der gesamte Nachlass muss von der Teilungsklage erfasst werden.

276   Teilungsreife liegt auch dann noch nicht vor, wenn eine erforderliche **Teilungsversteigerung** eines Grundstückes noch nicht durchgeführt ist.[490]

---

485 Was wohl stets sachdienlich i.S.v. § 533 Nr. 1 ZPO (Berufungsinstanz) sein wird, wenn die Änderung gleichfalls auf eine Auseinandersetzung der Erbengemeinschaft gerichtet ist; größere Schwierigkeiten bereitet in diesem Zusammenhang hingegen § 533 Nr. 2 ZPO, wonach insoweit nur Tatsachen berücksichtigt werden können, die das Berufungsgericht nach § 529 ZPO ohnehin zugrunde zu legen hat; dieses zweite Erfordernis wird vielfach übersehen und führt regelmäßig zur Abweisung der Klageänderung (aber auch einer Widerklage oder Aufrechnung) als unzulässig.
486 So Palandt/*Edenhofer*, § 2042 Rn. 17.
487 BGH NJW 1998, 1156, 1157 (im rechtlich vergleichbaren Fall einer Gütergemeinschaft); nach a.A. Abweisung als unzulässig: KG NJW 1961, 733; OLG Frankfurt OLGR 1995, 31, 33.
488 Staudinger/*Werner*, § 2042 Rn. 41.
489 OLG Brandenburg FamRZ 1998, 1521, 1522.
490 BGH NJW 1998, 1156, 1157 (im rechtlich vergleichbaren Fall einer Gütergemeinschaft); a.A. OLG Köln OLGR 1996, 215: Teilungsreife liegt dann vor, wenn i.R.d. Erbauseinandersetzungsklage auch die Zustimmung zur Auskehr des Erlöses des Versteigerungsverfahrens nach § 180 ZVG nach bestimmten Quoten erreicht werden soll.

Nach einer Entscheidung des OLG Koblenz[491] soll hingegen *„eine **Teilentscheidung** (schon) statthaft sein, wenn zugleich durch Grundurteil festgeschrieben wird, wie die Teilung des Restes zu erfolgen hat, der nur seinem Umfang nach noch durch Sachverständigengutachten ermittelt werden muss".* Diese im Leitsatz des Urteils aufgestellte Aussage findet sich in den Gründen nicht wieder: Die einzig mögliche Stelle des Urteils[492] beschäftigt sich mit der Zahlung einer Nutzungsentschädigung durch die Beklagte. Gerade jedoch, wenn ein Miterbe noch Leistungen an die Erbengemeinschaft zu erbringen hat, deren Umfang noch nicht feststeht, darf nicht durch Teilurteil der Nachlass im Übrigen verteilt werden: Die Erbengemeinschaft wäre dann gezwungen, ohne ersichtlichen Grund das Risiko zu tragen, dass der Miterbe nicht mehr zahlungsfähig ist, wenn die Höhe seiner zu erbringenden Leistung feststeht. War vor der Teilung noch eine Verrechnung mit seinem Auseinandersetzungsguthaben möglich, so muss die Erbengemeinschaft nun den Erben direkt und womöglich vergeblich in Anspruch nehmen. Der lediglich im Leitsatz des Urteils ausgedrückten Rechtsauffassung kann daher nicht gefolgt werden: Im Rahmen von Teilungsklagen dürfen **Teilurteile** hinsichtlich des Teilungsplanes mithin grundsätzlich **nicht** ergehen.

277

Durch das Urteil gilt die Zustimmung des verklagten Erben als erteilt, § 894 ZPO. Der Kläger sollte auch gleich beantragen, dass die sich widersetzenden Erben zur Zustimmung zu den *dinglichen* **Erklärungen** verurteilt werden.[493] Der Teilungsplan und die durch Urteil ersetze Zustimmung allein hat lediglich schuldrechtliche Wirkung. Die unmittelbare Klage auf Zustimmung zu den dinglichen Erklärungen oder die Leistungsklage ist **isoliert** möglich, falls konkrete Auseinandersetzungsvereinbarungen oder Teilungsanordnungen vorliegen, die lediglich noch vollzogen werden müssen und andere regelungsbedürftige Punkte wie Vorempfänge, Nachlassverbindlichkeiten nicht vorhanden sind.[494]

278

Eine **Ausnahme** von der Voraussetzung der Totalerledigung gilt dann, wenn besondere Gründe für eine gegenständlich beschränkte **Teilauseinandersetzung** sprechen. Dies kann dann der Fall sein, wenn Nachlassverbindlichkeiten nicht mehr bestehen und berechtigte Belange der Erbengemeinschaft und der einzelnen Miterben nicht gefährdet werden.[495]

279

> **Beispiel:**
> Es handelt sich um eine Geldsumme, die Erbengemeinschaft besteht schon jahrzehntelang, es lässt sich nicht übersehen, ob überhaupt und wann noch weitere Nachlassgegenstände für eine weitere Auseinandersetzung zur Verfügung stehen werden und Passiva des Nachlasses bestehen nicht.[496]

> **Praxishinweis:**
> Bei der Auseinandersetzungsklage unterlaufen häufig **Fehler**. Bestrebt von dem Gedanken, die Angelegenheit „nun endlich vor Gericht zu bringen", wird vielfach

280

---

491 OLG Koblenz FamRZ 2002, 1513, LS 1.
492 OLG Koblenz FamRZ 2002, 1513, 1516 (lit. e); auch die für sich gesehenen und im Tatbestand genannten erheblichen Einwände der Beklagten, dass ein zum Nachlas gehörendes Grundstück noch nicht versteigert worden ist, werden nicht erörtert.
493 MünchKomm/*Dütz*, § 2042 Rn. 68.
494 MünchKomm/*Dütz*, § 2042 Rn. 68.
495 BGH FamRZ 1965, 267, 269; BGH NJW 1985, 51, 52.
496 BGH FamRZ 1965, 267, 269.

Rißmann

übersehen, dass der Nachlass noch nicht teilungsreif ist. Dem Beklagten wird so die Verteidigung denkbar einfach gemacht, da er bspw. lediglich auf noch unbezahlte Nachlassverbindlichkeiten verweisen muss.

281 **Immobilien** werden nicht im Rahmen einer Auseinandersetzungsklage, sondern durch Teilungsversteigerung gem. § 180 ZVG auseinandergesetzt. Wird mit der Auseinandersetzungsklage die Aufteilung von Immobilien begehrt, ist die Klage mangels Teilungsreife ohne weiteres als unbegründet abzuweisen.[497] Etwas anderes könnte nur dann gelten, wenn die Verteilung der Immobilien einer testamentarischen Anordnung für die Auseinandersetzung gem. § 2048 BGB entspricht.

282 Der Kläger sollte außerdem – wenn er sich schon zur Teilungsklage entschließt – beantragen, den Beklagten zur Zustimmung zu *hilfsweise* vorgelegten Teilungsplänen zu verurteilen. Der Beklagte seinerseits muss mit Vorliegen der **Hilfsanträge** sofort entscheiden, ob er möglicherweise bereit ist, einen der Hilfsanträge sofort anzuerkennen, damit er in den Genuss der Kostenfolge des § 93 ZPO gelangen kann.[498]

VII. Übertragung der Erbteile auf einen Miterben

283 Die Auseinandersetzung kann auch durch Übertragung *sämtlicher* Miterbenanteile gem. § 2033 BGB auf *einen* Miterben vollzogen werden. Sobald sich sämtliche Miterbenanteile der Erbengemeinschaft in einer Person vereinigen, erlischt die Erbengemeinschaft. Der Vertrag mit dem sich die Erben zur Übertragung *verpflichten*, ist formfrei möglich, da es sich um einen Auseinandersetzungsvertrag handelt. Bei der *Verfügung* muss jedoch die Form des § 2033 Abs. 2 BGB (notarielle Beurkundung) gewahrt werden.[499] Bei einem Verkauf an einen Miterben entsteht **kein Vorkaufsrecht** der anderen Miterben, da § 2034 BGB ausschließlich den Verkauf an einen „Dritten" erfasst.[500]

VIII. Gerichtliche Zuweisung eines landwirtschaftlichen Betriebes

284 Gehört ein landwirtschaftlicher Betrieb zum Nachlass der Erbengemeinschaft, so kann gem. § 13 Abs. 1 des Grundstücksverkehrsgesetzes (GrdstVG[501]) das Gericht auf Antrag eines Miterben den Betrieb einem oder – falls der Betrieb teilbar ist – mehreren Erben zuweisen. **Voraussetzung** ist u.a., dass die Erbengemeinschaft durch gesetzliche Erbfolge entstanden ist. Die weiteren Voraussetzungen und Rechtsfolgen ergeben sich aus § 14 GrdstVG.

IX. Schiedsverfahren der DSE

285 Eine der zeitsparenden und kostengünstigen Möglichkeiten ist die Vereinbarung eines Schiedsverfahrens vor der Deutschen Schiedsgerichtsbarkeit für Erbstreitigkeiten e.V.,

---

497 BGH NJW 1998, 1156, 1157 (im rechtlich vergleichbaren Fall einer Gütergemeinschaft); nach a.A. Abweisung als unzulässig: KG NJW 1961, 733; OLG Frankfurt OLGR 1995, 31, 33.
498 Zum Anerkenntnis eines – prozessual nicht durchsetzbaren – Teilungsplanes im Rahmen eines Vergleiches u. der Kostentragungspflicht des Klägers vgl. OLG Düsseldorf OLGR 2000, 105.
499 *Brox*, Erbrecht, Rn. 519.
500 BGH NJW 1993, 726.
501 Arbeitshilfen im Erbrecht, S. H 14.

Hauptstraße 18, 74918 Angelbachtal/Heidelberg.[502] Dies kann auch nach dem Tod des Erblassers durch übereinstimmende Erklärung aller Beteiligten geschehen (§ 1029 Abs. 2 ZPO), andernfalls durch Anordnung im Testament (§ 1066 ZPO). Ein Schiedsverfahren vor der DSE bietet neben dem Zeit- und Kostenvorteil auch die Gewähr, dass erbrechtlich versierte und erfahrene Juristen eine rechtlich verbindliche Entscheidung treffen können. Die Vereinbarung des Schiedsverfahrens kann sich sowohl auf den gesamten Teilungsplan als auch auf einzelne Streitpunkte (Feststellungsklage) beziehen. Die Schiedsordnung der DSE und eine Schiedsvereinbarung sind im Anhang (Rn. 342 f.) abgedruckt.

K. Gestaltungshinweise

I. Allgemeines

Es ist die „hohe Kunst der Testamentsgestaltung" die vielfältigen Problembereiche der Erbengemeinschaft durch weitblickende Regelungen nach Möglichkeit vollständig zu „neutralisieren". Hierfür muss der Anwalt sich zunächst ein genaues Bild über die familiären Beziehungen seines Mandanten machen. Dies bedeutet nicht lediglich die Feststellung der **familienrechtlichen** Beziehungen, sondern auch und gerade die Beziehungen der in Betracht kommenden Erben und Vermächtnisnehmer untereinander abzubilden. Hiernach sind die Wünsche und Vorstellungen des Erblassers festzustellen und es ist dessen finanzielle Situation zu ermitteln.[503] Erst wenn all dies geschehen ist, kann mit der Planung einer auf den Einzelfall „maßgeschneiderten" Lösung begonnen werden. Jede schematische Lösung verbietet sich hier – wie auch sonst im Bereich des Erbrechts – völlig. Denn bereits geringste Abweichungen des „eigenen" Falles vom „Musterfall" führen häufig zu gänzlich anderen Notwendigkeiten in der Gestaltung.

286

Die Gestaltung muss in vielen Fällen bereits mit **Verträgen unter Lebenden** beginnen (Umwandlung des Einzelunternehmens in GmbH & Co KG u.ä.). Hierbei sind jedoch nicht lediglich steuerliche Gesichtspunkte in Betracht zu ziehen, sondern es ist auch auf das **Versorgungs-** und **Sicherheitsinteresse** des Mandanten im Alter zu achten. Dem „unbedingten" Wunsch des Mandanten zu folgen, große Teile seines Vermögens auf die nachfolgende Generation ohne jegliche „Sicherungsrechte" (Rückforderungsrecht, Nießbrauch u.ä.) zu übertragen, ohne auf die erheblichen Bedenken und Folgen ausdrücklich und mehrfach hinzuweisen, wird ein Beratungsverschulden des Rechtsanwalts darstellen. Das „Mittel der Wahl" bei jeder erbrechtlichen Gestaltung von Todes wegen, die eine Aufteilung des Nachlasses unter mehreren Erben oder/und Vermächtnisnehmern vorsieht, ist die Einsetzung eines fachkundigen und unabhängigen **Testamentsvollstreckers**. Ob der gestaltende Anwalt sich selbst bereit erklärt, dieses verantwortungsvolle Amt für seinen Mandanten zu übernehmen, sollte in der Beratung angesprochen werden. Jeder Anwalt muss sich hier den erheblichen Zeitaufwand und die Haftungsgefahren vor Augen führen, die aus einer Testamentsvollstreckung folgen. Gerade benachteiligte Erben werden regelmäßig versuchen, gegen den Testamentsvollstrecker vorzugehen. Hier liegt aber auch – neben vielen anderen Vorzügen – die Chance der Testamentsvollstreckung: Streit der Erben untereinander kann so häufig vermieden werden. Aus diesem Grund ist auch grundsätzlich davon abzuraten,

---

502 www.DSE-Erbrecht.de; Telefon: 0 72 65/49 37 44/45; Telefax: 0 72 65/49 37 46; die DSE e.V. hat Geschäftsstellen in ganz Deutschland.
503 Eingehend u. sehr instruktiv: *Landsittel*, Gestaltungsmöglichkeiten bei Erbfall und Schenkung, S. 52 ff.

einen Miterben als Testamentsvollstrecker zu bestimmen. Eine gewünschte Bevorzugung eines Erben kann auch bspw. durch Vorausvermächtnisse erreicht werden.

II. Teilungsanordnung[504]

287 Die Auseinandersetzung des Nachlasses nach den gesetzlichen Regeln der Bruchteilsgemeinschaft (§§ 2042 Abs. 2, 752 ff. BGB) führt häufig zu einer Zerschlagung langfristig gewachsener Vermögenswerte. Dies lässt sich durch Anordnungen gem. § 2048 BGB vermeiden. Um Zweifel auszuschließen regelt das Gesetz in § 2048 BGB ausdrücklich die Möglichkeit des Erblassers, durch letztwillige Verfügungen über die Auseinandersetzung des Nachlasses zu bestimmen[505]. § 2048 BGB gibt dem Erblasser ein Instrument an die Hand, kraft dessen er weitreichend über das Schicksal seines Nachlasses bestimmen kann. Er kann so die Auseinandersetzung beeinflussen und kann die Aufteilung seines Vermögens unter den Erben festlegen.[506] Neben dem Vorausvermächtnis gem. § 2150 BGB ist die Teilungsanordnung die Möglichkeit, einzelnen Erben **bestimmte Nachlassgegenstände** zukommen zu lassen. Zusammen mit der Anordnung einer Testamentsvollstreckung ist es dem Erblasser möglich, die Umsetzung seines letzten Willens mit größtmöglicher Sicherheit zu gewährleisten, da die Anordnungen des Erblassers gem. **§ 2048 BGB Vorrang** vor den gesetzlichen Vorschriften über die Auseinandersetzung nach §§ 2042, 749 ff. BGB haben. Komplexe Vermögensnachfolgen, insbesondere Nachfolgeregelungen in Unternehmen lassen sich so trefflich gestalten und vermeidbare Auseinandersetzungen zwischen den Miterben verhindern. Die Teilungsanordnung ist daher tatsächlich ein *„vielseitiges und segensreiches Instrument des deutschen Erb- und Erbschaftsteuerrechts"*.[507]

288 Nach dem Wortlaut des § 2048 BGB und auch in der Zusammenschau mit den übrigen Vorschriften des BGB ergeben sich **keinerlei Einschränkungen** hinsichtlich des möglichen Inhaltes einer Teilungsanordnung. § 2048 BGB ist insoweit äußerst allg. gefasst. Ebenso wenig sind nach den Motiven vom Gesetzgeber gewollte Einschränkungen zu erkennen.[508] Lediglich § 2049 BGB gibt indirekt ein Beispiel für einen möglichen Inhalt einer Auseinandersetzungsanordnung, stellt jedoch lediglich eine Auslegungsregel im „Zweifelsfall" einer Teilungsanordnung dar. Grundsätzlich sind damit *alle* Bestimmungen des Erblassers zulässig, die sich auf die Auseinandersetzung beziehen, soweit sie nicht gegen andere Normen verstoßen, wie z.B. § 138 BGB.

289 Sehr **praxisrelevant** ist die Möglichkeit der Kombination von Teilungsanordnung und Vorausvermächtnis (**überquotale Teilungsanordnung**): Dem Erben wird ein bestimmter Gegenstand durch Teilungsanordnung zugewiesen. Soweit ein Mehrwert auszugleichen wäre, wird ihm der Mehrwert als Vorausvermächtnis zugewandt bzw. die Ausgleichsverpflichtung durch Vorausvermächtnis erlassen.[509] Ob der Erblasser dies gewollt hat, ist ebenfalls durch Auslegung zu ermitteln. Angesichts der weiten Formulierung des § 2048 BGB, insb. von Satz 1, sind **vielfältige Gestaltungsmöglichkeiten** einer Teilungsanordnung denkbar.[510]

---

504 Zu Einzelheiten s. *Damrau/Rißmann*, Erbrecht, § 2048 Rn. 1 ff.
505 Mot. Bd. V, 688, zit. nach *Mugdan*, 370.
506 MünchKomm/*Dütz*, § 2049 Rn. 1.
507 *Piltz*, DStR 1991, 1075.
508 Mot. V S. 688, zit. nach *Mugdan*, S. 370.
509 S. zu Formulierungsbsp. *Tanck/Krug/Daragan*, Testamente, § 13 Rn. 18 (S. 198).
510 Zu Einzelheiten s. *Damrau/Rißmann*, Erbrecht, § 2048 Rn. 9 ff.

Neben der Anordnung einer Testamentsvollstreckung bietet § 2048 Satz 2 BGB dem Erblasser eine der wenigen Möglichkeiten, das Schicksal des Nachlasses zumindest teilweise in die **Hände eines Dritten** zu legen. Statt selbst nähere Anweisungen zu geben, wird angeordnet, dass die Auseinandersetzung nach dem billigen Ermessen eines Dritten erfolgen soll, ohne dass hierin die Anordnung einer Testamentsvollstreckung liegen muss. Auf den ersten Blick mag dies im Widerspruch zu **§ 2065 BGB** stehen. Danach ist es nicht zulässig, einen Dritten über die Gültigkeit einer Verfügung entscheiden zu lassen; ihn eine Person benennen lassen, die eine Zuwendung erhalten soll oder den Gegenstand einer Zuwendung festlegen lassen. Bei einer Auseinandersetzungsanordnung gem. § 2048 Satz 2 BGB sind jedoch Rechtsfragen aufgrund gegebener Tatsachen zu entscheiden und nicht, wie bei § 2065 BGB, neue Rechtsbeziehungen zu begründen.[511]

290

Die isolierte Anordnung eines **Übernahmerechtes** führt regelmäßig in der Erbengemeinschaft zu Meinungsverschiedenheiten über den anzusetzenden Übernahmewert. Der Erblasser hat hier die Möglichkeit, den Wert selbst vorzugeben. Der Vorteil ist scheinbar, dass insoweit zwischen den Erben kein Streit entstehen kann. Jedenfalls kann der Erblasser im Detail so die Verteilung seines Vermögens unter den Erben der Höhe nach festlegen. *Piltz* führt als Beispiel an, der Erblasser könne so bestimmen, dass der Wert einer GmbH-Beteiligung als gleichwertig mit dem übrigen Nachlass – bspw. Wohngrundstück und Bargeld – zu behandeln ist.[512] Diese Möglichkeit finde lediglich ihre Grenze im Pflichtteilsrecht, der hierdurch nicht gemindert werden soll. *Piltz* führt weiter aus, dass ein Ausgleich auch dann nicht stattfinden würde, wenn die Verkehrswerte tatsächlich von einander abweichen.[513] So verlockend dies erscheinen mag, so problematisch werden starre Festlegungen bei **Wertänderungen** zwischen Errichtung der Verfügung und dem Erbfall. Je größer der zeitliche Abstand und je höher die Wertveränderungen werden, umso wahrscheinlicher ist es, dass benachteiligte Miterben durch Auslegung oder Anfechtung (§ 2078 BGB) versuchen werden, das Testament „zu Fall zu bringen". Der Streit der Miterben ist so vorauszusehen. Sinnvoller ist daher, die **Bestimmung** durch den Erblasser, wie der anzurechnende **Übernahmewert ermittelt** und die Ausgleichung vorgenommen werden soll. Im Ergebnis sind derartige Bestimmungen zweckmäßiger und spiegeln den Wunsch des Erblassers auch Jahre nach Errichtung der Verfügung noch zutreffend wieder. Die Verfügung bleibt so auch für die Erben meist nachvollziehbar und akzeptabel. Insb. in den Fällen, in denen der Erblasser einerseits seinen Nachlass umfassend in bestimmter Art und Weise verteilen möchte, andererseits jedoch einzelne Miterben nicht „zufällig" aufgrund später eingetretener Änderungen bevorzugen oder benachteiligen möchte, ist dies eine „elegante" Gestaltungsmöglichkeit.[514] Denkbar ist auch die Anordnung, dass der Wert des Nachlasses oder einzelner Gegenstände durch einen neutralen **Sachverständigen** festgestellt werden soll.[515] Schließlich kann der Erblasser die Art der Wertermittlung festlegen. Insb. im Bereich der Übernahme von Immobilien und Gesellschaftsanteilen kann der Erblasser durch Anordnungen über die Wertermittlungsmethode die Begünstigung eines Erben beeinflussen (z.B. Stuttgarter Verfahren statt Discounted-Cash-Flow-Methode). Zu beachten ist bei der Gestaltung und Fest-

291

---

511 *Stenger*, S. 27.
512 *Piltz*, DStR 1991, 1075.
513 *Piltz*, DStR 1991, 1075.
514 Der Festlegung eines konkreten Wertes durch den Erblasser käme es sonst noch am nächsten, wenn der Erblasser die Bezifferung des Übernahmewertes i.V.m. einer Wertsicherungsklausel vornimmt, bspw. eine Anpassung nach dem Lebenshaltungskostenindex, *Weirich*, Rn. 463.
515 OLG Rostock OLGE 36, 242; Staudinger/*Werner*, § 2048 Rn. 11.

legung des Anrechnungswertes, dass der Erblasser nicht statt einer Teilungsanordnung nunmehr ein **Vorausvermächtnis** angeordnet hat: Dies wird i.d.R. dann anzunehmen sein, wenn objektiv eine Wertverschiebung eintritt und subjektiv ein Begünstigungswille beim Erblasser vorgelegen hat.[516]

292 Bei der **Gestaltung** muss darauf geachtet werden, die Durchsetzung der Teilungsanordnung „abzusichern". Andernfalls können sich die Erben einvernehmlich über den Willen des Erblassers hinwegsetzen. Es bieten sich – ähnlich wie beim Teilungsverbot[517] – die Anordnung der Testamentsvollstreckung, einer Auflage oder eines „Strafvermächtnisses" an.

III. Teilungsverbot[518]

1. Allgemeines

293 Der Ausschluss der Auseinandersetzung kann bloße negative Teilungsanordnung, Vorausvermächtnis i.S.v. § 2150 BGB oder Auflage gem. § 1940 BGB sein.[519] Maßgebend ist hier der Wille des Erblassers, der sich im Idealfall aus der letztwilligen Verfügung erkennen lässt, andernfalls durch Auslegung zu ermitteln ist. Von der konkreten Ausgestaltung der Anordnung hängt es dann auch ab, ob sie einseitig (§ 2299 BGB) oder vertragsmäßig bindend (§ 2278 BGB) bzw. wechselbezüglich (§ 2270 BGB) für die Erben geregelt werden kann. Ein Ausschluss der Auseinandersetzung i.R.d. § 2044 BGB eröffnet dem pflichtteilsberechtigten Erben die **Möglichkeiten des § 2306 Abs. 1 BGB**, da es sich bei § 2044 BGB um eine negative Teilungsanordnung handelt, so dass unter der Voraussetzung des § 2306 Abs. 1 Satz 1 BGB der Ausschluss als nicht angeordnet gilt. Es ist dann im Einzelfall zu prüfen, ob der Ausschluss für alle Erben weggefallen ist oder ob das Bestehenbleiben des Ausschlusses hinsichtlich der verbleibenden Erben möglich und gewollt ist.

294 Hat der Erblasser eine „**bloße**" **negative Teilungsanordnung** getroffen, hat dies mehrere Konsequenzen:
– die Anordnung kann nicht gem. § 2278 Abs. 2 BGB vertragsmäßig bindend im Erbvertrag vereinbart werden;
– sie kann gem. § 2270 Abs. 3 BGB nicht wechselbezüglich im gemeinschaftlichen Testament erfolgen;
– sie kann – im Gegensatz zum Vermächtnis – nicht isoliert ausgeschlagen werden.

295 Die Abgrenzung zu den übrigen Erscheinungsformen des Auseinandersetzungsausschlusses muss nach dem ausdrücklich erklärten oder durch Auslegung ermittelten Willen des Erblassers erfolgen.

296 Einigkeit besteht zwar in der Lit. darüber, dass die Anordnung als **Vermächtnis** ausgestaltet werden kann,[520] näher begründet wird dies hingegen nicht. In der Rspr. finden sich hierzu weder Entscheidungen „dafür" noch „dagegen". Unterschiedliche Auffassungen bestehen aber darüber, ob es sich um ein Vermächtnis gem. § 1939 BGB

---

516 Zu Einzelheiten s. *Damrau/Rißmann*, Erbrecht, § 2048 Rn. 5 ff. u. 22.
517 S. hierzu unten Rn. 293.
518 S. hierzu auch oben Rn. 214.
519 *Tanck/Krug/Daragan*, Testamente, § 13 Rn. 32.
520 MünchKomm/*Dütz*, § 2044 Rn. 12 ff.; Staudinger/*Werner*, § 2044 Rn. 6 ff.

oder ein Vorausvermächtnis gem. § 2150 BGB handelt.[521] Die eben[522] aufgezählten Einschränkungen gelten nicht, wenn die Anordnung in Form eines **Vorausvermächtnisses** angeordnet wird. Findet sich in der letztwilligen Verfügung keine ausdrückliche Regelung, so ist durch **Auslegung** zu ermitteln, ob der Erblasser die Anordnung als Vorausvermächtnis ausgestalten wollte. Dies soll dann der Fall sein, wenn nur erreicht werden sollte, dass einzelne Miterben nicht gegen den Willen der übrigen Miterben die Auseinandersetzung verlangen können. Einvernehmlich können sich die Erben auch hier über die Regelung hinwegsetzen. Dem einzelnen Miterben steht aber das Recht zur Seite, die Mitwirkung an der Auseinandersetzung abzulehnen.[523] Im Gegensatz zur Teilungsanordnung kann ein Vorausvermächtnis vertragsmäßig gem. § 2278 Abs. 2 BGB bzw. wechselbezüglich i.S.v. § 2270 BGB verfügt werden.[524]

Das Teilungsverbot kann außerdem auch **als Auflage ausgestaltet** sein.[525] Für den Fall, dass die Auseinandersetzung auch bei übereinstimmenden Willen der Miterben verhindert werden soll, so lässt sich dies als Auflage gem. § 1940 BGB gegenüber allen Miterben erreichen. Die Auflage ist nach § 2194 BGB bzw. durch einen Testamentsvollstrecker zu vollziehen. Die Vollziehung der Auflage kann auch von den Ersatzerben, nicht jedoch von den Ersatznacherben verlangt werden.[526] Die Auflage unterliegt nicht den Einschränkungen der negativen Teilungsanordnung.

297

2. Möglichkeiten der Gestaltung

Die Gestaltungsmöglichkeiten i.R.d. negativen Teilungsanordnung nach § 2044 BGB sind vielfältig.

298

Beispiele:[527]
- nur Mehrheit der Erben kann Auseinandersetzung verlangen (Abweichung vom Grundsatz des § 2042 BGB);[528]
- nur Mehrheit der Erben kann Antrag auf Zwangsversteigerung gem. § 180 ZVG stellen;[529]
- Teilungsplan muss einstimmig oder mehrheitlich aufgestellt werden;[530]
- Anordnung, dass Teilungsplan nur dann verbindlich ist, wenn sämtliche Nachlassgegenstände versteigert wurden und der Erlös verteilt wird;[531]

---

521 Vgl. hierzu *Lange/Kuchinke*, Erbrecht, § 44 II 3 Fn. 67; aufgrund der eindeutigen Regelung in § 2150 BGB liegt jedenfalls dann ein Vorausvermächtnis vor, wenn der Ausschluss der Auseinandersetzung zugunsten eines Miterben vermächtnisweise angeordnet wird. Etwas anderes wäre nur dann richtig, wenn es sich um ein Vermächtnis zugunsten eines Außenstehenden handelt. In der Praxis kommt es auf diesen reinen Begriffsunterschied nicht an.
522 S. oben Rn. 294.
523 Nach Staudinger/*Werner*, § 2044 Rn. 6, handelt es sich dann um eine Einrede.
524 MünchKomm/*Dütz*, § 2044 Rn. 3.
525 *Tanck/Krug/Daragan*, Testamente, § 13 Rn. 36.
526 MünchKomm/*Dütz*, § 2044 Rn. 14.
527 Nach MünchKomm/*Dütz*, § 2044 Rn. 5.
528 RGZ 110, 270, 273.
529 RGZ 110, 270, 273.
530 RGZ 110, 270, 273; *Lange/Kuchinke*, Erbrecht, § 44 II 3 Fn. 64.
531 *Lange/Kuchinke*, Erbrecht, § 44 II 3 Fn. 64.

– nur der überlebende Ehepartner darf als Miterbe die zum Nachlass gehörenden Grundstücke nach freiem Ermessen ohne Mitwirkung der miterbenden Kinder veräußern, während Kinder weder Veräußerung noch Teilung fordern dürfen.

3. Formulierungsvorschläge eines Teilungsverbotes[532]

a) Teilungsverbot als Vermächtnis[533]

299 „Ich schließe die Auseinandersetzung meines Nachlasses für die gesetzlich vorgesehene Dauer von 30 Jahren (§ 2044 BGB) aus, mindestens jedoch bis zu dem Zeitpunkt, in dem der jüngste Miterbe das 50. Lebensjahr erreicht hat. Dieser Anspruch steht jedem der Miterben vermächtnisweise zu, d.h., dass alle Miterben eine vorzeitige Auseinandersetzung nur einvernehmlich betreiben können. Das Teilungsverbot bleibt entgegen §§ 2044 Abs. 1 Satz 2, 750 BGB auch nach dem Tod eines der Miterben bestehen. Es endet aber mit der Wiederverheiratung meiner überlebenden Ehefrau."[534]

b) Gegenständliche Beschränkung des Teilungsverbotes

300 „Ich beschränke das Teilungsverbot auf sämtliche im Nachlass vorhandenen Immobilien und das Aktienvermögen, das sich zum Zeitpunkt des Erbfalls im Nachlass befindet. Alle übrigen Nachlassgegenstände unterliegen dem Teilungsverbot ausdrücklich nicht."[535]

c) Sanktionsklausel

301 „Für den Fall, dass die Miterben sich einvernehmlich über das Teilungsverbot hinwegsetzen und den der Teilung unterliegenden Nachlass vor Ablauf der genannten Frist auseinandersetzen, ordne ich ein aufschiebend bedingtes Vermächtnis zugunsten der ... e.V. in ... in der Form an, dass dann basierend auf dem zum Zeitpunkt der Auflösung vorhandenen Verkehrswert ein Wertvermächtnis in Geld i.H.v. 30 Prozent des Nachlasses zu zahlen ist."[536]

302 Da sich die Erben einstimmig über die Anordnung des Erblassers hinwegsetzen können, muss bei der Gestaltung darauf geachtet werden, **„Sicherungen"** zur Aufrechterhaltung der Anordnung mit zu regeln.[537] Auch wenn eine Sanktionsklausel verwendet wird, sollte die Absicherung des Teilungsverbotes durch Anordnung der **Testamentsvollstreckung** erfolgen.

---

532 Nach *Tanck/Krug/Daragan*, Testamente, § 13 Rn. 35 ff.
533 Im Gegensatz zum Teilungsverbot in der Form der Teilungsanordnung.
534 *Tanck/Krug/Daragan*, Testamente, § 13 Rn. 35.
535 *Tanck/Krug/Daragan*, Testamente, § 13 Rn. 42.
536 *Tanck/Krug/Daragan*, Testamente, § 13 Rn. 40.
537 Testamentsvollstreckung, auflösend bedingte Erbeinsetzung i.V.m. einer aufschiebend bedingten Erbeinsetzung (*Nieder*, Testamentsgestaltung, Rn. 998) oder Ersatzerbenbestimmung, Sanktionsklausel.

IV. Testamentsvollstrecker

Der Testamentsvollstrecker gewährleistet, dass die Anordnungen des Erblassers ausgeführt werden. Hinterlässt der Erblasser eine Erbengemeinschaft, bietet die Anordnung einer Testamentsvollstreckung die besten Möglichkeiten, Streitigkeiten zwischen den Erben zu verhindern. Nicht ohne Grund geht bspw. in den USA in den meisten Bundesstaaten ein Nachlass zwingend zunächst an einen „executor" oder „administrator". Dessen Aufgabe ist die Begleichung der Nachlassverbindlichkeiten und die Verteilung des Nachlasses an die Erben. Die sich in Deutschland ergebenden Probleme der Erbengemeinschaft sind dort so gut wie unbekannt.

303

Die Auswahl der Person des Testamentsvollstreckers bedarf großer Sorgfalt. Er muss nicht nur persönlich geeignet sondern auch fachlich in der Lage sein, die häufig schwierigen Rechtsprobleme zu lösen und auch gegenüber den Erben durchzusetzen.[538]

304

V. Schiedsgericht

Eine Schiedsklausel gehört grundsätzlich in *jedes* Testament: Die Bestimmung des Erblassers, dass etwaige Streitigkeiten unter Ausschluss des ordentlichen Rechtsweges vor einem Schiedsgericht zu klären sind, verhindert jahrelanges prozessieren mit unwägbarem Ausgang.

305

Schiedsklausel[539]

(1) Wir ordnen an, dass sich alle Erben und Vermächtnisnehmer sowie der Testamentsvollstrecker für Streitigkeiten, die durch dieses Testament hervorgerufen sind und die ihren Grund in dem Erbfall haben und/oder im Zusammenhang mit der letztwilligen Verfügung oder ihrer Ausführung stehen, unter Ausschluss der ordentlichen Gerichte einem Schiedsgericht zu unterwerfen haben.

(2) Das Schiedsgericht sowie die anzuwendende Verfahrensordnung ist von der Deutschen Schiedsgerichtsbarkeit für Erbstreitigkeiten e.V. (DSE), Hauptstraße 18, Angelbachtal, mit verbindlicher Wirkung zu bestimmen.

(3) Sollte diese Bestimmung rechtlich nicht durchsetzbar sein, so verpflichten wir im Wege der Auflage den in (1) genannten Personenkreis zur Unterwerfung, wobei 2) entsprechende Anwendung findet.

(4) In Erweiterung von § 2194 BGB bestimmen wir alle in der Verfügung von Todes wegen Bedachten (Erben, Vermächtnisnehmer) sowie den Testamentsvollstrecker zu Vollziehungsberechtigten dieser Auflage.

Die **Schiedsordnung** der DSE sowie eine **Schiedsvereinbarung** sind im Anhang abgedruckt (s. Rn. 342 f.).

---

538 Die Deutsche Vereinigung für Erbrecht und Vermögensnachfolge e.V. (DVEV), Tel. 0 72 65/91 34 14, führt ein Liste von zertifizierten Testamentsvollstreckern (www.erbrecht.de).
539 Formulierungsvorschlag der DSE, www.DSE-Erbrecht.de.

Rißmann

L. Haftungsfallen

I. Teilungsklage

306 Im Rahmen der Teilungsklage ist dem Gericht ein **Teilungsplan** vorzulegen. Dies kann erst nach Berichtigung sämtlicher Nachlassverbindlichkeiten erfolgen. Davor ist die Teilungsklage unzulässig. Das Gericht ist gehindert, ein „Minus" zum vorgelegten Teilungsplan zuzusprechen: Es darf den Beklagten nur verurteilen, dem Teilungsplan **in dem vorgelegten Umfang** zuzustimmen – nicht mehr und nicht weniger.

> **Praxishinweis:**
> Bereits deswegen ist es unerlässlich, mehrere Teilungspläne in Form von Hilfsanträgen vorzulegen. Die **Feststellungsklage** dürfte stets der „sicherere" und somit bessere Weg für den Mandanten sein.

II. Interessenkollision

307 Wird eine Erbengemeinschaft vertreten, hat der Anwalt größtmögliche Sorgfalt darauf zu verwenden, dass er nicht einmal in den Verdacht des Parteiverrats gerät. Das Risiko der Interessenkollision bei der **Vertretung mehrerer Personen** einer Erbengemeinschaft ist immens. Im Gegensatz zur landläufigen Meinung vieler Rechtsanwälte ist der Gleichlauf der Interessen der Ausnahmefall. Grundsätzlich ist es vornehmste Aufgabe des Anwalts für seinen Mandanten dessen Rechte in jeder Hinsicht optimal zu vertreten. In der Erbengemeinschaft muss dies häufig jedoch zum Nachteil anderer Mitglieder der Erbengemeinschaft gehen. Gerade wenn Pflichtteilsberechtigte vertreten werden, sind möglicherweise unterschiedliche Interessen i.R.d. Anrechnung und Ausgleichung gem. §§ 2315, 2316 BGB zu berücksichtigen.

308 Allein aufgrund der Erhöhungsgebühr des Nr. 1008 VV RVG bzw. des möglicherweise höheren Gegenstandswertes eine Straftat zu riskieren, steht dazu in keinem Verhältnis. Dies insb. auch deswegen nicht, da der Anwalt, der seine Partei verrät, darüber hinaus seinen Gebührenanspruch verliert.[540] Stellt sich der Interessengegensatz erst im Laufe des Mandats heraus, sind sämtliche Mandate niederzulegen. Es darf nicht etwa im Sinne der „Rosinentheorie" ein Mandant gewählt werden, der dann weiter vertreten wird, womöglich dann noch aktiv gegen die vormaligen Mandanten. Gerade im Erbrecht – sowohl in der Gestaltung als auch in streitigen Auseinandersetzungen – sollte der Anwalt im Zweifel lediglich *einen* Mandanten vertreten.

III. Versäumung der Haftungsbeschränkung

309 Neben der unbedingten Parteilichkeit ist es Pflicht des Anwalts, die Interessen seines Mandanten zu wahren und zu schützen. Dazu gehört es auch, den Mandanten auch ungefragt auf Haftungsbeschränkungsmöglichkeiten hinzuweisen.

---

540 BGH NWJ 1981, 1211.

> **Praxishinweis:**
> Der Anwalt hat insoweit umfassend aufzuklären, um den Mandanten vor Schaden zu bewahren.
> – Der Anwalt muss die Drei-Monats-Frist des **§ 27 Abs. 2 HGB** beachten, wenn ein Unternehmen in den Nachlass fällt.[541]
> – Ist der Mandant minderjährig oder gerade volljährig geworden, so ist über die Drei-Monats-Frist des **§ 1629 Abs. 4 BGB** aufzuklären.[542]
> – Vertritt der Anwalt einen im Wege der Klage in Anspruch genommenen Miterben, so muss er die Aufnahme eines Haftungsbeschränkungsvorbehaltes gem. **§ 780 ZPO** im Urteil beantragen und hierbei darauf achten, dass sich dieser Vorbehalt auch auf die Kosten bezieht.[543] Versäumt der Anwalt dies, hat er für den sich hieraus ergebenden Schaden einzustehen.[544]

IV. Verkauf eines Miterbenanteils

Der beurkundende **Notar** eines Erbteilkaufvertrages muss auf das Vorkaufsrecht gem. §§ 17, 20 BeurkG der Erben hinweisen,[545] *nicht* hingegen auf die Ausübungsfrist von zwei Monaten.[546]

Anders sieht es beim **Rechtsanwalt** aus, der einen vorkaufsberechtigten Erben vertritt und von einem zum Vorkauf berechtigenden Verkauf erfährt:

> **Praxishinweis:**
> Hier muss der Rechtsanwalt umfassend nicht nur über die Länge der Frist an sich belehren und beraten, sondern auch und gerade auf den **Fristbeginn** hinweisen.[547] Für den Rechtsanwalt des vorkaufsberechtigten Miterben ist es wichtig, darauf zu achten, die Ausübung des Vorkaufsrechts gegenüber dem „richtigen" Erklärungsempfänger auszuüben. Ist das Vorkaufsrecht gem. § 2035 Abs. 1 Satz 2 BGB erloschen, so ist ein gleichwohl erklärtes Vorkaufsrecht unwirksam, wenn der Vorkaufsberechtigte zuvor von der Übertragung benachrichtigt worden ist. Ferner muss der Rechtsanwalt durch geeignete Maßnahmen (Zustellung durch Gerichtsvollzieher) dafür sorgen, dass die rechtzeitige **Ausübung** des Vorkaufsrechts gegenüber dem richtigen Erklärungsempfänger **beweiskräftig festgestellt** ist. Sofern der Rechtsanwalt die Erklärung der Ausübung des Vorkaufsrechts für seinen Mandanten vornimmt, sollte eine **Vollmacht** des Mandanten im **Original** beigefügt sein; andernfalls kann der Empfänger die Erklärung gem. § 174 Abs. 1 Satz 1 BGB zurückweisen.

V. Mitwirkung bei der Verwaltung

Der Rechtsanwalt, der einen Miterben berät, wird ihn über die verschiedenen Möglichkeiten der **Verwaltung** und die damit einhergehenden **Verpflichtungen** ausführ-

---

541 S. hierzu oben Rn. 58.
542 S. hierzu oben Rn. 57.
543 S. hierzu *Bonefeld/Kroiß/Tanck*, Erbprozess, IX F 2 Rn. 238 ff. (S. 582).
544 Zur Schadensberechnung: BGH NJW 1992, 2694 m.w.N.: „Ein Rechtsanwalt, dessen Mandant als Erbe wegen einer Nachlassverbindlichkeit in Anspruch genommen wird, (ist) grundsätzlich verpflichtet ist, den Vorbehalt der beschränkten Erbenhaftung in den Titel aufnehmen zu lassen".
545 BGH ZErb 2002, 75, 76 = NJW 2002, 820, 821 = ZEV 2002, 67.
546 BGH WM 1968, 1042, 1043.
547 S. oben Rn. 30.

lich zu beraten haben. Der Miterbe muss sich seines Risikos bewusst sein, wenn er ohne Zustimmung aller Erben handelt. Häufig wird versucht, eigenmächtiges Handeln von Miterben hinter dem Begriff der „Notverwaltung" zu verbergen. Ein Fall der Notverwaltung liegt jedoch deutlich seltener vor, als in der Praxis von Miterben behauptet wird. Um die Dringlichkeit nachweisen zu können, muss der Rechtsanwalt daher ausreichend Beweise sichern, aus denen sich bspw. die Unerreichbarkeit der übrigen Miterben ergibt. „Unbequeme" Miterben können nicht einfach „vergessen" werden oder ihre ablehnende Haltung durch vermeintliche „Notverwaltung" umgangen werden. Vorsicht ist auch geboten, wenn der Miterbe die **Dringlichkeit selbst absichtlich herbeigeführt** hat, um dann alleine handeln zu können. Konnte oder musste ihm von vorne herein klar sein, dass er keinen Mehrheitsbeschluss erreichen würde, so wird er nicht über diese „Hintertür" die Erbengemeinschaft verpflichten können. Das Herbeiführen der Dringlichkeit, bspw. durch Verzögern von Maßnahmen bis diese dringlich werden oder bis die Miterben unerreichbar sind oder durch Zurückhalten von Informationen gegenüber den Miterben, ist meist ein sicheres Zeichen dafür, dass der Miterbe damit rechnete, keinen Mehrheitsbeschluss zu erreichen. Der Miterbe riskiert hier auch Schadensersatzansprüche der Erbengemeinschaft aus positiver Forderungsverletzung, § 280 Abs. 1 BGB.

313 Vertritt der Rechtsanwalt etwaige **Vertragspartner** einer Erbengemeinschaft, so hat er vorsorglich darauf zu achten, dass die Zustimmung sämtlicher Erben zu dem Vertrag vorliegt.

VI. Mitwirkung bei Auseinandersetzung

314 **Praxishinweis:**
Wirkt der Anwalt bei der Auseinandersetzung mit, muss er seinen Mandanten über die Gefahren einer Teilauseinandersetzung (s. Rn. 201) informieren. Unter Umständen wird dabei übersehen, dass noch **Verbindlichkeiten** bestehen, für die dann der eigene Mandant evtl. unbeschränkt haftet, während der „andere" Miterbe vermögenslos geworden ist und der Nachlass nicht mehr ausreicht, um die Verbindlichkeiten zu erfüllen.

M. Steuerrecht

I. Allgemeines

315 Seit dem Beschluss des Großen Senats des BFH sind Erbfall und Erbauseinandersetzung als selbstständiger Rechtsvorgang zu beurteilen.[548] Die Finanzverwaltung hat aufgrund des Beschlusses mit dem BMF-Schreiben vom 11.1.1993 zur „Ertragsteuerlichen Behandlung der Erbengemeinschaft" Stellung genommen.[549] Zu den einzelnen Einkunftsarten ist daher dieses BMF-Schreiben heranzuziehen.

---

548 Beschl. des Gr. Sen. BFH v. 5.7.1990 – GrS 2/89 –, BStBl. II 1990, 837, 840.
549 BMF-Schreiben v. 11.1.1993, – IV B 2 – S 2242-86/92 – „Ertragsteuerliche Behandlung der Erbengemeinschaft", BStBl. I 1993, 62; Arbeitshilfen im Erbrecht I 26a-1 (nachfolgend kurz: BMF-Schreiben „Erbengemeinschaft").

Bis zu ihrer Auseinandersetzung wird die Erbengemeinschaft steuerlich bei den **Überschusseinkünften** wie eine Bruchteilsgemeinschaft gem. § 39 Abs. 2 Nr. 2 AO und bei den Gewinneinkünften als Mitunternehmerschaft behandelt.[550]

316

Hat der Erblasser Einkünfte aus **Kapitalvermögen** oder aus Vermietung/Verpachtung gehabt, so bestimmt nach dem Erbfall die Erbengemeinschaft über die weitere Verwendung. Der Erbengemeinschaft fließt auch der Ertrag zu, so dass sie gemeinsam den Tatbestand der Einkunftserzielung i.S.v. §§ 20 bzw. 21 EStG erfüllen und jeder Miterbe entsprechend seinem Anteil an der Erbengemeinschaft besteuert wird.[551]

317

II. Veräußerung eines Erbteils

1. Ertragsteuer

Wird ein Erbteil **verschenkt**, entstehen weder Anschaffungskosten noch Veräußerungserlöse.[552] Wir der Erbteil **verkauft**, so hat der Käufer Anschaffungskosten und der veräußernde Miterbe einen Veräußerungserlös.[553] Der Käufer haftet neben dem ursprünglichen Miterben für entstehende Steuern, § 2382 Abs. 1 Satz 1 BGB. Auch die das **Vorkaufsrecht** gem. § 2034 BGB ausübenden Miterben treten an die Stelle des ursprünglichen Erwerbers, § 464 Abs. 2 BGB und haften entsprechend ihrem – nun höheren – Anteil für entstehende Steuern.

318

2. Erbschaftsteuer

Der veräußernde Miterbe bleibt auch nach der Veräußerung Schuldner der Erbschaftsteuer, § 20 Abs. 1 ErbStG. Der Erwerber haftet daneben gem. § 20 Abs. 3 ErbStG bis zur Auseinandersetzung mit dem erworbenen Erbanteil, selbst wenn im Innenverhältnis zwischen Käufer und Miterbe etwas andere geregelt sein mag. Dies gilt auch bei Ausübung des **Vorkaufsrechts** durch die Miterben gem. § 2034 BGB.

319

III. Auseinandersetzung

1. Erbschaftsteuer

Für die Erbschaftsteuer ist die Auseinandersetzung der Erbengemeinschaft ohne Bedeutung, da jeder Erbe nach seinem Anteil an der Erbengemeinschaft besteuert wird, § 3 Abs. 1 Nr. 1 ErbStG i.V.m. § 39 Abs. 2 Nr. 2 AO, vgl. ErbStR R 5. Im Falle der Auseinandersetzung nach den gesetzlichen Vorschriften kommt es zu keiner Verschiebung der Werte, sondern lediglich zur Verteilung der ggf. zuvor „versilberten" Nachlassgegenstände.

320

Auch und gerade **Teilungsanordnungen** beeinflussen dieses Ergebnis nicht, da ein etwaiger Mehrerwerb eines Miterben im Verhältnis zu seiner Erbquote an die anderen Erben auszugleichen ist, R 61 Abs. 2 Satz 1 ErbStR. Die Teilungsanordnung ist deshalb auch kein Fall des § 13a Abs. 3 ErbStG, vgl. R 61 Abs. 2 Satz 3 ErbStR.

321

---

550 BMF-Schreiben „Erbengemeinschaft", Rn. 1.
551 BMF-Schreiben „Erbengemeinschaft", Rn. 6.
552 BMF-Schreiben „Erbengemeinschaft", Rn. 40.
553 Einzelheiten im BMF-Schreiben „Erbengemeinschaft", Rn. 40 ff.; eingehend und die Änderungen nach der Neufassung von § 16 Abs. 3 Satz 3 EStG berücksichtigend: *Landsittel*, Gestaltungsmöglichkeiten von Erbfällen und Schenkungen", Rn. 640a ff.

2. Einkommensteuer

322 Die einkommensteuerlichen Probleme, die bzgl. der Auseinandersetzung der Erbengemeinschaft auftreten können, sind vielfältig und es können sich teilweise regelrecht dramatische Auswirkungen ergeben, wenn bei der Auseinandersetzung der Erbengemeinschaft die steuerliche Seite nicht ständig „im Auge behalten" wird. Eine umfassende Übersicht aller möglichen Probleme ist hier nicht möglich. Vielmehr geht es darum, generell für die steuerlichen Fragen das Problembewusstsein zu „schärfen", um rechtzeitig geeigneten Rat von spezialisierten Rechtsanwälten und spezialisierten Steuerberatern einzuholen. In Anlehnung an *Landsittel*[554] werden daher nachfolgend lediglich zwei „Schlagworte" herausgegriffen.

a) Ausgleichszahlungen

323 Im Falle der Auseinandersetzung der Erbengemeinschaft werden regelmäßig Ausgleichszahlungen zwischen den Erben fließen, soweit nicht der gesamte Nachlass „versilbert", sondern unter den Erben aufgeteilt worden ist. Derartige Ausgleichszahlungen werden auch dann fällig, wenn der Erblasser im Rahmen einer **Teilungsanordnung** gem. § 2048 BGB den Erben Gegenstände mit verschiedenen Werten zugewandt hat. Es ist daher von entscheidender Bedeutung, ob der Erblasser die Gegenstände tatsächlich im Rahmen einer Teilungsanordnung zugewandt hat oder vielmehr das Vorausvermächtnis gewählt hat: Wer durch Teilungsanordnung „mehr" erhält und Ausgleichszahlungen leisten muss, hat i.H.d. Zahlung Anschaffungskosten, da die Auseinandersetzung nun einen Anschaffungs- und Veräußerungsvorgang darstellt.[555]

324 Ergibt sich aus der Verfügung des Erblassers, dass dem begünstigten Erben nicht bloß der Gegenstand, sondern dazu auch die Früchte i.R.d. Teilungsanordnung zugewandt worden sind, ist die Teilungsanordnung auch steuerlich zu beachten. Voraussetzung ist allerdings, dass die Teilungsanordnung auch – wie vom Erblasser vorgesehen – vollzogen wird.[556] Der BFH ist damit ausdrücklich vom BMF-Schreiben vom 11.1.1993[557] abgewichen. Das BMF hat mittlerweile das BMF-Schreiben vom 11.1.1993 durch das BMF-Schreiben vom 5.12.2002 ergänzt:[558] Die zeitliche Begrenzung für die rückwirkende Zurechnung der Einkünfte ist danach weggefallen.[559] Nach Tz.9 muss jedoch u.a. eine *„klare und rechtlich bindende Vereinbarung über die Auseinandersetzung und ihre Modalitäten vorliegen"*.[560]

325 Die Erfüllung eines **Vermächtnisses** stellt hingegen kein Entgelt für den Erwerb des Erbteils dar. Wurde bspw. ein Nachlassgegenstand im Rahmen eines Vorausvermächtnisses einem Miterben übertragen, so ist dies einkommensteuerlich selbst dann kein relevanter Vorgang, wenn in einem weiteren Vorausvermächtnis dem anderen Miterben eine Ausgleichszahlung zugewandt wird.[561]

---

554 *Landsittel*, Gestaltungsmöglichkeiten bei Erbfall und Schenkung, Rn. 588.
555 BMF-Schreiben „Erbengemeinschaft", Rn. 28.
556 BFH Urt. v. 4.5.2000 – IV R 10/99, BFH/NV 2000, 1039.
557 BMF-Schreiben „Erbengemeinschaft", Rn. 8 u. 9.
558 BMF-Schreiben v. 5.12.2002 – IV A 6 –S 2242-25/02 – zur Berücksichtigung des BFH-Urt. v. 4.5.2000 – IV R 10/99 –, BStBl I 2002, 1392.
559 BMF-Schreiben v. 5.12.2002 – IV A 6 –S 2242- 25/02 – zur Berücksichtigung des BFH-Urt. v. 4.5.2000 – IV R 10/99 –, BStBl. I 2002, 1392, dort Tz. 8.
560 Zu weiteren Einzelheiten s. BMF-Schreiben v. 5.12.2002 – IV A 6 –S 2242- 25/02 – zur Berücksichtigung des BFH-Urt. v. 4.5.2000 – IV R 10/99 –, BStBl. I 2002, 1392, dort Tz. 9 u. 76.
561 Vgl. hierzu eingehend *Landsittel*, Gestaltungsmöglichkeiten bei Erbfall und Schenkung, Rn. 652 ff.

b) Betriebsvermögen

Befindet sich Betriebsvermögen[562] im Nachlass, so ist höchste Aufmerksamkeit bzgl. der Auseinandersetzung geboten. Zwar sollten im Idealfall bereits zu Lebzeiten die notwendigen Vorkehrungen getroffen worden sein, um das unerwünschte Verwirklichen von Steuertatbeständen zu verhindern. Aber auch bei der Auseinandersetzung lassen sich unerwünschte, steuerliche Folgen noch vermeiden, wenn gar keine oder keine *sinnvollen* Vorkehrungen durch den Erblasser getroffen worden waren.

> **Beispiel:**[563]
> Erblasser Max Meier war Eigentümer eines Innenstadtgrundstücks mit einem Buchwert von 200 T € und einem Verkehrswert von 2 Mio. €. Er war zugleich Gesellschafter der M-GmbH (Anschaffungskosten 100.000 €, Verkehrswert 2 Mio. €). Das Grundstück war an die GmbH verpachtet und wesentliche Betriebsgrundlage der GmbH. Max hinterlässt ein Testament, wonach seine Kinder Daniel und Anna je zur Hälfte Erben sind. Aufgrund von Teilungsanordnungen, also jeweils unter Anrechnung auf ihre Erbteile, soll Daniel das Innenstadtgrundstück und Anna die Anteile von Max an der M-GmbH erhalten.
> Die Kinder setzen die Erbengemeinschaft entsprechend auseinander. Die bisherige Betriebsaufspaltung endet aufgrund der Erbauseinandersetzung, da durch die nunmehr unterschiedlichen Eigentumsverhältnisse an der Immobilie und dem GmbH-Anteil keine personelle Verflechtung mehr besteht. Mit der Beendigung der Betriebsaufspaltung werden die stillen Reserven in der GmbH i.H.v. 1,9 Mio. € und die stillen Reserven der Immobilie i.H.v. 1,8 Mio. € aufgedeckt und müssen von Daniel und Anna versteuert werden.

Dieses Ergebnis können die Erben verhindern, wenn sie sich bzgl. der Teilung des Nachlasses einvernehmlich über die Regelungen des Testamentes hinwegsetzen und eine andere Auseinandersetzung vornehmen.

3. Grunderwerbsteuer

Die Übertragung von Immobilien i.R.d. Auseinandersetzung der Erbengemeinschaft ist gem. § 3 Nr. 1 Satz 1 GrEStG grunderwerbsteuerfrei.

N. Grundbuchrecht

Gehört eine Immobilie zum Nachlass sind alle Miterben im Grundbuch einzutragen, § 47 GBO. Der Eintragung ist der Hinweis auf die **Erbengemeinschaft** hinzuzusetzen. Der Anteil des Miterben an der Erbengemeinschaft ist nicht anzugeben.[564] Der **Antrag** auf Berichtigung des Grundbuches kann von jedem Miterben erfolgen, § 13 Abs. 1 Satz 2 GBO.[565] Er muss darauf gerichtet sein, dass gleichzeitig alle Miterben eingetragen werden, denn das Grundbuch muss den neuen Rechtszustand insgesamt richtig wiedergeben.[566] Die Zustimmung der übrigen Miterben, § 22 Abs. 2 GBO,

---

562 Vgl. hierzu § 95 Abs. 1 Satz 1 BewG i.V.m. § 15 Abs. 1 u. 2 EStG.
563 Nach *Landsittel*, Gestaltungsmöglichkeiten bei Erbfall und Schenkung, Rn. 666.
564 *Demharter*, GBO, § 47 Rn. 22: „Widerspricht dem Wesen des Gesamthandsverhältnisses und kann die Eintragung inhaltlich unzulässig machen".
565 KG OLGE 41, 154, 155.
566 Palandt/*Edenhofer*, § 2032 Rn. 14.

muss in der Form des § 29 GBO erfolgen. Entbehrlich ist die Zustimmung in den Fällen der §§ 22, 35 GBO. Ersetzt werden kann die Zustimmung durch rechtskräftige Verurteilung.

331 Bei **Pfändung** eines Erbteils entsteht dadurch kein Recht an dem Grundstück, sondern (lediglich) an dem Erbteil. Dieses Recht kann dann wiederum bspw. zur Teilungsversteigerung gem. § 180 ZVG genutzt werden.

O. Vergütungs- und Kostenrecht

I. Rechtsanwalt

1. Allgemeines

332 Der Rahmen der Geschäftsgebühr nach dem **RVG beträgt 0,5 bis 2,5**, § 13 RVG, Nr. 2400,[567] wobei nach der Erläuterung zu Nr. 2400 *„eine Gebühr von mehr als 1,3 (...) nur gefordert werden (kann), wenn die Tätigkeit umfangreich oder schwierig war"*. In Fällen, in denen nach der BRAGO eine Besprechungsgebühr berechnet werden konnte, wird daher meist ein Fall der *„umfangreichen"* Tätigkeit vorliegen, da dies über das „Betreiben des Geschäfts"[568] hinausgeht. Eine Gebühr über der Mittelgebühr von 1,3 wird im Allgemeinen im Bereich des Erbrechts und insb. im Bereich der Erbauseinandersetzung auch aufgrund der **Schwierigkeit** der Sach- und insb. Rechtslage meist bis hin zur **Höchstbetrag** von 2,5 anfallen: Erbrecht ist ein „schwieriges" Rechtsgebiet, dass besondere Kenntnisse erfordert. Darüber hinaus werden meist auch andere Kriterien überdurchschnittlich erfüllt sein, da bspw. die erbrechtliche Auseinandersetzung für den Mandanten regelmäßig eine überdurchschnittliche, wenn nicht gar überragende Bedeutung haben wird, § 14 Abs. 1 RVG.

2. Verfügung über einen Nachlassanteil

333 Ist der Rechtsanwalt mit dem Entwurf des Verfügungsvertrages oder dessen Prüfung beauftragt, so fällt eine Geschäftsgebühr gem. § 13, Nr. 2400 RVG und keine Ratsgebühr gem. § 13, Nr. 2100 RVG an.

334 Die Gebühren bzgl. der Durchsetzung eines Vorkaufsrechts, gleich ob außergerichtlich oder im Prozess, bemessen sich nach dem Wert des verkauften Erbteils.[569]

335 Rechtliche Auseinandersetzungen aus dem **Verkauf** eines Erbteils werden i.R.d. **Rechtsschutzversicherung** *nicht* von dem Risikoausschluss der „Wahrnehmung rechtlicher Interessen aus dem Bereich des Erbrechts" (§ 4 Abs. 1 i ARB 75) erfasst.[570] Von diesem Ausschlusstatbestand werden nur derartige Ansprüche erfasst, die spezifisch erbrechtlicher Natur sind. Auch die Klage eines Miterben auf Feststellung des Fortbestands der Erbengemeinschaft nach **Rücktritt** vom Erbschaftskaufvertrag wegen Verletzung der vertraglichen Pflichten durch den anderen Erben führt nicht dazu,

---

567 Im Gegensatz zum Rahmen von 5/10 bis 10/10 nach § 118 Abs. 1 BRAGO.
568 Vorbem. 2.4, Nr. 3.
569 *Anders/Gehle/Kunze*, Stichwort „Erbrechtliche Streitigkeiten", Rn. 20; LG Bayreuth JurBüro 1980, 1248.
570 OLG Düsseldorf OLGR 2000, 375 f.

dass der Rechtsstreit im Bereich des Erbrechts i.S.v. § 4 Abs. 1 i ARB 75 geführt wird.[571]

3. Streitwert bei Geltendmachung von Nachlassforderungen

Der Streitwert besteht in voller Höhe des der Erbengemeinschaft zustehenden Anspruches, da es nicht nur um das anteilige Interesse des Klägers geht.[572] Klagt ein Miterbe gegen einen Miterben auf **Feststellung**, dass eine Nachlassverbindlichkeit nicht besteht, richtet sich der Streitwert nach dem vollen Wert, den die Nachlassverbindlichkeit haben soll, da die Feststellung der gesamten Erbengemeinschaft zugute kommt.[573] Wird gegen einen **Miterben** geklagt, der gleichzeitig Nachlassschuldner ist, so wird der Streitwert um den Anteil des verklagten Miterben gekürzt.[574]

336

4. Streitwert der Teilungsklage

Der Streitwert einer Teilungsklage richtet sich nach dem **Wert des Erbanteils**, den der Kläger mit der Auseinandersetzung begehrt,[575] wobei aufgelaufene **Zinsen streitwerterhöhend** zu berücksichtigen sind. Es handelt sich nicht um eine Nebenforderung i.S.v. § 4 Abs. 1 2. HS ZPO.[576]

337

5. Haftung für Kosten und Vergütung

Im Verhältnis des fordernden Miterben zu seinem Anwalt, zum Gericht oder Gegner haftet der **Miterbe** grundsätzlich zunächst **persönlich und alleine** für die angefallenen Kosten und Vergütung. Unter den Voraussetzungen des § 2038 BGB kann jedoch die Erbengemeinschaft eventuell ebenfalls verpflichtet werden.[577] Nach den Grundsätzen des § 2038 BGB richtet sich auch die Frage eines etwaigen Erstattungsanspruches gegen die Erbengemeinschaft.[578]

338

6. Gewährung von Prozesskostenhilfe

Für die Frage der Gewährung von Prozesskostenhilfe kommt es allein auf die Vermögensverhältnisse des klagenden Miterben an. Ein **sittenwidriger Umgehungsversuch** soll vorliegen können, wenn vermögende Miterben einen **vermögenslosen Miterben** „vorschieben".[579]

339

II. Notar

Der Geschäftswert für die notarielle Beurkundung des **Verfügungsvertrages** über den Miterbenanteil bestimmt sich nach § 46 Abs. 4 KostO. Danach ist der um die

340

---

571 OLG Düsseldorf OLGR 2000, 375.
572 *Schneider*, Rpfleger 1982, 268, 269; *Anders/Gehle/Kunze*, Stichwort „Erbrechtliche Streitigkeiten", Rn. 10; *Zöller/Herget*, § 3 Rn. 16 Stichwort „Erbrechtliche Ansprüche".
573 *Anders/Gehle/Kunze*, Stichwort „Erbrechtliche Streitigkeiten", Rn. 10; *Zöller/Herget*, § 3 Rn. 16 Stichwort „Erbrechtliche Ansprüche".
574 BGH NJW 1967, 443–443 (LS 1); OLG Köln OLGR 1995, 246 (LS 2); *Zöller/Herget*, § 3 Rn. 16 Stichwort „Erbrechtliche Ansprüche"; MünchKomm/*Dütz*, § 2039 Rn. 33.
575 BGH NJW 1975, 1415, 1416.
576 BGH NJW-RR 1998, 1284.
577 S. oben Rn. 97.
578 S. oben Rn. 97 ff und 113 ff.
579 Staudinger/*Werner*, § 2039 Rn. 29 m.w.N.

Verbindlichkeiten bereinigte Wert des Miterbenanteils zu Grunde zu legen, wobei Vermächtnisse, Pflichtteilsansprüche und Auflagen nicht abgezogen werden dürfen. Nach § 36 Abs. 2 KostO fallen **zwei volle Gebühren** für die Beurkundung des Vertrages an.

341 Erklärt ein Miterbe, sein **Vorkaufsrecht** ausüben zu wollen, liegt darin keine Kostenübernahmeerklärung i.S.v. § 3 Nr. 2 KostO. Auch wenn der Miterbe materiellrechtlich verpflichtet ist, die Kosten über den Erbschaftskauf zu tragen, ist der Notar nicht befugt, dem Miterben die Kosten für die Beurkundung des Erbteilskaufvertrages direkt in Rechnung zu stellen.[580]

P. Anhang

I. Schiedsordnung der DSE[581]

342 **Schiedsordnung der Deutschen Schiedsgerichtsbarkeit für Erbstreitigkeiten e.V. vom 1.8.1999, geändert am 1.7.2004**

Vorwort

Die Deutsche Schiedsgerichtsbarkeit für Erbstreitigkeiten (DSE e.V.) wurde im Jahre 1998 auf Initiative der Deutschen Vereinigung für Erbrecht und Vermögensnachfolge e.V. unter Federführung von Herrn Walter Krug, Vorsitzender Richter LG Stuttgart, und Herrn Notariatsdirektor a.D. Dr. Heinrich Nieder gegründet.

Der Institutionalisierung der Schiedsgerichtsbarkeit im Erbrecht lag der Gedanke zugrunde, dass die zum Großteil hohen Vermögenswerte auf dem Weg in die nächste Generation in öffentlichen Verfahren vor den ordentlichen Gerichten vielfach zerstritten werden. So liegen die Kosten allein in einer ersten Instanz vor den ordentlichen Gerichten bei ca. 20 % des Vermögenswertes.

Gerade im Bereich des Erbrechts und dem Recht der Vermögensnachfolge kommt es aufgrund der häufig ungenauen letztwilligen Verfügungen des Erblassers zu Streitigkeiten unter den Bedachten. Die Deutsche Schiedsgerichtsbarkeit im Erbrecht will die oft über mehrere Jahre wenn nicht gar Jahrzehnte andauernden Streitigkeiten auf einen erstinstanzlichen und somit zeitlich überschaubaren in der Regel nur wenige Monate dauernden Schiedsverfahrensweg beschränken. Darüber hinaus wird die zu den schwierigsten Gebieten des Zivilrechts zählende Erbrechtsmaterie ausschließlich von spezialisierten Fachleuten als Schiedsrichtern wahrgenommen. Durch die Wahl des Schiedsverfahrens der Deutschen Schiedsgerichtsbarkeit im Erbrecht wird zum einen eine genaue Bemessung des Kostenumfangs möglich, zum anderen sind die Kosten erheblich geringer als in einem langen Instanzenzug vor den ordentlichen Gerichten.

DSE e.V.
Der Vorstand

---

580 OLG Düsseldorf JurBüro 1994, 283.
581 Diese Schiedsordnung kann auch im Internet unter www.DSE-Erbrecht.de herunter geladen werden.

§ 1 Anwendungsbereich

1.1 Schiedsverfahren durch Verfügung von Todes wegen

Die Schiedsordnung der Deutschen Schiedsgerichtsbarkeit für Erbstreitigkeiten e.V. findet Anwendung auf alle Streitigkeiten, die sich aus einer Verfügung von Todes wegen ergeben und deren Anwendbarkeit durch Verfügung von Todes wegen unter Ausschluß des Rechtsweges angeordnet wurde. Es gilt die jeweils aktuelle Schiedsordnung der Deutschen Schiedsgerichtsbarkeit für Erbstreitigkeiten e.V. (DSE).

1.2 Schiedsverfahren durch Parteivereinbarung

Die Schiedsordnung findet auch auf diejenigen Streitigkeiten im Erbrecht Anwendung, bei denen sich die Parteien vorab oder nach Eintritt des Erbfalls vertraglich auf die Anwendbarkeit der Schiedsordnung der Deutschen Schiedsgerichtsbarkeit für Erbstreitigkeiten e.V. (DSE) geeinigt haben. Ziff. 1.1. gilt entsprechend.

§ 2 Eröffnung des Schiedsverfahrens und Benennung der Schiedsrichter

2.1 Einreichung der Klage bei der DSE-Bundesgeschäftsstelle

(1) Das Schiedsverfahren wird durch Einreichung der Klageschrift bei der Bundesgeschäftsstelle der Deutschen Schiedsgerichtsbarkeit für Erbstreitigkeiten e.V. (DSE) eingeleitet.

(2) Mit Zustellung der Klage an den Beklagten tritt Schiedshängigkeit ein.

2.2 Zustellungen

(1) Schiedsklage, Sachanträge und Klagrücknahmen, Ladungen, fristsetzende Verfügungen und Entscheidungen des Schiedsgerichts, auch verfahrensbeendende Entscheidungen, insbesondere Schiedssprüche, sind den Beteiligten auf angemessene Weise kundzugeben. Hierbei muß der Nachweis des Zugangs gewährleistet sein. In der Wahl der Übersendungsart ist die DSE-Bundesgeschäftsstelle frei.

(2) Ist der Aufenthalt oder der Sitz einer Partei unbekannt, gelten zuzustellende Schriftstücke mit dem Tag als zugegangen, an dem sie bei ordnungsgemäßer Übermittlung an der von dem Adressaten zuletzt bekanntgegebenen Postanschrift hätten empfangen werden können.

2.3 Inhalt der Klage

(1) Die Klage muß enthalten:
- die Bezeichnung der Parteien (Name, Anschrift),
- eine beglaubigte Kopie der die Schiedsordnung enthaltenden Verfügung von Todes wegen samt nachlaßgerichtlichem Eröffnungsprotokoll oder Original des Schiedsvertrages
- die Angabe des Streitgegenstandes und des Grundes des erhobenen Anspruches,
- einen bestimmten Antrag,

(2) Darüber hinaus muß die Klage eine vorläufige Angabe zur Höhe des Streitwertes enthalten.

(3) Die Klage soll die Geburtsdaten der Parteien, deren Staatsangehörigkeit, Verwandtschafts- und Familienverhältnisse enthalten.

(4) Die Parteien sollen den Schriftsätzen, die sie bei dem Schiedsgericht einreichen, die für die Zustellung erforderliche Anzahl von Abschriften der Schriftsätze und deren Anlagen beifügen. Das gilt nicht für Anlagen, die dem Gegner in Urschrift oder in Abschrift vorliegen.

2.4 Kosten bei Einleitung des Verfahrens

(1) Zur Einleitung des Verfahrens hat die klagende Partei die DSE-Verfahrensgebühr gemäß Anlage 1 zum GKG Nr. 1202 c) sowie im Falle der Entscheidung durch den Einzelschiedsrichter zwei Schiedsrichtergebühren und im Falle eines Dreierschiedsgerichts vier Gebühren nach der bei Beginn des Verfahrens gültigen Gebührentabelle (Anlage zur Schiedsordnung) zu entrichten.

Die Höhe der Gebühren bestimmt sich nach dem Streitwert, der vom DSE-Vorstand erforderlichenfalls unanfechtbar (vorläufig) festgesetzt wird.

(2) Für den Fall, daß die Klagepartei den vorbezeichneten Vorschuß nicht geleistet hat, hat die DSE-Bundesgeschäftsstelle beide Parteien, die beklagte Partei unter formloser Übersendung einer Abschrift der Klageschrift, aufzufordern, den erforderlichen Vorschußbetrag innerhalb einer von der Bundesgeschäftsstelle zu setzenden Zwei-Wochen-Frist zu bezahlen. Die Zahlungsfrist kann angemessen verlängert werden.

Jede Partei hat das Recht, den Vorschuß auch gegen den Willen der anderen Partei zu erbringen.

(3) Wird der Vorschuß nicht fristgerecht bezahlt, erfolgt keine Zustellung. Für das bisherige Verfahren fällt eine 1/4-Gebühr an, die von der klagenden Partei zu entrichten ist.

(4) Die Bundesgeschäftsstelle ist in jeder Lage des Verfahrens berechtigt, weitere Vorschüsse anzufordern, sofern eine Erhöhung des Streitwertes absehbar ist.

2.5 Zustellung der Klage durch die DSE-Bundesgeschäftsstelle

Nach Zahlung des Vorschusses stellt die DSE-Bundesgeschäftsstelle dem oder der Beklagten die Klage unverzüglich zu.

2.6 Schiedsrichterliste

(1) Die Deutsche Schiedsgerichtsbarkeit für Erbstreitigkeiten führt eine Liste der Schiedsrichter.

(2) Schiedsrichter kann nur sein, wer in die Liste aufgenommen ist.

(3) Über die Aufnahme und über die Löschung in der Liste entscheidet der Vorstand der Deutschen Schiedsgerichtsbarkeit für Erbstreitigkeiten e.V nach Ermessen.

2.7 Zusammensetzung des Schiedsgerichts und Ernennung der Schiedsrichter

(1) Das Schiedsgericht besteht aus dem Vorsitzenden (Grundsatz der Einzelrichterentscheidung).

Durch Schiedsvereinbarung können die Parteien festlegen, daß ein Kollegialgericht, bestehend aus dem Vorsitzenden Schiedsrichter und zwei beisitzenden Schiedsrichtern, für die Entscheidung des Rechtsstreits zuständig ist.

Dies gilt auch in den Fällen, in denen der Erblasser dies durch letztwillige Verfügung angeordnet hat.

(2) Der oder die Schiedsrichter werden vom Vorstand der DSE benannt.

(3) Die Ernennung wird den Schiedsrichtern unverzüglich von der Bundesgeschäftsstelle der DSE mitgeteilt.

(4) Ist ein Schiedsrichter verhindert, das Schiedsrichteramt auszuüben, so hat er die Niederlegung seines Amtes unter Angabe der Gründe der DSE-Bundesgeschäftsstelle innerhalb von einer Woche ab Zugang der Benennung mitzuteilen. Im übrigen darf der Schiedsrichter das Amt selbst nur aus wichtigem Grund niederlegen.

Als wichtige Gründe sind hierbei anzusehen:

a) Ein Schiedsrichter hat eine der Parteien vor Beginn des Verfahrens im Zusammenhang mit dem der Schiedsklage zugrundeliegenden Streitstoff beraten oder vertreten.

b) Ein Schiedsrichter ist nicht in der Lage, das Schiedsverfahren innerhalb angemessener Frist durchzuführen.

c) Ein Schiedsrichter ist vom Ausgang des Rechtsstreits materiell betroffen.

(5) Einer Verweigerung der Übernahme des Schiedsrichteramtes ist es gleichzusetzen, wenn ein Schiedsrichter trotz zweimaliger Aufforderung durch die Bundesgeschäftsstelle der DSE innerhalb der gesetzten Frist keine Erklärung zur Übernahme des Amtes abgibt.

(6) Bei Ausscheiden eines Schiedsrichters durch Tod oder aus einem anderen Grunde sowie bei Verweigerung der Übernahme oder Fortführung des Schiedsrichteramtes wird vom Vorstand der DSE unverzüglich ein Ersatzschiedsrichter benannt.

(7) Die Zusammensetzung des Schiedsgerichts wird den Parteien mitgeteilt.

§ 3 Ablehnung und Verhinderung eines Schiedsrichters

3.1 Ablehnung durch die Parteien

(1) Bezüglich der Ausschließung eines Schiedsrichters vom Schiedsrichteramt und bezüglich der Ablehnung eines Schiedsrichters wegen der Besorgnis der Befangenheit gelten die Vorschriften der ZPO (§§ 41, 42, 43, 48) entsprechend. Über die Ablehnung entscheidet der Vorstand der DSE unanfechtbar. Die im Zusammenhang damit entstehenden zusätzlichen Kosten sind Kosten des Schiedsverfahrens.

(2) Das Amt des Schiedsrichters ist beendet,
- aufgrund der Entscheidung des DSE-Vorstandes gemäß § 3 Ziffer 3.1
- wenn die andere Partei mit der Ablehnung einverstanden ist
- wenn der Schiedsrichter sein Amt nach der Ablehnung niederlegt.

(3) Der DSE-Vorstand benennt er nach Ausscheiden eines Schiedsrichters den Ersatzschiedsrichter.

3.2 Entbindung durch den DSE-Vorstand

(1) Der Vorstand der DSE kann neben den unter 3.1 genannten Gründen den Schiedsrichter von seinem Amt entbinden, wenn dieser nicht innerhalb von drei Monaten nach Abschluß der mündlichen Verhandlung einen Schiedsspruch erlassen oder innerhalb von drei Monaten nach Eröffnung des Schiedsverfahrens seine Tätigkeit aufgenommen hat.

(2) Des weiteren kann der Vorstand der DSE den Schiedsrichter unter den Voraussetzungen des § 2 Ziff. 2.7 Abs. 5 dieser Schiedsordnung von seinem Amt entbinden.

3.3. Kosten bei Abberufung eines Schiedsrichters oder Niederlegung des Amtes

(1) Legt ein Schiedsrichter im Falle seiner Ablehnung sein Amt nieder oder wird er von den Parteien abberufen, ohne daß jeweils ein Ablehnungsgrund vorliegt, so behält er seinen Vergütungsanspruch. In allen übrigen Fällen steht ihm eine Vergütung nicht zu.

(2) Die dem Schiedsrichter zustehende Vergütung sind im Falle der Abberufung oder Niederlegung, sofern ein Ablehnungsgrund nicht vorliegt, Kosten des Schiedsverfahrens.

(3) Der Schiedsrichter, der vom DSE-Vorstand im Falle der Untätigkeit (§ 2 Ziff. 2.7 Abs. 5, § 3 Ziff. 3.3 Abs. 1) von seinem Amt entbunden wird, erhält keine Vergütung.

(4) Behält der ausgeschiedene Schiedsrichter seinen Vergütungsanspruch, so wird ein Ersatzschiedsrichter erst benannt, wenn eine der Parteien den erforderlichen Vorschuß einbezahlt hat.

§ 4 Das Schiedsverfahren

4.1 Allgemeine Grundsätze

Vorbehaltlich anderweitiger Vereinbarung der Parteien oder der Bestimmungen dieser Schiedsordnung führt das Schiedsgericht das Schiedsverfahren in analoger Anwendung des Verfahrens vor den Landgerichten in 1. Instanz nach den Vorschriften der Zivilprozeßordnung und des Gerichtsverfassungsgesetzes durch. Anwaltszwang besteht nicht.

4.2 Sprache

(1) Die Sprache des Schiedsverfahrens ist deutsch. Sind an dem Verfahren Personen beteiligt, die die deutsche Sprache nicht verstehen und/oder sprechen können, ist dies der DSE-Bundesgeschäftsstelle mitzuteilen. Die DSE-Bundesgeschäftsstelle hat für die notwendige Verständigungsmöglichkeit zu sorgen.

(2) Sie kann einen Auslagenvorschuß anfordern.

4.3 Ort des Schiedsverfahrens

Den Ort des Schiedsverfahrens bestimmt der DSE-Vorstand. Bestimmen die Parteien einvernehmlich einen anderen Ort, so gilt dieser für die Durchführung des Schiedsverfahrens.

4.4 Einleitung des Verfahrens

Der Vorsitzende des Schiedsgerichts bzw. der Einzelschiedsrichter setzt der beklagten Partei eine Frist zur Klagerwiderung und stellt einen Zeitplan für das Schiedsverfahren auf.

4.5 Zustellung von Schriftsätzen, Ladungen und Verfügungen des Schiedsgerichtes

Alle Schriftstücke, die dem Schiedsgericht von einer Partei zugeleitet werden, sowie Ladungen und Verfügungen des Schiedsgerichts sind durch die DSE-Bundesgeschäftsstelle der anderen Partei zu übermitteln. Die Zustellung erfolgt gemäß § 2 Ziff. 2.2.

4.6 Mündliche Verhandlung

(1) Der Vorsitzende hat darauf hinzuwirken, dass die Parteien sich über alle erheblichen Tatsachen vollständig erklären und sachdienliche Anträge stellen. Er hat den Parteien in jedem Stand des Verfahrens rechtliches Gehör zu gewähren. Es ist mündlich zu verhandeln, es sei denn, daß die Parteien etwas anderes vereinbaren.

(2) Das Schiedsgericht trifft die Vorkehrungen für die Übersetzung von mündlichen Ausführungen bei der Verhandlung und für die Anfertigung eines Verhandlungsprotokolls. § 4 Ziffer 4.2 Abs. 2 gilt entsprechend.

(3) Die mündliche Verhandlung ist nicht öffentlich, es sei denn, dass die Parteien etwas anderes vereinbaren. Das Schiedsgericht kann verlangen, dass sich Zeugen während der Vernehmung anderer Zeugen zurückziehen. Im übrigen bestimmt das Schiedsgericht die Art der Zeugenvernehmung nach freiem Ermessen.

4.7 Säumnis einer Partei

(1) Versäumt es die beklagte Partei ohne genügende Entschuldigung, innerhalb einer vom Vorsitzenden gesetzten Frist die Klageerwiderung einzureichen, so hat das Schiedsgericht die Fortsetzung des Verfahrens anzuordnen. Gleiches gilt, wenn eine Partei ohne genügende Entschuldigung innerhalb einer vom Vorsitzenden gesetzten Frist einer Auflage des Schiedsgerichtes nicht nachgekommen ist. Ist trotz ordnungsgemäßer Ladung eine Partei ohne genügende Entschuldigung in einem Termin zur mündlichen Verhandlung nicht erschienen und nicht vertreten, so setzt das Gericht das Verfahren fort und entscheidet nach Lage der Akten, nachdem es die erschienene Partei angehört hat.

(2) Legt eine der Parteien nach ordnungsgemäßer Aufforderung schriftliche Beweise nicht innerhalb der gesetzten Frist vor, ohne für die Verzögerung einen ausreichenden Grund vorzubringen, so kann das Schiedsgericht ebenfalls nach Aktenlage entscheiden. § 286 ZPO gilt entsprechend.

4.8 Sachverhaltsermittlung

(1) Die Parteien haben alle erforderlichen Tatsachen vollständig und wahrheitsgemäß vorzutragen. Hierauf hat das Schiedsgericht hinzuwirken. An die von den Parteien gestellten Anträge ist das Schiedsgericht nicht gebunden. Über einen gestellten Antrag darf es jedoch nicht hinausgehen.

Im übrigen gelten die §§ 138 ff. ZPO entsprechend.

(2) Ist es nach Ansicht des Schiedsgerichtes erforderlich, die Vereidigung eines Zeugen oder Sachverständigen oder eine sonstige gerichtliche Handlung, zu deren Vornahme es nicht befugt ist, durchzuführen, so gilt das Schiedsgericht als von den Parteien ermächtigt, die dafür erforderlich gehaltene richterliche Handlung bei dem zuständigen staatlichen Gericht zu beantragen.

(3) Das Schiedsgericht kann auf Antrag einer der Parteien einen oder mehrere Sachverständige bestellen.

(4) Die Parteien haben dem Sachverständigen alle sachdienlichen Auskünfte zu erteilen und ihm alle erheblichen Schriftstücke oder Gegenstände zur Untersuchung vorzulegen, die er von ihnen verlangt. Im Falle der Begutachtung von Immobilien hat die jeweilige Partei dem Sachverständigen den Zugang zu dem Objekt zu ermöglichen.

(5) Wird der Sachverständige in der Ausübung seiner Tätigkeit durch eine Partei behindert, so kann das Schiedsgericht aufgrund einer überschlägigen Begutachtung des Sachverständigen entscheiden.

(6) Nach Erhalt des Gutachtens des Sachverständigen hat das Schiedsgericht den Parteien Abschriften dieses Gutachtens zu übersenden und ihnen die Möglichkeit zu geben, innerhalb einer bestimmten Frist zu dem Gutachten schriftlich Stellung zu nehmen.

(7) § 4 Ziffer 4.2 Abs. 2 gilt entsprechend.

4.9 Vorläufige und/oder sichernde Maßnahmen

(1) Auf Antrag einer der Parteien kann das Schiedsgericht alle vorläufigen Maßnahmen, die es in Ansehung des Streitgegenstandes für notwendig erachtet, treffen, insbesondere sichernde Maßnahmen für Gegenstände, die den Streitgegenstand bilden, wie etwa die Anordnung ihrer Hinterlegung bei einem Dritten oder die Anordnung des Verkaufs verderblicher Waren.

(2) Wenn das Schiedsgericht einen Vorschuß oder Sicherheit für die Kosten dieser Maßnahmen für erforderlich hält, ist die DSE-Bundesgeschäftsstelle zu informieren. Diese ist dann berechtigt, erforderliche Vorschüsse zu verlangen.

(3) Die Vorschrift des § 1041 ZPO bleibt unberührt.

4.10 Verhandlungsniederschriften

Über jede Verhandlung sind Niederschriften zu fertigen und vom Vorsitzenden zu unterschreiben. Die Parteien erhalten Zweitschriften der Niederschrift.

§ 5 Schluß der Verhandlung

5.1 Verzicht auf das Rügerecht

Es gilt § 295 ZPO.

5.2 Schluß der Verhandlung

Sobald die Parteien nach Überzeugung des Schiedsgerichts ausreichend Gelegenheit zum Vortrag hatten, kann es eine Frist setzen, nach deren Ablauf neuer Sachvortrag zurückgewiesen werden kann. Die Frist, bis zu welcher Schriftsätze eingereicht werden können, gilt als Schluß der Verhandlung.

§ 6 Die Schiedsentscheidung

6.1 Der Schiedsspruch

(1) Das Schiedsgericht hat das Verfahren zügig zu fördern und in angemessener Frist einen Schiedsspruch zu erlassen.

(2) Das Schiedsgericht hat den Schiedsspruch innerhalb von drei Monaten nach Schluß der mündlichen Verhandlung zu erlassen. Der Schiedsspruch und alle dem Schiedsspruch vorausgehenden Entscheidungen werden mit Stimmenmehrheit gefaßt.

(3) Das Schiedsgericht ist bei Erlaß des Schiedsspruchs an die Anträge der Parteien nicht gebunden. Über den gestellten Antrag kann es jedoch nicht hinausgehen.

6.2 Die Form des Schiedsspruchs

(1) Der Schiedsspruch ist schriftlich abzufassen und zu begründen.

(2) Der Schiedsspruch muß mindestens enthalten:
- die Bezeichnung der Parteien des Schiedsverfahrens
- die Bezeichnung der Schiedsrichter, die den Schiedsspruch erlassen haben
- den Sitz des Schiedsgerichtes
- die Daten der mündlichen Verhandlungstermine
- das Datum der Abfassung des Schiedsspruches
- die Formel des Schiedsspruches mit der Entscheidung dessen, was zwischen den Parteien rechtens sein soll
- den Tatbestand
- die Entscheidungsgründe
- die Unterschriften des Schiedsrichters/der Schiedsrichter.

(3) Bei einem Dreierschiedsgericht ist der Schiedsspruch vom Vorsitzenden abzufassen

6.3 Kostenentscheidung

(1) Das Schiedsgericht hat in dem Schiedsspruch auch über die Kosten zu entscheiden.

(2) Kosten des Verfahrens sind die Gebühren und Auslagen des Gerichts und die Auslagen und Gebühren der Rechtsanwälte.

(3) Grundsätzlich hat die unterliegende Partei die Kosten des Verfahrens zu tragen. Das Schiedsgericht kann unter Berücksichtigung der Umstände des Falles, insbesondere wenn jede Partei teils obsiegt, teils unterliegt, die Kosten gegeneinander aufheben oder verhältnismäßig teilen.

(4) Entsprechendes gilt, wenn sich das Verfahren ohne Schiedsspruch erledigt hat, sofern die Parteien sich nicht über die Kosten geeinigt haben.

(5) Das Gericht hat den Gegenstandswert des Schiedsverfahrens, der für die Berechnung der Kosten entsprechend der beigefügten Anlage zugrundegelegt wird, nach freiem Ermessen festzusetzen.

6.4 Zustellung des Schiedsspruches

(1) Der Schiedsspruch ist den Parteien in je einer Urschrift durch die DSE-Bundesgeschäftsstelle zuzustellen.

(2) Der Schiedsspruch ist mit dem Nachweis seiner Zustellung auf der Bundesgeschäftsstelle des zuständigen Gerichtes niederzulegen, wenn die Parteien – außer für den Fall der Vollstreckbarerklärung – nicht etwas anderes vereinbart haben.

§ 7 Sonstige Beendigung des schiedsrichterlichen Verfahrens

7.1 Allgemeines

Das Schiedsgericht soll in jeder Lage des Verfahrens auf eine einvernehmliche Beilegung des Rechtsstreits hinwirken.

7.2 Außergerichtlicher Vergleich und Beschluß gemäß § 1056 Abs. 2 Nr. 2 ZPO

Die Parteien können einen außergerichtlichen Vergleich abschließen und eine Beendigung des schiedsrichterlichen Verfahrens durch Beschluß gemäß § 1056 Abs. 2 Nr. 2 ZPO herbeiführen.

7.3 Schiedsspruch mit vereinbartem Wortlaut

(1) Vergleichen sich die Parteien über den Gegenstand des Schiedsverfahrens, so beendet das Schiedsgericht das Verfahren und erläßt auf Antrag der Parteien den Vergleich in der Form eines Schiedsspruchs mit vereinbartem Wortlaut, sofern der Inhalt des Vergleiches nicht gegen die öffentliche Ordnung (ordre public) verstößt.

(2) Der Schiedsspruch mit vereinbartem Wortlaut kann auch vor einem Notar für vollstreckbar erklärt werden.

(3) Bezüglich des Erlasses des Schiedsspruches mit vereinbartem Wortlaut gilt § 6 dieser Schiedsordnung entsprechend.

7.4 Kostenentscheidung

Haben die Parteien in dem Vergleich keine Einigung hinsichtlich der Kostentragung geregelt, entscheidet das Schiedsgericht nach billigem Ermessen.

§ 8 Kosten des Schiedsgerichtes

8.1 Kosten der Schiedsrichter

(1) Die Schiedsrichter haben gegenüber der DSE Anspruch auf Zahlung der Schiedsrichtervergütung sowie auf die Erstattung von Auslagen einschließlich der anfallenden Mehrwertsteuer.

(2) Für den Fall, daß das Verfahren durch Vergleich beendet wird, erhält der Einzelschiedsrichter bzw. der Vorsitzende eines Dreierschiedsgerichts zwei Gebühren. Bei Beendigung des Verfahrens durch Schiedsspruch erhält der Einzelschiedsrichter bzw. der Vorsitzende eines Dreierschiedsgerichts 2,5 Gebühren. Bei Antragsrücknahme durch die klagende Partei hat der Einzelschiedsrichter bzw. der Vorsitzende eines Dreierschiedsgerichts Anspruch auf eine Gebühr. Bei Antragsrücknahme nach mündlicher Verhandlung erhöht sich diese Gebühr auf 1,5 Gebühren.

(3) Bei einem Dreierschiedsgericht erhält jeder Beisitzer 1,0 Gebühren, unabhängig davon, ob eine Verhandlung stattgefunden hat, ein Vergleich geschlossen wurde oder ein Schiedsspruch ergangen ist. Bei Antragsrücknahme erhält jeder Beisitzer 0,5 Gebühren. Erfolgt die Antragsrücknahme nach einer mündlichen Verhandlung erhält jeder Beisitzer 0,75 Gebühren.

8.2 Kosten des Verfahrens

Die Deutsche Schiedsgerichtsbarkeit für Erbstreitigkeiten (DSE) erhält für die Abwicklung des Verfahrens eine Gebühr nach GKG. Des weiteren hat sie Anspruch auf Erstattung der im Rahmen der Verfahrensabwicklung getätigten Auslagen (Raummiete, Kosten für Sachverständige etc.).

8.3 Höhe der Gebühr

(1) Die Gebühr bestimmt sich nach dem durch das Schiedsgericht festgesetzten Streitwert.

(2) Die Höhe der Gebühr ergibt sich aus der der jeweils aktuellen Schiedsordnung beigefügten Gebührenanlage, die Bestandteil der Schiedsordnung ist.

8.4 Ermäßigung der Gebühr

Das Schiedsgericht kann die Gebühr bei einer vorzeitigen Erledigung des Verfahrens entsprechend dem Verfahrensstand nach billigem Ermessen ermässigen.

§ 9 Veröffentlichung und Verschwiegenheit

9.1 Veröffentlichung

(1) Der Vorsitzende übersendet der Bundesgeschäftsstelle eine Ausfertigung des Schiedsspruches und teilt ihr mit, ob die Parteien der Veröffentlichung des Schiedsspruches zugestimmt haben.

(2) Die DSE darf den Schiedsspruch nur mit Zustimmung aller Parteien veröffentlichen. Die Namen der Parteien und der Schiedsrichter sowie sonstige identifizierende Angaben dürfen nicht veröffentlicht werden.

9.2 Verschwiegenheit

(1) Die Schiedsrichter haben, soweit der Schiedsspruch nicht veröffentlicht wird, über das Verfahren und alle ihnen bei der Ausübung des Amtes bekanntgewordenen Tatsachen Verschwiegenheit gegenüber jedermann zu bewahren.

(2) Die Schiedsrichter haben auch die von ihnen für die Abwicklung des Verfahrens hinzugezogenen Personen, insbesondere Sachverständige und Mitarbeiter der DSE, zur Verschwiegenheit zu verpflichten.

II. Schiedsvereinbarung[582]

Schiedsvereinbarung

Zwischen

§ 1 Vorbemerkung
Herr/Frau … ist am … in … verstorben.

§ 2 Vereinbarung
Die Vertragschließenden vereinbaren hiermit, daß alle Streitigkeiten, die sich im Zusammenhang mit dem in § 1 näher bezeichneten Erbfall nach der Schiedsgerichtsordnung der Deutschen Schiedsgerichtsbarkeit für Erbstreitigkeiten e.V. (DSE), Hauptstraße 18, 74918 Angelbachtal/Heidelberg, unter Ausschluß des ordentlichen Rechtsweges endgültig entschieden werden.

§ 3 Sonstige Vereinbarungen
Die Vertragschließenden vereinbaren hiermit, dass
☐ der Einzelschiedsrichter
☐ ein Kollegialgericht
entscheiden soll.

Ort, Datum
Unterschriften

---

[582] Diese Schiedsvereinbarung kann auch im Internet unter www.DSE-Erbrecht.de herunter geladen werden.

10. Kapitel
Vermächtnisrecht

Übersicht:

	S.
A. Das Vermächtnis	390
I. Begriff (§ 1939 BGB)	390
1. Zuwendung eines Vermögensvorteils	390
2. Schuldrechtlicher Vermächtnisanspruch	390
3. Vermächtnis im nachlassgerichtlichen Verfahren	391
II. Abgrenzung zur Erbeinsetzung	391
1. Einführung	391
2. Auslegungsregeln	391
III. Abgrenzung zur Auflage (§ 1940 BGB)	392
IV. Abgrenzung Vorausvermächtnis – Teilungsanordnung	392
1. Begriff	392
2. Abgrenzung	393
3. Praktische Konsequenz	393
4. Übernahmerecht des Vorausvermächtnisnehmers	394
V. Vom Gesetzgeber ausdrücklich normierte gesetzliche Vermächtnisse	395
1. Voraus des Ehegatten (§ 1932 BGB)	395
2. Der Dreißigste (§ 1969 BGB)	395
VI. Annnahme und Ausschlagung des Vermächtnisses (§ 2180 BGB)	395
1. Einführung	395
2. Annahme- bzw. Ausschlagungsfrist	396
3. Form der Annahme bzw. der Ausschlagung	396
4. Pflichtteilsberechtigter Vermächtnisnehmer und die Annahme bzw. Ausschlagung (§ 2307 BGB)	397
a) Einführung	397
b) Beschränkungen und Beschwerungen	397
VII. Schuldner und Gläubiger des Vermächtnisanspruchs	398
1. Schuldner des Vermächtnisanspruchs	398
a) Einführung	398
b) Haftung im Außenverhältnis (§§ 420 ff., 2058 ff. BGB)	398
c) Haftung im Innenverhältnis (§ 2148 BGB) und mögliche Abweichungen	399
2. Gläubiger des Vermächtnisanspruchs	399
VIII. Anfall und Fälligkeit des Vermächtnisses (§§ 2176 bis 2179 BGB)	400
1. Anfall	400
2. Fälligkeit	400
IX. Verbindlichkeiten auf dem Vermächtnisgegenstand (§§ 2165, 2166 BGB)	401
1. Belastungen (§ 2165 BGB)	401
2. Belastungen mit einer Hypothek (§ 2166 BGB)	401
X. Wegfall des Vermächtnisgegenstandes (§ 2169 BGB)	402
XI. Verbindung, Vermischung und Vermengung der vermachten Sache (§ 2172 BGB)	402
XII. Gewährleistung für Rechts- und Sachmangel (§§ 2182, 2183 BGB)	403
1. Einführung	403
2. Rechtsmangel (§ 2182 BGB)	403
3. Sachmangel (§ 2183 BGB)	404
XIII. Früchte bzw. Nutzungen (§ 2184 BGB) und Ersatz von Verwendungen bzw. Aufwendungen (§ 2185 BGB)	404
1. Einführung	404
2. Früchte und Nutzungen (§ 2184 BGB)	404
a) Einführung	404
b) Früchte und das sonst aufgrund des vermachten Rechts Erlangte (§ 2184 Satz 1 BGB)	405
c) Nutzungen, die keine Früchte sind (§ 2184 Satz 2 BGB)	405
3. Verwendungen und sonstige Aufwendungen (§ 2185 BGB)	405
a) Einführung	405
b) Notwendige Verwendungen	405
XIV. Kürzungs- und Zurückbehaltungsrechte des Beschwerten	406
1. Zurückbehaltungsrechte des Beschwerten	406
2. Kürzungsrecht des Beschwerten gem. § 2318 BGB	406

		a) Einführung	406
		b) Kürzungsrecht nach § 2318 Abs. 1 BGB	407
		c) Eingeschränktes Kürzungsrecht des § 2318 Abs. 2 BGB	408
		d) Erweitertes Kürzungsrecht des pflichtteilsberechtigten Erben gem. § 2318 Abs. 3 BGB	409
		e) Abdingbarkeit des Kürzungsrechtes nach § 2318 Abs. 1, 3 BGB	410
XV.	Kosten der Vermächtniserfüllung		410
B. Vermächtnisanspruch			411
I.	Einführung		411
II.	Vermächtnisform (Art des Vermächtnisses)		411
	1. Verschaffungsvermächtnis (§ 2170 BGB)		411
		a) Begriff	411
		b) Auslegung, Beweislast und Grenzen	411
	2. Bestimmungsvermächtnis (§ 2151 BGB)		412
		a) Begriff	412
		b) Kreis der bedachten Personen	412
		c) Auswahl des Bedachten	413
		d) Erlöschen und Unterlassen des Bestimmungsrechts	413
		e) Verhältnis zu anderen Vermächtnissen	414
	3. Wahlvermächtnis (§ 2154 BGB)		414
	4. Gattungsvermächtnis (§ 2155 BGB)		415
	5. Zweckvermächtnis (§ 2156 BGB)		415
	6. Universalvermächtnis		416
	7. Nachvermächtnis (§ 2191 BGB)		417
		a) Einführung	417
		b) Gegenstand des Nachvermächtnisses	418
		c) Unterschied zur Vor- und Nacherbschaft	418
	8. Aufschiebend bedingtes Herausgabevermächtnis		419
	9. Rückvermächtnis		419
	10. Auflagenvermächtnis		420
	11. Haupt- und Untervermächtnis		420
	12. Vorausvermächtnis (§ 2150 BGB)		421
	13. Erlass- oder Befreiungsvermächtnis		421
	14. Schuldvermächtnis (§ 2173 Satz 2 BGB)		421
	15. Ersatzvermächtnis (§ 2190 BGB)		422
	16. Pflichtteilsvermächtnis		422
	17. Quotenvermächtnis		423
C. Vermächtnisgegenstand (Inhalt)			423
I.	Einführung		423
II.	Sachvermächtnis (Gegenstandsvermächtnis)		423
	1. Einführung		423
	2. Vermächtnisweise Zuwendung eines Grundstücks		424
		a) Einführung	424
		b) Kosten- und Lastentragung	424
	3. Vermächtnisweise Zuwendung einer Eigentumswohnung		424
III.	Vermächtnisweise Zuwendung von Geld		425
	1. Einführung		425
	2. Vermächtnis eines bestimmten Geldbetrags		425
	3. Wertmäßiges Geldvermächtnis		425
	4. Definition des Geldvermögens		425
IV.	Forderungsvermächtnis		426
V.	Nießbrauchsvermächtnis		426
	1. Einführung		426
		a) Begriff	426
		b) Inhalt des Nießbrauchs	426
	2. Gegenstand des Nießbrauchs		427
	3. Nießbrauch als gesetzliches Schuldverhältnis		427
	4. Nießbrauch an Sachen		427
		a) Rechte des Nießbrauchsberechtigten	427
		aa) Einführung	427
		bb) Recht zur Nutznießung	428
		cc) Kein Verfügungsrecht	428
		b) Verpflichtungen des Nießbrauchsberechtigten	428
	5. Nießbrauch an einem Recht		429
		a) Nießbrauch an einem Unternehmen	430
		b) Nießbrauch bei einer Kapitalgesellschaft	430
		c) Nießbrauch an der Beteiligung an einer Personengesellschaft	431
		d) Nießbrauch am Nachlass und an einem Erbteil	432
	6. Nießbrauch im Rahmen einer Zwangsvollstreckung		432
	7. Beendigung des Nießbrauchs		433
	8. Nießbrauch an einem Vermögen		433

9.	Nutzungsziehungsrecht des Nießbrauchers	434	
10.	Testamentsvollstreckung und Nießbrauch in einer Person	434	
11.	Verhältnis zu anderen Nutzungsrechten	434	
VI.	Wohnungsrechtvermächtnis	434	
1.	Einführung	434	
2.	Bestellung des Wohnungsrechts	435	
3.	Inhalt und Umfang des dinglichen Wohnungsrechts	435	
4.	Verpflichtungen des Berechtigten	436	
5.	Berechtigte des Wohnungsrechts	436	
6.	Wohnungsrecht in der Zwangsversteigerung	437	
VII.	Rentenvermächtnis	437	
1.	Einführung	437	
2.	Wertsicherung der Rentenzahlung	437	
a)	Ratenzahlung	437	
b)	Leistungsvorbehalt ohne währungsrechtliche Genehmigung	438	
c)	Wertsicherungsklausel mit währungsrechtlicher Genehmigungspflicht	438	
3.	Grundbuchrechtliche Absicherung des Rentenvermächtnisses	438	
VIII.	Vorkaufsrechtvermächtnis	439	
1.	Einführung	439	
2.	Arten des Vorkaufsrechts	439	
3.	Entstehung des dinglichen und die Sicherung des schuldrechtlichen Vorkaufsrechts	439	
4.	Vorkaufsberechtigter und Inhalt des Vorkaufsrechts	440	
5.	Ausübung des Vorkaufsrechts	440	
6.	Erlöschen des Vorkaufsrechts	441	
7.	Verschiedenheit zwischen dem dinglichen und dem schuldrechtlichen Vorkaufsrecht	441	
IX.	Ankaufsrechtvermächtnis	442	
X.	Vermächtnis betreffend ausgleichungspflichtige Vorempfänge	442	
XI.	Vermächtnis betreffend die Vereinbarung von Verjährungsvorschriften	443	
XII.	Pflegevergütungsvermächtnis	443	
1.	Einführung	443	
2.	Verschiedene Anspruchsgrundlagen	443	
3.	Ausdrückliche Anordnung eines Pflegevergütungsvermächtnisses	444	
D.	Erfüllung des Vermächtnisanspruchs – außergerichtlich und gerichtlich	444	
I.	Erfüllung des Vermächtnisses	444	
1.	Einführung	444	
2.	Gerichtliche Geltendmachung des Vermächtnisanspruchs	445	
II.	Auskunftsanspruch des Vermächtnisnehmers	446	
1.	Einführung	446	
2.	Umfang und Inhalt des Auskunftsanspruchs	446	
III.	Erfüllung des Vermächtnisanspruchs durch Dritte bzw. den Erblasser	447	
1.	Erfüllung des Vermächtnisanspruchs durch den Testamentsvollstrecker	447	
2.	Abgabe der dinglichen Einigungserklärung durch den Erblasser	447	
3.	Erfüllung des Vermächtnisses durch Bevollmächtigung des Vermächtnisnehmers	447	
IV.	Erfüllung bezüglich der einzelnen Vermächtnisarten	448	
1.	Erfüllung eines Grundstücksvermächtnisses	448	
a)	Einführung	448	
b)	Klage auf Erfüllung eines Grundstücksvermächtnisses	448	
2.	Erfüllung eines Nießbrauchsvermächtnisses	449	
a)	Nießbrauchsvermächtnis an einem Grundstück	449	
aa)	Einführung	449	
bb)	Klage auf Erfüllung eines Nießbrauchsvermächtnisses an einem Grundstück	450	
b)	Nießbrauch an einzelnen Gegenständen oder Rechten	450	
c)	Nießbrauchsrecht an einem Erbteil	450	
3.	Erfüllung eines Wohnungsrechtvermächtnisses	450	
4.	Erfüllung eines Vorkaufsrechtvermächtnisses	451	
5.	Erfüllung eines Geldvermächtnisses	451	
a)	Einführung	451	
b)	Geltendmachung eines Geldvermächtnisses im Urkundenprozess	451	
aa)	Einführung	451	

bb) Voraussetzungen des Urkundsprozesses	451	
cc) Problem der Vorlage von Originalurkunden	452	
V. Abwehr der Erfüllung durch den Beschwerten	453	
1. Vermächtniserfüllung bei zu erbringender Gegenleistung Zug um Zug	453	
2. Überschwerungseinreden nach § 1992 BGB	453	
3. Aufnahme des Haftungsvorbehalts im Urteil nach § 780 ZPO	454	
4. Einrede des Vermächtnisnehmers gegenüber dem Untervermächtnis (§ 2187 BGB)	454	
VI. Sicherung des Vermächtnisanspruchs durch den vorläufigen Rechtsschutz	455	
1. Einführung	455	
2. Anspruch des Vermächtnisnehmers auf Sicherung	455	
3. Anspruch auf Arrest oder einstweilige Verfügung	455	
4. Schadensersatzanspruch bei Untergang des Vermächtnisgegenstandes	456	
5. Haftung des Anwalts	456	
VII. Antrag auf Nachlasspflegschaft bzw. Klagepflegschaft zur Durchsetzung von Vermächtnisansprüchen bei unbekannten Erben	456	
1. Einführung	456	
2. Nachlasspflegschaft (§ 1960 Abs. 2 BGB)	457	
3. Klagepflegschaft (§ 1961 BGB)	457	
VIII. Ansprüche bei vertragsmäßigem oder bindend gewordenem Vermächtnis nach § 2288 BGB	457	
1. Einführung	457	
2. Voraussetzungen des Anspruchs gegen die Erben	458	
a) Willkürliche Vernichtung (§ 2288 Abs. 1 BGB)	458	
b) Veräußerung und Belastung (§ 2288 Abs. 2 Satz 1 BGB)	458	
3. Voraussetzungen der subsidiären Haftung gegen die Beschenkten	459	
4. Beeinträchtigungsabsicht	459	
5. Beweislast	460	
6. Auskunftsanspruch	460	
7. Beweissicherung	461	
8. Sicherung des Herausgabeanspruchs durch Arrest oder einstweilige Verfügung	461	
a) Vor dem Eintritt des Erbfalls	461	
b) Nach dem Eintritt des Erbfalls	461	
9. Klagen im Rahmen des § 2288 BGB	462	
10. Absicherung der Erfüllung durch einen Verfügungsunterlassungsvertrag	462	

Literaturhinweise

Bengel, Rechtsfragen zum Vor- und Nachvermächtnis, NJW 1990, 1829; *Damrau*, Erbersatzanspruch und Erbausgleich – Zur Neuregelung des Erbrechts im „Nichtehelichengesetz", FamRZ 1969, 581; *Hardt*, Wertpapiervermögen als Vermächtnis, ZErb 2000, 103; *Müller*, Möglichkeiten der Befreiung des Vorerben über § 2136 BGB hinaus, ZEV 1996, 179; *Nieder*, Die ausdrückliche oder mutmaßlichen Ersatzbedachten im deutschen Erbrecht, ZEV 1996, 241; *v. Oertzen*, Wertsicherungsklauseln in letztwilligen Verfügungen, ZEV 1994, 160; *Pentz*, Ausschlagung des Vermächtnisses bei mehreren Beschwerten, JR 1999, 138; *Ripfel*, Der gesetzliche Voraus des Ehegatten, BWNotZ 1965, 8; *Sarres*, Erbrechtliche Auskunftsansprüche aus Treu und Glauben (§ 242 BGB), ZEV 2001, 225; *Tanck*, § 2318 Abs. 3 BGB schützt nur den „Pflichtteilskern", ZEV 1998, 132; *Tanck*, Die Durchsetzung der Ansprüche bei vertragsmäßigen oder bindend gewordenem Vermächtnis (§ 2288 BGB), ZErb 2003, 198; *Ulmer*, Die höchstrichterliche „enträtselte" Gesellschaft bürgerlichen Rechts, ZIP 2001, 585; *Werkmüller*, Gestaltungsmöglichkeiten des Erblassers i.R.v. Vor- und Nachvermächtnissen, ZEV 1999, 343.

Maulbetsch

A. Das Vermächtnis

I. Begriff (§ 1939 BGB)

1. Zuwendung eines Vermögensvorteils

1 Ein Vermächtnis ist nach der Definition des § 1939 BGB die Zuwendung eines Vermögensvorteils an einen anderen durch **Verfügung von Todes wegen** (Testament oder Erbvertrag), ohne dass dieser **Gesamtrechtsnachfolger** des Erblassers wird. Dabei rückt der Vermächtnisnehmer nicht in die Stellung des Erblassers ein, sondern erhält lediglich einen schuldrechtlichen Anspruch – ein Forderungsrecht – auf Erfüllung des Vermächtnisses, d.h. auf Übertragung des zugewandten Gegenstandes oder Rechtes, gegenüber dem Beschwerten (§ 2174 BGB).[1] Beschwerter kann der Erbe bzw. bei mehreren Erben die Erbengemeinschaft sein. Gegenstand des Vermächtnisses ist ein Anspruch auf eine Leistung, wobei diese in einem Tun oder Unterlassen liegen kann.[2] Die Zuwendung eines „Vermögensvorteils" i.S.v. § 1939 BGB durch ein Vermächtnis kann auch in einem lediglich mittelbaren Vorteil liegen.[3]

2. Schuldrechtlicher Vermächtnisanspruch

2 Der Gesetzgeber hat das Vermächtnis in den §§ 1939, 2147 bis 2191 BGB geregelt. Das Vermächtnis ist der häufigste Fall eines einseitigen Schuldverhältnisses nach §§ 241 bis 304, 311 BGB. Der Vermächtnisanspruch ist ein **originärer erbrechtlicher Anspruch**, weshalb die **Verjährung** gem. §§ 194, 197 Abs. 1 Nr. 2 BGB nach **30 Jahren** eintritt. Die Frist beginnt mit dem Anfall des Vermächtnisses (§§ 200, 2176 ff. BGB), wobei es nicht auf die subjektive Kenntnis des Vermächtnisnehmers ankommt.

3 Bei **Verzug** bzgl. der Erfüllung des Vermächtnisses gelten die allg. Verzugsvorschriften. Verzug kann auch ohne Mahnung eintreten, wenn die Fälligkeit kalendermäßig berechenbar ist (§ 286 Abs. 2 Nr. 2 BGB). Dies gilt z.B. bei der Formulierung „Das Vermächtnis ist drei Monate nach dem Erbfall fällig". Zu beachten ist weiter, dass die Vorschriften über die Verzugszinsen gelten.

4 Ist das Vermächtnis von Anfang an objektiv **unmöglich** zu erfüllen bzw. verstößt das Vermächtnis gegen ein gesetzliches Verbot, so ist das Vermächtnis gem. § 2171 Abs. 1 BGB unwirksam. Bei der Vermächtniserfüllung gelten die allg. Regeln über die Pflichtverletzung nach § 280 BGB. Jedoch haftet der Beschwerte für die dabei entstehenden **Schadensersatzansprüche** nicht auf den Nachlass beschränkt, sondern mit seinem gesamten Privatvermögen. Gleiches gilt im Verhältnis Haupt- zu Untervermächtnis.[4] Die Regeln über den **Wegfall der Geschäftsgrundlage** sind nicht anzuwenden. Es gelten die Regelungen über die Auslegung von Verfügungen von Todes wegen. Erst wenn keine Auslegung möglich ist, könnte § 313 BGB anwendbar sein.[5]

---

1 MünchKomm/*Leipold*, § 1939 Rn. 1; *Damrau/Linnartz*, vor § 2147 Rn. 1.
2 MünchKomm/*Leipold*, § 1939 Rn. 5.
3 OLG Hamm FamRZ 1994, 1210, 1212.
4 Palandt/*Edenhofer*, § 2183 Rn. 1.
5 Vgl. Palandt/*Heinrichs*, § 242 Rn. 18.

3. Vermächtnis im nachlassgerichtlichen Verfahren

Der Gesetzgeber hat das Vermächtnis in den §§ 1939, 2147 bis 2191 BGB geregelt. Vermächtnisse sind mit Ausnahme der dinglichen Wirkung beim Vorausvermächtnis **nicht in** den **Erbschein aufzunehmen**.⁶ Im nachlassgerichtlichen Verfahren zur Eröffnung einer Verfügung von Todes wegen ist der Vermächtnisnehmer Beteiligter i.S.v. § 2262 BGB. Der Vermächtnisnehmer ist daher vom Nachlassgericht bzgl. des ihn betreffenden Inhalts der letztwilligen Verfügung von Todes wegen zu benachrichtigen.⁷ Im Erbscheinsverfahren hat der Vermächtnisnehmer – mit Ausnahme der Fälle der §§ 792, 896 ZPO – keine Beschwerdeberechtigung.⁸

II. Abgrenzung zur Erbeinsetzung

1. Einführung

Die Problematik der **Abgrenzung Vermächtnis – Erbeinsetzung** ergibt sich i.d.R. in den letztwilligen Verfügungen, die von Erblassern ohne ausreichende juristische Beratung erstellt worden sind. Dort gilt es abzugrenzen, ob durch die Zuwendung eines einzelnen Gegenstandes es sich um eine Erbeinsetzung, d.h. das automatische Einrücken in die Stellung des Erblassers mit dessen Tod, oder um ein Vermächtnis handelt. Dabei sind die Bezeichnungen „Vermächtnis" und „Erbe" bzw. „bekommt" oder „erhält" nicht immer ausschlaggebend, da der juristische Laie normalerweise die Begriffe „vererben" und „vermachen" als gleich bedeutend ansieht.⁹

2. Auslegungsregeln

Das **alles entscheidende Kriterium** bei der Zuwendung einzelner Gegenstände ist das **Verhältnis des Wertes des Gegenstandes zum Gesamtwert des Nachlasses**.¹⁰ Die Auslegungsregel des § 2087 Abs. 1 BGB besagt in diesem Zusammenhang als allg. Auslegungsregel, dass eine Zuwendung des gesamten Vermögens oder eines Bruchteils des Vermögens an eine oder mehrere Personen grundsätzlich eine Erbeinsetzung darstellt. Im Gegensatz hierzu steht der § 2087 Abs. 2 BGB, der bestimmt, dass im Zweifel die Zuwendung einzelner Gegenstände keine Erbeinsetzung sein soll, selbst wenn der Bedachte als „Erbe" bezeichnet wird. Zu beachten ist dabei, dass zunächst nach den allg. Auslegungsgrundsätzen gem. §§ 133, 157 BGB der Erblasserwille über die voraussichtliche Zusammensetzung seines Nachlasses und die Wertverhältnisse der in den Nachlass fallenden Gegenstände zum Zeitpunkt der Testamentserrichtung maßgebend sind.¹¹ Änderungen im Vermögen nach der Errichtung der letztwilligen Verfügung bis zum Erbfall sind jedoch für die Auslegung relevant, wenn der Erblasser **mit** dem **Vermögenszuwachs** im Zeitpunkt der Verfügung **bereits gerechnet** hatte.¹² Bei der Auslegung der letztwilligen Verfügung müssen auch außerhalb dieser Urkunde liegende Umstände berücksichtigt werden, die auf die Willensrichtung des Erblassers in diesem Zusammenhang schließen lassen, insbesondere Äußerungen über den Inhalt

---

6 MünchKomm/*Schlichting*, Vor § 2147 Rn. 10.
7 AnwK/*J. Mayer*, Vor § 2147 Rn. 3.
8 BayObLG v. 13.2.2004 – 1Z BR 94/03 – n.v.
9 BayObLG ZEV 1995, 71.
10 BGH FamRZ 1972, 561, 563; BayObLG NJW-RR 1999, 1021.
11 BayOLG NJW-RR 1997, 517; *Rudolf*, Testamentsauslegung u. -anfechtung, § 2 Rn. 22.
12 BayObLG FamRZ 1990, 1278; *Bamberger/Roth/Litzenberger*, § 2087 Rn. 4.

der letztwilligen Verfügung.[13] Für die Unterscheidung kommt es ebenso darauf an, ob die in der Verfügung von Todes wegen bedachten Personen nach den Vorstellungen des Erblassers in seine Rechtsposition eintreten sollen. Dabei ist von wesentlicher Bedeutung, wer den Nachlass regeln und die **Nachlassverbindlichkeiten tilgen soll** und ob der Erblasser dem Bedachten unmittelbare Rechte am Nachlass verschaffen wollte.[14]

Die Rspr. hat Ausnahmefälle für die Anwendbarkeit des § 2087 Abs. 2 BGB aufgestellt. Wendet der Erblasser dem Bedachten das Hauptvermögen oder den wesentlichen Teil seines Vermögens zu, ohne den Bedachten als Erben zu benennen, so ist trotzdem davon auszugehen, dass er den Bedachten als Alleinerben einsetzen wollte.[15] Hat der Erblasser sein **gesamtes Vermögen** nach **Quoten** unter den Bedachten aufgeteilt, dann ist darin eine Erbeinsetzung nach Vermögensgruppen und eine dem Wert der Zuwendung entsprechende Erbeinsetzung zu sehen.[16] Ausnahmefälle gibt es jedoch laut Rspr. auch im Falle der Auslegungsregel des § 2087 Abs. 1 BGB. Der Erblasser nimmt z.B. eine Zuwendung des Vermögens als Ganzes vor, obwohl er nur eine vermächtnisweise Zuwendung wollte. Dies sind die Fälle des Universal- und des Quotenvermächtnisses.[17]

III. Abgrenzung zur Auflage (§ 1940 BGB)

8 Ein Vermächtnis liegt vor, wenn der Erblasser dem Bedachten einen eigenen klagbaren Anspruch auf Leistung geben wollte. Im Gegensatz hierzu liegt eine **Auflage** vor, wenn lediglich eine Leistungspflicht des Beschwerten, jedoch **kein Leistungsanspruch** des Bedachten begründet werden sollte.[18] Die Erfüllung der Auflage können nur die in § 2194 BGB genannten Personen verlangen.[19] Die Anordnung einer Auflage empfiehlt sich im Gegensatz zum Vermächtnis, wenn der Erblasser noch nicht einmal konkrete Vorstellungen über den begünstigten Personenkreis hat. Die Drittbestimmung beim Vermächtnisnehmer ist nur im Rahmen eines Bestimmungsvermächtnisses zulässig, wenn der Kreis der möglichen Vermächtnisnehmer hinreichend durch den Erblasser bestimmt ist.[20]

IV. Abgrenzung Vorausvermächtnis – Teilungsanordnung

1. Begriff

9 Ein Vorausvermächtnis ist die **vermächtnisweise Zuwendung** eines Gegenstandes oder Rechtes an einen der **Miterben** oder den Erben (§ 2150 BGB). Will der Erblasser einen bestimmten letztwillig Bedachten gegenüber den übrigen Miterben wertmäßig besser stellen, dann hat er hierzu die Möglichkeit, ein Vorausvermächtnis in seine letztwillige Verfügung aufzunehmen.

---

13 BayObLG FamRZ 1990, 1278; BayObLG v. 7.7.2004 – 1Z BR 66/04 – n.v.
14 BayObLG FamRZ 2004, 567.
15 OLG Düsseldorf ZEV 1995, 410, 411.
16 BGH ZEV 1997, 22.
17 BGH NJW 1960, 1759.
18 MünchKomm/*Leipold*, § 1940 Rn. 2.
19 Palandt/*Edenhofer*, § 1940 Rn. 1.
20 MünchKomm/*Schlichting*, § 2151 Rn. 2.

2. Abgrenzung

Trifft der Erblasser **Anordnungen** für die **Auseinandersetzung** des Nachlasses, so kommt es häufig vor, dass die den einzelnen Miterben zugewiesenen Vermögensgegenstände wertmäßig nicht ihren Erbquoten entsprechen. In diesem Fall liegt, wenn die letztwillige Verfügung keine Aussag zu dieser Problematik macht, nach der gesetzlichen Auslegungsregel eine Teilungsanordnung gem. § 2048 BGB vor. Diese besagt, dass der Begünstigte einen **Ausgleich** an die anderen Miterben zu leisten hat, damit alle Miterben wertmäßig am Nachlass entsprechend ihrer Erbquoten beteiligt sind. Ist **kein Ausgleich** des Begünstigten zu leisten, liegt ein sog. Vorausvermächtnis vor. Maßgebliches Kriterium für die Unterscheidung zwischen Vorausvermächtnis und Teilungsanordnung ist nach dem BGH, ob der Erblasser einem der Miterben durch die Zuwendung einen Vermögensvorteil verschaffen wollte, ob beim Erblasser der sog. **Begünstigungswille** vorlag.[21]

10

Die Teilungsanordnung selbst konkretisiert gem. § 2048 BGB nur den Erbteil, während das Vorausvermächtnis zusätzlich zum Erbteil erworben wird. Das **Vorausvermächtnis** wird gem. § 2176 BGB sofort als schuldrechtlicher Anspruch mit dem Erbfall fällig, während die **Teilungsanordnung nur durch** die **Erbauseinandersetzung erfüllt** wird. Mit der Teilungsanordnung hat der Erblasser die Möglichkeit, einen gesetzlichen Erben dauernd aus einer Erbengemeinschaft auszuschließen, während bei Vermächtnisanordnung zugunsten eines gesetzlichen Erbens ein Vorausvermächtnis vorliegt. Der Vermögensvorteil des Miterben muss beim Vorausvermächtnis nicht notwendig in einer finanziellen Besserstellung liegen.[22] Auch die Einräumung des Rechts, einen Gegenstand zu einem bestimmten Preis erwerben zu können, erfüllt diese Voraussetzungen.

> **Praxishinweis:**
> Hauptanwendungsfall des Vorausvermächtnisses ist das an den Vorerben. Soll der Vorerbe hinsichtlich bestimmter Gegenstände des Nachlasses vollständig von den Beschränkungen der Nacherbfolge befreit werden, bietet sich das Vorausvermächtnis als geeignetes Gestaltungsmittel an.[23]

3. Praktische Konsequenz

Bei der **Ausschlagung** haben beide Rechtsinstitute unterschiedliche Rechtsfolgen. Die **Teilungsanordnung** wird bei Ausschlagung der **gesamten Erbschaft gegenstandslos**. Im Gegensatz hierzu ist dies beim Vorausvermächtnis nicht der Fall. Dort kann das Vorausvermächtnis unabhängig vom Erbteil ausgeschlagen werden (§ 2180 BGB). Ausnahme ist hier, dass der Erblasser das Vorausvermächtnis unter der Bedingung der Annahme der Erbschaft ausgestaltet hat.

11

I.R.d. **Pflichtteilsrechts** ergeben sich auch unterschiedliche Folgen. Die **Teilungsanordnung** bzw. die darin enthaltene Zuweisung ist für den Miterben **zwingend**. Einzige Ausnahme ist die Beeinträchtigung seines Pflichtteilsrechts (vgl. §§ 2305, 2306 Abs. 1 BGB). Ein **Vorausvermächtnis** kann i.R.d. Pflichtteilsrechts einfach gem. § 2307 BGB ausgeschlagen werden.

---

21 BGH ZEV 1995, 144.
22 Staudinger/*Otte*, § 2150 Rn. 10.
23 Staudinger/*Avenarius*, § 2100 Rn. 41.

Das **Vorausvermächtnis** ist im Gegensatz zur Teilungsanordnung bei gemeinschaftlichen Verfügungen von Todes wegen **nicht frei widerruflich**, da es gem. §§ 2270 Abs. 2, 2278 Abs. 2 BGB erbvertraglich oder gem. § 2270 Abs. 2 BGB bei einem gemeinschaftlichen Ehegattentestament wechselbezüglich angeordnet werden kann. Dabei entsteht bereits vor dem Erbfall ein Schutz des Bedachten gegenüber lebzeitigen Verfügungen des Erblassers gem. § 2288 BGB.

4. Übernahmerecht des Vorausvermächtnisnehmers

12 Ein **Übernahmerecht** liegt vor bei der Zuweisung eines bestimmten Nachlassgegenstandes an einen Miterben mit der Bestimmung, dass dieser das Recht haben soll, den betreffenden Gegenstand zu übernehmen und zwar entweder zum Verkehrswert oder zu einem vom Erblasser festgelegten Übernahmepreis. Liegt der Verkehrswert über dem Übernahmepreis, so liegt i.H.d. Differenz ein Vorausvermächtnis für den begünstigten Miterben vor. Im umgekehrten Fall liegt ein Vorausvermächtnis für die nicht übernahmeberechtigten Miterben vor. Das Übernahmerecht für den Begünstigten ist ein Gestaltungsrecht, das erst nach dessen Ausübung einen Anspruch auf Übertragung des betreffenden Gegenstandes bei der Erbteilung entstehen lässt.[24] Die **Abgrenzung zur Teilungsanordnung** liegt darin, dass für den Miterben beim Übernahmerecht keine Verpflichtung besteht, den Gegenstand zu übernehmen. Er kann frei über die Übernahme entscheiden.[25]

Einzig gesetzliches Übernahmerecht ist § 2049 BGB. Ein **Problem** liegt darin, das sich die Differenz zwischen Verkehrswert und dem vom Erblasser festgelegten Übernahmepreis bis zum Eintritt des Erbfalls entscheidend ändern kann. Der BGH regelte dies bisher über den Grundsatz von Treu und Glauben bzw. seit dem 1.1.2002 über den **Wegfall der Geschäftsgrundlage** gem. § 313 BGB.

> **Praxishinweis:**
> Der Erblasser kann Teilungsanordnung und Vorausvermächtnis kombinieren. Der Begünstigte erhält dann i.H.d. **Wertdifferenz** ein Vorausvermächtnis. Dies kann unter die Bedingung der Annahme der Erbschaft gestellt werden.
>
> **Formulierungsbeispiel:**[26] Erhält mein Erbe E aufgrund der Teilungsanordnung wertmäßig mehr als dies seinem Anteil an der Erbschaft entspricht, erhält er diesen Mehrwert als Vorausvermächtnis. E erhält diesen Mehrwert ohne Anrechnungs- oder Ausgleichungspflichten gegenüber den anderen Miterben zugewandt. Die Nachlassverbindlichkeiten und die sonstigen Lasten haben alle Miterben jedoch im Verhältnis ihrer Erbquoten zu tragen. Das Vorausvermächtnis fällt nur bei Annahme der Erbschaft an und ist i.R.d. Erbauseinandersetzung zu erfüllen.

---

24 Palandt/*Edenhofer*, § 2048 Rn. 8.
25 *Langenfeld*, Testamentsgestaltung, Rn. 174.
26 *Scherer/Steinhauer*, MAH Erbrecht, § 18 Rn. 9.

V. Vom Gesetzgeber ausdrücklich normierte gesetzliche Vermächtnisse

1. Voraus des Ehegatten (§ 1932 BGB)

Nach § 1932 Abs. 2 BGB sind auf den Voraus, die für Vermächtnisse geltenden Vorschriften anzuwenden. Daraus folgt, dass es sich beim Voraus um ein gesetzliches Vermächtnis handelt.[27] Der **Voraus** des Ehegatten selbst setzt den Eintritt der **gesetzlichen Erbfolge** voraus.[28] Der Voraus des Ehegatten begründet einen Anspruch gegenüber den gesetzlichen Erben auf Eigentumsübertragung von Haushaltsgegenständen und Hochzeitsgeschenken. Dabei unterscheidet sich der Anspruch gegenüber gesetzlichen Erben der 1. Ordnung und gesetzlichen Erben der 2. Ordnung. Der Leistungsumfang des Voraus wird zum Zeitpunkt des Erbfalls ermittelt.[29] Das Forderungsrecht auf Übereignung des Voraus ergibt sich aus §§ 1932 Abs. 2, 2174 BGB. Zu beachten ist, dass gem. § 2311 Abs. 1 Satz 2 BGB der Voraus bei der Berechnung des Pflichtteils der Abkömmlinge nach den Eltern – anders als sonst bei Vermächtnissen – als Nachlassverbindlichkeit abgezogen wird.[30]

13

2. Der Dreißigste (§ 1969 BGB)

Als gesetzliches Vermächtnis erhalten **Familienangehörige**, die zum Hausstand des Erblassers gehörten, ungeachtet ihrer Erbenstellung aufgrund des Dreißigsten einen **Anspruch auf Unterhalt** und das **Recht auf Nutzung der Wohnung für die ersten 30 Tage** nach dem Erbfall. Vor der Annahme der Erbschaft muss möglicherweise ein Nachlasspfleger bestellt werde. Nach der Annahme der Erbschaft richtet sich der Anspruch gegen die Erben. Diesen steht die aufschiebende Einrede der §§ 2014, 2015 BGB nicht zu.[31]

14

VI. Annnahme und Ausschlagung des Vermächtnisses (§ 2180 BGB)

1. Einführung

Der Vermächtnisnehmer hat genauso wie der Erbe ein **Ausschlagungsrecht** (§ 2176 BGB). Die Annahme bzw. die Ausschlagung des Vermächtnisses erfolgt gem. § 2180 Abs. 2 Satz 1 BGB durch Erklärung gegenüber dem Beschwerten. Das Nachlassgericht muss nicht involviert werden. Diese Erklärung, es liegt eine formlose empfangsbedürftige Willenserklärung vor (§§ 130-132 BGB), kann erst nach dem Erbfall abgegeben werden. Eine diesbezügliche Willenserklärung vor dem Erbfall entfaltet keine Wirkung. Ob das Vermächtnis bereits angefallen oder fällig ist, ist ohne Belang. Sind mehrere Beschwerte vorhanden, genügt die Erklärung gegenüber einem der Beschwerten.[32] Eine gesetzliche Frist bzgl. der Annahme oder Ausschlagung eines Vermächtnisses existiert mit Ausnahme von § 2307 BGB nicht. Die Vertretung bei der Abgabe der Erklärung der Annahme und Ausschlagung ist zulässig. Bei der Ausschlagung bedarf es ggfs. der vormundschaftlichen Genehmigung (§§ 1643 Nr. 2, 1822 Abs. 2 BGB). Nach § 2180 Abs. 3 BGB finden im Übrigen für die Annahme und die Ausschlagung

15

---

27 BGHZ 73, 29, 33.
28 *Damrau/Seiler*, § 1932 Rn. 9.
29 *Ripfel*, BWNotZ 1965, 8.
30 BGHZ 73, 29.
31 Staudinger/*Marotzke*, § 1969 Rn. 12, 13.
32 *Pentz*, JR 1999, 138.

eines Vermächtnisses die Vorschriften der §§ 1950, 1952 Abs. 1, 3, 1953 Abs. 1, 2 BGB entsprechend Anwendung. Folge bei der Ausschlagung des Vermächtnisses durch den Vermächtnisnehmer ist, dass der Anfall an ihn als nicht erfolgt gilt. Die Annahme und die Ausschlagung sind **bedingungsfeindlich** und dürfen ebenso nicht unter einer Zeitbestimmung abgegeben werden. Beide sind jedoch gem. §§ 119 ff. BGB anfechtbar.

2. Annahme- bzw. Ausschlagungsfrist

16 Nach § 2180 BGB besteht für die Annahme bzw. Ausschlagung des Vermächtnisses keine Frist. Nur der Erblasser selbst kann in der letztwilligen Verfügung dem Vermächtnisnehmer eine **Frist zur Annahme** des Vermächtnisses unter einer aufschiebenden Bedingung setzen.[33] Einzige Ausnahme ist § 2307 Abs. 2 BGB. Dieser bestimmt, dass der mit einem Vermächtnis belastete Erbe die Möglichkeit hat, dem Vermächtnisnehmer eine Frist zu setzen, innerhalb derer der Vermächtnisnehmer sich entscheiden muss, ob er das Vermächtnis annimmt oder nicht. Dies ist eine Annahmefrist. Konsequenz ist, dass gem. § 2307 Abs. 2 Satz 2 BGB das Vermächtnis als ausgeschlagen gilt, wenn es nicht innerhalb der Frist angenommen worden ist. Sind mehrere Erben vorhanden, können diese die Frist des § 2307 Abs. 2 BGB nur gemeinsam setzen.[34]

> **Praxishinweis:**
> Vor dem Hintergrund der eigenen Sechs-Wochen-Frist für die Ausschlagung der Erbschaft gem. § 1944 BGB, ist es für den Anwalt des Erben wichtig zu wissen, ob der Erbe ein Vermächtnis zu erfüllen hat und welche Wirkungen sich daraus ergeben. Die Frist des § 2307 Abs. 2 BGB muss angemessen sein. Dies bedeutet, dass berücksichtigt werden muss, dass der Vermächtnisnehmer aller Erkenntnisse bedarf, die seine Entscheidung beeinflussen.
>
> Der Vermächtnisnehmer sollte bei § 2307 BGB alsbald per eingeschriebenen Brief mit Rückschein aufgefordert werden, das Vermächtnis anzunehmen. Die angemessene Annahmefrist darf dabei nicht vor der gesetzten Inventarfrist ablaufen, die der Pflichtteilsberechtigte den Erben gesetzt hat.[35] Der Rechtsanwalt des Vermächtnisnehmers muss bei Annahme des Vermächtnisses eine Originalvollmacht beilegen. Hintergrund ist § 174 BGB und die Tatsache, dass die Annahme des Vermächtnisses eine einseitige empfangsbedürftige Willenserklärung ist. Ansonsten kann die Gegenseite die Erklärung unverzüglich zurückweisen und die Frist gilt als versäumt. Dem ersten Schreiben an den Vermächtnisnehmer sollte ebenso eine Originalvollmacht beiliegen, sonst hat dieser ebenso die Möglichkeit, die Fristsetzung aufgrund § 174 BGB unverzüglich zurückzuweisen.

3. Form der Annahme bzw. der Ausschlagung

17 Für die Annahme bzw. Ausschlagung des Vermächtnisnehmers gelten **keine Formvorschriften**. Sie ist demnach formlos möglich. Zu beachten ist der Unterschied zur Ausschlagung eines Erbteils. Diese Ausschlagung muss gegenüber dem Nachlassgericht oder in öffentlich beglaubigter Form gem. § 1945 Abs.1 Satz 2 BGB erfolgen. Dies gilt ebenso für die Ausschlagung des Pflichtteilsberechtigten gem. § 2306 Abs. 1 Satz 2 BGB.

---

33 MünchKomm/*Schlichting*, § 2180 Rn. 4; *Nieder*, Testamentsgestaltung, Rn. 533.
34 OLG München FamRZ 1987, 752.
35 MünchKomm/*Lange*, § 2307 Rn. 11.

Maulbetsch

4. Pflichtteilsberechtigter Vermächtnisnehmer und die Annahme bzw. Ausschlagung (§ 2307 BGB)

a) Einführung

Das allg. Ausschlagungsrecht des Vermächtnisnehmers bestimmt § 2307 Abs. 1 Satz 1 BGB. Die Vorschrift des § 2307 Abs.1 Satz 2 1. HS BGB regelt die **Anrechnungspflicht** im Hinblick auf den **Restpflichtteil**, wenn der Vermächtnisnehmer nicht ausschlägt. Die Anwendung des § 2307 BGB wird nicht dadurch ausgeschlossen, dass der Pflichtteilsberechtigte neben dem Erbteil noch ein Vermächtnis erhält.[36] Die Vorschrift des § 2307 BGB ist ebenso auf das Untervermächtnis, die vermächtnisweise Zuwendung des Pflichtteils und bedingte Vermächtnisse, wie z.B. Vor- und Nachvermächtnis, anzuwenden.[37]

18

> **Praxishinweis:**
> § 2307 BGB bestimmt die Rechtsfolgen der Annahme oder der Ausschlagung des Vermächtnisses in Bezug auf den Pflichtteilsanspruch des Vermächtnisnehmers: Schlägt der mit einem Vermächtnis bedachte Pflichtteilsberechtigte das Vermächtnis aus, erhält er gem. § 2307 Abs. 1 Satz 1 BGB den vollen Pflichtteil. Nimmt er das Vermächtnis an und ist es geringer als der Pflichtteil, so kann der Vermächtnisnehmer lediglich den Restpflichtteil verlangen (§ 2307 Abs. 1 Satz 2 1. HS BGB). Ist das Vermächtnis größer als der Pflichtteil, entfällt der Pflichtteil gänzlich.

b) Beschränkungen und Beschwerungen

Nach § 2307 Abs. 1 Satz 2 2. HS BGB sind Beschränkungen und Beschwerungen (z.B. ein Untervermächtnis) der in § 2306 BGB bezeichneten Art, bei der Berechnung des Wertes des Vermächtnisses nicht in Ansatz zu bringen. Daraus folgt, dass der Vermächtnisnehmer bei Annahme des Vermächtnisses die Beschränkungen und Beschwerungen erfüllen muss. Das **aufschiebend bedingte Vermächtnis** fällt unter den Anwendungsbereich des § 2307 Abs. 1 Satz 2 BGB.[38] Wird es nicht ausgeschlagen, ist es auf den Wert des Pflichtteils bzw. des Restpflichtteils anzurechnen. Deshalb ist der Wert des Vermächtnisses bereits zum Zeitpunkt des Erbfalls zu ermitteln und in Anrechnung zu bringen. Unabhängig vom Eintritt der Bedingung wird festgestellt, ob dem Vermächtnisnehmer noch ein Restpflichtteil gem. § 2307 Abs. 1 Satz 2 zusteht.

19

> **Praxishinweis:**
> Eine dem § 2306 Abs. 1 Satz 1 BGB entsprechende Regelung fehlt bei § 2307 BGB. Folge ist, dass die Beschwerung auch dann nicht wegfällt, wenn das dem Pflichtteilsberechtigten zugewandte Vermächtnis geringer als die Hälfte des gesetzlichen Erbteils ist.

---

36 Palandt/*Edenhofer*, § 2307 Rn. 4.
37 MünchKomm/*Lange*, § 2307 Rn. 6.
38 BGH ZErb 2001, 22; OLG Oldenburg NJW 1991, 988.

VII. Schuldner und Gläubiger des Vermächtnisanspruchs

1. Schuldner des Vermächtnisanspruchs

a) Einführung

20 Nach § 2147 Satz 1 BGB können nur der **Erbe** bzw. die **Miterben** und der **Vermächtnisnehmer** mit einem Vermächtnis beschwert werden. Sofern nichts anderes bestimmt ist, ist der Erbe gem. § 2147 Satz 2 BGB mit dem Vermächtnis beschwert. Dies kann der gesetzliche oder der gewillkürte Erbe sein. Ein Ersatzerbe oder ein unter einer aufschiebenden Bedingung eingesetzter Erbe können erst nach dem Eintritt des Ersatzerbfalles bzw. der Bedingung mit dem Vermächtnis **beschwert** sein. Will der Erblasser ausschließlich den Vor- oder Nacherben beschweren, so muss er dies letztwillig verfügen. Ansonsten ist die gesamte Erbschaft mit dem Vermächtnis beschwert. Folge bei der Erfüllung des Vermächtnisses durch den Vorerben ist, dass der Vorerbe zum Abzug gem. § 2126 BGB berechtigt ist.[39] Wird der Vermächtnisnehmer mit einem Vermächtnis beschwert, so liegt ein sog. **Untervermächtnis** vor.[40] Dieses muss nicht mit dem Hauptvermächtnis identisch sein. Es wird erst gem. § 2186 BGB fällig, wenn der **Hauptvermächtnisnehmer** berechtigt ist, seinerseits Erfüllung des Hauptvermächtnisses zu verlangen.[41]

21
> **Praxishinweis:**
> Das Vermächtnis eignet sich besonders für diejenigen Fallgestaltungen, in denen ein gesetzlicher Erbe oder Pflichtteilsberechtigter zwar seinen Anteil am Nachlass bekommen soll, aber ansonsten aus der auf Einigkeit gerichteten Erbengemeinschaft ausgeschlossen werden soll.

b) Haftung im Außenverhältnis (§§ 420 ff., 2058 ff. BGB)

22 Das Vermächtnis beschwert die Miterben im **Außenverhältnis** im Zweifel als Gesamtschuldner. Die Miterben haften mit dem Nachlass und mit ihrem Eigenvermögen, wobei sie die Möglichkeit haben, die Haftung auf den Nachlass zu beschränken. Die Haftung im Außenverhältnis regeln die §§ 420 ff., 2058 ff. BGB, während für das Innenverhältnis die Vorschrift des § 2148 BGB Anwendung findet. **Keine gemeinschaftliche Nachlassverbindlichkeit** liegt vor, wenn nur ein Teil der Miterben im Außenverhältnis haftet. Dann ist § 2058 BGB nur eingeschränkt anwendbar. Die Vollstreckung ist in diesem Fall für den Vermächtnisnehmer nur in die Erbteile der beschwerten Miterben möglich.[42] Haften mehrere Vermächtnisnehmer im Außenverhältnis bei einem Untervermächtnis, so haften sie bei einer teilbaren Schuld nur anteilig, während bei einer nicht teilbaren Schuld eine gesamtschuldnerische Haftung vorliegt.[43]

---

[39] Palandt/*Edenhofer*, § 2147 Rn. 1; MünchKomm/*Grunsky*, § 2126 Rn. 2.
[40] Bsp. bei MünchKomm/*Schlichting*, § 2186 Rn. 2 Fn. 1.
[41] AnwK/*J. Mayer*, § 2186 Rn. 7.
[42] Staudinger/*Otte*, § 2148 Rn. 3.
[43] Palandt/*Edenhofer*, § 2148 Rn. 3; Staudinger/*Otte*, § 2148 Rn. 3.

c) Haftung im Innenverhältnis (§ 2148 BGB) und mögliche Abweichungen

Mit einem Vermächtnis kann nur der Erbe beschwert werden. Der Vermächtnisnehmer selbst kann nur mit einem Untervermächtnis beschwert werden. Ist ein eindeutiger Erblasserwille nicht ermittelbar, besagt die Auslegungsregel des § 2148 BGB, wenn mehrere Erben mit einem Vermächtnis oder mehrere Vermächtnisnehmer mit demselben Untervermächtnis beschwert sind, so sind im Zweifel die Erben nach dem Verhältnis ihrer Erbteile und die Vermächtnisnehmer nach dem Verhältnis des Wertes der Vermächtnisse bei einem Untervermächtnis beschwert.[44] Hiervon kann der **Erblasser eine abweichende Regelung treffen**. Dem Erblasser stehen zur unterschiedlichen Beschwerung der Erben oder der Vermächtnisnehmer folgende Möglichkeiten offen: Der Erblasser kann selbst festlegen, wer (Erbe, einzelne Erben oder Vermächtnisnehmer) das Vermächtnis erfüllen soll und er kann den Ausgleichsmaßstab (nach Köpfen, nach Erbteilen usw.) bestimmen. In § 2320 BGB liegt eine gesetzliche Ausnahme der Auslegungsregel des § 2148 BGB vor. Danach haftet der Ersatzmann in Höhe seines erlangten Vorteils für das Vermächtnis.[45] Weiter ist zu beachten, dass § 2306 Abs. 1 Satz 1 BGB bestimmt, dass Vermächtnisse gegenüber pflichtteilsberechtigten Miterben als nicht angeordnet gelten, wenn die Miterben auf eine ihrem Pflichtteil entsprechende oder geringere Quote eingesetzt sind.

Formulierungsbeispiel: Hiermit vermache ich meinem besten Freund A € 50.000,–. Die Miterben haften für die Erfüllung des Vermächtnisses als Gesamtschuldner. Untereinander haften die Erben im Innenverhältnis dergestalt, dass meine Frau F 2/3 und mein Sohn S 1/3 der Vermächtnislast zu tragen haben.

2. Gläubiger des Vermächtnisanspruchs

Vermächtnisnehmer selbst kann jede natürliche Person sein, auch der Erbe. Ebenso kann eine juristische Person oder eine Gesamthandsgemeinschaft – z.B. die BGB-Gesellschaft[46] – **Gläubiger** des Vermächtnisanspruchs werden. Selbst der noch nicht gezeugte Mensch kann gem. § 2178 BGB ab seiner Geburt die Gläubigerstellung einnehmen. Der Erblasser hat des Weiteren die Möglichkeit, einen Ersatzvermächtnisnehmer ausdrücklich zu benennen, falls der Vermächtnisnehmer vor oder nach dem Erbfall wegfällt, sei es durch Tod oder durch Vermächtnisausschlagung. Fehlt eine ausdrückliche **Ersatzvermächtnisnehmereinsetzung**, wie in den meisten Laientestamenten ohne juristische Beratung, gilt in Zweifelsfällen § 2069 BGB, wenn der Erblasser einen seiner Abkömmlinge bedacht hat. Für die Fallgestaltung, dass der Erblasser mehreren denselben Gegenstand vermacht hat, gilt die Vermutungsregel des § 2158 Abs. 1 BGB und die darin normierte Anwachsung zugunsten der übrigen Miterben nach dem Verhältnis ihrer Anteile. Zu beachten ist, dass die ausdrückliche Ersatzvermächtnisnehmerberufung die Anwachsung ausschließt. Grundsätzlich gilt, dass wenn der Vermächtnisgegenstand mehreren Bedachten vermacht wird, sind diese ohne eine ausdrückliche abweichende Bestimmung des Erblassers nach § 2157 BGB i.V.m. § 2091 BGB zu gleichen Teilen eingesetzt, soweit sich nicht aus den Vorschriften der §§ 2066 bis 2069 BGB etwas anderes ergibt. Ist der vermachte Gegenstand wie bei einem Grundstück unteilbar, so kann ein Vermächtnisnehmer nach § 432 BGB die Leistung von alle Beschwerten gemeinsam fordern.

---

44 MünchKomm/*Schlichting*, § 2148 Rn. 8.
45 MünchKomm/*Lange*, § 2320 Rn. 7.
46 *Bamberger/Roth/Timm/Schöne*, § 705 Rn. 142; *Ulmer*, ZIP 2001, 585, 596.

VIII. Anfall und Fälligkeit des Vermächtnisses (§§ 2176 bis 2179 BGB)

1. Anfall

25 I.d.R. fällt das Vermächtnis mit dem Erbfall an (§ 2176 BGB). Der Anfall erfolgt unabhängig vom Erwerb oder der Annahme der Erbschaft durch den Erben. Vor dem Erbfall besteht lediglich eine Hoffnung, aber keine gesicherte Anwartschaft.[47]

Der Anfall kann jedoch gem. § 2177 BGB durch eine aufschiebende Bedingung bzw. Befristung **auf einen späteren Zeitpunkt hinausgeschoben** werden. Tritt die Bedingung bzw. der Termin erst nach dem Erbfall ein, dann erfolgt der Anfall des Vermächtnisses mit Bedingungs- bzw. Terminseintritt. In der Zwischenzeit entsteht ein **Anwartschaftsrecht**. Dieses kann übertragen, belastet oder gepfändet werden.[48] Mit dem Anfall entsteht das Leistungsforderungsrecht des Vermächtnisnehmers gegenüber dem Schuldner. Der Beschwerte hat jedoch die Möglichkeit, bis zum Ablauf von **drei Monaten**, die Einreden nach § 2014 BGB mit den prozessualen Folgen der §§ 305 Abs. 1, 780 ZPO zu erheben.[49] Handelt es sich um einen Anspruch auf dingliche Rechtsänderung an Grundstücken oder Grundstücksrechten, so ist der Anspruch im Grundbuch vormerkungsfähig. Bei einem Anfall nach dem Erbfall muss der Vermächtnisnehmer zum Zeitpunkt des Anfalls noch leben. Vorher hat er nur ein tatsächliches Erwerbsrecht.

Bei der Bedingung ist § 2074 BGB zu beachten. Diese Vorschrift besagt, dass ein Anwartschaftsrecht aufgrund eines **bedingten Vermächtnisses** grundsätzlich nicht vererbbar ist. Da § 2074 BGB jedoch nur eine Auslegungsregel ist, sollte der Erblasser in seiner letztwilligen Verfügung zum Ausdruck bringen, ob das Vermächtnis den Erben des Bedachten anfallen soll.

Formulierungsbeispiel: Meiner Nichte N vermache ich € 10.000,– für den Fall, dass das Grundstück, eingetragen im Grundbuch von ... Band Nr. ... Flurstück Nr. ... aus meinem Nachlass Bauerwartungsland wird. Sollte meine Nichte N zu diesem Zeitpunkt bereits vorverstorben sein, sollen ihre Erben den Geldbetrag erhalten.

26 Ist der Bedachte zur Zeit des Erbfalls noch nicht gezeugt oder wird seine Persönlichkeit erst durch ein nach dem Erbfall eintretendes Ereignis bestimmt, so erfolgt gem. § 2178 BGB der Anfall des Vermächtnisses erst bei Geburt bzw. im zweiten Falle mit dem Eintritt des Ereignisses. Es gilt hier § 1923 Abs. 2 BGB analog für beim Erbfall bereits gezeugte, jedoch noch nicht geborene Vermächtnisnehmer.

2. Fälligkeit

27 Grundsätzlich tritt die **Fälligkeit** des Vermächtnisses mit dem Anfall, demnach den Erbfall, gem. § 2176 BGB ein. Dem Erblasser steht auch die Möglichkeit zur Verfügung, den Zeitpunkt der Erfüllung des Vermächtnisses in das freie Belieben des Beschwerten zu stellen. Hat der Erblasser dabei keinen Zeitpunkt für die Fälligkeit des Vermächtnisses bestimmt, dann bestimmt die Auslegungsregel des § 2181 BGB, dass die Fälligkeit im Zweifel mit dem Tod des Beschwerten eintritt.

---

47 BGH NJW 1961, 1916.
48 Palandt/*Edenhofer*, § 2179 Rn. 1, 2.
49 *Damrau/Linnartz*, § 2176 Rn. 5.

Wenn der Erblasser die Fälligkeit bestimmt, sollte er regeln, welcher Zeitpunkt – Anfall oder Fälligkeit – für die Wertberechnung des Vermächtnisses gelten soll. Sind mehrere Erben mit dem Vermächtnis beschwert, ist hier durch Auslegung zu ermitteln, mit wessen Tod das Vermächtnis fällig wird.[50]

IX. Verbindlichkeiten auf dem Vermächtnisgegenstand (§§ 2165, 2166 BGB)

1. Belastungen (§ 2165 BGB)

Nach § 2165 Abs. 1 Satz 1 BGB ist im Zweifel davon auszugehen, dass der Vermächtnisnehmer nicht die Beseitigung der Rechte, mit denen der **Gegenstand belastet** ist, verlangen kann.[51] Stand jedoch dem Erblasser bereits ein Anspruch auf Beseitigung des belastenden Rechtes zu, dann gilt dieser Beseitigungsanspruch gem. § 2165 Abs. 1 Satz 2 BGB als mitvermacht.[52] Bei den Belastungen i.S.v. § 2165 Abs. 1 BGB handelt es sich um **dingliche Rechte** wie Pfand- oder Nießbrauchsrechte. Wem diese Rechte zustehen, ist unerheblich. Auf Eigentümergrundpfandrechte des Erblassers ist die Auslegungsregel des Abs. 1 nicht anzuwenden. Bei Grundpfandrechten (Hypothek, Grund- oder Rentenschuld) des Erblassers an dem vermachten Grundstück ist die materiellrechtliche Lage (z.B. die Eigentümerhypothek) und nicht die Eintragung des Grundpfandrechts maßgebend.[53] Die Norm des § 2165 Abs. 1 BGB findet keine Anwendung auf vermachte Gegenstände, die nicht dem Nachlass angehören. Daraus folgt, dass auf das **Gattungsvermächtnis** und auf das **Verschaffungsvermächtnis** diese Vorschrift keine Anwendung findet.[54] Hat der Erblasser ausdrücklich etwas anderes angeordnet, dann gilt § 2165 BGB nicht. Dies ist z.B. dann gegeben, wenn dem Bedachten eine mit einem Unternehmer- oder Vermieterpfandrecht belastete Sache vermacht wird.[55]

28

2. Belastungen mit einer Hypothek (§ 2166 BGB)

Die Vorschrift des § 2166 BGB bestimmt die Verpflichtung zur Schuldübernahme des Bedachten gegenüber dem Beschwerten bei einem **Grundstücksvermächtnis**. Sie schützt davor, dass der Vermächtnisnehmer den § 2165 BGB umgeht, indem er z.B. den Hypothekengläubiger direkt befriedigt und somit gem. § 1143 BGB die Forderung gegen den Erben erwirbt. Zu beachten ist, dass die Haftung des Bedachten auf den gemeinen Wert des Grundstücks (Verkehrswert, § 194 BauGB, § 9 Abs. 2 BewG) im Zeitpunkt des Eigentumsübergangs auf den Vermächtnisnehmer gem. § 2166 Abs. 1 Satz 1 BGB begrenzt ist. Die Befriedigungspflicht kann durch den Erblasser abbedungen werden. § 2166 BGB ist nicht anzuwenden, wenn der Erblasser mit dem Grundstück selbst nur dinglich haftet und keine persönliche Haftung des Erblassers vorliegt.[56]

29

---

50 BayObLG FamRZ 1996, 1036.
51 BGH NJW 1998, 682.
52 Palandt/*Edenhofer*, § 2165 Rn. 1.
53 *Damrau/Linnartz*, § 2165 Rn. 5.
54 MünchKomm/*Schlichting*, § 2165 Rn. 2.
55 MünchKomm/*Schlichting*, § 2165 Rn. 5.
56 Palandt/*Edenhofer*, § 2166 Rn. 1; MünchKomm/*Schlichting*, § 2166 Rn. 3.

Der § 2166 BGB ist auch auf mit **Grundschulden** belastete Grundstücke anwendbar.[57] Ist die durch eine Grundschuld abgesicherte Darlehensverbindlichkeit zusätzlich durch eine Lebensversicherung abgesichert, ist der § 2166 BGB nicht anzuwenden.[58] Die Auslegungsregel des § 2166 Abs. 1 BGB hat ebenso keine Geltung, wenn eine Grundschuld der Sicherung eines Kreditverhältnisses in laufender Rechnung mit stets wechselndem Schuldenbestand dient.

X. Wegfall des Vermächtnisgegenstandes (§ 2169 BGB)

30 Es kann vorkommen, dass sich der **Vermächtnisgegenstand** beim Erbfall nicht mehr im Nachlass befindet. Dann gilt gem. § 2169 Abs. 1 Satz 1 BGB, dass das Vermächtnis unwirksam ist, es sei denn, dass der Gegenstand dem Bedachten auch für den Fall zugewendet werden sollte, dass er nicht mehr zur Erbschaft gehört. Hat der Erblasser nur den Besitz an dem vermachten Gegenstand, so gilt der Besitz als vermacht, sofern er dem Bedachten einen rechtlichen Vorteil bringt (§ 2169 Abs. 2 BGB). Steht dem Erblasser aktuell ein Anspruch auf Leistung des vermachten Gegenstandes oder ein **Anspruch auf Ersatz** des Wertes des Gegenstandes – z.B. ein Schadensersatzanspruch oder ein Anspruch auf Versicherungsleistungen – zu, so gilt gem. § 2169 Abs. 3 BGB dieser als vermacht. Hat der Erblasser den Vermächtnisgegenstand jedoch freiwillig veräußert, ist § 2169 Abs. 3 BGB nicht anzuwenden und es tritt **die Surrogation** nicht ein.[59] Der Erlös aus dem Verkauf tritt in diesem Fall nicht an die Stelle des Vermächtnisgegenstandes. Nach § 2169 Abs. 4 BGB gehört ein Gegenstand dann nicht mehr zur Erbschaft, wenn der Erblasser zu dessen Veräußerung verpflichtet ist. Hat der Erblasser den Schadensersatzanspruch bspw. bereits zu Lebzeiten realisiert, gilt § 2173 BGB. Danach gilt im Zweifel der Wertersatz als vermacht. Die vorgenannten Grundsätze gelten auch bei **erbvertraglicher Bindung** des Erblassers. Trifft der Erblasser in Beeinträchtigungsabsicht Veräußerungen, ist der erbvertraglich bedachte Vermächtnisnehmer durch § 2288 Abs. 2 BGB geschützt. Ist der Gegenstand dem Bedachten bereits zu Lebzeiten des Erblassers zugewendet worden, wird ein **Stückvermächtnis** unwirksam. Bei einem **Gattungsvermächtnis** muss sich aus den Umständen ergeben, ob das Vermächtnis bestehen bleiben soll. Bei **Geldvermächtnissen** ist das Vermächtnis wirksam, auch wenn bei Testamentserrichtung der Geldbetrag nicht im Nachlass vorhanden war.[60] Der Beschwerte muss den Geldbetrag erfüllen. Ist noch ein Teilbetrag im Nachlass vorhanden, gilt nur dieser bei nicht abweichendem Erblasserwillen als zugewandt. **Irrte der Erblasser über** die **Zugehörigkeit** des Gegenstandes zu seinem Vermögen, fehlt es an der Zugehörigkeit einer zur Erbschaft gehörenden Sache. Lag jedoch ein Zuwendungswille vor, kann ein Verschaffungsvermächtnis vorliegen.[61]

XI. Verbindung, Vermischung und Vermengung der vermachten Sache (§ 2172 BGB)

31 Die Vorschrift des § 2172 BGB findet Anwendung, wenn es durch Verbindung (§§ 946, 947 BGB), Vermischung oder Vermengung (§ 948 BGB) zu einer **Änderung** der **Eigentumsverhältnisse** kommt. Wer dies veranlasst hat, ist unerheblich. Zeitlich ist § 2172 BGB nur bis zum Erbfall anwendbar. Nach dem Erbfall können die Hand-

---

57 BGHZ 37, 233.
58 Palandt/*Edenhofer*, § 2166 Rn. 1.
59 BGHZ 22, 357, 360; Palandt/*Edenhofer*, § 2169 Rn. 8.
60 *Weirich*, Erben und Vererben, Rn. 714.
61 OLG Bremen ZEV 2001, 401.

lungen zu Ansprüchen des Bedachten gem. §§ 280, 281, 286, 287 BGB führen.[62] Nach § 2172 Abs. 1 BGB ist die **Leistung** einer vermachten Sache unmöglich, wenn durch **Verbindung** (§§ 946, 947 BGB), **Vermischung** oder **Vermengung** (§ 948 BGB) sich das Eigentum an der anderen Sache auf die vermachte Sache erstreckt oder wenn Miteigentum entstanden ist oder durch **Verarbeitung** (§ 950 BGB) derjenige, der die Sache hergestellt hat, Eigentümer wurde.[63] Hat nicht der Erblasser bzw. ein Dritter ohne den Willen des Erblassers die Verbindung, Vermischung und Vermengung herbeigeführt, gilt gem. § 2172 Abs. 2 BGB, dass im Zweifel das Miteigentum mitvermacht wurde. Dies gilt entsprechend, wenn die andere Sache, mit der die vermachte Sache verbunden oder vermischt wurde, auch dem Erblasser gehörte und dieser insoweit Alleineigentümer der Sache wurde.[64]

XII. Gewährleistung für Rechts- und Sachmangel (§§ 2182, 2183 BGB)

1. Einführung

Der Beschwerte ist bei einem Gattungsvermächtnis verpflichtet, dem Bedachten gem. § 433 Abs. 1 Satz 1 BGB eine dessen Verhältnissen entsprechende Sache zu übergeben und ihm das **Eigentum frei von Rechten Dritter zu verschaffen** (§ 2182 Abs. 1 BGB).[65] Der Beschwerte haftet bei einem Gattungsvermächtnis für einen Sachmangel nach § 434 BGB vorbehaltlich einer anderweitigen Regelung des Erblassers (§ 2183 Satz 1 BGB). Nach dem Schuldrechtsmodernisierungsgesetz sind die Rechtsfolgen bei Sachmängeln und Rechtsmängeln identisch. Sie ergeben sich aus § 437 BGB. Keine Anwendung finden die Vorschriften im Fall eines Stückvermächtnisses. Bei einem Stückvermächtnis ist davon auszugehen, dass der Erblasser dem Bedachten nicht mehr zuwenden wollte, als er selbst besaß.[66]

32

2. Rechtsmangel (§ 2182 BGB)

Der Gegenstand eines Gattungsvermächtnisses kann sich bereits im Nachlass befinden oder erst noch zu beschaffen sein. Dies können auch Forderungen oder über die Verweisung auf die Vorschriften §§ 452, 453 BGB auch ein der Gattung nach bestimmtes Schiff oder Recht sein. Bei Forderungen und Rechten müssen diese frei von Rechten Dritter übertragen werden (§§ 435 Abs. 1, 453 Satz 1 BGB). Bei Grundstücken haftet der Beschwerte im Zweifel nicht für die Freiheit von Grunddienstbarkeiten, beschränkt persönlichen Dienstbarkeiten oder Reallasten (§ 2182 Abs. 3 BGB). Besteht ein **Rechtsmangel**, kann der Bedachte zunächst von dem Beschwerten nach §§ 437 Nr. 1, 439 Abs. 1 BGB die Beseitigung des Rechtsmangels oder Leistung eines rechtsmangelfreien Gegenstandes verlangen. Der Beschwerte hat dabei kein Rücktritts- oder Minderungsrecht (§ 437 Nr. 2 BGB). Verletzt der Beschwerte seine Pflicht zur Nacherfüllung, stehen dem Bedachten durch § 437 Nr. 3 BGB beim Vorliegen der einzelnen Voraussetzungen Ansprüche auf Schadensersatz bzw. Aufwendungsersatz nach den §§ 280, 281, 283, 440 BGB zu.

33

---

62 MünchKomm/*Schlichting*, § 2172 Rn. 2.
63 *Damrau/Linnartz*, § 2172 Rn. 1.
64 Staudinger/*Otte*, § 2172 Rn. 4.
65 Staudinger/*Otte*, § 2182, Rn. 3.
66 *Brox*, Erbrecht, Rn. 421.

3. Sachmangel (§ 2183 BGB)

34 Bei Sachmängeln ist der **Nacherfüllungsanspruch** des Vermächtnisnehmers gem. § 439 BGB auf Nachlieferung beschränkt. Nach Abs. 1 dieser Vorschrift hat der Bedachte ein Wahlrecht zwischen Nachersatzlieferung und Nachbesserung.[67] Keine Anwendung findet § 2183 BGB auf ein Gattungsvermächtnis, das auf Gegenstände aus dem Nachlass beschränkt ist.[68] Liegt arglistiges Verschweigen des Sachmangels seitens des Beschwerten vor, kann der Bedachte statt der Lieferung Schadensersatz über entsprechende Anwendung der kaufrechtlichen Regelungen verlangen (§ 2183 Satz 2, 3 BGB).

XIII. Früchte bzw. Nutzungen (§ 2184 BGB) und Ersatz von Verwendungen bzw. Aufwendungen (§ 2185 BGB)

1. Einführung

35 Zwischen dem Eintritt des Erbfalls – dem Anfall des Vermächtnisses (§ 2176 BGB) – und der Vermächtniserfüllung liegt i.d.R. ein Zeitraum. Somit stellt sich die Problematik, wem die in der Zwischenzeit **gezogenen Früchte** und **Nutzungen** zustehen bzw. wer Verwendungen und Aufwendungen zu tragen hat. Der Gesetzgeber hat dies in den §§ 2184, 2185 BGB geregelt, wobei der Erblasser hiervon abweichende Regelungen treffen kann.[69]

2. Früchte und Nutzungen (§ 2184 BGB)

a) Einführung

36 Nach dem Wortlaut des § 2184 BGB gilt dieser nur für Stückvermächtnisse. Jedoch kommt er ebenso bei einzuräumenden Rechten zur Anwendung.[70] Gleiches gilt bei beschränkten Gattungsvermächtnissen in Form eines **gemischten Sach- und Rechtsvermächtnisses**. Dies ist gegeben, wenn von einem Wertpapierdepot nur ein Teil vermacht worden ist. Bei einem Nießbrauch muss derselbe bestellt sein, bevor die Früchte dem Nießbrauchsvermächtnisnehmer zustehen.[71] Bei einem Nutzungsrecht an Räumen muss der Bedachte diese selbst nutzen. Tut er dies nicht, ist der erzielte Mietzins keine Früchte i.S.v. § 2184 BGB. Ist die Erfüllung des Vermächtnisses jedoch durch eigenmächtige Vermietung des Beschwerten unmöglich, so kann u.U. ein Anspruch auf Herausgabe der Miete nach § 812 Abs. 1 Satz 1 2. Fall BGB aus der sog. Eingriffskondiktion bestehen.[72] Auf ein Forderungsvermächtnis, z.B. bei einem Bankkonto, ist § 2184 BGB ebenfalls anwendbar.[73]

Bei Gattungs- oder Verschaffungsvermächtnissen (§§ 2155, 2170 BGB) stehen dem Bedachten die **Früchte** und **Nutzungen** nur nach den allg. Grundsätzen der Vermächtniserfüllung zu. Dies bedeutet, dass die Herausgabe der Früchte erst nach Ver-

---

67 Staudinger/*Otte*, § 2183 Rn. 2.
68 *Brox*, Erbrecht, Rn. 421.
69 MünchKomm/*Schlichting*, § 2184 Rn. 1.
70 *Hardt*, ZErb 2000, 103.
71 KG NJW 1964, 1808.
72 Palandt/*Edenhofer*, § 2184 Rn. 2.
73 BGH DNotZ 1962, 258.

A. Das Vermächtnis

zugseintritt oder Rechtshängigkeit erfolgt.⁷⁴ Beachtet werden muss beim Verschaffungsvermächtnis, dass der § 2184 BGB ab dem Zeitpunkt der Besitzerlangung durch den Beschwerten gilt. Bei einem Wahlvermächtnis (§ 2154 BGB), hat der Beschwerte die Früchte und Nutzungen ab der Konkretisierung des Gegenstandes herauszugeben.

b) Früchte und das sonst aufgrund des vermachten Rechts Erlangte (§ 2184 Satz 1 BGB)

Soweit keine abweichende Regelung durch den Erblasser letztwillig verfügt worden ist, hat der Beschwerte die seit dem Anfall des Vermächtnisses tatsächlich gezogenen Früchte (§ 99 BGB) herauszugeben. Erst ab Verzug mit der Vermächtniserfüllung bzw. ab Rechtshängigkeit haftet der Beschwerte bei unterlassener Fruchtziehung auf Schadensersatz gem. §§ 280 Abs. 1, 2, 286 BGB bzw. §§ 292, 987 Abs. 2 BGB. § 826 BGB greift bei **vorsätzlich unterlassener Fruchtziehung** ein, § 990 Abs. 1 BGB ist dabei nicht anwendbar.⁷⁵

37

c) Nutzungen, die keine Früchte sind (§ 2184 Satz 2 BGB)

Im Fall des § 2184 Satz 2 BGB hat der Beschwerte für Nutzungen, die keine Früchte sind, keinen Ersatz zu leisten. Betroffen sind hier die einzelnen **Gebrauchsvorteile** (§ 100 BGB). Dies liegt z.B. bei der Nutzung von einem Haus oder Kfz, das an einen Dritten vermacht ist, vor.

38

3. Verwendungen und sonstige Aufwendungen (§ 2185 BGB)

a) Einführung

Der § 2185 BGB bestimmt, dass der Beschwerte für die nach dem Erbfall auf die Sache gemachten notwendigen Verwendungen sowie für Aufwendungen, die er nach dem Erbfall **zur Bestreitung von Lasten** der Sache gemacht hat, Ersatz nach den Vorschriften des Eigentümer – Besitzerverhältnisses der §§ 994 bis 1003 BGB, §§ 256 bis 258 BGB verlangen kann. Der Beschwerte kann auch seine Aufwendungen, die er zur Bestreitung von Lasten der Sache gemacht hat, ersetzt verlangen (§ 995 BGB). Aufgrund seines Wortlautes ist § 2185 BGB nur auf Sach- bzw. Stückvermächtnisse anwendbar. Bei Gattungsvermächtnissen und der vermächtnisweisen Einräumung eines Rechts ist § 2185 BGB nicht anwendbar.⁷⁶ Die Verwendungsersatzansprüche des Vorausvermächtnisnehmers werden nach § 2185 BGB bestimmt und nicht nach den §§ 2124 ff. BGB.⁷⁷ Beim Verschaffungsvermächtnis gilt § 2185 BGB ab dem Zeitpunkt, an dem der Beschwerte den Besitz des zu verschaffenden Gegenstandes erlangt.⁷⁸

39

b) Notwendige Verwendungen

Notwendige Verwendungen werden dem Beschwerten gem. § 994 BGB ersetzt. Die Vorschrift des § 994 BGB bestimmt, dass notwendige Verwendungen **Vermögensaufwendungen** sind, die der Erhaltung, Wiederherstellung und der Verbesserung die-

40

---

74 MünchKomm/*Schlichting*, § 2184 Rn. 2; Jauernig/*Stürner*, § 2184 Rn. 4.
75 Staudinger/*Otte*, § 2184 Rn. 3.
76 Soergel/*Wolf*, § 2185 Rn. 1.
77 BGHZ 114, 16 ff.
78 Palandt/*Edenhofer*, § 2185 Rn. 1.

nen. Notwendig ist die Verwendung, wenn sie für die Erhaltung der Sache nach objektiven Maßstäben erforderlich ist und ansonsten der Eigentümer sie hätte vornehmen müssen.[79] Nach § 2185 BGB stehen dem Beschwerten alle nach dem Erbfall getätigten Verwendungen zu. Die **gewöhnlichen Erhaltungskosten** sind dabei gem. § 994 Abs. 1 Satz 2 BGB ausgeschlossen, solange dem Beschwerten selbst die Nutzung verbleibt. Hat der Beschwerte die Nutzung bis zum Anfall des Vermächtnisses gem. § 2184 BGB, so kann dies zu einem Kürzungsrecht des Verwendungsersatzanspruches des Beschwerten führen. Liegen keine **notwendigen Verwendungen** des Beschwerten vor, so ist der Ersatzanspruch gem. § 996 BGB (nützliche Verwendungen) allein auf die noch vorhandene Wertsteigerung begrenzt und unterliegt der weiteren Voraussetzung, dass diese vor Eintritt der Rechtshängigkeit bzw. Bösgläubigkeit getätigt wurden.[80]

> **Praxishinweis:**
> Die Beweislastverteilung orientiert sich an der Geschäftsbesorgung. Dies bedeutet, dass der Vermächtnisnehmer die gezogenen Früchte des Beschwerten beweisen muss. Im Gegenzug hat der Beschwerte die Beweislast für seine getätigten Verwendungen.[81]

XIV. Kürzungs- und Zurückbehaltungsrechte des Beschwerten

1. Zurückbehaltungsrechte des Beschwerten

41 Die auf das Vermächtnis entfallende Erbschaftssteuer hat der Vermächtnisnehmer zu tragen. Der Erbe haftet jedoch gem. § 20 Abs. 3 ErbStG für die Erfüllung der Erbschaftsteuer durch den Vermächtnisnehmer. Daher steht dem beschwerten Erben bei einem Geldvermächtnis ein Zurückbehaltungsrecht i.H.d. für die Erbschaftsteuer anfallenden Betrages zu. Dies ergibt sich aus dem Rechtsgrundsatz in §§ 1143, 1225 BGB, nach dem derjenige, der die Forderung des Gläubigers gegenüber dem Schuldner befriedigt, Ersatz verlangen kann. Bei einem Gegenstandsvermächtnis umfasst das **Zurückbehaltungsrecht** den gesamten Gegenstand, bis der Bedachte die diesbezügliche Erbschaftsteuer bezahlt hat.

2. Kürzungsrecht des Beschwerten gem. § 2318 BGB

a) Einführung

42 Nach § 2311 BGB sind Vermächtnisse bei der Berechnung von Pflichtteilsansprüchen nicht als Nachlassverbindlichkeit vorweg abziehbar.[82] Die Vermächtnisse sind somit in diesem Bereich mit den Pflichtteilsansprüchen gleichrangig. Hat der Erbe neben Vermächtnissen auch Pflichtteilsansprüche zu erfüllen, hat er die Möglichkeit, nach § 2318 BGB die Vermächtnisse anteilig zu kürzen. Die Vorschriften der §§ 2318 – 2324 BGB regeln dabei das Innenverhältnis zwischen Erben, Vermächtnisnehmern und dem Auflagenbegünstigten. Ausnahme bzgl. des Außenverhältnisses ist die Einrede des § 2319 BGB. Im Innenverhältnis verteilen die §§ 2318 bis 2323 BGB die Pflichtteilslast. Zu beachten ist jedoch, dass im Außenverhältnis die Erben alleine haften. Die

---

79 Staudinger/*Otte*, § 2185 Rn. 3.
80 MünchKomm/*Schlichting*, § 2185 Rn. 6.
81 BGH WM 1982, 769.
82 BGH NJW 1988, 136, 137; MünchKomm/*Lange*, § 2311 Rn. 14.

Vorschrift des § 2318 BGB gilt für den Alleinerben und auch für Miterben.[83] Allen gibt § 2318 BGB eine **peremptorische Einrede**.[84]

b) Kürzungsrecht nach § 2318 Abs. 1 BGB

Nach § 2318 Abs. 1 BGB kann der Erbe die Erfüllung eines ihm auferlegten Vermächtnisses soweit verweigern, dass die **Pflichtteilslast** von ihm und dem Vermächtnisnehmer **verhältnismäßig zu tragen** ist. Gleiches gilt bei einer Auflage. Dies geschieht dadurch, dass der Vermächtnisnehmer im Verhältnis seiner Einsetzung die Pflichtteilslast zu tragen bzw. sich an ihr zu beteiligen hat. Ist der Vermächtnisnehmer selbst mit einem Untervermächtnis belastet, kann diesem selbst das Kürzungsrecht gem. § 2318 Abs. 1 BGB nach §§ 2188, 2189 BGB zustehen.[85] Sind mehrere Vermächtnisnehmer existent, so ist jedem gegenüber ein verhältnismäßiges Kürzungsrecht gegeben.

43

Fallbeispiel:[86]
Erblasser E setzt seinen Freund F zum Alleinerben ein. Zugunsten seines weiteren Freundes A setzt er ein Vermächtnis i.H.v. € 20.000,– ein. Sein Sohn S, als einziger gesetzlicher Erbe, ist damit enterbt. Der Nachlasswert beträgt € 100.000,–. S verlangt von F den Pflichtteil. Wie hoch ist der Pflichtteilsanspruch des S und wer hat diesen zu erfüllen?

Lösung:
Als einziger gesetzlicher Erbe hat der Sohn einen Pflichtteilsanspruch von ½ des Nachlasswertes, demnach € 50.000,–. Nach § 2318 Abs. 1 BGB kann F die Erfüllung des Vermächtnisses an A insoweit verweigern, als die Pflichtteilslast von ihm und dem Vermächtnisnehmer A verhältnismäßig getragen wird. Das Verhältnis zwischen Vermächtnis und Nachlass beträgt € 20.000 : € 100.000. Somit muss A im Innenverhältnis zu F mit 1/5 an der Pflichtteilslast beteiligen. 1/5 von € 50.000,– sind € 10.000,–. In dieser Höhe muss der Vermächtnisnehmer A sein Vermächtnis kürzen lassen. A kann daher die Erfüllung des Vermächtnisses nur i.H.d. verbleibenden € 10.000,– verlangen. Bei F bleibt die Pflichtteilslast i.H.v. € 40.000,–. Der pflichtteilsberechtigte Sohn S erhält demnach seinen vollen Pflichtteilsanspruch i.H.v. € 50.000,–, der Freund F erhält € 40.000,– und der weitere Freund A erhält € 10.000,–.
Somit gilt folgende Formel für das Kürzungsrecht bei Vermächtnissen gem. § 2318 Abs. 1 BGB:

Kürzungsrecht: $\dfrac{\text{Pflichtteil} \times \text{Vermächtnis}}{\text{Nachlass}}$

Sind mehrere Vermächtnisnehmer oder Auflagenbegünstigte vorhanden, ist der Erbe jedem gegenüber zur verhältnismäßigen Kürzung berechtigt, außer der Erblasser hat Einzelnen gem. § 2189 BGB den Vorrang eingeräumt bzw. § 2318 Abs. 2 kommt zur Anwendung. Erhält der Vermächtnisnehmer einen **unteilbaren Gegenstand**, z.B. ein Grundstück oder ein Nießbrauchs- bzw. Wohnungsrecht, kann der Erbe bei der Geltendmachung des Vermächtnisses den Kürzungsbetrag verlangen. Erfüllung des Ver-

44

---
83 Palandt/*Edenhofer*, § 2318 Rn. 5, 6.
84 *Mayer/Süß/Tanck/Bittler/Wälzholz*, HB Pflichtteilsrecht, § 2 Rn. 154.
85 *Mayer/Süß/Tanck/Bittler/Wälzholz*, HB Pflichtteilsrecht, § 2 Rn. 160.
86 *Kerscher/Riedel/Lenz*, Pflichtteilsrecht, § 6 Rn. 100.

mächtnisses erfolgt dann bei **Übereignung Zug um Zug gegen Zahlung des Kürzungsbetrages**. Verweigert der Vermächtnisnehmer dies, besteht für den Erben die Möglichkeit, dem Vermächtnisnehmer den Wert des Vermächtnisses unter Abzug des Kürzungsbetrages auszubezahlen.[87]

Eine Kürzung gem. § 2318 Abs. 1 BGB kann nur erfolgen, wenn der Pflichtteil bereits geltend gemacht worden ist.[88] Liegt ein schenkweiser Verzicht auf die Pflichtteilsforderung seitens des Pflichtteilsberechtigten gegenüber dem Erben vor, bleibt auch hier das Kürzungsrecht bestehen.[89] Bei der Verjährung des Pflichtteilsanspruchs ist ein Kürzungsrecht ausgeschlossen. Ist das Vermächtnis ohne Berücksichtigung des Pflichtteilsanspruchs in voller Höhe ausbezahlt worden, steht den Erben ein **Rückforderungsanspruch** zu. Dieser Rückzahlungsanspruch aufgrund der anschließenden Geltendmachung des Pflichtteilsanspruchs ergibt sich aus §§ 813 Abs. 1 Satz 1 i.V.m. 2318 Abs. 3 BGB. Dies gilt auch, wenn der Pflichtteilsschuldner in Unkenntnis des Kürzungsrechts den Pflichtteil bereits geleistet hat.[90]

> **Praxistipp:**
> Der Vermächtnisnehmer ist an ein zwischen dem Erben und dem Pflichtteilsberechtigten ergangenes Urteil nicht gebunden, da es keine Rechtskraft gegenüber dem Vermächtnisnehmer entfaltet. Deshalb muss dem Vermächtnisnehmer rechtzeitig der Streit verkündet werden (§ 68 ZPO).

c) Eingeschränktes Kürzungsrecht des § 2318 Abs. 2 BGB

45 Nach § 2318 Abs. 2 BGB ist einem pflichtteilsberechtigten Vermächtnisnehmer gegenüber die **Kürzung** nur soweit zulässig, dass dem Vermächtnisnehmer wenigstens der **eigene Pflichtteil verbleiben** muss. Dies bedeutet, dass dem pflichtteilsberechtigten Vermächtnisnehmer der Betrag verbleiben muss, der dem Vermächtnisnehmer abzüglich der übernommenen Belastungen in der Situation des § 2307 BGB entspricht. Der Wert des Vermächtnisses errechnet sich unter Außerachtlassung dessen Beschwerungen.[91] Auf den Auflagenbegünstigten ist diese Vorschrift nicht anwendbar.[92] Der Erblasser kann keine abweichende Regelung treffen. Nach h.M. in der Lit. kann der Erbe den durch die Einschränkung des Kürzungsrechts entstehenden Ausfall verhältnismäßig auf weitere vorhandene, nicht pflichtteilsberechtigte Vermächtnisnehmer und Auflagenbegünstigte abwälzen.[93] Die Beteiligung am Ausfallbetrag errechnet sich nach h.M., da eine gesetzliche Regelung fehlt, durch das Abstellen auf das ursprüngliche Beteiligungsverhältnis an dem um den Pflichtteil „bereinigten" Nachlass.[94]

Fallbeispiel:[95]
Erblasser E hinterlässt zwei Söhne A und B. A erhält ein Vermächtnis i.H.v. € 2.000,–. Der Nachlasswert beträgt € 8.000,–. Ein Dritter D erhält ein weiteres

---

87 BGHZ 19, 309, 311 f.
88 OLG Frankfurt FamRZ 1991, 238, 240.
89 LG München II NJW-RR 1989, 8.
90 KG FamRZ 1977, 267, 269.
91 Palandt/*Edenhofer*, § 2318 Rn. 4; *Lange/Kuchinke*, Erbrecht, § 37 Fn. 398.
92 Staudinger/*Haas*, § 2318 Rn. 17.
93 *Mayer/Süß/Tanck/Bittler/Wälzholz*, HB Pflichtteilsrecht, § 2 Rn. 164; MünchKomm/*Lange*, § 2318 Rn. 6; Staudinger/*Haas*, § 2318 Rn. 19.
94 Soergel/*Dieckmann*, § 2318 Rn. 11; Staudinger/*Haas*, § 2318 Rn. 19.
95 *Kerscher/Riedel/Lenz*, Pflichtteilsrecht, § 6 Rn. 108.

Vermächtnis i.H.v. € 2.000,–. Alleinerbe wird X. Der Sohn B verlangt den Pflichtteil. Wer hat die Pflichtteilslast zu tragen?
Lösung:
Zuerst ist das Vermächtnis des pflichtteilsberechtigten Sohnes A auszubezahlen (§ 2318 Abs. 2 BGB). Die Pflichtteilslast des B, ebenfalls € 2.000,–, ist gem. § 2318 Abs. 1 BGB zwischen X und D aufzuteilen (€ 8.000,– ./. 2x € 2.000 = € 4.000,– : € 2.000,– = 2:1). X hat somit von den € 2.000,– 2/3 (= € 1.333,33) zu tragen. Er kann den Vermächtnisanspruch des D um € 666,66 kürzen. Das Vermächtnis von A ist nicht zu kürzen, da es genau dem Pflichtteil entspricht.

d) Erweitertes Kürzungsrecht des pflichtteilsberechtigten Erben gem. § 2318 Abs. 3 BGB

Nach § 2318 Abs. 3 BGB kann der pflichtteilsberechtigte Erbe das Vermächtnis insoweit kürzen, dass ihm sein eigener Pflichtteil verbleibt. Bei § 2318 Abs. 3 BGB muss immer § 2306 BGB beachtet werden. Man nennt dies das sog. **„erweiterte" Kürzungsrecht**. Der § 2318 Abs. 3 BGB kommt demnach nur zur Anwendung, wenn der dem Pflichtteilsberechtigten hinterlassene Erbteil **größer** als sein Pflichtteil ist und der pflichtteilsberechtigte Erbe den Erbteil trotz der ihm auferlegten Beschränkungen und Beschwerungen nicht gem. § 2306 Abs. 1 Satz 2 BGB ausgeschlagen hat.[96] Ansonsten gelten die Vermächtnisse dem pflichtteilsberechtigten Erben gegenüber gem. § 2306 Abs. 1 Satz 1 BGB als nicht angeordnet.

Fallbeispiel:[97]

Erblasser E hat zwei Söhne. Er setzt seinen Sohn S zu seinem Alleinerben ein und vermacht seinem Freund F einen Vermächtnisanspruch i.H.v. € 22.000,–. Der Nachlass hat einen Wert von € 30.000,–. Sein zweiter Sohn A ist enterbt und macht seinen Pflichtteil geltend.
Lösung:
Der Sohn S muss den Pflichtteil des anderen Sohnes A i.H.v. € 7.500,– ausbezahlen. Er kann aber nach § 2318 Abs. 1 BGB im Innenverhältnis das Vermächtnis um € 5.500,– (€ 7.500,– x € 22.000,– : € 30.000,–) kürzen. S müsste daher insgesamt € 24.000,– (Vermächtnis i.H.v. € 16.500,– und Pflichtteil i.H.v. € 7.500,–) auszahlen. Ihm selbst würden dann lediglich nur € 6.000,– verbleiben, € 1.500,– weniger als sein eigener Pflichtteil. Hier greift das erweitere Kürzungsrecht des § 2318 Abs. 3 BGB ein. S kann das Vermächtnis zum Schutz seines Pflichtteils um weitere € 1.500,– kürzen.

§ 2318 Abs. 3 BGB schützt den Pflichtteil des Erben nur, wenn neben Vermächtnissen und Auflagen noch weitere fremde Pflichtteilsansprüche hinzutreten.[98] Somit schützt § 2318 Abs. 3 BGB den vollen Pflichtteil nur dann, wenn das Vermächtnis und die Pflichtteilslast zusammen den eigenen Pflichtteil des Erben beeinträchtigen. Wird der Pflichtteil des Erben allein durch das Vermächtnis bereits beeinträchtigt, ist der Pflichtteil nicht durch § 2318 Abs. 3 BGB geschützt. Denn schlägt der Erbe das seinen Pflichtteil allein belastende Vermächtnis nicht aus, muss er das Vermächtnis auch auf Kosten seines eigenen Pflichtteils voll tragen.[99] Wird also der Pflichtteilsanspruch des

---
96 *Kerscher/Riedel/Lenz*, Pflichtteilsrecht, § 6 Rn. 110.
97 *Kerscher/Riedel/Lenz*, Pflichtteilsrecht, § 6 Rn. 111.
98 BGHZ 95, 222, 227; *Tanck*, ZEV 1998, 132, 133.
99 BGH FamRZ 1985, 1024.

Erben bereits durch das Vermächtnis geschmälert und hat der Erbe aufgrund § 2306 Abs. 1 Satz 2 BGB kein Recht auf Erhaltung des Pflichtteils, dann schützt § 2318 Abs. 3 beim Hinzutreten weiterer Pflichtteilsansprüche nur den Betrag, den der Vermächtnisanspruch zur Zeit der Ausschlagungsmöglichkeit vom Pflichtteil des Erben noch nicht „verbraucht" hätte. Es wird danach nur der Teil des Pflichtteils geschützt, der durch hinzutretende Pflichtteilslasten zusätzlich beeinträchtigt wird.[100]

Fallbeispiel:[101]

Erblasser E hat zwei Söhne. Er setzt seinen Sohn S zu seinem Alleinerben ein und vermacht seinem Freund F einen Vermächtnisanspruch i.H.v. €24.000,–. Der Nachlass hat einen Wert von €30.000,–. Sein zweiter Sohn A ist enterbt und macht seinen Pflichtteil geltend.

Lösung:

Der Sohn S muss den Pflichtteil des anderen Sohnes A i.H.v. €7.500,– ausbezahlen. Er kann aber nach § 2318 Abs. 1 BGB im Innenverhältnis das Vermächtnis um €6.000,– (€7.500,– x €24.000,– : €30.000,– = 4:1) kürzen. S müsste daher insgesamt €25.500,– (Vermächtnis i.H.v. €18.000,– und Pflichtteil i.H.v. €7.500,–) auszahlen. Ihm selbst würden dann lediglich nur €4.500,– verbleiben. Gem. § 2318 Abs. 3 BGB müssen S aber mindestens €6.000,– (Nachlass €30.000,– abzüglich Vermächtnis €24.000,–) verbleiben. Dieser Betrag liegt jedoch noch unter seinem Pflichtteilsanspruch von €7.500,–. Der Schutzbereich des § 2318 Abs. 3 BGB führt nämlich nicht dazu, dass S das Vermächtnis des F soweit kürzen darf, dass ihm sein gesamter Pflichtteil verbleibt. Um dies zu erreichen, hätte er gem. § 2306 Abs. 1 Satz 2 BGB die Erbschaft ausschlagen müssen.

e) Abdingbarkeit des Kürzungsrechtes nach § 2318 Abs. 1, 3 BGB

48 Nach § 2324 BGB kann der Erblasser im Innenverhältnis abweichende Anordnungen für eine Verteilung der Pflichtteilslasten anordnen. Das **Kürzungsrecht** nach § 2318 Abs. 1 BGB ist dabei abdingbar. Eine **Abdingbarkeit** des § 2318 Abs. 3 BGB ist ausgeschlossen (§ 2324 BGB).[102]

Praxishinweis:
Bereits bei der Gestaltung der letztwilligen Verfügung sollte die Tragung der Pflichtteilslast geregelt werden. Des Weiteren sind nach dem Erbfall die Ausschlagungsnotwendigkeit des § 2306 Abs. 1 Satz 2 BGB und bei der Erfüllung von Vermächtnissen die sich aus § 2318 BGB ergebenden Konsequenzen zu beachten.

XV. Kosten der Vermächtniserfüllung

49 Liegen keine Regelungen des Erblassers vor, hat grundsätzlich der Beschwerte die Kosten zu tragen[103] und das Vermächtnis ist gem. § 269 Abs. 1 BGB **am Wohnsitz** des Beschwerten zu **erfüllen.**[104] Die auf den Vermächtnisgegenstand entfallende Erbschaftsteuer hat jedoch der Bedachte zu übernehmen. Indes kann der Erblasser auch diese vermächtnisweise an den Bedachten zuwenden. Beim Geldvermächtnis gilt § 270

---

100 *Tanck,* ZEV 1998, 132.
101 *Kerscher/Riedel/Lenz,* Pflichtteilsrecht, § 6 Rn. 113.
102 Staudinger/*Haas,* § 2318 Rn. 28; MünchKomm/*Lange,* § 2318 Rn. 12.
103 *Planck/Flad,* § 2174 Rn. 3a.
104 *Bamberger/Roth/Müller-Christmann,* § 2174 Rn. 10.

Abs. 1 BGB. Deshalb hat der Beschwerte dem Bedachten im Zweifel den Geldbetrag auf seine Kosten und Gefahr zu übermitteln.[105]

B. Vermächtnisanspruch

I. Einführung

Bei der Vermächtnisanordnung ist zwischen der **Vermächtnisform** (Art des Vermächtnisses) und dem **Vermächtnisgegenstand** (Inhalt des Vermächtnisses) zu unterscheiden. Die Vermächtnisform ist die jeweils gesetzlich vorgesehen Möglichkeit, die Art der Vermächtnisanordnung zu wählen. Beispielsweise kann ein Gegenstand per Verschaffungsvermächtnis dem Bedachten zugewendet werden oder diesem kann per Wahlvermächtnisanordnung selbst die Entscheidung übertragen werden, welchen Gegenstand er aus dem Nachlass erhalten will.

II. Vermächtnisform (Art des Vermächtnisses)

1. Verschaffungsvermächtnis (§ 2170 BGB)

a) Begriff

Nach § 2170 BGB kann der Erblasser dem Bedachten einen nicht oder nicht mehr zum Nachlass gehörenden Gegenstand oder ein Recht dergestalt vermachen, dass der Beschwerte verpflichtet ist, dem Vermächtnisnehmer den **Gegenstand oder** das **Recht zu verschaffen**. Es muss sich explizit aus der Vermächtnisanordnung des Erblassers ergeben, dass das Vermächtnis nach dem Erblasserwillen auch für diese Fallgestaltung angeordnet worden ist.[106] Kann der Beschwerte das Verschaffungsvermächtnis nicht erfüllen, so hat er gem. § 2170 Abs. 2 Satz 1 BGB Wertersatz zu leisten. Ist die Beschaffung nur mit unverhältnismäßigem Aufwand möglich, kann sich der Beschwerte hiervon durch Entrichtung des Wertersatzes i.H.d. Verkehrswertes gem. § 2170 Abs. 2 Satz 2 BGB befreien. Somit gilt § 2170 Abs. 2 Satz 2 BGB bei **subjektiver Unmöglichkeit**. Bei objektiver Unmöglichkeit gilt nach § 2171 BGB, dass das Vermächtnis unwirksam ist. Tritt die **objektive Unmöglichkeit** nach dem Erbfall ein, gelten die §§ 280 ff BGB. Bei Vermächtnissen mit erbvertragsmäßiger Bindung ist § 2288 Abs. 2 BGB zu beachten. Der Erbe ist gemäß dieser Vorschrift auch ohne ausdrückliche Anordnung in der letztwilligen Verfügung verpflichtet, dem Bedachten den Gegenstand zu beschaffen bzw. die Belastung zu beseitigen, wenn der Erblasser den Gegenstand vor dem Erbfall in Beeinträchtigungsabsicht veräußert oder belastet hat.[107]

b) Auslegung, Beweislast und Grenzen

Nach § 2169 BGB wird vermutet, dass ein Vermächtnis unwirksam ist, wenn der Gegenstand zum Zeitpunkt des Erbfalles nicht mehr im Nachlass vorhanden ist. Daraus folgt, dass der Vermächtnisnehmer beim Verschaffungsvermächtnis **beweisen** muss, dass der Erblasser ihm entgegen des § 2169 BGB einen nicht im Nachlass enthaltenen Gegenstand zukommen lassen wollte. Ein Indiz hierfür ist, wenn der Erblasser im

---

105 Soergel/*Wolf*, § 2174 Rn. 9.
106 MünchKomm/*Schlichting*, § 2170 Rn. 1.
107 BGH ZEV 1998, 68.

Zeitpunkt der Errichtung der letztwilligen Verfügung wusste, dass der Gegenstand sich nicht im Nachlass befindet bzw. sein Irrtum, dass sich der Gegenstand im Nachlass befindet. Ist der vermachte Gegenstand wirtschaftlich im Nachlass und wollte der Erblasser, dass der Bedachte den Gegenstand als Vermächtnis erhält, so liegt ebenso ein Verschaffungsvermächtnis vor.[108] Das Verschaffungsvermächtnis unterliegt jedoch Begrenzungen. Der vermachte Gegenstand muss **wirtschaftlich im Nachlass** enthalten sein. Dies bedeutet, dass die beschränkte Erbenhaftung und die Beschränkung des Untervermächtnisses auf den Wert des Hauptvermächtnisses eine Grenze bilden.

Praxishinweis:
Es besteht für den Erblasser die Möglichkeit, den Beschwerten durch eine Zeitbestimmung unter Druck zu setzen mit der Folge, dass bei Nichtverschaffung innerhalb der gesetzten Frist, der Beschwerte einen höheren Wertersatz zu bezahlen hat, als dieser nach § 2170 Abs. 2 BGB betragen würde.

Formulierungsbeispiel: Ich vermache im Wege des Vermächtnisses meinem besten Freund F meine Eigentumswohnung in … eingetragen im Wohnungsgrundbuch von … Nr. … Flurstück-Nr. … . Für den Fall, dass sich die Eigentumswohnung im Zeitpunkt des Erbfalls nicht mehr im Nachlass befindet, beschwere ich den Erben E mit einem Verschaffungsvermächtnis derart, dass er dem Vermächtnisnehmer auf Kosten des Nachlasses eine vergleichbare Eigentumswohnung mit einer Fläche von mindestens … qm in vergleichbarer Lage zu einem Verkehrswert von ca. … € zu verschaffen hat. Die Kosten der Vermächtniserfüllung trägt der Erbe E. Ein Ersatzvermächtnisnehmer wird entgegen jeder anders lautenden gesetzlichen oder richterlichen Auslegungs- oder Vermutungsregel nicht benannt.

2. *Bestimmungsvermächtnis (§ 2151 BGB)*

a) Begriff

53 Nach § 2151 BGB kann der Beschwerte oder ein Dritter den Bedachten aus mehreren vom Erblasser benannten potentiell bedachten Personen auswählen. Dies können auch mehrere Personen sein, die im Zweifel gem. § 317 Abs. 2 BGB eine übereinstimmende Entscheidung zu treffen haben.[109] Es liegt eine **echte freie Ermessensentscheidung** vor.[110] Dabei genügt es, wenn der Erblasser einen bestimmten Personenkreis angibt, aus diesem der Dritte durch formlose, empfangsbedürftige und unwiderrufliche Willenserklärung den Bedachten auswählen kann. Ein Bestimmungsvermächtnis ist für die Regelung der **Unternehmensnachfolge** bei noch jugendlichen Kindern die sicherere Möglichkeit gegenüber § 2065 BGB, denn dort ist eine Stellvertretung des Erblassers im Willen oder der Erklärung aufgrund der vorgeschriebenen Höchstpersönlichkeit unzulässig.

b) Kreis der bedachten Personen

54 Voraussetzung ist, dass der Personenkreis **hinreichend bestimmt** ist.[111] Dies bedeutet, dass die Auswahl nicht in das völlige Belieben des Dritten gestellt werden darf. Die

---

108 BGH NJW 1983, 937.
109 MünchKomm/*Schlichting*, § 2151 Rn. 8.
110 *Nieder*, Testamentsgestaltung, Rn. 288.
111 Bsp. bei *Lange/Kuchinke*, Erbrecht, § 29 III 2b.

Zugehörigkeit des Bedachten zu dem ausgewählten Personenkreis muss zweifelsfrei feststellbar sein.[112] Änderungen im Personenkreis der Bedachten sind i.d.R. ohne Belang. Eine zu weite Ausdehnung des Kreises der Bedachten ist schädlich. Eine hinreichende Bestimmtheit wird z.B. bei den Einwohnern einer Stadt verneint. Kriterium ist ein objektiv eindeutig **bestimmbarer Personenkreis**, den der Erblasser bestimmen muss. Liegt diese Voraussetzung nicht vor, kann dies bei Erkennbarkeit des vom Erblasser verfolgten Zwecks in eine Auflage umgedeutet werden.[113] Weiteres entscheidendes Kriterium ist die **Zugehörigkeit zum Zeitpunkt der Vermächtnisanordnung**. Ist ein Bedachter vor dem Erbfall verstorben, gilt nach § 2160 BGB, dass er nicht mehr für die Auswahl in Betracht kommt. Der Erblasser kann hiervon jedoch abweichende Regelungen treffen bzw. es kann die Auslegungsregel bzgl. einer Ersatzberufung des § 2069 BGB bei Abkömmlingen des Erblassers gelten. Die Erben können dieser Personenauswahl selbstverständlich angehören.[114] Dies gilt ebenfalls für den Auswahlberechtigten.

c) Auswahl des Bedachten

Der Erblasser hat die Möglichkeit, die **Auswahlkriterien** vorzugeben. Er ist jedoch nicht dazu verpflichtet. Hat der Erblasser von der Möglichkeit der Benennung des Bestimmungsberechtigten keinen Gebrauch gemacht, ist der Beschwerte selbst gem. § 2152 BGB bestimmungsberechtigt. Die Bestimmung durch den Dritten erfolgt durch einseitige empfangsbedürftige Willenserklärung gegenüber dem ausgewählten Beschwerten. Hat der Beschwerte das Bestimmungsrecht auszuüben, hat die Bestimmung gegenüber dem auserwählten Vermächtnisnehmer zu erfolgen. Die Bestimmungserklärung ist unwiderruflich. Eine Wiederholung ist nur möglich, wenn der Vermächtnisnehmer das Vermächtnis ausschlägt oder die Anfechtung erklärt wird. Der Irrtum über die Eignung der ausgewählten Person ist dabei jedoch nicht ein zur Anfechtung berechtigender **Motivirrtum**.[115]

55

d) Erlöschen und Unterlassen des Bestimmungsrechts

Das Bestimmungsrecht ist **nicht übertragbar**.[116] Bei Geschäftsunfähigkeit oder Tod des Bestimmungsberechtigten erlischt es. Die Mitglieder des vom Erblasser bestimmten Personenkreises werden dann gem. § 2151 Abs. 3 Satz 1 BGB Gesamtgläubiger. Wenn der Erblasser bei dieser Fallgestaltung trotzdem eine Drittbestimmung wünscht, muss er einen **Ersatzbestimmungsberechtigten** benennen. Ein Erlöschen ist ebenso gegeben, wenn der Bestimmungsberechtigte gem. § 2151 Abs. 3 Satz 2 BGB trotz Fristsetzung durch das Nachlassgericht eine Auswahl nicht getroffen hat. Die Fristsetzung des Nachlassgerichts erfolgt dabei ohne Entscheidung über die Wirksamkeit der vorliegenden letztwilligen Verfügung.[117] Diese Entscheidung obliegt allein dem Prozessgericht. Ist das Bestimmungsrecht nicht ausgeübt worden, besteht die Gefahr, dass der Vermächtnisschuldner an einen der Gesamtgläubiger leistet. Aufgrund § 2151 Abs. 3 Satz 3 BGB ist dieser Gesamtgläubiger nicht zur Teilung verpflichtet. Dies hat als Folge, dass das Auswahlrecht faktisch auf den oder die Beschwerten übergeht[118]

56

---

112 Staudinger/*Otte*, § 2151 Rn. 3; Soergel/*Wolf*, § 2151 Rn. 2.
113 RGZ 95, 15 ff.; BayObLG NJW-RR 1999, 946; Staudinger/*Otte*, § 2151 Rn. 3.
114 KG JW 1937, 2200.
115 *Scherer/Schlitt*, MAH Erbrecht, § 15 Rn. 113; Palandt/*Edenhofer*, § 2151 Rn. 2.
116 BayObLG ZEV 1998, 385.
117 OLG Stuttgart FamRZ 1996, 1175.
118 MünchKomm/*Schlichting*, § 2151 Rn. 14.

und dass der Vermächtnisschuldner mit befreiender Wirkung gem. § 428 BGB an einen der Vermächtnisnehmer leisten kann.

> **Formulierungsbeispiel:**[119] Im Wege des Bestimmungsvermächtnisses vermache ich mein in ... gelegenes Grundstück, eingetragen im Grundbuch von ... Band Nr. ... Flurstück Nr. ... an meine zwei Kinder ... und ... mit der Maßgabe, dass der von mir bestimmte Testamentsvollstrecker innerhalb von neun Monaten nach dem Erbfall dasjenige meiner vorgenannten Kinder auszuwählen hat, das das Vermächtnis erhalten soll. Die Kosten der Vermächtniserfüllung trägt der Vermächtnisnehmer ebenso wie die Kosten der Testamentsvollstreckung.

e) Verhältnis zu anderen Vermächtnissen

57 Eine Kombination von Bestimmungs- und Zweckvermächtnis ist möglich. Folge ist, dass der Erblasser dem Bestimmungsberechtigten sowohl die Bestimmung der Zuwendung als auch die Bestimmung des Zuwendungsempfängers überlässt. Ein Unterfall des Bestimmungsvermächtnisses ist das sog. **Verteilungsvermächtnis** (§ 2153 BGB). Bei diesem verpflichtet der Erblasser den Bestimmungsberechtigten, den Vermächtnisgegenstand innerhalb eines bestimmten Personenkreises summen- bzw. bruchteilsmäßig zu verteilen. Es muss jedoch ein objektiv bestimmbarer, beschränkter und leicht überschaubarer Personenkreis vorliegen.[120] Das Bestimmungsrecht kann auch dem Bedachten selbst zustehen. Kann der Beschwerte oder der Dritte die Bestimmung nicht treffen, so sind die Bedachten gem. § 2153 Abs. 2 Satz 1 BGB zu gleichen Teilen berechtigt. Vermächtnisgegenstand kann jeder ideell teilbare Gegenstand sein. Körperliche Gegenstände, die nicht teilbar sind, führen zur Zuweisung ideeller Bruchteile an die einzelnen Bedachten.[121] Unterbleibt die Bestimmung, hat das Nachlassgericht in entsprechender Anwendung des § 2153 Abs. 3 Satz 2 BGB auf Antrag eines Beteiligten die Pflicht, eine Fristsetzung für die Bestimmung zu setzen. Bei fruchtlosem Fristablauf geht das Bestimmungsrecht auf den Beschwerten über.

3. *Wahlvermächtnis (§ 2154 BGB)*

58 Soll der Bedachte nur einen oder mehrere Gegenstände aus einer Vielzahl von Gegenständen erhalten, kann der Erblasser gem. § 2154 BGB ein **Wahlvermächtnis** anordnen. Dabei finden die Vorschriften über die Wahlschuld gem. §§ 262 bis 265 BGB ergänzend Anwendung.[122] Der Beschwerte bestimmt hier den Vermächtnisgegenstand. Der Erblasser kann die Wahl aber auch dem Bedachten oder einem Dritten überlassen. Mehrere Auswahlberechtigte können das Wahlrecht gem. § 747 Satz 2 BGB nur gemeinsam ausüben. Wollte der Erblasser eigentlich nur einen bestimmten Gegenstand zuwenden und hat dabei jedoch diesen Gegenstand unklar bezeichnet, so dass die Bezeichnung auf mehrere sich im Nachlass befindliche Gegenstände passt, gelten ebenso die Regelungen über das Wahlvermächtnis.[123] Durch § 2154 BGB kann der Erblasser dem Vermächtnisnehmer oder einem Dritten die **konkrete Bezeichnung** des **Vermächtnisgegenstandes** selbst überlassen. Lediglich die Gegenstände, die zur Auswahl stehen, muss der Erblasser bezeichnen. Hat der Erblasser den Gegenstand nur der

---

119 *Nieder,* Testamentsgestaltung, Rn. 288.
120 RGZ 96, 15, 17.
121 MünchKomm/*Schlichting,* § 2153 Rn. 3.
122 Soergel/*Wolf,* § 2154 Rn. 1.
123 MünchKomm/*Schlichting,* § 2154 Rn. 2.

Gattung nach bestimmt, gilt zusätzlich noch § 2155 BGB als beschränktes Gattungsvermächtnis.[124] Für die Fristsetzung der Erklärung gilt § 2153 Abs. 3 Satz 2 analog.

Formulierungsbeispiel:[125] Im Wege des Wahlvermächtnisses vermache ich meinem Freund F eines meiner sich in meinem Eigentum befindlichen Bilder – gleichgültig ob es sich dabei um ein Ölgemälde, Aquarell oder Druck handelt –, das er nach dem Eintritt des Erbfalls auswählt. Er hat die Auswahl, innerhalb von sechs Monaten nach dem Erbfall zu treffen. Hat er bis dahin keine Auswahl getroffen, geht das Bestimmungsrecht auf den Erben über. Die Kosten der Vermächtniserfüllung trägt der Vermächtnisnehmer. Für den Fall, dass der Vermächtnisnehmer vor oder nach dem Erbfall wegfällt, wird entgegen jeder anders lautenden gesetzlichen oder richterlichen Auslegungs- oder Vermutungsregel kein Ersatzvermächtnisnehmer bestellt.

4. Gattungsvermächtnis (§ 2155 BGB)

Nach § 2155 BGB hat der Erblasser die Möglichkeit, den Vermächtnisgegenstand nur der **Gattung** nach zu bestimmen. Es wird eine den Verhältnissen des Bedachten entsprechende Sache geschuldet.[126] Der Maßstab mittlerer Art und Güte gem. § 243 Abs. 1 BGB gilt nicht. Ohne besondere Anordnung hat der Beschwerte das Bestimmungsrecht. Der Erblasser hat jedoch die Möglichkeit, die Bestimmung auf den Bedachten oder einen Dritten zu übertragen.[127] Erfolgt die Bestimmung durch den Bedachten, findet § 2154 BGB entsprechend Anwendung. Da § 2169 BGB nur auf Stückvermächtnisse anwendbar ist, ist es unerheblich, ob sich der oder die zu übertragenden Gegenstände im Nachlass befinden. Der Erblasser kann jedoch die Gattung auf die Nachlassgegenstände im Rahmen eines sog. beschränkten Gattungsverhältnisses beschränken. Der § 2155 BGB findet über seinen Wortlaut hinaus auch auf Rechte (z.B. Wohnungsrecht) und Dienstleistungen Anwendung.[128] Strittig ist, ob ein Geldvermächtnis ein Gattungsvermächtnis ist.[129] Mit der h.M. ist ein Vermächtnis eigener Art zu bejahen.

59

Formulierungsbeispiel:[130] Mein Freund A erhält im Wege des Gattungsvermächtnisses 100 Flaschen italienischen Rotweins des Jahres 2003. Er darf sich den Wein selbst auswählen. Das Vermächtnis ist innerhalb eines Jahres nach dem Erbfall geltend zu machen und die Auswahl zu treffen. Andernfalls geht das Bestimmungs- und Auswahlrecht auf den Erben über.

5. Zweckvermächtnis (§ 2156 BGB)

Bei einem Zweckvermächtnis muss der Erblasser den von ihm verfolgten **Zweck** so genau bestimmen, dass sich aus dem dadurch bestimmten Grund der Zuwendung hinreichende Anhaltspunkte für die Ausübung des billigen Ermessens für den Beschwerten bzw. den Dritten ergeben.[131] Der Vermächtniszweck – z.B. die Finanzierung eines

60

---

124 Staudinger/*Otte*, § 2154 Rn. 10.
125 *Nieder*, Testamentsgestaltung, Rn. 293.
126 MünchKomm/*Schlichting*, § 2155 Rn. 4.
127 MünchKomm/*Schlichting*, § 2155 Rn. 5.
128 MünchKomm/*Schlichting*, § 2155 Rn. 2.
129 Dafür: MünchKomm/*Schlichting*, § 2155 Rn. 2; dagegen: Palandt/*Edenhofer*, § 2155 Rn. 1; Soergel/*Wolf*, § 2155 Rn. 2.
130 *Nieder*, Testamentsgestaltung, Rn. 294.
131 BayObLG NJW-RR 1999, 946.

Studiums als Ausgleich für den Verzicht auf einen Erbteil – muss aber zwingend wenigstens so bestimmt sein, dass sich für das billige Ermessen bei der Bestimmung der Leistung ausreichende Anhaltspunkte ergeben, die eventuell **gerichtlich nachprüfbar** sind. Die Mitteilung „um ihm Freude zu machen" ist nicht geeignet, Anhaltspunkt für das billige Ermessen zu sein.[132]

Für die Bestimmung der Leistung und die Ausübung des Bestimmungsrechts selbst gelten die §§ 315 bis 319 BGB. Eine Anfechtung der Bestimmungserklärung wegen Irrtums, Drohung oder arglistiger Täuschung steht dem Dritten nicht zu. Sie kann nur jeweils zwischen dem Bedachten und dem Beschwerten erklärt werden.

Der Erblasser muss sich nicht einmal bzgl. der Gattung des Vermächtnisgegenstandes festlegen. Nach § 2156 Satz 1 BGB kann der Erblasser den oder die Bedachten oder einem Dritten die Bestimmung des Vermächtnisgegenstandes überlassen. Somit bezieht sich das Bestimmungsrecht auf den **Gegenstand**, die **Zeit**, **Ort** und die **Zweckbestimmung der Leistung**. Die Person des Bedachten ist nicht vom Bestimmungsrecht umfasst. Ebensowenig die Bestimmung, ob der Bedachte überhaupt etwas erhalten soll.

Der Grundsatz des § 2065 BGB gilt analog für den Gegenstand, den der Bedachte erhalten soll. Der Dritte kann demnach nicht willkürlich irgendeinen Gegenstand oder eine Leistung bestimmen. Die Vorschrift selbst kann mit den Drittbestimmungsmöglichkeiten hinsichtlich der Person des Vermächtnisnehmers (§§ 2151 f. BGB) und deren Anteile (§ 2153 BGB) kombiniert und die Fälligkeit zudem in das Belieben des Beschwerten gestellt werden.[133]

> **Praxishinweis:**
> Beim Berliner Testament kann das Zweckvermächtnis dazu dienen, die steuerlichen Freibeträge zu nutzen. Der überlebende Ehegatte hat dabei die Möglichkeit, auf Veränderungen der Abkömmlinge zu reagieren und den Lebensunterhalt für sich zu sichern. Zu beachten ist, dass das Zweckvermächtnis zu einem früheren Zeitpunkt als dem Tod des Überlebenden fällig werden sollte, da ansonsten § 6 Abs. 4 ErbStG gelten würde.

> **Formulierungsbeispiel:**[134] Meinem Freund F vermache ich im Rahmen eines Zweckvermächtnisses aus meinem Nachlass den Betrag, den er zur Finanzierung einer Schiffsreise rund um die Welt in einem Kreuzfahrtschiff der Luxusklasse benötigt. Über die Einzelheiten entscheidet der Alleinerbe E.

6. Universalvermächtnis

61 Bei einem **Universalvermächtnis** wird der gesamte Nachlass unter der ausdrücklichen Bezeichnung als Vermächtnis zugewendet. **Folge** ist, dass im Übrigen die gesetzliche Erbfolge eintritt. Zu beachten ist, dass eine Bestimmung durch einen Dritten gem. § 2151 BGB möglich ist. Der Erblasser muss jedoch in der letztwilligen Verfügung die Auslegungsregel des § 2087 Abs. 1 BGB entkräften. Diese besagt, dass wenn der Erblasser seinen gesamten oder nahezu gesamten Nachlass zuwendet, **im Zweifel** darin

---

132 BayObLG NJW-RR 1999, 946.
133 *Bamberger/Roth/Müller-Christmann*, § 2156 Rn. 2; *Soergel/Wolf*, § 2156 Rn. 1.
134 *Nieder*, Testamentsgestaltung, Rn. 295.

eine **Erbeinsetzung** zu sehen ist. Diese Zuwendung ist auch für das Universalvermächtnis möglich.[135] Deshalb sollte der Erblasser in der letztwilligen Verfügung eine Regelung über die Erbfolge treffen. Des Weiteren hat der Universalvermächtnisnehmer die **Nachlassverbindlichkeiten** zu tragen.[136] Dies folgt daraus, dass er alle Aktiva und Passiva des Nachlasses übernimmt.[137]

Praxishinweis:
Bei einem Universalvermächtnis bleibt kein Nachlasswert. Demnach wird kein gesetzlicher Erbe die Erbschaft annehmen. Es sollte deshalb ein Testamentsvollstrecker eingesetzt werden.

Formulierungsbeispiel: Zugunsten meiner Tochter T ordne ich ein Vermächtnis dergestalt an, dass ihr mein gesamter beweglicher und unbeweglicher Nachlass zu Alleineigentum zu übertragen ist. An der gesetzlichen Erbfolge ändere ich nichts.

7. Nachvermächtnis (§ 2191 BGB)

a) Einführung

Beim Nachvermächtnis bestimmt der Erblasser, dass der Vermächtnisgegenstand zunächst dem **Vorvermächtnisnehmer** zugewendet wird. Nach dem Eintritt eines bestimmten Ereignisses oder Zeitpunkts fällt es dem Nachvermächtnisnehmer zu. Das Nachvermächtnis selbst ist in § 2191 BGB geregelt. Es folgt dabei sehr eingeschränkt den Regelungen der Nacherbfolge. Nach § 2191 Abs. 2 BGB finden die Vorschriften der §§ 2102, 2106 Abs. 1, 2107 BGB und des § 2110 Abs. 1 BGB Anwendung. Eine Surrogation nach Maßgabe des § 2111 BGB findet nicht statt.[138] Ein Auskunftsrecht nach § 2127 BGB besteht ebenso nicht.

Die **Anordnung** des **Nachvermächtnisses** sollte ausdrücklich erfolgen. Nach §§ 2102 Abs. 2, 2191 Abs. 2 BGB ist beim Fehlen einer ausdrücklichen Regelung, im Zweifel von einem Ersatzvermächtnis auszugehen. Der Nachvermächtnisnehmer wird sodann mit dem Erbfall direkt Ersatzvermächtnisnehmer. Das Nachvermächtnis ist ein Untervermächtnis, worauf die Vorschriften der §§ 2186 bis 2188 BGB Anwendung finden.[139] Der Nachvermächtnisnehmer erhält einen schuldrechtlichen Anspruch gegen den Vorvermächtnisnehmer auf Übergabe des vermachten Gegenstandes. Der Erblasser bestimmt, wann es anfällt. Insoweit handelt es sich um ein aufschiebend bedingtes oder befristetes Vermächtnis gem. § 2177 BGB.[140] Ist kein Zeitpunkt für den Anfall bestimmt, fällt es gem. §§ 2191 Abs. 2, 2106 Abs. 1 BGB mit dem Tod des ersten Vermächtnisnehmers an.

Nach § 2179 BGB hat der Nachvermächtnisnehmer ein **Anwartschaftsrecht** auf den späteren Erwerbsanspruch. Dieses gestattet ihm die Geltendmachung eines Schadensersatzanspruches gegen den Vorvermächtnisnehmer, falls diesen ein Verschulden trifft. Er ist vor dem Nachvermächtnisanfall nur über die §§ 160, 162, 2177, 2179 BGB ge-

---

135 Palandt/*Edenhofer*, Vor § 2147 Rn. 6; Staudinger/*Otte*, § 2151 Rn. 2.
136 *Nieder*, Testamentsgestaltung, Rn. 458.
137 Staudinger/*v. Olshausen*, § 2385 Rn. 10.
138 Staudinger/*Otte*, § 2191 Rn. 7.
139 MünchKomm/*Schlichting*, § 2191 Rn. 1.
140 *Nieder*, Testamentsgestaltung, Rn. 548, 557.

schützt.[141] Das Anwartschaftsrecht ist – sofern § 2174 BGB nicht entgegensteht – übertragbar, verpfändbar und vererblich.[142]

b) Gegenstand des Nachvermächtnisses

63 Inhalt des Nachvermächtnisses ist der **Gegenstand des Vorvermächtnisses**. Bei einem Inbegriff von Sachen kann dies problematisch sein. Bei der vermächtnisweisen Zuwendung von Geld- oder Barvermögen ist es genügend, wenn dem Vorvermächtnisnehmer eine gleich hohe Summe zugewendet wird.[143] Zulässig ist auch ein Nachvermächtnis auf den „Überrest", d.h. dass der Nachvermächtnisnehmer noch das Überbleibsel des Vermächtnisses erhält.[144] Bei einem Grundstückvermächtnis ist der Anspruch des Nachvermächtnisnehmers nach dem Eintritt des Erbfalls vormerkungsfähig,[145] wenn der Vorvermächtnisnehmer gem. § 39 GBO im Grundbuch eingetragen ist.[146] Ist der Gegenstand des Vermächtnisses bereits zu **Lebzeiten** auf den Vermächtnisnehmer übertragen worden und bestimmt der Erblasser in seinem Testament über genau diesen Gegenstand ein Nachvermächtnis, so ist dieses Nachvermächtnis wirksam angeordnet worden.[147]

c) Unterschied zur Vor- und Nacherbschaft

64 Der Nachvermächtnisnehmer erhält im Gegensatz zur Vor- und Nacherbfolge nur einen **schuldrechtlichen Anspruch** gegenüber dem Vorvermächtnisnehmer, der in den Nachlass des Vorvermächtnisnehmers fällt. Somit hat der Nachvermächtnisnehmer keine dem Nacherben vergleichbare Rechtsposition. Der Nachvermächtnisanspruch wirkt nicht dinglich. Der Nachvermächtnisnehmer tritt dadurch in Konkurrenz zu anderen Nachlassgläubigern des Vorvermächtnisnehmers.

Formulierungsbeispiel:[148] Im Wege des Vorvermächtnisses vermache ich meiner Frau F meine Eigentumswohnung in … eingetragen im Wohnungsgrundbuch von … Nr. … Flurstück Nr. … . Meine Tochter T … bestimme ich hinsichtlich der vorbezeichneten Eigentumswohnung zur Nachvermächtnisnehmerin. Das Nachvermächtnis fällt mit dem Tod meiner Ehefrau an. Ich vermache des Weiteren die Verpflichtung der Vorvermächtnisnehmerin mit, nach dem Erbfall das Anwartschaftsrecht meiner Tochter T hinsichtlich der vorbezeichneten Eigentumswohnung durch eine Vormerkung im Grundbuch sichern zu lassen. Das Anwartschaftsrecht meiner Tochter T ist weder vererblich, verpfändbar noch übertragbar. Sollte meine Tochter T als Nachvermächtnisnehmerin vor oder nach dem Erbfall entfallen, bestimme ich, entgegen jeder anders lautenden gesetzlichen oder richterlichen Vermutungs- oder Auslegungsregel, die Abkömmlinge meiner Tochter zu Ersatzvermächtnisnehmern.

---

141 Palandt/*Edenhofer*, § 2191 Rn. 3.
142 MünchKomm/*Schlichting*, § 2179 Rn. 7.
143 Staudinger/*Otte*, § 2191 Rn. 2.
144 *Bengel*, NJW 1990, 1829; *Werkmüller*, ZEV 1999, 344 f.
145 BayObLG MittBayNot 1981, 72.
146 LG Stuttgart ZEV 1999, 144.
147 OLG Frankfurt ZEV 1997, 295.
148 *Scherer/Hennicke*, MAH Erbrecht, § 19 Rn. 4.

8. Aufschiebend bedingtes Herausgabevermächtnis

Das aufschiebend bedingte Herausgabevermächtnis ist ein **Unterfall** des **Nachvermächtnisses**. Es dient dazu, die Verfügungsbeschränkungen der Vor- und Nacherbschaft obsolet werden zu lassen, um Kosten zu sparen und eine eventuelle gegenständliche Beschränkung zu erreichen. Es dient hauptsächlich dazu, den „Rest" des Nachlasses an eine bereits bestimmte dritte Person weiter zu vermachen.

Eine **unentgeltliche Verfügung**, die bei der Vor- und Nacherbschaft nicht möglich ist, kann beim Herausgabevermächtnis zugelassen werden. Des Weiteren kann es auf den Tod des beschwerten Erben mit der aufschiebenden Bedingung verknüpft werden, dass der Vermächtnisgegenstand bzw. der Vermächtniswert noch im Nachlass beim Ableben des Erben vorhanden ist.[149] Der Erbe ist dann über die Verfügung der Nachlassgegenstände völlig frei. Das Herausgabevermächtnis wird im Gegensatz zur Nacherbschaft nicht im Grundbuch eingetragen. Das Herausgabevermächtnis selbst kann sich auf den gesamten Nachlass (= Universalvermächtnis) oder auch auf einzelne Nachlassgegenstände oder Vermögensgruppen beziehen.

Die Ausgestaltung bedarf besonderer Sorgfalt, da eine gesetzliche Regelung fehlt. Es ist zu regeln, ob analog § 2111 BGB **Surrogation** gelten soll oder ob der Erbe zur Substanzerhaltung verpflichtet ist bzw. ob er auch unentgeltliche Verfügungen vornehmen darf. Hinsichtlich des Anfalls des Herausgabevermächtnisses kann es abweichend von der gesetzlichen Regelung des Todes des Erben von einer Bedingung (z.B. Wiederheirat) oder einer Befristung abhängig gemacht werden. Mit dem Anfall entsteht gem. § 2179 BGB eine Anwartschaft. Hier muss geregelt werden, ob diese Anwartschaft vererblich oder pfändbar ist. Das Herausgabevermächtnis kann mit einem Bestimmungsvermächtnis gem. § 2151 BGB verknüpft werden. Die 30-Jahre-Grenze des § 2162 BGB ist normalerweise kein Problem, da die Ausnahmeregelung des § 2163 BGB mit dem Tod des Erben eintritt. Im Testament ist noch sicher zu stellen, ob Sicherungsmittel wie eine Auflassungsvormerkung und Auskunftsansprüche mit vermacht sind.

> **Formulierungsbeispiel:** Ich setze meinen Sohn S zu meinem alleinigen Vollerben ein. Beim Tode meines Sohnes S geht das, was von meinem Nachlass noch übrig ist, auf dessen Abkömmlinge nach den Regeln der gesetzlichen Erbfolge über. Die Abkömmlinge meines Sohnes S werden nicht Nacherben, sondern erhalten den Rest meines Nachlasses als aufschiebend bedingtes Herausgabevermächtnis, das erst mit dem Tod meines Sohnes S anfällt und fällig wird. Das Anwartschaftsrecht ist nicht übertragbar und vererblich. Mein Sohn S ist berechtigt, unbeschränkt über meinen Nachlass, auch unentgeltlich, zu verfügen. Die Vermächtnisnehmer haben bis zum Anfall des Vermächtnisses keinerlei Ansprüche gegen meinen Sohn S auf Auskunft oder Inventarisierung sowie nicht auf eine Sicherheitsleistung oder dingliche Sicherung, wie z.B. eine Vormerkung. Zum Vermächtnis gehören alle Surrogate i.S.v. § 2111 BGB. Mein Sohn S hat keinen Anspruch auf Verwendungsersatz.

9. Rückvermächtnis

Das **Rückvermächtnis** ist als Unterfall des Nachvermächtnisses zu qualifizieren. Ein Rückvermächtnis liegt vor, wenn der Erblasser verfügt hat, dass bei Eintritt einer Be-

---

149 *Müller*, ZEV 1996, 179, 181.

dingung oder einer Befristung der Vermächtnisnehmer den vermachten Gegenstand an dem mit dem Vermächtnis Beschwerten zurück zu übertragen hat.[150]

10. Auflagenvermächtnis

67   Auch der Vermächtnisnehmer kann mit einer **Auflage** gem. §§ 2192 ff. BGB belegt werden. Die Auflage gewährt keinen eigenen Leistungsanspruch des Begünstigten. Durch die Auflage wird lediglich der Vermächtnisnehmer beschwert.[151] Gegenstand der Auflage kann ein **Tun oder Unterlassen** sein. Will der Erblasser sicher gehen, dass die Auflage erfüllt wird, bietet sich die Testamentsvollstreckung an.

> **Formulierungsbeispiel:** Meinem Freund F vermache ich € 50.000,– mit der Auflage, dass dieser mein Grab standesgemäß und regelmäßig innerhalb der 25jährigen Liegezeit pflegt und mit der ortsüblichen Bepflanzung versieht.

11. Haupt- und Untervermächtnis

68   Ist ein dem Vermächtnisnehmer zugewendetes Vermächtnis selbst wiederum mit einem Vermächtnis oder einer Auflage beschwert, so liegt gem. § 2187 BGB ein Hauptvermächtnis vor. Dem Hauptvermächtnisnehmer steht dabei ein **Erfüllungsverweigerungsrecht** insoweit zu, als das ihm zugewandte Vermächtnis zur Erfüllung nicht ausreichend ist. Abzustellen ist dabei darauf, was der Hauptvermächtnisnehmer erhält und nicht das, was er zu erhalten hätte, wenn das Vermächtnis ordentlich erfüllt worden wäre.[152] Die Erfüllungsverweigerung ist nach § 1992 BGB geltend zu machen. Dies gilt auch, wenn gem. § 2161 Abs. 2 BGB ein anderer an die Stelle des Hauptvermächtnisnehmers tritt (§ 2187 Abs. 2 BGB).

Eine **gesetzliche Regelung** des Untervermächtnisses liegt nicht vor. Die Vorschriften §§ 2147, 2186 BGB gehen jedoch von der Existenz eines solchen aus. Gesetzlicher Anwendungsfall ist das Nachvermächtnis (§ 2191 BGB). Der Erblasser muss beachten, dass der Wert des Untervermächtnisses nicht über dem Wert des Hauptvermächtnisses liegt. Im Gegensatz zum Nachvermächtnis müssen hier Haupt- und Untervermächtnis nicht identisch sein. Das Untervermächtnis wird gem. § 2186 BGB erst fällig, wenn der Hauptvermächtnisnehmer seinerseits die Erfüllung verlangen kann. § 2186 BGB benennt dabei den frühest möglichen Termin. Der Erblasser kann daher in der letztwilligen Verfügung die Fälligkeit des Untervermächtnisses für einen späteren Zeitpunkt anordnen.

Das **Untervermächtnis** selbst ist **keine Nachlassverbindlichkeit**.[153] Etwas anderes gilt nur, wenn der Vermächtnisnehmer ausschlägt und der Erbe dadurch unmittelbar beschwert ist. Es bleibt dann allerdings die Haftungsregel des § 2187 BGB und die eventuell bestehenden Einreden der Vorschriften §§ 2014 f. BGB.[154] Wurde das Hauptvermächtnis vorzeitig durch den Erben erfüllt, bleibt § 2186 BGB anwendbar.[155]

---

150   BayObLG Rpfleger 1981, 190; OLG Frankfurt ZEV 1997, 295.
151   MünchKomm/*Frank*, § 2192 Rn. 3; Palandt/*Edenhofer*, § 2192 Rn. 3.
152   Staudinger/*Otte*, § 2187 Rn. 2; *Brox*, Erbrecht, Rn. 436.
153   MünchKomm/*Schlichting*, § 2186 Rn. 3.
154   *Damrau/Linnartz*, § 2186 Rn. 3.
155   OLG Frankfurt ZEV 1997, 295.

> **Formulierungsbeispiel:** Hiermit vermache ich meinem besten Freund F € 50.000,–. Ich belaste ihn mit einem Untervermächtnis für dessen Sohn S dergestalt, dass er seinem Sohn S und sich je eine Jahreskarte für den Fußballbundesliga-Lieblingsverein seines Sohnes S in der nach meinem Tod beginnenden Bundesligasaison kaufen und mit seinem Sohn S dann jedes Heimspiel dieser Saison besuchen muss.

12. Vorausvermächtnis (§ 2150 BGB)

Nach § 2150 BGB liegt ein **Vorausvermächtnis** vor, wenn die vermächtnisweise Zuwendung eines Gegenstandes oder Rechtes an einen der Miterben oder den Alleinerben vorliegt. Will der Erblasser einen der Miterben wertmäßig besser stellen, kann er dies durch Anordnung eines Vorausvermächtnisses erreichen. Der Erbe erhält somit einen Vermögensvorteil, den er sich nicht auf seinen Erbteil anrechnen lassen muss. Zur weiteren Erläuterung des Vorausvermächtnisses vgl. Rn. 9.

69

13. Erlass- oder Befreiungsvermächtnis

Auch das Erlassvermächtnis ist nicht explizit geregelt. Nach § 2173 Satz 2 BGB kann der Erblasser eine dem Vermächtnisnehmer gegenüber dem Erblasser bzw. dem Beschwerten vorliegende Schuld erlassen. Der Vermögensvorteil ist die Befreiung von der Verbindlichkeit, der Erlass der Forderung. Die Verbindlichkeit ist dann nicht mehr von den Erben bzw. dem Beschwerten als Nachlassverbindlichkeit geltend zu machen, sondern es tritt gem. § 397 BGB die Erlasswirkung zugunsten des Vermächtnisnehmers ein. Die **Befreiung** tritt aber **nicht automatisch mit dem Erbfall** ein, da auch hier das Vermächtnis keine dingliche Wirkung hat.[156] Jedoch kann der Vermächtnisnehmer eventuell Freigabe der Sicherheiten für die erlassene Schuld oder eine Quittung bzw. die Rückgabe des Schuldscheines verlangen.[157] Ist es eine Schuld des Vermächtnisnehmers gegenüber einem Dritten, ist der Beschwerte verpflichtet, den Vermächtnisnehmer von dieser Schuld durch Zahlung, Aufrechnung oder sonst wie zu befreien.[158]

70

> **Formulierungsbeispiel:** Ich habe meinem besten Freund F ein Darlehen i.H.v. € 10.000,– gewährt. Im Falle meines Todes soll meinem Freund F diese Schuld im Wege eines Vermächtnisses erlassen werden.

14. Schuldvermächtnis (§ 2173 Satz 2 BGB)

Schuldet der Erblasser dem Vermächtnisnehmer ohnehin etwas und vermacht der Erblasser dem Vermächtnisnehmer dieses, so liegt der Vermögensvorteil in einem **Schuldanerkenntnis**. Folge ist, dass der Vermächtnisnehmer nicht mehr den Beweis des Bestehens der Forderung führen muss.[159] Die Erben können anschließend die Erfüllung nicht mehr verweigern. Ist der Erblasser irrtümlich vom Bestehen einer Forderung ausgegangen, kann der Beschwerte nach § 2078 Abs. 2 BGB die Anordnung anfechten.[160] Hat der Erblasser die Forderung bereits vor dem Erbfall getilgt, ist das Schuld-

71

---

156 BGH FamRZ 1964, 140.
157 MünchKomm/*Schlichting*, § 2173 Rn. 7.
158 Palandt/*Edenhofer*, § 2173 Rn. 4.
159 BGH WM 1985, 1206; Palandt/*Edenhofer*, § 2173 Rn. 5.
160 *Lange/Kuchinke*, Erbrecht, § 29 V Fn. 241.

vermächtnis unwirksam (§ 2171 BGB).[161] Die Bestätigung einer unwirksamen Schenkung in einer letztwilligen Verfügung kann jedoch als Vermächtnis ausgelegt werden.[162]

> **Formulierungsbeispiel:** Mein bester Freund F hat mir ein Darlehen i.H.v. € 10.000,– gewährt. Dieses Darlehen soll im Wege eines Vermächtnisses anerkannt werden und im Wege eines Vermächtnisses soll ihm diese Darlehensschuld aus dem Nachlass zurück bezahlt werden.

15. Ersatzvermächtnis (§ 2190 BGB)

72 Das Ersatzvermächtnis ist gem. § 2190 BGB die Anordnung des Erblassers, dass das Vermächtnis einem anderen zugewendet werden soll, wenn der zunächst Bedachte das Vermächtnis nicht erwirbt. Es finden dann die für die Einsetzung eines Ersatzerben geltenden Vorschriften der §§ 2097 bis 2099 BGB entsprechende Anwendung. Der § 2190 BGB greift im Gegensatz zum Nachvermächtnis nach § 2191 BGB nur ein, wenn zunächst ein Anderer das Vermächtnis nicht erwirbt. Diese Fallgestaltung liegt vor, wenn das Vermächtnis beim zunächst Bedachten nicht i.S.d. § 2176 BGB anfällt. Dies ist z.B. beim Vorversterben des Bedachten (§ 2160 BGB), bei dessen Ausschlagung des Vermächtnisses (§ 2180 BGB) oder bei dessen Verzicht (§ 2353 BGB) gegeben. Die **Ersatzvermächtnisberufung** kann gem. § 2069 BGB auch stillschweigend erfolgen. Dies wird gem. § 2069 BGB vermutet, wenn der zunächst Bedachte ein Abkömmling des Erblassers ist und nach Testamentserrichtung wegfällt. Dann werden dessen Erben Ersatzvermächtnisnehmer.[163] Im Einzelfall kann die Ersatzvermächtnisnehmerberufung auch über die Auslegungsregel des § 2069 BGB hinaus, kraft Auslegung anzunehmen sein.[164] Für den Anfall des Nachvermächtnisses gelten die allg. Regeln des Anfalls eines Vermächtnisses. Über die Bestimmungen der §§ 2102 Abs. 1, 2191 Abs. 2 BGB stellt die Einsetzung eines Nachvermächtnisnehmers im Zweifel die Einsetzung eines Ersatzvermächtnisnehmers dar.[165]

> **Formulierungsbeispiel:** Sollte mein Freund F als Vermächtnisnehmer vorverstorben sein oder in sonstiger Weise wegfallen (z.B. durch Ausschlagung etc.) bestimme ich, dass mein weiterer Freund G Ersatzvermächtnisnehmer wird.

16. Pflichtteilsvermächtnis

73 Ein Pflichtteilsvermächtnis liegt vor, wenn ein Geldbetrag i.H.d. Pflichtteilsanspruchs vermacht wird. Durch Auslegung des § 2304 BGB ist im Zweifel zu entscheiden, ob der Erblasser eine **Pflichtteilsverweisung** oder Vermächtniszuwendung gewollt hat. Entscheidend ist, ob der Erblasser begünstigen wollte, dann liegt ein Vermächtnis vor, oder ob der Erblasser dem Pflichtteilsberechtigten nur das belassen wollte, was er ihm nach dem Gesetz nicht entziehen konnte.[166]

---

[161] *Planck/Flad*, § 2173 Rn. 3b.
[162] RGZ 82, 149.
[163] Staudinger/*Otte*, § 2190 Rn. 5; *Nieder*, ZEV 1996, 241, 248.
[164] BayObLG FamRZ 1997, 1179.
[165] Staudinger/*Otte*, § 2190 Rn. 5.
[166] BGH ZEV 2004, 374, 375; OLG Nürnberg FamRZ 2003, 1229; *Nieder*, Testamentsgestaltung, Rn. 507.

C. Vermächtnisgegenstand (Inhalt)

Praxishinweis:
Die Geltendmachung auf Geldzahlung gerichteter Pflichtteilsansprüche, die sofort mit dem Erbfall fällig werden, können durch eine testamentarische Miterbeinsetzung mit einer Quote nicht höher als die Pflichtteilsquote vermieden werden. Dem pflichtteilsberechtigten Miterben verhilft dann eine anschließende Ausschlagung auch nicht zu seinem Pflichtteil. Einzig die angeordneten Beschränkungen und Beschwerungen fallen gem. § 2306 Abs. 1 Satz 1 BGB weg.

Formulierungsbeispiel: Im Wege eines Vermächtnisses vermache ich meiner Tochter T einen Geldbetrag in Höhe ihres Pflichtteilsanspruchs.

17. Quotenvermächtnis

Ein Quotenvermächtnis liegt vor, wenn dem Bedachten ein **Bruchteil** des Nachlasswertes, z.B. vom Barerlös des nach dem Abzug der Nachlassverbindlichkeiten verbleibenden Nachlassrestes, vermacht ist.[167] Hierbei ist jedoch eventuell eine Abgrenzung zu einer Erbeinsetzung gem. § 2087 BGB vorzunehmen. Zu beachten ist, dass der Erblasser ausdrücklich regeln sollte, welche Komponenten der Barnachlass beinhaltet.

Formulierungsbeispiel: Im Wege eines Vermächtnisses vermache ich meinem Freund F einen Anteil von 1/3 des sich nach Abzug der Nachlassverbindlichkeiten ergebenden Barnachlassrestes. Unter den Barnachlass fallen mein Sparguthaben und mein Giroguthaben meiner Konten bei der A-Bank.

C. Vermächtnisgegenstand (Inhalt)

I. Einführung

Der konkrete **Inhalt** oder **Gegenstand** des Vermächtnisses ist von den Vermächtnisformen zu unterscheiden. Inhalt eines Vermächtnisses kann alles sein, was Inhalt einer Leistung sein kann. Die Vorschrift des § 1939 BGB bestimmt, dass es sich um einen Vermögensvorteil handeln muss. Der Begriff Vermögensvorteil ist weit auszulegen. Ein Vermögensvorteil setzt keine Bereicherung im wirtschaftlichen Sinne voraus, sondern lediglich die Begünstigung des Bedachten. In § 2169 BGB z.B. wird zwar vom Gegenstandsvermächtnis gesprochen, jedoch ist Gegenstand i.S.v. § 2169 BGB auch ein Recht und nicht nur eine Sache gem. § 90 BGB. Zu beachten ist, dass der Erblasser bei der Inhaltsbestimmung des Vermächtnisses weitgehend frei ist.

II. Sachvermächtnis (Gegenstandsvermächtnis)

1. Einführung

Das **Sachvermächtnis** ist nachfolgend die vermächtnisweise Zuwendung einer Sache gem. § 90 BGB. Dies können ein Grundstück, ein PKW oder sonstige Gegenstände sein. Zu beachten ist, dass der vermachte Gegenstand bis zum Eintritt des Erbfalls eventuell nicht mehr im Nachlass vorhanden ist. Es ist dann anerkannt, dass bei Ver-

---

167 BGH NJW 1960, 1759; BGH WM 1978, 377.

äußerung des Gegenstandes seitens des Erblassers dem Vermächtnisnehmer der Veräußerungserlös als vermacht gilt. Dies gilt insbesondere, wenn es dem Erblasser darauf ankam, dem Vermächtnisnehmer eine wertmäßige Zuwendung zu vermachen und die Sache an sich nicht im Vordergrund stand. Problematisch ist weiter, wenn die vermachte Sache vor dem Erbfall untergegangen ist, beschädigt wurde bzw. wenn eine Verbindung oder Vermischung (§§ 946 bis 948 BGB) mit einer anderen Sache stattgefunden hat. Zu beachten ist weiterhin, dass bei einem Gegenstandsvermächtnis die Sache genau bezeichnet wird. Auch sollte der Auslegungsregel des § 2164 BGB genüge getan werden und deshalb geregelt werden, ob das Zubehör gem. §§ 97, 98 BGB vom Vermächtnis mit umfasst ist.

2. Vermächtnisweise Zuwendung eines Grundstücks

a) Einführung

77 Wird ein Grundstück vermächtnisweise zugewandt, ist es unbedingt erforderlich, dass eine ganz genaue **Grundbuchbezeichnung** getätigt wird. Häufig wissen die Erblasser nicht, was der genaue Inhalt des Grundbuchs bzgl. des Grundstücks ist. Nur mit einem aktuellen Grundbuchauszug können die Eigentumsverhältnisse und Belastungen abschließend geklärt werden.

> **Praxishinweis:**
> Stellt das Grundstück den wesentlichen Teil der Nachlassmasse dar, ist im Hinblick auf die Abgrenzung zur Erbeinsetzung eine klarstellende Formulierung zu empfehlen.

b) Kosten- und Lastentragung

78 Hat der Erblasser nichts angeordnet, dann hat der Beschwerte die Kosten der Vermächtniserfüllung zu tragen.[168] Dies beinhaltet u.a. Notarkosten und die Kosten der Grundbuchberichtigung. Die **Lastentragung** (§§ 2165 bis 2168 BGB) sollte ebenso im Vermächtnis geregelt werden. Vielfach sind im Grundbuch Verbindlichkeiten eingetragen und es kann zu Auslegungsschwierigkeiten kommen, ob der Erbe oder der Bedachte diese zu tragen haben. Hier sind die den Grundpfandrechten zu Grunde liegenden Kreditverträge einzusehen. Bei Grundstücken gilt die Sonderregelung des § 2182 Abs. 3 BGB. Demnach haftet im Zweifel der Beschwerte bei einem Grundstücksvermächtnis nicht für die Freiheit des Grundstücks von Grunddienstbarkeiten, beschränkten persönlichen Dienstbarkeiten und Reallasten.

> **Praxishinweis:**
> Soll der Erbe verpflichtet werden, ein lastenfreies Grundstück zu übertragen, muss der Erblasser dies im Vermächtnis abschließend regeln.

3. Vermächtnisweise Zuwendung einer Eigentumswohnung

79 Auch ein Miteigentumsanteil und das Sondereigentum können Gegenstand eines Vermächtnisses sein. Beides ist genau zu bezeichnen. Bei mehreren Vermächtnisnehmern ist gem. §§ 2091, 2157 BGB, § 47 GBO das Bruchteilsverhältnis anzugeben.

---

168 BGH NJW 1963, 1602.

III. Vermächtnisweise Zuwendung von Geld

1. Einführung

Bei vermächtnisweiser Zuwendung eines bestimmten **Geldbetrags** kann der Erblasser sich mehrerer Möglichkeiten bedienen. Er kann einen bestimmten Geldbetrag zuwenden. Er kann ebenso dem Bedachten vermächtnisweise eine Quote am gesamten Nachlasswert überlassen. Problematisch ist meistens, was der Erblasser unter Geld- oder Barvermögen verstanden hat.

80

2. Vermächtnis eines bestimmten Geldbetrags

Wird ein bestimmter Geldbetrag im Testament als Vermächtnis angeordnet, gilt es zu regeln, ob dieser Betrag zum Zeitpunkt des Erbfalls an den **Wertverfall** angepasst werden soll. Eine Indexklausel – z.B. der Verbraucherpreisindex – sollte insbesondere angeordnet werden, wenn der Erbfall aller Wahrscheinlichkeit nach erst in ferner Zukunft eintreten wird.

81

Des Weiteren sollte bedacht werden, wenn sich der Wert der Nachlassmasse bis zum Erbfall wesentlich verändern wird, sei es, dass er unter den Wert des konkreten Vermächtnisbetrags fällt, sei es, dass er erheblich steigt. Hier bietet sich eine aktuelle Angabe des Wertes der Nachlassmasse mit einer entsprechenden Anpassungsklausel für die Höhe beim Eintritt gewisser Veränderungen an.

3. Wertmäßiges Geldvermächtnis

Das Geldvermächtnis kann sich auch am Wert des Nachlasses zum Zeitpunkt des Erbfalls ausrichten. Dies kann als **Bruchteilsquote** oder **in Prozent** festgelegt werden. Dabei sollte festgelegt werden, ob das Vermächtnis aus dem Aktivnachlass oder aus dem Nachlass nach dem Abzug der Passiva berechnet werden muss. Dabei sollten die Passiva definiert werden. Ebenso sollte gem. § 2318 BGB berücksichtigt werden, ob die Pflichtteilsansprüche bei der Berechnung mit einfließen.

82

4. Definition des Geldvermögens

Oft besteht die Auslegungsschwierigkeit, was der Erblasser unter dem Begriff „**Geldvermögen**" verstanden hat. Es kann das hinterlassene Barvermögen davon umfasst sein. Es kann jedoch auch das Bankvermögen mitsamt Girokonten und Sparbüchern umfassen. Ebenso können leicht in Geld verwandelbare Sparbriefe, Wertpapiere und Aktien gemeint sein. Auch Goldbarren, soweit überhaupt vorhanden, können hierunter fallen. Deshalb sollte alles, was unter diesen Begriff fallen soll, seitens des Erblassers definiert werden.

83

> **Formulierungsbeispiel:** Ich vermache meinem besten Freund F im Wege des Vermächtnisses einen Geldbetrag i.H.v. 10 Prozent des Nachlasswertes zum Zeitpunkt des Erbfalls. Das Vermächtnis ist aus dem Aktivnachlass abzüglich der Erbfallschulden und Erblasserschulden und eines geltend gemachten Zugewinnausgleichsanspruchs zu berechnen. Geltend gemachte Pflichtteilsansprüche sind nicht abzuziehen. Fällt mein Freund F vor oder nach dem Erbfall weg, dann bestimme ich entgegen jeder anders lautenden gesetzlichen oder richterlichen Auslegungs- und Vermutungsregel keinen Ersatzvermächtnisnehmer.

IV. Forderungsvermächtnis

84 Bei einem **Forderungsvermächtnis** erlangt der Bedachte gegen den Beschwerten den Anspruch auf Übertragung der vermachten Forderung nach § 398 BGB nebst Zinsen gem. § 2184 BGB und etwaiger Nebenrechte gem. §§ 401, 402 BGB. Hierunter fallen z.B. Bankguthaben und Hypothekenforderungen. Ist die Forderung wie z.B. beim Sparbuch verbrieft, ist im Anspruch auch die Übertragung der Schuldurkunde enthalten. Die Forderung selbst muss abtretbar sein bzw. es darf kein Abtretungsverbot vorliegen. Der Beschwerte hat die Forderung so zu übertragen, wie sie im Zeitpunkt des Erbfalles bestand.[169] Zu beachten ist die Vorschrift des § 2173 BGB. Diese besagt gem. § 2173 Satz 1 BGB, dass im Zweifel dem Bedachten der Forderungsgegenstand als vermacht gilt, wenn die Leistung vor dem Erbfall erfolgte und der Gegenstand sich noch im Nachlass befindet. War die Forderung auf die Zahlung einer Geldsumme gerichtet, gilt im Zweifel die entsprechende Geldsumme als vermacht, auch wenn sich eine solche in der Erbschaft nicht vorfindet (§ 2173 Satz 2 BGB). Wird ein gesamtes Wertdepot vermacht, gilt die Regelung des § 2184 BGB, da ein Stückvermächtnis vorliegt. Werden nur Teile des Depots zugewendet, liegt ein beschränktes Gattungsvermächtnis vor.[170]

V. Nießbrauchsvermächtnis

1. Einführung

a) Begriff

85 Der Erblasser kann einer Person alle **beschränkt dinglichen Rechte** des Sachenrechts einräumen. Er ist nicht auf die Zuwendung der Substanz des Vermögens oder eines dinglichen Vollrechts beschränkt. Ohne weitere Anordnung ist der Erbe verpflichtet, dem Vermächtnisnehmer den Nießbrauch zu bestellen (§§ 1085, 1089 BGB).[171] Die vermächtnisweise Zuwendung des Nießbrauchs ist vielfältig möglich. Der Nießbrauch kann am gesamten Nachlass, an einzelnen Nachlassgegenständen, an einzelnen oder allen Erbteilen bei einer Erbengemeinschaft angeordnet werden. Er bietet sich vor allem i.R.d. Unternehmensnachfolge an, wenn die Kinder noch nicht das Alter zum Führen des Unternehmens besitzen. Auch kann er eingesetzt werden, um nahe Verwandte zu versorgen. Beim Nießbrauch muss zwischen **dinglichem** und **schuldrechtlichem Nießbrauch** unterschieden werden. Es ist deshalb zu prüfen, ob das Nießbrauchsvermächtnis ein beschränkt dingliches Recht oder nur ein schuldrechtliches Nutzungsrecht umfassen soll.[172]

b) Inhalt des Nießbrauchs

86 Laut Definition ist der Nießbrauch ein unvererbliches und grundsätzlich unübertragbares dingliches Recht mit dem Inhalt, eine Sache in Besitz zu nehmen, zu verwalten, zu bewirtschaften und sämtliche Nutzungen an der Sache zu ziehen, §§ 1030 Abs. 1,

---

169 MünchKomm/*Schlichting*, § 2174 Rn.13.
170 *Hardt*, ZErb 2000, 103.
171 MünchKomm/*Grunsky*, § 2100 Rn. 10.
172 Staudinger/*Frank*, Vor § 1030 Rn. 19.

1036, 1059, 1061 BGB. Der Eigentümer des belasteten Grundstücks muss die Nutzung dulden. Zu einer eigenen Leistung ist er grundsätzlich nicht verpflichtet.[173]

2. Gegenstand des Nießbrauchs

Laut Gesetz gibt es einen Nießbrauch an Sachen (§§ 1030 bis 1067 BGB), an Rechten (§§ 1068 bis 1084 BGB), an Vermögen (§§ 1085 bis 1088 BGB) und an einer Erbschaft als Sachgesamtheit (§ 1089 BGB). Der § 1066 BGB bestimmt, dass ein Nießbrauch an einem ideellen Bruchteilsmiteigentumsanteil bestellt werden kann. Ein sog. **Quotennießbrauch** liegt vor, wenn der komplette Gegenstand mit einem Nießbrauch belastet ist, der Nießbraucher jedoch nur eine bestimmte Quote der Nutzungen erhält.[174] Besitz- und Verwaltungsrecht stehen dann dem Nießbraucher und dem Eigentümer gemeinsam zu.

87

Formulierungsbeispiel: Im Wege des Vorausvermächtnisses – demnach ohne eine Pflicht zum Wertausgleich – wende ich meinem Sohn S das Zweifamilienhaus in …, eingetragen im Grundbuch von …, Band Nr. …, Flurstück-Nr. …, zu. Er wird mit folgendem Untervermächtnis beschwert: Meine Tochter T erhält für die Dauer von 10 Jahren ab meinem Tod den Nießbrauch an dem Gebäudegrundstück in der Weise, dass ihr die Hälfte der Erträge zustehen. Die Lastentragungsverteilung zwischen S und T richtet sich nach dem Gesetz.

3. Nießbrauch als gesetzliches Schuldverhältnis

Der Nießbrauch lässt ein gesetzliches Schuldverhältnis zwischen dem Nießbraucher und dem Eigentümer entstehen. Davon ist das zugrunde liegende Schuldverhältnis zwischen dem nießbrauchsberechtigten Vermächtnisnehmer und dem Erben streng zu unterscheiden. Dieses hat als einseitiges Schuldverhältnis die Einräumung des Nießbrauchs zum Inhalt.

88

4. Nießbrauch an Sachen

a) Rechte des Nießbrauchsberechtigten

aa) Einführung

Zwischen dem Nießbraucher und dem Eigentümer entsteht ein gesetzliches Schuldverhältnis. Der Nießbraucher hat das Recht, die Nutzungen aus dem Gegenstand zu ziehen. Er ist gem. § 1063 Abs. 1 BGB zum **Besitz** der **Sache** berechtigt. Bei verbrauchbaren Sachen wird der Nießbraucher gem. § 1067 BGB Eigentümer dieser Sachen. Schuldrechtlich kann gem. § 1059 Satz 2 BGB einem Dritten die Ausübung des Nießbrauchs überlassen werden. Dies beinhaltet die Vermietung, Verpachtung oder die unentgeltliche Überlassung ohne Zustimmung des Eigentümers. Dies ist jedoch anfänglich oder nachträglich abdingbar.[175] Bis zur Bestellung des Nießbrauchs hat der Vermächtnisnehmer lediglich einen obligatorischen Anspruch auf Bestellung des Nießbrauchs. Hat der Erblasser ihm nicht gleichzeitig durch eine postmortale Vollmacht unter Befreiung von § 181 BGB oder durch Testamentsvollstreckeranordnung die Befugnis zur Bestellung des Nießbrauchs eingeräumt, kann der Nießbrauch-

89

---

173 BayObLG DNotZ 1973, 299.
174 BayObLG DNotZ 1974, 21.
175 BGHZ 95, 99.

vermächtnisnehmer als Nachlassgläubiger gem. § 1981 Abs. 2 BGB die Nachlassverwaltung beantragen.

bb) Recht zur Nutznießung

90 Der Nießbraucher ist berechtigt, alle **Nutzungen** des sich aus einer ordnungsgemäßen Wirtschaft ergebenden Reinertrags zu ziehen. Die Regelung, was unter dem Reinertrag zu verstehen ist, sollte jedoch unbedingt in der letztwilligen Verfügung von Todes wegen geregelt werden. Ohne Regelung sollte der betriebswirtschaftliche Reingewinn die Determinante sein.[176]

cc) Kein Verfügungsrecht

91 Der **Nießbrauch** ist gem. § 1059 Satz 1 BGB nicht übertragbar. Ein Verfügungsrecht des Nießbrauchers über den Nachlassgegenstand kann nur dergestalt aussehen, dass der Nießbrauchsberechtigte mit einer trans- oder postmortalen Vollmacht zur Verfügung über den Gegenstand ermächtigt wird oder dass der Erblasser den Nießbrauchsberechtigten zum Testamentsvollstrecker einsetzt. Eine Verfügungsbefugnis des Nießbrauchers kann nicht mit dinglicher Wirkung als Inhalt des Nießbrauchs vereinbart werden.

b) Verpflichtungen des Nießbrauchsberechtigten

92 Der Nießbraucher unterliegt zahlreichen gesetzlichen Regularien. Er darf die **Sache nicht umgestalten** bzw. wesentlich **verändern** (§ 1037 Abs. 1 BGB). Dies gilt auch für Wertsteigerungen und Verbesserungen.[177] Was unter die Verpflichtung des § 1037 Abs. 1 BGB fällt, ist eine Frage des Einzelfalles. Der Nießbraucher muss die Sache in ihrem wirtschaftlichen Bestand erhalten. Er hat Maßnahmen, die den wirtschaftlichen Bestand gefährden könnten, zu unterlassen.

Der Nießbraucher muss die **Regeln der ordnungsgemäßen Bewirtschaftung** beachten (§ 1036 Abs. 2 BGB). Diese sind nach objektiven Kriterien zu bestimmen. Dies ist nicht dinglich abdingbar.[178] Bei ordnungswidriger oder Übermaßfruchtziehung ist der Nießbraucher bei Beendigung des Nießbrauchs gegenüber dem Eigentümer zum Ersatz des Wertes der Früchte verpflichtet (§ 1039 BGB). Treten aufgrund ordnungsgemäßer Nießbrauchsausübung Veränderungen oder Verschlechterungen am Nießbrauchsgegenstand ein, so hat der Nießbraucher gem. § 1050 BGB dies nicht zu vertreten.

Nach § 1041 Satz 2 BGB ist der Nießbraucher zur Vornahme der gewöhnlichen Ausbesserungen und Erneuerungen i.R.d. Unterhaltung des Gegenstandes verpflichtet. Darunter fallen Ausbesserungen und Erneuerungen mit denen ab und zu rechnen ist, selbst wenn sie zufällig eintreten. Bei außergewöhnlichen Erhaltungsmaßnahmen trifft den Eigentümer keinerlei Pflicht zur Vornahme derselben. Der Nießbraucher selbst ist ebenso nicht verpflichtet, außergewöhnliche Erhaltungsmaßnahmen auf seine Kosten durchzuführen.[179] Freiwillig ist es für ihn jedoch möglich bzw. es besteht die Möglichkeit, die Übernahme der außergewöhnlichen Erhaltungsmaßnahmen bei der Nießbrauchsbestellung zu vereinbaren.[180] Der Nießbraucher muss die Sache jedoch auf sei-

---

176 MünchKomm/*Pohlmann*, § 1065 Rn. 6.
177 KG OLGZ 92, 1.
178 LG Köln RhNotK 1986, 24.
179 BGHZ 113, 179.
180 BayObLG Rpfleger 1998, 70.

ne Kosten gem. § 1045 BGB nach den Grundsätzen ordnungsgemäßer Wirtschaft versichern.

> **Praxishinweis:**
> Die Übernahme der Kosten der außergewöhnlichen Erhaltungsmaßnahmen sollten in der letztwilligen Verfügung geregelt werden. Laut Gesetz sind weder der Erbe noch der Vermächtnisnehmer verpflichtet, diese zu tragen.

Nach § 1047 BGB hat der Nießbraucher auf der Sache ruhende **öffentliche** und **private Lasten** zu tragen. Eine ordentliche öffentliche Last ist z.B. die Grundsteuer. Zur Tragung von außerordentlichen Lasten, wie Anliegerkosten für den Straßenbau, ist er nicht verpflichtet. Private Lasten müssen bereits vor der Nießbrauchsbestellung vorgelegen haben. Dies sind insbesondere Zinsen für die durch Grundpfandrechte gesicherten Verbindlichkeiten, soweit diese die nießbrauchsbelastete Sache betreffen. Der Eigentümer hat die Zahlung der Tilgungsbeiträge zu leisten.[181] Von diesen **gesetzlichen Bestimmungen** kann wie bereits mitgeteilt (s. Rn. 92) abgewichen werden. Für den Nießbraucher kann zu dessen Gunsten und zu dessen Lasten eine abweichende Regelung gegenüber dem Eigentümer getroffen werden.[182] Dem Eigentümer kann jedoch nicht mit dinglicher Wirkung eine Leistungspflicht auferlegt werden. Grund ist, dass der Eigentümer nur zur Duldung und nicht zur Leistung verpflichtet ist. Schuldrechtlich können in der letztwilligen Verfügung jedoch dem Eigentümer weitere Leistungspflichten auferlegt werden.

93

Tätigt der Nießbraucher **Verwendungen**, zu denen er nicht verpflichtet ist, so kann er gem. § 1049 Abs. 1 BGB vom Eigentümer Ersatz für diese Verwendungen verlangen. Nach § 1049 Abs. 2 BGB besteht für den Nießbrauchsberechtigten die Möglichkeit, statt des Ersatzanspruchs die Einrichtung wegzunehmen, mit der er die Sache versehen hat. Der Eigentümer ist gegenüber dem Nießbraucher nicht schutzlos. Nach § 1053 BGB kann er auf Unterlassung klagen. Zwingende Voraussetzung hierfür ist jedoch, dass der Nießbraucher die Sache rechtswidrig gebraucht und er diese Handhabung trotz Abmahnung fortsetzt. Verletzt der Nießbraucher die Regeln der ordnungsgemäßen Wirtschaft schuldhaft, steht dem Eigentümer ein **Schadensersatzanspruch** zu.[183] Durch § 1042 BGB werden dem Nießbraucher zahlreiche weitere Pflichten auferlegt. Er ist zur unverzüglichen Benachrichtigung des Eigentümers verpflichtet, wenn die Sache zerstört oder beschädigt wird, eine außergewöhnliche Ausbesserungs- oder Erneuerungsmaßnahme notwendig wird, eine Vorkehrung zum Schutz der Sache gegen eine nicht vorhergesehene Gefahr zu treffen ist oder ein Dritter sich ein Recht an der Sache anmaßt.

5. Nießbrauch an einem Recht

Ist ein Recht gem. §§ 1068, 1069 Abs. 2 BGB übertragbar und wirft es unmittelbar bzw. mittelbar Nutzungen ab, dann kann an diesem Recht ein Nießbrauch bestellt werden. Besondere Regelungen finden sich im Gesetz für den Nießbrauch an einer **Leibrente** (§ 1073 BGB), an einer **Forderung** (§§ 1074 bis 1079 BGB), an einer **Grund- und Rentenschuld** (§ 1080 BGB) sowie an **Inhaber- und Orderpapieren** (§§ 1081 bis 1084 BGB). Es gelten im Allgemeinen die Vorschriften über den Nießbrauch an Sachen, außer es ergibt sich aus den §§ 1069 bis 1084 BGB nicht etwas Ab-

94

---

181 Palandt/*Bassenge*, § 1047 Rn. 6 ff.
182 BGH NJW 1974, 641; BayObLG DNotZ 1979, 273, 277.
183 MünchKomm/*Pohlmann*, § 1036 Rn. 18.

weichendes (§ 1068 Abs. 2 BGB). Der Nießbrauch an einem Recht lässt ein unmittelbares dingliches Recht entstehen und beinhaltet das Recht auf die Nutzungen. Es gilt dabei zu beachten, dass das Recht, das dem Nießbrauch unterliegt, bei Beeinträchtigung des Nießbrauchs nur aufgehoben oder verändert werden kann, wenn der Nießbraucher zustimmt (§ 1071 BGB). Ohne Zustimmung des Nießbrauchers bleibt das Rechtsgeschäft diesem gegenüber unwirksam.

a) Nießbrauch an einem Unternehmen

95 Der Nießbrauch an einem Unternehmen ist gesetzlich nicht geregelt. Im § 22 HGB wird seine Zulässigkeit vorausgesetzt. Es besteht die Möglichkeit eines sog. **Unternehmensnießbrauchs**, wenn der Nießbraucher als Unternehmer auftritt, oder es liegt der sog. **Ertragsnießbrauch** vor, wenn der Nießbraucher den Ertrag erhält und der Nießbrauchbesteller selbst Unternehmer bleibt. Beim Unternehmensnießbrauch muss die Einräumung des Nießbrauchs an allen Sachen und Rechten des Unternehmens durch konkreten **Einzelbestellungsakt** stattfinden. Das Umlaufvermögen (§ 266 Abs. 2 HGB) wird dann bei verbrauchbaren Sachen Eigentum des Nießbrauchers. Das Anlagevermögen verbleibt im Eigentum des Nießbrauchbestellers. Der Nießbraucher muss das Unternehmen weiterführen, ohne die Möglichkeit einer wesentlichen Umgestaltung oder Veränderung des Unternehmens zu haben. Für bereits bestehende Verbindlichkeiten haftet der Nießbraucher gem. § 25 BGB. Für neu eingegangene Verbindlichkeiten haftet der Nießbraucher sogar noch nach Beendigung des Unternehmensnießbrauchs.[184]

b) Nießbrauch bei einer Kapitalgesellschaft

96 Der Nießbrauch an **Aktien** und **GmbH-Anteilen** ist nur als Ertragsnießbrauch möglich. Dabei wird die Übertragung bzw. Abtretung des Anteils erforderlich. Der Gesellschafter bleibt stimmberechtigt, während dem Nießbraucher der Gewinnanteil zusteht. Alle Einzelheiten in diesem Bereich sind höchst umstritten.[185] Nach h.M. in der Lit. steht dem Aktionär gem. § 186 AktG bzw. § 55 GmbHG das Bezugsrecht auf neue Aktien zu. Dieser ist jedoch verpflichtet, dem Nießbraucher hieran die Rechte einzuräumen.

> **Formulierungsvorschlag:**[186] Meine Ehefrau F erhält als Vermächtnis auf Lebenszeit den Nießbrauch an den mir gehörenden Geschäftsanteilen der B-GmbH. Die Gesellschaftsrecht, insbesondere die Stimmrechte, verbleiben jedoch dem Gesellschafter. Er hat sich jedoch, aller den Nießbraucher beeinträchtigender Handlungen zu enthalten und ist dem Nießbraucher zur Auskunft aller die Gesellschaft betreffenden Angelegenheiten verpflichtet. Hinsichtlich aller Fragen der Bilanzierung und Ergebnisverwendung (z.B. Bilanzierungspolitik, Bilanzfeststellung, Gewinnausschüttung) unterliegt er einer Stimmrechtsbindung an die Weisungen des Nießbrauchers. Der ausgeschüttete Gewinn steht dem Nießbraucher allein zu. Soweit an die Stelle des Geschäftsguthabens ein Abfindungsanspruch tritt, ist hieran – nach Abzug etwaiger Steuerbelastungen – der Nießbrauch ebenfalls zu bestellen.

---

184 Staudinger/*Frank*, Anhang zu §§ 1068 ff. Rn. 44.
185 Staudinger/*Frank*, Anhang zu §§ 1068 ff. Rn. 93 ff.
186 *Scherer/Jeschke*, MAH Erbrecht, § 14 Rn. 74.

c) Nießbrauch an der Beteiligung an einer Personengesellschaft

Nach § 1069 Abs. 2 BGB kann an **nicht übertragbaren Rechten** kein Nießbrauch bestellt werden. Somit ist zunächst zu klären, ob der Geschäftsanteil, der mit einem Nießbrauch belastet werden soll, übertragbar ist. Dabei muss zwischen der Mitgliedschaft in der Gesellschaft und den einzelnen daraus entspringenden Beteiligungen, insbesondere dem Stimmrecht, streng differenziert werden. Zu beachten ist weiterhin, dass der Inhalt und die Reichweite des Nießbrauchs an der Beteiligung an der **Personengesellschaft** vorrangig vom Gesellschaftsrecht und nachrangig vom Sachenrecht bestimmt wird (§ 2 EGHGB).

Zur Frage der Rechtsform werden zwei Auffassungen vertreten. Nach der Mindermeinung nimmt der Nießbraucher die volle Gesellschafterstellung ein.[187] Somit liegt **kein beschränktes dingliches Recht, sondern ein zeitweiliges Vollrecht** vor. Will der Erblasser diese Treuhänderstellung vermachen, muss dies unbedingt in der letztwilligen Verfügung kundgetan werden. Der BGH[188] und ein Teil der Lit.[189] halten eine Nießbrauchsbestellung an einer Beteiligung an einer Personengesellschaft ohne gleichzeitige Übertragung des Anteils als Vollrecht für zulässig. Dabei muss geklärt werden, welche Rechte wem im Verhältnis zwischen den Gesellschaftern einerseits und dem Nießbraucher andererseits zustehen. Darunter fallen gesellschaftsinterne Rechtshandlungen, das Stimmrecht und die Kontrollrechte. Zu dieser Problematik haben sich in der Lit. zwei Auffassungen gebildet. Nach einer Meinung bleibt der Gesellschafter für die Ausübung der Gesellschaftsrechte zuständig, während der Nießbraucher nur solche Rechte ausüben kann, die seine Rechtsstellung in der Personengesellschaft betreffen. Eine andere Meinung will die Gesellschafterrechte durch die Gesellschafter und den Nießbraucher gemeinsam ausüben lassen.

Der Erblasser hat als weitere Möglichkeit, dem Nießbraucher auch nur ein Recht am **Gewinnanteil** und dem **Auseinandersetzungsguthaben** hinzuwenden. Die Gewinnansprüche sind gem. § 717 Satz 2 BGB abtretbar und eine Nießbrauchsbestellung möglich.[190] Der Gesellschaftsvertrag muss jedoch aufgrund § 131 Abs. 3 Nr. 1 HGB eine sog. Nachfolgeklausel enthalten. Der Gesellschafter selbst übt hier die Mitgliedschaftsrechte aus. Dem Nießbraucher steht regelmäßig der nach dem Gesellschaftsrecht entnahmefähige Ertrag wie der Gewinn einschließlich Zinsen auf Guthaben der Gesellschafterkonten abzüglich der von den Gesellschaftern beschlossenen Rücklagen, nicht aber ausgeschüttete stille Reserven und Auseinandersetzungsguthaben, zu.[191] Dabei sollte auch in der letztwilligen Verfügung geregelt werden, wie der Reingewinn zu ermitteln ist.

> **Praxishinweis:**
> Um den dargestellten Problemen aus dem Wege zu gehen, erscheint es zweckmäßig, ein Nießbrauchvermächtnis auf den Gewinnanteil und das Auseinandersetzungsguthaben zu beschränken

---

187 Vgl. Staudinger/*Frank*, Anhang zu §§ 1068 ff. Rn. 58 m.w.N.
188 BGHZ 58, 316.
189 *Flume*, S. 785 ff.; *Baumbach/Duden/Hopt*, § 124 Anm. 2 D; MünchKomm/*Ulmer*, § 705 Rn. 85.
190 BGH DNotZ 1975, 735, 737.
191 Palandt/*Bassenge*, § 1068 Rn. 5.

d) Nießbrauch am Nachlass und an einem Erbteil

98 Häufig wird in Ehegattentestamenten bzw. -erbverträgen dem überlebenden Ehegatten ein **Nießbrauchsvermächtnis** zugewendet. Dabei ist zu unterscheiden, ob der Nießbrauch am Nachlass als **Vermögensnießbrauch** gem. §§ 1085 ff. BGB oder als Nießbrauch am jeweiligen Erbteil der Kinder als Nießbrauch an einem Recht gem. §§ 1068, 1069 BGB ausgestaltet ist.

Nach § 1089 BGB finden die Regelungen der §§ 1085 bis 1088 BGB auf den **Nießbrauch am Nachlass** entsprechend Anwendung. Beim Nießbrauch am Nachlass ist der Nießbrauch an jedem einzelnen Gegenstand zu bestellen (§ 1085 BGB). Beim Nießbrauch am Nachlass erfolgt die Bestellung nach Art des Nachlassgegenstandes nach den Vorschriften über die Nießbrauchsbestellung an Sachen oder Rechten durch formlose Einigung. Bei Grundstücken muss jedoch nach § 873 BGB eine Grundbucheintragung erfolgen. Der Nießbrauch bleibt bestehen, wenn ein Gegenstand aus dem Nachlass ausscheidet.[192] Im Umkehrschluss muss bei jedem neu in den Nachlass hinzukommenden Gegenstand der Nießbrauch neu bestellt werden. Somit besteht keinerlei dingliche Surrogation beim Nachlassnießbrauch.[193]

Der **Nießbrauch** an einem **Erbteil** ist der Nießbrauch an einem Recht – dem Vermögen – gem. §§ 1066, 1068 ff., 2033 BGB.[194] Es beinhaltet das Verwaltungs- und Stimmrecht der Miterben in Bezug auf ihren Erbteil sowie das Bezugsrecht der auf den Erbteil entfallenden Nutzungen. Voraussetzung für die Anordnung des Nießbrauchs an einem Erbteil ist demzufolge, dass mehrere Erben vorhanden sind.[195] Wird bei einem Nießbrauch an einem Erbteil ein Nachlassgegenstand entfernt, dann erlischt an diesem Gegenstand der Nießbrauch. Die Entnahme darf jedoch nur mit Zustimmung des Nießbrauchers durchgeführt werden. Wird ein Gegenstand in den Nachlass eingebracht, so muss der Nießbrauch nicht extra daran bestellt werden. Aufgrund § 1069 BGB erfolgt die Bestellung des Nießbrauchs am Erbteil nach den für die Übertragung des Rechtes geltenden Vorschriften. Dies bedeutet, dass die Bestellung beim Erbteilnießbrauch zwingend durch notarielle Beurkundung entsprechend der Erbteilsübertragung gem. § 2033 Abs. 1 BGB zu erfolgen hat. Dies ist ebenso zwingend, wenn sich nur ein Gegenstand im Nachlass befindet.[196] Für das **Verfügungsrecht** gilt: Analog zu §§ 1066 Abs. 2, 3, 1068 Abs. 2, 1071 BGB ist bei einem Nießbrauch an einem Erbteil die Zustimmung des Nießbrauchers bei Verfügungen über einzelne Nachlassgegenstände seitens des nießbrauchsbelasteten Erben und der anderen Miterben erforderlich.[197] Im Gegensatz dazu ist beim Nießbrauch am gesamten Nachlass die Auseinandersetzung des gesamten Nachlasses durch die Erben ohne den Nießbrauchsberechtigten möglich.

6. Nießbrauch im Rahmen einer Zwangsvollstreckung

99 Ein im Grundbuch eingetragener Nießbrauch ist kein Hindernis für eine **Vollstreckungsversteigerung** oder eine **Teilungsversteigerung** i.R.d. Zwangsvollstreckung.[198] Den weiteren Werdegang bestimmt bei der Versteigerung die Rangstelle des

---

192 Palandt/*Bassenge*, § 1085 Rn. 2.
193 OLG Bremen DB 1990, 1436; MünchKomm/*Pohlmann*, § 1085 Rn. 5.
194 BayObLG JFG 21, 177.
195 Palandt/*Bassenge*, § 1085 Rn. 2.
196 Staudinger/*Frank*, § 1089 Rn. 26.
197 Staudinger/*Frank*, § 1089 Rn. 29, 30.
198 BayObLG NJW 1959, 1780.

Nießbrauchs. Bei Vorrang des Nießbrauchs wird er in das geringste Gebot mit aufgenommen und bleibt nach dem Zuschlag an den Ersteher gem. §§ 44, 52 ZVG bestehen. Ausnahme ist § 59 ZVG, der den Wegfall bestimmt. Bei Nachrang erlischt der Nießbrauch gem. §§ 52 Abs. 1, 91 Abs. 1 ZVG mit dem Zuschlag. Das Bestehenbleiben kann in den Versteigerungsbedingungen gem. § 59 Abs. 3 ZVG bestimmt oder zwischen Nießbraucher und dem neuen Eigentümer nach § 91 Abs. 2 BGB vereinbart werden. Erlischt der Nießbrauch, dann tritt an seine Stelle der Anspruch auf **Wertersatz** aus dem Versteigerungserlös. Wertersatz ist alsdann eine Geldrente, deren Höhe der Jahreswert des Nießbrauchs ist (§ 92 Abs. 2 Satz 2 ZVG, § 760 Abs. 2 BGB). Das erforderliche Kapital ist dabei in den **Teilungsplan** einzustellen (§ 121 ZVG).

7. Beendigung des Nießbrauchs

Der Nießbrauch endet **durch Tod des Nießbrauchers**, bei juristischen Personen durch deren Erlöschen, beim Eintritt einer Bedingung oder bei einseitiger Erklärung des Nießbrauchers, dass er den Nießbrauch aufhebe (§§ 1064, 1068, 1072 BGB). Hier muss beim Grundstücksnießbrauch zusätzlich die Löschung im Grundbuch erfolgen. Der Nießbraucher ist dabei zur Zustimmung zur Löschung gem. § 19 GBO verpflichtet. Der Nießbrauch endet auch bei einer Zwangsversteigerung der Sache, sofern der Nießbrauch dem Beschlagnahmegläubiger im Rang nachgeht und somit nicht in das geringste Gebot fällt. Ist der Nießbrauch beendet, ist der Nießbraucher verpflichtet, gem. § 1055 BGB die Sache in dem Zustand zurückzugeben, wie sie sich bei ordnungsgemäßer Wirtschaft befinden würde. **Veränderungen** oder **Verschlechterungen** aufgrund ordnungsgemäßer Wirtschaft lösen keine Ansprüche gegen den Nießbraucher aus. Sollte eine Pflichtverletzung des Nießbrauchers vorliegen, hat der Eigentümer die Beweislast für die angebliche Pflichtverletzung.[199] Hat der Nießbraucher den schlechten Zustand zu vertreten, entsteht ein Schadensersatzanspruch. Waren verbrauchbare Sachen Gegenstand des Nießbrauchs und sind diese gem. § 1067 Satz 1 BGB Eigentum des Nießbrauchers geworden, muss der Nießbraucher nach Beendigung des Nießbrauchs den Wert ersetzen, den die Sachen zur Zeit der Nießbrauchsbestellung hatten.

8. Nießbrauch an einem Vermögen

An dem Vermögen einer Person kann der Nießbrauch nur dergestalt bestellt werden, dass der Nießbrauch an jedem einzelnen zum Vermögen gehörenden Gegenstand gem. § 1085 BGB bestellt wird. Damit sind im Allgemeinen die für die Nießbrauchsbestellung an den einzelnen Gegenständen geltenden Bestimmungen anzuwenden. Häufigste Form des Vermögensnießbrauchs ist der Nießbrauch am Nachlass. Die zugrunde liegende **schuldrechtliche Verpflichtung**, die Anordnung des Nießbrauchsvermächtnisses, kann durch einen einheitlichen Vorgang durch Vermächtnisanordnung in der letztwilligen Verfügung erfolgen. Die belasteten Gegenstände müssen jedoch im Wesentlichen das gesamte Vermögen des Erblassers ausmachen. Besondere Rechtsfolgen betreffen in den §§ 1086 bis 1088 BGB die Schuldenhaftung gegenüber den Gläubigern des Erblassers. Sind die Forderungen der Gläubiger vor der Bestellung entstanden, können die Gläubiger ohne Rücksicht auf den Nießbrauch Befriedigung aus dem dem Nießbrauch unterliegenden Gegenständen verlangen. Ansonsten könnte der Nießbraucher das Vermögen des Erblassers als Haftungsgrundlage vor dem Zugriff der Gläubiger entziehen.

---

199 Palandt/*Bassenge*, § 1055 Rn. 1.

Aufgrund der **Vermächtnisanordnung** ist der Beschwerte verpflichtet, den Nießbrauch entsprechend § 1085 BGB an jedem einzelnen zum Nachlass gehörenden Gegenstand zu bestellen. Bei höchstpersönlichen Rechten, die nicht übertragbar sind, ist die Anordnung des Vermächtnisses gem. § 1069 Abs. 2 BGB unwirksam. Jedoch wird der Erbe i.d.R. verpflichtet sein, dem Nießbraucher die Nutzung dieser Rechte auf Grundlage eines schuldrechtlichen Nutzungsrechts zu überlassen.[200]

9. Nutzungsziehungsrecht des Nießbrauchers

102   Der Nießbraucher ist berechtigt, gem. § 1030 Abs. 1 BGB **alle Nutzungen** der belasteten Sache zu ziehen. Er darf jedoch nur den sich aus einer ordnungsgemäßen Wirtschaft ergebenden Reinertrag ziehen.[201] Die Regelung, was unter dem Reinertrag zu verstehen ist, sollte jedoch unbedingt in der letztwilligen Verfügung von Todes wegen geregelt werden. Ohne Regelung sollte der betriebswirtschaftliche Reingewinn die Determinante sein.[202]

10. Testamentsvollstreckung und Nießbrauch in einer Person

103   Wird z.B. der überlebende Ehegatte Nießbraucher am Nachlass und Testamentsvollstrecker, erhält er durch das Amt des Testamentsvollstreckers das **Verwaltungs- und Verfügungsrecht** (§§ 2205, 2211 BGB). Somit kann sich der Nießbraucher in seiner Eigenschaft als Testamentsvollstrecker den Nießbrauch selbst bestellen. Gleichzeitig hat der Erbe keinerlei Verwaltungs- und Nutzungsrechte am Nachlass.

11. Verhältnis zu anderen Nutzungsrechten

104   Der Erblasser kann auch schuldrechtlich andere Nutzungsrechte wie Miet- und Pachtverhältnisse zuwenden. Gleiches gilt für atypische Nutzungsrechtsverhältnisse, soweit diese weder gesetzes- noch sittenwidrig sind. Einzig ein **Vermögensvorteil** muss aus dem Vermächtnis resultieren. Dies kann z.B. die Ersparnis eines Wohnungsumzugs sein.

> **Formulierungsbeispiel:** Mein Sohn S als Alleinerbe wird mit einem Vermächtnis für meine Frau F dergestalt belastet, dass meiner Frau F am Grundstück in ... in der ...-Strasse, Grundbuch von ..., Band Nr. ..., Flurstück-Nr. ..., ein lebenslanges Nießbrauchsrecht einzutragen ist. Mein Sohn hat als Erbe alle Kosten, damit meine ich auch die Kosten der gewöhnlichen und außergewöhnlichen Erhaltungs- bzw. Unterhaltungsmaßnahmen sowie die öffentlichen und privaten Lasten des Nießbrauchs, zu tragen.

VI. Wohnungsrechtvermächtnis

1. Einführung

105   Die Zuwendung eines Vermächtnisses auf Einräumung eines dinglichen **Wohnungsrechts** gem. § 1093 BGB dient der Absicherung des Vermächtnisnehmers in Bezug auf das Grundbedürfnis des Wohnens. Das weitere Wohnen in der Wohnung des Verstorbenen wird dadurch sichergestellt, wobei das Eigentum nicht auf den Vermächt-

---

200 Staudinger/*Frank*, § 1089 Rn. 12.
201 RGZ 153, 29, 32.
202 MünchKomm/*Pohlmann*, § 1065 Rn. 6.

nisnehmer übergeht. Ein **Wohnungsrecht** ist das Recht auf die unentgeltliche Nutzung eines Hausanwesens oder einer bestimmten Wohnung im Rahmen eines Vermächtnisses. Es kann **schuldrechtlich** und **dinglich** gem. § 1093 BGB bestellt werden. Das dingliche Wohnungsrecht bietet mehr Sicherheit. Es gelten z.B. nicht die Kündigungs- und Mietpreisbindungsvorschriften.[203] Nachteil ist, dass es bei der Zerstörung des Gebäudes erlischt,[204] außer es besteht eine landesrechtliche Aufbaupflicht bzw. der Eigentümer ist hierzu schuldrechtlich verpflichtet. Im Gegensatz dazu besteht die Wohnungsreallast gem. § 1105 BGB, die nur das generelle Recht auf Wohnungsgewährung umfasst, bei der Zerstörung des Gebäudes weiter.[205] Nachteil ist bei der Wohnungsreallast deren Pfändbarkeit. Das dingliche Wohnungsrechtvermächtnis ist nur gem. § 857 Abs. 3 ZPO pfändbar, wenn die Befugnis zur Ausübung durch Dritte gem. § 1092 Abs. 1 Satz 2 BGB vorliegt.[206] Das **dingliche Wohnungsrecht** ist ein Unterfall der beschränkt persönlichen Dienstbarkeit. Als Dienstbarkeit ist das Wohnungsrecht weder veräußerlich, noch vererblich (§§ 1061, 1090 BGB) und die Nutzung ist nur mit Zustimmung des Eigentümers gem. §§ 1092 Abs. 1, 1093 Abs. 2 BGB übertragbar.[207] Der Begünstige muss bei der Wohnungsrechtausübung die Interessen des Eigentümers wahren (§§ 1020 Satz 1, 1090 Abs. 2 BGB). Unzulässig ist daher eine **wesentliche Veränderung** oder Umgestaltung des Gebäudes oder der Gebäudeteile (§§ 1037 Abs. 1, 1093 Abs. 1 BGB).

2. Bestellung des Wohnungsrechts

Der Begünstigte hat einen Anspruch auf Erklärung der dinglichen Einigung gem. § 873 BGB und der Eintragung des Wohnungsrechts im Grundbuch nach der Bewilligung von Seiten des Erben gem. § 19 GBO. Die Voreintragung des Eigentümers ist gem. § 39 GBO zwingend vorgeschrieben.

3. Inhalt und Umfang des dinglichen Wohnungsrechts

Das dingliche Wohnungsrecht berechtigt den Bedachten, die Wohnung oder das Gebäude unter dem Ausschluss des Eigentümers zu nutzen.[208] Ohne den Ausschluss des Eigentümers von der Mitbenutzung, liegt gem. § 1090 BGB eine gewöhnliche beschränkt persönliche Dienstbarkeit vor.[209] Das Wohnungsrecht ist **nicht übertragbar** (§§ 1092 Abs. 1 Satz 1, 1093 Abs. 1 Satz 1 BGB). Jedoch kann die Ausübung des Wohnungsrecht durch einen Dritten gestattet werden (§§ 1092 Abs. 1 Satz 2, 1093 Abs. 1 Satz 1 BGB). Eine Vermietung ist dem Wohnungsberechtigten nur erlaubt, wenn die Überlassung der Nutzung an Dritte ausdrücklich in der Vermächtnisanordnung gestattet wurde.

Belastungsgegenstand ist das Grundstück selbst, nicht das Gebäude.[210] Mit umfasst sind **Grundstücksteile**, auf die der Vermächtnisnehmer angewiesen ist, um das Wohnungsrecht auszuüben. Dies kann auch ein nicht bebauter Teil des belasteten Grundstücks sein, wie z.B. ein Wäschetrocknungsplatz oder der Garten. Einzig das Wohnen

---

203 BGH NJW-RR 1999, 376.
204 BGH LM Nr. 6 zu § 1093 BGB.
205 LG Freiburg BWNotZ 1974, 85.
206 KG OLGZ 68, 295.
207 BGHZ 84, 36.
208 BGHZ 46, 253, 259.
209 Palandt/*Bassenge*, § 1090 Rn. 4.
210 BGH BB 1968, 105.

als Hauptzweck muss erhalten bleiben.[211] Das Wohnungsrecht erstreckt sich auch auf das Zubehör (§§ 1031, 1093 Abs. 1 BGB).

Etliche Vorschriften aus dem Nießbrauchsrecht sind über die Verweisung des § 1093 Abs. 1 Satz 2 BGB anzuwenden: Nach § 1036 Abs. 1 BGB gilt das dingliche Recht zum Besitz, nach § 1041 BGB die Pflicht zur Erhaltung der Wohnung auf Kosten des Wohnungsberechtigten beim Vorliegen gewöhnlicher Unterhaltung und nach § 1050 BGB, dass keine Ersatzpflicht des Wohnungsberechtigten für übliche Veränderungen oder Verschlechterungen besteht. Lasten sind nicht zu tragen, da § 1047 BGB auch nicht entsprechend anwendbar ist.[212]

> **Praxishinweis:**
> Bei einem schuldrechtlichen Wohnrechtsvermächtnis steht dem Inhaber regelmäßig nicht zu, die betreffende Wohnung zu vermieten, wenn er aufgrund Pflegebedürftigkeit das Anwesen verlassen muss. Allerdings ist es zulässig, etwas anderes zu vereinbaren.[213]

4. Verpflichtungen des Berechtigten

108 Nach §§ 1041 Satz 1, 1093 Abs. 1 BGB hat der Wohnungsberechtigte die laufenden **Unterhaltungskosten** der Wohnung zu tragen. Der Erblasser kann von dieser gesetzlichen Vorgabe abweichende Regelungen treffen. Die **Betriebskosten** der Wohnung entstehen mit der Ausübung des Wohnungsrechts. Sie sind keine Unterhaltungskosten und somit vom Wohnungsberechtigten zu tragen. Die öffentlichen und privaten Lasten trägt der Grundstückseigentümer.[214] Dies steht im Gegensatz zum Nießbrauch.

5. Berechtigte des Wohnungsrechts

109 Jede natürliche oder juristische Person kann Berechtigte des Wohnungsrechts sein. Sollen **mehrere Personen** das Wohnungsrecht ausüben können, sollte für jeden Berechtigten ein gesondertes Wohnungsrecht bestellt und mit gleichem Rang im Grundbuch eingetragen werden. Ist bei mehreren Berechtigten die Angabe des Gemeinschaftsverhältnisses unterblieben, so sind im Zweifel mehrere selbstständige Wohnungsrechte für mehrere Berechtigte vorliegend.[215] Eine Bestellung für mehrere Personen als Gesamtberechtigte gem. § 428 BGB ist möglich. Die Erfüllung ist dann erst mit der geschuldeten Gesamtleistung an alle Gläubiger erbracht.[216] Nach § 1093 Abs. 2 BGB ist der Wohnungsrechtberechtigte befugt, seine Familie und die zu seiner standesgemäßen Bedienung und Pflege erforderlichen Personen in die Wohnung aufzunehmen. Dies gilt auch bei einer **nichtehelichen Lebensgemeinschaft**, die auf Dauer angelegt ist.[217] Der Erblasser hat es selbst in der Hand, den Kreis der möglich aufzunehmenden Personen zu bestimmen und eventuell auszuweiten.

---

211 OLG Frankfurt OLGZ 83, 31.
212 BayObLG NJW-RR 1989, 14.
213 OLG Celle, 25.3.2004 – 11 U 210/03 – n.v.
214 *Langenfeld*, Testamentsgestaltung, Rn. 162.
215 BayObLG BWNotZ 1966, 174.
216 BayObLG DNotZ 1975, 618.
217 BGHZ 84, 36.

6. Wohnungsrecht in der Zwangsversteigerung

Nach § 92 Abs. 2 ZVG hat der Wohnungsberechtigte beim Erlöschen desselben aufgrund der gesetzlichen Regeln des ZVG einen **Anspruch auf Wertersatz** des Wertes aus dem Versteigerungserlös durch Zahlung einer Geldrente, die dem Jahreswert des Wohnungsrechts entspricht. Im Übrigen gelten die Regelungen wie beim Nießbrauch.

Formulierungsbeispiel:[218] Meiner Tochter T vermache ich auf Lebenszeit ein unentgeltliches Wohnungsrecht an sämtlichen Räumen des Erdgeschosses des in meinem Eigentum stehenden Hauses, Grundbuch von ..., Band Nr. ..., Flurstück-Nr. .... In Erfüllung des Vermächtnisses ist für T im Grundbuch zu Lasten des vorbezeichneten Grundstücks an rangbereiter Stelle einzutragen:

Lebenslanges unentgeltliches Wohnungsrecht nach § 1093 BGB des Inhalts, dass der Berechtigte die Wohnung im Erdgeschoss des Hauses unter Ausschluss des Eigentümers zum Wohnen nutzen darf. Die Wohnung darf Dritten entgeltlich oder unentgeltlich überlassen werden. Der Wohnungsberechtigte hat das Recht zur Mitbenutzung der gemeinsamen Anlagen.

VII. Rentenvermächtnis

1. Einführung

Zur Versorgung der dem Erblasser nahe stehenden Personen wie Ehepartnern, Lebensgefährten, Kindern kommt die Gewährung einer lebenslangen oder zeitlich befristeten **Rente** in Betracht. Das Rechtsinstitut der **Leibrente** ist in den Vorschriften der §§ 759 bis 761 BGB geregelt. Voraussetzung ist ein selbstständiges Rentenstammrecht. Somit liegen keine einzelnen selbstständigen Ansprüche mit fortlaufenden aufeinander folgenden Fälligkeitsterminen vor. Die einzelnen Rentenzahlungen haben den Charakter von Rechtsfrüchten gem. §§ 99, 100 BGB.[219] Nach § 761 BGB ist die Schriftform für die Willenserklärung des Leibrentenschuldners vorgeschrieben. Diese wird durch die Errichtung einer letztwilligen Verfügung von Todes wegen und der vermächtnisweisen Zuwendung der Rente erfüllt. Die Annahme muss nicht schriftlich erfolgen.

2. Wertsicherung der Rentenzahlung

Bei einem Rentenvermächtnis muss geklärt werden, wie sich die **Kaufkraftveränderung** auf die Höhe der einzelnen Zahlungen auswirken soll. Schließlich soll eventuell der Lebensstandard des Vermächtnisnehmers dadurch abgesichert werden. Hierzu bestehen für den Erblasser mehrere – wie im Folgenden dargestellt – Möglichkeiten.

a) Ratenzahlung

Es kann ein Geldvermächtnis dergestalt ausgesetzt werden, das in Raten zu zahlen ist. Dieses **kann** auf eine bestimmte Summe **begrenzt werden** oder bis zum Einritt eines Ereignisses. Dabei kann es verzinslich oder unverzinslich ausgestaltet werden.

---

218 *Langenfeld*, Testamentsgestaltung, Rn. 163.
219 BGH FamRZ 1991, 918.

b) Leistungsvorbehalt ohne währungsrechtliche Genehmigung

114 Ein Leistungsvorbehalt liegt vor, wenn der Beschwerte mit dem Vermächtnisnehmer über die **Anpassung** der Höhe der Rentenzahlung neu verhandeln muss, wenn sich bestimmte Vergleichsgrößen wie z.B. die Beamtengehälter ändern. Es erfolgt demnach keine automatische Anpassung, sondern erst nach einer entsprechenden Vereinbarung. Nach dem Erblasserwillen kann auch ein Dritter die Anpassungshöhe bestimmen. Eine währungsrechtliche Genehmigung ist daher nicht erforderlich.[220]

c) Wertsicherungsklausel mit währungsrechtlicher Genehmigungspflicht

115 Klauseln, die eine automatische Anpassung an gewisse Bezugsgrößen wie Beamtengehälter oder den Verbraucherpreisindex enthalten, sind sog. **Wertsicherungsklauseln.** Bei Wertsicherungsklauseln ist zu beachten, dass diese aufgrund § 2 Preisangabe- und Preisklauselgesetz einer Genehmigung bedürfen. Seit dem 1.1.2002 gilt dabei der **Verbraucherpreisindex**, der den Lebenshaltungskostenindex abgelöst hat. Zu beachten ist zusätzlich, dass seit dem 1.1.1999 das Preisangabe- und Preisklauselgesetz vom 3.12.1984 in der Fassung des Euro-Einführungsgesetzes (EuroEG) vom 9.6.1998 gilt.[221] § 2 Abs. 2 Preisangabe- und Preisklauselgesetz enthält eine Verordnungsermächtigung für Genehmigungsrichtlinien und für die Bestimmung der zuständigen Behörde. Auf der Grundlage des § 2 Abs. 2 Preisangabe- und PreisklauselG wurde die in BGBl. I 1998, 3043 veröffentlichte PreisklauselVO erlassen. Die alten Richtlinien der Bundesbank gelten deshalb für Neufälle nicht mehr. Zuständig für die **Genehmigung** ist jetzt das Bundesamt für Wirtschaft und Ausfuhrkontrolle mit Sitz in 65760 Eschborn.

Die Erhöhung der Rentenzahlung wird durch **zwei Zeiträume** bestimmt. Dies ist die Zeit zwischen der Errichtung der letztwilligen Verfügung von Todes wegen und dem Erbfall bzw. die Zeit ab dem Erbfall. Die Zeitspanne zwischen Errichtung der letztwilligen Verfügung und dem Erbfall bedarf keiner währungsrechtlichen Genehmigung, da noch keine Zahlungspflicht existiert.[222] Die letztwillige Verfügung erlangt erst mit dem Tod des Erblassers Rechtswirkung. Somit bedarf es erst ab diesem Zeitpunkt der Wertsicherungsklausel einer währungsrechtlichen Genehmigung. Bis zur Genehmigung ist die Wertsicherungsklausel schwebend unwirksam. Die Genehmigungsfähigkeit der Wertsicherungsklausel ergibt sich aus § 1 PreisklauselVO.

> **Praxishinweis:**
> Zur Sicherheit sollte der Erblasser die Genehmigung der Wertsicherungsklausel bereits vor dem Erbfall einholen.

3. Grundbuchrechtliche Absicherung des Rentenvermächtnisses

116 Die Zahlungspflicht des Rentenvermächtnisses kann durch eine im Grundbuch einzutragende **Reallast** angesichert werden. Die Reallast kann ebenso per Vermächtnis gewährt werden. Dadurch erhält der Vermächtnisnehmer neben seinem schuldrechtlichen Anspruch auf Zahlung der Rente einen dinglichen Anspruch auf Duldung der **Zwangsvollstreckung** in das belastete Grundstück gem. §§ 1105 Abs. 1, 1107, 1147 BGB. Die Reallast begründet gem. § 1108 Abs. 1 BGB zusätzlich einen persönlichen

---

220 BGHZ 62, 737.
221 Vgl. Palandt/*Heinrichs*, § 245 Rn. 24-37.
222 *V. Oertzen*, ZEV 1994, 160.

Anspruch gegen den jeweiligen Eigentümer des belasteten Grundstücks auf Zahlung derjenigen Rententeilbeträge, die während der Dauer dessen Eigentums fällig werden. Ist eine Wertsicherung vorgesehen, so kann auch diese als dinglicher Inhalt der Reallast im Grundbuch eingetragen werden.[223]

> **Formulierungsbeispiel:** Meiner Ehefrau vermache ich eine monatliche Rente i.H.v. € 2.000,–. Die Rentenhöhe soll sich in der Zeit von heute ab ändern, wenn sich der seit 1.1.2003 geltende Verbraucherpreisindex um mehr als 5 Prozent ändert. Die Rentenanpassung soll dann im darauf folgenden Januar stattfinden und zwar dergestalt, dass die Rentenhöhe prozentual genauso erhöht wird, wie sich der Verbraucherpreisindex prozentual erhöht hat. Meine Erben verpflichte ich, diese Rentenzahlungsverpflichtung innerhalb von zwei Monaten nach meinem Tod durch die Eintragung einer Rentenreallast im Grundbuch von ... auf dem Grundstück ..., Band Nr. ..., Flurstück-Nr. ... zu sichern.

VIII. Vorkaufsrechtvermächtnis

1. Einführung

Manchmal ist es das Anliegen des Erblassers, einem Verwandten oder einer befreundeten Person das Recht einzuräumen, einen bestimmten Gegenstand (z.B. ein Grundstück) für den Fall des Verkaufs durch den zunächst Bedachten erwerben zu können. Dies kann der Erblasser dadurch erreichen, dass er dem Begünstigten im Wege eines Vermächtnisses ein **Vorkaufsrecht** an diesem Gegenstand einräumt. Durch das Vorkaufsrecht wird dem Vorkaufsberechtigten die Befugnis eingeräumt, den vorkaufsbelasteten Gegenstand zu denselben Bedingungen zu kaufen, wie diesen der Verpflichtete (= Erbe oder Hauptvermächtnisnehmer) rechtwirksam an einen Dritten verkauft hat. Zwischen dem Vermächtnisnehmer und dem Verpflichteten kommt mit der Erklärung über die Ausübung des Vorkaufsrechts ein neuer Vertrag zustande.

117

2. Arten des Vorkaufsrechts

Das Vorkaufsrecht kann entweder **schuldrechtlich** (§§ 463 ff. BGB) oder **dinglich** (§§ 1094 bis 1104 BGB) sein. Das schuldrechtliche Vorkaufsrecht kann sich auf unbewegliche oder bewegliche Sachen und Rechte beziehen, während das dingliche Vorkaufsrecht nur an Grundstücken, an Miteigentumsanteilen an einem Grundstück, an Wohnungs- und Teileigentum sowie an einem Erbbaurecht eingeräumt werden kann. Mehrere Grundstücke können dabei nicht mit einem einheitlichen Vorkaufsrecht belastet werden. Es sind Einzelrechte an jedem Grundstück zu bestellen.[224]

118

3. Entstehung des dinglichen und die Sicherung des schuldrechtlichen Vorkaufsrechts

Das dingliche Vorkaufsrecht bedarf als beschränkt dingliches Recht zu seiner Entstehung der Einigung und Eintragung gem. § 873 BGB im Grundbuch. Bezieht sich das schuldrechtliche Vorkaufsrecht auf ein Grundstück, so kann der bedingte Eigentumsübertragungsanspruch gem. § 883 BGB durch eine Vormerkung gesichert werden. Beide – schuldrechtliches und dingliches Vorkaufsrecht – bedürfen gem. § 19 GBO der **Eintragungsbewilligung** des Eigentümers in öffentlich beglaubigter Form des

119

---

223 OLG Oldenburg NJW-RR 1990, 1174.
224 BayObLG DNotZ 1975, 607.

§ 29 GBO und des Eintragungsantrags entweder des Eigentümers oder des Vorkaufsberechtigten gem. § 13 GBO. Das Vorkaufsrecht bzw. die Vormerkung kann erst eingetragen werden, wenn der Eigentümer (= Erbe oder Hauptvermächtnisnehmer) im Grundbuch eingetragen ist (§ 39 GBO).

4. Vorkaufsberechtigter und Inhalt des Vorkaufsrechts

120 Die Bestellung des Vorkaufsrechts kann zugunsten einer natürlichen oder einer juristischen Person erfolgen. Wird das dingliche Vorkaufsrecht mehreren Personen eingeräumt, so bestimmt § 472 BGB deren **Gemeinschaftsverhältnis** (§ 1098 BGB). Danach kann das Vorkaufsrecht nur gemeinsam ausgeübt werden. Nach der gemeinschaftlichen Ausübung geht der Eigentumsübertragungsanspruch auf Übereignung in Bruchteilseigentum über, sofern in der letztwilligen Verfügung von Todes wegen nichts anderes bestimmt worden ist. Eine Bestellung für mehrere Berechtigte ist ebenso in der Form der **Gesamtgläubigerschaft** nach § 428 BGB möglich. Wird dabei das Eigentum auf einen Gesamtgläubiger übertragen, so wirkt dies schuldbefreiend.[225] Ist das dingliche Vorkaufsrecht für eine juristische Person bestellt worden, so geht das Recht bei einer Rechtsnachfolge auf deren Rechtsnachfolger über, außer der Übergang wurde gem. §§ 1059a, 1098 BGB ausgeschlossen. Der Erblasser kann das Vorkaufsrecht auflösend oder aufschiebend bedingen oder befristen (§§ 158, 163 BGB).

> **Praxishinweis:**
> Das Vorkaufsrecht kann z.B. nur bis zu einem bestimmten Zeitpunkt eingeräumt werden. Dies könnte der erste Verkaufsfall innerhalb von zehn Jahren nach dem Tod des Erblassers sein oder auch für alle Verkaufsfälle innerhalb von fünf Jahren nach dem Todesfall.

5. Ausübung des Vorkaufsrechts

121 Nach dem Wortlaut kann das **Vorkaufsrecht** nur ausgeübt werden, wenn der Eigentümer über den vorkaufsbelasteten Gegenstand einen **Kaufvertrag** abschließt. Die Ausübung ist demnach ausgeschlossen, wenn ein Ausstattungs-, Schenkungs- oder Erbauseinandersetzungsvertrag geschlossen wird. Selbst bei einem Verkauf mit Rücksicht auf ein künftiges Erbrecht an einen gesetzlichen Erben kann gem. § 470 BGB das Vorkaufsrecht nicht ausgeübt werden. Der vorkaufsverpflichtete Eigentümer hat nach § 469 BGB die Verpflichtung, den Verkaufsberechtigten selbst oder durch eine dritte Person unverzüglich nach Abschluss des Kaufvertrages mit dem Dritten dem Vorkaufsberechtigten den Inhalt des Kaufvertrages durch Übermittlung einer Vertragsabschrift mitzuteilen. Nach dem Zugang muss innerhalb der gesetzlichen Frist von zwei Monaten die Ausübung des Vorkaufsrechts stattfinden. Der Erblasser hat dabei die Möglichkeit, die Frist zu verlängern oder zu verküren (§ 469 BGB). Die Frist ist eine **Ausschlussfrist**. Bei fristgerechter Vorkaufsrechtausübung kommt zwischen dem Vorkaufsberechtigten und dem Eigentümer ein Kaufvertrag mit dem Inhalt zustande, den der vorkaufsverpflichtete Eigentümer mit dem Dritten geschlossen hat (§ 464 BGB).

---

225 OLG Frankfurt DNotZ 1986, 239.

6. Erlöschen des Vorkaufsrechts

Das Vorkaufsrecht kann als beschränkt dingliches Recht jederzeit durch Einigung und Eintragung gem. § 875 BGB aufgehoben werden. Zur **Löschung im Grundbuch** wird gem. § 19 GBO die Löschungsbewilligung des Vermächtnisnehmers gem. § 29 GBO in notarieller Form und ein Antrag gem. § 13 Abs. 1 GBO entweder des Vorkaufsberechtigten oder des Eigentümers benötigt. Wurde das Vorkaufsrecht nur für den ersten Verkaufsfall eingeräumt, so erlischt es, wenn es nicht fristgemäß beim Vorliegen des Verkaufsfalles ausgeübt wird. Das Vorkaufsrecht erlischt ebenfalls, wenn es nicht ausgeübt werden konnte, weil der Eigentümer keinen Kaufvertrag, sondern einen andersartigen Übertragungsvertrag geschlossen hat.[226] Damit wird das Grundbuch unrichtig. Dem neuen Eigentümer steht in dieser Fallgestaltung ein Grundbuchberichtigungsanspruch nach § 894 ZPO zu. Formal hat der Vorkaufsberechtigte die Berichtigung des Grundbuchs gem. §§ 19, 22 GBO zu bewilligen und zwar in notarieller Form nach § 29 GBO.

122

Wurde das Vorkaufsrecht für **mehrere** oder **alle Verkaufsfälle** eingeräumt, so bleibt es auch bei späteren Verkäufen und bei Nichtausübung bestehen. Wurde es einmal ausgeübt, ist strittig, ob es erlischt, da ein Verbrauch eingetreten sein könnte. Folge ist, der den Verbrauch bejahenden Ansicht,[227] dass gleichzeitig mit der Eintragung des Vorkaufsberechtigten im Grundbuch als neuer Eigentümer das Vorkaufsrecht zu löschen ist. Dies kann der Erblasser auch in seiner letztwilligen Verfügung regeln.

Mit dem **Tod einer natürlichen Person** erlischt deren Vorkaufsrecht, das weder vererblich noch übertragbar ist (§§ 514, 1098 Abs. 1 BGB). Jedoch kann der Erblasser etwas anderes anordnen.

7. Verschiedenheit zwischen dem dinglichen und dem schuldrechtlichen Vorkaufsrecht

Das schuldrechtliche Vorkaufsrecht kann nur für einen Verkaufsfall bestellt werden. Im Gegensatz dazu ist bei einem dinglichen Vorkaufsrecht die Bestellung für den ersten, für mehrere oder für alle Verkaufsfälle möglich.[228] Aufgrund der schuldrechtlichen Vertragsfreiheit kann bei dem schuldrechtlichen Vorkaufsrecht auch vermächtnisweise ein Vorkaufsrecht für alle Verkäufe zugewendet werden.

123

> Praxishinweis:
> Bei einem schuldrechtlichen Vorkaufsrecht sollte dem Vermächtnisnehmer auch ein Anspruch auf Sicherung durch eine Vormerkung mitvermacht werden. Dies ist gerade für mehrere Verkaufsfälle relevant, da ansonsten der Dritterwerber in Unkenntnis des bestehenden Vorkaufsrechts den Kaufvertrag abschließen würde.

Nur das schuldrechtliche Vorkaufsrecht kann mit einem vom Erblasser bestimmten **Vorkaufspreis** abgeschlossen werden. Dies bedeutet, dass der Berechtigte nicht nur in den Kaufvertrag eintreten kann, sondern auch noch zu einem günstigeren Kaufpreis. Dies ist beim dinglichen Vorkaufsrecht nicht möglich. Dort gilt aufgrund der gesetzlichen Regeln der Kaufpreis.

124

Formulierungsbeispiel: Meiner Nichte N räume ich im Wege eines Vermächtnisses das schuldrechtliche Vorkaufsrecht an dem Grundstück ..., Band Nr. ..., Flurstück-

---

226 OLG Zweibrücken MittBayNotZ 2000, 109.
227 RG (Urt. vom 28.1.1932) HRR 1932 Nr. 1208.
228 BGH NJW 1993, 324.

Nr. ... für den ersten Verkaufsfall ein mit der Maßgabe, dass sie als Kaufpreis lediglich 70 Prozent des Schätzwertes des Gutachterausschusses nach dem Baugesetzbuch zu bezahlen hat. Sie ist berechtigt, zur Sicherung des Vorkaufsrechts zu ihren Gunsten im Grundbuch eine Vormerkung eintragen zu lassen. Das Vorkaufsrecht ist weder übertragbar noch vererblich. Ein Ersatzvermächtnisnehmer wird entgegen jeder anders lautenden gesetzlichen oder richterlichen Vermutungs- oder Auslegungsregel nicht benannt.

IX. Ankaufsrechtvermächtnis

125 Das **Ankaufsrecht** schließt die Lücke, die beim Vorkaufsrecht besteht, weil dort nur der Fall des Verkaufs abgedeckt wird. Als Abwandlung des Vorkaufsrechts kann dem Bedachten vermächtnisweise das Ankaufsrecht zugewendet werden, um einen Gegenstand des Nachlasses – insbesondere ein Grundstück – dann zu erwerben, wenn eine Veräußerung stattfindet, ohne dass ein Verkauf durchgeführt wird. Dies ist gegeben, wenn ein Ausstattung-, Schenkungs- oder Erbauseinandersetzungsvertrag vorliegt. Auch ein Ankaufsrecht kann im Grundbuch durch eine **Vormerkung** gesichert werden.[229]

X. Vermächtnis betreffend ausgleichungspflichtige Vorempfänge

126 Liegen **ausgleichungspflichtige Vorempfänge** in Form von Ausstattungen gem. §§ 1624, 2050 Abs. 1 BGB oder Schenkungen gem. §§ 516, 2050 Abs. 3 BGB an Abkömmlinge vor, dann sollte bei der Hingabe bestimmt werden, ob eine Ausgleichung stattzufinden hat oder nicht. Bei Schenkungen gem. § 2050 Abs. 3 BGB findet die Ausgleichung nicht automatisch statt. Will der Erblasser dies nachholen, kann er dies in Form eines Vorausvermächtnisses zugunsten der nicht beschenkten Abkömmlinge und zu Lasten des Beschenkten tun.[230]

Formulierungsbeispiel: Meine Tochter T hat im Jahr ... eine Geldschenkung i.H.v. € ... erhalten. Eine Bestimmung der Ausgleichungspflicht bei der Erbauseinandersetzung auf meinen Tod ist unterblieben. Hiermit ordne ich im Wege des Vermächtnisses zu Lasten meiner Tochter T und zugunsten ihrer Geschwister die Ausgleichungspflicht dieser Schenkung bei der Nachlassauseinandersetzung auf meinen Tod an. Die Vermächtnisse fallen mit der Auseinandersetzung meines Nachlasses an und werden gleichzeitig fällig. Die Höhe und die Art der Ausgleichung richten sich nach den gesetzlichen Vorschriften der §§ 2050 ff. BGB.

127 Im umgekehrten Fall, wenn die Ausgleichung bei der Zuwendung angeordnet wurde und der Erblasser dies rückgängig machen will, kann er dies ebenso im Wege eines Vorausvermächtnisses zugunsten des betroffenen Abkömmlings und zu Lasten der anderen zu Miterben berufenen Abkömmlinge ausgestalten.

Formulierungsbeispiel: Mein Sohn S hat im Jahr ... eine Geldschenkung i.H.v. € ... erhalten. Seinerseits wurde die Ausgleichungspflicht bei der Erbauseinandersetzung auf meinen Tod bestimmt. Hiermit ordne ich im Wege eines Vermächtnisses zugunsten meines Sohnes S und zu Lasten der übrigen Erben an, dass die Schenkung bei der Erbauseinandersetzung auf meinen Tod entgegen der ursprünglichen Aus-

---

229 BGH ZEV 2001, 362.
230 RGZ 90, 419.

gleichungsbestimmung nicht auszugleichen ist. Das Vermächtnis fällt im Zeitpunkt der Erbauseinandersetzung an und ist gleichzeitig fällig.

Praxishinweis:
Diese dargestellten Vermächtnisse unterliegen bzgl. der Pflichtteilsberechtigten der Vorschrift des § 2306 BGB. Deshalb wäre der sicherere Weg anstelle des Vermächtnisses der Teil-Pflichtteilsverzicht, der allerdings der notariellen Beurkundung bedarf.

XI. Vermächtnis betreffend die Vereinbarung von Verjährungsvorschriften

Nach § 202 BGB sind Vereinbarungen über die Verkürzung oder die **Verlängerung von Verjährungsfristen** möglich. Als Vermächtnis kann z.B. den pflichtteilsberechtigten Kindern der Anspruch zugewandt werden, dass der Überlebende die Verlängerung der Verjährungsfrist für Pflichtteilsansprüche vereinbart. Ebenso kann dem Testamentsvollstrecker das Vermächtnis zugewandt werden, dass die Erben mit ihm eine Verkürzung der Verjährungsfrist für Schadensersatzansprüche von 30 Jahren gem. § 197 Abs. 1 Nr. 2 BGB auf drei Jahre vereinbaren müssen.

128

XII. Pflegevergütungsvermächtnis

1. Einführung

Häufig wird der Erblasser von seinem Ehegatten, seinen Abkömmlingen oder einer dritten Person gepflegt. Dies ist i.d.R. mit erheblichem Zeitaufwand und persönlichem Einsatz verbunden. Eine Vergütungsregelung wird dabei meist nicht getroffen. Nach dem Erbfall stellt sich häufig die Frage, ob der Pflegeperson für die Tätigkeit ein Entgelt zusteht.

129

2. Verschiedene Anspruchsgrundlagen

Denkbar sind Ansprüche aus einem schuldrechtlichen Vertrag zwischen dem Erblasser und der Pflegeperson. Bei nahen Verwandten spricht jedoch grundsätzlich ein Indiz für die Unentgeltlichkeit. Demnach muss hier das Bestehen einer vertraglichen Vereinbarung, ein **Dienstvertrag**, nachgewiesen werden.

130

Nehme man **Geschäftsführung ohne Auftrag** an, würde gem. §§ 677, 683 BGB nur Aufwendungsersatz und kein Entgelt gewährt werden. Doch ist auch hier die Abgrenzung zum reinen Gefälligkeitsverhältnis zu beachten.[231] Ist die pflegende Person ein Abkömmling gewesen, könnte § 2057a BGB eingreifen mit der Folge, dass die Pflegeleistung ausgeglichen werden muss. Der Anspruch besteht jedoch nur, wenn kein anderweitiger Anspruch für den Abkömmling – z.B. aus § 812 BGB[232] – besteht und die Leistung des Abkömmlings unentgeltlich gewesen ist. Jedoch liegen auch hier in der Praxis Abgrenzungsschwierigkeiten vor.

---

231 *Kerscher/Tanck/Krug*, Erbrechtliche Mandat, § 2 Rn. 444.
232 *Damrau*, FamRZ 1969, 581.

3. Ausdrückliche Anordnung eines Pflegevergütungsvermächtnisses

131 Ein Pflegevergütungsvermächtnis kann in der letztwilligen Verfügung angeordnet werden. Ist die Person noch nicht bekannt, kann und will der Erblasser den Umfang noch nicht bestimmen, kann er einen möglichen in Betracht kommenden Personenkreis bestimmen und sowohl die Auswahl der Person als auch den Umfang des Vermächtnisses einem Testamentsvollstrecker übertragen.

> **Formulierungsbeispiel:** Für den Fall, dass ich von einem oder mehreren meiner Kinder oder Enkelkinder gepflegt werde, ordne ich zugunsten des betreffenden Kindes bzw. der betreffenden Kinder oder Enkelkinder ein Pflegevergütungsvermächtnis an. Dieses Pflegevergütungsvermächtnis soll von Art und Umfang 50 Prozent dessen entsprechen, was ich für eine häusliche Pflege durch Einsatzkräfte der örtlichen Hilfskräfte (Sozialstation, Caritas) hätte bezahlen müssen. Die Festsetzung der Höhe dieses Pflegeentgeltes sowie die Auswahl des Vermächtnisnehmers erfolgen durch den Testamentsvollstrecker (§§ 2151, 2153, 2155 BGB). Zum Testamentsvollstrecker bestimme ich ..., ersatzweise für den Fall, dass der Testamentsvollstrecker vor oder nach der Annahme des Amtes wegfällt, soll das Nachlassgericht einen geeigneten Testamentsvollstrecker, zunächst aus der Testamentsvollstreckerliste der DVEV e.V., am hiesigen Amtsgericht bestimmen.

D. Erfüllung des Vermächtnisanspruchs – außergerichtlich und gerichtlich

I. Erfüllung des Vermächtnisses

1. Einführung

132 Der Vermächtnisanspruch als einseitiges Schuldverhältnis (§§ 241 bis 304 BGB) wird durch dinglichen Übertragungsakt nach sachenrechtlichen Grundsätzen erfüllt. Die Erfüllung selbst hängt vom Vermächtnisinhalt ab. Ist eine Forderung der Vermächtnisgegenstand, erfolgt die Erfüllung durch Abtretung. Bei Grundstücken hat eine **Auflassung** und die **Eintragung im Grundbuch** gem. §§ 873, 925 BGB, § 20 GBO zu erfolgen. Bei Wohnungs- oder Nießbrauchsrecht reicht eine formlose dingliche Einigung, die Eintragungsbewilligung und der Grundbucheintrag gem. § 873 BGB, §§ 19, 20 GBO. Spielt § 311b BGB eine Rolle, muss eine eventuelle Ergänzungsbetreuung für Minderjährige beachtet werden. Wird die Rückzahlung einem Darlehensnehmer vermächtnisweise erlassen, so erfolgt dies durch **Erlassvertrag** gem. § 397 BGB. Bei der **Schuldübernahme** gelten die Vorschriften der §§ 414 ff. BGB. Einzige Ausnahme von der schuldrechtlichen Wirkung des Vermächtnisses besteht beim Vorausvermächtnis zugunsten des alleinigen Vorerben. Dieser wird sofort ohne sachenrechtlichen Übertragungsakt Eigentümer des vermachten Gegenstandes.[233]

Erfüllungsort für das Vermächtnis ist gem. § 2069 Abs. 1 BGB der Wohnort des Beschwerten, außer aus der Erblasseranordnung oder aus der Art des Vermächtnisses ergibt sich etwas anderes. Die Kosten für die Erfüllung fallen dem Beschwerten zur Last, wobei der Erblasser eine abweichende Anordnung treffen kann.

Zu beachten ist gem. § 327 InsO, dass die Vermächtnisansprüche grundsätzlich Erblasserschulden und Pflichtteilsansprüchen vorgehen. Andere Vermächtnisse und Auf-

---

233 BGHZ 32, 60 ff.; Staudinger/*Otte*, § 2150 Rn. 4.

lagen sind gleichrangig. Der Erblasser hat hier die Möglichkeit, die Rangfolge nach § 2189 BGB festzulegen.

Der Anspruch als solches **verjährt** nach altem Recht gem. § 195 BGB a.F. und nach neuem Recht gem. § 197 Abs. 1 Nr. 2, 2. Alt BGB in 30 Jahren. Die Verjährungsfrist beginnt unabhängig von der Kenntnis mit seiner „Entstehung" gem. § 200 BGB n.F., demnach mit der Fälligkeit des Vermächtnisses.[234]

2. Gerichtliche Geltendmachung des Vermächtnisanspruchs

Ist der Erbe nicht bereit, den Vermächtnisanspruch außergerichtlich zu erfüllen und der Bedachte gezwungen, gerichtliche Hilfe in Anspruch zu nehmen, gilt nach § 27 ZPO das Gericht, bei dem der Erblasser zum Zeitpunkt seines Todes den allg. Gerichtstand hatte, als **besonderer Gerichtsstand** der Erbschaft. Es handelt sich dabei nicht um einen ausschließlichen Gerichtsstand.[235] Die Zuständigkeit des Gerichts liegt vor, wenn der Anspruch auf der in § 27 Abs. 1 ZPO genannten Anspruchsgrundlage aus dem Vermächtnis bestehen könnte. Daneben kann der Vermächtnisnehmer bei Weigerung der Erfüllung des Vermächtnisses seitens des Erben den Anspruch auch am allg. Gerichtsstand des Wohnsitzes des Beschwerten geltend machen. Bei der gerichtlichen Geltendmachung des Vermächtnisanspruchs ist nur der Vermächtnisnehmer **aktivlegitimiert**. Ausnahme ist bei der Anordnung einer Testamentsvollstreckung. Dort ist der Testamentsvollstrecker der Kläger i.S.d. ZPO.[236]

133

Der Vermächtnisanspruch ist eine **Nachlassverbindlichkeit**. Folge ist für einen Prozess, dass nur der oder die Erben als Beklagte/r **passivlegitimiert** sein können. Bei einer gemeinschaftlichen Nachlassverbindlichkeit haften die Miterben als Gesamtschuldner gem. § 2058 BGB.[237] Ist nur ein Miterbe mit einem Vermächtnis gem. § 2046 Abs. 2 BGB beschwert, gilt dies nicht. Hat der Erblasser nur einen Teil der Erben beschwert, so sind nur diese analog § 2058 BGB zu verklagen.[238] Bei der Erfüllung eines Untervermächtnisses ist der Hauptvermächtnisnehmer der Beklagte. Steht dem **Testamentsvollstrecker** gem. § 2213 Abs. 1 Satz 2 BGB die Verwaltung des Nachlasses zu, so ist dieser passivlegitimiert.[239] Ist der Vermächtnisgegenstand nicht von der Verwaltung des Testamentsvollstreckers umfasst, so ist nur der Erbe zu verklagen. Hat der Testamentsvollstrecker selbst einen Vermächtnisanspruch gegenüber dem Erben, gilt dasselbe.[240]

Praxishinweis:
Der Vermächtnisnehmer sollte bei der Einsetzung eines Testamentsvollstreckers den Erben und den Testamentsvollstrecker gemeinsam auf Duldung verklagen, da beide i.d.R. dann für einen Passivprozess prozessführungsberechtigt sind.[241]

Es kann auch Klage gegen den Nachlassverwalter (§ 1984 BGB) oder den Nachlasspfleger (§ 1960 BGB) gerichtet werden, wenn die Erbschaft noch nicht angenommen worden ist oder der Erbe noch nicht feststeht. Vor der **Erbschaftsannahme** mangelt

134

---
234 Staudinger/*Otte*, § 2174 Rn. 16.
235 Zöller/*Vollkommer*, § 27 Rn. 1.
236 BGH NJW 1954, 1036.
237 MünchKomm/*Dütz*, § 2058 Rn. 8.
238 MünchKomm/*Dütz*, § 2058 Rn. 18.
239 BGHZ 48, 214, 220.
240 Bamberger/Roth/*J. Mayer*, § 2213 Rn. 9.
241 MünchKomm/*Brandner*, § 2213 Rn. 1.

es dem Erben an der passiven Prozessführungsbefugnis (§ 1959 BGB, § 778 ZPO). Der Vermächtnisnehmer hat auch selbst die Möglichkeit, bei noch nicht angeordneter Nachlasspflegschaft einen Antrag auf Klagepflegschaft zur Durchsetzung seiner Ansprüche zu stellen.[242]

II. Auskunftsanspruch des Vermächtnisnehmers[243]

1. Einführung

135 Der Vermächtnisnehmer selbst hat keinen **Auskunftsanspruch** gegenüber dem Erben. Dies wird nur über § 242 BGB bzw. § 260 BGB bejaht, wenn die Auskunft für die Feststellung und die Durchsetzung des Vermächtnisanspruchs notwendig ist.[244] Gleiches gilt auch, wenn das Vermächtnis erst nach dem Erbfall, wie bei dem Nacherbfall, fällig wird. Dann richtet sich der Auskunftsanspruch gegen den Vorerben, sofern aus der letztwilligen Verfügung bzw. dem Erblasserwillen nichts Gegenteiliges entnommen werden kann. Der Auskunftsanspruch kann jedoch mitvermacht werden[245] bzw. er liegt vor, wenn der Vermächtnisnehmer selbst **Pflichtteilsberechtigter** ist. Wird der Auskunftsanspruch außergerichtlich nicht erfüllt, ist Klage geboten. Die Verpflichtung zur Auskunftserteilung über den Nachlassbestand und die Erstellung des Nachlassverzeichnisses sind unvertretbare Handlungen i.S.v. § 888 ZPO. Beides kann nicht durch einen Dritten vorgenommen werden.

2. Umfang und Inhalt des Auskunftsanspruchs

136 Der zugrunde liegende Vermächtnisanspruch bestimmt den Umfang und den Inhalt des Auskunftsanspruchs. Er reicht nicht weiter, als er zur Wahrnehmung und zur Durchsetzung des Vermächtnisanspruchs benötigt wird. Ist nur ein Gegenstand vermacht, so umfasst der Auskunftsanspruch nur den Gegenstand selbst und dessen Verbleib. Über den gesamten Nachlass oder Teile davon muss der Erbe nur Auskunft erteilen, wenn sich der Umfang des Vermächtnisanspruchs am Nachlasswert bemisst. Bemisst sich der Vermächtnisanspruch am Reinnachlass, impliziert dies einen **Anspruch auf Rechnungslegung** über die Einnahmen und die Ausgaben.[246] Gleiches gilt, wenn der Anspruch sich nach dem „steuerlichen Gewinn" richtet. Hier muss die **Gewinnfeststellung** des zuständigen Finanzamtes vorgelegt werden.[247] Wird ein Sachinbegriff vermacht, muss das Bestandsverzeichnis vorgelegt werden.[248] Bei einem Wahlvermächtnis hat der Vermächtnisnehmer gegenüber dem Beschwerten eine Anspruch auf Vorlage der zur Wahl stehenden Sachen (§ 809 BGB). Ist der Erbe nicht zur außergerichtlichen Erfüllung des Auskunftsanspruchs bereit, ist eine Auskunftsklage gegen den Erben über den Bestand des Nachlass zu erheben.

---

242 AnwK/*J. Mayer*, § 2174 Rn. 21.
243 Vgl. zum Wertermittlungsanspruch LG Karlsruhe ZErb 2005, 130.
244 RGZ 129, 239, 242; OLG Koblenz WM 1997, 870; *Sarres*, ZEV 2001, 225, 228.
245 RGZ 129, 239, 240.
246 RG LZ 1931, 688; *Sarres*, ZEV 2001, 225, 229.
247 BGH WM 1969, 337, 339.
248 *Nieder*, Testamentsgestaltung, Rn. 540.

III. Erfüllung des Vermächtnisanspruchs durch Dritte bzw. den Erblasser

1. Erfüllung des Vermächtnisanspruchs durch den Testamentsvollstrecker

Der Erblasser hat die Möglichkeit, durch einen **Testamentsvollstrecker** gem. § 2223 BGB die Erfüllung des Vermächtnisses zu bewirken. Zum Testamentsvollstrecker kann der Erblasser sogar den Vermächtnisnehmer bestimmen. Es liegt kein Verstoß gegen § 181 BGB vor, da einzig eine Verbindlichkeit erfüllt wird.[249]

137

> **Formulierungsbeispiel:** Ich ordne Testamentsvollstreckung an. Zum Testamentsvollstrecker ernenne ich den vorgenannten Vermächtnisnehmer. Der Testamentsvollstrecker hat die einzige Aufgabe, das zu seinen Gunsten angeordnete Vermächtnis zu erfüllen. Der Testamentsvollstrecker ist von den Beschränkungen des § 181 BGB befreit. Er erhält für seine Tätigkeit keine Vergütung. Sollte der Testamentsvollstrecker das Amt nicht annehmen oder nach seiner Annahme wegfallen, entfällt die Testamentsvollstreckung.

2. Abgabe der dinglichen Einigungserklärung durch den Erblasser

Werden dingliche Rechte an Grundstücken vermacht, hat der Erblasser die Möglichkeit, die **dingliche Einigung** zur Erfüllung des Nießbrauchs- oder Wohnungsrechts direkt in der Notarurkunde über die letztwillige Verfügung aufzunehmen. In diesem Bereich müssen die Einigungserklärungen, im Gegensatz zur Auflassung, nicht gleichzeitig abgegeben werden. Für den Vermächtnisnehmer besteht die Möglichkeit der späteren Abgabe der dinglichen Einigungserklärung auch noch nach dem Erbfall. Sind die Formalien des § 873 Abs. 2 BGB erfüllt, bleiben die Erben hieran gebunden. Soll die **Auflassungserklärung** bereits in der notariellen Urkunde über die letztwillige Verfügung aufgenommen werden, müssen beide Vertragsteile aufgrund § 925 Abs. 1 BGB gleichzeitig anwesend sein.

138

> **Praxishinweis:**
> Ein Anspruch des Vermächtnisnehmers auf Erteilung einer Ausfertigung der Notarurkunde der letztwilligen Verfügung zu Lebzeiten des Erblassers sollte ausgeschlossen werden. Ansonsten könnte der Vermächtnisnehmer noch zu dessen Lebzeiten den Vollzug betreiben.

3. Erfüllung des Vermächtnisses durch Bevollmächtigung des Vermächtnisnehmers

Der Erblasser hat die Möglichkeit, in seiner letztwilligen Verfügung den Vermächtnisnehmer selbst zu bevollmächtigen, das vermachte Eigentum auf sich zu übertragen bzw. zu Lasten einzelner Nachlassgegenstände dingliche Rechte zu bestellen. Dies geschieht unter Befreiung von § 181 BGB. Die Vollmacht selbst ist eine **empfangsbedürftige Willenserklärung**. Durch die Testaments- und Erbvertragseröffnung ist sichergestellt, dass diese Willenserklärung dem Vermächtnisnehmer zugeht und dieser Kenntnis erlangt. Der Tod des Erblassers ist dabei gem. § 130 Abs. 2 BGB ohne Belang für die Vollmachtserteilung bzw. die Willenserklärung. Wurde die **Vollmacht** ausschließlich im Interesse des Vermächtnisnehmers zur Erfüllung des Vermächtnisses

139

---

[249] Palandt/*Heinrichs*, § 181 Rn. 22.

erteilt, so kann auf die Unwiderruflichkeit der Bevollmächtigung, obwohl keine ausdrückliche Erklärung diesbezüglich vorliegt, geschlossen werden.[250]

> **Praxishinweis:**
> Die Unwiderruflichkeit der Vollmacht sollte in der letztwilligen Verfügung bis zur Erfüllung des Vermächtnisses gelten bzw. mit einer auflösenden Erbeinsetzung verbunden sein für den Fall, dass die Erben die Vollmacht widerrufen.

140 Das **Grundbuchamt** verlangt eine Ausfertigung der Vollmachtsurkunde nach § 29 GBO, § 47 BeurkG. Im Gegensatz hierzu erteilt das Nachlassgericht von der Verfügung von Todes wegen nur eine beglaubigte Abschrift inklusive Eröffnungsprotokoll. Da dies nach § 35 Abs. 1 Satz 2 GBO zum Nachweis des Erbrechts und zur Grundbuchberichtigung ausreicht, sollte für den Vollmachtsnachweis eine beglaubigte Abschrift genügen.

IV. Erfüllung bezüglich der einzelnen Vermächtnisarten

1. Erfüllung eines Grundstücksvermächtnisses

a) Einführung

141 Es bedarf zur Erfüllung eines **Grundstücksvermächtnisses** einer Einigung nach § 925 BGB bzgl. der Auflassung, einer Eintragung im Grundbuch aufgrund des Antrags des Vermächtnisnehmers und einer Bewilligung des bzw. der Erben nach §§ 13, 19 GBO. Zu beachten ist, dass der Erbe gem. § 40 GBO nicht notwendig vorher als Eigentümer im Grundbuch eingetragen gewesen sein muss. Lediglich der Erbnachweis muss geführt werden. Die Eigentümerstellung des Erblassers muss jedoch aus dem Grundbuch ersichtlich sein. Hat der Erblasser von der Möglichkeit der Vollmachtserteilung für den Vermächtnisnehmer in einem notariellen Testament Gebrauch gemacht und haben die Erben diese nicht widerrufen, so kann der Vermächtnisnehmer die notwendigen Erklärungen allesamt selbst abgeben.[251]

> **Praxishinweis:**
> Der Erblasser hat die Möglichkeit, den Vermächtnisnehmer zum Testamentsvollstrecker mit der Aufgabe der Vermächtniserfüllung einzusetzen.

b) Klage auf Erfüllung eines Grundstücksvermächtnisses

142 Muss der Erbe zur Erfüllung eines Grundstücksvermächtnisses gezwungen werden, lautet der Klageantrag auf **Zustimmung zur Auflassung** (§ 925 BGB) und zur Abgabe der grundbuchrechtlichen Eintragungsbewilligung (§ 19 GBO). Nach rechtskräftiger Verurteilung gilt die Zustimmung des Erben zur Auflassung und zur grundbuchrechtlichen Eintragungsbewilligung als erteilt. Die Einigungserklärung des Vermächtnisnehmers selbst muss noch bewilligt werden. Hier reicht eine reine Beglaubigung der Unterschrift des Vermächtnisnehmers nicht aus.[252] Weiterhin muss zum Zeitpunkt der Einigungserklärung des Vermächtnisnehmers bereits das Urteil gegen den Erben

---

250 BayObLG MittBayNotZ 1989, 308.
251 OLG Köln DNotZ 1993, 136.
252 OLG Celle DNotZ 1979, 308.

rechtskräftig sein.²⁵³ Beide, Erbe und Vermächtnisnehmer, müssen bei der Abgabe der Zustimmung zur Auflassung gem. § 925 BGB nicht gleichzeitig anwesend sein. Mit einer Ausfertigung des rechtskräftigen Urteils muss der Vermächtnisnehmer beim Notar die Auflassung beurkunden lassen. Danach ist jeweils die Ausfertigung der Auflassung und des Urteils dem Grundbuchamt zwecks Umschreibung des Eigentums mit einem schriftlichen Eintragungsantrag des Vermächtnisnehmers gem. § 13 GBO vorzulegen.

Praxishinweis:
Legt der bevollmächtigte Rechtsanwalt eine schriftliche Vollmacht vor, kann er den Eintragungsantrag für den Vermächtnisnehmer stellen.

Nur bei einer **Auflassung Zug um Zug** gegen Zahlung muss eine vollstreckbare Ausfertigung des Urteils bzw. eine Vollstreckungsklausel vorliegen und eine Zustellung an den Beklagten gem. §§ 726, 730, 894 Abs. 1 Satz 2 ZPO erfolgen. Nach § 894 Abs. 1 Satz 2 ZPO gilt die Erklärung nur dann als abgegeben, wenn eine vollstreckbare Ausfertigung des Urteils erteilt ist. Dies kann bspw. bei einem Kürzungsrecht der Erben der Fall sein.

143

Praxishinweis:
Sofern der Vermächtnisnehmer das Grundstück noch nicht im Besitz hat, sollte ein Klageantrag auf Herausgabe des Grundstücks lauten.

2. Erfüllung eines Nießbrauchsvermächtnisses

a) Nießbrauchsvermächtnis an einem Grundstück

aa) Einführung

Für die **Nießbrauchbestellung** an einem Grundstück ist die dingliche Einigung zwischen Erben und Vermächtnisnehmer gem. § 873 BGB sowie die Eintragung im Grundbuch zwingend verpflichtend. Im Gegensatz zum Grundstücksvermächtnis ist die Voreintragung des Erben im Grundbuch aufgrund § 39 GBO erforderlich. Des Weiteren muss der Erbe als Grundstückseigentümer beim Nießbrauchvermächtnis die Eintragungsbewilligung nach § 19 GBO in der Form des § 29 GBO abgeben. Die **dingliche Einigung** gem. § 873 BGB **bedarf keiner Form**. Ebenso kann der Antrag auf Eintragung des Vermächtnisnehmers nach § 13 GBO formlos gestellt werden. Besteht innerhalb oder außerhalb einer letztwilligen Verfügung von Todes wegen eine **trans- oder postmortale Vollmacht** für den Vermächtnisnehmer, die nicht von den Erben widerrufen worden ist, dann kann der Vermächtnisnehmer die Einigungserklärung und die grundbuchrechtliche Eintragungsbewilligung selbst abgeben. Dies gilt auch bei der Ernennung des Vermächtnisnehmers zum Testamentsvollstrecker mit dem Aufgabenkreis der Nießbrauchvermächtniserfüllung.

144

Formulierungsbeispiel: Meinem Sohn S wende ich im Wege eines Vermächtnisses den lebenslangen unentgeltlichen Nießbrauch an dem Grundstück ..., eingetragen im Grundbuch von ... Band Nr. ... Flurstück Nr. ... zu. Die erforderliche dingliche Einigungserklärung gem. § 873 Abs. 1 BGB gebe ich hiermit ab und bewillige die Eintragung des Nießbrauchs im Grundbuch gem. § 873 Abs. 2 BGB, § 19 GBO.

---

253 BayObLG DNotZ 1984, 628.

bb) Klage auf Erfüllung eines Nießbrauchsvermächtnisses an einem Grundstück

145   Erfüllt der Erbe nicht freiwillig das Nießbrauchsvermächtnis an einem Grundstück, muss der Vermächtnisnehmer **Klage** auf **Abgabe der dinglichen Einigungserklärung** nach § 873 BGB und der Eintragungsbewilligung nach § 19 GBO erheben. Ist das Urteil rechtskräftig, gilt die Erklärung gem. § 894 ZPO als abgegeben. Ist nur eine Zug um Zug Verurteilung möglich, ist § 894 Abs. 1 Satz 2 ZPO zu beachten. Bei der Klageerhebung ist des Weiteren darauf zu achten, ob der vermachte Nießbrauch den gesetzlichen Regeln folgt oder ob der Nießbrauch Abweichungen zum Gesetz enthält.[254]

b) Nießbrauch an einzelnen Gegenständen oder Rechten

146   Bei einem **Nießbrauch** an **einzelnen Gegenständen** oder an Rechten hat der Erblasser die Möglichkeit, die nach § 873 BGB erforderliche dingliche Einigung direkt in die Urkunde über die letztwillige Verfügung aufzunehmen. Die Einigungserklärungen brauchen im Gegensatz zur Auflassung, nicht gleichzeitig abgegeben zu werden. Der § 130 Abs. 2 BGB bestätigt, dass der Tod die Wirksamkeit der Willenserklärungen des Erblassers nicht beeinträchtigt. Für den Vermächtnisnehmer besteht die Möglichkeit, seine dingliche Einigungserklärung auch nach dem Erbfall noch abzugeben. Ist diese dingliche Einigungserklärung in einer notariellen Urkunde enthalten, so ist diese bindend und wirkt auch für die Erben. Die beim Nießbrauch an Grundstücken getätigten Ausführungen bzgl. der trans- oder postmortalen Vollmacht für den Vermächtnisnehmer bzw. der Testamentsvollstreckerernennung gelten auch hier.

c) Nießbrauchsrecht an einem Erbteil

147   Beim Nießbrauch an einem Erbteil liegt ein Nießbrauch an einem Recht gem. § 1068 BGB vor.[255] Die Bestellung hat zwingend in **notarieller Form** gem. §§ 1069 Abs. 1, 2033 BGB zu erfolgen. Der Beschwerte ist bei nicht freiwilliger Vermächtniserfüllung auf Abgabe der dinglichen Einigungserklärung gem. § 1069 BGB zu verklagen. Das rechtskräftige Urteil ersetzt diese gem. § 894 ZPO. Dabei muss eine Ausfertigung des rechtskräftigen Urteils beim Notar bzgl. der Beurkundung der Einigungserklärung vorliegen. Zusätzlich muss der Vermächtnisnehmer auf Einräumung des Mitbesitzes klagen, da ihm als Nutznießer des Erbteils der Mitbesitz am Nachlass zusteht.[256]

3. *Erfüllung eines Wohnungsrechtvermächtnisses*

148   Nach § 1093 BGB ist das **Wohnungsrecht** eine **beschränkt persönliche Dienstbarkeit**. Es ist beim Wohnungsrechtvermächtnis für die Grundbucheintragung die dingliche Einigung nach § 873 BGB erforderlich. Zusätzlich ist die Eintragungsbewilligung in der Form des § 29 BGO abzugeben. Der Antrag auf Eintragung ist durch den Berechtigten formlos gem. § 13 GBO möglich. Nach § 39 GBO ist der Erbe zwingend vorab einzutragen. Die erforderliche Einigungserklärung gem. § 873 BGB kann der Erblasser bereits in seiner letztwilligen Verfügung abgeben. Diese kann der Berechtigte auch nach dessen Tod annehmen. Bei notarieller Beurkundung der letztwilligen Verfügung kann der Erblasser sogar die Eintragungsbewilligung gem. § 19 GBO abgeben, da dabei die Formvorschrift des § 29 GBO gewahrt wird. Die beim Nießbrauch an Grundstücken getätigten Ausführungen bzgl. der trans- oder postmortalen

---

254 Formulierungsbsp. bei *Krug/Rudolf/Kroiß*, Erbrecht, § 15 Rn. 161.
255 BayObLG JFG 21, 177.
256 Formulierungsbsp. bei *Krug/Rudolf/Kroiß*, Erbrecht, § 15 Rn. 143, 144.

Vollmacht für den Vermächtnisnehmer bzw. der Testamentsvollstreckerernennung gelten auch hier. Ist der Erbe nicht zur Erfüllung des Wohnungsrechtvermächtnisses bereit, so hat die Klage auf Abgabe der Einigungserklärung nach § 873 BGB und der Eintragungsbewilligung nach § 19 GBO zu lauten. Das anschließende rechtskräftige Urteil ersetzt nach § 894 ZPO die Willenserklärungen. Zusätzlich ist auf Herausgabe der Wohnung bzw. der bewohnten Räume zu klagen, wenn der Berechtigte nicht selbst in der Wohnung wohnt.

4. Erfüllung eines Vorkaufsrechtvermächtnisses

Das dingliche Vorkaufsrecht bedarf als beschränkt dingliches Recht beim Vorkaufsrechtvermächtnis zu seiner Entstehung der **Einigung und Eintragung im Grundbuch** gem. § 873 BGB. Für die Eintragung im Grundbuch ist die Bewilligung des Eigentümers (= Erbe oder Hauptvermächtnisnehmer) gem. § 19 GBO in beglaubigter Form (§ 29 GBO) und ein Antrag entweder des Vorkaufsberechtigten oder des Eigentümers nach § 13 GBO erforderlich. Das Vorkaufsrecht kann nach § 39 GBO erst eingetragen werden, wenn der Eigentümer voreingetragen worden ist. Die beim Nießbrauch an Grundstücken getätigten Ausführungen bzgl der trans- oder postmortalen Vollmacht für den Vermächtnisnehmer bzw. der Testamentsvollstreckerernennung gelten auch hier.

149

5. Erfüllung eines Geldvermächtnisses

a) Einführung

Der Vermächtnisnehmer muss bei einem Geldvermächtnis bei nicht freiwilliger außergerichtlicher Vermächtniserfüllung Klage auf Zahlung eines bestimmten Betrages erheben. Bei der Geltendmachung einer **Geldschuld** sind die Regelungen über die Verzugs- und Prozesszinsen zu beachten. Hierbei sollte insbesondere die Verzinsung mit Fünf-Prozentpunkten über dem aktuellen Basiszinssatz nach § 1 Diskontsatz-Überleitungsgesetz nicht vergessen werden.[257]

150

b) Geltendmachung eines Geldvermächtnisses im Urkundenprozess

aa) Einführung

Ist ein Vermächtnis auf Geldzahlung oder auf Wertpapiere gerichtet, ist zu prüfen, ob nicht eine **Klage im Urkundsprozess** gem. §§ 592 ff. ZPO zu erheben ist. Der Vermächtnisnehmer erhält im Wege eines beschleunigten Verfahrens einen ohne Sicherheitsleistung aufgrund § 708 Nr. 4 ZPO vollstreckbaren Titel. Allerdings ergeht nur ein Vorbehaltsurteil, das eventuell im Nachverfahren wieder aufgehoben wird.

151

bb) Voraussetzungen des Urkundsprozesses

Streitgegenstand muss gem. § 592 ZPO ein Anspruch auf Zahlung oder auf Leistung einer bestimmten Menge anderer vertretbarer Sachen oder Wertpapiere sein. Dem gleichgestellt ist nach § 592 Satz 2 ZPO ein Anspruch aus einer Hypothek, einer Grundschuld, einer Rentenschuld oder einer Schiffshypothek. Der Urkundsprozess ist jedoch nicht bei der Herausgabe bestimmter Gegenstände möglich.[258] Zusätzliche Voraussetzung ist, dass alle **anspruchsbegründeten Tatsachen durch Urkunden be-**

152

---

257 Formulierungsbsp. bei *Bonefeld/Kroiß/Tanck*, Erbprozess, S. 381 Rn. 162.
258 OLG Celle OLGR 1996, 32.

wiesen werden können. Urkunden können alle Schriftstücke sein, egal ob sie öffentlicher oder privatrechtlicher Natur, ob sie handschriftlich oder maschinengeschrieben oder ob sie unterzeichnet sind oder nicht.[259] Daraus folgt bei Vermächtnisansprüchen, dass die notarielle letztwillige Verfügung genauso wie die handschriftlich erstellte letztwillige Verfügung sowie die Niederschrift der Testamentseröffnung als Urkunde ausreichend sind. Es ist auch die einseitige Verfügung von Todes wegen ausreichend, da es im Urkundsprozess unerheblich ist, ob der Schuldner – der Erbe – bei der Erstellung der Urkunde mitgewirkt hat.

Unterschiede bzgl. der **Beweiskraft** bestehen jedoch bei notariellen und handschriftlichen letztwilligen Verfügungen. Das notarielle Testament ist eine Urkunde i.Sv. § 415 ZPO. Somit gilt die gesetzliche Vermutung der Richtigkeit der Urkunde, solange nicht alle Möglichkeiten ausgeräumt sind, die irgendwie gegen die Richtigkeit des Urkundeninhalts sprechen. Für die handschriftliche letztwillige Verfügung gelten die §§ 416, 440 ZPO. Ob der Urkundsprozess überhaupt zulässig ist, ist immer **von Amts wegen** zu prüfen. Er scheidet bereits aus, wenn die Höhe des Vermächtnisses nicht als bestimmter Betrag festgelegt ist. Dies liegt z.B. nicht bei einem Quotenvermächtnis vor, das vom Wert des Nachlasses abhängt und der Nachlass erst durch Sachverständigengutachten zu ermitteln ist. Der Beweis durch Einholung eines Sachverständigengutachtens ist im Urkundsprozess nicht möglich.[260]

cc) Problem der Vorlage von Originalurkunden

153 Im Urkundsprozess ist der Kläger verpflichtet, der Klageschrift die Originalurkunde oder zumindest eine beglaubigte Abschrift der Urkunde beizulegen. Das **Original** muss dabei **spätestens im Termin** vorgelegt werden.[261] Dies gilt nicht, wenn die anspruchsbegründeten Tatsachen, die sich aus der Urkunde ergeben, nicht bestritten werden. Bestreitet die Gegenseite im Urkundsprozess bei vermächtnisweise zugewendeten Zahlungsansprüchen das Vorhandensein der Urkunden und die sich daraus ergebenden Tatsachen, ergeben sich erhebliche Schwierigkeiten für den Vermächtnisnehmer. Nach der Testamentseröffnung befinden sich die Originale der notariellen oder handschriftlichen letztwilligen Verfügung in der Nachlassakte. Das Original kann demnach nicht vorgelegt werden. Die **Beiziehung** der **Nachlassakte** wird daran scheitern, dass im Urkundsprozess die Berufung auf Gerichtsakten eines anderen Spruchkörpers ausgeschlossen ist.[262] Auch darf das Nachlassgericht die Originale der Urkunden nicht herausgeben.

> **Praxishinweis:**
> Der Erblasser räumt dem Vermächtnisnehmer bei einer notariell erstellten letztwilligen Verfügung das Recht ein, sich vom Notar eine notarielle Abschrift erstellen zu lassen, die nach § 47 BeurkG die Urschrift ersetzt und somit gem. § 593 Abs. 2 Satz 1 ZPO vorgelegt werden kann. Es bietet sich alternativ die Einsetzung des Vermächtnisnehmers als Testamentsvollstrecker mit der Aufgabe der Vermächtniserfüllung an.

---

259 Zöller/*Greger*, § 592 Rn. 15.
260 Zöller/*Greger*, § 592 Rn. 14.
261 Baumbach/Lauterbach/Albers/Hartmann, § 592 Rn. 7.
262 BGH VersR 1994, 1233.

Maulbetsch

V. Abwehr der Erfüllung durch den Beschwerten

1. Vermächtniserfüllung bei zu erbringender Gegenleistung Zug um Zug

Im Vermächtnisrecht kann dem Beschwerten in bestimmten Situationen ein **Zurückbehaltungsrecht** zustehen. In diesen Fällen erfolgt die Erfüllung des Vermächtnisses Zug um Zug. Gleiches kann auch beim Vorliegen eines Übernahmerechts vorliegen, wenn der Vermächtnisnehmer für die Erfüllung des Vermächtnisses seitens des Beschwerten diesem einen bestimmten Betrag, z.B. den Verkehrswert des vermachten Gegenstandes, zu erstatten hat. Diese Grundsätze sind auch anzuwenden, wenn dem Erben aufgrund § 2318 BGB ein **Kürzungsrecht** zusteht. Der Vermächtnisnehmer hat dann nur einen Anspruch auf das gekürzte Vermächtnis. Beim Vorliegen eines Sachvermächtnisses, das nicht gekürzt werden kann, ist es dem Vermächtnisnehmer nur möglich, die Erfüllung Zug um Zug gegen Zahlung des Kürzungsbetrages geltend zu machen.

Findet bei diesen Fallgestaltungen keine freiwillige außergerichtliche Erfüllung statt, muss der Klageantrag eine Erfüllung Zug um Zug beinhalten.

> **Praxishinweis:**
> Dem Erben obliegt die Beweislast für das Vorliegen und die Höhe des Kürzungsrechts. Der Erbe sollte daher im Rahmen eines Prozesses mit dem Pflichtteilsberechtigten dem Vermächtnisnehmer den Streit verkünden. Ansonsten hat das Urteil im Verhältnis zum Vermächtnisnehmer keinerlei Rechtskraft.[263]

2. Überschwerungseinreden nach § 1992 BGB

Liegt eine **Überschuldung** des Nachlasses durch Verbindlichkeiten aus Vermächtnissen und Auflagen vor, weil der Erblasser z.B. mehrere Vermächtnisse angeordnet hat und zum Erbfallzeitpunkt nicht mehr alle Vermächtnisse mangels Nachlassmasse erfüllt werden können, hat der Erbe die Möglichkeit, die Einrede der Überschwerung nach § 1992 BGB zu erheben.[264] Nach der Erhebung der **Überschwerungseinrede**, kann der Erbe dem Vermächtnisnehmer den Restnachlass zu dessen Befriedigung herausgeben. Wahlweise steht dem Erben nach § 1992 Satz 2 BGB das Recht zu, eine wertmäßige Abfindung an den Vermächtnisnehmer anstatt der Herausgabe des Nachlasses zu bezahlen. Bei einem Sachvermächtnis wandelt sich nach der Erhebung der Beschwerungseinrede der Vermächtnisanspruch in einen verhältnismäßig gekürzten Geldanspruch um. Danach steht dem Vermächtnisnehmer das Recht zu, die Übertragung des Gegenstandes Zug um Zug gegen die Zahlung des erforderlichen Kürzungsbetrages zu verlangen.[265]

> **Praxishinweis:**
> Im Rahmen einer gerichtlichen Auseinandersetzung muss der Erbe nach der Erhebung der Überschwerungseinrede den beschränkten Haftungsvorbehalt nach § 780 ZPO in den Urteilstenor aufnehmen lassen.

---

263 *Gottwald*, Pflichtteilsrecht, § 2318 Rn. 10.
264 BGH NJW 1983, 1485.
265 BGH MDR 1964, 667.

3. Aufnahme des Haftungsvorbehalts im Urteil nach § 780 ZPO

156 Beruht die Überschuldung des Nachlasses darauf, dass der Erblasser mehr durch Vermächtnisse und Auflagen verteilt hat als im Nachlass vorhanden ist, steht dem Erben die Überschwerungseinrede nach § 1992 ZPO zu. Gleiches gilt bei einem Untervermächtnis nach § 2187 Abs. 3 BGB. Im Prozess des Vermächtnisnehmers ist für den Erben zu beachten, dass nach der Erhebung der **Einrede** ein **Haftungsvorbehalt** nach § 780 ZPO in den Tenor aufgenommen wird. Eine Aufnahme des Haftungsvorbehalts in den Urteilsgründen ist nicht ausreichend.[266] Die Ablehnung des bejahenden Vorbehalts gehört in die Entscheidungsgründe.[267] Der Vorbehalt wird nur auf Einrede des Erben aufgenommen. Ein besonderer Antrag muss nicht gestellt werden.[268] Vergisst der Prozessbevollmächtigte die Erhebung der Einrede, liegt eine **anwaltliche Pflichtverletzung** vor. Die Einrede kann bis zum Schluss der letzten mündlichen Tatsachenverhandlung erhoben werden. Ist das Urteil ohne Geltendmachung oder Berücksichtigung des geltend gemachten Vorbehalts rechtskräftig geworden, kann der Vorbehalt nicht mehr nachgeholt werden.[269]

> **Formulierungsbeispiel:** Dem Erben wird die Haftungsbeschränkung der Haftung auf den Nachlass des ...bezüglich Haupt-, Nebenforderung und Kosten im Urteil vorbehalten.

4. Einrede des Vermächtnisnehmers gegenüber dem Untervermächtnis (§ 2187 BGB)

157 Nach § 2187 Abs. 1 BGB kann der Vermächtnisnehmer die Erfüllung eines Untervermächtnisses insoweit verweigern, als dasjenige, was er aus dem Vermächtnis erhält, zur **Erfüllung des Untervermächtnisses** nicht ausreicht. Nach § 2187 Abs. 3 BGB kommen dann die Vorschriften über die Erbenhaftung nach § 1992 BGB und §§ 1990, 1991 BGB entsprechend zwischen dem Vermächtnisnehmer und dem Untervermächtnisnehmer zur Anwendung. Der Vermächtnisnehmer hat die Möglichkeit, sich von der Erfüllungspflicht gegenüber dem Untervermächtnisnehmer zu befreien, wenn er gem. § 1990 Abs. 1 Satz 2 BGB den Vermächtnisgegenstand herausgibt bzw. seinen Anspruch abtritt oder einen dem Wert seines Vermächtnisses entsprechenden Geldbetrag nach § 1992 Satz 2 BGB bezahlt.[270] Dabei steht dem Vermächtnisnehmer für bereits getätigte Aufwendungen eventuell ein **Aufwendungsersatzanspruch** gem. § 1978 Abs. 3 BGB zu. Für die Haftung der Verwaltung des Gegenstandes des Hauptvermächtnisses gilt die Vorschrift des § 1978 Abs. 1 BGB.[271]

Parallel zur Beschränkung der Erbenhaftung ist bei einer gerichtlichen Auseinandersetzung darauf zu achten, dass der Vermächtnisnehmer die **Haftungsbeschränkung in den Urteilstenor aufnehmen** lässt. Nur dann findet gem. §§ 780, 781, 786 ZPO die Haftungsbeschränkung Berücksichtigung.[272] Erfolgt anschließend die Vollstreckung in einen anderen Gegenstand als den vermächtnisweise zugewandten Gegenstand, hat der Beschwerte die Möglichkeit der Erhebung der Vollstreckungsgegenklage.[273] Beruft

---

266 Baumbach/Lauterbach/Albers/Hartmann, § 780 Rn. 6.
267 OLG München OLGR 29, 107.
268 RGZ 69, 291; BGH NJW-RR 1983, 2379.
269 Zöller/*Stöber*, § 780 ZPO Rn. 10.
270 RGRK/*Johannsen*, § 2187 Rn. 4.
271 Staudinger/*Otte*, § 2187 Rn. 3.
272 Zöller/*Stöber*, § 780 ZPO Rn. 12.
273 *Bonefeld/Kroiß/Tanck*, Erbprozess, S. 387 Rn. 180.

sich der Vermächtnisnehmer auf die Einrede des § 2187 BGB, muss er zunächst nachweisen, was er selbst vorab erhalten hat. Des Weiteren obliegt ihm der Beweis, dass das Erhaltene nicht ausreichend ist, um das Untervermächtnis zu erfüllen.[274]

Praxishinweis:
Zu beachten ist, dass der Haftungsvorbehalt nicht nur hinsichtlich der Hauptforderung, sondern auch bzgl. etwa vorliegender Nebenforderungen und der Kosten geltend gemacht wird.

VI. Sicherung des Vermächtnisanspruchs durch den vorläufigen Rechtsschutz

1. Einführung

Ab dem Eintritt des Erbfalls verfügt der Vermächtnisnehmer über ein **Anwartschaftsrecht** aufgrund seines schuldrechtlichen Anspruchs gegenüber dem Beschwerten. Hier stellt sich die Frage der **Absicherung**, da die Erfüllung des Vermächtnisses längere Zeit in Anspruch nehmen kann bzw. das Vermächtnis, z.B. bei einem aufschiebend bedingten Vermächtnis, erst einige Zeit nach dem Erbfall anfällt.

2. Anspruch des Vermächtnisnehmers auf Sicherung

Im Gesetz ist eine Absicherung des Vermächtnisanspruchs nicht vorgesehen.[275] Es besteht ein Anspruch auf Sicherung der Anwartschaft nur dann, wenn dieser **Anspruch mitvermacht** worden ist.[276] So kann dem Vermächtnisnehmer eines Geldanspruchs der Anspruch auf Sicherung durch eine Grundschuld bzw. eine Hypothek (§ 1113 Abs. 2 BGB) mitvermacht werden. Bei anderen Forderungen kann es eine Bürgschaft gem. § 765 Abs. 2 BGB sein.[277] Die Eintragung einer **Vormerkung** kommt bei Grundstücken oder einem Grundstücksrecht in Betracht.[278] Dies gilt ferner, wenn der Vermächtnisanspruch erst im Nacherbfall zu erfüllen ist.[279] Dem Untervermächtnisnehmer steht dieser Anspruch allerdings erst zu dem Zeitpunkt zu, wenn der mit dem Vermächtnis Beschwerte im Grundbuch eingetragen ist.[280] Gleiches hat Geltung für den Nachvermächtnisnehmer, wenn der Vorvermächtnisnehmer im Grundbuch eingetragen ist.[281] Aus der Tatsache, dass dem Bedachten vermächtnisweise ein Wohnungsrecht zugewandt worden ist, kann jedoch noch keine dingliche Sicherung durch eine persönlich beschränkte Dienstbarkeit geschlossen werden.[282]

3. Anspruch auf Arrest oder einstweilige Verfügung

In der Zeitspanne zwischen dem Erbfall und dem Anfall des Vermächtnisses hat der Bedachte bei der **Gefährdung seines Anspruchs** die Möglichkeit, einen Arrest oder eine einstweilige Verfügung gem. § 916 Abs. 2 ZPO bzw. § 936 ZPO zu beantragen.

---

274 *Baumgärtel/Schmitz*, § 2187 Rn. 1.
275 BGHZ 12, 115; Staudinger/*Otte*, § 2174 Rn. 14.
276 BayObLG Rpfleger 1981, 190; MünchKomm/*Schlichting*, § 2174 Rn. 23.
277 Soergel/*Wolf*, § 2179 Rn. 3.
278 BGHZ 12, 115; Staudinger/*Otte*, § 2179 Rn. 12.
279 OLG Schleswig-Holstein DNotZ 1993, 346, 347; dagegen *Schöner/Stöber*, Grundbuchrecht, Rn. 1493 Fn. 75.
280 Soergel/*Wolf*, § 2179 Rn. 3.
281 LG Stuttgart BWNotZ 1999, 22.
282 OLG Bamberg NJW-RR 1994, 1359.

Dies gilt nicht, wenn der aufschiebend bedingte Anspruch aufgrund einer zu vagen bzw. zu entfernten Möglichkeit des Bedingungseintritts quasi keinen Vermögenswert hat.[283] Zu beachten ist, dass der Antrag auf Erlass einer einstweiligen Verfügung auf Eintragung einer Vormerkung gem. §§ 883, 885 Abs.1 BGB auch ohne Glaubhaftmachung einer Gefährdung des Anspruchs zulässig ist.[284]

4. Schadensersatzanspruch bei Untergang des Vermächtnisgegenstandes

161 Ist während der Schwebezeit aufgrund des **Verschuldens** des Beschwerten der Vermächtnisanspruch vereitelt oder beeinträchtigt worden, so hat der Vermächtnisnehmer nach dem Eintritt der Bedingung gem. § 160 BGB die Möglichkeit, Schadensersatz zu verlangen.[285]

5. Haftung des Anwalts

162 Droht der Verlust des aufschiebend bedingten Vermächtnisanspruchs auf Übertragung eines Grundstücks oder Miteigentumsanteils an einem Grundstück, ist der Anwalt **verpflichtet**, eine einstweilige Verfügung auf Eintragung einer **Vormerkung zu beantragen**. Kommt er dieser Verpflichtung nicht nach, tritt mit dem Verlust dieser Möglichkeit einer grundbuchrechtlichen Absicherung der Anwartschaft die Haftung des Anwalts ein.

> **Praxishinweis:**
> Es ist zu beachten, dass die dreijährige Verjährungsfrist des § 51b BRAO seit dem 15.12.2004 ersatzlos gestrichen worden ist. Somit beginnt die dreijährige Regelverjährung (§§ 195, 199 BGB) erst mit Jahresschluss und nicht schon ab dem Zeitpunkt der Entstehung des Schadensersatzspruches. In den verjährungsrechtlichen Konsequenzen viel weitreichender ist allerdings, dass die Entstehung des Schadensersatzspruches die Kenntnis des Mandanten von den anspruchsbegründenden Tatsachen verlangt, § 199 Abs. 1 BGB. Im Unterschied hierzu setzte § 51b BRAO keine Kenntnis des Mandanten von der anwaltlichen Pflichtverletzung voraus.

VII. Antrag auf Nachlasspflegschaft bzw. Klagepflegschaft zur Durchsetzung von Vermächtnisansprüchen bei unbekannten Erben

1. Einführung

163 Vielfach hat der Vermächtnisnehmer die Schwierigkeit, dass er den **Beschwerten** – dies kann neben dem Erben auch der Hauptvermächtnisnehmer sein –, der das Vermächtnis erfüllen muss, nicht feststellen kann. Grund hierfür könnte sein, dass die Erben unbekannt sind bzw. aus der letztwilligen Verfügung nicht eindeutig hervorgeht, wer Erbe geworden ist. Der Vermächtnisnehmer kann dann zwar einen Erbscheinsantrag stellen, hat jedoch das **Kostenrisiko des Erbscheinsverfahrens** zu tragen. Weiterer Nachteil ist, dass der Erbschein nicht in materieller Rechtskraft erwächst. Auch bei einer Erbenfeststellungsklage trägt der Vermächtnisnehmer das hohe Prozess- und Kostenrisiko, da die Darlegung der Passivlegitimation ihm obliegt. In diesen Fallgestaltungen hat der Vermächtnisnehmer die Möglichkeit der Beantragung einer Nach-

---

283 MünchKomm/*Schlichting*, § 2179 Rn. 8.
284 Formulierungsbsp. bei *Damrau/Linnartz*, § 2174 Rn. 40.
285 OLG Frankfurt OLGR 1999, 112, 114.

lasspflegschaft bzw. einer Klagepflegschaft. Die Anordnung der **Nachlasspflegschaft** steht im Ermessen des Nachlassgerichts, die **Klagepflegschaft** ist zwingend beim Vorliegen aller Voraussetzungen anzuordnen. Anschließend kann der Anspruch gegenüber dem Nachlasspfleger durchgesetzt werden.

> **Praxishinweis:**
> Es sollte der Antrag auf Anordnung der Nachlasspflegschaft mit der hilfsweisen Stellung des Antrags auf Klagepflegschaft verbunden werden.

2. Nachlasspflegschaft (§ 1960 Abs. 2 BGB)

Der Antrag auf Anordnung der Nachlasspflegschaft empfiehlt sich, wenn Streit über die Wirksamkeit der letztwilligen Verfügung besteht, der Erbe unbekannt oder die Erbschaft noch nicht angenommen worden ist. Fehlt das erforderliche **Sicherungsbedürfnis**, weil der Nachlass bereits in Besitz genommen worden ist, wird der Antrag abgelehnt werden. Für diesen Fall empfiehlt es sich, bereits hilfsweise den Antrag auf Klagepflegschaft zu stellen, damit kein erneutes Verfahren eingeleitet werden muss.

164

3. Klagepflegschaft (§ 1961 BGB)

Nach § 1958 BGB kann vor der **Annahme der Erbschaft** ein Anspruch gegenüber den Erben nicht gerichtlich geltend gemacht werden.[286] Für diese Fallgestaltung eröffnet die Klagepflegschaft die Möglichkeit der gerichtlichen Geltendmachung. Man bedenke, wenn der Erbe im Ausland wohnt, hat dieser sechs Monate Zeit, um die Erbschaft anzunehmen. Die Klagepflegschaft findet ebenfalls für den inländischen Nachlass eines ausländischen Erblassers Anwendung. Dieselben Grundsätze haben Geltung beim Versterben eines Miterben in einer ungeteilten Erbengemeinschaft und dessen Rechtsnachfolger steht noch nicht fest. Nach dem Wortlaut des § 1961 BGB ist die **gerichtliche Geltendmachung** Anspruchsvoraussetzung. Der Vermächtnisnehmer kann dabei vorher die außergerichtliche Erfüllung des Vermächtnisanspruchs anstreben.[287] Lehnt der Nachlasspfleger dies jedoch ab, ist der Vermächtnisnehmer zur Klageerhebung gezwungen. Die gerichtliche Geltendmachung umfasst auch das Zwangsvollstreckungsverfahren,[288] die Teilungsversteigerung nach den Vorschriften der §§ 189 ff ZVG und die Maßnahmen des einstweiligen Rechtsschutzes.[289] Einzige Verteidigungsmöglichkeit des Nachlasspflegers ist die sog. **3-Monats-Einrede**. Er muss jedoch die Auskunftsansprüche erfüllen und der Nachlass muss liquide sein. Die Einrede ist jedoch kein Prozesshindernis, sondern führt nur zum Vorbehalt der beschränkten Erbenhaftung im Urteil.

165

VIII. Ansprüche bei vertragsmäßigem oder bindend gewordenem Vermächtnis nach § 2288 BGB

1. Einführung

Ist die Vermächtniszuwendung **erbvertraglich bindend** bestimmt worden, gibt § 2288 BGB dem Vermächtnisnehmer einen Verschaffungsanspruch bzw. einen Anspruch auf

166

---

286 *Damrau/Boecken,* § 1961 Rn. 5.
287 BayObLG Rpfleger 1984, 102.
288 KG OLGE 32, 45, 46.
289 RGZ 60, 179, 182.

Wertersatz. Ansonsten könnte der Erblasser die vertragsmäßige Bindung durch eine Veräußerung einfach umgehen. Ist der Verschaffungs- oder Wertersatzanspruch beim Erben nicht realisierbar, hat bei unentgeltlicher Zuwendung bzw. Belastung des Vermächtnisgegenstandes der Vermächtnisnehmer einen bereicherungsrechtlichen Anspruch gem. § 2288 Abs. 2 Satz 2 BGB gegenüber dem Beschenkten.[290] Dieser Anspruch entspricht in wesentlichen Zügen dem Anspruch des Vertragserben nach § 2287 BGB, wobei allerdings im Hinblick auf den Verschaffungs- und Wertersatzanspruch ein erweiterter Schutzbereich des vertragsmäßigen Vermächtnisnehmers besteht.[291] Der Anwendungsbereich des § 2288 BGB umfasst ebenso Geld- oder sonstige Gattungsvermächtnisse.[292] Zu beachten gilt, dass § 2288 BGB auf **einseitige Verfügungen** keine Anwendung findet (§ 2299 BGB).[293] Bei gemeinschaftlichen Testamenten findet § 2288 BGB analog Anwendung.[294] Bei gemeinschaftlichen Testamenten nach den ZGB der ehemaligen DDR wird eine analoge Anwendung jedoch verneint.

Praxishinweis:
Der Anspruch gegen den Erben verjährt nach 30 Jahren gem. § 197 Abs. 1 Nr. 2 BGB,[295] der subsidiäre Anspruch gegen den Beschenkten drei Jahre nach dem Anfall des Vermächtnisses aufgrund § 2287 Abs. 2 BGB.[296] Die gezogenen Nutzungen unterliegen ebenso der dreijährigen Verjährungsfrist.[297]

2. Voraussetzungen des Anspruchs gegen die Erben

a) Willkürliche Vernichtung (§ 2288 Abs. 1 BGB)

167 Nach § 2288 Abs. 1 BGB hat der Erbe dem vermächtnisweise Bedachten den Gegenstand zu beschaffen, wenn dieser durch den Erblasser zerstört, beiseite geschafft oder beschädigt wurde. Gleiches gilt, wenn die Sache durch **Verarbeitung, Vermischung** oder **Verbrauch** untergegangen ist.[298] Ist die Beschaffung unmöglich, dann ist der Erbe zum Wertersatz verpflichtet. Hat der Erblasser die diesbezügliche Handlung eines Dritten wissentlich **gebilligt**, kann der Vermächtnisnehmer sich ebenfalls auf § 2288 Abs. 1 BGB berufen.[299] Eine analoge Anwendung des § 2288 BGB liegt vor, wenn der Erblasser den Tatbestand durch ein Unterlassen herbeigeführt hat.[300]

b) Veräußerung und Belastung (§ 2288 Abs. 2 Satz 1 BGB)

168 Bei Belastung bzw. Veräußerung des Gegenstandes durch den Erblasser steht dem Vermächtnisnehmer stets ein Anspruch auf Beseitigung der Belastung (§ 2165 BGB) und auf Verschaffung des Gegenstandes (§ 2170 BGB) zu. Dies gilt bei entgeltlichen

---

290 Protokolle V, 405.
291 AnwK/*Seiler*, § 2288 Rn. 14.
292 BGHZ 111, 138.
293 *Dittmann/Reimann/Bengel/J. Mayer*, § 2288 Rn. 5.
294 BGHZ 82, 274.
295 *Bamberger/Roth/Litzenburger*, § 2288 Rn. 12; *Dittmann/Reimann/Bengel/J. Mayer*, § 2288 Rn. 39.
296 Staudinger/*Kanzleiter*, § 2288 Rn. 14.
297 OLG Köln NJW-FER 2000, 39.
298 BGHZ 124, 35, 38; MünchKomm/*Musielak*, § 2288 Rn. 2.
299 Soergel/*Wolf*, § 2288 Rn. 2.
300 MünchKomm/*Musielak*, § 2288 Rn. 2.

und unentgeltlichen Handlungen.³⁰¹ Dieselben Rechtsfolgen treten ein, wenn der Erblasser sich schuldrechtlich zu einer Veräußerung verpflichtet hat. Der Erbe muss **Wertersatz** leisten, wenn die Verschaffung des Gegenstandes bzw. die Beseitigung der Belastung unmöglich ist. Der Wertersatz wird durch die Höhe des Verkehrswertes des Vermächtnisses im Zeitpunkt des Anfalles des Vermächtnisses bestimmt.³⁰²

3. Voraussetzungen der subsidiären Haftung gegen die Beschenkten

Nach § 2288 Abs. 2 Satz 1 BGB haftet zunächst der Erbe bei **unentgeltlicher Veräußerung** bzw. **Belastung des Gegenstandes**. Ist der Anspruch gegenüber dem Erben nicht durchsetzbar, auch kein Anspruch auf Wertersatz, dann haftet der vom Erblasser Beschenkte nach Bereicherungsrecht aufgrund § 2288 Abs. 2 Satz 2 BGB. Dieser Anspruch entspricht dem Anspruch aus § 2287 BGB und ist auf Herausgabe des verschenkten Gegenstandes nach den Vorschriften über die ungerechtfertige Bereicherung zu richten.³⁰³

169

4. Beeinträchtigungsabsicht

Voraussetzung für einen Anspruch aus § 2288 BGB ist, dass eine Beeinträchtigungsabsicht des Erblassers vorliegt. Ob diese gegeben ist, ist anhand einer **objektiven Missbrauchskontrolle** zu klären. Es stellt sich die Frage, ob der Erblasser seine Verfügungsfreiheit zu Lasten des Vermächtnisnehmers missbraucht hat. Kriterium der Prüfung ist wie bei § 2287 BGB³⁰⁴ das sog. **lebzeitige Eigeninteresse** des Erblassers.³⁰⁵ Es hat eine Abwägung zwischen den Interessen des Erblassers an der Veräußerung und dem Interesse des Vermächtnisnehmers am Erwerb zu erfolgen. Es muss eine Änderung der Sachlage eintreten.³⁰⁶ Ein Sinneswandel beim Erblasser nach Erstellung der letztwilligen Verfügung ist nicht ausreichend.³⁰⁷

170

Das lebzeitige Eigeninteresse muss gerade die Veräußerung des Gegenstandes erfordern. Ist der durch die Veräußerung erstrebte Zweck durch andere Maßnahmen ebenfalls erreichbar, liegt bei § 2288 BGB kein lebzeitiges Eigeninteresse vor.³⁰⁸ Bei § 2287 wäre dies gegeben. Der Erblasser muss zusätzlich die vertragsmäßige Zuwendung kennen. Bei § 2288 Abs. 1 BGB muss bei der Fallgruppe der Beeinträchtigung durch tatsächliches Handeln ein **zweckgerichtetes, bewusstes Handeln** vorliegen. Ein fahrlässiges Handeln ist hier nicht ausreichend.³⁰⁹ Des Weiteren muss eine **objektive Beeinträchtigung** bei § 2288 BGB gegeben sein. Hat der Vermächtnisnehmer der Veräußerung zugestimmt oder der Erblasser sich einen Rücktritt im Erbvertrag vorbehalten, durfte der Bedachte keine berechtigte Erwartung haben.³¹⁰

---

301 Staudinger/*Kanzleiter*, § 2288 Rn. 10.
302 Soergel/*Wolf*, § 2288 Rn. 3.
303 AnwK/*Seiler*, § 2288 Rn. 14.
304 BGH NJW 1984, 731.
305 BGH ZEV 1998, 68, 69.
306 BGH NJW 1984, 731.
307 *Tanck*, ZErb 2003, 198, 199; BGH ZErb 2005, 327.
308 OLG Köln ZEV 1996, 23, 24.
309 BGHZ 31, 23; a.M. *Dittmann/Reimann/Bengel/J. Mayer*, § 2288 Rn. 19 ff., der Vorsatz verlangt.
310 *Dittmann/Reimann/Bengel/J. Mayer*, § 2288 Rn. 16.

5. Beweislast

171 Dem Vermächtnisnehmer obliegt die Beweislast der **objektiven** und **subjektiven** Tatbestandsvoraussetzungen i.R.d. § 2288 BGB. Bei **Wertersatzansprüchen** gem. § 2288 Abs. 1 BGB muss der Vermächtnisnehmer beweisen, dass der Erblasser den Vermächtnisgegenstand mit Beeinträchtigungsabsicht zerstört, beschädigt oder beiseite geschafft hat. Er muss demnach das Bewusstsein des Erblassers der Entziehung der Grundlage des Vermächtnisses nachweisen.[311] Ansonsten gilt der Prüfungsmaßstab des § 2287 BGB.[312]

Bei § 2288 Abs. 2 BGB hat der Vermächtnisnehmer zu beweisen, dass der Erblasser durch die Veräußerung oder Belastung des Gegenstandes sein **lebzeitiges Verfügungsrecht missbraucht** hat. Maßstab ist dabei, ob der Erblasser ein sog. lebzeitiges Eigeninteresse an der Verfügung hatte. Dies ist zu verneinen, wenn der vom Erblasser anvisierte Erfolg durch andere wirtschaftlich gleichwertige Maßnahmen zu erreichen gewesen wäre.[313]

Geht der Anspruch gegen den Beschenkten nach § 2288 Abs. 2 Satz 2 BGB, hat der Vermächtnisnehmer die **Beweislast bzgl.** der **Unentgeltlichkeit** der Übertragung und der Beeinträchtigungsabsicht bzw. des Missbrauchs der Verfügungsbefugnis.[314] Wiederum gilt der Maßstab des § 2287 BGB mit der Ausnahme, dass der vertragsmäßig bedachte Vermächtnisnehmer nachweisen muss, dass ein Anspruch gegen den Erben nicht durchsetzbar ist.[315] Abermals ist auch hier das lebzeitige Eigeninteresse des Erblassers zu verneinen, wenn dieser den bezweckten Erfolg auch auf andere Weise hätte erreichen können.

> **Praxishinweis:**
> Bei der Darlegungs- und Beweislast gilt, dass auf die Behauptung des Vertragserben, der Erblasser habe ohne lebzeitiges Eigeninteresse gehandelt, zunächst der Beschenkte schlüssig darlegen muss, dass die Umstände für ein derartiges Interesse des Erblassers vorlagen.[316] Erst danach obliegt es dem Vertragserben, die angeführten Umstände zu widerlegen und damit die Benachteiligungsabsicht des Erblassers zu beweisen.[317] Eine Umkehr der Beweislast in der Form, dass die Schenkung bereits die Benachteiligungsabsicht indiziert, wird von der Rspr. abgelehnt.[318]

6. Auskunftsanspruch

172 Der erbvertraglich Bedachte hat einen Auskunftsanspruch aus **Treu und Glauben** nach § 242 BGB, wenn er hinreichende Anhaltspunkte für eine Verfügung des Erblassers beweisen kann bzw. wenn er auf den Auskunftsanspruch angewiesen ist und dies nicht zu einer unbilligen Belastung des Beschenkten führt.[319] Will der Bedachte ledig-

---

311 BGHZ 68, 6, 18; BGH FamRZ 1982, 427.
312 AnwK/*Seiler*, § 2288 Rn. 15.
313 MünchKomm/*Musielak*, § 2288 Rn. 4.
314 *Tanck*, ZErb 2003, 198, 200.
315 Staudinger/*Kanzleiter*, § 2288 Rn. 79.
316 BGH NJW 1986, 1755.
317 BGH NJW-RR 1992, 200.
318 OLG Köln ZErb 2003, 21.
319 BGHZ 97, 188, 193.

lich eine Ausforschung betreiben, ist der Auskunftsanspruch zu verneinen.[320] Ein **Wertermittlungsanspruch** ist generell **abzulehnen**.[321]

7. Beweissicherung

I.R.d. § 2288 Abs. 2 Satz 2 BGB ist das **Beweissicherungsverfahren** beim Vorliegen der erforderlichen Voraussetzungen anwendbar. § 485 Abs. 1 ZPO eröffnet die Möglichkeit, dass vor oder während eines streitigen Verfahrens die Vernehmung von Zeugen oder die Begutachtung durch einen Sachverständigen beantragt werden kann, wenn die Gefahr besteht, dass das Beweismittel verloren geht. Davon zu trennen ist das selbstständige Beweisverfahren durch Erhebung des Sachverständigenbeweises nach § 485 Abs. 2 ZPO, da dieses nur vorprozessual zulässig ist.[322] Dort ist ein rechtliches Interesse anzunehmen, wenn es der Vermeidung eines späteren Rechtsstreits dient.[323]

173

8. Sicherung des Herausgabeanspruchs durch Arrest oder einstweilige Verfügung

a) Vor dem Eintritt des Erbfalls

Vor dem Eintritt des Erbfalls steht dem Bedachten weder ein Anspruch auf Sicherung durch **Arrest** noch durch **einstweilige Verfügung** zu.[324] Auch die Eintragung einer Vormerkung bei einem Herausgabeanspruch bzgl. eines Grundstücks ist erst nach dem Erbfalleintritt möglich.[325] Ist im Erbvertrag allerdings eine schuldrechtliche Unterlassungsverpflichtung vereinbart worden, kann eine einstweilige Verfügung mit dem Inhalt eines Veräußerungsverbotes ergehen.[326]

174

b) Nach dem Eintritt des Erbfalls

Nach dem Eintritt des Erbfalls ist ein **Sicherungsanspruch** eventuell gegeben. Der Bedachte muss Verfügungsanspruch und -grund glaubhaft machen. Dies bedeutet bei § 2288 BGB, dass der Bedachte alle Anspruchsvoraussetzung darlegen muss.[327] Die einstweilige Sicherung und das Hauptsacheverfahren können parallel betrieben werden, da bei der einstweiligen Verfügung nur die Sicherung Streitgegenstand ist.[328] Im Hauptsacheverfahren ist der Anspruch der Streitgegenstand. Ist ein Herausgabeanspruch eines Grundstücks im Streit, besteht die Möglichkeit der Eintragung einer Vormerkung per **einstweiliger Verfügung** gem. §§ 935, 938 ZPO. Aufgrund § 885 Abs. 1 Satz 2 BGB muss der Bedachte dabei keinen Verfügungsgrund glaubhaft machen.

175

Bei **beweglichen Sachen** muss bedacht werden, dass die Entscheidung im vorläufigen Verfahren nicht die Hauptsacheentscheidung vorwegnimmt.[329] Ausnahme ist die Leistungsverfügung gem. § 940 ZPO. Ist der Antragsteller hier auf die sofortige Erfüllung

---

320 BGHZ 61, 180, 185.
321 AnwK/*Seiler*, § 2287 Rn. 79.
322 OLG Düsseldorf NJW-RR 1996, 510.
323 *Thomas/Putzo*, § 485 Rn. 7.
324 OLG Koblenz MDR 1987, 935.
325 BGHZ 12, 115.
326 BGH DNotZ 1962, 499.
327 Zöller/*Vollkommer*, § 935 Rn. 7.
328 OLG Stuttgart NJW 1969, 1721.
329 Zöller/*Vollkommer*, § 938 Rn. 3.

angewiesen, kann die Anordnung auf Erfüllung bzw. Befriedigung gerichtet werden.[330]

> **Praxishinweis:**
> Der Antrag auf Herausgabe von beweglichen Gegenständen sollte hilfsweise mit dem Antrag auf Verwahrung durch den Gerichtsvollzieher gem. § 938 Abs. 1 ZPO oder durch einen vom erkennenden Gericht bestellten Sequester gem. § 938 Abs. 2 ZPO beantragt werden.

9. Klagen im Rahmen des § 2288 BGB

176 Erfüllt der Erbe nicht freiwillig die Beschaffung des vermachten Gegenstandes bzw. kommt er dem außergerichtlichen Verlangen des Vermächtnisnehmers auf Beseitigung der Belastung nicht nach, ist der Vermächtnisnehmer gezwungen, Klage zu erheben. Rechtsgrundlage ist § 2288 Abs. 1, 2 Satz 1 BGB.[331] Ist der Beschenkte nicht freiwillig bereit den Gegenstand an den Vermächtnisnehmer herauszugeben, muss der Vermächtnisnehmer auf Herausgabe klagen. Ist ein Grundstück herauszugeben, muss der Bedachte zusätzlich auf Auflassung nach § 925 BGB und auf Abgabe der Eintragungsbewilligung gem. § 19 GBO klagen. Rechtsgrundlage ist hier § 2288 Abs. 2 Satz 2 BGB.[332]

> **Praxishinweis:**
> Steht dem Beschenkten gegenüber dem Nachlass ein Zugewinnausgleichsanspruch zu oder ist der Beschenke selbst pflichtteilsberechtigt, dann ist der Klageantrag auf Herausgabe auf eine Erfüllung Zug um Zug gegen Zahlung der Zugewinns- oder Pflichtteilsansprüche zu richten.

10. Absicherung der Erfüllung durch einen Verfügungsunterlassungsvertrag

177 Der Erblasser kann dem Vermächtnisnehmer einen eigenen **Anspruch** auf **Sicherung** der Vermächtniserfüllung mitvermachen. Der Erblasser hat die Möglichkeit, mit dem Bedachten einen sog. Verfügungsunterlassungsvertrag abzuschließen. Der Erblasser verpflichtet sich dabei schuldrechtlich bereits zu Lebzeiten, nicht mehr über den Vermächtnisgegenstand zu verfügen.[333] Der Vertrag selbst ist formfrei. Dies gilt sogar, wenn er eine Unterlassungsverpflichtung über ein Grundstück enthält.[334] Bilden allerdings der Erbvertrag und der **Unterlassungsvertrag** eine Einheit, ist die **notarielle Form** zwingend vorgeschrieben.[335] Ein Verstoß führt wieder zur Herstellung des ursprünglichen Zustandes. Ist dies unmöglich, entsteht ein Schadensersatzanspruch gegen den Erblasser.[336] Bei einem Verstoß kann sich der Erblasser im Vertrag zu einer Eigentumsübertragung verpflichten. Dieser bedingte Übereignungsanspruch ist vormerkungsfähig.[337]

---

330 Zöller/*Vollkommer*, § 938 Rn. 3, § 940 Rn. 6.
331 Formulierungsbsp. bei *Bonefeld/Kroiß/Tanck*, Erbprozess, S. 393 Rn. 198.
332 Formulierungsbsp. bei *Bonefeld/Kroiß/Tanck*, Erbprozess, S. 102 Rn. 296.
333 BGHZ 12, 122; Staudinger/*Kanzleiter*, § 2286 Rn. 16.
334 BGH FamRZ 1967, 470; MünchKomm/*Museliak*, § 2286 Rn. 10.
335 BGH FamRZ 1967, 470.
336 BGH DNotZ 1962, 499; BGH NJW 1963, 1603.
337 BayObLG DNotZ 1989, 370.

11. Kapitel
Mandat im Pflichtteilsrecht

Übersicht:

	S.			S.
A. Allgemeines	466		III. Fehlende Kenntnis vom Wegfall der Belastung	487
B. Ordentlicher Pflichtteilsanspruch	467	G.	Inhalt des Pflichtteilsrechts	487
I. Pflichtteilsberechtigte Personen	467		I. Rechtsnatur des Pflichtteilsanspruchs	487
1. Allgemeines	467		II. Höhe des ordentlichen Pflichtteils (im Allgemeinen)	487
2. Direkte Abkömmlinge	467		III. Schuldner des Pflichtteilsanspruchs	489
a) Leibliche Kinder	467	H.	Pflichtteilsberechnung bei ausgleichungspflichtigen Vorempfängen	490
b) Adoptivkinder	467		I. Voraussetzungen der Anwendung von § 2316 BGB	490
c) Nichteheliche Kinder	468		II. Berechnung der Ausgleichung	491
3. Ehegatte	468		III. Auswirkungen von § 2057a BGB	492
4. Gleichgeschlechtlich eingetragene Lebenspartner	469		IV. Unzureichender Nachlass, § 2056 BGB	493
5. Entferntere Abkömmlinge und sonstige Verwandte	469		V. Pflichtteilsrestanspruch im Rahmen der Ausgleichung, § 2316 Abs. 2 BGB	493
II. Ausschluss von der Erbfolge	471		VI. Anrechnung, § 2315 BGB	493
1. Enterbung durch den Erblasser	471		1. Allgemeines	493
2. Auslegung der letztwilligen Verfügung	472		2. Anrechnungsbestimmung	494
III. Kein Ausschluss von der Erbberechtigung	474		3. Anrechnungspflichtige Zuwendung	494
C. Restpflichtteil	475		4. Zuwendung an den Pflichtteilsberechtigten	494
D. Beschränkungen und Beschwerungen	476		5. Durchführung der Anrechnung	495
I. Voraussetzungen der Anwendbarkeit von § 2306 BGB	476		6. Bewertung der Zuwendung	495
II. Rechtsfolgen des § 2306 BGB	478		7. Wegfall eines Abkömmlings, § 2315 Abs. 3 BGB	496
1. Allgemeines	478		8. Anrechnung beim Ehegatten im gesetzlichen Güterstand	497
2. Feststellung des Erbteils	478		VII. Zusammentreffen von ausgleichungspflichtigen und anrechnungspflichtigen Zuwendungen	497
3. Rechtsfolgen nach § 2306 Abs. 1 Satz 1 BGB	480	I.	Nachlassbewertung im Pflichtteilsrecht	497
4. Rechtsfolgen nach § 2306 Abs. 1 Satz 2 BGB	480		I. Systematik der Nachlassbewertung	497
E. Pflichtteilsberechtigter Vermächtnisnehmer	481		1. Allgemeines	497
I. Voraussetzungen des § 2307 BGB	481		2. Stichtagsprinzip	498
1. Vermächtniseinsetzung	481		II. Umfang des anzusetzenden Nachlasses	498
2. Anordnungen außerhalb des Regelungsbereichs von § 2307 BGB	482		1. Grundsätze	498
II. Ausschlagungsmöglichkeit nach § 2307 Abs. 1 BGB	483		2. „Nachlass-Bilanz"	499
III. Folgen der Annahme des Vermächtnisses	484		III. Nicht zum pflichtteilsrelevanten Nachlass zählendes Vermögen	502
1. Allgemeines	484		1. Grundsätze	502
2. Pflichtteilsrestanspruch	484			
IV. Ausschlagungsfiktion nach § 2307 Abs. 2 BGB	485			
F. Anfechtungsmöglichkeit nach § 2308 BGB	486			
I. Allgemeines	486			
II. Objektives Bestehen der Belastung im Zeitpunkt des Erbfalls	486			

Riedel

		2. ABC der nicht anzusetzenden Vermögensgegenstände und Verbindlichkeiten	503
	IV.	Bewertung des Nachlasses – Grundsätze	506
		1. Bewertungsgrundsätze	506
		2. Verkaufspreis als vorrangiger Bewertungsmaßstab	506
		a) Grundsätzliches	506
		b) Zeitliche Nähe zum Erbfall	507
		c) Latente Steuern	508
		3. Schätzung des gemeinen Werts	508
		a) Grundsätze	508
		b) Einzelfälle	508
		c) Sonderfall: Grundstücke	509
		d) Sonderfall: Gewerbliche Unternehmen	511
		e) Sonderfall: Gesellschaftsanteile	514
		aa) Kapitalgesellschaftsanteile	514
		bb) Personengesellschaftsanteile	514
	V.	Ansatz und Bewertung unsicherer Rechte und Verbindlichkeiten	519
J.		Auskunftsanspruch des Pflichtteilsberechtigten	522
	I.	Allgemeines	522
		1. Auskunftsberechtigte Personen	522
		a) Pflichtteilsberechtigter Nichterbe	522
		b) Pflichtteilsberechtigter Erbe	523
		c) Mehrheit von Auskunftsberechtigten	523
		2. Ausschluss des Auskunftsanspruchs durch den Erblasser	523
	II.	Inhalt des Auskunftsanspruchs	524
		1. Auskunft über den Bestand des realen Nachlasses	524
		2. Auskunft über lebzeitige Schenkungen	525
		3. Auskunft über den Güterstand des Erblassers	525
	III.	Umfang der Auskunftspflicht	525
		1. Grundsätzliches	525
		2. Privates Bestandsverzeichnis	526
		3. Amtliches Verzeichnis	526
		4. Kein Nachbesserungsanspruch	527
		5. Anspruch auf Zuziehung	527
		6. Abgabe der eidesstattlichen Versicherung	528
	IV.	Fälligkeit des Auskunftsanspruchs	528
	V.	Wertermittlungsanspruch	528
	VI.	Person des Auskunftsschuldners	529
	VII.	Pflicht zur Kenntnisverschaffung	530
	VIII.	Kostentragung	530
K.		Pflichtteilsergänzung wegen Schenkungen	531
	I.	Person des Anspruchsberechtigten	531
	II.	Schenkungsbegriff	531
		1. Allgemeines	531
		2. Einzelfälle	532
		3. Sonderfall: gegenseitige Verträge	533
		4. Sonderfall: Lebensversicherung	533
		5. Sonderfall: Zuwendungen unter Ehegatten	534
	III.	Person des Dritten	536
	IV.	Zehnjahresfrist, § 2325 Abs. 3 BGB	536
		1. Grundsätzliches	536
		2. Genussverzicht	536
		3. Sonderregelung für Ehegatten	538
	V.	Schuldner des Pflichtteilsergänzungsanspruchs	538
	VI.	Berechnungsweise	539
	VII.	Inhalt des Anspruches	540
	VIII.	Bewertung des Geschenks	541
		1. Grundsätzliches	541
		2. Bewertung vorbehaltener Rechte	542
	IX.	Anrechnung von Eigengeschenken	543
L.		Haftung für Pflichtteilsanspruch	544
	I.	Haftung im Außenverhältnis	544
	II.	Verteilung der Pflichtteilslast im Innenverhältnis	544
		1. Verhältnis zwischen Erbe und Vermächtnisnehmer	544
		a) Grundsätzliches	544
		b) Pflichtteilsberechtigter Vermächtnisnehmer	545
		c) Pflichtteilsberechtigter Erbe	546
		d) Sonderfälle / Anordnungen des Erblassers	546
		2. Leistungsverweigerungsrecht des pflichtteilsberechtigten Erben	547
		3. Lastenverteilung in der Erbengemeinschaft	548
M.		Verjährung der Pflichtteilsansprüche	549
	I.	Grundsätzliches	549
	II.	Beginn der Verjährung	549
	III.	Neubeginn und Hemmung	551
N.		Durchsetzung der Pflichtteilsansprüche	552
	I.	Klagearten im Allgemeinen	552
	II.	Stufenklage	553
	III.	Auskunftsklage	555
	IV.	Feststellungsklage	556
	V.	Geltendmachung von Pflichtteilsergänzungsansprüchen	556
	VI.	Beweislastverteilung	558

O. Stundung des Pflichtteilsanspruchs	559	Q. Praxishinweise	563
I. Grundsätzliche Voraussetzungen der Stundung	559	I. Taktisches Vorgehen des Ehegatten	563
II. Interessenabwägung	560	II. Vergleich über ein Pflichtteilsrecht	563
III. Wirkung der Stundung / Nebenbestimmungen	560	III. Haftungsfalle Verjährung	566
IV. Verfahrensrechtliche Gesichtspunkte	560		
P. Der Pflichtteil im Erbschaftsteuerrecht	561		

Literatur

Barthel, Unternehmenswert: Der Markt bestimmt die Bewertungsmethode, DB 1990, 1145; *Battes*, Die Änderung erbrechtlicher Vorschriften im Zusammenhang mit der Reform des Scheidungsrechts, FamRZ 1977, 433; *Behmer*, Zur Berücksichtigung von Nutzungsvorbehalten bei der Pflichtteilsergänzung, FamRZ 1994, 1254; *Bißmaier*, Zur Grundstücksbewertung im Pflichtteilsrecht, ZMR 1995, 106; *Braga*, Zur Rechtsnatur des Pflichtteils, AcP 153 (1954), 144f.; *Brambring*, Abschied von der ehebedingten Zuwendung außerhalb des Scheidungsfalls und neue Lösungswege, ZEV 1996, 248; *Coing*, Der Auskunftsanspruch des Pflichtteilsberechtigten im Falle der Pflichtteilsergänzung, NJW 1970, 729; *Coing*, Zur Auslegung des § 2314 BGB, NJW 1983, 1298; *Coing*, Zur Auslegung des § 2314 BGB, NJW 1983, 1298; *Däubler*, Die Vererbung des Geschäftsanteils bei der GmbH, 1965; *Dieckmann*, Teilhabe des Pflichtteilsberechtigten an Vorteilen des Erben nach dem Vermögensgesetz, ZEV 1994, 198; *Dieckmann*, Zum Auskunfts- und Wertermittlungsanspruch des Pflichtteilsberechtigten, NJW 1988, 1809; *Diederichsen*, Die allgemeinen Ehewirkungen nach dem 1. EheRG, NJW 1977, 217; *Dingerdissen*, Pflichtteilsergänzung bei Grundstücksschenkung unter Berücksichtigung der neuen Rechtsprechung des BGH, JZ 1993, 402; *Drukarczyk*, DCF-Methode und Ertragswertmethode... einige klärende Anmerkungen, WPg 1995, 329; *Ebenroth/Bacher/Lortz*, Dispositive Wertbestimmungen und Gestaltungswirkungen bei Vorempfängen, JZ 1991, 277; *Flume*, Die Abfindungsklausel beim Ausscheiden eines Gesellschafters aus einer Personengesellschaft, FS Ballerstedt, 1975; *Göbel*, Gestaltung der Gesellschaftsnachfolge für den Todesfall, DNotZ 1979, 133; *Goroncy*, Bewertung und Pflichtteilsberechnung bei gesellschaftsvertraglichen Abfindungsklauseln, NJW 1962, 1895; *Haegele*, Der Pflichtteil im Handels- und Gesellschaftsrecht, BWNotZ 1976, 25; *Hayler*, Die Drittwirkung ehebedingter Zuwendungen im Rahmen der §§ 2287, 2288 II 2, 2325, 2329 BGB, FuR 2000, 4; *Henrich*, Schuldrechtliche Ausgleichsansprüche zwischen Ehegatten in der Rechtsprechung des BGH, FamRZ 1975, 533; *Hohloch*, Wertermittlungsanspruch des pflichtteilsberechtigten Erben auf eigene Kosten, JuS 1994, 76; *Huber, U.*, Der Ausschluss des Personengesellschafters ohne wichtigen Grund, ZGR 1980, 177f.; *J. Mayer*, Wertermittlung des Pflichtteilsanspruchs: vom gemeinen, inneren und anderen Werten, ZEV 1994, 331; *Johannsen*, Die Rechtsprechung des Bundesgerichtshofs auf dem Gebiet des Erbrechts, WM 1973, 541; *Kapp, Reinhard*, Latente Ertragsteuerbelastung und Pflichtteilsrecht, DB 1972, 829; *Kerscher, Karl-Ludwig/Tanck, Manuel*, Die „taktische" Ausschlagung, ZAP 1997, 689; *Kerscher/Tanck*, Zuwendungen an Kinder zur Existenzgründung: Die „Ausstattung" als ausgleichspflichtiger Vorempfang ZEV 1997, 354; *Klingelhöffer*, Die Stundung des Pflichtteilsanspruchs, ZEV 1998, 121 ff.; *Klingelhöffer*, Lebensversicherung und Pflichtteilsrecht, ZEV 1995, 180; *Klingelhöffer*, Pflichtteilsrecht, 1996; *Klingelhöffer*, Zuwendungen unter Ehegatten und Erbrecht, NJW 1993, 1097; *Kuchinke*, Der Pflichtteilsanspruch als Gegenstand des Gläubigerzugriffs, NJW 1994, 1769; *Lorenz*, Auskunftsansprüche im Bürgerlichen Recht, JuS 1995,569; *Mayer N.*, Probleme der Pflichtteilsergänzung bei Überlassungen im Rahmen einer vorweggenommenen Erbfolge, FamRZ 1994, 739; *Mayer, J.*, Fragen der Pflichtteilsergänzung bei vorweggenommener Erbfolge – Gestaltungsmöglichkeiten nach der neuesten Rechtsprechung, ZEV 1994, 325; *Mayer, J.*, Nachträgliche Änderung von erbrechtlichen Anrechnungs- und Ausgleichsbestimmungen, ZEV 1996, 441; *Mayer, N.*, Probleme der Pflichtteilsergänzung bei Überlassungen im Rahmen einer vorweggenommenen Erbfolge, FamRZ 1994, 739; *Mayer, U.*, Erbteil oder Pflichtteil ? Frist läuft, DNotZ 1996, 422; *Michalski, Lutz/Zeidler, Finn*, Die Bewertung von Personengesellschaftsanteilen im Zugewinnausgleich, FamRZ 1997, 397; *Müller*, Der Wert des Unternehmens, JuS 1973, 603; *Müller*, Die Vererbung des OHG-Anteils, FS Wahl, 1973; *Natter*, Zur Auslegung des § 2306, 13 ff; *Nirk*, Die Bewertung von Aktien bei Pflichtteilsansprüchen, NJW 1962, 2185; *Ott-Eulberg*, Die Nachlasspflegschaft als taktisches Mittel zur Durchsetzung von Pflichtteils- und Pflichtteilsergänzungsansprüchen, Zerb 2000, 222; *Piltz, Wissmann*, Unternehmensbewertung beim Zugewinnausgleich nach Scheidung, NJW 1985, 2673f.; *Rawert/Katschinski*, Stiftungsrecht und Pflichtteilsergänzung, ZEV 1996, 161; *Reiff*, Nießbrauch und Pflichtteilsergänzung, ZEV 1998, 241; *Reiff*, Nießbrauch und Pflichtteilsergänzung, ZEV 1998, 241; 717; *Reiff*, Pflichtteilsergänzung bei vom Erblasser weitergenutzten Geschenken, NJW 1995, 1136; *Reimann*, Gesellschaftsvertragliche Abfindungen und erbrechtlicher Ausgleich, ZEV 1994; *Reimann*, Gesellschaftsvertragliche Bewertungsvorschriften in der notariellen Praxis, DNotZ 1992, 472; *Reinecke, G. und D.*, Zur Kollsiion von Gesellschaftsrecht und Erbrecht, NJW 1957, 561; *Riedel*, Gesellschaftsvertragliche Nachfolgeregelungen – Auswirkungen auf Pflichtteil und Erbschaftsteuer, ZErb 2003, 212; *Rittner*, Handelsrecht und Zugewinn, III. Der Zugewinnausgleich, FamRZ 1961, 505; *Sasse*, Pflichtteilsergänzungsansprüche für Schenkungen unter Geltung des ZGB der DDR?, ZErb 2000, 151; *Schlitt*, Aufteilung der Pflichtteilslast zwischen Erbe und Vermächtnisnehmer, ZEV 1998, 91; *Schlitt*, Der mit einem belasteten Erbteil und einem Vermächtnis bedachte Pflichtteilsberechtigte, ZEV 1998, 216;; *Schmidt- Kessel*, Erbrecht in der Rechtsprechung des Bundesgerichtshofes 1985-1987 – Pflichtteil, WM 1988, Sonderbeilage Nr. 8, S. 14; *Schmidt, K.*, Das Handelsrechtsreformgesetz, NJW 1998, 2161f.; *Strätz*, Rechtspolitische Gesichtspunkte des gesetzlichen Erbrechts und Pflichtteilsrechts nach 100 Jahren BGB, FamRZ 1998, 1553; *Tanck*, § 2318 Abs. 3 BGB schützt nur den „Pflichtteilskern", ZEV 1998, 132; *Thubauville,* Die Anrechnung lebzeitiger Leistungen auf Erb- und Pflichtteilsrechte, MittRhNotK 1992, 289; *v. Dickhuth-Harrach*, Ärgernis Pflichtteil ?, Möglichkeiten der Pflichtteilsreduzierung im Überblick, FS Rheinisches Notariat, 1998, 185; *v. Olshausen*, Die Anrechnung von Zuwendungen unter Ehegatten auf Zugewinnausgleich und Pflichtteil, FamRZ 1978, 735; *v. Olshausen*, Die Verteidigung des Erbenpflichtteils gegen Pflichtteils- und Vermächtnisansprüche, FamRZ 1986, 524; *v. Olshausen*, Die Verteilung der Pflichtteilslast zwischen Erben und Vermächtnisnehmern, MDR 1986, 89; *Veith*, Die Bewertung von zum Börsenhandel zugelassenen Aktien bei Pflichtteilsandprüchen, NJW 1963, 1521; *Weber*, Gedanken zum Ertragswertprinzip des § 2312 BGB, BWNotZ 1992, 14; *Wegmann*, Gesellschaftsvertragliche Gestaltungen zur Pflichtteilsreduzierung, ZEV 1998, 133, 137; *Zehner*, Unternehmensbewertung im Rechtsstreit, DB 1981, 2109.

A. Allgemeines

1 Als Konsequenz der unser Erbrecht prägenden **Testierfreiheit** hat der Erblasser die Möglichkeit, auch seine **nächsten Angehörigen** zu enterben. Das Gesetz sieht aber in den §§ 2303 ff. BGB für diesen Personenkreis ein Pflichtteilsrecht vor. Dem liegt der Gedanke zugrunde, dass den Erblasser gegenüber den Pflichtteilsberechtigten eine über seinen Tod hinausgehende Sorgfaltspflicht trifft.[1] Nach § 2317 Abs. 1 BGB entsteht der Anspruch auf den Pflichtteil aber grundsätzlich erst mit dem Erbfall.

Wesentliche Voraussetzung für das Vorliegen eines Pflichtteilsanspruchs ist die Existenz einer **wirksamen Verfügung von Todes wegen**, durch die der Pflichtteilsberechtigte enterbt oder derart beschwert wird, dass er die Erbschaft ohne Verlust seines Pflichtteilsrechts ausschlagen kann. Damit der Erblasser den Pflichtteilsanspruch nicht zu Lebzeiten umgehen kann, steht dem Pflichtteilsberechtigten neben dem **ordentlichen Pflichtteilsrecht** am tatsächlich (noch) vorhandenen Nachlass ein sog. **Pflichtteilsergänzungsanspruch** bzgl. der vom Erblasser zu Lebzeiten (während der letzten zehn Jahren vor seinem Tod) getätigten Schenkungen zu. Für den Fall, dass der Pflichtteilsberechtigte einen zu geringen Erbteil (oder Vermächtnis) erhalten hat, gewähren ihm die Vorschriften der §§ 2305 bis 2308 BGB zusätzliche Rechte. Des Weiteren ermöglichen die Vorschriften über die **Anrechnung und Ausgleichung** nach §§ 2315, 2316 BGB eine entsprechende Anpassung des Pflichtteilsanspruchs, wenn Erbe oder Pflichtteilsberechtigter bereits einen ausgleichungs- bzw. anrechnungspflichtigen Vorempfang erhalten haben.

Der Pflichtteilsanspruch ist gem. § 2317 Abs. 2 BGB sowohl **vererblich** als auch **übertragbar**. Die Vererblichkeit kann aber ggf. durch Pflichtteilsverzichtsverträge abbedungen werden.[2]

---

1 Vgl. zu den rechtspolitischen Überlegungen zum Pflichtteilsrecht *Strätz*, FamRZ 1998, 1553, 1566.
2 Staudinger/*Haas*, § 2317 Rn. 25.

B. Ordentlicher Pflichtteilsanspruch

I. Pflichtteilsberechtigte Personen

1. Allgemeines

Zum Kreis der pflichtteilsberechtigten Personen zählen gem. § 2303 BGB die **Abkömmlinge** des Erblassers (Abs. 1) sowie **seine Eltern** und **sein Ehegatte** (Abs. 2). Für die Bestimmung des jeweiligen Verwandtschaftsverhältnisses sind ebenso wie bei der gesetzlichen Erbfolge die entsprechenden familienrechtlichen Vorschriften maßgeblich.[3]

2. Direkte Abkömmlinge

a) Leibliche Kinder

Als Erben erster Ordnung i.S.d. § 1924 Abs. 1 BGB werden die Abkömmlinge des Erblassers, also seine **Kinder, Enkel, Urenkel** etc., selbstverständlich durch das Pflichtteilsrecht geschützt. Dabei ist zu beachten, dass Ansprüche entfernterer Abkömmlinge ausgeschlossen sind, wenn der die Verwandtschaft vermittelnde **nähere Abkömmling** bei Eintritt des Erbfalls noch am Leben ist.[4] Darüber hinaus gelten gem. § 2309 BGB Einschränkungen für den Fall, dass der die Verwandtschaft vermittelnde nähere Abkömmling zwar noch lebt, aber erbrechtlich weggefallen ist.[5] Zu den Abkömmlingen i.S.d. § 2303 BGB zählt, für den Fall dass er lebend geboren wird, auch der **nasciturus** (vgl. § 1923 Abs. 2 BGB), wenn er zur Zeit des Erbfalles bereits gezeugt war.[6]

b) Adoptivkinder

Im Gegensatz zur länger zurückliegenden Vergangenheit führt seit dem 1.1.1977[7] die **Adoption eines minderjährigen Kindes** zur sog. **Volladoption**. D.h., das Verwandtschaftsband des adoptierten Kindes zu seiner natürlichen Familie wird aufgelöst. Dies hat zur Folge, dass das Kind sein Erb- und Pflichtteilsrecht gegenüber seinen leiblichen Eltern und Großeltern verliert, § 1755 BGB. Es wird vollständig und mit allen rechtlichen Konsequenzen in die Familie des Annehmenden integriert und erlangt sowohl gegenüber dem Annehmenden, als auch gegenüber dessen Eltern und Großeltern volle Erb- und Pflichtteilsrechte, § 1754 BGB. Nur in Ausnahmefällen wird das Band zu den Blutsverwandten nicht aufgelöst. Es handelt sich hierbei um die Fälle der Verwandten-, Verschwägerten- und Stiefkindadoption, §§ 1755 Abs. 2, 1756 Abs. 1, 2 BGB. Hier bleiben Erb- und Pflichtteilsrechte nach den Blutsverwandten des Adoptivkindes erhalten.

Bei der **Annahme Volljähriger** wird das Verwandtschaftsband zu den Blutsverwandten hingegen grundsätzlich nicht zerschnitten, § 1770 Abs. 2 BGB. Der Angenommene bleibt daher gegenüber den natürlichen Verwandten erb- und pflichtteilsberechtigt.

---

3 Staudinger/*Haas*, § 2303 Rn. 2.
4 *Kerscher/Riedel/Lenz*, Pflichtteilsrecht, § 6 Rn. 12; vgl. auch RGZ 93, 193, 196: „Demselben Stamm darf nicht zweimal ein Pflichtteil gewährt werden."
5 Z.B. durch Ausschlagung oder infolge Erbunwürdigkeit.
6 Staudinger/*Haas*, § 2303 Rn. 3.
7 Zur alten Rechtslage vgl. *Damrau/Riedel*, Erbrecht, § 2303 Rn. 5 ff.

Die verwandtschaftlichen Beziehungen gegenüber dem Annehmenden werden quasi zusätzlich begründet. Dies gilt aber nicht gegenüber dessen Verwandten, § 1770 Abs. 1 BGB. Auf Antrag kann das Vormundschaftsgericht der Adoption eines Volljährigen aber die rechtlichen Wirkungen der Adoption eines Minderjährigen zusprechen. Geschieht dies, gelten die Regeln der Volladoption entsprechend, § 1772 BGB.

c) Nichteheliche Kinder

5   Mit Inkrafttreten des KindRG sind die Vorschriften über die Legitimation nichtehelicher Kinder (§ 1719 bis 1740g BGB a.F.) ersatzlos entfallen.[8] Die Rechtsstellung nichtehelicher Kinder wurde der der ehelichen angeglichen. So wurde das bisher geltende Erbrecht nichtehelicher Kinder grundlegend revidiert, ohne jedoch neue erbrechtliche Vorschriften einzuführen. Vielmehr wurden die Vorschriften, die bisher den **Erbersatzanspruch** regelten (§§ 1934a, 1934b, 2338a BGB a.F.), ersatzlos gestrichen. Nach § 10 Abs. 2 NEhelG haben nichteheliche Kinder, die vor dem 1.7.1949 geboren wurden, kein gesetzliches Erbrecht nach ihrem Vater und umgekehrt. Auch durch das Erbrechtsgleichstellungsgesetz hat sich hieran nichts geändert. Mangels erbrechtlicher Legitimation besteht bei diesen Abkömmlingen auch kein Pflichtteilsrecht nach dem Vater. Nach der Mutter hatten nichteheliche Kinder schon bisher ein volles gesetzliches Erb- bzw. Pflichtteilsrecht; gleiches galt auch im umgekehrten Fall bzgl. des Erb- und Pflichtteilsrechts der Mutter nach dem Kind.[9]

3. Ehegatte

6   Zum Kreis der Pflichtteilsberechtigten zählt auch der Ehegatte. Voraussetzung ist, dass er im Zeitpunkt des Erbfalls mit dem Erblasser in einer gültigen Ehe verheiratet war.[10] Gültig in diesem Sinne sind auch die sog. „freien Ehen" rassisch und politisch Verfolgter[11] sowie durch **Fern-** und **Nottrauungen** geschlossene Ehen.[12] War die Ehe vor dem Tod des Erblassers rechtskräftig für nichtig erklärt (§§ 16, 23 EheG) oder aufgehoben (§§ 28 ff. EheG) worden, besteht kein Pflichtteilsrecht (mehr). Dasselbe gilt, wenn die Ehe rechtskräftig geschieden (§§ 1564 ff. BGB) oder durch Schließung einer neuen Ehe nach einer Todeserklärung (§ 38 Abs. 2 EheG) oder Feststellung der Todeszeit (§ 39 VerschG) aufgelöst worden war.[13]

---

8   Das bisherige Recht gilt aber in Ausnahmefällen weiter, nämlich dann, wenn vor dem 1.7.1998 der Erblasser verstorben ist, eine rechtswirksame Vereinbarung über den Erbausgleich getroffen wurde oder der Erbausgleich durch rechtskräftiges Urteil zuerkannt worden war. Aus Gründen der Rechtssicherheit sind Erbfälle, die vor dem Inkrafttreten des Erbrechtsgleichstellungsgesetzes eingetreten sind, von den Auswirkungen der Reform des Nichtehelichen-Erbrechtes ausgenommen, Art. 227 EGBGB. Nichteheliche Kinder, die zwar vor dem 1.7.1949 geboren wurden, deren Vater jedoch seinen gewöhnlichen Aufenthalt in der ehemaligen DDR hatte, haben entsprechend dem bisherigen Recht der DDR nach ihm ein volles Erbrecht und zwar unabhängig davon, ob der Vater vor oder nach dem Beitritt der DDR am 3.10.1990 verstorben ist, Art. 235 § 1 Abs. 1 EGBGB n.F. Diese Rechtslage gilt auch für das Pflichtteilsrecht.
9   Die Mutterschaft definiert § 1591 BGB n.F. seit dem 1.7.1998 erstmalig wie folgt: „Mutter eines Kindes ist die Frau, die es geboren hat." Entscheidend ist also der Vorrang der Geburt, nicht die genetische Abstammung. Die Herkunft der befruchteten Eizelle ist hingegen nicht entscheidend. Die Mutterschaft kann nicht angefochten werden.
10   Staudinger/*Haas*, § 2303 Rn. 31.
11   *Damrau/Riedel*, Erbrecht, § 2303 Rn. 14 m.w.N.
12   Vgl. Damrau/*Riedel*, Erbrecht, § 2303 Rn. 14 m.w.N.
13   Staudinger/*Haas*, § 2303 Rn. 33; vgl. auch Staudinger/*Werner* [1994], § 1931 Rn. 11ff.

Das bloße **Getrenntleben** der Ehegatten beseitigt die wechselseitigen Erb- und Pflichtteilsberechtigungen nicht. Nur wenn im Zeitpunkt des Erbfalls schon alle Voraussetzungen für die Ehescheidung erfüllt waren und der Erblasser die Scheidung beantragt oder ihr zugestimmt hatte, entfallen gem. § 1933 BGB die Erb- und Pflichtteilsrechte.[14] Hierzu ist anzumerken, dass der Erb- und Pflichtteilsausschluss nur dann wechselseitig wirkt, wenn auch der Antragsgegner der Scheidung zugestimmt hat.[15] Denn nach § 1933 BGB entfällt nicht das Pflichtteilsrecht des Antragstellers, sondern nur das des Antragsgegners (im Scheidungsverfahren) bzw. des Beklagten (im Aufhebungsverfahren).[16] Trotz verfassungsrechtlicher Bedenken gegen diese Situation[17] bestehen insoweit erhebliche Risiken für den „passiven Teil" des Scheidungs- bzw. Nichtigkeitsverfahrens.[18]

4. Gleichgeschlechtlich eingetragene Lebenspartner

Die Eingehung einer eingetragenen Lebenspartnerschaft begründet gem. § 10 LPartG ein gesetzliches Erbrecht der Lebenspartner. Der damit einhergehende Pflichtteilsanspruch ergibt sich aus § 10 Abs. 3 Satz 1 LPartG. Die Vorschriften des BGB über den Pflichtteil sind gem. § 10 Abs. 4 Satz 2 LPartG entsprechend anzuwenden. Der überlebende Lebenspartner ist bzgl. des Pflichtteils in jeder Hinsicht „wie ein Ehegatte zu behandeln".

5. Entferntere Abkömmlinge und sonstige Verwandte

Entferntere Abkömmlinge des Erblassers sowie seine Eltern sind beim Vorhandensein näherer Abkömmlinge grundsätzlich nicht pflichtteilsberechtigt, § 2309 BGB. Entgegen einem weit verbreiteten bzw. in der Praxis immer wieder auftauchenden Missverständnis ist § 2309 BGB keine Anspruchsgrundlage! Sie begründet keinen zusätzlichen, nicht schon nach §§ 2303 ff. BGB bestehenden Pflichtteilsanspruch,[19] sondern hat ausschließlich zum Ziel, das Pflichtteilsrecht der Eltern und der entfernteren Abkömmlinge des Erblassers einzuschränken[20] und so eine Vervielfältigung von Pflichtteilsansprüchen zu verhindern.[21] **Entfernter verwandte Abkömmlinge** sowie die Eltern des Erblassers werden grundsätzlich durch näher verwandte Abkömmlinge von der gesetzlichen Erbfolge und somit auch vom Pflichtteilsrecht ausgeschlossen. Ein näherer Abkömmling, der berechtigt ist, den Pflichtteil zu fordern, schließt gem. § 2309 1. Alt. BGB die entfernteren vom Pflichtteil aus. Ob der nähere Abkömmling seinen Pflichtteilsanspruch tatsächlich geltend macht, ist nicht entscheidend; die bloße Möglichkeit der Geltendmachung genügt.[22]

---

14 *Kerscher/Riedel/Lenz*, Pflichtteilsrecht, § 4 Rn. 9; Staudinger/*Haas*, § 2303 Rn. 33; die Rechtsfolge des § 1933 BGB ist gem. § 1933 Satz 2 BGB auf die Aufhebungsklage entsprechend anzuwenden – für die Nichtigkeitsklage gilt sie aber nicht, MünchKomm/*Leipold*, § 1933 Rn. 5 ff.
15 *Damrau/Riedel*, Erbrecht, § 2303 Rn. 14 m.w.N.; Staudinger/*Haas*, § 2303 Rn. 35.
16 *Dieckmann*, FamRZ 1979, 389, 396; *Battes*, FamRZ 1977, 433, 438; *Reimann*, ZEV 1995, 329.
17 BVerfG, ZEV 1995, 184; BGHZ 111, 329, 333f. = JW 1990, 2382.
18 Vgl. hierzu ausführlich Staudinger/*Haas*, § 2303 Rn. 35.
19 *Mayer/Süß/Tanck/Bittler/Wälzholz*, HB Pflichtteilsrecht, § 2 Rn. 23 m.w.N.
20 *Mayer/Süß/Tanck/Bittler/Wälzholz*, HB Pflichtteilsrecht, § 2 Rn. 23; Palandt/*Edenhofer*, § 2309 Rn. 1; MünchKomm/*Lange*, § 2309 Rn. 1; Staudinger/*Haas*, § 2309 Rn. 5.
21 RGZ 93, 193, 195; MünchKomm/*Lange*, § 2309 Rn. 1; *Mayer/Süß/Tanck/Bittler/Wälzholz*, HB Pflichtteilsrecht, § 2 Rn. 22.
22 RGZ 91, 193, 195; Staudinger/*Haas*, § 2309 Rn. 20; *Damrau/Riedel*, Erbrecht, § 2309 Rn. 11 m.w.N.

9   Ausnahmen von dieser Regel bilden aber die Fälle der **Erbunwürdigkeit** des näheren Abkömmlings (§ 2344 BGB), des **Erbverzichts** (§ 2346 BGB) oder der **Ausschlagung** (§§ 2306 Abs. 1 Satz 2, 2307 Abs. 1 Satz 1 BGB).[23] Gleiches kann im Fall der Enterbung gelten, allerdings nur dann, wenn der enterbte nähere Abkömmling pflichtteilsunwürdig war oder wirksam auf seinen Pflichtteil verzichtet hatte. Denn nach der ersten Alternative des § 2309 BGB schließt nur derjenige nähere Abkömmling, der selbst den Pflichtteil verlangen kann,[24] alle ferner verwandten Abkömmlinge aus.[25] Durch die **Erbunwürdigkeitserklärung** verliert der betroffene (nähere) Abkömmling gem. § 2344 Abs. 1 BGB mit rückwirkender Kraft sein Erbrecht. Somit werden entferntere Abkömmlinge und die Eltern des Erblassers[26] nicht mehr von der gesetzlichen Erbfolge und – da der Erbunwürdige auch sein Pflichtteilsrecht verliert[27] – vom Pflichtteilsrecht ausgeschlossen. Hat der Erbunwürdige zu Lebzeiten des Erblassers ausgleichungspflichtige Zuwendungen erhalten oder ein trotz der Erbunwürdigkeit bestehen bleibendes Vermächtnis angenommen, kann dies dem Pflichtteilsrecht der entfernteren Verwandten aber u.U. (wenigstens teilweise) entgegenstehen.[28]

Der **Erbverzicht** (eines näheren Abkömmlings) bewirkt gem. § 2346 BGB, dass der Verzichtende als zur Zeit des Erbfalls bereits verstorben gilt.[29] Sofern sich der Erbverzicht[30] auch auf die Abkömmlinge des Verzichtenden erstreckt, sind auch sie von der gesetzlichen Erbfolge und vom Pflichtteil ausgeschlossen. Der Erbverzicht kann dann nur zugunsten anderer vom Erblasser abstammender Abkömmlinge oder seiner Eltern wirken.[31] Ein Erbverzicht unter **Vorbehalt des Pflichtteilsrechts** hat hinsichtlich § 2309 BGB gar keine Bedeutung.

Die **Ausschlagung** eines näheren Berechtigten führt grundsätzlich zu einem gesetzlichen Erbrecht der entfernteren Verwandten. Ob und inwieweit sich hieraus Pflichtteilsansprüche ergeben, hängt aber davon ab, ob und in welchem Umfang dem Ausschlagenden selbst noch Pflichtteilsansprüche zustehen.[32]

Die **Enterbung** eines näheren Abkömmlings ist für die Pflichtteilsberechtigung entfernterer Verwandter grundsätzlich irrelevant. Denn im Falle der Enterbung steht dem näheren Abkömmling im Regelfall ein eigener Pflichtteilsanspruch zu, so dass gerade in dieser Situation die Entstehung konkurrierender Pflichtteilsansprüche entfernterer Verwandter zu vermeiden ist.[33] Ein derivativer Pflichtteilsanspruch fernerer Berechtigter setzt daher voraus, dass der enterbte Abkömmling pflichtteilsunwürdig (§ 2345 Abs. 2 BGB) ist,[34] ihm der Pflichtteil gem. §§ 2333 ff. BGB wirksam entzogen wurde oder er nach § 2346 Abs. 2 BGB auf den Pflichtteil verzichtet hat.[35] Soweit der Pflicht-

---

23 Vgl. *Nieder*, Rn. 225.
24 Das ist bei Enterbung grundsätzlich der Fall.
25 *Damrau/Riedel*, Erbrecht, § 2303 Rn. 4.
26 Gegen diese wirkt der Erbverzicht grundsätzlich nicht; *Mayer/Süß/Tanck/Bittler/Wälzholz*, HB Pflichtteilsrecht, § 2 Rn. 26.
27 *Damrau/Riedel*, Erbrecht, § 2303 Rn. 5.
28 Staudinger/*Haas*, § 2309 Rn. 25; Soergel/*Dieckmann*, § 2309 Rn. 8.
29 *Mayer/Süß/Tanck/Bittler/Wälzholz*, HB Pflichtteilsrecht, § 2 Rn. 27.
30 Wie in § 2349 BGB als Regelfall vorgesehen.
31 Ein Pflichtteilsrecht der Eltern ergibt sich aber nur, wenn nicht § 2350 Abs. 2 BGB eingreift, dem zufolge der Verzicht eines Abkömmlings im Zweifel nicht zugunsten der Eltern des Erblassers wirkt.
32 Vgl. insoweit aber §§ 2306, 2307 BGB.
33 *Damrau/Riedel*, Erbrecht, § 2309 Rn. 5.
34 Vgl. MünchKomm/*Lange*, § 2309 Rn. 11; *Damrau/Riedel*, Erbrecht, § 2309 Rn. 8 m.w.N.
35 *Damrau/Riedel*, Erbrecht, § 2309 Rn. 8; Staudinger/*Ferid/Cieslar*, § 2309 Rn. 53.

teilsverzicht sich gem. § 2349 BGB auch auf die Abkömmlinge des Verzichtenden erstreckt, kommt nur eine Begünstigung anderer Stämme bzw. der Eltern des Erblassers in Frage.

Nimmt der nähere Abkömmling das ihm Hinterlassene an, greift § 2309 2. Alt. BGB, so dass der Pflichtteil entfernterer Verwandter insoweit ebenfalls ausgeschlossen ist. Das Hinterlassene i.S.d. § 2309 BGB ist, was durch Verfügung von Todes wegen zugewandt wird,[36] namentlich Erbteile, die hinter dem Wert der Hälfte des gesetzlichen Erbteils zurückbleiben,[37] und Vermächtnisse, die an Stelle des Pflichtteils zugewendet werden,[38] nicht aber Begünstigungen aus Auflagen.[39]

Auch **anrechnungs- und ausgleichungspflichtige** lebzeitige Zuwendungen gehören zum Hinterlassenen i.S.d. § 2309 BGB.[40] Auch sie wirken sich bei der regulären Pflichtteilsberechnung auf die Höhe des Anspruchs aus, weshalb ihre Verbindung zum Erbfall als so eng angesehen wird, dass sie einem im Voraus gewährten Pflichtteil gleichstehen.[41] Schließlich gelten auch Abfindungsleistungen, die dem nähern Abkömmling als Entgelt für die Erklärung eines Erbverzichts gewährt wurden, als hinterlassen.[42]

II. Ausschluss von der Erbfolge

1. *Enterbung durch den Erblasser*

Ein Pflichtteilsanspruch kann nur bestehen, wenn der Berechtigte nicht oder nicht wenigstens in Höhe seiner Pflichtteilsquote Erbe oder Vermächtnisnehmer wird. Der Ausschluss von der Erbfolge kann sowohl dadurch erfolgen, dass der Pflichtteilsberechtigte ausdrücklich enterbt wird als auch durch Zuwendung des gesamten Nachlasses an andere Personen. Die **Schlusserbeneinsetzung** in einem gemeinschaftlichen Testament (§ 2269 BGB) stellt beim Tod des erstversterbenden Elternteils für den bzw. die Abkömmlinge ebenfalls eine Enterbung nach diesem Elternteil dar.[43] Allein die Aussicht auf die Erbschaft nach dem Tod des längstlebenden Ehegatten hat hierauf keinen Einfluss. Auch die Begünstigung durch eine Auflage oder die Ernennung zum (alleinigen) Testamentsvollstrecker ändert an der Enterbung nichts.[44]

10

Ist der Pflichtteilsberechtigte unter einer **auflösenden Bedingung** oder **Befristung** zum Erben berufen (z. B. als Vorerbe), ist er nicht enterbt. Die Erbschaft fällt ihm – wenn auch belastet – unmittelbar mit dem Erbfall an. Auch die **aufschiebend befristete** Erbeinsetzung (Nacherbeinsetzung gem. § 2100 BGB) führt nicht zu einem Ausschluss von der Erbfolge, obwohl dem Pflichtteilsberechtigten die Erbschaft im Zeit-

11

---

36 Staudinger/*Haas*, § 2309 Rn. 22; *Damrau/Riedel*, Erbrecht, § 2309 Rn. 14 m.w.N.
37 Soergel/*Dieckmann*, § 2309 Rn. 21; MünchKomm/*Lange*, § 2309 Rn. 14; *Mayer/Süß/Tanck/Bittler/Wälzholz*, HB Pflichtteilsrecht, § 2 Rn. 36. Erbteile über der Pflichtteilsquote schließen das Pflichtteilsrecht ohnehin aus; vgl. Staudinger/*Haas*, § 2309 Rn. 22; *Damrau/Riedel*, Erbrecht, § 2309 Rn. 14.
38 *Damrau/Riedel*, Erbrecht, § 2309 Rn. 14.; Soergel/*Dieckmann*, § 2309 Rn. 21.
39 Staudinger/*Haas*, § 2309 Rn. 22; Soergel/*Dieckmann*, § 2309 Rn. 21.
40 OLG Celle, NJW 1999, 1874; *Mayer/Süß/Tanck/Bittler/Wälzholz*, HB Pflichtteilsrecht, § 2 Rn. 36; Staudinger/*Haas*, § 2309 Rn. 23; Soergel/*Dieckmann*, BGB, § 2309 Rn. 24.
41 OLG Celle FamRZ 1998, 774; Soergel/*Dieckmann*, § 2309 Rn. 24.
42 OLG Celle FamRZ 1998, 774; Soergel/*Dieckmann*, § 2309 Rn. 24; Staudinger/*Haas*, § 2309 Rn. 23.
43 BGHZ 22, 364, 366 f.; Soergel/*Dieckmann*, § 2303 Rn. 28.
44 *Damrau/Riedel*, Erbrecht, § 2303 Rn. 16.

punkt des Erbfalls noch nicht anfällt.[45] Eine **aufschiebend bedingte** Erbeinsetzung ist die Berufung zum Ersatzerben gem. § 2096 BGB. Da der Ersatzerbe bis zum Eintritt der den Ersatzerbfall auslösenden Bedingung kein Erbe ist, kann er – vor Bedingungseintritt – seinen Pflichtteil verlangen.[46] Tritt nach Auszahlung des Anspruchs die Bedingung ein und wird der Pflichtteilsberechtigte hierdurch doch Erbe, fallen die Voraussetzungen des § 2303 BGB nachträglich weg. Der Pflichtteil ist dann nach Bereicherungsgrundsätzen zurück zu gewähren.[47]

12 Ist der Berechtigte auf einen **unter** seiner **Pflichtteilsquote liegenden Erbteil** eingesetzt, ist er nicht i.S.v. § 2303 BGB von der Erbfolge ausgeschlossen. Seine Ansprüche richten sich nach § 2305 BGB. Ist der zugewendete Erbteil mit Beschränkungen oder Beschwerungen belastet, greift ebenfalls nicht § 2303 BGB ein, vielmehr gilt § 2306 BGB.

13 Wenn der Pflichtteilsberechtigte zwar von der Erbfolge ausgeschlossenen wurde, ihm aber statt dessen ein **Vermächtnis** hinterlassen ist, das er annimmt, liegt ebenfalls kein Ausschluss i.S.d. § 2003 BGB vor (§ 2307 BGB). Schlägt der Berechtigte das Vermächtnis aus, kann er aber den vollen Pflichtteil beanspruchen, und zwar selbst dann, wenn das ausgeschlagene Vermächtnis den Pflichtteil wertmäßig übersteigt. Der Begünstigte einer **Auflage** gilt stets als von der Erbfolge ausgeschlossen.[48]

2. Auslegung der letztwilligen Verfügung

14 Der Ausschluss von der Erbfolge muss nicht ausdrücklich erklärt werden. Eventuell ist ein entsprechender Wille durch Auslegung zu ermitteln.[49] Eine gesetzliche Vermutung für das Bestehen eines Enterbungswillens existiert nicht. Vielmehr kann eine Enterbung nur dann angenommen werden, wenn dies aus der letztwilligen Verfügung des Erblassers eindeutig hervorgeht.[50] Nach § 2087 BGB ist in der **Zuwendung einer Quote** grundsätzlich eine **Erbeinsetzung** zu sehen. Eine Ausnahme hierzu bildet § 2304 BGB, demzufolge der auf seinen Pflichtteil Eingesetzte ausdrücklich nicht Erbe wird, soweit der letztwilligen Verfügung kein abweichender Wille des Erblassers zu entnehmen ist.[51] Dabei ist der im Gesetz verwendete Begriff der Zuwendung weit auszulegen und in einem nichttechnischen Sinne zu verstehen.[52] Von § 2304 BGB wird

---

[45] Für den Fall, dass der Eintritt des Nacherbfalls später unmöglich wird, erhält der Berechtigte den Pflichtteilsanspruch, ohne die Erbschaft noch ausschlagen zu müssen. Denn er hat dann in Bezug auf die Erbschaft keine durch Ausschlagung noch aufzugebende Rechtsstellung mehr inne, Staudinger/*Haas*, § 2303 Rn. 50.
[46] OLG Oldenburg NJW 1991, 958; BayObLGZ 1966, 228, 230; *Damrau/Riedel*, Erbrecht, § 2303 Rn. 16.
[47] OLG Oldenburg NJW 1991, 958; BayObLGZ 1966, 228, 230; *Damrau/Riedel*, Erbrecht, § 2303 Rn. 16.
[48] *Damrau/Riedel*, Erbrecht, § 2303 Rn. 17.
[49] Staudinger/*Haas*, § 2303 Rn. 59.
[50] BayObLG, FamRZ 1992 986; *Damrau/Riedel*, Erbrecht, § 2303 Rn. 18 m.w.N. Enthält ein Testament bspw. die Anordnung, dass dem Betroffenen der Pflichtteil entzogen sei, ist hieraus zu schließen, dass er überhaupt nichts erhalten solle. Demzufolge gilt die Enterbung selbst dann, wenn die Entziehung des Pflichtteils wegen des Fehlens eines Entziehungsgrundes oder wegen eines Formfehlers unwirksam ist, vgl. BayObLG MittBayNot 1996, 116, 117.
[51] Bei der Auslegung kommt es in erster Linie darauf an, ob der Wille des Erblassers dahin ging, den Pflichtteilsberechtigten durch seine Anordnungen zu „beschränken", oder ob er ihn durch seine Anordnungen begünstigen, ihm also etwas gewähren wollte, MünchKomm/*Lange*, § 2304 Rn. 1; ausführlich auch *Staudinger/Ferid/Cieslar*, § 2304 Rn. 32–69.
[52] Vgl. Prot. V 499 f.

daher jede Art der (ausdrücklichen) Pflichtteilszuwendung erfasst.[53] Entscheidend ist, dass Gegenstand der Zuwendung tatsächlich der Pflichtteil sein muss.[54] Wenn dem Empfänger wertmäßig mehr oder weniger als sein Pflichtteil zukommen soll oder er etwas anderes als einen reinen Geldanspruch erhält (*aliud*),[55] ist eine Anwendung von § 2304 BGB ausgeschlossen. Auch Zuwendungen zur Deckung des Pflichtteils stellen keinen Fall von § 2304 BGB dar. Soll der Berechtigte z.B. bestimmte Gegenstände erhalten, um so wertmäßig seinen Pflichtteilsanspruch abzugelten, ist hierin grundsätzlich die Anordnung eines Vermächtnisses zu sehen, dessen Gegenstand gerade nicht der Pflichtteil sondern ein *aliud* ist.[56]

Für die Entscheidung, ob das Zugewendete mit dem Pflichtteil identisch ist, muss ausschließlich auf die **objektive Rechtslage** (im Zeitpunkt des Erbfalls) abgestellt werden.[57] Subjektive Vorstellungen des Erblassers spielen keine Rolle, so dass zwischen Testamentserrichtung und Erbfall eingetretene Veränderungen eine Anwendung von § 2304 BGB ggf. ausschließen können, obwohl der Erblasser tatsächlich nur den Pflichtteil zuwenden wollte.[58]

Mit besonderen, zusätzlichen Schwierigkeiten ist die Pflichtteilszuwendung an den überlebenden **Zugewinn-Ehegatten** verbunden, wobei die Zuwendung des „großen" Pflichtteils i.d.R. als Pflichtteilsvermächtnis,[59] ausnahmsweise auch als Erbeinsetzung[60] auszulegen ist.[61] Kommt der Pflichtteilszuwendung aber ein beschränkender Charakter zu, insbesondere dann, wenn der Erblasser seinen Ehegatten – wenigstens sinngemäß – auf den **„kleinen" Pflichtteil** verweist, liegt hierin weder eine Erbeinsetzung noch eine Vermächtnisanordnung. Der Ehegatte ist vielmehr enterbt und hat nur Anspruch auf den kleinen Pflichtteil (und daneben den konkreten Zugewinnausgleich), § 1371 Abs. 2 BGB.[62]

15

Die wirksame **Enterbung eines Abkömmlings** erstreckt sich im Zweifel nicht auf dessen ganzen Stamm. An die Stelle des Ausgeschlossenen treten, wenn der Verfügung von Todes wegen nicht im Wege der Auslegung ein anderer Wille des Erblassers entnommen werden muss,[63] seine Abkömmlinge, und zwar prinzipiell nach den Regeln der gesetzlichen Erbfolge.[64]

16

---

53 Staudinger/*Haas*, § 2304 Rn. 4.
54 *Damrau/Riedel*, Erbrecht, § 2304 Rn. 2.
55 Staudinger/*Haas*, § 2304 Rn. 6.
56 MünchKomm/*Lange*, § 2304 Rn. 4; Staudinger/*Haas*, § 2304 Rn. 6.
57 *Ferid*, NJW 1960, 121, 122.
58 Staudinger/*Haas*, § 2304 Rn. 7.
59 Staudinger/*Haas*, § 2304 Rn. 22 ; *Damrau/Riedel*, Erbrecht, § 2304 Rn. 4.
60 Vgl. Staudinger/*Haas*, § 2304 Rn. 9 und 22.
61 Palandt/*Edenhofer*, § 2304 Rn. 5; *Damrau/Riedel*, Erbrecht, § 2304 Rn. 4.
62 Ein Wahlrecht zwischen großem Pflichtteil und kleinem Pflichtteil zzgl. Zugewinnausgleich besteht hier ausdrücklich nicht, vgl. BGHZ 42, 182 = NJW 1964, 2404.
63 BGH FamRZ 1959, 149, 150; BayObLG FamRZ 1989, 1006; 1989, 1232; BayObLGZ 1965, 165, 176; *Damrau/Riedel*, Erbrecht, § 2303 Rn. 19; dies gilt z. B., wenn der Erblasser den Abkömmling „mit Anhang" enterbt hat (vgl. BayObLG FamRZ 1990, 1265). Auch wenn im Rahmen eines gemeinschaftlichen Testaments Straf- oder Verwirkungsklauseln die Enterbung eines Abkömmlings, der nach dem Tod des Erstversterbenden seinen Pflichtteilsanspruch geltend macht, vorsehen, erstreckt sich der Ausschluss von der Erbfolge i.d.R. auf den ganzen Stamm, BayObLG DNotZ 1996, 312, 314; MünchKomm/*Leipold*, § 2074, Rn. 29 ff.; a.A. *Wacke*, DNotZ 1990, 403, 411f.
64 *Damrau/Riedel*, Erbrecht, § 2303 Rn. 19.

17 Ist die **Enterbung anfechtbar**, wurde also z.B. der Pflichtteilsberechtigte in der Verfügung von Todes wegen infolge Irrtums oder Unkenntnis von seinem Vorhandensein übergangen, berechtigt ihn dies nicht nur zur Forderung des Pflichtteils. Vielmehr ist er sogar zur Anfechtung der Verfügung von Todes wegen gem. §§ 2079, 2281 Abs. 1 BGB befugt mit der Folge, dass die beeinträchtigende Verfügung als von Anfang an unwirksam anzusehen ist.[65] Pflichtteilsgeltendmachung und Testamentsanfechtung schließen sich weder gegenseitig aus noch ist anzunehmen, dass die eine Maßnahme – konkludent – die andere beinhalten würde.[66]

III. Kein Ausschluss von der Erbberechtigung

18 Voraussetzung für das Bestehen eines Pflichtteilsanspruchs ist, dass der Berechtigte – ohne die ihn beeinträchtigende Verfügung von Todes wegen – tatsächlich Erbe geworden wäre. Ist der (potentiell) Pflichtteilsberechtigte bereits aus anderen Gründen von der Erbfolge ausgeschlossen, kann durch eine Verfügung von Todes wegen seine berechtigte Erberwartung nicht mehr enttäuscht werden; folglich steht ihm auch kein Pflichtteilsanspruch zu. Somit scheidet ein Pflichtteilsanspruch z.B. aus, wenn der Berechtigte vor oder gleichzeitig (§ 1923 Abs. 1 BGB) mit dem Erblasser verstirbt,[67] wenn er für erbunwürdig erklärt wird,[68] oder das Pflichtteilsrecht durch entsprechende vertragliche Vereinbarungen mit dem Erblasser verloren gegangen ist.[69] Insbesondere der **Pflichtteilsverzichtsvertrag** sowie der Verzicht auf das gesetzliche Erbrecht,[70] § 2346 Abs. 1 BGB, sind hier von Bedeutung. Sie erstrecken sich grundsätzlich auch auf die **Abkömmlinge** des Berechtigten und stellen daher regelmäßig eine Verfügung über das künftige Erb- und Pflichtteilsrecht des ganzen Stammes dar.[71]

19 Die Fälle, in denen der Pflichtteilsberechtigte **vom Erblasser nicht „zureichend" bedacht** wurde, also das ihm Hinterlassene (sei es ein Erbteil oder Vermächtnisse) nicht den Wert der Hälfte des gesetzlichen Erbteils erreicht, regeln die §§ 2305 ff. BGB (bis einschließlich § 2308 BGB).[72]

Während § 2305 BGB den Bestand der benachteiligenden letztwilligen Verfügung grundsätzlich unangetastet lässt und dem Berechtigten nur einen persönlichen Anspruch gegen die Miterben (**Pflichtteilsrestanspruch**[73] oder „**Zusatzpflichtteil**"[74])

---

65 Staudinger/*Haas*, § 2303 Rn. 61; *Damrau/Riedel*, Erbrecht, § 2303 Rn. 20.
66 Staudinger/*Haas*, § 2303 Rn. 62.
67 Das Gleiche gilt, wenn der Berechtigte im Fall der gesetzlichen Erbfolge gem. § 1930 BGB von einem Verwandten einer vorrangigen Ordnung verdrängt würde bzw. wenn ein entfernter Abkömmling durch einen näheren ausgeschlossen wird, § 1924 Abs. 2 BGB, vgl. *Damrau/Riedel*, Erbrecht, § 2303 Rn. 22.
68 Dabei ist jedoch zu beachten, dass sich die Erbunwürdigkeit nicht auf die Abkömmlinge des für erbunwürdig Erklärten erstreckt, *Damrau/Riedel*, Erbrecht, § 2303 Rn. 22; *Kerscher/Riedel/Lenz*, Pflichtteilsrecht, § 6 Rn. 164.
69 *Kerscher/Riedel/Lenz*, Pflichtteilsrecht, § 6 Rn. 150.
70 Staudinger/*Schotten*, Einf. zu § 2346 Rn. 29.
71 Die Verträge i.d.S. sind aber streng zu trennen von sog. „Erbschaftsverträgen", durch die der Berechtigte gem. § 311b Abs. 4 BGB (früher § 312 Abs. 2 BGB) zugunsten eines Miterben mit rein schuldrechtlicher Wirkung auf sein gesetzliches Erbrecht verzichtet, sowie von Zuwendungsverzichten gem. § 2352 BGB, durch die das gesetzliche Erbrecht ebenfalls unberührt bleibt, vgl. *Damrau/Riedel*, Erbrecht, § 2303 Rn. 23.
72 RGZ 93, 3, 5 f.; MünchKomm/*Lange*, § 2305 Rn. 1; Soergel/*Dieckmann*, § 2305 Rn. 1.
73 Staudinger/*Haas*, § 2305 Rn. 2.
74 *Damrau/Riedel*, Erbrecht, § 2305 Rn. 1.

einräumt, sehen die §§ 2306 ff. BGB Regelungen vor, die die den Pflichtteilsberechtigten belastenden Anordnungen des Erblassers ganz vernichten bzw. sie durch Ausschlagung wegfallen lassen. Dies ist bei Vorliegen der Voraussetzungen des § 2305 BGB zumeist nicht möglich. Der Pflichtteilsberechtigte – mit Ausnahme des überlebenden Ehegatten[75] – kann hier gerade nicht ausschlagen und den vollen Pflichtteil verlangen.[76] Oftmals ist § 2305 BGB zusätzlich zu § 2306 bzw. § 2307 BGB anzuwenden.[77]

C. Restpflichtteil

Voraussetzung für die Anwendung des § 2305 BGB ist, dass der Pflichtteilsberechtigte Miterbe geworden ist.[78] Der dem Pflichtteilsberechtigten zugewendete Erbteil muss einerseits unbelastet sein,[79] andererseits aber wertmäßig hinter der Hälfte des gesetzlichen Erbteils zurückbleiben.[80] Maßgeblich ist hierbei grundsätzlich ein Vergleich der hinterlassenen Erbquote mit der Hälfte der dem Pflichtteilsberechtigten zustehenden gesetzlichen Erbquote.[81] Die Voraussetzung, dass der Erbteil **frei von Beschränkungen** i.S.d. § 2306 BGB sein muss, ist stets erfüllt, wenn die hinterlassene Erbquote hinter der Pflichtteilsquote zurückbleibt, da evtl. angeordnete Beschränkungen ohnehin gem. § 2306 Abs. 1 Satz 1 BGB von Gesetzes wegen als nicht angeordnet gelten. Wurden dem Pflichtteilsberechtigten mehrere Erbteile hinterlassen (z.B. infolge eines den Pflichtteilsberechtigten begünstigenden Ersatzerbfalls), sind sie zusammenzurechnen und gelten insgesamt als belastet.[82] Der mit einem unzureichenden Erbteil i.S.d. § 2305 BGB bedachte Pflichtteilsberechtigte bleibt grundsätzlich zu dem ihm hinterlassenen Bruchteil Erbe.

Der **Pflichtteilsrestanspruch** besteht in der Differenz zwischen dem zugewendeten Erbteil und dem Pflichtteil (= Hälfte des gesetzlichen Erbteils). Soweit der zugewendete Erbteil reicht, ist ein Pflichtteilsanspruch ausgeschlossen, so dass auch die Ausschlagung des Hinterlassenen nicht zum vollen Pflichtteil führt. Auch nach Ausschlagung steht dem Berechtigten nur der Pflichtteilsrestanspruch nach § 2305 BGB zu;[83] von der Teilhabe am Nachlass im Übrigen ist er ausgeschlossen.[84]

---

75 MünchKomm/*Lange*, § 2305 Rn. 6.
76 Vgl. Mot. V 392; Prot. V 503; MünchKomm/*Lange*, § 2305 Rn. 4.
77 RGZ 93, 3 ff.; Staudinger/*Haas*, § 2305 Rn. 4; Soergel/*Dieckmann*, § 2305 Rn. 1.
78 Bei gesetzlicher Erbfolge kommt § 2305 BGB nur in Betracht, wenn der Erblasser Dritte in einem solchen Maße zu Erben beruft, dass für den gesetzlich erbenden Pflichtteilsberechtigten wertmäßig weniger als der Pflichtteil verbleibt. Ansonsten sind vorrangig §§ 2306 ff. BGB anzuwenden, vgl. *Damrau/Riedel*, Erbrecht, § 2305 Rn. 2.
79 *Kerscher/Riedel/Lenz*, Pflichtteilsrecht, § 6 Rn. 80.
80 Demjenigen, dem genau die Hälfte seines gesetzlichen Erbteils hinterlassen wurde, hat weder einen Pflichtteils- noch einen Pflichtteilsrestanspruch, vgl. OLG Koblenz DNotZ 1974, 597, 598; Staudinger/*Haas*, § 2305 Rn. 10.
81 Hat der Erblasser keine Quoten bestimmt, sondern bestimmte Vermögensgegenstände dinglich zugewiesen, muss die Erbquote aus dem Wertverhältnis der zugewiesenen Gegenstände zum gesamten Nachlass abgeleitet werden; *Damrau/Riedel*, Erbrecht, § 2305 Rn. 2.
82 Staudinger/*Haas*, § 2305 Rn. 7.
83 RGZ 93, 3, 9; RGZ 113, 45, 48; BGH NJW 1958, 1964; BGH NJW 1973, 995, 996; MünchKomm/*Lange*, § 2305 Rn. 4; Soergel/*Dieckmann*, § 2305 Rn. 3.
84 Staudinger/*Haas*, § 2305 Rn. 11.

D. Beschränkungen und Beschwerungen

I. Voraussetzungen der Anwendbarkeit von § 2306 BGB

21 Den Fall, dass der dem Pflichtteilsberechtigten **hinterlassene Erbteil** mit Beschränkungen oder Beschwerungen **belastet** ist, also ihm nicht zur freien Verfügung steht und ihm bei wirtschaftlicher Betrachtung evtl. weniger als sein Pflichtteil verbleibt,[85] regelt § 2306 BGB.[86] Erste Voraussetzung für seine Anwendung ist, dass der Pflichtteilsberechtigte Erbe ist.[87] Sein Erbteil muss aber mit (wenigstens) einer der im Gesetz enumerativ und abschließend[88] aufgezählten **Beschränkungen oder Beschwerungen** belastet sein. Diese muss bzw. müssen den Pflichtteilsberechtigten mit dem Erbfall **objektiv treffen**; subjektive Vorstellungen spielen keine Rolle.[89] Das (rechtliche und tatsächliche) Ausmaß der Belastung ist ohne Belang.[90] Belastungen und Beschwerungen, die sich im Zeitpunkt des Erbfalls bereits erledigt haben, treffen den Erben aber objektiv nicht; sie werden daher bei § 2306 BGB nicht berücksichtigt.[91] Das gilt auch für nach dem Erbfall wegfallenden Beschränkungen, die sich derart erledigen, dass die mit ihnen verbundenen Belastungen **ex tunc**, also von Anfang an ihre Wirkung verlieren und somit diejenige rechtliche Situation entsteht, die auch bestehen würde, wenn eine Beschränkung nie angeordnet worden wäre.[92] Beispiele hierfür sind unwirksame Anordnungen, Auflagen, deren Gegenstand weggefallen ist, infolge einer Ausschlagung gegenstandslos gewordene Vermächtnisse etc.[93] Belastungen, die sich nach dem Erbfall mit Wirkung **ex nunc** erledigen, haben auf die Anwendbarkeit des § 2306 BGB keinen Einfluss, wenn der Pflichtteilsberechtigte vor Wegfall der Belastung die Erbschaft ausgeschlagen hat.[94]

22 Beschränkungen und Beschwerungen i.S.v. § 2306 BGB sind insbesondere:
– Die **Teilungsanordnung**, und zwar gleichgültig, ob in Form eines Teilungsverbots (§ 2044 BGB) oder in Form von positiven Anordnungen, wie die Nachlassteilung zu erfolgen hat (§ 2048 BGB). Teilungsanordnungen stellen stets eine Beschränkung

---

85 *Mayer/Süß/Tanck/Bittler/Wälzholz*, HB Pflichtteilsrecht, § 2 Rn. 41.
86 Teilweise nicht ganz zu Unrecht als eine der schwierigsten Vorschriften des BGB kritisiert, vgl. z.B. *Boehmer*, AcP 144 (1938), 249, 252 ff. oder *Rauscher*, Bd. II/2 S. 166 ff.
87 Die Einsetzung als Ersatz- oder Schlusserbe stellt für den „ersten" Erbfall eine Enterbung dar und genügt daher nicht. Der (so oder anders) enterbte Pflichtteilsberechtigte kann aber gem. § 2303 BGB seinen ordentlichen Pflichtteil geltend machen (Soergel/*Dieckmann*, § 2306 Rn. 4; Staudinger/*Haas*, § 2303 Rn. 46, 51); bei Eintritt des Ersatz- bzw. Schlusserbfalls muss er sich den bereits erhaltenen Pflichtteil auf sein Erbe anrechnen lassen, vgl. Staudinger/*Haas*, § 2303 Rn. 52.
88 Eine analoge Anwendung ist ausgeschlossen, vgl. BGHZ 112, 229, 232.
89 BGHZ 112, 229, 232; *Damrau/Riedel*, Erbrecht, § 2306 Rn. 2.
90 Staudinger/*Haas*, § 2306 Rn. 14.
91 MünchKomm/*Lange*, § 2306 Rn. 20; Soergel/*Dieckmann*, § 2306 Rn. 20; Staudinger/*Haas*, § 2306 Rn. 15.
92 Staudinger/*Haas*, § 2306 Rn. 15.
93 Vgl. Mot. V 396.
94 Staudinger/*Haas*, § 2306 Rn. 15; im Einzelfall kann jedoch eine Anfechtung der Ausschlagung gem. § 2308 BGB in Betracht kommen, vgl. *Damrau/Riedel*, Erbrecht, § 2306 Rn. 3.

des Erben dar, wenn sie den Pflichtteilsberechtigten in irgendeiner Weise benachteiligen.[95]
– Vom Erblasser angeordnete **Vermächtnisse** (§§ 2147 ff. BGB) und (§§ 2192 ff. BGB) sind ebenfalls immer als Beschwerungen i.S.d. § 2306 BGB anzusehen.[96] Gleiches gilt auch für das gesetzliche Vermächtnis des Dreißigsten (§ 1969 BGB),[97] nicht aber für den Voraus des Ehegatten,[98] da dieser nach § 2311 BGB ohnehin dem Pflichtteilsanspruch vorgeht.[99]
– Auch die Anordnung einer **Testamentsvollstreckung** (§§ 2197 ff. BGB) ist in § 2306 BGB ausdrücklich genannt. Wegen des mit ihr verbundenen Ausschlusses der Verfügungs- und Verwaltungsbefugnis des Erben bildet sie stets eine Beschränkung des pflichtteilsberechtigten Erben.[100]
– Wird der Pflichtteilsberechtigte als **Vorerbe** eingesetzt, ist er ebenfalls nach § 2306 BGB **belastet**,[101] und zwar auch bei befreiter Vorerbschaft oder bei Einsetzung eines Nacherben auf den Überrest (§ 2137 BGB).[102] Ist der Pflichtteilsberechtigte selbst (nur) als Nacherbe berufen, steht diese Anordnung des Erblassers gem. § 2306 Abs. 2 BGB den Beschränkungen und Beschwerungen des Abs. 1 gleich.[103] Insoweit kann bei der Frage, ob die Nacherbschaft wertmäßig die Pflichtteilsquote erreicht oder übersteigt, nur auf den Zeitpunkt des Erbfalls abgestellt werden.[104] Veränderungen, die sich bis zum Zeitpunkt der Nacherbfolge ergeben, sind nicht zu berücksichtigen.[105]

Keine Beschränkung oder **Beschwerung** ist die ersatzweise Erbeinsetzung eines Dritten.[106] Schließt der Erblasser gem. §§ 1638, 1639 BGB die gesetzlichen Vertreter eines **Minderjährigen** von der Verwaltung des ererbten Vermögens aus, stellt dies allein für den Minderjährigen keine Beschränkung dar.[107] Streitig ist die Bedeutung von **Schiedsklauseln**, die teilweise als beschwerende Auflagen angesehen werden.[108] Im Hinblick darauf, dass der Gesetzgeber die Schiedsgerichtsbarkeit als eine gleichwertige, privatautonome Alternative zur staatlichen Gerichtsbarkeit ansieht, soweit sie die Gewähr für eine unabhängige und unparteiliche Rspr. bietet,[109] kann von einer Belastung des Erben in diesem Zusammenhang tatsächlich aber wohl nicht gesprochen

23

---

95 Voraussetzung ist aber, dass er selbst überhaupt durch die Teilungsanordnung belastet ist; Staudinger/*Haas*, § 2306 Rn. 25; stellt die Anordnung für den Pflichtteilsberechtigten – ausnahmsweise – eine Begünstigung dar (vgl. BGH ZEV 1995), oder berührt sie ihn gar nicht (vgl. MünchKomm/*Lange*, 2306 Rn. 11), ist § 2306 BGB aber nicht anwendbar.
96 MünchKomm/*Lange*, § 2306 Rn. 10.
97 Soergel/*Dieckmann*, § 2306 Rn. 9; Staudinger/*Haas*, § 2306 Rn. 29.
98 *Damrau/Riedel*, Erbrecht, § 2306 Rn. 5.
99 Staudinger/*Haas*, § 2306 Rn. 29.
100 MünchKomm/*Lange*, § 2306 Rn. 10.
101 MünchKomm/*Lange*, § 2306 Rn. 7.
102 *Damrau/Riedel*, Erbrecht, § 2306 Rn. 7 m.w.N.
103 Die Beschränkung besteht darin, dass er den ihm zugedachten Erbteil erst nach einem anderen, dem Vorerben, erhält; MünchKomm/*Lange*, § 2306 Rn. 8.
104 OLG Schleswig NJW 1961, 1929, 1930; Staudinger/*Haas*, § 2306 Rn. 17.
105 Staudinger/*Haas*, § 2306 Rn. 17.
106 Staudinger/*Haas*, § 2306 Rn. 30.
107 Werden in diesem Zusammenhang aber weitergehende Bestimmungen getroffen, z.B. eine Person benannt, die für die Verwaltung verantwortlich sein soll, kann hierin die Anordnung einer Testamentsvollstreckung liegen, die ihrerseits ggf. zur Anwendung des § 2306 BGB führt.
108 Vgl. z.B. *Kohler*, DNotZ 1962, 125, 126 f.; *Schwab/Walter*, Schiedsgerichtsbarkeit, Kap. 33 Rn. 24.
109 BT-Drucks. 13/5274, S. 34.

werden.[110] Selbst wenn man also eine Auflage annähme, hätte diese keinesfalls belastenden Charakter, so dass § 2306 BGB ausscheidet.[111]

II. Rechtsfolgen des § 2306 BGB

1. Allgemeines

24 Soweit Beschwerungen und Belastungen i.S.d. § 2306 BGB bestehen, hängen die Rechtsfolgen vom Umfang des dem Pflichtteilsberechtigten hinterlassenen Erbteils ab. Übersteigt dieser den gesetzlichen Pflichtteil nicht, gelten sämtliche Beschwerungen und Beschränkungen als nicht angeordnet. Ist er höher, hat der Pflichtteilsberechtigte die Möglichkeit, den belasteten Erbteil auszuschlagen, ohne hierdurch seinen Pflichtteilsanspruch einzubüßen (**taktische Ausschlagung**).[112]

2. Feststellung des Erbteils

25 Welche der beiden Alternativen einschlägig ist, ist jeweils bezogen auf den Zeitpunkt des Erbfalls zu beurteilen.[113] Für den Vergleich des tatsächlich hinterlassenen Erbteils mit dem gesetzlichen Pflichtteil sind grundsätzlich die vom Erblasser angeordneten Erbquoten maßgeblich (**Quotentheorie**).[114] Beschränkungen und Beschwerungen, mit denen der Erbteil belastet ist, bleiben unberücksichtigt.[115] Soweit dem Pflichtteilsberechtigten mehr als ein Erbteil zufällt, sind sämtliche Erbteile zusammenzurechnen.[116] Es gilt die Faustformel des RG „**Quote statt Quantum**".[117] Soweit die Pflichtteilsquote davon abhängt, ob der überlebende Ehegatte die erbrechtliche oder die **güterrechtliche Lösung** wählt, muss auf das konkrete Verhalten im Einzelfall abgestellt werden.[118] Liegt keine Erbeinsetzung nach Bruchteilen vor,[119] wird zunächst die Erbquote bestimmt, und zwar durch einen Vergleich der jeweils zugewandten Gegenstände mit dem Wert des Gesamtnachlasses.[120] Gleiches gilt, wenn dem Pflichtteilsberechtigten neben seinem Erbteil auch ein **Vermächtnis** zugewendet wurde.[121]

---

110 Ähnlich: Staudinger/*Haas*, § 2306 Rn. 30.
111 *Damrau/Riedel*, Erbrecht, § 2306 Rn. 9.
112 *Kerscher/Tanck*, ZAP 1997, 689, 693; *Mayer/Süß/Tanck/Bittler/Wälzholz*, HB Pflichtteilsrecht, § 2 Rn. 42.
113 OLG Schleswig NJW 1961, 1929, 1930; *Damrau/Riedel*, Erbrecht, § 2306 Rn. 10.
114 BGH LM § 2306 Nr. 4; BayObLGZ 1968, 112, 114; OLG Schleswig NJW 1961, 1929, 1930; Soergel/*Dieckmann*, § 2306 Rn. 2; *Mayer/Süß/Tanck/Bittler/Wälzholz*, HB Pflichtteilsrecht, § 2 Rn. 46 m.w.N.
115 BGHZ 19, 309, 310 f.; Staudinger/*Haas*, § 2306 Rn. 5; *Mayer/Süß/Tanck/Bittler/Wälzholz*, HB Pflichtteilsrecht, § 2 Rn. 46; MünchKomm/*Lange*, § 2306 Rn. 3.
116 Staudinger/*Haas*, § 2306 Rn. 6; *Mayer/Süß/Tanck/Bittler/Wälzholz*, HB Pflichtteilsrecht, § 2 Rn. 48; das gilt auch für in Ausgleichsgemeinschaft lebende Partner einer eingetragenen gleichgeschlechtlichen Lebenspartnerschaft, vgl. *Damrau/Riedel*, Erbrecht, § 2306 Rn. 11.
117 *Mayer/Süß/Tanck/Bittler/Wälzholz*, HB Pflichtteilsrecht, § 2 Rn. 46.
118 Staudinger/*Haas*, § 2306 Rn. 6.
119 Bspw. weil der Erblasser sein (mehr oder weniger) ganzes Vermögen gegenständlich zugewiesen hat (also entgegen § 2087 Abs. 2 BGB).
120 BGH NJW-RR 1990, 391, 192; BGHZ 120, 93, 96; Staudinger/*Haas*, § 2306 Rn. 7; Soergel/*Dieckmann*, § 2306 Rn. 2; MünchKomm/*Lange*, § 2306 Rn. 3; *Natter*, JZ 1955, 138, 142.
121 Ein automatischer Wegfall der Belastungen gem. § 2306 Abs. 1 Satz 1 BGB kommt nur in Betracht, wenn die Summe aus den Werten von Erbteil und Vermächtnis den sich rechnerisch ergebenden Pflichtteil nicht übersteigen; BGHZ 80, 263, 265; OLG Neustadt NJW 1957, 1523.

Bei **lebzeitigen Vorempfängen**, insbesondere bei ausgleichungs- oder anrechnungspflichtigen Zuwendungen, stößt die Quotentheorie an ihre Grenzen. Unter Berücksichtigung der Vorempfänge stellt die Quote nicht mehr den zutreffenden Maßstab für den gesetzlichen Erbteil und somit auch nicht für den Pflichtteil dar.[122] Wie diesem Problem zu begegnen ist, ist in der Lit. heftig umstritten.[123]

Nach zutreffender derzeit herrschende Ansicht sind Fälle, bei denen Anrechnungs- und Ausgleichungspflichten berücksichtigt werden müssen, mit Hilfe der sog. **Werttheorie** zu lösen.[124] Nach der Werttheorie werden Vorempfänge und die daraus resultierenden Anrechnungs- bzw. Ausgleichungspflichten dadurch berücksichtigt, dass nicht die Quote, sondern die Wertverhältnisse für die Anwendung des § 2306 Abs. 1 BGB herangezogen werden. Die Erb- bzw. Pflichtteilsquoten werden also in Geldwerte umgerechnet, und sodann entsprechend den Anrechnungs- und Ausgleichungserfordernissen (ebenfalls in Geldwerten) erhöht oder vermindert.[125] So ergeben sich „Werterbteile" und „**Wertpflichtteile**". Entscheidend ist nun also das „Quantum", nicht die Quote.[126]

Neuerdings wird aber vereinzelt vertreten, die Werttheorie könne nur dann angewendet werden, wenn der Pflichtteilsberechtigte selbst zur Anrechnung oder Ausgleichung verpflichtet sei.[127] Auf diese Weise soll verhindert werden, dass der Pflichtteilsberechtigte infolge der Berücksichtigung von Vorempfängen anderer Personen im Ergebnis einen unbelasteten Erbteil (§ 2306 Abs. 1 Satz 1 BGB) erhalten kann. Nach dieser, die Werttheorie einschränkenden, Ansicht sollen sich Vorempfänge daher nur zu Lasten des Pflichtteilsberechtigten auswirken können. Diese Sichtweise widerspricht aber, wie *Mayer* zutreffend ausführt,[128] dem Sinn des § 2316 BGB, der im Fall der Ausgleichung zwingend eine Erhöhung von Erb- und Pflichtteil der anderen (selbst nicht zur Ausgleichung verpflichteten) Abkömmlinge vorsieht.

Die Werttheorie ist aber ausschließlich auf anrechnungs- oder ausgleichungspflichtige Vorempfänge anzuwenden. Eine Ausdehnung auf weitere Fälle, wie bspw. die Anordnung eines den Nachlass aushöhlenden Vermächtnisses[129] oder pflichtteilsergänzungsrelevante lebzeitige Zuwendungen (ohne Anrechnungs- oder Ausgleichungspflicht)[130] kommt nicht in Betracht.[131] Diese Konstellationen sind vielmehr unter Anwendung der Quotentheorie zu lösen.[132]

---

122 *Kerscher/Riedel/Lenz*, Pflichtteilsrecht, § 6 Rn. 37.
123 Wegen diesbzgl. Einzelheiten vgl. *Damrau/Riedel*, Erbrecht, § 2306 Rn. 13 ff.; *Mayer/Süß/Tanck/Bittler/Wälzholz*, HB Pflichtteilsrecht, § 2 Rn. 50 ff., beide m.w.N.
124 RGZ 93, 3, 6 ff.; RGZ 113, 45, 48; BayObLGZ 1959, 77, 80; BayObLGZ 1968, 112, 114; BayObLG NJW-RR 1988, 387, 389; OLG Köln ZEV 1996, 298; MünchKomm/*Lange*, § 2306 Rn. 4; Soergel/*Dieckmann*, § 2306 Rn. 3; *Kerscher/Riedel/Lenz*, Pflichtteilsrecht, § 6 Rn. 37 ff.; *Klingelhöffer*, ZEV 1996, 299.
125 Vgl. *Kerscher/Riedel/Lenz*, Pflichtteilsrecht, § 6 Rn. 37 ff.
126 *Mayer/Süß/Tanck/Bittler/Wälzholz*, HB Pflichtteilsrecht, § 2 Rn. 51.
127 OLG Celle ZEV 1996, 307, 308 m. Anm. *Skibbe* (Revision vom BGH nicht angenommen); ablehnend bereits *Kerscher/Riedel/Lenz*, Pflichtteilsrecht, § 6 Rn. 41 f.
128 *Mayer/Süß/Tanck/Bittler/Wälzholz*, HB Pflichtteilsrecht, § 2 Rn. 52.
129 *Klingelhöffer*, ZEV 1997, 299; a.A. aber OLG Köln ZEV 1997, 298.
130 A.A. *Natter*, JZ 1955, 138, 139; Staudinger/*Ferid/Cieslar*, § 2306 Rn. 48-50; AnwK/*Däubler*, § 2306 Rn. 3.
131 *Mayer/Süß/Tanck/Bittler/Wälzholz*, HB Pflichtteilsrecht, § 2 Rn. 57; *Weidlich*, ZEV 2001, 94, 96; *Kerscher/Riedel/Lenz*, Pflichtteilsrecht, § 6 Rn. 43.
132 *Mayer/Süß/Tanck/Bittler/Wälzholz*, HB Pflichtteilsrecht, § 2 Rn. 57 m.w.N.

3. Rechtsfolgen nach § 2306 Abs. 1 Satz 1 BGB

26 Ergibt sich, dass der dem Pflichtteilsberechtigten hinterlassene Erbteil die Hälfte seines gesetzlichen Erbteils nicht übersteigt, gelten gem. § 2306 Abs. 1 Satz 1 BGB die Beschränkungen und Beschwerungen[133] als nicht angeordnet.[134] Der Pflichtteilsberechtigte wird i.H.d. ihm zugedachten Erbquote unbeschränkter Vollerbe. Nach § 2306 Abs. 1 Satz 1 BGB steht ihm auf jeden Fall der ungeschmälerte Erbteil zu.[135] Daneben kann er hinsichtlich einer zum Wert seines Pflichtteils evtl. noch fehlenden Differenz den **Restpflichtteil** gem. § 2305 BGB verlangen.[136] Schlägt der Pflichtteilsberechtigte den i.S.v. § 2306 Abs. 1 BGB belasteten Erbteil aus, bleiben die Belastungen zu Lasten derer, denen die **Ausschlagung** zustatten kommt, zunächst bestehen.[137] Nur soweit sie selbst pflichtteilsberechtigt sind, kann auch ihnen § 2306 BGB zu Gute kommen. U.U. kommt auch eine Kürzung von Belastungen wegen der (infolge der Ausschlagung entstandenen) Pflichtteilslast in Betracht, § 2322 BGB.

Für den ausschlagenden Pflichtteilsberechtigten ist auch die Geltendmachung seines Pflichtteilsanspruchs ausgeschlossen,[138] da er – im Hinblick auf den gesetzlichen Wegfall der Beschränkungen und Beschwerungen – kraft eigenen Entschlusses von der Erbfolge ausgeschlossen ist.[139] Etwas anderes gilt nur für den überlebenden Zugewinn-Ehegatten, dem auch hier die Wahl zwischen der erbrechtlichen und der güterrechtlichen Lösung bleibt.[140]

Auf einen evtl. bestehenden **Pflichtteilsrestanspruch** wirkt sich die Ausschlagung aber nicht aus.[141] Ebenso ist natürlich auch die (isolierte) Ausschlagung eines dem Pflichtteilsberechtigten hinterlassenen Vermächtnisses – gleich welchen Werts – unschädlich.[142]

Die Verpflichtung der übrigen Erben, (auch) zu Ihren Lasten angeordnete Beschränkungen oder Beschwerungen zu erfüllen bzw. zu dulden,[143] wird durch die Anwendung von § 2306 BGB auf den Erbteil des Pflichtteilsberechtigten nicht tangiert.[144]

4. Rechtsfolgen nach § 2306 Abs. 1 Satz 2 BGB

27 Wenn der belastet Erbteil die Hälfte des gesetzlichen Erbteils übersteigt, gewährt ihm § 2306 Abs. 1 Satz 2 BGB ein mit dem Erbfall entstehendes **Wahlrecht**,[145] entweder

---

133 Und zwar unabhängig von einem evtl. entgegenstehenden Willen des Pflichtteilsberechtigten selbst.
134 RG JW 1911, 370; *Damrau/Riedel*, Erbrecht, § 2306 Rn. 17.
135 *Mayer/Süß/Tanck/Bittler/Wälzholz*, HB Pflichtteilsrecht, § 2 Rn. 43 m.w.N.
136 BGHZ 120, 96, 100; Soergel/*Dieckmann*, § 2306 Rn. 12; *Natter*, JZ 1955, 138.
137 Staudinger/*Haas*, § 2306 Rn. 37.
138 *Mayer/Süß/Tanck/Bittler/Wälzholz*, HB Pflichtteilsrecht, § 2 Rn. 73.
139 BGHZ 80, 263, 267.
140 *Mayer/Süß/Tanck/Bittler/Wälzholz*, HB Pflichtteilsrecht, § 2 Rn. 73.
141 OLG Hamm NJW 1981, 2585; *Mayer/Süß/Tanck/Bittler/Wälzholz*, HB Pflichtteilsrecht, § 2 Rn. 73.
142 BGHZ 80, 263, 267; *Mayer/Süß/Tanck/Bittler/Wälzholz*, HB Pflichtteilsrecht, § 2 Rn. 73.
143 Insbesondere eine Testamentsvollstreckung bleibt zu Lasten der übrigen Erben im Regelfall bestehen; vgl. *Mayer*, DNotZ 1996, 422, 423; *Mayer/Süß/Tanck/Bittler/Wälzholz*, HB Pflichtteilsrecht, § 2 Rn. 71 m.w.N.
144 Vgl. *Mayer*, DNotZ 1996, 422, 423; Staudinger/*Haas*, § 2306 Rn. 37. Etwas anderes gilt nur dann, wenn der Erblasser offenbar einen anteiligen Wegfall der Beschränkungen oder Beschwerungen nicht gewollt hat, oder wenn eine inhaltliche Trennung gar nicht möglich ist; vgl. *Kerscher/Tanck*, ZAP 1997, 689, 694; *Schubert*, JR 1981, 466, 468; Staudinger/*Haas*, § 2306 Rn. 37.

den belasteten Erbteil anzunehmen, oder die Erbschaft auszuschlagen, um den Pflichtteil geltend zu machen.[146] Nimmt der Pflichtteilsberechtigte den belasteten Erbteil an, ändert sich an seiner Rechtsstellung als Erbe nichts. Die zu seinen Lasten angeordneten Beschwerungen und Beschränkungen bleiben in vollem Umfang bestehen, ohne Rücksicht darauf, ob sie den Pflichtteil beeinträchtigen, oder nach ihrer Erfüllung überhaupt noch ein wirtschaftlicher Wert verbleibt.[147] Nach der Annahme der Erbschaft ist die Geltendmachung von (ordentlichen[148]) Pflichtteilsansprüchen einschließlich des Pflichtteilsrestanspruchs ausgeschlossen.[149] Das Risiko, dass der Erbteil durch vom Erblasser angeordnete Belastungen ausgehöhlt und wertmäßig unter den Pflichtteil herabgemindert ist, liegt also allein beim pflichtteilsberechtigten Erben.[150]

Durch die fristgerechte **Ausschlagung**[151] verliert der Pflichtteilsberechtigte seine Erbenstellung, erwirbt aber den vollen Pflichtteilsanspruch. Im Falle der Geltendmachung erlangt er (nur) die Stellung eines Nachlassgläubigers; eine dingliche Beteiligung am Nachlass ist ausgeschlossen. Bei Erbeinsetzung über der Hälfte des gesetzlichen Erbteils stellt die Ausschlagung den einzigen Weg dar, eine Aushöhlung des eigenen Pflichtteils durch Beschränkungen und Beschwerungen zu vermeiden.[152] § 2318 BGB bewirkt insoweit keinen Schutz.

E. Pflichtteilsberechtigter Vermächtnisnehmer

I. Voraussetzungen des § 2307 BGB

1. Vermächtniseinsetzung

Ist dem Pflichtteilsberechtigten (nur) ein **Vermächtnis** hinterlassen, stellen sich seine Reaktionsmöglichkeiten wesentlich flexibler dar als im Fall des § 2306 BGB. Unabhängig vom Wert des Vermächtnisses, von darauf liegenden Belastungen oder sonstigen Einschränkungen hat er stets die **Wahl**, das Vermächtnis anzunehmen oder es auszuschlagen. Den Pflichtteil verliert er unter keinen Umständen. Unsinnige oder nicht dem Interesse des Pflichtteilsberechtigten entsprechende gegenständliche Zuweisungen hindern die Pflichtteilsgeltendmachung nicht.[153] Auf diese Weise wird dem Erblasser die Möglichkeit genommen, dem Pflichtteilsberechtigten ein an die Stelle des Pflichtteils tretendes Vermächtnis aufzudrängen.[154]

28

---

145 Staudinger/*Haas*, § 2317 Rn. 30 ff.; *Mayer/Süß/Tanck/Bittler/Wälzholz*, HB Pflichtteilsrecht, § 2 Rn. 86.
146 Auch für die Entstehung des Wahlrechts kommt es auf das Ausmaß der bestehenden Belastungen nicht an; Soergel/*Dieckmann*, § 2306 Rn. 15.
147 *U. Mayer*, DNotZ 1996, 422, 424.
148 Die Möglichkeit, Pflichtteilsergänzungsansprüche (§ 2326 Satz 2 BGB) geltend zu machen, wird durch § 2306 BGB nicht berührt, vgl. RG SeuffA 88 Nr. 147; Staudinger/*Haas*, § 2306 Rn. 55.
149 Staudinger/*Haas*, § 2306 Rn. 55; *U. Mayer*, DNotZ 1996, 422, 424; *Mayer/Süß/Tanck/Bittler/Wälzholz*, HB Pflichtteilsrecht, § 2 Rn. 76.
150 *Damrau/Riedel*, Erbrecht, § 2306 Rn. 19.
151 Vgl. hierzu *Kerscher/Tanck*, ZAP 1997, 689.
152 Vgl. z.B. *Mayer/Süß/Tanck/Bittler/Wälzholz*, HB Pflichtteilsrecht, § 2 Rn. 79.
153 *Kerscher/Tanck*, ZAP 1997, 689, 694.
154 Mot. V, 393.

Voraussetzung der Anwendung des § 2307 BGB ist allein, dass dem Pflichtteilsberechtigten ein Vermächtnis[155] hinterlassen ist. Auf dessen weitere Ausgestaltung (z.B. Belastungen oder Beschwerungen) kommt es nicht an. § 2307 BGB erfasst daher auch **belastete Vermächtnisse**, bei denen bspw. ein Untervermächtnis (§ 2147 BGB) oder eine Auflage (§ 2192 BGB) zu Lasten des Vermächtnisnehmers oder eine Testamentsvollstreckung (wenn es sich um eine reine Vermächtnisvollstreckung handelt, § 2223 BGB) angeordnet ist.[156] Gleiches gilt für auflösend bedingte oder befristete Vermächtnisse.

Umstritten ist indes teilweise die Einordnung **aufschiebend bedingter oder befristeter Vermächtnisse** und Nachvermächtnisse. Die Rspr.[157] und die überwiegende Ansicht in der Lit.[158] gehen davon aus, dass § 2307 BGB auch hinsichtlich des aufschiebend befristeten Vermächtnisses anwendbar ist. Abgesehen von der dogmatischen Einordnung sprechen auch Praktikabilitätserwägungen für diese Sichtweise, da sonst die Nachlassabwicklung erheblich verzögert würde. Der Pflichtteilsberechtigte müsste sich dann – evtl. viele Jahre nach dem Erbfall – den bereits erhaltenen Pflichtteil auf das Vermächtnis anrechnen lassen, wobei das Vermächtnis vielleicht sogar nur mit dem Wert zum Zeitpunkt des Erbfalls anzusetzen wäre.[159] Die hiermit verbundnen Probleme wären wohl kaum beherrschbar. Vor diesem Hintergrund weist auch die Rspr.[160] zu Recht auf die Zielsetzung des § 2307 BGB, rasch für klare Verhältnisse zu sorgen, hin. Somit ist auch bei der bedingten Vermächtniseinsetzung eine Geltendmachung des vollen Pflichtteils nur nach Ausschlagung des Vermächtnisses möglich.[161]

2. Anordnungen außerhalb des Regelungsbereichs von § 2307 BGB

29 Anders ist die Situation allerdings, wenn der Pflichtteilsberechtigte nur als **Ersatzvermächtnisnehmer** eingesetzt ist, ihm das Vermächtnis also nur unter der Bedingung anfällt, dass der zunächst Berufene nicht Vermächtnisnehmer wird. Hier ist dem Pflichtteilsberechtigten bis zum Wegfall des zunächst berufenen Vermächtnisnehmers nichts hinterlassen[162] und daher eine Ausschlagung mangels Bezugsobjekts gar nicht möglich. Kommt es nach Pflichtteilsgeltendmachung zum Anfall (und zur Annahme) des Vermächtnisses, hat sich der Pflichtteilsberechtigte den erhaltenen Pflichtteil anrechnen zu lassen, oder das Geleistete zurückzugewähren.[163] Aus **Auflagen**, deren Begünstigter der Pflichtteilsberechtigte ist, kann § 2307 BGB weder seines Wortlautes nach noch analog angewendet werden. Eine Ausschlagung ist auch hier von vornherein ausgeschlossen.[164] Das gleiche gilt, wenn der Pflichtteilsberechtigte aufgrund der

---

155 Auch Untervermächtnis oder die vermächtnisweise Zuwendung des Pflichtteils; vgl. Staudinger/*Haas*, § 2307 Rn. 3.
156 *Schlitt*, NJW 1992, 28; Staudinger/*Haas*, § 2307 Rn. 4; MünchKomm/*Lange*, § 2307 Rn. 5.
157 BGH ZErb 2001, 22; OLG Oldenburg NJW 1991, 988.
158 Staudinger/*Haas*, § 2307 Rn. 5; MünchKomm/*Lange*, § 2307 Rn. 6; Soergel/*Dieckmann*, § 2307 Rn. 2.
159 Staudinger/*Haas*, § 2307 Rn. 6.
160 OLG Oldenburg NJW 1991, 988.
161 BGH ZErb 2001, 22 unter Hinw. auf OLG Oldenburg NJW 1991, 988; Staudinger/*Haas*, § 2307 Rn. 6; Soergel/*Dieckmann*, § 2307 Rn. 2; a.A. *Strecker*, ZEV 1996, 327, 328; Palandt/*Edenhofer*, § 2307 Rn. 3; *Damrau/Riedel*, Erbrecht, § 2307 Rn. 5 m.w.N.
162 Staudinger/*Haas*, § 2307 Rn. 7.
163 MünchKomm/*Lange*, § 2307 Rn. 6; Staudinger/*Haas*, § 2307 Rn. 7.
164 OLG Düsseldorf FamRZ 1991, 1107, 1109; Soergel/*Dieckmann*, § 2307 Rn. 4; Staudinger/*Haas*, § 2307 Rn. 8.

Erfüllung einer dem Erben oder einem Vermächtnisnehmer auferlegten Bedingung etwas erhält.[165]

II. Ausschlagungsmöglichkeit nach § 2307 Abs. 1 BGB

Bei Ausschlagung des Vermächtnisses, richten sich die Rechtsfolgen grundsätzlich nach § 2180 BGB.[166] Hat der Pflichtteilsberechtigte das Vermächtnis angenommen, ist eine spätere Ausschlagung nicht mehr möglich, ebenso wenig nach Erlöschen des Vermächtnisses.[167] Während seines Bestehens ist das Wahlrecht nach § 2307 BGB einschließlich des Ausschlagungsrechts aber auch vererblich.[168] Auch wenn sogar eine Ausschlagung durch schlüssiges Verhalten möglich ist,[169] kann in der Geltendmachung des Pflichtteilsanspruchs nur dann eine **konkludente Ausschlagung** zu sehen sein, wenn der Pflichtteils- mit dem Vermächtnisschuldner identisch ist.[170] Hat der Pflichtteilsberechtigte zum Zeitpunkt der Pflichtteilsgeltendmachung keine Kenntnis von dem Vermächtnis oder glaubt er, es stünde ihm neben dem Pflichtteil zu, ist eine schlüssige Ausschlagung ausgeschlossen.[171] Auch wenn lediglich der Pflichtteilsrestanspruch eingefordert wird, ist im Zweifel keine Ausschlagung gewollt. Schließlich steht der Pflichtteilsrestanspruch dem Berechtigten auch ohne vorherige Vermächtnisausschlagung zu.[172] Im Ergebnis entscheiden aber stets die Umstände des Einzelfalls. Kommt es insoweit zu Auslegungsschwierigkeiten, ist im Zweifel immer die für den Pflichtteilsberechtigten günstigere Auslegung zu bevorzugen.[173] Ob dieser Grundsatz in der Praxis in allen Fällen Beachtung findet, ist fraglich.[174] Dem Pflichtteilsberechtigten ist daher zu raten, sein Verhalten und seine Erklärungen gegenüber dem Pflichtteils- und Vermächtnisschuldner so eindeutig wie möglich zu gestalten, damit Unklarheiten über die Frage der Ausschlagung gar nicht erst aufkommen können.

Macht der Pflichtteilsberechtigte von seinem Ausschlagungsrecht wirksam Gebrauch, führt dies dazu, dass der Anfall des Vermächtnisses an den Pflichtteilsberechtigten gem. §§ 2180 Abs. 3, 1953 Abs. 1 BGB als nicht erfolgt gilt. Der Weg zum vollen Pflichtteil ist dann frei. Die Pflichtteilsberechnung vollzieht sich in diesem Fall nach den allg. Grundsätzen, also auch unter Berücksichtigung anrechnungs- bzw. ausgleichungspflichtiger Vorempfänge.[175] Handelt es sich bei dem Ausschlagenden um den überlebenden Zugewinn-Ehegatten, hat dieser nach der güterrechtlichen Lösung le-

---

165 Staudinger/*Haas*, § 2307 Rn. 8.
166 Sie erfolgt daher gegenüber dem Beschwerten; die versehentlich vor dem Nachlassgericht erklärte Ausschlagung wird aber wirksam, wenn sie dem Beschwerten entsprechend dem mutmaßlichen Willen des Pflichtteilsberechtigten mitgeteilt wird (vgl. RGZ 113, 234, 238; Staudinger/*Haas*, § 2307 Rn. 11). Sie ist weder form- noch fristgebunden, jedoch bedingungs- und befristungsfeindlich. Im Übrigen gelten §§ 2176, 2180 BGB sowie §§ 1950, 1952, Abs. 1 und 3 und § 1953 Abs. 1 und 2 BGB entsprechend. Die Ausschlagung ist nicht vor Eintritt des Erbfalls möglich, kann aber bereits vor Anfall des Vermächtnisses erfolgen. Dies ist bei aufschiebend bedingten oder befristeten Vermächtnissen auch erforderlich, wenn der volle Pflichtteil geltend gemacht werden soll.
167 Staudinger/*Otte*, § 2180 Rn. 11.
168 Staudinger/*Haas*, § 2307 Rn. 12.
169 BGH ZErb 2001, 22, 23; Staudinger/*Otte*, § 2180 Rn. 5.
170 BGH ZErb 2001, 22, 23; Staudinger/*Haas*, § 2307 Rn. 12.
171 MünchKomm/*Lange*, § 2307 Rn. 10; Soergel/*Dieckmann*, § 2307 Rn. 6.
172 Staudinger/*Haas*, § 2307 Rn. 12.
173 Staudinger/*Haas*, § 2307 Rn. 12.
174 Vgl. hierzu *Mayer/Süß/Tanck/Bittler/Wälzholz*, HB Pflichtteilsrecht, § 2 Rn. 116.
175 *Mayer/Süß/Tanck/Bittler/Wälzholz*, HB Pflichtteilsrecht, § 2 Rn. 116; Staudinger/*Haas*, § 2307 Rn. 13.

diglich Anspruch auf den kleinen Pflichtteil.[176] Ein Wahlrecht zum großen Pflichtteil besteht nicht.[177]

Ausschlagung und **Annahme** des Vermächtnisses sind **bedingungsfeindlich**. Vorbehalte[178] sind daher unzulässig.[179] Die Annahme des Vermächtnisses hat grundsätzlich die Verpflichtung zur Erfüllung durch letztwillige Verfügung angeordneter Belastungen und Beschwerungen (Untervermächtnis, Testamentsvollstreckung etc.) zur Folge.[180] Das **Wahlrecht** nach § 2307 Abs. 1 BGB ist **höchstpersönlicher Natur**, so dass bspw. eine Annahme-Handlung des Testamentsvollstreckers dem Pflichtteilsberechtigten nicht zugerechnet werden kann.[181]

III. Folgen der Annahme des Vermächtnisses

1. Allgemeines

31 Die Annahme des Vermächtnisses bewirkt, dass der Pflichtteilsberechtigte dieses endgültig erwirbt und gleichzeitig seinen Pflichtteilsanspruch verliert, soweit er durch das Vermächtnis gedeckt ist.[182] Erweist sich der Vermächtnisanspruch im Nachhinein als nicht werthaltig, ändert dies an der Annahme und den sich aus ihr ergebenden Konsequenzen nichts, insbesondere ist eine nachträgliche Ausschlagung ausgeschlossen.[183]

2. Pflichtteilsrestanspruch

32 Abhängig vom Wert des Vermächtnisses bzw. der Höhe des Pflichtteilsanspruchs kann daneben u.U. ein Pflichtteilsrestanspruch bestehen, der so weit reicht, wie der Pflichtteil den Wert des Vermächtnisses übersteigt. Letzteres ist dabei mit seinem Verkehrswert im Zeitpunkt des Erbfalls[184] anzusetzen.[185] Die **Wertermittlung** richtet sich nach denselben Grundsätzen, die auch hinsichtlich des Pflichtteilsanspruchs gelten (§ 2311 BGB). Allerdings hat der Erblasser die Möglichkeit, hiervon abweichende Anordnungen über die Art und Weise der Wertermittlung oder auch die Berücksichtigung mit einem festen Betrag anzuordnen. Eine unangemessene Benachteiligung des Pflichtteilsberechtigten ist hiermit nicht verbunden, da er das so ausgestaltete Vermächtnis – ohne Verlust des Pflichtteils – ausschlagen und sich auf diese Weise von der Wertbestimmung frei machen könnte.[186]

Auch sonstige **Beschränkungen und Beschwerungen** i.S.v. § 2306 BGB sind bei der Bewertung des Vermächtnisses ausdrücklich (§ 2307 Abs. 1 Satz 2 2. HS BGB) nicht zu berücksichtigen. Sie können nicht mindernd in Ansatz gebracht werden, ein diesbzgl. Ausgleichsanspruch gegenüber dem Erben besteht nicht.[187] Will der Pflicht-

---

176 *Brage*, FamRZ 1957, 334, 339; Staudinger/*Haas*, § 2307 Rn. 13.
177 MünchKomm/*Lange*, § 2307 Rn. 10; Staudinger/*Haas*, § 2307 Rn. 1; *Mayer/Süß/Tanck/Bittler/Wälzholz*, HB Pflichtteilsrecht, § 2 Rn. 116.
178 Etwa der Art, trotz der Annahme den vollen Pflichtteil beanspruchen zu wollen.
179 Staudinger/*Haas*, § 2307 Rn. 15; *Mayer/Süß/Tanck/Bittler/Wälzholz*, HB Pflichtteilsrecht, § 2 Rn. 118.
180 Staudinger/*Haas*, § 2307 Rn. 14.
181 *Mayer/Süß/Tanck/Bittler/Wälzholz*, HB Pflichtteilsrecht, § 2 Rn. 118.
182 Staudinger/*Haas*, § 2307 Rn. 16.
183 *Damrau/Riedel*, Erbrecht, § 2307 Rn. 14; Staudinger/*Haas*, § 2307 Rn. 17.
184 *Damrau/Riedel*, Erbrecht, § 2307 Rn. 16.
185 Staudinger/*Haas*, § 2307 Rn. 18; *Mayer/Süß/Tanck/Bittler/Wälzholz*, HB Pflichtteilsrecht, § 2 Rn. 124.
186 Vgl. Staudinger/*Haas*, § 2307 Rn. 18; MünchKomm/*Lange*, § 2307 Rn. 4.
187 Staudinger/*Haas*, § 2307 Rn. 19.

teilsberechtigte die damit verbundenen Risiken umgehen, muss er das Vermächtnis ausschlagen.[188]

Der Wert des Pflichtteilsanspruchs wird i.R.d. Berechnung des Restanspruchs unter Berücksichtigung der §§ 2315, 2316 BGB (Anrechnungs- und Ausgleichungspflichten) entsprechend den auch ohne die Vermächtnisanordnung geltenden Regeln berechnet.[189] Im Fall des überlebenden Zugewinn-Ehegatten ist gem. § 1371 Abs. 1 BGB auf den „großen Pflichtteil" abzustellen.[190] Übersteigt der Wert des Vermächtnisses den Wert des Pflichtteils, ist ein Pflichtteilsrestanspruch ausgeschlossen.[191]

IV. Ausschlagungsfiktion nach § 2307 Abs. 2 BGB

Da für die Annahme von Vermächtnissen weder eine gesetzliche Frist noch eine Annahmevermutung besteht, § 2307 BGB aber grundsätzlich der raschen Abwicklung dient, sieht Abs. 2 zugunsten des mit dem Vermächtnis beschwerten Erben die Möglichkeit vor, den Pflichtteilsberechtigten zur Erklärung über die Annahme aufzufordern.[192] Die **Fristsetzungsbefugnis** steht grundsätzlich nur dem mit dem Vermächtnis beschwerten Erben zu, da nur er sowohl mit der Vermächtniserfüllung als auch mit dem Pflichtteil belastet sein kann. Andere Personen, z.B. der mit einem Untervermächtnis beschwerte Vermächtnisnehmer[193] oder Erben, die mit keinem Vermächtnis zugunsten des Pflichtteilsberechtigten belastet sind, können sich nicht auf § 2307 Abs. 2 BGB berufen.[194] Sind mehrere Erben mit dem selben Vermächtnis beschwert, steht ihnen das Recht aus § 2307 Abs. 2 BGB gemeinschaftlich (§ 2038 BGB) zu,[195] woraus aber nicht geschlossen werden kann, dass es einer Mitwirkung aller Beteiligten in einem einzigen Rechtsakt bedürfte.[196] Ob auch der Testamentsvollstrecker die Rechte aus § 2307 Abs. 2 BGB ausüben kann, ist bislang nicht geklärt, aber jedenfalls bei Abwicklungstestamentsvollstreckung wohl zu bejahen.

33

Die Fristsetzung erfolgt durch **formlose, empfangsbedürftige Willenserklärung** gegenüber dem Pflichtteilsberechtigten. Da die Frist angemessen sein muss, kann sie nicht vor einer dem Erben gesetzten Frist zur Inventarerrichtung (§ 1944 BGB) ablaufen.[197] Ein Fristende vor Erteilung der vom Pflichtteilsberechtigten nach § 2314 BGB geforderten Auskünfte kommt ebenfalls nicht in Betracht.[198] Eine zu kurz bemessene Frist wird automatisch durch eine angemessene ersetzt. Sonderregelungen für aufschiebend oder auflösend bedingte oder befristete Vermächtnisse bestehen nicht.[199]

---

188 *Haas* spricht insoweit von einer „Kapitulation des Gesetzgebers vor den unendlichen Schwierigkeiten, die mit einer Schätzung des belasteten Vermächtnisses für alle Nachlassbeteiligten verbunden wäre.", Staudinger/*Haas*, § 2307 Rn. 19; vgl. auch Mot. V, 399f.; OLG Oldenburg NJW 1991, 988.
189 BGH NJW 1993, 1197; Staudinger/*Haas*, § 2307 Rn. 18. Im Zweifel ist nicht der Quoten-, sondern der Wertpflichtteil maßgeblich, vgl. *Mayer/Süß/Tanck/Bittler/Wälzholz*, HB Pflichtteilsrecht, § 2 Rn. 123.
190 *Brage*, FamRZ 1957, 334, 339; MünchKomm/*Lange*, § 2307 Rn. 11; Staudinger/*Haas*, § 2307 Rn. 18; *Mayer/Süß/Tanck/Bittler/Wälzholz*, HB Pflichtteilsrecht, § 2 Rn. 123.
191 Der Auskunfts- und Wertermittlungsanspruch nach § 2314 BGB ist aber auch in diesen Fällen nicht unbedingt ausgeschlossen, vgl. BGH NJW 1958, 1964, 1966.
192 Vgl. Soergel/*Dieckmann*, § 2307 Rn. 12; Staudinger/*Haas*, § 2307 Rn. 24.
193 Prot. V, 506; *Damrau/Riedel*, Erbrecht, § 2307 Rn. 21 m.w.N.
194 Staudinger/*Haas*, § 2307 Rn. 25; Soergel/*Dieckmann*, § 2307 Rn. 12.
195 OLG München FamRZ 1987, 752; MünchKomm/*Lange*, § 2307 Rn. 12.
196 Staudinger/*Haas*, § 2307 Rn. 25.
197 *Damrau/Riedel*, Erbrecht, § 2307 Rn. 21; Staudinger/*Haas*, § 2307 Rn. 26.
198 Soergel/*Dieckmann*, § 2307 Rn. 12; Staudinger/*Haas*, § 2307 Rn. 26.
199 Staudinger/*Haas*, § 2307 Rn. 26.

Lässt der Pflichtteilsberechtigte die Frist verstreichen, gilt das Vermächtnis als ausgeschlagen. Ihm bleibt dann nur noch der Pflichtteil.

F. Anfechtungsmöglichkeit nach § 2308 BGB

I. Allgemeines

34 Sowohl § 2306 als § 2307 BGB stellen den Pflichtteilsberechtigten vor die Wahl, entweder die ihm zugedachten belasteten Zuwendungen anzunehmen, oder sie auszuschlagen und den Pflichtteil geltend zu machen. Im Hinblick darauf, dass die diesbezüglichen Entscheidungen des Pflichtteilsberechtigten oftmals unter erheblichem Zeitdruck zu treffen sind und daher erhebliche Risiken bergen, gewährt § 2308 BGB unter bestimmten Voraussetzungen die Möglichkeit, eine Ausschlagung auch wegen **Motivirrtums** anzufechten. So wird einerseits verhindert, dass der ausschlagende Pflichtteilsberechtigte in Folge des nach seiner Ausschlagung eintretenden Wegfalls einer Beschwerung bzw. Beschränkung i.S.d. § 2306 Abs. 1 Satz 2 BGB sowohl seines Erb- als auch seines Pflichtteils verlustig geht.[200] Andererseits kann die Anfechtung auch dazu dienen, dem Pflichtteilsberechtigten mehr als nur seinen Pflichtteil zu sichern, nämlich dann, wenn er die Ausschlagung wegen des Wegfalls nur einer von mehreren Belastungen anfechten kann, um durch die Annahme des (immer noch belasteten) Erbteils bzw. Vermächtnisses ein für sich wirtschaftlich günstigeres Ergebnis zu erzielen.[201] Die Anwendung von § 2308 Abs. 1 BGB setzt voraus, dass dem Pflichtteilsberechtigten ein die Hälfte seines gesetzlichen Erbteils übersteigender, belasteter Erbteil hinterlassen ist, § 2306 Abs. 1 Satz 2 BGB.[202] Nach § 2308 Abs. 2 BGB gelten im Übrigen die Regelungen über die Anfechtung der Erbteilsausschlagung entsprechend. Lediglich hinsichtlich der Anfechtungserklärung besteht die Besonderheit, dass sie gem. § 2308 Abs. 2 Satz 2 BGB nicht gegenüber dem Nachlassgericht sondern gegenüber dem Beschwerten erfolgt.

II. Objektives Bestehen der Belastung im Zeitpunkt des Erbfalls

35 Die Ausschlagung sowohl des belasteten Erbteils als auch des belasteten Vermächtnisses setzt voraus, dass zur Zeit des Erbfalls, **Beschränkungen** und **Beschwerungen** des Zugewendeten **objektiv** bestanden haben.[203] Diese müssen im Zeitpunkt der Ausschlagung – wenigstens teilweise (der Wegfall einer von mehreren Belastungen genügt!)[204] – weggefallen sein. Ein späterer Wegfall der Beschränkungen bzw. Beschwerungen (also nach erfolgter Ausschlagung) rechtfertigt die Anfechtung aber nicht. Dasselbe gilt, wenn der Pflichtteilsberechtigte über die rechtliche Tragweite bzw. den Umfang der angeordneten Belastungen[205] oder über deren wirtschaftliche Auswirkun-

---

[200] Staudinger/*Haas*, § 2308 Rn. 2.
[201] Soergel/*Dieckmann*, § 2308 Rn. 2; MünchKomm/*Frank* (3. Auflage), § 2308 Rn. 3.
[202] Die Ausschlagung eines unter der Pflichtteilsquote liegenden Erbteils kann nicht gem. § 2308 BGB angefochten werden; Soergel/*Dieckmann*, § 2308 Rn. 2; MünchKomm/*Lange*, § 2308 Rn. 2; nach Staudinger/*Haas*, § 2308 Rn. 9 kann in dieser Situation auch nicht gem. § 119 Abs. 2 BGB angefochten werden, da insoweit ein nicht zur Anfechtung berechtigender Rechtsfolgeirrtum vorliegt.
[203] Eine entsprechende irrige Annahme des Pflichtteilsberechtigten reicht nicht aus; Soergel/*Dieckmann*, § 2308 Rn. 4; Staudinger/*Haas*, § 2308 Rn. 6; MünchKomm/*Lange*, § 2308 Rn. 4.
[204] Damrau/*Riedel*, Erbrecht, § 2308 Rn. 4 m.w.N.
[205] U. Mayer, DNotZ 1996, 422, 428.

gen²⁰⁶ im Irrtum war.²⁰⁷ Umstritten ist, ob auch ein nach der Ausschlagung aber mit Rückwirkung auf den Erbfall (*ex tunc*) eintretender Wegfall von Belastungen die Anfechtung rechtfertigen kann. Während der BGH hier dem Pflichtteilsberechtigten die Anfechtung gem. § 2308 BGB zubilligt, um ihm auf diese Weise das wirtschaftlich günstigste Ergebnis zu sichern,²⁰⁸ lehnt die h.M. in der Lit. die Anfechtbarkeit zu Recht ab.²⁰⁹ Im Zeitpunkt der Ausschlagung liegt keine Fehlvorstellung vor. Demzufolge ist der Pflichtteilsberechtigte insoweit nicht schutzwürdig.²¹⁰

III. Fehlende Kenntnis vom Wegfall der Belastung

Weitere Voraussetzung für eine **Anfechtung der Ausschlagung** ist, dass der Pflichtteilsberechtigte bei Erklärung der Ausschlagung keine Kenntnis vom Wegfall der Belastung des ihm Zugewandten hatte. Auf die Ursache der Unkenntnis kommt es nicht an.²¹¹ Auch Irrtum und grobe Fahrlässigkeit schaden insoweit nicht.²¹² Auch die Anfechtung nach § 2308 BGB entfaltet die Wirkungen des § 1957 Abs. 1 BGB. Sie führt daher automatisch zur Annahme der Erbschaft, so dass die Geltendmachung des Pflichtteilsanspruchs (§ 2303 BGB) ausgeschlossen wird. Gleichzeitig hat der seine Erben- bzw. Vermächtnisnehmerstellung zurückerlangende Pflichtteilsberechtigte die mit dieser verbundenen, nicht weggefallenen Beschränkungen und Beschwerungen zu erfüllen bzw. zu dulden.

36

G. Inhalt des Pflichtteilsrechts

I. Rechtsnatur des Pflichtteilsanspruchs

Nach § 2317 Abs. 1 BGB bildet der Pflichtteil einen mit dem Erbfall entstehenden, rein schuldrechtlichen Anspruch des Berechtigten. Er vermittelt gerade **keine dingliche Teilhabe** am Nachlass und ist als reine Geldsummenschuld zu begreifen.²¹³ Der Pflichtteilsanspruch ist eine Nachlassverbindlichkeit i.S.d. § 1967 BGB, für die die Erben als Gesamtschuldner haften. Im Rang geht der Pflichtteil sonstigen Nachlassverbindlichkeiten wie z.B. dem Zugewinnausgleichsanspruch nach. Allerdings ist er noch vor Vermächtnissen und Auflagen zu befriedigen, vgl. § 327 Abs. 1 Nr. 1 InsO.²¹⁴

37

II. Höhe des ordentlichen Pflichtteils (im Allgemeinen)

Für die Höhe des Pflichtteilsanspruchs sind zwei Faktoren bestimmend.²¹⁵ Zum einen die **gesetzliche Erbquote** und zum anderen der Bestand bzw. **Wert des Nachlasses** im Zeitpunkt des Erbfalls (§§ 2303 Abs. 1 Satz 2, 2311 BGB). Nach § 2303 Abs. 1 BGB

38

---

206 *Damrau/Riedel*, Erbrecht, § 2308 Rn. 4.
207 Mot. V, 511; MünchKomm/*Lange*, § 2308 Rn. 4.
208 BGHZ 112, 229, 238 f.
209 OLG Stuttgart MDR 1983, 751.
210 Soergel/*Dieckmann*, § 2308 Rn. 4; MünchKomm/*Lange*, § 2308 Rn. 4; wegen weiterer Einzelheiten vgl. *Damrau/Riedel*, Erbrecht, § 2308 Rn. 5 ff.
211 Staudinger/*Haas*, § 2308 Rn. 8.
212 Mot. V, 511.
213 *Damrau/Riedel*, Erbrecht, § 2303 Rn. 24.
214 Vgl. *Mayer/Süß/Tanck/Bittler/Wälzholz*, HB Pflichtteilsrecht, § 3 Rn. 1.
215 Staudinger/*Haas*, § 2303 Rn. 77.

beträgt der Pflichtteil die Hälfte des Werts des gesetzlichen Erbteils. Er ist daher grundsätzlich durch Anwendung der zutreffenden Pflichtteilsquote auf den Wert des Nachlasses zu errechnen.[216]

Hinsichtlich der Bestimmung der maßgeblichen Erbquoten stellt § 2310 Satz 1 BGB klar, dass anstatt der konkreten Erbquote eine **abstrakte Quote** entscheidend sein soll.[217] Bei deren Bestimmung werden auch die enterbten (§ 1938 BGB) und die für erbunwürdig erklärten Erben (§§ 2339 ff. BGB) mitgezählt, ebenso diejenigen, die ausgeschlagen haben.[218] Ob sie im konkreten Fall selbst das Recht haben, den Pflichtteil geltend zu machen, ist ohne Bedeutung.[219] Gleiches gilt für die Frage, ob der als gesetzlicher Erbe Weggefallene überhaupt zum Kreis der pflichtteilsberechtigten Personen gehört,[220] ob er für pflichtteilsunwürdig erklärt wurde[221] oder ob ihm der Pflichtteil wirksam entzogen ist.[222]

Nicht mitgezählt werden dagegen diejenigen, die zum Zeitpunkt des Erbfalls vorverstorben sind, und diejenigen, die auf ihren Erbteil verzichtet haben (§ 2310 Satz 2 BGB). Der Erbverzicht wirkt für die verbleibenden gesetzlichen Erben grundsätzlich pflichtteilserhöhend.[223] Erfolgte er unter Vorbehalt des Pflichtteilsrechts,[224] ist § 2310 Satz 2 BGB nicht anwendbar. Denn „der harte Kern des Erbrechts, das Pflichtteilsrecht" bleibt beim Pflichtteilsvorbehalt unangetastet.[225]

39 Bei einem **verheirateten Erblasser** wirkt sich der **Güterstand** sowohl auf die Erb- als auch auf die Pflichtteilsquoten aus.[226] Wird der Ehegatte aufgrund Enterbung oder Ausschlagung weder Erbe noch Vermächtnisnehmer, bestimmt sich sein Pflichtteil, nach der nicht erhöhten Erbquote, §§ 1931, 1371 Abs. 2 BGB.[227] Neben Erben erster Ordnung hat der Ehegatte dann grundsätzlich einen Pflichtteil von 1/8.[228] Zu beachten ist, dass sich in einem solchen Fall auch der Pflichtteil anderer Pflichtteilsberechtigter erhöhen kann (§ 1371 Abs. 2 Satz 2 BGB).[229] Wird der Ehegatte dagegen Alleinerbe, bemessen sich die Pflichtteilsquoten der anderen Pflichtteilsberechtigten nach dem ggf. erhöhten Erbteil des Ehegatten.[230]

Der Zugewinnehegatte hat auch stets die Möglichkeit, durch eine „**taktische Ausschlagung**" in die Position des Pflichtteilsberechtigten zu gelangen. § 1371 Abs. 3

---

216 *Mayer/Süß/Tanck/Bittler/Wälzholz*, HB Pflichtteilsrecht, § 4 Rn. 1.
217 Soergel/*Dieckmann*, § 2310 Rn. 1; MünchKomm/*Lange*, § 2310 Rn. 1; Staudinger/*Haas*, § 2310 Rn. 1.
218 Und zwar unabhängig davon, ob er durch seine Ausschlagung pflichtteilsberechtigt wird, oder aber sein Pflichtteilsrecht verliert, vgl. MünchKomm/*Lange*, § 2310 Rn. 1.
219 MünchKomm/*Lange*, § 2310 Rn. 2; Staudinger/*Haas*, § 2310 Rn. 4; Soeregl/*Dieckmann*, § 2310 Rn. 10.
220 Staudinger/*Haas*, § 2310 Rn. 4.
221 MünchKomm/*Frank*, § 2310 Rn. 2.
222 Staudinger/*Haas*, § 2310 Rn. 4; *Damrau/Riedel*, Erbrecht, § 2310 Rn. 3 m.w.N.
223 Vgl. *J. Mayer* zu weiteren Gründen warum auf einen Erbverzicht eher verzichtet werden soll in ZEV 1998, 433.
224 Zur Zulässigkeit des Pflichtteilsvorbehalts vgl. Staudinger/*Schotten*, § 2346 Rn. 34 ff.
225 Soergel/*Dieckmann*, § 2310 Rn. 11; MünchKomm/*Lange*, § 2310 Rn. 6.
226 Bei gleichgeschlechtlichen Lebenspartnern einer eingetragenen Lebenspartnerschaft selbstverständlich auf den Vermögensstand, wobei die Ausgleichsgemeinschaft der Zugewinngemeinschaft entspricht.
227 Palandt/*Edenhofer*, § 2303 Rn. 8.
228 Bei Gütertrennung und weniger als drei Abkömmlingen gelten andere Quoten.
229 Vgl. MünchKomm/*Lange*, § 2303 Rn. 25 f.
230 Soergel/*Dieckmann*, § 2303 Rn. 35; BGHZ 37, 58.

BGB eröffnet ihm – sowohl als gesetzlichem als auch als gewillkürtem Erben oder Vermächtnisnehmer[231] – die Wahlmöglichkeit,[232] entweder

- die ihm zugewandte Erbschaft bzw. das Vermächtnis anzunehmen (**erbrechtliche Lösung**), oder
- die Erbschaft bzw. das Vermächtnis auszuschlagen, um stattdessen den güterrechtlichen Zugewinnausgleich nebst Pflichtteil, errechnet aus der nicht erhöhten Erbquote (kleiner Pflichtteil), zu fordern (**güterrechtliche Lösung**).

Ist der Ehegatte sowohl mit einem Erbteil, als auch mit einem Vermächtnis bedacht, muss er beides ausschlagen, wenn er die güterrechtliche Lösung wählen möchte.[233]

Der **enterbte Ehegatte**, dem auch kein Vermächtnis hinterlassen ist, kann neben dem konkret errechneten Zugewinnausgleich, nur den **kleinen Pflichtteil** verlangen, § 1371 2. HS BGB. Eine Wahlmöglichkeit zum großen Pflichtteil aus der nach § 1371 Abs. 1 BGB erhöhten Erbquote besteht nicht.[234]

> Der **große Pflichtteil** kommt daher nur in folgenden Fällen in Frage:
> - als Zusatzpflichtteil gem. § 2305 BGB, soweit der Ehegatte auf eine Erbquote eingesetzt ist, die unter seinem Pflichtteil liegt, oder
> - als Pflichtteilsrestanspruch gem. § 2307 BGB, soweit der Ehegatte lediglich mit einem Vermächtnis bedacht wurde, dessen Wert ebenfalls unter dem Pflichtteil liegt.
>
> In diesen Fällen ist bei der Bestimmung der Pflichtteilsquote des Ehegatten jeweils von dem um 1/4 erhöhten Erbteil auszugehen. Mangels tatsächlicher Geltendmachung des Zugewinnausgleichsanspruchs entfällt eine konkrete Zugewinnausgleichsberechnung.[235]

III. Schuldner des Pflichtteilsanspruchs

Die **Pflichtteilslast** wird gem. § 2303 BGB grundsätzlich **von den Erben getragen**. Die Miterben haften gem. §§ 2058 ff. BGB im Außenverhältnis als Gesamtschuldner i.S.v. §§ 421 ff. BGB.[236] Im Übrigen ist bzgl. der Haftung der Erben zu unterscheiden, ob der Pflichtteilsanspruch vor oder nach der Erbauseinandersetzung geltend gemacht wird.[237] Unmittelbar gegen den **Vermächtnisnehmer** kann der Pflichtteilsanspruch nie gerichtet werden. Der Erbe hat jedoch das Recht, die von ihm im Außenverhältnis (also gegenüber dem Pflichtteilsberechtigten) allein zu tragende Pflichtteilslast im Innenverhältnis zu einem bestimmten Teil auf den Vermächtnisnehmer bzw. den Begünstigten einer Auflage abzuwälzen.[238] Lediglich der Vorschrift des § 2319 BGB

---

231 Gesetzliche Vermächtnisse (§§ 1932, 1969 BGB) sind insoweit aber unbeachtlich, Soergel/*Dieckmann*, § 2303 Rn. 36; Staudinger/*Haas*, § 2303 Rn. 87.
232 Vgl. z.B. *Klingehöffer*, ZEV 1995, 444; *Mayer/Süß/Tanck/Bittler/Wälzholz*, HB Pflichtteilsrecht, § 5 Rn. 11.
233 Bei der güterrechtlichen Lösung ist für die Berechnung des kleinen Pflichtteils zu beachten, dass der konkrete Zugewinnausgleichsanspruch eine Nachlassverbindlichkeit darstellt und der Pflichtteil sich somit nur vom Restwert des Nachlasses errechnet; vgl. BGH NJW 1962, 1719.
234 BGHZ 42, 182, 185 ff. = NJW 1964, 2404; BGH NJW 1982, 2497; Bamberger/Roth/*Mayer*, § 1371 Rn. 21.
235 Vgl. auch *Nieder*, Rn. 13.
236 *Mayer/Süß/Tanck/Bittler/Wälzholz*, HB Pflichtteilsrecht, § 2 Rn. 143.
237 *Kerscher/Riedel/Lenz*, Pflichtteilsrecht, § 6 Rn. 85.
238 MünchKomm/*Lange* § 2318 Rn. 1.

kommt auch eine Außenwirkung zu.²³⁹ Auch gegenüber dem **Testamentsvollstrecker** kann der Pflichtteilsanspruch nicht geltend gemacht werden, § 2113 Abs. 1 Satz 2 BGB.²⁴⁰

H. Pflichtteilsberechnung bei ausgleichungspflichtigen Vorempfängen

I. Voraussetzungen der Anwendung von § 2316 BGB

41 Im Hinblick auf eine gerechte Verteilung des „geamtlebzeitigen Vermögens"²⁴¹ des Erblassers kommt den Rechtsinstituten der Ausgleichung und der Anrechnung besondere Bedeutung zu. Über § 2316 BGB findet die **Ausgleichung** unter Abkömmlingen (§§ 2050 bis 2056 BGB) Eingang in das Pflichtteilsrecht.²⁴² Ihre Anwendung führt grundsätzlich nur zu einer Umverteilung der Pflichtteile unter den pflichtteilsberechtigten Abkömmlingen,²⁴³ so dass der pflichtteilsverpflichtete Erbe hiervon praktisch nicht betroffen ist. Voraussetzung des § 2316 Abs. 1 BGB ist, dass der Erblasser mehrere Abkömmlinge hinterlässt. Dies ist der Fall, wenn bei gesetzlicher Erbfolge mehr als ein Abkömmling Erbe geworden wäre. Kinder, die von der Erbfolge ausgeschlossen sind, weil sie enterbt oder für erbunwürdig erklärt wurden oder die Erbschaft ausgeschlagen haben, sind i.S.v. § 2316 BGB „vorhanden" und werden daher bei der Berechnung der Pflichtteilsquote mitgezählt (§ 2310 Satz 1 BGB).²⁴⁴

Weitere Voraussetzung für eine Ausgleichung nach § 2316 Abs. 1 BGB ist, dass eine **Zuwendung** des Erblassers an einen Abkömmling bei hypothetischem Eintritt der gesetzlichen Erbfolge **ausgleichungspflichtig** bzw. besondere Leistungen eines Abkömmlings i.S.d. § 2057a BGB zu berücksichtigen wären. Die Zuwendung muss einem i.S.d. Vorschrift vorhandenen Abkömmling zugewendet bzw. die Leistung von diesem erbracht worden sein.²⁴⁵

Ausstattungen des Erblassers zugunsten seiner Abkömmlinge (§ 2050 Abs. 1 BGB) müssen stets²⁴⁶ bei der Pflichtteilsberechnung der übrigen Abkömmlinge berücksichtigt werden (§ 2316 Abs. 3 BGB); eine abweichende Anordnung des Erblassers ist im Rahmen von § 2316 Abs. 1 BGB grds. unbeachtlich (§ 2316 Abs. 3 BGB).²⁴⁷ Entgegen seinem Wortlaut gilt § 2316 Abs. 3 BGB auch für **Zuwendungen** des Erblassers i.S.d. § 2050 Abs. 2 BGB.²⁴⁸ Andere Zuwendungen als die nach § 2050 Abs. 1 und Abs. 2

---

239 *Mayer/Süß/Tanck/Bittler/Wälzholz*, HB Pflichtteilsrecht, § 2 Rn. 145; *Kerscher/Riedel/Lenz*, Pflichtteilsrecht, § 6 Rn. 86.
240 *Mayer/Bonefeld/Daragan*, Testamentsvollstreckung, Rn. 197 f.
241 Wegen des Begriffs vgl. *Kerscher/Riedel/Lenz*, Pflichtteilsrecht, § 8 Rn. 4.
242 OLG Nürnberg NJW 1992, 2303, 2304; Staudinger/*Haas*, § 2316, Rn. 1.
243 Ausnahmsweise kann sich die Ausgleichung positiv auf einen nicht pflichtteilsberechtigten Erben auswirken (MünchKomm/*Lange*, § 2316 Rn. 3; Staudinger/*Haas*, § 2316 Rn. 1), wenn Abkömmlinge ihr Pflichtteilsrecht durch Ausschlagung, Pflichtteilsentziehung oder Erbunwürdigkeitserklärung verloren haben. Diese Abkömmlinge werden nach Abs. 1 der Vorschrift bei der Berechnung der Pflichtteilsquote anderer Abkömmlinge mitgerechnet.
244 Staudinger/*Haas*, § 2316 Rn. 3; MünchKomm/*Lange*, § 2316 Rn. 3. Das Gleiche gilt für Abkömmlinge, denen der Pflichtteil entzogen wurde oder deren Pflichtteil durch die auszugleichende Zuwendung „verloren" geht, vgl. *Damrau/Lenz*, Erbrecht, § 2316 Rn. 3.
245 Staudinger/*Haas*, § 2316 Rn. 5.
246 Ausnahme: Erb- und Pflichtteilsverzicht.
247 *Kerscher/Tanck*, ZEV 1997, 354, 356.
248 *Damrau/Lenz*, Erbrecht, § 2316 Rn. 6.

BGB sind nur dann zur Ausgleichung zu bringen, wenn der Erblasser dies spätestens bei der Zuwendung angeordnet hat. Eine spätere Anordnung ist grundsätzlich wirkungslos[249] und daher auch bei der Pflichtteilsberechnung nicht zu berücksichtigen. Der Ausgleichungspflicht unterliegen aber grundsätzlich nur derartige Zuwendungen, die Abkömmlinge **unmittelbar vom Erblasser** erhalten. Zuwendungen von oder an Dritte sind nicht auszugleichen. Dieser Grundsatz wird aber durch § 2316 Abs. 1 i.V.m. § 2051 BGB für den Fall durchbrochen, dass der ausgleichungsverpflichtete Abkömmling wegfällt und ein anderer Abkömmling des Erblassers an seine Stelle tritt. Dann hat der nachrückende Abkömmling den Vorempfang in Bezug auf den Pflichtteil auszugleichen.

Errechnet sich für einen Abkömmling wegen der vom Erblasser erhaltenen ausgleichungspflichtigen Zuwendung kein Pflichtteilsanspruch mehr, sind auch entferntere Abkömmlinge (§ 2309 BGB) vom Pflichtteil ausgeschlossen, § 1924 Abs. 2 BGB.[250] Zuwendungen, die ein Abkömmling erhalten hat, als er noch durch einen näheren Abkömmling von der gesetzlichen Erbfolge ausgeschlossen war, sind aber gem. § 2053 Abs. 1 BGB bei der Ausgleichung nicht zu berücksichtigen. Gleiches gilt für Zuwendungen, die ein Abkömmling zu einer Zeit erhalten hat, zu der er noch nicht Abkömmling war, § 2053 Abs. 2 BGB.

II. Berechnung der Ausgleichung

Bei der Bewertung ausgleichungspflichtiger Zuwendungen oder Leistungen ist in entsprechender Anwendung des § 2055 Abs. 2 BGB auf ihren **Wert zur Leistungszeit** abzustellen, wobei Währungsverfall und Kaufkraftschwund zu bereinigen sind.[251] Bei der eigentlichen Ausgleichungsbewertung ist wie folgt vorzugehen:

– Im ersten Schritt wird die **Ausgleichungsgruppe** ermittelt, indem die nicht an der Ausgleichung beteiligten Personen mit den ihnen jeweils „fiktiv zustehenden Erbteilen" ausgeschlossen werden. Betroffen hiervon sind der Ehegatte, sowie die nach § 2056 BGB ausscheidenden Abkömmlinge.

– Anschließend werden nach Maßgabe der §§ 2055 bis 2057a BGB dem auf die Ausgleichungsgruppe entfallenden Nachlass die zu berücksichtigenden ausgleichungspflichtigen Zuwendungen hinzugerechnet bzw. in Fällen des § 2057a BGB der Wert der Leistungen des betreffenden Abkömmlings in Abzug gebracht.

– Sodann wird die **Ausgleichungsquote** unter Berücksichtigung aller an der Ausgleichung beteiligten Personen (Ausgleichungsgruppe) ermittelt. Der jeweilige Vorempfang wird dem Verpflichteten auf den ihm zustehenden Ausgleichserbteil angerechnet. Bei Anwendung des § 2057a BGB wird dem Ausgleichungserbteil der Wert der Leistungen hinzugerechnet. Der Pflichtteil beträgt die Hälfte des so ermittelten Ausgleichungserbteils.[252]

Beispiel:[253]
Erblasser E verstirbt im Jahr 2003. Er hinterlässt neben seiner Ehefrau F die drei Kinder A, B und C. Die Eheleute lebten im gesetzlichen Güterstand der Zuge-

---

249 Es sei denn, sie genügt den Voraussetzungen eines Erb- und Pflichtteilsverzichtsvertrages, vgl. *Damrau/Lenz*, Erbrecht, § 2316 Rn. 7.
250 Staudinger/*Haas*, § 2316 Rn. 15.
251 BGHZ 65, 75
252 *Damrau/Lenz*, Erbrecht, § 2316 Rn. 14; *Kerscher/Riedel/Lenz*, Pflichtteilsrecht, § 8 Rn. 18.
253 Nach *Kerscher/Riedel/Lenz*, Pflichtteilsrecht, § 8 Rn. 19.

winngemeinschaft. A erhielt im Jahr 2000 einen ausgleichungspflichtigen Vorempfang i.H.v. € 150.000. B erhielt 2000 ebenfalls einen ausgleichungspflichtigen Vorempfang i.H.v. € 100.000. C hat keinerlei Zuwendungen erhalten. E hat seine Ehefrau F zur Alleinerbin eingesetzt. Der Nachlass hat einen Wert von € 500.000.

Berechnung der Pflichtteilsansprüche von A, B und C:

Zunächst ist der Ausgleichungsnachlass zu bilden: F zählt nicht zu den ausgleichungspflichtigen Personen. Sie ist vorab mit ihrem Erbteil i.H.v. 1/2 = € 250.000 auszuscheiden. Es ergibt sich ein Ausgleichungsnachlass von (€ 500.000 − € 250.000 =) € 250.000.

Die Bereinigung der jeweiligen Zuwendung um die eingetretene Geldentwertung[254] stellt sich wie folgt dar:

(a) € 150.000 x 1,034 = € 155.100

(b) € 100.000 x 1,034 = € 103.400

Ausgleichungsnachlass = € 250.000 + € 155.100 + € 103.400 = € 508.500

Der Ausgleichungserbteil ergibt sich mit jeweils 1/3 = € 169.500. Hiervon sind die jeweiligen Vorempfänge in Abzug zu bringen:

A: € 169.500 − € 155.100 = € 14.400

B: € 169.500 − € 103.400 = € 66.100

C: € 169.500.

Hiervon 1/2 entspricht dem jeweiligen Pflichtteil gem. § 2303 Abs. 1 Satz 2 BGB:

A: € 7.200

B: € 33.050

C: € 84.750

III. Auswirkungen von § 2057a BGB

43 Sämtliche in die Ausgleichung einzubeziehenden Beträge müssen zunächst ermittelt und dann vom Wert des Nachlasses[255] abgezogen werden. Die Ausgleichung findet auch dann statt, wenn der Wert der auszugleichenden Leistungen des Abkömmlings die Hälfte des Nachlasswertes übersteigt.[256]

Beispiel:[257]

Der verwitwete Erblasser E hinterlässt die Abkömmlinge A und B. B hat E während einer längeren Krankheit gepflegt, ohne hierfür von ihm vergütet worden zu sein mit der Folge, dass das Vermögen des E ungeschmälert erhalten bleiben konnte. E hat seinen Freund F zum Alleinerben eingesetzt. Als E verstirbt, hat der Nachlass einen Wert von € 500.000. Der Wert der Pflegeleistungen des B beträgt € 50.000.

Berechnung der Pflichtteilsansprüche von A und B:

€ 500.000 − € 50.000 = € 450.000.

---

254 2000 = 100 Punkte; 2003 = 103,4 Punkte.
255 Der auf die Abkömmlinge entfällt, Soergel/*Dieckmann*, § 2316 Rn. 15.
256 BGH FamRZ 1993, 535 = NJW 1993, 1995.
257 Nach *Kerscher/Riedel/Lenz*, Pflichtteilsrecht, § 8 Rn. 26.

Hiervon 1/2 == € 225.000.

E erhält nach seiner Erbquote (1/2) von € 225.000 + Pflegeleistungen i.H.v. € 50.000 = € 275.000. Hiervon 1/2 = Pflichtteilsanspruch = € 137.500.

Der Pflichtteilsanspruch von A beträgt 1/2 von € 225.000 = € 112.500

IV. Unzureichender Nachlass, § 2056 BGB

Auch i.R.d. § 2316 BGB ist bei unzureichendem Nachlass die Herausgabe eines Mehrempfanges ausschlossen.[258] Es gilt daher die Regel des § 2056 BGB. Die Berechnung erfolgt dann in der Weise, dass bei der Ermittlung des Ausgleichungserbteils mit der Person begonnen wird, die den höchsten Vorempfang erhalten hat. Beläuft sich nach Abzug des Vorempfangs der Erbteil auf 0, besteht auch kein Pflichtteilsanspruch mehr. Der Abkömmling scheidet aus der Berechnung aus. Sodann beginnt die Prozedur von neuem, wobei sowohl der ausgeschiedene Abkömmling als auch sein Vorempfang nicht mehr zu berücksichtigen sind. In Folge dessen erhöhen sich die Teilungsquotienten der übrigen an der Ausgleichung Beteiligten, so dass im Ergebnis der Anteil des ausgeschiedenen Abkömmlings entsprechend der Berechnung bei Anwachsung auf die übrigen verteilt wird.[259]

44

V. Pflichtteilsrestanspruch im Rahmen der Ausgleichung, § 2316 Abs. 2 BGB

Wurde ein Pflichtteilsberechtigter zum Miterben eingesetzt, kann die vollzogene Ausgleichung auch zu einem Pflichtteilsrestanspruch zu seinen Gunsten führen, und zwar gem. § 2316 Abs. 2 BGB insbesondere dann, wenn dem Ausgleichungsberechtigten ein Erbteil hinterlassen wurde, der zwar quotenmäßig über, wertmäßig aber unter dem Pflichtteil liegt. Eine Ausgleichung findet hier i.d.R. wegen gewillkürter Erbfolge und fehlender Quotengleichheit nicht statt.[260] Durch § 2316 Abs. 2 BGB wird verhindert, dass der zum Erben berufene Pflichtteilsberechtigte schlechter gestellt wird, als im Fall der vollständigen Enterbung. Er kann daher von den übrigen Miterben den Betrag verlangen, um den der Ausgleichungspflichtteil den hinterlassenen Erbteil übersteigt. Dies gilt auch dann, wenn der hinterlassene Erbteil von der Quote her den Pflichtteil erreicht oder übersteigt.

45

VI. Anrechnung, § 2315 BGB

1. Allgemeines

Bei der Anrechnung nach § 2315 BGB muss sich der Pflichtteilsberechtigte einen **Vorempfang** auf seinen **ordentlichen Pflichtteil anrechnen** lassen, sofern der Erblasser die Zuwendung mit einer entsprechenden Anordnungsbestimmung versehen hatte. Demnach reduziert sich der ordentliche Pflichtteil des Anrechnungspflichtigen um den so zu berücksichtigenden Vorempfang. Die Anrechnung führt ausschließlich zu einer Entlastung des Erben; auf die Pflichtteilsansprüche weiterer Pflichtteilsberechtigter wirkt sie sich nicht aus.[261] Während an der Ausgleichung nach § 2316 BGB nur quotengleiche Abkömmlinge des Erblassers beteiligt sind, ist die Anrechnung bei allen Pflichtteilsberechtigten möglich. Die Ausgleichung erfolgt grundsätzlich kraft Geset-

46

---

258 BGH NJW 1965, 1526; BGH FamRZ 1988, 280.
259 *Kerscher/Riedel/Lenz*, Pflichtteilsrecht, § 8 Rn. 23.
260 MünchKomm/*Frank*, § 2316 Rn. 19.
261 *Damrau/Lenz*, § 2315 Rn. 2.

2. Anrechnungsbestimmung

47 Die Anrechnungsbestimmung ist eine einseitige, empfangsbedürftige Willenserklärung,[262] die der Erblasser **spätestens bei der Zuwendung** treffen kann.[263] Die Anrechnungsbestimmung in einer letztwilligen Verfügung genügt nicht.[264] Die Bestimmung muss nicht ausdrücklich erfolgen, sondern kann auch stillschweigend ergehen,[265] sie muss dem Zuwendungsempfänger aber bewusst werden[266] und ihm die Möglichkeit eröffnen, die mit der Anrechnungsanordnung versehene Zuwendung anzunehmen oder zurückzuweisen.[267] Ausnahmsweise kann die Bestimmung auch nachträglich erfolgen, wenn die Voraussetzungen einer Pflichtteilsentziehung nach §§ 2333 ff. BGB vorliegen oder ein Pflichtteilsverzichtsvertrag entsprechenden Inhalts zwischen dem Erblasser und dem Pflichtteilsberechtigten geschlossen wird. Eine spätere **Auflebung** von **Anrechnungsbestimmungen** kann der Erblasser formlos oder durch einseitige Verfügung, auch von Todes wegen erreichen.[268] Eine Anrechnungsbestimmung bei einer Zuwendung an einen Minderjährigen stellt grundsätzlich keinen rechtlichen Nachteil i.S.d. § 107 BGB dar.[269]

3. Anrechnungspflichtige Zuwendung

48 Der Erblasser kann jede Art von lebzeitigen Zuwendungen[270] mit einer **Anrechnungsbestimmung** verbinden. Voraussetzung ist aber, dass es sich um eine freigebige Zuwendung unter Lebenden handelt, so dass Zuwendungen, zu denen der Erblasser verpflichtet ist, außer Betracht bleiben.[271]

4. Zuwendung an den Pflichtteilsberechtigten

49 Eine Berücksichtigung im Rahmen von § 2315 BGB setzt voraus, dass der Erblasser die Zuwendung gegenüber dem Pflichtteilsberechtigten selbst erbracht hat. Zuwendungen an Dritte,[272] z.B. den Ehegatten[273] des Pflichtteilsberechtigten, genügen nicht, es sei denn, Zuwendender und Pflichtteilsberechtigter haben vereinbart, dass es sich

---

262 OLG Düsseldorf ZEV 1994, 173.
263 BayObLGZ 1959, 77, 81; OLG Karlsruhe NJW-RR 1990, 393.
264 Für das Bsp. einer Lebensversicherung: *Klingelhöffer*, Lebensversicherung und Pflichtteilsrecht, ZEV 1995, 180, 182.
265 OLG Hamm MDR 1966, 330; OLG Düsseldorf ZEV 1994, 173.
266 OLG Düsseldorf ZEV 1994, 173 (m. Anm. *Baumann*).
267 MünchKomm/*Lange*, § 2315 Rn. 7.
268 *J. Mayer*, ZEV 1996, 441 m.w.N.
269 BGH NJW 1955, 1953; a.A. MünchKomm/*Lange*, § 2315 Rn. 9; Soergel/*Dieckmann*, § 2315 Rn. 7.
270 *Thubauville*, MittRhNotK 1992, 289, 293.
271 Soergel/*Dieckmann*, § 2315 Rn. 4; unter den Begriff der freigebigen Zuwendung fallen auch Ausstattungen gem. § 1624 BGB, Übermaßausstattungen, -zuschüsse und -aufwendungen gem. § 2050 Abs. 2 BGB; MünchKomm/*Lange*, § 2315 Rn. 5. Gleiches gilt für alle Schenkungen, auch gemischte Schenkungen mit ihrem unentgeltlichen Anteil, sowie ehebezogene Zuwendungen, soweit sie nicht ausnahmsweise als vom Erblasser geschuldet zu bewerten sind, Kerscher/*Riedel*/Lenz, Pflichtteilsrecht, § 8 Rn. 34. Keine anrechnungspflichtiger Zuwendung ist der einseitige Verzicht auf Rückübertragung eines Gegenstandes, BGH WM 1983, 823.
272 Soergel/*Dieckmann*, § 2315 Rn. 5.
273 BGH DNotZ 1963, 113.

H. Pflichtteilsberechnung bei ausgleichungspflichtigen Vorempfängen

um eine Zuwendung an den Pflichtteilsberechtigten handeln solle.[274] Die im Einvernehmen mit dem Pflichtteilsberechtigten erfolgende Tilgung von Schulden durch den Erblasser kann insoweit genügen.[275]

5. Durchführung der Anrechnung

Nach dem Wortlaut des Gesetzes vollzieht sich die Anrechnung, indem der Wert der Zuwendung dem Nachlass hinzugerechnet und ein „**Anrechnungsnachlass**" gebildet wird. Ob und mit welchem Wert die Zuwendung noch vorhanden ist,[276] spielt dabei keine Rolle. Anschließend wird der Vorempfang in voller Höhe von dem aus dem Anrechnungsnachlass bestimmten Pflichtteil abgezogen. Die Bildung des Anrechnungsnachlasses erfolgt gesondert für jeden Pflichtteilsberechtigten, der eine anrechenbare Zuwendung erhalten hat.[277]

50

> *Beispiel:*[278]
> *Erblasser E hinterlässt drei Kinder, A, B und C. Der Nachlasswert beträgt € 50.000. A muss sich € 10.000 und B € 4.000 anrechnen lassen. Die anrechnungspflichtigen Zuwendungen sind nicht ergänzungsrelevant. Erbe ist der familienfremde F.*
> *Pflichtteil A: (€ 50.000 + € 10.000) : 6 – € 10.000 = € 0,00*
> *Pflichtteil B: (€ 50.000 + € 4.000) : 6 – € 4.000 = € 5.000*
> *Pflichtteil C: € 50.000 : 6 = € 8.333,33*

Übersteigt der Wert der Zuwendung den Pflichtteil, so ist der betroffene Pflichtteilsberechtigte nicht zum Ausgleich eines etwaigen Mehrempfangs verpflichtet.[279] Soweit es sich bei der Zuwendung aber um eine Schenkung handelt, können Pflichtteilsergänzungsansprüche gem. §§ 2325, 2329 BGB bestehen.

6. Bewertung der Zuwendung

Nach § 2315 Abs. 2 Satz 2 BGB ist der Wert der Zuwendung im Zeitpunkt des Empfangs maßgeblich. Geldentwertung bzw. **Kaufkraftschwund** zwischen Zuwendungszeitpunkt und Erbfall sind zu berücksichtigen. Vollzieht sich die Zuwendung nicht in einem Schritt, sondern zeitlich gestreckt, ist für die Bestimmung des Zuwendungszeitpunkts auf das Ende des Leistungsvollzugs abzustellen.[280] Der Wert des Gegenstands im Zeitpunkt der Zuwendung ist auf den Zeitpunkt des Erbfalls hochzurechnen. Zur Bemessung des Kaufkraftschwunds ist der Lebenshaltungskostenindex heranzuziehen.[281] Der Erblasser hat die Möglichkeit, eine bestimmte Festsetzung der anrechenbaren Werte oder der Bewertungsmethode vorzugeben,[282] wobei diese Anordnungen aber nur zu einem niedrigeren Wertansatz führen dürfen,[283] da andernfalls in unzulässiger Weise Pflichtteilsrechte verkürzt würden. Die Anordnung eines höheren Wertes

51

---

274 BGH DNotZ 1963, 113, 114; *Damrau/Lenz*, Erbrecht, § 2315 Rn. 6.
275 Soergel/*Dieckmann*, § 2315 Rn. 5.
276 Staudinger/*Ferid/Cieslar*, § 2315 Rn. 71.
277 Palandt/*Edenhofer*, § 2315 Rn. 5; MünchKomm/*Lange*, § 2315 Rn. 12.
278 Nach *Damrau/Lenz*, Erbrecht, § 2315 Rn. 7.
279 MünchKomm/*Lange*, § 2315 Rn. 13.
280 BGHZ 65, 75 (sehr str.!).
281 BGHZ 75, 78; BGH WM 1997, 860, 861.
282 Staudinger/*Haas*, § 2315 Rn. 54.
283 *Ebenroth/Bacher/Lorz*, JZ 1991, 277, 282.

kommt nur im Rahmen eines Erb- bzw. Pflichtteilsverzichtsvertrages mit dem Zuwendungsempfänger in Betracht.[284]

7. Wegfall eines Abkömmlings, § 2315 Abs. 3 BGB

52 Fällt der Zuwendungsempfänger vor oder nach dem Erbfall weg und treten andere Abkömmlinge des Erblassers an seine Stelle, wirkt die Anrechnungsbestimmung auch gegen sie (§ 2315 Abs. 3 i.V.m. § 2051 Abs. 1 BGB).[285] Etwas anderes gilt nur dann, wenn der Erblasser dies angeordnet hat[286] oder die Anrechnungsbestimmung erkennbar nur für den Zuwendungsempfänger getroffen sein sollte.[287] Die **Ausgleichung** von **Vorempfängen** führt nur im Fall der gesetzlichen Erbfolge zur Gleichstellung aller Abkömmlinge. Im Pflichtteilsrecht wird dieses Ziel nicht erreicht, da den eingesetzten Abkömmlingen wenigstens die Hälfte des Wertes ihres Vorempfanges ungekürzt verbleibt.[288] Eine gleichmäßige Behandlung aller Abkömmlinge kann der Erblasser aber dadurch erreichen, dass er neben der Ausgleichung Anrechnungspflichten anordnet, § 2316 Abs. 4 BGB. Um hierbei eine Doppelanrechnung zu vermeiden, wird bei der Berechnung zunächst der gesetzliche Erbteil nach Abs. 1 errechnet. Von dem anschließend ermittelten Ausgleichungspflichtteil ist dann die anrechnungspflichtige Zuwendung hälftig in Abzug zu bringen.[289]

> *Beispiel:*[290]
> *Erblasser E hinterlässt seine Kinder A und B. Der Nachlass hat einen Wert von € 20.000. A hat eine ausgleichungspflichtige Zuwendung i.H.v. € 8.000 und B i.H.v. € 2.000 erhalten. Beide Zuwendungen sind zugleich auf den Pflichtteil anzurechnen. Zum Alleinerben ist der Freund F eingesetzt.*
> *Bildung des Ausgleichungsnachlasses: € 20.000 + € 8.000 + € 2.000 = € 30.000.*
> *Die Ausgleichungsquote beträgt 1/2. Es ermitteln sich mithin die Ausgleichungserbteile wie folgt:*
>
> *Ausgleichungspflichtteil des A:*
> *Ausgleichungserbteil: € 15.000 –. € 8.000 = € 7.000.*
> *Ausgleichungspflichtteil: € 7.000 : 2 = € 3.500*
> *€ 3.500 – (€ 8.000 : 2) = 0.*
>
> *Ausgleichungspflichtteil des B:*
> *Ausgleichungserbteil: € 15.000 – € 2.000 = € 13.000*
> *Ausgleichungspflichtteil: € 13.000 : 2 = € 6.500.*
> *€ 6.500 – (€ 2.000 : 2) = € 5.500*
> *B erhält einen Pflichtteil i.H.v. € 5.500.*[291]

---

284 Staudinger/*Ferid/Cieslar*, § 2315 Rn. 75.
285 MünchKomm/*Lange*, § 2315 Rn. 16; wegen weiterer Einzelheiten vgl. *Damrau/Lenz*, Erbrecht, § 2315 Rn. 11 ff.
286 Staudinger/*Haas*, § 2315 Rn. 16.
287 MünchKomm/*Lange*, § 2315 Rn. 16; Soergel/*Dieckmann*, § 2315 Rn. 15.
288 Soergel/*Dieckmann*, § 2316 Rn. 20.
289 BayObLGZ 1968, 112; Staudinger/*Haas*, § 2316 Rn. 31; Soergel/*Dieckmann*, § 2316 Rn. 20; *Kerscher/Riedel/Lenz*, Pflichtteilsrecht, § 8 Rn. 53.
290 Nach *Damrau/Lenz*, Erbrecht, § 2315 Rn. 11.
291 Bsp. entnommen aus *Kerscher/Riedel/Lenz*, Pflichtteilsrecht, § 8 Rn. 53.

Die **Kombination von Ausgleichung und Anrechnung** bewirkt neben der Gleichstellung der Abkömmlinge eine Entlastung des zur Zahlung des Pflichtteils verpflichteten Erben. Im Beispielfall beträgt die Pflichtteilslast für F nur € 5.500 statt € 10.000.

Ob dieses Ergebnis tatsächlich bewirkt werden sollte, ist durch Auslegung der vom Erblasser bei der Zuwendung getroffenen Anordnung zu ermitteln.[292]

8. Anrechnung beim Ehegatten im gesetzlichen Güterstand

Hinsichtlich einer Zuwendung an seinen Ehegatten kann der verheiratete Erblasser im Güterstand der Zugewinngemeinschaft anordnen, dass dieser auf den **Zugewinnausgleich** (§ 1380 BGB) oder auf den Pflichtteil (§ 2315 BGB) anzurechnen sein soll. Eine doppelte Anrechnung ist ausgeschlossen.[293] Wird bei der Anrechnung bspw. auf den Zugewinnausgleich eine Zuwendung nicht ganz verbraucht, so ist nur der nicht verbrauchte Teil auf den Pflichtteil anrechenbar.[294] Der Erblasser hat aber insgesamt ein eigenes Bestimmungsrecht, auf welche Forderung die Zuwendung angerechnet werden sollt.[295] Fehlt eine ausdrückliche Bestimmung, wird grundsätzlich zunächst auf diejenige Forderung angerechnet, die für den Ehegatten die geringere Sicherheit bietet, mithin also auf den Pflichtteil.[296] Denn er steht dem Anspruch auf Ausgleich des Zugewinnes gem. § 1991 Abs. 4 BGB, § 327 Abs. 1 Nr. 1 InsO im Range nach und unterliegt außerdem der Erbschaftsteuer.

53

VII. Zusammentreffen von ausgleichungspflichtigen und anrechnungspflichtigen Zuwendungen

§ 2316 Abs. 4 BGB ist nicht anwendbar, wenn ausgleichungspflichtige Zuwendungen mit solchen zusammentreffen, die nur anrechnungspflichtig sind. In diesem Fall sind die Anrechnungs- und Ausgleichungsregeln zu beachten.[297] Dies kann bzgl. der einzelnen Beteiligten mitunter zu verschachtelten Berechnungsvorgängen führen.[298]

54

I. Nachlassbewertung im Pflichtteilsrecht

I. Systematik der Nachlassbewertung

1. Allgemeines

Der Pflichtteilsanspruch besteht gem. § 2303 BGB in der Hälfte des Werts des gesetzlichen Erbteils. Die betragsmäßige Höhe des Pflichtteilsanspruchs hängt daher von zwei Faktoren ab: der Erb- bzw. Pflichtteilsquote und dem Wert des Nachlasses. Art und Weise der Ermittlung des Nachlasswerts sind in §§ 2311 – 2313 BGB geregelt.

55

---

[292] Wegen weiterer Einzelheiten vgl. *Damrau/Lenz*, Erbrecht, § 2316 Rn. 19 f.
[293] Soergel/*Dieckmann*, § 2315 Rn. 21.
[294] Soergel/*Dieckmann*, § 2315 Rn. 21; MünchKomm/*Lange*, § 2315 Rn. 21.
[295] Staudinger/*Haas*, § 2315 Rn. 71; *v. Olshausen*, FamRZ 1978, 755, 758.
[296] Soergel/*Dieckmann*, § 2315 Rn. 21; MünchKomm/*Lange*, § 2315 Rn. 21.
[297] MünchKomm/*Lange*, § 2316 Rn. 22; Staudinger/*Haas*, § 2316 Rn. 4; Soergel/*Dieckmann*, § 2316 Rn. 24.
[298] *Kerscher/Riedel/Lenz*, Pflichtteilsrecht, § 8 Rn. 56; *Damrau/Lenz*, Erbrecht, § 2316 Rn. 19 f. m. instruktiven Bsp.

Dabei ist logischerweise in zwei Schritten vorzugehen:[299] Zunächst muss der **Bestand des Nachlasses** definiert bzw. festgestellt werden. Alle zum Nachlass gehörenden Aktiva und Passiva sind zu ermitteln und sodann in einer Art **Nachlass-Bilanz**[300] anzusetzen. Im zweiten Schritt schließt sich die **Bewertung** der angesetzten Vermögensgegenstände an. Der **Netto-Wert** des Nachlasses (buchhalterisch vergleichbar mit dem Eigenkapital in der Bilanz) ergibt sich als Differenz aus Aktiva und Passiva.

2. Stichtagsprinzip

56 Nach § 2311 Abs. 1 Satz 1 BGB ist der für die Bewertung maßgebliche Zeitpunkt (**Stichtag**), der Tod des Erblassers.[301] Wertveränderungen nach dem Stichtag sind i.R.d. Nachlassbewertung nicht zu berücksichtigen; sie dürfen sich auf die Höhe des Pflichtteilsanspruches nicht auswirken.[302] Das Stichtagsprinzip bedeutet indes nicht, dass zukünftige Entwicklungen völlig außer acht zu lassen sind. Vielmehr sind **wertbeeinflussende Faktoren**, die am Stichtag bereits im Keim angelegt waren, sich jedoch erst zu einem späteren Zeitpunkt manifestieren, auf jeden Fall zu berücksichtigen (**Wurzeltheorie**).[303] Das Stichtagsprinzip bezieht sich demnach nicht auf den Wert des jeweiligen Nachlassgegenstandes als solchen, sondern vielmehr auf die für die Bewertung maßgeblichen Faktoren, die zwingend aus der Sicht des Stichtages zu ermitteln sind.[304]

II. Umfang des anzusetzenden Nachlasses

1. Grundsätze

57 Alle **Vermögensgegenstände** und **Verbindlichkeiten**, die durch den Erbfall im Wege der Gesamtrechtsnachfolge gem. § 1922 BGB auf den bzw. die Erben übergegangen sind, sind in die Nachlassbewertung einzubeziehen.[305] Forderungen und Verbindlichkeiten des Erblassers, die infolge des Erbfalls durch **Konfusion** bzw. **Konsolidation** erloschen sind, gelten für Zwecke der Pflichtteilsberechnung als nicht erloschen.[306] Zum Vermögen zählen auf jeden Fall alle Gegenstände, die dem Erblasser gehörten,

---

299 *Kerscher/Riedel/Lenz*, Pflichtteilsrecht, § 7 Rn. 1; *Haegele*, BWNotZ 1976, 25; Soergel/*Dieckmann*, § 2311 Rn. 1; Staudinger/*Haas*, § 2311 Rn.1.
300 Wegen des Begriffs vgl. *Kerscher/Riedel/Lenz*, Pflichtteilsrecht, § 7 Rn. 1.
301 Bei Verschollenheit der Zeitpunkt gem. § 9 VerschG; vgl. *Mayer/Süß/Tanck/Bittler/Wälzholz*, HB Pflichtteilsrecht, § 5 Rn. 5.
302 BGHZ 3, 394, 396; BGH JZ 1963, 320; BGH NJW 1965, 1589, 1590; BGHZ 7, 134, 138; vgl. auch BVerfG NJW 1988, 2723, 2724; Soergel/*Dieckmann*, § 2311 Rn 2; MünchKomm/*Lange*, § 2311 Rn. 15; Staudinger/*Haas*, § 2311 Rn. 60 m.w.N.; a.A. *Braga*, AcP 153; 144, 164 f.
303 BGH NJW 1973, 509; *Haegele*, BWNotZ 1976, 25, 26; Staudinger/*Haas*, § 2311 Rn. 62.
304 BVerfG NJW 1988, 2723, 2724; *J. Mayer*, ZEV 1994, 331, 336; MünchKomm/*Lange*, § 2311 Rn. 20; Staudinger/*Haas*, § 2311 Rn. 62 m.w.N. Das starre Stichtagsprinzip kann z.B. bei Zerstörung von Nachlassgegenständen durch höhere Gewalt zu erheblichen Härten führen, da das Risiko der Wertminderung nach dem Erbfall allein beim Erben liegt. Nach der Rspr. kann nur in Extremfällen eine Korrektur über § 242 BGB in Betracht kommen, *Damrau/Riedel*, Erbrecht, § 2311 Rn. 2 ff.
305 *Kerscher/Riedel/Lenz*, Pflichtteilsrecht, § 7 Rn. 2.
306 Auch wenn das Gesetz eine ausdrückliche Regelung dieses Gesichtspunkts nicht enthält, entspricht es der absolut h.M., diese Regel aus dem Rechtsgedanken der §§ 1978, 1991 Abs. 2, 2143, 2175 u. 2377 BGB abzuleiten; BGH NJW 1987, 1260,1262; BGH NJW 1982, 575, 576; BGH DNotZ 1978, 487, 489; *Dieckmann*, FamRZ 1984, 1980, 1983; Soergel/*Dieckmann*, § 2311 Rn. 9; Staudinger/*Haas*, § 2311 Rn. 15 m.w.N.

daneben aber auch sämtliche vermögensrechtlichen Positionen,[307] oder Beziehungen, die der Erblasser noch vor seinem Tod eingeleitet hat, die sich aber erst zu einem späteren Zeitpunkt in endgültigen Rechtswirkungen manifestieren.[308]

Schulden, **Lasten** und **Verpflichtungen** sind nur insoweit zu berücksichtigen, wie sie auch beim Eintritt der gesetzlichen Erbfolge bestehen würden.[309] Daher sind all diejenigen Verpflichtungen, die aus einer testamentarischen Verfügung des Erblassers herrühren, auszuklammern.[310] Anzusetzen sind aber die Nachlassverbindlichkeiten, die im Zeitpunkt des Erbfalls bereits entstanden (mit Ausnahme der persönlichkeitsbezogenen Pflichten, die nicht vererblich sind),[311] oder wenigstens schon im Keim angelegt waren,[312] und die sich nun gegen den Nachlass richten.[313] Dies sind sowohl die **Erblasser-** als auch die **Erbfallschulden**.[314]

Da § 2303 Abs. 1 Satz 2 BGB den Pflichtteil als die Hälfte des Werts des gesetzlichen Erbteils definiert, muss für die Bestandsaufnahme unterstellt werden, dass der Pflichtteilsberechtigte im Wege der gesetzlichen Erbfolge selbst Erbe geworden wäre. Alle Verpflichtungen, die ihn bei dieser hypothetischen Betrachtung treffen würden, sind auch bei der Berechnung des Pflichtteils mit zu berücksichtigen.[315]

2. *„Nachlass-Bilanz"*[316]

Aktiva	Passiva
– Ansprüche auf Gehaltsnachzahlungen und Bezüge für den Sterbemonat[317] – Ansprüche auf wiederkehrende Leistungen[318]	– Anspruch der Ehefrau aus gemeinschaftlicher Wirtschaftsführung[319] – Kosten der Auskunftserteilung nach § 2314 BGB[320]

---

307 Z.B. der Eigenbesitz; vgl. BGH LM § 260 Nr. 1 = JZ 1952, 492.
308 BGHZ 32, 367, 369; OLG Düsseldorf FamRZ 1997, 1440, 1441; Staudinger/*Haas*, § 2311 Rn. 13.
309 Soergel/*Dieckmann*, § 2311 Rn. 11; Staudinger/*Haas*, § 2311 Rn. 26.
310 Staudinger/*Haas*, § 2311 Rn. 26; *Gottwald*, Pflichtteilsrecht, § 2311 Rn. 12.
311 OLG Hamm Rpfleger 1979, 17; OLG München Rpfleger 1987, 109, 110.
312 Soergel/*Dieckmann*, § 2311 Rn. 11; *Nieder*, Rn. 244.
313 Staudinger/*Haas*, § 2311 Rn. 27; fällt bspw. eine Einmann-GmbH in den Nachlass, so sind Geschäftsschulden dieser GmbH nicht (unmittelbar) gegen den Nachlass gerichtet und können daher nicht als Nachlassverbindlichkeiten abgezogen werden.
314 Staudinger/*Haas*, § 2311 Rn. 26; Soergel/*Dieckmann*, § 2311 Rn. 11.
315 *Kerscher/Riedel/Lenz*, Pflichtteilsrecht, § 7 Rn. 11; Soergel/*Dieckmann*, § 2311 Rn. 11; Staudinger/ *Haas*, § 2311 Rn. 26; *Nieder*, Rn. 103. Aus diesem Grund sind alle vererbbaren (Staudinger/*Marotzke*; § 1967 Rn. 8-18) und nicht verjährten (Lange/Kuchinke; § 37 VI 7 a) Schulden zum Nachlassbestand zu zählen, soweit sie i.S.d. § 1967 Abs. 2 BGB vom Erblasser „herrühren" (sog. Erblasserschulden), vgl. hierzu Staudinger/*Marotzke*; § 1967 Rn. 19-29.
316 Wegen des Begriffs und der Darstellungsweise vgl. *Kerscher/Riedel/Lenz*, Pflichtteilsrecht, § 7 Rn. 22.
317 Der Anspruch auf diese Leistungen ist noch in der Person des Erblassers entstanden, er gehört daher zum Nachlass.
318 Z.B. Leibrenten mit Mindestlaufzeit, vgl. *Mayer/Süß/Tanck/Bittler/Wälzholz*, HB Pflichtteilsrecht, § 5 Rn. 15.
319 *Johannsen*, WM 1973, 541; Palandt/*Edenhofer*, § 2311 Rn. 4.
320 BGH FamRZ 1989, 1856; Soergel/*Dieckmann*, § 2311 Rn. 13; Staudinger/*Haas*, § 2311 Rn. 40.

Aktiva	Passiva
– Abfindungsanspruch aus der Auflösung einer Ehegatten-Innengesellschaft[321] – Bankguthaben auf gemeinsamen Konten zu 50 %[322] – Handelsvertreterausgleichsanspruch, § 89 b HGB[323] – Krankenversicherungsansprüche[329] – Lebensversicherung[332] – Steuererstattungsansprüche[333]	– Beerdigungskosten[324] – Erblasserschulden[325] – Ermittlung der Gläubiger[326]/Aufgebot der Nachlassgläubiger[327] – Kosten der Inventarerrichtung, §§ 1993 ff. BGB[328] – Kosten der Nachlassbewertung, § 2314 BGB,[330] einschließlich der Kosten eines hierzu geführten Prozesses[331] – Kosten der Nachlasspflegschaft/Nachlasssicherung[334]

---

[321] Sofern die Ehegatten eine sog. Ehegatten-Innengesellschaft zur Erreichung eines „eheübergreifenden Zwecks" bildeten, wird diese Gesellschaft durch den Tod des einen Ehegatten aufgelöst. Ein etwaiger Abfindungsanspruch gegenüber dem überlebenden Ehegatten fällt dann in den Nachlass. Steht hingegen dem Überlebenden ein Abfindungsguthaben zu, handelt es sich insoweit um eine Nachlassverbindlichkeit; BGH NJW 1982, 99; zur Ehegatten-Innengesellschaft vgl. *Henrich,* FamRZ 1975, 533; *Diederichsen,* NJW 1977, 217.

[322] Vorbehaltlich abweichender Vereinbarung unter den Ehegatten werden Guthaben auf gemeinsamen Konten den Kontoinhabern jeweils zur Hälfte zugerechnet, DIV-Gutachten, ZfJ 1992, 533, 534.

[323] Mit dem Tod des Handelsvertreters geht der Anspruch auf den/die Erben über, vgl. *Baumbach/Hopt,* HGB, § 89 b Rn. 9.

[324] Abzugsfähig sind die Kosten einer standesgemäßen Beerdigung des Erblassers (§ 1968 BGB), Soergel/*Dieckmann,* § 2311 Rn 13; *Nieder,* Rn. 103; *Mayer/Süß/Tanck/Bittler/Wälzholz,* HB Pflichtteilsrecht, § 5 Rn. 29; nicht aber die laufenden Grabpflegekosten, vgl. unten.

[325] Hierzu gehört auch der Bereicherungsanspruch nach § 812 Abs. 1 Satz 2 2. HS BGB (condicio ob rem), wenn der Pflichtteilsberechtigte im Hinblick auf eine erwartete, aber ausgebliebene Erbeinsetzung Zuwendungen an den Erblasser erbracht hat; vgl. *Bonefeld,* ZErb 2002, 102; a.A. OLG Karlsruhe ZErb 2002, 100 f. m. krit. Anm. *Bonefeld.*

[326] MünchKomm/*Lange,* § 2311 Rn. 13; Soergel/*Dieckmann,* § 2311 Rn. 13; Staudinger/*Haas,* § 2311 Rn. 40.

[327] Soergel/*Dieckmann,* § 2311 Rn. 13.

[328] RG JW 1906, 114; Staudinger/*Haas,* § 2311 Rn. 40.

[329] Diese können ggf. m. korrespondierenden Passivposten zu saldieren sein; vgl. *Mayer/Süß/Tanck/Bittler/Wälzholz,* HB Pflichtteilsrecht, § 5 Rn. 13.

[330] MünchKomm/*Lange,* § 2311 Rn. 13; Staudinger/*Haas,* § 2311 Rn. 40.

[331] MünchKomm/*Lange,* § 2311 Rn. 13. Allerdings ist in diesem Zusammenhang zu fordern, dass der Erbe den Rechtsstreit tatsächlich im Interesse des Nachlasses führt.

[332] Dies gilt nur, wenn nicht ausdrücklich ein Bezugsberechtigter benannt oder die Lebensversicherung vom Erblasser sicherungshalber abgetreten worden war.

[333] Dies gilt sowohl für Erstattungsansprüche, die Veranlagungszeiträume vor dem Todesjahr betreffen, als auch solche, die das Todesjahr selbst betreffen (Rumpfsteuerjahr), für das von den Erben eine Einkommensteuererklärung abzugeben ist, *Klingelhöffer,* Pflichtteilsrecht, Rn. 241; Staudinger/*Haas,* § 2311 Rn. 14. Über den Anteil, zu welchem dem jeweiligen Ehegatten der Erstattungsanspruch zusteht, entscheidet grundsätzlich das Verhältnis der steuerpflichtigen Einkünfte zueinander, *Kerscher/Riedel/Lenz,* Pflichtteilsrecht, § 7 Rn. 22 Fn. 45.

[334] RG JW 1906, 114; MünchKomm/*Lange,* § 2311 Rn. 13; *Nieder,* Rn. 246; Soergel/*Dieckmann,* § 2311 Rn. 13; Staudinger/*Haas,* § 2311 Rn. 40.

Aktiva	Passiva
– Steuerlicher Verlustvortrag[335] – Surrogate[336] – Zuschlag in der Zwangsversteigerung[339]	– Kosten der Nachlassverwaltung[337] – Nachehelicher Unerhalt[338] – Nachvermächtnis und aufschiebend bedingtes Herausgabevermächtnis[340] – Prozesskosten[341] – Rechtsanwaltsgebühren im Erbscheinsverfahren[342] – Rückforderungsanspruch des Sozialhilfeträgers[343] – Steuerschulden[344]

---

[335] Dies gilt allerdings nur, soweit der Erbe hieraus auch tatsächlich einen echten Steuervorteil erlangt, *Klingelhöffer,* Pflichtteilsrecht, Rn. 242.

[336] Wie Lastenausgleichsansprüche für Schäden, die bereits vor dem Erbfall eingetreten sind; BGH MDR 1972, 851, 852; BGH FamRZ 1977, 128. 129; *Mayer/Süß/Tanck/Bittler/Wälzholz,* HB Pflichtteilsrecht, § 5 Rn. 14.

[337] RG JW 1906, 114; Soergel/*Dieckmann,* § 2311 Rn. 13; *Nieder,* Rn. 246; MünchKomm/*Lange,* § 2311 Rn. 13, Staudinger/*Haas,* § 2311 Rn. 40.

[338] Allerdings maximal i.H.d. fiktiven Pflichtteils des geschiedenen Ehegatten (§ 1586b BGB), MünchKomm/*Lange,* § 2303 Rn. 23.

[339] Wenn der Erblasser zu seinen Lebzeiten Zuschlagsberechtigter nach § 81 ZVG geworden ist, ist dieser Vermögenswert bereits vor dem Todesfall in seinem Vermögen angelegt, OLG Düsseldorf FamRZ 1997, 1440, 1441.

[340] BGH MDR 1972, 851, 852; BGH FamRZ 1977, 128. 129.

[341] Hierunter sind lediglich die Kosten zu verstehen, die durch nicht mutwillig im Interesse des Nachlasses geführte Prozesse entstehen; Soergel/*Dieckmann,* § 2311 Rn. 13; Staudinger/*Haas,* § 2311 Rn. 40. Hierunter fallen ebenfalls die Kosen eines vom Pflichtteilsberechtigten veranlassten Erbprätendentenstreits; BGH MDR 1980, 831.

[342] Diese sind jedenfalls ganz zu passivieren, wenn die Inanspruchnahme des Rechtsanwaltes deshalb erforderlich war, weil das Erbrecht des Erben durch den Pflichtteilsberechtigten bestritten wurde; BGH MDR 80, 831.

[343] Es handelt sich gem. § 92 c BSHG um einen Anspruch gegen den Sozialhilfeempfänger, der dem zufolge auch eine Nachlassverbindlichkeit darstellt; Palandt/*Edenhofer,* § 2311 Rn. 5.

[344] Auch soweit eine Veranlagung noch nicht stattgefunden hat bzw. noch keine Fälligkeit eingetreten ist; BGH NJW 1993, 131, 132; vgl. auch *Mayer/Süß/Tanck/Bittler/Wälzholz,* HB Pflichtteilsrecht, § 5 Rn. 36 m.w.N.; der BGH (NJW 1979, 546) hat für den Fall der gemeinsamen Veranlagung entschieden, dass beide Ehegatten die Steuern nicht zwingend gem. § 426 Abs. 1 Satz 1 BGB zu gleichen Teilen zu tragen hätten. Dies ergebe sich nicht zuletzt aus der güterrechtlichen Beziehung der Ehegatten zueinander. Denn ebenso wie das Vermögen seien im gesetzlichen Güterstand der Zugewinngemeinschaft auch die Schulden getrennt zu behandeln. Deshalb hat jeder Ehegatte für die auf seine Einkünfte entfallenden Steuern selbst aufzukommen. Nachlassverbindlichkeiten stellen daher nur diejenigen Steuern dar, für die der Erblasser im Innenverhältnis aufzukommen hat, BGHZ 73, 29 = NJW 1979, 546, 548; OLG Düsseldorf FamRZ 1988, 951.

Aktiva	Passiva
	– Testamentsvollstreckungskosten[345]
	– Unterhaltsanspruch des nichtehelichen Kindes[346]
	– Voraus des Ehegatten,[347] soweit er nicht wirksam entzogen[348] oder ausgeschlagen wurde[349]
	– Wohngeldschulden[350]
	– Zugewinnausgleichsanspruch des überlebenden Ehegatten (§ 1371 Abs. 2 u. 3 BGB)[351]

III. Nicht zum pflichtteilsrelevanten Nachlass zählendes Vermögen

1. Grundsätze

59 Rechtspositionen, die **nicht vermögensrechtlicher Art** oder nicht vererblich[352] sind, haben auf den Wert des Nachlasses keinen Einfluss. Sie sind daher nicht anzusetzen. Gleiches gilt auch für diejenigen Vermögenspositionen, die durch Rechtsgeschäft außerhalb der Erbfolge oder kraft Gesetzes auf Dritte übergehen, wie z.B. die aufschiebend auf den Erbfall bedingte Übertragung einer Forderung, die Nachfolge in eine Personengesellschaft aufgrund einer rechtsgeschäftlichen Nachfolgeklausel, das Eintrittsrecht in einen Mietvertrag (§ 569 a BGB), ein Vertrag zugunsten Dritter auf den Todesfall (Lebensversicherung) oder der Anteilserwerb des überlebenden Ehegatten am Gesamtgut bei fortgesetzter Gütergemeinschaft (§ 1438 Abs. 1 Satz 3 BGB).[353]

Rechtspositionen, die mit dem Tod des Erblassers automatisch – entweder von Gesetzes wegen oder aufgrund einzelvertraglicher Vereinbarung – erlöschen, zählen ebenfalls nicht zum Nachlass, so z.B. der **Nießbrauch** (§ 1061 Satz 1 BGB), persönliche Dienstbarkeiten (§ 1090 Abs. 2 BGB) oder **Wohnrechte** (§ 1093 BGB)[354] sowie aufschiebend bedingt erlassene Darlehensforderungen, wenn die Bedingung der Eintritt des Todes des Gläubigers (Erblassers) ist.[355]

---

345 Es gilt nur soweit die Testamentsvollstreckung für den Pflichtteilsberechtigten von Vorteil war, z.B. weil dadurch Kosten der Nachlasssicherung erspart wurden; BGHZ 95, 222, 228; vgl. auch BGH NJW 1988, 136, 137; Soergel/*Dieckmann*, § 2311 Rn. 13; Staudinger/*Haas*, § 2311 Rn. 40 m.w.N.
346 BGH NJW 1975, 1123.
347 *Mayer/Süß/Tanck/Bittler/Wälzholz*, HB Pflichtteilsrecht, § 5 Rn. 41.
348 Staudinger/*Haas*, § 2311 Rn. 42 ff.; Soergel/*Dieckmann*, § 2311 Rn. 37 ff.; Palandt/*Edenhofer*, § 2311 Rn. 8.
349 MünchKomm/*Lange*, § 2311 Rn. 34; Staudinger/*Haas*, § 2311 Rn. 43; *Mayer/Süß/Tanck/Bittler/Wälzholz*, HB Pflichtteilsrecht, § 5 Rn. 41.
350 Auch Wohngeldschulden, die aus Beschlüssen der Eigentümer nach dem Erbfall herrühren, können Nachlassverbindlichkeiten sein; BayObLGZ 1999 Nr. 68 = ZErb 2000, 25 = ZEV 2000, 151.
351 BGHZ 37, 58, 64; BGH NJW 1988, 136, 137; MünchKomm/*Lange*, § 2311 Rn. 13; Soergel/*Dieckmann*, § 2311 Rn. 13; Staudinger/*Haas*, § 2311 Rn. 40. Dies gilt allerdings nur bei der güterrechtlichen Lösung. Im Fall gleichgeschlechtlicher Lebenspartner, die in Ausgleichsgemeinschaft leben, gilt Entsprechendes, vgl. *Mayer/Süß/Tanck/Bittler/Wälzholz*, HB Pflichtteilsrecht, § 5 Rn. 40.
352 Staudinger/*Haas*, § 2311 Rn. 19.
353 *Damrau/Riedel*, Erbrecht, § 2311 Rn. 15.
354 OLG München Rpfleger 1987, 109, 110; MünchKomm/*Leipold*, § 1922 Rn. 33; *Damrau/Riedel*, Erbrecht, § 2311 Rn. 15.
355 BGH NJW 1978, 423.

Ferner ist auf der Stufe der Erfassung der relevanten Nachlassbestandteile zu berücksichtigen, ob bzw. inwieweit der Erblasser mit dem jeweiligen Pflichtteilsberechtigten einen **gegenständlich beschränkten Pflichtteilsverzicht** nach § 2346 BGB vereinbart hat.[356] Diejenigen Vermögensgegenstände, die hiervon erfasst werden, sind ebenfalls auszusondern.[357]

Nicht abzuziehen sind diejenigen Lasten und Verbindlichkeiten, die den Pflichtteilsberechtigten, wäre er gesetzlicher Erbe geworden, nicht belasten würden, in erster Linie also sein eigener Pflichtteilsanspruch. Weiterhin erfasst das Abzugsverbot aber auch sämtliche aus einer Verfügung von Todes wegen resultierenden Verbindlichkeiten (Vermächtnisse, Auflagen, sowie Ansprüche von Erbersatzberechtigten).[358]

Entscheidendes Kriterium für die Berücksichtigung einer Verbindlichkeit ist, dass sie sich gegen den Nachlass als solchen richten muss (**Nachlassrichtung**). Dies kann vor allem in den Fällen zweifelhaft sein, in denen die fragliche Verbindlichkeit in einem engen sachlichen Zusammenhang mit einem in den Nachlass gefallenen Aktivum, insbesondere mit sog. Wirtschafts- oder Sacheinheiten steht. In diesen Fällen stellt sich nämlich die Frage, ob diese Verbindlichkeit bereits bei der Bewertung der entsprechenden Aktiva mindernd zu berücksichtigen und daher auf der Passivseite nicht gesondert in Ansatz zu bringen ist,[359] oder ob sowohl die Aktiva als auch die mit ihnen in Zusammenhang stehenden Verbindlichkeiten jeweils in voller Höhe auf der Aktiv- und der Passivseite angesetzt werden sollen. Soweit möglich, sollten nach hiesiger Auffassung die Aktiva entsprechend gemindert werden.[360]

2. ABC der nicht anzusetzenden Vermögensgegenstände und Verbindlichkeiten

Nicht anzusetzen sind z.B. folgende Vermögens- bzw. Schuldpositionen:

- Altlasten eines Grundstückes[361]
- Anspruch des Erben nach § 2287 BGB[362]
- Anteilserwerb des überlebenden Ehegatten am Gesamtgut bei fortgesetzter Gütergemeinschaft (§ 1483 Abs. 1 Satz 3 BGB)[363]
- Auflagen[364]
- Auseinandersetzungsanspruch unter den Miterben[365]

---

356 *Kerscher/Riede/Lenz*, Pflichtteilsrecht, § 7 Rn. 9; *Mayer/Süß/Tanck/Bittler/Wälzholz*, HB Pflichtteilsrecht, § 5 Rn. 26.
357 *Damrau/Riedel*, Erbrecht, § 2311 Rn. 15.
358 *Mayer/Süß/Tanck/Bittler/Wälzholz*, HB Pflichtteilsrecht, § 5 Rn. 28; *Staudinger/Haas*, § 2311 Rn. 26.
359 Staudinger/*Haas*, § 2311 Rn. 28.
360 Vgl. insoweit *Damrau/Riedel*, Erbrecht, § 2311 Rn. 22.
361 Diese sind bei der Bewertung des Grundstückes zu berücksichtigen, der Ansatz eines gesonderten Passiv-Postens hat nicht zu erfolgen; BGH, Beschl. v. 21.2.1996 - AZ: IV ZB 27/95 - (n.v.); Staudinger/*Haas*, § 2311 Rn. 46.
362 BGH NJW 1989, 2389, 2391; OLG Frankfurt NJW-RR 1991, 1157, 1159; Soergel/*Dieckmann*, § 2311 Rn. 10.
363 Staudinger/*Haas*, § 2311 Rn. 20.
364 Diese sind gegenüber den Pflichtteilsverbindlichkeiten nachrangig i.S.d. § 226 Abs. 2 Nr. 5, 6 KO; § 327 Abs. 1 Nr. 2, 3 InsO; sie können daher den Pflichtteil nicht schmälern; BGH WM 1970, 1520, 1521; BGH NJW 1972, 1669, 1670; Staudinger/*Haas*, § 2311 Rn. 46.

- Aufschiebend bedingt auf den Tod erlassene Darlehensschuld[366]
- Dreißigster, § 1969 BGB[367]
- Eintrittsrecht in einen Mietvertrag, § 569a BGB[368]
- Eintrittsrecht in eine Personengesellschaft aufgrund gesellschaftsvertraglicher Nachfolgeklausel[369]
- Erbersatzansprüche[370]
- Erbschaftsteuer[371]
- Gesetzliches Vermächtnis der Abkömmlinge gem. § 1371 Abs. 4 BGB[372]
- Hinterbliebenenbezüge[373]
- Kosten der Grabpflege[374]
- Kosten einer Nachlassinsolvenz[375]
- Kosten der Verwertung des Nachlasses[376]
- Latente Ertragsteuern[377]
- Lebensversicherung[378]
- Leistung aufgrund Vertrages zugunsten Dritter auf den Todesfall[379]
- Mietkautionen, die der Erblasser als Vermieter vereinnahmt hat[380]

---

365 Auch die in diesem Zusammenhang anfallenden Kosten einschließlich der Kosten gerichtlicher Auseinandersetzungen, der Kosten für die Erwirkung eines Erbscheines sind nicht abzugsfähig; DIV-Gutachten, ZfJ 1992, 92, 93. Gleiches gilt für die Prozessführung unter den Erbprätendenten, denn solche Prozesse sowie deren Ausgang haben auf die Ansprüche des Pflichtteilsberechtigten keinen Einfluss; Soergel/*Dieckmann*, § 2311 Rn. 13; Staudinger/*Haas*, § 2311 Rn. 40, 46.
366 BGH NJW 1978, 423.
367 MünchKomm/*Lange*, § 2311 Rn. 14; Soergel/*Dieckmann*, § 2311 Rn. 15; *Nieder*, Rn. 247; Staudinger/*Haas*, § 2311 Rn. 46.
368 Es handelt sich um eine Vermögensposition, die außerhalb der Erbfolge Kraft Gesetzes auf einen Dritten, der nicht notwendigerweise Erbe sein muss, übergeht; Staudinger/*Haas*, § 2311 Rn. 20.
369 *Damrau/Riedel*, Erbrecht, § 2311 Rn. 17.
370 Diese sind gegenüber den Pflichtteilsverbindlichkeiten nachrangig i.S.d. § 226 Abs. 2 Ziff. 5, 6 KO; § 327 Abs. 1 Nr. 2, 3 InsO; sie können daher den Pflichtteil nicht schmälern; BGH WM 1970, 1520, 1521; BGH NJW 1972, 1669, 1670; Staudinger/*Haas*, § 2311 Rn. 46.
371 Nicht als Verbindlichkeit anzusetzen sind ebenfalls die auf die Erstellung der Erbschaftsteuererklärung entfallenden Steuerberatungskosten, die Erbschaftsteuer treffen nämlich nicht den Nachlass als solchen, sondern vielmehr die Erben; OLG Düsseldorf FamRZ 1999, 1465 Staudinger/*Marotzke*, § 1967 Rn. 33; Staudinger/*Haas*, § 2311 Rn. 46. A.A. aber BFH NJW 1993, 350.
372 MünchKomm/*Lange*, § 2311 Rn. 14; Soergel/*Dieckmann*, § 2311 Rn. 15; *Nieder*, Rn. 247; Staudinger/*Haas*, § 2311 Rn. 46.
373 *Damrau/Riedel*, Erbrecht, § 2311 Rn. 17.
374 Soergel/*Dieckmann*, § 2311 Rn. 13.
375 Dies gilt nur, wenn die Überschuldung sich erst nach Eintritt des Erbfalles eingestellt hat, unter dieser Voraussetzung können die Kosten der Insolvenzverwaltung den Pflichtteilsanspruch nicht schmälern. War der Nachlass bereits zum Zeitpunkt des Erbfalles überschuldet, dürfte ein ordentlicher Pflichtteilsanspruch ohnedies nicht bestehen; Staudinger/*Haas*, § 2311 Rn. 46.
376 Die Verwertungskosten sind aber normalerweise i.R.d. Bewertung des Nachlassgegenstandes zu berücksichtigen; Staudinger/*Haas*, § 2311 Rn. 46.
377 BGH NJW 1972, 1269; *Mayer/Süß/Tanck/Bittler/Wälzholz*, HB Pflichtteilsrecht, § 5 Rn. 45; MünchKomm/*Lange*, § 2311 Rn. 12; *Kapp*, BB 1972, 829.
378 Soweit ein Bezugsberechtigter für die Lebensversicherungssumme benannt ist, fällt diesem die Versicherungsleistung außerhalb des Nachlasses zu.
379 Staudinger/*Haas*, § 2311 Rn. 20.

- Negatives Kapitalkonto bei Abschreibungsgesellschaften[381]
- Nießbrauchsrecht, § 1061 Abs. 1 BGB[382]
- Persönliche Dienstbarkeit, § 1090 Abs. 2 BGB[383]
- Pflichtteilsansprüche selbst[384]
- Rückforderungsanspruch wegen Verarmung des Schenkers, § 528 –Schenkungen[385]
- Sterbegelder gem. § 58 SGB V[386]
- Unterhaltsansprüche des Erblassers[387]
- Verjährte Verbindlichkeiten[388]
- Vermächtnisse[389]
- Vorerbenvermögen[390]
- Wohnrecht, § 1093 BGB[391]

Nicht abzugsfähig sind auch die Kosten, die durch eine Nachlassverwaltung bzw. Nachlasssicherung entstehen, von der der Pflichtteilsberechtigte keinen Nutzen hat. Sobald nämlich der Wert der Nachlassgegenstände festgestellt oder geschätzt ist, endet

---

380 Diese sind nämlich bei Beendigung des Mietverhältnisses an den Mieter zurückzugewähren, vgl. BGH NJW 1993, 131; *Mayer/Süß/Tanck/Bittler/Wälzholz*, HB Pflichtteilsrecht, § 5 Rn. 22. Etwas anderes gilt aber bei Mietvorauszahlungen.

381 Das Abzugsverbot gilt immer dann, wenn den einzelnen Gesellschaftern trotz des negativen Kapitalkontos keine Nachschusspflicht trifft, auch eine Außenhaftung gegenüber den Gläubigern der Gesellschaft besteht in aller Regel nicht, Staudinger/*Haas*, § 2311 Rn. 46. Das negative Kapitalkonto ist aber selbstverständlich i.R.d. Bewertung des Gesellschaftsanteils zu berücksichtigen, BGH NJW-RR 1986, 226.

382 Es handelt sich um ein höchstpersönliches Recht des Erblassers, das von Gesetzes wegen mit seinem Tod erlischt, Staudinger/*Haas*, § 2311 Rn. 19; OLG München Rpfleger 1987, 109, 110; MünchKomm/*Leipold*, § 1922 Rn. 33.

383 Es handelt sich um ein höchstpersönliches Recht des Erblassers, das von Gesetzes wegen mit seinem Tod erlischt; Staudinger/*Haas*, § 2311 Rn. 19. OLG München Rpfleger 1987, 109, 110; Staudinger/*Marotzke*, § 1922 Rn. 115; MünchKomm/*Leipold*, § 1922 Rn. 17.

384 Die Höhe des Pflichtteilsanspruches ist gerade das Ziel der Nachlassbewertung, Staudinger/*Haas*, § 2311 Rn. 46.

385 Derartige Schenkungen, die im Zeitpunkt des Todes **nicht** bereits vollzogen waren, werden wie Vermächtnisse behandelt, da auf sie gem. § 2301 Abs. 1 BGB die Vorschriften über Verfügungen von Todes wegen anwendbar sind; *Nieder*, Rn. 247.

386 Gem. § 58 SGB V werden zwar die Beerdigungskosten denjenigen Personen erstattet, die sie zu tragen haben, mithin also gem. § 1968 BGB den Erben, jedoch entsteht der Anspruch unmittelbar in der Person der Berechtigten, er gehört daher nicht zum Nachlass des Erblassers.

387 Der Unterhaltsanspruch ist ein höchstpersönliches Recht und erlischt daher mit dem Tod des Berechtigten (vgl. §§ 1615, 1360a Abs. 3 BGB), Staudinger/*Haas*, § 2311 Rn. 9.

388 *Mayer/Süß/Tanck/Bittler/Wälzholz*, HB Pflichtteilsrecht, § 5 Rn. 30.

389 Diese sind gegenüber den Pflichtteilsverbindlichkeiten nachrangig i.S.d. § 226 Abs. 2 Nr. 5, 6 KO; § 327 Abs. 1 Nr. 2, 3 InsO; sie können daher den Pflichtteil nicht schmälern, BGH WM 1970, 1520, 1521; BGH NJW 1972, 1669, 1670; Staudinger/*Haas*, § 2311 Rn. 46.

390 Der Vorerbe besitzt das der Vor- und Nacherbschaft unterliegende Vermögen nur für die Dauer der Vorerbschaft; endet die Vorerbschaft mit seinem Tod, fällt das ihr unterliegende Vermögen insgesamt dem Nacherben an, und zwar als vom (ursprünglichen) Erblasser stammend, § 2106 Abs. 1 BGB. Das der Vor- und Nacherbschaft unterliegende Vermögen zählt also mit dem Eintritt des Nacherbfalls nicht mehr zum Vermögen des Vorerben, vgl. auch Staudinger/*Haas*, § 2311 Rn. 20.

391 Es handelt sich um ein höchstpersönliches Recht des Erblassers, das von Gesetzes wegen mit seinem Tod erlischt, Staudinger/*Haas*, § 2311 Rn. 19; OLG München Rpfleger 1987, 109, 110; MünchKomm/*Leipold*, § 1922 Rn. 33.

das Interesse des Pflichtteilsberechtigten an einer weiteren Nachlasssicherung; an einer hiernach eintretenden Wertveränderung nimmt er ohnehin nicht teil.[392]

IV. Bewertung des Nachlasses – Grundsätze

1. Bewertungsgrundsätze

62 Die vom Gesetzgeber in den §§ 2311, 2312, 2313 BGB niedergelegten Vorgaben sind in weiten Teilen unvollständig.[393] Ziel der Bewertung ist es aber nach h.M., den vollen, **wirklichen Wert** der einzelnen Nachlassgegenstände und somit des Nachlasses insgesamt zu ermitteln.[394] Problematisch ist dies bereits deswegen, weil das BGB den vollen, wirklichen Wert nicht ausdrücklich definiert, sondern ihn stattdessen sozusagen voraussetzt.[395] § 9 Abs. 2 BewG bestimmt den gemeinen Wert anhand des Preises, der im gewöhnlichen Geschäftsverkehr nach der Beschaffenheit des Wirtschaftsguts bei einer Veräußerung zu erzielen wäre. Dabei sind alle Umstände, die den Preis beeinflussen, zu berücksichtigen. Ungewöhnliche oder persönliche Verhältnisse bleiben außen vor. Die Übernahme dieser steuerrechtlichen Definition begegnet wohl keinen Bedenken.[396] Dass durch den Erblasser angeordnete Wertfestsetzungen bzw. Vorgaben nicht verbindlich sind, stellt § 2311 Abs. 2 Satz 2 BGB ausdrücklich klar. Die Regelung erfasst aber über ihren Wortlaut hinaus auch die Vorgabe bestimmter Bewertungsmethoden, wenn bzw. soweit diese nicht die Ermittlung des wahren Wertes zum Ziel haben. Selbst die Person des Schätzers kann der Erblasser nicht vorschreiben.[397] Auch subjektive Verwendungsentscheidungen des Erben dürfen sich auf die Wertermittlung nicht auswirken.[398] Vielmehr ist von einem „**idealen Erben**", der seine wirtschaftlichen Dispositionen allein an wirtschaftlich vernünftigen und nachvollziehbaren Kriterien ausrichtet auszugehen.

2. Verkaufspreis als vorrangiger Bewertungsmaßstab

a) Grundsätzliches

63 Normalerweise entspricht der gemeine Wert eines Vermögensgegenstandes seinem Verkehrswert und somit dem **Normalverkaufswert**.[399] Unter Normalverkaufswert ist derjenige Preis zu verstehen, der unter normalen Marktbedingungen von jedem Marktteilnehmer erzielt werden könnte.[400] Bei Vorliegen sog. **Marktanomalien**[401] ist eine Identität des wahren Wertes eines Vermögensgegenstandes mit seinem derzeit

---

392 Staudinger/*Haas*, § 2311 Rn. 46, 60 ff.
393 *Kerscher/Riedel/Lenz*, Pflichtteilsrecht, § 7 Rn. 27.
394 BGH LM § 2311 Nr. 5; OLG München BB 1988, 429, 431; *Mayer/Süß/Tanck/Bittler/Wälzholz*, HB Pflichtteilsrecht, § 5 Rn. 47; vgl. auch BVerfG NJW 1988, 2723, 2724; BGH NJW-RR 1991, 900, 901; BGH NJW 1954, 1764, 1765; BGHZ 7, 134, 138.
395 *Mayer/Süß/Tanck/Bittler/Wälzholz*, HB Pflichtteilsrecht, § 5 Rn. 48.
396 *J. Mayer*, ZEV 1994, 331; BGHZ 8, 213, 221.
397 Staudinger/*Haas*, § 2311 Rn. 50.
398 *Mayer/Süß/Tanck/Bittler/Wälzholz*, HB Pflichtteilsrecht, § 5 Rn. 46.
399 *J. Mayer*, ZEV 1994, 331 ff. m.w.N.; OLG Düsseldorf ZEV 1994, 361.
400 *Kerscher/Riedel/Lenz*, Pflichtteilsrecht, § 7 Rn.32.
401 Wie z.B. dem Zusammenbruch des Berliner Grundstücksmarktes aufgrund des Chruschtschow-Ultimatums (BGH NJW 1965, 1589, 1590) oder in Zeiten der Inflation.

erzielbaren Verkaufspreis aber nicht gegeben.[402] In diesen Fällen stellt die Rspr. auf den sog. **inneren** oder wahren **Wert** ab,[403] wobei der BGH[404] aber in jüngerer Zeit betont hat, dass es sich insoweit lediglich um eine „Denkfigur" handele, für deren Anwendung unter gewöhnlichen Umständen kein Raum sei.[405] Im Übrigen ist anzumerken, dass nach der Rspr. die Anwendung des inneren Werts stets nur zu einer Begünstigung, nie aber zu einer Benachteiligung des Pflichtteilsberechtigten führt.[406]

Trotz einiger Schwierigkeiten[407] orientiert sich die Rspr. i.d.R. an den tatsächlich erzielten **Veräußerungspreisen**, sofern ein Nachlassgegenstand relativ bald nach dem Erbfall veräußert wird.[408] Der BGH geht sogar so weit, im Rahmen eines Versteigerungsverfahrens oder einer Liquidation erzielte Erlöse als maßgeblich anzusehen[409] und begründet dies damit, dass der tatsächlich erzielte Veräußerungserlös bei einer zeitnahen Veräußerung eine relativ gesicherte Ebene darstelle, deren Verlassen im erbrechtlichen Bewertungsrecht nicht gerechtfertigt sei.[410]

64

Die **Preisentwicklung** zwischen dem Zeitpunkt des Erbfalls und dem Zeitpunkt der Realisierung des Veräußerungspreises wird durch entsprechende Korrekturen berücksichtigt.[411] Die Veräußerungskosten werden von dem Verkaufserlös in Abzug gebracht.[412]

b) Zeitliche Nähe zum Erbfall

Hinsichtlich der Frage, bis zu welchem Zeitpunkt eine zeitnahe Veräußerung noch angenommen werden kann, liegt eine abschließende und allgemeingültige Entscheidung durch die Rspr. nicht vor. Für Grundstücks- und Betriebsveräußerungen hat der BGH aber selbst bei Veräußerungen bis zu fünf Jahre,[413] in einem Einzelfall sogar sechseinhalb Jahre[414] nach dem Stichtag, noch eine hinlängliche zeitliche Nähe ange-

65

---

402 Staudinger/*Haas*, § 2311 Rn. 54. Gleiches gilt etwa für Schwarzmarktpreise, BGHZ 5, 12, 21; BGH JZ 1963, 320; OLG Hamburg MDR 1950, 420, 422 *Damrau/Riedel*, Erbrecht, § 2311 Rn. 24.
403 *Mayer/Süß/Tanck/Bittler/Wälzholz*, HB Pflichtteilsrecht, § 5 Rn. 49.
404 BGH NJW-RR 1991, 900, 901.
405 So auch Staudinger/*Haas*, § 2311 Rn. 55; *Klingelhöffer*, Pflichtteilsrecht, Rn. 176 f.; *Mayer/Süß/Tanck/Bittler/Wälzholz*, HB Pflichtteilsrecht, § 5 Rn. 49.
406 BGH NJW-RR 1991, 900.
407 Vgl. *Damrau/Riedel*, Erbrecht, § 2311 Rn. 25.
408 BGH NJW-RR 1993, 834; BGH NJW-RR 1991, 900; BGH NJW 1982, 2497; BGH NJW-RR 1993, 131; OLG Düsseldorf ZEV 1994, 361, 362; *Damrau/Riedel*, Erbrecht, § 2311 Rn. 26.
409 BGH NJW-RR 1993, 131; BGH NJW 1982, 2497, 2498; a.A. RG JW 1910, 238.
410 BGH NJW-RR 193, 131; BGH NJW-RR 1991, 900; vgl. auch OLG Düsseldorf ZEV 1994, 361, 362; *J. Mayer*, ZEV 1994, 331 ff.; Staudinger/*Haas*, § 2311 Rn. 66.
411 BGH NJW-RR 1993, 834.
412 BGH NJW 1982, 2497, 2498; BGH FamRZ 1986, 776, 779; Soergel/*Dieckmann*, § 2311 Rn. 20; Staudinger/*Haas*, § 2311 Rn. 66; a.A. DIV-Gutachten, ZfJ 1992, 92, 93 für Maklercourtage beim Grundstücksverkauf.
413 BGH NJW-RR 1993, 131; sechs Monate BGH NJW-RR 1991, 900; sieben Monate OLG Düsseldorf ZEV 1994, 361, 362; Unternehmen: ein Jahr, BGH NJW 1982, 2497, 2498; anders: OLG Düsseldorf FamRZ 1995, 1236, 1237/1238: bei drei Jahre zurückliegender Grundstücksveräußerung kann von einem zeitnahen Verkauf nicht mehr gesprochen werden.
414 OLG Düsseldorf FamRZ 1989, 1181 bezogen auf ein Unternehmen.

nommen. Als gesichert scheint, dass Veräußerungen binnen eines Jahres nach dem Stichtag auf jeden Fall noch als zeitnah gelten.[415]

c) Latente Steuern

66 Der Wert einzelner Nachlassgegenstände kann oftmals nur durch deren Versilberung realisiert werden. Vor allem, wenn zum Nachlass auch Betriebsvermögen gehört, können durch dessen Veräußerung einkommensteuerpflichtige Gewinne entstehen (§ 16 Abs. 3 EStG). Die daraus resultierende Steuerbelastung hat der Erbe zu tragen. Der BGH hat die Frage, wie diese sog. latenten Steuerlasten sich auf den Wert der betroffenen Nachlassgegenstände auswirken, bereits im Jahre 1972 dahingehend entschieden, dass es sich in keinem Fall um abzugsfähige Nachlassverbindlichkeiten handeln könne,[416] eine Berücksichtigung z.B. im Rahmen einer Unternehmensbewertung könne aber durchaus angebracht sein.[417] Auch in späteren Entscheidungen hat der BGH mehrfach bestätigt, dass latente Steuern i.R.d. Bewertung zu berücksichtigen seien, wenn der Wert der betreffenden Nachlassgegenstände nur durch Verkauf realisiert werden könne.[418] Klare Regeln hierzu sind in Rspr. und Lit. aber derzeit nicht auszumachen.[419]

3. Schätzung des gemeinen Werts

a) Grundsätze

67 Kann der gemeine Wert eines Nachlassgegenstandes nicht aus einem zeitnah zum Erbfall erzielten Verkaufserlös abgeleitet werden, muss der Wert gem. § 2311 Abs. 2 BGB geschätzt werden. Eine bestimmte **Wertermittlungsmethode** für die Schätzung des gemeinen Wertes ist nicht vorgegeben.[420] Die sachgerechte Entscheidung hierüber ist Sache des Tatrichters,[421] der insoweit jedoch i.d.R. auf die Hilfe sachverständiger Dritter angewiesen ist.[422] Für verschiedene Bewertungsgegenstände kommen im Einzelnen vor allem nachfolgende Bewertungsmethoden in Betracht.

b) Einzelfälle

68 Die Bewertung von **Bargeld** oder auf Geld gerichteten Forderungen ist weitgehend problemlos.[423] Abgesehen von inflationären Verhältnissen ist der **Nennbetrag** im Zeitpunkt des Erbfalles maßgeblich.[424] Wertkorrekturen sind aber angebracht, wenn

---

415 Dies ergibt sich bereits aus § 11 Abs. 2 Satz 2 BewG; *Kerscher/Riedel/Lenz*, Pflichtteilsrecht, § 7 Rn. 44; wegen der hierbei bestehenden Probleme vgl. auch *J. Mayer*, ZEV 1994, 321 ff.; *Damrau/Riedel*, Erbrecht, § 2311 Rn. 27 f.
416 BGH NJW 1972, 1269.
417 Der BGH verwies dabei auf *Bankmann*, Wpg 1959, 148 ff.; *Peupelmann*, DB 1961, 1397 ff. m.w.N.
418 BGH NJW 1982, 2497, 2498; BGH FamRZ 1986, 776; BGHZ 98, 382, 389.
419 *Damrau/Riedel*, Erbrecht, § 2311 Rn. 30 m.w.N.
420 BGH NJW-RR 1993, 131; OLG München BB 1988, 429, 430; OLG Düsseldorf FamRZ 1997, 58, 59.
421 *Mayer/Süß/Tanck/Bittler/Wälzholz*, HB Pflichtteilsrecht, § 5 Rn. 57; *Kerscher/Riedel/Lenz*, Pflichtteilsrecht, § 7 Rn. 51.
422 BGH NJW-RR 1993, 131; BGH NJW 1982, 575; BGH BB 1982, 887; BGH NJW 1972, 1269; BGH NJW-RR 1986, 226, 228; *Nieder*, Rn. 250; OLG Düsseldorf ZEV 1994, 361; Staudinger/*Haas*, § 2311 Rn. 69.
423 Ausnahme: unsichere oder zweifelhafte Forderungen, § 2313 BGB.
424 BGHZ 14, 368, 376; BGH FamRZ 1991, 43, 45; *Nieder*, Rn. 250, 252; Soergel/*Dieckmann*, § 2311 Rn. 16; Staudinger/*Haas*, § 2311 Rn. 64.

die Forderung betagt ist, also erst zu einem späteren Zeitpunkt fällig wird. Dann ist der Nennbetrag um die entsprechenden Zwischenzinsen zu kürzen.[425]

Werden Nachlassgegenstände im allg. Geschäftsverkehr unter Zugrundelegung **allg. Markt- oder Kurswerte** gehandelt; sind sie grundsätzlich mit diesen Werten anzusetzen.[426]

Wiederkehrenden Leistungen, für deren Bewertung sich im geschäftlichen Verkehr bestimmte Grundsätze herausgebildet haben, sind nach eben diesen Grundsätzen zu bewerten.[427] Lässt sich ein einem Marktpreis vergleichbarer Wert nicht feststellen, muss die Kapitalisierung zu einem an den gegenwärtigen Geldmarktverhältnissen bzw. der derzeitigen Ertragsfähigkeit des mit den wiederkehrenden Leistungen belasteten Vermögens orientierten Zinsfuß erfolgen. Ist die Laufzeit von nicht exakt planbaren Ereignissen, z. B. dem Tod des Berechtigten, abhängig, bietet sich der Rückgriff auf die amtlichen Sterbetafeln des statistischen Bundesamtes an.[428] Zur Bestimmung des anzuwendenden Kapitalisierungszinsfusses kann aber auch unmittelbar auf die bewertungsrechtlichen Vorschriften der §§ 13 bis 16 BewG[429] zurückgegriffen werden.[430]

69

c) Sonderfall: Grundstücke

Soweit der gemeine Wert eines Grundstücks nicht anhand eines tatsächlich erzielten Kaufpreises bestimmt werden kann, kommen für die Schätzung des Verkehrswerts verschiedene Bewertungsmethoden in Betracht. Die h.M. differenziert insoweit zwischen verschiedenen Arten von Grundstücken, deren Bewertung sich jeweils nach unterschiedlichen Grundsätzen richtet.[431] Dies entspricht auch der in der Lit. favorisierten[432] Vorgehensweise nach der Wertermittlungsverordnung (WertV).[433] **Unbebaute Grundstücke** sind grundsätzlich anhand der **Vergleichswertmethode** zu bewerten.[434] Der Vergleich erfolgt entweder anhand konkreter Verkaufsfälle oder mit Hilfe der nach § 196 BauGB ermittelten Bodenrichtwerte.[435] In beiden Fällen muss sichergestellt werden, dass das Vergleichsgrundstück bzw. der Bodenrichtwert (§ 196 BauGB)

70

---

425 *Kerscher/Riedel/Lenz*, Pflichtteilsrecht, § 7 Rn. 40; Staudinger/*Haas*, § 2311 Rn. 64 m.w.N.
426 *Veith*, NJW 1963, 1521, 1522 f.; Staudinger/*Haas*, § 2311 Rn. 64.
427 Z.B. Leibrenten, bei deren Bewertung die Sätze der Versicherungsunternehmen einen Anhalt bieten können.
428 Besonderheiten in der Person des Berechtigten (z.B. eine im Zeitpunkt der Bewertung bereits bekannte schwere Erkrankung, die auf eine wesentlich kürzere Lebenserwartung schließen lässt) müssen aber gesondert berücksichtigt werden; vgl. *Kerscher/Riedel/Lenz*, Pflichtteilsrecht, § 7 Rn. 62.
429 Nebst den dazu erlassenen Anlagen.
430 Auch hier kann jedoch in Einzelfällen eine Anpassung an die besonderen Umstände des Einzelfalles geboten sein; BGHZ 14, 369, 376 f.
431 BGH FamRZ 1992, 918, 919; *Kleinle*, FamRZ 1997, 1133; *Nieder*, Rn. 251; Soergel/*Dieckmann*, § 2311 Rn. 33; Palandt/*Edenhofer*, § 2311 Rn. 10; Staudinger/*Haas*, § 2311 Rn. 74; MünchKomm/*Lange*, § 2311 Rn. 22.
432 Soergel/*Dieckmann*, § 2311 Rn. 33; *Mayer/Süß/Tanck/Bittler/Wälzholz*, HB Pflichtteilsrecht, § 4 Rn. 62; Staudinger/*Haas*, § 2311 Rn. 74.
433 VO v. 6.12.1988, BGBl. I, S. 2209, geändert durch Gesetz v. 18.8.1997 (BGBl. I, S. 2081). Vgl. ergänzend auch die Wertermittlungs-Richtlinien 1991 (WertR) v. 11.6.1991 (BAnz. Nr. 182 a) u. v. 17.3.1992 (BAnz. Nr. 86 a).
434 BGH FamRZ 1989, 1276, 1279; OLG Düsseldorf BB 1988, 1001, 1002; *J. Mayer*, ZEV 1994, 331, 333; *Klingelhöffer*, Pflichtteilsrecht, Rn. 187; Staudinger/*Haas*, § 2311 Rn. 75.
435 BGH NJW-RR 1990, 68; *J. Mayer*, ZEV 1994, 331, 333; Palandt/*Edenhofer*, § 2311 Rn. 10.

hinsichtlich der den Wert beeinflussenden Merkmale hinreichend mit dem zu bewertenden Grundstück übereinstimmt, § 13 Abs. 1 Satz 1 WertV.[436]

In Fällen, in denen die Vergleichsgrundstücke hinsichtlich ihrer wertbestimmenden Merkmale von dem zu bewertenden Grundstück (erheblich) abweichen, muss dies entweder durch entsprechende Zu- oder Abschläge oder „in anderer geeigneter Weise" (§ 14 Satz 1 WertV) berücksichtigt werden.[437] Handelt es sich bei dem unbebauten Grundstück um **Bauerwartungsland** und unterscheidet sich das zu bewertende Grundstück durch diese Eigenschaft von den Vergleichsgrundstücken, ist der Vergleichswert um einen angemessenen Aufschlag zu erhöhen.[438] Da die konkreten Nutzungsabsichten des Erben i.R.d. Ermittlung des gemeinen Werts keine Rolle spielen, hat bei baureifen Grundstücken die mangelnde Absicht des Erben, das Grundstück tatsächlich zu bebauen, hinsichtlich der Wertbestimmung keine Relevanz.[439]

71 Zur Ermittlung des Werts **selbstgenutzter Immobilien** wird i.d.R. auf das **Sachwertverfahren** zurückgegriffen.[440] Der Preis, den ein potenzieller Erwerber für eine Immobilie, die er selbst nutzen will, zu zahlen bereit wäre, hängt nämlich i.d.R. davon ab, wie viel er für die Errichtung einer vergleichbaren Immobilie (Grundstück und Gebäude) aufwenden müsste.[441] Die Nutzungs- und Ertragsmöglichkeiten stehen hierbei nicht im Vordergrund.[442]

72 Besondere **Probleme** bereitet die Bewertung von **Miteigentumsanteilen** an Immobilien, und zwar insbesondere dann, wenn die Immobilie von einem der Miteigentümer selbst genutzt wird.[443] Für diese Miteigentumsanteile existiert praktisch kein Markt. Obwohl die Chance, den Anteil unter marktwirtschaftlichen Bedingungen zu veräußern, gegen Null tendiert, hat er aber dennoch einen deutlich über Null liegenden gemeinen Wert, da er zumindest als Kreditunterlage verwendet werden kann. Es ist aber in jedem Fall ein deutlicher Wertabschlag vorzunehmen.[444]

73 Auch **ausländische Immobilien**, insbesondere Ferienwohnungen sind oftmals nur eingeschränkt verwertbar (z.B. wegen Beschränkungen für den Grundstückserwerb durch Ausländer in Polen, Österreich, Tschechien, Ungarn oder der Schweiz). Diesbezügliche Besonderheiten können – je nach den Umständen des Einzelfalls – sowohl einen Wertabschlag als auch eine Werterhöhung rechtfertigen, wenn die Nachfrage nach derartigen Immobilien durch diese besonderen Umstände beschränkt oder infolge einer künstlichen Verknappung angeregt wird.[445]

---

436 *Mayer/Süß/Tanck/Bittler/Wälzholz*, HB Pflichtteilsrecht, § 4 Rn. 67; zu möglichen Fehlerquellen vgl. eingehend *Zimmermann/Heller*, Verkehrswert von Grundstücken, § 5 Rn. 21 ff.
437 *Simon/Cors/Troll*, Handbuch der Grundstückswertermittlung, S. 82.
438 Vgl. OLG Stuttgart NJW 1967, 2410, 2411; Staudinger/*Haas*, § 2311 Rn. 79.
439 *J. Mayer*, ZEV 1994, 331, 333; vgl. auch Soergel/*Dieckmann*, § 2311 Rn. 33 zur Selbstnutzung baureifer Grundstücke; a.A. *Weber*, BWNotZ 1992, 14, 16, der eine Berücksichtigung der Nutzungsabsichten des Erben fordert, da ansonsten die Entscheidungsfreiheit des Erben unangemessen beeinträchtigt würde.
440 BGH NJW 1970, 1018 f.; *Mayer/Süß/Tanck/Bittler/Wälzholz*, HB Pflichtteilsrecht, § 5 Rn. 80.
441 BGH NJW 1970, 1018, 1019; *Bißmaier*, ZMR 1995, 106, 107; Soergel/*Dieckmann*, § 2311 Rn. 33; *Klingelhöffer*, Pflichtteilsrecht, Rn. 188; Staudinger/*Haas*, § 2311 Rn. 76.
442 Vgl. *Damrau/Riedel*, Erbrecht, § 2311 Rn. 40.
443 Vgl. *Damrau/Riedel*, Erbrecht, § 2311 Rn. 45 m.w.N.
444 *Kerscher/Riedel/Lenz*, Pflichtteilsrecht, § 7 Rn. 70; Staudinger/*Haas*, § 2311 Rn. 79.
445 *Kerscher/Riedel/Lenz*, Pflichtteilsrecht, § 7 Rn. 71; *Klingelhöffer*, Pflichtteilsrecht, Rn. 192; Staudinger/*Haas*, § 2311 Rn. 79.

Das **Sachwertverfahren** führt mitunter zu wesentlich über den Ergebnissen anderer Methoden, insbesondere aber über dem Marktniveau liegenden Werten.[446] Es wird daher zunehmend in Frage gestellt.[447] Zwar schreibt Nr. 3.3.1.3. WertR 91 die Anwendung des Sachwertverfahrens für Ein- und Zweifamilienhäuser ausdrücklich vor. Mittlerweile wird jedoch häufig empfohlen, die Ergebnisse anhand einer **Kontrollrechnung**[448] mit Hilfe des Ertragswertverfahrens zu überprüfen und den Wert ggf. an den Ertragswert anzulehnen.[449]

74

Da **Renditeimmobilien** grundsätzlich der Erzielung laufender Einkünfte dienen, ist ihrer Bewertung konsequenterweise das **Ertragswertverfahren** zugrunde zu legen. Für einen potenziellen Erwerber stellen die zukünftig erzielbaren Überschüsse den für die Wertbemessung entscheidenden Gesichtspunkt dar.[450] Ein Grundstück kann demnach nur so viel wert sein, wie sich durch seine Nutzung erwirtschaften lässt.[451] Auch der BGH[452] schreibt für Renditeimmobilien bzw. Mietshäuser grundsätzlich die Anwendung des Ertragswertverfahrens vor. Dennoch hat die Rspr. in der Vergangenheit mitunter auch die Bildung eines Mittelwerts aus Sach- und Ertragswert für vertretbar gehalten.[453] Dies dürfte aber nur in sehr seltenen Fällen gerechtfertigt sein, z.B. wenn die Möglichkeit besteht, ein als Renditeobjekt genutztes Mehrfamilienhaus in Eigentumswohnungen aufzuteilen und diese anschließend zu einem deutlich höheren Preis zu veräußern.[454]

75

d) Sonderfall: Gewerbliche Unternehmen

Kann der gemeine Wert eines im Nachlass befindlichen gewerblichen Unternehmens nicht aus einem zeitnahen Kauf- bzw. Verkaufspreis abgeleitet werden, muss der Unternehmenswert geschätzt werden. In der Praxis bestehen insoweit erhebliche Schwierigkeiten, die nicht zuletzt auf das Fehlen einer allg. anerkannten und durchweg gültigen Bewertungsmethode zurückzuführen sind.[455]

76

Lediglich einige Kernaussagen sind unbestritten:[456]
- Der Unternehmenswert ist nicht die bloße Summe der Werte der einzelnen Gegenstände des Betriebsvermögens.[457]
- Eine Wertermittlung nach der Vergleichswertmethode scheidet aus.[458]

---

446 *Mayer/Süß/Tanck/Bittler/Wälzholz*, HB Pflichtteilsrecht, § 5 Rn. 80.
447 Vgl. z.B. *Zimmermann/Heller*, HB Grundstücken, § 6 Rn. 8: „marktfremde Ergebnisse".
448 *Zimmermann/Heller*, HB Grundstücken, § 7 Rn. 5.
449 Insbes. bei Bewertungen im Rahmen pflichtteilsrechtlicher Auseinandersetzungen, vgl. *Mayer/Süß/Tanck/Bittler/Wälzholz*, HB Pflichtteilsrecht, § 5 Rn. 80.
450 OLG Düsseldorf BB 1988, 1001, 1002.
451 *Mayer/Süß/Tanck/Bittler/Wälzholz*, HB Pflichtteilsrecht, § 5 Rn. 76.
452 BGH NJW 1970, 2018; ebenso OLG Düsseldorf BB 1988, 1001, 1002; OLG Frankfurt FamRZ 1980, 576.
453 OLG Köln NJW 1961, 785 f; vgl. auch BGH JZ 1963, 320; BGH NJW RR 1986, 226 f.
454 BGH NJW RR 1993, 131, 132; *J. Mayer*, ZEV 1994, 331, 333; Soergel/*Dieckmann*, § 2311 Rn. 33; Staudinger/*Haas*, § 2311 Rn. 77.
455 BGH NJW 1982, 2441; Soergel/*Dieckmann*, § 2311 Rn. 20; MünchKomm/*Lange*, § 2311 Rn. 25; *Nieder*, Rn. 253; *Zehner*, DB 1981, 2109, 2111; Staudinger/*Haas*, § 2311 Rn. 80.
456 Vgl. z.B. *Kerscher/Riedel/Lenz*, Pflichtteilsrecht, § 7 Rn. 75.
457 BGHZ 75, 195, 199 = NJW 1980, 229; BGH NJW 1972, 1269; 1973, 509; *Kapp*, DB 1972, 829, 830; MünchKomm/*Lange*, § 2311 Rn. 25; Staudinger/*Haas*, § 2311 Rn. 80 m.w.N.

Seit einiger Zeit wird von weiten Teilen der Lit. die **Ertragswertmethode** favorisiert.[459] Beim Ertragswertverfahren werden die künftig zu erwartenden Überschüsse aus den in der Vergangenheit, – i.d.R. in den letzten drei bis fünf[460] bzw. sieben[461] Jahren vor dem Erbfall – hochgerechnet.[462] Der Ertragswert entspricht dem Betrag, der unter Anwendung eines angemessenen Kapitalisierungszinsfusses eine laufende Rendite i.H.d. prognostizierten Überschüsse erwarten lässt.[463] Von ganz entscheidender Bedeutung – und daher mit erheblichem Streitpotenzial behaftet – ist vor diesem Hintergrund die Festlegung des angemessenen **Kapitalisierungszinsfusses**. Er hat für die Berechnung des Ertragswertes entscheidende Bedeutung.[464]

Der so ermittelte Ertragswert ist anschließend um den gemeinen Wert der nichtbetriebsnotwendigen Vermögensgegenstände zu erhöhen,[465] da diese von einem gedachten Erwerber des gesamten Betriebes jederzeit veräußert werden könnten, ohne dass die prognostizierten Erträge hierunter leiden würde.[466] Die **Wertuntergrenze** bildet der **Zerschlagungswert**.[467]

Aus dem angloamerikanischen Raum stammen verschiedene Bewertungsansätze, die unter dem Begriff **Discounted Cash-Flow- (DCF-) Methoden**[468] Eingang in die Betriebswirtschaftslehre gefunden haben. Diesen Ansätzen ist gemeinsam, dass die entnahmefähigen Überschüsse des Unternehmens (Free Cash-Flow) auf den Bewertungsstichtag abgezinst werden. Die DCF-Methoden unterscheiden sich also im Prinzip nicht von der modernen Ertragswertmethode. Sie präzisieren lediglich die Prognose der Einzahlungsüberschüsse und des Kalkulationszinses.

Höchstrichterliche Entscheidungen zu Fragen der **Unternehmenswertermittlung** im Zusammenhang mit der Bemessung von Pflichtteils-[469] und Pflichtteilsergänzungsan-

---

458 Ein Markt für ganze Unternehmen (der diese Bezeichnung verdient) existiert praktisch nicht; aus diesem Grunde können sich auch keine Vergleichspreise herausbilden, *Müller*, JuS 1973, 603, 604; darüber hinaus lassen sich kaum zwei Unternehmen finden, die wirklich miteinander vergleichbar wären, OLG Saarbrücken FamRZ 1984, 699, 701; Soergel/*Dieckmann*, § 2311 Rn. 20, *J. Mayer*, ZEV 1994, 331, 334; Staudinger/*Haas*, § 2311 Rn. 80.
459 *Reiman*, ZEV 1994, 7, 8; *Reiman*, DNotZ 1992, 472 f; *Barthel*, DB 1990, 1145, 1146; 335; *Klingelhöffer*, Pflichtteilsrecht, Rn. 201; Staudinger/*Haas*, § 2311 Rn. 80.
460 BGH NJW 1982, 2441.
461 *Piltz/Wissmann*, NJW 1985, 2673, 26 f.
462 *Nieder*, Rn. 253; *Klingelhöffer*, Pflichtteilsrecht, Rn. 201; im Übrigen sind die in der Vergangenheit erzielten Erträge um außergewöhnliche Effekte zu bereinigen, vgl. *Damrau/Riedel*, Erbrecht, § 2311 Rn. 57 m.w.N.
463 *Piltz/Wissmann*, NJW 1985, 2673, 26 f.
464 BGH NJW 1982, 575; *Barthel*, DB 1990, 1145, 1146; *Müller*, JuS 1974, 424, 426; *Piltz/Wissmann*, NJW 1985, 2673, 26 f.; Staudinger/*Haas*, § 2311 Rn. 80. Ausgangspunkt bei der Bestimmung des Kapitalisierungszinsfusses ist die Effektivverzinsung inländischer öffentlicher Anleihen (BGH NJW 1982, 575, 576), also risikoloser Anlageformen. Sie wird um entsprechende Zu- bzw. Abschläge bereinigt, um so bestehenden Besonderheiten des Bewertungsobjekts hinsichtlich der Risikostruktur, der Fungibilität oder Wertstabilität angemessen Rechnung zu tragen(BGH NJW 1982, 575); vgl. *Damrau/Riedel*, Erbrecht, § 2311 Rn.57.
465 Staudinger/*Haas*, § 2311 Rn. 80.
466 Bei der Bewertung des nichtbetriebsnotwendigen Vermögens müssen sowohl die latenten Ertragsteuerlasten als auch die zu erwartenden Veräußerungskosten wertmindernd berücksichtigt werden; Staudinger/*Haas*, § 2311 Rn. 82; BGH NJW 1987, 1260, 1262; *Damrau/Riedel*, Erbrecht, § 2311 Rn.57.
467 *Kerscher/Riedel/Lenz*, Pflichtteilsrecht, § 7 Rn. 77.
468 Vgl. grundsätzlich: *Drukarczyk*, WPg 1995, 329ff. m.w.N.
469 BGH NJW 1973, 509 ff.; BGH, NJW 1982, 575 f.

sprüchen sind bislang äußerst spärlich.[470] Im Übrigen darf nicht übersehen werden, dass sich die Betriebswirtschaftslehre gerade im Bereich der Unternehmensbewertung sehr stark fortentwickelt hat. Der früher mögliche Rückgriff auf den Substanzwert oder die Bildung eines Mittelwerts aus Substanz- und Ertragswert sind heute durch die ertrags- bzw. cash-flow-orientierten Bewertungsverfahren so gut wie vollständig verdrängt.[471]

Auch der BGH gibt heute der Ertragswertmethode eindeutig den Vorzug,[472] so dass Substanz- und Mittelwertmethode als überholt angesehen werden können.[473] Nach wohl h.M. in der Lit.[474] bildet der **Liquidationswert** grundsätzlich die **Untergrenze** des Unternehmenswerts.

Bei **kleineren und mittleren Unternehmen** kommt insbesondere den persönlichen Qualitäten und Beziehungen des Unternehmers eine erhebliche Wert beeinflussende Bedeutung zu. Vor diesem Hintergrund ist nach der Rspr.[475] in erster Linie auf die **Substanzwertmethode** zurückzugreifen und das so erzielte Bewertungsergebnis um einen evtl. vorhandenen Geschäfts- oder Firmenwert zu erhöhen. Ähnlich geht die Rspr. auch bei freiberuflichen Unternehmen vor:

77

Für die Wertbestimmung einer Arztpraxis ist laut BGH[476] ebenfalls ein Gesamtwert aus Sachwert und ideellem Wert („good will") zu bilden. Der ideelle Wert soll hierbei i.d.R. mit 25 Prozent des Vorjahresumsatzes angesetzt werden, wobei die Tendenz, aufgrund des immer enger werdenden Marktes, wohl eher in Richtung 30 Prozent geht.[477] Bei **Zahnarztpraxen** soll der Wert lediglich zwischen 5 Prozent und 10 Prozent liegen, da es für den Patienten hier noch stärker auf die Person des Praxisübernehmers ankomme, als dies bei praktischen Ärzten ohnehin schon der Fall sei.[478] Bei **Anwaltskanzleien** wird für die Bewertung auch im Rahmen der Bestimmung von Pflichtteils- und Pflichtteilsergänzungsansprüchen auf den sog. Übergabewert bzw. bei Sozietäten der Beteiligungswert abzustellen sein.[479] Dieser ergibt sich aus dem Substanzwert und dem sog. Praxiswert (Firmenwert, „good will"). Spätestens seit der Entscheidung des RG v. 24.11.1936[480] ist unbestritten, dass auch eine Rechtsanwaltskanzlei einen „inneren" Wert haben kann.[481] Bei einem reinen **Architekturbüro** hat das OLG München[482] einen „good will" aber verneint. Hier sei die persönliche und schöpferische Leistung des Architekten allein als für die Beauftragung ausschlaggebend anzusehen. Die Frage, ob ein **Vermessungsingenieurbüro** einen über den Subs-

---

470 BGH NJW 1982, 2497 f.
471 *Damrau/Riedel*, Erbrecht, § 2311 Rn. 63 m.w.N
472 BGH NJW 1985, 192. Auch wenn diese Entscheidung nicht zum Pflichtteilsrecht ergangen ist, kann aus ihr die Maßgeblichkeit der Ertragswertmethode für sämtliche Verkehrswertschätzungen im Unternehmensbereich abgeleitet werden.
473 *J. Mayer*, ZEV 1994, 331, 335; *Reimann*, ZEV 1994, 7, 8; *Soergel/Dieckmann*, § 2311 Rn. 20.
474 Vgl. *J. Mayer*, ZEV 1994, 331, 335 m.w.N.
475 BGHZ 70, 224 für eine Bäckerei und OLG Düsseldorf FamRZ 1984, 699 für eine Druckerei; a.A. *Michalski/Zeidler* FamRZ 1997, 397.
476 BGH FamRZ 1991, 43 ff.
477 Vgl. für eine Praxis für Allgemeinmedizin BGH NJW 1982, 575; *Damrau/Riedel*, Erbrecht, § 2311 Rn. 67.
478 OLG Koblenz FamRZ 1988, 950.
479 BRAK-Mitteilung 3/1986, S. 119-123.
480 RGZ 153, 280.
481 Vgl. auch *Kerscher/Riedel/Lenz*, Pflichtteilsrecht, § 7 Rn. 84.
482 OLG München FamRZ 1984, 1096.

tanzwert hinausgehenden Wert hat, wurde vom BGH[483] bisher nicht ausdrücklich entschieden, sie unterliegt daher stets einer Prüfung im Einzelfall.[484]

78 Hinsichtlich zum Nachlass gehörender oder lebzeitig übertragener **Landgüter** trifft § 2312 BGB eine bindende Sonderregelung.[485]

e) Sonderfall: Gesellschaftsanteile

aa) Kapitalgesellschaftsanteile

79 **Wertpapiere** (Aktien, Genussscheine, etc.), werden im Regelfall mit dem **Marktpreis** bzw. **Kurswert** in Ansatz gebracht.[486] Ist ein Markt- bzw. Kurswert nicht feststellbar, da den Gesellschaftsanteilen die hierfür erforderliche Fungibilität fehlt, sind einige Besonderheiten zu beachten. Entscheidend ist, ob die Anteile tatsächlich am Markt gehandelt werden, wie z.B. bei börsennotierten Aktiengesellschaften, oder ob es sich um Anteile handelt, für die ein Marktpreis nicht ohne weiteres festgestellt werden kann. Für Beteiligungen an börsennotierten Unternehmen bildet der amtlich festgestellte Kurs am Todestag des Erblassers den Bewertungsmaßstab.[487] Insoweit kommt es auf denjenigen Börsenplatz an, der dem letzten Wohnsitz des Erblassers am nächsten liegt.[488] Nur in extremen Ausnahmefällen ist eine Ergebniskorrektur über § 242 BGB denkbar.[489] Starke **Kursschwankungen** am oder um den Stichtag sind aber grundsätzlich hinzunehmen,[490] da eine hohe Volatilität ein wesentliches Merkmal dieser Form der Kapitalanlage darstellt. Zu- oder Abschläge bei **Paketbesitz** können im Einzelfall in Betracht kommen.[491]

Für den Fall, dass ein **GmbH-Geschäftsanteil** vom Erblasser erst kurz vor seinem Tod erworben wurde oder dass andere Anteile an der Gesellschaft in engem zeitlichem Zusammenhang tatsächlich gehandelt wurden, wird auf den dabei erzielten Kaufpreis abzustellen sein. Sind aber – wie so oft – tatsächliche Veräußerungserlöse als Vergleichsmaßstab nicht feststellbar, orientiert sich der Wert der Beteiligung regelmäßig am Wert des Unternehmens selbst.

bb) Personengesellschaftsanteile

80 Anders als bei Kapitalgesellschaften besteht im Recht der Personengesellschaften die grundsätzliche Möglichkeit, die Vererblichkeit von Gesellschaftsanteilen auszuschließen. Aus diesem Grund stellt sich zunächst die Frage, ob im konkreten Fall der Gesellschaftsanteil als solcher oder nur ein (wie auch immer zu berechnender) **Abfin-**

---

483 BGH FamRZ 1977, 386.
484 *Kerscher/Riedel/Lenz*, Pflichtteilsrecht, § 7 Rn. 90.
485 Angesichts der recht geringen praktischen Bedeutung wird hier wegen aller weiteren Einzelheiten verwiesen auf: *J. Mayer* in HB Pflichtteilsrecht; § 5 Rn. 163 ff.; *Damrau/Riedel*, Erbrecht, § 2312 Rn. 1 ff.
486 *Kerscher/Riedel/Lenz*, Pflichtteilsrecht, § 7 Rn. 91.
487 Soergel/*Dieckmann*, § 2311 Rn. 18; MünchKomm/*Lange*, § 2311 Rn. 23; Palandt/*Edenhofer*, § 2311 Rn. 11; *Veith*, NJW 1963, 1521, 1523; Staudinger/*Haas*, § 2311 Rn. 111.
488 Staudinger/*Haas*, § 2311 Rn. 111; *Damrau/Riedel*, Erbrecht, § 2311 Rn. 71.
489 *Veith*, NJW 1963, 1523, 1524.
490 *Nieder*, Rn. 252; MünchKomm/*Lange*, § 2311 Rn. 23; Soergel/*Dieckmann*, § 2311 Rn. 18; Staudinger/*Haas*, § 2311 Rn. 111.
491 Vgl. *Nirk*, NJW 1962, 2185, 2188; Palandt/*Edenhofer*, § 2311 Rn. 11; Soergel/*Dieckmann*, § 2311 Rn. 18; MünchKomm/*Lange*, § 2311 Rn. 23; Staudinger/*Haas*, § 2311 Rn. 112.

dungsanspruch in den Nachlass fällt.[492] Die wesentlichen Grundsätze lassen sich wie folgt zusammenfassen:

1. Bei der **Gesellschaft bürgerlichen Rechts** ergibt sich aus § 727 Abs. 1 BGB, dass die Gesellschaft durch den Tod eines Gesellschafters aufgelöst wird, sofern sich aus dem Gesellschaftsvertrag nichts anderes ergibt.
2. Für **Personenhandelsgesellschaften**[493] regelt § 131 Abs. 2 Nr. 1 HGB, dass der Tod eines Gesellschafters nicht zur Auflösung der Gesellschaft, sondern nur zum Ausscheiden des Verstorbenen führt, sofern der Gesellschaftsvertrag nichts anderes vorsieht.[494] Gesetzlicher Regelfall ist also das, was bereits vor dem Handelsrechtsreformgesetz als sog. **Fortsetzungsklausel** weit verbreitet war. In den Nachlass fällt in dieser Konstellation (bestenfalls) ein Abfindungsanspruch gem. § 105 Abs. 3 HGB, § 738 Abs. 1 Satz 2 BGB, der sich gegen die Gesellschaft richtet, und für dessen Wertbemessung nach der Rspr. des BGH vom Ertragswert des Anteils auszugehen ist.[495] Denn da die Fortsetzungsklausel gerade eine Fortführung der Gesellschaft sichern soll, muss es hier auf den **Fortführungswert** und nicht etwa auf den Liquidationswert ankommen.[496] Maßgeblich ist daher der tatsächliche Wert. Da § 738 Abs. 1 Satz 2 BGB nach überwiegender Ansicht dispositiven Charakter hat,[497] können sowohl Regelungen zur betragsmäßigen Begrenzung des Abfindungsguthabens als auch bloße Fälligkeitsregelungen (z.B. ratenweise Auszahlung des Guthabens) getroffen werden.[498] So wird in der Praxis oftmals der **Buchwert** der Bemessung des Abfindungsanspruchs zugrunde gelegt.[499]

Der **Abfindungsanspruch** des verstorbenen Gesellschafters fällt nach h.M. in den Nachlass[500] und ist deshalb in die Berechnung des Pflichtteils einzubeziehen. Für den Fall, dass **abfindungsbeschränkende gesellschaftsvertragliche Regelungen** eingreifen, sind diese grundsätzlich auch i.R.d. Pflichtteilsberechnung (beim ordentlichen Pflichtteil und beim Pflichtteilsergänzungsanspruch) zu berücksichtigen.[501] Demzufolge wirken sich gesellschaftsrechtlich zulässige Abfindungsbeschränkungen bzw. auch ein vollständiger Abfindungsausschluss auf den ordentlichen Pflichtteilsanspruch i.S.d. § 2303 BGB in der Weise aus, dass weder der Gesellschaftsanteil noch ein an dessen Stelle tretender Abfindungsanspruch in die Pflichtteilsberechnung einbezogen werden kann. Dies gilt nach der (noch) h.M.[502] jedenfalls dann uneingeschränkt, wenn der Abfindungsausschluss für alle Gesellschafter gleichermaßen gilt und nicht einen der Beteiligten unangemessen benachteiligt.

81

---

492 Einzelheiten vgl. bei *Riedel*, ZErb 2003, 212 ff.
493 Bei der KG gilt dies über die Verweisung in § 161 Abs. 2 HGB. Bzgl. des Anteils eines Kommanditisten bestimmt § 171 HGB aber, dass mit dessen Tod die Erben des Gesellschafters in die Kommanditistenstellung nachrücken und die Gesellschaft mit ihnen fortgesetzt wird, sofern der Gesellschaftsvertrag nichts anderes regelt.
494 *K. Schmidt*, NJW 1998, 2161, 2166.
495 BGH NJW 1982, 2441.
496 BGH NJW 1985, 192.
497 BGHZ 22, 186; RGZ 145, 289.
498 *Crezelius*, Unternehmenserbrecht, § 6 Rn. 254.
499 BGH DB 1989, 1399; krit. BGH NJW 1985, 192.
500 BGHZ 22, 186; MünchKomm/*Leipold*, § 1922 Rn. 52.
501 *Damrau/Riedel*, Erbrecht, § 2311 Rn. 87.
502 *Kerscher/Riedel/Lenz*, Pflichtteilsrecht, § 16 Rn. 21 m.w.N.

Für die gestaltende Praxis ist jedoch größte Vorsicht geboten.[503] Es stellt sich nämlich die Frage, ob und inwieweit ein gegenseitiger Abfindungsausschluss Pflichtteilsergänzungsansprüche gem. § 2325 Abs. 1 BGB auslösen kann, wobei die Frist des § 2325 Abs. 3 BGB erst mit dem Tod des Gesellschafters zu laufen beginnen würde, da erst ab diesem Zeitpunkt eine Beeinträchtigung des Vermögens des Erblassers gegeben sein kann (Vermögensausgliederung).[504] Umstritten ist in diesem Zusammenhang bereits die Frage, ob in der Vereinbarung des Ausschlusses eine Schenkung zugunsten der anderen Mitgesellschafter zu sehen ist. Hierzu wäre gem. §§ 516, 517 BGB eine objektive Bereicherung der übrigen Gesellschafter erforderlich und weiterhin die Einigkeit der Beteiligten darüber, dass die Zuwendung unentgeltlich erfolgt.[505] Fraglich ist bereits, was bei einem gesellschaftsvertraglich vereinbarten Abfindungsverzicht den Zuwendungsgegenstand bildet. Teilweise wird vertreten, dass der Abfindungsverzicht selbst ein Vermögensopfer i.S.d. Schenkungsbegriffs darstelle.[506] Andere sind der Auffassung, der Gesellschaftsanteil selbst sei Gegenstand der Zuwendung.[507]

Unabhängig davon stellt sich aber die Frage der **Unentgeltlichkeit**. Erfolgt der Ausschluss des Abfindungsrechts nur für einzelne Gesellschafter, ist nach h.M. auf jeden Fall von einer unentgeltlichen Zuwendung auszugehen.[508] Erfolgt die Beschränkung bzw. der Ausschluss aber wechselseitig, geht der BGH[509] bislang davon aus, dass eine Schenkung nicht vorliege. Vielmehr handele es sich um einen bereits unter Lebenden vollzogenen, entgeltlichen Vertrag.[510] Die Entgeltlichkeit wird dabei vor allem aus dem Wagnischarakter der Vereinbarung abgeleitet. Schließlich stehe dem Risiko, den eigenen Anteil zu verlieren, für alle Gesellschafter gleichermaßen die Chance gegenüber, einen anderen Gesellschaftsanteil hinzu zu erwerben.[511]

Eine andere Beurteilung ist aber nach BGH geboten, wenn ein grobes Missverhältnis der die einzelnen Gesellschafter treffenden Risiken – bspw. in Folge erheblicher Altersunterschiede[512] oder schwerer Erkrankungen – besteht und sich dadurch einseitige Vor- oder Nachteile ergeben.[513] Diese Argumentation ist bereits vielfach kritisiert worden, insbesondere mit der Begründung, allein aus der Wechselseitigkeit des Abfindungsausschlusses bzw. der Abfindungsbeschränkung lasse sich ein entgeltlicher Charakter nicht ableiten. Allein der Umstand, dass die eigene Verfügung von einer entsprechenden Gegenverfügung des (potentiell) Begünstigten abhängig sei, führe noch nicht zur Entgeltlichkeit.[514] Triebfeder dieser Kritik scheint vor allem die Sorge zu sein, dass durch die in Rede stehenden gesellschaftsvertraglichen Regelungen ermöglicht werde, den gewünschten Nachfolgern zum Nachteil der Pflichtteilsberechtigten das Gesamtvermögen ungeschmälert zu hinterlassen.[515] Dem ist aber im Ergebnis nicht zuzustimmen. Denn dem Risiko der ungerechtfertigten Benachteiligung der

---

503 *Wegmann*, ZEV 1998, 133, 137.
504 BGHZ 98, 226; Soergel/*Diekmann*, § 2325 Rn. 32; MünchKomm/*Lange*, § 2325 Rn. 21.
505 Palandt/*Edenhofer*, § 2325 Rn. 7.
506 *Heckelmann*, Abfindungsklauseln in Gesellschaftsverträgen (1973), S. 67.
507 *Flume*, FS *Ballerstedt* 1975, S. 197 ff.
508 BGH NJW 1981, 1956; BGH DNotZ 1966, 620; *Brox*, Erbrecht, Rn. 748.
509 BGHZ 22, 186, 194; BGH NJW 1957, 180; Staudinger/*v. Olshausen*, § 2325 Rn. 32, 33, 34.
510 BGH NJW 1981, 1956; BGH WM 1971, 1338; a.A. MünchKomm/*Ulmer*, § 738 Rn. 61.
511 BGH NJW 1981, 156; BGH WM 1971, 1338; KG DNotZ 1978, 109, 111; Palandt/*Edenhofer*, § 2325 Rn. 13; *Reinecke*, NJW 1957, 561 f.; a.A. MünchKomm/*Ulmer*, § 738 Rn. 61.
512 Vgl. hierzu KG DNotZ 1978, 109; BGH NJW 1981, 1956.
513 *Göbl*, DNotZ, 1979, 133, 143.
514 MünchKomm/*Lange*, § 2325 Rn. 20; *Damrau*/*Riedel*, Erbrecht, § 2311 Rn. 90.
515 MünchKomm/*Lange*, § 2325 Rn. 20.

Pflichtteilsberechtigten trägt auch die von der h.M. vertretene Sichtweise ausreichend Rechnung: sie qualifiziert nämlich diejenigen Gestaltungen, bei denen die von den einzelnen Gesellschaftern eingegangenen Risiken und die damit erstrebten Chancen nicht in einem angemessenen Verhältnis zueinander stehen, als wenigstens teilweise unentgeltlich und daher ergänzungspflichtig.[516]

Im Übrigen darf nicht übersehen werden, dass die Ausgestaltung von Gesellschaftsverträgen in aller Regel weniger der Benachteiligung der Pflichtteilsberechtigten, als vielmehr der Sicherung des Bestandes der Gesellschaft dient. Hierzu gehört auch die Vermeidung von Kapital-, insbesondere aber Liquiditätsabflüssen (z. B. an Pflichtteilsberechtigte), die nicht durch das Unternehmen als solches veranlasst sind, sowie evtl. die Festlegung eines praktikablen Verfahrens zur Anteilsbewertung.[517] Der Zweck, das Gesellschaftsvermögen möglichst für die Gesellschaft zu erhalten, bedingt in diesem Zusammenhang die Wechselseitigkeit der Verfügungen.

Auch wenn den Kritikern insoweit zuzustimmen ist, dass der von der h.M. in den Vordergrund gestellte aleatorische Charakter des allseitigen Abfindungsausschlusses ein nicht vollständig überzeugendes Argument ist,[518] muss dem berechtigten Interesse des Erblassers an der Erhaltung und am Schutz des Bestandes des von ihm geschaffenen Werkes der Vorzug gegeben werden. Dies gilt umso mehr, als es sich bei der Vereinbarung eines allseitigen Abfindungsausschlusses im Grunde genommen um eine Abrede mitgliedschaftsrechtlicher Art handelt, die nicht aus dem Gesamtgefüge des Gesellschaftsvertrages herauszulösen ist und sich daher auch nicht ohne weiteres den Begriffen „entgeltlich" und „unentgeltlich" zuordnen lässt.[519]

Sieht der Gesellschaftsvertrag ein **Eintrittsrecht** für einen oder alle Erben oder auch für fremde Dritte vor,[520] wird die Gesellschaft zunächst – wie bei der Fortsetzungsklausel – mit den übrigen Gesellschaftern fortgesetzt. Die in der Eintrittsklausel genannten Personen haben aber das Recht (Option), in die Gesellschaft einzutreten. Die Besonderheit dieser Nachfolgeregelung besteht darin, dass die Mitgliedschaft in der Gesellschaft nicht erbrechtlich, sondern durch Rechtsgeschäfte unter Lebenden begründet wird. Insoweit handelt es sich bei der Eintrittsklausel um einen Vertrag zugunsten Dritter i.S.d. §§ 328 ff. BGB. Das Recht, in die Gesellschaft eintreten zu dürfen, entbindet den Berechtigten aber an und für sich nicht von der Verpflichtung, eine Einlage in die Gesellschaft leisten zu müssen.

82

Für die Frage des Bestehens von Pflichtteils- bzw. Pflichtteilsergänzungsansprüchen kommt es entscheidend auf diese Einlageverpflichtung an bzw. darauf, welche Abfindung den Erben des verstorbenen Gesellschafters zusteht. Pflichtteilsansprüche kommen nämlich nur in Betracht, wenn die Erben keine bzw. eine hinter dem Verkehrswert zurückbleibende Abfindung erhalten.[521] Sieht die Eintrittsklausel bspw. vor, dass der Gesellschaftsanteil des verstorbenen Gesellschafters unter Ausschluss eines Abfindungsanspruchs der Erben treuhänderisch auf die Mitgesellschafter übertragen wird, von denen der Eintrittsberechtigte sodann die Abtretung (mit oder ohne Einlagever-

---

516 Staudinger/*v. Olshausen*, § 2325 Rn. 32; *Damrau/Riedel*, Erbrecht, § 2311 Rn. 90.
517 Staudinger/*v. Olshausen*, § 2325 Rn. 34.
518 Staudinger/*v. Olshausen*, § 2325 Rn. 34; *J. Mayer*, DNotZ 1996, 604 zu der Frage der eingeschränkten Berücksichtigungsfähigkeit von Gegenleistungen.
519 *Rittner*, FamRZ 1961, 505, 510; Soergel/*Mühl*, § 516 Rn. 19; *Müller*, FS Wahl, 1973, S. 369, 387 ff.; vgl. auch BGH DNotZ 1966, 620; Soergel/*Dieckmann*, § 2325 Rn. 27.
520 BGH DNotZ 1977, 387.
521 *Damrau/Riedel*, Erbrecht, § 2311 Rn. 91.

pflichtung) verlangen kann,[522] stellen sich dieselben Probleme wie im Zusammenhang mit der Fortsetzungsklausel. Wendet der Erblasser dem Eintrittsberechtigten einen eventuellen Abfindungsanspruch – z.B. im Wege einer Alleinerbeinsetzung durch ein Vermächtnis bzw. Vorausvermächtnis oder auch durch eine Teilungsanordnung nach § 2048 BGB – zu, fällt der Abfindungsanspruch in den Nachlass und ist daher bei der Berechnung des ordentlichen Pflichtteils zu berücksichtigen.[523] Bei Eingreifen die Abfindung beschränkender Regelungen gelten die obigen Ausführungen.

Wird einem Nichterben im Wege eines Vertrages i.S.d. § 328 BGB ein Eintrittsrecht eingeräumt[524] und ihm darüber hinaus der Abfindungsanspruch im Voraus abgetreten,[525] wird ein Schutz des Pflichtteilsberechtigten nur über § 2325 BGB gewährleistet.[526] Denn der im Voraus abgetretene Abfindungsanspruch bildet hier den Gegenstand einer Schenkung auf den Todesfall, die einen Ergänzungsanspruch des bzw. der pflichtteilsberechtigten Erben rechtfertigen kann. Ob und in welcher Höhe der Anspruch entsteht, hängt ebenso wie die Frage, ob er sich gegen den Erben oder gegen den Eintrittsberechtigten richtet, von der letztwilligen Verfügung des Erblassers sowie vom Umfang des (übrigen) Nachlasses ab.

Den sog. **Nachfolgeklauseln** (einfache und qualifizierte) ist gemeinsam, dass sie die Fortführung der Gesellschaft mit dem bzw. den Erben des verstorbenen Gesellschafters vorsehen. Es handelt sich um einen **erbrechtlichen Übergang der Gesellschaftsrechte**. Die Erben treten nach Ansicht des BGH[527] – allerdings nur dann, wenn die vereinbarte Nachfolgeklausel mit der erbrechtlichen Rechtslage übereinstimmt[528] – unmittelbar in die Position des verstorbenen Gesellschafters ein.[529]

83 Da es sich in den Fällen der einfachen und der qualifizierten Nachfolgeklausel um einen Übergang des Gesellschaftsanteiles im Wege des Erbrechts handelt,[530] fällt der Gesellschaftsanteil (jedenfalls wertmäßig) in den Nachlass und ist daher i.R.d. Berechnung des ordentlichen Pflichtteils zu berücksichtigen.[531] Fraglich ist aber häufig, wie der Anteil zu bewerten ist, da in der Praxis auch für den Fall des lebzeitigen Ausscheidens eines Gesellschafters oftmals **abfindungsbeschränkende Gesellschaftsvertragsklauseln** eingreifen. Blieben diese bei der Bewertung unberücksichtigt, ergäbe sich für den Gesellschafter-Erben das Risiko, dass einerseits i.R.d. Pflichtteilsberechnung der volle Wert der Beteiligung in Ansatz gebracht würde, andererseits aber im Fall eines späteren Ausscheidens aus der Gesellschaft lediglich der (deutlich geringere) Abfindungsbetrag realisiert werden könnte. Eine eindeutige Rspr. zu dieser Problematik ist bislang nicht zu erkennen, in der Lit. ist das Problem heftig umstritten:[532]

Nach *Ulmer* ist zunächst vom Wert des Gesellschaftsanteils auszugehen. Dieser soll ggf. später, falls es zum Zwangsverkauf des Anteils wegen der Pflichtteilslast kommt,

---

522 *Crezelius*, Unternehmenserbrecht, § 3 Rn. 144.
523 MünchKomm/*Ulmer*, § 727 Rn. 52, 59.
524 MünchKomm/*Ulmer*, § 727 Rn. 57; *Baumbach/Hopt*, § 139 Rn. 51; Staudinger/*Haas*, § 2311 Rn. 94.
525 Staudinger/*Haas*, § 2311 Rn. 94; *Baumbach/Hopt*, § 139 Rn. 51.
526 Staudinger/*v. Olshausen*, § 2325 Rn. 30 ff.
527 BGHZ 68, 225.
528 Also wenn die (gedachten) Nachfolger auch Erben im technischen Sinne werden.
529 *Crezelius*, Unternehmenserbrecht, § 6 Rn. 257.
530 BGHZ 22, 168; 68, 225; a.A. *Brox*, Erbrecht, Rn. 754, der in der Nachfolgeklausel einen rechtsgeschäftlichen Übergang in Form einer Verfügung unter Lebenden auf den Todesfall sieht.
531 *Flume*, NJW 1988, 161.
532 Übersicht zum Ganzen: *Haegele*, BWNotZ 1976, 25, 27 f.; *Kerscher/Riedel/Lenz*, Pflichtteilsrecht, § 7 Rn. 106 ff.; Staudinger/*Haas*, § 2311 Rn. 100.

zu korrigieren sein.⁵³³ Hierin läge aber wohl ein Verstoß gegen das in § 2311 BGB verankerte Stichtagsprinzip. Aus diesem Grunde ist von vornherein ein endgültiger Wert festzustellen. Dies könnte der Wert des Gesellschaftsanteils⁵³⁴ oder aber auch der Klauselwert⁵³⁵ sein.

Der BGH⁵³⁶ hat sich jedenfalls für die Annahme eines endgültigen Werts entschieden. Allerdings soll es sich dabei um einen **„Zwischenwert"** handeln, dessen Berechnung zunächst der Wert des Gesellschaftsanteils zu Grunde zu legen ist. Anschließend wird die Wahrscheinlichkeit, dass es tatsächlich zu einem Mindererlös aufgrund der Abfindungsklausel kommt, als wertmindernder Faktor berücksichtigt. Hierbei ist festzuhalten, dass die Wertminderung eine reine Ermessensfrage ist und nach Ansicht des BGH⁵³⁷ dem Richter überlassen bleibt.⁵³⁸ Nach neuerer Rspr. soll die Anpassung bei Buchwertklauseln nach Treu und Glauben erfolgen.⁵³⁹ In der Praxis stellt sich hier aber das Problem, wie der Pflichtteilsanspruch und somit auch die den Gesellschafter-Nachfolger treffende Pflichtteilslast konkret zu beziffern oder gar im Voraus zu berechnen ist.

Bei all dem darf aber auch nicht übersehen werden, dass bei einem Nachrücken des bzw. der Erben des verstorbenen Gesellschafters die vom BGH entwickelten Schranken für die Zulässigkeit von **Abfindungsklauseln**⁵⁴⁰ auf jeden Fall zu beachten sind. Scheidet nämlich der Gesellschafter-Erbe zu einem späteren Zeitpunkt aus der Gesellschaft aus, handelt es sich hierbei um einen Vorgang unter Lebenden mit der Folge, dass ggf. der von der Gesellschaft zu zahlende Abfindungswert anzupassen ist. Da der Gesellschafter-Erbe vollständig in die Rechtsposition seines Rechtsvorgängers eintritt, kann die Berufung auf die gesellschaftsvertragliche Abfindungsklausel auch ihm gegenüber unter Umständen nur eingeschränkt möglich sein.⁵⁴¹ Ein Ansatz der zum Nachlass gehörenden Gesellschaftsbeteiligung unterhalb des angemessenen⁵⁴² Abfindungsbetrages kommt daher i.R.d. Pflichtteilsberechnung nicht in Betracht.

V. Ansatz und Bewertung unsicherer Rechte und Verbindlichkeiten

Das die Wertermittlung im Pflichtteilsrecht prägende Stichtagsprinzip stößt an seine Grenzen, wenn die Realisierbarkeit oder auch der rechtliche Bestand bestimmter Vermögensgegenstände zum Stichtag nicht sicher ermittelt werden kann. Eine Schätzung unter Abwägung aller Umstände des Einzelfalls, die für oder gegen die Realisierbarkeit des Werts sprechen bzw. die Vornahme von Sicherheitsabschlägen, würden hier auf jeden Fall zu unbefriedigenden Ergebnissen führen. Vor diesem Hintergrund hat sich der Gesetzgeber für die Möglichkeit des Ansatzes **„vorläufiger Werte"** entschieden. Nach § 2313 BGB wird der Wert jedes Vermögensgegenstandes bzw. Schuldpostens so ermittelt, als ob es keinerlei Unsicherheiten hinsichtlich seines Be-

---

533 *Ulmer*, § 139 Anm. 199.
534 *Baumbach/Duden/Hopt*, HGB, § 139 Anm. 1.
535 *Meincke*, Recht der Nachlassbewertung, S. 202.
536 BGHZ 75, 195; BGH WM 1965, 924.
537 BGH WM 1965, 924.
538 Zu Rechenvorschlägen in diesem Fall s. *Goroncy*, NJW 1962, 1895 und *Däubler*, GmbH-Geschäftsanteil, S. 45.
539 BGH MittBayNot 1994, 159.
540 BGHZ 22, 186; BGH BB 1989, 1399; RGZ 145, 289.
541 BGH ZiP 1989, 770, 772; vgl. auch BGH NJW 1979, 104; *Huber*, ZGR 1980, 177, 207; *Ulmer*, § 727 Rn. 46; Staudinger/*Haas*, § 2311 Rn. 103.
542 Nach den Grundsätzen des BGH, vgl. Staudinger/*Haas*, § 2311 Rn. 109.

stands oder seiner Realisierbarkeit gäbe. Für den Fall, dass sich diese Unterstellung im Nachhinein als unzutreffend erweist, besteht aber die Möglichkeit der Korrektur. Somit stellt § 2313 BGB zwar eine **Durchbrechung des Stichtagsprinzips** hinsichtlich der Bestimmung des Nachlassbestandes, nicht aber hinsichtlich der Bewertung als solcher dar.[543]

In dem Anwendungsbereich des § 2313 BGB fallen Vermögensgegenstände aller Art sowie Verbindlichkeiten und dingliche Belastungen.[544] Besteht lediglich eine **Befristung** (ohne dass im Übrigen eine Unsicherheit vorliegt), ist § 2313 BGB aber nicht anzuwenden,[545] hier wird der Wert vielmehr nach § 2311 BGB ermittelt.[546] Das gilt auch, wenn die Unsicherheit sich lediglich auf die Bewertung als solche, nicht aber auf den tatsächlichen oder rechtlichen Bestand eines Vermögensgegenstandes oder einer Verbindlichkeit bezieht.[547]

Für die Frage, ob ein Vermögensgegenstand oder eine Verbindlichkeit als **unsicher, ungewiss, bedingt** oder **zweifelhaft** anzusehen ist, kommt es allein auf die juristisch sachgerechte Beurteilung eines objektiven Dritten an.[548] Die subjektive Ansicht des Erben ist irrelevant.

Außer Ansatz bleiben **aufschiebend bedingte** Rechte und Verbindlichkeiten. Als aufschiebende Bedingung gilt hier sowohl die rechtsgeschäftliche als auch die echte Rechtsbedingung,[549] vor deren Eintritt es an der Verwirklichung eines zur Entstehung des Rechts/der Verbindlichkeit erforderlichen Tatbestandsmerkmals fehlt.[550] Der Grad der Wahrscheinlichkeit des Bedingungseintritts spielt für die Anwendung von § 2313 BGB keine Rolle.[551] Nicht angesetzt werden auch ungewisse oder unsichere Rechte. Eine **Ungewissheit** ist anzunehmen, wenn der Bestand des Rechts oder die Person des Berechtigten zweifelhaft ist.[552] Eine **Unsicherheit** liegt vor, wenn die tatsächliche oder wirtschaftliche Verwertbarkeit zweifelhaft ist.[553] Schwebend unwirksame und anfechtbare Rechte gelten grundsätzlich als unsicher,[554] ebenso Forderungen gegen zahlungsunfähige Schuldner,[555] insbesondere, wenn bereits die eidesstattliche Versicherung abgegeben wurde[556] oder bereits eine fruchtlose Vollstreckung stattge-

---

543 Staudinger/*Haas*, § 2313 Rn. 1.
544 BGHZ 3, 394, 397; Staudinger/*Haas*, § 2313 Rn. 3.
545 BGH JR 1980, 102, 103 m. krit. Anm. *Schubert*; Staudinger/*Haas*, § 2313 Rn. 3.
546 BGH FamRZ 1979, 787 für eine Leibrente m. krit. Anm. *Schubert*, JR 1980, 103, 104; RGZ 72, 379, 381; MünchKomm/*Lange*, § 2313 Rn. 4; *Mayer/Süß/Tanck/Bittler/Wälzholz*, HB Pflichtteilsrecht, § 5 Rn. 151; Palandt/*Edenhofer*, § 2313 Rn. 3.
547 BGH NJW-RR 1986, 163; Staudinger/*Haas*, § 2313 Rn. 3; *Schmidt-Kessel*, WM 1988 Beilage 8, 15.
548 Staudinger/*Haas*, § 2313 Rn. 6.
549 MünchKomm/*Lange*, § 2313 Rn. 4; Staudinger/*Haas*, § 2313 Rn. 7; *Mayer/Süß/Tanck/Bittler/Wälzholz*, HB Pflichtteilsrecht, § 5 Rn. 151.
550 Staudinger/*Haas*, § 2313 Rn. 7.
551 Soergel/*Dieckmann*, § 2313 Rn. 2; Staudinger/*Haas*, § 2313 Rn. 7; Erman/*Schlüter*, § 2313 Rn. 2.
552 BGHZ 3, 394, 397; RGZ 83, 253, 254; Staudinger/*Haas*, § 2313 Rn. 8; MünchKomm/*Lange*, § 2313 Rn. 6; Soergel/*Dieckmann*, § 2313 Rn. 7; *Mayer/Süß/Tanck/Bittler/Wälzholz*, HB Pflichtteilsrecht, § 5 Rn. 151.
553 BGHZ 3, 394, 397; RGZ 83, 253, 254; MünchKomm/*Lange*, § 2313 Rn. 6; Staudinger/*Haas*, § 2313 Rn. 8; Soergel/*Dieckmann*, § 2313 Rn. 7.
554 Staudinger/*Haas*, § 2313 Rn. 9; *Mayer/Süß/Tanck/Bittler/Wälzholz*, HB Pflichtteilsrecht, § 5 Rn. 152; *Kerscher/Riedel/Lenz*, Pflichtteilsrecht, § 7 Rn. 16.
555 Staudinger/*Haas* § 2313 Rn. 9.
556 *Mayer/Süß/Tanck/Bittler/Wälzholz*, HB Pflichtteilsrecht, § 5 Rn. 152.

funden hat.⁵⁵⁷ Etwas anderes gilt aber bei Forderungen gegen am Nachlass beteiligte Miterben, wenn die Forderungen durch den jeweiligen Nachlassanteil gedeckt werden können.⁵⁵⁸ Unsicher ist auch ein dem Erblasser zustehendes Nacherbenanwartschaftsrecht.⁵⁵⁹

Soweit bzw. solange die Inanspruchnahme noch zweifelhaft ist,⁵⁶⁰ sind auch Garantieversprechen, Bürgschaftsverpflichtungen, Verpfändungen oder für fremde Schulden bestellte Grundpfandrechte als unsicher anzusehen.⁵⁶¹ Folgerichtig können die in diesem Zusammenhang evtl. bestehende Ausgleichsansprüche ebenfalls nicht berücksichtigt werden.⁵⁶² Nachlassverbindlichkeiten, die der Erbe bestritten hat, sind zweifelhaft und zwar selbst dann, wenn der Gläubiger Klage erhoben⁵⁶³ oder sogar ein rechtskräftiges Urteil erstritten hat, gegen das sich der Erbe mit Rechtsmitteln zur Wehr setzt.⁵⁶⁴

Auflösend bedingte Rechte und Verbindlichkeiten werden bei der Bewertung so berücksichtigt, als ob die Bedingung nicht bestünde. Befristete oder betagte Forderungen und Verbindlichkeiten fallen von vornherein nicht in den Anwendungsbereich von § 2313 BGB; vielmehr ist ihr Wert gem. § 2311 BGB zu schätzen.⁵⁶⁵ Keinen Fall des § 2313 BGB bildet auch die Konstellation, dass der Erblasser einen Gegenstand unter Eigentumsvorbehalt erworben hat. Hier fällt das Anwartschaftsrecht in den Nachlass und wird gem. § 2311 Abs. 2 BGB geschätzt.⁵⁶⁶ Auch latente Steuern, die im Fall einer späteren Veräußerung bestimmter Vermögensgegenstände (insbesondere Betriebsvermögen) in der Person des Erben entstehen können, sind nicht als aufschiebend bedingte Verbindlichkeiten anzusehen und fallen daher nicht unter § 2313 BGB.⁵⁶⁷

Verändert sich die Rechtslage dahingehend, dass die aufschiebende oder auflösende Bedingung eintritt, Ungewissheiten, Unsicherheiten oder Zweifel also wegfallen, hat eine **nachträgliche Angleichung** zu erfolgen. Dabei kann es sowohl zu einer Pflichtteilserhöhung als auch zu einer entsprechenden Minderung kommen. Der Pflichtteilsberechtigte ist im Ergebnis so zu stellen, als ob die Bedingung bereits im Zeitpunkt des

---

557 *Mayer/Süß/Tanck/Bittler/Wälzholz*, HB Pflichtteilsrecht, § 5 Rn. 153; MünchKomm/*Lange*, § 2313 Rn. 7.
558 Soergel/*Dieckmann* § 2313 Rn.7; *Kerscher/Riedel/Lenz*, Pflichtteilsrecht, § 7 Rn. 17.
559 Soergel/*Dieckmann* § 2313 Rn. 7; *Mayer/Süß/Tanck/Bittler/Wälzholz*, HB Pflichtteilsrecht, § 5 Rn. 152; *Kerscher/Riedel/Lenz*, Pflichtteilsrecht, § 7 Rn. 18.
560 Eine Ungewissheit besteht aber nicht mehr, wenn der persönliche Schuldner bereits zahlungsunfähig ist; vgl. *Kerscher/Riedel/Lenz*, Pflichtteilsrecht, § 7 Rn. 18; MünchKomm/*Lange,* § 2313 Rn. 7; Soergel/*Dieckmann* § 2313 Rn. 8.
561 *Mayer/Süß/Tanck/Bittler/Wälzholz*, HB Pflichtteilsrecht, § 5 Rn. 154; MünchKomm/*Lange*, § 2313 Rn. 7; *Kerscher/Riedel/Lenz*, Pflichtteilsrecht, § 7 Rn. 18; a.A. Staudinger/*Haas*, § 2313 Rn. 9.
562 Staudinger/*Haas*, § 2313 Rn. 11; *Damrau/Riedel*, Erbrecht, § 2313 Rn. 6. Eine Ungewissheit besteht aber nicht mehr, wenn der persönliche Schuldner zahlungsunfähig ist; vgl. MünchKomm/*Lange*, § 2313 Rn. 7; Soergel/*Dieckmann*, § 2313 Rn. 8.
563 Soergel/*Dieckmann*, § 2313 Rn. 8; *Kerscher/Riedel/Lenz*, Pflichtteilsrecht, § 7 Rn. 18; Staudinger/*Haas*, § 2313 Rn. 11.
564 Soergel/*Dieckmann*, § 2313 Rn. 8; *Mayer/Süß/Tanck/Bittler/Wälzholz*, HB Pflichtteilsrecht, § 5 Rn. 153; Staudinger/*Haas*, § 2313 Rn. 11.
565 BGH FamRZ 1979, 787 zum Fall einer Leibrente, RGZ 72, 379, 381; *Mayer/Süß/Tanck/Bittler/Wälzholz*, HB Pflichtteilsrecht, § 5 Rn. 151; MünchKomm/*Lange*, § 2313 Rn. 4; Palandt/*Edenhofer*, § 2313 Rn. 3.
566 Staudinger/*Haas*, § 2313 Rn. 7.
567 BGH NJW 1972, 1269; Staudinger/*Haas*, § 2313 Rn. 7.

Erbfalls eingetreten gewesen wäre bzw. die Unsicherheit, Ungewissheit oder Zweifel nicht bestanden hätte.[568]

Wichtig ist, reine **Bewertungsprobleme** klar von **Unsicherheiten** i.S.d. § 2313 BGB abzugrenzen. Insbesondere Schwierigkeiten im Zusammenhang mit der Bewertung von Gesellschaftsanteilen,[569] Firmenwerten,[570] oder gewerblichen Schutzrechten führen ausdrücklich nicht in den Anwendungsbereich von § 2313 BGB.

J. Auskunftsanspruch des Pflichtteilsberechtigten

I. Allgemeines

86 Wie gesehen, benötigt der Pflichtteilsberechtigte zur Berechnung seines Anspruchs Informationen über den Bestand und Wert des pflichtteilsrelevanten Nachlasses sowie bzgl. seiner Erb- und Pflichtteilsquote. Oftmals hat er aber keine Möglichkeit, sich selbst das erforderliche Wissen zu beschaffen, so dass er zur Verwirklichung seines Anspruchs auf die Angaben des Erben (oder anderer Dritter) angewiesen ist. In § 2314 BGB räumt das Gesetz dem Pflichtteilsberechtigten daher einen **selbstständigen**, neben dem eigentlichen Zahlungsanspruch stehenden **Auskunfts- und Wertermittlungsanspruch** ein, mit dessen Hilfe er die Bekanntgabe der für ihn maßgeblichen Umständen erforderlichenfalls erzwingen kann.

1. Auskunftsberechtigte Personen

a) Pflichtteilsberechtigter Nichterbe

87 Dem Wortlaut nach setzt § 2314 BGB voraus, dass der Anspruchsberechtigte **pflichtteilsberechtigter Nichterbe** i.S.d. §§ 2303, 2309 BGB ist.[571] Auskunftsberechtigt sind daher auf jeden Fall die enterbten Abkömmlinge des Erblassers, der enterbte Ehegatte oder gleichgeschlechtliche Lebenspartner und der enterbte Elternteil, soweit er nicht durch Erben erster Ordnung vom Pflichtteil ausgeschlossen ist. Daneben sind auch diejenigen zum Kreis der Pflichtteilsberechtigten gehörenden Erben, die den ihnen hinterlassenen Erbteil – ohne Verlust des Pflichtteilsrechts – ausgeschlagen haben (Fälle der §§ 2305, 2306 Abs. 1 Satz 2 BGB), auskunftsberechtigt, ebenso der nicht zum Erben berufene Vermächtnisnehmer i.S.d. § 2307 BGB.[572]

---

568 BGHZ 123, 77, 80 = NJW 1993, 2176; OLG Köln NJW 1998, 240; *Mayer/Süß/Tanck/Bittler/Wälzholz*, HB Pflichtteilsrecht, § 5 Rn. 157; Wegen der praktischen Umsetzung bzw. der dabei anzuwendenden Vorgehensweise vgl. *Damrau/Riedel*, Erbrecht, § 2313 Rn. 10.
569 *Mayer/Süß/Tanck/Bittler/Wälzholz*, HB Pflichtteilsrecht, § 5 Rn. 154; Soergel/*Dieckmann*, § 2313 Rn. 7.
570 Staudinger/*Haas*, § 2313 Rn. 9; *Mayer/Süß/Tanck/Bittler/Wälzholz*, HB Pflichtteilsrecht, § 5 Rn. 154; a.A. OLG Nürnberg, FamRZ 1966, 512, 513.
571 BGH NJW 1981, 2051, 2052.
572 Bei Letztgenanntem spielt es insoweit keine Rolle, ob er das Vermächtnis annimmt oder ausschlägt, ebenso wenig ob der Wert des Vermächtnisses den Pflichtteil unter- oder überschreitet, da er auf jeden Fall Nichterbe ist; BGH NJW 1958, 1964, 1965 f.; OLG Düsseldorf FamRZ 1995, 1236, 1237; OLG Oldenburg NJW-RR 1993, 782, 783; OLG Köln NJW-RR 1992, 8; Staudinger/*Haas*, § 2314 Rn. 20; Soergel/*Dieckmann*, § 2314 Rn. 7.

Zum Kreis der **Nichterben** gehört regelmäßig auch der **geschiedene Ehegatte**. Er ist zwar nicht pflichtteilsberechtigt, aber ihm steht gem. §§ 1386b, 2314 BGB analog ein Auskunftsanspruch zu, wenn er gegenüber dem Erblasser unterhaltsberechtigt war.[573]

b) Pflichtteilsberechtigter Erbe

Vom Wortlaut der Vorschrift her ist klar, dass ein Auskunftsanspruch zugunsten des Erben grundsätzlich nicht besteht. Dies wird aber bestimmten **Sondersituationen**, in denen der Miterbe unter ähnlichen Wissensdefiziten zu leiden hat, wie der pflichtteilsberechtigte Nichterbe, nicht gerecht.[574] Aus diesem Grunde billigt die h.M. in bestimmten Fällen auch dem pflichtteilsberechtigten Erben einen Auskunftsanspruch – gegenüber seinen Miterben – zu.[575] Dagegen kann der Allein- oder Vertragserbe gegenüber einem nicht als Erben berufenen Dritten, namentlich dem vom Erblasser Beschenkten, nur Auskunftsansprüche nach den Grundsätzen des § 242 BGB geltend machen.[576] § 2314 BGB gilt für ihn nicht.

c) Mehrheit von Auskunftsberechtigten

Sind mehrere Pflichtteilsberechtigte vorhanden, kann jeder von ihnen isoliert seine Auskunftsansprüche geltend machen; eine Gesamtgläubigerschaft besteht nicht. Selbst wenn eine gemeinsame Auskunftsklage erhoben wurde, kann jeder Pflichtteilsberechtigte für sich eine vollstreckbare Ausfertigung des Urteils verlangen[577] und selbständig die Zwangsvollstreckung betreiben.

2. *Ausschluss des Auskunftsanspruchs durch den Erblasser*

Der gesetzliche Inhalt des § 2314 BGB kann durch den Erblasser grundsätzlich nicht abgeändert werden.[578] Etwas anders gilt nur, wenn der Erblasser nach §§ 2333 ff. BGB berechtigt ist, den Pflichtteil zu entziehen. Die Einschränkung der Rechte aus § 2314 BGB wird insoweit als „Minus" gegenüber der völligen Pflichtteilsentziehung angesehen und daher für zulässig gehalten.[579] Vereinbarungen zwischen Erblasser und späterem Pflichtteilsberechtigtem sind i.d.R. zulässig. Allerdings gelten hier dieselben formellen und inhaltlichen Anforderungen wie beim Erbverzicht (§ 2348 BGB).[580] Im

---

573 *Kerscher/Riedel/Lenz*, Pflichtteilsrecht, § 11 Rn. 15.
574 Hat der Erblasser bspw. zu seinen Lebzeiten den Großteil seines Vermögens auf eine Person übertragen, die später gemeinsam mit den pflichtteilsberechtigten Abkömmlingen Erbe wird, greifen die dem Miterben typischerweise zukommenden Informationsrechte nicht durch, so dass die Pflichtteilsberechtigten praktisch keine Möglichkeit hätten, Art und Umfang der lebzeitigen Zuwendungen in Erfahrung zu bringen, wenn zum Nachlass keine hierüber Aufschluss gebenden Dokumente vorhanden sind; LG Kleve NJW-RR 1987, 782; *Dieckmann*, NJW 1988, 1809, 1814; vgl. auch Staudinger/*Haas*, § 2314 Rn. 23 m. entsprechendem Bsp.
575 Vgl. *Damrau/Riedel*, Erbrecht, § 2314 Rn. 3 m.w.N.
576 Vgl. zum Alleinerben: BGH NJW 1973, 1876, 1877; Soergel/*Dieckmann*, § 2314 Rn. 26; zum Vertragserben: BGHZ 97, 188, 192 f.; Staudinger/*Haas*, § 2314 Rn. 26. Diese Ungleichbehandlung gegenüber dem pflichtteilsberechtigten Miterben ist bereits aus dem Grund gerechtfertigt, dass den Beschenkten nur im Hinblick auf § 2329 BGB überhaupt irgendwelche Verpflichtungen treffen können; vgl. *Damrau/Riedel*, Erbrecht, § 2314 Rn. 5.
577 Staudinger/*Haas*, § 2314 Rn. 21.
578 Staudinger/*Haas*, § 2314 Rn. 4.
579 Staudinger/*Haas*, § 2314 Rn. 5; krit. hierzu: *Damrau/Riedel*, Erbrecht, § 2314 Rn. 8.
580 Staudinger/*Haas*, § 2314 Rn. 5.

Übrigen wäre das Auskunftsbegehren eines wegen Verzichts nicht (mehr) Pflichtteilsberechtigten wohl als unzulässige Rechtsausübung anzusehen.

Gegenüber dem Erben kann der Pflichtteilsberechtigte nach Eintritt des Erbfalls jederzeit und auch formlos auf seine Ansprüche aus § 2314 BGB verzichten. An eine Aufgabe der Auskunftsrechte durch schlüssiges Verhalten sind aber sehr hohe Ansprüche zu stellen.[581]

II. Inhalt des Auskunftsanspruchs

1. Auskunft über den Bestand des realen Nachlasses

91 **Gegenstand** des **Auskunftsanspruchs** ist zu allererst der Bestand des zur Zeit des Erbfalls tatsächlich vorhandenen (realen) Nachlasses i.S.v. § 2311 BGB. Hierzu zählen sämtliche hinterlassenen Vermögensgegenstände und Schulden,[582] die dem Pflichtteilsberechtigten einzeln mitgeteilt werden müssen. Eine Saldierung bestimmter Gruppen von Nachlassgegenständen ist unzulässig.[583]

Die Frage, ob bzw. welcher Wert einem Nachlassgegenstand beizumessen ist, spielt beim eigentlichen Auskunftsanspruch noch keine Rolle. Daher sind auch diejenigen Gegenstände anzugeben, die der Erbe für wertlos hält.[584] Gleiches gilt für bedingte, zweifelhafte, unsichere und ungewisse Rechte und Verbindlichkeiten i.S.d. § 2313 BGB. Der Erbe muss den Pflichtteilsberechtigten in die Lage versetzen, die rechtliche Einordnung der einzelnen Nachlassgegenstände selbst vorzunehmen.[585] Dies gilt auch hinsichtlich der Eigentumsverhältnisse, so dass auch alle nur im Mitbesitz[586] des Erblassers befindlichen Gegenstände (bspw. auch Hausrat oder Einrichtungsgegenstände) mitzuteilen sind. Entsprechendes gilt für die nach Meinung des überlebenden Ehegatten dem Voraus zuzurechnenden Gegenstände.[587]

Grundsätzlich geht die **Auskunftspflicht** des Erben nicht über die bloße Erteilung der geschuldeten Informationen hinaus. Zur Erbringung von Nachweisen, der Vorlage von **Belegen** oder gar einer umfassenden Rechnungslegung ist er nicht verpflichtet.[588] Nach h.M. soll § 2314 BGB ausdrücklich keine Verdachtsausforschung ermöglichen.[589] Aus diesem Grund ist ein Auskunftsanspruch hinsichtlich des fiktiven Nachlasses nur bei konkreten Anhaltspunkten dafür, dass der Erblasser sein Vermögen durch unentgeltliche oder teilweise unentgeltliche Verfügungen bzw. verschleierte Schenkungen vermindert hat, gerechtfertigt.[590]

---

581 Staudinger/*Haas*, § 2314 Rn. 6.
582 BGHZ 33, 373, 374; BGH LM § 260 Nr. 1; OLG Oldenburg NJW-RR 1993, 782; *Coing*, NJW 1983, 1289; Staudinger/*Haas*, § 2314 Rn. 7; *Kerscher/Riedel/Lenz*, Pflichtteilsrecht, § 11 Rn. 21; *Mayer/Süß/Tanck/Bittler/Wälzholz*, HB Pflichtteilsrecht, § 9 Rn. 12.
583 BGH LM § 260 Nr. 1 = JZ 1952, 492.
584 BGH LM § 260 Nr. 1 = JZ 1952, 492; Staudinger/*Haas*, § 2314 Rn. 8.
585 Laut DIV-Gutachten, ZfJ 1994, 48 ist der Erbe auch bei späteren Änderungen auskunftspflichtig; vgl. auch Staudinger/*Haas*, § 2314 Rn. 8.
586 Staudinger/*Haas*, § 2314 Rn. 8.
587 RGZ 62, 109, 110; auch insoweit muss der Pflichtteilsberechtigte selbst die rechtliche Einordnung nachvollziehen können, vgl. MünchKomm/*Lange*, § 2314 Rn. 3.
588 DIV-Gutachten, ZfJ 1992, 533, 534; Staudinger/*Haas*, § 2314 Rn. 12.
589 BGH NJW 1993, 2737; Staudinger/*Haas*, § 2314 Rn. 13; *Lorenz*, JuS 1995, 569, 570; *Hohloch*, JuS 1994, 76; *Dieckmann*, NJW 1988, 1809; *Baumgärtel*, FS *Hübner*, S. 402.
590 BGH NJW 1993, 2737; BGH FamRZ 1965, 135 f.; BGHZ 89, 24, 27; OLG Düsseldorf FamRZ 1995, 1236, 1238; Staudinger/*Haas*, § 2314 Rn. 13; *Damrau/Riedel*, Erbrecht, § 2314 Rn. 15 ff.

2. Auskunft über lebzeitige Schenkungen

Da der Gesamtpflichtteil neben dem ordentlichen Pflichtteil (§ 2303 BGB) gem. § 2325 BGB auch den Pflichtteilsergänzungsanspruch umfasst, erstreckt sich der Auskunftsanspruch auch auf diejenigen Gegenstände, die nur deshalb nicht (mehr) zum realen Nachlass gehören, weil sie zu Lebzeiten des Erblassers verschenkt oder auf andere Weise aus seinem Vermögen ausgegliedert wurden (**fiktiver Nachlass**).[591] Allerdings muss der Pflichtteilsberechtigte sein **Auskunftsverlangen** entsprechend **präzisieren**. Eine „automatische" Verpflichtung der Erben, alle in diesen Bereich fallenden Umstände ohne konkrete Nachfrage offen zu legen, besteht nicht.[592] Der fiktive Nachlass umfasst neben anrechnungs- und ausgleichungspflichtigen Zuwendungen i.S.d. §§ 2315, 2316 BGB[593] auch alle lebzeitigen Zuwendungen im Anwendungsbereich des § 2325 BGB.[594] Soweit ein Auskunftsanspruch nach diesen Grundsätzen gegeben ist, umfasst er daher die Erteilung aller für die rechtliche Beurteilung des tatsächlichen Sachverhalts erforderlichen Informationen. Die fraglichen Transaktionen einschließlich aller evtl. erbrachten Gegenleistungen sind offen zu legen und ggf. mit Hilfe entsprechender Unterlagen nachzuweisen.[595]

92

3. Auskunft über den Güterstand des Erblassers

Nach allg. Ansicht umfasst § 2314 BGB auch die Aufklärung, in welchem Güterstand der Erblasser lebte[596] und ob der überlebende Ehegatte die erbrechtliche oder die güterrechtliche Lösung wählt bzw. ihr unterliegt.[597] Gleiches muss aber auch für die Frage gelten, wie viele gesetzliche Erben vorhanden sind, weil nur auf der Grundlage dieser Kenntnis die Pflichtteilsquote bestimmt werden kann. Gerade wenn der Erblasser und der Pflichtteilsberechtigte kaum persönliche Kontakte pflegten, können insoweit durchaus Ungewissheiten bestehen.[598]

93

III. Umfang der Auskunftspflicht

1. Grundsätzliches

§ 2314 BGB gibt dem Berechtigten nicht nur einen, sondern vielmehr eine ganze Auswahl von nebeneinander bestehenden Ansprüchen an die Hand, durch deren Geltendmachung er nacheinander in ansteigender Intensität seine Informationsrechte ein-

94

---

591 BGHZ 89, 24, 27; BGHZ 55, 378, 379; OLG Oldenburg NJW-RR 1993, 782; OLG Zweibrücken FamRZ 1987, 1197; Staudinger/*Haas*, § 2314 Rn. 9; Sarres, ZEV 1998, 4, 5.
592 BGHZ 82, 132, 136; BGH LM Nr. 1 § 260 = JZ 1952, 492; Staudinger/*Haas*, § 2314 Rn. 9.
593 BGH FamRZ 1965, 135; BGHZ 33, 373, 374; OLG Oldenburg FamRZ 1993, 857, 858; OLG Hamburg FamRZ 1988, 1213, 1214; Soergel/*Dieckmann*, § 2314 Rn. 12; MünchKomm/*Lange*, § 2314 Rn. 3.
594 RGZ 73, 369, 373; BGHZ 33, 373, 374; BGH FamRZ 1965, 135; BGH NJW 1981, 2051, 2052; OLG Brandenburg FamRZ 1998, 1265, 1266; OLG Düsseldorf FamRZ 1995, 1236, 1237; OLG Zweibrücken FamRZ 1987, 1197, 1198; MünchKomm/*Lange*, § 2314 Rn. 3; Soergel/*Dieckmann*, § 2314 Rn. 12; Staudinger/*Haas*, § 2314 Rn. 10.
595 BGH NJW 1973, 1876, 1878; BGH WM 1976, 1089, 1090;; OLG Düsseldorf FamRZ 1995, 1236, 1238; *Klingelhöffer*, Pflichtteilsrecht, Rn. 137; Staudinger/*Haas*, § 2314 Rn. 14.
596 Vgl. z.B. *Klingelhöffer*, NJW 1993, 1097, 1102; Staudinger/*Haas*, § 2314 Rn. 16; Kerscher/Riedel/*Lenz*, Pflichtteilsrecht, § 11 Rn. 23.
597 Staudinger/*Haas*, § 2314 Rn. 16.
598 Der Erblasser kann bspw. Kinder aus einer zweiten oder weiteren Ehe haben. Ebenso ist eine Adoption denkbar, von der der Pflichtteilsberechtigte nichts weiß.

fordern kann.⁵⁹⁹ Auch wenn sich grundsätzlich die Form der Auskunft nach § 260 BGB richtet, besteht i.R.v. § 2314 BGB die Besonderheit, dass der Pflichtteilsberechtigte seine **Zuziehung** bei der Aufnahme des Verzeichnisses verlangen kann. Außerdem hat er die Möglichkeit, neben einem privaten Verzeichnis auch ein behördlich bzw. **notariell aufgenommenes Verzeichnis** zu verlangen. Bestehen Zweifel daran, dass der Verpflichtete die Auskunft wahrheitsgemäß und vollständig bzw. mit der erforderlichen Sorgfalt erteilt hat, kann auch (sozusagen als letztes Druckmittel) die Abgabe einer **Versicherung an Eides statt** verlangt werden.

2. Privates Bestandsverzeichnis

95 Eine bestimmte Form ist für das Nachlassverzeichnis nicht vorgeschrieben. Es muss alle tatsächlich vorhandenen sowie die fiktiven Nachlassgegenstände und ggf. Schulden in übersichtlicher Darstellung beinhalten. Es empfiehlt sich daher, Aktiva und Passiva getrennt voneinander auszuweisen und die Angaben zum Nachlassbestand von den rechtlichen Ausführungen zu trennen.⁶⁰⁰ Allerdings hat der Pflichtteilsberechtigte keinen Anspruch auf die **Vorlage** eines **Gesamtverzeichnisses**; die Vorlage mehrerer Teilverzeichnisse genügt, wenn dadurch insgesamt alle geschuldeten Informationen in geeigneter Form erteilt werden.⁶⁰¹ Vor diesem Hintergrund kann auch die Ergänzung eines bereits bestehenden Verzeichnisses (z.B. das dem Nachlassgericht im Testamentseröffnungsverfahren vorgelegte Verzeichnis oder ein Nachlassverzeichnis des Testamentsvollstreckers) genügen.⁶⁰² In der Praxis hat sich die Abfassung des Nachlassverzeichnisses in der Form einer Bilanz bewährt.⁶⁰³ Eine Bewertung der einzelnen Posten ist nicht erforderlich. Auf der Passivseite muss aber wenigstens der Rechtsgrund der einzelnen Nachlassverbindlichkeiten angegeben werden.⁶⁰⁴ Eine Unterzeichnung des Verzeichnisses ist nicht von Nöten.⁶⁰⁵

3. Amtliches Verzeichnis

96 Neben dem privaten kann der Pflichtteilsberechtigte auch ein amtliches bzw. notarielles Nachlassverzeichnis verlangen. Voraussetzung hierfür ist lediglich das grundsätzliche Bestehen eines Auskunftsanspruchs nach § 2314 BGB. Weitere Bedingungen existieren nicht. Insbesondere wird das Recht auf ein amtliches Verzeichnis nicht durch die bereits erfolgte Vorlage eines privaten Nachlassverzeichnisverzeichnisses ausgeschlossen.⁶⁰⁶ Beide Ansprüche bestehen kumulativ.⁶⁰⁷ Auch die erfolgreiche Klage auf Erteilung der privaten Auskunft und die anschließende Erfüllung des titulierten An-

---

599 BGHZ 33, 373, 375; OLG Düsseldorf FamRZ 1995, 1236, 1239; Staudinger/*Haas*, § 2314 Rn. 36; *Kerscher/Riedel/Lenz*, Pflichtteilsrecht, § 11 Rn. 13.
600 Staudinger/*Haas*, § 2314 Rn. 38.
601 BGH LM § 260 Nr. 14 = FamRZ 1962, 429; OLG Brandenburg FamRZ 1998, 179; Staudinger/*Haas*, § 2314 Rn. 38; *Kerscher/Riedel/Lenz*, Pflichtteilsrecht, § 11 Rn. 41.
602 OLG Brandenburg FamRZ 1998, 179, 180, 181; Staudinger/*Haas*, § 2314 Rn. 38.
603 Vgl. *Kerscher/Riedel/Lenz*, Pflichtteilsrecht, § 7 Rn. 22; *Klingelhöffer*, Pflichtteilsrecht, Rn. 150; Staudinger/*Haas*, § 2314 Rn. 38.
604 OLG Brandenburg FamRZ 1998, 179, 180, 181.
605 Staudinger/*Haas*, § 2314 Rn. 38; Soergel/*Dieckmann*, § 2314 Rn. 20.
606 OLG Düsseldorf FamRZ 1995, 1236, 1239; OLG Oldenburg NJW 1974, 2093; OLG Oldenburg NJW-RR 1993, 782; OLG Bremen FamRZ 1997, 1437; *Klingelhöffer*, Pflichtteilsrecht, Rn. 158; *Coing*, NJW 1983, 1298; nur in Ausnahmefällen steht dem Anspruch der Einwand der Schikane bzw. unzulässigen Rechtsausübung entgegen, vgl. BGH NJW 1961, 602, 604.
607 BGHZ 33, 373, 378.

spruchs ändert hieran nichts,[608] ebenso wenig die Zuziehung des Pflichtteilsberechtigten bei der Erstellung des Verzeichnisses.[609] Allerdings ist nach Vorlage eines amtlich erstellten Verzeichnisses die Anforderung eines privaten Nachlassverzeichnisses regelmäßig rechtsmissbräuchlich.[610]

Die Aufnahme des amtlichen Verzeichnisses ist eine **Beurkundungshandlung** und obliegt daher nach Bundesrecht grundsätzlich dem Notar (§ 20 Abs. 1 BNotO). Nach Landesrecht kann daneben auch die Zuständigkeit des Amtsgerichts (nicht des Nachlassgerichts) begründet sein.[611] Da der Pflichtteilsberechtigte selbst nicht antragsberechtigt ist,[612] kann er seinen Anspruch auf Erstellung des amtlichen Verzeichnisses nicht selbst, also ohne Mitwirkung des Erben durchsetzen. Erforderlichenfalls muss er den Erben auf entsprechende Beauftragung des Notars verklagen.

Inhaltlich sind das private und das notarielle Nachlassverzeichnis grundsätzlich identisch.[613]

4. Kein Nachbesserungsanspruch

Nach h.M. kann die Ergänzung des Bestandsverzeichnisses bei (vermuteter) Unvollständigkeit nicht verlangt werden.[614] Nur wenn das Verzeichnis entweder keine erfüllungstaugliche Auskunft darstellt[615] oder erkennbar mit Fehlern behaftet ist, die ihre Ursache in einer unzutreffenden rechtlichen Würdigung bestimmter Sachverhalte durch den Auskunftsschuldner haben, also nicht auf unzureichender Sorgfalt beruhen,[616] kann eine Wiederholung der Auskunftserteilung gefordert werden.[617] In allen anderen Fällen erlischt der Anspruch mit der Erteilung der Auskunft.[618]

97

5. Anspruch auf Zuziehung

Nach § 2314 Abs. 1 Satz 2 BGB hat der Pflichtteilsberechtigte das Recht, bei der Aufnahme des – privaten oder amtlichen[619] – Nachlassverzeichnisses anwesend zu sein.[620] Voraussetzung ist ausschließlich das Bestehen des Auskunftsanspruchs, eine besonde-

98

---

608 LG Essen MDR 1962, 575.
609 BGHZ 33, 373, 379.
610 BGHZ 33, 373, 379; Staudinger/*Haas*, § 2314 Rn. 39.
611 Palandt/*Edenhofer*, § 2314 Rn. 6; vgl. auch Staudinger/*Marotzke*, § 2002 Rn. 3.
612 Palandt/*Edenhofer*, § 2314 Rn. 6; Bamberger/Roth/*Mayer*, § 2314 Rn. 15.
613 Zur evtl. höheren Beweiskraft des amtlichen Verzeichnisses vgl. Damrau/*Riedel*, Erbrecht, § 2314 Rn. 24.
614 BGH LM § 260 Nr. 1 = JZ 1952, 492; Staudinger/*Haas*, § 2314 Rn. 42; Kerscher/Riedel/Lenz, Pflichtteilsrecht, § 11 Rn. 47; Mayer/Süß/Tanck/Bittler/Wälzholz, HB Pflichtteilsrecht, § 9Rn. 25; Coing, NJW 1983, 1298.
615 Durch eine solch mangelhafte Auskunft kann der Anspruch nach § 2314 BGB nicht zum Erlöschen gebracht werden, er besteht daher fort, vgl. OLG Brandenburg FamRZ 1998, 179; Staudinger/*Haas*, § 2314 Rn. 42; Kerscher/Riedel/Lenz, Pflichtteilsrecht, § 11 Rn. 47.
616 BGH JZ 1952, 492; BGH FamRZ 1965, 135; OLG Brandenburg FamRZ 1998, 180, 181; OLG Oldenburg NJW-RR 1992, 777, 778; Staudinger/*Haas*, § 2314 Rn. 42.
617 Damrau/*Riedel*, Erbrecht, § 2314 Rn. 25.
618 *Dieckmann*, NJW 1988, 1809, 1813.
619 Staudinger/*Haas*, § 2314 Rn. 43. Das Anwesenheitsrecht umfasst auch die Möglichkeit, sich von einem Beistand begleiten zu lassen oder einen Vertreter mit der Wahrnehmung des Termins zu beauftragen; KG FamRZ 1996, 767; Staudinger/*Haas*, § 2314 Rn. 43.
620 KG FamRZ 1996, 767.

re zeitliche Nähe zum Erbfall ist rechtlich nicht erforderlich[621] und wirkt sich lediglich auf den praktischen Nutzen der Zuziehung aus. Eigene Nachforschungen darf der hinzugezogene Pflichtteilsberechtigte nicht anstellen. Eine Möglichkeit, in irgendeiner Weise auf die Erstellung des Nachlassverzeichnisses Einfluss zu nehmen,[622] steht ihm nicht zu. Ihm soll lediglich Gelegenheiten gegeben werden, die Qualität der ihm erteilten Auskunft besser beurteilen zu können, um so z.B. die Notwendigkeit der Abgabe einer eidesstattlichen Versicherung zu erkennen.

6. Abgabe der eidesstattlichen Versicherung

99 Ein Anspruch auf Abgabe der eidesstattlichen Versicherung besteht nur, wenn die Annahme begründet ist, das Verzeichnis sei nicht mit der erforderlichen Sorgfalt erstellt worden.[623] Gegenstand der eidesstattlichen Versicherung nach § 2314 BGB sind sowohl der reale als auch und der fiktive **Nachlassbestand**. Hinsichtlich der Vollständigkeit der angegebenen Aktiva und Passiva kann der Pflichtteilsberechtigte verlangen, dass der Auskunftsverpflichtete seine Angaben durch die eidesstattliche Versicherung erhärtet.[624] Eine entsprechende Versicherung der Richtigkeit der gemachten Wertangaben kann aber nicht gefordert werden.

IV. Fälligkeit des Auskunftsanspruchs

100 Die Fälligkeit der Auskunftserteilung ergibt sich aus § 271 BGB.[625] Eine Fristsetzung ist nicht erforderlich. Soweit der Erbe die Auskunft nicht sofort erteilen kann, ist er baldmöglichst zur Erfüllung des Anspruchs verpflichtet. Ein Annahmeverzug des Pflichtteilsberechtigten ist vor Erfüllung des Auskunftsanspruchs ausgeschlossen, selbst wenn ihm die Leistung des Pflichtteils angeboten wird.[626] Die eidesstattliche Versicherung kann nicht vor erfolgter Auskunftserteilung verlangt werden.

V. Wertermittlungsanspruch

101 Neben der Auskunft über den bloßen Bestand des Nachlasses hat der Pflichtteilsberechtigte auch Anspruch auf Ermittlung des Werts der einzelnen Nachlassgegenstände. Es handelt sich insoweit um einen **eigenständigen Anspruch**, der vom Auskunfts-

---

621 KG FamRZ 1996, 767.
622 Dies gilt umso mehr, als die Aufnahme des Verzeichnisses nicht zwingend in der Wohnung des Erblassers erfolgen muss, vgl. Staudinger/*Haas*, § 2314 Rn. 45; vgl. im Übrigen KG FamRZ 1996, 767.
623 OLG Oldenburg NJW-RR 1992, 777, 778; OLG Frankfurt NJW-RR 1993, 1483 ff.; Staudinger/*Haas*, § 2314 Rn. 46; *Mayer/Süß/Tanck/Bittler/Wälzholz*, HB Pflichtteilsrecht, § 9 Rn. 29; *Kerscher/Riedel/Lenz*, Pflichtteilsrecht, § 11 Rn. 73. Anzeichen hierfür können sich in erster Linie aus dem Verhalten des Verpflichteten ergeben, wenn er bspw. die Auskunft nur schleppend erteilt oder mit allen (juristischen) Mitteln versucht, die Auskunftserteilung zu verhindern (OLG Frankfurt NJW-RR 1993, 1483). Gleiches gilt für die wiederholte Korrektur bereits erteilter Auskünfte, in sich widersprüchliche Angaben in mehreren Teilverzeichnissen oder die Darlegung einer abwegigen Rechtsauffassung im Hinblick auf Art und Umfang der tatsächlich geschuldeten Auskunft (vgl. hierzu BGH LM Nr. 1 zu § 260 = JZ 1952, 492; OLG Oldenburg NJW-RR 1992, 777, 778).
624 BGHZ 33, 373, 375.
625 § 1994 BGB ist insoweit nicht maßgeblich, vgl. Staudinger/*Haas*, § 2314 Rn. 35.
626 BGH FamRZ 1958, 23; Staudinger/*Haas*, § 2314 Rn. 35.

anspruch grundsätzlich unabhängig ist,[627] und daher auch gesondert geltend gemacht werden muss.[628]

Ziel des **Wertermittlungsanspruchs** ist es, dem Pflichtteilsberechtigten die Berechnung seines Pflichtteilsanspruchs zu ermöglichen.[629] Der Verpflichtete hat daher alle Unterlagen und Informationen vorzulegen, die für die konkrete Wertermittlung der Nachlassgegenstände von Bedeutung sind.[630] Soweit die Mitteilung der wertbestimmenden Tatsachen allein noch kein hinlängliches Bild über den Wert vermittelt, kann der Pflichtteilsberechtigte die Anfertigung eines **Sachverständigengutachtens** auf Kosten des Nachlasses verlangen.[631] Ein Recht, die gutachterliche Untersuchung selbst vorzunehmen oder vornehmen zu lassen, hat er aber nicht. Der Erbe hat nicht nur die Pflicht, sondern auch das Recht, die Wertermittlung in eigener Verantwortung durchzuführen.[632]

Gegenstand der Bewertung ist sowohl der reale als auch der fiktive Nachlass.[633] Ein evtl. vorzulegendes Gutachten muss sich auf den Verkehrswert des Nachlassvermögens zum Stichtag beziehen. Kommen mehrere Bewertungsmethoden in Betracht, hat sich der Gutachter mit diesen auseinanderzusetzen und die Ergebnisse ggf. alternativ darzustellen.[634] Bei der Bewertung von Gegenständen des **fiktiven Nachlasses** ist das **Niederstwertprinzip** zu beachten.[635]

VI. Person des Auskunftsschuldners

Schuldner des Auskunftsanspruchs ist gem. § 2314 BGB der Erbe, Miterben als Gesamtschuldner.[636] Erfolgt die Auskunftserteilung durch einen Miterben im Auftrag der übrigen, müssen letztere eventuelle Mängel nach den Grundsätzen des § 260 Abs. 2 BGB wie selbstverschuldete Mängel gegen sich gelten lassen.[637] Im Fall einer **Vor- und Nacherbschaft** ist bis zum Eintritt des Nacherbfalls allein der Vorerbe Erbe und als solcher auch allein zur Auskunft verpflichtet.[638] Ab Eintritt des Nacherbfalls ist auch

---

627 OLG Frankfurt NJW-RR 1994, 8; OLG Schleswig NJW 1972, 586; *Coing*, NJW 1983, 1298; Staudinger/*Haas*, § 2314 Rn. 58.
628 *Damrau/Riedel*, Erbrecht, § 2314 Rn. 30.
629 BGH JZ 1952, 492; OLG Oldenburg NJW 1974, 2093.
630 BGH FamRZ 1965, 135, 136; OLG Oldenburg NJW 1974, 2093; OLG Düsseldorf FamRZ 1997, 58, 59. Der Umfang der Informationspflichten ist vor diesem Hintergrund auch von dem der Bewertung zugrunde zu legenden Verfahren abhängig. So sind, wenn die Bewertung z.B. eines gewerblichen Unternehmens oder einer Immobilie nach dem Ertragswertverfahren vorgenommen werden muss, alle hierzu benötigten Angaben vom Wertermittlungsanspruch umfasst, vgl. OLG Oldenburg NJW 1974, 2093, *Coing*, NJW 1983, 1298, 1300; Soergel/*Dieckmann*, § 2314 Rn. 29; Staudinger/*Haas*, § 2314 Rn. 60.
631 BGH NJW 1989, 856; BGH NJW 1975, 258, 259; BGHZ 89, 24, 29; OLG München NJW 1974, 2094; Staudinger/*Haas*, § 2314 m.w.N.
632 So auch Staudinger/*Haas*, § 2314 Rn. 62; ein Anspruch auf die Beauftragung eines „öffentlich vereidigten" Sachverständigen besteht nicht, *Bissmaier*, ZEV 1997, 149f.
633 Nach Ansicht des BGH aber nur, soweit ein schutzwürdiges Interesse auf Wertermittlung geltend gemacht werden kann; *Damrau/Riedel*, Erbrecht, § 2314 Rn. 32.
634 Staudinger/*Haas*, § 2314 Rn. 64.
635 BGHZ 107, 200, 202; OLG Brandenburg FamRZ 1998, 1265, 1266; vgl. insoweit auch unten zum Pflichtteilsergänzungsanspruch.
636 *Sarres*, ZEV 1998, 4; Staudinger/*Haas*, § 2314 Rn. 29.
637 Staudinger/*Haas*, § 2314 Rn. 30; so i.E. auch RGZ 129, 239, 246.
638 Staudinger/*Behrends/Avenarius*, § 2100 Rn. 47.

der Nacherbe verpflichtet.[639] Für den Fall der **Testamentsvollstreckung** stellt § 2213 Abs. 1 Satz 3 BGB klar, dass der Auskunftsanspruch nicht gegenüber dem Testamentsvollstrecker geltend gemacht werden kann.[640]

VII. Pflicht zur Kenntnisverschaffung

103 Der Auskunftsschuldner ist verpflichtet, den Anspruch des Berechtigten vollständig zu erfüllen und sich die benötigten Informationen – i.R.d. zumutbaren – zu verschaffen.[641] Von eigenen Auskunftsansprüchen gegenüber Dritten, z.B. gem. § 666 BGB muss er auf jeden Fall Gebrauch machen und diese erforderlichenfalls auch (gerichtlich) durchsetzen.[642] Hinsichtlich **lebzeitiger Vermögensabflüsse** an Dritte i.S.d. § 2325 BGB kann aber über den Wortlaut des § 2314 BGB hinaus auch der vom Erblasser **beschenkte Nichterbe** zur Auskunft über das ihm zugewendete Geschenk verpflichtet sein.[643] Dies gilt vor allem dann, wenn der Erbe selbst keine eigene Kenntnis von den lebzeitigen Verfügungen hat und diese auch nicht ohne weiteres beschaffen kann und der Beschenkte gem. § 2329 BGB für den Pflichtteilsergänzungsanspruch haftet.[644]

VIII. Kostentragung

104 Die mit der Auskunftserteilung verbundenen Kosten sind **Nachlassverbindlichkeiten**. Das gilt sowohl für die Kosten der Erstellung der Verzeichnisse, der Zuziehung des Auskunftsberechtigten oder/und seines Beistands[645] als auch für die Kosten der Wertermittlung. Eine **Sonderregelung** besteht in Form des § 261 Abs. 3 BGB für die **eidesstattliche Versicherung**, deren Kosten der Auskunftsberechtigte zu tragen hat. § 261 Abs. 3 BGB bezieht sich aber ausschließlich auf die mit der Abgabe der Versicherung als solcher verbundenen Kosten, nicht etwa auf den Aufwand zur (prozessualen) Durchsetzung des Anspruchs, der im Unterliegensfall dem Beklagten zur Last fällt.[646]

---

639 DIV-Gutachten, ZfJ 1989, 385; Staudinger/*Haas*, § 2314 Rn. 31.
640 *Mayer/Bonefeld Daragan*, Testamentsvollstreckung, Rn. 733. Dem Erben steht aber in dieser Situation gegenüber dem Testamentsvollstrecker gem. § 2215 BGB ein eigener Auskunftsanspruch zu, durch dessen Verwirklichung er sich in die Lage versetzen kann, seine eigene Verpflichtung zu erfüllen. Der Erbe kann sich auch das Verzeichnis des Testamentsvollstreckers gegenüber dem Pflichtteilsberechtigten zueigen machen. Das gilt in gleicher Weise auch für Verzeichnisse des Nachlassverwalters nach § 2012 BGB oder des Nachlasspflegers nach §§ 1960, Abs. 2 BGB; vgl. Staudinger/*Haas*, § 2314 Rn. 31; *Damrau/Riedel*, Erbrecht, § 2314 Rn. 35.
641 BGHZ 107, 104, 108; OLG Brandenburg FamRZ 1998, 180, 181; *Kuchinke*, JZ 1990, 652, 653; Staudinger/*Haas*, § 2314 Rn. 17; *Kerscher/Riedel/Lenz*, Pflichtteilsrecht, § 11 Rn. 35.
642 Staudinger/*Haas*, § 2314 Rn. 18.
643 BGHZ 55, 378, 379; BGHZ 89, 24, 27; BGHZ 107, 200, 201; BGH NJW 1973, 1876, 1877; BGH WM 1985, 1346, 1347; BGH NJW 1981, 2051, 2052; *Kuchinke*, JZ 1990, 652, 653; Staudinger/*Haas*, § 2314 Rn. 32.
644 A.A. *Dieckmann*, NJW 1988, 1809, 1813; *Staudinger/Haas*, § 2314 Rn. 34, die der Auffassung sind, die Ansprüche gegen den Erben und gegen den Beschenkten stünden grundsätzlich gleichberechtigt nebeneinander und wiesen lediglich faktisch ein Subsidiaritätsverhältnis auf.
645 OLG München Rpfleger 1997, 453.
646 Staudinger/*Haas*, § 2314 Rn. 78.

K. Pflichtteilsergänzung wegen Schenkungen

Für den Fall, dass der reale Nachlass durch lebzeitige Schenkungen geschmälert wurde, ist in § 2325 BGB ein Pflichtteilsergänzungsanspruch vorgesehen.

105

I. Person des Anspruchsberechtigten

Anspruchsinhaber kann nur sein, wer (abstrakt) dem Kreis der Pflichtteilsberechtigten angehört. Das Bestehen eines ordentlichen Pflichtteilsanspruchs ist nicht erforderlich,[647] so dass auch für den gesetzlichen Erben[648] oder sogar den Alleinerben[649] Pflichtteilsergänzungsansprüche in Betracht kommen können. Voraussetzung ist lediglich, dass der Anspruchsteller weniger erhält als es der Summe aus Ergänzungspflichtteil und ordentlichem Pflichtteil entspricht.[650] Nach der Rspr. bezieht sich der Schutzzweck des § 2325 BGB aber nur auf diejenigen Personen, die sowohl im Zeitpunkt der Schenkung als auch beim Erbfall zum Kreis der Pflichtteilsberechtigten zählen (sog. **Doppelberechtigung des Pflichtteilsergänzungsberechtigten**).[651] Aufgrund dieser Rspr. können bspw. Ehegatten nur bzgl. nach der Heirat vom anderen Ehegatten getätigter Schenkung Pflichtteilsergänzungsansprüche zustehen.[652] Eheliche Kinder können nur insoweit ergänzungsberechtigt sein, als sie durch Schenkungen der Eltern nach deren Eheschließung benachteiligt sind, es sei denn, das ergänzungsberechtigte Kind war schon vor der Eheschließung gezeugt.[653] Auf den Zeitpunkt der Zeugung ist auch bei Ansprüchen nichtehelicher Kinder abzustellen.[654] Zuwendungen vor der Zeugung sind grundsätzlich nicht relevant. Adoptivkinder können Pflichtteilsergänzungsansprüche nur wegen Schenkungen verlangen, die nach ihrer Adoption erfolgen.[655]

106

II. Schenkungsbegriff

1. Allgemeines

Pflichtteilsergänzungsansprüche können nur durch diejenigen Schenkungen ausgelöst werden, die der Erblasser selbst ausgeführt hat.[656] Der Schenkungsbegriff des § 2325 Abs. 1 BGB ist zwar grundsätzlich identisch mit dem der §§ 516, 517 und 1624

107

---

647 Staudinger/*v. Olshausen*, § 2325 Rn. 72.
648 BGH NJW 1973, 995.
649 Insoweit allerdings nur über § 2329 BGB, da der Alleinerbe natürlich nur gegenüber dem Beschenkten und nicht gegenüber sich selbst Ansprüche geltend machen kann. Nichtsdestotrotz setzt § 2329 BGB aber zunächst das Vorliegen des Tatbestandes des § 2325 BGB voraus.
650 Staudinger/*v. Olshausen*, § 2325 Rn. 70.
651 BGHZ 59, 210, 212 = ZEV 1997, 40; BGH NJW 1997, 2676; zur teilweise berechtigten Kritik vgl. *Damrau/Riedel*, Erbrecht, § 2325 Rn. 5 ff.
652 BGH NJW 1997, 2672 ff.
653 BGHZ 59, 210, 217.
654 *Kerscher/Riedel/Lenz*, Pflichtteilsrecht, § 9 Rn. 114.
655 BGHZ 59, 217.
656 Der „erweiterte Erblasserbegriff", dem zufolge i.R.d. Ausgleichung neben Zuwendungen des längstlebenden Elternteils auch diejenigen des Vorverstorbenen berücksichtigt werden können (§ 2052 BGB), gilt hier ausdrücklich nicht; *Mayer/Süß/Tanck/Bittler/Wälzholz*, HB Pflichtteilsrecht, § 8 Rn. 15; ausdrücklich entschieden für die Berücksichtigung von Eigengeschenken i.S.d. § 2327 Abs. 1 BGB, vgl. BGHZ 88, 102 ff. = NJW 1983, 2875.

BGB.[657] Das bloße Fehlen der objektiven Äquivalenz von Leistung und Gegenleistung reicht aber für die Annahme einer unentgeltlichen Zuwendung nicht aus.[658] Maßgeblicher Beurteilungszeitpunkt ist ausschließlich der Zeitpunkt der Zuwendung,[659] später eintretende Wertverschiebungen spielen grundsätzlich[660] keine Rolle.

2. Einzelfälle

108 Unter den Schenkungsbegriff des § 2325 BGB sind auch **belohnende** (sog. remuneratorische) Schenkungen zu subsumieren.[661] Nach § 1624 Abs. 1 BGB gilt auch die **Übermaßausstattung** (hinsichtlich des Übermaßes) als Schenkung. Zum Teil umstritten ist der Schenkungscharakter von **Abfindungsleistungen**, die im Gegenzug für einen Erb- oder Pflichtteilsverzicht geleistet werden.[662] Nach richtiger Auffassung können derartige Zuwendungen aber i.d.R. nicht als Entgelt angesehen werden, sie lösen daher Pflichtteilsergänzungsansprüche aus.[663] Leistungen zur Herbeiführung eines vorzeitigen Erbausgleichs des nichtehelichen Kindes stellten aber nach einhelliger Meinung keine Schenkungen dar.[664]

109 Die Anordnung von **Auflagen** hat grundsätzlich keinen Einfluss auf die Unentgeltlichkeit der Zuwendung.[665] Teilweise wird sogar vertreten, der Wert der Auflage sei bei der Bewertung der Zuwendung nicht einmal abzugsfähig,[666] so dass der Abgrenzung zur gemischten Schenkung erhebliche Bedeutung zukommt.[667]

110 Bei sog. **Zweckschenkungen** ist nach den konkreten Bestimmungen des Schenkungsvertrags zu differenzieren: Ist die zweckgebundene Verwendung Vertragsbestandteil, liegt hierin eine auflösende Bedingung mit der Folge, dass bei deren Eintritt das Geschenk nach § 812 BGB wieder herausverlangt werden kann. Bis zur Beendigung des sich hieraus ergebenden Schwebezustands ist § 2325 BGB auf jeden Fall anwendbar.[668] Hat der Beschenkte das Geschenk zweckentsprechend verwendet, kommt es entscheidend darauf an, wem dies zugute gekommen ist. Erfolgte bspw. eine Geldzuwendung unter der auflösenden Bedingung, die Mittel zum Bau eines selbstgenutzten Wohnhauses einzusetzen, ändert die Einhaltung dieser Bedingung sicherlich nichts an dem Charakter der Zuwendung.[669]

---

657 BGHZ 59, 132, 135 = NJW 1972, 1709; BGH NJW 1981, 1956; Staudinger/*Olshausen*, § 2325 Rn. 1; kumulativ müssen eine objektive Bereicherung des Dritten und die Einigung zwischen Erblasser und Zuwendungsempfänger über die Unentgeltlichkeit der Zuwendung (§ 516 Abs. 1 BGB) vorliegen; RGZ 128, 188; Staudinger/*Olshausen*, § 2325 Rn. 2.
658 Staudinger/*Olshausen*, § 2325 Rn. 2.
659 BGH NJW 1964, 1323.
660 Vorbehaltlich späterer Anpassungen von Leistung und Gegenleistung.
661 Eine Ausnahme hiervon gilt nur, wenn es sich gleichzeitig um Anstandsschenkungen i.S.d. § 2330 BGB handelt; vgl. *Damrau/Riedel*, Erbrecht, § 2325 Rn. 13.
662 Verneinend z.B. *Coing*, NJW 1967, 1776; *Damrau/Riedel*, Erbrecht, § 2325 Rn. 14 m.w.N.; für den Regelfall auch MünchKomm/*Lange*, § 2325 Rn. 17.
663 Vgl. hierzu im Einzelnen *Damrau/Riedel*, Erbrecht, § 2325 Rn. 13.
664 *Damrau/Riedel*, Erbrecht, § 2325 Rn. 14.
665 BGH ZEV 1996, 186, 187; RGZ 60, 238.
666 Staudinger/*Olshausen*, § 2325 Rn. 18 m.w.N.
667 Bei wirtschaftlicher Betrachtung des Problems kann diese Ansicht jedoch nicht überzeugen, vgl. *Damrau/Riedel*, Erbrecht, § 2325 Rn. 15.
668 Vgl. *Staudinger/v. Olshausen*, § 2325 Rn. 20.
669 *Damrau/Riedel*, Erbrecht, § 2325 Rn. 16.

3. Sonderfall: gegenseitige Verträge

Bei **gegenseitigen Verträgen** zu unter fremden Dritten üblichen Konditionen scheidet eine Schenkung grundsätzlich aus. Im Einzelfall ist aber stets zu prüfen, ob die getroffenen Vereinbarungen diesem **Fremdvergleich** standhalten, oder ob es sich um eine gemischte oder verschleierte Schenkung handelt. Die Rspr. setzt hier relativ enge Grenzen: eine objektiv fehlende Gegenleistung kann durch den Parteiwillen nicht ersetzt werden.[670] Von sachfremden Erwägungen getragene, willkürliche Bemessungen von Leistung und Gegenleistung sind nicht geeignet, die (teilweise) Unentgeltlichkeit einer Zuwendung zu verhindern.[671] Bei einem groben Missverhältnis der einander gegenüberstehenden Werte spricht daher eine tatsächliche Vermutung für den Willen der Parteien zur Unentgeltlichkeit bzw. zur Bereicherung des weniger leistenden Teils.[672] Dem Pflichtteilsberechtigten obliegt aber auf jeden Fall der Nachweis des objektiven Missverhältnisses von Leistung und Gegenleistung. Er hat die zugrunde zu legenden Werte darzutun und ggf. zu beweisen.[673]

111

Einen Sonderfall bilden insoweit die sog. **Übergabeverträge**, bei denen i.R.d. „**vorweggenommenen Erbfolge**" Vermögen auf die nächste Generation oder sonstige Empfänger übertragen wird. Hier entspricht es gerade dem Sinn und Zweck des Vertrages, sich bei der Bemessung des Entgelts bzw. der Gegenleistung eher großzügig zu zeigen. Die Rspr. erkennt daher diese Verträge als entgeltlich an, wenn sich die Werte von Leistung und Gegenleistung (auch unter Berücksichtigung des Verwandtschaftsverhältnisses) in einem vernünftigen Rahmen bewegen.[674]

Gemischte Schenkungen sind dadurch gekennzeichnet, dass das vereinbarte Entgelt wertmäßig hinter der Leistung des Zuwendenden zurückbleibt und die Parteien sich über die teilweise Unentgeltlichkeit der erfolgten Zuwendung einig sind.[675] Für den Pflichtteilsergänzungsanspruch ist hier nur der unentgeltliche Teil des Zuwendungsverhältnisses relevant.[676]

Zu **gesellschaftsrechtlichen Vereinbarungen** vgl. oben sowie im Einzelnen *Riedel*, ZErb 2003, 212 ff. sowie *Damrau/Riedel*, Erbrecht, § 2325 Rn. 21 ff. und *Mayer/Süß/Tanck/Bittler/Wälzholz*, HB Pflichtteilsrecht, § 8 Rn. 58 ff.

4. Sonderfall: Lebensversicherung

Bei **Lebensversicherungen** ist streng zu unterscheiden, ob der Erblasser (Versicherungsnehmer) im Versicherungsvertrag einen Bezugsberechtigten benannt hat oder nicht. Während im erstgenannten Fall grundsätzlich[677] ein Vertrag zugunsten Dritter vorliegt mit der Folge, dass der Leistungsanspruch kein Nachlassbestandteil wird, fällt in den Fall, dass der Bezugsberechtigte nicht benannt wird, die Versicherungssumme in vollem Umfang in den Nachlass.[678] In diesem Zusammenhang ist zu beachten, dass

112

---

670 BGH NJW 1961, 604; BGH NJW 1972, 1709.
671 BGH NJW 1981, 2458; BGH NJW 1961, 604; BGH NJW 1972, 1709.
672 BGHZ 59, 132 = NJW 1972, 1709; BGH NJW 1992, 558.
673 BGH NJW 1981, 2458.
674 BGH LM Nr. 1 zu § 2325; Staudinger/*v. Olshausen*, § 2325 Rn. 15.
675 BGH NJW-RR 1993, 773, 774.
676 BGH NJW 1971, 1709.
677 Ausnahme: kreditsichernde Lebensversicherungen.
678 Vgl. *Kerscher/Riedel/Lenz*, Pflichtteilsrecht, § 15 Rn. 15.

eine ausdrückliche Bezugsberechtigung nicht unbedingt eine namentliche Benennung im Versicherungsvertrag erfordert.[679]

Einen Sonderfall bildet die als **Kreditunterlage** verwendete und zur Sicherung abgetretene Lebensversicherung, die nach zutreffender Auffassung des BGH[680] hinsichtlich des der Kreditsicherung dienenden Teils der Versicherungsleistung als Nachlassbestandteil anzusehen ist.

Ein allg. Problem im Bereich der Verträge zugunsten Dritter bildet aber regelmäßig die genaue rechtliche Einordnung des Valutaverhältnisses. Im Einzelfall ist daher stets zu prüfen, ob statt einer (pflichtteilsergänzungspflichtigen) Schenkung eventuell eine (pflichtteilsfeste) Ausstattung (§ 1624 BGB) oder ehebezogene Zuwendung vorliegt.[681]

113 Die Errichtung einer **Stiftung von Todes wegen** unterliegt unstreitig den allg. Regeln des Pflichtteilsrechts, so dass insoweit ein ordentlicher Pflichtteilsanspruch (§ 2303 BGB) in Betracht kommt[682] Die Errichtung einer **Stiftung unter Lebenden** stellt aber i.d.R. keine Schenkung dar.[683] Dogmatisch betrachtet, mangelt es am Willen der Beteiligten zur Unentgeltlichkeit.[684] § 2325 BGB ist aber nach überwiegender Meinung analog anzuwenden.[685]

5. Sonderfall: Zuwendungen unter Ehegatten

114 Einige Besonderheiten sind im Bereich der sog. **ehebezogenen Zuwendungen** zu beachten: i.d.R. mangelt es den Eheleuten an der Einigkeit über die objektive Unentgeltlichkeit der Zuwendung. Da derartige Zuwendungen im Verhältnis der Ehegatten zueinander grundsätzlich nicht als Schenkung bewertet werden, müsste hieraus grundsätzlich der Schluss zu ziehen sein, dass ehebezogene Zuwendungen immer ergänzungsfest seien.[686] Um den hiermit verbundenen Gestaltungs- bzw. Missbrauchsmöglichkeiten einen Riegel vorzuschieben, verzichtet der BGH bei ehebezogenen Zuwendungen auf das Tatbestandsmerkmal der Einigung über die Unentgeltlichkeit und lässt die objektive Unentgeltlichkeit der Zuwendung genügen, um den Anwendungsbereich des § 2325 BGB zu eröffnen.[687] Bezogen auf das Pflichtteilsrecht stehen ehebezogene Zuwendungen daher nach der Rspr. den Schenkungen gleich. Für die objektive Unentgeltlichkeit genügt es insoweit, dass die gewährte Leistung nicht von einer (wenigstens subjektiv) wertgleichen Gegenleistung abhängig ist.[688]

---

679 *Kerscher/Riedel/Lenz*, Pflichtteilsrecht, § 15 Rn. 4; *Mayer/Süß/Tanck/Bittler/Wälzholz*, HB Pflichtteilsrecht, § 8 Rn. 30 m.w.N.
680 BGH ZEV 1996, 263.
681 *Mayer/Süß/Tanck/Bittler/Wälzholz*, HB Pflichtteilsrecht, § 8 Rn. 31; wegen der Berechnung des Werts der Zuwendung vgl. unten.
682 Staudinger/*v. Olshausen*, § 2325 Rn. 39.
683 OLG Dresden ZErb 2002, 290.
684 MünchKomm/*Reuther*, § 80 Rn. 14; Staudinger/*v. Olshausen*, § 2325 Rn. 39.
685 BGH, ZErb 2004, 129; MünchKomm/*Lange*, § 2325 Rn. 26; OLGE 38, 235; *Rawert/Katschinski*, ZEV 1996, 161; Staudinger/*v. Olshausen* § 2325 Rn. 39; a.A. noch OLG Dresden ZErb 2002, 290 (durch BGH aufgehoben).
686 *Damrau/Riedel*, Erbrecht, § 2325 Rn. 43.
687 BGHZ 116, 167 = NJW 1992, 564 ff. = FamRZ 1992, 300; vgl. auch *Mayer/Süß/Tanck/Bittler/Wälzholz*, HB Pflichtteilsrecht, § 8 Rn. 36 m.w.N.
688 BGHZ 116, 167, 170.

Da die Ehe als solche keinen Anspruch auf Vermögenszuwendungen begründet, ist bei (nicht auf Austauschverträgen beruhenden)[689]) Leistungen unter Ehegatten im Regelfall von (unentgeltlichen) ehebezogenen Zuwendungen auszugehen.[690] **Ausnahmen** bestehen aber für angemessene Zuwendungen zum Zwecke der **Alterssicherung**,[691] für angemessene nachträgliche **Vergütungen langjähriger Dienste**[692] oder bei Erfüllung entsprechender **unterhaltsrechtlicher Verpflichtungen**.[693] Die Instanzgerichte haben diese Grundsätze auch auf die nichteheliche Lebensgemeinschaft ausgedehnt.[694] Dem Schutz der pflichtteilsberechtigten Abkömmlinge kommt in der Rspr. des BGH eindeutig der Vorrang gegenüber den (berechtigten) Interessen des überlebenden Ehegatten zu. Die eigentliche Funktion der ehebezogenen Zuwendung, nämlich die mit ihr beabsichtigte Absicherung der ehelichen Lebensverhältnisse, bleibt dabei auf der Strecke.[695]

Auch der **Vermögenserwerb durch güterrechtliche Vereinbarung** kann im Einzelfall eine ehebezogene Zuwendung darstellen.[696]

Grundsätzlich ist der hälftige Vermögenserwerb des weniger vermögenden Ehegatten durch die Vereinbarung einer Gütergemeinschaft pflichtteilsergänzungsfest.[697] Der Rechtsgrund der Bereicherung liegt in einem familienrechtlichen Vertrag, so dass es an der für eine Schenkung erforderlichen Einigung über die Unentgeltlichkeit fehlt.[698] Die einer späteren Vereinbarung der Gütertrennung folgende Auseinandersetzung des veränderten Gesamtguts kann aber insoweit als pflichtteilsergänzungspflichtig anzusehen sein, als einem Ehegatten mehr als die Hälfte des Gesamtguts zugeteilt wird.[699] Dem BGH[700] geht es dabei vorrangig um den Schutz der pflichtteilsberechtigten Abkömmlinge durch die Verhinderung missbräuchlicher Gestaltungen. So kann bspw. eine kurz vor dem Tod eines Ehegatten getroffene güterrechtliche Vereinbarung pflichtteilsergänzungsrelevant sein.[701] Das gilt auch, wenn kurz nach Vereinbarung der Gütergemeinschaft (wieder) Gütertrennung vereinbart und dadurch ein überdurchschnittlicher Teil des Vermögens auf den bisher eigentlich vermögenslosen Ehegatten übertragen wird (sog. **Güterstandsschaukel**).[702]

---

689 Wegen dieser Fälle vgl. BGHZ 116, 167, 173.
690 *Mayer/Süß/Tanck/Bittler/Wälzholz*, HB Pflichtteilsrecht, § 8 Rn. 36:
691 BGH NJW 1972, 580.
692 OLG Oldenburg FamRZ 2000, 638; in diesem Zusammenhang ist aber § 1360b BGB zu beachten.
693 Vgl. MünchKomm/*Wacke*, § 1360a Rn. 3-9.
694 Vgl. OLG Düsseldorf NJW-RR 1997, 1497, 1500.
695 *Langenfeld* bezeichnet den BGH in diesem Zusammenhang mit einiger Ironie als „Schutzpatron" der pflichtteilsberechtigten Abkömmlinge, vgl. NJW 1994, 2133; wegen der diesbzgl. Diskussion in der Lit. vgl. *Mayer/Süß/Tanck/Bittler/Wälzholz*, HB Pflichtteilsrecht, § 8 Rn. 40 ff.; *Damrau/Riedel*, § 2325 Rn. 44 ff.
696 Staudinger/*v. Olshausen*, § 2325 Rn. 22.
697 BGHZ 116, 178, 182 = NJW 1992, 558 = FamRZ 1992, 304; BGH, NJW 1975, 1774; MünchKomm/*Lange*, § 2325 Rn. 26; *Nieder*, Rn. 47 m.w.N.
698 Staudinger/*v. Olshausen*, § 2325 Rn. 22; *Kerscher/Riedel/Lenz*, Pflichtteilsrecht, § 9 Rn. 58.
699 *Kerscher/Riedel/Lenz*, Pflichtteilsrecht, § 9 Rn. 58.
700 BGH NJW 1975, 1774; BGHZ 116, 178.
701 OLG Stuttgart BWNotZ 1990, 113; RGZ 87, 301.
702 RGZ 87, 301; weitere Fälle bei *Nieder*, Rn. 47.

Grundsätzlich lässt sich aber wohl noch davon ausgehen, dass auch das sog. **Gütertrennungsmodell** eine pflichtteilsfeste Gestaltung darstellt.[703] Allerdings mehren sich in der Lit. die Stimmen, die auch insoweit zur Vorsicht mahnen.[704]

III. Person des Dritten

116 Als Empfänger, also Dritter i.S.d. § 2325 BGB kommt jede natürliche oder juristische Person[705] oder Personenvereinigung in Betracht. Der Begriff des Dritten bezieht sich vornehmlich auf die Abgrenzung des Zuwendungsempfängers vom anspruchsberechtigten Pflichtteilsberechtigten.[706] Als Dritter kommt daher auch der Erbe oder ein anderer Pflichtteilsberechtigter in Betracht,[707] im Ergebnis also alle Personen außer dem Ergänzungsberechtigten selbst.

IV. Zehnjahresfrist, § 2325 Abs. 3 BGB

1. Grundsätzliches

117 Nach § 2325 Abs. 3 BGB sind Schenkungen grundsätzlich nur dann ergänzungspflichtig, wenn zwischen der Leistung des Geschenks und dem Erbfall weniger als zehn Jahre vergangen sind. Es handelt sich hier um eine **echte Ausschlussfrist,**[708] die den Anspruch per se zunichte macht. Daher ist sie im Falle der gerichtlichen Geltendmachung des Pflichtteilsergänzungsanspruchs von Amts wegen zu berücksichtigen.[709] Ab welchem Zeitpunkt die Frist zu laufen beginnt, ist aber oft problematisch. Denn der in § 2325 Abs. 3 BGB genannte Zeitpunkt der „Leistungserbringung" lässt die Frage offen, ob schon die bloße Leistungshandlung oder erst der Eintritt des Leistungserfolges maßgeblich sein soll.[710] Die h.M. stellt grundsätzlich auf den Leistungserfolg,[711] also den Eigentumsübergang[712] ab.

2. Genussverzicht

118 Darüber hinaus verlangt der BGH die endgültige Ausgliederung des Geschenks aus dem wirtschaftlichen Verfügungsbereich des Erblassers. Liegt ein sog. **„Genussverzicht"**[713] nicht vor, beginnt die Zehnjahresfrist nicht zu laufen.[714] Zur Begründung

---

703 Vgl. *Brambring,* ZEV 1996, 248, 252 ff.; dabei wird der gesetzliche Güterstand durch Vereinbarung einer Gütertrennung beendet und der Zugewinn durch Übertragung entsprechender Vermögensgegenstände ausgeglichen. Soweit es dabei nicht zu erheblich über dem sich rechnerisch ergebenden Ausgleichsanspruch liegenden Vermögensverschiebungen kommt, liegt hierin keine unentgeltliche Zuwendung; vgl. auch *Klingelhöffer,* Pflichtteilsrecht, Rn. 342; *Hayler,* FuR 2000, 4, 7; *Mayer/Süß/Tanck/ Bittler/Wälzholz,* HB Pflichtteilsrecht, § 8 Rn. 49 m.w.N.
704 Vgl. *Mayer/Süß/Tanck/Bittler/Wälzholz,* HB Pflichtteilsrecht, § 8 Rn. 49 m.w.N.; ebenso *Damrau/ Riedel,* Erbrecht, § 2325 Rn. 56 ff.
705 Soergel/*Dieckmann,* § 2325 Rn. 40; Staudinger/*Olshausen,* § 2325 Rn. 1.
706 Mot. V 457.
707 RGZ 69, 390; *Damrau/Riedel,* Erbrecht, § 2325 Rn. 68.
708 Staudinger/*v. Olshausen,* § 2325 Rn. 51; *Nieder,* Rn. 162.
709 *Mayer/Süß/Tanck/Bittler/Wälzholz,* HB Pflichtteilsrecht, § 8 Rn. 119.
710 *Brox,* Erbrecht, Rn. 537; *Nieder,* DNotZ 1987, 319.
711 Staudinger/*v. Olshausen,* § 2325 Rn. 54; MünchKomm/*Lange,* § 2325 Rn. 37; *Nieder,* DNotZ 1987, 319, 320; *Mayer,* FamRZ 1994, 739, 745.
712 *Damrau/Riedel,* Erbrecht, § 2325 Rn. 70.
713 BGHZ 98, 226, 233 = NJW 1987, 122; BGHZ 125, 395, 398 f. = NJW 1994, 1791.
714 BGHZ 118, 49.

verweist der BGH auf die Protokolle zum Entwurf des § 2325 BGB.[715] Hintergrund der Regelung sei gewesen, das Recht des Beschenkten nicht zu lange im Schwebezustand zu halten, da sich die pflichtteilsberechtigten Angehörigen nach so langer Zeit an die eingetretene Vermögensminderung gewöhnt hätten. Eine Benachteiligungsabsicht sei bei Schenkungen, deren Folgen der Erblasser noch selbst längere Zeit zu tragen hätte, eher unwahrscheinlich.

Die Sichtweise des BGH ist teilweise heftiger (und berechtigter) Kritik der Lit. ausgesetzt.[716] Sie birgt die Gefahr erheblicher Rechtsunsicherheiten,[717] da eine konkrete Abgrenzung, ob ein „Genussverzicht" im Einzelfall vorliegt, oder nicht, mitunter kaum möglich ist. Insbesondere die Fälle, in denen sich der Schenker nur ein anteiliges Nutzungsrecht, bspw. einen Quotennießbrauch, vorbehält, sind derzeit praktisch kaum zu lösen.[718] Angesichts der Formulierung des Gesetzes, die lediglich den rechtlichen Leistungserfolg, und nicht auch den wirtschaftlichen, fordert, kann die Rspr. des BGH wohl zu Recht als richterliche Rechtsfortbildung bezeichnet werden.[719] Dass diese Entwicklung in die richtige Richtung geht, darf indes bezweifelt werden.[720]

Bei **Grundstücksübertragungen** beginnt die Frist grundsätzlich mit der **Eintragung** der Rechtsänderung im **Grundbuch** (§ 873 Abs. 1 BGB),[721] nicht etwa bereits mit dem Erwerb einer Anwartschaft.[722] Besonderheiten gelten aber wie erwähnt, wenn das Grundstück unter Vorbehalt eines Nießbrauchs oder eines Wohnrechts übertragen wurde.[723]

Beim **Vorbehaltsnießbrauch** gibt der Erblasser den „Genuss" des verschenkten Gegenstandes gerade nicht auf. Eine „Leistung" i.S.d. § 2325 Abs. 3 Satz 1 BGB des verschenkten Gegenstandes liegt daher trotz Umschreibung im Grundbuch nicht vor.[724] Dasselbe gilt auch bei einem **Wohnungsrecht**, wenn dem Eigentümer keine eigenständige Nutzungsmöglichkeit verbleibt.[725] Die Frist des § 2325 Abs. 3 1. HS BGB beginnt erst dann zu laufen, wenn das Nutzungsrecht erlischt oder der Berechtigte von ihm keinen Gebrauch mehr macht (bzw. machen kann).[726]

Obwohl höchstrichterlich noch nicht entschieden,[727] stellt sich angesichts der vom BGH für den Fristbeginn geforderten „wirtschaftlichen" Vermögensausgliederung, bzw. des Genussverzichts die Frage, ob ein **Widerrufsvorbehalt** in einem Übergabevertrag (bedingter Rückübertragungsanspruch) der Ingangsetzung der Frist des § 2325 Abs. 3 BGB entgegensteht.[728] **Rückforderungsklauseln**, die auf abschließend aufge-

---

715 Mot. V, S. 453 ff.
716 Vgl. *Damrau/Riedel*, Erbrecht, § 2325 Rn. 72.
717 MünchKomm/*Lange*, § 2325 Rn. 37; *Frank*, JR 1987, 243, 244; *Nieder*, DNotZ 1987, 319, 320; *Paulus*, JZ 1987, 153; Mayer, ZEV 1994, 325, 326f.; Staudinger/*Olshausen*, § 2325 Rn. 58.
718 *Kerscher/Riedel/Lenz*, Pflichtteilsrecht, § 9 Rn. 91.
719 Staudinger/*Olshausen*, § 2325 Rn. 58; *Mayer/Süß/Tanck/Bittler/Wälzholz*, HB Pflichtteilsrecht, § 8 Rn. 120; *Siegmann*, DNotZ 1994, 787, 789; *Reif*, ZEV 1998, 241, 246.
720 So auch *Reif*, ZEV 1998, 241, 246 zum Nießbrauchsvorbehalt; a.A. *Siegmann*, DNotZ 1994, 787, 789.
721 BGHZ 102, 289, 292 = NJW 1988, 821.
722 *Mayer/Süß/Tanck/Bittler/Wälzholz*, HB Pflichtteilsrecht, § 8 Rn. 121.
723 *Kerscher/Riedel/Lenz*, Pflichtteilsrecht, § 9 Rn. 91.
724 *Kerscher/Riedel/Lenz*, Pflichtteilsrecht, § 9 Rn. 98.
725 *Mayer/Süß/Tanck/Bittler/Wälzholz*, HB Pflichtteilsrecht, § 8 Rn. 125; *J. Mayer*, ZEV 1994, 325; *Wegmann*, MittBayNot 1994, 307.
726 *Kerscher/Riedel/Lenz*, Pflichtteilsrecht, § 9 Rn.103.
727 In BGHZ 125, 395 = NJW 1994, 1791 hat der BGH diesen Gesichtspunkt nicht problematisiert.
728 *Damrau/Riedel*, Erbrecht, § 2325 Rn. 78.

zählte Fälle, bspw. das Vorversterben des Übernehmers, beschränkt sind, stehen dem Fristbeginn aber nach überwiegender Meinung nicht entgegen. Denn der Eintritt der Bedingung ist dem Einflussbereich des Erblassers entzogen.[729]

3. Sonderregelung für Ehegatten

Eine gesetzliche Ausnahme von den soeben dargestellten Grundsätzen enthält § 2325 Abs. 3 2. HS BGB. Bei **Schenkungen an den Ehegatten** beginnt die Zehnjahresfrist nicht vor Auflösung der Ehe zu laufen. Wird die Ehe erst durch den Tod des einen Ehegatten aufgelöst, sind alle Schenkungen ergänzungspflichtig, und zwar unabhängig vom Zeitpunkt des Eintritts des rechtlichen Leistungserfolges. Dieser kann also auch schon mehrere Jahrzehnte zurückliegen.[730] Die Anwendung von § 2325 Abs. 3 2. HS BGB setzt voraus, dass die Ehegatten im Zeitpunkt der Schenkung bereits miteinander verheiratet waren. Eine analoge Anwendung der Vorschrift auf Verlobte[731] oder Partner einer nichtehelichen Lebensgemeinschaft ist wegen ihres Ausnahmecharakters abzulehnen.[732] Anderes gilt aber wohl für Zuwendungen unter Partnern einer eingetragenen Lebensgemeinschaft.[733]

V. Schuldner des Pflichtteilsergänzungsanspruchs

119 Schuldner des Ergänzungsanspruches nach § 2325 BGB sind, wie beim ordentlichen Pflichtteilsanspruch, grundsätzlich der oder die Erben. Nur in Ausnahmefällen, wenn der Erbe nicht verpflichtet ist, kann auch der Beschenkte in Anspruch genommen werden (§ 2329 BGB). Dieser haftet nur, wenn der Erbe zur Pflichtteilsergänzung „nicht verpflichtet" ist, § 2329 Abs. 1 Satz 1 BGB. Das ist der Fall, wenn
– feststeht, dass kein Nachlass vorhanden bzw. der Nachlass überschuldet ist;[734]
– der Erbe nur beschränkt auf den Nachlass bzw. nur als Teilschuldner haftet und
– der Nachlass nicht zur Pflichtteilsergänzung ausreicht, §§ 1975 ff., 1990, 1991 Abs. 5, 2060 BGB, § 327 InsO.[735]

Grundsätzlich ist die **Einrede der Dürftigkeit** des Nachlasses ausreichend.[736] Teilweise wird vertreten, es genüge bereits das Vorliegen der tatsächlichen Voraussetzungen für die Haftungsbeschränkung; die Geltendmachung sei nicht erforderlich, da davon auszugehen sei, dass der Erbe von seiner Möglichkeit zur Haftungsbeschränkung Gebrauch machen werde.[737] Diese pauschale Unterstellung ist aber nach hiesiger Auf-

---

729 *Kerscher/Riedel/Lenz*, Pflichtteilsrecht, § 9 Rn.109; *Mayer/Süß/Tanck/Bittler/Wälzholz*, HB Pflichtteilsrecht, § 8 Rn. 134, der des Weiteren unter Bezugnahme auf OLG Düsseldorf FamRZ 1999, 1546, 1547 Fälle der Kombination von Rückerwerbsrechten mit vorbehaltenen Nutzungsrechten problematisiert und in diesem Zusammenhang den Begriff des wirtschaftlichen Eigentums i.S.v. § 39 AO in die Diskussion einführt.
730 *Kerscher/Riedel/Lenz*, Pflichtteilsrecht, § 9 Rn. 94.
731 In der Lit. wird zwar diskutiert, § 2325 Abs. 3 2. HS BGB auch auf unmittelbar vor der Eheschließung erfolgte Schenkungen auszudehnen, sonst die Gefahr der Umgehung der Vorschrift durch Noch-nicht-Ehegatten bestünde. Von der h.M. wird eine entsprechende Anwendung jedoch abgelehnt. Staudinger/ *v. Olshausen*, § 2325 Rn. 16; a.A. OLG Zweibrücken FamRZ 1994, 1492.
732 MünchKomm/*Lange*, § 2325 Rn. 39.
733 Vgl. MünchKomm/*Lange*, § 2325 Rn. 39 m.w.N.
734 BGHZ 80, 205; BGH NJW 1974, 1372.
735 BGH NJW 1961, 870.
736 BGHZ 80, 205, 209; BGH LM Nr. 10 = NJW 1974, 1327.
737 Soergel/*Dieckmann*, § 2329 Rn. 7.

fassung nicht haltbar. Außerdem erfährt der Pflichtteilsberechtigte durch die Forderung der tatsächlichen Geltendmachung keine Beeinträchtigung, da der Erbe für den fraglichen Anspruch mit seinem gesamten Vermögen über einem Zeitraum von 30 Jahren haftet, § 218 Abs. 1 BGB.

Weitere Voraussetzung ist, dass der Erbe die Pflichtteilsergänzung nach § 2328 BGB verweigern kann.[738] Auch insoweit ist str., ob bereits das Bestehen der Einrede genügt.[739] Grundsätzlich sollten an die **Erhebung** der **Einrede** keine zu hohen Anforderungen gestellt werden. Die Erhebung der Einrede kann schon bei bloßer Verweigerung der Pflichtteilsergänzung angenommen werden.[740] Ob die Unterstellung der Einredeerhebung[741] ausreicht, ist aber zweifelhaft.

Bislang noch nicht entschieden ist die Frage, ob der Pflichtteilsberechtigte sich auch dann an den Beschenkten halten kann, wenn der verpflichtete und unbeschränkt haftende Erbe zahlungsunfähig ist.[742] Im Ergebnis ist nach hiesiger Auffassung davon auszugehen, dass der Beschenkte nach dem Willen des Gesetzgebers nur subsidiär haftet, nämlich nur dann, wenn der Erbe ausnahmsweise nicht in Anspruch genommen werden kann. Der Gesetzgeber bürdet ihm gerade nicht das Insolvenzrisiko des Erben auf. Denn der Beschenkte kann sich – anders als der Erbe – gegenüber dem Pflichtteilsergänzungsberechtigten auf den Einwand der Entreicherung nach § 818 Abs. 3 BGB berufen. Eine weitere Privilegierung des Beschenkten zeigt sich in den Vorschriften über die Verjährung.[743] Hat der Erblasser mehrere Personen durch zeitlich aufeinander folgende Zuwendungen beschenkt, so haftet der frühere Beschenkte nur, soweit der später Beschenkte nicht verpflichtet ist, § 2329 Abs. 3 BGB. Die Vorschrift entspricht § 528 Abs. 2 BGB.[744]

VI. Berechnungsweise

Inhalt des Pflichtteilsergänzungsanspruchs gegen den Erben ist der Betrag, um den sich der Pflichtteil erhöht, wenn der verschenkte Gegenstand dem Nachlass hinzugerechnet wird.[745] Somit ist es möglich, dass sich bei einem negativen Wert des realen Nachlasses durch Addition der Werte der ergänzungspflichtigen Zuwendungen ein positiver Gesamtnachlass und somit ein Pflichtteilsergänzungsanspruch ergibt.[746]

---

738 BGHZ 80, 205, 209; RGZ 58, 124, 127.
739 Soergel/*Dieckmann*, § 2329 Rn. 7; a.A. MünchKomm/*Frank*, § 2329 Rn. 3; Erman/*Schlüter*, § 2329 Rn. 1.
740 *Damrau/Lenz*, Erbrecht, § 2329 Rn. 15.
741 So BGHZ 80, 205, 209.
742 Diese Frage ist in der Lit. sehr stark umstritten: Einige bejahen den Durchgriff auf den Beschenkten. Es läge eine Regelungslücke vor, die der Gesetzgeber nicht bedacht habe. Dem Pflichtteilsberechtigten könne das Insolvenzrisiko des Erben nicht auferlegt werden. Dies läge bereits in der Natur der Sache selbst und sei auch trotz § 2329 BGB nicht gerechtfertigt. Außerdem sei nach dem Grundgedanken des Gesetzes der Durchgriff auf den Beschenkten immer dann gerechtfertigt, wenn der Anspruch aus dem Nachlass nicht beglichen werden könne (Staudinger/*v. Olshausen*, § 2329 Rn. 10), vgl. *Damrau/Lenz*, Erbrecht, § 2309 Rn. 17.
743 Vgl. auch *Kerscher/Riedel/Lenz*, Pflichtteilsrecht, § 10 Rn. 15 ff.
744 *Damrau/Lenz*, Erbrecht, § 2329 Rn. 18.
745 *Kerscher/Riedel/Lenz*, Pflichtteilsrecht, § 9 Rn. 120; *Mayer/Süß/Tanck/Bittler/Wälzholz*, HB Pflichtteilsrecht, § 8 Rn. 103.
746 Vgl. MünchKomm/*Lange*, § 2325 Rn. 27; in dieser Konstellation richtet sich der Ergänzungsanspruch aber wegen der beschränkten Erbenhaftung nach § 1990 BGB regelmäßig nicht gegen den Erben, sondern gem. § 2329 BGB gegen den vom Erblasser Beschenkten, vgl. *Mayer/Süß/Tanck/Bittler/Wälzholz*, HB Pflichtteilsrecht, § 8 Rn. 104.

Bleibt der Nachlasswert auch nach Hinzurechnung der lebzeitigen Schenkungen negativ (oder Null), ist für einen Pflichtteilsergänzungsanspruch aber kein Raum. Dem Pflichtteilsberechtigten hätte, auch wenn der reale Nachlass nicht durch die Schenkung gemindert worden wäre, kein Pflichtteilsanspruch zugestanden.[747]

Nach dem Wortlaut des § 2325 Abs. 1 BGB ist der Pflichtteilsergänzungsanspruch durch Subtraktion des ordentlichen Pflichtteils vom Gesamtpflichtteil zu ermitteln (**Substraktionsmethode**).[748] Dabei ist zu beachten, dass die Berechnung für jeden Pflichtteilsberechtigten gesondert erfolgen muss.[749] Im Einzelnen stellt sich der Berechnungsmodus wie folgt dar:

> Im ersten Schritt ist der reale Nachlass zu bestimmen und daraus der ordentliche Pflichtteil zu berechnen. Anschließend wird durch Hinzurechnung aller[750] ergänzungspflichtigen Schenkungen der fiktive (Ergänzungs-)Nachlass ermittelt. Durch Anwendung der Erbquote des Pflichtteilsberechtigten ergibt sich dessen fiktiver (gesetzlicher) Erbteil, aus dem durch Halbierung (§ 2303 BGB) der Gesamtpflichtteil abzuleiten ist. Vom Gesamtpflichtteil wird dann im letzten Schritt der ordentliche Pflichtteil abgezogen, so dass im Ergebnis der Ergänzungspflichtteil verbleibt.[751]

Diese vermeintlich umständliche Vorgehensweise wird in der Praxis oftmals abgekürzt und der Pflichtteilsergänzungsanspruch direkt aus der Schenkung berechnet. Dies führt aber nur dann zu richtigen Ergebnissen, wenn der reale Nachlass keinen negativen Wert hat[752] und auch kein anderer Sonderfall (bspw. Einsetzung des Pflichtteilsberechtigten zum Miterben oder zum Vermächtnisnehmer, § 2326 BGB, oder Eigengeschenk des Pflichtteilsberechtigten, § 2327 BGB) vorliegt.[753]

VII. Inhalt des Anspruches

121 Der Pflichtteilsergänzungsanspruch gegen den Erben richtet sich stets auf **Geldzahlung**. Im Gegensatz hierzu geht der Anspruch gegen den Beschenkten nach § 2329 BGB nicht von vornherein auf Zahlung, sondern auf „Herausgabe des Geschenkes zum Zwecke der Befriedigung wegen des fehlenden Betrages nach den Vorschriften über die ungerechtfertigte Bereicherung". Die Bestimmung des Anspruchsinhaltes ist schwierig. Hat der Erblasser Geld verschenkt, so ist auch der Anspruch gegen den Beschenkten von vornherein auf Zahlung gerichtet.[754] Gleiches gilt, wenn das Geschenk nicht mehr vorhanden ist, der Entreicherungseinwand aber nicht erhoben werden kann, §§ 818 Abs. 2 u. 4, 819 BGB.[755] Im Übrigen kann der Berechtigte hinsichtlich des fehlenden Betrages die **Duldung der Zwangsvollstreckung** in das Geschenk ver-

---

747 MünchKomm/*Frank* (3. Auflage), § 2325 Rn. 8.
748 Staudinger/*v. Olshausen*, § 2325 Rn. 83f.; *Kerscher/Riedel/Lenz*, Pflichtteilsrecht, § 9 Rn. 121; *Mayer/Süß/Tanck/Bittler/Wälzholz*, HB Pflichtteilsrecht, § 8 Rn. 105.
749 *Mayer/Süß/Tanck/Bittler/Wälzholz*, HB Pflichtteilsrecht, § 8 Rn. 107.
750 Vgl. Mot. V 462, 467; so auch Staudinger/*v. Olshausen*, § 2325 Rn. 87.
751 *Damrau/Riedel*, Erbrecht, § 2325 Rn. 85.
752 Soergel/*Dieckmann*, § 2325 Rn. 41; *Schanbacher*, ZEV 1997, 349, 350; *Mayer/Süß/Tanck/Bittler/Wälzholz*, HB Pflichtteilsrecht, § 8 Rn. 106.
753 *Kerscher/Riedel/Lenz*, Pflichtteilsrecht, § 9 Rn. 122.
754 Soergel/*Dieckmann*, § 2329 Rn. 18.
755 Staudinger/*v. Olshausen*, § 2329 Rn. 21; Soergel/*Dieckmann*, § 2329 Rn. 18; MünchKomm/*Lange*, § 2329 Rn. 8.

langen (analog §§ 1973 Abs. 2 Satz 1, 1990 Abs. 1, Abs. 2 BGB).[756] Nach § 2329 Abs. 2 BGB kann der Beschenkte die Vollstreckung durch Zahlung des fehlenden Betrages abwenden. Er ist hierzu aber nicht verpflichtet[757] und zwar auch dann nicht, wenn das Geschenk ein unteilbarer Gegenstand ist, dessen Wert über dem Pflichtteilsergänzungsanspruch des Berechtigten liegt.[758]

Da § 2329 BGB für die **Haftung** des **Beschenkten** auf die Vorschriften über die ungerechtfertigte Bereicherung verweist (Rechtsfolgenverweisung), entfällt die Haftung des Beschenkten, wenn er i.S.v. § 818 Abs. 3 BGB entreichert ist. Die verschärfte Haftung wegen Rechtshängigkeit (§ 818 Abs. 4 BGB) kann erst nach dem Erbfall eingreifen. Denn vorher besteht noch kein Pflichtteilsergänzungsanspruch.[759]

Das Verhältnis von § 2325 BGB zu § 2316 BGB ist bislang nicht abschließend geklärt.[760] Umstritten sind hier vor allem die Fälle des „**unzureichenden Nachlasses**", in denen eine Zuwendung gleichzeitig ausgleichungspflichtig ist und (wenigstens teilweise) Schenkungscharakter hat (z.B. die Übermaßausstattung, ausgleichungspflichtige Schenkung nach § 2050 Abs. 3 BGB). Probleme ergeben sich auch, wenn neben ausgleichungspflichtigen gleichzeitig ergänzungspflichtige Zuwendungen erfolgt sind.

VIII. Bewertung des Geschenks

1. Grundsätzliches

Die Bewertung ergänzungspflichtiger Schenkungen erfolgt grundsätzlich nach den gleichen Prinzipien wie bei der Berechnung des Nachlasswerts zur Bestimmung des ordentlichen Pflichtteils.[761] Im Regelfall ist also der Verkehrswert maßgeblich (§ 2311 BGB), bei Landgütern der zumeist wesentlich niedrigere Ertragswert gem. § 2312 BGB, dessen Voraussetzungen aber nicht nur im Übergabezeitpunkt sondern auch noch beim Erbfall vorliegen müssen.[762] Während bei der Bewertung des realen Nachlasses eindeutig der Todestag des Erblassers den Stichtag bildet,[763] stellt das Gesetz in § 2325 Abs. 2 BGB für die Bewertung des Geschenks besondere Regeln auf:

Bei **verbrauchbaren Sachen** i.S.d. § 92 BGB[764] kommt es für die Bewertung grundsätzlich auf den **Zeitpunkt der Zuwendung** an.[765] Maßgeblich ist ihr Wert im Zeitpunkt der Ausführung der Schenkung. Die Geldentwertung ist entsprechend der

122

---

756 BGHZ 85, 275, 282 = NJW 1983, 1485, 17; MünchKomm/*Lange*, § 2329 Rn. 8; Soergel/*Dieckmann*, § 2329 Rn. 18.
757 *Damrau/Lenz*, Erbrecht, § 2329 Rn.20.
758 Soergel/*Dieckmann*, § 2329 Rn. 18; Staudinger/*v. Olshausen*, § 2329 Rn. 35.
759 Soergel/*Dieckmann*, § 2329 Rn. 20; MünchKomm/*Lange*, § 2329 Rn. 10; Staudinger/*v. Olshausen*, § 2329 Rn. 29.
760 *Damrau/Riedel*, Erbrecht, § 2325 Rn. 87.
761 Staudinger/*v. Olshausen*, § 2325 Rn. 90.
762 Vgl. BGH NJW 1995, 1352.
763 § 2311 BGB; vgl. *Kerscher/Riedel/Lenz*, Pflichtteilsrecht, § 7 Rn. 30,31.
764 *Mayer/Süß/Tanck/Bittler/Wälzholz*, HB Pflichtteilsrecht, § 8 Rn. 74; *Kerscher/Riedel/Lenz*, Pflichtteilsrecht, § 9 Rn. 74.
765 BGH NJW 1964, 1323; Verbrauchbare Sache i.S.v. § 2325 Abs. 2 BGB sind aber auch diejenigen Gegenstände, die grundsätzlich zur Veräußerung bestimmt sind und die als solche keinen eigentlichen Gebrauchswert haben, z.B. Geld oder Wertpapiere; Palandt/*Heinrichs*, § 92 Rn. 2.

Entwicklung des allg. Lebenshaltungskostenindexes auszugleichen.[766] Ob die zugewendeten Gegenstände zwischenzeitlich tatsächlich verbraucht wurden oder sonst wie untergegangen sind, spielt keine Rolle.[767]

Für **nicht verbrauchbare Gegenstände**, insbesondere Immobilien gilt das sog. **Niederstwertprinzip**[768] des § 2325 Abs. 2 Satz 2 BGB. Dementsprechend sind die Werte des verschenkten Gegenstandes zum Zeitpunkt der Schenkung[769] und zum Zeitpunkt des Erbfalls miteinander zu vergleichen, wobei der Wert im Zeitpunkt der Schenkung anhand des Lebenshaltungskostenindexes auf den Zeitpunkt des Erbfalles zu indexieren ist.[770] Der niedrigere von beiden Werten ist der Berechnung des Ergänzungsanspruchs zugrunde zu legen.[771]

Wertsteigerungen zwischen dem Zeitpunkt der Ausführung der Schenkung und dem Erbfall kommen dem Pflichtteilsberechtigten nach dieser Methodik nicht zu Gute. Andererseits nimmt der Pflichtteilsergänzungsberechtigte aber am Risiko einer zwischenzeitlichen Wertverringerung in Höhe seiner Quote teil.[772] Dem liegt der Gedanke zugrunde, dass der Berechtigte stets nur um den Betrag „geschädigt" sein könne, dessen sich der Erblasser selbst unentgeltlich entäußert habe.[773]

2. Bewertung vorbehaltener Rechte[774]

123 Werden bei der Schenkung Nutzungsrechte, z.B. ein Nießbrauchs- oder Wohnungsrecht,[775] vorbehalten, bereitet die Feststellung des Wertes nach dem Niederstwertprinzip erhebliche Schwierigkeiten.[776] Der BGH favorisiert insoweit eine mehrstufige Berechnung.[777] In der ersten Stufe wird zunächst der niedrigere Wert (im Zeitpunkt der Schenkung oder im Zeitpunkt des Erbfalls) bestimmt.

Die vorbehaltenen Nutzungsrechte bleiben hierbei unberücksichtigt.[778] Ergibt sich auf dieser Grundlage, dass der Wert im Zeitpunkt der Schenkung maßgeblich ist, wird in

---

766 BGH NJW 1983, 1485; MünchKomm/*Lange*, § 2325 Rn. 35; vgl. auch BGH NJW 1975, 1831, 1833; Staudinger/*v. Olshausen*, § 2325 Rn. 107; *Kerscher/Riedel/Lenz*, Pflichtteilsrecht, § 9 Rn. 75; *Mayer/Süß/Tanck/Bittler/Wälzholz*, HB Pflichtteilsrecht, § 8 Rn. 78.
767 Staudinger/*v. Olshausen*, § 2325 Rn. 92; auch der schenkweise Erlass von Schulden wird wie die Hingabe einer verbrauchbaren Sache behandelt; BGHZ 98, 266 = NJW 1987, 12; MünchKomm/*Lange*, § 2325 Rn. 30; Staudinger/*v. Olshausen*, § 2325 Rn. 93.
768 Staudinger/*v. Olshausen*, § 2325 Rn. 95.
769 Bei Grundstücken: Eigentumsumschreibung im Grundbuch, BGHZ 65, 75 = NJW 1975, 1831; bei Gesellschaftsanteilen deren Übergang, BGH NJW 1993, 2737, 2738. Der BGH wendet das Niederstwertprinzip – systemwidrig – auch auf beim Erbfall noch nicht vollzogene Schenkungsversprechen an, vgl. BGHZ 85, 274, 282 = NJW 1983, 1485; ebenso OLG Brandenburg FamRZ 1998, 1265, 1266; unklar: BGH NJW 1993, 2737, 2738.
770 BGHZ 65, 75.
771 *Kerscher/Riedel/Lenz*, Pflichtteilsrecht, § 9 Rn. 78; Palandt/*Edenhofer*, § 2325 Rn. 19.
772 *Kerscher/Riedel/Lenz*, Pflichtteilsrecht, § 9 Rn. 79.
773 Prot. V S. 583 f.; Staudinger/*v. Olshausen*, § 2325 Rn. 96; MünchKomm/*Lange*, § 2325 Rn. 31.
774 Vgl. ausführlich *Reiff*, ZEV 1998, 241.
775 Über die Frage, ob und wie der Nießbrauch berücksichtigt werden soll, bestehen in Rspr. und Lit. unterschiedliche Auffassungen; vgl. nur BGH MDR 1992, 681 ff.; *Dingerdissen*, JZ 1993, 402 ff.
776 Vgl. z.B. BGHZ 118, 49, 51; BGH MittBayNot 1996, 307.
777 BGHZ 125, 395, 397 = NJW 1994, 1791; BGHZ 118, 49, 51; BGH NJW 1992, 2887; BGH NJW 1992, 2888; vgl. auch *Mayer/Süß/Tanck/Bittler/Wälzholz*, HB Pflichtteilsrecht, § 8 Rn. 88 m.w.N.
778 Es erfolgt lediglich eine Inflationsbereinigung, vgl. *Mayer/Süß/Tanck/Bittler/Wälzholz*, HB Pflichtteilsrecht, § 8 Rn. 88.

der zweiten Stufe der Wert der Zuwendung unter Berücksichtigung des Nießbrauchs[779] (und wiederum des seitdem eingetretenen Kaufkraftschwundes) ermittelt. Ist dagegen der Wert des Gegenstandes im Zeitpunkt des Erbfalls maßgeblich, bleibt der Nießbrauch endgültig unberücksichtigt,[780] da er nach Wegfall des Berechtigten keine Belastung mehr darstellen kann. Gleiches hat der BGH auch für die Einräumung eines Wohnrechts entschieden.[781] Die Art und Weise der Entstehung des Nutzungsrechts spielt für die Anwendung der geschilderten Bewertungsmethode übrigens keine Rolle.[782] Die dargestellte Rspr. kann als gefestigt angesehen werden.[783]

Im Rahmen von Vermögensübergaben im Wege der **vorweggenommenen Erbfolge**, verpflichtet sich der Übernehmer oftmals, den Übergeber bzw. dessen Ehegatten im Bedarfsfall zu Hause zu versorgen und zu pflegen. Da sie auch erbrechtlich zu berücksichtigen sind, können derartige **Pflegeverpflichtungen** den Wert der jeweiligen Zuwendung oft ganz erheblich mindern.[784] Nach neuerer Rspr. führen auch **Widerrufsvorbehalte** zu einer Wertminderung des Übertragungsgegenstandes.[785]

IX. Anrechnung von Eigengeschenken

Nach § 2327 BGB hat sich der Pflichtteilsberechtigte auf seinen Pflichtteilsergänzungsanspruch die Geschenke, die er selbst vom Erblasser erhalten hat (**Eigengeschenke**) in vollem Umfang anrechnen zu lassen. Es gilt der enge Erblasserbegriff, so dass ausschließlich die unmittelbar vom Erblasser stammenden Geschenke in die Betrachtung einzubeziehen sind.[786] Die Geldentwertung zwischen Zuwendungszeitpunkt und Erbfall ist entsprechend zu bereinigen. Für die Bewertung gelten im Übrigen die bereits erläuterten Grundsätze (vgl. Rn. 122). Die Zehnjahresfrist des § 2325 Abs. 3 BGB spielt hinsichtlich der Eigengeschenke keine Rolle, so dass im Ergebnis alle jemals vom Erblasser empfangenen Zuwendungen den Pflichtteilsergänzungsanspruch mindern können.[787]

124

---

779 Der Nießbrauch ist mit seinem kapitalisierten Jahreswert in Ansatz zu bringen. Dabei ist als Jahreswert der nachhaltig erzielte Nettoertrag (also nach Berücksichtigung der anfallenden Bewirtschaftungs- und Erhaltungsaufwendungen) anzusetzen; OLG Koblenz FamRZ 2002, 772, 773 f. = ZErb 2002, 104. Teilweise wird im Hinblick auf die mit einem lebenslangen Nutzungsrecht für den Inhaber verbundenen Sicherheit ein Aufschlag für gerechtfertigt gehalten, vgl. LG Bonn ZEV 1999, 154, 155; vgl. auch *Damrau/Riedel*, Erbrecht, § 2325 Rn. 102 f.
779 *Damrau*/Riedel, Erbrecht, § 2325 Rn. 99.
780 BGH FamRZ 1991, 552.
781 BGH MittBayNot 1996, 307.
782 BGHZ 118, 49, 51; BGH NJW-RR 1990, 1158.
783 So auch *Mayer/Süß/Tanck/Bittler/Wälzholz*, HB Pflichtteilsrecht, § 8 Rn. 90; *Damrau/Riedel*, Erbrecht, § 2325 Rn. 100 ff.
784 OLG Köln FamRZ 1997, 1113; OLG Braunschweig FamRZ 1995, 443, 445 zu § 2113; *Mayer/Süß/Tanck/Bittler/Wälzholz*, HB Pflichtteilsrecht, § 8 Rn. 99; *Damrau/Riedel*, Erbrecht, § 2325 Rn. 105 f.
785 OLG Koblenz FamRZ 2002, 772, 774 (10% des Verkehrswerts); OLG Düsseldorf OLGR 1999, 349; a.A. *v. Dickhuth-Harrach*, FS Rheinisches Notariat, S. 238.
786 *Damrau/Lenz*, Erbrecht, § 2327 Rn. 3.
787 Vgl. BGH DNotZ 1963, 113; *Damrau/Lenz*, Erbrecht, § 2327 Rn. 6 m.w.N.

L. Haftung für Pflichtteilsanspruch

I. Haftung im Außenverhältnis

125 Im Außenverhältnis haftet der Erbe (§ 2303 BGB) für die Erfüllung der Pflichtteilsansprüche, bei einer Mehrheit von Erben, die Erbengemeinschaft. Schwieriger gestaltet sich aber mitunter die Frage, wer im Innenverhältnis der Erben untereinander die Pflichtteilslast zu tragen hat, und inwieweit die Pflichtteilslast auch die Vermächtnisnehmer und Auflagebegünstigten trifft.[788] Für die **Erbengemeinschaft** gelten abweichend von der Grundregel des § 426 Abs. 1 BGB[789] die Sonderregelungen der §§ 2032 ff. BGB. Nach §§ 2047, 2038 Abs. 2, 748 BGB hat jeder Miterbe grundsätzlich die Pflichtteilslast nach dem Verhältnis seines Anteils zu tragen. Nach hier vertretener Ansicht ist mit Anteil die Erbquote gemeint, so dass eventuelle Ausgleichungsvorgänge nach §§ 2050 ff. BGB hier außer Ansatz bleiben müssen.[790] Wird nach bereits erfolgter Teilung durch einen weiteren Berechtigten der Pflichtteil geltend gemacht, kann dies dazu führen, dass derjenige, der bei der Ausgleichung nach § 2056 BGB aus dem Nachlass nichts mehr erhalten hat, möglicherweise nun im Nachhinein in Höhe seiner Erbquote für die Pflichtteilslast in Anspruch genommen wird.

> **Praxishinweis:**
> Demjenigen, der nach der Ausgleichung gem. § 2056 BGB ohnehin nichts mehr erhält, ist daher unter Umständen zu raten, rechtzeitig die Erbschaft auszuschlagen, um das Risiko einer späteren Haftung von vornherein auszuschließen.

II. Verteilung der Pflichtteilslast im Innenverhältnis

1. Verhältnis zwischen Erbe und Vermächtnisnehmer

a) Grundsätzliches

126 Im Innenverhältnis verteilt das Gesetz in den §§ 2318 bis 2323 BGB die Pflichtteilslast auf Erben, **Vermächtnisnehmer** und **Auflagenbegünstigte**. §§ 2318 bis 2324 BGB regeln aber, mit Ausnahme der Einrede nach § 2319 BGB, nur das Innenverhältnis. Im Außenverhältnis bleibt es bei der alleinigen Haftung der Erben.[791] Nach § 2318 Abs. 1 BGB hat der Erbe gegenüber dem Vermächtnisnehmer das Recht zur Vermächtniskürzung, wenn die Erbschaft mit einem Pflichtteilsanspruch belastet ist. Der Ver-

---

788 Vgl. *Damrau/Riedel*, Erbrecht, § 2303 Rn. 31.
789 Dem zu Folge die Miterben als Gesamtschuldner haften und daher im Verhältnis zueinander zu gleichen Anteilen verpflichtet sind, soweit nicht ein anderes bestimmt ist.
790 Dies ergibt sich bereits aus den Vorschriften der §§ 2046, 2047 BGB, wonach aus dem Nachlass zunächst die Verbindlichkeiten zu erfüllen sind und nur der danach verbleibende Rest unter den Erben entsprechend ihrer Erbquote – oder falls eine Ausgleichung durchzuführen ist, i.H.d. ihnen jeweils gebührenden Werterbteils – zu teilen ist. Durch die Ausgleichung soll Gerechtigkeit unter den Abkömmlingen erreicht werden, nicht aber eine Verschiebung der Pflichtteilslast. D.h., dass die Erben grundsätzlich die Pflichtteilslast im Verhältnis ihrer Erbquoten trifft, *Kerscher/Riedel/Lenz*, Pflichtteilsrecht, § 6 Rn. 94.
791 Staudinger/*Haas*, § 2318 Rn. 1.

mächtnisnehmer⁷⁹² hat hier die Pflichtteilslast entsprechend dem Verhältnis des Wertes seines Vermächtnisses zum Wert des Gesamtnachlasses zu tragen.⁷⁹³

Beispiel:⁷⁹⁴
Erblasser E setzt seinen Freund F zum Alleinerben ein. Zugunsten seines weiteren Freundes A setzt er ein Vermächtnis i.H.v. € 20.000,– aus. Sein Sohn S, der einzige gesetzliche Erbe, ist enterbt. Der Nachlasswert beträgt € 100.000,–. S verlangt von F den Pflichtteil.

S hat als einziger gesetzlicher Erbe einen Pflichtteilsanspruch von 1/2 des Nachlasses, mithin also € 50.000,–. Nach § 2318 Abs. 1 BGB kann F die Erfüllung des Vermächtnisses an A teilweise verweigern. Das Verhältnis zwischen Vermächtnis und Nachlass beträgt 20:100. Mithin muss sich A im Innenverhältnis zu F im Verhältnis 20/100 = 1/5 an der Pflichtteilslast beteiligen. 1/5 von € 50.000,– sind € 10.000,–. In dieser Höhe kann A die Erfüllung des Vermächtnisses verweigern. Der Vermächtnisanspruch ist daher um € 10.000,– auf € 10.000,– zu kürzen. Bei F verbleibt eine Pflichtteilslast i.H.v. € 40.000,–.

Formel: Kürzungsrecht bei Vermächtnissen gem. § 2318 Abs. 1 BGB

$$\text{Kürzungsrecht:}\ \frac{\text{Pflichtteil} \times \text{Vermächtnis}}{\text{Nachlass}}$$

Voraussetzung für die Geltendmachung des Kürzungsrechts ist, dass der Pflichtteilsanspruch bereits konkret geltend gemacht wurde.⁷⁹⁵ So lange eine wirtschaftliche Belastung nicht besteht, ist der Erbe auf den Schutz des § 2318 BGB nicht angewiesen. Hat der Erbe bei der Vermächtniserfüllung den Pflichtteilsanspruch nicht berücksichtigt und das Vermächtnis in voller Höhe ausbezahlt, steht ihm insoweit ein Rückforderungsanspruch gegen den Vermächtnisnehmer bzw. den Auflagenbegünstigten zu (§ 813 Abs. 1 Satz 1 i.V.m. § 2318 BGB)⁷⁹⁶

b) Pflichtteilsberechtigter Vermächtnisnehmer

Durch § 2318 Abs. 2 BGB wird das Kürzungsrecht des Erben eingeschränkt, wenn der Vermächtnisnehmer selbst pflichtteilsberechtigt ist. Die Kürzung ist dann nur in dem Maße zulässig, dass dem Vermächtnisnehmer wenigstens sein Pflichtteil verbleibt. Trifft der Erblasser durch letztwillige Verfügung eine von diesem Grundsatz abweichende Anordnung, ist diese unbeachtlich.⁷⁹⁷ Bei Kürzung eines einem in Zugewinngemeinschaft verheirateten Ehegatten zugewendeten Vermächtnisses ist stets der große Pflichtteil zugrunde zu legen.⁷⁹⁸

127

---

792 Das Kürzungsrecht des § 2318 Abs. 1 BGB kann, neben den Erben, auch den Vermächtnisnehmern selbst zustehen (§ 2188 BGB), wenn diese ihrerseits mit einem Untervermächtnis belastet sind. Sind mehrere Vermächtnisnehmer vorhanden, steht jedem von ihnen ein verhältnismäßiges Kürzungsrecht zu; Staudinger/*Haas*, § 2318 Rn. 14.
793 Dasselbe gilt auch für das Kürzungsrecht gegenüber dem durch eine Auflage Begünstigten, vgl. *Kerscher/Riedel/Lenz*, Pflichtteilsrecht, § 6 Rn. 100.
794 Nach *Kerscher/Riedel/Lenz*, Pflichtteilsrecht, § 6 Rn. 100.
795 OLG Frankfurt FamRZ 1991, 238, 240; *Damrau/Lenz*, § 2318 Rn. 5 m.w.N.
796 Dies gilt auch dann, wenn der Pflichtteilsschuldner in Unkenntnis seines Kürzungsrechts, den Pflichtteil bereits geleistet hat; KG FamRZ 1977, 267, 269.
797 Wegen weiterer Einzelheiten vgl. *Kerscher/Riedel/Lenz*, Pflichtteilsrecht, § 6 Rn. 108 ff.
798 Staudinger/*Haas*, § 2318 Rn. 20.

c) Pflichtteilsberechtigter Erbe

128 Eine nicht ganz eindeutige Regelung bildet das sog. „erweiterte" **Kürzungsrecht** nach § 2318 Abs. 3 BGB.[799] Hiernach kann der pflichtteilsberechtigte Erbe wegen einer von ihm zu tragenden Pflichtteilslast Vermächtnisse kürzen, wenn ihm sonst sein eigener Pflichtteil nicht verbleiben würde.[800] Andernfalls gelten die Vermächtnisse gegenüber dem pflichtteilsberechtigten Erben als nicht angeordnet.

> **Beispiel:**[801]
> Erblasser E setzt seinen Sohn K1 zum Alleinerben ein und vermacht seinem Freund F einen Vermächtnisanspruch i.H.v. €22.000,–. Der Nachlass hat einen Wert von €30.000,–; Sohn K2 ist enterbt und macht seinen Pflichtteil geltend.
>
> Sohn K1 muss den Pflichtteil von K2 i.H.v. €7.500,– auszahlen. Er kann aber nach § 2318 Abs. 1 BGB im Innenverhältnis das Vermächtnis um €5.500,– (€7.500,– x €22.000,–: €30.000,– = €5.500,–) kürzen. K1 müsste daher insgesamt €24.000,– (Vermächtnis €16.500,– und Pflichtteil €7.500,–) ausbezahlen. Ihm selbst würden also nur €6.000,– verbleiben, €1.500,– weniger als sein eigener Pflichtteil. Hier greift das erweiterte Kürzungsrecht des § 2318 Abs. 3 BGB ein. K1 kann das Vermächtnis zum Schutz seines eigenen Pflichtteils um weitere €1.500,– kürzen.

Nach h.M. schützt § 2318 Abs. 3 BGB den Pflichtteil des Erben aber nur dann, wenn außer seinem eigenen noch weitere Pflichtteilsansprüche zu beachten sind, also nur in Ansehung der (externen) Pflichtteilslast.[802] D.h., § 2318 Abs. 3 BGB schützt den vollen Pflichtteil nur dann, wenn ein Vermächtnis und die Pflichtteilslast zusammen den eigenen Pflichtteil des Erben beeinträchtigen.[803] Beeinträchtigt nur ein Vermächtnis den Pflichtteil des Erben, kommt ihm § 2318 Abs. 3 BGB nicht zu Gute.[804] Schlägt der Erbe bei einem seinen Pflichtteil belastenden Vermächtnis die Erbschaft nicht gem. § 2306 Abs. 1 Satz 2 BGB aus, muss er die Belastungen auch auf Kosten seines eigenen Pflichtteils voll tragen.[805] Der Umfang des Schutzes des § 2318 Abs. 3 BGB ist in der Praxis mitunter zweifelhaft.[806]

d) Sonderfälle / Anordnungen des Erblassers

129 Für das Zusammentreffen von § 2318 Abs. 2 BGB und § 2318 Abs. 3 BGB fehlt eine gesetzliche Regelung. Die überwiegende Meinung geht aber davon aus, dass im Verhältnis zwischen pflichtteilsberechtigtem Erben und pflichtteilsberechtigtem Vermächtnisnehmer das Pflichtteilsrecht des Erben vorgehe.[807] Zu Recht bejaht der BGH eine Anwendung des § 2318 Abs. 3 BGB auch in Fällen der Erbenmehrheit. Denn vom

---

799 Vgl. *Tanck*, ZEV 1998, 132.
800 § 2318 Abs. 3 BGB ist aber immer vor dem Hintergrund des § 2306 BGB zu sehen, so dass er nur dann Bedeutung erlangt, wenn der dem Pflichtteilsberechtigten hinterlassene Erbteil größer ist als sein Pflichtteil und der Erbe die Erbschaft trotz der ihm auferlegten Beschränkungen und Beschwerungen angenommen hat; MünchKomm/*Lange*, § 2318 Rn. 11.
801 Nach *Kerscher/Riedel/Lenz*, Pflichtteilsrecht, § 6 Rn. 111.
802 BGH FamRZ 1985, 1024.
803 *Damrau/Lenz*, Erbrecht, § 2318 Rn. 15.
804 BGH FamRZ 1985, 1023; MünchKomm/*Lange*, § 2318 Rn. 11; *v. Olshausen*, FamRZ 1986, 524.
805 BGH FamRZ 1985, 1023; zur Frage der Möglichkeit, in diesem Fall die Annahme der Erbschaft anzufechten BayObLG ZEV 1998, 431.
806 Einzelheiten vgl. bei *Kerscher/Riedel/Lenz*, Pflichtteilsrecht, § 6 Rn. 112 ff.
807 Soergel/*Dieckmann*, § 2318 Rn. 5.

„Wortlaut" der Vorschrift her erscheint es nicht „geboten" und „der Sache nach nicht gerechtfertigt", dem pflichtteilsberechtigten Miterben den Schutz des Abs. 3 zu entziehen. Denn § 2319 BGB biete nur insoweit Schutz, als der Pflichtteil nach der Auseinandersetzung durch einen weiteren Pflichtteilsanspruch beeinträchtigt werde. Er schütze den pflichtteilsberechtigten Miterben aber nicht davor, dass bei noch ungeteiltem Nachlass ein weiterer Pflichtteilsanspruch und eine Vermächtnislast zusammen seinen eigenen Pflichtteil gefährdeten.[808] Dem ist zuzustimmen. Nach § 2324 BGB kann der Erblasser für die Verteilung der Pflichtteilslasten im Innenverhältnis abweichende Anordnungen treffen. Dabei kann er nach allg. Auffassung auch das Kürzungsrecht des § 2318 Abs. 1 BGB durch letztwillige Verfügung abbedingen.[809] Hinsichtlich § 2318 Abs. 3 BGB ist dies in der Lit. umstritten.[810] Aber nach § 2323 BGB steht dem Erben das Kürzungsrecht des § 2318 Abs. 1 BGB nicht zu, wenn er nach §§ 2320 bis 2322 BGB die Pflichtteilslast nicht tragen muss. Nur derjenige Miterbe, der durch die Pflichtteilslast tatsächlich beeinträchtigt wird, ist kürzungsberechtigt. Das ergibt sich bereits aus dem Grundgedanken des § 2318 Abs. 1 BGB.[811]

Übersicht über das Recht zur Kürzung von Vermächtnissen[812]

130

	Das Recht zur Kürzung von Vermächtnissen
§ 2318 Abs. 1 BGB	Gem. Abs. 1 sind die Pflichtteilsansprüche von Erben und Vermächtnisnehmern im Verhältnis der ihnen zugedachten Vermögenswerte zu tragen. Der Erbe hat somit das Recht, das Vermächtnis verhältnismäßig zu kürzen.
§ 2318 Abs. 2 BGB	Gem. Abs. 2 darf der Erbe bei einem Vermächtnis zugunsten eines pflichtteilsberechtigten Vermächtnisnehmers nur den Teil kürzen, der über den Wert des diesem Vermächtnisnehmer zustehenden Pflichtteils hinausgeht.
§ 2318 Abs. 3 BGB	Der Erbe darf nach der Annahme der Erbschaft das Vermächtnis und die Auflage insoweit kürzen, dass ihm sein eigener Pflichtteil verbleibt.
§ 2322 BGB	Regelt das Kürzungsrecht des Ersatzmannes, d.h. desjenigen, der an die Stelle des Pflichtteilsberechtigten getreten ist.
§ 2323 BGB	Regelt die Modifizierung des Kürzungsrechts gem. § 2318 Abs. 1 BGB

2. Leistungsverweigerungsrecht des pflichtteilsberechtigten Erben

§ 2319 BGB gewährt dem pflichtteilsberechtigten Miterben nach der Teilung des Nachlasses ein **Leistungsverweigerungsrecht** in dem Umfang, der zur Absicherung seines eigenen Pflichtteils erforderlich ist. Für den Ausfall haften die übrigen Erben, soweit sie nicht selbst pflichtteilsberechtigt sind.[813] Liegen gleichzeitig die Voraussetzungen des Kürzungsrechts nach § 2318 Abs. 2 BGB und die Einredemöglichkeit nach § 2319 BGB vor, können beide nebeneinander geltend gemacht werden.[814] Der pflichtteilsberechtigte Miterbe kann die Pflichtteilslast verhältnismäßig auf die Vermächtnisse

131

---

808 BGH FamRZ 1985, 1023; BGHZ 95, 222.
809 MünchKomm/*Lange*, § 2318 Rn. 1.
810 *Kerscher/Riedel/Lenz*, Pflichtteilsrecht, § 6 Rn. 125.
811 *Damrau/Lenz*, Erbrecht, § 2323 Rn. 2.
812 *Kerscher/Riedel/Lenz*, Pflichtteilsrecht, § 6 Rn. 127.
813 *Damrau/Lenz*, Erbrecht, § 2319 Rn. 1.
814 *Damrau/Lenz*, Erbrecht, § 2319 Rn. 5.

und Auflagen abwälzen und gegenüber dem Pflichtteilsanspruch die Einrede gem. § 2319 BGB erheben.[815] Treffen § 2318 Abs. 3 BGB und § 2319 BGB zusammen, sind beide Vorschriften aufgrund ihres unterschiedlichen Schutzbereiches, nebeneinander anwendbar.[816]

3. Lastenverteilung in der Erbengemeinschaft

132 § 2320 BGB regelt die Verteilung der Pflichtteilslast zwischen **mehreren Miterben** im Innenverhältnis. Der Grundsatz der quotenentsprechenden Tragung der Pflichtteilslast wird hier durchbrochen. Ausnahmsweise hat derjenige, der anstelle eines Pflichtteilsberechtigten Miterbe wird, im Innenverhältnis die Pflichtteilslast des Weichenden zu tragen. Nach § 2320 Abs. 1 BGB hat derjenige, der anstelle des Pflichtteilsberechtigten gesetzlicher Erbe wird, die Pflichtteilslast im Innenverhältnis in Höhe seines erlangten Vorteiles alleine zu tragen. Voraussetzung ist also, dass ein Pflichtteilsberechtigter aus dem Kreis der gesetzlichen Erben ausgeschieden ist. Unmittelbar hierdurch muss eine Person gesetzlicher Erbe geworden sein, die vorher durch den Pflichtteilsberechtigten von der Erbfolge verdrängt wurde („**Ersatzmann**"). Ausreichend ist es, wenn sich lediglich der Anteil eines Miterben durch das Ausscheiden eines Pflichtteilsberechtigten erhöht.[817] Keine Anwendung findet die Vorschrift hingegen, wenn sich durch den Wegfall eines Pflichtteilsberechtigten lediglich die Erbteile der anderen Miterben gleichmäßig erhöhen.[818] Der Eintritt eines „Ersatzmannes" ist in folgenden Fällen denkbar:

– Enterbung des Pflichtteilsberechtigten (§ 1938 BGB),
– Ausschlagung durch den pflichtteilsberechtigten Erben nach § 2306 Abs. 1 Satz 2 BGB,
– Erbverzicht unter Pflichtteilsvorbehalt.[819]

Der Ersatzmann hat die Pflichtteilslast nur in Höhe seines erlangten Vorteils zu tragen, also mit dem Betrag oder der Quote, die er anstelle des Pflichtteilsberechtigten erhält. Übernimmt der eintretende Erbe auch Beschränkungen und Beschwerungen, mindern diese den erlangten Vorteil.[820]

Als Vorteil i.S.v. § 2320 BGB ist nicht nur der Eintritt in eine Miterbengemeinschaft oder die Erhöhung der Erbquote zu sehen, sondern auch bspw. der Voraus des Ehegatten,[821] wenn dieser neben den Eltern des Erblassers zur Erbfolge gelangt und nicht neben Abkömmlingen (große Voraus).[822] Gem. § 2320 Abs. 2 BGB gilt die Haftung des „Ersatzmannes" im Innenverhältnis auch für den Fall der gewillkürten Erbfolge.[823] Mit „Erbteil" i.S.v. § 2320 Abs. 2 BGB ist dabei immer der gesetzliche und nicht der testamentarische Erbteil gemeint.[824] Der BGH[825] wendet § 2320 Abs. 2 BGB immer dann an, wenn die Voraussetzungen der Quoten- oder Wertgleichheit objektiv

---

815 Beispielsfall vgl. bei *Kerscher/Riedel/Lenz*, Pflichtteilsrecht, § 6 Rn. 130.
816 *Damrau/Lenz*, Erbrecht, § 2319 Rn. 5.
817 Soergel/*Dieckmann*, § 2320 Rn. 3.
818 MünchKomm/*Lange*, § 2320 Rn. 6.
819 MünchKomm/*Lange*, § 2320 Rn. 4.
820 MünchKomm/*Lange*, § 2320 Rn. 7.
821 Palandt/*Edenhofer*, § 2320 Rn. 2.
822 Soergel/*Dieckmann*, § 2320 Rn. 2.
823 Staudinger/*Haas*, § 2320 Rn. 11.
824 BGH NJW 1983, 2378.
825 BGH MDR 1983, 828.

vorliegen.⁸²⁶ Wie auch die übrigen Vorschriften zur Regelung eines Innenverhältnisses, ist § 2320 BGB abdingbar.

§ 2322 BGB regelt das Verhältnis zwischen Erben und Vermächtnisnehmern speziell für den Fall, dass durch die **Ausschlagung** einer **Erbschaft** oder eines **Vermächtnisses** der dadurch zur Erbfolge Gelangende mit Pflichtteilslasten belastet wird. In diesem Fall darf er Vermächtnisse soweit kürzen, dass er die ihn treffende Pflichtteilslast begleichen kann. § 2322 BGB verdrängt an dieser Stelle das Kürzungsrecht des § 2318 Abs. 1 BGB insoweit, als es dem Pflichtteilsanspruch Vorrang vor dem Vermächtnis einräumt.⁸²⁷

M. Verjährung der Pflichtteilsansprüche

I. Grundsätzliches

Alle Pflichtteilsansprüche⁸²⁸ (außer dem Pflichtteilsergänzungsanspruch gegen den Beschenkten gem. § 2329 BGB⁸²⁹) verjähren grundsätzlich in **drei Jahren**. Hieran hat sich auch durch das Schuldrechtsmodernisierungsgesetz nichts geändert, § 197 Abs. 1 Nr. 2 BGB n.F.⁸³⁰ Für den **Auskunftsanspruch** nach § 2314 BGB gilt die dreijährige Verjährungsfrist nicht. Dieser Anspruch verjährt grundsätzlich innerhalb von **30 Jahren**, § 197 Abs. 1 Nr. 2 BGB. Nach der Rspr.⁸³¹ hat die Erhebung der Einrede gegen Pflichtteils- und Pflichtteilsergänzungsanspruch keine Auswirkung auf den Auskunftsanspruch. Voraussetzung für einen durchsetzbaren Anspruch auf Auskunft bei verjährtem Pflichtteils- bzw. Pflichtteilsergänzungsanspruch ist aber, dass ein besonderes Informationsbedürfnis des Berechtigten besteht.⁸³²

133

II. Beginn der Verjährung

Die Verjährung beginnt regelmäßig mit Kenntnis des Pflichtteilsberechtigten vom Erbfall und der ihn beeinträchtigenden Verfügung (**doppelte Kenntnis**). Sie endet drei Jahre nach diesem Zeitpunkt. Kenntnis vom Erbfall hat der Pflichtteilsberechtigte, sobald er vom Tod des Erblassers erfahren hat. Hinsichtlich eines Verschollenen kommt es auf die Kenntnis von dessen Für-Tod-Erklärung an.⁸³³ Auch wenn der Pflichtteilsberechtigte seinen Pflichtteilsanspruch erst geltend machen kann, nachdem er eine Erbschaft, einen Erbteil oder ein Vermächtnis ausgeschlagen hat (§§ 2306 Abs. 1 Satz

134

---

826 In der Praxis sollte aber nicht zu schnell auf eine Anwendung der § 2320 Abs. 2 BGB geschlossen werden. Wenn Anhaltspunkte für die Ermittlung eines anderen Erblasserwillens vorhanden sind, ist auf jeden Fall zu prüfen, ob tatsächlich eine bewusste Zuwendung vorliegt. Insoweit sollte hier der Meinung der Lit., die von einer subjektiven Betrachtungsweise ausgeht, der Vorzug gegeben werden. Zur Regelung des § 434 Abs. 2 Satz 2 ALR und dem Entwurf der 1. Kommission zur Ausarbeitung des Entwurfes eines BGB, die letztlich von einer bewussten Zuwendung durch den Erblasser ausgingen, s. *v. Olshausen*, MDR 1986, 89.
827 BGH NJW 1983, 2378.
828 Der ordentliche Pflichtteil (§ 2303 BGB), der Pflichtteilsrestanspruch (§§ 2305, 2307 Abs. 1 Satz 2 BGB), der Vervollständigungsanspruch (§ 2316 Abs. 2 BGB) und der Pflichtteilsergänzungsanspruch gegen den Erben (§§ 2325, 2326 BGB).
829 Hier gilt die Sonderregelung des § 2332 Abs. 2 BGB.
830 *Krug*, Schuldrechtsmodernisierungsgesetz und Erbrecht, Rn. 118.
831 BGH NJW 1985, 384.
832 BGH NJW 1990, 180, 181.
833 BGH NJW 1973, 1690.

2, 2307, 1371 Abs. 3 BGB), beginnt die Verjährung gem. § 2332 Abs. 3 BGB nicht erst mit der Ausschlagung.[834] Dies gilt selbst dann, wenn der als Erbe eingesetzte Pflichtteilsberechtigte von einer Beschränkung oder Beschwerung seines Erbrechtes erst Kenntnis erhält, wenn seit dem Erbfall bereits drei Jahre vergangen sind. Die Kenntnis muss in der Person des Pflichtteilsberechtigten selbst eintreten,[835] sie ist höchstpersönlich. Für den Beginn der Verjährung ist die Kenntnis des wesentlichen Inhalts der beeinträchtigenden Verfügung erforderlich. Der Berechtigte muss insbesondere erkannt haben, dass er aufgrund der Verfügung von Todes wegen von der Erbfolge ausgeschlossen ist. Ist der Pflichtteilsberechtigte allein durch eine Verfügung von Todes wegen beeinträchtigt, muss sich seine Kenntnis auf diese Verfügung beziehen.[836]

135 Beeinträchtigende lebzeitige Verfügungen sind i.d.R. Schenkungen, die ergänzungspflichtig i.S.d. §§ 2325, 2326 BGB sind.[837] Bei **lebzeitigen beeinträchtigenden Verfügungen** beginnt die Verjährungsfrist frühestens mit dem Erbfall. Dies gilt selbst dann, wenn der Pflichtteilsberechtigte bereits vorher Kenntnis von der Schenkung erlangt hatte. Denn § 2325 BGB setzt nicht nur **doppelte Kenntnis**, sondern auch den **Eintritt des Erbfalles** voraus.[838] Dass der Pflichtteilsberechtigte die jeweilige (Schenkungs-) Urkunde selbst kennt, ist nicht erforderlich.[839] Es genügt vielmehr, wenn er aufgrund mündlicher Mitteilung Kenntnis von der Verfügung erlangt. Dadurch kann die Verjährungsfrist bereits vor der Eröffnung der letztwilligen Verfügung bzw. ihrer amtlichen Verkündung beginnen.[840] Die unrichtige Auslegung einer letztwilligen Verfügung, die der Pflichtteilsberechtigte als wirksam und grundsätzlich beeinträchtigend erkannt hat, hindert den Fristbeginn nicht.[841] Berechtigte Zweifel an der Gültigkeit einer letztwilligen oder lebzeitigen Verfügung schließen aber die erforderliche Kenntnis aus.[842] „Kennenmüssen" genügt nicht. Grob fahrlässige Unkenntnis ist unschädlich.[843]

136 Hat der Pflichtteilsberechtigte sowohl Anspruch auf den ordentlichen Pflichtteil, als auch auf den Ergänzungspflichtteil und erfährt er zu unterschiedlichen Zeitpunkten von den verschiedenen Beeinträchtigungen, stellt sich die Frage, welcher Zeitpunkt für den Beginn der Verjährungsfrist maßgebend sein soll. Hat der Berechtigte zunächst von der beeinträchtigenden letztwilligen Verfügung Kenntnis erlangt, beginnt der Fristlauf für den ordentlichen Pflichtteil mit Kenntnis der Verfügung von Todes wegen und Kenntnis vom Erbfall. Die Verjährungsfrist für den Ergänzungsanspruch beginnt unabhängig hiervon erst dann, wenn der Berechtigte auch Kenntnis von der ihn beeinträchtigenden Verfügung unter Lebenden Kenntnis erlangt hat.[844] Hat der Pflichtteilsberechtigte zuerst von der lebzeitigen Zuwendung und erst anschließend von der letztwilligen Verfügung erfahren, beginnt die Verjährung für beide Ansprüche

---

834 *Damrau/Lenz*, Erbrecht, § 2332 Rn. 10.
835 Ist der Pflichtteilsberechtigte geschäftsunfähig oder in der Geschäftsfähigkeit beschränkt, so ist die Kenntnis seines gesetzlichen Vertreters maßgeblich; OLG Hamburg MDR 1984, 54; Soergel/*Dieckmann*, § 2332 Rn. 5; Staudinger/*v. Olshausen*, § 2332 Rn. 10; MünchKomm/*Lange*, § 2332 Rn. 3.
836 BGH NJW 1972, 760.
837 BGHZ 103, 333.
838 Staudinger/*v. Olshausen*, § 2332 Rn. 16; Soergel/*Dieckmann*, § 2332 Rn. 8; MünchKomm/*Lange*, § 2332 Rn. 8.
839 RGZ 70, 360.
840 RGZ 66, 30.
841 BGH NJW 1995, 1157.
842 BGH NJW 1964, 297; BHG NJW 1984, 2935, 2936; BGH NJW 1993, 2439.
843 Staudinger/*v. Olshausen*, § 2332 Rn. 14.
844 *Damrau/Lenz*, Erbrecht, § 2332 Rn. 13.

nicht vor der Erlangung der Kenntnis von der letztwilligen Verfügung.⁸⁴⁵ Die Verjährung von Pflichtteils- und Pflichtteilergänzungsansprüchen kann also zu unterschiedlichen Zeitpunkten beginnen. Es ist möglich, dass der Anspruch auf den ordentlichen Pflichtteil bereits verjährt ist, während der Anspruch auf Pflichtteilsergänzung noch gar nicht geltend gemacht werden kann.⁸⁴⁶ Der Pflichtteilsergänzungsanspruch kann jedoch niemals vor dem ordentlichen Pflichtteilsanspruch verjähren.⁸⁴⁷

Die Verjährungsfrist des Pflichtteilsergänzungsanspruches gegen den Beschenkten nach § 2329 BGB beginnt kenntnisunabhängig bereits mit Eintritt des Erbfalles (§ 1922 BGB) zu laufen.⁸⁴⁸ Die Verjährung endet auf jeden Fall – unabhängig von der Kenntnis des Berechtigten – spätestens **30 Jahre** nach dem Erbfall.

III. Neubeginn und Hemmung

Für den Neubeginn der Verjährung gelten die allg. Grundsätze des § 212 BGB n.F. Danach beginnt die Verjährung erneut, wenn der Schuldner den Anspruch anerkannt oder eine gerichtliche oder behördliche Vollstreckungshandlung vorgenommen oder beantragt wird. Ein **Anerkenntnis** des Erben **im Rahmen eines Auskunftsbegehrens** des Pflichtteilsberechtigten nach § 2314 BGB kann bereits dann vorliegen, wenn sich der Erbe bereit erklärt, Auskunft über den Bestand des Nachlasses zu erteilen und deutlich erkennen lässt, dass er sich des Pflichtteilsanspruches bewusst und auch bereit ist, denselben zu erfüllen.⁸⁴⁹ Dies gilt erst recht, sobald der Erbe Auskunft erteilt oder ein Inventar errichtet und dessen Richtigkeit auf Verlangen des Pflichtteilsberechtigten an Eides statt versichert.⁸⁵⁰

Die Verjährung des Pflichtteilsanspruchs wird gem. § 203 BGB durch schwebende Verhandlungen zwischen den Parteien gehemmt. Verhandlungen „schweben" schon dann, wenn der Erbe die Bereitschaft zur Aufklärung des Sachverhalts zeigt.⁸⁵¹ Eine Vergleichsbereitschaft ist aber nicht erforderlich.⁸⁵² Weist der Pflichtteilsschuldner die Ansprüche der Pflichtteilsberechtigten zurück und sieht er sich zur weiteren Überprüfung nicht veranlasst, kann von einem Schweben von Verhandlungen nicht gesprochen werden.⁸⁵³ Für die Hemmung der Verjährung gem. § 204 Abs. 1 Nr. 1 BGB (**Klageerhebung**) genügt die Klage auf Auskunftserteilung (§ 2314 BGB) nicht, da durch sie nicht rechtskräftig über den Pflichtteilsanspruch entschieden wird.⁸⁵⁴ Es muss vielmehr gleichzeitig Zahlung begehrt werden. Bei eindeutigem Klagebegehren, hemmt auch die **Stufenklage** nach § 254 ZPO die Verjährung.⁸⁵⁵ Erforderlich ist wiederum, dass Zahlung begehrt, der Anspruch also nicht nur angekündigt wird.⁸⁵⁶ Die Hemmung wirkt i.H.d. in der zweiten bzw. dritten Stufe bezifferten Klageantrags,⁸⁵⁷ je-

---

845 BGH NJW 1972, 760; BGHZ 95, 76, 80.
846 Soergel/*Dieckmann*, § 2332 Rn. 21.
847 BGH NJW 1972, 760.
848 Dies gilt auch dann, wenn der Beschenkte gleichzeitig Erbe ist; BGH NJW 1986, 1610.
849 BGH FamRZ 1985, 1521.
850 RGZ 113, 234 = JW 1927, 1198.
851 BGH NJW-RR 2001, 1168.
852 BGH NJW-RR 2001, 1168; BGH NJW 2001, 1723.
853 OLG Köln NJW-RR 2000, 1411.
854 Soergel/*Dieckmann*, § 2332 Rn. 20.
855 BGH NJW 1975, 1409; BGH FamRZ 1995, 797.
856 *Damrau/Lenz*, Erbrecht, § 2332 Rn. 21.
857 BGH NJW 1992, 2563.

doch nur dann, wenn das Verfahren weiter betrieben wird.[858] Die Klage auf Zahlung des Pflichtteils gem. §§ 2303, 2305, 2307 BGB hemmt gleichzeitig die Verjährung des Pflichtteilsergänzungsanspruchs und umgekehrt,[859] allerdings nur i.H.d. mit der Leistungsklage geltend gemachten Betrags.[860]

Auch eine **Feststellungsklage** hemmt grundsätzlich die Verjährung des Pflichtteilsanspruchs. Hinsichtlich eines Pflichtteilsergänzungsanspruchs gilt dies jedoch nur, wenn im Verfahren über die Entscheidung der Feststellungsklage auch zu der beeinträchtigenden Schenkung vorgetragen wird.[861] Die auf § 2325 BGB gestützte Klage auf Zahlung hemmt nur dann gleichzeitig die Verjährung des gegen den Beschenkten gerichteten Anspruchs nach § 2329 BGB, wenn sich beide Ansprüche gegen denselben Schuldner richten, Beschenkter und Erbe also identisch sind.[862] Das Gleiche gilt, wenn der aus § 2325 BGB in Anspruch genommene „Beschenkte" nur Erbeserbe des Schenkers (Erblassers) ist,[863] unabhängig davon, ob der Beschenkte den Erben des Schenkers alleine oder als Miterbe beerbt hat.[864] Wegen § 2213 Abs. 1 Satz 3 BGB hemmt eine Klage gegen den **Testamentsvollstrecker** oder ein von ihm abgegebenes Anerkenntnis die Verjährung des Pflichtteilsanspruches nicht.[865]

138 Pflichtteilsansprüche **minderjähriger Kinder** gegen den überlebenden Elternteil werden durch § 207 Abs. 1 Nr. 2 BGB vor frühzeitiger Verjährung geschützt. Die dreijährige Verjährungsfrist beginnt nicht vor Vollendung des 18. Lebensjahres des pflichtteilsberechtigten Kindes zu laufen.[866]

N. Durchsetzung der Pflichtteilsansprüche

I. Klagearten im Allgemeinen

139 Bei ausreichender Kenntnis von Art und Zusammensetzung des Nachlasses kann der Pflichtteilsberechtigte sofort **Zahlungsklage** erheben. Alternativ hat er die Möglichkeit, mit Hilfe der **Auskunfts-** oder der **Stufenklage** vorzugehen, um sich zunächst die noch benötigten Informationen zu beschaffen. Dabei ist es möglich, in einzelnen, jeweils gesonderten Schritten vorzugehen und zunächst Auskunftsklage hinsichtlich der Zusammensetzung und des Werts des Nachlasses zu erheben, die Hauptansprüche dann aber im Wege einer gesonderten Zahlungsklage zu verfolgen. Nachteilig ist, dass der Pflichtteilsberechtigte hier, neben dem Risiko der Verjährung, höhere Prozesskosten in Kauf nehmen muss. Die Gebühren für die einzelnen Prozesse entstehen in diesen Fällen nämlich aus zwei getrennten Streitwerten, während bei der Stufenklage (Klagehäufung) die Kosten aus einem Gesamtstreitwert ermittelt werden.[867] Die Pflichtteilsklage kann grundsätzlich am allg. Gerichtsstand, also am Wohnsitz des Beklagten (§ 13 ZPO), erhoben werden, wahlweise am besonderen Gerichtsstand der Erbschaft (§ 27 ZPO). Pflichtteilsansprüche im Zusammenhang mit einem Hof i.S.d.

---

858 OLG Hamm ZEV 1998, 187, 188; *Damrau/Lenz*, Erbrecht, § 2332 Rn. 22.
859 Staudinger/*v. Olshausen*, § 2332 Rn. 9, 19; MünchKomm/*Lange*, § 2332 Rn. 10.
860 Soergel/*Dieckmann*, § 2332 Rn. 22; Staudinger/*v. Olshausen*, § 2332 Rn. 31.
861 BGH NJW 1995, 1614.
862 BGHZ 107, 200, 203 = NJW 1989, 2887 (m. Anm. *Dieckmann*).
863 BGHZ 107, 200 = NJW 1982, 2887.
864 *Damrau/Lenz*, Erbrecht, § 2332 Rn. 22.
865 BGHZ 51, 125.
866 *Damrau*, Der Minderjährige im Erbrecht, Rn. 54; BayObLG FamRZ 1989, 540.
867 *Kerscher/Riedel/Lenz*, Pflichtteilsrecht, § 13 Rn. 1.

HöfeO fallen in die Zuständigkeit der Landwirtschaftsgerichte (§ 18 Abs. 1 HöfeO). Das gilt auch dann, wenn gleichzeitig ein das hofesfreie Vermögen betreffender Anspruch gegen den Nachlass geltend gemacht wird.[868]

II. Stufenklage

Im Regelfall geht der Pflichtteilsberechtigte prozessual im Wege der **Stufenklage** (§ 254 ZPO) vor.[869] In der ersten Stufe richtet sich der Klageantrag auf **Auskunftserteilung** über den Bestand des Nachlasses (§§ 2314, 260 BGB), in der zweiten Stufe auf die **Abgabe einer Versicherung an Eides Statt** (§ 260 Abs. 2 BGB) und in der dritten Stufe auf die Erfüllung des eigentlichen **Zahlungsanspruchs**, der sich betragsmäßig aus dem in der ersten Stufe ermittelten Nachlasswert und der Pflichtteilsquote ergibt. Mitunter muss zwischen der zweiten und der dritten Stufe noch zusätzlich auf **Wertermittlung** geklagt werden. Die Stufenklage unterbricht die Verjährung des Pflichtteilsanspruches in der Höhe, in der er später beziffert wird.[870]

140

Erteilt der Beklagte nach Eintritt der Rechtshängigkeit der Stufenklage die begehrte Auskunft, kann hinsichtlich des Auskunftsantrags die Hauptsache für erledigt erklärt werden, ohne dass den Kläger die **Prozesskosten** treffen.[871] Erweist sich der Nachlass aufgrund der Auskunftserteilung als nicht werthaltig, so dass ein Zahlungsanspruch nicht besteht, ergibt sich hieraus hinsichtlich der anschließenden prozessualen Verfahrensweise bzw. der Kostentragungspflicht aber ein bislang umstrittenes Problem: Durch die bloße Erklärung der Erledigung der Hauptsache bzgl. des Zahlungsantrags kann der Kläger die Prozesskostensituation nicht retten.[872] Der BGH weist die Kosten in diesem Fall nach § 92 ZPO dem Kläger zu. Die Zahlungsklage wäre nämlich unbegründet gewesen. Eine analoge Anwendung des Rechtsgedankens aus § 93 ZPO kommt nicht in Betracht.

Dies führt im Ergebnis zu einer als ungerecht empfundenen Kostentragungspflicht des Auskunftsklägers, der die Stufenklage im Zweifel nur zur Vermeidung der Verjährung seines Zahlungsanspruchs erhoben hat.[873] Daher gesteht der BGH ihm einen materiellrechtlichen Schadensersatzanspruch bzgl. der angefallenen Kosten der unbegründeten Zahlungsklage zu, wenn diese bei rechtzeitiger Auskunftserteilung vermeidbar gewesen wäre.[874] Diesen Schadensersatzanspruch kann der Kläger entweder in einem Folgeprozess oder im laufenden Verfahren durch (zulässige weil sachdienliche) Klageänderung einfordern.

Der **Streitwert** der Stufenklage bestimmt sich nach § 254 ZPO. Kann dieser zum Zeitpunkt der Klageerhebung noch nicht beziffert werden, ist er gem. § 3 ZPO zu schätzen. Soweit ein Teilleistungsanspruch beziffert werden kann, ist dieser als Streitwert zugrunde zu legen und zusätzlich gem. § 3 ZPO der Wert des Auskunftsinteresses zu schätzen. Für den Gebührenstreitwert gilt § 18 GKG, demzufolge bei der Stufenklage der höchste Wert der erhobenen Ansprüche maßgeblich ist.[875]

---

868 *Firsching/Graf,* Nachlassrecht, S. 183.
869 *Kerscher/Riedel/Lenz,* Pflichtteilsrecht, § 13 Rn. 5.
870 BGH NJW 72, 2563.
871 BGH MDR 1965, 641.
872 *Kerscher/Riedel/Lenz,* Pflichtteilsrecht, § 13 Rn. 97.
873 BGH NJW 1994, 2895; BGHZ 40, 8265 ff.
874 BGHZ 79, 2075; BGH NJW 1981, 990.
875 Vgl. zur Frage der Prozesskostenhilfe im Rahmen einer Stufenklage OLG Brandenburg FamRZ 1998, 1177.

141 **Muster**[876] „Stufenklage"

An das
Landgericht [...]
Klage
des [...] – Kläger –
gegen
[...] – Beklagter –
wegen Auskunft, Abgabe einer eidesstattlicher Versicherung und Zahlung
vorläufiger Streitwert: € [...]
Namens und in Vollmacht des von mir vertretenen Klägers erhebe ich Klage zum angerufenen Gericht. In der mündlichen Verhandlung werde ich beantragen,
den Beklagten im Wege der Stufenklage zu verurteilen,
(1.) Auskunft über den Bestand des Nachlasses des [...] am [...] in [...], seinem letzten Wohnsitz, verstorbenen [...] zu erteilen; durch Vorlage eines Bestandsverzeichnisses,
das folgende Punkte umfasst:
– alle beim Erbfall tatsächlich vorhandenen Sachen und Forderungen
– alle Nachlassverbindlichkeiten
– alle ergänzungspflichtigen Schenkungen, die der Erblasser zu Lebzeiten getätigt hat
– alle unter Abkömmlingen ausgleichungspflichtigen Zuwendungen (*bei Abkömmlingen*)
(2.) für den Fall, dass das Verzeichnis nicht mit der erforderlichen Sorgfalt errichtet wird, an Eides Statt zu versichern, dass er den Bestand des Nachlasses und die darin enthaltenen Auskünfte über Vorempfänge nach bestem Wissen so vollständig angegeben hat, wie er dazu in der Lage war.
(3.) die Werte der in dem Nachlassverzeichnis aufgeführten Vermögensgegenstände und Schulden anzugeben;
(4.) an den Kläger [Quote] des sich anhand der nach der Nr. (1.) zu erteilenden Auskunft errechnenden Betrages nebst Zinsen zu einem Zinssatz, der 5 %-Punkte über dem jeweiligen Basiszinssatz liegt, seit Zustellung der Klage zu zahlen.
(5.) die Kosten des Rechtsstreits zu tragen.
Für den Fall der Anordnung des schriftlichen Vorverfahrens beantrage ich schon jetzt den Erlass eines Versäumnisurteils gem. § 331 Abs. 3 ZPO oder den Erlass eines Anerkenntnisurteils gem. § 307 Abs. 2 ZPO, sobald hierfür die gesetzlichen Voraussetzungen gegeben sind.

Begründung:
Der Kläger und der Beklagte sind die alleinigen gesetzlichen Erben des im Antrag zu Nr. (1.) näher bezeichneten Erblassers.

---

876 In Anlehnung an *Kerscher/Riedel/Lenz*, Pflichtteilsrecht, § 13 Rn. 34.

Durch Erbvertrag vom [...] hat der Erblasser den Beklagten als seinen alleinigen Erben bestimmt.

Mit notarieller Urkunde des Notars [...] vom [...], Urkundenrollen-Nr. [...], wurde dem Beklagten vom Erblasser ein Grundstück übertragen.

Der Kläger hat den Beklagten mit Schreiben vom [...] aufgefordert, ihm über den Umfang des Nachlasses und der erhaltenen Vorempfänge Auskunft zu erteilen, um ihm die Berechnung und Geltendmachung seines Pflichtteils und Pflichtteilsergänzungsanspruchs zu ermöglichen. Der Beklagte hat sich mit Schreiben vom [...] geweigert, irgendwelche Auskünfte zu erteilen oder gar Zahlungen an den Kläger zu leisten.

Um seinen Pflichtteilsanspruch und Pflichtteilsergänzungsanspruch berechnen zu können, ist der Kläger deshalb auf Auskunft über den Bestand des Nachlasses einschließlich der zu Lebzeiten erfolgten Zuwendungen angewiesen. Gleiches gilt für die mit dem Antrag zu Nr. (3.) begehrten Wertangaben.

Der Antrag zu Nr. (2.) rechtfertigt sich aus § 260 Abs. 2 BGB.

[...]

Rechtsanwalt

III. Auskunftsklage

Soweit kein Verjährungsrisiko besteht, kann der Pflichtteilsberechtigte auch eine isolierte **Auskunftsklage** erheben. Schließt sich daran eine **Zahlungsklage** an, entstehen zwar die bereits erwähnten höheren Prozesskosten, im Übrigen bestehen jedoch keine wirklichen Nachteile gegenüber der Stufenklage.[877] Es ist aber unbedingt zu beachten, dass durch die Auskunftsklage die Verjährung des Pflichtteilsanspruchs nicht unterbrochen wird.[878] Der Auskunftsanspruch kann grundsätzlich nicht durch einstweilige Verfügung erzwungen werden.[879]

142

In der Praxis bestehen mitunter Schwierigkeiten bei der Stellung des Antrags, da dieser so konkret wie möglich gefasst werden sollte, um eine spätere Vollstreckung zu erleichtern.[880] Der Antrag sollte daher auf Auskunftserteilung über folgende Punkte gerichtet werden:[881]

– alle beim Erbfall tatsächlich vorhandenen Sachen und Forderungen (Aktiva);
– die Nachlassverbindlichkeiten (Passiva);
– sämtliche Schenkungen (auch die an den potentiell Pflichtteilsergänzungsberechtigten selbst), die der Erblasser zu Lebzeiten getätigt hat;
– alle Zuwendungen an Abkömmlinge i.S.d. §§ 2050 ff. BGB;
– alle Zuwendungen, die in Anrechnung auf den ordentlichen Pflichtteil gem. § 2315 BGB erfolgt sein könnten.

Eine genaue Umschreibung der einzelnen Handlungen zur Erfüllung der Auskunftspflicht ist (aus prozessökonomischen Gründen) nicht erforderlich.[882]

---

877 *Kerscher/Riedel/Lenz*, Pflichtteilsrecht, § 13 Rn. 12.
878 BGH NJW 75, 1402.
879 Staudinger/*Haas*, § 2314 Rn. 80.
880 Für die Angaben bei Auskünften über Grundstücke s. umfassend *Rohlfing*, Erbrecht, § 5 Rn. 220.
881 BGH LM § 2314 Nr. 5; vgl. auch *Kerscher/Riedel/Lenz*, Pflichtteilsrecht, § 13 Rn. 13.
882 OLG Hamburg FamRZ 1988, 1213.

143 Hat der Erbe einmal (vollständig) Auskunft erteilt, ist der Auskunftsanspruch erfüllt, so dass eine Ergänzung des Nachlassverzeichnisses oder gar die Vorlage von Belegen nicht mehr verlangt werden kann. Dem Pflichtteilsberechtigten bleibt dann nur die Möglichkeit, die Abgabe der **Versicherung an Eides statt** zu fordern, oder die Zugehörigkeit bestimmter Gegenstände zum Nachlass zu beweisen.[883] Der Übergang vom Auskunftsanspruch zum Wertermittlungsanspruch stellt keine Klageänderung i.S.v. § 264 Nr. 2 ZPO dar, wenn der Kläger aufgrund derselben tatsächlichen und rechtlichen Gegebenheiten von dem einen auf den anderen Anspruch übergeht.[884] Über den **Streitwert der Auskunftsklage** entscheidet das Gericht gem. § 3 ZPO nach Ermessen.[885] I.d.R. ist hierbei 1/10 bis 1/4 des zu erwartenden Zahlungsanspruchs als angemessen zugrunde zu legen.[886]

> **Praxishinweis:**
> Im Falle einer Klage mehrerer Pflichtteilsberechtigter[887] sowie bei der Geltendmachung entsprechender Auskunftsansprüche[888] liegt eine Gegenstandsverschiedenheit gem. § 7 Abs. 2 BRAGO vor. Die Gegenstandswerte sind daher zu addieren. Ein Mehrvertretungszuschlag gem. § 6 Abs. 1 Satz 2 BRAGO kann nicht angesetzt werden

IV. Feststellungsklage

144 Mit Hilfe der Feststellungsklage kann bspw. die verbindliche (also in Rechtskraft erwachsende) Feststellung getroffen werden, ob ein rechtswirksamer Pflichtteilsverzicht vorliegt oder ein Fall der Erb- und Pflichtteilsunwürdigkeit gegeben ist. Hätte der Berechtigte aber bereits die Möglichkeit, Leistungsklage zu erheben, fehlt ihm für die Feststellungsklage das Rechtsschutzbedürfnis.[889]

V. Geltendmachung von Pflichtteilsergänzungsansprüchen

145 Besonderheiten bestehen teilweise auch bei der isolierten Geltendmachung von Pflichtteilsergänzungsansprüchen gegenüber dem Erben bzw. dem vom Erblasser Beschenkten. Hier zur Illustrierung zwei Schriftsatzmuster:

Muster[890] „Klage auf Pflichtteilsergänzung gegen den beschenkten Miterben"

> An das
> Landgericht [...]
> Klage
> des [...] – Kläger –
> gegen

---

883 *Kerscher/Riedel/Lenz*, Pflichtteilsrecht, § 13 Rn. 17.
884 *Damrau/Riedel*, Erbrecht, § 2303 Rn. 37.
885 *Kerscher/Riedel/Lenz*, Pflichtteilsrecht, § 13 Rn. 87.
886 OLG München MDR 1972, 247.
887 OLG München Rpfleger 1990, 270 = JurBüro 1990, 602; vgl. *Kerscher/Tanck/Krug*, Erbrechtliche Mandat, § 6 Rn. 62.
888 *Damrau/Riedel*, Erbrecht, § 2303 Rn. 37.
889 *Damrau/Riedel*, Erbrecht, § 2303 Rn. 38.
890 In Anlehnung an *Kerscher/Riedel/Lenz*, Pflichtteilsrecht, § 13 Rn. 38.

[...] – Beklagter –
wegen Herausgabe zum Zwecke der Zwangsvollstreckung gem. § 2329 BGB
vorläufiger Streitwert: € [...]
Namens und in Vollmacht des von mir vertretenen Klägers erhebe ich Klage und werde beantragen,
(1.) Die Beklagte wird verurteilt, die Zwangsvollstreckung in das Grundstück [Ort], eingetragen im Grundbuch von [...] Band [...], Blatt [...] Bestandsverzeichnis [...], Fl. Nr. [...] mit einer Größe von [...] qm, zum Zwecke der Befriedigung des dem Kläger zustehenden Anspruchs i.H.v. [...] nebst Zinsen zu einem Zinssatz, der 5 %-Punkte über dem jeweiligen Basiszinssatz liegt, seit Rechtshängigkeit, zu dulden.
(2.) Die Beklagte kann die Zwangsvollstreckung nach Nr. (1.) durch Bezahlung des Betrages i.H.v. € [...] zzgl. Zinsen zu einem Zinssatz, der 5 %-Punkte über dem jeweiligen Basiszinssatz liegt, seit Rechtshängigkeit der Klage abwenden.
(3.) Die Kosten des Rechtsstreits trägt der Beklagte.
Für den Fall der Anordnung des schriftlichen Vorverfahrens beantrage ich schon jetzt den Erlass eines Versäumnisurteils gem. § 331 Abs. 3 ZPO oder den Erlass eines Anerkenntnisurteils gem. § 307 Abs. 2 ZPO, sobald hierfür die gesetzlichen Voraussetzungen gegeben sind.

Begründung:
Der Kläger ist gesetzlicher Alleinerbe des am [..] verstorbenen Erblassers. Die Beklagte ist eine langjährige Bekannte des Erblassers.
Mit Übergabevertrag vom [..] übertrug der Erblasser sein Hausgrundstück [..] auf die Beklagte. Die Übergabe war in vollem Umfang unentgeltlich, mithin eine Schenkung.
Der Nachlass ist mehr oder minder wertlos. Der Erbe hat die Einrede des unzureichenden Nachlasses geltend gemacht. Der Kläger kann somit von der Beklagten wegen des ihm zustehenden Pflichtteilsergänzungsanspruchs die Herausgabe des geschenkten Hausgrundstückes zum Zwecke der Zwangsversteigerung gem. § 2329 BGB verlangen.
Der Pflichtteilsergänzungsanspruch des Klägers beträgt [...] zzgl. Zinsen zu einem Zinssatz, der 5 %-Punkte über dem jeweiligen Basiszinssatz liegt, seit Rechtshängigkeit der Klage. Die Beklagte hat trotz mehrmaliger Aufforderung den Anspruch des Klägers nicht erfüllt, so dass Klage geboten war.
[...]
Rechtsanwalt

Muster[891] „Klageantrag auf Pflichtteilsergänzung gegen den Beschenkten"

146

Unter Vorlage auf uns lautender Vollmacht zeigen wir an, dass wir den Kläger vertreten. Für diesen werden wir in der mündlichen Verhandlung folgende Anträge stellen:
(1.) Der Beklagte wird verurteilt, die Zwangsvollstreckung in Höhe eines Betrages von € [...] zgl. Zinsen zu einem Zinssatz, der 5 %-Punkte über dem jeweiligen

---

891 In Anlehnung an *Kerscher/Riedel/Lenz*, Pflichtteilsrecht, § 13 Rn. 39.

Basiszinssatz liegt, seit Rechtshängigkeit der Klage in folgendes Grundeigentum zu dulden:

Wohnungsgrundbuch von [...], Band [...], Blatt [...], Bestandsverzeichnis Nr. [...],

Miteigentumsanteil [...] an dem Grundstück Gebäude- und Freifläche [Straße], verbunden mit dem Sondereigentum an der Wohnung im Erdgeschoss, den Kellerräumen, im Aufteilungsplan bezeichnet mit Nr. [...] auf der Flur [...] mit einer Größe von [...] qm.

(2.) Der Beklagte kann die Zwangsvollstreckung nach Nr. (1.) durch Bezahlung des unter Nr. (1.) genannten Betrages i.H.v. € [...] zzgl. Zinsen zu einem Zinssatz, der 5 %-Punkte über dem jeweiligen Basiszinssatz liegt, seit Rechtshängigkeit der Klage abwenden.

(3.) Die Kosten des Rechtsstreits trägt der Beklagte.

Für den Fall der Anordnung des schriftlichen Vorverfahrens beantrage ich schon jetzt den Erlass eines Versäumnisurteils gem. § 331 Abs. 3 ZPO oder den Erlass eines Anerkenntnisurteils gem. § 307 Abs. 2 ZPO, sobald hierfür die gesetzlichen Voraussetzungen gegeben sind.

VI. Beweislastverteilung

147 Den Pflichtteilsberechtigten trifft nicht nur die Beweislast hinsichtlich der Zugehörigkeit einzelner Gegenstände zum realen Nachlass, sondern auch hinsichtlich der Frage, ob eine dem fiktiven Nachlass zuzurechnende Schenkung vorliegt. Hierbei können allerdings die vom BGH entwickelten Grundsätze der **Beweislastumkehr**[892] eingreifen, wenn der Zuwendungsempfänger sich darauf beruft, dass eine Unentgeltlichkeit nicht vorliege, zwischen Leistung und Gegenleistung aber tatsächlich ein auffälliges Missverhältnis besteht.[893] Den Pflichtteil mindernde Tatsachen müssen grundsätzlich die Erben beweisen, so z.B. die Anrechnungs- und Ausgleichspflicht bzgl. bestimmter Vorempfänge.[894]

> **Praxishinweis:**
> Eine in der Praxis vernachlässigte Möglichkeit zur Durchsetzung des Pflichtteilsanspruches stellt die Beantragung einer **Nachlass- oder Klagpflegschaft**[895] (§§ 1960 ff. BGB) dar. Wird eine Pflegschaft angeordnet, kann der Pflichtteilsanspruch ohne größeren Aufwand gegenüber dem Nachlasspfleger geltend gemacht werden. Diese Verfahren sind vor allem dann interessant, wenn die tatsächlichen Erben noch nicht feststehen bzw. unklar ist, ob die vermeintlichen Erben die Erbschaft angenommen haben. Vorteil der Pflegschaft ist insbesondere, dass der Nachlasspfleger zur sorgfältigen Aufnahme eines Nachlassverzeichnisses angehalten ist, und dieses auch i.S.v. § 2314 BGB verwendet werden kann. Dies ist umso bedeutsamer, als es sich bei ihm regelmäßig um eine unabhängige, neutrale Person handelt.
> Da die Anordnung einer Nachlasspflegschaft im Ermessen des Gerichts steht, sollte hilfsweise gleichzeitig eine Klagpflegschaft beantragt werden, die die gerichtliche Geltendmachung des Pflichtteilsanspruchs ermöglicht.

---

892 *Damrau/Riedel*, Erbrecht, § 2303 Rn. 39.
893 BGH ZEV 1996, 186.
894 *Kerscher/Riedel/Lenz*, Pflichtteilsrecht, § 13 Rn. 25.
895 Ausführlich hierzu: *Ott-Eulberg*, ZErb 2000, 222 ff.

O. Stundung des Pflichtteilsanspruchs

I. Grundsätzliche Voraussetzungen der Stundung

Der pflichtteilsberechtigte Erbe, der selbst zur Erfüllung eines Pflichtteilsanspruchs verpflichtet ist, kann die Stundung dieses Anspruchs verlangen, wenn die sofortige Erfüllung ihn ungewöhnlich hart treffen würde, § 2331 a BGB. Bei Abkömmlingen und Eltern ist § 2309 BGB zu beachten.[896] Sind mehrerer Miterben vorhanden, werden die Voraussetzungen der Stundung für jeden von ihnen einzeln geprüft.[897] Die dem einen Miterben gewährte Stundung wirkt nur für diesen ohne Rücksicht auf die Pflichtteilsverpflichtung anderer Miterben. Nach Auseinandersetzung der Erbengemeinschaft kann auch derjenige pflichtteilsberechtigte Erbe Stundung begehren, den im Innenverhältnis keine Pflichtteilslast trifft. Haftungsfreiheit im Innenverhältnis allein ist aber kein Stundungsgrund.[898]

Antragsgegner ist stets (und ausschließlich) derjenige Pflichtteilsberechtigte, der seinen Pflichtteilsanspruch gegen den selbst pflichtteilsberechtigten Erben durchsetzen will. Werden Pflichtteilsansprüche von mehreren Berechtigten geltend gemacht, muss die Stundung jedes einzelnen Anspruchs beantragt werden. Verschiedene Anträge (desselben Erben) werden nicht unbedingt einheitlich entschieden.[899]

Stundung kann nur gewährt werden, wenn die Erfüllung des Pflichtteilsanspruchs den Erben nicht nur wegen der sofortigen Zahlungsverpflichtung ungewöhnlich hart treffen würde, sondern zusätzlich wegen der Art der Nachlassgegenstände. Zu nennen sind hier bspw.[900] die Notwendigkeit zur Aufgabe der Familienwohnung oder der Veräußerung eines Gegenstands,[901] der die wirtschaftliche Lebensgrundlage des pflichtteilsberechtigten Erben bildet.[902] Weder die Familienwohnung noch der die Existenzgrundlage bildende Vermögensgegenstand müssen diese Eigenschaft bereits im Zeitpunkt des Erbfalles gehabt haben.[903] Bspw. ein ererbter Betrieb muss nicht schon im Zeitpunkt des Erbfalls die Existenzgrundlage des Erben gewesen sein. Der Bestand der Unternehmensgröße ist durch § 2331a BGB aber nicht geschützt. Allein die Tatsache, dass Nachlassvermögen wegen der Erfüllung des Pflichtteilsanspruchs zur Unzeit veräußert werden müsste, reicht für die Stundung des Anspruches nicht aus.[904] Kann der Erbe den Pflichtteilsberechtigten ohne größeren Aufwand aus seinem Eigenvermögen befriedigen oder einen Kredit aufnehmen, kann Stundung nicht verlangt werden.[905]

---

896 Soergel/*Dieckmann*, § 2331a Rn. 3.
897 *Kerscher/Riedel/Lenz*, Pflichtteilsrecht, § 14, Rn. 3; etwas anderes gilt nur, solange die Erbengemeinschaft noch nicht auseinandergesetzt wurde, da der Pflichtteilsberechtigte nur in den ungeteilten Nachlass vollstrecken kann, Erman/*Schlüter*, § 2331a Rn. 3.
898 Soergel/*Dieckmann*, § 2331a Rn. 4.
899 Staudinger/*v. Olshausen*, § 2331a Rn. 12.
900 Nicht abschließend; vgl. *Damrau/Lenz*, Erbrecht, § 2331a Rn. 10.
901 Unter den Begriff des „Wirtschaftsgutes" i.S.d. Vorschrift fallen gewerbliche Unternehmungen, Miethäuser, landwirtschaftliche Güter, Beteiligungen an Handelsgesellschaften etc.; MünchKom/*Lange*, § 2331a Rn. 5; Staudinger/*Ferid/Cieslar*, § 2331a Rn. 16.
902 Soergel/*Dieckmann*, § 2331a Rn. 7.
903 Soergel/*Dieckmann*, § 2331a Rn. 8.
904 Vgl. BT-Drucks. 5/2370, S. 99; *Lutter*, Erbrecht des nicht ehelichen Kindes, S. 58.
905 Erman/*Schlüter*, § 2331a Rn. 4.

II. Interessenabwägung

150 Der Antrag auf Stundung des Pflichtteilsanspruches ist nur dann begründet, wenn die nicht unverzügliche Erfüllung dem Pflichtteilsberechtigten zugemutet werden kann, § 2331a Abs. 1 Satz 2 BGB. Diese Voraussetzung für die Stundung[906] steht dem Erfordernis der ungewöhnlichen Härte für den Erben gleichwertig gegenüber. Insoweit ist eine Interessensabwägung zwischen den Interessen des Pflichtteilsberechtigten auf der einen und denen des Erben auf der anderen Seite vorzunehmen,[907] wobei grundsätzlich von der sofortigen Erfüllungspflicht des Erben gem. § 2317 Abs. 1 BGB auszugehen ist. Eine Stundung kann dem Pflichtteilsberechtigten bspw. gar nicht zugemutet werden, wenn der Pflichtteil zur Deckung des Unterhaltsbedarfes benötigt wird oder ohne die unverzügliche Erfüllung die eigene Ausbildung nicht fortgeführt bzw. die Ausbildung unterhaltsberechtigter Kinder nur durch die Anspruchserfüllung sichergestellt werden kann.[908] Andererseits soll der selbst pflichtteilsberechtigte Erbe durch die Stundung die Möglichkeit erhalten, eine sich in absehbarer Zeit eröffnende Möglichkeit zur Befriedigung des Pflichtteilsanspruches abwarten zu können.[909] Ist dies von vornherein nicht möglich, ohne dass der Nachlass zerschlagen wird, scheidet eine Stundung aus. Gleiches gilt, wenn der Erbe die Zahlung des Pflichtteilsanspruches schon über Gebühr hinaus verzögert hat.[910] Ergebnis der Interessensabwägung kann auch sein, dass das Stundungsbegehren nur teilweise erfolgreich ist,[911] bspw. Stundung in Form von Ratenzahlungen gewährt wird.[912]

III. Wirkung der Stundung /Nebenbestimmungen

151 Die Stundung führt zu einer Hinausschiebung der Fälligkeit des Pflichtteilsanspruches. Die **Verjährung** des Pflichtteilsanspruches dürfte durch § 205 BGB n.F. **gehemmt** sein, da dem Pflichtteilsgläubiger nicht zugemutet werden kann, bei Anordnung einer gesetzlichen Stundungsvorschrift Gefahr zu laufen, dass sein Pflichtteilsanspruch verjährt, obwohl er ihn trotz Hinausschiebens der Fälligkeit nicht geltend machen kann.[913] Die **gestundete Forderung** ist zu **verzinsen**, § 2331a Abs. 2 Satz 2 1. HS i.V.m. § 1382 Abs. 2 BGB. Über die **Zinshöhe** entscheidet das Gericht. Auf Antrag des Pflichtteilsberechtigten kann das Gericht die Stundung von der Erbringung einer **Sicherheitsleistung** abhängig machen, § 2331a Abs. 2 i.V.m. § 1382 Abs. 3 BGB.[914]

IV. Verfahrensrechtliche Gesichtspunkte

152 Für die Entscheidung über die Stundung ist das Nachlassgericht zuständig. Es entscheidet nur auf Antrag eines pflichtteilsberechtigten Erben, des Insolvenzverwalters, des Nachlassverwalters und des Nachlasspflegers. Der Testamentsvollstrecker ist zur

---

906 Beide Voraussetzungen müssen kumulativ vorliegen; *Damrau/Lenz*, Erbrecht, § 2331a Rn. 9.
907 Soergel/*Dieckmann*, § 2331a Rn. 10.
908 Erman/*Schlüter*, § 2331a Rn. 5; Staudinger/*v. Olshausen*, § 2331a Rn. 19.
909 *Kerscher/Riedel/Lenz*, Pflichtteilsrecht, § 14, Rn. 8.
910 Soergel/*Dieckmann*, § 2331a Rn. 10; Staudinger/*v. Olshausen*, § 2331a Rn. 19.
911 Staudinger/*v. Olshausen*, § 2331a Rn. 19.
912 MünchKomm/*Lange*, § 2331a Rn. 7.
913 Vgl. hierzu *Mayer/Süß/Tanck/Bittler/Wälzholz*, HB Pflichtteilsrecht, § 14 Rn. 271; *Damrau/Lenz*, Erbrecht, § 2331a Rn. 18.
914 BayObLG FamRZ 1981, 392.

Antragstellung nicht berechtigt.⁹¹⁵ Gegen einen abweisenden Gerichtsbeschluss ist die **sofortige Beschwerde** zulässig, § 60 Abs. 1 Nr. 6 FGG; gegen die Entscheidung des Rechtspflegers die **befristete Erinnerung**, § 11 Abs. 1 Satz 2 RpflG. Gegen die Entscheidung des Beschwerdegerichts kann sofortige weitere Beschwerde gem. §§ 27, 29 FGG eingelegt werden. Soweit der Pflichtteilsanspruch str. und ein Verfahren über ihn rechtshängig ist, kann auch das Prozessgericht (durch Urteil) über den Stundungsantrag entscheiden, § 2331 a Abs. 2 Satz 2, § 1382 Abs. 5 BGB. Die Grundsätze, nach denen das Nachlassgericht entscheidet, gelten insoweit entsprechend.⁹¹⁶

Muster⁹¹⁷ „Stundung des Pflichtteils nach § 2331a BGB (§§ 83a, 53a FGG)"

153

An das
Nachlassgericht
Antragsteller [Erbe]
Antragsgegner [Pflichtteilsberechtigter]
wegen Stundung des Pflichtteils
Der Antragsteller ist aufgrund Verfügung von Todes wegen der alleinige Erbe des am [Datum] in [Ort] verstorbenen Erblassers [Name].
Der Antragsgegner ist ein pflichtteilsberechtigter Abkömmling des Erblassers. Der Pflichtteilsanspruch wird i.H.v. € [...] anerkannt. Die sofortige Erfüllung des Anspruchs würde jedoch für den Antragsteller eine ungewöhnliche Härte bedeuten. Der Nachlass besteht lediglich aus einem kleinen Hausgrundstück, das der Antragsteller bereits bewohnt. Es stellt auch den einzigen im Nachlass befindlichen Vermögenswert dar. Der Antragsteller bezieht als Arbeiter nur ein geringes Einkommen, das er in vollem Umfang für seinen eigenen Lebensunterhalt und den seiner Familie benötigt.
Im eigenen Vermögen des Antragstellers befindet sich aber ein Bausparvertrag, der in ca. [...] Monaten fällig wird. Sodann wird der Antragsteller wirtschaftlich in der Lage sein, den gegen ihn gerichteten Pflichtteilsanspruch zu erfüllen. Aus diesem Grund beantragt er die Stundung des Pflichtteils nach § 2331a BGB bis zur Auszahlung des Bausparvertrages am [Datum].
Von der Festsetzung einer Sicherheit bittet der Antragsteller Abstand zu nehmen und bietet eine Verzinsung des Pflichtteils i.H.v. [...] % jährlich an (§§ 2331a Abs. 2, 1382 BGB).
[...]
Rechtsanwalt

P. Der Pflichtteil im Erbschaftsteuerrecht

Nach § 3 Abs. 1 Nr. 1 ErbStG unterliegt nur der **geltend gemachte Pflichtteilsanspruch** der Erbschaftsteuer.⁹¹⁸ Durch diese gesetzliche Regelung wird der Zeitpunkt der Steuerentstehung hinausgeschoben, was in erster Linie dem Schutz des Pflicht-

154

---

915 Staudinger/*v. Olshausen*, § 2331a Rn. 25; Erman/*Schlüter*, § 2331a Rn. 3; MünchKomm/*Lange*, § 2331a Rn. 2.
916 Soergel/*Dieckmann*, § 2331a, Rn. 14.
917 In Anlehnung an *Kerscher/Riedel/Lenz*, Pflichtteilsrecht, § 14 Rn. 11.
918 *Damrau/Riedel*, Erbrecht, § 2303 Rn. 40.

teilsberechtigten dient.⁹¹⁹ Er soll davor bewahrt werden, dass für ihn auch dann Erbschaftsteuer anfällt, wenn er seinen Anspruch zunächst – oder gar dauerhaft – nicht erhebt.⁹²⁰ Korrespondierend zur Erbschaftsteuerpflicht des geltend gemachten Pflichtteils besteht für den pflichtteilsbelasteten Erben die Möglichkeit, diese Belastung i.R.d. Ermittlung seines steuerpflichtigen Erwerbs wertmindernd in Ansatz zu bringen, § 10 Abs. 5 Nr. 2 ErbStG. Unter **Geltendmachung** versteht die Finanzgerichtsbarkeit seit jeher⁹²¹ das ernstliche Verlangen auf Erfüllung des Pflichtteilsanspruchs. Der Berechtigte muss seinen entsprechenden Entschluss in „geeigneter Weise bekunden". Dies kann auch mündlich oder durch schlüssiges Verhalten geschehen, die Einleitung eines gerichtlichen Verfahrens zur Durchsetzung des Anspruchs ist nicht erforderlich.⁹²² Eine Geltendmachung kann auch darin zu sehen sein, dass der Erbe die Auszahlung des Pflichtteils anbietet und der Berechtigte dieses Angebot annimmt.⁹²³ Dasselbe gilt, wenn der Berechtigte den Pflichtteilsanspruch stundet oder zunächst nur eine Teilzahlung begehrt, sich dabei aber vorbehält, auch die Restzahlung noch zu verlangen,⁹²⁴ ebenso wenn der Berechtigte Handlungen zur Sicherung der Erfüllung seines Pflichtteilsanspruchs vornimmt.⁹²⁵ Inwieweit auch die bloße Abtretung des Pflichtteilsanspruchs⁹²⁶ bereits als Geltendmachung zu werten ist,⁹²⁷ ist nicht abschließend geklärt.⁹²⁸

Die erbschaftsteuerliche Behandlung des **Pflichtteilsverzichts** hängt maßgeblich vom Zeitpunkt der Verzichtserklärung ab. Grundsätzlich wäre in einem unentgeltlichen Verzicht eine ebenfalls steuerpflichtige freigebige Zuwendung (§ 7 Abs. 1 Nr. 1 ErbStG) an den Erben zu sehen. Diese ist aber gem. § 13 Abs. 1 Nr. 11 ErbStG ausdrücklich von der Besteuerung ausgenommen.⁹²⁹ Hierdurch soll die Entschließungsfreiheit des Berechtigten gewahrt werden, den **vor der Geltendmachung** des Pflichtteilsanspruchs bestehenden Schwebezustand durch Verzicht zu beenden,⁹³⁰ ohne hierdurch eine zusätzliche Steuerbelastung für den Erben auszulösen. Dasselbe gilt auch für die stillschweigende Unterlassung der Geltendmachung.⁹³¹ Verzichtet der Pflichtteilsberechtigte erst **nach der Geltendmachung** seines Anspruchs, kann hierin bei einem unentgeltlichen oder teilentgeltlichen Verzicht eine im Ergebnis steuerpflichtige freigebige Zuwendung i.S.d. § 7 Abs. 1 Nr. 1 ErbStG zugunsten des bzw. der Erben liegen.⁹³² § 13 Abs. 1 Nr. 11 ErbStG greift in diesem Fall nicht ein, da gerade nicht auf die Geltendmachung des Anspruches verzichtet wird, sondern auf den bereits geltend gemachten Anspruch.⁹³³

---

919 *Kerscher/Riedel/Lenz*, Pflichtteilsrecht, § 17 Rn. 2; *Damrau/Riedel*, Erbrecht, § 2303 Rn. 40.
920 Vgl. dazu RFHE 15, 52, 57; *Troll/Gebel/Jülicher*, § 3 Rspr. R84.
921 RFH RftEl 1929, 515.
922 *Kerscher/Riedel/Lenz*, Pflichtteilsrecht, § 17 Rn. 4.
923 RFH RftEl 1936, 1131.
924 Vgl. RFH RftEl 1940, 3.
925 RFH RftEl 1936, 1131.
926 Zivilrechtlich ist dies eindeutig als Geltendmachung zu werten, vgl. Palandt/*Edenhofer*, § 2317 Rn. 3; Baumbach/Lauterbach/Hartmann, § 852 Anm. 1; *Kuchinke*, NJW 1994, 1769; vgl. auch BGH NJW 1993, 2876, 2878 m.w.N.
927 HessFG EFG 1990, 587.
928 Vgl. hierzu *Kerscher/Riedel/Lenz*, Pflichtteilsrecht, § 17 Rn. 6.
929 Troll/Gebel/Jülicher, § 13 Rn. 132.
930 Troll/Gebel/Jülicher, § 3 Rn. 237.
931 Troll/Gebel/Jülicher, § 13 Rn. 132.
932 *Kerscher/Riedel/Lenz*, Pflichtteilsrecht, § 17 Rn. 10.
933 *Damrau/Riedel*, Erbrecht, § 2303 Rn. 41.

Den **Pflichtteilsverzicht gegen Abfindung** regelt § 3 Abs. 2 Nr. 4 ErbStG, wonach die erlangte Abfindung der Erbschaftsteuer unterliegt.

Q. Praxishinweise

I. Taktisches Vorgehen des Ehegatten

Ausschlaggebend für die Entscheidung des überlebenden Zugewinn-Ehegatten ist vor allem die Höhe des konkreten Zugewinnausgleichsanspruchs im Verhältnis zum Gesamtnachlass. Außerdem kommt es entscheidend darauf an, neben Verwandten welcher Erbenordnung der überlebende Ehegatte zur Erbfolge gelangt.[934]

Nieder[935] hat für den Fall, dass nur der verstorbene Ehegatte einen Zugewinn erwirtschaftet hat, rechnerisch ermittelt, dass die Entscheidung für die güterrechtliche Lösung neben Verwandten der 1. Ordnung immer dann wirtschaftlich sinnvoll ist, wenn der Zugewinn des Erblassers einen Anteil am Nachlass von mindestens 6/7 (= 85,7%) ausmacht. Neben Verwandten der 2. Ordnung bringt hingegen die erbrechtliche Lösung stets einen Vorteil.[936]

Anzahl der Kinder	Quote der Abkömmlinge			
	erbrechtliche Lösung		güterrechtliche Lösung	
	gesetzl. Erbteil	Pflichtteil	gesetzl. Erbteil	Pflichtteil
1	1/2	1/4	3/4	3/8
2	1/4	1/8	3/8	3/16
3	1/6	1/12	1/4	1/8
4	1/8	1/16	3/16	3/32
5	1/10	1/20	3/20	3/40

II. Vergleich über ein Pflichtteilsrecht

Die str. Geltendmachung des Pflichtteilsanspruchs vom Auskunftsbegehren über die eidesstattliche Versicherung bis hin zur Durchsetzung des Zahlungsanspruchs stellt für die Beteiligten oftmals einen äußerst langwierigen und Nerven aufreibenden Prozess dar. Darüber hinaus ist alles andere als sicher, dass der Pflichtteilsberechtigte wirklich vollständig über den Umfang und die Zusammensetzung des Nachlasses informiert wird. Die eidesstattliche Versicherung erweist sich in der Praxis nicht selten als stumpfes Schwert. Vor diesem Hintergrund sollte auch der Anwalt prüfen, ob nicht eine **außergerichtliche Einigung** erreicht werden kann. Da es sich – juristisch betrachtet – lediglich um einen schuldrechtlichen Zahlungsanspruch handelt, ist der Vergleich hierüber grundsätzlich formlos – in der Praxis regelmäßig privatschriftlich – möglich. Dem Vergleich sollte stets das Nachlassverzeichnis zugrunde gelegt werden; eine Zusicherung hinsichtlich etwaiger Vorempfänge ist sinnvoll. Darüber hinaus sollte eine Regelung der späteren Ausgleichung nach § 2313 Abs. 1 Satz 3 BGB erfolgen. Hinsichtlich der Bewertung der Nachlassgegenstände empfiehlt sich eine verbindliche gegenseitige Einigung.

---

934 *Kerscher/Riedel/Lenz*, Pflichtteilsrecht, § 6 Rn. 58.
935 Vgl. zu alldem *Nieder*, Rn. 14.
936 Tabelle aus *Kerscher/Riedel/Lenz*, Pflichtteilsrecht, § 6 Rn. 60.

157 Muster[937] „Außergerichtlicher Vergleich über einen Pflichtteilsanspruch"

Vereinbarung

zwischen

der Erbengemeinschaft nach [...], verstorben am [...], bestehend aus:

[...] Name

[...] Name

– nachfolgend Erbengemeinschaft –

und

[...] Name

– nachfolgend Pflichtteilsberechtigter –

wird folgender außergerichtlicher Vergleich zur Regelung der Pflichtteilsansprüche des Pflichtteilsberechtigten nach dem Tod des [Erblassers] geschlossen.

§ 1 Vergleichsgegenstand

(1) Die Erbengemeinschaft erkennt den Anspruch des Pflichtteilsberechtigten auf einen Pflichtteil gegenüber der Erbengemeinschaft i.H.v. [Quote] des Wertes des Nachlasses von [...] an. Der Pflichtteilsquote wird zugrunde gelegt, dass der Erblasser, nach Angaben der Erbengemeinschaft, im gesetzlichen Güterstand der Zugewinngemeinschaft gelebt hat.

(2) Der Bestand des Nachlasses ergibt sich aus dem dieser Vereinbarung als wesentlicher Bestandteil beigefügten Nachlassverzeichnis und den darin gem. § 2311 BGB festgestellten Werten. Die Vertragsparteien erkennen die Wertfeststellung als verbindlich an.

(3) Mit dieser Vereinbarung werden auch die Pflichtteilsergänzungsansprüche des Pflichtteilberechtigten, soweit sie im Nachlassverzeichnis als fiktive Nachlassgegenstände aufgeführt sind, abschließend geregelt.

§ 2 Zahlung, Verzugsfolgen

(1) Dem Pflichtteilsberechtigten steht gegen die Erbengemeinschaft ein Pflichtteil i.H.v. € [...] zu.

(2) Der Pflichtteil ist zur Zahlung fällig am [...] (Zahlungseingang). Die Zahlung hat zu erfolgen auf das Rechtsanwalt-Anderkonto von Rechtsanwalt [...] Konto-Nr. bei [...] Bank, BLZ [...].

(3) Für den Fall nicht fristgerechter Zahlung ist der rückständige Betrag mit 10% p.a. zu verzinsen, ohne dass es einer besonderen Mahnung bedarf. Hierin liegt keine Stundungsvereinbarung.

(4) Es wird klargestellt, dass die einzelnen Mitglieder der Erbengemeinschaft den Pflichtteil als Gesamtschuldner schulden.

§ 3 Zusicherungen

(1) Die Erbengemeinschaft sichert ausdrücklich zu, dass das dem Vertrag beigefügte Nachlassverzeichnis vollständig ist und dass der Erblasser im gesetzlichen Güterstand gelebt hat.

---

937 In Anlehnung an *Kerscher/Riedel/Lenz*, Pflichtteilsrecht, § 13 Rn. 42.

(2) Die Erbengemeinschaft sichert ausdrücklich zu, dass ihr keine weiteren Umstände bekannt sind, die hinsichtlich der Höhe des Pflichtteils, insbesondere hinsichtlich der Bewertung, von Bedeutung sind.

(3) Die Erbengemeinschaft sichert ausdrücklich zu, dass ihr keine Schenkungen i.S.v. § 2325 BGB bekannt und dass keine ausgleichungspflichtigen Zuwendungen bzw. Vorempfänge an die Miterben (Abkömmlinge) erfolgt sind.

(4) Der Pflichtteilsberechtigte sichert ausdrücklich zu, dass er keine ausgleichungspflichtigen Vorempfänge vom Erblasser erhalten hat.

(5) Ansprüche des Pflichtteilsberechtigten gem. § 2313 Abs. 1 Satz 3 BGB bleiben von dieser Vereinbarung unberührt.

(6) Die Erbengemeinschaft verpflichtet sich gegenüber dem Pflichtteilsberechtigten zur unverzüglichen schriftlichen Offenlegung von nach Unterzeichnung dieses Vertrages nachträglich erlangten Erkenntnissen über eine etwaige Erweiterung des Umfanges des Nachlasses.

(7) Sollte sich herausstellen, dass eine der gegebenen Zusicherungen unzutreffend ist, so wird die gegen diese Zusicherung verstoßende Partei die andere Vertragspartei so stellen, wie diese stünde, wenn die Zusicherung zutreffend wäre. Danach ist der Pflichtteil neu zu berechnen und ein ggf. entstehender Unterschiedsbetrag innerhalb von zwei Wochen nach schriftlicher Geltendmachung auszugleichen. § 2 Abs. 2 bis 4 dieses Vertrages gilt entsprechend. Gleiches gilt für nachträglich bekannt werdende Aktiva des Nachlasses.

§ 4 Abgeltung, Verjährung, Verwirkung

(1) Die Parteien sind sich darüber einig, dass alle finanziellen Ansprüche aus und i.V.m. dem Pflichtteil des Pflichtteilsberechtigten mit der Erfüllung dieser Vereinbarung erledigt sind, vorbehaltlich etwaiger Änderungen gem. § 3 dieses Vertrages. Der Auskunftsanspruch des Pflichtteilsberechtigten gem. § 2314 BGB ist damit nicht ausgeschlossen.

(2) Alle gegenseitigen Ansprüche aus dem Vertragsverhältnis sind nach Ablauf des […] verwirkt, sofern sie nicht innerhalb dieser Frist schriftlich und innerhalb eines weiteren Monats gerichtlich geltend gemacht sind. Ausgenommen von der Verwirkung bleiben die Ansprüche gem. § 3 dieses Vertrages.

§ 5 Sonstige Bestimmungen

(1) Sollte eine Bestimmung dieser Vereinbarung unwirksam sein, wird die Wirksamkeit der übrigen Bestimmungen davon nicht berührt. Die Parteien verpflichten sich, anstelle der unwirksamen Bestimmung eine dieser Bestimmung möglichst nahe kommende, wirksame Regelung zu treffen.

(2) Jede Partei trägt die mit diesem Vertrag zusammenhängenden Kosten, insbesondere des jeweiligen Rechtsberaters, selbst.

(3) Mündliche Abreden oder Nebenabreden sind nicht getroffen. Änderungen und Ergänzungen des Vertrages bedürfen zu ihrer Gültigkeit der Schriftform. Dies gilt auch für die Abweichung von dieser Schriftformklausel selbst.

[…] den […][…] den […]
Unterschrift […]Unterschrift […]

III. Haftungsfalle Verjährung

158 Die Verjährungsproblematik bringt für den Anwalt aufgrund der zu unterschiedlichen Zeitpunkten beginnenden Fristen hinsichtlich des ordentlichen Pflichtteils und des Pflichtteilsergänzungsanspruchs erhebliche Haftungsrisiken mit sich. Auch die praktische Schwierigkeit, den Zeitpunkt der Kenntniserlangung von Erbfall und beeinträchtigender Verfügung des Erblassers zu ermitteln und vor allem zu beweisen, sollte nicht unterschätzt werden.[938]

Ist der Anwalt aufgrund nahender Verjährung gezwungen, Klage zu erheben, trifft ihn auf jeden Fall die Pflicht, den Mandanten über alle Risiken aufzuklären,[939] insbesondere darüber, dass die Verjährung nicht unterbrochen wird, wenn der Gerichtskostenvorschuss nicht rechtzeitig einbezahlt wird.[940] Nach Ansicht des BGH entfällt nämlich die materiellrechtliche Wirkung des § 270 Abs. 3 ZPO, wenn der Kläger durch nachlässiges Verhalten eine nicht nur geringfügige Verzögerung der Zustellung provoziert.[941] Dies wird bereits bei einer Verzögerung von 18 bis 20 Tagen anzunehmen sein.[942]

> **Praxishinweis:**
> Der Anwalt sollte daher seinen Mandanten spätestens bei der Zusendung der Aufstellung über die vorläufigen Gerichtskosten und dem Vorschussbegehren die Eilbedürftigkeit durch einen sichtbaren Hinweis verdeutlichen. Besser ist es, bereits in der Vorbesprechung hierauf hinzuweisen. Kommt der Anwalt seiner Aufklärungspflicht nicht nach, setzt er sich erheblichen Haftungsrisiken aus.[943]

---

938 *Kerscher/Riedel/Lenz*, Pflichtteilsrecht, § 12 Rn. 23.
939 *Kerscher/Riedel/Lenz*, Pflichtteilsrecht, § 12 Rn. 23.
940 BGH NJW 1974, 2318.
941 BGHZ 103, 20, 28 ff.
942 BGH NJW 1967, 779.
943 OLG Düsseldorf, FamRZ 1992, 1223.

12. Kapitel
Nachlasspflegschaft und Nachlassverwaltung

Übersicht:

A. Allgemeines 569
   I. Einführung 569
   II. Nachlasspflegschaft 570
   III. Nachlassverwaltung 570
   IV. Weitere Sicherungsmaßnahmen 570
      1. Anlegung von Siegeln 571
      2. Amtliche Inverwahrnahme 571
      3. Kontensperrung 571
      4. Aufnahme eines Nachlassverzeichnisses 572
      5. Klag- bzw. Prozesspflegschaft gem. § 1961 BGB 572
      6. Sonstige Sicherungsmaßnahmen 572
   V. Abgrenzungen 572
      1. Pflegschaft für die Leibesfrucht gem. § 1912 BGB 572
      2. Testamentsvollstreckung 573
      3. Abwesenheitspflegschaft gem. § 1911 BGB 573
      4. Nacherbenpflegschaft 573
      5. Nachlassinsolvenz 573
B. Zentrale Stellung des Nachlassgerichts 573
   I. Sachliche und örtliche Zuständigkeit 573
   II. Materielle Voraussetzungen der Nachlasssicherung 574
      1. Unklarheit über den Erben 574
         a) Einzelfälle der Unklarheit über den Erben 574
         b) Anordnung bei einem bekannten Erben 576
      2. Bedürfnis gerichtlicher Fürsorge 576
      3. Handeln von Amts wegen 578
   III. Anordnung der Nachlasspflegschaft 578
      1. Beschluss des Nachlassgerichts 578
      2. Verpflichtungshandlung 578
      3. Bestallung 578
   IV. Durchführung der Nachlasspflegschaft, Aufgaben und Rechte des Nachlassgerichts 578
   V. Ende der Pflegschaft/der Nachlasspflegertätigkeit 579
      1. Aufhebung 579
      2. Entlassung 579
      3. Tod des Pflegers 579
   VI. Festsetzung der Nachlasspflegervergütung 579
   VII. Sonderfall: Klagpflegschaft gem. § 1961 BGB 579
      1. Allgemeine Darstellung 579
      2. Nachlassgläubiger 580
      3. Gerichtliche Geltendmachung 581
      4. Undurchführbarkeit ohne Nachlasspflegschaft 581
      5. Stellung des Pflegers 581
   VIII. Nachlassverwaltung 581
      1. Grundsatz 581
         a) Örtliche und sachliche Zuständigkeit 582
         b) Antrag gem. § 1981 BGB 582
            aa) Antragsberechtigte Personen 582
            bb) Begründetheit des Antrags 583
      2. Masse oder Vorschuss 583
      3. Verfahren gem. §§ 1962, 1981 bis 1989 BGB 583
         a) Anordnung 583
         b) Beschluss 584
         c) Zustellung 584
      4. Rechtsmittel: § 76 FGG 584
      5. Bestellung Nachlassverwalter 584
      6. Aufhebung der Nachlassverwaltung 584
      7. Schlussrechnung 585
      8. Vergütung 585
C. Der Anwalt als Nachlasspfleger 585
   I. Aufgaben des Nachlasspflegers 585
      1. Festlegung der Aufgabenbereiche 585
         a) Inbesitznahme, Nachlassverzeichnis 586
         b) Muster „Bestandsaufnahme" 587
         c) Mitteilung an Finanzämter 588
         d) Erhaltung und Verwaltung des Nachlasses 588
         e) Pflichten des Nachlasspflegers in Bezug auf Konten u.a. 588
            aa) Ermittlung der Konten 588
            bb) Verwaltung der Konten 591
               (1) Allgemeine Pflichten 592
               (2) Besondere Pflichten 592
               (3) Sonstige Pflichten 595
         f) Prozesskostenhilfe 597

g) Eidesstattliche Versicherung	597	
h) Gläubigerauskunft gem. § 2012 BGB	597	
i) Das Gläubigeraufgebot gem. § 991 ZPO	597	
j) Nachlassinsolvenzverfahren gem. §§ 315-331 InsO	597	
k) Dürftige Nachlässe	599	
l) Finanzamt und Sozialversicherungsträger	599	
m) Grundstücke	600	
n) Bezahlung der Nachlassverbindlichkeiten	601	
o) Erfüllung von Vermächtnissen und Auflagen	601	
p) Annahme von dem Erblasser zugefallenen Erbschaften	602	
q) Jahres- und Schlussrechnung des Nachlasses, Jahres- und Schlussbericht	602	
(1) Schlussrechnung (§ 1890 BGB)	602	
(2) Jahresabrechnung (§ 1840 BGB)	602	
(3) Jahresbericht	602	
r) Vertretung und Prozessführung	603	
(1) Vertretung	603	
(2) Prozessführung	603	
s) Absicherung durch Haftpflichtversicherung	604	
t) Nichtzuständigkeit des Nachlasspflegers	604	
2. Erbenermittlung	604	
a) Informationsquellen	604	
(1) Einwohnermeldeamt	606	
(2) Standesamt	607	
(3) Außenministerium	607	
b) Kostenersatz	608	
II. Nachlasspfleger und Erben	608	
1. Zusammenarbeit	608	
2. Herausgabe des Nachlasses	608	
3. Auseinandersetzung	609	
4. Konkurrierende Tätigkeit von Nachlasspfleger und Erben	609	
5. Nachfolgeauftrag	609	
III. Nachlasspfleger im Umgang mit Gläubigern	610	
IV. Kein Anspruch auf Entlassung	610	
V. Vergütung des Nachlasspflegers	610	
1. Vergütungsfaktoren	610	
2. Zeithonorar	610	
3. Antrag auf Vergütungsfestsetzung	611	
4. Auslagenersatz (Aufwendungsersatz)	612	
D. Anwalt als Nachlassverwalter	613	
I. Grundsatz der Nachlassverwaltung	613	
II. Aufgaben des Nachlassverwalters	614	
1. Sammlung des Nachlasses	614	
2. Aufgebotsverfahren	615	
3. Befriedigung der Nachlassgläubiger	615	
4. Verwaltung des Nachlasses	616	
5. Grundstück im Nachlass – Grundbucheintrag	616	
6. Gesellschaftsanteil im Nachlass	617	
7. Feststellung entzogener Werte	618	
8. Zahlung der Nachlassverwaltungskosten	618	
9. Vollmacht	618	
10. Abwehr von Eigengläubigern	618	
11. Erwerbsgeschäft im Nachlass	618	
12. Einziehung von Forderungen	619	
13. Pflicht zur Auskunftserteilung	619	
14. Aufschiebende Einreden	619	
15. Unterhalt	620	
16. Bewegliche Gegenstände im Nachlass	620	
17. Prozessführungsbefugnis	620	
a) Aktivprozesse	620	
b) Passivprozesse	620	
18 Pflichtteil und Nachlassverwaltung	621	
19. Nichtzuständigkeit des Nachlassverwalters	621	
a) Auseinandersetzung und Veräußerung	621	
b) Gesellschaftsanteil im Nachlass	621	
c) Pflichtteilsansprüche, Zugewinnausgleichsansprüche	622	
d) Finanzamt	622	
III. Antrag auf Festsetzung der Vergütung des Nachlassverwalters	622	
IV. Nachlassverwalter im Umgang mit den Erben	623	
1. Nachlassverwalter als Vertreter der Erben oder als Partei kraft Amtes	623	
2. Erbe und gewillkürte Prozessstandschaft des Nachlassverwalters	624	
V. Haftung des Nachlassverwalters	624	
VI. Der Nachlassverwalter im Umgang mit den Gläubigern	624	
VII. Beendigung der Nachlassverwaltung	624	

- E. Anwalt als Bevollmächtigter von Erben und Gläubigern bei der Nachlasspflegschaft ... 625
  - I. Vertreter von Gläubigern des Erblassers ... 625
    1. Einleitung der Nachlasspflegschaft ... 625
    2. Antrag auf eine Klagpflegschaft ... 627
       a) Unbekanntheit der Erben ... 627
       b) Gerichtliche Geltendmachung ... 628
  - II. Als Vertreter der Erben ... 629
    1. Ansprüche gegen den Nachlasspfleger ... 629
    2. Rechte des Erben ... 630
    3. Rechtsmittel des Erben gegen die Anordnung der Nachlasspflegschaft ... 630
    4. Rechtsmittel des Erben gegen die Ablehnung einer Weisung an den Nachlasspfleger ... 631
    5. Klage auf Feststellung des Erbrechts ... 632
    6. Zurückbehaltungsrecht des Erben gegenüber dem Herausgabeanspruch des Nachlasspflegers ... 632
    7. Kein Recht auf Vermögensverwaltung der Erben ... 632
    8. Nachlassinsolvenzantrag des Erben ... 632
  - III. Vertreter des Testamentsvollstreckers ... 632
  - IV. Vertreter des Vermächtnisnehmers ... 632
- F. Anwalt als mittelbar Beteiligter bei der Nachlassverwaltung ... 633
  - I. Vertreter der Erben ... 633
    1. Erbenberatung zur Schuldenhaftung ... 633
    2. Einleitung des Aufgebotsverfahrens gem. §§ 1970 bis 1974 BGB ... 634
    3. Antrag des Erben auf Anordnung der Nachlassverwaltung ... 636
    4. Rechtsmittel des Erben gegen die Anordnung der Nachlassverwaltung ... 637
    5. Antrag des Erben auf Aufhebung der Nachlassverwaltung ... 638
    6. Antrag auf Entlassung des Nachlassverwalters ... 639
    7. Unbefriedigter Nachlassgläubiger nach Aufhebung der Nachlassverwaltung ... 639
  - II. Vertreter von Gläubigern des Erblassers als auch des Erben ... 640
    1. Honorarfrage ... 640
    2. Anmeldung einer Forderung im Aufgebotsverfahren ... 640
    3. Einleitung der Nachlassverwaltung ... 640
       a) Antragsberechtigung ... 640
       b) Antrag eines Nachlassgläubigers auf Anordnung der Nachlassverwaltung ... 641
    4. Anspruch auf Entlassung des Nachlassverwalters ... 642
       a) Voraussetzungen ... 642
       b) Antrag auf Entlassung des Nachlassverwalters ... 642
    5. Aufhebung der Nachlassverwaltung ... 642
       a) Aufhebung und Ablehnung der Aufhebung ... 642
       b) Antrag auf Aufhebung der Nachlassverwaltung ... 643
       c) Beschwerde gegen die Aufhebung der Nachlassverwaltung ... 643
  - III. Anwalt als mittelbar Beteiligter bei den sonstigen Nachlasssicherungsmitteln ... 644
    1. Siegelung ... 644
    2. Amtliche Inverwahrnahme ... 645
    3. Kontensperrung ... 645

A. Allgemeines

I. Einführung

Niemand verstirbt ohne Erben.[1] Mit dem Tod des Erblassers wird der **Nachlass fürsorgebedürftig**.[2] Das BGB geht von dem Grundsatz aus, dass die Abwicklung des Erbfalls Sache der Beteiligten und ein Tätigwerden des Nachlassgerichts nur in beson-

1

---

1 *Weirich*, Erben und Vererben, Rn. 74.
2 *Larenz*, Erbrecht, § 40 IV Nr. 1.

deren Fällen erforderlich ist. Eine generelle Pflicht des Nachlassgerichts zum Tätigwerden anlässlich eines Erbfalls besteht nicht.[3] Gerade in Zeiten, in denen die Familienverbände auseinander gebrochen sind und die Mobilität zugenommen hat, kann es vorkommen, dass die Erbfolge noch nicht feststeht und es an einer Vertrauensperson fehlt, die den Nachlass für die noch zu ermittelnden Erben verwaltet. Regelmäßig wird dem Nachlassgericht der Tod einer Person durch **Anzeige** des **Standesbeamten** bekannt. Da die Mitteilung des Standesamts an das Nachlassgericht im Rahmen eines verwaltungsmäßigen Verfahrens erfolgt, vergehen zumindest mehrere Tage zwischen dem Tod einer Person und dem Bekannt werden beim Nachlassgericht. Hier kann schnelles anwaltliches Handeln erforderlich werden, um **Veränderungen am Nachlassbestand** zu verhindern sowie eventuell vorhandene letztwillige Verfügungen sicherzustellen.

II. Nachlasspflegschaft

2   Eine Nachlasspflegschaft wird vom Nachlassgericht angeordnet, wenn die **Erbenermittlung** voraussichtlich **längere Zeit** in Anspruch nehmen wird und der Nachlass eines Verwalters bedarf. Es wird entweder das Nachlassgericht von sich aus tätig oder auf Antrag. Das Nachlassgericht hat von Amts wegen für die Sicherung des inländischen Nachlasses zu sorgen, soweit hierfür ein Bedürfnis besteht. Bei der beantragten Nachlasspflegschaft hat das Nachlassgericht dieselbe Prüfung der Sach- und Rechtslage vorzunehmen wie bei der Anordnung von Amts wegen. Die Nachlasspflegschaft bezweckt die Ermittlung unbekannter Erben sowie die Sicherung, Erhaltung und Verwaltung des Nachlasses. Sie bezieht sich nur auf inländisches Vermögen von Inländern oder Ausländern.

III. Nachlassverwaltung

3   Nach der Legaldefinition des § 1975 BGB ist die Nachlassverwaltung eine **Nachlasspflegschaft zum Zwecke der Befriedigung der Gläubiger**.[4] Aus dem Prinzip der Gesamtrechtsnachfolge ergibt sich, dass auch die Schulden des Erblassers auf den Erben übergehen. Dieses Ergebnis kann sowohl für die Erben als auch für die Gläubiger des Erblassers unerwünscht sein. Der Erbe wird eventuell das Ziel haben, die Haftung für Erblasserschulden auf den Nachlass zu beschränken. Der Gläubiger eines „reichen" Nachlasses wird verhindern wollen, dass ein „armer", sprich überschuldeter, Erbe sein Vermögen mit dem des Nachlasses vermischt, so dass die Forderung gefährdet sein könnte. Hier ergibt sich ein breites Spektrum anwaltlichen Handelns. Mit der Nachlassverwaltung wird eine **Gütersonderung** erreicht. Die Trennung der Vermögensmassen wird auf den Zeitpunkt des Erbfalls zurück fingiert. Dadurch wird der Zugriff aller Nachlassgläubiger auf den Nachlass begrenzt und der Zugriff der Privatgläubiger auf den Nachlass verhindert.

IV. Weitere Sicherungsmaßnahmen

4   Die **Nachlasspflegschaft** ist die wichtigste Nachlasssicherungsmaßnahme. Die Sicherungspflegschaft stellt in der Praxis das bedeutsamste Sicherungsmittel dar. Für den noch unbekannten Erben wird ein Personenpfleger bestellt. Da die Sicherungspfleg-

---

[3] Staudinger/*Marotzke*, § 1969 Rn. 2.
[4] Staudinger/*Marotzke*, § 1975 Rn. 11.

schaft jedoch die **kostenintensivste Maßnahme** darstellt, müssen im Interesse des unbekannten Erben auch die anderen Sicherungsmittel in Betracht gezogen werden. Weitere Mittel zur Nachlasssicherung sind:

1. Anlegung von Siegeln

Die Anordnung der Siegelung ist Aufgabe des Nachlassgerichts. Die Entscheidung wird vom Rechtspfleger getroffen. Die Anordnung erfolgt von Amts wegen oder auf Antrag. Der Rechtspfleger kann die Ausführung der Versiegelung zwar selbst vornehmen, wird diese aber i.d.R. anderen Organen übertragen; maßgebend ist das Landesrecht. Diese kostengünstige Möglichkeit der Nachlasssicherung wird viel zu selten ergriffen, obwohl dadurch sehr schnell eine Sicherung erreicht werden kann. Sie sollte z.B. von **potentiellen Erben** in Erwägung gezogen werden. Wird die Anlegung von Siegeln behindert, so kann sie erforderlichenfalls mit den Gewaltmitteln des § 33 FGG erzwungen und durchgesetzt werden. Die Anlegung von Siegeln ist jedoch kein Sicherungsmittel für einen Miterben, der die Erbschaft angenommen hat. Um den Nachlass nunmehr zu sichern, ist er auf die Vorschriften des BGB zu verweisen. Ein Erbe oder Miterbe, der bekannt ist und die Erbschaft angenommen hat, besitzt **kein Beschwerderecht** gegen eine Anordnung des Nachlassgerichts, durch die eine Siegelung als Sicherungsmaßnahme gem. § 1960 BGB aufgehoben wird.[5] Der Erbe oder Miterbe, der bekannt ist und die **Erbschaft in Besitz** hat, hat keinen Anspruch auf nachlassgerichtliche Sicherungsmaßnahmen.

2. Amtliche Inverwahrnahme

Diese kommt insbesondere dann in Betracht, wenn bei der Siegelung des Nachlasses Geld, Sparbücher und kleinere Gegenstände von besonderem Wert gefunden werden. Der die Sieglung vornehmende Beamte hat zum Nachlass gehörende, oben angeführte Gegenstände sofort zu verzeichnen und in die **amtliche Aufbewahrung** zu verbringen.

3. Kontensperrung

Wenn neben einzelnen Wertgegenständen **Konten aufgefunden** werden, kann das Nachlassgericht die Kontensperrung veranlassen.[6] Die allg. anerkannte Befugnis des Nachlassgerichts, den Beteiligten für die Fortführung des Haushalts, des Geschäfts- und Wirtschaftsbetriebs sowie zur Erfüllung dringender Nachlassverbindlichkeiten, namentlich zur Bestreitung der **Beerdigungskosten,** eine bestimmte Geldsumme zu überlassen, mit der Verpflichtung, später mit den Erben abzurechnen, ist für die Praxis sehr bedeutsam. Das Nachlassgericht ist also berechtigt, ggf. Geldinstitute anzuweisen, vom Konto des Verstorbenen Geldbeträge an bestimmte Personen zur Auszahlung zu bringen. Bei geringfügigen Nachlässen kann somit die Ausstellung eines Erbscheins entbehrlich werden. Die nachlassgerichtliche Sicherungsmaßnahme gem. § 1960 BGB, die eine Kontensperrung zum Gegenstand hat, muss Rechte Dritter wahren. Die Anforderungen, die an das Nachlassgericht hinsichtlich der Prüfung der Fra-

---

5 LG Frankenthal Rpfleger 1983, 153.
6 KG Berlin -1. ZS- 1 W 2023/81 v. 29.1.1982, n.v.

ge zu stellen sind, ob Dritte zwischenzeitlich Rechte am Nachlassvermögen erworben haben, sind jedoch nicht zu überspannen.[7]

4. Aufnahme eines Nachlassverzeichnisses

8 Der **Inhalt** des Nachlassverzeichnisses bestimmt sich nach dem Bedürfnis, das zur Anordnung des Nachlassverzeichnisses Anlass gibt.[8] Das Nachlassverzeichnis wird gerade dann interessant sein, wenn zur Fortführung eines Betriebes zum Stichtag Feststellungen über den **Bestand der Aktiva** zu treffen sind. Dieses Nachlassverzeichnis ist nicht zu verwechseln mit dem Nachlassverzeichnis zum Zwecke der Erbauseinandersetzung gem. Art. 26 hess. FGG, § 43 Ba-Wü LFGG, sowie dem Nachlassinventar gem. §§ 1993 ff. BGB oder dem Nachlassverzeichnis gem. §§ 260, 2314 Abs. 1 Satz 1 BGB.

5. Klag- bzw. Prozesspflegschaft gem. § 1961 BGB

9 Will der Nachlassgläubiger gegen einen ungewissen endgültigen Erben klagen oder einen Prozess fortführen (§ 243 ZPO), so muss er auf das Instrument der Klag- bzw. **Prozesspflegschaft** zurückgreifen. Die Anordnung der Klag- bzw. Prozesspflegschaft hat die Bestellung eines Nachlasspflegers zur Folge, der den ungewissen endgültigen Erben vertritt. Gegen den nach § 1960 Abs. 3 BGB als Vertreter handelnden Nachlasspfleger kann der Nachlassgläubiger prozessieren oder einen begonnenen Prozess fortführen (§ 243 ZPO).[9]

6. Sonstige Sicherungsmaßnahmen

10 Die oben angeführten Sicherungsmittel sind nicht abschließend. Je nach Fallgestaltung müssen unterschiedliche Maßnahmen getroffen werden. Es kommen **Vormerkungen**, Widersprüche, **Postsperre**, Bestellung eines **Hauswächters**, Anordnung des Verkaufs verderblicher Sachen etc. in Betracht.

> **Praxishinweis:**
> Der Phantasie und Kreativität des Anwalts sind nahezu keine Grenzen gesetzt. Für den Erben ist die Anordnung der Nachlasspflegschaft die „teuerste" Sicherung, so dass der Anwalt als Erbenvertreter sowohl bei der Antragstellung als auch bei der eventuellen Anhörung auf kostengünstigere Sicherungsmittel drängen sollte, wenn diese ausreichend sind. Das Gesetz sieht keine abschließende enumerative Auszahlung vor.

V. Abgrenzungen

1. Pflegschaft für die Leibesfrucht gem. § 1912 BGB

11 Eine Nachlasspflegschaft ist neben der Pflegschaft für die Leibesfrucht möglich. Es bestehen i.d.R. keine Bedenken, den **Leibesfruchtpfleger** zugleich als Nachlasspfleger zu bestellen.

---

[7] OLGZ 1982, 398-402.
[8] *Firsching/Graf*, Nachlassrecht, Rn. 4.588.
[9] Staudinger/*Marotzke*, § 1961 Rn. 1.

2. Testamentsvollstreckung

Testamentsvollstreckung ist eine **vom Erblasser bestimmte Verwaltung** seines ganzen oder teilweisen Vermögens, um seine letztwilligen Anordnungen auszuführen, ggf. die Auseinandersetzung zu bewirken oder den Nachlass zu verwalten. Der Testamentsvollstrecker leitet seine Legitimation unmittelbar vom Willen des Erblassers ab.[10] Die Testamentsvollstreckung steht der Nachlasspflegschaft zwar nicht grundsätzlich entgegen, ein Bedürfnis für die Nachlasspflegschaft wird aber meist fehlen. Dem Nachlasspfleger steht dabei das Verwaltungsrecht soweit nicht zu, als es der Testamentsvollstrecker hat. Den **Testamentsvollstrecker als Nachlasspfleger** zu bestellen, wird wegen Interessenswiderstreits im Allgemeinen nicht zulässig sein. Der Testamentsvollstrecker hat gegen die Anordnung der Nachlasspflegschaft ein Beschwerderecht.[11]

12

3. Abwesenheitspflegschaft gem. § 1911 BGB

Bei der Abwesenheitspflegschaft ist der **Vertretene bekannt,** während bei der Nachlasspflegschaft die Person des Vertretenen unbekannt ist.

13

4. Nacherbenpflegschaft

Eine Nacherbenpflegschaft ist, solange die Nacherbfolge nicht eingetreten ist, nicht allein deshalb schon anzuordnen, weil der Nacherbe unbekannt ist, da bis zum Eintritt des Nacherbfalls der Vorerbe Rechtsnachfolger des Erblassers ist. Vor dem Nacherbfall kann nur eine Pflegschaft nach § 1913 Satz 2 BGB angeordnet werden. Sind Elternteil und Kinder Vor- und Nacherben, so ist zur Wahrnehmung der Sicherungsrechte der Nacherben nach §§ 2116 ff. BGB oder zur Entscheidung über die Ausschlagung der Nacherben ein Pfleger **nur bei konkretem Interessenwiderstreit** oder besonderem Anlass zu bestellen.

14

5. Nachlassinsolvenz

Die Nachlassinsolvenz gem. §§ 315-331 InsO ist eine weitere vom Gesetz zur Verfügung gestellte Möglichkeit der **Haftungsbeschränkung** im Wege der Gütersonderung.[12] Die Nachlassinsolvenz lässt die Verwaltung auf den Nachlassinsolvenzverwalter übergehen. Damit wird jedoch eine Nachlasspflegschaft nicht ausgeschlossen. In zahlreichen Fällen wird der Nachlasspfleger für die unbekannten Erben Antrag auf Eröffnung der Nachlassinsolvenz stellen müssen.

15

B. Zentrale Stellung des Nachlassgerichts

I. Sachliche und örtliche Zuständigkeit

Die sachliche und örtliche Zuständigkeit des **Nachlassgerichts** bestimmt sich nach §§ 72-74 FGG.[13] Es ist das Nachlassgericht und nicht das Vormundschaftsgericht sachlich für die Anordnung der Nachlasspflegschaft zuständig. Örtlich ist das Nach-

16

---

10 *Bengel/Reimann*, HB Testamentsvollstreckung, Rn. 2.
11 *Firsching/Graf*, Nachlassrecht, Rn. 4.613.
12 OLG Frankfurt DNotZ 1965, 106; *Rohlfing*, Anwaltspraxis, § 4 Rn. 68.
13 Staudinger/*Marotzke*, § 1962 Rn. 2.

lassgericht zuständig, in dessen Bezirk der **Erblasser** seinen **letzten Wohnsitz** hatte. Generell richtiges Nachlassgericht ist dasjenige, das die Nachlassakte führt.

> **Praxishinweis:**
> Es empfiehlt sich, gerade bei vorangegangenen Krankenhausaufenthalten des Erblassers, ggf. sowohl beim Nachlassgericht des letzten Wohnorts als auch beim Nachlassgericht, das für den Bereich des Krankenhauses zuständig ist, die entsprechenden Anträge zu stellen.

Neben dem Nachlassgericht kann auch ein **AmtsG zuständig** sein, wenn sich in seinem Bezirk ein zu sichernder Nachlassgegenstand befindet. Wird ein Antrag auf Bestellung eines Nachlasspflegers zur Geltendmachung eines Anspruchs gestellt, so ist es im Zuständigkeitsstreit zwischen dem Nachlassgericht und dem AmtsG der Fürsorge des § 74 FGG jedenfalls dann zweckmäßig, das Nachlassgericht als örtlich zuständig zu bestimmen, wenn mit dem Nachlasspfleger nur über die Bestellung einer beschränkten persönlichen Dienstbarkeit verhandelt werden soll.[14] Ein wichtiger Grund für die Abgabe der Nachlasspflegschaft liegt vor, wenn der Nachlass ganz überwiegend aus Guthaben besteht, die bei einer Sparkasse geführt werden, deren Sitz außerhalb des Bezirks des Nachlassgerichts liegt und mit dem Wohnsitz des Nachlasspflegers identisch ist.[15] Äußerst selten werden zwei Gerichte nebeneinander zuständig sein, nämlich das Nachlassgericht und das Gericht der Fürsorge.

> **Praxishinweis:**
> Die Nachlasssicherung ist grundsätzlich Aufgabe des Nachlassgerichts und nicht der Polizei. In den Fällen, in denen die Polizeibehörde ausdrücklich mit Nachlasssicherungsmaßnahmen betraut ist, wird sie nicht polizeirechtlich tätig, sondern nachlassbehördlich. Allerdings gelten daneben die allg. Regeln des Polizeirechts zur Verhütung von Verstößen gegen Strafgesetze und zur Abwehr von Gefahren. In diesem Rahmen wird die Polizeibehörde in Ausnahmefällen tätig werden, wie z.B. bei der Gefahr des Diebstahls von Nachlassgegenständen oder bei der Gefahr von deren Veruntreuung. Die Polizei ist nicht zuständig bei einer unabgestimmten, eigenmächtigen Verteilung von Nachlassgegenständen unter potentiellen Erben.

II. Materielle Voraussetzungen der Nachlasssicherung

1. Unklarheit über den Erben

a) Einzelfälle der Unklarheit über den Erben

17 Es darf nicht feststehen, dass ein bekannter Erbe die Erbschaft angenommen hat.[16] Für die Voraussetzung der **Unbekanntheit** des Erben kommt es lediglich auf die **Kenntnis des Nachlassgerichts** an.

Der Erbe ist unbekannt, wenn das Nachlassgericht
– die Berufung einer Person zum Erben,
– die Erbfähigkeit einer Person bzw.

---

14 OLG Frankfurt FamRZ 1994, 179-180.
15 OLG Frankfurt Rpfleger 1993, 448.
16 Staudinger/*Marotzke*, § 1960 Rn. 5.

– die gleichzeitige Existenz einer Person mit dem Erblasser (d.h. die Person muss den Erbfall erleben, d.h. wiederum sie muss geboren (nasciturus) bzw. noch nicht verstorben sein)

nicht feststellen kann.

Der Erbe ist weiter unbekannt,
– wenn die Erbfolge nur durch längere Ermittlungen geklärt werden kann,
– wenn die Größe der Erbteile ungewiss ist,
– wenn ungewiss ist, ob ein Testament vorhanden ist,
– wenn das Nachlassgericht von der Berufung der Person zum Erben keine Kenntnis hat,
– wenn mehrere Personen sich um das Erbrecht streiten,
– wenn mehrere Testamente vorliegen, aber ungewiss ist, welches davon gültig ist,
– wenn das Nachlassgericht sich nicht ohne weitere umfangreiche Ermittlungen davon überzeugen kann, wer Erbe ist, weil Streit über die Testierfähigkeit des Erblassers und damit über die Wirksamkeit der letztwilligen Verfügung besteht und die hierfür erforderlichen Ermittlungen nicht bereits im Verfahren über die Anordnung der Nachlasspflegschaft durchgeführt werden können.[17] Die **wesentlichen Leitsätze** aus der hierzu ergangenen Entscheidung, die auch grundsätzlich ist für sämtliche Fälle der Nachlasssicherung, lauten:

(1) Es bestehe Anlass zur Bestellung eines Nachlasspflegers. Die **Testierfähigkeit** der Erblasserin bei Errichtung des Testaments sei angesichts der widersprüchlichen Angaben des beurkundenden Notars und des Hausarztes der Erblasserin einerseits, der im Betreuungsverfahren vernommenen Zeugen andererseits zweifelhaft. Eine Aufklärung dieser Frage durch weitere Ermittlungen könne erwartet werden. Wegen dieser Unklarheit könne derzeit noch nicht gesagt werden, ob die testamentarische oder gesetzliche Erbfolge gegeben ist. Da niemand vorhanden war, der das Vermögen erhalten und sichern konnte, hat das Nachlassgericht zu Recht einen Nachlasspfleger für die unbekannten Erben bestellt.

(2) Gem. § 1960 Abs. 1 und 2 BGB kann das Nachlassgericht dem unbekannten Erben einen Nachlasspfleger bestellen, soweit hierfür ein Bedürfnis besteht. Ob der Erbe „unbekannt" ist und ob ein Fürsorgebedürfnis besteht, ist vom Standpunkt des Nachlassgerichts bzw. des im Beschwerdeverfahren an seine Stelle tretenden Beschwerdegerichts aus zu beurteilen,[18] wobei der Kenntnisstand im Zeitpunkt der Entscheidung über die Sicherungsmaßnahme maßgebend ist.[19] Es entspricht allg. Meinung, dass der Erbe auch dann unbekannt ist, wenn mehrere Erben in Betracht kommen und sich der Tatrichter nicht ohne weitere umfangreiche Ermittlungen davon überzeugen kann, wer Erbe ist, weil Streit über die Testierfähigkeit des Erblassers und damit über die Gültigkeit eines Testaments besteht
– wenn fraglich ist, ob ein Berufener den Erblasser überlebt hat,
– wenn die **Erbunwürdigkeitsklage** gem. § 2342 BGB erhoben ist,
– wenn vom Standpunkt des Nachlassgerichts erhebliche Zweifel bestehen, wer von mehreren Erbprätendenten der wahre Erbe ist. Von eigenen umfangreichen oder

---

17 BayObLG FamRZ 1996, 308-309.
18 BayObLG Rpfleger 1990, 257; OLG Köln FamRZ 1989, 547-548.
19 BayObLG Rpfleger 1975, 47.

zeitraubenden tatsächlichen Ermittlungen seitens des Antragstellers zur Feststellung des wahren Erben darf die Anordnung nach § 1960 BGB wegen des Sicherungszwecks der Vorschrift nicht abhängig[20] gemacht werden.

18 Bei der Frage der Anordnung einer Nachlasspflegschaft hat das Gericht **selbstständig zu prüfen**, ob tatsächlich Ungewissheit über die **Erbenstellung** einer Person besteht oder nicht. Ein Hinweis auf anhängige gerichtliche Auseinandersetzungen ist allein nicht ausreichend.

b) Anordnung bei einem bekannten Erben

19 Auch bei einem bekannten Erben kann unter engen Voraussetzungen die Nachlasspflegschaft angeordnet werden,
- wenn der Erbe vor dem Erbfall **zwar gezeugt**, aber noch **nicht geboren** ist (§ 1923 Abs. 2 BGB),
- wenn der Erbe **verschollen** ist und weder eine Lebens- noch eine Todesvermutung besteht, so dass **keine Abwesenheitspflegschaft angeordnet** werden kann,[21]
- wenn eine zum Erben eingesetzte **Stiftung noch nicht errichtet** ist,[22]
- wenn das nach dem Tod des mutmaßlichen Vaters geborene **nichteheliche Kind** zur Sicherung seiner erbrechtlichen Ansprüche gem. § 1960 BGB Maßnahmen zur Sicherung des Nachlasses verlangt; vor der Feststellung der Vaterschaft ist das nichteheliche Kind als „unbekannter Erbe" i.S.d. § 1960 BGB zu behandeln,[23]
- wenn ungewiss ist, ob der Erbe die Erbschaft angenommen hat,[24]
- wenn ungewiss ist, ob eine wirksame Ausschlagung vorliegt.

Praxishinweis:
Hat das Nachlassgericht einen Vorbescheid für einen zu erteilenden Erbschein erlassen, so kann noch nicht von sicherer Kenntnis des Erben ausgegangen werden, weil der Ausgang des Erbscheinverfahrens ungewiss ist. Eine Nachlasspflegschaft ist daher nicht aufzuheben.[25]

2. *Bedürfnis gerichtlicher Fürsorge*

20 Weitere Voraussetzung zur Anordnung eines Sicherungsmittels ist ein **Sicherungsbedürfnis** nach dem mutmaßlichen Interesse des endgültigen Erben.

Das Sicherungsbedürfnis ist gegeben,
- wenn ohne Nachlasspflegschaft (Erbenermittlung) die Erben von dem **Nachlass nie erfahren** und ihn deswegen nie erhalten würden,[26]
- wenn eine Forderung für den Nachlass geltend zu machen ist,

---

20 OLG Köln FamRZ 1989, 547-549.
21 OLG Wuppertal MittRhNotK 1974, 260.
22 KG OLGZ 3290.
23 OLG Stuttgart NJW 1975, 880-881.
24 *Firsching/Graf,* Nachlassrecht, Rn. 4.552.
25 AmtsG Bamberg FamRZ 1983, 1280-1282.
26 KG NJW 1971, 565-566.

- wenn eine **Gefährdung des Nachlassvermögens** besteht, die Nachlassverbindlichkeiten stetig aus einem ungekündigten Mietverhältnis ansteigen und so der Nachlass aufgebraucht wird,
- wenn zum Erwerb der Erbschaft durch eine ausländische juristische Person eine staatliche Genehmigung erforderlich ist.

Bis zu ihrer Erteilung oder Verweigerung kann Nachlasspflegschaft angeordnet werden, da bis zur Bekanntgabe der staatlichen Genehmigung ein **Zustand der Ungewissheit** besteht.[27]

Zusammenfassung: Ein **Fürsorgebedürfnis** i.S.v. § 1960 BGB besteht dann, wenn ohne Eingreifen des Nachlassgerichts der Bestand des Nachlasses gefährdet wäre, wobei bei einer Mehrheit von Erben die Voraussetzungen der Nachlasssicherung für jeden Erbteil gesondert zu prüfen sind. Halten sich Miterben für Vermächtnisnehmer, so ist es ihnen zuzumuten, an der Verwaltung des Nachlassvermögens mitzuwirken und insbesondere auch Verfügungen über einzelne Nachlassgegenstände i.R.d. § 2040 BGB zu verhindern.

Das **Sicherungsbedürfnis fehlt** i.d.R. in den Fällen, in denen 21
- ein vorläufiger Erbe (kein Fürsorgebedürfnis bei ordnungsgemäßer Verwaltung durch die Erben gem. § 2098 BGB),
- Ehegatten (kein Fürsorgebedürfnis bei Ehegatten, insbesondere des überlebenden Ehegatten bei beendeter Gütergemeinschaft gem. § 1472 Abs. 4 BGB),
- Eltern (kein Fürsorgebedürfnis bei Eltern, dies ergibt sich aus § 1698b BGB)
- Abkömmlinge
- Hausbewohner des Erblassers
- Vermögensverwalter des Erblasser (es wird auf die besondere Fürsorge des Beauftragten gem. § 672 BGB hingewiesen) vorhanden sind, die den Nachlass in Besitz genommen haben und ihn zuverlässig verwalten.

Kein Fürsorgebedürfnis besteht auch bei einem vorhandenen Vormund, da § 1893 BGB bereits ausreicht.

Besonderheiten: Für die Sicherung des Nachlasses von **Seeleuten** ist § 76 SeemG zu 22 beachten. Danach hat der Kapitän die Sachen des verstorbenen oder vermissten Besatzungsmitglieds zu sichern, zu verwahren und dem Seemannsamt zu übergeben.

Für die Sicherung des Nachlasses von **Ausländern** gelten in erster Linie die Staatsverträge. Soweit solche Verträge nicht entgegenstehen oder Staatsverträge nicht bestehen, ist nach deutschem Recht zu prüfen und zu entscheiden, ob und welche Fürsorgemaßnahmen zur Sicherung des im Inland befindlichen Nachlasses eines Ausländers geboten sind. Nachlasspflegschaft über einen **Ausländernachlass** ist auch dann zulässig, wenn das für die Beerbung geltende Recht kein derartiges Rechtsinstitut kennt …[28] Die Anordnung einer Pflegschaft über den Nachlass eines Ausländers gehört nicht zu den dem Rechtspfleger übertragenen Aufgaben. Sie ist dem **Richter vorbehalten**.[29]

---

27 Staudinger/*Marotzke*, § 1969 Rn. 11.
28 Soergel/*Stein,* § 1960 Rn. 53.
29 OLG Hamm MDR 1976, 492-492.

3. Handeln von Amts wegen

23 Das Nachlassgericht stellt von Amts wegen das Vorliegen der Voraussetzungen „**Unbekanntheit**" und „**Fürsorgebedürfnis**" fest. Umfangreiche Ermittlungen sind im Hinblick auf die Eilbedürftigkeit des Nachlasses nicht angebracht.[30]

> **Praxishinweis:**
> Es empfiehlt sich jedoch, wenn die Anordnung der Nachlasspflegschaft gewünscht wird, es nicht beim Amtsermittlungsgrundsatz zu belassen, sondern selbst Ermittlungen zu tätigen und diese dem Nachlassgericht zu übermitteln, insbesondere im Hinblick auf das Sicherungsbedürfnis.

III. Anordnung der Nachlasspflegschaft

1. Beschluss des Nachlassgerichts

24 Über die Anordnung der Nachlasspflegschaft erlässt das Nachlassgericht einen Beschluss.

2. Verpflichtungshandlung

25 Der Nachlasspfleger wird in einer Sitzung, über die eine Niederschrift zu fertigen ist, verpflichtet. Eine **schriftliche Bestellung** ist **unzulässig**.

3. Bestallung

26 Das Nachlassgericht ist in der Auswahl der Person des Pflegers frei. Gegen **die Auswahl** des Pflegers steht dem Erben, nicht jedoch dem Testamentsvollstrecker, ein Beschwerderecht zu. Die Aufgaben und Befugnisse des Nachlasspflegers ergeben sich aus der Verpflichtungshandlung, nicht aus der Bestallung.

> **Praxishinweis:**
> Dem Nachlassgericht obliegt es, den Wirkungskreis festzulegen. Es sollte unbedingt darauf geachtet werden, dass in der Bestallungsurkunde dasselbe aufgenommen wurde wie im Protokoll der Verpflichtungshandlung. Das Nachlassgericht weist in seinen Merkblättern auf die wesentlichen Aufgaben, Rechte und Pflichten hin. Diese werden jeweils bei der Verpflichtungshandlung übergeben, es sei denn, es besteht amtsbekannte Erfahrung in der Bearbeitung von Nachlasspflegschaften.

IV. Durchführung der Nachlasspflegschaft, Aufgaben und Rechte des Nachlassgerichts

27 Das Nachlassgericht führt **Aufsicht** über die Tätigkeit des Nachlasspflegers. Nach § 1837 BGB hat es auf sachgemäße Erledigung hinzuweisen (Vermeidung unnötiger Kosten) und gegen Pflichtwidrigkeiten durch geeignete Gebote und Verbote einzuschreiten.[31] In reinen Zweckmäßigkeitsfragen darf das Gericht keine Anweisungen geben.[32] Funktionell ist der **Rechtspfleger** § 3 Nr. 2a, c RPflG **zuständig**. Er hat den

---

[30] *Firsching/Graf*, Nachlassrecht, Rn. 4.556.
[31] *Firsching/Graf*, Nachlassrecht, Rn. 4.631.
[32] *Firsching/Graf*, Nachlassrecht, Rn. 4.631.

Nachlasspfleger in die Pflegschaft einzuführen und zu beraten. Das Nachlassgericht fordert die Jahres- und die Schlussrechnung an und überprüft diese.

V. Ende der Pflegschaft/der Nachlasspflegertätigkeit

1. Aufhebung

Die Aufhebung einer Pflegschaft nach § 1960 BGB erfolgt nach Wegfall des Grundes der Anordnung (d.h. die Erben sind ermittelt/die Annahme der Erbschaft erfolgt) durch Beschluss. Allein das **Ermittlungsergebnis**, wer als Erbe in Betracht kommt, genügt nicht. Das Vorliegen eines Erbscheins ist nicht Voraussetzung. Weiter ist die Aufhebung veranlasst, wenn der Nachlass erschöpft ist, es fehlt somit das Sicherungsbedürfnis. Die Pflegschaft nach § 1961 BGB wird aufgehoben, wenn entweder der Antrag zurückgenommen wird bzw. eine gerichtliche Geltendmachung wegen der eingetretenen Dürftigkeit nicht mehr zu erwarten ist. Gegen die Aufhebung der Nachlasspflegschaft steht dem Nachlassgläubiger jedenfalls dann ein Beschwerderecht zu, wenn die Pflegschaft nach § 1961 BGB angeordnet worden ist.[33]

28

2. Entlassung

Die Entlassung des Nachlasspflegers entsprechend § 1886 BGB kommt nur dann in Betracht, wenn weniger einschneidende Maßnahmen erfolglos geblieben sind oder objektiv im konkreten Fall nicht ausreichend erscheinen.[34]

29

3. Tod des Pflegers

Bei Tod des Nachlasspflegers endet das Amt. Es besteht keine Verpflichtung eventueller Sozii, die Pflegschaft fortzuführen.

30

VI. Festsetzung der Nachlasspflegervergütung

Das Nachlassgericht kann von Amts wegen die Vergütungshöhe festsetzen, wenn kein Antrag des Nachlasspflegers vorliegt. Die **Vergütung** kann vor oder nach Aufhebung der Nachlasspflegschaft festgesetzt werden.[35] Für den Nachlasspfleger ist es günstiger, wenn die Vergütung vor Aufhebung festgesetzt wurde, da er dann ein Zurückbehaltungsrecht bei der Herausgabe des Nachlasses hat.

31

VII. Sonderfall: Klagpflegschaft gem. § 1961 BGB

1. Allgemeine Darstellung

Die Regelung des § 1961 BGB steht im Zusammenhang mit § 1958 BGB. Ein Anspruch, der sich gegen den Nachlass richtet, kann **vor** der **Annahme der Erbschaft** nicht gegen den Erben gerichtlich geltend gemacht werden. Die Klage eines Nachlassgläubigers gegen den Erben vor der Erbschaftsannahme ist mangels passiver **Prozessführungsbefugnis** des zukünftigen Erben als unzulässig abzuweisen. § 1961 BGB gibt dem Nachlassgläubiger die Möglichkeit, unter den hier genannten Voraussetzungen die Bestallung eines Nachlasspflegers zu beantragen, für den nach § 1960 Abs. 3 BGB

32

---

33 OLG Hamm Rpfleger 1987, 416.
34 BayObLG FamRZ 1983, 1064.
35 *Firsching/Graf*, Nachlassrecht, Rn. 4.671.

die Beschränkung des § 1958 BGB nicht gilt. Der Nachlassgläubiger kann somit seine gegen den Nachlass gerichteten Ansprüche bereits vor der Erbschaftsannahme durch Klage gegen den Nachlasspfleger als Vertreter des endgültigen Erben verfolgen. § 1961 BGB erleichtert den Nachlassgläubigern die Rechtsverfolgung.[36]

Zudem schafft § 1961 BGB die Grundlage für die gerichtliche Verfolgung von gegen den Nachlass gerichteten Ansprüchen vor dem Zeitpunkt der Erbschaftsannahme in den Fällen, in denen bereits der Erblasser verklagt war. Nach § 239 Abs. 1 ZPO wird aufgrund des Todes der Partei das Verfahren bis zu dessen Aufnahme durch die Rechtsnachfolge unterbrochen, der Erbe ist nach § 239 Abs. 5 ZPO vor der Annahme der Erbschaft zur Fortsetzung des Rechtsstreits nicht verpflichtet, es sei denn, es kommt zur Anwendung des § 243 ZPO, danach ist bei der Unterbrechung des Verfahrens durch den Tod einer Partei für den Fall einer Bestellung eines Nachlasspflegers die Vorschrift des § 241 ZPO anzuwenden. § 241 ZPO hat zur **Folge**, dass das **unterbrochene Verfahren** durch Anzeige des Gegners an den Nachlasspfleger aufgenommen wird.

33 Die sog. **Klagpflegschaft** des § 1961 BGB ermöglicht die gerichtliche Geltendmachung eines Klageanspruchs gegen die unbekannten Erben. Hier müssen folgende Voraussetzungen erfüllt sein:

Formelle Voraussetzungen:
– Der Antrag muss beim zuständigen Nachlassgericht eingereicht werden. Zuständig für die Anordnung ist das Nachlassgericht (§ 73 FGG), nicht das Gericht der Fürsorge (§ 74 FGG).

Materielle Voraussetzungen:
– Der Erbe darf die Erbschaft noch nicht angenommen haben.[37]
– Es ist ungewiss, ob der Erbe die Erbschaft angenommen hat.
– Der Antragsteller muss einen klagbaren Anspruch gegen den Erblasser haben.

2. *Nachlassgläubiger*

34 Der Nachlassgläubiger hat die Möglichkeit, den Antrag auf **Anordnung der Klagpflegschaft** sowohl schriftlich als auch zu Protokoll der Geschäftsstelle eines AmtsG zu stellen. Ob vom Antragsteller ein Kostenvorschuss (§ 8 KostO) verlangt werden kann, ist strittig, aber wohl abzulehnen, da es sich um ein amtswegiges Verfahren handelt. Kosten der Pflegschaft sind **Nachlassverbindlichkeiten** und fallen nicht dem Gläubiger zur Last. Das Nachlassgericht hat von Amts wegen festzustellen, ob die Voraussetzungen für die Anordnung vorliegen und hat demnach auch zu **prüfen**, ob es sich um den **Anspruch** eines Nachlassgläubigers handelt.

> **Praxishinweis:**
> Die Prüfung des Anspruchs als solchen steht dem Nachlassgericht nicht zu. Obwohl der Antragsteller seinen Anspruch nicht glaubhaft zu machen hat, um eine Tätigkeit des Gerichts herbeizuführen, wird empfohlen, sowohl sämtliche Vertragsunterlagen, als auch eine Erklärung an Eides Statt über den Sachverhalt einzureichen. Es können sämtliche zivilrechtlichen Ansprüche geltend gemacht werden, so auch Pflichtteilsrechte, Vermächtnisse, Auflagen und Beerdigungskosten.

---

36 KG NJW 1971, 565.
37 OLGZ 5, 229.

3. Gerichtliche Geltendmachung

Der Antrag ist nur dann **zulässig**, wenn er zum Zweck der gerichtlichen Geltendmachung des Anspruchs gegen den Nachlass gestellt wird. Es empfiehlt sich, dem entsprechenden Antrag eine Abschrift des beabsichtigten Mahnbescheids bzw. den Entwurf einer Klage oder des Zwangsvollstreckungsauftrages beizufügen. 35

4. Undurchführbarkeit ohne Nachlasspflegschaft

Der Antrag hat zu enthalten, dass die beabsichtigte gerichtliche Geltendmachung ohne die Bestellung des Nachlasspflegers undurchführbar wäre. 36

5. Stellung des Pflegers

Der Nachlasspfleger aufgrund der Klagpflegschaft ist nicht Spezialpfleger für die beabsichtigte Rechtsverfolgung, sondern der rechte Nachlasspfleger i.S.d. § 1960 BGB. 37

VIII. Nachlassverwaltung

1. Grundsatz

> **Exkurs:**
> Der Erbe haftet grundsätzlich unbeschränkt für alle Nachlassverbindlichkeiten. Diese **Haftung** ist jedoch **beschränkbar**, und zwar wie folgt durch:
> – Nachlassinsolvenz, §§ 1975, 1980 BGB, §§ 315-331 InsO
> – Nachlassverwaltung, § 1975 BGB
> – **Dürftigkeitseinrede**, § 1990 Abs. 1 Satz 1 BGB, § 780 ZPO
> – **Unzulänglichkeitseinrede**, § 1991 Abs. 6 BGB
> – **Erschöpfungseinrede**, §§ 1991 Abs. 1, 1978, 1979 BGB
> – Überbeschwerungseinrede
> – Haftungsbeschränkung
> Vorgenannte Haftungsbeschränkungen verliert der Erbe, wenn er
> – die **Inventarfrist** versäumt
> – eine **Inventaruntreue** begangen hat.

Die Nachlassverwaltung stellt eine **Unterart der Nachlasspflegschaft** dar. Die Nachlasspflegschaft hat die Sicherung und Erhaltung des Nachlasses sowie die Ermittlung der Erben zur Aufgabe, nicht aber die Befriedigung der Nachlassgläubiger. Die Nachlassverwaltung dagegen bezweckt lediglich die Befriedigung der Nachlassgläubiger. Die Nachlassverwaltung dient durch die mit ihr herbeigeführte Absonderung des Nachlasses vom sonstigen Vermögen der Erben den Interessen der Nachlassgläubiger, und – durch die mit ihr erreichbare Beschränkung der Erbenhaftung – anderseits den Interessen der Erben.[38] Wie bereits dargestellt, ist die Nachlassverwaltung das typische Abwicklungsverfahren bei unübersichtlichen Nachlässen. Vielfach ist die Nachlassverwaltung Vorläuferin der Nachlassinsolvenz. Voraussetzung der Anordnung der Nachlassverwaltung sind ein zulässiger Antrag eines Antragsberechtigten an das 38

---

38 *Firsching/Graf*, Nachlassrecht, Rn. 4.785.

Nachlassgericht, § 1961 BGB, sowie eine den Kosten entsprechende Masse, § 1982 BGB.

a) Örtliche und sachliche Zuständigkeit

39 Es kann hier auf die Ausführungen zur Nachlasspflegschaft (s. Rn. 16) verwiesen werden.

b) Antrag gem. § 1981 BGB

aa) Antragsberechtigte Personen

40 – Der **Alleinerbe**, der den Nachlassgläubigern nicht unbeschränkbar haftet (§§ 1962, 1981 BGB). Eine zeitliche Beschränkung besteht für das Antragsrecht nicht. Der Erbe verliert sein Antragsrecht auch dann nicht, wenn der Nachlass überschuldet ist, oder wenn Testamentsvollstreckung angeordnet ist oder beim Erbschaftsverkauf. Der Erbe muss seine Erbenstellung nachvollziehbar dartun, was durch die Vorlage eines **Erbscheins** oder der letztwilligen Verfügung geschehen kann.[39] Das Nachlassgericht prüft nicht, ob der Erbe das Recht zur Beschränkung der Haftung zum Zeitpunkt der Antragstellung schon verloren hat. Hat das Nachlassgericht jedoch dem Erben eine Inventarfrist gesetzt und ist diese abgelaufen, muss es den Nachweis der Inventarerrichtung oder des Vorliegens von Hintergründen (§ 1996 BGB) prüfen.[40]
– Die **Miterben**, wenn sie den Antrag vor Nachlassteilung und gemeinschaftlich stellen. Der einzelne Miterbe hat **kein** Antragsrecht, die Miterben können nur gemeinsam den Antrag stellen. Das Antragsrecht geht verloren, wenn auch nur ein Miterbe unbeschränkt haftet, § 2013 BGB.
– Der **Nacherbe**, allerdings erst nach Eintritt des Nacherbfalls.
– Der **Erbschaftskäufer** und andere Erbschaftsübernehmer (§§ 2383 Abs. 1 Satz 1, 2385 Abs. 1 BGB).
– Die Nachlassgläubiger binnen zwei Jahren nach Annahme der Erbschaft.
– Die **Pflichtteilsberechtigten**;
– die **Vermächtnisnehmer**;
– die Auflageberechtigten.
– Diejenigen Gläubiger, die gleichzeitig Miterben sind.
– Der verwaltende Testamentsvollstrecker neben dem oder den Erben.

41 Wenn ein Nachlassgläubiger den Antrag (§ 1981 Abs. 2 BGB) auf Anordnung der Nachlassverwaltung stellt, hat er seine Forderungen und die Gläubigergefährdung **glaubhaft zu machen**. Wie stets im FGG-Verfahren hat das Gericht – Nachlassgericht – den Sachverhalt im Bedarfsfall ohnehin umfassend von Amts wegen aufzuklären (§ 12 FGG). Der Antrag eines Nachlassgläubigers muss innerhalb von **zwei Jahren** nach Annahme der Erbschaft gestellt werden, nach Ablauf von zwei Jahren ist der Antrag unzulässig. Diese zeitliche Grenze entspricht derjenigen des § 319 InsO. Bei Miterben müssen die Voraussetzungen des Abs. 2 in der Person mindestens eines der Miterben erfüllt sein.[41]

---

39 *Bamberger/Roth/Lohmann*, § 1981 Rn. 7.
40 MünchKomm/*Siegmann*, § 1981 Rn. 7.
41 Staudinger/*Marotzke*, § 1981 Rn. 22.

bb) Begründetheit des Antrags

Die Anordnung der Nachlassverwaltung setzt in materieller Hinsicht voraus, dass die **Befriedigung** des antragstellenden Gläubigers **gefährdet** ist,
- entweder durch das Verhalten des Erben oder
- durch die schlechte Vermögenslage des Erben.

42

> **Beispiel:**
> Ein die Anordnung der Nachlassverwaltung rechtfertigendes Verhalten des Erben liegt vor
> - in der Verschleuderung von Nachlassgegenständen,
> - in der voreiligen Befriedigung einzelner Gläubiger,
> - in Gleichgültigkeit,[42]
> - Verwahrlosung,[43]
> - die schlechte Vermögenslage des Erben, wenn die Gefahr besteht, dass Eigengläubiger des Erben Zugriff auf den Nachlass nehmen.[44]

Die **Gesamtheit der Nachlassgläubiger** muss vom Verhalten oder der schlechten Vermögenslage des Erben betroffen sein.[45] Die Gefahr, dass ein bestimmter einzelner Anspruch nicht erfüllt wird, reicht nicht aus.[46]

2. Masse oder Vorschuss

Weitere Voraussetzung für die Nachlassverwaltung ist eine den Kosten entsprechende Masse, § 1982, bzw. Leistung eines die Verfahrenskosten deckenden Vorschusses durch den Antragsteller. An Kosten entstehen Gerichtskosten in Höhe einer vollen Gebühr, § 106 Abs. 1, Satz 1 KostO, und die Vergütung und Auslagen des Nachlassverwalters.

43

3. Verfahren gem. §§ 1962, 1981 bis 1989 BGB

Auf die Nachlassverwaltung finden, soweit nichts Abweichendes ausdrücklich bestimmt ist, gem. §§ 1962, 1981-1988 BGB die Bestimmungen über die Pflegschaft Anwendung.

44

a) Anordnung

Die Anordnung durch **förmlichen Beschluss** ist zwar nicht vorgeschrieben, jedoch üblich.

45

---

42 BayObLG NJW-RR 202, 871.
43 MünchKomm/*Siegmann*, § 1981 Rn. 6.
44 Staudinger/*Marotzke*, § 1981 Rn. 22.
45 Palandt/*Edenhofer*, § 1981 Rn. 6.
46 *Bamberger/Roth/Lohmann*, § 1981 Rn. 6.

b) Beschluss

46 Praxishinweis:
Um eine ehestmögliche Beschlussfassung durch das Nachlassgericht zu erreichen, empfiehlt es sich, den Antrag wie einen Beschluss abzufassen.

c) Zustellung

47 Der Beschluss ist dem **Erben**, jedem **Miterben** und dem **Testamentsvollstrecker** bzw. **Nachlasspfleger** zuzustellen, §§ 16, 76 Abs. 2 FGG. Zudem ist der Beschluss, durch den die Nachlassverwaltung angeordnet wird, zu veröffentlichen. Zu veröffentlichen sind
– die Tatsachen der Anordnung der Nachlassverwaltung,
– Name und letzter Wohnsitz des Erblassers,
– Name und Anschrift des Nachlassverwalters.

Es genügt eine einmalige **Veröffentlichung** in einer überregionalen und doch örtlich gebundenen **Tageszeitung**.

4. Rechtsmittel: § 76 FGG

48 – Einleitung durch Erbenantrag: kein Rechtsmittel
– Einleitung durch Nachlassgläubigerantrag: sofortige Beschwerde für jeden Erben
– Bei Ablehnung: einfache Beschwerde des Antragstellers § 20 Abs. 2 FGG

5. Bestellung Nachlassverwalter

49 – Niederschrift: wie Nachlasspfleger (s. Rn. 24)
– Bekanntmachung: es erfolgt öffentliche Bekanntmachung
– Bestallung
– Überwachung: wie Nachlasspfleger (s. Rn. 27)
– Ende des Amtes: mit Aufhebung der Verwaltung/mit Eröffnung der Nachlassinsolvenz oder mit Entlassung durch das Nachlassgericht

6. Aufhebung der Nachlassverwaltung

50 Kraft Gesetzes **endet** die Nachlassverwaltung mit der **Eröffnung der Nachlassinsolvenz** gem. § 1981 Abs. 1 BGB. Im Übrigen ist die Nachlassverwaltung durch das Nachlassgericht aufzuheben, sobald keinerlei Grund und Veranlassung für sie mehr gegeben ist, §§ 1975, 1919 BGB. Dies ist, in folgenden Fällen gegeben:
– wenn sich herausstellt, dass die Nachlassmasse die Kosten der Verwaltung nicht deckt, § 1988 Abs. 2 BGB, es sei denn, die Kosten werden vom Antragsteller vorgeschossen,
– wenn der Verwalter alle bekannten Nachlassgläubiger befriedigt und den eventuell noch vorhandenen Nachlassrest an den oder die Gläubiger herausgegeben hat, § 1986 Abs. 1 BGB,
– wenn der Nachlass durch **Gläubigerbefriedigung** erschöpft ist,
– wenn alle noch nicht befriedigten Nachlassgläubiger mit der Aufhebung einverstanden sind,

- wenn der Erbe die Erbschaft nach Anordnung der Verwaltung wirksam ausschlägt,
- wenn ein Nacherbfall eintritt,
- wenn das Nachlassgericht aufgrund neuer Informationen die Anordnung nachträglich für ungerechtfertigt hält,
- wenn die Vermögenssituation und das Verhalten des Erben nicht mehr eine Gefährdung der Nachlassgläubiger befürchten lässt und der Erbe die Aufhebung beantragt,
- bei Eröffnung des **Nachlassinsolvenzverfahrens**, § 1988 Abs. 1 BGB.

7. Schlussrechnung

Wie bei Nachlasspfleger (s. Rn. 98). 51

8. Vergütung

Die Vergütungssätze für Nachlassverwalter liegen i.d.R. höher als die für Nachlasspfleger bewilligten Beträge. Die für Pflegschaften geltenden Vergütungsregelungen finden wegen der speziellen Regelung in § 1987 BGB keine Anwendung. Der Grund für diese Regelung ist darin zu sehen, dass die Nachlassverwaltung mehr dem **Privatinteresse** des Erben als dem öffentlichen Interesse dient, so dass es nicht gerechtfertigt erschien, die Übernahme einer Nachlassverwaltung zur Staatsbürgerpflicht zu machen. 52

Maßgebend für die **Bemessung der Höhe** sind:
- Bedeutung der Geschäfte,
- Umfang und Schwierigkeiten der Geschäfte,
- erfolgreiche Tätigkeit,
- Zeitaufwand,
- Dauer der Verwaltung.

Praxishinweis:
Der Vergütungsbeschluss bildet keinen Vollstreckungstitel gegen den Erben. Der Nachlassverwalter hat das Prozessgericht anzurufen, um zu einem vollstreckbaren Titel zu gelangen. Die Feststellungen im Vergütungsbeschluss sind für das Prozessgericht bindend.

C. Der Anwalt als Nachlasspfleger

I. Aufgaben des Nachlasspflegers

1. Festlegung der Aufgabenbereiche

Der **Nachlasspfleger** vertritt die noch unbekannten endgültigen Erben i.R.d. vom Nachlassgericht angeordneten Wirkungskreises. Es ist also darauf zu achten, ob nur die Sicherung des Nachlasses und dessen Verwaltung zum Aufgabenkreis zählen oder auch die Ermittlung der Erben. Sind dem Nachlasspfleger Sicherung, Erhaltung und Verwaltung des Nachlasses übertragen, so hat der Nachlasspfleger die nachfolgend beschriebenen Aufgaben: 53

a) Inbesitznahme, Nachlassverzeichnis

54 Der Nachlasspfleger hat den Nachlass in Besitz zu nehmen und umfangmässig festzustellen, d.h. den **Anfangsbestand** festzustellen, ein Nachlassverzeichnis zu erstellen und dieses dem Nachlassgericht vorzulegen, § 1802 BGB. Die **Richtigkeit** und **Vollständigkeit ist zu versichern**. Der Nachlasspfleger muss bei einem eindeutig nicht überschuldeten Nachlass die einzelnen Gegenstände nicht schätzen lassen. Die Schätzung von Schmuck und Kunstgegenständen kann sehr zeit- und geldaufwendig sein, so dass diese nur vorgenommen werden sollte, wenn die Gefahr der Überschuldung vorliegt, und erst durch die Schätzgutachten das exakte Nachlassvermögen festgestellt und in Relation zu den Nachlassverbindlichkeiten gestellt werden kann, um somit einen positiven oder negativen Nettonachlass festzustellen. Nachlasspflegschaften werden insbesondere dann angeordnet, wenn die Verhältnisse des Verstorbenen weitestgehend ungeordnet sind. Eine der ersten Aufgaben des Nachlasspflegers ist es dann, zu sortieren und zu ordnen.

> **Praxishinweis:**
> Um die **Ausgangssituation dokumentieren** zu können, sollten Räumlichkeiten nur zusammen mit einem Mitarbeiter betreten werden, wenn möglich auch noch mit einem Hausmeister. Es empfiehlt sich, Nachbarn von der Inbesitznahme unter Vorlage des Pflegerausweises in Kenntnis zu setzen, um Fehlalarme der besorgten Nachbarn bei der Polizei zu vermeiden. Wohnung, Schränke usw. sollten fotografisch bzw. filmisch erfasst werden, um den Zustand dokumentieren zu können (die Kosten sind erstattungsfähige Auslagen).

55 Das Nachlassgericht wird den Nachlasspfleger von besonderen Umständen (z.B. extrem unhygienische Verhältnisse) meistens in Kenntnis setzen, so dass am besten beim allerersten Aufsuchen der Wohnung diese nur mit Schutzanzug, OP-Handschuhen und Gesichtsmaske mit Geruchsvertilger betreten wird. Vorgenannte Gegenstände können kostengünstig entweder über den Fachhandel (Drogerien) oder von Desinfektionsfirmen bezogen werden.

> **Praxishinweis:**
> Die Mitnahme von wenigstens 4-5 Plastikklappboxen wird empfohlen, um gesichtete Wertgegenstände unverzüglich in Verwahrung nehmen zu können. Es sollten zudem beschriftbare Klebeetiketten sowie wieder verwendbare verschlussfähige Plastikbeutel verschiedener Größe bereit liegen, um sofort an Ort und Stelle die Gegenstände verpacken zu können.

56 Dabei sei vermerkt, die **Verwahrung** wertvoller Gegenstände ist nicht mitversichert i.R.d. gängigen **Anwaltpflichtversicherung**, sie ist daher separat zu versichern. Kostengünstiger ist die Anmietung eines großen Bankschließfaches.

> **Praxishinweis:**
> Die **Durchsuchung der Wohnung** kann nicht nach starren Schemata vorgenommen werden, es empfiehlt sich jedoch folgende **Reihenfolge**:
> – Handtasche
> – Reisegepäck (im Fall der Krankenhausunterbringung)
> – Bereich um das Telefon
> – Wohnzimmerschrank

– bei älteren Erblassern rollbarer Einkaufswagen
– „gängige" Verstecke von Geld, Sparbüchern und Testamenten sind Kühlschrank, Backherd, Fach für Backbleche, Altpapierstapel, Wäscheschränke, Bücher und unter Deckchen, Folien, Abdeckpapier, um nur einige zu nennen. Es ist genauestens zu untersuchen.

Die erste Durchsuchung der Wohnung sollte so lange andauern, bis alle Wertgegenstände sichergestellt, Personendokumente aufgefunden und die Erblasserräumlichkeiten gegen anderweitigen Zugriff gesichert sind.

b) Muster „Bestandsaufnahme"

Aktenzeichen: …
Nachlassverzeichnis von …
Bankguthaben
1. Bankguthaben Stadtsparkasse 3.456,– €
2. Bankguthaben Stadtsparkasse 45.000,– € (Sparbrief)
3. **Schließfach:** Pfandbriefe gem. Anlage, 154.000,– € Goldbarren und Goldmünzen/Wert heute: 211.000,– €
4. Bankguthaben Raiffeisenbank … 6.529,– €
5. Bargeld Wert heute: 800,– €
6. Schmuck gem. Anlage Schmuckstücke, Wert ca. 20.000,– €
7. Antiquitäten gem. Anlage Antiquitäten, Wert ca. 100.000,– €
8. PKW AC Cobra, Wert 100.000,– €
9. Eigentumswohnung 600.000,– €

Sonstige Wertgegenstände außerhalb des üblichen Hausrats waren nicht vorhanden.
Unterschrift

Wie oben ausgeführt, ist der **Nachlass in Besitz zu nehmen**. Solange der nach § 857 BGB auf den Erben übergegangene Besitz des Erblassers weder von dem Erben selbst noch von einer anderen Person ergriffen worden ist, begeht der Nachlasspfleger keine verbotene Eigenmacht, wenn er das Besitzergreifungsrecht des unbekannten endgültigen Erben an dessen Stelle ausübt.[47] Der Nachlasspfleger kann als Vertreter des Erben die aus dieser Rechtsposition fließenden Einzelrechte geltend machen, z.B. Herausgabeansprüche (§§ 985 ff. BGB), Schadensersatz, Anspruch auf Besitzeinräumung (§ 861 BGB). Ob dem Nachlasspfleger die Rechte aus § 2018 BGB zustehen, ist umstritten. Gelöst wurde die Problematik dadurch, dass dem Nachlasspfleger ein Herausgabeanspruch aus eigenem Recht zugebilligt wurde, dem selbst der wirkliche Erbe verpflichtet ist, solange sein Erbrecht gegenüber dem Nachlasspfleger nicht rechtskräftig festgestellt ist.[48] Auf den Herausgabeanspruch eigenen Rechts sind die §§ 2019 ff. BGB analog anzuwenden.[49] Hat schon jemand Besitz ergriffen und besteht ein Selbsthilferecht nach § 859 BGB nicht oder nicht mehr, so ist der Nachlasspfleger auf den Weg der Herausgabeklage angewiesen. Gegenüber Besitzern, die unzweifelhaft nicht zu

---

47 Staudinger/*Marotzke*, § 1960 Rn. 40.
48 Staudinger/*Marotzke*, § 1960 Rn. 47.
49 MünchKomm/*Leipold*, § 1960 Rn. 48.

den Erben gehören, kommt wegen § 857 BGB auch ein Anspruch aus § 861 BGB und zu dessen Durchsetzung eine einstweilige Verfügung in Betracht. Der die Nachlasspflegschaft anordnende Beschluss ist kein Vollstreckungstitel.[50]

c) Mitteilung an Finanzämter

59 **Praxishinweis:**
Es wird empfohlen, bei jeder Nachlasspflegschaft die Finanzämter (Einkommensteuer- und Erbschaftsteuerfinanzamt) über die Anordnung der Nachlasspflegschaft in Kenntnis zu setzen, dies auch deswegen, um Informationen über den Nachlassbestand zu bekommen.

d) Erhaltung und Verwaltung des Nachlasses

60 Den Nachlass zu erhalten und zu verwalten und dann **bei Beendigung der Pflegschaft** an den Erben herauszugeben, ist neben der Inbesitznahme ein weiterer Kernbereich der Tätigkeit des Nachlasspflegers. Dazu zählt es, Kosten zu vermeiden bzw. zu reduzieren. Bei absehbar längeren Pflegschaften wird es notwendig sein:
– einen Postumleitungsantrag zu stellen,
– den Telefonanschluss zu kündigen,
– die Zeitschriften abzubestellen,
– die Versicherungen zu kündigen bzw. den Versicherungsfall mitzuteilen,
– die **Krankenkasse** zu informieren sowie das Sterbegeld anzufordern,
– bei Arbeitnehmern die Lohnabrechnung und die Lohnzahlung anzufordern (Urlaubsabgeltung u.a., Verjährungsfristen beachten),
– die Bestattung zu veranlassen,
– die Sterbeurkunden anzufordern,
– die Wohnung zu räumen, Möbel ggf. einzulagern, den Mietvertrag zu kündigen,
– die Haustiere und Pflanzen zu versorgen bzw. unterzubringen
– das Kfz abzumelden, unterzustellen, eventuell zu verkaufen,
– die Einzugsermächtigungen zu widerrufen, notwendige Ausgaben auf Einzelüberweisung bzw. Dauerauftrag umzustellen.

e) Pflichten des Nachlasspflegers in Bezug auf Konten u.a.

61 Im Folgenden soll nun die **rechtliche Stellung** des Nachlasspflegers im Verhältnis zu den Banken/Sparkassen dargestellt werden.

aa) Ermittlung der Konten

62 Neben der Sicherung des Nachlassbestandes (Wohnung/Haus) müssen eventuell vorhandene Konten des Erblassers ermittelt werden. Hierbei ist die jeweilige kontoführende Bank dem Nachlasspfleger als gesetzlichem Vertreter der Erben, zur vollumfänglichen Auskunft über die Geschäftsbeziehungen zum Erblasser verpflichtet, §§ 675, 666 BGB.

---

50 Staudinger/*Marotzke*, § 1960 Rn. 40.

Praxishinweis:
Der Nachlasspfleger tut gut daran, in seinem EDV-System alle ortsansässigen Banken und Sparkassen abzuspeichern, um an diese eine Kontoanfrage versenden zu können. Des Weiteren muss dann die alleinige Verfügungsbefugnis über diese Konten hergestellt werden.

Formulierungsbeispiel: Anschreiben des Nachlasspflegers an die Banken

An die
... Bank

Betreff: Nachlasssache ...

Bezug: Kontonummern ...

Sehr geehrte Damen und Herren,
gem. beigefügter Kopie des Pflegerausweises des Amtsgerichts ..., Aktenzeichen: ... wurde ich zum Nachlasspfleger für die noch unbekannten Erben bestellt.
Beigefügt habe ich auch die Niederschrift der Verpflichtungshandlung.
In der Anlage übermittle ich die Sterbeurkunde ... (werde ich die Sterbeurkunde übermitteln).
In weiterer Anlage übermittle ich vom Bankhaus ..., bestätigte Kopie meines Reisepasses.
Ich darf Sie bitten, mir
– den Kontostand aller Konten des Erblassers in Ihrem Haus mitzuteilen,
– Ablichtungen der Kontoeröffnungsanträge,
– Ablichtungen eventueller Darlehensverträge/Bürgschaften,
– Ablichtung der Kontoführungskarte,
– eine Liste der Daueraufträge,
– eine Anzeige gem. § 33 ErbStG,
zur Verfügung zu stellen.
Die Konten sind zu sperren, sämtliche Einzüge und Lastschriften werden widerrufen.
Ich darf Sie weiter bitten, mir Ihnen bekannte Kontoverbindungen zu anderen Geldinstituten im In- und Ausland mitzuteilen, ebenso Kenntnisse über Lebensversicherungen, Sparverträge u.a.
Bitte, vermerken Sie meine ausschließliche Kontoführungsbefugnis.
Die Sparkonten sind zu sperren und in den Sparbüchern ist folgender Vermerk anzubringen:
„Verfügungen nur zulässig mit Zustimmung des Nachlassgerichts"
Weiterhin versenden Sie bitte die Kontoauszüge buchungstäglich an meine Anschrift.
Mit freundlichen Grüßen
Unterschrift

63 Gerade bei Erblassern, die überörtlich Kontoverbindungen hatten, ist die Ermittlung der Kontoverbindungen mit einem enormen Arbeitsaufwand verbunden und zudem besteht das Risiko, dass einzelne kleine Banken übersehen werden. Der Nachlasspfleger hat daher den jeweiligen **Bankenverein** bzw. **Bankenverband** einzuschalten. Bei Erblassern, die kurz vor ihrem Tod den Wohnsitz gewechselt haben, empfiehlt es sich ebenfalls den Bankenverein einzuschalten. Anzumerken ist, dass die Rückantworten der Mitglieder des jeweiligen Bankenvereins mehrere Wochen in Anspruch nehmen können. Es wäre also wegen drohenden Zeitverlusts nicht zu vertreten, allein den jeweiligen Bankenverein anzuschreiben. Es empfiehlt sich auf jeden Fall, die Zentralstellen der führenden Bankinstitute anzuschreiben. Zu beachten ist weiterhin, dass dem Bankenverein weder die öffentlich – rechtlichen Kreditinstitute, noch die Postbank angehören. Auch kann der Bundesverband der Banken angeschrieben werden, mit der Bitte um Ermittlung von Konten in drei benannten Bundesländern. Die Rückantwort kommt nicht vom Bankenverein, sondern von den Mitgliedern.

> **Formulierungsvorschlag:** Ersuchen des Nachlasspflegers an den Bankenverein des zuständigen Bundeslandes:
>
> An
>
> Bankenverein des Landes …
>
> Betreff: Nachlasssache …
>
> Sehr geehrte Damen und Herren,
> gem. anliegend beigefügter Bestallungsurkunde teile ich mit, dass ich zum Nachlasspfleger in der Nachlasssache … bestellt worden bin.
> Es ist meine gesetzliche Aufgabe, den Nachlassbestand zu ermitteln. Hierzu gehört es auch, sämtliche Bankguthaben und Bankverbindlichkeiten festzustellen.
> Der Name des Erblassers lautet … . Er ist geboren am …, er verstarb am …, er war zuletzt wohnhaft in … . Da der Erblasser, wie ich bereits festgestellt habe, überörtlich tätig war, ersuche ich um Mithilfe des Bankenvereins. Etwaige Kosten werden von mir übernommen. Es wird persönliche Kostenhaftung erklärt.
>
> Mit freundlichen Grüßen
> Rechtsanwalt

64 Hinsichtlich der **Postbank** ist wie folgt zu verfahren: Entweder ist die letzte wohnsitzzuständige Postbankniederlassung anzuschreiben, oder die beiden Postbankniederlassungen in Hamburg und München.

> **Formulierungsvorschlag:** Ersuchen an die Postbank
>
> An
>
> Postbank …
>
> Nachlasssache …
>
> Sehr geehrte Damen und Herren,
> gem. beigefügter Kopie des Pflegerausweises des Amtsgerichts …, AZ: …, wurde ich zum Nachlasspfleger für die noch unbekannten Erben bestellt.

> Ich darf Sie bitten, mir Auskunft zu geben, ob der Erblasser bei Ihnen Konten führte bzw. geführt hat. Für den Fall, dass Konten zu ermitteln sind, ersuche ich um Mitteilung von:
> - Kontonummer
> - Kontostand am Todestag
> - Auflösungsdatum des jeweiligen Kontos
>
> Eventuell bestehende Kontovollmachten widerrufe ich. Die Sparkonten sind zu sperren. In den Sparbüchern ist folgender Vermerk anzubringen:
> „Verfügungen nur zulässig mit Zustimmung des Nachlassgerichts"
>
> Mit freundlichen Grüßen
>
> Rechtsanwalt

Die Ermittlung von **Konten** im **Ausland** kann sich ebenfalls schwierig gestalten, da die dortigen Banken ein Anschreiben i.d.R. damit beantworten, sie seien zu einer Auskunft nicht verpflichtet. Oft wird jedoch zugleich mitgeteilt: „Um weiteren Schriftverkehr zu vermeiden, weisen wir daraufhin, dass der Erblasser der Bank nicht bekannt ist". Dies bedeutet nahezu immer, dass keine Konten vorhanden sind. Ein Indiz dafür, dass Konten bestehen ist, wenn die Bank schreibt: „Wir sind zu Auskünften nicht verpflichtet. Wenn Sie dennoch Auskünfte verlangen, legen Sie einen Beschluss des ... vor." Bei derartigen Ermittlungen kann wiederum eine Anfrage an den Bankenverein hilfreich sein.

bb) Verwaltung der Konten

Wenn nun das jeweilige Bankinstitut mitgeteilt hat, dass Konten vorhanden sind, hat der Nachlasspfleger wie folgt zu verfahren: Er hat dem Kreditinstitut seine **Bestallung** als Nachlasspfleger **vorzulegen**. Die meisten Bankinstitute werden die Vorlage von einer nur vom Nachlassgericht selbst beglaubigten Fotokopie nicht akzeptieren. Zumeist bestehen die Banken auf der Vorlage des Originals.

Weiterhin hat er sich gem. § 154 AO zu legitimieren, d.h. vollständig Namen, das Geburtsdatum und den Wohnsitz bekannt zu geben. Der Anwendungserlass zur Abgabenordnung (AEAO) bestimmt zu § 154 AO, dass Gewissheit über die Person des Verfügungsberechtigten im Allgemeinen nur dann besteht, wenn der vollständige Namen, das Geburtsdatum und der Wohnsitz bekannt sind. Nr. 4 AEAO zu § 154 AO sieht vor, dass dann, wenn der Verfügungsberechtigte noch nicht feststeht, z.B. im Fall unbekannter Erben, es als ausreichend angesehen wird, wenn die Bank sich zunächst Gewissheit über die Person und Anschrift des Nachlasspflegers verschafft. Ist z.B. der Nachlasspfleger Rechtsanwalt, ist es ausreichend, wenn statt der Privatanschrift die Kanzleianschrift angegeben wird. § 154 AO regelt das Verhältnis zwischen dem Kreditinstitut und der Finanzverwaltung und dient der **Kontenwahrheit**; es soll verhindert werden, dass unter falschem Namen Konten eingerichtet werden.

Die Bank hat sich nach **pflichtgemäßen Ermessen** Gewissheit von der Person der Verfügungsberechtigten gem. § 153 AO zu verschaffen. Die Bank wird sich generell einen Ausweis vorlegen lassen, von dem sie dann eine entsprechende Kopie fertigt.

Auch nach dem Gesetz über das Aufspüren von Gewinnen aus schweren Tatstrafen (Geldwäschegesetz, GWG) ergibt sich eine verstärkte **Legitimationsprüfung**. Nach § 1 Abs. 5 GWG müssen Kunden der Kreditinstitute, somit auch der Nachlasspfleger, identifiziert werden, wenn das Kreditinstitut Bargeld, Devisen, Wertpapiere, u.a. im Wert von 15.000,- € oder mehr entgegen nimmt. Nach § 9 Abs. 1 GWG sind in diesen Fällen die Ausweisdokumente der auftretenden Personen zu den Unterlagen zu nehmen. Die Bank mit der der Nachlasspfleger in sehr häufigem Kontakt steht, sollte darauf hingewiesen werden, dass die Identifizierung des Nachlasspflegers nicht jedes Mal vorzunehmen ist, wenn er einen größeren Geldbetrag, d.h. einen Betrag über 15.000,- € einzahlt oder er die Konten als Nachlasspfleger übernimmt. Der Nachlasspfleger hat bei Bankguthaben wie folgt zu verfahren:

(1) Allgemeine Pflichten

68 Der **Nachlasspfleger** hat
- sämtliche **Vollmachten** zu widerrufen,
- Daueraufträge festzustellen,
- jeweils zu entscheiden, ob er **Daueraufträge** widerrufen will oder nicht. Bei Dauerverbindlichkeiten die zu erfüllen sind, empfiehlt es sich, nicht die Dauerverträge zu widerrufen,
- es sind die **Schließfächer** zu sichten,
- in den **Sparbüchern** selbst und nicht nur in den Unterlagen ist der **Vermerk anzubringen**: „Verfügungen nur mit Zustimmung des Nachlassgerichts".

Letztgenannter **Vermerk** hat zudem folgenden Vorteil: Soweit der Wirkungskreis des Nachlasspflegers reicht, steht ihm die Verfügungsmacht über die Nachlasswerte und somit den Konten zu. Der Erbe behält seine Verpflichtungsfähigkeit und seine Verfügungsbefugnis, d.h. Verfügungsrecht des Nachlasspflegers und das des Erben stehen selbständig nebeneinander. Bei zwei sich widersprechenden Verfügungen geht die ältere der jüngeren vor. Ist aber nun der Sperrvermerk eingetragen, kann der Erbe nicht mehr verfügen. Er müsste eine nachlassgerichtliche Genehmigung beantragen. Über Nachlasskonten und Nachlassdepots könnten somit sowohl der Nachlasspfleger als auch der Erbe (soweit er sich erbrechtlich legitimieren kann) verfügen. Das Nachlassgericht wird jedoch eine Verfügung des Erben über Nachlasskonten in den meisten Fällen nicht zulassen und der Erbe kann über das Konto nicht verfügen, solange der nachlassgerichtliche Beschluss fehlt.

(2) Besondere Pflichten

69 Der **Nachlasspfleger** hat
- das Geld verzinslich anzulegen, § 1806 BGB,
- eine pflichtgemäße Auswahl unter den möglichen Anlagearten zu treffen, wobei auf § 1807 BGB zurückgegriffen werden kann; u.U. kann sich nach der jeweiligen Eigenart des Falles aber gerade eine Pflicht zur anderweitigen Anlegung i.S.d. § 1811 BGB ergeben,[51]
- das Vermögen des Erben darf auch bei Genossenschaftsbanken belassen werden, da auch bei Volksbanken und Raiffeisenbanken eine mündelsichere Anlage möglich ist,[52]
- eine Verfügung über Konten gem. § 1812 Abs. 1, 3 BGB darf nur mit Genehmigung des Nachlassgerichts vorgenommen werden, soweit nicht einer der Ausnahmefälle des § 1813 BGB vorliegt.

---

51 *Schebesta*, Bankprobleme beim Tod eines Kunden, Rn. 361.
52 *Schebesta*, Bankprobleme beim Tod eines Kunden, Rn. 368.

Der Nachlasspfleger hat zunächst die verschiedenen Arten der Konten festzustellen. Es empfiehlt sich zu trennen zwischen: Girokonten, Sparbüchern, Sparbriefen, Termingeldkonten, Depotkonten und Schließfächern.

– Girokonto/Einzelkonto

Hier ist zuerst einmal festzustellen, ob es sich um ein Einzelkonto handelt oder ob es sich um ein Und- bzw. Oder-Konto handelt. Wenn es sich um ein Einzelkonto handelt, wird der Nachlasspfleger das Girokonto als **Nachlasspflegschaftskonto** führen und den **Zahlungsverkehr** über dieses Konto abwickeln. Weiter bestehende Girokonten sollte der Nachlasspfleger auflösen und auf einem Girokonto zusammenführen. Weist das Nachlasspflegschaftskonto nach Zusammenführung von verschiedenen Girokonten ein erhebliches Guthaben aus, sollte das Geld auf eines der eventuell vorhandenen Sparbücher umgebucht werden, bzw. wenn ein solches Sparbuch noch nicht vorhanden ist, ein derartiges errichtet werden. Aufgrund des Anschreibens an die Bank sind dem Nachlasspfleger die Daueraufträge bekannt. Hier hat er zu überprüfen, welche er zu widerrufen hat.

70

Praxishinweis:
Es empfiehlt sich für den Nachlasspfleger die Bank zu bitten, sofort die Kontoauszüge für die letzten Monate nach zu erstellen, um eventuell vorhandene Lastschriften, die regelmäßig abgehen, festzustellen zu können. Diese sind u.U. ebenfalls zu widerrufen. Nach dem Widerruf von Lastschriften setzen sich die Gläubiger dann in den meisten Fällen mit dem Nachlasspfleger in Verbindung.

– Girokonto/Gemeinschaftskonto

Wenn der Nachlasspfleger feststellt, dass es sich nicht um ein Einzelkonto, sondern um ein Gemeinschaftskonto handelt, muss er zunächst überprüfen, ob es sich um ein **Oder-Konto** oder um ein **Und-Konto** handelt. Der Nachlasspfleger hat sich zunächst den **Kontoeröffnungsantrag** übergeben zu lassen. Aus diesem ist zu entnehmen, um welche Art von Konto es sich handelt und wer der Mitkontoinhaber ist. Zudem kann festgestellt werden seit wann das Konto besteht. Wenn der Nachlasspfleger nun feststellt, dass ein Oder-Konto vorliegt, empfiehlt es sich, dieses Oder-Konto in ein Und-Konto umzuwandeln, um Abverfügungen des Kontomitinhabers zu verhindern. Wenn nun der Nachlasspfleger ein Oder-Konto bzw. ein Und-Konto feststellt, hat er zu ermitteln, wem das Guthaben auf diesem Konto zusteht. Es wird zwar nach § 430 BGB vermutet, dass das Guthaben den Kontoinhabern zu gleichen Anteilen zusteht, diese Vermutung ist jedoch widerlegbar. Der Nachlasspfleger hat daher Einzahlungen auf dem Oder-Konto bzw. Und-Konto durchzusehen und festzustellen, woher die Geldflüsse kommen. Weiterhin hat er zu ermitteln, ob es irgendwelche Vereinbarungen zu dem Konto gibt. Wenn der Nachlasspfleger nun feststellt, dass einer der Kontomitinhaber mehr als seinen **Kopfbruchteil** vom Konto abverfügt hat, hat er diesen aufzufordern, nachzuweisen, dass dies i.R.d. Absprache über das Konto erfolgt ist.

71

– Sparkonten

Für ermittelte Sparkonten des Erblassers gilt die Bestimmung des § 1809 BGB, so dass ein **Sperrvermerk** für das Konto zu vereinbaren ist. Wenn der Nachlasspfleger ein entsprechendes Sparbuch auffindet, hat er dieses Sparbuch dem jeweiligen Kreditinstitut zu übersenden, damit dieses den Sperrvermerk einträgt. Allein der Vermerk des Sperrvermerks in den Unterlagen der Bank reicht nicht aus. Wenn Sparbuchnummern festgestellt worden sind, die Sparbücher allerdings nicht aufgefunden werden können,

72

ist hinsichtlich der Sparbücher das Aufgebotsverfahren durchzuführen. Sämtliche aufgefundenen Sparbücher sollten unverzüglich der Bank vorgelegt werden, damit die Zinsen nachgetragen werden können. Dieses ist insbesondere für die zu erstellende Abrechnung wichtig. Wenn nun nach Vorlage der Sparbücher zum Zinsnachtrag die Bank die Behauptung aufstellt, dass diese Sparbücher erloschen seien, hat der Nachlasspfleger die Bank aufzufordern, den entsprechenden Nachweis zu führen.

– Sparbriefe

73 Hier ist wiederum zwischen den verschiedenen Ausgestaltungen eines Sparbriefs bei einzelnen Bankinstituten zu differenzieren. In früheren Jahren wurden für Sparbriefe **Sparbriefzertifikate** ausgestellt, für die, wenn sie verloren gegangen sind, das Aufgebotsverfahren durchzuführen war. In zahlreichen Fällen handelte es sich jedoch um Spareinlagen mit langfristiger Laufzeit. Die Eintragung eines Sperrvermerks ist möglich. Der Nachlasspfleger hat in den verbrieften Forderungen den Sperrvermerk auf der Urkunde anbringen zu lassen, während bei den unverbrieften der Sperrvermerk in den Unterlagen der Bank einzutragen ist.

> **Praxishinweis:**
> Um unnötige Schreibarbeit mit den Nachlassgerichten sich zu ersparen, sollte der Nachlasspfleger die Sparbriefe in zwei Kategorien unterteilen und dem Nachlassgericht den Unterschied mit einem Merkblatt erläutern.

– Termingeldkonten

74 Bei sog. Termingeldkonten sind Gelder auf einem **gesonderten Konto** während einer vorher bestimmten Laufzeit fest angelegt; erst danach können die Gelder wieder abgezogen werden. Regelmäßig werden Termingeldkonten erst ab Beträgen von 5.000,- € oder mehr eröffnet. Für den Fall, dass derartige Konten aufgefunden werden, empfiehlt es sich, dann diese Termingeldkonten fortzuführen, wenn in überschaubaren Zeiträumen größere Ausgaben zu tätigen sind. Auch bei diesen Konten ist der **Sperrvermerk** einzutragen.

– Depotkonten

75 Auch Depotkonten, also Konten auf denen **hinterlegte Wertpapiere** verwaltet und verwahrt werden, sind mit einem Sperrvermerk gem. § 1809 BGB zu versehen.

– Schließfächer

76 Vorab hat der Nachlasspfleger **festzustellen**, ob ein **Bevollmächtigter** kurz vor oder kurz nach dem Tod **Zugang** hatte. Der Nachlasspfleger hat das Kreditinstitut zu bitten, ihm die Zugangskarte zum Schließfach zu zeigen und ggf. hiervon eine Fotokopie zu übermitteln. Auf der Zugangskarte vermerkt das Kreditinstitut jeden Zugang zum Schließfach unter Angabe des Namens, des Datums und der Unterschrift des Berechtigten. Der Nachlasspfleger benötigt keine nachlassgerichtliche Genehmigung zur Öffnung des Schließfachs. Aus arbeitsökonomischen Gründen empfiehlt es sich, beim Nachlassgericht eine Bestätigung anzufordern, dass zur Öffnung von Schließfächern in der jeweiligen nachlassgerichtlichen Angelegenheit eine nachlassgerichtliche Genehmigung nicht erforderlich ist. Dieses sogenannte Negativattest kann dann dem jeweiligen Bankinstitut übermittelt werden. Somit können gleich von vornherein Auseinandersetzungen darüber vermieden werden, ob ein nachlassgerichtlicher Beschluss erforderlich ist oder nicht.

Formulierungsbeispiel: Schreiben an die Bank zur Terminsvereinbarung bzgl. Schließfachöffnung

An die
... Bank ...

Betreff: Nachlasssache ...
Bezug: Schließfach ...

Sehr geehrte Damen und Herren,

wie bekannt, wurde ich als Nachlasspfleger in der Sache ... bestellt. Ich darf Sie bitten, mit mir einen Termin zu vereinbaren, um o.g. Schließfach zu öffnen ist. In der Anlage füge ich das Schreiben des Nachlassgerichts ... vom ... bei, in dem ausgeführt ist, dass zur Öffnung des Schließfachs eine nachlassgerichtliche Genehmigung **nicht** erforderlich ist.

Zudem möchte ich ergänzend anmerken, dass es sich bei dem Schließfachvertrag um einen Mietvertrag gem. §§ 535 ff. BGB handelt. Es liegt somit ein Mietverhältnis und nicht ein Verwahrverhältnis vor. Der Schließfachvertrag verpflichtet, den Gebrauch des Schließfachs auf die Dauer des Vertrags zu gewähren. Die Rechte und Pflichten aus dem Schließfachvertrag sind nach dem Tod des Erblassers auf mich als den Nachlasspfleger als den gesetzlichen Vertreter übergegangen.

Mit freundlichen Grüßen
Rechtsanwalt

Bei der **Öffnung des Schließfachs** ist am besten ein Mitarbeiter der Kanzlei mitzunehmen, um ein Vermerk über das vorgefundene Schließfach zu fertigen. Weiter ist anzuraten, einen Mitarbeiter der Bank hinzuzuziehen, der später als **Zeuge** fungieren kann. Eventuell vorhandenes Bargeld sollte dann zugleich auf dem Nachlassgirokonto eingezahlt werden. Wurden in der Wohnung des Erblassers Wertgegenstände gefunden, sollte das Schließfach sinnvollerweise auch weitergeführt werden, um diese hinterlegen zu können.

(3) Sonstige Pflichten

Der Nachlasspfleger hat jeweils zu entscheiden, ob er **Daueraufträge** widerrufen will oder nicht. Bei Dauerverbindlichkeiten, die zu erfüllen sind, empfiehlt es sich, die Dauerverträge nicht zu widerrufen. Zahlreiche Banken teilen dem Nachlasspfleger den aktuellen Kontostand mit. Die **Bestandsaufnahme** des Nachlasses hat sich jedoch auf den Todestag zu beziehen, so dass eine exakte Auskunft auf diesen Stichtag erforderlich ist. Es empfiehlt sich, die Bank zu bitten, die § 33 ErbStG entsprechende **Erbschaftsteueranzeige** zu übersenden, da diese die Kontostände zum Todestag erfasst.

Der Nachlasspfleger hat zur Vermeidung von Rechtsnachteilen für den Nachlass Verbindlichkeiten zu bezahlen. Er kann Überweisungen vom Girokonto bzw. vom Sparkonto vornehmen. Entgegen § 21 Abs. 4 Satz 3 Kreditwesengesetz führen Banken Überweisungen von Sparkonten dann aus, wenn der nachlassgerichtliche Beschluss dies erlaubt. Der Nachlasspfleger hat hier dann beim Nachlassgericht einen betreffenden Beschluss zu erwirken.

> **Formulierungsvorschlag:** Antrag auf Erteilung der Überweisungserlaubnis
>
> An das
> Nachlassgericht ...
>
> In der Nachlasssache ...
>
> Sehr geehrte Damen und Herren,
> ich wurde vom enterbten Sohn des Erblassers aufgefordert, bis zum ... einen Teilvorschuss auf den Pflichtteil bis spätestens ... auszuzahlen. Ich habe die Ansprüche überprüft. Sie sind in der geltend gemachten Höhe berechtigt.
> Ich beantrage einen nachlassgerichtlichen Beschluss dahingehend, dass ich berechtigt bin, von dem Sparkonto Nr.: ... bei der Sparkasse ... den Betrag i.H.v. ... an den Pflichtteilsberechtigten zu überweisen.
>
> Mit freundlichen Grüßen
> Rechtsanwalt

Nach Eingang der nachlassgerichtlichen Genehmigung sind dann der Bank das Sparbuch, der Genehmigungsbeschluss und der Überweisungsauftrag zu übermitteln.

> **Formulierungsbeispiel:** Antrag auf Überweisung
>
> An die
> ... Bank
>
> Nachlasssache ...
> Sparkontonummer: ...
>
> Sehr geehrte Damen und Herren,
> in der Anlage überreiche ich
> – nachlassgerichtliche Genehmigung vom ...
> – Sparbuch im Original
> – Überweisungsaufträge von mir unterzeichnet
> und darf Sie bitten, den Betrag i.H.v. ... gem. beigefügtem Überweisungsträger zu überweisen.
>
> Mit freundlichen Grüßen
> Rechtsanwalt

79 An dieser Stelle soll darauf hingewiesen werden, dass die Banken teilweise sehr penibel bei Abverfügungen sind und zum Teil auf nachlassgerichtliche Beschlüsse bestehen. Die Bank haftet aus positiver Vertragsverletzung, wenn sie es unterlässt einen Sperrvermerk zu verlangen, und ein Nachlasspfleger unter Ausnutzung dieses Versäumnisses, Geld abhebt und es unterschlägt.

Wenn Ermittlungen bei im Ausland befindlichen Banken erfolgen (z.B. Österreich, Schweiz und Liechtenstein), werden diese mitteilen, dass sie nicht verpflichtet sind, Auskünfte zu erteilen. Die Banken fügen jedoch dann den Nebensatz hinzu, dass zur Vermeidung weiteren Schriftverkehrs darauf hingewiesen wird, dass der Erblasser unbekannt ist. Diese Mitteilung bedeutet nahezu immer, dass keine Konten vorhanden sind. Äußert sich jedoch die Bank wie folgt: „Wir sind nicht zu Auskünften verpflichtet. Wenn Sie Auskünfte dennoch verlangen, legen Sie einen Beschluss des ... vor.", ist dies ein Indiz für bestehende Bankkonten. Bei den Ermittlungen sind zum Teil auch die jeweiligen Bankenvereine behilflich.

f) Prozesskostenhilfe

Zur Frage der Unfähigkeit, die Kosten der Prozessführung aufzubringen, ist im Falle einer Nachlasspflegschaft nicht auf die – nicht feststellbaren – Vermögensverhältnisse unbekannter Erben, sondern auf den Bestand des Nachlasses abzustellen.[53]

80

g) Eidesstattliche Versicherung

Jährlich ist über die Verwaltung Rechnung zu legen und die **Richtigkeit und Vollständigkeit** an Eides Statt zu versichern.

81

h) Gläubigerauskunft gem. § 2012 BGB

Nachlassgläubigern ist Auskunft über den Bestand des Nachlasses zu geben, § 2012 Satz 2 BGB.

82

i) Das Gläubigeraufgebot gem. § 991 ZPO

Der Nachlasspfleger wird ein Gläubigeraufgebot gem. § 991 ZPO bestellen, wenn er Grund hat, sich einen **Überblick über** die **Nachlasspassiva** zu verschaffen. Ein leichtfertiger Antrag führt wegen des damit verbundenen Verwaltungsaufwands des Nachlassgerichts oft zu einer Verstimmung. Der Nachlasspfleger sollte zunächst alle anderen Möglichkeiten ausnutzen.

83

j) Nachlassinsolvenzverfahren gem. §§ 315-331 InsO

Bei Überschuldung sollte der Nachlasspfleger gem. § 1980 BGB die Eröffnung des Nachlassinsolvenzverfahrens zu beantragen; dazu ist ihm jedenfalls grundsätzlich zur **Vermeidung von Regressansprüchen** zu raten. Ob der Nachlasspfleger zur Stellung eines Insolvenzantrages verpflichtet ist, ist umstritten.[54] Wird das Nachlassinsolvenzverfahren eröffnet, so bleibt die Nachlasspflegschaft bestehen. Sie endet nicht mit der Eröffnung der Nachlassinsolvenz. Der Nachlasspfleger ist nicht schon im Interesse der Nachlassgläubiger zur Stellung des Insolvenzantrages verpflichtet. Der Nachlasspfleger ist, wie sich durch Gegenschluss aus § 1985 Abs. 2 Satz 2 BGB ergibt, nur den Erben gegenüber zur Antragstellung verpflichtet und bei Unterlassung schadensersatzpflichtig. Dieser Anspruch kann wiederum zur Insolvenzmasse zählen. In der Nachlassinsolvenz hat der Nachlasspfleger die Rechte und Pflichten des noch nicht feststehenden Erbengemeinschuldners wahrzunehmen. So ist er zum Insolvenzantrag eines Gläubigers zu hören (§ 105 InsO), zur Bestreitung im Prüfungstermin mit Wirksamkeit für den Erben berechtigt, aber auch auskunftspflichtig (§ 100 InsO) und zur Abgabe der eidesstattlichen Versicherung (§ 125 InsO) verpflichtet. Bei der Antragstellung ist zur Vermeidung weiteren Schriftverkehrs darauf zu achten, dass bei ergehenden Kostenrechnungen der Landesjustizkassen sich der Vermerk befindet: „keine persönliche Haftung des Antragstellers".

84

---

53 BGH NJW 1964, 1418.
54 *Jochum/Pohl*, Nachlasspflegschaft, Rn. 385.

Formulierungsbeispiel: Ausschluss der persönlichen Haftung des Nachlasspflegers bei Insolvenzantragstellung

Die Insolvenzantragstellung erfolgt durch mich als Nachlasspfleger für die unbekannten Erben. Ich bitte dies bei den entsprechenden Kostenrechnungen zu vermerken.

Praxishinweis:
Die Insolvenzantragstellung führt nicht dazu, dass die Vergütung des Nachlasspflegers gefährdet wird, denn die Vergütung des Nachlasspflegers ist Masseschuld.

85 Von Gesetzes wegen sind Aufwendungen, die aus Bemühungen zur Erhaltung und Mehrung des Nachlasses herrühren, als Masseschulden vorrangig zu befriedigen. Ferner sind **Masseschulden** Kosten einer gerichtlichen Sicherung des Nachlasses sowie einer Nachlasspflegschaft, d.h. Aufwendungen, die einer geordneten Abwicklung des Nachlasses dienen.

86 Es erfolgt keine Aufhebung einer Nachlasspflegschaft bei Ablehnung einer Insolvenz mangels Masse. Eine nach § 1961 BGB angeordnete Nachlasspflegschaft darf auch dann nicht aufgehoben werden, wenn nach den bisherigen Feststellungen des Nachlasspflegers und insbesondere der Ablehnung der Insolvenzeröffnung mangels Masse kein Anlass zu weiteren Tätigkeiten des Nachlasspflegers im Interesse der unbekannten Erben besteht.

87 Fordert und erhält der Nachlasspfleger eine den Erben nicht zustehende Leistung, so ist nach Eröffnung der Nachlassinsolvenz die **Pflicht des Nachlasspflegers**, das ohne rechtlichen Grund in den Nachlass und die Masse Gelangte herauszugeben, Masseschuld.

88 Der Antrag auf Eröffnung des Nachlassinsolvenzverfahrens ist nicht beim Nachlassgericht, sondern beim Vollstreckungsgericht einzureichen.

Formulierungsbeispiel: Antrag des Nachlasspflegers auf Eröffnung des Nachlassinsolvenzverfahrens

An das
Amtsgericht ...

Antrag auf Eröffnung des Insolvenzverfahrens über den Nachlass des/der am ... verstorbenen Herrn/Frau ...

Ich beantrage,
die Nachlassinsolvenz über den Nachlass des/der am ... verstorbenen ... zu eröffnen.

Ich wurde mit Beschluss vom ..., Aktenzeichen ..., zum Nachlasspfleger bestellt.

Den Beschluss des Amtsgerichts ... vom ..., Az.: ..., lege ich in beglaubigter Kopie bei und rege an, die Nachlassakten beizuziehen.

Testamentsvollstreckung ist nicht angeordnet und auch keine Nachlassverwaltung.

Der Nachlass ist überschuldet, die Aktiva betragen lediglich in etwa 60 Prozent der Passiva.

Ich verweise auf die in der Anlage beigefügte Vermögensübersicht.

Der Wert des Nachlasses ohne Abzug der Verbindlichkeiten beträgt ... €.

> Ich bitte zu beachten, dass keine persönliche Kostenschuld hieraus besteht.
>
> Mit freundlichen Grüssen
> Rechtsanwalt

k) Dürftige Nachlässe

Lohnt sich die Verwaltung mangels Masse nicht, ist also der Antrag auf **Eröffnung der Nachlassinsolvenz** untunlich, so darf der Nachlasspfleger gem. § 1990 BGB vorgehen. Generell muss intensiv geprüft werden, ob bei einer Masse von weniger als 5.000,- € überhaupt noch Antrag auf Eröffnung der Nachlassinsolvenz gestellt werden sollte. Gerade bei komplexeren Nachlässen sind die Massekosten deutlich höher. Wenn also nun die Masse nicht ausreicht, kann der Nachlasspfleger die Befriedigung eines Nachlassgläubigers insoweit verweigern, als der Nachlass nicht ausreicht und den Nachlass zum Zwecke der Befriedigung an den Gläubiger im Wege der Zwangsvollstreckung herausgeben. Anders als bei § 1973 BGB fehlt die Befugnis, die Herausgabe durch Zahlung abzuwenden.[55] Titulargläubiger sind voll und ganz vorweg zu befriedigen. Die Ansprüche aus **Pflichtteilsrechten** und **Vermächtnissen** kommen an letzter Stelle. Liegen rechtskräftige Titel nicht vor und sind auch keine Gläubiger gem. § 1991 Abs. 4 BGB vorhanden und fehlt für eine Insolvenz bzw. Nachlassverwaltung die Masse, so ist der Nachlasspfleger in der Reihenfolge der Befriedigung der Nachlassgläubiger vollkommen frei, er ist weder berechtigt noch verpflichtet zur gleichmäßigen Verteilung.

89

l) Finanzamt und Sozialversicherungsträger

Der Nachlasspfleger hat sämtliche an ihn gerichteten und bei ihm eingehenden **Steuerbescheide** zu prüfen, um im Interesse der Erben ggf. Rechtsmittel einzulegen. Der Nachlasspfleger ist berechtigt, wenn ihm die eigene Sachkunde fehlt, einen Steuerberater zu beauftragen. Üblich und sachgemäß ist, den bislang mandatierten Bevollmächtigten weiter zu beauftragen.

90

Der Nachlasspfleger ist (auch) im Besteuerungsverfahren der **gesetzliche Vertreter** der noch unbekannten oder ungewissen Erben. Steuerverwaltungsakte sind deshalb bis zur Aufhebung der Nachlasspflegschaft an ihn zu richten, selbst wenn die Erben inzwischen bekannt wurden. Nach § 122 Abs. 1 AO 1977 ist ein Steuerbescheid demjenigen Beteiligten bekannt zu geben, für den er bestimmt ist. Im Besteuerungsverfahren ist ein Steuerbescheid für denjenigen Beteiligten (vgl. § 78 Nr. 2 AO 1977) bestimmt, der als **Steuerschuldner** in Anspruch genommen wird oder werden soll (§ 124 Abs. 1 AO 1977). Der Steuerschuldner (§ 43 AO 1977) ist mithin grundsätzlich Adressat des Steuerbescheides. Im Fall einer **Gesamtrechtsnachfolge** gehen die Schulden aus dem Steuerschuldverhältnis auf den Rechtsnachfolger über (§ 45 Abs. 1 AO 1977). Aus diesem Grund sind im Erbfall grundsätzlich die **Steuerbescheide** an die Erben als den Gesamtrechtsnachfolgern des Erblassers zu richten. Da der Verwaltungsakt eine hoheitliche Regelung für den Einzelfall darstellt, muss er die Person oder die Personen erkennen lassen, an die er sich richtet. Aus diesem Grund hat die Rspr. des BFH stets verlangt, dass der oder die Erben namentlich im Steuerbescheid aufgeführt werden.

Diese Grundsätze gelten nicht für den Fall, dass noch ungewiss ist, wer Erbe wird und deshalb gem. § 1960 Abs. 2 BGB für denjenigen, der Erbe wird, die Nachlasspfleg-

---

55 Soergel/*Stein*, § 1990 Rn. 9.

schaft angeordnet wurde. Denn hier wird der Nachlasspfleger im Rahmen seines Aufgabenkreises als gesetzlicher Vertreter für den oder die unbekannten oder noch ungewissen Erben tätig. dass der Nachlasspfleger innerhalb seines Aufgabenkreises gesetzlicher Vertreter des oder der Erben ist, entspricht der einhelligen Meinung in der Rspr. und fast einhelliger Meinung im Schrifttum. Hat der Nachlasspfleger als gesetzlicher Vertreter gegen einen **Gewinnfeststellungsbescheid** für die unbekannten Erben Rechtsmittel nicht rechtzeitig eingelegt bzw. begründet, so kann dem vom Nachlassgericht festgestellten Alleinerben nach Aufhebung der Nachlasspflegschaft wegen der Fristversäumung Wiedereinsetzung in den vorigen Stand gewährt werden, wenn dieser seine Behauptungen, der Nachlasspfleger habe es pflichtwidrig unterlassen, ihm nach Aufhebung der Nachlasspflegschaft unverzüglich sämtliche Unterlagen über die Rechtsmittelverfahren herauszugeben, glaubhaft macht. Daraus ist zu folgern, dass der Nachlasspfleger, um Schadensersatzansprüche zu vermeiden, sämtliche Steuerbescheide exakt prüft und sich die Übergabe derselben an den Erben dokumentieren lässt. Es wird wohl zu den Pflichten gehören, auf laufende Rechtsmittelfristen und die Möglichkeit der Wiedereinsetzung hinzuweisen.

91 Der Nachlasspfleger hat **Steuerschulden** zu tilgen (§ 34 Abs. 1 Satz 1 AO), andernfalls kann er persönlich haftbar gemacht werden (§ 69 AO).

Bei der **Fortführung von Betrieben** oder bei der Verwaltung größerer Nachlässe, die es notwendig machen, Personal zu beschäftigen oder einzustellen, ist bei der Anmeldung streng darauf zu achten, dass der Nachlasspfleger in Vertretung für die unbekannten Erben handelt. In der RVO gibt es keine Definition des Begriffs „Arbeitgeber". Demgemäß muss davon ausgegangen werden, welche Auslegung dieser Begriff im Arbeitsrecht erfahren hat. Hiernach ist Arbeitgeber, wer einen anderen als Arbeitnehmer beschäftigt. Der Nachlasspfleger ist aber nicht Partei kraft Amtes, er hat vielmehr die Interessen anderer zu wahren. Er verwaltet den Nachlass im Namen der Erben. Demgemäß hat er eine ähnliche Stellung wie ein Geschäftsführer oder Vorstand einer juristischen Person. Im Übrigen entsteht wegen der Nachlassverbindlichkeiten allein ein Anspruch gegen die Erben, nicht dagegen gegen den Nachlasspfleger.

m) Grundstücke

92 Wenn sich Grundstücke im Nachlass befinden, ist sowohl in tatsächlicher als auch in rechtlicher Hinsicht mit einem **erhöhten Tätigkeitsaufwand** zu rechnen.

> **Praxishinweis:**
> Das Grundstück ist zu sichern und zu verwalten, empfiehlt sich deshalb, immer die Schlüssel vollständig herauszuverlangen und im Zweifelsfall die Schlösser auszuwechseln.

Bei allen Rechtshandlungen, die Grundstücke des Nachlasses betreffen, sind Genehmigungen des Nachlassgerichts einzuholen.

93 Die Nachlasspflegschaft ist **nicht** in das **Grundbuch** einzutragen.

94 Die **Genehmigungsbedürftigkeit von** Rechtsgeschäften nach §§ 1821, 1822 BGB ist im Interesse der Rechtssicherheit an einer klaren Abgrenzung der genehmigungsbedürftigen Geschäfte rein formal und damit eindeutig zu bestimmen. Bei Anwendung der genannten Vorschriften ist daher kein Raum für eine wertende, an der wirtschaftlichen oder sonstigen Bedeutung der in Frage stehenden Rechtsgeschäfte orientierten Betrachtungsweise. Die **Belastungsvollmacht** ist nicht identisch mit der in Ausfüh-

rung der Vollmacht vorgenommenen Belastung des Grundstücks selbst. Daher bedarf auch bei bereits vorliegendem Nachlass oder vormundschaftsgerichtlicher Genehmigung der Belastungsvollmacht die daraufhin erfolgende Belastung (hier: Grundschuldbestellung) der **Genehmigung des Nachlassgerichts** (bzw. des Vormundschaftsgerichts).[56]

Im Fall der Veräußerung eines Grundstücks im Wege privatrechtlicher **Versteigerung** durch den Nachlasspfleger bedürfen der mit dem Zuschlag an den Meistbietenden zustande gekommene Grundstückskaufvertrag und die nachfolgende Auflassung auch dann der Genehmigung des Nachlassgerichts, wenn bereits der vom Nachlasspfleger für die unbekannten Erben mit dem Auktionator geschlossene, weit reichende Bindungen für die Erben enthaltende **Einlieferungsvertrag** nachlassgerichtlich genehmigt worden ist.[57]

Bei Schrebergärten ist der Kleingartenverband zu informieren und die fällige Ablöse einzufordern. 95

Der Nachlassgläubiger ist nach eingeholter Genehmigung des Nachlassgerichts berechtigt, Antrag auf **Teilungsversteigerung** zu stellen, wenn die Erbengemeinschaft der unbekannten Erben wiederum an einem anderen Nachlass beteiligt ist. Dies trifft jedoch nicht zu für Grundstücke, die ausschließlich im Eigentum des unbekannten Erben stehen. 96

n) Bezahlung der Nachlassverbindlichkeiten

In Einzelfällen ist der Nachlasspfleger nach Rücksprache mit dem Nachlassgericht befugt, Nachlassgläubiger zu befriedigen, wenn dies zur Erhaltung des Nachlasses führt und wenn dadurch unnötiger Schaden und Kosten verhindert werden; dies kann zur restlosen Verteilung und **Liquidation** des Nachlasses führen.[58] Bei **kleineren Nachlässen**, vor allem im Fall des § 1990 BGB, in dem sich die Nachlassverwaltung und der Nachlassinsolvenz nicht lohnen, erstreckt sich die Tätigkeit des Nachlasspflegers praeter legem auf die **Befriedigung der Nachlassgläubiger.** Hierfür besteht vor allem ein Bedürfnis, wenn sich die Erbenermittlung über lange Zeit hinzieht und schließlich der Fiskus als Zwangserbe übrig bleibt. Nach §§ 1812, 1813 Abs. 1 Nr. 2 BGB ist zur Begleichung von Rechnungsbeträgen bis zu einem Betrag von 5.000,- € eine nachlassgerichtliche Genehmigung nicht erforderlich. Eine nachlassgerichtliche Genehmigung ist jedoch erforderlich bei Verfügungen über Sparkonten. Es ist äußerster Wert auf die Versperrung von Sparkonten zu legen und diese ehestmöglich dem Nachlassgericht mitzuteilen. 97

o) Erfüllung von Vermächtnissen und Auflagen

Nur bei klarer Sach- und Rechtslage und bei sehr langer Verfahrensdauer wird der Nachlasspfleger berechtigt sein, **Vermächtnisse** und Auflagen zu erfüllen. Er ist verpflichtet Vermächtnisse zu erfüllen, um eine Schädigung des Nachlasses aus Kosten und Zinsen zu vermeiden. 98

---

56 LG Berlin Rpfleger 1994, 355.
57 KG FamRZ 1993, 733 ff.
58 BGHZ 49, 1.

p) Annahme von dem Erblasser zugefallenen Erbschaften

99 Hinsichtlich der bereits dem Erblasser angefallenen Erbschaft ist der Nachlasspfleger auch zum **Erbscheinsantrag** berechtigt.[59] Er kann mit Genehmigung des Nachlassgerichts eine dem Erblasser angefallene Erbschaft annehmen oder ausschlagen.

q) Jahres- und Schlussrechnung des Nachlasses, Jahres- und Schlussbericht

(1) Schlussrechnung (§ 1890 BGB)

100 Der Nachlasspfleger ist verpflichtet, eine **Schlussrechnung** einzureichen. In dieser sind sämtliche Ausgaben und Einnahmen zu erfassen. Auf die Vorlage der beim Nachlassgericht einzureichenden Schlussrechnung kann der Nachlasspfleger erst dann verzichten, wenn zwei Voraussetzungen vorliegen:

- bei außergerichtlicher Einigung zwischen Nachlasspfleger und Erben,
- bei **Verzicht der Erben** gegenüber dem Nachlasspfleger auf Erstellung der Schlussrechnung.

> **Praxishinweis:**
> Am besten sind diese beiden Voraussetzungen schriftlich niederzulegen und von den Erben unterzeichnen zu lassen, um spätere Auseinandersetzungen zu vermeiden. Diese Vereinbarung sollte dem Nachlassgericht übermittelt werden.

Nach § 1841 BGB müssen Belege nur beigefügt werden, „soweit diese erteilt zu werden pflegen". Dies bedeutet, dass a priori die Belege nicht beigefügt waren, sondern nur auf Aufforderung. Selbstverständlich sind die Belege eindeutig zu kontieren.

(2) Jahresabrechnung (§ 1840 BGB)

101 Neben der Schlussrechnung ist der Nachlasspfleger verpflichtet, jährlich abzurechnen, wenn zu erwarten ist, dass die Nachlasspflegschaft sich über einen längeren Zeitraum hinziehen wird. Es kommt hier § 1840 Abs. 3 BGB zur Anwendung. Bei kleinen Nachlässen kann das Nachlassgericht nach der ersten Abrechnung statt der jährlichen Abrechnung auch eine Abrechnung im **Drei-Jahres-Turnus** verlangen. Die Rechnungslegung kann erzwungen werden, § 1837 BGB, § 33 FGG. Um eine stichtagsbezogene Abrechnung vornehmen zu können, sind bei vorhandenen Sparbüchern wenn möglich die **Zinsen** zum Zeitpunkt der Übernahme der Pflegschaft vorzutragen und dann jährlich, es sei denn, dass die Pflegschaft während des Jahres endet. In diesem Fall sind dann die Zinsen bis zum Ende der Pflegschaft vorzutragen.

(3) Jahresbericht

102 Der Nachlasspfleger hat dem Nachlassgericht einen **Tätigkeitsbericht** einzureichen, der die wesentlichen Tätigkeiten und Umstände der Nachlasspflegschaft zu enthalten hat.

---

59 BayObLG FamRZ 1991, 230.

> **Formulierungsbeispiel: Jahresbericht**
> An das
> Amtsgericht ...
> Nachlassgericht
> **Aktenzeichen: ...**
> **Nachlasssache: ...**
> Sehr geehrte Damen und Herren,
> während des Zeitraums vom 1.6.1997 bis zum 31.12.1997 habe ich in dem angeordneten Wirkungskreis folgende Tätigkeiten entwickelt:
> – Reinigung und Sanierung der Mietwohnung nach Leichenfund (Desinfektion, Erneuerung Teppichboden nach ausgetretener Leichenflüssigkeit),
> – Sicherung des Nachlasses (Schmuck, Auto, Konten u.a.),
> Kündigung folgender Dauerschuldverhältnisse: ...,
> Regelung und Organisation der Bestattung nach Freigabe des Leichnams,
> Erbenermittlung gem. beigefügtem Stammbaum.
>
> Mit freundlichen Grüssen
> Rechtsanwalt

r) Vertretung und Prozessführung

Der Nachlasspfleger als der Vertreter der unbekannten Erben kann einen **laufenden Prozess** übernehmen und weiterführen. Der Nachlasspfleger ist nicht Partei des Rechtsstreits, Partei ist der endgültige unbekannte Erbe.

(1) Vertretung

Die Anordnung der Nachlasspflegschaft berührt die **Verpflichtungs-** und **Verfügungsfähigkeit** des endgültigen Erben nicht. Daraus sich ergebende Widersprüche sind nach allg. Grundsätzen zu lösen. Danach hat regelmäßig die zuerst vorgenommene Handlung den Vorzug. Hat der Nachlasspfleger, etwa ohne Kenntnis von der Annahme, über den gleichen Gegenstand **wie** der **Erbe** eine Verpflichtung übernommen, so sind beide Verpflichtungen nebeneinander gültig; haben beide zudem verfügt, so geht die frühere Verfügung der späteren vor (§ 185 Abs. 2 Satz 2 BGB).

(2) Prozessführung

Der Erbe behält neben dem Nachlasspfleger seine **Prozessfähigkeit**. Bei **Passivprozessen** ist zu beachten: Die gerichtliche Geltendmachung von Ansprüchen, die sich gegen den Nachlass richten, ist bis zur Annahme der Erbschaft durch den wahren Erben nicht gegenüber dem Erben (§ 1958 BGB), sondern nur gegenüber dem Nachlasspfleger (§ 1960 Abs. 3 BGB) zulässig. Der Nachlasspfleger ist somit aktiv und passiv zur Führung von den Nachlass betreffenden Rechtsstreitigkeiten befugt. Ein gem. § 246 ZPO ausgesetztes Verfahren, endet mit der Bestellung eines zur Prozessführung berechtigten Nachlasspflegers. Der Nachlasspfleger ist zur Führung von **Aktivprozessen** befugt. Im Passivprozess muss der Nachlasspfleger die Beschränkung der Haftung auf den Nachlass sich nicht im Urteil vorbehalten lassen, § 780 Abs. 2 ZPO. Bei Beendigung der Nachlasspflegschaft treten die Erben anstelle des Pflegers in einen von diesem geführten Prozess ein, ohne dass eine Aussetzung oder Unterbrechung des Prozesses erfolgt, also unmittelbar mit der Aufhebung der Pflegschaft.

s) Absicherung durch Haftpflichtversicherung

106 Das Nachlassgericht kann ggf. Abschluss einer Versicherung gegen Schäden, die aus einer Handlung des Nachlasspflegers herrühren können, verlangen.[60] Den Abschluss einer derartigen Versicherung wird das Nachlassgericht anordnen, oder der Nachlasspfleger wird dies aus eigenem Interesse vornehmen.

t) Nichtzuständigkeit des Nachlasspflegers

107 Der Nachlasspfleger ist nicht befugt,
– die **Nachlassverwaltung** zu beantragen. Nach § 1981 BGB kann nur der Erbe oder ein Nachlassgläubiger die Nachlassverwaltung beantragen. Das Recht des Nachlasspflegers hierzu ist in Lit. und Rspr. umstritten.
– die Auseinandersetzung des Nachlasses zu betreiben.
– Auflagen oder **Vermächtnisse** zu erfüllen (es sei denn, wie oben dargestellt, in Ausnahmefällen); er kann jedoch auf ihre Erfüllung in Anspruch genommen werden. Der Nachlasspfleger ist nicht zur Gestaltung der erbrechtlichen Stellung befugt, sondern nur der vermögensrechtlichen. Er kann aber die Nichtigkeit oder Anfechtbarkeit eines Vermächtnisses, einer Auflage, die Vermächtnisunwürdigkeit geltend machen, da sich hieraus vermögensrechtliche Konsequenzen ergeben;
– einen **Erbschein** im Hinblick auf die angeordnete Nachlasspflegschaft zu beantragen;
– die **Erbschaft anzunehmen oder auszuschlagen**, einen Erbschein zu beantragen – als Vertreter der endgültigen Erben ist der Nachlasspfleger zur Führung von Rechtsstreitigkeiten über das Erbrecht nicht berufen;
– zur **Anfechtung** eines Testaments,
– zur **Erhebung** der **Erbunwürdigkeitsklage**,
– für einen unbekannten Erben eines Erbteils über den **Erbteil** als solchen zu verfügen,[61]
– **Forderungen** einzuziehen ohne zwingenden Grund,
– zur Vornahme **von Schenkungen** oder zum Vollzug einer vom Erblasser vorgenommenen, wegen Formmangels nichtigen Schenkung (§§ 1915, 1804 BGB)
– **Schulden** zu begleichen bei absehbar kurzer Pflegschaft,
– mit sich im eigenen Namen Verträge über Nachlassgegenstände zu schließen.

2. *Erbenermittlung*

a) Informationsquellen

108 Aufgabe des Nachlasspflegers ist es in den meisten Fällen, die Erben zu ermitteln; und zwar zuerst einmal testamentarische Erben. Wenn dies nicht der Fall ist, sind die gesetzlichen Erben zu ermitteln. Wurden testamentarische Erben ausgemacht, sind auch

---

60 *Firsching/Graf*, Nachlassrecht, Rn. 4.631.
61 LG Aachen Rpfleger 1993, 314.

erb- und pflichtteilsberechtigte Personen zu ermitteln. Bei der **tatsächlichen Erbenermittlung** ist ähnlich vorzugehen wie bei der Nachlasssicherung. Es ist die komplette Wohnung abzusuchen. Bei Anhaltspunkten sind z.B. auch Bücher, Briefe und Belege durchzusehen. Es ist sozusagen die Wohnung „auf den Kopf zu stellen". Es könnten Unterlagen aufgefunden werden, wie Vereinszugehörigkeit, alte Tagebücher, alte Ausweise, Unterlagen über Prozesse. Beim Auffinden notarieller Urkunden wird empfohlen, eine Testamentsnachfrage beim Notar zu machen. Auch bei ehemaligen Bevollmächtigten sollte nachgeforscht werden.

Der Nachlasspfleger kann sich bei der Erbenermittlung der Mithilfe folgender Institutionen (und auf sonstige Art) bedienen:

109

- **Polizeibehörden**
- **Einwohnermeldeämter**: dort sind nahezu immer mehrere Datenbestände vorhanden. Datenbestand I sind die melderechtlichen Daten der letzten zehn Jahre, Datenbestand II die Daten außerhalb dieses Zeitraums. Leider ist die Auskunftspraxis dazu übergegangen, nur noch Auskünfte mit Vorkasse zu erteilen, wobei die Auskünfte aus dem Datenbestand II in etwa bei 25,- € liegen.
- **Standesämter**: Geburts-, Heirats- und Sterbeurkunden; Kriegerverzeichnisse werden bei den meisten Standesämtern geführt. Aus der Sterbeurkunde ergibt sich oftmals gem. § 64 PStG der Familienstand des Erblassers. Es ist nicht nur die Sterbeurkunde, anzufordern, sondern auch ein Auszug aus dem Sterbebuch, da dort weitere Informationen vermerkt sind. Wenn die Auskunft nicht erteilt wird, so ist das gerichtliche Verfahren gem. § 45 Abs. 1 PStG zu betreiben.
- **Pfarrämter**: insbesondere dann, wenn es sich um dem Bereich der Feststellung der gesetzlichen Miterben handelt und keine Personenstandsbücher geführt worden sind, weil es sich um einen Zeitraum handelt vor 1872 oder die Personenstandsbücher untergegangen sind (ehemalige deutsche Gebiete).
- **Friedhofsverwaltungen,** wobei das Ergebnis sehr unterschiedlich ausfallen kann. Zum Teil wird taggenaues Sterbedatum verlangt.
- **Evangelisches Zentralarchiv**, Jebensstrasse 3, 10623 Berlin,
- **Deutsche Zentralstelle für Genealogie** Leipzig, Käthe-Kollnitz-Str. 82, 04109 Leipzig,
- **Bischöfliches Zentralarchiv**, Übermünsterplatz 7, 93047 Regensburg
- **Versicherungsämter**, Unfallgenossenschaften, Versorgungsämter
- **Konsulate**: Konsularauskünfte können sehr kostenintensiv (80,- € bis 150,- € und darüber) und zeitaufwendig sein (bis zu sechs Monate). Besser ist gelegentlich, das Außenministerium bzw. die Deutsche Botschaft um „Amtshilfe" zu bitten.
- **Standesamt** Berlin, Rückerstr. 9, 10119 Berlin: an dieser Stelle werden oft zahlreiche Personenstandsbücher aus den ehemaligen deutschen Ostgebieten verwahrt.
- **Hauptstandesämter** Baden-Baden, Hamburg, München
  (§ 15 Abs. 3 EheG ist für Eheschließungen von Personen ohne inländischen Wohnsitz einschlägig)
- **Deutsche Dienststelle** für die Benachrichtigung der nächsten Angehörigen **Gefallener** der ehemaligen deutschen Wehrmacht, Eichborndamm 179, 13403 Berlin: Falls das jeweilige Kriegerverzeichnis der betreffenden Stadt und die Auskunft beim Standesamt I in Berlin negativ ausgefallen ist, kann gerade bei Gefallenen im 2. Weltkrieg hier weiter Auskunft eingeholt werden.

- **Detekteien**: Hier hat der betreffende Nachlasspfleger vorab Vergleichsangebote einzuholen, um nicht später bei der Geltendmachung seiner Auslagen auf Schwierigkeiten zu stoßen. So liegen die Kosten für die Ermittlungen bzgl. unbekannter Personen bei 80,- € bis 1.000,- € und darüber. Die Auswahl des richtigen Unternehmens bereitet zudem massive Schwierigkeiten, da es sich um einen Berufszweig ohne Zulassungserfordernisse handelt.
- **Das Rote Kreuz**: Gelegentlich unterstützt das Rote Kreuz die Ermittlungen, wobei jedoch mit einer Bearbeitungsdauer von bis zu 12 Monaten zu rechnen ist.
- **Rechtsanwaltskanzleien mit Auslandsbeziehungen**: Bei einzelnen Nachlassgerichten können Kanzleien mit Auslandsbeziehungen abgefragt werden. Es ist meistens mit einer kurzen Bearbeitungsdauer zu rechnen, die Kosten liegen jedoch zum Teil auf einem sehr hohen Niveau (ca. 2.000,- € bis 2.500,- €).
- **Kriegsgräber**
- **Zeitungsinserate**: Auch hier besteht für den Nachlasspfleger die Gefahr, dass er diese Kosten unter Umständen dem Nachlass nicht weiterberechnen kann. Zeitungsinserate durch den Nachlasspfleger selbst sind deutlich kostspieliger als das Schalten von Aufgeboten durch das Nachlassgericht. Wenn Zeitungsinserate geschaltet werden, hat der Nachlasspfleger dies entsprechend zu begründen.
- **Erbenermittler**: Nur in sehr komplizierten Fällen und nach Rücksprache mit dem Nachlassgericht sollten die speziellen Erbenermittler eingeschaltet werden. Dies begründet sich in der Fürsorgepflicht für den unbekannten Erben. Sollte der Nachlasspfleger ohne weiteres einen Erbenermittler einschalten, könnte dies zur Folge haben, dass der Erbe dann nur noch den um das Honorar des Erbenermittlers gekürzten Nachlass erhalten wird.
- **Anwesenheit bei der Bestattung**: Die Trauerfeierlichkeit bietet zahlreiche Ermittlungsansätze. Sie ist in der jeweiligen Kirchen- bzw. Pfarrgemeindezeitung entsprechend zu veröffentlichen, verbunden mit einem entsprechend dezenten Ersuchen um Mithilfe.

(1) Einwohnermeldeamt

> **Formulierungsbeispiel:**
>
> An das
> Einwohnermeldeamt
> Stadt ...
>
> **Auskünfte aus dem Einwohnermeldeverzeichnis**
>
> Sehr geehrte Damen und Herren,
> gem. anliegend beigefügtem Beschluss des AmtsG ..., zeige ich an, dass ich zum Nachlasspfleger in der Nachlasssache ... bestellt wurde.
> Wie Sie dem beigefügten Beschluss entnehmen können, beschränkt sich unsere Tätigkeit nicht nur auf die Sicherung des Nachlasses, sondern umfasst auch die Erbenermittlung.
> Aufgrund unserer bisherigen Ermittlungstätigkeit kommt Herr ..., geboren am ..., als Miterbe in Betracht.
> Der derzeitige Aufenthaltsort ist mir unbekannt.
> Der letzte bekannte Wohnsitz befand sich 19... in der ... Straße.

Ich darf Sie bitten, mich in meinen Nachforschungen zu unterstützen und mir sämtliche Meldedaten, sowohl aus dem Datenbestand I als auch aus dem Datenbestand II, mitzuteilen.

In der Anlage füge ich Einzugsermächtigung bei. Es wird persönliche Haftung erklärt.

Mit freundlichen Grüßen
Rechtsanwalt

(2) Standesamt

Formulierungsbeispiel:

An das
Standesamt
Stadt …

Personenstandsurkunden

Sehr geehrte Damen und Herren,

gem. anliegend beigefügtem Beschluss des AmtsG …, zeige ich an, dass ich zum Nachlasspfleger in der Nachlasssache … bestellt wurde.

Wie Sie dem beigefügten Beschluss entnehmen können, beschränkt sich meine Tätigkeit nicht nur auf die Sicherung des Nachlasses, sondern umfasst auch die Erbenermittlung.

Aufgrund meiner bisherigen Ermittlungstätigkeit kommt Herr … als Erbe in Betracht. Der derzeitige Aufenthaltsort ist mir unbekannt.

Herr … ist vermutlich am … geboren, es könnte sein, dass er am … die Ehe geschlossen hat und eventuell am … verstorben ist.

Ich bitte Sie, mir die entsprechenden Personenstandsurkunden zu übermitteln.

In der Anlage füge ich einen Verrechnungsscheck über 25,- € bei. Falls ein höherer Betrag anfallen sollte, erheben Sie diesen bitte per Nachnahme; sollte dies nicht möglich sein, erteilen wir Ihnen Einzugsermächtigung, hinsichtlich des offenen Betrages von unserem Konto … .

Mit freundlichen Grüßen
Rechtsanwalt

(3) Außenministerium

Formulierungsbeispiel:
An das
Außenministerium
Amtshilfe: Polen
Nachlassangelegenheit

> Sehr geehrte Damen und Herren,
>
> in der Anlage erhalten Sie meine Pflegerbestallung. Ich habe Erben zu ermitteln, die in Polen geboren, verheiratet und gestorben sein sollen. Bislang haben wir trotz Monierung keinerlei Auskunft bekommen, obwohl schon mehr als 12 Monate verstrichen sind.
>
> Ich ersuche um Unterstützung für die Ermittlung der Personenstandsdaten folgender Personen:
>
> …
>
> …
>
> Mit freundlichen Grüßen
>
> Rechtsanwalt

b) Kostenersatz

110 Die anfallenden Kosten sind dem Nachlass in Rechnung zu stellen und aus diesem zu entnehmen. **Begrenzt** wird die Ermittlungstätigkeit durch den Umfang des Nachlasses. Ist dieser erschöpft oder überschuldet, sind die Ermittlungen einzustellen.

II. Nachlasspfleger und Erben

1. Zusammenarbeit

111 Gerade die vertrauensvolle Zusammenarbeit mit den potentiellen Erben kann sowohl die Tätigkeit des Nachlasspflegers vereinfachen, als auch die Dauer der Pflegschaft verkürzen helfen. Der potentielle Erbe ist jedoch ausdrücklich darauf hinzuweisen, dass aus seiner Mitarbeit keinerlei Rechtsansprüche entstehen und der Nachlasspfleger eine völlig unverbindliche rechtliche Bewertung vorgenommen hat.

> **Formulierungsbeispiel:** Erbenermittlung/Zusammenarbeit
>
> Sehr geehrte Damen und Herren,
>
> gem. Beschluss vom … bin ich Nachlasspfleger in der Nachlasssache … . Aufgrund meiner Ermittlungen könnten Sie als Erbe in Betracht kommen. Diese Aussage erfolgt jedoch vollkommen unverbindlich und ohne jedweden Rechtsanspruch.
>
> Wenn Sie über Informationen bzgl. des Nachlasses und der Erbfolge verfügen, teilen Sie mir dies bitte mit.
>
> Unkosten können nicht vergütet werden.
>
> Mit freundlichen Grüßen
>
> Unterschrift

2. Herausgabe des Nachlasses

112 Nach Beendigung der Nachlasspflegschaft hat der Pfleger den Nachlass an die Erben herauszugeben. Wenn **mehrere Erben** vorhanden sind, die sich nicht einig sind, muss der Nachlasspfleger zur **Hinterlegung** § 372 Satz 1 BGB schreiten. Die Erben haben keinen Anspruch auf Einsicht in die Akten des Nachlasspflegers oder deren Herausgabe, wenn er Auskunft erteilt hat und Rechnung gelegt hat.

3. Auseinandersetzung

Zur Auseinandersetzung des Nachlasses ist der Nachlasspfleger nicht befugt, da der Nachlasspfleger Vertreter der Erben ist, und nicht im Kreis der Erben aktiv werden soll.

4. Konkurrierende Tätigkeit von Nachlasspfleger und Erben

Der Erbe behält seine Verpflichtungsfähigkeit und seine Verfügungsbefugnis. Bei zwei sich widersprechenden Verfügungen geht die ältere der jüngeren vor. Es empfiehlt sich, dieses Thema nicht mit den Erben zu früh zu besprechen, da ansonsten im Einzelfall die Erben hiervon regen Gebrauch machen, was zu einer Mehrbelastung der Arbeit des Nachlasspflegers führen kann.

5. Nachfolgeauftrag

Da der Nachlasspfleger aufgrund seiner bis zur Aufhebung vorgenommenen Tätigkeit, den Nachlass kennt, ihn im Besitz hat und zudem ortsansässig ist, liegt es nahe, dass er auch bei nicht ortsansässigen Erben, die Auflösung vornimmt, nicht als Nachlasspfleger, sondern als Anwalt aufgrund eines Mandatverhältnisses. Es ist jedoch zuvor exakt vertraglich mit den Erben zu vereinbaren, welche Tätigkeit übernommen wird, das bloße Unterzeichen des gängigen Anwaltsvollmachtformulars wird dem komplizierten Sachverhalt nicht gerecht, es ist ein **detaillierter Auftrag** zu formulieren.

> **Formulierungsbeispiel:**
>
> Vereinbarung
>
> zwischen
>
> 1) Erbengemeinschaft …,
>
> 2) Anwaltskanzlei …,
>
> 1. Die Anwaltskanzlei wird beauftragt
> - die Wohnung aufzulösen, den Inhalt nach freiem Gutdünken zu verwenden (beabsichtigt ist, soweit machbar gemeinnützigen Organisationen Zuwendungen zukommen zu lassen).
> - Die Konten aufzulösen, vorab Nachlasspflegervergütung, nachlassgerichtliche Kosten zu bezahlen, Nachlassverbindlichkeiten wegzufertigen, sämtliche Erben gem. Quoten auszuzahlen.
> 2. Die Anwaltskanzlei übernimmt **nicht** folgende Aufgaben:
> - Die ausstehenden Steuererklärungen zu fertigen
> - Grabpflege
> 3. Honorar gem. separater Honorarvereinbarung.
>
> Unterschrift

Der Nachlasspfleger kann nach Beendigung der Pflegschaft nur für **ein Mitglied der Erbengemeinschaft** tätig werden, wenn bei den Erben ein Interessenwiderstreit vorliegt. Auf die Problematik Vertretung einer Erbengemeinschaft sei nur am Rande hingewiesen. Eindeutig ist darauf hinzuweisen, dass Nachlasspflegervergütung nichts mit dem Honorar für anwaltliche Tätigkeit zu tun hat.

III. Nachlasspfleger im Umgang mit Gläubigern

116 Bei kurzen Pflegschaften sollte den Gläubigern mitgeteilt werden, dass der Nachlasspfleger grundsätzlich nicht die Aufgabe hat, Schulden zu tilgen. Der Nachlasspfleger werde sie jedoch über den Fortgang des Verfahrens unterrichten. Nur, wenn Kosten auf den Nachlass zukommen, sollte Schuldentilgung vorgenommen werden.

IV. Kein Anspruch auf Entlassung

117 Der einmal berufene Nachlasspfleger hat keinen Anspruch auf **Entlassung.** In der nachlassgerichtlichen Praxis wird jedoch einem entsprechend begründeten Ersuchen stattgegeben.

V. Vergütung des Nachlasspflegers

118 Der Anwalt als Nachlasspfleger hat darauf zu achten, dass die Feststellung getroffen wird, dass er die Nachlasspflegschaft berufsmäßig führt, § 1836 Abs. 1 Satz 2 BGB. Das Nachlassgericht wird bei der Beendigung der Nachlasspflegschaft auch von Amts wegen über die Höhe der Vergütung entscheiden. Die Vergütung kann vor oder nach der Aufhebung der Pflegschaft festgesetzt werden. Vor der Festsetzung ist der Pfleger zu hören, falls er nicht selbst den Antrag gestellt hat. Die Erben müssen nicht notwendigerweise gehört werden. Das Nachlassgericht wird jedoch in den meisten Fällen den Erben rechtliches Gehör gewähren. Für Vergütung, **Aufwendungsersatz** und Aufwendungsentschädigung haften die Erben. Auch wenn andere Personen die Nachlasspflege beantragt haben, haften diese nicht. Sollte der Nachlass mittellos sein, so kann der Pfleger wie ein Vormund Vorschuss und Ersatz aus der Staatskasse verlangen, §§ 1835 Abs. 4, 1836 Abs. 2 Satz 4, 1836 Satz 4 BGB.

Der Vergütungsanspruch erlischt gem. § 1836 Abs. 2 Satz 4 BGB, wenn er nicht binnen 15 Monaten nach seiner Entstehung bei dem Nachlassgericht **geltend gemacht** wird. Die Vergütung darf erst nach Festsetzung durch das Nachlassgericht, § 56 g FGG, aus dem verwalteten Vermögen entnommen werden.

1. Vergütungsfaktoren

119 Als Faktoren zur Höhe der Vergütung sind Umfang und Bedeutung des Geschäfts, die Schwierigkeit, den Grad der Verantwortung und Art und Umfang der Sicherung zu berücksichtigen. Es wird Auswirkungen auf die Höhe der Vergütung haben, ob ein wohl sortierter Nachlass, der überwiegend aus Bankguthaben besteht, oder ein unsortiertes Chaos mit Einzelhandelsgeschäft aufzulösen ist.

2. Zeithonorar

120 Ganz entscheidend für die Bemessung der Vergütung ist der Zeitfaktor. Die Dokumentierung der aufgewandten Zeit ist zwar lästig, jedoch gerade bei komplizierten Pflegschaften unumgänglich. Die **Vergütung** des bestellten Nachlasspflegers bestimmt sich gem. § 1915 Abs. 1 BGB nach §§ 1836 bis 1836e BGB. Der die Nachlasspflegschaft berufsmäßig führende Pfleger hat stets Anspruch auf Vergütung, § 1836 Abs. 1 Satz 2 BGB. Grundlage dafür ist die **in Zeit anrechnende Mühewaltung.** Die Höhe der Vergütung des Berufspflegers stellt das Nachlassgericht nach seinem, allerdings **eingeschulten Ermessen** fest. Welcher Stundensatz angemessen ist, ist unterschiedlich. Ausgangsbasis ist die Entscheidung des BGH, Beschl. v. 31.8.2000, dessen Leitsätze wie nachfolgend lauten:

... 1. Für die Höhe der Vergütung eines Berufsbetreuers sind die Stundensätze des § 1 BVormVG nur dann verbindlich, wenn der Betreute mittellos ist und die Vergütung deshalb ohne Rückgriffsmöglichkeit aus der Staatskasse zu zahlen ist. ... 2. Für die Höhe der Vergütung des Betreuers eines vermögenslosen Mündels sind sie jedoch eine wesentliche Orientierungshilfe. Das bedeutet zum einen, daß sie Mindestsätze darstellen, die nicht unterschritten werden dürfen, und zum anderen, daß sie im Regelfall angemessen sind und nur überschritten werden dürfen, wenn dies die Schwierigkeit der Betreuungsgeschäfte ausnahmsweise gebietet."[62]

Die Feststellung erfolgt auf Antrag durch Beschluss des Nachlassgerichts, § 1962 BGB. Der Erbe ist vor der Festsetzung zu hören. Als Stundenvergütung wird bis zum Fünffachen des Stundensatzes gewährt. Wenn materiell rechtliche **Einwendungen** erhoben werden, hat nicht das Nachlassgericht sondern das Prozessgericht zu entscheiden.

3. Antrag auf Vergütungsfestsetzung

Formulierungsbeispiel:

An das

Amtsgericht ...

Nachlassgericht

Aktenzeichen: ...

Nachlasssache: ...

Antrag auf Festsetzung der Vergütung

Sehr geehrte Damen und Herren,
in obiger Angelegenheit beantrage ich, meine Vergütung auf 4.500,- € festzusetzen.
Begründung:
Der Aktivnachlass betrug bei Übernahme der Pflegschaft 157.935,50 €. Ich verweise auf meine Abrechnungsunterlagen.

Der Nettonachlass betrug bei Übernahme der Pflegschaft 154.930,50 €, der zu verwalten war.

Art und Umfang der getroffenen Sicherungsmaßnahmen waren durchschnittlich und erstreckten sich auf die Versperrung der Nachlasskonten bei den folgenden Banken: Postbank, Dresdner Bank, Raiffeisenbank. Es waren insgesamt acht Konten und ein Schließfach vorhanden.

Die persönlichen Gegenstände waren bereits von der Heimleitung sichergestellt worden, diese wurden dann im Schließfach des Unterzeichners über sechs Monate sicher verwahrt.

Die Bedeutung und Schwierigkeit des Geschäfts war im mittleren Bereich anzusetzen, da die Erbenermittlung in den ehemaligen Ostgebieten durchzuführen war und dort die Besorgung der notwendigen Personenstandsurkunden recht mühsam und zeitaufwendig war. Es mussten insgesamt 19 Personen ermittelt werden, wobei wir auf den vorgelegten Report verweisen. Von den bei den Kämpfen an der Ostfront gefallenen Personen konnten trotz Anfrage bei den Kriegerlisten und beim Standes-

---

62 BGH, Beschl. v. 31.8.2000 – XII ZB 217/99 – BGHZ 145, 104.

> amt in Berlin keine Urkunden aufgefunden werden. Es konnten dann Sterbebilder beschafft werden. Die Inserate in der Frankfurter Allgemeinen Zeitung und in der Süddeutschen Zeitung waren ergebnislos.
>
> Der wirtschaftliche Erfolg bei dieser Pflegschaft lag darin, dass kostenintensive Recherchen durch die Tätigkeiten der Erben vermieden werden konnten. Es konnten somit in etwa 3.000,– € Anwaltskosten eingespart werden. Die Erblasserwohnung konnte ohne große Kosten aufgelöst werden, Heimkosten konnten vermieden werden. Die bestehenden Nachlassverbindlichkeiten wurden ohne zusätzliche Kosten für die Erben weggefertigt. Urkunden in polnischer Sprache konnten kanzleiintern übersetzt werden, ohne externe Dolmetscherkosten.
>
> Der Zeitaufwand in dieser Angelegenheit betrug 58 Stunden. Es wurden ca. sechs Stunden mit dem Versperren der Konten und der Sicherstellung des Schließfachs und der geringen Wertgegenstände und Urkunden verbraucht. Es waren insgesamt drei Fahrten nach Haunstetten erforderlich. Der Schriftverkehr und die Telefonate mit den Banken machten insgesamt weitere zwei Stunden aus. An Schriftverkehr wurden insgesamt mehr als 50 Schreiben versandt. Es erfolgten zahlreiche Telefonate mit den Erben, um die Sachverhalte aufzuklären. Es erfolgte Verbuchung und Jahresrechnungslegung 2003 und Abrechnung 2004. Es erfolgte zudem die Übermittlung von Unterlagen und deren Daten an die Erben zur Antragstellung des Erbscheins und der Annahme der Erbschaft.
>
> Die Dauer der Pflegschaft erstreckte sich über sieben Monate.
>
> Die Höhe der Vergütung ist meiner Ansicht nach angemessen.
>
> Unterschrift

Bei mittellosen Nachlässen erfolgt die Vergütung aus der Staatskasse gem. § 1836a BGB i.V.m. § 1 BVormVG.

4. Auslagenersatz (Aufwendungsersatz)

122 Von der Vergütung nach § 1836 BGB ist der **Aufwendungsersatz** nach §§ 1915, 1835 BGB zu unterscheiden.

Neben der Vergütung hat der Nachlasspfleger **Anspruch auf Ersatz seiner Auslagen**. Der Nachlasspfleger ist berechtigt, aus dem von ihm verwalteten Barvermögen den Aufwendungsersatz zu entnehmen. Dem Nachlasspfleger wird wohl ein Zurückbehaltungsrecht hinsichtlich des herauszugebenden Nachlasses zuzubilligen sein, bis seine Auslagen bezahlt wurden. Die Auslagen werden nicht vom Nachlassgericht festgesetzt, sondern im Streitfall durch das Prozessgericht. Soweit allerdings die Vergütung nach Stunden abgerechnet wird, und im Stundensatz die **Büro-** und **Personalkosten** berücksichtigt sind, ist deren gesonderte Geltendmachung ausgeschlossen. Es sei denn, dass weitere Bürostunden angefallen sind, so bei Buchhaltung, Sortieren und Bankverkehr. Gerade bei äußerst umfangreichen Erbenermittlungen mit zahlreichen Auskünften wird empfohlen, diese Tätigkeit stundenmässig je nach Sachbearbeiter aufzuführen.

123 Gebühren, die ein Rechtsanwalt als Nachlasspfleger in einem Rechtsstreit des unbekannten Erben verdient hat, sind als Aufwendungsersatz nach § 1835 BGB nicht vom Nachlassgericht festzusetzen, sondern im Streitfall vor dem ordentlichen Gericht einzuklagen. Die Anwaltsgebühren sind nicht nach § 11 RVG festsetzbar. Die **Erhöhungsgebühr** fällt nicht einfach deshalb an, weil sich nach Ende der Pflegschaft sicher

herausstellt, dass der Verstorbene von mehreren Personen beerbt wurde. Die zu ersetzenden Anwaltsgebühren darf sich der Nachlasspfleger dem von ihm verwalteten Bargeldvermögen entnehmen.

Es hat sich folgendes Schema bewährt:

Datum	RA Sachb.	Büro Sachb.	Tätigkeit	RA Zeit	Büro Zeit	Auslagen
1.1.	RA Müller		Schriftverkehr Erbenermittlung	4		
2.1.		Buchhalterin	Sortieren, Kontrollieren		4	
3.1.		RA Gehilfin	Überweisungen		2	
4.1.		RA Gehilfin	10 Einwohnermeldeauskünfte		1	200,00 €
5.1.	RA Müller		Testamentssuche	2		
6.1.		RA Gehilfin	3 Nachlassakten kopieren		1	100 Kopien 80,00 €
6.1.			3x Versendungspauschale			45,00 €

D. Anwalt als Nachlassverwalter

I. Grundsatz der Nachlassverwaltung

Der Nachlassverwalter ist nicht wie der Nachlasspfleger gesetzlicher Vertreter der Erben, auch nicht der Nachlassgläubiger oder beide zusammen. Er handelt als „amtlich bestelltes Organ zur Verwaltung einer fremden Vermögensmasse mit eigener Parteistellung im Rechtsstreit."[63] Erbe und Gläubiger können nicht **Nachlassverwalter sein**, da – wegen der Notwendigkeit der Trennung von Nachlass und Eigenvermögen – die Gefahr eines Interessenskonflikts besteht.[64] Ansonsten kann jede für das Amt geeignete Person bestellt werden.[65] Eine Pflicht zur Annahme des Amts besteht nicht, § 1981 Abs. 3 BGB. Die Auswahl hat nach pflichtgemäßem Ermessen zu erfolgen.[66] Es können mehrere Nachlassverwalter sowie der verwaltende Testamentsvollstrecker zum Nachlassverwalter bestellt werden.[67] Der Nachlassverwalter ist nicht gesetzlicher Vertreter, sondern **Amtstreuhänder** mit einer gesetzlichen

– Verfügungs-,
– Erwerbs-,
– Verpflichtungs- und
– Prozessführungsermächtigung.

In sehr vielen Fällen ist die Nachlassverwaltung die **Vorstufe zum Nachlasskonkurs**.

124

---

63 *Firsching/Graf*, Nachlassrecht, Rn. 4.786.
64 Staudinger/*Marotzke*, § 1981 Rn. 29.
65 MünchKomm/*Siegmann*, § 1981 Rn. 8.
66 Palandt/*Edenhofer*, § 1981 Rn. 7.
67 *Bamberger/Roth/Lohmann*, § 1981 Rn. 7.

II. Aufgaben des Nachlassverwalters

125 Wenn auch im allg. auf die Darstellung der Aufgaben und Befugnisse des Nachlasspflegers verwiesen werden kann, so ergeben sich für den Nachlassverwalter doch eine Reihe von Besonderheiten wegen der vorzunehmenden Vermögenssonderung, der anderen Zwecksetzung und der anderen Rechtsnatur der Nachlassverwaltung. Der Nachlassverwalter hat in erster Linie die Aufgabe, die Nachlassgläubiger zu befriedigen und besitzt nur zu diesem Zweck die ausschließliche Verwaltungsbefugnis und Verfügungsmacht über den Nachlass (§§ 1984 Abs. 1, 1985 BGB).

1. Sammlung des Nachlasses

126 Der Nachlassverwalter hat die Teilungsmasse (Einreichung eines Nachlassverzeichnisses) sowie die Nachlassgläubiger festzustellen. Er hat ggf. den Nachlass in Besitz zu nehmen; hierzu kann er den Erben auffordern, den Nachlass herauszugeben. Der Nachlassverwalter hat dem Nachlassgericht ein komplettes Verzeichnis des Nachlasses hereinzureichen, §§ 1975, 1962, 1915, 1802 BGB. Der Nachlassverwalter ist berechtigt, vom Erben Vorlage eines **Nachlassverzeichnisses** zu verlangen und dass der Erbe notfalls die eidesstattliche Versicherung dazu abgibt.

> **Formulierungsbeispiel:** Aufforderungsschreiben an Erben
>
> Einschreiben/Rückschein
>
> Anschrift
>
> **Nachlasssache ...**
>
> Sehr geehrte Damen und Herren,
>
> gem. anliegend beigefügter beglaubigter Kopie des Beschlusses des AmtsG ... Nachlassgericht bin ich zum Nachlassverwalter berufen worden.
>
> Um meiner gesetzlichen Verpflichtung, Erstellung und Vorlage eines Nachlassverzeichnisses, beim Nachlassgericht gem. §§ 1975, 1962, 1915, 1802 BGB nachkommen zu können, werden Sie gebeten, bis zum ...
>
> 1. eine Aufstellung zu übermitteln, die alle Nachlassgegenstände, Forderungen und Schulden enthält; in der Anlage füge ich zur Hilfestellung ein entsprechendes Formblatt bei,
>
> 2. mir die im Nachlass befindlichen Wertsachen, Sparbücher und sonstigen Wertgegenstände und das Bargeld herauszugeben; nach Eingang des Vermögensverzeichnisses werde ich Ihnen mitteilen, wie mit den restlichen Nachlassgegenständen verfahren wird.
>
> Ich gehe davon aus, dass ich keine gerichtliche Hilfe in Anspruch nehmen muss.
>
> Unterschrift

> **Praxishinweis:**
> Das Verlangen des Nachlassverwalters auf Vorlage des Nachlassverzeichnisses, der eidesstattlichen Versicherung und der Herausgabe der Nachlassgegenstände sowie Räumung eines Grundstücks, müssen im Klageweg erzwungen werden. Anders als

der Insolvenzeröffnungsbeschluss ist die Anordnung der Nachlassverwaltung kein Vollstreckungstitel i.S.v. § 794 Abs. 1 Nr. 3 ZPO.[68]

2. Aufgebotsverfahren

Um den Zweck der Verwaltung erfüllen zu können, hat der Nachlassverwalter die Nachlassgläubiger zu ermitteln, notfalls durch **Aufgebot**.[69] Vorgenanntes empfiehlt sich schon im Hinblick auf die den Nachlassverwalter gem. § 1985 Abs. 2 Satz 2 BGB treffenden Pflichten.[70] Nach § 1985 BGB muss der Nachlassverwalter, will er nicht die **persönliche Haftung riskieren**, das Aufgebot der Nachlassgläubiger beantragen, wenn er Grund hat, das Vorhandensein unbekannter Nachlassverbindlichkeiten anzunehmen und nicht die Kosten des Verfahrens im Verhältnis zum Bestand des Nachlasses unverhältnismäßig groß sind. Eine persönliche Haftung droht auch dann, wenn er bei der Stellung des Aufgebotsantrags entgegen § 992 ZPO nicht alle ihm bekannten Nachlassgläubiger in das beizufügende Verzeichnis aufnimmt.[71]

3. Befriedigung der Nachlassgläubiger

Der Nachlassverwalter hat die **Gesamtheit der Nachlassgläubiger** zu befriedigen. Einzelne Nachlassverbindlichkeiten darf er nur erfüllen, wenn den Umständen nach anzunehmen ist, dass der Nachlass für alle Nachlassgläubiger ausreichend ist. Vor einer Zahlung an Nachlassgläubiger muss der Nachlassverwalter sorgfältig prüfen, einerseits welche Nachlassverbindlichkeiten vorhanden sind und noch entstehen können sowie andererseits, welche Aktiva zum Nachlass gehören und welchen Erlös er aus deren Verwertung erlangen wird. Ohne dieses Vorgehen darf er nicht von der Zulänglichkeit des Nachlasses ausgehen. Die Darlegungslast und Beweislast für diejenigen Umstände, die dazu geführt haben sollen, dass Zulänglichkeit angenommen werden durfte, trägt der Nachlassverwalter. Hat der Nachlassverwalter unbefugt Nachlassverbindlichkeiten erfüllt, so bemisst sich der Schaden der übrigen Nachlassgläubiger nach dem Ergebnis des Nachlassverfahrens.[72]

Wie im Gesetz an mehreren Stellen zum Ausdruck kommt (§ 1975 BGB, § 780 Abs. 2 ZPO), ist die **Nachlassverwaltung ein Sonderfall der Nachlasspflegschaft**. Infolgedessen haftet der Nachlasspfleger, wenn er seine Pflichten verletzt, dem Erben gem. §§ 1833 Abs. 1, 1915 Abs. 1 BGB für den daraus entstehenden Schaden. Darüber hinaus ist der Nachlassverwalter gem. §§ 1985 Abs. 2, 1980 Abs. 1 Satz 2 BGB aber auch den Nachlassgläubigern verantwortlich; entsprechende **Schadensersatzansprüche** der Gläubiger gelten gem. §§ 1978 Abs. 2, 1985 Abs. 2 Satz 2 BGB als zum Nachlass gehörend und sind daher, solange Nachlassverwaltung besteht, von dem Nachlassverwalter und während der **Nachlassinsolvenz** von dem Insolvenzverwalter geltend zu machen. Wie § 1979 BGB i.V.m. § 1985 Abs. 2 Satz 2 BGB zeigt, sind dem Verwalter Zahlungen an Nachlassgläubiger aus dem Nachlass nur dann gestattet, wenn er „den Umständen nach annehmen" darf, dass der Nachlass zur Berichtigung aller Nachlassverbindlichkeiten ausreicht. Ihn trifft daher – ebenso wie den Erben – die Pflicht, vor einer Zahlung an Nachlassgläubiger sorgfältig zu prüfen, einerseits welche Nachlassver-

---

68 *Firsching/Graf*, Nachlassrecht, Rn. 4.819.
69 Palandt/*Edenhöfer*, § 1985 Rn. 5.
70 Soergel/*Stein*, § 1985 Rn. 10.
71 Staudinger/*Marotzke*, § 1985 Rn. 31.
72 BGH FamRZ 1984, 1004 ff.

bindlichkeiten vorhanden sind und in Zukunft noch entstehen können sowie andererseits, welche Nachlassaktiva zum Nachlass gehören und welchen Erlös er aus der Verwertung der Aktiva erlangen wird. Hierzu wird es in aller Regel einer möglichst vollständigen Sichtung des Nachlasses, eingehender Durcharbeitung der Unterlagen des Erblassers, Rückfragen z.B. bei Angehörigen und möglichen Vertragspartnern und auch sonstiger Ermittlungen bedürfen. Auf derartig mühevolle und oft auch kostspielige Vorarbeiten, die im allg. sogar kaum Aufschub dulden, wird selbst dann nicht völlig verzichtet werden können, wenn der Nachlassverwalter zu dem Erblasser in engen Beziehungen stand und deshalb von vornherein mit den Verhältnissen vertraut ist. Auch wenn es sich sonst um (scheinbar) klare und übersichtliche Verhältnisse handelt, ist es im Allgemeinen geboten, dass der Nachlassverwalter die **Nachlassaktiva und -passiva vollständig erfasst** und bewertet und mindestens in groben Zügen aufzeichnet. Hat der Nachlassverwalter Grund zu der Annahme, dass Nachlassverbindlichkeiten vorhanden sind, die ihm trotz aller gebotenen Klärungsversuche noch nicht bekannt geworden sind (§ 1980 Abs. 2 Satz 2 BGB), dann muss er grundsätzlich auch das Aufgebot der Nachlassgläubiger beantragen. Ohne dieses Vorgehen, dessen Einzelheiten je nach den Umständen durch die Gebote des Einzelfalls bestimmt werden, darf der Nachlassverwalter nicht von der **Zulänglichkeit** des Nachlasses ausgehen. Ohne definitive Annahme der Zulänglichkeit darf der Nachlassverwalter keine Nachlassverbindlichkeiten erfüllen.

Der Nachlassverwalter hat bei Kenntnis der Überschuldung des Nachlasses grundsätzlich die Pflicht, unverzüglich die Eröffnung der Nachlassinsolvenz zu beantragen. Wenn er stattdessen ein genehmigungsbedürftiges Geschäft abschließt, so ist ein Grund für die Versagung der nachlassgerichtlichen Genehmigung gegeben. Dies gilt auch dann, wenn damit zu rechnen ist, dass das Insolvenzgericht mangels Masse die Eröffnung der Nachlassinsolvenz ablehnen wird.[73]

4. Verwaltung des Nachlasses

130 Die Nachlassverwaltung erstreckt sich auf den gesamten Nachlass. **Höchstpersönliche Rechte** sind ausgenommen. Der Verwalter kann Rechtshandlungen wegen Benachteiligung der Nachlassgläubiger anfechten.

5. Grundstück im Nachlass – Grundbucheintrag

131 Im **Grundbuch** ist auf Antrag des Nachlassverwalters die Nachlassverwaltung als **Verfügungsbeschränkung** in Abteilung II einzutragen. Es empfiehlt sich, diese Eintragung so schnell wie möglich herbeizuführen, damit keine Grundstücksverfügungen am Nachlassverwalter vorbei getroffen werden. Für die Eintragung reicht ein schriftlicher Antrag an das Grundbuchamt (§ 13 GBO). Dem Antrag ist eine Ausfertigung (keine Kopie) des Beschlusses über die Anordnung der Nachlassverwaltung beizufügen, um § 29 GBO zu genügen.

132 Der **gutgläubige lastenfreie Erwerb** von Grundstücksrechten ist möglich, wenn die Anordnung der Nachlassverwaltung nicht im Grundbuch eingetragen ist und dem Erwerber die Anordnung der Nachlassverwaltung unbekannt war. Denn die den öffentlichen Glauben des Grundbuchs betreffenden §§ 892, 893 BGB werden von § 1984 Abs. 1 Satz 2 BGB i.V.m. § 81 Abs. 1 Satz 2 InsO nicht berührt.[74] Zur **Ausschließung**

---

73 OLGZ 1984, 304.
74 Palandt/*Edenhofer,* § 1984 Rn. 3.

des derart möglichen gutgläubigen Erwerbs wird die Anordnung der Nachlassverwaltung im Grundbuch eingetragen, auch wenn es eine gesetzliche Regelung nicht gibt. Die Anordnung der Nachlassverwaltung ist bei allen Nachlassgrundstücken zu vermerken, bei dem als Eigentümer der Erblasser oder der Erbe eingetragen sind.[75]

> **Formulierungsbeispiel:** Antrag auf Eintragung der Nachlassverwaltung in das Grundbuch
>
> An das
> Grundbuchamt
>
> per Boten
>
> **Grundbuch ..., Band ..., Blatt ...**
>
> Sehr geehrte Damen und Herren,
>
> gem. anliegend beigefügter Ausfertigung des Beschlusses des Amtsgerichts ... bin ich in der Nachlasssache ... zum Nachlassverwalter bestellt.
>
> Aufgrund meiner bisherigen Feststellungen ist der Erblasser Eigentümer des bezeichneten Grundstücks.
>
> Ich beantrage die angeordnete Nachlassverwaltung als Verfügungsbeschränkung in Abteilung II einzutragen.
>
> Unterschrift

Veräußert ein Nachlassverwalter, um die Nachlassgläubiger befriedigen zu können, ein zum Nachlass gehöriges Grundstück, so ist hierzu die **Zustimmung der Nacherben** nicht erforderlich.[76] Jedoch darf der Nachlassverwalter nach Abschluss des Grundstückskaufvertrages ohne Genehmigung des Nachlassgerichts mit der Kaufvertragspartei eine Stundungs- und Zinsübernahmeabrede treffen, die §§ 1812, 1821, 1822 BGB stehen nicht entgegen.

133

Der Nachlassverwalter **vertritt** wie ein Pfleger die **Erben**, § 1975 BGB. Damit sind die Vorschriften zur Nachlasspflegschaft anwendbar, §§ 1960 f. BGB. Auf die Pflegschaft gem. § 1915 Abs. 1 BGB finden die Vorschriften über die Vormundschaft entsprechende Anwendung, soweit sich nicht aus dem Gesetz ein anderes ergibt. Nach h.M. führt diese Verweisungskette zwar zur Anwendung der §§ 1821, 1822 BGB. Diese Vorschriften finden jedoch auf eine nachträgliche, nach Abschluss eines Kaufvertrages getroffene Abrede zwischen dem Nachlassverwalter und einem Dritten keine Anwendung. Denn bei der Abrede, die eine Stundungsvereinbarung und eine Zinsübernahmeabrede enthält, handelt es sich nicht um eines der in §§ 1821, 1822 BGB aufgeführten Geschäfte. Es liegt vielmehr der Fall des § 1812 BGB vor. Diese Vorschrift ist jedoch nach h.M. auf die Nachlassverwaltung nicht anwendbar.

134

6. Gesellschaftsanteil im Nachlass

Die vererbte Beteiligung des Erblassers an einer Personenhandelsgesellschaft ist differenziert zu sehen:

135

– Die Vermögensrechte der **Gesellschafterstellung,** die sog. Außenseite, verwaltet der Nachlassverwalter. Er verwaltet Gewinn und Auseinandersetzungsansprüche.

---

75 MünchKomm/*Siegmann,* § 1983 Rn. 2.
76 OLGZ 1988, 392.

Dies gilt, obwohl kraft **Sondererbfolge** der Gesellschaftsanteil unmittelbar in das Privatvermögen des Erben gefallen ist.
- Die Gesellschafterstellung als solche des Erben kann der Nachlassverwalter kündigen, da ihm sonst dieser Vermögenswert für die Erfüllung seiner Aufgabe, die Nachlassverbindlichkeiten zu berichtigen, nicht verfügbar wäre.[77]
- Die höchstpersönlichen Mitgliedschaftsrechte übt nach wie vor der Erbe aus.

7. Feststellung entzogener Werte

136 Der Nachlassverwalter muss auch feststellen, ob der Erblasser oder der Erbe dem Nachlass Werte vor Anordnung der Nachlassverwaltung entzogen haben.

8. Zahlung der Nachlassverwaltungskosten

137 Der Nachlassverwalter hat für die Zahlung der Kosten der Nachlassverwaltung zu sorgen. Die Kosten der Nachlassverwaltung sind gem. § 6 KostO Nachlassverbindlichkeiten.

9. Vollmacht

138 Der Nachlassverwalter ist **berechtigt**, eine vom Erblasser erteilte und über seinen Tod hinausreichende **Generalvollmacht,** soweit diese nicht ohnehin infolge der Anordnung der Nachlassverwaltung erloschen ist, zu widerrufen. Er kann von dem Bevollmächtigten die Herausgabe der Vollmachtsurkunde verlangen.[78] Der Nachlassverwalter kann die Vollmacht eines vom Erblasser bestellten Rechtsanwalts kündigen.[79] Nimmt ein zum Nachlassverwalter bestellter Rechtsanwalt ein anhängiges Verfahren auf und kündigt er dem von dem Erblasser bestellten Rechtsanwalt die Vollmacht, so liegt kein notwendiger Anwaltswechsel i.S.v. § 91 Abs. 2 Satz 3 ZPO vor.[80]

10. Abwehr von Eigengläubigern

139 Der Nachlassverwalter muss sich auch zur Wehr setzen, wenn Eigengläubiger des Erben in den Nachlass vollstrecken.[81]

11. Erwerbsgeschäft im Nachlass

140 Gehört ein **Erwerbsgeschäft** zum Nachlass, wird dieses grundsätzlich von der Verwaltung umfasst. Der Nachlassverwalter kann und soll handwerkliche, aber auch land- und forstwirtschaftliche Betriebe weiter fortführen. Gleiches gilt – anders als nach h.M. beim Testamentsvollstrecker – auch für ein vollkaufmännisches Gewerbe. Er kann nicht nur Betriebsgrundstücke und -einrichtungen, Warenlager und Außenstände für sich beanspruchen, sondern den Betrieb im Ganzen, um diesen fortzuführen.[82]

---

77 Soergel/*Stein*, § 1985 Rn. 6.
78 Staudinger/*Marotzke*, § 1985 Rn. 24.
79 Palandt/*Edenhofer*, § 1985 Rn. 8.
80 OLG Frankfurt Rpfleger 1978, 419.
81 Staudinger/*Marotzke*, § 1985 Rn. 27.
82 MünchKomm/*Siegmann*, § 1985 Rn. 5.

12. Einziehung von Forderungen

Der Nachlassverwalter kann Forderungen einziehen. Der in Anspruch genommene Schuldner kann nicht einwenden, der geltend gemachte Betrag werde zur Befriedigung der Gläubiger nicht benötigt. Das gleiche gilt auch dann, wenn der Erbe als Schuldner in Anspruch genommen wird. Dies ergibt sich aus der Stellung des Nachlassverwalters nach außen. Dieser hat die primäre Aufgabe, die Gläubiger zu befriedigen. Wenn die vorhandenen Mittel ausreichen, besteht kein Grund, dass der Nachlassverwalter auch noch Forderungen einzieht. Nur wenn die flüssigen Mittel nicht ausreichen, dann kann er Forderungen einziehen. Unter Umständen kann das Nachlassgericht eingreifen.[83] Erweist es sich als notwendig, zur Sicherung einer dem Nachlass zustehenden Forderung eine **Zwangssicherungshypothek** zu beantragen, so hat dies der Nachlassverwalter zu tun.[84] Fällt eine **titulierte Forderung** in den Nachlass, für den Nachlassverwaltung angeordnet ist, und wird dem Nachlassverwalter die Vollstreckungsklausel erteilt, so ist bei der Zwangsvollstreckung in ein Grundstück nicht der Nachlassverwalter, sondern der Erbe als Berechtigter der **Zwangssicherungshypothek** im Grundbuch einzutragen.[85] Der Nachlassverwalter eines verstorbenen Rentners kann bei Fehlen von Sonderrechtsnachfolgern die Auszahlung noch fälliger **Rentenbeträge** nicht verlangen, wenn der Fiskus als möglicher Erbe in Betracht kommt.

141

Nach Anordnung der Nachlassverwaltung können Nachlassforderungen vom Schuldner nur noch **leistungsbefreiend** durch Leistung an den Nachlassverwalter erfüllt werden. Der Schuldner wird jedoch befreit, wenn ihm die Anordnung der Nachlassverwaltung zur Zeit der Leistung nicht bekannt war, § 82 Satz 1 InsO analog. Es sind hier zwei Fälle zu unterscheiden:
– Leistung vor öffentlicher Bekanntmachung
– Leistung nach öffentlicher Bekanntmachung

142

Wenn der Schuldner vor der **öffentlichen Bekanntmachung** der Anordnung (§ 1983 BGB) geleistet hat, wird vermutet, dass er die Anordnung nicht kannte (§ 82 Satz 2 InsO analog). Dann muss der Nachlassverwalter die positive Kenntnis des Schuldners von der Anordnung nachweisen. Erfolgte die Leistung nach der öffentlichen Bekanntmachung, muss der Leistende nachweisen, dass ihm die Anordnung nicht bekannt war.[86]

13. Pflicht zur Auskunftserteilung

Der Nachlassverwalter hat den Gläubigern Auskunft zu erteilen.

143

14. Aufschiebende Einreden

Die Einrede des § 2014 BGB wird schon aus zeitlichen Gründen kaum in Betracht kommen, wohl aber die des § 2015 BGB.[87]

144

---

83 Soergel/*Stein*, § 1985 Rn. 10.
84 Soergel/*Stein*, § 1985 Rn. 10.
85 OLG Hamm Rpfleger 1989, 17.
86 Staudinger/*Marotzke*, § 1984 Rn. 18.
87 Soergel/*Stein*, § 1985 Rn. 14.

15. Unterhalt

145 Der Nachlassverwalter hat mit **Genehmigung** durch das Nachlassgericht dem Erben notdürftigen Unterhalt zu gewähren, sofern die Masse ausreicht.[88]

16. Bewegliche Gegenstände im Nachlass

146 Bei beweglichen Sachen kommt ein gutgläubiger Erwerb aufgrund einer Verfügung des Erben bzw. seines Stellvertreters nicht in Betracht, weil § 81 Abs. 1 Satz 2 InsO, der in § 1984 Abs. 1 Satz 2 BGB für entsprechend anwendbar erklärt wird, nur auf die §§ 892, 893 BGB, nicht jedoch auf die §§ 135 Abs. 2, 932 ff., 1032, 1207 BGB oder § 16 Abs. 2 WG verweist.[89]

17. Prozessführungsbefugnis

a) Aktivprozesse

147 Durch die Anordnung der Nachlassverwaltung, verliert der Erbe nicht nur das Recht, über den Nachlass zu verfügen, sondern auch die **aktive** und die **passive Prozessführungsbefugnis**.[90] Allein der Nachlassverwalter kann zum Nachlass gehörende Ansprüche gerichtlich durchsetzen, ist gesetzlicher Prozessstandschafter; Ansprüche gegen den Nachlass können nur noch gegen den Nachlassverwalter geltend gemacht werden (§ 1984 Abs. 1 Satz 3 BGB). Die Klage des Erben gegen einen Nachlassschuldner ist als unzulässig abzuweisen. Sie wirkt nicht verjährungshemmend nach § 204 Abs. 1 Nr. 1 BGB.[91] Geht die Klagebefugnis durch Aufhebung der Nachlassverwaltung wieder auf den Erben über, findet insoweit keine Rückwirkung statt.[92]

b) Passivprozesse

148 Unzulässig ist die gegen den Erben gerichtete Klage eines Nachlassgläubigers, wenn der Erbe nicht bereits unbeschränkt haftet und die Klage ausdrücklich auf Befriedigung aus dem Eigenvermögen des Erben gerichtet ist.[93] Zum Zeitpunkt der Anordnung der Nachlassverwaltung **bereits laufende Prozesse** werden gem. §§ 241 Abs. 3, 246 ZPO unterbrochen oder – falls ein Prozessbevollmächtigter bestellt worden war – auf Antrag des Bevollmächtigten durch gerichtlichen Beschluss ausgesetzt. Die Unterbrechung endet, wenn der Nachlassverwalter dem Gegner von seiner Bestellung Anzeige macht oder der Gegner seine Absicht, das Verfahren fortzusetzen, dem Gericht angezeigt und das Gericht diese Anzeige von Amts wegen zugestellt hat § 241 Abs. 1 ZPO.

---

88 Soergel/*Stein*, § 1985 Rn. 10.
89 Staudinger/*Marotzke*, § 1984 Rn. 14.
90 MünchKomm/*Siegmann*, § 1984 Rn. 5.
91 BGHZ 46, 221.
92 BGHZ 46, 221 = NJW 1967, 568.
93 Erman/*Schlüter*, § 1984 Rn. 4; *Bamberger/Roth/Lohmann*, § 1984 Rn. 6; MünchKomm/*Siegmann*, § 1984 Rn. 6.

18. Pflichtteil und Nachlassverwaltung

Der **Auskunftsanspruch** eines Pflichtteilsberechtigten (§ 2314 BGB) kann daher auch während der Nachlassverwaltung gegen den Erben geltend gemacht werden.[94] Der Zahlungsanspruch ist gegen den Nachlassverwalter geltend zu machen.

19. Nichtzuständigkeit des Nachlassverwalters

a) Auseinandersetzung und Veräußerung

Der Nachlassverwalter ist nicht befugt, die Erbauseinandersetzung durchzuführen oder die Erbschaft zu veräußern.

b) Gesellschaftsanteil im Nachlass

Der Nachlassverwalter ist nicht befugt, den Auflösungsantrag gem. § 133 HGB zu stellen. Der Nachlassverwalter ist auch nicht befugt, persönliche **Mitgliedschaftsrechte** eines Gesellschafter-Erben (einer Gesellschaft des bürgerlichen Rechts) geltend zu machen; er hat auch an der Verfügung über ein zum Gesellschaftsvermögen gehörendes Grundstück nicht mitzuwirken, damit diese wirksam ist. Dies gilt sowohl, wenn die Gesellschaft durch den Tod des Gesellschafters aufgelöst, wie auch dann, wenn sie mit den Erben des Gesellschafters fortgesetzt wird.

An dem im Wege der Erbfolge auf einen Gesellschafter-Erben übergegangenen Gesellschaftsanteil „als solchen" findet eine Nachlassverwaltung nicht statt. Dem Nachlassverwalter steht hinsichtlich eines zum Gesellschaftsvermögen gehörenden Grundstücks oder Erbbaurechts kein Recht zur Verwaltung zu. Ein Grundbuchberichtigungszwangsverfahren kann daher nicht gegen ihn eingeleitet werden.

Die vererblich gestellte Mitgliedschaft in einer Personengesellschaft gelangt beim Tod ihres Inhabers im Wege der **Sondererbfolge** unmittelbar an den Nachfolger-Erben. Dieser im Wege der Sondererbfolge übergehende Gesellschaftsanteil wird zwar zum Nachlass gerechnet. Wegen der zwischen den Gesellschaftern bestehenden Gemeinschaft scheidet dennoch eine Nachlassverwaltung am Gesellschaftsanteil „als solchen" aus. Daraus folgt, dass der Nachlassverwalter den Anteil des Gesellschafters am Gesellschaftsvermögen nicht verwalten und er bei der Geschäftsführung und damit auch bei der Verfügung über Gegenstände des Gesellschaftsvermögens nicht die Rechte des Gesellschafter-Erben wahrnehmen kann, er vielmehr darauf beschränkt ist, zur Befriedigung der Nachlassgläubiger den Anspruch des Gesellschafter-Erben auf den Gewinnanteil und das Auseinandersetzungsguthaben geltend zu machen, ggf. nach Ausübung eines ihm nach überwiegender Ansicht zustehenden fristlosen Kündigungsrechtes nach § 725 BGB, § 135 HGB. Dementsprechend hat der Nachlassverwalter auch bei der Veräußerung von Grundstücken nicht mitzuwirken, wenn diese **Grundstücke zum Gesellschaftsvermögen** gehören. Unterliegt somit der Anteil des Gesellschafters am Gesellschaftsvermögen, zumindest was die Geschäftsführung (§ 709 BGB) anbelangt, nicht der Nachlassverwaltung, so steht dem Nachlassverwalter nicht einmal mittelbar ein Recht zur Verwaltung des Grundstückes zu. Ebenso wie bei angeordneter Testamentsvollstreckung in den Fällen, in denen dem Testamentsvollstrecker die Verwaltung des Grundstückes nicht zusteht, ein für die Grundbuchberichtigung i.S.d. § 82 GBO antragsberechtigter Testamentsvollstrecker nicht vorhan-

---

94 OLG Celle MDR 1960, 402.

den ist, vielmehr allein der Erbe zur Stellung des Antrages anzuhalten ist, kann gegen den Nachlassverwalter das **Grundbuchberichtigungszwangsverfahren** nicht eingeleitet werden. Dieses kann somit ausschließlich gegen die Gesellschafter als Erbbauberechtigte, ggf. auch gegen den Gesellschafter-Erben allein gerichtet werden.

Er ist weiter **nicht befugt**, die Feststellung zu begehren, dass der **Gesellschaftsvertrag** nichtig oder wirksam angefochten worden sei; denn ein entsprechendes Urteil berührt den Status der Gesellschaft selbst und hat entsprechende rechtliche Auswirkungen auf den weiteren Bestand der Mitgliedschaft der einzelnen Gesellschafter.[95]

c) Pflichtteilsansprüche, Zugewinnausgleichsansprüche

152 Obwohl nicht im strengen Sinne höchstpersönlich, scheidet die Ausübung eines ererbten Ausschlagungsrechts durch den Nachlassverwalter aus.[96] Gehört zum Nachlass ein vertraglich nicht anerkannter und nicht rechtshängig gemachter **Pflichtteils- oder Zugewinnausgleichsanspruch**, unterliegt auch dieser nicht dem Zugriff des Nachlassverwalters, weil derartige Ansprüche zwar vererblich und übertragbar (§§ 2317 Abs. 2, 1378 Abs. 3 BGB), vor Anerkenntnis oder Rechtshängigkeit aber **nicht pfändbar** sind, § 852 ZPO.[97]

d) Finanzamt

153 Im Fall der Nachlassverwaltung sind **Einkommensteuerbescheide,** denen mit Mitteln des Nachlasses erzielte Einkünfte zugrunde liegen, an die Erben zu richten und ihnen bekannt zu geben. Die Nachlassverwaltung erzeugt Verwaltungs- und Verfügungsbeschränkungen; sie berührt aber nicht den Tatbestand der **Einkünfteerzielung**, der nach dem Tod des Erblassers allein von den Erben verwirklicht wird. Die einkommensteuerrechtlichen Ansprüche richten sich daher (auch soweit sie aus Erträgen des Nachlassvermögens resultieren) gegen die Erben, nicht gegen den Nachlass. Der Nachlass selbst ist weder **Einkommensteuer- noch Körperschaftsteuersubjekt**. Im Unterschied zum Nachlasspfleger ist der Nachlassverwalter nicht gesetzlicher Vertreter der Erben, so dass er nicht in dieser Eigenschaft Bekanntgabeempfänger von Einkommensteuerbescheiden, denen mit Mitteln des Nachlasses erzielte Einkünfte zugrunde liegen, sein kann. Die Bekanntgabe des Steuerbescheides an den Nachlassverwalter als sog. Drittbetroffenen ist dann in Betracht zu ziehen, wenn das Finanzamt wegen der Einkommensteuerschuld, die als sog. Nachlasserbenschuld qualifiziert werden kann, auf den Nachlass zurückgreifen will.

III. Antrag auf Festsetzung der Vergütung des Nachlassverwalters

154 Da wie beim Nachlasspfleger eine spezielle Gebührenordnung nicht besteht, muss das Gericht das angemessene Entgelt nach pflichtgemäßem Ermessen bestimmen, wie bei der Vergütung des Nachlasspflegers. Anspruchsmindernd u.a. ist eine alsbald eingeleitete Nachlassinsolvenz, die Erfolglosigkeit bei der Berichtigung von Nachlassverbindlichkeiten und die kostenanfällige Hinzuziehung eines weiteren Anwalts.

---

95 BGHZ 47, 293 = NJW 1967, 1961.
96 Soergel/*Stein*, § 1985 Rn. 6.
97 MünchKomm/*Siegmann*, § 1985 Rn. 4.

Formulierungsbeispiel:
An das
Amtsgericht ...
Nachlassgericht

Aktenzeichen: ...
Nachlasssache: ...

Antrag auf Festsetzung der Vergütung des Nachlassverwalters
Sehr geehrte ...
ich beantrage, meine Vergütung auf 5.000,– € festzusetzen.
Begründung:
Ich wurde durch Beschluss des Nachlassgerichts zum Verwalter des Nachlasses bestellt.
Es wurde das Nachlassverzeichnis erstellt und die Aufgabe der Nachlassverwaltung erfüllt.
Die Verwaltung des Nachlasses wurde aufgehoben.
Es steht mir aus § 1987 BGB ein gesetzlicher Vergütungsanspruch zu, dessen Höhe festzusetzen ist.
Der Aktivnachlass ohne Abzug der Nachlassverbindlichkeiten betrug 1 Mio. €. An Nachlassverbindlichkeiten waren 500.000,– € an insgesamt 143 Gläubiger auszukehren.
Besonders die große Anzahl der Kleingläubiger verursachte einen insgesamt enormen Verwaltungsaufwand. Bei der Verwertung des Nachlasses waren dabei folgende Schwierigkeiten zu bewältigen:
– es waren Altlasten zu entsorgen,
– es handelte sich um nicht gängige Markenartikel,
– Geschäftsunterlagen waren nicht mehr vorhanden,
– Rückfragen bei den Erben blieben unbeantwortet,
– die hygienischen Verhältnisse waren äußerst problematisch.
Insgesamt bestand die Verwaltung über einen Zeitraum vom 24.12.1997 bis 30.3.1998.
Aus der Handakte ergibt sich ein Stundenaufwand von 30 Stunden.
Es erscheint daher eine Vergütung von 5.000,– € angemessen, die ich festzusetzen beantrage.
Mit freundlichen Grüßen
Rechtsanwalt

IV. Nachlassverwalter im Umgang mit den Erben

1. Nachlassverwalter als Vertreter der Erben oder als Partei kraft Amtes

Der Nachlassverwalter ist nicht **Vertreter der Erben**, sondern ein amtlich bestelltes Organ zur Verwaltung einer fremden Vermögensmasse. Zwischen dem Nachlassverwalter und dem Erben besteht ein gesetzliches Schuldverhältnis, auf das die **Pfleg-**

155

schaftsvorschriften** Anwendung finden. Die Anordnung der Nachlassverwaltung ändert nichts an der materiellen Rechtsträgerschaft des Nachlasses, diese steht weiterhin dem Erben zu, auch wenn ihm durch die Nachlassabsonderung Verpflichtungs- und Verfügungsbefugnis bzgl. des Nachlasses entzogen sind. Hier liegt ein wesentlicher Unterschied zur Nachlasspflegschaft.

2. Erbe und gewillkürte Prozessstandschaft des Nachlassverwalters

156 Der Nachlassverwalter ist im Prozess **Partei kraft Amtes** gem. § 116 Nr. 1 ZPO, der Erbe kann mangels eigener Parteistellung als Zeuge vernommen werden.

V. Haftung des Nachlassverwalters

157 Bei der Erfüllung von Nachlassverbindlichkeiten aus einem **unzureichenden Nachlass** kann es zur Haftung des Nachlassverwalters kommen.

VI. Der Nachlassverwalter im Umgang mit den Gläubigern

158 Sämtliche Forderungen sind zu prüfen und die Gläubiger sind aufzufordern, dazu sämtliche Unterlagen hereinzureichen. Vor einer Zahlung an Nachlassgläubiger muss der Nachlassverwalter sorgfältig prüfen, einerseits welche Nachlassverbindlichkeiten vorhanden sind und noch entstehen können sowie andererseits welche Aktiva zum Nachlass gehören und welchen Erlös er aus deren Verwertung erlangen wird. Ohne dieses Vorgehen darf er nicht von der **Zulänglichkeit** des Nachlasses ausgehen. Die **Darlegungs- und Beweislast** für diejenigen Umstände, die dazu geführt haben sollen, dass Zulänglichkeit angenommen werden durfte, trägt der Nachlassverwalter. Hat der Nachlassverwalter unbefugt Nachlassverbindlichkeiten erfüllt, so bemisst sich der Schaden der übrigen Nachlassgläubiger nach dem Ergebnis des Insolvenzverfahrens, in Höhe der Quote aus der Differenz der geschmälerten zur ungeschmälerten Nachlassmasse.

VII. Beendigung der Nachlassverwaltung

159 Die Nachlassverwaltung endet entweder kraft Gesetzes oder durch Beschluss des Nachlassgerichts.

Kraft Gesetzes endet die Nachlassverwaltung mit der **Eröffnung der Nachlassinsolvenz** gem. § 1988 Abs. 1 BGB. Durch Beschluss des Nachlassgerichts endet sie, sobald kein Grund mehr für die Aufrechterhaltung der Nachlassverwaltung vorhanden ist,

– wenn es sich herausstellt, dass die Nachlassmasse die Kosten der Verwaltung nicht deckt,
– wenn der Verwalter alle bekannten Nachlassgläubiger befriedigt und einen noch vorhandenen Nachlassrest herausgegeben hat,
– wenn der Nachlass durch Gläubigerbefriedigung erschöpft ist,
– wenn alle noch nicht befriedigten Nachlassgläubiger mit der Aufhebung der Nachlassverwaltung einverstanden sind,
– wenn der Erbe die Erbschaft nach Anordnung der Nachlassverwaltung wirksam ausschlägt,
– wenn ein Nacherbfall eintritt,
– wenn das Nachlassgericht die Anordnung nachträglich für ungerechtfertigt hält,

– wenn der **Nachlassverwalter entlassen** wird. Das Nachlassgericht kann den Nachlassverwalter gem. §§ 1915, 1886 BGB – als äußerstes Mittel – entlassen, wenn das Verhalten des Nachlassverwalters die Interessen der Nachlassgläubiger und des Erben gefährden könnte. Dazu kann genügen, wenn der Nachlassverwalter beharrlich der Anforderung eines Nachlassverzeichnisses (§§ 1915, 1802 BGB) nicht folgt, und dass mit einer auch nur geringen Wahrscheinlichkeit Interessen Dritter benachteiligt werden.[98]

Nach Aufhebung der Nachlassverwaltung (§ 1988 BGB) ist der Nachlassverwalter zur Schlussrechnung und zur Herausgabe des Nachlasses an den Erben (§§ 1890, 1915, 1975 BGB) verpflichtet.[99] Die Pflicht zur **Herausgabe** des **verwalteten Vermögens** erstreckt sich auch auf die zum Nachlass gehörenden Unterlagen, aber nicht auf die Akten, die der Verwalter angelegt hatte, wenn die Erben eine entsprechende Auskunft und Rechnungslegung erhielten. Verfügungen, die der Nachlassverwalter nach Aufhebung der Nachlassverwaltung vornimmt, sind unwirksam.

160

E. Anwalt als Bevollmächtigter von Erben und Gläubigern bei der Nachlasspflegschaft

I. Vertreter von Gläubigern des Erblassers

1. Einleitung der Nachlasspflegschaft

Jeder Gläubiger kann – unter den oben dargestellten Voraussetzungen – Antrag auf Anordnung der Nachlasspflegschaft stellen. Gegen den durch eine Nachlasspflegschaft gesicherten Nachlass ist ein **Arrestbefehl** nicht möglich. Der **Sicherungszweck** der Nachlasspflegschaft überdeckt den Anspruch eines Gläubigers.[100]

161

> **Formulierungsbeispiel:** Antrag eines Nachlassgläubigers auf Anordnung der Nachlasspflegschaft
>
> An das
>
> Amtsgericht …
>
> Nachlassgericht …
>
> Nachlasssache: …
>
> Aktenzeichen: …
>
> **Anzeige eines sicherungsbedürftigen Nachlasses**
>
> Hiermit zeigen wir an, dass wir … vertreten.
>
> Wir stellen hiermit den Antrag, Nachlasspflegschaft anzuordnen.
>
> Am … ist in … Frau … verstorben.
>
> Ein Testament hat die Verstorbene, soweit erkennbar, nicht hinterlassen.

---

98 LG Detmold Rpfleger 1989, 241 ff.
99 Staudinger/*Marotzke*, § 1988 Rn. 20.
100 RGZ 60, 179.

Soweit bekannt, sind nur Erben der dritten Ordnung vorhanden. Die Verstorbene war verwitwet, die Ehe kinderlos, und die Eltern, deren einzige Tochter sie war, sind seit langem vorverstorben.

Wer die Erben sind und wo sie sich aufhalten mögen, kann unser Mandant nicht sagen.

Zum Nachlass gehören wertvolle Möbelstücke, Bilder und eine Münzsammlung. Die Gegenstände befinden sich in der Wohnung; zum Teil als Leihgabe bei der Wanderausstellung ...

Unser Mandant hat Mietforderungen gegen die Erblasserin.

Ich rege daher an, geeignete Maßnahmen zur Sicherung des Nachlasses zu veranlassen.

Unterschrift

162 **Formulierungsbeispiel:** Antrag auf Anordnung einer Nachlasspflegschaft durch eine Angestellte des Betriebs des Erblassers aufgrund ausstehender Lohnforderungen

An das
Amtsgericht ...
Nachlassgericht ...

Nachlasssache: ...
Aktenzeichen unbekannt

Anzeige eines sicherungsbedürftigen Nachlasses

Sehr geehrte Damen und Herren,

hiermit zeigen wir an, dass wir Frau ... vertreten. In der Anlage überreiche ich die Sterbeurkunde des Standesamts ... vom ... Danach ist Herr ... am ... in ... verstorben.

Der Verstorbene war Alleingesellschafter und Geschäftsführer der ... GmbH. Diese betrieb eine Werkstatt zur Renovierung von alten Rennwagen. Die Geschäftsräume befinden sich in dem oben angeführten, dem Verstorbenen gehörenden Anwesen. Es sind noch weitere zehn Arbeitnehmer vorhanden. Die Auftragslage ist gut. Es bestehen zahlreiche Forderungen und fast keine Verbindlichkeiten.

Eine Verfügung von Todes wegen hat der Verstorbene, soweit bekannt, nicht hinterlassen. Es sind nur Verwandte entfernterer Ordnungen vorhanden, die unbekannt sind.

Zur Fortführung des Betriebs hat unsere Mandantin schon eigene Mittel eingesetzt, weil sie nicht über die Geschäftskonten verfügen kann und den Betrieb aufrechterhalten wollte. Für die 10 Beschäftigten stehen demnächst Lohnzahlungen an. Den Arbeitnehmern kann nicht mehr zugemutet werden, einen zweiten Monat ohne Lohnzahlung zu arbeiten. Der Betrieb, der einen guten Gewinn abwirft, muss weiter geführt werden.

Ich stelle daher den Antrag,

die Nachlasspflegschaft anzuordnen und Herrn Rechtsanwalt ... zum Nachlasspfleger zu bestellen.

> Dieser hat sich mit der Übernahme des Amts bereits mir gegenüber einverstanden erklärt, er besitzt fundierte Kenntnisse in der Handhabung von Nachlasspflegschaften.
>
> Der Wert des Nachlasses nach Abzug der Verbindlichkeiten beträgt in etwa 2-4 Mio. €.
>
> Unterschrift

Die Anordnung einer Nachlasspflegschaft auf Antrag eines Nachlassgläubigers darf nicht davon abhängig gemacht werden, dass dieser einen **Gerichtskostenvorschuss** zahlt. Für die Kosten, die durch die Nachlasspflegschaft entstehen, haften grundsätzlich die Erben.[101] Für den Fall, dass der Gläubiger des Erblassers bereits über einen **eigenen Titel** verfügt und die Person des Rechtsnachfolgers noch nicht feststeht, hat die Umschreibung des Titels nach § 727 ZPO auf die „unbekannten Erben, vertreten durch den Nachlasspfleger" zu erfolgen.

2. Antrag auf eine Klagpflegschaft

Die Klagpflegschaft des § 1961 BGB wird nur auf **Antrag des Berechtigten** angeordnet. Der Antrag muss nicht schriftlich gestellt werden, er kann nach § 11 FGG auch zu Protokoll der Geschäftsstelle des zuständigen Gerichts oder der Geschäftsstelle eines AmtsG erfolgen. Nach § 13 Satz 2 FGG kann sich der **Nachlassgläubiger** auch durch einen Bevollmächtigten vertreten lassen. Auf Anordnung des Gerichts oder auf Verlangen eines Beteiligten ist die Bevollmächtigung durch eine öffentlich beglaubigte Vollmacht nachzuweisen, § 13 Satz 3 FGG. Im Gegensatz zur Regelung des § 1960 BGB steht die Bestellung bei § 1961 BGB nicht im pflichtgemäßen Ermessen des Gerichts. Sie muss vielmehr, sofern die Voraussetzungen des § 1960 Abs. 1 BGB vorliegen, angeordnet werden, wenn ein dahingehender, mit der Absicht gerichtlicher Geltendmachung begründeter Antrag vorliegt.[102]

a) Unbekanntheit der Erben

Voraussetzung der Anordnung der **Klagpflegschaft** ist, dass der Erbe unbekannt ist. Andernfalls steht dem Gläubiger der Erbe als Rechtsnachfolger zur Verfügung. Der Erbe ist auch unbekannt, wenn von mehreren bekannten Personen über das Erbrecht gestritten wird. Der Antragsteller hat in seinem Antrag darzulegen, dass der Erbe unbekannt ist. Er hat also schlüssig darzulegen, dass derzeit kein bekannter Erbe vorhanden ist. Entscheidend ist, wie sich die Situation aus der **objektiven Sicht des Nachlassgläubigers** darstellt, nicht – wie bei § 1960 BGB –, wie sie sich vom Standpunkt des Nachlassgerichts darstellt. Sein Antrag initiiert lediglich eine vom Nachlassgericht dann von Amts wegen vorzunehmende Tätigkeit.[103] Das Nachlassgericht muss gem. § 12 FGG von Amts wegen ermitteln und ggf. durch Vernehmung des Antragstellers auf die Beschaffung der nötigen Angaben hinwirken, darf aber die Einleitung der Klagpflegschaft nicht wegen der fehlenden Beibringung ablehnen, wenn deren Beschaffung dem Antragsteller aufgrund komplizierter erbrechtlicher Verhältnisse unzumutbar ist.

---

101 LG Oldenburg Rpfleger 1989, 460.
102 Soergel/*Stein*, § 1961 Rn. 1.
103 Soergel/*Stein*, § 1961 Rn. 3.

b) Gerichtliche Geltendmachung

166 Es muss dargelegt werden, dass der Anspruch gerichtlich geltend gemacht wird. Gerichtliche Geltendmachung ist auch die **Zwangsvollstreckung** oder ein **Arrestantrag**. Eine Glaubhaftmachung ist nicht erforderlich. Das Gericht ist von Amts wegen verpflichtet, die Voraussetzungen zu ermitteln.

> **Praxishinweis:**
> Zur Beschleunigung der Entscheidungsfindung ist es aber sicherlich anzuraten, dass der Antragsteller alle ihm zur Verfügung stehenden Beweismittel vorlegt, die seinen Antrag rechtfertigen.

Sind die Erben unbekannt, weil der sofortigen Erteilung eines Erbscheins tatsächliche oder rechtliche Schwierigkeiten entgegenstehen, deren **Klärung** im **Erbscheinsverfahren** nicht abzusehen ist, so kann zur Durchführung der Zwangsvollstreckung ein Nachlasspfleger bestellt werden.[104] An einem gegen den Nachlass gerichteten Anspruch fehlt es z.B. dann, wenn einzelne Miterben sich aus der **Gesamthandsgemeinschaft** ergebende Ansprüche gegen andere, noch nicht feststehende Miterben durchsetzen wollen.[105] Hier richtet sich der Anspruch nicht gegen den Nachlass, sprich die Erbengemeinschaft, sondern gegen die Miterben.[106] Wenn jedoch der feststehende Miterbe einen Anspruch gegen die Erbengemeinschaft hat, z.B. verauslagte Bestattungskosten, Kosten der Räumung des Pflegeheimes u.a., kann mit diesem Anspruch die Klagpflegschaft beantragt werden.

167 Es muss zudem ein **Rechtsschutzinteresse** gegeben sein. Dieses Interesse ist zu verneinen, wenn die beabsichtigte Verfolgung **offensichtlich mutwillig** oder unbegründet ist.[107] Im Übrigen kommt es darauf an, ob der Nachlassgläubiger zum Zwecke der gerichtlichen Geltendmachung seines Anspruchs eines Nachlasspflegers bedarf.[108] Dies ist dann nicht der Fall, wenn ein Testamentsvollstrecker ernannt ist, gegen den nach § 2213 Abs. 1 Satz 1 BGB ein Anspruch gerichtlich geltend gemacht werden kann. Bei der Geltendmachung eines Pflichtteilsanspruchs gilt nicht, da die gerichtliche Geltendmachung gegen den Testamentsvollstrecker nach Maßgabe des § 2213 Abs. 1 Satz 2 und 3 BGB ausgeschlossen ist.

> **Formulierungsbeispiel:** Antrag des Gläubigers auf Klagpflegschaft
>
> An das
> Amtsgericht ...
> Nachlassgericht ...
>
> **Nachlasssache:** ...
>
> Hiermit zeigen wir an, dass wir ... vertreten. Vollmacht anbei.
> Namens und im Auftrag von ... stellen wir folgenden Antrag:

---

104 LG Oldenburg Rpfleger 1982, 105 f.
105 KG NJW 1971, 565 f.
106 KG NJW 1971, 565 f.
107 Staudinger/*Marotzke*, § 1961 Rn. 8.
108 *Firsching/Graf*, Nachlassrecht, Rn. 4.690.

> Zum Zwecke der gerichtlichen Geltendmachung eines Anspruchs gegen den Nachlass des am ... in ... verstorbenen ... beantragen wir die Bestellung eines Nachlasspflegers gem. § 1961 BGB.
> Begründung:
> Am ... verstarb Herr ... in ...
> Der Erblasser hat folgende gesetzlichen Erben hinterlassen:
> ...1.
> 2.
> 3.
> ...4.
> Zwischen diesen einerseits und
> ...1.
> ...2.
> andererseits
> wird um das Erbrecht gestritten. Die Parteien streiten sich um die Wirksamkeit verschiedener Testamente.
> Ein Erbschein wurde bislang nicht erteilt.
> Dem Antragsteller steht gegen den Erblasser ein Kaufpreisanspruch zu. Der Erblasser kaufte am ... einen PKW .... Der vereinbarte Kaufpreis von ... € wurde bislang vom Erblasser nicht bezahlt. Der Betrag ist seit dem ... fällig.
> Der Antragsteller will seinen Anspruch gerichtlich geltend machen, um in den Nachlass vollstrecken zu können.
> Nachdem nicht abzusehen ist, bis zu welchem Zeitpunkt geklärt sein wird, wer der oder die Erben sind, ist die Bestellung eines Pflegers erforderlich.
> In der Anlage fügen wir Kaufvertragsunterlagen in beglaubigter Form bei.
>
> Unterschrift

Wird die **Nachlasspflegschaft** wegen Wegfalls des Grundes aufgehoben, so hat sich das gegen die Anordnung der Pflegschaft gerichtete Rechtsmittelverfahren erledigt. Das Rechtsschutzbedürfnis für eine Sachentscheidung ist daher entfallen.

II. Als Vertreter der Erben

Die **Kontrolle** der Nachlasspflegertätigkeit, der Vergütungsansprüche und der Anordnung und Aufhebung der Nachlasspflegschaft sind die wesentlichen Bereiche der anwaltlichen Tätigkeit. Im geringeren Umfang sind Rechte des Erben zu wahren, so aus konkurrierender Verpflichtungstätigkeit und Herausgabe der Nachlassgegenstände.

1. Ansprüche gegen den Nachlasspfleger

Nach § 1985 Abs. 2 BGB ist der Nachlassverwalter auch den Nachlassgläubigern für den Erhalt des Nachlasses verantwortlich. Diese Vorschrift ist nicht auf die Nachlasspflegschaft anwendbar, da bei der Nachlasspflegschaft keine Trennung der Vermögensmassen herbeigeführt wird. Der Nachlasspfleger haftet nicht den Nachlassgläubigern unmittelbar. Der vorläufige Erbe verliert nicht seine Geschäftsfähigkeit, sondern seine Verpflichtungsfähigkeit und seine Verfügungsmacht. Doch muss er Handlungen des Nachlasspflegers, die dieser innerhalb seines Wirkungskreises für und gegen die Erben vornimmt, gegen sich gelten lassen. Überschreitet der Nachlasspfleger seinen **festgelegten Wirkungskreis,** haftet er persönlich als Vertreter ohne Vertretungsmacht, und einen Gutglaubenschutz gibt es hier nicht. So können die Erben nach Beendigung der Nachlasspflegschaft Ansprüche aus mangelhafter Führung geltend machen, wie bei schlechter Anlage der Gelder, unzureichender Verwaltung von Immobilien u.a.

> **Praxishinweis:**
> Wichtig ist als Erbenvertreter den Nachlasspfleger im konkreten Fall unverzüglich darauf hinzuweisen und ihn anzuhalten, ordnungsgemäß zu handeln. Es besteht zwar während der Nachlasspflegschaft kein unmittelbarer Anspruch gegen den Nachlasspfleger, jedoch ein Anspruch auf Anweisung durch das Nachlassgericht.

2. Rechte des Erben

171 Wie bereits dargestellt, ist die angeordnete Nachlasspflegschaft eine **erhebliche Beschränkung** der Rechte des Erben. Diese Beschränkung kann teilweise nicht hingenommen werden. Der Erbe hat zahlreiche Möglichkeiten eigener Gestaltung. Der vorläufige Erbe behält neben dem Nachlasspfleger seine Geschäftsfähigkeit und im Rahmen von § 1959 BGB seine **Verfügungsmacht.** Er wird insoweit durch die Nachlasspflegschaft nicht beschränkt. Daraus sich ergebende Widersprüche sind nach allg. Grundsätzen zu lösen, d.h. die zuerst vorgenommene Handlung hat den Vorzug. So kann der Erbe die Verwaltung des Nachlasspflegers unterstützen und dazu beitragen, Kosten der Nachlasspflegschaft gering zu halten.

3. Rechtsmittel des Erben gegen die Anordnung der Nachlasspflegschaft

172 Die frühzeitige **Erinnerung** gegen die Anordnung der Nachlasspflegschaft kann dazu beitragen, dass Nachlasspflegschaften schnell wieder aufgehoben werden. Dadurch werden unnötige Kosten vermieden, da, wie bereits ausgeführt, die Dauer der Pflegschaft Auswirkungen auf die Vergütung hat. Die Beschwerde des Erben gegen die Anordnung der Nachlasspflegschaft ist gerichtsgebührenfrei.[109]

> **Formulierungsbeispiel:** Erinnerung der Erben gegen die Anordnung der Nachlasspflegschaft
>
> An das
> Amtsgericht ...
> Nachlassgericht
>
> Aktenzeichen: ...
> Nachlasssache: ...
>
> **Erinnerung gegen die Anordnung der Nachlasspflegschaft**
>
> Hiermit zeigen wir an, dass wir ... vertreten.

---

[109] BayObLG Rpfleger 1981, 327.

Namens und im Auftrag unserer Mandanten legen wir gegen den Beschluss des Amtsgerichts vom ... Erinnerung ein und stellen den Antrag, die Pflegschaft aufzuheben.

Die Erinnerungsführer sind Kinder des Erblassers und damit gesetzliche Erben.

In der Anlage fügen wir Geburtsurkunden der Erinnerungsführer bei.

Eine letztwillige Verfügung des Erblassers ist nicht vorhanden, so dass sich das Erbrecht nach der gesetzlichen Erbfolge bestimmt.

Die Ermittlungen des Nachlasspflegers in der Wohnung des Erblassers und auch bei den Banken blieben ergebnislos. Ein Testament konnte nicht aufgefunden werden.

Die Nachlasspflegschaft wurde angeordnet zur Ermittlung der Erben.

Dieser Grund ist nicht mehr gegeben.

Die Nachlasspflegschaft ist daher aufzuheben.

Unterschrift

4. Rechtsmittel des Erben gegen die Ablehnung einer Weisung an den Nachlasspfleger

Wie oben ausgeführt, sollte der Nachlasspfleger frühzeitig auf ein Fehlverhalten hingewiesen werden. Falls der Nachlasspfleger sein Verhalten nicht ändert, hat der Erbe einen Anspruch darauf, dass das Nachlassgericht den Nachlasspfleger anweist, entsprechend zu handeln. Berührt eine Anordnung des Nachlassgerichts an den Nachlasspfleger den Bestand des Nachlasses, so wird dadurch auch die Rechtsstellung des Erben betroffen, dem der Nachlass zuzuordnen ist. Daher steht dem Erben auch ein **Beschwerderecht** gem. § 20 Abs. 1 FGG zu, wenn er behauptet, dass die angeordnete Maßnahme den Bestand des Nachlasses und damit auch seine Rechtsstellung beeinträchtigt. Dabei ist nicht entscheidend, dass es sich bei der **Weisung** zunächst um eine interne Maßnahme im Verhältnis des Nachlassgerichts zum Nachlasspfleger handelt. Denn das Nachlassgericht kann den Nachlasspfleger zur Befolgung der getroffenen Anordnungen anhalten (vgl. § 1837 Abs. 3 Satz 1 BGB i.V.m. § 1915 Abs. 1 BGB), so dass die Rechtsstellung des Erben konkret und unmittelbar gefährdet ist. Hinzu kommt, dass die Anordnung und Führung der Nachlasspflegschaft, ebenso wie die Aufsicht des Nachlassgerichts über den Nachlasspfleger, gerade die Sicherung und Erhaltung des Nachlasses für die wahren Erben bezweckt (vgl. § 1960 Abs. 2 BGB). Gleiches gilt, wenn das Nachlassgericht ein Einschreiten ablehnt, obwohl dies gem. § 1837 Abs. 2 BGB geboten wäre.

173

Formulierungsbeispiel: Antrag eines Erben auf Anweisung des Nachlasspflegers

An das

Amtsgericht ...

Nachlassgericht

Aktenzeichen: ...

Nachlasssache: ...

Sehr geehrte Frau Rechtspflegerin ...,

unter Bezugnahme auf die bei den Akten befindliche Vollmacht stellen wir für unseren Mandanten folgenden Antrag:

> Das Nachlassgericht weist den Nachlasspfleger an, auf die Einrede der Verjährung bzgl. des Zugewinnausgleichsanspruchs und der Pflichtteilsansprüche bis zum ... zu verzichten.
>
> Begründung:
>
> Die Antragstellerin ist Ehefrau des Verstorbenen. Der Erblasser hat mehrere Söhne. Es herrscht derzeit Streit, welches der Testamente Gültigkeit hat. Die Eröffnung der Testamente fand vor fast drei Jahren statt. Es drohen die Ansprüche der Antragstellerin zu verjähren, falls die Antragstellerin nicht Alleinerbin sein sollte. Um unnötige Kosten zu vermeiden, soll der Nachlasspfleger angewiesen werden, auf die Einrede der Verjährung zu verzichten.
>
> Mit freundlichen Grüßen
>
> Rechtsanwalt

5. Klage auf Feststellung des Erbrechts

174 In seltenen Fällen hat der Erbe ein Klagerecht gegen den Nachlasspfleger auf Feststellung des Erbrechts, wenn der Nachlasspfleger das Erbrecht bestreitet, so bei unklaren **Adoptionen** oder **zweideutigen Testamenten**. Es empfiehlt sich als Nachlasspfleger potentielle Erben darauf zu verweisen, dass es ihnen im Erbscheinsverfahren unbenommen ist, ihr Erbrecht nachzuweisen. Ein Klagerecht wird dann sinnvoll sein, wenn die Nachlasspflegschaft aufgehoben werden soll, mit der Begründung, der Erbe ist bekannt, und der Nachlasspfleger die Auffassung vertritt, der Erbe sei unbekannt, und zudem das Nachlassgericht über einen gestellten Erbschein nicht entscheidet.

6. Zurückbehaltungsrecht des Erben gegenüber dem Herausgabeanspruch des Nachlasspflegers

175 Zurückbehaltungsrechte des Erbanwärters bestehen nicht mit der Begründung, später als Erbe oder Alleinerbe festgestellt zu werden.

7. Kein Recht auf Vermögensverwaltung der Erben

176 Die Vermögensverwaltung liegt allein beim Nachlasspfleger.

8. Nachlassinsolvenzantrag des Erben

177 Der Erbe, der die Erbschaft angenommen hat, kann trotz angeordneter Nachlasspflegschaft Antrag auf Eröffnung des Nachlassinsolvenzverfahrens stellen.

III. Vertreter des Testamentsvollstreckers

178 Wenn **Testamentsvollstreckung** angeordnet ist, besteht generell kein Bedürfnis auf Anordnung der Nachlasspflegschaft, so dass der Testamentsvollstrecker das Recht hat, Antrag auf Aufhebung der Nachlasspflegschaft zu stellen.

IV. Vertreter des Vermächtnisnehmers

179 Bei klarer Sach- und Rechtslage und langer Verfahrensdauer ist der Nachlasspfleger berechtigt und auch verpflichtet, **Vermächtnisse** zu erfüllen; hierauf sollte er hingewiesen werden.

F. Anwalt als mittelbar Beteiligter bei der Nachlassverwaltung

I. Vertreter der Erben

1. Erbenberatung zur Schuldenhaftung

In der anwaltlichen Praxis wird die Beratung des Erben hinsichtlich der Einleitung der Nachlassverwaltung in Zukunft einen größeren Stellenwert erlangen, da aufgrund mangelnden Kontakts zwischen Erblasser und Erben die Vermögenssituation des Erblassers oft unbekannt ist. Die Angaben zum Erblasservermögen seitens dritter Personen sind häufig ungenau, wenn nicht sogar falsch, der Nachlass örtlich weit entfernt. Vor **Beantragung** der **Nachlassverwaltung** ist der Erbe auf folgende Punkte hinzuweisen:

(1.) Obwohl er auch während des **Gütersonderungsverfahrens** Träger der Nachlassrechte, -pflichten und -lasten bleibt, geht die Prozessführungsbefugnis auf den Verwalter über (§ 1984 Abs. 1 Satz 1 und 3 BGB). Er kann bei bestehender **Nachlassverwaltung** eine Nachlassforderung dann einklagen, wenn er vom Nachlassverwalter zur **Prozessführung** ermächtigt ist und ein eigenes rechtsschutzwürdiges Interesse an einer Prozessführung im eigenen Namen hat. Dieses Interesse ergibt sich i.d.R. schon daraus, dass der Erbe Träger des materiellen Rechts ist.

(2.) Er kann aus dem Nachlass Ersatz seiner **Aufwendungen** verlangen, die ihm dadurch entstanden sind, dass er aus Mitteln seines Eigenvermögens Nachlassschulden bezahlt hat, sei es durch Zahlung oder Aufrechnung mit Ansprüchen seines Eigenvermögens (§§ 1978 Abs. 3, 670, 683, 684 BGB).

(3.) Er haftet trotz Durchführung der Güter- und Haftungssonderung durch die angeordnete Nachlassverwaltung, wenn **Inventaruntreue** vorliegt. Eine Inventaruntreue liegt vor, wenn

– der Erbe die einzelnen Nachlassgegenstände absichtlich erheblich unvollständig angibt (§§ 2001, 2005 Abs. 1 Satz 1 1. Alt. BGB), eine **Gläubigerbenachteiligung** ist dabei nicht erforderlich; der Erbe muss mit der Unvollständigkeit aber einen bestimmten Zweck verfolgen,[110]
– der Erbe die Aufnahme einer nicht bestehenden Nachlassschuld in das Inventar verursacht, um die **Nachlassgläubiger zu benachteiligen** (§ 2005 Abs. 1 Satz 1 2. Alt. BGB),
– der Erbe die von ihm geforderte Auskunft bei der amtlichen Inventaraufnahme **verweigert** (§ 2003 BGB) oder
– die von ihm geforderte **Auskunft** absichtlich in erheblichem Maße verzögert (§ 2005 Abs. 1 Satz 2 BGB).

(4.) Der Erbe hat die **Vollständigkeit des Inventars** hinsichtlich des Aktivbestands auf Antrag eines Nachlassgläubigers an Eides Statt zu versichern. Falls der Erbe die eidesstattliche Versicherung gegenüber einem Gläubiger nicht abgibt, verliert er gegenüber diesem Gläubiger das Recht zur Haftungsbeschränkung, den anderen Gläubigern gegenüber jedoch nicht. Der Erbe kann auf die Abgabe der eidesstattlichen Versicherung verklagt werden.

(5.) Die Nachlassverwaltung kann erhebliche Zeit in Anspruch nehmen.

---

110 *Schlüter*, Erbrecht, Rn. 1118.

(6.) Sein Antrag auf Anordnung der Nachlassverwaltung kann abgelehnt werden, wenn er offensichtlich nur der Bequemlichkeit des Erben dient. Ein bloßer Verdacht, dass der Antrag nicht die gesetzliche Zielsetzung der Nachlassverwaltung verfolgt, reicht aber für die Ablehnung nicht aus.

(7.) **Einkünfte,** die nach dem Tod des Erblassers aus dem Nachlass erzielt werden, sind auch im Falle der Anordnung der Nachlassverwaltung dem Erben zuzurechnen. Bei der auf diese Einkünfte entfallenden Einkommensteuer handelt es sich um eine Eigenschuld des Erben, für die die Beschränkung der Erbenhaftung nicht geltend gemacht werden kann.

(8.) Beschränkt sich die Haftung des Erben auf den Nachlass, weil Nachlassverwaltung angeordnet worden ist, so bleibt sie auch nach der Aufhebung der Nachlassverwaltung bestehen. Der Erbe kann in entsprechender Anwendung des § 1990 BGB die **Beschränkung der Haftung** im Wege der Einrede geltend machen. Die Geltendmachung der Einrede kann ihm nach § 780 ZPO vorbehalten werden.[111]

Aus der Verweisung in § 45 Abs. 2 Satz 1 AO 1977 auf die Vorschriften des bürgerlichen Rechts über die Haftung des Erben für Nachlassverbindlichkeiten ergibt sich, dass der Erbe für Nachlassverbindlichkeiten grundsätzlich unbeschränkt, aber beschränkbar haftet. Das Finanzamt darf im Fall der Nachlassverwaltung oder der Nachlassinsolvenz aus einem gegen den Erben als Gesamtrechtsnachfolger ergangenen **vollstreckbaren Steuerbescheid** nur in Nachlassgegenstände und nicht in das Eigenvermögen vollstrecken. Die Beschränkung der Erbenhaftung ist nicht im Steuerfestsetzungsverfahren oder gegen das Leistungsgebot, sondern erst im Zwangsvollstreckungsverfahren geltend zu machen.

181 **Praxishinweis:**
Nach Antragstellung, aber vor Anordnung der Nachlassverwaltung ist zu beachten: Will der Erbe in der Zwischenzeit nach Annahme und vor Anordnung der Nachlassverwaltung Nachlassverbindlichkeiten erfüllen, so müssen die Nachlassgläubiger diese Tilgung als für Rechnung des Nachlasses gegen sich gelten lassen, wenn der Erbe nach den Umständen ohne Fahrlässigkeit annehmen konnte, dass der Nachlass für alle Gläubiger ausreichen werde, § 1979 BGB. Hier hat die anwaltliche Beratung inquisitorisch befragend einzusetzen, um dem Erben zu verinnerlichen, dass er nur dann erfüllen darf, wenn er sich sicher ist, dass der Nachlass ausreicht. Hat der Erbe die Nachlassgläubiger aus eigenen Mitteln befriedigt, so hat er nach § 1978 Abs. 3 BGB eine Forderung auf Aufwendungsersatz gegenüber dem separierten Nachlass. Auch sollte der Erbe dahingehend beraten werden, dass er z.B. schwer verwertbare Sachen nicht verschenken sollte, da er wertmäßig für diese Weggabe haftet.

2. Einleitung des Aufgebotsverfahrens gem. §§ 1970 bis 1974 BGB

182 Es sollte unbedingt mit dem Mandanten besprochen werden, ob eventuell das Aufgebotsverfahren statt der Nachlassverwaltung ausreichend ist. Sachlich und örtlich zuständig für das Aufgebot der Nachlassgläubiger ist das Nachlassgericht (§ 990 ZPO, § 73 FGG), nicht das Gericht der Fürsorge. Der Antrag ist unter dem Aktenzeichen des Nachlassverfahrens einzureichen. **Antragsberechtigt** ist der Erbe, der für die Nachlassverbindlichkeiten nicht unbeschränkt haftet, der Nachlasspfleger und der Testamentsvollstrecker, wenn ihnen die Verwaltung des Nachlasses zusteht, selbst

---

111 BGH NJW 1954, 635 ff.

wenn der Erbe unbeschränkt haftet. Die Erbschaft muss angenommen sein. Der Antrag ist schriftlich oder mündlich zu Protokoll der Geschäftsstelle des Nachlassgerichts zu stellen (§ 947 Abs. 1 ZPO).

Das Aufgebotsverfahren soll dem Erben einen **Überblick über** die **Nachlassverbindlichkeiten** geben. So wird er in die Lage versetzt, geeignete weitere Schritte zu unternehmen (z.B. Antrag auf Anordnung der Nachlassverwaltung oder auf die Eröffnung des Nachlasskonkurses oder Vergleichsverfahrens, §§ 1975, 1980 BGB). Die Einleitung des Aufgebotsverfahrens bietet dem Erben weitere Vorteile:
– bis zur Beendigung des Aufgebotsverfahrens steht dem Erben die Aufgebotseinrede gem. § 2015 BGB zu;
– ist ihm die Erschöpfungseinrede gegeben, § 1973 BGB, wenn ein Ausschlussurteil vorliegt;
– ist ihn gegen Rückgriff zu sichern, § 1980 BGB und
– die Gesamthaftung der Miterben in eine Haftung nach Kopfteilen umzuwandeln, § 2060 Nr. 1 BGB.

183

Dem ausgeschlossenen Gläubiger haftet der Erbe nur mit dem Nachlass, nicht dagegen auch mit seinem Eigenvermögen (§ 1973 BGB). Dies gilt nicht für Pflichtteile, Vermächtnisse und Auflagen, die den Erben bekannt sind (§§ 1971, 1972 BGB); sie bedürfen nicht der Anmeldung und werden vom Aufgebot nicht betroffen.[112]

184

Dem Antrag ist ein **Verzeichnis** der bekannten Nachlassgläubiger mit Angabe der Anschriften beizufügen (§ 992 ZPO). Das Aufgebot soll nicht erlassen werden, wenn die **Eröffnung der Nachlassinsolvenz** beantragt ist. Die nachfolgende Eröffnung des Nachlassinsolvenzverfahrens beendet das Aufgebotsverfahren (§ 993 ZPO).

> Praxishinweis:
> Der **Antrag auf Erlass des Ausschlussurteils** wird **am besten zugleich mit** dem **Aufgebotsantrag** gestellt. Der Antrag auf Erlass des Ausschlussurteils kann auch später gestellt werden. Dies kann dann sinnvoll sein, wenn der Nachlass noch sehr unübersichtlich ist, jedoch zu erwarten ist, dass ausreichend Liquidität vorhanden ist; es wird dann die Urteilsgebühr eingespart.
> Liegt eine Anmeldung vor, dann ist das Aufgebotsverfahren auszusetzen oder das angemeldete Recht im Ausschlussverfahren vorzubehalten.

> Praxishinweis:
> Inventarerrichtung und Gläubigeraufgebot sind **keine eigenständigen Haftungsbeschränkungsmaßnahmen,** sondern können solche wie Nachlassverwaltung und Nachlassinsolvenzverfahren lediglich vorbereiten.

---

112 *Weirich*, Erben und Vorerben, Rn. 81.

Formulierungsbeispiel: Antrag des Erben zur Durchführung des Aufgebotsverfahrens

An das

Amtsgericht …

Nachlassgericht

Nachlasssache: …

Aktenzeichen: …

Aufgebotsverfahren

Hiermit zeigen wir an, dass wir den Alleinerben anwaltschaftlich vertreten.

Er hat die Erbschaft angenommen.

Erbschein ist erteilt worden am …

Er haftet nicht unbeschränkt für die Nachlassverbindlichkeiten.

In der Anlage fügen wir ein Verzeichnis der bekannten Nachlassgläubiger bei und beantragen,

das Aufgebot der Nachlassgläubiger

und

den Erlass eines Ausschlussurteils.

Das Gläubigerverzeichnis hat der Antragsteller erstellt.

Dem Gläubigerverzeichnis haben wir als Anlage die zustellfähigen Anschriften beigefügt sowie, soweit möglich, jeweils den Schuldgrund unter Angabe einer Bearbeitungsnummer.

Weiter fügen wir ein notarielles Bestandsverzeichnis über den Nachlass bei.

Die Zustellkosten für die … Gläubiger haben wir als Scheck beigefügt.

Unterschrift

3. Antrag des Erben auf Anordnung der Nachlassverwaltung

185 Wenn nach eingehender Beratung ein Antrag auf Anordnung der Nachlassverwaltung gestellt werden soll (es empfiehlt sich der Abschluss einer **Honorarvereinbarung** mit Mindeststreitwert und zusätzlicher Stundenvergütung), sollte der Mandant (Antragsteller) nachweislich auf die dadurch entstehenden Kosten hingewiesen werden.

Formulierungsbeispiel: Herr Erwin Eifrig wurde darauf hingewiesen, dass neben dem Honorar für den Antrag noch Gerichtskosten sowie die Gebühr des Nachlassverwalters anfallen.

Formulierungsbeispiel: Antrag des Erben auf Anordnung der Nachlassverwaltung

An das

Amtsgericht …

Nachlassgericht

Nachlasssache: …

Aktenzeichen: …

Antrag auf Anordnung der Nachlassverwaltung

Hiermit zeigen wir an, dass wir ... vertreten, Vollmacht anbei.

Namens und im Auftrag des Antragstellers stellen wir folgenden Antrag:

Über den Nachlass des am ... verstorbenen ... wird die Nachlassverwaltung eröffnet.

Begründung:

Am ... verstarb in ... Herr/Frau ...

In der Anlage überreichen wir die Sterbeurkunde.

Der Antragsteller ist als Vater des Verstorbenen, nachdem die Mutter vorverstorben ist, der einzige gesetzliche Erbe. Eine letztwillige Verfügung ist nicht vorhanden.

Es ist zu befürchten, dass die Passiva die Aktiva übersteigen.

Die vorhandenen Aktiva decken auf jeden Fall die Kosten des Verfahrens.

In der Anlage überreichen wir ein Nachlassverzeichnis, erstellt nach bestem Wissen.

Wir regen an, Frau Rechtsanwältin ... zur Nachlassverwalterin zu bestellen.

Unterschrift

4. Rechtsmittel des Erben gegen die Anordnung der Nachlassverwaltung

Da durch die Anordnung der Nachlassverwaltung der Erbe die Verfügungsbefugnis über den Nachlass verliert, wird dieser i.d.R. gegen die Anordnung der Nachlassverwaltung sich zur Wehr setzen, gerade dann, wenn er den Nachlass **zur Eigenschuldentilgung** benötigt. **Sofortige Beschwerde** eines Erben gegen die Anordnung der Nachlassverwaltung kann nur darauf gestützt werden, dass bei der Anordnung der Nachlassverwaltung deren Voraussetzungen nicht bestanden haben.[113]

186

Formulierungsbeispiel: Sofortige Beschwerde des Erben gegen die Anordnung der Nachlassverwaltung

An das

Amtsgericht ...

Nachlassgericht

Nachlasssache: ...

Aktenzeichen: ...

Sofortige Beschwerde gegen Anordnung der Nachlassverwaltung

Hiermit zeigen wir an, dass wir ... vertreten, Vollmacht anbei.

Namens und im Auftrag ... legen wir gegen die Anordnung der Verwaltung des Nachlasses des am ... in ... verstorbenen ... sofortige Beschwerde ein und stellen folgenden Antrag:

Der Beschluss des Nachlassgerichts vom ... wird aufgehoben.

Begründung:

Mit Beschluss vom ... ordnete das Nachlassgericht ... die Verwaltung des am ... in ... verstorbenen ... an.

---

113 BayObLG FamRZ 1967, 173.

> Der Beschluss ist materiell rechtswidrig, da die Voraussetzungen des § 1981 BGB nicht vorliegen. Zum einem wird bestritten, dass der Antragsteller der Nachlassverwaltung einen durchsetzbaren Anspruch gegen den Erblasser hat (die eingereichten Unterlagen ergaben dies), zum anderen besteht keinerlei Gefährdung der Nachlassgläubiger durch ein Verhalten unseres Mandanten ... Unser Mandant verfügt selbst über ein umfangreiches Vermögen.
>
> Unterschrift

187 Ist die Nachlassverwaltung auf Antrag des oder der Erben angeordnet worden, so ist gegen die Anordnung **keine Beschwerde möglich**, es sei denn, die Anordnung war unzulässig.[114] Wenn lediglich ein Mitglied einer Erbengemeinschaft die Nachlassverwaltung beantragt hat, war die Anordnung der Nachlassverwaltung unzulässig, da der Antrag auf Anordnung der Nachlassverwaltung nur gemeinsam von den Miterben gestellt werden kann (§ 2062 BGB).

5. Antrag des Erben auf Aufhebung der Nachlassverwaltung

188 Der Erbe hat einen Anspruch auf **Aufhebung** der Nachlassverwaltung, wenn
– entweder alle Gläubiger befriedigt sind,
– oder eine Gefährdung derselben nicht mehr gegeben ist.

> **Formulierungsbeispiel:**
>
> An das
> Amtsgericht ...
> Nachlassgericht
>
> In der Nachlasssache: ...
> Aktenzeichen: ...
>
> **Aufhebung der Nachlassverwaltung**
>
> Hiermit zeigen wir an, dass wir den Alleinerben Herrn ... vertreten, Vollmacht anbei.
> Namens und im Auftrag des Antragstellers stellen wir folgenden Antrag:
> Die Verwaltung über den Nachlass des am ... verstorbenen ... wird aufgehoben.
> Mit Beschluss vom ... hat das Nachlassgericht die Verwaltung des Nachlasses angeordnet und Herrn Rechtsanwalt ... zum Nachlassverwalter bestellt.
> Der Nachlassverwalter hat zwischenzeitlich sämtliche bekannten Forderungen aufgrund des Nachlassverzeichnisses und des durchgeführten Aufgebotsverfahrens erfüllt. Weitere Verbindlichkeiten sind nicht vorhanden. Es besteht somit keine Grundlage mehr für die Nachlassverwaltung.
>
> Unterschrift

---

114 LG Aachen NJW 1960, 48.

6. Antrag auf Entlassung des Nachlassverwalters

Allgemein anerkannt ist, dass der Erbe ein Antragsrecht dahingehend hat, dass das Nachlassgericht den Nachlassverwalter zu **entlassen** hat, wenn der Nachlassverwalter ständig und im erheblichen Ausmaß gegen seine Pflichten verstößt.

189

> **Formulierungsbeispiel:**
>
> An das
> Amtsgericht ...
> Nachlassgericht
>
> Aktenzeichen: ...
>
> Nachlasssache: ...
>
> **Antrag auf Entlassung des Verwalters**
>
> Ich zeige an, dass ich Herrn ... vertrete, Vollmacht anbei. Der Antragsteller ist Erbe des verstorbenen ..., ich verweise auf Blatt ... der Akten.
>
> Mit Beschluss vom ... hat das Nachlassgericht ... die Verwaltung des Nachlasses des Erblassers angeordnet und Herrn Rechtsanwalt ... zum Nachlassverwalter bestellt.
>
> Der Nachlassverwalter kommt seinen Pflichten nur ungenügend nach und ist daher zu entlassen. Nach § 1886 BGB, der nach den §§ 1915 Abs. 1, 1897 BGB auf die Nachlassverwaltung entsprechend anzuwenden ist, hat das Nachlassgericht den Nachlassverwalter zu entlassen, wenn die Fortführung des Amtes, insbesondere wegen pflichtwidrigen Verhaltens des Nachlassverwalters, das Interesse der Erben oder der Nachlassgläubiger gefährden würde. Der Nachlassverwalter hat trotz Aufforderung des Nachlassgerichts die Jahresabrechnung und die Jahresberichte nicht abgegeben. Weiterhin hat der Nachlassverwalter sich schon seit mehr als zwei Wochen nicht mehr um den Betrieb des Erblassers gekümmert, obwohl ihm bekannt ist, dass eilige und wichtige Entscheidungen zu treffen sind. Es entstand dadurch bereits ein Schaden von 35.000,- €.
>
> Ich beantrage daher,
>
> Herrn ... als Nachlassverwalter zu entlassen und Frau ... als Nachlassverwalterin zu bestellen.
>
> Unterschrift

7. Unbefriedigter Nachlassgläubiger nach Aufhebung der Nachlassverwaltung

Meldet sich nach der Aufhebung der Nachlassverwaltung noch ein unbefriedigter Nachlassgläubiger, so ist **wie folgt vorzugehen**:

190

- War die Haftung des Erben vor der Anordnung der Nachlassverwaltung bereits unbeschränkbar, so besteht die unbeschränkbare Haftung fort.
- Einem im Aufgebotsverfahren ausgeschlossenen oder diesem gleichstehenden Nachlassgläubiger **haftet** der Erbe nur **nach Maßgabe der §§ 1973, 1974 BGB**.
- Gegenüber Verbindlichkeiten aus Vermächtnissen und Auflagen und bei einem dürftigen Nachlass kann sich der Erbe gem. der §§ 1992, 1990 BGB i.V.m. § 1991 BGB verteidigen. Dies gilt selbst dann, wenn der ausgehändigte Nachlass zur Deckung der Kosten einer neuerlichen Nachlassverwaltung oder einer Nachlassinsolvenz ausreicht und somit kein Fall des § 1990 Abs. 1 Satz 1 BGB vorliegt. Der Erbe

kann die Nachlassgläubiger auf den noch vorhandenen Nachlassrest verweisen, ohne eine erneute Separation der Vermögensmassen herbeiführen zu müssen, da er sich auf die Aushändigung eines schuldenfreien Nachlasses verlassen konnte. Der Erbe muss
- den ausgehändigten Nachlassrest ordnungsgemäß verwalten,
- erneute Inventarfristen beachten,
- die Haftungsbeschränkung analog § 1990 BGB geltend machen.

II. Vertreter von Gläubigern des Erblassers als auch des Erben

1. Honorarfrage

191 Die Gebühren eines Rechtsanwalts, der einen Nachlassgläubiger in einem die Nachlassverwaltung betreffenden Verfahren vertritt, richten sich i.d.R. nach der Höhe der Forderung.[115]

2. Anmeldung einer Forderung im Aufgebotsverfahren

192 Für den Fall, dass ein Aufgebotsverfahren eingeleitet worden sein sollte, sollte die Forderung angemeldet werden, da dies kostengünstiger ist als eine eventuelle Kostenbevorschussung bei der Nachlassverwaltung.

Formulierungsbeispiel:

An das
Amtsgericht ...
Nachlassgericht

Aktenzeichen: ...

Nachlasssache: ...

Anmeldung einer Forderung im Aufgebotsverfahren

Hiermit zeigen wir an, dass wir die Firma ... vertreten.

In dem Aufgebotsverfahren ... (Az.: ...) melden wir eine Forderung gegen den Erblasser an.

Die Forderung besteht i.H.v. ... € aus einem Werkvertrag vom ...

Die Werkleistung wurde erbracht und abgenommen.

In der Anlage fügen wir Vertrag, Abnahmeprotokoll und Schlussrechnung bei.

Unterschrift

---

3. Einleitung der Nachlassverwaltung

a) Antragsberechtigung

193 Jeder Nachlassgläubiger ist befugt, Antrag auf Anordnung der Nachlasspflegschaft durch das zuständige Nachlassgericht zu stellen, wenn die Erbschaft noch nicht angenommen ist oder seit der Annahme noch **keine zwei Jahre** verstrichen sind. Es muss

---

115 BayObLG Rpfleger 1979, 434.

Grund zu der Annahme bestehen, durch das Verhalten oder die Vermögenslage des Erben werde die **Befriedigung** der Nachlassgläubiger **gefährdet**. Die schlechte Vermögenslage des Erben ist insbesondere bei erfolglosen Vollstreckungsversuchen oder bereits abgegebener Vermögensoffenbarungsversicherung gegeben. Das **gefährdende Verhalten des Erben**, z.B. unordentliche oder unwirtschaftliche Verwaltung muss nicht absichtlich herbeigeführt sein. So kann der Erbe ggf. bei einer kostspieligen Heimunterbringung durchaus den Nachlass gefährden. Der Antragsteller hat seine Forderung und Tatsachen glaubhaft zu machen, die die Gefährdung der Nachlassgläubigerinteressen nahe legen. Nach § 12 FGG hat das Nachlassgericht bei Bedenken weitere Ermittlungen durchzuführen. Der **Erbe kann Sicherheit leisten** und damit die Gefährdung widerlegen.

b) Antrag eines Nachlassgläubigers auf Anordnung der Nachlassverwaltung

Formulierungsbeispiel:
An das
Amtsgericht ...
Nachlassgericht

Nachlasssache: ...

Aktenzeichen: ...

Anordnung der Nachlassverwaltung

Hiermit zeigen wir an, dass wir ... vertreten, Vollmacht anbei.
Namens und im Auftrag des Antragstellers stellen wir den Antrag;
die Verwaltung über den Nachlass des am ... verstorbenen ... zu eröffnen.
Begründung:
Am ... verstarb in ... Herr ...
In der Anlage fügen wir die Sterbeurkunde bei.
Der Erblasser wurde beerbt von seinen beiden Söhnen.
Seit der Annahme der Erbschaft sind noch keine zwei Jahre verstrichen.
Der Nachlass ist noch ungeteilt.
Der Nachlass ist nicht überschuldet.
Der Antragsteller hat gegen der Erblasser eine fällige Forderung aus einem Kaufvertrag vom ... i.H.v. ... €.
Glaubhaftmachung: eidesstattliche Erklärung, beglaubigte Fotokopien der Urkunden.
Die Erben sind hoch verschuldet, stadtbekannte Glücksspieler und Alkoholiker usw. Beide haben bereits die eidesstattliche Versicherung abgegeben.
Durch vorgenanntes Verhalten ist die Realisierung der Forderung des Nachlassgläubigers gefährdet.
Glaubhaftmachung: eidesstattliche Erklärung.
Unterschrift

194

4. Anspruch auf Entlassung des Nachlassverwalters

a) Voraussetzungen

195 Wie oben angeführt hat das Nachlassgericht von Amts wegen die Pflicht, die Tätigkeit des Nachlassverwalters zu überwachen und gegen Pflichtwidrigkeiten des Nachlassverwalters mit geeigneten Geboten und Verboten einzuschreiten und als **ultima ratio** die Entlassung zu verfügen. Als wichtigster Entlassungsgrund kommen dabei Handlungen oder Unterlassungen des Nachlassverwalters in Betracht, die den Nachlass und damit die Befriedigung der **Gläubiger gefährden**. Die verspätete bzw. nicht vorgenommene Erstellung der Jahresberichte, des Nachlassverzeichnisses und der jährlichen Rechnungslegung können dazu zählen. Wenn das Nachlassgericht von sich aus nicht einschreitet, dann kann auch der Nachlassgläubiger (zum Erben Rn. 187) Antrag auf Entlassung des Nachlassverwalters stellen.[116]

b) Antrag auf Entlassung des Nachlassverwalters

196 **Formulierungsbeispiel:**

An das
Amtsgericht ...
Nachlassgericht

Nachlasssache: ...

Aktenzeichen: ...

Antrag auf Entlassung des Verwalters

Hiermit zeigen wir an, dass wir ... vertreten, Vollmacht anbei.

Namens und im Auftrag des Antragstellers stellen wir folgenden Antrag:

Der Nachlassverwalter ... wird entlassen.

Begründung:

Mit Beschluss vom ... hat das Nachlassgericht die Verwaltung des Nachlasses des Erblassers angeordnet und Herrn ... Rechtsanwalt ... zum Nachlassverwalter bestellt.

Der Nachlassverwalter kommt seinen Pflichten nur ungenügend nach und ist daher zu entlassen.

Sachverhalt: ...

Unterschrift

5. Aufhebung der Nachlassverwaltung

a) Aufhebung und Ablehnung der Aufhebung

197 Auch im **Gläubigerinteresse** kann es liegen, dass die Nachlassverwaltung aufgehoben wird, da die Befriedigung der Forderung sich durchaus hinziehen kann. Besonders für Gläubiger der Erben, die in den Nachlass vollstrecken wollen, ist die Aufhebung der Nachlassverwaltung von Interesse. Der Rechtspfleger ist gem. § 3 Nr. 2 RpflegerG

---

116 OLG Frankfurt JZ 1953, 53.

zuständig für die Aufhebung der Nachlassverwaltung. Durch die Bekanntgabe des Beschlusses über die Aufhebung an den Nachlassverwalter wird die Aufhebung wirksam. Ein Grund zur Aufhebung der Pflegschaft besteht auch dann, wenn die Anordnung von Anfang an ungerechtfertigt war.[117] Gegen die **Ablehnung des Antrags** auf Aufhebung der Nachlassverwaltung ist die Änderung gem. § 11 RpflegerG statthaft. Andererseits können Nachlassgläubiger und Erben gegen die Aufhebung **Erinnerung** einlegen (s. Rn. 196). Der zuständige Rechtspfleger kann der Erinnerung abhelfen und die Nachlassverwaltung wiederum anordnen.

b) Antrag auf Aufhebung der Nachlassverwaltung

Formulierungsbeispiel:

An das

Amtsgericht ...

Nachlassgericht

Aktenzeichen: ...

Nachlasssache: ...

Hiermit zeigen wir an, dass wir den Gläubiger ... vertreten.

Wir stellen den Antrag, die Nachlassverwaltung aufzuheben, da die Voraussetzungen hierfür nicht mehr gegeben sind. Eine Gefährdung der Gläubiger liegt nicht mehr vor.

Unterschrift

c) Beschwerde gegen die Aufhebung der Nachlassverwaltung

Ein nicht befriedigter Gläubiger sollte zur Sicherung seiner Forderung immer Rechtsmittel gegen die Aufhebung der Nachlassverwaltung einlegen. Hilft der Rechtspfleger der Erinnerung nicht ab, hat er den Vorgang dem **Nachlassrichter** zur Entscheidung vorzulegen. Dieser entscheidet, ob er die Erinnerung für zulässig und begründet erachtet. Falls auch der Nachlassrichter die Erinnerung für unzulässig und unbegründet erachtet, legt er die Erinnerung der Beschwerdekammer beim **Landgericht** vor.

Formulierungsbeispiel:

An das

Amtsgericht ...

Nachlassgericht

Nachlasssache: ...

Aktenzeichen: ...

Anordnung der Nachlassverwaltung

Hiermit zeigen wir an, dass wir ... vertreten, Vollmacht anbei.

Namens und im Auftrag des Antragstellers stellen wir folgenden Antrag:

---

117 BayObLG FamRZ 1967, 173.

Es wird Erinnerung gegen die Aufhebung der Nachlassverwaltung eingelegt.
Begründung:
Der Beschluss des Nachlassgerichts ist rechtswidrig. Die Aufgaben der Verwaltung wurden noch nicht erfüllt. Unserem Mandanten stehen noch Forderungen gegen den Nachlass zu. Dieser ist nicht erschöpft.

Auch besteht die Gefährdung der Forderung durch das Verhalten weiterhin. Zwar reduzierte der Erbe seinen Alkoholkonsum, dies führte jedoch nicht dazu, dass er seinen verschwenderischen Lebenswandel einstellte. Die Verbindlichkeiten des Erben werden täglich größer.

Aus diesem Grund ist die Nachlassverwaltung aufrechtzuerhalten.

Unterschrift

III. Anwalt als mittelbar Beteiligter bei den sonstigen Nachlasssicherungsmitteln

1. Siegelung

200 Wenn mit einer schnellen Lösung der Erbfolge zu rechnen ist, sollte **zur Kostenminimierung statt** eines Antrags auf Anordnung der Nachlasspflegschaft die Siegelung beantragt werden.

Formulierungsbeispiel:

An das
Amtsgericht ...
Nachlassgericht

Nachlasssache: ...

Aktenzeichen: ...

Sehr geehrte Damen und Herren,

wir vertreten einen wahrscheinlichen Erben. In der Anlage reichen wir eine uns vorliegende Kopie eines Testaments herein. Wir gehen davon aus, dass dieses Testament im Original noch aufgefunden wird. Unser Mandant ist noch ca. zwei Wochen berufsabwesend. Damit nicht die ehemals testamentarisch Bedachten bzw. gesetzlichen Erben das Original vernichten, beantragen wir, in der Wohnung des Erblassers das Schlafzimmer, Wohnzimmer und das Arbeitszimmer zu versiegeln.

Die Versiegelung ist erforderlich, da die mutmaßlichen Erben in allernächster Zeit sich treffen und gemeinsam die Wohnung nach Testamenten durchsuchen werden. Es handelt sich um ...

Die noch lebenden Brüder haben ein lebhaftes Interesse, die testamentarische Erbfolge zu vermeiden. Ebenso die Haushälterin des Erblassers, da dieser bekannt ist, dass das ursprüngliche Testament zu ihren Gunsten aufgehoben wurde.

Eine Anordnung der Nachlasspflegschaft ist nicht erforderlich, da zeitnah von den wahrscheinlichen Erben das maßgebliche Testament vorgelegt werden kann. Nachlasssicherungsmaßnahmen umfangreicher Art sind nicht erforderlich.

Unterschrift

2. Amtliche Inverwahrnahme

Formulierungsbeispiel:
An das
Amtsgericht ...
Nachlassgericht

Nachlasssache: ...
Aktenzeichen: ...

Sehr geehrte Damen und Herren,

wir vertreten den Sohn des Erblassers. Es ist derzeit ungeklärt, wer Erbe ist. Unser Mandant ist aufgrund der großen räumlichen Entfernung nicht in der Lage, den Nachlass in Besitz zu nehmen. Der Nachlass dürfte sich im Wesentlichen aus Bargeld, Wertpapieren und Schmuck zusammensetzen.

Die in der Wohnung lebende Lebensgefährtin des Erblassers hat die Eidesstattliche Vermögensversicherung abgegeben, aus diesem Grund besteht die Befürchtung, dass die Lebensgefährtin eventuell den Nachlass veräußert.

Wir stellen daher folgende Anträge:

1. Bargeld, Wertpapiere und Schmuck in die besondere gesicherte Aufbewahrung zu nehmen,
2. den Gerichtsvollzieher zu beauftragen, die im Nachlass befindlichen vorgenannten Gegenstände notfalls unter Anwendung von Gewalt an sich zu nehmen und zur Hinterlegung zu bringen.

Unterschrift

3. Kontensperrung

Formulierungsbeispiel:
An das
Amtsgericht ...
Nachlassgericht

Aktenzeichen: ...
Nachlasssache: ...

Sehr geehrte Damen und Herren,

wir vertreten die Haushälterin des am ... verstorbenen ... Der Verstorbene hatte zu Lebzeiten unserer Mandantin mitgeteilt, dass sie als Alleinerbin vorgesehen ist. Weiter äußerte er den Wunsch, feuerbestattet zu werden. Der Enkel des Verstorbenen hat eine Bankvollmacht.

Wir stellen folgende Anträge:

1. Die Konten bei der ... zu sperren.
2. Die ... anzuweisen, unserer Mandantin einen Betrag von ... € zur Auszahlung zu bringen zur Bezahlung der Bestattungskosten.

Der Enkel sitzt derzeit in der Justizvollzugsanstalt ein. Wenn die Auszahlung nicht vorgenommen wird, kann die Feuerbestattung nicht durchgeführt werden.

Unterschrift

13. Kapitel
Nachlassinsolvenzverfahren

Übersicht:

A. Allgemeines	646
B. Grundsätze	647
C. Gegenstand des Insolvenzverfahrens	647
D. Zuständigkeit, § 315 InsO	647
I. Sachliche Zuständigkeit	647
II. Örtliche Zuständigkeit	648
III. Funktionelle Zuständigkeit	648
E. Antrag, § 317 Abs. 1 InsO	648
I. Antragsberechtigung	648
II. Antragspflicht	649
1. Allgemeinevs	649
a) Antrag des Erben, des Nachlassverwalters	649
b) Antragspflicht des Nachlasspflegers, Testamentsvollstreckers	649
2. Rechtsfolgen der Verletzung der Antragspflicht	649
III. Antragsfrist	650
IV. Form	650
F. Begründetheit des Antrags (Insolvenzgrund)	652
I. Insolvenzgründe	652
1. Überschuldung	652
2. Zahlungsunfähigkeit	653
3. Drohende Zahlungsunfähigkeit	653
II. Weitere Voraussetzungen: kostendeckende Masse	653
G. Sicherungsmaßnahmen	654
I. Vorläufiger Insolvenzverwalter	654
II. Verhängung eines allgemeinen Verfügungsverbots	654
III. Erlass eines allgemeinen Veräußerungsverbots	655
IV. Untersagung/Einstellung der Zwangsvollstreckung	655
V. Sonstige Sicherungsmaßnahmen	655
H. Die Eröffnung des Insolvenzverfahrens	655
I. Inhalt des Eröffnungsbeschlusses	655
II. Bekanntmachung des Eröffnungsbeschlusses	655
III. Rechtsmittel	656
IV. Zeitpunkt der Wirksamkeit des Beschlusses	656
I. Die Wirkung der Eröffnung des Verfahrens	656
I. Beschlagnahme	656
II. Ausschließliche Verfügungsbefugnis des Insolvenzverwalters	656
III. Grundbuchvermerk	656
IV. Nachlassseparation	656
V. Verbot der Einzelzwangsvollstreckung	656
VI. „Rückschlagsperre"	657
1. Zeitraum ein Monat vor Antragstellung	657
2. Zeitraum zwischen Antragstellung und Eröffnung	657
J. Rechtswirkung der Verfahrenseröffnung im Hinblick auf die Haftung	657
I. Nachlassseparation	657
II. Verlust der Haftungsbeschränkung	658
III. Aufrechnung und Insolvenzeröffnung	658
IV. Erfüllung von Pflichtteilsansprüchen und Vermächtnissen	659
V. Aufwendungsersatzansprüche des Erben	659
K. Anmeldung der Forderung	659
L. Insolvenzverfahren und Verteilung des Nachlasses	660
M. Beendigung	662
N. Zwangsvollstreckung aus der Tabelle	663
O. Dürftigkeitseinrede	663
P. Insolvenzverfahren und Zwangsvollstreckung	664
Q. Die Wirkung der Beendigung	665
R. Erbauseinandersetzung via Nachlassinsolvenzverfahren nach § 320 InsO	666

A. Allgemeines

1   Für das Nachlassinsolvenzverfahren gelten die §§ 315–331 InsO. Weitere Rechtsnormen sind §§ 1975, 1980, 1971, 1988 BGB.

B. Grundsätze

Mit dem Erbfall vermischt sich das Vermögen des Erblassers mit dem Vermögen des Erben nach Ablauf der **Ausschlagungsfrist**. Bis zum Ablauf der Ausschlagungsfrist handelt es sich noch um getrenntes Vermögen, es besteht noch keine Eigenhaftung des vorläufigen Erben.

Jeder Erbe **haftet unbeschränkt,** jedoch beschränkbar (§§ 1967, 2058, 1975 BGB). Bei der Beschränkung der Haftung werden Nachlass und Eigenvermögen wieder zwei getrennte Vermögensmassen (§§ 1967, 1977 BGB). Zur Nachlassseparation führt sowohl die Nachlassverwaltung, als auch die Nachlassinsolvenz. Während die Nachlassverwaltung, § 1975 BGB, immer die volle Befriedigung der Gläubiger zum Ziel hat, da noch keine Überschuldung, sondern allenfalls Zahlungsfähigkeit vorliegt, ist das **Ziel der Nachlassinsolvenz** die verhältnismäßige Befriedigung der Gläubiger. Die Nachlassgläubiger können dann nur noch auf den Nachlass zugreifen (§ 325 InsO). Nachlassgläubiger, denen gegenüber der Erbe bereits unbeschränkt haftet, können weiter das Eigenvermögen des Erben in Anspruch nehmen, die Gläubiger des Erben jedoch können nicht das Nachlassvermögen in Anspruch nehmen.

Die **Verwaltung** des Nachlasses wird dem Erben im Fall des Nachlassinsolvenzverfahrens **völlig entzogen**. Die Verwaltung steht ausschließlich dem Nachlassinsolvenzverwalter zu. Die Nachlassgläubiger können Befriedigung nur aus dem Nachlass suchen. Ist das Nachlassinsolvenzverfahren eröffnet, können die Nachlassgläubiger ihre Ansprüche grundsätzlich nur gegen den Insolvenzverwalter geltend machen. Maßnahmen der Zwangsvollstreckung, die zugunsten von Nachlassgläubigern in das Eigenvermögen des Erben erfolgt sind, sind auf Antrag des Erben, der die Möglichkeiten seine Haftung zu beschränken noch nicht verloren hat, aufzuheben (§ 784 Abs. 1 ZPO). Im eröffneten Nachlassinsolvenzverfahren schützen die Bestimmungen der §§ 89 u. 321 InsO den Nachlass.[1]

Das **Nachlassinsolvenzverfahren** beendet eine bestehende Nachlassverwaltung (§ 1988 Abs. 1 BGB) sowie ein laufendes Aufgebotsverfahren (§ 993 Abs. 2 ZPO). Das Amt des Nachlassverwalters endet mit der Eröffnung des Insolvenzverfahrens.

C. Gegenstand des Insolvenzverfahrens

Nur der **ganze Nachlass**, nicht Teile hiervon, kann Gegenstand des Insolvenzverfahrens sein, § 316 Abs. 3 InsO. Der Nachlass als nicht rechtsfähiges Sondervermögen kann nicht Schuldner des Nachlassinsolvenzverfahrens sein. Da der oder die Erben (bekannt oder unbekannt) Träger des Sondervermögens sind, fällt ihnen die Schuldnerrolle zu. Das Verfahren wird allerdings unter dem Namen des Erblassers geführt.[2]

D. Zuständigkeit, § 315 InsO

I. Sachliche Zuständigkeit

Sachlich zuständig für das Insolvenzverfahren ist nicht das Nachlassgericht, sondern das Insolvenzgericht.

---

1 Staudinger/*Marotzke*, § 1975 Rn. 6.
2 *Braun/Bauch*, InsO, § 315 Rn. 3.

II. Örtliche Zuständigkeit

8   Örtlich ist in den meisten Fällen das Insolvenzgericht zuständig, in dessen Bezirk der Erblasser zum Zeitpunkt des Todes seinen **allg. Gerichtsstand**, § 315 InsO, hatte. § 315 InsO ist gegenüber § 3 InsO lex specialis. Es tritt eine **Konzentration** ein: Dasjenige AmtsG ist Insolvenzgericht für einen ganzen Landgerichtsbezirk, wo der Sitz des betreffenden LG ist, § 2 InsO. Landgerichtliche Abweichungen sind möglich. Der allg. Gerichtsstand des Erblassers zur Zeit seines Todes, also sein **letzter Wohnsitz** gem. § 13 ZPO, bestimmt die örtliche Zuständigkeit des Insolvenzgerichts, § 315 InsO, und nicht der Wohnsitz des Erben. Hatte der Erblasser jedoch bei einer **selbstständigen Tätigkeit** seinen wirtschaftlichen Mittelpunkt an einem anderen Ort als dem seines allg. Gerichtsstandes, so ist ausschließlich das Insolvenzgericht zuständig, in dessen Bezirk der Unternehmenssitz liegt.

III. Funktionelle Zuständigkeit

9   Bis zur Eröffnung ist der Richter – danach der Rechtspfleger – zuständig, § 18 RPflG. Der Rechtspfleger ist auch für das Insolvenzplan-Verfahren gem. §§ 217 ff. InsO zuständig.

E. Antrag, § 317 Abs. 1 InsO

10   Das Nachlassinsolvenzverfahren beginnt nur auf Antrag, es wird **nicht von Amts wegen** eröffnet.

I. Antragsberechtigung

11   Berechtigt, die Eröffnung des Insolvenzverfahrens über einen Nachlass zu beantragen, sind
   – der **Erbe**, § 317 Abs. 1 InsO;
   – der **Nacherbe**, allerdings erst mit Eintritt der Nacherbfolge, § 2139 BGB;
   – jeder **Miterbe**; wird der Antrag nicht von allen Miterben gestellt, ist der Eröffnungsgrund glaubhaft zu machen und die übrigen Miterben sind anzuhören, § 317 Abs. 2 InsO;
   – der Nachlassverwalter;
   – der Nachlasspfleger;
   – der **verwaltende Testamentsvollstrecker**, § 2205 BGB, der nicht nach § 2208 BGB beschränkt ist;
   – jeder Nachlassgläubiger.

   Bei dem Antragsrecht des Erben ist noch auf Folgendes hinzuweisen:
   – der Antragsberechtigung steht die fehlende Annahme der Erbschaft oder die eingetretene **unbeschränkte Haftung** des Erben für Nachlassverbindlichkeiten nicht entgegen. Der Antrag kann auch nach Teilung des Nachlasses gestellt werden, das Verfahren findet dann jedoch auf jeden Fall über den gesamten Nachlass und nicht über den Erbteil statt, § 316 Abs. 3 InsO.
   – gehört der Nachlass zum Gesamtgut einer **Gütergemeinschaft**, kann sowohl der Ehegatte, der Erbe ist, als auch der Ehegatte, der nicht Erbe ist, aber das Gesamtgut verwaltet, die Eröffnung des Insolvenzverfahrens über den Nachlass beantragen. Die Zustimmung des anderen Ehegatten ist zwar nicht erforderlich, § 318 Abs. 1

InsO, der Eröffnungsgrund ist jedoch von dem allein beantragenden Ehegatten glaubhaft zu machen und der andere Ehegatte ist anzuhören, § 318 Abs. 2 InsO (die anteilsberechtigten Abkömmlinge sind nicht antragsberechtigt, § 332 Abs. 3 InsO).

Hat der Erbe die **Erbschaft verkauft**, tritt der Käufer an seine Stelle (§ 330 Abs. 1 InsO). Hat der Erbe die Erbschaft **ausgeschlagen**, verliert er das Antragsrecht. Das Antragsrecht des Erben wird durch das Antragsrecht des Nachlassverwalters und des Nachlasspflegers nicht berührt.[3]

Bei dem Antragsrecht des Nachlassgläubigers gilt Folgendes:

Antragsberechtigt ist zudem jeder **Nachlassgläubiger** mit der Einschränkung, dass der Antrag des Nachlassgläubigers nur innerhalb von zwei Jahren nach Annahme der Erbschaft zulässig ist, §§ 319, 317 InsO. Nachlassgläubiger als Antragsteller sind auf die Geltendmachung der Überschuldung und/oder der Zahlungsunfähigkeit des Nachlasses beschränkt, sie können **nicht** als Antragsgrund die **drohende Zahlungsunfähigkeit** geltend machen, und müssen diese Gründe glaubhaft machen, §§ 14, 320 Satz 1 InsO. Dabei genügt es, die Vergeblichkeit der Vollstreckung in den Nachlass – etwa durch ein Gerichtsvollzieherzeugnis – zu belegen.

Für das Antragsrecht im Allgemeinen gilt Folgendes:

Die übrigen Antragsberechtigten müssen Tatsachen für Zahlungsunfähigkeit, drohende Zahlungsunfähigkeit oder Überschuldung darlegen (§ 320 Satz 2 InsO).

In beiden Fällen definieren § 17 Abs. 2 und § 18 Abs. 2 InsO die **Zahlungsunfähigkeit** (Unfähigkeit, die fälligen Zahlungspflichtigen zu erfüllen, i.d.R. bei Zahlungseinstellung) und **drohender Zahlungsunfähigkeit** (wenn voraussichtlich die bestehenden Zahlungspflichten im Zeitpunkt der Fälligkeit nicht erfüllt werden können).

II. Antragspflicht

1. Allgemeines

a) Antrag des Erben, des Nachlassverwalters

Der **Erbe** und der **Nachlassverwalter** sind verpflichtet gem. §§ 1980 Abs. 1, 1985 Abs. 2 BGB **unverzüglich** Antrag auf Eröffnung des Nachlassinsolvenzverfahrens zu stellen, sobald sie **Kenntnis erlangt** haben, dass der Nachlass zahlungsunfähig
oder
überschuldet ist, § 1980 Abs. 1 Satz 1 BGB.

Es handelt sich um eine materiellrechtliche Antragspflicht gegenüber den Gläubigern.

b) Antragspflicht des Nachlasspflegers, Testamentsvollstreckers

Weder der Nachlasspfleger noch der Testamentsvollstrecker sind verpflichtet, Antrag auf Eröffnung des Nachlassinsolvenzverfahrens zu stellen.

2. Rechtsfolgen der Verletzung der Antragspflicht

Der Kenntnis der Überschuldung steht die fahrlässige Unkenntnis gleich, § 1980 Abs. 2 Satz 1 BGB. **Fahrlässigkeit** liegt insbesondere dann vor, wenn der Erbe das Aufgebotsverfahren der Nachlassgläubiger nicht beantragt, obwohl es sich ihm auf-

---

3 *Braun/Bauch*, InsO, § 317 Rn. 5.

drängte, das Vorhandensein unbekannter Nachlassverbindlichkeiten anzunehmen. Dies ist vor allem dann gegeben, wenn in den Nachlassunterlagen sich zahlreiche Mahnungen befinden, Lastschriften mangels Rechnung zurückgegangen sind und nach dem Erbfall Rechnungen, Mahnungen u.a. eingehen. Das Aufgebotsverfahren ist jedoch nicht erforderlich, wenn die Kosten des Verfahrens gegenüber dem Nachlassbestand **unverhältnismäßig hoch** sind, § 1980 Abs. 2 Satz 2 BGB.

17 Die Kosten des Verfahrens steigen um die Zustellkosten bei den jeweils angegebenen potentiellen Gläubigern. Wenn Nachlässe einen Wert von etwa 25.000,- € übersteigen und nicht mehr als 50 bekannte Gläubiger vorliegen, sind die Kosten des Aufgebotsverfahrens vertretbar.

Damit will diese Bestimmung sicherstellen, dass der vorhandene Nachlass bei Beschränkung der Haftung auf den Nachlass den Nachlassgläubigern vollständig zur Verfügung steht; sie soll zudem die **gleichmäßige Befriedigung** der Gläubiger bei Dürftigkeit des Nachlasses ermöglichen.

18 Der Erbe wird gegenüber den unbefriedigten Nachlassgläubigern **schadenersatzpflichtig**, wenn er entgegen seiner Verpflichtung nicht unverzüglich den Antrag stellt, § 1980 Abs. 1 Satz 2 BGB. § 1980 Abs. 1 Satz 2 BGB ist analog auf den Nachlassverwalter, nicht jedoch auf den Nachlasspfleger und Testamentsvollstrecker anwendbar. Der Erbe bleibt also auch bei bestehender Nachlasspflegschaft oder Testamentsvollstreckung antragspflichtig. Die Antragspflicht der Erben ist jedoch eher theoretischer Natur, da bei angeordneter Nachlasspflegschaft bzw. Testamentsvollstreckung, der Erbe nur in den seltensten Fällen einen Überblick über die Vermögenssituation hat.

19 Der **Umfang** des **Schadens** richtet sich nach den §§ 249 ff. BGB,[4] bemisst sich also nach der Differenz zwischen demjenigen Betrag, den der Gläubiger tatsächlich erhalten hat, und dem, was er erhalten hätte, wenn der Antrag rechtzeitig gestellt worden wäre.[5] Der Anspruch richtet sich gegen den Erben oder Miterben als Gesamtschuldner, §§ 823 Abs. 2, 1980 Abs. 1 BGB, §§ 421 ff., 840 Abs. 1 BGB.[6] Im Nachlassinsolvenzverfahren gehört der Schadenersatzanspruch gegenüber den Erben zur Masse, vgl. § 328 Abs. 2 InsO und wird vom Nachlassinsolvenzverwalter geltend gemacht.[7] Nachlasspfleger und Testamentsvollstrecker sind jedoch gegenüber dem Erben verpflichtet, bei erkennbarer Überschuldung des Nachlasses von ihrem Antragsrecht Gebrauch zu machen, andernfalls machen sie sich diesem gegenüber schadenersatzpflichtig. Ein Schaden für die Erben wird sich jedoch in der Praxis nicht darstellen lassen, da die Erben bei Überschuldung nichts aus dem Nachlass erhalten werden.

III. Antragsfrist

20 Für die Nachlassgläubiger besteht eine Frist von **zwei Jahren** nach Annahme der Erbschaft. Danach eingehende Anträge sind ohne Sachprüfung als unzulässig zurückzuweisen. Für alle übrigen Antragsberechtigten besteht keine Frist.

IV. Form

21 Es ist keine Form vorgeschrieben. Der Antrag kann also schriftlich oder mündlich zu Protokoll der Geschäftsstelle, abgegeben werden.

---

4 BGH NJW 1985, 140 = FamRZ 1984, 1004.
5 *Staudinger/Marotzke*, § 1980 Rn. 16; *Erman/Schlüter*, § 1980 Rn. 5.
6 *Erman/Schlüter*, § 1980 Rn. 5.
7 *Bamberger/Roth/Lohmann*, § 1980 Rn. 6; *Palandt/Edenhofer*, § 1980 Rn. 6.

> **Formulierungsbeispiel:** Antrag auf Eröffnung des Nachlassinsolvenzverfahrens
> An das
> Amtsgericht
> – Insolvenzabteilung –
> ### Antrag auf Eröffnung des Nachlassinsolvenzverfahrens
> Nachlasssache ..., gestorben am ...
> zuletzt wohnhaft in ...
> Sehr geehrte Damen und Herren,
> ich vertrete Herrn ..., Vollmacht anbei.
> Frau ... ist am ... in ... verstorben.
> Die Alleinerbfolge meiner Mandantschaft ist dokumentiert im Erbschein des Amtsgerichts – Nachlassgericht – ... vom ..., AZ. ...
> Beweis: Erbscheins in Kopie anbei.
> Namens des Alleinerben beantrage ich die
> > Anordnung des Nachlassinsolvenzverfahrens
>
> wegen Überschuldung des Nachlasses.
> Als Anlage füge ich ein vom Erben erstelltes Nachlassverzeichnis bei, dessen Richtigkeit und Vollständigkeit dieser darauf versichert hat. Die Namen und Anschriften der Nachlassgläubiger sowie der Forderungsschuldner sind im Verzeichnis soweit bekannt vollständig und richtig aufgeführt.
> Aufgrund dieses Verzeichnisses liegt eine Überschuldung in Höhe von ... € vor.
> Ein die Kosten des Nachlassinsolvenzverfahrens deckender Aktiv-Nachlass ist auf jeden Fall vorhanden, auf den Konten befindet sich ein Betrag von ... €.
> Ich bitte, mir je eine Abschrift des Beschlusses über die Anordnung des Nachlassinsolvenzverfahrens, die Bestellung des Nachlassinsolvenzverwalters und der weiteren Anordnungen zu übermitteln.
> Entstehende Kosten können mir aufgegeben werden.
> Unterschrift

Ob eine einfache **Kopie** des **Erbscheins** ausreichend, oder die Vorlage einer Ausfertigung des Erbscheins notwendig ist, ist nicht festgelegt. In der Praxis reicht in den meisten Fällen die Vorlage einer Kopie des Erbscheins aus. Wenn sich Grundstücke im Nachlass befinden, wird von Amts wegen der Vermerk über die Anordnung des Nachlassinsolvenzverfahrens eingetragen, dies muss daher nicht beantragt werden.

22

Das Gesetz kennt drei Insolvenzeröffnungsgründe (§ 320 InsO):
- Überschuldung
- Zahlungsunfähigkeit
- drohende Zahlungsunfähigkeit

F. Begründetheit des Antrags (Insolvenzgrund)

I. Insolvenzgründe

1. Überschuldung

23 Überschuldung liegt nach § 19 Abs. 2 InsO vor, wenn das vorhandene Nachlassvermögen die bestehenden Verbindlichkeiten nicht mehr deckt, wenn also das Aktivvermögen kleiner ist, als die auf der Passivseite ausgewiesenen Nachlassverbindlichkeiten.

24 Es ist also eine Gegenüberstellung der **Aktiva und** der **Passiva** des Nachlasses vorzunehmen. Zu den Aktiva gehören die nach §§ 1976, 1977 BGB wieder auflebenden Rechte sowie Ansprüche gegen den Erben aus §§ 1978, 1979 BGB.[8] Die Aktiva sind mit dem Liquidationswert anzusetzen. Zu den Passiva gehören grundsätzlich alle Nachlassverbindlichkeiten. Diejenigen aus Vermächtnis und Auflagen sind zu berücksichtigen.

25 Bei der Ermittlung der Überschuldung des Nachlasses sind neben den **Masseverbindlichkeiten** nach § 334 InsO alle in §§ 325 ff. InsO genannten Verbindlichkeiten, somit auch Vermächtnisse, Auflagen und Pflichtteilsansprüche, zu berücksichtigen. § 1980 Abs. 1 Satz 3 BGB ist etwas missverständlich. Eine Insolvenzantragspflicht besteht dann nicht, wenn die Überschuldung sich nur durch Vermächtnisse und Auflagen ergibt.

26 *Beispiel Nr. 1*
Der Nachlass des Erblassers E besteht aus 10.000,00 € Bankguthaben und 20.000,00 € Mietschulden. In diesem Fall muss der Erbe einen Antrag auf Eröffnung des Nachlassinsolvenzverfahrens stellen, um sich nicht schadenersatzpflichtig zu machen.

27 *Beispiel Nr. 2*
Der Nachlass des Erblassers E besteht aus 10.000,00 € Bankguthaben und 9.000,00 € Mietschulden. Zugunsten des Dackelvereins sind die Erben mit einem Vermächtnis in Höhe von 5.000,00 € belastet. In diesem Fall können die Erben einen Antrag auf Eröffnung des Nachlassinsolvenzverfahrens stellen, müssen dies jedoch nicht.

Hat der Erbe vor der Eröffnung des Nachlassinsolvenzverfahrens aus dem Nachlassvermögen **Pflichtteilsansprüche**, **Vermächtnisse** oder **Auflagen erfüllt**, so sind diese Rechtshandlungen in der gleichen Weise **insolvenzrechtlich anfechtbar** wie eine unentgeltliche Leistung des Erben, § 322 InsO, da die Empfänger dieser Leistungen zu den nachrangigen Insolvenzgläubigern ge sollen als der Erbe selbst, § 327 InsO. § 322 InsO ist ein eigenständiger Anfechtungstatbestand.

Für die Begründetheit ist die **Überschuldungsbilanz** maßgebend, in der die Aktiva und Passiva des Nachlasses nach ihren realisierbarrswerten eingestellt sind. Ist die Bilanz negativ, bleibt es bei der Überschuldung. Wird sie jedoch positiv, werden die Aktiva in zweiter Stufe mit Fortführungswerten im Überschuldungsstatus (**Zerschlagungswerte**) angesetzt. Erst wenn diese immer noch eine Überschuldung ergeben, ist zu eröffnen; andernfalls ist der Antrag zurückzuweisen.[9]

---

[8] *Bamberger/Roth/Lohmann*, § 1980 Rn. 2.
[9] *Erman/Schlüter*, § 1980 Rn. 3.

F. Begründetheit des Antrags (Insolvenzgrund)

> **Merksatz:**
> Bei der Berechnung der Überschuldung des Nachlasses sind neben den Masseverbindlichkeiten nach § 334 InsO alle in § 325 InsO genannten Verbindlichkeiten, also auch Vermächtnisse, Auflagen und Pflichtteilsansprüche, zu berücksichtigen.

2. Zahlungsunfähigkeit

Zahlungsunfähigkeit liegt daher vor, wenn die fälligen Zahlungspflichten nicht erfüllt werden, § 17 Abs. 2 Satz 1 InsO. Ganz geringfügige Liquiditätslücken sind unbeachtlich. Sie ist i.d.R. anzunehmen, wenn der Schuldner seine Zahlungen eingestellt hat, § 17 Abs. 2 Satz 2 InsO. Dabei ist stets auf den Nachlass und nicht auf das Eigenvermögen des Erben abzustellen. Bei der Zahlungsunfähigkeit ist nur auf die Liquidität des Nachlasses abzustellen. Eine bloß vorübergehende Zahlungsunfähigkeit im Sinne einer **bloßen Zahlungsstockung** ist noch **kein Eröffnungsgrund**.[10] Uneinigkeit besteht in der Rechtsprechung darüber, wie hoch die Quote der nicht bezahlten Verbindlichkeiten zu sein hat. Teilweise wird eine Quote von unter 5 Prozent[11] angenommen. 28

Zahlungsunfähigkeit ist auf jeden Fall anzunehmen, wenn der Nachlass nicht mehr in der Lage ist, mehr als 20 Prozent der fälligen Verbindlichkeiten binnen zweier Monate zu begleichen. 29

3. Drohende Zahlungsunfähigkeit

Die drohende Zahlungsunfähigkeit ist ebenfalls ein Grund für die Eröffnung des Nachlassinsolvenz-Verfahrens, § 320 Satz 2 InsO; sie begründet jedoch keine **Antragspflicht**.[12] Das Antragsrecht steht nicht den Gläubigern zu. Bei der drohenden Zahlungsunfähigkeit ist i.d.R. durch einen **Insolvenzplan** für einen Prognosezeitraum von mindestens einem Jahr die Liquiditätslücke aufzuzeigen. Dem Schuldner droht Zahlungsunfähigkeit, wenn er voraussichtlich nicht in der Lage sein wird, die Verbindlichkeiten im Zeitpunkt ihrer Fälligkeit zu erfüllen, § 18 Abs. 2 InsO. Es wird somit auf noch nicht fällige Verbindlichkeiten abgestellt, während bei Zahlungsunfähigkeit auf fällige Forderungen abgestellt wird. 30

II. Weitere Voraussetzungen: kostendeckende Masse

Neben den oben angeführten Voraussetzungen setzt die Eröffnung des Nachlassinsolvenzverfahrens voraus, dass die **vorhandene Masse** wenigstens die Kosten des Verfahrens deckt, § 26 Abs. 1 Satz 1 InsO, zu denen 31

- die Gerichtskosten sowie
- die Vergütungen und Auslagen des vorläufigen Insolvenzverwalters der Mitglieder des Gläubigerausschusses (§ 54 InsO)

zählen.

---

10 *Balz/Landfermann*, Das neue Insolvenzgesetz, S. 223.
11 (Nerlich/Römermann/Mönning, InsO, § 17 Rn 18) von 5 % (FN AG Köln, NZI 2000, S. 89, 91), unter 10 % (FN H-Kopierarbeiten-Kirschhof, InsO, § 17 Rn. 20) als Maßstab angesetzt (FN Braun, InsO § 17 Rn 10).
12 AnwK-BGB/Krug, § 1980 Rn. 3.

Insolvenzmasse ist das Vermögen des Erblassers zum Zeitpunkt der Verfahrenseröffnung, nicht – wie auch vertreten wird – zum Zeitpunkt des Erbfalls.[13] Da zum Nachlass hinzugerechnet wird, was zwischen Erbfall und Verfahrenseröffnung in den Nachlass gelangte, ist der Streit nicht von praktischer Bedeutung.

Die sonstigen Masseverbindlichkeiten (§ 55 InsO) werden nicht berücksichtigt.

Aussonderungsrechte sind abzusetzen. Absonderungsbelastete Rechte sind nur mit dem Überschussbetrag bzw. beschränkt auf die Feststellungs- und Verwertungskosten von pauschal 9 Prozent des Erlöses zu berücksichtigen, §§ 170, 171 InsO.[14]

Reicht die ermittelte Masse nicht aus, um die Verfahrenskosten zu decken, muss das Gericht den Insolvenzantrag abweisen, es sei denn, es wird ein ausreichender Geldbetrag vorgeschossen, §§ 26 Abs. 1 Satz 2, 54 InsO. Der **Vorschuss** muss das gesamte Verfahren abdecken. Deckt die Masse die Verfahrenskosten nicht und wird auch kein Vorschuss geleistet, weist das Gericht den Antrag mangels einer die Verfahrenskosten deckenden Masse ab. Hiergegen steht dem Antragsteller und auch dem Schuldner die **sofortige Beschwerde** zu, § 34 Abs. 1 InsO. Die Abweisung mangels Masse verschafft dem Alleinerben und den Miterben die Möglichkeit der Haftungsbeschränkung aufgrund der **Dürftigkeitseinrede** nach §§ 1990, 1991 BGB; dies ist oftmals das Ziel eines Insolvenzantrages. Damit können Zwangsvollstreckungsmaßnahmen in das Vermögen des Erben gestoppt werden. Der Einstellungsbeschluss ist Voraussetzung für die Erhebung einer Vollstreckungsgegenklage.

G. Sicherungsmaßnahmen

32 Als Sicherungsmaßnahmen bis zu einer Entscheidung über den Antrag kommen mehrere Entscheidungen des Insolvenzgerichts in Betracht.

I. Vorläufiger Insolvenzverwalter

33 Möglich ist die Einsetzung eines vorläufigen Insolvenzverwalters (§ 21 Abs. 2 Nr. 1 InsO); dem vorläufigen Insolvenzverwalter wird dabei im Regelfall die Verwaltungs- und Verfügungsbefugnis über das Vermögen des Schuldners verliehen, § 22 Abs. 1 Satz 1 InsO. Die **Prozessführungsbefugnis** für den infolge der Antragstellung unterbrochenen Aktiv- und Passivprozess geht auf den vorläufigen Verwalter gem. §§ 24 Abs. 2, 85 Abs. 1 InsO über. Das Gericht setzt die Vergütung des vorläufigen Insolvenzverwalters durch Beschluss fest. Maßgeblich hierfür ist die Insolvenzvergütungsordnung (InsVO). Regelmäßig ist von 25 Prozent der Verwaltervergütung eines Insolvenzverwalters auszugehen.

II. Verhängung eines allgemeinen Verfügungsverbots

34 Verhängt das Gericht ein allg. Verfügungsverbot nach § 21 Abs. 2 Nr. 2 InsO, geht auch die Verwaltungs- und Verfügungsbefugnis über den Nachlass auf den vorläufigen Verwalter über, § 22 Abs. 1 Satz 1 InsO.

---

13 *Kuhn/Uhlenbruck*, KO, § 214 Rn. 2.
14 *Braun*, InsO, § 321, Rn. 13.

III. Erlass eines allgemeinen Veräußerungsverbots

Das Gericht kann ein allg. Veräußerungsverbot erlassen und anordnen, dass Verfügungen der Erben nur mit **Zustimmung** des **vorläufigen Insolvenzverwalters** wirksam sind, § 21 Abs. 2 Nr. 2 2. Alt. InsO. Verfügungen der Erben sind bei Erlass eines allg. Veräußerungsverbotes absolut unwirksam, §§ 24 Abs. 1, 81, 82 InsO. Das Verbot tritt bereits mit seinem Erlass, sofern Tag und Stunde angegeben sind (sonst ab der Mittagsstunde des Erlasstags), in Kraft.[15]

IV. Untersagung/Einstellung der Zwangsvollstreckung

Das Gericht kann **Maßnahmen der Zwangsvollstreckung** in den beweglichen Nachlass untersagen oder einstweilen einstellen, § 21 Abs. 2 Nr. 3 InsO. Auf Antrag des vorläufigen Insolvenzverwalters kann das Gericht auch Vollstreckungen in den übrigen Nachlass untersagen oder vorläufig einstellen, § 30d Abs. 4 ZVG.

V. Sonstige Sicherungsmaßnahmen

Versiegelung von Gegenständen, Untersagung der Herausgabe von Gegenständen an Dritte, **Postsperre**, Zwangsvorführung und **Haftanordnung**, §§ 21 Abs. 2 Nr. 1 bis 3 und Abs. 3 InsO, sind möglich.

H. Die Eröffnung des Insolvenzverfahrens

I. Inhalt des Eröffnungsbeschlusses

– Die Insolvenz ist als Nachlassinsolvenz über das Vermögen des Erblassers (Name, Todeszeit) zu bezeichnen.
– Der **Insolvenzverwalter** wird vorläufig (die erste Gläubigerversammlung kann ihn abwählen und einen anderen Verwalter ernennen, § 57 InsO) ernannt und namentlich unter Angabe seiner Anschrift bezeichnet.
– Tag und Stunde der Eröffnung sind anzugeben, § 27 Abs. 2 InsO.
– Die **Gläubiger** werden aufgefordert, ihre Forderungen einschließlich ihrer Sicherungsrechte innerhalb einer bestimmten Frist beim Insolvenzverwalter anzumelden, § 28 Abs. 1 InsO.
– **Schuldnern** des Nachlasses wird aufgegeben, nur noch an den Verwalter zu leisten, § 28 Abs. 3 InsO.
– Der Termin für die erste Gläubigerversammlung (in der der Insolvenzverwalter berichtet und in der der weitere Fortgang beschlossen wird) und ein Termin zur Prüfung der angemeldeten Forderungen werden bestimmt, § 29 InsO.

II. Bekanntmachung des Eröffnungsbeschlusses

Er ist **öffentlich** bekannt zu machen (im Bundesanzeiger und dem regionalen Veröffentlichungsblatt); die Bekanntmachung gilt zwei Tage nach der Veröffentlichung als bewirkt. Der Beschluss ist auch in den Registern gem. §§ 31, 32 InsO einzutragen.

---

15 BGH ZIP 1995, 40; BGH ZIP 1996, 1909, 1911.

III. Rechtsmittel

40 Der **Eröffnungsbeschluss** kann nur vom Schuldner (= **Erbe**) mit der **sofortigen Beschwerde** § 34 Abs 2 InsO, die keine aufschiebende Wirkung hat, § 4 InsO i.V.m. § 572 ZPO, angefochten werden. Wenn die Eröffnung abgelehnt wird, steht dem Antragsteller die sofortige Beschwerde zu, § 34 Abs. 1 InsO.

IV. Zeitpunkt der Wirksamkeit des Beschlusses

41 Die Eröffnung wird wirksam mit dem im Eröffnungsbeschluss genannten Zeitpunkt, falls dieser fehlt, mit der Mittagsstunde des Beschlusstages, § 27 Abs. 2 Nr. 3, Abs. 3 InsO.

I. Die Wirkung der Eröffnung des Verfahrens

I. Beschlagnahme

42 Der Nachlass wird mit der Eröffnung des Nachlassinsolvenzverfahrens beschlagnahmt, § 80 InsO, mit der Wirkung, dass der Erbe seine Verfügungsbefugnis verliert. Die **Verschmelzung** von Nachlass und Eigenvermögen des Erben wird mit Rückwirkung ab Erbfall beseitigt, § 1978 Abs. 1 BGB (Nachlassseperation).

II. Ausschließliche Verfügungsbefugnis des Insolvenzverwalters

43 Der Insolvenzverwalter hat das ausschließliche Verwaltungs- und Verfügungsrecht, §§ 27, 80 Abs. 1 InsO. Zu dem im Eröffnungsbeschluss genannten Zeitpunkt verliert der Schuldner (= Erbe) Verwaltungs- und Verfügungsbefugnis über den Nachlass, einschließlich der Prozessführungsbefugnis, §§ 80 ff. InsO, dies gilt sowohl für Aktiv- als auch Passivprozesse. Die Unterbrechung gem. § 240 ZPO, betrifft auch Stufenklagen von Pflichtteilsberechtigten. Rechtshandlungen des Schuldners (= Erben) sind mit der Eröffnung den Insolvenzgläubigern gegenüber unwirksam.

III. Grundbuchvermerk

44 Der Insolvenzvermerk wird auf Ersuchen des Insolvenzgerichts in das Grundbuch eingetragen, §§ 32, 33, 81 InsO.

IV. Nachlassseparation

45 Der Nachlass wird den Nachlassgläubigern vorbehalten, §§ 325, 327 InsO. Die Haftung des Erben beschränkt sich gegenüber den Nachlassgläubigern auf den Nachlass, § 1975 BGB, wenn er nicht bereits unbeschränkt haftet.

V. Verbot der Einzelzwangsvollstreckung

46 Einzelvollstreckungen sind während der Dauer des Insolvenzverfahrens unzulässig, §§ 89, 90 InsO. Für die **Immobiliarzwangsvollstreckung** bewirkt das Vollstreckungsverbot des § 89 Abs. 1 InsO in Bezug auf persönliche Nachlassgläubiger folgendes: Eine Zwangshypothek kann nicht mehr im Grundbuch eingetragen werden, der Eintrag selbst wäre ein Akt der Zwangsvollstreckung, wenn auch nur zum Zwecke der Sicherung der Forderung. Die Forderung ist zur Insolvenztabelle anzumelden.

VI. „Rückschlagsperre"

1. Zeitraum ein Monat vor Antragstellung

Rückschlagsperre des § 88 InsO heißt: Hat ein Insolvenzgläubiger im letzten Monat vor dem Insolvenzantrag durch Zwangsvollstreckung eine Sicherung (Sach- und Forderungspfändung) an einem Nachlassgegenstand erlangt, so wird diese Maßnahme mit der Eröffnung des Nachlassinsolvenzverfahrens unwirksam. 47

Die Rückschlagsperre betrifft nur die durch Zwangsvollstreckung erlangten Sicherungen. Die Rückschlagsperre greift nicht ein, wenn der Vollstreckungsgläubiger bereits befriedigt wurde. 48

Hat der Nachlassgläubiger im letzten Monat vor dem Antrag auf Eröffnung der Nachlassinsolvenz eine Zwangshypothek im Grundbuch eintragen lassen, so wird diese mit Eröffnung des Nachlassinsolvenzverfahrens unwirksam. Analog dürfte eine Eigentümergrundschuld entstehen, § 868 ZPO.16 Nicht erfasst werden von der sog. Rückschlagsperre rechtsgeschäftlich vorgenommene Sicherungen; ein derartiger Rechtserwerb kann durch Insolvenzanfechtung nach §§ 129 ff. InsO angefochten werden. 49

2. Zeitraum zwischen Antragstellung und Eröffnung

Für den Zeitraum zwischen Antragstellung und Verfahrenseröffnung gilt, wenn Sicherungsmaßnahmen, nicht Zwangsvollstreckungsmaßnahmen, getroffen wurden: Die durch besondere gerichtliche Anordnung verfügte Untersagung der Zwangsvollstreckung nach § 21 Abs. 2 Nr. 3 InsO stellt ein **Vollstreckungshindernis** dar, aber es bezieht sich nach dem eindeutigen Wortlaut der Vorschrift nicht auf Grundstücke. Deshalb ist während dieses Interimstadiums ihre Eintragung möglich. Allerdings gewinnt nach der Eröffnung des Nachlassinsolvenzverfahrens die „Rückschlagsperre" des § 88 InsO Bedeutung: die Eintragung der **Zwangshypothek** wird unwirksam. 50

Wird nach dem Erbfall eine **Vormerkung** auf der Grundlage einer einstweiligen Verfügung erlangt und danach das Nachlassinsolvenzverfahren eröffnet, so ist gem. § 321 InsO der Nachlassinsolvenzverwalter berechtigt, die Löschung der Vormerkung zu verlangen. 51

J. Rechtswirkung der Verfahrenseröffnung im Hinblick auf die Haftung

I. Nachlassseparation

Die Wirkungen der mit dem Erbfall eingetretenen Vereinigung des Eigenvermögens des Erben mit dem Nachlass werden wieder beseitigt. Sind durch die Vereinigung Rechte und Verbindlichkeiten erloschen, sei es durch **Konfusion** (Vereinigung von Recht und Verbindlichkeit) oder **Konsolidation** (Vereinigung von Recht und Belastung), so gelten infolge der Insolvenzeröffnung diese Rechtsverhältnisse ex tunc als nicht erloschen, § 1976 BGB. 52

Die als Folge der Vereinigung eingetretene **unbeschränkte Haftung** des Erben wird beschränkt auf das Nachlassvermögen. 53

---

16 *Musielak/Becker*, ZPO 1999, § 868 Rn. 3.

II. Verlust der Haftungsbeschränkung

54 Die Haftungsbeschränkung tritt allerdings nur ein, wenn der Erbe nicht bereits aus anderen Gründen unbeschränkt haftet, wie:

- Fälle der Inventaruntreue, § 2005 BGB;
- Versäumung der Inventarfrist, § 1994 BGB;
- Verweigerung der Eidesstattlichen Versicherung, § 2006 BGB;

hier aber nur unbeschränkte Haftung gegenüber dem antragstellenden Gläubiger.

55 § 2013 BGB besagt nicht, dass das Nachlassinsolvenzverfahren nicht mehr eröffnet werden kann. Das Verfahren kann aber bei unbeschränkbarer Haftung des Erben nicht mehr zu einer Haftungsbeschränkung führen. Das Verfahren entfaltet die Trennungswirkung nur zugunsten der Nachlassgläubiger. Gläubiger des Erben können nicht mehr in Nachlassgegenstände die Zwangsvollstreckung betreiben. Der unbeschränkbar haftende Erbe behält weiter das Recht, die Eröffnung des Nachlassinsolvenzverfahrens zu beantragen. Der Erbe haftet bei der Eröffnung des Nachlassinsolvenzverfahrens mit seinem Eigenvermögen, auf das die Nachlassgläubiger zugreifen können. Wird neben dem Nachlassinsolvenzverfahren auch ein Insolvenzverfahren über das Eigenvermögen des Erben eröffnet, können die Nachlassgläubiger ihre Forderungen auch in diesem Verfahren geltend machen und werden dann wie absonderungsberechtigte Gläubiger behandelt, § 331 Abs. 1 InsO.[17]

56 Die durch die Eröffnung bewirkte Haftungsbeschränkung gilt gegenüber allen Gläubigern, nicht nur im Verhältnis zu einzelnen, wie es beim Aufgebotsverfahren oder der fünfjährigen Gläubigersäumnis geschieht. Sie wirkt nicht nur zugunsten des Antragstellers. Der antragstellende Gläubiger erreicht zwar, dass der Nachlass als Haftungsmasse geschützt wird; gleichzeitig wird auch die Haftung des Erben auf die Masse beschränkt. Jeder **Gläubiger** des Erblassers muss daher prüfen, ob es überhaupt sinnvoll ist, einen **Nachlassinsolvenzantrag** zu stellen, da ihm dadurch die Möglichkeit der Zwangsvollstreckung in das Vermögen des Erben genommen wird. Entsprechend bewirkt die Eröffnung auf Antrag des Erben nicht nur seine Haftungsbeschränkung auf den Nachlass, sondern schützt sein Vermögen vor **Zwangsvollstreckungsmaßnahmen** der Gläubiger des Erben.

III. Aufrechnung und Insolvenzeröffnung

57 Die vor Eröffnung erfolgten Aufrechnungen von Nachlassgläubigern gegen Eigenforderungen des Erben oder von Eigengläubigern des Erben gegen Nachlassforderungen gelten als nicht erfolgt, § 1977 BGB. Erblasser E hat Verbindlichkeiten bei der KFZ Werkstatt A in Höhe von 1.000,00 €. Die von A erklärte Aufrechnung wird unwirksam. Erblasser E hat in diesem Fall die Mietforderung und der Erbe die Verbindlichkeiten aus Reparatur. Hat der Erbe der Aufrechnung von Nachlassgläubigern gegen eine Eigenforderung zugestimmt oder diese Aufrechnung veranlasst, bleibt es bei der Aufrechnung. Eine **Zustimmung** des Erben zu **Aufrechnungen** von Eigengläubigern gegen Nachlassforderung ist hingegen trotz des Wortlautes von § 1977 Abs. 2 BGB nicht relevant. Die Aufrechnung des Eigengläubigers wird also ex tunc unwirksam. Dies ergibt sich aus dem Schutzwzeck der Norm. Der Fall ist nicht über die Haftung des Erben für die bisherige Verwaltung, §§ 1978, 1979 BGB, zu regeln. § 1977 BGB will die Aufrechnung aus der sonstigen Verwaltung herausnehmen und gesondert regeln.

---

17 *Staudinger/Marotzke*, § 2013 Rn. 5.

IV. Erfüllung von Pflichtteilsansprüchen und Vermächtnissen

Die bereits erfolgte Befriedigung von Pflichtteilsansprüchen, Vermächtnissen und Auflagen durch den Erben vor Eröffnung ist wie eine unentgeltliche Leistung, § 322 InsO, anfechtbar.

58

V. Aufwendungsersatzansprüche des Erben

Nach § 1978 Abs. 3 BGB sind dem Erben **Aufwendungen** aus dem Nachlass zu ersetzen, soweit er nach den Vorschriften über den Auftrag oder die Geschäftsführung ohne Auftrag Ersatz verlangen könnte.

59

Die Ersatzpflicht ist **Nachlassverbindlichkeit**. Sie ist gegen den Nachlassinsolvenzverwalter geltend zu machen. Im Nachlassinsolvenzverfahren stellen sie **Masseverbindlichkeiten** dar, § 324 Abs. 1 Nr. 1 InsO. Im Nachlassinsolvenzverfahren steht dem Erben wegen der nach §§ 1978, 1979 BGB aus dem Nachlass zu ersetzenden Aufwendungen **kein Zurückbehaltungsrecht** zu, § 323 InsO.

60

K. Anmeldung der Forderung

Es gibt keine Abweichung zum Regelinsolvenzverfahren.

61

Die Nachlassgläubiger, § 38 InsO, die am Nachlassinsolvenzverfahren teilnehmen wollen, müssen ihre Forderungen **beim Insolvenzverwalter** anmelden, § 174 InsO, nicht beim Gericht.[18]

62

Folgende **formale Anforderungen** der Anmeldung sind zu beachten:
– Schriftform ist vorgesehen, § 174 Abs. 1 Satz 1 InsO.
– Beweisstücke sollen beigefügt werden, § 174 Abs. 1 Satz 2 InsO.
– Der Rechtsanwalt des Gläubigers hat eine schriftliche Vollmacht vorzulegen.
– Grund und Höhe der Forderung sind anzugeben, § 174 Abs. 1 InsO.
– Die Frist zur Forderungsanmeldung wird im Eröffnungsbeschluss genannt, § 28 Abs. 1 InsO.

63

> **Formulierungsbeispiel:** Anmeldung zur Nachlassinsolvenztabelle beim Nachlassinsolvenzverwalter
>
> Herrn
>
> Rechtsanwalt
>
> (Nachlassinsolvenzverwalter)
>
> ...
>
> **Nachlassinsolvenzverfahren in der Nachlasssache der/des ..., gestorben am ..., zuletzt wohnhaft in ...**
>
> Hier: Anmeldung einer Forderung gegen den Nachlass zur Insolvenztabelle
>
> Sehr geehrter Herr Kollege,
>
> Ich vertrete .... Eine auf mich lautende Vollmacht füge ich bei – Anlage 1 –.

---

18 Vgl. im Einzelnen zum insolvenzrechtlichen Feststellungsverfahren *Merkle*, Rpfleger 2001, 157 ff. m.w.N. zu str. Rechtsfragen.

> Meine Mandantin hat eine Forderung i.H.v. ... € aus dem Kauf
>
> Beweis: Kopie des Kaufvertrags vom ... – Anlage 2 –
>
> Diese Forderung zzgl. Zinsen und Kosten gemäß der nachfolgenden Forderungsaufstellung melde ich hiermit zur Insolvenztabelle an.
>
> Die Forderung meiner Mandantin errechnet sich nach Hauptforderung, Zinsen und Kosten wie folgt:
>
> ...
>
> Ein Vollstreckungstitel ist nicht vorhanden.
>
> Unterschrift

L. Insolvenzverfahren und Verteilung des Nachlasses

64 Der Kreis **der Massegläubiger** im Nachlassinsolvenzverfahren ergibt sich aus § 324 InsO. Insolvenzgläubiger sind nur die **Nachlassgläubiger**, § 325 InsO, zu denen gem. § 325 InsO auch der Erbe selbst zählen kann. Die aussonderungsberechtigten Gläubiger (z.B. Rechte aus §§ 985, 604 BGB) sind keine Insolvenzgläubiger, § 47 InsO; sie brauchen daher am Insolvenzverfahren nicht teilzunehmen und sind somit auch nicht antragsberechtigt. Zur abgesonderten Befriedigung berechtigt sind die in §§ 49-51 InsO Berechtigten. Soweit ihnen der Schuldner persönlich haftet, sind sie auch Insolvenzgläubiger und müssen ihre Forderungen zur Tabelle anmelden. Bedient wird die Forderung mit dem nach Absonderung ausgefallenen Teil mit der Quote. **Unbewegliche Gegenstände** werden vom Berechtigten nach **ZVG** verwertet. Bewegliche Gegenstände und Forderungen werden ausschließlich vom Verwalter verwertet (§§ 166-169 InsO, Ausnahme § 173 InsO).

65 Bei der Verteilung des Nachlasses gilt folgende **Rangordnung**:

An erster Stelle stehen die **Masseverbindlichkeiten** nach §§ 54, 55 und 324 Abs. 1 Nr. 1-6 InsO, die vorab befriedigt werden. Es gibt nichtnachrangige Insolvenzgläubiger, § 38 InsO, die innerhalb einer Stufe rangmäßig auf der gleichen Stufe stehen und nachrangige Insolvenzgläubiger, § 39 InsO. Im Einzelnen ergibt sich folgendes **Stufenverhältnis**:

66

	1.	Masseverbindlichkeiten	
		§ 54 Nr. 1 InsO	
		Gerichtskosten für das Insolvenzverfahren	
		§ 54 Nr. 2 1. Alt InsO	Vergütung und Auslagen des vorläufigen Insolvenzverwalters
		§ 54 Nr. 2 2. Alt InsO	Vergütung und Auslagen der Mitglieder des Gläubigerausschusses
		§ 55 Abs. 1 Nr. 1 InsO	Verbindlichkeiten aus Handlungen des Insolvenzverwalters
		§ 55 Abs. 1 Nr. 2 InsO	Verbindlichkeiten aus gegenseitigen Verträgen
		§ 55 Abs. 1 Nr. 3 InsO	Verbindlichkeiten aus ungerechtfertigter Bereicherung der Masse
		§ 55 Abs. 2 InsO	durch vorläufigen Insolvenzverwalter begründete Verbindlichkeiten rechtsgeschäftlichen oder gesetzlichen Ursprungs
		§ 55 Abs. 3 InsO	Ansprüche aus Arbeitsentgelt
		§ 324 Abs. 1 Nr. 1 InsO	Ersatzansprüche der Erben nach §§ 1978, 1979 BGB

	§ 324 Abs. 1 Nr. 2 InsO	Beerdigungskosten
	§ 324 Abs. 1 Nr. 3 InsO	Verfahrenskosten im Falle einer Todeserklärung
	§ 324 Abs. 1 Nr. 4 InsO	Kosten der Eröffnung einer Verfügung von Todes wegen, Kosten der Sicherung des Nachlasses, der Nachlasspflegschaft, des Aufgebots und der Inventarerrichtung
	§ 324 Abs. 1 Nr. 5 InsO	vom Nachlasspfleger oder Testamentsvollstrecker begründete Verbindlichkeiten
	§ 324 Abs. 1 Nr. 6 InsO	Ansprüche eines Nachlasspflegers, Testamentsvollstreckers oder vorläufigen Erben gegen endgültige Erben
2.	§ 38 InsO	nicht nachrangige Gläubiger, z.B. Mitgliedsrechte von Gesellschaften, Ansprüche aus insolvenznahen Sozialplan, Nachteilsausgleichsansprüche aus § 113 BetrVG, Schadensersatzansprüche wegen Verdienstausfall.
(3.-7.)		nachrangige Gläubiger gem. § 39 Abs. 1 Nr. 1 bis 5 InsO
3.	§ 39 Abs. 1 Nr. 1 InsO	seit Eröffnung laufende Zinsen
4.	§ 39 Abs. 1 Nr. 2 InsO	
		Teilnahmekosten der Insolvenzgläubiger am Verfahren
5.	§ 39 Abs. 1 Nr. 3 InsO	Geldstrafen/-bußen u. dgl.
6.	§ 39 Abs. 1 Nr. 4 InsO	Forderungen auf unentgeltliche Zuwendung
7.	§ 39 Abs. 1 Nr. 5 InsO	Forderungen auf Rückgewähr kapitalersetzender Darlehen
8.	§ 39 Abs. 2 InsO	Gläubiger des § 39 Abs. 2 InsO (bei vereinbartem Nachrang)
9.	§ 1973 Abs. 1 Satz 2 BGB	infolge Aufgebot ausgeschlossene Gläubiger (§ 1973 Abs. 1 Satz 2 BGB) und von der Verschweigungseinrede betroffene Gläubiger (§ 1974 BGB)
10.	§ 327 Abs. 1 Nr. 1 InsO	Pflichtteilsansprüche gem. § 327 Abs. 2 InsO ebenso Vermächtnisse nach § 2307 BGB)
11.	§ 327 Abs. 1 Nr. 2 InsO	Vermächtnisansprüche, Verbindlichkeiten aus Auflagen

Bei **Masseunzulänglichkeit** greift die Rangordnung des § 209 InsO, Masseverbindlichkeiten gem. § 324 InsO haben der Rang gem. § 209 Abs. 1 Nr. 3 InsO (§ 324 Abs. 2 InsO). 67

Die rangmäßig auf gleicher Stufe stehenden Gläubiger werden verhältnismäßig befriedigt, §§ 39 Abs. 1, 327 Abs. 1 InsO. 68

Der Verwalter verteilt die Teilungsmasse durch **Abschlagsverteilung** nach dem Prüfungstermin unter Berücksichtigung der gem. § 189 Abs. 1 und 2 InsO zurückbehaltenen Anteile zu dem gem. § 195 InsO bestimmten Bruchteil. Zur Schlussverteilung und Nachtragsverteilung s. §§ 196, 179 ff., 189 Abs. 2, 203 InsO. Ein eventuell sich ergebender **Überschuss** ist an die Erben herauszugeben (§ 199 InsO). 69

70 Die **Anmeldung** einer Forderung im Aufgebotsverfahren macht die Anmeldung im Insolvenzverfahren nicht entbehrlich.

71 Ab Eröffnung des Insolvenzverfahrens über das Vermögen des Erben kann der Gläubiger, dem beide Vermögensmassen haften, seinen **Anspruch** im Verfahren über das Eigenvermögen nur anmelden, soweit er im Nachlassinsolvenzverfahren ausgefallen ist, § 331 i.V.m. § 52 InsO.

M. Beendigung

72 Das Nachlassinsolvenzverfahren endet nicht durch Verteilung bzw. durch den **Insolvenzplan**. Es ist ein **Aufhebungsbeschluss** notwendig (§ 258 Abs. 1 InsO). Sobald die Bestätigung des Insolvenzplans rechtskräftig ist, beschließt das Insolvenzgericht die Aufhebung. Der Beschluss und der Grund der Aufhebung sind öffentlich bekannt zu machen. Der Schuldner, der Insolvenzverwalter und die Mitglieder des Gläubigerausschusses sind vorab über den Zeitpunkt des Wirksamwerdens der Aufhebung, § 9 Abs. 1 Satz 3 InsO, zu unterrichten.

73 Das Verfahren kann auch vorzeitig durch Beschluss des Insolvenzgerichts beendet werden und zwar durch
– Einstellung (§ 215 InsO);
– Wegfall des Eröffnungsgrundes (§ 212 InsO);
– Insolvenzverzicht aller Gläubiger (§ 213 InsO);
– ehlender Masse (§ 207 InsO);
– Masseunzulänglichkeit (§ 211 InsO);
– nach Zweckerreichung durch
– Aufhebungsbeschluss nach Abhaltung des Schlusstermins (§ 200 InsO).

74 **Nach der Aufhebung** des Nachlassinsolvenzverfahrens kann sich der Erbe gegenüber denjenigen Nachlassgläubigern, für und gegen die der Insolvenzplan Wirkung entfaltet, nicht so ohne Weiteres auf § 1989 BGB berufen, denn die Ansprüche der Nachlassgläubiger gegen den Erben richten sich auch nach dem Inhalt des Insolvenzplans.[19] Denn einem Insolvenzplan werden die Nachlassgläubiger im Regelfall nur dann zustimmen, wenn der Erbe auch bereit ist sein Eigenvermögen z.T. einzusetzen, um auf der anderen Seite den Nachlass zu seiner freien Verfügung zu erhalten. In der Praxis ist davon auszugehen, dass der Erbe sich gegenüber den am Insolvenzplan beteiligten Gläubigern auf § 1989 BGB berufen kann.

75 Gegenüber Nachlassgläubigern, die ihre Forderungen im Nachlassinsolvenzverfahren nicht angemeldet haben, findet die Bestimmung des § 254 Abs. 1 Satz 3 InsO keine Anwendung.[20] Das bedeutet, dass der rechtskräftig bestätigte Insolvenzplan ihnen gegenüber keine Wirkungen zeitigt. Gegenüber diesen Gläubigern bestimmt sich die **Haftung** des Erben nicht nach dem Insolvenzplan, sondern nach der entsprechenden Anwendung des § 1973 BGB. Die Nichtanmeldung im Nachlassinsolvenzverfahren wird der Nichtanmeldung im Aufgebotsverfahren gleichgestellt.[21]

---

19 *Staudinger/Marotzke*, § 1989 Rn. 14.
20 *Staudinger/Marotzke*, § 1989 Rn. 18.
21 *Staudinger/Marotzke*, § 1989 Rn. 18 m.w.N.

Mit der Aufhebung des Insolvenzverfahrens endet der dem Erben bereits durch § 1975 BGB und § 784 Abs. 1 ZPO gewährte **Schutz des Eigenvermögens**. Nach Aufhebung des Insolvenzverfahrens kann der Erbe die Befriedigung der noch nicht (voll) befriedigten Nachlassgläubiger oder derjenigen, die sich am Nachlassinsolvenzverfahren nicht beteiligt haben, verweigern, soweit der Nachlass durch das Nachlassinsolvenzverfahren erschöpft wird. Der Erbe braucht die Nachlassgläubiger deshalb weder aus seinem Eigenvermögen, noch aus denjenigen Nachlassgegenständen zu befriedigen, derentwegen eine Nachtragsverteilung gem. § 203 InsO stattfinden muss.

76

Sind alle bei der **Schlussverteilung** zu berücksichtigenden Gläubiger voll befriedigt worden, kommt eine Haftung des Erben nur gegenüber denjenigen Nachlassgläubigern in Betracht, deren Forderungen von der Schlussverteilung nicht betroffen und in das Schlussverzeichnis nicht einzusetzen waren. Das sind meist die Nachlassgläubiger, die ihre Forderungen im Nachlassinsolvenzverfahren nicht angemeldet oder ihre Anmeldung zurückgenommen haben. Diese Nachlassgläubiger kann der Erbe entsprechend § 1973 BGB auf den ihm vom Nachlassinsolvenzverwalter überlassenen Nachlasswert verweisen.[22]

77

N. Zwangsvollstreckung aus der Tabelle

Nach der Durchführung des Nachlassinsolvenzverfahrens wird es in der Praxis kein zum Nachlass gehörendes Vermögen mehr geben, so dass die Haftung des Erben praktisch entfällt. Darlegungs- und beweispflichtig dafür, dass dies der Fall ist, ist der Erbe.[23] Vollstreckt ein Gläubiger aus einem Auszug aus der Tabelle, § 201 Abs. 1 InsO, in das Eigenvermögen des Erben, kann dieser nach §§ 767, 781, 785 ZPO **Vollstreckungsgegenklage** erheben; eines Vorbehaltes nach § 780 ZPO bedarf es dazu nicht.[24]

78

O. Dürftigkeitseinrede

Die Dürftigkeitseinrede nach § 1990 Abs. 1 BGB setzt voraus, dass eine die **Kosten des Nachlassinsolvenzverfahrens** deckende Masse fehlt (§ 1982 BGB; § 26 Abs. 1 InsO) und deshalb die Eröffnung des Nachlassinsolvenzverfahrens nicht „tunlich" oder das Insolvenzverfahren eingestellt ist, § 207 Abs. 1 InsO, § 1990 Abs. 1 Satz 1 BGB. Die Überschuldung des Nachlasses ist – im Gegensatz zu § 1992 BGB – nicht Voraussetzung für die Anwendung des § 1990 BGB.[25] Es ist ausreichend, dass die Nachlassaktiva so gering sind, dass die Kosten der genannten Verfahren nicht gedeckt sind; sprich nicht vorgeschossen werden können.[26] **Darlegungs-** und **beweispflichtig** für die Dürftigkeit des Nachlasses ist der Erbe.[27] Dies kann er durch die Vorlage entsprechender Entscheidungen des Insolvenzgerichts tun.[28] Das gilt insbesondere auch dann, wenn die Eröffnung des Nachlassinsolvenzverfahrens mangels Masse abgelehnt worden ist, § 26 Abs. 1 InsO, § 1982 BGB. Die Bindungswirkung muss jedoch dann entfallen, wenn nach der Ablehnung der Eröffnung der Verfahren weitere Nachlassak-

79

---

22 *Staudinger/Marotzke*, § 1989 Rn. 10.
23 *Bamberger/Roth/Lohmann*, § 1989 Rn. 3.
24 *Palandt/Edenhofer*, § 1989 Rn. 1.
25 MünchKomm/*Siegmann*, § 1990 Rn. 2.
26 *Palandt/Edenhofer*, § 1990 Rn. 2; *Erman/Schlüter*, § 1990 Rn. 1.
27 *Staudinger/Marotzke*, § 1990 Rn. 6.
28 BGH NJW-RR 1989, 1226 = FamRZ 1989, 1070.

tiva auftauchen. Denn in diesen Fällen kann ein Antrag auf Eröffnung des Nachlassinsolvenzverfahrens gestellt werden.[29]

P. Insolvenzverfahren und Zwangsvollstreckung

80 **Ausgangsfall:**

Erblasser E verstarb am 15.6.2005. Erben sind seine Ehefrau EP zu 1/2 und seine beiden Kinder K1 und K2 je zu 1/4. Der Nachlass setzte sich wie folgt zusammen:

a) Immobilie im Wert von 100.000,00 €

b) Bankverbindlichkeiten 60.000,00 €

c) bestrittene Darlehensverbindlichkeiten in Höhe von 70.000,00 € bei der Tante T.

Im landgerichtlichen Verfahren wurden EP, K1 und K2 zur Zahlung verurteilt, wobei sie beantragen, dass auf den Nachlass beschränkt wurde. T leitet Vollstreckungsmaßnahmen ein und zwar in das Nachlassvermögen und Eigenvermögen der Erben.

Grundsätzlich kann der zu einer Leistung verurteilte Erbe in der **Zwangsvollstreckung** die Einreden des § 1990 Abs. 1 Satz 1 BGB nur geltend machen, wenn ihm die Beschränkung seiner Haftung im Urteil vorbehalten wurde (§ 780 Abs. 1 ZPO). § 780 ZPO regelt lediglich die Frage, ob in der Zwangsvollstreckung die Haftungsbeschränkung geltend gemacht wird und nicht die Art und Weise, also das Verfahren der Geltendmachung.[30] Letzteres ist in den §§ 781, 785 ZPO geregelt. Nach § 781 ZPO bleibt die Beschränkung der Haftung bei der Zwangsvollstreckung gegen den Erben unberücksichtigt, bis aufgrund derselben gegen die Zwangsvollstreckung vom Erben Einwendungen erhoben werden. Kann der Erbe die Haftungsbeschränkung geltend machen (§ 780 Abs. 1 ZPO) und macht er sie geltend (§ 781 ZPO), dann werden die Vollstreckungsmaßnahmen nach den Vorschriften der §§ 767, 769, 770 ZPO gestoppt.

81 **Lösung:**

EP, K1 und K2 müssen einen Antrag auf Eröffnung des Nachlassinsolvenzverfahrens stellen, um die Voraussetzungen für die Erhebung einer Vollstreckungsgegenklage zu schaffen um die Zwangsvollstreckungsmaßnahmen in das Eigenvermögen zu verhindern bzw. zu stoppen.

Fallvariante:

Nach der Verwertung der Immobilie konnte die Forderung von T in Höhe von 35.000,00 € befriedigt werden.

T betreibt nun die Zwangsvollstreckung in Höhe von 35.000,00 € in das Eigenvermögen der Erben.

82 Die erste Alternative des § 1989 BGB setzt voraus, dass die Insolvenzmasse verteilt und das Nachlassinsolvenzverfahren aufgehoben ist. In diesem Fall bedeutet die entsprechende Anwendung des § 1973 Abs. 1 Satz 1 BGB, dass der Erbe die Befriedigung der (im Nachlassinsolvenzverfahren) noch nicht (vollständig) befriedigten Nachlassgläubiger verweigern kann, soweit der Nachlass durch das Nachlassinsolvenzverfah-

---

29 *Staudinger/Marotzke*, § 1990 Rn. 6.
30 Gottwald, Zwangsvollstreckung, § 780 Rn. 1.

ren (einschließlich einer eventuell erfolgten Nachtragsverteilung) erschöpft wird (sog. Erschöpfungseinrede).

Die zweite Alternative des § 1989 BGB setzt voraus, dass ein **wirksamer Insolvenzplan** zustande gekommen und das Nachlassinsolvenzverfahren aufgehoben ist. In diesem Fall kann der Erbe die Befriedigung der von § 1989 BGB betroffenen Nachlassgläubiger verweigern, soweit der Nachlass durch die Befriedigung der nicht durch § 1989 BGB betroffenen Nachlassgläubiger erschöpft wird.[31] Hat der Erbe die Erfüllung des Insolvenzplans (auch) mit dem Eigenvermögen übernommen, sind diejenigen Nachlassgläubiger, für und gegen die der Insolvenzplan Wirkung entfaltet, durch § 1989 BGB nicht betroffen, da der Erbe insoweit (durch den Insolvenzverwalter) auf die Einrede aus dieser Bestimmung verzichtet hat. Der Erbe kann in diesem Fall diejenigen Nachlassmittel, die zur Befriedigung der aus dem Insolvenzplan begünstigen Nachlassgläubiger notwendig sind und aufgebraucht werden, in entsprechender Anwendung des § 1973 Abs. 2 Satz 1 und 3 BGB von dem Nachlassüberschuss, mit dem er den übrigen durch § 1989 BGB betroffenen Nachlassgläubigern noch haftet, abziehen.[32] Die durch § 1989 BGB **betroffenen Gläubiger** hat der Erbe vor Verbindlichkeiten aus Pflichtteilsrechten, Erbersatzansprüchen, Vermächtnissen und Auflagen **zu** befriedigen. Dies gilt nur dann nicht, wenn der Nachlassgläubiger seine Forderungen erst nach der Berichtigung der nämlichen Verbindlichkeiten erhoben und geltend gemacht hat.[33]

83

Die **Herausgabe** des **Überschusses** geschieht nach § 1973 Abs. 2 Satz 1 BGB grundsätzlich in der Weise, dass der Erbe die Zwangsvollstreckung in den Nachlass(rest) duldet oder ihn an Zahlungs und Erfüllungs Statt freiwillig dem damit einverstandenen Nachlassgläubiger herausgibt. Der Erbe kann auch hier die Herausgabe der eventuell noch vorhandenen Nachlassgegenstände durch Zahlung ihres Wertes abwenden (§ 1973 Abs. 2 Satz 2 BGB). Die Berechnung des Überschusses folgt auch hier den Regeln des Bereicherungsrechts.[34]

84

Zu beachten ist, dass ein **Nachlassgläubiger** im Falle des § 1989 BGB nicht die Zwangsversteigerung eines Grundstücks beantragen kann (§ 175 Abs. 2 ZVG).

85

Q. Die Wirkung der Beendigung

– Die Erben erlangen wieder ihre Verfügungsbefugnis über den Nachlass;
– die Unterbrechung der Prozesse endet;
– nach § 81 Abs. 1 Satz 1 InsO unwirksame Maßnahmen der Erben werden wirksam;
– unbefriedigte Gläubiger erlangen das Recht der freien Nachforderung (§ 210 Abs. 2 InsO). Dabei haben die Gläubiger des § 324 Abs. 1 InsO den Rang der Gläubiger des § 209 Abs. 1 Nr. 3 InsO (§ 324 Abs. 2 InsO);
– Haftung der Erben.

86

Der Erbe haftet nach Abschluss des Nachlassinsolvenzverfahrens durch Verteilung der Masse den nicht befriedigten Gläubigern wie ausgeschlossenen Gläubigern gegenüber, §§ 1973, 1989 BGB, also nach Bereicherungsgrundsätzen und beschränkt auf den

87

---

31 *Staudinger/Marotzke*, § 1989 Rn. 22.
32 *Bamberger/Roth/Lohmann*, § 1989 Rn. 4.
33 *Staudinger/Marotzke*, § 1989 Rn. 32.
34 *Staudinger/Marotzke*, § 1989 Rn. 25.

Nachlassrest (falls er nicht schon unbeschränkt haftet). Der Erbe muss sich auf seine Haftungsbeschränkung berufen (**Einrede**), im Prozess den allg. Vorbehalt nach § 780 ZPO im Urteil erlangen, wenn er das Eigenvermögen schützen will. Bei der Befriedigung der in § 1974 Abs. 2 BGB genannten Gläubiger muss der Erbe die Rangordnung nach Maßgabe der Insolvenzordnung beachten, auch wenn § 1989 BGB diese Vorschrift nicht ausdrücklich erwähnt.[35] Bei Verstoß gegen die Rangfolge haftet der Erbe persönlich für den Ausfall.

R. Erbauseinandersetzung via Nachlassinsolvenzverfahren nach § 320 InsO

Praxishinweis:

Das Nachlassinsolvenzverfahren eignet sich als Instrumentarium bei der Erbauseinandersetzung.

Die Anzahl der Nachlassinsolvenzverfahren mit der Quote von 100 Prozent auf Forderungen nach § 38 InsO ist hoch. Daraus ergibt sich, dass häufig Erbauseinandersetzungen mit Hilfe des Insolvenzrechts betrieben werden. Insbesondere die sonst nach Durchführung eines gescheiterten FGG-Verfahrens (Verfahrensdurchführung höchst selten) notwendige Klage auf Zustimmung zum Teilungsplan ist mit einem erheblichen Prozesskostenrisiko behaftet. Der Weg in die Insolvenzabwicklung ist deshalb vorgezeichnet.

---

[35] MünchKomm/*Siegmann*, § 1989 Rn. 7; str.

14. Kapitel
Einstweiliger Rechtsschutz im Erbrecht

Übersicht:

	S.		S.
A. Allgemeines	667	e) Entscheidung über die einstweilige Verfügung	673
I. Einstweiliger Rechtsschutz im ZPO-Verfahren	667	f) Gegenmaßnahmen des Schuldners	673
1. Arrest	668	g) Vollziehung der einstweiligen Verfügung	673
a) Voraussetzungen für den Arrestbefehl	668	h) Schadensersatzpflicht	673
b) Glaubhaftmachung des Arrestanspruchs und des -grundes	668	II. Einstweiliger Rechtsschutz im FGG-Verfahren Einstweilige Anordnung	673 673
c) Entscheidung über den Arrest	669	III. Weitere Rechtsschutzmöglichkeit Rechtshängigkeitsvermerk	675 675
d) Gegenmaßnahmen des Schuldners	669	B. Vorgehensweise bei ausgewählten Einzelfällen nebst Formulierungsbeispielen für die Praxis	676
e) Vollstreckung des Arrestes	669		
f) Schadensersatzpflicht	670	I. Erbschein	676
2. Einstweilige Verfügung	670	II. Grundbuchberichtigungsklage	676
a) Unterschied zum Arrestgesuch	670	III. Grundstücksvermächtnis oder Herausgabeanspruch aus §§ 2287, 2288 BGB	677
b) Verfügungsanspruch	670		
aa) Sicherungsverfügung	671	IV. Herausgabeansprüche allgemein	677
bb) Regelungsverfügung	671	V. Rechtshängigkeitsvermerk	678
cc) Leistungsverfügung	672	VI. Vor- und Nacherbschaft	678
c) Verfügungsgrund	672	VII. Testamentsvollstreckung	679
d) Glaubhaftmachung des Verfügungsanspruchs und -grund	673		

A. Allgemeines

Im Unterschied zum Familienrecht spielt das Ausnützen des **einstweiligen Rechtsschutzes** im Erbrecht nur eine untergeordnete Rolle. Dennoch ermöglicht auch im erbrechtlichen Verfahren der vorläufige Rechschutz nicht selten die rechtzeitige Sicherung. Im Einzelnen wird zwischen Rechtsbehelfen der ZPO und solchen des FGG unterschieden. Hinzu kommt der nicht gesetzlich geregelte Rechtshängigkeitsvermerk.

I. Einstweiliger Rechtsschutz im ZPO-Verfahren

Zunächst sollen die Rechtsbehelfe der ZPO kurz dargestellt werden:

In der ZPO ist der vorläufige oder auch einstweilige Rechtsschutz in den §§ 916 bis 945 ZPO geregelt. Zu unterscheiden ist zwischen dem **Arrest** gem. §§ 916 ff. ZPO und der **einstweiligen Verfügung** gem. §§ 935 ff. ZPO. Für beide Rechtsbehelfe gelten die §§ 943 bis 945 ZPO.

3   Durch den **Arrest** wird gem. § 916 Abs. 1 ZPO ausschließlich die künftige Zwangsvollstreckung wegen einer Geldforderung oder eines Anspruchs, der in eine Geldforderung übergehen kann,[1] gesichert.

   Beispiele:
   Sicherung des künftigen Zugewinnausgleichsanspruchs, Sicherung des Pflichtteilsanspruchs, Sicherung eines Geldvermächtnisses

4   Die **einstweilige Verfügung** hingegen sichert gem. §§ 935, 940 ZPO die künftige Zwangsvollstreckung wegen Ansprüche, die nicht auf Geld gerichtet sind.

   Beispiele:
   Sicherung von gegenständlichen Vermächtnissen, Sicherung des Herausgabeanspruchs aus §§ 2287, 2288 BGB

5   Die genannten Rechtsbehelfe schließen sich somit grundsätzlich gegenseitig aus.[2]

1. Arrest

a) Voraussetzungen für den Arrestbefehl

6   Zunächst muss der Gläubiger in seinem Arrestgesuch nach § 920 ZPO schlüssig einen **Arrestanspruch** gem. § 916 ZPO und einen **Arrestgrund** gem. §§ 917, 918 ZPO darlegen und glaubhaft machen (vgl. § 920 Abs. 2 ZPO). Bei dem Gesuch ist besonders darauf zu achten, dass der geforderte Geldbetrag bzw. Geldwert wegen § 923 ZPO genau zu beziffern ist. Ansonsten genügt für die Zulässigkeit des Antrags das bloße Behaupten des Anspruchs.

7   Ein **Arrestgrund** ist gegeben, wenn gem. § 917 Abs. 1 ZPO objektiv zu besorgen ist, dass ohne die Verhängung eines Arrestes die künftige Zwangsvollstreckung wegen des Anspruchs entweder vereitelt oder zumindest wesentlich erschwert werden würde.

   Beispiel:
   Der Erbe will sich mit dem kompletten Vermögen in das Ausland absetzen, um nicht den Pflichtteil auszahlen zu müssen.

8   Allerdings kann kein Arrest erfolgreich durchgesetzt werden, wenn z.B. zu befürchten ist, dass weitere Pflichtteilsberechtigte zuvorkommen. Das Arrestgesuch kann entweder beim zuständigen Gericht der Hauptsache oder aber beim Amtsgericht der belegenen Sache gem. §§ 919, 943 ff., 802 ZPO eingereicht werden.

b) Glaubhaftmachung des Arrestanspruchs und des -grundes

9   Nach § 920 Abs. 2 ZPO sind der Anspruch und der Arrestgrund glaubhaft zu machen. Kommt es zu einer mündlichen Verhandlung, gilt dies nur dann, wenn der Gegner die arrestbegründenden Tatsachen gem. §§ 138 Abs. 3, 288 ZPO bestreitet. Im Verfahren muss nicht der volle Beweis durch **präsente Beweismittel**, (z.B. eidesstattliche Versicherung, Urkundenvorlage, Vorlage eines Sachverständigengutachtens) geführt werden, sondern lediglich dem Richter die Vorstellung der hinreichenden Wahrschein-

---

[1] Hierzu gehört auch der Anspruch auf Duldung der Zwangsvollstreckung, der einer Geldforderung gleichgestellt ist.
[2] Zu der Ausnahme Leistungsverfügung s.u.

lichkeit vermittelt werden. Zu beachten ist, dass diese erhebliche **Beweiserleichterung** der Glaubhaftmachung nur für den Tatsachenvortrag gilt.

c) Entscheidung über den Arrest

Das Gericht kann entweder durch **Beschluss** gem. § 922 Abs. 1 Satz 1 ZPO ohne mündliche Verhandlung oder durch **Endurteil** nach mündlicher Verhandlung entscheiden. Gegen den Beschluss ist die sofortige Beschwerde (Notfrist zwei Wochen), gegen das Urteil die Berufung (Notfrist ein Monat) zulässig. Der Schuldner hat zudem die Möglichkeit, gegen die Arrestanordnung Widerspruch nach § 924 ZPO zu erheben. Hierüber hat dann das Gericht nach mündlicher Verhandlung gem. § 925 ZPO durch Urteil zu entscheiden. Gegen dieses Urteil kann dann wiederum Berufung eingelegt werden.

d) Gegenmaßnahmen des Schuldners

Ist die Hauptsache nicht anhängig gemacht worden, so kann der Schuldner nach § 926 ZPO beim Arrestgericht beantragen, dass der Gläubiger binnen einer vom Gericht zu bestimmenden Frist die Klage zu erheben hat. Folgt dann der Gläubiger nicht und lässt die Frist verstreichen, ohne die Hauptsache anhängig zu machen, kann der Schuldner die Aufhebung des Arrests beantragen. Hierüber ist dann durch Urteil zu entscheiden. Des Weiteren steht dem Schuldner gem. § 927 ZPO die Möglichkeit zur Seite, bei Vorliegen veränderter Umstände die Aufhebung des Arrestes zu erreichen, insbesondere wegen Erledigung des Arrestgrundes oder aufgrund des **Erbietens zur Sicherheitsleistung**.

e) Vollstreckung des Arrestes

Nach § 928 ZPO sind auf die **Vollziehung des Arrestes** die Vorschriften über die Zwangsvollstreckung entsprechend anzuwenden, soweit keine abweichenden Regelungen in den §§ 929 ff. ZPO bestehen. Um den Arrest vollziehen zu können, ist **keine Klauselerteilung** erforderlich, es sei denn, es liegt eine Titelumschreibung vor (vgl. § 929 Abs. 1 ZPO). Des Weiteren ist die Arrestvollziehung nach § 929 Abs. 2 ZPO nur innerhalb eines Monats seit Verkündung eines Urteils oder der Zustellung des Arrestbefehls statthaft. Dabei soll es aber zur Fristwahrung ausreichen, wenn die bestimmte Vollstreckungsmaßnahme vom Gläubiger innerhalb der Frist beantragt worden ist.[3] Ferner kann der Arrest bereits vor Zustellung des Arrestbefehls nach § 929 Abs. 3 Satz 1 ZPO vollzogen werden, sofern nicht die Ausnahme des § 750 Abs. 1 Satz 1 ZPO gegeben ist.

Darüber hinaus muss bei der Durchführung der **Arrestvollziehung** zwischen dem dinglichen und dem subsidiären persönlichen Arrest differenziert werden.

Nach § 917 ZPO richtet sich der dingliche Arrest gegen das Vermögen des Schuldners, der **persönliche Arrest** nach § 918 ZPO hingegen gegen die Person des Schuldners. Letzter führt zur Haft oder zur anderweitigen Beschränkung der Freiheit des Schuldners gem. § 933 ZPO.

I.R.d. **dinglichen Arrestes** kommt es nicht zur Befriedigung, sondern nur zur Sicherung des Anspruchs des Gläubigers. Daher werden bewegliche Gegenstände nach § 930 Abs. 1 und 2 ZPO lediglich gepfändet und nicht verwertet, es sei denn, es be-

---

[3] So BGHZ 112, 356.

steht die Gefahr einer beträchtlichen Wertverringerung gem. § 930 Abs. 3 ZPO. Nach § 930 Abs. 1 ZPO werden Forderungen ebenfalls nur gepfändet, nicht aber überwiesen.

15 Sofern ein dinglicher Arrest bei Grundstücken erfolgt ist, kommt es zur Eintragung einer Sicherungshypothek gem. § 932 ZPO. Eine zwangsweise Versteigerung oder Verwaltung kommen nicht in Frage. Diese Pfändungen führen zur sog. **Verstrickung** und es entsteht ein Arrestpfandrecht nach §§ 804, 932 Abs. 1 Satz 2 ZPO. Wenn anschließend in der Hauptsache ein Titel erlangt wird, so wird aus dem ehemaligen Arrestpfandrecht ein einfaches Pfändungspfandrecht, das den Rang des ehemaligen Arrestpfandrechtes erhält und den Gläubiger zur Überweisung oder Verwertung berechtigt, wenn die weiteren Voraussetzungen der Zwangsvollstreckung gegeben sind.

f) Schadensersatzpflicht

16 Der Mandant ist auf jeden Fall auf die Schadensersatzpflicht nach § 945 ZPO hinzuweisen. Danach ist die Partei, die die Anordnung erwirkt hat, die später nach §§ 926 Abs. 2 oder 942 Abs. 3 ZPO aufgehoben wurde, verpflichtet, dem Gegner den Schaden zu ersetzen, der ihm aus der Vollziehung der angeordneten Maßregel entsteht oder dadurch entsteht, dass er Sicherheit leistet, um die Vollziehung abzuwenden oder die Aufhebung der Maßregel zu erwirken.

2. *Einstweilige Verfügung*

17 Wie bereits dargelegt (Rn. 2 ff.), sichert die einstweilige Verfügung ausschließlich gem. §§ 935, 940 ZPO nur die künftige Zwangsvollstreckung wegen Ansprüchen, die **nicht** auf Geld gerichtet sind. Da nach § 936 ZPO die bereits erläuterten Arrestvorschriften der §§ 916 bis 934 ZPO analog auf die einstweilige Verfügung anwendbar sind, soweit die Sonderreglungen der §§ 937 bis 942 ZPO nichts Gegenteiliges regeln, sollen nachfolgend daher nur die Unterschiede zum Arrestverfahren geschildert werden.

a) Unterschied zum Arrestgesuch

18 Im Unterschied zum Arrest muss der Gläubiger kein Gesuch stellen, sondern den Erlass einer einstweiligen Verfügung beantragen, wie sich aus § 937 Abs. 2 ZPO ergibt. Zudem muss ein **Verfügungsanspruch** und ein **Verfügungsgrund** gem. §§ 935, 940, 940 a ZPO dargelegt und gem. §§ 936, 920 Abs. 2 ZPO glaubhaft gemacht werden. Ebenso hat das Gericht nach § 938 Abs. 1 ZPO freies Ermessen, welche Anordnung zur Erreichung des Zweckes erforderlich ist. Für die Praxis bedeutet dies, dass im Unterschied zum Arrestverfahren keine genaue bzw. konkrete Fassung des Antrages gemacht werden muss, sofern das Rechtsschutzziel ersichtlich ist und das Gericht nach § 308 Abs. 1 ZPO nicht etwas anderes zusprechen müsste. Wesentlich ist, dass für die einstweilige Verfügung ein Verfügungsanspruch und ein Verfügungsgrund bestehen muss.

b) Verfügungsanspruch

19 Alle Ansprüche, die nicht durch einen Arrest gesichert werden können, sind quasi durch eine einstweilige Verfügung sicherbar, somit grundsätzlich alle Ansprüche, die nach §§ 883 bis 898 ZPO vollstreckt werden können. Hierunter fallen also z.B.:

Sicherung der Zwangsvollstreckung
– zur Herausgabe beweglicher Sachen

Bonefeld

Da die Hauptsache nicht vorweggenommen werden darf, muss ggf. eine einstweilige Verfügung auf Herausgabe des Gegenstandes aus dem Nachlass an den Gerichtsvollzieher als Sequester beantragt werden.[4]
- bei **Leistung vertretbarer Sachen**
- zur **Herausgabe** oder Räumung eines **Grundstücks** oder Schiffs
- zur **Herausgabe** bei **Gewahrsam eines Dritten**
- bei **vertretbaren Handlungen**
- bei **nicht vertretbaren Handlungen** (also insbesondere bei Auskunft und Rechnungslegung)

Die Auskunft etc. selbst wird jedoch nicht geschuldet, da dies eine Vorwegnahme der Hauptsache ist.
- zur Erzwingung der **Duldung oder Unterlassung** einer Handlung

Zudem auch bei Sicherung einer **Vormerkung** (z.B. bei §§ 2287, 2288 BGB) oder einem **Widerspruch**.

> **Praxishinweis:**
> Zu beachten ist, dass eine einstweilige Verfügung unzulässig ist, mit der dem Nachlassgericht untersagt werden soll, einen bestimmten Erbschein an den Antragsteller auszuhändigen bzw. dem Antragsteller zu untersagen, diesen entgegen zu nehmen bzw. diesen zu beantragen.

Im Einzelnen werden drei Verfügungsarten unterschieden:

20

- **Sicherungsverfügung gem. § 935 ZPO**
- **Regelungsverfügung gem. § 940 ZPO**
- **Leistungsverfügung gem. § 940 ZPO analog**

aa) Sicherungsverfügung

Die Sicherungsverfügung dient zur Sicherung eines Anspruchs, der nicht auf eine Geldleistung gerichtet ist. Im Erbrecht wird eine derartige Verfügung insbesondere in den Fällen zur Sicherung der Herausgabe von Gegenständen für einen Vermächtnisnehmer oder an die Erben(-gemeinschaft) eingesetzt. Ebenso wird hierdurch die Eintragung einer **Vormerkung** nach §§ 883, 885 BGB erreicht, die den Herausgabeanspruch aus §§ 2287, 2288 BGB sichern soll.

21

bb) Regelungsverfügung

Die Regelungsverfügung soll eine **einstweilige Regelung** eines **streitigen Rechtsverhältnisses** regeln. Durch eine Regelungsverfügung können z.B. Auskunftsansprüche gesichert werden. Ebenso kann durch eine Regelungsverfügung die vorläufige Regelung des Besitzes angeordnet werden, wenn z.B. Erben mit Dritten darüber streiten, ob der Gegenstand in den Nachlass fällt oder ausschließlich dem Dritten gehört. Die Eintragung einer Vormerkung oder eines Widerspruchs kann ebenfalls durch eine Regelungsverfügung gesichert werden. Beide Verfügungsansprüche können also in der Praxis ohne weiteres nebeneinander auftreten. Nicht vorläufig geregelt werden können hingegen Erbenstellungen, da hierdurch die Hauptsache unzulässiger Weise vorweggenommen würde.

22

---

4 Hierzu *Erker/Oppelt*, Münchner Prozessformularbuch Erbrecht, S. 380 ff.

cc) Leistungsverfügung

23 Die Leistungsverfügung durchbricht gleich zwei Grundsätze des einstweiligen Rechtsschutzverfahrens. Zunächst wird der Grundsatz durchbrochen, dass mit einer einstweiligen Verfügung keine **Geldansprüche gesichert** werden können. Des Weiteren wird bei der Leistungsverfügung ausnahmsweise der Grundsatz, dass die Hauptsache durch die einstweilige Regelung nicht vorweggenommen werden darf, durchbrochen. Verfügungsanspruch kann dabei jeder materielle Anspruch sein, auch wenn er sogar auf Geld gerichtet ist. Da der **Arrest** nur auf Sicherung gerichtet ist und nicht wie die Leistungsverfügung auf Befriedigung eines Geldanspruchs, ist ein derartiges Verfahren ausnahmsweise zulässig. Allerdings sind strengste Anforderungen an den Verfügungsgrund und die Glaubhaftmachung zu stellen.

c) Verfügungsgrund

24 Ein Verfügungsgrund ist bei einer **Sicherungsverfügung** nach § 935 ZPO gegeben, wenn zu besorgen ist, dass durch die Veränderung des bestehenden Zustandes die Rechtsverwirklichung vereitelt oder wesentlich erschwert werden könnte. Dies bedeutet, dass im normalen (Hauptsache-) Erkenntnisverfahren nicht rechtzeitig eine Entscheidung erreicht werden kann. Droht bspw. Der Erbe, den Vermächtnisgegenstand zu vernichten, zu beschädigen oder zu veräußern, so ist eine Sicherungsverfügung ohne weiteres gerechtfertigt.

25 Bei der Eintragung einer **Vormerkung** kommt dem Antragsteller die Fiktion der §§ 885 Abs. 1 Satz 2, 899 Abs. 2 BGB zugute, wonach die unwiderlegbare Vermutung besteht, dass immer die Gefahr des gutgläubigen Erwerbs nach § 892 BGB besteht. Der Antragsteller kann die Eintragung der Vormerkung verlangen, wenn die Gefahr besteht, dass der Antragsgegner das Grundstück veräußert und das Eigentum für den Antragsteller aufgrund gutgläubigen Erwerbs verloren geht.[5]

> **Praxishinweis:**
> Aus praktischen und zeitlichen Erwägungen sollte bei Gericht wegen § 941 ZPO angeregt werden, die amtliche Eintragung im Grundbuch zu veranlassen. Sofern möglich, sollte aus diesem Grunde das Verfügungsverfahren gleich beim Amtsgericht eingereicht werden.

26 Wenn eine Regelung zur Abwendung wesentlicher Nachteile oder zur Verhinderung **drohender Gewalt** oder aus anderen Gründen nötig erscheint, besteht ein Verfügungsgrund nach § 940 ZPO für eine Regelungsverfügung.

27 Ein Verfügungsgrund für eine **Leistungsverfügung** besteht nur, wenn eine Existenzgefährdung des Gläubigers besteht, dieser also sich in einer Notlage befindet bzw. die einstweilige Leistungsverfügung zur Vermeidung eines unverhältnismäßig hohen Vermögensschadens erforderlich ist. Wichtige Anwendungsbereiche im Erbrecht sind die **Sicherung** des **Unterhaltsanspruchs** über § 1586 b BGB oder die Vornahme von Handlungen einschließlich der Abgabe von Willenserklärungen wie z.B. die Zustimmung zu einem Teilungsplan. In der Praxis hat sich bewährt, die Leistungsverfügung zeitlich (z.B. 6 Monate) zu begrenzen. Ferner kann regelmäßig eine Leistungsverfügung auf **Herausgabe von Gegenständen** beantragt werden, die durch gem. § 861 BGB verbotene Eigenmacht erlangt worden sind.

---

[5] BGHZ 12, 115; OLG Hamm MDR 1984, 402.

A. Allgemeines

d) Glaubhaftmachung des Verfügungsanspruchs und -grund

Der Verfügungsanspruch und -grund müssen selbstverständlich im Verfügungsverfahren glaubhaft gemacht werden. Hierzu sei auf die für den Arrest gemachten Ausführungen verweisen (s. Rn. 9).

28

e) Entscheidung über die einstweilige Verfügung

Der Antrag ist beim **Gericht der Hauptsache** nach §§ 937 Abs. 1, 943, 802 ZPO zu stellen. Ausnahmsweise kann der Antrag auch beim Amtsgericht der belegenen Sache nach §§ 942, 802 ZPO eingereicht werden, wenn in dringenden Fällen ohne mündliche Verhandlung gem. § 937 Abs. 2 ZPO durch Beschluss entschieden werden kann. Hierin liegt der Unterschied zum Arrestverfahren, bei dem ein Wahlrecht zwischen den Gerichten besteht. Des Weiteren kann auf die Ausführungen zum Arrest verwiesen werden (s. Rn. 18 ff.).

29

f) Gegenmaßnahmen des Schuldners

Hier kann auf die Ausführungen zum Arrest verwiesen werden (s. Rn. 11 f.).

30

g) Vollziehung der einstweiligen Verfügung

Die Vollziehung der einstweiligen Verfügung ist abhängig vom Tenorinhalt der Entscheidung. Wegen § 938 Abs. 1 ZPO kann das Gericht nach freiem Ermessen entscheiden, welche Anordnung zur Erreichung des Zwecks erforderlich ist. Wie beim Arrest darf die Vollziehung – mit Ausnahme bei der Leistungsverfügung – nur zur Sicherung erfolgen, **nicht** aber die **Hauptsache vorwegnehmen**, also zur Befriedigung des Gläubigers führen.

31

h) Schadensersatzpflicht

Hier kann auf die Ausführungen zum Arrest verwiesen werden (s. Rn. 17).

32

> **Praxishinweis:**
> Im Verfahren ist zu beachten, dass im Rubrum zum normalen Erkenntnisverfahren andere Begrifflichkeiten gelten. So heißt es in der Überschrift: „In dem einstweiligen Verfügungsverfahren bzw. Arrestverfahren". Des Weiteren gibt es keine Kläger oder Beklagten, sondern Antragsteller und Antragsgegner, wobei auch die Begriffe „Verfügungs-/Arrestkläger etc. genommen werden können. Der Prozessbevollmächtigte ist in diesem Verfahren der Verfahrensbevollmächtigte.

II. Einstweiliger Rechtsschutz im FGG-Verfahren

Einstweilige Anordnung

Ein Einziehungsverfahren nach Maßgabe des § 2361 BGB kann sehr lange Zeit in Anspruch nehmen. Häufig werden die Chancen einer einstweiligen Anordnung nicht genutzt. Nach der h.M.[6] sind einstweilige Anordnungen im **Einziehungsverfahren** zulässig. Das Nachlassgericht und das Beschwerdegericht kann dabei nach pflichtgemä-

33

---

[6] *Zimmermann*, Erbschein- und Erbscheinsverfahren, Rn. 519; *Lindacher*, NJW 1974, 20; Münch-Komm/*J. Mayer*, § 2361 Rn. 44 m.w.N.

ßem Ermessen vorgehen, also ohne Antrag eines Dritten vorgehen. Ohnehin versteht sich der „Antrag" lediglich als „Anregung".

34 Möglich ist eine einstweilige Anordnung des Nachlassgerichts, analog § 24 Abs.3 FGG, bzw. des Beschwerdegerichts – unmittelbar nach § 24 Abs. 3 FGG – auf Rückgabe des Erbscheins zu den Nachlassakten. Dasselbe Ziel lässt sich selbstverständlich auch mit einer einstweiligen Verfügung im ZPO-Verfahren nach § 2362 Abs.1 BGB, § 935 ZPO erreichen. Mangels gesetzlicher Grundlage beseitigen diese Anordnungen **nicht** den öffentlichen Glauben des Erbscheins.[7]

35 Zu unterscheiden ist somit zwischen der zulässigen **einstweiligen Rückgabe** des Erbscheins und der eigentlichen Einziehung des Erbscheins, die nicht einstweilig angeordnet werden kann.[8] Erst mit der **tatsächlichen Einziehung** wird der Erbschein **kraftlos**, § 2361 Abs.1 Satz 2 BGB. Jedoch kann mit diesen Entscheidungen ggf. verhindert werden, dass ein Rechtserwerb wegen der fehlenden Vorlagemöglichkeit des Erbscheins unterbleibt.

36 Wird die **Rückgabe** des Erbscheins **verweigert**, stehen dem Nachlassgericht die Zwangsmittel der § 33 FGG zur Seite.[9]

37 Befinden sich die Akten bereits beim **Beschwerdegericht**, weil das Amtsgericht dem Einziehungsbegehren nicht Folge geleistet hat, kann der Antrag unmittelbar auf § 24 Abs. 3 FGG (Muster s. Rn. 45) gestützt werden.

38 Die einstweilige Anordnung wird in der Praxis insbesondere in den Fällen der weiteren Beschwerde beim OLG einzureichen sein, wenn z.B. das Landgericht das Amtsgericht angewiesen hat, einen bestimmten Erbschein zu erteilen. Unabhängig davon kann einstweiliger Rechtsschutz im streitigen Zivilverfahren begehrt werden. Gegen die einstweilige Anordnung des Gerichts kann der Rechtsbehelf der Beschwerde beim iudex a quo oder dem übergeordneten Gericht eingereicht werden.

39 Nach § 2362 Abs.1 BGB kann der wirkliche Erbe vom Besitzer des **unrichtigen Erbscheins** dessen Herausgabe an das Nachlassgericht verlangen. Dieser Herausgabeanspruch kann wie oben ausgeführt mittels einstweiliger Verfügung gesichert werden.[10] Auch hier gilt, dass die Wirkungen des Erbscheins erst analog § 2361 Abs.1 Satz 2 BGB entfallen, wenn nach einer Hauptsacheentscheidung, die auf einem Anspruch nach § 2362 BGB beruht, der Erbschein tatsächlich zurückgegeben wird.[11]

40 Ansonsten ist der Anwendungsbereich der einstweiligen Anordnungen begrenzt.[12] So kann z.B. wegen fehlender Unzuständigkeit des Nachlassgerichts, dieses nicht im Wege einer einstweiligen Anordnung die vorläufige **Entlassung** des **Testamentsvollstreckers** bestimmen.[13] Gleiches gilt für ein Eingreifen während laufender Amtsführung des Testamentsvollstreckers. Um z.B. eine unzulässige Verfügung des Testamentsvollstreckers zu unterbinden, muss dann eine einstweilige Verfügung nach §§ 935, 940 ZPO beim zuständigen Gericht eingereicht werden.

---

7 MünchKomm/*J.Mayer*, § 2361 Rn. 44.
8 BayObLG 1962, 299 ff.
9 MünchKomm/*J.Mayer*, § 2361 Rn. 37.
10 Vgl. *Brehm*, FG Rn. 668.
11 MünchKomm/*J.Mayer*, § 2362 Rn. 10 f.
12 S. dazu unten unter Rn. 51 ff.
13 Dazu OLG Köln NJW-RR 1987, 71.

III. Weitere Rechtsschutzmöglichkeit

Rechtshängigkeitsvermerk

Da eine Bewilligungserklärung nach § 894 ZPO erst mit Rechtskraft des ergehenden Urteils als abgegeben gilt, kann auch erst dann die **Berichtigung im Grundbuch** vollzogen werden. Bis der Prozess abgeschlossen ist, kann einige Zeit vergehen. Ein Widerspruch gegen eine Grundbucheintragung nach § 899 BGB oder eine Vormerkung können im Wege des vorläufigen Rechtsschutzes eingetragen werden. Der **Widerspruch** (Muster s. Rn. 46) soll auf die Unrichtigkeit des Grundbuchs hinweisen und dient der Erhaltung des Grundbuchberichtigungsanspruchs nach § 894 BGB. Die Vormerkung verfolgt hingegen nicht die Berichtigung des Grundbuchs, sondern sie soll gem. § 883 Abs. 1 Satz 1 BGB einen Anspruch auf Einräumung eines Rechts an einem Grundstück sichern. Durch die Vormerkung soll ein im Grundbuch verlautbarter Rechtszustand geändert werden, den die Vormerkung absichert.

41

> **Praxishinweis:**
> Die Durchführung einer einstweiligen Verfügung ist mit **Kosten** verbunden, vor die der Mandant häufig auch zurückschreckt. Der Rechtsanwalt ist jedoch verpflichtet, auf eine andere **kostengünstigere Möglichkeit**, nämlich den Rechtshängigkeitsvermerk (Muster s. Rn. 49), hinzuweisen. Der **Geschäftswert** für die Eintragungsgebühren liegt lediglich bei 15-20 % des Hauptsachestreitwerts.[14]

Nach der Rspr. ist der Rechtshängigkeitsvermerk etwas anderes als ein Widerspruch, eine Vormerkung oder ein gerichtlich angeordnetes Veräußerungsverbot. Demzufolge bedarf es zu seiner Eintragung keiner einstweiligen Verfügung.[15] Voraussetzung für die Eintragung ist neben einem Antrag selbstverständlich die **Rechtshängigkeit** eines dinglichen Anspruchs. Die Rechtshängigkeit kann durch eine Bestätigung des Gerichts, bei dem die Klage rechtshängig ist, nachgewiesen werden. Schuldrechtliche Übertragungsansprüche können nicht mit dem Rechtshängigkeitsvermerk gesichert werden, also z.B. keine Vermächtnisansprüche oder Ansprüche aus §§ 2287, 2288 BGB.[16, 17]

42

Des Weiteren stehen dem Anwalt zahlreiche weitere einstweilige Rechtsbehelfe zur Seite, um z.B. die Zwangsvollstreckung vorläufig zu stoppen. Auf die Möglichkeiten eines Antrages auf **einstweilige Einstellung** eines Verfahrens nach § 180 Abs. 2 ZVG und die Anträge auf einstweilige Einstellung der Zwangsvollstreckung nach §§ 769, 765a ZPO soll aus Platzgründen nur hingewiesen werden.

43

---

14 BayObLG JurBüro 1993, 227.
15 OLG Stuttgart MDR 1979, 853 = DNotZ 1980, 106; Rpfleger 1997, 15 = FGPrax 1996, 208; OLG München NJW 1966, 1030; OLG München MittBayNot 2000, 40; OLG Zweibrücken NJW 1989, 1098; OLG Braunschweig MDR 1992, 74; OLG Koblenz Rpfleger 1992, 102; OLG Schleswig Rpfleger 1994, 455 = DNotZ 1995, 83.
16 OLG Schleswig FamRZ 1996, 175. Allerdings hat das OLG München (NJW 1966, 1030) die Zulässigkeit eines Rechtshängigkeitsvermerks bejaht, wenn ein obligatorischer Anspruch auf Eigentumsübertragung im Streit ist. Dies wurde in der Lit. zu Recht abgelehnt.
17 Zum Rechtshängigkeitsvermerk und seine Grundlagen nebst Formulierungsvorschlag für einen Antrag: *Krug* in *Bonefeld/Kroiß/Tanck*, Erbprozess, S. 164 ff.; s. auch Rn. 47.

B. Vorgehensweise bei ausgewählten Einzelfällen nebst Formulierungsbeispielen für die Praxis

I. Erbschein

44 Wie oben bereits ausgeführt (s. Rn. 34), kommt lediglich eine einstweilige Rückgabe des Erbscheins, nicht aber die vorläufige Einziehung des Erbscheins in Frage. Gesichert werden kann der Anspruch durch Erlass
- einer einstweiligen Anordnung nach § 24 Abs. 3 FGG analog oder
- einer einstweiligen Verfügung im ZPO-Verfahren nach § 2362 Abs.1 BGB, § 935 ZPO.

> Ein Antrag für eine **einstweilige Anordnung** nach § 24 Abs. 3 FGG analog könnte wie folgt formuliert werden:
>
> Es wird beantragt (angeregt), die einstweilige Rückgabe des in der Nachlasssache des am 11.02.2005 verstorbenen Otto Normalerblasser, zuletzt wohnhaft ..., vom Amtsgericht München, Az ... am 1.3.2005 erteilten Erbscheins zu den Akten des Nachlassgerichts anzuordnen.
>
> Ein Antrag für eine **einstweilige Verfügung** nach § 935 ZPO könnte wie folgt formuliert werden:
>
> Es wird wegen Dringlichkeit ohne mündliche Verhandlung der Erlass folgender einstweiligen Verfügung beantragt, dass der Antragsgegner den in der Nachlasssache des am 11.2.2005 verstorbenen Otto Normalerblasser, zuletzt wohnhaft ..., vom Amtsgericht München, Az ... am 1.3.2005 erteilten Erbschein zu den Akten des Nachlassgerichts zurückzugeben hat.

II. Grundbuchberichtigungsklage

45 Als vorläufiger Rechtsschutz bei einer **Grundbuchberichtigungsklage** kommen somit in Frage:[18]
- ab Rechtshängigkeit der Klage der Rechtshängigkeitsvermerk;
- sobald die anspruchsbegründenden Tatsachen glaubhaft gemacht werden können, einstweilige Verfügung auf Eintragung eines Widerspruchs nach § 899 BGB;
- u.U. könnte in besonderen Fällen auch eine einstweilige Verfügung auf Eintragung eines Veräußerungsverbots in Betracht kommen;
- nach Erlass des erstinstanzlichen vorläufig vollstreckbaren Urteils auf Berichtigungsbewilligung die Eintragung eines Widerspruchs nach § 895 ZPO.[19]

> **Formulierungsbeispiel** für einen Antrag auf Erlass einer einstweiligen Verfügung zur Eintragung eines Widerspruchs:
>
> Es wird im Wege der einstweiligen Verfügung – wegen der Dringlichkeit ohne mündliche Verhandlung gem. § 937 Abs. 2 ZPO – beantragt, zu Lasten des im Grundbuch des Amtsgerichts München für Bogenhausen Blatt 12345 eingetragenen

---

18 Nach *Krug* in *Bonefeld/Kroiß/Tanck*, Erbprozess, S. 159 ff.
19 Wobei die nach §§ 709, 711 ZPO zu leistende Sicherheit im Einzelfall sehr hoch sein kann.

Grundbesitzes für den Antragsteller einen Widerspruch gegen die Eintragung des Antragsgegners als Eigentümer des Grundbesitzes einzutragen.

Ferner soll nach Erlass der einstweiligen Verfügung das zuständige Grundbuchamt um die Eintragung des Widerspruchs ersucht werden.

III. Grundstücksvermächtnis oder Herausgabeanspruch aus §§ 2287, 2288 BGB

Bei einem Grundstücksvermächtnis sehen die Möglichkeiten des **vorläufigen Rechtsschutzes** wie folgt aus:[20]

46

– Sobald die anspruchsbegründenden Tatsachen glaubhaft gemacht werden können, einstweilige Verfügung auf Eintragung einer Vormerkung nach §§ 883, 885 BGB.
– U.U. könnte in besonderen Fällen auch eine einstweilige Verfügung auf Eintragung eines Veräußerungsverbots in Betracht kommen (§ 938 Abs. 2 ZPO).
– Nach Erlass des erstinstanzlichen vorläufig vollstreckbaren Urteils auf Eigentumsübertragung die Eintragung einer Vormerkung nach § 895 ZPO. Zu beachten ist aber die nach §§ 709, 711 ZPO zu leistende Sicherheit, die im Einzelfall sehr hoch sein kann.

Für einen **Antrag auf Erlass einer einstweiligen Verfügung Sicherung des Herausgabeanspruchs aus §§ 2287, 2288 BGB** kann folgende Formulierung gewählt werden:

Im Wege der einstweiligen Verfügung wird beantragt, dass der Antragsgegner die Eintragung einer Vormerkung zur Sicherung des Anspruches des Antragstellers auf Auflassung des im Grundbuch von München Band 1234 Blatt 567 eingetragenen Grundstücks (nähere Beschreibung), an nächst offener Rangstelle im Grundbuch bewilligt und beantragt.

Ferner wird beantragt, den Antrag auf Eintragung der Vormerkung durch das erkennende Gericht an das zuständige Grundbuchamt weiterzuleiten.

Wichtig: Es ist unbedingt die Vollziehungsfrist des § 929 ZPO (1 Monat für Vollziehung + 1 Woche für Zustellung der einstweilien Verfügung) einzuhalten. Andernfalls ist die Vollziehung unstatthaft.

IV. Herausgabeansprüche allgemein

Beim vorläufigen Rechtsschutz bei Herausgabe sollte regelmäßig die Herausgabe an einen Sequester beantragt werden, um nicht die Hauptsache im Antrag bereits vorwegzunehmen.[21] Um zudem die Herausgabe vollstrecken zu können, ist in der Praxis ratsam, zugleich einen **Durchsuchungsantrag** gem. §§ 758, 758 a ZPO zu beantragen.

47

Es wird – wegen der Dringlichkeit des Falles ohne vorherige mündliche Verhandlung – der Erlass folgender einstweiliger Verfügung beantragt:

Der Antragsgegner hat den in seinem Besitz befindlichen PKW Marke BMW Fahrgestell Nr. YXZ125RTZ6547 mit dem amtlichen Kennzeichen M-XY 1234 an den Gerichtsvollzieher Winkler als Sequester, hilfsweise an einen vom Gericht zu bestellenden Sequester herauszugeben.

---

20 Nach *Krug* in *Bonefeld/Kroiß/Tanck*, Erbprozess, S. 159 ff.
21 Formulierungsvorschlag nach *Erker/Oppelt*, Münchner Prozessformularbuch Erbrecht, S. 380 ff.

> Die Durchsuchung des vom Antragsgegner bewohnten Hausanwesens in der Arabellastr. 123, München einschließlich der Garage zur Vollstreckung der Herausgabe wird gestattet.

Zu beachten ist jedoch auch, dass nicht immer ein vorläufiges **Sicherungsbedürfnis** gegeben ist. Dies kann insbesondere in den Fällen gelten, in denen ein Dritter einen Gegenstand herausverlangen will, der bei einem (Mit-)Erben in Besitz ist, dieser aber wegen der gesamthänderischen Bindung überhaupt nicht allein über den Gegenstand verfügen kann.

V. Rechtshängigkeitsvermerk

> Unter Bezugnahme auf die obigen Ausführungen (s. Rn. 42 ff.) kann ein **Rechtshängigkeitsvermerk** wie folgt beantragt werden:
>
> Unter Übersendung der Bestätigung des Amtsgerichts München vom 23.04.2005 über die Rechtshängigkeit einer Klage des Antragstellers gegen die im Grundbuch von Bogenhausen, (nähere Bezeichnung) in Abteilung I eingetragene Eigentümerin Frau Elisabeth Erhardt aus München, Arabellastr. 123 auf Zustimmung zur Grundbuchberichtigung durch Eintragung des Antragstellers als Eigentümer wird die Eintragung eines Rechtshängigkeitsvermerks in das vorbezeichnete Grundbuch beantragt.
>
> Es wird um Vollzugsmitteilung an den Antragsteller gebeten.

VI. Vor- und Nacherbschaft

48 Sofern der **Vorerbe** die **Nacherbenrechte** durch sein Verhalten etc. beeinträchtigt, kann der Nacherbe ebenfalls einstweiligen Rechtsschutz in Anspruch nehmen. Allerdings sollte der Vorerbe zunächst aufgefordert werden, gem. § 2128 Abs. 1 BGB Sicherheit zu leisten. Im Fall seiner Ablehnung ist dann dem Nacherben nicht zumutbar, ein Verfahren über die Sicherheitsleistung abzuwarten. Regelmäßig bietet sich dann die einstweilige Verfügung an, wonach gem. §§ 938, 940 ZPO eine vorläufige Verwaltung angeordnet werden kann und gleichzeitig dem Vorerben die Verwaltungsbefugnis über das Vorerbenvermögen vorläufig zu entziehen ist.

> **Ein Antrag[22] könnte lauten:**
>
> „Es wird im Wege der einstweiligen Verfügung beantragt, hinsichtlich des Nachlasses des am 11.02.2005 verstorbenen Otto Normalerblasser, zuletzt wohnhaft ... die vorläufige gerichtliche Verwaltung anzuordnen. Die §§ 2128, 2129, 1052 BGB gelten für die vorläufige Verwaltung entsprechend.
>
> Die Anordnung endet (entsprechend Fristsetzung im Urteil) vier Wochen nach Eintritt der Rechtskraft des Urteils des Landgerichts München vom ... Az ...
>
> Dem Antragsgegner wird untersagt, über den Nachlass zu verfügen.
>
> Zum vorläufigen Verwalter wird Herr Mandant bestellt.
>
> Der Antragsgegner wird angewiesen, sämtliche zum Nachlass des am 11.02.2005 verstorbenen Otto Normalerblasser gehörenden Gegenstände gemäß dem beiliegenden Bestandsverzeichnis vom ... an den vorläufigen Verwalter herauszugeben.

---

22 Dazu auch ausführlich *Steinbacher* in *Krug/Rudolf/Kroiß*, Erbrecht, § 14 Rn. 201 ff.

Des Weiteren können selbstverständlich auch einstweilige Verfügungen durch den Nacherben zur Sicherung z.B. durch **Eintragung eines Sperrvermerks** beantragt werden.

> **Ein Antrag[23] könnte lauten:**
> „Es wird im Wege der einstweiligen Verfügung beantragt, dass zugunsten des Antragstellers ein Sperrvermerk eingetragen wird bezüglich des bei der Bundeswertpapierverwaltung Bad Homburg v. d. Höhe geführten Schuldbuchkontos Nr. ... lautend auf Herrn/Frau ... (Name des Erblassers/Vorerben nach Umschreibung). Der Sperrvermerk bezieht sich ausschließlich auf die Hauptforderung."

Zudem kann **separat** die **Sicherheitsleistung** im Wege der einstweiligen Verfügung erreicht werden.

> **Ein Antrag könnte lauten:**
> „Es wird im Wege der einstweiligen Verfügung beantragt, dass der Antragsgegner angewiesen wird, für den geplanten Verkauf des Hauses in der Glenleitenstr. in München, (nähere Bezeichnung) Sicherheit i.H.v. ... € zu leisten.

VII. Testamentsvollstreckung

Ein Antrag auf Erlass einer einstweiligen Anordnung auf **Einziehung des Testamentsvollstreckerzeugnisses** ist mangels einer Regelung und der fehlenden Möglichkeit einer analogen Anwendung von § 24 Abs. 3 FGG nicht möglich.[24] Ohnehin würde der **Einzug** des Testamentsvollstreckerzeugnisses rechtlich keine Vorteile bringen, da der Testamentsvollstrecker sein Recht nicht aus dem Testamentsvollstreckerzeugnis ableitet und bei vorläufiger Einziehung das Testamentsvollstreckerzeugnis wegen §§ 2368 Abs. 3, 2361 Abs. 1 Satz 2 BGB nicht kraftlos würde, also ein gutgläubiger Erwerb ohne weiteres noch möglich wäre. Allerdings wird man die Rspr. hinsichtlich der einstweiligen Anordnung zur vorläufigen Rückgabe des Erbscheins auch für das Testamentsvollstreckerzeugnis für zulässig erachten müssen, so dass dieser Weg offen steht. 49

Ebenso ist ein Antrag auf Erlass einer einstweiligen Anordnung auf **vorläufige Entlassung** oder das Eingreifen in die Amtsführung unzulässig, da das Nachlassgericht nur für die endgültige Amtsbeendigung zuständig ist.[25] Es bleibt somit nur die Möglichkeit eines Entlassungsantrages nach § 2227 BGB. 50

In der Praxis bedeutsamer ist die einstweilige Verfügung, wonach dem Testamentsvollstrecker untersagt wird, die Auseinandersetzung gemäß des von ihm vorgelegten Auseinandersetzungsplanes oder bestimmte Verfügungen über den von ihm verwalteten Nachlass vorzunehmen. 51

---

23 Dazu auch ausführlich *Steinbacher* in *Krug/Rudolf/Kroiß*, Erbrecht, § 14 Rn. 201 ff.
24 So auch *Zimmermann*, Erbschein- und Erbscheinsverfahren, Rn. 296.
25 Vgl. OLG Köln NJW-RR 1987, 71.

> **Eine derartige einstweilige Verfügung könnte wie folgt formuliert werden:**
>
> Namens und in Vollmacht der Antragstellerin bitte ich um Erlass folgender einstweiliger Verfügung wegen Eilbedürftigkeit ohne mündliche Verhandlung durch den Vorsitzenden allein:
>
> 1. Dem Antragsgegner wird untersagt, das Aktiendepot AB bei der Privatbank Merkel Spatz in München mit der Nr. 01234567 aufzulösen und das Vermögen in ein Börsentermingeschäft für Rinderhälften an der Börse von London zu investieren.
>
> 2. Dem Antragsgegner wird für den Fall der Zuwiderhandlung gegen vorstehende Verpflichtung ein Ordnungsgeld bis zur Höhe von 500.000 € und für den Fall, dass dies nicht beigetrieben werden kann, eine Ordnungshaft bis zu sechs Monaten angedroht.

52 Sofern das Nachlassgericht im Rahmen eines Entlassungsverfahrens die Entlassung des Testamentsvollstreckers nach § 2227 BGB angeordnet hat, sollte flankierend zur Beschwerde über die Entlassung beim Landgericht zugleich eine einstweilige Anordnung des Testamentsvollstreckers beantragt werden. Das Beschwerdegericht kann nämlich nach § 24 Abs. 3 FGG anordnen, dass der Testamentsvollstrecker vorerst das Amt weiterführen darf, wenn das Nachlassgericht dem Entlassungsantrag gefolgt ist. Wenn er das Amt weiterführt, dann haftet der Testamentsvollstrecker selbstverständlich für die Schäden, die er verursacht hat. Insofern muss er abwägen, ob er das Amt nicht „ruhen" lässt. Als weitere Alternativmaßnahmen kommen die Beantragung einer Nachlasspflegschaft nach § 1960 BGB oder eine Pflegschaft für den unbekannten Testamentsvollstrecker nach § 1913 BGB in Betracht.

> **Praxishinweis:**
>
> Der Mandant sollte vor Beschreitung des einstweiligen Rechtsschutzes auf jeden Fall immer auf die Risiken dieser Verfahrensart, insbesondere auf die mögliche Schadensersatzpflicht nach § 945 ZPO bzw. § 717 ZPO hingewiesen werden.

15. Kapitel
Erbscheinsverfahren

Übersicht:

A. Allgemeines	682
I. Überblick Funktion und Rechtswirkungen des Erbscheins	682
1. Begriff des Erbscheins	683
2. Arten des Erbscheins	683
3. Rechtswirkung des Erbscheins	684
a) Allgemeines	684
b) Bindungswirkung für das Grundbuchamt	685
II. Inhalt des Erbscheins	685
B. Beginn und Ablauf des Erbscheinsverfahrens	686
I. Zuständigkeit	686
1. Sachliche Zuständigkeit	686
2. Örtliche Zuständigkeit	686
3. Besondere Zuständigkeit	686
4. Funktionelle Zuständigkeit	687
II. Antrag auf Erteilung eines Erbscheins	687
1. Form	687
2. Antragsberechtigte	687
3. Inhalt des Erbscheinantrages	689
4. Änderungen/Rücknahme des Erbscheinantrages	691
5. Notwendige Nachweise und Erklärungen nach §§ 2354, 2355 BGB	691
a) Antrag des gesetzliche Erben, § 2354 BGB	692
aa) Todeszeitpunkt des Erblassers	692
bb) Verwandtschaftsverhältnisse	692
cc) Andere weggefallene Erbberechtigte	692
b) Gewillkürter Erbe	692
c) Verschwundene Testamente	693
d) Versicherung an Eides statt	693
e) Vermeidung der Versicherung	693
f) Nachweis durch in- und ausländische öffentliche Urkunden	694
aa) Personenstandsurkunden	694
bb) Bezugnahme auf andere Akten	695
cc) Sonstige Beweismittel	695
dd) Offenkundige Tatsachen nach § 2356 Abs. 3 BGB	695
III. Ermittlungen des Nachlassgerichts/Feststellung des Erbrechts	695
1. Ermittlungen von Amts wegen	695
2. Freibeweis/Strengbeweis	696
3. Verfahrensrechtliche Ermittlungen	696
a) Sachliche und örtliche Zuständigkeit des Gericht	696
b) Gewillkürtes Erbrecht/Wirksamkeit einer Verfügung von Todes wegen/Testierfähigkeit	697
aa) Wirksamkeit einer Verfügung von Todes wegen	697
bb) Testierfähigkeit	697
c) Rechtliches Gehör § 2360 BGB	698
IV. Entscheidungen über den Erbscheinantrag durch das Nachlassgericht	699
1. Zwischenverfügung/Vorbescheid/Zurückweisung	699
a) Zwischenverfügung	699
b) Vorbescheid	699
c) Zurückweisung	701
2. Erteilung eines Erbscheins	701
3. Beschränkungen des Erben	702
a) Nacherbenvermerk	702
b) Testamentsvollstreckervermerk/Testamentsvollstreckerzeugnis	702
4. Einzelnen Arten von Erbscheinen	703
a) Alleinerbschein	703
b) Gemeinschaftlicher Erbschein	703
c) Teilerbschein	704
d) Gemeinschaftlicher Teilerbschein	704
e) Sammelerbschein	704
f) Erbschein des Nacherben nach Eintritt des Nacherbfalls	705
g) Beschränkter Erbschein (Fremdrechtserbschein)	705
h) Hoferbfolgezeugnis	705
i) Erbschein des Gläubigers	706
j) Erbschein mit Nacherbenvermerk	706
5. Kosten des Verfahrens	707
a) Kosten der Staatskasse	707
b) Rechtsanwaltsgebühren	708

V. Einziehungsverfahren/Herausgabeanspruch	709
1. Einziehung	709
a) Verfahren der Einziehung	710
b) Unrichtigkeit des Erbscheins	710
c) Zuständigkeit und Einziehungsanordnung	710
2. Kraftloserklärung	711
3. Kosten	712
4. Herausgabe- und Auskunftsanspruch des Erben	712
C. Rechtsmittel im Erbscheinsverfahren	713
I. Beschwerde gegen die Ablehnung der Erteilung eines bestimmten Erbscheins	713
II. Beschwerde gegen einen Vorbescheid	715
III. Beschwerde gegen einen erteilten Erbschein	715
IV. Beschwerde gegen Einziehung/Kraftloserklärung	715
V. Einstweiliger Rechtsschutz	716
1. Einstweilige Anordnung der Rückgabe des Erbscheins zu den Akten	716
2. Antrag auf Erlass einer Einstweiligen Verfügung nach § 2362 BGB, § 935 ZPO	716
VI. Bindungswirkung des Erbscheinsverfahrens/Beschwerdeverfahren	717
D. Erbschein für besondere Zwecke	718
I. Fremdrechtserbschein	718
1. Allgemeines	718
2. Zuständigkeit	719
3. Verfahren	720
II. Erbennachweis im Handelsregister	721

Literaturhinweise:

Damrau, Aussetzung erbrechtlicher Auskunftsklage wegen rechtshängigen Erbscheinverfahrens, ZEV 95, 459; *Demharter*, Zulässigkeit der Beschwerde gegen Vorbescheid, trotz inzwischen ergangenen Erbschein, BayObLG FamRZ 91, 618; *ders.*, zu den Voraussetzungen der Feststellung der Testierunfähigkeit, FamRZ 2004, 1821; *Findeklee*, Grundbuchberichtigung nach dem Erbfall, ZErb 2004, 317; *Litzenburger*, ist die eidesstattliche Versicherung eines Vorsorgebevollmächtigten im Erbscheinsverfahren zulässig, ZEV 2004, 450; *Lopez/Artz*, deutsch-spanische Erbrechtsfälle, ZErb 2002, 278; *Pentz*, Vorbescheid im Erbscheinsverfahren, MDR 90, 586; *Riering*, Internationales Nachlassverfahrensrecht, MittBayNotK 99, 519; *Salaris*, italienisches Erbrecht, ZEV 1995, 240; *Sprau*, Erbscheinsverfahren, ZAP 1997, 1089;; *Süß*, Erbrecht-IPR, ZErb 2002, 341.

A. Allgemeines

I. Überblick Funktion und Rechtswirkungen des Erbscheins

1 In der Rechtspraxis erlangt der Erbe meist nur durch die Vorlage eines Erbscheins, tatsächlich die benötigte **Verfügungsmacht** über Nachlassgegenstände, um mit diesen auch wirklich uneingeschränkt verfügen zu können. Natürlich wird u.U. auch die Vorlage einer in einer öffentlichen Urkunde festgehaltenen Verfügung von Todes wegen oder ein Protokoll über die Eröffnung einer Verfügung von Todes wegen akzeptiert.[1] Jedoch führt dies in der Praxis meist dann nur zum Erfolg, wenn z.B. gegenüber der **Bank** des Verstorbenen nachgewiesen werden kann, dass der Vortragende aufgrund des vorgelegten Testaments eindeutig Erbe geworden ist und bspw. durch Vorlage von Urkunden nachweisen kann, dass der Erblasser keine weiteren Erbberechtigten mehr hatte. Im Zweifel läuft in der Praxis aber meist alles auf einen Erbscheinsantrag hinaus, so dass die frühzeitige Stellung des Antrages auf Erteilung eines Erbscheins – verbunden mit der Beschaffung sämtlicher notwendigen Urkunden nach § 2356 BGB – stets zu empfehlen ist.[2] Insbesondere Banken, Versicherungen und Grundbuchämter fordern in aller Regel den **Erbschein als Nachweis der Rechtsnach-**

---

1 BGH FamRZ 2005, 515.
2 *Bonefeld/Kroiß/Tanck*, Erbprozess, S. 726.

folge,³ wobei die Grundbuchordnung in § 35 Abs. 1 GBO ausdrücklich vorsieht, dass das Grundbuch sich mit der Vorlage einer Verfügung von Todes wegen, die in einer öffentlichen Urkunde festgehalten ist, zufrieden geben darf, sofern diese neben der Niederschrift ihrer Eröffnung vorgelegt werden.⁴

Funktion des Erbscheins

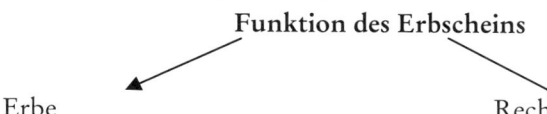

Erbe

Zeugnis für den Erben, und zwar über seine Rechtsstellung

Rechtsverkehr

Keine materielle Rechtskraft, aber Rechtsvermutung, § 2365 BGB⁵

Rechtsverkehr darf darauf vertrauen, wer Erbe geworden ist und mit welchem Anteil

1. Begriff des Erbscheins

Der Erbschein stellt ein **amtliches Zeugnis** über die Erbfolge dar und ist als solcher auch öffentliche Urkunde i.S.v. §§ 415 ff. ZPO,⁶ § 271 StGB.⁷ Das Nachlassgericht erteilt nach § 2353 BGB den Erbschein und bekundet damit, wer Erbe ist, wobei dies sowohl ein einzelner als auch eine Mehrheit von Erben sein kann. Durch den Erbschein wird der Anteil am Nachlass (Quote), ebenso auch das Bestehen von Beschränkungen des Erben dokumentiert (Testamentsvollstreckung nach § 2364 BGB, Nacherbfolge nach § 2363 BGB).⁸

2. Arten des Erbscheins

(1) **Erbschein** für den Alleinerben, § 2353 1. HS BGB, weist dessen alleiniges Erbrecht aus.

(2) Der **Gemeinschaftlicher Erbschein**, § 2357 BGB, weist das Erbrecht aller vorhandenen Miterben aus, also auch ihrer Erbteile. Die Erteilung kann von jedem Miterben an sich selbst beantragt werden.⁹

(3) Der **Teilerbschein**, § 2353 2. HS BGB, weist das Erbrecht eines von mehreren Miterben ausweist.

(4) Der **Gruppenerbschein** als äußere Zusammenfassung mehrerer Teilerbscheine, der auf Antrag aller in dieser Urkunde aufgeführten Miterben erteilt wird, hat jedoch seine

---

3 *Bestelmeyer*, Rpfleger 2004, 680.
4 *Hägele/Schöner/Stöber*, Grundbuchrecht, Rn. 786.
5 *Bonefeld/Kroiß/Tanck/Kroiß*, Der Erbprozeß S. 726.
6 *Firsching/Graf*, Nachlassrecht, Rn. 4.140; MünchKomm/*Mayer*, § 2353 Rn. 6; a.A. Palandt/*Edenhofer*, § 2353 Rn. 1.
7 *Firsching/Graf*, Nachlassrecht, Rn. 4.140; MünchKomm/*Mayer*, § 2353 Rn. 6; Palandt/*Edenhofer*, § 2353 Rn. 1.
8 *Damrau/Uricher*, Erbrecht, § 2353 Rn. 7; *Firsching/Graf*, Nachlassrecht, Rn. 4.138.
9 Palandt/*Edenhofer*,§ 2357 Rn. 1.

Bedeutung in der Rechtspraxis durch das Instrument des gemeinschaftlichen Teilerbscheins verloren.[10]

(5) Ebenso wie der Gruppenerbschein ist auch der **gemeinschaftlicher Teilerbschein** eine Zusammenfassung mehrerer Teilerbscheine, jedoch genügt für diesen der Antrag eines einzigen Miterben.[11]

(6) **Sammelerbschein**, diese Art von Erbschein stellt eine Zusammenfassung des Erbrechts nach mehreren Erbgängen dar. Voraussetzung dafür ist jedoch, dass für alle Erbgänge dasselbe Nachlassgericht zuständig ist.[12]

(7) Unter **beschränkten Erbschein** werden Erbscheine verstanden, die mit Beschränkung auf bestimmte Nachlassgegenstände erteilt werden (§ 2369 BGB – Fremdrechtserbschein). Er bezeugt also das Erbrecht im Bezug auf bestimmte im Inland gelegene Nachlassgegenstände.[13]

Auch das sog. Hoferbfolgezeugnis nach § 18 Abs. 2 HöfeO ist ein beschränkter Erbschein, da durch das Hoferbfolgezeugnis ausgewiesen wird, wer Hoferbe i.S.d. Höfeordnung geworden ist. Das Hoferbfolgezeugnis findet aber lediglich Anwendung in den Bundesländern, in denen die Höfeordnung Anwendung findet (Hamburg, Niedersachsen, Nordrhein-Westfalen sowie Schleswig-Holstein).[14]

3. Rechtswirkung des Erbscheins

a) Allgemeines

4 Der erteilte Erbschein entfaltet im Rechtsverkehr eine sogenannte **Vermutungswirkung** gemäß § 2365 BGB. Das materielle Erbrecht wird davon jedoch nicht beeinflusst.[15] Zum einen ändert ein unrichtig erteilter Erbschein nichts an der tatsächlichen materiellen Rechtslage und zum anderen ist das Zivilgericht im Prozess über das Erbrecht weder an einen bestimmten Erbschein gebunden, noch kann ein Erbschein als Beweismittel dienen.[16] Umgekehrt bindet jedoch die in Rechtskraft erwachsene Entscheidung des Zivilgerichts das Nachlassgericht bei der Erteilung eines Erbscheins.[17] Daneben entfaltet der rechtswirksam erteilte Erbschein auch **öffentlichen Glauben** nach § 2366 BGB, dahingehend, dass derjenige, der auf der Basis eines erteilten und in Rechtskraft befindlichen Erbscheins rechtsgeschäftlich etwas von dem durch den Erbschein ausgewiesenen Erben erwirbt, in seinem guten Glauben an die Richtigkeit des ausgewiesenen Erbrechts geschützt wird.[18] Nicht dadurch geschützt ist jedoch der gute Glaube, wonach ein bestimmter Gegenstand tatsächlich zum Nachlass gehört, dies wird in der Praxis häufig falsch angenommen. Befinden sich mehrere sich **widersprechende Erbscheine** im Umlauf, so entfalten diese Erbscheine nur eine Wirkung i.S.v. §§ 2365 und 2366 BGB in dem Maß wie sie sich nicht widersprechen.[19]

---

10 *Damrau/Uricher*, Erbrecht, Vorbem. § 2353 Rn. 2; *Firsching/Graf*, Nachlassrecht, Rn. 4.146.
11 Palandt/*Edenhofer*, Vor § 2353 Rn. 2.
12 *Firsching/Graf*, Nachlassrecht, Rn. 4.147.
13 *Griem*, Probleme des Fremdrechtserbscheins, S. 189.
14 *Wöhrmann/Stöcker*, Landwirtschaftserbrecht, S. 498.
15 *Firsching/Graf*, Nachlassrecht, Rn. 4.138.
16 *Damrau/Uricher*, Erbrecht, § 2365 Rn. 2.
17 *Lange/Kuchinke*, Erbrecht, § 39 III.
18 Palandt/*Edenhofer*, § 2366 Rn. 1.
19 BGHZ 33, 314; *Herminghausen*, NJW 1986, 571; Palandt/*Edenhofer*, § 2366 Rn. 4.

b) Bindungswirkung für das Grundbuchamt

Der rechtswirksam erteilte Erbschein entfaltet seine Bindungswirkung auch gegenüber dem Grundbuchamt. Nach § 35 Abs. 1 GBO ist die Erbfolge dem Grundbuchamt primär durch die Vorlage eines Erbscheins nachzuweisen.[20] Das Grundbuchamt hat insofern keine eigenen Ermittlungspflichten bzgl. des durch den Erbschein festgestellten Erbrechts. Erkennt das **Grundbuchamt** jedoch **inhaltliche Mängel** des Erbscheins, die dessen Unwirksamkeit begründen würden, so sind diese Umstände vom Grundbuchamt zu berücksichtigen.[21] Daneben kann sich das Grundbuchamt nach § 35 Abs. 1 Satz 2 GBO auch mit der Vorlage einer, in einer öffentlichen Urkunde festgehaltenen Verfügung von Todes wegen oder einer Abschrift eines Protokolls über die Eröffnung einer Verfügung von Todes wegen begnügen.[22] Es ist dabei jedoch zu beachten, dass für den Fall, dass ein Erwerber von einem Veräußerer (Erben) erwirbt, der keinen Erbschein sondern nur ein notarielles Testament vorlegt, die Rechtsvermutung des § 2365 BGB, die nur dem Erbschein zu Gute kommt, nicht zur Anwendung kommt und darüber hinaus auch ein gutgläubiger Erwerb nach § 2366 BGB ausscheidet. Dem Erwerber ist also stets zu empfehlen, vor der Kaufpreiszahlung den Nachweis der Grundbuchberichtigung nach § 892 BGB zu fordern.[23]

5

II. Inhalt des Erbscheins

Der Inhalt des Erbscheins soll als **amtliches Zeugnis** folgendes ausweisen:

6

(1) Die **konkrete Erbfolge**, deshalb ist der Erblasser mit Vor- und Zuname, Geburtsname, Geburts- und Sterbedatum sowie letztem Wohnsitz zu vermerken. Ebenso ist der Erbe zu konkretisieren. Die Erbfolge ist dabei eindeutig festzulegen.

(2) Der **Berufungsgrund** ist nur in den Fällen aufzunehmen, in denen dies zur klarstellenden Erläuterung von Beschränkungen oder des Umfangs des Erbrechts erforderlich ist.

(3) Eine **Bezeichnung des Umfangs** des Erbrechts hat der Erbschein genau auszuweisen.

(4) **Beschränkungen** des Erbrechts (Testamentsvollstreckung, Vor- und Nacherbschaft) sind in den Erbschein aufzunehmen, was sich auch aus §§ 2363, 2364 BGB ergibt.

(5) Aussagen über den Bestand des Nachlasses oder das **Vorhandensein von Vermächtnissen** dürfen jedoch nicht in den Erbschein aufgenommen werden.[24]

---

20 *Demharter*, Grundbuchordnung, § 35 Rn. 4.
21 *Firsching/Graf*, Nachlassrecht, Rn. 4.139.
22 *Schöner/Stöber*, Grundbuchrecht, Rn. 786.
23 *Findeklee*, ZErb 2004, 317.
24 BayObLG FamRZ 1998, 1262.

B. Beginn und Ablauf des Erbscheinsverfahrens

I. Zuständigkeit

1. Sachliche Zuständigkeit

7 Die sachliche Zuständigkeit ergibt sich aus § 72 FGG, wonach das **AmtsG** als **Nachlassgericht** sachlich zuständig ist. Eine Spezialität ist dabei für die staatlichen Notariate in Baden zu beachten. Diese sind gemäß §§ 36, 38 BaWüLFGG, Art. 147 EGBGB auch als Nachlassgerichte zuständig.[25]

2. Örtliche Zuständigkeit

8 Die örtliche Zuständigkeit regelt § 73 Abs. 1 FGG. Maßgeblich ist zunächst der **letzte Wohnsitz** des Erblassers nach § 73 Abs. 1 1. HS FGG. Hatte der Verstorbene **mehrere Wohnsitze**, so ist das Gericht zuständig, das in der Sache als erstes tätig wird nach § 4 FGG. War ein derartiger nicht vorhanden, ist das Nachlassgericht zuständig, in dessen Bezirk der Erblasser seinen **letzten Aufenthalt** hatte, § 73 Abs. 1 2. HS FGG. Ist der Erblasser im Ausland verstorben, ohne letzten Wohnsitz oder Aufenthalt in Deutschland, so ist das AmtsG Berlin-Schöneberg zuständig, § 73 Abs. 2 FGG.[26]

3. Besondere Zuständigkeit

9 Eine Besonderheit ergibt sich für die Zuständigkeitsprüfung in sachlicher wie in örtlicher Hinsicht, sofern die **Höfeordnung** zur Anwendung gelangt. Nach § 18 Abs. 2 HöfeO ist ausschließlich das **Landwirtschaftsgericht** zuständig. Landwirtschaftsgericht ist das AmtsG nach § 2 LwVG. Örtlich ist das AmtsG zuständig, in dessen Bezirk die Hofstelle liegt, § 10 Abs. 1 Satz 2 LwVG.[27]

10 **Örtliche Zuständigkeitsprüfung:**

Letzter Wohnsitz
§ 73 Abs. 1 1. HS FGG
↓
Letzter Aufenthalt
§ 73 Abs. 1 2. HS FGG
↓
Kein Wohnsitz, kein letzter Aufenthalt
in Deutschland,
AmtsG Berlin-Schöneberg
§ 73 Abs. 2 FGG
↓

---

[25] Soergel/*Zimmermann*, § 2353 Rn. 2.
[26] *Keidel/Kuntze/Winkler*, FGG, Teil A, § 73 Rn. 1.
[27] *Damrau/Uricher*, Erbrecht, § 2353 Rn. 18.

Belegenheitsort der Sache
§ 73 Abs. 3 FGG
↓

Geltungsbereich der Höfeordnung
§ 18 Abs. 2 (Landwirtschaftsgericht)

4. Funktionelle Zuständigkeit

Die Erteilung des Erbscheins ist Sache des **Rechtspflegers** nach § 3 Nr. 2 c RPflG, sofern nicht eine Verfügung von Todes wegen vorliegt, was dann zu einer funktionellen Zuständigkeit des Richters nach § 16 RPflG führt. Der Richter ist jedoch befugt, die Erteilung des Erbscheins nach § 16 Abs. 2 RPflG auf den Rechtspfleger zu übertragen, gleichwohl trotz des Vorliegens einer Verfügung von Todes wegen, die gesetzliche Erbfolge zur Anwendung gelangt.[28]

II. Antrag auf Erteilung eines Erbscheins

1. Form

Nur durch die Stellung eines **Antrages** wird das Erbscheinsverfahren in Gang gesetzt. Jedoch kann der noch nicht gestellte Antrag auf Erteilung eines bestimmten Erbscheins jederzeit bis zur Erteilung des Erbscheins nachgeholt werden.[29] Die h.M. geht davon aus, dass in der stillschweigenden Entgegennahme und Verwendung des nicht beantragten Erbscheins eine Genehmigung und damit implizierte entsprechende Antragstellung anzunehmen ist.[30]

Der Antrag auf Erteilung eines Erbscheins ist an keine bestimmte **Form** gebunden. Er kann auch nach § 11 FGG zu Protokoll der Geschäftsstelle des Nachlassgerichts erklärt werden. Zu beachten ist, dass in den Bundesländern, in denen der Grundsatz der amtlichen Erbenermittlung gilt, wie dies in Baden Württemberg und Bayern der Fall ist, der Antrag meist aus Gründen der Praktikabilität von den anzuhörenden Beteiligten in aller Regel im Termin zur mündlichen Anhörung gestellt wird, sofern die Erteilung eines Erbscheins beabsichtigt wird. Der Antrag auf Erteilung eines Erbscheins kann jederzeit bis zum Abschluss des Erbscheinsverfahrens zurückgenommen werden.[31]

2. Antragsberechtigte

Antragsberechtigt sind: der Erbe, der Miterbe nach § 2357 Abs. 1 Satz 2 BGB, der Erbeserbe, der Erbschaftskäufer und der Anteilserwerber. Für die Antragsberechtigung genügt die schlüssige Behauptung seiner **Rechtsinhaberschaft**. Ferner sind antragsberechtigt, der Testamentsvollstrecker, der Nachlassverwalter, der Nachlassinsolvenzverwalter sowie der amtlich bestellte Betreuer eines volljährigen Erben. Die **Gläubiger**

---

28 *Keidel/Kuntze/Winkler*, FGG, Teil A, § 72 Rn. 20 ff.; *Bumiller/Winkler*, FGG, § 72 Rn. 3.
29 *Soergel/Zimmermann*, § 2353 Rn. 26.
30 BayObLG NJW-RR 2001, 950.
31 MünchKomm/*Mayer*, § 2353 Rn. 64.

des Erblassers wie auch die des Erben haben ein eigenes Antragsrecht, sofern sie bereits über eine titulierte Forderung verfügen, §§ 792, 896 ZPO.[32]

Antragsberechtigte

Erbe
Testamentsvollstrecker
Nachlassverwalter
Gläubiger
Nachlassinsolvenzverwalter

15 Kein eigenes Antragsrecht haben hingegen: Vermächtnisnehmer, Pflichtteilsberechtigte, Auflagenbegünstigte, Nacherbe, Nachlasspfleger.[33]

Nicht-Antragsberechtigte

Vermächtnisnehmer
Nacherbe
Nachlasspfleger
Pflichtteilsberechtigte

16 Eine **Stellvertretung** bei der Antragstellung ist nach § 13 FGG zulässig. Bevollmächtigung ist formlos möglich, wobei diese jederzeit nachgereicht werden kann. Eltern sind i.R.d. Vermögensfürsorge nach § 1626 BGB dazu berechtigt.[34] Jedoch ist zu beachten, dass eine abzugebende **eidesstattliche Versicherung** nach § 2356 Abs. 2 BGB nur durch den Antragsteller selbst abgegeben werden kann, dies ist nicht durch den Stellvertreter möglich. Problematisch ist dies in den Fällen, in denen der **Vollmachtgeber** selbst nicht mehr handlungsfähig ist, wie dies bei einer Person der Fall sein kann, die nach Erteilung einer Vorsorgevollmacht handlungsunfähig wird. In der Rechtspraxis bedeutet dies, dass für die Abgabe der eidesstattlichen Versicherung ein **Betreuer** nach § 1896 BGB bestellt werden muss.[35] Bisher ist es nicht möglich, diesen Fall durch eine Vorsorgevollmacht mit entsprechendem Inhalt abzudecken.

> **Praxishinweis:**
> Da die Begleitung des Mandanten im Erbscheinsverfahren häufig eine Aufgabe des Rechtsanwaltes mit dem Schwerpunkt Erbrecht darstellt, ist darauf zu achten, dass die Vollmacht des Mandanten auch auf die Entgegennahme des Erbscheins durch den Rechtsanwalt lautet und auch dem Nachlassgericht durch den Rechtsanwalt selbst explizit mitgeteilt wird, dass der Rechtsanwalt auch zur Entgegennahme des Erbscheins berechtigt ist. Nur so behält der beauftragte Rechtsanwalt den Überblick

---

32 *Sprau*, ZAP 1997, 1093.
33 *Firsching/Graf*, Nachlassrecht, Rn. 4.152; BayObLG 1999, 70.
34 Palandt/*Edenhofer*, § 2353 Rn. 11.
35 Palandt/*Diederichsen*, § 1896 Rn. 20; *Litzenburger*, ZEV 2004, 450.

im Erbscheinsverfahren. Auch für die Frage welche Gebühren in Ansatz gebracht werden können, ist es erforderlich, nachweisen zu können, welche einzelnen Schritte im Verfahren von dem Rechtsanwalt vorgenommen wurden.

3. Inhalt des Erbscheinantrages

Das Nachlassgericht ist an den **Inhalt des Antrages** gebunden. Es darf von dem gestellten Antrag nicht abweichen oder auch nur in Teilen stattgeben.[36] In der Praxis nimmt das Gericht in aller Regel die Möglichkeit wahr, bis zur entgültigen Erteilung des Erbscheins durch Hinweise an die Beteiligten die fehlenden Unterlagen oder Informationen doch noch zu erhalten.

17

Praxishinweis:
Der sachkundige Rechtsanwalt sollte aber nicht auf die tatkräftige Unterstützung des Nachlassgerichts vertrauen. Es ist nicht die Aufgabe des Gerichts, für die Beschaffung etwaiger ausstehender Urkunden zu sorgen oder fehlende Angaben von Amts wegen zu ermitteln.

Der Antrag muss hinreichend bestimmt sein. Aus dem Antrag muss sich also mindestens ergeben:

18

(1) der Erblasser;
(2) die Erben;
(3) das Erbrecht sowohl dem Grunde nach (**Berufungsgrund**) als auch in seinem Umfang (Quote);
(4) für welchen Zweck der Erbschein benötigt wird (z.B. zur Vorlage nur beim Grundbuch).

Zulässig ist die Stellung von **Haupt- und Hilfsantrag**. Diese, mit sachlich verschiedenen Inhalten, gestellten Anträge müssen jedoch das berufene Erbrecht exakt bezeichnen. Ferner muss der Antragsteller dem Gericht die Reihenfolge der zu treffenden Entscheidungen genau vorgeben.[37]

19

Während im eigentlichen Erbschein der Berufungsgrund gerade nicht aufgeführt wird, ist es zwingend notwendig, den **Berufungsgrund** – also das Erbrecht, auf das sich berufen wird, anzugeben.[38] Ebenso sind etwaige Beschränkungen des Erben im Antrag aufzuführen, wie die Testamentsvollstreckung oder Vor- und Nacherbschaft nach §§ 2363, 2364 BGB.[39]

20

---

36 BayObLG FamRZ 2004, 1404 m. Anm. *Demharter*; Palandt/*Edenhofer*, § 2353 Rn. 21; *Firsching/Graf*, Nachlassrecht, Rn. 4.163.
37 Palandt/*Edenhofer*, § 2353 Rn. 11; *Damrau/Uricher*, § 2325 Rn. 24; *Firsching/Graf*, Nachlassrecht, Rn. 4.163; *Sprau*, ZAP 1997, 1094.
38 MünchKomm/*Mayer*, § 2353 Rn. 71.
39 Palandt/*Edenhofer*, § 2353 Rn. 11.

21 **Muster „einfacher Erbscheinsantrag"**

Formulierungsbeispiel:

An das
Amtsgericht
–Nachlassgericht–
Strasse
PLZ, Ort

Nachlasssache
Aktenzeichen

Antragsteller (Name, Anschrift)

beantragt die Erteilung eines Erbscheins mit folgendem Inhalt:

1. Es wird bezeugt, dass der am ... in ... verstorbene ..., geb. am ... in ..., zuletzt wohnhaft in ..., aufgrund einer letztwilligen Verfügung von Todes wegen vom ..., durch mich allein beerbt worden ist.

2. Die Verfügung von Todes wegen ist beigefügt als – Anlage 1 –

3. Anderweitige Verfügungen von Todes wegen sind nicht bekannt.

4. Der Erblasser war deutscher Staatsbürger

5. Der Erblasser war mit Frau ... im gesetzlichen Güterstand der Zugewinngemeinschaft in erster Ehe verheiratet. Die Heiratsurkunde ist in der – Anlage 2 – beigefügt.

6. Die Ehefrau ist bereits am ... vorverstorben, wie sich dies aus der beigefügten Sterbeurkunde ergibt, als – Anlage 3 – beigefügt.

7. Außer mir sind keine weiteren Abkömmlinge vorhanden. Ich war das einzige gemeinsame Kind der Eheleute. Es waren weder eheliche noch uneheliche, für ehelich erklärte oder adoptierte Abkömmlinge vorhanden. Meine Geburtsurkunde ist als – Anlage 4 – beigefügt.

8. Die Geburt eines Kindes, das das Erbrecht ausschließen oder einschränken würde, ist nicht mehr zu erwarten. Sonstige Personen, die das Erbrecht ausschließen oder vermindern würden, sind nicht vorhanden.

9. Eine Nacherbfolge oder eine Testamentsvollstreckung sind nicht angeordnet.

10. Ein Rechtsstreit über das Erbe ist nicht anhängig.

11. Der Wert des Nachlasses beträgt:

Vermögen des Erblassers

a. Aktiva
aa. bewegliches Vermögen   €
bb. Grundstücke, Immobilien   €
cc. Barermögen, Wertpapiere   €
dd. Forderungen   €
ee. Beteiligungen   €

Uricher

B. Beginn und Ablauf des Erbscheinsverfahrens

> b. Passiva
> aa. Verbindlichkeiten   €
> bb. Bestattungskosten   €
> c. Nettowert des Nachlasses €
>
> *Ich erkläre mich dazu bereit, an Eides Statt zu versichern, dass mir nichts bekannt ist, was der Richtigkeit der Angaben zu den Nrn. 2, 3, 5, 6, 7, 8, 9, 10 entgegensteht.*
>
> Eine Abschrift soll an ... erteilt werden.
> Unterschrift Antragsteller

4. Änderungen/Rücknahme des Erbscheinantrages

Der Antrag auf Erteilung eines Erbscheins kann jederzeit bis zum Zeitpunkt der Erteilung zurückgenommen und auch neu gestellt werden.[40] Ebenso kann der Antragsteller den Antrag jederzeit ergänzen, solange der beantragte Erbschein noch nicht erteilt wurde.[41] Ein Erbschein ist erst dann tatsächlich erteilt, wenn er in **Urschrift** oder als Ausfertigung an den Antragsteller, dessen Bevollmächtigten oder an eine Behörde ausgegeben wurde. Erst ab diesem Zeitpunkt kann der Antrag nicht mehr zurückgenommen oder geändert werden.[42]

Praxishinweis:
Werden bei einem derartig einfach gelagerten Sachverhalt wie dem vorstehenden sämtliche notwendigen Urkunden unmittelbar beigefügt, so dass dem Nachlassgericht ein entscheidungsreifer Antrag vorliegt, ergeht i.d.R. auch zügig der beantragte Erbschein, ohne dass das Nachlassgericht auf die Abgabe der eidesstattlichen Versicherung besteht, § 2356 Abs. 2 BGB (s. dazu Rn. 30 f.).

5. Notwendige Nachweise und Erklärungen nach §§ 2354, 2355 BGB

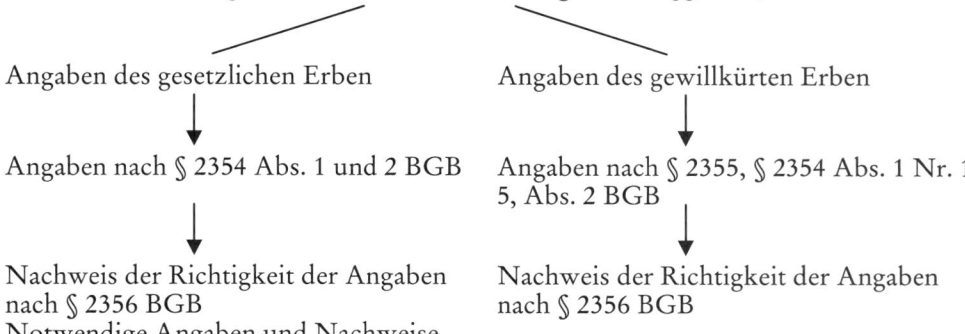

---

40 Soergel/*Zimmermann*, § 2353 Rn. 27.
41 MünchKomm/*Mayer*, § 2353 Rn. 73.
42 Palandt/*Edenhofer*, § 2353 Rn. 23.

a) Antrag des gesetzliche Erben, § 2354 BGB

24 Beantragt ein gesetzlicher Erbe einen Erbschein, so hat er die in dem Katalog des § 2354 Abs. 1 BGB aufgeführten Angaben zu erteilen.

> **Praxishinweis:**
> Diese Angaben sind von dem Antragsteller zu erteilen und werden nicht vom Nachlassgericht beschafft, sondern von diesem lediglich im Rahmen seiner Ermittlungspflicht überprüft. Unnötige zeitliche Verschiebungen können also vermieden werden, wenn sämtliche notwendigen Angaben nach § 2354 BGB direkt bei der Antragstellung bereits dem Antrag beigefügt werden.

aa) Todeszeitpunkt des Erblassers

25 Den Todeszeitpunkt des Erblassers nach §§ 2354 Abs. 1 Nr. 1, 2356 Abs. 1 BGB hat der Antragsteller durch die exakte Angabe des **Todeszeitpunktes** und die Beifügung einer **Sterbeurkunde** nachzuweisen.[43] Auch die Eintragung dazu im Familienstammbuch ist genügend. Vertriebene, die nicht mehr über die entsprechenden Familienstammbücher verfügen können, müssen deshalb die Anlegung eines Familienstammbuches nach § 15a PStG beantragen. Im Übrigen ist bei Soldaten der beiden Weltkriege auch eine entsprechende Mitteilung von Seiten des Militärs über den Tod des Soldaten als anderes Beweismittel als zulässig erachtet worden.[44]

bb) Verwandtschaftsverhältnisse

26 Des Weiteren ist das Verhältnis, auf dem das Erbrecht beruht, nach § 2354 Abs. 1 Nr. 2 BGB darzulegen. Der Antragsteller hat dabei sein **Verwandtschaftsverhältnis** bzw. sein Ehegattenverhältnis zum Erblasser darzulegen, denn darauf beruht sein Erbrecht als gesetzlicher Erbe.

cc) Andere weggefallene Erbberechtigte

27 Der Antragsteller hat auch sämtliche erbberechtigten Personen aufzuführen, die seinen Erbteil mindern oder ausschließen würden und die weggefallen sind, §§ 2354 Abs. 1 Nr. 3, 2354 Abs. 2 BGB.

> **Praxishinweis:**
> Diese Angaben haben sehr detailliert zu erfolgen, so dass das Nachlassgericht schlüssig und abschließend dargelegt bekommt, weshalb bestimmte Personen zwar ein Erbrecht gehabt haben, aber durch Erbverzicht, Erbunwürdigkeit, vorzeitigen Ausgleich oder Tod, kein Erbrecht mehr haben. Es empfiehlt sich für die Praxis durchaus, gerade bei weitverzweigten Verwandtschaftsverhältnissen, dem Nachlassgericht einen Stammbaum aufzuzeichnen und die weggefallenen Personen darüber zu erläutern.

b) Gewillkürter Erbe

28 Der Antragsteller, der sich für sein Erbrecht auf eine Verfügung von Todes wegen als **Berufungsgrund** stützt, hat diese in seinem Antrag anzugeben. Die Verfügung von Todes wegen muss eröffnet sein. Die Eröffnung kann aber auch noch nach Antragstel-

---

[43] Soergel/*Zimmermann*, § 2356 Rn. 7.
[44] *Damrau/Uricher*, Erbrecht, § 2356 Rn. 8; MünchKomm/*Mayer*, § 2356 Rn. 43.

lung erfolgen.⁴⁵ Die Verfügung von Todes wegen muss vom Antragsteller in der Urschrift vorgelegt werden. Liegt diese dem Nachlassgericht bereits vor, genügt eine bloße Bezugnahme darauf.⁴⁶

c) Verschwundene Testamente

Immer wieder gibt es in der Praxis den Fall, dass der Antragsteller sein Erbrecht auf ein Testament stützt, dieses aber **verschwunden** ist. Da der Antragsteller die Darlegungs- und Ablieferungspflicht hat, stellt sich die Problematik, durch welche anderen Beweismittel er die Existenz des Testaments beweisen kann. Der Antragsteller kann die Beweisführung, dass er Erbe aufgrund eines ehedem existenten, aber nicht mehr verfügbaren Testaments geworden ist, mit allen ihm zugänglichen **Beweismitteln** führen.⁴⁷

29

d) Versicherung an Eides statt

Der Antragsteller hat nach § 2356 Abs. 2 BGB seine nach § 2354 Abs. 1 Nr. 3, 4, 5 BGB erteilten Angaben sowie die Behauptung, dass er mit dem Erblasser im Zeitpunkt des Todes in dem **Güterstand** der Zugewinngemeinschaft gelebt hat, an Eides statt zu versichern. Die Versicherung hat vor einem Notar⁴⁸ oder einem Gericht zu erfolgen. Gericht ist dabei nicht nur das Nachlassgericht sondern auch das Amtsgericht und daneben auch der Rechtspfleger, § 3 Nr. 1 f RPflG.⁴⁹ Die Versicherung an Eides statt muss persönlich abgegeben werden, eine Stellvertretung ist dabei nicht zulässig. Hat der Antragsteller bereits das 16. Lebensjahr vollendet,⁵⁰ kann er die Versicherung an Eides statt persönlich abgeben. Befindet sich ein Antragsteller im Ausland, so kann er die Versicherung an Eides statt auch vor einem deutschen Konsularbeamten nach § 10 KonsG abgeben.⁵¹ Die Niederschrift über die eidesstattliche Versicherung ist dabei dem Erklärenden vorzulesen, von diesem zu genehmigen und von ihm zu unterzeichnen.⁵²

30

e) Vermeidung der Versicherung

Das Nachlassgericht kann nach § 2356 Abs. 2 Satz 2 BGB auf die **Abgabe** der **Versicherung an Eides statt** verzichten. Die Kosten für die Erklärung sind nach § 49 KostO nicht unbeträchtlich. Es wird eine volle Gebühr dafür veranschlagt. Ob das Nachlassgericht die Erklärung verlangt, steht allein in seinem **Ermessen**. Insbesondere in den Fällen, in denen das Erbrecht bereits durch anderweitige Vorgänge eindeutig geklärt scheint, wäre das Verlangen auf Abgabe der Erklärung als unbillig zu betrachten, namentlich, wenn bereits dem Vorerben ein Erbschein erteilt wurde, und nunmehr der Nacherbfall eintritt und der Nacherbe den Erbschein beantragt. Auch kann

31

---

45 Soergel/*Zimmermann*, § 2355 Rn. 1.
46 *Firsching/Graf*, Nachlassrecht, Rn. 4.187.
47 *Sprau*, ZAP 1997, 1089, 1098; *Firsching/Graf*, Nachlassrecht, Rn. 4.187.
48 *Winkler*, Beurkundungsgesetz, § 38 Rn. 3.
49 *Winkler*, Beurkundungsgesetz, § 38, Rn. 4, 7, § 61 Rn. 8; Palandt/*Edenhofer*, § 2356 Rn. 11; *Damrau/Uricher*, Erbrecht, § 2356 Rn. 12; *Firsching/Graf*, Nachlassrecht, Rn. 4.189.
50 *Winkler*, Beurkundungsgesetz, § 1 Rn. 5.
51 *Winkler*, Beurkundungsgesetz, § 1 Rn. 39.
52 *Winkler*, Beurkundungsgesetz, § 38 Rn. 1.

eine Erklärung verzichtbar sein für den Fall, dass das Nachlassgericht durch eigene Ermittlungen den Erben bereits ermittelt hat.[53]

> **Praxishinweis:**
> Der anwaltliche Berater ist also gehalten zu prüfen, ob nicht durch einen entsprechenden Antrag an das Nachlassgericht erreicht werden kann, dass dieses auf die Erklärung und damit die Kostenfolge nach § 49 KostO verzichtet.

f) Nachweis durch in- und ausländische öffentliche Urkunden

32 Die Beweiserhebung im Erbscheinsverfahren ist durch die in §§ 2354, 2355 BGB vorgegebenen Beweismittel beschränkt. Das Nachlassgericht darf in seiner Beweiserhebung nicht darüber hinausgehen.[54] Die Beweisführung hat dabei durch die in den §§ 2354, 2355 BGB vorgegebenen Beweismittel zu erfolgen. Der **Urkundenbeweis** ist durch die Vorlage öffentlicher Urkunden zu führen i.S.v. §§ 415 ff. ZPO. Auch ausländische Urkunden können dabei herangezogen werden. Diese bedürfen jedoch einer sog. **Legalisation**, um als Beweismittel dienen zu können. Die Legalisation einer **ausländischen Urkunde** erfolgt durch den jeweiligen deutschen Konsul, in dem Land, in dem die Urkunde erstellt wurde.[55] Staaten, die dem Haager Übereinkommen zur Befreiung ausländischer Urkunden von der Legalisationspflicht beigetreten sind, können eine Apostille erteilen, so dass dies die Legalisation ersetzt.[56]

aa) Personenstandsurkunden

33 Darunter sind nach § 61a PStG beglaubigte Ablichtungen von Personenstandsbüchern, Geburtsscheinen, Geburts-, Heirats- und Sterbeurkunden zu verstehen. Das **Familienstammbuch** in seiner neuen Fassung seit 1957 kommt dabei volle Beweiskraft nach § 60 PStG zu.

(1) Abstammungs- und Geburtsurkunden

34 Abstammungs- und Geburtsurkunden i.S.v. § 62 PStG bezeugen Ort, Zeit, Abstammung und Geschlecht des Kindes. Darüber hinaus wird auch die Ehe- oder Nichtehelichkeit dadurch nachgewiesen. Die sogenannten Geburtsscheine nach § 61 c PStG sind keine ausreichenden Beweismittel, da sie keinen Nachweis über die Abstammung beinhalten, sondern lediglich Ort, Zeit, Geschlecht und Namen des Kindes dokumentieren.

(2) Heiratsurkunden/Nachweis der Lebenspartnerschaft

35 Heiratsurkunden dienen als Nachweis der Eheschließung. Über den Bestand der Ehe sagen jedoch nur die Heiratsurkunden etwas aus, die über eine Eheschließung vor dem 1.1.1958 erteilt wurden. Nur Heiratsurkunden die für Eheschließungen bis zu diesem Datum erteilt werden, enthalten auch die Mitteilung über den Fortbestand der Ehe. Wurde eine Ehe nach dem 31.12.1957 geschlossen, kann der Bestand der Ehe nur durch einen Auszug oder eine beglaubigte Abschrift aus dem Familienbuch geführt werden. Die **Auflösung** einer **früheren Ehe** kann durch Sterbeurkunden, Scheidungsurteile oder eine entsprechende Nichtigkeitserklärung der Ehe bewiesen werden.[57]

---

53 MünchKomm/*Mayer*, § 2356 Rn. 57.
54 Soergel/*Zimmermann*, § 2356 Rn. 2.
55 *Winkler*, Beurkundungsgesetz, Einl. Rn. 86.
56 MünchKomm/*Mayer*, § 2356 Rn. 19.
57 *Damrau/Uricher*, Erbrecht, § 2356 Rn. 7.

Nach dem In-Kraft-Treten des **Lebenspartnerschaftsgesetzes** (LPartG) ist auch darüber ein Nachweis zu führen, ob die Lebenspartnerschaft im Zeitpunkt des Todes des Erblassers noch bestand. Denn nach § 10 LPartG ist der überlebende Lebenspartner auch als Erbe berufen, wobei seine Erbquote abhängig ist vom Vorhandensein weiterer Verwandten des Verstorbenen.[58]

bb) Bezugnahme auf andere Akten

Der Antragsteller kann auf andere Akten Bezug nehmen, sofern diese beim selben Amtsgericht, nicht notwendigerweise dem Nachlassgericht bereits vorhanden sind. Dies können bspw. Urteile aus Vaterschaftsfeststellungsverfahren, Scheidungsverfahren oder ein Verfahren über die Kindesannahme sein.[59] Auch wenn Urkunden bereits in einem anderen Erbscheinsverfahren bei demselben Gericht beigebracht wurden, kann darauf Bezug genommen werden.

cc) Sonstige Beweismittel

Dies sind diejenigen Beweismittel, die nicht unter die §§ 2354, 2355 BGB fallen, aber dem Antragsteller trotzdem ermöglichen sollen einen Nachweis für sein Erbrecht erbringen zu können. Sonstige Beweismittel werden vom Nachlassgericht aber nur für den Fall zugelassen, dass die Beschaffung von Urkunden außergewöhnlich schwierig ist, wie dies der Fall bei ausländischen Urkunden sein kann. Die bloße Verzögerung der Erteilung eines Erbscheins, weil Urkunden schwierig zu erlangen sind, stellt für sich allein noch keinen Grund für die **Beweiserleichterung** nach § 2356 Abs. 1 Satz 2 BGB dar.[60]

dd) Offenkundige Tatsachen nach § 2356 Abs. 3 BGB

Darunter versteht das Gesetz Tatsachen, die allg., also der Öffentlichkeit bekannt sind, wobei dies nicht gleichbedeutend sein muss mit jedermann. Ferner sind darunter auch die gerichtsbekannten Tatsachen zu verstehen, wie dies bei hinterlegten Verfügungen von Todes wegen der Fall ist oder bei Übergabeverträgen verbunden mit Erbverzichten.[61]

III. Ermittlungen des Nachlassgerichts/Feststellung des Erbrechts

1. Ermittlungen von Amts wegen

Das Nachlassgericht hat nach § 2358 Abs. 1 BGB die Pflicht, nach Eingang des Erbscheinantrages sämtliche erforderlichen Tatsachen zu ermitteln. Nach § 12 FGG, § 2353 BGB ist das Nachlassgericht erst nach Eingang eines Antrages auf Erteilung eines Erbscheins berechtigt, Ermittlungen anzustellen.[62] In **Bayern** und **Baden Württemberg** hingegen hat das Nachlassgericht sogar ohne Vorliegen eines Erbscheinantrages die Pflicht, die Erben zu ermitteln.[63]

Die Durchführung der Beweisaufnahme richtet sich dabei nach § 15 FGG, der auf die einschlägigen Vorschriften der ZPO verweist. Das Nachlassgericht entscheidet nach

---

58 *Bestelmeyer*, Rpfleger 2004, 608 ff.
59 MünchKomm/*Mayer*, § 2356 Rn. 6; Soergel/*Zimmermann*, § 2356 Rn. 11.
60 Soergel/*Zimmermann*, § 2356 Rn. 12.
61 Soergel/*Zimmermann*, § 2356 Rn. 24.
62 *Bumiller/Winkler*, FGG, § 12 Rn. 9.
63 Soergel/*Zimmermann*, § 2358 Rn. 7.

pflichtgemäßem Ermessen, welche Ermittlungen es anstellen möchte, ohne dabei an gestellte Beweisanträge gebunden zu sein.

2. Freibeweis/Strengbeweis

41 Ob das Gericht zur Ermittlung einer Tatsache den Frei- oder den Strengbeweis wählt, ist dem Gericht freigestellt.[64] In der Praxis ist jedoch dem **Strengbeweisverfahren** der Vorzug zu geben, denn nur durch ein formelles Beweisverfahren lässt sich sicherstellen, dass eine **umfassende Aufklärung** der Tatsachen unter Sicherstellung der Rechte der Beteiligten erfolgen kann.[65] Im **Freibeweisverfahren** lässt sich, wenn Eile geboten ist, naturgemäß rascher eine notwendige Tatsache ermitteln, da der zuständige Richter bspw. durch einen Telefonanruf – also einer formlosen Anhörung – eine Tatsache ermitteln kann.

42 Wesentliche Unterschiede zwischen Frei- und Strengbeweis:

Beim **Strengbeweis** gelten folgende gesetzlichen Grundlagen:[66]
– Vereidigung von Zeugen nach § 15 Abs. 1 Satz 2 FGG
– Zeugenaussagen können durch Zwangsmittel erzwungen werden, §§ 380, 390 ZPO;
– Beweisunmittelbarkeit (die Beweisaufnahme hat vor dem Nachlassgericht zu erfolgen);
– Nachlassgericht darf nur in der in den §§ 355 ff. ZPO geregelten Form Beweismittel in das Verfahren einführen;
– es sind nur die in §§ 371 ff. ZPO abschließend aufgeführten Beweismittel zulässig.

Der **Freibeweis** nach § 284 Satz ZPO erlaubt dem Nachlassgericht, in Abweichung der Formpflichten der ZPO, Beweise unmittelbar zu erheben, wie bspw.:
– Beiziehen von Akten
– Befragung von Beteiligten oder Zeugen
– Einholung telefonischer Auskünfte bei den Beteiligten

3. Verfahrensrechtliche Ermittlungen

a) Sachliche und örtliche Zuständigkeit des Gericht

43 Das Nachlassgericht hat zunächst zu prüfen, ob es sachlich und örtlich zuständig ist, sofern sich Anhaltspunkte ergeben, die daran Zweifel erscheinen lassen. Z.B. könnte falls die **Höfeordnung** zur Anwendung kommt, nach § 18 Abs. 1 HöfeO das Landwirtschaftsgericht sachlich und örtlich zuständig sein. Für den Fall, dass der Sachverhalt **Auslandsberührung** hat, könnte auch die sachliche und örtliche Zuständigkeit eines ausländischen Gerichts gegeben, bzw. das deutsche Nachlassgericht lediglich zur Erteilung eines Fremdrechtserbscheins zuständig sein.[67] Um dies ermitteln zu können, muss das Nachlassgericht zunächst eine Feststellung darüber treffen, ob der Verstorbene überhaupt **deutscher Staatsangehöriger** war, so dass nach Art. 25 Abs. 1 EGBG deutsches Erbrecht zur Anwendung gelangt.

---

64 Soergel/*Zimmermann*, § 2358 Rn. 8; BayObLG NJW-RR 1996, 583.
65 LG Frankfurt FamRZ 1997, 1306.
66 Zöller/*Greger*, Vor § 284 Rn. 7.
67 MünchKomm/*Mayer*, § 2358 Rn. 17.

b) Gewillkürtes Erbrecht/Wirksamkeit einer Verfügung von Todes wegen/ Testierfähigkeit

aa) Wirksamkeit einer Verfügung von Todes wegen

Das Nachlassgericht hat die **Echtheit** der Urkunde zu ermitteln und deren Auslegung vorzunehmen. Insbesondere, wenn ein Testament nicht mehr in Urschrift vorhanden ist, stellt sich die Frage, welche Ermittlungen das Nachlassgericht anstellen muss.[68] Der Beweis des Vorhandenseins eines Testaments und dessen Inhalt können mit allen zulässigen Beweismitteln geführt werden.[69] Derjenige, der sich auf ein **verschwundenes Testament** beruft, hat dabei die Beweislast für das Vorhandensein und den gesamten Inhalt.[70] Das nicht mehr Vorhandensein eines Testaments muss nicht bedeuten, dass dieses vom Erblasser selbst vernichtet wurde, sondern es kann eben gerade sein, dass das Testament aus sonstigen Gründen untergegangen ist. Dieses zu beweisen, obliegt dem Antragsteller.[71]

44

Die **Auslegung** einer Verfügung von Todes wegen bedarf häufig auch erheblicher Ermittlungen durch das Nachlassgericht, denn in der Praxis sind die vom Erblasser getroffenen Verfügungen sehr unpräzise und dadurch auslegungsbedürftig. Ebenso häufig ist auch die Frage der **Echtheit** einer letztwilligen Verfügung von Todes wegen Gegenstand der Ermittlungen des Nachlassgerichts. Dieses kann deshalb gleichfalls ein Gutachten über die Echtheit eines Testaments durch einen Schriftgutachter in Auftrag geben. Das Beschwerdegericht hat dabei im Rahmen seiner Beweiswürdigung für den Fall, dass mehrere differierende Schriftgutachten vorliegen, festzustellen, auf welches Schriftgutachten es seine Entscheidung stützt.[72] Das Nachlassgericht hat auch im Falle des Vorliegens von mehreren **datumsgleichen** Testamenten eine Feststellung zu treffen. Lässt sich bei datumsgleichen Testamenten nicht klären, welches von beiden später erfolgt ist, heben sie sich gegenseitig auf.[73]

45

bb) Testierfähigkeit

Die Testierfähigkeit kann nur dann Gegenstand der Ermittlungen des Nachlassgerichts sein, wenn sich gewisse Auffälligkeiten ergeben, die **Zweifel** an der Testierfähigkeit erkennen lassen.[74] Zweifel können sich aus der Urkunde selbst ergeben, sowohl aus dem Inhalt als auch aus der Abfassung der Urkunde selbst. Daneben ist die Testierfähigkeit zu ermitteln, sofern Zweifel daran von dem Antragsteller oder Zeugen vorgetragen werden. Insbesondere gilt dies in Fällen des sogenannten **luziden Intervalls**, also des medizinischen Phänomens, dass ein Erblasser sich phasenweise in einem klaren geschäftsfähigen Zustand befindet und im darauf folgenden Moment bereits den völligen Verlust der Geschäftsfähigkeit erleidet.[75]

46

Das Nachlassgericht hat nach §§ 12 FGG, 2358 Abs. 1 BGB den Sachverhalt ausreichend zu erforschen und eine entsprechende Beweiswürdigung vorzunehmen. Dabei kommt insbesondere eine Ermittlung der Vorgeschichte, also der **Krankengeschichte**

47

---

68 BayObLG FamRZ 1992, 1323.
69 Soergel/*Zimmermann*, § 2356 Rn. 18, 19.
70 Lange/*Kuchinke*, Erbrecht, § 39 II 6.
71 OLG Zweibrücken ZErb 2001, 153; BayObLG ZErb 2003, 154 ff.
72 BayObLG, Beschl. v. 22.06.2004, m. Anm. Demharter.
73 BayObLG, Beschl. v. 22.06.2004, m. Anm. Demharter.
74 Palandt/*Edenhofer*, § 2358 Rn. 3; Soergel/*Zimmermann*, § 2358 Rn. 3.
75 Damrau/*Uricher*, Erbrecht, § 2358 Rn. 4.

des Erblassers in Frage. Dies führt meist dazu, dass die behandelnden **Ärzte oder Betreuer** für den Fall, dass der Erblasser unter **amtlicher Betreuung** i.S.v. § 1896 BGB stand und auch die Personen, die an der Abfassung der letztwilligen Verfügung mitgewirkt haben, wie ein Rechtsanwalt, Steuerberater oder Notar zur Sache anzuhören sind.[76] Die **Schweigepflicht** dieser Personen entfällt dabei nicht mit dem Tode des Erblassers. Vielmehr kann diese im Einzelfall aber gerade nicht mehr bestehen, da es wohl in aller Regel dem mutmaßlichen Willen des Verstorbenen entspräche, wenn diese Personen bzgl. der Testierfähigkeit eine Aussage tätigen.[77] Darüber hinaus wird das Nachlassgericht notwendigerweise meist ein **psychiatrisches Sachverständigengutachten** einholen müssen, um sich letztlich Sicherheit über die Testierfähigkeit verschaffen zu können.[78] Da es im Gegensatz zur partiellen Geschäftsunfähigkeit, **keine partielle Testierfähigkeit** gibt, muss das Gericht in seiner Feststellung entweder zu einer Testierfähigkeit oder Testierunfähigkeit gelangen.[79]

> **Praxishinweis:**
> Es ist davor zu warnen, vorschnell darauf abzuzielen, dass der Erblasser testierunfähig gewesen ist. Viele Krankheitsbilder lassen selbst bei lang anhaltender Dauer die Testierfähigkeit uneingeschränkt. So muss eine langjährige Alkoholabhängigkeit nicht zwangsweise zu einer Testierunfähigkeit führen.[80] Auch der Testierwille des Erblassers ist vom Nachlassgericht zu ermitteln. Gerade bei unvollständigen Urkunden, in denen bspw. das Datum fehlt oder Formulierungen unbestimmt sind, hat das Nachlassgericht zu ermitteln, ob und wie weit der Erblasser überhaupt einen Willen entwickelt hat, tatsächlich entsprechend zu testieren.[81]

c) Rechtliches Gehör § 2360 BGB

48 Das rechtliche Gehör ist den Beteiligten des Erbscheinsverfahrens auf jeden Fall zu gewähren. Die Anhörung der Beteiligten hat in zwei Fällen zu erfolgen:

(1) es ist ein Rechtsstreit über das Erbrecht anhängig
(2) ein Erbanwärter ist vom Erbrecht ausgeschlossen durch eine Verfügung von Todes wegen, die dem Nachlassgericht nicht als Urkunde vorliegt

Die **Form** des rechtlichen Gehörs ist nicht zwingend festgeschrieben. Es kann sowohl mündlich wie schriftlich gewährt werden.[82] Üblicherweise richtet das Nachlassgericht folgendes Anschreiben an die gesetzlichen Erben:

> Als zuständiges Nachlassgericht teilen wir Ihnen mit, dass Herr/Frau ... am ... in ..., einen Antrag auf Erteilung eines Erbscheins nach dem Tode des am ... in ... verstorbenen ... zuletzt wohnhaft in ... beantragt hat.
> Der Antragsteller hat für sich einen Erbschein als Alleinerbe beantragt, er beruft sich dabei auf ein privatschriftliches Testament des Erblassers vom ... (Datum). Dieses Testament wurde beim Nachlassgericht hinterlegt und am ... (Datum) eröffnet.

---

76 *Demharter*, FamRZ 2004, 1821.
77 *Soergel/Zimmermann*, § 2358 Rn. 4.
78 *Soergel/Zimmermann*, § 2358 Rn. 3.
79 *Firsching/Graf*, Nachlassrecht, Rn. 4.205.
80 *Firsching/Graf*, Nachlassrecht, Rn. 4.205.
81 BayObLG, Beschl. v. 22.06.2004, m. Anm. Demharter.
82 Palandt/*Edenhofer*, § 2360 Rn. 3.

Es wird Ihnen hiermit Gelegenheit gegeben, zu dem beantragten Erbschein Stellung zu nehmen, da Sie für den Fall der Unwirksamkeit des privatschriftlichen Testaments des Erblassers als gesetzlicher Erbe in Betracht kommen.

Sollten Sie das Testament in seiner Urschrift einsehen wollen, so ist Ihnen dies möglich beim Nachlassgericht in ... .

Sofern Sie bis zum ... (Datum) keine schriftliche Stellungnahme oder eine mündliche Stellungnahme zur Niederschrift des Nachlassgerichts erteilt haben, ist anzunehmen, dass Sie keine Einwendungen gegen den beantragten Erbschein geltend machen wollen.

Eine Abschrift des privatschriftlichen Testaments des Erblassers ist diesem Schreiben beigefügt.

IV. Entscheidungen über den Erbscheinsantrag durch das Nachlassgericht

1. Zwischenverfügung/Vorbescheid/Zurückweisung

a) Zwischenverfügung

Häufig ist in der Praxis der Fall anzutreffen, dass der Antragsteller noch nicht alle notwendigen Unterlagen i.S.d. §§ 2354, 2355 BGB beigebracht hat. Um dem Antragsteller Gelegenheit zu geben, diese **Verfahrensmängel** beheben zu können, kann das Nachlassgericht dem Antragsteller durch eine Zwischenverfügung aufgeben, die noch fehlenden Unterlagen beizubringen. Es muss sich dabei um behebbare Mängel handeln, es dürfen also keine grundsätzlichen **Hinderungsgründe** für die Erteilung eines Erbscheins vorliegen, wie z.B. die Unzuständigkeit des Nachlassgerichts oder Mängel sachlicher Natur, weil das deutsche Erbrecht gar nicht berufen ist.[83] Kommt der Antragsteller der Aufforderung des Gerichts nicht innerhalb einer zu setzenden Frist nach, so ist das Nachlassgericht gezwungen, den Antrag auf Erteilung des begehrten Erbscheins abzulehnen, verbunden mit den Kostenfolgen des § 130 KostO.

49

Praxishinweis:
Sollte ein Rechtsanwalt mit der Beantragung eines Erbscheins beauftragt sein und erhält er im Rahmen einer Zwischenverfügung Gelegenheit innerhalb einer bestimmten Frist die Verfahrensmängel zu beheben, so setzt er sich einer unnötigen Kostenhaftung gegenüber seinem Mandanten aus, wenn er die eingeräumte Frist ungenutzt verstreichen lässt und das Nachlassgericht kostenpflichtig den Antrag auf Erteilung des Erbscheins zurückweist.

b) Vorbescheid

Das Institut des Vorbescheides ist gesetzlich nicht geregelt, sondern von der Rspr. entwickelt worden.[84] Der Vorbescheid ist eine als Beschluss formulierte **Ankündigung des Nachlassgerichts**, einen Erbschein mit einem bestimmten Inhalt in Kürze erlassen zu wollen. Da der Erbschein mit öffentlichem Glauben ausgestattet ist, sind die Nachlassgerichte angehalten, unter allen Umständen die Erteilung eines unrichti-

50

---
83 *Firsching/Graf*, Nachlassrecht, Rn. 4.258.
84 BGHZ 20, 255; *Siebert*, Vorbescheid im Erbscheinsverfahren, S. 11; *Sprau*, ZAP 1997, 1089, 1101; MünchKomm/*Mayer*, § 2353 Rn. 149.

gen Erbscheins zu vermeiden. Diesem Ziel dient auch der Vorbescheid. Der Vorbescheid ist ein Instrument, um bei einer unklaren Rechtssituation, wie dies gerade bei zwei sich widersprechenden Erbscheinsanträgen der Fall sein kann, den Beteiligten Gelegenheit zu geben, sich zu äußern, um die Erteilung eines unrichtigen Erbscheins zu vermeiden. Legt ein Beteiligter eine **Beschwerde** nach § 19 Abs. 1 FGG ein,[85] so kann das Beschwerdegericht den Vorbescheid aufheben, es ist aber nicht berechtigt, den eigentlichen Antrag auf Erteilung eines Erbscheins zurückzuweisen.[86] Die in einem Vorbescheid zu setzende Frist ist **keine Ausschlussfrist** i.S.d. § 22 FGG, da es sich lediglich um eine richterliche Frist handelt, um das Verfahren zügig voranzubringen.[87]

51 Der Vorbescheid entfaltet für den Nachlassrichter **bindende Wirkung**. Er hat, sofern keine Beschwerde gegen den Vorbescheid eingelegt wird, den Erbschein gemäß der Ankündigung im Vorbescheid entsprechend zu erlassen.[88] Das Instrument des Vorbescheides darf jedoch nur dann verwandt werden, wenn eine unklare und komplizierte Rechtslage besteht. Andernfalls kommt, insbesondere bei Verfahrensmängeln, lediglich die Zwischenverfügung in Betracht. Liegen mindestens zwei differierende Erbscheinsanträge vor, kann das Nachlassgericht sogar einen Vorbescheid mit einem Inhalt erlassen, der von keinem der Beteiligten beantragt wurde. Dies ist dann als zulässig erachtet worden, wenn damit zu rechnen ist, dass mit einem dem Inhalt des Vorbescheides entsprechenden Antrag gerechnet werden kann.[89]

Voraussetzungen für den Erlass eines Vorbescheides:
- unklare, komplizierte Sach- und Rechtslage;
- es müssen wenigstens zwei sich inhaltlich widersprechende Erbscheinsanträge vorliegen;
- der Vorbescheid muss den beabsichtigten Erbschein inhaltlich voll wiedergeben;
- es muss Entscheidungsreife gegeben sein – das Nachlassgericht muss also seine sämtlichen Möglichkeiten zur Ermittlung der Sach- und Rechtslage voll ausgeschöpft haben.

– **Vorbescheid** –

Das Nachlassgericht beabsichtigt, Herrn … und Frau … einen Erbschein mit folgendem Inhalt zu erteilen:

Die am … in … verstorbene Frau …, zuletzt wohnhaft in … ist zu je 1/2 von Herrn … und Frau … beerbt worden.

Sofern gegen diesen Vorbescheid nicht innerhalb von 14 Tagen Beschwerde beim zuständigen Nachlassgericht eingelegt worden sein sollte, wird das Nachlassgericht den Erbschein mit dem vorgenannten Inhalt erteilen.

---

85 *Bumiller/Winkler*, FGG, § 19 Rn. 9 FGG.
86 *Soergel/Zimmermann*, § 2353 Rn. 52.
87 Str. Palandt/*Edenhofer*, § 2353 Rn. 22; Soergel/*Zimmermann*, § 2353 Rn. 53; MünchKomm/*Mayer*, § 2353 Rn. 109.
88 *Pentz*, MDR 1990, 586.
89 BayObLG FamRZ 2004, 1606 m. Anm. *Demharter*.

c) Zurückweisung

Die Zurückweisung eines Antrages auf Erteilung eines Erbscheins erfolgt durch Beschluss.

52

Beschlussform:
Der Antrag des Herrn … auf Erteilung eines Erbscheins vom … (Datum), als Alleinerbe nach dem Tod von Herrn …, verstorben am … (Datum) in …, zuletzt wohnhaft in …, wird zurückgewiesen.

Gründe:
a. Sachliche Feststellungen
b. Ausführungen zur Rechtslage

2. Erteilung eines Erbscheins

Das Nachlassgericht hat die Erteilung des Erbscheins vorzunehmen, sofern es nach § 2359 BGB die zur Begründung des Antrages erforderlichen Tatsachen für festgestellt erachtet. Durch die Erteilung des Erbscheins tritt die Wirkung des § 2365 BGB ein. Dabei ist entscheidend, dass der Erbschein nicht nur in die Akten gelegt wurde, sondern tatsächlich nach außen gegeben wurde, an den Antragsteller oder an Dritte auf Geheiß des Antragstellers (bspw. Grundbuchamt). Die Erteilungshandlung von Amts wegen an eine andere Behörde stellt nach h.M.[90] keine Erteilung dar. Eine Erteilung nach § 16 FGG ist nicht erforderlich.[91]

53

Praxishinweis:
Es empfiehlt sich, dass bei der Antragstellung gleich die erforderliche Anzahl der Ausfertigungen der Erbscheine angegeben wird. Denn nur wenn dies mit dem Antrag verbunden wird, wird die gewünschte Anzahl erteilt. Die Erteilung des Erbscheins darf nur mit dem Inhalt ergehen, der im Antrag formuliert wurde, weder darf ein „Mehr" noch ein „Weniger" zugesprochen werden.[92] Das Nachlassgericht ist also absolut an den Antrag gebunden. Dies bedingt für den Antragsteller, dass dieser den Antrag so präzise wie möglich stellen muss, um tatsächlich den begehrten Erbschein zu erhalten (s. Rn. 17 ff.). Während aber im Erbscheinsantrag der **Berufungsgrund** anzugeben ist, darf der Berufungsgrund im Erbschein selbst nicht aufgenommen werden.

Notwendiger Inhalt des Erbscheins:[93]

54

– Erblasser, Name, Geburtsdatum, Sterbedatum
– Erben
– Erbrecht (Quote)

Nicht aufgenommen werden dürfen in den Erbschein:[94]
– Vermächtnisse
– Einzelne Nachlassgegenstände

---

90 Palandt/*Edenhofer*, § 2353 Rn. 23; MünchKomm/*Mayer*, § 2353 Rn. 106.
91 *Firsching/Graf*, Nachlassrecht, Rn. 4.263.
92 MünchKomm/*Mayer*, § 2353 Rn. 68.
93 Soergel/*Zimmermann*, § 2353 Rn. 41.
94 *Firsching/Graf*, Nachlassrecht, Rn. 4.273; Soergel/*Zimmermann*, § 2353 Rn. 41.

- Verbindlichkeiten
- Wert des Nachlasses
- Auflagen
- Teilungsanordnungen
- Anordnung einer Nachlassverwaltung
- Anhängigkeit eines Rechtsstreits über das Erbrecht
- Beschränkungen des Erben durch einen Nießbrauch

3. *Beschränkungen des Erben*

a) Nacherbenvermerk

55   Der einem Vorerben zu erteilende Erbschein hat zwingend auszuweisen, dass eine Nacherbfolge angeordnet ist nach § 2363 Abs. 1 BGB. Der Erbschein des Vorerben entspricht bis auf den Vermerk der Anordnung der Nacherbschaft, dem Erbschein, der einem Erbe erteilt wird, der nicht mit einer Nacherbschaft beschränkt ist. **Zweck** des Nacherbenvermerkes ist es, den Rechtsverkehr darüber zu unterrichten, dass der ausgewiesene Erbscheinserbe in seiner **Verfügungsmacht** aufgrund der Nacherbschaftsanordnung beschränkt ist.[95]

Praxishinweis:
Der Erbschein, der dem Vorerben erteilt wird, stellt keinen Nachweis über das Erbrecht des Nacherben dar.[96]

56   Der Nacherbenvermerk muss folgenden **notwendigen Inhalt** haben:
- Voraussetzungen, unter denen die Nacherbschaft eintritt (Wiederverheiratung des Erben, Tod des Erben, bestimmter Zeitpunkt);
- Bezeichnung des Nacherben;
- (bei künftigen, noch nicht erzeugten Nacherben einer bestimmten Person, ist diese Person genau zu bezeichnen);
- Testamentsvollstreckervermerk nach § 2364 BGB.

Ebenso ist der Umfang des Nacherbenvermerks festzulegen, er kann sich auf den gesamten Nachlass oder auf eine bestimmte Quote daran erstrecken; nicht möglich ist dies an einzelnen Gegenständen des Nachlasses.[97]

b) Testamentsvollstreckervermerk/Testamentsvollstreckerzeugnis

57   Die angeordnete Testamentsvollstreckung schränkt den Erben in seiner Verfügungsmacht über den Nachlass ein. Deshalb ist nach § 2364 BGB die Anordnung einer Testamentsvollstreckung im Erbschein **zwingend notwendig zu vermerken**. Der Vermerk dient dem Schutz des Rechtsverkehrs.[98] Die Person des Testamentsvollstreckers

---

95   MünchKomm/*Mayer*, § 2363 Rn. 1.
96   OLG Hamm ZEV 1997, 206.
97   Palandt/*Edenhofer*, § 2100 Rn. 3.
98   Soergel/*Zimmermann*, § 2364 Rn. 1.

ist nicht zu vermerken.⁹⁹ Eine lediglich beaufsichtigende Testamentsvollstreckungsanordnung nach § 2208 Abs. 2 BGB ist nicht im Erbschein aufzunehmen.¹⁰⁰

Der Testamentsvollstrecker hat nach § 2368 Abs. 1 BGB das Recht, vom Nachlassgericht die Erteilung eines **Testamentsvollstreckerzeugnisses** zu verlangen. Das Testamentsvollstreckerzeugnis dient dem Testamentsvollstrecker gleich, dem Erbschein dem Erben, als Nachweis seiner Legitimation im Rechtsverkehr.¹⁰¹

58

Praxishinweis:
Neben dem Testamentsvollstreckerzeugnis kann der Testamentsvollstrecker auch über die eröffnete Verfügung von Todes wegen und über den Testamentsvollstreckervermerk im Grundbuch nach § 52 GBO seine wirksame Testamentsvollstreckung nachweisen;¹⁰² s. dazu ausführlich Kap. 17 Rn. 17 ff.

4. *Einzelnen Arten von Erbscheinen*

a) Alleinerbschein

Beschlussform:

In der Nachlasssache ...

erlässt das Nachlassgericht folgenden Beschluss:

1. Die Erteilung des nachstehenden Erbscheins wird bewilligt.
2. Es wird bezeugt, dass der am ... in ... verstorbene ..., von seinen beiden Töchtern Frau ... und Frau ... je zu 1/2 beerbt worden ist.

Gründe:

a. Darlegung des Sachverhaltes
b. Ausführungen zum Verfahrensrecht (Sachliche und örtliche Zuständigkeit)
c. Rechtliche Begründung

59

b) Gemeinschaftlicher Erbschein

Der gemeinschaftliche Erbschein, § 2357 BGB, weist das Erbrecht aller vorhandenen Miterben aus, also auch ihrer Erbteile. Die Erteilung kann von jedem Miterben an sich selbst beantragt werden.¹⁰³ Es ist dabei zu beachten, dass für den Fall, dass nicht alle Erben den Antrag auf Erteilung eines Erbscheins gestellt haben, nach § 2357 Abs. 3 BGB, im Antrag die Angabe enthalten sein muss, dass die Erbschaft von allen Erben angenommen wurde. Diese Angabe hat wenigstens durch einen Antragsteller zu erfolgen. Der Antragsteller ist verpflichtet, die Annahme der am Antrag nicht beteiligten Erben durch geeignete Urkunden nachzuweisen oder die Annahme **an Eides statt zu versichern**.¹⁰⁴ Das Nachlassgericht kann die Verpflichtung zur Abgabe der eidesstatt-

60

---

99 Palandt/*Edenhofer*, § 2364 Rn. 1.
100 *Scheer*, Erbschein, S. 37; MünchKomm/*Mayer*, § 2364 Rn. 4.
101 *Firsching/Graf*, Nachlassrecht, Rn. 4.449.
102 *Hägele/Schöner/Stöber*, Grundbuchrecht, Rn. 3471; *Bengel/Reimann*, HB Testamentsvollstreckung, 2. Kap. Rn. 268.
103 *Lange/Kuchinke*, Erbrecht, § 39 IV 2.
104 Soergel/*Zimmermann*, § 2357 Rn. 5.

lichen Erklärung auf einen oder einige der Miterben beschränken, § 2357 Abs. 4 BGB. Zu berücksichtigen ist bei der Antragstellung, dass nach § 2357 Abs. 2 BGB sämtliche Erben und ihre Erbteile anzugeben sind.

> **– Gemeinschaftlicher Erbschein –**
> (versehen mit einem Testamentsvollstreckervermerk an einem Erbteil)
>
> Nachstehend wird bezeugt, dass der am ... in ... geborene ..., am ... in ... verstorbene Herr ... zuletzt wohnhaft in ..., durch seine Ehefrau ..., geb. am ... in ..., aufgrund gesetzlicher Erbfolge zu 1/2 und von seinen beiden Kindern, Frau ..., geb. am ..., wohnhaft in ... sowie Herrn ..., geb. am ..., wohnhaft in ... je zu 1/4 beerbt worden ist.
>
> Es ist Testamentsvollstreckung an dem Erbteil des Sohnes ... angeordnet.

c) Teilerbschein

61 Der **Teilerbschein** nach § 2353 2. HS BGB ist ein Erbschein, der das Erbrecht eines von mehreren Miterben ausweist. Diese Art von Erbschein ist in der Praxis von Bedeutung für die Fälle in denen die weiteren Erben noch nicht ermittelt werden konnten oder in denen die Annahme der Erbschaft nicht nachgewiesen werden kann. Die Beantragung eines Teilerbscheins ist notwendig, gerade auch um eine Erbteilsveräußerung vornehmen zu können.[105]

> **– Teilerbschein –**
>
> Nachstehend wird bezeugt, dass der am ... in ... geborene ..., am ... in ... verstorbene Herr ... zuletzt wohnhaft in ..., durch seine Tochter ..., geboren am ... in ..., aufgrund gesetzlicher Erbfolge zu 1/2 beerbt worden ist.

62 Der gemeinschaftliche Teilerbschein ist eine Zusammenfassung mehrerer Teilerbscheine, wobei jedoch für diesen Erbschein der Antrag eines einzigen Miterben ausreichend ist, nach §§ 2353 2. HS, 2357 BGB.

d) Gemeinschaftlicher Teilerbschein

> **– Gemeinschaftlicher Teilerbschein –**
>
> Nachstehend wird bezeugt, dass der am ... in ... geborene ..., am ... in ... verstorbene Herr ... zuletzt wohnhaft in ..., durch seinen beiden Töchtern Frau ..., geboren am ..., wohnhaft in ... sowie Frau ..., geboren am ..., wohnhaft in ... je zu 1/4 beerbt worden ist.

e) Sammelerbschein

63 Unter einem Sammelerbschein – gelegentlich auch als vereinigter Erbschein bezeichnet[106] – ist eine Zusammenfassung des Erbrechts nach **mehreren Erbgängen** zu verstehen. Voraussetzung dafür ist jedoch, dass für alle Erbgänge dasselbe Nachlassgericht zuständig ist. Es ist dies die Zusammenfassung mehrerer Erbscheine in einer Urkunde. Es handelt sich dabei aber um zwei eigenständige Zeugnisse über den jeweiligen Erbfall.

---

105 Palandt/*Edenhofer*, Vor § 2371 Rn. 6.
106 Palandt/*Edenhofer*, § 2353 Rn. 2.

– **Sammelerbschein** –

Nachstehend wird bezeugt, dass der am ... in ... geborene ..., am ... in ... verstorbene Herr ... zuletzt wohnhaft in ..., durch seine Ehefrau ..., geborene ..., geb. am ..., wohnhaft in ... aufgrund letztwilliger Verfügung – allein – beerbt worden ist.

Es wird weiter bezeugt, dass die vorstehend genannte Frau ..., geb. am ..., wohnhaft in ... von ihrer Schwester Frau ..., geborene ..., geb. am ..., wohnhaft in ..., aufgrund gesetzlicher Erbfolge – allein – beerbt worden ist.

f) Erbschein des Nacherben nach Eintritt des Nacherbfalls

Nachstehend wird bezeugt, dass der am ... in ... geborene ..., am ... in ... verstorbene Herr ... zuletzt wohnhaft in ..., von seinen beiden Töchtern Frau ..., geborene ..., geb. am ..., wohnhaft in ... und Frau ..., geborene ..., geb. am ..., wohnhaft in ... nach dem Tod der Vorerbin Frau ..., geb. am ..., zuletzt wohnhaft in ... zu je 1/2 beerbt worden ist.

64

g) Beschränkter Erbschein (Fremdrechtserbschein)

Der beschränkte Erbschein, ist ein Erbschein, der mit Beschränkung auf bestimmte Nachlassgegenstände erteilt wird (§ 2369 BGB – Fremdrechtserbschein). Er bezeugt also das Erbrecht im Bezug auf bestimmte im Inland gelegene Nachlassgegenstände.

65

– **Fremdrechtserbschein** –

Nachstehend wird bezeugt, dass der am ... in ... verstorbene schweizerische Staatsbürger Herr ..., zuletzt wohnhaft in ..., aufgrund letztwilliger Verfügung von Todes wegen, nach schweizerischen Erbrecht unter Beschränkung auf die im Inland gelegenen Grundstücke von seiner einzigen Tochter Frau ..., geb. am ..., wohnhaft in ... beerbt worden ist.

h) Hoferbfolgezeugnis

Das sogenannte Hoferbfolgezeugnis nach § 18 Abs. 2 HöfeO ist ebenfalls ein **beschränkter Erbschein**, da durch das Hoferbfolgezeugnis nur ausgewiesen wird, wer Hoferbe i.S.d. Höfeordnung geworden ist. Das Hoferbfolgezeugnis findet aber lediglich Anwendung in den Bundesländern, in denen die Höfeordnung Anwendung findet (Hamburg, Niedersachsen, Nordrhein-Westfalen sowie Schleswig-Holstein). Zuständig für die Erteilung des Hoferbfolgezeugnisses ist das **Landwirtschaftsgericht**.[107] Auch für die Erteilung eines beschränkten Erbscheins über das hoffreie Vermögen ist nach st. Rspr. das Landwirtschaftsgericht zuständig.[108]

66

– **Erbschein über hoffreies Vermögen** –

Nachstehend wird bezeugt, dass der am ... in ... geborene Herr ..., zuletzt wohnhaft in ..., verstorben am ... aufgrund einer Verfügung von Todes wegen von seiner Ehefrau ..., geborene ..., geb. am ..., wohnhaft in ... – allein – beerbt wurde.

Dieser Erbschein erfasst nicht den zu dem Nachlass gehörenden Hof ..., eingetragen im Grundbuch von ..., Band ..., Blatt ... .

---

107 *Wöhrmann/Stöcker*, Landwirtschaftserbrecht, S. 484.
108 *Soergel/Zimmermann*, § 2353 Rn. 20; *MünchKomm/Mayer*, § 2353 Rn. 156.

> **– Hoferbfolgezeugnis nach der HöfeO –**
>
> **Beschluss:**
>
> Es wird die Erteilung eines gemeinschaftlichen Erbscheins bewilligt und ein Erbfolgezeugnis nach der HöfeO mit dem nachstehenden Inhalt erteilt:
>
> Es wird bezeugt, dass der am ... in ... verstorbene Landwirt ..., geb. am ..., zuletzt wohnhaft in ..., von seiner Ehefrau zu 1/2 und von seinen beiden Kindern, dem Sohn ... und der Tochter ... je zu 1/4 aufgrund eines privatschriftlichen Testaments des Erblassers beerbt worden ist.
>
> Der vorgenannte Sohn ..., Landwirt in ..., ist Hoferbe nach der HöfeO des im Grundbuch von ..., Blatt ... eingetragenen Hofes geworden.
>
> **Gründe:**
>
> 1. Sachverhalt
> 2. Rechtliche Begründung HöfeO
> 3. Kostenentscheidung § 107 KostO

i) Erbschein des Gläubigers

67 Gläubiger des Erben haben allein aufgrund einer schuldrechtlichen Forderung gegen den Erben kein Antragsrecht i.S.v. § 2353 BGB. Ein **Gläubiger** benötigt für die berechtigte Antragstellung nach § 2353 BGB einen vollstreckbaren Titel, nur dann kann er nach § 792 ZPO einen Antrag auf Erteilung eines Erbscheins stellen.[109] Wie im Verfahren für die Eintragung einer Sicherheit im Grundbuch zugunsten des Gläubigers, dient der vollstreckbare Titel auch im Erbscheinsverfahren dem Gläubiger als Nachweis seines berechtigten Interesses.[110]

> **– Erbschein für den Gläubiger des einzigen Erben –**
>
> Nachstehend wird bezeugt, dass der am ... in ... geborene ..., am ... in ... verstorbene Herr ... zuletzt wohnhaft in ..., durch seinen einzigen Sohn ..., geb. am ... in ..., aufgrund gesetzlicher Erbfolge beerbt worden ist.
>
> Die Ausfertigung des Erbscheins wurde unmittelbar dem Gläubiger des vorgenannten Sohnes, Firma ..., in ... i.S.d. § 792 ZPO erteilt.

j) Erbschein mit Nacherbenvermerk

68
> **– Erbschein mit Nacherbenvermerk –**
>
> Nachstehend wird bezeugt, dass der am ... in ... geborene ..., am ... in ... verstorbene Herr ..., zuletzt wohnhaft in ..., durch seine Ehefrau ..., geb. am ... in ..., aufgrund letztwilliger Verfügung von Todes wegen – allein – beerbt worden ist.
>
> Es ist Nacherbfolge angeordnet. Diese tritt ein mit dem Tode der vorgenannten Alleinerbin.
>
> Als Nacherben sind bestimmt, Herr ..., geb. am ... und Frau ..., geb. am ... Ersatznacherben von Herrn ... und Frau ... sind deren Kinder ... und ... zu gleichen Teilen.

---

109 *Sprau*, ZAP 1997, 1093; MünchKomm/*Mayer*, § 2353 Rn. 91.
110 Soergel/*Zimmermann*, § 2353 Rn. 33.

5. Kosten des Verfahrens

a) Kosten der Staatskasse

Hinsichtlich der Kosten des Erbscheins ist zu unterscheiden zwischen den Kosten, die durch die Staatskasse festgesetzt werden, für die Erteilung oder Ablehnung eines Erbscheinantrages und den Kosten, die für die Beratung durch einen Rechtsanwalt entstehen. Die Kosten im Erbscheinsverfahren werden nach der Kostenordnung (KostO) festgelegt. Nach §§ 107, 107a KostO fällt für die Erteilung eines Erbscheins eine volle **10/10 Gebühr** an. Zu beachten ist, dass für die Abnahme einer **Versicherung an Eides statt**, eine **weitere volle 10/10 Gebühr** anfällt.

Praxishinweis:
Es empfiehlt sich allein aus diesen Kostengründen, bei der Beantragung des Erbscheins unter Mitwirkung eines Rechtsanwaltes besonders gründlich das Erbrecht darzustellen und sämtliche Informationen und Urkunden zu beschaffen, damit das Nachlassgericht ggf. nach § 2356 Abs. 2 Satz 2 BGB auf die Abgabe der eidesstattlichen Versicherung verzichtet.

Als Grundlage der Kostenentscheidung muss zunächst der Gegenstandswert (**Geschäftswert**) gebildet werden. Der Gegenstandswert wird aus dem **reinen Nachlasswert** gebildet.[111] Abzugsfähig sind die Nachlassverbindlichkeiten. Für die Gegenstandswertsbildung eines Antrages auf Erteilung eines Hoferbfolgezeugnisses wird der gemeine Wert des Hofes zu Grunde gelegt.[112]

Abzugsfähige Nachlassverbindlichkeiten sind:
- Vermächtnis
- Auflagen
- Pflichtteilsansprüche
- Kosten der Bestattung

Ob auch eine anfallende **Erbschaftsteuerschuld** vom Nachlasswert abgezogen werden kann, ist strittig.[113]

Praxishinweis:
Der mit der Antragstellung beauftragte Rechtsanwalt sollte auch bei der Mitteilung des Nachlasswertes darauf achten, dass möglichst alle abzugsfähigen Aufwendungen vom Mandanten beigebracht werden und bei der Ermittlung eines Grundstückswertes etwaige wertmindernde Aspekte, wie Lage, Zuschnitt und Bebaubarkeit, bei der Wertermittlung, die das Nachlassgericht vornimmt, ausreichend Berücksichtigung finden.

Exemplarisch könnte eine **Kostenrechnung** des Nachlassgerichts für die Erteilung eines Erbscheins wie folgt aussehen:
(1) Gebühren für die Eröffnung der letztwilligen Verfügung von Todes wegen, § 102 KostO;

---

111 *Sprau*, ZAP 1997, 1089, 1106.
112 *Hartmann*, KostO, § 107 Rn. 26.
113 OLG Köln ZEV 2001, 406; *Lappe*, ZErb 2001, 221; *Hartmann*, KostO, § 107 Rn. 12.

(2) Gebühren für die Beurkundung einer Versicherung an Eides statt, §§ 107, 49 KostO;

(3) Gebühr für die Erteilung des Erbscheins, § 107 KostO;

(4) Schreibauslagen, § 136 KostO;

(5) Sonstige Auslagen, § 137 KostO.

72 **Praxishinweis:**
Der mit der Beurkundung eines Erbscheinantrages befasste Notar hat den Antragsteller zu befragen, für welche Zwecke er den Erbschein benötigt. Stellt sich dabei heraus, dass er diesen nur für die Berichtigung des Grundbuches benötigt und liegt ein einfacher, unkomplizierter Erbschaftsfall zu Grunde, so hat der Notar den Antragsteller darüber zu belehren, dass es kostengünstiger wäre, lediglich das vorhandene Testament zu eröffnen und eine Niederschrift über die Eröffnung vorzunehmen, damit diese dann dem Grundbuchamt zusammen mit einer Abschrift des Testaments, vorgelegt werden kann, zur Grundbuchberichtigung. Da der Nachweis des Erbrechts auch durch eine andere Form als durch einen Erbschein zulässig ist,[114] muss der Notar folglich über die kostengünstigere Alternative zu einer Erbscheinsbeantragung belehren.[115]

73 Auch für den Fall, dass der Antragsteller den Erbschein lediglich zur Vorlage beim **Handelsregister** benötigt, findet die **EU-Gesellschaftsteuerrechtlinie** keine Anwendung. Die für die Erteilung eines Erbscheins, der nur zur Vorlage beim Handelsregister benötigt wird, anfallenden Gebühren sind zulässig und stellen keinen Verstoß gegen die EU-Gesellschaftssteuer-Richtlinie dar.[116]

b) Rechtsanwaltsgebühren

74 **Praxishinweis:**
Die Gebühren des Rechtsanwaltes berechnen sich nach §§ 2, 13 RVG, VV 2400 [??So ok??]. Erfahrungsgemäß ist jedoch zu empfehlen, vorab zu prüfen, ob durch die Abrechnung der Leistungen nach dem RVG eine ausreichende Honorierung möglich ist. Gerade bei sehr komplexen Erbrechtssituationen, einer Vielzahl von Beteiligten, absehbaren Schwierigkeiten in der Beschaffung von Urkunden oder Problemen bei der Ermittlung von Beteiligten ist eine schriftliche Honorarvereinbarung mit einem angemessenen Stundensatz meist die wirtschaftlich empfehlenswertere Gestaltung. Grundsätzlich empfiehlt es sich, immer mit dem Mandanten die möglicherweise entstehenden Kosten zu besprechen und schriftlich mitzuteilen. Auch die Mitteilung, dass bestimmte Kosten noch nicht abgeschätzt werden können, ist dabei zu empfehlen.

75 Der Gegenstandswert für die Gebührenberechnung bestimmt sich dabei nach § 23 Abs. 1 RVG, §§ 18 ff. KostO. Die Berechnung hat also nach dem **tatsächlichen Nachlasswert** zu erfolgen. Lässt sich dieser nicht hinreichend bestimmen, hat wohl eine Bestimmung nach billigem Ermessen gemäß § 23 Abs. 3 RVG zu erfolgen. Zu beachten ist auch, dass nach § 7 RVG keine zusätzliche Gebühr anfällt, wenn der Rechtsan-

---

114 BGH v. 10.12.2004, VZR 120/04, n.v.
115 *Winkler*, Beurkundungsgesetz, § 17 Rn. 212.
116 OLG Stuttgart NJOZ 2004, 1717; OLG Stuttgart ZEV 2004, 381; *Damrau/Uricher*, Erbrecht, § 2353 Rn. 36.

walt für **mehrere Auftraggeber** tätig wird. Jedoch lässt 1008 VV RVG [§§ 2, 13 i.V.m. Nr. 1008 VV RVG] eine Erhöhung der Gebühr zu, sofern mehrere Auftraggeber vorhanden sind, wenn folgende Voraussetzungen gegeben sind:
- mehrere Auftraggeber
- die selbe Angelegenheit
- Erhöhung bei Wertgebühren nur, soweit der Gegenstand der anwaltlichen Tätigkeit derselbe ist

Praxishinweis: 76
Empfehlenswert ist zwingend eine schriftliche Honorarvereinbarung nach § 4 Abs. 1 RVG, sofern die Abrechnung nicht nach dem RVG erfolgen soll. Zu beachten ist dabei, dass nach § 4 Abs. 1 Satz 1 RVG die Vereinbarung nicht in der Vollmacht zur Mandatserteilung beinhaltet sein darf. Ebenso ist es empfehlenswert, den Mandatsumfang zu beschreiben. Hat der Rechtsanwalt mit dem Mandanten eine Stundenvergütung vereinbart, ist dringend zu raten, dass der Rechtsanwalt exakt und nachvollziehbar schriftlich dokumentiert, welche Stunden für welche Tätigkeiten geleistet wurden. Stets sollte auch eine Regelung darüber getroffen werden, wie etwaige Spesen für Reisetätigkeiten und Auslagen für Kommunikation und Dokumentenvervielfältigung abgerechnet werden können.[117] Auch eine Regelung über die Umsatzsteuer sollte in die Vereinbarung mit aufgenommen werden.

V. Einziehungsverfahren/Herausgabeanspruch

1. Einziehung

Das Nachlassgericht hat nach § 2361 BGB einen **unrichtigen** Erbschein einzuziehen. 77
Mit Bewirkung der Einziehung wird der Erbschein **kraftlos** nach § 2361 Abs. 1 Satz 2 BGB. Erst wenn die Urschrift und sämtliche erteilten Ausfertigungen beim Nachlassgericht wieder eingegangen sind, ist die Einziehung bewirkt. Damit tritt dann auch erst die Kraftlosigkeit des Erbscheins ein.[118] Abschriften eines Erbscheins werden nicht eingezogen.[119]

- **Überblick Einziehungsverfahren/Kraftloserklärung**

Einziehung nach § 2361 Abs. 1 BGB

| Kraftloserklärung nach § 2361 Abs. 2 BGB, wenn während des Einziehungsverfahrens festgestellt wird, dass der Erbschein oder die Ausfertigung davon nicht erlangt werden kann. | Kraftloserklärung nach § 2361 Abs. 2 BGB, wenn von vorneherein feststeht, dass der Erbschein oder eine Ausfertigung nicht zu erlangen ist. |

---

117 *Enders*, RVG für Anfänger, Rn. 261 ff.
118 Palandt/*Edenhofer*, § 2361 Rn. 10.
119 Soergel/*Zimmermann*, § 2361 Rn. 22.

a) Verfahren der Einziehung

78 Das Nachlassgericht hat von Amts wegen oder auf Antrag eine **Einziehungsanordnung** zu treffen, sobald es abschließend zu dem **Ergebnis** gelangt ist, dass der erteilte **Erbschein unrichtig** ist. Das Verfahren zur Einziehung kann nur von Amts wegen erfolgen, ein entsprechender Antrag ist als Anregung zu verstehen, ist aber in der Praxis häufig Anlass für die Einziehungsanordnung durch das Nachlassgericht. Eine bloße **Berichtigung** des erteilten Erbscheins kommt nur in sehr engen Grenzen vor, nämlich wenn offenkundig Schreibfehler oder unerhebliche Falschbezeichnungen vorliegen.[120] Die Einziehung ist auch noch lange Zeit nach der Erteilung möglich, es gibt dafür keine zeitliche Begrenzung.[121]

b) Unrichtigkeit des Erbscheins

79 Das Nachlassgericht hat die Einziehung anzuordnen, sobald es die Unrichtigkeit des erteilten Erbscheins festgestellt hat. Zu unterscheiden ist dabei die sogenannte **formelle Unrichtigkeit**, wenn also im Erbscheinserteilungsverfahren Fehler erfolgt sind, aber der Inhalt des Erbscheins richtig ist, und die sogenannte **inhaltliche Unrichtigkeit**, also der Inhalt des Erbscheins unrichtig ist. Die inhaltliche Unrichtigkeit kann durch eine falsche Angabe eines Beteiligten oder durch ein später aufgetauchtes wirksames Testament entstehen,[122] auch ein Testamentsvollstreckerzeugnis kann eingezogen werden, sofern es unrichtig ist.[123]

Beispiele für eine inhaltliche Unrichtigkeit eines Erbscheins:[124]
- falscher Erbe
- falsche Erbquote
- kein oder unrichtiger Testamentsvollstreckervermerk
- kein oder unrichtiger Nacherbenvermerk

Folgende Fälle bedingen keine Unrichtigkeit des Erbscheins:[125]
- Wechsel in der Person des Testamentsvollstreckers
- Veräußerung eines Erbteils
- Ausscheiden eines Miterben aus einer Erbengemeinschaft
- Verpfändung eines Erbteils

c) Zuständigkeit und Einziehungsanordnung

80 Ausschließlich **zuständig** für die Einziehung eines unrichtigen Erbscheins ist das Nachlassgericht, das den Erbschein ursprünglich erteilt hat.[126] Das Beschwerdegericht kann die Einziehung nicht anordnen, es kann lediglich das Nachlassgericht anweisen, den unrichtigen Erbschein einzuziehen.[127] Das Nachlassgericht hat von Amts wegen – gleich wie bei der Entscheidung über die Erteilung des Erbscheins – sämtliche Tatsa-

---

120 Palandt/*Edenhofer*, § 2361 Rn. 2.
121 OLG Köln ZEV 2003, 466.
122 Soergel/*Zimmermann*, § 2361 Rn. 3.
123 OLG Hamm NJW-RR 2004, 1448.
124 *Damrau/Uricher*, Erbrecht, § 2361 Rn. 3.
125 Soergel/*Zimmermann*, § 2361 Rn. 11; Palandt/*Edenhofer*, § 2361 Rn. 6.
126 *Bumiller/Winkler*, FGG, § 84 Rn. 10.
127 *Firsching/Graf*, Nachlassrecht, Rn. 4.492.

chen zu ermitteln, die für die Unrichtigkeit des Erbscheins maßgeblich sein können, § 12 FGG.[128] Die von der Einziehung betroffenen Personen sind dabei in gleicher Weise zu hören wie bei dem Erbscheinsverfahren selbst auch.[129]

– **Einziehungsanordnung (Muster)** –

Beschluss

Es ergeht der Beschluss, dass der durch das Nachlassgericht ... erteilte Erbschein nach dem Tod des Herrn ..., verstorben am ..., in ..., geb. am ..., zuletzt wohnhaft in ..., als unrichtig eingezogen wird.

Gründe:

Der erteilte Erbschein ist unrichtig, da das diesem Erbschein zu Grunde gelegte Erbrecht falsch ist. Der durch den Erbschein als Alleinerbe ausgewiesene Erbe Herr ... hat das Testament gefälscht, wie das Nachlassgericht nun durch ein Schriftgutachten des Gutachters Herrn Prof. Dr. ... festgestellt hat. Da damit keine wirksame Verfügung von Todes wegen vorliegt, kommt das gesetzliche Erbrecht zur Anwendung, wonach der bisherige Alleinerbe nicht Erbe wird. Der bisher erteilte Erbschein ist deshalb als unrichtig einzuziehen.

Verfügung

Die Ausfertigung des Beschlusses ist an den Erbscheinserben zuzustellen.

Zusatz:

Der Erbschein in seiner Urschrift wie auch die am ... erteilte Ausfertigung ist innerhalb einer Woche an das Nachlassgericht ... herauszugeben. Der Erbscheinserbe hat umgehend mitzuteilen, wo sich die erteilte Ausfertigung befindet, falls er nicht mehr im Besitz der Ausfertigung ist. Falls er keine Kenntnis über den Verbleib der Ausfertigung hat, so hat er dies ebenfalls umgehend mitzuteilen. Falls der Erbscheinserbe dieser Aufforderung nicht innerhalb einer Woche nachkommt, kann gegen ihn ein Zwangsgeld i.H.v. ... € festgesetzt werden. Sollte der Erbscheinserbe den Erbschein oder die Ausfertigung nicht rechtzeitig oder gar nicht herausgeben, wird die Kraftloserklärung nach § 2361 Abs. 2 BGB erfolgen, deren Kosten von dem Erbscheinserben zu tragen sind.

2. Kraftloserklärung

Nach § 2361 Abs. 2 BGB, § 84 FGG hat das Nachlassgericht den Erbschein **durch Beschluss** für **kraftlos** zu erklären. Die Voraussetzungen für diesen Beschluss sind neben der Unrichtigkeit des Erbscheins gemäß § 2361 Abs. 1 BGB, die Nichtrückgabe von wenigstens einer erteilten Ausfertigung oder der Urschrift des Erbscheins selbst.[130] Der Beschluss der Kraftloserklärung ist nicht zu begründen.[131]

81

---

128 Palandt/*Edenhofer*, § 2361 Rn. 9.
129 Palandt/*Edenhofer*, § 2361 Rn. 9.
130 *Damrau/Uricher*, Erbrecht, § 2361 Rn. 11.
131 MünchKomm/*Mayer*, § 2361 Rn. 42.

– **Kraftloserklärung** –
Beschluss
I.
Es ergeht der Beschluss, dass der durch das Amtsgericht –Nachlassgericht– ... erteilte Erbschein nach dem Tod des Herrn ..., verstorben am ..., in ..., geb. am ..., zuletzt wohnhaft in ..., für kraftlos erklärt wird.

II.
Die Zustellung erfolgt durch Aushängung der Ausfertigung dieses Beschlusses an der Gerichtstafel des Amtsgerichts.

Musterformulierung eines Antrags auf Einziehung eines Erbscheins

(Als Anregung – deshalb auch hier mit Begründung – zu verstehen, da das Einziehungsverfahren nur von Amts wegen erfolgen kann)

An das
Amtsgericht
–Nachlassgericht–

Aktenzeichen:
In der Nachlasssache ...

stellen wir für unseren Mandanten Herrn ..., wohnhaft in ..., **den Antrag**, den nach dem Tode vom ..., verstorben am ..., in ..., zuletzt wohnhaft in ..., erteilten Erbschein einzuziehen.

Begründung:
Der Erbschein ist unrichtig, da unser Mandant nicht als Miterbe berücksichtigt wurde. Die bisher benannten beiden Miterben sind die beiden Söhne aus zweiter Ehe des Erblassers. Unser Mandant ist der erstgeborene Sohn des Erblassers aus seiner ersten Ehe. Da unser Mandant in Spanien lebt, hatte er erst jetzt von dem Erbfall Kenntnis erlangt. Der Erblasser ist ohne Verfügung von Todes wegen verstorben, so dass die gesetzliche Erbfolge zur Anwendung gelangt, wie das Nachlassgericht dies auch bereits in dem erteilten Erbschein festgestellt hatte. Deshalb ist unser Mandant als leiblicher Sohn des Erblassers zu 1/3 als Erbe berufen. Wir regen deshalb an, den Erbschein als unrichtig einzuziehen.

3. Kosten

82 Die Kosten des Einziehungsverfahrens und auch für die Kraftloserklärung berechnen sich nach § 108 Abs. 1 i.V.m. § 107 Abs. 2 bis 4 KostO, es wird eine 1/2 Gebühr veranschlagt.[132]

4. *Herausgabe- und Auskunftsanspruch des Erben*

83 Der wirkliche Erbe hat nach § 2362 Abs. 1 BGB einen Herausgabeanspruch gegen den Besitzer des erteilten Erbscheins. Das Gesetz gibt dem wirklichen Erben neben dem

---

[132] *Bumiller/Winkler*, FGG, § 84 Rn. 19.

Verfahren nach § 2361 BGB einen eigenen Anspruch auf Herausgabe des **unrichtigen Erbscheins** gegen den tatsächlichen Besitzer des Erbscheins. Der wirkliche Erbe erhält damit einen eigenen, prozessual verfolgbaren Anspruch auf Herausgabe des Erbscheins an das Nachlassgericht gegen denjenigen, der den unrichtigen Erbschein im Besitz hält.[133] Der wirkliche Erbe kann also aus eigenem Anspruch heraus, die Herausgabe des unrichtigen Erbscheins einklagen.

Daneben hat der wirkliche Erbe nach § 2362 Abs. 2 BGB auch einen **Auskunftsanspruch**. Dieser Anspruch richtet sich gegen denjenigen, dem der unrichtige Erbschein erteilt wurde, aber auch gegen denjenigen, der lediglich eine Ausfertigung erteilt bekommen hat sowie gegen den Erbschaftsbesitzer.[134]

84

Praxishinweis:
In der Rechtspraxis kommt ein Zivilverfahren gestützt auf einen Anspruch nach § 2362 BGB praktisch nicht vor. Zum einen trägt der Kläger die Beweislast und zum anderen auch das Kostenrisiko. Dies alles ist bei dem Verfahren nach § 2361 BGB nicht gegeben, da dies ein Amtsermittlungsverfahren ist. In der Praxis ist dies auch der übliche Weg, die Einziehung eines unrichtigen Erbscheins zu erreichen.

C. Rechtsmittel im Erbscheinsverfahren

I. Beschwerde gegen die Ablehnung der Erteilung eines bestimmten Erbscheins

Überblick

85

Ablehnung des Erbscheinantrages

↓

Einfache Beschwerde § 19 Abs. 2 FGG, § 11 Abs. 1 RPflG

↓

Weitere Beschwerde, § 27 FGG gegen
Entscheidung des Beschwerdegerichts

Gegen die Weigerung des Nachlassgerichts, einen bestimmten vom Antragsteller begehrten Erbschein zu erteilen, ist nach § 19 Abs. 2 FGG die **einfache Beschwerde** zulässig. Auch wenn ein Rechtspfleger entschieden hat, verweist § 11 Abs. 1 RPflG auf den Beschwerdeweg nach § 19 Abs. 1 FGG. **Beschwerdeberechtigt** ist jedermann, der durch die Ablehnung des Erbscheinantrages in seinen Rechten beeinträchtigt ist. In der Folge haben der Miterbe, wenn der Erbschein ihn nicht als Erben ausweist, und der Nachlassgläubiger, der einen vollstreckbaren Titel besitzt, ein Beschwerderecht.[135]

Zuständig für die Beschwerde ist das LG, § 19 Abs. 2 FGG; gegen die Ablehnung eines beantragten Hoferbfolgezeugnisses ist nach § 22 LwVG das OLG zuständig.[136]

86

---

133 MünchKomm/*Mayer*, § 2362 Rn. 1.
134 Soergel/*Zimmermann*, § 2362 Rn. 3; Palandt/*Edenhofer*, § 2362 Rn. 2.
135 *Damrau/Uricher*, Erbrecht, § 2353 Rn. 32; *Bumiller/Winkler*, FGG, § 20 Rn. 26.
136 *Bumiller/Winkler*, FGG, § 19 Rn. 33.

Das Beschwerdegericht hat die gesamte Sach- und Rechtslage zu überprüfen und seine Entscheidung sachlich und rechtlich zu begründen.[137]

87 Die Beschwerde entfaltet **keine aufschiebende Wirkung**, da § 24 FGG voraussetzt, dass sich die Beschwerde gegen eine Verfügung richtet, durch die ein Ordnungs- oder Zwangsmittel festgesetzt wird. Das Beschwerdegericht hat jedoch keine Befugnis, ein Verfügungsverbot für die Erbscheinserben zu erlassen, weshalb die Beschwerde keine aufschiebende Wirkung entfaltet.[138] Die Zulässigkeit der Beschwerde wird nicht durch die Erteilung eines Erbscheins an einen anderen Erben im Rechtsmittelverfahren berührt.[139]

Das **Verbot** der **reformatio in peius** gilt auch im Beschwerderecht. Das Beschwerdegericht ist in seiner Entscheidung an den Antrag des Beschwerdeführers gebunden. Es darf in seiner Entscheidung den Verfahrensgegenstand nicht erweitern.[140]

88 Hat das Beschwerdegericht eine Entscheidung getroffen, wonach ein bestimmter Erbschein zu erteilen ist, so entfaltet diese absolute **Bindungswirkung** für das zuständige Nachlassgericht. Dieses kann also bei der Erteilung des Erbscheins nicht mehr von der Entscheidung des Beschwerdegerichts abweichen.[141] Umgekehrt besteht jedoch keinerlei Bindungswirkung für das Beschwerdegericht an das Ergebnis des Erbscheinsverfahrens.[142] Gegen die Entscheidung des Beschwerdegerichts ist nach § 27 Abs. 1 FGG die weitere Beschwerde zulässig. Diese kann nach § 29 Abs. 1 FGG bei dem Gericht der ersten Instanz, beim LG oder OLG eingelegt werden. Zu beachten ist dabei, dass nach § 29 Abs. 1 Satz 2 FGG die Einreichung einer Beschwerdeschrift zwingend durch einen Rechtsanwalt erfolgen muss.[143] Über die weitere Beschwerde **entscheidet** das OLG nach § 28 Abs. 1 FGG.

89 Die weitere Beschwerde ist inhaltlich wie die **Revisionsinstanz** ausgestaltet, da lediglich geprüft wird, ob die Rechtsanwendung in der Vorinstanz korrekt erfolgt ist. Es muss also als Begründung der Beschwerde eine Gesetzesverletzung angeführt werden.[144] Das Rechtsbeschwerdegericht legt grundsätzlich den durch das Beschwerdegericht festgestellten Sachverhalt für seine Entscheidung zu Grunde.[145]

90 Die **Kostenentscheidung** für eine Beschwerde beruht auf § 131 Abs. 1 Nr. 1 KostO. Es wird eine 1/2 Gebühr veranschlagt.

91 Der **Beschwerdeberechtigte** ist nach § 13 FGG berechtigt, mit einem Beistand am Verfahren teilzunehmen oder sich durch einen Bevollmächtigten vertreten zu lassen. Die Fähigkeit Beistand oder Stellvertreter zu sein, richtete sich nach den Bestimmungen des Bürgerlichen Gesetzbuches; die Person des Beistandes oder Bevollmächtigten muss also geschäftsfähig sein.[146] Obgleich das Beschwerdeverfahren vor dem LG stattfindet, besteht **kein Anwaltszwang**, da § 13 FGG für dieses Verfahren maßgeblich ist und § 78 ZPO nicht zur Anwendung gelangt.

---

137 *Bumiller/Winkler*, FGG, § 25 Rn. 10; a.A OLG Frankfurt ZErb 2001, 183.
138 *Bumiller/Winkler*, FGG, § 24 Rn. 1.
139 BayObLG ZErb 2001, 105 ff..
140 *Bumiller/Winkler*, FGG § 25 Rn. 5; Sprau, ZAP 1997, 1089 ff.; Palandt/*Edenhofer*, § 2353 Rn. 30.
141 *Lange/Kuchinke*, Erbrecht, § 39 III.
142 OLG München ZEV 1995, 459 m. Anm. *Damrau*; BayObLG FamRZ 1993, 334 ff.
143 *Bumiller/Winkler*, FGG, § 29 Rn. 5.
144 *Bumiller/Winkler*, FGG, § 27 Rn. 12.
145 BayObLG NJW-RR 1996, 1478.
146 *Bumiller/Winkler*, FGG, § 13 Rn. 10.

– Beschwerdeverwerfung –
Beschluss
I.
Die Beschwerde wird verworfen.
II.
Gründe
1. Sachliche
2. Rechtliche
III.
Kostenentscheidung nach § 131 Abs. 1 Nr. 1 KostO

II. Beschwerde gegen einen Vorbescheid

Die Beschwerde gegen den Vorbescheid ist gleichfalls möglich, § 19 Abs. 1 FGG.[147] Das Beschwerdeverfahren läuft nach den gleichen Voraussetzungen wie das Beschwerdeverfahren gegen die Verweigerung, einen bestimmten Erbschein zu erteilen.

92

III. Beschwerde gegen einen erteilten Erbschein

Die Beschwerde gegen einen erteilten Erbschein ist unzulässig, da die Wirkungen des Erbscheins rückwirkend nicht mehr beseitigt werden können; und zwar aufgrund des öffentlichen Glaubens, mit dem dieser nach § 2366 BGB ausgestattet ist. Mit der h.M. ist eine Beschwerde gegen einen erteilten Erbschein deshalb als Antrag auf Einziehung des Erbscheins umzudeuten.[148] Im Übrigen gelten die weiteren Voraussetzungen für die Beschwerde auch für diese Art von Beschwerde.

93

– Stattgebende Beschwerde hinsichtlich der Einziehung eines Erbscheins –
Beschluss
I.
Der Beschluss des Amtsgericht – Nachlassgericht – ... vom ... über die Erteilung des Erbscheins nach dem Tode des am ... in ... verstorbenen Herrn ..., zuletzt wohnhaft in ..., Aktenzeichen: ... wird aufgehoben.
II.
Das Amtsgericht wird angewiesen, den erteilten Erbschein Aktenzeichen: ... einzuziehen.

IV. Beschwerde gegen Einziehung/Kraftloserklärung

Auch gegen die Einziehung und gegen die Kraftloserklärung eines Erbscheins ist die Beschwerde nach § 19 Abs. 1 FGG zulässig. Die Beschwerde ist aber nur solange zulässig, wie die Einziehung des Erbscheins noch nicht erfolgt ist. Sobald dieser in die Verfügungsmacht des Nachlassgerichts gelangt ist, entfällt das Beschwerderecht.[149] Wurde ein Erbschein eingezogen, kann eine Beschwerde gegen die Einziehung nicht

94

---

147 *Sprau*, ZAP 1997, 1104; *Bumiller/Winkler*, FGG, § 19 Rn. 9.
148 *Soergel/Zimmermann*, § 2353 Rn. 51; *Demharter*, FamRZ 1991, 618 ff.
149 *Soergel/Zimmermann*, § 2361 Rn. 24; Palandt/*Edenhofer*, § 2361 Rn. 14.

mehr erfolgen, sondern lediglich eine Beschwerde mit der Absicht, die Erteilung eines neuen Erbscheins zu erreichen.[150] Beschwerdeberechtigt sind die Antragsteller. Der Nacherbe ist jedoch nicht beschwerdeberechtigt gegen die Einziehung des einem Vorerben erteilten Erbscheins.[151]

V. Einstweiliger Rechtsschutz

95 Auch im Erbscheinsverfahren spielt die Möglichkeit, eine Eilentscheidung herbeiführen zu müssen, eine nicht unerhebliche Rolle in der Rechtspraxis. Grund dafür ist, dass in bestimmten Fällen nicht unerhebliche Zeit verstreicht, bis das Nachlassgericht bspw. einen unrichtigen Erbschein einzieht oder für kraftlos erklärt. Denn auch im Einziehungsverfahren hat das Nachlassgericht nach § 2361 Abs. 3 BGB eine erhebliche Ermittlungspflicht, nämlich die Sach- und Rechtslage umfangreich zu ermitteln, gleich wie bei der Erteilung eines Erbscheins i.S.v. § 2358 BGB.[152] Daneben ist allein durch die **Frist von einem Monat**, die in § 2361 Abs. 2 Satz 3 BGB genannt ist, ein langer Zeitraum gegeben, der dem Erbscheinserben erheblich Zeit lässt, den Nachlass zum Nachteil des tatsächlichen Erben verschwinden zu lassen. Zu beachten ist dabei aber, dass eine einstweilige Einziehung eines Erbscheins nicht angeordnet werden kann.[153]

1. Einstweilige Anordnung der Rückgabe des Erbscheins zu den Akten

96 Nach § 24 Abs. 3 FGG kann das **Beschwerdegericht** durch eine einstweilige Anordnung die Rückgabe des Erbscheins zu den Akten des Nachlassgerichts anordnen.[154] Diese Anordnung hat aber nicht dieselbe Wirkung wie der Einziehungsbeschluss nach § 2361 Abs. 1 BGB.[155] Denn durch die einstweilige Anordnung der Rückgabe wird der öffentliche Glaube, mit dem der Erbschein nach § 2366 BGB ausgestattet ist, nicht beseitigt.[156] Denn erst mit der tatsächlichen Einziehung wird der öffentliche Glaube des Erbscheins beseitigt.

2. Antrag auf Erlass einer Einstweiligen Verfügung nach § 2362 BGB, § 935 ZPO

97 Der wirkliche Erbe kann nach § 2362 BGB seinen **Anspruch auf Herausgabe** des Erbscheins vom Besitzer des unrichtigen Erbscheins an das Nachlassgericht verlangen. Deshalb hat er auch einen Anspruch darauf, dass eine einstweilige Verfügung den Anspruch auf Herausgabe des unrichtigen Erbscheins absichert.[157] Es gilt jedoch auch für dieses Verfahren, dass der **öffentliche Glaube** des Erbscheins erst beseitigt ist, wenn im **Verfahren der Hauptsache** der Erbschein nach § 2362 BGB an das Nachlassgericht herausgegeben wurde.[158]

---

150 Palandt/*Edenhofer*, § 2361 Rn. 14.
151 *Bumiller/Winkler*, FGG, § 20 Rn. 26; OLG Köln Rpfleger 1984, 102.
152 Soergel/*Zimmermann*, § 2361 Rn. 23.
153 OLG Köln OLGZ 1990, 303; *Bumiller/Winkler*, FGG, § 24 Rn. 4.
154 *Bumiller/Winkler*, FGG, § 24 Rn. 4.
155 Palandt/*Edenhofer*, § 2361 Rn. 11; *Bonefeld/Kroiß/Tanck/Kroiß*, Erbprozess, S. 768.
156 MünchKomm/*Mayer*, § 2361 Rn. 44.
157 MünchKomm/*Mayer*, § 2361 Rn. 39.
158 Palandt/*Edenhofer*, § 2362 Rn. 1.

> **Formulierungsbeispiel:** Antrag auf Rückgabe des Erbscheins zu den Akten des Nachlassgerichts Konstanz und Erlass einer einstweiligen Anordnung
>
> Wir beantragen Namens unserer Mandantin Frau …, dass der nach dem Todes der am … in … verstorbenen Frau …, zuletzt wohnhaft in …, an deren Sohn …, wohnhaft in … erteilte Erbschein, – **Aktenzeichen** – zu den Akten des Nachlassgerichts … zurückgegeben wird.
>
> **Begründung:**
> Der erteilte Erbschein ist unrichtig. Wie jetzt erst bekannt wurde, hatte die Erblasserin kurz vor ihrem Tode noch ein weiteres handschriftliches Testament verfasst, das sich in ihren persönlichen Sachen befand und erst jetzt aufgefunden wurde.
>
> **Beweis:** Beglaubigte Abschrift des Eröffnungsprotokolls
>
> Durch dieses Testament, das nach dem Testament erfolgt ist, auf dessen Grundlage der Sohn … den Erbschein als Alleinerbe erlangt hat, ist dieser Erbschein unrichtig geworden, da das Testament mit dem jüngeren Datum den Sohn lediglich als Miterben zu 1/2 neben seiner Schwester, unserer Mandantin, ausweist.
>
> Da der Sohn bereits begonnen hat, über einzelne Nachlassgegenstände zu verfügen, ist eine kurzfristige Entscheidung geboten. Es ist deshalb eine einstweilige Anordnung auf Rückgabe des Erbscheins zu den Akten des Nachlassgerichts … geboten.

VI. Bindungswirkung des Erbscheinsverfahrens/Beschwerdeverfahren

Die Ergebnisse des Erbscheinsverfahrens entfalten keine Bindungswirkung für das angerufene Prozessgericht.[159] Das angerufene Prozessgericht kann das Verfahren auch nicht bis zum Abschluss des Erbscheinsverfahrens aussetzen, § 148 ZPO. Das Nachlassgericht ist jedoch an das Ergebnis des Prozessgerichts gebunden.[160] Auch kann das **Nachlassgericht** das Erbscheinsverfahren **aussetzen** bis das Prozessgericht in einem Erbprätendentenstreit entschieden hat.[161] Die Beteiligten eines Erbscheinsverfahren können sich in einem Vergleich darauf verständigen, einen bestimmten Erbscheinsantrag nicht mehr durch Verfahrensrechte anzugehen, jedoch können sich die Beteiligten nicht über das Erbrecht selbst durch den Vergleich verständigen.[162] Insbesondere ist das Nachlassgericht auch nicht an einen **Auslegungsvertrag**, also eine Vereinbarung der Beteiligten über die Auslegung einer letztwilligen Verfügung von Todes wegen, gebunden.[163] Lediglich eine Mindermeinung spricht einem solchen zwischen den Beteiligten eines Erbscheinsverfahrens geschlossen Vergleich eine Bindungswirkung für das Prozessgericht zu.[164] Ebenso ist das **Grundbuchamt** an die Ergebnisse des Erbscheinsverfahrens gebunden, es darf keine eigenen Ermittlungen anstellen.[165]

98

---

159 BayObLG FamRZ 1999, 334; Soergel/*Zimmermann*, § 2353 Rn. 57; OLG München ZEV 1995, 459 m. Anm. *Damrau*.
160 *Lange/Kuchinke*, Erbrecht, § 39 III.
161 *Damrau/Uricher*, Erbrecht, § 2353 Rn. 33; Palandt/*Edenhofer*, Vor § 2353 Rn. 7.
162 KG FGPrax 2004, 31.
163 Soergel/*Zimmermann*, § 2353 Rn. 58.
164 *Lange/Kuchinke*, Erbrecht, § 34 IV 3 c, d.
165 *Haegele/Schöner/Stöber*, Grundbuchrecht, Rn. 788.

> **Praxishinweis:**
> Zwar ist das Prozessgericht nicht an die Ergebnisse des Erbscheinverfahrens gebunden, aber prozesstaktisch kann der erteilte Erbschein für die Partei, die sich auf seine Richtigkeit beruft, doch ggf. gegenüber dem Prozessgericht eine indizierende Wirkung entfalten.

99 Wurde ein bestimmter Erbschein erteilt oder der Antrag zurückgewiesen, ist damit das Erbscheinsverfahren abgeschlossen. Jeder neue Antrag auf Erteilung eines bestimmten Erbscheins, auch wenn inhaltsgleich derselbe beantragt wird, dessen Erteilung das Nachlassgericht durch Entscheidung abgewiesen hat, führt zu einem neuen Erbscheinsverfahren.[166] Der Antrag auf Erteilung eines Erbscheins kann jederzeit bis zum Abschluss des Erbscheinsverfahrens zurückgenommen werden.[167]

D. Erbschein für besondere Zwecke

I. Fremdrechtserbschein

1. Allgemeines

100 Der sogenannte Fremdrechtserbschein nach § 2369 BGB ist ein gegenständlich **beschränkter Erbschein**. Diese Art von Erbschein stellt eine Durchbrechung des eigentlichen Erbscheinrechts dar. Grundsätzlich kann ein Erbschein nach deutschem Recht nur erteilt werden, wenn dem Erbfall auch deutsches Erbrecht zu Grunde liegt.[168] Dies ist aber bei dem Fremdrechtserbschein gerade nicht der Fall – bei diesem kommt nämlich gerade ausländisches materielles Erbrecht zur Anwendung.[169] Diesen Grundsatz, wonach ein deutsches Nachlassgericht nur dann tätig werden darf, sofern auch ausschließlich deutsches materielles Erbrecht zur Anwendung gelangt, wird „**Gleichlauftheorie**" genannt.[170]

101 Grundsätzlich ist ein deutsches Nachlassgericht nur für die Erteilung eines allg. Erbscheins nach deutschem Recht **zuständig**, sofern
 – ein Erblasser nach Art. 25 EGBGB im Zeitpunkt seines Todes die deutsche Staatsangehörigkeit besaß;
 – das deutsche materielle Erbrecht aufgrund Rückverweisung eines ausländischen angerufenen internationalen Privatrechts zur Anwendung gelangt;
 – eine Rechtswahl getroffen wurde, wonach nach Art. 25 Abs. 2 EGBGB bzgl. des in Deutschland gelegenen unbeweglichen Vermögens deutsches Recht zur Anwendung gelangen soll.[171]

102 Voraussetzungen für die Erteilung eines Fremdrechtserbescheins nach § 2369 BGB:
 – ausländisches Erbstatut;
 – es darf keine Rückverweisung auf deutsches Erbrecht durch ausländisches internationales Privatrecht erfolgen;

---

166 Soergel/*Zimmermann*, § 2353 Rn. 27; Palandt/*Edenhofer*, § 2353 Rn. 14.
167 MünchKomm/*Mayer*, § 2353 Rn. 61.
168 Palandt/*Edenhofer*, § 2369 Rn. 2.
169 *Bonefeld/Kroiß/Tanck/Kroiß*, Erbprozess, S. 903.
170 *Kegel/Schurig*, § 21 IV 2; OLG Zweibrücken IPrax 1987, 83.
171 Palandt/*Heldrich*, Art. 25 EGBGB Rn. 7.

– Nachlassgegenstände müssen sich im Inland (Deutschland) befinden.

Zunächst hat also das zuständige Nachlassgericht von Amts wegen die **Staatsangehörigkeit festzustellen**, da diese maßgeblich dafür ist, ob ausländisches oder deutsches Erbrecht anzuwenden ist. Das Nachlassgericht hat sich dabei die notwendigen Kenntnisse des ausländischen Rechts zu verschaffen.[172]

103

Daneben kann die Erteilung eines Fremdrechtserbscheins in Betracht kommen, sofern **Nachlassspaltung** gegeben ist nach Art. 4 Abs. 1 Satz 2 EGBGB. Gerade bei Grundstücken, die in Deutschland gelegen sind, kann dies gegeben sein.[173] Wird aufgrund des Prinzips des lex rei sitae auf das deutsche Recht verwiesen, wie dies bspw. für Frankreich der Fall ist, ist der zuständige Richter dazu verpflichtet, deutsches Erbrecht auf diesen Fall anzuwenden.[174]

104

Inhalt eines Fremdrechtserbscheins:[175]
– Bezeichnung des Erben;
– Vermerk über die territoriale *und* gegenständliche Beschränktheit des Erbscheins;
– Benennung des angewandten ausländischen Rechts;
– Testamentsvollstreckung, sofern diese nach ausländischem Recht angeordnet ist.

105

Die **Feststellung, welches Erbrecht anzuwenden** ist, stellt aber in der Praxis häufig die größte Hürde dar für die Erteilung eines Fremdrechtserbscheins. Viele ausländische Rechtsordnungen setzen für die Bestimmung, wer Erbe geworden ist, zunächst eine explizite Annahmeerklärung i.d.R. zur Niederschrift eines Notars voraus, so in Österreich, wo die sogenannte Einantwortung die Annahme darstellt[176] – in Italien,[177] Spanien[178] und Griechenland.[179] Nicht aufzunehmen sind nach der h.M.[180] Vermächtnisse, Auflagen, Pflichtteilsansprüche, die nach ausländischen Rechtsordnungen den Erben belasten würden.

106

2. Zuständigkeit

Das Nachlassgericht ist nach § 2369 BGB **international zuständig**, unter Durchbrechung des Gleichlaufprinzips, denn ein ausländischer Nachlass unterliegt nicht der Entscheidungsgewalt eines deutschen Nachlassgerichts. Die internationale Zuständigkeit des Nachlassgerichts ist dabei in jeder Phase des Verfahrens zu beachten.[181] Diese Durchbrechung kann sich im Übrigen auch ergeben, ohne dass es um die Erteilung eines Fremdrechtserbschein geht, wenn nach § 74 FGG die Sicherung des Nachlasses zu erfolgen hat durch das Amtsgericht, in dessen Bezirk sich der Nachlass befindet.[182]

107

---

172 Palandt/*Edenhofer*, § 2369 Rn. 12.
173 Soergel/*Zimmermann*, § 2369 Rn. 9.
174 *Ferid/Firsching*, Bd. II Frankreich, Rn. 5 ff.
175 Palandt/*Edenhofer*, § 2369 Rn. 10; Soergel/*Zimmermann*, § 2369 Rn. 11.
176 *V.Oertzen/Mondl*, ZEV 1997, 240.
177 *Salaris*, ZEV 1995, 240.
178 *Lopez/Artz*, ZErb 2002, 278.
179 *Süß*, ZErb 2002, 341.
180 Soergel/*Zimmermann*, § 2369 Rn. 11 m.w.N; Palandt/*Edenhofer*, § 2369 Rn. 11.
181 OLG Zweibrücken RNotZ 2002, 233.
182 *Bumiller/Winkler*, FGG, § 74 Rn. 1.

Uricher

108 Die **örtliche Zuständigkeit** für die Erteilung eines Fremdrechtserbscheins bestimmt sich nach § 73 Abs. 1 FGG.[183]

Prüfungsschema örtliche Zuständigkeit
- letzter Wohnsitz des Erblassers
- hilfsweise der letzte Aufenthaltsort des Erblassers
- hilfsweise nach dem Lageort der Nachlassgegegenstände

109 Die **sachliche Zuständigkeit** bestimmt sich nach § 72 FGG wie dies auch beim Eigen-Rechts-Erbschein der Fall ist. Zu berücksichtigen ist dabei die Besonderheit, dass nach § 16 Abs. 1 Nr. 6 RPflG die Erteilung des Fremdrechtserbscheins dem **Richter vorbehalten** ist.[184]

> **Praxishinweis:**
> Eine Vielzahl an Informationen und Hinweisen zur Abwicklung ausländischer Erbfälle sind auf folgenden Seiten im Internet zu finden:
>
> | | |
> |---|---|
> | www.dnoti.de | Deutsches Notarinstitut Würzburg |
> | www.isdc.ch.opac | Universität Lausanne |
> | www.biblio.unige.ch/uni/ | Universität Genf |
> | www.dvev.de | Deutsche Vereinigung für Erb- und Vermögensnachfolge |
> | www.mpipriv-hh.mpg.de | Max Planck Institut für ausländisches und internationales Privatrecht |

3. Verfahren

110 Die Voraussetzungen für die Erteilung des Fremdrechtserbscheins, seine Einziehung und das Verfahren bestimmen sich nach deutschem Recht.[185]

111 Die **Kosten** für die Erteilung eines Fremdrechtserbscheins bestimmen sich nach § 107 Abs. 2 Satz 3 KostO. Als Geschäftswert wird dabei der gesamte sich im Inland befindliche Nachlass zu Grunde gelegt, mit der Besonderheit, dass darauf lastende Verbindlichkeiten nicht abgezogen werden dürfen.[186]

112 Die Einziehung und die **Rechtsmittel** richten sich nach den Bestimmungen über den Eigen-Rechts-Erbschein.

---

[183] *Bumiller/Winkler*, FGG, § 73 Rn. 17.
[184] *Riering*, MittBayNot 1999, 520; Palandt/*Edenhofer*, § 2369 Rn. 12.
[185] Soergel/*Zimmermann*, § 2369 Rn. 12; MünchKomm/*Mayer*, § 2369 Rn. 2.
[186] *Hartmann*, KostO § 107 Rn. 16.

Formulierungsbeispiel: Anträge auf Erteilung eines Fremdrechtserbscheins[187]

1. Niederschrift des Antrags zu Protokoll des Nachlassgerichts[188]

Mein Vater, Herr ..., französischer Staatsbürger, geb. am ..., verstorben am ..., in ..., zuletzt wohnhaft in ..., verstarb ohne Hinterlassung einer Verfügung von Todes wegen. Es kommt deshalb nach (französischem) Recht die gesetzliche Erbfolge zur Anwendung. Ich bin sein alleiniger Erbe, da mein Vater keine weiteren Abkömmlinge hatte und meine Mutter, seine Ehefrau, bereits vorverstorben ist. Weitere Personen, die mein Erbrecht mindern oder ausschließen könnten, sind nicht vorhanden und mir auch nicht bekannt.

2. Versicherungen

Ich versichere, dass ein Rechtsstreit über das Erbrecht besteht. Über die Bedeutung und die Strafbarkeit einer falschen Versicherung an Eides statt bin ich durch den zuständigen Richter des Nachlassgerichts belehrt worden.

Ich versichere an Eides statt, dass mir nichts bekannt ist, was der Richtigkeit meiner Angaben entgegenstehen würde.

Die einzigen Nachlassgegenstände des verstorbenen Erblassers, die sich in Deutschland befinden, sind Aktien der ...-AG die sich in seinem Bankschließfach in ... bei der ...-Bank befinden sowie seine goldene Taschenuhr aus dem Jahr 1871, die sich im Uhrenmuseum befindet, als Leihgabe an das Museum.

Da aufgrund der Staatsangehörigkeit des Erblassers keine Zuständigkeit eines deutschen Nachlassgerichts für den Erbfall gegeben ist, beantrage ich deshalb einen beschränkten Erbschein nach § 2369 BGB zu erteilen, der auf den sich in Deutschland befindlichen Nachlass beschränkt wird, mit der Maßgabe, dass ich unter Anwendung französischen Rechts alleiniger Erbe meines Vaters geworden bin.

Folgende Beweismittel für mein Erbrecht füge ich:

1. Internationale Sterbeurkunde des Erblassers
2. Internationale Sterbeurkunde der Ehefrau des Erblassers
3. Heiratsurkunde des Erblassers und seiner Ehefrau
4. Geburtsurkunde des Erben

Unterschrift

II. Erbennachweis im Handelsregister

Häufig wird ein Erbschein gerade auch für die notwendigen Änderungen im Handelsregister benötigt, die nach dem **Tode eines eingetragenen Kaufmanns** oder Gesellschafters einer Handelsgesellschaft erforderlich sind, um die Rechtsnachfolge auch im Außenverhältnis zu dokumentieren. Wird eine Firma nach dem Tode des Inhabers fortgeführt, so tritt der Erwerber nach §§ 27, 25 HGB in die Haftung für alle bis dato entstandenen Verbindlichkeiten ein. Entscheidet sich der Erbe dazu, die **Firma fortzuführen**, muss er dies entsprechend im Handelsregister eintragen lassen, § 31 Abs. 1 HGB, sofern es sich um ein **Handelsgeschäft** handelt. Ebenso hat der Erbe auch die

---

187 M.w.N *Kersten/Bühling*, Formularbuch FGG, §§ 125, 126.
188 *Damrau/Uricher*, Erbrecht, § 2353 Rn. 22.

Einstellung nach § 27 Abs. 2 HGB zum Handelsregister anzumelden, § 31 Abs. 2 HGB. Die Anmeldung der Einstellung hat der Erbe vorzunehmen.[189]

115 **Formulierungsbeispiel:** Anmeldung zur Firmenfortführung eines Einzelunternehmens (Muster)[190]

An das Amtsgericht
– Handelsregister –
Zur Eintragung im Handelsregister ..., der Firma
...
Sitz in ..., melde ich an:
Der bisherige alleinige Inhaber der Firma ..., Herr ..., geb. am ..., geschäftsansässig in ..., ist am ... in ... verstorben. Aus dem in Ausfertigung beigefügten Erbscheins des Nachlassgerichts ... vom ..., ergibt sich, dass ich als dessen Alleinerbe berufen bin.
Hiermit zeige ich ..., geb. am ..., wohnhaft in ... an, dass sowohl die Firma wie auch der Geschäftsbetrieb –...– kraft Erbfolge auf mich übergegangen ist.
Die Firma wird künftig von mir wie folgt fortgeführt:
...[191]
Für die fortgeführte Firma zeichnet der Inhaber seine Namensunterschrift wie folgt:
Es wird beantragt, nach dem Vollzug einen beglaubigten Registerauszug an die Firma zu senden.
Ort/Datum
Unterschrift
<u>UR I Nr. ... /2005</u>
Beglaubigung
Vorstehende, vor mir vollzogene Zeichnung der Namensunterschrift unter Angabe der Firma und die vor mir vollzogene Unterschrift unter der Anmeldung von
Herrn ..., geb. am ..., wohnhaft in ... – ausgewiesen durch Bundespersonalausweis – beglaubige ich.
Ort/Datum
Notariat I

116 **Formulierungsbeispiel:** Anmeldung der Einstellung eines Einzelunternehmens[192]

An das Amtsgericht
– Handelsregister –
Zur Eintragung im Handelsregister A 000, der Firma
Anton Maier e.K

---

189 *Baumbach/Hopt*, HGB, § 31 Rn. 8.
190 *Gustavus*, Handelsregister-Anmeldungen, S. 21.
191 *Baumbach/Hopt*, HGB, § 22 Rn. 15.
192 *Gustavus*, Handelsregister-Anmeldungen, S. 27.

Sitz in Konstanz, melde ich an:
Hiermit zeige ich an, dass die Firma erloschen ist.
Der bisherige Geschäftsbetrieb der Firma wurde mit Wirkung zum ... aufgegeben.

Konstanz den

Unterschrift

<u>UR I Nr. ... /2005</u>
Beglaubigung
Vorstehende, vor mir vollzogene Zeichnung der Namensunterschrift unter Angabe der Firma und die vor mir vollzogene Unterschrift unter der Anmeldung von

Herrn Max Meier, geb. am ..., wohnhaft in ... – ausgewiesen durch Bundespersonalausweis –

beglaubige ich.

Konstanz 00.00.2005

Notariat I

Die anfallenden **Kosten für den Notar** ergeben sich aus: § 41a Abs. 4 Nr. 4 KostO, als Geschäftswert werden 25.000,– € angenommen und als Gebühr fällt eine 5/10 Gebühr an, §§ 32, 45, 141, 145, 38 Abs. 2 Nr. 7 KostO. Die **Kosten des Gerichts** ergeben sich aus § 2 Abs. 2 Satz 2 HregGebV, GVHR 1500: 40,– € bei Ausscheiden des Erblassers und bei Eintritt des Erben GHR 1100: 50,– € sowie bei Änderung der Firma GVHR 1506: 50,– €.

117

16. Kapitel
Ansprüche des Vertragserben

Übersicht:

	S.		S.
A. Allgemeines	725	e) Grundsatz der Posteriorität	740
B. Erbvertrag	727	f) Verjährung des Anspruchs	741
I. Bindung	727	2. Auskunft und Wertermittlung	741
II. Einschränkungen der Bindungswirkung	728	a) Auskunft	741
		b) Wertermittlung	742
III. Vereinbarung auf Verfügungsunterlassung	728	3. Beweisfragen	742
C. Lebzeitige Rechtsgeschäfte des Erblassers	729	V. Klage	743
		1. Rechtsschutz vor dem Erbfall	743
I. Aushöhlungsnichtigkeit	729	a) Zulässigkeit der Feststellungsklage gegen den Erblasser	743
II. Grundsätze	730		
1. Voraussetzungen	730	b) Vorläufiger Rechtsschutz gegen den Erblasser	743
2. Konkurrenz mit Pflichtteilsergänzung	732	c) Ansprüche gegen den Beschenkten	744
III. Tatbestandsmerkmale	732	d) Antrag auf Betreuung	744
1. Schenkung	732	2. Rechtsschutz nach dem Erbfall	744
2. Beeinträchtigungsabsicht (besser: Missbrauchskorrektur)	733	a) Klageantrag	745
		b) Rückforderung nach § 826 BGB	746
a) Lebzeitiges Eigeninteresse	734	aa) Zu Lebzeiten des Erblassers	747
b) Als Eigeninteresse nicht anerkannt	734	bb) Nach dem Erbfall	747
3. Objektive Beeinträchtigung	735	c) Gegenansprüche des Beklagten	747
a) Nutzungen erst ab Erbfall	736	d) Stufenklage	748
b) Schwierigkeiten beim Pflichtteil	736	e) Vorläufiger Rechtsschutz	748
IV. Bereicherungsanspruch	737	VI. Schutz des Vermächtnisnehmers	749
1. Grundsätze	737	1. Voraussetzungen	749
a) Art des Anspruchs	737	a) Schutz gegen Wertminderung und entgeltliche Rechtsgeschäfte	750
b) Schuldner des Anspruchs	738		
c) Gläubiger des Anspruchs	739	b) Eigeninteresse streng zu prüfen	750
d) Inhalt und Ausmaß des Anspruchs	739		
aa) Herausgabe in Natur	739	2. Folgen	750
bb) Verwendungen des Beschenkten	740	3. Gläubiger des Anspruchs	750
		4. Schuldner des Anspruchs	751
cc) Zug um Zug gegen Pflichtteils- bzw. Zugewinnausgleichsanspruch	740	5. Verjährung des Anspruchs	752
dd) Unentgeltlicher Teil geringer	740	6. Anwendbarkeit der §§ 2287, 2288 BGB beim gemeinschaftlichen Testament	752
ee) Ausgleichsbetrag unter Miterben	740		

Literaturhinweise:

Beisenherz, „Berechtigte Erberwartung" des Vertragserben, Anwachsung und Ausschlagung, ZEV 2005, 8; *Hohmann*, Die Sicherung des Vertragserben vor lebzeitigen Verfügungen des Erblassers, ZEV 1994, 133; *Hülsmeier*, Die Abwertung der Rechtsstellung des Vertragserben, NJW 1981, 2043; *Johannsen*, Der Schutz der durch gemeinschaftliches Testament oder Erbvertrag berufenen Erben, DNotZ 1977, Sonderheft, S. 69; *Keim*, § 2287 BGB und die Beeinträchtigung eines Vertragserben durch lebzeitige Zuwendungen an den anderen, ZEV 2002, 93; *Kohler*, Erblasserfreiheit oder Vertragserbenschutz und § 826 BGB, FamRZ 1990, 464; *Lange*, Bindung des Erblassers an seine Verfügungen, NJW 1963, 1571; *Langenfeld*, Freiheit oder Bindung beim gemeinschaftlichen Testament oder Erbvertrag von Ehegatten? NJW 1987, 1577; *J. Mayer*, Zweckloser Zuwendungsverzicht? ZEV 1996, 127; *Muscheler*, Zur Frage der Nachlaßzugehörigkeit des Anspruchs aus § 2287 BGB, FamRZ 1994, 1361; *Nieder*, Die ausdrücklichen oder mutmaßlichen Ersatzbedachten im deutschen Erbrecht, ZEV 1996, 241; *Remmele*, „Lebzeitiges Eigeninteresse" bei Schenkung zugunsten des zweiten Ehegatten? NJW 1981, 2290; *Sarres*, Erbrechtliche Auskunftsansprüche aus Treu und Glauben (§ 242 BGB), ZEV 2001, 225; *Spellenberg*, Die sogenannte Testamentsaushöhlung und die §§ 2287, 2288 BGB, FamRZ 1972, 349; *ders.*, Verbotene Schenkungen gebundener Erblasser in der Rechtsprechung, NJW 1986, 2531; *Speth*, Schutz des überlebenden Ehegatten bei gemeinschaftlichem Testament, NJW 1985, 463; *Stumpf*, Wirksamkeit und Formbedürftigkeit der Einwilligung des bedachten Erbvertragspartners in eine ihn beeinträchtigende letztwillige Verfügung, FamRZ 1990, 1057; *Winkler*, Unternehmensnachfolge und Pflichtteilsrecht – Wege zur Minimierung des Störfaktors „Pflichtteilsansprüche", ZEV 2005, 89.

A. Allgemeines

Durch den Erbvertrag tritt eine **Bindung** des Erblassers ein; gleiches kann geschehen mit dem ersten Todesfall beim **gemeinschaftlichen** Testament. Dem (künftigen) Erblasser ist es in diesen Fällen nicht gestattet, letztwillig zu verfügen. Tut er es doch, so ist seine letztwillige Verfügung unwirksam, soweit sie der Bindung aus dem Erbvertrag oder dem bindend gewordenen gemeinschaftlichen Testament widerspricht. Auf diese Weise können Dritte, die „Vertragserben", im gemeinschaftlichen Testament die „Schlusserben", darauf vertrauen, dass der Erblasser über sein Hab und Gut durch letztwillige Verfügung nicht doch anderweitig verfügt.

Die Bindung aber tritt nur ein im Hinblick auf letztwillige Verfügungen; **lebzeitige Verfügungen** sind davon nicht betroffen, wie § 2286 BGB ausdrücklich klarstellt. Zu Lebzeiten kann der Erblasser sein Vermögen verschenken oder verprassen, ohne jemandem Rechenschaft schuldig zu sein.[1] Es ist und bleibt schließlich sein Vermögen, das er allein kontrolliert, und der Vertragserbe muss wissen, dass eine gesicherte Rechtsposition für ihn erst entsteht mit dem Tod des Erblassers. Bis dahin hat er eine Aussicht, nicht mehr.[2] Insbesondere hat der Vertragserbe gegen den Erblasser keinen Anspruch auf Unterlassung oder Schadensersatz. Selbstverständlich sollte der Erblasser den Vertragserben nicht „absichtlich enttäuschen",[3] schon gar nicht, wenn Letzterer seinerseits Leistungen zugunsten des Erblassers erbracht hat, nur bleiben das Appelle, die im Streit nicht viel wert sind. Wer durch Erbvertrag ein Vermächtnis versprochen bekommen hat, steht kaum besser da (§ 2288 BGB).

Den Widerstreit zwischen dem unbeschränkten Eigentum des Erblassers einerseits und den berechtigten Hoffnungen des Vertragserben andererseits versuchen §§ 2287 f. BGB zu lösen. In der Auslegung, die sie durch die höchstrichterliche Rspr. seit Beginn der 70er Jahre des letzten Jahrhunderts erfahren haben,[4] kann der Vertragserbe nach dem Tod des Erblassers **unentgeltliche Verfügungen** des Erblassers angreifen, wenn sie **rechtsmissbräuchlich** waren; andere sprechen kurz von einer „böslichen Schenkung".[5] Das ist der Fall, wenn es für sie kein **Eigeninteresse** des Erblassers gab. Daraus folgt zusammengefasst:

---

1 Staudinger/*Kanzleiter*, § 2287 Rn. 1; *Michalski*, BGB-Erbrecht, Rn. 313.
2 BGHZ 12, 115; *Schlüter*, Rn. 262.
3 *Schellhammer*, Anspruchsgrundlagen, Rn. 450.
4 Grundlegend BGHZ 59, 343.
5 Staudinger/*Kanzleiter*, § 2287 Rn. 1; *Nieder*, HB Testamentsgestaltung, Rn. 1177.

- Zu **Lebzeiten** kann der Erblasser, entgeltlich oder unentgeltlich, verfügen wie er will. Der Vertragserbe hat keine Möglichkeit, derartige Verfügungen zu unterbinden. Ausnahme: Der Erblasser hat ausdrücklich zugesichert, dass er unentgeltliche Zuwendungen unterlassen werde (Verfügungsunterlassungsvereinbarung).
- Gegen **lebzeitige entgeltliche Rechtsgeschäfte** ist der Vertragserbe auch nach dem Tod des Erblassers machtlos. In diesem Fall wird der Vermächtnisnehmer besser geschützt.[6]
- Der Vertragserbe kann vom **Beschenkten** die Herausgabe des Geschenks nach den Grundsätzen der **ungerechtfertigten Bereicherung** (§§ 812 ff. BGB) verlangen, soweit der Erblasser zu Lebzeiten ein unentgeltliches Rechtsgeschäft vorgenommen und dadurch dessen berechtigte Erwartung enttäuscht hat.

4 Der Vertragserbe hat also folgende **Rechte**:
- Der Erblasser kann ihm die vertraglich gewährte erbrechtliche Position nicht einseitig entziehen.
- Hat der Erblasser diese Position ohne Eigeninteresse durch lebzeitige unentgeltliche Verfügungen geschmälert, so kann der Vertragserbe einen Ausgleich nach Bereicherungsgrundsätzen fordern.

5 Insgesamt wird dem Vertragserben nur ein schwacher Schutz gewährt, auf den er auch noch bis zum Tod des Erblassers warten muss.[7] Einem versierten Berater werden stets Gründe für das **Eigeninteresse** des Erblassers einfallen, die er vorsorglich aktenkundig machen wird. Dafür wird der Nachlassgegenstand, den der Vertragserbe später gem. § 2287 BGB herausfordert, den Nachlassgläubigern entzogen. Der Erblasser könnte sogar auf die Idee kommen, auf diese Weise den Vertragserben von der Haftung zu befreien.[8]

6 Auch muss der Beschenkte die **unentgeltliche Zuwendung** herausgeben, obwohl er u.U. vom Erbvertrag und der Beeinträchtigungsabsicht nichts gewusst hat. Wusste er davon, so haftet er verschärft (§ 819 BGB).

7 Im Erbvertrag kann auch ein Vermächtnis bindend zugesagt sein. Der Schutz des Vertrags-Vermächtnisnehmers (§ 2288 BGB) geht sogar weiter als beim Vertragserben, weil er auch die Veräußerung oder Zerstörung des Vermächtnisgegenstandes umfasst.

8 Es besteht heute Einigkeit, dass §§ 2287 f. BGB entsprechend anwendbar sind auf das gemeinschaftliche Testament, allerdings erst nach dem ersten Todesfall und nur, soweit es sich um **wechselbezügliche Verfügungen** handelt.[9] Das setzt freilich voraus, dass es den überlebenden Gatten nicht vorbehalten war, anderweitig zu verfügen. Haben die Gatten ein gemeinschaftliches Testament errichtet und verschenkt einer von ihnen Vermögensgegenstände zu einem Zeitpunkt, an dem beide Gatten leben, so besteht ein Anspruch nicht, weil die wechselbezüglichen Verfügungen des Erblassers noch nicht bindend waren.[10]

---

6 *Nieder*, HB Testamentsgestaltung, Rn. 1192.
7 *Nieder*, HB Testamentsgestaltung, Nr. 1177; *Olzen*, Erbrecht, Rn. 542.
8 *Spellenberg*, NJW 1986, 2540.
9 *Remmele*, NJW 1981, 2290 m.w.N.
10 BGHZ 87, 19.

Auf gemeinschaftliche Testamente, die nach dem **ZGB** der DDR errichtet waren, findet § 2287 BGB keine Anwendung, weil der überlebende Ehegatte nach dem ZGB keiner Bindung unterlag.[11]

Insgesamt sind die §§ 2287 f. BGB von erheblicher praktischer Bedeutung, aber auch sehr streitanfällig.[12] Die Vertragserben tun sich schwer mit der Erkenntnis, dass der Erblasser zu Lebzeiten über sein Vermögen frei verfügen kann und dass sie streng genommen noch keinerlei „Ansprüche" erworben haben.[13]

B. Erbvertrag

I. Bindung

Durch den **Erbvertrag** wird der Erblasser zugunsten des Vertragserben gebunden, weil er keine dem Erbvertrag widersprechende letztwillige Verfügung errichten darf. Hier liegt der Unterschied zum gemeinschaftlichen Testament, das zu Lebzeiten aller Beteiligten einseitig widerrufen werden kann. Entgegenstehende frühere letztwillige Verfügungen, soweit sie nicht ihrerseits bindend geworden waren,[14] werden durch den Erbvertrag beseitigt (§ 2289 Abs. 1 Satz 1 BGB).[15] Das gilt auch im Hinblick auf zu Lebzeiten nicht erfüllte Schenkungsversprechen auf den Todesfall (§ 2301 BGB).[16] Dennoch entsteht für den Vertragserben nur eine Erwerbsaussicht, denn er erbt nur, wenn und soweit der Erblasser etwas hinterlässt, und auch das nur, wenn er ihn überlebt. Alle Ansprüche des Vertragserben entstehen erst mit dem Tod des Erblassers.

Am Erbvertrag können mehr als zwei Personen beteiligt sein, wobei der Erblasser unbeschränkt geschäftsfähig sein muss (§ 2275 Abs. 1 BGB).[17] Es ist die **einzige** Möglichkeit, wie Personen, die nicht miteinander verheiratet sind, gemeinsam miteinander letztwillig verfügen können. Selbstverständlich steht der Erbvertrag aber auch Eheleuten zur Verfügung. Der Erbvertrag kann sich nur auf **Erbeinsetzungen**, **Vermächtnisse** und **Auflagen**[18] beziehen (§ 2278 Abs. 2 BGB; ebenso § 1941 Abs. 1 BGB) und nur bei ihnen kann die Bindung entstehen, wenn die Vertragsparteien eine derartige Bindung herbeiführen wollten. Er bedarf der notariellen Beurkundung bei gleichzeitiger Anwesenheit beider Teile (§ 2276 Abs. 1 Satz 1 BGB).

> **Praxishinweis:**
> Daneben kann der Erblasser in die Urkunde alle denkbaren einseitigen Verfügungen aufnehmen (§ 2299 BGB), die nicht als vereinbart gelten. Soweit der Vertragserbe seinerseits Verpflichtungen eingeht, den Erblasser bspw. in kranken Tagen lebenslang zu pflegen, handelt es sich um eine schuldrechtliche Verpflichtung außerhalb des eigentlichen Erbvertrags.[19]

---

11 BGHZ 128, 302.
12 *Frieser*, Anwaltliche Strategien, Rn. 667.
13 *Frieser*, Anwaltliche Strategien, Rn. 662.
14 *Schellhammer*, Anspruchsgrundlagen, Rn. 463.
15 *Johannsen*, DNotZ 1977, Sonderheft, S. 70.
16 *Nieder*, HB Testamentsgestaltung, Rn. 1179.
17 *Ebenroth*, Erbrecht, Rn. 250.
18 *Lange*, NJW 1963, 1572.
19 *Schellhammer*, Anspruchsgrundlagen, Rn. 460.

Überhaupt werden in derartigen notariellen Verträgen häufig verschiedene Verträge („Erb- und Ehevertrag") miteinander verbunden. Wie bei der **Wechselbezüglichkeit im gemeinschaftlichen Testament** kann deshalb nicht angenommen werden, dass jede Bestimmung innerhalb des Vertragswerkes der Bindung unterliegt. Es ist vielmehr im Einzelfall festzustellen, ob eine Bindung überhaupt vorliegt und ob und inwieweit die lebzeitige Verfügung, um die es geht, gegen die Bindung verstoßen könnte. Der Notar sollte dazu möglichst klare Feststellungen treffen. Bei der Auslegung des Erbvertrages ist übrigens, anders als beim Testament, nach dem übereinstimmend erklärten Willen beider Seiten zu forschen (§ 157 BGB).[20]

II. Einschränkungen der Bindungswirkung

13 Liegen Erbeinsetzung, Vermächtnis oder Auflage vor, erklärt der Erblasser aber ausdrücklich, dass er sich das uneingeschränkte Recht vorbehalte, diese Verfügungen nach Belieben zu verändern, so handelt es sich nicht um einen Erbvertrag, weil es letztlich an der erforderlichen Bindung fehlt. Der Vertragserbe kann auch nicht auf die Anwendbarkeit des §§ 2287 f. BGB verzichten.[21] Weitere **Einschränkungen** der **Bindungswirkung** können bspw. durch folgende Sachverhalte entstehen:

- Der Erbvertrag kann „**weiterzig**"[22] **angefochten** werden (§§ 2078 f. BGB), insbesondere, wenn der Erblasser einen zur Zeit des Erbfalls vorhandenen Pflichtteilsberechtigten übergangen hat (§ 2079 BGB). Dieser Fall tritt stets ein, wenn der eigentlich durch gemeinschaftliches Testament oder Erbvertrag gebundene überlebende Ehegatte wieder heiratet. Gleiches gilt, wenn ein Kind geboren oder adoptiert wird. Auf die Anfechtungsrechte kann verzichtet werden.[23]
- Der Erblasser kann sich vertraglich die Möglichkeit vorbehalten haben, vom Erbvertrag zurückzutreten (§ 2293 BGB). Ein **gesetzliches Rücktrittsrecht** kann entstehen, wenn sich der Vertragserbe einer Verfehlung schuldig gemacht hat, die den Erblasser zum Entzug des Pflichtteils berechtigen würde (§ 2294 BGB), oder wenn der Vertragserbe seinen finanziellen Verpflichtungen, meist Unterhalt, gegenüber dem Erblasser nicht nachkommt (§ 2295 BGB).
- Der Erblasser kann sich nicht schrankenlos, wohl aber in bestimmten Grenzen Änderungen vorbehalten.[24]

Der durch den Erbvertrag Bedachte, der aber nicht selbst Vertragserbe ist, kann die Aufhebung des Erbvertrages durch die Vertragsparteien nicht verhindern.[25] Beim gemeinschaftlichen Testament kann der überlebende Gatte die Zuwendung ausschlagen und damit die Bindungswirkung beseitigen.[26]

III. Vereinbarung auf Verfügungsunterlassung

14 Der Erblasser kann sich allerdings zusätzlich schuldrechtlich verpflichten, über einen von Todes wegen zugewendeten Nachlassgegenstand nicht zu verfügen.[27] Der „**Ver-**

---

20 Zuletzt BGHZ 106, 361; BayObLG FamRZ 1997, 1430.
21 *Kipp/Coing*, Erbrecht, S. 247.
22 *Kipp/Coing*, Erbrecht, S. 239.
23 BGH WM 1983, 369; *Johannsen*, DNotZ 1977 Sonderheft, S. 74.
24 Bsp. dazu bei *Schellhammer*, Anspruchsgrundlagen, Rn. 467.
25 *Kipp/Coing*, Erbrecht, S. 250.
26 *Frieser*, Anwaltliche Strategien, Rn. 670.
27 *Nieder*, HB Testamentsgestaltung, Rn. 1215; *Johannsen*, DNotZ 1977 Sonderheft, S. 78.

fügungsunterlassungsvertrag" wird zwischen dem Erblasser und dem Vertragserben geschlossen; und zwar in allen Fällen formfrei.[28] Dagegen steht dann bisweilen die Pflegezusage des Vertragserben und beide Verpflichtungen begründen einen gegenseitigen Vertrag. Verstößt der Erblasser gegen seine Verpflichtung, so hat der Vertragserbe einen Erfüllungs-, ersatzweise einen Schadensersatzanspruch, und zwar noch zu Lebzeiten des Erblassers.[29]

C. Lebzeitige Rechtsgeschäfte des Erblassers

Fall 1:

Eheleute V und M schließen einen Erbvertrag, in dem sie sich wechselseitig zu Alleinerben einsetzen. An dem Vertrag ist außerdem die Tochter T beteiligt, nicht aber der Sohn S. Dazu heißt es in dem Erbvertrag, dass die Eltern ihre beiden Kinder als Erben nach dem Letztversterbenden zu je 1/2 einsetzen. Nachdem sich die Eltern mit T gestritten haben, wollen sie den Erbvertrag verändern, womit T nicht einverstanden ist. Daraufhin überschreiben sie ein Mietgrundstück zu Lebzeiten an S. Eine Gegenleistung ist nicht vereinbart.

Lösung Fall 1:

*Es dürfte sich um einen Erbvertrag mit drei Vertragspartnern handeln, allerdings mit vier Beteiligten. T ist Vertragspartnerin (= Vertragsgegnerin) und Vertragserbin, S ist ausschließlich Vertragserbe. Für den ersten Todesfall haben sich die Eltern wechselseitig zu Alleinerben eingesetzt, für den zweiten Todesfall haben die Eltern mit der Tochter T einen Erbvertrag geschlossen und dabei beide Kinder zu gleichen Teilen eingesetzt. Gebunden sind die Eltern untereinander, aber auch gegenüber beiden Kindern. Die Bindung tritt in diesem Fall nicht nur ein beim Vertragspartner T, sondern auch bei dem nicht am Vertrag beteiligten S, weil bei der Einsetzung gemeinschaftlicher Kinder der Wille zur Bindung angenommen wird.[30] Daran können die Eltern auch gemeinsam ohne Zustimmung der T nichts ändern; die Zustimmung des S wäre dagegen **nicht** erforderlich.[31] Wohl aber können sie das ihnen gehörende Mietgrundstück zu Lebzeiten an S übereignen. Das kann T nicht verhindern. Sie kann Ansprüche nach § 2287 BGB lediglich nach dem zweiten Todesfall geltend machen, weil sie frühestens zu diesem Zeitpunkt in ihrer Erbaussicht beeinträchtigt worden sein kann. Ob sie objektiv tatsächlich benachteiligt worden ist,[32] wäre noch zu überprüfen.*

I. Aushöhlungsnichtigkeit

Bis zum Beginn der 70er Jahre des letzten Jahrhunderts wollte der BGH den Vertragserben und den Schlusserben beim gemeinschaftlichen Testament nach dem ersten Todesfall durch seine Rspr. zur „**Aushöhlungsnichtigkeit**" schützen.[33] Auch danach galt, dass lebzeitige Verfügungen des Erblassers zulässig und rechtswirksam waren, auch Schenkungen waren möglich. Drastischen Benachteiligungen des Vertragserben wollte der BGH im Einzelfall beikommen. Die dazu verwendeten Kriterien waren

---

28 *Lange*, NJW 1963, 1576.
29 *Nieder*, HB Testamentsgestaltung, Rn. 1215.
30 BGH WM 1970, 482.
31 *Kipp/Coing*, Erbrecht, S. 250.
32 BGH FamRZ 1989, 175.
33 *Schlüter*, Erbrecht, Rn. 372.

uneinheitlich und hatten zu erheblicher Rechtsunsicherheit geführt. Bei gravierenden Benachteiligungen des Vertragserben sollten lebzeitige Verfügungen unter bestimmten Voraussetzungen nach §§ 134, 138 BGB nichtig sein. Im Ergebnis wurde dadurch die Verfügungsmacht des Erblassers über sein Vermögen eingeschränkt.[34] Diese Rspr. ist seit 1972 aufgegeben,[35] was die Situation des Vertragserben eher verschlechtert hat.[36]

II. Grundsätze

17 Nach der geltenden Rspr. kann der Vertragserbe innerhalb von drei Jahren vom Anfall der Erbschaft (§ 2287 Abs. 2 BGB) Herausgabe einer Schenkung nach den Grundsätzen der ungerechtfertigten Bereicherung fordern, wenn sie „in der Absicht" vorgenommen wurde, ihn „zu beeinträchtigen". Eine Rspr., die sich streng an den Wortlaut hielte, müsste nach dessen Tod die **Motive** des Erblassers erforschen. Ohne Beweiserleichterungen zugunsten des Vertragserben wären die Voraussetzungen selten zu belegen. Die Abgrenzung geschieht durch eine **Interessenabwägung nach objektiven Kriterien**, wobei zu ermitteln ist, ob der Erblasser an der Schenkung ein lebzeitiges **Eigeninteresse** hatte. Ist das zu bejahen, so ist die Beeinträchtigungsabsicht ausgeschlossen.[37] Dazu ist zu überprüfen, ob ein objektiver Beobachter bei Wertung aller Umstände die Beweggründe des Erblassers als anerkennenswert ansieht, so dass der Vertragserbe sie hinzunehmen hat.

1. Voraussetzungen

18 Die Voraussetzungen für einen Anspruch aus §§ 2287 f. BGB sind deshalb:
– nach Abschluss des Erbvertrages hat der Erblasser etwas aus seinem Vermögen verschenkt,
– ohne dass es hierfür ein Eigeninteresse gab.

19 Liegen diese Voraussetzungen vor, so kann der Vertragserbe, falls er den Erblasser überlebt und der Erbvertrag seine Bedeutung zuvor nicht anderweitig verloren hatte, vom Beschenkten die Herausgabe des Geschenks verlangen. Dies geschieht außerhalb des Nachlasses in einer Auseinandersetzung unmittelbar zwischen dem einzelnen Vertragserben und dem Beschenkten.

20 **Maßgebender Zeitpunkt** für die Frage, ob ein Verstoß gegen §§ 2287 f. BGB vorliegen kann, ist
– beim Erbvertrag der Abschluss,
– beim gemeinschaftlichen Testament der erste Todesfall.[38]

21 Testieren die Gatten gemeinschaftlich, so tritt die Bindung zu Lebzeiten beider Eheleute noch nicht ein, weil das gemeinschaftliche Testament zu dieser Zeit für beide Seiten frei **widerruflich** ist.[39] Allerdings muss der Widerruf des gemeinschaftlichen Testamentes **notariell beurkundet** werden und dem anderen Ehegatten zugehen mit der Folge, dass er selbst wieder frei wird. Dieses System setzt freilich voraus, dass lebzeitige Verfügungen der Gegenseite offenbar werden. Das ist bei den vielgestaltigen Ver-

---

34 *Brox*, Erbrecht, Rn. 158.
35 BGHZ 59, 343.
36 *Hülsmeier*, NJW 1981, 2043.
37 BGHZ 82, 274; Palandt/*Edenhofer*, § 2287 Rn. 6 m.w.N.
38 *Bonefeld/Kroiß/Tanck/Bittler*, Erbprozess, S. 95.
39 *Speth*, NJW 1985, 463 m.w.N.

tragen zugunsten Dritter, die erst nach dem Ableben des Vertragsschließenden zustande kommen und erfüllt werden,[40] häufig nicht der Fall.

Fall 2:

M und V haben ein gemeinschaftliches Testament errichtet und sich gegenseitig zu Alleinerben eingesetzt. Schlusserben sollen ihre beiden Kinder T und S zu gleichen Teilen sein. Kurz vor seinem Tod und ohne Wissen der M weist V seine Hausbank an, das allein auf ihn lautende Sparguthaben an die T zu überschreiben. Nach seinem Tod unterrichtet die Bank die T und transferiert das Guthaben auf ein Konto der T noch ehe die M einen Erbschein vorlegen kann.

Lösung Fall 2:

Nach der ganz h.M.[41] muss die Alleinerbin M hinnehmen, dass ihr wesentliche Vermögensteile entzogen werden. M kann das nicht verhindern, weil die Bank ihre Anweisungen erst ausführen wird, nachdem sie einen Erbschein vorgelegt hat.

Das ist tatsächlich kein überzeugendes Ergebnis, zumal der Erblasser in diesen Fällen verfügt, ohne ein lebzeitiges Vermögensopfer zu erbringen, weil der Erblasser zu Lebzeiten nach Belieben über das Vermögen verfügen kann. Er geht keinerlei Bindung ein.[42]

Fall 3:

Wie Fall 2 mit der Maßgabe, dass M nach dem Tod des V ein Sparbuch anlegt auf ihre Enkelin E, die Tochter des S. Das Sparbuch behält sie in Besitz und vereinbart mit der Hausbank, dass das dann noch vorhandene Guthaben bei ihrem Tod an E ausgezahlt werden soll.

Lösung Fall 3:

Obwohl das Sparkonto auf die E läuft, bleibt M bis an ihr Lebensende alleinige Inhaberin des angesparten Betrages. Sie unterliegt keinerlei Verfügungsbeschränkungen. T hat den Anspruch aus § 2288 BGB gegen E, allerdings nur auf die Hälfte des Guthabens.

Unklar ist die Situation, wenn der Vertrag zugunsten Dritter vor dem maßgebenden Zeitpunkt abgeschlossen, aber danach bedient wurde.

Fall 4:

Wie Fall 2 mit der Maßgabe, dass M das Sparkonto zugunsten der E schon zu Lebzeiten beider Gatten eingerichtet hatte. Nach dem Tod des V zahlt sie größere Beträge auf das Konto ein.

Lösung Fall 4:

Richtigerweise wäre ein Anspruch der T nach § 2287 BGB gegeben, soweit das Guthaben beim Tod der M deutlich über den Stand bei Errichtung des gemeinschaftlichen Testamentes hinausgeht. Anders könnte zu entscheiden sein, wenn V dies bei Errichten des gemeinschaftlichen Testamentes für möglich gehalten und gebilligt hätte.

---

40 *Speth*, NJW 1985, 463 m.w.N.
41 BGH NJW 1983, 1487; a.A. *Speth*, NJW 1985, 465.
42 *Kipp/Coing*, Erbrecht, S. 244; *Johannsen*, DNotZ 1977 Sonderheft, S. 79 ff.

2. Konkurrenz mit Pflichtteilsergänzung

25 Der Anspruch nach §§ 2287 f. BGB kann konkurrieren mit dem Pflichtteilsergänzungsanspruch (§ 2325 BGB), wenn der Vertragserbe gleichzeitig **pflichtteilsberechtigt** ist.[43] Die Voraussetzungen beider Ansprüche sind allerdings unterschiedlich:

(1) Die Pflichtteilsergänzung bezieht sich auf **alle Schenkungen**, allerdings beschränkt auf die letzten zehn Jahre vor dem Tod des Erblassers; §§ 2287 f. BGB kennen **keine** zeitliche Begrenzung, betreffen allerdings nur Schenkungen in **Benachteiligungsabsicht**.

(2) Bei §§ 2287 f. BGB haftet stets der **Beschenkte**, bei der Pflichtteilsergänzung nur im Ausnahmefall (§ 2329 BGB).

(3) Auf die Pflichtteilsergänzung muss sich der Anspruchsteller Eigengeschenke anrechnen lassen (§ 2327 BGB), auf den Anspruch aus § 2287 BGB nicht.

III. Tatbestandsmerkmale

1. Schenkung

26 **Entgeltliche Veräußerungen** fallen nicht unter § 2287 BGB, auch nicht bei Weggabe des gesamten Vermögens gegen eine Leibrente.[44]

27 Der Begriff der Schenkung unterscheidet sich nicht von § 516 BGB. Es genügt nicht allein das **objektive** Missverhältnis von Leistung und Gegenleistung; vielmehr ist außerdem eine Einigung der Beteiligten über die Unentgeltlichkeit der Zuwendung erforderlich.[45] Unter welchen Umständen es sich um ein „Missverhältnis" handelt, ist nicht eindeutig,[46] teilweise ist vom Doppelten des Marktwertes die Rede,[47] einige meinen, es genüge ein tatsächlicher Mehrwert von 20 Prozent.[48] Liegt ein **auffälliges Missverhältnis** vor, so spricht eine tatsächliche Vermutung für die Schenkung.[49] Zur Schenkung gehört auch die ehebedingte Zuwendung unter Eheleuten sowie die gemischte Schenkung in ihrem unentgeltlichen Teil.[50] Auch das Schenkungsversprechen (§ 518 BGB) sowie sämtliche Schenkungen unter Lebenden auf den Todesfall sind umfasst.[51] Dazu gehören insbesondere Bank-, Spar-, Lebensversicherungs-, Bauspar- und Depotverträge nach den §§ 328, 331 BGB (o. Rn 19).[52] Die Aufnahme als Gesellschafter in eine OHG zum Nominalwert muss keine „gemischte" Schenkung sein.[53] Die Bezeichnung als „vorweggenommene Erbfolge" besagt noch nichts über die Unentgeltlichkeit.[54] Eine Vermutung für den Schenkungscharakter von Leistungen unter nahen Angehörigen kennt das Gesetz nur in engen Grenzen (§§ 685, 1620 BGB).[55]

---

43 Lange/Kuchinke, Erbrecht, S. 481 (Fn. 79).
44 Johannsen, DNotZ 1977 Sonderheft, S. 86.
45 BGH NJZ 82, 274; BGH ZEV 1996, 197; Keim, ZEV 2002, 93.
46 BGH NJZ 59, 132; BGHZ 97, 188; BGH NJW 1982, 956; BGH NJW 1995, 1349; BGH ZEV 1996, 197.
47 BGH NJZ 59, 132; BGHZ 97, 188.
48 Kerscher/Tanck/Krug, Erbrechtliche Mandat, S. 12; Nieder, HB Testamentsgestaltung, Rn. 1179.
49 BGHZ 82, 274.
50 BGHZ 59, 132; Schellhammer, Anspruchsgrundlagen, Rn. 482.
51 Nieder, HB Testamentsgestaltung, Rn. 1189.
52 AK/Finger, § 2287, Rn. 12.
53 BGHZ 97, 188; krit. Erman/M. Schmidt, § 2287 Rn. 3.
54 BGH ZEV 1995, 265; BGH ZEV 1996, 197.
55 BGH ZEV 2002, 93.

Ein **Kauf unter Wert** liegt vor allem zwischen Verwandten oder Freunden nahe.⁵⁶ Gibt es das Missverhältnis, so ist es Sache des Beschenkten, die Voraussetzungen für ein entgeltliches Geschäft darzulegen. Ein unentgeltliches schuldrechtliches Wohnrecht auf Lebenszeit gilt nicht als Schenkung, sondern als Leihe.⁵⁷ Ob diese „Wohnungsleihen" zu Ansprüchen des Vertragserben führen können, ist offen.⁵⁸ Die Ausstattung (§ 1624 BGB) ist keine Schenkung, soweit sie nicht das den Umständen entsprechende Maß überschreitet.⁵⁹

28

Entscheidend sind die **Wertverhältnisse** zum Zeitpunkt der Schenkung unter Berücksichtigung des Kaufkraftschwundes (wie § 2325 BGB), und zwar unabhängig von der tatsächlichen späteren Entwicklung.⁶⁰ Das soll allerdings nur gelten, wenn der Beschenkte selbst erb- oder pflichtteilsberechtigt ist; fehlt es daran, so hat der Beschenkte, wenn er den Gegenstand nicht in Natur herausgeben kann, den Wert zum Zeitpunkt der Herausgabe zu ersetzen (§ 818 Abs. 2 BGB).⁶¹ Es wird auch die Ansicht vertreten, dass die Unentgeltlichkeit entfallen kann, wenn im Zeitpunkt der Übertragung des Nachlassgegenstandes eine **Pflegeverpflichtung** eingegangen und ein langes Siechtum erwartet werden.⁶² Die vom Schenker vorbehaltenen Nutzungsrechte sind abzuziehen nach der Lebenserwartung, die sich aus den Sterbetafeln ergibt. Dazu wird häufig auf die Anlage 9 zum BewG zurückgegriffen. Inwieweit es abgezogen werden kann, wenn der Beschenkte die Verpflichtung zur Pflege übernimmt, obwohl der Schenker gesund ist, ist nach wie vor unklar.⁶³

29

Zulässig ist, dass **bereits erbrachte Leistungen** nachträglich als Gegenleistungen bezeichnet werden können. Die Parteien können also vereinbaren, dass die Vermögensübertragung als Gegenleistung für eine von dem Übernehmer ursprünglich unentgeltlich erbrachte Vorleistung gilt.⁶⁴ In jedem Fall wird der Notar gut daran tun, die Einzelheiten genau festzuhalten.⁶⁵

30

Es muss sich um **Schenkungen** handeln, die **nach Abschluss** des Erbvertrages vorgenommen wurden.

31

Beim **gemeinschaftlichen Testament** muss die Schenkung nach dem ersten Todesfall liegen.

32

Ob es einen Missbrauch geben kann bei ideellen Schenkungen oder besonderen persönlichen Rücksichten, ist eine Frage des Einzelfalls.⁶⁶

2. Beeinträchtigungsabsicht (besser: Missbrauchskorrektur)

Die **Beeinträchtigungsabsicht** – und damit der Missbrauch – werden angenommen, wenn der Erblasser für seine Schenkung **kein „lebzeitiges Eigeninteresse"**⁶⁷ plausibel

33

---

56 BGH FamRZ 1970, 376.
57 BGHZ 82, 354; OLG Hamm NJW-RR 1996, 717.
58 *Nieder*, HB Testamentsgestaltung, Rn. 1179.
59 *Winkler*, ZEV 2005, 94.
60 *Nieder*, HB Testamentsgestaltung, Rn. 1179 m.w.N.; BGH NJW 1981, 2458.
61 *Spellenberg*, NJW 1986, 2535.
62 *Langenfeld*, NJW 1987, 1580.
63 OLG Hamburg FamRZ 1992, 228; *Keim*, ZEV 2002, 93.
64 BGH NJW-RR 1986, 1135; BGH NJW-RR 1989, 706; OLG Düsseldorf DNotZ 1996, 652.
65 *Nieder*, HB Testamentsgestaltung, Rn. 1179.
66 *Damrau/Krüger*, Erbrecht, § 2287 Rn. 8.
67 *Spellenberg*, FamRZ 1972, 349.

machen kann, was der Beschenkte vorzutragen hat. Dieser Missbrauch ist nach der neueren Rspr. eigentlich immer gegeben;[68] wobei es nicht erforderlich ist, dass sie treibendes Motiv des Erblassers gewesen ist.[69] Es ist nicht notwendig, dass der Erblasser den Vertragserben schädigen will, er muss sich nicht einmal der Einzelheiten bewusst sein, wobei die Motivation zu bewerten ist.

a) Lebzeitiges Eigeninteresse

34 Das Eigeninteresse des Erblassers, das den Missbrauch ausschließt, kann materieller oder immaterieller Art sein.[70] **Anerkannt** wurden bisher folgende Motive:
- Der Erblasser will seine eigene **Altersversorgung sicherstellen**.[71] Dabei kommt es nicht darauf an, dass dieses Anliegen schon bei Abschluss des Erbvertrages vorhanden war, weil die Vorsorge für das Alter mit den Jahren als drängender empfunden wird. Es ist auch nicht entscheidend, ob die Schenkung wirtschaftlich notwendig war oder ob der Erblasser die Versorgung billiger hätte bekommen können. Der Vertragserbe kann auch nicht anbieten, dass er bereit ist, die Versorgung zu übernehmen,[72] weil allein der Erblasser entscheidet, wo und wie er im Alter versorgt wird. Ob auch die Versorgung eines nahen Angehörigen ausreicht, ist noch nicht abschließend entschieden.[73] Die Versorgung der Ehefrau wird allerdings anerkannt.[74]
- Der Erblasser will seine deutlich **jüngere Ehefrau an sich binden**, damit sie ihn im Alter betreut.[75]
- Der Erblasser will für die **Zukunft seines schwer behinderten Kindes** vorsorgen.[76]
- Der Erblasser **schenkt** den **Geschäftsanteil** einem **befähigten Mitarbeiter**, um ihn im Unternehmen zu halten.[77]
- Der Erblasser will ahnden, dass der **Vertragserbe** ein schwerwiegendes **Zerwürfnis** zwischen dem Erblasser und seinem Ehegatten **herbeigeführt** hat.[78]

35 Soweit die Schenkung der notariellen Form bedarf, wie insbesondere bei Immobilien, ist es nicht erforderlich, dass sich das Eigeninteresse des Schenkers aus der Urkunde ergibt. Da das Eigeninteresse auch durch Umstände außerhalb der Schenkungsurkunde belegt werden kann, können Äußerungen des Erblassers gegenüber Dritten oder Schriftstücke für Beweismittel sorgen. Der umsichtige Notar wird die Einzelheiten in jedem Fall in der Schenkungsurkunde dokumentieren.

b) Als Eigeninteresse nicht anerkannt

36 Nicht anerkannt wurden folgende Motive:

---

68 BGHZ 116, 167; *Lange/Kuchinke*, Erbrecht, S. 488.
69 *Leipold,* Erbrecht, Rn. 525 m.w.N.
70 *Lange/Kuchinke*, Erbrecht, S. 489; *Schlitt* in: MPFB-Erbrecht, S. 623.
71 BGHZ 66, 8; 82, 274; 83, 44; 97, 188; BGH NJW 1992, 2630.
72 NJW 1992, 2630.
73 *Lange/Kuchinke*, Erbrecht, S. 489; *Nieder*, HB Testamentsgestaltung, Rn. 1181.
74 BGH NJW-RR 1987, 2; OLG München NJW-RR 1996, 328.
75 BGH NJW 1992, 2630.
76 BGH FamRZ 1986, 980.
77 BGHZ 97, 188.
78 BGH FamRZ 1977, 539.

- Die **Korrektur** der als unangemessen empfundenen bindenden **letztwilligen Verfügung**.[79]
- **Schwerwiegende** Verfehlungen des Vertragserben gegen den Erblasser.[80]
- nachträglicher Wunsch auf Gleichbehandlung.[81]

Praxishinweis:

Insgesamt ist es auf die Kurzformel gebracht worden: Begünstigung des Dritten = Absicht den Vertragserben zu benachteiligen = Missbrauch, soweit nicht Eigeninteresse plausibel gemacht werden kann.[82]

3. Objektive Beeinträchtigung

Der Bereicherungsanspruch des § 2287 BGB setzt voraus, dass der Erblasser die Erwartungen des Vertragserben **objektiv beeinträchtigt** hat.[83] Daran fehlt es, wenn der Vertragserbe trotz der Schenkung im Erbfall erhält, was er erwarten durfte.[84] Insbesondere in Fällen, in denen aus dem Nachlass anderweitige Ansprüche wie Erb- oder Pflichtteile oder der Zugewinnausgleich zu erfüllen wären, ist der Vertragserbe insoweit nicht entreichert, wie das lebzeitige Geschenk diese Ansprüche befriedigt.[85] Entreichert ist der Vertragserbe immer nur in dem Maße, in dem er infolge der Schenkung wertmäßig weniger aus dem Nachlass erhält, als er objektiv erwarten durfte.

Fall 5:

Wie Fall 1 mit der Maßgabe, dass die überlebende M dem S ein Grundstück schenkt. Bei ihrem Tod hinterlässt sie mehrere wertvolle Grundstücke. T verlangt von S Herausgabe des geschenkten Grundstücks.

Eine **objektive Beeinträchtigung** liegt unter den folgenden Voraussetzungen nicht vor:

- Durch die lebzeitige Schenkung wird die **Erbteilung teilweise vorweggenommen**, denn der Vertragserbe hat keinen Anspruch auf einen bestimmten Gegenstand, sondern lediglich auf den Anteil am Nachlass.[86] Das setzt voraus, dass der Nachlass hierfür ausreicht. Fehlt es daran, so soll es sogar genügen, wenn der Erblasser den beschenkten Miterben verpflichtet, aus eigenem Vermögen einen finanziellen Ausgleich zu leisten,[87] wozu schon die Wendung ausreicht, es handele sich um eine „vorweggenommene Erbfolge".[88] Eine objektive Beeinträchtigung liegt ebenfalls nicht vor, wenn der Erblasser durch lebzeitige Schenkung ein Vermächtnis, mit dem der Nachlass belastet war, erfüllt hat.[89]

---

79 BGHZ 59, 343; BGHZ 97, 188.
80 Str. vgl. *Spellenberg*, NJW 1986, 2531; *Remmele*, NJW 1981, 2290; *Frieser*, Anwaltliche Strategien, Rn. 705.
81 BGH ZErb 2005, 327.
82 *Nieder*, HB Testamentsgestaltung, Rn. 1180.
83 *Schlüter*, Erbrecht, Rn. 265.
84 *Nieder*, HB Testamentsgestaltung, Rn. 1187.
85 BGHZ 88, 269; *Krug/Rudolf/Kroiß*, Erbrecht AnwaltFormulare, § 20 Rn. 40.
86 BGHZ 82, 274; *Bonefeld/Kroiß/Tanck/Bittler*, Erbprozess, S. 97.
87 BGHZ 82, 274; *Keim*, ZEV 2002, 93.
88 *Keim*, ZEV 2002, 93.
89 Soergel/*Wolf*, § 2287 Rn. 9.

- Im Ergebnis gilt Ähnliches, wenn ein **Pflichtteils-** oder **Zugewinnausgleichsberechtiger** beschenkt wird und die Schenkung den Anspruch nicht übersteigt.[90] Übersteigt die Schenkung den Anspruch, so kann der Vertragserbe als Ausgleich den Mehrbetrag verlangen.[91]
- Wäre der Nachlass einschließlich der Schenkung **überschuldet**, so besteht kein Anspruch nach § 2287 BGB, weil der Vertragserbe ohnehin nichts erhalten hätte.[92]
- Eine Beeinträchtigung des Vertragserben liegt nicht vor, soweit der Erbvertrag den Erblasser durch **Änderungsvorbehalt** zu dieser Schenkung berechtigt.[93]
- Ein Anspruch aus § 2287 BGB ist ausgeschlossen, wenn der Vertragserbe der **Schenkung** in notarieller Form **zugestimmt** hat.[94] Ausdrückliche oder vermutete Ersatzerben müssen ebenfalls zustimmen.[95]

40 Diese Rspr., die weitere Differenzierungen erwarten lässt, führt schon jetzt zu zahlreichen Schwierigkeiten, die vorab der eingehenden Diskussion des Mandanten mit dem Berater bedürfen. Möglichst lückenlose Aufklärung des Hintergrundes ist deshalb unbedingt erforderlich, um die Konsequenzen richtig einzuschätzen.

a) Nutzungen erst ab Erbfall

41 Eine **Beeinträchtigung** liegt nicht vor, wenn der Vertragserbe am Ende wertmäßig erhält, was ihm zustand. Deshalb ist ein Anspruch nach § 2287 BGB nicht gegeben, wenn der Vertragserbe durch die lebzeitige Verfügung letztlich nicht entreichert worden ist.

42 Die Rspr. versucht, pragmatisch zu urteilen und aller Besserwisserei gegenzusteuern. Der zurückgesetzte Vertragserbe kann auch nicht einwenden, der Beschenkte sei vom Erblasser bis zu dessen Tod bevorteilt worden, weil es dessen gutes Recht war, mit seinem Hab und Gut zu Lebzeiten zu verfahren. Folgerichtig können die Nutzungen aus dem geschenkten Gegenstand einem tatsächlich belasteten Vertragserben erst vom Todeszeitpunkt an zustehen.[96]

> **Lösung Fall 5:**
>
> *Ein Anspruch der T gegen S besteht nicht, weil sie objektiv nicht entreichert ist. S hat im zweiten Todesfall Anspruch auf die Hälfte des Nachlasses. Die lebzeitige Schenkung der M an S wird bei der Auseinandersetzung zwischen S und M nach Art einer Teilungsanordnung zu berücksichtigen sein.*[97]

b) Schwierigkeiten beim Pflichtteil

43 Insbesondere im Hinblick auf Pflichtteilsansprüche kann die Frage, ob eine Beeinträchtigung vorliegt, zu geradezu kuriosen Verwicklungen führen,[98] von denen viele noch nicht von der Rspr. beurteilt worden sind.

---

90 BGHZ 77, 264; BGHZ 116, 167; BGH ZEV 1996, 25.
91 BGHZ 88, 269.
92 BGH NJW 1989, 2389.
93 BGH NJW 1982, 441; BGHZ 82, 274.
94 BGHZ 108, 252; dazu *Stumpf*, FamRZ 1990, 1057.
95 *J. Mayer*, ZEV 1996, 127; *Nieder*, ZEV 1996, 241.
96 *Krug/Rudolf/Kroiß*, Erbrecht AnwaltFormulare, § 20 Rn. 30.
97 BGH FamRZ 1989, 175.
98 *Muscheler*, FamRZ 1994, 1361.

IV. Bereicherungsanspruch

1. Grundsätze

Liegt eine **missbräuchliche Schenkung** vor, so hat der benachteiligte Vertragserbe **in Höhe seiner Quote** einen Herausgabeanspruch, der sich unmittelbar gegen den Beschenkten richtet, nicht etwa gegen den Nachlass. Der Anspruch entsteht erst mit dem Tod des Erblassers unmittelbar in der Person des Vertragserben, gehört deshalb nicht zum Nachlass und unterliegt nicht der Auseinandersetzung der Erben.[99] Sein Umfang richtet sich nach den Grundsätzen der ungerechtfertigten Bereicherung (§§ 818 ff. BGB), wobei es sich im § 2287 BGB lediglich um eine **Rechtsfolgenverweisung** handelt.[100] Je nach der Art des Geschenks klagt der Vertragserbe auf Ausgleich seiner Beeinträchtigung. Kann der Beschenkte den Gegenstand nicht herausgeben, so hat er **Wertersatz** in Geld zu leisten (§ 818 Abs. 2 BGB). In bestimmten Fällen ist der Anspruch unmittelbar auf einen Geldausgleich gerichtet, wobei Pflichtteils- und Zugewinnansprüche zu erfüllen sein können. Außerdem kann der Beschenkte Ansprüche wegen Verwendungen haben. Bei einem entgeltlichen Erbvertrag wird dem Vertragserben das Recht zugestanden, seine Leistung zu verweigern.[101] Der Beschenkte kann einwenden, dass er entreichert ist (§ 818 Abs. 3 BGB), soweit er nicht verschärft haftet (§ 819 BGB). Ob der Anspruch auf Herausgabe sich auch gegen den Dritten richtet, wenn der Beschenkte den Gegenstand seinerseits verschenkt hat (§ 822 BGB), ist streitig. Der Anspruch **verjährt** binnen drei Jahren ab Anfall der Erbschaft (§ 2287 Abs. 2 BGB).

44

Ist der Anspruch entstanden, ist also der Erbfall eingetreten, und hat der Vertragserbe den Schenker überlebt, so ist der Anspruch aktiv und passiv vererbbar. Stirbt der Vertragserbe, so können seine Erben den Anspruch geltend machen; stirbt der Beschenkte, so richtet sich der Anspruch gegen dessen Erben.

45

Fazit: Das alles hört sich kompliziert an und ist es auch, zumal zu vielen Einzelfragen obergerichtliche Entscheidungen fehlen.

a) Art des Anspruchs

Durch die lebzeitige Schenkung hat der Beschenkte alle denkbaren Rechte erhalten; er kann seinerseits verfügen, seine Gläubiger können in den geschenkten Gegenstand vollstrecken.[102] Der Vertragserbe kann **frühestens nach Eintritt des Erbfalls** Ansprüche stellen, wenn die Schenkung nach Abschluss des Erbvertrages – beim gemeinschaftlichen Testament nach dem ersten Todesfall – vorgenommen worden ist. Der Anspruch steht dem Vertragserben persönlich und ohne gesamthänderische Bindung in Höhe seiner Quote zu,[103] § 2039 BGB ist nicht anwendbar.[104]

46

Fall 6:

Die verwitwete E stirbt ohne Abkömmlinge. Einige Jahre vor ihrem Tod hat sie einen Erbvertrag mit ihrer Nichte N geschlossen und ihr darin die Hälfte ihres Nach-

---

99 *Schellhammer*, Anspruchsgrundlagen, Rn. 478.
100 *Damrau/Krüger*, Erbrecht, § 2287 Rn. 1.
101 *Lange/Kuchinke*, Erbrecht, S. 480 (Fn. 74).
102 *Soergel/M. Wolf*, § 2287 Rn. 2.
103 BGHZ 78, 1; BGHZ 108, 73.
104 *Staudinger/Kanzleiter*, § 2287 Rn. 21.

lasses gegen etwaige Pflege zugewendet. Bei ihrem Tod ist ihr Nachlass leer, weil sie ihr Hausgrundstück ein Jahr vor ihrem Tod nach einem Krach mit N ihrem Bruder B geschenkt hat.

Lösung Fall 6:

Ein lebzeitiges Eigeninteresse der E an der Schenkung ist nicht ersichtlich, so dass der N der Anspruch nach § 2287 Abs. 1 BGB zustehen dürfte. Sie hat allerdings nur Anspruch auf den halben Nachlass und soll deshalb im Wege der Herausgabe verlangen können, dass ihr das Miteigentum in Höhe ihrer Erbquote eingeräumt wird.[105] Das scheint durchaus zweifelhaft, erst recht, wenn B z.B. das Haus inzwischen renoviert und ausgebaut hätte.[106] N hätte dann Anspruch auf das hälftige Grundstück Zug um Zug gegen Zahlung seiner hälftigen (?) Aufwendungen. Es könnte vorzuziehen sein, wenn der Anspruch wegen der unteilbaren Leistung ausschließlich auf Geld gerichtet wäre, was zugegebenermaßen den Beschenkten zusätzlich belastet. Das Miteigentum mit dem Vertragserben dürfte indes auch nicht nur vorteilhaft sein.

47 Weil der **Anspruch nicht** zum **Nachlass** gehört, kann er auch nicht vom Testamentsvollstrecker geltend gemacht werden. Hätte der verschenkte Gegenstand der Testamentsvollstreckung unterlegen, so soll er ihr auch nach erfolgreicher Rückführung unterfallen.[107] Ähnlich wird argumentiert, wenn der Erblasser Vor- und Nacherbschaft angeordnet hatte und der Vorerbe den Anspruch nach § 2287 BGB geltend macht. Dass der Vertragserbe andernfalls besser stünde als ohne die Schenkung, mag sein, ist aber in diesen Fällen nicht ganz und gar ungewöhnlich. Der Vertragserbe kann schon dadurch begünstigt sein, dass er sich nicht mit der Miterbengemeinschaft herumschlagen muss.

48 Der Anspruch nach § 2287 BGB unterliegt der **Erbschaftsteuer** (§ 3 Abs. 2 Nr. 7 ErbStG).[108] Die Erbschaftsteuer wird nur **fällig**, wenn der Vertragserbe den Anspruch durchsetzt.[109] Ob § 3 Abs. 2 Nr. 7 ErbStG auch gilt für den Schlusserben beim gemeinschaftlichen Testament, ist noch nicht abschließend geklärt.[110]

b) Schuldner des Anspruchs

49 Alleiniger **Schuldner** des Anspruchs ist der **Beschenkte**, der Miterbe nur, soweit er mit dem Beschenkten identisch ist. Hat der Beschenkte den Gegenstand selbst verschenkt, so wird überwiegend die Ansicht vertreten, dass auch der **Dritte gem. § 822 BGB** zur Herausgabe verpflichtet ist.[111] Mehrere Beschenkte haben jeweils den auf sie entfallenden Bruchteil herauszugeben.[112]

---

105 Ganz h.M. BGH NJW 1982, 43.
106 Zu Einzelfragen bei Pflichtteilsansprüchen vgl. *Muscheler*, FamRZ 1994, 1361.
107 *Bamberger/Roth/Litzenburger*, § 2287 Rn. 22.
108 *Kipp/Coing*, Erbrecht, S. 245; *Meincke*, Erbschaftsteuerrecht, § 3 Rn. 7, 104.
109 *Muscheler*, FamRZ 1994, 1362 (Fn. 12).
110 *Schlitt* in: MPFB-Erbrecht, S. 645.
111 *Bamberger/Roth/Litzenburger*, § 2287 Rn. 23; *Lange/Kuchinke*, Erbrecht, S. 491 m.w.N.; a.A. Staudinger/*Kanzleiter*, § 2287 Rn. 23.
112 OLG München NJW-RR 2000, 526: die gebundene Erblasserin hat das Grundstück den drei Nichten zu je 1/3 übereignet, den Beschenkten stand aber nur das halbe Grundstück zu, denn jeder von ihnen hatte 1/6 zurück zu übereignen (s.u. Fall 8).

c) Gläubiger des Anspruchs

Der Anspruch steht dem **Vertragserben persönlich** zu, und zwar in Höhe seiner Quote; mehreren Vertragserben als Bruchteil, bei Unteilbarkeit nach § 432 BGB.[113] Dem Vertragspartner, der nicht als Vertragserbe eingesetzt ist, oder einem Nachlassgläubiger steht der Anspruch nicht zu. Der Anspruch entfällt, wenn der Vertragserbe die Erbschaft ausschlägt,[114] auch wenn er fälschlich von Überschuldung ausgeht. Bei Vor- und Nacherbschaft haben Vor- und Nacherben den Anspruch, der Nacherbe allerdings erst mit Eintritt des Nacherbfalls.

50

Der **Testamentsvollstrecker** kann den Anspruch dagegen **nicht** geltend machen.[115]

51

d) Inhalt und Ausmaß des Anspruchs

Der Anspruch entsteht erst mit dem Tod des Erblassers, vorher hat der Vertragserbe keinen Anspruch, sondern nur eine Aussicht, die nicht durch Vormerkung, Arrest oder einstweilige Verfügung gesichert werden kann (s. u. Rn. 65 f.).[116]

52

aa) Herausgabe in Natur

Es ist in Natur herauszugeben, was erlangt wurde, und zwar in dem Zustand, in dem es sich befindet. Das gilt insbesondere, wenn der Beschenkte das Grundstück belastet hat. Er ist **nicht** verpflichtet, es **unbelastet** zurückzugeben, kann allerdings verpflichtet sein, einen finanziellen Ausgleich zu leisten, wenn ihn der Vertragserbe von der persönlichen Schuld, die der Belastung zugrunde liegt, befreit.[117] Der Anspruch ist auf **Auflassung und Herausgabe** des Grundstücks zu richten.[118]

53

Soweit die Herausgabe nicht möglich ist, ist **Wertersatz** zu leisten (§ 818 Abs. 2 BGB), allerdings nur, soweit der Beschenkte noch bereichert ist (§ 818 Abs. 3 BGB). Erfährt der Beschenkte von der erbvertraglichen Bindung des Gegenstands und von der Beeinträchtigung, so haftet er von diesem Augenblick verschärft, als ob Rechtshängigkeit eingetreten wäre.[119]

54

> **Fall 7:**
> *Wie Fall 1 mit der Maßgabe, dass V und M dem S kein Grundstück, sondern 15 Jahre vor dem Tod des Längstlebenden einen PKW im Wert von 30.000 EUR schenken. Zum Zeitpunkt des zweiten Erbfalls ist der PKW verschrottet. T verlangt einen finanziellen Ausgleich.*
>
> **Lösung Fall 7:**
> *Der Anspruch besteht nicht, denn zum maßgebenden Zeitpunkt ist S nicht mehr bereichert. Auch ein Anspruch auf Ausgleich der Gebrauchsvorteile ist nicht gegeben, weil er erst entsteht mit dem Herausgabeanspruch.*[120]

Herauszugeben sind auch die **Surrogate zzgl. Nutzungen**.[121]

55

---

113 *Bamberger/Roth/Litzenburger*, § 2287 Rn. 22; Soergel/*M. Wolf*, § 2287 Rn. 23.
114 *Nieder*, HB Testamentsgestaltung, Rn. 1196; MünchKomm/*Musielak*, § 2287 Rn. 20 m.w.N.; *Beisenherz*, ZEV 2005, 8.
115 BGHZ 78, 1.
116 BGHZ 12, 115; Staudinger/*Kanzleiter*, § 2287 Rn. 18.
117 BGHZ 112, 376.
118 *Schellhammer*, Anspruchsgrundlagen, Rn. 479; Bsp. bei *Krug/Rudolf/Kroiß*, Erbrecht AnwaltFormulare, § 20 Rn. 34.
119 *Kipp/Coing*, Erbrecht, S. 245.
120 Palandt/*Sprau*, § 818 Rn. 8.

bb) Verwendungen des Beschenkten

56 Der Beschenkte kann seine **Verwendungen** abziehen bzw. erstattet verlangen.[122] Das kann für den Vertragserben teuer werden, wenn das Grundstück inzwischen bebaut oder grundlegend renoviert wurde. Ob er auch unter diesen Umständen auf die Herausgabe verzichten und stattdessen einen finanziellen Ausgleich verlangen kann, ist unklar.[123]

cc) Zug um Zug gegen Pflichtteils- bzw. Zugewinnausgleichsanspruch

57 Ist der Beschenkte allerdings **pflichtteilsberechtigt**, dann steht dem Anspruch auf Herausgabe der Pflichtteilsanspruch gegenüber. Der Vertragserbe beantragt die Herausgabe Zug um Zug gegen Zahlung des Pflichtteils. Die Höhe des Pflichtteils richtet sich nach dem Nachlasswert sowie der Schenkung, die herausgegeben werden muss, im Zeitpunkt des Erbfalls.[124] Schenkungen aus der Zeit vor Vertragsschluss wären nach § 2325 BGB zu behandeln. Die gleichen Grundsätze sind anzuwenden, wenn ein Zugewinnausgleichsanspruch entgegensteht.

dd) Unentgeltlicher Teil geringer

58 Anders liegt der Fall, wenn der **Pflichtteil mehr als die Hälfte** des Geschenks wert ist, weil der Beschenkte dann die Herausgabe der Schenkung verweigern kann und lediglich die Wertdifferenz schuldet.[125] Das soll sogar gelten, wenn der Beschenkte auf Erbrecht und Pflichtteil verzichtet hat.

59 Diese Grundsätze gelten auch im Fall der „**gemischten**" **Schenkung** oder bei einer Schenkung unter Auflage. Herausgabe kann nur verlangt werden, wenn der unentgeltliche Teil überwiegt. Ob dabei der vorbehaltene lebenslange Nießbrauch abgezogen werden kann, ist streitig.[126]

ee) Ausgleichsbetrag unter Miterben

60 Ist der Beschenkte selbst Miterbe, so kann Herausgabe nicht verlangt werden, weil die **Teilungsanordnung** trotz Bindung nicht ausgeschlossen ist. In diesem Fall kann der Vertragserbe stets nur Zahlung des Ausgleichsbetrages verlangen.[127]

e) Grundsatz der Posteriorität

61 Hat der Erblasser den Vertragserben durch **mehrere Schenkungen** zu unterschiedlichen Zeiten benachteiligt, so will der BGH die Grundsätze der Posteriorität anwenden, weil die spätere Schenkung den Vertragserben angeblich stärker belastet als die frühere.[128]

---

121 *Krug/Rudolf/Kroiß*, Erbrecht AnwaltFormulare, § 20 Rn. 32.
122 *Lange/Kuchinke*, Erbrecht, S. 491.
123 *Lange/Kuchinke*, Erbrecht, S. 492 (Fn. 141).
124 BGHZ 88, 269.
125 Bsp.: Wert des Gegenstandes, der herausgegeben werden müsste, zum Todeszeitpunkt 100.000 €, sein Pflichtteilsanspruch 60.000 €, keine Herausgabe, sondern Zahlung von 40.000 €; vgl. BGHZ 77, 264.
126 *Keim*, ZEV 2002, 93.
127 *Lange/Kuchinke*, Erbrecht, S. 492; *Keim*, ZEV 2002, 96.
128 BGHZ 116, 167; BGH NJW-RR 1996, 133; *Lange/Kuchinke*, Erbrecht, S. 492.

f) Verjährung des Anspruchs

Der Anspruch verjährt innerhalb von **drei Jahren** vom Anfall der Erbschaft an (§ 2287 Abs. 2 BGB), das ist im Allgemeinen der Tod des Erblassers.[129] Die kurze Verjährung soll zur baldigen Klärung der Verhältnisse beitragen. Auf die Kenntnis des Vertragserben von der Schenkung oder vom Tod des Erblassers kommt es nicht an. Beim Erbvertrag kann die Verjährung auch bereits mit dem **ersten** Erbfall beginnen.

Fall 8:

Wie Fall 1 mit der Maßgabe, dass der erstversterbende Elternteil der Tochter T als Ausgleich für Vorempfänge des S als Vermächtnis bindend ein Wertpapierdepot zuwendet. Dieses Depot überträgt der Vorverstorbene V kurz vor seinem Tod schenkweise der N.

Lösung Fall 8:

Hier beginnt die dreijährige Verjährungsfrist bereits mit dem Tod des V. Für die Vertragserben dürfte es bisweilen nicht leicht sein, die Zusammenhänge zu erkennen.

Das Verfahren auf Erlass einer **einstweiligen Verfügung** führt nicht zur Rechtshängigkeit der Hauptsache.[130]

2. Auskunft und Wertermittlung

In vielen Fällen wird der Vertragserbe die Einzelheiten zur Schenkung nicht kennen. Er hat Anspruch auf Auskunft gegen den Beschenkten, wenn er hinreichende Anhaltspunkte für die unentgeltliche Verfügung plausibel machen kann. Die Ausforschung muss vermieden werden.[131] Dazu genügt nicht die bloße Behauptung; es müssen vielmehr triftige Gründe substantiiert vorgetragen werden.[132]

a) Auskunft

Der Auskunftsanspruch kann gegeben sein, wenn eine Schenkung denkbar ist, soweit sich der Vertragserbe nicht anderweitig selbst informieren kann;[133] er wird vielfach auf § 242 BGB gestützt.[134] Er bezieht sich **auch** auf die gezogenen Nutzungen. Einen entsprechenden Auskunftsanspruch gibt es auch für den Schlusserben, wenn der durch ein gemeinschaftliches Testament gebundene Ehegatte nach dem ersten Erbfall eine unentgeltliche Verfügung vorgenommen hat.[135] Es können das Grundbuch und die Grundakten eingesehen werden.[136]

---

129 Palandt/*Edenhofer*, § 1942 Rn. 1.
130 *Krug/Rudolf/Kroiß*, Erbrecht AnwaltFormulare, § 20 Rn. 116.
131 BGHZ 61, 180.
132 BGHZ 97, 188.
133 *Schlitt* in: MPFB-Erbrecht, S. 627.
134 *Sarres*, ZEV 2001, 227f.
135 BGHZ 82, 274.
136 *Frieser*, Anwaltliche Strategien, Rn. 663, 713.

> **Formulierungsbeispiel:** Der Auskunftsanspruch gegen den Beschenkten könnte lauten:[137]
>
> „Der Beklagte möge Auskunft erteilen über alle voll oder teilweise unentgeltlichen Zuwendungen, die er vom Erblasser ... seit ... erhalten hat".

67 Als **Zeitpunkt** wäre der Abschluss des Erbvertrages, beim gemeinschaftlichen Testament der erste Todesfall anzugeben.

68 Wendet der Beschenkte ein, er habe das Objekt bebaut, ausgebaut oder renoviert, so wird er verpflichtet sein, seine Behauptungen zu substantiieren und dazu Unterlagen vorzulegen.

69 Ein Auskunftsanspruch kann nicht mehr durchgesetzt werden, wenn der Anspruch in der Hauptsache verjährt ist.[138]

b) Wertermittlung

70 Der Anspruch auf **Wertermittlung** wird überwiegend abgelehnt,[139] soweit der Vertragserbe nicht gleichzeitig Pflichtteilsberechtigter ist und damit die Ansprüche nach § 2314 BGB geltend machen kann. Das stellt den Vertragserben, der eine „gemischte" Schenkung vermutet, nicht rechtlos, kann aber sein Prozessrisiko beträchtlich erhöhen. Wie soll er Jahre später einigermaßen verlässlich abschätzen, welchen Wert das verschenkte Grundstück seinerzeit hatte? Es bliebe allenfalls die Begutachtung auf eigene Kosten. Der Beschenkte dürfte verpflichtet sein, die Besichtigung des Objektes zu gestatten (§ 809 BGB).

3. Beweisfragen

71 Die **Beweislast** für alle Voraussetzungen des § 2287 BGB trägt der Anspruchsteller.[140] Das ist mit großen Schwierigkeiten verbunden, weil der Vertragserbe die Motivation des Erblassers nicht kennt. Er muss die Schenkung plausibel darlegen, wobei an seine Beweisführung keine übertriebenen Anforderungen gestellt werden dürfen.[141] Bei **grobem Missverhältnis** zwischen Leistung und Gegenleistung spricht allerdings eine tatsächliche Vermutung für die Schenkung.[142]

72 Behauptet der Vertragserbe, der Erblasser habe **ohne lebzeitiges Eigeninteresse** gehandelt, so muss der Beschenkte die Umstände darlegen, die für das Eigeninteresse sprechen.[143] Dann ist es wiederum Sache des Vertragserben, das Eigeninteresse zu widerlegen und damit den Missbrauch zu beweisen.[144] Es entsteht eine „**schaukelnde Beweislast**".[145]

73 Die **Beweislast für Gegenansprüche** trägt der Beschenkte.

---

137 *Krug/Rudolf/Kroiß*, Erbrecht AnwaltFormulare, § 20 Rn. 102.
138 *Damrau/Krüger*, Erbrecht, § 2287 Rn. 16.
139 *Nieder*, HB Testamentsgestaltung, Rn. 1190; a.A. *Lange/Kuchinke*, Erbrecht, S. 494.
140 BGHZ 97, 188.
141 AK/*Finger*, § 2287, Rn. 24; MünchKomm/*Musielak*, § 2287 Rn. 26.
142 BGHZ 82, 274.
143 BGH NJW 1986, 1755.
144 OLG Köln FamRZ 1992, 607.
145 Dazu näher *Kuchinke*, JZ 1987, 253.

V. Klage

Es ist zu **unterscheiden** die Zeit **vor** und **nach** dem Erbfall.

74

1. Rechtsschutz vor dem Erbfall

Der Anspruch aus § 2287 BGB entsteht erst **mit** dem **Erbfall**. Nahe liegend aber ist, dass der Vertragserbe feststellen lassen möchte, die Schenkung verstoße gegen den Erbvertrag. Dafür spricht nicht zuletzt, dass bis zum Erbfall Jahrzehnte vergehen können, so dass die Einzelheiten zu Schenkung und Missbrauch für den Vertragserben, der die volle Beweislast trägt, nicht mehr darzustellen und zu beweisen wären. Er kann aber ein dringendes Bedürfnis auf Feststellung haben, erst recht, wenn er sich bspw. als Gegenleistung zu Pflege oder Unterhalt verpflichtet hat.

75

a) Zulässigkeit der Feststellungsklage gegen den Erblasser

Gegen die Zulässigkeit dieser Feststellungsklage nach § 256 ZPO wird geltend gemacht, der Erblasser dürfe nicht zu Lebzeiten mit Klagen, die sich um seinen Nachlass drehen, überzogen werden.[146] Im Übrigen wird es vielfach zum Zeitpunkt der Schenkung nicht feststellbar sein, ob bspw. ein Eigeninteresse vorliegt. Die Rspr. hat die Feststellungsklage jedenfalls nur im Ausnahmefall zugelassen.[147]

76

Wohl aber kann der Vertragserbe **zu Lebzeiten** des Erblassers **auf Feststellung klagen**, dass der Erbvertrag wirksam ist.[148] Zu Recht wird darauf hingewiesen,[149] dass das im Ergebnis nicht viel nutzt, denn die Wirksamkeit des Erbvertrages steht meist gar nicht im Streit. Dieses Recht steht aber nur dem Vertragserben zu, nicht einem nur Bedachten. Deshalb dürfte im Fall 1 eine Feststellungsklage des bedachten S unzulässig sein.[150]

77

b) Vorläufiger Rechtsschutz gegen den Erblasser

Streitig ist weiter, ob der Vertragserbe zu Lebzeiten des Erblassers Anspruch hat auf **vorläufigen Rechtsschutz**. Künftige Ansprüche können nicht durch Arrest oder Einstweilige Verfügung gesichert werden (§§ 916, 936 ZPO), so dass ein vorläufiger Rechtsschutz bei Schenkung von beweglichen Sachen ausscheidet. Bei der Schenkung von Immobilien wird darauf verwiesen,[151] dass ein künftiger Anspruch gem. § 883 Abs. 1 Satz 2 BGB vormerkungsfähig ist. Gegen die h.M. wird die Vormerkung von Einzelnen für zulässig erachtet, wenn die zuvor erörterte Feststellungsklage erfolgreich war.[152]

78

---

146 OLG München NJW-RR 1996, 328 f.; *Lange*, NJW 1963, 1573; *Schlüter*, Erbrecht, Rn. 271; a.A. *Lange/Kuchinke,* Erbrecht, S. 496.
147 OLG Koblenz MDR 1987, 935; dagegen OLG Koblenz ZErb 2002, 325.
148 BGHZ 37, 331; RGZ 123, 232; *Nieder*, HB Testamentsgestaltung, Rn. 1206 m.w.N.
149 *Frieser*, Anwaltliche Strategien, Rn. 682.
150 So auch *Lange/Kuchinke*, Erbrecht, S. 500.
151 *Lange/Kuchinke*, Erbrecht, S. 497.
152 *Lange/Kuchinke*, Erbrecht, S. 497.

Praxishinweis:
Die Sicherung des Vertragserben zu Lebzeiten des Erblassers ist deshalb nur möglich, wenn eine Verfügungsunterlassung vereinbart wurde und außerdem ein Anspruch auf Auflassung des Grundstücks für den Fall des Verstoßes vereinbart wurde.

Ob bereits der Verfügungsunterlassungsvertrag allein genügt, ist umstritten.[153]

c) Ansprüche gegen den Beschenkten

80 Ob zu Lebzeiten des Erblassers eine **Feststellungsklage** gegen den **Beschenkten** zulässig ist, ist „stark umstritten".[154] Die überwiegende Ansicht soll sie für zulässig halten. Dass es dazu ein Bedürfnis gibt, dürfte unbestritten sein. Das übliche Argument, der Erblasser dürfe nicht mit Klagen zu seinem Nachlass überzogen werden, kann bei der Klage gegen den Beschenkten schwerlich überzeugen. Jedenfalls wenn ein **Rücktrittsrecht** des Erblassers nicht vereinbart ist (§ 2293 BGB), wird die Feststellungsklage in der Lit. als zulässig angesehen.[155] Hinzu kommt, dass unklar ist, wie der Klageantrag gegen den Beschenkten lauten müsste. In einer neueren Entscheidung ist die Zulässigkeit abgelehnt worden.[156]

81 Einstweiliger Rechtsschutz gegen den Beschenkten ist nach ganz überwiegender Ansicht nicht möglich. In der Lit. wird die Eintragung einer **Vormerkung** im Wege einer einstweiligen Verfügung (§§ 883 Abs. 1 Satz 2, 885 Abs. 1 Satz 1 BGB) für möglich gehalten.[157]

d) Antrag auf Betreuung

82 In seltenen Ausnahmefällen könnte der Vertragserbe auf die Idee kommen, für den Erblasser eine Betreuung anzuregen. Das setzt voraus, dass der Erblasser sein Verhalten nicht mehr kontrollieren kann und sein Vermögen verschleudert. Im Ausnahmefall kann eine Betreuung auch im Drittinteresse angeordnet werden.[158] In diesen Fällen hat der Anreger ein eigenes Beschwerderecht.[159] Gibt es eine **Vorsorgevollmacht**, so ist die Betreuung entbehrlich (§ 1896 Abs. 2 Satz 2 BGB).[160]

2. Rechtsschutz nach dem Erbfall

83 Die Klage ist in erster Linie zu richten auf **Herausgabe des Geschenks**.[161] Hinzu kommt ggf. ein Zahlungsanspruch auf die in der Zwischenzeit angefallenen Nutzungen.

84 Problematisch und nicht immer ganz klar erscheint vor allem das Verhältnis zwischen Herausgabe und Zahlungsanspruch. Beide Ansprüche haben den Vorteil, dass sie nicht

---

153 *Schlitt* in: MPFB-Erbrecht, S. 615.
154 *Hohmann*, ZEV 1994, 135 m.w.N.
155 *Hohmann*, ZEV 1994, 136.
156 OLG Koblenz ZErb 2002, 325 allerdings m. abweich. Begründung.
157 *Hohmann*, ZEV 1994, 137.
158 BayObLG FamRZ 1996, 1369.
159 *Frieser*, Anwaltliche Strategien, Rn. 680.
160 Bsp. für die Anregung bei *Schlitt* in: MPFB-Erbrecht, S. 607.
161 Sehr eingehend dazu mit zahlreichen Formulierungsvorschlägen zum Klageantrag, zu den Gegenrechten und zum vorläufigen Rechtsschutz *Krug/Rudolf/Kroiß*, Erbrecht AnwaltFormulare, § 20 Rn. 34 ff.

zum Nachlassverfahren gehören[162] und der Berechtigte deshalb nicht auf das Ergebnis der Erbauseinandersetzung warten muss. Das gilt wohl auch, wenn zwei Miterben streiten.

Fall 9:[163]
Die Eheleute P haben ein gemeinschaftliches Testament errichtet und sich darin wechselseitig zu Alleinerben eingesetzt. Als Schlusserben sind eingesetzt eine Stiftung zur Hälfte sowie drei Nichten der Ehefrau zu gleichen Teilen. Nach dem Tod des Mannes übereignet die überlebende Ehefrau ein Hausgrundstück an ihre drei Nichten, die als Eigentümerinnen zu je 1/3 eingetragen werden. Nach dem Tod der Ehefrau verlangt die Stiftung von jeder Nichte, dass sie der Übertragung der Hälfte ihres Anteils, also 1/6, zustimme.

a) Klageantrag

Soweit es um die **Herausgabe eines Gegenstandes** geht und dieser Anspruch geltend gemacht wird von einem Vertragserben gegen einen Beschenkten, ist der Klageantrag verhältnismäßig unproblematisch. Für eine bewegliche Sache müsste der Antrag auf Herausgabe lauten, wobei der Gegenstand möglichst exakt zu spezifizieren wäre.[164] Unter gleichen Umständen ist bzgl. der Herausgabe eines Grundstücks folgender Antrag möglich:[165]

> **Formulierungsbeispiel:**
> „Der Beklagte wird verurteilt, der Übertragung des Grundstücks ... auf den Kläger zuzustimmen und die Eintragung des Klägers als Eigentümer im Grundbuch zu bewilligen."

Zu ergänzen wäre:

> **Formulierungsbeispiel:**
> „Der Beklagte wird verurteilt, das Grundstück herauszugeben."

Alternativ:[166]

> **Formulierungsbeispiel:**
> „Die Beklagte wird verurteilt, das im Grundbuch ... eingetragene Grundstück ... an den Kläger herauszugeben, aufzulassen und die entsprechende Eigentumsänderung im Grundbuch zu bewilligen."

Wäre das Grundstück an zwei Beschenkte zu je 1/2 gegangen, so müsste der benachteiligte Vertragserbe gegen jeden Beschenkten beantragen:

> **Formulierungsbeispiel:**
> „Der Beklagte wird verurteilt, der Übertragung seines Anteils von ½ an dem Grundstück ... auf den Kläger zuzustimmen und die Eintragung zu bewilligen."

---

162 *Damrau/Krüger*, Erbrecht, § 2287 Rn. 2.
163 OLG München NJW-RR 2000, 526, vereinfacht.
164 *Krug/Rudolf/Kroiß*, Erbrecht AnwaltFomulare, § 20 Rn. 124.
165 *Krug/Rudolf/Kroiß*, Erbrecht AnwaltFormulare, § 20 Rn. 34.
166 *Schlitt* in: MPFB-Erbrecht, S. 620 f.

Lösung Fall 9:

Mit dem Tod des Mannes ist das gemeinschaftliche Testament bindend geworden. Die Begünstigung der Stiftung war wechselbezüglich gegen die Einsetzung der Nichten der überlebenden Frau. Der Stiftung steht die Hälfte des Grundstücks zu. Sie hat Anspruch darauf, dass ihr jede Nichte die Hälfte ihres Drittels überträgt.

88 Hinzukommen wird meist der Anspruch auf die Mieten. Hat der Beschenkte **selbst** in dem Objekt **gewohnt**, so kommt eine **fiktive Miete** in Betracht.

89 In den Fällen der **„gemischten" Schenkung**, in denen der entgeltliche Teil überwiegt (s. o. Rn. 44), also z.B. bei Befriedigung von erheblichen Pflichtteilsansprüchen oder bei Ansprüchen unter mehreren Vertragserben richtet sich der Anspruch auf Zahlung. Gibt es Gegenansprüche des Beklagten, so ist zu saldieren und nur die Differenz einzuklagen.[167]

Fall 10:

Wie Fall 1 mit der Maßgabe, dass das dem S geschenkte Grundstück zum Zeitpunkt der Schenkung einen Wert von 200.000 € hatte und dass der Nachlass beim Tod des letztversterbenden Elternteils einen Wert von 1 Million € hat.

Lösung Fall 10:

T hat keinen Anspruch auf Herausgabe des halben Grundstücks, weil die Eltern eine entsprechende Teilungsanordnung hätten treffen können (Fall 2), so dass sie materiell nicht benachteiligt wird, zumal die Nutzungen erst auszugleichen sind ab dem 2. Todesfall. T hat stattdessen einen Zahlungsanspruch gegen S i.H.v. 100.000 €, indexiert wie bei § 2325 Abs. 3 BGB vom Zeitpunkt der Schenkungen, zzgl. der halben Nutzungen seit dem 2. Todesfall. Nach der hier vertretenen Auffassung kann S hiergegen nicht einwenden, T müsse die Erbauseinandersetzung abwarten. S wird vernünftigerweise zustimmen, dass T 100.000 € aus dem Nachlass ausgezahlt werden. Bei der Auseinandersetzung wäre diese Summe nach der Teilung der 1 Million € von seinen 500.000 € abzuziehen. Danach müsste jedes Kind etwa 600.000 € erhalten. Ob ein Zurückbehaltungsrecht auch dann nicht existiert, wenn der Nachlass im Wert von 1 Million € ausschließlich aus Grundstücken besteht, soll dahinstehen.

90 Zur **Zuständigkeit** gelten die allg. Grundsätze.[168] Ob der besondere Gerichtsstand der Erbschaft (§ 27 ZPO) gegeben ist, ist unklar.

b) Rückforderung nach § 826 BGB

91 Obwohl Fallgestaltungen denkbar sind, in denen der Erblasser und der Beschenkte in **sittenwidriger Weise** zusammenwirken, um den Vertragsserben vorsätzlich zu schädigen, kann sich der Vertragserbe nicht auf § 826 BGB stützen. Nach Ansicht des BGH[169] sind §§ 2287 f. BGB Sondervorschriften, die vorgehen und die Anwendbarkeit des § 826 BGB ausschließen. Das gilt für die Zeit vor wie nach dem Erbfall.

---

167 *Krug/Rudolf/Kroiß*, Erbrecht AnwaltFormulare, § 20 Rn. 39.
168 *Schlitt* in: MPFB-Erbrecht, S. 624.
169 BGH NJW 1989, 2389; *Lange*, NJW 1963, 1577; *Kohler*, FamRZ 1990, 464.

aa) Zu Lebzeiten des Erblassers

Nicht ausgeschlossen ist, dass der Vertragserbe den Erblasser zu Lebzeiten auf **Schadensersatz** verklagt, wenn der Erblasser einen Verfügungsunterlassungsvertrag unterschrieben hatte.[170]

92

bb) Nach dem Erbfall

Nicht der düpierte Vertragserbe, wohl aber der **Erblasser** selbst kann unter engen Voraussetzungen einen Anspruch nach § 826 BGB gegen den Beschenkten haben, wenn er durch letzteren „wissentlich und planmäßig"[171] übervorteilt worden ist.[172] Stirbt der Erblasser, bevor der Anspruch nach § 2287 BGB verjährt ist, dann kann der Anspruch auf den Vertragserben übergehen.[173]

93

c) Gegenansprüche des Beklagten

Der **beschenkte Beklagte** kann u.a. einwenden:
- eigene Pflichtteilsansprüche
- einen Anspruch auf Zugewinn
- Ansprüche aus Verwendungen (§ §§ 987 ff. BGB).

94

Begründete Gegenansprüche sind im Wege der **Zug-um-Zug-Verurteilung** zu berücksichtigen. Abzuziehen sind alle Vermögensnachteile, die der Bereicherungsschuldner in ursächlichem Zusammenhang mit dem rechtsgrundlosen Erwerb erlitten hat.[174]

95

> **Formulierungsbeispiel:**
> „Der Beklagte wird verurteilt, das im Grundbuch ... eingetragene Grundstück ... an den Kläger herauszugeben, aufzulassen und die entsprechende Eigentumsänderung im Grundbuch zu bewilligen Zug um Zug gegen Zahlung von ... € für Verwendungen des Beklagten."

Der Beklagte wird mindestens einen entsprechenden Hilfsantrag stellen.[175] Erforderlich ist das nicht, weil dieser Gegenanspruch auch ohne Einrede vom Gericht zu berücksichtigen ist.[176] Freilich wird der Anspruch vorgetragen und auch beziffert werden müssen. Stehen sich zwei Geldansprüche gegenüber, so sind sie zu saldieren.

96

Als Antrag für die Klageerwiderung:[177]

97

> **Formulierungsbeispiel:** „Die Klage wird mit der Maßgabe anerkannt, dass der Beklagte nur Zug um Zug gegen Zahlung eines Verwendungsersatzes von ... € nebst 5 % Zinsen über dem Basiszinssatz seit Rechtshängigkeit zur Herausgabe des im Klageantrag bezeichneten Grundstücks verurteilt wird".

---

170 BGH NJW 1991, 1952.
171 BGH NJW 1991, 1952.
172 *Frieser*, Anwaltliche Strategien, Rn. 716 ff.
173 *Schlitt* in: MPFB-Erbrecht, S. 611.
174 BGH WM 1972, 564; Palandt/*Sprau*, § 818 Rn. 41.
175 *Krug/Rudolf/Kroiß*, Erbrecht AnwaltFormulare, § 20 Rn. 36.
176 BGH NJW 1963, 1870; BGH ZEV 1996, 25.
177 *Schlitt* in: MPFB-Erbrecht, S. 638.

98 Ist das Eigeninteresse streitig, so müsste der Beklagte in erster Linie Klageabweisung beantragen sowie hilfsweise:[178]

> **Formulierungsbeispiel:**
> „Die Beklagte zu verurteilen, nur Zug um Zug gegen Zahlung eines Pflichtteilsanspruchs i.H.v. ... € das Grundstücks zwecks Rückübereignung herauszugeben".

99 Dabei ist überdies zu berücksichtigen, dass sich die Ansprüche auf **Pflichtteil und Zugewinn** in erster Linie gegen den Nachlass richten. Der Vertragserbe muss diese Ansprüche aus dem Nachlass befriedigen. Ist der Nachlass leer,[179] so wird er auf Eigenmittel zurückgreifen müssen. Ob das auch gilt, wenn der Beschenkte nicht selbst pflichtteilsberechtigt ist, sondern ein Dritter, bleibt unklar.

Fall 11:
Der Erblasser setzt einen Freund F zum Vertragserben ein und enterbt damit seinen einzigen Sohn S. Einige Jahre vor seinem Tod verschenkt er sein Grundstück an den Dritten D. Der Nachlass ist wertlos. S verlangt von D Pflichtteilsergänzung; F verlangt von D Herausgabe des Grundstücks.

Lösung Fall 11:
Sohn S hat Anspruch auf Pflichtteilsergänzung und kann, weil der Nachlass leer ist, die Herausgabe des Geschenks fordern (§ 2329 Abs. 1 Satz 1 BGB), D könnte stattdessen den Pflichtteil in Geld zahlen (§ 2329 Abs. 2 BGB). Er hätte außerdem den Herausgabeanspruch des F aus § 2287 BGB zu befriedigen. Ist der Pflichtteil geringer als der halbe Grundstückswert, so hätte D das Grundstück an F nur herauszugeben gegen Erstattung des Pflichtteils.[180] – Das wird ein Danaer-Geschenk genannt, denn dem D bleibt am Ende nichts, außer Ärger und den Prozesskosten.

d) Stufenklage

100 Die **Stufenklage** auf Auskunft, die ggf. eidesstattliche Versicherung und Herausgabe des Geschenks ist möglich.[181]

e) Vorläufiger Rechtsschutz

101 Der Antrag auf **vorläufigen Rechtsschutz** hat im Allgemeinen nur bei Schenkung einer Immobilie Aussicht auf Erfolg.[182] Dort aber ist er erstaunlich leicht durchzusetzen.

102 Ist eine Immobilie geschenkt worden und hat der Vertragserbe **Anspruch auf Herausgabe** des Grundstücks oder eines Grundstücksanteils, so kann er nach Eintritt des Erbfalls, aber vor Entscheidung in der Hauptsache mit guter Aussicht auf Erfolg versuchen, seinen Anspruch zu sichern durch eine **Vormerkung**, die im Wege der einstweiligen Verfügung ergeht. Nach § 883 Abs. 1 Satz 2 BGB ist die Eintragung einer Vormerkung zur Sicherung des Anspruchs zulässig. Das geschieht, indem der Beschenkte die Eintragung bewilligt oder aufgrund einer einstweiligen Verfügung (§ 885 Abs. 1 Satz 1 BGB). Dabei muss der Verfügungsanspruch nicht glaubhaft gemacht

---

178 *Schlitt* in: MPFB-Erbrecht, S. 640.
179 BGHZ 88, 269.
180 *Muscheler*, FamRZ 1994, 1365 f. (Fall 4).
181 Bsp. dazu bei *Krug/Rudolf/Kroiß*, Erbrecht AnwaltFormulare, § 20 Rn. 103.
182 Eingehend dazu *Krug/Rudolf/Kroiß*, Erbrecht AnwaltFormulare, § 20 Rn. 104 ff.

werden, weil sich die Dringlichkeit aus der Gefährdung des Anspruchs durch jede Verfügung des Beschenkten, der rechtmäßiger Eigentümer ist, ergibt.[183]

Formulierungsbeispiel:[184]
„Zu Lasten des im Grundbuch des Amtsgerichts ... eingetragenen Grundstücks ... ist zu den Antragstellern eine Vormerkung auf Übertragung des Eigentums im Grundbuch einzutragen".

Glaubhaft zu machen ist dagegen, nicht zuletzt wegen der Gefahr der Vorwegnahme des Hauptsacheprozesses, der Verfügungsgrund. Dazu werden der Erbvertrag vorzulegen und die Schenkung sowie die **Beeinträchtigungsabsicht** mindestens durch eidesstattliche Versicherung glaubhaft zu machen sein (§ 294 ZPO).[185] Antragsteller ist der Vertragserbe, Antragsgegner der Beschenkte.

103

Der Anspruch ist auch gegeben, wenn der Beschenkte zur Herausgabe nur Zug-um-Zug gegen Erfüllung seiner Gegenansprüche verpflichtet ist.

104

Geht es dagegen um eine **bewegliche Sache**, so kommt der Erlass einer einstweiligen Verfügung im Allgemeinen nicht in Betracht, weil an den Verfügungsgrund besonders hohe Anforderungen zu stellen sind.[186] Ausnahmen sind möglich, wenn der Vertragserbe gleichzeitig Pflichtteilsberechtigter ist und er die Zahlung dringend für den Lebensunterhalt benötigt.

105

VI. Schutz des Vermächtnisnehmers

Einen **besonderen Schutz** genießt auch, wem durch Erbvertrag oder bindend gewordenes gemeinschaftliches Testament ein **Vermächtnis** zugewendet wurde (§ 2288 BGB). In der Grundstruktur ähnelt der Schutz des Vertrags-Vermächtnisnehmers demjenigen des Vertragserben; er geht aber in vielen Einzelheiten erheblich weiter.[187] Der im Erbvertrag bindend begünstigte Vermächtnisnehmer bedarf eines weitergehenden Schutzes als der Vertragserbe, weil die Zusage nur Bestand hätte, wenn sich der **Vermächtnisgegenstand** zum Zeitpunkt des Erbfalls noch im Nachlass befindet. Die Zusage auf das Vermächtnis wäre wertlos, weil es der Erblasser in der Hand hätte, den Vermächtnisgegenstand zu veräußern oder zu belasten.[188]

106

1. Voraussetzungen

Es muss sich um einen vertragsmäßig Bedachten handeln; ein einseitig Bedachter (§ 2299 BGB) hat keinen Anspruch.[189] Geschützt wird ausschließlich das **Vermächtnis**, nicht die Auflage und nicht die Teilungsanordnung.[190] Hat der Vertrags-Vermächtnisnehmer der beeinträchtigenden Maßnahme zugestimmt, so hat er keinen Anspruch.[191]

107

---

183 *Krug/Rudolf/Kroiß*, Erbrecht AnwaltFormulare, § 20 Rn. 112; Palandt/*Bassenge*, § 885 Rn. 5 (m.w.N.).
184 *Krug/Rudolf/Kroiß*, Erbrecht AnwaltFormulare, § 20 Rn. 117.
185 Bsp. bei *Krug/Rudolf/Kroiß*, Erbrecht AnwaltFormulare, § 20 Rn. 117; *Schlitt* in: MPFB-Erbrecht, S. 617 ff.
186 *Krug/Rudolf/Kroiß*, Erbrecht AnwaltFormulare, § 20 Rn. 120 ff. m.w.N.
187 MünchKomm/*Musielak*, § 2288 Rn. 1; *Krug/Rudolf/Kroiß*, Erbrecht AnwaltFormulare, § 20 Rn. 129.
188 Staudinger/*Kanzleiter*, § 2288 Rn. 1.
189 BGH NJW 1982, 441.
190 *Bamberger/Roth/Litzenburger*, § 2288 Rn. 1; *Kipp/Coing*, Erbrecht, S. 247; Soergel/*Wolf*, § 2288 Rn. 1, befürwortet die analoge Anwendung für die erbrechtliche Auflage.
191 Staudinger/*Kanzleiter*, § 2288 Rn. 19.

a) Schutz gegen Wertminderung und entgeltliche Rechtsgeschäfte

108 Andererseits geht der Schutz erheblich über § 2287 BGB hinaus, denn der Vertrags-Vermächtnisnehmer hat Ansprüche nicht nur, wenn der zugewendete Gegenstand verschenkt wurde, sondern auch, wenn er „**zerstört, beiseite geschafft oder beschädigt**" (§ 2288 Abs. 1 BGB) oder wenn er „veräußert oder belastet" (§ 2288 Abs. 2 BGB) wurde. Hier können also auch tatsächliche Handlungen zur Beeinträchtigung führen. Ohne die Vorschrift würde der Vermächtnisnehmer leer ausgehen, weil die Zuwendung eines Vermächtnisses unwirksam ist, wenn der Vermächtnisgegenstand zum Todeszeitpunkt nicht mehr zum Nachlass gehört.[192]

109 Der Anspruch ist auch gegeben, wenn der Gegenstand durch Verarbeitung, Verbindung oder Vermischung untergegangen ist.[193] Verlangt wird nicht unbedingt, dass er aus dem Vermögen des Erblassers ausgeschieden ist, es genügt vielmehr, wenn er in seinem Wert gemindert wurde.[194] Dabei ist es beim Vermächtnis überdies gleichgültig, ob dies entgeltlich oder unentgeltlich geschehen ist, wenn nur die **Beeinträchtigungsabsicht** vorliegt. Andererseits ist der Erblasser nicht verpflichtet, den vermachten Gegenstand zu erhalten oder auch nur ordnungsgemäß zu verwalten. Ob der Erblasser verpflichtet ist, wenigstens **Notmaßnahmen zur Erhaltung** durchzuführen, ist streitig.[195]

b) Eigeninteresse streng zu prüfen

110 Wird der als Vermächtnis zugewendete **Gegenstand beeinträchtigt**, so ist das Eigeninteresse, das auch hier die Beeinträchtigungsabsicht ausschließt, nur zu bejahen, wenn der Erblasser auf die Nutzung gerade des vermachten Gegenstandes angewiesen war.[196] Erforderlich ist auch hier wie bei § 2287 BGB, dass die Änderung der Sachlage nach Abschluss des Erbvertrages eingetreten ist.

2. Folgen

111 Der Vertrags-Vermächtnisnehmer hat in erster Linie Anspruch auf **Herausgabe**, bei Wertminderung auf **Wertersatz**. Durch § 2288 Abs. 2 BGB verwandelt sich ein Stückvermächtnis in ein Verschaffungsvermächtnis; ggf. ist Wertersatz zu leisten (§ 2170 Abs. 2 BGB). Bei der Berechnung des Wertersatzes ist der Verkehrswert zugrunde zu legen, den der Vermächtnisgegenstand zum Zeitpunkt des Erbfalls besessen hat oder besessen hätte.[197]

3. Gläubiger des Anspruchs

112 Gläubiger des Anspruchs ist der **vertragsmäßige Vermächtnisnehmer**, nicht der Partner des Erbvertrags, der selbst mit dem Vermächtnis nicht bedacht wurde.[198] Das Vermächtnis muss mit vertragsmäßiger Bindung angeordnet worden sein; fehlt es daran, so gilt § 2288 BGB nicht.

---

192 Erman/*M. Schmidt*, § 2288 Rn. 1.
193 BGHZ 124, 35.
194 MünchKomm/*Musielak*, § 2288 Rn. 2.
195 MünchKomm/*Musielak*, § 2288 Rn. 2.
196 BGH NJW-RR 1998, 577 f.
197 MünchKomm/*Musielak*, § 2288, Rn. 5.
198 *Krug/Rudolf/Kroiß*, Erbrecht AnwaltFormulare, § 20 Rn. 132.

4. Schuldner des Anspruchs

Der Anspruch richtet sich in erster Linie gegen den oder die **Erben**, nur ausnahmsweise gegen den Beschenkten. Das soll auch gelten, wenn ein Miterbe oder ein anderer Vermächtnisnehmer mit dem Vermächtnis beschwert ist. Die Haftung der Erbengemeinschaft soll sich daraus erklären, dass sie für das Verhalten des Erblassers einzustehen hat.[199]

113

Der Anspruch richtet sich gegen den Alleinerben, bei mehreren Erben gegen die **Miterbengemeinschaft** zur gesamten Hand.[200] Das soll auch gelten, wenn der Erblasser nur einen einzelnen Miterben mit dem Vermächtnis beschwert hat.[201]

114

Dagegen kann der Erbe, der den Vermächtnisnehmer entschädigt hat, seinerseits nicht Rückgriff beim Beschenkten nehmen,[202] denn das Geschenk an den Dritten geht zu Lasten des Erben, dessen Erbteil von vornherein mit dem Vermächtnis belastet war.

115

Nur wenn der vermachte Gegenstand verschenkt wurde und der Erbe wegen beschränkter Erbenhaftung, Zahlungsunfähigkeit oder aus sonstigen Gründen nicht haftet, richtet sich der Anspruch hilfsweise unmittelbar gegen den Beschenkten.[203]

116

Unklar ist, wie ein **Vorausvermächtnis** zu behandeln ist.

117

> **Fall 12:**
> *M und F sind kinderlos verheiratet. Durch Erbvertrag setzen sie sich wechselseitig zu Alleinerben ein und bestimmen für den zweiten Todesfall acht Verwandte als Erben zu gleichen Teilen. Einem dieser acht Schlusserben, dem Kl., wenden sie ein Hausgrundstück durch Vorausvermächtnis zu. Nach dem Tod des M schenkt die F dieses Hausgrundstück der B. Obwohl der Nachlass Vermögenswerte enthält, verlangt Kl. Herausgabe des Grundstücks, hilfsweise Übertragung eines Miteigentumsanteils in Höhe seiner Erbquote.[204]*

Die Ansprüche nach § 2287 und § 2288 BGB stehen nebeneinander und sollen wahlweise geltend gemacht werden können.[205] **Andere** meinen, § 2288 BGB gehe § 2287 vor, was zur Folge hätte, dass ein Anspruch gegen den Beschenkten in diesem Fall nicht existierte. Die pragmatische Lösung, zu der die Rspr. in diesen Fragen insgesamt neigt, sollte die Anwendbarkeit des § 2287 BGB zulassen, wobei die **Beeinträchtigung** des Vertrags-Vermächtnisnehmers seiner **Erbquote** entspricht.[206]

118

> **Lösung Fall 12:**
> *Das OLG Köln[207] hat die Klage gegen den Beschenkten auch im Hinblick auf die Quote des Vermächtnisnehmers abgewiesen (str.).*

---

199 MünchKomm/*Musielak*, § 2288, Rn. 9.
200 *Bamberger/Roth/Litzenburger*, § 2288 Rn. 6.
201 H. M. MünchKomm/*Musielak*, § 2288 Rn. 9; a.A. *Bamberger/Roth/Litzenburger*, § 2288 Rn. 6.
202 OLG Frankfurt NJW-RR 1991, 1157.
203 MünchKomm/*Musielak*, § 2288 Rn. 7; *Soergel/Wolf*, § 2288 Rn. 7.
204 OLG Köln ZEV 1997, 423 ff. (stark vereinfacht) m. Anm. *Skibbe*.
205 Staudinger/*Kanzleiter*, § 2288 Rn. 13; so wohl auch *Skibbe*, ZEV 1997, 426.
206 So auch *Skibbe*, ZEV 1997, 426; *Lange/Kuchinke*, Erbrecht, S. 489 f.
207 ZEV 1996, 423.

5. Verjährung des Anspruchs

119 Auch der Anspruch auf das Vermächtnis verjährt **innerhalb von drei Jahren** nach dem Anfall. Das kann bei einem Erbvertrag, in dem sich mehrere Personen verpflichtet haben, im Einzelfall auch der erste Erbfall sein (s.o. Rn. 57).

6. Anwendbarkeit der §§ 2287, 2288 BGB beim gemeinschaftlichen Testament

120 Die §§ 2287, 2288 BGB finden auf bindend gewordene wechselbezügliche Verfügungen im gemeinschaftlichen Testament **nach dem ersten Todesfall** entsprechende Anwendung.[208] Das bedeutet im Einzelnen:

- Solange **beide Ehegatten leben**, liegt eine Bindung nicht vor. Eine Schenkung eines Gatten kann einen **Anspruch** nach den §§ 2287, 2288 BGB **nicht** auslösen.[209]
- Ist die Bindung mit dem ersten Todesfall eingetreten, so bleibt der überlebende Gatte berechtigt, zu Lebzeiten zu verfügen.[210]
- Ein Anspruch in entsprechender Anwendung der §§ 2287, 2288 BGB kann **nur** entstehen, wenn es sich um eine **wechselbezügliche Verfügung** handelt. Das ist der Fall, wenn es eine gegenseitige innere Abhängigkeit von einer anderen Verfügung gibt.[211]
- Das setzt wiederum voraus, dass es dem überlebenden Ehegatten **nicht vorbehalten** war, anderweitig zu verfügen (s.o. Rn. 21).

---

[208] Palandt/*Edenhofer*, § 2287 Rn. 3; § 2288 Rn. 1.
[209] BGHZ 87, 19.
[210] Palandt/*Edenhofer*, § 2286 Rn. 4.
[211] *Krug/Rudolf/Kroiß*, Erbrecht AnwaltFormulare, § 8 Rn. 15.

17. Kapitel
Testamentsvollstreckung

Übersicht:

A. Allgemeines ... 757
    I. Rechtliche Stellung des Testamentsvollstreckers ... 757
    II. Zielsetzung der Testamentsvollstreckung ... 758
    III. Rechtsverhältnis zwischen Erben und Testamentsvollstrecker ... 759
    IV. Testamentsvollstreckung und Vollmachten ... 760
    V. Testamentsvollstreckerzeugnis, Grundbuch, Handelsregister ... 761
    VI. Testamentsvollstreckung und Kollisionsrecht ... 763
    VII. Vermeintlicher Testamentsvollstrecker ... 766
    VIII. Testamentsvollstrecker und Steuerrecht ... 767
    IX. Testamentsvollstreckung und Zugriffverbot, insbesondere bei Insolvenz ... 768

B. Ernennung des Testamentsvollstreckers ... 769
    I. Grundsätzliches ... 769
    II. Testamentsvollstrecker – möglicher Personenkreis ... 773
        1. Natürliche und juristische Personen ... 773
        2. Erben, Vermächtnisnehmer ... 774
        3. Gesetzliche Vertreter ... 774
        4. Steuerberater, Wirtschaftsprüfer, Banken ... 774
        5. Erben, Vermächtnisnehmer ... 775
        6. Rechtsanwälte, Notare ... 776
        7. Heimleiter, Heimmitarbeiter, Schiedsrichter, Schiedsgutachter ... 776
    III. Annahme und Ablehnung des Testamentsvollstreckeramtes ... 777
    IV. Beantragung eines Testamentsvollstreckerzeugnisses ... 777

C. Rechtsverhältnis des Testamentsvollstreckers zu den Erben ... 779
    I. Allgemeines ... 779
    II. Anspruchsinhaber ... 780
    III. Der Testamentsvollstrecker als gesetzlicher Vertreter ... 781
    IV. Einzelne analog anwendbare Auftragsvorschriften ... 782
        1. Einschaltung Dritter gemäß § 664 Abs. 1 BGB ... 782
        2. Informationspflichten gemäß § 666 BGB ... 783
            a) Aufklärungspflicht ... 783
            b) Zeitpunkt der Informationspflicht ... 784
            c) Auskunftspflicht und Vorlage eines Bestandsverzeichnisses ... 784
            d) Rechenschaftslegung ... 787
                aa) Erfordernis einer ordnungsgemäßen Rechnungslegung ... 787
                bb) Jährliche Rechnungslegung nach § 2218 Abs. 2 BGB ... 789
                cc) Besondere Aufklärungspflichten ... 791
        3. Herausgabepflicht gemäß § 667 BGB ... 791
        4. Verzinsung gemäß § 668 BGB ... 791
        5. Aufwendungsersatzanspruch gemäß § 670 BGB ... 791
        6. Tod des Testamentsvollstreckers gemäß § 673 Satz 2 BGB ... 792
        7. Fortdauer des Amtes gemäß § 674 BGB ... 792

D. Durchführung der Testamentsvollstreckung ... 792
    I. Grundsätzliches ... 792
    II. Ablauf der Abwicklungsvollstreckung (Generalvollstreckung) ... 793
    III. Erstellung des Nachlassverzeichnisses ... 794
        1. Zeitpunkt der Erstellung ... 794
        2. Inhalt des Nachlassverzeichnisses ... 795
        3. Hinzuziehungsrecht der Erben ... 796
        4. Aufnahme eines Nachlassverzeichnisses durch einen Notar etc. ... 796
        5. Kosten ... 797
    IV. Auseinandersetzung des Nachlasses ... 798
        1. Aufstellen eines Auseinandersetzungsplanes ... 798
        2. Pflicht zur Anhörung der Erben ... 799
        3. Folgen der Planaufstellung ... 800
        4. Auseinandersetzungsvertrag ... 802
    V. Verwaltung und Verfügungen des Testamentsvollstreckers über den Nachlass ... 803
        1. Verwaltung des Nachlasses ... 803
        2. Verfügungen über den Nachlass ... 804

	3. In-Sich-Geschäfte des Testamentsvollstreckers	805	I. Aktivprozess des Testamentsvollstreckers	829
	4. Verbot unentgeltlicher Verfügungen	806	1. Rechtsstellung des Testamentsvollstreckers im Aktivprozess	829
	5. Verpflichtungsbefugnis nach § 2206 Abs. 1 BGB	809	2. Aktivlegitimation des Testamentsvollstreckers	830
	a) Allgemeines	809	3. Umfang der Aktivlegitimation des Testamentsvollstreckers	830
	b) Verpflichtung des Erben zur Einwilligung gem. § 2206 Abs. 2 BGB	810	a) Klagen als Testamentsvollstrecker	830
VI.	Testamentsvollstreckung im Unternehmensbereich	812	b) Gewillkürte Prozessstandschaft des Erben	831
	1. Allgemeines	812	c) Fehlende Aktivlegitimation des Testamentsvollstreckers	832
	2. Einzelne Ersatzlösungen	812	d) Kostenrisiko	833
	a) Vollmachtslösung	812	e) Nach dem Prozess	834
	b) Treuhandlösung	813	II. Der Passivprozess des Testamentsvollstreckers	834
	c) Weisungsgeberlösung	815	1. Passivlegitimation des Testamentsvollstreckers	834
	d) Beaufsichtigende Testamentsvollstreckung	816	2. Umfang der Passivlegitimation des Testamentsvollstreckers	835
	e) Alternativen	817	3. Fehlende Passivlegitimation des Testamentsvollstreckers	836
	3. Testamentsvollstreckung von Anteilen an Personengesellschaften	818	4. Besonderheit: Erbe im Passivprozess	836
	a) Persönlich haftende Gesellschaftsanteile (OHG, EWIV GbR, Komplementär einer KG)	818	5. Besonderheit: Pflichtteilsansprüche und Testamentsvollstreckung	838
	b) Kernrechtsbereichtheorie	819	6. Nach dem Prozess – Folgen	840
	c) Verwaltungsvollstreckung an einer Kommanditbeteiligung	821	III. Klagen gegen den Testamentsvollstrecker persönlich	840
	d) Besonderheiten bei Verwaltungsvollstreckung von Gesellschaftsanteilen an einer GbR	822	1. Klagen der Erben gegen den Testamentsvollstrecker persönlich	840
	e) Stille Gesellschaften	822	2. Amtsklagen der Erben gegen den Testamentsvollstrecker	841
	f) Genossenschaften	822	IV. Klage des Testamentsvollstreckers persönlich gegen den Erben	841
	g) EWIV	823	F. Ordnungsmäßige Verwaltung des Nachlasses	842
	h) Partnerschaftsgesellschaft	823	I. Allgemeines	842
	4. Testamentsvollstreckung bei Kapitalgesellschaften	823	II. Besondere Anordnungen für die Verwaltung durch den Erblasser nach § 2216 Abs. 2 Satz 1 BGB	844
	a) Gesellschaft mit beschränkter Haftung	823	III. Außerkraftsetzung durch das Nachlassgericht nach § 2216 Abs. 2 Satz 2 und 3 BGB	845
	b) Aktiengesellschaft	824	G. Haftung und Entlassung des Testamentsvollstreckers	847
VII.	Beschränkung des Aufgabenkreises für den Testamentsvollstrecker	824	I. Allgemeines	847
	1. Allgemeines	824	II. Anspruchsinhaber	847
	2. Möglichkeiten der Beschränkung nach § 2208 Abs. 1 BGB	825	III. Haftungsdauer und -schuldner	848
	3. Beaufsichtigende Testamentsvollstreckung nach § 2208 Abs. 2 BGB	826	IV. Einzelne Haftungsvoraussetzungen	848
VIII.	Beschränkungen des Verfügungsrechts des oder der Erben	826	V. Haftung mehrerer Testamentsvollstrecker (§ 2219 Abs. 2 BGB)	849
	1. Allgemeines	826	VI. Durchsetzung des Anspruchs	850
	2. Reichweite der Verfügungsbeschränkung	827	VII. Verjährung	850
E. Testamentsvollstrecker im Prozess		829		

VIII.	Möglichkeiten der Haftungs-vermeidung	851	VIII.	Steuern	870
H. Entlassung des Testamentsvollstreckers		853	J. Mehrere Testamentsvollstrecker		870
I.	Allgemeines	853	I.	Allgemeines	870
II.	Vorliegen eines Entlassungsgrundes	855	II.	Gemeinschaftliche Amtsführung gemäß § 2224 Abs. 1 BGB	870
	1. Voraussetzungen	855	III.	Ausnahme vom Gesamtvoll-streckungsprinzip gemäß § 2224 Abs. 2 BGB	871
	2. Ermessensprüfung des Nachlassgerichts	858	IV.	Entscheidung bei Meinungs-verschiedenheit unter Gesamt-vollstreckern	871
I. Angemessene Vergütung		860			
I.	Allgemeines	860	K. Beendigung des Amtes des Testa-mentsvollstreckers		872
II.	Vergütungstabellen	862	I.	Allgemeines	872
	1. Rheinische Tabelle	862	II.	Beendigungstatbestände	872
	2. Möhring'sche Tabelle	863		1. Tod des Testamentsvoll-streckers nach § 2225 1. Alt.	874
	3. Eckelskemper'sche Tabelle	863			
	4. Vergütungsempfehlungen des Deutschen Notarvereins	863		2. Eintritt der Amtsunfähigkeit des Testamentsvollstreckers nach § 2225 2. Alt BGB i.V.m. § 2201 BGB	874
	a) Regelvergütung	864			
	b) Abwicklungsvollstreckung	864			
	c) Dauervollstreckung	865		3. Verlust der Rechtsfähigkeit bei juristischen Personen analog § 2225 BGB	874
	d) Periodische Verwaltungs-gebühr	865			
	e) Mehrere Testamentsvoll-strecker	866	III.	Rechtsfolgen der Amtsbeendigung	874
III.	Anwendung der einzelnen Tabellen	866	IV.	Kündigung durch den Testamentsvollstrecker	876
IV.	Festsetzung in der Praxis	867			
V.	Fälligkeit der Vergütung und Entnahmerecht	868			
VI.	Schuldner	869			
VII.	Aufwendungsersatz	869			

Literaturhinweise:

Grunsky/Hohmann, Die Teilbarkeit des Testamentsvollstreckeramtes, ZEV 2005, 41; *Nieder,* Das notarielle Nachlassverzeichnis im Pflichtteilsrecht, ZErb 2004, 60; *Kirchner,* Zur Erforderlichkeit eines Ergänzungs-pflegers bei (Mit-) Testamentsvollstreckung durch den gesetzlichen Vertreter des Erben, MittBayNot 2002, 368; *Watrin,* Berufsrechtliche Zulässigkeit der Testamentsvollstreckung durch Steuerberater, DStR 2002, 422; *Piltz,* Zur steuerlichen Haftung des Testamentsvollstreckers, ZEV 2001, 262; *Stracke,* Testamentsvoll-streckung und Rechtsberatung, ZEV 2001, 250; *Werkmüller,* Vollmacht und Testamentsvollstreckung als Instrumente der Nachfolgegestaltung bei Bankkonten, ZEV 2000, 305; *Sarres,* Die Auskunftspflicht des Testamentsvollstreckers, ZEV 2000, 90; *Adams ,* Der Alleinerbe als Testamentsvollstrecker, ZEV 1998, 321; *Häfke,* Steuerliche Pflichten, Rechte und Haftung des Testamentsvollstreckers, ZEV 1997, 429; *Reimann,* Nachlassplanung als erbrechtsübergreifende Beratungsaufgabe, ZEV 1997, 129; *Skibbe,* Zur Kumulation von Testamentsvollstreckeraufgaben in einer Hand, FS Brandner 1996, 769; *Damrau,* Der Nachlass vor Beginn des Testamentsvollstreckeramtes, ZEV 1996, 81; *Muscheler,* Freigabe von Nachlassgegenständen, ZEV 1996, 401; *Muscheler,* Der Mehrheitsbeschluss in der Erbengemeinschaft, ZEV 1997, 169; *Reimann,* Die Kontrolle des Testamentsvollstreckers, FamRZ 1995, 588; *Trapp,* Die post- und transmortale Vollmacht zum Vollzug lebzeitiger Zuwendungen, ZEV 1995, 314; *Schaub,* Testamentsvollstreckung durch Banken, FamRZ 1995, 845; *Bork,* Testamentsvollstreckung durch Banken, WM 1995, 225; *Vortmann,* Testamentsvoll-streckung durch Banken, ZBB 1994, 259; *Henssler,* Geschäftsmäßige Rechtsberatung durch Testaments-vollstrecker?, ZEV 1994, 261; *Damrau ,* Auwirkungen des Testamentsvollstreckeramtes auf elterliche Sorge, Vormundsamt und Betreuung, ZEV 1994, 1; *von Morgen/Götting,* „Gespaltene" Testamentsvollstreckung bei gesamtdeutschen Nachlässen, DtZ 1994, 199; *Meincke,* Steuerberater als Testamentsvollstrecker, Nach-lassverwalter und Nachlasspfleger, Steuerberaterkongress-Report 1992, 209; *Merkel,*Die Anordnung der Testamentsvollstreckung – Auswirkungen auf eine postmortale, Vollmacht?, WM 1987, 1100; *Reithmann,* Testamentsvollstreckung und postmortale Vollmacht als Instrumente der Kautelarjurisprudenz, BB 1984, 1394;

Zur Verwaltung des Nachlasses und Verfügungsbefugnis:

Keim, Teilung der Verfügungsbefugnis zwischen Testamentsvollstrecker und Erben durch den Willen des Erblassers?, ZEV 2002, 132; *Reimann,* Die Kontrolle des Testamentsvollstreckers, FamRZ 1995, 588; *Muscheler,* Testamentsvollstreckung über Erbteile, AcP (1995) 35; *von Preuschen,* Testamentsvollstreckung für Erbteile, FamRZ 1993, 1390; *Lehmann,* Die unbeschränkte Verfügungsbefugnis des Testamentsvollstreckers, AcP 188 (1988), 1; *Schmitz,* Testamentsvollstreckung und Kapitalanlagen – Richtlinien für die Anlage von Nachlassvermögen durch den Testamentsvollstrecker, ZErb 2003, 3; *Klumpp,* Handlungsspielraum und Haftung bei Vermögensanlagen durch den Testamentsvollstrecker, ZEV 1994, 65; *Goebel,* Probleme der treuhänderischen und der echten Testamentsvollstreckung über ein vermächtnisweise erworbenes Einzelunternehmen, ZEV 2003, 261; *Spall,* Vollzug eines Nachvermächtnisses durch den Testamentsvollstrecker, ZEV 2002, 5; *Damrau/J. Mayer,* Zur Vor- und Nachvermächtnislösung beim sog. Behindertentestament, ZEV 2001, 293; *Frank,* Umwandlung einer Personengesellschaft in eine Kapitalgesellschaft durch den Testamentsvollstrecker – Ist eine Umwandlungsanordnung anzuraten?, ZEV 2003, 5; *Frank,* Die Testamentsvollstreckung über Aktien, ZEV 2002, 389; *J. Mayer,* Testamentsvollstreckung über GmbH-Anteil, ZEV 2002, 209; *Schaub,* Unentgeltliche Verfügungen des Testamentsvollstreckers, ZEV 2001, 257; *Wellkamp,* Das gesetzliche Verfügungsrecht des Testamentsvollstreckers und dessen Einschränkungen durch den Erblasser, ZErb 2000, 177; *J. Mayer,* Ausgewählte erbrechtliche Fragen des Vertrages zugunsten Dritter, DNotZ 2000, 905; *Schaub,* Die Veräußerung von Grundstücken durch den Testamentsvollstrecker, ZEV 2000, 49; *Jung,* Unentgeltliche Verfügungen des Testamentsvollstreckers, Rechtspfleger 1999, 204; *Wachter,* Testamentsvollstreckung an GmbH-Geschäftsanteilen, ZNotP 1999, 226; *Schiemann,* Der Testamentsvollstrecker als Unternehmer, FS Medicus 1999, 513; *Weidlich,* Befugnisse des Testamentsvollstreckers bei der Verwaltung von Beteiligungen an einer werbenden BGB-Gesellschaft, ZEV 1998, 339; *Plank,* Die Eintragungsfähigkeit des Testamentsvollstreckervermerks im Handelsregister, ZEV 1998, 325; *Burghardt,* Verfügungen über Nachlasskonten in der Bankpraxis, ZEV 1996, 136; *Dörrie,* Reichweite der Kompetenzen des Testamentsvollstreckers an Gesellschaftsbeteiligungen, ZEV 1996, 370; *Dörrie,* Erbrecht und Gesellschaftsrecht bei Verschmelzung, Spaltung und Formwechsel, GmbHR 1996, 245; *Stimpel,* Testamentsvollstreckung über den Anteil an einer GbR, FS Brandner 1996, 779; *Weidlich,* Beteiligung des Testamentsvollstreckers und des Erben bei der formwechselnden Umwandlung von Personenhandelsgesellschaften und Gesellschaften mit beschränkter Haftung, MittBayNot 1996, 1; *Lorz,* Der Testamentsvollstrecker und der Kernbereich der Mitgliedschaft, FS Boujong 1996, 319; *Gschwendter,* Testamentsvollstreckung an einem Kommanditanteil, NJW 1996, 362; *Winkler,* „Echte" Testamentsvollstreckung aus Unternehmen und OHG-Anteil?, FS Schippel 1996, 519; *Weidlich,* Die Testamentsvollstreckung an Beteiligungen einer werbenden OHG bzw. KG, ZEV 1994, 205; *Schaub,* Die Rechtsnachfolge von Todes wegen im Handelsregister bei Einzelunternehmen und Personenhandelsgesellschaften, ZEV 1994, 71; *Brandner,* Die Testamentsvollstreckung am Kommanditanteil ist zulässig, FS Kellermann 1991, 37; *Ulmer,* Testamentsvollstreckung an Kommanditanteilen?, NJW 1990, 73; *D. Mayer,* Testamentsvollstreckung am Kommanditanteil – Voraussetzungen und Rechtsfolgen, ZIP 1990, 976; *Flume,* Die Erbennachfolge in den Anteil einer Personengesellschaft und die Zugehörigkeit des Anteils zum Nachlass, NJW 1988, 161; *Rowedder,* Die Zulässigkeit der Testamentsvollstreckung bei Kommanditbeteiligungen, FS Goerdeler 1987, 445; *Weber,* Testamentsvollstreckung an Kommanditanteilen?, FS Stiefel 1987, 829; *Marotzke,* Die Mitgliedschaft in einer offenen Handelsgesellschaft als Gegenstand der Testamentsvollstreckung, JZ 1986, 457; *Reimann,* Testamentsvollstreckung an Geschäftsanteilen jetzt möglich? MittBayNot 1986, 232; *Priester,* Testamentsvollstreckung am GmbH-Anteil, FS Stimpel 1985, 463; *Brandner,* Das einzelkaufmännische Unternehmen unter Testamentsvollstreckung, FS Stimpel 1985, 991; *Mattern,* In-Sich-Geschäfte des Testamentsvollstreckers, BWNotZ 1961, 149; *von Lübtow,* In-Sich-Geschäfte des Testamentsvollstreckers, JZ 1960, 151; *Müller,* Zur Heilung der fehlenden Verpflichtungsbefugnis eines Testamentsvollstreckers, JZ 1981, 370

Testamentsvollstreckung und Prozessrecht/Zwangsvollstreckung:

Garlichs, Die Befugnis zur Vollstreckungserinnerung, Rechtspfleger 1999, 60; *Tiedtke,* Der Testamentsvollstrecker als gesetzlicher oder gewillkürter Prozessstandschafter, JZ 1981, 429; *Löwisch,* Kann der Testamentsvollstrecker Prozess über das Erbrecht bestimmter Personen führen?, DRiZ 1971, 272; *Kessler,* Der Testamentsvollstrecker im Prozess, DRiZ 1965, 195 sowie 1967, 299; *Gutbell,* Schutz des Nachlasses gegen Zwangsvollstreckungsmaßnahmen bei Testamentsvollstreckung und Vorerbschaft, ZEV 2001, 260; *Damrau,* Lebenslange Testamentsvollstreckung im Insolvenzfall, MDR 2000, 255

Beendigung der Testamentsvollstreckung:

Reimann, Vereinbarungen zwischen Testamentsvollstreckern und Erben über die vorzeitige Beendigung der Testamentsvollstreckung, NJW 2005, 789; *Reimann*, Ende der Testamentsvollstreckung durch Umwandlung?, ZEV 2000, 381; *Bonefeld*, Die Beendigung des Testamentsvollstreckeramtes, ZErb 2000, 184; *Damrau*, Das Ende der Testamentsvollstreckung über ein Vorvermächtnis, FS Kraft, 1998, 37 *Muscheler*, Die Entlassung des Testamentsvollstreckers, AcP 197 (1997), 226

Vergütung des Testamentsvollstreckers:

Haas/Lieb, Die Angemessenheit der Testamentsvollstreckervergütung nach § 2221 BGB, ZErb 2002, 202; *Reimann*, Die Berechnung der Testamentsvollstreckervergütung nach den neueren Tabellen, DStR 2002, 2008; *Zimmermann*, Die angemessene Testamentsvollstreckervergütung, ZEV 2001, 334; *Kimberger*, Besteuerung der Testamentsvollstreckervergütung als Einkommen oder Vermögensfall von Todes wegen, ZEV 2001, 267; *Reimann*, Die Testamentsvollstreckervergütung nach den Empfehlungen des Deutschen Notarvereins, DNotZ 2001, 344; *Reithmann*, Die Vergütung des Testamentsvollstreckers im notariellen Testament, ZEV 2001, 385; *Tieling*, Die Vergütung des Testamentsvollstreckers, ZEV 1998, 331; *von Morgen*, Die Testamentsvollstreckervergütung bei Erbteilsvollstreckungen, ZEV 1996, 170; *Reimann*, Zur Festsetzung der Testamentsvollstreckergütung, ZEV 1995, 57; *Tschischgale*, Die Vergütung des Testamentsvollstreckers, JurBüro 1995, 89

Haftung des Testamentsvollstreckers:

Bonefeld, Die Verjährung der Testamentsvollstreckerhaftung, ZErb 2003, 247; *Burgard*, Die Haftung des Erben für Delikte des Testamentsvollstreckers, FamRZ 2000, 1269

A. Allgemeines

I. Rechtliche Stellung des Testamentsvollstreckers

Der in der Lit. andauernde Theorienstreit ist ohne praktische Bedeutung. Die älteren Theorien sollen an dieser Stelle nicht erwähnt werden.[1] Nach der h.M.[2] hat der Testamentsvollstrecker nach der sog. **Amtstheorie** die Stellung eines **Treuhänders** und ist **Inhaber eines privaten Amtes** (vgl. § 116 Nr. 1 ZPO). Er ist somit weder Vertreter des Erblassers, noch der Erben. Der Testamentsvollstrecker handelt fremdnützig nach dem Gesetz und dem Willen des Erblassers gem. dessen letztwilligen Anordnungen. Zwar bleibt der Erbe eigentlicher Nachlassinhaber, der Testamentsvollstrecker steht jedoch an seiner Stelle. Aus diesem Grunde können Vertretungsvorschriften der §§ 166 Abs. 1, 168 ff., 181 sowie §§ 211, 254 und 278 BGB analog auf den Testamentsvollstrecker angewandt werden.[3] Demzufolge ist die **Rechtsstellung** des Testamentsvollstreckers der eines gesetzlichen Vertreters angenähert.[4] Aus diesem Grunde wird er in der Rechtspraxis wie ein Vertreter des Erblassers behandelt, wie z.B. bei der Anwendung des § 5 der AGB der Banken auf den Testamentsvollstrecker.

1

Insgesamt hat der Testamentsvollstrecker jedoch eine freie und **unabhängige Stellung** gegenüber dem Erben. Der Erbe kann somit nicht die Ausführungen von Verfügungen oder Verwaltungshandlungen von seiner Zustimmung abhängig machen. Der der Verwaltung und Verfügung des Testamentsvollstreckers unterliegende Nachlass ist als

2

---

1 Hierzu ausführlich: Soergel/*Damrau*, Vor § 2197 Rn. 2 ff.; Mayer/Bonefeld/Wälzholz/Weidlich, Testamentsvollstreckung, Rn. 6.
2 BGHZ 13, 203; BGHZ 25, 275; BGHZ 30, 67; BGHZ 35, 296; BGHZ 41, 23; BGHZ 51, 214; BGH NJW 2000, 3781.
3 Hierzu: Soergel/*Damrau*, Vor § 2197 Rn. 5.
4 Bengel/*Reimann*, HB I, Rn. 12.

Sondervermögen zu qualifizieren. Wegen seiner freien Stellung unterliegt der Testamentsvollstrecker nicht der Aufsicht durch das Nachlassgericht. Lediglich der Erbe und weitere Beteiligte haben über § 2227 Abs. 1 BGB die Möglichkeit, durch Einschaltung des Nachlassgerichts, den Testamentsvollstrecker zu entlassen. In den §§ 2198, 2200, 2202 Abs. 2 Satz 1, 2202 Abs. 3, 2216 Abs. 2 Satz 2 und 3, §§ 2224 Abs. 1, 2226 Satz 2, 2227 Abs. 1 und § 2368 Abs. 1 BGB hat das Nachlassgericht in bestimmten Situationen Mitwirkungs- und Entscheidungsbefugnisse.

II. Zielsetzung der Testamentsvollstreckung

3 Die Einsetzung eines Testamentsvollstreckers ist i.d.R. sehr zweckmäßig. Eine Testamentsvollstreckungsanordnung kann z.B. in folgenden Fällen sinnvoll sein:
– Erblasser will den Nachlassbestand auf längere Zeit erhalten;
– Erbe ist im Geschäftsverkehr unerfahren;
– Erblasser befürchtet aus anderen Gründen, der Erbe werde seine letztwilligen Anordnungen nicht oder nur unvollständig umsetzen;
– Verhinderung des Zugriffs von Eigengläubigern des Erben auf den Nachlass gem. § 2214 BGB (z.B. beim sog. Behindertentestament/Testament bei überschuldeten Erben);
– Vermittlung der Auseinandersetzung einer Erbengemeinschaft;
– Unterstützung und Sicherung der Unternehmensnachfolge;
– Unterstützung und Stärkung eines bestimmten Personenkreises.

4 Welche Aufgaben der Testamentsvollstrecker zu bewältigen hat, richtet sich nach den Erblasserbestimmungen. Hat der Erblasser nichts anderes bestimmt, hat der Testamentsvollstrecker gem. § 2203 BGB die letztwilligen Verfügungen des Erblassers zur Ausführung zu bringen. Sind mehrere Erben vorhanden, hat er die Auseinandersetzung unter ihnen nach den Vorschriften der §§ 2042 bis 2056 BGB zu bewirken. Dieser Fall der **Abwicklungsvollstreckung** ist dem Gesetz nach der Regeltypus.

5 Durch entsprechende Gestaltung im Rahmen seiner letztwilligen Verfügung kann der Erblasser den Aufgabenkreis über diesen Regeltypus auch insoweit erweitern, dass der Testamentsvollstrecker allein oder neben der Aufgabenerledigung die Nachlassverwaltung vorzunehmen hat. Neben der Abwicklungsvollstreckung steht die **schlichte Verwaltungsvollstreckung**, nach der dem Testamentsvollstrecker die bloße Nachlassverwaltung übertragen wird, ohne dass ihm weitere Aufgaben zugewiesen wurden. Sie muss ausdrücklich angeordnet sein, damit nicht der Regeltypus der Abwicklungsvollstreckung unterstellt wird. In der Praxis wird die schlichte Verwaltungsvollstreckung häufig bis zum Eintritt der Volljährigkeit eines Erben zur Nachlassverwaltung eingesetzt sowie zur Verhinderung des Zugriffs von Eigengläubigern des Erben auf den Nachlass nach § 2214 BGB. Darüber hinaus hat die schlichte Verwaltungsvollstreckung i.R.d. Pflichtteilsbeschränkung in guter Absicht nach § 2338 Abs. 1 Satz 2 BGB Bedeutung.

6 Bei einer **Dauertestamentsvollstreckung** nach Maßgabe des § 2209 Satz 1 BGB beinhaltet die Erblasseranordnung, dass der Testamentsvollstrecker nach der Erledigung der ihm sonst zugewiesenen Aufgaben die Verwaltung des Nachlasses fortzuführen hat. Die Abwicklungsvollstreckung und die Verwaltungsvollstreckung werden somit zeitlich nacheinander angefügt.[5] Wegen der zeitlichen Befristung der Verwaltung ist

---

5 Vgl. MünchKomm/*Zimmermann*, § 2209 Rn. 2.

auf die Erblasseranordnung abzustellen. Fehlt eine derartige Anordnung endet die Testamentsvollstreckung gem. § 2210 BGB 30 Jahre nach dem Erbfall.

Dem Testamentsvollstrecker kann aber auch die Aufgabe zugewiesen werden, gem. § 2222 BGB die Rechte und Pflichten der Nacherben bis zum Eintritt der Nacherbfolge gegenüber dem Vorerben wahrzunehmen. Der Nacherbenvollstrecker hat selbst kein allgemeines Verwaltungsrecht. Von der Nacherbenvollstreckung und der Anordnung der Testamentsvollstreckung für den Nacherbfall ist die Testamentsvollstreckung für den Vorerbfall abzugrenzen, welche eine Verwaltungsvollstreckung oder Dauertestamentsvollstreckung darstellt.

Ebenso kann Vermächtnisvollstreckung nach Maßgabe des § 2223 BGB angeordnet werden, um die Anordnung eines Untervermächtnisses gem. § 2186 BGB, eines Nachvermächtnisses gem. § 2191 BGB und einer Auflage gem. §§ 2192 ff. BGB sicherzustellen. Der Fall der Vermächtnisvollstreckung ist streng abzugrenzen von der Möglichkeit, den Testamentsvollstrecker mit der Verwaltung des Vermächtnisgegenstandes, der sich in der Hand des Vermächtnisnehmers befindet, zu betrauen. Dabei handelt es sich um eine bloße Verwaltungsvollstreckung.

Schließlich kann neben der **Erweiterung** des Aufgabenkreises auch der **Aufgabenbereich** des Testamentsvollstreckers beschränkt werden. Gleiches gilt für seine Befugnisse.

Nach neuerer Auffassung[6] soll das **Amt** des Testamentsvollstreckers sogar **teilbar** sein. Nach dieser Meinung soll sowohl eine Teilannahme als auch eine teilweise Beendigung durch Kündigung oder Entlassung denkbar sein. Ausschlaggebendes Kriterium sei dabei der jeweils hypothetische Erblasserwille.

III. Rechtsverhältnis zwischen Erben und Testamentsvollstrecker

Das Rechtsverhältnis zwischen den Erben und dem Testamentsvollstrecker ist geprägt von der Vorschrift des § 2218 BGB. Zwischen beiden Personen besteht kein **Auftragsverhältnis**, sondern ein **gesetzliches Schuldverhältnis** eigener Art. Der Erbe wird zudem durch die Verfügungsbefugnis des Testamentsvollstreckers gem. § 2211 BGB ausgeschlossen. Der Testamentsvollstrecker kann gegenüber den Erben die Nachlassherausgabe gem. § 2205 Satz 1 BGB ebenso verlangen wie eine **angemessene Vergütung** gem. § 2221 BGB sowie den Ersatz seiner notwendigen Aufwendungen gem. §§ 2218, 670 BGB. Die Rechte des Erben gegenüber dem Testamentsvollstrecker bzw. die Pflichten des Testamentsvollstreckers sind in den §§ 2215 bis 2219 BGB manifestiert und aufgrund § 2220 BGB nicht durch den Erblasser abänderbar. Aufgrund des durch die Testamentsvollstreckungsanordnung entstehenden **Sondervermögens** haftet der Nachlass nur den Nachlassgläubigern, nicht aber den Privatgläubigern des Erben (vgl. § 2214 BGB). Eine **Anordnung der Nachlassverwaltung** schließt eine Testamentsvollstreckung nicht aus. Es kann Personenidentität zwischen Nachlassverwalter und Testamentsvollstrecker bestehen. Das Antragsrecht zur Nachlassverwaltung steht dem Erben auch gegen den Willen des Testamentsvollstreckers zu.[7] Ebenso wird durch die **Eröffnung** des **Nachlassinsolvenzverfahrens** die Testamentsvollstreckung nicht ausgeschlossen.

Ist der Testamentsvollstrecker noch unbekannt, d.h. er ist noch nicht bestimmt, sind aber Notgeschäftsführungsmaßnahmen notwendig, ist nach hiesiger Auffassung gem.

---

6 *Grunsky/Hohmann*, ZEV 2005, 41 ff.
7 Vgl. Soergel/*Damrau*, Vor § 2197 Rn. 14.

§ 1913 BGB eine Pflegschaft für den **unbekannten Testamentsvollstrecker** anzuordnen, so dass nicht das Nachlassgericht, sondern das Vormundschaftsgericht sachlich für den Antrag zuständig ist.[8]

IV. Testamentsvollstreckung und Vollmachten

13 Der Erblasser kann ohne weiteres dem Testamentsvollstrecker eine **transmortale Vollmacht**[9] oder eine **postmortale Vollmacht**[10] erteilen. Auch eine andere Person als die des Testamentsvollstreckers kann mit derartigen Vollmachten ausgestattet werden. Testamentsvollstreckung und Vollmacht stehen somit isoliert nebeneinander. Sofern einem Erben oder einem Dritten Vollmacht erteilt wurde, ist es Auslegungsfrage, inwieweit die Testamentsvollstreckung durch die Vollmacht (und umgekehrt) beschränkt werden soll. Kommt die Auslegung zu keinem Ergebnis, bleibt es bei dem isolierten nebeneinander von Vollmacht und Testamentsvollstreckung. Durch Erteilung einer **Generalvollmacht** wird die Handlungsfähigkeit des Nachlasses nach dem Erbfall bis zum eigentlichen Amtsantritt des Testamentsvollstreckers erweitert. Im Unterschied zum Testamentsvollstrecker ist der Bevollmächtigte von Verfügungsbeschränkungen regelmäßig befreit. Er kann ohne weitere Nachweise, wie z.B. ein Testamentsvollstreckerzeugnis, seine Handlung vornehmen. Genehmigungen des Vormundschafts- oder Familiengerichts sind entbehrlich.

14 Eine Vollmacht kann jedoch jederzeit durch den Erben widerrufen werden. Besteht eine Erbengemeinschaft, hat jeder einzelne Erbe das **Recht zum Widerruf**. Widerruft ein Miterbe, wird die Vertretungsmacht für die anderen Miterben nicht gleichzeitig mit widerrufen und bleibt somit unberührt.[11] Der **Widerruf eines Miterben** führt aber zum Verlust der alleinigen Verfügungsbefugnis über die erbengemeinschaftlichen Nachlassgegenstände. Eine Generalvollmacht ist wie auch eine isolierte Vollmacht immer widerruflich. Sofern der Erblasser einen Widerruf verhindern will, kann er z.B. die Erbenstellung unter eine auflösende Bedingung für den Fall stellen, dass der Erbe die Vollmacht widerruft.

15 Die Vollmacht kann **formfrei** wegen § 167 Abs. 2 BGB erfolgen. Aufgrund der Nachweisproblematik sollte entweder eine **notarielle Beglaubigung** oder aber Beurkundung der Vollmacht erfolgen. Soll der Testamentsvollstrecker in **Grundbuchsachen** tätig werden, bedarf es ohnehin wegen § 29 GBO der notariellen Form. Aufgrund der Zugangsproblematik macht es wenig Sinn, im Rahmen einer letztwilligen Verfügung zusammen mit der Testamentsvollstreckung eine postmortale Vollmacht zu erteilen. Diese sollte in einer getrennten Urkunde erfolgen. Ebenso sollte das Verhältnis Vollmacht zur Testamentsvollstreckung klargestellt werden.

16

Übersicht Unterschiede	Testamentsvollstrecker	Bevollmächtigter
Unterschiede in den Befugnissen TV/Bevollmächtigter	– Schenkungsverbot, § 2205 BGB – Zeitliche Begrenzung § 2210 BGB – Verpflichtungsbefugnis nur hinsichtlich des Nachlasses	– gilt für Bevollmächtigten nicht – keine zeitliche Begrenzung – Verpflichtungsbefugnis über den Nachlass hinaus

---

8 So *Damrau*, ZEV 1996, 81; Staudinger/*Otte*, § 1960 Rn. 7; a.A. *Bengel/Reimann*, HB I, Rn. 15 (dort § 1960 BGB analog und damit Zuständigkeit des Nachlassgerichts).
9 BGHZ 87, 18.
10 RGZ 114, 351.
11 RG JW 1938, 1892; *Bamberger/Roth/Mayer*, § 2197 Rn. 44.

Übersicht Unterschiede	Testamentsvollstrecker	Bevollmächtigter
Amtsbeginn	erst mit Amtsannahme gem. § 2202 BGB	bei postmortaler Vollmacht mit Tod des Erblassers
Vollstreckungsschutz	Eigengläubiger des Erben können nicht in Nachlass vollstrecken	kein Vollstreckungsschutz
Widerruf durch Erben	nicht möglich	möglich, wenn nicht ausdrücklich unwiderruflich (nicht möglich bei Generalvollmacht)
Verbleibende Befugnisse der Erben für Rechtshandlungen	werden i.R.d. Aufgaben des TV grds. ausgeschlossen und zwar auch mit dinglicher Wirkung, §§ 2211, 2208 BGB	– können nicht genommen werden; keine verdrängende Vollmacht – möglich nur Strafklauseln bei abweichenden Verhalten

V. Testamentsvollstreckerzeugnis, Grundbuch, Handelsregister

Der **Testamentsvollstrecker** wird kraft Anordnung durch die Annahme des Amtes gem. § 2002 BGB Testamentsvollstrecker und nicht erst durch die Erteilung eines Testamentsvollstreckerzeugnisses. Damit sich der Testamentsvollstrecker im Rechtsverkehr legitimieren kann, erhält er ein **Testamentsvollstreckerzeugnis**. Das Testamentsvollstreckerzeugnis ist mit **öffentlichem Glauben** in gewissen Umfang versehen (vgl. Ausführungen zu § 2368 BGB). Ebenso wird im Erbschein die Testamentsvollstreckung aufgeführt (vgl. § 2364 BGB). Des Weiteren ist wegen § 52 GBO im Grundbuch neben der Eintragung des Erben auch ein **Testamentsvollstreckervermerk** von Amts wegen mit einzutragen. Hierdurch wird ein gutgläubiger Erwerb des Erben verhindert. Ähnliche Vermerke erfolgen aus **§ 55 SchiffRegO** und **§ 56 Abs. 1 LuftfzRG**. Durch Eintragung eines Testamentsvollstreckervermerks nach § 52 GBO von Amts wegen im Grundbuch wird ein gutgläubiger Erwerb Dritter am Grundstück verhindert. Gleichzeitig wird der Erbe in das Grundbuch eingetragen. Auf den Testamentsvollstreckervermerk kann weder der Testamentsvollstrecker verzichten, noch kann der Erblasser diesen ausschließen. Ein Name des Testamentsvollstreckers wird nicht eingetragen. Sofern nicht der Fall einer Nacherbenvollstreckung vorliegt, werden auch nicht sein Wirkungskreis bzw. seine Befugnisse im Grundbuch vermerkt.

Die Löschung des Testamentsvollstreckers erfolgt nach § 84 GBO von Amts wegen bei Gegenstandslosigkeit oder auf Antrag, wobei ein **Unrichtigkeitsnachweis** nach § 22 GBO vorgelegt werden muss. Der Testamentsvollstreckervermerk kann nicht gelöscht werden, wenn der Testamentsvollstrecker zwar die Löschung bewilligt, jedoch einen Unrichtigkeitsnachweis nicht beigebracht wurde. Durch den Testamentsvollstreckervermerk wird das **Grundbuch** gegen Eintragungen aufgrund von Verfügungen des Erben über das Grundstück oder das Recht, bei dem der Vermerk verlautbart ist, gesperrt.[12]

Die **Verfügungsbefugnis** über ein **Grundstück** muss der Testamentsvollstrecker nicht ausschließlich nach § 35 Abs. 2 GBO durch Vorlage des Testamentsvollstreckers nachweisen, er kann auch den Nachweis durch Vorlage einer öffentlich beurkundeten Verfügung von Todes wegen samt der Eröffnungsniederschrift und **Nachweis** der Amtsannahme erbringen. Da der Testamentsvollstrecker nicht zu unentgeltlichen Verfügungen befugt ist, ist die Entgeltlichkeit der Verfügung durch das Grundbuchamt

---

12 Hierzu *Mayer/Bonefeld/Wälzholz/Weidlich*, Tetsamentsvollstreckung, Rn. 70, 336 ff.

nach § 12 FGG von Amts wegen zu prüfen. Abweichend von § 29 Abs. 1 GBO ist für den Nachweis der Entgeltlichkeit ausreichend, wenn etwaige Zweifel des Grundbuchamts an der Pflichtmäßigkeit des Testamentsvollstreckerhandelns ausgeräumt werden können, was im Wege der **freien Beweiswürdigung** erfolgen kann.;[13][14]

20 Sehr str. ist, ob die Testamentsvollstreckung im **Handelsregister einzutragen** ist, da es an einer gesetzlichen Regelung fehlt. Entgegen der h.M.[15] hat kein Testamentsvollstreckervermerk im Handelsregister zu erfolgen.[16] In der Rspr.[17] wird eine Eintragungsfähigkeit verneint, da weder ein dringendes Bedürfnis noch eine gesetzliche Anordnung bestehe.

21 Ist der Testamentsvollstrecker zur **Verwaltung eines Gesellschaftsanteils** oder eines **Handelsgeschäfts**, z.B. durch eine Ersatzlösung, ausnahmsweise berechtigt, ist er gegenüber dem Registergericht zur Anmeldung verpflichtet.[18] Grundsätzlich haben Registeranmeldungen im Zusammenhang mit Handelsgeschäften durch den Erben zu erfolgen.

22 Bei der **Treuhandlösung** ist der Testamentsvollstrecker Inhaber des Geschäfts. Insofern ist er auch ins Handelsregister einzutragen, aber erst, nachdem der Erbe als Geschäftsinhaber ins Handelsregister eingetragen wurde. Die Eintragung des Testamentsvollstreckers bei der Treuhandlösung in das Handelsregister wird sowohl durch den Testamentsvollstrecker als auch den Erben angemeldet.

23 Da bei allen anderen Ersatzlösungen (Vollmachtlösung, Weisungsgeberlösung, Beaufsichtigung der Testamentsvollstreckung) Inhaber des Geschäfts die Erben bleiben, scheidet eine Eintragung des Testamentsvollstreckers aus. Bei einer reinen Abwicklungsvollstreckung scheidet ebenfalls eine Anmeldeberechtigung des Testamentsvollstreckers aus. Das Ausscheiden des Erblassers kann der Testamentsvollstrecker dagegen für die Erben auch dann anmelden, wenn er nur die eingeschränkte Aufgabe der Abwicklungsvollstreckung wahrnimmt.

24 Soweit der Testamentsvollstrecker zur Anmeldung befugt ist, besteht kein eigenes Anmelderecht der Erben.[19]

25 Sofern **Kommanditbeteiligungen** getroffen sind, muss der Testamentsvollstrecker die Anmeldepflichten erfüllen.[20] Problematisch ist, ob eine **postmortale Vollmacht** zu Gunsten des Testamentsvollstreckers ihn zur Vornahme von Handelsregisteranmeldungen ermächtigt. Dies wird von der neueren Rspr.[21] abgelehnt, weil die richtige Rechtsnachfolge vom Registergericht zu überprüfen ist, was die Vorlage eines Erbscheins bzw. die Vorlage einer beglaubigten Abschrift einer notariellen Verfügung von Todes wegen i.V.m. der Eröffnungsniederschrift notwendig machen würde. Nach hiesiger Auffassung ist der postmortal bevollmächtigte Testamentsvollstrecker ohne weiteres antragsberechtigt, jedoch hilft ihm diese Berechtigung nur dann etwas, wenn die

---

13 BayObLG NJW RR 1989, 587.
14 Zu den weiteren Risiken bei Rechtsgeschäften mit einem Testamentsvollstrecker vgl. *Mayer/Bonefeld/Wälzholz/Weidlich*, Testamentsvollstreckung, Rn. 339 ff.
15 Vgl. Palandt/*Edenhofer*, Vor § 2197 Rn. 13 m.w.N.
16 So auch *Bamberger/Roth/Mayer*, § 2205 Rn. 14, *Damrau*, BWNotZ 1990, 69 ff.
17 Vgl. KG Berlin ZEV 1996, 67.
18 BGHZ 108, 187 = BGH 1989, 3152.
19 *Mayer/Bonefeld/Wälzholz/Weidlich*, Testamentsvollstreckung, Rn. 69.
20 BGHZ 108, 187.
21 KG ZEV 2003, 204.

Rechtsnachfolge von ihm nachgewiesen werden kann. Des Weiteren ist str., ob die Registeranmeldungen durch den Testamentsvollstrecker bei einer Beteiligung als persönlich haftender Gesellschafter an einer **OHG** oder **KG** erfolgen kann.[22] Bei der hier vertretenen Auffassung ist der Testamentsvollstrecker hierzu nicht berechtigt, was durch die Gerichtspraxis bestätigt wird, die eine Anmeldung des Erben verlangen.[23]

VI. Testamentsvollstreckung und Kollisionsrecht

Die Testamentsvollstreckung unterliegt dem **Erbstatut**.[24] Somit hat das Erbstatut Bedeutung für die rechtliche Einordnung und die Beurteilung der Zulässigkeit der Testamentsvollstreckerernennung, die Zulässigkeit der Testamentsvollstreckung selbst, die Einzelbefugnisse des Testamentsvollstreckers, seine Rechtsstellung nebst seiner Entlassung.[25]

26

Nach Art. 25 Abs. 1 EGBGB wird auf das **Heimatrecht** des Erblassers verwiesen. Maßgeblich ist die Staatsangehörigkeit des Erblassers im Todeszeitpunkt. Das Erbstatut ist somit unwandelbar. Sofern der Erblasser Deutscher war, kann somit auch aus deutscher Sicht eine Testamentsvollstreckung im Ausland nach deutschem Recht möglich sein und zwar soweit, wie der extraterritoriale Geltungsanspruch des deutschen Rechts reicht und nicht durch Art. 3 Abs. 3 EGBGB eingeschränkt ist.[26] Ob letztendlich eine Testamentsvollstreckung faktisch im Ausland nach deutschem Recht möglich ist, bestimmt sich nicht nach dem deutschen Recht, sondern nach dem Recht des Ziellandes.[27] Die Handlungsvollmacht des deutschen Testamentsvollstreckers kann durch international-verfahrensrechtliche Bestimmungen, durch eine andere Anknüpfung des Testamentsvollstreckungsstatus oder durch den ordre public stark beschränkt werden.

Sofern, z.B. wegen ausländischer Staatsangehörigkeit oder Nachlassspaltung, nicht deutsches Recht im Ausland zur Anwendung kommt, sollte der Erbe mit der Auflage belegt werden, dem Testamentsvollstrecker eine **internationale Nachlassvollmacht** nach dem Muster der Kommission für europäische Angelegenheiten (CAE) der internationalen Union des lateinischen Notariats (**UINL**) für die Dauer der Testamentsvollstreckung zu erteilen. Damit die Vollmacht nicht ohne weiteres widerrufen werden kann, ist an eine Bedingung zu denken.

Formulierungsbeispiel: *Nachlassvollmacht*

27

Der Vollmachtgeber

(Name des oder der Erben)

erklärt, hierdurch zu seinem Bevollmächtigten zu bestellen

Rechtsanwalt ..., geb. am ...

wohnhaft ...,

geschäftsansässig ...

dem er Vollmacht erteilt, die Erbschaft nach ... (Erblasser), verstorben am ...,

---

22 Dazu KG ZEV 2004, 29.
23 Vgl. hierzu *Schaub*, ZEV 1994, 71.
24 LG Heidelberg IPRax 1992, 171; BGH NJW 1963, 46.
25 BGH NJW 1963, 46.
26 Dazu *v. Oertzen*, ZEV 1995, 167 ff.
27 *V. Oertzen*, ZEV 1995, 170.

für ihn anzutreten und abzuwickeln, gegebenenfalls auch jedes Gemeinschaftsvermögen oder Gesamtgut, das etwa zwischen dem Verstorbenen und seinem Ehepartner oder einer anderen Person bestanden hat. Infolgedessen und zu diesem Zweck soll der Bevollmächtigte berechtigt sein:

(1) Alle Sicherungsmaßnahmen ohne jede Einschränkung zu treffen

Die Versiegelung jeder Art zu beantragen; die Entsiegelung mit oder ohne gleichzeitige Aufnahme eines Verzeichnisses der versiegelt gewesenen Gegenstände zu verlangen.

Die Errichtung von Nachlassverzeichnissen (Inventar) und die Öffnung von Schließfächern und versiegelten Briefen zu veranlassen.

Von allen Testamenten, Testamentsnachträgen und Schenkungen Kenntnis zu nehmen.

Von jedem Dritten Auskünfte über alle Bestandteile des Aktivvermögens und der Schulden zu erwirken.

Alle gerichtlichen Maßnahmen zur Sicherung des Nachlassvermögens zu beantragen.

(2) Die Erbenstellung einzunehmen

Die Erbschaft ohne Einschränkung oder unter der Rechtswohltat des Inventars anzunehmen oder sie auszuschlagen; der Erfüllung von Vermächtnissen jeder Art zuzustimmen oder zu widersprechen, sie auszuliefern oder entgegenzunehmen, (auch) ihre Herabsetzung (nach Belieben) zu verlangen.

(3) Zu handeln und zu verwalten

Verwaltungshandlungen jeder Art mit den weitestgehenden Befugnissen durchzuführen und insbesondere:

(a) Den Inhalt von Schließfächern aller Art zu entnehmen; Effekten, Wertsachen und Geldsummen, sie mögen Erträgnisse oder Kapitalien darstellen, in Empfang zu nehmen und darüber zu quittieren; auf jede vorhandene Sicherheit gegen Bezahlung zu verzichten.

(b) Konten bei Banken jeder Art zu eröffnen und bestehen zu lassen, Geldbeträge einzuzahlen und abzuheben, Schecks auszustellen, einzuziehen und zu indossieren, Effekten und Wertsachen in Verwahrung zu geben oder zu entnehmen.

(c) Renten, Aktien, Obligationen und Effekten aller Art, die an den Börsen notiert (bewertet) werden, zu erwerben, zu zeichnen und zu verkaufen.

(d) Schließfächer zu mieten und alle darauf bezüglichen Rechte auszuüben.

(e) Vermögensteile zu vermieten oder zu verpachten; Grundstücke zu pachten, alles das unter Verpflichtungen und Bedingungen, die der Bevollmächtigte bestimmt.

(f) An Versammlungen von Gesellschaften, Verbänden oder Berufsvereinigungen (Syndikaten) teilzunehmen, Ämter auszuüben, das Stimmrecht auszuüben und Protokolle zu unterzeichnen.

(g) Den Vollmachtgeber bei Versicherungsgesellschaften zu vertreten und insbesondere Versicherungsscheine zu unterzeichnen und sie zu kündigen.

(h) Den Vollmachtgeber bei Behörden und insbesondere bei der Postverwaltung und allen Finanzämtern zu vertreten. Zu diesem Zweck Erklärungen aller Art zu unterzeichnen, Steuern und Abgaben zu bezahlen, Beschwerden (Einsprüche) und freiwillige oder streitige Gesuche vorzubringen; Stundungen zu erwirken, Bürgschaften

Bonefeld

zu vereinbaren und Eintragungen aller Art in den Grundbüchern und Hypothekenregistern zu bewilligen.

(i) In Fällen von Konkurs, Zwangsvergleich oder gerichtlicher Liquidation von Schulden an Gläubigerversammlungen teilzunehmen und den Vollmachtgeber zu vertreten.

(4) Zu verfügen

(a) Grundstücke, Handelsgeschäfte, Schiffe, Aktien, Obligationen – auch soweit sie an der Börse nicht notiert sind – bewegliche Sachen und Rechte ohne Ausnahme, Forderungen, Erbschaftsrechte und überhaupt alle erdenklichen Rechtsgüter zu erwerben, zu verkaufen und auszutauschen zu Preisen und gegen Verpflichtungen und Bedingungen, die der Bevollmächtigte bestimmt. Kaufgelder zu kassieren, darüber zu quittieren, auf Eintragungen zu verzichten, auch wenn sie von Amts wegen zu bewirken sind.

(b) Hypotheken, Pfandrechte und überhaupt Sicherheiten aller Art auch ohne Bezahlung aufheben bzw. löschen zu lassen, Suborgationen (Ersatz bzw. Auswechslung von Sicherheiten) zuzustimmen.

(5) Aufzuteilen

Die Abwicklung und Teilung des Nachlasses oder ein der Teilung gleichwertiges Rechtsgeschäft in jeder Form gütlich oder gerichtlich durchzuführen; Anteile am Nachlass im Namen des Vollmachtgebers mit oder ohne Ausgleichssumme (Geldausgleich) zu empfangen, auf Eintragungen zu verzichten, auch wenn sie von Amts wegen zu bewirken sind.

(6) Gerichtliche Schritte einzuleiten

(a) Den Vollmachtgeber sowohl als Kläger als auch als Beklagten vor Gericht zu vertreten, Verteidiger und gerichtliche Hilfspersonen zu bestellen; Prozesshandlungen oder Vollstreckungsmaßnahmen jeder Art zu bewirken oder zu beantragen.

(b) Einen Schiedsvertrag oder einen Vergleich abzuschließen.

(7) Verschiedene Verfügungen

Zu obigen Zwecken Urkunden und Schriftstücke aller Art auszustellen und zu unterzeichnen, Eintragungen im Grundbuch zu beantragen, den Wohnsitz zu bestimmen, Untervollmacht zu erteilen und überhaupt alles Nötige zu tun.

Auch eine **gespaltene Testamentsvollstreckung** ist möglich, so dass der deutsche Nachlass nach deutschem Recht und der **ausländische Nachlass** nach ausländischem Recht beurteilt werden muss.[28] Kommt ausländisches Recht zur Anwendung, können deutsche Gerichte wegen der fehlenden internationalen Zuständigkeit keine Entlassung gem. § 2227 BGB vornehmen. Eine Sonderzuständigkeit kann sich jedoch entweder durch staatsvertragliche Regelung ergeben, oder aber, wenn die Entlassung dringend geboten ist und eine Entlassung auch nach dem ausländischen Recht möglich wäre.[29] Sofern eine internationale Nachlassvollmacht erteilt wurde, sollte den Erben wenigstens dann die Möglichkeit zum Widerruf der Vollmacht gegeben werden, wenn auch die Voraussetzungen des § 2227 BGB vorliegen.

28

---

28 BayObLG ZEV 1999, 485.
29 BayObLG ZEV 1999, 485.

29 Das Erbstatut bestimmt auch über ausländische Rechtsinstitute, die im deutschen Recht kein unmittelbares Gegenstück haben, ihrem Sinn und Zweck nach aber die Funktion einer Testamentsvollstreckung besitzen.[30] Für den **anglo-amerikanischen Rechtskreis** hat der *trustee*, der *executor* oder *administrator* ähnliche Befugnisse wie ein deutscher Testamentsvollstrecker. Hier kommt es auf den Einzelfall an. Bei den beiden letzten Begriffen ist im Zweifel aber nicht von der Einsetzung eines Testamentsvollstreckers nach deutschem Vorbild auszugehen.

30 Sofern ein deutscher Erblasser mit ständigem Wohnsitz in der **DDR** im Zeitraum v. 1.1.1976 bis 2.10.1990 verstorben ist, kommt nach Maßgabe des Art. 235 § 1 Abs. 1 EGBGB das Recht der früheren DDR zur Anwendung.[31]

VII. Vermeintlicher Testamentsvollstrecker

31 Hat der Testamentsvollstrecker das Amt angenommen und ist bereits tätig geworden, stellt sich dann aber die Rechtsunwirksamkeit seiner Ernennung heraus, ist seine Rechtsstellung fragich. Im Einzelnen wird differenziert, ob die Anordnung des Erblassers von Anfang an unwirksam war oder das Amt **nachträglich weggefallen** ist.

32 Bei Unwirksamkeit von Anfang an handelt der Testamentsvollstrecker auf eigenes Risiko, wenn die Erben der Testamentsvollstreckung widersprochen haben.[32] Da kein fremdes Geschäft vorliegt, sind die Vorschriften über die **Geschäftsführung ohne Auftrag** nach §§ 677 ff. BGB nicht anwendbar. Ebenso scheidet ein **Aufwendungsersatz** nach §§ 2218, 670 BGB oder ein **Vergütungsanspruch** nach § 2221 BGB aus.

33 Haben hingegen die Erben die Berechtigung des Testamentsvollstreckers zur Amtsausübung bzw. die Anordnung insgesamt nicht bestritten, so soll wenigstens ein **Aufwendungsersatz** nach §§ 675, 612 BGB und ein Anspruch auf Vergütung aus § 2221 BGB entsprechend bestehen.[33] Für die unmittelbare Anwendung der Geschäftsführungsregeln ist bei einer nichtigen Testamentsvollstreckungsanordnung kein Raum.[34]

34 Aufgrund §§ 2218 Abs. 1, 674 BGB kann zu Gunsten des Testamentsvollstreckers die **Fortdauer des Amtes** solange unterstellt werden, bis er vom Erlöschen Kenntnis erlangt hat oder das Erlöschen erkennen müsste, wobei leichte Fahrlässigkeit genügt.[35] Eine analoge Anwendung der §§ 2218, 674 BGB kann dann gerechtfertigt sein, wenn der Testamentsvollstrecker in gutem Glauben an die ordnungsgemäße Ernennung zum Testamentsvollstrecker gehandelt hat.[36] Dabei ist jedoch eine **Analogie** nur dann zulässig, wenn die Ernennung nicht von Anfang an gegenstandslos ist.[37]

35 Zum **Schutze der Erben haftet** der vermeintliche Testamentsvollstrecker analog § 2219 BGB. Die Wirksamkeit von Verfügungen und Verpflichtungen richten sich für das **Außenverhältnis** nach den allgemeinen Gut-Glaubens-Vorschriften.[38] Im Einzel-

---

30 Bengel/Reimann/Haas, HB IX, Rn. 2.
31 Hierzu ausführlich von Morgen/*Götting*, DtZ 1994, 199.
32 BGHZ 69, 235.
33 Vgl. BGH NJW 1963, 1615.
34 So auch Staudinger/*Wittmann*, Vor §§ 677 bis 687 Rn. 23; Bengel/Reimann, HB I, Rn. 236.
35 Bengel/Reimann, HB I, Rn. 235.
36 So auch Soergel/*Damrau*, § 2218 Rn. 20.
37 BGHZ 41, 23; a.A. BGH NJW 1963, 1615, wonach es auf das Bestreiten der Erben ankommt, ob ein Anspruch des Testamentsvollstreckers besteht.
38 Bamberger/Roth/*J. Mayer*, § 2197 Rn. 37.

nen kommt es darauf an, ob der Testamentsvollstrecker sich durch Vorlage eines Testamentsvollstreckerzeugnisses legitimiert hat. Hat er einen Testamentsvollstreckerzeugnis vorgelegt, so gelten die Vorschriften über den Erbschein analog §§ 2368, 2365 BGB. Hat sich der Testamentsvollstrecker bspw. durch die Vorlage eines Testamentes legitimiert, gelten die Grundsätze der **Anscheinsvollmacht**.[39] Das durch den vermeintlichen Testamentsvollstrecker vorgenommene Rechtsgeschäft kann durch die Erben ebenso genehmigt werden, wie durch einen ordnungsgemäß ernannten Testamentsvollstrecker. Gegenüber Dritten haftet der vermeintliche Testamentsvollstrecker nach Maßgabe des § 179 BGB als **vollmachtloser Vertreter**.[40]

VIII. Testamentsvollstrecker und Steuerrecht

Der Testamentsvollstrecker ist lediglich **Vermögensverwalter** i.S.v. § 34 Abs. 3 AO. Er ist nicht Steuerschuldner, da er kein Vermögensinhaber ist. Der Testamentsvollstrecker ist nur soweit Steuerpflichtiger, wie Steuergesetze ihn ausdrücklich verpflichten. Seine Verpflichtung geht demnach nur soweit, wie auch sein Verwaltungsrecht als Testamentsvollstrecker reicht. Ferner ist er nur berechtigt, steuerliche Rechte in dem Maße wahrzunehmen, wie ihn die Steuergesetze ausdrücklich ermächtigen. Nach § 31 Abs. 5 ErbStG hat er die Erbschaftsteuererklärung abzugeben, wobei dies lediglich für den Erwerb von Todes wegen seitens des Erben gilt. Für andere Personen, wie Vermächtnisnehmer, ist er nur dann verpflichtet, wenn eine Vermächtnisvollstreckung nach § 2223 BGB angeordnet ist. Er ist nicht ohne Vollmacht der Erben befugt, gegen einen **Erbschaftsteuerbescheid** Rechtsbehelfe einzulegen. Ebenso ist er nicht berechtigt, einen entsprechenden Teil des Nachlasses an die Erben auszukehren, bevor die Bezahlung der Erbschaftsteuer nicht sichergestellt ist. Der Testamentsvollstrecker hat somit im Steuerrecht eine Doppelrolle. Zum einen ist er wegen § 31 Abs. 5 ErbStG zur Abgabe der **Erbschaftsteuererklärung** für den Erben verpflichtet. Andererseits hat er aufgrund seiner Vergütung nach § 18 Abs. 1 Nr. 3 EStG Einkünfte aus sonstiger selbständiger Arbeit.

36

Für die Abgabe der Erbschaftsteuererklärung hat er nach § 31 Abs. 1 ErbStG mindestens einen Monat Zeit. Für die praktischen Erwägungen sollte gleich ein **Stundungsantrag** gestellt werden. Soweit der Testamentsvollstrecker nicht selbst über die notwendigen steuerrechtlichen Kenntnisse verfügt, ist er sogar verpflichtet und nicht nur berechtigt, auf Kosten des Nachlasses seinerseits steuerlichen Rat einzuholen. Bevor Steuererklärungen vom Testamentsvollstrecker gefertigt werden, sollte nach einer Prüfung der wirtschaftlichen Verhältnisse bzw. des Nachlassbestandes gegenüber dem Finanzamt geklärt werden, ob die **Abgabeverpflichtung** nicht entfallen kann. Bei der Nachfrage sollte das Nachlassverzeichnis beigefügt und das Finanzamt vorsorglich aufgefordert werden, Mitteilungen zu machen, wenn sich Abweichungen aufgrund der dem Finanzamt vorliegenden Anzeigen Dritter (z.B. Banken) zum Verzeichnis ergeben. Der Testamentsollvollstrecker hat seinerseits einen Auskunftsanspruch gegenüber den Erben wegen der Vorschenkung. Dabei muss der Testamentsvollstrecker die Erben auch auf steuerliche Folgen hinweisen (Spekulationssteuer). Er ist gegenüber dem Finanzamt nicht zur Geheimhaltung verpflichtet. Bei vorsätzlicher oder grob fahrlässiger Verletzung haftet gem. § 69 AO der Testamentsvollstrecker wegen der Steuerausfälle. Gleiches gilt für §§ 370, 378 AO bei **Steuerverkürzung**. Der Testamentsvollstrecker haftet auch für die **Erbschaftsteuerschulden**. Erkennt der Testamentsvoll-

37

---

39 Staudinger/*Reimann*, § 2197 Rn. 75.
40 OLG Hamm NJW 1994, 666.

strecker vor Ablauf der Festsetzungsfrist, dass Steuern verkürzt wurden, ist er zur Richtigstellung an das Finanzamt verpflichtet.

38 Zur Vermeidung von langwierigen Auseinandersetzungen und Einholung von weiteren Sachverständigengutachten etc., die zusätzliche Kosten verursachen, besteht die Möglichkeit mit de Finanzbehörde Kontakt aufzunehmen und eine außergerichtliche Einigung herbeizuführen (= **sog. tatsächliche Verständigung**).

39 Aufgrund des neues Urteils des BGH v. 11.11.2004 zur Zulässigkeit von Testamentsvollstreckungen durch Banken und Steuerberater wird in den steuerlichen Anmerkungen zu dieser Entscheidung warnend darauf hingewiesen, dass die Grundsätze des BFH zur **Gewerblichkeit** auf alle Tätigkeiten des Rechtsanwalts übertragen werden können, die diesem nicht vorbehalten werden können.[41] Insofern hat sich der Rechtsanwalt als Testamentsvollstrecker künftig intensiv mit der Problematik der **Gewerbesteuer** zu beschäftigen. Wenn der Rechtsanwalt sich überwiegend mit Testamentsvollstreckungen beschäftigt und dabei von mehr als einer qualifizierten Person unterstützt wird, so kann ihm das gleiche steuerliche Ungemach drohen, wie einst dem Rechtsanwalt als Insolvenzverwalter.[42] Die Entwicklung der Rspr. und Finanzverwaltung ist daher zukünftig genauestens zu verfolgen.

IX. Testamentsvollstreckung und Zugriffverbot, insbesondere bei Insolvenz

40 Wegen § 2211 BGB kann der Erbe sich hinsichtlich der Nachlassgegenstände schuldrechtlich verpflichten, der Testamentsvollstrecker selbst wird dadurch aber gerade nicht verpflichtet. Die **Eigengläubiger** können nur wegen persönlicher Forderungen nicht auf den Nachlass zugreifen. **Persönliche Forderungen** sind dabei alle Forderungen, die sich direkt gegen den Erben als Schuldner richten, also auch Forderungen, die wegen § 2211 BGB aufgrund der fehlenden Verfügungsbefugnis dann direkt gegen den Erben entstehen. Grundpfandrechte bzw. dingliche Verwertungsrechte fallen nicht unter § 2214 BGB, selbst wenn sie zur Sicherung durch den Erben bestellt wurden. Das dingliche Recht wirkt somit auch gegen den Testamentsvollstrecker und kann geltend gemacht werden.

41 Das **Zugriffsverbot** gilt wegen des Nichteingreifens von § 80 Abs. 2 Satz 1 InsO im Insolvenzverfahren. Die Testamentsvollstreckung stellt kein relatives Veräußerungsverbot i.S.d. § 135 InsO dar. Der unter die Verwaltung des Testamentsvollstreckers stehende Nachlass fällt somit erst mit Wegfall der Testamentsvollstreckung in die Insolvenzmasse (vgl. §§ 35 2. Alt., 36 Abs.1 InsO). Werden i.R.d. § 2217 BGB später Nachlassgegenstände freigegeben, so sind sie wegen § 35 InsO zur Insolvenzmasse zu rechnen.

42 Nach Ansicht des OLG Köln[43] zählt der Testamentsvollstreckung unterliegendes Nachlassvermögen zur **Insolvenzmasse**. Das Nachlassvermögen, hinsichtlich dessen Testamentsvollstreckung angeordnet wurde, ist danach der Insolvenzmasse zuzurechnen. Der unter Testamentsvollstreckung stehende Nachlass sei nicht schlechthin unpfändbar und damit von der Insolvenzmasse ausgenommen. Er ist nur – zeitlich bis zur Beendigung der Testamentsvollstreckung – dem Zugriff der Gläubiger des Schuldners entzogen. Sind die sich aus dem Pflichtteilsrecht ergebenden Ansprüche bereits

---

41 So *Olbing*, AnwBl 2005, 289.
42 Zur Gewerblichkeit des Insolvenzverwalters: BFH v. 12.12.2001, BStBl. 2002 II, 202 m. zutreff. Anm. v. *Olbing/Kamps*, AnwBl. 2002, 168.
43 LG Köln v. 2.2.2005, Az. 2 U 72/04, n.v.

zur Zeit der Eröffnung des Insolvenzverfahrens begründet, stellen sie Insolvenzforderungen dar.

Problematisch ist die Rechtslage bei der **Restschuldbefreiung**. Der Erbe muss während seiner siebenjährigen Wohlverhaltensphase nach § 295 Abs. 1 InsO zur Hälfte seine Erbschaft an den Treuhänder herausgeben. Erfolgt der Erbschaftserwerb erst nach der Treuhandzeit, so besteht keine Obligation zur Ablieferung. Bei einer Abwicklungsvollstreckung ist nach teilweise vertretener Ansicht[44] der Testamentsvollstrecker verpflichtet, nach Nachlassteilung die Hälfte der dem überschuldeten Erben gebührenden Gegenstände direkt an den Treuhänder herauszugeben. Nach hier vertretener Auffassung braucht der Testamentsvollstrecker jedoch nur an den Erben herausgeben, da die Rechtsstellung des Treuhänders aus § 292 InsO einen derartigen Anspruch nicht nach sich zieht und wegen § 295 Abs. 1 Nr. 2 InsO nur der Schuldner, also der Erbe, zur Herausgabe der Hälfte der Erbschaft verpflichtet ist. Der Testamentsvollstrecker ist nicht der Vertreter des Erben.

43

Insgesamt ist zwischen Allein- und Miterbschaft zu unterscheiden. Bei der **Alleinerbschaft** ist im Unterschied zum Miterbenanteil der Erbteil nicht pfändbar. Demzufolge fällt der **Miterbenanteil** in die Insolvenzmasse, denn der Miterbe kann über seinen Anteil wegen § 2205 BGB verfügen. Insofern muss er dem Treuhänder die Hälfte seines Anteils abtreten. Wegen dieses Unterschiedes zwischen Allein- und Miterben wird teilweise[45] die Ansicht vertreten, der Treuhänder müsse nach § 242 BGB auf die Herausgabe verzichten, da diese Differenzierung an sich sinnwidrig wäre. Dem ist wegen des Verfahrenszwecks nicht zu folgen.[46]

44

> **Praxishinweis:**
> Möglich ist aber, dass der Miterbe seinen Anteil von der Erbschaft ausschlägt, ohne dass ihm die Restschuldbefreiung versagt werden darf. Aus diesem Grund sollte der Miterbe mit dem Treuhänder eine Vereinbarung treffen, wonach er dann nicht die Erbschaft ausschlägt, wenn der Treuhänder nur weniger als 50 Prozent des Miterbenanteils herausverlangt.

Eine derartige Vorgehensweise stellt auf Seiten des Treuhänders keine Obliegenheitsverletzung dar.[47]

B. Ernennung des Testamentsvollstreckers

I. Grundsätzliches

Zu unterscheiden ist zwischen der **Anordnung der Testamentsvollstreckung** an sich und der Ernennung einer bestimmten Person zum Testamentsvollstrecker. Wird eine Person zum Testamentsvollstrecker ernannt, liegt darin zugleich die Anordnung der Testamentsvollstreckung. Die Anordnung selbst kann nach § 2065 BGB nur durch den Erblasser selbst erfolgen. Lediglich die Person des Testamentsvollstreckers kann unter den Voraussetzungen der §§ 2198 bis 2200 BGB durch Dritte bestimmt werden.

45

---

44 *Bamberger/Roth/J.Mayer*, § 2214 Rn. 4.
45 *Damrau*, MDR 2000, 256.
46 Ebenso *Bamberger/Roth/J.Mayer*, § 2214 Rn. 4.
47 *Damrau*, MDR 2000, 256.

46 Im Einzelnen kann der Testamentsvollstrecker somit ernannt werden durch:
- den Erblasser selbst, § 2197 BGB
- einen Dritten, § 2198 BGB
- einen bereits vorhandenen (Mit-)Testamentsvollstrecker, § 2199 BGB
- das Nachlassgericht, § 2200 BGB.

47 Jede **geschäftsfähige natürliche** und **juristische** Person kann zum Dritten i.S.d. § 2198 Abs. 1 BGB durch den Erblasser bestimmt werden. Demzufolge können auch der Erbe nebst Vorerben Dritte sein. Eine mögliche **Interessenkollision** macht die Ernennung durch den Dritten nicht unwirksam. Der Dritte kann sich auch selbst zum Testamentsvollstrecker ernennen, sofern er nicht Alleinerbe ist. Die Bestimmung durch den Dritten erfolgt gegenüber dem örtlich und sachlich zuständigen Nachlassgericht nach Maßgabe der §§ 72, 73 FGG.

48 Der Dritte muss die Erklärungen in **öffentlich beglaubigter Form** nach Maßgabe des § 129 BGB, §§ 39 ff. BeurkG abgeben. Eine Erklärung im Rahmen eines handschriftlichen Testamentes ist daher nicht ausreichend. Grundsätzlich hat der Dritte keine Frist bei der Ausübung seines Bestimmungsrechts zu beachten. Der Erblasser kann bereits im Testament dem Dritten eine Frist zur Ausübung des Bestimmungsrechts setzen, die jedoch vom Nachlassgericht verkürzt oder verlängert werden kann, da unangemessen lange oder kurze Fristen einer Nichtanordnung einer Frist gleichstehen.

49 Des Weiteren haben nach § 2198 Abs. 2 BGB Beteiligte die Möglichkeit, dem Dritten zur Ausübung des Bestimmungsrechts eine Frist zu setzen, nach deren Ablauf das Bestimmungsrecht entfällt. Beteiligter ist jeder, der ein rechtliches und nicht lediglich wirtschaftliches Interesse an der Klarstellung bzw. Testamentsvollstreckung hat. Hierunter fallen der Erbe inkl. Vor- und Nacherbe, Pflichtteilsberechtigte, Vermächtnisnehmer, Auflagenvollziehungsberechtigte nebst Auflagenbegünstigten[48] sowie der Nachlassgläubiger. Der **gesetzliche Vertreter** ist nur dann antragsberechtigt, wenn ihm nicht die Verwaltung der Erbschaft nach Maßgabe der §§ 1638, 1803 BGB entzogen wurde.[49]

50 Problematisch sind in der Praxis häufig die Fälle, in denen es bereits **mehrere Testamentsvollstrecker** gibt, die berechtigt sind, wiederum Mitvollstrecker oder Nachfolger zu benennen. Sind mehrere Testamentsvollstrecker ernennungsberechtigt, ist fraglich, ob die Ermächtigungsausübung durch einstimmigen Beschluss oder Mehrheitsbeschluss erfolgen muss.

51 Hier muss differenziert werden, ob ein **Mitvollstrecker** oder ein **Nachfolger** benannt werden soll. Im Zweifel wird man bei mehreren Testamentsvollstreckern davon ausgehen können, dass jeder einzelne Testamentsvollstrecker berechtigt ist, seinen eigenen Nachfolger zu bestimmen. Auch hier kommt es auf die Auslegung des Testaments, mithin dem Erblasserwillen an. Bei der **Mitvollstreckerernennung** ist im Zweifel nicht anzunehmen, dass jeder einzelne einen Mitvollstrecker ernennen kann. Regelmäßig will der Erblasser, dass mehrere Testamentsvollstrecker zusammen entscheiden. Um Streitigkeiten zu verhindern, sollte, sofern der Erblasser von seinem Recht aus § 2199 BGB Gebrauch machen will, dafür Sorge getragen werden, dass klargestellt wird, ob das Einstimmigkeits- oder Mehrheitsprinzip gelten soll.

---

[48] A.A. Soergel/*Damrau*, Rn. 9.
[49] BGHZ 106, 96.

Läuft ein **Verfahren auf Entlassung gem. § 2227 BGB** sollte der Testamentsvollstrecker vorsorglich von seinem Recht zur Ernennung eines Nachfolgers Gebrauch machen, wenn der Erblasser ihn hierzu ermächtigt hat. Will der Erblasser dieses verhindern, sollte ebenfalls eine Klarstellung im Testament erfolgen.

52

Als letzte Möglichkeit bleibt das Auswählen eines Testamentsvollstreckers durch das Nachlassgericht gem. § 2200 BGB. Ausschließlich der Erblasser und kein anderer Beteiligter oder eine Behörde können das Nachlassgericht ersuchen, einen Testamentsvollstrecker zu ernennen. Dieses Ersuchen kann nur im Rahmen einer letztwilligen Verfügung erfolgen, wobei der **Begriff des Ersuchens** durch die Rspr.[50] sehr weit ausgelegt wird. Danach soll bereits ein Ersuchen vorliegen, wenn dem Nachlassgericht bei der Auswahl des Testamentsvollstreckers ein **Auswahlermessen** zukommt.[51] Das Ersuchen kann ausdrücklich oder konkludent erfolgen.[52]

53

Die **Ernennungszuständigkeit** des Nachlassgerichts leitet sich von einem konkreten Ersuchen des Erblassers ab. Daher kann aus dieser Vorschrift keine allgemeine Hilfszuständigkeit des Nachlassgerichts immer schon dann hergeleitet werden, wenn im Nachlassinteresse eine Ernennung zur Sicherung der Testamentsvollstreckung angezeigt wäre.

54

In der Praxis wird der Erblasser kein eindeutiges Ersuchen ausdrücklich in seine letztwillige Verfügung aufgenommen haben. Die Rspr. behilft sich häufig allzu schnell damit, entweder § 2200 BGB als Auffangnorm umzufunktionieren[53] oder aber sehr weit die letztwillige Verfügung auszulegen. Voraussetzung für eine derartige ergänzende Auslegung ist immer eine Andeutung i.S.d. Andeutungstheorie, wobei der **hypothetische Erblasserwille** zu berücksichtigen ist. Hat der Erblasser eine Testamentsvollstreckung angeordnet, aber keinen Testamentsvollstrecker benannt, so liegt ein klarer Fall des § 2200 BGB vor.

55

Fällt aber vor oder nach Annahme des Testamentsvollstreckeramtes der Ernannte weg oder nimmt er das Amt erst gar nicht an, kann regelmäßig kein konkludentes Ersuchen unterstellt werden.

56

Für ein Ernennungsersuchen bedarf es des Hinzutretens weiterer Gesichtspunkte. Wesentliche Voraussetzung ist das Vorliegen eines Erblasserwillens dahingehend, dass die Testamentsvollstreckung unabhängig von dem ernannten Testamentsvollstrecker durchgeführt werden soll. In der Kautelarpraxis sollte daher grundsätzlich durch die ausdrückliche Aufführung – wie „Es wird Testamentsvollstreckung angeordnet" – Klarheit geschaffen werden, dass es dem Erblasser primär auf die Testamentsvollstreckung und nur sekundär auf eine konkrete Person als Testamentsvollstrecker ankommt.

57

> **Beispiel:**
> Ein Ersuchen i.S.d. § 2200 BGB ist entsprechend gegeben, wenn einem Vorerben die Verwaltungsbefugnis vollständig entzogen ist und Testamentsvollstreckung angeordnet wurde.[54] Gleiches gilt bei der unzulässigen Anordnung einer Pflegschaft für einen Volljährigen.

---

50 OLG Hamm ZEV 2001, 271 m.w.N.
51 BayObLGZ 2003 Nr. 53; Soergel/*Damrau*, § 2200 Rn. 2.
52 BayObLG NJW-RR 1988, 387.
53 Zu Recht krit. *Bamberger/Roth/J. Mayer*, § 2200 Rn. 2.
54 So KG DRiZ 1934 Nr. 264; KG OLGE 43, 401.

58 Sofern die vom Erblasser bestimmte Person nicht das Amt antritt, muss durch Auslegung des Testamentes geklärt werden, ob dann auch die Testamentsvollstreckung insgesamt entfallen soll. Insofern ist anzuraten, i.R.d. letztwilligen Verfügung klare Formulierungen diesbzgl. zu wählen. Ist lediglich erklärt worden, dass Testamentsvollstreckung angeordnet wird, ist im Zweifel wegen § 2084 BGB davon auszugehen, dass das Nachlassgericht die Person des Testamentsvollstreckers ernennen soll.

59 Eine Anordnung der Testamentsvollstreckung kann nur durch Verfügung von Todes wegen erfolgen. Zwar spricht das Gesetz in § 2197 Abs. 1 BGB lediglich von Testament, jedoch sind auch Anordnungen in **gemeinschaftlichen Testamenten** und **Erbverträgen** möglich. Die Aufführung des Wortes „Testamentsvollstrecker" in der Ernennung ist nicht notwendig, so dass sich im Wege der Auslegung die Einsetzung eines Verwalters,[55] Pflegers,[56] Treuhänders, Beistands oder Kurators als Einsetzung eines Testamentsvollstreckers umdeuten lässt. Dabei kommt es immer auf den Einzelfall an. Eine Übertragung der Hausverwaltung kann nicht als Testamentsvollstreckerernennung gewertet werden.[57]

60 Von der Ernennung zum Testamentsvollstrecker ist eine letztwillige Zuwendung abzugrenzen, ebenso von der familienrechtlichen Anordnung wie bspw. nach §§ 1639, 1803, 1909 Abs. 1 Satz 2 und 1917 BGB. Keine Ernennung zum Testamentsvollstrecker sondern eine letztwillige Zuwendung liegt vor, wenn nach dem Erblasserwillen das eigene Interesse des Berufenen im Vordergrund steht.[58]

61 Eine Anordnung der Testamentsvollstreckung in einem **gemeinschaftlichen Testament** führt nicht dazu, dass diese wechselbezüglich sind (vgl. § 2270 Abs. 3 BGB). Als einseitige Verfügung kann sie **jederzeit widerrufen** werden. Gleiches gilt für die Anordnung im Rahmen eines Erbvertrages. Nach dem Tode des Erstversterbenden kann der überlebende Ehegatte den Schlusserben nicht mehr durch Anordnung einer Testamentsvollstreckung beschränken (sofern kein Vorbehalt besteht), da die Einsetzung eines Testamentsvollstreckers einem teilweisen Widerruf eines gemeinschaftlichen Testamentes gleich kommt.[59]

62 Hat sich der Erblasser entschlossen, das Nachlassgericht zu ersuchen, einen Testamentsvollstrecker zu ernennen, sollte bei der Abfassung von letztwilligen Verfügungen daran gedacht werden, **trans- oder postmortale Vollmachten** zu erteilen, denn nicht selten kann es einige Zeit dauern, bis der Testamentsvollstrecker ernannt ist und das Amt angenommen hat. Bei angeordneter Testamentsvollstreckung bleibt den Erben die Verfügungsbefugnis entzogen, selbst wenn der Testamentsvollstrecker das Amt noch nicht angenommen hat.

> **Praxishinweis:**
> Um hier den aus der Zeitverzögerung sich ergebenden Problemen zu begegnen, sollte umgehend aus anwaltlicher Sicht eine **Nachlasspflegschaft** nach § 1960 BGB beantragt werden.

---

55 BGH NJW 1983, 40.
56 BayObLGZ 16, 128; OLG Rostock OLGE 26, 344.
57 OGHZ 4, 223.
58 MünchKomm/*Zimmermann*, § 2197 Rn. 7.
59 KG Berlin HRR 1936 Nr. 340.

Allerdings ist umstritten, ob eine **Nachlasspflegschaft** möglich ist, wenn die Erben die **Erbschaft angenommen** haben. Nach einer Ansicht[60] ist weiterhin eine Nachlasspflegschaft nach § 1960 BGB analog möglich, nach anderer Ansicht[61] ist nach § 1913 BGB eine **Pflegschaft** für den unbekannten Testamentsvollstrecker anzuordnen, die dann nicht beim Nachlassgericht wie bei § 1960 BGB, sondern beim **Vormundschaftsgericht** zu beantragen ist. Da wegen der Regelung in § 1913 BGB keine Analogie für § 1960 BGB notwendig ist, ist nach hiesiger Auffassung eine Pflegschaft für den unbekannten Testamentsvollstrecker zu beantragen.

II. Testamentsvollstrecker – möglicher Personenkreis

1. Natürliche und juristische Personen

Zum Testamentsvollstrecker können sowohl **natürliche** als auch **juristische Personen** ernannt werden. Das Gesetz sieht in § 2201 BGB lediglich bei den Personen eine Einschränkung vor, die zur Zeit, in denen sie das Amt anzutreten hätten, **geschäftsunfähig** oder in der **Geschäftsfähigkeit** beschränkt sind oder wegen Gebrechlichkeit nach § 1896 BGB zur Besorgung ihrer Vermögensangelegenheiten einen Pfleger erhalten haben. Wie aus § 2197 Abs. 1 BGB hervorgeht, kann der Erblasser zahlenmäßig unbegrenzt mehrere Personen zum Testamentsvollstrecker ernennen.

Neben **juristischen Personen** wie einer Aktiengesellschaft oder GmbH, können auch Personengesellschaften aufgrund § 124 Abs. 1 HGB wegen der Teilrechtsfähigkeit zum Testamentsvollstrecker ernannt werden, wie z.B. die OHG, KG, EWIV sowie die Partnerschaftsgesellschaft. Ein nicht rechtsfähiger Verein ist nicht ernennungsfähig.[62] I.R.d. Entscheidung des *BGH* v. 29.1.2001[63] zur Rechtsfähigkeit einer (Außen-)GbR wurde als Folge der Anerkennung der beschränkten Rechtsfähigkeit der GbR im Sinne einer akzessorischen Haftung der Gesellschafter für die Gesellschaftsverbindlichkeiten, vergleichbar der OHG gem. § 128 Abs. 1 HGB entschieden. Insofern spricht einiges dafür, auch einer BGB-Gesellschaft die Ernennungsfähigkeit zum Amt des Testamentsvollstreckers zuzubilligen. Wird eine **Ernennungsfähigkeit** abgelehnt, kann aber die Ernennung einer GbR dahingehend umgedeutet werden, dass die Gesellschafter Mitvollstrecker nach § 2224 BGB sein sollen.[64]

Eine **Behörde**, wie z.B. das Nachlassgericht, kann wegen der fehlenden Befugnis des Erblassers, den gesetzlich festgesetzten Aufgabenkreis einer Behörde zu erweitern, nicht zum Testamentsvollstrecker ernannt werden. Inhaber eines bestimmten Amtes oder Notariats können zum Testamentsvollstrecker ernannt werden.[65] Demzufolge kann die Ernennung einer Behörde regelmäßig dahingehend umgedeutet werden, dass der jeweilige Amtsträger zum Testamentsvollstrecker ernannt werden sollte.

---

60 *Bengel/Reimann*, HB I, Rn. 15.
61 *Damrau*, ZEV 1996, 81.
62 Soergel/*Damrau*, § 2197 Rn. 8; *Bamberger/Roth/J. Mayer*, § 2197 Rn. 27; a.A. *Bengel/Reimann*, HB II, Rn. 180.
63 BGH NJW 2001, 1056.
64 Soergel/*Damrau*, § 2197 Rn. 8; MünchKomm/*Zimmermann*, § 2197 Rn. 9; Staudinger/*Reimann*, § 2197 Rn. 50, der jedoch die Überschaubarkeit des Teilnehmerkreises postuliert.
65 BayObLGZ 20, 55.

2. Erben, Vermächtnisnehmer

67 Zwar kann der Erblasser jede natürliche Person zum Testamentsvollstrecker ernennen, bestimmte Personen sind jedoch, entweder aus rechtlichen oder aus tatsächlichen Gründen, von der Übernahme des Amtes ausgeschlossen. So kann der **Alleinerbe**, weil er sich nicht selbst beschränken kann, nicht zum alleinigen Testamentsvollstrecker hingegen **aber zum Mitvollstrecker** nach § 2224 BGB ernannt werden.[66]

68 Ein Alleinerbe oder alleiniger Vorerbe kann aber zugleich Erbentestamentsvollstrecker sein, wenn sich die Testamentsvollstreckung auf die sofortige Erfüllung eines Vermächtnisses beschränkt und das Nachlassgericht bei groben Pflichtverstößen einen anderen Testamentsvollstrecker bestimmen kann.[67] Im Rahmen einer **Vermächtnisvollstreckung** nach § 2223 BGB kann somit ein Alleinerbe wegen der fehlenden Erbenbeschränkung zum Testamentsvollstrecker ernannt werden.[68] Ebenso ist eine Einsetzung aller Erben wegen § 2224 Abs. 1 BGB möglich.

Hingegen bleibt eine Einsetzung des **alleinigen Vorerben** zum Testamentsvollstrecker **verwehrt**. Gleiches gilt für die Ernennung als Nacherbenvollstrecker, weil durch diese Konstellation sämtliche Kontrollrechte des Nacherben ausgeschaltet werden.[69] Mit weiteren Vollstreckern kann jedoch der alleinige Vorerbe wiederum zum Testamentsvollstrecker ernannt werden, wenn gewährleistet ist, dass der Wegfall der anderen Mitvollstrecker nicht zur alleinigen Vollstreckung durch den Vorerben führt.[70] Die gleichzeitige Ernennung eines Miterben zum Testamentsvollstrecker und zum Nacherbenvollstrecker ist zulässig, wenn die Vollstreckung durch ein Kollegium von Testamentsvollstreckern ausgeübt wird.[71] Der alleinige Nacherbe kann ebenfalls nicht Testamentsvollstrecker für die Nacherbschaft sein. Gleiches gilt für ihn als Nacherbenvollstrecker nach § 2222 BGB. Dagegen ist eine Ernennung zum Testamentsvollstrecker für den Vorerben für den alleinigen Nacherben möglich.[72] Ein **Vermächtnisnehmer** kann zum Testamentsvollstrecker berufen werden und zwar auch als Alleinvermächtnisnehmer.

3. Gesetzliche Vertreter

69 Gerichtliche **Genehmigungserfordernisse** entfallen, wenn ein **Vormund** oder ein Familienangehöriger zum Testamentsvollstrecker ernannt wird. Aufgrund dieser Doppelstellung kann es ggf. zum Interessengegensatz i.S.d. § 1796 BGB kommen, so dass im Einzelfall eine Ergänzungspflegschaft anzuordnen ist.[73]

4. Steuerberater, Wirtschaftsprüfer, Banken

70 Am 11.11.2004 urteilte der für Wettbewerbsrecht zuständige Senat am BGH, dass die Werbung einer Bank oder eines Steuerberaters eine Testamentsvollstreckung durchzuführen nicht gegen das RBerG verstößt.[74] Die Entscheidung war angesichts der neuen Rspr. des BVerfG und der im Vordringen befindlichen Ansicht in der Lit. zum An-

---

66 RGZ 77, 177; RGZ 163, 57; a.A. *Adams*, ZEV 1998, 321.
67 BGH v. 26.1.2005, Az. IV ZR 296/03.
68 So bereits vor der BGH Entscheidung: *Bamberger/Roth/J. Mayer*, § 2197 Rn. 32.
69 OLG Karlsruhe MDR 1981, 943.
70 BayObLG NJW 1976, 1692.
71 BayObLG NJW 1976, 1692.
72 BayObLG NJW 1959, 1920.
73 Dazu *Damrau*, ZEV 1994, 1.
74 BGH ZErb 2005, 65 = ZEV 2005, 123 m. Anm. *Stracke*.

wendungsbereich des Rechtsberatungsgesetzes zu erwarten. Nach dem Reformvorhaben des Rechtsdienstleistungsgesetzes (RDG) soll es zukünftig gem. § 5 des Entwurfes des RDG heißen:

(2) Stets als erlaubte Nebenleistungen gelten Rechtsdienstleistungen, die im Zusammenhang mit einer der folgenden Tätigkeiten erbracht werden:

5. *Testamentsvollstreckung*

Sogar in der Begründung führt die Bundesregierung aus: Gleichwohl soll künftig jede Art von Testamentsvollstreckung zulässig sein. In den Fällen, in denen der Erblasser die Entscheidung trifft, die Testamentsvollstreckung einem Kreditinstitut, einem Wirtschaftsprüfungsunternehmen oder einer sonstigen Person seines Vertrauens zu übertragen, ist es auch aus Gründen der Testierfreiheit geboten, die gesamte Abwicklung eines Nachlasses als zulässiges Annexgeschäft zur vermögensverwaltenden Tätigkeit des Testamentsvollstreckers anzusehen.

Nach hiesiger Auffassung ist jedoch weiterhin str., wann im Einzelfall dennoch die Durchführung von Testamentsvollstreckungen durch die Banken zulässig ist. Im Bereich der Banken dürfte die eigentliche Problematik nur verlagert sein. Bei Banken handelt es sich regelmäßig nämlich um juristische Personen, die durch ihre Organe vertreten werden. In der Praxis werden wohl kaum die einzelnen Bankvorstände die eigentliche Testamentsvollstreckertätigkeit selbst durchführen, sondern sich durch Angestellte des Bankunternehmens vertreten lassen. Dies kann aber unzulässig sein, da insoweit das Substitutionsverbot zu beachten ist. Der Testamentsvollstrecker darf nämlich auch einzelne Obliegenheiten im Zweifel nicht auf Dritte übertragen (§ 664 Abs.1 Satz 2 BGB; sog Substitution oder Vollübertragung im Gegensatz zur bloßen Zuziehung eines Gehilfen nach § 664 Abs.1 Satz 3 BGB). Das Substitutionsverbot soll dann nicht gelten, wenn die Wahrnehmung durch Dritte nach den Grundsätzen einer ordnungsmäßigen Verwaltung gem. § 2216 Abs. 1 BGB bei Berücksichtigung der Umstände des Einzelfalls und der Verkehrssitte unbedenklich ist. Die Konstituierung des Nachlasses bzw. Erstellung des Nachlassverzeichnisses ist höchstpersönliche Uraufgabe und eben nicht nur bloße Einzelaufgabe des Testamentsvollstreckers und dürfte somit nicht ohne weiteres auf Dritte – auch nicht per Generalvollmacht – übertragen werden. Andernfalls würde er wesentliche Bereiche der Testamentsvollstreckung aus der Hand geben. Des Weiteren dürfte es sich bei den eigenen Angestellten der Bank auch nicht um „selbständige Vertragspartner" handeln, denen ansonsten Aufgaben übertragen werden dürfen.

Zukünftig hat also der **Rechtsberater bei Testamentsvollstreckung von Banken** besonders auf das Substitutionsverbot zu achten. Bei einem Verstoß ist dann ein Entlassungsantrag nach § 2227 BGB zu stellen.

71

Praxishinweis:
Doch auch, wenn kein Verstoß gegen das Substitutionsverbot gegeben ist, sollte zukünftig darauf geachtet werden, ob die Bank überhaupt wegen **Interessenkollision** den Nachlass nach § 2216 BGB ordnungsgemäß verwaltet oder ob sie, wenn die Interessenkollision nicht zur Entlassung nach § 2227 BGB führt, nicht wenigstens nach § 2219 BGB in die Haftung genommen werden kann. Demnach ist also besonderes Augenmerk darauf zu verwenden, ob z.B. die Bank bei der Kapitalanlage nur

> an die eigenen Fonds denkt und nicht zinsgünstigere Möglichkeiten bei anderen Banken ungenutzt lässt.[75]

72 Somit ist nach der neuen Rspr. also nicht generell die Durchführung durch **Steuerberater** unzulässig; gleiches gilt für **Wirtschaftsprüfer**. Wie den gewerblichen Verwaltern von Eigentumswohnungen ist diesen Berufsgruppen ebenfalls die **Erlaubnisfreiheit** ihrer Tätigkeit nach Art. 1 § 3 Nr. 6 RBerG zuzubilligen.[76] Eine reine Verwaltungsvollstreckung nach § 2209 Satz 1 BGB wurde bereits als Vermögensverwaltung i.S.d. Art. 1 § 5 Nr. 3 RBerG und somit erlaubnisfrei gewertet.[77] Sofern keine geschäftsmäßige Übernahme von Testamentsvollstreckung vorliegt, dürfte die Übernahme und Durchführung der Testamentsvollstreckung, sofern sie einzeln veranlasst ist, ohne weiteres erfolgen. Dies gilt insbesondere für die Fälle, in denen eine Bestimmung durch das Nachlassgericht nach Maßgabe des § 2200 BGB erfolgt ist.

> **Praxishinweis:**
> Kann das Amt durch einen Steuerberater oder Wirtschaftsprüfer durchgeführt werden, ist jedoch das Gewerbeverbot aus § 57 Abs. 4 Nr. 1 StBerG sowie § 43 Abs. 3 Nr. 1 WPO zu beachten.

6. Rechtsanwälte, Notare

73 Keine Probleme mit dem RBerG haben naturgemäß **Rechtsanwälte** und **Notare**, für die die Übernahme des Amtes als Testamentsvollstrecker grundsätzlich zulässig ist. Allerdings kann der Rechtsanwalt das Amt des Testamentsvollstreckers wegen § 45 Abs. 2 BRAO dann nicht ausüben, wenn er zuvor gegen den Träger des zu verwaltenden Vermögens tätig geworden ist. Aufgrund § 45 Abs. 3 BRAO erstreckt sich dieses Verbot auch auf einen Sozius.

74 Der Notar, der die Verfügung von Todes wegen beurkundet hat, ist wegen §§ 7, 27 BeurkG daran gehindert, das Amt auszuführen. Der Verstoß gegen das **Mitwirkungsverbot** führt nicht dazu, dass die vollständige Verfügung von Todes wegen unwirksam ist. § 2085 BGB ist zu beachten. Wird jedoch der Notar in einem weiteren Testament zum Testamentsvollstrecker ernannt und hat er dieses Testament nicht beurkundet, so darf er das Amt ausführen. Gleiches gilt für denjenigen Fall, in dem er ein Testament beurkundet hat, in dem das Nachlassgericht nach § 2200 BGB gebeten wird, den Notar zum Testamentsvollstrecker zu ernennen.[78] Da § 3 Abs. 1 Nr. 4 BeurkG lediglich eine Soll-Vorschrift ist, führt die Bestimmung eines Sozius des beurkundenden Notars nicht zur Unwirksamkeit der Ernennung, hingegen zu disziplinarrechtlichen Maßnahmen.[79]

7. Heimleiter, Heimmitarbeiter, Schiedsrichter, Schiedsgutachter

75 Sowohl ein Verstoß gegen Art. 1 § 1 Abs. 1 RBerG sowie gegen § 14 HeimG liegt vor, wenn ein **Heimleiter** oder **Heimmitarbeiter** das Amt des Testamentsvollstreckers

---

75 Zur Interessenkollision bei der Anlage von Nachlassvermögen durch Kreditinstitute: *Schmitz*, ZErb 2005, 74.
76 So auch *Bamberger/Roth/J. Mayer*, § 2197 Rn. 30.
77 OLG Düsseldorf ZEV 2002, 27; vgl. hingegen OLG Hamm NJW-RR 2002, 1286.
78 OLG Stuttgart DNotZ 1990, 430; OLG Oldenburg DNotZ 1990, 431.
79 *Bengel/Reimann/Sandkühler*, HB XI, Rn. 30.

übernimmt, sofern der Erblasser die Vergütung nicht ausgeschlossen hat.[80] Ein Schiedsrichter und Schiedsgutachter als bei der Nachlassregulierung Beteiligter, kann Testamentsvollstrecker sein.[81]

III. Annahme und Ablehnung des Testamentsvollstreckeramtes

Das Amt des Testamentsvollstreckers fällt nicht automatisch mit dem Erbfall an, sondern muss erst angenommen werden. Dies ergibt sich aus § 2202 Abs. 1 BGB. Die genannte Person ist aber nicht verpflichtet, das Amt des Testamentsvollstreckers zu übernehmen, selbst wenn eine Ernennung durch das Nachlassgericht erfolgt ist.[82] Zur Annahme bedarf es einer besonderen Erklärung gegenüber dem **Nachlassgericht** nach §§ 72, 73 FGG, das für die Eröffnung von Todes wegen örtlich zuständig ist. Die Erklärung muss nach § 2228 BGB mindestens in **privatschriftlicher Form** und gem. § 2202 Abs. 2 Satz 2 BGB nach dem Eintritt des Erbfalls abgegeben werden. Eine **mündliche Annahmeerklärung** ist nur möglich, wenn diese zu Protokoll des Nachlassgerichts abgegeben wird.[83] Die Erklärung der Annahme ist **bedingungsfeindlich** und **unwiderruflich**.[84] Sie wird erst mit Eingang beim zuständigen Nachlassgericht wirksam. Allerdings kann der Testamentsvollstrecker ohne weiteres nach Maßgabe des § 2226 BGB kündigen.

76

Hat der Testamentsvollstrecker bereits **vor Annahme Rechtsgeschäfte** getätigt sind diese grundsätzlich unwirksam. Einseitige Rechtsgeschäfte sind nichtig. Der Testamentsvollstrecker hat aber die Möglichkeit nach Amtsannahme die zuvor getätigten schuldrechtlichen Verträge nachträglich zu genehmigen (§§ 177, 184 BGB). Gleiches gilt für vorher als Nichtberechtigter getätigte Verfügungen nach § 185 Abs. 2 Satz 1 1. HS BGB.

77

Zögert die Person, ob sie annehmen soll oder nicht, können alle die Personen, die ein rechtliches Interesse an der Klarstellung haben, beim Nachlassgericht beantragen, dass dem Ernannten eine Frist nach § 2202 Abs. 3 BGB gesetzt wird, nach deren Ablauf dann das Amt als abgelehnt gilt, sofern nicht zuvor die Annahme erklärt wurde. Berechtigte Personen sind z.B. der Erbe, Vor- und Nacherbe, Vermächtnisnehmer, Auflagenbegünstigter, Pflichtteilsberechtigter, Nachlassgläubiger. Die **Fristbestimmung** erfolgt durch den **Rechtspfleger** nach §§ 3 Nr. 2c, 16 RPflG per Beschluss.

78

IV. Beantragung eines Testamentsvollstreckerzeugnisses

Nach § 2368 BGB hat das Nachlassgericht auf Antrag einem Testamentsvollstrecker ein Zeugnis über seine Ernennung zu erteilen. Ist seine Verwaltung des Nachlasses **beschränkt** oder hat der Erblasser angeordnet, dass der Testamentsvollstrecker in der Eingehung von Verbindlichkeiten für den Nachlass nicht beschränkt sein soll, so ist dies in dem Zeugnis anzugeben. Das Testamentsvollstreckeramt ist aber nicht abhängig von der Erteilung dieses Zeugnisses. Das Amt beginnt bereits in dem Zeitpunkt, in dem die Anordnung der Testamentsvollstreckung sowie die Ernennung und die Annahme vorliegen.

79

---

80 *Zimmermann*, Testamentsvollstreckung, Rn. 115; *Bengel/Reimann*, HB II, Rn. 198.
81 *Bengel/Reimann*, HB II, Rn. 199; Soergel/*Damrau*, § 2197 Rn. 14.
82 Soergel/*Damrau*, § 2201 Rn. 1; Bamberger/Roth/*J. Mayer*, § 2202 Rn. 11.
83 Bamberger/Roth/*J. Mayer*, § 2202 Rn. 6; Staudinger/*Reimann*, § 2202 Rn. 8; a.A. Soergel/*Damrau*, § 2202 Rn. 3; MünchKomm/*Zimmermann*, § 2202 Rn. 5.
84 Staudinger/*Reimann*, § 2202 Rn. 11.

Praxishinweis:
Da die Erteilung eines Testamentsvollstreckerzeugnisses mitunter Monate dauern kann, der Testamentsvollstrecker aber sofort tätig werden und die Annahme nachweisen muss, ist es ratsam, das Nachlassgericht nicht nur um Ausstellung eines Testamentsvollstreckerzeugnisses zu bitten, sondern zudem eine (vorgefertigte) **Amtsannahmebestätigung** zu unterzeichnen, die die Annahme belegt.[85] Diese kann dann sofort zum Nachweis der Annahme bei den jeweilgen Personen oder Institutionen vorgelegt werden.

Sofern gleichzeitig ein Testamentsvollstreckerzeugnis nach § 2368 BGB beantragt wird, ist darauf zu achten, dass das Gericht in den Antrag auch die Geschäftsdresse des Testamentsvollstreckers aufnimmt, da andernfalls zu befürchten ist, dass in der Praxis Dritte die Post an die Privatadresse, die nur im Testamentsvollstreckerzeugnis aufgeführt ist, senden werden.

80 Das Testamentsvollstreckerzeugnis hat im Gegensatz zu den Angaben des Testamentsvollstreckers im Erbschein nach § 2364 BGB die Person des Testamentsvollstreckers exakt zu bezeichnen, also insbesondere den Erblasser, den Namen des Testamentsvollstreckers, ggf. auch mit dessen Berufsbezeichnung, ebenso sind die **Abweichungen** von der **gesetzlichen Verfügungsmacht** und etwaige Beschränkungen und Erweiterungen der Befugnisse des Testamentsvollsteckers mit aufzunehmen, soweit sie für den Rechtsverkehr rechtliche Bedeutung haben

Formulierungseispiel: *Bestätigungsschreiben*
Aktenzeichen:

Bestätigung

In der Nachlasssache des am … in München verstorbenen …, ist am … beim Nachlassgericht … eine Erklärung des Herrn Rechtsanwaltes …, geschäftsansässig …, vom … eingegangen, laut deren er das ihm vom Erblasser mit notariellen Testament vom … übertragene Amt des Testamentsvollstreckers annimmt.

Unterschrift Rechtspfleger
(Stempel des Gerichts)

Das vom Nachlassgericht zu erteilende **Testamentsvollstreckerzeugnis** sieht regelmäßig so aus:

– Erste Ausfertigung –
Aktenzeichen

Testamentsvollstreckerzeugnis

Der Rechtsanwalt …, geb. am …
wohnhaft in …, geschäftsansässig in …
ist zum Testamentsvollstrecker über den Nachlass des am … in …, seinem letzten Wohnsitz, verstorbenen …, geb. am … in …
ernannt worden.

---

85 Dazu *Mayer/Bonefeld/Wälzholz/Weidlich*, Testamentsvollstreckung, Rn. 662.

..., den ...
Amtsgericht
... Direktor des Amtsgerichts
Vorstehende erste Ausfertigung, die mit der Urschrift übereinstimmt, wird dem Testamentsvollstrecker Herrn Rechtsanwalt ..., erteilt
..., den ...
... Urkundsbeamter der Geschäftsstelle

C. Rechtsverhältnis des Testamentsvollstreckers zu den Erben

I. Allgemeines

Nach § 2218 Abs. 1 BGB finden auf das Rechtsverhältnis zwischen dem Testamentsvollstrecker und dem Erben die für den Auftrag geltenden Vorschriften der §§ 664, 666 bis 668, 670, des § 673 Satz 2 sowie § 674 BGB entsprechende Anwendung.

81

Aus diesem Grund besteht zwischen dem Erben und dem Testamentsvollstrecker ein **gesetzliches Schuldverhältnis** eigener Art, welches auf dem Willen des Erblassers beruht, hingegen durch das Gesetz ausgestaltet ist.[86] Der Testamentsvollstrecker ist im Unterschied zum Beauftragten aber nicht weisungsgebunden. Aus diesem Grund sind nur bestimmte Vorschriften auf das Rechtsverhältnis zwischen Erben und Testamentsvollstrecker anwendbar. Obwohl auf das Rechtsverhältnis zwischen dem Testamentsvollstrecker und den Erben die für den Auftrag geltenden Vorschriften analog anwendbar sind, ist der Testamentsvollstrecker **nicht Beauftragter** des Erblassers oder des Erben.[87] Der Testamentsvollstrecker ist lediglich **Treuhänder** des hinterlassenen Vermögens und gleichzeitig Inhaber eines privaten Amtes. Die früheren Theorien, wie die sog. „Vertretertheorie", nach der der Testamentsvollstrecker als Vertreter des Nachlasses oder der Erben handelt, oder die reine „Treuhandtheorie", haben sich in der Rechtspraxis nicht durchgesetzt.[88]

82

Der Testamentsvollstrecker übt somit **kraft eigenen Rechts** ein Verwaltungs- und Verfügungsrecht über den Nachlass aus, und zwar unabhängig vom Willen der Erben.[89] Er muss aber darüber hinaus fremdnützig, d.h. nach dem Willen des Erblassers und dem Gesetz handeln. Dementsprechend ist er auch nicht der Vertreter des Erben oder des Erblassers, selbst wenn durch die Annahme des Amtes ein gesetzliches „**Pflichtverhältnis eigener Art**" begründet wird.[90] Die Stellung ist der eines gesetzlichen Vertreters angenähert.[91] Als Träger eines eigenen Amtes hat er gegenüber den

83

---

[86] BGHZ 25, 275; RG JW 1936, 3390.
[87] *Winkler*, Der Testamentsvollstrecker, Rn. 467; *Mayer/Bonefeld/Wälzholz/Weidlich*, Testamentsvollstreckung, Rn. 7 ff.
[88] Zum Theorienstreit ausführlich *Lange/Kuchinke*, Erbrecht, § 31 III 2; *Brox*, Erbrecht, Rn. 393; *Mayer/Bonefeld/Wälzholz/Weidlich*, Testamentsvollstreckung, Rn. 6; insbesondere *Offergeld*, Rechtsstellung des Testamentsvollstreckers, S. 51 ff.; *Schmucker*, Testamentsvollstrecker und Erbe, S. 12 ff.
[89] *Lange/Kuchinke*, Erbrecht, § 31 III.
[90] BGHZ 25, 280; *Mayer/Bonefeld/Wälzholz/Weidlich*, Testamentsvollstreckung, Rn. 6 ff.; *Kipp/Coing*, Erbrecht, § 66 III.
[91] *Bengel/Reimann*, HB II, Rn. 12; *Staudinger/Reimann*, Vor 15 zu §§ 2197 ff.; *Schmucker*, Testamentsvollstrecker und Erbe, S. 17 ff m.w.N.

Erben eine weitgehend freie Stellung.⁹² Dabei orientiert sich die Ausübung des Amtes allein nach **objektiven Gesichtspunkten**⁹³ und dem wohlverstandenen Erblasserwillen. Somit bestimmt auch die Aufgabenstellung durch den Erblasser die Befugnisse und Pflichten des Testamentsvollstreckers. Wegen § 2220 BGB können die Rechte aus § 2218 BGB nicht abbedungen werden, wohl aber können die Erben nach dem Erbfall selbst auf ihre Rechte verzichten.

II. Anspruchsinhaber

84 Nach § 2218 Abs. 1 BGB finden auf das Rechtsverhältnis zwischen dem Testamentsvollstrecker und dem Erben einschließlich Vorerben⁹⁴ die für den Auftrag geltenden Vorschriften der §§ 664, 666 bis 668, 670 BGB sowie des § 673 Satz 2 BGB und § 674 BGB Anwendung. Dem Nacherben stehen diese Ansprüche aus den vorgenannten Vorschriften erst nach Eintritt des Nacherbfalles zu.⁹⁵ Dieser muss zunächst seine Rechte gegenüber dem Vorerben geltend machen, nicht jedoch vor Eintritt des Erbfalls gegen den Testamentsvollstrecker.

85 Trotz fehlenden gesetzlichen Verweises in § 2218 BGB müssen auch weitere Personen gegenüber dem Testamentsvollstrecker ein Informationsrecht haben. Im Einzelnen kommt es insbesondere darauf an, wer **Haftungsgläubiger** des Testamentsvollstreckers sein könnte.

86 Grundsätzlich bestehen keine Verpflichtungen des Testamentsvollstreckers aus § 2218 BGB gegenüber dem **Vermächtnisnehmer**. Es ist aber anerkannt, dass der Vermächtnisnehmer einen Anspruch auf Erstellung eines Nachlassverzeichnisses und auf Auskunftserteilung in den Fällen hat, in denen ihm gleichzeitig der Nießbrauch am Nachlass oder an einem Erbteil zugewendet worden ist.⁹⁶ Zudem ist dem Vermächtnisnehmer ein eigenständiges Auskunfts- und Rechenschaftsrecht zuzubilligen, wenn ein solches ausdrücklich oder aber wenigstens konkludent mitvermacht ist. Letztere Fälle sind insbesondere gegeben, wenn der Vermächtnisnehmer ohne Auskunft den Umfang oder den Gegenstand des Vermächtnisses selbst nicht bestimmen kann, weil es sich z.B. um ein Vermächtnis eines Sachinbegriffs mit wechselndem Bestand oder Bezugsgröße handelt.⁹⁷

87 Des Weiteren sind diejenigen Personen auskunfts- und rechenschaftsberechtigt, die den **Erbteil erworben** oder **gepfändet** haben.

88 Ferner sind nach einhelliger Auffassung⁹⁸ die in § 2218 Abs. 1 BGB genannten Vorschriften auch auf das Rechtsverhältnis zwischen Testamentsvollstrecker und seinem Nachfolger anwendbar.

---

92 RGZ 133, 128.
93 *Bengel/Reimann*, HB II, Rn. 11.
94 *Bengel/Reimann/Klumpp*, HB VI, Rn. 31; *Zimmermann*, Testamentsvollstreckung, Rn. 311; *Mayer/Bonefeld/Wälzholz/Weidlich*, Testamentsvollstreckung, Rn. 237; *Winkler*, Testamentsvollstrecker, Rn. 467 m.w.N.
95 *Bengel/Reimann*, HB VI, Rn. 32; MünchKomm/*Grunsky*, § 2127 Rn. 3.
96 *Bamberger/Roth/J.Mayer*, § 2215 Rn. 3; *Bengel/Reimann/Klumpp*, HB VI, Rn. 35; Staudinger/*Reimann*, § 2215 Rn. 8.
97 *Mayer/Bonefeld/Wälzholz/Weidlich*, Testamentsvollstreckung, Rn. 237 ff.; *Winkler*, Testamentsvollstrecker, Rn. 475.
98 BGH NJW 1972, 1660; Palandt/*Edenhofer*, § 2218 Rn. 10; Staudinger/*Reimann*, § 2218 Rn. 8; Soergel/*Damrau*, § 2218 Rn. 19 m.w.N.

Dem **Pflichtteilsberechtigten** bzw. sonstigen Dritten steht **kein Informationsrecht** und damit auch kein Rechenschaftsrecht zur Seite.[99] Allerdings wird in der neueren Lit. zum Pflichtteilsrecht[100] dem Pflichtteilsberechtigten mit Hilfe einer teleologischen Reduktion des § 2213 Abs. 1 BGB ein direktes Auskunfts- und Wertermittlungsrecht gegenüber dem Testamentsvollstrecker zugestanden.

III. Der Testamentsvollstrecker als gesetzlicher Vertreter

Problematisch sind die Fälle, in denen der Testamentsvollstrecker zugleich gesetzlicher Vertreter eines minderjährigen Erben ist. Dann stellt sich die Frage, ob zur Wahrnehmung der Rechte aus § 2218 BGB ein Pfleger bestellt werden muss. Nach der Rspr.[101] ist grundsätzlich bei einer Doppelbestellung als gesetzlicher Vertreter und Testamentsvollstrecker immer eine Ergänzungspflegschaft anzuordnen. Dies wird mit dem **Interessengegensatz** i.S.v. § 1629 Abs. 2 Satz 3 i.V.m. § 1796 BGB begründet. Dieser Gegensatz sei so erheblich, dass er die Wahrung der Aufgaben der beiden Ämter durch ein und dieselbe Person ausschließt.

Demgegenüber hält das neuere Schrifttum fast einhellig die Bestellung eines Ergänzungspflegers in den Fällen für entbehrlich, in denen der betreffende Elternteil unabhängig von seiner Stellung als Testamentsvollstrecker nach § 1640 Abs. 1 BGB ohnehin verpflichtet ist, ein Verzeichnis über das von Todes wegen erworbene Vermögen zu erstellen und dieses mit der Versicherung auf Vollständigkeit dem Familiengericht vorzulegen.[102] Sofern der Testamentsvollstrecker im Rahmen seiner Doppelfunktion als gesetzlicher Vertreter das Nachlassverzeichnis entgegennimmt, sei § 181 BGB nicht anwendbar, da die **Überprüfung** des Nachlassverzeichnisses selbst **kein Rechtsgeschäft** darstellt.[103] Gegen die Bestellung eines Ergänzungspflegers spricht zudem, dass ein gesetzlicher Vertreter über die Dauer seiner elterlichen Gewalt dem Vormundschaftsgericht gegenüber nicht rechenschaftspflichtig ist. Eine Ausnahme bilden lediglich die §§ 1666, 1667 BGB, wonach die Eltern dann rechenschaftspflichtig sind, wenn sie ihr Vermögenssorgerecht missbraucht haben.

Den Eltern als gesetzlichen Vertretern muss auch nicht insoweit nach § 1667 BGB die **Vermögenssorge entzogen** werden, als es um die Überprüfung der Rechenschaftslegung geht. Die Tatbestandsvoraussetzungen des § 1667 BGB sind nicht gegeben, denn es fehlt an einer Pflichtverletzung mit der Folge der Vermögensgefährdung.[104] Die bloße Möglichkeit eines Interessenkonfliktes ist kein ausreichender Grund, dem gesetzlichen Vertreter die Vermögenssorge zu entziehen.

---

99 *Mayer/Bonefeld/Wälzholz/Weidlich*, Testamentsvollstreckung, Rn. 237 ff.; *Bengel/Reimann/Klumpp*, HB VI, Rn. 34.
100 So z.B. *Mayer/Süß/Tanck/Bittler/Wälzholz*, PraxisHB Pflichtteilsrecht, S. 548; *Klingelhöffer*, ZEV 2000, 261 m.w.N.
101 Vgl. OLG Nürnberg ZEV 2002, 158; OLG Hamm FamRZ 1993, 1122; BayObLG Rpfleger 1977, 440.
102 *Damrau*, ZEV 1994, 1; *Schlüter*, ZEV 2002, 158; MünchKomm/*Zimmermann*, § 2215 Rn. 9; Staudinger/*Reimann*, § 2215 Rn. 8.
103 So auch *Damrau*, Minderjährige im Erbrecht, Rn. 189; *Schlüter*, ZEV 2002, 159.
104 *Damrau*, ZEV 1994, 2; *Schlüter*, ZEV 2002, 159.

IV. Einzelne analog anwendbare Auftragsvorschriften

1. Einschaltung Dritter gemäß § 664 Abs. 1 BGB

93 Der Testamentsvollstrecker hat das Amt **höchstpersönlich** durchzuführen und kann somit nicht die Testamentsvollstreckung insgesamt auf einen Dritten übertragen. Dies gilt auch, wenn der Erbe ausdrücklich zustimmt.[105] Einzelne Aufgaben zur selbstständigen Ausführung dürfen nur mit Einwilligung des Erblassers geschehen. Diese Einwilligung kann sich aus den Umständen unter Berücksichtigung des Gebots der ordnungsgemäßen Verwaltung ergeben. So kann der Testamentsvollstrecker, wenn er bspw. erkrankt ist und nicht die Voraussetzungen der § 2225 BGB oder § 2227 BGB gegeben sind, ohne weiteres einen Dritten mit der Wahrnehmung einzelner Aufgaben betreuen. Nach hiesiger Auffassung ist aber die Übertragung der Aufnahme des Nachlassverzeichnisses an Dritte als Substitution nicht zulässig, sofern der Erbe nicht ausdrücklich zustimmt, da der Erbe auf seine diesbezüglichen Rechte verzichten kann. Gerade bei einer Testamentsvollstreckung durch Banken ist besonders auf die Einhaltung des Substitutionsverbotes zu achten.

94 Hiervon zu unterscheiden ist die **Hinzuziehung von Gehilfen** als **Erfüllungsgehilfen** i.S.v. § 278 BGB. Dazu ist der Testamentsvollstrecker in den Grenzen ordnungsgemäßer Verwaltung immer berechtigt. Im Unterschied zur Übertragung der Ausführung von Einzelaufgaben hat er bei der Hinzuziehung von Gehilfen die Testamentsvollstreckung selbst in der Hand.

95 Da der Testamentsvollstrecker nur diejenigen Verbindlichkeiten eingehen darf, die zur **ordnungsgemäßen Verwaltung** erforderlich sind, darf er dann nicht selbstständig Vertragspartner zur Erfüllung einzelner Aufgaben einschalten, wenn der Erblasser ausdrücklich die Selbstausführung der Aufgabe durch den fachkundigen Testamentsvollstrecker angeordnet hat. Dies gilt insbesondere bei der Einsetzung von **Rechtsanwälten** oder **Steuerberatern**.

96 Grundsätzlich darf der Testamentsvollstrecker **selbständige Vertragspartner** (wie z.B. Handwerker, Rechtsanwälte etc.) hinzuziehen, um Geschäfte, die besondere Sachkunde erfordern, ausführen zu lassen. Er muss dann nur die Erledigung selbst veranlassen. Im Einzelfall kann nur eine Testamentsauslegung ergeben, ob der Testamentsvollstrecker tatsächlich zur Selbstvornahme bestimmter Tätigkeiten verpflichtet ist, weil nur er selbst die erforderliche Sachkunde hat. Im Zweifel ist jedoch davon auszugehen, dass keine derartige Verpflichtung besteht, so dass ein Rechtsanwalt als Testamentsvollstrecker auch andere Rechtsanwälte mit der Durchführung eines Prozesses betrauen kann. Dann steht ihm auch die Erstattung seines **Aufwendungsersatzes** zu.

97 Sofern Dritte eingeschaltet werden, haftet der Testamentsvollstrecker für deren **sorgfältige Auswahl und Aufsicht sowie** die Beachtung der erteilten **Anweisungen**. Wurden unzulässigerweise einem Dritten Aufgaben übertragen und kommt es zu einem Schaden, haftet der Testamentsvollstrecker für den Schaden, der ohne die unzulässige Übertragung nicht entstanden wäre. Bedient sich der Testamentsvollstrecker Erfüllungsgehilfen, so richtet sich die Haftung nach § 278 BGB.

98 § 664 BGB ermächtigt auch zur Erteilung von **Vollmachten**, sofern dies durch die ordnungsgemäße Verwaltung gedeckt ist. Der Testamentsvollstrecker bleibt durch die Vollmacht weiterhin für die Handlungen verantwortlich. Der Testamentsvollstrecker

---

105 RGZ 81, 166.

kann auch eine **Generalvollmacht** einem Dritten erteilen, wenn kein entgegenstehender Erblasserwille erkennbar ist und die Vollmacht widerrufen werden kann.[106] Allerdings darf nach hiesiger Auffassung die Generalvollmacht nicht dazu führen, dass der Testamentsvollstrecker sein Amt quasi aus der Hand gibt. Sie darf sich wie eine Prokura nur auf bestimmte Bereiche beziehen (wie z.B. Unternehmensfortführung), nicht aber auf alle vom Testamentsvollstrecker durchzuführenden Tätigkeiten. Auch hier haftet der Testamentsvollstrecker für seine sorgfältige Auswahl, Beaufsichtigung und Anweisung. Endet die Testamentsvollstreckung, so endet auch die Vollmacht, die der Testamentsvollstrecker erteilt hatte.

Wegen § 664 Abs. 2 BGB ist es dem Erben verwährt, seine Rechtsstellung gegenüber dem Testamentsvollstrecker im Ganzen auf einen Anderen zu übertragen. Einzelansprüche, wie z.B. die aus § 2217 Abs. 1 BGB, können übertragen werden. Gleiches gilt bspw. für die Ansprüche auf Auskunft und Rechnungslegung. 99

2. Informationspflichten gemäß § 666 BGB

Durch die Testamentsvollstreckung werden zahlreiche Rechte, wie etwa das Verfügungsrecht des Erben, erheblich eingeschränkt. Aus diesem Grunde hat der Gesetzgeber den Erben bestimmte Rechte zuerkannt, die spiegelbildliche Pflichten beim Testamentsvollstrecker sind. § 2218 BGB verweist insoweit auf das Auftragsrecht, mithin § 666 BGB. Demgemäß bestehen für den Testamentsvollstrecker drei Arten von **Informationspflichten**, worunter auch die Auskunftserteilung im weiteren Sinne zu verstehen ist:[107] 100

– die Aufklärungspflicht,
– die Auskunftspflicht und
– die Rechenschaftspflicht.

a) Aufklärungspflicht

Die **Aufklärungspflicht** besteht je nach Ausgestaltung des Einzelfalls aus einer Benachrichtigungspflicht, einer Anhörungspflicht sowie einer Warnpflicht.[108] Die Benachrichtigungspflicht ist vom Testamentsvollstrecker immer unverzüglich und unaufgefordert zu erfüllen. Sie kann sich auch auf Beziehungen zu Dritten erstrecken. Dies gilt insbesondere für Testamentsvollstreckungen im Unternehmensbereich, wo auf die Geschäftsbeziehungen zu anderen hingewiesen werden muss. Eine bestimmte **Form** für die Benachrichtigung ist nicht vorgeschrieben. 101

Nach h.M.[109] gilt als Leitlinie analog zur Grundidee des § 666 BGB für die Benachrichtigungspflicht, dass der Testamentsvollstrecker dem Erben alle ihm bis dahin unbekannten Informationen zu geben hat, damit er jeweils über die Maßnahmen insgesamt, die der Testamentsvollstrecker ausführt, unterrichtet ist. Dabei muss der Erbe insbesondere über wichtige Einzelfragen und bedeutende anstehende Entscheidungen informiert werden. Insgesamt ist entscheidend, ob die jeweilige **objektive wirtschaftliche und sonstige Situation** des Nachlasses und der darauf bezogenen Geschäfte für 102

---

106 KG HRR 1930 Nr. 123; so auch Palandt/*Edenhofer*, § 2218 Rn. 2; Staudinger/*Reimann*, § 2218 Rn. 13.
107 *Bengel/Reimann/Klumpp*, HB VI, Rn. 54; *Mayer/Bonefeld/Wälzholz/Weidlich*, Testamentsvollstreckung, Rn. 246 ff.; *Winkler*, Testamentsvollstrecker, Rn. 475 ff.
108 Staudinger/*Wittmann*, § 666 Rn. 1; *Bengel/Reimann/Klumpp*, HB VI, Rn. 73.
109 *Bengel/Reimann/Klumpp*, HB VI, Rn. 58; MünchKomm/*Seiler*, § 666 Rn. 5; *Winkler*, Testamentsvollstrecker, Rn. 477.

einen umsichtigen und gewissenhaften Testamentsvollstrecker eine Information des Erben gebietet, damit dieser seine Rechte wahrnehmen, Pflichten erfüllen und sachgerechte Entscheidungen treffen kann.[110] Er muss die Übersicht über das Geschehen be- und erhalten,[111] um insbesondere auch die Frage prüfen zu können, ob der Testamentsvollstrecker sein Amt ordnungsgemäß ausübt. Mehrfache mündliche Besprechungen über die finanzielle Situation genügen bis zum Auskunftsverlangen der Erben zur Erfüllung der Benachrichtigungspflicht.[112] Dabei ist aus Beweisgründen für den Testamentsvollstrecker die schriftliche Information vorzuziehen.

b) Zeitpunkt der Informationspflicht

103 Problematisch ist, wann der Testamentsvollstrecker die Erben im voraus über bestimmte Entscheidungen zu informieren hat. Nach der Rspr.[113] kommt es auf die Umstände des Einzelfalls an. So kann die Pflicht bestehen, die Erben unverlangt auch bei bloß vorbereitenden Verwaltungsmaßnahmen zu benachrichtigen und sogar anzuhören, um deren Vorstellungen bei der Entscheidung mit zu berücksichtigen. Besonders in den Fällen, bei denen der Testamentsvollstrecker selbst Miterbe ist und vom Selbstkontrahierungsverbot des § 181 BGB befreit ist, ist eine Vorausinformationspflicht zu bejahen.[114] Die Intensität dieser Pflicht steigert sich immer dann, wenn über die gewöhnliche Amtsführung hinaus objektiv die Gefährdung von Interessen der Erben möglich erscheint, also besonders bei Geschäften, die nur für einzelne der Erben vorteilhaft erscheinen (ungerechtfertigte Bevorzugung) oder gar bei „**Insichgeschäften**" des Testamentsvollstreckers. Gleiches gilt bei **risikobehafteten Geschäften**, insbesondere spekulativer Art, die besonders vor- aber auch nachteilig für den Nachlass sein können.

104 Will der Testamentsvollstrecker wesentlich von dem vom Erblasser angenommenen Lauf der Dinge im Rahmen seiner Verwaltung abweichen, so ist ebenfalls eine vorherige Anhörungspflicht gegeben.[115] Bei der **Aufstellung des Auseinandersetzungsplans** zur Vorbereitung der Erbauseinandersetzung nach Maßgabe des § 2204 Abs. 2 BGB ist die vorherige Anhörung gesetzlich vorgeschrieben. Ansonsten hat der Testamentsvollstrecker den oder die Erben kontinuierlich zu unterrichten.[116]

c) Auskunftspflicht und Vorlage eines Bestandsverzeichnisses

105 Im Unterschied zu den **Anhörungspflichten** setzt die Auskunftspflicht ein entsprechendes Verlangen des Berechtigten voraus, wodurch auch der Inhalt der Auskunftspflicht bestimmt wird.[117] Dabei kann jeder einzelne Erbe ohne Mitwirkung der anderen die Ansprüche geltend machen, allerdings mit der Einschränkung, lediglich Leistung an alle Miterben verlangen zu können.[118] Es handelt sich um eine absolute Pflicht

---

110 *Mayer/Bonefeld/Wälzholz/Weidlich*, Testamentsvollstreckung, Rn. 246 ff.; MünchKomm/*Seiler*, § 666 Rn. 5.
111 BGHZ 109, 266 = NJW 1990, 510; BayObLG ZEV 1998, 348.
112 BayObLG ZEV 1998, 349; *Sarres*, ZEV 2000, 91.
113 BGH NJW 1959, 1429 = BGHZ 30, 72.
114 *Bengel/Reimann*, HB VI, Rn. 69; *Mayer/Bonefeld/Wälzholz/Weidlich*, Testamentsvollstreckung, Rn. 240 ff.; *Zimmermann*, Testamentsvollstreckung, Rn. 318.
115 *Bengel/Reimann*, HB VI, Rn. 70; *Mayer/Bonefeld/Wälzholz/Weidlich*, Testamentsvollstreckung, Rn. 240 ff.; *Winkler*, Testamentsvollstrecker, Rn. 477.
116 Staudinger/*Reimann*, § 2218 Rn. 16.
117 MünchKomm/*Seiler*, § 666 Rn. 7.
118 BGH NJW 1965, 396.

des Testamentsvollstreckers. Die Erben als Berechtigte haben keinen Anspruch darauf, zu jeder Zeit alles umgehend zu erfahren. Das Auskunftsrecht wird durch den Zweck begrenzt, dem Berechtigten die Nachrichten und den Kenntnisstand zu verschaffen, den er benötigt, um seine jeweilige Rechtsposition und seine tatsächliche Stellung während der Dauer der Testamentsvollstreckung richtig und vollständig beurteilen zu können.[119] Dabei erfasst die Auskunftspflicht auch künftige Geschäfte.[120]

Aus dem allgemeinen **Schikaneverbot** und dem Grundsatz von **Treu und Glauben** ergeben sich etwaige Beschränkungen des Auskunftsbegehrens. Sofern die Erben die Auskunft instrumentalisieren und durch permanente Nachfragen lediglich erreichen wollen, dass der Testamentsvollstrecker sein Amt zur Verfügung stellt, liegt Missbräuchlichkeit hinsichtlich des Auskunftsbegehrens vor.[121] Dabei ist jedoch auf den Einzelfall abzustellen, da selbstverständlich die Erben immer über den Stand der Testamentsvollstreckung informiert sein müssen, so dass notfalls der Testamentsvollstrecker seine Auskunftserteilung wiederholen muss.[122]

106

Für das Auskunftsverlangen gilt ferner der **Verhältnismäßigkeitsgrundsatz**. So muss der Testamentsvollstrecker nicht bei jeder noch so bedeutungslosen Angelegenheit Auskunft erteilen. Das Begehren ist unberechtigt, wenn der Nachlass durch die Auskunft offensichtlich in keiner Weise berührt wird. Im Einzelnen kommt es darauf an, ob das Interesse der Erben an der Auskunft von so untergeordneter Bedeutung ist, dass es in keinem angemessenen Verhältnis zum Aufwand für die Erfüllung dieser Verpflichtung steht.[123] Eine Pflicht zur Offenbarung besteht sogar dann, wenn er damit eine eigene Straftat aufdecken würde.[124] Ist der Testamentsvollstrecker eine Person mit besonderer Berufsverschwiegenheit – wie z.B. ein Rechtsanwalt – so greift die dadurch gebotene **Schweigepflicht** erst dann ein, wenn es um die Wahrung von Geheimnissen Dritter geht.[125]

107

Inhalt und Grenzen der Auskunftspflicht bestimmen sich zunächst nach dem Verlangen des Erben unter Beachtung der Besonderheiten des zwischen Testamentsvollstrecker und ihm bestehenden Rechtsverhältnisses, wobei auch der Zweck des Auskunftsrechts zu berücksichtigen ist.[126] Der **Umfang** der Auskunft hängt regelmäßig von der gestellten Einzelfrage ab. Je präziser diese ist, umso präziser und konkreter ist diese zu beantworten. Wenn der Testamentsvollstrecker weitreichende Entscheidungen plant, so muss er insbesondere die Motive und Abwägungskriterien umfangreicher darlegen. Der Auskunftsberechtigte kann seine Fragen auf die gesamte Amtsausführung und alle damit zusammenhängenden Fragen beziehen.[127]

108

---

119 *Bengel/Reimann*, HB VI, Rn. 83 unter Bezug auf BGHZ 109, 260, 266 zum Auskunftsanspruch bei Unterhalt; *Sarres*, ZEV 2000, 91 f.
120 Soergel/*Damrau*, § 2218 Rn. 5.
121 *Mayer/Bonefeld/Wälzholz/Weidlich*, Testamentsvollstreckung, Rn. 247; *Winkler*, Testamentsvollstrecker, Rn. 479 f.
122 BGH NJW-RR 1988, 1073.
123 MünchKomm/*Seiler*, § 666 Rn. 7.
124 *Bengel/Reimann/Klumpp*, HB VI, Rn. 86.
125 BGH NJW 1990, 510, 511.
126 MünchKomm/*Seiler*, § 666 Rn. 7.
127 *Schmucker*, Testamentsvollstrecker und Erbe, S. 201 ff.

109 Den Testamentsvollstrecker trifft auch eine **Wissensverschaffungspflicht**, wonach er sich die zur Auskunftserteilung notwendigen Kenntnisse notfalls zu beschaffen hat.[128] Eine bestimmte **Form** ist für die Auskunftserteilung grundsätzlich nicht vorgeschrieben.[129]

> **Praxishinweis:**
> Aus Beweisgründen empfiehlt sich aber auch hier schon die Wahrung der Schriftform. Inhaltlich muss die Auskunft keine Wertangaben enthalten, aber zu jedem Gegenstand alle wertbildenden Faktoren angeben.

110 Zur **Vorlage von Belegen** ist der Testamentsvollstrecker nicht verpflichtet, es sei denn, die bisherigen Angaben waren unvollständig oder der Besitz derartige Belege[130] ist für den Erben erforderlich, um seine Lage richtig einschätzen und danach handeln zu können.[131]

111 Diese **Kosten der Auskunft** trägt grundsätzlich der Verpflichtete.[132] Aus § 2314 Abs. 2 BGB und einer analogen Anwendung des § 2215 Abs. 5 BGB hinsichtlich der Kosten eines Nachlassverzeichnisses wird zu Recht[133] gefolgert, dass im Verhältnis Testamentsvollstrecker zum Erben der Erbe die Kosten zu tragen habe. Wenn aber der Testamentsvollstrecker zu Unrecht Auskunft verweigert oder nur eingeschränkt erbracht hat, so trägt dieser die Kosten des Rechtsstreits.[134] Dem Testamentsvollstrecker steht auch **kein Zurückbehaltungsrecht** hinsichtlich seines Vergütungs- oder Aufwendungsanspruchs gegenüber dem Auskunftsanspruch zu, da er vorleistungspflichtig ist.[135]

112 Der Auskunftsanspruch **verjährt** auch nach dem Schuldrechtsmodernisierungsgesetz weiterhin nach 30 Jahren gem. § 197 Abs. 1 Satz 2 BGB, da auch der Hauptanspruch erbrechtlicher Natur ist.[136] Verjährt der Hauptanspruch früher als das Auskunftsrecht, gilt die kürze Frist nicht für den Auskunftsanspruch, weil dieser selbständig verjährt. Nach Verjährung des Hauptanspruchs fehlt aber regelmäßig ein Informations- oder Rechtsschutzinteresse für die Durchsetzung des Auskunftsanspruchs.[137]

113 Ist der Testamentsvollstrecker zugleich Miterbe bleibt seine Auskunftspflicht hiervon unberührt, selbst wenn die Miterben untereinander i.d.R. nicht auskunftspflichtig sind.[138] Hat der Erbe einen berechtigten Grund zur Annahme, dass das Bestandsverzeichnis nicht mit der erforderlichen Sorgfalt aufgestellt wurde, so hat der Testamentsvollstrecker nach § 260 Abs. 2 BGB, die über §§ 2218, 666 BGB auch für den

---

128 Vgl. auch BGHZ 107, 104 ff. = NJW 1989, 1601 hinsichtlich Verhältnis Erbe/Pflichtteilsberechtigter; *Sarres*, ZEV 2000, 91; *Mayer/Bonefeld/Wälzholz/Weidlich*, Testamentsvollstreckung, Rn. 247; *Winkler*, Testamentsvollstrecker, Rn. 481.
129 *Zimmermann*, Testamentsvollstreckung, Rn. 319; *Sarres*, ZEV 2000, 91; differenzierend Palandt/*Heinrichs*, §§ 259-261 Rn. 20: in einfachen Fällen mündlich.
130 Wie z.B. Steuerbescheide, Verwaltungsakte, Urteile oder Urkundsausfertigungen.
131 *Bengel/Reimann/Klumpp*, HB VI, Rn. 111.
132 *Mayer/Bonefeld/Wälzholz/Weidlich*, Testamentsvollstreckung, Rn. 249 m.w.N.
133 *Bengel/Reimann/Klumpp*, HB VI, Rn. 113 f.; ebenso *Mayer/Bonefeld/Wälzholz/Weidlich*, Testamentsvollstreckung, Rn. 249.
134 *Garlichs*, ZEV 1996, 447, 448.
135 BGH LM Nr. 1 zu § 2221 BGB; Soergel/*Damrau*, § 2218 Rn. 9; Staudinger/*Reimann*, § 2218 Rn. 21.
136 Noch zur alten Regelung: BGHZ 108, 399; zur Verjährung von Ansprüchen gegen den Testamentsvollstrecker: *Bonefeld*, ZErb 2003, 247.
137 BGHZ 108, 399 = NJW 1990, 180; Palandt/*Heinrichs*, § 261 Rn. 27.
138 Hierzu *Sarres/Afraz*, ZEV 1995, 433.

Testamentsvollstrecker Geltung haben, auf Verlangen zu Protokoll die Richtigkeit an Eides Statt zu versichern. Der Testamentsvollstrecker muss demgemäß für jede Auskunftsverpflichtung, auch eine Einzelauskunft, auf Verlangen eine eidesstattliche Versicherung abgeben.[139] Bei Angelegenheiten von geringer Bedeutung ist sie hingegen nach § 259 Abs. 3 BGB ausgeschlossen.

d) Rechenschaftslegung

Als dritten Unterpunkt der Informationsrechte aus §§ 2218, 666 BGB ergibt sich die Verpflichtung des Testamentsvollstreckers zur **Rechenschaftslegung**. Diese Pflicht besteht auch dann, wenn der Testamentsvollstrecker Miterbe ist. 114

aa) Erfordernis einer ordnungsgemäßen Rechnungslegung

Die Aufklärungs-, Auskunfts- und Rechenschaftslegungspflicht unterscheiden sich nur graduell, sowohl in der Pflichtentstehung und dem Zeitpunkt ihrer Erfüllung. Sie sind lediglich unterschiedliche Ausgestaltungen einer einheitlichen Auskunftsverpflichtung im weiteren Sinne.[140] Im Gegensatz zur Aufklärungspflicht, die retrospektiv und auf früheres Verhalten sowie auf die Aufklärung von Umständen, die dem Erben bislang verborgen geblieben sind, gerichtet ist,[141] sind die **Auskunfts- und Rechenschaftslegungspflicht** nach vorne gerichtet. Beide Informationspflichten sollen Informationen über dem Erben noch unbekannte Umstände geben, damit er neue Dispositionen treffen kann.[142] Die Rechenschaftspflicht geht in ihrer Intensität weiter als der einfache Auskunftsanspruch. 115

Wurde **Rechenschaft** abgelegt, ist der **Auskunftsanspruch** verbraucht[143] und es kann kein Anspruch mehr auf Auskunft hinsichtlich des gleichen Sachverhalts geltend gemacht werden. Hinsichtlich der Beschränkungen des Rechenschaftsanspruchs gelten die gleichen Grundsätze wie beim besonderen Auskunftsanspruch. 116

Ein weiterer Unterschied zur Aufklärungspflicht ist, dass die Rechenschaft immer schriftlich und nur auf Verlangen abgelegt werden muss. Inhaltlich erfordert sie genauere Informationen als die Auskunftspflicht.[144] Dabei müssen der gesamte Ablauf und alle Ergebnisse der Geschäftstätigkeit genau dargestellt werden.[145] Nicht ausreichend ist, wenn Belege ohne eine übersichtliche Aufstellung quasi ungeordnet vorgelegt werden, verbunden mit dem Angebot, diese mündlich zu erläutern.[146] Inhaltlich muss die Rechenschaftslegung vollständig[147] sein, mithin alle erheblichen Tatsachen enthalten, richtig und damit mit größtmöglicher Sorgfalt erteilt, übersichtlich und verständlich sein.[148] Des Weiteren muss derjenige, dem gegenüber die Rechenschaft abgelegt wird, den Inhalt nachprüfen können. 117

---

139 OLG Hamburg NJW-RR 1993, 829; Palandt/*Heinrichs,* § 261 Rn. 29 ff.
140 MünchKomm/*Seiler,* § 666 Rn. 2; *Bengel/Reimann/Klumpp,* HB VI, Rn. 240.
141 *Bengel/Reimann/Klumpp,* HB VI, Rn. 239; *Schmucker,* Testamentsvollstrecker und Erbe, S. 207.
142 *Winkler,* Testamentsvollstrecker, Rn. 551; *Sarres,* ZEV 2000, 92.
143 Vgl. auch BGHZ 93, 327 = NJW 1985, 1693; *Bengel/Reimann/Klumpp,* HB VI, Rn. 280.
144 BGHZ 39, 92 ff. = NJW 1963, 950.
145 *Bengel/Reimann/Klumpp* HB VI, Rn. 242; *Mayer/Bonefeld/Wälzholz/Weidlich,* Testamentsvollstreckung, Rn. 252 ff.; *Sarres,* ZEV 2000, 92.
146 BGHZ 39, 95 = BGH NJW 1963, 950; OLG Köln NJW-RR 1989, 568.
147 Nach *Bengel/Reimann/Klumpp,* HB VI, Rn. 242; MünchKomm/*Seiler,* § 666 Rn. 8.
148 *Winkler,* Testamentsvollstrecker, Rn. 483; *Mayer/Bonefeld/Wälzholz/Weidlich,* Testamentsvollstreckung, Rn. 252 ff.

118 Sofern die Rechenschaftslegung eine **Schlussrechnung** darstellt, muss sie alles enthalten, was Relevanz für den Nachlass hat oder auch nur haben kann.[149] Muss der Testamentsvollstrecker eine mit Einnahmen und Ausgaben verbundene Verwaltung durchführen, ist eine geordnete Zusammenstellung der Einnahmen und Ausgaben i.R.d. Rechnungslegung zu erteilen.

119 Die **Vorlage von Belegen** muss nur in den üblichen Fällen nach § 259 Abs. 1 BGB erfolgen, wobei die Möglichkeit der Einsichtnahme ausreichend ist.[150] Hinsichtlich des Umfangs der Rechenschaftsablegung ist in den vorgenannten Fällen § 259 Abs. 1 BGB neben § 666 BGB anzuwenden.[151] Sind erforderliche Belege verlorengegangen, so sind sie zu rekonstruieren oder Ersatz zu beschaffen.[152] In diesem Zusammenhang wird von Rechnungslegung als Spezialfall der Rechenschaftsablegung gesprochen.[153]

120 Liegt eine **Erbengemeinschaft** vor, so kann jeder Miterbe gegenüber dem Testamentsvollstrecker den Rechenschaftsanspruch geltend machen. Da es sich um einen Anspruch aus dem Nachlass handelt, kann aber wegen § 2039 BGB nur Leistung an alle Miterben verlangt werden.[154] Sofern dies keine besonderen Mühen und Kosten bedeutet, ist es anerkannt, dass der Testamentsvollstrecker jedem Berechtigten einen Rechenschaftsbericht zukommen zu lassen hat.[155] Wegen der heutigen kostengünstigen Möglichkeiten der Fertigung von Kopien oder dem Versenden von Mails ist grundsätzlich dem Testamentsvollstrecker eine Mitteilung an jeden Erben zumutbar.[156]

121 Da das Bestehen einer Erbengemeinschaft wegen § 2039 BGB die Erfüllung des Rechnungslegungs- und Rechenschaftslegungsanspruchs behindern kann, werden in der Kautelarpraxis sog. **Vertreterklauseln** in die letztwillige Verfügung aufgenommen. Danach bestimmt der Erblasser, dass nur ein gemeinsamer Vertreter der Erbengemeinschaft den jährlichen Rechnungslegungsanspruch geltend machen kann und dieser auch nur gegenüber diesem zu erfüllen ist. Sofern der Erblasser nicht die Person des Vertreters bestimmt, verstößt eine derartige Klausel nicht gegen § 2220 BGB, da hierdurch lediglich die gesetzlichen Erbenrechte modifiziert, nicht aber ausgeschlossen werden.[157] Allerdings können die Erben wiederum jeder für sich die Rechte dann ausüben, wenn der Vertreter selbst untätig ist oder aber keine Einigung auf einen Vertreter erzielt werden kann.[158] Nur die Personen, die Rechenschaft vom Testamentsvollstrecker verlangen können, haben auch das Recht auf die Rechenschaftsablegung zu

---

149 *Bengel/Reimann/Klumpp*, HB VI, Rn. 296.
150 *Winkler*, Testamentsvollstrecker, Rn. 483; *Bengel/Reimann/Klumpp*, HB VI, Rn. 244; *Schmucker*, Testamentsvollstrecker und Erbe, S. 208.
151 *Bengel/Reimann/Klumpp*, HB VI, Rn. 246; *Ikels*, Rechnungslegung nach § 259 Abs. 1 BGB, S. 161 f.
152 BGHZ 39, 94 (insbesondere bei Bankunterlagen); *Schmucker*, Testamentsvollstrecker und Erbe, S. 209.
153 MünchKomm/*Seiler*, § 666 Rn. 10; *Mayer/Bonefeld/Wälzholz/Weidlich*, Testamentsvollstreckung, Rn. 255.
154 MünchKomm/*Zimmermann*, § 2218 Rn. 13; *Winkler*, Testamentsvollstrecker, Rn. 483.
155 BGH WM 1981, 992; MünchKomm/*Keller*, § 259 Rn. 24.
156 *Bengel/Reimann/Klumpp*, HB VI, Rn. 255.
157 *Mayer/Bonefeld/Wälzholz/Weidlich*, Testamentsvollstreckung, Rn. 259; *Bengel/Reimann/Klumpp*, HB VI, Rn. 316 geht sogar noch weiter u. ist der Ansicht, der Erblasser könne den Erben einen Vertreter dann aufzwingen, wenn der Vertreter aus der Erbengemeinschaft stammt, da dann das Prinzip der Selbstorganschaft beachtet sei.
158 *Klumpp*, ZEV 1999, 307.

verzichten. Ein Verzicht für die Erben etc. im Rahmen einer letztwilligen Verfügung durch den Erblasser ist nicht möglich.[159]

Ist der Testamentsvollstrecker zugleich **gesetzlicher Vertreter** eines minderjährigen Erben, so ist er gem. §§ 1795 Abs. 2, 181, 1629 Abs. 2 BGB nicht gehindert, dessen Rechenschaftsablegungsanspruch gegen sich geltend zu machen.[160] 122

Hat der Erbe Anlass zur Annahme, dass die erteilte Rechnungslegung nicht mit der erforderlichen Sorgfalt erstellt wurde, so bleibt ihm als einziges **Zwangsmittel**, um eine richtige Rechnungslegung zu erzwingen, das Verlangen zur Abgabe einer eidesstattlichen Versicherung nach § 259 Abs. 2 BGB.[161] 123

Nach §§ 2218, 666 BGB muss der Testamentsvollstrecker die Rechenschaft nach Beendigung seines Amtes erteilen, allerdings nur auf Verlangen der Erben. Dieses Verlangen kann auch konkludent erfolgen, so dass der Testamentsvollstrecker zumindest immer dann, wenn die Testamentsvollstreckung die Vornahme von Einnahmen und Ausgaben zur Folge hatte, von sich aus die Rechenschaftsablegung vornehmen sollte.[162] Auf das Verlangen muss der Testamentsvollstrecker innerhalb einer angemessenen Frist reagieren und den Anspruch erfüllen. Der Erbe braucht somit keine besondere Frist zu setzen.[163] Was als angemessene Frist angesehen werden kann, hängt wiederum von den Umständen des Einzelfalls ab, insbesondere vom Umfang des Nachlasses, seiner Zusammensetzung und Übersichtlichkeit sowie Zahl und Art der vom Testamentsvollstrecker durchgeführten Geschäfte.[164] 124

bb) Jährliche Rechnungslegung nach § 2218 Abs. 2 BGB

Bei einer Testamentsvollstreckung, die **länger als ein Jahr andauert**, kann der Erbe – unabhängig davon, ob es sich um eine Verwaltungs- oder reine Abwicklungsvollstreckung handelt – aufgrund § 2218 Abs. 2 BGB eine **jährliche Rechnungslegung** verlangen.[165] Für die jährliche Rechnungslegung gelten die selben Grundsätze wie für die Rechenschaftsablegung als Schlussabrechnung. Sie ist lediglich eine Art Zwischenbilanz. Bei unveränderten Beständen[166] käme es jedes Jahr zu Wiederholungen. Aus diesem Grund müssen unveränderte Bestände nicht immer wieder neu aufgelistet werden. Es kann dann auf die bereits bekannte unveränderte Angabe verwiesen werden. 125

Weiterhin müssen aber sämtliche jährlichen Einnahmen und Ausgaben genau angegeben werden. Ebenso sind Zu- und Abflüsse von Vermögen in einer zeitlich-chronologischen Aufstellung vorzulegen. Bereits aus diesem Grund lohnt es sich, vorne in die Testamentsvollstreckerakte eine **Tätigkeitsübersicht** aufzunehmen.[167] Zu jedem Jahresende ist ein neuer Vermögensstatus im Form einer geordneten Vermögensübersicht zu erstellen, damit die Entwicklung und das Ergebnis der vermögensbezogenen Vorgänge des vergangenen Jahres für den Erben erkennbar ist.[168] Die Bestimmungen der 126

---

159 *Winkler*, Testamentsvollstrecker, Rn. 142; Staudinger/*Reimann*, § 2220 Rn. 5.
160 *Bengel/Reimann/Klumpp*, HB VI, Rn. 264.
161 *Bengel/Reimann/Klumpp*, HB VI, Rn. 279.
162 So *Mayer/Bonefeld/Wälzholz/Weidlich*, Testamentsvollstreckung, Rn. 259.
163 RGZ 56, 118; MünchKomm/*Seiler*, § 666 Rn. 11.
164 *Bengel/Reimann/Klumpp*, HB VI, Rn. 293; *Mayer/Bonefeld/Wälzholz/Weidlich*, Testamentsvollstreckung, Rn. 256.
165 Staudinger/*Reimann*, § 2218 Rn. 36; *Klingelhöffer*, § 2218 Rn. 288.
166 Wie z.B. eine Bibliothek oder eine Sammlung.
167 Dazu *Mayer/Bonefeld/Wälzholz/Weidlich*, Testamentsvollstreckung, Rn. 686.
168 Staudinger/*Reimann*, § 2218 Rn. 36; *Bengel/Reimann/Klumpp*, HB VI, Rn. 297.

§§ 1840, 1841 BGB über die mindestens einmal jährliche Berichterstattung und Rechnungslegung des Vormunds sind nicht ohne weiteres auf den Testamentsvollstrecker anwendbar.[169]

127 Hat der Erbe die Rechnungslegung jahrelang nicht gefordert, so kann die anschließende Geltendmachung nach § 242 BGB **gegen Treu und Glauben** verstoßen. Jedoch kann in diesem Fall die Nachholung dann verlangt werden, wenn der Erbe Tatsachen nachweist, die geeignet sind, **Zweifel** an der Zuverlässigkeit des Testamentsvollstreckers und seiner Amtsführung zu erwecken.[170] Der Testamentsvollstrecker hat bei seiner Rechnungslegung alle Einnahmen und Ausgaben lückenlos mit Datum versehen aufzulisten.[171] Sofern z.B. Gebäude im Nachlass sind, muss er die einzelnen Posten wie Mieteinnahmen, Reparaturaufwendungen, Nebenkostenabrechnung, Steuern, Erschließungskosten, Versicherungen i.R.d. Einnahmen und Ausgabenaufstellung getrennt aufführen.[172]

128 Liegt bereits eine **Handelbilanz** vor, so kann der Testamentsvollstrecker auf die kaufmännische Buchführung Bezug nehmen, sofern es sich nicht um eine reine Steuerbilanz handelt, die nicht die tatsächliche Ist-Situation widerspiegelt. Er kann dann auf den Jahresabschluss in Form einer Bilanz nach §§ 266 ff. HGB oder einer Gewinn- und Verlustrechnung schlicht verweisen. Bei nicht buchführungspflichtigen Unternehmen – wie z.B. Freiberuflern – ist eine **Einnahme-/Überschussabrechnung** ausreichend.

129 Was die Frist zur jährlichen Rechnungslegung nach § 2218 Abs. 2 BGB angeht, so hat diese wie die Schlussabrechnung ebenfalls innerhalb einer angemessenen Frist beginnend ab Verlangen zu erfolgen.[173] Dabei sind aber weitere Umstände zu berücksichtigen. So ist § 149 Abs. 2 AO vom Testamentsvollstrecker zu beachten, da bis zum 31.5. eines Jahres die jährliche Einkommensteuererklärung abzugeben ist. Bei Kapitalgesellschaften muss die Jahresabrechnung innerhalb der Frist des § 264 HGB erstellt werden.[174]

---

169 So h.M. RG WarnR 1936 Nr. 159; RG SeuffA 90 Nr. 172; Soergel/*Damrau*, § 2218 Rn. 7; *Winkler*, Testamentsvollstrecker, Rn. 483; *Mayer/Bonefeld/Wälzholz/Weidlich*, Testamentsvollstreckung, Rn. 256; nach MünchKomm/*Zimmermann*, § 2218 Rn. 11 können diese Vorschriften lediglich als Orientierungshilfe herangezogen werden. A.A.: Bengel/Reimann/*Klumpp*, HB VI, Rn. 300; er fordert eine „vorsichtige analoge Anwendung der inhaltlichen Kriterien von §§ 1840, 1841 BGB", mildert aber gleichzeitig die Anforderungen an die Zumutbarkeitskriterien ab.

170 Vgl. BGHZ 39, 87 ff. = BGH NJW 1963, 950; BGHZ 10, 385; RG Warn. 1, 277; RG Warn. 30, 186; nach RG HRspr 1941 Nr. 628 ist auch bei jahrelanger Entgegennahme von Leistung ohne Rechnung keine Verwirkung gegeben, wenn nicht weitere Anhaltspunkte dafür gegeben sind. Bereits 1916 hatte das RG (JW 1916, 673) hinsichtlich § 2215 Abs. 4 BGB erklärt, das jahrelange Begnügen mit einem privaten Verzeichnis schließt das Fordern eines amtlichen Nachlassverzeichnisses nicht aus. Die Lit. (insb. *Herzfelder*, JW 1916, 673) hat dem zugestimmt; nach neuester Rspr. des BGH (FamRZ 2003, 449) setzt Verwirkung neben einem Zeitablauf auch vertrauensbildendes Verhalten voraus.

171 Vgl. Bengel/Reimann/*Klumpp*, HB VI, Rn. 301-305; *Mayer/Bonefeld/Wälzholz/Weidlich*, Testamentsvollstreckung, Rn. 257; *Klingelhöffer*, § 2218 Rn. 286; *Sarres*, ZEV 2000, 92.

172 Eine solche nach dem Objekt der Verwaltung differenzierende, detaillierte jährliche Rechnungslegung ist schon deshalb erforderlich, weil die Erben diese i.d.R. für die Abgabe ihrer Einkommensteuererklärung brauchen; so Bengel/Reimann/*Klumpp*, HB VI, Rn. 306; *Mayer/Bonefeld/Wälzholz/Weidlich*, Testamentsvollstreckung, Rn. 257.

173 BayObLG ZEV 1998, 348.

174 *Mayer/Bonefeld/Wälzholz/Weidlich*, Testamentsvollstreckung, Rn. 258; Staudinger/*Reimann*, § 2218 Rn. 38.

cc) Besondere Aufklärungspflichten

Der Testamentsvollstrecker ist nicht verpflichtet, dem Erben die Möglichkeit einer für ihn günstigen taktischen Ausschlagung nach § 2306 Abs. 1 Satz 2 BGB zu eröffnen.[175]

3. *Herausgabepflicht gemäß § 667 BGB*

Hat der Testamentsvollstrecker sein **Amt beendet**, so muss er wegen § 667 BGB den vollständigen Nachlass inkl. aller Unterlagen nebst Surrogaten gem. § 2041 BGB an den Erben oder seinen Nachfolger als Testamentsvollstrecker **herausgeben**.[176] Gleiches gilt für einen treuhänderisch übernommenen Gesellschaftsanteil. Nach Abschluss hat er ein Bestandsverzeichnis zu erstellen und dem Erben vorzulegen. Bei berechtigten **Zweifeln an der Richtigkeit** kann der Erbe eine eidesstattliche Versicherung vom Testamentsvollstrecker verlangen. Allerdings kann der Testamentsvollstrecker aus Vereinfachungsgründen auf ein Nachlassverzeichnis verweisen, sofern dies inhaltlich noch aktuell ist. Dem Testamentsvollstrecker steht ein **Zurückbehaltungsrecht** zu, wenn seine eigenen Ansprüche auf Aufwendungsersatz oder Vergütung noch nicht erfüllt wurden. Der Herausgabeanspruch des Erben gegenüber dem Testamentsvollstrecker ist pfändbar und abtretbar.

4. *Verzinsung gemäß § 668 BGB*

Es wird in der Praxis häufig übersehen, dass die **Nachlassgelder**, die der Testamentsvollstrecker für sich verwendet hat, nach § 246 BGB mit dem gesetzlichen Zinssatz von 4 Prozent zu verzinsen sind. Ist der Testamentsvollstrecker mit der Herausgabe in Verzug, fällt ggf. unter dem Gesichtspunkt der §§ 2219, 288 BGB ein höherer Zinssatz an. Die Verzinsungspflicht ist unabhängig von einer Bösgläubigkeit. Klagen auf Zahlungen von Zinsen sind gegen den Testamentsvollstrecker persönlich zu richten.

5. *Aufwendungsersatzanspruch gemäß § 670 BGB*

Der Testamentsvollstrecker hat Anspruch auf **Ersatz seiner Aufwendungen** gem. § 670 BGB, wenn er diese den Umständen nach für erforderlich halten durfte. Im Unterschied zur **Fälligkeit** der Vergütung nach § 2221 BGB muss der Testamentsvollstrecker nicht bis zur Amtsbeendigung warten, denn sein Aufwendungsersatzanspruch ist nach § 271 BGB sofort fällig. Da sie als Nachlassverbindlichkeit i.S.d. § 1967 BGB zu qualifizieren ist, stellt sich im **Nachlassinsolvenzverfahren** wegen § 324 Abs. 1 Nr. 6 InsO eine Masseverbindlichkeit dar.

Da der Testamentsvollstrecker zur **Selbstentnahme** berechtigt ist, besteht keine private Vorschusspflicht der Erben nach § 669 BGB. Insofern fehlt auch zu Recht ein entsprechender Verweis in § 2218 Abs. 1 BGB.

Musste der Testamentsvollstrecker aus seinem Privatvermögen vorstrecken, so steht ihm ebenfalls ein Anspruch auf **Verzinsung seiner Aufwendungen** gem. § 256 BGB und ein Befreiungsanspruch aus § 257 BGB zu. Leistet der Testamentsvollstrecker berufliche Dienste oder sonstige Leistungen (z.B. Rechtsanwalt, Steuerberater), so ist die Erstattung dieser Kosten eine Frage der dem Testamentsvollstrecker zustehenden Vertragsvergütung und keine Frage des Aufwendungsersatzes.

---

175 *Kohler*, DNotZ 1958, 246; *Bamberger/Roth/J.Mayer*, § 2203 Rn. 10.
176 BGH WM 1972, 953.

136 Problematisch ist, ob die Kosten einer **Vermögensschadenhaftpflichtversicherung** zu den Aufwendungen zählen, die der Testamentsvollstrecker abschließt, um sich gegen Regressansprüche der Erben abzusichern.[177] Nach der hier vertretenen Auffassung sind derartige Kosten bereits durch die Vergütung als abgegolten anzusehen.[178]

137 **Praxishinweis:**
Um hier Klarheit zu schaffen, ist es ratsam in der letztwilligen Verfügung den Erblasser anordnen zu lassen, ob die Kosten einer Vermögensschadenhaftpflichtversicherung im Wege des Aufwendungsersatzes durch den Testamentsvollstrecker zu ersetzen sind. Vorsorglich kann auch ein Verschaffungsvermächtnis zu Gunsten des Testamentsvollstreckers aufgenommen werden, das der Testamentsvollstrecker selbst erfüllen kann.

6. Tod des Testamentsvollstreckers gemäß § 673 Satz 2 BGB

138 Der Tod des Testamentsvollstreckers ist durch seinen Erben unverzüglich den Personen mitzuteilen, die durch die Testamentsvollstreckung betroffen sind, d.h. deren Nachlass durch den Testamentsvollstrecker verwaltet wurde. Bei **Gefahr im Verzug** ist sogar der Testamentsvollstreckererbe verpflichtet, die Aufgaben fortzusetzen, bis der Erbe oder der Testamentsvollstreckernachfolger selbst Vorsorge treffen können.

Praxishinweis:
Problematisch ist in diesen Fällen, dass sich die Testamentsvollstreckererben selbst nicht gegenüber Dritten legitimieren können. In der Praxis sollte dem Testamentsvollstreckererben dringend angeraten werden, ausdrücklich nur im Namen des Testamentsvollstreckers und nicht im eigenen Namen zu handeln.

7. Fortdauer des Amtes gemäß § 674 BGB

139 § 674 BGB unterstellt die Fortdauer des Testamentsvollstreckeramtes so lange, bis er vom Erlöschen seines Amtes selbst Kenntnis erlangt hat oder aber das Erlöschen kennen musste. Dabei genügt bereits leichte Fahrlässigkeit gem. § 122 Abs. 2 BGB. Dies hat auch Auswirkungen für den **gutgläubigen Dritten**. Eine Entlassung des Testamentsvollstreckers steht einem Widerruf des Auftrags gleich, so dass § 674 BGB unanwendbar ist, sobald dem Testamentsvollstrecker die Verfügung über die Entlassung zugegangen ist.

D. Durchführung der Testamentsvollstreckung

I. Grundsätzliches

140 Nach § 2203 BGB hat der Testamentsvollstrecker die letztwilligen Verfügungen des Erblassers zur Ausführung zu bringen. Hat der Erblasser keine dem Gesetz abweichenden Anordnungen getroffen, so gilt zunächst, dass der gesamte Nachlass der Testamentsvollstreckung unterworfen und der Testamentsvollstrecker sog. **Generalvollstrecker** ist.

---

[177] So *Bengel/Reimann/Riederer von Paar*, HB XII, Rn. 150; Soergel/*Damrau*, § 2218 Rn. 13.
[178] So auch *Winkler*, Testamentsvollstrecker, Rn. 566.

Die §§ 2203 bis 2207 BGB bestimmen dann, welche einzelnen Aufgaben der Testamentsvollstrecker zu erfüllen hat. Im **Normal- bzw. Regelfall** liegt eine **Abwicklungstestamentsvollstreckung** vor. Allerdings kann der Erblasser im Rahmen seiner letztwilligen Verfügung von einer Generalvollstreckung abweichen und dem Testamentsvollstrecker nur Sonderaufgaben zuordnen, so dass dieser lediglich Spezialvollstrecker ist. Kombinationen der Vollstreckungsarten sind möglich. Im Zweifel ist der General- bzw. Abwicklungsvollstrecker auch Vermächtnisvollstrecker i.S.d. § 2223 BGB.[179]

II. Ablauf der Abwicklungsvollstreckung (Generalvollstreckung)

Die Ausführung der letztwilligen Verfügung des Erblassers ist die zentrale Aufgabe des Testamentsvollstreckers. Zu unterscheiden ist hierbei die Anordnung und der bloße Wunsch des Erblassers. Nur erstere ist vom Testamentsvollstrecker auf jeden Fall – auch gegen den Willen der Erben oder sonstiger Dritter – zu beachten. Demzufolge hat der Testamentsvollstrecker seine Abwicklungspflichten zu ermitteln. Die Anordnungen können sich auch aus außerhalb der Verfügung liegenden Anhaltspunkten ergeben. Von diesen Anordnungen darf der Testamentsvollstrecker nur dann abweichen, wenn das Nachlassgericht diese nach § 2216 Abs. 2 BGB außer Kraft gesetzt hat.

Zunächst ist der Nachlass zu ermitteln und in Besitz zu nehmen, ohne dass damit eine Besitzerlangung nach § 857 BGB einhergehen muss. Eine **Bestattungsanordnung** ist von ihm zu beachten, sofern nicht inzwischen durch Zeitablauf die Bestattung bereits erfolgt ist.[180] Bei Grundstücken ist eine Testamentsvollstreckereintragung gem. § 52 GBO ins Grundbuch zu veranlassen. Der Nachlass ist **zu konstituieren**.[181] Dies bedeutet, es erfolgt eine nach außen dokumentierte Abgrenzung der verwalteten Nachlassobjekte.[182] Zugleich hat der Testamentsvollstrecker – sofern notwendig – den Erbschein und auf jeden Fall das **Testamentsvollstreckerzeugnis** zu beantragen.

Der Testamentsvollstrecker hat das Recht, den Nachlass zu verwalten, Verbindlichkeiten nach Maßgabe der §§ 2205, 2206 BGB einzugehen und über Nachlassgegenstände zu verfügen. In erster Linie sind aber die **Nachlassverbindlichkeiten zu erfüllen** und die Auseinandersetzung bei Vorliegen einer Erbengemeinschaft nach § 2204 BGB zu betreiben. Zudem ist die **Erbschaftsteuererklärung** nach § 31 Abs. 5 Satz 1 ErbStG zu fertigen und die festgesetzte Steuer nach § 32 Abs. 1 Satz 2 ErbStG anschließend zu begleichen. Andernfalls haftet er nach § 69 AO.[183] Von dem Pflichtenverhältnis des § 34 Abs. 3 AO zwischen Finanzamt und Testamentsvollstrecker kann der Erblasser nicht befreien.[184] Der Testamentsvollstrecker hat daher die vom Erblasser noch nicht gefertigte **Einkommensteuererklärung** zu fertigen und beim Finanzamt einzureichen. Kommt er zu dem Ergebnis, dass bereits abgegebene Erklärungen des Erblassers nicht korrekt sind, so trifft ihn eine **Anzeige- und Berichtigungspflicht** nach §§ 153 Abs. 1, 34 AO. Allerdings reicht die bloße Erkennbarkeit nicht für eine Haftung des Testamentsvollstreckers.[185]

---

179 A.A. Soergel/*Damrau*, § 2203 Rn. 2.
180 Hierzu ausführlich *Mayer/Bonefeld/Wälzholz/Weidlich*, Testamentsvollstreckung, Rn. 688.
181 Dazu *Bengel/Reimann/Klumpp*, HB III, Rn. 1 ff.
182 Staudinger/*Reimann*, § 2203 Rn. 23 ff.
183 Hierzu ausführlich *Mayer/Bonefeld/Wälzholz/Weidlich*, Testamentsvollstreckung, Rn. 893 ff.; *Bengel/Reimann/Piltz*, HB VIII, Rn. 24.
184 *Winkler*, Testamentsvollstrecker, Rn. 749.
185 *Bengel/Reimann/Piltz*, HB VIII, Rn. 24.

145 Stellt der Testamentsvollstrecker fest, der Nachlass reicht nicht aus, so ist das **Nachlassinsolvenzverfahren** nach §§ 315 ff. InsO einzuleiten. Ebenso hat er die **Dürftigkeitseinrede** nach § 1992 BGB zu erheben.[186]

III. Erstellung des Nachlassverzeichnisses

146 Das Nachlassverzeichnis des Testamentsvollstreckers ist eines der wichtigsten **Kontrollmittel** des Erben. § 2215 BGB konstatiert eine Mitteilungspflicht des Testamentsvollstreckers gegenüber dem Erben. Es hat somit Beweisfunktion, was sich alles im Nachlass befindet. Der Erbe ist für die Geltendmachung bestimmter Rechte wie Rechnungslegung nach §§ 2218, 666 BGB oder die Herausgabe des Nachlasses nach §§ 2218, 667 BGB auf ein Nachlassverzeichnis angewiesen. Insofern kann grundsätzlich jede Verzögerung bei der Erstellung des Nachlassverzeichnisses die Interessen der Erben beeinträchtigen.

1. *Zeitpunkt der Erstellung*

147 Die Erstellung eines Nachlassverzeichnisses durch den Testamentsvollstrecker hat unverzüglich, mithin ohne schuldhaftes Zögern i.S.d. § 121 Abs. 1 BGB, zu erfolgen. Der Testamentsvollstrecker darf also nicht abwarten, bis er das Testamentsvollstreckerzeugnis erteilt erhält. Kommt es aber bei der Erfassung der Vermögenswerte zu erheblichen Schwierigkeiten, kann sich die Frist angemessen verlängern. Allerdings muss der Testamentsvollstrecker alle Anstrengungen unternehmen, um dem Erben so schnell wie möglich das Nachlassverzeichnis vorzulegen.[187]

148 Die Mitteilung zur Erstellung eines Nachlassverzeichnisses hat zudem nach der Annahme des Amtes zum Testamentsvollstrecker unaufgefordert zu erfolgen. Hat der Testamentsvollstrecker sein Amt gekündigt und noch kein Verzeichnis erstellt, so muss er dieses nicht nachträglich vorlegen. Kommt der Erbe (insbesondere aber der Vermächtnisnehmer) durch das Nichterstellen eines Nachlassverzeichnisses allerdings zu Schaden (der schwer zu beweisen ist), muss aber der zur Unzeit kündigende Testamentsvollstrecker mit Haftungsansprüchen der Erben gem. § 2219 BGB rechnen.

149 Nach dem Wortlaut besteht die Verpflichtung zur Übermittlung eines Nachlassverzeichnisses nur gegenüber dem Erben. Ein Nacherbe hat den Anspruch nach Eintritt des Erbfalls. Ebenso hat ein Anspruch ein **Pfändungspfandgläubiger** des Erbteils, wie auch dem **Nießbrauchsberechtigten** an einem Erbteil oder an einer Erbschaft (vgl. §§ 1035, 1068 BGB).

150 Weitere Dritte, wie bspw. Pflichtteilsberechtigte, Vermächtnisnehmer oder Auflagenbegünstigte sollen die Übermittlung eines Nachlassverzeichnisses nicht verlangen können. Dem kann nicht gefolgt werden. Richtigerweise kann sich aus der Haftungsvorschrift des § 2219 BGB die mittelbare Verpflichtung ergeben, dem Vermächtnisnehmer oder auch Wertauflagenbegünstigten ein Nachlassverzeichnis im Einzelfall vorzulegen.

151 Aufgrund von § 2220 BGB kann der Erblasser den Testamentsvollstrecker von seiner **Verpflichtung** zur Übermittlung des Nachlassverzeichnisses nicht befreien. Hingegen kann der Erbe seinerseits auf ein Nachlassverzeichnis verzichten. Ein derartiger Verzicht kann auch konkludent erfolgen, wobei jedoch allein vom Zeitablauf her nicht

---

[186] MünchKomm/*Zimmermann*, § 2203 Rn. 13; Staudinger/*Reimann*, § 2203 Rn. 29.
[187] BayObLG ZEV 1997, 381.

von einem **Verzicht** ausgegangen werden kann. Vielmehr müssen weitere Umstandsmomente hinzukommen.

2. Inhalt des Nachlassverzeichnisses

Nach § 2215 Abs. 1 BGB erstreckt sich die Pflicht nur auf die der Testamentsvollstreckung unterliegenden Nachlassgegenstände. Ist als Ersatzlösung bei Testamentsvollstreckung über einzelkaufmännische Unternehmen die Treuhandlösung gewählt worden, bei der der Testamentsvollstrecker Inhaber des Geschäfts ist, jedoch auf Rechnung des Erben, ist § 2215 Abs. 1 BGB analog anzuwenden.

152

Zunächst sind alle Nachlassgegenstände und -rechte nebst -verbindlichkeiten, mithin alle Aktiva und Passiva, vollständig aufzulisten. Es gilt der Grundsatz der Vollständigkeit der Nachlasserfassung. Ist der Testamentsvollstrecker nicht sicher, ob weitere Gegenstände oder Rechte als Aktiva oder Passiva zugerechnet werden können, hat er zumindest einen Hinweis für die Erben zu erteilen. Eine genaue Beschreibung der Nachlassgegenstände ist nicht erforderlich, ebenso ist keine Wertangabe der Nachlassgegenstände zwingend. Sämtliche Gegenstände müssen anhand des Verzeichnisses individualisiert werden können. Aus diesem Grunde ist auch eine summarische Bezeichnung von **Wertpapieren** nicht ausreichend, vielmehr ist die **Bank** und **Depot-Nr.** anzugeben. Da § 2215 BGB eine sehr sorgfältige Nachlasserfassung erfordert, hat der Testamentsvollstrecker von sich aus den Nachlass zu sichten und genau zu ermitteln, wobei er sogar verpflichtet ist, alle ihm zugänglichen Erkenntnismöglichkeiten auszuschöpfen. Dem Testamentsvollstrecker steht daher ein **Auskunftsanspruch** wegen lebzeitiger Schenkungen zu, um einerseits Ausgleichspflichten bewerten und andererseits die Erbschaftsteuererklärung (wegen § 14 ErbStG) richtig ausfüllen zu können. **Belege** müssen dem Nachlassverzeichnis ebenso wenig beigefügt werden wie **Wertangaben**.[188]

153

Nach § 2215 Abs. 2 BGB ist das Nachlassverzeichnis mit der **Angabe des Tages der Aufnahme** zu versehen und von dem Testamentsvollstrecker zu unterzeichnen. Nicht den Erfordernissen des § 2215 Abs. 2 BGB entspricht ein Nachlassverzeichnis, das auf den Stichtag des Todesfalls ausgestellt wurde. Dies ist bereits deshalb nicht möglich, weil sich ein früherer Vermögensstatus seiner gesicherten Kenntnis entzieht. Der früheste Zeitpunkt ist somit der Zeitpunkt der Amtsannahme des Testamentsvollstreckers.

154

Der Erbe kann nach § 2215 Abs. 2 2. HS. BGB vom Testamentsvollstrecker verlangen, seine Unterzeichnung gem. § 129 BGB, §§ 36, 39, 40, 63 BeurkG öffentlich beglaubigen zu lassen. Kann der Testamentsvollstrecker erkennen, dass sich seit dem Erbfall bis zur Erstellung des Nachlassverzeichnisses Veränderungen ergeben haben, hat er im Verzeichnis darauf hinzuweisen.

155

Ist der Erbe der Ansicht, das Nachlassverzeichnis sei unvollständig, so muss der Testamentsvollstrecker es nur dann ergänzen, wenn der Erbe dies ausdrücklich beantragt. Des Weiteren hat er die Möglichkeit, ein amtliches Nachlassverzeichnis aufnehmen zu lassen.

156

Sofern der Testamentsvollstrecker zugleich **gesetzlicher Vertreter** eines Erben oder Miterben ist (Eltern, Betreuer, Vormund oder Pfleger), ist er dennoch verpflichtet, ein Vermögensverzeichnis zu erstellen. Er muss es sich dann selbst mitteilen. Ebenso ist unstreitig, dass Eltern gem. § 640 BGB, Vormund, Pfleger und Betreuer gem. § 1802

157

---

188 Vgl. *Sarres*, ZEV 2000, 90.

BGB ein Verzeichnis dem Familien- bzw. **Vormundschaftsgericht** einreichen müssen. Nach überwiegender Auffassung[189] ist keine Bestellung eines Pflegers zur Entgegennahme und Überprüfung des Nachlassverzeichnisses notwendig.

158 Müssen die Erben ein **Inventar** nach Maßgabe der §§ 1993 ff., § 2001 ff. BGB aufnehmen, so hat der Testamentsvollstrecker nach § 2215 Abs. 1 2. HS BGB die zur Aufnahme des Inventars sonst erforderliche Beihilfe zu leisten.

159 Das Nachlassverzeichnis setzt **keine Vollständigkeitsvermutung** i.S.d. § 2009 BGB. Erwiesen wird durch das Nachlassverzeichnis lediglich, dass die dort aufgeführten Gegenstände und Rechte zum Zeitpunkt der Errichtung nach der Erkenntnis des Testamentsvollstreckers zum Nachlass gehörten. Ein Nachlassverzeichnis hat lediglich eine höhere Richtigkeitsvermutung als ein privates Verzeichnis, ist aber i.d.R. ebenfalls widerlegbar.

3. Hinzuziehungsrecht der Erben

160 Vom Termin zur Aufnahme des Nachlassverzeichnisses sind die Erben vom Testamentsvollstrecker zu benachrichtigen, da andernfalls der Erbe sein Recht aus § 2215 Abs. 3 BGB nicht wahrnehmen kann. Ein **Verstoß gegen diese Mitteilungspflicht** führt aber nicht zur Unwirksamkeit des Nachlassverzeichnisses. Nach hiesiger Auffassung kann der Erbe auch nicht den Testamentsvollstrecker deshalb zur nochmaligen Erstellung eines Nachlassverzeichnisses auffordern, da die Beweis- und Sicherungsfunktion des Nachlassverzeichnisses dadurch nicht geschmälert wird. Er hat nach § 2215 Abs. 4 BGB lediglich die Möglichkeit der Aufforderung zur Abgabe einer Eidesstattlichen Versicherung. Hat der Testamentsvollstrecker jedoch absichtlich den Erben übergangen, kann dies u.U. einen **Entlassungsgrund** nach § 2227 BGB darstellen. Eine **Mitwirkungspflicht** des Erben bei der Erstellung des Nachlassverzeichnisses besteht nicht.

4. Aufnahme eines Nachlassverzeichnisses durch einen Notar etc.

161 Die Erben können nach § 2215 Abs. 4 BGB verlangen, dass der Testamentsvollstrecker das zu erstellende Nachlassverzeichnis durch die zuständige Behörde, einen zuständigen Beamten oder durch einen Notar aufgenommen wird. Der Testamentsvollstrecker ist selbst auch ohne Verlangen der Erben zu einem derartigen Vorgehen berechtigt. Zuständig für die **amtliche Aufnahme** sind nach § 20 BNotO die Notare. Ein Verweigerungsrecht zur Aufnahme eines Nachlassverzeichnisses steht ihm wegen § 15 Abs. 1 BNotO nicht zu.

162 Der Notar ist verpflichtet, die einzelnen Vermögensgegenstände, wie er sie vorfindet oder wie sie ihm bezeichnet werden, aufzunehmen. Er trägt die Eigenverantwortung für die sachgerechte Gestaltung des Aufnahmeverfahrens und die Durchführung.[190] Die vorhandenen Vermögensgegenstände sind also von ihm sorgfältig festzustellen, wobei er seine Feststellungen in einer von ihm zu unterzeichnenden berichtenden Urkunde niederzulegen hat (Tatsachenbeurkundung nach §§ 36 ff. BeurkG). Demzufolge muss der Notar nach § 37 Abs. 1 Nr. 2 BeurkG in die Niederschrift seine Wahrnehmungen aufnehmen und diese allein unterzeichnen. Ein Vorlesen ist nicht notwendig. In der Praxis wird häufig zulässiger Weise die Form der Beurkundung einer Willens-

---

[189] Dazu *Damrau*, ZEV 1994, 1.
[190] BGHZ 33, 373; OLG Celle OLG-Report 1997, 160.

erklärung nach §§ 8 ff. BeurkG gewählt, weil diese Form mehr Garantien für die Beteiligten bringt.

Wie die **Vollständigkeit des Verzeichnisses** festgestellt wird, bleibt dem Notar überlassen. Er entscheidet nach freiem Ermessen und kann sich bei der Aufnahme Hilfspersonen bedienen, die auch Ermittlungen vornehmen können. Zweifelt der Notar an der Richtigkeit der erteilten Auskünfte, so ist er verpflichtet, den Auskunftsberechtigten zu informieren, damit dieser im Prozesswege die Durchsetzung der Auskunftsverpflichtung durchsetzen kann. Ebenso ist der Notar gem. seiner Verantwortung für den Inhalt des Nachlassverzeichnisses über die Entgegennahme von Auskünften und Angaben der Beteiligten hinaus zur Vornahme von Ermittlungen nicht nur berechtigt, sondern verpflichtet.[191]

163

Nach § 2215 Abs. 3 BGB hat der Erbe ein **Anwesenheitsrecht** bei der Aufnahme des Nachlassverzeichnisses. Zwar erfolgt der Hinweis auf die Möglichkeit einer Aufnahme des Nachlassverzeichnisses durch einen Notar etc. erst in Abs. 5 der Vorschrift. Die Vorschrift ist aber nicht restriktiv auszulegen, so dass der Erbe nicht nur ein Anwesenheitsrecht bei der Erstellung eines Nachlassverzeichnisses durch den Testamentsvollstrecker hat, sondern auch bei den in Abs. 5 genannten Aufnahmefällen. Dabei ist dem Rechtsanwalt bzw. Vertreter des Erben ebenfalls ein Anwesenheitsrecht zuzubilligen.

164

5. Kosten

Die **Kosten** des Nachlassverzeichnisses trägt der Nachlass. Im Rahmen eines Nachlassinsolvenzverfahrens handelt es sich um eine Masseverbindlichkeit (vgl. § 324 Abs. 1 Nr. 5 InsO).

165

Fraglich ist, ob der Testamentsvollstrecker quasi ein **(zweites) Nachlassverzeichnis mit dem Stichtag Todestag** des Erblassers aufnehmen muss, damit er dem Erben, der gegenüber dem Pflichtteilsberechtigten auskunftspflichtig ist, seinerseits Auskunft geben kann. Nach der hier vertretenen Ansicht besteht dazu keine Verpflichtung. Der Testamentsvollstrecker muss auch nicht i.R.d. §§ 2218, 666 BGB Auskünfte für Zeiträume erteilen, die vor seiner Amtsannahme liegen. Eine Verpflichtung zur Auskunft nach Maßgabe des § 242 BGB dürfte auch nicht bestehen, da die Informationsrechte des Erben nicht durch die Verwaltungsbefugnis des Testamentsvollstreckers gegenüber der Bank verdrängt werden und er sich die Auskunft selbst beschaffen kann. Nur die Auskünfte, die der Erbe selbst nicht aber der Testamentsvollstrecker erhalten kann, sind vom Testamentsvollstrecker in den Grenzen mitzuteilen, in denen es ihm zumutbar ist, sich Kenntnis von dem Vermögensstatus vor Amtsannahme zu verschaffen.

166

> **Praxishinweis:**
> Beim Nachlassverzeichnis werden immer wieder die gleichen Fehler gemacht. Typische Sollbruchstellen sind:
> – Falsches Datum – Todestag statt Tag der Annahme bzw. Tag der Aufnahme
> – Nicht nachvollziehbare Auskunft
> – Fehlende Unterschrift unter dem Verzeichnis

---

191 OLG Celle ZErb 2003, 166 m. Anm. *Nieder*.

IV. Auseinandersetzung des Nachlasses

167 Der Testamentsvollstrecker hat nach § 2204 BGB, wenn mehrere Erben „vorhanden sind, die Auseinandersetzung unter ihnen nach Maßgabe der §§ 2042 bis 2056 zu bewirken. Zuvor hat er die Erben über den Auseinandersetzungsplan vor der Ausführung zu hören.

1. Aufstellen eines Auseinandersetzungsplanes

168 Als vordringlichste Aufgabe hat somit der Testamentsvollstrecker einen **Auseinandersetzungsplan** aufzustellen. Der Erblasser kann nach Maßgabe der §§ 2208, 2209 BGB abweichend von § 2204 BGB dem Testamentsvollstrecker das Recht auf Auseinandersetzung entziehen oder beschränken. Hat der Erblasser keine Auseinandersetzungsanordnungen vorgegeben, hat der Testamentsvollstrecker nach der überwiegenden Ansicht[192] grundsätzlich die gesetzlichen Regeln der §§ 2042 – 2046 BGB und §§ 770 – 758 BGB zu beachten und darf hiervon nicht abweichen. Demzufolge sind zunächst alle **Nachlassverbindlichkeiten** nach § 2046 BGB zu berichtigen.[193] Nach der hier vertretenen Ansicht wird der Testamentsvollstrecker nicht durch die Teilungsregeln der § 2204 BGB i.V.m. §§ 2042 ff. BGB in seiner Verfügungsmacht beschränkt, so dass seine Nachlassaufteilung selbst dann wirksam ist, wenn er die gesetzlichen Regeln nicht beachtet. Eine derartige Vorgehensweise ist aber recht haftungsträchtig, und zwar insbesondere dann, wenn sich nachträglich abweichende Werte der zugeteilten Nachlassgegenstände ergeben. Demzufolge ist auch bei fehlender Zustimmung der Erben ein **Kondiktionsanspruch** gegeben.

169 Obwohl in § 2204 Abs.1 BGB nur auf die §§ 2042 bis 2056 BGB verwiesen wird, hat dennoch der Testamentsvollstrecker die Vorschrift des § 2057a BGB zu beachten. Bei der Einführung des § 2057a BGB durch das NEhelG vom 19.08.1969 ist schlichtweg eine Anpassung der Vorschrift des § 2204 BGB übersehen worden. Es handelt sich somit um einen redaktionellen Fehler des Gesetzgebers. Ohne Beachtung des § 2057a BGB wäre die Erstellung eines Auseinandersetzungsplanes regelmäßig unsinnig. Da der Testamentsvollstrecker nicht über den Ausgleichsanspruch des Erben verfügen kann, hätte der Erbe weiterhin einen Ausgleichsanspruch nach erfolgter Ausgleichung durch den Testamentsvollstrecker. Ein solches Ergebnis macht keinen Sinn. Insofern ist also vom Testamentsvollstrecker auch § 2057a BGB bei der Auseinandersetzung zu beachten.

170 **Anordnungen des Erblassers** wirken selbst nicht dinglich, sondern nur **schuldrechtlich** und schränken die Verfügungsmacht des Testamentsvollstreckers nicht ein. Demzufolge kann nach einem Teil des Schrifttums[194] der Testamentsvollstrecker auch bei nach § 2208 BGB eingeschränkter Verfügungsbefugnis der Erblasseranordnung widersprechende Teilungsanordnungen durchführen und entgegen einem **Veräußerungs- oder Teilungsverbot** auch ohne Zustimmung der Erben anderweitig verfügen.

---

192 Vgl. OLG Karlsruhe NJW-RR 1994, 905; *Mayer/Bonefeld/Wälzholz/Weidlich*, Testamentsvollstreckung, Rn. 341 ff.; Soergel/*Damrau*, § 2204 Rn. 9; Staudinger/*Reimann*, § 2204 Rn. 12; *Muscheler*, AcP 95, 68; a.A. *Lange/Kuchinke*, § 29 V 6; *Winkler*, Testamentsvollstrecker, Rn. 512; *Zimmermann*, Testamentsvollstreckung, Rn. 663.

193 Nach Soergel/*Damrau*, § 2204 Rn. 17 darf aber der Testamentsvollstrecker auch nicht die Auseinandersetzung so lange verzögern, bis alle Nachlassverbindlichkeiten berichtigt sind.

194 Vgl. dazu *Lehmann*, AcP 188, 17; *Winkler*, DNotZ 2001, 403 m.w.N.

Der BGH[195] hingegen beurteilt die Rechtslage anders. Dem Testamentsvollstrecker ist durch § 2208 BGB die **Verfügungsbefugnis genommen** worden. Danach können nur der Testamentsvollstrecker und die Erben gemeinsam verfügen. Das Auseinandersetzungsverbot sei aufgrund § 137 BGB nur ein rechtsgeschäftliches Verbot, das keine dingliche Beschränkung hat. Diese Rspr. ist in Teilbereichen auf Kritik gestoßen, da nicht einzusehen sei, warum der Erblasser dem Testamentsvollstrecker nicht wirksam Rechte entziehen könne und argumentieren mit dem Wortlaut des § 2208 Abs. 1 Satz 1 BGB, wonach der Testamentsvollstrecker durch die Einschränkung bestimmte Rechte nicht hat und auch nicht ausüben soll.[196] Diese Ansicht vermag nicht zu überzeugen, denn § 2208 BGB kann nicht von der zwingenden Vorschrift des § 137 BGB oder denen des Sachenrechts entbinden.[197] Im Übrigen bleibt es dem Erblasser unbenommen, eine bedingte Nacherbfolge eines Dritten für den Fall der Abweichung von Erblasseranordnungen letztwillig zu verfügen, um sicher zu gehen, dass die Anordnungen befolgt werden.

171

Bei der Aufstellung eines Auseinandersetzungsplanes genügt der Testamentsvollstrecker seiner Pflicht, wenn der von ihm aufgestellte Plan einer möglichen Auslegung des Erblasserwillens entspricht.[198] Dabei handelt es sich um ein einseitiges, gegenüber den Miterben mitzuteilendes Rechtsgeschäft, das **formlos** ist. Dies gilt auch dann, wenn zum Nachlass Grundstücke gehören.[199] Dem Auseinandersetzungsplan kommt lediglich schuldrechtliche Wirkung zu. Dementsprechend bedarf es noch weiterer Verfügungsakte wie z.B. der Auflassung und Grundbuchumschreibung etc.

172

Häufiger Fehler bei den Auseinandersetzungsplänen ist die **gegenständliche Zuordnung unteilbarer Gegenstände** unter Anrechnung auf den Erbteil an die einzelnen Erben. Eine derartige Vorgehensweise ist nur dann zulässig, wenn alle Erben mit einer Abweichung von der gesetzlichen Regelung einverstanden sind. Andernfalls droht eine Klage auf Feststellung, dass der Auseinandersetzungsplan unwirksam ist. Demzufolge muss also für einen Auseinandersetzungsplan der Nachlass auseinandersetzungsreif sein.

173

Droht der Vollzug des Auseinandersetzungsplanes durch den Testamentsvollstrecker, so kann der Erbe auch eine **Einstweilige Verfügung** nach § 940 ZPO beantragen.[200] Zulässig ist auch eine Leistungsklage, die auf eine Auseinandersetzung nach der Vorgabe des Erblassers zielt. Ist diese Anordnung aber nicht vorhanden, so hat die Auseinandersetzung nach billigem Ermessen zu erfolgen.

174

2. Pflicht zur Anhörung der Erben

Bevor der Teilungsplan durchgeführt werden kann, hat der Testamentsvollstrecker nach § 2204 Abs. 2 BGB die Erben zu hören. Vernünftigerweise hat die Anhörung bereits vor der endgültigen Planaufstellung zu erfolgen. Die **Anhörungspflicht** besteht gegenüber denjenigen Erben, die von der Auseinandersetzung tatsächlich betroffen sind. Für abwesende, ungeborene und – falls deren gesetzliche Vertreter an der Erbengemeinschaft beteiligt sind – minderjährige Erben ist eine **Pflegerbestellung**

175

---

195 BGHZ 56, 275; BGH NJW 1984, 2464.
196 *Schmucker*, Testamentsvollstrecker und Erbe, S. 100.
197 So auch *Lehmann*, AcP 188, 18.
198 OLG Köln ZEV 1999, 226; *Zimmermann*, Testamentsvollstreckung, Rn. 650.
199 *Bengel/Reimann/Schaub*, HB IV, Rn. 221.
200 Soergel/*Damrau*, § 2204 Rn. 25.

nach §§ 1909, 1911 ff. BGB erforderlich.[201] Dabei ist für jeden betroffenen minderjährigen, abwesenden oder ungeborenen Miterben ein besonderer Pfleger zu bestellen.[202] Ändert der Testamentsvollstrecker aufgrund der Anhörung den Auseinandersetzungsplan, sind nach Erstellung des neuen Auseinandersetzungsplanes die Erben wiederum anzuhören. Wird die Anhörung unterlassen, führt dies nicht zur Unwirksamkeit des Auseinandersetzungsplans; ggf. begründet dies aber eine Haftung des Testamentsvollstreckers. Ebenso ist eine **Genehmigung** des Plans durch die Erben nicht erforderlich. Der Testamentsvollstrecker kann den Plan sogar auch gegen Einwendungen der Erben vollziehen.[203]

176 Probleme bestehen bei **minderjährigen Miterben** oder unter Betreuung stehenden Personen. Dann bedarf der Plan nur soweit keiner vormundschaftsgerichtlichen Genehmigung, als der Testamentsvollstrecker einen Plan aufstellt, der sich im Rahmen seiner Befugnisse hält. Sind im Plan jedoch besondere Vereinbarungen enthalten, die den Anordnungen des Erblassers oder den gesetzlichen Vorschriften widersprechen oder sich nicht i.R.d. Verfügungsbefugnis des Testamentsvollstreckers halten oder ein regelrechter Auseinandersetzungsvertrag geschlossen wird, bedarf es einer vormundschaftsgerichtlichen Genehmigung.[204]

Sofern die Erben selbst eine Vereinbarung über die Auseinandersetzung treffen, ist diese vom Testamentsvollstrecker nur dann zu beachten, wenn es sich um eine abweichende **Ausgleichspflicht** nach §§ 2050 ff. BGB handelt,[205] da diese dispositiver Natur ist. Und ferner, wenn die Erben sich gerade nicht auseinandersetzen wollen. Sind alle Erben damit einverstanden, kann der Testamentsvollstrecker nach vorheriger Zustimmung entgegen etwaiger Vorgaben des Erblassers zur Auseinandersetzung eine anderweitige Auseinandersetzung planen.[206] An eine derartige Vereinbarung der Erben ist er aber nicht gebunden.[207]

3. Folgen der Planaufstellung

177 Hat der Testamentsvollstrecker im Rahmen seiner Befugnisse einen Auseinandersetzungsplan aufgestellt, so ersetzt dieser den für die Erbauseinandersetzung erforderlichen **Auseinandersetzungsvertrag**. Der Plan verpflichtet und berechtigt die Erben. Erst wenn der Testamentsvollstrecker den Plan für endgültig erklärt hat, ist dieser verbindlich, so dass die Erbauseinandersetzung nach dem Plan durchgeführt werden kann. Eine spätere Berichtigung ist nicht mehr möglich.[208]

178 Ist ein Auseinandersetzungsplan aufgestellt, enthält dieser ebenso eine **Rechenschaftslegung**.

---

201 Staudinger/*Reimann*, § 2204 Rn. 31; *Mayer/Bonefeld/Wälzholz/Weidlich*, Testamentsvollstreckung, Rn. 350.
202 A.A. für den Teilungsplan *Damrau*, ZEV 1994, 4: Dieser begründet seine Ansicht damit, dass die minderjährigen Kinder „auf derselben Seite" stünden.
203 *Winkler*, Testamentsvollstrecker, Rn. 519.
204 BGHZ 56, 275; *Winkler*, Testamentsvollstrecker, Rn. 531; Palandt/*Edenhofer*, § 2204 Rn. 4.
205 Soergel/*Damrau*, § 2204 Rn. 20; Staudinger/*Reimann*, § 2204 Rn. 25.
206 Vgl. BGHZ 40, 115; BGHZ 56, 275.
207 *Zimmermann*, Testamentsvollstreckung, Rn. 675.
208 RG Warn 1939 Nr. 9; *Winkler*, Testamentsvollstrecker, Rn. 522 Fn. 6; *Bengel/Reimann/Schaub*, HB IV, Rn. 243; *Mayer/Bonefeld/Wälzholz/Weidlich*, Testamentsvollstreckung, Rn. 355.

Entgegen *Zimmermann*[209] kann nicht bereits ein Schweigen auf den Plan innerhalb einer angemessenen Frist als Zustimmung aufgefasst werden. Ein bloßes Schweigen zum Plan reicht nur dann als Zustimmung, wenn der Erbe verpflichtet gewesen wäre, gegenüber dem Testamentsvollstrecker seinen ablehnenden Willen zu äußern.[210] Eine derartige Pflicht des Erben besteht nach hiesiger Auffassung nicht. Der Testamentsvollstrecker kann zudem ohne oder sogar gegen den Willen der Erben den Auseinandersetzungsplan durchführen. Dementsprechend muss eine Fristsetzung durch den Testamentsvollstrecker grundsätzlich rechtlich folgenlos für den Erben bleiben.

Regelmäßig werden die späteren Verfügungen zur Durchführung des Auseinandersetzungsplans geduldet, worin ggf. eine konkludente Zustimmung liegen kann.[211] Eine Annahme eines Auflassungsangebotes muss aber nicht zwingend eine Zustimmung zum gesamten Auseinandersetzungsplan sein, denn der Erbe nimmt nur eine Teilleistung entgegen. Ebenso liegt keine Zustimmung vor, wenn der Testamentsvollstrecker Vermögenswerte an den Erben überträgt oder ihm Geld überweist und dieser die Gegenstände oder Geldbeträge nicht zurückgibt.

Der h.M.,[212] die eine Zustimmung und damit einen **konkludent geschlossenen Auseinandersetzungsvertrag** aufgrund der Mitwirkungshandlung zum Auseinandersetzungsplan recht schnell annimmt, ist entgegen zu halten, dass der einzelne Erbe zwar bei der Ausführung des Auseinandersetzungsplanes mitwirkt, aber doch nur um seinen Anteil zu erhalten. Ob er gleichzeitig zusammen mit den weiteren Erben – und dies ist entscheidend – einen Vertrag mit dem Testamentsvollstrecker und gleichzeitig mit den Miterben schließen will, ist häufig fraglich. Daher muss ein gemeinsamer Vertragswille auf jeden Fall bei der konkludenten Zustimmung zum Auseinandersetzungsplan deutlich werden. Das einseitige Abstellen auf die einzelne Mitwirkungshandlung der Erben ist falsch.

Erteilen die Erben ihre Zustimmung zum Auseinandersetzungsplan ist fraglich, ob damit auch gleichzeitig eine **Entlastung** erklärt wird. Eine Zustimmung ist die Einverständniserklärung zu dem von einem anderen vorgenommenen Rechtsgeschäft.[213] Der Auseinandersetzungsplan ist ein einseitiges Rechtsgeschäft, zu dessen Wirksamkeit keine Zustimmung Dritter notwendig ist. Der Auseinandersetzungsplan hat aber für die Erben den Zweck, die Art und Weise der Auseinandersetzung zu erfahren. Er sagt aber nichts darüber aus, wie die gesamte Testamentsvollstreckung an sich verlaufen ist. Mit der Zustimmung zum Auseinandersetzungsplan kann daher auch keine Entlastung verbunden sein.

Sofern die Erben ihre ausdrückliche Zustimmung zum Auseinandersetzungsplan erteilen, wird damit regelmäßig ein **Auseinandersetzungsvertrag** abgeschlossen.[214] Voraussetzung ist dabei die Mitwirkung und Einigung aller Erben.[215] Dieser Vertrag tritt dann an die Stelle des Auseinandersetzungsplans.

---

209 So *Zimmermann*, Testamentsvollstreckung, Rn. 675.
210 Vgl. Palandt/*Heinrichs*, Einf. 10 v. § 116.
211 Vgl. OLG Karlsruhe NJW 1981, 1278.
212 Vgl. nur *Zimmermann*, Testamentsvollstreckung, Rn. 683; *Winkler*, Testamentsvollstrecker, Rn. 518 m.w.N.
213 Palandt/*Heinrichs*, Einf. v. § 182 Rn. 1.
214 BayObLG ZEV 1995, 371; *Bengel/Reimann/Schaub*, HB IV, Rn. 259; *Mayer/Bonefeld/Wälzholz/Weidlich*, Testamentsvollstreckung, Rn. 354 ff.
215 *Winkler*, Testamentsvollstrecker, Rn. 518; *Bengel/Reimann/Schaub*, HB IV, Rn. 259.

4. Auseinandersetzungsvertrag

182 Der Auseinandersetzungsvertrag selbst ist formlos, soweit keine Vereinbarungen enthalten sind, die nach allgemeinen Bestimmungen formbedürftig[216] sind. Andernfalls sind die besonderen Formvorschriften einzuhalten.[217] Sind jedoch Gegenstände „betroffen", für deren Verfügung oder Verpflichtung es einer bestimmte Form bedarf, muss auch der Auseinandersetzungsvertrag diese Form einhalten. Wenn i.R.d. Erbauseinandersetzung ein Miterbe alle Erbanteile übernimmt, ist dies kein nach § 2371 BGB formbedürftiger Erbteilsverkauf, sondern ein grundsätzlich formfreier Auseinandersetzungsvertrag.[218]

183 Besteht hinsichtlich eines Miterben Betreuung, Pflegschaft oder Vormundschaft, so bedarf der Auseinandersetzungsvertrag der **vormundschaftsgerichtlichen Genehmigung** nach § 1822 Nr. 2 BGB, nicht jedoch, wenn Eltern i.S.d. § 1643 Abs. 1 BGB für ihre Kinder handeln.

Wenn die Eltern selbst oder ein Verwandter von ihnen – aus gerader Linie – neben den Kindern an der Erbengemeinschaft beteiligt ist, so besteht ein **Vertretungsverbot** nach §§ 1629 Abs. 2, 1795 BGB. Von daher muss ein **Ergänzungspfleger** nach § 1909 BGB bestellt werden, wobei für jeden Minderjährigen ein eigener Pfleger bestellt werden muss.[219] Etwaige **Genehmigungserfordernisse** und Zustimmungspflichten zum Auseinandersetzungsvertrag richten sich nach den allgemeinen Rechtsbestimmungen.[220]

184 Die Vorteile eines Auseinandersetzungsvertrages sind vielfältig: So kann ohne weiteres von dem Willen des Erblassers abgewichen werden.[221] Nicht zu unterschätzen ist die **Befriedungsfunktion** und ein weitreichender **Ausschluss** der **Haftungsgefahr** für den Testamentsvollstrecker. Dies gilt insbesondere dann, wenn durch die Zuteilung ein Miterbe mehr erhält als seiner Teilungsquote entspricht.[222]

185 Hinsichtlich des Vertrages besteht ein **Zustimmungsbedürfnis** durch alle Miterben, auch die Nacherben müssen mitwirken,[223] ebenso die Vermächtnisnehmer sofern die Vermächtnisse noch nicht erfüllt sind.[224] Der Auseinandersetzungsvertrag bedarf wie der Teilungsplan aufgrund seiner rein schuldrechtlichen Wirkung eines Vollzugs durch Abgabe der entsprechenden dinglichen Verfügungsgeschäfte, also etwa der Auflassung von der Erbengemeinschaft an den einzelnen erwerbenden Erben.[225] Sofern kein ausdrücklicher Haftungsverzicht oder eine ausdrückliche Entlastung im Vertrag aufgenommen wurde, ist mit Abschluss des **Auseinandersetzungsvertrages keinerlei Entlastung** verbunden. Hier gilt das gleiche wie beim Auseinandersetzungsplan.

---

216 Bei Grundstücken nach § 311b BGB, bei Geschäftsanteilen einer GmbH nach § 15 GmbHG.
217 Palandt/*Edenhofer*, § 2042 Rn. 4.
218 *Bengel/Reimann/Schaub*, HB IV, Rn. 263; *Mayer/Bonefeld/Wälzholz/Weidlich*, Testamentsvollstreckung, Rn. 354 ff.
219 BGHZ 21, 229.
220 Hierzu: *Damrau/Bonefeld*, Erbrecht, § 2204 Rn. 7.
221 *Winkler*, Testamentsvollstrecker, Rn. 530.
222 *Bengel/Reimann/Schaub*, HB IV, Rn. 260.
223 BGHZ 57, 84; BayObLG FamRZ 1987, 104.
224 *Winkler*, Testamentsvollstrecker, Rn. 518 ; *Mayer/Bonefeld/Wälzholz/Weidlich*, Testamentsvollstreckung, Rn. 360 ff.
225 *Bengel/Reimann/Schaub*, HB IV, Rn. 269.

V. Verwaltung und Verfügungen des Testamentsvollstreckers über den Nachlass

1. Verwaltung des Nachlasses

Der Testamentsvollstrecker ist durch § 2205 Satz 1 BGB berechtigt und verpflichtet, den **Nachlass** zu **verwalten**. Des Weiteren wird ihm durch Satz 2 das Recht eingeräumt, den Nachlass **in Besitz zu nehmen** und über die Nachlassgegenstände zu verfügen. Hierdurch entsteht insgesamt ein **Sondervermögen**, über das der Erbe nicht verfügen kann (vgl. § 2211 BGB). Ferner führt die Testamentsvollstreckung zum Zugriffsausschluss privater Gläubiger des Erben (vgl. § 2214 BGB). Von der Pflicht zur ordnungsgemäßen Nachlassverwaltung kann der Erblasser den Testamentsvollstrecker nicht befreien (vgl. §§ 2216, 2220 BGB). Zweck der Nachlassverwaltung ist die Durchführung der dem Testamentsvollstrecker obliegenden Aufgaben zu ermöglichen. Dazu gehören insbesondere die Ausführungen der letztwilligen Verfügung gem. § 2203 BGB und das Bewirken der Auseinandersetzung zwischen den Miterben gem. § 2204 BGB. Lediglich bei der Verwaltungsvollstreckung i.S.d. § 2209 BGB ist die Verwaltung des Nachlasses selbständige Aufgabe des Testamentsvollstreckers.[226]

186

Grundsätzlich unterliegt der gesamte Nachlass ausschließlich und ohne Beschränkung dem Verwaltungsrecht durch den Testamentsvollstrecker. Hierdurch werden alle Erben von ihrer Verfügungsmöglichkeit ausgeschlossen. Lediglich durch das **Schenkungsverbot** aus § 2205 Satz 3 BGB wird die Verwaltungsbefugnis des Testamentsvollstreckers eingeschränkt. Ebenso hat er sich an Anordnungen des Erblassers nach Maßgabe des § 2208 BGB und an die Grundsätze der **ordnungsgemäßen Verwaltung** nach den §§ 2206, 2216 BGB zu halten.

187

Unter die Verwaltung des Nachlasses fallen alle erforderlichen und zweckdienlichen Maßnahmen zur Sicherung, Erhaltung, Nutzung oder Verwertung bzw. Mehrung des Nachlasses. Daher ist der Testamentsvollstrecker z.B. zur Eingehung von Verbindlichkeiten, zur Verfügung über Nachlassgegenstände, zur Besitznahme und -ausübung sowie zur Prozessführung berechtigt. Die Reichweite der Verwaltungsbefugnis wird somit insbesondere durch den Erblasser bestimmt, der die Testamentsvollstreckung auch auf einen bestimmten Erbteil beschränken kann (sog. **Erbteilsvollstreckung**) oder auf einen Nachlassbruchteil. Selbst wenn der Erbteil ge- oder verpfändet ist, wird die Befugnis zur Verwaltung durch den Testamentsvollstrecker nicht tangiert. Gleiches gilt für Nacherbenrechte, da die §§ 2113 ff. BGB diesbezüglich nicht anwendbar sind.

188

Insgesamt ist somit die Reichweite der Verwaltungsbefugnis des Testamentsvollstreckers **funktionsbezogen** zu betrachten.

189

Übersicht: Gegenstände der Verwaltungsbefugnis

Gegenstand der Verwaltungsbefugnis	Nicht Gegenstand der Verwaltungsbefugnis
– Vollständiger vererblicher Nachlass inkl. Nutzungen – Surrogationserwerb gem. § 2019 BGB bzw. § 2041 BGB – Urheberrecht, wenn Ausübung gem. § 28 UrhG auf Testamentsvollstrecker übertra-	– Höchstpersönliche Rechte des Erblassers, die über Tod fortwirken, insbes. Höchstpersönliche Gesellschafterrechte – Erbenrechte im Erbprätendentenstreit – Ausschlagungsrecht einer Erbschaft, die noch zu Lebzeiten des Erblassers angefallen ist

---

226 Soergel/*Damrau*, § 2205 Rn. 2.

Gegenstand der Verwaltungsbefugnis	Nicht Gegenstand der Verwaltungsbefugnis
gen – Wahrnehmung des Namensrechts nach § 12 BGB,[227] nur sofern zur Geltendmachung durch Erblasser ermächtigt oder sofern vermögensrechtlicher Natur – Abwehr von Ehrangriffen gegen Erblasser, sofern hierzu ausdrücklich ermächtigt – Antrag auf Todeserklärung eines Beteiligten nach § 16 Abs. 2 VerschG – Kündigungsrechte aus Mietverhältnis nach § 569 BGB – Anspruch auf Schadensersatz nach § 2219 BGB gegenüber früheren Testamentsvollstreckern, sofern nicht nur einzelner Erbe oder Vermächtnisnehmer geschädigt – Widerruf eines Bezugsrechts aus einer Lebensversicherung, damit diese in den Nachlass fällt, sofern dieses noch nicht vollzogen ist – Geltendmachung von Versicherungsrechten, sofern diese in den Nachlass fallen (wie z.B. Sachversicherungen)	– Anspruch auf Herausgabe einer beeinträchtigenden Schenkung nach § 2287 BGB – Anfechtungsrechte aus §§ 2078, 2079 BGB – Erhebung der Einrede der Anfechtbarkeit nach § 2083 BGB – Anfechtungsrecht wegen Erbunwürdigkeit nach §§ 2341, 2345 BGB – Sondererbrecht der Ehegatten/eingetragenen Lebenspartner und Familienangehörigen nach § 563 a BGB – Widerrufsrecht einer Schenkung aus § 530 Abs. 2 BGB – Anfechtung einer vormundschaftlichen Genehmigung über den Vergleich über ein Erbrecht des Betroffenen – Verfügung über den Erbteil Ansprüche aus einem Lastenausgleich, soweit der Erblasser persönlich Geschädigter war – Haftpflichtversicherungen, die mit Tod des Erblassers erlöschen (hier Erbe Versicherungsnehmer)
– Ausgleichsanspruch des Handelsvertreters aus § 89 b HGB – Verfügung über einen Erbteil, der bereits dem Erblasser an einem anderen Nachlass zugefallen ist	

191 Die Verwaltungsbefugnis des Testamentsvollstreckers muss nicht immer die des Erben ausschließen. So können Testamentsvollstrecker und Erben selbständig **Haftungsbeschränkungsmaßnahmen** wie z.B. die Einleitung eines Nachlassinsolvenzverfahrens (bei Verwaltung hinsichtlich des gesamten Nachlasses) nach § 317 Abs. 1 InsO, die Nachlassverwaltung nach § 1981 BGB sowie das Aufgebot der Nachlassgläubiger nach Maßgabe der §§ 1970 ff. BGB, § 991 Abs. 2 ZPO beantragen. Ebenso können beide die Rechte aus §§ 1990, 1992 BGB sowie die aufschiebenden Einreden aus §§ 2014, 2015 BGB geltend machen. Die **Zwangsversteigerung** nach § 175 Abs. 1 Satz 2 ZVG können ebenfalls Testamentsvollstrecker und Erbe unabhängig voneinander einleiten. Wegen § 1994 Abs. 1 Satz 1 BGB kann das Nachlassgericht lediglich dem Erben, nicht aber dem Testamentsvollstrecker, auf Antrag eines Nachlassgläubigers zur Errichtung des Inventars eine Frist bestimmen.

2. Verfügungen über den Nachlass

192 Von der Verwaltungsbefugnis ist die **Verfügungsbefugnis** zu unterscheiden. Nach § 2205 Satz 2 2. HS BGB ist der Testamentsvollstrecker insbesondere berechtigt, über die Nachlassgegenstände zu verfügen. Im Grundsatz ist er somit uneingeschränkt verfügungsberechtigt. Die Verfügungsbefugnis kann aber aufgrund § 2205 Satz 3 BGB oder aber § 2208 BGB durch den Erblasserwillen eingeschränkt sein. Befolgt der Testamentsvollstrecker eine Erblasseranordnung nach § 2216 BGB nicht oder überschreitet er seine Pflicht zur ordnungsgemäßen Verwaltung, wird dadurch die Verfügungs-

---

227 Soergel/*Damrau*, § 2205 Rn. 6.

befugnis nicht beschränkt. Dies gilt dann nicht, wenn der Testamentsvollstrecker missbräuchlich handelt und dies für einen Dritten erkennbar war.

Des Weiteren wird die Verfügungsbefugnis durch das **Verbot des Selbstkontrahierens** eingeschränkt. Ansonsten ist die Verfügungsmacht ausschließlich und in gegenständlicher Hinsicht unbeschränkt. Die Art der Testamentsvollstreckung spielt für die Verfügungsbefugnis keine Rolle. Sofern der Erblasser nicht angeordnet hat, dass die Verfügungen der Zustimmung der Erben bedürfen, sind sämtliche Verfügungen ohne Erbenzustimmung wirksam. Etwaige den Erben treffende Verfügungsbeschränkungen, so dass familien- oder vormundschaftsgerichtliche **Genehmigungen** notwendig wären, gelten für den Testamentsvollstrecker nicht. Verstößt der Testamentsvollstrecker gegen das Verbot des Selbstkontrahierens oder das **Schenkungsverbot**, ist dadurch seine Verfügung unwirksam, diese kann jedoch durch Zustimmung der Erben und ggf. Vermächtnisnehmer wirksam werden.[228]

193

Unter den **Begriff** der **Verfügung** fallen alle einseitigen oder vertraglichen Rechtsgeschäfte, durch die auf ein bestehendes Recht unmittelbar eingewirkt wird oder durch die ein bestehendes Recht unmittelbar übertragen, belastet, aufgehoben oder inhaltlich verändert wird.[229] Hierzu gehören insbesondere die Belastungen von Gegenständen, Annahme von Leistungen, Verzicht, Erlass, Veräußerung, Aufrechnung, Kündigung, Löschungsbewilligung sowie Anfechtung von Willenserklärungen.[230] Keine Verfügungen sind hingegen die Bewilligung der Löschung eines Widerspruchs und die Geltendmachung von Rechten im Rahmen von Verfahren, insbesondere die Prozessführung.[231]

194

3. In-Sich-Geschäfte des Testamentsvollstreckers

§ 181 BGB ist analog auf den Testamentsvollstrecker anwendbar, da dieser nicht Vertreter, sondern lediglich Inhaber eines privaten Amtes ist.[232] Die Auslegung der letztwilligen Verfügung kann eine Gestattung durch den Erblasser ergeben, jedoch muss in diesem Fall bei jedem konkreten Geschäft hinzukommen, dass es sich im Rahmen **ordnungsgemäßer Verwaltung** bewegt.[233]

195

Ebenso kann eine Gestattung des **In-sich-Geschäfts** durch den Erben erfolgen. Von einer konkludenten Gestattung des Erblassers kann ausgegangen werden, wenn der Testamentsvollstrecker eine Auseinandersetzungsvollstreckung ebenfalls Miterbe ist. Ferner kann eine Gestattung des In-sich-Geschäfts grundsätzlich angenommen werden, wenn es der ordnungsgemäßen Verwaltung nach § 2216 BGB entspricht. An eine konkludente Gestattung sind strenge Anforderungen zu stellen. Im Einzelnen kommt es darauf an, ob der Erblasser die Gefahr eines Interessenkonfliktes erkannt hat, und dem Testamentsvollstrecker dennoch die Möglichkeit übertragen wollte, das Rechtsgeschäft mit sich selbst durchzuführen. Demzufolge kann ein Testamentsvollstrecker Verbindlichkeiten, die der Erblasser ihm gegenüber hatte, ohne weiteres erfüllen. Gleiches gilt für **Vermächtnisse** zugunsten des Testamentsvollstreckers, es sei denn, dieser ist nicht durch den Erblasser direkt, sondern nach den Vorschriften der §§ 2198 ff. BGB durch Dritte bestimmt worden.

196

---

228 BGHZ 40, 115.
229 Soergel/*Damrau*, § 2205 Rn. 64.
230 RGZ 93, 292.
231 Soergel/*Damrau*, § 2205 Rn. 64.
232 BGHZ 30, 67.
233 BGHZ 30, 69.

197 Hat der Testamentsvollstrecker ein unzulässiges In-sich-Geschäft vorgenommen, ist es **schwebend unwirksam**, aber noch nicht endgültig nichtig. Demzufolge kann es durch **Zustimmung** aller Erben, einschließlich Nacherben (nicht jedoch Ersatzerben), gem. § 177 BGB analog geheilt werden. Nach hiesiger Auffassung ist die Zustimmung noch nicht befriedigter Vermächtnisnehmer nicht notwendig. Diesen steht dann ggf. das Recht auf Schadensersatz zu.

198 Eine Zustimmung ist auch entgegen des ausdrücklichen Willens des Erblassers möglich.[234] Sofern der Testamentsvollstrecker zugleich Miterbe ist, besteht ein **Mitwirkungsverbot** an der Beschlussfassung der Erbengemeinschaft über die Genehmigung.

199 Sind in der Erbengemeinschaft **Minderjährige** oder unter **Vormundschaft** stehende Erben, kann eine Zustimmung zur unentgeltlichen Verfügung regelmäßig aufgrund des Schenkungsverbots aus §§ 1641, 1804 BGB nicht durch den gesetzlichen Vertreter erklärt werden. Auch eine Zustimmung des Vormundschafts- bzw. Familiengerichts ist nicht möglich, so dass eine Heilung ausgeschlossen ist. Das Verbot unentgeltlicher Verfügungen kann durch den Erblasser durch Erteilung einer postmortalen Vollmacht umgangen werden.

200 Sofern ein unzulässiges In-sich-Geschäft vorgenommen wird, kann dies als grobe Pflichtverletzung einen **Entlassungsgrund** nach § 2227 BGB nach sich ziehen. Für die Zulässigkeit des In-sich-Geschäfts ist der Testamentsvollstrecker beweispflichtig. Ein In-sich-Geschäft ist somit dann zulässig, wenn der Testamentsvollstrecker beweist, dass er mit dem Geschäft ausschließlich eine Verbindlichkeit erfüllt hat oder eine Gestattung von Seiten des Erben oder Erblassers vorlag. Gleiches gilt bei Beweis der Ordnungsmäßigkeit der Geschäftsführung gem. § 2216 BGB oder der Zustimmung der Erben etc. Die Gewährung eines Darlehens aus Nachlassmitteln entspricht grundsätzlich nicht ordnungsgemäßer Nachlassverwaltung.[235]

4. Verbot unentgeltlicher Verfügungen

201 Damit das Nachlassvermögen während der Dauer der Testamentsvollstreckung wertmäßig erhalten bleibt, normiert § 2205 Satz 3 BGB ein Verbot unentgeltlicher Verfügungsgeschäfte. Es ähnelt dem Verfügungsverbot aus § 2113 Abs. 2 BGB. Somit ist der Testamentsvollstrecker nur dann zur unentgeltlichen Verfügung berechtigt, soweit sie einer **sittlichen Pflicht** oder einer auf Anstand berührende Rücksichtnahme i.S.v. § 2205 Satz 3 BGB entsprechen. Hierdurch kommt es zu einer dinglichen Beschränkung der Verfügungsbefugnis des Testamentsvollstreckers.[236] Wann Verfügungen als unentgeltlich gelten, beurteilt sich nach wirtschaftlichen Gesichtspunkten zum Zeitpunkt der Verfügungsvornahme, wobei spätere Wertentwicklungen nicht zu berücksichtigen sind.[237]

202 **Unentgeltlichkeit** ist somit dann gegeben, wenn **objektiv** ein Opfer aus der Erbschaftsmasse ohne gleichwertige Gegenleistung erbracht wird und **subjektiv** der Testamentsvollstrecker weiß, dass diesem Opfer keine gleichwertige Gegenleistung an die Erbschaftsmasse gegenübersteht, oder er doch bei ordnungsgemäßer Verwaltung der Masse unter Berücksichtigung seiner künftigen Pflicht, die Erbschaft an den Erben herauszugeben und das Fehlen oder die Unzulänglichkeit der Gegenleistung hätte er-

---

[234] *Bengel/Reimann/Schaub*, HB IV, Rn. 181.
[235] OLG Frankfurt NJW-RR 1998, 795.
[236] RGZ 105, 246; Soergel/*Damrau*, § 2205 Rn. 74.
[237] BGH WM 1970, 1422.

kennen müssen.²³⁸ Dem Testamentsvollstrecker verleibt daher bei der Bewertung der Gleichwertigkeit von Gegenleistungen ein gewisser Ermessensspielraum. Auch **teilunentgeltliche** Verfügungen sind unentgeltlichen Verfügungen gleichzusetzen. Hierdurch werden diese Verfügungen insgesamt unwirksam.²³⁹ Ebenso sind Verfügungen, die ohne rechtlichen Grund erfüllt werden, unwirksam, wie z.B. die Erfüllung unwirksamer Anordnungen im Testament.

Die Gegenleistung muss grundsätzlich in den Nachlass gelangen, andernfalls kann die Verfügung nicht als entgeltlich bewertet werden.²⁴⁰ Ausreichend ist, wenn ein Entgelt an den Testamentsvollstrecker entrichtet wird, welches dann Kraft **dinglicher Surrogation** in das Nachlassvermögen fällt. **Keine Gegenleistung** liegt vor, wenn eine Verfügung an einen Dritten – z.B. Miterben – getätigt wird, der ohnehin einen Anspruch hat, oder diese nicht Nachlassverbindlichkeit ist. Es spielt für die Frage der Entgeltlichkeit keine Rolle, wie der Testamentsvollstrecker mit der Gegenleistung umgeht. **Veruntreut** der Testamentsvollstrecker die Gegenleistung oder enthält er sie dem Nachlass vor, wird hierdurch die Entgeltlichkeit nicht ausgeschlossen. Dies gilt nicht, wenn die Pflichtwidrigkeit der Verwendung der Gegenleistung mit dem Vertragspartner von vornherein vereinbart war.²⁴¹

203

Problematisch sind die Fälle, in denen trotz **Vorleistung** des Testamentsvollstreckers die Gegenleistung nicht erbracht wird. Da die Gegenleistung nicht bewirkt sein muss, um die Entgeltlichkeit der Verfügung festzustellen, ist von einer Entgeltlichkeit der Verfügung auszugehen. Der Testamentsvollstrecker kann ohne weiteres Schadensersatz verlangen oder vom Vertrag zurücktreten.

204

> **Praxishinweis:**
> Grundsätzlich ist anzuraten, vorsorglich Verfügungen als Testamentsvollstrecker nur unter der aufschiebenden Bedingung der vollständigen Erbringung der Gegenleistungen oder aber Eigentumsvorbehalte zu vereinbaren.²⁴² Andernfalls kann sich der Testamentsvollstrecker gem. § 2219 BGB schadensersatzpflichtig machen.

Von weiterer erheblicher Praxisrelevanz ist die Zulässigkeit von **Vergleichen**, die der Testamentsvollstrecker schließt. In einem Vergleich liegt regelmäßig ein Nachgeben. Wird teilweise auf eine Forderung qua Vergleich **verzichtet**, kommt es auf die tatsächliche rechtliche Lage an. So kann durchaus ein Vergleich eine unentgeltliche Verfügung darstellen, wenn der Vergleich zu ungunsten der Erben war.

205

> **Praxishinweis:**
> Demzufolge ist es ratsam, vor Abschluss eines Vergleiches die Einwilligung der Erben einzuholen, um einer Haftung zu entgehen.

Wird keine Zustimmung erteilt, bleibt es das Risiko des Testamentsvollstreckers, ob der Anspruch, auf den der Testamentsvollstrecker durch den Vergleich teilweise verzichtet hat, rechtlich vollständig durchsetzbar gewesen wäre oder nicht. Regelmäßig kann aber dann keine (Teil-) Unentgeltlichkeit des Vergleichs unterstellt werden, wenn beide Parteien gleichsam auf gleichwertige Ansprüche verzichtet haben.

---

238 BGH NJW 1991, 842; Soergel/*Damrau*, § 2205 Rn. 75.
239 BGH NJW 1963, 1613.
240 BGHZ 7, 247; BGHZ 57, 84.
241 KG Berlin JW 1938, 949.
242 Vgl. *Bengel/Reimann/Schaub*, HB IV, Rn. 138.

206 Sofern ein unentgeltliches Verfügungsgeschäft vorliegt, besteht **kein Gutglaubensschutz**, da die §§ 892 ff., 932 ff. BGB unanwendbar sind. Voraussetzung für das Fehlen des Gutglaubensschutzes ist jedoch das Vorliegen der subjektiven Tatbestandserfordernisse.

207 Allerdings kann der Testamentsvollstrecker Verfügungen aufgrund von **Anstandspflichten** treffen. Bei einer **sittlichen Pflicht** liegt der Grund der Schenkung nicht nur in der besonderen persönlichen Verbundenheit, sondern in einem sittlichen Gebot. Auf die Anschauung bestimmter Kreise kommt es bei der Anstandspflicht nicht an. Anstandsschenkungen sind insbesondere die üblichen Geschenke zu besonderen Angelegenheiten, wie Geburtstagen, Hochzeiten oder Weihnachten. Nach § 534 BGB unterliegen Pflicht- und Anstandsschenkungen nicht der Rückforderung und dem Widerruf.

208 **Übersicht: Verfügungen**

Zulässige entgeltliche Verfügung	Verbotene unentgeltliche Verfügung
– Erfüllung eines wirksam angeordneten Vermächtnisses, Auflage, Teilungsanordnung – Erfüllung von Nachlassverbindlichkeiten – Erfüllung von Schenkungsversprechen, sofern rechtswirksam – Löschung einer Eigentümergrundschuld, sofern nachrangige Grundpfandrechte aufrücken und diese einen gesetzlichen Löschungsanspruch haben (vgl. § 1179a BGB) oder Lastenfreistellungsverpflichtung aus einem Kaufvertrag besteht – Belastung von Nachlassgegenständen zum Zwecke der Kreditsicherung, sofern Darlehensvaluta auch in den Nachlass fließt – Bestellung einer Eigentümergrundschuld – Zahlung eines überhöhten Kaufpreises (hier aber § 2206 BGB einschlägig) – Verjährenlassen einer Forderung – Unterlassung eines Erwerbs	– Überquotale Zuteilung i.R.d. Erbauseinandersetzung zugunsten von Erben – Vergleich, wenn wechselseitiges Nachgeben nicht gleichwertig (so wenn mehr als 2/3 der Forderung eingebüßt werden) – Übermäßige Absicherung durch Hergabe bzw. Abtretung (Eigentümergrundschuld) zur Erlangung eines Kredits – Rechtsgrundlose Verfügungen, z.B. aufgrund fehlerhafter Anordnungen in letztwilligen Verfügungen – Übertragung eines Nachlassgegenstandes im Wege der Vorwegnahme der Nacherbfolge ohne gleichwertige Gegenleistung – Aufgabe einer Gesellschaftsbeteiligung durch Kündigung oder Zustimmung zur Einziehung ohne Abfindung – Schuldenerlass – Aufgabe, Minderung von Sicherheiten oder Aufhebung eines Vorkaufsrechts, wenn kein Vermögensvorteil im Gegenzug vereinbart wird – Belastung eines Nachlassgegenstandes für Verbindlichkeiten eines Dritten – Zustimmung zur unentgeltlichen Verfügung eines Erben

209 § 2206 BGB ist als Ergänzung zu § 2205 Satz 1 BGB zu verstehen, indem die dortige unbegrenzte Verfügungsbefugnis begrenzt wird. Danach sind Verpflichtungsgeschäfte nur wirksam, sofern sie zur **ordnungsgemäßen Nachlassverwaltung** erforderlich sind. Ausnahmsweise ist nach § 2206 Abs. 1 Satz 2 BGB der Testamentsvollstrecker aber befugt, über Nachlassgegenstände zu verfügen.

210 Die Rechtsmacht des Testamentsvollstreckers bzgl. des zugrunde liegenden **Verpflichtungsgeschäfts** ist somit nicht nur auf derartige Rechtsgeschäfte beschränkt, die zur ordnungsgemäßen Verwaltung erforderlich sind. § 2206 Abs. 1 Satz 2 BGB beschränkt also wiederum die Beschränkung des § 2206 Abs. 1 Satz 1 BGB. Sinn und Zweck dieser Regelung ist es, ein Auseinanderfallen von obligatorischem und dinglichem Geschäft zu verhindern.[243] Im praktischen Ergebnis ist der Unterschied zwischen § 2206 Abs. 1 Satz 1 und Abs. 1 Satz 2 BGB beseitigt.[244]

5. *Verpflichtungsbefugnis nach § 2206 Abs. 1 BGB*

a) Allgemeines

Grundsätzlich kann der Testamentsvollstrecker nur dann **reine Verpflichtungsgeschäfte**, zu deren Erfüllung über Nachlassgegenstände verfügt werden muss, eingehen, wenn diese zur ordnungsgemäßen Verwaltung des Nachlasses erforderlich sind. Darüber hinaus wird die Verpflichtungsbefugnis durch die Vorschriften der §§ 2207, 2209 Satz 2 BGB erweitert.

211

Verbindlichkeiten können alle Rechtsgeschäfte sein, durch die der Nachlass, nicht aber das Eigenvermögen der Erben verpflichtet wird. Hierunter fallen insbesondere der Abschluss von Miet-, Kauf- und Werkverträgen. Ebenso kann der Testamentsvollstrecker Wechselverbindlichkeiten für den Nachlass eingehen. Der Abschluss von Gesellschaftsverträgen, die das Eigenvermögen der Erben betreffen sind, fällt ebenso nicht unter § 2206 BGB wie die Anerkennung von streitigen Pflichtteilsansprüchen Dritter.

212

Eine **Nachlassverbindlichkeit** ist immer dann wirksam vereinbart, wenn der Vertragspartner beim Vertragsabschluss angenommen hat und ohne jedwede Fahrlässigkeit annehmen durfte, die Eingehung der Verbindlichkeit durch den Testamentsvollstrecker sei zur ordnungsgemäßen Nachlassverwaltung erforderlich. Zu einer besonderen **Vorabprüfung** ist er nicht verpflichtet. Konnte er die Befugnisüberschreitung des Testamentsvollstreckers erkennen, so ist das Verpflichtungsgeschäft unwirksam. Eine ansonsten bestehende persönliche Haftung des Testamentsvollstreckers scheidet dann wegen § 179 Abs. 3 BGB aus. Das Rechtsgeschäft ist nach § 138 Abs. 1 BGB ausnahmsweise nichtig, wenn der Testamentsvollstrecker zusammen mit dem Dritten zum Nachteil des Nachlasses kollusiv gehandelt hat.

213

Die **Verpflichtungsbefugnis** nach § 2206 Abs. 1 Satz 2 BGB ist lediglich durch das Schenkungsverbot aus § 2205 Satz 3 BGB und den Erblasseranordnungen nach § 2208 BGB beschränkt. Demzufolge ist die Verpflichtungsbefugnis mit der Verfügungsbefugnis aus § 2205 Satz 2 BGB kongruent. Der Testamentsvollstrecker darf somit ein Grundstück veräußern oder belasten. Die **Sicherung durch** ein **Grundpfandrecht** unterliegt als dingliches Geschäft wiederum der Beurteilung nach § 2205 BGB, wogegen die Verpflichtung zur Belastung sich nach § 2206 Abs. 1 Satz 2 BGB richtet. Die **Kreditaufnahme** fällt ebenfalls unter § 2206 Abs. 1 Satz 2 BGB. Hierfür spricht die wirtschaftliche Zugehörigkeit.

214

Durch die ordnungsgemäße Verpflichtung des Nachlasses durch den Testamentsvollstrecker entsteht für die Erben eine **Nachlassverbindlichkeit** i.S.d. § 1967 BGB. Demzufolge können sie die Haftung auf den Nachlass beschränken. Dabei spielt es keine Rolle, wenn die Testamentsvollstreckung nur auf bestimmte Nachlassteile beschränkt ist. **Ausnahmsweise** wird aber bei der Erbteilsvollstreckung vor der Nachlassteilung

215

---

243 *Schmucker*, Testamentsvollstrecker und Erbe, S. 119; *Ebenroth*, Erbrecht, Rn. 666.
244 Soergel/*Damrau*, § 2206 Rn. 1.

eine Erbschaftsverwaltungsschuld begründet, für die der gesamte Nachlass haftet und auch Nachlasseigenschulden, für die nur mit dem Erbteil gehaftet wird.[245]

b) Verpflichtung des Erben zur Einwilligung gem. § 2206 Abs. 2 BGB

216 § 2206 BGB gibt dem Testamentsvollstrecker die Möglichkeit, sein Haftungsrisiko nach § 2219 BGB zu minimieren, indem er bereits während, d.h. vor Abschluss seiner Amtstätigkeit, gerichtlich klären lässt, ob die von ihm durchzuführende oder bereits durchgeführte Maßnahme ordnungsgemäßer Verwaltung entspricht. In zahlreichen Fällen wird zweifelhaft sein, ob der Testamentsvollstrecker den Nachlass verpflichten kann. Aus diesem Grunde ist häufig eine **Zustimmungs- oder Einwilligungsklage** des Testamentsvollstreckers gegen die Erben geboten, die keine Zustimmung bzw. Einwilligung zur geplanten Maßnahme erteilen wollen. Die Einwilligung ist nicht Voraussetzung für das Entstehen der Nachlassverbindlichkeit.[246] Der Testamentsvollstrecker wird nur dann Erfolg haben, wenn die Voraussetzungen nach § 2206 Abs. 1 BGB gegeben sind. So darf er gem. § 2206 Abs. 1 Satz 1 BGB nur über Nachlassgegenstände verfügen, soweit dies zur ordnungsgemäßen Nachlassverwaltung erforderlich ist oder eine erweiterte Verpflichtungsbefugnis nach den Vorschriften der §§ 2207, 2209 Satz 2 BGB vorliegt. Die gilt z. B bei Miet-, Dienst- und Darlehensverträgen, ebenso bei Eingehung von Wechselverbindlichkeiten für den Nachlass, Schuldanerkenntnissen, Vergleichen und Anerkenntnissen.[247] Hat der Testamentsvollstrecker gesetzesgemäß gehandelt, hat er einen Anspruch auf Einwilligung nach § 2206 Abs. 2 BGB. Er kann somit erzwingen, dass der Erbe in die Eingehung dieser Verbindlichkeit einwilligt bzw. zustimmt. Eine Verpflichtung zur Einwilligung besteht aber nur dann, sofern die Eingehung der Verbindlichkeit tatsächlich zur ordnungsgemäßen Verwaltung erforderlich ist. Dabei sind nur Erbe und Vorerbe einwilligungspflichtig.[248]

217 Willigt der Erbe ein, **entlastet** diese Einwilligung gleichzeitig den Testamentsvollstrecker von seiner Haftung nach § 2219 BGB.[249] Demzufolge kann der Erbe nicht verpflichtet sein, seine Einwilligung zu einem ordnungswidrigen Verpflichtungsgeschäft zu erklären.

218 Da die Einschränkung der Verpflichtungsbefugnis allein im Interesse der Erben erfolgt, ist eine **nachträgliche Einwilligung** zu einer Verfügung, die der Testamentsvollstrecker ohne Verpflichtungsbefugnis vorgenommen hat – selbst wenn diese ordnungswidrig war – möglich.[250] Durch die Einwilligung erlangt das ordnungswidrige Rechtsgeschäft nach außen analog § 177 BGB Wirksamkeit.[251]

219 Große Probleme machen in der Praxis auch vom Testamentsvollstrecker vorgenommene **Vergleiche**. Gerade für einen Vergleich kann nicht von vornherein ausgeschlossen werden, dass er eine (ganz oder teilweise) unentgeltliche und daher unwirksame Verfügung enthält. So hat bereits das RG[252] erklärt, es sei falsch, den **Schuldenerlass** durch einen Vorerben schon deshalb als entgeltlich anzusehen, weil er nach dem Willen der Beteiligten die Abfindung für Gegenansprüche habe bilden sollen. Wenn es

---

245 Hierzu Soergel/*Damrau*, § 2006 Rn. 6.
246 *Lange/Kuchinke*, Erbrecht, § 31 dort Fn. 276.
247 Zu den Grauzonen der rechtlichen Befugnisse des Testamentsvollstreckers: *Lauer*, S. 193 ff.
248 Palandt/*Edenhofer*, § 2206 Rn. 3; *Zimmermann*, Testamentsvollstreckung, Rn. 406.
249 Staudinger/*Reimann*, § 2206 Rn. 14 m.w.N.
250 MünchKomm/*Zimmermann*, § 2206 Rn. 11; *Müller*, JZ 1981, 371.
251 Soergel/*Damrau*, § 2206 Rn. 5.
252 RGZ 81, 364.

dem rein subjektiven, sei es auch gutgläubigen Ermessen des Vorerben anheim gestellt bleibe, über die Angemessenheit von Leistung und Gegenleistung zu befinden, dann werde das unter Umständen zur schwersten Benachteiligung des Nacherben und damit zur Vereitelung des Gesetzeszwecks führen können. Der BGH[253] hat dieser Rspr. ausdrücklich mit der weiteren Maßgabe zugestimmt, für § 2205 Satz 3 BGB könne nichts anderes gelten. Eine genaue Grenzziehung, wann eine Verfügung, die ein Testamentsvollstrecker in einem Vergleich trifft, als unentgeltlich anzusehen ist, ist nicht möglich. Regelmäßig ist die Grenze jedenfalls überschritten, wenn der Nachlass infolge des Vergleichs nahezu zwei Drittel des Wertes der aufgegebenen Forderung eingebüßt hat.[254] Die Möglichkeit zum Abschluss von Vergleichen ist dem Testamentsvollstrecker nicht gänzlich abgeschnitten, zumal ihm ein gewisser Ermessensspielraum zuzubilligen ist. Es ist daher auf jeden Fall für den Testamentsvollstrecker ratsam, von dieser Möglichkeit des § 2206 BGB Gebrauch zu machen, um vor späteren Vorwürfen sicher zu sein.

Übersicht: Verpflichtungsbefugnis[255]

§ 2206 Abs. 1 Satz 1 BGB	§ 2206 Abs. 1 Satz 2 BGB i.V.m. § 2205 BGB
Erlaubt Verpflichtungsbefugnis nur für die Geschäfte, die zur ordnungsgemäßen Nachlassverwaltung erforderlich sind	Erlaubt Verpflichtungsbefugnis ohne diese Einschränkung, sofern Verfügungsbefugnis besteht
Unwirksamer Vertrag, sofern außerhalb ordnungsgemäßer Verwaltung; ggf. Verkehrsschutz des Dritten	Grundsätzliche Wirksamkeit des Vertrages, selbst wenn außerhalb ordnungsgemäßer Verwaltung Aber: Haftung des Testamentsvollstreckers nach § 2219 BGB

220

Praxishinweis:
Der Erbe hat die Möglichkeit seinerseits eine **Feststellungsklage** nach § 256 ZPO einzureichen, um die Unwirksamkeit der Verpflichtung durch den Testamentsvollstrecker feststellen zu lassen.[256] Hat der Testamentsvollstrecker eine Maßnahme angekündigt, kann auch auf Unterlassung geklagt werden.

Die Vorgehensweise nach § 2206 BGB bietet sich somit insbesondere zur Klarstellung der Fälle an, in denen zweifelhaft ist, ob der Testamentsvollstrecker im Sinne einer ordnungsgemäßen Verwaltung handelt, dieser sich aber seiner Sache sicher ist. Geht die Klage verloren, muss er mit einem Entlassungsantrag nach § 2227 BGB rechnen, der aber nicht zwingend zur Entlassung führt. Seinen Anspruch auf Aufwendungsersatz nach §§ 2218, 670, 257 BGB wegen der Verfahrenskosten verliert er nur dann, wenn er den Prozess pflichtwidrig geführt hat, also bei überflüssiger, leichtfertiger oder durch persönliche Interessen beeinflusster Prozessführung.[257]

Eine Klage nach § 2206 BGB wird zudem nicht unbedingt das Vertrauensverhältnis zwischen Erben und Testamentsvollstrecker als Basis für eine Entlassung stärken. Angesichts des fehlenden Anspruchs auf Entlassung wird dem Testamentsvollstrecker zur Vermeidung einer Haftung dieser Weg allerdings anzuraten sein.

221

---

253 BGH NJW 1991, 842.
254 BGH NJW 1991, 842.
255 Nach *Zimmermann*, Testamentsvollstreckung, Rn. 393.
256 MünchKomm/*Zimmermann*, § 2206 Rn. 11; *Bamberger/Roth/J. Mayer*, § 2206 Rn. 13.
257 *Mayer/Bonefeld/Wälzholz/Weidlich*, Testamentsvollstreckung, Rn. 213 ff.

VI. Testamentsvollstreckung im Unternehmensbereich

1. Allgemeines

222 Aufgrund der **Disparität** der erb- und gesellschaftsrechtlichen Haftungsordnungen (vgl. § 2 EGHGB) kommt es zu erheblichen Problemen von Testamentsvollstreckungen im Unternehmensbereich. So würde die **Fortführung eines Handelsgeschäfts** durch einen Testamentsvollstrecker auf die Führung eines Handelsgeschäfts mit beschränkter Haftung hinauslaufen.[258] Ein derartiger Widerspruch zum Handelsrecht, wonach derjenige, der ein Handelsgeschäft führt, mit seinem gesamten Vermögen für die Verbindlichkeiten haftet, kann von der Rechtsordnung nicht hingenommen werden. Daher ist eine Testamentsvollstreckung an einem Handelsgeschäft unzulässig. Die erbrechtlichen Vorschriften treten hinter denen der handelsrechtlichen Bestimmungen über die Firmenfortführung und Haftung für Geschäftsschulden zurück.[259]

223 In der Lit.[260] wird zu Recht eine **Abwicklungsvollstreckung am Handelsgeschäft** für möglich erachtet, weil dann die handelsrechtlichen Haftungsgrundsätze der §§ 25, 27 HGB nicht eingreifen. Eine Fortführung des Handelsgeschäfts über die Drei-Monats-Frist des § 27 Abs. 2 HGB hinaus ist jedoch nicht zulässig.[261] Die Abwicklungsvollstreckung erlischt somit automatisch nach Ablauf dieser Drei-Monats-Frist, sofern das Einzelunternehmen nicht an die Erben gem. § 2217 BGB freigegeben bzw. bis zu diesem Zeitpunkt in eine andere Rechtsform überführt wurde. Ebenso wäre eine fristgerechte Verpachtung möglich. Führt der Testamentsvollstrecker dennoch nach Ablauf von drei Monaten die Vollstreckung fort, haftet er analog § 177 BGB persönlich.

2. Einzelne Ersatzlösungen

Aufgrund der zahlreichen Probleme sind Ersatzlösungen entwickelt worden, die nachfolgend aufgeführt werden:

a) Vollmachtslösung

224 Der Testamentsvollstrecker kann sich durch die Erben **zur Fortführung des Handelsgeschäfts bevollmächtigen** lassen. Hierdurch kann der Testamentsvollstrecker den Erben mit seinem Privatvermögen verpflichten. Als Inhaber des Handelsgeschäfts wird der Erbe in das Handelsregister eingetragen und haftet nach den §§ 25, 27 Abs. 1 HGB für die Verbindlichkeiten des Erblassers und persönlich und unbeschränkt für alle neu entstehenden Verbindlichkeiten aus dem Handelsgeschäft.[262]

225 Das Problem der **Vollmachtlösung** liegt darin, dass aufgrund der Notwendigkeit einer Vollmachtserteilung die Mitwirkung des Erben Voraussetzung ist. Um diese Mitwirkung zu erreichen, wird in der Praxis häufig die Erbeinsetzung von der Bedingung abhängig gemacht, dass eine Vollmacht erteilt wird. Ebenso wird vorgeschlagen, die Erbeinsetzung unter die auflösende Bedingung für den Fall zu stellen, dass die Vollmacht grundlos widerrufen wird. Ferner kann der Erbe auch mit einer Auflage nebst zusätzlichen **Straf- oder Verwirkungsklauseln** zur Erteilung einer Vollmacht bewegt werden. Teilweise wird es jedoch für unzulässig erachtet, wenn der Erbe testamenta-

---

[258] BGHZ 12, 100 = BGH NJW 1954, 636.
[259] Vgl. auch BGHZ 24, 106.
[260] Soergel/*Damrau*, § 2205 Rn. 16; Staudinger/*Reimann*, § 2205 Rn. 91.
[261] Soergel/*Damrau*, § 2205 Rn. 16.
[262] MünchKomm/*Zimmermann*, § 2205 Rn. 24a.

risch gezwungen werden kann, dem Testamentsvollstrecker die Verpflichtungsbefugnis über sein Privatvermögen einzuräumen.²⁶³ Nach hiesiger Auffassung ist eine derartige Verpflichtung aber zulässig, da sich der Erbe ohne weiteres gegenüber diesen Anordnungen durch Ausschlagung schützen kann.²⁶⁴ In der Praxis ungeeignet sind jedoch Klauseln, wonach der Erbe lediglich aufgefordert wird, dem Testamentsvollstrecker eine Vollmacht zu erteilen. Vielmehr sollte dann auch die Vollmacht ganz konkret vorgegeben und unwiderruflich gestellt werden, wobei ein Widerruf der Vollmacht dann zulässig sein sollte, wenn die Voraussetzungen des § 2227 BGB gegeben sind bzw. das Amt erlischt.

> **Praxishinweis:** 226
>
> Als weiteres **Korrektiv** ist anzuraten, dem durch die Testamentsvollstreckung beschwerten Erben oder Vermächtnisnehmer wenigstens die Möglichkeit einzuräumen, auch selbst auf die Verwaltung Einfluss zu nehmen.

Um die Probleme einer möglichen **Sittenwidrigkeit** der Erteilung einer unwiderruflichen Generalvollmacht zu umgehen, empfiehlt es sich, die Vollmacht im Außenverhältnis sowohl inhaltlich als auch zeitlich zu begrenzen und insbesondere die Dauer der Bevollmächtigung an die Dauer der Amtszeit der Testamentsvollstreckung zu koppeln. Sofern eine **Gefährdung des Privatvermögens** der Erben durch die Erteilung der Vollmacht in Betracht kommt, kann dem dadurch begegnet werden, dass Eingehung von Verbindlichkeiten von der Zustimmungspflicht der Erben abhängig gemacht werden können.

Übersicht: Vollmachtslösung²⁶⁵ 227

Inhaber des Geschäfts	Erbe
Handelsregistereintragung lautet auf Eigentümer des Betriebsvermögens	Erbe
Haftung für Altschulden aus Handelsgeschäft	Nur Erben aber, wegen §§ 27, 25 Abs. 2 HGB Haftungsbeschränkung möglich
Haftung für neue Geschäftsschulden	Erben
Zwangsvollstreckungsmöglichkeit für Eigengläubiger der Erben	Keine Möglichkeit wegen § 2214 BGB
Zwangsvollstreckungsmöglichkeit für Gläubiger des Testamentsvollstreckers	Keine Möglichkeit
Vorteile	Keine persönliche Haftung des Testamentsvollstreckers bei Geschäftsverbindlichkeiten
Nachteile	Testamentsvollstrecker kann über Nachlass verfügen; da Erben ebenfalls verfügungsberechtigt, besteht Blockademöglichkeit

b) Treuhandlösung

Bei der Treuhandlösung führt der Testamentsvollstrecker das Handelsgeschäft **treuhänderisch** und **im eigenen Namen** für die Erben fort. Er wird im Handelsregister 228

---

263 MünchKomm/*Zimmermann*, § 2205 Rn. 21 m.w.N.
264 So auch *Bamberger/Roth/J. Mayer*, § 2205 Rn. 28.
265 Dazu: *Mayer/Bonefeld/Wälzholz/Weidlich*, Testamentsvollstreckung, Rn. 374.

eingetragen und tritt nach außen nicht als Testamentsvollstrecker sondern als Inhaber auf. Dabei sind zwei Formen zu unterscheiden: zum einen die Verwaltungs- oder Ermächtigungstreuhand, zum anderen die Vollrechtstreuhand.

229 In der Rspr.[266] wird die **Treuhand als Ermächtigungstreuhand** begriffen, dem Testamentsvollstrecker nur das Recht zur Verfügung über die seiner Verwaltung unterliegenden Geschäftsgegenstände eingeräumt wird, er aber nicht Eigentümer des Geschäftsvermögens wird. Hingegen wird bei der **Vollrechtstreuhand** der Testamentsvollstrecker Eigentümer des Geschäftsvermögens. Dieses muss erst noch auf ihn übertragen werden, was er aber ggf. durch ein In-sich-Geschäft durchführen kann.

230 Kommt es zu **Zwangsvollstreckungsmaßnahmen** von Eigengläubigern des Testamentsvollstreckers in das Geschäftsvermögen, steht den Erben der Weg einer **Drittwiderspruchsklage** nach § 771 ZPO offen. Trotz seines persönlichen Handelns ist von einer Nachlassverpflichtung auszugehen, wenn er i.R.d. Handelsgeschäfts Gegenstände für den Nachlass erwirbt.[267] Nachdem der Testamentsvollstrecker als Inhaber des Unternehmens im Außenverhältnis gegenüber Dritten unbeschränkt persönlich haftet, hat er hingegen im Innenverhältnis gegenüber den Erben, für deren Rechnung und damit zu deren Vorteil er das Geschäft geführt hat, gem. §§ 2218, 670 BGB einen Anspruch auf Befreiung von der unbeschränkten Haftung soweit die Eingehung der Verbindlichkeit für die ordnungsgemäße Verwaltung erforderlich war.[268]

231 Die Erben können dabei ihre Haftung gegenüber dem Testamentsvollstrecker auf den Nachlass beschränken. Problematisch ist dann für den Testamentsvollstrecker, dass er für aus dem Nachlass nicht zu deckende Schadensersatzansprüche wiederum persönlich haftet.

> **Praxishinweis:**
> Demzufolge sollte in der Verfügung von Todes wegen dafür Sorge getragen werden, dass der Testamentsvollstrecker von seiner unbeschränkten Haftung im Innenverhältnis vollständig freigestellt wird, da ansonsten die Übernahme des Amtes von ihm kaum erwartet werden kann.

232 Die Erben können auch bei der Treuhandlösung in der Verfügung von Todes wegen verpflichtet werden, eine treuhänderische Übertragung auf den Testamentsvollstrecker vorzunehmen. Dies kann entweder durch eine **Auflage** oder aber **Bedingung** erfolgen. Ist eine ausdrückliche Anordnung durch den Erblasser nicht vorgenommen worden, kann nicht von einer Vollrechtstreuhand ausgegangen werden, da diese eine ausdrückliche Erblasseranordnung voraussetzt.[269] Eine **vormundschaftsgerichtliche Genehmigung** für die Fortführung des Unternehmens bei minderjährigen Erben gem. § 1822 Nr. 3 BGB, ist nach Einführung des Minderjährigenhaftungsbegrenzungsgesetzes nicht mehr notwendig.[270]

---

266 BGH NJW 1975, 54.
267 Staudinger/*Reimann*, § 2205 Rn. 94.
268 BGHZ 24, 106.
269 Münch/Komm/*Zimmermann*, § 2205 Rn. 24c.
270 Bamberger/Roth/*J. Mayer*, § 2205 Rn. 29.

Übersicht: Treuhandlösung[271]

Inhaber des Geschäfts	Testamentsvollstrecker
Handelsregistereintragung lautet auf Eigentümer des Betriebsvermögens	Testamentsvollstrecker – Verwaltungs- oder Ermächtigungstreuhand: Erben – Vollrechtstreuhand: Testamentsvollstrecker
Haftung für Altschulden aus Handelsgeschäft	Testamentsvollstrecker und Erben; aber wegen §§ 27, 25 Abs. 2 HGB Haftungsbeschränkung möglich
Haftung für neue Geschäftsschulden	Testamentsvollstrecker persönlich; die Erben können nur bei ordnungsgemäßer Verwaltung gem. § 2206 BGB auf den Nachlass Haftung beschränken
Zwangsvollstreckungsmöglichkeit für Eigengläubiger der Erben	– Bei Verwaltungs- oder Ermächtigungstreuhand möglich – Bei Vollrechtstreuhand nicht möglich
Zwangsvollstreckungsmöglichkeit für Gläubiger des Testamentsvollstreckers	– Bei Verwaltungs- oder Ermächtigungstreuhand nicht möglich – Bei Vollrechtstreuhand möglich, aber Weg für Drittwiderspruchsklage nach § 771 ZPO offen
Vorteile	Günstig bei „unreifen Erben", da diese aufgrund der vollen Unternehmerstellung des Testamentsvollstreckers ausgeschlossen werden
Nachteile	Haftung des Testamentsvollstreckers

c) Weisungsgeberlösung

Des Weiteren kann der Testamentsvollstrecker im **Außenverhältnis** das **Handelsgeschäft freigeben** und sich im Innenverhältnis die Entscheidungsbefugnis vorbehalten.[272] Der Erbe führt somit das Einzelunternehmen im Außenverhältnis weiter fort. Voraussetzung ist eine entsprechende Anordnung des Erblassers nach Maßgabe des § 2208 Abs. 2 BGB oder aber eine direkte Einigung mit den Erben. Sofern Verstöße gegen Weisungsauflagen erfolgen, wirken diese nicht dinglich nach außen.[273] Sehr problematisch ist wegen § 2206 BGB, ob der Testamentsvollstrecker überhaupt gegenüber dem Erben in den Fällen anweisungsbefugt ist, in denen durch die Anweisung zum Abschluss eines bestimmten Rechtsgeschäftes eine zwingende Haftung mit dem Erbenprivatvermögen begründet wird.[274]

---

271 Dazu: *Mayer/Bonefeld/Wälzholz/Weidlich*, Testamentsvollstreckung, Rn. 378.
272 Vgl. *Weidlich*, ZEV 1998, 339.
273 *Bamberger/Roth/J. Mayer*, § 2205 Rn. 31.
274 *Weidlich*, ZEV 1994, 212.

235 **Übersicht: Weisungsgeberlösung**[275]

Inhaber des Geschäfts	Erbe
Handelsregistereintragung lautet auf Eigentümer des Betriebsvermögens	Erbe
Haftung für Altschulden aus Handelsgeschäft	Nur Erben aber wegen §§ 27, 25 Abs. 2 HGB Haftungsbeschränkung möglich
Haftung für neue Geschäftsschulden	Erben
Zwangsvollstreckungsmöglichkeit für Eigengläubiger der Erben	möglich
Zwangsvollstreckungsmöglichkeit für Gläubiger des Testamentsvollstreckers	Keine Möglichkeit
Vorteile	– Keine persönliche Haftung des Testamentsvollstreckers bei Geschäftsverbindlichkeiten nach außen – Durch nach außen unbeschränkte Unternehmerstellung der Erben können diese selbst Geschäfte führen, wenn sie dafür geeignet sind
Nachteile	Nach außen unbeschränkte Verfügungsmacht der Erben trotz Testamentsvollstreckung

d) Beaufsichtigende Testamentsvollstreckung

236 Aufgrund der neueren Rspr. zur sog. beaufsichtigenden Testamentsvollstreckung an Personengesellschaftsanteilen[276] wird eine Testamentsvollstreckung am einzelkaufmännischen Handelsgeschäft für zulässig erachtet, so dass der Erbe das Handelsgeschäft lediglich unter der Aufsicht des Testamentsvollstreckers fortführt.

237 Demzufolge ist die Rechtslage insoweit nicht anders als bei einer vollhaftenden Beteiligung an einer Personengesellschaft.[277] Im **Innenverhältnis** können somit die Erben agieren, aber im **Außenverhältnis** können sie nicht ohne den Testamentsvollstrecker über das Handelsgeschäft teilweise oder im Ganzen verfügen. Ferner ist eine **Zwangsvollstreckung** durch Eigengläubiger der Erben wegen § 2214 BGB nicht möglich. Eine **Kombination** zwischen beaufsichtigender Testamentsvollstreckung und Beschränkung der Testamentsvollstreckung auf einzelne Gegenstände des Handelsgeschäfts ist möglich. Nach der hier vertretenen Auffassung führt dies jedoch nicht dazu, dass Neugläubiger vom Zugriff auf das Geschäftsvermögen nach § 2214 BGB ausgeschlossen sind. Andernfalls könnte durch diese Konstruktion jeder Erbe trotz Fortführung eines Handelsgeschäfts haftungsfrei gestellt werden, was aber wegen der beschriebenen Disparität nicht möglich ist. Als Alternative bietet sich zivilrechtlich ggf. eine Verpachtung von Gegenständen des Geschäftsvermögens, die der Testamentsvollstrecker verwaltet, an. Diesbzgl. ist noch einiges ungeklärt.

---

275 Dazu: *Mayer/Bonefeld/Wälzholz/Weidlich*, Testamentsvollstreckung, Rn. 385.
276 BGHZ 98, 48 = BGH NJW 1986, 2431.
277 Staudinger/*Reimann*, § 2205 Rn. 104.

Übersicht beaufsichtigende Testamentsvollstreckung[278]

Inhaber des Geschäfts	Erbe
Handelsregistereintragung lautet auf Eigentümer des Betriebsvermögens	Erbe
Haftung für Altschulden aus Handelsgeschäft	Nur Erben, aber wegen §§ 27, 25 Abs. 2 HGB Haftungsbeschränkung möglich
Haftung für neue Geschäftsschulden	Erben
Zwangsvollstreckungsmöglichkeit für Eigengläubiger der Erben	Keine Möglichkeit wegen § 2214 BGB
Zwangsvollstreckungsmöglichkeit für Gläubiger des Testamentsvollstreckers	Keine Möglichkeit
Vorteile	– Kein Verfügungsrecht der Erben ohne Testamentsvollstrecker, dadurch Schutz vor Eigengläubigern – Mitspracherecht der Erben im Innenverhältnis
Nachteile	Testamentsvollstrecker hat keinen Einfluss auf die „Innenseite" der Gesellschaft bzw. des Unternehmens

e) Alternativen

Als Alternative zu den Ersatzlösungen ist eine sog. **Umwandlungsanordnung** an den Testamentsvollstrecker in Betracht zu ziehen. Diese kann als Auflage für den Erben formuliert werden, wonach das Unternehmen durch den Testamentsvollstrecker entweder in eine GmbH oder Aktiengesellschaft gem. §§ 152 Satz 1, 125, 135 Abs. 2 UmwG umgewandelt werden soll. Das Verwaltungsrecht des Testamentsvollstreckers wird dann an den neugeschaffenen Geschäftsanteilen bzw. Aktien fortgesetzt.[279]

> **Praxishinweis:**
> Bereits zu Lebzeiten kann der Erblasser z.B. durch Gründung einer sog. Vorratsgesellschaft Vorsorge treffen. Dies ist deshalb anzuraten, weil über die Drei-Monats-Frist des § 27 Abs. 2 HGB hinaus die Zulässigkeit einer Testamentsvollstreckung am Handelsgeschäft abzulehnen ist. Vorsorglich sollte in der Verfügung von Todes wegen eine Umwandlung ausdrücklich angeordnet oder zumindest ein Wahlrecht eingeräumt werden, da noch nicht geklärt ist, ob eine ausdrückliche Anordnung entbehrlich ist.[280]

Die Gründung einer GmbH (also **Nichtumwandlung**) durch einen Testamentsvollstrecker für die Erben ist nur dann möglich, wenn eine persönliche Haftung der Gesellschafter-Erben durch sofortige Volleinzahlung bzw. entsprechende Sacheinlage ausgeschlossen ist oder der Testamentsvollstrecker aufgrund gesonderter Ermächtigung der Erben diese in vollem Umfang persönlich verpflichten kann.[281] Andernfalls liegt ein Verstoß gegen § 2206 BGB vor. Ebenso ist eine **Umwandlung in eine GmbH & Co. KG vorteilhaft**, in der der Erbe, Kommanditist und GmbH-Gesellschafter ist.

---

278 Dazu: *Mayer/Bonefeld/Wälzholz/Weidlich*, Testamentsvollstreckung, Rn. 386 ff.
279 *Mayer/Bonefeld/Wälzholz/Weidlich*, Testamentsvollstreckung, Rn. 388.
280 Vgl. *Mayer/Bonefeld/Wälzholz/Weidlich*, Testamentsvollstreckung, Rn. 388.
281 *Mayer/Bonefeld/Wälzholz/Weidlich*, Testamentsvollstreckung, Rn. 390.

3. Testamentsvollstreckung von Anteilen an Personengesellschaften

241 Bei der Fremdverwaltung von Anteilen an Personengesellschaften ist zwischen persönlich haftenden Gesellschaftsanteilen und Kommanditanteilen zu unterscheiden. Dies hat maßgebliche Bedeutung für die Möglichkeiten der Testamentsvollstreckung an solchen Anteilen. Eine **Fremdverwaltung** kommt nur bei einer **Nachfolgeklausel** in Betracht. Wird hingegen die Gesellschaft bei Tod eines Gesellschafters fortgesetzt, hat der Testamentsvollstrecker nur die Möglichkeit, den Abfindungsanspruch geltend zu machen. Sofern eine **Eintrittsklausel** vorliegt, scheidet eine Testamentsvollstreckung vollständig aus, weil das Eintrittsrecht nicht durch Verfügung von Todes wegen, sondern durch Vertrag zu Gunsten Dritter auf den Todesfall auf den Nachfolger übergeht.[282]

a) Persönlich haftende Gesellschaftsanteile (OHG, EWIV GbR, Komplementär einer KG)

242 Hinsichtlich der **Abwicklungsvollstreckung** gelten im Bereich der stets durch **persönliche Haftung** gekennzeichneten Anteile an GbR, OHG sowie Komplementäranteilen an KG dieselben Grundsätze wie beim einzelkaufmännischen Handelsgeschäft. Gehört zum Nachlass der Anteil eines alleinigen Komplementärs einer KG, kann der Testamentsvollstrecker jedenfalls für die dreimonatige Übergangsfrist aus § 139 Abs. 3 HGB sämtliche Rechte der Gesellschafter-Erben wahrnehmen. Nach Ende dieser Frist ist die Testamentsvollstreckung aber nur noch unter der Voraussetzung zulässig, dass durch entsprechende Gestaltung und Maßnahmen ein **neuer Komplementär** in die Gesellschaft eintritt. Durch die Anordnung einer Testamentsvollstreckung ist es somit zwar möglich, eine Kontrolle der Gesellschafter-Erben zu erreichen, die Verlagerung der Kompetenz auf den Testamentsvollstrecker, unternehmerische Entscheidungen zu treffen, kann auf diesem Wege nicht erreicht werden.

243 Sofern eine **Nachfolgeklausel** vereinbart wurde, vollzieht sich die Vererbung durch Sondererbfolge, wenn mehrere Erben vorhanden sind. Da der Erbe eine Beteiligung entsprechend seiner Erbquote durch diese Sondererbfolge erwirbt, braucht der Testamentsvollstrecker die Beteiligung als Nachlassteil unter den Miterben nicht mehr auseinanderzusetzen bzw. bis dahin zu verwalten. Der Testamentsvollstrecker kann den Gesellschaftsanteil mithin nicht verwalten bzw. über ihn verfügen. Verwaltungs- und Vermögensrecht am Gesellschaftsanteil werden einheitlich vererbt. Insofern tritt keine Aufspaltung ein.[283]

244 Die Verwaltungstestamentsvollstreckung bzw. Dauertestamentsvollstreckung ist anders zu beurteilen. Im Unterschied zur OHG und KG wird bei der GbR bei Tod eines Gesellschafters die Gesellschaft aufgelöst. Hierdurch entsteht eine **Liquidationsgesellschaft**, die in den Nachlass und damit unter das Verwaltungsrecht des Testamentsvollstreckers fällt. Der Testamentsvollstrecker kann alle Liquidationsansprüche für die Erben geltend machen.[284]

245 Bei einer **Fortsetzungsklausel** oder bei einer OHG bzw. KG kann der Testamentsvollstrecker ebenfalls die Abfindungsansprüche der Erben gegen die Gesellschaft geltend machen. Ebenso, wenn der Erbe wahlweise nach § 139 Abs. 2 HGB von seinem ihm allein zustehenden höchstpersönlichen Kündigungsrecht Gebrauch gemacht hat.

---

282 BGHZ 22, 186.
283 *Lorz*, ZEV 1996, 112; *Weidlich*, ZEV 1994, 206.
284 MünchKomm/*Zimmermann*, § 2205 Rn. 25; *Bamberger/Roth/J. Mayer*, § 2205 Rn. 38.

Wird die Gesellschaft aufgrund einer **Nachfolgeklausel** (einfach oder qualifiziert) mit den Erben fortgesetzt, kann der Testamentsvollstrecker die Rechte eines vollhaftenden Gesellschafters nicht direkt verwalten.[285]

246

Ist im Gesellschaftsvertrag eine **Eintrittsklausel** vereinbart worden, erfasst das Eintrittsrecht nicht die Testamentsvollstreckung, weil das Eintrittsrecht nicht durch Verfügung von Todes wegen, sondern durch Vertrag zu Gunsten Dritter auf den Todesfalls auf den Nachfolger übergeht.[286]

247

Sofern die Testamentsvollstreckung mit einer der erörterten Ersatzlösungen zusammenfällt, gilt das oben Beschriebene (wie beim einzelkaufmännischen Handelsgeschäft).

248

Da die Gesellschafterbeziehungen **höchstpersönlich** sind, müssen die Gesellschafter die Rechtsausübung durch den Testamentsvollstrecker entweder im Gesellschaftsvertrag ausdrücklich zulassen oder der Testamentsvollstreckung nachträglich zustimmen.[287] Eine gesellschaftsvertragliche Zulassung kann bereits bei Vereinbarung einer einfachen Nachfolgeklausel unterstellt werden. Eine nachträgliche Zustimmung ist lediglich bei der Weisungsgeberlösung nicht notwendig. Des Weiteren ist der Erbe durch Auflage oder Bedingung zur Duldung der Ausübung der Mitgliedschaftsrechte durch den Testamentsvollstrecker verpflichtet. Aufgrund der auch zwischen Gesellschafts- und Erbrecht bestehenden Haftungsdisparität sind den Ersatzlösungen sehr enge Grenzen gesetzt.

249

Auch wenn der Erblasser sich für eine Ersatzlösung entschieden hat, ist der Testamentsvollstrecker auf die Mitwirkung bzw. Zustimmung der weiteren Alt-Gesellschafter angewiesen. Deren Nichterteilung der Zustimmung verhindert jedoch nicht die Testamentsvollstreckung an der sog. **Außenseite der Gesellschaftsbeteiligung**.[288]

250

b) Kernrechtsbereichtheorie

Hinsichtlich der sog. **Innenseite**, also der personenrechtlichen Sphäre, ist die **Kernrechtsbereichtheorie** entwickelt worden.[289] Danach sind die Gesellschafterrechte im eigentlichen Sinne wegen ihrer höchstpersönlichen Natur der Ausübung durch einen Dritten nicht zugänglich und können somit der Testamentsvollstreckung grundsätzlich nicht unterliegen. Dementsprechend können Verwaltungsmaßnahmen des Testamentsvollstreckers nicht die Innenseite der Beteiligung betreffen.[290]

251

Gesellschaftsrechtliche Mitwirkungsrechte, wie z.B. die Teilnahme an Gesellschafterversammlungen und Beschlüssen, das Informations- und Kontrollrecht sowie das Stimmrecht, sind der Kompetenz des Testamentsvollstreckers zwingend entzogen.

252

Ausnahmsweise ist ein **Zustimmungsbedarf** des Testamentsvollstreckers anzunehmen, wenn die Mitwirkungsrechte auch die vermögensrechtliche Außenseite betreffen. Auf dieser sog. Außenseite der Beteiligung kann der Testamentsvollstrecker eine den Erben beaufsichtigende Funktion wahrnehmen. Hierunter fallen z.B. die Verwaltung und Fälligkeit von Gewinnansprüchen und das Auseinandersetzungsguthaben. Der

253

---

285 BGHZ 68, 225.
286 BGHZ 22, 186.
287 Bengel/Reimann/D. Mayer, HB V, Rn. 157.
288 BGH NJW 1986, 2431.
289 BGHZ 20, 363.
290 Staudinger/Reimann, § 2205 Rn. 114.

Erbe kann daher ohne Mitwirkung des Testamentsvollstreckers nicht über seinen geerbten Gesellschaftsanteil verfügen, der wegen § 2214 BGB auch dem Zugriff von Eigengläubigern des Erben entzogen ist.

254 Aufgrund der Kernrechtsbereichtheorie darf der Testamentsvollstrecker ohne Zustimmung des Erben in die unentziehbaren Rechte nicht eingreifen. Diese unentziehbaren Rechte sind nicht durch Mehrheitsbeschluss abänderbar, sondern nur durch die ursprüngliche Satzung oder den Ur-Gesellschaftsvertrag. So kann der Testamentsvollstrecker bspw. nicht das Recht zur Kündigung aus wichtigem Grund ausüben oder Änderungen des Kapitalanteils oder der handelsrechtlichen Haftung vornehmen. Hat der Erblasser angeordnet, dass der Testamentsvollstrecker die Personengesellschaft in eine Kapitalgesellschaft umwandeln darf, bedarf dies nicht der Zustimmung der Erben, sofern diese durch die Umwandlung nicht weitergehend persönlich verpflichtet werden. Aufgrund des Verbotes unentgeltlicher Verfügungen aus § 2205 Satz 3 BGB und dem Gebot der ordnungsgemäßen Verwaltung des Nachlasses aus §§ 2206 Abs. 1, 2216 Abs. 1 BGB kann der Testamentsvollstrecker **nicht an Satzungsänderungen** oder **Beschlüssen mitwirken**, die eine Leistungspflicht einführen, die durch die Nachlassmittel nicht erfüllt werden kann. Gleiches gilt für Handlungen, die zu einem einseitigen Rechtsverlust für die Gesellschafter führen.[291]

255 Hat ein Gesellschafter einen verstorbenen Mitgesellschafter beerbt, ist fraglich, ob eine Testamentsvollstreckung unzulässig ist. Nach der Rspr.[292] kommt es zu einer **vermögensmäßigen Trennung beider Gesellschaftsanteile**. Insofern wird eine Spaltung vorgenommen, wonach der ererbte Gesellschaftsanteil dem Nachlassvermögen zuzuordnen ist. Der beim Erbfall bereits vorhandene Gesellschaftsanteil wird hingegen dem Privatvermögen zugeordnet.

256 Die Rechtslage ist durch die Rspr. noch nicht endgültig entschieden. Vorsorglich sollte daher als **Alternative** eine **Umwandlung** von einer Personengesellschaft in eine Kapitalgesellschaft erwogen werden, wozu eine ausdrückliche Erblasseranordnung in die letztwillige Verfügung aufgenommen werden sollte.

Weidlich[293] empfiehlt zur **Entschärfung der Haftungsproblematik** der Ersatzlösungen, dass aufgrund einer entsprechenden gesellschaftsvertraglichen Regelung die Geschäftsführungs- und Vertretungsbefugnis mit dem Erblassertod erlischt und die Vertretungsbefugnis des Testamentsvollstreckers durch Erteilung einer Vollmacht bzw. einer Prokura durch die übrigen Gesellschafter herbeigeführt wird.

257 Um eine direkte Testamentsvollstreckung über eine der vorgenannten Beteiligungen zu erreichen, gibt es die Möglichkeit der sog. **beaufsichtigenden Testamentsvollstreckung,**.[294] Wegen der noch weitgehend ungeklärten Abgrenzungsfragen ist dringend zu empfehlen, bei einer bestehenden Testamentsvollstreckung nur bei der laufenden Geschäftsführung und Gesellschaftsvertragsänderungen, die nur geringfügig in die Rechtsstellung des Gesellschafter-Erben eingreifen, auf die Zustimmung des Testamentsvollstreckers zu verzichten. Seine Beteiligung ist jedenfalls schon beim Ergebnisverwendungsbeschluss erforderlich, da andernfalls Nichtigkeit droht.[295]

---

291 *Bengel/Reimann/D. Mayer*, HB V, Rn. 184.
292 BGHZ 98, 57 = BGH NJW 1986, 2431.
293 *Weidlich*, ZEV 1994, 205.
294 BGHZ 98, 48 = BGH NJW 1986, 2431; BGHZ 108, 187 = BGH NJW 1989, 3152.
295 So ausdrücklich *Mayer/Bonefeld/Wälzholz/Weidlich*, Testamentsvollstreckung, Rn. 405 ff.

Die einzelnen Auswirkungen der beaufsichtigenden Testamentsvollstreckung sind unübersichtlich. Aufgrund der Kernrechtsbereichtheorie kann der Testamentsvollstrecker keine Verwaltungsmaßnahmen vornehmen, die die sog. Innenseite der Beteiligung betreffen. Allerdings kann er eine beaufsichtigende Funktion über den Erben haben und damit an der Außenseite der Beteiligung. Wie oben festgestellt, kann die Anordnung einer Testamentsvollstreckung verhindern, dass der Gesellschafter-Erbe Verfügungen über den ererbten Gesellschaftsanteil treffen kann, sofern der Testamentsvollstrecker keine Zustimmung hierzu erteilt hat.

258

Das **Aufgabenverhältnis** zwischen Gesellschafter-Erben und Testamentsvollstrecker kann wie folgt **zusammengefasst** werden:
– Das **Stimmrecht** steht dem Gesellschafter-Erben grundsätzlich allein zu. Soweit Belange, die der Testamentsvollstreckung unterworfen sind, berührt werden, mithin die Außenseite tangiert ist, besteht jedoch eine Zustimmungspflicht des Testamentsvollstreckers.
– Der Testamentsvollstrecker kann zwar nicht an **Gesellschafterversammlungen** teilnehmen. sondern nur der Gesellschafter-Erbe. Es besteht jedoch eine Zustimmungspflicht für Beschlüsse.
– Ferner steht dem Testamentsvollstrecker ein **Informationsrecht** zu.
– Auch die **Beschlüsse** trifft der Gesellschafter-Erbe grundsätzlich allein. Soweit der Gewinn oder andere Bereiche betroffen sind, muss der Testamentsvollstrecker seine **Zustimmung** erteilen, ebenso hat grundsätzlich der Gesellschafter-Erbe allein Kontrollrechte bzw. Informationsrechte. Aber auch hier besteht zu entsprechenden Maßnahmen Zustimmungspflicht durch den beaufsichtigenden Testamentsvollstrecker.
– Der Gesellschafter-Erbe hat keine Befugnisse hinsichtlich eines künftigen **Auseinandersetzungsanspruchs** oder ein **Verfügungsrecht** über den Gesellschaftsanteil. Dies steht dem beaufsichtigenden Testamentsvollstrecker allein zu.
– Gleiches gilt für **Gewinnansprüche**.
– Nicht zustimmungspflichtig sind **Kündigungen** der Gesellschaft bzw. das **Wahlrecht** aus § 139 HGB.

259

Letztendlich ist die Anordnung einer beaufsichtigenden Testamentsvollstreckung bei unreifen Erben nicht empfehlenswert, dem die unreifen Erben die Geschäftsführung übernehmen müssen. Aber da noch zahlreiche Probleme hinsichtlich der Kompetenzabgrenzung bestehen, sollten die Kompetenzen entweder im Gesellschaftsvertrag oder in einer Verfügung von Todes wegen klar geregelt werden.[296]

260

c) Verwaltungsvollstreckung an einer Kommanditbeteiligung

Durch den **Tod eines Kommanditisten** wird die Gesellschaft nicht aufgelöst, sondern mit den Erben gem. § 177 HGB fortgesetzt, es sei denn, der Gesellschaftsvertrag ordnet eine anderweitige Folge an. Demnach ist an einer vererblichen Kommanditbeteiligung Testamentsvollstreckung möglich,[297] sofern die übrigen Gesellschafter entweder den Gesellschaftsvertrag selbst oder – im Einzelfall – der Wahrnehmung der Gesellschafterrechte durch den Testamentsvollstrecker zugestimmt haben. Zwar kann die Zustimmung auch konkludent erteilt werden, was bei einer Publikums-KG unterstellt

261

---

296 Vgl. *Mayer/Bonefeld/Wälzholz/Weidlich*, Testamentsvollstreckung, Rn. 405 ff.
297 BGHZ 108, 187 = BGH NJW 1989, 3152.

werden kann, weil dort im Gesellschaftsvertrag grundsätzlich der Anteil frei veräußerlich gestellt wird.[298] Eine einfache Duldung kann regelmäßig nicht als stillschweigende Zustimmung interpretiert werden. Der Testamentsvollstrecker kann sowohl an der Innenseite, als auch an der Außenseite sämtliche Rechte der Erben wahrnehmen.[299] Auch wenn die Zustimmung der übrigen Gesellschafter fehlt, wird dadurch die Anordnung der Testamentsvollstreckung nicht insgesamt unwirksam. Lediglich im Innenverhältnis gilt die Testamentsvollstreckung als nicht angeordnet; im Außenverhältnis kann der Testamentsvollstrecker die Rechte weiterhin wahrnehmen. Um eine Testamentsvollstreckung insgesamt an der Kommanditbeteiligung zu erleichtern, ist eine Aufnahme einer Zustimmung im Gesellschaftsvertrag ratsam.

d) Besonderheiten bei Verwaltungsvollstreckung von Gesellschaftsanteilen an einer GbR

262 Aufgrund der durch die neuere Rspr.[300] erfolgten Annäherung des Haftungssystems der GbR an das der OHG ist nunmehr fraglich, ob der Testamentsvollstrecker tatsächlich nur Verwaltungsmaßnahmen an der Außenseite, nicht aber an der Innenseite der GbR-Beteiligung treffen kann.[301] Überwiegend wird dies abgelehnt.[302] Die Rspr. hinsichtlich der Haftung eines GbR-Gesellschafters ist im Fluss, so dass hier weiterhin einige Rechtsunsicherheit besteht.

e) Stille Gesellschaften

263 Nach § 234 Abs. 2 BGB kommt es durch den Tod eines stillen Gesellschafters nicht zur Auflösung der stillen Gesellschaft. Die Beteiligung kann daher vom Testamentsvollstrecker als Nachlassbestandteil verwaltet werden, sofern der Geschäftsinhaber zustimmt.[303] Wird hingegen durch den Tod des Geschäftsinhabers die stille Gesellschaft aufgelöst, hat der Testamentsvollstrecker das Guthaben des stillen Gesellschafters zu befriedigen. Sofern der Gesellschaftsvertrag gem. § 727 Abs. 1 BGB etwas anderes bestimmt, wird die Gesellschaft fortgeführt. Es gelten dann die Grundsätze der Testamentsvollstreckung hinsichtlich der Fortführung eines Einzelunternehmens.[304]

f) Genossenschaften

264 Aufgrund § 77 Abs. 1 GenG kommt es mit dem Tod eines Genossen zum **Übergang der Mitgliedschaft** auf den Erben, der aber mit dem Schluss des Geschäftsjahres endet, in dem der Erbfall eingetreten ist. Allerdings kann das Statut nach § 77 Abs. 2 GenG von dieser befristeten Nachfolgeklausel eine Abweichung vorsehen und die Fortsetzung der Mitgliedschaft anordnen. Alle Mitgliedschaftsrechte werden vom Testamentsvollstrecker wahrgenommen. Umstritten und – soweit ersichtlich – gerichtlich noch nicht entschieden, ist die Frage, ob der Testamentsvollstrecker auch die nach § 77 Abs. 2 GenG erforderliche Erklärung zur Fortsetzung der Mitgliedschaft abgeben darf. Dies wird jedoch überwiegend verneint.[305] Diejenigen, die eine Abgabe der Erklärung durch den Testamentsvollstrecker befürworten, machen insofern eine Ein-

---

298 Vgl. *Ulmer*, NJW 1990, 73.
299 *Bamberger/Roth/J. Mayer*, § 2205 Rn. 49.
300 BGH NJW 2003, 1803; BGH NJW 2003, 1445.
301 Hierzu ausführlich *Weidlich*, ZEV 1998, 339.
302 Vgl. *Bengel/Reimann/D. Mayer*, HB V, Rn. 219 m.w.N.
303 MünchKomm/*Zimmermann*, § 2205 Rn. 40.
304 *Winkler*, Testamentsvollstrecker, Rn. 389.
305 Staudinger/*Reimann*, § 2205 Rn. 144; Soergel/*Damrau*, § 2205 Rn. 52a m.w.N.

schränkung, dass durch die Erklärung keine weitergehenden Verpflichtungen des Erben entstehen dürfen.[306] Diese Ansicht ist vorzugswürdig.

g) EWIV

Aufgrund von § 1 EWIV gilt für die **EWIV** das OHG-Recht und somit die diesbzgl. Darstellungen.

265

h) Partnerschaftsgesellschaft

Der Tod eines Partners einer **Partnerschaftsgesellschaft** führt wegen § 9 Abs. 2 PartGG zu seinem Ausscheiden aus der Gesellschaft. Hierdurch fällt der Abfindungsanspruch in den Nachlass und kann vom Testamentsvollstrecker geltend gemacht werden.[307]

266

Kann der Gesellschaftsanteil an der Partnerschaft nach § 9 Abs. 4 Satz 2 PartGG vererbt werden, hängt die Fortsetzung der Partnerschaft mit dem Erben davon ab, ob dieser **dieselben berufsrechtlichen Qualifikationen** erfüllt, die für die Partnerschaftsgesellschaft notwendig sind. Die berufsrechtlichen Qualifikationen müssen in der Person des Erben erfüllt sein. Es spielt keine Rolle, ob der Testamentsvollstrecker die berufsrechtlichen Qualifikationen erfüllt.[308] Wird die Partnerschaftsgesellschaft mit dem Erben fortgeführt, gelten hinsichtlich der Reichweite der Testamentsvollstreckung die Grundsätze der persönlich haftenden Gesellschaftsanteile.

267

4. Testamentsvollstreckung bei Kapitalgesellschaften

Aufgrund der Haftungsbeschränkungen, kommt es bei Kapitalgesellschaften zu weniger Problemen mit einer Testamentsvollstreckung als bei Personengesellschaften.

268

a) Gesellschaft mit beschränkter Haftung

Eine Testamentsvollstreckung ist im Recht der GmbH ohne weiteres zulässig, wobei der Geschäftsanteil Kraft eigenen Rechts unter Ausschluss der Erben durch den Testamentsvollstrecker verwaltet wird. Unter das Verwaltungsrecht fällt auch das **Stimmrecht**.[309] Probleme können jedoch bestehen, wenn die höchstpersönliche Ausübung der Mitgliedschaftsrechte durch die Satzung oder das Gesetz, z.B. bei Freiberufler-GmbH, vorgesehen ist.[310] In einem solchen Fall können Verwaltungsmaßnahmen des Testamentsvollstreckers nicht die sog. Innenseite der Beteiligung betreffen.

269

Des Weiteren ist die **Kernrechtsbereichtheorie** zu berücksichtigen, wonach der Testamentsvollstrecker von der Wahrnehmung von Rechten, die dem Gesellschafter als höchstpersönliches Recht zustehen, ausgeschlossen ist. Ferner besteht ein **Mitwirkungsverbot** an seiner Wahl zum Geschäftsführer, es sei denn, dies wurde vom Erben bzw. Erblasser ausdrücklich gestattet.[311] Besteht ein **Stimmrechtsausschluss** nach § 47 Abs. 4 GmbHG, so tritt an seine Stelle der Erbe.[312]

270

---

306 Vgl. *Bamberger/Roth/J. Mayer*, § 2205 Rn. 55.
307 Staudinger/*Reimann*, § 2205 Rn. 139.
308 *Bengel/Reimann/D. Mayer*, HB V, Rn. 227.
309 BGHZ 24, 106; BGHZ 51, 209.
310 Vgl. *Bamberger/Roth/J. Mayer*, § 2205 Rn. 52.
311 Palandt/*Edenhofer*, § 2205 Rn. 25.
312 BGH BB 1989, 1499; *Bamberger/Roth/J. Mayer*, § 2205 Rn. 52.

b) Aktiengesellschaft

271 Hinsichtlich der **Aktiengesellschaft** gelten die gleichen Grundsätze wie bei der GmbH. Es besteht somit eine Verwaltungsbefugnis des Testamentsvollstreckers, der auch die Stimmrechte sowie das Bezugsrecht aus § 186 AktG ausüben kann.[313]

VII. Beschränkung des Aufgabenkreises für den Testamentsvollstrecker

1. Allgemeines

272 Der Erblasser hat nicht nur die Möglichkeit, die Befugnisse des Testamentsvollstreckers zu erweitern, sondern er kann im Gegenteil bestimmte Rechte beschränken. Die Beschränkung muss vom Erblasser im Rahmen einer letztwilligen Verfügung entweder konkludent oder ausdrücklich erfolgen.

273 Bei **konkludenten** Einschränkungen muss durch Auslegung ermittelt werden, inwieweit der Erblasser tatsächlich eine Beschränkung gewollt hat. Dabei können auch außerhalb der letztwilligen Verfügung liegende Umstände berücksichtigt werden. Das Problem der konkludenten Beschränkung spielt in der Praxis eine sehr große Rolle. So ist fraglich, ob nicht eine **Teilungsanordnung** oder die Anordnung einer **befreiten Vorerbschaft**[314] die Verpflichtungsbefugnis des Testamentsvollstreckers beschränkt. Die Rspr. des *BGH* und die in der Lit. herrschende Auffassung differieren. Im Übrigen ist insbesondere die Beschränkungsanordnung von den einfachen Wünschen des Erblassers abzugrenzen.

274 In Übereinstimmung mit der älteren Rspr.[315] geht die Lit.[316] überwiegend zu Recht davon aus, dass nach außen wirkende Verfügungsbeschränkungen nicht ohne weiteres unterstellt werden können. Es ist lediglich von einer nach innen wirkenden schuldrechtlichen Verpflichtung auszugehen.

275 Der *BGH*[317] geht von einer Beschränkung der Verfügungsmacht bei einem zeitlich beschränkten Verbot jeglicher Verfügung über ein Grundstück mit Außenwirkung aus; ebenso bei der Anordnung eines Grundstücksverkaufs und dem Verbot der Teilung. Bei der Teilungsanordnung hat er hingegen eine automatische Beschränkung abgelehnt.

276 Ist das Ergebnis, dass der Erblasser eine derartige Beschränkung wünscht, hat diese Beschränkung dingliche Wirkung, wofür bereits der Wortlaut des § 2208 Abs. 1 Satz 1 BGB spricht.[318] Eine entgegenlaufende Verfügung des Testamentsvollstreckers ist unwirksam. Demzufolge werden nicht lediglich **Schadensersatzansprüche** nach § 2219 BGB gegenüber dem Testamentsvollstrecker ausgelöst.

277 Kann der Testamentsvollstrecker wegen der Beschränkung aus § 2208 BGB nicht über einen Nachlassgegenstand verfügen, führt dies nicht zu einem generellen Ausschluss

---

313 *Frank*, ZEV 2002, 389.
314 Dazu *Keim*, ZEV 2002, 132.
315 BGH WM 1970, 738; BayObLGZ 1967, 230.
316 *Bamberger/Roth/J. Mayer*, § 2208 Rn. 3; *Soergel/Damrau*, § 2208 Rn. 3; *Palandt/Edenhofer*, § 2208 Rn. 3; A.A. *Zimmermann*, Testamentsvollstreckung, Rn. 413; *Bengel/Reimann*, HB II, Rn. 65.
317 BGH NJW 1984, 2464; BGHZ 56, 275; ähnlich OLG Zweibrücken ZEV 2001, 274.
318 *Zimmermann*, Testamentsvollstreckung, Rn. 380.

einer Verfügung. Vielmehr können dann nur Erbe und Testamentsvollstrecker gemeinsam und einvernehmlich verfügen.³¹⁹

2. *Möglichkeiten der Beschränkung nach § 2208 Abs. 1 BGB*

Die Möglichkeiten der Beschränkungen durch den Erblasser sind vielfältig. Sie können **inhaltlicher, gegenständlicher** oder **zeitlicher** Natur sein bzw. sich auf den Erbteil eines Erben beschränken. Gesetzlich geregelt sind die inhaltlichen Beschränkungen im Rahmen einer Nacherbentestamentsvollstreckung gem. § 2222 BGB, der Vermächtnisvollstreckung gem. § 2223 BGB sowie die reine Verwaltungsvollstreckung gem. § 2209 Satz 1 BGB. 278

Der Erblasser kann aber darüber hinaus ohne weiteres die Testamentsvollstreckung auf bestimmte Aufgaben reduzieren, wie z.B. die Erfüllung eines Vermächtnisses oder einer Auflage, die Ausübung eines Stimmrechts in einer Kapitalgesellschaft oder die Zustimmung zu bestimmten Erbenverfügungen. Ferner kann ihm auch nur die Durchführung bestimmter Geschäfte untersagt werden, wie z.B. der Verkauf von Immobilien oder die Eingehung von Wechselverbindlichkeiten. 279

Werden die Befugnisse des Testamentsvollstreckers gegenständlich auf die Verwaltung einzelner Objekte – wie z.B. Immobilien, Unternehmen oder Urheberrechte – beschränkt, hat dies Auswirkungen auf die Anwendbarkeit weiterer Vorschriften. So sind die Vorschriften nicht anwendbar, die die Verwaltung des ganzen Nachlasses durch den Testamentsvollstrecker voraussetzen, wie z.B. § 748 Abs. 2 ZPO, § 2213 Abs. 1 BGB; §§ 779 Abs. 2 Satz 2, 780 Abs. 2, 991 Abs. 2 ZPO, § 317 Abs. 2 InsO; § 76 Abs. 2 FGG; § 40 Abs. 2 GBO. 280

Des Weiteren können Verfügungen des Testamentsvollstreckers von der **Zustimmung Dritter** abhängig gemacht werden. Dritte können nur ein (Mit-)Erbe oder ein weiterer Testamentsvollstrecker, nicht aber ein außenstehender Dritter sein. Wurde ein außenstehender Dritter ausgewählt, kann im Wege der Auslegung ggf. darin eine **Mittestamentsvollstreckeranordnung** oder eine Verwaltungsanordnung nach § 2216 Abs. 2 BGB gesehen werden. 281

Darüber hinaus kann durch eine **auflösende Bedingung** die Testamentsvollstreckung zeitlich beschränkt werden. In diesem Zusammenhang ist § 2210 BGB zu beachten. Der Erblasser kann als Zeitpunkt auch keinen festen Termin setzen, sofern dieser **nicht** konkret bestimmbar ist, wie z.B. die Beendigung der Testamentsvollstreckung, wenn der Nachlass gesichert ist.³²⁰ Ebenso ist eine Beschränkung der Testamentsvollstreckung auf den Erbteil eines Miterben oder Mitvorerben möglich. 282

Obwohl nicht geregelt ist, wie viele Rechte der Testamentsvollstrecker mindestens haben muss, darf die Beschränkung des Testamentsvollstreckers **nicht soweit** gehen, dass dieser keinerlei Aufgaben oder Rechte hat. So muss er mindestens eine der vom Gesetz vorgesehenen Befugnisse haben.³²¹ Der Erblasser kann also dem Testamentsvollstrecker die Verfügungsmacht nicht derart entziehen, dass keiner mehr über den Nachlassgegenstand verfügen kann. Hierin läge ein Verstoß gegen § 137 BGB.³²² Der 283

---

319 BGHZ 40, 115; BGHZ 56, 275; BGH NJW 1984, 2464; *Bamberger/Roth/J. Mayer*, § 2208 Rn. 13; Staudinger/*Reimann*, § 2208 Rn. 6; MünchKomm/*Zimmermann*, § 2208 Rn. 5.
320 *Bamberger/Roth/J. Mayer*, § 2208 Rn. 11; Staudinger/*Reimann*, § 2208 Rn. 12.
321 RGZ 81, 168; *Lange/Kuchinke*, Erbrecht, § 31 V 1 a Fn 111; *Kipp/Coing*, Erbrecht, § 69 I; *v. Lübtow*, Erbrecht II, S. 973; MünchKomm/*Zimmermann*, § 2208 Rn. 1.
322 Staudinger/*Reimann*, § 2208 Rn. 6.

Testamentsvollstrecker kann aber als einzige Aufgabe z.B. den Vollzug einer Auflage oder die Durchführung einer einzigen Anordnung haben.

3. Beaufsichtigende Testamentsvollstreckung nach § 2208 Abs. 2 BGB

284 Sofern der Testamentsvollstrecker nicht selbst die Erblasserverfügungen zur Ausführung bringen muss, kann er nach § 2208 Abs. 2 BGB die Ausführung vom Erben verlangen. Der Testamentsvollstrecker kann somit nur beaufsichtigend tätig sein, da ihm weder eine Verpflichtungs- noch eine Verfügungsbefugnis zusteht.

§ 2211 BGB (Verfügungsbeschränkung des Erben) und § 2214 BGB (Eigengläubiger des Erben) sind nicht anwendbar. Eine Eintragung oder Hinweis im Erbschein erfolgt nicht.

> **Praxishinweis:**
> Aus kautelarjuristischer Sicht bedarf es einer **deutlichen Anordnung**, ob und wie weit bzw. mit welcher Wirkung eine Beschränkung gewollt ist.

285 Handeln Erbe und Testamentsvollstrecker einvernehmlich, können sie sogar Verfügungen gegen den Erblasserwillen durchführen.[323] Um dies zu verhindern, muss der Erblasser bei Verstoß gegen seine Anordnungen die Erbenstellung oder die Testamentsvollstreckereinsetzung unter eine auflösende Bedingung stellen. Die Beschränkung des Testamentsvollstreckers läuft zudem ins Leere, wenn er gleichzeitig eine Generalvollmacht (die nur widerruflich sein kann) besitzt, aufgrund derer er handeln kann.[324]

VIII. Beschränkungen des Verfügungsrechts des oder der Erben

1. Allgemeines

286 Der Entzug des Verfügungsrechts der Erben hat dingliche Wirkung und stellt nicht bloß ein relatives Veräußerungsverbot i.S.d. § 135 BGB dar. Die Verfügungsbeschränkung der Erben gilt auch für deren **gesetzlichen Vertreter, Betreuer, Vormund** oder **Pfleger**. Verfügt ein Erbe dennoch, so ist die Verfügung sowohl gegenüber dem Testamentsvollstrecker als auch gegenüber jedermann absolut unwirksam. Es tritt hingegen keine Nichtigkeit des Rechtsgeschäfts ein. Der Testamentsvollstrecker kann somit nachträglich das Rechtsgeschäft genehmigen. Die Verfügung wird wegen §§ 184 Abs. 1, 185 BGB durch die Genehmigung von Anfang an wirksam, auch wenn sie gegen Erblasseranordnungen verstoßen würde. Durch die unberechtigte Verfügung entsteht keinerlei Nachlassverbindlichkeit. Der Erbe wird persönlich verpflichtet, so dass der Testamentsvollstrecker selbst nicht Erfüllung leisten muss. Dies gilt auch für die Fälle, in denen unter der aufschiebenden Bedingung des Wegfalls des Verwaltungsrechts des Testamentsvollstreckers vom Erben verfügt wird. Insofern können die Gläubiger wegen fehlender Konnexität gegen eine derartige Forderung keine **Aufrechnung** gegenüber einer Forderung des Testamentsvollstreckers erklären. Ein **Zurückbehaltungsrecht** besteht gleichsam nicht.

---

[323] Soergel/*Damrau*, § 2208 Rn. 1.
[324] *Kipp/Coing*, Erbrecht, § 69 II 5; MünchKomm/*Zimmermann*, § 2208 Rn. 6.

Eine Verfügung durch die Erben ist hingegen mit Zustimmung des Testamentsvollstreckers möglich, was der Erblasser auch nicht durch eine Anordnung in der letztwilligen Verfügung verhindern kann.

Hat der Erbe **ohne Zustimmung** des Testamentsvollstreckers verfügt und endet das Verwaltungsrecht des Testamentsvollstreckers z.B. durch Zeitablauf, § 2217 Abs. 1 Satz 2 BGB, oder durch Wegfall der Testamentsvollstreckung, so tritt **Heilung** hinsichtlich der Erbenverfügung ein. Die Wirkung ist im Unterschied zur Genehmigung lediglich **ex nunc**. Allerdings kann nur dann Heilung eintreten, wenn nicht bereits der Testamentsvollstrecker selbst während seiner Testamentsvollstreckung eine abweichende Verfügung getroffen hat. Eine Verfügung des Testamentsvollstreckers geht einer unter einer aufschiebenden Bedingung des Wegfalls des Verwaltungsrechts des Testamentsvollstreckers durchgeführten Verfügung des Erben vor.

287

Den Erben wird die Verfügungsbefugnis ab sofort durch den Erbfall entzogen, sofern nicht eine abweichende Erblasseranordnung vorliegt. Die Verfügungsbeschränkung gilt somit auch für die Zeit, in der der Testamentsvollstrecker das Amt entweder noch nicht angenommen hat oder Dritte bzw. das Nachlassgericht den Testamentsvollstrecker noch nicht bestimmt haben. Nimmt keiner das Amt des Testamentsvollstreckers an bzw. kommt es zum Wegfall des Testamentsvollstreckeramtes, sind zwischenzeitliche Verfügungen der Erben ex tunc wirksam, da die Testamentsvollstreckung gegenstandslos geworden ist. Fällt das Verfügungsrecht des Testamentsvollstreckers weg, beginnt gleichzeitig die Verfügungsbefugnis der Erben und endet deren Verfügungsbeschränkung. Im Einzelnen kommt es darauf an, wie weit – in dinglicher und zeitlicher Hinsicht – der Wegfall des Verfügungsrechts des Testamentsvollstreckers geht.

288

2. Reichweite der Verfügungsbeschränkung

Die Verfügungsbefugnis der Erben wird nur soweit durch die Testamentsvollstreckung eingeschränkt, wie die Verwaltungsbefugnis des Testamentsvollstreckers reicht (vgl. §§ 2208 Abs. 1, 2217 BGB). Kann der Testamentsvollstrecker selbst wegen einer **Interessenkollision** bzw. § 181 BGB nicht über den Nachlassgegenstand verfügen, kann seinerseits der Erbe verfügen, sofern diesbzgl. keine Ersatztestamentsvollstreckung angeordnet wurde. Des Weiteren macht eine Vollmacht zugunsten des Erben diesen trotz angeordneter Testamentsvollstreckung verfügungsberechtigt.

289

Unter den Begriff der Verfügung fallen u.a. Veräußerungen, Belastungen oder Verpfändung des Rechts. Er umfasst die die Rechtslage eines Gegenstandes unmittelbar ändernden Rechtsgeschäfte.[325] Damit kann der Erbe z.B. keine Kündigung über ein Mietverhältnis des Erblassers nach § 569 BGB aussprechen oder ein Vorkaufsrecht an einer Immobilie, die im Nachlass ist, einem Dritten bewilligen. Die mietrechtliche Sondererbfolge nach Maßgabe der §§ 563, 563a BGB fällt jedoch nicht unter die Testamentsvollstreckung, da höchstpersönliche Rechte der Erbe betroffen sind. Allerdings kann der Erbe über seinen **Miterbenanteil verfügen**, da dieser wegen § 2205 BGB nicht unter die Testamentsvollstreckung fällt. Er kann somit seinen Erbanteil verpfänden oder nach § 2033 BGB abtreten. Ferner werden Verwaltungsmaßnahmen nicht von § 2211 BGB umfasst. Diese können allerdings wegen § 2205 Satz 2 BGB nicht entgegen den Willen des Testamentsvollstreckers durchgesetzt werden.

290

---

325 MünchKomm/*Zimmermann*, § 2211 Rn. 4.

291 Problematisch ist der **Surrogationserwerb**. Haben die gesetzlichen Vertreter eines Kindes z.B. ein Grundstück veräußert und kommt es zur Erlösverteilung, stellt sich die Frage, ob das vom Erlös gekaufte neue Grundstück wiederum der Testamentsvollstreckung unterfällt. Die Rspr.[326] verneint dies. Richtigerweise muss darauf abgestellt werden, ob der Testamentsvollstrecker den Erlös in seiner Verwaltung behält und dann ein Surrogat erwirbt. Wegen § 2041 BGB fällt dieses Surrogat unter die Testamentsvollstreckung und ist der Verfügung durch Erben entzogen.

292 Nach § 2211 Abs. 2 BGB gelten die Vorschriften zugunsten derjenigen, die Rechte von einem Nichtberechtigten herleiten (**analoge Anwendung**). Im Einzelnen handelt es sich um die Regelungen in:
- § 892 BGB (öffentlicher Glaube des Grundbuchs),
- § 893 BGB (Rechtsgeschäft mit dem Eingetragenen),
- §§ 932 ff. BGB (Gutgläubiger Erwerb vom Nichtberechtigten),
- § 1032 BGB (Bestellung an beweglichen Sachen),
- § 1207 BGB (Verpfändung durch Nichtberechtigten),
- § 1244 BGB (Gutgläubiger Erwerb bei Pfandrecht) und
- §§ 2364 ff. BGB (Vermutung der Richtigkeit des Erbscheins und Testamentsvollstreckerzeugnis).

293 Haben **Dritte** auf die Verfügungsbefugnis des Erben vertraut, weil sie die Anordnung der Testamentsvollstreckung nicht kannten oder annahmen, der verfügte Gegenstand fällt nicht in den Nachlass bzw. unter die Verwaltung des Testamentsvollstreckers, so wird dieser gute Glaube geschützt.

294 Problematisch ist, ob der Dritte generell bei Rechtsgeschäften mit Erben verpflichtet ist, sich den **Erbschein** vorlegen zu lassen, um gutgläubig erwerben zu können.[327] Dies ist im Ergebnis zu verneinen, da es auf die positive Kenntnis von der Testamentsvollstreckung ankommt.

295 Der **gute Glaube** an die Verfügungsbefugnis des Testamentsvollstreckers wird durch § 2211 Abs. 2 BGB nicht geschützt. § 2211 Abs. 2 BGB gilt auch nicht, wenn der Erbe dem Testamentsvollstrecker den Besitz entzogen hat und er damit i.S.d. § 935 BGB abhanden gekommen ist. Liegt ein unrichtiger Erbschein vor, bei dem ein Testamentsvollstreckervermerk fehlt, ist ebenfalls § 2211 Abs. 2 BGB nicht anwendbar. Ein gutgläubiger Erwerb ist dann nur nach § 2366 BGB möglich, wobei sogar grobe Fahrlässigkeit nicht schadet, sondern nur die positive Kenntnis von der Unrichtigkeit.

296 Kommt es zu einer gutgläubigen **Leistung eines Dritten** an den Erben statt an den Testamentsvollstrecker, so wird der Dritte nach überwiegender Auffassung entweder nach § 407 BGB analog[328] oder aber § 1984 BGB analog[329] von seiner Leistungspflicht befreit, wenn er keine positive Kenntnis von der Testamentsvollstreckung hatte. *Dam-*

---

326 BayObLGZ 1991, 390.
327 Vgl. dazu Staudinger/*Reimann*, § 2211 Rn. 25; MünchKomm/*Zimmermann*, § 2211 Rn. 18 (beide dafür); Bamberger/Roth/*J. Mayer*, § 2211 Rn. 10 (verneinend) sowie Soergel/*Damrau*, § 2211 Rn. 10, der wegen einer Analogieanwendung bei § 2140 BGB Fahrlässigkeit statt positiver Kenntnis ausreichen lässt
328 OLG Bremen MDR 1964, 328.
329 Vgl. Staudinger/*Reimann*, § 2211 Rn. 27; ebenso wird eine Analogie nach § 82 Satz 1 InsO in Betracht gezogen.

rau[330] geht diese Analogie zu weit und er befürwortet stattdessen eine Analogie zu § 2140 BGB, wonach bereits Fahrlässigkeit den gutgläubigen Erwerb ausschließt.

Die Vorlage des **Testamentsvollstreckerzeugnisses** ist wegen § 2368 Abs. 3 2. HS BGB nicht geeignet, positiv das Bestehen eines Testamentsvollstreckeramtes festzustellen. Ohne weiteres kann zum Zeitpunkt der Vorlage das Amt bereits erloschen sein und der Testamentsvollstrecker ist nicht mehr verfügungsberechtigt. Ein gutgläubiger Erwerb ist also nicht möglich. Aus anwaltlicher und notarieller Vorsorge sollte daher bei Grundstücksgeschäften mit Testamentsvollstreckern eine Mitteilung beim Nachlassgericht eingeholt werden, ob die Testamentsvollstreckung noch besteht. Ebenso kann eine Anfrage bei den von der Testamentsvollstreckung Betroffenen tunlich sein, ob die Testamentsvollstreckung schon abgeschlossen ist. 297

E. Testamentsvollstrecker im Prozess

I. Aktivprozess des Testamentsvollstreckers

Ausgangsnorm für das Aktivprozessführungsrecht des Testamentsvollstreckers ist § 2212 BGB. Danach kann ein der Verwaltung des Testamentsvollstreckers unterliegendes Recht nur von ihm gerichtlich geltend gemacht werden. 298

1. Rechtsstellung des Testamentsvollstreckers im Aktivprozess

Der Testamentsvollstrecker ist nicht Vertreter der Erben oder des Nachlasses. Ebenso ist er nicht Treuhänder für die Erben. Das private Amt ist dem Testamentsvollstrecker durch den Erblasser übertragen worden, so dass er es **Kraft eigenen Rechts fremdnützig** nach dem Gesetz und unabhängig vom Willen des Erblassers ausübt.[331] Als Träger eines eigenen Amtes hat er gegenüber den Erben eine weitgehend freie Stellung.[332] Trotz dieser reinen Amtsfunktion ist die Rechtsstellung des Testamentsvollstreckers der eines gesetzlichen Vertreters angenähert.[333] 299

Im Prozess ist der Testamentsvollstrecker nach § 116 Abs. 1 Nr. 1 ZPO **Partei kraft Amtes**. Er klagt somit im eigenen Namen und auch auf Leistung an sich,[334] obwohl die Erben Eigentümer des Nachlasses sind. 300

Dementsprechend kann er nach den Vorschriften der §§ 445 ff. ZPO auch als Partei vernommen werden. Gleichsam kann der Erbe nach §§ 373 ff. ZPO als **Zeuge** fungieren, sofern er nicht Streitgenosse des Testamentsvollstreckers ist. Dies ist z.B. dann der Fall, wenn sowohl dem Testamentsvollstrecker als auch dem Erben durch den Erblasser nach § 2208 BGB das Prozessführungsrecht übertragen wurde.[335] 301

Das **richtige Rubrum** lautet daher: 302

---

330 Soergel/*Damrau*, § 2211 Rn 10.
331 Vgl. Palandt/*Edenhofer*, Einf. 2 zu § 2197 BGB m.w.N.
332 *Mayer/Bonefeld/Wälzholz/Weidlich*, Testamentsvollstreckung, Rn. 6; RGZ 133, 128.
333 *Mayer/Bonefeld/Wälzholz/Weidlich*, Testamentsvollstreckung, Rn. 7; *Bengel/Reimann*, Kapitel I Rn. 13.
334 Soergel/*Damrau*, § 2212 Rn. 8; Staudinger/*Reimann*, § 2212 Rn. 2.
335 Dazu unten Rn. 306.

> **Formulierungsbeispiel:** *Aktivrubrum*
>
> In dem Rechtsstreit
>
> des Rechtsanwaltes ... als Testamentsvollstrecker über den Nachlass des am ... verstorbenen ...
>
> - Kläger -
>
> gegen
>
> ...
>
> - Beklagter -

> **Formulierungsbeispiel:** *Passivrubrum*
>
> In dem Rechtsstreit
>
> der Frau ...
>
> - Klägerin -
>
> gegen
>
> den Rechtsanwalt ... als Testamentsvollstrecker über den Nachlass des am ... verstorbenen ...
>
> - Beklagter -

2. Aktivlegitimation des Testamentsvollstreckers

303   Das Prozessführungsrecht des Testamentsvollstreckers im Aktivprozess nach § 2212 BGB verdrängt die **Prozessführungsbefugnis des Erben**. Allerdings ist der Testamentsvollstrecker nur befugt, ein seiner Verwaltung unterliegendes Recht gerichtlich geltend zu machen. Erheben die Erben dennoch ohne Prozessführungsbefugnis eine Klage oder erhebt der Testamentsvollstrecker außerhalb seiner Verwaltungsbefugnis eine Klage, sind diese wegen Fehlens einer Prozessvoraussetzung als unzulässig abzuweisen.[336] Ein unter Verkennung der Prozessführungsbefugnis der Erben erstrittenes Urteil wirkt nicht gegen den Testamentsvollstrecker.[337]

304   Die Prozessführungsbefugnis folgt regelmäßig dem materiell-rechtlich bestehenden Verfügungsrecht, beim Testamentsvollstrecker folgt sie jedoch aus seiner Verfügungsbefugnis nach § 2205 BGB.[338] Die Ausnahme bildet hierbei § 265 ZPO, wenn der Anspruch vom Testamentsvollstrecker abgetreten oder veräußert wurde. Gleiches gilt bei der Teilverwaltung nach § 2213 Abs. 1 S. 2 BGB.

3. Umfang der Aktivlegitimation des Testamentsvollstreckers

a) Klagen als Testamentsvollstrecker

305   Der Umfang des Prozessführungsrechts des Testamentsvollstreckers hängt vom Umfang seines Verwaltungsrechts ab. Zunächst ist daher zu prüfen, ob der Erblasser nach § 2208 BGB das Verwaltungsrecht des Testamentsvollstreckers eingeschränkt hat. An-

---

[336] BGH NJW 1960, 523; MünchKomm/*Brandner*, § 2212 Rn. 3; Soergel/*Damrau*, § 2212 Rn. 2.
[337] Soergel/*Damrau*, § 2212 Rn.2.
[338] BGHZ 51, 125; *Mayer/Bonefeld/Wälzholz/Weidlich*, Testamentsvollstreckung, Rn. 214 ff.

derenfalls ist der Testamentsvollstrecker grundsätzlich zu jeder Art der gerichtlichen Geltendmachung des seiner Verwaltung unterliegenden Nachlasses berechtigt. Neben allen Arten von **Zivilklagen** und der Durchführung von **Zwangsvollstreckungsverfahren** kann der Testamentsvollstrecker auch einen Antrag auf Teilungsversteigerung nach § 175 ZVG oder das Aufgebot der Nachlassgläubiger gem. § 991 Abs. 2 ZPO stellen. Ebenso kann er die Eröffnung des Insolvenzverfahrens gem. § 317 InsO beantragen.

Unterliegt der gesamte Nachlass der Testamentsvollstreckung, kann der Testamentsvollstrecker in dieser Eigenschaft auch den Erbschaftsanspruch geltend machen.[339] Sofern der Testamentsvollstrecker im Rahmen eines Prozesses verzichtet, anerkennt oder einen Vergleich abschließen will, sind auch die Anordnungen des Erblassers nach § 2208 BGB und das **Schenkungsverbot** nach § 2205 Satz 3 BGB zu berücksichtigen. Verstößt der Testamentsvollstrecker gegen diese Anordnungen bzw. das Schenkungsverbot, tritt keine Verfahrensbeendigung ein, was nach der h.M. wegen der Doppelnatur der Prozesshandlung und der Nichtigkeit der materiell-rechtlichen Seite Auswirkungen auf die prozessuale Seite hat.[340]

306

Des Weiteren hat der Testamentsvollstrecker die **Verjährungshemmung** nach § 211 BGB zu beachten. Danach wird die Verjährung nicht vor Ablauf von sechs Monaten seit der Amtsannahme durch den Testamentsvollstrecker beendet, soweit der Anspruch der Testamentsvollstreckung unterliegt.[341] Dies gilt sowohl zum Schutz des Nachlasses als auch zum Schutz der Gläubiger.

307

Da § 2212 BGB nicht zwingend ist[342] kann der Erblasser im Rahmen seiner letztwilligen Anordnung das Prozessführungsrecht auch den Erben nach § 2208 Abs. 1 Satz 1 BGB zuweisen. Hat der Erblasser beiden, dem Testamentsvollstrecker und den Erben, das Prozessführungsrecht übertragen, sind beide ausnahmsweise notwendige Streitgenossen nach § 62 Abs. 1 2. Alt. ZPO.[343]

308

b) Gewillkürte Prozessstandschaft des Erben

Wie oben bereits erwähnt, hat der Testamentsvollstrecker auch die Möglichkeit, die Erben zur Prozessführung im Wege der gewillkürten Prozessstandschaft wirksam zu ermächtigen.[344] Die **gewillkürte Prozessstandschaft** bietet sich insbesondere in den Fällen an, in denen der Testamentsvollstrecker aufgrund des Risikos selbst nicht klagen will. Die Besonderheit dieser gewillkürten Prozessstandschaft liegt darin, dass ein eigenes Recht, das jedoch der Verfügungsbefugnis durch den Rechtsinhaber entzogen ist, im eigenen Namen geltend gemacht wird.[345]

309

Lehnt der Testamentsvollstrecker sowohl die eigene Prozessführung als auch eine gewillkürte Prozessstandschaft ab, so muss er vom Erben nach § 2216 BGB auf Durch-

310

---

339 *Lange/Kuchinke*, Erbrecht, § 31 VI 4c.
340 Staudinger/*Reimann*, § 2212 Rn. 2; *Mayer/Bonefeld/Wälzholz/Weidlich*, Testamentsvollstreckung, Rn. 221; a.A. Soergel/*Damrau*, § 2212 Rn. 8.
341 RGZ 100, 279; Staudinger/*Reimann*, § 2212 Rn. 19.
342 BGH NJW 1963, 297; Soergel/*Damrau*, § 2212 Rn. 2; Staudinger/*Reimann*, § 2212 Rn. 8.
343 Staudinger/*Reimann*, § 2212 Rn. 6.
344 MünchKomm/*Brandner*, § 2212, Rn. 18 m.w.N.
345 Dazu *Mayer/Bonefeld/Wälzholz/Weidlich*, Testamentsvollstreckung, Rn. 218.

führung der Klage verklagt werden. Alternativ kann der Erbe bei grobem Pflichtverstoß die Entlassung des Testamentsvollstreckers beantragen.[346]

311 Die prozessuale Voraussetzung ist dann gegeben, wenn sich insbesondere das schutzwürdige Interesse für die Geltendmachung durch den Erben aus seiner eigenen Rechtsinhaberschaft ergibt. Erfolgt die Abtretung zur Ermöglichung der Prozessführung nur aus dem Grunde, das Kostenrisiko zu verschieben, ist sie wegen Missbrauchs unzulässig.[347] Dem Testamentsvollstrecker ist es jedoch im Rahmen seiner ordnungsgemäßen Verwaltung möglich, die Ermächtigung zu erteilen. Hierzu gehört auch, dass das durch den Prozess Zugesprochene seiner Verwaltung unterworfen bleibt. Wenn er zur Freigabe nach § 2217 Abs. 1 BGB befugt ist, muss diese Einschränkung nicht vom Testamentsvollstrecker beachtet werden.[348]

312 Sofern ein Erbe im Wege der gewillkürten Prozessstandschaft Klage erhebt, ist zu beachten, dass der Antrag auf Leistung an den Testamentsvollstrecker gerichtet sein muss, weil dieser weiterhin den Nachlass zu verwalten hat.[349] Die Rechtskraft eines gegen den Erben als gewillkürten Prozessstandschafter ergangenen Urteils wirkt auch gegen Testamentsvollstrecker.[350]

c) Fehlende Aktivlegitimation des Testamentsvollstreckers

313 Das Prozessführungsrecht des Testamentsvollstreckers fehlt in den Fällen, in denen der Anspruch, der mit dem Prozess verfolgt werden soll, nicht der Verwaltung des Testamentsvollstreckers unterliegt, wie z.B. die Feststellung des Erbrechtes nach dem Erblasser.[351] Allerdings hat der Testamentsvollstrecker eine **Klagebefugnis** bzgl. des Erbrechtes, sofern Unklarheiten bestehen, die zu seiner Haftung führen könnten. Er hat dann die Möglichkeit, eine Feststellungsklage einzureichen.[352] Gleiches gilt für das **Pflichtteilsrecht** und für **Vermächtnisse**, wenn er anderenfalls sein Amt nicht sachgerecht führen kann, weil str. ist, ob er wirksam zum Testamentsvollstrecker ernannt wurde oder wenn davon die Art der Erbteilung abhängt.[353] Dabei entsteht – im Hinblick auf § 327 ZPO – jedoch keine Rechtswirkung gegenüber den Miterben, die nicht am Rechtsstreit beteiligt waren.

314 Die Geltendmachung des **Anfechtungsrechtes** nach §§ 2080 ff. BGB steht ebenfalls nur den Erben zu.[354] Sind innere Angelegenheiten der Gesellschaft betroffen, die unmittelbar auf den Mitgliedschaftsrechten der Erben beruhen, so ist eine Klage i.R.d. Gesellschaftsrechtes nicht vom Prozessführungsrecht des Testamentsvollstreckers umfasst. Dies gilt also insbesondere für Rechtsstreitigkeiten über den Kreis der Gesellschafter, wenn der Anteil an einer Personengesellschaft zum Nachlass gehört.[355] Ferner kann der Testamentsvollstrecker nicht gegen einen **Erbschaftsteuerbescheid** Einspruch erheben, da er hierfür eine Vollmacht der Erben benötigt.[356]

---

346 Soergel/*Damrau*, § 2212 Rn. 2.
347 BGH NJW 1961, 1528; *Zimmermann*, Testamentsvollstreckung, Rn. 597.
348 Ibidem.
349 Soergel/*Damrau*, § 2212 Rn.3; *Zimmermann*, Testamentsvollstreckung, Rn. 597.
350 Soergel/*Damrau*, § 2212 Rn.3; Staudinger/*Reimann*, § 2212 Rn. 8.
351 RGZ 81, 152; Soergel/*Damrau*, § 2212 Rn. 4; Staudinger/*Reimann*, § 2212 Rn. 25.
352 BGH NJW-RR 1987, 1090.
353 *Zimmermann*, Testamentsvollstreckung, Rn. 599.
354 BGH NJW 1962, 1058.
355 BGH ZEV 1998, 72; Staudinger/*Reimann*, § 2212 Rn. 7.
356 Hierzu ausführlich u.a. *Zimmermann*, Testamentsvollstreckung, Rn. 566.

Eine Ausnahme gilt hier nur, wenn der Bescheid fälschlicherweise dem Testamentsvollstrecker zugestellt wurde und ihn als zahlungspflichtig bezeichnet, obwohl er nur Vermögensverwalter i.S.v. § 34 Abs. 2 AO ist.[357] Lässt dabei ein **Einkommensteueränderungsbescheid** nicht erkennen, ob das Finanzamt gegenüber dem Testamentsvollstrecker eine Steuerschuld des Erblassers geltend gemacht hat und ob der Bescheid dem Testamentsvollstrecker lediglich als Zustellungsbevollmächtigtem der Erben bekannt gegeben wird, so ist der Bescheid mangels ungenügender Bezeichnung des Steuerschuldners ohnehin unwirksam. Ist dieser unwirksame Änderungsbescheid vom Testamentsvollstrecker zum Gegenstand des finanzgerichtlichen Verfahrens gemacht worden, so hat das Finanzgericht zu prüfen, ob über den ursprünglichen, mit der Klage angefochtenen Bescheid zu entscheiden ist und den klagenden Erben Gelegenheit zu geben, ihren Antrag entsprechend zu ändern.[358]

315

Des Weiteren ist § 2212 BGB nicht anwendbar für **Streitigkeiten der Erben gegen den Testamentsvollstrecker**, also insbesondere in den Fällen, in denen der Testamentsvollstrecker selbst Nachlassschuldner ist.[359] Ein Anspruch gegen den Testamentsvollstrecker als Nachlassschuldner kann vom Erben selbst gerichtlich geltend gemacht werden.[360] Ein Anfechtungsrecht wegen Erbunwürdigkeit gem. §§ 2341, 2345 BGB oder nach §§ 2080 ff. BGB[361] steht dem Testamentsvollstrecker nicht zu, da ein derartiges Recht nicht in den Nachlass fällt und der Verwaltung des Testamentsvollstreckers entzogen ist. Gleiches gilt für das Recht, eine Schenkung nach § 530 Abs. 2 BGB zu widerrufen oder nach §§ 2287, 2288 BGB die Herausgabe einer Schenkung zu verlangen. In diesem Fall käme aber eine gewillkürte Prozessstandschaft des Testamentsvollstreckers in Betracht.[362]

316

Typische Klagen des Testamentsvollstreckers sind insbesondere die
- Herausgabeklage,
- Feststellungsklage oder
- Klage gegen die Erben auf Einwilligung bzw. Zustimmung zur Eingehung einer Verbindlichkeit

317

d) Kostenrisiko

Verliert der Testamentsvollstrecker einen nach § 2212 BGB geführten Rechtsstreit, erfolgt die **Kostentragung** nach den Vorschriften der §§ 91 ff. ZPO. Die Kosten trägt aber der Nachlass, in den auch allein aus dem Kostenfestsetzungsbeschluss vollstreckt werden kann.[363] Hat der Testamentsvollstrecker z.B. einen Rechtsstreit gegen den Erben wegen Einwilligung zur Eingehung einer Verbindlichkeit nach § 2206 Abs. 2 BGB geführt, so steht ihm ein **Aufwendungsersatzanspruch** nach den Grundsätzen der §§ 2218, 670, 257 BGB zu. Er kann dann die Kosten des Rechtsstreits aus dem Nachlass entnehmen. Eine Ausnahme ist von diesem Grundsatz nur dann zu machen, wenn der Testamentsvollstrecker den Prozess pflichtwidrig geführt hat. Dies ist insbesondere bei überflüssiger, leichtfertiger oder durch persönliche Interessen beeinflusster Pro-

318

---

357 BFH/ NV 1992, 223.
358 BFH/ NV 1992, 223.
359 Soergel/*Damrau*, § 2212 Rn. 5.
360 BGH ZErb 2003, 48.
361 Soergel/*Damrau*, § 2212 Rn. 6.
362 *Tiedtke*, JZ 1981, 429.
363 Soergel/*Damrau*, § 2212 Rn. 12.

zessführung gegeben.³⁶⁴ Zudem wäre dann auch der Testamentvollstrecker verpflichtet, den Erben den durch die pflichtwidrige Prozessführung entstandenen Schaden gem. § 2219 BGB zu ersetzen. Wurde hingegen der Erbe zur Prozessführung ermächtigt, trägt das Kostenrisiko der klagende Erbe und nicht der Nachlass.

319 Macht der Testamentsvollstrecker eines Miterben eine Nachlassforderung gegenüber einem anderen Miterben ohne Erfolg geltend und werden ihm deshalb die Prozesskosten auferlegt, kann er grundsätzlich deren Erstattung von den Miterben einschließlich des Prozessgegners verlangen.³⁶⁵

e) Nach dem Prozess

320 Für die Urteilsrechtskraft bei Testamentsvollstreckung gilt § 327 ZPO. Danach wirkt ein Urteil, das zwischen einem Testamentsvollstrecker und einem Dritten über ein der Verwaltung des Testamentsvollstreckers unterliegendes Recht ergeht, für und gegen den Erben.³⁶⁶ Hat trotz fehlender Prozessführungsbefugnis ein Erbe gleichwohl ein Urteil erwirkt, wirkt dieses weder für noch gegen den Testamentsvollstrecker.³⁶⁷ Urteile, die zwischen den Erben und einem Dritten ergehen, wirken nur dann für und gegen den Testamentsvollstrecker, wenn eine gewillkürte Prozessstandschaft vorlag.³⁶⁸

321 Will der Erbe nach Beendigung der Testamentsvollstreckung aus einem vom Testamentsvollstrecker erstrittenen Urteil die Zwangsvollstreckung betreiben, so muss er sich nach §§ 728 Abs. 2, 727 ZPO eine vollstreckbare Ausfertigung erteilen lassen. Dabei wird die Vollstreckungsklausel auf den Erben umgeschrieben.³⁶⁹ Hierfür ist ein Nachweis der Erbenstellung aber auch der Beendigung der Testamentsvollstreckung in der Form des § 727 Abs. 1 ZPO notwendig – also öffentliche oder öffentlich beglaubigte Urkunde.

322 Lag bereits für den Erblasser ein Urteil oder sonstiger Vollstreckungstitel gem. § 794 ZPO,³⁷⁰ so wirkt dieser Titel auch für den Testamentsvollstrecker, so dass sich dieser eine vollstreckbare Ausfertigung gem. §§ 749, 727 ZPO erteilen lassen kann. In diesen Fällen muss dann nur die Vollstreckungsklausel umgeschrieben werden. Dabei muss er nachweisen, dass das betreffende Recht seiner Verwaltung unterliegt, wozu regelmäßig die Vorlage des Testamentsvollstreckerzeugnisses ausreicht.

II. Der Passivprozess des Testamentsvollstreckers

1. Passivlegitimation des Testamentsvollstreckers

323 Machen Kläger Ansprüche gegen den Nachlass gerichtlich geltend, ist grundsätzlich der Erbe, der die Erbschaft nach § 1958 BGB angenommen hat, immer prozessführungsberechtigt. Er kann also von den Nachlassgläubigern verklagt werden, da er für die Nachlassverbindlichkeiten auch persönlich haftet. Aus diesem Grunde dürfen die Gläubiger auch auf das Eigenvermögen der Erben zugreifen, unbeschadet des Rechtes der Erben, die Beschränkungen der Erbenhaftung nach §§ 780 Abs. 1, 781 und § 785 ZPO zu erklären. Soweit allerdings das **Verwaltungsrecht des Testamentsvollstre-**

---

364 *Mayer/Bonefeld/Wälzholz/Weidlich*, Testamentsvollstreckung, Rn. 224.
365 BGH ZEV 2003, 413 m. Anm. *v. Morgen*, ZEV 2003, 415.
366 Soergel/*Damrau*, § 2212 Rn.13; Staudinger/*Reimann*, § 2212 Rn. 20.
367 Zöller/*Vollkommer*, § 327 Rn. 3.
368 MünchKomm/*Brandner*, § 2212 Rn. 19.
369 Soergel/*Damrau*, § 2212 Rn. 14; Staudinger/*Reimann*, § 2212 Rn. 20.
370 So z.B. Vergleich, Kostenfestsetzungsbeschluss.

E. Testamentsvollstrecker im Prozess

ckers besteht, ist für den Nachlassgläubiger ein allein gegen den Erben ergangenes Urteil nur von beschränktem Wert, weil zur Zwangsvollstreckung in den Nachlass nach § 748 ZPO noch ein Titel gegen den Testamentsvollstrecker erforderlich ist.[371]

Praxishinweis:
Es ist auch der Testamentsvollstrecker passiv prozessführungsbefugt, so dass es für den Gläubiger regelmäßig vernünftig ist, Erben und Testamentsvollstrecker gleichzeitig zu verklagen, sofern ein entsprechendes Verwaltungsrecht des Testamentsvollstreckers noch besteht.[372]

Stehen auf der Passivseite mehrere Testamentsvollstrecker, so sind diese nicht stets notwendige Streitgenossen.[373] Die Stellung des Testamentsvollstreckers im Passivprozess ergibt sich aus § 2213 BGB. § 2213 BGB ist quasi „dreigeteilt":

Dreiteilung des § 2213 BGB

Danach ist Klage einzureichen:

1. bei Anspruch gegen den Nachlass sowohl gegen Erben als auch Testamentsvollstrecker nach § 2213 Abs. 1 Satz 1 BGB
2. wenn der Testamentsvollstrecker kein Verwaltungsrecht hat, nur gegen den Erben gemäß § 2213 Abs. 1 Satz 2 BGB
3. bei Pflichtteilsansprüchen und Nebenrechten nur gegen Erben nach § 2213 Abs. 1 Satz 3 BGB

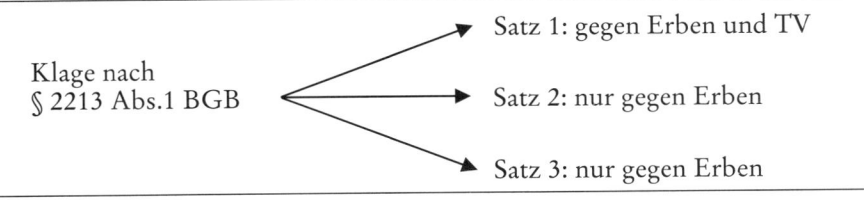

Eine Klage gegen die Erben vor Annahme der Erbschaft ist nicht zulässig. In diesen Fällen kann wegen § 2213 Abs. 2 BGB gegen den Testamentsvollstrecker vorgegangen werden, sofern dieser das Amt angenommen hat. Haben weder die Erben das Erbe angenommen, noch der Testamentsvollstrecker sein Amt angenommen, ist die Klage unzulässig. Beim Testamentsvollstrecker reicht die förmliche Annahme des Amtes.[374] Die Erteilung eines Testamentsvollstreckerzeugnisses oder die Inbesitznahme des Nachlasses ist nicht Voraussetzung.

2. Umfang der Passivlegitimation des Testamentsvollstreckers

Unter § 2213 BGB fallen z.B.:
– Alle gerichtlichen Streitigkeiten, in denen wegen einer Nachlassverbindlichkeit i.S.v. §§ 1967, 1968 BGB eine Leistung aus dem Nachlass verlangt oder deren Feststellung beansprucht wird.

---

371 *Mayer/Bonefeld/Wälzholz/Weidlich*, Testamentsvollstreckung, Rn. 225.
372 *Soergel/Damrau*, § 2213 Rn. 3.
373 Dazu *Soergel/Damrau*, § 2224 Rn.7; *Staudinger/Reimann*, § 2212 Rn. 7.
374 *Staudinger/Reimann*, § 2213 Rn. 2.

- Ferner solche aus einem vom Testamentsvollstrecker geschlossenen Vertrag nach § 2206 BGB. Dabei ist es unabhängig, welche Gerichtsbarkeit verfolgt wird, so dass auch Klage im Rahmen der Finanz- oder Verwaltungsgerichtsbarkeit nach § 2213 BGB zu beurteilen ist.
- Eine negative Feststellungsklage gegen einen Dritten, der sich eines Anspruches aus dem Nachlass berühmt, fällt nicht unter § 2212 BGB, sondern vielmehr unter § 2213 BGB.[375] Der Erbe kann also im eigenen Namen klagen.
- Ferner fällt unter § 2213 BGB auch die Wiederaufnahme durch eine Restitutionsklage nach § 580 ZPO.

327 Für das Vorliegen eines Passivprozesses kommt es nicht formell auf die **Parteirolle** im Prozess an (formelle Beklagteneigenschaft), sondern allein materiell darauf, ob ein gegen den Nachlass gerichteter Anspruch „abgewehrt" wird.[376] Haben die Erben einen Anspruch gegen den Erblasser, so bleibt dieser im Falle der Testamentsvollstreckung bestehen und geht nicht durch Konfusion unter.[377] Im Falle der Erfüllungsverweigerung kann somit der Erbe den Testamentsvollstrecker verklagen, um die Bindungswirkung durch den Testamentsvollstrecker zu beseitigen.[378]

3. Fehlende Passivlegitimation des Testamentsvollstreckers

328 **Nicht** unter § 2213 BGB fallen z.B.:

- Streitigkeiten der Erbprätendenten um das Erbrecht
- Streitigkeiten der Miterben untereinander über das Bestehen einer Ausgleichungspflicht gem. §§ 2050 ff. BGB
- Klage wegen Erbschaftsanspruch gegen den Testamentsvollstrecker nach § 2018 BGB[379]

329 Der Testamentsvollstrecker hat hier den Nachlass nicht aufgrund eines zu Unrecht behaupteten Erbrechtes in Besitz. Dementsprechend ist § 2213 BGB nicht anwendbar. Gleiches gilt bei Ansprüchen gegen den Testamentsvollstrecker selbst, wie z.B. Fordern einer Amtshandlung. Ebenfalls ist § 2213 BGB nicht anwendbar bei Streitigkeiten über die Rechtsstellung des Testamentsvollstreckers, wie z.B. die Wirksamkeit der Ernennung. Dabei handelt es sich um Klagen, die persönlich[380] gegen den Testamentsvollstrecker zu richten sind.

4. Besonderheit: Erbe im Passivprozess

330 **Ohne Ermächtigung** des Testamentsvollstreckers kann der verklagte Erbe keine Widerklage aufgrund eines vom Testamentsvollstrecker verwalteten Anspruchs erheben.[381] Gleiches gilt für die Aufrechnung. Es bedarf somit ausdrücklich einer vorherigen Zustimmung des Testamentsvollstreckers, der regelmäßig aber seine Zustimmung nicht verweigern darf, sofern dies zur ordnungsgemäßen Verwaltung nach § 2216 BGB gehört.

---

375 MünchKomm/*Brandner*, § 2213 BGB Rn. 2; Staudinger/*Reimann*, § 2212 Rn. 14.
376 *Mayer/Bonefeld/Wälzholz/Weidlich*, Testamentsvollstreckung, Rn. 226 ff.
377 Soergel/*Damrau*, § 2214 Rn. 1.
378 Soergel/*Damrau*, § 2213 Rn.7.
379 Staudinger/*Reimann*, § 2213 Rn. 10.
380 Dazu unten Rn. 348.
381 Staudinger/*Reimann*, § 2212 Rn. 5.

E. Testamentsvollstrecker im Prozess

Der Erbe kann neben dem Testamentsvollstrecker auch als **Nebenintervenient** nach § 66 ZPO beitreten und wird hierdurch Streitgenosse. Gleiches kann auch der Testamentsvollstrecker in einem Passivprozess des Erben machen. Zur Begründung des rechtlichen Interesses nach § 66 ZPO reicht schon die Gefahr eines nachteiligen Beweisergebnisses aus.[382] Allerdings wird der Testamentsvollstrecker nicht Streitgenosse des Erben, weil die Rechtskraft des Urteils gegen den Erben aber nicht gegen ihn wirkt.

331

Bei § 2213 Abs. 1 Satz 1 BGB handelt es sich um den **Regelfall**, dass der Nachlassgläubiger den Testamentsvollstrecker allein oder nur den Erben oder aber beide gleichzeitig auf Leistung oder Feststellung verklagen kann. Alternativ hat er die Möglichkeit, auch gegen den Erben auf Leistung und gegen den Testamentsvollstrecker auf **Duldung der Zwangsvollstreckung** zu klagen, und zwar sowohl gemeinsam als auch getrennt, da er zur Zwangsvollstreckung in den Nachlass ohnehin einen Titel gegen den Testamentsvollstrecker gem. § 748 Abs. 1 ZPO benötigt. Für die Zwangsvollstreckung in das Eigenvermögen des Erben benötigt er einen Titel gegen diesen.[383]

332

Bei einem Passivprozess bei gegenständlich beschränkter Testamentsvollstreckung gem. § 2208 Abs. 1 Satz 2 BGB kann der Nachlassgläubiger nur gegen den Erben Leistungsklage erheben. Eine Klage gegen den Testamentsvollstrecker ist nicht möglich.[384] Zulässig ist lediglich die **Klage auf Duldung der Zwangsvollstreckung**. Diese solche Klage ist aber auch erforderlich, wenn der Gläubiger in den dem Verwaltungsrecht des Testamentsvollstreckers unterliegenden Nachlass nach § 748 Abs. 2 ZPO vollstrecken will. Anderenfalls kann nur in das Eigenvermögen der Erben oder aber in den nicht der Testamentsvollstreckung unterworfenen Nachlasses vollstreckt werden. Bedeutsam ist aufgrund dieser **Zwei-Titel-Theorie**, dass keine Rechtskrafterstreckung zwischen dem Erbentitel und dem Duldungstitel gegen den Testamentsvollstrecker besteht. Das Leistungsurteil wirkt also nicht gegen den Testamentsvollstrecker, weil dies in § 327 ZPO ausdrücklich nicht vorgesehen ist. Der **Duldungstitel** wirkt nicht gegen den Testamentsvollstrecker auf den Leistungsstreit gegen den Erben, weil der Testamentsvollstrecker wegen der eingeschränkten Verwaltungsbefugnis nach herrschender Meinung nicht zur Führung des Rechtsstreites i.S.v. § 327 Abs. 2 ZPO befugt ist.[385] Eine Klage im Wege der **subjektiven Klagehäufung** (Streitgenossenschaft)[386] zwischen Testamentsvollstrecker und Erben ist möglich.

333

Wird unzulässigerweise eine Leistungsklage gegen den Testamentsvollstrecker eingereicht, obwohl dieser auf Duldung der Zwangsvollstreckung hätte verklagt werden müssen, erfolgt regelmäßig von den Gerichten eine **Umdeutung in eine zulässige Duldungsklage**, und zwar auch noch in der Revisionsinstanz.[387]

334

Hat der Testamentsvollstrecker kein Verwaltungsrecht, ist die Klage nur gegen den Nachlass zu richten. Einen Duldungstitel gegen den Testamentsvollstrecker ist für die Zwangsvollstreckung auch nicht erforderlich.[388] Umgekehrt ist auch nur der Erbe zur Führung von Rechtsstreitigkeiten berechtigt, die sich auf **Ansprüche gegen den**

335

---

382 Staudinger/*Reimann*, § 2213 Rn. 23.
383 Soergel/*Damrau*, § 2213 Rn. 3 m.w.N.
384 Soergel/*Damrau*, § 2213 Rn. 4.
385 MünchKomm/*Brandner*, § 2213 Rn. 10; Staudinger/*Reimann*, § 2213 Rn. 13.
386 Dazu ausführlich Bonefeld/Kroiß/Tanck, Der Erbprozess, Kapitel 1 Rn. 53 ff.
387 MünchKomm/*Brandner*, § 2213 Rn. 10.
388 Soergel/*Damrau*, § 2213 Rn. 5.

Nachlass beziehen.[389] Ein fehlendes Verwaltungsrecht des Testamentsvollstreckers ist insbesondere in den Fällen der sog. beaufsichtigenden Testamentsvollstreckung gegeben.

336 Mit dem Titel kann in das Eigenvermögen der Erben aber auch in den Nachlass vollstreckt werden, sofern sich die Erben nicht auf eine beschränkte Haftung berufen.

5. Besonderheit: Pflichtteilsansprüche und Testamentsvollstreckung

337 Nach § 2213 Abs. 1 Satz 3 BGB können Pflichtteilsansprüche **nur gegen die Erben** geltend gemacht werden. Dies gilt auch dann, wenn dem Testamentsvollstrecker die Verwaltung des ganzen Nachlasses zusteht. In diesen Bereich gehören sämtliche Klagen hinsichtlich einer etwaigen Pflichtteilszahlung, wie z.B. die Klage auf Auskunft hinsichtlich des Nachlasses gem. § 2314 BGB, die Klage auf Wertermittlung gem. § 2314 BGB oder die Klage auf Zahlung des Pflichtteilsanspruches.

338 Der Testamentsvollstrecker braucht somit **nicht** dem Pflichtteilsberechtigten **Auskunft zu erteilen** und kann gegen den Willen der Erben eine Pflichtteilsforderung nicht mit Wirkung gegen die Erben rechtsgeschäftlich **anerkennen**.[390]

339 Im Einzelnen ist aber **umstritten**, wann und ob ein vom Testamentsvollstrecker abgegebenes **Anerkenntnis** wirksam ist. Außergerichtlich ist nach allgemeiner Auffassung ein Anerkenntnis unwirksam.[391] Sofern allerdings ein Testamentsvollstrecker im Prozess ein Anerkenntnis abgibt, soll dieses Anerkenntnis wirksam sein.[392] Eine derartige Auffassung dürfte nicht ohne weiteres richtig sein, denn trotz Streitgenossenschaft zwischen dem Testamentsvollstrecker und den Erben kann ein prozessuales Anerkenntnis des Testamentsvollstreckers den Erben nicht binden. Anders ist jedoch zu urteilen, wenn der Testamentsvollstrecker mit einer ausdrücklichen Vollmacht oder aber einer Anscheins- oder Duldungsvollmacht der Erben gehandelt hat. Sehr unglücklich und missverständlich formuliert ist die Entscheidung des OLG München.[393]

Dort heißt es:

> *Nach dem Sinn des § 2213 Abs.1 S. 3 BGB differenziert die Entscheidung BGHZ 51, 125 deshalb letzten Endes zwischen streitigen und unstreitigen Pflichtteilsansprüchen. Sind Pflichtteilsansprüche nicht streitig, kann der Testamentsvollstrecker Pflichtteilsansprüche erfüllen; er kann deshalb auch bei nicht streitigen Pflichtteilsansprüchen wirksam anerkennen mit der Folge, dass die Verjährung unterbrochen wird, oder aber auf die Erhebung der Einrede der Verjährung verzichten. Im vorliegenden Falle hat die Testamentsvollstreckerin für den Kläger erkennbar mit Willen der Beklagten gehandelt. Der Leistung der Abschlagszahlungen haben die Erben nicht widersprochen. Zuletzt hat sich die Testamentsvollstreckerin mit dem oben zitierten Schreiben vom 5.5.1999 gegenüber dem Kläger erklärt. Dieser Äußerung war ein Schriftwechsel zwischen der Testamentsvollstreckerin und den Erben vorangegangen, in der diese die Erben dazu aufgefordert hatte, eine gegenteilige Meinung ausdrücklich zu äußern. Von diesem Schriftwechsel hatte der Kläger Kenntnis.*

---

389 *Mayer/Bonefeld/Wälzholz/Weidlich*, Testamentsvollstreckung, Rn. 232.
390 BGH NJW 1969, 424.
391 *Mayer/Süß/Tanck/Bittler/Wälzholz*, HB Pflichtteilsrecht, S. 547.
392 So Soergel/*Damrau*, § 2213 Rn. 10; a.A. *Stein/Jonas/Leipold*, § 306 ZPO Rn. 26.
393 OLG München RPflG 2003, 588 m. Anm. v. *Bestelmeyer*, der jedoch auf die eigentliche prozessuale Problematik nicht eingeht.

Der Umkehrschluss aus der genannten BGH-Entscheidung ist nicht zwingend. Zwar differenziert der BGH zwischen streitigen und unstreitigen Pflichtteilsansprüchen, hat aber gerade keine Aussage getroffen, wie im Falle der unstreitigen Pflichtteilsansprüchen zu entscheiden wäre. Hierzu hat er sich nämlich nicht geäußert. Richtigerweise kann der Testamentsvollstrecker auch nicht unstreitige Ansprüche mit Wirkung gegen Erben anerkennen. Allerdings ist die Entscheidung des OLG München letzten Endes richtig, denn der Testamentsvollstrecker hatte eine Duldungsvollmacht und konnte so die Erben rechtsgeschäftlich vertreten. Dies hat das OLG in seiner Begründung jedoch leider nicht differenziert dargestellt.

Ist ein zu hoher Pflichtteil anerkannt worden, haftet der Testamentsvollstrecker nach Maßgabe des § 2219 BGB. 340

Aber auch **Anerkenntnisse des Erben** können u.U. den Testamentsvollstrecker **nicht binden**. Wenn z.B. ein Erbe einen zu hohen Pflichtteil gegenüber dem Erben anerkennt, ist hieran der Testamentsvollstrecker selbst nicht gebunden.[394] Der Erbe benötigt also weiterhin einen Duldungstitel gem. § 748 Abs. 3 ZPO gegen den Testamentsvollstrecker. 341

> Praxishinweis:
> Wollen die Erben, dass der Testamentsvollstrecker eine Summe an den Pflichtteilsberechtigten ausbezahlt, sollte der Testamentsvollstrecker überprüfen, ob nicht vorrangige Ansprüche (vgl. dazu auch § 327 InsO) zunächst zu erfüllen sind. Ferner sollte aufgrund des Kürzungsrechts aus § 2318 BGB ein Pflichtteil vor Erfüllung von Auflagen und Vermächtnissen berechnet werden.

Wenn die Erben hingegen der Ansicht sind, der **Anspruch** des **Pflichtteilsberechtigten** sei zu hoch, und erkennen nur einen zu niedrigen Wert an, stellt sich für den Testamentsvollstrecker die Frage, ob er dennoch den höheren Anspruch anerkennt und ausbezahlt. Ein Anerkenntnis würde die Erben nicht binden.[395] 342

> Praxishinweis:
> Da Schadensersatzansprüche aus § 2219 BGB nur der Erbe und der Vermächtnisnehmer, nicht aber der Pflichtteilsberechtigte gegen den Testamentsvollstrecker geltend machen können, ist es ratsam, wenn er sich vom Erben den Wunsch nach Auszahlung bestätigen lässt. Nach erfolgter Zustimmung hat der Erbe keinen Schadensersatzanspruch.

Der Testamentsvollstrecker ist daher zur Erfüllung von Pflichtteilsansprüchen nur berechtigt, wenn es sich um **unstreitige Forderungen** handelt. Dabei ist er zur Erfüllung einer unstreitigen Pflichtteilsforderung den Erben gegenüber aber nicht verpflichtet, es sei denn, dass die Grundsätze einer ordnungsgemäßen Nachlassverwaltung dies gebieten und anderenfalls eine Haftung nach § 2219 BGB droht.[396] Eine Forderung ist nur dann unstreitig, wenn über Bestehen, Höhe, Fälligkeit oder sonstige Punkte zwischen Gläubiger und Schuldner keine ernsthaften Meinungsverschiedenheiten bestehen.[397] Problematisch bleibt es, wenn die Erben selbst uneinig wegen der richtigen Summe für den Pflichtteilsberechtigten sind. Dann muss der Testamentsvoll-

---

394 OLG Celle MDR 1967, 46; BGHZ 51, 130.
395 Vgl. *Klingelhöffer*, ZEV 2000, 262; *Merkel*, NJW 1967, 1285.
396 Staudinger/*Reimann*, § 2213 Rn. 19; *Klingelhöffer*, ZEV 2000, 261.
397 BGH NJW 1969, 424.

strecker eine Entscheidung selbst verantworten und trägt aber nicht das Risiko aus § 2219 BGB, da die Pflichtteilsforderung nicht unstreitig war.

343 Nach alledem ist es somit falsch, wenn sich der Vertreter des Pflichtteilsberechtigten zunächst direkt an den Testamentsvollstrecker wendet, um **Auskunft** zu erhalten. Der Erbe darf anschließend den Pflichtteilsberechtigten nicht damit vertrösten, er solle sich direkt an den Testamentsvollstrecker wenden, wenn er Auskunft haben wolle. Dieser braucht sich nicht auf die Abtretung von Auskunftsansprüchen einzulassen. Auch die Übermittlung des Nachlassverzeichnisses gem. § 2215 BGB hilft dem Pflichtteilsberechtigten nicht weiter, da dieses vom **Bestandverzeichnis** nach § 2314 BGB abweicht (z.B. Stichtag und Umfang). Allerdings hat der Testamentsvollstrecker wiederum dem Erben Auskunft zu erteilen. Hat er jedoch keine Informationen über Vorschenkungen, muss der Erbe sich eigenständig um eine vollständige Auskunft des Pflichtteilsberechtigten kümmern.

6. Nach dem Prozess – Folgen

344 Ergeht ein **Leistungsurteil** über ein der Verwaltung unterliegendes Nachlassrecht des Testamentsvollstreckers, hat dieses Urteil nach § 327 Abs. 2 ZPO auch **Rechtswirkung für und gegen** den **Erben**. Dementsprechend kann in den Nachlass nach § 748 Abs. 1 ZPO vollstreckt werden. § 748 ZPO gilt ab dem Tod des Erblassers und nicht erst ab Annahme des Amtes durch den Testamentsvollstreckers nach § 2202 Abs. 1 BGB.[398]

345 Einen Duldungstitel gegen den Testamentsvollstrecker wirkt nicht gegen den Erben hinsichtlich einer Vollstreckung in sein eigenes Vermögen.[399]

346 Das Leistungsurteil gegen den Testamentsvollstrecker kann jederzeit gegen den Erben umgeschrieben werden, sofern der Titel nach § 327 Abs. 2 ZPO auch gegen ihn wirkt. Aus diesem **umgeschriebenen Titel** ist dann auch eine Zwangsvollstreckung in das Eigenvermögen des Erben möglich, wobei allerdings nunmehr der Erbe die Beschränkung seiner Haftung geltend machen kann, auch wenn dies im ursprünglichen Urteil nicht nach § 780 Abs. 2 ZPO vorbehalten war.[400] Haftet der Erbe z.B. nach § 2013 BGB unbeschränkt, ist eine auf die Haftungsbeschränkung gestützte Vollstreckungsgegenklage nach § 767 ZPO unbegründet.[401]

III. Klagen gegen den Testamentsvollstrecker persönlich

347 Wie bereits erwähnt, gehört die Geltendmachung von Ansprüchen gegen den Testamentsvollstrecker persönlich nicht zu § 2213 BGB. Dies liegt insbesondere dann vor, wenn keine Amtshandlung von ihm begehrt wird.

1. Klagen der Erben gegen den Testamentsvollstrecker persönlich

348 Um persönliche gegen den Testamentsvollstrecker zu richtenden Klagen, die nicht unter § 2213 BGB fallen, handelt es sich z.B. bei:
– Geltendmachung von Schadensersatzansprüchen nach § 2219 BGB;

---

398 Zöller/*Stöber*, § 748, Rn. 2.
399 Staudinger/*Reimann*, § 2213 Rn. 13.
400 Soergel/*Damrau*, § 2213 Rn. 14.
401 Staudinger/*Reimann*, § 2213 Rn. 9.

- Ansprüche auf Herausgabe von Gegenständen, die der vermeintliche Testamentsvollstrecker an sich genommen hat;
- Klagen wegen Erstattung von Beträgen, die der Testamentsvollstrecker zu Unrecht dem Nachlass entnahm, z.B. als vermeintlicher Vermächtnisnehmer;
- Klage auf Herausgabe der Erbschaft nach Beendigung der Testamentsvollstreckung nach §§ 2218, 667 BGB;
- Anspruch aus § 2287 BGB, den der Testamentsvollstrecker als gewillkürter Prozessstandschafter des Erben geltend macht;[402]
- Feststellungsklage, ob Ernennung des Testamentsvollstreckers wirksam ist;[403]
- Feststellungsklage, ob Amt des Testamentsvollstreckers beendet ist;
- Sämtlich Klagen, wenn die Anstellung des Testamentsvollstreckers und seine Befugnisse str. sind.[404]

2. Amtsklagen der Erben gegen den Testamentsvollstrecker

Um Amtsklagen, die sich gegen den Nachlass richten, handelt es sich aber z.B. in folgenden Fällen: 349
- Erstellung eines Nachlassverzeichnisses durch den Testamentsvollstreckern;[405]
- Klage auf Rechnungslegung;
- Klage auf Freigabe nach § 2217 Abs. 1 BGB;
- Klagen aus § 2216 BGB wegen ordnungsgemäßer Nachlassverwaltung;
- Feststellungsklage wegen Feststellung der Unwirksamkeit eines Auseinandersetzungsplanes des Testamentsvollstreckers;
- Klage eines oder der Erben aufgrund Geltendmachung einer gegen den Nachlass gerichteten Forderung;
- Feststellungsklagen eines Erbprätendenten gegen den Testamentsvollstrecker auf Anerkennung des Erbrechtes.

Bei jeden dieser Fälle handelt es sich um typische Amtshandlungen des Testamentsvollstreckers, deren Erfüllung nicht in seinem Ermessen steht. Der Testamentsvollstrecker ist also in seiner Amtseigenschaft zu verklagen.[406] 350

IV. Klage des Testamentsvollstreckers persönlich gegen den Erben

Will der Testamentsvollstrecker aus eigenen persönlichen Rechten klagen, dann sind die Vorschriften der §§ 2212, 2213 BGB nicht anwendbar. 351

Häufigster Anwendungsfall ist eine Klage des Testamentsvollstreckers hinsichtlich seiner angemessenen Vergütung nach § 2221 BGB oder seines Aufwendungsersatzanspruches nach §§ 2218, 670 BGB. 352

---

402 *Garlichs*, ZEV 1996, 449; *Tietdke*, JZ 1981, 429.
403 Staudinger/*Reimann*, § 2213 Rn. 3.
404 Vgl. *Mayer/Bonefeld/Wälzholz/Weidlich*, Testamentsvollstreckung, Rn. 216 ff.
405 Str.; wie hier z.B. *Garlichs*, ZEV 1996, 47; Soergel/*Damrau*, § 2219 Rn. 6; *Mayer/Bonefeld/Wälzholz/Weidlich*, Testamentsvollstreckung, Rn. 192; OLG Koblenz NJW-RR 1993, 462; a.A. z.B. MünchKomm/*Brandner*, § 2213 Rn. 3; KG OLGE 10, 303.
406 *Mayer/Bonefeld/Wälzholz/Weidlich*, Testamentsvollstreckung, Rn. 216 ff.

F. Ordnungsmäßige Verwaltung des Nachlasses

I. Allgemeines

353 Der Testamentsvollstrecker hat nach § 2216 BGB nicht nur das Recht zur Verwaltung des Nachlasses, sondern auch die Pflicht zur Verwaltung. Durch diese Verpflichtung sollen die mit der Testamentsvollstreckung verbundenen Aufgaben gesichert werden. Im BGB findet sich keine Legaldefinition für den Begriff der Verwaltung. Aus den §§ 2205, 2206 BGB sowie §§ 2212 f. BGB lässt sich aber ableiten, dass **Inbesitznahme**, Verfügung, Eingehung von Verbindlichkeiten und die **Prozessführung** als einzelne Maßnahmen der Verwaltung zu qualifizieren sind.[407] Insgesamt fallen alle Maßnahmen rechtlicher und tatsächlicher Art, die der Erhaltung, Sicherung, Nutzung und Mehrung des jeweils verwalteten Gegenstandes oder Vermögens dienen, unter den Begriff der Verwaltungshandlung, ohne dass es auf die Ordnungsmäßigkeit ankommt.[408] § 2216 Abs. 1 BGB ist zwingendes Recht und die Grundlage des zwischen den Erben und dem Testamentsvollstrecker bestehenden Schuldverhältnisses sui generis.

354 Nach § 2216 Abs. 1 BGB ist der Testamentsvollstrecker zur ordnungsgemäßen Verwaltung des Nachlasses verpflichtet. Die **subjektiven Fähigkeiten** des Testamentsvollstreckers sind irrelevant. Vielmehr bestimmen sich Inhalt und Pflicht zur ordnungsgemäßen Nachlassverwaltung durch die einzelnen übertragenen Aufgaben und Verwaltungsanordnungen durch den Erblasser. Ferner sind die Umstände des Einzelfalles zu berücksichtigen. Der Maßstab einer ordnungsgemäßen Verwaltung i.R.d. Abwicklungsvollstreckung gem. § 2203 BGB ist ein anderer, als der bei einer Verwaltungsvollstreckung nach § 2209 BGB, zumal bei einer regelmäßig längerfristigen Verwaltungsvollstreckung der Testamentsvollstrecker häufiger mit der Frage konfrontiert wird, wer in das Nachlassvermögen zu investieren hat, um die letztwillige Verfügung bzw. die Verwaltungsanordnung des Erblassers über Jahre und Jahrzehnte hinweg zu erfüllen. Im Einzelnen kommt es somit darauf an, was der Erblasser mit der Testamentsvollstreckung bezwecken wollte. Der Testamentsvollstrecker befindet sich somit häufig im Spannungsfeld zwischen **Substanzerhaltung** und **Substanzvermehrung**.

355 An die Ordnungsmäßigkeit der Nachlassverwaltung sind strenge Anforderungen zu stellen, die durch das objektive Nachlassinteresse und die allgemeinen Regeln der Wirtschaftlichkeit konkretisiert werden. Der Testamentsvollstrecker ist zur besonderen Gewissenhaftigkeit und Sorgfalt verpflichtet. Nach der Rspr.[409] hat der Testamentsvollstrecker gleichwohl umsichtig und solide, aber auch wie ein **dynamischer Geschäftsführer** zu handeln, der die Risiken und Chancen kalkuliert und dementsprechend handelt. Insgesamt soll alles vermieden werden, was für das Nachlassvermögen negative Auswirkungen hätte. Der Testamentsvollstrecker hat dabei im Rahmen seiner Eigenverantwortung einen **angemessenen Ermessensspielraum**, der ihm auch Raum für wirtschaftlich sinnvolle Eigeninitiativen lässt.[410] Nach richtiger Auffassung[411] endet der Ermessensspielraum spätestens, wenn mehr als 20 Prozent des vom Testamentsvollstrecker zu verwaltenden Vermögens verloren gegangen sind.

---

407 *Schmitz*, ZErb 2003, 3.
408 BGH NJW 1970, 1070.
409 BGH NJW 1987, 1017; BGH ZEV 1995, 110.
410 BGH NJW 1987, 1070.
411 *Zeising*, Pflichten und Haftung des Testamentsvollstreckers bei der Verwaltung von Großvermögen, S. 137.

Bei der Auswahl von **Kapitalanlagen** hat der Testamentsvollstrecker im Einzelnen folgende Aspekte zu berücksichtigen:[412] 356
- die zu erwartende Rendite der Kapitalanlage,
- ihr Risiko,
- ihre Inflationsanfälligkeit,
- etwaige mit ihr verbundene Kosten und Steuern,
- ihre Liquidierbarkeit und Marktfähigkeit sowie
- ihre Beziehungen zur allgemeinen wirtschaftlichen Entwicklung.

Dabei ist der Testamentsvollstrecker auch zur Eingehung von **wirtschaftlich kalkulierbaren Risiken** berechtigt,[413] wobei die Risiken überschaubar bleiben müssen. Keinesfalls dürfen Risikogeschäfte durchgeführt werden, wobei der gesamte Nachlass in Mitleidenschaft gezogen werden kann. Andererseits darf sich der Testamentsvollstrecker nicht mit einem mäßigen Erfolg begnügen, wenn die Möglichkeit zu einer besseren Ergebniserzielung besteht und nach seiner Veranlagung und seinen Kenntnissen er diese Möglichkeiten zu erkennen und zu verwirklichen weiß.[414] Ist der Testamentsvollstrecker überdurchschnittlich persönlich qualifiziert, bestimmt dies seine persönlichen Anforderungen hinsichtlich der Ordnungsmäßigkeit der Verwaltung. Hingegen senkt eine unterdurchschnittliche persönliche Qualifizierung die Anforderungen nicht. Der Testamentsvollstrecker ist nach Maßgabe des Absatzes 1 nur gegenüber dem Erben nebst Nacherben sowie dem Vermächtnisnehmer zur ordnungsgemäßen Verwaltung verpflichtet. Diese Verpflichtung besteht nicht gegenüber dem Pflichtteilsberechtigten, den Nachlassgläubigern oder -schuldnern.[415] 357

Sofern der Erblasser sich für den Kauf bestimmter **Wertpapiere** entschlossen hatte, steht der Testamentsvollstrecker häufig vor der Frage, ob er nicht eine Vermögensumschichtung in günstigere Aktien machen oder gar die Aktien (teilweise) verkaufen muss. Auch wenn die Kurse von sog. „Blue Chips" fallen, muss nicht unbedingt ein Verkauf erfolgen. Allerdings ist bei einem Verlust von über 20 Prozent kaum von ordnungsgemäßer Verwaltung auszugehen. Im Einzelnen ist die Langfristigkeit immer wieder zu überprüfen. Wird kurzfristig Vermögen benötigt, so kann auch ein Verkauf unter Wert zulässig sein, wenn anderweitige liquide Mittel nicht vorhanden sind. Letztendlich hängt die Anlagedauer von der Aufgabe der Testamentsvollstreckung ab. Wie bei Dauerschuldverhältnissen kommt eine längerfristige Erbenbindung bei Abwicklungsvollstreckung nicht in Betracht. Auch wenn die Erben den Testamentsvollstrecker auf andere Anlagemöglichkeiten hinweisen, so ist dieser nicht unbedingt verpflichtet, die Bank zu wechseln.[416] Hat sich eine Bank jedoch als unzuverlässig herausgestellt, dürfen dort keine weiteren Anlagevermögen getätigt werden.[417] 358

Verfügt der Erblasser über zahlreiche Geld- und Wertpapieranlagen kommt es häufig zum Streit, ob die vom Erblasser getroffene **Anlageform** vom Testamentsvollstrecker weiterhin befolgt werden soll bzw. ob dies der ordnungsgemäßen Verwaltung entspricht. 359

---

412 Vgl. *Schmitz*, ZErb 2003, 3.
413 BayObLG ZEV 1998, 348.
414 BGH WM 1967, 25.
415 BayObLGZ 1997, 1.
416 BGH ZEV 1995, 110.
417 RG LZ 1914, 1361.

> **Praxishinweis:**
> Um diese haftungsrelevante Situation für den Testamentsvollstrecker zu vermeiden, ist es ratsam, eine **Verwaltungsanordnung des Erblassers** gem. § 2216 Abs. 2 Satz 1 BGB aufzunehmen, wonach i.R.d. Geld- und Wertpapieranlagen entweder die Zustimmung der Erben eingeholt werden soll oder (weniger streitanfällig) die Weisung Dritter, wozu auch eine Bank gehören kann, zu befolgen ist.

360 Bei Aufnahme von Verwaltungsanordnungen ist aufgrund der rein schuldrechtlichen Wirkung gegenüber den Erben etc. zu beachten, dass diese die Sicherheit im Rechtsverkehr nicht beeinträchtigen, wenn der Testamentsvollstrecker verfügt. Somit ist eine Verwaltungsanordnung nach § 2216 BGB einer dinglichen Beschränkung nach § 2208 BGB vorzugswürdig. In der Praxis sind andernfalls Dritte selten bereit, mit dem Testamentsvollstrecker Verträge abzuschließen.

> **Praxishinweis:**
> Am günstigsten ist es, wenn der Testamentsvollstrecker bei wesentlichen Anlageentscheidungen bereits im Vorfeld die **Einwilligung der Erben** bzw. der betroffenen Vermächtnisnehmer einholt. Hierdurch wird die Haftung des Testamentsvollstreckers gem. § 2219 BGB wegen einer Pflichtverletzung aus § 2216 BGB ausgeschlossen.

361 Wenn der Erblasser keine besonderen Verwaltungsanordnungen vorgenommen hat, werden bei Vorliegen einer Verwaltungsvollstreckung nach Maßgabe des § 2209 BGB je nach Fallgestaltung folgende **Aufgaben und Pflichten** vom Testamentsvollstrecker im Rahmen einer ordnungsgemäßen Verwaltung zu erfüllen sein:[418]

– Geltendmachung von Nachlassnachrechten im Hinblick auf ggf. noch für den Nachlass geltend zu machende Forderungen;
– Prüfung der Rechtswirksamkeit und Ausführung aller letztwilligen Verfügungen;
– Eingehung von Dauerschuldverhältnissen (z.B. Vermietung/Verpachtung);
– Verwendung von Nachlasserträgen (z.B. Überlassung an die Erben zur Erhaltung eines angemessenen Unterhaltes der Erben oder zur Begleichung nachlassbezogener Steuern;
– Verkehrssicherungs- und Überwachungspflichten im Zusammenhang mit Nachlassgegenständen (z.B. Streupflichten auf dem Nachlassgrundstück);
– Beschränkung der Erbenhaftung durch Beantragung des Nachlassinsolvenzverfahrens (§ 317 InsO), Antrag auf Nachlassverwaltung (§ 1981 BGB), Einleitung des Aufgebotsverfahrens zum Zwecke der Ausschließung von Nachlassgläubigern (§§ 1970 ff. BGB).

II. Besondere Anordnungen für die Verwaltung durch den Erblasser nach § 2216 Abs. 2 Satz 1 BGB

362 Sofern der Erblasser in seinem Testament besondere Anordnungen für die Verwaltung getroffen hat, so ist wegen § 2216 Abs. 2 Satz 1 BGB der Testamentsvollstrecker hieran gebunden. Derartige Anordnungen können z.B. das Verbot, über bestimmte Nachlassgegenstände zu verfügen, die Verwendung von Nachlasserträgen oder die Zuteilung von Nachlassgegenständen bei der Nachlassteilung betreffen. Ebenso können per

---

418 Vgl. MünchKomm/*Zimmermann*, § 2216 Rn. 4 ff.

F. Ordnungsmäßige Verwaltung des Nachlasses

Verwaltungsanordnungen die Rechte der Erben **erweitert** werden, bspw. wenn die Zustimmung vor bestimmten Maßnahmen von den Erben eingeholt werden muss.

Wenn indes mit Verwaltungsanordnungen übermäßige Beschränkungen der Erben bewirkt werden sollen, können sie gem. § 138 Abs. 1 BGB nichtig sein.[419]

363

Verwaltungsanordnungen sind insbesondere **von bloßen Wünschen** des Erblassers abzugrenzen, die den Testamentsvollstrecker nicht unbedingt binden.[420] Zu Lebzeiten erteilte bindende Weisungen außerhalb einer letztwilligen Verfügung binden zwar den Testamentsvollstrecker, können aber vom Erben nach § 671 BGB jederzeit widerrufen werden.[421]

364

Des Weiteren müssen die Anordnungen nach § 2216 BGB von den **Beschränkungen nach § 2208 BGB** abgegrenzt werden. Verwaltungsanordnungen wirken lediglich schuldrechtlich, so dass im Außenverhältnis gegenüber Dritten die Verfügungsbefugnis des Testamentsvollstreckers nicht eingeschränkt wird, wenn dem Dritten der Missbrauch des Verwaltungsrechts nicht erkennbar war oder dieser ihn sogar erkannt hat.[422] Allerdings ist dann von einer schuldhaften Pflichtverletzung auszugehen, die gegenüber den Erben zu einer **Schadensersatzverpflichtung** nach Maßgabe des § 2219 BGB führen kann. Ebenso ist dann auch ein **Entlassungsgrund** nach § 2227 BGB gegeben.

365

Sofern eine verbindliche Verwaltungsanordnung vorliegt, hat der Testamentsvollstrecker diese zu beachten. Wenn eine Verwaltungsanordnung einen Verstoß gegen die guten Sitten darstellt, so ist diese nichtig gem. § 138 Abs. 1 BGB. In diesem Fall sollte der Testamentsvollstrecker die Nichtigkeit im Rahmen einer **Feststellungsklage** klären. Die Befolgung einer bindenden Verwaltungsanordnung kann vom Erben und Vermächtnisnehmer verlangt und im **Klagewege** verfolgt werden. Des Weiteren kann die Nichtverfolgung einer bindenden Verwaltungsanordnung als Pflichtverletzung ggf. zur **Entlassung** des Testamentsvollstreckers nach § 2227 BGB führen. Im **Einverständnis** aller Erben kann der Testamentsvollstrecker Verfügungen treffen, die einer bindenden Anordnung des Erblassers zuwider laufen.

366

Eine Verwaltungsordnung muss, um bindend zu wirken, im Rahmen einer letztwilligen Verfügung getroffen werden. Außerhalb von letztwilligen Verfügungen getroffene Anordnungen können lediglich i.R.d. Auslegung der letztwilligen Verfügungen herangezogen werden. Die Nichtberücksichtigung derartiger Anordnungen führt nicht zu einem Entlassungsgrund nach § 2227 BGB.[423]

367

III. Außerkraftsetzung durch das Nachlassgericht nach § 2216 Abs. 2 Satz 2 und 3 BGB

Für den Fall, dass die Befolgung der Anordnung des Erblassers zu einer erheblichen Gefährdung des Nachlasses führen würde, kann der Testamentsvollstrecker die Außerkraftsetzung beim Nachlassgericht nach Maßgabe des § 2216 Abs. 2 Satz 2 BGB beantragen. Sofern sich der Testamentsvollstrecker bereits eigenmächtig über eine den Nachlass gefährdende Verwaltungsanordnung hinweggesetzt hat, sollte zur Haftungs-

368

---

419 OLG München JFG 14, 428.
420 BayObLG NJW 1976, 1692.
421 MünchKomm/*Zimmermann*, § 2216 Rn. 15.
422 Soergel/*Damrau*, § 2216 Rn. 17.
423 *Bamberger/Roth/J.Mayer,* § 2216 Rn. 29.

vermeidung vorsorglich die **nachträgliche Entscheidung** nach § 2216 Abs. 2 Satz 2 BGB eingeholt werden.

369 Eine **Nachlassgefährdung** kann nicht nur dann vorliegen, wenn Nachlasswerte sich stark negativ verändern könnten, wenn die Anordnung befolgt wird, sondern auch bei Gefährdung des Testamentsvollstreckungszwecks. Die Nachlassgefährdung muss nicht von Anfang an vorliegen. Sie kann auch aufgrund einer späteren Umstandsänderung, die der Erblasser offensichtlich nicht vorhergesehen hat, eingetreten sein.

370 Das Nachlassgericht wird **nicht von Amts wegen** tätig. Es bedarf somit eines Antrags, der nicht nur vom Testamentsvollstrecker gestellt werden kann, sondern auch von allen Personen, die an der Aufhebung ein rechtliches Interesse haben.[424] Dies sind Erben, Vermächtnisnehmer und Auflagenberechtigte. Nicht berechtigt sind der **Pflichtteilsberechtigte, Nachlass- und Privatgläubiger** des Erben.[425] Wenn mehrere Testamentsvollstrecker im Amt und gemeinschaftlich vertretungsbefugt sind, muss der Antrag gemeinsam gestellt werden. Bei getrennten Aufgabenbereichen kann derjenige Testamentsvollstrecker den Antrag stellen, dessen Aufgabenbereich die Verwaltungsanordnung betrifft. Eine Pflicht des Testamentsvollstreckers zur Beantragung, damit die Verwaltungsanordnung außer Kraft gesetzt werden kann, besteht nur in Ausnahmefällen und zwar dann, wenn kein anderer Beteiligter selbst einen Antrag stellen kann. Ist dies nicht der Fall, kann eine Unterlassung ggf. zu einer Haftung nach Maßgabe des § 2219 BGB führen.

371 Das Nachlassgericht kann neben der Antragsablehnung auch die **Verwaltungsanordnung** ganz oder teilweise aufheben. Eigene oder abweichende Verwaltungsanordnungen durch das Nachlassgericht sind unzulässig.[426] Gegenstand der Außerkraftsetzung können Verwaltungsanordnungen rechtsgeschäftlicher Art sein, ebenso wie wirtschaftliche Maßnahmen. Die Testamentsvollstreckung als solche (Dauer, Zahl der Testamentsvollstrecker, Vergütung) kann nicht Gegenstand sein.[427] Lediglich unzweckmäßige Anordnungen können nicht außer Kraft gesetzt werden, da hier keine erhebliche Gefährdung des Nachlasses vorliegt.

372 Nach § 16 Abs. 1 Nr. 3 RPflG entscheidet der Richter am Nachlassgericht. Dabei sind vor der Entscheidung die **Beteiligten anzuhören**. Der Beschluss wird mit Bekanntgabe an den Testamentsvollstrecker gem. § 16 Abs. 1 FGG wirksam. I.R.d. einfachen Beschwerde nach §§ 19, 20 FGG kann sowohl der Testamentsvollstrecker als auch jeder Beteiligte, der durch die Entscheidung beeinträchtigt wird, Rechtsmittel einlegen. Soweit mehrere Testamentsvollstrecker vorhanden sind, ist fraglich, ob gem. § 82 Abs. 1 FGG jedem Testamentsvollstrecker einzeln die Beschwerde zusteht. Nach hiesiger Auffassung ist jedoch nur derjenige Testamentsvollstrecker beschwerdeberechtigt, der auch antragsberechtigt war.

373 Bestehen keine getrennten Aufgabenbereiche, so sind die gemeinschaftlichen Testamentsvollstrecker auch nur zur gemeinsamen einfachen Beschwerde befugt. Die Verfahrenskosten richten sich nach § 113 KostO.

---

424 BGHZ 35, 296.
425 BayObLGZ 1982, 459.
426 KG Berlin OLGZ 1971, 220.
427 KG Berlin HRR 1942 Nr. 691; BayObLGZ 1961, 155.

G. Haftung und Entlassung des Testamentsvollstreckers

I. Allgemeines

374 Hat der Testamentsvollstrecker eine **schuldhafte Pflichtverletzung** begangen, so kann er nach § 2219 BGB haften. Handelt es sich bei dem Testamentsvollstrecker um eine Person mit besonderen Qualifikationen, wie z.B. die eines Rechtsanwaltes, ist der Maßstab dieses Berufes ausschlaggebend. Ist der Testamentsvollstrecker Berufsträger, wie Rechtsanwalt, Notar oder Steuerberater etc., ist fraglich, ob nicht auch besondere berufsrechtliche Haftungsnormen wie in § 51 b BRAO oder § 19 BNotO anzuwenden sind. Als Grundlage für die Abgrenzung dient hierbei § 1835 Abs. 3 BGB. Danach haftet der Anwalts-Testamentsvollstrecker nach den Vorschriften der BRAO für einen Prozess mit Anwaltszwang. Hingegen haftet er nach § 2219 BGB, wenn er eine Tätigkeit ausübt, die jedermann ausüben kann.[428]

Auch wenn den Testamentsvollstrecker selbst kein Verschulden trifft, haftet er für das Verschulden bzgl. seiner **Hilfskräfte** nach §§ 2218, 664, 278 BGB. Ferner kann ihn ein Überwachungsverschulden treffen, wenn er Fachkräfte wie z.B. einen Steuerberater für die Steuererklärung hinzuzieht und den Fehler des eingeschalteten Beraters bei zumutbarer Aufmerksamkeit hätte erkennen und verhindern können.[429]

Neben einer Haftung aus § 2219 BGB kommen als **Haftungsgrundlage** ggf. auch die §§ 823 ff. BGB in Frage, wenn eine unerlaubte Handlung vorliegt. Allerdings führt § 2219 BGB zu einer weit reichenden Haftung, die auch bei Fahrlässigkeit des Testamentsvollstreckers die Haftung für Vermögensschäden umfasst. Ferner ist die Haftungsnorm des § 69 AO bei der Verletzung steuerlicher Pflichten des Testamentsvollstreckers zu beachten. Eine Haftung aus § 2219 BGB hat regelmäßig die Entlassung nach Einleitung eines Verfahrens nach § 2227 BGB zur Folge.

II. Anspruchsinhaber

375 Der Testamentsvollstrecker haftet zunächst gegenüber dem **Erben** und dem **Vorerben**. Der Nacherbe wird erst mit Eintritt des Nacherbfalls zum Erben und ist somit noch nicht Haftungsgläubiger aus § 2219 BGB.[430] Bei mehreren Erben sind diese Gesamtgläubiger des Haftungsanspruches. Wurde allerdings nur ein Erbe geschädigt, so steht ihm auch nur das alleinige Recht zur Geltendmachung des Haftungsanspruches zu.[431] Neben den Erben haftet der Testamentsvollstrecker auch dem Vermächtnisnehmer, soweit er ein Vermächtnis zu vollziehen hat.[432] Gegenüber allen anderen Nachlassbeteiligten, wie z.B. den Pflichtteilsberechtigten oder Auflagenbegünstigten, besteht keine Haftung nach § 2219 BGB. Wenn dem Auflagenbegünstigten aber ein **Vermögensvorteil**, wie bspw. im Rahmen einer Wertauflage, zugewendet wird, so ist ihm ein Haftungsanspruch zuzubilligen, da er dann der Rechtsstellung eines Vermächtnisnehmers quasi gleichkommt. Eine eigene Haftung des Erben ist ggf. über § 278 BGB möglich, wenn der Testamentsvollstrecker eine Pflicht schuldhaft verletzt hat. In einem derartigen Fall hat aber der Erbe Anspruch auf Haftungsbefreiung gegenüber dem Testamentsvollstrecker.

---

428 Dazu *Zimmermann*, Testamentsvollstreckung, Rn. 763.
429 *Mayer/Bonefeld/Wälzholz/Weidlich*, Testamentsvollstreckung, Rn. 436.
430 Dieser kann also nur gegenüber dem Vorerben seine Auskunftsrechte nach § 2227 BGB geltend machen; ebenso ist ein Schlusserbe in einem gemeinsamen Testament noch nicht Erbe i.S.v. § 2219 BGB.
431 *Bengel/Reimann/Riederer von Paar*, HB XII, Rn. 14.
432 Dies gilt auch für Unter- und Nachvermächtnisse.

III. Haftungsdauer und -schuldner

376 Für die Dauer der Haftung gibt es keine zeitliche Begrenzung. Dabei gilt aber folgende Differenzierung:

Status	Haftungsnorm
Tätigkeit vor Annahme der Testamentsvollstreckung	§ 2219 BGB analog
Tätigkeit nach Beendigung der Testamentsvollstreckung	Handlungen sind unwirksam; bei unaufschiebbaren Handlungen aber § 2219 BGB analog
Nach Tod des Testamentsvollstreckers	§§ 2218 Abs.1, 673 Satz 2 BGB -> § 2219 BGB analog
Vermeintlicher Testamentsvollstrecker	§ 2219 BGB analog

377 Eine Befreiung von der Haftung durch den Erblasser im Rahmen einer letztwilligen Verfügung ist nicht möglich. Der Erbe hat lediglich die Möglichkeit, einen bereits entstandenen Schadensersatzanspruch zu erlassen oder aber durch einen Verzichtsvertrag für die Zukunft die Haftung des Testamentsvollstreckers ausschließen, wobei ein Ausschluss für vorsätzliche Pflichtverletzungen nicht möglich ist.[433]

IV. Einzelne Haftungsvoraussetzungen

378 Die Haftung des Testamentsvollstreckers hat mehrere **Voraussetzungen**:
– objektive Verletzung der ihm obliegenden Verpflichtung;
– subjektives Verschulden (Vorsatz oder Fahrlässigkeit);
– haftungsbegründende und haftungsausfüllende Kausalität.

379 Die vom Testamentsvollstrecker zu beachtenden Pflichten ergeben sich sowohl aus dem Willen des Erblassers als auch aus dem Gesetz gem. § 2216 Abs. 1 BGB (ordnungsgemäße Verwaltung).

380 Die **Beweislast** für eine nicht in eine Verfügung von Todes wegen niedergelegte Willensäußerung trägt der Testamentsvollstrecker.[434] Etwaige Weisungen der Erben spielen keine Rolle.[435]

Ob tatsächlich eine **Pflichtverletzung** vorliegt, hängt wiederum von den Aufgaben des Testamentsvollstreckers ab, die ihm vom Erblasser zugedacht wurden. Haben sich die Umstände nach dem Erbfall geändert, ist auf den mutmaßlichen Willen des Erblassers abzustellen – hilfsweise auf die allgemeine Lebenserfahrung. Insgesamt ist der Testamentsvollstrecker zu besonderer Gewissenhaftigkeit und Sorgfalt verpflichtet.[436]

381 Eine **objektive Pflichtverletzung** kann in folgenden Fällen[437] vorliegen:
– keine ordnungsgemäße Verwaltung des Nachlasses;
– Nichtbeachtung der Verkehrssicherungspflicht bei Grundstücken;
– fehlende Tätigkeit des Testamentsvollstreckers;
– Fehler bzgl. Geldanlagen;

---

[433] Staudinger/*Reimann*, § 2219 Rn. 16.
[434] *Bengel/Reimann/Riederer v. Paar*, HB XII, Rn. 34.
[435] MünchKomm/*Zimmermann*, § 2219 Rn. 12.
[436] BGH NJW 1959, 1820.
[437] Auflistung nach *Zimmermann*, Testamentsvollstreckung, Rn. 770.

- fehlerhafte Erstellung der Erbschaftsteuererklärung;
- Unterlassen der Erbauseinandersetzung ohne Grund;
- verspätete Klageerhebung und damit bedingter Verjährungseintritt;
- Erfüllung unwirksam angeordneter Vermächtnisse;
- öffentliche Versteigerung statt günstigerem freihändigen Verkauf;[438]
- Unterlassen von gerechtfertigten Mieterhöhungen;
- Unterlassen von Zwangsvollstreckungsmaßnahmen;
- Bewilligung einer Vormerkungslöschung, ohne dass die gesicherte Leistung erbracht wurde;[439]
- Einreichen haltloser Klagen;[440]
- erkennbar überflüssige und leichtfertige Prozessführung;[441]
- Einlegen unsinniger Rechtsmittel.

Hinsichtlich des **Verschuldens** fehlt es an einer Sonderregelung für den Testamentsvollstrecker, so dass ein Rückgriff auf § 276 BGB erfolgt. Danach haftet der Testamentsvollstrecker für Vorsatz oder leichte, mittlere bzw. grobe Fahrlässigkeit. Somit haftet er nicht nur für die Sorgfalt, die er in seiner eigenen Angelegenheit zu beachten pflegt. Sofern eine bestimmte sorglose Handhabung verkehrsüblich ist, entlastet das den Testamentsvollstrecker nicht.[442] Es gilt ein objektiver Sorgfaltsmaßstab, wobei im Hinblick auf die Vertrauensstellung des Testamentsvollstreckers hohe Sorgfaltsanforderungen zu stellen sind.[443]

382

Eine weitere Voraussetzung der fahrlässigen Handlung ist die Vorhersehbarkeit eines schädigenden Erfolges, wobei der konkrete Ablauf der Schadensentwicklung nicht vorhersehbar gewesen sein muss. Schließlich hat aus der Sicht des damals zur Handlung berufenen Testamentsvollstreckers für die Beurteilung seines Verschuldens eine „Ex-Ante-Betrachtung" zu erfolgen.[444]

383

Wie bei jedem Schadensersatzanspruch muss auch die **haftungsbegründende und haftungsausfüllende Kausalität** gegeben sein. Dementsprechend muss der Fehler des Testamentsvollstreckers für die Rechtsgutverletzung ursächlich sein und ein Ursachenzusammenhang zwischen Rechtsgutverletzung und dem geltend gemachten Schaden bestehen. Dabei sind von besonderer Bedeutung die Problemkreise „Zurechnungszusammenhang und rechtmäßiges Alternativverhalten", für deren Lösung es insbesondere auf den Schutzzweck der Norm ankommt.[445]

384

V. Haftung mehrerer Testamentsvollstrecker (§ 2219 Abs. 2 BGB)

Mehrere Testamentsvollstrecker haften nach § 2219 Abs. 2 BGB als Gesamtschuldner. Wenn jedoch der einzelne Testamentsvollstrecker einen gesonderten Wirkungskreis übertragen bekommen hat, den er selbstständig wahrgenommen hat, so haftet

385

---

438 OLG Saarbrücken JZ 1953, 509.
439 OLG Hamm FamRZ 1995, 696.
440 BGH WM 1967, 29.
441 BGH ZEV 2000, 195.
442 *Zimmermann*, Testamentsvollstreckung, Rn. 772.
443 MünchKomm/*Zimmermann*, § 2219 Rn. 11.
444 Palandt/*Heinrichs*, § 276 Rn. 20; *Mayer/Bonefeld/Wälzholz/Weidlich*, Testamentsvollstreckung, Rn. 445 ff.
445 *Bengel/Reimann/Riederer v. Paar*, HB XII, Rn. 56 ff.

jeder nur für seinen Wirkungskreis, sofern nicht der andere Testamentsvollstrecker zur Aufsicht bestimmt wurde.[446]

VI. Durchsetzung des Anspruchs

386 Der Testamentsvollstrecker wird **persönlich verklagt** und nicht als Amtsträger, weil nicht der Nachlass haften soll. Der Schadensersatzanspruch der Erben fällt selbst in den Nachlass. Kommt es zur Entlassung des Testamentsvollstreckers nach § 2227 BGB oder kündigt er i.R.d. Prozesses nach § 2226 BGB, dann kann sein Nachfolger den Schadensersatzanspruch geltend machen und nicht die Erben.[447]

387 Ein Schadensersatzanspruch des **Vermächtnisnehmers** fällt nicht in den Nachlass und ist vom Vermächtnisnehmer geltend zu machen.[448]

388 Sofern der **Testamentsvollstrecker noch im Amt** verweilt, können die Erben den Schadensersatzanspruch selbst geltend machen, weil der amtierende Testamentsvollstrecker hier nicht Klage gegen sich einzureichen braucht. Wenn die Testamentsvollstreckung insgesamt beendet wird, können die Erben ebenso selbst persönlich klagen. Wenn mehrere Testamentsvollstrecker mit verschiedenen Aufgabengebieten eingesetzt wurden, kann der nichthaftende Testamentsvollstrecker den haftenden Testamentsvollstrecker verklagen.[449]

389 Hat der einzelne **Miterbe alleine** einen Schadensersatzanspruch, kann er die Zahlung an sich fordern. Anderenfalls muss die Leistung an den Nachlass gem. § 2039 BGB gefordert werden. Statt einer einfachen Schadensersatzklage kann auch vielmehr Leistungsklage auf Erfüllung der Verpflichtung zur ordnungsgemäßen Nachlassverwaltung eingereicht werden mit dem Hilfsantrag auf Schadensersatz nach § 2219 BGB.[450] Geht der Erbe von der Schadensersatzforderung zum Erfüllungsanspruch über, liegt darin keine Klageänderung gem. § 264 Nr. 3 ZPO.[451]

VII. Verjährung

390 In den Altfällen ist von der 30jährigen Verjährungsfrist des § 195 BGB a.F. auszugehen,[452] der als Regelfrist 30 Jahre vorsah (Art. 229 § 6 Abs. 1 EGBGB). **Seit 1.1.2002** beträgt die regelmäßige Verjährungsfrist gem. § 195 BGB n.F. zwar nur noch **drei Jahre; familien- und erbrechtliche Ansprüche** würden aber weiterhin gem. § 197 Abs. 1 Nr. 2 BGB n.F. nach wie vor in **30 Jahren** seit ihrer Entstehung (§ 200 Satz 1 BGB) verjähren.

391 Eine entsprechende Anwendung von § 852 Abs. 1 BGB a.F. ist abzulehnen, da es vor allem an einer Regelungslücke fehlt. Die Gegenstimmen[453] fordern eine **teleologische Reduktion** des § 197 Abs. 1 Nr. 2 BGB, da der Haftungsanspruch seinem Charakter nach ein reiner schuldrechtlicher Anspruch sei. Auch *Damrau*[454] will § 197 BGB nicht

---

446 Staudinger/*Reimann*, § 2219 Rn. 18; MünchKomm/*Zimmermann*, § 2219 Rn. 5.
447 RGZ 138, 132.
448 RGZ 138, 132.
449 RGZ 98, 173.
450 Staudinger/*Reimann*, § 2219 Rn. 13.
451 *Zimmermann*, Testamentsvollstreckung, Rn. 768; Staudinger/*Reimann*, § 2219 Rn. 14; a.A. RGLZ 1919, 1017; für Parteiänderung BGHZ 25, 285; Soergel/*Damrau*, § 2219 Rn. 6.
452 BGH, Urt. v. 18.9.2002, Az: IV ZR 287/01.
453 *Otte*, ZEV 2002, 500.
454 Soergel/*Damrau*, § 2219 Rn. 10; vgl. dazu auch *Bengel/Reimann/Riederer v. Paar*, HB XII, Rn. 80a.

auf den Haftungsanspruch des § 2219 BGB anwenden lassen und proklamiert eine 10jährige Verjährungsfrist nach § 199 Abs. 3 Nr. 1 BGB von seiner Entstehung an.

Für eine teleologische Reduktion gibt die Entwurfsbegründung **keine ausreichende Stütze**. Bereits das Wort „mitunter" in der Begründung zeigt, dass dies nur ein Motiv für den Gesetzgeber für die von der dreijährigen Regelverjährung abweichenden Sonderregelung des § 197 BGB war. Für die Argumentation, wonach unabhängig vom Motiv alle Ansprüche, die ihren Grund im fünften Buch haben, erbrechtliche Ansprüche i.S.d. § 197 Abs. 1 Nr. 2 BGB sind, sprechen bereits rein pragmatische Gründe. Durch diese Auslegung wird man dem Betreben des Schuldrechtsmodernisierungsgesetzes am ehesten gerecht. 392

VIII. Möglichkeiten der Haftungsvermeidung

Befreiungsvermächtnisse, Vermächtnisse mit Anspruch auf Entlastung oder ein Vermächtnis auf Verkürzung der **Verjährungsfrist** aufgrund des Umgehungsverbotes des § 2220 BGB hinsichtlich der Haftung sind unwirksam. Als probates Mittel zur Klärung der eigenen Haftung als Testamentsvollstrecker im Vorfeld eignet sich die **Einwilligungsklage** nach § 2206 Abs. 2 BGB. 393

Für den Testamentsvollstrecker, der sich mit einer dreißigjährigen Verjährungsfrist konfrontiert sieht, hat dies zur Folge, auf jeden Fall mit den Erben im Rahmen eines **Auseinandersetzungsvertrages** dafür Sorge zu tragen, dass eine Regelung zur Verjährung der Haftungsansprüche getroffen wird. In der Praxis einfacher durchsetzbar wird aber die sog. „Entlastung" sein. 394

In der Lit. wird häufig die **Entlastung** als die **Möglichkeit** für den Testamentsvollstrecker erachtet, sich zu „enthaften". Die einzelnen Voraussetzungen hierfür werden jedoch nicht dargestellt. Ebenso wird häufig nur die Frage aufgeworfen, ob ein Anspruch auf Entlastung besteht. Die Entlastung des Testamentsvollstreckers spielt in der Praxis eine sehr große Rolle, zumal der Testamentsvollstrecker aufgrund der Verjährungsfrist des § 197 BGB 30 Jahre einer Haftung ausgesetzt sein kann. 395

Die Entlastung des Testamentsvollstreckers ist die Billigung einer in der Vergangenheit liegenden Verwaltung durch den Testamentsvollstrecker. Sie ist lediglich eine einseitige Erklärung ohne rechtsgeschäftlichen Charakter und kein Vertrag oder geschäftsähnliche Erklärung, sondern eine bloße Tathandlung. Die Entlastung hat den Zweck der Schaffung von Rechtssicherheit und Rechtsklarheit. Sie hat Klarstellungs- sowie Abschluss- oder Abgrenzungsfunktion. 396

Der Testamentsvollstrecker kann nicht nur vom Erben entlastet werden. Trotz des fehlenden Verweises in § 2218 BGB müssen auch weitere Personen eine Möglichkeit zur Entlastung haben, sofern sie von der Testamentsvollstreckung konkret betroffen sind. Ein **Schweigen auf einen Auseinandersetzungsplan** innerhalb einer angemessenen Frist kann entgegen der Literaturansicht nicht als Zustimmung aufzufassen sein. Ein bloßes Schweigen zum Plan würde nur dann als Zustimmung ausreichen, wenn der Erbe verpflichtet gewesen wäre, gegenüber dem Testamentsvollstrecker seinen ablehnenden Willen zu äußern. Eine derartige Pflicht des Erben besteht nicht. Mit der Zustimmung zum Auseinandersetzungsplan kann somit keine Entlastung verbunden sein. 397

Rechtsfolge einer Entlastung ist nicht ein Verzichtsvertrag o.ä. Vielmehr ist die **Präklusionswirkung** aus dem Verbot des widersprüchlichen Verhaltens herzuleiten. Für ein **venire contra factum proprium** bedarf es zunächst eines vertrauensbildenden 398

Vorverhaltens der Erben bei der Entlastung des Testamentsvollstreckers. Dies geschieht regelmäßig durch eine ausdrückliche Entlastung durch die Erben, da hierdurch Vertrauen in die Abschlussfunktion der Entlastung beim Testamentsvollstrecker aufgebaut wird. Eine konkludente Entlastung ist entgegen der h.A. nicht möglich, da Grundlage einer Entlastung immer ein Beschluss sein muss. Eine Entlastung bedarf aktiven Handelns. Die Schutzwürdigkeit des Vertrauens des Testamentsvollstreckers bestimmt die Reichweite der Präklusion. Hat der Erbe trotz Kenntnis konkreter Ansprüche oder bei Erkennbarkeit von Pflichtverletzungen den Testamentsvollstrecker dennoch entlastet, kann er keine Ersatzansprüche mehr gegen ihn geltend machen. Ein Vertrauen auf die Abschlussfunktion der Entlastung kann sich hingegen nicht bei einer Entlastung unter Vorbehalt entwickeln. Als Korrektiv der Auswirkungen des venire contra factum proprium dient die Billigkeitskontrolle. Danach ist zu prüfen, ob dem Vertrauensschutz des Testamentsvollstreckers höherrangige Normen und Interessen entgegenstehen. Dies ist insbesondere der Fall, wenn die Entlastungsfolge keine reine Binnenwirkung sondern Außenwirkung hat und bspw. Gläubiger der Erben durch die Entlastung benachteiligt würden.

399 Die Erben sind nach der **Entlastung mit der Präklusionswirkung** der Geltendmachung sämtlicher Ersatzansprüche ausgeschlossen. Hierunter fallen nicht nur Schadensersatzansprüche aus § 2219 BGB oder § 823 BGB, vielmehr ist der Testamentsvollstrecker auch nicht mehr nach §§ 2218, 667 BGB verpflichtet, das aus der Geschäftsführung, aus einer Geschäftsführung ohne Auftrag oder aus ungerechtfertigter Bereicherung Erlangte herauszugeben. Ebenso verliert der Erbe die Möglichkeit, im Falle einer gesamtschuldnerischen Haftung zusammen mit dem Testamentsvollstrecker von diesem im Innenverhältnis freigestellt zu werden.

400 Dem Testamentsvollstrecker ist **kein Anspruch auf Entlastung** zuzubilligen. Die Befürworter eines derartigen Anspruchs stützen ihre Argumentation entweder auf die unrichtige Behauptung, im Auftragsrecht habe der Beauftragte einen Entlastungsanspruch, oder sie halten einen Anspruch schlichtweg für notwendig. Der dort propagierte Anspruch auf Entlastung dient häufig als Prämisse und nicht als Resultat. Wenn die Entlastung ausgesprochen wird, so liegt es an der persönlichen Leistung des Entlasteten und nicht an einer ständigen Übung, die es in der Praxis nicht gibt. Es handelt sich um nicht judizierbare psychologische Tatbestände. Wie eine Verzeihung nach §§ 2337, 2343 BGB nicht als Realakt einzufordern ist, kann auch keine Vertrauenskundgebung eingefordert werden. Auf die in diesem Zusammenhang erfolgte BGH-Rspr.[455] zum GmbH-Recht darf zurückgegriffen werden, wonach ein Recht auf Entlastung weder mit deren Zweck, noch um der an sie geknüpften im Belieben aller Gesellschafter (oder im übertragenden Sinn: aller Erben) stehenden und deshalb nicht erzwingbaren Rechtsfolgen Willen geboten ist. Etwaige Zumutbarkeitserwägungen aufgrund der 30jährigen Verjährungsfrist vermögen nicht zu überzeugen. Bei der Entscheidung der Erbengemeinschaft über die Entlastung handelt es sich um eine reine Ermessensentscheidung.

401 Ein **Auseinandersetzungsvertrag** zwischen Erben und Testamentsvollstrecker ist die in der Praxis zu favorisierende Alternative zum Haftungsausschluss. Vorsorglich sollte die Reichweite der Präklusionswirkung der Entlastung ausdrücklich geregelt werden. Entgegen der Rspr. ist keine Zustimmung des noch nicht befriedigten Vermächtnisnehmers zu dem Auseinandersetzungsvertrag erforderlich, da er selbst keine Verfügungsbefugnis hat.

---

455 BGHZ 94, 324.

Die Entlastung ist nicht mittels einer **Leistungsklage** durchsetzbar. Eine derartige Klage kann nur negative Feststellungsklage sein und zwar in Bezug auf sämtliche Haftungstatbestände innerhalb der Entlastungsperiode. Bei der negativen Feststellungsklage kann ein Rechtsschutzbedürfnis nur aus einer von den beklagten Erben aufgestellten Bestandsbehauptung der vom Testamentsvollstrecker verneinten Rechtslage entstehen. Ein generelles Rechtsschutzbedürfnis aufgrund der verweigerten Entlastung ohne Berühmen von Ersatzansprüchen ist abzulehnen. Wegen § 2220 BGB ist es dem Erblasser im Rahmen seiner letztwilligen Verfügung nicht möglich, den Testamentsvollstrecker im Voraus von seiner Haftung zu befreien.

402

Eine Alternative zur Entlastung könnte folgende Konstruktion sein: Der Erblasser gibt dem Testamentsvollstrecker einen Anspruch auf Abschluss eines **Verjährungsverkürzungsvertrages**, wonach z.B. die Verjährung auf drei Jahre reduziert wird. Nach hiesiger Auffassung liegt aber, obwohl nicht der Wortlaut des § 2220 BGB greift, dennoch eine unzulässige Umgehung von § 2220 BGB vor. Nach § 2220 BGB kann nämlich der Erblasser Da ein Befreiungsvermächtnis nicht möglich ist, bleibt lediglich die Möglichkeit, zugunsten des Testamentsvollstreckers ein Vermächtnis aufzunehmen oder eine Verwaltungsanordnung nach § 2216 BGB, wonach dieser einen Anspruch auf Ausgleich des Betrages hat, der für den Abschluss einer Versicherung gegen Schadensfälle aus der Testamentsvollstreckung hat. Alternativ kann den Erben zur Auflage gemacht werden, auf Kosten des Nachlasses eine Versicherung abzuschließen. Hier erscheint es besser, den Testamentsvollstrecker den Abschluss einer Versicherung vornehmen zu lassen und ihm diesbzgl. ausdrücklich einen Aufwendungsersatzanspruch zu gewähren. Neben den in § 2220 BGB genannten Vorschriften bestehen noch weitere gesetzliche Befreiungsverbote, wie das Verbot der unentgeltlichen Verfügung nach § 2205 Satz 3 BGB.

403

Problematisch sind die Fälle, in denen der Erblasser versucht, die Vorschrift des § 2220 BGB zu umgehen, indem er anordnet, dass die Erben ihre Erbenstellung verlieren, wenn sie die Entlassung des Testamentsvollstreckers nach § 2227 BGB beantragen. Werden die Erben übermäßig in ihrer Rechtsstellung beschränkt, kann dies eine Nichtigkeit der Bedingung wegen **Sittenwidrigkeit** nach § 138 BGB zur Folge haben. Hierbei kommt es jedoch auf den Einzelfall an. Der Mandant ist auf die Problematik der Umgehung hinzuweisen.

405

H. Entlassung des Testamentsvollstreckers

I. Allgemeines

Der Testamentsvollstrecker kann gegen seinen Willen nach Maßgabe des § 2227 BGB entlassen werden. Das **Antragsverfahren** wird durch formlosen Antrag beim **Nachlassgericht** eingeleitet. Bis zur Rechtskraft der Entscheidung kann der Entlassungsantrag jederzeit zurückgenommen werden.[456] Das Zivilgericht ist nicht zuständig. § 2212 und § 2213 BGB sind nicht anwendbar. Ferner kann das Nachlassgericht nicht von Amts wegen tätig werden.[457] Die Zuständigkeit des Nachlassgerichtes ergibt sich aus §§ 72, 73 FGG. Der Entlassungsantrag kann nach § 2227 Abs. 1 BGB von jedem Beteiligten gestellt werden, wobei der sog. materielle Beteiligten-Begriff gilt. Somit sind **antragsberechtigt**: Erbe, Miterbe, der seinen Erbteil nach § 2033 BGB veräußert oder

406

---

456 RGZ 133, 128; MünchKomm/*Brandner*, § 2227 Rn. 2.
457 Staudinger/*Reimann*, § 2227 Rn. 21.

verpfändet hat, Vorerbe, Nacherbe, Vermächtnisnehmer, Pflichtteilsberechtigter, Auflagenberechtigter (nicht aber der Auflagenbegünstigte), Mitvollstrecker,[458] der bestimmungsberechtigte Dritte nach § 2198 BGB. Hingegen sind **nicht antragsberechtigt**: Auflagenbegünstigter,[459] Nachlassgläubiger,[460] Eigengläubiger des Erben, die den Erbteil gepfändet haben, Staatsanwaltschaft, Finanzämter, Grundbuchämter oder sonstige Behörden.[461]

Der Antrag kann auch **nicht** von einem **Minderjährigen** gestellt werden, da aufgrund der Kostenpflicht bei Unterliegen kein lediglich rechtlicher Vorteil i.S.d. § 107 BGB besteht. Regelmäßig wird daher die Bestellung eines Ergänzungspflegers nach § 1913 BGB notwendig sein, insbesondere in den Fällen des § 1638 BGB oder wenn der gesetzliche Vertreter Testamentsvollstrecker ist gem. §§ 1795, 181 BGB.[462]

407 Über den Entlassungsantrag entscheidet nach § 16 Abs. 1 Nr. 5 RPflG der Nachlassrichter, der nach Vorliegen eines Antrages alle erforderlichen Ermittlungen von Amts wegen vorzunehmen und sich nicht auf die Prüfung der im Antrag enthaltenen Gründe beschränken darf, wobei ihm allerdings vom Gesetzgeber Ermessen zugebilligt wurde.[463] Grundsätzlich ist vor der Entscheidung dem Testamentsvollstrecker **rechtliches Gehör** zu gewähren.[464] Die formlose Anhörung kann auch noch in der zweiten Tatsacheninstanz durch das Beschwerdegericht nachgeholt werden.[465] Die weiteren Verfahrensbeteiligten sind ebenfalls formlos anzuhören. Die durch **Beschluss** ergehende Entscheidung wird mit der Zustellung an den Testamentsvollstrecker gem. § 16 Abs. 1 FGG wirksam. Hierdurch endet auch das Amt des Testamentsvollstreckers. Gegen den Entlassungsbeschluss kann der Testamentsvollstrecker das **Rechtsmittel der sofortigen Beschwerde** nach §§ 81, 22 FGG einreichen, wobei die Beschwerde keine aufschiebende Wirkung hat, bis das Beschwerdegericht die Entlassungsverfügung nach § 26 FGG aufhebt. Nach § 32 FGG analog sind die in der Zwischenzeit bis zur Aufhebung des Entlassungsbeschlusses vom Testamentsvollstrecker getätigten Rechtsgeschäfte aber wirksam.[466]

408 Eine **vorübergehende Entlassung** ist ebenso unzulässig wie eine durch einstweilige Anordnung des Nachlassgerichtes vorläufige Amtsenthebung.[467] Gegen eine Entscheidung des Beschwerdegerichtes muss die sofortige weitere Beschwerde nach § 29 Abs. 2 FGG eingelegt werden. Hebt das LG die Entlassung des Testamentsvollstreckers durch das Nachlassgericht auf, so tritt die Wirkung dieser Aufhebung erst mit seiner Rechtskraft ein, sofern nicht das LG die sofortige Wirksamkeit nach § 26 FGG angeordnet hat (Beschwerdefrist zwei Wochen nach § 22 FGG).

409 Problematisch ist, inwieweit die Beurteilungs- und Ermessensentscheidungen des Nachlassgerichtes überprüft werden können. Die tatsächliche Beurteilung des Nachlassgerichtes kann vom Rechtsbeschwerdegericht nicht nachgeprüft werden, die Beur-

---

458 *Bengel/Reimann*, Kapitel VII, Rn. 29.
459 Soergel/*Damrau*, § 2227 Rn. 15.
460 BGHZ 35, 296; MünchKomm/*Brandner*, § 2227 Rn. 6.
461 Palandt/*Edenhofer*, § 2227 Rn. 8; Soergel/*Damrau*, § 2227 Rn. 16.
462 Staudinger/*Reimann*, § 2227, Rn. 24.
463 Palandt/*Edenhofer*, § 2227 Rn 9; OLG Zweibrücken FamRZ 1999, 472; OLG Oldenburg FamRZ 1999, 472.
464 BayObLG FamRZ 1998, 325; Soergel/*Damrau*, § 2227 Rn. 17.
465 BayObLG FamRZ 1998, 325.
466 Soergel/*Damrau*, § 2227 Rn. 21; *Mayer/Bonefeld/Wälzholz/Weidlich*, Testamentsvollstreckung, Rn. 273.
467 *Haegele/Winkler*, Testamentsvollstrecker, Rn. 810.

teilungs- und Ermessensentscheidung nur insoweit, als ein Rechtsfehler zugrunde liegt.[468] Die Entscheidungen der Tatsacheninstanzen müssen jedoch in tatsächlicher und rechtlicher Beziehung so begründet werden, dass ersichtlich ist, welche Tatsachen für erwiesen erachtet werden, welche nicht, und wie der festgestellte Sachverhalt rechtlich beurteilt wird.[469]

II. Vorliegen eines Entlassungsgrundes

1. Voraussetzungen

Voraussetzung, dass ein Testamentsvollstrecker durch das Nachlassgericht nach § 2227 BGB entlassen werden kann, ist das Vorliegen eines **wichtigen Grundes**, insbesondere eine

- grobe Pflichtverletzung oder
- **Unfähigkeit** zur ordnungsgemäßen Geschäftsführung durch den Testamentsvollstrecker.

410

Grundvoraussetzung ist selbstverständlich, dass zunächst der Testamentsvollstrecker ordnungsgemäß ernannt wurde und nicht anderweitig bereits eine Erlöschung des Amtes vorliegt. Die Aufzählung der beiden Beispielsfälle in § 2227 Abs. 1 BGB ist nicht abschließend, wie sich bereits aus dem Wort „insbesondere" ergibt. Vielmehr ist eine Gesamtschau aller Umstände durchzuführen, ob die Merkmale des unbestimmten Rechtsbegriffes „wichtiger Grund" erfüllt sind.

411

Ein wichtiger Grund dürfte immer dann vorliegen, wenn Grund zu der Annahme besteht, dass ein längeres Verbleiben im Amt der Ausführung des letzten Willens des Erblassers hinderlich ist oder sich dadurch eine Schädigung oder wenigstens eine erhebliche **Gefährdung** der Interessen der an der Ausführung oder dem Nachlass Beteiligten ergeben würde.[470]

412

Neben der Unfähigkeit zur ordnungsgemäßen Geschäftsführung und groben Pflichtverletzung kommen folgende Entlassungsgründe in Betracht:
- Untätigkeit wegen längerer Abwesenheit oder Krankheit;[471]
- völlige Untätigkeit;[472]
- eigennütziges Verhalten;[473]
- erhebliche Verstöße gegen testamentarische Anordnungen des Erblassers;[474]
- Verstöße gegen gesetzliche Pflichten;
- strafbare Untreue gem. § 266 StGB;
- Ermessensüberschreitung bei der Verwaltung;[475]
- Bevorzugung einzelner Miterben;[476]

413

---

468 *Mayer/Bonefeld/Wälzholz/Weidlich*, Testamentsvollstreckung, Rn. 273 ff.; OLG Düsseldorf ZEV 1994, 302.
469 *Mayer/Bonefeld/Wälzholz/Weidlich*, Testamentsvollstreckung, Rn. 273 ff.
470 *Bengel/Reimann*, Kap. VII Rn. 16 m.w.N.
471 BayObLG ZEV 1998, 348. Dies gilt allerdings nur bei nachhaltiger Beeinträchtigung der Testamentsvollstreckung.
472 BGH NJW 1962, 912.
473 KG OLGE 44, 96.
474 OLG Zweibrücken Rpfleger 1989, 370.
475 BayObLG ZEV 1998, 348.

- unzulässige Übertragung der Amtsführung auf eine andere Person[477] oder auf eine andere ungeeignete Person;
- schwerwiegender Verstoß gegen Anhörungspflichten nach § 2204 Abs. 2 BGB;[478]
- mangelhafte Erstellung eines Nachlassverzeichnisses;
- Weigerung, den Erben ein Nachlassverzeichnis mitzuteilen;[479]
- hartnäckige Verweigerung der Auskunfts- und Rechenschaftslegung über den Stand der Verwaltung gem. §§ 2218, 666 BGB;[480]
- leichtfertige oder ungerechtfertigte Führung von Prozessen, die das Interesse der Erben gefährden;[481]
- Auszahlung hoher Beträge auf streitige Forderungen;[482]
- unzulässiges In-Sich-Geschäft.[483]

414 Bei unternehmerischen Entscheidungen legt die Rspr. keinen strengen Maßstab an, so dass eine grobe Pflichtverletzung nur dann besteht, wenn schon einfachste und ganz naheliegende Überlegungen nicht angestellt und das nicht beachtet wird, was jedem einleuchten muss.[484]

415 Die Rspr. hat zu den in § 2227 BGB aufgeführten Fällen drei weitere Fallgruppen gebildet. Es wurden wegen Fehlens einer Legaldefinition zur näheren Bestimmung hierzu drei Formeln entwickelt. Diese Formeln sind teilweise in der Lit.[485] auf erhebliche Kritik gestoßen. Nach der Kritik basieren die von der Rspr. gefundenen Lösungen selbst nicht auf den Ausgangsformeln und seien wenig überzeugend. Dem ist zuzustimmen. Im Einzelnen kommen aber auch die Kritiker auf die –von der Rspr. herausgearbeiteten – genannten drei Fallgruppen zurück:

- Ein wichtiger Grund liegt nach der ersten Formel immer dann vor, wenn Grund zu der Annahme besteht, dass ein längeres Verbleiben im Amt der Ausführung des letzten Willens des Erblassers hinderlich ist oder sich dadurch eine Schädigung oder wenigstens eine erhebliche Gefährdung der Interessen der an der Ausführung oder dem Nachlass Beteiligten ergeben würde.[486]
- Nach der zweiten Formel ist eine Entlassung zulässig, wenn Umstände vorliegen, die den Erblasser, wenn er lebte, mutmaßlich zum Widerruf der erwählten Testamentsvollstreckerernennung veranlasst hätten und objektiv betrachtet diesen Wi-

---

476 BGH NJW 1957, 1916.
477 *Zimmermann*, Testamentsvollstreckung, Rn. 799.
478 RGZ 130, 131.
479 BayObLG FamRZ 1998, 325.
480 BayObLG NJW-RR 1988, 645; dabei ist allerdings zu beachten, dass die Auskunfts- u. Rechnungslegungspflicht nur auf Verlangen geschuldet u. nicht sofort, sondern innerhalb angemessener Frist zu erbringen ist.
481 *Mayer/Bonefeld/Wälzholz/Weidlich*, Testamentsvollstreckung, Rn. 279 ff.
482 OLG Zweibrücken FamRZ 1988, 788.
483 Testamentsvollstrecker genehmigt sich selbst ein Darlehen; OLG Frankfurt ZEV 1998, 350.
484 BayObLG NJW-RR 1990, 1420; *Mayer/Bonefeld/Wälzholz/Weidlich*, Testamentsvollstreckung, Rn. 279 ff.
485 *Muscheler*, AcP 197 (1997), 266 ff.; *Bamberger/Roth/J. Mayer*, § 2227 Rn. 12.
486 BayObLGZ 1957, 319; BayObLGZ 1976, 76; BayObLGZ 1985, 302; OLG Düsseldorf ZEV 1994, 303; OLG Hamm Rpfleger 1994, 214; Palandt/*Edenhofer*, § 2227 Rn. 2; *Muscheler*, AcP 197 (1997), 263 (dort Fn. 123 m.w.N.).

derruf so erscheinen ließen, dass er im Interesse der Erben oder sonstigen Beteiligten liegt.[487]
– Tatsachen, die dem Erblasser bei der Berufung des Testamentsvollstreckers bekannt waren, berechtigen nach der dritten Formel i.d.R. keine Entlassung. Es muss hierbei vielmehr berücksichtigt werden, ob der Erblasser den Testamentsvollstrecker nicht ernannt hätte, wenn er die späteren Auswirkungen dieser Tatsachen gekannt hätte.[488]

Eine **Entlassung** aus Gründen aufgrund Spannungen und Feindschaften zwischen Testamentsvollstrecker und Erben kommt nur dann in Betracht, wenn dadurch die ordnungsgemäße Amtsführung gefährdet wird.[489] Eine Entlassung kommt indes dann nicht in Betracht, wenn der persönliche von dem rein geschäftlichen Verkehr getrennt werden kann und der geschäftliche noch möglich ist. Die Rspr. legt für diesen Fall berechtigterweise einen sehr strengen Maßstab an, da anderenfalls jeder Erbe durch Vorwürfe (und z.B. Strafanzeigen) einen Entlassungsgrund herbeiführen könnte.[490] Der Erbe muss sich sogar gefallen lassen, dass der Erblasser seinen Intimfeind zum Testamentsvollstrecker ernennt.[491] Eine Feindschaft kommt daher als Kündigungsgrund nur dann in Frage, wenn eine grobe Pflichtverletzung vorliegt oder eine zentrale Pflicht des Testamentsvollstreckers gerade die Aufrechterhaltung eines Vertrauensverhältnisses oder der besonderen persönlichen Beziehung zum Erbe ist.[492]

416

Ein auf Tatsachen beruhendes Misstrauen der Erben kann dann Entlassungsgrund i.S.v. § 2227 BGB sein, wenn ein objektiv gerechtfertigtes Misstrauen in die unparteiische Amtsführung des Testamentsvollstreckers vorliegt. Hier bedarf es ebenfalls keines Verschuldens des Testamentsvollstreckers. Dies ist insbesondere bei In-Sich-Geschäften der Fall oder durch das Ausnutzen einer Generalvollmacht zum eigenen Vorteil.[493]

417

Auch die Gefährdung der Interessen des Nachlasses und/oder der daran Beteiligten kann ein Entlassungsgrund sein. Voraussetzung hierfür ist, dass es sich um einen erheblichen Interessenkonflikt handelt.[494] Häufig lässt sich aber der **Interessenkonflikt** über die Anwendung des § 181 BGB lösen; bei mehreren Testamentsvollstreckern greift § 2224 Abs. 1 Satz 2 BGB.[495] Dementsprechend muss auch hier das Vorliegen oder Drohen einer erheblichen Pflichtverletzung hinzukommen.[496]

418

Danach liegen andere wichtige Gründe i.S.v. § 2227 BGB vor bei:

419

---

487 BayObLG ZEV 1995, 366; BayObLG NJW-RR 1988, 645; BayObLGZ 1985, 307; BayObLGZ 1976, 73; OLG Düsseldorf ZEV 1994, 303 m.w.N.
488 BayObLG NJW-RR 1996, 715; BayObLG FamRZ 1991, 491; OLG Düsseldorf MittRhNotK 1964, 505; ebenso Palandt/*Edenhofer*, § 2227 Rn. 2; *Lange/Kuchinke*, Erbrecht, § 31 VIII 2 b; Soergel/*Damrau*, § 2227 Rn. 3.
489 BayObLG FamRZ 1988, 770.
490 Hierzu ausführlich: *Bonefeld/Kroiß/Tanck*, Erbprozess, S. 519 ff.; *Klingelhöffer*, § 2227 Rn. 365; *Muscheler*, AcP 197 (1997), 227 ff.
491 *Zimmermann*, Testamentsvollstreckung, Rn. 802; *Schmucker*, Testamentsvollstrecker und Erbe, S. 298 m.w.N.
492 MünchKomm/*Brandner*, § 2227 Rn. 11; *Lange/Kuchinke*, Erbrecht, § 31 VIII 2 b.
493 *Mayer/Bonefeld/Wälzholz/Weidlich*, Testamentsvollstreckung, Rn. 279 ff. m.w.N.
494 Palandt/*Edenhofer*, § 2227, Rn. 5; Staudinger/*Reimann*, § 2227 Rn. 17; ablehnend Soergel/*Damrau*, § 2227 Rn. 6.
495 RGZ 98, 173 m.w.N.
496 So richtig *Mayer/Bonefeld/Wälzholz/Weidlich*, Testamentsvollstreckung, Rn. 281.

- objektiv gerechtfertigtem Misstrauen
- Feindschaft zwischen Testamentsvollstrecker und Erben oder Mitvollstreckern
- Interessengegensatz

2. *Ermessensprüfung des Nachlassgerichts*

420 **Formulierungsbeispiel:** Entlassungsantrag nach § 2227 BGB

An das
Amtsgericht
– Nachlassgericht –

In dem
Nachlassverfahren des am ... verstorbenen
..., zuletzt wohnhaft ...
Az.:

Namens und in Vollmacht des Miterben ... nach dem am ... verstorbenen ... beantrage ich

Rechtsanwalt ... als Testamentsvollstrecker über den Nachlass des am ... in München verstorbenen ... aus wichtigem Grund nach § 2227 BGB zu entlassen.

Begründung:
Ausweislich des beigefügten Erbscheines ist mein Mandant Miterbe zu 1/3 nach dem am ... verstorbenen ....

Es wurde Testamentsvollstreckung angeordnet und der Rechtsanwalt ... ausweislich des in Kopie beigefügten Testamentsvollstreckerzeugnisses zum Testamentsvollstrecker ernannt. Dieser hat das Amt angenommen und führt es fort.

Auf die Nachlassakten Az. ... wird Bezug genommen.

Trotz mehrfacher Aufforderung durch anwaltliche Schriftsätze vom 01.04.2005, 21.04.2005 sowie 14.05.2005 hat der Testamentsvollstrecker bis heute kein Nachlassverzeichnis nach § 2215 Abs.1 BGB erstellt oder gar einen Zwischenbericht über den Stand der Testamentsvollstreckung den Erben zukommen lassen. Er verweigert vielmehr jegliche Auskünfte über den Nachlass.

Des Weiteren hat er bis heute keine einzige Nachlassverbindlichkeit des Erblassers ausgeglichen, so dass nunmehr mehrere Rechtsstreitigkeiten rechtshängig sind, obwohl die Forderungen der Gläubiger unstreitig sind und offensichtlich genügend Aktiva vorhanden sind.

Der Testamentsvollstrecker hat bis dato keinerlei Tätigkeit entfaltet.

Die völlige Untätigkeit des Testamentsvollstreckers stellt nach BGH NJW 1962, 912 eine grobe Pflichtverletzung dar und legt den Schluss nahe, dass der Testamentsvollstrecker zur ordnungsgemäßen Geschäftsführung unfähig ist.

Somit liegt ein wichtiger Grund zur Entlassung des Testamentsvollstreckers i.S.d. § 2227 BGB vor.

Dem Antrag ist dementsprechend stattzugeben.

Rechtsanwalt

Liegt tatsächlich ein wichtiger Grund i.S.v. § 2227 BGB vor, so ist das Nachlassgericht dennoch nicht verpflichtet, den Testamentsvollstrecker zu entlassen. Aufgrund der Formulierung in § 2227 BGB besteht ein **Versagungsermessen**, wobei das Gericht im Rahmen seiner pflichtgemäßen Ermessensprüfung abwägen muss, ob nicht überwiegende Gründe für das Verbleiben des Testamentsvollstreckers sprechen oder nicht.[497]

Dabei ist nach der Rspr. der **mutmaßliche Wille des Erblassers**, ob dieser eine mangelhafte Verwaltung nicht einem völligen Wegfall der Testamentsvollstreckung vorgezogen hätte, als Abwägungskriterium zu berücksichtigen. Ferner sind die Interessen der Antragsteller und der Erben abzuwägen, die an einer Testamentsvollstreckung ggf. festhalten wollen und ob der Erbe den Nachlass selbst ordnungsgemäß verwalten könne.[498] Eine etwaige mangelnde Kooperationsbereitschaft der Erben kann sogar zu deren Lasten berücksichtigt werden.[499]

421

Diese Rspr. ist nicht überzeugend. I.R.d. **Entlassungsverfahrens** sollte auch auf die Rspr. zu § 2200 BGB verwiesen werden, die § 2200 BGB sehr extensiv auslegt und bereits in der Anordnung einer Testamentsvollstreckung ein Ersuchen i.S.d. § 2200 BGB sieht. Die Rspr. zu § 2227 BGB, die ein weites Versagungsermessen zulässt, ignoriert die eigene Rspr. zu § 2200 BGB. So versagen die Gerichte die Entlassung des Testamentsvollstreckers regelmäßig mit dem Argument, dass der Erblasser eine schlechte Durchführung der Testamentsvollstreckung durch den ernannten Testamentsvollstrecker einem völligen Wegfall der Testamentsvollstreckung vorgezogen hätte. Angesichts der extensiven Auslegung des § 2200 BGB stellt sich aber grundsätzlich diese Frage nicht. Hierauf sollte im Entlassungsverfahren deutlich hingewiesen werden. Vielmehr stellt sich jedoch die richtige Frage: Hätte der Erblasser eine schlechte Durchführung der Testamentsvollstreckung durch den ernannten Testamentsvollstrecker einer Ernennung eines neuen Testamentsvollstreckers durch das Nachlassgericht nach Maßgabe des § 2200 BGB vorgezogen? Diese Frage wird aber regelmäßig zu verneinen sein, so dass eigentlich dass Versagungsermessen reduziert sein dürfte.

422

Praxishinweis:
Der Rechtsanwalt hat den Mandanten darauf hinzuweisen, dass das zunächst erfolgreiche Entlassungsverfahren negative Konsequenzen haben kann, wenn der Testamentsvollstrecker wiederum erfolgreich in die Beschwerde geht.

423

Gegen den Entlassungsbeschluss kann der Testamentsvollstrecker das Rechtsmittel der **sofortigen Beschwerde** nach §§ 81, 22 FGG einreichen, wobei die Beschwerde **keine aufschiebende Wirkung** hat, bis das Beschwerdegericht die Entlassungsverfügung nach § 26 FGG aufhebt.

424

Praxishinweis:
Per Antrag einer Einstweiligen Anordnung des Testamentsvollstreckers kann das Beschwerdegericht nach § 24 Abs. 3 FGG anordnen, dass der Testamentsvollstrecker vorerst das Amt weiterführen darf, wenn das Nachlassgericht dem Entlassungsantrag gefolgt ist. Wenn er das Amt weiterführt, dann haftet der Testamentsvollstrecker selbstverständlich für die Schäden, die er verursacht hat. Insofern muss er abwägen, ob er das Amt nicht „ruhen" lässt.

---

497 *Haegeler/Winkler*, Testamentsvollstrecker, Rn. 800; *Staudinger/Reimann*, § 2227 Rn. 32.
498 BayObLG FamRZ 1987, 101.
499 OLG Düsseldorf ZEV 1999, 226.

425 Ist neben der Entlassung z.B. die **Haftung** des Testamentsvollstreckers wegen fehlerhafter Kapitalanlageentscheidung fraglich, sollte sich der Rechtsanwalt ein isoliertes Entlassungsverfahren gut überlegen. Durch die erfolgreiche Entlassung endet auch das Amt des Testamentsvollstreckers, das erst wieder durch den Beschluss des Beschwerdegerichts auflebt. Was ist dann aber, wenn in der Zwischenzeit weiter die Kapitalanlage des Testamentsvollstreckers einen negativen Verlauf gezeigt hat? Ist der Testamentsvollstrecker dann überhaupt für den Zeitraum von der Entlassung bis zum Wiederaufleben des Amtes für den dann entstandenen Schaden kausal? Dies ist wohl im Ergebnis zu verneinen, denn der Testamentsvollstrecker hätte in dieser Zeit nicht auf die Kapitalanlage positiv einwirken können. Da derartige Verfahren über zwei Instanzen recht lange dauern können, ist zumindest diese Gefahr, dass ein dann weiter entstehender Schaden nicht gegenüber dem Testamentsvollstrecker geltend gemacht werden kann, dem Mandanten gegenüber deutlich zu machen.

> **Praxishinweis:**
> Um hier nicht selbst als Rechtsanwalt in die Haftung zu geraten, sollte unter Vorlage der erstinstanzlichen Entscheidung versucht werden, bei der Bank eine Änderung der Kapitalanlage herbeizuführen.

426 In der Praxis wird vom Gericht nicht eigenständig nach einem erfolgreichen Entlassungsverfahren sofort ein neuer Testamentsvollstrecker ernannt, sofern nicht das Amt insgesamt weggefallen ist. Es kommt damit zu einer Hängepartie. Die Banken reagieren meist nicht auf den bloßen Entlassungsbeschluss, solange nicht ein Erbschein ohne Testamentsvollstreckervermerk vorliegt. Demnach sollte sofort nach Erhalt des positiven Entlassungsbeschlusses versucht werden, einen **neuen Erbschein ohne Testamentsvollstreckervermerk** zu erhalten. Wird dieser nicht umgehend erteilt, sollte versucht werden, wenigstens nach § 1960 BGB analog eine **Nachlasspflegschaft** oder nach § 1913 BGB eine Pflegschaft für den unbekannten Testamentsvollstrecker zu beantragen. Letzter Antrag ist nicht beim Nachlassgericht wie bei § 1960 BGB, sondern beim Vormundschaftsgericht zu stellen.

> **Praxishinweis:**
> Nach erfolgreichem Entlassungsverfahren und Beendigung der Testamentsvollstreckung ist umgehend ein neuer Erbschein ohne Testamentsvollstreckervermerk zu beantragen; ggf. ist zudem ein Feststellungsantrag zu stellen.

> **Formulierungsbeispiel:** „Es wird festgestellt, dass die Testamentsvollstreckung über den Nachlass des am ... verstorbenen ... mit der Kündigung/Tod/Entlassung des Testamentsvollstreckers, Rechtsanwalt ... am ... beendet ist."

I. Angemessene Vergütung

1. Allgemeines

427 Die Angemessenheit der Vergütung ist funktionell bezogen auf die vom Testamentsvollstrecker durchzuführenden Aufgaben zu beurteilen.[500] Somit müssen die zu erfüllenden Aufgaben und die zu beanspruchende Vergütung in einem richtigen Preis-/

---

[500] *Mayer/Bonefeld/Wälzholz/Weidlich*, Testamentsvollstreckung, Rn. 462 ff.

I. Angemessene Vergütung

Leistungsverhältnis stehen. Dementsprechend ist die Höhe der Vergütung insbesondere von den einzelnen Aufgaben i.R.d. Testamentsvollstreckung abhängig. Die Rspr. und Lit. haben zur Frage der angemessenen Vergütung **zahlreiche unterschiedliche Tabellen** entwickelt. Der einzelne Gebührentatbestand ist den jeweils zu erfüllenden Aufgaben aufgrund einer funktionellen Betrachtungsweise zu entnehmen. In der Lit.[501] wurde dazu folgende Tabelle entwickelt:

Vollstreckungsaufgabe	Gebührentatbestand
Abwicklungsvollstreckung – normale Aufgabe mit – Konstituierung – Auseinandersetzung – hierzu notwendige Verwaltung	Regelvergütung Konstituierungsgebühr nur in Ausnahmefällen
reine **Verwaltungsvollstreckung** (§ 2209 BGB)	laufende **Verwaltungsgebühr**
Dauervollstreckung – Konstituierung – anschließend i.d.R. (teilweise) Auseinandersetzung – längerwährende Verwaltung – u.U. danach noch Auseinandersetzung	Verwaltungsgebühr u.U. Auseinandersetzungsgebühr

Anschließend ist der Bezugswert zu ermitteln, wobei folgende Punkte bei der Bewertung wichtig sind:[502]

- Art und Umfang des Nachlasses;
- Umfang und Schwierigkeit der zu erwartenden Geschäfte;
- **Dauer** der Verwaltung;
- Notwendigkeit **besonderer Vorkenntnisse** und Erfahrungen zur Aufgabenbewältigung;
- **Haftungsgefahr** bzw. Größe der Verantwortung;
- **Steuerbelastung** der Vergütung durch Umsatzsteuer.[503]

Des Weiteren ist nach den verschiedenen Arten der Aufgaben zu differenzieren. So wird in der Praxis häufig von einer **Regelgebühr** oder auch Vollstreckungsgebühr;[504,505,506] gesprochen, die grundsätzlich immer anfällt und für die Auseinandersetzung des Nachlasses gezahlt wird. Daneben kann zur Abgeltung der Arbeit des Testamentsvollstreckers bei Übernahme des Amts für die Ermittlung und Inbesitznahme des Nachlasses (§ 2205 BGB), Aufstellung und Mitteilung des Nachlassverzeichnisses (§ 2215 BGB) sowie Regulierung der Nachlassverbindlichkeiten einschließlich der Steuerschulden;[507,508] eine sog. **Konstituierungsgebühr** anfallen. Zu-

---

501 Vgl. dazu *Tilling*, ZEV 1998, 331.
502 *Bengel/Reimann/Eckelskemper*, HB X, Rn. 11.
503 BGH NJW 1963, 487; BGH NJW 1967, 2400; a.A. OLG Köln ZEV 1994, 118 m. Anm. *Klingelhöffer* = NJW-RR 1994, 328.
504 Palandt/*Edenhofer*, § 2221 Rn. 10; bei Sondergebühren kommen spätere Veränderungen von Wert u. Zusammensetzung des Nachlasses grundsätzlich bei der Berechnung der Vergütung zum Tragen.
505 Palandt/*Edenhofer*, § 2221 Rn. 10; MünchKomm/*Zimmermann*, § 2221 Rn. 8.
506 OLG Köln ZEV 1994, 118; Palandt/*Edenhofer*, § 2221 Rn. 4.
507 Bewertungsstichtag ist dabei der Zeitpunkt des Erbfalls, unabhängig späterer Wertveränderungen.

dem kann bei Verwaltungsvollstreckung die periodische **Verwaltungsgebühr** anfallen, die jährlich zu bezahlen ist.

430 Zu beachten ist, dass die Gesamtgebühr sich keinesfalls immer aus der Summe der einzelnen Gebührentatbestände ergibt.

II. Vergütungstabellen

431 Da im Einzelfall problematisch ist, welche Vergütung angemessen ist, wurden von Rspr. und Lit. **Vergütungstabellen** entwickelt. Fraglich ist, ob die Höhe der Vergütung durch eine Verweisung auf die bekannten Tabellen erfolgen kann. Im Wege der erweiterten Auslegung der letztwilligen Verfügung ist eine derartige Verweisung möglich, wobei dann jedoch das Problem möglicher zwischenzeitlich eingetretener Veränderungen der Verhältnisse bestehen kann. Hier sollte daher eine deutliche und klarstellende Formulierung gewählt werden.

– Nachfolgend sollen nur die in der Praxis wichtigsten Vergütungstabellen aufgeführt werden –

1. Rheinische Tabelle

432 Die sog. Rheinische Tabelle ist die am längsten praktizierte und auch bekannteste unter den Vergütungstabellen. Sie wurde bereits 1925 entwickelt und ist heute ohne Modifizierungen nicht ohne weiteres anwendbar, was leider aber in der Praxis immer wieder übersehen wird. Teilweise wird daher im Schrifttum gefordert, gewisse Zuschläge zu diesen Sätzen zu machen, und zwar von 20 Prozent bis 40 bzw. 50 Prozent.[509] Aufgrund des Alters der Tabelle ist die „Ur-Tabelle" in Reichsmark. Dort hieß es:

Es wird empfohlen, als Gebühr für die Tätigkeit des Notars als Testamentsvollstrecker im Regelfalle wie folgt zu berechnen:		
	RM Bruttowert	
bei einem Nachlass bis zu	20.000,–	4 %
darüber hinaus bis zu	100.000,–	3 %
darüber hinaus bis zu	1.000.000,–	2 %
darüber hinqaus bis zu		1 %
Diese Sätze gelten für normale Verhältnisse und glatte Abwicklung. Folgt dagegen eine längere Verwaltungstätigkeit, z.B. beim Vorhandensein von Minderjährigen, oder verursacht die Verwaltung eine besonders umfangreiche und zeitraubende Tätigkeit, so kann eine höhere Gebühr als angemessen erachtet werden, auch eine laufende, nach dem Jahresbetrag der Einkünfte zu berechnende Gebühr gerechtfertigt sein.		

---

508 BGH NJW 1963, 380.
509 Für letzteres etwa *Winkler*, Testamentsvollstrecker, Rn. 581; für generelle Neuberechnung, in *Bengel/Reimann/Eckelskemper*, HB X, Rn. 28 ff. unter Hinw. darauf, dass heute zum einen viel kompliziertere Rechts- u. Steuerfragen zu klären sind als früher u. zum anderen ein Testamentsvollstrecker heute bereits bei einer nur "mittelmäßig vielschichtigen" Nachlassregulierung ein funktionierendes Büro mit entsprechender sachlicher u. personeller Ausstattung braucht, um seine Aufgaben zu erfüllen.

Nach Abschaffung der Reichsmark wurde einfach diese Tabelle 1:1 in Deutsche Mark umgerechnet. Heute müssten die RM-Werte in der Tabelle also quasi grob berechnet halbiert werden. Die angegebenen Prozentsätze ab Nr. 2 sind jeweils für den entsprechenden Mehrbetrag anzuwenden. Hinzu käme ein Mindestzuschlag wegen des Kaufkraftverlustes seit 1925 von 20 Prozent.

2. Möhring'sche Tabelle

Diese Tabelle[510] wird in der Praxis sehr häufig verwendet und bietet sich gerade bei **Kleinnachlässen** an, um eine höhere Vergütung als nach der „Rheinischen" zu erreichen.[511]

433

Aktivnachlass			
20.000 DM	7,5 %	12.500 €	7,5 %
25.000 €	7 %		
100.000 DM	5,82 %	50.000 €	6 %
100.000 €	5 %		
1.000.000 DM	3,82 %	200.000 €	4,5 %
500.000 €	4 %		
2.000.000 DM	2,81 %	1.000.000 €	3 %

Nach der „neuen Tabelle" ist bei Nachlässen **über zwei Millionen** die Vergütung dadurch zu ermitteln, dass aus dem über zwei Millionen DM liegenden Wert 1 % errechnet und dieser Betrag dem Vergütungssatz für zwei Millionen hinzugerechnet wird.

€-Berechnungsbsp.: Aktivnachlass 268.000 € = 4,5 % aus 200.000 € sowie 4 % aus 68.000 €.

3. Eckelskemper'sche Tabelle[512]

434

bei einem Nachlass bis zu	50.000,– €	4 %
für einen Mehrbetrag bis zu	250.000,– €	3 %
für einen Mehrbetrag bis zu	1.250.000,– €	2,5 %
für einen weiteren Mehrbetrag bis zu	2.500.000,– €	2 %
für Werte darüber hinaus		1 %

4. Vergütungsempfehlungen des Deutschen Notarvereins[513]

Die Vergütungsempfehlungen des Deutschen Notarvereins stellen quasi eine **Fortentwicklung** der **alten Rheinischen Tabelle** dar. Deshalb wird sie häufig, aber falsch,

435

---

510 Sog. „neue Möhring'sche Tabelle" bei *Möhring/Beisswingert/Klingelhöffer*, Vermögensverwaltung in Vormundschafts- und Nachlasssachen, S. 224 ff.; die von *Klingelhöffer* in der Neuaufl. vorgestellte eigene Tabelle m. neuen Werten ist als Euro-Tabelle integriert.
511 Empfehlend etwa *Winkler*, Testamentsvollstrecker, Rn. 582; *Kapp/Ebeling*, ErbStG § 10 Rn. 136.
512 In *Bengel/Reimann/Eckelkemper*, HB X, Rn. 57 ff.; *Weirich*, Erben und Vererben, Rn. 857, der früher eine eigene Tabelle entwickelt u. vertreten hat, hat sich nun in der 4. Aufl. der Tabelle von Eckelskemper angeschlossen.
513 Notar 2000, 2 ff. = ZEV 2000, 181.

bereits als „neue Rheinische Tabelle" tituliert. Beide Tabellen haben unterschiedliche Ansatzpunkte hinsichtlich der Vergütung. Hier wird unterschieden zwischen einer Regelvergütung und verschiedenen Vergütungszuschlägen.

a) Regelvergütung

Vergütungsgrundbetrag:		
bis	250.000,- €	4,0 %
bis	500.000,- €	3,0 %
bis	2.500.000,- €	2,5 %
bis	5.000.000,- €	2,0 %
über	5.000.000,- €	1,5 %

mindestens aber der höchste Betrag der Vorstufe.
Beispiel: Bei einem Nachlass von 260.000 € beträgt der Grundbetrag nicht 7.800 € (= 3 % aus 260.000 €), sondern 10.000,- € (= 4 % aus 250.000 €).

436 Bei einer **Nacherbentestamentsvollstreckung** erhält der Testamentsvollstrecker aufgrund der dann geringeren Belastung anstelle des vollen Grundbetrags 2/10 bis 5/10 des Grundbetrags.

b) Abwicklungsvollstreckung

437 Zu diesem Vergütungsgrundbetrag werden bei der Abwicklungsvollstreckung **Zuschläge** gemacht (Nr. II der Empfehlungen). Im Einzelnen:

a) Aufwendige Grundtätigkeit:	Konstituierung des Nachlasses aufwendiger als im Normalfall	Zuschlag von 2/10 bis 10/10	Fällig mit Beendigung der entspr. Tätigkeit
b) Auseinandersetzung	Aufstellung eines Teilungsplans und dessen Vollzug oder Vermächtniserfüllung	Zuschlag von 2/10 bis 10/10	Fällig mit der 2. Hälfte des Vergütungsgrundbetrags
c) Komplexe Nachlassverwaltung	Bei aus der Zusammensetzung des Nachlasses resultierenden Schwierigkeiten (Auslandsvermögen, Gesellschaftsbeteiligungen, Beteiligung an Erbengemeinschaften, Problemimmobilien, hohen oder verstreuten Schulden, Rechtsstreitigkeiten, Besonderheiten wegen der Person der Beteiligten – wie Minderjährige, Pflichtteilsberechtigte, Erben im Ausland)	Zuschlag von 2/10 bis 10/10 Zusammen mit dem Zuschlag nach d) i.d.R. nicht mehr als 15/10 des Vergütungsgrundbetrags	Fällig wie vor
d) Aufwendige und schwierige Gestaltungsaufgabe	Bei Vollzug der Testamentsvollstreckung, die über bloße Abwicklung hinausgehen, z.B. Umstrukturierung, Umschuldung, Verwertung des Nachlasses	Zuschlag von 2/10 bis 10/10 Zusammen mit Zuschlag nach c) i.d.R. nicht mehr als 5/10 des Vergütungsgrundbetrags	Fällig wie vor

I. Angemessene Vergütung

e) Steuerangelegenheiten	Buchst. a) erfasst nur die Erbschaftsteuer; nicht jedoch die bereits vorher entstandenen oder danach entstehenden Steuern oder ausländische Steuerangelegenheiten	Zuschlag von 2/10 bis 10/10 des Vergütungsgrundbetrags	Fällig bei Abschluss der Tätigkeit
	Soweit Steuerangelegenheit nur einzelne Nachlassgegenstände erfasst, bestimmt sich Zuschlag nur aus deren Wert, jedoch mit den o.g. Prozentzahlen, die für den Gesamtnachlass gelten		
Gesamtvergütung	Soll das Dreifache des Vergütungsgrundbetrags nicht überschreiten		

c) Dauervollstreckung

Bei der **Dauertestamentsvollstreckung** wird zuzüglich zu den vorstehenden Vergütungen weiter folgende Vergütung geschuldet (Nr. III. der Empfehlungen):

438

Normalfall	Verwaltung über den Zeitpunkt der Erbschaftsteuerveranlagung hinaus	1/3 bis 1/2 % jährlich des in diesem Jahr vorhandenen Nachlassbruttowerts oder – wenn höher – 2 bis 4 % des jährlichen Nachlassbruttoertrags	Fällig ist die Zusatzvergütung nach Ablauf des üblichen Rechnungslegungszyklus, also i.d.R. jährlich
Geschäftsbetrieb/Unternehmen	Übernahme und Ausübung bei Personengesellschaften, u.U. durch Vollrechtstreuhand	10 % des jährlichen Reingewinns	
	Tätigkeit als Organ einer Kapitalgesellschaft, GmbH & Co. KG, Stiftung & Co., bei Ermächtigungstreuhand oder Handeln als Bevollmächtigter	Branchenübliches Geschäftsführer- bzw. Vorstandsgehalt und branchenübliche Tantieme	Fälligkeit: wie branchenüblich bei derartigen Zahlungen
	Nur beaufsichtigende Tätigkeit (Aufsichtsrat, Beiratsvorsitz, Weisungsunterworfenheit der Erben)	Branchenübliche Vergütung eines Aufsichtsratsvorsitzenden bzw. Beiratsvorsitzenden	Fälligkeit: wie branchenüblich bei derartigen Zahlungen

d) Periodische Verwaltungsgebühr

Die Empfehlungen des Deutschen Notarvereins gehen von 1/3 bis 1/2 Prozent des gegebenen Nachlassbruttowertes oder – wenn höher – 2 bis 4 Prozent des jährlichen Nachlassbruttoertrags aus.

439

Testamentsvollstrecker und unternehmerische Tätigkeit

Übernahme und Ausübung bei Personengesellschaften, u.U. durch Vollrechtstreuhand	10 % des jährlichen Reingewinns	Tätigkeit als Organ einer Kapitalgesellschaft, GmBH & Co. KG, Stiftung & Co., bei Ermächtigungstreuhand oder Handeln als Bevollmächtigter	Branchenübliches Geschäftsführer- bzw. Vorstandsgehalt und branchenübliche Tantieme
	Nur beaufsichtigende Tätigkeit (Aufsichtsrat, Beiratsvorsitz, Weisungsunterworfenheit der Erben)	Branchenübliche Vergütung eines Aufsichtsratsvorsitzenden bzw. Beiratsvorsitzenden	

e) Mehrere Testamentsvollstrecker

440 Bei **gemeinschaftlicher Tätigkeit** (ohne oder mit gleichwertiger Aufgabenverteilung im Innenverhältnis) sehen die Empfehlungen vor, dass die Vergütung nach Köpfen zu teilen ist. Bei gemeinsamer Verantwortung der Testamentsvollstrecker nach außen, aber nicht gleichwertiger Geschäftsverteilung im Innenverhältnis, ist die Vergütung angemessen unter Berücksichtigung der Aufgabenbereiche aufzuteilen. Bei einer vom Erblasser angeordneten gegenständlichen Verteilung der Aufgaben im Außenverhältnis ist die Vergütung entsprechend der jeweiligen Verantwortung der Testamentsvollstrecker aufzuteilen (Nr. V. 1 der Empfehlungen). Wurden nacheinander mehrere Testamentsvollstrecker tätig, so erhält bei solch „sukzessiver Tätigkeit" der Nachfolger die Vergütung nur für die Tätigkeit, die nicht bereits der Vorgänger abgeschlossen hat. Als Beispiel wird genannt: Ist die Erbschaftsteuerveranlagung bereits erfolgt, so erhält der Nachfolger keinen Vergütungsgrundbetrag (Nr. V. 2. der Empfehlungen).

III. Anwendung der einzelnen Tabellen

441 Die „Vergütungsrichtsätze sind grundsätzlich nach dem Bruttowert des Nachlasses zu ermitteln, d.h. also von der Summe des Aktivvermögens ohne Abzug der Nachlassverbindlichkeiten und nicht vom Nettowert.[514] Gerade die Schuldenregulierung ist besonders aufwendig und stellt eine Hauptaufgabe der Testamentsvollstreckung im Regelfall dar. Anderes gilt nur, wenn die Schuldenregulierung nicht zum Aufgabenbereich der Testamentsvollstreckung gehört.[515] Gibt es **besondere Aufgabenerschwernisse** in der Konstituierungsphase und bei vorbereitenden Maßnahmen, so ist selbstverständlich eine höhere Vergütung angemessen, so dass es zu den einzelnen Werten einen **Zuschlag** gibt. Die **Umsatzsteuer** darf der Testamentsvollstrecker nach der h.M. nicht auf die tatsächlich geschuldete Vergütung aufschlagen.[516] Die vorbezeichneten Tabellenwerte sind „Bruttovergütungen", aus denen der Testamentsvollstrecker die Umsatzsteuer abführen muss. **Bewertungsgrundlage** ist der **Verkehrswert** (gemeine Wert) des Nachlasses.[517] Die genannten Tabellen geben somit doch recht unterschiedliche Vergütungswerte.[518]

---

[514] *Winkler*, Testamentsvollstrecker, Rn. 592; Staudinger/*Reimann*, § 2221 Rn. 34; Palandt/*Edenhofer*, § 2221 Rn. 10; MünchKomm/*Zimmermann*, § 2221 Rn. 8.
[515] Bei Erbauseinandersetzung im Rahmen einer Abwicklungsvollstreckung ist dies aber grundsätzlich der Fall, soweit solche vorhanden sind (vgl. §§ 2050 f. BGB).
[516] *Winkler*, Testamentsvollstrecker, Rn. 660; *Mümmler*, JurBüro 1989, 22; OLG Köln ZEV 1994, 118.
[517] Anordnungen des Erblassers über die Wertansetzung sind zu berücksichtigen.
[518] Bsp. u. Vergleiche finden sich bei: *Haas/Lieb*, ZErb 2002, 202 ff.

IV. Festsetzung in der Praxis

In der Vergangenheit sind immer zahlreiche Vorschläge zur Testamentsvollstreckervergütung gemacht worden. Der Sinn einer willkürlich festgesetzten Prozentzahl auf eine willkürlich gewählte Bezugszahl ist häufig nicht einzusehen. Der Weg, den der **Deutsche Notarverein** vorgezeigt hat, führt in die richtige Richtung, da durch eine Anlehnung an die insolvenzrechtliche Vergütungsordnung tatsächlich durch die Tätigkeitsbezogenheit eine angemessene Vergütung im Einzelfall erreicht werden kann, die für die Erben transparent und verständlich ist.

442

Sinnvoll scheint es aber in Einzelfällen auch zu sein – wie *Birk*[519] –, **zwischen berufsmäßigen und nichtberufsmäßigen Testamentsvollstreckern** zu differenzieren und sich von einer „Prozentvergütung" zu verabschieden. Obwohl die insolvenzrechtliche Vergütungsordnung für den Testamentsvollstrecker interessante Aspekte mit sich bringt, erscheint es auch sachgerecht zu sein, alternativ dem Testamentsvollstrecker eine Stundenvergütung zuzubilligen und diese konkret in der letztwilligen Verfügung zu bestimmen. Dabei erscheint ein Stundensatz bei berufsmäßigen Testamentsvollstreckern von 120,– bis 150,– €, bei nicht berufsmäßigen von 80,– bis 100,– € angemessen. Sofern ein **Stundenhonorar** aufgeführt ist, sollte vorsorglich auch die Art und Weise des Nachweises geregelt werden.

Wenn der Erblasser die Vergütung nicht ausdrücklich angeordnet hat, steht dem Testamentsvollstrecker selbst nicht das Recht zu, diese verbindlich festzusetzen.[520] Für die – dann beabsichtigte – **Vergütungsklage** ist str., welchen Antrag der Testamentsvollstrecker stellen muss. Zum einen wird dargelegt, dass der Testamentsvollstrecker nicht auf Leistung an sich klagt, sondern vielmehr auf Festsetzung eines bestimmten Betrages, den er aus dem Nachlass entnehmen darf.[521] Etwaige Vorentnahmen sind zu berücksichtigen. Zum anderen wird eine Feststellungsklage für richtig erachtet,[522] wonach festgestellt werden soll, dass der Testamentsvollstrecker berechtigt ist, eine genau bezifferte Summe als Testamentsvollstreckervergütung aus dem Nachlass für seine Tätigkeit in einem bestimmten Zeitraum zu entnehmen. Im Einzelnen geht es dann nicht um die Schlussvergütung, sondern um eine Teilvergütung.[523] Sofern es sich um eine Schlussvergütung handelt, soll eine Klage gegen die Erben auf Leistung an den Testamentsvollstrecker erfolgen.

443

Zu beachten ist, dass bei Erhebung einer Klage auf Feststellung oder Zahlung der angemessenen Vergütung deren **Höhe** im Klageantrag grundsätzlich betragsmäßig wegen § 253 Abs. 2 Nr. 2 ZPO genau zu bezeichnen ist. Eine Ausnahme wird nur dann gemacht, wenn eine Bezifferung entweder nicht möglich oder nicht zumutbar ist. Wie bei einer Schmerzensgeldklage ist dann jedoch die Angabe eines Mindestbetrags und der Bemessungsgrundlage erforderlich. Die Bestimmung der angemessenen Vergütung darf nicht in das Ermessen des Gerichts gestellt werden.

444

Nach hiesiger Auffassung sollte er sich bei der Klage statt sich auf eine bestimmte Tabelle zu berufen, der Einfachheit halber den Mittelwert aller Tabellen auswählen, denn der **Mittelwert aller Tabellen** dürfte grundsätzlich eine **angemessene Vergütung** dar-

445

---

519 *Birk*, Vergütung und Aufwendungsersatz des Testamentsvollstreckers, Diss.; ähnlich: *Zimmermann*, ZEV 2001, 334.
520 Ausführlich: *Lieb*, Vergütung des Testamentsvollstreckers, S. 133.
521 So *Krug/Rudolf/Kroiß*, AnwaltFormulare Erbrecht, § 13 Rn. 310; ebenso *Birk*, Vergütung und Aufwendungsersatz des Testamentsvollstreckers, S. 128.
522 So *Zimmermann* in: Münchner Prozessformularbuch R II. 5.
523 Wegen der Subsidiarität der Feststellungsklage dürfte die Zulässigkeit sehr problematisch sein.

stellen. Dabei ist es angesichts der veralteten Rheinischen Tabelle auch gerechtfertigt, auf diese alte Vergütung einen Zuschlag bis zu 20 Prozent wegen des eingetretenen Kaufpreisschwundes[524] zu machen, so dass sich das arithmetische Mittel weiter nach oben verlagert. Die nachfolgende Tabelle soll dabei behilflich sein:[525]

Vermögen in €	Alte Rheinische Tabelle	Möhring	Eckels-kemper	Deutscher Notar Verein	**Mittelwert in €**[526]
50.000	1.600	2.910	2.000	2.000	2.128
250.000	5.600	10.110	8.000	10.000	8.428
500.000	10.600	19.110	14.250	15.000	14.740
1 Mio.	15.600	28.110	26.750	25.000	23.865
1,5 Mio.	20.600	33.110	38.000	37.500	32.303
2,5 Mio.	30.600	43.110	58.000	62.500	48.553
5 Mio.	55.600	68.110	83.000	100.000	76.678

446 In der Praxis dürfte jedoch der Testamentsvollstrecker kaum in die Verlegenheit kommen, eine Leistungsklage zu erheben. Vielmehr kann er sich die beanspruchte Vergütung selbst aus dem Nachlass entnehmen, sofern dieser Betrag noch vorhanden ist. Ist dies nicht der Fall, darf er nicht ohne weiteres Nachlassgegenstände veräußern, nur um seine Vergütung sicherzustellen. So muss eine derartige Vorgehensweise ordnungsgemäßer Verwaltung des Nachlasses gem. § 2216 Abs.1 BGB entsprechen.[527] Dies wird aber regelmäßig der Fall sein, zumal der Testamentsvollstrecker ohnehin nach Maßgabe des § 2204 BGB vorgehen und den Nachlass gem. der Teilungsregeln „versilbern" darf. Zudem ist die Vergütung Nachlassverbindlichkeit, die es ebenfalls mit Nachlassmitteln zu begleichen gilt. Allerdings kommt es auf den Einzelfall an:

– Richtet sich der **Vergütungsanspruch** z.B. **gegen** einen **Vermächtnisnehmer**, kann der Testamentsvollstrecker die Vergütung nicht dem Nachlass entnehmen, sondern sein Anspruch richtet sich direkt gegen den Vermächtnisnehmer. Dann wird der Testamentsvollstrecker um eine Leistungsklage nicht umhinkommen.

– Sind die Erben der Ansicht, der Testamentsvollstrecker habe zu viel für die Vergütung nach § 2221 BGB entnommen, kann der Testamentsvollstrecker selbst eine negative Feststellungsklage einreichen und die Angemessenheit seiner Vergütung feststellen lassen.

V. Fälligkeit der Vergütung und Entnahmerecht

447 Sofern der Erblasser nichts anderes bestimmt hat, ist die Vergütung **erst nach Beendigung** des Amtes, bei länger währenden Verwaltungen aber in regelmäßigen Zeitabschnitten nach Erfüllung der Rechenschaftslegungspflicht gem. §§ 2218, 666 BGB zu entrichten. Der Testamentsvollstrecker hat somit kein Recht auf Auszahlung eines Vorschusses. Er kann die von ihm als angemessen erachtete Vergütung aus dem Nachlass entnehmen, wobei es sich dann um die Erfüllung einer Nachlassverbindlichkeit handelt, für die § 181 nicht anwendbar ist. Ob der Testamentsvollstrecker berechtigt ist, Nachlassgegenstände zu veräußern, um seine Vergütungen auszugleichen, hängt

---

524 Zustimmend: *Lieb*, Vergütung des Testamentsvollstreckers, S. 55; ebenso *Birk*, Vergütung und Aufwendungsersatz des Testamentsvollstreckers, S. 75 ff. m.w.N.; teilweise werden auch Zuschläge von 25 bis sogar 50 Prozent für gerechtfertigt erachtet.
525 Tabelle ohne Mittelwerte von *Lieb*, Vergütung des Testamentsvollstreckers, S. 59.
526 Die Beträge sind ab- oder aufgerundet.
527 BGH WM 1973, 360; BGH NJW 1963, 1615; *Lieb*, Vergütung des Testamentsvollstreckers, S. 134.

davon ab, ob es sich dabei tatsächlich um ordnungsgemäße Verwaltungen i.S.v. § 2216 BGB handelt. Aufgrund seines Vergütungsanspruchs hat er ein **Zurückbehaltungsrecht** gegenüber Ansprüchen der Erben, insbesondere gegenüber dem Anspruch auf Erbschaftsherausgabe und Schadensersatz. Gleiches gilt hinsichtlich des Aufwendungsersatzanspruches. Kein Zurückbehaltungsrecht besteht gegenüber dem Anspruch auf Auskunft und Rechnungslegung.

Da es sich um einen erbrechtlichen Anspruch gem. § 197 Abs. 1 Nr. 2 BGB handelt, **verjährt** der Vergütungsanspruch in **30 Jahren** ab dessen Fälligkeit. Nur in Ausnahmefällen kann es zur Verwirkung des Vergütungsanspruchs kommen, z.B. bei völliger Vernachlässigung der Amtspflichten. Bevor eine Verwirkung angenommen wird, ist zu prüfen, ob nicht alternativ das Fehlverhalten des Testamentsvollstreckers zu einem Abschlag führt.

448

VI. Schuldner

Die Bezahlung der Vergütung ist eine **Nachlassverbindlichkeit**, so dass grundsätzlich die Erben verpflichtet sind, die Vergütung aus dem Nachlass zu zahlen. Dabei haften alle **Miterben** im Außenverhältnis als **Gesamtschuldner** nach Maßgabe des § 2058 BGB. Im Innenverhältnis kann ein Rückgriff gem. § 426 BGB unter Berücksichtigung der Höhe des jeweiligen Erbteils erfolgen. Die Haftung aller Miterben für den Vergütungsanspruch gilt auch in den Fällen, in denen nur ein Erbteil eines Miterben durch die Testamentsvollstreckung betroffen ist, solange die Erbengemeinschaft noch nicht aufgelöst wurde. Bei einer **Nacherbenvollstreckung** richtet sich der Vergütungsanspruch direkt gegen den Nacherben.

449

Die Erben haben nur dann nicht die Vergütung des Testamentsvollstreckers hinsichtlich einer **Vermächtniserfüllung** zu tragen, sondern der Vermächtnisnehmer selbst, wenn der Vermächtnisnehmer wie bspw. bei einem Quotenvermächtnis einem Erben fast gleichgestellt ist. Bei einer wirtschaftlichen Gleichstellung von Erben und Vermächtnisnehmer ist eine Gesamtschuldnerschaft sachgerecht. Eine Alleinschuldnerschaft der Vergütung ist hingegen gerechtfertigt, wenn die Vermächtnisse im Verhältnis zum verbleibenden Restnachlass unverhältnismäßig hoch sind. Regelmäßig will aber der Erblasser gerade nicht, dass die Vermächtnisnehmer auch die Kosten für die Testamentsvollstreckung zu tragen haben. Etwas anderes gilt bei der Testamentsvollstreckung nach Maßgabe des § 2223 BGB **(Vermächtnisvollstreckung/Untervermächtnis)**. Hier trifft die Vergütungspflicht grundsätzlich den Vermächtnisnehmer. Dieser Fall ist aber streng von der Erfüllung eines Vermächtnisses zu unterscheiden, die selbst Verwaltungsvollstreckung ist.

450

VII. Aufwendungsersatz

Neben dem Vergütungsanspruch besteht ein **Aufwendungsersatzanspruch**, wenn die Voraussetzungen der §§ 2218, 670 BGB gegeben sind. Hierunter fallen auch die Ausgaben, die für die Inanspruchnahme von Hilfspersonen entstanden sind, wie z.B. Anwaltskosten zur Durchführung eines Prozesses bzw. eines Steuerberaters. Ist der Testamentsvollstrecker selbst **Rechtsanwalt** oder **Steuerberater**, so ist im Zweifel nicht anzunehmen, dass die i.R.d. Testamentsvollstreckung ausgeübten besonderen beruflichen Dienste, wie Klageerhebung oder Erstellung einer Steuererklärung, bereits in der Testamentsvollstreckervergütung enthalten sind. Vielmehr hat er neben dem Vergütungsanspruch auch weiterhin Anspruch auf Honorierung seiner berufsmäßigen Dienste. Im Einzelnen kommt es aber auf die Auslegung der letztwilligen Verfügung an.

451

VIII. Steuern

452 Bei einer unangemessen hohen Vergütung kann es wegen des Vermächtnischarakters zu einer **Doppelbesteuerung** mit Einkommen- und Erbschaftsteuer kommen. Die Vergütung unterliegt gem. § 18 Abs. 1 Nr. 1, Nr. 3 EStG für die im Rahmen einer freiberuflichen Tätigkeit ausgeübten Testamentsvollstreckung. Grundsätzlich unterliegt die Testamentsvollstreckervergütung gem. §§ 1, 2 Abs. 1 UStG der **Umsatzsteuer** und zwar auch dann, wenn nur eine einzige Testamentsvollstreckung durchgeführt wird. Die Tätigkeit als Testamentsvollstrecker ist, auch wenn sie von einem Steuerberater oder Wirtschaftsprüfer ausgeübt wird, **keine Beratungsleistung** i.S.d. § 3 a Abs. 4 Nr. 3 UStG.[528] Für die Erfüllung des Tatbestandsmerkmals der Nachhaltigkeit ist bereits ausreichend, wenn ein Rechtsverhältnis aufgenommen wird, das durch eine Vielzahl von Handlungen bestimmt wird, was bei einer Verwaltungsvollstreckung ohne weiteres gegeben ist. In Ausnahmefällen, wie z.B. bei der Auseinandersetzung eines durchschnittlichen Haushaltes, kann aber die Umsatzsteuerpflicht entfallen. Problematisch ist in der Praxis, dass eine Gewerbesteuerpflicht entstehen kann, wenn der Testamentsvollstrecker im Rahmen seiner Tätigkeit mehrere **Hilfskräfte beschäftigt**. Dann kann die sog. **Vervielfältigungstheorie** greifen. Üben Freiberufler im Rahmen ihrer Tätigkeit die Testamentsvollstreckung aus, sind jedoch Vergütungsansprüche den sonstigen Einkünften aus selbständiger Arbeit zuzurechnen, insoweit entsteht keine Gewerbesteuer. Wenn jedoch der Testamentsvollstrecker ein Gewerbe fortführt (z.B. bei der Treuhandlösung) kann dies allerdings eine **Gewerbesteuerpflicht** nach sich ziehen.

J. Mehrere Testamentsvollstrecker

I. Allgemeines

453 Nach § 2224 BGB kann der Erblasser mehrere Testamentsvollstrecker benennen. Die Ernennung selbst erfolgt nach Maßgabe der §§ 2197 bis 2200 BGB, wobei keine zahlenmäßige Beschränkung besteht.[529] Der Vorteil der Ernennung mehrerer Testamentsvollstrecker liegt darin, dass so eine Verteilung der Verantwortung und gegenseitige Kontrolle geschaffen werden können. Dies bietet sich insbesondere bei größeren Nachlässen an.

II. Gemeinschaftliche Amtsführung gemäß § 2224 Abs. 1 BGB

454 Nach § 2224 Abs. 1 Satz 1 BGB müssen alle Testamentsvollstrecker das Amt gemeinschaftlich führen. Es gilt das **Einstimmigkeitsprinzip**.[530] Kommt es zu Meinungsverschiedenheiten, entscheidet das Nachlassgericht, es sei denn, der Erblasser hat Abweichendes angeordnet.

455 Ein **gleichzeitiges Handeln** aller Testamentsvollstrecker ist nicht notwendig. Handelt ein Testamentsvollstrecker allein, so wird die Verfügung jedoch **erst wirksam**, wenn die übrigen Vollstrecker nachträglich das Rechtsgeschäft gem. § 185 Abs. 1 BGB genehmigen. Fehlt die Genehmigung eines Mitvollstreckers, so ist das Rechtsgeschäft schwebend unwirksam. Sofern einem handelnden Testamentsvollstrecker von den weiteren Testamentsvollstreckern **Generalvollmacht** erteilt wurde, ist darauf zu ach-

---

528 BFH ZErb 2003, 322.
529 MünchKomm/*Zimmermann*, § 2224 Rn. 2; Soergel/*Damrau*, § 2224 Rn. 1.
530 Soergel/*Damrau*, § 2224 Rn. 4; vgl. auch BGH NJW 1967, 2402.

ten, dass das Gesamtvollstreckungsprinzip des § 2224 BGB nicht umgangen wird.[531] So ist eine derartige Generalvollmacht nur dann wirksam, wenn sie sich auf einzelne Geschäfte beschränkt und widerruflich ist.

III. Ausnahme vom Gesamtvollstreckungsprinzip gemäß § 2224 Abs. 2 BGB

Nach § 2224 Abs. 2 BGB ist ausnahmsweise jeder Testamentsvollstrecker berechtigt, ohne Zustimmung der anderen Testamentsvollstrecker diejenigen Maßnahmen, die zur Erhaltung eines der gemeinschaftlichen Verwaltung unterliegenden Nachlassgegenstandes notwendig sind, auszuführen. Ebenso kann jeder einzelne Testamentsvollstrecker bei Meinungsverschiedenheiten allein das Nachlassgericht anrufen. Bei der Gesamtvollstreckung stellt sich für **Dritte** häufig das Problem, dass diese nicht wissen, dass tatsächlich Gesamtvollstreckung angeordnet ist und nicht nur eine einzelne Testamentsvollstreckung. Sämtliche Rechtsgeschäfte bleiben schwebend unwirksam, solange nicht die anderen Testamentsvollstrecker ihre **Genehmigung** erteilt haben.[532] Beruft sich der **Dritte** auf eine Anscheinsvollmacht gem. § 164 Abs. 1 Satz 2 BGB oder auf eine ausdrückliche Erklärung des Testamentsvollstreckers, er handele im Namen auch der weiteren Gesamtvollstrecker, so bleibt dennoch das Rechtsgeschäft gegenüber dem Nachlass schwebend unwirksam, da eine tatsächliche Bevollmächtigung notwendig ist. Dann haftet aber der erklärende oder handelnde Testamentsvollstrecker nach Maßgabe des § 179 BGB.[533] Mit Ausnahme der wirksamen Bevollmächtigung eines einzelnen Testamentsvollstreckers und einer abweichenden Anordnung müssen alle Amtsführungen gemeinschaftlich vorgenommen werden, wie z.B. das Stellen eines Antrages auf Grundbuchberichtigung, eines Antrages, Verwaltungsanordnungen gem. § 2216 Abs. 2 Satz 2 BGB aufzuheben sowie ein Nachlassinsolvenzverfahren zu beantragen.

456

IV. Entscheidung bei Meinungsverschiedenheit unter Gesamtvollstreckern

Nach § 2224 Abs. 1 Satz 1 2. HS BGB entscheidet bei Meinungsverschiedenheit unter mehreren Testamentsvollstreckern das Nachlassgericht. Im Einzelnen ist zu differenzieren, welche Art von Meinungsverschiedenheit zwischen den Testamentsvollstreckern besteht. Zum einen kann es darum gehen, wie das einzelne Amt auszuüben ist, zum anderen kann auch die Beantwortung einer Auslegungsfrage des Testamentes problematisch sein. Bereits aus dem Wortlaut des § 2224 Abs. 1 Satz 1 1. HS BGB ergibt sich, dass das Nachlassgericht bei Meinungsverschiedenheiten nur Fragen der Art und Weise der Amtsausübung entscheiden kann. Bei den anderen Fragen ist lediglich das **Prozessgericht** entscheidungsbefugt. **Antragsberechtigt** ist jeder Mitvollstrecker allein. Entgegen der überwiegenden Ansicht[534] ist sonstigen Beteiligten, wie dem Erben, Vermächtnisnehmer oder Pflichtteilsberechtigten, kein Antragsrecht zuzubilligen, da diesen die Möglichkeit aus § 2216 BGB zusteht, direkt vor dem Prozessgericht zu klagen.[535] Andernfalls könnte es auch zu einer Entscheidungsdivergenz kommen. Unstreitig wird dem Dritten, der das Rechtsgeschäft schließen will, kein Antragsrecht zugebilligt.

457

---

531 BGHZ 34, 27.
532 RG JW 1932, 1358.
533 Soergel/*Damrau*, § 2224 Rn. 5 m.w.N.
534 *Bamberger/Roth/J. Mayer*, § 2224 Rn. 5; Staudinger/*Reimann*, § 2224 Rn. 25; MünchKomm/*Zimmermann*, § 2224 Rn. 13.
535 So wie hier: Soergel/*Damrau*, § 2224 Rn. 13.

458 Der **Richter** ist gem. § 16 Abs. 1 Nr. 4 RPflG funktionell zuständig. Das Nachlassgericht prüft in mehreren Schritten. Zunächst ist zu prüfen, ob die beabsichtigte Maßnahme mit dem Gesetz bzw. der letztwilligen Verfügung des Erblassers vereinbar ist. Anschließend ist die Notwendigkeit und Zweckmäßigkeit[536] des Rechtsgeschäfts zu prüfen. **Prüfungsgegenstand** ist somit nur ein tatsächliches Verhalten des Testamentsvollstreckers, das in Ausführung der Verwaltungsaufgabe vorgenommen wird. Insofern wird lediglich die sachliche Amtsführung überprüft. Das Nachlassgericht kann nur den von dem Testamentsvollstrecker vorgetragenen Vorschlag billigen oder ihn ablehnen bzw. in geringem Umfang modifizieren. Hingegen kann es nicht selbst eine Entscheidung treffen, welche Handlung richtig wäre. Das Gericht entscheidet somit lediglich, dass der Mitvollstrecker zu der gewünschten Maßnahme seine Zustimmung zu erteilen hat. Eine Ersetzungswirkung sieht das Gesetz nicht vor, d.h. die Zustimmung des Testamentsvollstreckers wird nicht ersetzt.[537] Stimmt der Mitvollstrecker weiterhin der Maßnahme trotz Entscheidung des Nachlassgerichtes nicht zu, so muss er vor einem Prozessgericht auf Zustimmung verklagt werden bzw. es ist ein Entlassungsverfahren nach § 2227 BGB anzustrengen.[538] Grundsätzlich macht sich der weiterhin weigernde Mitvollstrecker nach Maßgabe des § 2219 BGB **schadensersatzpflichtig**.

K. Beendigung des Amtes des Testamentsvollstreckers

I. Allgemeines

459 Das Amt des Testamentsvollstreckers endet in den Fällen der §§ 2225, 2226 und § 2227 BGB. Diese Vorschriften über die Amtsbeendigung enthalten keine abschließende Regelung.[539] Zu differenzieren ist zwischen der Beendigung des Amtes des Testamentsvollstreckers an sich und der Beendigung der Testamentsvollstreckung insgesamt.

II. Beendigungstatbestände

460 Im Einzelnen gibt es folgende **Beendigungstatbestände** des Testamentsvollstreckeramtes:
– Tod des Testamentsvollstreckers nach § 2225 1 Alt. BGB;
– Eintritt der Amtsunfähigkeit des Testamentsvollstreckers nach § 2225 2. Alt BGB i.V.m. § 2201 BGB;
– Verlust der Rechtsfähigkeit bei juristischen Personen analog § 2225 BGB;
– Kündigung des Testamentsvollstreckers nach § 2226 BGB;
– Entlassung durch das Nachlassgericht nach § 2227 BGB.

461 Hingegen **endet** die Testamentsvollstreckung **insgesamt** z.B. durch:
– Erblasseranordnung (auflösende Bedingung/Befristung);
– Vollständige Erschöpfung des Nachlasses;

---

536 BayObLG MDR 1978, 142.
537 Vgl. Palandt/*Edenhofer*, § 2224 Rn. 4.
538 *Bamberger/Roth/J. Mayer*, § 2224 Rn. 8; Staudinger/*Reimann*, § 2224 Rn. 26; a.A. MünchKomm/ *Zimmermann*, § 2224 Rn. 14.
539 *Zimmermann*, Testamentsvollstreckung, Rn. 791; *Schmucker*, Testamentsvollstrecker und Erbe, S. 274 m.w.N.

- Erledigung aller dem Testamentsvollstrecker obliegenden Aufgaben (z.B. Gründung der Stiftung und Übertragung des vollständigen Nachlassvermögens auf sie);
- Ablauf der 30-Jahres-Frist bei Verwaltungsvollstreckung (§ 2210 BGB), sofern sich nicht nach § 2210 Satz 2 BGB eine Abwicklungsvollstreckung anschließt;
- Eintritt des Nacherbfalls bei Nacherbenvollstreckung (§ 2222 BGB);
- Veräußerung oder Freigabe nach § 2217 BGB des Gegenstandes, für den allein Testamentsvollstreckung angeordnet wurde;
- „Partielles Hineinwachsen" nach länger andauernder Testamentsvollstreckung in das Eigenvermögen der Erben[540] durch Eigenleistung der Erben und damit „Hinauswachsen" aus dem der Testamentsvollstreckung unterliegendem Nachlass;
- Mit dem Tode der Person, für deren Lebensdauer die Testamentsvollstreckung angeordnet wurde (Erbe/Vermächtnisnehmer).

Vereinbaren bei der Abwicklungsvollstreckung die Erben, sich nicht auseinandersetzen zu wollen, und hat der Testamentsvollstrecker alle weiteren Aufgaben mit Ausnahme der Auseinandersetzung erledigt, so endet ebenfalls die Testamentsvollstreckung.[541] In der Praxis kann es somit zu taktischen Überlegungen der Erben kommen, um sich eines Testamentsvollstreckers bei einer reinen Abwicklungsvollstreckung zu entledigen. Die Erbengemeinschaft könnte theoretisch nach Beendigung der Testamentsvollstreckung durch ihren **Beschluss der Nichtauseinandersetzung** im Rahmen eines actus contrarius diesen wieder aufheben und sich ohne Testamentsvollstreckung entgegen des Erblasserwillens auseinandersetzen. Eine derartige Vorgehensweise widerspricht den gesetzlichen Regelungen in §§ 2225 bis 2227 BGB, wonach sich die Erben eines Testamentsvollstreckers nicht so ohne weiteres entledigen können. Entgegen der Rspr.[542] und einem Teil der Lit.[543] lebt daher im Falle der späteren Auseinandersetzung die vermeintlich beendete Testamentsvollstreckung wieder auf.[544] Der Testamentsvollstrecker muss lediglich das Nachlassgericht um Aushändigung des alten Testamentsvollstreckerzeugnisses bitten, um anschließend die Erbauseinandersetzung zu betreiben. Am sichersten erscheint mithin der Weg zu sein, die Erbenstellung des einzelnen davon abhängig zu machen, dass er nicht die Auseinandersetzung durch eine Vereinbarung vereitelt.

Kein Erlöschen bzw. keine Beendigung des Testamentsvollstreckeramtes ergibt sich durch:
- Anordnung der Nachlassverwaltung (nur Ruhen der Testamentsvollstreckerbefugnisse);
- Eröffnung der Nachlassinsolvenz (nur Ruhen der Testamentsvollstreckerbefugnisse);
- Eröffnung der Privatinsolvenz über das Vermögen des Testamentsvollstreckers;
- Irriger Glaube des Testamentsvollstreckers, er habe alle Aufgaben erfüllt.

---

540 *Bengel/Reimann*, HB VII, Rn. 53 ff.
541 BayObLGZ 1953, 357.
542 BayObLG 1953, 357; OLG München JFG 14 ,190; OLG Hamm Rpfleger 1958, 15.
543 Staudinger/*Reimann*, § 2204 Rn. 5, *ders.*, § 2225 Rn. 2.
544 Erman/*Hense*, § 2204 Rn. 2; Palandt/*Edenhofer*, § 2204 Rn. 2; *Winkler*, Testamentsvollstrecker, Rn. 542; RGRK/*Kregel*, § 2204 Rn. 2.

1. Tod des Testamentsvollstreckers nach § 2225 1. Alt.

464 Verstirbt der Testamentsvollstrecker, erlischt das Amt des Testamentsvollstreckers nicht zuletzt aufgrund der **Unvererblichkeit** automatisch mit dem Tode. Der Erbe des Testamentsvollstreckers ist jedoch nach §§ 2218, 673 Satz 2 BGB gegenüber den Erben, die unter Testamentsvollstreckung standen, hinsichtlich des Todes des Testamentsvollstreckers anzeige- und auch besorgungspflichtig.[545] Diese **Notbesorgungspflicht** führt dazu, dass die Erben des Testamentsvollstreckers unaufschiebbare Maßnahmen so lange vorzunehmen haben, bis der Erbe oder der neue Testamentsvollstrecker handeln kann.[546]

2. Eintritt der Amtsunfähigkeit des Testamentsvollstreckers nach § 2225 2. Alt BGB i.V.m. § 2201 BGB

465 Wird der Testamentsvollstrecker geschäftsunfähig i.S.d. § 104 BGB oder wird er in seiner Geschäftsfähigkeit eingeschränkt, tritt **Amtsunfähigkeit** mit der Folge ein, dass das Amt des konkret berufenen Testamentsvollstreckers erlischt.[547] Gleiches gilt, wenn er nach § 1896 BGB zur Besorgung seiner sämtlichen Vermögensangelegenheiten einen **Betreuer** erhalten hat. Das Amt endet bereits mit der Bestellung eines vorläufigen Betreuers nach § 69f FGG.[548] Ist das Amt nach § 2225 BGB weggefallen, kann es auch nicht wieder aufleben, wenn ein Unfähigkeitsgrund später wegfällt.

3. Verlust der Rechtsfähigkeit bei juristischen Personen analog § 2225 BGB

466 Sofern eine **juristische Person** zum Testamentsvollstrecker bestellt wurde, stellt sich die Frage, ob nicht für diese juristische Person diejenige Regelung anzuwenden ist, die für natürliche Personen gilt. Mit der h.M.[549] ist zu Recht analog § 2225 BGB der Verlust der Rechtsfähigkeit bei juristischen Personen mit dem Tod des Testamentsvollstreckers gleichzusetzen. Ebenso erlischt in den Fällen der **Umwandlung** gleichzeitig die Testamentsvollstreckung mit dem untergehenden Rechtsträger.[550] Grundsätzlich bleibt aber die Testamentsvollstreckung erhalten, wenn der Rechtsträger erhalten bleibt. Ein Formwechsel hat wegen § 190 UmwG keine Auswirkungen auf die Testamentsvollstreckung.[551] Kommt es zu einer Verschmelzung durch Neugründung nach §§ 36 Abs. 1 Satz 1, 20 Abs. 1 Nr. 2 Satz 1 UmwG erlischt hingegen die Testamentsvollstreckung.[552] Dies gilt nicht bei Verschmelzung durch Aufnahme gem. § 20 Abs. 1 Nr. 1 UmwG, wenn der aufnehmende Rechtsträger Testamentsvollstrecker war.[553]

III. Rechtsfolgen der Amtsbeendigung

467 Die Beendigung des konkreten Testamentsvollstreckeramtes führt nicht zwingend zu einem Ende der gesamten Testamentsvollstreckung. Hier kommt es im Einzelfall auf die Auslegung der letztwilligen Verfügung an, ob die Testamentsvollstreckung noch

---

545 MünchKomm/*Zimmermann*, § 2225 Rn. 4; *Bamberger/Roth/J.Mayer*, § 2225 Rn. 5.
546 *Bengel/Reimann/Klumpp*, HB VI, Rn. 258.
547 *Zimmermann*, Testamentsvollstreckung, Rn. 832; *Winkler*, Testamentsvollstrecker, Rn. 784.
548 BayObLG ZEV 1995, 63 m. zust. Anm. *Damrau*.
549 *Winkler*, Testamentsvollstrecker, Rn. 785; *Bengel/Reimann*, HB VII, Rn. 6.
550 *Reimann*, ZEV 2000, 381 ff. m.w.N.
551 *Mayer/Bonefeld/Wälzholz/Weidlich*, Testamentsvollstreckung, Rn. 265 ff.
552 *Mayer/Bonefeld/Wälzholz/Weidlich*, Testamentsvollstreckung, Rn. 265 ff. m.w.N.
553 *Bengel/Reimann*, HB VII, Rn. 6.

fortdauert oder nicht. Dann müsste ggf. das Nachlassgericht einen Nachtestamentsvollstrecker gemäß § 2200 BGB bestimmen.

Der Testamentsvollstrecker verliert alle Verwaltungs-, Verfügungs- und Verpflichtungsbefugnisse automatisch mit der Beendigung des Amtes und ist anschließend gem. §§ 2218, 666 ff. BGB zur Herausgabe des durch die Testamentsvollstreckung Erlangten und in Besitz genommenen sowie zur Rechenschaft verpflichtet. Wird nur das Amt, nicht aber die Testamentsvollstreckung insgesamt beendet, sind die Pflichten gegenüber dem Testamentsvollstreckernachfolger inkl. Ersatztestamentsvollstrecker sowie Mittestamentsvollstrecker – und nicht gegenüber den Erben etc. – zu erfüllen. 468

Handelt der Testamentsvollstrecker trotz Beendigung des Amtes, sind diese **Handlungen** grundsätzlich **unwirksam**, wobei im Grundstücksverkehr str. ist, ob nicht § 878 BGB analog anwendbar ist, wenn der Testamentsvollstrecker seine Verfügungsbefugnis vor Grundbuchvollzug verliert. Von der h.M. wird eine analoge Anwendung abgelehnt, da die Vorwirkungen des § 878 BGB nicht bei Wegfall der gesamten Verfügungsbefugnis eingreifen. Für eine analoge Anwendung spricht jedoch der Schutzzweck des § 878 BGB, der auch dann anwendbar ist, wenn Rechtsinhaber und Verfügungsberechtigter nicht identisch sind.[554] 469

Sofern die Testamentsvollstreckung insgesamt beendet ist, erhält der Erbe das **Verwaltungs- und Verfügungsrecht**, da § 2214 BGB fortan nicht mehr anwendbar ist. 470

Da die Testamentsvollstreckung im **Erbschein** angegeben wird, wird ein so erteilter Erbschein unrichtig und muss eingezogen werden. Ebenso ist gem. §§ 84 ff. GBO von Amts wegen oder auf Antrag der **Testamentsvollstreckervermerk** nach § 52 GBO im Grundbuch zu löschen.

Der Nachweis der Beendigung der Testamentsvollstreckung ist durch einen neuen Erbschein zu erbringen, in dem die Testamentsvollstreckung nicht aufgeführt ist. Gleichfalls kann ein Testamentsvollstreckerzeugnis mit **Unwirksamkeitsvermerk** vorgelegt werden. Regelmäßig erlöschen auch alle dem Testamentsvollstrecker vom Erblasser erteilten **Vollmachten**, sofern sich nicht aus dem Erblasserwillen ersehen lässt, dass die Vollmacht unabhängig von der Testamentsvollstreckung erteilt wurde.

> **Praxishinweis:**
> Endet das Amt des Testamentsvollstreckers, wird nach § 2368 Abs. 3 BGB das erteilte Testamentsvollstreckerzeugnis automatisch kraftlos, zumal ein förmliches Einziehungsverfahren im FGG nicht vorgesehen ist. Demzufolge besteht auch keine gesetzliche Verpflichtung des Testamentsvollstreckers, die Beendigung des Amtes dem Nachlassgericht mitzuteilen. Von Amts wegen soll das Nachlassgericht das Zeugnis zurückfordern. Insofern ist den Erben nach Beendigung der Testamentsvollstreckung zu raten, eigenständig tätig zu werden, damit das Testamentsvollstreckerzeugnis eingezogen wird.

Im notariellen Bereich ist aufgrund von § 2368 BGB unbedingt darauf zu achten, durch **Einsicht in die Nachlassakten** zu prüfen, ob das Amt des Testamentsvollstreckers nach Eintragung der Auflassungsvormerkung bzw. Auflassung noch besteht. Die Vorlage des Testamentsvollstreckerzeugnisses sollte vorsorglich auch verlangt werden, sie lässt aber keine eindeutigen Rückschlüsse darüber zu, ob das Amt noch fortbesteht. 471

---

554 LG Neubrandenburg MDR 1995, 491; Palandt/*Bassenge*, § 878 Rn. 11.

472 Sofern der Testamentsvollstrecker während der Amtszeit **Vollmachten an Dritte** erteilt hat, erlöschen diese ebenfalls mit Beendigung der Testamentsvollstreckung. Auch hier sollten vorsorglich sämtliche Vollmachtsurkunden zurückgefordert werden, da andernfalls bei widrigem Handeln des Vollmachtsinhabers eine **Haftung des Testamentsvollstreckers** analog § 179 BGB droht.

IV. Kündigung durch den Testamentsvollstrecker

473 Durch § 2226 BGB wird dem Testamentsvollstrecker ermöglicht, jederzeit eine Kündigung auszusprechen. Der Erblasser kann diesen Schritt durch ein Verbot in der letztwilligen Verfügung nicht verhindern. Wohl aber kann er etwaige Zuwendungen an den Testamentsvollstrecker unter der auflösenden Bedingung von der Nichtausübung des Kündigungsrechts abhängig machen.

474 Hat sich der Testamentsvollstrecker entschlossen, bereits vor der Erledigung sämtlicher Aufgaben das Amt aufzugeben, so kann er nach § 2226 Satz 2 BGB durch einfache **unwiderrufliche, formfreie Erklärung** gegenüber dem Nachlassgericht sein Amt kündigen.[555] Die Kündigung kann jederzeit, also ohne Einhaltung einer **Kündigungsfrist** erfolgen. Eine Kündigung zur **Unzeit** nach Maßgabe des § 671 Abs. 2 BGB darf nur erfolgen, wenn ein wichtiger Grund vorliegt. Der Testamentsvollstrecker darf somit nicht kündigen, wenn der Erbe für die Besorgung des Geschäfts nicht anderweitig Fürsorge treffen kann. Sofern ein wichtiger Grund vorliegt, wie z.B. eine schwere Erkrankung, entfällt das Verbot der Kündigung zur Unzeit. Insgesamt ist an die Annahme eines wichtigen Grundes ein strenger Maßstab anzulegen. Sofern die Kündigung zur Unzeit erfolgt, ist diese wirksam, führt aber zur Schadensersatzpflicht des Testamentsvollstreckers.

475 Für die Erklärung der **amtsempfangsbedürftigen Willenserklärung** gegenüber dem Nachlassgericht gilt § 130 BGB. Sowohl eine ausdrückliche als auch **stillschweigende Kündigung** ist möglich,[556] wobei aus letzterer der Kündigungswille mit hinreichender Deutlichkeit hervorgehen muss. Sie kann nicht widerrufen werden, ist aber gegenüber dem Nachlassgericht nach §§ 119, 123 BGB anfechtbar.

476 Eine gesetzliche Regelung für eine mögliche **Teilkündigung** durch den Testamentsvollstrecker fehlt. Letztendlich ist eine Teilkündigung nur dann zulässig, wenn einzelne abtrennbare Aufgabenbereiche vorliegen und ferner davon ausgegangen werden kann, dass eine Teilniederlegung des Amtes mit dem Erblasserwillen vereinbar ist.[557] Eine unzulässige Teilkündigung führt wegen des fehlenden Willens, das Amt insgesamt aufzugeben, nicht automatisch zur vollständigen Beendigung des Testamentsvollstreckeramtes.

477 Erblasser oder die Erben können mit dem Testamentsvollstrecker einen Vertrag schließen, wonach sein **Kündigungsrecht** aus § 2226 BGB ausgeschlossen werden soll. Dabei handelt es sich um einen Verzicht. Verpflichtet sich eine Person zur Ausführung des Testamentsvollstreckeramtes per Vertrag, so ist darin eine **Kündigungsabrede** zu sehen.[558] Dabei bleibt die Kündigung aus wichtigem Grund weiterhin möglich. Sofern kein wichtiger Grund vorliegt, kann dies zu **Schadensersatzansprüchen** des Testamentsvollstreckers führen. Der Testamentsvollstrecker kann auch mit den

---

555 *Bamberger/Roth/J. Mayer*, § 2226 Rn. 2; *Staudinger/Reimann*, § 2226 Rn. 4.
556 OLG Düsseldorf ZEV 1998, 353.
557 OLG Hamm NJW-RR 1991, 837; a.A. *Soergel/Damrau*, § 2226 Rn. 3.
558 MünchKomm/*Zimmermann*, § 2226 Rn. 4.

Erben eine **Abrede** treffen, wonach er zur Niederlegung des Amtes unter bestimmten Voraussetzungen verpflichtet wird. Dieser Anspruch kann von den Erben eingeklagt werden.[559] Die Nichterfüllung dieses Anspruchs kann ggf. einen Entlassungsgrund aus § 2227 BGB darstellen. Der Vertrag kann aber nicht dergestalt abgeschlossen werden, dass der Testamentsvollstrecker jederzeit auf Verlangen der Erben verpflichtet ist, das Amt niederzulegen, da hierdurch seine Unabhängigkeit gefährdet ist. Verpflichtungsgrund für die Niederlegung kann daher lediglich ein Grund sein, der nicht im Ermessen der Erben steht. Eine anders lautende Vereinbarung zwischen den Erben und dem Testamentsvollstrecker ist unwirksam.

Die Kündigung führt zur **Beendigung des Amtes** des Testamentsvollstreckers, nicht unbedingt zur Beendigung der Testamentsvollstreckung insgesamt. **Vereinbarungen** zwischen Testamentsvollstrecker und Erben über die vorzeitige Beendigung der Testamentsvollstreckung sind nur dann wirksam, wenn sie die Unabhängigkeit des Testamentsvollstreckeramtes[560] bestehen lassen.

478

---

559 BGHZ 25, 275 = BGH NJW 1962, 912.
560 *Reimann*, NJW 2005, 789 ff.

18. Kapitel
Unternehmertestament
– Schnittstellen zwischen Erb- und Gesellschaftsrecht –

Übersicht:

	S.
A. Einführung	879
I. Notwendigkeit der Errichtung eines Unternehmertestaments	879
II. Ziele der Unternehmenserbfolge	880
III. Unternehmertestament vs. Unternehmensnachfolge zu Lebzeiten	881
IV. Unternehmertestament als Teil einer ganzheitlichen Vermögensnachfolgeplanung	885
V. Vorbereitung des Unternehmertestaments	886
B. Erbrechtliche Grundlagen des Unternehmertestaments	889
I. Gesetzliche und gewillkürte Erbfolge	889
II. Formen letztwilliger Verfügungen	889
III. Erbrechtliche Gestaltungsinstrumente	890
1. Erbeinsetzung	890
2. Vermächtnis	892
3. Auflagen	894
4. Vor- und Nacherbfolge	895
5. Testamentsvollstreckung	898
IV. Pflichtteilsrecht	902
1. Problematik	902
2. Pflichtteilsverzichtsvertrag	903
3. Nachlasswert	905
V. Nachlassvollmacht	910
VI. Schiedsklausel	913
C. Erbrechtliche Nachfolge in Unternehmensbeteiligungen	915
I. Einzelunternehmen	915
1. Vererblichkeit des Einzelunternehmens	915
2. Haftung der Erben für Verbindlichkeiten des Einzelunternehmens	916
3. Fortführung des Einzelunternehmens durch eine Erbengemeinschaft	916
4. Fortführung des Einzelunternehmens durch einen Testamentsvollstrecker	918
a) Problematik: Kollision zwischen Erbrecht und Handelsrecht	918
b) Vollmachtslösung	918
c) Treuhandlösung	918
d) Weisungsgeberlösung	919
e) Zusammenfassung	920
II. Offene Handelsgesellschaft	921
1. Allgemeines	921
2. Gesetzliche Regelung	922
3. Vertragliche Regelungen	923
a) Vorrang des Gesellschaftsvertrages	923
b) Auflösungsklausel	923
c) Fortsetzungsklausel	924
d) Nachfolgeklauseln	927
aa) Erbrechtliche Nachfolgeklauseln	927
(1) Allgemeines	927
(2) Einfache Nachfolgeklausel	928
(3) Qualifizierte Nachfolgeklausel	930
bb) Rechtsgeschäftliche Nachfolgeklausel	938
e) Eintrittsklausel	939
4. Testamentsvollstreckung	944
5. Wahlrecht des Erben	946
6. Ausblick	950
III. Kommanditgesellschaft	951
1. Tod eines persönlich haftenden Gesellschafters	951
2. Tod eines Kommanditisten	951
3. Testamentsvollstreckung	953
4. Besonderheiten bei der GmbH & Co. KG	954
IV. Gesellschaft mit beschränkter Haftung	956
1. Grundsatz der freien Vererblichkeit	956
2. Einschränkung der Erbfolge durch die Satzung	959
a) Einziehungsklausel	959
b) Abtretungsklausel	961
c) Kombinationsklausel	962
3. Testamentsvollstreckung	962
V. Aktiengesellschaft	964
1. Grundsatz der freien Vererblichkeit	964
2. Einschränkung der Erbfolge durch die Satzung	964
a) Abtretungsklausel	964
b) Einziehungsklausel	965
3. Mittelbare Steuerung der Erbfolge	966
4. Besonderheiten bei börsennotierten Aktiengesellschaften	966
5. Testamentsvollstreckung	967
D. Zehn Regeln zum Unternehmertestament	967

Literaturhinweise:

Ebenroth/Lorz, Das Unternehmertestament als Bestandteil umfassender Nachfolgeplanung, WiB 1995, 609; *Flick,* Widerspruch zwischen Testament und Gesellschaftsvertrag, ZEV 1994, 34; *Lommer,* Die Unternehmensnachfolge in eine Familien-Kapitalgesellschaft nach Gesellschafts-, Zivil- und Steuerrecht, BB 2003, 1909; *von Oertzen/Hannes,* ZEV-Report Gesellschaftsrecht/Unternehmensnachfolge, ZEV 2004, 130, 256 und 524; *von Oertzen/Hannes/Onderka,* ZEV-Report Gesellschaftsrecht/Unternehmensnachfolge, ZEV 2005, 132; *Reimann,* Kautelarjuristische Maßnahmen zur Absicherung und Kontrolle der Unternehmensnachfolge, in: Festschrift für Gerhard Otte, München 2005, S. 285 ff.; *Reichert,* Unternehmensnachfolge aus anwaltlicher Sicht, GmbHR 1998, 257; *Richter/Philipp,* Vorweggenommene Erbfolge und erbrechtliche Gestaltungen, Berater-Brief Vermögen 7/2004, 31; *Scherer,* Erfolgreiche Unternehmensnachfolge – Beratungsaspekte und Störfelder, BB-Special 5/2004, 2; *Spiegelberger,* Risiken bei der Unternehmensnachfolge, Stbg. 2002, 245; *Spiegelberger,* Das Unternehmertestament, Stbg. 1999, 249.

A. Einführung

I. Notwendigkeit der Errichtung eines Unternehmertestaments

Nur wenigen Menschen gelingt es, ein eigenes Unternehmen erfolgreich aufzubauen und zu führen. Noch viel seltener gelingt es jedoch, ein solches Unternehmen auch langfristig zu erhalten.[1] Der Volksmund geht davon aus, dass die Lebensdauer von Familienunternehmen vielfach auf drei Generationen beschränkt ist: *„Der Vater erstellt's, der Sohn erhält's und den Enkeln zerfällt's."*

Die **Ursachen für das Misslingen** der Unternehmensnachfolge sind vielfältig. In einer Vielzahl von Fällen **fehlt** es schon **an einem wirksamen Testament**. Jüngsten Schätzungen zufolge haben nicht einmal 30 Prozent aller Unternehmer ein Testament errichtet. Die meisten dieser **Testamente** sind im Erbfall vermutlich bereits **veraltet**, weil sie nicht mit der sich ändernden unternehmerischen, familiären und steuerlichen Situation abgestimmt worden sind. An eine ergänzende rechtliche Vorsorge gegen Unfall- oder Krankheitsrisiken wird oftmals gar nicht gedacht. Das mangelnde Problembewusstsein vieler Unternehmer ist umso erstaunlicher, als sich die meisten von ihnen durch den Abschluss von verschiedenen Versicherungen (z.B. Lebens- und Unfallversicherungen sowie Brand- und Betriebsunterbrechungsversicherungen) gegen einzelne Lebensrisiken möglichst umfassend absichern. Eine ganzheitliche Regelung für den Fall des eigenen Ablebens fehlt dagegen in vielen Fällen.

Eine frühzeitige und umfassende Planung der Unternehmensnachfolge ist zur Sicherung des langfristigen Bestands des Unternehmens unerlässlich.[2] Dies gilt nicht nur für Unternehmer, die sich altersbedingt aus dem Tagesgeschäft zurückziehen möchten, sondern auch für Jungunternehmer und Unternehmensgründer.

Ein **überzeugendes Nachfolgekonzept** kann darüber hinaus auch für die laufende Unternehmensführung von Vorteil sein. Das **Rating** eines Unternehmens beurteilt sich heute u.a. danach, ob das Unternehmen auch im Fall eines überraschenden und

---

[1] In den nächsten Jahren ist die Nachfolge bei einer Vielzahl von kleinen u. mittleren Unternehmen in Deutschland zu regeln. Statistische Informationen finden sich etwa bei *Albach*, BB 2000, 781; *Klein-Benkers*, ZEV 2001, 329 u. im Internet unter www.ifm-bonn.de, www.change-online.de; www.nexxt.org; www.nachfolgeportal.de u. www.zentuma.de.

[2] Zur Bedeutung einer Nachfolgeregelung für die Führung von Familienunternehmen s. Tz. 3.3 (Führungsnachfolge) u. Tz. 7 (Maßnahmen zum Erhalt des Unternehmens im Familienbesitz) des (privaten) Governance Kodex für Familienunternehmen aus dem Jahr 2004, im Internet abrufbar unter www.kodex-fuer-familienunternehmen.de.

ungewollten Ausscheidens des Unternehmers am Markt erfolgreich fortbestehen kann. Mit einem guten Rating lassen sich heute oftmals auch günstigere Kreditkonditionen erzielen oder neue Investoren gewinnen.[3]

Jeder Unternehmer sollte daher in jeder Lebensphase über ein individuell ausgestaltetes Unternehmertestament verfügen.

II. Ziele der Unternehmenserbfolge

Bei der Gestaltung eines Unternehmertestaments sind typischerweise folgende Ziele zu verwirklichen:

– **Sicherung der Unternehmensfortführung**
I.d.R. ist der Wille des Unternehmers darauf gerichtet, das Unternehmen in der bisherigen oder einer geänderten Form nach seinem Tod zu erhalten und die Fortführung des Unternehmens durch einen oder mehrere geeignete Nachfolger sicherzustellen.

– **Absicherung der Familie**
Da das Unternehmen i.d.R. nur von einem (selten auch von mehreren) Erben fortgeführt wird, gilt es die weichenden Erben und den Ehegatten des Unternehmers wirtschaftlich angemessen abzusichern.

– **Reduzierung von Ausgleichs- und Abfindungsansprüchen**
Mögliche (Liquiditäts-)Belastungen des Unternehmenserben und des Unternehmens durch Ausgleichs- und Abfindungsansprüche (wie bspw. Pflichtteils- und Pflichtteilsergänzungsansprüche, erbrechtliche oder güterrechtliche Ausgleichsansprüche oder gesellschaftsrechtliche Abfindungsansprüche) sind möglichst zu reduzieren oder zu vermeiden.

– **Optimierung der steuerlichen Belastung**
Unter mehreren erbrechtlichen Gestaltungsmöglichkeiten ist die Unternehmernachfolge so zu gestalten, dass die steuerliche Gesamtbelastung des Unternehmenserben durch Erbschaftsteuer und Einkommensteuer möglichst gering ist.

Bei der **Nachfolgeplanung** werden sich nicht immer alle diese Ziele in gleicher Weise verwirklichen lassen. In den meisten Fällen werden sogar erhebliche **Zielkonflikte** auftreten. Die Kontinuität des Unternehmens kann langfristig bspw. oftmals **am besten dadurch sichergestellt werden, dass der Unternehmensnachfolger zum Alleinerben eingesetzt** wird und den weichenden Erben andere Vermögenswerte durch Vermächtnisse zugewendet werden. Allerdings wird eine solche Regelung den individuellen Gerechtigkeitsvorstellungen des Erblassers vielfach nicht gerecht. Mit der Stellung als Vermächtnisnehmer verbinden die Beteiligten nicht selten auch dann eine Benachteiligung („Erben 2. Klasse"), wenn der Vermächtnisnehmer dem Erben wirtschaftlich gleichgestellt wird.

Im Rahmen der Nachfolgeplanung gilt es, die individuellen Ziele des Erblassers zu ermitteln und dabei auch etwaige Zielkonflikte deutlich zu machen. Auf dieser Grundlage kann der Erblasser dann eine Gewichtung der einzelnen Ziele vornehmen und bewusst eigene Prioritäten setzen.

---

[3] Zu den Auswirkungen von Basel II auf die Finanzierung im Mittelstand s. u.a. *Becker/Brackschulze/Müller*, DStR 2004, 740; *Winkeljohann/Solfrian*, DStR 2003, 88; *Witte/Hrubesch*, ZIP 2004, 1346. – Zur Bedeutung des Rating s. die Tagungsbeiträge von *Krämer*, *Pfingsten* und *Langenbucher*, in: *Hadding/Hopt/Schimansky* (Hrsg.), Internes und externes Rating, Bankrechtstag 2004.

A. Einführung 881

III. Unternehmertestament vs. Unternehmensnachfolge zu Lebzeiten

Das „Unternehmertestament sollte idealerweise nicht dazu dienen, dass Unternehmen auf die Nachfolger zu übertragen. Das Unternehmertestament sollte die zu Lebzeiten bereits erfolgte Nachfolge vielmehr lediglich **ergänzen** und abrunden. Darüber hinaus dient es vor allem als **Notfalllösung** für den Fall eines überraschenden und unerwarteten Ablebens des Unternehmers (bspw. aufgrund eines Unfalls oder einer Krankheit). 8

Das beste Unternehmertestament ist vermutlich dasjenige, das überhaupt nicht zum Tragen kommt, weil das Unternehmen bereits zu Lebzeiten einvernehmlich übertragen worden ist.

Für eine gleitende **Unternehmensübertragung zu Lebzeiten** sprechen u.a. folgende Überlegungen: 9

– Das Vermögen des Erblassers kann zu Lebzeiten so strukturiert werden, dass die von ihm beabsichtigte Nachfolge später auch tatsächlich effektiv verwirklicht werden kann (bspw. durch eine Änderung der Rechtsform des Unternehmens oder den gezielten Aufbau von Privatvermögen).
– Die frühzeitige Einbindung des potentiellen Unternehmenserben (und ggf. auch des späteren Testamentsvollstreckers) in das Unternehmen gewährleistet einen nahtlosen Übergang und sichert die Kontinuität der Unternehmensfortführung.
– Die sukzessive Übertragung von unternehmerischer Verantwortung ermöglicht es dem Nachfolger nicht nur, sich langfristig mit den neuen Aufgaben vertraut zu machen, sondern bindet diesen auch an das Unternehmen.
– Die Vermögensübertragung zu Lebzeiten ermöglicht es dem potentiellen Erblasser, sich (mit zunehmendem Alter) aus dem Alltagsgeschäft zurückzuziehen und entlastet ihn von der damit verbundenen unternehmerischen Verantwortung.
– Die Gefahr von Erbstreitigkeiten und Spannungen innerhalb der Familie ist tendenziell geringer, wenn der potentielle Erblasser die Vermögensübertragung bereits zu Lebzeiten vornimmt und die von ihm getroffene Nachfolgeentscheidung innerhalb der Familie erläutern und rechtfertigen kann.
– Durch die sukzessive Übertragung der Unternehmensbeteiligung können im Einzelfall Pflichtteilsansprüche weichender Erben reduziert oder vermieden werden (§ 2325 BGB).
– Die Möglichkeit einer ganzheitlichen Nachfolgeplanung unter ergänzender Berücksichtigung von Pflichtteilsverzichtsverträgen, Eheverträgen und Vorsorgevollmachten besteht nur bei einer Vermögensübertragung zu Lebzeiten.
– In den letzten Jahren ist es immer schwieriger geworden, überhaupt einen geeigneten Unternehmensnachfolger innerhalb der Familie zu finden. Alternative Nachfolgemodelle, wie bspw. der Verkauf des Unternehmens an Mitarbeiter, Konkurrenten oder Finanzinvestoren gewinnen daher zunehmend an Bedeutung.
– Die Freibeträge bei der Erbschaftsteuer können alle zehn Jahre erneut in Anspruch genommen werden (§§ 13a Abs. 1 Satz 2 und 14 ErbStG). Künftige Wertsteigerungen des übertragenen Vermögens unterliegen zudem nicht mehr der Erbschaftsteuer.
– Durch die Verlagerung von Einkünften auf die Nachfolger kann unter Umständen die Einkommensteuerbelastung reduziert werden (z.B. durch das mehrfache Ausnutzen von Freibeträgen oder Progressionsvorteile).

10 Ein entscheidendes Argument für die **vorweggenommene Erbfolge** dürfte schließlich der Aspekt der **Planungssicherheit** sein. Die für die Nachfolgeplanung maßgebenden gesetzlichen und steuerrechtlichen Rahmenbedingungen ändern sich immer öfter und immer schneller, so dass es vielfach schon schwierig ist, die Auswirkungen einer Unternehmensübertragung zu Lebzeiten in vollem Umfang verlässlich vorherzusehen. Nahezu unmöglich ist unter diesen Umständen eine Optimierung der Nachfolgeregelung durch ein Unternehmertestament, dass naturgemäß erst zu einem ungewissen Zeitpunkt in der Zukunft Bedeutung erlangt.

11 Besonders zahlreich sind die **Veränderungen** traditionell im deutschen **Steuerrecht.** Dies gilt zunächst für den **Gesetzgeber,** der mit kurzfristigen Gesetzesänderungen eine langfristige Nachfolgeplanung zunehmend erschwert. Im Bereich des Erbschaftsteuerrechts wurde bspw. die Steuerbelastung für Unternehmensübertragungen durch das Haushaltsbegleitgesetz 2004 völlig überraschend erhöht.[4] Weitere Vorschläge für eine Erhöhung der Erbschaftsteuer werden immer wieder kurzfristig in das Gesetzgebungsverfahren eingebracht.[5]

12 Neben der Steuergesetzgebung greift aber auch die Rspr. des BFH in zunehmendem Maße in anerkannte Grundlagen der Nachfolgeplanung ein.[6] Vor kurzem hat der BFH darauf hingewiesen, dass der Erwerb eines Sachvermächtnisses möglicherweise nicht mehr mit dem niedrigeren Wert des Vermächtnisgegenstandes, sondern stets mit dem

---

[4] Haushaltsbegleitgesetz 2004 v. 29.12.2003, BGBl. I 2003, 3076, berichtigt BGBl. I 2004, 69 = BStBl. I 2004, 120. Zur Verfassungsmäßigkeit s. BMF, Schreiben v. 12.3.2004, IV D 2 – S 0338 – 13/04, BStBl. I 2004, 362 = DStR 2004, 557 = DB 2004, 680 u. *Gutike/Oblau*, BB 2005, 190; *Halaczinsky*, NWB Fach 10 S. 1467 (2004); *Halaczinsky*, ErbStB 2004, 37; *Korezkij*, ZEV 2004, 58; *Leisner*, DStR 2004, 804; *Leisner*, NJW 2004, 1129; *Mössner*, Gastkommentar, DB 2004, Heft 12; Stellungnahme des Wissenschaftlichen Beirats des Fachbereichs Steuern der Ernst & Young AG zum Zustandekommen des Haushaltsbegleitgesetzes 2004, BB 2004, 695.

[5] S. zuletzt etwa den Entwurf des Landes Schleswig-Holstein für ein Gesetz zur Reform der Erbschaftsbesteuerung (ErbStRefG) v. 11.6.2004, BR-Drucks. 422/04, ausf. dazu *Christoffel*, GmbH-Steuerpraxis 2004, 224; *Christoffel*, Erbfolgebesteuerung 2004, S. 123; *Eversloh*, ErbStB 2004, 203; *Landsittel*, BB-Special 5/2004, 8; *Ostertun/Heidemann*, GmbHR 2005, 400 (400 f.); *Verfürth*, StB 2004, 79, u. den Entwurf des Landes Hessen für ein Gesetz zur Verringerung steuerlicher Missbräuche und Umgehungen, BR-Drucks. 45/04 v. 18.1.2005, ausf. dazu *Driesen*, GmbHR 2005, R 113. – S. jetzt aber die verschiedenen Entwürfe für ein Gesetz zur Sicherung der Unternehmensnachfolge, BR-Drucks. 341/05 v. 4.5.2005 = BT-Drucks. 15/5448 v. 10.5.2005 (Gesetzesantrag des Freistaates Bayern); BR-Drucks. 322/05 v. 6.5.2005 = BT-Drks 15/5555 v. 30.5.2005 (Gesetzentwurf der Bundesregierung) u. dazu BT-Drucks. 15/5603 v. 1.6.2005 (Gegenäußerung der Bundesregierung zur Stellungnahme des Bundesrates); BT-Drucks. 15/5604 v. 1.6.2005 (Gesetzentwurf des Bundesrates). – Ausf. zum Ganzen *Bäuml*, DStZ 2005, 411; *Daragan*, ZErb 2005, 202; *Geck*, ZEV 6/2005, VI; *Landsittel*, ZErb 2005, 201; *Zipfel*, BB 2005, 1360.

[6] S. dazu bspw. die einschränkende Auslegung des Begriffs der „vorweggenommenen Erbfolge" in der früheren Fassung des § 13a ErbStG durch BFH, BStBl. II 2001, 414 = DStR 2001, 573 m. Anm. *Mößlang* = ZEV 2001, 165 m. Anm. *Viskorf* S. 166 u. Anm. *Söffing* S. 207 = DB 2001, 796 m. Anm. *Ebeling* u. Kommentar *Flick*, DB 2001, Editorial Heft 19 = BB 2001, 819 m. Anm. *Scherer/Geuyen* = GmbHR 2001, 441 m. Anm. *Götz* u. m. Anm. *Winter*, GmbHR 2001, R 157 = FR 2001, 484 m. Anm. *Viskorf* u. m. Anm. *Kobor*. – S. dazu den Nichtanwendungserlass der Finanzverwaltung, Oberste Finanzbehörden der Länder, gleich lautende Erlasse v. 15.5.2001, BStBl. I 2001, 350 = DStR 2001, 896 m. Anm. *Moench* = ZEV 2001, 233 m. Anm. *Weinmann* = GmbHR 2001, 687 = DB 2001, 1282 = BB 2001, 1345 m. Anm. *Gebel* = FR 2001, 804 (Entlastungen nach § 13 Abs. 2a ErbStG i.d.F. des StandOG bei einem Erwerb im Wege der vorweggenommenen Erbfolge – Nichtanwendung des BFH-Urteils v. 25.1.2001, II R 52/98). – Durch Art. 16 Nr. 1 und 2 b) StÄndG 2001 wurde das Tatbestandsmerkmal des *„Erwerbs im Wege der vorweggenommenen Erbfolge"* schließlich gestrichen.

A. Einführung

gemeinen Wert zu bewerten sei.⁷ Eine solche Rechtsprechungsänderung, die selbstverständlich auch für Testamente gilt, die bereits in der Vergangenheit errichtet worden sind, könnte die Einsetzung des Unternehmensnachfolgers zum Vermächtnisnehmer wirtschaftlich weitgehend unmöglich machen.

Nicht zuletzt sind auch die Verwaltungsanweisungen der **Finanzverwaltung** nicht immer ein Beitrag zur Planungssicherheit. Im März 2005 wurde z.B. ein Schreiben zur unentgeltlichen Übertragung von Mitunternehmeranteilen veröffentlicht,⁸ dass grundsätzlich für alle Übertragungen seit dem 31.12.2000 anzuwenden ist und in verschiedenen Fragen zu einer geänderten rechtlichen Beurteilung führt.⁹

Aber auch außerhalb des Steuerrechts kommt es immer öfter zu einer Veränderung der Rahmenbedingungen. Im **Zivilrecht** ist in den letzten Jahren bspw. eine zunehmende Tendenz der Rspr. zur **Inhaltskontrolle von Verträgen** festzustellen, die vielfach eine nachträgliche Anpassung zur Folge hat. Dies gilt nicht mehr nur für die Bereiche des Schuldrechts und Gesellschaftsrechts,¹⁰ sondern zunehmend auch für das Familien-¹¹ und Erbrecht.¹²

Die Nachfolgeplanung muss aber keineswegs nur an **veränderte Entwicklungen** im Bereich von Gesetzgebung und Rspr. angepasst werden, sondern auch und vor allem

---

7 BFH ZEV 2004, 474 m. Anm. *Crezelius* = DStR 2004, 1868 = ZErb 2005, 61 = FR 2004, 1335 m. Anm. *Viskorf* = FamRZ 2005, 1247 m. Anm. *Schlünder/Geißler*. – Ausf. dazu *Daragan*, ZErb 2005, 40; *Rohde/Neu*, GmbH-StB 2005, 106; *Streck*, NJW 2005, 805.

8 S. dazu auch BMF, Schreiben v. 3.3.2005, IV B 2 – 2241 – 14/05, DB 2005, 527 = DStR 2005, 475 = GmbHR 2005, 503 = FR 2005, 391 = BB 2005, 1046 = ZEV 2005, 200 (Zweifelsfragen zu § 6 Abs. 3 EStG i.d.F. des Unternehmenssteuerfortentwicklungsgesetz vom 20.12.2001 (UntStFG, BGBl. I S. 3858) im Zusammenhang mit der unentgeltlichen Übertragung von Mitunternehmeranteilen mit Sonderbetriebsvermögen sowie Anteilen von Mitunternehmeranteilen mit Sonderbetriebsvermögen). Ausf. dazu *Emmrich/Kloster*, GmbHR 2005, 448; *Geck*, ZEV 2005, 196; *Kai*, DB 2005, 794; *Korn*, KÖSDI 2005, 14633; *Neufang*, BB 2005, 1595; *Neumann*, EStB 2005, 140; *Rogall/Stangl*, DStR 2005, 1073; *Schiffers*, GmbH-StB 2005, 139 u. 175; *Stegemann*, INF 2005, 344; *Wendt*, FR 2005, 468; *Winkeljohann/Stegmann*, BB 2005, 1416.

9 Bspw. bei der Einbringung von Sonderbetriebsvermögen in eine gewerblich geprägte Personengesellschaft zur Vermeidung einer ungewollten Entnahme, s. dazu Tz. 7 des BMF-Schreibens v. 3.3.2005 (s.o. Fn. 8) unter Hinw. auf die Gesamtplanrechtsprechung des BFH. Zu Recht krit. dazu *Fuhrmann*, ErbStB 2005, 124.

10 Zur gerichtlichen Inhaltskontrolle von Abfindungsklauseln in Gesellschaftsverträgen s. *Baumbach/Hopt*, HGB, § 131 Rn. 58 ff.; *Ebenroth/Boujong/Joost/Lorz*, HGB, § 131 Rn. 63 ff.; MünchKomm/*Ulmer*, § 738 Rn. 39 ff. – S. dazu zuletzt BGH, ZIP 2005, 1318.

11 Zur gerichtlichen Inhaltkontrolle von Eheverträgen s. BGH NJW 2004, 930 = FamRZ 2004, 601 m. Anm. *Borth* = MittBayNot 2004, 270 m. Anm. *Brandt* = JZ 2004, 1021 m. Anm. *Dauner-Lieb* = DNotZ 2004, 550; BGH NJW 2005, 139 = FamRZ 2005, 185 m. Anm. *Bergschneider*; BGH FamRZ 2005, 26 m. Anm. *Bergschneider* = NJW 2005, 137; BGH ZErb 2005, 33. Ausf. dazu *Bergschneider*, FamRZ 2004, 1757; *Brandt*, MittBayNot 2004, 221; *Bredthauer*, NJW 2004, 3072; *Dauner-Lieb*, FF 2004, 65; *Dorsel*, RNotZ 2004, 496; *Gageik*, RNotZ 2004, 295; *Grziwotz*, MDR 2005, 73; *Grziwotz*, FamRB 2004, 199 u. 239; *Hahne*, Vertragsfreiheit im Familienrecht, in: *Schwab/Hahne*, Familienrecht im Brennpunkt, S. 181 ff.; *Hahne*, DNotZ 2004, 84; *Klam*, INF 2004, 315; *Koch*, NotBZ 2004, 147; *Kornexl*, FamRZ 2004, 1609; *Langenfeld*, ZEV 2004, 311; *J. Mayer*, FPR 2004, 363; *Münch*, ZNotP 2004, 122; *Münch*, NotBZ 2004, 467; *Münch*, DNotZ 2004, 901; *Münch*, Ehebezogene Rechtsgeschäfte, Rn. 353 ff., S. 90 ff.; *Oppermann*, RNotZ 2004, 566; *Rakete-Dombek*, NJW 2004, 1273; *Rauscher*, DNotZ 2004, 524; *Richter/Mylich*, Berater-Brief Vermögen 3/2004, 21.

12 S. dazu etwa BVerfG, NJW 2004, 2008 = ZEV 2004, 241 = FamRZ 2004, 765 m. Anm. *Staudinger* = DNotZ 2004, 798. Ausf. dazu *Gutmann*, NJW 2004, 2347; *Isensee*, DNotZ 2004, 754; *Otte*, ZEV 2004, 393 u. EGMR, NJW 2005, 875 = ZEV 2005, 162. S. dazu *Staudinger*, ZEV 2005, 140.

an Veränderungen im Bereich des Unternehmens und der **Familie** des Unternehmens.[13]

16 Erfolgt die Vermögensübertragung bereits zu Lebzeiten (und nicht erst von Todes wegen) müssen die **Versorgungsinteressen** des Veräußerers (und seiner Familie) stets in angemessener Weise berücksichtigt werden. Die Absicherung kann dabei sowohl im Rahmen des Überlassungsvertrags (z.B. durch die Vereinbarung von wiederkehrenden Leistungen oder den Vorbehalt von Nießbrauchsrechten) als auch im Gesellschaftsvertrag (z.B. durch die Begründung von besonderen Gewinnbezugs- oder Entnahmerechten) erfolgen.

17 Darüber hinaus wird sich der Veräußerer vielfach bestimmte Kontrollrechte vorbehalten, um auf unvorhergesehene Entwicklungen angemessen reagieren zu können (z.B. ein Rückforderungsrecht für bestimmte Fälle[14] im Überlassungsvertrag oder ein Vetorecht im Gesellschaftsvertrag).

> **Formulierungsbeispiel:** Der Veräußerer behält sich das Recht vor, die Rückübertragung des vertragsgegenständlichen Gesellschaftsanteils zu verlangen, wenn
>
> a) der Erwerber vor dem Veräußerer verstirbt, oder
>
> b) der Erwerber den vertragsgegenständlichen Gesellschaftsanteil ganz oder teilweise ohne die Zustimmung des Veräußerers belastet oder veräußert, oder
>
> c) die Zwangsvollstreckung in den vertragsgegenständlichen Gesellschaftsanteil eingeleitet oder über das Vermögen des Erwerbers das Insolvenzverfahren eröffnet wird, oder
>
> d) der Erwerber der Drogen-, Alkohol- oder Spielsucht verfällt, oder
>
> e) der Erwerber Mitglied oder Sympathisant einer Sekte oder einer unter Beobachtung des Verfassungsschutzes stehenden Einrichtung ist, oder
>
> f) der Erwerber mit seinem (künftigen) Ehegatten nicht den Güterstand der Gütertrennung oder der modifizierten Zugewinngemeinschaft mit dem Inhalt vereinbart, dass der vertragsgegenständliche Gesellschaftsanteil im Falle einer Scheidung der Ehe in keiner Weise einem Zugewinnausgleich unterliegt; die vorstehende Regelung gilt entsprechend für den Fall, dass der Erwerber eine Partnerschaft nach dem Lebenspartnerschaftsgesetz eingeht, oder
>
> g) der Erwerber mit seinem (künftigen) Ehegatten nicht einen Pflichtteilsverzichtsvertrag abschließt, wonach der vertragsgegenständliche Gesellschaftsanteil in keiner Weise dem Pflichtteilsrecht des Ehegatten unterliegt; die vorstehende Regelung gilt entsprechend für den Fall, dass der Erwerber eine Partnerschaft nach dem Lebenspartnerschaftsgesetz eingeht, oder
>
> h) (...).
>
> Die Rückübertragung kann nur innerhalb einer Frist von einem Jahr durch eingeschriebenen Brief verlangt werden, nachdem der Veräußerer Kenntnis von dem Umstand erlangt hat, der ihn zur Geltendmachung berechtigt.
>
> Alle aufgrund dieses Vertrages erbrachten Leistungen sind nach den gesetzlichen Vorschriften über das vertragliche Rücktrittsrecht zurück zu gewähren. *** Der

---

13 Zu den veränderten Familienverhältnissen aus soziologischer Sicht s. *Lüscher*, ZEV 2004, 2.

14 Ein generelles Rückforderungsrecht ist dagegen im Regelfall nicht interessengerecht und gefährdet vielfach die steuerrechtliche Anerkennung der Vermögensübertragung. S. dazu nur H 138a (1) EStR und H 51 (1) ErbStR.

Erwerber hat dem Veräußerer darüber hinaus auch alle gezogenen Nutzungen herauszugeben.

Kosten und Steuern der Rückabwicklung trägt der heutige Erwerber.

Das Rückforderungsrecht ist nicht übertragbar und nicht vererblich.

IV. Unternehmertestament als Teil einer ganzheitlichen Vermögensnachfolgeplanung

Das Unternehmertestament bildet nur einen von mehreren Bestandteilen einer **ganzheitlichen** und **generationenübergreifenden** Unternehmensnachfolgeplanung.[15] Neben dem Unternehmertestament sind im Rahmen der Nachfolgeplanung u.a. auch folgende Aspekte mit zu berücksichtigen:

– Umstrukturierung des Unternehmens (z.B. durch einen Rechtsformwechsel, die Begründung oder Beendigung einer Betriebsaufspaltung, die Errichtung einer stillen Beteiligung oder einer Unterbeteiligung),
– Abstimmung des Gesellschaftsvertrages mit der Nachfolgeregelung (z.B. Art und Höhe der Abfindungen, erbrechtliche Regelungen, Zulässigkeit einer Testamentsvollstreckung),
– Ehevertrag des Unternehmers und des Nachfolgers,
– Pflichtteilsverzichtsverträge (ggf. gegen eine Abfindung in Bar- oder Sachwerten, deren Art, Höhe und Fälligkeit von den Beteiligten privatautonom bestimmt werden),
– Vollmachten (z.B. postmortale bzw. transmortale Vollmachten, Generalvollmachten oder Vorsorgevollmachten),
– Lebensversicherungen,
– Verträge zugunsten Dritter,
– Stiftungslösungen,
– Steuerbelastung (insbesondere Erbschaft- und Einkommensteuer).

Neben den rechtlichen und steuerlichen Fragen sind im Rahmen der Nachfolgeplanung stets auch betriebswirtschaftliche, unternehmerische, finanzielle, familiäre und psychologische Aspekte mit einzubeziehen. Die **Planung** und **Gestaltung der Unternehmensnachfolge ist** kein punktueller Vorgang, sondern ein **kontinuierlicher Prozess**. Um die Verwirklichung des Willens des Unternehmers sicherzustellen, ist die Nachfolgeplanung und deren vertragliche Umsetzung daher in regelmäßigen Zeitabständen zu überprüfen und ggf. an veränderte persönliche, wirtschaftliche oder rechtliche Rahmenbedingungen anzupassen („Testaments-TÜV"). Dies gilt in besonderem Maße für das Testament eines Unternehmers, bei dem der Abstimmung des Testaments mit den äußeren Umständen (wie bspw. dem Gesellschaftsvertrag und den steuerrechtlichen Rahmenbedingungen) besondere Bedeutung zukommt.

---

15 Grundlegend dazu *Reimann*, ZEV 1997, 129. – Speziell zu Familienunternehmen s. *Habig/Berninghaus*, Die Nachfolge im Familienunternehmen ganzheitlich regeln, 2004; *Hennerkes*, Die Familie und ihr Unternehmen, 2004; *Mutter*, Vermögensmanagement für Familienunternehmer, 2005.

V. Vorbereitung des Unternehmertestaments

20 Die Gestaltung des Unternehmertestaments erfordert eine genaue und umfassende Kenntnis der tatsächlichen Verhältnisse. Im Rahmen der Vorbereitung des Unternehmertestaments ist daher die bestehende Situation des Unternehmers, seiner Familie und des Unternehmens selbst sorgfältig zu ermitteln. Angesichts der engen Verbindung von Erbrecht, Gesellschaftsrecht, Steuerrecht und Familienrecht kommt dieser Aufgabe im Bereich der Unternehmensnachfolge eine nicht zu unterschätzende Bedeutung zu.

21 Bei der Vorbereitung eines Unternehmertestaments sind insbesondere **folgende Fragen** umfassend zu klären:

- Persönliche Situation des Unternehmers
    - Staatsangehörigkeit,
    - Geburtsort,
    - Wohnsitz und Aufenthaltsort,
    - Güterstand.

- Situation der Familienmitglieder des Unternehmers und der Erben
(insbesondere des – früheren – Ehegatten, Lebenspartners, -gefährten, von Kindern, auch nichtehelichen, außerehelichen oder angenommenen, von sonstigen Abkömmlingen, Geschwister und Eltern)
    - Staatsangehörigkeit,
    - Geburtsort,
    - Wohnsitz und Aufenthaltsort,
    - Güterstand.

- Bestand und Struktur des Privatvermögens
    - Aktiva
        - Grundstücke und grundstücksgleiche Rechte,
        - Beteiligung an Unternehmen,
        - Wertpapiere,
        - Barvermögen,
    - Passiva
        - Verbindlichkeiten,
        - Grundpfandrechte,
        - Bürgschaften,
        - Garantien.

- Bestand und Struktur des Betriebsvermögens
    - Aktiva
        - Betriebsvermögen (einschließlich Sonderbetriebsvermögen I und II sowie des Bestehens von Betriebsaufspaltungen),
        - Grundstücke und grundstücksgleiche Rechte,
        - Beteiligung an anderen Unternehmen,
        - Barvermögen,
    - Passiva
        - Verbindlichkeiten,
        - Grundpfandrechte,
        - Bürgschaften,
        - Garantien.

A. Einführung

- Vermögenswerte im Ausland, z.B.
  - Unternehmensbeteiligungen,
  - Immobilien,
  - Wertpapiere,
  - Bankguthaben.
- Bestehende Verträge zugunsten Dritter, z.B.
  - Lebensversicherungen,
  - Bankverträge.
- Vollmachten
  - Vorsorgevollmachten,
  - Generalvollmachten,
  - Bankvollmachten.
- Schenkungen und Vermögensübertragungen zu Lebzeiten
  - Schenkungen und Überlassungen,
  - erbrechtliche Anrechnungs- und Ausgleichsbestimmungen,
  - Pflichtteilsverzichtsverträge,
  - Erbverzichtsverträge.
- Testamente und Erbverträge
  - bestehende Verfügungen von Todes wegen,
  - Bindungswirkung von Erbverträgen und gemeinschaftlichen Testamenten,
  - Testamente und erbrechtliche Verfügungen im Ausland,
  - Stiftungen und Trusts.

Praxishinweis:
Zur Vermeidung von Missverständnissen sollten im Rahmen einer umfassenden **Bestandsaufnahme** alle vorhandenen Urkunden und Verträge im Original in aktueller Fassung vorgelegt und auf ihre Vollständigkeit geprüft werden. Dazu gehören bspw. Personenstandsurkunden, Staatsangehörigkeitszeugnisse, Eheverträge, Testamente, Gesellschaftsverträge, sonstige unternehmensbezogene Verträge (z.B. Nutzungsüberlassungsverträge, Miet- und Pachtverträge, Rangrücktrittserklärungen oder Ergebnisabführungsverträge), Darlehensverträge, Grundbuchauszüge, Brandversicherungsurkunden, Handelsregisterauszüge und Jahresabschlüsse.

22

Auf der Grundlage dieser Bestandsaufnahme gilt es, die Ziele und Vorstellungen des Erblassers zu ermitteln und ein Konzept zu deren Umsetzung zu entwickeln. Dabei wird es vielfach im Vorfeld der eigentlichen Nachfolgeplanung zu einer **Umstrukturierung des Vermögens** kommen (z.B. einer Änderung der Rechtsform des Unternehmens, der Trennung von Gesellschafterstämmen, einer klaren Trennung von Privat- und Betriebsvermögen, dem langfristigen Aufbau von Privatvermögen oder der Sicherstellung der Liquidität).

23

Die **Rechtsform** des Unternehmens ist für die Nachfolgeplanung von entscheidender Bedeutung. Allg. bekannt ist, dass die Besteuerung von Unternehmen nicht rechtsformneutral erfolgt. Dies gilt nicht nur für die laufende Besteuerung, sondern auch für die Besteuerung der Unternehmensübertragung. Derzeit ist die Rechtsform der **Personengesellschaften** (vor allem in der Form der GmbH & Co. KG) zumindest bei

24

ertragsstarken Unternehmen steuerlich vielfach **vorteilhaft**.[16] Die geplante Unternehmensübertragung kann daher im Einzelfall Anlass für einen **Rechtsformwechsel** sein.

25 Darüber hinaus ist die Rechtsform des Unternehmens aber auch aus zivilrechtlicher Sicht von entscheidender Bedeutung. Die **Nachfolgeplanung** ist auch insoweit keineswegs rechtsformneutral. Beispiele dafür sind etwa:
- Bei Personengesellschaften kann die Nachfolge durch den **Gesellschaftsvertrag** unmittelbar gesteuert werden, indem der Anteil ganz oder teilweise vererblich gestellt wird.[17] Dagegen sind Anteile an Kapitalgesellschaften zwingend vererblich, so dass die Nachfolge insoweit nur mittelbar geregelt werden kann.
- Nach dem Grundsatz der **Selbstorganschaft** können bei Personengesellschaften grundsätzlich nur Gesellschafter mit der Geschäftsführung beauftragt werden, was die Gewinnung von externen Führungskräften vielfach erschwert. Dagegen ist bei Kapitalgesellschaften eine Trennung von Gesellschafterstellung und Unternehmensführung möglich, womit den unterschiedlichen Interessen und Zielen einzelner Erben Rechnung getragen wird.
- Die Zulässigkeit der **Testamentsvollstreckung** an Personengesellschaften ist im Einzelnen bis heute nicht abschließend geklärt, so dass eine Dauertestamentsvollstreckung sich unter Umständen als störanfällig erweisen kann. Die Fremdverwaltung von Anteilen an Kapitalgesellschaften durch einen Testamentsvollstrecker ist dagegen im Grundsatz allg. anerkannt.

26 Angesichts der unterschiedlichen Vor- und Nachteile der einzelnen Rechtsformen kann es eine optimale Rechtsform für die Unternehmensnachfolge nicht geben. Mit **Mischformen** an der Schnittstelle zwischen Personen- und Kapitalgesellschaften (z.B. der GmbH & Co. KG oder der GmbH & Co. KGaA[18]) lassen sich aber vielfach die **Vorteile** unterschiedlicher Rechtsformen miteinander verbinden.

27 Die Schnittstellen zwischen Erbrecht und Gesellschaftsrecht sind im übrigen keineswegs nur dann zu berücksichtigen, wenn operativ tätige Unternehmen oder Anteile an gewerblich tätigen Gesellschaften zum Nachlass gehören, sondern auch bei verschiedenen Vermögenswerten im Privatvermögen. Bspw. handelt es sich so heute bei einer Vielzahl von Kapitalanlageprodukten (z.B. den verschiedenen in- und ausländischen Immobilien- Medien-, Film-, oder Schiffsfonds) um unmittelbare oder mittelbare Beteiligungen an Gesellschaften, bei denen gleichfalls auf die notwendige Abstimmung der erbrechtlichen Verfügungen mit den gesellschaftsrechtlichen Vorgaben zu achten ist. Bei größeren Vermögen werden private Immobilien oder Wertpapiere vielfach

---

16 Mögliche Vorteile der Rechtsform der Personengesellschaft im Vergleich zur Kapitalgesellschaft bei der Erbschaft- u. Schenkungsteuer sind etwa:
(1) Bewertung auf der Grundlage der Steuerbilanzwerte (§ 12 Abs. 5 ErbStG i.V.m. §§ 95 ff. BewG),
(2) Uneingeschränkter Schuldenabzug (§ 10 Abs. 6 Satz 4 ErbStG),
(3) Gewährung der Vergünstigungen nach §§ 13a, 19a ErbStG unabhängig von der Beteiligungshöhe des Erblassers,
(4) Keine Nachversteuerung bei späterem Formwechsel der Personengesellschaft in eine Kapitalgesellschaft (§§ 13a Abs. 5, 19a Abs. 5 ErbStG).
17 Dies gilt für Anteile eines persönlich haftenden Gesellschafters. Etwas anderes gilt nur für Anteile von Kommanditisten, die bereits nach der gesetzlichen Regelung vererblich sind (§ 177 HGB).
18 Zu den Anwendungsmöglichkeiten der kapitalistischen KGaA u. deren Ausgestaltung s. etwa *Schaumburg/Schulte*, KGaA, S. 24 ff.

auch über vermögensverwaltende Gesellschaften (z.B. über gewerblich geprägte GmbH & Co. KG's) gehalten (Familienpool).[19]

Beispiel:

Der Erblasser E ist mit einem Anteil von 100.000 € an einem inländischen Immobilienfonds beteiligt. E wird aufgrund gesetzlicher Erbfolge von seiner Ehefrau zu 1/2 und seinen beiden Kindern zu je 1/4 beerbt. Zur Vermeidung einer Zersplitterung der Beteiligungsverhältnisse sieht der Kommanditgesellschaftsvertrag des Immobilienfonds vor, dass der Anteil eines jeden Gesellschafters stets mindestens 50.000 € betragen muss.

Bei der Vorbereitung und Abfassung eines Unternehmertestaments sind neben rechtlichen Gesichtspunkten naturgemäß auch eine Vielzahl familiärer, wirtschaftlicher und steuerrechtlicher Aspekte zu berücksichtigen. Diese können und wollen hier nicht Gegenstand des Beitrags sein. Gleichwohl gilt es, diese in allen Phasen der Nachfolgeplanung mit zu erörtern und in die Entscheidungsfindung mit einzubeziehen. Dies gilt in besonderer Weise für die möglichen steuerrechtlichen Folgen eines Unternehmertestaments. 28

B. Erbrechtliche Grundlagen des Unternehmertestaments

I. Gesetzliche und gewillkürte Erbfolge

Bei Eintritt der **gesetzlichen Erbfolge** können die Ziele des Unternehmers für seine Nachfolge in aller Regel nicht verwirklicht werden. In vielen Fällen kommt es zu Erbengemeinschaften, deren Auseinandersetzung zivilrechtlich und steuerrechtlich für das Unternehmen und den Unternehmenserben meist nachteilig ist. 29

Für den Unternehmer ist daher die **gewillkürte Erbfolge vorrangig**. Nur auf diesem Wege kann eine Nachfolgeregelung erreicht werden, die den persönlichen, familiären und unternehmerischen Vorstellungen Rechnung trägt und die gesellschaftsrechtlichen und steuerlichen Auswirkungen umfassend berücksichtigt. 30

II. Formen letztwilliger Verfügungen

Der Unternehmer kann seinen letzten Willen in einer einseitigen (Testament, §§ 2231 ff. BGB) oder einer zweiseitigen (gemeinschaftliches Testament, §§ 2265 ff. BGB und § 10 Abs. 4 LPartG, oder Erbvertrag, §§ 2274 ff. BGB) Verfügung von Todes wegen niederlegen. Die Frage, ob die mit einem gemeinschaftlichen Testament oder einem Erbvertrag verbundene **Bindungswirkung** sachgerecht ist, kann nur im jeweiligen Einzelfall entschieden werden. Im Allg. ist bei unternehmerischen Vermögen mit der Eingehung einer erbrechtlichen Bindung außerordentliche Zurückhaltung geboten. Der Unternehmer muss in der Lage sein, auf veränderte persönliche, wirtschaftliche oder steuerliche Umstände in angemessener Weise reagieren zu können und dazu ggf. auch seine Verfügung von Todes wegen anpassen. 31

---

19 Ausf. zu vermögensverwaltenden Gesellschaften *Ettinger/Eberl*, GmbHR 2004, 548; *Fleischer*, ZEV 2003, 190; *Hohaus/Eickmann*, BB 2004, 1707; *Kirchdörfer/Lorz*, DB Beilage 3/2004; *v. Oertzen/Hermann*, ZEV 2003, 400; *Ostermayer/Riedel*, BB 2004, 1197; *Söffing/Thoma*, *Spiegelberger*, ZEV 2003, 391.

Praxishinweis:
Sofern sich der Unternehmer ausnahmsweise für eine bindende Verfügung von Todes entscheidet, sollte die Bindungswirkung durch die Vereinbarung eines Rücktrittsrechts (§§ 2293 ff. BGB) oder eines Änderungsvorbehalts zumindest teilweise wieder gelockert werden.

Formulierungsbeispiel: Der länger lebende Erblasser ist nach dem Tod des vorverstorbenen Erblassers berechtigt, die für seinen Tod getroffenen Verfügungen durch eine beliebige weitere Verfügung von Todes wegen ganz oder teilweise aufzuheben, abzuändern bzw. zu ergänzen.
… Dies gilt jedoch nur zugunsten gemeinsamer Abkömmlinge.

III. Erbrechtliche Gestaltungsinstrumente

1. Erbeinsetzung

32 Der Erblasser kann durch Verfügung von Todes wegen seine Erben bestimmen (§ 1937 BGB). Viele **Schwierigkeiten** der Nachfolgeplanung lassen sich von vornherein **vermeiden**, wenn der Erblasser den **Unternehmensnachfolger** zum **Alleinerben einsetzt**. Bestimmt der Erblasser dagegen mehrere Personen zu seinen Erben, bilden sie eine **Erbengemeinschaft**. Der Nachlass wird dann gemeinschaftliches Vermögen der Erben (§§ 2032 ff. BGB). Eine Erbengemeinschaft ist aber regelmäßig nicht geeignet, ein Unternehmen fortzuführen oder eine Gesellschaftsbeteiligung dauerhaft zu verwalten.[20] Die Erbengemeinschaft ist auf jederzeitige Auseinandersetzung angelegt. Die darin begründete Instabilität gefährdet die Kontinuität und den Fortbestand des Unternehmens. In der Erbengemeinschaft gilt der Grundsatz der Einstimmigkeit, so dass aus unternehmerischer Sicht notwendige Entscheidungen vielfach verzögert oder mitunter auch gar nicht getroffen werden können. Die Nachteile der Erbengemeinschaft lassen sich unter Umständen durch ergänzende Anordnungen (wie bspw. eine Teilungsanordnung, § 2048 BGB oder die Testamentsvollstreckung, §§ 2197 ff. BGB) zumindest teilweise abmildern. Im Hinblick auf eine etwaige Auseinandersetzung der Erbengemeinschaft sind stets auch die damit verbundenen steuerrechtlichen Auswirkungen zu berücksichtigen.[21]

33 **Praxishinweis:**
Bei der Einsetzung mehrerer Erben sollte in jedem Fall geprüft werden, ob durch zusätzliche Maßnahmen auf der Ebene des Gesellschaftsrechts eine später notwendig werdende Erbauseinandersetzung vermieden bzw. erleichtert werden kann. In Betracht kommt dabei insbesondere eine **Spaltung** des Unternehmens (nach §§ 123 ff. UmwG[22]) oder eine sonstige Trennung der verschiedenen Gesellschafterstämme.[23]

---

20 Ein chinesisches Sprichwort lautet: „*Einen Menschen lernt man erst dann kennen, wenn man eine Erbschaft mit ihm geteilt hat.*"

21 Zur ertragsteuerlichen Behandlung der Erbengemeinschaft u. deren Auseinandersetzung s. insb. das BMF-Schreiben v. 11.1.1993, BStBl. I 1993, S. 62, zuletzt geändert durch BMF-Schreiben v. 5.12.2002, BStBl. I 2002, S. 1392 u. *Schmidt/Wacker*, EStG, § 16 Rn. 590 ff.

22 Ausf. dazu *Widmann/Mayer/Schwarz*, UmwG, § 123 Rn. 1 ff.; *Lutter/Teichmann*, UmwG, § 123 Rn. 1 ff.; *Heckschen*/Simon, Umwandlungsrecht, § 7. – Allgemein zu Fragen der Umwandlung im Zusammenhang mit der Unternehmensnachfolge *Dieter Mayer*, ZEV 2005, 325.

B. Erbrechtliche Grundlagen des Unternehmertestaments

Erbe kann nur werden, wer zum Zeitpunkt des Erbfalls **lebt** (s. § 1923 BGB). Fehlt es an einem (geeigneten) Erben, kann – an Stelle eines Unternehmensverkaufs – auch die Errichtung einer **Stiftung** in Betracht gezogen werden. Mit der Stiftung kann sich der Erblasser gewissermaßen einen künstlichen Erben nach seinen eigenen Vorstellungen schaffen. Ist eine Stiftung zum Erben eingesetzt, die erst nach dem Tod des Stifters anerkannt wird (§ 80 BGB), gilt sie für die Zuwendung des Stifters als schon vor dessen Tod entstanden (§ 84 BGB). Gleichwohl ist es im Interesse der Unternehmenskontinuität empfehlenswert, die Stiftung bereits zu Lebzeiten zu errichten.[24]

34

Der Erblasser muss seine Erben selbst bestimmen (§ 2065 Abs. 2 BGB). Dies gilt auch dann, wenn sich die unternehmerische Eignung der (**minderjährigen**) Erben zur Zeit der Errichtung des Testaments noch nicht beurteilen lässt. Ein Dritter kann nur unter sehr eingeschränkten Voraussetzungen ermächtigt werden, aus einem eng begrenzten Personenkreis den Erben nach bestimmten sachlichen Kriterien zu bezeichnen.[25] Da der **Dritte** den Unternehmenserben nicht auswählen, sondern nur nach den vorgegebenen Kriterien bezeichnen darf, ist diese Möglichkeit für die praktische Gestaltung des Unternehmertestaments wenig brauchbar. Hinzu kommt, dass bis zur Ausübung des Bestimmungsrechts der Erbe nicht feststeht, wodurch die Kontinuität der Unternehmensfortführung gefährdet werden kann.[26]

35

Für den Fall, dass der Erblasser den Erben ausnahmsweise (noch) nicht selbst bestimmen kann,[27] kann die Anordnung eines Vermächtnisses eine Alternative sein.[28] Die Bestimmung des Vermächtnisnehmers kann in weitergehendem Umfang als bei der Erbeinsetzung einem Dritten überlassen werden (§§ 2151 ff. BGB).[29] Der Erblasser muss einen **hinreichend bestimmten Personenkreis** benennen, aus dem der Beschwerte oder ein Dritter (z.B. der Testamentsvollstrecker oder ein Mitgesellschafter) die Auswahl treffen kann.

36

Den Gerechtigkeitsvorstellungen vieler Erblasser dürfte es auch entsprechen, **mehrere minderjährige Kinder** untereinander zu gleichen Teilen zu Erben einzusetzen und einen Testamentsvollstrecker mit der Auseinandersetzung nach billigem Ermessen zu beauftragen.

37

---

23 Viele Streitigkeiten von Erbengemeinschaften sind langfristig auf diese Weise gelöst worden, so dass eine Trennung zu Lebzeiten als erwägenswerte Alternative erscheint. Zu den prominentesten Fällen gehören sicherlich die Brüder Aldi u. die Familie Bahlsen.
24 Ausf. zum Stiftungsrecht *Richter*, Kap. 24.
25 Palandt/*Edenhofer*, § 2065 Rn. 9 ff., MünchKomm/*Leipold*, § 2065 Rn. 22 ff.; *Bamberger/Roth/Litzenburger*, § 2065 Rn. 5 ff.; Staudinger/*Otte*, § 2065 Rn. 8 ff.; *Damrau/Seiler/Rudolf*, Erbrecht, § 2065 Rn. 12 ff.
26 S. dazu auch den Fall des Tschibo-Gründers Max Herz, der 1965 in seinem Testament verfügte, dass „*zwei meiner befähigsten Jungen mindestens 52 Prozent der Anteile an der Frisch-Röst-Kaffee Max Herz GmbH erhalten*" sollten und u. a. mit dieser Regelung die Grundlage für eine jahrzehntelange erbitterte Auseinandersetzung im Familienkreis geschaffen hat.
27 Dies sollte aber nur für den Fall gelten, dass der Unternehmer aus objektiven Gründen (z.B. Minderjährigkeit der potentiellen Nachfolger) den Erben noch nicht bestimmen kann. Dagegen sollte die Möglichkeit einer Drittbestimmung nicht in Betracht gezogen werden, wenn der Erblasser sich lediglich scheut, die mit der Erbeinsetzung verbundene Verantwortung zu übernehmen oder sich schlicht nicht entscheiden kann.
28 Zu den mit einer Vermächtnisanordnung möglicherweise verbundenen Schwierigkeiten s. unten Rn. 40 ff.
29 Palandt/*Edenhofer*, § 2151 Rn. 1 ff., *Damrau/Linnartz*, Erbrecht, § 2151 Rn. 1 ff.; *Bamberger/Roth/Müller-Christmann*, § 2151 Rn. 1 ff.; Staudinger/*Otte*, § 2151 Rn 1. ff.; MünchKomm/*Schlichting*, § 2151 Rn. 1 ff.

> **Praxishinweis:**
> Der Grundsatz, dass der Erblasser den Erben höchstpersönlich bestimmen muss, gilt nur für Verfügungen von Todes wegen. Eine Bestimmung des Nachfolgers durch Dritte ist dagegen möglich, wenn der Gesellschaftsanteil außerhalb des Erbrechts übertragen wird, wie dies bspw. bei der rechtsgeschäftlichen Nachfolgeklausel[30] oder der Eintrittsklausel[31] im Personengesellschaftsrecht der Fall ist.

2. Vermächtnis

38 Mit einem Vermächtnis kann der Erblasser einem anderen einzelne Vermögensgegenstände zuwenden, ohne ihn als Erben einzusetzen (§ 1939 BGB).[32] Im Unterschied zum Erben erwirbt der Vermächtnisnehmer den Gegenstand nicht unmittelbar vom Erblasser. Er erlangt vielmehr nur einen schuldrechtlichen Anspruch auf Übertragung dieses Gegenstandes (§ 2174 BGB). Der Vermächtnisgegenstand muss daher erst nach den allg. Regeln übertragen werden (ein GmbH-Geschäftsanteil bspw. nach § 15 Abs. 3 GmbHG). Das Vermächtnis stellt ein außerordentlich flexibles Instrument der Nachfolgeregelung dar, da es die Zuwendung einzelner Vermögensgegenstände nach den allg. Vorschriften des Schuldrechts ermöglicht. Der strenge **Typenzwang** des Erbrechts gilt daher insoweit nur eingeschränkt.

39 Im Bereich der Unternehmensnachfolge eignen sich Vermächtnisse insbesondere zur **Absicherung von weichenden Erben** sowie zur Versorgung von Familienmitgliedern. Der Gegenstand eines Vermächtnisses kann vom Erblasser grundsätzlich beliebig festgelegt werden. In Betracht kommt dabei bspw.:
– die Übertragung von Gegenständen des Privatvermögens[33] (bzw. auch nur ein Nutzungsrecht daran),
– eine einmalige Ausgleichszahlung (ggf. mit der Möglichkeit der Ratenzahlung),
– laufende Ausgleichzahlungen, bspw. in Form einer Rente oder einer dauernden Last,
– die Einräumung eines Nießbrauchrechts am Unternehmen oder an der Gesellschaftsbeteiligung,
– die Bestellung einer Unterbeteiligung.

40 Gegenstand eines Vermächtnisses kann auch ein Unternehmen oder eine Gesellschaftsbeteiligung sein.

Bei der Zuwendung eines **Einzelunternehmens** muss der Erblasser genau bezeichnen, welche Vermögenswerte auf den Vermächtnisnehmer übertragen werden sollen. Dabei ist eine Bezugnahme auf die Bilanz alleine i.d.R. nicht ausreichend, da nicht alle Wirtschaftsgüter, die dem Unternehmen zuzuordnen sind, in der Bilanz erfasst werden (müssen). Der Erblasser muss darüber auch bestimmen, ob und inwieweit Verbindlichkeiten und Vertragsverhältnisse auf den Vermächtnisnehmer mit übergehen. Dabei ist für die Übertragung die **Zustimmung der Gläubiger** und **Vertragspartner** erfor-

---

30 S. dazu unten Rn. 188 ff.
31 S. dazu unten Rn. 197 ff.
32 Ausf. dazu *Maulbetsch*, Kap. 10.
33 Bei der Anordnung von Vermächtnissen im Hinblick auf Gegenstände des Betriebsvermögens wird die Erfüllung des Vermächtnisses steuerlich vielfach zu einer Entnahme führen. Ist der Erbfall bereits eingetreten, kann eine Entnahme unter Umständen noch durch eine Ausschlagung des Vermächtnisses (gegen eine angemessene Abfindung) vermieden werden (§ 2180 BGB).

derlich. Wird die Zustimmung zur Schuldübernahme **verweigert**, verbleiben die Verbindlichkeiten möglicherweise beim Erben, obwohl die entsprechenden Aktiva auf den Vermächtnisnehmer übertragen worden sind. Für diesen Fall lassen sich zumindest interne **Freistellungsverpflichtungen** vorsehen. Probleme ergeben sich schließlich, wenn zu dem Einzelunternehmen Vermögensgegenstände gehören, die rechtsgeschäftlich nicht übertragbar sind.[34] Insgesamt erscheint die Übertragung eines Einzelunternehmens auf einen Vermächtnisnehmer daher wenig praktikabel.

Gegenstand eines Vermächtnisses kann auch ein **Anteil an einer Personengesellschaft** sein. Der Erblasser muss die Beteiligung in der Verfügung von Todes wegen bestimmt bezeichnen. Zusammen mit der Beteiligung werden i.d.R. auch die selbstständig abtretbaren Ansprüche auf Gewinne oder ein Auseinandersetzungsguthaben (§ 717 Satz 2 BGB) auf den Vermächtnisnehmer übertragen. Mit der Beteiligung sind vielfach weitere Ansprüche und Rechte des Gesellschafters gegen die Gesellschaft verbunden, die auf Gesellschafter-, Darlehens- oder sonstigen Sonderkonten verbucht werden. Diese Ansprüche sollten gleichfalls von dem auf die Übertragung des Anteils gerichteten Vermächtnis umfasst werden, um die wirtschaftliche Einheit der Gesellschaftsbeteiligung zu erhalten. Aus steuerrechtlichen Gründen sollten schließlich auch Vermögensgegenstände, die im Privateigentum des Gesellschafters stehen, der Gesellschaft aber zur **Nutzung überlassen** werden (z.B. zum Sonderbetriebsvermögen gehörende Grundstücke), dem Vermächtnisnehmer zugewandt werden. In gleicher Weise sollte auch eine Zuordnung der entsprechenden **Passiva** (z.B. von Verbindlichkeiten oder Bürgschaften) erfolgen. 41

Das Vermächtnis kann nur dann erfüllt werden, wenn der Anteil an der Personengesellschaft überhaupt **vererblich** ist. Bei dem Anteil eines persönlich haftenden Gesellschafters muss der Gesellschaftsvertrag dafür eine entsprechende **Nachfolgeklausel** enthalten. Sieht der Gesellschaftsvertrag dagegen insoweit keine Regelung vor oder schließt er die Vererblichkeit des Anteils sogar ausdrücklich aus, geht auch ein entsprechendes Vermächtnis ins Leere. 42

Die zur Erfüllung des Vermächtnisses erforderliche Anteilsübertragung bedarf in aller Regel der Zustimmung der anderen Gesellschafter, sofern diese nicht bereits allg. im Gesellschaftsvertrag enthalten ist (§ 719 Abs. 1 BGB). Wird die **Zustimmung** verweigert, kann das auf die Übertragung des Gesellschaftsanteils gerichtete Vermächtnis möglicherweise umgedeutet werden (z.B. in ein Vermächtnis auf den Gewinnanspruch). Falls dies nicht möglich ist, kann das Vermächtnis unter Umständen sogar unwirksam sein (§ 2171 Abs. 1 BGB).[35] 43

Bei der vermächtnisweisen Zuwendung von **Anteilen an Kapitalgesellschaften** ist gleichfalls eine genaue Festlegung des Umfangs des Vermächtnisses erforderlich. Dies gilt insbesondere im Hinblick auf Ansprüche des Gesellschafters gegen die Gesellschaft aus etwaigen Darlehens-, Miet- und Pachtverträgen. Darüber hinaus sollten auch bereits entstandene Ansprüche des Gesellschafters auf die Auszahlung von Gewinnen ausdrücklich dem Vermächtnisnehmer zugewendet werden. 44

---

34 Dazu gehören bspw. Forderungen, deren Übertragung ausgeschlossen ist (§ 399 2. Fall BGB), Urheberrechte (§ 29 UrhG), Nießbrauchsrechte (§ 1059 Satz 1 BGB), beschränkte persönliche Dienstbarkeiten (§ 1092 Abs. 1 Satz 1 BGB) und dingliche Vorkaufsrechte (§ 1098 Abs. 3 BGB).
35 Palandt/*Edenhofer*, § 2171 Rn. 1 ff.; *Damrau/Linnartz*, Erbrecht, § 2171 Rn. 1 ff.; *Bamberger/Roth/ Müller-Christmann*, § 2171 Rn. 1 ff.; Staudinger/*Otte*, § 2171 Rn. 1 ff.; MünchKomm/*Schlichting*, § 2171 Rn. 1 ff.

45 Bei der Erfüllung des Vermächtnisses sind im Übrigen etwaige **Abtretungsbeschränkungen** in der Satzung zu berücksichtigen (§ 15 Abs. 5 GmbHG). Ist in der Satzung vorgesehen, dass die Veräußerung von Gesellschaftsanteilen der Genehmigung der Gesellschaft oder der anderen Gesellschafter bedarf, gilt dies grundsätzlich auch für die Übertragung in Erfüllung eines Vermächtnisses.

46 Als streitanfällig erweist sich in der Praxis immer wieder die Aufteilung von **Gewinnansprüchen** zwischen Erben und Vermächtnisnehmer. Nach der gesetzlichen Regelung (§ 2184 BGB[36]) stehen dem Vermächtnisnehmer nur die seit dem Anfall des Vermächtnisses (§§ 2176 ff. BGB) **gezogenen Früchte** (§ 99 BGB), nicht aber auch sonstige Nutzungen (§ 100 BGB) zu. Danach hat der Vermächtnisnehmer nur Anspruch auf die tatsächlich entnommenen und die nach den gesellschaftsvertraglichen Vereinbarungen entnahmefähigen Gewinne. Die thesaurierten Gewinne verbleiben dagegen beim Erben. Bei einer restriktiven Ausschüttungspolitik kann es daher zu einer korrekturbedürftigen Gewinnverteilung zwischen Erben und Vermächtnisnehmer kommen. Der Erblasser sollte bei der Anordnung des Vermächtnisses daher stets klar regeln, wem die Gewinne aus der Gesellschaftsbeteiligung zustehen.

47 In diesem Zusammenhang sollte insbesondere auch berücksichtigt werden, wer etwaige **Gewinne aus** der **Beteiligung zu versteuern** hat. Bei Gewinnen aus Anteilen an Kapitalgesellschaften kann bspw. die Situation eintreten, dass die Gewinne zivilrechtlich dem Vermächtnisnehmer zustehen, diese aber gleichwohl vom Erben zu versteuern sind (s. dazu auch § 20 Abs. 2a EStG[37]). Dies wirft wiederum zahlreiche weitere Fragen auf, wie etwa nach einem Anspruch des Erben gegen den Vermächtnisnehmer auf **Erstattung** der **entrichteten Steuer** oder der erbschaftsteuerrechtlichen Behandlung der entrichteten **Einkommensteuer**.

> Praxishinweis:
> Die vermächtnisweise Zuwendung von Anteilen an Personen- und Kapitalgesellschaften erfordert einen hohen Regelungsbedarf sowie eine sorgfältige Abstimmung mit dem jeweiligen Gesellschaftsvertrag. Die notwendigerweise detailreichen Vermächtnisanordnungen erweisen sich zumindest langfristig immer wieder als störanfällig. Der Unternehmensnachfolger sollte daher nach Möglichkeit als Erbe und nur ausnahmsweise als Vermächtnisnehmer eingesetzt werden. Dafür spricht auch, dass die bei der Erbschaftsteuer für Unternehmen und Gesellschaftsbeteiligungen derzeit noch geltenden Bewertungsvorteile für Vermächtnisnehmer – zukünftig – möglicherweise nicht mehr gelten.[38]

3. Auflagen

48 Mit einer Auflage kann der **Erblasser** den **Erben** oder einen Vermächtnisnehmer zu einer Leistung **verpflichten**, ohne einem anderen einen Anspruch auf die Leistung zuzuwenden (§§ 1940, 2192 ff. BGB). Der Erblasser kann durch die Anordnung einer

---

[36] S. dazu Palandt/*Edenhofer*, § 2184 Rn. 1 ff.; *Damrau/Linnartz*, Erbrecht, § 2184 Rn. 1 ff.; *Bamberger/Roth/Müller-Christmann*, § 2184 Rn. 1 ff.; Staudinger/*Otte*, § 2184 Rn. 1 ff.; MünchKomm/*Schlichting*, § 2184 Rn. 1 ff.

[37] Ausf. dazu Kirchhof/*von Beckerath*, EStG, § 20 Rn. 9 ff.; *Korn/Hamacher*, EStG, § 20 Rn. 28 ff. u. 250; *Schmidt/Heinicke*, EStG, § 20 Rn. 13 ff. u. 172 ff.

[38] BFH ZEV 2004, 474 m. Anm. *Crezelius* = DStR 2004, 1868 = ZErb 2005, 61 = FR 2004, 1335 m. Anm. *Viskorf* = FamRZ 2005, 1247 m. Anm. *Schlünder/Geißler*. – Ausf. dazu *Daragan*, ZErb 2005, 40; *Rohde/Neu*, GmbH-StB 2005, 106; *Streck*, NJW 2005, 805.

Auflage (ohne zeitliche Begrenzung) auf das Verhalten der begünstigten Person Einfluss nehmen und ihr bestimmte Pflichten auferlegen. Im Zusammenhang mit der Regelung der Unternehmensnachfolge kann Gegenstand einer Auflage z.B. sein:

– Verpflichtung zur Erteilung einer Vollmacht oder es zu unterlassen, eine bereits vom Erblasser erteilte Vollmacht zu widerrufen;
– Anordnungen über die Zukunft des Unternehmens, z.B. Besetzung von Organen mit bestimmten Personen, Verkauf des Unternehmens oder Änderung der Rechtsform;
– bei den Erben von persönlich haftenden Gesellschaftern einer Personengesellschaft, Verpflichtung von dem Wahlrecht nach § 139 BGB keinen Gebrauch zu machen;
– Anordnung einer Gruppenvertretung, so dass mehrere Nachfolger ihre Rechte gegenüber der Gesellschaft und den anderen Gesellschaftern nur einheitlich wahrnehmen können.[39]

4. Vor- und Nacherbfolge[40]

Der Erblasser kann einen Erben auch in der Weise zum Erben einsetzen, dass dieser erst Erbe wird, nachdem zunächst ein anderer Erbe geworden ist (§§ 2100 ff. BGB).[41] Das Institut der Vor- und Nacherbschaft gibt dem Erblasser die Möglichkeit, sein Vermögen zunächst einem **Vorerben** zuzuwenden und zusätzlich zu bestimmen, dass es nach einer bestimmten Zeit oder mit einem bestimmten Ereignis (z.B. Tod des Vorerben oder Erreichen eines bestimmten Lebensalters des Nacherben) **auf eine andere Person übergeht**. Vor- und Nacherbe sind beide Gesamtnachfolger des Erblassers. Der Nacherbe beerbt nicht den Vorerben, sondern unmittelbar den Erblasser. Mit dem Tod des Erblassers erwirbt der Vorerbe die Erbschaft. Der Nacherbe erlangt eine vererbliche und übertragbare Anwartschaft auf die Erbschaft, falls der Erblasser nichts anderes bestimmt.

49

Der **Vorerbe** kann grundsätzlich über die zur Erbschaft gehörenden Gegenstände verfügen (§ 2112 BGB), doch hat er im Interesse des Nacherben **gewisse Beschränkungen** zu beachten (§§ 2113 ff. BGB). Im praktischen Ergebnis sind die Rechte des Vorerben daher vielfach kaum größer als die eines Nießbrauchers. Der Erblasser kann den Vorerben zwar von bestimmten Verfügungsbeschränkungen befreien (§§ 2136 ff. BGB); dies gilt allerdings nicht für das **Verbot von Schenkungen**, das auch für gemischte Schenkungen gilt (§ 2113 Abs. 2 BGB).[42]

50

Die **Abgrenzung** zwischen zulässigen entgeltlichen Verfügungen und unzulässigen unentgeltlichen Verfügungen erweist sich insbesondere dann als außerordentlich prob-

51

---

39 Ausf. dazu *Klumpp*, ZEV 1999, 305; *Schörnig*, Die obligatorische Gruppenvertretung, 2001; *Schörnig*, ZEV 2002, 343.
40 Ausf. dazu *Custodis*, in: Jubiläums-Festschrift des Rheinischen Notariats, S. 163 ff.; *Lutter*, ZGR 1982, 108; *Paschke*, ZIP 1985, 129.
41 Ausf. dazu *Mehrle*, Kap. 8.
42 Zur Veräußerung eines Kommanditanteils durch einen Vorerben gegen Leibrente s. BGHZ 69, 47 = DB 1977, 1404 = BB 1977, 1015 = NJW 1977, 1540 = WM 1977, 864. – Allg. zum Begriff der Unentgeltlichkeit Staudinger/*Behrends*/*Avenarius*, § 2113 Rn. 62 ff.; Palandt/*Edenhofer*, § 2113 Rn. 10 ff., MünchKomm/*Grunsky*, § 2113 Rn. 20 ff.; *Damrau*/*Hennicke*, Erbrecht, § 2113 Rn. 12 ff.; Bamberger/*Roth*/*Litzenburger*, § 2113 Rn. 12 ff.

lematisch, wenn zum Nachlass Unternehmen oder Gesellschaftsbeteiligungen gehören.[43]

52 Als unentgeltliche Verfügung ist es im Allg. anzusehen, wenn der Vorerbe über einen Nachlassgegenstand verfügt, ohne dass dem Nachlass eine **objektiv gleichwertige Gegenleistung** zufließt. Unzulässig ist danach i.d.R. die Kündigung der Mitgliedschaft oder die Zustimmung zur Einziehung eines Anteils ohne Gewährung einer Abfindung, die dem tatsächlichen Verkehrswert der Beteiligung entspricht (§ 738 Abs. 1 Satz 2 BGB).

53 Schwieriger zu beurteilen ist die Frage der Unentgeltlichkeit bei der **Zustimmung zu Änderungen des Gesellschaftsvertrages,** die sich nachteilig auf den Gesellschaftsanteil auswirken. Gleichmäßige Eingriffe in die vermögensrechtliche Position aller Gesellschafter werden im Allg. als entgeltlich angesehen. Bei einseitigen Eingriffen in die **Mitgliedschaftsrechte** soll es für die Frage der Entgeltlichkeit auch darauf ankommen, ob sie wirtschaftlich zweckmäßig sind und den Grundsätzen einer **ordnungsgemäßen Nachlassverwaltung** entsprechen.[44] Maßgebend sind demnach stets alle Umstände des konkreten Einzelfalls. Als streitanfällig könnten sich etwa folgende Fallkonstellationen erweisen:

– Der Vorerbe stimmt der Aufnahme eines neuen Gesellschafters in die Gesellschaft zu, obwohl dadurch der Wert seines eigenen Anteils möglicherweise verwässert wird.
– Die Gesellschafter ändern die qualifizierte Nachfolgeklausel im Gesellschaftsvertrag in der Weise, dass u.a. der Nacherbe nicht mehr zum Kreis der nachfolgeberechtigten Personen gehört.
– Angesichts der angespannten Liquidität der Gesellschaft wird die bestehende Fortsetzungsklausel unter Billigung des 70-jährigen Vorerben dahin gehend ergänzt, dass die Erben bei Ausscheiden eines Gesellschafters innerhalb der nächsten zehn Jahre nur eine Abfindung i.H.v. 50 Prozent des tatsächlichen Werts erhalten.

54 Maßnahmen des Vorerben, die gegen das Verbot unentgeltlicher Verfügungen verstoßen, werden mit Eintritt des Nacherbfalls unwirksam, wenn ihnen der Nacherbe nicht zustimmt.

> **Praxishinweis:**
> In allen Zweifelsfällen sollte der Vorerbe daher die Zustimmung der Nacherben zu entsprechenden Gesellschafterbeschlüssen einholen. Ist dies nicht möglich oder nicht gewollt, sollte der Vorerbe in jedem Fall sorgfältig schriftlich dokumentieren, aus welchen Gründen er im konkreten Einzelfall von der Entgeltlichkeit der Verfügung überzeugt war (und auch überzeugt sein durfte).

55 Der Vorerbe darf den Nachlass auf eigene Rechnung nutzen. Die Substanz muss er dagegen für den Nacherben erhalten. Der **Gewinn** aus einer zum Nachlass gehörenden Gesellschaftsbeteiligung steht dem Vorerben demnach insoweit zu, als es sich da-

---

[43] Grundlegend BGHZ 78, 177 = NJW 1981, 115 = WM 1980, 1343 = DB 1980, 2384 = BB 1980, 1713 = DNotZ 1981, 760. Ausf. dazu *Lutter,* ZGR 1982, 108.
[44] S. dazu BGHZ 78, 177 = NJW 1981, 115 = WM 1980, 1343 = DB 1980, 2384 = BB 1980, 1713 = DNotZ 1981, 760, wonach es für die Frage der Entgeltlichkeit i.S.v. § 2113 Abs. 2 BGB auch darauf ankommen soll, ob der „*Vorerbe von ihr nach Lage der Dinge unter Berücksichtigung seiner Pflicht, den Nachlass ordnungsgemäß zu verwalten, überzeugt sein durfte.*"

bei um Nutzungen handelt (§§ 2111 Abs. 1 Satz 1, 99, 100 BGB).[45] Das ist grundsätzlich hinsichtlich der Gewinne der Fall, die der Vorerbe tatsächlich entnommen hat bzw. nach dem Gesellschaftsvertrag hätte entnehmen können. Thesaurierte Gewinne gebühren dagegen dem Nachlass und stehen dem Nacherben zu. Die im Gesellschaftsvertrag enthaltenen Regelungen zur Gewinnentnahme können daher Anlass für eine abweichende Regelung der Gewinnverteilung durch den Erblasser sein. Die Abgrenzung wird aber auch bei sorgfältiger Regelung immer mit einem **gewissen Missbrauchsrisiko** verbunden bleiben (z.B. bei der Ausübung von Bilanzierungswahlrechten, der Bildung und Auflösung von Rücklagen).

Bei Personengesellschaften kann die Vor- und Nacherbfolge nur dann eingreifen, wenn der Gesellschaftsanteil vererblich ist. Geht der Anteil dagegen aufgrund einer rechtsgeschäftlichen Nachfolgeklausel oder einer Eintrittsklausel auf den Nachfolger über, geht die vom Erblasser angeordnete Vor- und Nacherbfolge ins Leere. Allenfalls dann, wenn das Eintrittsrecht dem jeweiligen Erben des Gesellschafters zusteht, kann dies auch den Vorerben und später dann auch den Nacherben umfassen.

56

Bei der Vor- und Nacherbfolge besteht ein erhöhter **Abstimmungsbedarf** zwischen Erbrecht und Gesellschaftsrecht. Sieht der Gesellschaftsvertrag vor, dass der Gesellschaftsanteil nur auf bestimmte Nachfolger übergehen kann, muss sowohl der Vorerbe als auch der Nacherbe die vorgesehene Qualifikation erfüllen. Ist bspw. der Vorerbe nicht nachfolgeberechtigt, geht der Gesellschaftsanteil auch dann dauerhaft verloren, wenn der Nacherbe zur Nachfolge in die Gesellschaftsbeteiligung berechtigt wäre. Dem Nacherben steht dann allenfalls der in den Nachlass fallende Abfindungsanspruch zu.[46]

57

Der **Vorerbe rückt** grundsätzlich mit allen Rechten und Pflichten **in die Gesellschafterstellung ein** und übt während der Dauer der Vorerbschaft alle Gesellschafterrechte aus. Dem Vorerben des Anteils eines persönlich haftenden Gesellschafters steht demnach auch die Ausübung des **Wahlrechts nach § 139 HGB** zu. Die Zustimmung des Nacherben ist dazu nicht notwendig. Macht der Vorerbe von seinem Wahlrecht Gebrauch und ist er entweder Kommanditist geworden oder aus der Gesellschaft ausgeschieden, ist diese Entscheidung auch für den Nacherben bindend. Nach Eintritt des Nacherbfalls kann der Nacherbe weder die Wiederaufnahme in die Gesellschaft noch die Rückumwandlung der Kommanditistenstellung in diejenige eines persönlich haftenden Gesellschafters verlangen. Der erbrechtliche Grundsatz, dass der Vorerbe die Substanz des Nachlasses für den Nacherben dauerhaft zu erhalten hat, kann durch dieses gesellschaftsrechtliche Wahlrecht nicht unerheblich beeinträchtigt werden.

58

Praxishinweis:
Angesichts der mit der Vor- und Nacherbschaft verbundenen Beschränkungen sollte der Erblasser stets kritisch prüfen, ob die Nachfolge auf diese Weise im konkreten

---

45 S. dazu BGHZ 78, 177 = NJW 1981, 115 = WM 1980, 1343 = DB 1980, 2384 = BB 1980, 1713 = DNotZ 1981, 760. Ausf. dazu *Lutter*, ZGR 1982, 108; BGHZ 109, 214 = ZIP 1990, 38 = EWiR 1990, 255 (*Chudoba*) = BB 1990, 84 = WM 1990, 196 = NJW 1990, 514 = DB 1990, 520. Ausf. dazu *Martinek*, ZGR 1991, 74; BFH, BFH/NV 2001, 39 = ZEV 2001, 77. S. dazu *Jülicher*, ZErb 2001, 81. – Allgemein zum Begriff der Nutzungen Staudinger/*Behrends/Avenarius*, § 2111 Rn. 34 ff.; Palandt/*Edenhofer*, § 2111 Rn. 10, MünchKomm/*Grunsky*, § 2111 Rn. 20 ff.; *Damrau/Hennicke*, Erbrecht, § 2111 Rn. 11 ff.; *Bamberger/Roth/Litzenburger*, § 2111 Rn. 10 ff.
46 S. BGH WM 1987, 981 = BB 1987, 1555 = JZ 1987, 880 m. Anm. *Ulmer* = DB 1987, 2089 = DNotZ 1988, 46 = ZIP 1987, 1942 = EWiR 1987, 893 (*Reimann*). Ausf. dazu *Götte*, DNotZ 1988, 603.

Einzelfall tatsächlich praktikabel und streitvermeidend geregelt wird. Generell sollte von der Vor- und Nacherbfolge im unternehmerischen Bereich nur äußerst zurückhaltend Gebrauch gemacht werden. Nicht zuletzt spricht auch die Erbschaftsbesteuerung regelmäßig gegen die Anordnung der Vor- und Nacherbschaft, da der Vorerbe – ungeachtet der erbrechtlichen Verfügungsbeschränkungen – wie ein Vollerbe besteuert wird (§§ 6, 20 Abs. 4 ErbStG).

5. Testamentsvollstreckung[47]

59 Die Testamentsvollstreckung gehört in vielen Fällen zu den zentralen Bestandteilen des Unternehmertestaments.[48] Der Erblasser kann über die Anordnung der Testamentsvollstreckung auch über seinen Tod hinaus Einfluss auf sein Vermögen nehmen.

60 Mit der **Testamentsvollstreckung** lassen sich vor allem folgende **Ziele** erreichen:
– Absicherung der Nachfolgeregelung durch eine Beschränkung der Erben in ihrer Rechtsstellung (§ 2211 Abs. 1 BGB), vor allem in den Fällen, in denen der gewünschte Unternehmensnachfolger (noch) nicht über die erforderliche fachliche Qualifikation oder persönliche Eignung verfügt;
– langfristige Verwirklichung der Vorstellungen und Ziele des Erblassers durch die sachkundige, fremdnützige und unparteiische Mitwirkung des Testamentsvollstreckers;
– Sicherung der Fortführung des Unternehmens;
– Vermeidung von Streitigkeiten und Auseinandersetzungen zwischen dem Unternehmensnachfolger und den weichenden Erben;
– Schutz des Nachlasses vor den Eigengläubigern des Erben (§ 2214 BGB);
– begrenzte Übertragung der Auswahl des Unternehmensnachfolgers und der Festlegung der Unternehmensstruktur auf den Testamentsvollstrecker.

61 Die Testamentsvollstreckung kann stets nur diejenigen Vermögenswerte umfassen, die im Wege der Erbfolge übertragen werden. **Gesellschaftsanteile**, die der Nachfolger **außerhalb des Erbrechts** erwirbt (z.B. aufgrund einer rechtsgeschäftlichen Nachfolgeklausel oder einer Eintrittsklausel) werden daher von der Testamentsvollstreckung von vornherein nicht erfasst. Allenfalls der Abfindungsanspruch kann dann der Testamentsvollstreckung unterliegen.

62 Die **Aufgaben und Rechte des Testamentsvollstreckers** sollten vom Erblasser in der letztwilligen Verfügung sorgfältig geregelt werden (§§ 2208, 2216 BGB). Der Erblasser sollte insbesondere bestimmen, ob sich die Testamentsvollstreckung auf den gesamten Nachlass erstreckt oder sich nur auf einzelne Nachlassteile (z.B. eine Gesellschaftsbeteiligung) bezieht.

63 Im Grundsatz sind drei **Arten der Testamentsvollstreckung** zu unterscheiden:

---

47 Ausf. zur Testamentsvollstreckung im Unternehmensbereich *Dörrie*, ZEV 1996, 370; *Dörrie*, GmbHR 1996, 245; *Frank*, ZEV 2003, 5; *Goebel*, ZEV 2003, 261; *Grigas*, BWNotZ 2002, 25; *Hehemann*, BB 1995, 1301; *Lorz*, Testamentsvollstreckung und Unternehmensrecht, 1995; *Lorz*, in: Festschrift für Karlheinz Boujong, S. 319 ff.; Bengel/Reimann/*D. Mayer*, Handbuch der Testamentsvollstreckung, 5. Kapitel, II. Abschnitt, Rz. 109 ff., S. 210 ff.; *Plank*, ZEV 1998, 325; *Reimann*, Testamentsvollstreckung in der Wirtschaftspraxis, 1998; *Schiemann*, in: Festschrift für Dieter Medicus, S. 513 ff.; *Stimpel*, in: Festschrift für Hans Brandner, S. 779 ff.; *Weidlich*, ZEV 1994, 205; *Weidlich*, MittBayNot 1996, 1; *Weidlich*, ZEV 1998, 339; *Winkler*, Der Testamentsvollstrecker, S. 141 ff.
48 Ausf. *Bonefeld*, Kap. 17.

- die Abwicklungsvollstreckung zur Vermeidung von Streitigkeiten zwischen den Miterben bei der Nachlassverteilung und der Sicherstellung der Verwirklichung des letzten Willens des Erblassers (§§ 2203 f. BGB);
- die Verwaltungsvollstreckung zur Verwaltung des Nachlassvermögens und damit des Unternehmens (§ 2209 Abs. 1 1. HS BGB);
- die Dauertestamentsvollstreckung zur Ausführung der letztwilligen Verfügung des Erblassers und der Verwaltung des Nachlassvermögens (§ 2209 Abs. 1 2. HS BGB).

Der Erfolg der Testamentsvollstreckung hängt entscheidend von der **Person des Testamentsvollstreckers** ab. Die Bestimmung des Testamentsvollstreckers sollte daher nicht dem Nachlassgericht oder einem Dritten überlassen werden (§ 2198 BGB). Der Erblasser sollte den Testamentsvollstrecker vielmehr selbst im Testament bestimmen und auch einen Ersatzvollstrecker für den Fall benennen, dass der eigentlich vorgesehene Testamentsvollstrecker das Amt nicht übernehmen kann oder will. Der Testamentsvollstrecker muss in jedem Fall das uneingeschränkte Vertrauen des Erblassers genießen. Eine juristische Person wird demnach nur in Ausnahmefällen als Testamentsvollstrecker in Betracht kommen (s. § 2210 Satz 3 BGB). Damit der Testamentsvollstrecker seine Aufgabe sachgerecht wahrnehmen kann, sollte er stets auch das Vertrauen der Erben genießen und von diesen akzeptiert werden. Im Interesse der Kontinuität der Unternehmensnachfolge wird der Erblasser schließlich darauf achten, dass der Testamentsvollstrecker bereits zu Lebzeiten mit dem Unternehmen und den Familienverhältnissen vertraut ist.[49]

64

Bei der **Auswahl** des Testamentsvollstreckers können im Übrigen u.a. **folgende Kriterien von Bedeutung** sein:
- Alter (insbesondere im Verhältnis zum Erblasser),
- Wohnsitz bzw. Aufenthaltsort am Sitz des Unternehmens bzw. am Wohnsitz der Familie,
- Identifikation mit dem Unternehmen,
- Reputation,
- Berufsausbildung und bisherige berufliche Tätigkeit,
- Kenntnisse und Erfahrungen in der Führung eines Unternehmens,
- Kenntnisse, Erfahrungen und Kontakte auf dem Gebiet, auf dem das Unternehmen tätig ist,
- Zeitliche Verfügbarkeit,
- Mögliche Interessenkollisionen mit anderen (Beratungs-)Tätigkeiten oder Aufgaben,
- Unabhängigkeit und Neutralität.

65

Im Einzelfall mag die Ernennung mehrerer Testamentsvollstrecker zweckmäßig sein, die das Amt gemeinschaftlich führen (§ 2224 BGB).

66

---

49 Dabei kann insbesondere auch der Steuerberater des Unternehmers bzw. des Unternehmens zum Testamentsvollstrecker eingesetzt werden. In der Tätigkeit des Testamentsvollstreckers ist keine Besorgung fremder Rechtsangelegenheiten i.S.d. Art. 1 § 1 Abs. 1 Satz 1 RBerG zu sehen. So BGH ZErb 2005, 65 = BB 2005, 510 m. Anm. *Kleine-Cosack* = WM 2005, 436 = ZEV 2005, 123 m. Anm. *Stracke* = DStR 2005, 573 m. Anm. *Hund* = NJW 2005, 968.

> **Formulierungsbeispiel:** Ich ordne Testamentsvollstreckung an. Zum Testamentsvollstrecker ernenne ich: ..., geboren am ..., wohnhaft in ... . Zum Ersatztestamentsvollstrecker ernenne ich ... . Weitere Ersatztestamentvollstrecker bestimme ich nicht.

67 Gerade in Familiengesellschaften wird vielfach auch ein Mitgesellschafter als Testamentsvollstrecker in Betracht kommen. In der Berufung eines Mitgesellschafters ist zwar oftmals eine konkludente Befreiung von dem Verbot der Mehrfachvertretung zu sehen, doch sollte der Erblasser die Frage im Testament stets eindeutig regeln (§ 181 BGB).[50]

> **Formulierungsbeispiel:** Der Testamentsvollstrecker ist von den Beschränkungen des § 181 BGB bereit.

68 Die **Dauer der Testamentsvollstreckung** ist gesetzlich grundsätzlich auf die Dauer von **dreißig Jahren** nach dem Tod des Erblassers beschränkt (§ 2210 BGB). Die gesetzliche Höchstdauer sollte vom Erblasser i.d.R. aber nicht ausgeschöpft werden, sondern vielmehr eine im Einzelfall angemessene Dauer der Testamentsvollstreckung bestimmt werden.

69 Der Testamentsvollstrecker erhält eine **angemessene Vergütung** (§ 2221 BGB). Zur Vermeidung von Streitigkeiten sollte der Erblasser jedoch die Höhe der Vergütung, deren Fälligkeit und das Bestehen von Aufwendungsersatzansprüchen im Testament eindeutig regeln. Der Erblasser ist in der Bestimmung der Höhe der Vergütung frei. Eine gerichtliche Überprüfung findet grundsätzlich nicht statt. Bei der Bestimmung der Höhe der Vergütung sollte der Erblasser u.a. folgende Kriterien berücksichtigen:

– Qualifikation und Erfahrung des Testamentsvollstreckers,
– Aufwand des Testamentsvollstreckers,
– Umfang und Schwierigkeiten der Tätigkeiten,
– Dauer der Testamentsvollstreckung,
– Wert und Umfang des Nachlasses,
– Haftungsrisiken,
– Erfolg der Tätigkeit des Testamentsvollstreckers.

70 Der Erblasser muss dabei auf einen sachgerechten **Interessenausgleich** achten. Einerseits muss er die Tätigkeit des Testamentsvollstreckers angemessen honorieren und diesem einen Anreiz bieten, die übertragenen Aufgaben mit dem gebotenen Engagement zu erfüllen. Andernfalls besteht das Risiko, das der Testamentsvollstrecker das Amt nicht annimmt oder später niederlegt. Andererseits darf die Höhe der Vergütung nicht unverhältnismäßig hoch sein, um das Verhältnis zu den Erben nicht zu belasten und damit den Nachlass nicht zu gefährden.

---

50 Zu In-Sich-Geschäften des Testamentsvollstreckers s. *Damrau/Bonefeld,* Erbrecht, § 2205 Rn. 12 ff.; Palandt/*Edenhofer,* § 2205 Rn. 30; *Bamberger/Roth/J. Mayer,* § 2205 Rn. 16 ff.; Staudinger/*Reimann,* § 2205 Rn. 59 ff.; MünchKomm/*Zimmermann,* § 2205 Rn. 82 ff.

In der Praxis orientieren sich viele Erblasser an **anerkannten Tabellen**,[51] in denen die übliche Vergütung zusammengestellt ist.[52] Bei der Bezugnahme auf Vergütungstabellen sollte stets gewährleistet sein, dass der Erblasser von deren konkretem Inhalt auch tatsächlich Kenntnis hat (auch wenn dies rechtlich nicht unbedingt erforderlich ist). Im Einzelfall kann auch die Vereinbarung eines konkreten **Stundenhonorars** sinnvoll sein. Bezieht sich die Testamentsvollstreckung nicht auf den gesamten Nachlass, sondern nur auf einzelne Nachlassteile (z.B. eine **Gesellschaftsbeteiligung**), sollte der Erblasser auch regeln, wer die Testamentsvollstreckervergütung im Innenverhältnis zu tragen hat.

Schließlich sollte der Erblasser stets festlegen, ob in der Vergütung des Testamentsvollstreckers die **Umsatzsteuer** enthalten ist oder nicht. Grundsätzlich wird die Testamentsvollstreckervergütung als Bruttobetrag angesehen.

71

> **Formulierungsbeispiel:** Der Testamentsvollstrecker erhält eine angemessene Vergütung. Die Höhe der Vergütung richtet sich nach den Richtlinien des Deutschen Notarvereins über die Vergütung von Testamentsvollstreckern, die dem Erblasser bekannt sind und diesem Testament zu Informationszwecken beigefügt sind. Die Umsatzsteuer erhält der Testamentsvollstrecker gesondert. Der Testamentsvollstrecker hat darüber hinaus Anspruch auf Ersatz der nachweislich angefallenen Auslagen.

Der Testamentsvollstrecker unterliegt dem erbrechtlichen **Verbot unentgeltlicher Verfügungen** (§ 2205 Satz 3 BGB). Der Testamentsvollstrecker ist daher bspw. nicht berechtigt an Gesellschafterbeschlüssen mitzuwirken, die Leistungspflichten begründen, die aus Nachlassmitteln nicht vollständig erfüllt werden können oder an Handlungen, die zu einem einseitigen Rechtsverlust des Gesellschafter Erben führen. Der Erblasser kann den Testamentsvollstrecker im Testament auch nicht zu unentgeltlichen Verfügungen ermächtigen. Doch kann der Erblasser dem Testamentsvollstrecker eine ergänzende Vollmacht erteilen. Dies erscheint insbesondere dann zweckmäßig, wenn die schwierige Abgrenzung zwischen zulässigen entgeltlichen und unzulässigen teilentgeltlichen Rechtsgeschäften vermieden werden soll.[53]

72

Der Durchführung der Testamentsvollstreckung im **Unternehmensbereich** sind (vor allem bei Einzelunternehmen und Personengesellschaften) bestimmte Grenzen gesetzt, die sich insbesondere aus der unterschiedlichen Haftungsordnung im Erbrecht und im Gesellschaftsrecht ergeben. Dem Erben steht unabdingbar die Möglichkeit zu, die Haftung (auch für Handlungen des Testamentsvollstreckers) auf den Nachlass zu beschränken. Demgegenüber geht das Unternehmensrecht von der grundsätzlich unbeschränkten und unbeschränkbaren persönlichen Haftung des Unternehmers aus. Diese Kollision von Erbrecht und Gesellschaftsrecht kann bei einer dauerhaften Fremdverwaltung von Einzelunternehmen und von Personengesellschaften zu Beschränkungen

73

---

51 Die aktuellste Tabelle ist diejenige des Deutschen Notarvereins, die im Internet unter www.dnotv.de abrufbar ist.
52 Ausf. dazu zuletzt *Bonefeld*, Kap. 17 Rn. 427 ff. – Allgemein *Damrau/Bonefeld,* Erbrecht, § 2221 Rn. 1 ff.; Palandt/*Edenhofer*, § 2221 Rn. 1 ff.; *Bamberger/Roth/J. Mayer*, § 2221 Rn. 1 ff.; Staudinger/*Reimann*, § 2221 Rn. 1 ff.; MünchKomm/*Zimmermann*, § 2221 Rn. 1 ff. sowie *Reimann*, DStR 2002, 2008.
53 Zu der Abgrenzung s. bereits oben im Zusammenhang m. der Vorerbschaft (§ 2213 Abs. 2 BGB) s.o. Rn. 52 ff. – Zum Verbot unentgeltlicher Verfügungen s. *Damrau/Bonefeld*, Erbrecht, § 2205 Rn. 15 ff.; Palandt/*Edenhofer*, § 2205 Rn. 32 ff.; *Bamberger/Roth/J. Mayer*, § 2205 Rn. 21 ff.; Staudinger/*Reimann*, § 2205 Rn. 39 ff.; MünchKomm/*Zimmermann*, § 2205 Rn. 70 ff.

der Testamentsvollstreckung führen.⁵⁴ Die reine Abwicklungsvollstreckung oder die Geltendmachung von Abfindungsansprüchen ist dagegen unproblematisch möglich.

Noch nicht abschließend geklärt ist darüber hinaus, ob und inwieweit der Testamentsvollstrecker auch zu Eingriffen in den **Kernbereich** der Mitgliedschaft befugt ist. In der Praxis sollte man in diesen Fällen vorsorglich die Zustimmung der Erben einholen.

IV. Pflichtteilsrecht⁵⁵

1. Problematik

74 Die vom Erblasser beabsichtigte **Nachfolgeplanung** kann **durch Pflichtteilsansprüche** (§§ 2303 ff. BGB) in erheblicher Weise **gefährdet** werden.

– Der Pflichtteilsanspruch begründet einen schuldrechtlichen Anspruch auf Zahlung einer Geldsumme i.H.d. Hälfte des gesetzlichen Erbteils. Die zur Begleichung von Pflichtteilsansprüchen erforderliche **Liquidität** ist aber vielfach nicht (oder nicht in ausreichendem Umfang) vorhanden, da das Nachlassvermögen überwiegend in dem Unternehmen gebunden ist. Der **Pflichtteilsanspruch** ist grundsätzlich mit dem (meist unerwartet eintretenden) Erbfall sofort zur Zahlung fällig (§ 2317 Abs. 1 BGB), was eine vorsorgende Liquiditätsplanung zusätzlich erschwert. Eine Stundung des Pflichtteilsanspruchs ist regelmäßig ausgeschlossen (§ 2331a BGB).

– Der Pflichtteilsanspruch richtet sich zwar nicht gegen die Gesellschaft, kann aber gleichwohl deren **Fortbestand gefährden**. Dies gilt insbesondere dann, wenn der Unternehmensnachfolger nicht über ausreichendes liquides Privatvermögen verfügt, um den Pflichtteilsanspruch zu erfüllen. Die erforderlichen Mittel werden dann vielfach ganz oder teilweise aus dem Unternehmen entnommen bzw. mit Hilfe von Vermögenswerten des Unternehmens finanziert. Auf diese Weise wird die (vielfach ohnehin schon geringe) **Eigenkapitalquote** des Unternehmens weiter geschwächt.

– Für die Berechnung des Pflichtteilsanspruchs ist der tatsächliche Verkehrswert des Nachlasses im Zeitpunkt des Erbfalls maßgebend (§ 2311 Abs. 1 BGB). Unternehmen und Gesellschaftsbeteiligungen sind daher grundsätzlich mit dem vollen Wert einschließlich etwaiger stiller Reserven und eines Firmenwerts zu bewerten. Die Bestimmung dieses Werts erweist sich in der Praxis immer wieder als außerordentlich streitanfällig, da es für (**nicht börsennotierte**) Unternehmen an einem Markt für die **Wertermittlung** fehlt.

– Im Zusammenhang mit der **Ermittlung** des Unternehmenswerts sind dem Pflichtteilsberechtigten und den anderen Verfahrensbeteiligten (z.B. Rechtsanwälten, Richtern, Gutachtern) alle für die Unternehmensbewertung erforderlichen Informationen offen zu legen. Aufgrund der **Öffentlichkeit** des Gerichtsverfahrens kann dies mit einer unerwünschten Publizität verbunden sein.

---

54 Ausf. dazu u.a. *Damrau/Bonefeld,* Erbrecht, § 2205 Rn. 21 ff.; Palandt/*Edenhofer,* § 2205 Rn. 6 ff.; Bamberger/Roth/*J. Mayer,* § 2205 Rn. 27 ff.; Staudinger/*Reimann,* § 2205 Rn. 89 ff.; MünchKomm/*Zimmermann,* § 2205 Rn. 14 ff.

55 Ausf. zur Problematik des Pflichtteilsrecht bei der Unternehmensnachfolge *Boujong,* in: Festschrift für Peter Ulmer, S. 41 ff.; *Bratke,* ZEV 2000, 16; *Groß,* ErbStB 2004, 134; *Haas,* ZNotP 2001, 370; *Keller,* ZEV 2001, 297; *Kohl,* MDR 1995, 865; *U. Mayer,* ZEV 2003, 355; *Oechsler,* AcP 2000, 603; *von Oertzen,* ErbStB 2005, 71; *Piltz,* BB 1994, 1021; *Reimann,* ZEV 1994, 7; *Riedel,* ZErb 2003, 212; *Tanck,* BB-Special 5/2004, 19; *Wegmann,* ZEV 1998, 135; *Winkler,* BB 1997, 1697; *Winkler,* ZEV 2005, 89.

2. Pflichtteilsverzichtsvertrag

Maßnahmen zur Reduzierung oder Vermeidung von **Pflichtteilsansprüchen**[56] kommt daher im Zusammenhang mit der Planung der Unternehmensnachfolge eine herausragende Bedeutung zu. Am wirkungsvollsten und sichersten ist dabei der Abschluss eines **Pflichtteilsverzichtsvertrags** (§ 2346 Abs. 2 BGB). Der Pflichtteilsverzichtsvertrag kann dabei entweder umfassend oder im Hinblick auf einzelne Nachlassgegenstände (z.B. eine Beteiligung an einer Gesellschaft) erklärt werden.

75

Bei einem **gegenständlich beschränkten Pflichtteilsverzichtsvertrag** kommt der Abgrenzung zwischen den einzelnen Nachlassteilen besondere Bedeutung zu.[57] Eine Bezugnahme auf den steuerrechtlichen Begriff des Betriebsvermögens erscheint dabei nicht unproblematisch, da der Erblasser dann durch die (bewusste) Umwandlung von Privatvermögen in Betriebsvermögen (z.B. die Errichtung einer gewerblich geprägten Personengesellschaft, die Begründung einer Betriebsaufspaltung oder von Sonderbetriebsvermögen) den Anwendungsbereich des Pflichtteilsverzichtsvertrages einseitig erweitern könnte. Im Übrigen erscheint es wenig sachgerecht, wenn die steuerrechtliche Einordnung als Privat- oder Betriebsvermögen für die Reichweite des zivilrechtlichen Pflichtteilsverzichtsvertrages maßgebend sein soll.

76

Formulierungsbeispiel: … verzichtet mit Wirkung für sich und seine Abkömmlinge gegenüber dem Erblasser auf das gesetzliche Pflichtteilsrecht einschließlich des Ergänzungs- und Zusatzpflichtteils insoweit, als bei der Nachlassbewertung zum Zwecke der Pflichtteilsberechnung die folgenden Vermögensgegenstände außer Betracht bleiben sollen:
1. Die Kommanditbeteiligung des Erblassers an der …-GmbH & Co. KG, eingetragen im Handelsregister des Amtsgerichts … unter HRA (Anschrift: …) mit einer Hafteinlage i.H.v. … € einschließlich aller damit verbundenen Rechte und Ansprüche sowie die vom Erblasser an die Gesellschaft zur betrieblichen Nutzung überlassenen Gegenstände, insbesondere das Grundstück Flurstück Nr. …, eingetragen im Grundbuch des Amtsgerichts … für …, Band … Blatt … .
2. Die Beteiligung des Erblassers an der Komplementär-GmbH, eingetragen im Handelsregister des Amtsgerichts … unter HRB (Anschrift: …) mit einem Nennbetrag i.H.v. … € einschließlich aller damit verbundenen Rechte und Ansprüche,
3. Alle sonstigen Beteiligungen des Erblassers an in- und ausländischen Gesellschaften unabhängig von deren Rechtsform – zu den Gesellschaftsbeteiligungen gehören jeweils auch alle damit verbundenen Rechte und Ansprüche, insbesondere die Ansprüche auf Gesellschafterkonten und Darlehensansprüche gegen die Gesellschaften.

Dagegen umfasst der vorbezeichnete Pflichtteilsverzicht insbesondere nicht Beteiligungen an Gesellschaften, die ausschließlich vermögensverwaltend tätig sind. Dies gilt auch dann, wenn die Beteiligungen steuerrechtlich zum Betriebsvermögen gehören sollten.

Der Erblasser nimmt diesen gegenständlich beschränkten Pflichtteilsverzicht an.

---

56 Zahlreiche praktische Gestaltungsempfehlungen dazu finden sich bei *von Oertzen*, ErbStB 2005, 71.
57 Zu den vergleichbaren Schwierigkeiten bei der Anordnung von Vermächtnissen s. bereits oben Rn. 40 ff.

77 Ein Pflichtteilsverzichtsvertrag wird im Regelfall nur gegen Zahlung einer fairen **Abfindung** zu erreichen sein. Art, Höhe und Fälligkeit der Abfindung können die Beteiligten frei vereinbaren. Die Abfindung muss nicht notwendigerweise in Bargeld bestehen. Vielmehr kommt auch die Übertragung von Sachwerten oder die Einräumung einer Unterbeteiligung in Betracht. Auf diese Weise kann den berechtigten Interessen des Erblassers an der Schonung der ohnehin meist knappen Liquidität Rechnung getragen werden. Aber auch aus Sicht des Pflichtteilsberechtigten kann eine Abfindung in Sachwerten von Interesse sein. Eine **Barabfindung** ist von dem Pflichtteilsberechtigten stets mit dem **Nominalwert** zu versteuern (§ 3 Abs. 1 Nr. 1 ErbStG). Dies gilt auch dann, wenn der Nachlass ganz oder überwiegend aus einem Unternehmen oder Gesellschaftsbeteiligungen besteht und der Erbe dafür die Vergünstigungen für Betriebsvermögen bei der Erbschaftsteuer in Anspruch nehmen kann (§§ 12 Abs. 5, 13a, 19a ErbStG). Wird dem Pflichtteilsberechtigten als Abfindung dagegen ein Sachwert übertragen, der bei der Erbschaftsteuer nicht mit dem gemeinen Wert bewertet wird (z.B. ein privat genutztes Grundstück), kann dies beim Pflichtteilsberechtigten steuerlich vorteilhaft sein.

78 Bei der Bestimmung der **Höhe der Abfindung** sollte u.a. auch berücksichtigt werden, dass das unternehmerische Vermögen regelmäßig mit einer besonderen Verantwortung verbunden ist (z.B. Erhalt von Arbeitsplätzen, gewerberechtliche Auflagen, langfristige Abnahmeverpflichtungen und Lieferbeziehungen) und zahlreichen sonstigen Bindungen unterliegt (z.B. Steuerlasten). Die Abfindung steht dem Pflichtteilsberechtigten dagegen sofort zur freien Verfügung.

79 Vielfach werden Pflichtteilsverzichtsverträge lediglich mit den **weichenden Erben** und nicht auch mit dem **potentiellen Unternehmensnachfolger** abgeschlossen. Dies erscheint insoweit als ausreichend, als dem vom Erblasser eingesetzten Erben kein Pflichtteilsanspruch zusteht, wenn er die Erbschaft ausschlägt. Von diesem Grundsatz besteht indes eine Ausnahme, die vor allem bei Unternehmertestamenten von großer praktischer Bedeutung ist. Wendet der Erblasser dem Pflichtteilsberechtigten einen Erbteil zu, der größer als der Pflichtteil ist, kann dieser die Erbschaft ausschlagen und trotzdem den vollen Pflichtteil verlangen, wenn er durch die Einsetzung eines Nacherben, die Ernennung eines Testamentsvollstreckers oder eine Teilungsanordnung beschränkt ist oder mit einem Vermächtnis oder einer Auflage beschwert ist (§ 2306 Abs. 1 Satz 2 BGB[58]). Einer Beschränkung der Erbeinsetzung steht es gleich, wenn der Pflichtteilsberechtigte als Nacherbe eingesetzt ist (§ 2306 Abs. 2 BGB).

80 Die vom Erblasser vorgesehene Nachfolgeplanung kann in diesem Fall daran scheitern, dass der als Alleinerbe eingesetzte Nachfolger die Erbschaft ausschlägt und den Pflichtteil verlangt. Die rechtliche Befugnis, den Pflichtteil trotz Ausschlagung der Erbschaft zu verlangen, besteht für den Erben immer dann, wenn der Erblasser eine Beschränkung oder Beschwerung angeordnet hat. Die Anordnung der Testamentsvollstreckung oder von Auflagen ist aber bei Unternehmertestamenten weit verbreitet, so dass dem Erben diese Möglichkeit in vielen Fällen offen stehen wird. Das Motiv für die Ausschlagung der Erbschaft wird aber oftmals ein ganz anderes sein. Der Erbe wird mitunter frei verfügbares Bargeld wirtschaftlich als attraktiver einschätzen als ein großes Vermögen, dass in einem Unternehmen gebunden ist. Der Erblasser sollte daher stets auch mit dem zum Erben eingesetzten Nachfolger einen (**beschränkten**)

---

[58] Ausf. dazu Palandt/*Edenhofer*, § 2306 Rn. 9 ff.; Staudinger/*Haas*, § 2306 Rn. 53 ff.; MünchKomm/*Lange*, § 2306 Rn. 17 ff.; Bamberger/Roth/*J. Mayer*, § 2306 Rn. 20 ff.; Damrau/Riedel/*Lenz*, Erbrecht, § 2306 Rn. 19 ff.

Pflichtteilsverzichtsvertrag abschließen, um das Risiko einer späteren **Erbschaftsausschlagung** und das damit verbundene Scheitern der Unternehmensnachfolge zu verhindern.

> **Formulierungsbeispiel:** ... verzichtet mit Wirkung für sich und seine Abkömmlinge gegenüber dem Erblasser auf das gesetzliche Pflichtteilsrecht insoweit, als es ihm das Recht zur Ausschlagung der Erbschaft auch dann gewährt, wenn der hinterlassene Erbteil größer als der Pflichtteil ist (§ 2306 Abs. 1 Satz 2 BGB).
> Im Übrigen bleibt das gesetzliche Pflichtteilsrecht unberührt.
> Der Erblasser nimmt diesen beschränkten Pflichtteilsverzicht an.

3. Nachlasswert

Für die Berechnung des Pflichtteilsanspruchs ist der Bestand und der Wert des Nachlasses im Zeitpunkt des Erbfalls maßgebend (§ 2311 BGB).[59] Die zum Nachlass gehörenden Gegenstände sind dabei mit dem Verkehrswert zu bewerten. Dies gilt insbesondere auch für Unternehmen und Gesellschaftsbeteiligungen.[60] Buch- oder Bilanzwerte sind nicht maßgebend. Eine abweichende Wertbestimmung durch den Erblasser ist nicht möglich (§ 2311 Abs. 2 Satz 2 BGB[61]).

Die für die Berechnung des Pflichtteilsanspruchs erforderliche **Unternehmensbewertung** ist insoweit **schwierig**, als es (mit Ausnahme von Anteilen an börsennotierten Gesellschaften) an einem Markt für Unternehmen fehlt und zeitnahe Verkäufe zu marktüblichen Bedingungen meist nicht vorliegen werden.[62] Bei der Bewertung eines zum Nachlass gehörenden Unternehmens gilt es zunächst, die anwendbare Bewertungsmethode zu bestimmen. Im Ausgangspunkt besteht heute weitgehend Einigkeit, dass die Bewertung auf der Grundlage eines **Ertragswertverfahrens** zu erfolgen hat. Demgegenüber kommt dem **Substanzwertverfahren** heute keine praktische Bedeutung mehr zu. Der Liquidations- oder Zerschlagungswert wird allg. lediglich als Wertuntergrenze für die Bewertung angesehen. Bei der Ertragswertmethode **richtet sich der Wert eines Unternehmens nach der Möglichkeit zur Erzielung künftiger Erträge**. Dazu sind zunächst die in der Zukunft voraussichtlich zu erzielenden Erträge zu ermitteln. Diese Erträge sind sodann mit Hilfe eines Kapitalisierungszinssatzes auf den Bewertungsstichtag abzuzinsen. Dabei sind allerdings zahlreiche Einzelheiten (wie bspw. die Prognose über die künftigen Erträge oder die Wahl des Kapitalisierungszinssatzes) umstritten. Im **Ausland** erfolgt die Unternehmensbewertung an Stel-

---

59 Grundlegend dazu *Meincke*, Zum normativen Konzept der Nachlassbewertung im Pflichtteilsrecht, in: Festschrift für Herbert Wiedemann, S. 105 ff.
60 Zur Bewertung von Unternehmen und Gesellschaftsbeteiligungen für die Berechnung von Pflichtteilsansprüchen s. Palandt/*Edenhofer*, § 2311 Rn. 12 ff.; Staudinger/*Haas*, § 2311 Rn. 80 ff.; MünchKomm/*Lange*, § 2311 Rn. 25 ff.; Bamberger/Roth/*J. Mayer*, § 2311 Rn. 23 ff.; Damrau/Riedel/*Lenz*, Erbrecht, § 2311 Rn. 56 ff.
61 Eine Ausnahme gilt nur für Landgüter, s. § 2312 BGB.
62 Ausf. zum Ganzen *Behringer*, Unternehmensbewertung der Klein- und Mittelbetriebe, 2004; *Großfeld*, Unternehmensbewertung, 2002; *Ebenroth/Boujong/Joost/Lorz*, HGB, § 131 Rn. 63 ff.; *Peemöller*, Praxishandbuch Unternehmensbewertung, 2005; *Piltz*, Die Unternehmensbewertung in der Rspr., 1994.

le des Ertragswertverfahrens heute vielfach auch nach der sog. **Discounted Cash Flow (DCF) Methode**.[63]

83 Angesichts des mit der Bewertung von zum Nachlass gehörenden Unternehmensbeteiligungen verbundenen Unsicherheiten kann es im Einzelfall zur Streitvermeidung beitragen, wenn der Erblasser mit dem Pflichtteilsberechtigten zumindest die **Modalitäten der Unternehmensbewertung** (z.B. Verfahren, Person des Sachverständigen, Kosten der Unternehmensbewertung) verbindlich festlegt. Eine derartige Vereinbarung wird insbesondere dann in Betracht kommen, wenn ein weitergehender Pflichtteilsverzicht nicht erreichbar ist. Das Bewertungsverfahren sollte dabei möglichst präzise bestimmt werden, da allg. Aussagen (wie bspw. Bewertung nach dem Ertragswertverfahren) angesichts der Vielzahl von Bewertungsmethoden vielfach nicht zielführend sind. Unter Umständen können auch weitergehende Regelungen (z.B. Ausübung von Wahlrechten, Vornahme von Abschlägen und Korrekturen) vorgesehen werden. Nachdem der Pflichtteilsberechtigte mit dieser Vereinbarung möglicherweise auch auf gewisse Rechte verzichtet, sollte vorsorglich stets die für Pflichtteilsverzichtsverträge vorgesehene Form eingehalten werden.

84 **Formulierungsbeispiel:** ... vereinbart mit dem Erblasser was folgt und verzichtet mit Wirkung für sich und seine Abkömmlinge gegenüber dem Erblasser insoweit vorsorglich auf das gesetzliche Pflichtteilsrecht einschließlich von Ergänzungs- und Zusatzpflichtteilsansprüchen.

Für die Berechnung von Pflichtteilsansprüchen sollen etwaige zum Nachlass gehörende Beteiligungen an in- oder ausländischen Unternehmen (... nach dem Ertragswertverfahren ... nach dem DCF-Verfahren) auf der Grundlage der Grundsätze zur Durchführung von Unternehmensbewertungen des Instituts der Wirtschaftsprüfer in Deutschland e.V. (IDW), Düsseldorf, in der jeweils gültigen Fassung bewertet werden. Die derzeit gültigen Standards (IDW S 1) in der Fassung vom 28.6.2000 sind dieser Urkunde als Anlage beigefügt.

Die Bewertung hat für alle Beteiligten verbindlich durch einen Wirtschaftsprüfer als Schiedsgutachter zu erfolgen. Können die Beteiligten über die Person des Wirtschaftsprüfers keine Einigung erzielen, soll dieser auf Antrag eines Beteiligten vom Präsidenten der für den Wohnsitz des Erblassers zuständigen Kammer der Wirtschaftsprüfer bestimmt werden.

Die Kosten der Unternehmensbewertung tragen Erbe und Pflichtteilsberechtigter zu untereinander gleichen Teilen.

Im Übrigen bleibt das gesetzliche Pflichtteilsrecht unberührt.

Der Erblasser nimmt diesen beschränkten Pflichtteilsverzicht an.

85 Die Höhe des Pflichtteils richtet sich nach dem Wert des Nachlasses zur Zeit des Erbfalls (§ 2311 Abs. 1 Satz 1 BGB). **Wertsteigerungen** nach Eintritt des Erbfalls haben

---

[63] Die vom Hauptfachausschuss (HFA) des Instituts der Wirtschaftsprüfer in Deutschland e.V., Düsseldorf verabschiedeten „Grundsätze zur Durchführung von Unternehmensbewertungen" (IDW S 1) aus (Wpg. 2000, 825) sehen sowohl das Ertragswertverfahren als auch das DCF-Verfahren vor. Derzeit wird an einer Neufassung dieser Grundsätze gearbeitet, s. dazu den Entwurf einer Neufassung des IDW Standards „Grundsätze zur Durchführung von Unternehmensbewertungen (IDW ES 1 n.F.), Wpg. 2005, 28 u. www.idw.de. Ausf. dazu *Großfeld/Stöver/Tönnes*, BB-Special 7/2005, S. 2; *Kunowski*, DStR 2005, 569.

demnach grundsätzlich⁶⁴ keine Erhöhung des Pflichtteilsanspruchs zur Folge. Umgekehrt kann der Erblasser bei **Wertverlusten** regelmäßig keine Herabsetzung des Pflichtteils verlangen. Das strenge Stichtagsprinzip führt (vor allem bei Beteiligungen an börsennotierten Gesellschaften) vielfach zu zufälligen Ergebnissen und unbilligen Härten.⁶⁵ Eine abweichende Bestimmung des Wertermittlungszeitpunkts (z.B. die Festlegung eines Durchschnittswerts) kann daher sowohl im Interesse des Erblassers als auch des Pflichtteilsberechtigten liegen. Allerdings kann diese nicht einseitig durch den Erblasser, sondern nur im Rahmen eines Pflichtteilsverzichtsvertrages erfolgen.

Formulierungsbeispiel: ... vereinbart mit dem Erblasser was folgt und verzichtet mit Wirkung für sich und seine Abkömmlinge gegenüber dem Erblasser insoweit vorsorglich auf das gesetzliche Pflichtteilsrecht einschließlich von Ergänzungs- und Zusatzpflichtteilsansprüchen.

Gehören zum Nachlass Beteiligungen an in- oder ausländischen Gesellschaften, soll für die Berechnung des Pflichtteils nicht deren Wert im Zeitpunkt des Erbfalls, sondern deren durchschnittlicher Wert im Zeitraum sechs Monate vor und sechs Monate nach Eintritt des Erbfalls maßgebend sein.

Der Pflichtteilsanspruch ist erst dann zur Zahlung fällig, wenn die Beteiligten eine verbindliche Einigung über den maßgebenden Wert des Nachlasses erzielt haben.

Im Übrigen bleibt das gesetzliche Pflichtteilsrecht unberührt.

Der Erblasser nimmt diesen beschränkten Pflichtteilsverzicht an.

Zum Nachlass gehörende Gesellschaftsbeteiligungen sind nach der gesetzlichen Regelung für Zwecke der Pflichtteilsberechnung grundsätzlich **mit ihrem wahren Wert** (einschließlich eines etwaigen Firmenwerts und stiller Reserven) zu bewerten. Noch nicht abschließend geklärt ist indes die Frage, ob der volle Wert auch dann anzusetzen ist, wenn der Gesellschaftsvertrag für den Fall des Ausscheidens eines Gesellschafters eine im Vergleich dazu **geringere Abfindung** vorsieht.⁶⁶ Aus Sicht des Erben erscheint es unbillig, wenn er dem Pflichtteilsberechtigten den vollen Wert der Beteiligung ersetzen muss, aber im Falle seines eigenen Ausscheidens nur einen geringeren Wert erhält. Dies gilt insbesondere dann, wenn der Erbe nicht über ausreichende liquide Mittel zur Erfüllung des Pflichtteilsanspruchs verfügt und es deshalb zu einer zwangsweisen Verwertung des Gesellschaftsanteils kommt. Aus Sicht des Pflichtteilsberechtigten wäre es umgekehrt wenig sachgerecht, wenn er nur i.H.d. gesellschaftsvertraglich vorgesehenen Abfindung am Nachlass beteiligt wird, der Erbe aber tatsächlich gar nicht aus der Gesellschaft ausscheidet. Im Grundsatz ist wohl davon auszugehen, dass es für die Berechnung des Pflichtteilsanspruchs auf den vollen Wert der Beteiligung ankommt und etwaige **Abfindungsklauseln** im Gesellschaftsvertrag sich nicht zu Lasten des Pflichtteilsberechtigten auswirken. Ausnahmen kommen nur für

---

64 Lediglich in seltenen Ausnahmefällen wird von dem strengen Stichtagsprinzip abgewichen. Ausf. dazu Staudinger/*Haas*, § 2311 Rn. 2 ff. u. 60 ff.; MünchKomm/*Lange*, § 2311 Rn. 15 ff.; Bamberger/Roth/ *J. Mayer*, § 2311 Rn. 2; *Damrau/Riedel*, Erbrecht, § 2311 Rn. 2 ff.

65 Die Problematik stellt sich nicht nur im Pflichtteilsrecht, sondern in ähnlicher Weise auch im Erbschaftsteuerrecht. S. dazu *Daragan*, ZErb 2004, 8; *Kemmerling/Delp*, BB 2002, 655; *Landsittel*, ZEV 2003, 221; *Naujok*, ZEV 2003, 94.

66 Ausf. zum Streitstand Staudinger/*Haas*, § 2311 Rn. 95 ff.; MünchKomm/*Lange*, § 2311 Rn. 32 f.; Bamberger/Roth/*J. Mayer*, § 2311 Rn. 37 f.; *Damrau/Riedel/Lenz*, Erbrecht, § 2311 Rn. 74 u. Rn. 87 ff. – Zur parallelen Frage beim Zugewinnausgleich (§ 1376 BGB) s. BGH, NJW 1999, 784 = FamRZ 1999, 361 = DB 1999, 477 = MDR 1999, 362 = DStRE 1999, 363 = Wpg. 1999, 461.

solche Fälle in Betracht, bei denen der Erbe innerhalb kurzer Zeit nach Eintritt des Erbfalls[67] tatsächlich aus der Gesellschaft ausscheidet bzw. dessen Ausscheiden im Zeitpunkt des Erbfalls zumindest objektiv wahrscheinlich ist.[68] Für die Berechnung des Pflichtteilsanspruchs ist dann allerdings nicht notwendig, den im Gesellschaftsvertrag vorgesehen Abfindungswert, sondern einen **Zwischenwert** ansetzen. Bei dessen Bestimmung gilt es, einen angemessenen Ausgleich zwischen den verfassungsrechtlich geschützten Interessen des Pflichtteilsberechtigten einerseits und des Erben andererseits zu finden.

87 Maßgebend sind stets alle **Umstände des jeweiligen Einzelfalls**. Dabei können u.a. folgende Aspekte zu berücksichtigen sein:
– Leistungsfähigkeit des Unternehmenserben;
– Bedürftigkeit des Pflichtteilsberechtigten;
– Eigenkapital- und Liquiditätssituation des Unternehmens;
– Zukunftsaussichten des Unternehmens;
– Höhe des Pflichtteilsanspruchs;
– Differenz zwischen dem tatsächlichen Wert und dem Wert aufgrund der Abfindungsklausel;
– sonstige vermögensmäßige oder persönliche Beziehungen zwischen dem Unternehmenserben bzw. Pflichtteilsberechtigten und dem Unternehmen (z.B. Mitarbeit im Unternehmen, Zugehörigkeit zu Organen des Unternehmens und in diesem Zusammenhang bestehende Vergütungsansprüche, Bestehen von Darlehensverträgen oder Kreditsicherheiten).

An Stelle einer angemessenen Reduzierung der Höhe des Abfindungsanspruchs können im Einzelfall auch **andere Maßnahmen** (wie z.B. die Stundung des Pflichtteilsanspruchs oder die Einräumung eines Leistungsverweigerungsrechts) **sachgerecht sein** und möglicherweise mit einem weniger weitgehenden Eingriff in die Rechte des Pflichtteilsberechtigten verbunden sein.

88 Eine weitere Problematik im Zusammenhang mit der Bewertung von Unternehmen bzw. Gesellschaftsbeteiligungen besteht darin, ob und inwieweit dabei **latente Steuerbelastungen** zu berücksichtigen sind. Veräußert der Erbe das Unternehmen bzw. die Gesellschaftsbeteiligung, hat er einen etwaigen Gewinn zu versteuern. Die Steuerlast mindert für den Erben den Wert des Nachlasses. Allerdings erfolgt die Veräußerung erst nach Eintritt des Erbfalls, so dass eine Berücksichtigung der Steuerlast zu Lasten des Pflichtteilsberechtigten möglicherweise mit dem Stichtagsprinzip nicht vereinbar ist.

89 Die wohl **h.M.**[69] geht davon aus, dass die **latente Steuerlast** bei der Bewertung nur dann zu berücksichtigen ist, wenn das Unternehmen tatsächlich veräußert wird oder ausnahmsweise eine Bewertung zu Substanz- oder Liquidationswerten erfolgt. Das im

---

67 In Anlehnung an die Regelung des § 139 HGB wird dabei vielfach eine Frist von drei Monaten als maßgebend angesehen.
68 S. dazu insbesondere *Bratke*, ZEV 2000, 16 (18); Staudinger/*Haas*, § 2311 Rn. 106; *Reimann*, ZEV 1994, 7 (10); *Reimann*, DNotZ 1992, 472 (486). – Krit. allerdings *Mayer/Süß/Tanck/Bittler/Wälzholz*, PraxisHB Pflichtteilsrecht, § 5 Rn. 127.
69 S. dazu BGH NJW 1972, 1269 = BB 1972, 826. Dazu *Kapp*, BB 1972, 829. – Staudinger/*Haas*, § 2311 Rn. 82; MünchKomm/*Lange*, § 2311 Rn. 25; *Bamberger/Roth/J. Mayer*, § 2311 Rn. 8 u. Rn. 33. – Zur parallelen Problematik beim Zugewinnausgleich (§ 1376 BGB) siehe BGH FamRZ 2005, 99 m. Anm. *Schröder* = NJW-RR 2005, 153 = ZNotP 2005, 113 = MDR 2005, 276.

Regelfall maßgebliche Ertragswertverfahren geht dagegen von der Fortführung des Unternehmens aus (*going concern*), so dass eine Berücksichtigung der latenten Steuerlast ausscheidet.

Eine **neuere Auffassung**[70] betont dagegen zu Recht, dass der wahre Wert sich danach richtet, welcher Preis bei einer Veräußerung im gewöhnlichen Geschäftsverkehr zu erzielen wäre. Die im Falle der Veräußerung anfallenden Steuern sind daher auch bei der Wertermittlung zu berücksichtigen. Darin ist auch kein Verstoß gegen das Stichtagsprinzip zu sehen, da die stillen Reserven bereits vor Eintritt des Erbfalls gebildet worden sind. Problematisch erscheint allerdings die Frage, in welcher Höhe die latenten Steuern anzusetzen sind, da diese von der persönlichen Situation des Erben und den jeweils geltenden Steuergesetzen abhängig sind. Grundsätzlich wird dabei wohl von der Steuerlast auszugehen sein, die im Falle eines fiktiven Verkaufs durch den Erben im Zeitpunkt des Erbfalls entstanden wäre.

90

Pflichtteilsansprüche gefährden die Unternehmensnachfolge in vielen Fällen vor allem auch dadurch, dass sie mit dem Erbfall grundsätzlich sofort fällig sind und daher die Liquidität zu einem kaum vorhersehbaren Zeitpunkt unerwartet belasten. Eine **Stundung** des Pflichtteilsanspruchs kommt nach der gesetzlichen Regelung in der Praxis kaum jemals in Betracht (§ 2331a BGB).[71] Die vertragliche Vereinbarung einer Stundung des Pflichtteilsanspruchs kann unter Umständen wesentlich zum langfristigen Erhalt des Unternehmens beitragen und wird in vielen Fällen deutlich einfacher zu erreichen sein als ein vollständiger Pflichtteilsverzicht. Die einzelnen Modalitäten der Stundung (z.B. Dauer, Verzinsung, Sicherheitsleistung, Zulässigkeit von Ratenzahlungen, etc.) können die Beteiligten frei vereinbaren. Für die Stundungsvereinbarung gelten wiederum die Vorschriften für Pflichtteilsverzichtsverträge, da mit ihr ein teilweiser Verzicht auf Pflichtteilsansprüche verbunden ist.

91

> **Formulierungsbeispiel:** ... vereinbart mit dem Erblasser was folgt und verzichtet mit Wirkung für sich und seine Abkömmlinge gegenüber dem Erblasser insoweit vorsorglich auf das gesetzliche Pflichtteilsrecht einschließlich von Ergänzungs- und Zusatzpflichtteilsansprüchen.
> Die Erfüllung des Pflichtteilsanspruchs hat in fünf gleichen Jahresraten zu erfolgen. Die erste Rate ist sechs Monate nach verbindlicher Einigung über den für die Berechnung des Pflichtteilsanspruchs maßgebenden Nachlasswert zur Zahlung fällig. Die Fälligkeit der weiteren Raten tritt jeweils nach Ablauf eines weiteren Jahres ein.
> Der Pflichtteilsanspruch ist von der Fälligkeit der ersten Rate an mit jährlich 2 Prozent über dem jeweiligen Basiszinssatz zu verzinsen. Im Übrigen erfolgt die Stundung unentgeltlich.
> Eine Sicherheitsleistung für den Pflichtteilsanspruch kann nicht verlangt werden.
> Im Übrigen bleibt das gesetzliche Pflichtteilsrecht unberührt.
> Der Erblasser nimmt diesen beschränkten Pflichtteilsverzicht an.

---

70 *Crezelius*, Unternehmenserbrecht, Rn. 95; *Lorz*, ZErb 2003, 302; *Winkler*, ZEV 2005, 89 (90 f.). Tendenziell wohl auch *Damrau/Riedel/Lenz*, Erbrecht, § 2311 Rn. 30.
71 Die Vorschrift hat in der Praxis jedoch nur eine geringe Bedeutung. Zu den Voraussetzungen, unter denen ausnahmsweise eine Stundung gewährt wird s. Palandt/*Edenhofer*, § 2331a Rn. 3 f.; Münch Komm/*Lange*, § 2331a Rn. 4 ff.; Bamberger/Roth/*J. Mayer*, § 2331a Rn. 3 ff.; Staudinger/*Olshausen*, § 2331a Rn. 13 ff.; *Damrau/Riedel/Lenz*, Erbrecht, § 2331a Rn. 8 ff.

> **Praxishinweis:**
> Bei Verhandlungen über Pflichtteilsverzichtsverträge sollte nicht von dem „Alles-oder-Nichts"-Prinzip ausgegangen werden. Neben einem umfassenden Pflichtteilsverzicht bzw. einem auf die Gesellschaftsbeteiligung beschränkten Pflichtteilsverzichtsvertrag, sind stets auch noch andere Gestaltungsmöglichkeiten in Betracht zu ziehen. Pflichtteilsverzichtsverträge können nach den individuellen Vorstellungen der Beteiligten beschränkt werden. Durch die Regelung einzelner Fragen (z.B. Bewertungsverfahren, Fälligkeit, Berücksichtigung von Steuerlasten) lässt sich die Pflichtteilsproblematik zwar nicht ganz vermeiden, aber vielfach doch wesentlich entschärfen.

V. Nachlassvollmacht[72]

92 Ergänzend zur Errichtung einer letztwilligen Verfügung von Todes wegen kann der Erblasser einer oder mehreren Personen seines Vertrauens eine Nachlassvollmacht erteilen. Die Erteilung einer Vollmacht an den Erben oder den Testamentsvollstrecker kann vor allem **aus folgenden Gründen empfehlenswert** sein:

- Der Bevollmächtigte kann unmittelbar nach dem Tod des Erblassers handeln, ohne die Erteilung eines Erbscheins, die Eröffnung der letztwilligen Verfügung oder die Ausstellung eines Testamentsvollstreckerzeugnisses abwarten zu müssen.
- Der Bevollmächtigte ist auch zu unentgeltlichen und teilentgeltlichen Verfügungen befugt (s. demgegenüber §§ 2205 Satz 3, 2113 Abs. 2 BGB).
- Gerade bei Unternehmen sind oftmals kurzfristig wichtige Entscheidungen zu treffen, so dass die jederzeitige und umfassende Handlungsfähigkeit sichergestellt sein muss.

93 Die Vollmacht bedarf an sich **keiner besonderen Form**. Eine öffentliche Beglaubigung ist aber zumindest dann erforderlich, wenn zum Nachlass Unternehmen bzw. Gesellschaftsbeteiligungen gehören (§ 12 Abs. 2 HGB).

94 Im Wesentlichen ist zwischen zwei Arten von Nachlassvollmachten zu unterscheiden: zum einen den **transmortalen Vollmachten**, die bereits zu Lebzeiten des Erblassers wirksam werden und dann über dessen Tod hinaus fortdauern, und zum anderen die **portmortalen** Vollmachten, die überhaupt erst mit dem Tod des Erblassers wirksam wird. In der Praxis wird die Verwendung von transmortalen Vollmachten vielfach vorzugswürdig sein, da dann der Nachweis des Wirksamwerdens der Vollmacht und die damit möglicherweise verbundenen Komplikationen von vornherein vermieden werden. Ggf. kann der Vollmachtgeber den Bevollmächtigten aber im Innenverhältnis anweisen, von der Vollmacht erst nach seinem Tod Gebrauch zu machen.

95 Nachlassvollmachten können durch **Rechtsgeschäft unter Lebenden** erteilt werden oder Bestandteil einer Verfügung von Todes wegen sein. Dabei kann der Erblasser die Vollmacht entweder in die Verfügung von Todes wegen aufnehmen oder die Erben lediglich im Wege der Auflage dazu verpflichten, einer bestimmten Person eine Vollmacht zu erteilen. Im Interesse einer schnellen und unkomplizierten Nachlassabwicklung sollte der Erblasser die Vollmacht allerdings nach Möglichkeit getrennt von seiner Verfügung von Todes wegen erteilen und dem Bevollmächtigten bereits zu Leb-

---

[72] Ausf. dazu *Langenfeld*, ZEV 2005, 52; *Lorz*, in: Scherer (Hrsg.), Münchener Anwaltshandbuch Erbrecht, München 2002, § 22, S. 688 ff.; *Reithmann*, BB 1984, 1394.

zeiten eine Ausfertigung der **Vollmachtsurkunde** aushändigen. Dafür spricht vor allem Folgendes:

- Die Vollmacht wird grundsätzlich **erst mit Zugang beim Bevollmächtigten wirksam** (§§ 167 Abs. 1 Fall 1, 130 Abs. 1 BGB). Ist die Vollmacht in einer Verfügung von Todes wegen enthalten, erfolgt der Zugang möglicherweise erst mit Testamentseröffnung. Die dadurch bedingte zeitliche Verzögerung schränkt den Wert der Nachlassvollmacht unter Umständen nicht unerheblich ein.
- Die **Vollmacht muss im Rechtsverkehr** in Urschrift oder Ausfertigung **vorgelegt werden** (§ 172 BGB). Das Nachlassgericht erteilt aber i.d.R. nur eine beglaubigte Abschrift der in den Nachlassakten befindlichen Verfügung von Todes wegen. Das Original verbleibt demgegenüber auf Dauer in den Nachlassakten, um die Erbfolge dauerhaft zu dokumentieren. Die Bezugnahme auf die beim Nachlassgericht befindliche Urkunde macht die Vorlage der Vollmachtsurkunde nicht entbehrlich. Der Bevollmächtigte kann daher seine Rechtsstellung in diesem Fall unter Umständen nicht ordnungsgemäß nachweisen.

Bei der **Person des Bevollmächtigten** sollte es sich stets um eine Vertrauensperson des Vollmachtgebers handeln. Im Übrigen sollten bei der Auswahl des Bevollmächtigten ähnliche Überlegungen maßgebend sein wie bei der Person des Testamentsvollstreckers.[73] Zur Vermeidung einer Kollision zwischen Testamentsvollstrecker und Bevollmächtigtem kann die Bestellung ein und derselben Person sinnvoll sein. Andernfalls gilt es, ihre Befugnisse untereinander klar voneinander abzugrenzen. Dabei sollte insbesondere auch geregelt werden, ob der Testamentsvollstrecker zum Widerruf der Vollmacht berechtigt ist.

96

Formulierungsbeispiel: … im Folgenden der „Vollmachtgeber" genannt, erteilt hiermit, …, im Folgenden der „Bevollmächtigte" genannt, Generalvollmacht.
1. Umfang der Vollmacht
   a) Vermögensrechtliche Angelegenheiten
   Der Bevollmächtigte ist berechtigt, den Vollmachtgeber in allen vermögensrechtlichen Angelegenheiten uneingeschränkt zu vertreten.
   b) Persönliche Angelegenheiten
   Der Bevollmächtigte ist ferner berechtigt, den Vollmachtgeber in allen persönlichen Angelegenheiten zu vertreten, bei denen eine Stellvertretung gesetzlich zulässig ist. Insbesondere ist der Bevollmächtigte ermächtigt,
   – in medizinische Maßnahmen aller Art einzuwilligen, wie z.B. auch in eine Untersuchung des Gesundheitszustandes, eine Heilbehandlung oder einen ärztlichen Eingriff; dies gilt ausdrücklich auch dann, wenn die begründete Gefahr besteht, dass der Vollmachtgeber aufgrund der Maßnahme stirbt oder einen schweren und länger dauernden gesundheitlichen Schaden erleidet;
   – in eine Unterbringung einzuwilligen, auch wenn dies mit einer Freiheitsentziehung verbunden ist;
   – in unterbringungsähnliche Maßnahmen einzuwilligen; dies gilt ausdrücklich auch dann, wenn dem Vollmachtgeber durch mechanische Vorrichtungen,

---

[73] S. dazu oben Rn. 65.

Medikamente oder auf andere Weise über einen längeren Zeitraum oder regelmäßig die Freiheit entzogen wird.

2. Außenverhältnis und Weisungen des Vollmachtgebers
   a) Grundsatz

   Die Vollmacht ist gegenüber Dritten unbeschränkt.

   Der Bevollmächtigte darf von ihr jedoch grundsätzlich nur nach Weisung des Vollmachtgebers Gebrauch machen.

   b) Vorsorgefall

   Die Vollmacht wird auch zur Vorsorge erteilt. Sie erlischt demnach insbesondere nicht, wenn der Vollmachtgeber aufgrund einer psychischen Krankheit oder einer körperlichen, geistigen oder seelischen Behinderung seine Angelegenheiten ganz oder teilweise nicht mehr besorgen kann.

   Der Vollmachtgeber erteilt dem Bevollmächtigten schon heute für diesen Fall folgende grundsätzliche Weisungen: Der Bevollmächtigte hat grundsätzlich so zu handeln, wie der Vollmachtgeber selbst handeln würde. Dabei sind die persönlichen Umstände und die Einkommens- und Vermögensverhältnisse des Vollmachtgebers bei Eintritt des Vorsorgefalles zu berücksichtigen.

3. Untervollmacht

   Der Bevollmächtigte kann in vermögensrechtlichen Angelegenheiten Untervollmacht erteilen.

   In persönlichen Angelegenheiten ist die Erteilung einer Untervollmacht nicht zulässig.

4. Befreiung von den Beschränkungen des § 181 BGB

   Der Bevollmächtigte ist von den Beschränkungen des § 181 BGB befreit, so dass der Bevollmächtigte berechtigt ist, den Vollmachtgeber bei Rechtsgeschäften mit sich im eigenen Namen oder als Vertreter eines Dritten zu vertreten.

5. Erlöschen der Vollmacht und Widerruf

   Die Vollmacht erlischt weder dadurch, dass der Vollmachtgeber betreuungsbedürftig oder geschäftsunfähig wird noch dadurch, dass der Vollmachtgeber verstirbt.

   Die Vollmacht kann jederzeit ganz oder teilweise widerrufen werden.

6. Ersatzbevollmächtigter

   … Ein Ersatzbevollmächtigter wird nicht bestimmt.

7. Vertrauensperson

   Der Vollmachtgeber erklärt, dass es sich bei dem Bevollmächtigten um eine Person seines Vertrauens handelt.

8. Vollmachtsstatut

   Diese Vollmacht soll nach Möglichkeit auch im Ausland gelten. Für die Vollmacht gilt deutsches Recht.

VI. Schiedsklausel[74]

Die Schiedsgerichtsbarkeit ist im Erbrecht noch wenig verbreitet. Gerade bei Unternehmertestamenten kann die **Streitentscheidung durch private Schiedsgerichte** aber aus verschiedenen Gründen von Vorteil sein. Dazu gehören etwa:

– Sachkompetenz der Schiedsrichter nicht nur in rechtlichen, sondern vor allem auch in steuerlichen, wirtschaftlichen und unternehmerischen Fragen (z.B. Unternehmensbewertung);
– Kenntnisse über das Unternehmen und die konkreten Markt- und Branchenverhältnisse;
– Vertrautheit mit den familiären Verhältnissen;
– Höhere Akzeptanz der Schiedsrichter bei den Beteiligten und damit auch der Entscheidungen des Schiedsgerichts;
– Vertraulichkeit durch Ausschluss der Öffentlichkeit;
– Kürzere Verfahrensdauer.

Voraussetzung für die Entscheidung durch ein Schiedsgericht ist stets, dass die Angelegenheit in objektiver und subjektiver Hinsicht **schiedsfähig** ist. Schiedsfähig sind grundsätzlich alle vermögensrechtlichen Ansprüche. Demgegenüber sind nicht vermögensrechtliche Ansprüche nur insofern schiedsfähig, als darüber ein Vergleich geschlossen werden kann (§ 1030 ZPO). Nachlassstreitigkeiten betreffen typischerweise vermögensrechtliche Streitigkeiten, so dass einer Streitübertragung auf Schiedsgerichte keine grundsätzlichen Einwendungen entgegenstehen. Einschränkungen bestehen jedoch im Hinblick auf das Erbscheinsverfahren und die Testamentsvollstreckung.

Die **Erbscheinserteilung** kann nicht auf ein Schiedsgericht übertragen werden. Der Schiedsspruch wirkt nur zwischen den Parteien (§ 1055 ZPO). Demgegenüber wird der **gute Glaube** an die Richtigkeit des Erbscheins im Rechtsverkehr allg. geschützt (§§ 2365 f. BGB). Allerdings sind auch die staatlichen Nachlassgerichte an die Entscheidungen eines Schiedsgerichts gebunden. Der **Testamentsvollstrecker** kann die Annahme des Amtes nur gegenüber dem staatlichen Nachlassgericht, nicht auch gegenüber einem privaten Schiedsgericht erklären (§ 2202 BGB). Die Entlassung des Testamentsvollstreckers kann gleichfalls nur durch das Nachlassgericht erfolgen.

In subjektiver Hinsicht stellt sich die Frage, ob und inwieweit die Übertragung von Streitigkeiten auf ein Schiedsgericht durch den Erblasser auch für andere Personen verbindlich ist. Unstreitig können aufgrund einer Schiedsvereinbarung in einem Erbvertrag (§ 1029 ZPO) Entscheidungen über die Wirksamkeit, die Auslegung oder die Aufhebung auf ein Schiedsgericht übertragen werden. Der Erblasser kann aufgrund einer Anordnung in einer Verfügung von Todes wegen (§ 1066 ZPO) auch einseitig die Zuständigkeit eines Schiedsgerichts verbindlich anordnen. Die Reichweite der Schiedsgerichtsbarkeit ist dabei aber noch nicht abschließend geklärt. Nach überwiegender Auffassung müssen Personen, die durch eine Verfügung von Todes wegen be-

---

[74] Ausf. dazu *Ebbing*, Private Zivilgerichte, 2003; *Geimer*, in: Zöller, ZPO, Kommentierung zu §§ 1025 ff. ZPO; *Groll/Hieke*, PraxisHB Erbrechtsberatung, Abschnitt B. XIV., S. 837 ff.; *Kerscher/Tanck/Krug*, Das erbrechtliche Mandat, § 32; *Krug/Rudolf/Kroiß/Krug*, Erbrecht, § 23; *Lachmann*, HB für die Schiedsgerichtspraxis, 2002; *Scherer/von Oertzen/Pawlytta*, Münchener AnwaltsHB Erbrecht, § 63, S. 1831 ff.; *Otte*, in: Festschrift Notar und Rechtsgestaltung, 1998, S. 241 ff.; *Pawlytta*, ZEV 2003, 89; *Stein/Jonas/Schlosser*, ZPO, Kommentierung zu §§ 1025 ff. ZPO; *Schmitz*, RNotZ 2003, 591; *Schwab/Walter*, Schiedsgerichtsbarkeit, 2005; *Steiner*, ErbStB 2003, 304; *Wegmann*, ZEV 2003, 20.

dacht werden, auch die Zuständigkeit eines Schiedsgerichts akzeptieren. Zulässig ist es demnach etwa folgende Streitigkeiten einem Schiedsgericht zu unterstellen:
- Streitigkeiten zwischen Erben und Vermächtnisnehmern,
- Streitigkeiten zwischen mehreren Erben,
- Streitigkeiten betreffend die Erfüllung von Auflagen oder Vermächtnissen,
- Streitigkeiten von Erben, Vermächtnisnehmern oder sonstigen Begünstigten mit einem Testamentsvollstrecker,
- Streitigkeiten unter mehreren Testamentsvollstreckern über die Führung des Amtes.

Demgegenüber können Streitigkeiten mit Pflichtteilsberechtigten[75] und Nachlassgläubigern ohne deren Zustimmung grundsätzlich nicht auf ein Schiedsgericht übertragen werden.

Praxishinweis:
Zur Vermeidung von Streitigkeiten sollte die Zuständigkeit des Schiedsgerichts in einer Schiedsklausel in jedem Fall umfassend und genau umschrieben werden. Die Zuständigkeit des Schiedsgerichts kann dabei auch auf einzelne Fragen beschränkt werden.

101 Die Übertragung von Nachlassstreitigkeiten auf ein Schiedsgericht kann sowohl in der Verfügung von Todes wegen als auch getrennt davon erfolgen.

102 Der Erblasser sollte auch das für die Streitentscheidung zuständige Schiedsgericht bestimmen. Dabei hat er grundsätzlich die Wahl zwischen einem **ad hoc Schiedsgericht** und einem **institutionellen Schiedsgericht** (§§ 1034 ff. ZPO).[76] Mögliche Kriterien für die Wahl des Schiedsgerichts sind:
- Dauer der Bildung und der Besetzung des Schiedsgerichts;
- Sachkompetenz der Schiedsrichter;
- Unabhängigkeit und Unparteilichkeit der Schiedsrichter.

103 Möglich ist es auch, den **Testamentsvollstrecker als Schiedsrichter** für Streitigkeiten zwischen Erben und sonstigen Nachlassbeteiligten zu benennen. Im Hinblick auf potentielle Interessenkollisionen erscheint eine Personalunion zwischen Testamtensvollstrecker und Schiedsrichter aber im Regelfall nicht unbedingt empfehlenswert.

Formulierungsbeispiel: Über alle Streitigkeiten zwischen Erben und sonstigen Nachlassbeteiligten aufgrund der heute getroffenen Verfügung von Todes wegen entscheidet – soweit gesetzlich zulässig – ein Schiedsgericht. Der Rechtsweg zu den staatlichen Gerichten ist ausgeschlossen.
Das Schiedsgericht ist insbesondere zuständig für
- die Auslegung der heute getroffenen Verfügung von Todes wegen,
- die Auseinandersetzung des Nachlasses,

---

[75] Ausf. dazu *Pawlytta*, ZEV 2003, 89, der ausführt, dass (entgegen der bislang überwiegenden Auffassung) auch Pflichtteilsansprüche einer Schiedsklausel unterliegen.
[76] Als institutionelle Schiedsgerichte kommen für erbrechtliche Streitigkeiten vor allem die Deutsche Schiedsgerichtsbarkeit für Erbstreitigkeiten e.V. (s. www.dvev.de) und der Deutsche Schiedsgerichtshof (s. www.dnotv.de) in Betracht.

- die Entscheidung über Streitigkeiten zwischen Erben, Vermächtnisnehmern, Auflagenbegünstigten und sonstigen Nachlassbeteiligten,
- die Entscheidung über Streitigkeiten mit den Testamentsvollstreckern und zwischen den Testamentsvollstreckern,
- die verbindliche Bewertung des Nachlasses oder einzelner Vermögenswerte,
- die Ausübung von Bestimmungsrechten.

Das Schiedsgericht hat bei seinen Entscheidungen den Willen des Erblassers nach Möglichkeit zu verwirklichen. Im Übrigen entscheidet es grundsätzlich nach freiem Ermessen.

Das Schiedsgericht besteht aus drei Schiedsrichtern. Zu Schiedsrichtern werden bereits heute bestimmt: (…) Zu Ersatzschiedsrichter werden bestimmt: (…). Weitere Ersatzschiedsrichter werden nicht bestimmt. Für die Bestellung der Schiedsrichter gelten im Übrigen die gesetzlichen Bestimmungen (§§ 1035 ff. ZPO).

Die Schiedsrichter erhalten jeweils eine Vergütung i.H.v. … zzgl. gesetzlicher Umsatzsteuer.

Das Schiedsverfahren ist nicht öffentlich. Anwaltszwang besteht nicht.

Im Übrigen gelten für das schiedsgerichtliche Verfahren die gesetzlichen Bestimmungen (insbes. §§ 1040 ff. ZPO).

C. Erbrechtliche Nachfolge in Unternehmensbeteiligungen

I. Einzelunternehmen[77]

1. Vererblichkeit des Einzelunternehmens

Das Einzelunternehmen ist vererblich.[78] Es unterliegt trotz der besonderen Zweckbestimmung der in ihm zusammengefassten Vermögenswerte der erbrechtlichen **Gesamtrechtsnachfolge**. Alle zum Unternehmen gehörenden Vermögensgegenstände (z.B. Grundstücke, Forderungen, Patente) gehen auf den Erben über. Die bilanzielle Zusammenfassung der Vermögensgegenstände begründet kein Sondervermögen.

104

Ein **minderjähriger Erbe** kann das Einzelunternehmen ohne Genehmigung des Familien- oder Vormundschaftsgerichts fortführen. Die **Haftung** für Verbindlichkeiten, die seine Eltern durch Rechtsgeschäft begründet haben, kann er jedoch auf das bei Eintritt der Volljährigkeit vorhandene Vermögen beschränken, indem er das Handelsgeschäft innerhalb von drei Monaten nach Eintritt der Volljährigkeit einstellt (§ 1629a Abs. 4 Satz 2 BGB).[79]

105

---

77 Ausf. dazu *Schaub*, ZEV 1994, 71; *K. Schmidt*, NJW 1985, 2785; *Spiegelberger*, DStR 1992, 584; *Strothmann*, ZIP 1985, 974.

78 Bei einzelnen Unternehmen wird die Vererblichkeit durch berufsrechtliche Regelungen eingeschränkt. Zu den Besonderheiten bei Apotheken s. bspw. *Rohner*, ZEV 2003, 15, bei Freiberuflern *Mayr*, ZEV 1996, 321, bei Arztpraxen *Treyde/Treyde*, steuer-journal 2005, 31. – Ausf. zum Ganzen *Dittmann/Reimann/Bengel/Limmer*, Testament und Erbvertrag, Abschn. E. IV., Rn. 189 ff., S. 357 ff.

79 Ausf. dazu *Behnke*, NJW 1998, 3078; *Behnke*, NZG 1999, 244; *Dauner-Lieb*, ZIP 1996, 1818; *Habersack*, FamRZ 1999, 1; *Klumpp*, ZEV 1998, 409; *Muscheler*, WM 1998, 2271; *Reimann*, DNotZ 1999, 179.

106 Im Falle der Vor- und Nacherbschaft geht das Nachlassvermögen als Ganzes auf den Vorerben über (§§ 2100 ff. BGB). Der Vorerbe wird in das **Handelsregister** als Einzelunternehmer **ohne Nacherbenvermerk** (anders dagegen im Grundbuch, s. § 51 GBO) eingetragen. Der Vorerbe entscheidet, ob er das Handelsgeschäft fortführt. Der Nacherbe haftet für die Verbindlichkeiten des Vorerben (§ 27 HGB) und zwar unabhängig davon, ob die Verbindlichkeiten im Rahmen einer ordnungsgemäßen Verwaltung eingegangen worden sind.

107 Erfordert die Führung des Einzelunternehmens eine öffentlich-rechtliche Genehmigung, erlischt diese i.d.R. mit dem Tod des Inhabers. In Einzelfällen ist jedoch eine vorübergehende Fortführung möglich (z.B. § 46 GewO, § 4 HandwO).

108 Der Übergang des Handelsgeschäfts durch Erbgang ist von dem oder den Erben zur Eintragung in das Handelsregister anzumelden (§ 31 Abs. 1 HGB).[80] Zum Nachweis der Erbfolge ist der Anmeldung eine Ausfertigung des Erbscheins oder eine Ausfertigung der notariell beurkundeten Verfügung von Todes wegen samt Eröffnungsniederschrift beizufügen.

2. Haftung der Erben für Verbindlichkeiten des Einzelunternehmens

109 Für die vom Erblasser in dem Einzelunternehmen begründeten Verbindlichkeiten haftet der Erbe aufgrund der Erbfolge persönlich und unbeschränkt. Er hat jedoch die Möglichkeit, die Haftung auf den Nachlass zu beschränken (§§ 1967 ff. BGB).

110 Eine erweiterte **handelsrechtliche Haftung des Erben** greift jedoch ein, wenn er die Firma des Erblassers fortführt (§§ 25 Abs. 1, 27 Abs. 1 HGB). Dies gilt unabhängig davon, ob er die Firma mit oder ohne Beifügung eines Nachfolgevermerks fortführt (s. § 22 HGB). Die Möglichkeit zur Beschränkung der Erbenhaftung besteht in diesem Fall nicht.

111 Die Haftung für die **Altverbindlichkeiten** kann der Erbe im Falle der Firmenfortführung nur dann ausschließen, wenn er die Fortführung des Handelsgeschäfts **innerhalb von drei Monaten** nach Kenntnis vom Erbfall vollständig einstellt (§ 27 Abs. 2 HGB). Nach der Geschäftseinstellung haftet der Erbe nach den allg. Regeln zwar weiterhin unbeschränkt, aber mit der erbrechtlichen Möglichkeit der Haftungsbeschränkung (§§ 1967 ff. BGB).

112 Nach überwiegender Auffassung kann der Erbe seine Haftung zudem dadurch ausschließen, dass er unverzüglich nach der Übernahme des Handelsgeschäfts (und nicht erst innerhalb von drei Monaten) eine entsprechende **Haftungsbeschränkung im Handelsregister** eintragen lässt (§§ 27 Abs. 1, 25 Abs. 2 HGB).[81]

113 Für die vom Erben begründeten **Neuverbindlichkeiten** haftet dieser immer unbeschränkt und unbeschränkbar.

3. Fortführung des Einzelunternehmens durch eine Erbengemeinschaft

114 Bei einer Mehrheit von Erben wird ein zum Nachlass gehörendes Einzelunternehmen gemeinschaftliches Vermögen der Erbengemeinschaft (§§ 2032 ff. BGB). Die Fortfüh-

---

[80] S. dazu jeweils mit Formulierungsvorschlägen *Gustavus*, Handelsregisteranmeldungen, S. 20 f.; *Keidel/Krafka/Willer*, Registerrecht, Rn. 561 ff.
[81] *Baumbach/Hopt*, HGB, § 27 Rn. 8. – A.A. allerdings *Röhricht/Graf von Westphalen/Ammon*, HGB, § 27 Rn. 41 f.; *Ebenroth/Boujong/Joost/Zimmer*, HGB, § 27 Rn. 32 ff.

rung des Einzelunternehmens durch eine Erbengemeinschaft ist rechtlich ohne zeitliche Begrenzung zulässig. Eine zwangsweise Umwandlung der Erbengemeinschaft in eine OHG erfolgt nicht. Das Recht der OHG (§§ 105 ff. HGB) findet aber (zumindest im Innenverhältnis) entsprechende Anwendung.[82]

Allerdings erscheint eine Erbengemeinschaft gleichwohl nicht zur Fortführung eines Einzelunternehmens geeignet. Eine Erbengemeinschaft wird grundsätzlich durch **sämtliche Miterben** gemeinsam vertreten (§§ 2038 ff. BGB), was für die Führung eines Handelsunternehmens wenig praktikabel erscheint. Demgegenüber ist bei einer OHG grundsätzlich jeder Gesellschafter einzeln zur Vertretung der Gesellschaft berechtigt (§ 125 HGB). Die Erbengemeinschaft ist zudem auf Antrag eines Miterben jederzeit auseinander zu setzen und damit nicht auf den dauerhaften Fortbestand eines Unternehmens angelegt.

115

Eine Erbengemeinschaft kann ein Einzelunternehmen grundsätzlich auch dann in ungeteilter Erbengemeinschaft fortführen, wenn einer oder mehrere der Miterben noch **minderjährig** sind. Eine **Genehmigung** des Familien- oder Vormundschaftsgerichts ist dazu nicht erforderlich. Dem minderjährigen Miterben steht allerdings bei Erreichen der Volljährigkeit ein **außerordentliches Kündigungsrecht** zu, mit dem er seine Mitgliedschaft in der Gesellschaft endgültig beenden kann (§ 723 Abs. 1 Satz 3 Nr. 2 BGB). Das Kündigungsrecht kann nicht ausgeschlossen oder beschränkt werden (§ 723 Abs. 3 BGB). Die Kündigung und der damit verbundene **Abfindungsanspruch** können die Liquidität des Unternehmens erheblich belasten. Hat der Minderjährige seine Mitgliedschaft nicht innerhalb von drei Monaten nach Eintritt der Volljährigkeit gekündigt, wird vermutet, dass etwaige Verbindlichkeiten aus der Mitgliedschaft erst nach dem Eintritt der Volljährigkeit entstanden sind und keiner Haftungsbeschränkung unterliegen (§ 1629a Abs. 4 BGB). Der minderjährige Miterbe kann seine Haftung dann nicht mehr auf das bei Eintritt der Volljährigkeit vorhandene Vermögen beschränken (§ 1629a Abs. 1 BGB).[83]

116

Die Erbengemeinschaft kann das Unternehmen in eine **andere Rechtsform** (z.B. OHG, KG oder GmbH) **umwandeln**. Eine Umwandlung nach den Vorschriften des Umwandlungsgesetzes ist dabei allerdings nicht möglich, da die Erbengemeinschaft nicht zu den umwandlungsfähigen Rechtsträgern gehört (§ 3 UmwG). Im Regelfall werden die Aktiva und Passiva des Einzelunternehmens vielmehr im Wege der Einzelrechtsnachfolge auf den neuen Rechtsträger übertragen. Ist ein Mitglied der Erbengemeinschaft **minderjährig**, bedarf die Übertragung der Wirtschaftsgüter der **Genehmigung** des Familien- bzw. Vormundschaftsgerichts (§§ 1822 Nr. 3, 1643 Abs. 1 BGB). Falls einer der gesetzlichen Vertreter selbst Mitglied der Erbengemeinschaft ist, muss zusätzlich ein **Ergänzungspfleger** bestellt werden (§ 1795 BGB).

117

---

82 Im Einzelnen ist dies umstritten. S. dazu *Ebenroth/Boujong/Joost/Boujong*, HGB, § 105 Rn. 104; *Palandt/Edenhofer*, § 2032 Rn. 7; *Röhricht/Graf von Westphalen/von Gerkan*, HGB, § 105 Rn. 37; *MünchKomm/Heldrich*, § 2032 Rn. 44 ff.; *Baumbach/Hopt*, HGB, § 105 Rn. 7; *Damrau/Rissmann*, Erbrecht, § 2032 Rn. 7 f.

83 Ausf. dazu *Behnke*, NJW 1998, 3078; *Behnke*, NZG 1999, 244; *Dauner-Lieb*, ZIP 1996, 1818; *Habersack*, FamRZ 1999, 1; *Klumpp*, ZEV 1998, 409; *Muscheler*, WM 1998, 2271; *Reimann*, DNotZ 1999, 179.

4. Fortführung des Einzelunternehmens durch einen Testamentsvollstrecker

a) Problematik: Kollision zwischen Erbrecht und Handelsrecht

118 Der Erblasser kann die Erben des Einzelunternehmens mit der Anordnung der **Testamentsvollstreckung** beschweren. Dies ist insbesondere dann sinnvoll, wenn die Erben des Unternehmers aufgrund ihres Alters oder ihrer Ausbildung noch nicht in der Lage sind, das einzelkaufmännische Unternehmen selbständig zu führen.

Der Testamentsvollstrecker kann Kraft seines Amtes jedoch kein Handelsgeschäft führen. Der Testamentsvollstrecker kann **Verbindlichkeiten nur für den Nachlass**, nicht für die Erben persönlich eingehen. Könnte der Testamentsvollstrecker das Unternehmen für die Erben fortführen, würde ein Unternehmen mit lediglich beschränkter Haftung entstehen, ohne dass die Aufbringung und Erhaltung eines Haftungskapitals gewährleistet wäre. Dies wäre mit den Bedürfnissen des Handels- und Geschäftsverkehrs nicht vereinbar. Zur Lösung des Konflikts zwischen Erbrecht und Handelsrecht werden daher verschiedene alternative Lösungen vorgeschlagen.[84]

b) Vollmachtslösung

119 Bei der Vollmachtslösung **führt** der Testamentsvollstrecker das Handelsgeschäft als Bevollmächtigter der Erben. Die Erben haften dann persönlich und unbeschränkt. Der Erblasser kann die (widerrufliche) Vollmacht selbst mit Wirkung über seinen Tod hinaus erteilen oder die Erben durch Auflage zur Erteilung einer entsprechenden Vollmacht an den Testamentsvollstrecker verpflichten. Die Erteilung der Vollmacht (oder das Unterlassen des Widerrufs einer vom Erblasser erteilten Vollmacht) kann zur Bedingung der Erbeinsetzung gemacht werden. Die Funktion der **Vollmachtslösung** besteht darin, die unbeschränkte Verpflichtung der Erben zu ermöglichen. Die Testamentvollstreckung wird damit durch die Vollmacht insoweit ergänzt, als sie gesetzlich unzulässig wäre.

120 Die Erben bleiben Inhaber des geerbten Unternehmens und werden als Erbengemeinschaft im **Handelsregister** eingetragen. Ein Testamentsvollstreckervermerk wird nicht eingetragen.

121 Die Vollmachtlösung erscheint insoweit problematisch, als die Erben mit ihrem **gesamten Eigenvermögen** für die Handlungen des Testamentsvollstreckers **haften**, obwohl sie auf die Auswahl des Testamentsvollstreckers regelmäßig keinen Einfluss haben und es sich nicht unbedingt um eine Person ihres Vertrauens handelt.

c) Treuhandlösung

122 Bei der Treuhandlösung übernimmt der Testamentsvollstrecker das Unternehmen als **Treuhänder** und **führt es im eigenen Namen fort**. Im Außenverhältnis haftet der Testamentsvollstrecker dann persönlich und unbeschränkt. Die wirtschaftlichen Auswirkungen der Unternehmensfortführung treffen jedoch im Innenverhältnis die Erben.

---

[84] Ausf. zur Zulässigkeit der Testamentsvollstreckung am Einzelunternehmen s. *Damrau/Bonefeld*, Erbrecht, § 2205 Rn. 21 ff.; Palandt/*Edenhofer*, § 2205 Rn. 7 ff.; MünchKomm/*Lange*, § 2205 Rn. 18 ff.; *Bamberger/Roth/J. Mayer*, § 2205 Rn. 28 ff.; Staudinger/*Reimann*, § 2205 Rn. 92 ff.

Der Testamentsvollstrecker wird als Inhaber in das Handelsregister (ohne Testamentsvollstreckervermerk) eingetragen. Bei der Handelsregisteranmeldung haben die Erben mitzuwirken.

Die Anordnung der Testamentsvollstreckung durch den Erblasser ist im Zweifel i.S.d. Treuhandlösung auszulegen, da eine unbeschränkte persönliche Verpflichtung der Erben nur ausnahmsweise dem **Willen des Erblassers** entsprechen wird.

Es sind **zwei Arten** der Treuhandlösung möglich:

– Bei der **Vollrechtstreuhand** überträgt der Erbe dem Testamentsvollstrecker das Eigentum an dem Unternehmen. Dies erfordert eine Einzelübertragung aller zum Unternehmen gehörenden Aktiva und Passiva. Die Übertragung muss der Testamentsvollstrecker durch (regelmäßig als zulässig anzusehendes) In-Sich-Geschäft vornehmen (§ 181 BGB). Der Testamentsvollstrecker wird nach außen alleiniger Inhaber des Unternehmens und haftet den Gläubigern gegenüber persönlich. Im Innenverhältnis hat er gegenüber den Erben (für deren Rechnung er das Handelsgeschäft führt) einen Anspruch auf Befreiung von seiner unbeschränkten Haftung. Die Erben können die Freistellung allerdings auf den Nachlass begrenzen, sofern der Testamentsvollstrecker mit den Erben keine abweichende Vereinbarung getroffen hat.

– Bei der **Verwaltungs- oder Ermächtigungstreuhand** überträgt der Erbe dem Testamentsvollstrecker die Verfügungsbefugnis über die Nachlassgegenstände. Die Stellung des Testamentsvollstreckers ähnelt in diesem Fall der eines Pächters des Unternehmens. Der Testamentsvollstrecker erwirbt in diesem Fall nicht das Eigentum an den einzelnen Gegenständen des Unternehmens. Die Verfügungsbefugnis über das Unternehmen reicht nur soweit, wie sie ihm als Testamentsvollstrecker zusteht. Überschreitet der Testamentsvollstrecker die ihm eingeräumten Befugnisse, haftet das Geschäftsvermögen nicht für die eingegangenen Verbindlichkeiten.

In der Praxis werden i.d.R. aber nur wenige Testamentsvollstrecker bereit sein, die mit der Treuhandlösung verbundenen Haftungsrisiken zu übernehmen. Dies gilt insbesondere dann, wenn das Unternehmen nicht über eine ausgezeichnete Bonität verfügt und der restliche Nachlass keine ausreichende Sicherheit für etwaige Regressansprüche gegen die Erben bietet. Der Erblasser sollte das persönliche Haftungsrisiko bei der Bestimmung der Testamentsvollstreckervergütung in jedem Fall angemessen berücksichtigen (z.B. durch eine Beteiligung an den Erträgen des Unternehmens). Ein weiterer Nachteil der Treuhandlösung kann darin bestehen, dass der Testamentsvollstrecker in diesem Fall selbst Umsatzsteuerschuldner ist. Für den Testamentsvollstrecker besteht demnach das Risiko, das die Vergütung zu gewerblichen Einkünften führt und auch sonstige Einkünfte als gewerblich infiziert werden.

d) Weisungsgeberlösung

Bei der **Weisungsgeberlösung** gibt der Testamentsvollstrecker das Unternehmen im Außenverhältnis frei. Die Erben führen das Unternehmen im Außenverhältnis als Inhaber fort und haften für alle Verbindlichkeiten persönlich. Im Innenverhältnis kann sich der Testamentsvollstrecker bestimmte Entscheidungsbefugnisse vorbehalten.

e) Zusammenfassung

128 Die Entscheidung darüber, auf welche Weise die Testamentsvollstreckung über das Einzelunternehmen verwirklicht werden soll, kann der Erblasser entweder selbst treffen oder dem Testamentsvollstrecker überlassen.

> **Formulierungsbeispiel:** Ich ordne Testamentsvollstreckung an.
>
> Zum Testamentsvollstrecker ernenne ich …, ersatzweise … . Einen weiteren Ersatztestamentsvollstrecker bestimme ich nicht.
>
> Der Testamentsvollstrecker hat die Aufgabe mein Einzelunternehmen …, eingetragen im Handelsregister des Amtsgerichts … unter HRA … (Geschäftsanschrift: …) auf die Dauer von … Jahren fortzuführen.
>
> Der Testamentsvollstecker kann nach seinem freiem Ermessen darüber entscheiden, ob er das Einzelunternehmen
>
> – im fremden Namen und für Rechnung der Erben fortführt (Vollmachtslösung), oder
>
> – im eigenen Namen und für Rechnung der Erben fortführt (Treuhandlösung), oder
>
> – die Fortführung den Erben in eigenem Namen überlässt, sich aber bestimmte Entscheidungsbefugnisse im Innenverhältnis vorbehält (Weisungsgeberlösung).
>
> Den Erben wird die Auflage gemacht, dem Testamentsvollstrecker die Fortführung des Einzelunternehmens zu ermöglichen und ihm alle dazu erforderlichen Vollmachten zu erteilen bzw. die vom Erblasser erteilten Vollmachten für die Dauer der Testamentsvollstreckung nicht zu widerrufen.
>
> Der Testamentsvollstrecker ist von den Beschränkungen des § 181 BGB befreit.
>
> In der Eingehung von Verbindlichkeiten für den Nachlass ist der Testamentsvollstrecker nicht beschränkt.
>
> Der Testamentsvollstrecker erhält eine Vergütung i.H.v. … . Führt der Testamentsvollstrecker das Einzelunternehmen im eigenen Namen fort (Treuhandlösung) erhält er eine zusätzliche Vergütung i.H.v. 10 Prozent des in der Handelsbilanz ausgewiesenen Gewinns des Einzelunternehmens.

129 Die Testamentsvollstreckung an **einzelkaufmännischen Unternehmen** kann (sofern sie sich nicht auf die bloße Nachlassabwicklung beschränkt) mit erheblichen praktischen Problemen verbunden sein. Dies gilt insbesondere dann, wenn einer der Erben noch minderjährig ist. In diesem Fall ist sowohl für die Vollmachtserteilung als auch für die treuhänderische Vermögensübertragung die Genehmigung des Vormundschafts- bzw. Familiengerichts erforderlich (§§ 1822 Nr. 3, 1643 Abs. 1 BGB). Dies gilt erst Recht im Fall der Weisungsgeberlösung, bei der das Einzelunternehmen von dem minderjährigen Erben selbst fortgeführt wird. Eine gerichtliche Genehmigung wird aber allenfalls für die Treuhandlösung erteilt werden können, bei der die persönliche Haftung des minderjährigen Erben auf den Nachlass beschränkt werden kann. In den anderen Fällen wird das Vormundschafts- bzw. Familiengericht angesichts der unbeschränkten und unbeschränkbaren Haftung eine Genehmigung i.d.R. nicht erteilen. Darüber hinaus ist zu berücksichtigen, dass das gerichtliche **Genehmigungsverfahren** vielfach zu einer nicht unerheblichen zeitlichen Verzögerung führt, während der das Unternehmen am Markt unter Umständen nicht handlungsfähig ist.

Um eine reibungslose Fremdverwaltung des Unternehmens zu ermöglichen, sollte der 130
Erblasser daher ggf. die Rechtsform seines Unternehmens noch zu Lebzeiten ändern
oder die Erben zumindest durch Auflage im Testament zu entsprechenden Maßnahmen verpflichten. Dabei erscheint ein **Rechtsformwechsel zu Lebzeiten** regelmäßig als vorzugswürdig, da der Vollzug der Auflage (gerade bei minderjährigen Erben) ihrerseits wiederum mit Schwierigkeiten verbunden ist und möglicherweise auch kaum vorhersehbare steuerliche Auswirkungen hat.

Praxishinweis: 131
Die Nachfolgeplanung wird bei vielen Einzelunternehmen Anlass für eine **Rechtsformänderung** sein. Zur Vermeidung der unbeschränkten und unbeschränkbaren persönlichen Haftung des Unternehmers kommt insbesondere ein Wechsel in die Rechtsform der GmbH oder GmbH & Co. KG in Betracht. Auf diese Weise kann der Erblasser die potentiellen Nachfolger bereits zu Lebzeiten in die Geschäftsführung des Unternehmens einbinden und an dem Unternehmen beteiligen. Darüber hinaus kann in diesem Fall die Gesellschaftsbeteiligung auch von einem Testamentsvollstrecker verwaltet werden.

Die Rechtsformänderung kann zunächst im Wege der Einzelrechtsnachfolge erfolgen. Dabei müssen alle zu übertragenden Aktiva und Passiva einzeln aufgeführt werden. Eine Bezugnahme auf die Bilanz ist allenfalls hinsichtlich der bilanzierten Vermögenswerte möglich. Der wesentliche Nachteil der Einzelrechtsnachfolge besteht aber darin, dass alle Gläubiger (z.B. Vermieter, Banken) der Schuldübernahme zustimmen müssen.

Bei einem im Handelsregister eingetragenen Einzelunternehmen ist zudem die Möglichkeit einer Ausgliederung des Vermögens nach den Vorschriften des Umwandlungsgesetzes möglich, sofern der Unternehmer nicht überschuldet ist (§§ 152 ff. UmwG[85]). In diesem Fall erfolgt eine Gesamtrechtsnachfolge, so dass eine Zustimmung der Gläubiger nicht erforderlich ist. Aus steuerrechtlicher Sicht ist zudem eine Rückwirkung um bis zu acht Monate möglich (§§ 20 Abs. 8, 24 Abs. 4 UmwStG).

II. Offene Handelsgesellschaft[86]

1. Allgemeines

Gehört zum Nachlass eine **Beteiligung** an einer **OHG**, unterliegen die Anordnungen 132
des Erblassers sowohl dem Erbrecht als auch dem Gesellschaftsrecht. Die Regelungen

---

85 S. dazu *Heckschen*/Simon, Umwandlungsrecht, § 7 Rn. 89 ff.; *Lutter/Karollus*, UmwG, § 152 Rn. 1 ff.; *Widmann/Mayer/Dieter Mayer*, UmwG, § 152 Rn. 1 ff.
86 Ausf. dazu *Deckert*, NZG 1998, 43; *Demuth*, BB 2001, 945; *Gluth*, ErbStB 2003, 105, 122 u. 169; *Hörger/Pauli*, GmbHR 1999, 945; *Ivo*, ZEV 2004, 499; Riegger/Weipert/*Klein*, Münchener Handbuch des Gesellschaftsrechts, §§ 40 bis 44, S. 838 ff.; Gummert/Riegger/Weipert/*Klein*, Münchener Handbuch des Gesellschaftsrechts, §§ 78 bis 82, S. 1444 ff.; Ebenroth/Boujong/Joost/*Lorz*, HGB, § 131 Rz. 40 ff. und § 139 Rz. 1 ff.; Sudhoff/*van Randenborgh*, Personengesellschaften, § 16, S. 272 ff.; *Schäfer*, BB-Special 5/2004, 14; MünchKomm/*Karsten Schmidt*, HGB, § 131 Rz. 61 ff. und § 139 Rz. 1 ff.; *Karsten Schmidt*, BB 1989, 1702; *Zöller*, MittRhNotK 1999, 121.

des Gesellschaftsrechts sind dabei gegenüber den erbrechtlichen Bestimmungen aber grundsätzlich vorrangig:[87]
- Das **Gesellschaftsrecht** bestimmt zunächst, ob und inwieweit die Mitgliedschaft an einer Gesellschaft vererblich ist.
- Das **Erbrecht** findet diese Situation vor und kann sie nur insoweit ausgestalten, als dass Gesellschaftsrecht dies zulässt.

> **Praxishinweis:**
> Aufgrund der zwingenden Verbindung zwischen Erb- und Gesellschaftsrecht ist stets darauf zu achten, dass **Gesellschaftsvertrag** und **Verfügung von Todes** wegen miteinander in **Einklang** stehen. Andernfalls gehen erbrechtliche Gestaltungen aufgrund der gesellschaftsrechtlichen Vorgaben unter Umständen ins Leere.

133 Auf die **Firma** der Gesellschaft hat das Ausscheiden eines Gesellschafters durch Tod grundsätzlich keinen Einfluss (§ 24 Abs. 1 HGB). Ist allerdings der Name des Gesellschafters in der Firma enthalten (wie dies vor allem bei kleinen und mittleren Unternehmen vielfach der Fall ist), bedarf es zur Fortführung der Einwilligung des Gesellschafters oder seiner Erben (§ 24 Abs. 2 HGB).[88] Etwaige Streitigkeiten über die Firmenführung lassen sich vermeiden, wenn die entsprechende Zustimmung des Gesellschafters bereits in den Gesellschaftsvertrag aufgenommen wird. Bei der Anmeldung der Rechtsnachfolge zum Handelsregister ist die Einwilligung nachzuweisen.

> **Formulierungsbeispiel:** Für alle Fälle des Ausscheidens aus der Gesellschaft (einschließlich des Ausscheidens durch Ausschluss oder Tod) erteilt jeder Gesellschafter, dessen Name in der Firma enthalten ist, schon jetzt ausdrücklich seine Einwilligung zur Fortführung der Firma.

2. Gesetzliche Regelung

134 Enthält der Gesellschaftsvertrag keine Regelung über den Tod eines Gesellschafters, kommt die gesetzliche Regelung zur Anwendung. Danach führt der Tod eines Gesellschafters einer OHG nicht zur Auflösung der Gesellschaft. Der verstorbene Gesellschafter scheidet vielmehr aus der Gesellschaft aus und die Gesellschaft wird mit den verbleibenden Gesellschaftern fortgesetzt (§ 131 Abs. 3 Satz 1 Nr. 1 HGB). Die gesetzliche Regelung entspricht der Fortsetzungsklausel.[89]

135 Die gesetzliche Regelung ist insofern unzureichend, als den Erben des Gesellschafters ein schuldrechtlicher Anspruch auf Abfindung i.H.d. vollen Verkehrswerts der Betei-

---

[87] BGH NJW 1983, 2376 = DNotZ 1984, 35: „*Indessen kann das Erbrecht die Rechte des Erblassers nur so auf dessen Rechtsnachfolger weiterleiten, wie es sie beim Erbfall vorfindet. Das Erbrecht muss es daher selbstverständlich hinnehmen, wenn ein Recht des Erblassers unvererblich ist, z.B. grundsätzlich der Anteil eines Gesellschafters an einer offenen Handelsgesellschaft (...). Nicht anders ist es, wenn das Recht des Erblassers nur beschränkt vererblich ist und – wie z.B. die Mitgliedschaft in einer offenen Handelsgesellschaft bei einer in den Gesellschaftsvertrag aufgenommenen „qualifizierten Nachfolgeklausel" (...) – kraft Erbrechts nur an einen begrenzten Kreis von Nachfolgern gelangen kann. (...)".* – S. auch BGHZ 98, 48 = NJW 1986, 2431.

[88] *Röhricht/v. Westphalen/Ammon*, HGB, § 24 Rn. 15 ff.; *Baumbach/Hopt*, HGB, § 24 Rn. 11; *Ebenroth/Boujong/Joost/Zimmer*, HGB, § 24 Rn. 23 ff.

[89] S. dazu unten Rn. 141 ff.

ligung zusteht (§ 105 Abs. 3 HGB i.V.m. § 738 Abs. 1 Satz 2 BGB).[90] Der Gesellschaftsvertrag wird daher regelmäßig eine Beschränkung der Abfindung vorsehen, um die sonst drohende finanzielle Belastung der Gesellschaft zu vermeiden.

3. Vertragliche Regelungen

a) Vorrang des Gesellschaftsvertrages

Die Gesellschafter können die Frage der Vererbung von Gesellschaftsanteilen im Gesellschaftsvertrag nach ihren **individuellen Vorstellungen** regeln (s. § 131 Abs. 3 Satz 1 und § 139 HGB). Die Nachfolgefolgeregelung muss nicht unbedingt für alle Gesellschafter einheitlich sein. Vielmehr kann die Nachfolge für die einzelnen Gesellschafter (oder Gesellschaftergruppen) auch unterschiedlich geregelt werden.

136

Folgende Regelungen sind dabei in der Praxis üblich:
– Auflösungsklausel,
– Fortsetzungsklausel,
– Einfache erbrechtliche Nachfolgeklausel,
– Qualifizierte erbrechtliche Nachfolgeklausel,
– Rechtsgeschäftliche Nachfolgeklausel,
– Eintrittsklausel.

b) Auflösungsklausel

Der Gesellschaftsvertrag kann vorsehen, dass die Gesellschaft mit dem Tod eines Gesellschafters aufgelöst wird. In diesem Fall treten die Erben in Erbengemeinschaft in eine **Liquidationsgesellschaft** ein (§§ 145 ff. HGB). Eine Sondererbfolge findet nicht statt.

137

Nach Eintritt des Erbfalls können die **verbleibenden Gesellschafter** und die Erben jedoch beschließen, die Gesellschaft fortzusetzen. Der **Fortsetzungsbeschluss** bedarf der Einstimmigkeit, sofern im Gesellschaftsvertrag nicht anderes vorgesehen ist.[91] Im Einzelfall kann aufgrund der gesellschaftsrechtlichen **Treuepflicht** eine Verpflichtung bestehen, der Fortsetzung der Gesellschaft zuzustimmen. Dies ist insbesondere dann anzunehmen, wenn den Erben eine Abfindung bezahlt wird, die dem wahren Wert der Beteiligung entspricht und sie von jeder Haftung freigestellt werden. Bei minderjährigen Erben bedarf der Fortsetzungsbeschluss der Genehmigung des Vormundschafts- bzw. Familiengerichts (§§ 1822 Nr. 3, 1643 Abs. 1 BGB). Sind die gesetzlichen Vertreter auch selbst an der Gesellschaft beteiligt, ist zusätzlich die Bestellung eines Ergänzungspflegers erforderlich.

138

Die **Auflösung** der Gesellschaft ist von sämtlichen Gesellschaftern und den Erben **zur Eintragung** in das **Handelsregister** anzumelden (§ 143 Abs. 1 Satz 1 und Abs. 3 HGB).[92] Zum Nachweis der Erbfolge ist der Anmeldung eine Ausfertigung des Erb-

139

---

90 Zur Kritik an der gesetzlichen Neuregelung s. nur *Gustavus*, GmbHR 1998, 17, 20; *Lamprecht*, ZIP 1997, 919, 920 f.; *Marotzke*, ZEV 1997, 389, 390; *Priester*, DNotZ 1998, 691, 704 f.; *K. Schmidt*, NJW 1998, 2161, 2166; *K. Schmidt*, DB 1998, 61, 64.
91 *Röhricht/v. Westphalen/v. Gerkan*, HGB, § 131 Rn 4. f.; *Baumbach/Hopt*, HGB, § 131 Rn. 30 ff.; *Ebenroth/Boujong/Joost/Lorz*, HGB, § 131 Rn. 33 ff.; *MünchKomm/K. Schmidt*, § 145 Rn. 78 ff.
92 S. dazu, jeweils mit Formulierungsvorschlägen *Gustavus*, Handelsregisteranmeldungen, S. 43 f.; *Keidel/Krafka/Willer*, Registerrecht, Rn. 654 ff.

140 Die **Auflösung** der Gesellschaft entspricht der bis zum 1.7.1998[93] geltenden gesetzlichen Regelung beim Tod eines persönlich haftenden Gesellschafters.[94] Eine derartige Regelung wird jedoch in den seltensten Fällen sachgerecht sein, da der Fortbestand der Gesellschaft damit letztendlich vom Zufall abhängt.

scheins oder eine Ausfertigung der notariell beurkundeten Verfügung von Todes wegen samt Eröffnungsniederschrift beizufügen.

c) Fortsetzungsklausel

141 Bei einer Fortsetzungsklausel wird die Gesellschaft im Falle des Todes eines Gesellschafters mit den verbleibenden Gesellschaftern (bzw. bei einer zweigliedrigen Gesellschaft von dem überlebenden Gesellschafter allein) fortgeführt.[95] Der verstorbene Gesellschafter scheidet mit dem Tod aus der Gesellschaft aus. Sein Gesellschaftsanteil geht nicht auf die Erben über, sondern **wächst den anderen Gesellschaftern an** (§ 105 Abs. 3 HGB i.V.m. § 738 Abs. 1 Satz 1 BGB). Den Erben des verstorbenen Gesellschafters steht ein schuldrechtlicher **Abfindungsanspruch** gegen die Gesellschaft zu (§ 105 Abs. 3 HGB i.V.m. § 738 Abs. 1 Satz 2 BGB). Eine Sondererbfolge findet nicht statt. Der schuldrechtliche Abfindungsanspruch steht mehreren Erben als Berechtigte in Erbengemeinschaft zu. Schuldner des Abfindungsanspruchs ist die Gesellschaft. Die Gesellschafter haften dafür aber persönlich (§§ 128 ff., 171 ff. HGB). Die Fortsetzung unter den verbleibenden Gesellschaftern entspricht der heute gültigen gesetzlichen Regelung.

142 Die **Abfindung** der Erben richtet sich grundsätzlich nach dem **tatsächlichen Wert** des Gesellschaftsanteils (unter Berücksichtigung etwaiger stiller Reserven und des Geschäftswerts).[96] Art, Höhe und Fälligkeit des Abfindungsanspruchs können in dem Gesellschaftsvertrag näher geregelt werden.[97]

143 Nach überwiegender Auffassung kann die Abfindung für den Tod eines Gesellschafters sogar vollständig ausgeschlossen werden.[98] Allerdings dürfte dies im Regelfall wenig sachgerecht sein. Eine **Fortsetzungsklausel** mit gleichzeitigem Ausschluss von Abfindungsansprüchen kommt letztendlich einer „Lotterie auf den Todesfall"[99] gleich, bei der dem zufällig am längsten lebenden Gesellschafter das gesamte Unternehmen anfällt.

144 Bei der Regelung des Abfindungsanspruchs gilt es vielmehr, im jeweiligen Einzelfall einen angemessenen **Ausgleich** zwischen dem **Interesse der Erben** an einer möglichst hohen Abfindung und dem Interesse der verbleibenden Gesellschafter an einer möglichst geringen Abfindung zu finden. Im Interesse des langfristigen Fortbestands der

---

[93] Zur Anwendung der früheren Regelung in Altfällen s. die Übergangsregelung in Art. 41 EGHGB.
[94] Die Auflösungsklausel entspricht der (unverändert) geltenden gesetzlichen Regelung bei der Gesellschaft bürgerlichen Rechts (§ 727 BGB).
[95] Ausf. dazu *Ebenroth/Boujong/Joost/Lorz*, HGB, § 131 Rn. 40 ff.; MünchKomm/*K. Schmidt*, § 131 Rn. 61 ff.
[96] Grundlegend MünchKomm/*Ulmer*, § 738 Rn. 14 ff.
[97] Zu den Möglichkeiten einer Begrenzung der Abfindung u. deren Grenzen s. *Baumbach/Hopt*, HGB, § 131 Rn. 58 ff.; *Ebenroth/Boujong/Joost/Lorz*, HGB, § 131 Rn. 112 ff.; MünchKomm/*K. Schmidt*, § 131 Rn. 148 ff.; Palandt/*Sprau*, § 738 Rn. 7 f.
[98] BGH WM 1971, 1338 (für den Fall eines entschädigungslosen Übernahmerechts beim Ausscheiden aus einer zweigliedrigen Gesellschaft); allerdings erscheint nicht gesichert, ob diese Rspr. heute unverändert Bestand hat.
[99] *Wiedemann*, Die Übertragung und Vererbung von Mitgliedschaftsrechten, S. 186.

Gesellschaft ist deshalb im Gesellschaftsvertrag regelmäßig eine sachgerechte Begrenzung des Abfindungsanspruchs vorzusehen. Andernfalls kommt es mit dem Tod eines Gesellschafters zu einer erheblichen finanziellen Belastung der überlebenden Gesellschafter. Dies gefährdet mittelbar auch die Liquidität und Eigenkapitalausstattung der Gesellschaft selbst, da die Gesellschafter die notwendigen Mittel in vielen Fällen der Gesellschaft entnehmen bzw. bereits geplante Einlagen unterlassen werden.

Die Begrenzung des Abfindungsanspruchs erfolgt in vielen Fällen dadurch, dass für die **Wertermittlung** im Gesellschaftsvertrag ein bestimmtes **Bewertungsverfahren** vorgesehen wird. Nicht selten erfolgt die Abfindung zum **Buchwert**, zum **Substanz- oder Liquidationswert oder** auf der Grundlage des **Stuttgarter Verfahrens**. Diese Bewertungsverfahren haben zweifelsohne den Vorzug, dass die Höhe der Abfindung auf einfache Weise ermittelt werden kann und die Wertermittlung daher nur wenig streitanfällig ist. Allerdings führt die pauschale Bezugnahme auf diese Bewertungsmethoden nicht selten zu überraschenden Ergebnissen. Die Differenz zwischen dem auf diese Weise ermittelten Abfindungswert und dem tatsächlichen Wert der Beteiligung unterliegt erheblichen Schwankungen und kann kaum vorhergesehen werden. Im Interesse der Transparenz erscheint es daher sachgerechter, die Höhe der Abfindung durch einen bestimmten Abschlag von dem tatsächlichen Wert der Beteiligung zu bestimmen. Die Höhe des Abschlags kann dabei je nach Anlass des Ausscheidens gestaffelt werden. Das Bewertungsverfahren sollte allerdings auch in diesem Fall im Gesellschaftsvertrag geregelt werden (bspw. durch Bezugnahme auf die Grundsätze zur Durchführung von Unternehmensbewertungen des Instituts der Wirtschaftsprüfer in Deutschland e.V. (IDW), Düsseldorf).[100] Ferner sollten die Modalitäten der Auszahlung (z.B. Fälligkeit, Zulässigkeit von Ratenzahlungen) festgelegt werden.

145

Formulierungsbeispiel: Beim Tode eines Gesellschafters wird die Gesellschaft zwischen den verbleibenden Gesellschaftern fortgesetzt.

Den Erben des verstorbenen Gesellschafters steht gegen die Gesellschaft ein Abfindungsanspruch i.H.v. 70 Prozent des tatsächlichen Werts der Gesellschaftsbeteiligung des Erblassers zu.

Für die Berechnung des Abfindungsanspruchs soll das Unternehmen nach dem Ertragswertverfahren auf der Grundlage der Grundsätze zur Durchführung von Unternehmensbewertungen des Instituts der Wirtschaftsprüfer in Deutschland e.V. (IDW), Düsseldorf in der jeweils gültigen Fassung bewertet werden.

Die Bewertung hat für alle Beteiligten verbindlich durch einen Wirtschaftsprüfer als Schiedsgutachter zu erfolgen. Können die Beteiligten über die Person des Wirtschaftsprüfers keine Einigung erzielen, soll dieser auf Antrag eines Beteiligten vom Präsidenten der für den Sitz der Gesellschaft zuständigen Kammer der Wirtschaftsprüfer bestimmt werden.

Die Kosten der Unternehmensbewertung tragen die verbleibenden Gesellschafter und die Erben zu untereinander gleichen Teilen.

Die Abfindung ist in fünf gleichen Jahresraten auszubezahlen. Die erste Rate ist sechs Monate nach verbindlicher Einigung über den für die Berechnung des Abfindungsanspruchs maßgebenden Unternehmenswert zur Zahlung fällig. Die Fälligkeit der weiteren Raten tritt jeweils nach Ablauf eines weiteren Jahres ein.

---

100 S.o. Fn. 63.

> Der Abfindungsanspruch ist von der Fälligkeit der ersten Rate an mit jährlich 2 Prozent über dem jeweiligen Basiszinssatz zu verzinsen. Im Übrigen erfolgt die Stundung unentgeltlich.
> Eine Sicherheitsleistung für den Abfindungsanspruch kann nicht verlangt werden.

146 Vereinbarungen über die Art und Höhe von **Abfindungsansprüchen** können **Pflichtteilsergänzungsansprüche** (§§ 2325 ff. BGB) begründen, sofern darin eine **unentgeltliche Zuwendung** zu sehen ist. Wird der Abfindungsanspruch bei Tod eines Gesellschafters für alle Gesellschafter in gleicher Weise ausgeschlossen oder begrenzt, ist grundsätzlich von einem entgeltlichen Rechtsgeschäft auszugehen. Dem Risiko, den eigenen Anteil im Todesfall ohne Abfindung zu verlieren, entspricht die Chance, beim Tod eines anderen Gesellschafters den eigenen Gesellschaftsanteil ohne Abfindung zu vergrößern. Dagegen kommt eine unentgeltliche Zuwendung vor allem dann in Betracht, wenn die **Lebenserwartung der Gesellschafter** (z.B. aufgrund von Alter oder Krankheit) unterschiedlich ist. In diesem Fall können Pflichtteilsergänzungsansprüche bestehen.[101]

147 Das Ausscheiden eines Gesellschafters ist von sämtlichen verbleibenden Gesellschaftern und den Erben zur Eintragung in das Handelsregister anzumelden (§ 143 Abs. 2 und Abs. 3 HGB). Die Erben können die Mitwirkung an der Anmeldung nicht verweigern, wenn die Abfindung durch die Gesellschaft noch nicht erfüllt oder sonst streitig ist.[102]

148 Bei einer nur aus zwei Personen bestehenden Gesellschaft geht das Gesellschaftsvermögen im Wege der Gesamtrechtsnachfolge auf den verbleibenden Gesellschafter über.[103] Eine Ein-Personengesellschaft wird bislang nicht anerkannt. Soweit Grundstücke zum Gesellschaftsvermögen gehören, ist das Grundbuch zu berechtigen. Eine Auflassung ist nicht erforderlich. Sofern der verbleibende Gesellschafter nicht der alleinige Erbe des verstorbenen Gesellschafters ist, schuldet er den Erben eine Abfindung.

149 Die Auflösung der Gesellschaft und die Fortführung als Einzelunternehmen ist von dem verbleibenden Gesellschafter und den Erben des ausgeschiedenen Gesellschafters zur Eintragung in das Handelsregister anzumelden (§ 143 Abs. 2 und Abs. 3 HGB). Ferner ist die neue Rechtsform als Einzelunternehmen zur Eintragung anzumelden (§ 19 Abs. 1 Nr. 1 HGB).

> **Formulierungsbeispiel:** Verbleibt nach dem Ausscheiden eines Gesellschafters nur noch ein Gesellschafter, ist dieser berechtigt, das Vermögen der Gesellschaft mit allen Aktiva und Passiva zu übernehmen und das Unternehmen fortzuführen. Die Übernahme ist innerhalb von drei Monaten nach dem Tod des Gesellschafters gegenüber den Erben schriftlich zu erklären. Erfolgt keine Übernahmeerklärung, ist die Gesellschaft aufzulösen.

---

[101] Ausf. zum Streitstand Palandt/*Edenhofer*, § 2325 Rn. 13 f.; MünchKomm/*Lange*, § 2325 Rn. 18 ff.; Bamberger/Roth/*J. Mayer*, BGB, § 2325 Rn. 15; Staudinger/*v. Olshausen*, § 2325 Rn. 31 ff.; *Damrau/Riedel*, Erbrecht, § 2325 Rn. 27 ff.
[102] S. dazu, jeweils mit Formulierungsvorschlägen *Gustavus*, Handelsregisteranmeldungen, S. 44 f.; *Keidel/Krafka/Willer*, Registerrecht, Rn. 636 f. u. Rn. 648.
[103] *Baumbach/Hopt*, HGB, § 131 Rn. 81; *Ebenroth/Boujong/Joost/Lorz*, HGB, § 131 Rn. 43.

Die **Fortsetzungsklausel** kann dann von **Vorteil** sein, wenn die Gesellschaft auf einer besonders engen und persönlichen Verbundenheit der Gesellschafter beruht und keine andere Person in diesen Gesellschafterkreis einrücken soll. Allerdings kann dies dazu führen, dass die Gesellschaft langfristig „ausstirbt", sofern sie zu Lebzeiten keinen anderen Gesellschafter aufnimmt.

150

Ein nicht zu unterschätzender **Nachteil** der Fortsetzungsklausel besteht sicherlich darin, dass es bei der Gesellschaft im Falle des Todes eines Gesellschafters regelmäßig zu einer gewissen Liquiditätsbelastung kommt und die Fragen der Abfindung zumindest in gewissem Umfang immer Anlass für streitige Auseinandersetzungen sein können. Aus Sicht des potentiellen Erblassers ist zudem zu bedenken, dass der Gesellschaftsanteil aufgrund der Fortsetzungsklausel für die Erben dauerhaft verloren ist. Die Abfindung kann den Verlust des Gesellschaftsanteils möglicherweise auch dann nur teilweise ausgleichen, wenn sie an sich zum wahren Wert erfolgt. Dies gilt zunächst für eine Beteiligung an etwaigen Wertsteigerungen in der Zukunft. Darüber hinaus bedeutet die Fortsetzungsklausel aber auch einen endgültigen Verlust der mit einer Gesellschaftsbeteiligung im Einzelfall verbundenen ideellen Werte (z.B. Familientradition, Reputation, Image, Ansehen).

151

Die Fortsetzungsklausel kann sich im Übrigen auch **steuerrechtlich** als **nachteilig** erweisen, wenn zu der Gesellschaftsbeteiligung des Erblassers auch **Sonderbetriebsvermögen** gehört. Die Erben werden aufgrund der Fortsetzungsklausel nicht Mitunternehmer, so dass es mit dem Erbfall zu einer **Entnahme** der Wirtschaftsgüter kommt, die der Erblasser der Gesellschaft zur Nutzung überlassen hat. Dies gilt selbst dann, wenn die Erben die Nutzungsüberlassung fortsetzen. Es entsteht dann in der Person des Erblassers ein steuerpflichtiger Aufgabegewinn (§§ 16, 34 EStG).[104] Bei der Erbschaftsteuer werden den Erben die Vergünstigungen für Betriebsvermögen (§§ 13a, 19a ErbStG) bzgl. des früheren Sonderbetriebsvermögens gleichfalls nicht gewährt.

152

d) Nachfolgeklauseln

aa) Erbrechtliche Nachfolgeklauseln

(1) Allgemeines

Im Gesellschaftsvertrag kann durch eine Nachfolgeklausel vereinbart werden, dass der Gesellschaftsanteil des Erblassers auf den oder die Erben übergehen soll. Der Anteil des Gesellschafters wird dadurch vererblich gestellt.[105] Der Eintritt der Erben in die Gesellschaft erfolgt dann unmittelbar mit Eintritt des Erbfalls und bedarf keiner weiteren Rechtsgeschäfte.[106]

153

Im Zusammenhang mit einer Nachfolgeklausel kann die **Vererblichkeit** des Gesellschaftsanteils auch **eingeschränkt** werden. Die Nachfolge kann bspw. auf bestimmte Personen (wie etwa Mitgesellschafter, Abkömmlinge oder Ehegatten) beschränkt werden. Der Gesellschaftsvertrag kann auch bestimmen, dass der Gesellschaftsanteil nur

154

---

104 S. dazu *Schmidt/Wacker*, EStG, § 16 Rn. 662.
105 Ausf. dazu *Baumbach/Hopt*, HGB, § 139 Rn 10 ff.; *Ebenroth/Boujong/Joost/Lorz*, HGB, § 139 Rn. 7 ff.; MünchKomm/*K. Schmidt*, § 139 Rn. 11 ff.
106 Zur Frage, ob ein Gesellschafter aufgrund der gesellschaftsrechtlichen Treuepflicht verpflichtet ist, einer Übertragung des Gesellschaftsanteils zu Lebzeiten zuzustimmen, wenn der Übergang von Todes wegen durch den Gesellschaftsvertrag zugelassen ist, s. BGH ZEV 2005, 71 m. Anm. *Reimann* = DStR 2005, 255 = BB 2005, 67 = DB 2005, 46 = ZIP 2005, 25 = EWiR 2005, 181 (*Leinekugel*) = NZG 2005, 129 = DNotZ 2005, 309.

dann vererblich ist, wenn der Erblasser den Nachfolger durch eine Verfügung von Todes wegen bestimmt hat. Eine Vererbung aufgrund gesetzlicher Erbfolge wird dadurch ausgeschlossen.

(2) Einfache Nachfolgeklausel

155 Bei der einfachen Nachfolgeklausel wird die Gesellschaft mit allen Erben fortgeführt. Bei **einem Erben** geht der Gesellschaftsanteil auf den Alleinerben über.

156 Bei **mehreren Erben** kommt es zu einer **Kollision zwischen Erb- und Gesellschaftsrecht**, weil eine Erbengemeinschaft (nach derzeit h.M.[107]) nicht Mitglied einer werbenden Personengesellschaft sein kann.[108] Der Gesellschaftsanteil geht daher nicht auf die Erbengemeinschaft über (Universalsukzession). Vielmehr werden die einzelnen Miterben im Wege der **Sondererbfolge (Singularsukzession) in Höhe ihrer jeweiligen Erbquote** Mitglied der Personengesellschaft.[109] Die einzelnen Erben erwerben den Anteil an der Gesellschaft unmittelbar mit dem Erbfall ohne dass sie dafür irgendetwas tun müssen. Der im Wege der Sondererbfolge auf die Erben übergegangene Gesellschaftsanteil gehört gleichwohl zum Nachlass.[110]

> *Beispiel:*
> *Zum Nachlass des Erblassers E gehört eine Beteiligung an einer OHG. Der Gesellschaftsvertrag enthält eine einfache Nachfolgeklausel, wonach der Anteil eines verstorbenen Gesellschafters auf dessen Erben übergeht. E wird von seinen beiden Kindern S und T zu je 1/2 beerbt.*
>
> *Der Gesellschaftsanteil geht mit dem Erbfall unmittelbar auf S und T zu je 1/2 über, ohne dass es insoweit einer Erbauseinandersetzung bedarf.*

157 Zu den **nachfolgeberechtigten Erben** gehören auch Ersatzerben und Vorerben, nicht aber Vermächtnisnehmer. Eine abweichende Regelung ist aber möglich, so dass dann auch Vermächtnisnehmer nachfolgeberechtigt sind. Bei Vermächtnisnehmern erfolgt allerdings kein unmittelbarer Rechtsübergang. Vielmehr muss der Gesellschaftsanteil nach Eintritt des Erbfalls erst auf den Vermächtnisnehmer übertragen werden.

158 **Minderjährige Erben** bedürfen für den Erwerb des Anteils eines persönlich haftenden Gesellschafters von Todes wegen keiner familien- oder vormundschaftsgerichtlichen Genehmigung.[111] Mit Erreichen der Volljährigkeit können sie die Gesellschaft kündigen und ihre Haftung auf das bei Volljährigkeit vorhandene Vermögen beschränken (§§ 723 Abs. 1 Satz 3 Nr. 2, 1629a Abs. 4 BGB).[112]

---

107 Zu einer möglichen Änderung der h.M. s. unten Rn. 238 ff.
108 BGH NJW 1983, 2376 = DNotZ 1984, 35.
109 Grundlegend BGHZ 22, 186 = NJW 1957, 180 = DNotZ 1957, 405; BGHZ 68, 225 = BB 1977, 809 m. Anm. *Ulmer* = DNotZ 1977, 550 m. Anm. *Priester* = JZ 1977, 635 m. Anm. *Wiedemann*; BGH NJW 1983, 2376 = DNotZ 1984, 35.
110 Ausf. BGHZ 98, 48 = NJW 1986, 2431. S. dazu *Flume*, NJW 1988, 161; *Limmer*, ZEV 1994, 31; *Marotzke*, AcP 187 (1987) 223; *D. Mayer*, ZIP 1990, 976; *Reimann*, MittBayNot 1986, 232; *Schmitz*, ZGR 1988, 140; *Weidlich*, ZEV 1994, 205.
111 BGHZ 55, 267.
112 Ausf. dazu *Behnke*, NJW 1998, 3078; *Behnke*, NZG 1999, 244; *Dauner-Lieb*, ZIP 1996, 1818; *Habersack*, FamRZ 1999, 1; *Klumpp*, ZEV 1998, 409; *Muscheler*, WM 1998, 2271; *Reimann*, DNotZ 1999, 179.

> **Formulierungsbeispiel:** Beim Tod eines Gesellschafters wird die Gesellschaft mit seinen Erben fortgesetzt. Alle Rechte und Pflichten des verstorbenen Gesellschafters gehen demnach auf die Erben über, sofern sie nicht höchstpersönlicher Natur waren. ... Die vorstehende Regelung gilt entsprechend für die Nachfolge durch Vermächtnisnehmer.

Den nicht als Erben eingesetzten Pflichtteilsberechtigten stehen nach den allg. Vorschriften Pflichtteilsansprüche zu (§§ 2303 ff. BGB). 159

Das **Ausscheiden** des Gesellschafters und das Eintreten der Erben (als persönlich haftende Gesellschafter) ist von sämtlichen verbleibenden Gesellschaftern und den Erben **zur Eintragung** in das **Handelsregister anzumelden** (§ 143 Abs. 2 und Abs. 3 HGB). Zum Nachweis der Erbfolge ist der Anmeldung eine Ausfertigung des Erbscheins (oder eine Ausfertigung der notariell beurkundeten Verfügung von Todes wegen samt Eröffnungsniederschrift) beizufügen. 160

Die einfache Nachfolgeklausel hat den **Vorteil**, dass sie einen Konflikt zwischen erbrechtlicher und gesellschaftsvertraglicher Nachfolgeregelung weitgehend ausschließt und daher wenig störanfällig ist. Die Beteiligung aller Erben an der (meist wertvollen) Gesellschaftsbeteiligung wird in vielen Fällen auch den subjektiven Gerechtigkeitsvorstellungen des Erblassers entsprechen und von ihm als Beitrag zur Sicherung des Familienfriedens angesehen werden. Aus Sicht des jeweiligen Erblassers ist die einfache Nachfolgeklausel insoweit attraktiv, als er in diesem Fall die Nachfolge nach seinen eigenen Vorstellungen gestalten kann und auf die Interessen seiner Mitgesellschafter keinerlei Rücksicht nehmen muss. 161

Die **große Gestaltungsfreiheit** des Erblassers kann sich aber aus Sicht der Gesellschaft als Nachteil erweisen. Personengesellschaften sind grundsätzlich auf die umfassende Mitwirkung aller Gesellschafter angelegt. Bei der einfachen Nachfolgeklausel haben die Mitgesellschafter auf die Auswahl des Nachfolgers (und dessen persönlicher und fachlicher Qualifikation) keinerlei Einfluss, was für eine langfristige und vertrauensvolle Zusammenarbeit nicht unproblematisch sein kann. 162

Ein weiterer Nachteil der einfachen Nachfolgeklausel besteht darin, dass es bei einem Übergang des Gesellschaftsanteils auf mehrere Erben zu einer **Zersplitterung des Anteils** des verstorbenen Gesellschafters kommen kann. Eine große Zahl von Gesellschaftern mit möglicherweise unterschiedlichen Interessen kann für die Fortführung der Gesellschaft eine Belastung darstellen. 163

Zudem kann es aufgrund der einfachen Nachfolgeklausel zu einer **ungewollten Veränderung der Mehrheitsverhältnisse** kommen, wenn aufgrund der Regelung im Gesellschaftsvertrag oder nach der gesetzlichen Regelung (§ 119 Abs. 2 HGB) ein Stimmrecht nach Köpfen gilt. 164

> *Beispiel:*
> *A, B und C haben sich zu einer OHG zusammengeschlossen. Der Gesellschaftsvertrag enthält eine einfache Nachfolgeklausel und sieht ein Stimmrecht nach Köpfen vor. A verstirbt und wird aufgrund gesetzlicher Erbfolge von seiner Ehefrau und seinen vier Kindern beerbt.*
> *Vor Eintritt des Erbfalls verfügten B und C über eine Stimmenmehrheit von 2/3.*

Nach Eintritt des Erbfalls sind B und C zwei von sieben Gesellschaftern. Sie sind damit durch den Erbfall in die Minderheit geraten und können gegen den Willen der Erben des A keinerlei Beschlüsse mehr fassen.

165 **Praxishinweis:**
Im Zusammenhang mit einer einfachen Nachfolgeklausel sollte der Gesellschaftsvertrag daher in jedem Fall eine individuelle Regelung des Stimmrechts vorsehen. Denkbar ist bspw. ein Stimmrecht nach Kapitalanteilen oder eine Beschränkung des Stimmrechts von Rechtsnachfolgern eines Gesellschafters. Zumindest sollte der Gesellschaftsvertrag regeln, dass die Erben ihre Rechte durch einen Repräsentanten wahrnehmen müssen, um eine Vervielfältigung der Mitwirkungsrechte in der Gesellschafterversammlung zu verhindern. Der Repräsentant kann auch vom Erblasser selbst oder von einem Dritten (z.B. einem Testamentsvollstrecker) bestimmt werden.[113]

166 Ist der Erbe eines persönlich haftenden Gesellschafters bereits vor dem Erbfall Gesellschafter, ist nach seiner Gesellschafterstellung zu unterscheiden:

– War der Erbe bereits bislang persönlich haftender Gesellschafter, bleibt er dies auch nach Eintritt des Erbfalls. Das Recht auf Einräumung einer Stellung als Kommanditist steht ihm nicht zu (s. § 139 HGB).
– War der Erbe bislang Kommanditist, wird er mit dem Eintritt des Erbfalls insgesamt persönlich haftender Gesellschafter. Etwas anderes gilt nur dann, wenn er erfolgreich die Umwandlung der Gesellschafterstellung in diejenige eines Kommanditisten verlangt (§ 139 HGB).[114]

(3) Qualifizierte Nachfolgeklausel[115]

167 Bei der qualifizierten Nachfolgeklausel bestimmt der Gesellschaftsvertrag, dass nicht alle Erben, sondern nur einzelne oder einer von ihnen in die Gesellschafterstellung einrücken.[116] Der Gesellschaftsvertrag kann den Kreis der nachfolgeberechtigten Personen grundsätzlich in beliebiger Weise einschränken.[117] Möglich sind etwa folgende Regelungen:

– namentliche Bezeichnung der Nachfolger;
– Zugehörigkeit zu einer bestimmten Personengruppe (z.B. einer Familie oder den Kreis der Gesellschafter);
– bestimmtes Verwandtschaftsverhältnis zum Erblasser (z.B. Ehegatten, Lebenspartner, Abkömmlinge[118]);

---

113 Zur grundsätzlichen Zulässigkeit dieser Vertreterklausel s. *Baumbach/Hopt*, HGB, § 163 Rn. 10.
114 S. dazu BayObLG DNotZ 2003, 456.
115 Ausf. dazu *Hübner*, ZErb 2004, 34; *Koblenzer/Groß*, ErbStB 2003, 367; *Menges*, BB 1994, 2122; *Reimann*, ZEV 2002, 487.
116 Ausf. dazu *Baumbach/Hopt*, HGB, § 139 Rn 14 ff.; *Ebenroth/Boujong/Joost/Lorz*, HGB, § 139 Rn. 20 ff.; MünchKomm/*K. Schmidt*, HGB, § 139 Rn. 16 ff.
117 Die für die Nachfolge maßgeblichen Kriterien dürfen allerdings nicht gegen gesetzliche Vorschriften verstoßen oder sittenwidrig sein. Demnach könnte auch das geplante Antidiskriminierungsgesetz möglicherweise Auswirkungen auf die Ausgestaltung von qualifizierten Nachfolgeklauseln haben. S. dazu Entwurf eines Gesetzes zur Umsetzung europäischer Antidiskriminierungsrichtlinien, BT-Drucks. 15/4538 v. 16.12.2004.
118 Der Kreis der Abkömmlinge sollte ggf. weiter präzisiert werden (z.B. eheliche, außereheliche, nichteheliche, leibliche oder angenommene Kinder).

- Kreis der gesetzlichen Erben;
- Alter im Zeitpunkt des Erbfalls (z.B. Mindestalter oder Höchstalter);
- Geschlecht;
- berufliche Ausbildung und Qualifikation.

Der Gesellschaftsanteil geht dann im Wege der **Sonderrechtsnachfolge** unmittelbar und im Ganzen auf den qualifizierten Erben über. Die übrigen Erben werden nicht Gesellschafter, sondern erlangen lediglich einen **schuldrechtlichen** Ausgleichsanspruch gegen den **nachfolgeberechtigten Erwerber**. Der qualifizierte Nachfolger erwirbt den Anteil aufgrund einer quasi dinglich wirkenden Teilungsanordnung automatisch mit dem Erbfall. Am übrigen Nachlass ist der qualifizierte Erbe nur entsprechend seiner Erbquote beteiligt.[119]

> *Beispiel:*
> *Der Gesellschaftsvertrag enthält eine qualifizierte Nachfolgeklausel, wonach der Anteil eines verstorbenen Gesellschafters auf den ältesten von dessen leiblichen Abkömmlingen übergehen soll. Der Gesellschafter E verstirbt und wird von seinen beiden Kindern S (32 Jahre) und T (25 Jahre) zu je 1/2 beerbt.*
>
> *Der Gesellschaftsanteil ist aufgrund der Nachfolgeklausel vererblich. Zur Erbfolge ist aber jeweils nur der älteste leibliche Abkömmling berechtigt. Der Gesellschaftsanteil des E geht hier demnach unmittelbar und ausschließlich auf den Sohn S über. Die Tochter T wird zwar Miterbin zu 1/2, tritt aber nicht (auch nicht in der juristischen Sekunde des Erbfalls) in die Gesellschaft ein. Der Gesellschaftsanteil geht vielmehr außerhalb des Nachlasses alleine auf S über. T steht aber ein schuldrechtlicher Anspruch auf Wertausgleich gegen S zu, sofern E in seiner Verfügung von Todes wegen keine abweichende Regelung getroffen hat.*

Die qualifizierten Nachfolger erwerben aufgrund der gesellschaftsvertraglichen Nachfolgeregelung mehr als ihnen erbrechtlich an sich zustehen würde. Den nicht qualifizierten Erben steht dementsprechend ein schuldrechtlicher Ausgleichanspruch zu.[120] Für die Höhe des Wertausgleichs ist der tatsächliche Verkehrswert der Gesellschaftsbeteiligung maßgebend. Bei dem Anspruch handelt es sich um einen erbrechtlichen Ausgleich und nicht um eine gesellschaftsrechtliche Abfindung, so dass etwaige Abfindungsklauseln im Gesellschaftsvertrag für die Bestimmung der Höhe des Ausgleichsanspruchs ohne Bedeutung sind.

> **Praxishinweis:**
> Der Erblasser kann Art, Höhe und Fälligkeit des Ausgleichsanspruchs im Testament regeln (z.B. das Verfahren zur Ermittlung des Unternehmenswerts, die Bewertungsabschläge oder Stundungsregelung).[121] Dabei gilt es insbesondere auch die mit der Beteiligung verbundenen unternehmerischen Risiken, etwaige Steuerlasten, die Li-

---

[119] Grundlegend BGHZ 68, 225 = BB 1977, 809 m. Anm. *Ulmer* = DNotZ 1977, 550 m. Anm. *Priester* = JZ 1977, 635 m. Anm. *Wiedemann* (anders insoweit noch BGHZ 22, 186 = NJW 1957, 180 = DNotZ 1957, 405; BGH NJW 1983, 2376 = DNotZ 1984, 35.

[120] Die Rechtsgrundlage des Ausgleichsanspruchs (§§ 242, 2050 ff. BGB, etc.) ist im Einzelnen umstritten, s. dazu *Baumbach/Hopt*, HGB, § 139 Rn 18; *Ebenroth/Boujong/Joost/Lorz*, HGB, § 139 Rn. 24 f.; *MünchKomm/K. Schmidt*, HGB, § 139 Rn. 20.

[121] Die Überlegungen zur Ausgestaltung der Abfindungsregelung im Gesellschaftsvertrag (s.o. Rn. 77 ff.) gelten insoweit entsprechend.

quiditätssituation des Unternehmensnachfolgers und die Eigenkapitalausstattung des Unternehmens[122] zu berücksichtigen.

Ein angemessener Interessenausgleich kann bspw. in der Weise erfolgen, dass der Erblasser dem Erben das Recht einräumt, den Ausgleichsanspruch durch die Einräumung einer **Unterbeteiligung** an dem Gesellschaftsanteil zu erfüllen. Im Einzelfall kann der Erblasser den Ausgleichsanspruch auch ganz ausschließen, indem er dem qualifizierten Nachfolger den Wert der Beteiligung im Wege eines Vorausvermächtnisses zuwendet.

170 Bei der Regelung der Ausgleichszahlung sind auch die **ertragsteuerrechtlichen Auswirkungen** mit zu berücksichtigen. Der ausgleichsberechtigte Erbe muss die Zahlung nicht versteuern. Bei dem ausgleichsverpflichteten Erben handelt es sich demnach um eine **private Verbindlichkeit**, so dass er etwaige Finanzierungszinsen – trotz des Sachzusammenhangs mit dem Unternehmen – nicht als Betriebsausgaben geltend machen kann.[123]

Formulierungsbeispiel: Beim Tod eines Gesellschafters wird die Gesellschaft mit seinen Erben fortgesetzt, sofern es sich dabei um den Ehegatten, den Lebenspartner oder die leiblichen Abkömmlinge des Gesellschafters oder um Mitgesellschafter handelt. Sind keine nachfolgeberechtigten Erben vorhanden, wird die Gesellschaft mit den verbleibenden Gesellschaftern fortgesetzt. Die Erben erhalten in diesem Fall eine Abfindung nach Maßgabe dieses Gesellschaftsvertrages. Die vorstehenden Regelungen gelten für Vermächtnisnehmer entsprechend.

171 Bei der qualifizierten Nachfolgeklausel muss die Person, die nach dem Gesellschaftsvertrag zur Nachfolge berechtigt ist, auch tatsächlich **gesetzlicher oder testamentarischer Erbe** werden, um in die Gesellschafterstellung nachzufolgen. Wird der gesellschaftsvertraglich zugelassene Nachfolger nicht Erbe, geht die Nachfolgeregelung ins Leere. Die Anordnung eines bloßen Vermächtnisses zugunsten der als Nachfolger vorgesehen Person reicht grundsätzlich nicht aus, da in diesem Fall eine unmittelbare Rechtsnachfolge ausscheidet.

Praxishinweis:

Bei der qualifizierten Nachfolgeklausel ist die **Abstimmung** zwischen Gesellschaftsvertrag und Verfügung von Todes wegen von besonderer Bedeutung. Die qualifizierte Nachfolgeklausel kann nur zur Anwendung kommen, wenn der vorgesehene Nachfolger in einer Verfügung von Todes wegen als Erbe eingesetzt wird und die im Gesellschaftsvertrag bestimmten Qualifikationen in seiner Person gegeben sind.

Um einen dauerhaften Gleichlauf zwischen Erbrecht und Gesellschaftsrecht sicherzustellen, ist nicht nur bei der Errichtung der Verfügung von Todes wegen, sondern auch bei späteren **Änderungen oder Ergänzungen** stets auf die notwendige Abstimmung zu achten.

– Die Verfügung von Todes wegen sollte daher nie ohne Berücksichtigung des Gesellschaftsvertrages errichtet oder ergänzt werden.

---

[122] Der Ausgleichsanspruch richtet sich zwar gegen den qualifizierten Erben persönlich, wirkt sich aber möglicherweise mittelbar auch auf die Gesellschaft aus. Dies kann bspw. der Fall sein, wenn der Gesellschafter zur Erfüllung des Ausgleichsanspruchs Entnahmen tätigt oder Kreditsicherheiten der Gesellschaft in Anspruch nimmt.
[123] S. dazu *Schmidt/Wacker*, EStG, § 16 Rn. 672.

– Der Gesellschaftsvertrag sollte nie ohne Berücksichtigung der Verfügungen von Todes wegen aller Gesellschafter ergänzt oder geändert werden.

Eine Anpassung der Regelung kann insbesondere auch dann notwendig werden, wenn der vorgesehene Erbe vor dem Erblasser verstirbt.

172

Qualifizierte Nachfolgeklauseln können daran scheitern, dass die im Gesellschaftsvertrag vorgesehene Person nicht erbrechtlich legitimiert ist.[124] Die unter Umständen katastrophalen Folgen des Auseinanderfallens von gesellschaftsvertraglicher und erbrechtlicher Regelung können im Einzelfall noch nach Eintritt des Erbfalls vermieden werden.

173

Wird der qualifizierte Nachfolger nicht Erbe, kann die Nachfolgeklausel unter Umständen in eine rechtsgeschäftliche Eintrittsklausel umgedeutet werden.[125] Im Interesse der Rechtssicherheit kann eine derartige **Umdeutung** in einem erbrechtlichen **Auslegungsvertrag dokumentiert** werden.

174

Zur Vermeidung der mit der Auslegung verbundenen Schwierigkeiten kann die qualifizierte Nachfolgeklausel im Gesellschaftsvertrag auch vorsorglich um eine **Eintrittsklausel** ergänzt werden. Die Eintrittsklausel ermöglicht dem qualifizierten Nachfolger den Erwerb des Gesellschaftsanteils unabhängig von seiner erbrechtlichen Stellung. Der Nachfolger, der in die Gesellschaft eintritt, hat dann aber eine Einlage i.H.d. Beteiligung des Erblassers zu erbringen, da ihm der Abfindungsanspruch erbrechtlich nicht zugewandt worden ist. Die damit verbundene Liquiditätsbelastung kann den Eintritt wirtschaftlich unmöglich machen. Der Gesellschaftsvertrag sollte daher den Abfindungsanspruch nicht nachfolgeberechtigter Erben nach Möglichkeit ausschließen.

175

Formulierungsvorschlag: Nachfolgeberechtigte Personen, die nicht Erben geworden sind, haben das Recht, in die Gesellschaft einzutreten. Das Eintrittsrecht ist innerhalb von drei Monaten nach dem Tod des Gesellschafters durch schriftliche Erklärung gegenüber den anderen Gesellschaftern auszuüben. Andernfalls wird die Gesellschaft unter den verbleibenden Gesellschaftern fortgesetzt. Mehreren eintrittsberechtigten Personen steht der Gesellschaftsanteil zu untereinander gleichen Teilen zu. Den Erben steht in diesem Fall kein Abfindungsanspruch zu.

Ein Scheitern der qualifizierten Nachfolgeklausel kann möglicherweise auch dadurch verhindert werden, dass der Erbe die Erbschaft form- und fristgerecht **ausschlägt** und auf diese Weise der qualifizierte Nachfolger Erbe wird (§§ 1942 ff. BGB). Das Ver-

176

---

124 Instruktiv ist in diesem Zusammenhang auch der Notarhaftungsfall des BGHZ 150, 319 = NJW 2002, 2787 = RNotZ 2002, 409 m. Anm. *Roggendorff* = DNotZ 2002, 768 m. Anm. *Reithmann* = ZEV 2002, 322 m. Anm. *Limmer* = JZ 2003, 106 m. Anm. *Preuß*. – Zur Haftung eines Rechtsanwalts in einem ähnlichen Fall siehe BGH, NJW 1995, 2551 = BB 1995, 1713 = WM 1995, 1504 = FamRZ 1995, 1127 = ZEV 1995, 340 = DB 1995, 1854 = MDR 1995, 1069 = EWiR 1995, 1181 (*Borgmann*) = MittBayNot 1995, 397 mit Anm. *Weidlich*.
125 Zur ergänzenden Auslegung einer gescheiterten gesellschaftsvertraglichen Nachfolgeklausel s. BGH NJW 1978, 264; BGH JZ 1987, 880 m. Anm. *Ulmer* = DNotZ 1988, 46; ausf. dazu *Götte*, DNotZ 1988, 603.

säumen der kurzen Ausschlagungsfrist von sechs Wochen (§ 1944 BGB[126]) kann unter Umständen noch **angefochten** werden (§§ 1954, 1955 und 1957 BGB).

> *Beispiel:*
>
> *Erblasser E ist Gesellschafter einer KG (Verkehrswert der Beteiligung: 10.000.000 €; Buchwert der Beteiligung: 2.500.000 €). Zusammen mit seiner Ehefrau F hat E einen Ehe- und Erbvertrag geschlossen, in dem sie sich gegenseitig zu Alleinerben und die gemeinsamen Kinder S und T untereinander zu Schlusserben zu gleichen Teilen eingesetzt haben. Der Gesellschaftsvertrag der KG sieht vor, dass bei Tod eines Gesellschafters nur leibliche Kinder Gesellschafter werden können. Im Falle des Ausscheidens eines Gesellschafters ist eine Abfindung i.H.d. Buchwerts der Beteiligung vorgesehen.*
>
> *Die Nachfolgeklausel des Gesellschaftsvertrages schränkt die Vererblichkeit des Gesellschaftsanteils ein. Als Nachfolger kämen hier nur die Kinder S und T in Betracht. Diese sind aber nicht Erbe des E. Alleinerbe des E ist die Ehefrau F, die aber nicht zum Kreis der im Gesellschaftsvertrag vorgesehenen Nachfolger gehört.*
>
> *Der Gesellschaftsanteil wächst daher den anderen Gesellschaftern an. F erhält als Erbin die im Gesellschaftsvertrag vorgesehene Abfindung i.H.v. 2.500.000 €. Der übrige Wert der Gesellschaftsbeteiligung ist für die Familie des E verloren.*
>
> *Zur Vermeidung dieses Schadens könnte F nach Eintritt des Erbfalls innerhalb der gesetzlichen Ausschlagungsfrist von sechs Wochen (§ 1944 Abs. 1 BGB) die Erbschaft (gegen eine Abfindung) ausschlagen. Erben würden dann S und T zu je 1/2. In diesem Fall würde auch die Gesellschaftsbeteiligung zu je 1/2 auf S und T übergehen.*
>
> *Besser wäre es jedoch gewesen, wenn E zu Lebzeiten den bestehenden Erbvertrag dahin gehend geändert hätte, dass er von S und T zu je 1/2 beerbt wird und zugunsten seiner Frau F entsprechende Vermächtnisse ausgesetzt hätte. In diesem Fall wäre die Gesellschaftsbeteiligung unmittelbar auf die Kinder S und T übergegangen.*

177 Zusätzlicher Abstimmungsbedarf ergibt sich bei der qualifizierten Nachfolgeklausel dann, wenn zum Gesellschaftsanteil **Sonderbetriebsvermögen** gehört. Das Zivilrecht kennt den Begriff des Sonderbetriebsvermögens nicht. Wirtschaftsgüter, die der Gesellschafter der Gesellschaft zur Nutzung überlässt (z.B. ein Grundstück), fallen daher in den Nachlass. Die Sondererbfolge aufgrund der qualifizierten Nachfolgeklausel erfasst nur den Anteil an der Personengesellschaft, nicht aber auch das dazu gehörende Sonderbetriebsvermögen. Es besteht demnach ein hohes Risiko, dass im Todesfall Gesellschaftsanteil und Sonderbetriebsvermögen auf verschiedene Personen übergehen und es dadurch zu einer Entnahme kommt.[127] In diesem Fall werden auch bei der **Erbschaftsteuer** die Vergünstigungen für Betriebsvermögen nicht gewährt (§§ 13a, 19a ErbStR).

---

126 Eine Ausschlagungsfrist von sechs Monaten gilt u.a. dann, wenn der Erbe sich bei Beginn der Ausschlagungsfrist (d.h. nicht notwendigerweise schon im Zeitpunkt des Erbfalls) im Ausland aufgehalten hat (§ 1944 Abs. 3 Fall 2 BGB). Der Begriff des Aufenthalts ist gesetzlich nicht definiert (s. demgegenüber zum Begriff des Wohnsitzes §§ 7 ff. BGB). Aufenthalt ist ein rein tatsächliches Verhältnis; im Einzelfall kann auch ein Auslandsaufenthalt zu Urlaubszwecken ausreichend sein.
127 S. dazu *Schmidt/Wacker*, EStG, § 16 Rn. 674 f.

Beispiel:

Erblasser E ist zu 50 Prozent an der X-KG beteiligt (Verkehrswert des Mitunternehmeranteils: 10.000.000 €; steuerliches Eigenkapital: 1.000.000 €). E hat an die KG ein Grundstück vermietet, auf dem sich der Betrieb befindet (Verkehrswert: 2.000.000 €; Wert laut Sonderbilanz: 500.000 €). Der Gesellschaftsvertrag der KG enthält eine qualifizierte Nachfolgeklausel, wonach der Gesellschaftsanteil bei Tod eines Gesellschafters auf dessen ältesten Abkömmling übergeht. E stirbt und wird von seinen Kindern S (32 Jahre) und T (29 Jahre) zu je 1/2 beerbt.

Zivilrechtlich ist E von S und T zu je 1/2 beerbt worden. Zum Nachlassvermögen gehört u.a. auch das an die Kommanditgesellschaft vermietete Grundstück. Da das Zivilrecht kein Sonderbetriebsvermögen kennt, fällt das Grundstück in die Erbengemeinschaft und wird allen Miterben anteilig zugerechnet. Der Gesellschaftsanteil geht aufgrund der qualifizierten Nachfolgeklausel außerhalb der Erbfolge unmittelbar und im Ganzen auf S über. S rückt in die volle Gesellschafterstellung ein, obwohl er erbrechtlich nur zu einer Quote von 1/2 Erbe geworden ist. Erbrechtlich (nicht gesellschaftsrechtlich) ist S gegenüber T unter Umständen zum Ausgleich des empfangenen Mehrwerts verpflichtet.

Einkommensteuerrechtlich wird entsprechend der zivilrechtlichen Nachfolge nur der qualifizierte Nachfolger Mitunternehmer. Der Mitunternehmeranteil geht aufgrund der qualifizierten Nachfolgeklausel in voller Höhe auf den Erben S über. Das zum Sonderbetriebsvermögen gehörende Grundstück wird dem Nachfolger S dagegen nur in Höhe seiner Erbquote (hier: 50 Prozent) zugerechnet (§ 39 Abs. 2 Nr. 2 AO). I.H.d. Erbquote der anderen Miterben kommt es daher zu einer Gewinnrealisierung im Sonderbetriebsvermögen (hier: 50 Prozent von 1.500.000 €). Der (nicht begünstigte) Entnahmegewinn ist in der Person des Erblassers zu versteuern. Gewerbesteuer fällt insoweit nicht an.

Noch nicht abschließend geklärt ist die Frage, ob neben der Gewinnrealisierung im Sonderbetriebsvermögen auch eine Gewinnrealisierung im Mitunternehmeranteil stattfindet.[128] Dann wäre auch insoweit ein Entnahmegewinn (hier: 50 Prozent von 9.000.000 €) zu versteuern.

Praxishinweis: 178
Die mit dem Sonderbetriebsvermögen (z.B. den an die Gesellschaft zur Nutzung überlassenen Grundbesitz) verbundenen **Steuerrisiken** lassen sich im Einzelfall durch verschiedene Gestaltungen **vermeiden**:

– **Auflösung des Sonderbetriebsvermögens:** Das Sonderbetriebsvermögen wird zu Lebzeiten in das Gesamthandeigentum der Gesellschaft eingebracht. Das Einbringen ist ohne Aufdeckung der stillen Reserven möglich (§ 6 Abs. 5 Satz 3 Nr. 2 Fall 1 EStG).[129]

– **Schwestergesellschaft:** Das Sonderbetriebsvermögen wird in eine (eigene) gewerblich geprägte Personengesellschaft (z.B. eine GmbH & Co. KG) eingebracht. Das Einbringen ist unter Fortführung der Buchwerte möglich (§ 6 Abs. 5 Satz 3

---

128 Dagegen wohl Tz. 23 Satz 2 des BMF-Schreibens v. 3.3.2005 (s.o. Fn. 8) unter Hinweis auf Tz. 84 des BMF-Schreibens vom 11.01.1993, IV B 2 – S 2242 – 86/92, BStBl. I 1993, 62. Ausf. Schmidt/*Wacker*, EStG, § 16 Rn. 674.
129 S. dazu im Einzelnen Schmidt/*Glanegger*, EStG, § 6 Rn. 510 ff.

Nr. 2 Fall 2 EStG). Aufgrund der gewerblichen Prägung ist eine Entnahme in das Privatvermögen nicht mehr möglich.[130]

- **Alleinerben-Modell:** Der qualifizierte Nachfolger wird zum Alleinerben eingesetzt. Der Gesellschaftsanteil und das Sonderbetriebsvermögen stehen jeweils in vollem Umfang dem Alleinerben und Nachfolger zu. Zugunsten der weichenden Erben können bspw. Vermächtnisse ausgesetzt werden.

179 Steuerrechtliche Risiken birgt die qualifizierte Nachfolgeklausel auch in den Fällen der **Betriebsaufspaltung**.[131] Besteht eine Betriebsaufspaltung, richtet sich die Nachfolge in das Besitzunternehmen und die Nachfolge in das Betriebsunternehmen nach den für die jeweilige Rechtsform geltenden Regeln. Besonderheiten bestehen insoweit nicht. Bei der Gestaltung des Unternehmertestaments ist (neben der notwendigen Abstimmung mit beiden Gesellschaftsverträgen) darauf zu achten, dass die bestehende personelle und sachliche Verflechtung zwischen beiden Unternehmen auch nach Eintritt des Erbfalls fortbesteht.[132]

> *Beispiel:*
>
> *Die Brüder A, B und C sind zu jeweils gleichen Teilen Gesellschafter einer OHG (Besitzunternehmen) und einer GmbH (Betriebsunternehmen). Zwischen beiden Gesellschaften besteht eine Betriebsaufspaltung.*
>
> *A verstirbt. Aufgrund Testaments wird er von seinen beiden Kindern S und T zu je ein Halb beerbt. Der Gesellschaftsvertrag der OHG enthält eine qualifizierte Nachfolgeklausel, wonach die Gesellschaft mit dem ältesten Abkömmling fortgesetzt wird. Dies ist hier S.*
>
> *Der Anteil des A an der OHG geht aufgrund Sondererbfolge außerhalb des Nachlasses in vollem Umfang unmittelbar auf S über. Das sonstige Nachlassvermögen (einschließlich des Anteils an der Betriebs-GmbH) steht der aus S und T bestehenden Erbengemeinschaft zu.*
>
> *Durch den Erbfall ist die personelle Verflechtung entfallen. Die Beendigung der personellen Verflechtung führt zur Betriebsaufgabe auf Seiten des Besitzunternehmens mit der Folge, dass alle stillen Reserven (einschließlich derjenigen in den Anteilen der Betriebsgesellschaft) aufgedeckt werden.*
>
> *Die Wiederherstellung der personellen Verflechtung nach dem Erbfall beseitigt die Rechtsfolgen der Betriebsaufgabe nicht. Dies gilt selbst dann, wenn die personelle Verflechtung rückwirkend auf den Zeitpunkt des Erbfalls wieder hergestellt wird.*

180 **Praxishinweis:**
Bei einer bestehenden Betriebsaufspaltung ist die Synchronisation der Nachfolge in beiden Unternehmen von entscheidender Bedeutung. Die Erbfolge ist daher so zu koordinieren, dass die personelle und sachliche Verflechtung zwischen beiden Un-

---

130 Die Grundsätze der Gesamtplanrechtsprechung sind im Erbfall nicht anzuwenden. Anders aber wohl bei der Übertragung im Wege der vorweggenommenen Erbfolge, s. dazu Tz. 7 des BMF-Schreibens v. 3.3.2005 (s.o. Fn. 8).
131 Zur Betriebsaufspaltung im Erbfall s. *Gluth*, ErbStB 2004, 148.
132 In Fällen, in denen der Erblasser das Entstehen einer Betriebsaufspaltung zu Lebzeiten gerade bewusst vermieden hat (z.B. Wiesbadener Modell), ist umgekehrt sicherzustellen, dass aufgrund des Erbfalls nicht ungewollt eine Betriebsaufspaltung begründet wird.

ternehmen erhalten bleibt. Der notwendige Gleichlauf ist insbesondere auch bei späteren Anpassungen oder Ergänzungen der Nachfolgeregelung sicherzustellen.

Um ein (ungewolltes) Auseinanderfallen der Beteiligungsverhältnisse an der Besitzgesellschaft und der Betriebsgesellschaft zu vermeiden, kann es sich (ähnlich wie bei der Umwandlung der GmbH & Co. KG in eine Einheits-KG) empfehlen, die Besitzgesellschaft zur alleinigen Gesellschafterin der Betriebsgesellschaft zu machen.

Eine andere Gestaltungsmöglichkeit besteht darin, die als Einzelunternehmen betriebene Besitzgesellschaft in eine gewerblich geprägte Personengesellschaft umzuwandeln. Bei einem Wegfall der personellen Verflechtung kommt es dann zwar nicht zu einer Aufdeckung der stillen Reserven in dem (wertvollen) Besitzunternehmen, wohl aber zu einer Gewinnrealisierung bei den Anteilen an der Betriebsgesellschaft.

Am einfachsten kann die ungewollte Auflösung einer Betriebsaufspaltung dadurch vermieden werden, dass der Erblasser seinen Nachfolger zum Alleinerben einsetzt.

Das Ausscheiden des Gesellschafters und das Eintreten des oder der Erben (als persönlich haftende Gesellschafter) ist von sämtlichen verbleibenden Gesellschaftern und allen Erben (d.h. nicht nur den eintretenden Erben) zur Eintragung in das **Handelsregister** anzumelden (§ 143 Abs. 2 und Abs. 3 HGB).[133] Zum Nachweis der Erbfolge ist der Anmeldung eine Ausfertigung des Erbscheins oder eine Ausfertigung der notariell beurkundeten Verfügung von Todes wegen samt Eröffnungsniederschrift beizufügen.

181

Die Sonderrechtsnachfolge ändert nichts daran, dass der Gesellschaftsanteil für die Berechnung von Pflichtteilsansprüchen von Bedeutung ist. Bei der Berechnung des Pflichtteilsanspruchs ist der Gesellschaftsanteil grundsätzlich mit seinem Verkehrswert anzusetzen. Im Einzelfall sind gewisse Abschläge vom Verkehrswert zulässig, wenn der Gesellschaftsvertrag vom Verkehrswert abweichende Abfindungsklauseln vorsieht.[134]

182

Vorteil der qualifizierten Nachfolgeklausel ist es, dass es (anders als bei der einfachen Nachfolgeklausel) nicht dem freien Willen des Erblassers oder familiären Zufälligkeiten überlassen bleibt, wer und insbesondere wie viele Erben die Gesellschafterstellung übernehmen. Die Nachfolge wird vielmehr auf einen oder mehrere Erben beschränkt. Auf diese Weise werden auch die Interessen der anderen Gesellschafter an einer berechenbaren Nachfolge angemessen berücksichtigt. Zugleich kann eine Zersplitterung des Gesellschaftsanteils verhindert und die Homogenität des Gesellschafterkreises gewährleistet werden.

183

Aus Sicht des potentiellen Erblassers kann die Einschränkung der Vererblichkeit des Gesellschaftsanteils aber auch ein Nachteil sein. Der Erblasser muss bei der Nachfolgeplanung die Vorgaben des Gesellschaftsvertrages berücksichtigen. Die Zuwendung des Gesellschaftsanteils an eine Person, die nach dem Gesellschaftsvertrag nicht nachfolgeberechtigt ist, kann daher nur nach einer Änderung des Gesellschaftsvertrages und der Zustimmung der anderen Gesellschafter erfolgen.

184

Ein **praktisches Problem** der qualifizierten Nachfolgeklausel besteht vielfach darin, dass eine sinnvolle Begrenzung des Kreises der nachfolgeberechtigten Personen nicht ohne weiteres möglich ist. Formale Studienabschlüsse und Berufsqualifikationen sind bspw. nicht unbedingt maßgebend dafür, ob der Erbe die für die Fortführung eines

185

---

133 S. dazu, jeweils mit Formulierungsvorschlägen *Gustavus*, Handelsregisteranmeldungen, S. 47; *Keidel/Krafka/Willer*, Registerrecht, Rn. 636 f. u. 648.
134 Zum Streitstand s. bereits oben Rn. 86 f.

Unternehmens erforderliche Begabung mit sich bringt und an dieser Aufgabe auch tatsächlich interessiert ist. Unternehmerische Fähigkeiten lassen sich nur schwer abstrakt festlegen.

186 Die qualifizierte Nachfolgeklausel erfordert einen hohen **Abstimmungsbedarf** zwischen Erb-, Gesellschafts- und Steuerrecht, wodurch diese außerordentlich störanfällig ist. Denn eine mangelnde Abstimmung gefährdet nicht nur die zivilrechtliche Nachfolge, sondern beinhaltet auch erhebliche steuerrechtliche Risiken. Die umfassende und kontinuierliche Abstimmung erfordert aber mitunter einen nicht unerheblichen Zeit- und Kostenaufwand.

187 Aus **erbschaftsteuerrechtlicher Sicht** ist die qualifizierte Nachfolgeklausel insoweit nachteilig, als die Vergünstigungen für Betriebsvermögen (§§ 13a, 19a ErbStG) allen Erben und nicht nur dem qualifizierten Erben gewährt werden.[135] Demnach geht ein Teil der Entlastungswirkung für den eigentlichen Unternehmensnachfolger verloren. Die **Ausgleichszahlung** kann von dem qualifizierten Erben auch nicht bereicherungsmindernd geltend gemacht werden.

bb) Rechtsgeschäftliche Nachfolgeklausel

188 Die rechtsgeschäftliche Nachfolgeklausel ermöglicht beim Tod eines Gesellschafters den Eintritt von Nachfolgern außerhalb der Erbfolge.[136] Die Nachfolge erfolgt in diesem Fall ohne Rücksicht auf die Erbenstellung des Nachfolgers. Im Hinblick auf das Verbot von Verträgen zu Lasten Dritter ist eine rechtsgeschäftliche Nachfolge nur dann möglich, wenn der Nachfolger am Gesellschaftsvertrag beteiligt war oder der Übernahme der mit dem Anteil verbundenen Rechte und Pflichten in sonstiger Weise zustimmt. Ohne Beteiligung des Nachfolgers ist eine rechtsgeschäftliche **Nachfolgeklausel unwirksam** und kann ggf. in eine Eintrittsklausel umgedeutet werden.[137]

189 Die rechtsgeschäftliche Nachfolgeklausel unterscheidet sich von der Eintrittsklausel und der erbrechtlichen Nachfolgeklausel wie folgt:
– Anders als bei der Eintrittsklausel wird durch die rechtsgeschäftliche Nachfolgeklausel nicht nur ein Eintrittsrecht begründet, sondern vielmehr geht der Gesellschaftsanteil mit dem Erbfall unmittelbar und mit dinglicher Wirkung auf den Nachfolger über.
– Anders als bei der Nachfolgeklausel erfolgt die Übertragung des Gesellschaftsanteils nicht aufgrund Erbrechts, sondern aufgrund eines Rechtsgeschäfts zu Lebzeiten, das mit dem Tod des Erblassers vollzogen wird.

> **Formulierungsbeispiel:** Bei Tod des Gesellschafters ... geht dessen Beteiligung (einschließlich des damit verbundenen Kapitalanteils sowie aller Forderungen und Verbindlichkeiten) vereinbarungsgemäß auf ... über. Der Übergang erfolgt unmittelbar und automatisch mit dem Tod des Gesellschafters, ohne dass es dazu einer weiteren Erklärung bedarf. ... stimmt der Nachfolgeregelung bereits heute in vollem Umfang und vorbehaltlos zu.

---

135 R 55 Abs. 2 ErbStR. – Zu Recht krit. dazu *Hübner*, ZErb 2004, 34.
136 Ausf. dazu *Baumbach/Hopt*, HGB, § 139 Rn 56 ff.; *Ebenroth/Boujong/Joost/Lorz*, HGB, § 139 Rn. 51 ff.; MünchKomm/*K. Schmidt*, HGB, § 139 Rn. 23 f.
137 BGHZ 68, 225 = BB 1977, 809 m. Anm. *Ulmer* = DNotZ 1977, 550 m. Anm. *Priester* = JZ 1977, 635 m. Anm. *Wiedemann*.

Bei der rechtsgeschäftlichen Nachfolgeklausel geht der Gesellschaftsanteil außerhalb des Nachlasses auf den Unternehmensnachfolger über. Erbrechtliche Ausgleichsansprüche weichender Erben bestehen demnach nicht. Allerdings können **Pflichtteilsergänzungsansprüche** (§§ 2325 ff. BGB) gegen den Erben und ersatzweise auch gegen den Nachfolger geltend gemacht werden. Die Zehn-Jahres-Frist beginnt dabei nicht schon mit Vereinbarung der rechtsgeschäftlichen Nachfolgeklausel, sondern erst mit dem Tod des Erblassers zu laufen. 190

Das **Ausscheiden** des Gesellschafters und das Eintreten des neuen Gesellschafters ist von sämtlichen verbleibenden Gesellschaftern, allen Erben und dem eintretenden Gesellschafters zur Eintragung in das Handelsregister anzumelden (§§ 107, 108, 143 Abs. 2 und Abs. 3 HGB). Die Erbfolge ist in öffentlich beglaubigter Form nachzuweisen (§ 12 Abs. 2 Satz 2 HGB). 191

Ein **Vorteil** der rechtsgeschäftlichen Nachfolgeklausel besteht darin, dass es zu einer klaren Trennung von Erbrecht und Gesellschaftsrecht kommt. Der Erblasser kann auf diese Weise den Gesellschaftsanteil auch auf einen Nichterben übertragen. Eine Kollision zwischen erbrechtlicher und gesellschaftsrechtlicher Nachfolgeregelung ist nicht möglich. 192

Der Nachfolger hat dementsprechend auch nicht das handelsrechtliche **Wahlrecht**, die Umwandlung der Gesellschafterstellung in die eines Kommanditisten verlangen zu können (§ 139 HGB). Dieses steht nur dem Erben zu. 193

Die rechtsgeschäftliche Nachfolgeklausel kann insbesondere dann eine interessante Gestaltung sein, wenn der Erblasser seine Verfügung von Todes wegen nicht mehr ändern kann (z.B. aufgrund einer bindend gewordenen Erbeinsetzung in einem Erbvertrag oder einem gemeinschaftlichen Testament) und nunmehr eine andere Person als Unternehmensnachfolger bestimmen möchte. Die erbrechtliche Bindungswirkung kann der Erblasser durch eine rechtsgeschäftliche Regelung der Nachfolge faktisch umgehen. 194

Bei der rechtsgeschäftlichen Nachfolgeklausel ist der Nachfolger nicht nur (wie bei der Eintrittsklausel) berechtigt, sondern auch verpflichtet, den Gesellschaftsanteil zu übernehmen. Dies bedeutet für den Erblasser eine gewisse Planungssicherheit. 195

Die mit der rechtsgeschäftlichen Nachfolgeklausel verbundene Bindung kann sich aber auch als **Nachteil** erweisen. Denn nicht nur der Nachfolger, sondern auch der Erblasser selbst ist an die Vereinbarung gebunden. Eine spätere Änderung der Nachfolgeregelung ist daher grundsätzlich nur mit Zustimmung des Nachfolgers und der anderen Gesellschafter möglich. Etwas anderes gilt nur dann, wenn sich der Erblasser das Recht zum Rücktritt oder zur Anpassung vertraglich vorbehalten hat. 196

e) Eintrittsklausel

Die Eintrittsklausel bewirkt (anders als die Nachfolgeklauseln) keinen automatischen und unmittelbaren Übergang des Gesellschaftsanteils. Vielmehr wird dem Berechtigten im Wege eines **Vertrages zugunsten Dritter** (§§ 328, 331 BGB) lediglich das Recht eingeräumt, bei Tod des Gesellschafters **in die Gesellschaft einzutreten**. Der Eintritt des neuen Gesellschafters erfolgt demnach nicht nach den Bestimmungen des Erbrechts, sondern aufgrund eines rechtsgeschäftlichen Vertrages zwischen dem Ein- 197 trittsberechtigten und den verbleibenden Gesellschaftern. Die Mitgliedschaft wird neu begründet.[138]

Die **Mitwirkung** des Eintrittsberechtigten an der Begründung der Eintrittsklausel im Gesellschaftsvertrag ist (anders als bei der rechtsgeschäftlichen Nachfolgeklausel) nicht erforderlich. Die Nachfolgeregelung im Gesellschaftsvertrag begründet lediglich ein **Eintrittsrecht**, aber **keine Eintrittspflicht**. Der Eintrittsberechtigte muss nur dann mitwirken, wenn er von seinem Eintrittsrecht tatsächlich Gebrauch macht.

198 Der Eintritt kann sich je nach der Ausgestaltung des Gesellschaftsvertrages auf unterschiedliche Art und Weise vollziehen:

– Der Eintritt kann allein aufgrund einer **einseitigen Erklärung** des Eintrittsberechtigten gegenüber den verbleibenden Gesellschaftern erfolgen. Eine derartige Regelung ermöglicht einen schnellen und unkomplizierten Eintritt in die Gesellschaft.

– Der Gesellschaftsvertrag kann aber auch vorsehen, dass der Eintritt erst mit dem Abschluss eines **gesonderten Aufnahmevertrages** mit den verbleibenden Gesellschaftern zustande kommt. In diesem Fall verbleibt den Gesellschaftern noch ein gewisser Entscheidungsspielraum und zudem kann so die Grundlage für eine vertrauensvolle Zusammenarbeit mit dem neuen Gesellschafter geschaffen werden. Allerdings können die Vertragsverhandlungen auch Anlass für Konflikte im Vorfeld des Eintritts sein.

Der Gesellschaftsvertrag sollte den Vollzug des Eintritts ausdrücklich regeln. Andernfalls gilt es, die gesellschaftsvertragliche Eintrittsklausel auszulegen. Bei der Auslegung kommt es vor allem darauf an, ob die Person des Eintrittsberechtigten und seine Rechte und Pflichten bereits verbindlich feststehen. Besteht danach kein Regelungsbedarf mehr, wird man i.d.R. eine einseitige Eintrittserklärung für ausreichend ansehen. Andernfalls ist der Abschluss eines gesonderten Aufnahmevertrages erforderlich.[139]

199 Bei **Minderjährigen** ist für den Eintritt in die Gesellschaft die **Genehmigung des Vormundschafts- bzw. Familiengerichts** erforderlich (§§ 1643 Abs. 1, 1822 Nr. 3 BGB). Ist der gesetzliche Vertreter des Minderjährigen selbst Gesellschafter, bedarf es zudem der Bestellung eines **Ergänzungspflegers** (§ 1795 BGB). Erfolgt der Eintritt des Minderjährigen durch eine einseitige Erklärung, sollte dieser die schriftliche Einwilligung der gesetzlichen Vertreter beigefügt und den anderen Gesellschaftern mitgeteilt werden (s. § 111 BGB). Unabhängig von der Frage der Genehmigungsbedürftigkeit des Eintritts des Minderjährigen in die Gesellschaft, steht diesem das Recht zur Kündigung und die Möglichkeit der Haftungsbeschränkung zu (§§ 723 Abs. 1 Satz 3 Nr. 2, 1629a BGB).[140]

200 Im Interesse der **Planungssicherheit** der anderen Gesellschafter sollte der Gesellschaftsvertrag das Eintrittsrecht zeitlich klar befristen. Sieht der Gesellschaftsvertrag keine derartige **Frist** vor, muss der Eintritt in angemessener Frist erfolgen. Die **Angemessenheit** hängt von den Umständen des jeweiligen Einzelfalls ab und lässt sich daher nur schwer bestimmen.

---

138 Ausf. dazu *Baumbach/Hopt*, HGB, § 139 Rn 50 ff.; *Ebenroth/Boujong/Joost/Lorz*, HGB, § 139 Rn. 38 ff.; MünchKomm/*K. Schmidt*, HGB, § 139 Rn. 25 ff.
139 BGH NJW 1978, 264.
140 Ausf. dazu *Behnke*, NJW 1998, 3078; *Behnke*, NZG 1999, 244; *Dauner-Lieb*, ZIP 1996, 1818; *Habersack*, FamRZ 1999, 1; *Klumpp*, ZEV 1998, 409; *Muscheler*, WM 1998, 2271; *Reimann*, DNotZ 1999, 179.

Die Anteile des verstorbenen Gesellschafters gehen grundsätzlich **mit allen Rechten und Pflichten** unverändert auf den Eintrittsberechtigten über. Dazu gehören im Regelfall auch alle sonstigen Rechte und Ansprüche des Gesellschafters (wie bspw. Ansprüche aus Privat- und Darlehenskonten). Die Eintrittsklausel sollte den Umfang der Rechtsnachfolge aber in jedem Fall klarstellen. Dem Eintrittsberechtigten kann im **Gesellschaftsvertrag** auch eine Rechtsstellung eingeräumt werden, die von derjenigen des verstorbenen Gesellschafters abweicht. Der neu eintretende Gesellschafter kann so z.B. verpflichtet werden, die Stellung als persönlich haftender Gesellschafter oder als Kommanditist zu übernehmen.

201

Der Eintrittsberechtigte kann unmittelbar im Gesellschaftsvertrag bezeichnet werden. Dies ist aber keineswegs zwingend. Es kann auch vorgesehen werden, dass der Erblasser den Eintrittsberechtigten in einer Verfügung von Todes wegen oder durch eine **Erklärung unter Lebenden** bestimmt. In diesem Fall kann der potentielle Erblasser den Eintrittsberechtigten grundsätzlich auch ohne Zustimmung der anderen Gesellschafter ändern, was ihm eine **flexible Anpassung** der Nachfolge ermöglicht. Eine derartige einseitige Änderung des Eintrittsberechtigten kann aber für die anderen Gesellschafter mit einem gewissen Risiko verbunden sein. Im Interesse der Homogenität des Gesellschafterkreises kann es daher sinnvoll sein, das Benennungsrecht des Erblassers auf einen bestimmten Personenkreis zu beschränken oder bestimmte persönliche oder fachliche Anforderungen für die Person des Eintrittsberechtigten festzulegen. Der Erblasser kann grundsätzlich auch mehrere Eintrittsberechtigte bestimmen. Bei einem gleichzeitigen Eintritt mehrerer Gesellschafter kann es aber zu einer unerwünschten Zersplitterung der Beteiligung kommen. Der Gesellschaftsvertrag sollte die Anzahl der Eintrittsberechtigten daher begrenzen.

202

Die Bestimmung des Eintrittsberechtigten kann auch einem Dritten (z.B. einem Testamentsvollstrecker, Gesellschafter oder Erben) überlassen werden. Der Grundsatz der **Höchstpersönlichkeit** gilt nur für Verfügungen von Todes wegen, nicht aber für die rechtsgeschäftliche Übertragung eines Gesellschaftsanteils aufgrund eines Vertrages zugunsten Dritter.

203

> **Praxishinweis:**
> Der Erblasser muss den Erben grundsätzlich selbst bestimmen. Eine Bestimmung durch einen Dritten ist im Hinblick auf die Höchstpersönlichkeit von Verfügungen von Todes wegen nur in sehr engen Grenzen zulässig (§ 2065 Abs. 2 BGB). Sofern im Einzelfall ein sachliches Bedürfnis dafür besteht, die Bestimmung des Nachfolgers zeitlich hinauszuschieben und einem Dritten zu übertragen (bspw., weil der Erblasser aufgrund des Lebensalters oder des Ausbildungsstands der Erben die Entwicklung der potentiellen Nachfolger noch nicht absehen kann), kann dies durch eine Eintrittsklausel erfolgen.

Der Eintrittsberechtigte wird von seinem Recht i.d.R. nur dann Gebrauch machen, wenn er keine Einlage aus seinem eigenen Vermögen leisten muss. Entscheidend ist demnach, ob dem Eintrittsberechtigten nicht nur der Kapitalanteil des verstorbenen Gesellschafters, sondern auch der Vermögenswert der Beteiligung übertragen wird. Dieses Ziel kann sowohl durch eine erbrechtliche als auch durch eine gesellschaftsrechtliche Regelung erreicht werden.

204

- Bei der (erbrechtlichen) **Abfindungslösung** scheidet der verstorbene Gesellschafter aus der Gesellschaft aus. Die im Gesellschaftsvertrag vorgesehene Eintrittsklausel gibt dem Eintrittsberechtigten das Recht, in die Gesellschaft aufgenommen zu werden. Seine Einlageverpflichtung erfüllt er dabei durch Verrechnung mit dem Abfindungsanspruch. Zu diesem Zweck wendet ihm der Erblasser den Abfindungsanspruch im Wege der Erbeinsetzung oder eines Vermächtnisses zu.

– Bei der (gesellschaftsrechtlichen) **Treuhandlösung** geht der Anteil des verstorbenen Gesellschafters zunächst auf die anderen Gesellschafter über, die diesen Anteil treuhänderisch für den Eintrittsberechtigten halten. Übt der Eintrittsberechtigte das ihm durch den Gesellschaftsvertrag eingeräumte Eintrittsrecht aus, übertragen ihm die verbliebenen Gesellschafter den von ihnen treuhänderisch gehaltenen Anteil. Ein Abfindungsanspruch entsteht in diesem Fall nicht. Macht der Eintrittsberechtigte von seinem Recht dagegen keinen Gebrauch, wächst der Anteil den verbleibenden Gesellschaftern endgültig an. In diesem Fall entsteht der (durch die Nichtausübung des Eintrittsrechts auflösend bedingte) Abfindungsanspruch und fällt in den Nachlass.[141]

205 Der Eintritt wird im Außenverhältnis mit dem wirksamen Abschluss des Aufnahmevertrages bzw. der Abgabe der Eintrittserklärung wirksam. Eine Rückwirkung auf den Zeitpunkt des Erbfalls ist insoweit nicht möglich. Im Innenverhältnis kann allerdings vorgesehen werden, dass der Eintrittsberechtigte so behandelt wird, als ob der bereits mit dem Erbfall in die Gesellschaft eingetreten wäre.

206 Wird der Eintrittsberechtigte **Kommanditist**, sollte der Eintritt zur Vermeidung einer persönlichen Haftung[142] aufschiebend bedingt mit Eintragung in das Handelsregister erfolgen. Bis zur Handelsregistereintragung kann dem Eintrittsberechtigten ergänzend die Stellung eines atypisch stillen Gesellschafters eingeräumt werden.

207 Die Eintrittsklausel sollte stets eine **ergänzende Regelung** für den Fall enthalten, dass das Eintrittsrecht nicht bzw. nicht rechtzeitig ausgeübt wird. Meist wird dann eine Fortsetzung der Gesellschaft mit den verbleibenden Gesellschaftern und eine Abfindung der Erben in Betracht kommen.

> **Formulierungsbeispiel:** Jeder Gesellschafter kann für seinen Todesfall nach freiem Belieben eine Person bestimmen, die berechtigt ist, als Nachfolger in die Gesellschaft einzutreten. Die Bestimmung wird erst wirksam, wenn sie allen Gesellschaftern schriftlich zugegangen ist.
>
> Hat der verstorbene Gesellschafter keinen Eintrittsberechtigten bestimmt, steht das Bestimmungsrecht dem Testamentsvollstrecker zu.
>
> Der Berechtigte kann innerhalb von drei Monaten nach dem Tod des Gesellschafters eine Erklärung über seinen Eintritt abgeben. Der Eintritt wird mit Zugang der Erklärung bei den anderen Gesellschaftern wirksam. Der Eintrittsberechtigte tritt in alle Rechte und Pflichten des verstorbenen Gesellschafters ein, sofern sie nicht höchstpersönlicher Natur sind. Im Innenverhältnis erfolgt der Eintritt mit Wirkung zum Tag des Erbfalls.
>
> Macht der Berechtigte von seinem Eintrittsrecht Gebrauch, sind die anderen Gesellschafter verpflichtet, ihm den von ihnen treuhänderisch gehaltenen Gesellschaftsanteil des verstorbenen Gesellschafters einschließlich des Kapitalanteils und aller dazu-

---

141 BGH NJW 1978, 264.
142 Die überwiegende Auffassung geht davon aus, dass § 176 Abs. 2 HGB in diesem Fall Anwendung findet. S. etwa MünchKomm/*K. Schmidt*, HGB, § 176 Rn. 25; *Ebenroth/Boujong/Joost/Strohn*, HGB, § 176 Rn. 30.

> gehöriger Rechte und Ansprüche unverzüglich und unentgeltlich zu übertragen. Ein Abfindungsanspruch der Erben besteht nicht.
> Wird das Eintrittsrecht dagegen nicht oder nicht wirksam ausgeübt, setzen die übrigen Gesellschafter die Gesellschaft fort. Den Erben steht in diesem Fall ein Abfindungsanspruch nach Maßgabe dieses Gesellschaftsvertrages zu.

Bei der Eintrittsklausel geht der Gesellschaftsanteil außerhalb des Nachlasses durch Rechtsgeschäft unter Lebenden auf den Nachfolger über. Pflichtteilsansprüche können daher grundsätzlich nur im Hinblick auf den Abfindungsanspruch bestehen. Bei der **Abfindungslösung** fällt der Abfindungsanspruch in den Nachlass und unterliegt den allg. Pflichtteilsansprüchen (§§ 2303 ff. BGB). Bei der **Treuhandlösung** ist der Abfindungsanspruch ausgeschlossen. Den Pflichtteilsberechtigten stehen jedoch **Pflichtteilsergänzungsansprüche** gegen die Erben und ersatzweise auch gegen den Eintrittsberechtigten zu (§§ 2325 ff. BGB). Die Zehn-Jahres-Frist beginnt dabei erst mit dem Eintritt des Erbfalls zu laufen. 208

Das Ausscheiden des Gesellschafters und das **Eintreten** des neuen Gesellschafters ist von sämtlichen verbleibenden Gesellschaftern, allen Erben und dem eintretenden Gesellschafter zur Eintragung in das Handelsregister anzumelden (§§ 107, 108, 143 Abs. 2 und Abs. 3 HGB). Die Erbfolge ist in öffentlich beglaubigter Form nachzuweisen (§ 12 Abs. 2 Satz 2 HGB). 209

Ein wesentlicher **Vorteil** der Eintrittsklausel besteht darin, dass der Erblasser die Nachfolge in den Gesellschaftsanteil unabhängig von seiner sonstigen Erbfolge regeln kann. Der Gesellschaftsanteil kann aufgrund der Eintrittsklausel sowohl auf Erben als auch auf Nicht-Erben übertragen werden. Die Beschränkungen des Erbrechts braucht der Erblasser bei der Eintrittsklausel nicht zu berücksichtigen. Den Eintrittsberechtigten muss er bspw. nicht höchstpersönlich bestimmen, sondern kann dies auch einem Dritten überlassen. Die Bestimmung kann auch noch nach Eintritt des Erbfalls und in Kenntnis der dann bestehenden Umstände erfolgen. Mit der Eintrittsklausel kann der Erblasser die Nachfolge in den Gesellschaftsanteil auch dann noch regeln, wenn ihm die Errichtung einer Verfügung von Todes wegen aufgrund einer bindenden Erbeinsetzung an sich nicht mehr möglich ist. Der Eintrittsberechtigte kann – anders als ein Erbe – auch nicht verlangen, dass ihm die Stellung eines Kommanditisten in der Gesellschaft eingeräumt wird (§ 139 HGB). Die **Eintrittsklausel** ermöglicht dem Erblasser eine flexible Anpassung seiner Nachfolgeplanung. Dies gilt insbesondere dann, wenn der Eintrittsberechtigte nicht unmittelbar im Gesellschaftsvertrag bestimmt wird, sondern aufgrund einer gesonderten Erklärung des Erblassers erfolgt. Die Eintrittsklausel lässt aber auch dem Eintrittsberechtigten alle Möglichkeiten offen. Der Eintrittsberechtigte muss sich insbesondere erst nach Eintritt des Erbfalls entscheiden, ob er in die Gesellschaft eintritt und die damit verbundene Haftung und Verantwortung übernimmt. 210

Diese Flexibilität der Eintrittsklausel ist aber zugleich ein entscheidender **Nachteil**. Der Erblasser und die anderen Gesellschafter haben keinerlei Sicherheit, ob der beabsichtigte Nachfolger auch tatsächlich in die Gesellschaft eintritt. Macht der Eintrittsberechtigte von seinem Eintrittsrecht keinen Gebrauch, kann der dann bestehende Abfindungsanspruch der Erben die Gesellschaft in ihrer Liquidität und Eigenkapital- 211 ausstattung nicht unerheblich belasten.[143] Diese Unsicherheit kann der Erblasser allenfalls dann beseitigen, wenn er das Eintrittsrecht einem Erben bzw. Vermächtnisnehmer einräumt. In diesem Fall kann er im Wege der Auflage oder aufgrund einer bedingten Zuwendung einen mittelbaren Zwang zur Ausübung des Eintrittsrechts begründen. Im Übrigen kann die Eintrittsklausel eine Verpflichtung zur Ausübung des Eintrittsrechts nicht begründen, da dies einen unzulässigen Vertrag zu Lasten eines Dritten darstellen würde. Die mit der Eintrittsklausel verbundene Unsicherheit kann aber nicht nur für den Erblasser und die übrigen Gesellschafter, sondern auch für den Eintrittsberechtigten selbst nachteilig sein. Das Eintrittsrecht entsteht im Regelfall erst mit dem Tod des Erblassers und kann bis dahin ohne Zustimmung (und Kenntnis) des Eintrittsberechtigten jederzeit beliebig geändert werden. Für den Eintrittsberechtigten ist es daher gleichfalls völlig ungewiss, ob er überhaupt das Recht zum Eintritt in die Gesellschaft erhält.

212 Bei **zweigliederigen Gesellschaften** führt die Eintrittsklausel darüber hinaus zunächst zur Auflösung der Gesellschaft. Im Falle der Ausübung des Eintrittsrechts muss die Gesellschaft dann neu begründet werden.

4. Testamentsvollstreckung[144]

213 Die mit der Testamentsvollstreckung über Anteile von persönlich haftenden Gesellschaftern verbundenen Fragen sind bis heute außerordentlich umstritten.[145] Die grundsätzliche Zulässigkeit der Testamentsvollstreckung an Anteilen persönlich haftender Gesellschafter ist mittlerweile jedoch anerkannt. Der Anteil eines persönlich haftenden Gesellschafters unterliegt zwar einer Sondererbfolge, gehört aber gleichwohl zum Nachlass und kann daher grundsätzlich der Testamentsvollstreckung unterliegen.

214 Allerdings sind die **Befugnisse des Testamentsvollstreckers** im Hinblick auf die unbeschränkte persönliche Haftung des Gesellschafters und die persönliche Verbundenheit der Gesellschafter untereinander in gewisser Weise begrenzt:[146]

– Die inneren Angelegenheiten der Gesellschaft, die unmittelbar das Mitgliedschaftsrecht der Gesellschaft berühren (**Innenseite der Beteiligung**), unterliegen nicht den Verwaltungsbefugnissen des Testamentsvollstreckers. Dies gilt auch dann, wenn die anderen Gesellschafter der Testamentsvollstreckung zustimmen.

– Die mit der Gesellschaftsbeteiligung verbundenen Vermögensrechte (**Außenseite der Beteiligung**) können dagegen auch vom Testamentsvollstrecker wahrgenommen werden. Dazu gehören vor allem der Gewinnanspruch und der künftige Anspruch auf eine Abfindung und ein Auseinandersetzungsguthaben. Die Anordnung der Testamentsvollstreckung verhindert damit, dass der Erbe über den Gesell-

---

143 Aus diesem Grund geht die Rspr. davon aus, dass im Zweifel eine erbrechtliche Nachfolgeregelung u. nicht eine rechtsgeschäftliche Eintrittsklausel von den Gesellschaftern gewollt war; s. BGH NJW 1978, 264.
144 Ausf. dazu *Everts*, MittBayNot 2003, 427; *Faust*, DB 2002, 189; *Winkler*, in: Festschrift für Helmut Schippel, S. 519 ff.
145 S. dazu die umfassenden Darstellungen bei *Damrau/Bonefeld*, Erbrecht, § 2205 Rn. 35 ff.; Palandt/*Edenhofer*, § 2205 Rn. 14 ff.; MünchKomm/*Lange*, § 2205 Rn. 29 ff.; Bamberger/Roth/*J. Mayer*, § 2205 Rn. 36 ff.; Staudinger/*Reimann*, § 2205 Rn. 106 ff.
146 Grundlegend BGHZ 98, 48 = NJW 1986, 2431; s. dazu auch *Flume*, NJW 1988, 161; *Marotzke*, AcP 187 (1987) 223; *Reimann*, MittBayNot 1986, 232; *Schmitz*, ZGR 1988, 140. BGH ZEV 1998, 72 = NJW 1998, 1313 = DStR 1998, 304 m. Anm. *Goette* = JZ 1998, 468 m. Anm. *Ulmer*.

schaftsanteil alleine verfügen kann und etwaige Eigengläubiger in den Gesellschaftsanteil und die sich daraus ergebenden Vermögensrechte vollstrecken können. Die Zustimmung der anderen Gesellschafter zur Testamentsvollstreckung über die Vermögensrechte ist nicht erforderlich.

Die Abgrenzung zwischen Innen- und Außenseite der Gesellschaftsbeteiligung ist noch nicht in allen Einzelheiten abschließend geklärt. Der Erblasser sollte die Befugnisse des Testamentsvollstreckers daher möglichst präzise bezeichnen, um etwaige Kompetenzstreitigkeiten zwischen Testamentsvollstrecker und Erben nach Möglichkeit zu vermeiden. Für die Ausübung der nicht vermögensmäßigen Mitgliedschaftsrechte durch den Testamentsvollstrecker sollte vorsorglich auch die Möglichkeit einer Ersatzlösung (Vollmachtslösung, Treuhandlösung, Weisungsgeberlösung) vorgesehen werden.

215

Angesichts der bestehenden Rechtsunsicherheit kann der Wunsch des Erblassers nach einer umfassenden Testamentsvollstreckung über den Gesellschaftsanteil auch Anlass für einen **Rechtsformwechsel** sein.

216

> **Formulierungsbeispiel:** Ich ordne Testamentsvollstreckung an. Zum Testamentsvollstrecker ernenne ich …, ersatzweise … . Einen weiteren Ersatztestamentsvollstrecker bestimme ich nicht.
>
> Der Testamentsvollstrecker hat die Aufgabe, den gesamten Nachlass, einschließlich meiner Beteiligung als persönlich haftender Gesellschafter an der …-OHG mit dem Sitz in …, eingetragen im Handelsregister des Amtsgerichts unter HRA … (Geschäftsanschrift: … auf die Dauer von … zu verwalten.
>
> Der Testamentsvollstrecker ist berechtigt, alle mit der Beteiligung verbundenen Rechte auszuüben, soweit dies gesetzlich zulässig ist.
>
> Alle Handlungen, die den Kernbereich der Mitgliedschaft berühren, sind jedoch nur mit vorheriger Zustimmung des Erben zulässig. Dazu gehören insbesondere Verfügungen über die Gesellschaftsbeteiligung, Änderungen des Gesellschaftsvertrages und Beschlüsse über die Umwandlung oder Auflösung der Gesellschaft.
>
> Dem Testamentsvollstecker steht darüber hinaus das Recht zu, die Gesellschaftsbeteiligung
>
> – im fremden Namen und für Rechnung der Erben fortzuführen (Vollmachtslösung) oder
> – im eigenen Namen und für Rechnung der Erben fortzuführen (Treuhandlösung) oder
> – die Fortführung den Erben in eigenem Namen zu überlassen, sich aber im Innenverhältnis bestimmte Entscheidungsbefugnisse vorzubehalten (Weisungsgeberlösung).
>
> Den Erben wird die Auflage gemacht, dem Testamentsvollstrecker die Fortführung der Gesellschaftsbeteiligung zu ermöglichen und ihm alle dazu erforderlichen Vollmachten zu erteilen bzw. die vom Erblasser erteilten Vollmachten für die Dauer der Testamentsvollstreckung nicht zu widerrufen.
>
> Der Testamentsvollstrecker ist von den Beschränkungen des § 181 BGB befreit.
>
> In der Eingehung von Verbindlichkeiten für den Nachlass ist der Testamentsvollstrecker nicht beschränkt.
>
> Der Testamentsvollstrecker erhält eine Vergütung i.H.v. … .

217 Der Gesellschaftsvertrag sollte ergänzend die Zulässigkeit der Testamentsvollstreckung über die Gesellschaftsanteile ausdrücklich vorsehen.

> **Formulierungsbeispiel:** Jeder Gesellschafter kann im Hinblick auf seine Beteiligung an der Gesellschaft Testamentsvollstreckung anordnen. Der Testamentsvollstrecker ist berechtigt, die mit der Gesellschaftsbeteiligung verbundenen Rechte, insbesondere das Stimmrecht, auszuüben.

218 Hat der Erblasser dem Erben bereits zu Lebezeiten **Gesellschaftsanteile** übertragen, vereinigen sich im Erbfall der eigene Anteil des Erben und der vom Erblasser geerbte Anteil grundsätzlich zu einem einheitlichen Gesellschaftsanteil. Die Testamentsvollstreckung kann sich nur auf Vermögenswerte beziehen, die der Erbe im Wege der Erbfolge erwirbt. Bei einem Erben, der bereits vor Eintritt des Erbfalls Gesellschafter war, stellt sich daher die Frage, ob und inwieweit eine Testamentsvollstreckung überhaupt möglich ist. Ist davon auszugehen, dass sich mit dem Erbfall der eigene und der geerbte Anteil zu einem einheitlichen Anteil vereineinigen, wäre eine Testamentsvollstreckung an sich nicht möglich. Eine **Vereinigung mehrerer Gesellschaftsanteile** kommt aber grundsätzlich nur dann in Betracht, wenn alle mit denselben Rechten und Pflichten ausgestattet sind. Die Belastung des im Wege der Erbfolge erworbenen Gesellschaftsanteils mit der Testamentsvollstreckung verhindert daher eine (vollständige) Vereinigung beider Anteile. Zumindest stehen die Mitgliedschaftsrechte aus dem Gesellschaftsanteil teilweise dem Testamentsvollstrecker und teilweise dem Erben zu.[147]

219 **Praxishinweis:**
Nach Möglichkeit sollte bereits bei der Übertragung von Gesellschaftsanteilen im Wege der vorweggenommenen Erbfolge berücksichtigt werden, dass es bei der Testamentsvollstreckung über die verbleibenden Gesellschaftsanteile möglicherweise zu Abgrenzungsschwierigkeiten kommen kann. Dem Erwerber bzw. Erben kann daher zur Auflage gemacht werden, den gesamten Gesellschaftsanteil von dem Testamentsvollstrecker verwalten zu lassen und diesem eine entsprechende Vollmacht einzuräumen.

5. Wahlrecht des Erben[148]

220 Gehört zum Nachlass der Anteil eines persönlich haftenden Gesellschafters, kann der Erbe in folgendes Dilemma geraten: Nimmt der Erbe die Erbschaft an, haftet er unbeschränkt und unbeschränkbar für die Verbindlichkeiten der Gesellschaft (§§ 128 ff. HGB). Schlägt er die Erbschaft dagegen aus (§§ 1942 ff. BGB), muss er auf den Nachlass insgesamt verzichten. Die Ausschlagung der Erbschaft kann nicht gegenständlich auf den Gesellschaftsanteil beschränkt werden. Diese Zwangslage soll dadurch vermieden werden, dass der Erbe die Möglichkeit hat, sein Verbleiben in der Gesellschaft von der Umwandlung des Anteils eines persönlich haftenden Gesellschafters in die

---

147 S. dazu BGH ZEV 1996, 110 m. Anm. *Lorz* = NJW 1996, 1284 = MittBayNot 1996, 118 m. Anm. *Weidlich* = DStR 1996, 929 m. Anm. *Goette*.
148 Ausf. dazu *Emmerich*, ZHR 150 (1986) 193; *Mock*, NZG 2004, 118; *Schörnig*, ZEV 2001, 129; *Wolf*, DB 2003, 1423.

eines Kommanditisten abhängig zu machen (§ 139 HGB).[149] Das Wahlrecht steht nur dem Erben, nicht auch dem Vermächtnisnehmer zu.

Der Erbe hat den Antrag auf **Umwandlung** der Gesellschafterstellung an die übrigen Gesellschafter (und nicht an die Gesellschaft) zu richten. Der Antrag ist vom Erben selbst zu stellen. Eine Ausübung des Wahlrechts durch einen Testamentsvollstrecker oder Dritte ist nicht möglich. Der Antrag kann formlos gestellt werden.

221

Bei **minderjährigen Erben** muss der Antrag vom gesetzlichen Vertreter gestellt werden. Eine Genehmigung des Familien- bzw. Vormundschaftsgerichts ist nicht erforderlich. Ist der gesetzliche Vertreter jedoch selbst Gesellschafter, muss ein Ergänzungspfleger bestellt werden. Die Antragsfrist von drei Monaten beginnt in diesem Fall erst mit der Bestellung des Pflegers zu laufen (s. § 139 Abs. 3 Satz 2 HGB).

222

Bei **mehreren Erben** steht das Wahlrecht jedem einzelnen Erben zu. Die Erben müssen ihre Rechte insbesondere nicht einheitlich ausüben. Jeder Erbe kann für sich entscheiden, ob er in die Rechtsstellung des Erblassers als persönlich haftender Gesellschafter eintreten oder die Umwandlung in eine Kommanditistenstellung verlangen möchte. Die verbleibenden Gesellschafter haben umgekehrt die Möglichkeit, über die Anträge mehrerer Erben unterschiedlich zu entscheiden. Sie müssen die Anträge auf Umwandlung der Gesellschaftsstellung nicht einheitlich annehmen oder ablehnen. Aufgrund der unterschiedlichen Ausübung des Wahlrechts und der verschiedenen Entscheidungsmöglichkeiten können mehrere Erben eines persönlich haftenden Gesellschafters unterschiedliche Rechtsstellungen erlangen.[150]

223

Für den **Antrag auf Umwandlung** der Gesellschafterstellung gilt grundsätzlich eine **Frist von drei Monaten** (§ 139 Abs. 3 HGB). Die Frist beginnt mit Kenntnis vom Erbfall. Dagegen kommt es nicht darauf an, dass der Erbe auch Kenntnis davon hat, dass zum Nachlass eine Gesellschaftsbeteiligung gehört. Bei mehreren Erben läuft die Antragsfrist für jeden Erben gesondert. Die Frist **endet** jedoch auf keinen Fall vor dem Ende der Ausschlagungsfrist (§ 139 Abs. 3 Satz 3 HGB). Die Ausschlagungsfrist beträgt zwar nur sechs Wochen (§ 1944 Abs. 1 BGB), doch beginnt sie nicht schon mit Kenntnis vom Erbfall, sondern erst mit zusätzlicher Kenntnis vom Berufungsgrund zu laufen (§ 1944 Abs. 2 Satz 1 BGB). Hat der Erblasser ein Testament hinterlassen, beginnt die Frist erst mit der Verkündung der Verfügung von Todes wegen (§ 1944 Abs. 2 Satz 2 BGB). In Erbfällen mit **Auslandsbezug** beträgt die Ausschlagungsfrist vielfach sechs Monate (§ 1944 Abs. 3 BGB). Die Ausschlagungsfrist kann demnach durchaus später enden als die handelsrechtliche Dreimonatsfrist.

224

Innerhalb der Frist von drei Monaten muss allerdings nicht nur der Antrag des Erben gestellt werden. Vielmehr muss innerhalb dieser Zeit auch die Gesellschaft die Entscheidung über die Annahme bzw. Ablehnung des Antrags auf Umwandlung der Gesellschafterstellung getroffen haben, damit dem Erben die Haftungserleichterungen gewährt werden (§ 139 Abs. 4 HGB). Ein schnelles Handeln aller Beteiligten ist daher in jedem Fall geboten.

225

Über den Antrag des Erben entscheiden die verbleibenden Gesellschafter durch Beschluss. Der Beschluss bedarf der Einstimmigkeit, sofern der Gesellschaftsvertrag keine abweichende Regelung enthält. Die Zustimmung anderer Miterben ist dagegen

226

---

149 Ausf. zum Wahlrecht des Gesellschafter-Erben nach § 139 HGB *Baumbach/Hopt*, HGB, § 139 Rn. 37 ff.; *Ebenroth/Boujong/Joost/Lorz*, HGB, § 139 Rn. 95 ff.; MünchKomm/*K. Schmidt*, HGB, § 139 Rn. 57 ff.
150 BGHZ 55, 267 = NJW 1971, 1268.

nicht erforderlich. Die Gesellschafter sind ihrer Entscheidung über den Antrag eines Erben auf Umwandlung der Gesellschafterstellung in die eines Kommanditisten völlig frei. Der Erbe ist lediglich antragsberechtigt. Ein Anspruch auf Einräumung einer Kommanditistenstellung steht ihm dagegen nicht zu (es sei denn, der Gesellschaftsvertrag sieht diesen Anspruch ausnahmsweise vor).

227 Nehmen die Gesellschafter den Antrag des Erben an, wird der Anteil des Erblassers in den eines Kommanditisten umgewandelt. Der Anteil am Gewinn und Verlust geht auf den Erben über, sofern der Gesellschaftsvertrag keine abweichende Regelung enthält (§ 139 Abs. 1 und Abs. 5 2. HS HGB). Alle sonstigen Rechte und Pflichten, die mit der Stellung des persönlich haftenden Gesellschafters verbunden waren, entfallen.

Als **Kommanditeinlage** des Erben gilt der auf ihn entfallenden Anteil der Einlage des Erblassers (§ 139 Abs. 1 HGB). Damit ist nach überwiegender Auffassung der Kapitalanteil gemeint.[151] Der Gesellschaftsvertrag sollte insoweit jedoch eine klarstellende Regelung enthalten. Das Wahlrecht des Erben besteht auch dann, wenn der Kapitalanteil des Erblassers negativ ist.[152] Noch nicht abschließend geklärt ist die Frage, ob der Erbe für Verbindlichkeiten, die in der Zeit bis zu seiner Eintragung des Kommanditisten in das Handelsregister entstanden sind, möglicherweise persönlich haftet.[153] Der Erbe sollte sich daher vorsorglich um eine unverzügliche Registereintragung bemühen.

228 Lehnen die Gesellschafter den Antrag des Erben ab (oder wird der Antrag nicht rechtzeitig angenommen), verbleibt der Erbe grundsätzlich als persönlich haftender Gesellschafter in der Gesellschaft. Allerdings hat er dann noch die Möglichkeit, aus der Gesellschaft auszuscheiden. Die Erklärung über das Ausscheiden aus der Gesellschaft ist jedoch nur dann wirksam, wenn sie innerhalb der Frist von drei Monaten den anderen Gesellschaftern zugeht. Ein minderjähriger Erbe bedarf für die Erklärung über sein Ausscheiden keiner Genehmigung des Familien- oder Vormundschaftsgerichts.

229 Scheidet ein Gesellschafter aufgrund seines Wahlrechts aus der Gesellschaft aus, so muss dies zur Eintragung in das Handelsregister angemeldet werden (§ 143 Abs. 2 und 3 HGB). War die Gesellschaft vor der Anteilsumwandlung eine OHG, ist zudem die Änderung der Rechtsform und die neue Firma samt Rechtsformzusatz (§ 19 Abs. 1 Nr. 3 HGB) zur Eintragung in das Handelsregister anzumelden.[154]

230 Das Wahlrecht steht auch dem **Erben des letzten Komplementärs** zu. Wird die Beteiligung der Erben in die eines Kommanditisten umgewandelt oder erklären die Erben ihr Ausscheiden aus der Gesellschaft, so hat dies aufgrund des Wegfalls des letzten Komplementärs zwingend die Auflösung der Kommanditgesellschaft zur Folge.

---

151 So *Baumbach/Hopt*, HGB, § 139 Rn. 41; *Ebenroth/Boujong/Joost/Lorz*, HGB, § 139 Rn. 105. – A.A. MünchKomm/*K. Schmidt*, HGB, § 139 Rn. 71 ff.

152 Umstritten ist allerdings, mit welcher Hafteinlage der Erbe dann in das Handelsregister einzutragen ist. Für die Eintragung einer symbolischen Einlage von einem Euro *Baumbach/Hopt*, HGB, § 139 Rn. 42; *Ebenroth/Boujong/Joost/Lorz*, HGB, § 139 Rn. 107. Nach a.A. soll dagegen stets die bedungene Einlage eingetragen werden, so insbes. MünchKomm/*K. Schmidt*, HGB, § 139 Rn. 71 ff.; *K. Schmidt*, ZHR 1989, 445, 463; *Röhricht/v. Westphalen/v. Gerkan*, HGB, § 139 Rn. 38 f.

153 Gegen eine Haftung nach § 176 Abs. 2 HGB u.a. *Baumbach/Hopt*, HGB, § 176 Rn. 12; *Ebenroth/Boujong/Joost/Lorz*, HGB, § 139 Rn. 123 f.; MünchKomm/*K. Schmidt*, HGB, § 176 Rn. 24.

154 S. dazu jeweils mit Formulierungsvorschlägen *Gustavus*, Handelsregisteranmeldungen, S. 48 f.; *Keidel/Krafka/Willer*, Registerrecht, Rn. 639 f.

Praxishinweis:
Eine Kommanditgesellschaft, bei der nur eine natürliche Person persönlich haftende Gesellschafterin ist, sollte daher rechtzeitig eine GmbH als weitere persönlich haftende Gesellschafterin aufnehmen bzw. deren Einrücken in die Gesellschaft zumindest für den Fall vorsehen, dass keiner der Erben des persönlich haftenden Gesellschafters zur Übernahme der persönlichen Haftung bereit ist. Eine testamentarische Auflage, die Rechtsform der Gesellschaft nach dem Tod des Erblassers entsprechend zu ändern, erweist sich meist schon aufgrund der kurzen Frist von drei Monaten als wenig praktikabel.

Das **Wahlrecht** des Erben ist **zwingend** (§ 139 Abs. 5 1. HS HGB). Es kann nicht durch Gesellschaftsvertrag entzogen oder eingeschränkt werden. 231

Unzulässig ist z.B.:
– eine Verkürzung der Drei-Monats-Frist;
– die Vereinbarung einer Abfindung nur für den Fall des Ausscheidens des Erben;
– die Verpflichtung zur Übernahme eines höheren Kommanditanteils als es der Einlage des Erblassers entspricht.

Der Gesellschaftsvertrag kann aber vorsehen, dass **im Falle der Umwandlung** der Gesellschafterstellung und der damit verbundenen Haftungsbeschränkung der Gewinnanteil der Erben neu und niedriger als der des Erblassers festgesetzt wird (§ 139 Abs. 5 2. HS HGB). 232

Zulässig sind darüber hinaus Regelungen, mit denen die Entscheidungsfreiheit der Erben eines persönlich haftenden Gesellschafters in keiner Weise eingeschränkt oder beeinträchtigt wird. Danach kann der Gesellschaftsvertrag bspw. folgende Regelungen vorsehen: 233
– eine Beschränkung des Abfindungsanspruchs, die einheitlich für alle Fälle des Ausscheidens eines Gesellschafters gilt;
– eine Verlängerung der Frist von drei Monaten;
– eine Verpflichtung der Gesellschafter, dem Antrag eines Erben auf Umwandlung der Gesellschaftsstellung statt zu geben.

Formulierungsbeispiel: Beim Tod eines Gesellschafters wird die Gesellschaft mit den Erben fortgesetzt. Jeder Erbe eines persönlich haftenden Gesellschafters kann verlangen, dass der Gesellschaftsanteil in einen Kommanditanteil umgewandelt wird. Die Erklärung hat schriftlich gegenüber den anderen Gesellschaftern zu erfolgen und ist nur innerhalb von drei Monaten nach Eintritt des Erbfalls möglich. Als Hafteinlage des Kommanditisten gilt der auf den jeweiligen Erben entfallende Anteil der Kapitaleinlage des Erblassers.

Der Gesellschaftsvertrag kann darüber hinaus vorsehen, dass sich der Anteil des Erblassers mit dem Erbfall automatisch in den Anteil eines Kommanditisten umwandelt. Eine derartige **Umwandlungsklausel**[155] hat den Vorteil, dass sie unabhängig von der Entscheidung der Erben ist und damit für alle Beteiligten unmittelbar klare Verhältnisse bestehen. Zudem vermeidet sie eine Belastung der Gesellschaft mit etwaigen Abfindungsansprüchen für den Fall, dass ein Erbe sein Ausscheiden aus der Gesellschaft 234

---
155 Ausf. dazu *K. Schmidt*, BB 1989, 1702.

erklärt. Die Umwandlungsklausel kann dabei auch so ausgestaltet werden, dass sie nur für einzelne Erben gilt. Dann erwerben manche Erben die Stellung als Kommanditist und andere führen die Stellung des Erblassers als persönlich haftender Gesellschafter fort.

> **Formulierungsbeispiel:** Beim Tod eines Gesellschafters wird die Gesellschaft mit den Erben fortgesetzt. Die Erben des Gesellschafters A werden jedoch mit Eintritt des Erbfalls zu Kommanditisten. Als Hafteinlage der Kommanditisten gilt der auf den jeweiligen Erben entfallende Anteil der Kapitaleinlage des Erblassers.

235 Darüber hinaus kann der Erblasser aufgrund der Testierfreiheit durch erbrechtliche Anordnungen auf die Ausübung des Wahlrechts durch den Erben **Einfluss nehmen**. Bspw. kann der Erblasser, dem Erben zur **Auflage** machen, von seinem gesellschaftsrechtlich zwingenden Wahlrecht keinen Gebrauch zu machen oder die Erbeinsetzung von der Bedingung abhängig machen, dass das Wahlrecht nicht ausgeübt wird.

236 War der Erbe bereits vor dem Erbfall persönlich haftender Gesellschafter der Gesellschaft ergibt sich durch den Erwerb eines weiteren Anteils eines persönlich haftenden Gesellschafters für ihn keine Zwangslage, so dass ihm ein **Recht auf Umwandlung** der Gesellschafterstellung nicht zusteht.

237 Der Erbe hat auch dann **kein Wahlrecht**, wenn er den Anteil nicht im Wege der Erbfolge, sondern aufgrund einer rechtsgeschäftlichen Nachfolgeklausel oder Eintrittsklausel erwirbt. Der Erblasser kann demnach auch über die Art und Weise der Regelung der Nachfolge Einfluss auf das Bestehen des Wahlrechts des Erben nehmen.

6. Ausblick

238 Das Konzept der Sondererbfolge in Personengesellschaftsanteile beruht u.a. auf der Überlegung, dass eine Erbengemeinschaft nicht Mitglied einer Personenhandelsgesellschaft sein kann. Nach der neueren Rspr. des BGH ist eine Gesellschaft bürgerlichen Rechts (GbR) mit eigenem Vermögen rechts- und parteifähig.[156]

239 Die **moderne Gesamthandslehre** könnte langfristig möglicherweise auch auf andere (nicht gesellschaftsrechtlich) begründete Gesamthandsgemeinschaften, wie die Erbengemeinschaft zu übertragen sein.[157] Dann wäre auch die Erbengemeinschaft ein taugliches Zuordnungssubjekt für die sich aus dem Nachlass ergebenden Rechte und Pflichten. Wird die **Rechts- und Parteifähigkeit** der Erbengemeinschaft anerkannt, dürfte auch die Möglichkeit der Mitgliedschaft in einer werbenden Gesellschaft zu bejahen sein. Die (dogmatische) Rechtfertigung des Sonderrechts für die Übertragung von Personengesellschaftsanteilen hätte dann keinen Bestand mehr.[158] Die Folge davon wäre,

---

156 Zur Rechtsfähigkeit der Gesellschaft bürgerlichen Rechts s. nur Palandt/*Sprau*, § 705 Rn. 24. – Ausf. zum Ganzen *Ann*, MittBayNot 2003, 193; *Heil*, ZEV 2002, 296; *Eberl-Borges*, ZEV 2002, 125; *Weipert*, ZEV 2002, 300.

157 Bislang geht die Rspr. allerdings unverändert davon aus, dass die Erbengemeinschaft (trotz Anerkennung der Rechtsfähigkeit der Gesellschaft bürgerlichen Rechts) nicht rechtsfähig ist; so BGH NJW 2002, 3389 = ZEV 2002, 504 m. Anm. *Marotzke* = ZErb 2002, 352 m. Anm. *Zwißler*.

158 So bspw. *Weipert*, ZEV 2002, 300.

dass Personengesellschaftsanteile (wie andere Vermögenswerte) in den Nachlass und in das Vermögen einer Erbengemeinschaft fallen.[159]

Es bleibt abzuwarten, ob sich diese **neuere Auffassung** in der Praxis durchsetzen wird. Verfügungen von Todes wegen und Gesellschaftsverträge wären dann ggf. entsprechend anzupassen.

III. Kommanditgesellschaft

1. Tod eines persönlich haftenden Gesellschafters

Beim Tod eines persönlich haftenden Gesellschafters einer **KG** gelten dieselben Grundsätze wie für den Tod eines Gesellschafters einer **OHG**. 240

Eine KG kann ohne persönlich haftenden Gesellschafter nicht bestehen. Stirbt der einzige persönlich haftende Gesellschafter einer KG mit mehreren Kommanditisten, wird die Gesellschaft i.d.R. aufgelöst. Versäumen die Gesellschafter es, die Liquidation zu betreiben, wird die Gesellschaft automatisch in eine OHG umgewandelt. Die Gesellschafter haften dann zwingend unbeschränkt für alle bestehenden und neu entstehenden Gesellschaftsverbindlichkeiten. 241

> Praxishinweis:
> Der Gesellschaftsvertrag sollte eine Regelung für den Fall enthalten, dass der letzte (bzw. einzige) persönlich haftende Gesellschafter einer KG wegfällt (z.B. aufgrund der Umwandlung der Beteiligung nach § 139 HGB). So kann z.B. eine Verpflichtung aller Gesellschafter vereinbart werden, der Aufnahme einer GmbH als persönlich haftende Gesellschafterin zuzustimmen und den Gesellschaftsvertrag entsprechend zu ändern. Dabei ist auch zu regeln, ob und inwieweit die Gesellschafter berechtigt oder verpflichtet sind, Stammeinlagen an der Komplementär-GmbH zu übernehmen (z.B. im Verhältnis der Kapitalanteile an der KG). Einfacher ist es, bereits zu Lebzeiten des Erblassers vorsorglich eine GmbH als (weitere) persönlich haftende Gesellschafterin ohne vermögensmäßige Beteiligung in die Gesellschaft aufzunehmen.

2. Tod eines Kommanditisten

Bei Tod eines Kommanditisten wird die Gesellschaft mit den Erben fortgesetzt (§ 177 HGB). Die gesetzliche Regelung entspricht der einfachen **Nachfolgeklausel**. 242

Der Gesellschaftsanteil des Kommanditisten ist grundsätzlich vererblich. Der Gesellschaftsvertrag kann die Vererblichkeit des Kommanditistenanteils aber beschränken oder ganz ausschließen: 243

– **Anteile von persönlich haftenden Gesellschaftern** sind Kraft Gesetzes nicht vererblich, können durch eine Vereinbarung im Gesellschaftsvertrag (z.B. eine einfache oder qualifizierte Nachfolgeklausel) aber vererblich gestellt werden.
– **Anteile eines Kommanditisten** sind Kraft Gesetzes vererblich. Die Vererblichkeit kann durch den Gesellschaftsvertrag aber ausgeschlossen oder eingeschränkt werden.

---

159 S. allerdings BGH NJW 1983, 2376 = DNotZ 1984, 35: „*Nach der Rechtsprechung (...) kann eines Erbengemeinschaft nicht Mitglied einer Personengesellschaft sein. (...) Diese Auffassung (...) ist (...) auch im Hinblick auf die notwendige Kontinuität der höchstrichterlichen Rechtsprechung nicht mehr in Frage zu stellen (...).*"

244 Bei **mehreren Erben** geht der Kommanditanteil nicht auf die Erbengemeinschaft, sondern im Wege der Sondererbfolge unmittelbar auf die einzelnen Erben entsprechend ihrer Erbquote über.[160]

245 Mit dem Tod des Kommanditisten geht dessen Gesellschafterstellung mit allen Rechten und Pflichten (sofern sie nicht höchstpersönlicher Natur waren) auf den oder die Erben über. Dies gilt auch für eine etwa noch ausstehende Hafteinlage des Erblassers. Der Erbe kann die Verpflichtung zur Leistung der Einlage nur dadurch vermeiden, dass er die Erbschaft insgesamt ausschlägt. Ein Recht, aus der Gesellschaft auszuscheiden (s. § 139 HGB), steht ihm nicht zu.

246 **Minderjährige Erben** bedürfen für den Erwerb des Kommanditanteils im Wege der Erbfolge keiner **Genehmigung** des Familien- bzw. Vormundschaftsgerichts. Hat der Erblasser die Hafteinlage voll erbracht und ist sie auch nicht an ihn zurückbezahlt worden, steht dem Erben **bei Erreichen der Volljährigkeit** unstreitig kein Sonderkündigungsrecht zu (s. §§ 161 Abs. 2, 105 Abs. 3 HGB und § 723 Abs. 1 Satz 3 Nr. 2 HGB). Dies gilt nach überwiegender Auffassung auch dann, wenn die Hafteinlage noch nicht vollständig erbracht worden ist bzw. wieder zurückbezahlt worden ist.[161]

> **Praxishinweis:**
> Erblasser, die minderjährige Personen als Erben einsetzen wollen, sollten die Hafteinlage stets in voller Höhe einzahlen und nicht an sich zurückbezahlen, um ein Sonderkündigungsrecht rechtssicher auszuschließen.

247 Das **Ausscheiden** des Erblassers und der Übergang seiner Beteiligung auf seine Erben ist durch alle Gesellschafter und Erben zur Eintragung in das Handelsregister anzumelden (§§ 162 Abs. 3, 161 Abs. 2, 143 Abs. 2 und 3, 107 HGB).[162] Bei mehreren Erben ist die Aufteilung der Hafteinlage auf die einzelnen Erben anzumelden und einzutragen. Das Ausscheiden eines verstorbenen Kommanditisten und der Eintritt seiner Erben in die Gesellschaft sind auch dann zur Eintragung in das Handelsregister anzumelden, wenn der Kommanditanteil anschließend auf eine andere Person (z.B. einen Miterben) weiter übertragen wird. Ein Verzicht auf die Zwischeneintragung des Erben ist (anders als im Grundbuch, s. § 40 GBO) nicht möglich.[163]

War der Erbe bereits vor Eintritt des Erbfalls Kommanditist, ist die Erhöhung der Hafteinlage einzutragen. Die Rechtsnachfolge ist grundsätzlich durch Vorlage der Ausfertigung eines Erbscheins nachzuweisen.[164]

248 Für **Verbindlichkeiten**, die vor der Eintragung des Kommanditisten im Handelsregister entstanden sind, haftet dieser persönlich, wenn der Erblasser im Zeitpunkt des Erbfalls nicht bzw. noch nicht als Kommanditist eingetragen war (§ 176 Abs. 2 HGB). War der Erblasser dagegen als Kommanditist eingetragen und hat der Erbe die Eintra-

---

160 BGH NJW 1983, 2376 = DNotZ 1984, 35; KG NJW-RR 2000, 1704 = ZEV 2001, 72 = DNotZ 2001, 408.
161 *Habersack*, FamRZ 1999, 1, 2; *Reimann*, DNotZ 1999, 179, 181. – A.A. allerdings *Christmann*, ZEV 2000, 45, 47.
162 Zur Notwendigkeit der Eintragung (u. Anmeldung) eines Rechtsnachfolgevermerks (im Wege der Sondererbfolge) bei einem Kommanditistenwechsel s. OLG Hamm DNotZ 2005, 229.
163 KG NJW-RR 2000, 1704 = ZEV 2001, 72 = DNotZ 2001, 408.
164 S. dazu KG ZNotP 2003, 112; KG NJW-RR 2000, 1704 = ZEV 2001, 72 = DNotZ 2001, 408; OLG Köln FamRZ 2005, 640 = DNotZ 2005, 555.

gung der Rechtsnachfolge im Handelsregister unverzüglich beantragt, kommt eine persönliche Haftung nicht in Betracht.[165]

Praxishinweis:
Zur Vermeidung eines persönlichen Haftungsrisikos sollte die Eintragung der Erben als Kommanditisten unverzüglich zur Eintragung in das Handelsregister angemeldet werden. Dabei sollte die Rechtsnachfolge aus der Handelsregistereintragung deutlich werden.

Ist der Erbe eines Kommanditisten bereits vor dem Erbfall Gesellschafter, ist nach seiner Gesellschafterstellung zu unterscheiden: 249

– War der **Erbe bereits Kommanditist**, vereinigen sich beide Anteile zu einem einheitlichen Anteil, sofern sie mit denselben Rechten und Pflichten ausgestattet sind. Eine Vereinigung ist demnach bspw. dann nicht möglich, wenn der ererbte Anteil durch die Anordnung der Nacherbfolge oder der Testamentsvollstreckung belastet ist.

– War der **Erbe bislang persönlich haftender Gesellschafter**, bleibt er dies auch weiterhin. Das im Handelsregister eingetragene Haftkapital der Kommanditisten ist entsprechend herabzusetzen. Im Verhältnis zu den Mitgesellschaftern können die beiden Beteiligungen getrennt voneinander behandelt werden.

3. Testamentsvollstreckung[166]

Die Testamentsvollstreckung am Kommanditanteil ist zulässig.[167] Dies gilt auch dann, wenn die Hafteinlage nicht voll erbracht bzw. wieder zurückgezahlt worden ist. 250

Die Ausübung der Gesellschafterrechte bedarf allerdings der Zustimmung durch die anderen Gesellschafter. Die Zustimmung kann nach Eintritt des Erbfalls erteilt werden oder bereits im Gesellschaftsvertrag enthalten sein. 251

Praxishinweis:
Der Erblasser sollte daher bereits bei Errichtung der Verfügung von Todes wegen prüfen, ob der Gesellschaftsvertrag die Zulässigkeit der Testamentsvollstreckung vorsieht.

Mit Zustimmung der anderen Gesellschafter kann der Testamentsvollstrecker grundsätzlich alle Rechte, die mit der Kommanditbeteiligung verbunden sind, ausüben.[168] Andernfalls kann sich die Testamentsvollstreckung nicht auch auf die Innenseite der Beteiligung erstrecken. Die Testamentsvollstreckung über die zur Außenseite gehörenden Vermögensrechte bleibt dagegen unberührt. 252

Der Testamentsvollstrecker ist jedoch dann nicht zur Ausübung der Mitgliedschaftsrechte befugt, wenn es dadurch zu einer Erweiterung der Haftung des Erben kommen 253

---

165 Ausf. dazu *Baumbach/Hopt*, HGB, § 176 Rn. 12; *Ebenroth/Boujong/Joost/Strohn*, HGB, § 176 Rn. 25 ff.
166 Ausf. dazu *Geschwendtner*, NJW 1996, 362; *D. Mayer*, ZIP 1990, 976; *Pentz*, NZG 1999, 825; *Ulmer*, NJW 1990, 73.
167 Zur Dauertestamentsvollstreckung über eine Kommanditbeteiligung BGHZ 108, 187 = NJW 1989, 3152 = DNotZ 1990, 183 m. Anm. *Reimann*; BGH NJW 1985, 1953.
168 *Damrau/Bonefeld*, Erbrecht, § 2205 Rn. 47; *Bamberger/Roth/J. Mayer*, § 2205 Rn. 49 f.; Staudinger/*Reimann*, § 2205 Rn. 125 f.; wohl auch MünchKomm/*Zimmermann*, § 2205 Rn. 43 f.

würde. An einem Beschluss über die Erhöhung der Hafteinlage kann der Testamentsvollstrecker daher grundsätzlich nicht mitwirken.

> **Formulierungsbeispiel:** Ich ordne Testamentsvollstreckung an. Zum Testamentsvollstrecker ernenne ich ..., ersatzweise ... . Einen weiteren Ersatztestamentsvollstrecker bestimme ich nicht.
>
> Der Testamentsvollstrecker hat die Aufgabe, den gesamten Nachlass, einschließlich meiner Beteiligung als Kommanditist an der ...-KG mit dem Sitz in ... eingetragen im Handelsregister des Amtsgerichts unter HRA ... (Geschäftsanschrift: ... auf die Dauer von ... zu verwalten.
>
> Der Testamentsvollstreckung unterliegen insbesondere auch die zu der Kommanditbeteiligung gehörenden Rechte und Ansprüche sowie die an die Gesellschaft zur betrieblichen Nutzung überlassenen Gegenstände, insbesondere das Grundstück Flurstück Nr. ..., eingetragen im Grundbuch des Amtsgericht ....
>
> Der Testamentsvollstrecker ist berechtigt, alle mit der Beteiligung verbundenen Rechte auszuüben, soweit dies gesetzlich zulässig ist und dadurch keine persönliche Haftung der Erben begründet wird.
>
> Den Erben wird die Auflage gemacht, dem Testamentsvollstrecker die Fortführung der Gesellschaftsbeteiligung zu ermöglichen und ihm alle dazu erforderlichen Vollmachten zu erteilen bzw. die vom Erblasser erteilten Vollmachten für die Dauer der Testamentsvollstreckung nicht zu widerrufen.
>
> Der Testamentsvollstrecker ist von den Beschränkungen des § 181 BGB befreit.
>
> In der Eingehung von Verbindlichkeiten für den Nachlass ist der Testamentsvollstrecker nicht beschränkt.
>
> Der Testamentsvollstrecker erhält eine Vergütung i.H.v. ... .

4. Besonderheiten bei der GmbH & Co. KG[169]

254 Die **Rechtsform der GmbH & Co. KG** kann für die Gestaltung der Unternehmensnachfolge in verschiedener Hinsicht von Vorteil sein:
- Die GmbH & Co. KG hat stets einen persönlich haftenden Gesellschafter, so dass die mit Wegfall des persönlich haftenden Gesellschafters (z.B. aufgrund einer Umwandlung nach § 139 HGB) verbundenen Probleme von vornherein nicht bestehen.
- Die **Geschäftsführung** kann aufgrund der bei der GmbH bestehenden Möglichkeit der **Drittorganschaft** unabhängig von der Nachfolge in die Gesellschafterstellung geregelt werden.
- Bei **mehreren Erben** können die Gesellschaftsanteile und Geschäftsführungsbefugnisse flexibel auf die einzelnen Nachfolger aufgeteilt werden (indem bspw. der eigentliche Unternehmensnachfolger Gesellschafter und Geschäftsführer wird und die weichenden Erben eine Kommanditistenstellung erhalten).

255 Aus Sicht der Nachfolgeplanung besteht bei der **GmbH & Co. KG** jedoch (ähnlich wie bei einer Betriebsaufspaltung) das Risiko, dass aufgrund der unterschiedlichen

---

[169] Ausf. dazu *Binz/Sorg*, Die GmbH & Co. KG, § 6 Rn. 26 ff.; *Göz*, NZG 2004, 245; Hesselmann/Tillmann/Mueller-Thuns/*Hannes*, Handbuch der GmbH & Co. KG, § 10 Rn. 128 ff.; Sudhoff/*Jäger*, GmbH & Co. KG, §§ 33 bis 36; Riegger/Weipert/*Levedag*, Münchener Handbuch des Gesellschaftsrechts, § 59; *Freiherr von Rechenberg*, GmbHR 2005, 386.

Vererbung der GmbH-Anteile und der Kommanditanteile die notwendige **Verzahnung** zwischen beiden Gesellschaften verloren geht.

Vielfach bestehen an der Komplementär-GmbH und der KG **identische Beteiligungsverhältnisse**. Der Gleichlauf der Beteiligungsverhältnisse sollte nach Möglichkeit aber auch im Erbfall erhalten werden.

256

> **Praxishinweis:**
> Die Gesellschaftsverträge beider Gesellschaften sollten nach Möglichkeit so verzahnt werden, dass ein ungewolltes Auseinanderfallen der Beteiligungsverhältnisse ausgeschlossen ist. Die Beteiligungen an den beiden Gesellschaften sollten stets nur zusammen übertragen werden können.

Für die Erbfolge bei einer GmbH & Co. KG bestehen keine besonderen Regeln. Die Anteile an den beiden Gesellschaften werden vielmehr getrennt vererbt:
- Die **Erbfolge in die Anteile an der Kommanditgesellschaft** richtet sich nach den Bestimmungen des KG-Rechts.
- Die **Erbfolge in die Anteile an der Komplementär-GmbH** richtet sich nach den Vorschriften des GmbH-Rechts.

257

Gehört eine Beteiligung an einer GmbH & Co. KG zum Nachlass, ist nicht nur eine Abstimmung zwischen Erbrecht und Gesellschaftsrecht, sondern zusätzlich auch zwischen den beiden Gesellschaftsbeteiligungen vorzunehmen.

258

Die Anteile an beiden Gesellschaften werden nach unterschiedlichen Regelungen vererbt, so dass die Kommanditbeteiligung und die Beteiligung an der Komplementär-GmbH im Erbfall möglicherweise auf unterschiedliche Personen übergehen. Die **Anteile an der Komplementär-GmbH** gehören typischerweise zum **Sonderbetriebsvermögen**, so dass es bei einem Auseinanderfallen der Beteiligungsverhältnisse zu einer steuerlichen Entnahme kommen kann.

259

> **Praxishinweis:**
> Vielfach ist es daher empfehlenswert, die GmbH & Co. KG in der Rechtsform der **Einheitsgesellschaft** zu führen. Dabei werden die Anteile an der Komplementär-GmbH auf die Kommanditgesellschaft übertragen, so dass die KG die alleinige Gesellschafterin der GmbH ist. Ein Auseinanderfallen der Beteiligungen an beiden Gesellschaften ist im Erbfall dann nicht mehr möglich. Das Problem der Abstimmung zwischen GmbH und Kommanditgesellschaft entfällt auf diese Weise.

IV. Gesellschaft mit beschränkter Haftung[170]

1. Grundsatz der freien Vererblichkeit

260 Die Geschäftsanteile an einer GmbH sind **frei vererblich** (§ 15 Abs. 1 GmbHG).[171] Mehrere Erben erwerben den Geschäftsanteil in Erbengemeinschaft. Eine **Sondererbfolge** wie bei Personengesellschaften gibt es nicht. Die Erben können ihre Gesellschafterrechte nur gemeinschaftlich ausüben (§ 18 Abs. 1 GmbHG).[172]

261 **Praxishinweis:**

In der Satzung sollte vorgesehen werden, dass mehrere Erben ihre Rechte aus dem Gesellschaftsanteil nur einheitlich durch einen **gemeinsamen Vertreter** wahrnehmen können. Die Person des Repräsentanten kann ggf. auf Mitgesellschafter, Angehörige der rechts- oder steuerberatenden Berufe oder andere qualifizierte Personen beschränkt werden. Die Satzung sollte klarstellen, dass das Stimmrecht und die sonstigen Verwaltungsrechte der Gesellschaftererben ruhen, sofern kein gemeinsamer Vertreter benannt worden ist.

Formulierungsbeispiel: Mehrere Erben oder Vermächtnisnehmer sind verpflichtet, sich durch einen gemeinsamen Bevollmächtigten vertreten zu lassen. Der Bevollmächtigte muss zur Berufsverschwiegenheit verpflichtet sein, sofern er nicht selbst Gesellschafter ist. Die Gesellschafterrechte der Erben und Vermächtnisnehmer ruhen – mit Ausnahme des Gewinnbezugsrechts – solange der Bevollmächtigte nicht durch eine schriftliche Erklärung gegenüber der Gesellschaft bestimmt worden ist.

262 Gesellschaftsrechtliche **Sonderrechte** (z.B. Geschäftsführungsbefugnisse, Mehrfachstimmrechte, erhöhte Gewinnanteile) sind im Zweifel **höchstpersönlicher Natur** und gehen nicht auf die Erben über. In der Satzung sollte eine entsprechende Klarstellung erfolgen.

Formulierungsbeispiel: Der Gesellschafter ... wird auf Lebensdauer zum Geschäftsführer der Gesellschaft bestellt. Er vertritt die Gesellschaft stets einzeln und ist von den Beschränkungen des § 181 BGB befreit. Das Sonderrecht auf Geschäftsführung steht ... höchstpersönlich zu und ist weder übertragbar noch vererblich.

---

170 Ausf. dazu *Buchholz*, MittRhNotK 1991, 1 u. 37; *Gluth*, ErbStB 2003, 204 u. 227; *Hilger*, in: Festschrift für Karlheinz Quack, S. 259 ff.; *Hörger/Pauli*, GmbHR 1999, 945; *Priester/D. Mayer/U. Jasper*, Münchener Handbuch des Gesellschaftsrechts, § 25, S. 399 ff.; *Küperkoch*, Das zwangsweise Ausscheiden eines GmbH-Gesellschafters mittels Einziehung, 2004; *Langner/Heydel*, GmbHR 2005, 377; *Lenz*, GmbHR 2000, 927; *Lohr*, GmbH-StB 2003, 332; *Michalski*, NZG 1998, 301; *Lessmann*, GmbHR 1986, 409; *Mohr*, GmbH-StB 2004, 374 u. GmbH-StB 2005, 23; *Nagler*, Die zweckmäßige Nachfolgeregelung im GmbH-Vertrag, 1998; *Petzoldt*, GmbHR 1977, 25; *Priester*, GmbHR 1981, 206; *Wolf*, GmbHR 1999, 958.

171 Ausf. zum Ganzen *Roth/Altmeppen*, GmbHG, § 15 Rn. 31 ff.; *Baumbach/Hueck/Hueck/Fastrich*, GmbHG, § 15 Rn. 9 ff.; *Lutter/Hommelhoff/Bayer*, GmbHG, § 15 Rn. 8 ff.; *Rowedder/Rowedder/Bergmann*, GmbHG, § 15 Rn. 114 ff.; *Scholz/Winter*, GmbHG, § 15 Rn. 18 ff.

172 *Roth/Altmeppen*, GmbHG, § 18 Rn. 2 ff.; *Baumbach/Hueck/Hueck/Fastrich*, GmbHG, § 18 Rn. 4 ff.; *Lutter/Hommelhoff/Lutter/Bayer*, GmbHG, § 18 Rn. 3 f.; *Rowedder/Pentz*, GmbHG, § 18 Rn. 6 ff.; *Scholz/Winter*, GmbHG, § 18 Rn. 17 ff.

Geht ein Geschäftsanteil im Wege der Erbfolge auf mehrere Erben über, kann im Rahmen einer Erbauseinadersetzung eine **Teilung** des Geschäftsanteils erforderlich werden. Die Teilung eines Geschäftsanteils bedarf der Genehmigung der Gesellschaft (§ 17 Abs. 1 GmbHG).[173] Ohne die Genehmigung ist die Teilung nichtig. Der Gesellschaftsvertrag kann die Zulässigkeit der Teilung eines Geschäftsanteils sowohl einschränken als auch erweitern. Ein **vollständiges Verbot der Teilung** eines Geschäftsanteils ist zwar rechtlich möglich (§ 17 Abs. 6 Satz 2 GmbHG), aber in der Praxis kaum üblich. Im Interesse der Homogenität des Gesellschafterkreises kann die Teilung aber von weiteren Voraussetzungen (z.B. einer qualifizierten Mehrheit für die Genehmigung der Teilung durch die Gesellschafterversammlung) abhängig gemacht werden. Der Gesellschaftsvertrag kann aber auch vorsehen, dass die Teilung eines Geschäftsanteils unter den Erben keinerlei Genehmigung bedarf (§ 17 Abs. 3 2. Fall GmbHG). Allerdings besteht dann die Gefahr einer Zersplitterung des Geschäftsanteils.

263

> **Praxishinweis:**
> Der Erblasser sollte nach Möglichkeit bereits bei Errichtung einer letztwilligen Verfügung von Todes wegen prüfen, ob aufgrund der erbrechtlichen Anordnungen eine Teilung des Geschäftsanteils erforderlich ist und diese voraussichtlich genehmigt werden kann. Im Einzelfall kann der Erblasser die für die Teilung unter den Erben erforderliche Zustimmung der Gesellschafterversammlung bereits zu Lebzeiten einholen.

Die rechtsgeschäftliche Abtretung von Geschäftsanteilen ist nach den Regelungen der meisten Gesellschaftsverträge in bestimmter Weise beschränkt (§ 15 Abs. 5 GmbHG). Für den Erwerb eines Geschäftsanteils von Todes wegen ist eine Genehmigung in keinem Fall erforderlich. Noch nicht abschließend geklärt ist hingegen die Frage, ob und ggf. unter welchen Umständen derartige **Vinkulierungsklauseln** auch für Übertragungen von Geschäftsanteilen im Zusammenhang mit einem Erbfall Anwendung finden.

264

Bei der Übertragung eines Geschäftsanteils zur Erfüllung eines vom Erblasser angeordneten Vermächtnisses sind die satzungsmäßigen Abtretungsbeschränkungen grundsätzlich zu beachten.[174] Allerdings kann sich aufgrund der gesellschaftsrechtlichen Treuepflicht im Einzelfall eine Pflicht zur Erteilung der Zustimmung ergeben.

265

Dagegen geht der wohl überwiegende Teil des Schrifttums[175] davon aus, dass für eine Anteilsübertragung im Wege der Erbauseinandersetzung die in der Satzung vorgesehenen Abtretungsbeschränkungen nicht eingreifen. Dies soll zumindest dann gelten, wenn die Geschäftsanteile nach der Satzung der Gesellschaft frei vererblich sind. Allerdings erscheint es zweifelhaft, ob diese einschränkende Auslegung einer Vinkulierungsklausel wirklich möglich ist. Dagegen spricht zumindest die Vermutung der Vollständigkeit und Richtigkeit des notariell beurkundeten Gesellschaftsvertrages. Im

266

---

173 S. dazu *Roth/Altmeppen*, GmbHG, § 17 Rn. 6 ff.; *Baumbach/Hueck/Hueck/Fastrich*, GmbHG, § 17 Rn. 6 ff.; *Lutter/Hommelhoff/Bayer*, GmbHG, § 17 Rn. 7 ff.; *Rowedder/Pentz*, GmbHG, § 17 Rn. 16 ff.; *Scholz/Winter*, GmbHG, § 17 Rn. 6 ff.
174 S. dazu *Roth/Altmeppen*, GmbHG, § 15 Rn. 41; *Baumbach/Hueck/Fastrich*, GmbHG, § 15 Rn. 14 ff.; *Lutter/Hommelhoff/Bayer*, GmbHG, § 15 Rn. 10; *Rowedder/Rowedder/Bergmann*, GmbHG, § 15 Rn. 125; *Scholz/Winter*, GmbHG, § 15 Rn. 30 ff.
175 S. etwa *Roth/Altmeppen*, GmbHG, § 15 Rn. 34 ff.; *Lutter/Hommelhoff/Bayer*, GmbHG, § 15 Rn. 9; *Scholz/Winter*, GmbHG, § 15 Rn. 30.

Ergebnis ist daher davon auszugehen, dass auch für Anteilsübertragungen im Wege der Erbauseinandersetzung die allg. Abtretungsbeschränkungen gelten.[176] Allerdings kann die Satzung stets eine andere Regelung vorsehen.

> **Formulierungsbeispiel:** Jede Verfügung über Geschäftsanteile oder Teile von Geschäftsanteilen bedarf der schriftlichen Zustimmung aller übrigen Gesellschafter.
>
> ... Dies gilt insbesondere auch für Anteilsübertragungen im Wege von Erbauseinandersetzungen und zur Erfüllung von Vermächtnissen.
>
> ... Dies gilt jedoch nicht für Anteilsübertragungen im Wege von Erbauseinandersetzungen und zur Erfüllung von Vermächtnissen.

267 Die **Vinkulierungsklauseln** in der Satzung gelten dagegen unstreitig nicht für Erbteilsübertragungen (§ 2033 BGB).[177]

268 Bei der **Erbauseinandersetzung** über Geschäftsanteile (GmbH) sind darüber hinaus stets auch die Vorschriften über den Mindestnennbetrag (§ 5 Abs. 1 GmbHG) und die Teilbarkeit (§ 5 Abs. 3 Satz 2 GmbHG) einzuhalten. Danach muss jeder Geschäftsanteil einen Mindestnennbetrag von 100 € aufweisen und durch 50 teilbar sein. Eine abweichende Regelung in der Satzung ist nicht möglich.

> *Beispiel:*
>
> *Erblasser E ist mit einem Geschäftsanteil im Nennbetrag zu 100.000 € an einer GmbH beteiligt. Zu seinen Erben setzt er seine drei Kinder A, B und C zu untereinander gleichen Teilen ein. Eine Erbauseinandersetzung entsprechend den Erbquoten ist danach nicht möglich, da die einzelnen Anteile i.H.v. rechnerisch jeweils 33.333,33 € nicht durch 50 teilbar sind. Der Erblasser sollte die Teilbarkeitsbestimmungen daher nach Möglichkeit bereits im Zusammenhang mit der Regelung der Erbfolge berücksichtigen.*

269 Die Erbfolge muss bei der GmbH nicht zur Eintragung in das Handelsregister angemeldet werden. Eine Anmeldung der Erbfolge[178] bei der Gesellschaft (§ 16 Abs. 1 GmbHG) ist gleichfalls nicht erforderlich (allerdings in der Praxis empfehlenswert). Die Geschäftsführer der Gesellschaft sind allerdings verpflichtet, unverzüglich eine neue Gesellschafterliste beim Handelsregister einzureichen (§ 40 GmbHG).[179]

270 Bei der Testamentsgestaltung im Zusammenhang mit GmbH-Anteilen sollten stets auch die **einkommensteuerrechtlichen** Folgen mit berücksichtigt werden. Sofern der Erbe bereits vor dem Erbfall an der GmbH mit einer Beteiligung von weniger als 1 Prozent des Nennkapitals beteiligt ist und die Beteiligung im Privatvermögen hält, besteht das Risiko, dass durch einen weiteren Erwerb die gesamte Beteiligung steuerverstrickt wird. Erreicht die Beteiligung nach dem Erwerb von Todes wegen den Schwellenwert von mindestens 1 Prozent des Nennkapitals, ist sowohl der bisherige, vom Erwerber bereits gehaltene Anteil als auch der neu hinzu erworbene Anteil steu-

---

176 So grundsätzlich *Baumbach/Hueck/Fastrich*, GmbHG, § 15 Rn. 11; *Rowedder/Bergmann*, GmbHG, § 15 Rn. 116 ff.
177 BGHZ 92, 386.
178 Eine Anzeigepflicht (§ 16 GmbHG) besteht aber beim Erwerb aufgrund eines Vermächtnisses oder im Wege der Erbauseinandersetzung.
179 *Roth/Altmeppen*, GmbHG, § 40 Rn. 4; *Rowedder/Koppensteiner*, GmbHG, § 40 Rn. 3; *Lutter/Hommelhoff*, GmbHG, § 40 Rn. 3; *Scholz/Schneider*, GmbHG, § 40 Rn. 8; *Baumbach/Hueck/Zöllner*, GmbHG, § 40 Rn. 6.

erverstrickt. **Veräußerungsgewinne** sind damit (auch außerhalb der Jahresfrist des § 23 EStG) stets steuerpflichtig (§ 17 EStG). Die Steuerpflicht ist vor allem deshalb nachteilig, weil für die Ermittlung des Veräußerungsgewinns die historischen Anschaffungskosten maßgebend sind und nicht der Wert der Anteile im Zeitpunkt der Begründung der wesentlichen Beteiligung durch den Erbfall. Dies gilt selbst dann, wenn die Beteiligung dem Erben nur als Durchgangserwerb anfällt, weil er aufgrund eines vom Erblasser angeordneten Vermächtnisses die Beteiligung auf den Vermächtnisnehmer übertragen muss. Dieser **Durchgangserwerb** begründet eine wesentliche Beteiligung mit der Folge, dass der schon vorhandene Anteil für die Dauer von fünf Jahren steuerverstrickt bleibt.

2. Einschränkung der Erbfolge durch die Satzung

a) Einziehungsklausel

Mit dem Tod eines Gesellschafters geht der Geschäftsanteil zwingend auf dessen Erben über (§ 15 Abs. 1 GmbHG). Der Gesellschaftsvertrag kann jedoch vorsehen, dass der Geschäftsanteil in diesem Fall eingezogen werden kann. Die Einziehung führt zur Vernichtung des Geschäftsanteils. 271

Die Einziehung eines Geschäftsanteils ist nur zulässig, wenn sie im Gesellschaftsvertrag zugelassen ist (§ 34 Abs. 1 GmbHG). Nach Gründung der Gesellschaft kann eine Einziehungsklausel daher nur im Wege der Satzungsänderung begründet werden (§ 53 Abs. 1 und 2 GmbHG). Für den Gesellschafterbeschluss ist nach überwiegender Auffassung **Einstimmigkeit** erforderlich (s. § 53 Abs. 3 GmbHG).[180] 272

Soll die Einziehung ohne die Zustimmung des betroffenen Gesellschafters bzw. von dessen Erben erfolgen, müssen die Voraussetzungen der Einziehung (z.B. Tod eines Gesellschafters) im Gesellschaftsvertrag klar geregelt sein, § 34 Abs. 2 GmbHG. 273

Die Einziehung eines Geschäftsanteils ist nur dann zulässig, wenn die Einlage auf den betroffenen Geschäftsanteil voll geleistet ist. Andernfalls käme es zu einem Verstoß gegen den Grundsatz, dass der Gesellschafter von seiner Einlageverpflichtung nicht befreit werden kann (§ 19 Abs. 2 Satz 1 GmbHG). Denn mit der Einziehung geht der Geschäftsanteil unter, so dass auch die mit ihm verbundene Verpflichtung zur Leistung der Einlage erlischt. Haben die Gesellschafter die Stammeinlagen nicht vollständig erbracht, kann eine Einziehung nicht (auch nicht teilweise) erfolgen. 274

> **Praxishinweis:**
> In den Fällen, in denen der Gesellschaftsvertrag die Möglichkeit einer Einziehung vorsieht, sollte daher stets auf eine vollständige Einzahlung aller Einlagen geachtet werden.

Im Falle der Einziehung eines Geschäftsanteils ist die Gesellschaft zur Zahlung einer Abfindung verpflichtet. Die Zahlung der Abfindung darf jedoch nicht aus dem gebundenem Kapital der Gesellschaft erfolgen, §§ 34 Abs. 3, 30 Abs. 1 GmbHG. Die Einziehung ist daher nur zulässig, wenn es zu keiner Beeinträchtigung des **Stammkapitals** der Gesellschaft kommt. Kann die Abfindung zumindest teilweise aus dem das Stammkapital übersteigenden Vermögen der Gesellschaft aufgebracht werden, kommt 275

---

180 Zum Streitstand s. *Roth/Altmeppen*, GmbHG, § 34 Rn. 7; *Lutter/Hommelhof*, GmbHG, § 34 Rn. 9; *Rowedder/Bergmann*, GmbHG, § 34 Rn. 10; *Scholz/Westermann*, GmbHG, § 34 Rn. 9 ff.; *Baumbach/Hueck/Zöllner*, GmbHG, § 34 Rn. 5.

eine Teileinziehung in Betracht. Dabei sind allerdings die Vorschriften über die Teilbarkeit (§ 5 Abs. 3 Satz 2 GmbHG) und den Mindestnennbetrag (§ 5 Abs. 1 GmbHG) zu berücksichtigen.

> **Praxishinweis:**
> In der Satzung kann die Bildung einer Gewinnrücklage vorgesehen werden (§ 272 Abs. 3 Satz 2 HGB), um sicherzustellen, dass die für die Zahlung der Abfindung erforderlichen Mittel auch vorhanden sind. Daneben kann die Satzung für diesen Fall auch eine Nachschusspflicht der Gesellschafter vorsehen (§ 26 Abs. 1 GmbHG).

276 Für die Einziehung des Geschäftsanteils ist ein **Gesellschafterbeschluss** erforderlich, § 46 Nr. 4 GmbHG. Für den Beschluss genügt die einfache Mehrheit der Stimmen, § 47 Abs. 1 GmbHG. Dabei sind grundsätzlich auch die Erben stimmberechtigt (s. § 47 Abs. 4 GmbHG). Allerdings wird die Satzung das Stimmrecht des von der Einziehung betroffenen Gesellschafters regelmäßig ausschließen.

277 Die Erben können die Einziehung nicht dadurch umgehen, dass sie den **Geschäftsanteil** noch vor der Beschlussfassung über die Einziehung **veräußern**. Der Geschäftsanteil geht dann mit der aufgrund der Einziehungsklausel bestehenden Belastung auf den Erwerber über. Ein **gutgläubiger lastenfreier Erwerb** scheidet schon deshalb aus, weil die Möglichkeit der Einziehung aus der Satzung der Gesellschaft ersichtlich ist.

278 Die Einziehung des Geschäftsanteils muss in einem gewissen zeitlichen Zusammenhang mit dem Tod des Gesellschafters erfolgen. Eine **Frist** von bis zu einem Jahr wird man dabei als angemessen ansehen können. Im Interesse des Rechtsfriedens sollte die Satzung für die Einziehung jedoch eine klare Ausschlussfrist vorsehen.

279 Die Erben erhalten im Falle der Einziehung eine **Abfindung**. Die Höhe der Abfindung richtet sich grundsätzlich nach dem tatsächlichen Verkehrswert des Geschäftsanteils. Der Gesellschaftsvertrag kann die Höhe der Abfindung jedoch beschränken und auch ganz ausschließen. Darüber hinaus sollte die Satzung das Bewertungsverfahren, die Fälligkeit, die Zulässigkeit einer Ratenzahlung und die sonstigen Modalitäten der Abfindungszahlung möglichst präzise regeln.[181]

280 Mit dem Wirksamwerden der Einziehung geht der Geschäftsanteil vollständig und ersatzlos unter. Alle Rechte und Pflichten aus dem Geschäftsanteil erlöschen. Dies gilt auch für etwaige Rechte Dritter an dem Geschäftsanteil (z.B. Nießbrauchsrechte oder Pfandrechte). Die Einziehung hat zudem zur Folge, dass die Summe der Nennwerte der einzelnen Geschäftsanteile ausnahmsweise nicht mehr mit dem Stammkapital der Gesellschaft übereinstimmt (s. § 5 Abs. 3 Satz 3 GmbHG).

281 Die Einziehung führt schließlich dazu, dass sich die Höhe der Beteiligung der einzelnen Gesellschafter ändert. Dies kann bspw. für das Stimmrecht, den Anspruch auf den Jahresgewinn, die Haftung der Gesellschafter (z.B. nach §§ 24, 31 Abs. 3 GmbHG) oder die Ausübung von Minderheitenrechten (z.B. nach § 50 Abs. 1 GmbHG) von Bedeutung sein. Im Einzelfall kann es auf diese Weise auch zu überraschenden Veränderungen der Mehrheitsverhältnisse kommen.

---

[181] S. dazu bereits oben Rn. 78 ff.

Beispiel:

Am Stammkapital der X-GmbH mit 100.000 € sind A mit 40.000 €, B mit 30.000 € und C mit gleichfalls 30.000 € beteiligt. Keiner der Gesellschafter verfügt demnach über eine Mehrheit.

Stirbt der Gesellschafter C und wird sein Anteil eingezogen, verfügt A plötzlich über die einfache Mehrheit der Stimmen und kann ggf. Entscheidungen gegen den Willen des B durchsetzen.

Die Einziehung kann auch ungewollte **einkommensteuerrechtliche** Folgen haben. Bei Gesellschaftern, die eine nicht wesentliche Beteiligung im Privatvermögen halten, kann es aufgrund der Einziehung zu einem Überschreiten der 1 Prozent Grenze und damit zu einer Steuerverstrickung kommen. 282

Bei GmbH's, zu deren Vermögen Grundbesitz gehört, kann die Einziehung eine Anteilsvereinigung begründen und **Grunderwerbsteuer** auslösen, § 1 Abs. 3 GrEStG. 283

Die Einziehungsklausel bietet insgesamt nur wenig Vorteile. Den verbleibenden Gesellschaftern lässt sie lediglich die Wahl zwischen der Fortführung der Gesellschaft mit einem möglicherweise nicht passenden Nachfolger und der ersatzlosen Vernichtung eines Geschäftsanteils. Eine flexible Steuerung der Nachfolge ist mit der Einziehungsklausel daher nicht möglich. Die Einziehung ist im Übrigen nur unter strengen Voraussetzungen möglich und belastet die Gesellschaft mit der Abfindungsleistung. Ein weiterer Nachteil der Einziehungsklausel besteht schließlich darin, dass sie auf Dauer zu einem Aussterben der Gesellschaft führt. 284

b) Abtretungsklausel

Die Satzung kann auch vorsehen, dass der Geschäftsanteil eines Gesellschafters im Falle seines Todes an eine andere Person abzutreten ist. Die Erben sind dann gesellschaftsvertraglich verpflichtet, den aufgrund der Erbfolge erworbenen Geschäftsanteil an den vorgesehenen Nachfolger zu übertragen. Bei der Abtretungsverpflichtung handelt es sich um eine Nebenleistungspflicht der Gesellschafter, § 3 Abs. 2 GmbHG. 285

Bei dem **Abtretungsempfänger** kann es sich um die Gesellschaft, einen Gesellschafter oder eine beliebige andere Person handeln. Die Bestimmung des Erwerbers muss dabei nicht unbedingt im Gesellschaftsvertrag erfolgen. 286

Das Recht, von den Erben die Abtretung des Geschäftsanteils zu verlangen, steht im Regelfall der Gesellschaft zu. Macht die Gesellschaft von der Möglichkeit der Abtretung Gebrauch, muss der Geschäftsanteil von den Erben auf die nachfolgeberechtigten Personen übertragen werden. Die Erben sind aufgrund der Abtretungsklausel verpflichtet, der Anteilsübertragung zuzustimmen. Gleichwohl kann die Notwendigkeit der Mitwirkung der Erben Anlass für zeitliche Verzögerungen und Streitigkeiten sein. In die Satzung kann daher eine Ermächtigung aufgenommen werden, wonach die anderen Gesellschafter bzw. die Gesellschaft berechtigt sind, die Anteilsübertragung unmittelbar selbst vorzunehmen. 287

Für die Abtretung des Geschäftsanteils hat der Erwerber das vereinbarte **Entgelt** zu bezahlen. Die Zahlung belastet damit nicht die Liquidität der Gesellschaft. Erwirbt die Gesellschaft den Geschäftsanteil ausnahmsweise selbst, gelten die allg. Beschränkungen für den Erwerb eigener Anteile, § 33 Abs. 2 GmbHG. 288

Die Abtretungsklausel kann von den Erben unter Umständen dadurch umgangen werden, dass sie den im Wege der Erbfolge erworbenen Geschäftsanteil noch vor 289

Vollzug der Abtretung selbst veräußern. Dies lässt sich dadurch **vermeiden**, dass die Abtretung von Geschäftsanteilen generell von der vorherigen Zustimmung der Gesellschaft bzw. der anderen Gesellschafter abhängig gemacht wird, § 15 Abs. 5 GmbHG. Die Abtretungsklausel sollte daher stets um eine entsprechende **Vinkulierungsklausel** ergänzt werden.

290 Die Abtretungsklausel ermöglicht einen unmittelbaren Übergang des Geschäftsanteils des verstorbenen Gesellschafters auf den gewünschten Nachfolger und vermeidet die mit der Einziehung verbundene Anteilsvernichtung. Ein weiterer **Vorteil** der Abtretungsklausel besteht darin, dass die Abtretung unabhängig von den Regeln über die Kapitalaufbringung und -erhaltung vollzogen werden kann und die Liquidität der Gesellschaft dadurch nicht belastet wird.

c) Kombinationsklausel

291 Die Abtretungsklausel ist im Regelfall günstiger als die Einziehungsklausel. Gleichwohl sollten sich die Gesellschafter im Zeitpunkt der Satzungserrichtung nach Möglichkeit alle Handlungsoptionen für einen späteren Erbfall offen halten. Üblicherweise sollte die Satzung daher sowohl eine Einziehungsklausel als auch eine Abtretungsklausel vorsehen. Im Einzelfall kann man zwischen den beiden Nachfolgeklauseln auch eine bestimmte **Rangordnung** vorsehen, bspw. in der Form, dass eine Einziehung des Geschäftsanteils nur dann zulässig ist, wenn eine Abtretung nicht innerhalb einer bestimmten Frist erfolgt ist.

292 Ergänzend zur Einziehungs- und Abtretungsklausel können in der Satzung für den Erbfall zudem weitere Regelungen vorgesehen werden (z.B. ein Ankaufsrecht zugunsten der anderen Gesellschafter).

> **Formulierungsbeispiel:** Geht ein Geschäftsanteil von Todes wegen auf eine oder mehrere Personen über, die nicht Gesellschafter, Ehegatten oder Abkömmlinge eines Gesellschafters sind, kann die Gesellschafterversammlung unter Ausschluss des Stimmrechts des betroffenen Gesellschafters innerhalb von sechs Monaten nach Eintritt des Erbfalls die Einziehung oder Abtretung des Geschäftsanteils beschließen. Die Erben erhalten in diesem Fall eine Abfindung nach den Bestimmungen dieser Satzung.

3. *Testamentsvollstreckung*[182]

293 Die Testamentsvollstreckung an GmbH-Geschäftsanteilen ist grundsätzlich zulässig.[183]

Der Testamentsvollstrecker übt die aus dem Geschäftsanteil verbundenen Vermögens- und Verwaltungsrechte aus. Der Erbe ist demnach von der Wahrnehmung der Gesellschafterrechte ausgeschlossen.

294 Die Verwaltung der Beteiligung bezieht sich grundsätzlich auf die Vornahme aller Rechtshandlungen, die mit der Gesellschafterstellung verbunden sind. Ausgenommen ist allerdings die Wahrnehmung **höchstpersönlicher Gesellschafterrechte** (wie etwa

---

[182] Ausf. dazu *Groß*, GmbHR 1994, 596; *J. Mayer*, ZEV 2002, 209; *Priester*, in: FS für Stimpel, S. 463 ff.
[183] Ausf. dazu *Damrau/Bonefeld*, Erbrecht, § 2205 Rn. 55; Palandt/*Edenhofer*, § 2205 Rn. 24; Bamberger/Roth/*J. Mayer*, § 2205 Rn. 52 f.; Staudinger/*Reimann*, § 2205 Rn. 141 f.; MünchKomm/*Zimmermann*, § 2205 Rn. 50 ff.

ein dem Gesellschafter-Erben statutarisch eingeräumtes Geschäftsführungsrecht). Darüber hinaus kann die Rechtsmacht auch dann beschränkt sein, wenn es um Eingriffe in den Kernbereich der Mitgliedschaft geht. Weitere Einschränkungen können sich aus der Satzung der GmbH ergeben. Bei personalistisch strukturierten GmbH's sehen die Satzungen gelegentlich eine höchstpersönliche Ausübung bestimmter Verwaltungsrechte vor. In diesem Fall ist eine Mitwirkung durch den Testamentsvollstrecker ausgeschlossen.

> **Praxishinweis:**
> Die Befugnisse des Testamentsvollstreckers sollten mit der Satzung der GmbH abgestimmt werden. Die Zulässigkeit der Wahrnehmung von Verwaltungsrechten durch einen Testamentsvollstrecker sollte vorsorglich ausdrücklich geregelt werden.

Der Erblasser kann die Stellung des Testamentsvollstreckers verstärken, in dem er ihm zu Lebzeiten oder von Todes wegen eine Zwergbeteiligung an der GmbH einräumt und diese mit bestimmten Sonderrechten verbindet (z.B. einem Vetorecht für Gesellschafterbeschlüsse, einem Recht zur Benennung des Geschäftsführers). 295

Der Testamentsvollstrecker kann daneben auch selbst zum Geschäftsführer der Gesellschaft bestellt werden. Der Testamentsvollstrecker ist jedoch – anders als der Gesellschafter selbst – grundsätzlich nicht berechtigt, bei dem Beschluss über seine Bestellung als Geschäftsführer mitzuwirken, § 47 Abs. 4 Satz 2 GmbHG. Der Testamentsvollstrecker sollte in diesen Fällen von dem Verbot von **In-Sich-Geschäften** zumindest insoweit befreit werden, als es um seine Bestellung, Anstellung und Entlastung als Geschäftsführer der Gesellschaft geht. 296

Der Testamentsvollstrecker ist **zu unentgeltlichen Verfügungen** nicht befugt (§ 2205 Satz 3 BGB) und darf keine persönliche Haftung der Erben begründen. An einer Kapitalerhöhung der GmbH darf der Testamentsvollstrecker daher nur mitwirken, wenn die übernommenen Verpflichtungen aus Mitteln erfüllt werden können, die der Testamentsvollstreckung unterliegen. Dies ist bspw. der Fall, wenn die **Kapitalerhöhung** aus Gesellschaftsmitteln erfolgt. Geschieht die Kapitalerhöhung dagegen gegen Einlagen, ist der Testamentsvollstrecker zur Zustimmung zum Kapitalerhöhungsbeschluss und zur Abgabe der Übernahmeerklärung nur berechtigt, wenn die Einlage sofort fällig und ihre Aufbringung aus Nachlassmitteln möglich ist. Andernfalls darf er sich am Erhöhungsbeschluss nicht beteiligen, weil es sonst aufgrund der kollektiven Ausfallhaftung zu einer Eigenhaftung der Erben kommen könnte, § 24 GmbHG. 297

Zur **Errichtung neuer Gesellschaften** ist der Testamentsvollstrecker gleichfalls nur insoweit berechtigt, als er die Erben nicht persönlich verpflichtet. An der Neugründung einer GmbH kann der Testamentsvollstrecker daher nur mitwirken, wenn die Stammeinlagen sofort in voller Höhe zur Zahlung fällig sind, die Zahlung aus Mitteln des Nachlasses möglich ist (§ 24 GmbHG) und die Gesellschafter keine weitergehenden persönlichen Verpflichtungen übernehmen (§ 3 Abs. 2 GmbHG). Unter diesen Voraussetzungen kann der Testamentsvollstrecker aus Mitteln des Nachlasses auch Geschäftsanteile an einer bestehenden GmbH erwerben. 298

> **Praxishinweis:**
> Die grundsätzliche Zulässigkeit der Testamentsvollstreckung an GmbH-Geschäftsanteilen ist unbestritten. Dagegen ist die genaue Reichweite der Befugnisse des Testamentsvollstreckers (etwa bei Kapitalerhöhungen, Umwandlungen, Errichtung von Tochtergesellschaften, etc.) noch nicht abschließend geklärt. Vorsorglich sollte der

Erblasser dem Testamentsvollstrecker daher eine ergänzende Vollmacht erteilen. Im Interesse der Praktikabilität sollte die Vollmacht zumindest öffentlich beglaubigt sein (s. § 12 Abs. 2 HGB und § 2 Abs. 2 GmbHG).

V. Aktiengesellschaft[184]

1. Grundsatz der freien Vererblichkeit

299 Die Anteile an der Aktiengesellschaft sind frei vererblich. Die Vererblichkeit von Aktien kann auch durch die Satzung nicht eingeschränkt werden. Dies gilt sowohl für Namensaktien als auch für Inhaberaktien.

300 **Mehrere Erben** können ihre Rechte aus den Aktien nur durch einen gemeinschaftlichen Vertreter ausüben, § 69 Abs. 1 AktG.[185] Bis zur Bestellung eines gemeinsamen Vertreters ruhen die Verwaltungsrechte, nicht aber das Gewinnbezugsrecht. Dies sollte in der Satzung von Familienaktiengesellschaften vorsorglich klargestellt werden.

301 Nach der **Auseinandersetzung der Erbengemeinschaft** kann jeder Erbe seine Rechte aus den Aktien selbst wahrnehmen. Eine Verpflichtung zur gemeinsamen Wahrnehmung der Rechte aus den Aktien kann in der Satzung der Aktiengesellschaft aufgrund der aktienrechtlichen Satzungsstrenge nicht vorgesehen werden, § 23 Abs. 5 AktG. Das Ziel einer dauerhaften Einheit des Aktienpakets lässt sich nur durch erbrechtliche Anordnungen erreichen (z.B. durch die Anordnung der Dauertestamentsvollstreckung, eine Auflage zur Bestellung eines gemeinsamen Vertreters oder den Abschluss eines Stimmbindungsvertrages).

302 Die Erbfolge muss bei der Aktiengesellschaft nicht zur Eintragung in das Handelsregister angemeldet werden.

303 Bei Aktiengesellschaften, die **Namensaktien** ausgegeben haben, sollte allerdings die Eintragung in das Aktienregister der Gesellschaft erfolgen. Das Aktienregister wird vom Vorstand geführt. Die Eintragung ist nicht Voraussetzung für die Wirksamkeit des Erwerbs, dient aber zum Zweck der Legitimation des Erben gegenüber der Gesellschaft (§ 67 Abs. 2 AktG). Ohne die Eintragung in das Aktienregister kann der Erbe i.d.R. nicht an Hauptversammlungen teilnehmen oder seine Dividende einfordern.[186]

304 Die Aktiengesellschaft darf die **Umschreibung** im Aktienregister allerdings erst dann vornehmen, wenn sie den Erwerb des Erben dem zuständigen Erbschaftsteuerfinanzamt angezeigt hat (§ 33 Abs. 2 ErbStG).

2. Einschränkung der Erbfolge durch die Satzung

a) Abtretungsklausel

305 Im Unterschied zur GmbH kann die Nachfolge in der Satzung einer Aktiengesellschaft aufgrund der Satzungsstrenge (§ 23 Abs. 5 AktG) nur sehr eingeschränkt geregelt werden.

---

184 Ausf. dazu *Eder,* NZG 2004, 107; *Frank,* NZG 2002, 898; *Frank,* ZEV 2002, 389; *Frank,* ZEV 2003, 192; *von Oertzen,* BB 2004, 1135; *Schaub,* ZEV 1995, 82; *A. Söffing/Thoma,* ErbStB 2004, 78; *Stupp,* NZG 2005, 205.
185 MünchKomm/*Bayer,* AktG, § 69 Rn. 15 ff.; *Hüffer,* AktG, § 69 Rn. 2 ff.
186 MünchKomm/*Bayer,* AktG, § 67 Rn. 36 ff.; *Hüffer,* AktG, § 67 Rn. 10 ff.

Eine **Abtretungsverpflichtung** kann in der Satzung einer Aktiengesellschaft nicht begründet werden, da darin ein Verstoß gegen das Verbot der Begründung von Nebenleistungsverpflichtungen gesehen wird (§ 54 AktG).[187] Die Vereinbarung von **Erwerbsrechten** und Andienungspflichten ist im Aktienrecht gleichfalls nicht möglich.

Soweit die Gesellschaft Namensaktien (und nicht Inhaberaktien) ausgegeben hat, kann die Satzung die Übertragung von der Zustimmung der Gesellschaft abhängig gemacht werden. Die **Vinkulierung von Namensaktien** ist allerdings nur für rechtsgeschäftliche Übertragungen möglich und kann nicht auf den Erwerb im Wege der Erbfolge ausgedehnt werden (§ 68 Abs. 2 AktG).[188] Im Falle der Vinkulierung bedarf allerdings die Übertragung von Aktien zur Erfüllung eines Vermächtnisses oder im Rahmen einer Erbauseinandersetzung der Zustimmung der Gesellschaft. Die Aufnahme einer Vinkulierungsklausel in die **Satzung** einer bereits bestehenden Aktiengesellschaft bedarf der Zustimmung aller betroffenen Aktionäre (§ 180 Abs. 2 AktG). Ein solcher Beschluss wird meist nur bei Familienaktiengesellschaften mit überschaubarem Aktionärskreis erreichbar sein.

306

Die Verfügung über **Inhaberaktien** kann nicht beschränkt werden.

307

b) Einziehungsklausel

Dagegen ist es auch im Aktienrecht **zulässig**, dass die Satzung im Falle des Todes eines Aktionärs die Einziehung der Aktien vorsieht (§§ 237 ff. AktG).[189] Die Einziehung kann generell oder nur für bestimmte Fälle angeordnet werden (z.B. wenn die Erben die Aktien nicht innerhalb einer bestimmten Frist auf Mitaktionäre, Abkömmlinge oder Ehepartner des Aktionärs übertragen).

308

Die Einziehung der Aktien setzt im Aktienrecht (anders als im GmbH-Recht) zwingend eine **Kapitalherabsetzung** voraus. Ein Einziehungsbeschluss der Hauptversammlung ist nicht erforderlich. Für die in der Satzung vorgesehene Einziehung genügt eine Entscheidung des Vorstands (§ 237 Abs. 6 AktG). Bei der Einziehung sind grundsätzlich die Vorschriften über eine ordentliche Kapitalherabsetzung, einschließlich der Bestimmungen für den **Schutz von Gläubigern** (§ 225 AktG) einzuhalten. Eine Ausnahme gilt nur dann, wenn der Aktionär seine Einzahlungsverpflichtung voll erfüllt hat und die Einziehung zu Lasten des Bilanzgewinns oder einer Gewinnrücklage erfolgt (s. im Einzelnen § 237 Abs. 3 AktG).

309

> **Praxishinweis:**
> Eine Einziehung der Aktien im Erbfall ist damit – wenn überhaupt – nur dann praktikabel, wenn die Aktionäre ihre Einlagen vollständig erbracht haben und die Gesellschaft eine Gewinnrücklage mit einer entsprechenden Zweckbestimmung gebildet hat.

Die Vernichtung der **Aktienurkunden** ist nicht Voraussetzung für die Wirksamkeit der Einziehung der Aktien. Gleichwohl sollte der **Vorstand** die Aktienurkunden nach Möglichkeit vernichten bzw. für kraftlos erklären lassen.

310

---

187 MünchKomm/*Bungeroth*, AktG, § 54 Rn. 22 ff.; *Hüffer*, AktG, § 54 Rn. 6.
188 MünchKomm/*Bayer*, AktG, § 54 Rn. 52 f.; *Hüffer*, AktG, § 68 Rn. 11.
189 *Hüffer*, AktG, § 237 Rn. 5 ff.; MünchKomm/*Oechsler*, AktG, § 237 Rn. 12 ff.

Formulierungsbeispiel: Aktien eines verstorbenen Aktionärs können ohne Zustimmung der Erben oder Vermächtnisnehmer eingezogen werden, wenn sie nicht ausschließlich auf Personen übergehen, die Aktionäre, Ehegatten oder Abkömmlinge von Aktionären sind. Über die Einziehung entscheidet der Vorstand. Die Erben erhalten in diesem Fall eine Abfindung nach den Bestimmungen dieser Satzung.

3. Mittelbare Steuerung der Erbfolge

311 Auf der Ebene der Aktiengesellschaft kann die freie Vererblichkeit der Aktien kaum gesteuert werden. Abtretungsklauseln sind generell unzulässig und Einziehungsklauseln sind aufgrund der damit verbundenen Kapitalherabsetzung kaum praktikabel. Eine sachgerechte Steuerung der Nachfolge ist daher **nur außerhalb der Satzung möglich**. Zu diesem Zweck können einzelne Aktionäre (z.B. eines Familienstamms) ihre Rechte und Interessen in einem **Poolvertrag** koordinieren.[190]

312 Meist werden die Aktionäre dabei eine **Gesellschaft bürgerlichen Rechts** gründen und ihre Aktien in das Gesamthandsvermögen der Gesellschaft einbringen. Die Nachfolge in die Aktien kann dann durch entsprechende erbrechtliche Regelungen im Gesellschaftsvertrag der GbR (z.B. Fortsetzungsklausel, Nachfolgeklausel, Eintrittsklausel) mittelbar beeinflusst werden.

313 Bei Aktionären, die mit **mehr als 25 Prozent** am Grundkapital der Aktiengesellschaft beteiligt sind, kann die Beteiligung an dieser GbR allerdings erbschaftsteuerrechtlich nachteilig sein. Für die dann vorliegende mittelbare Beteiligung an der Aktiengesellschaft werden – trotz der steuerlichen Transparenz der bloß vermögensverwaltenden Gesellschaft bürgerlichen Rechts (§ 10 Abs. 1 Satz 3 ErbStG) – die Vergünstigungen für Betriebsvermögen (§§ 13a, 19a ErbStG) nicht gewährt.

314 Neben der Errichtung einer GbR ist auch eine rein schuldrechtliche Vereinbarung zwischen den Aktionären möglich, bei denen die Aktien im alleinigen Eigentum der Aktionäre verbleiben. In diesem Fall gehen die Aktien mit den entsprechenden schuldrechtlichen Verpflichtungen (z.B. Stimmbindungen, Wahrnehmung der Rechte durch einen gemeinsamen Vertreter) auf den Erben über. Zur Regelung der Nachfolge können ergänzend Ankaufs-, Vorkaufs- und Eintrittsrechte vereinbart werden.

4. Besonderheiten bei börsennotierten Aktiengesellschaften

315 Bei Beteiligungen an börsennotierten Aktiengesellschaften sind bei der Nachfolgeplanung auch die Bestimmungen des Wertpapiererwerbs- und Übernahmegesetzes zu beachten.[191]

316 Der Erwerb von Aktien im Wege der Erbfolge kann dazu führen, dass der Erwerber ein Pflichtangebot abgeben muss (§ 35 WpÜG). Dies ist dann der Fall, wenn der Erwerber nach dem Erwerb über mindestens 30 Prozent der Stimmrechte an der Aktiengesellschaft verfügt (zu den Voraussetzungen eines Kontrollerwerbs s. im Einzelnen §§ 29, 30 WpÜG). Der Erwerber muss dann die Erlangung der Kontrolle spätestens innerhalb von sieben Tagen, nachdem er von dem Kontrollerwerb Kenntnis erlangt hat, veröffentlichen. Darüber hinaus muss er der **Bundesanstalt für Finanzdienstleis-**

---

190 Ausf. zu Aktionärsvereinbarungen *Schüppen/Schaub/Sickinger*, Münchener AnwaltsHB Aktienrecht, § 11, S. 234 ff.
191 Ausf. *Söffing/Thoma*, ErbStB 2004, 78, 80 ff.

tungsaufsicht[192] innerhalb von vier Wochen nach der Veröffentlichung eine Angebotsunterlage übermitteln und ein Übernahmeangebot veröffentlichen.

Ausnahmen bestehen u.a. für den Fall, dass der Erwerber die Stimmrechte von Todes wegen oder im Wege der Erbauseinandersetzung von seinem Ehegatten, Lebenspartner oder Verwandten in gerader Linie bis zum dritten Grad erwirbt (§ 36 WpÜG). 317

In allen anderen Fällen, bspw. beim Erwerb durch eine Stiftung, entscheidet die Bundesanstalt für Finanzdienstleistungsaufsicht nach freiem Ermessen über die Befreiung von dem Pflichtangebot (§ 37 WpÜG i.V.m. § 9 Angebotsverordnung). Ein Rechtsanspruch auf Befreiung besteht nicht. Der **Antrag auf Befreiung** ist innerhalb von sieben Tagen ab dem Zeitpunkt zu stellen, ab dem der Erwerber Kenntnis von der Kontrolle über die Gesellschaft hatte oder hätte haben müssen. 318

Praxishinweis:
In entsprechenden Fällen sollte die Möglichkeit einer Befreiung von dem Pflichtangebot nach Möglichkeit bereits zu Lebzeiten mit der Bundesanstalt für Finanzdienstleistungsaufsicht abgestimmt werden.

Darüber hinaus kann der Erwerb von Aktien an einer börsennotierten Gesellschaft im Wege der Erbfolge verschiedene **Meldepflichten** auslösen (s. §§ 21, 22 WpÜG). Eine Meldepflicht besteht grundsätzlich dann, wenn bestimmte Schwellenwerte erreicht, überschritten oder unterschritten werden. Maßgebend ist der Erwerb von 5, 10, 25, 50 oder 75 Prozent der Stimmrechte. 319

5. Testamentsvollstreckung

Die Testamentsvollstreckung an Aktien ist grundsätzlich zulässig.[193] Die Befugnisse des Testamentsvollstreckers unterliegen dabei ähnlichen Grenzen wie bei der Testamentsvollstreckung an GmbH-Geschäftsanteilen. 320

Allerdings ist ein Testamentsvollstrecker wegen der strengen persönlichen Haftung der Gründer (§ 46 AktG) in keinem Fall befugt, sich an der Gründung einer Aktiengesellschaft zu beteiligen. Dagegen ist der Testamentsvollstrecker, dem vom Erblasser die Verwaltung von GmbH-Geschäftsanteilen übertragen ist, berechtigt, die Umwandlung dieser GmbH in eine Aktiengesellschaft herbeizuführen, wenn dadurch weitergehende Verpflichtungen für die Erben nicht begründet werden. 321

D. Zehn Regeln zum Unternehmertestament

Für die richtige Gestaltung eines Unternehmertestaments lassen sich kaum allg. gültige Empfehlungen geben. So wie es keine für alle Unternehmen optimale Unternehmensrechtsform gibt, existiert auch kein für alle Unternehmer optimales Testament. Unumstritten ist aber die Notwendigkeit, ein Unternehmertestament zu errichten. Denn die gesetzliche Erbfolge ist zur sachgerechten Regelung der Unternehmensnachfolge jedenfalls nicht geeignet. Der Unternehmer sollte daher in jeder Lebensphase über ein Testament verfügen, dass seinen persönlichen und unternehmerischen Vorgaben ent- 322

---

[192] S. dazu www.bafin.de.
[193] Ausf. dazu *Damrau/Bonefeld,* Erbrecht, § 2205 Rn. 56; Palandt/*Edenhofer,* § 2205 Rn. 25; *Bamberger/Roth/J. Mayer,* § 2205 Rn. 54; Staudinger/*Reimann,* § 2205 Rn. 143; MünchKomm/*Zimmermann,* § 2205 Rn. 53.

spricht und die erbrechtlichen und steuerrechtlichen Rahmenbedingungen berücksichtigt. Das fehlende oder falsche Unternehmertestament kann zum Scheitern des Unternehmens führen.

Die Gestaltung der Unternehmensnachfolge ist – ebenso wie die Führung eines Unternehmens – eine strategische planerische Aufgabe. Der Unternehmer hat daher frühzeitig, ein individuelles und ganzheitliches **Konzept der Nachfolgeplanung** zu erstellen und diese an veränderte Lebensumstände anzupassen und fortzuentwickeln. Das Unternehmertestament ist dabei nur ein Bestandteil einer umfassenden Nachfolgeplanung.

Zehn Regeln für das Unternehmertestament

1. Die gesetzliche Erbfolge ist zur Verwirklichung der Unternehmensnachfolge ungeeignet. Es gilt daher – zu jeder Lebensphase – ein individuelles Unternehmertestament zu errichten.

2. Das Unternehmen sollte bereits zu Lebzeiten im Wege der vorweggenommenen Erbfolge sukzessive auf einen Nachfolger übertragen werden. Das Unternehmertestament dient lediglich der Ergänzung und Abrundung des Gesamtkonzepts der Unternehmensnachfolge.

3. Das Unternehmertestament ist mit den Gesellschaftsverträgen abzustimmen und umgekehrt. Daher sollte ein Testament nie ohne vollständige Kenntnis der aktuellen Gesellschaftsverträge errichtet oder geändert werden. Bei einer Änderung des Gesellschaftsvertrages sind stets die Auswirkungen auf die Verfügungen von Todes wegen aller Gesellschafter zu berücksichtigen.

4. Zur Absicherung der Verwirklichung des letzten Willens des Unternehmers empfiehlt sich zu Lebzeiten der Abschluss von Pflichtteilsverzichtsverträgen (ggf. gegen eine angemessene Abfindung) mit den pflichtteilsberechtigten Kindern. Auf einen Erbverzicht sollte demgegenüber im Regelfall verzichtet werden.

5. Inhaltlich sollte das Unternehmertestament eine klare und praktikable Erbfolge vorsehen. Das Entstehen von Erbengemeinschaften ist nach Möglichkeit zu vermeiden. Die Anordnung von Vor- und Nacherbfolge ist in den meisten Fällen wenig zweckmäßig. Zur Verwirklichung des letzten Willens des Unternehmers kann eine individuell ausgestaltete Testamentsvollstreckung in vielen Fällen sachgerecht sein. Eine Bindung des Unternehmers durch einen Erbvertrag oder ein gemeinschaftliches Testament sollte nur im Einzelfall erfolgen.

6. Das Unternehmertestament ist in regelmäßigen Zeitabständen (von längstens drei Jahren) zu überprüfen und ggf. anzupassen. Dies gilt insbesondere dann, wenn sich die persönlichen, familiären oder wirtschaftlichen Rahmenbedingungen verändert haben.

7. Das Unternehmertestament ist um einen individuellen Unternehmer Ehevertrag zu ergänzen. Gütertrennung und Gütergemeinschaft scheiden als Güterstand aus. Vielmehr ist der Güterstand der Zugewinngemeinschaft unter Berücksichtigung der Umstände des Einzelfalls sachgerecht zu modifizieren.

8. Eine umfassende Vorsorgevollmacht zugunsten des Unternehmensnachfolgers (und ggf. weiterer Vertrauenspersonen) ermöglicht insbesondere bei Tod oder Krankheit des Unternehmers die Veranlassung aller notwendigen Maßnahmen.

Wachter

9. Die Auswirkungen der Unternehmensnachfolge bei den verschiedenen Steuerarten (insbesondere bei der Erbschaft- und Schenkungsteuer sowie der Einkommensteuer) sind umfassend und regelmäßig zu überprüfen.
10. Besteht von Seiten des Unternehmers oder des Unternehmens in persönlicher oder sachlicher Hinsicht ein Auslandsbezug, sind sämtliche Gestaltungen mit den in Betracht kommenden ausländischen Rechts- und Steuerordnungen abzustimmen.

19. Kapitel
Ausgewählte Schnittstellen zwischen Familien- und Erbrecht

Übersicht:

	S.
A. Scheidungsvereinbarung und erbrechtliche Verzichtserklärung	971
I. Erb- und Pflichtteilsverzicht	971
II. Zugewinnausgleich und Erb- bzw. Pflichtteilsverzicht	972
III. Pflichtteilsverzicht und Unterhalt aus § 1586b BGB	972
B. Unterhaltsansprüche und Erbfall	974
I. Anspruch der werdenden Mutter eines Erben	975
II. Anspruch der Mutter und des Vaters aus Anlass der Geburt	975
III. Tod des Unterhaltpflichtigen/-berechtigten bei Verwandten- und Geschiedenenunterhalt	975
IV. Ausbildungsanspruch der Stiefkinder	976
C. Probleme bei der Kollision Zugewinn und Pflichtteil	976
I. Vorsicht bei taktischer Ausschlagung	977
II. „Taktische Enterbung"	980
III. Kollision der Anrechnungsbestimmungen von § 1380 BGB und § 2315 BGB	981
D. Besonderheiten bei der Gütergemeinschaft	985
I. Grundsätzliches	985
II. Begründung der Gütergemeinschaft als Schenkung?	986
III. Anordnung im Testament	987
IV. Pflichtteilsergänzungsfeste Zuwendungen durch Gütergemeinschaft?	987
1. Abwägung der Vor- und Nachteile	987
2. Folgen der Aufhebung der Gütergemeinschaft	988
3. Gestaltungsmöglichkeiten	989
E. Scheidungsantrag und Ehegattenerbrecht	989
I. Scheidungsverfahren und gesetzliches Erbrecht	990
II. Tod des Ehegatten während des Scheidungsverfahrens	991
III. Vorsicht bei Ehescheidung und gemeinschaftlichem Testament	993
IV. Scheidungsverfahren und gewillkürtes Erbrecht	994
V. Auswirkung des Todes auf Folgesachen	995
1. Fortsetzung der Folgesache Zugewinnausgleich gegen Erben	996
2. Fortsetzung der Folgesache Versorgungsausgleich gegen die Erben	996
VI. Aufhebungsverfahren und Ehegattenerbrecht	997
F. Ehegatteninnengesellschaft	998
I. Vorliegen einer Ehegatteninnengesellschaft	998
II. Ehebedingte Zuwendung	1002
1. Zeitliche Schranke des § 2325 Abs. 3 BGB für Ehegatten nicht zehn Jahre!	1002
2. Sonderproblem: Unentgeltliche Zuwendungen unter Ehegatten	1002
G. Familienrechtliche Anordnungen in der letztwilligen Verfügung	1003
H. Anfechtung einer letztwilligen Verfügung wegen Übergehung eines Pflichtteilsberechtigten nach § 2079 BGB	1004
I. Allgemeines	1004
II. Anfechtung einseitiger testamentarischer Bestimmungen	1005
III. Anfechtung beim gemeinschaftlichen Testament	1007
1. Zu Lebzeiten beider Ehegatten	1008
2. Nach dem Tod des Erstversterbenden	1008
a) Anfechtung durch Dritte	1008
b) Anfechtung durch den überlebenden Ehegatten	1008
3. Nach dem Tod des zuletzt versterbenden Ehegatten	1010
I. Bruchteilsgemeinschaft am Einzelkonto	1012
I. Einzelkonto des Erblassers	1012
II. Zuwendungen des Erblassers auf das Einzelkonto des Ehegatten	1016
J. Erbrechtliche Probleme der homologen Insemination	1016
K. Besonderheiten bei minderjährigen Kindern als Erben des Unternehmers	1017
I. Unternehmer mit minderjährigen Kindern	1017
II. Einzelunternehmen	1018
III. Personengesellschaft	1018

IV.	Kapitalgesellschaft	1020	II. Zweistufige Inhaltskontrolle von	
V.	Minderjähriger und		Eheverträgen	1022
	Testamentsvollstreckung	1020	1. Erste Stufe der Inhaltskontrolle	1022
L. Auswirkungen der Inhaltskontrolle bei			2. Zweite Stufe der Inhalts-	
	Eheverträgen auf das Erbrecht	1021	kontrolle:	1023
	I. Entscheidung des BGH vom			
	11.02.2004	1021		

A. Scheidungsvereinbarung und erbrechtliche Verzichtserklärung

Nach § 630 Abs. 3 ZPO soll das FamG dem Scheidungsantrag stattgeben, wenn die Ehegatten sich über die Regelung der Unterhaltspflicht gegenüber dem Kind, die durch die Ehe begründete gesetzliche Unterhaltspflicht sowie die Rechtsverhältnisse an der Ehewohnung und am Hausrat einen vollstreckbaren Schuldtitel herbeigeführt haben. Dementsprechend ist häufig eine Scheidungsvereinbarung Bestandteil eines einverständlichen Scheidungsverfahrens nach Maßgabe der §§ 1565, 1566 BGB.

Nach § 1933 Satz 1 BGB **verliert** der **Ehegatte** erst sein gesetzliches **Erbrecht**, wenn zur Zeit des Todes des Erblassers die **Voraussetzungen für die Scheidung** der Ehe gegeben waren und der Erblasser die Scheidung beantragt oder ihr zugestimmt hatte. Ist aber bspw. das Trennungsjahr noch nicht abgelaufen oder sind die weiteren Scheidungsvoraussetzungen noch nicht gegeben, um einen Scheidungsantrag beim Familiengericht einzureichen, ist es dringend zu empfehlen, durch Parteivereinbarung die Wirkung des Ausschlusses des Erbrechtes des Ehegatten auf den Zeitpunkt der Scheidungsvereinbarung vorzuverlegen.

I. Erb- und Pflichtteilsverzicht

In der Praxis wird regelmäßig ein Erb- und Pflichtteilsverzicht vorgeschlagen. In letzter Zeit sind jedoch Formularvorschläge unterbreitet worden, die nicht alle Problembereiche hinreichend absichern.[1] Ein Erbverzicht nach § 2346 Abs. 1 BGB hat für den Verzichtenden den **Austritt von der gesetzlichen Erbfolge** als Konsequenz. Dieser Verzicht gilt auch für die Abkömmlinge, wenn der Verzichtende seitenverwandt oder Abkömmling ist.

> **Praxishinweis:**
> Der Erbverzicht verfehlt seine Wirkung, wenn der Ehegatte weiterhin durch eine Verfügung von Todes wegen Erbe werden soll.[2] Dementsprechend ist dem Mandanten anzuraten, im Zusammenhang mit der Scheidungsfolgenvereinbarung eine bisherige zugunsten des Ehegatten bestehende letztwillige Verfügung von Todes wegen zu widerrufen bzw. abzuändern.

Des Weiteren sollten die Parteien auf einen besonderen Umstand eines **isolierten Pflichtteilsverzichtes** hingewiesen werden. Nicht immer ist die Folge eines Erbverzichtes auch im Rahmen einer Scheidungsvereinbarung erwünscht. Der Verzichtende wird nämlich nach § 2346 Abs. 1 Satz 2 BGB so gestellt, als wenn er zum Zeitpunkt des Erbfalles nicht mehr leben würde. Aus diesem Grund entfällt auch sein Pflichtteilsrecht. Etwaige Pflichtteilsrestansprüche nach § 2305 BGB oder Pflichtteilsergänzungsansprüche gehen ebenfalls unter. Logische Folge ist die **Pflichtteilserhöhung**

---
1 So z.B. der Vorschlag von *Limmer*, ZFE 2002, 61.
2 Vgl. BGHZ 30, 261.

der Verbleibenden nach § 2310 Satz 2 BGB. Wird hingegen lediglich ein isolierter Pflichtteilsverzicht nach § 2346 Abs. 2 BGB erklärt, kommt es zu keiner Erhöhung des Pflichtteils der anderen.

> **Praxishinweis:**
> Statt eines generellen Ausspruches eines Erb- und Pflichtteilsverzichtes sollte also zunächst überdacht werden, ob die Folgen eines Erbverzichtes überhaupt gewünscht sind. Häufig reicht es aus, wenn der Ehegatte auf seinen Pflichtteil verzichtet und gleichzeitig auch auf etwaige Zugewinnausgleichsansprüche, da diese vom Pflichtteilsverzicht nicht umfasst werden.

II. Zugewinnausgleich und Erb- bzw. Pflichtteilsverzicht

5   Der **Zugewinnausgleichsanspruch** nach §§ 1371 Abs. 2, 1372 BGB wird weder vom Erbverzicht noch vom Pflichtteilsverzicht umfasst. Aus diesem Grund sollte auf jeden Fall die **Scheidungsvereinbarung** den **Ausschluss** des Zugewinnausgleichsanspruches **beinhalten oder** die **Gütertrennung vorsehen**. Schließt der Ehegatte einen Erbverzichtsvertrag, wird er aber gleichwohl Erbe oder Vermächtnisnehmer durch eine Verfügung von Todes wegen, so bleibt es bei der erbrechtlichen Lösung, wonach keine Erhöhung des Erbteils nach § 1371 Abs. 1 BGB erfolgt. Ein Zugewinnausgleich erfolgt nicht, sofern der Ehegatte nicht ausschlägt. Aufgrund des Erbverzichts kann der Ehegatte dann aber auch keinen Pflichtteil verlangen.

III. Pflichtteilsverzicht und Unterhalt aus § 1586b BGB

6   Überraschenderweise werden in Scheidungsvereinbarungen zwar regelmäßig Pflichtteilsverzichte aufgenommen, wobei aber die Reichweite von quasi „erbrechtlichen Unterhaltsansprüchen" völlig übersehen werden. Aufgrund der §§ 1615, 1360a Abs. 3 BGB gehen nämlich sämtliche Unterhaltsansprüche mit dem Tod des Unterhaltspflichtigen unter, sofern nicht ausnahmsweise der gesetzliche Unterhaltsanspruch geschiedener Ehegatten sowie der Ausschluss des Ehegattenerbrechtes nach § 1933 BGB gegeben ist.[3]

7   In den letztgenannten Fällen geht die Unterhaltsverpflichtung auf die Erben über, wobei die Erbenhaftung auf die Höhe des fiktiven kleinen Pflichtteils nach § 1586b BGB beschränkt ist.[4] Die Vorschrift des § 1586b BGB dürfte allerdings nur dann praktische Bedeutung haben, wenn der **Unterhaltverpflichtete erhebliches Vermögen hinterlässt**.[5] Der BGH hat in seiner Entscheidung vom 29.11.2000[6] festgestellt, dass in die Berechnung der Haftungsgrenze des § 1586b Abs. 1 Satz 3 BGB die fiktiven Pflichtteilsergänzungsansprüche gegen den Erben einzubeziehen sind. Bei der Berechnung dieses fiktiven Pflichtteils zur Bemessung der Haftungsquote bleiben güterrechtliche Besonderheiten unberücksichtigt (§ 1586b Abs. 2 BGB). Die Erbteilserhöhung des § 1371 BGB spielt keine Rolle. Für die Berechnung wird somit der Fortbestand der geschiedenen Ehe bis zum Tod des Verpflichteten fingiert.

---

3   *Damrau/Mittenzwei*, Erbrecht, § 2346 Rn. 19.
4   Ausführlich: *Bergschneider*, FamRZ 2003, 1049 ff.; zu den Problemen der Vererblichkeit der Unterhaltspflicht nach § 1586 BGB: *Schindler*, FamRZ 2004, 1527.
5   *Schwab/Borth*, HB Scheidungsrechts, 1995, IV 1232; *Klingelhöffer*, ZEV 1999, 13, 14.
6   BGH ZErb 2001, 58 = ZEV 2001, 113 = NJW 2001, 828.

Die bisherige h.M.[7] befürwortete einen Verlust des Unterhaltsanspruchs bei Vorliegen eines Erbverzichtes. Dieser Ansicht kann jedoch nicht uneingeschränkt gefolgt werden.

Bis dato höchstrichterlich ungeklärt bleibt die Frage, wie sich ein **Pflichtteilsverzicht** des Unterhaltsberechtigten auswirkt, der **während bestehender Ehe** erklärt wurde. Somit ist der sicherste Weg von den Kautelarjuristen zu beschreiten. Konsequenterweise dürfte die Erbenhaftung nach § 1586b BGB nicht durch einen Pflichtteilsverzicht entfallen,[8] weil unterhaltsrechtliche Konsequenzen von den Ehegatten bei der Unterzeichnung des Pflichtteilsverzichtsvertrages regelmäßig nicht bedacht werden, zumal sie zu diesem Zeitpunkt noch nicht bestehen.

Ebenso ungeklärt ist die Frage, ob § 1586b BGB auch **auf vertraglich vereinbarte Unterhaltspflichten anwendbar** ist. Wird die gesetzliche Unterhaltspflicht lediglich durch die vertragliche Regelung näher ausgestaltet, findet § 1586b Abs. 1 Satz 1 BGB analoge Anwendung. Wurden jedoch starke Abweichungen von der gesetzlichen Unterhaltspflicht zwischen den Parteien neu geregelt, wird wohl § 1586b BGB nicht anwendbar sein.

Praxishinweis:
Diese unsichere Rechtslage hat für die Scheidungsfolgenvereinbarung erhebliche Auswirkungen. Dementsprechend sollte in eine Scheidungsvereinbarung immer dann eine zusätzliche Regelung im Hinblick auf § 1586b BGB aufgenommen werden, wenn die Unterhaltsansprüche mit dem Tod des Unterhaltspflichtigen erlöschen sollen. Angesichts der neuen Rechtsprechung zur Inhaltskontrolle von Eheverträgen und Scheidungsfolgenvereinbarungen ist jedoch ungeklärt, zu welchem Kernbereich § 1586b BGB gehört und inwieweit überhaupt Modifikationen möglich sind.

Formulierungsbeispiel: „Mit dem Tod des zuerst versterbenden Unterhaltsverpflichteten sollen sämtliche Unterhaltsansprüche erlöschen, wobei die Anwendbarkeit der § 1586b BGB sowie § 1933 Satz 3 BGB ausdrücklich ausgeschlossen wird."

Alternativ:
„Dieser Pflichtteilsverzicht hat allein erbrechtliche Wirkung. Durch diesen werden Unterhaltsansprüche des überlebenden Ehegatten gegen die Erben nach §§ 1586b, 1933 Satz 3 BGB nicht ausgeschlossen. Der Überlebende ist vielmehr für diesen Fall so zu stellen, als ob der Pflichtteilsverzicht hinsichtlich dieser Rechtsfolge nicht erklärt worden wäre."

Vorsorglich sollten flankierend schuldrechtliche Gleichstellungserklärungen nach Maßgabe des § 311b Abs. 5 BGB erfolgen.

Ist dagegen beabsichtigt, dass die **Unterhaltsansprüche nicht erlöschen**, muss selbstverständlich differenziert werden, indem klargestellt wird, dass der Überlebende im Fall des Todes des Verpflichteten so gestellt werden soll, als ob der Pflichtteilsverzicht

---

7 *Dieckmann*, NJW 1980, 2077, Palandt/*Edenhofer*, § 1586b Rn. 8 sowie § 2346 Rn. 3 m.w.N.
8 So auch *Grziwotz*, FamRZ 1991, 1258; *Reul*, MittRhNotK 1997, 373.

nicht erklärt worden wäre und Unterhaltsansprüche gem. §§ 1586b, 1933 Satz 3 BGB ausdrücklich nicht ausgeschlossen werden.[9]

12 Sofern der Unterhalt abweichend von der gesetzlichen Regelung i.R.d. Scheidungsvereinbarung erfolgen soll, ist vorsorglich anzuraten, dann bzgl. eines Erbvertrages eine zusätzliche Regelung zu treffen, durch die die Erben dem früheren Ehegatten zur Zahlung verpflichtet sind, wenn fiktiv §§ 1586b, 1933 Satz 3 BGB weiterhin anwendbar wäre. Die Erben sollten also mit einem Vermächtnis zugunsten des Unterhaltsberechtigten beschwert werden, sofern diese Lösung gewünscht wird. Inwieweit ein derartiger Unterhaltsverzicht aufgrund der Entscheidung des BGH vom 11.2.2004[10] auch der Inhaltskontrolle unterliegt, ist noch nicht geklärt, da das Gericht hierüber nicht zu entscheiden hat. Nach der hier vertreten Auffassung unterliegt auch eine Regelung über § 1586b BGB der **Inhaltskontrolle**.[11]

13 **Praxishinweis:**

Aus kautelarjuristischer Sicht sollte bei Vorliegen der Voraussetzungen des § 1586b BGB im Vorfeld, wenn kein Verzicht erfolgt, i.R.d. Erstellung eines Testamentes oder von Übergabeverträgen Vorsorge getroffen werden.

Möglicherweise steht dem unterhaltspflichtigen Erben die Berufung auf die Härteklausel des § 1579 Nr. 7 BGB zu.[12]

Aufgrund der fehlenden Zehn-Jahres-Frist bei § 2325 Abs. 3 Satz 3 BGB führen lebzeitige Zuwendungen an den neuen Ehegatten nicht zur Reduzierung der Ansprüche aus § 1586b BGB. Wenn sich für derartige Zuwendungen entscheiden wird, sollten wenigstens zahlreiche Gegenleistungen berücksichtigt werden. Andernfalls besteht auch die Möglichkeit, die Übertragung als Anstandsschenkung nach Maßgabe des § 2330 BGB durchzuführen.

Eine etwaige Anrechnungsbestimmung nach § 1380 BGB oder § 2315 BGB sollte wohl überlegt werden, da hiermit der Anspruch des überlebenden Ehegatten bzw. Erben erheblich verringert werden kann, was wiederum Auswirkungen auf die Höhe des Anspruchs nach § 1586b BGB hat (nämlich bzgl. der Erhöhung).

Wird der Nachlass einfach zu Lebzeiten verbraucht, kann sich der Erbe auf § 1990 BGB berufen. Der Anspruch gegen den Beschenkten nach § 2329 BGB steht nach h.M. dem Unterhaltsberechtigten nicht zu, da er kein Pflichtteilsberechtigter mehr ist.[13]

Will der zweite Ehepartner dem neuen Ehepartner größeres Vermögen zuwenden, sollte der unterhaltspflichtige Ehegatte nur zum Vorerben berufen werden.

B. Unterhaltsansprüche und Erbfall

14 Auch nach einer Scheidung kann ein Ehegatte seinen Unterhaltsanspruch gegen die Erben des unterhaltspflichtigen Erblassers nach Maßgabe der §§ 1569–1586b, 1933 Satz 3 BGB beibehalten, obwohl sein Erbrecht nach § 1933 Satz 1 BGB erlischt.

---

9 Vgl. dazu *Frenz*, ZEV 1997, 451.
10 BGH NJW 2004, 930 = FamRZ 2004, 601 m. Anm. *Borth* = ZNotP 2004, 155 = RNotZ 2004, 150 = NotBZ 2004, 147 = MittBayNot 2004, 270.
11 Zur Inhaltskontrolle von Pflichtteilsverzichtsverträgen: *Wachter*, ZErb 2004, 238 u. 306.
12 BGH FamRZ 2004, 614.
13 Ausführlich: *Schindler*, FamRZ 2004, 1529.

– Nachfolgend werden die Auswirkungen des Todes auf einige Unterhaltsansprüche kurz beleuchtet –.

I. Anspruch der werdenden Mutter eines Erben

Die werdende Mutter hat nach Maßgabe des § 1963 BGB einen Unterhaltsanspruch, der eine Nachlassverbindlichkeit darstellt.[14] Er **besteht gegenüber** dem **Erbteil des Kindes**, nicht gegen den Vater des Kindes.

15

Der Unterhaltsanspruch besteht jedoch dann **nicht**, wenn der **nasciturus** lediglich **Vermächtnisnehmer** oder nur **Pflichtteilsberechtigter** ist. Die Mutter kann mit dem Anspruch die Entbindungskosten, nicht aber die Wochenbettkosten geltend machen.[15]

16

Geschuldet wird der **angemessene Unterhalt**. In diesem Zusammenhang sind die Vorschriften zur Verwandtenunterhaltspflicht analog anwendbar, wobei entgegen § 1613 BGB auch Unterhalt für die Vergangenheit verlangt werden kann.[16]

17

Sofern die werdende Mutter einen Anspruch aus § 1615l BGB gegen den Vater hat, der selbst nicht Erblasser ist, so ist der Anspruch aus § 1963 BGB subsidiär, zumal hierdurch das Kindesvermögen belastet wird. Ist der Vater Erblasser, ist ebenfalls § 1963 BGB subsidiär.

18

II. Anspruch der Mutter und des Vaters aus Anlass der Geburt

Die Mutter hat gegen den Vater des Kindes nach § 1615 Abs. 1 Satz 1 BGB einen Unterhaltsanspruch aus Anlass der Geburt für die Dauer von sechs Wochen vor und acht Wochen nach der Geburt des Kindes. Nach § 1615l Abs. 3 Satz 5 BGB erlischt dieser Anspruch nicht mit dem Tode des Vaters. Dann haften wegen § 1967 BGB die Erben.

19

III. Tod des Unterhaltspflichtigen/-berechtigten bei Verwandten- und Geschiedenenunterhalt

Mit dem Tode des Unterhaltspflichtigen erlischt nach § 1615 Abs. 1 Satz 1 BGB der Anspruch auf Verwandtenunterhalt. Die Erben müssen nur dann einen Verwandtenunterhalt als Nachlassverbindlichkeit ausgleichen, wenn er auf Erfüllung oder Schadensersatz wegen Nichterfüllung für die Vergangenheit gerichtet ist, vgl. § 1613 Abs. 1 BGB.

20

Gleiches gilt für den Ehegatten- und Geschiedenenunterhalt. Wenn der Ehegatte allerdings nach § 1933 BGB nach Rechtshängigkeit des Scheidungsantrages sein Erb- und Pflichtteilsrecht verliert, kann ihm wegen § 1933 Satz 3 BGB ein nachehelicher Unterhaltsanspruch aus den §§ 1569–1586b BGB zustehen.

21

Nach § 1586bGB erlischt mit der Wiederheirat, der Begründung einer Lebenspartnerschaft oder dem Tod des Berechtigten der Unterhaltsanspruch des Geschiedenen. Nach § 1586 Abs. 2 BGB bleiben hingegen Rückstände oder Schadensersatzansprüche wegen Nichterfüllung bestehen. Das Gleiche gilt für den Anspruch auf den zur Zeit des Todes fälligen Monatsbetrag.

22

---

14 *Bamberger/Roth/Seidl*, § 1963 Rn. 1 m.w.N.
15 MünchKomm/*Leipold*, § 1963 Rn. 5.
16 *Bamberger/Roth/Seidl*, § 1963 Rn. 2; Staudinger/*Marotzke*, § 1963 Rn. 7; a.A. RGRK/*Johannsen*, § 1963 Rn. 3.

23 Nach § 1586b BGB geht die Unterhaltspflicht nach dem Tode des Verpflichteten auf die Erben als Nachlassverbindlichkeit über. Obwohl es sich um einen familienrechtlichen Unterhaltsanspruch handelt und der Berechtigte diesen nicht als Rechtsnachfolger erhält, ist eine Umschreibung eines alten Titels nach neuerer Rspr. des BGH möglich.[17] Es muss also nicht nach § 1586b BGB neu geklagt werden.

IV. Ausbildungsanspruch der Stiefkinder

24 Häufig übersehen wird auch der sog. Ausbildungsanspruch der Stiefkinder nach § 1371 Abs. 4 BGB, der jedoch nur bei der erbrechtlichen Lösung besteht. Danach haben die erbberechtigten Abkömmlinge, die nicht aus der durch Tod aufgelösten Ehe stammen, einen Anspruch auf Zahlung einer angemessenen Ausbildung. Die Haftungsgrenze ist dabei das Viertel der Erbschaft aus § 1371 Abs. 1 BGB. Voraussetzung ist ferner, dass die Abkömmlinge nicht in der Lage sind, selbst die Ausbildungskosten zu tragen. Im Einzelnen umstritten sind dabei die Probleme, ob und inwieweit eigenes Vermögen der Stiefkinder einzusetzen ist und ob Unterhaltsansprüche gegen Dritte den Ausbildungsanspruch reduzieren können.[18]

25 Der Erbe bzw. Stiefelternteil kann sich somit nur durch eine **Ausschlagung** und damit durch eine **Flucht in die güterrechtliche Lösung** von der Verpflichtung zur Zahlung dieses Unterhaltes befreien.

26 Der Erblasser kann selbst nicht diesen Unterhaltsanspruch zu Lebzeiten vertraglich mit den Abkömmlingen ausschließen. Möglich ist lediglich ein Verzicht auf die bereits entstandene Forderung durch die Abkömmlinge gegenüber dem überlebenden Stiefelternteil.

> **Praxishinweis:**
> Bei Eintritt der gesetzlichen Erbfolge sollte der überlebende Ehegatte bei einer sog. Patchwork-Familie darauf achten, ob er sich nicht bei einer Ausschlagung wirtschaftlich besser steht, wenn tatsächlich ein Ausbildungsanspruch der Stiefkinder nach § 1371 Abs. 4 BGB besteht. Dabei sind jedoch auch die Probleme einer sog. taktischen Ausschlagung (dazu gleich unten) zu berücksichtigen.

C. Probleme bei der Kollision Zugewinn und Pflichtteil

27 Sofern ein Ehegatte weder Erbe noch Vermächtnisnehmer wird, erhält er aufgrund der Vorschrift des § 1371 Abs. 2 BGB neben dem **kleinen Pflichtteil** den Zugewinnausgleich nach den güterrechtlichen Bestimmungen der §§ 1373–1383 sowie 1390 BGB. Die Problematik des kleinen und großen Pflichtteils ist hinreichend bekannt. Dennoch wird bei der Berechnung der Pflichtteile gerade § 1371 Abs. 2 BGB häufig übersehen. Der Pflichtteil der weiteren Pflichtteilsberechtigten erhöht sich.

---

17 Entgegen zahlreicher Stimmen in der Lit. jetzt so ausdrücklich: BGH, Urt. v. 4.8.2004 = ZEV 2004, 429.
18 Dazu Staudinger/*Thiele*, § 1371 Rn. 108; MünchKomm/*Koch*, § 1371 Rn. 70; *Bamberger/Roth/J. Mayer*, § 1371 Rn. 39.

> **Beispiel:**
> Die Ehefrau des Erblassers erhält weder ein Vermächtnis noch wird sie Erbin. Der Sohn S 1 wird Alleinerbe. Die beiden weiteren Söhne S 2 und S 3 machen gegenüber S 1 den Pflichtteil geltend.
>
> Falsch wäre jetzt zu rechnen, dass S 2 und S 3 lediglich 1/6 als gesetzlichen Erbteil erhalten hätten und demnach der Pflichtteil 1/12 wäre. Richtig ist, dass die Verteilungsmasse statt 1/2 quasi 3/4 ist, so dass der Pflichtteil sich hieraus errechnet und dementsprechend 1/8 lautet.

Übersicht über die Möglichkeiten des Ehegatten bei gesetzlicher und testamentarischer Erbfolge[19]   28

Ehegatte ist gesetzlicher Erbe		Ehegatte ist gewillkürter Erbe		Ehegatte ist Vermächtnisnehmer		Ehegatte ist enterbt
Keine Ausschlagung	Ausschlagung	Keine Ausschlagung	Ausschlagung	Keine Ausschlagung	Ausschlagung	Güterrechtliche Lösung
Erbrechtliche Lösung	Güterrechtliche Lösung	Keine pauschale Erhöhung, da keine gesetzliche Erbfolge, ggf. Aufstockung auf „großen" Pflichtteil	Güterrechtliche Lösung Konkreter Zugewinn und kleiner Pflichtteil	Ggf. Aufstockung auf „großen" Pflichtteil	Konkreter Zugewinn und kleiner Pflichtteil	Konkreter Zugewinn und kleiner Pflichtteil
§§ 1931 Abs. 1, 1371 Abs. 1 BGB	§§ 1931 Abs. 1 u. 2, 1371 Abs. 3 BGB	§§ 2305, 2307, 1931 Abs. 1, 1371 Abs. 1 BGB	§§ 1931 Abs. 1 u.2, 1371 Abs. 3 BGB	§§ 2305, 2307, 1931 Abs. 1, 1371 Abs. 1 BGB	§ 1371 Abs. 2 BGB	§ 1371 Abs. 2 BGB

I. Vorsicht bei taktischer Ausschlagung

Häufig wird immer wieder auf die taktische Ausschlagung hingewiesen, wonach der als Erbe oder Vermächtnisnehmer bedachte Ehegatte aus ökonomischen Gründen erwägen solle, die Erbschaft taktisch auszuschlagen.[20] Bevor ausgeschlagen und die güterrechtliche Lösung gewählt wird, gilt es aber genau zu rechnen und zu überprüfen, ob nicht der Ehegatte sich etwaige Vorempfänge nach Maßgabe des § 1380 BGB anrechnen muss.   29

Auf die Zugewinnausgleichsforderung eines Ehegatten werden die Zuwendungen angerechnet, die ein Ehegatte während der Ehe – im Falle des Todes bis zum Bewertungsstichtag Tod – vom anderen Ehegatten mit der Bestimmung der Anrechnung nach § 1380 Abs. 1 Satz 1 BGB erhalten hat. Dabei besteht für **Zuwendungen** eine Anrechnungsvermutung, die den Wert von Gelegenheitsgeschenken, die nach den Lebensverhältnissen der Ehegatten üblich sind. Nach § 1380 Abs. 2 BGB ist der Wert maßgebend, der sich nach dem Zeitpunkt der Zuwendung bestimmt. Der Wert der   30

---

19 Nach *Damrau/Tanck*, Erbrecht, § 1931 Rn. 23.
20 *Kerscher/Tanck*, ZAP 1997, 689; *Kerscher/Riedel/Lenz*, Pflichtteilsrecht, § 6 Rn. 10 m.w.N.

Zuwendung ist bei der Berechnung der Ausgleichsforderung dem Zugewinn des Ehegatten hinzuzurechnen.

31 Wie sich bereits aus dem Wortlaut des § 1380 BGB ergibt, kommt die Norm nur dort zur Anwendung, wenn sich eine Ausgleichsforderung des Zuwendungsempfängers – also nur des nicht bedachten Ehegatten – ergibt.[21] Als Zuwendungen werden nur **freiwillige Leistungen ohne Gegenleistung** angesehen.[22] Hierunter fallen auch die in der Praxis bedeutsamen ehebedingten Zuwendungen.[23]

32 Somit sind für die Praxis insb. folgende Zuwendungen, die nach § 1380 BGB **anrechnungspflichtig** sind, zu berücksichtigen:
– Übertragung des Miteigentums einer Immobilie;
– Bezugsrecht aus einer Lebensversicherung;[24]
– Unternehmensbeteiligung;
– Geldleistungen;
kostbare Geschenke über das den Lebensverhältnissen übliche Maß hinaus.

33 Große Sorgfalt ist bei der **Feststellung des Endvermögens** walten zu lassen. Hat der Erblasser oder der Ehegatte illoyale Verfügungen zu Ehezeiten getätigt, ist auf jeden Fall zu prüfen, ob nicht die Möglichkeit besteht, das jeweilige Endvermögen aufgrund § 1375 Abs. 2 BGB zu erhöhen. Hier ist insb. an Schenkungen an Dritte (neuen Lebenspartner etc.) zu denken. Des Weiteren gilt § 1374 Abs. 2 BGB nicht für Schenkungen und unbenannte Zuwendungen unter Eheleuten. Dies bedeutet, dass dieses Vermögen nicht dem Anfangsvermögen des Beschenkten zugerechnet wird.

34 Des Weiteren schließt der BGH eine **Verrechnung der Schulden** mit späterem privilegiertem Erwerb grundsätzlich aus.[25]

35 **Praxishinweis:**
Für Kautelarjuristen ist daher dringend zur Vermeidung einer Haftung zu empfehlen, bei Zuwendungen unter Ehegatten nicht nur an eine Anrechnung auf den Erb- und/oder Pflichtteil zu denken, sondern auch ausdrücklich die Anrechnung oder Nichtanrechnung auf einen etwaigen Zugewinn nach § 1380 BGB zu regeln.

Beispiel (Berechnung):
Die Ehefrau hat eine anrechnungspflichtige Zuwendung i.H.v. 100.000 € erhalten.
Das Nachlassvermögen des Ehemannes beträgt 400.000 €; das Endvermögen der Ehefrau zum Zeitpunkt des Todes des Ehemannes 60.000 €. Das Anfangsvermögen beider Ehegatten war 0 €.

Schritt 1 (Berechnung des Zugewinns ohne Zuwendung):[26]
400.000 € – 60.000 € = 340.000 € : 2 = 170.000 €

---

21 BGH FamRZ 1982, 246; BGH FamRZ 1982, 779.
22 BGH FamRZ 1983, 351.
23 BGH FamRZ 1982, 246.
24 MünchKomm/*Koch*, § 1380 Rn. 11; *Schröder/Bergscheider*, Rn. 4.275.
25 BGH FamRZ 1995, 990; *Schröder/Bergschneider*, Rn. 4.205 m. Nachw. der a.A.
26 Dieser Schritt dient lediglich zur Verdeutlichung, dass ein Zugewinn erzielt wird.

Schritt 2 (Hinzurechnung der Zuwendung zum Zugewinn – ohne eine Indexierung vorzunehmen[27]):
400.000 € + 100.000 € = 500.000 €

Schritt 3 (Abzug der Zuwendung vom Zugewinn des ausgleichungsberechtigten Empfängers):
60.000 € – 100.000 € = 0, da der Zugewinn nicht niedriger als 0 € sein kann!

Schritt 4 (Unter Berücksichtigung der neuen Werte erneute Zugewinnausgleichsberechnung):
500.000 € – 0 € = 500.000 € : 2 = 250.000 €

Schritt 5 (Abzug der Zuwendung vom neuen Zugewinnwert):
250.000 € – 100.000 € = 150.000 €

Somit muss statt 170.000 € lediglich 150.000 € als Zugewinnausgleich gezahlt werden!

Der komplizierte Rechenweg kann regelmäßig unterbleiben, wenn der Wert der Zuwendung im Zugewinn des Empfängers wertmäßig noch vorhanden ist.

Der Wert der Zuwendung bestimmt sich nach dem jeweiligen Zeitpunkt der Zuwendung, so dass eine Wertsteigerung in den Zugewinn ohne Kaufkraftverlust fällt. Diese h.M., dass die **Zuwendung nicht indexiert** werden muss, dürfte aber nicht richtig sein. Die Differenzierung, ob die Zuwendung von Dritten (dann indexiert) oder aber vom Ehegatten (dann nicht indexiert) stammt, ist nicht nachvollziehbar. Mathematisch falsch ist zudem, dass sich die Indexierung der Zuwendung ohnehin neutralisiere, was mit einem Rechenbeispiel belegt werden kann.

36

Beispiel:[28]

Beide Eheleute haben ein Anfangsvermögen von 0 €. Das Endvermögen des Ehemannes ist 200.000 €, das der Ehefrau 20.000 €. Während der Ehe erhielt die Ehefrau eine Zuwendung i.H.v. 40.000 €.

Ohne Indexierung der Zuwendung von 40.000 € ergibt sich eine Zugewinnausgleichsforderung i.H.v. 80.000 €.

Würde die Zuwendung jedoch indexiert und würde dann z.B. statt 40.000 € ein Betrag von 49.568 € berücksichtigt, ergibt sich folgende Berechnung ab Schritt 2:

Schritt 2 (Hinzurechnung der Zuwendung zum Zugewinn mit Indexierung):
200.000 € + 49.568 € = 249.568 €

Schritt 3 (Abzug der Zuwendung vom Zugewinn des ausgleichungsberechtigten Empfängers):
20.000 € – 49.568 € = 0 €, da der Zugewinn nicht niedriger als 0 € sein kann!

---

27 H.M. *Bamberger/Roth/J. Mayer*, § 1380 Rn. 6.; Staudinger/*Thiele*, § 1380 Rn. 26; MünchKomm/*Koch*, § 1380 Rn. 22; a.A. *Haußleitner/Schulz*, Kap. 1 Rn. 389 ff.; *Schröder/Bergschneider*, Familienvermögensrecht, S. 221.
28 Nach *Haußleitner/Schulz*, Kap. 1 Rn. 389.

> **Schritt 4** (Unter Berücksichtigung der neuen Werte erneute Zugewinnausgleichsberechnung):
> 249.568 € – 0 € = 249.568 € : 2 = 124.784 €
>
> **Schritt 5** (Abzug der Zuwendung vom neuen Zugewinnwert)
> 124.784 € – 49.568 € = 75.216 €
>
> Somit müsste statt 80.000 € lediglich 75.216 € als Zugewinnausgleich gezahlt werden!

Die Beweislast, dass eine Nichtanrechnung gewollt war, trägt der Empfänger.

37 Als weitere Problematik im Zusammenhang mit der taktischen Ausschlagung ist zu berücksichtigen, ob möglicherweise die Erben von der **dauernden Einrede der Leistungsverweigerung** nach § 1381 BGB Gebrauch machen könnten.

38 Ebenso ist zu prüfen, ob das **FamG** die **Zugewinnausgleichsforderung** nach Maßgabe des § 1382 BGB **stundet**. Ferner muss damit gerechnet werden, dass der Ehegatte statt Geld lediglich Vermögensgegenstände des Ehegatten nach § 1383 BGB erhält. Aus alledem ergibt sich, dass vor einer taktischen Ausschlagung die oben angesprochenen Punkte gründlich geprüft und abgewogen werden müssen.

II. „Taktische Enterbung"

39 Insbesondere in Fällen einer **unwiderruflichen Bezugsberechtigung** aus einer Lebensversicherung kann es mitunter ratsam sein, den Ehegatten quasi taktisch vollständig zu enterben und ihm auch kein Vermächtnis zukommen zu lassen, damit es zur Anrechnung kommt. Nach h.M. sind nicht die Prämien, sondern das Bezugsrecht oder die Versicherungssumme Gegenstand der Zuwendung.[29]

> **Beispiel: („Der teure Euro")**
> Ehemann E hat einen Nachlass i.H.v. 5 Mio. € hinterlassen. Es besteht eine Lebensversicherung zugunsten der Ehefrau i.H.v. 10 Mio. € mit unwiderruflichem Bezugsrecht. Die Ehefrau hat kein eigentliches Endvermögen (außer der Lebensversicherung). E setzt seine Tochter zur Alleinerbin ein. Wie hoch ist der Anspruch der enterbten Ehefrau?
>
> Abwandlung: Die Ehefrau erhält aus „Gehässigkeit" ein Vermächtnis i.H.v. nur 1 €. Ändert sich hierdurch der Anspruch der Ehefrau der Höhe nach?
>
> **Variante 1:**
> Die Ehefrau erhält wegen § 1371 Abs. 2 BGB den kleinen Pflichtteil und den realen Zugewinn. Sie muss sich die Zuwendung aus der Lebensversicherung i.H.v. 10 Mio. € anrechnen lassen.
> Zugewinn: 5 Mio. € + 10 Mio. € = 15 Mio. €
> 10 Mio. € – 10 Mio. € = 0
> 15 Mio. € – 0 € = 15 Mio. € : 2 = 7,5 Mio. € abzgl. Zuwendung 10 Mio. € = 0 Zugewinn!

---

29 Staudinger/*Thiele*, § 1380 Rn. 5.

1/8 Pflichtteil = 625.000 €

Insgesamt erhält die Ehefrau somit 10.625.000 €.

Variante 2:

Aufgrund des (noch so kleinen) Vermächtnisses erhält wegen § 1371 Abs. 1 BGB die Ehefrau den großen Pflichtteil, also 1,25 Mio. € und die 10 Mio. € aus der Lebensversicherung, mithin 11.250.000 €.

Aufgrund des 1 € erhält der Ehegatte also 625.000 € mehr!

III. Kollision der Anrechnungsbestimmungen von § 1380 BGB und § 2315 BGB

Bekanntlich hat sich der Pflichtteilsberechtigte nur diejenigen Zuwendungen nach § 2315 BGB auf seinen Pflichtteil anrechnen zu lassen, soweit der Erblasser zum Zeitpunkt der Zuwendung diese Anrechnung angeordnet hat. Nach § 1380 Abs. 1 Satz 1 BGB gilt hingegen im Zweifel automatisch jede Zuwendung als auf den Zugewinn anrechenbar, sofern sie den Wert von Gelegenheitsgeschenken übersteigt. Dies hat für die Praxis erhebliche Auswirkungen.

Praxishinweis:

Um also eine nachträgliche Anrechnung einseitig als Erblasser erreichen zu können, hilft somit aufgrund von § 2327 BGB lediglich eine **Flucht in den Pflichtteilsergänzungsanspruch**[30] oder die **Flucht in die Zugewinnanrechnung über § 1380 BGB**.

Hat der Erblasser **keine Anrechnungsbestimmung** veranlasst, so kommt es folgerichtig **nicht** zur einer **Kollisionsproblematik** zwischen Anrechnung auf den Zugewinn oder Pflichtteil.

Ist es zur Bestimmung der **Anrechnung nach § 2315 BGB** gekommen, stellt sich das Problem der Reihenfolge der Anrechnung, wenn gleichzeitig eine Zuwendung an den Ehegatten nach Maßgabe des § 1380 BGB erfolgt ist. Nur in den wenigsten Fällen wird nämlich eine Reihenfolge durch den Erblasser bestimmt. Dieses Problem wird in der Lit. unterschiedlich gelöst, wenn der **Erblasserwille** nicht ohne weiteres erkennbar ist.

Nach der wohl h.M.[31] soll grundsätzlich zunächst immer eine Anrechnung auf den Pflichtteil erfolgen und der nicht verbrauchte Rest ist anschließend auf den Zugewinn anzurechnen. Die Argumentation ist jedoch nicht unproblematisch. Bei der Zugewinnausgleichsforderung handelt es sich um eine Erblasserschuld, die im Rang den gewöhnlichen Nachlassverbindlichkeiten gleichsteht.[32] Insoweit ist § 327 InsO nicht anwendbar.[33] Der Pflichtteilsanspruch ist eine Erbfallschuld i.S.d. § 1967 BGB. Dass der Pflichtteilsanspruch aufgrund der §§ 366 Abs. 2, 1991 Abs. 4 BGB, § 327 Abs.1 Satz 1 InsO rangschlechter ist und daher zunächst eine Anrechnung auf den Pflichtteil zu erfolgen habe, vermag nicht ganz zu überzeugen. Eine Nachlassinsolvenz ist an bestimmte Voraussetzungen geknüpft, die aber im Falle des Bestehens eines Zugewinn- oder Pflichtteilsanspruchs regelmäßig nicht gegeben sind.

---

30 Dazu ausführlich *Tanck*, ZErb 2000, 3.
31 MünchKomm/*Gernhuber*, § 1371 Rn. 48; *Gottwald*, Pflichtteilsrecht, § 2315 Rn. 26.; Staudinger/*Thiele*, § 1380 Rn. 29; Staudinger/*Haas*, § 2315 Rn. 76 m.w.N.
32 Palandt/*Edenhofer*, § 1967 Rn. 4 m.w.N.
33 Ebenda.

44 Eine Anrechnung auf den Zugewinnausgleichsanspruch oder Pflichtteilsanspruch kommt nur in den Fällen in Betracht, in denen sich eine derartige **Forderung überhaupt realisieren** lässt. Eine **Überschuldung** des Nachlasses führt automatisch zum Fortfall der o.g. Ansprüche. Insoweit ist mehr auf die wirtschaftliche Betrachtungsweise abzustellen. Regelmäßig ist bei ungesicherten Forderungen zunächst auf die Forderung zu leisten, die früher verjährt.[34]

45 Auch nach der Schuldrechtsmodernisierungsreform **verjährt** die **Zugewinnausgleichsforderung** nach § 1378 Abs. 4 Satz 1 BGB nach **drei Jahren** beginnend mit der Kenntnis von der Beendigung des Güterstandes, also hier dem Tod.[35] Der Pflichtteilsanspruch verjährt wiederum nach § 2332 Abs. 1 BGB bei doppelter Kenntniserlangung vom Tod und der einen benachteiligenden Verfügung. Würde der Argumentation der Anwendbarkeit des § 366 Abs. 2 BGB gefolgt werden, müsste sogar eher eine Anrechnung zuerst auf den Zugewinn erfolgen.

46 Fraglich ist aber bereits, ob § 366 Abs. 2 BGB überhaupt auf die Anrechnungsproblematik Anwendung finden kann. Wie oben bereits erläutert, handelt es sich bei beiden Ansprüchen um Nachlassverbindlichkeiten i.S.d. § 1967 BGB, wobei lediglich der Zugewinnausgleichsanspruch eine Erblasserschuld ist. § 366 Abs. 2 BGB lautet aber: *„Trifft der Schuldner keine Bestimmung...".* Der Erblasser ist aber gerade kein Schuldner der Pflichtteilsforderung und war dies auch nicht zu Lebzeiten. Hier lässt sich jedoch zulässigerweise auf den Rechtsgedanken des § 366 BGB zurückgreifen.[36] Ein weiterer Nachteil dieser Berechnungsweise ist, dass regelmäßig der Ehegatte im Endergebnis schlechter gestellt wird, als wenn er ohne Empfang der Zuwendung gestanden hätte. Nach a.A.[37] ist aufgrund der Systematik der Ausgleichungs- und Anrechnungsvorschriften genau umgekehrt anzurechnen, also zuerst auf den Zugewinn nach § 1380 BGB und dann auf den Pflichtteil. Der Hinweis auf die Systematik geht aber fehl, da das Verhältnis Zugewinn zum Pflichtteil nicht mit dem der Ausgleichungsbestimmungen nach §§ 2050 ff. BGB zum Pflichtteilsrecht vergleichbar ist.

47 Nach Ansicht von *v. Olshausen*[38] ist zunächst im Zweifel auf den Pflichtteil einzelfallabhängig anzurechnen und zwar in der Form, dass auf jeden Fall der Zuwendungsempfänger nach Berechnung des Zugewinns nicht besser stehen darf, wie wenn er ohne die Zuwendung stehen würde bzw. wenn der Gegenstand als auszugleichender Zugewinn im Vermögen des Zuwendenden verblieben wäre.[39] Eine derartige Berechnungsweise ist seiner Auffassung nach insb. dann vorzunehmen, wenn die Ausgleichsforderung infolge Anrechnung einer Zuwendung auf den Pflichtteil höher als sie bei einer Zuwendung gleicher Höhe ohne jede Anrechnung bzw. wenn sie höher als die Hälfte des tatsächlich verbliebenen Zugewinnüberschusses gewesen wäre. *Von Olshausen* berücksichtigt bei seinen Berechnungen allerdings nicht nur § 1380 Abs. 2 BGB, sondern zählt rechnerisch Zuwendungen des Ehegatten aufgrund des § 1374 Abs. 2 BGB immer in das Anfangsvermögen des Zuwendungsempfängers. Da eine derartige Privilegierung des beschenkten Ehegatten nicht gerechtfertigt ist, hat der BGH[40] hingegen entschieden, dass derartige Zuwendungen gerade nicht unter § 1374 Abs. 2 BGB fallen. *Von Olshausen* ist jedoch zuzustimmen, dass für die Berechnung

---

34 St. Rspr. BGH NJW 1965, 1374; OLG München NJW-RR 1997, 944.
35 *Büttner*, FamRZ 2002, 364.
36 Vgl. dazu *v. Olshausen*, FamRZ 1978, 761 m.w.N. in Fn. 46, 47.
37 *Kerscher/Riedel/Lenz*, Pflichtteilsrecht, § 8 Rn. 59.
38 *V. Olshausen*, FamRZ 1978, 761.
39 So auch *v. Olshausen*, FamRZ 1978, 755 u. *Johannsen*, FamRZ 1961, 20.
40 BGHZ 101, 65.

C. Probleme bei der Kollision Zugewinn und Pflichtteil

eine Trennung von Anrechnung und Ausrechnung erfolgen muss. Konsequenterweise kommt es zunächst zu einer **fiktiven Erhöhung der Ansprüche**, weil die Auswirkung der Zuwendung rückgängig gemacht werden muss. Richtigerweise muss daher zuerst nach § 1380 Abs. 2 BGB der Wert der Zuwendung bei der Berechnung des Zugewinnausgleichsanspruchs hinzugerechnet und nach § 1380 Abs. 1 BGB anschließend abgezogen werden. Durch die Anrechnung der Zuwendung auf den Ausgleichsanspruch wird der Abzugsposten um die Hälfte des Zuwendungswertes verringert.

Die Anrechnung auf den Zugewinn nach § 1380 BGB berechnet sich wie folgt:

48

Berechnungsbeispiel (zu den Auswirkungen der einzelnen h.M.):
Das Anfangsvermögen des Erblassers sowie des Ehegatten sind 0 €. Das Endvermögen des Erblassers ist 1.000.000 €. Das Endvermögen des Ehegatten ist 200.000 €. Der Ehegatte hat eine auf den Pflichtteil und den Zugewinn anrechnungspflichtige Zuwendung i.H.v. 500.000 € erhalten. Eine Reihenfolge der Anrechnung ist nicht bestimmt. Der Pflichtteilsanspruch des Ehegatten ist 1/8.

Lösung 1 (Anrechnung zunächst auf den Zugewinn):
Berechnung des Zugewinns:
(1 Mio. − 200.000) : 2 = 400.000
1 Mio. + 500.000 = 1,5 Mio.
200.000 − 500.000 = 0
1,5 Mio. − 0 = 1,5 Mio. : 2 = 750.000 − 500.000 = 250.000 € Zugewinn statt 400.000 €
Berechnung des Pflichtteils:

$$P = \frac{n + s_1}{2q} - s_1$$

Die Berechnung des Pflichtteils bei einer Anrechnung eines Vorempfangs bestimmt sich nach § 2315 BGB. Sie lässt sich im Rahmen einer Formel[41] wie folgt darstellen:

n = Reinnachlass zum Zeitpunkt des Erbfalls, also ohne die früheren Vorempfänge
s_1 = bei dem betreffenden Pflichtteilsberechtigten anrechnungspflichtige Zuwendung
q = die dem gesetzlichen Erbteil des Berechtigten entsprechende Quote
P = effektiver gesetzlicher Pflichtteilsanspruch des betreffenden anrechnungspflichtigen Pflichtteilsberechtigten.

Der Zuwendungsrest ergibt sich aus der Formel:

$$ZG\ fiktiv - ZG\ 1380 = ZR$$

ZG fiktiv = fiktiver Zugewinn ohne Berücksichtigung von § 1380 BGB
ZG 1380 = realer Zugewinn unter Berücksichtigung von § 1380 BGB
ZR = Zuwendungsrest

Die Formel bei Berücksichtigung von Ansprüchen aus § 1380 BGB modifiziert sich wie folgt:

---

41 Nach *Nieder*, HB Testamentsgestaltung, Rn. 225.

$$P = \frac{n - ZG\ 1380 + S_1 - ZR}{2q} - S_1 - ZR$$

n = Reinnachlass zum Zeitpunkt des Erbfalls, also ohne die früheren Vorempfänge
ZG 1380 = realer Zugewinn unter Berücksichtigung von § 1380 BGB
S_1 = bei dem betreffenden Pflichtteilsberechtigten anrechnungspflichtige volle Zuwendung (ohne Abzug)
ZR = Zuwendungsrest
q = die dem gesetzlichen Erbteil des Berechtigten entsprechende Quote
P = effektiver gesetzlicher Pflichtteilsanspruch des betreffenden anrechnungspflichtigen Pflichtteilsberechtigten.

Von der Zuwendung i.H.v. 500.000 € wurden lediglich 150.000 € durch die Zugewinnanrechnung verbraucht.

Demnach muss also wie folgt gerechnet werden:
(1 Mio. – 250.000) + 350.000 (= unverbrauchter Restbetrag) = 1.100.000 €
    dividiert durch Pflichtteilsquote 1/8 = 137.500 €
    abzüglich des anrechnungspflichtigen Vorempfangs von 350.000 € = 0

Da also der nicht verbrauchte Rest von 350.000 € größer ist, besteht aufgrund der Anrechnungsbestimmung nach § 2315 BGB kein rechnerischer Pflichtteil mehr.

Insgesamt müssten also nur 250.000 € gezahlt werden.

Lösung 2 (Anrechnung zunächst auf den Pflichtteil):
Bei umgekehrter Anrechnung wäre wie folgt zu rechnen:
<u>Berechnung des Pflichtteils:</u>
Zugewinn ohne Zuwendungsanrechnung = 400.000 €
    (1 Mio. – 400.000) = 600.000 €
    zzgl. anrechnungspflichtiger Vorempfang von 500.000 € = 1.100.000 €
    dividiert durch Pflichtteilsquote 1/8 = 137.500 €
    137.500 € – 500.000 € = 0 € Pflichtteil

Aufgrund der Anrechnung auf den Pflichtteil muss somit kein Pflichtteil ausgezahlt werden.

Demnach sind von den 500.000 € also 425.000 € noch für die Zugewinnberechnung unverbraucht.

<u>Berechnung des Zugewinns:</u>
(1 Mio. – 200.000) : 2 = 400.000 €
1 Mio. + 425.000 = 1.425.000 €
200.000 – 425.000 = 0 €
1,425.000 € – 0 = 1,425.000 € : 2 = 712.500 – 425.000 € = 287.500 € Zugewinn statt 400.000 €

Insgesamt müssten bei dieser Variante also 287.500 € gezahlt werden.[42]

---

[42] Eine weitere nachträgliche Korrektur bei der Pflichtteilsberechnung aufgrund der veränderten Zugewinnausgleichsforderung kommt nicht in Frage, da ansonsten quasi ein rechnerisches perpetuum mobile entstehen würde und zwar solange, bis der Anrechnungsbetrag insgesamt aufgebraucht ist.

> **Praxishinweis:**
>
> **Erst wenn die Zuwendung höher als das Endvermögen des Zuwendungsempfängers ist, reduziert sich regelmäßig der Zugewinn!**
>
> Die Frage der Reihenfolge der Anrechnung ist nicht rein akademischer Natur, sondern hat auch erhebliche Bedeutung für die **Erbschaftsteuer**. Der Zugewinn ist nach § 5 Abs. 2 ErbStG erbschaftsteuerfrei, der Pflichtteil hingegen gem. § 3 Abs. 1 Satz 1 ErbStG nicht! Aus diesem Grund ist bei der Bestimmung der Reihenfolge auch die steuerliche Seite zu bedenken, wonach die primäre **Anrechnung auf den Zugewinn i.d.R. steuerlich ungünstig** wäre.
>
> Bei Zuwendungen jedweder Art sollte nicht nur ausdrücklich dargelegt werden, ob die Zuwendung auf den Pflichtteil oder Zugewinn angerechnet werden sollte, sondern auch in welcher Reihenfolge und ggf. in welcher Höhe!
>
> Für den Kautelarjuristen ist es daher ratsam, immer eine ausdrückliche Erklärung aufzunehmen, in welcher Reihenfolge und auf welchen Anspruch die Anrechnung erfolgen soll. Auch eine zweifache Anrechnung – sowohl auf den Zugewinn als auch auf den Pflichtteil – ist durch den Erblasser möglich. Allerdings kann diese Art der Anrechnung nicht zur zweifachen vollen Berücksichtigung bei beiden Rechenschritten erfolgen. Es darf insoweit nicht zu einer Schlechterstellung des Zuwendungsempfängers kommen.[43]
>
> Will der Erblasser eine hohe Belastung des Erben vermeiden, bietet sich folgende **Formulierung** z.B. im Rahmen eines Übergabevertrages an:
>
> *„Der Übernehmer hat sich den Zuwendungswert gem. § 1380 BGB auf seinen Zugewinn und gem. § 2315 BGB auf seinen Pflichtteilsanspruch anzurechnen. Die Reihenfolge der Anrechnung ist davon abhängig, bei welcher Berechnungsreihenfolge, der Erbe die geringere (bzw. die höhere) Belastung hat."*

Sofern ein **Ehegatte weder Erbe, noch Vermächtnisnehmer** wird, erhält er aufgrund der Vorschrift des § 1371 Abs. 2 BGB neben dem kleinen Pflichtteil den Zugewinnausgleich nach den güterrechtlichen Bestimmungen der §§ 1373–1383 sowie 1390 BGB. Die Problematik des kleinen und großen Pflichtteils ist hinreichend bekannt. Dennoch wird bei der Berechnung der Pflichtteile gerade § 1371 Abs. 2 BGB häufig übersehen. Der Pflichtteil der weiteren Pflichtteilsberechtigten erhöht sich.

D. Besonderheiten bei der Gütergemeinschaft

Die Gütergemeinschaft ist der Exot unter den Güterständen. Sie ist heute aufgrund der ungünstigen **Haftung** jedes Ehegatten für die Schulden des anderen nur noch selten vorzufinden. Voraussetzung ist zunächst die **notarielle Vereinbarung** dieses Güterstandes, wobei der Ehevertrag sowohl vor, als auch nach Eheschließung geschlossen werden kann. Die Auswirkungen sind weitreichend. Im Unterschied zu den beiden anderen Güterständen für Ehepartner führt die Gütergemeinschaft zu verschiedenen Vermögensmassen, die unterschiedlich vererbt werden.

I. Grundsätzliches

Als erstes entsteht eine einheitliche Vermögensmasse, das sog. **Gesamtgut**. Hierunter fällt alles Vermögen, das die Eheleute in die Ehe einbringen bzw. das sie während der

---

43 MünchKomm/*Frank*, § 2315 Rn. 22.

Ehe erwerben. Der Ehegatte kann dann weder über seinen Anteil am Gesamtgut, noch über seinen Anteil an den dazu gehörenden Einzelgegenständen verfügen (§ 1419 BGB). Ferner verfügt der Ehegatte noch über das sog. **Sondergut** (§ 1417 BGB). Dabei handelt es sich um Gegenstände, die nicht durch Rechtsgeschäfte übertragen werden können (z.B. Nießbrauch, Schmerzensgeldanspruch). Des Weiteren wird das sog. **Vorbehaltsgut** begründet und zwar durch Erklärung per Ehevertrag oder per Verfügung von Todes wegen mit dieser Bestimmung oder kraft Surrogation (§ 1418 BGB).

Somit können bei der Gütergemeinschaft fünf verschiedene Vermögensmassen entstehen:
– Gesamtgut der Ehegatten
– Sondergut des Ehemannes
– Sondergut der Ehefrau
– Vorbehaltsgut des Ehemannes
– Vorbehaltsgut der Ehefrau

52 Die unterschiedlichen Vermögensmassen haben auch Auswirkungen auf die Vererbung. Das **Sondergut** ist ohnehin aufgrund nicht übertragbarer Rechte regelmäßig nicht vererbbar. Das **Vorbehaltsgut** wird zu 100 Prozent vom Erblasser vererbt. Da das **Gesamtgut** beiden Eheleuten gehört, kann hier nur die Hälfte vererbt werden. Mit dem Tod des Ehegatten ist die Gesamthandsgemeinschaft aber noch nicht aufgeteilt. Es bedarf einer Liquidation, die einem besonderen Rechtsakt vergleichbar mit der Erbteilung ist.[44]

Die gesetzliche Erbquote ist bei Gütergemeinschaft immer 1/4.

> **Beispiel:**
> V und M haben Gütergemeinschaft vereinbart. V verstirbt. 2 Kinder S und T.
> Ehefrau M erhält 1/4 nach § 1931 Abs. 1 BGB, die Kinder je 3/8 nach § 1924 Abs. 1, 4 BGB:
> 1.) Anteil am Gesamtgut: M 5/8 (1/2 + 1/4), Kinder je 3/16 (3/8 vom 1/2 Anteil);
> 2.) Anteil am Sonder-, Vorbehaltsgut: M 1/4, Kinder je 3/8.

II. Begründung der Gütergemeinschaft als Schenkung?

53 Fraglich ist, ob die Begründung der Gütergemeinschaft auch als **taktisches Mittel zur Pflichtteilsreduzierung** eingesetzt werden kann. Wenn nämlich nur ein Ehegatte bei Begründung der Gütergemeinschaft über Vermögen verfügte, dürfte keine Schenkung darin gesehen werden. Nach dem BGH[45] kann nur ausnahmsweise eine Schenkung des begüterten an den bereicherten Ehegatten liegen. Dazu bedarf es außer der Einigung über die Unentgeltlichkeit der Zuwendung noch einer Verdrängung der güterrechtlichen causa für die Bereicherung durch den schuldrechtlichen Schenkungsvertrag. Für eine derartige Annahme bedarf es der Feststellung, dass die Geschäftsabsichten der Eheleute nicht zwecks Verwirklichung der Ehe auf eine Ordnung der beiderseitigen Vermögen gerichtet waren.

54 Die Vermutung einer **verdeckten Schenkung** kann sich nach dem BGH aufdrängen, wenn nach einem einheitlichen Plan zunächst Gütergemeinschaft und nach einiger –

---

44 Dazu ausführlich: *Krug/Zwißler*, Schnittstellen Familienrecht und Erbrecht, S. 63.
45 BGH NJW 1992, 558.

auch längerer – Zeit ein anderer Güterstand vereinbart wird[46] oder wenn es sich etwa um eine nachträgliche Verschiebung wertvoller Gegenstände aus dem Vorbehaltsgut eines Ehegatten in das des anderen oder in das Gesamtgut oder um eine solche aus dem Gesamtgut in Vorbehaltsgut handelt.[47]

Ein gewichtiges **Anzeichen für die Verfolgung „ehefremder Zwecke"** kann es auch sein, wenn Gütergemeinschaft kurz vor dem Tode eines Ehegatten vereinbart wird, oder wenn für die Auseinandersetzung dem zunächst weniger begüterten Teil eine höhere Quote eingeräumt wird, als es § 1476 BGB vorsieht, oder wenn ein Ehevertrag nur deshalb geschlossen wird, um pflichtteilsberechtigte Angehörige zu benachteiligen. Nach alledem ist regelmäßig die durch die Entstehung von Gesamtgut bedingte Bereicherung des Ehegatten pflichtteilsergänzungsfest.

III. Anordnung im Testament

In so gut wie keinem der gängigen Formularbücher zur Testamentsgestaltung findet sich der Hinweis, dass in ein Testament oder in einen Schenkungsvertrag, in dem die eigenen Abkömmlinge berücksichtigt werden, vorsorglich immer auch eine Erklärung für den Fall der Bildung einer **Gütergemeinschaft durch den Abkömmling** aufgenommen werden sollte. Andernfalls droht die Gefahr, dass das Familienvermögen durch den Güterstand automatisch zur Hälfte an das Schwiegerkind geht, was i.d.R. vom Erblasser nicht gewünscht ist. § 1418 Abs. 2 Nr. 2 BGB gibt dem Erblasser ausdrücklich die Möglichkeit, diesen Vermögensanfall zu verhindern und das Erworbene zum Vorbehaltsgut zu erklären.

55

> **Formulierungsbeispiel:** Rein vorsorglich erklären wir für den Fall der Bildung einer Gütergemeinschaft durch die oder einen der Erben, das Ererbte zum Vorbehaltsgut i.S.d. § 1418 Abs. 2 Nr. 2 BGB.

IV. Pflichtteilsergänzungsfeste Zuwendungen durch Gütergemeinschaft?

Die große Besonderheit der Gütergemeinschaft ist das Entstehen von verschiedenen Vermögensmassen, einem gemeinschaftlichen Vermögen sowie das jeweilige Sondervermögen oder Vorbehaltsgut der Ehegatten. Die **Pflichtteilsquote der Abkömmlinge wird erhöht**. Neben dem Nachteil der Haftungsgemeinschaft der Ehegatten kommt somit ein weiterer erbrechtlicher hinzu. Dieser kann jedoch durch den möglichen Vorteil der pflichtteilsergänzungsfesten Übertragung von Vermögen an den Ehegatten, die durch die Vereinbarung der Gütergemeinschaft erfolgt, kompensiert werden.

56

1. Abwägung der Vor- und Nachteile

Die Möglichkeit einer pflichtteilsfesten Übertragung klingt zwar verlockend, ist aber auch mit großen Gefahren verbunden. Stirbt der Ehegatte mit dem zuvor geringeren Vermögen, erbt der überlebende Ehegatte den so übertragenden Teil wieder zurück. Es liegt auf der Hand, dass gerade in den Fällen der **Patchwork-Familie**, also nicht gemeinsamer Abkömmlinge, so Pflichtteilsansprüche in die Höhe schnellen können.

57

---

46 Vgl. RGZ 87, 301.
47 Vgl. RG Recht 1908, Nr. 2550.

Praxishinweis:
Bei der Vereinbarung der Gütergemeinschaft durch Ehevertrag ist insb. in den Fällen nicht gemeinsamer Abkömmlinge immer eine Vergleichsberechnung durchzuführen, ob die Vorteile einer nachlassfreien Hälfte aufgrund der Entstehung von Gesamtgut nicht durch die Nachteile einer höheren Pflichtteilsquote etc. beseitigt werden!

Beispiel:
Nur der Ehemann hat aus der ersten und aus seiner zweiten Ehe jeweils eine Tochter. Die eigene (dritte) Ehe blieb kinderlos. Die Töchter sollen nach seinem Tode so wenig wie möglich bekommen und werden auf den Pflichtteil gesetzt. Zudem soll nunmehr die Gütergemeinschaft vereinbart werden.
Lohnt sich dies im Einzelfall?

Variante 1:
Das Anfangsvermögen des Ehemanns beträgt 250.000 €, das der Ehefrau 25.000 €. Bei Zugewinngemeinschaft erhielten die beiden Kinder zusammen 67.500 €, also ein 1/4 des Vermögens vom Vater. Bei einer Gütergemeinschaft wäre der Pflichtteil 51.562,50 €. Dieser errechnet sich wie folgt:
Gesamtgutvermögen 275.000 € (250.000 € + 25.000 €) – 1/2 = 137.500 € x 3/8
Bei dieser Variante wäre somit die Vereinbarung einer Gütergemeinschaft vorteilhaft.

Variante 2:
Das Anfangsvermögen des Ehemanns beträgt 250.000 €, das der Ehefrau 125.000 €. Bei einer Zugewinngemeinschaft erhielten die beiden Kinder zusammen 67.500 €, also 1/4 des Vermögens vom Vater. Bei einer Gütergemeinschaft wäre der Pflichtteil 70.312,50 €. Dieser errechnet sich wie folgt:
Gesamtgutvermögen 375.000 € (250.000 € + 125.000 €) – 1/2 = 187.500 € x 3/8
Bei der Variante 2 erhalten die Kinder des verstorbenen Ehemannes zusammen mehr, als wenn es bei der Zugewinngemeinschaft geblieben wäre. Hier wäre also die Vereinbarung der Gütergemeinschaft nachteilig.

2. Folgen der Aufhebung der Gütergemeinschaft

58 Wird eine bestehende **Gütergemeinschaft** durch Ehevertrag aufgelöst und z.B. der gesetzliche Güterstand der Zugewinngemeinschaft vereinbart, wird zunächst die Pflichtteilsquote unabhängig von der Zahl der Abkömmlinge von bisher 3/8 auf 1/4 für alle Abkömmlinge reduziert.

– Durch die Auflösung der Gütergemeinschaft wird zunächst das Gesamtgut gem. § 1471 Abs. 1 BGB auseinander gesetzt und zwar durch Überschussteilung des Gesamtgutes zu je 1/2 gem. § 1476 BGB, nachdem die Gesamtgutverbindlichkeiten ausgeglichen wurden. Im Rahmen eines Ehevertrages kann der Halbteilungsgrundsatz abbedungen und andere Auseinandersetzungsquoten vereinbart werden. In diesem Zusammenhang ist aber zu berücksichtigen, dass der Betrag, der über der ansonsten hälftigen Quote liegt, nicht pflichtteilsergänzungsfest ist.

– Ein Verzicht auf sofortige Auseinandersetzung ist ebenso möglich. So kann diese auf den Zeitpunkt des Todes hin verschoben werden. Eine derartige Vorgehensweise ist häufig in den Fällen angezeigt, in denen Immobilien eine Rolle spielen. Für die

Auseinandersetzung muss nämlich Teilungsreife vorliegen. Sind die Parteien im Streit, kann es somit bis zur Teilungsversteigerung kommen.

3. Gestaltungsmöglichkeiten

Da die Gütergemeinschaft einerseits zur pflichtteilsfesten Übertragungsmöglichkeit des hälftigen Vermögens, andererseits aber zur Pflichtteilsquotenerhöhung führt, wurden in der Lit.[48] sog. **„Schaukelmodelle"** diskutiert. Damit sind Konstellationen gemeint, wonach zunächst der Güterstand der Gütergemeinschaft und anschließend wieder der gesetzliche Güterstand begründet wird. Auch nach einer erfolgten Auseinandersetzung nach Aufhebung der Gütergemeinschaft verbliebe aufgrund des Halbteilungsgrundsatzes der Vermögensvorteil beim ehemals „ärmeren" Ehegatten. Durch die anschließende Rückkehr zum gesetzlichen Güterstand der Zugewinngemeinschaft wird der große Nachteil der Gütergemeinschaft, nämlich Erhöhung der Pflichtteilsquoten der Abkömmlinge etc., wieder wettgemacht. Eine derartige Gestaltung klingt wiederum sehr verlockend. Allerdings muss hier die **Rspr. des BGH**[49] berücksichtigt werden. Wenn dieses Schaukelmodell auf einer einheitlichen Planung der Eheleute beruht, liegt regelmäßig eine Begründung des Güterstandes zu **ehefremden Zwecken** vor. Dementsprechend liegt keine güterrechtliche causa für die Bereicherung für den schuldrechtlichen Schenkungsvertrag vor. Fraglich ist, ob der Nachweis der Güterstandsvereinbarung zu ehefremden Zwecken überhaupt geführt werden kann. Der BGH unterstellt jedoch auch dann noch eine Schenkung, wenn die Rückkehr zum anderen Güterstand erst erheblich später erfolgt ist. Allerdings bedarf es zu einer derartigen Annahme der Feststellung, dass die Geschäftsabsichten der Eheleute nicht in Zweckverwirklichung der Ehe auf eine Ordnung der beiderseitigen Vermögen gerichtet waren. Grundsätzlich ist also die Einzelfallbetrachtung ausschlaggebend.

> **Praxishinweis:**
> Um den Nachweis des „einheitlichen Planes" zur Schädigung der Pflichtteilsberechtigten zu erschweren, ist es ratsam, zum einen erhebliche Zeit zwischen den Wechseln der Güterstände verstreichen zu lassen. Dies ist allerdings mit erheblichen Gefahren verbunden, da der Todeszeitpunkt ungewiss ist und man nicht weiß, ob eine Rückkehr zum anderen Güterstand noch möglich sein wird. Zum anderen sollten auf jeden Fall in die Urkunde die Motive der Begründung des Güterstandes aufgenommen werden. Hier bietet sich z.B. an, die Neuordnung der beiderseitigen Vermögen anzugeben, die aufgrund geänderter Umstände notwendig wurde.

E. Scheidungsantrag und Ehegattenerbrecht

Die Auswirkungen des Ehescheidungsverfahrens auf das Erbrecht werden häufig falsch eingeschätzt. Nachfolgend soll der Ausschluss des Ehegattenerbrechts und das taktische Verhalten im Ehescheidungsprozess näher beleuchtet werden. Die Ausführungen beziehen sich lediglich auf die Fälle, in denen zum Zeitpunkt der Einreichung des Scheidungsantrages noch keine letztwillige Verfügung von Todes wegen vorliegt. Hat der Erblasser bereits eine letztwillige Verfügung getroffen, so sind die Regelungen der §§ 2077, 2068 und 2279 BGB zu beachten.

---

48 *Langenfeld*, HB Eheverträge und Scheidungsvereinbarungen, Rn. 365 ff.; *Wegmann*, ZEV 1996, 206 m.w.N.; vgl. dazu auch BGH NJW 1992, 558.
49 BGHZ 116, 178 ff.

I. Scheidungsverfahren und gesetzliches Erbrecht

61 Das gesetzliche Erbrecht des Ehegatten ist nicht vom Bestand der Ehe zum Zeitpunkt des Erbfalls abhängig. Nach § 1933 Satz 1 BGB verliert der Ehegatte sein **gesetzliches Erbrecht**, wenn zur Zeit des Todes des Erblassers die Voraussetzungen für die **Scheidung der Ehe** gegeben waren und der Erblasser die Scheidung beantragt oder ihr zugestimmt hatte. Nach § 1933 Satz 2 BGB gilt die gleiche Folge, wenn der Erblasser zum Antrag auf Eheaufhebung nach § 1313 BGB berechtigt war und den Antrag gestellt hatte.

> **Praxishinweis:**
> Um das gesetzliche Erbrecht des Ehegatten i.R.d. Scheidungsverfahrens auszuschließen, ist vorsorglich ebenfalls ein Scheidungsantrag zu stellen. Andernfalls kann durch Rücknahme des Scheidungsantrags seitens des Ehegatten das Ehegattenerbrecht bestehen bleiben!

62 Als erste Konsequenz im Rahmen eines Scheidungsverfahrens sollte der Rechtsanwalt demnach auf jeden Fall für seinen Mandanten immer auch einen **eigenen Scheidungsantrag stellen**, um den sichersten Weg zu beschreiten. Wollen nämlich beide Ehegatten nicht mehr an der Ehe festhalten, entfällt auch die Rechtfertigung ihrer Erbberechtigung, weil damit die Scheidung sicher voraussehbar ist.[50] Hat nur der überlebende Ehegatte die Scheidung beantragt, ist die Scheidung aber noch nicht durchgeführt worden, bleibt das gesetzliche Erbrecht des überlebenden Ehegatten erhalten. Dem eigenen Antrag auf Ehescheidung steht die Zustimmung zur Ehescheidung gleich. Allerdings reicht die Zustimmung zum Scheidungsantrag dann nicht, wenn der die Scheidung betreibende überlebende Ehegatte vor dem Tod des Erblassers den Scheidungsantrag zurückgenommen hat. Formelle Voraussetzung für den Verlust des Ehegattenerbrechtes ist nämlich, dass die **Rechtshängigkeit gemäß § 261 ZPO** gegeben sein muss und zwar zum Zeitpunkt des Erbfalls. Somit kommt es auf die Zustellung des Schriftsatzes gemäß §§ 261 Abs. 1, 253 und 622 Abs. 2 Satz 2 ZPO an.

63 Der § 270 Abs. 3 ZPO a.F. bzw. § 167 ZPO n.F. ist nach der Rspr.[51] nicht analog anwendbar. Somit hat eine erst nach dem Tod erfolgte Zustellung des Scheidungsantrags keinerlei Rückwirkung. Auch wenn der Erblasser dem Scheidungsantrag zugestimmt hat, kann das Ehegattenerbrecht somit bestehen bleiben, wenn zum Zeitpunkt des Todesfalles keine Rechtshängigkeit eines Scheidungsantrages gegeben ist.

64
> **Praxishinweis:**
> Vorsicht bei der Nichterteilung der Zustimmung zur Scheidung oder wenn droht, dass die Härteklausel nach § 1568 BGB zum Zuge kommt. Sofort den Mandanten veranlassen, eine Verfügung von Todes wegen zu fertigen. Gleiches gilt auch, wenn bei streitiger Scheidung die Folgesachen ebenfalls streitig sind.

Problematisch sind nämlich die Fälle, in denen der Erblasser von der **Härteklausel** gemäß § 1568 2. Alt. BGB Gebrauch macht, um eine Scheidung zur „Unzeit" zu verhindern.[52] Die Härteklausel wird insb. in den Fällen in Betracht kommen, in denen eine besondere psychische Belastung des todkranken Ehegatten besteht,[53] oder bei

---

50 Palandt/*Edenhofer*, § 1933 Rn. 1; OLG Frankfurt OLGZ 90, 215.
51 BGHZ 111, 329; BayObLGZ 90, 20; Palandt/*Edenhofer*, § 1933 Rn. 3.
52 Hierzu ausführlich: *Finke/Garbe*, Familienrecht, S. 195.
53 OLG Karlsruhe FamRZ 1979, 512.

objektivierbarer und konkretisierbarer Selbstmordabsicht des Erblassers[54] sowie z.B. bei einer Spätphase einer Multiplen Sklerose mit der Gefahr wesentlicher Gesundheitsverschlechterung.[55] Will der **Erblasser also keinesfalls der Scheidung zustimmen** oder macht er, wie gerade aufgezeigt, von der Härteklausel des § 1568 BGB Gebrauch, so ist ihm dringend anzuraten, eine Verfügung von Todes wegen zu verfassen. Der Vorteil einer derartigen Vorgehensweise ist zudem, dass dann auch § 1371 Abs. 2 BGB greift. Wird der überlebende Ehegatte nämlich nicht Erbe und steht ihm auch kein Vermächtnis zu, kann er lediglich einen Gewinnausgleich nach §§ 1373–1383, 1390 BGB verlangen. Sein Pflichtteil berechnet sich jedoch nach der nicht erhöhten gesetzlichen Erbquote von regelmäßig 1/4, mithin also 1/8.

Wünschen **beide Parteien die Scheidung**, wird häufig eine Scheidungsfolgenvereinbarung getroffen, ohne aber die erbrechtlichen Notwendigkeiten zu regeln. Daher ist es wünschenswert, um die Folgen des § 1933 BGB nicht erst bei Rechtshängigkeit einer Scheidung herbeizuführen, unbedingt auch einen **Erb- und Pflichtteilsverzicht**[56] mit aufzunehmen. 65

> **Praxishinweis:**
> Bei einer Scheidungsfolgenvereinbarung auch regelmäßig an den Erb- und Pflichtteilsverzicht der Ehegatten denken!

II. Tod des Ehegatten während des Scheidungsverfahrens

Hat der Erblasser bereits seine **Zustimmung zur Scheidung** erteilt, die im Übrigen entweder zu Protokoll der Geschäftsstelle, in der mündlichen Verhandlung zur Niederschrift des Gerichts oder aber durch Schriftsatz des bevollmächtigten Rechtsanwalts abzugeben ist, und will er die Wirkungen des § 1933 BGB beseitigen, bleibt ihm die Möglichkeit des Widerrufs nach Maßgabe des § 630 Abs. 2 ZPO, d.h. die Zustimmung zur Scheidung kann bis zum Schluss der mündlichen Verhandlung widerrufen werden. Der Widerruf unterliegt dann den gleichen formellen Voraussetzungen wie der Zustimmung. 66

> **Praxishinweis:**
> Auch der Widerruf der Zustimmung zur Ehescheidung ist möglich. Dann lebt das Ehegattenerbrecht wieder auf!

Ferner wird häufig übersehen, dass lediglich das Erbrecht des anderen, nicht scheidungswilligen Ehegatten ausgeschlossen wird, wenn die Voraussetzungen des § 1933 BGB gegeben sind.[57] Wird der Antrag auf Scheidung abgewiesen, so beseitigt das abweisende Urteil erst mit Eintritt der Rechtskraft die materiell-rechtlichen Wirkungen des § 1933 BGB.[58] Dies gilt jedenfalls dann, wenn vom Erblasser noch Rechtsmittel 67

---

54 BGH NJW 1979, 1042; OLG Schleswig NJW 1978, 53.
55 BGH FamRZ 1985, 905 ff.
56 Dazu ausführlich *Bonefeld* in: *Krug/Rudolf/Kroiß*, Erbrecht, S. 269 ff.
57 *Reimann*, ZEV 1995, 329; *Bengel*, ZEV 1994, 360 m. verfassungsrechtlichen Bedenken; dazu auch *Zopf*, ZEV 1995, 309.
58 Palandt/*Edenhofer*, § 1933 Rn. 5.

eingelegt wurden. Nach h.M. gilt dies auch, wenn der Erblasser aufgrund seines Todes dieses Rechtsmittel nicht mehr nutzen konnte.[59]

68 Ist der Erblasser während des Scheidungsverfahrens verstorben, kommt es darauf an, dass auch ohne Erledigung des Verfahrens aufgrund des Todes des Erblassers gemäß § 619 ZPO die Ehe auf seinen Antrag oder mit seiner Zustimmung geschieden oder aufgehoben worden wäre. Dementsprechend müssen die Scheidungsvoraussetzungen gegeben sein. Hierfür trägt derjenige die Beweislast, der sich auf die Anwendung des §§ 1933, 2077 BGB beruft.[60]

> **Praxishinweis:**
> Stirbt ein Ehegatte während eines Ehescheidungsverfahrens, erledigt sich die Hauptsache kraft Gesetzes gem. § 619 ZPO. Dementsprechend braucht das Verfahren nicht für erledigt erklärt zu werden. Vorsorglich sollte aber ein Erledigungsbeschluss beantragt werden.

69 Die Reichweite des § 630 ZPO muss also vom Rechtsanwalt richtig eingeschätzt werden. Zwar erledigt sich das Scheidungsverfahren beim Tod seines Ehepartners.[61] Die erbrechtliche Beurteilung geht jedoch weiter, denn bei der Prognose über den mutmaßlichen Ausgang des Ehescheidungsverfahrens macht es einen Unterschied, ob die Ehe einverständlich analog § 630 ZPO geschieden worden wäre oder die Folgesachen streitig waren.[62] Nach § 630 Abs. 1 ZPO ist bei der **einverständlichen Scheidung** eine Einigung über die Scheidungsfolgen erforderlich. Ob eine Einigung über die Scheidungsfolgen Scheidungsvoraussetzung i.S.v. § 1933 BGB ist, ist sehr streitig,[63] jedoch aber anzunehmen.

70 So kommt wegen § 630 Abs. 3 ZPO ohne Einigung über die Folgesachen keine Scheidung auf der Grundlage der Zerrüttungsvermutung nach § 1566 Abs. 1 BGB in Betracht.[64] Der Erbe kann somit in erhebliche Beweisschwierigkeiten kommen. Dieser Grundsatz gilt sowohl für den Wegfall des Ehegattenerbrechts nach § 1933 BGB als auch nach § 2077 BGB.[65]

> **Praxishinweis:**
> In der Praxis wird des Weiteren häufig übersehen, dass der Erbe beim Tod des Erblassers im Scheidungsverfahren für das Vorliegen der Scheidungsvoraussetzungen beweispflichtig ist. Behauptet der überlebende Ehegatte, man sei kurz vor der Versöhnung gewesen, muss der Erbe diese Behauptung im Nachlassverfahren widerle-

---

59 Palandt/*Edenhofer*, § 1933 Rn. 5; Soergel/*Stein*, § 1933 Rn. 5; MünchKomm/*Leipold*, § 1933 Rn. 9; a.A. Staudinger/*Werner*, § 1933 Rn. 6.
60 BayObLG FamRZ 1992, 1349.
61 Insbes. OLG Frankfurt NJW-RR 1990, 136 f.
62 So OLG Zweibrücken FamRZ 2001, 452 f.
63 Keine Scheidungsvoraussetzung: OLG Frankfurt OLGZ 1990, 215 = FamRZ 1990, 210; Soergel/*Loritz*, § 2077 Rn. 8; MünchKomm/*Leipold*, § 1933 Rn. 8. Für Scheidungsvoraussetzung: OLG Schleswig NJW 1993, 1082; OLG Bremen FamRZ 1986, 833, 834; Soergel/*Stein*, § 1933 Rn. 8; Staudinger/*Werner*, § 1933 Rn. 10.
64 Keine Scheidungsvoraussetzung: OLG Frankfurt OLGZ 1990, 215 = FamRZ 1990, 210; Soergel/*Loritz*, § 2077 Rn. 8; MünchKomm/*Leipold*, § 1933 Rn. 8. Für Scheidungsvoraussetzung: OLG Schleswig NJW 1993, 1082; OLG Bremen FamRZ 1986, 833, 834; Soergel/*Stein*, § 1933 Rn. 8; Staudinger/*Werner*, § 1933 Rn. 10.
65 OLG Schleswig NJW 93, 1082; OLG Bremen FamRZ 1986, 833; OLG Stuttgart OLGZ 93, 263; OLG Zweibrücken FamRZ 2001, 452.

gen. Deshalb sollte der Anwalt trotz Aussicht auf eine einvernehmliche Scheidung immer dafür Sorge tragen, dass Beweismittel für eine Zerrüttung der Ehe vorliegen, um sie z.B. im Nachlassverfahren vorlegen zu können. Gelingt der Nachweis, sind also die Voraussetzungen des § 1933 gegeben, verliert der überlebende Ehegatte nicht nur sämtliche erbrechtlichen Ansprüche, wie sein gesetzliches Erbrecht nach § 1931 BGB oder den Voraus gemäß § 1932 BGB, so steht ihm auch kein Pflichtteilsrecht nach § 2303 Abs. 2 Satz 1 BGB zu. Lediglich der Zugewinnausgleich kann weiterhin von ihm beansprucht werden.[66] Ferner bleibt es beim Unterhaltsanspruch nach § 1933 Satz 3 BGB, der auf die Vorschriften der §§ 1569–1586b BGB verweist. Aufgrund von § 1586b Abs. 1 Satz 3 BGB ist dieser Unterhaltsanspruch jedoch auf den fiktiven güterstandsunabhängigen Pflichtteil begrenzt.

In diesem Zusammenhang sollte noch überprüft werden, ob der Ehegatte auf sein **gesetzliches Erbrecht** oder auf den Pflichtteil gemäß § 2346 BGB **verzichtet** hat, da dann auch der Unterhaltsanspruch entfällt[67][68]. Gleiches gilt für den Pflichtteilsentzug gemäß § 2335 BGB. Die vorgenannten Auswirkungen beziehen sich nicht nur auf Ehegatten, sondern gelten auch gemäß § 10 Abs. 3 LPartG **für eingetragene Lebenspartnerschaften**, wenn ein Aufhebungsantrag etc. gestellt wurde.

III. Vorsicht bei Ehescheidung und gemeinschaftlichem Testament

Nach einer neuen Entscheidung des BGH[69] vom 7.7.2004 behalten über § 2268 Abs. 2 BGB **fortgeltende wechselbezügliche Verfügungen auch nach Scheidung** der Ehe ihre Wechselbezüglichkeit und können nicht gemäß § 2271 Abs. 1 Satz 2 BGB durch einseitige Verfügung von Todes wegen aufgehoben werden.

> **Praxishinweis:**
> Somit können wechselbezügliche Verfügungen, die nach § 2268 Abs. 2 BGB fortgelten, nur nach den für den Rücktritt vom Erbvertrag geltenden Vorschriften widerrufen werden. Soll dies verhindert werden, ist in der gemeinsamen letztwilligen Verfügung ein ausdrücklicher Hinweis aufzunehmen, dass für den Fall, dass ein begründeter Scheidungsantrag rechtshängig ist, die ganze Verfügung von Todes wegen unwirksam sein und § 2268 Abs. 2 BGB ausgeschlossen sein soll.

Nach der Rspr. ist demnach anerkannt, dass gemäß § 2268 Abs. 2 BGB die Verfügungen gemeinschaftlich testierender Ehegatten trotz späterer Auflösung der Ehe oder gleichgestellter Voraussetzungen (§ 2077 Abs. 1 Satz 2 oder 3 BGB) bei entsprechendem Willen voll inhaltlich aufrecht erhalten bleiben können. Ein derartiger für den Zeitpunkt der Testamentserrichtung festzustellender Wille kann sich auch auf wechselbezügliche Verfügungen beziehen, die dann über den Bestand der Ehe hinaus ihre in §§ 2270, 2271 BGB normierten Wirkungen behalten. Gemeinschaftliche Testamente bleiben gültig, soweit dies dem Aufrechterhaltungswillen der Erblasser entspricht.[70]

---

66 BGHZ 46, 343.
67 Str.: Palandt/*Edenhofer*, § 1933 Rn. 9; *Dieckmann*, NJW 1980, 2777 sowie FamRZ 1999, 1029; a.A. *Grziwotz*, FamRZ 1991, 1258; *Pentz*, FamRZ 1998, 1344.
68 Zur Berücksichtigung von Pflichtteilsergänzungsansprüchen i.R.d. § 1586b Abs. 1 BGB: vgl. BGH ZErb 2001, 58 m. Anm. *Krug*.
69 BGH Urt. v. 7.7.2004 – IV ZR 187/03.
70 BayObLG NJW 1996, 133; FamRZ 1994, 193; OLG Stuttgart FamRZ 1977, 274; vgl. auch OLG Hamm OLGZ 1994, 326; FamRZ 1992, 478.

73 Die gegenteilige Auffassung in der Lit.[71] wurde nun vom BGH vehement zurückgewiesen. § 2268 Abs. 2 BGB sehe nach Ansicht des BGH umfassend die Fortgeltung sämtlicher Verfügungen in gemeinschaftlichen Testamenten bei entsprechendem Willen der Testierenden vor. Für eine mit dieser einschränkungslosen Fortgeltung zugleich angeordnete **Beschränkung der Bindungswirkung** des § 2271 Abs. 1 BGB durch den Fortfall der Wechselbezüglichkeit bestehe kein Anhalt. Die Beschränkung der Wechselbezüglichkeitsgeltung hätte der gesetzlichen Regelung bedurft, nicht aber die uneingeschränkte Fortgeltung, die bereits in § 2268 Abs. 2 BGB – nach Wortlaut und Zweck nicht missverständlich – angelegt ist. Nach § 2268 Abs. 2 BGB bleiben die Verfügungen – wiederum unabhängig davon, ob es sich um gegenseitige, wechselbezügliche oder um keines von beiden handelt – insoweit wirksam, als anzunehmen ist, dass sie auch für diese Fälle getroffen sein würden. Dabei kommt es, wenn der **wirkliche Wille nicht feststellbar** ist, auf den hypothetischen Willen im Zeitpunkt der Errichtung des Testamentes an.

74 Ein derartiger Aufrechterhaltungswille wird bereits dann ausscheiden, wenn der **Fortbestand der Ehe** als nicht unwesentliches mitbestimmendes Motiv für die Verfügung noch in Betracht kommt.[72] **Beweislast** und materielle Feststellungslast für die Gründe, aus denen sich der Aufrechnungserhaltungswille ergibt, an dessen Feststellung keine niedrigen Anforderungen zu stellen sind, liegen bei demjenigen, der aus dem gemeinschaftlichen Testament Rechte herleiten will. Mit § 2268 Abs. 2 BGB wird auf diese Weise Eheleuten die Möglichkeit eröffnet, über die Dauer der Ehe hinaus zu testieren. Wie weit diese nachehelich wirkenden letztwilligen Verfügungen inhaltlich reichen sollen, wird von der jeweiligen durch die übereinstimmenden Vorstellungen der Ehepartner geprägten Willensrichtung bestimmt, die als wirkliche oder jedenfalls hypothetische feststellbar sein muss.

> Praxishinweis:
> Bei den Wirkungen des § 2277 BGB handelt es sich lediglich um eine Fiktion, die widerlegbar ist. Besondere Vorsicht ist daher walten zu lassen, wenn die Eheleute sich wieder verheiratet haben oder wieder versöhnt haben könnten. Auch bei erfolgter Scheidung sollte der Mandant rein vorsorglich eine Klarstellung schriftlich niederlegen, ob das Testament mit der Erbeinsetzung des Ehepartners weiter gelten soll oder nicht. Am einfachsten ist dies durch einen ausdrücklichen Widerruf im Rahmen eines neuen Testamentes.

IV. Scheidungsverfahren und gewillkürtes Erbrecht

75 Sofern die Eheleute ein gemeinschaftliches Testament hatten, so kann jeder vor dem **Scheidungsantrag** gem. §§ 2271 Abs. 1 Satz 1, 2296 BGB einseitig davon zurücktreten. Bei Bestehen eines **Erbvertrages** muss ein Rücktrittsrecht vereinbart worden sein, um einen Rücktritt zu ermöglichen.

> Praxishinweis:
> Ist ein Rücktritt vom Erbvertrag nicht möglich, so sollte geprüft werden, ob nicht eine Selbstanfechtung des Ehepartners möglich ist und zwar wegen Irrtums über die erfolgte Trennung nach §§ 2278 Abs. 2, 2281 BGB, wobei der Anfechtende die Beweislast für den Irrtum trägt.

---

71 Insbes. *Muscheler*, DNotZ 1994, 733 ff.
72 OLG Hamm FamRZ 1992, 478 f.

Problematisch ist, ob ein Erblasser, der im **gesetzlichen Güterstand** verheiratet war und ein **geringeren Zugewinn** hatte als der andere Ehegatte, seinen Erben eine Zugewinnausgleichsforderung hinterlässt.

Nach dem Gesetz endet die Zugewinngemeinschaft durch
- den Tod eines Ehegatten nach Maßgabe des § 1371 BGB oder
- durch rechtskräftige Scheidung oder Aufhebung der Ehe nach § 1372 BGB oder
- durch Rechtskraft eines Urteils, durch das auf vorzeitigen Ausgleich des Zugewinns anerkannt wurde gem. §§ 1385, 1386, 1388 BGB oder
- durch ehevertragliche Aufhebung des gesetzlichen Güterstandes nach §§ 1408 Abs. 1, 1414 BGB.

Wird der Güterstand durch den Tod eines Ehegatten beendet, und nimmt der überlebende Ehegatte das Erbe oder Vermächtnis an, so wird der Zugewinn nach § 1371 Abs. 1 und 2 BGB pauschal durch eine Erhöhung des gesetzlichen Erbteils des überlebenden Ehegatten um 1/4 ausgeglichen. Durch diese **erbrechtliche Lösung** wird also der Zugewinn nicht rechnerisch ermittelt. Wird der überlebende Ehegatte nicht Erbe und erhält er auch kein Vermächtnis, so tritt nicht die erbrechtliche Lösung, sondern vielmehr die **güterrechtliche Lösung** nach § 1371 Abs. 2 BGB ein.

V. Auswirkung des Todes auf Folgesachen

Wie sehen die Folgen des Todes während des Scheidungsverfahrens für eventuelle Folgesachen wie den Zugewinn aus? Das Verfahren hat sich in der Hauptsache durch den Tod erledigt. Der Tod des Erblassers ist hier eine Tatsache, die eine **ursprünglich zulässig und begründete Klage nachträglich gegenstandslos** – entweder unzulässig oder (wie hier) unbegründet – macht.[73] § 619 ZPO stellt klar, dass ein Verfahren in Ehesachen in der Hauptsache immer als erledigt anzusehen ist, wenn einer der Ehegatten stirbt, bevor das Urteil rechtskräftig ist. Die Bestimmung des § 619 ZPO gilt für alle Eheverfahren in allen Instanzen, auch für Wiederaufnahmeverfahren.[74]

> **Praxishinweis:**
> Stirbt ein Ehegatte während eines Eheverfahrens, erledigt sich die Hauptsache kraft Gesetzes gem. § 619 ZPO. Dementsprechend muss das Verfahren nicht für erledigt erklärt werden.
>
> Über Folgesachen nach Maßgabe des § 623 ZPO ist nur für den Fall der Scheidung zu entscheiden. Ist also durch den Tod das Scheidungsverfahren in der Hauptsache als für erledigt zu betrachten, so müssen dann auch analog §§ 626 Abs. 1, 629 Abs. 3 ZPO die Folgesachen ebenfalls als erledigt angesehen werden.[75]
>
> Sowohl dem überlebenden Ehegatten, als auch dem Erben des verstorbenen Ehegatten kann auf Antrag vorbehalten werden, eine Folgesache als selbstständige Familiensache fortzuführen.[76] Dabei muss der Antrag jedoch gestellt werden, bevor die Kostenentscheidung in Rechtskraft erwächst, weil hierdurch das erledigte Verfahren beendet wird.

---

73 Vgl. BGHZ 83, 13; BGHZ 135, 62; BGH NJW 1986, 589.
74 Zöller/*Philippi*, § 619 Rn. 1.
75 BGH FamRZ 1983, 683; OLG Celle NdsRpfl 1981, 197.
76 Zöller/*Philippi*, § 619 Rn. 12.

1. Fortsetzung der Folgesache Zugewinnausgleich gegen Erben

78 Nach der Rspr. des BGH[77] gelangt richtigerweise die Zugewinnausgleichsforderung nicht zur Entstehung, wenn der Erblasser sie in einem Scheidungsrechtsstreit rechtshängig gemacht hat, aber vor Scheidung der Ehe verstorben ist. In dem vom BGH entschiedenen Fall war der Beklagte im Güterstand der Zugewinngemeinschaft mit der Erblasserin verheiratet. Diese hatte die Scheidung der Ehe beantragt. Der Scheidungsantrag ist dem Beklagten knapp ein halbes Jahr vor dem Tode seiner Ehefrau zugestellt worden.

79 Die **Folgesache Zugewinnausgleich** kann nur unter bestimmten Voraussetzungen fortgeführt werden. Die Erben des verstorbenen Ehegatten können hingegen das Verfahren nicht fortsetzen. Nach § 1378 Abs. 3 Satz 1 BGB geht ein Anspruch auf Zugewinnausgleich nur dann auf die Erben des verstorbenen Ehegatten über, wenn dieser ihn noch zu Lebzeiten erworben hat. Der Anspruch entsteht aber erst mit der Beendigung des Güterstandes, also mit der Rechtskraft des Scheidungsausspruches und nicht schon mit der Rechtshängigkeit des Scheidungsantrages. Zwar hat der BGH[78] die Vorschrift des § 1384 BGB analog angewandt. Diese Vorschrift sieht aber nur den für die Berechnung des Zugewinns maßgeblichen Zeitpunkt auf die Rechtshängigkeit des Scheidungsantrages vor, nicht aber den Zeitpunkt der Entstehung des Ausgleichsanspruches nach § 1378 Abs. 3 Satz 1 BGB.

80 Für den überlebenden Ehegatten, dem **Zugewinnausgleichsansprüche** zustehen, spielt § 1384 BGB jedoch eine Rolle. Hat er tatsächlich einen Anspruch auf Zugewinnausgleich gegenüber den Erben, so ändert sich auch hier der **Bewertungszeitpunkt**. Grundsätzlich ist der Bewertungszeitpunkt der Tag der Beendigung des Güterstandes nach Maßgabe der §§ 1375 Abs. 1, 1376 Abs. 2 BGB. Im Scheidungsverfahren wird dieser Bewertungszeitpunkt bekanntlich nach § 1384 BGB auf den Zeitpunkt der Rechtshängigkeit vorgezogen. Stirbt ein Ehegatte, nachdem ein Scheidungsantrag erhoben worden ist und liegen die Voraussetzungen für die Scheidung der Ehe vor, tritt für die Berechnung des Zugewinns in entsprechender Anwendung des § 1384 BGB an die Stelle der Beendigung des Güterstandes durch den Tod des Ehegatten der Zeitpunkt der Rechtshängigkeit des Scheidungsantrages.[79] Wird allerdings der Zugewinnausgleich durch die Erhöhung des Erbteils verwirklicht, so kann selbstverständlich das Zugewinnausgleichsverfahren als Folgesache nicht fortgeführt werden.

2. Fortsetzung der Folgesache Versorgungsausgleich gegen die Erben

81 Ansprüche auf einen Versorgungsausgleich enden durch den Tod, da nach § 1587 BGB Voraussetzung für einen Versorgungsausgleich ist, dass die Ehe auf andere Weise als durch Tod beendet wird. Verstirbt mithin der Ausgleichsberechtigte, **so erlischt der Ausgleichsanspruch** nach § 1587e Abs. 2 BGB.

82 Stirbt der Ausgleichspflichtige nach der Scheidung, können jedoch die Erben das Ausgleichsverfahren fortsetzen, damit es zu einem Ausgleich kommen kann. Insofern wird also der Übergang der Versorgungsanwartschaften fingiert, obwohl die Ansprüche eigentlich nicht vererblich sind.[80] Nach § 1587e Abs. 4 BGB erlischt der öffentlichrechtliche Versorgungsausgleich (§ 1587b BGB) also nicht mit dem Tod des Verpflich-

---

77 BGH FamRZ 1995, 597.
78 BGH FamRZ 1987, 353.
79 BGH FamRZ 1987, 353.
80 OLG Brandenburg NJW-RR 2002, 217; BGH FamRZ 1985, 1240; BGH FamRZ 1989, 36.

teten, wenn dieser nach Rechtskraft der Scheidung verstirbt. Dies gilt für alle Formen des öffentlich-rechtlichen Versorgungsausgleichs.[81] Der **schuldrechtliche Versorgungsausgleich erlischt** grundsätzlich mit dem Tod des Ausgleichspflichtigen § 1587m BGB). Der Abfindungsanspruch ist somit nicht vererblich.

Beim Tod des Berechtigten ist unbedingt darauf zu achten, ob der **Versorgungsausgleich** nach § 1587b BGB bzw. § 1 VAHRG bereits bewirkt ist. Sind noch keine oder weniger als 24 Monate Leistungen an den Berechtigten erbracht worden, so ist als Anwalt darauf zu achten, einen Antrag nach Maßgabe der §§ 4, 9 VAHRG zu stellen, um quasi die Kürzung durch den Versorgungsausgleich rückgängig zu machen. § 4 VAHRG bestimmt, dass die Versorgung des Verpflichteten oder seiner Hinterbliebenen dann nicht auf Grund des Versorgungsausgleichs gekürzt wird, wenn ein Versorgungsausgleich gemäß § 1587b Abs. 1 oder 2 BGB durchgeführt worden ist und der Berechtigte vor seinem Tod keine Leistungen aus dem im Versorgungsausgleich erworbenen Anrecht erhalten hat.

83

Ist der Berechtigte gestorben und wurden oder werden aus dem im Versorgungsausgleich erworbenen Anrecht Leistungen gewährt, die insgesamt zwei Jahresbeträge einer auf das Ende des Leistungsbezugs ohne Berücksichtigung des Zugangsfaktors berechneten Vollrente wegen Alters aus der gesetzlichen allgemeinen Rentenversicherung aus dem erworbenen Anrecht nicht übersteigen, so gilt § 4 Abs. 1 VAHRG entsprechend, jedoch sind die gewährten Leistungen auf die sich aus § 4 Abs. 1 VAHRG ergebende Erhöhung anzurechnen.

Der Antrag nach § 9 VAHRG ist beim Leistungsträger des Leistungsträgers zu stellen. Antragsberechtigt sind nach § 9 Abs. 2 VAHRG der Verpflichtete und, soweit sie belastet sind, seine Hinterbliebenen. Ansprüche nach § 4 VAHRG gehen auch auf den Erben über, wenn der Erblasser den erforderlichen Antrag gestellt hatte. Sowohl der Antragsberechtigte als auch der Leistungsträger können von den betroffenen Stellen die für die Durchführung von Maßnahmen nach § 4 VAHRG erforderliche Auskunft verlangen.

VI. Aufhebungsverfahren und Ehegattenerbrecht

Statt eines Scheidungsverfahrens kann auch ein in der Praxis seltenes Aufhebungsverfahren rechtshängig sein. Der Unterschied zur Scheidung liegt in der Besonderheit, dass die Gründe für eine **Eheaufhebung bereits im Zeitpunkt der Eheschließung** vorlagen und sich nicht wie bei der Scheidung erst während der Ehe ergeben müssen. Die Aufhebungsgründe sind abschließend in § 1314 BGB aufgeführt, wobei in der Erbrechtspraxis am häufigsten die fehlende Ehefähigkeit wegen Geschäftsunfähigkeit nach § 1304 BGB bzw. die vorübergehende Störung der Geistestätigkeit aufgrund Medikamenteneinflusses nach § 1314 Abs. 2 Nr. 1 BGB oder aber die sog. Scheinehe nach § 1314 Abs. 2 Nr. 5 BGB eingewendet werden.

84

Die Folgen des Aufhebungsverfahrens sind in § 1318 BGB geregelt. Wie sich aus § 1933 Satz 2 BGB ergibt, wird das **Erbrecht des Ehegatten beseitigt**, wenn der Erblasser einen Aufhebungsantrag gestellt hat. Eine **Besonderheit** ergibt sich zudem aus § 1318 Abs. 5 BGB, wonach § 1931 BGB nicht zugunsten des Ehegatten Anwendung findet, der bei einem Verstoß gegen die §§ 1304, 1306, 1307 oder 1311 BGB oder im Fall des § 1314 Abs. 2 Nr. 1 BGB die Aufhebbarkeit der Ehe bei der Eheschließung gekannt hat. Die Beweislast trägt hierfür allerdings derjenige, der sich auf den Aus-

85

---

81 BGH NJW 1986, 185.

schluss des Ehegattenerbrechts beruft. Ein derartiger Nachweis dürfte in der Praxis sehr schwierig zu führen sein. Dies bedeutet, dass auch ohne Eheaufhebung das Ehegattenerbrecht entfallen kann. Ein Aufhebungsverfahren nach dem Tode des Erblassers, z.B. zur Vermeidung von Ansprüchen des vermeintlichen Ehegatten als Pflichtteilsberechtigten, ist aufgrund des § 1317 Abs. 3 BGB nicht mehr möglich. Es verbleibt nur das Berufen auf die Vorschrift des § 1318 Abs. 5 BGB.

F. Ehegatteninnengesellschaft

86 Der pflichtteilsrelevante Nachlassbestand[82] wird häufig falsch eingeschätzt. Grabpflegekosten oder Rechtsanwalts- bzw. Erbscheinsverfahrenskosten[83] sind i.d.R. nicht ansatzfähig. Weitere Problemfelder sind etwaige Auseinandersetzungsguthaben aus einer die Ehegatteninnengesellschaft oder der Einrichtung eines Oder-Kontos. So ist in dem Auseinandersetzungsguthaben regelmäßig eine erhebliche Nachlassverbindlichkeit zu sehen. Daher wird die Ehegatteninnengesellschaft häufig als „**Joker in der Pflichtteilsauseinandersetzung**" bezeichnet!

I. Vorliegen einer Ehegatteninnengesellschaft

87 Eine Ehegatteninnengesellschaft ist grundsätzlich dann anzunehmen, wenn in der Ehe durch planmäßige und zielstrebige Zusammenarbeit der Ehegatten erhebliche Vermögenswerte im Vordergrund stehen.[84] Es muss somit ein eheübergreifender Gesellschaftszweck von den Ehegatten verfolgt werden.

Im Einzelnen[85] handelt es sich um eine faktische Übereinkunft über
– Planung und Umfang sowie Dauer der Vermögensbildung
– Absprachen über die Verwendung und Wiederanlage der erzielten Erlöse

88 Eine Ehegatteninnengesellschaft wurde **anerkannt**:[86]
– bei gemeinsamer Vermögensbildung durch Einsatz von Vermögenswerten und/oder Arbeitsleistung oder gemeinsame berufliche und gewerbliche Tätigkeit;
– wenn die Ehegatten ein Unternehmen aufbauen oder auch nur gemeinsam gleichberechtigt eine berufliche oder gewerbliche Tätigkeit ausüben, so steht es der Annahme einer Innengesellschaft nicht entgegen, wenn sie aus dem Erlös auch ihren Lebensunterhalt bestreiten.

89 Eine Ehegatteninnengesellschaft wurde **abgelehnt**:
– für den Bau eines Familienheims;
– die Mitarbeit nicht über den Rahmen der üblichen Ehegattenmitarbeit hinaus;
– oder die Bestellung einer dinglichen Sicherheit;
– bei lediglich untergeordneter Tätigkeit, Mitarbeit oder Beteiligung (allerdings keine gleich hohe oder gleichartige Beteiligung erforderlich – vielmehr wirken sich die verschieden hohen Beiträge lediglich auf die Beteiligungsquote aus).

---

82 Dazu ausführlich: *Monschau/Schneider*, ZAP F 12, S. 117 ff. sowie *Kerscher/Riedel/Lenz*, Pflichtteilsrecht, S. 194 ff.
83 Soergel/*Dieckmann*, § 2311 Rn. 13 m.w.N.
84 *Krug*, ZErb 2002, 16
85 Dazu *Krug*, Schnittstellen, Rn. 655.
86 Nachweise bei *Münch*, FamRZ 2004, 234 ff.

Des Weiteren ist die Vorstellung der Ehegatten wichtig, dass die Gegenstände auch bei **formaldinglicher Zuordnung** zum Alleineigentum eines Ehegatten wirtschaftlich beiden gehören sollen. Weitere bewusste Vorstellungen über die Bildung einer Gesellschaft sollen nicht erforderlich sein.

Indizien für das Vorliegen einer Vermögensbildung in Abgrenzung vom „Geben um der Ehe Willen", die für das Vorhandensein einer Innengesellschaft sprechen, können in Folgendem liegen: 90
- Abreden über die Ergebnisverwendung, insb. über die Wiederanlage erzielter Erlöse unter Einbeziehung des dinglich nicht berechtigten Ehegatten;
- Erfolgs- und Verlustbeteiligung des Nicht-Eigentümer-Ehegatten;
- Entnahmerecht des Nicht-Eigentümer-Ehegatten;
- Übertragung aufgrund haftungsrechtlicher Überlegungen – auch wenn diese letztlich nicht durchschlagend sein mögen;
- planvolles und zielstrebiges Zusammenwirken, um erhebliche Vermögenswerte zu schaffen, nicht lediglich Zusammenwirken an einem Einzelprojekt. Hierbei spielt insb. eine Rolle, ob der nichtbeteiligte Ehegatte in erheblichem Umfang seine Arbeitskraft oder besondere fachliche Qualifikationen einbringt. Auch das zur Verfügung stellen einer wesentlichen Betriebsgrundlage kann für ein Gesellschaftsverhältnis sprechen.

Angaben Dritten gegenüber können ebenfalls aufschlussreich sein, insb. etwa dann, wenn die Bezeichnung Gesellschaft bürgerlichen Rechts geführt wird. 91

Kein Indiz ist hingegen der **Güterstand**. Dies ergibt sich schon daraus, dass der BGH betont, Ansprüche aus einer Ehegatteninnengesellschaft könnten insb. bei **Gütertrennung** gegeben sein. Dies zeigt, dass sie jedenfalls auch bei Zugewinngemeinschaft nicht ausgeschlossen sind, wenn trotz dieses Güterstandes kein befriedigender Ausgleich stattfindet. 92

Die Innengesellschaft wird **durch Scheidung oder Tod** des Ehegatten aufgelöst. Ebenso nach § 727 BGB oder einvernehmlich. Das **Auseinandersetzungsguthaben** spielt im Erbrecht eine besondere Rolle, entweder als Forderung oder als Verbindlichkeit. 93

Eine Klage hinsichtlich einer Innengesellschaft ist vor einem **Zivilgericht** zu führen und **nicht** vor einem **Familiengericht**. 94

> Praxishinweis:
> Um nach dem Tode den Nachweis einer Ehegatteninnengesellschaft führen zu können, ist dringend anzuraten, einen schriftlichen Vertrag abzuschließen.

Formulierungsvorschlag:

> **Formulierungsvorschlag von Münch FamRZ 2004, 238 f.:**
> ... Urkundseingang ...
> Wir leben im Güterstand der Gütertrennung/im gesetzlichen Güterstand der Zugewinngemeinschaft. Den nachfolgend in Anlage 1 für mich, den Ehemann, und Anlage 2 für mich, die Ehefrau, genannten Grundbesitz hielten wir jeweils bereits bei Eheschließung zu Alleineigentum. Er soll von den nachfolgenden Regelungen des Ge-

sellschaftsvertrages nicht betroffen sein. Wir vereinbaren miteinander den folgenden Vertrag einer

Ehegatteninnengesellschaft des bürgerlichen Rechts

§ 1 Rechtsform

(1) Die Gesellschaft ist eine Gesellschaft bürgerlichen Rechts.

(2) Sie ist eine Innengesellschaft, die nicht nach außen auftritt und kein Gesamthandsvermögen hat.

§ 2 Zweck

Zweck der Gesellschaft ist die gemeinsame Vermögensbildung dergestalt, dass unabhängig von der Zuordnung zum Alleineigentum eines Ehegatten oder zum Miteigentum beider Ehegatten das von diesem Vertrag betroffene Vermögen einschließlich seiner Verbindlichkeiten wirtschaftlich beiden Ehegatten im Verhältnis ihrer Beteiligung nach § 3 dieses Vertrages zustehen soll.

§ 3 Gesellschafter und Anteile

(1) Gesellschafter sind die Erschienenen zu 1 und 2.

(2) Die Gesellschafter sind zu gleichen Teilen an der Gesellschaft beteiligt.

Alternative: An der Gesellschaft ist die Ehefrau zu 60 % und der Ehemann zu 40 % beteiligt.

§ 4 Einlagen

Einlagen in das Gesellschaftsvermögen sind nicht zu leisten. Im Innenverhältnis der Gesellschafter werden sämtlicher Grundbesitz beider Ehegatten ohne Rücksicht auf die im Grundbuch eingetragenen Eigentumsverhältnisse, jedoch mit Ausnahme

- des Grundbesitzes gemäß Anlagen 1 und 2,
- des Grundbesitzes, den ein jeder von uns auf eine in § 1374 II BGB beschriebene Weise erwirbt,
- [1. Alternative: des Familienwohnheims in ...]
- [2. Alternative: des Grundbesitzes, den wir beide bei seinem Erwerb als nicht zur Gesellschaft gehörig benennen.]

und sämtliche diesen Grundbesitz betreffenden Verbindlichkeiten als Gegenstände gemeinsamer Vermögensbildung angesehen und unterliegen daher im Trennungsfall der Verteilung bzw. dem Ausgleich gemäß diesem Vertrag.

Nicht dem Ausgleich nach diesem Vertrag unterliegen Erträge aus diesem Grundbesitz, es sei denn, sie werden auf den Grundbesitz verwendet.

[1. Alternative: Auch Erträge aus diesem Grundbesitz unterliegen den Regelungen dieses Vertrages. Sie sind daher auf getrennten Konten zu verwalten.

2. Alternative: Im Innenverhältnis der Gesellschafter wird derjenige Grundbesitz beider Ehegatten und die diesen betreffenden Verbindlichkeiten ohne Rücksicht auf die im Grundbuch eingetragenen Eigentumsverhältnisse als Gegenstände gemeinsamer Vermögensbildung angesehen, den die Ehegatten in dieser Urkunde und in jeweiligen Nachträgen als solchen bezeichnen. Der betroffene Grundbesitz ist in einem Vermögensverzeichnis festzuhalten, das nach der jeweiligen Veränderung fortzuschreiben ist. Dieser Grundbesitz unterliegt daher im Trennungsfall der Verteilung bzw. dem Ausgleich gemäß diesem Vertrag. Gegenwärtig ist dies der folgende Grundbesitz: ...]

§ 5 Veräußerung von Grundbesitz

(1) Unbeschadet der Verfügungsbefugnis jedes Gesellschafters entsprechend seiner Eigentümerstellung hinsichtlich des Grundbesitzes im Außenverhältnis vereinbaren die Gesellschafter Folgendes:

Jede Verfugung über Grundbesitz, der unter den Zweck dieser Gesellschaft fällt, bedarf zuvor eines einstimmigen Gesellschafterbeschlusses. Verfügt ein Gesellschafter ohne einen solchen Gesellschafterbeschluss, so unterliegen die durch die Verfügung erlangten Surrogate ebenfalls der Ausgleichsregelung dieses Vertrages.

(2) Ferner hat ein Gesellschafter, der Grundbesitz veräußern möchte, der den Regelungen dieser Gesellschaft unterfällt, diesen zunächst dem anderen Gesellschafter zum Erwerb anzubieten, und zwar zu dem Wert, wie er in nachfolgendem § 6 IV festgelegt ist.

§ 6 Auseinandersetzung

(l) Die Gesellschaft ist auf unbestimmte Dauer eingegangen. Jeder Gesellschafter kann die Gesellschaft mit einer Frist von 24 Monaten zum Ende eines Kalenderjahres kündigen. Die Kündigung hat per eingeschriebenem Brief zu erfolgen.

(2) Mit der Trennung der Ehegatten kann jeder Gesellschafter die sofortige Auflösung der Gesellschaft verlangen. Gleiches gilt bei einer Verfügung über Grundbesitz durch den anderen Gesellschafter ohne Zustimmung der Gesellschafterversammlung. Mit dem Verlangen ist die Gesellschaft aufgelöst. Wir legen fest, dass eine Trennung als erfolgt gilt, wenn der eine Ehegatte sie dem anderen Ehegatten per Einschreiben mitgeteilt hat.

(3) Die Gesellschaft ist mit Wirksaniwerden der Kündigung oder Auflösung beendet.

(4) Das nach § 4 dem Ausgleich unterliegende Vermögen wird durch einen öffentlich bestellten Grundstückssachverständigen, den die örtlich zuständige IHK ernennt, verbindlich als Schiedsgutachter auf den Zeitpunkt der Beendigung geschätzt.

Jeder Ehegatte behält den Grundbesitz, den er zu Alleineigentum hat. Die Hälfte der Wertdifferenz steht demjenigen Ehegatten, der den Grundbesitz mit geringerem Wert hat, als Ausgleichsanspruch zu. Der Ausgleichsanspruch ist fällig binnen drei Monaten nach Bekanntgabe durch den Schiedsgutachter und bis dahin nicht zu verzinsen und nicht dinglich zu sichern.

[Alternative: Bei anderer als hälftiger Beteiligung nach § 3 ist auch hier eine entsprechend andere Quote festzusetzen.]

(5) Kosten des Ausgleichsverfahrens tragen die Gesellschafter entsprechend ihren Anteilen nach § 3 dieses Vertrages.

[Alternative: Sofern die Innengesellschaft im gesetzlichen Güterstand vereinbart wird:

(6) Nach Auseinandersetzung gemäß dieser Regelung findet auf der Grundlage der dann bestehenden Vermögenslage der Zugewinnausgleich statt.]

[Alternative zu § 6: Übernahmerecht nach Los mit Wertausgleich der Enddifferenz.]

§ 7 Tod

Durch den Tod eines Gesellschafters wird die Gesellschaft aufgelöst. Der Ausgleich hat zwischen dem überlebenden Gesellschafter und den Erben nach § 6 IV zu erfolgen.

[Alternative: Außer im Falle des § 1933 BGB findet ein Ausgleich im Todesfall nicht statt.]

§ 8 Salvatorische Klausel

Sollten einzelne Bestimmungen dieses Vertrages unwirksam sein oder werden oder sollte sich im Vertrag eine Regelungslücke zeigen, so wird die Wirksamkeit der übrigen Bestimmungen hierdurch nicht berührt. Gleiches gilt bei nicht beurkundeten Nebenabreden. Die Beteiligten sind dann verpflichtet, eine ersetzende Bestimmung zu vereinbaren, die dem wirtschaftlichen Sinn der unwirksamen Bestimmung im Gesamtzusammenhang der getroffenen Regelung in rechtlich zulässiger Weise am nächsten kommt, oder eine neue Bestimmung zu treffen, welche die Regelungslücke des Vertrags so schließt, als hätten sie diesen Punkt von vornherein bedacht.

II. Ehebedingte Zuwendung

95 Der Erblasser könnte dadurch, dass er den Nachlass an Personen verschenkt, die ihm genehmer sind als die an seinem Nachlass Pflichtteilsberechtigten, sein Vermögen zum Zeitpunkt seines Todes auf Null stellen. Rein rechnerisch ergäben sich dann keine Pflichtteilsansprüche mehr. Dem beugt § 2325 Abs. 1 BGB vor, indem der Wert der Schenkung dem Nachlass als sog. fiktiver Nachlass hinzugerechnet wird. Im Rahmen des sog. Pflichtteilsergänzungsanspruchs nach § 2325 BGB sind hinsichtlich des Ehegatten einige Besonderheiten zu beachten.

1. Zeitliche Schranke des § 2325 Abs. 3 BGB für Ehegatten nicht zehn Jahre!

96 Nicht jede Schenkung, die der Erblasser in seinem Leben gemacht hat, ist pflichtteilsergänzungspflichtig. Das Gesetz sieht in § 2325 Abs. 3 BGB eine zeitliche Schranke von zehn Jahren vor. Sind zur Zeit des Erbfalls zehn Jahre seit der Leistung des Gegenstandes verstrichen, so bleibt die Schenkung für die Berechnung des Pflichtteils außer Betracht, § 2325 Abs. 3 1. HS BGB. Dies gilt allerdings dann nicht, wenn die **Schenkung an den Ehegatten** des Erblassers erfolgt. Die Frist beginnt hier nicht vor Auflösung der Ehe, § 2325 Abs. 3 2. HS BGB.

2. Sonderproblem: Unentgeltliche Zuwendungen unter Ehegatten

97 Früher galten unentgeltliche Zuwendungen unter Ehegatten, die der Verwirklichung der **ehelichen Lebensgemeinschaft** dienten, nicht als Schenkung. Häufig wurden derartige Vermögensverschiebungen als ehebedingte, **unbenannte Zuwendungen** bezeichnet. Die neuere Rspr.[87] sieht in derartigen Zuwendungen aber regelmäßig Schenkungen, es sei denn, es ist eine konkrete Gegenleistung des Ehegatten vorhanden. Allerdings ist ein gewisser Trend zu erkennen, dass der Begriff der Gegenleistung großzügig auszulegen ist. So sollen Zuwendungen, die für den **Unterhalt** des Ehegatten bestimmt sind, oder ausdrücklich zur **Alterssicherung** vorgenommen wurden, als Gegenleistung in Frage kommen. Auch dürften Zuwendungen, die zur **Vergütung langjähriger Dienste** vorgenommen werden, als Gegenleistung einzustufen sein.

---

[87] Vgl. BGH FamRZ 1992, 300 ff.; OLG Köln FamRZ 1994, 404 ff.

> **Praxishinweis:**
> **Keine unentgeltliche Zuwendung ohne Vereinbarung einer Gegenleistung!**
> **Die Zehn-Jahres-Frist des § 2325 Abs. 3 BGB beginnt mit der „Leistung" des verschenkten Gegenstandes zu laufen.**
> Leistung bedeutet bei beweglichen Sachen der Übergang des Eigentums, bei Grundstücken die Umschreibung im Grundbuch.[88] Die Sicherung des Übereignungsanspruches durch Auflassungsvormerkung ist nicht ausreichend.[89]
> **Vorsicht bei Vorbehalten wegen fehlenden Genussverzichtes**
> Ist die Umschreibung im Grundbuch rechtzeitig, d.h. zehn Jahre vor dem Erbfall vollzogen, hat der Schenker das Grundstück jedoch aufgrund vorbehaltenen dinglichen Rechts oder schuldrechtlicher Vereinbarung selbst weiter genutzt, so ist die Schenkung gleichwohl ergänzungspflichtig. Die Rspr. verlangt nämlich, dass der Schenker einen spürbaren Vermögensverlust schon so erlitten hat, dass er die Folgen selbst noch zehn Jahre lang tragen muss.[90]
> Demgemäß ist also erhebliche Vorsicht bei der Vereinbarung von zumindest unentgeltlichen Nutzungsrechten geboten! Die gleiche Interessenlage ergibt sich dann, wenn der Schenker sich den freien Widerruf der Schenkung vorbehalten hat.[91]
> Besondere Vorsicht ist bei der Gründung von **Oder-Konten** geboten, wenn bei der Errichtung ein Ehegatte allein nur Vermögen in das Konto einbringt. Nach der Gründung gehören beiden Ehegatten im Zweifel das Oder-Konto zu gleichen Teilen. Dies bedeutet aber gleichsam, dass i.H.d. Hälfte des Kontobetrages bei Errichtung des Konto eine unentgeltliche Zuwendung erfolgt ist, die bei der Errechnung der Pflichtteilshöhe zu berücksichtigen ist.
> Hier ist im Einzelnen noch vieles ungeklärt. Es ist aber angesichts der bekannten BFH-Rspr. hinsichtlich von Oder-Konten davon auszugehen, dass letztendlich immer von einer Schenkung auszugehen ist.

G. Familienrechtliche Anordnungen in der letztwilligen Verfügung

In letztwilligen Verfügungen können auch familienrechtliche Anordnungen eine Rolle spielen. Von praktischer Bedeutung sind insb. zwei Bereiche:

- Eingriff in die elterliche Vermögensverwaltungsrechte nach der Scheidung
- Benennung von Vormündern und Pflegern für unversorgte Kinder

Das Recht und die Pflicht der elterlichen Vermögenssorge ergibt sich aus § 1626 Abs. 1 BGB. Danach besteht ein **Gesamtvertretungsrecht beider Elternteile**. Verstirbt ein Elternteil, verbleibt die elterliche Sorge beim Überlebenden allein. Sind die **Eltern unverheiratet**, so steht die Vermögenssorge der Mutter allein zu, sofern nicht beide Eltern die Übernahme des gemeinsamen Sorgerechts in beurkundeter Form nach §§ 1626a Abs. 1 Nr. 1, 1626b ff. BGB abgegeben haben. Dann gilt § 1680 Abs. 1 BGB und die elterliche Sorge erhält wiederum der überlebende Elternteil. Der Erblasser hat selbst die Möglichkeit, das Vermögenssorgerecht entweder einem oder beiden Elternteilen zu entziehen. Ferner kann er gleichzeitig nach § 1917 Abs. 1 BGB einen Pfleger

---

88 BGHZ 102, 289.
89 Palandt/*Edenhofer*, § 2325 Rn. 22.
90 BGH NJW 1994, 1791; BGHZ 98, 226.
91 Vgl. *Mayer*, FamRZ 1994, 739; *Draschka*, Rpfl 1995, 71.

im Testament benennen. Dies sollte immer dann erfolgen, wenn beiden Eltern das Vermögenssorgerecht entzogen werden soll.

> **Formulierungsbeispiel:** Den Eltern ... des minderjährigen ..., geb. am ..., derzeit wohnhaft ... in ..., entziehe ich gemäß § 1638 BGB das Vermögensverwaltungsrecht bzgl. all der Vermögensgegenstände, die er von mir von Todes wegen erwirbt. Als Pfleger zur Ausübung des Verwaltungsrechts benenne ich Herrn ..., geb. am ..., derzeit wohnhaft ... in ... .

99 Der Erblasser muss aber **nicht immer das ganze Vermögenssorgerecht** entziehen, sondern kann lediglich nach § 1639 BGB bestimmte Verwaltungsanordnungen hinsichtlich des Ererbten erteilen. Ob derartige Anordnungen sinnvoll sind, ist zu bezweifeln, denn im Voraus kann nicht erahnt werden, welche Maßnahmen vernünftig sind oder nicht. Durch das Scheidungsrecht erfolgt grundsätzlich mit der Scheidung die Übertragung des gemeinschaftlichen Vermögenssorgerechts. Dies führt nach § 1680 Abs. 1 BGB nach dem Tode eines Elternteils dazu, dass der Überlebende alleiniger Inhaber des Sorgerechts ist.

> **Praxishinweis:**
> Gerade im Rahmen von Geschiedenentestamenten oder bei Testamenten von Patchwork-Familien ist dringend an eine Regelung hinsichtlich der Verwaltung des Kindesvermögens nach einer Scheidung etc. zu denken! Neben einem Verwaltungsentzug sollte eine Pflegerbenennung erfolgen. Allerdings kann das VormG in den in § 1778 BGB genannten Fällen, den Willen des Erblassers umgehen. Der Erblasser hat die Möglichkeit, den Pfleger von gewissen Pflichten in §§ 1852–1854 BGB zu befreien, wie bspw. die Rechnungslegungspflicht gegenüber dem VormG. Da Einkünfte aus dem Kindesvermögen nach § 1649 Abs. 1 BGB zur Bestreitung des Kindesunterhalts dienen, hat der Pfleger dem sorgeberechtigten Elternteil diese Einkünfte für Unterhaltszwecke zur Verfügung zu stellen. Um zu vermeiden, dass diese Einkünfte aufgrund des § 1649 Abs. 2 Satz 1 BGB aus Billigkeitsgesichtspunkten auch für den eigenen persönlichen Unterhalt und der Geschwister verwendet werden, sollte vorsorglich auch ein Ausschluss des Unterhaltsverwendungsrechts erfolgen.

H. Anfechtung einer letztwilligen Verfügung wegen Übergehung eines Pflichtteilsberechtigten nach § 2079 BGB

I. Allgemeines

100 Diese Bestimmung regelt einen Sonderfall des Motivirrtums und ergänzt diesen. „**Übergehung eines Pflichtteilsberechtigten**" liegt vor, wenn ein Pflichtteilsberechtigter (s. §§ 2303 ff. BGB) weder als Erbe eingesetzt noch mit einem Vermächtnis bedacht ist. Ganz geringfügige Zuwendungen müssen dabei außer Betracht bleiben.[92] Der Pflichtteilsberechtigte kann aber dann nicht anfechten, wenn ihn der Erblasser ausdrücklich ausgeschlossen oder bewusst übergangen hat.[93] Umstritten ist, ob ein „Übergehen" auch dann vorliegt, wenn der Erblasser Personen in Unkenntnis ihrer späteren Pflichtteilsberechtigungen Zuwendungen gemacht hat, die hinter ihrem gesetzlichen Erbteil zurückbleiben.

---

92 OLG Karlsruhe ZEV 1995, 454.
93 Palandt/*Edenhofer*, § 2079 Rn. 3.

> **Beispiel:**
> Vermächtnis an die Haushälterin, die der Erblasser später heiratet.

Nach richtiger Ansicht sollte hier § 2079 BGB nicht angewandt werden, unter Umständen ist aber eine Anfechtung nach § 2078 Abs. 2 BGB möglich.[94] Die Unkenntnis kann hier auch auf einem Rechtsirrtum beruhen und zwar dann, wenn über den Inhalt des § 2303 BGB Unkenntnis besteht.[95]

Bei § 2079 BGB wird die **Ursächlichkeit** zwischen Urteil und Verfügung vom Gesetz **vermutet.** Jedoch ist diese Vermutung **widerlegbar**, wobei genügt, dass der tatsächliche Wille des Erblassers zur Übergehung des Pflichtteilsberechtigten nachgewiesen ist, etwa in dem Fall, dass der Erblasser eine spätere Eheschließung einkalkuliert hat.[96] Dabei kommt es auch hier nur auf die Sichtweise des Erblassers selbst an, nicht auf eine verständige Würdigung **(subjektive Erheblichkeit)**. Auf diesen Willen des Erblassers kann aus Umständen die vor, bei und nach der Testamentserrichtung vorlagen, geschlossen werden. Aus der Tatsache, dass der Erblasser sein Testament nach der Wiederverheiratung nicht änderte, kann allerdings nicht der Schluss gezogen werden, dass er bei dessen Errichtung bereits den Willen hatte, den zweiten Ehegatten zu übergehen. Hierzu bedarf es im Einzelfall der Feststellung, dass der Erblasser die Testamentsänderung absichtlich unterlassen hat.[97]

101

Die Widerlegung ist auch dann möglich, wenn sich ein entsprechender hypothetischer Wille zur Zeit der Testamentserrichtung ermitteln lässt.[98] Die **Wirkung** der Anfechtung nach § 2079 BGB betrifft zunächst die betreffende Verfügung. Teilweise wird die Auffassung vertreten, dass die Anfechtung nach dieser Vorschrift sämtliche in dem Testament erfassten Verfügungen erfasse[99] und somit weitergehe als die Anfechtung nach § 2078 BGB, weil die Anfechtung aufgrund der Berücksichtigung eines weiteren Erben alle Erbteile verschieben würde. Dies ist allerdings nicht unumstritten, und zutreffender Weise wird sich hier die Anfechtungswirkung nicht anders als nach § 2078 BGB behandeln lassen dürfen.[100]

102

II. Anfechtung einseitiger testamentarischer Bestimmungen

Nach § 2080 Abs. 1 BGB ist zur Anfechtung derjenige berechtigt, welchem die Aufhebung der letztwilligen Verfügung unmittelbar zustatten kommen würde. Es ist daher ein Vergleich mit der Rechtslage anzustellen, wie sie sich infolge einer wirksamen Anfechtung ergeben würde.[101] Der Anfechtende muss dem gemäß bei Wegfall der betreffenden Verfügung einen erbrechtlichen Vorteil erlangen, den er sonst nicht bekommen würde.[102] Dabei muss es sich um einen rechtlichen Vorteil handeln, der in einem Erbrecht bestehen kann, aber auch im Erwerb eines Anspruchs (Anfechtung des

103

---

94 RGZ 50, 238; RGZ 148, 218, 223; BayObLG ZEV 1994, 106, 108; Staudinger/*Otte*, § 2079 Rn. 5.
95 Staudinger/*Otte*, § 2079 Rn. 8.
96 BayObLG FamRZ 1992, 988.
97 BayObLGZ 1989, 116; BayObLGZ 1980, 42.
98 Palandt/*Edenhofer*, § 2079 Rn. 5.
99 Soergel/*Loritz*, § 2079 Rn. 9.
100 Staudinger/*Otte*, § 2079 Rn. 12 ff. m. zahlreichen Bsp.
101 BGH NJW 1985, 2025.
102 BayObLGZ 1975, 6, 9.

Vermächtniswiderrufs durch den Vermächtnisnehmer) oder auch im Fall des Wegfalls einer Beschwerung (Anfechtung eines Vermächtnisses oder einer Auflage).[103]

104 Bei **familienrechtlichen Anordnungen** ist der Betroffene zur Anfechtung berechtigt, etwa bei der Bestimmung einer Zuwendung als Vorbehaltsgut des anderen Ehegatten.[104] Der Widerruf einer Testamentsvollstreckerernennung kann auch durch den Testamentsvollstrecker angefochten werden.[105] Bei **mehreren Anfechtungsberechtigten** steht jedem ein selbstständiges Anfechtungsrecht zu; auch die nur von einem Berechtigten erklärte Anfechtung wirkt absolut, d.h., also sie kommt auch den übrigen Beteiligten zugute.[106]

105 Das einmal entstandene Anfechtungsrecht ist vererblich, jedoch als höchstpersönliches Recht nicht unter Lebenden übertragbar. Weitere Einschränkungen ergeben sich aus § 2080 Abs. 2 BGB, wonach in den Fällen, in denen sich der Irrtum auf eine bestimmte Person bezieht, das Anfechtungsrecht nur dem Betroffenen selbst zusteht. Bei dieser Fallkonstellation können auch andere Personen nicht anfechten, auch wenn ihnen der Wegfall der Verfügung unmittelbar zustatten kommt. Diese Dritten sollen aus einer derartigen Fehlmotivation keinen Vorteil erhalten.[107] Im Falle des § 2079 BGB steht demgegenüber das Anfechtungsrecht nur dem übergangenen Pflichtteilsberechtigten zu (§ 2080 Abs. 3 BGB).

106 Der Erblasser selbst ist bei einer einseitigen Verfügung von Todes wegen nicht anfechtungsberechtigt, da er ja selbst jederzeit frei widerrufen könnte (§§ 2053 ff. BGB). Die **Anfechtung einer letztwilligen Verfügung**, durch die ein Erbe eingesetzt, ein gesetzlicher Erbe von der Erbfolge ausgeschlossen, ein Testamentsvollstrecker ernannt oder eine derartige Verfügung aufgehoben wird (§ 2081 Abs. 1 BGB) – desgleichen bei der Anfechtung einer Verfügung, durch die ein Recht für einen anderen nicht begründet wird (Auflage, Ausschließung der Auseinandersetzung, Entziehung des Pflichtteilsrechts), erfolgt durch **Erklärung gegenüber dem Nachlassgericht**. Sie kann schriftlich oder auch bloß zu Protokoll abgegeben werden, erfordert jedoch die ausdrückliche Äußerung des Anfechtungswillens,[108] wobei es genügt, wenn dieser wenigstens im Wege der Auslegung entnommen werden kann.[109] Wirksam ist die Erklärung mit Eingang beim örtlich und sachlich zuständigen Nachlassgericht. Dieses nimmt nach positiver Prüfung seiner Zuständigkeit diese zu den Akten und teilt in den Fällen des § 2081 BGB die Erklärung den durch die Anfechtung Begünstigten mit (§ 2081 Abs. 2 BGB). Eine Prüfung der Wirksamkeit der Anfechtung erfolgt bei der bloßen Entgegennahme nicht.[110] Diese ist erst dann zulässig und veranlasst, wenn die erklärte Anfechtung für ein Verfahren vor dem Nachlassgericht von Bedeutung ist, etwa bei einem Erbscheinsverfahren;[111] liegt bereits ein Erbschein vor, der durch die Anfechtung unrichtig wird, ist dies von Amts wegen zu berücksichtigen und der Erbschein einzuziehen.[112] Bei einer Anfechtung in Fällen, die nicht unter § 2081 Abs. 1, Abs. 3 BGB fallen erfolgt die Erklärung gemäß § 143 Abs. 4 Satz 1 BGB formlos gegenüber dem

---

103 MünchKomm/*Leipold*, § 2080 Rn. 4.
104 RG Recht 1909 Nr. 1334.
105 MünchKomm/*Leipold*, § 2080 Rn. 4.
106 Palandt/*Edenhofer*, § 2080 Rn. 4; a.A. MünchKomm/*Leipold*, § 2080 Rn. 8.
107 MünchKomm/*Leipold*, § 2080 Rn. 5.
108 BayObLG FamRZ 1992, 226.
109 MünchKomm/*Leipold*, § 2081 Rn. 16.
110 BayObLG FamRZ 1997, 383.
111 OLG Köln FamRZ 1993, 1124.
112 KG NJW 1963, 766.

Anfechtungsgegner, das ist jeder, der aufgrund der angefochtenen Verfügung einen unmittelbaren rechtlichen Vorteil erlangt. Insbesondere erfolgt in dieser Weise die Anfechtung der Anordnung oder Aufhebung eines Vermächtnisses.

> **Praxishinweis:**
> Ist nicht zweifelsfrei geklärt (Frage der Auslegung), ob eine Erbeinsetzung oder ein Vermächtnis vorliegt, empfiehlt es sich, die Anfechtung sowohl gegenüber dem Nachlassgericht als auch gegenüber dem Betroffenen auszusprechen.

Nach § 2082 BGB kann die Anfechtung nur **binnen eines Jahres** erfolgen; dabei handelt es sich um eine **Ausschlussfrist,** es ist also keine Verjährungsfrist, und sie ist von Amts wegen zu beachten.

107

Den Beweis der rechtzeitigen Anfechtung hat daher der Anfechtende zu führen. Die **Frist beginnt mit Kenntnis des Anfechtungsberechtigten** von allen das Anfechtungsrecht begründenden Tatsachen. Der Anfechtungsberechtigte muss zuverlässig vom Erbfall, der Verfügung sowie dem Irrtum oder die Bedrohung des Erblassers und von dessen Ursächlichkeit erfahren haben. Daher kann der **Fristbeginn nie vor dem Erbfall** liegen und der Anfechtungsgrund muss feststehen.[113] Die Frist kann **u.U. gehemmt** sein, vgl. § 2082 Abs. 2 Satz 2 BGB. Hat der Erblasser in den Fällen möglicher Selbstanfechtung das Bestehen der anfechtbaren Verfügung einfach vergessen (sog. "vergesslicher Erblasser"), so fehlt ihm nach der Rspr. infolge der Unkenntnis des Anfechtungsobjekts und der Anfechtungsbedürftigkeit, die Kenntnis einer Tatsache, von der das Anfechtungsrecht abhängt, so dass die Anfechtungsfrist nicht zu laufen beginnt. Nach der Rspr. liegt Kenntnis des Erblassers jedoch schon dann vor, wenn dieser sich ohne weitere Gedächtnishilfe an die Verfügung erinnern würde, falls er sich mit der Frage der Nachlassregelung befassen sollte.[114]

108

Derjenige, der sich auf die Wirksamkeit der Anfechtung beruft, trägt die **Beweis- und Feststellungslast**, wozu hier auch die Rechtzeitigkeit der Abgabe der Anfechtungserklärung gehört. Nach h.M. trägt der Anfechtende die Beweislast für den Zeitpunkt der Anfechtungserklärung, der Anfechtungsgegner aber die Beweislast für Beginn und Ende der Anfechtungsfrist.[115] Im Interesse der Rechtssicherheit ist die Anfechtung generell ausgeschlossen, wenn seit dem Erbfall 30 Jahre verstrichen sind.

109

III. Anfechtung beim gemeinschaftlichen Testament

Die Anfechtung eines gemeinschaftlichen Testamentes spielt in der Praxis häufig dann eine große Rolle, um damit dem überlebenden Ehegatten die Testierfreiheit wiederzugeben, wenn er wegen § 2271 BGB an die gemeinschaftliche Verfügung gebunden ist und die Begünstigten keinen Zuwendungsverzicht aussprechen.

110

---

113 Palandt/*Edenhofer*, § 2082 Rn. 2; BayObLG FamRZ 1990, 322. Bei einer Anfechtung aufgrund der durch die Wiedervereinigung eingetretenen Verfügungsmöglichkeit über Grundbesitz in der ehemaligen DDR liegt der Fristbeginn nicht vor Wirksamwerden des Einigungsvertrages, LG Gießen FamRZ 1992, 603.
114 BayObLG ZEV 1995, 105 = FamRZ 1995, 1024, wobei wenigstens teilweise Beweiserleichterungen hinsichtlich des Fortbestehens der Kenntnis des Erblassers von seinem Testament gewährt werden, krit. hierzu *Leipold*, ZEV 1995, 99.
115 MünchKomm/*Leipold*, § 2082 Rn. 11.

1. Zu Lebzeiten beider Ehegatten

111 Zu Lebzeiten beider Ehegatten kann **keiner von ihnen** das gemeinschaftliche Testament anfechten, weil einer der Ehegatten es, wenn auch in modifizierter Form, widerrufen kann, es besteht kein Anfechtungsbedürfnis.[116] Eine Anfechtung durch Dritte scheidet ebenfalls aus, da noch kein Erbfall vorliegt.[117]

2. Nach dem Tod des Erstversterbenden

112 Nach dem Tod des erstversterbenden Ehegatten bestehen folgende Anfechtungsmöglichkeiten:

a) Anfechtung durch Dritte

113 Dritte können die in dem gemeinschaftlichen Testament getroffenen Verfügungen des erstverstorbenen Ehegatten nach den allg. Vorschriften der §§ 2078 ff. BGB anfechten.[118] Insbesondere können Pflichtteilsberechtigte, die zwischen der Errichtung des gemeinschaftlichen Testaments und dem ersten Erbfall geboren oder pflichtteilsberechtigt geworden sind (z.B. ein nach dem gemeinschaftlichen Testament geborenes Kind des Erblassers), die Verfügungen des verstorbenen Ehegatten anfechten (§§ 2079, 2080 Abs. 3 BGB).[119]

114 **Verfügungen des überlebenden Ehegatten** können Dritte jedoch erst nach dessen Tod anfechten, da das Anfechtungsrecht erst mit dem Eintritt des entsprechenden Erbfalls entsteht.[120]

b) Anfechtung durch den überlebenden Ehegatten

115 – **Verfügungen des Verstorbenen:** Der überlebende Ehegatte kann die Verfügungen des verstorbenen Ehegatten nach der allg. Regel des § 2078 BGB anfechten.

116 – **Anfechtung eigener Verfügungen:** Die Selbstanfechtung seiner eigenen wechselbezüglichen Verfügungen durch den längerlebenden Ehegatten ist unter denselben Voraussetzungen und in gleicher Weise möglich wie bei vertragsmäßigen Verfügungen in einem Erbvertrag (§§ 2281 ff., 2078 ff. BGB).[121] Die entsprechende Anwendung dieser Vorschriften des Erbvertragsrechts ist hier gerechtfertigt, weil für den überlebenden Ehegatten hinsichtlich seiner wechselbezüglichen Verfügungen eine ähnliche Bindung entstanden ist, wie beim Erbvertrag, und die Gleichheit der Interessenlage die Schließung der Regelungslücke durch diese Vorschriften gebietet.[122] Vor allem kommt eine Anfechtung aufgrund Übergehung eines Pflichtteilsberechtigten, § 2079 BGB, insb. bei einer Wiederverheiratung in Betracht, aber auch die Fälle des § 2078 BGB können bedeutsam werden.

117 – **Anfechtungsvoraussetzung** ist auch hier, dass der Überlebende bei Kenntnis der Sachlage seine Verfügung nicht so getroffen hätte (§§ 2078 Abs. 1 und 2, 2079 Satz 2

---

116 RGZ 87, 95; 132, 1.
117 Palandt/*Edenhofer*, Rn. 25.
118 OLG Köln OLGZ 1970, 114; MünchKomm/*Musielak*, Rn. 40.
119 BGH FamRZ 1970, 79; Palandt/*Edenhofer*, Rn. 31.
120 KG FamRZ 1968, 219; Palandt/*Edenhofer*, Rn. 33; MünchKomm/*Musielak*, Rn. 40.
121 RGZ 87, 98; RGZ 132, 1, 4; BGHZ 37, 331, 333; BGH FamRZ 1970, 79; OLG Düsseldorf DNotZ 1972, 42; LG Berlin FamRZ 1976, 293; Staudinger/*Kanzleiter*, Rn. 69; *Bengel*, DNotZ 1984, 139.
122 MünchKomm/*Musielak*, Rn. 36.

BGB). Dabei ist streitig, ob auch auf den Willen des Verstorbenen abzustellen ist.[123] Da es sich hier aber auch bei wechselbezüglichen Verfügungen um eigenständige handelt, muss für die Bewertung allein auf den Willen desjenigen Ehegatten abgestellt werden, dessen Verfügung angefochten wird; das Interesse des anderen Ehegatten am rechtlichen Schicksal seiner eigenen Verfügung wird durch § 2270 Abs. 1 BGB gewahrt.[124]

– **Eigene einseitige Verfügungen** kann der überlebende Ehegatte ebenso wenig anfechten wie der Erblasser, der in einem Erbvertrag eine einseitige Verfügung getroffen hat; denn es fehlt am Anfechtungsbedürfnis, da er diese Verfügung ja widerrufen kann (§§ 2253 ff., 2299 BGB).[125] Die Selbstanfechtung nach §§ 2079, 2281 ff. BGB kommt vor allem dann in Frage, wenn der überlebende Ehegatte wieder heiratet, wenn aus der neuen Ehe Kinder hervorgehen oder wenn er nach dem ersten Erbfall ein Kind adoptiert.[126] Um die Schwierigkeiten zu vermeiden, die bei Wiederverheiratung des überlebenden Ehegatten dadurch entstehen können, dass dieser selbst oder sein neuer Ehegatte oder ein Kind aus der neuen Ehe das gemeinschaftliche Testament anficht, kann es empfehlenswert sein, einen Verzicht auf das Anfechtungsrecht in der letztwilligen Verfügung auszusprechen, der aufgrund des § 2079 Satz 2 BGB die Anfechtung nach Satz 1 ausschließt.[127]

118

Praxishinweis:
Unzulässig ist die Selbstanfechtung, wenn der überlebende Ehegatte die Voraussetzungen der Anfechtung nach § 2078 Abs. 2 BGB selbst durch ein sittenwidriges oder durch ein gegen Treu und Glauben verstoßendes Verhalten herbeigeführt hat.[128] Wenn eine Adoption nur dazu dient, die Anfechtung eines gemeinschaftlichen Testaments zu ermöglichen, so ist die auf sie gestützte Anfechtung wegen Verstoßes gegen die guten Sitten nichtig.[129]

Wenn die **Anfechtung** durchdringt, so bewirkt sie auch, dass ein früheres Testament, das durch das gemeinschaftliche Testament aufgehoben worden war, oder ein späteres Testament, das aufgrund des Widerspruchs mit wechselbezüglichen Verfügungen des gemeinschaftlichen Testaments zunächst nicht in Kraft treten konnte, als von Anfang an wirksam anzusehen ist.[130]

119

Die Selbstanfechtung durch den Erblasser bedarf auch hier der notariellen Beurkundung (§ 2282 Abs. 3 BGB entsprechend).[131]

120

Für die Frist gilt im Übrigen § 2283 BGB: die Anfechtung muss **binnen Jahresfrist** erklärt werden.

121

Die Frist beginnt bei der Anfechtung wegen Drohung mit der Beendigung der Zwangslage und bei der Anfechtung wegen Irrtums, sobald der Erblasser von dem Anfechtungsgrund, d.h. von den Tatsachen, die die Anfechtbarkeit der letztwilligen

---

123 So OLG Hamm OLGZ 1972, 389.
124 MünchKomm/*Musielak*, Rn. 36; Soergel/*Wolf*, Rn. 29.
125 OLG Braunschweig OLGZ 30, 169.
126 *Kipp/Coing*, § 35 III 4 b.
127 *Bengel*, DNotZ 1984, 132 ff.; MünchKomm/*Musielak*, Rn. 37.
128 BGHZ 4, 91; BGH FamRZ 1962, 428; BGH FamRZ 1970, 82; Soergel/*Wolf*, Rn. 36.
129 RG JW 1917, 536; BGH FamRZ 1970, 79.
130 RGZ 65, 275; 130, 213 = JW 1931, 1793 m. Anm. *Kipp*; RGRK-BGB/*Johannsen*, Rn. 52.
131 RGZ 87, 95 98; OLG Düsseldorf DNotZ 1972, 42; *Kipp/Coing*, § 24 V 2; *Lange/Kuchinke*, Erbrecht, § 24 VI 7 d; Palandt/*Edenhofer*, Rn. 28; a.M. KG OLGZ 32, 76.

Verfügung begründen Kenntnis erlangt.[132] Hierzu gehört nach h.M. auch die Kenntnis von der letztwilligen, anfechtbaren Verfügung selbst.

Die 30jährige Frist des § 2082 Abs. 3 BGB gilt hier nicht.[133] Der Erblasser kann also auch danach noch die Anfechtung erklären und damit die Verfügungen des Erstverstorbenen unwirksam machen, obgleich eine **Rückabwicklung** infolge des Verbrauchs der Nachlassgegenstände nicht mehr möglich ist.[134] Soweit der Erblasser das gemeinschaftliche Testament anfechten kann, kann er es auch bestätigen und zwar durch einseitige formlose Erklärung, § 2285 BGB ist entsprechend anwendbar.[135]

3. Nach dem Tod des zuletzt versterbenden Ehegatten

122 Nach dem zweiten Erbfall können Personen, denen die Aufhebung des gemeinschaftlichen Testaments oder einzelner in ihm enthaltener Verfügungen unmittelbar zustatten kommen würde, das gemeinschaftliche Testament oder einzelne in ihm enthaltene Verfügungen nach §§ 2078 ff. BGB anfechten, also durch Erklärung gegenüber dem Nachlassgericht (§ 2081 BGB).

> **Praxishinweis:**
> Die Erklärung muss nicht beurkundet werden (§ 2282 Abs. 3 BGB gilt nicht[136]).

123 Auch **Pflichtteilsberechtigte**, die zwischen der Errichtung des gemeinschaftlichen Testaments und dem zweiten Erbfall hinzugekommen sind, können die Verfügungen des überlebenden Ehegatten anfechten (§ 2079 BGB[137]). So kann z.B. der **neue Ehegatte** des längstlebenden Ehegatten dessen Verfügungen in dem gemeinschaftlichen Testament u.U. nach § 2079 BGB anfechten mit der Folge, dass ihm der gesetzliche Erbteil zufällt.[138] Das **Recht Dritter** zur Anfechtung wechselbezüglicher Verfügungen des zuletzt verstorbenen Ehegatten ist jedoch beschränkt durch die entsprechend anzuwendende Bestimmung des § 2285 BGB: Wenn der zuletzt verstorbene Ehegatte bei seinem Tod das Recht zur Selbstanfechtung eigener wechselbezüglicher Verfügungen durch Fristablauf oder Bestätigung (§§ 2283, 2284 BGB) verloren hatte, so können auch Dritte diese Verfügungen nicht mehr anfechten.[139] Diese Einschränkung gilt aber nur für wechselbezügliche Verfügungen; denn nur bei diesen sind die Vorschriften über die Selbstanfechtung des Erbvertrags (§§ 2281 ff. BGB) entsprechend anwendbar.

> **Praxishinweis:**
> Hat der überlebende Ehegatte in dem gemeinschaftlichen Testament neben wechselbezüglichen Verfügungen auch einseitige getroffen und werden diese nach seinem Tod von Dritten nach §§ 2078 ff. BGB mit Erfolg angefochten, so kann die Unwirksamkeit der einseitigen Verfügungen nach § 2085 BGB als weitere Folgewirkung die Unwirksamkeit der wechselbezüglichen Verfügungen des zuletzt verstorbenen Ehe-

---

132 BayObLG NJW 1964, 205; BGH FamRZ 1973, 539.
133 Staudinger/*Kanzleiter*, Rn. 79; Palandt/*Edenhofer*, Rn. 2.
134 *Lange/Kuchinke*, Erbrecht, § 24 VI 7 b.
135 Palandt/*Edenhofer*, Rn. 1.
136 Palandt/*Edenhofer*, Rn. 2.
137 Vgl *Scholten*, NJW 1958, 935.
138 RGZ 132, 1; KG FamRZ 1968, 219; Palandt/*Edenhofer*, Rn. 33.
139 RGZ 77, 165; BayObLG FamRZ 1989, 787; BayObLG FamRZ 1992, 1102; KG FamRZ 1968, 219; OLG Düsseldorf DNotZ 1972, 42; LG Berlin FamRZ 1976, 293; MünchKomm/*Musielak*, Rn. 42.

gatten nach sich ziehen und diese wieder die Unwirksamkeit der wechselbezüglichen Verfügungen des erstverstorbenen Ehegatten.[140]

Die Anfechtungsfrist (§ 2082 BGB) selbst beginnt nicht vor dem Tod des längstlebenden Ehegatten zu laufen und zwar unabhängig davon, wann er Kenntnis vom Anfechtungsgrund hatte.[141] Durch die Anfechtung wird die angefochtene Verfügung selbst **von Anfang an nichtig (§ 142 BGB),** und zwar grundsätzlich ihrem vollem Umfang nach, soweit nicht die Anfechtung zulässigerweise auf einen Teil beschränkt wird. Hinsichtlich der sich daraus ergebenden Auswirkungen auf die anderen im gemeinschaftlichen Testament enthaltenen Verfügungen ist zu unterscheiden:

Bezüglich der anderen nicht angefochtenen Verfügungen desselben Ehegatten ist diese Frage nach § 2085 BGB zu beantworten, so dass die Unwirksamkeit nur dann eintritt, wenn anzunehmen ist, dass der Erblasser die andere Verfügung nicht ohne die angefochtene gelten lassen wollte.[142] **Wechselbezügliche Verfügungen** des anderen Ehegatten sind nach § 2270 Abs. 1 BGB zu beurteilen, so dass grundsätzlich die Anfechtung deren Nichtigkeit bewirkt, insb. auch die Unwirksamkeit der Verfügungen des Erstverstorbenen zugunsten des Längerlebenden.[143] Dies bedeutet, dass grundsätzlich die gesetzliche Erbfolge eintritt,[144] wenn nicht eine zunächst infolge der wechselbezüglichen Verfügung **unwirksame Verfügung** von Todes wegen dadurch wieder ihre Wirksamkeit erlangt.[145] Ausnahmsweise ist die wechselbezügliche Verfügung des anderen Ehegatten dann nicht unwirksam, wenn zumindest im Wege der **Auslegung** anzunehmen ist, dass der andere Ehegatte seine Verfügung auch für diesen Fall so getroffen hätte.[146] Der Fortbestand einseitiger, nicht wechselbezüglicher Verfügungen richtet sich wiederum nach der Auslegungsregel des § 2085 BGB.

Der überlebende Ehegatte kann die **Anfechtung** nach § 2078 BGB **auf einen Teil** seiner letztwilligen Anordnung beschränken. Dagegen ergreift die Anfechtung nach § 2079 BGB grundsätzlich seine sämtlichen in dem gemeinschaftlichen Testament enthaltenen Verfügungen, freilich vorbehaltlich des Satzes 2 (Beschränkung auf den Teil der Verfügungen, die durch den Irrtum des Erblassers über das Pflichtteilsrecht verursacht sind).[147] Bei einer derartigen teilweisen Anfechtung richtet sich die Auswirkung auf die restlichen Verfügungen des Anfechtenden wiederum nach § 2085 BGB. Hinsichtlich der Prüfung der Auswirkungen der Teilanfechtung auf die wechselbezüglichen Verfügungen des anderen Ehegatten ist zu beachten, dass hier nur ein Teil der Verfügung nichtig ist. Lässt sich daher feststellen, dass der andere Ehegatte seine Verfügung auch bei Kenntnis der daraus resultierenden teilweisen Unwirksamkeit des anderen getroffen haben würde, so ist abweichend von § 2270 Abs. 1 BGB der gesamte Fortbestand der anderen Verfügung anzunehmen; man kann hier von beschränkter Wechselbezüglichkeit sprechen.[148]

124

125

126

---

140 RGRK-BGB/*Johannsen*, Rn. 56.
141 MünchKomm/*Musielak*, Rn. 42.
142 MünchKomm/*Musielak*, Rn. 43; Soergel/*Wolf*, Rn. 39.
143 Staudinger/*Kanzleiter*, Rn. 71.
144 *Peter*, BWNotZ 1977, 113, 114.
145 RGZ 65, 275; OLG Naumburg OLGZ 24, 73.
146 *Lange/Kuchinke*, §24 VI 7 b; OLG Hamm NJW 1972, 1089; vgl. auch RGRK-BGB/*Kregel*, Rn. 50; Palandt/*Edenhofer*, Rn. 34; Soergel/*Wolf*, Rn. 40.
147 Str.; OLG Köln NJW 1956, 1522; OLG Hamm Rpfleger 1978, 179; Staudinger/*Kanzleiter*, Rn. 72.
148 Vgl. auch MünchKomm/*Musielak*, Rn. 44 m.w.N.

I. Bruchteilsgemeinschaft am Einzelkonto[149]

127 In zahlreichen Ehen verfügen die Ehegatten lediglich über ein Einzelkonto, das in der Mehrheit der Fälle auf den Ehemann lautet. Der Ehegatte hat vielfach lediglich eine Kontovollmacht. Verstirbt dann der Kontoinhaber, wird meist ohne Bedenken das Guthaben, das sich zum Zeitpunkt des Todes des Erblassers auf dem Konto befand, seinem Nachlass zugerechnet. Dies hat u.a. erhebliche Auswirkung im Pflichtteilsrecht.

I. Einzelkonto des Erblassers

128 Beim Einzelkonto ist nur eine Person Inhaber des Kontos.[150] Das Konto bleibt auch beim Tod des Kontoinhabers zunächst bestehen. Auf den Erben geht das Girovertragsverhältnis und die Einlageforderung über.[151] All dies bedeutet, dass **im Außenverhältnis tatsächlich** der Erblasser Alleineigentümer des Einzelkontos ist.[152] Von erbrechtlicher Relevanz ist aber auch das Innenverhältnis.

> **Beispiel:**
> Die Eheleute M und S sind beide berufstätig. Beide Löhne fließen auf das Einzelkonto des Ehemanns M, an dem die Ehefrau Kontovollmacht hat.

129 Bei einer derartigen Konstellation bekommt die Entscheidung des BGH v. 11.9.2002[153] besondere Wichtigkeit. In dieser Entscheidung hat der BGH zur Frage der Teilhabe eines Ehegatten am Guthaben auf Sparkonten des anderen Ehegatten Stellung genommen. Der BGH führt folgendes aus:

> *„Der Inhaber eines Einzelkontos ist zwar nicht nur alleiniger Gläubiger einer Guthabensforderung gegenüber der Bank, also Berechtigter im Außenverhältnis. Ihm steht vielmehr im Regelfall das Guthaben auch im Innenverhältnis der Ehegatten alleine zu. Die Ehegatten können aber – auch stillschweigend – eine Bruchteilsberechtigung des Ehegatten, der nicht Kontoinhaber ist, an der Kontoforderung vereinbaren. Unter welchen Voraussetzungen eine solche konkludente Vereinbarung anzunehmen ist, hängt von den Umständen des Einzelfalls ab. Leisten etwa beide Ehegatten Einzahlungen auf ein Sparkonto und besteht Einvernehmen, das die Ersparnisse beiden zugute kommen sollen, so steht ihnen die Forderung gegen die Bank im Innenverhältnis im Zweifel zu gleichen Anteilen gem. §§ 741 ff. BGB zu".*[154]

130 Nach alledem muss also beim Einzelkonto danach differenziert werden, ob ggf. im Innenverhältnis eine andere Vereinbarung gelten soll als im Außenverhältnis.[155] Die

---

149 *Bonefeld*, ZErb 2003, 369.
150 *Ott-Eulberg/Schebesta/Bartsch*, Erbrecht und Banken, S. 34.
151 *Ott-Eulberg/Schebesta/Bartsch*, Erbrecht und Banken, S. 34.
152 Dazu *Grziwotz*, FamRZ 2002, 1674; *Schröder/Bergschneider*, Familienvermögensrecht, Rn. 5.451.
153 BGH NJW 2002, 3702 = FamRZ 2002, 1696.
154 So auch BGH FamRZ 1966, 442; BGH NJW 2000, 2347 = FamRZ 2000, 948; *Canaris*, Bankvertragsrecht Rn. 224; *Wever*, Vermögensauseinandersetzung der Ehegatten außerhalb des Güterrechts, Rn. 513 f.
155 Der BGH hätte stattdessen bei gemeinsamer bestimmter Zweckverfolgung der Ehegatten auch eine Ehegatteninnengesellschaft annehmen können. Hinsichtlich der Teilhabe an einem Einzelkonto des Ehegatten muss aber nicht zwingend immer eine gemeinsame Zweckverfolgung stehen, so dass hier der BGH vielmehr auf das allg. Einvernehmen abgestellt hat.

Rechtsbeziehung der Eheleute hinsichtlich des Kontos zueinander bestimmt sich nach den §§ 741 ff. BGB, also nach den Vorschriften über die Bruchteilsgemeinschaft. Wegen § 742 BGB ist **im Zweifel** anzunehmen, dass den Teilhabern **gleiche Anteile** zustehen. Für diese rechtsgeschäftlich begründete Gemeinschaft enthält die Bestimmung eine Auslegungsregel.[156] Sie gilt also nicht, falls sich aus dem **Parteiwillen** oder aus den besonderen Umständen ein anderer Verteilungsschlüssel ergibt. Damit eine Bruchteilsgemeinschaft entsteht, bedarf es eines einvernehmlichen Willens hinsichtlich der Teilhabe am Einzelkonto.

Anhaltspunkte für ein Einvernehmen i.S.d. BGH-Rspr. können Absprachen über die Verwendung des Er- bzw. Angesparten sein.[157] Zahlen beide Ehegatten auf ein Konto Geld ein und werden anschließend von diesem Konto **gemeinsame Anschaffungen** wie z.B. Hausrat oder PKW getätigt, spricht vieles für eine gemeinsame Teilhabe an dem Einzelkonto. Die bloße Erteilung einer Kontovollmacht wird für sich allein genommen nicht für das Entstehen einer Bruchteilsgemeinschaft ausreichen. Hinzukommen müssten dann wenigstens Einzahlungen des nicht kontoführenden Ehegatten auf das Einzelkonto des anderen.[158]

Die Bildung einer Bruchteilsgemeinschaft ist nicht den Ehegatten vorbehalten, **auch nichteheliche Lebensgemeinschaften** und **eingetragene Lebenspartner** können ohne weiteres eine Bruchteilsgemeinschaft gem. §§ 741 ff. BGB begründen.

131

Nach § 749 Abs. 1 BGB kann jeder Teilhaber jederzeit die **Aufhebung** der Gemeinschaft verlangen. Demzufolge ist im Ausgangsbeispiel der Ehefrau zu raten, nunmehr diesen Aufhebungsanspruch nach § 749 Abs. 1 BGB geltend zu machen. Die Bruchteilsgemeinschaft wird selbst **nicht durch** den **Tod aufgelöst**. Es bedarf somit einer ausdrücklichen oder zumindest konkludenten Forderung, nunmehr diese Bruchteilsgemeinschaft am Einzelkonto aufzuheben. Bei einem Konto erfolgt nach § 752 BGB die Teilung in Natur oder durch den Verkauf gemeinschaftlicher Forderungen nach §§ 753, 754 BGB. Weigern sich die Erben, den Aufhebungsanspruch aus § 749 BGB zu akzeptieren, so muss ähnlich wie bei § 2042 BGB die Auseinandersetzung betrieben werden. Demzufolge war nach bisheriger Ansicht eine Auseinandersetzungsklage einzureichen, die auf Zustimmung zur Teilung gerichtet ist. Das erwirkte Urteil ersetzt dann gem. § 894 ZPO die Zustimmung zur Teilung. Nach neuer und richtiger Ansicht[159] kann eine Klage auch gleich auf Leistung mit dem Antrag auf Vornahme bzw. Duldung der konkreten Handlung, die zur Durchführung der Teilung erforderlich ist, gerichtet werden. Ein Antrag auf Zustimmung ist danach nicht mehr notwendig, schadet aber auch nicht.

132

> **Praxishinweis:**
> Zunächst ist gegenüber den Erben die Aufhebung der Bruchteilsgemeinschaft hinsichtlich des Einzelkontos zu erheben und anschließend die Zustimmung zur Teilung einzufordern. Wird diese verweigert, ist nach neuer Ansicht Zahlungsklage, nach alter Auffassung eine Zustimmungsklage zur Teilung einzureichen. Insofern bietet sich an, einen Haupt- und Hilfsantrag zu stellen, um sicher zu gehen.

---

156 BGH NJW 1997, 1434.
157 *Schröder/Bergschneider*, Familienvermögensrecht, Rn. 5.454.
158 So auch *Grziwotz*, FamRZ 2002, 1674; ähnlich Staudinger/*Langhein*, § 741 BGB Rn 38. A.A. *Schröder/Bergschneider*, Familienvermögensrecht, Rn. 5.454.
159 Vgl. nur Palandt/*Sprau*, § 749 Rn. 2 m.w.N.

> Die Forderung auf Teilung dürfte als Erbfallschuld i.S.d. § 1967 Abs. 2 BGB zu qualifizieren sein, so dass § 28 ZPO anwendbar ist. Zusätzlich zum Antrag auf Zustimmung zum Teilungsplan sollte in den Antrag aufgenommen werden, dass die Bank angewiesen wird, den sich aus dem Teilungsplan ergebenden Geldbetrag dem Kläger auszuzahlen.

133 Problematisch ist in der Praxis häufig, den genauen Betrag zum Stichtag der Aufhebungserklärung beziffern zu können, wenn der Ehegatte selbst nicht Erbe geworden ist und die Erben keine Auskunft geben. Dem Ehegatten steht einerseits der Anspruch aus § 2314 Abs.1 BGB und auf Auskunft über den Bestand des Endvermögens aus § 1379 BGB zu. Hier erhält der Ehegatte jedoch nur Auskunft zum Todeszeitpunkt. Der Tag der Aushebungserklärung dürfte i.d.R. nicht mit dem Todestag übereinstimmen. Hier ist dem Ehegatten über § 242 BGB ein Auskunftsanspruch über den Kontostand des Einzelkontos zum Zeitpunkt der Geltendmachung der Auseinandersetzung nach § 749 BGB zuzubilligen, wenn dieser ohne diese Auskunft nicht in der Lage wäre, seine Forderung im Rahmen eines genauen Teilungsplans beziffern zu können.

134 Fraglich bleibt ferner regelmäßig, wie hoch der **Anspruch auf Teilhabe** am Einzelkonto des Ehegatten ist.

> **Beispiel:**
> Auf das Einzelkonto des Ehemannes flossen der Lohn des Ehemannes und der Lohn der Ehefrau. Aufgrund der unterschiedlich hohen Einkünfte beider Ehegatten hat der Ehemann 30.000 € und die Ehefrau 20.000 € zum Guthaben auf dem Konto beigesteuert.
>
> Wie oben bereits ausgeführt gilt § 742 BGB, wonach im Zweifel gleiche Anteile den Teilhabern zustehen. Danach würde der Ehefrau die Hälfte der auf dem Einzelkonto befindlichen 50.000 € mithin 25.000 € zustehen, obwohl sie lediglich 20.000 € eingezahlt hat. Insbesondere in den Fällen, in denen der Ehegatte eine unbegrenzte Kontovollmacht innehatte, spricht einiges für eine hälftige Teilhabe. Hierdurch manifestieren die Ehegatten, dass der andere Ehegatte, obwohl er nicht Inhaber des Kontos im Außenverhältnis ist, wenigstens im Innenverhältnis eine gleiche Teilhabe haben soll.

135 Eine derartige Folgerung führt wiederum zu einem weiteren Problem. Liegt in der Bildung einer Bruchteilsgemeinschaft an einem Alleininhaberkonto eines Ehegatten eine ehebezogene Zuwendung[160] zugunsten des anderen Ehegatten? Im Ausgangsbeispiel erhält die Ehefrau 5.000 € durch die Bildung einer Bruchteilsgemeinschaft am Ehekonto mehr, als sie tatsächlich eingezahlt hat. In diesem Zusammenhang ist die Entscheidung des BGH v. 5.10.1988 von Interesse.[161] Dieser Entscheidung lag ein ähnlicher Sachverhalt zugrunde:

Zwei berufstätige Eheleute leisteten jeweils gleiche Einzahlungen auf einen Bausparvertrag, der jedoch nur unter dem Namen eines Ehegatten geführt wurde. Nach dem Scheitern der Ehe verlangte der andere Ehegatte die Hälfte des Bausparguthabens. Der BGH wertete die Einzahlungen des Ehegatten, der nicht Inhaber des Kontos war, als unbenannte ehebezogene Zuwendungen. Bei Scheitern der Ehe könnten derartige Zuwendungen zu Ausgleichsansprüchen gem. Wegfalls der Geschäftsgrundlage führen. Insgesamt hat der BGH die Klage auf Rückgewähr der Zuwendung jedoch abgewie-

---

160 Dazu *Stehlin*, ZErb 1999, 52.
161 BGH FamRZ 1989, 147 = NJW-RR 1989, 66.

sen, da über den Zugewinnausgleich eine befriedigende Lösung erreicht werden könnte.

Im Rahmen dieser Entscheidung hat der BGH trotz des Urteils v. 7.4.1966[162] nicht das Bestehen einer Bruchteilsgemeinschaft an der Forderung gegen die Bank geprüft. Ob nun eine Bruchteilsgemeinschaft oder aber eine **unbenannte ehebezogene Zuwendung** vorliegt, hat erhebliche Auswirkungen im Pflichtteilsrecht. Unbenannte Zuwendungen sind solche, die die Ehegatten zur Verwirklichung oder Ausgestaltung der ehelichen Lebensgemeinschaft vornehmen und denen die Erwartung oder Vorstellung zugrunde liegt, die eheliche Lebensgemeinschaft werde Bestand haben.[163] Obwohl keine Schenkung vorliegt, behandelt der BGH unbenannte ehebezogene Zuwendungen als Rechtsgeschäfte familienrechtlicher Art.[164] Bekanntlich begnügt sich der BGH für das Eingreifen der erbrechtlichen Schutzbestimmung mit der objektiven **Unentgeltlichkeit**, so dass die unbenannte ehebezogene Zuwendung **i.R.d. Pflichtteilsergänzung** werterhöhend zu berücksichtigen ist. Nur in Ausnahmefällen kann eine unbenannte ehebezogene Zuwendung entgeltlich und damit ergänzungsfrei sein.[165] Berücksichtigt man die neueren Entscheidungen des BGH zur Teilhabe eines Ehegatten am Sparguthaben auf Allein-Inhaberkonten des anderen Ehegatten vom 19.4.2000 und 11.9.2002, so ergibt sich für die Praxis eine erhebliche Abweichung von der bisherigen Entscheidung des BGH v. 5.10.1988, als Einzahlung als unbenannte ehebezogene Zuwendung.

136

Bevor insgesamt von einer unbenannten ehebezogenen Zuordnung ausgegangen werden kann, muss zunächst das Bestehen einer Bruchteilsgemeinschaft am Einzelkonto geprüft werden: Unproblematisch dürfte der Fall sein, wenn es sich um ein Einzelkonto des Erblassers handelt. Dann liegt bei entsprechendem Einvernehmen im Innenverhältnis eine Bruchteilsberechtigung des Ehegatten, der nicht Kontoinhaber ist, an der Kontoforderung des Erblassers vor. Nach § 742 BGB gilt im Zweifel die hälftige Berechtigung. Allerdings lässt sich im Einzelfall die Begründung einer derartigen Bruchteilsgemeinschaft am Einzelkonto wiederum als unbenannte ehebezogene Zuwendung und zwar i.H.d. hälftigen Teilhabe am Konto werten, die im Pflichtteilsrecht zu berücksichtigen ist.

137

> **Beispiel:**
> Befindet sich ein Guthaben i.H.v. 50.000 € auf dem Einzelkonto des Erblassers und hat der Ehegatte aufgrund eigener Einzahlungen 20.000 € dazu beigesteuert, fällt lediglich 25.000 € in den Nachlass des Erblassers M. Weitere 5.000 € sind jedoch i.R.d. § 2325 BGB in den fiktiven Nachlass einzubeziehen.
>
> Hat der Ehegatte keinerlei Zahlungen auf das Einzelkonto geleistet, und handelt es sich aufgrund Einvernehmens ausnahmsweise dennoch um eine Bruchteilsgemeinschaft, würden zwar nur 25.000 € in den Realnachlass des Erblassers fließen, weitere 25.000 € würden dann aber über § 2325 BGB in den fiktiven Nachlass fließen. Diese Differenzierung kann somit erhebliche Auswirkungen in Anbetracht der Regelung des § 2327 BGB haben![166]

---

162 BGH Az. II ZR 275/63 – nicht veröffentlicht.
163 Ausführlich *Mayer/Süß/Tanck/Bittler/Wälzholz*, HB Pflichtteilsrecht, S. 254.
164 BGHZ 84, 361.
165 *Mayer/Süß/Tanck/Bittler/Wälzholz*, HB Pflichtteilsrecht, S. 258.
166 Dazu ausführlich *Tanck*, ZErb 2000, 3.

II. Zuwendungen des Erblassers auf das Einzelkonto des Ehegatten

138 Kommt es zu Zuwendungen des Erblassers auf das Einzelkonto des Ehegatten, so würde sich unter Berücksichtigung der alten Rspr. des BGH, also der Entscheidung vom 5.10.1988, folgende Berechnung ergeben:

> **Beispiel:**
> Der Erblasser hat zu seinen Lebzeiten seinen Lohn auf das Einzelkonto seiner Ehefrau fließen lassen. Zum Zeitpunkt seines Todes befinden sich auf dem Einzelkonto seiner noch lebenden Ehefrau 50.000 €. Hiervon hat er 20.000 € beigesteuert.
>
> Nach der Rspr. des BGH zur unbenannten ehebezogenen Zuwendung wäre es hier zu einer im Pflichtteilsrecht zu berücksichtigenden Zuwendung i.H.v. 20.000 € gekommen. Wird jedoch die Entscheidung des BGH zur Teilhabe eines Ehegatten auf das Allein-Inhaberkontos des anderen Ehegatten berücksichtigt, so würde nach §§ 742, 749 BGB der hälftige Wert des Einzelkontos des überlebenden Ehegatten in den Nachlass als Forderung des Erblassers fließen. Demzufolge würden richtigerweise 25.000 € als Ausgleichsforderung in den Nachlass fließen, statt 20.000 € in den fiktiven Nachlass. Doch wertmäßig ist auch ein umgekehrtes Ergebnis möglich.

> **Beispiel:**
> Hat der Erblasser auf das Einzelkonto der Ehefrau, auf dem sich 50.000 € befinden, selbst 30.000 € eingezahlt, würde lediglich ein Ausgleichsanspruch nach §§ 742, 749 BGB i.H.v. 25.000 € bestehen, der in den Realnachlass fließt. Bei Bewertung der 30.000 € als unbenannte ehebezogene Zuwendung würden hingegen 30.000 € in den fiktiven Nachlass fließen.

139 > **Praxistipp:**
> Aufgrund der Nachweisprobleme für den überlebenden Ehegatten sollte bei einem Einzelkonto immer auch eine schriftliche Niederschrift erfolgen, wenn Einvernehmen über die gleiche Teilhabe am Konto zwischen den Ehegatten erfolgt. Ebenso sollten Ausführungen niedergelegt werden, wenn es zu Abweichungen von der hälftigen Teilhabe kommen soll.

> **Formulierungsbeispiel:** Wir, die Eheleute Otto und Eva Normalerblasser erklären hiermit, dass hinsichtlich des Einzelkontos von Otto Normalerblasser bei der Kreissparkasse München-Starnberg mit der Nr. 0123456789 im Innenverhältnis eine Bruchteilsgemeinschaft nach Maßgabe der §§ 741 ff. BGB besteht. Beide Ehegatten sind zu gleichen Teilen im Innenverhältnis beteiligt. Zwischen uns besteht Einvernehmen, dass unsere beiden Gehälter auf dieses eine Konto fließen und wir gemeinsam über die Verwendung des Ersparten Vermögens entscheiden. Im Weiteren sollen die Vorschriften der §§ 741 ff. BGB gelten.
>
> München, den ... Unterschriften der (Ehe-)Partner

J. Erbrechtliche Probleme der homologen Insemination

140 § 1923 Abs. 2 BGB bestimmt, dass, wer zur Zeit des Erbfalls noch nicht lebt, aber bereits gezeugt war, als vor dem Erbfall geboren gilt.

Bonefeld

Die h.M.[167] wendet auf die Fälle der **künstlichen Befruchtung** § 1923 Abs. 2 BGB analog an, auch wenn zwischen Samenspende und Befruchtung ein längerer Zeitraum liegt. Im Falle der In-Vitro-Fertilisation wird teilweise angenommen, dass ein Erzeugtsein i.S.d. § 1923 BGB erst vorliegt, wenn die befruchtete Eizelle in den Mutterleib eingepflanzt wird.[168] Nach überwiegender Auffassung[169] genügt hingegen bereits die Befruchtung, auch wenn die Eizelle nach dem Tode des Erblassers (Vater) bei der Mutter eingepflanzt wird. Somit kann es also zur postmortalen Zeugung kommen.

Wird diese h.M. berücksichtigt, könnte man glauben, durch extrakorporale Befruchtung von Eizellen ließen sich **Pflichtteilsansprüche reduzieren**, denn es liegen nach § 1923 BGB weitere erbberechtigte Abkömmlinge vor. Dies ist nicht uneingeschränkt richtig. Bei § 1923 Abs. 2 BGB handelt es sich um eine Fiktion zugunsten des nasciturus, wenn er nach dem Erbfall lebend (und sei es auch nur für kurze Zeit) zur Welt kommt. Bei ihm erfolgt der Anfall der Erbschaft erst mit der Geburt, § 1942 BGB.[170] Demzufolge lassen sich also nicht „auf Kryo-Halde" befruchtete Eizellen zur Pflichtteilsreduzierung hinterlassen. Allerdings kann man jedoch postmortal die Pflichtteilsquoten insoweit ändern, indem anschließend die Eizellen bzw. die dann gezeugten Kinder ausgetragen werden. Dies ist wohl eher ein akademischer, als praktisch relevanter Rat zur Pflichtteilsvermeidung. 141

K. Besonderheiten bei minderjährigen Kindern als Erben des Unternehmers[171]

I. Unternehmer mit minderjährigen Kindern

Plant der Unternehmer sein minderjähriges Kind zum Erben einzusetzen, ist danach zu differenzieren, in welcher **Rechtsform** das Unternehmen geführt wird. Zudem können dann weitere Probleme dadurch entstehen, wenn z.B. der gesetzliche Vertreter Mitunternehmer ist. Zunächst soll eine kurze Übersicht über die wichtigsten Vorschriften in diesem Zusammenhang dargestellt werden: 142

- § 1629 BGB: Vertretung des Kindes
  - Eltern üben Sorgerecht gemeinschaftlich aus
  - Ausnahme: nur ein Elterteil hat Sorgerecht
  - Abs. 2 : Keine Vertretung soweit Vormund auch nicht vertreten dürfte -> Verweisung auf § 1795 BGB
- § 1643 BGB: Genehmigungspflichtige Rechtsgeschäfte bei Vertretung durch Eltern
- § 1795 BGB: ausschluss von der Vertretungsmacht bei Interessenkollision
  - Umgehungsverbot in § 1644 BGB: Überlassung von Vermögensgegenständen an das Kind

---

167 Dazu *Damrau/Tanck*, Erbrecht, § 1923 Rn. 3 m.w.N.
168 *Lange/Kuchinke*, Erbrecht § 4 III 2 b.
169 MünchKomm/*Leipold*, § 1923 Rn. 15; Soergel/*Stein*, § 1923 Rn. 6.
170 *Damrau/Tanck*, Erbrecht, § 1933 Rn. 3.
171 Dazu ausführlich *Wachter*, Kap. 18; Aus diesem Grund wird hier lediglich eine kurzer Abriss gegeben. Ansonsten zur Vertiefung auch: Riedel in: Jubiläumsschrift 10 Jahre DVEV, S. 109 ff.; Klüsener, RPfleger 1990, 321 ff.

- Genehmigungspflicht für bestimmte Geschäfte, §§ 1821, 1822 BGB

Wichtig: Differenzieren zwischen

- **Verbot der Vertretung** nach §§ 1629, 1795 BGB, die zur Bestellung eines Ergänzungspflgers nach § 1909 BGB führt und
- **Genehmigungspflicht** nach §§ 1643, 1822 BGB, die zur notwendigen Genehmigung durch das Familiengericht in den Fällen des § 1643 BGB und durch das Vormundschaftsgericht in den Fällen der §§ 1821, 1822 BGB führt

Ablauf beim einem Vertragabschluss bei Genehmigungserfodernis:

Vertragsabschluss
⇓
Vormundschafts/Familiengerichtliche Genehmigung
⇓
Bekanntgabe an gesetzlichen Vertreter oder Ergänzungspfleger nach § 1828 BGB
⇓
Bekanntgabe der Genehmigung an Geschäftspartner –
erst dann wird Vertrag wirksam

II. Einzelunternehmen

143   Ist der Minderjährige **Alleinerbe** bedarf die Entscheidung des gesetzlichen Vertreters, dass das Einzelunternehmen eingestellt wird, nicht der Genehmigung des Familien- und VormG, da nur der Beginn eines Erwerbsgeschäfts von § 1645 BGB erfasst wird. Sofern der Minderjährige **Miterbe** ist, können die weiteren Erben das Unternehmen ohne Fortsetzungsbeschluss weiterführen.[172] Ist der überlebende Ehegatte selbst Miterbe muss jedoch ein gesonderter Pfleger bestellt werden.

144   Die **Fortführung** des Unternehmens wird **als Ausschluss der Auseinandersetzung gewertet**, der jedoch nicht als Erbteilungsvertrag nach § 1822 Nr. 2 BGB zu qualifizieren ist.

145   Soll das **Unternehmen umgewandelt** werden (z.B. in Personengesellschaft), bedarf der neue Gesellschaftsvertrag der familiengerichtlichen Genehmigung nach §§ 1643, 1822 Nr. 2 BGB.

III. Personengesellschaft

146   Die **Vertretung in gesellschaftsrechtlichen Angelegenheiten** richtet sich grundsätzlich nach §§ 1629, 1795, 181 BGB. Kommt es zu Beschlussfassungen in laufenden Angelegenheiten, so ist nach der h.M. § 181 BGB nicht anzuwenden.[173] Geht es um Änderungen eines Gesellschaftsvertrages, bleibt es hingegen bei der Anwendung der §§ 1629, 1795, 181 BGB, da es hier tatsächlich zum Interessengegensatz kommen kann. Fraglich ist dann, ob eine gerichtliche Genehmigung erforderlich ist. Zum einen wird unter Hinweis auf den BGH[174] vertreten, Vertragsänderungen seien grundsätz-

---

172 *Damrau*, Minderjährige im Erbrecht, S. 33.
173 *Damrau*, Minderjährige im Erbrecht, S. 35 m.w.N.
174 BGHZ 38, 26.

lich nicht genehmigungsbedürftig. Zum anderen wird jedoch unter Hinweis auf die Gefahr der Umgehung eine extensive Auslegung des § 1822 Nr. 3 BGB befürwortet.[175]

Tritt ein Minderjähriger aufgrund einer gesellschaftsvertraglichen **Eintrittsklausel** in eine Personengesellschaft ein, stellt sich die Frage, ob die §§ 1629, 1795, 181 BGB der Ausübung des Eintrittsrechts entgegenstehen, wenn ein Elternteil oder Verwandte des Minderjährigen bereits Mitglied der Gesellschaft sind. Zunächst wendet die h.M. § 181 BGB weder direkt noch analog an, sofern das Geschäft einen rechtlichen Vorteil bietet. Allerdings ist der Erwerb einer Gesellschafterstellung nicht nur mit Vorteilen verbunden, so dass grundsätzlich ein Pfleger zu bestellen ist.[176] *Damrau*[177] hingegen lehnt eine Pflegerbestellung mit dem Argument ab, dass der erbrechtliche Erwerb mittels Eintrittsklausel nicht anders behandelt werden dürfe, wie einer mittels Nachfolgeklausel. Eine vormundschaftsgerichtliche Genehmigung sei auch deshalb nicht nach § 1822 Nr. 3 2. HS BGB einzuholen, weil es sich nicht um eine Neugründung einer Gesellschaft handelt.

147

> Praxishinweis:
> Für die Praxis sollte daher auch richtiger Weise der Begriff „Beitritts- oder Aufnahmevertrag" verwendet werden, um die Unterschiede deutlich zu machen.

Ist der Minderjährige nicht Erbe, sondern **Vermächtnisnehmer**, muss zunächst das Vermächtnis angenommen werden. Die h.M.[178] fordert hier ebenfalls (zu Unrecht) eine vormundschaftsgerichtliche Genehmigung.

148

Wird die **Stellung eines Kommanditisten nach Maßgabe des § 139 HGB** verlangt, muss der Gesellschaftsvertrag geändert werden. Dennoch wird keine gerichtliche Genehmigung benötigt, weil es sich nicht um den Neuabschluss eines Gesellschaftsvertrages handelt.

149

Sind wiederum die **Eltern etc. bereits Gesellschafter**, können sie den Minderjährigen nicht vertreten, da es sich um ein rein vorteilhaftes Geschäft für den Minderjährigen handelt, selbst wenn die Einlage voll bezahlt worden ist.[179]

150

Durch die Änderungen i.R.d. Minderjährigenhaftungsbegrenzungsgesetz sind die verfassungsrechtlichen Bedenken der **Minderjährigenhaftung** beseitigt worden, da der Minderjährige nach § 723 Abs. 1 Satz 2, 3 Nr. 2 BGB ein außerordentliches Kündigungsrecht hat, sowie nach § 1629a BGB seine Haftung beschränken kann.

151

Übersicht:

Letztendlich sollen **genehmigungspflichtige Geschäfte** sein:
- Immer, wenn Minderjährigen Unternehmerrisiko trifft
- Erwerb sämtlicher Gesellschaftsanteile oder Aktien
- Entgeltlicher Erwerb von Gesellschaftsanteilen
- Gründung einer Gesellschaft
- Beitritt zu einer Gesellschaft

---

175 Soergel/*Zimmermann*, § 1822 Rn. 26 m.w.N. (wohl h.M.).
176 Vgl. dazu BGH NJW 1972, 2262 sowie BGH NJW 1975, 1885 u. BGH NJW 1985, 2407.
177 *Damrau*, Minderjährige im Erbrecht, S. 37.
178 *Winkler*, ZGR 1973, 177 ff. m.w.N.
179 So BGHZ 68, 225 sowie BGHZ 55, 267.

- Beteiligung des Minderjährigen an einer KG als Kommanditist
- Beteiligung als Stiller Gesellschafter
- Änderung des Vertrages hinsichtlich Gewinnverteilung, sofern nicht unwesentlich.[180]

> **Praxishinweis:**
> **Nicht genehmigungspflichtig** sind die Erwerbe von Todes wegen als Erbe oder aufgrund einer Nachfolgeklausel oder wenn eine Erbengemeinschaft ein Einzelhandelsgeschäft ohne Abschluss eines Gesellschaftsvertrages als OHG fortführt.[181] Ferner Änderungen des Gesellschaftsvertrages.

IV. Kapitalgesellschaft

152 Ist der Minderjährige durch den Erbfall **Gesellschafter einer GmbH** geworden **und** ist er **Alleinerbe**, so werden seine Gesellschafterrechte durch seine gesetzlichen Vertreter wahrgenommen. Kommt es zu Beschlüssen i.R.d. Satzung (auch zu Geschäftsführungsmaßnahmen sowie dem Jahresabschluss), so ist auch § 181 BGB unanwendbar, wenn die gesetzlichen Vertreter selbst Gesellschafter sind.

153 Allerdings besteht ein Vertretungsverbot bei Beschlüssen, die das **Verhältnis der Gesellschafter untereinander** betreffen (wie z.B. bzgl. Satzungsänderung, Auflösungsbeschluss, Ausschlussbeschluss oder Fortsetzung der Gesellschaft). In diesen Fällen ist nach Maßgabe des § 1909 BGB ein Pfleger zu bestellen.

154 Ist der **gesetzliche Vertreter z.B. selbst Geschäftsführer** oder soll er dazu bestellt werden, besteht nach § 181 BGB ein Mitwirkungsverbot. Dies soll aufgrund einer Interessenkollision sogar dann gelten, wenn die Satzung selbst eine Befreiung von § 181 BGB vorsieht.[182]

155 Wird der Gesellschaftsanteil an **mehrere Erben** vererbt, kommt es zur Kollision mit der Vorschrift des § 18 Abs. 1 GmbHG, wonach nur einheitlich die Rechte ausgeübt werden dürfen. Die Rspr.[183] hat den Konflikt zwischen den Abstimmungsquoten in der Erbengemeinschaft und § 18 GmbHG dahingehend gelöst, dass die Mehrheit nach Anteilen ermächtigt ist, zur Ausführung der Beschlüsse der Erbengemeinschaft für diese auch im Außenverhältnis zu handeln. Somit ist es ausreichend, wenn die Mehrheit handelt, statt dass alle Miterben mitwirken müssen.

In der Praxis bewährt hat sich die Bestellung eines gemeinschaftlichen Vertreters.

V. Minderjähriger und Testamentsvollstreckung

156 Aufgrund der Neuregelung des § 1629a BGB wird zu Recht vertreten,[184] dass eine **Verwaltungsvollstreckung am einzelkaufmännischen Unternehmen** zulässig ist.

157 Zur Vermeidung von Wiederholungen wird auf die Ausführungen von *Bonefeld* unter Kapitel 17 verwiesen.

---

180 Vgl. BGHZ 38, 26.
181 RGZ 127, 153.
182 *Damrau*, Minderjährige im Erbrecht, S. 40 m.w.N.
183 BGHZ 56, 47; ebenso Soergel/*Wolf*, § 2038 Rn. 11.
184 So *Lorz*, Münchener Anwaltshandbuch, S. 654.

L. Auswirkungen der Inhaltskontrolle bei Eheverträgen auf das Erbrecht

I. Entscheidung des BGH vom 11.02.2004

Mit der Entscheidung des BGH[185] zur Sittenwidrigkeit bzw. Inhaltskontrolle von Eheverträgen ist die Ausarbeitung von Unternehmer-Eheverträgen nicht gerade einfacher geworden. Zunächst sollen der Inhalt der Entscheidung und die Auswirkungen kurz dargestellt werden, wobei auf die Ausführungen von *Wachter*[186] Bezug genommen wird.

Den Kernbereich des **Scheidungsfolgenrechts** hat der BGH mit Hilfe eines **Stufenmodells** bestimmt und damit eine Rangordnung zwischen den einzelnen Ansprüchen geschaffen. Grundlage dieser Rangordnung ist die Bedeutung der einzelnen Scheidungsfolgenregelung für den jeweiligen Berechtigten. Der größte Schutz kommt dabei dem nachehelichen Unterhalt zu, da dieser den laufenden Lebensunterhalt absichert. Im Einzelnen lässt sich nach *Wachter* die vom BGH aufgestellte Rangordnung wie folgt zusammenfassen:

1. Rang (Kindesbetreuungsunterhalt [§ 1570 BGB]): Der Kindesbetreuungsunterhalt gehört zum unmittelbaren Kernbereich des Scheidungsfolgenrechts. Eine vollständige vertragliche Abbedingung ist wohl nicht möglich. Dagegen ist eine Modifikation des Unterhaltsanspruchs (bspw. von Höhe und Dauer) nicht in allen Fällen ausgeschlossen.

2. Rang (Unterhalt wegen Alters [§ 1571 BGB] oder Krankheit [§ 1572 BGB]): Diese Unterhaltsansprüche werden gleichfalls dem Kernbereich des Scheidungsfolgenrechts zugerechnet. Eine vertragliche Abbedingung ist insb. dann möglich, wenn die Ehe im Alter oder nach Ausbruch der Krankheit geschlossen wird.

3. Rang (Versorgungsausgleich [§§ 1587 ff. BGB]): Der Versorgungsausgleich (§§ 1587 ff. BGB) steht als vorweggenommener Altersunterhalt an sich „auf der selben Stufe" wie der Altersunterhalt (§ 1571 BGB). Allerdings ist der Versorgungsausgleich auch mit dem Zugewinnausgleich verwandt, da er der Teilhabe an dem in der Ehe erworbenen Versorgungsvermögen dient. Bei „deutlich gehobenen Versorgungsverhältnissen" kann dies im Einzelfall eine weitergehende vertragliche Modifizierung ermöglichen.

4. Rang (Unterhalt wegen Erwerbslosigkeit [§ 1573 Abs. 1 BGB]): Der Unterhaltsanspruch wegen Erwerbslosigkeit ist nachrangig, da der Berechtigte schon nach der gesetzlichen Regelung das Arbeitsplatzrisiko trägt, sobald er einen nachhaltig gesicherten Arbeitsplatz gefunden hat (§ 1573 Abs. 4 BGB). Dieser Unterhaltsanspruch kann in jedem Fall zeitlich begrenzt werden (§ 1573 Abs. 5 BGB). Eine Begrenzung der Unterhaltshöhe (vgl. § 1578 Abs. 1 Satz 2 BGB) und ein vollständiger Ausschluss sind grundsätzlich gleichfalls möglich.

---

185 BGH NJW 2004, 930 = FamRZ 2004, 601 m. Anm. *Borth* = ZNotP 2004, 155 = FF 2004, 79 = RNotZ 2004, 150 = NotBZ 2004, 147 = FamRB 2004, 105 = MittBayNot 2004, 270 m. Anm. *Brandt*. S. dazu *Brandt*, MittBayNot 2004, 221; *Dauner-Lieb*, FF 2004, 65; *Flick/v. Oertzen*, FAZ Nr. 103 v. 4.5.2004, S. 23; *Grziwotz*, FamRB 2004, 199 (Teil I) u. 239 (Teil II); *Hahne*, DNotZ 2004, 84 (bereits vor der Veröffentlichung der Entscheidung); *Haußleiter/Schiebel*, NJW Spezial 1/2004, 7; *Klam*, INF 2004, 315; *Koch*, NotBZ 2004, 147; *Mayer*, FPR 2004, 363; *Münch*, ZNotP 2004, 122; *Rakete-Dombek*, NJW 2004, 1273.
186 ZErb 2004, 238 ff.

5. Rang (Krankenvorsorge- und Altersvorsorgeunterhalt [§ 1578 Abs. 2 und 3 BGB]): Der Unterhaltsanspruch umfasst grundsätzlich auch die Kosten einer angemessenen Versicherung für den Fall der Krankheit oder des Alters. Der Umfang des Unterhaltsanspruchs ist einer vertraglichen Regelung aber weitgehend zugänglich. Er ist gegenüber dem Unterhalt wegen Alters (§ 1571 BGB) oder Krankheit (§ 1572 BGB) nachrangig.

6. Rang (Aufstockungsunterhalt [§ 1573 Abs. 2 BGB] und Ausbildungsunterhalt [§ 1575 BGB]): Diese Unterhaltstatbestände sind vom Gesetz am schwächsten ausgestaltet und können daher sowohl dem Grunde als auch der Höhe nach vertraglich geregelt werden. Darüber hinaus erscheint auch ein vollständiger Verzicht in vielen Fällen für vertretbar.

7. Rang (Zugewinnausgleich [§§ 1378 ff. BGB]): Der Zugewinnausgleich ist einer vertraglichen Regelung am weitesten zugänglich. Eine wechselseitige Beteiligung der Ehegatten am Vermögen des anderen ist gesetzlich nicht geboten. Die gleichmäßige Beteiligung der Ehegatten am gemeinsam erwirtschafteten Vermögen beruht auf einer gesetzlichen Fiktion, die von den Ehegatten im Einzelfall modifiziert oder ausgeschlossen werden kann. Im Rahmen einer Gesamtbeurteilung der Versorgungslage der Ehegatten kann allerdings auch die Vermögenszuordnung zu berücksichtigen sein.

II. Zweistufige Inhaltskontrolle von Eheverträgen

160 Die Inhaltskontrolle von Eheverträgen hat nach Auffassung des BGH in einem zweistufigen Verfahren zu erfolgen. Auf der **ersten Stufe** erfolgt eine **Wirksamkeitskontrolle** (§ 138 Abs. 1 BGB) und auf der **zweiten Stufe** eine **Ausübungskontrolle** (§ 242 BGB). Die Rangeinteilung der einzelnen Scheidungsfolgenregelungen ist dabei auf beiden Stufen zu berücksichtigen.

1. Erste Stufe der Inhaltskontrolle

161 Im Rahmen der **Wirksamkeitskontrolle** hat der Richter zu prüfen, ob die Vereinbarung „offenkundig" eine derart einseitige Lastenverteilung zur Folge hat, dass sie wegen Verstoßes gegen die guten Sitten unwirksam ist. Dabei ist eine Gesamtwürdigung der individuellen Verhältnisse der Ehegatten vorzunehmen. Dazu gehören u. a. folgende Umstände:

– Objektive Umstände:
  - die Einkommens- und Vermögensverhältnisse der Ehegatten,
  - der geplante oder bereits verwirklichte Zuschnitt der Ehe,
  - die Auswirkungen der Ehe auf die Ehegatten und die Kinder.

– Subjektive Umstände:
  - der von den Ehegatten mit der Vereinbarung verfolgte Zweck,
  - die Beweggründe, die den Ehegatten bewogen haben, eine ihn möglicherweise begünstigende Vereinbarung von dem anderen Ehegatten zu verlangen, und
  - die Beweggründe, die den durch die Vereinbarung unter Umständen benachteiligten Ehegatten bewogen haben, dem Verlangen des anderen Ehegatten zuzustimmen.

162 Maßgebend für die Beurteilung sind die Umstände im **Zeitpunkt des Vertragsschlusses**. Spätere Entwicklungen der ehelichen Lebensverhältnisse sind dagegen nicht zu

berücksichtigen. Die Nichtigkeit des Ehevertrages kann i.R.d. Wirksamkeitskontrolle nur dann angenommen werden, wenn durch den Ehevertrag Regelungen aus dem „Kernbereich des gesetzlichen Scheidungsfolgenrechts" ganz oder jedenfalls zu erheblichen Teilen abbedungen werden,

– diese Nachteile nicht durch anderweitige Vorteile gemildert werden, und
– die Vereinbarung nicht aufgrund der konkreten Umstände des Einzelfalls (wie bspw. der besonderen Verhältnisse der Ehegatten, den von ihnen angestrebten oder gelebten Ehetyp oder sonstiger gewichtiger Belange des begünstigten Ehegatten) gerechtfertigt sind.

Die Wirksamkeitskontrolle kann dazu führen, dass der Ehevertrag ganz oder teilweise nichtig ist. An die Stelle der nichtigen Vereinbarungen treten die gesetzlichen Regelungen.

163

2. Zweite Stufe der Inhaltskontrolle:

Hält der Ehevertrag der gerichtlichen Wirksamkeitskontrolle stand, ist im Rahmen einer richterlichen Ausübungskontrolle zu prüfen, ob und inwieweit die Berufung auf den Ausschluss gesetzlicher Scheidungsfolgen missbräuchlich erscheint und deshalb das Vertrauen der Begünstigten in den Fortbestand des Vertrags nicht mehr schutzwürdig ist. Die in diesem Zusammenhang vorzunehmende Abwägung der beiderseitigen Interessen hat sich wiederum an der „Rangordnung der Scheidungsfolgen" zu orientieren. Je höherrangig die vertraglich ausgeschlossenen Rechte sind, desto schwerwiegender müssen die Gründe sein, die trotz der veränderten Lebensverhältnisse einen Ausschluss rechtfertigen. Bei der Ausübungskontrolle sollen nach Auffassung des BGH auch „Verschuldensgesichtspunkte" eine Rolle spielen. Ein Ehegatte, der die eheliche Solidarität verletzt hat, soll grundsätzlich keine nacheheliche Solidarität einfordern können. Maßgebend für die Ausübungskontrolle sind vor allem die **aktuellen Verhältnisse im Zeitpunkt des Scheiterns der Ehe**. Eine Ausübungskontrolle kommt demnach insb. auch dann in Betracht, wenn die Ehegatten ihre Lebensverhältnisse anders gestaltet haben, als sie dies bei Abschluss des Ehevertrages geplant haben.

164

Hält die vereinbarte Regelung der Ausübungskontrolle nicht stand, führt dies nicht immer zur **Unwirksamkeit** der Vereinbarung. Vielmehr hat der Richter die Rechtsfolge anzuordnen, die den berechtigten Belangen beider Ehegatten in ausgewogener Weise Rechnung trägt. Dabei muss sich der Richter vor allem dann an der gesetzlichen Regelung orientieren, wenn die Vereinbarung dem Kernbereich des Scheidungsfolgenrechts zuzuordnen ist. Entweder führt also die Wirksamkeitskontrolle zur ganzen oder teilweisen Unwirksamkeit oder aber sie führt über die Ausübungskontrolle nicht zur Unwirksamkeit, sondern zur Anpassung durch den Richter. Dieser Unterschied kann erhebliche Auswirkungen auf etwaige erbrechtliche Ansprüche des Mandanten haben. So können sich plötzlich aufgrund eines anderen Güterstandes des Ehegatten insb. die Erbquoten verschieben. Hierdurch werden auch gleichzeitig die Pflichtteilsquoten verschoben.

165

Ehevertrag unwirksam mit Auswirkungen auf …	Auswirkungen für Ehegatten	Auswirkungen für Pflichtteilsberechtigte
Güterstand (z.B. statt vereinbarter Gütertrennung nach Inhaltskontrolle Zugewinngemeinschaft)	– Erhöhung der Erbquote gegenüber den Abkömmlingen.	– Verringerung der Pflichtteilsquote aufgrund der Verkleinerung der eigenen Erbquote.
	– Ist Ehegatte gewillkürter Erbe oder Vermächtnisnehmer kann dieser ausschlagen nach § 1371 Abs. 3 BGB und den realen Zugewinn nebst sog. kleinen Pflichtteil geltend machen.	– Geltendmachung des realen Zugewinns kann als Passiva den Pflichtteil verringern.
	Alternativ steht ihm die Aufstockung auf den „großen Pflichtteil" zu.	
	– Ist Ehegatte enterbt, kann er den realen Zugewinnausgleich betreiben nebst sog. kleinen Pflichtteil fordern (güterrechtliche Lösung).	– s.o.
	– möglicherweise keine zulässige Vereinbarung einer Ehegatteninnengesellschaft, da Ausgleich über Zugewinn sachgerecht.	– Pflichtteilserhöhend, da diese Position aus den Passiva fällt.
Unterhalt (Unterhaltsverzicht nach Inhaltskontrolle unwirksam)	Möglicher Anspruch auf Unterhalt bis zur Höhe des § 1586b BGB	Ansprüche aus § 1586b BGB gelten als Passiva und vermindern den Pflichtteilsanspruch

166 Wurde gleichzeitig mit dem Ehevertrag oder der Scheidungsfolgenvereinbarung ein Erb- oder Pflichtteilsverzicht abgeschlossen soll nach Wachter[187] auch dieser Verzicht der richterlichen Inhaltskontrolle unterliegen. Dabei differenziert er zwischen Verzichten von Ehegatten und anderen Familienangehörigen. Bei Pflichtteilsverzichten von Ehegatten im Rahmen ehevertraglicher Vereinbarung soll es zu einer „Gesamtabwägung" kommen; bei Verzichten der anderen Familienangehörigen, wenn nach konkreter Situation der Pflichtteil Unterhaltsfunktion hat. Grundsätzlich ist bei Vorliegen einer Zwangs- und Drucksituation eine Inhaltskontrolle nicht auszuschließen. Es ist jedoch zu bedenken, dass der Pflichtteil aber gerade keine Scheidungsfolge und selbst ein sog. Wagnisgeschäft ist. Regelmäßig käme nach hiesiger Auffassung daher wohl nicht der Totalwegfall des Pflichtteilsverzichts in Betracht, sondern nur eine Anpassung des schuldrechtlichen Verpflichtungsgeschäfts.

---

187 *Wachter*, ZErb 2004, 238 ff.

Praxishinweis:
Für den Erbrechtler wird zukünftig daher auch immer die Überprüfung des Ehevertrages von Interesse sein, denn nur so kann er abschließend klären, ob z.B. trotz vereinbarter Gütertrennung nicht doch die Pflichtteilsansprüche der Abkömmlinge geringer sind, weil tatsächlich von Zugewinngemeinschaft auszugehen ist.

Ebenso ist für § 1586b BGB von großem Interesse, ob wirksam auf Unterhalt verzichtet wurde.

20. Kapitel
Sozialhilferegress

Übersicht:

	S.		S.
A. Sozialrechtliche Grundzüge	1028	I. Ausgangssituation	1051
I. Einführung	1028	II. Rückforderung einer Schenkung, § 528 BGB	1052
II. Leistungen nach dem SGB II und SGB XII	1028	1. Inhalt des Anspruchs	1052
1. Leistungsberechtigte	1028	2. Art und Umfang des Anspruchs aus § 528 BGB	1053
2. Nachranggrundsatz	1029	3. Schuldner des Anspruchs	1055
3. Bedürftigkeit	1030	4. Ausschluss des Anspruchs aus § 529 BGB	1055
a) Leistungen zur Sicherung des Lebensunterhaltes und Kosten der Unterkunft	1030	III. Zugriff auf Versorgungsrechte	1055
		1. Allgemeines	1055
b) Leistungen an Personen, die in einer Einrichtung leben	1032	2. Leibgedingsvertrag	1056
		a) Wertersatzrente für die geschuldeten Pflegeleistungen	1057
c) Einsatz des Einkommens	1032		
d) Einsatz des Vermögens	1034	b) Wertersatz für Naturalleistungen	1057
aa) Freibeträge in der Sozialhilfe	1034	3. Einfacher Versorgungsvertrag	1058
bb) Freibeträge bei der Grundsicherung für Arbeitssuchende	1034	4. Zugriff auf Wohnungsrechte	1058
		5. Vertragliche Regelungen für den Fall des Wegzuges/Heimunterbringung	1060
cc) Vermögen – gem. § 12 SGB II geschützt	1035		
dd) Vermögen – gem. § 90 SGB XII geschützt	1035	6. Sonderfall der Inanspruchnahme von weichenden Geschwistern auf Unterhalt	1060
B. Übergang von Ansprüchen des Leistungsempfängers an den Leistungsträger	1036	IV. Zusammenfassung	1062
		D. Zugriff auf erbrechtliche Ansprüche	1063
I. Grundsätzliches	1036	I. Allgemeines	1063
II. Überleitung	1036	II. Zugriff auf Erbschaft, Vermächtnis	1063
III. Übergang von Unterhaltsansprüchen, § 94 SGB XII; § 33 SGB II	1040	III. „Enterbung" des Hilfebedürftigen/Zugriff auf Pflichtteilsansprüche	1064
1. Allgemeines	1040	E. Rückgriff gegen die Erben	1064
a) Auskunft	1040	I. Allgemeines	1064
b) Rechtswahrungsanzeige	1040	II. Voraussetzungen und Umfang	1065
2. Beschränkung des Übergangs von Unterhaltsansprüchen	1041	III. Ausschluss des Kostenersatzes	1065
		F. Behindertentestament	1066
3. Elternunterhalt	1043	I. Sozialhilferechtliche Ausgangslage	1066
a) Anspruchsberechtigung der Eltern	1043	II. Erbrechtliche Gestaltungsvarianten bei behinderten Abkömmlingen	1067
b) Bedarf des unterhaltsbedürftigen Elternteils	1044	1. Gestaltungsüberlegung: Erbschaftslösung	1067
c) Bedarf des unterhaltspflichtigen Kindes	1045	a) Rechtliche Gestaltung	1067
		b) Schwachstellen und Bedenken	1069
4. Unterhalt aus Vermögen des unterhaltspflichtigen Kindes	1046	aa) Sittenwidrigkeit des Behindertentestament	1070
5. Schwiegerkinderhaftung	1047	bb) Gefahren aus § 2306 BGB	1070
6. Sonstige Beschränkung des Elternunterhaltes	1050		
C. Übergabeverträge und Versorgungsrechte vor dem Hintergrund des Sozialhilferegresses	1051	cc) Höhe und Verwendung der Früchte des Nachlasses	1072

dd) Gefahren bei lebzeitiger Zuwendung durch den Erblasser	1073
ee) Praktischer Vollzug	1073
ff) Personenidentität von Testamentsvollstrecker und Betreuer	1073
c) Allgemeine Würdigung der „Erbschaftslösung"	1073
2. Gestaltungsüberlegung: Vor- und Nachvermächtnislösung	1076
a) Rechtliche Gestaltung	1076
b) Schwachstelle bzgl. des Schutzes des Vermögens nach Versterben des Behinderten	1076
c) Würdigung der Vor- und Nachvermächtnislösung	1077
3. Gestaltungsüberlegung: „einfache" Vermächtnislösung	1078
a) Rechtliche Gestaltung	1078
b) Würdigung	1079
4. Gestaltungsüberlegung: gegenständlich beschränkte Erbschaftslösung mit Vermächtnis zugunsten der gesunden Abkömmlinge	1080
a) Rechtliche Gestaltung	1081
b) Würdigung	1081
5. Gestaltungsüberlegung: Anordnung von Auflagen	1082
6. Allgemeine Stellungnahme zu den Gestaltungsvorschlägen	1083
G. „Bedürftigentestament" für Langzeitarbeitslose	1083
I. Gesetzliche Ausgangslage	1083
II. Gestaltungsüberlegung	1084
1. Rechtliche Gestaltung	1084
2. Schwachstellen und Bedenken	1085
a) Sittenwidrigkeit und Unwirksamkeit	1085
b) Verhalten des „Langzeitarbeitslosen"	1085
c) Zusammenfassende Würdigung	1086

Literaturhinweise:

Bengel, Gestaltung letztwilliger Verfügungen bei Vorhandensein behinderter Abkömmlinge, ZEV 1994, 29; *Damrau/J. Mayer,* Zur Vor- und Nachvermächtnislösung beim sog. Behindertentestament, ZEV 2001, 293; *Damrau,* Das Behinderten-Testament mit Vermächtnislösung, ZEV 1998, 1; *Grziwotz,* Die umgekehrte Vermächtnislösung beim Behindertentestament: der Königsweg?, ZEV 2002, 409; *Hartmann,* Das sog. Behindertentestament: Vor- und Nacherbschaftskonstruktion oder Vermächtnisvariante, ZEV 2001, 89; *Hußmann,* „Sozialhilferegress": Überleitung und Übergang von Ansprüchen nach der Reform des Sozialrechts durch „Hartz IV", ZEV 2005, 54 ff.; *Joussen,* Das Testament zugunsten behinderter Kinder, NJW 2003, 1851; *Klinkhammer,* Die bedarfsorientiert Grundsicherung nach dem GSiG und ihre Auswirkungen auf den Unterhalt, FamRZ 2002, 997; *Kollhosser,* Verfügbarkeit und Vererblichkeit des Rückforderungsanspruchs aus § 528 Abs. 1 Satz 1 BGB, ZEV 1995, 391, 393; *Kornexl,* „Vom Behindertentestament zum Bedürftigentestament", DAI-Skript zur 2. Jahresarbeitstagung des Notariats 2004, S.171 ff. – nicht veröffentlicht –; *Kraus,* Sozialfürsorgerecht 2005: Neuerungen i.R.d. SGB XII und SGB II, MittBayNot 2004, 330; *Krauß,* Aktuelle gesetzliche Änderungen beim Sozialleistungsregress, MittBayNot 2002, 248; *Mayer J.,* Das Behindertentestament in der Zukunft, Teil 1 ZErb 1999, 60, Teil 2 ZErb 2000, 16; *ders,* Grundsicherung und Gestaltungspraxis, demnächst ZEV 2003; *Münder,* Das Gesetz über die bedarfsorientierte Grundsicherung im Alter und bei Erwerbsminderung, NJW 2002, 3661; *Nieder,* Das Behindertentestament, NJW 1994, 1264; *Raststätter,* Vertragliche Pflegeleistungen im Kontext der Pflegeversicherung und des Sozialhilferechts-Gestaltungsvorschläge, ZEV 1996,281; *Rosendorfer,* Überleitung von Ansprüchen aus Überlassungsverträgen auf den Sozialhilfeträger, MittBayNot 2005, 1; *Schwarz,* ZEV 1997, 309, 315; *Spall,* Zur sogenannten Vermächtnislösung beim Behindertentestament, MittBayNot 2001, 249; *ders.,* Vollzug eines Nachvermächtnisses durch den Testamentsvollstrecker, ZEV 2002, 5; *Trilsch-Eckardt,* Nochmals: Vorweggenommene Erbfolge und Behindertentestament, ZEV 2001, 229; *van der Loo,* Die letztwillige Verfügung von Eltern behinderter Kinder, NJW 1990, 2852; *ders.,* Die Gestaltung der Verfügung von Todes wegen zugunsten des betroffenen Behinderten, MittRhNotK 1989, 233; *Weidlich,* Vorweggenommene Erbfolge und Behindertentestament, ZEV 2001, 94.

A. Sozialrechtliche Grundzüge

I. Einführung

1 Erhält jemand Sozialhilfe nach dem SGB XII oder Leistungen der Grundsicherung für Arbeitsuchende nach SGB II können unter bestimmten Voraussetzungen diese Leistungen zurückgefordert werden. Im folgenden Kapitel soll auf die Problematik des sog. Sozialhilferegresses eingegangen werden, wobei der Begriff hier weit gefasst wird. Nachfolgend werden die Begriffe **Sozialhilferegress** einheitlich für Regressansprüche im Zusammenhang mit Leistungen an hilfebedürftige Personen nach dem SGB II und SGB XII, der Begriff **Hilfeleistungen** einheitlich für Leistungen an Personen nach dem SGB II und SGB XII, der Begriff Leistungsträger für die Träger der Sozialhilfe und Leistungen nach dem SGB II und SGB XI, der Begriff Nachfragender für Personen, die Leistungen nach dem SGB XII oder SGB II haben wollen, der Begriff Leistungsempfänger für Personen die Leistungen nach dem SGB XII oder SGB II erhalten, verwendet. Seit dem 1.1.2005 haben sich – zudem bekanntlich – im Bereich des Arbeitsförderungsrechts (früher AFG, danach SGB III) und des Sozialhilferechts (bis 31.12.2004 BSHG) grundlegende Änderungen ergeben.

II. Leistungen nach dem SGB II und SGB XII

1. Leistungsberechtigte

2 Während nach dem bis zum 31.12.2004 geltenden Bundessozialhilfegesetz (BSHG) sowohl **erwerbsfähige** als auch **nicht erwerbsfähige bedürftige** Personen Sozialhilfe erhielten, erhalten nunmehr grundsätzlich nur noch diejenigen, die nicht erwerbsfähig sind, Sozialhilfe nach dem SGB XII.

3 Bedürftige Personen zwischen 15 und 65 Jahren, die noch mindestens drei Stunden am Tag gesundheitlich in der Lage sind, einer Erwerbstätigkeit nachzugehen, haben nach dem SGB II Anspruch auf Leistungen der Grundsicherung für Arbeitsuchende (§ 7 SGB II). Bedürftige Personen, die nur noch unter drei Stunden arbeiten können, haben Anspruch auf Leistungen nach der Sozialhilfe (SGB XII).

4 Voraussetzung für die Gewährung der Leistungen nach dem SGB II ist, dass der Nachfragende hilfebedürftig ist (§ 7 Abs. 1 Satz 1 Nr. 3 SGB II) und seinen gewöhnlichen Wohnsitz in Deutschland hat. Leistungsberechtigte nach dem Asylbewerberleistungsgesetz haben keinen Anspruch auf Leistungen nach dem SGB II. Der Begriff der **Hilfebedürftigkeit** ist in § 9 SGB II näher definiert, weitere Konkretisierungen ergeben sich aus den §§ 11 SGB II (zu berücksichtigendes Einkommen) und § 12 SGB II (zu berücksichtigendes Vermögen).

5 Entsprechende Regelungen finden sich im SGB XII, das das bisherige BSHG abgelöst, und im Wesentlichen die Bestimmungen des BSHG übernommen hat. Eingegliedert in die Sozialhilfe (SGB XII) sind nunmehr die Leistungen nach dem Grundsicherungsgesetz (GSiG), danach erhalten nach dem 4. Kapitel des SGB XII (§§ 41 bis 46 SGB XII) bedürftige Personen zwischen 18 und 65 Jahren, wenn sie auf **Dauer voll erwerbsunfähig** sind, und Personen, die das 65 Lebensjahr vollendet haben, Leistungen zur Sicherung des Unterhaltes.

6 Sowohl im SGB XII als auch im SGB II gilt der **Nachranggrundsatz**, d.h., Leistungen nach SGB II oder SGB XII erhält nur derjenige, der nicht aufgrund eigenen Einkommens oder Vermögens in der Lage ist, für sich selbst zu sorgen. Aus dem Nach-

ranggrundsatz folgt, dass zunächst Ansprüche, die ggf. gegen Dritte bestehen, realisiert werden müssen. In bestimmten Fällen, wenn diese nicht sofort realisiert werden können, können Leistungen auch darlehensweise erbracht werden.

Folge des Nachranggrundsatzes ist, dass Ansprüche des Leistungsempfängers im Wege des „**Sozialhilferegresses**" vom Leistungsträger gegen Dritte geltend gemacht werden können. Nachfolgend werden zunächst die Grundsätze des Sozialhilferegresses und der Ansprüche auf Hilfeleistungen dargestellt. Kenntnisse der Grundlagen der Hilfeleistung sind unabdingbar zur Beurteilung, ob und ggf. in welcher Höhe Regressforderungen bestehen. Eine grundsätzliche Darstellung aller Regressansprüche einschließlich derjenigen, die zu Lebzeiten des Erblassers gegeben sein können, ist ebenfalls notwendig, da diese Ansprüche Gegenstand von Nachlassforderungen sein können. Naturgemäß können hier nur die wesentlichen Aspekte in Grundzügen dargestellt werden. Auf jeden Fall sollte die einschlägige Kommentierung zum SGB II und SGB XII bei der Bearbeitung des Einzelfalles zu Hilfe genommen werden. 7

2. Nachranggrundsatz

Die Leistungen der Sozialhilfe (SGB XII) und der Grundsicherung für Arbeitsuchende sind durch den Nachranggrundsatz geprägt (§ 2 Abs. 1 SGB XII, § 9 SGB II). Da Leistungen nach dem SGB XII oder SGB II nur derjenige erhält, der sich nicht selbst helfen kann, muss der Nachfragende, bevor er Leistungen erhält, zunächst versuchen, alle sonstigen Ansprüche, die ihm ggf. zustehen, zu realisieren. Hierzu gehört auch die Geltendmachung von Ansprüchen gegenüber anderen. Sozialhilfe und ALG II erhält nicht der, dem mit realisierbaren Ansprüchen oder Rechten bereite Mittel zu Verfügung stehen. Als bereite Mittel werden diejenigen Ansprüche angesehen, deren gerichtliche Durchsetzung eine rechtzeitige Bedarfsdeckung ermöglicht. Besteht jedoch eine akute Notlage und ist die Realisierung der (vermeintlichen) Ansprüche zunächst nicht erreichbar, so muss bzw. kann Sozialhilfe oder Alg II – eventuell auch als Darlehn – gewährt werden. Um den Nachranggrundsatz wieder herzustellen, stehen dem Leistungsträger vielfältige Möglichkeiten zur Verfügung. Zum einen die Überleitung von Ansprüchen des Leistungsempfängers gegenüber Dritten, zum anderen auch der Kostenersatz. 8

Soweit **Ansprüche des Leistungsempfängers** auf den Leistungsträger übergehen oder übergeleitet werden, wird das Erbrecht in vielfacher Hinsicht durch diese Anspruchsübergänge tangiert. Auch aus diesem Grund, aber auch deswegen, da der unmittelbar in die Erbenhaftung Genommene (Kostenersatz des Erben §§ 102, 103 Abs. 2 SGB XII; § 35 SGB II) für die erbrachten Leistungen an den Erblasser nach dem SGB II und SGB XII und daneben auch der Erbe gem. § 1976 BGB für die Schulden des Nachlasses haftet, sind grundsätzliche Kenntnisse der Anspruchvoraussetzungen und Leistungen nach dem SGB XII und SGB II zur sachgerechten Behandlung notwendig. 9

Beim **Kostenersatz** und der **Erbenhaftung** kann der Inanspruchnahme entgegengesetzt werden, dass Leistungen an den Hilfeempfänger zu Unrecht erbracht wurden, oder dass eine besondere Härte vorliegt, die die Inanspruchnahme zumindest teilweise ausschließt. 10

Sowohl nach dem SGB II, als auch nach dem SGB XII ist die Haftung für Leistungen in vielfacher Hinsicht – insb. im Bereich der **Überleitung** von Unterhaltsansprüchen – begrenzt. 11

12 Verstirbt jemand, der Leistungen nach dem SGB II oder SGB XII erhalten hat, so können sich vielfältige Ansprüche ergeben. Diese reichen von der primären Erbenhaftung (§§ 102, 103 Abs. 2 SGB XII; § 35 SGB II) über die Haftung des Erben für Nachlassverbindlichkeiten gem. § 1967 Abs. 1 BGB bis zur Überleitung von Ansprüchen des Leistungsempfängers gegenüber Dritten. Letztere können auch noch nach dem Tod des Leistungsempfängers geltend gemacht werden und sich somit unmittelbar auf den Nachlass bzw. in bestimmten Fällen auf den Erben auswirken.

3. Bedürftigkeit

a) Leistungen zur Sicherung des Lebensunterhaltes und Kosten der Unterkunft

13 Ist jemand bedürftig, hat er Anspruch auf Leistung zur Sicherung des Lebensunterhaltes einschließlich der Kosten der Unterkunft (§ 19 Abs. Satz 1 Nr. 1 SGB II; § 27 Abs. 1 SGB XII) und Anspruch auf den **notwendigen Lebensunterhalt**, dieser umfasst insb. Ernährung, Unterkunft, Kleidung, Körperpflege, Hausrat, Heizung und die Bedürfnisse des täglichen Lebens.

14 Voraussetzung der Gewährung von Leistungen nach dem SGB II oder SGB XII ist, dass der Nachfragende **bedürftig** ist.

Ob jemand bedürftig ist, wird wie folgt ermittelt:

- Zunächst wird der Bedarf des Hilfeempfängers und ggf. der Bedarfsgemeinschaft ermittelt.
- Der so ermittelte Bedarf wird dem anrechenbaren Einkommen und/oder Vermögen gegenübergestellt.
- Der Differenzbetrag (wenn anrechenbares Einkommen und/oder Vermögen geringer als der Bedarf) ergibt den Leistungsanspruch.

15 Bei der Ermittlung des Bedarfs ist zunächst zu unterscheiden zwischen dem **Regelbedarf,** den **Kosten der Unterkunft und der Heizung** und ggf. einem Mehrbedarf, z.B. bei werdenden Müttern, oder bei Alleinerziehenden, die ein minderjähriges Kind erziehen, bei Kranken, Genesenden, behinderten Menschen oder von einer Krankheit oder von einer Behinderung bedrohten Menschen, die einer kostenaufwendigen Ernährung bedürfen (§ 20 SGB XII; § 21 SGB II).

16 Während im SGB II (ALG II) der Betrag der Regelleistung zur Sicherung des Lebensunterhalts (§ 20 SGB II) im Gesetz genannt ist, verweist § 28 SGB XII (Sozialhilfe) auf Rechtsverordnungen der Landesregierungen. Die **Regelleistung** nach dem SGB II für Alleinstehende oder Alleinerziehende oder Personen, deren Partner minderjährig ist, beträgt in den alten Bundesländern einschließlich Berlin (Ost) 345 € und in den neuen Bundesländern 331 €. Soweit die Länder bzw. die Träger der Sozialhilfe von der ihnen eingeräumten Ermächtigung, in der Sozialhilfe abweichende Beträge festzulegen, nicht Gebrauch gemacht haben, gelten hinsichtlich des Regelsatzes in der Sozialhilfe die oben genannten Beträge.

17 Die Leistungen für Unterkunft und Heizung (§ 22 SGB II; § 29 SGB XII) werden von den jeweiligen Kommunen festgesetzt. Dies kann bei Leistungen nach dem SGB II zu Problemen führen, da zwar die Leistungen aus einer Hand gewährt werden sollen und nur ein Ansprechpartner zuständig sein soll, gleichwohl intern zwei Entscheidungsträger über die Höhe der Leistung entscheiden. Über die Leistungen entscheidet die Arbeitsgemeinschaft, bestehend aus dem kommunalen Träger und der Agentur für

A. Sozialrechtliche Grundzüge

Arbeit (§ 44b SGB II), soweit die Kommunen nicht von der Möglichkeit Gebrauch gemacht haben, selbst die Aufgaben der Leistungsgewährung nach dem SGB II zu übernehmen.

Zu unterscheiden ist, ob jemand allein, oder in einer **Bedarfs- bzw. Haushaltsgemeinschaft** lebt. Der Bedarf innerhalb der Bedarfsgemeinschaft errechnet sich dabei nach dem Gesamteinkommen und Bedarf innerhalb der Bedarfsgemeinschaft (§ 7 Abs. 3 SGB II; § 19 Abs. 1 SGB XII). Grundsätzlich gilt, dass Ehepartner, Lebenspartner und minderjährige Kinder zur Bedarfsgemeinschaft gehören, weiterhin Personen, die in einer eheähnlichen Lebensgemeinschaft leben. Unter bestimmten Voraussetzungen wird das Einkommen von sonstigen Personen, die nicht zur Bedarfsgemeinschaft gehören, auf den Bedarf des Hilfebedürftigen angerechnet.

Bei der Erbenhaftung und/oder dem Kostenersatz muss genau herausgerechnet werden, wenn an die Bedarfsgemeinschaft geleistet worden ist, welcher Anteil tatsächlich auf den Erblasser entfallen ist.

Den nachfolgenden Tabellen kann die Höhe der **Regelsätze für das ALG II** entnommen werden, die derzeit (März 2005) entsprechend in der Sozialhilfe gelten.

	Prozentsatz vom Regelsatz	Ost	West und Berlin
Alleinstehende und Alleinerziehende	100	331	345
Partner, wenn beide älter als 18 sind	je 90	je 298	je 311
Kinder bis 14	60	199	207
Kinder zwischen 14 und 18	80	265	276

Schwangeren wird ab der 13. Schwangerschaftswoche der Mehrbedarfszuschlag gezahlt. Die Zahlung erfolgt bis zum tatsächlichen Entbindungstermin, auch wenn dieser von dem vorläufigen Termin abweicht. Ergeben sich Überzahlungen wegen eines früheren Entbindungstermins werden diese mit dem Sozialgeld, das dem neugeborenen Kind zusteht, verrechnet.

Alleinerziehende erhalten einen Zuschlag von mindestens 36 Prozent, wenn sie mit einem Kind unter sieben Jahren oder mit zwei oder drei Kindern unter 16 Jahren zusammenleben bzw. bei mehr Kindern einen Zuschlag von bis insgesamt 60 Prozent des Regelsatzes.

Behinderten, die Leistungen zur Teilhabe am Arbeitsleben nach SGB IX oder sonstige Hilfen zur Erlangung eines Arbeitsplatzes, zur Ausbildung oder für eine sonstige angemessene Tätigkeit erhalten, steht ein Mehrbedarf von 35 Prozent des Regelsatzes zu. Zum Regelsatz kommen dann noch die Kosten für eine angemessene Unterkunft hinzu.

Minderjährige Kinder mit eigenem Kind, die im Haushalt ihrer Eltern leben, bilden eine eigene Bedarfsgemeinschaft. Sie erhalten die volle Regelleistung und den Mehrbedarf für Alleinerziehende. Dies gilt auch dann, wenn sie zusammen mit ihrem Kind im Haushalt eines allein stehenden Elternteils leben. Der allein stehende Elternteil (Großmutter/Großvater) hat in diesem Fall keinen Anspruch auf Mehrbedarf für sein minderjähriges Kind. **Volljährige Kinder mit eigenem Kind**, die im Haushalt der Eltern/des Elternteils leben, haben ebenfalls Anspruch auf den Mehrbedarf für Alleinerziehende.

b) Leistungen an Personen, die in einer Einrichtung leben

25 Die weitaus meisten rechtlichen Auseinandersetzungen entstehen, wenn der Leistungsträger Ansprüche von Sozialhilfeempfängern, die in einer sog. „Einrichtung" leben, aufgrund des Anspruchsüberganges selbst geltend macht.

26 Nach § 35 SGB XII gehört zu den Leistungen der Sozialhilfe der notwendige Lebensunterhalt in Einrichtungen. Der Begriff der Einrichtung ist in § 13 SGB XII definiert. Er umfasst stationäre und teilstationäre Einrichtungen. Was zum notwendigen Lebensunterhalt zählt, wird durch die Leistungs- und Vergütungsvereinbarung nach § 76 Abs. 1 und Abs. 2 SGB XII beschrieben. Hierzu zählt vor allem die sog. **Grundpauschale**. Weiterer **notwendiger Lebensunterhalt** ist Bekleidung und ein sog. angemessener Barbetrag, der zur Befriedigung persönlicher Bedürfnisse, wie Körperpflege, Reinigung oder Instandsetzung von Kleidung etc. gedacht ist.

27 Im SGB II existiert eine dem § 35 SGB XII entsprechende Regelung nicht, da das SGB II nur auf die Personen Anwendung findet, die noch erwerbstätig sein können. Zwar werden nach den §§ 75 ff. SGB XII mit den Trägern der Sozialhilfe Vereinbarungen über den Inhalt der Leistungen und die Höhe der Vergütung geschlossen, jedoch verhält es sich oft so, dass die **Leistungen der Pflegeversicherung, der Grundsicherung** nach dem 4. Kapitel des SGB XII (§§ 41; 42; 43 SGB XII) und ggf. die **Rente** aus der privaten oder gesetzlichen Rentenversicherung nicht ausreichen, um die Kosten des Aufenthaltes in einem Altersheim bzw. in einer Pflegeeinrichtung zu decken.

28 Kann der Heimbewohner aus **eigenem Einkommen** und **Vermögen** für die Kosten der Unterbringung und Pflege nicht aufkommen, hat dieser grundsätzlich einen Anspruch an den Leistungsträger auf Übernahme der ungedeckten Kosten. Hierbei ist jedoch nochmals darauf hinzuweisen, dass zum eigenen Einkommen und Vermögen auch Ansprüche des Hilfeempfängers gehören.

29 Eine Einschränkung der Inanspruchnahme Dritter ist bei behinderten Menschen vorgesehen. In bestimmten Fällen der Eingliederung von behinderten Menschen ist eine Einschränkung des Kostenersatzes vorgesehen (§ 92 Abs. Satz 2 SGB XII). Durch § 92 Abs. 2 SGB XII wird der Nachranggrundsatz bei Leistungen der Eingliederung von behinderten Menschen erheblich eingeschränkt.

30 Nach § 94 Abs. 2 Satz 1 SGB XII geht der **Unterhaltsanspruch von Kindern, die behindert** (§ 53 SGB XII) **oder pflegebedürftig** (§ 61 BSHG) sind, gegen ihre Eltern unabhängig davon, ob diesen Kindern Eingliederungshilfe oder Hilfe zur Pflege in vollstationärer, teilstationärer oder ambulanter Form gewährt wird, für die ihnen gewährte Hilfe zum Lebensunterhalt nur i.H.v. 20 € und hinsichtlich der Leistungen der Hilfe zur Gesundheit (§§ 74–52 SGB XII), sowie der Eingliederungshilfe (§§ 53–60 SGB XII) nur i.H.v. 26 € auf den Sozialhilfeträger über. Das heißt, es erfolgt kein Übergang hinsichtlich der tatsächlichen Leistungsfähigkeit; der Anspruch ist auf maximal 20 € bzw. 26 € begrenzt, auch wenn die Eltern leistungsfähiger wären.

c) Einsatz des Einkommens

31 Aus dem Nachranggrundsatz (§ 2 SGB XII; § 9 SGB II) ergibt sich, dass zunächst festgestellt werden muss, ob der Nachfragende über ausreichend **Einkommen** und **Vermögen** verfügt, um seinen Bedarf selbst zu decken. Zunächst ist das Einkommen

zu ermitteln. Grundsätzlich ist alles, was einem zufließt, als Einkommen zu werten, wobei das Gesetz gewisse Einnahmen ausdrücklich von der Anrechnung ausnimmt (§ 82 SGB XII; § 11 SGB II). Das BVerwG geht von einer normativ bestimmten **Zuflusstheorie** aus.[1] **Einkommen** ist danach alles, was jemand in der Bedarfszeit wertmäßig zusätzlich erhält und **Vermögen**, was er in der Bedarfszeit bereits hat. Dabei ist grundsätzlich von einem tatsächlichen Zufluss auszugehen, es sei denn, rechtlich wird ein anderer Zufluss bestimmt. Wird eine frühere Vermögenslage wiederhergestellt, handelt es sich um Vermögen, etwa bei Schadensersatz in Geld.

§§ 82 Abs. 1 Satz 1, 83, 84 SGB XII sowie § 11 Abs. 1 Satz 1 SGB II sind weitgehend identisch. Diese Vorschriften entsprechen der früheren Regelung in § 76 BSHG. Danach gehören zum Einkommen zunächst alle Einnahmen in Geld und Geldeswert, mit Ausnahme der Leistungen nach dem jeweiligen Gesetz (SGB II oder SGB XII), abzüglich gewisser Absetzbeträge. Weiterhin sind bestimmte Einkommensarten ausdrücklich von der Anrechnung ausgenommen (Näheres s. in §§ 82 Abs. 1 Satz 1, 83, 84 SGB XII sowie § 11 Abs. 1 Satz 1 SGB II).

32

Sowohl nach dem SGB II als auch nach dem SGB XII sind **als Einkommen nicht einzusetzen**, Leistungen nach SGB II bzw. SGB XII, der Grundrente nach dem Bundesversorgungsgesetz und nach den Gesetzen, die eine entsprechende Anwendung des Bundesversorgungsgesetzes vorsehen und der Renten oder Beihilfen, die nach dem Bundesentschädigungsgesetz für Schäden an Leben sowie an Körper oder Gesundheit erbracht werden, bis zur Höhe der vergleichbaren Grundrente nach dem Bundesversorgungsgesetz (§ 11 Abs. 1 SGB II; § 82 Abs. 1 SGB XII).

33

Eine weitere Nichtanrechnung von Einkommen ergibt sich aus den §§ 83, 84 SGB XII; § 11 Abs. 3 SGB II. Zweckgebundene Einnahmen sowie Zuwendungen der freien Wohlfahrtspflege, die einem anderen Zweck als das Arbeitslosengeld II/Sozialgeld/Sozialhilfe dienen, dürfen nur ausnahmsweise als Einkommen berücksichtigt werden, wenn daneben Leistungen nach dem SGB II ungerechtfertigt wären. Dies wäre z.B. der Fall, wenn die Einnahmen und Zuwendungen annähernd die Höhe des Bedarfs erreichen. Leistungen, die wegen eines immateriellen Schadens gezahlt werden. Hierunter fällt insb. Schmerzensgeld nach § 253 BGB (soweit kein Vermögen), das aufgrund einer Verletzung des Körpers, der Gesundheit, der Freiheit oder der sexuellen Selbstbestimmung gewährt wird.

34

Unter bestimmten Umständen kann das nicht berücksichtigungsfähige Einkommen, wenn es angespart wird, **nicht verwertbares Vermögen** i.S.d. SGB XII oder SGB II sein. Nach einem Urteil des BVerwG bedeutet der Einsatz von Schmerzensgeld als Vermögen für den Hilfesuchenden grundsätzlich eine Härte i.S.d. § 88 Abs. 3 BSHG.[2] Diese Rspr. ist entsprechend auf § 90 SGB XII; § 12 SGB II anzuwenden. Das BVerwG führt in dem Urteil aus, dass eine dem § 77 Abs. 2 BSHG zur Einsatzfreiheit des Schmerzensgeldes als Einkommen entsprechende ausdrückliche Regelung zur Einsatzfreiheit des Schmerzensgeldes als Vermögen im BSHG nicht enthalten ist. Da der Einsatz des Einkommens und der des Vermögens im BSHG getrennt und unterschiedlich geregelt ist, folgt, dass Vermögen, das aus Mitteln angespart wird, das nicht als Einkommen i.S.d. Sozialhilfegesetzes gilt, gleichwohl als Vermögen einzusetzen ist, wenn die Vermögensfreibeträge überschritten sind. Trotzdem kann sich aufgrund der Härteklausel (§ 90 Abs. 3 SGB XII; §§ 12 Abs. 3 Nr. 6 SGB II) ein **Verwertungsver-**

35

---

1 BVerwGE 10, 296, 299.
2 BVerwG, Urteil v. 18.5.1995 – Az. 5 C 22/93 –.

bot für dieses angesparte Vermögen ergeben, wenn die Verwertung eine besondere Härte darstellt.[3]

d) Einsatz des Vermögens

36 Die Sozialhilfe darf ferner nicht vom Einsatz des Vermögens abhängig gemacht werden, wenn bestimmte **Freibeträge** nicht überschritten sind. Weiterhin sind bestimmte Vermögensgegenstände von der Anrechnung in der Sozialhilfe ausgeschlossen. Die Regelungen im SGB XII und SGB II hinsichtlich des Freibetrages des Vermögens sind unterschiedlich.

aa) Freibeträge in der Sozialhilfe

37 In der Sozialhilfe ist gem. § 90 Abs. 2 Nr. 9 SGB XII ein sog. kleinerer Barbetrag von der Vermögensanrechnung freizulassen. Der Begriff des **kleinen Barbetrages** wird durch die Verordnung zur Durchführung des § 90 Abs. 2 Nr. 9 SGB XII näher bestimmt. Danach ist dem Unterhaltsberechtigten eine gewisse Vermögensreserve in Gestalt eines Notgroschens für plötzlich auftretende Bedürfnisse zu belassen.[4]

38 Nach den ab 1.1.2005 in geltenden Regelungen[5] beträgt der sog. **Notgroschen** 1.600 € bei der Hilfe zum Lebensunterhalt, 2.600 € bei Personen über 60 Jahren oder bei solchen, die auf Dauer voll erwerbsgemindert sind, 2.600 € zzgl. 614 € für den Ehegatten und 256 € für jede weitere unterhaltene Person des Hilfebedürftigen bei der Hilfe in besonderen Lebenslagen. Besteht Pflegebedürftigkeit der Stufe III, beträgt der Freibetrag für den Ehegatten 1.534 €.

bb) Freibeträge bei der Grundsicherung für Arbeitssuchende

39 Im SGB II berechnen sich die Freibeträge anders. Der **Grundfreibetrag** beträgt jeweils 200 € je vollendetem Lebensjahr des Arbeitssuchenden und seines Partners, mindestens aber jeweils 4.100 €, höchstens jeweils 13.000 €. Für erwerbsfähige Arbeitslosengeld II Empfänger und deren Partner, die bis zum 1.1.1948 geboren sind, beträgt der Grundfreibetrag jeweils 520 € je vollendeten Lebensjahr, höchstens jeweils 33.800 €.

40 Der Grundfreibetrag für Kinder beträgt ab Geburt 4.100 €.

41 Ein zusätzlicher **Freibetrag für die Altersvorsorge** beträgt 200 € je vollendeten Lebensjahr des erwerbsfähigen Alg II Empfängers und seines Partners, höchstens jedoch jeweils 13.000 €. Voraussetzung ist jedoch, dass das Vermögen nicht vor Eintritt in den Ruhestand ausgezahlt, übertragen, verpfändet oder sonst wie genutzt werden kann. Geschützt ist die zusätzliche Altersvorsorge nach dem Altersvermögensgesetz vom 26.6.2001 (**Riesterrente**).

42 Ein weiterer Grundfreibetrag wird für einmalige Bedarfe, wie Kleidung, Möbel, Hausrat, Haushaltgeräte etc. i.H.v. 750 € für jede Person der **Bedarfsgemeinschaft** gewährt.

43 Bis auf die Freibeträge gibt es zwischen dem geschützten Vermögen im SGB II und SGB XII keine wesentlichen Unterschiede. Der Katalog des geschützten Vermögens in § 90 SGB XII ist umfangreicher als der im § 12 SGB II. Ein wesentlicher Unter-

---

3 Zur Verwertbarkeit des Vermögens s. unten Rn. 37 ff.
4 BGH FamRZ 2004, 370, 371.
5 BGBl. I 2003, S. 3060.

schied ergibt sich nur insoweit, dass im SGB II z.B. ein angemessenes Kfz geschützt ist, im Sozialhilferecht dagegen nicht.

cc) Vermögen – gem. § 12 SGB II geschützt

– angemessener Hausrat;
– ein **angemessenes Kraftfahrzeug** für jeden in der Bedarfsgemeinschaft lebenden erwerbsfähigen Hilfebedürftigen;
– vom Inhaber als für die **Altersvorsorge** bestimmt bezeichnete Vermögensgegenstände in angemessenem Umfang, wenn der erwerbsfähige Hilfebedürftige oder sein Partner von der Versicherungspflicht in der gesetzlichen Rentenversicherung befreit sind;
– ein selbst genutztes **Hausgrundstück** von angemessener Größe oder eine entsprechende **Eigentumswohnung**;
– Vermögen, solange es nachweislich zur baldigen Beschaffung oder Erhaltung eines Hausgrundstücks von angemessener Größe bestimmt ist, soweit dieses **zu Wohnzwecken behinderter oder pflegebedürftiger Menschen** dient oder dienen soll und dieser Zweck durch den Einsatz oder die Verwertung des Vermögens gefährdet würde;
– Sachen und Rechte, soweit ihre **Verwertung** offensichtlich unwirtschaftlich ist oder für den Betroffenen eine **besondere Härte** bedeuten würde;
– Vermögensgegenstände, die zur Aufnahme und Fortsetzung der **Berufsausbildung** oder der Erwerbstätigkeit unentbehrlich sind.

dd) Vermögen – gem. § 90 SGB XII geschützt

– Vermögen, das aus **öffentlichen Mitteln** zum Aufbau oder zur Sicherung einer Lebensgrundlage oder zur Gründung eines Hausstandes erbracht wird;
– **Kapital** einschließlich seiner Erträge, das der zusätzlichen **Altersvorsorge** im Sinne des § 10a oder des Abschnitts XI des Einkommensteuergesetzes dient und dessen Ansammlung staatlich gefördert wurde;
– sonstiges Vermögen, solange es nachweislich zur baldigen **Beschaffung oder Erhaltung** eines **Hausgrundstücks** im Sinne der Nr. 8 bestimmt ist, soweit dieses Wohnzwecken behinderter (§ 53 Abs. 1 Satz 1 und § 72 SGB XII) oder pflegebedürftiger Menschen (§ 61 SGB XII) dient oder dienen soll und dieser Zweck durch den Einsatz oder die Verwertung des Vermögens gefährdet würde;
– **angemessener Hausrat**; dabei sind die bisherigen Lebensverhältnisse der nachfragenden Person zu berücksichtigen;
– Gegenstände, die zur Aufnahme oder Fortsetzung der **Berufsausbildung** oder der **Erwerbstätigkeit unentbehrlich** sind;
– **Familien- und Erbstücke**, deren Veräußerung für die nachfragende Person oder ihre Familie eine besondere Härte bedeuten würde,
– Gegenständen, die zur Befriedigung geistiger, insb. **wissenschaftlicher oder künstlerischer** Bedürfnisse dienen und deren Besitz nicht Luxus ist,
– ein **angemessenes Hausgrundstück**, das von der nachfragenden Person oder einer anderen in den § 19 Abs. 1 bis 3 SGB XII genannten Person allein oder zusammen mit Angehörigen ganz oder teilweise bewohnt wird und nach ihrem Tod von ihren Angehörigen bewohnt werden soll. Die Angemessenheit bestimmt sich nach der Zahl der Bewohner, dem Wohnbedarf (z.B. behinderter, blinder oder pflegebedürf-

tiger Menschen), der Grundstücksgröße, der Hausgröße, dem Zuschnitt und der Ausstattung des Wohngebäudes sowie dem Wert des Grundstücks einschließlich des Wohngebäudes,
- **kleinerer Barbeträge** oder sonstiger Geldwerte; dabei ist eine besondere Notlage der nachfragenden Person zu berücksichtigen.

46 Die **Sozialhilfe** darf ferner nicht vom Einsatz oder von der Verwertung eines Vermögens abhängig gemacht werden, soweit dies für den, der das Vermögen einzusetzen hat, und für seine unterhaltsberechtigten Angehörigen eine Härte bedeuten würde. Dies ist bei der Leistung nach dem 5. bis 9. Kap. insb. der Fall, soweit eine angemessene Lebensführung oder die Aufrechterhaltung einer angemessenen Alterssicherung wesentlich erschwert würde.

47 Im Erbfall entfällt der Schutzzweck und aus dem geschützten Vermögen des hilfebedürftigen Erblassers wird ungeschütztes Vermögen des Erben. Entsprechendes gilt auch bei Schenkungen. Dies ergibt sich daraus, dass nur dem Hilfeempfänger ein ausdrücklich bestimmtes Einkommen oder Vermögen unabhängig von Gewährung der Hilfeleistung verbleiben soll. Der **hilfebedürftige Schenker** darf im Rahmen seiner Freibeträge Vermögen verschenken. Anders verhält es sich mit einem geschützten Hausgrundstück, Kfz etc. Da der Schutzzweck mit dem Erbfall entfällt, ist der Erbe aufgrund des Kostenersatzes bzw. der Erbenhaftung verpflichtet, dieses Vermögen zum Ersatz der Leistungen nach SGB XII oder SGB II einzusetzen, es sei denn, es liegt eine besondere Härte vor (§ 102 Abs. 3 Nr. 3 SGB XII; § 35 Abs. 2 Nr. 2 SGB II).

B. Übergang von Ansprüchen des Leistungsempfängers an den Leistungsträger

I. Grundsätzliches

48 Erbringt der Leistungsträger Leistungen an Hilfeempfänger, gehen bestimmte Ansprüche des Hilfeempfängers auf den Leistungsträger über. Bevor der Leistungsträger diese Ansprüche realisieren kann, sind diese erst grundsätzlich geltend zu machen.

Es handelt sich um ein **mehrstufiges Verfahren**:
(1) Überleitung der (vermeintlichen) Ansprüche des Leistungsempfängers auf den Leistungsträger;
(2) Geltendmachung der Ansprüche gegenüber dem Anspruchsgegner (Beschenkter, Unterhaltspflichtiger etc.);
(3) Eventuell Erhebung einer Leistungsklage.

II. Überleitung

49 Bestehen (vermeintliche) Ansprüche des Hilfeempfängers, muss der Leistungsträger diese erst auf sich überleiten. Grundsätzlich müssen alle Ansprüche zunächst durch einen Bescheid übergeleitet werden, eine Ausnahme gilt nur bei der Überleitung von Unterhaltsansprüchen nach § 94 SGB XII, diese gehen kraft Gesetzes über. Erst nach **rechtskräftiger Überleitung** ist der Leistungsträger aktiv legitimiert, die Ansprüche des Leistungsempfängers im eigenen Namen geltend zu machen. Eine Rückübertragung ist grundsätzlich möglich. Bestehen (vermeintliche) Ansprüche des Leistungsträgers müssen diese Ansprüche durch einen **Überleitungsbescheid** zunächst auf den

Leistungsträger übergeleitet werden (Ausnahme Unterhaltsansprüche gemäß § 94 SGB XII).

Eine vorsorgliche Überleitung ist unwirksam. Wird Sozialhilfe darlehensweise gewährt, ist eine Überleitung nicht möglich. Eine Ausnahme gilt, wenn der Leistungsträger in Vorleistung geht, da die Ansprüche des Leistungsempfängers nicht sofort realisierbar sind. 50

Die Überleitung ist ein **Verwaltungsakt**, gegen den die Rechtsmittel des Widerspruchs und der Klage gegeben sind, wobei nunmehr der Rechtsweg vor den Sozialgerichten gegeben ist. 51

Umstritten war, ob im verwaltungsgerichtlichen Verfahren, nunmehr im sozialgerichtlichen Verfahren, auch geltend gemacht werden kann, dass der **materiell-rechtliche** Anspruch nicht besteht und deswegen nicht übergeleitet werden kann. Unstreitig ist, dass eine Überleitung dann ausgeschlossen ist, wenn der übergeleitete Anspruch offensichtlich nicht besteht. Hier kann wohl problemlos auf die Rspr. des BVerwG zurückgegriffen werden (sog. Negativevidenz, BVerwGE 34, 219; BVerwGE 34, 260; BVerwGE 41, 115; BVerwGE 58, 209; BVerwGE 92, 281). 52

Werden also Ansprüche übergeleitet, die offensichtlich nicht gegeben sind, so z.B. Unterhaltsansprüche gegenüber Verwandten entfernter als 1. Grades nach dem SGB XII oder gegen Geschwister, ergibt sich bereits aus dem materiellen Recht, dass die Überleitung unwirksam ist. Des Weiteren wenn nach dem SGB II entgegen der Einschränkung der Überleitung von Unterhaltsansprüchen diese übergeleitet werden. Die bisherige Rspr. nahm an, dass für die **Rechtmäßigkeit des Überleitungsbescheides** es ausreichend ist, dass der Anspruch mutmaßlich besteht. Begründet wird dies damit, dass wenn das Bestehen des übergeleiteten Anspruches eine objektive Rechtmäßigkeitsvoraussetzung wäre, das angegangene Gericht, nunmehr das Sozialgericht, auch über die Rechtmäßigkeit rechtswegfremder Forderungen entscheiden müsste. Eine derartige Überprüfung sei mit dem bestehenden gegliederten Rechtsschutzsystem nicht zu vereinbaren. Aus diesem Grunde wurde bisher von den Verwaltungsgerichten lediglich überprüft, ob der überzuleitende Anspruch dem Grunde nach wahrscheinlich besteht und ansonsten darauf hingewiesen, dass für die Prüfung des materiell-rechtlichen Anspruches hierfür die entsprechenden Gerichte, i.d.R. die Zivilgerichte, zuständig seien. Somit ist festzuhalten, dass allein das Bestehen eines rechtskräftigen Überleitungsbescheides noch kein Indiz dafür ist, dass der behauptete Anspruch tatsächlich besteht. 53

Wird das Bestehen des Anspruchs bestritten, so muss ggf. der Sozialleistungsträger vor dem zuständigen Gericht die Leistungen einklagen. Da die materiell-rechtliche Überprüfung des tatsächlichen Bestehens des übergeleiteten Anspruches, dem dazu berufenen Gericht (i.d.R. Zivil-, Familiengerichte) vorbehalten ist, ist es i.d.R., nicht zweckmäßig, Widerspruch und Klage gegen die Überleitung zu erheben, es sei denn es wird geltend gemacht, die Überleitung sei aus verwaltungsrechtlichen Gründen bereits rechtsunwirksam, z.B. der Einsatz von Schonvermögen. Eine Ausnahme kann allenfalls dann gelten, wenn die Hilfegewährung offensichtlich rechtswidrig war. Auch hier wird jedoch angenommen, dass die Rechtmäßigkeit der Überleitungsanzeige sich nicht auf die Rechtmäßigkeit der gewährten Hilfeleistung erstreckt. 54

Da i.d.R. der der Hilfeleistung zugrunde liegende Verwaltungsakt bei Erlass des Überleitungsbescheides bereits bestandkräftig ist, bleibt hier allenfalls der Weg des Über- 55 prüfungsantrages. Dann kann nach § 45 SGB X eine Rücknahmeentscheidung ergehen.[6]

56 Der Träger der Grundsicherung für Arbeitssuchende muss alle potenziellen überleitungsfähigen Ansprüche zunächst durch Bescheid (§ 33 SGB II) gegen den Anspruchsgegner geltend machen (Überleitungsbescheid). In der **Sozialhilfe** aber gehen **Unterhaltsansprüche** nach dem BGB kraft Gesetzes (§ 94 SGB XII) über, d.h., dass überleitungsfähige Unterhaltsansprüche geltend gemacht und somit eingeklagt werden können, **ohne** dass vorher ein Bescheid erlassen werden muss. Alle anderen Ansprüche müssen in der Sozialhilfe zunächst durch Bescheid auf den Sozialleistungsträger übergeleitet werden (§ 93 SGB XII), bevor sie dieser gegen den Dritten geltend machen kann.

57 Überleitungsfähige Ansprüche sind z.B. Unterhaltsansprüche gegenüber Verwandten (Eltern, Kinder), Ehegatten und geschiedenen Ehegatten, Partner einer eingetragenen Lebenspartnerschaft, erbrechtliche Ansprüche, Ansprüche auf Rückforderung wegen Verarmung des Schenkers (§ 528 Abs. 1 Satz 1 BGB) als auch vertragliche Ansprüche. Bei Letzteren spielen bei der **Vermögensübertragung** und im Erbrecht insb. Rechte aus **Überlassungsverträgen** wie **Wohnrecht**, **Pflegeverpflichtungen** etc. eine nicht unerhebliche Rolle. Weiterhin ist der Inhalt des Anspruches aus § 528 Abs. 1 Satz 1 BGB von großer Wichtigkeit. Nach § 93 Abs. 1 Satz 3 SGB XII darf die Überleitung nur insoweit bewirkt werden, als die Hilfe bei rechtzeitiger Leistung des Dritten, also des Beschenkten, nicht gewährt worden wäre. Es kommt daher darauf an, ob und inwieweit bei rechtzeitiger Leistung des Beschenkten der Hilfeempfänger diese Leistung (also das, was er nach § 528 BGB erhält) sozialhilferechtlich hätte einsetzen müssen.

58 Zu beachten ist weiterhin, dass etwaige Verfügungen, die gemacht wurden, um die Bedürftigkeit des Leistungsempfängers herbeizuführen, wegen **Sittenwidrigkeit** unwirksam sind. Ein Rückforderungsanspruch kann sich direkt aus den Vorschriften über den Kostenersatz bei schuldhaften Verhalten (§ 103 SGB XII; § 34 SGB II) oder für zu Unrecht erbrachten Leistungen (§104 SGB XII) oder aus Anwendung der §§ 133; 242 BGB ergeben.

59 Hinsichtlich der **Rückforderungen von Schenkungen** gem. § 528 Abs. 1 Satz 1 BGB und Verpflichtungen aus Übergabeverträgen ergibt sich in der Praxis häufig die Konstellation, dass diese Verpflichtungen nicht von Dritten zu erfüllen sind, sondern von den (zukünftigen) Erben. Insofern entsteht ein Nebeneinander von Ansprüchen gegenüber dem Erben aus den eigenständig im SGB II und SGB XII geregelten Kostenersatzansprüchen bzw. aus der Erbenhaftung (§ 1967 BGB) als auch aufgrund übergeleiteter oder überleitungsfähiger Ansprüche.

60 Bei der Übertragung von Vermögenswerten zu Lebzeiten ist zu beachten, dass aufgrund der gestiegenen Lebenserwartung und der leeren Kassen der Sozialversicherung eine hohe Wahrscheinlichkeit besteht, dass der Übertragende/Schenker im Pflegefall sozialhilfebedürftig wird. Der Übernehmer muss damit rechnen, dass er z.B. gegenüber seinen Eltern unterhaltspflichtig wird, und sowohl gem. § 94 SGB XII (Übergang von Unterhaltsansprüchen), als auch aufgrund des Überlassungsvertrages für die Zahlung der **ungedeckten Pflege-/Heimkosten** herangezogen wird.

61 Zwar muss der Sozialhilfeträger die ungedeckten Kosten aufgrund der Vorschrift des § 93 Abs. 1 Satz 3 SGB XII zunächst übernehmen, gleichwohl wird oft eine Kostenübernahme mit Hinblick auf die direkten Ansprüche, die gegen den Übernehmer/

---

6 Näheres s. *Grube/Wahrendorf*, Sozialhilfe, § 93 SGB XII Rn. 6 ff.

Beschenkten bestehen, abgelehnt. Zwischen der zivilrechtlichen Unterhaltspflicht und dem sozialhilferechtlichen Anspruch bestehen teilweise erhebliche Unterschiede.

Praxishinweis:
Der Übergang der sozialhilferechtlichen Ansprüche sieht eine Reihe von Beschränkungen vor, die im zivilen Unterhaltsrecht nicht gegeben sind. Insofern sollte darauf bestanden werden, dass zunächst der Sozialhilfeträger leistet und dann ggf. im Wege der Überleitung gerichtlich geklärt wird, welche Ansprüche tatsächlich gegeben sind. Gerade im Bereich des Unterhaltsrechtes kann diese Verfahrensweise für den Unterhaltspflichtigen von Vorteil sein.

Aufgrund des möglichen Nebeneinanders des Bestehens von verschiedenen überleitungsfähigen Ansprüchen kann sich ergeben, dass sich der Erbe nach dem Tod des hilfebedürftigen Erblassers Ansprüchen ausgesetzt sieht, die bisher noch nicht geltend gemacht wurden. Dabei kommt es nicht selten vor, dass der Erbe und der Anspruchsgegner der übergeleiteten Ansprüche ein und dieselbe Person sind. Der Erbe kann zwar einerseits die **Einrede der Dürftigkeit des Nachlasses** erheben, dies nützt ihm aber eventuell nichts. 62

Es kann die Situation eintreten, dass aufgrund der **Beschränkung der Erbenhaftung** keine oder nur beschränkte Ansprüche gegeben sind, jedoch neben der Erbenhaftung sonstige übergeleitete Ansprüche des Leistungsträgers gegen den Erben geltend gemacht werden können. 63

Beispiel:
Der Vater übergibt dem Sohn ein größeres Grundstück mit Haus (Grundstück und Haus überschreiten die Grenze des geschützten Vermögens s.o.). Als Gegenleistung wird ein Wohnrecht und die Übernahme von Versorgungs- und Pflegeleistungen vereinbart. Der Vater kommt neun Jahre nach der Übergabe in ein Pflegeheim und erhält hinsichtlich des ungedeckten Bedarfs Leistungen der Sozialhilfe. Der Leistungsträger fordert beim Sohn Auskunft über dessen Einkommen und Vermögen an. Die Bearbeitung zieht sich hin. Zwischenzeitlich verstirbt der Vater und wird von seinem Sohn beerbt.
Folgende Ansprüche kann nunmehr der Sozialhilfeträger gegen den Erben und Sohn geltend machen:
– Kostenersatz aufgrund der Erbenhaftung;
– Abgeltungsansprüche hinsichtlich des Wohnungsrechtes und der Pflegeverpflichtung Ansprüche auf Rückforderung, § 528 Abs. 1 Satz 1 BGB;
– Unterhaltsansprüche, § 1601 ff. BGB.
An diesem Beispiel wird deutlich, dass entsprechende **Gestaltungsüberlegungen** in Bezug auf den Sozialhilferegress **bereits bei der Übergabe** gemacht werden sollen.

Soweit der mit dem Unterhaltspflichtigen in gerader Linie **verwandte Hilfeempfänger** nach bürgerlichem Recht für die Zeit der Hilfegewährung **Unterhaltsansprüche** hat, gehen diese kraft Gesetzes automatisch bis zur Höhe der Sozialhilfeaufwendungen auf den Sozialhilfeträger über (§ 93 SGB XII). Jedoch kann dabei nicht mehr auf Verwandte zurückgegriffen werden, die mit dem Hilfeempfänger im zweiten oder entfernteren Grad verwandt sind (Enkel, Urenkel). Die Regelung des § 93 SGB XII kann für die weichenden Geschwister, die oftmals angesichts der vorweggenommenen Erbfolge nur geringe Abfindungsleistungen erhalten, ein erhebliches Risiko des Sozialhil- 64 feregresses darstellen. Neben der Überleitung von Ansprüchen ist in bestimmten Fällen ein Kostenersatz der Hilfeempfänger vorgesehen. Extra geregelt sind die Kostenersatzansprüche der Erben des Hilfeempfängers.

III. Übergang von Unterhaltsansprüchen, § 94 SGB XII; § 33 SGB II

1. Allgemeines

65 Unterhaltsansprüche der Sozialhilfeempfänger gehen gem. § 94 SGB XII kraft Gesetzes auf den Sozialhilfeträger über, während Unterhaltsansprüche der Alg II – Empfänger erst durch einen **Überleitungsbescheid** geltend gemacht werden müssen.

a) Auskunft

66 Damit geprüft werden kann, ob überhaupt eine Unterhaltszahlung in Frage kommt, fordert der Leistungsträger vom potenziellen Unterhaltspflichtigen umfassende Auskunft über dessen Einkommen und Vermögen und etwaige Zuwendungen des Hilfeempfängers innerhalb der letzten zehn Jahre. Die Pflicht zur Auskunft ist in § 117 SGB XII und in § 60 SGB II geregelt, danach ist nicht nur der Unterhaltspflichtige sondern auch dessen nicht getrennt lebender Ehegatte oder Lebenspartner zur Auskunft verpflichtet. Es handelt sich hier um einen extra normierten Auskunftsanspruch unabhängig vom familienrechtlichen Auskunftsanspruch.

67 In der Sozialhilfe ergeht im Gegensatz zum SGB II eine Rechtswahrungsanzeige, d.h., die Behörde verständigt den Unterhaltspflichtigen davon, dass Sie Leistungen erbringt und sie den Unterhaltspflichtigen für grundsätzlich leistungsfähig hält. Während in der Sozialhilfe (SB XII) ab dem Zeitpunkt der Rechtswahrungsanzeige Unterhalt gefordert werden kann, ist dies nach dem SGB II nicht möglich, hier müssen die Unterhaltsansprüche erst durch einen rechtsmittelfähigen Bescheid geltend gemacht werden. Die Rechtswahrungsanzeige nach § 94 Abs. 4 SGB XII wird i.d.R. mit der Aufforderung Auskunft zu erteilen verbunden.

68 Werden die Auskünfte vorsätzlich oder fahrlässig nicht erteilt, so ist dies eine **Ordnungswidrigkeit**, die mit Geldbuße geahndet werden kann (§ 117 Abs. 6 SGB XII; § 63 Abs. 1 Nr. 4 SGB II).

69 Während in der Sozialhilfe der Übergang des unterhaltsrechtlichen Anspruchs gem. § 94 SGB XII auch die Auskunft über das Einkommen und Vermögen erfasst, ist dies im SGB II nicht der Fall.

70 Im Sozialhilferechts (SGB XII) kann deshalb der Leistungsträger im Rahmen einer **Stufenklage** zunächst Auskunft und danach Unterhalt verlangen. Anders als der Träger des ALG II wird deshalb der Sozialhilfeträger bei Verweigerung der Auskunft durch den Unterhaltspflichtigen nicht versuchen, die erforderlichen Auskünfte zur Berechnung des Unterhaltsanspruches durch Einleitung eines Bußgeldverfahrens oder durch Verhängung von Zwangsgeld, ggf. mit nachträglichen verwaltungsgerichtlichen Verfahren, zu erlangen, sondern den Unterhaltsanspruch durch Klage (Stufenklage – Auskunft und dann bezifferter Anspruch) beim Familiengericht geltend zu machen.

b) Rechtswahrungsanzeige

71 In der Sozialhilfe wird der potenziell Unterhaltspflichtige (die potenziell Unterhaltspflichtigen) durch eine **Rechtswahrungsanzeige** über die Tatsache der Sozialhilfege-

währung in Kenntnis gesetzt, bevor Unterhalt gefordert wird (§ 94 Abs. 4 SGB XII). Mit der Rechtswahrungsanzeige wird i.d.R. die Aufforderung zur Auskunftserteilung verbunden. Die Rechtswahrungsanzeige ist **kein Verwaltungsakt,** weil damit nicht unmittelbar in die Rechtsposition des Adressaten eingegriffen wird. Gleichwohl hat der Hilfeträger ohne schuldhaftes Zögern die Rechtswahrungsanzeige zu erlassen. Ab Zugang der ordnungsgemäß erlassenen Rechtswahrungsanzeige kann Unterhalt gefordert werden. Die Vorschrift des § 94 Abs. 4 SGB XII ermöglicht dem Sozialhilfeträger bei längerer Hilfegewährung bis zur Höhe der monatlichen Aufwendungen auf künftige Leistungen zu klagen.

> **Praxishinweis:**
> **Widerspruch** gegen die Rechtswahrungsanzeige im Bereich des gesetzlichen Forderungsübergangs von Unterhaltsansprüchen sind deshalb, da sie **unzulässig** sind, unzweckmäßig, jedoch kann es sinnvoll sein, schon in dieser Stufe ggf. die Einwendungen des § 1611 BGB (Beschränkung oder Wegfall der Unterhaltsverpflichtung wegen gröblicher Vernachlässigung der Unterhaltspflicht oder vorsätzlicher schwerer Verfehlung gegenüber dem Unterhaltspflichtigen) und die weiteren Beschränkungen der Überleitung nach dem SGB XII vorzubringen. Entsprechendes gilt beim Auskunftsverlangen nach §§ 60 SGB II und § 117 SGB XII, wobei jedoch zu beachten ist, dass **das Auskunftsverlangen ein Verwaltungsakt ist,** der mit den üblichen Rechtsbehelfen angefochten werden kann. Wird die Rechtswahrungsanzeige mit dem Auskunftsverlangen verbunden, so ist gegen dieses Schreiben des Leistungsträgers das Rechtsmittel des Widerspruchs zulässig.

Die **Wirksamkeit der Überleitungsanzeige** hängt nicht davon ab, ob die Sozialleistung zu Recht erfolgt ist, insb. ist es grundsätzlich für die Wirksamkeit der Überleitungsanzeige ohne Bedeutung, ob der übergeleitete Unterhaltsanspruch tatsächlich besteht. Soweit zivil/familienrechtliche Einwände gebracht werden, wird regelmäßig in der Rspr. darauf verwiesen, dass das Bestehen der zivilrechtlichen Ansprüche von den Zivilgerichten überprüft werden, also der Leistungsträger Klage erheben muss. Jedoch sind bei der Verfolgung von Unterhaltsansprüchen bzw. beim Übergang von Unterhaltsansprüchen die besonderen sozial/verwaltungsrechtlichen Vorschriften zu beachten. Soweit jedoch die nachfolgend näher beschriebenen – nach dem Verwaltungsrecht ausgeschlossenen – Unterhaltsansprüche geltend gemacht werden, kann ggf. eine **Feststellungsklage** mit dem Antrag, festzustellen, dass der übergeleitete Anspruch nicht besteht Erfolg haben. 72

2. Beschränkung des Übergangs von Unterhaltsansprüchen

– Im **Sozialhilferecht (SGB XII)** ist der Übergang des **Unterhaltsanspruches** in folgenden Fällen ausgeschlossen: 73

(1) laufende Zahlung des geschuldeten Unterhalts, § 94 Abs. 1 Satz 2 SGB XII;
(2) Unterhaltsverpflichtung innerhalb einer sozialhilferechtlichen Bedarfsgemeinschaft, § 94 Abs. 1 Satz 3 1. HS 1. Alt. SGB XII;
(3) Verwandtschaft vom 2. Grad an, § 94 Abs. 1 Satz 3 1. HS 2. Alt. SGB XII;
(4) Verwandte 1. Grades einer Schwangeren oder einer Person, die ihr leibliches Kind bis zur Vollendung seines 6. Lebensjahres betreut, § 94 Abs. 1 Satz 4 SGB XII; wenn und soweit der **Übergang** des Unterhaltsanspruchs auf den Sozialhilfeträger eine **unbillige Härte** darstellen würde, § 94 Abs. 3 Nr. 2 SGB XII.

Der Sozialhilfeträger braucht das Vorliegen einer unbilligen Härte nicht von sich aus zu erforschen, sondern sie nur zu berücksichtigen, wenn sie nachgewiesen ist oder er davon auf andere Weise Kenntnis hat.

(5) Ansprüche der leistungsberechtigten Person gegen Dritte nach §§ 115 f. SGB X, (§ 94 Abs. 1 Satz 5 i.V.m. § 93 Abs. 4 SGB XII;

(6) In Höhe der Grundsicherungsrente im Alter oder bei dauerhafter Erwerbsminderung gem. §§ 41, 42 SGB XII.

Jedoch ist § 43 SGB XII zu beachten. Hiernach können Unterhaltsansprüchen gegenüber Kindern und Eltern nicht geltend gemacht werden, wenn das Bruttoeinkommen Gesamteinkommen i.S.d. § 16 SGB IV unter 100.000 € im Jahr liegt. Außerdem sind nach § 43 Abs. 1 SGB XII Einkommen und Vermögen des nicht getrennt lebenden Ehegatten oder Lebenspartners sowie des Partners einer ähnlichen Gemeinschaft anzurechnen, wenn das Einkommen dieser Personen über dem Sozialhilfebedarf liegt;

(7) I.H.v. 56 Prozent der Unterkunftskosten des Leistungsempfängers, § 94 Abs. 1 Satz 6 SGB XII i.V.m. § 105 Abs. 2 SGB XII;

(8) wenn der Unterhaltspflichtige selbst Anspruch auf Leistungen nach dem SGB XII hat oder bei Erfüllung der Unterhaltspflicht Anspruch auf Leistungen nach dem SGB XII haben würde, da er dann selbst bedürftig würde.

74 – Bei **ALG II** ist gem. § 33 Abs. 2 SGB II der Übergang des **Unterhaltsanspruches** in folgenden Fällen ausgeschlossen:

(1) der Unterhaltspflichtige lebt mit dem Hilfeempfänger in einer Bedarfsgemeinschaft;

(2) der Unterhaltspflichtige ist mit dem Verpflichteten verwandt und macht den Unterhaltsanspruch nicht geltend; dies gilt jedoch nicht
 – für Unterhaltsansprüche minderjähriger Hilfebedürftiger,

(3) von Hilfebedürftigen, die das 25. Lebensjahr noch nicht vollendet und die Erstausbildung noch nicht abgeschlossen haben gegen ihre Eltern.

75 – **Nicht ausgeschlossene Unterhaltsansprüche**
76 – **Nach dem SGB II dürfen folgende Unterhaltsansprüche übergeleitet werden:**

(1) Unterhaltsansprüche zwischen getrennt lebenden oder geschiedenen Ehepartnern;

(2) Unterhaltsansprüche von minderjährigen, unverheirateten Kindern gegenüber ihren Eltern, wenn die Kinder nicht im Haushalt leben;

(3) Unterhaltsansprüche von Hilfebedürftigen, die das 25. Lebensjahr noch nicht vollendet und die Erstausbildung noch nicht abgeschlossen haben, gegenüber ihren Eltern;

(4) geltend gemachte Unterhaltsansprüche gegenüber Verwandten in gerader Linie, die nicht mit dem Hilfebedürftigen in einer Bedarfsgemeinschaft leben.

77 – **Nach dem SGB XII dürfen folgende Unterhaltsansprüche übergeleitet werden:**

(1) Unterhaltsansprüche von Eltern gegenüber ihren Kindern, jedoch nicht i.H.d. Grundsicherung nach dem vierten Kapitel des SGB XII (Grundsicherung im Alter und bei dauerhafter Erwerbsminderung), soweit die Einkommensgrenzen nicht überschritten werden;

(2) Unterhaltsansprüche von Kindern gegenüber ihren Eltern, jedoch bei einer volljährigen unterhaltsbedürftigen Person, die behindert i.S.v. § 53 SGB XII oder pfle-

gebedürftige i.S.v. § 61 SGB XII ist, begrenzt auf 26 € bei Leistungen der Eingliederungshilfe und begrenzt auf 20 € bei der Hilfe zum Lebensunterhalt, unabhängig von einer höheren Leistungsfähigkeit der Eltern.

Im Streitfall werden die Sozialgerichte i.d.R. die Überleitung der Unterhaltsansprüche, auch wenn der Einwand des § 1611 BGB gebracht wird, für rechtswirksam halten und auf die **Zuständigkeit der Zivilgerichte** verweisen. 78

Wie ausgeführt, erfolgt eine Aufforderung zur Auskunft. Diese Aufforderung stellt einen Verwaltungsakt dar, der mit den üblichen verwaltungsrechtlichen Rechtsbehelfen (Widerspruch und Klage) angegriffen werden kann. 79

Praxishinweis:
Dieser Auskunftsverpflichtung kann man sich nicht entziehen. Auch wenn im Bereich des SGB XII der Leistungsträger aufgrund des gesetzlichen Forderungsüberganges nicht darauf angewiesen ist, die Auskunft ggf. mit Zwangsmitteln oder Bußgeld zu erzwingen, empfiehlt es sich auf jeden Fall unter Beachtung der nachfolgenden Ausführungen umfassend Auskunft zu erteilen.
Hinsichtlich des Kindes – und Ehegattenunterhalts, einschließlich des nachehelichen Unterhalts ergeben sich keine Besonderheiten. Hier ist nur darauf zu achten, dass entsprechend den bekannten Regelungen umfassend auch hinsichtlich der unterhaltsrechtlich relevanten Abzüge Auskunft erteilt wird. Es empfiehlt sich bei Erteilung dieser Auskünfte, nicht die Formblätter zu verwenden, sondern in extra gefertigten Aufstellungen die erforderlichen Auskünfte unter Beifügung entsprechender Belege zu erteilen.

3. Elternunterhalt

Eine Besonderheit besteht beim Elternunterhalt. Der BGH hat seit dem Jahre 2002 eine Reihe von Entscheidungen gefällt, die teilweise von den Sozialhilfebehörden nicht oder nur unvollständig beachtet werden. In stg. Rspr. hat der BGH nämlich klargestellt, dass die Unterhaltspflicht gegenüber Eltern erheblich gegenüber dem Kindes- oder dem **Ehegattenunterhalt eingeschränkt** ist. Grundsätzlich muss der **Unterhaltsverpflichtete keine Reduzierung** seines Lebensstandards hinnehmen. Dies kann jedoch nur hinreichend dargelegt werden, wenn bereits in der Auskunftsstufe neben den Einkünften alle Belastungen umfassend geltend gemacht werden, einschließlich aller Rückstellungen, da nur so beurteilt werden kann, welches Einkommen tatsächlich zur Verfügung steht. Unterschiedliche Meinungen bestehen dahingehend, inwieweit Ausgaben bereits im Selbstbehalt berücksichtigt sind. Dies wird insb. von den Instanzgerichten unterschiedlich gesehen. 80

a) Anspruchsberechtigung der Eltern

Nach § 1601 BGB sind **Verwandte in gerader Linie** verpflichtet, einander Unterhalt zu gewähren. Die Verpflichtung erstreckt sich auf alle in gerader und aufsteigender Linie miteinander Verwandten, ohne Rücksicht auf den Grad der Verwandtschaft. Die Verpflichtung ist von ihrer Dauer unbegrenzt. 81

Unterhaltsberechtigt sind gemäß § 1602 Abs. 1 BGB Eltern, wenn sie nicht in der Lage sind, sich selbst zu unterhalten. 82

Im Sozialhilferecht ist gem. § 94 Abs. 1 Satz 3 SGB XII der **Übergang** des Unterhaltsanspruchs auf den Leistungsträger ausgeschlossen, wenn die unterhaltspflichtige Per- 83 son zum Personenkreis des § 19 SGB XII (Bedarfsgemeinschaft) gehört oder die unterhaltspflichtige Person mit der leistungsberechtigten Person vom zweiten Grad an verwandt ist. Ebenfalls ist der Übergang des Anspruchs des Leistungsberechtigten bzw. Leistungsempfängers gegenüber Eltern und Kindern ausgeschlossen, wenn der Leistungsempfänger gem. §§ 41–46 SGB XII Leistungen der Grundsicherung für dauerhaft Erwerbsgeminderte oder im Alter erhält.

84 Besonders ist jedoch zu beachten, dass **Unterhaltsansprüche** nicht übergehen, wenn die unterhaltspflichtige Person selbst Sozialhilfeempfänger wäre oder der Übergang des Anspruchs eine unbillige Härte bedeuten würde. Diese Einschränkungen sind von Amts wegen zu beachten, § 94 Abs. 3 SGB XII.

b) Bedarf des unterhaltsbedürftigen Elternteils

85 Der Bedarf des unterhaltsberechtigten Elternteils bemisst sich nach dessen eigener Lebensstellung und umfasst den gesamten Lebensbedarf, § 1610 Abs. 1 BGB. Er leitet sich jedoch nicht von der Lebensstellung des Unterhaltspflichtigen ab. Eltern müssen ggf. auch eine Minderung hinnehmen und haben keine Garantie auf den bisherigen Lebensstandard. Der Bedarf des Elternteils bemisst sich dabei so, dass zumindest das **sozialhilferechtliche Existenzminimum** sichergestellt werden kann. Somit bildet dieses die Untergrenze des Bedarfs. Zum **angemessenen Ungehalt** gehören die Kosten für Wohnung, Nahrung, Kleidung, Aufwendungen zur Teilnahme am sozialen und kulturellen Leben, Mittel für individuelle Bedürfnisse sowie die Beiträge für die Kranken-, Pflege- und Unfallversicherung.[7] Hierzu zählt auch ein angemessenes **Taschengeld**.[8]

86 Zu beachten ist jedoch, dass aufgrund der ab 1.1.2005 geänderten Regelungen im Sozialhilferecht ein Elternunterhalt bei nicht in einer Einrichtung untergebrachten Eltern i.d.R. nicht mehr geschuldet ist. Wie bereits dargestellt, sind nunmehr die Ansprüche von noch erwerbsfähigen Leistungsempfängern im SGB II geregelt. Eltern, die also noch erwerbstätig sein können, sind daher auf die Leistungen der Grundsicherung für Arbeitssuchende zu verweisen. Hier findet im Gegensatz zur Sozialhilfe (SGB XII) eine weitgehende Einschränkung des Unterhaltsübergangs statt. So darf gem. § 33 Abs. 2 Satz 1 Nr. 2 SGB II der Übergang des Unterhaltsanspruches gegen die nach Bürgerlichem Recht gegenüber ihren Eltern unterhaltspflichtigen Kinder nicht bewirkt werden, wenn der Elternteil den Unterhaltsanspruch nicht geltend macht.

87 Anders verhält es sich jedoch in der **Sozialhilfe** (SGB XII). In der Praxis spielt deshalb der Elternunterhalt seit 1.1.2005 i.d.R. nur dann eine Rolle, wenn der Elternteil in einer Einrichtung untergebracht ist. In diesem Fall kann sich der Bedarf eines pflegebedürftigen Elternteils nach den Kosten der Unterbringung und Verpflegung in einem Altenheim bestimmen und sich mit den dort anfallenden Kosten decken, soweit diese nicht aus eigenem Einkommen und Vermögen bestritten werden können. Wie ausgeführt, sind aufgrund des **Nachranggrundsatzes** eigene Ansprüche des Hilfeempfängers ggf. zu realisieren. Aufwand und Kosten für ein **Altenheim/Pflegeheim** müssen indes mit den früheren Lebensverhältnissen in Einklang stehen. Angemessen dürfte nur ein Pflegeheim mittlerer Art und Güte mit einem an den örtlichen Preisen ausgerichteten durchschnittlichen Pflegesatz sein.[9]

---

[7] BGH FamRZ 2003, 860, 861; BGH NJW 2003, 1660.
[8] BGH, Urt. v. 7.7.2004 – Az.: XII Z R 272/02 –, n.v.
[9] Zur Frage der Angemessenheit der Heimkosten vgl. *Diederichsen*, FF 2003, 8, 9; OLG Schleswig NJW-RR 2004, 866.

c) Bedarf des unterhaltspflichtigen Kindes

Etwas unklar ist, wie sich der angemessene Bedarf des unterhaltspflichtigen Kindes bemisst. Der BGH hat zunächst grundsätzlich ausgeführt, dass dem **Unterhaltsverpflichteten** ausgehend von seiner Lebensstellung ein **Einkommen verbleiben** muss, das dem Rang des Verpflichteten entspricht.[10] Es wird der gesamte Lebensbedarf einschließlich einer angemessenen Altersversorgung umfasst. Hieraus folgt, dass der angemessene Eigenbedarf nicht losgelöst von dem im Einzelfall vorhandenen Einkommen bestimmt werden kann. Er richtet sich somit nicht an einer festen Größe aus, sondern ist entsprechend den Umständen des Einzelfalls veränderlich. Eine spürbare und dauerhafte Senkung seines berufs- und einkommenstypischen Unterhaltsniveaus braucht der Unterhaltsverpflichtete jedenfalls insoweit nicht hinzunehmen, als er nicht ein nach den Verhältnisses unangemessenen Aufwand betreibt oder ein Leben in Luxus führt.[11] Vom BGH wird weiter ausgeführt, dass es nicht grundsätzlich als rechtsfehlerhaft angesehen werden kann, wenn bei der Ermittlung des für den Elternunterhalt einzusetzenden bereinigten Einkommens allein auf einen – etwa hälftigen – Anteil des Betrages abgestellt wird, der den an sich vorgesehenen Mindestselbstbehalt übersteigt. Dies wurde auch inzwischen vom BGH erneut bestätigt.[12]

Andererseits hat der BGH jüngst entschieden, dass auch der **höhere Einkommensteil** des Unterhaltspflichtigen im vollen Umfang für den Elternunterhalt einzusetzen sein könne.[13] Der BGH hat im zu entscheidenden Fall ausgeführt, dass, wenn einerseits berücksichtigt wird, dass die Ehefrau aufgrund des entsprechenden Beitrages ihres Ehemanns zum Familienunterhalt mietfrei wohnt und deshalb ein reduzierter Mindestselbstbehalt angesetzt wird, andererseits zu erwägen ist, ob der den reduzierten Selbstbehalt übersteigenden – dann höheren – Einkommensteil der Unterhaltspflichtigen gleichwohl im vollen Umfang für den Elternunterhalt einzusetzen ist.

Praxishinweis:

Grundsätzlich ergibt sich jedoch aus den Entscheidungen des BGH zum Elternunterhalt und aus den unterhaltsrechtlichen Leitlinien der Oberlandesgerichte, dass der Selbstbehalt wie folgt berechnet wird:

Von den Gesamteinkünften eines Jahres sind zunächst Abzüge vorzunehmen, die sich aus den unterhaltsrechtlichen Leitlinien ergeben bzw. aus der unterhaltsrechtlichen Rspr. bekannt sind. Sodann ist ggf. der Ehegatten- und der Kindesunterhalt in Abzug zu bringen. Lebt ein Ehepaar nicht getrennt, ist beim Ehegattenunterhalt jedoch zu beachten, dass dieser sich nicht nach dem Halbteilungsgrundsatz bemisst, sondern die unterhaltsrechtlichen Leitlinien einen geringeren Bedarf von derzeit ca. 1.050 € (Stand Juli 2005) vorsehen. Für das unterhaltspflichtige Kind wird derzeit i.d.R. ein Selbstbehalt von 1.400,- € (Stand Juli 2005) angesetzt.

Soweit ein **eigenes Haus bewohnt** wird, ist ein **Wohnvorteil** i.H.d. tatsächlichen objektiven Mietwertes des Eigenheims zunächst fiktiv dem Einkommen hinzuzurechnen. Jedoch ist der Wohnwert eines Eigenheims grundsätzlich nicht mit der bei einer Fremdvermietung erzielbaren und objektiven Marktmiete, sondern auf der Grundlage des unter den gegebenen Verhältnissen ersparten Mietzinses zu bemessen.[14] Der

---
10 BGH, Urt. v. 23.10.2002 – Az.: XII ZR 166/99 – n.v.
11 BGH, Urt. v. 23.10.2002 – Az.: XII ZR 266/99 – n.v.
12 BGH, Urt. v. 19.3.2003 – Az.: XII ZR 123/00 – n.v.
13 BGH, Urt. v. 14.1.2004 – Az.: XII ZR 69/01 – n.v.
14 BGH, Urt. v. 19.3.2003 – Az.: XII ZR 123/00 – n.v.

Wohnvorteil wird in jedem Fall gemindert durch die Aufwendungen, die für die allg. Grundstückskosten und -lasten, Zinszahlungen auf die zur Finanzierung aufgenommenen Darlehen und sonstigen verbrauchsunabhängigen Kosten entstehen. Hierzu gehört auch der in den Darlehensraten enthaltene Tilgungsanteil.[15] Der einem Elternteil Unterhaltspflichtige ist in der Disposition der ihm überlassenen Mittel frei. Sein Selbstbehalt ist daher nicht deshalb herabzusetzen, weil er tatsächlich preisgünstiger wohnt, als es der in dem Mindestselbstbehalt eingearbeiteten Warmmiete entspricht.

92 Weiterhin können wohl **abgezogen** werden **Aufwendungen** für kulturelle Zwecke, Kleidung, Unterhalt und Rücklagen für Urlaub, Haus etc. Die Sozialhilfebehörden sind bei Anerkennung der Abzugsposten jedoch sehr restriktiv und erkennen grundsätzlich nur die Abzüge an, die ausdrücklich in den unterhaltsrechtlichen Leitlinien genannt sind. Teilweise sind sie jedoch bereit, wenn dies konkret nachvollziehbar nachgewiesen werden kann, Rücklagen für Instandsetzung bzw. Erhaltung von Wohneigentum unterhaltsmindernd anzuerkennen.

93 Hinsichtlich der Aufwendungen für die **Altersvorsorge**, die vom Einkommen abgezogen werden können, hat der BGH bei einem Selbständigen entschieden, dass auf jeden Fall hinsichtlich der primären Altersvorsorge dem nicht Versicherungspflichtigen zugebilligt werden muss, dass er von seinem Bruttoeinkommen monatlich 20 Prozent für die Altersvorsorge zurücklegt. Nach einem Urteil des BGH[16] dürfen unterhaltspflichtige Kinder neben den Zahlungen in die gesetzliche Rentenkasse (primäre Altersvorsorge) weitere fünf Prozent ihres Bruttoeinkommens für eine **zusätzliche private (sekundäre) Vorsorge** einsetzen.[17]

94 Wird der derzeit in den Unterhaltsleitlinien ausgewiesene Selbstbehalt überschritten, so ist die Hälfte des Überschreitungsbetrages als Unterhalt für die Eltern einzusetzen.[18] Insofern ist jedoch zu beachten, dass in allen diesbzgl. Entscheidungen des BGH darauf hingewiesen wird, dass die in den unterhaltsrechtlichen Leitlinien ausgewiesenen Beträge lediglich Anhaltspunkte darstellen und das erkennende Gericht anhand des konkreten Falles die tatsächlich vorhandenen Leistungsfähigkeit feststellen muss, dabei ist sowohl eine Unterschreitung der Tabellensätze als auch eine Überschreitung denkbar. Unklar ist deshalb nunmehr, ob, wie es letzten Endes sämtliche unterhaltsrechtlichen Leitlinien vorsehen, vom übersteigenden Betrag nur die Hälfte für den Unterhalt der Eltern einzusetzen ist, oder wie es in der Entscheidung des BGH[19] anklingt, ein höherer Betrag.

4. Unterhalt aus Vermögen des unterhaltspflichtigen Kindes

95 Hinsichtlich des Vermögenseinsatzes existiert im zivilen Unterhaltsrecht kein Freibetrag. Die Rspr. führt hierzu aus, dass jedoch auf den **Stamm des Vermögens** nicht zurückgegriffen werden muss, wenn dieser der eigenen **Unterhaltssicherung** dient. Da der BGH auf das Gesamtfamilieneinkommen abstellt, ist auch grundsätzlich der Vermögensstamm zum Unterhalt der Eltern einzusetzen, wenn unter Berücksichtigung des gemeinsamen Einkommens dem gegenüber den Eltern unterhaltspflichtigen Kind nach Abzug der berücksichtigungsfähigen Ausgaben ein unterhaltsrechtlich relevantes Einkommen i.H.d. Tabellensätze verbleibt. Andererseits ist jedoch eine unwirt-

---

15 BGH, Urt. v. 19.3.2003 – Az.: XII ZR 123/00 – n.v.
16 Urt. v. 14.1.2004 – Az.: XII ZR 149/01 – n.v.
17 BGH, Urt. v. 19.3.2003 – Az.: XII ZR 123/00 – n.v.
18 BGH, Urt. v. 23.10.2002 – Az: XII ZR 266/99 – n.v.
19 Urt. v. 14.1.2004 – Az.: XII ZR 69/01 – n.v.

schaftliche Verwertung nicht zumutbar und es sind hinsichtlich der Obliegenheit eines Unterhaltspflichtigen, zur Zahlung von Elternunterhalt den Stamm seines Vermögens einzusetzen, jedenfalls die insofern für den Deszendenunterhalt entwickelten Grundsätze heranzuziehen, wonach der Unterhaltsanspruch der Eltern schwächer als der Unterhaltsanspruch von Kindern oder Ehegatten ist.[20] Hinsichtlich der Frage des Vermögenseinsatzes beim Elternunterhalt hat das BVerfG jüngst entschieden. Grundsätzlich ist davon auszugehen, dass dem Unterhaltsverpflichteten zumindest das **Schonvermögen**, wie es die § 12 SGB II und § 90 SGB XII vorsehen, verbleiben muss, wenngleich im Gegensatz zum früheren Sozialhilferecht ein ausdrücklicher Verweis auf das Schonvermögen zu Gunsten des unterhaltspflichtigen Kindes nicht mehr vorhanden ist.

Darüber hinaus sehen eine Reihe von sozialhilferechtlichen Richtlinien vor, dass, je nachdem, ob ein **selbstgenutztes geschütztes Eigenheim** vorhanden ist, ein **Freibetrag** i.H.d. fünf bis 20-fachen des sog. Notgroschens gewährt wird, § 90 Abs. 2 Nr. 9 i.V.m. der VO zur Durchführung des § 90 Abs. 2 Nr. 9 SGB XII. Mit Einführung des neuen Sozialhilferechtes verfahren die Behörden unterschiedlich. Teilweise wird ein Freibetrag – wie oben ausgeführt – nur noch i.H.d. sog. Notgroschens anerkannt. Die Behörden argumentieren, dass, wenn das laufende Einkommen des Unterhaltspflichtigen nicht ausreicht, um den Unterhaltsbedarf der Eltern voll zu decken, auch der Stamm des Vermögens des Unterhaltspflichtigen einzusetzen sein kann, sofern dies zumutbar ist.[21] Gleichwohl wird aus Verwaltungsvereinfachungsgründen vielfach ein darüber hinausgehender Freibetrag gewährt.

Praxishinweis:
Welcher Freibetrag im konkreten Fall zusätzlich zum geschützten Vermögen nach § 93 SGB XII gewährt wird, ist ggf. beim zuständigen Sozialhilfeträger zu erfragen.

5. Schwiegerkinderhaftung

Bei der Berechnung des **Mindestselbstbehaltes** kam es zunächst nur auf die Leistungsfähigkeit des Unterhaltsverpflichteten an, ohne dass das Einkommen des Ehepartners berücksichtigt wurde. In seiner „**Taschengeldentscheidung**" hat der BGH,[22] obwohl das Einkommen des pflichtigen Kindes unter dem Selbstbehalt lag, im Hinblick auf den zu leistenden Familienunterhalt des Ehegatten Leistungsfähigkeit angenommen. In den nachfolgenden Entscheidungen wurde dies bestätigt und fortgeführt. In o.a. Entscheidung hat der BGH darauf abgestellt, da das pflichtige Kind nur mit einem relativ geringen Anteil seines eigenen Einkommens zum Familienunterhalt beizutragen habe, könne es von diesem Einkommen den verlangten Beitrag zum Elternunterhalt zahlen. Auch in der Zeit in der das unterhaltspflichtige Kind kein Einkommen erzielte, wurde aufgrund der guten finanziellen Verhältnisse des Ehepartners ein Taschengeldanspruch angenommen der nicht nur für die Kinder sondern auch für unterhaltsbedürftige Eltern einzusetzen sei. Im entschiedenen Fall wurde eine Leistungsfähigkeit i.H.d. Hälfte des Taschengeldes bejaht, weil der allg. Bedarf des für den Unterhalt in Anspruch genommenen Kindes aufgrund der sehr guten wirtschaftlichen Verhältnisse der Eheleute gedeckt sei.

---

20 BGH, Urt. v. 21.4.2004 – Az.: XII ZR 326/01 – n.v.
21 BGH, FamRZ 2002, 1698, 1902.
22 Urt. v. 15.10.2003 – Az.: XII ZR 122/00 – n.v.

98 Der BGH[23] hat näher zu der Frage Stellung genommen, wie unter Berücksichtigung des Familieneinkommens die Leistungsfähigkeit des unterhaltspflichtigen Kindes bestimmt wird:

Zunächst wird das Gesamtfamilieneinkommen ermittelt, dann wird eine Anteilsquote des Einkommens des unterhaltspflichtigen Kindes im Verhältnis zum Familieneinkommen ermittelt. Liegt das **Familieneinkommen über dem Mindestselbstbehalt**, hat das unterhaltspflichtige Kind, auch, wenn dessen Einkommen unter dem Selbstbehalt liegt, entsprechend dieser prozentualen Quote zum Unterhalt der Eltern beizutragen. Jedoch ist die Einkommensquote nicht auf das Einkommen sondern auf den Familienbedarf zu beziehen. Ein unter Berücksichtigung der anteiligen Beiträge des zum Familienunterhalt sich ergebenden restlichen Einkommens des unterhaltspflichtigen Kindes ist grundsätzlich in voller Höhe – und nicht nur teilweise (50 Prozent des übersteigenden Bedarfs) – für den Elternunterhalt einzusetzen.

99 Diese viel kritisierte Rspr. des BGH führt, auch wenn der BGH ausdrücklich in mehreren Urteilen ausführt, dass die Schwiegerkinder nicht in Haftung genommen werden, rein tatsächlich zu einer **Haftung der Schwiegerkinder**. Dies ist insofern nicht nachvollziehbar, da in dem Fall, wenn sich der Ehepartner trennt, nunmehr der Ehegattenunterhalt nach dem Halbteilungsgrundsatz in Abzug gebracht werden kann und nicht mehr nur mit dem Mindestsatz gem. den Unterhaltstabellen. Die Sozialhilfebehörden verfahren unterschiedlich. Ein Teil wendet den Halbteilungsgrundsatz bei der Bemessung des Ehegattenunterhaltes an, ein anderer Teil setzt nur den (oft geringeren) Tabellenselbstbehalt für den Ehegatten an. Hervorzuheben ist allerdings, dass die betreffenden Ehepartner (Schwiegerkinder) in den zur Entscheidung anstehenden Fällen im Verhältnis zu dem gegenüber den Eltern unterhaltspflichtigen Kind ein sehr gutes Einkommen hatten.

100 Es bleibt dem unterhaltspflichtigen Kind jedoch die Möglichkeit, konkret vorzutragen, dass es das bereinigte Einkommen voll für den Familienunterhalt zur Verfügung stellt, denn dann entfällt eine Unterhaltsverpflichtung. In einer Entscheidung des BGH[24] erzielte die in Anspruch genommene Ehefrau nur geringe Einkünfte und führte den Familienhaushalt; der Ehemann arbeitete in abhängiger Stellung und führte daneben selbstständig ein Gartenbauunternehmen. Der BGH hat unter Bezugnahme auf die vorher ergangenen Entscheidungen ausgeführt, dass nicht schon deshalb Leistungsunfähigkeit angenommen werden kann, wenn die Einkünfte des unterhaltspflichtigen Kindes unter dem Selbstbehalt liegen. Der Selbstbehalt kann dadurch gewahrt sein, dass das unterhaltspflichtige Kind durch den vom Ehegatten zu leistenden Familienunterhalt sein Auskommen findet, ohne dass dadurch eine mittelbare Unterhaltspflicht des Ehegatten eintritt. Hieraus folge, dass dieses Einkommen für den Familienunterhalt zur Verfügung gestellt wird. Einkommen, das für eigene Zwecke verwendet werden könne, läge somit i.S.d. bisherigen Rspr.[25] nicht vor. Leistungsfähigkeit kann auch dann vorliegen, wenn das erzielte Einkommen tatsächlich für den Familienunterhalt eingesetzt wird, da dazu jedoch keine rechtliche Verpflichtung besteht.[26] Der BGH nimmt eine Billigkeitskontrolle nach den Grundsätzen von Treu und Glauben vor. So kann nicht prinzipiell entgegengehalten werden, dass das erzielte Einkommen tatsächlich für den Familienunterhalt eingesetzt wird. Vielmehr ist zu prüfen, ob das

---

23 Urt. v. 28.1.2004 – Az.: XII ZR 218/01 – n.v.
24 Urt. v. 28.1.2004 – Az.: XII ZR 218/01 – n.v.
25 Entscheidung v. 17.12.2003 – Az.: XII ZR 244 /00 – n.v.
26 BGH, Urt. v. 28.1.2004 – Az.: XII ZR 218/01 – n.v.

für den Elternunterhalt in Anspruch genommene Kind rechtlich verpflichtet ist, dass erzielte Einkommen für den Familienunterhalt einzusetzen. Dies kann z.B. verneint werden, wenn das Kind schon durch die Haushaltsführung in ausreichender Weise zum Familienunterhalt beiträgt. Die Ehegatten können zwar innerfamiliär ihre Arbeitsteilung so treffen, dass einer mehr belastet wird als der andere, nach Treu und Glauben ist dem pflichtigen Kind die Mitwirkung an einer derartigen Gestaltung aber verwehrt, wenn ein erhebliches Missverhältnis der beiderseitigen Unterhaltsbeiträge der Ehegatten besteht. Hier muss geprüft werden, in welchem Umfang das pflichtige Kind rechtlich gehalten ist, über die Haushaltsführung hinaus zum Familienunterhalt beizutragen.[27]

Berechnungsbeispiel:	
Nettogehalt Unterhaltspflichtiger	2.500,00 €
Ersparte Miete anteilsmäßig	400,00 €
Zwischensumme:	2.900,00 €
Lebensversicherung	-200,00 €
berufsbedingte Aufwendungen	-125,00 €
Hypothekendarlehen	-800,00 €
Besuche im Pflegeheim	-80,00 €
laufender Möbelkredit	-100,00 €
bereinigtes Einkommen Unterhaltspflichtiger:	1.595,00 €
Nettogehalt Ehepartner	1.000,00 €
Ersparte Miete anteilsmäßig	400,00 €
Lebensversicherung	-100,00 €
berufsbedingte Aufwendungen	-50,00 €
bereinigtes Einkommen Ehepartner:	1.250,00
maßgebliches Einkommen Ehepartner	1.595,00 €
davon 90 Prozent	1.435,50 €
maßgebliches Einkommen Ehepartner	1.250,00 €
davon 90 Prozent	1.125,00 €
Gesamtfamilieneinkommen:	2.560,00
Hälfteanteil Unterhaltspflichtiger	1.280,00 €
abzgl. Einkommen Ehefrau	-1.125,00 €
Unterschiedsbetrag	155,00 €
Einkommen Ehemann	1.435,50 €
abzgl. Unterschiedsbetrag	-155,00 €
Verbleiben:	1.280,50 €
zzgl. 10 Prozent Erwerbstätigkeitenbonus	159,50 €
ergibt	1.440,00 €
abzgl. Selbstbehalt	- 1.250,00 €
ergibt	190,00 €
Unterhaltsbetrag (50 Prozent):	95,00 €

---

27 BGH, Urt. v. 17.10.2003 – Az.: XII ZR 244/00 – n.v.

6. Sonstige Beschränkung des Elternunterhaltes

102 Gegenüber dem bisherigen Sozialhilferecht ergibt sich beim **Elternunterhalt** i.d.R. dann, wenn die Eltern unter 65 Jahre alt und erwerbsfähig sind und somit Anspruch auf ALG II erhalten, ein Überleitungsverbot. Andererseits sieht das SGB II keine Beschränkung der Überleitung des Unterhaltsanspruches auf Verwandte ersten Grades vor. Vielmehr können grundsätzlich auch Unterhaltsansprüche gegen den im zweiten oder dritten oder entfernteren Grades Verwandten des Hilfebedürftigen geltend gemacht werden, Voraussetzung ist jedoch, dass der Hilfebedürftige diese Ansprüche geltend macht. Das Alg II darf jedoch nicht deshalb verweigert werden, weil Unterhaltsansprüche gegen Verwandte nicht geltend gemacht werden.

103 Problematisch ist die Beschränkung oder der **Wegfall der Unterhaltsverpflichtung** nach § 1611 BGB. Danach kommt eine Herabsetzung oder sogar ein vollkommener Wegfall der Unterhaltsverpflichtung in Betracht, wenn der Unterhaltsberechtigte die eigene Unterhaltspflicht gegenüber dem Unterhaltspflichtigen gröblich vernachlässigt oder sich vorsätzlich einer schweren Verfehlung gegen den Unterhaltspflichtigen oder einem nahen Angehörigen des Unterhaltspflichtigen schuldig gemacht hat. In der Praxis wird dieser Einwand nur in den Fällen der nachweisbaren Unterhaltspflichtverletzung beachtet, und dann, wenn sich der Unterhaltsberechtigte in sonstiger Weise nicht um das unterhaltspflichtige Kind gekümmert hat. Maßgebend sind hier jedoch die Verhältnisse vor der Volljährigkeit des Kindes. Dieses Vorbringen muss durch geeignete Nachweise (titulierte nicht erfüllte Unterhaltsansprüche, Berichte des Jugendamtes, Unterbringung bei Pflegeeltern, eidesstattliche Versicherung von Dritten Personen etc.) glaubhaft gemacht werden.

104 Ist der Unterhaltspflichtige rechtskräftig wegen einer vorsätzlichen oder schweren **Verfehlung gegen** den **Unterhaltspflichtigen** verurteilt worden, so wird i.d.R. vom Leistungsträger der Wegfall oder die Herabsetzung der Unterhaltsverpflichtung auch in diesen Fällen beachtet.

105 **Praxishinweis:**
An dieser Stelle sei jedoch auch auf Missbrauchsfälle **Unterhaltspflichtiger** im Kindesalter hingewiesen. Bekannt werden diese Fälle erst viel später, wenn sich aufgrund gesundheitlicher Probleme Erkenntnisse hierüber ergeben. In diesen Fällen (soweit kein strafrechtliches Verfahren durchgeführt wurde) sollte ein Antrag auf Anerkennung eines Schadens nach dem Opferentschädigungsgesetz (OEG) gestellt werden. Im Rahmen dieses Verfahrens lässt sich oft, auch durch Erstellungen entsprechender Gutachten, der Befragung von Zeugen etc. eine entsprechende Tat mit hinreichender Wahrscheinlichkeit feststellen. Der Vorteil des Verfahrens nach dem OEG ist der, dass sämtliche Ermittlungen von Amts wegen durchzuführen sind und somit zunächst nicht die Beweislastregeln der ZPO gelten.

C. Übergabeverträge und Versorgungsrechte vor dem Hintergrund des Sozialhilferegresses

I. Ausgangssituation

Der Sozialhilfeträger kann zur Sicherung des **Grundsatzes des Nachrangs der Sozialhilfe** (§ 2 Abs. 1 SGB XII, früher § 2 Abs. 1 BSHG; dazu im Einzelnen Rn. 8 ff.) im Wege des Sozialhilferegresses auf bereits vom Hilfeempfänger früher übertragenes Vermögen oder auf seine gesetzlichen Ansprüche gegen Dritte (Unterhalt, Schenkungsrückforderung) zurückgreifen oder vertragliche Vereinbarungen, die zu einer Leistungsvermehrung des Sozialhilfeträgers führen würden, nicht anerkennen.[28] Daneben kann der Sozialhilfeträger im Hinblick auf bestehende Rechte des Hilfeempfängers die Leistungserbringung verweigern und ihn auf die Geltendmachung seiner Rechte gegen Dritte verweisen (§ 2 Abs. 1 SGB XII). Zur Bedarfsdeckung einzusetzen sind allerdings vom Hilfesuchenden nur die sog. "bereiten Mittel". Ein Verweis auf die Geltendmachung von Ansprüchen gegen Dritte ist daher nur zulässig, wenn diese in angemessener Zeit durchgesetzt werden können, da sonst eben gerade der Lebensunterhalt des Hilfesuchenden gefährdet sein könnte.[29] Kann ein Anspruch nicht alsbaldig realisiert werden, so muss der Sozialhilfeträger vorleisten und stellt den Grundsatz des Nachrangs der Sozialhilfe über die §§ 93, 94 SGB XII (früher §§ 90, 91 BSHG) wieder her.

106

Der Regress kann sich gegen den Beschenkten (§ 528 BGB), den Inhaber von Versorgungsrechten, gegen den Unterhaltspflichtigen (§ 94 SGB XII, §§ 1601 ff. BGB), und sogar gegen die Erben (§ 102 SGB XII, früher § 92 c BSHG) richten.

107

Dabei bestehen zwischen den verschiedenen Regressmöglichkeiten durchaus **Wechselwirkungen:** Je weniger Versorgungsrechte für den Übergeber vereinbart werden, desto größer wird die Gefahr, dass der Sozialhilfeträger nach § 528 BGB vorgeht oder gesetzlich Unterhaltsverpflichtete aufgrund des gesetzlichen Forderungsübergangs nach § 94 SGB XII in Anspruch nimmt.[30] Es lässt sich deshalb sogar von einer Art **Schaukelwirkung** sprechen: Versagt die Möglichkeit der Inanspruchnahme beim einen Betroffenen, so steigert sich die Gefahr des Regresses für die anderen erheblich. Besonders deutlich ist die Wechselwirkung zwischen der Überleitung von Versorgungsrechten und dem Wertersatzanspruch nach § 528 BGB. Je mehr Gegenleistungen vereinbart werden, die vom Wert der Zuwendung mindernd in Abzug gebracht werden können und damit den Regress nach § 528 BGB einschränken, desto eher besteht die Gefahr, dass auf diese zugegriffen wird. So qualifiziert der BGH die an die weichenden Geschwister zur Abgeltung ihrer Erb- und Pflichtteilsrechte gezahlten Gleichstellungsgelder als Schenkung, auf die ebenfalls wieder nach § 528 BGB, § 93 SGB XII zugegriffen werden kann.[31] Und auch eine Vielzahl der für den Übergeber vereinbarten Leistungen, z.B. Versorgungsleistungen wie Wohnungsrechte, Wart und Pflege, Verköstigung, Zahlung eines monatlichen Taschengeldes, können vom Sozialhilfeträger nach § 93 SGB XII (früher § 90 BSHG) übergeleitet werden.

108

---

28 Einen guten Überblick gibt *Weirich*, Erben und Vererben, Rn. 1118; *Rastätter*, ZEV 1996, 281.
29 BVerwG DÖV 1966, 278; BVerwG DVBl. 1983, 1244, 1245; BVerwG FEVS 44, 225. Daher erfolgt die Bewilligung von Sozialhilfe zu Recht, solange der Hilfeempfänger ihm möglicherweise zustehende Ansprüche gegen Dritte aus tatsächlichen Gründen nicht realisieren kann, s. VGH Mannheim FEVS 41, 392.
30 *Littig/Mayer*, Sozialhilferegress, Rn. 127.
31 BGH ZEV 1998, 73 = FamRZ 1998, 155.

II. Rückforderung einer Schenkung, § 528 BGB

1. Inhalt des Anspruchs

109 Der Anspruch nach § 528 BGB ist zur **Deckung des Notbedarfs** des verarmten Schenkers und seiner Unterhaltsgläubiger bestimmt; der Schenker soll dadurch wieder in die Lage versetzt werden, seinen Unterhalt selbst zu bestreiten.[32] Deckt der Sozialhilfeträger diesen Notbedarf, so bleibt der Rückforderungsanspruch aufgrund des Nachranggrundsatzes des § 2 SGB XII bestehen. Er erhält nun aber eine andere Zweckrichtung: Er ist nun dazu bestimmt, dem Sozialhilfeträger einen Ausgleichsanspruch für die bereits geleistete Sozialhilfe zu gewähren.[33] Dabei ist davon auszugehen, dass diese Zweckänderung bereits in dem Augenblick eintritt, in dem der Sozialhilfeträger den Notbedarf des Schenkers deckt.[34] Es lässt sich dabei davon sprechen, dass mit dem Sozialhilfebezug der Schenker infolge der Zweckänderung zum „Treuhänder des Ausgleichsanspruchs für Zwecke des Sozialhilfeträgers" wird.[35]

110 Der BGH[36] spricht in ähnlicher Weise davon, dass bereits mit der Sozialhilfeleistung materiell-rechtlich die Ausgleichspflicht entsteht und lediglich durch den privatrechtsgestaltenden Verwaltungsakt der Überleitung des Anspruches auf den Sozialhilfeträger konkretisiert wird.[37] Das Geschenk sei daher unabhängig vom Willen des Schenkers (also wohl kraft Gesetzes) in den von § 528 BGB vorgegebenen Grenzen dem Sozialhilfeträger gegenüber „materiell-rechtlich mit der Pflicht belastet, die erbrachten Sozialhilfeleistungen zu erstatten."[38]

111 Der Anspruch ist auch auf den Sozialhilfeträger nach § 93 SGB XII überleitbar. Mit der **Überleitung** wird der Sozialhilfeträger Anspruchsinhaber, so dass der Schenker seine Verfügungsbefugnis hierüber verliert.[39] Auch wenn der Sozialhilfeträger bereits in Vorlage getreten ist, so geht der Anspruch nicht wegen der anderweitigen Bedarfsdeckung unter.[40] Alles andere widerspräche dem Nachranggrundsatz des § 2 SGB XII, wonach eben gerade der Beschenkte das Risiko der Unterhaltsbedürftigkeit zu tragen hat und sein Erwerbsinteresse zurücktreten muss. Aus dieser Zwecksetzung ergibt sich auch, dass der Anspruch nach § 528 Abs. 1 Satz 1 BGB jedenfalls dann nicht mit dem Tod des Schenkers erlischt, wenn der Anspruch bereits vor seinem Tod übergeleitet[41] oder noch vom Schenker zu seinen Lebzeiten geltend gemacht wurde und ein Dritter für seinen Unterhalt bis zu seinem Tod in Vorlage getreten ist.[42] Hat der Schenker Sozialhilfe beansprucht, so erlischt der Anspruch, der sich letztlich in eine Erstattungspflicht gegenüber dem Sozialhilfeträger gewandelt hat, auch nicht durch Konfusion, wenn der Beschenkte Erbe des Schenkers wird.[43] Der Geltendmachung des Anspruchs durch den Schenker stellt der BGH den Fall gleich, dass der Schenker

---

32 BGH NJW 1991, 1824; NJW 1995, 323.
33 *Kollhosser*, ZEV 1995, 391, 393.
34 *Kollhosser*, ZEV 1995, 391, 393.
35 *Kollhosser*, ZEV 1995, 391, 393.
36 NJW 1995, 2287, 2288.
37 Daher ist auch nach dem Tod des Schenkers eine Überleitung zur Deckung der bereits geleisteten Sozialhilfe möglich, s. BVerwG NJW 1990, 3288; BGH NJW 1995, 2287.
38 BGH NJW 1995, 2287, 2288.
39 MünchKomm/*Kollhosser*, § 528 Rn. 7.
40 MünchKomm/*Kollhosser*, § 528 Rn. 7.
41 So im Fall von BGHZ 96, 380, 383 = NJW 1986, 1606.
42 BGHZ 123, 264 ff. = NJW 1994, 256 = ZEV 1994, 49 f. m. Anm. *Kollhosser*.
43 BGH NJW 1995, 2287. *Haarmann*, FamRZ 1996, 522, 525.

durch die Inanspruchnahme unterhaltsichernder Leistungen Dritter zu erkennen gibt, dass er **ohne** die **Rückforderung des Geschenks** nicht in der Lage ist, seinen notwendigen Unterhalt zu bestreiten. Konnte der Schenker sich nicht mit dem begnügen, was ihm für seinen Unterhalt noch zur Verfügung stand, sondern war er wegen seiner Pflegebedürftigkeit darauf angewiesen, Leistungen Dritter in Anspruch zu nehmen, zu deren Bezahlung er ohne Rückforderung des Geschenks nicht in der Lage war, geht deshalb der entstandene Rückforderungsanspruch auch mit dem Tod des Schenkers nicht unter.

2. Art und Umfang des Anspruchs aus § 528 BGB

Der Anspruch geht seinem klaren Wortlaut nach nur auf Rückforderung dessen, was der Beschenkte zur Deckung seines Notbedarfs benötigt („soweit"). Der zunächst auf Naturalleistung (Rückgabe) gerichtete Anspruch besteht seinem Umfang nach jedoch entsprechend des Normzwecks der Vorschrift nur, soweit er zur Deckung des angemessenen Unterhalts[44] erforderlich ist. Benötigt daher der Schenker zur Bedarfsdeckung nur wiederum einen Teil seines Geschenks, so kann bei einem **teilbarem Schenkungsobjekt** entsprechend seinem Bedürfnis nur ein entsprechender realer Bruchteil herausverlangt werden.

112

Ist das Schenkungsobjekt **nicht teilbar** (so bei einem Grundstück), so ist der Anspruch aus § 528 Abs. 1 Satz 1 BGB „von vornherein" auf Zahlung eines Wertersatzes (§ 818 Abs. 2 BGB) für denjenigen Teil der Schenkung gerichtet, der wertmäßig zur Deckung des Unterhaltsbedarfs erforderlich ist, dessen Herausgabe aber infolge der Unteilbarkeit des Schenkungsobjekts unmöglich ist.[45] Diese Begrenzung des Rückforderungsanspruchs gilt auch dann, wenn ein wiederkehrender Unterhaltsbedarf besteht, wie etwa bei einer Heimunterbringung. In diesem Fall richtet sich daher der Anspruch aus § 528 BGB auf wiederkehrende Leistungen des Beschenkten in einer dem angemessenen Unterhaltsbedarf entsprechenden Höhe, bis der Wert des Schenkungsobjekts erschöpft ist.[46]

113

Durch diese Begrenzung lässt sich nach Ansicht des BGH am bestem dem Grundsatz der Bedarfssicherung gerecht werden, vermeidet aber auch umgekehrt wiederum Rückforderungsrechte des Beschenkten, wenn das gesamte Schenkungsobjekt nicht zur Unterhaltsdeckung benötigt wird. Aus dieser Begrenzung des Rückforderungsanspruchs bei wiederkehrendem Bedarf auf einen reinen **Wertersatzanspruch** zur aktuellen Bedarfsdeckung ergibt sich weiter, dass dem Beschenkten dann **keine Ersetzungsbefugnis** nach § 528 Abs. 1 Satz 2 BGB zusteht. Denn der Anspruch des Schenkers ist hier ohnehin von Anfang an nur auf das gerichtet, was der Beschenkte in Ausübung der Ersetzungsbefugnis zu leisten hätte.[47] Der auf Geldleistungen gerichtete Teilwertersatzanspruch ist somit nur Ausprägung des Rückforderungsanspruchs nach § 528 Abs. 1 Satz 1 BGB.[48] Zum Schutz des Beschenkten gegen eine übermäßige wirtschaftliche Gefährdung durch den Anspruch nach § 528 BGB sieht das Gesetz wesent-

114

---

44 I.S.v. § 1610 Abs. 1 BGB.
45 BGHZ 94, 141, 143 f. = NJW 1985, 2419, 2420 = FamRZ 1998, 778; BGH NJW 1996, 987 = ZEV 1996, 152 = FamRZ 1996, 483; BGH NJW 2001, 1063, 1064.
46 BGH NJW 1996, 987, 988 = LM § 528 BGB Nr. 12; BGHZ 137, 76, 83 = NJW 1998, 537; BGH NJW 2001, 1063, 1064; BVerwG NJW 1992, 3312, 3313; MünchKomm/*Kollhosser*, § 528 Rn. 5.
47 BGH NJW 1996, 987, 988. Demgegenüber wird von einem Teil der Lit. in analoger Anwendung des § 528 Abs. 1 Satz 2 BGB dem Beschenkten ein Recht zur Totalrückgabe in Natur geben (so etwa MünchKomm/*Kollhosser*, § 528 Rn. 5).
48 BGH NJW 2001, 1063, 1064.

liche Beschränkungen vor (§§ 818 Abs. 3, 529 BGB). Der Anspruch **verjährt** nach der Schuldrechtsmodernisierung nach § 195 BGB in drei Jahren bzw. bei Grundstücksrückforderungen in zehn Jahren.[49]

115 Der **Inhalt** des Anspruchs aus § 528 Abs. 1 Satz 1 BGB ist im sozialhilferechtlichen Sinne von großer Wichtigkeit. Denn nach § 93 Abs. 1 Satz 3 BSHG darf die Überleitung nur insoweit bewirkt werden, als die Hilfe bei rechtzeitiger Leistung des Dritten, also des Beschenkten, nicht gewährt worden wäre. Es kommt daher darauf an, ob und inwieweit bei rechtzeitiger Leistung des Beschenkten der Hilfeempfänger diese Leistung (also das, was er nach § 528 BGB erhält) sozialhilferechtlich hätte einsetzen müssen.

> **Praxishinweis:**
> Es ist daher eine fiktive Prüfung erforderlich, was geschehen wäre, wenn der Dritte seiner Leistungspflicht nachgekommen wäre. Dann ist zu ermitteln, ob bei rechtzeitiger Leistung der Hilfesuchende gleichwohl Sozialhilfe bezogen hätte.[50]

116 Die **Einstufung** des Anspruchs aus § 528 BGB als **Wertersatzanspruch** durch die Zivilgerichte führt dabei sozialhilferechtlich zu der Besonderheit, dass obgleich ein geschenktes Haus ohne die Übergabe als Schonvermögen u.U. nach § 90 Abs. 2 Nr. 8 SGB XII nicht hätte eingesetzt werden müssen, die Zubilligung eines anstelle der gegenständlichen Rückgabe im Schutzinteresse des Erwerbers eingeräumten Wertersatzanspruchs zur vollen Einsatzpflicht der Geldzahlungen als laufendes Einkommen führt, obgleich dies nur ein Surrogat der Grundstücksrückgabe ist.

117 Andererseits steht dem Beschenkten auch nicht der Einwand zu, dass soweit das Hausanwesen noch beim Schenker verblieben wäre, dies **Schonvermögen** i.S.d. § 90 Abs.2. Nr. 8 SGB XII wäre.[51]

118 Bei **gemischten Schenkungen** kann Wertersatz nur bis zur Höhe des Werts des Schenkungsteils der Zuwendung verlangt werden. So hat der BGH bei einer Zuwendung gegen Vorbehaltsnießbrauch, der nicht als Gegenleistung angesehen werden kann, ausdrücklich betont, dass der Nießbrauch den Wert des Geschenks mindert.[52] Als rechtlich bedenklich hat der BGH die Auffassung der Vorinstanz angesehen, dass der nach dem Tode des Übergebers **weggefallene Nießbrauch** bei der Bemessung der Obergrenze für den Wertersatzanspruch nicht mehr berücksichtigt werden könne. Denn der Sozialhilfeträger erlangt durch die Überleitung nach § 93 BSHG nur die Rechte, die der Schenker hinsichtlich des übergeleiteten Anspruchs selbst hatte und während der Schenker lebte, stand ihm der Nießbrauch zu. Letztlich muss bei der Frage der Abzugsfähigkeit von Gegenleistungen auch soweit es sich um einen vorbehaltenen Niesbrauch handelt, wohl die gleiche Beurteilung erfolgen, wie im Pflichtteilsergänzungsrecht. Bei der Frage, ob überhaupt eine Schenkung vorliegt, werden vorbehaltene Nutzungsrechte und Pflegeverpflichtungen uneingeschränkt in Abzug gebracht.[53]

---

49 Palandt/*Weidenkaff* § 528 Rn. 6.
50 *Grube/Wahrendorf,* Sozialhilfe, § 93 Rn. 12.
51 BGH NJW 2005, 670.
52 BGH ZEV 1996, 197 = NJW-RR 1996, 754 unter Bezug auf BGH NJW 1993, 1577.
53 Dazu VGH Mannheim NJW 2000, 376, 377.

3. Schuldner des Anspruchs

Der Anspruch richtet sich gegen den Beschenkten, nach seinem Tod gegen seine Erben. Diese haften auch dann, wenn die Bedürftigkeit des Schenkers erst nach dem Tod des Beschenkten eintritt, weil die Haftung aus § 1967 BGB nur erfordert, dass der Anspruch vom Erblasser „herrührt".[54]

119

Bei **unentgeltlicher Weitergabe** des Geschenkes an einen Dritten kann das Geschenk vom Dritten nach § 822 BGB zurückgefordert werden.

120

4. Ausschluss des Anspruchs aus § 529 BGB

Der Anspruch nach § 528 Abs. 1 S. 1 BGB ist ausgeschlossen, wenn zur Zeit des Eintritts der Bedürftigkeit „seit der Leistung des geschenkten Gegenstandes" zehn Jahre vergangen sind.[55] Allgemein wird hierzu gesagt, dass die für den Fristbeginn maßgebliche Leistung hier ebenso zu verstehen ist, wie in der inhaltlich insoweit gleichfalls gefassten Vorschrift des § 2325 Abs. 3 BGB.[56] Maßgeblich ist danach nicht die bloße **Erbringung der Leistungshandlung**, sondern der Eintritt des **Leistungserfolgs**. Werden insofern die vom BGH zum Pflichtteilsergänzungsrecht entwickelten Grundsätze[57] hierher übertragen, so beginnt bei Grundstücksschenkungen die Frist erst mit der **Eigentumsumschreibung im Grundbuch**,[58] weshalb für schnellen Grundbuchvollzug zu sorgen ist.

121

Die 10-Jahres-Frist des § 2325 Abs. 3 BGB beginnt nach der Rspr. des BGH[59] nicht, wenn der bisherige Eigentümer aufgrund eines dinglichen oder schuldrechtlichen Nutzungsrechts das Objekt weiterhin im bisherigen Umfang nutzt. Dies betrifft gerade die **Vereinbarung von Nießbrauchsrechten**, aber auch bloße schuldrechtliche Vereinbarungen.[60] Da zu erwarten ist, dass diese Rspr. auch auf den Anspruch nach § 528 Abs. 1 Satz 1 BGB übertragen wird, ist nicht nur aus erbrechtlichen Gründen mit der Vereinbarung von Nießbrauchsrechten Vorsicht geboten. Allerdings können derartige umfassenden Nutzungsrechte wenigstens **wertmindernd** bei der Berechnung des schenkungsweise erfolgten Werts der Zuwendung in Abzug gebracht werden.[61]

122

III. Zugriff auf Versorgungsrechte

1. Allgemeines

Zur Sicherung des Grundsatzes des **Nachrangs der Sozialhilfe** (§ 2 Abs. 1 SGB XII) kann der Sozialhilfeträger Ansprüche des Hilfeempfängers gegen Dritte auf sich überleiten (§ 93 SGB XII). Dabei können auch **Versorgungsrechte/Altenteilsrechte** wie

123

---

54 BGH NJW 1991, 2558.
55 Nach h.M. soll es sich bei § 529 BGB nur um eine vom Schuldner zu erhebende Einrede handeln, keine von Amts wegen zu beachtende Einwendung, s. Staudinger/*Cremer,* § 529 Rn. 2; Palandt/*Putzo,* § 529 Rn. 1.
56 OLG Köln FamRZ 1986, 988; MünchKomm/*Kollhosser,* § 529 Rn. 3; Staudinger/*Cremer,* § 529 Rn. 1.
57 BGHZ 102, 289 = FamRZ 1988, 712.
58 A.A. Staudinger/*Cremer,* § 529 Rn. 1; OLG Köln FamRZ 1986, 988, 989 vor der BGH-Entscheidung zu § 2325 BGB.
59 NJW 1994, 1791 = ZEV 1994, 202 m. Anm. *Meyding;* zu Gestaltungsüberlegungen auch *N. Mayer,* ZEV 1994, 325.
60 Vgl. etwa auch die Entscheidungswiedergabe bei Palandt/*Edenhofer,* § 2325 Rn. 22.
61 BGH NJW-RR 1996, 754.

z.B. Taschengeldzahlungen und Verköstigungsleistungen grundsätzlich übergeleitet werden.

2. Leibgedingsvertrag

124 Zu beachten ist, dass nach den **landesrechtlichen Bestimmungen** über den **Leibgedingsvertrag** aufgrund des Art. 96 EGBGB i.V.m. den entsprechenden landesrechtlichen Leibgedingsvorschriften in den AGBGB-Bestimmungen im Falle des dauernden Wegzugs des Übergebers (etwa ins Pflegeheim) ein Geldanspruch i.H.d. vom Übernehmer ersparten Aufwendungen entsteht,[62] der auf alle Fälle übergeleitet werden kann. Dabei ist jedoch zu beachten, dass ein Leibgedingsvertrag nicht schon immer dann vorliegt, wenn dieser im Grundbuch eingetragen ist. Von dem rein grundbuchrechtlichen Leibgedingsbegriff i.S.v. § 49 GBO ist der **„echte Leibgedingsvertrag"** i.S.d. landesrechtlichen Ausführungsgesetze zum BGB zu unterscheiden: Dieser ist ein sozialmotivierter Versorgungsvertrag, der aber vor allem dadurch gekennzeichnet ist, dass eine die Existenz wenigstens teilweise begründende Wirtschaftseinheit[63] im Wege des Nachrückens an die nächste Generation übertragen wird. Typischer Fall ist die bäuerliche Hofübergabe oder die Übertragung eines Gewerbebetriebs in der Familie.

125 **Rechtsfolge** der Umwandlung ist, dass eine **Geldersatzrente** entsteht. Noch nicht endgültig geklärt ist dabei allerdings, ob diese Umwandlung dabei automatisch, also bereits mit Eintritt der entsprechenden Tatbestandsvoraussetzungen kraft Gesetzes entsteht[64] oder ob es hierfür erst noch eines entsprechenden Gestaltungsaktes, also einer Art „Kündigung" oder Umwandlungserklärung des Berechtigten bedarf, dass er statt der Leistung in Natur (Primärleistung) jetzt den Geldersatz will.

126 Für die **Bemessung der Geldersatzrente** stellen die landesrechtlichen Regelungen im Allgemeinen zunächst auf den Wert der Befreiung ab, den der Leibgedingeverpflichtete (= Eigentümer) durch das Erlöschen der Primärleistungspflicht hat.[65] Die Höhe dieser Rente bemisst sich dabei nicht nach den Anforderungen des Berechtigten oder seinem (evtl. auch höheren) Bedarf über diese Versorgungsleistungen hinaus.[66] Es besteht daher hier kein Bedarfsdeckungsanspruch, weshalb nicht die durch die Pflegeheimunterbringung entstehenden Kosten vom Leibgedingsverpflichteten zu ersetzen sind.[67]

127 Zudem ist der Wert des Freiwerdens von der Primärleistungsverpflichtung nach „billigem Ermessen" zu bewerten. Der Sache nach handelt es sich um einen *Bereicherungsanspruch*.[68] Da diese an sich gegebenen bereicherungsrechtlichen Grundsätze durch das Korrektiv des „billigen Ermessens" modifiziert werden, lassen sich allg. Aussagen nur schwer angeben.[69] Dabei ist im Einzelnen zu unterscheiden.

---

62 Etwa Bayern Art. 18 BayAGBGB; §§ 13 Abs. 2, 14 HessAGBGB v. 18.12.1984 (GVBl. 344); § 16 Thür AGBGB v. 3.12.2002 (GVBl. S. 424).
63 Dazu BGH NJW-RR 1989, 451.
64 So OLG Schleswig RdL 1961, 186.
65 Vgl. etwa §§ 13 Abs. 2, 14 HessAGBGB; eingehend zu den Bewertungsfragen *Littig/Mayer*, Sozialhilferegress, Rn. 110 ff.
66 Anders in den Fällen, in denen durch das Verhalten des Leibgedingsverpflichteten der Wegzug des Altenteilers veranlasst wurde (Fall von Art. 20 BayAGBGB, § 15 Nds AGBGB, Art. 15 § 8 pr AGBGB); der Art nach handelt es sich hier um Schadensersatzansprüche.
67 *Schwarz*, ZEV 1997, 309, 315.
68 BGH NJW 1962, 2249, 2250 zu Art. 15 § 9 Abs. 2 prAGBGB; *Karpen*, MittRhNotK 1988, 131, 144; *Schwarz*, ZEV 1997, 309, 314.
69 *Schwarz*, ZEV 1997, 309, 315.

a) Wertersatzrente für die geschuldeten **Pflegeleistungen**

Die Höhe dieser Wertersatzrente bestimmt sich nach der Rspr. nach dem Wert der Befreiung von der primär geschuldeten Dienstleistung, also nach der damit für den Schuldner verbundenen **Ersparnis**. Als erspart in diesem Sinne wird derjenige Betrag angesehen, den der Verpflichtete hätte aufbringen müssen, um sich von der Dienstleistung zu befreien, der sog. „**Freizeitwert**". Dies errechnet sich aus dem geschuldeten, täglich zu erbringenden Pflegeaufwand (zeitlich und sachlich gesehen) und dem entsprechenden Stundensatz, der für die entgeltliche Vertretung des Schuldners aufgewendet hätte werden müssen.[70] Dies entspricht dem bereicherungsrechtlichen Charakter dieses Anspruchs (s. Rn. 128) und den bei § 818 Abs. 2 BGB dort angewandten Maßstäben zur Befreiung von einer Leistungsverpflichtung.[71] In der neueren Praxis wird demgegenüber für den Pflegeverpflichteten günstiger die Höhe der Geldersatzrente nach dem **Pflegegeld** entsprechend den Ansätzen des SGB XII bzw. des PflegeVG/SGB XI angesetzt, das der Höhe der vertraglich vereinbarten Leistung entspricht, also bei einer Verpflichtung i.S.d. Pflegestufe I mit 205 €/Monat.[72] Die aus der etwas älteren Rspr. überlieferten Werte sind im Hinblick auf die zwischenzeitlich erheblich höheren Pflegekosten ohnehin überholt.

128

Nicht geklärt ist hierbei bisher, ob diese Beträge als zu niedrig anzusehen sind, weil das Pflegegeld nicht allein der „unmittelbaren Bedarfsdeckung" des Pflegeaufwandes dient; die Pflegeleistung müsste daher nach dem Aufwand für die Einstellung einer entsprechenden Ersatzpflegekraft, zumindest aber nach der **Sachleistung i.S.d. PflegeVG/SGB XI** für die entsprechende Pflegestufe bestimmt werden.

129

b) Wertersatz für **Naturalleistungen**

Wie dem Wert der Wohnung und der damit verbundenen Nebenkosten, wird für die Bemessung der Geldersatzrente überwiegend auf die Werte der **Sachbezugsverordnung** abgestellt[73]; teilweise wird dies allerdings als nicht angemessen angesehen, da diese Werte typisiert ermittelt werden, während i.R.d. Leibgedingsvorschriften auf die individuellen Besonderheiten abgestellt werden müsste.[74]

130

Nach einzelnen **Landesgesetzen**[75] gilt nach der ausdrücklichen Normierung die Umwandlung in eine Geldersatzrente nur für die Wohnungs- und Dienstleistungsrechte, nicht aber für die anderen Leistungen, insb. nicht für Naturalleistungen. Die letztgenannten bleiben grundsätzlich mit ihrem bisherigem Inhalt bestehen; hier erfolgt eine Umwandlung der Leistungspflicht nur dann, wenn sie für den Berechtigen infolge seiner Abwesenheit ohne Interesse sind, so dass sich in diesem Sonderfall insgesamt eine Geldrente ergeben kann.[76]

131

---

70 LG Düsseldorf DAVorm 1984, 922, 928; OLG Celle – Urt. v. 24.2.1984 – zit. nach NDV 1997, 365 f.
71 *Sbresny*, ZfF 1983, 222 f.
72 Z.B. *Rosendorfer*, MittBayNot 2005, 1, 7.
73 Vgl. etwa *Germer*, BWNotZ 1983, 73, 74. Da diese aber relativ hoch sind, folgt etwa die bayerische Praxis der Bezirke dem nicht.
74 *Sbresny*, ZfF 1983, 222, 224.
75 Bayern: Art. 18 BayAGBGB; ähnlich Hessen: §§ 14, 13 Abs. 2 Hess AGBGB.
76 Zur Rechtslage in Bayern BayObLGZ 1974, 392; *Sprau/Ott*, Justizgesetze in Bayern, Art. 18 AGBGB Rn. 7.

3. Einfacher Versorgungsvertrag

132 Beim **einfachen Versorgungsvertrag** fehlt es anders als beim Leibgedingsvertrag an einer spezialgesetzlichen Regelung. Die Rspr. wendet überwiegend auf die Fälle der Nichtleistung der Vertragspflichten die Grundsätze des Wegfalls der Geschäftsgrundlage[77] (§ 313 BGB n.F.) oder zur ergänzenden Vertragsauslegung[78] an und passt danach die vertraglich zugesagten Versorgungsrechte an die geänderten Umstände an.[79]

133 Dabei wird davon ausgegangen, dass z.B. infolge des Wegzugs des Übergebers dem Übernehmer es nicht mehr möglich ist, die vertraglich geschuldeten Versorgungsrechte dort zu erbringen, wo er sie entsprechend den getroffenen Vereinbarungen zu erfüllen hat.[80] Infolge der erforderlichen Vertragsanpassung führt dies zu einem Wegfall der zunächst primär geschuldeten Versorgungsrechte; an deren Stelle entsteht jedoch ein **Anspruch auf Zahlung einer Geldrente**. Die in den **landesrechtlichen** Leibgedingsvorschriften niedergelegten Grundsätze sollen dabei Maßstab dafür sein, wann eine wesentliche Veränderung der Leistungspflichten eintritt und welche Rechtsfolgen dabei entstehen; sie dienen hier als Modell.[81]

134 Damit ergibt sich eine gleiche Handhabung sowohl beim **echten Leibgedingsvertrag** wie auch beim bloßen Versorgungsvertrag. Demgegenüber wird in der Lit. teilweise vertreten, dass bei Nichterfüllung der Pflegeverpflichtungen infolge einer **Heimunterbringung des Altenteilers** die Vorschriften über die Leistungsstörungen bei gegenseitigen Verträgen Anwendung finden müssten,[82] denn im Fall der Heimunterbringung, die von keinem Vertragsteil zu vertreten ist, ist der volle Wert der Pflegeverpflichtung zu ersetzen, die voll anzusetzende Pflegesachleistung, das wäre bei einer vertraglich geschuldeten Pflegeverpflichtung i.H.d. Stufe I bereits ein Betrag von 384 €/Monat (§ 36 Abs. 3 Nr. 1 SGB XI). Eine derartige Bemessung wird allerdings teilweise auch beim echten Leibgedingsvertrag vertreten.[83]

4. Zugriff auf Wohnungsrechte

135 Eine **Überleitung** auf den Sozialhilfeträger nach § 93 SGB XII soll nur nach den gleichen Grundsätzen wie die Pfändung des Rechts möglich sein, ist also dann möglich, wenn aufgrund ausdrücklicher Vereinbarung die Ausübung des Rechts Dritten überlassen werden kann (§ 1092 Abs. 1 Satz 2 BGB).[84] Teilweise wird auch vertreten, dass die Überleitung eines Wohnungsrechts ausgeschlossen ist, da sich aus § 93 Abs. 1 Satz 1 SGB XII (früher § 90 Abs. 1 Satz 1 BSHG – Überleitung „nur bis zur Höhe" der Aufwendungen des Sozialhilfeträgers) ergeben würde, dass nur auf Geldleistungen gerichtete Ansprüche überleitungsfähig seien. Auch würde der Grundsatz der Gleichzeitigkeit des Anspruchs mit der Hilfeleistung (§ 93 Abs. 1 Satz 3 BSHG) der Überleitung entgegen stehen, wenn der Wohnungsberechtigte aus persönlichen Gründen das

---

77 BGH DB 1981, 1614 f.; OLG Koblenz FamRZ 1999, 256 = MittBayNot 1999, 284; OLG Köln NJW-RR 1995, 1358; OLG Celle NJW-RR 1999, 10 = MDR 1999, 87 m. Anm. *Egon Schneider* = DNotI-Report 1999, 104.
78 BGH NJW 2002, 440 = ZEV 2002, 116 m. Anm. *Kornexl* = DNotZ 2002, 702 m. Anm. *Krauß*; OLG Düsseldorf NJW-RR 1988, 326 = MittRhNotK 1988, 13.
79 Dazu *Weyland*, MittRhNotK 1997, 55, 69; *Schwarz*, ZEV 1997, 309, 315.
80 OLG Hamm MittRhNotK 1997, 80; s. auch Rn. 141.
81 OLG Düsseldorf NJW-RR 1988, 326, 327; OLG Düsseldorf NJW-RR 1994, 201.
82 *Weyland*, MittRhNotK 1997, 55, 68 f.
83 Vgl. dazu NDV-Gutachten, NDV 1997, 365 f.
84 *Karpen*, MittRhNotK 1988, 131, 146.

Wohnungsrecht nicht mehr ausüben kann. Jedoch ist die Praxis der **Sozialhilfeträger** teilweise anders, welche regelmäßig von der Überleitungsfähigkeit ausgehen.⁸⁵

Soweit **Nebenleistungspflichten** bestehen (Übernahme der Kosten für Strom, Heizung, etc.), können diese allerdings sicher gepfändet und auch übergeleitet werden; gleiches gilt, wenn sich ein Wohnungsrecht kraft Gesetzes in eine Geldleistung umwandelt (z.B. Art. 18 bis 20 BayAGBGB beim Leibgedingvertrag).⁸⁶ Auch bei einem normalen Versorgungsvertrag können sich nach den Grundsätzen über den Wegfall der Geschäftsgrundlage bei einer Heimunterbringung anstelle des Wohnungsrechts nach der Rspr. Geldersatzansprüche ergeben. | 136

Letztlich ist die Frage der Überleitung eines Wohnungsrechtes durch den Sozialhilfeträger vor allem in den Fällen der **Heimunterbringung** von Bedeutung. Dabei soll allein ein dadurch entstehendes subjektives Ausübungshindernis nicht zum Erlöschen des Rechts führen.⁸⁷ Jedoch nehmen mehrere obergerichtliche Entscheidungen nach § 242 BGB eine **Umwandlung** des Anspruchs aus dem dinglichen Wohnungsrecht in einen Vergütungsanspruch i.H.d. durch eine Vermietung erzielbaren Erträge an.⁸⁸ So urteilt das OLG Köln,⁸⁹ dass bei einer Existenzgefährdung des Berechtigten (Pflegeheimkosten) nach den Grundsätzen des Wegfalls der Geschäftsgrundlage die Beschränkung des Wohnungsrechts auf die höchstpersönliche Nutzung entfällt und die erforderliche Vertragsanpassung dazu führt, dem Berechtigten die durch die Vermietung der Wohnrechtsräume erzielbaren Erträge zukommen zu lassen. OLG Hamm⁹⁰ nimmt im Falle der Heimunterbringung eine Unmöglichkeit der Wohnungsgewährung an und billigt über § 324 Abs. 1 Satz 2 BGB a.F. einen Anspruch i.H.d. durch Vermietung erzielbaren Geldbetrages zu (soll eine Ersparnis i.S. dieser Vorschrift sein).⁹¹ Wie der Rückgriff auf die Generalklausel des § 242 BGB nahe legt, kommt es dabei auf die Umstände des konkreten Einzelfalls an, insb. darauf, ob nach Lage und Art der Räume eine Nutzung durch andere Personen ohne Beeinträchtigung des Verpflichteten möglich ist und ob der Verpflichtete (= Übernehmer) sich seinerseits in einer Notlage befindet, so dass er auf die Fortsetzung seiner eigenen Nutzung angewiesen ist.⁹² Die Tendenz der Obergerichte geht aber eindeutig hin zu einer Beteiligung an den Heimkosten! | 137

Ob ein **vertraglicher Ausschluss** der Wohnungsrechte für diesen Fall hält, muss jedoch nach der Entscheidung des BGH vom 21.9.2001⁹³ bezweifelt werden, vgl. eingehend dazu unten Rn. 141 ff. | 138

Eine a.A. argumentiert umgekehrt und will bei den Wohnungsrechten eine Vereinbarung dahingehend aufnehmen, dass **keinerlei Ersatzansprüche** entstehen, solange der | 139

---

85 Für Überleitungsfähigkeit etwa *Baur*, ZfS 1982, 229.
86 *Schwarz*, ZEV 1997, 309, 314 f. u. eingehend dazu *Littig/Mayer*, Sozialhilferegress, Rn. 90 ff.
87 OLG Zweibrücken OLGZ 1987, 27.
88 OLG Köln NJW-RR 1995, 1358 = FamRZ 1995, 1408, 1409; OLG Köln FamRZ 1991, 1432; OLG Köln ZEV 1997, 937; OLG Düsseldorf NJW-RR 1988, 326; OLG Düsseldorf NJW-RR 1994, 201; OLG Celle OLG-Report 1998, 318 (Anspruch i.H.d. von den Beteiligten bei der Bestellung des Wohnungsrechts festgelegten niedrigen Werts von 1.200 DM/Jahr); Palandt/*Heinrichs*, § 242 Rn. 154; vgl. auch die Überblicke bei *Rosendorfer*, MittBayNot 2005, 1, 4 f.; *Everts*, ZEV 2004, 495.
89 NJW-RR 1995, 1358 = MittRhNotK 1995, 175.
90 NJW-RR 1996, 1360, 1361.
91 Eingehend zu diesen Problemen *Littig/Mayer*, Sozialhilferegress, Rn. 114 f.
92 OLG Köln FamRZ 1995, 1408, 1409.
93 BGH NJW 2002, 440 = ZEV 2002, 116 m. krit. Anm. *Kornexl*; dazu auch *J. Mayer*, MittBayNot 2002, 152.

Littig

Berechtigte nicht ausdrücklich die Aufgabe seines eigentlichen Wohnungsrechts erklärt.[94] Damit kommt es zu einem ähnlichen Ergebnis, wie wenn bei den landesrechtlichen Leibgedingsvorschriften das Entstehen des Sekundäranspruchs erst bejaht wird, wenn der Berechtigte eine entsprechende „Umwandlungs- oder Kündigungserklärung" abgibt.

5. Vertragliche Regelungen für den Fall des Wegzuges/Heimunterbringung

140 Soweit ein völliger Leistungsausschluss bei einer **Heimunterbringung,** die de facto in vielen Fällen mit dem Sozialleistungsbezug zusammenfällt, vereinbart wird, besteht die Gefahr, dass diese Vereinbarungen als sittenwidrig und damit nichtig angesehen werden oder zumindest zur "rechnerischen Nichtbeachtung" führen.[95] Diese Klausel hat nur den Sinn, in Umkehrung des Nachranggrundsatzes des § 2 Abs. 1 SGB XII den dabei entstehenden Bedarf dem Sozialhilfeträger zu überbürden. Klauseln, die dahingehend formuliert sind, "dass Geld- und Naturalleistungen bei Bezug nachrangiger Sozialleistungen entschädigungslos entfallen", sind somit unwirksam. Es handelt sich um unzulässige Nachrangvereinbarungen.[96]

141 Dies bedeutet allerdings nicht, dass jegliche Vereinbarung hinsichtlich sämtlicher Versorgungsleistungen im Rahmen eines Übergabevertrages damit vor dem Hintergrund der Sittenwidrigkeit gänzlich ausgeschlossen wären.

142 Zwar lässt sich in jedem Fall bei **reinen Geldleistungen und Naturalleistungen** (z.B. bei Übernahme der Kosten für Essen und Wohnung) der vollständige Ausschluss der Leistungsverpflichtung nicht mit dem Wegzug des Berechtigten begründen, anders verhält es sich allerdings mit Leistungen, die i.R.d. vertraglichen Vereinbarungen nur ortsgebunden vom Übernehmer des Grundbesitzes zu erbringen sind. Dies betrifft dabei im Wesentlichen die Vereinbarungen hinsichtlich der Ortsgebundenheit der **Pflegeleistung**. Dabei ist auch der Ausschluss der bei Wegzug durch landesrechtliche Vorschriften oder durch Wegfall der Geschäftsgrundlage entstehenden Geldersatzleistung wohl als zulässig anzusehen, da die Erbringung einer monatlichen Geldrente anstelle der Realleistung regelmäßig für den Übernehmer eine erhebliche Mehrbelastung darstellen kann. Derartige Vereinbarungen stellen nach dem BGH auch grundsätzlich keinen „Vertrag zu Lasten Dritter" – also des Sozialhilfeträgers – dar, da eine zunächst im Jahre 2001 ergangene Entscheidung,[97] die entsprechende Andeutungen beinhaltete, kurze Zeit später, nämlich 2003, vom BGH[98] richtig gestellt wurde.

6. Sonderfall der Inanspruchnahme von weichenden Geschwistern auf Unterhalt

143 Im Rahmen von Übergabeverträgen kommt es regelmäßig zu Vereinbarungen auch mit den Kindern, die den Grundbesitz nicht übertragen bekommen. Diese erhalten sog. Gleichstellungszahlungen seitens des Übernehmers bzw. gelegentlich auch durch die Übergeber selbst. Die Höhe dieser Hinauszahlungen an die weichenden Geschwister, von denen regelmäßig auch ein zumindest gegenständlich beschränkter Pflichtteilsverzicht gefordert wird, ist mitunter nur eine relativ niedrige **Abfindung** im Ver-

---

94 *Everts*, ZEV 2004, 495, 498.
95 Dazu etwa *Krauß*, MittBayNot 1992, 77, 100.
96 *Krauß*, MittBayNot 1992, 77, 100. Dies ist auch die Praxis der Sozialhilfeträger, vgl. dazu den Hinw. v. *Krauß*, die durch eigene Erfahrung bestätigt wird.
97 BGH ZEV 2002, 116.
98 BGH ZErb 2003, 259 = ZEV 2003, 259 m. Anm. *Littig*.

hältnis zum Wert des übergebenen Vertragsobjekts. Eine gleiche Situation tritt bei einer unterschiedlichen unterhaltsrechtlichen Leistungsfähigkeit der Kinder auf.

In all diesen Fällen stellt sich die Problematik der Inanspruchnahme der weichenden Geschwister auf **Elternunterhalt**, denn für den Unterhalt ihrer Eltern, einschließlich der nicht gedeckten Pflegeheimkosten, haften sie im Rahmen ihrer Leistungsfähigkeit (§ 1603 BGB), und zwar mehrere anteilig nach ihren Erwerbs- und Vermögensverhältnissen (§ 1606 Abs. 3 Satz 1 BGB). Zudem geht der zunächst den Eltern zustehende Unterhaltsanspruch kraft Gesetzes nach § 94 SGB XII auf den Sozialhilfeträger über. 144

Dies wird teilweise in der Lit. dann als unbefriedigend angesehen, wenn der Übernehmer aufgrund seiner Einkommensverhältnisse selbst nicht zu Unterhaltsleistungen verpflichtet ist, umgekehrt aber die **weichenden Geschwister** keine größeren Abfindungen erhalten haben. Jedoch lehnt die Praxis der Sozialhilfeträger einen derartigen Ausschluss des Übergangs des Unterhaltsanspruchs offensichtlich generell ab.[99] Betont werden muss allerdings, dass die Ansprüche aus dem Übergabevertrag – einschließlich derer auf Wertersatz nach § 528 BGB – zunächst den Unterhaltsansprüchen vorgehen. 145

Die Vereinbarung von **Freistellungsverpflichtungen** zugunsten der weichenden Geschwister vor Unterhaltsansprüchen, die auf den Sozialhilfeträger gem. § 94 SGB XII übergehen, ist dabei sicherlich regelmäßig in Verträgen vorzufinden, bietet den weichenden Geschwistern aber lediglich begrenzten Schutz, da sie lediglich im Innenverhältnis Wirkung haben. Die auf Unterhalt in Anspruch Genommenen tragen insoweit das volle **Insolvenzrisiko** betreffend des Übernehmers. Inwieweit hier **dingliche Absicherungen** helfen können, ist sicherlich fraglich, machen sie i.d.R. zudem unmöglich, dass der Übernehmer für geplante Investitionen (Renovierung, Ausbau, Umbau, etc.) keine Darlehensmittel durch eine Bank erhält. 146

Die Freistellungsverpflichtung kann dabei für den Fall vereinbart werden, dass die Geschwister aufgrund der gesetzlichen Unterhaltspflicht zu Zahlungen für die Eltern direkt oder durch den Sozialhilfeträger im Wege des Regresses herangezogen werden. Im Gegenzug wird zum Schutz des Übernehmers vor zu starker Inanspruchnahme in diesen Freistellungsvereinbarungen mit aufgenommen, dass sie der **Höhe nach auf den Wert der Zuwendung** oder einen Bruchteil derselben (etwa ohne die Gegenleistungen des Erwerbers) **beschränkt** sind. Wichtig ist aber, dass wenigstens die Abfindungsleistungen für die weichenden Geschwister den Umfang der Freistellungsverpflichtungen einschränken.[100] Gleiches gilt aber auch für die gegenüber dem Übergeber bereits vom Übernehmer erbrachten Leistungen, und die künftigen, aufgrund der Übergabe erbrachten Pflegeleistungen. 147

Letztlich ist bei diesen Freistellungsvereinbarungen allerdings zu bedenken, dass eine derartige Klausel häufig nahezu nicht sachgerecht zu formulieren ist, werden ferner auch noch andere bereits an die verschiedenen Abkömmlinge geleistete Zuwendungen oder schon zuvor vom Übernehmer auf den Vertragsgrundbesitz erbrachte Aufwendungen mit einbezogen. 148

In der Praxis ist das Problem z.T. bereits dadurch entschärft, dass der **Wertersatzanspruch** nach § 528 BGB, der vom Sozialhilfeträger übergeleitet werden kann, gegen- 149

---

99 *Kohler*, BWNotZ 2001, 54, 59.
100 *Rastätter*, ZEV 1996, 281, 289.

über dem Unterhaltsanspruch **vorrangig** ist,[101] also ein Geschwisterregress zumindest in den Fällen, in denen der Heimpflegefall innerhalb der nächsten zehn Jahre nach der Übergabe auftritt, wenig wahrscheinlich ist.

150 In nicht seltenen Fällen scheitert daher eine einvernehmliche Regelung unter Beteiligung der weichenden Geschwister gerade vor dem Hintergrund der vorstehenden Problematik. Allein die möglicherweise vom Übernehmer gewünschten Pflichtteilsverzichte seiner Geschwister können daher ggf. den **Übernehmer** zu weitreichenden Zugeständnissen im Hinblick auf eine Freistellung veranlassen. In offensichtlicher Kenntnis dessen, dass die u.U. drohende Pflichtteilsbelastung für den Übernehmer oftmals aufgrund der 10-Jahres-Regelung des § 2325 Abs. 3 BGB gar nicht eintreten wird, wird sich mancher Übernehmer überlegen, ob er eine umfassende Freistellungsverpflichtung eingeht; es droht hier ansonsten, dass er unter Umständen das übernommene Anwesen später (z.B. bei nicht gedeckten Heimkosten) „teuer" bezahlen muss.

IV. Zusammenfassung

151 Im sozialhilferechtlichen Kontext geht es nicht immer nur um die Überleitung von Ansprüchen nach § 93 SGB XII. Vielmehr gilt zu beachten:

Soweit Versorgungsansprüche bestehen, können diese bereits als **bedarfsmindernd** berücksichtigt werden; dann kann der Sozialhilfeträger den Hilfesuchenden nach § 2 Abs. 1 SGB XII auf die vorrangige Geltendmachung dieser Ansprüche verweisen, soweit es sich um „bereite Mittel", also ohne Schwierigkeiten durchsetzbare Ansprüche handelt!

152 Je mehr **Versorgungsrechte** gar **nicht vereinbart** oder aber diese gerade im sozialhilferechtlichen Kontext eingeschränkt werden, desto mehr besteht die Gefahr, dass der Sozialhilfeträger andere **Regressmöglichkeiten** nutzt; er insb. Wertersatzansprüche durch Überleitung nach § 528 BGB, § 93 SGB XII;[102] oder Unterhaltsansprüche gegen die unterhaltsverpflichteten Abkömmlinge nach § 94 SGB XII geltend macht.

Teilweise wird versucht, den Sozialhilferegress durch Klauseln zu vermeiden, nach denen der Übernehmer von jeder Zahlungspflicht frei wird, wenn er in einem Pflegeheim untergebracht wird oder – weil sonst der Verdacht der Benachteiligung der Sozialhilfeträger zu evident wird – sich nicht mehr auf dem übergebenen Anwesen aufhält. Jedoch schaffen derartige Klauseln ggf. Probleme, als sie

- den **Übergeber rechtlos** stellen, wenn der Übernehmer den Auszug zu vertreten hat, also den Übergeber aus dem Vertragsanwesen hinausekelt;
- den Sozialhilfeträger dazu veranlasst, dass er **andere Regressmöglichkeiten** durchsetzt, etwa nach § 528 BGB oder nach § 94 SGB XII wegen der gesetzlichen Unterhaltspflicht, auch der weichenden Geschwister;[103]
- zudem damit rechnen müssen, dass die leistungseinschränkenden Klauseln vom Sozialhilfeträger als unwirksam angesehen werden, sei es nach § 138 BGB oder sei es

---

101 Palandt/*Weidenkaff*, § 528 Rn. 3; BGH NJW 1991, 1824: „Der Anspruch aus § 528 BGB soll den Schenker in die Lage versetzen, seinen Unterhalt selbst zu bestreiten. Schon dieser Gesichtspunkt schließt es aus, daß der Beschenkte den verarmten Schenker auf seine gesetzlichen Unterhaltsansprüche verweist."
102 Eingehend dazu *Littig/Mayer*, Sozialhilferegress, § 2 Rn. 39 ff.
103 Eingehend dazu *Littig/Mayer*, Sozialhilferegress, § 1 Rn. 8 ff.

jetzt sogar als „unzulässiger Vertrag zu Lasten Dritter, nämlich des Sozialhilfeträgers.[104]

D. Zugriff auf erbrechtliche Ansprüche

I. Allgemeines

Auch im Wege der Erbfolge erlangtes Vermögen bzw. entsprechende erbrechtliche Ansprüche im gesetzlich festgelegten Umfang gehören zum einsetzbaren Vermögen i.S.d. § 90 SGB XII und sind daher aufgrund des **Nachranggrundsatzes** des § 2 SGB XII zunächst einzusetzen, bevor Sozialhilfe beansprucht werden kann. 153

Bei der Prüfung der Leistungsvoraussetzungen bzw. bei der Frage der Regressmöglichkeiten wird daher durch den Sozialhilfeträger vermehrt auch geprüft, inwieweit dem Hilfesuchenden aufgrund einer Erbschaft Vermögen zugeflossen ist bzw. ob hier nach § 93 SGB XII die Überleitung entsprechender erbrechtlicher Ansprüche des Leistungsberechtigten möglich ist. 154

II. Zugriff auf Erbschaft, Vermächtnis

In Fällen, in denen ein Leistungsberechtigter durch Erbfolge die Stellung eines Erben erlangt und daher unter Berücksichtigung des § 90 SGB XII über eigenes Vermögen verfügt, entfällt die Hilfsbedürftigkeit. Im Fall des nicht sofort möglichen Verbrauchs – bzw. der nicht sofort möglichen Verwertung – besteht i.d.R. die Möglichkeit der **Gewährung von Sozialhilfe** in Form eines **Darlehens** nach § 91 SGB XII, darüber hinaus kann ein Zugriff dann ggf. durch einen Anspruch des Sozialhilfeträgers auf **Kostenersatz** nach § 102 SGB XII gegen die Erben (vgl. unten Rn. 162 ff.) des Leistungsberechtigten erreicht werden. 155

Soweit zugunsten des Leistungsberechtigten ein **Vermächtnis** angeordnet wurde, ergeben sich ebenfalls keine größeren Schwierigkeiten, da auch hier der Leistungsberechtigte auf einsetzbares Vermögen verwiesen werden kann bzw. ein insoweit gegebener schuldrechtlicher Anspruch, jedenfalls soweit er auf einen Geldanspruch gerichtet ist, nach § 93 SGB XII überleitungsfähig ist. 156

In den Fällen der Vermächtnisanordnung[105] an einen Hilfsbedürftigen, der ohne eine durch letztwillige Verfügung geänderte Erbfolge gesetzlicher Erbe geworden wäre, können dem Leistungsberechtigten Zusatzpflichtteils(-ergänzungs-)ansprüche aus § 2307 BGB und § 2326 BGB zustehen. 157

Inwieweit der Leistungsberechtigte den Zugriff des Sozialhilfeträgers auf potentielle Ansprüche aus einer Erbschaft dadurch verhindern kann, dass er die Erbschaft ausschlägt, wird bislang durch die Rspr. uneinheitlich beurteilt. So sah das OLG Stuttgart die **Ausschlagung** einer Erbschaft durch einen Betreuer eines Behinderten als sittenwidrig an.[106] Dagegen sah das LG Aachen in einer jüngeren Entscheidung dies anders und verneinte eine Sittenwidrigkeit.[107] 158

---

104 BGH NJW 2002, 440 = ZEV 2002, 116 m. Anm. *Kornexl* = DNotZ 2002, 702 m. Anm. *Krauß*; ausführlich zu diesen Klauseln *Littig/Mayer*, Sozialhilferegress, § 2 Rn. 132 ff.
105 Gemeint ist hier nicht das dem Erben zusätzlich zugewandte Vorausvermächtnis nach § 2150 BGB.
106 OLG Stuttgart NJW 2001, 3484.
107 LG Aachen NJW-RR 2005, 307.

III. „Enterbung" des Hilfebedürftigen/Zugriff auf Pflichtteilsansprüche

159 Soweit jedoch der Hilfsbedürftige trotz seiner Stellung als gesetzlicher Erbe durch gewillkürte Erbfolge von seiner Stellung als gesetzlicher Erbe ausgeschlossen wird oder zumindest in seiner Verfügungsbefugnis über den ihm zugewendeten Erbteil beschränkt ist, treten in der Praxis für den in diesem Zusammenhang tätigen Rechtsanwalt eine Vielzahl zu bewältigender Probleme auf. Der Sozialhilfeträger, der aus unterschiedlichsten Quellen[108] Kenntnis von einem den Sozialhilfeempfänger betreffenden Erbfall erlangt, versucht hier meist unverzüglich zu handeln, wobei die jeweiligen insoweit eingeleiteten Maßnahmen und Vorgehensweisen unterschiedlich sind.

160 Zählt der Leistungsberechtigte zum Kreis der Pflichtteilsberechtigten nach § 2303 BGB,[109] besteht für den Sozialhilfeträger die Möglichkeit der **Überleitung des Pflichtteilsanspruches nach § 93 SGB XII**. Nach § 93 Abs. 1 Satz 4 SGB XII schließt die Überleitungsfähigkeit nicht aus, dass der Anspruch nicht übertragen, verpfändet oder gepfändet werden kann, wobei nach § 2317 Abs. 2 BGB der Pflichtteilsanspruch jedenfalls vererblich und übertragbar ist, jedoch nach § 852 Abs. 1 ZPO der **Pfändung** nur unterworfen ist, soweit er durch Vertrag anerkannt oder rechtshängig geworden ist. Unabhängig von dem Meinungsstand zur Frage der Pfändbarkeit des nicht geltend gemachten bzw. anerkannten oder rechtshängigen Pflichtteilsanspruchs und der Zugehörigkeit eines Pflichtteilsanspruches zur Konkursmasse nach § 35 InsO[110] ist die Möglichkeit der Überleitung des Pflichtteilsanspruchs aus § 2303 BGB unabhängig von den Voraussetzungen des § 852 Abs. 2 ZPO nach wohl einheiliger Meinung möglich.[111]

161 Der Sozialhilfeträger kann daher hier selbst den **Pflichtteilsanspruch** gegen den/die Erben geltend machen, wobei mit der Überleitung des Pflichtteilsanspruchs nach § 2303 BGB auch die zur Geltendmachung und Durchsetzung erforderlichen Auskunftsansprüche usw. als Nebenrechte i.S.d. § 401 BGB mit der Überleitung auf den Sozialhilfeträger übergehen.[112]

E. Rückgriff gegen die Erben

I. Allgemeines

162 Die sich aus § 102 SGB XII ergebende sog. **selbstständige Erbenhaftung** ermöglicht die Heranziehung der Erben zum Kostenersatz, unabhängig von den zugunsten der Leistungsberechtigten bestehenden Schutzvorschriften.[113] Dies betrifft vor allem die Fälle, in denen zugunsten eines Leistungsberechtigten verschiedene Vermögensgegen-

---

108 Auskunftspflichten nach dem SGB XII, Todesanzeigen in der Tagespresse, Akteneinsicht in Vormundschafts- und Betreuungsakten.
109 Beachte in diesem Zusammenhang die Einschränkung für entfernte Abkömmlinge und Eltern des Erblassers nach § 2309 BGB.
110 Vgl. MünchKomm/*Lange*, § 2317 Rn. 13 ff.; Palandt/*Edenhofer*, § 2317 Rn. 10.
111 BGH ZEV 2005, 117 m. krit. Anm. v. *Muschele*r; a.A. BayObLG NJW RR, 1157: Überleitung nur, wenn der Pflichtteilsberechtigte sich entschlossen hat, den Anspruch geltend zu machen; *Nieder*, NJW 1994, 1264, 1265.
112 Vgl. MünchKomm/*Lange*, § 2317 Rn.10 für die Übertragung, was wohl auch für die Überleitung gelten muss.
113 *Schönfeld* in: *Grube/Wahrendorf*, Sozialhilfe, § 102 Rn. 4.

stände als Schonvermögen i.S.d. § 90 Abs. 2 SGB XII, also z.B. das selbstgenutzte angemessene Hausgrundstück (§ 90 Abs.2 Nr. 8 SGB XII) nicht einzusetzen waren.

Diese Vorschrift (bereits in § 92c BSHG geregelt) ist neben der ohnehin sich aus § 1967 BGB ergebenden Haftung des Erben für Nachlassverbindlichkeiten erforderlich, da sich anderenfalls der Erbe als Gesamtrechtsnachfolger auf die Schutzvorschrift des § 90 SGB XII berufen könnte.[114] § 102 Abs. 2 SGB XII bestimmt jedoch nochmals ausdrücklich, dass die **Ersatzpflicht nach § 102 SGB XII** zu den **Nachlassverbindlichkeiten** gehört. Die selbständige Erbenhaftung ist darüber hinaus von der sogenannten **unselbständigen Erbenhaftung** nach § 103 Abs. 2 SGB XII zu unterscheiden. Hierbei handelt es sich um die Haftung des Erben für Kostenersatzansprüche, die sich gegen den Leistungsempfänger richten bzw. gerichtet haben und ihre Grundlage in einem vorwerfbaren Verhalten des Leistungsempfängers haben.

II. Voraussetzungen und Umfang

Die selbstständige Erbenhaftung setzt voraus, dass dem Leistungsberechtigten **rechtmäßig Sozialhilfe** erbracht worden ist.[115] Bei unrechtmäßig gewährter Sozialhilfe richten sich die Ansprüche auf Rückforderung nach § 104 SGB XII, der die entsprechende Anwendung des § 103 SGB XII vorschreibt.

Der **Umfang** des gegen den Erben bestehenden Kostenersatzanspruches ist dabei auf die Kosten der Sozialhilfe innerhalb der letzten zehn Jahre vor dem Erbfall beschränkt, § 102 Abs. 1 Satz 2 SGB XII. Ferner ergibt sich bereits aus § 102 SGB Abs. 2 Satz 2 XII, dass die Haftung auf den Wert des Nachlasses beschränkt ist, also der Erbe nicht die sonstigen im BGB zur Verfügung stehenden Haftungsbeschränkungsmöglichkeiten ergreifen muss.

Der Anspruch richtet sich grundsätzlich gegen den **Erben des Hilfeempfängers**, sowie den Erben des Ehegatten bzw. Lebenspartners, wenn dieser vor der leistungsberechtigten Person stirbt.[116] Von der Ersatzpflicht ausgenommen ist die leistungsberechtigte Person, die ihren Ehegatten bzw. Lebenspartner beerbt, da in dieser Fallkonstellation das Vermögen nicht aus der Einsatzgemeinschaft herausvererbt wird.[117]

III. Ausschluss des Kostenersatzes

Nach § 102 Abs. 3 SGB XII ist der Anspruch auf Kostenersatz nicht geltend zu machen, wenn

– der Wert des Nachlasses unter dem dreifachen Grundbetrag nach § 85 Abs. 1 SGB XII (derzeit: 2.070,- € liegt);
– im Fall der nicht nur vorübergehenden Pflege durch einen in häuslicher Gemeinschaft lebenden Ehegatten, Lebenspartner oder Verwandten und dieser Erbe wird, wenn der **Wert des Nachlasses unter 15.340,- €** liegt;
– die Inanspruchnahme des Erben eine besondere Härte bedeuten würde, also z.B. wen das beim Leistungsberechtigten als Schonvermögen nach § 90 Abs. 2 Nr. 8

---

114 *Schönfeld* in: *Grube/Wahrendorf,* Sozialhilfe, § 102 Rn. 4.
115 OVG Münster NJW 2002, 695; VGH Mannheim FEVS 46, 338.
116 BVerwG NJW 2003, 3792 zu § 92c BSHG: sowohl die Erben des Leistungsempfängers als auch die Erben des vorverstorbenen Ehegatten haften nebeneinander.
117 *Schönfeld* in *Grube/Wahrendorf,* Sozialhilfe, § 102 Rn. 9.

SGB XII eingestufte Hausanwesen in gleichem Umfang auch beim Erben Schonvermögen ist.[118]

168 Wie sich aus § 102 Abs. 4 SGB XII ergibt, **erlischt der Kostenersatzanspruch** in drei Jahren nach dem Tod der leistungsberechtigten Person, wobei über die Verweisung auf § 102 Abs. 3 SGB XII für die Hemmung bzw. Ablaufhemmung und den Neubeginn der Frist die Vorschriften des BGB Anwendung finden.

F. Behindertentestament

I. Sozialhilferechtliche Ausgangslage

169 Wenn ein behindertes Kind als Erbe etwas aus dem Nachlass seiner Eltern erhält, gilt auch nach dem seit 1.1.2005 geltenden SGB XII das **Nachrangprinzip** (§ 2 SGB XII, bisher § 2 BSHG), wonach Sozialhilfe – wie dargestellt, s. Rn. 8 ff. – nicht bekommt, wer sich selbst helfen kann oder die erforderliche Hilfe von anderen bekommt.

170 Auch das behinderte Kind ist als „Leistungsberechtigter" (früher: „Hilfeempfänger") demnach zunächst verpflichtet, sein Einkommen und Vermögen in dem gesetzlich festgelegten Umfang einzusetzen, bevor ein Anspruch auf Leistungen aus der Sozialhilfe besteht. Hinsichtlich des einzusetzenden Einkommens gelten die Regelungen der §§ 85–89 SGB XII (bisher §§ 76 ff. BSHG) und bzgl. des einzusetzenden Vermögens § 90 SGB XII[119] (bisher § 88 BSHG). Danach ist auch mit der Geltung des SGB XII weiterhin vor einem Anspruch auf Sozialhilfe nach § 90 Abs. 1 SGB XII „**das gesamte verwertbare Vermögen**" einzusetzen. Ausnahmen gelten aber auch weiterhin zum sog. **Schonvermögen** gem. § 90 Abs. 2 SGB XII. Nach § 91 SGB XII (bisher § 89 BSHG) kann Sozialhilfe in der Form eines **Darlehens** gewährt werden, falls der sofortige Verbrauch oder die Verwertung des Vermögens nicht möglich ist oder aber für den Leistungsberechtigten eine Härte darstellen würde.

171 Erhält daher ein behindertes Kind im Wege der Erbfolge Vermögen, wird es also **Erbe**, so hat es ein etwaiges dahingehend geerbtes Vermögen, soweit es verwertbar i.S.d. § 90 BSHG ist, für seinen eigenen Bedarf der Lebensführung einzusetzen. Dabei dürfte auch nach der Geltung des § 90 SGB XII weiterhin der aus Rechtsgründen bestehende Ausschluss der Verwertbarkeit des Vermögens (vgl. § 2211 BGB), also z.B. durch Anordnung der Testamentsvollstreckung, ausreichend sein.[120]

172 Aber auch wenn das Kind auf den **Pflichtteil** verwiesen wird, liegt im Falle der Erfüllung des Pflichtteils einsetzbares Vermögen i.S.d. § 90 Abs. 1 SGB XII vor oder der Sozialhilfeträger kann, solange der Pflichtteil noch nicht geltend gemacht und/oder erfüllt wurde, den Grundsatz des Nachrangs der Sozialhilfe durch Überleitung des Pflichtteilsanspruchs nach § 93 SGB XII (bisher § 90 BSHG) durchsetzen. Dass es sich dabei um einen höchstpersönlichen Anspruch handelt bzw. der Pflichtteilsanspruch nur „beschränkt pfändbar" (§ 852 Abs. 1 ZPO) ist, steht dem nicht entgegen, vgl. § 92 Abs. 1 Satz 4 SGB XII. Die Überleitung ist auch möglich, wenn der Berechtigte selbst

---

118 VGH München NJW 1194, 275.
119 Zur Höhe kleinerer Bargeldbeträge u. Geldwerte zusätzlich die „VO zur Durchführung des § 90 Abs. 2 Nr. 9 SGB XII".
120 VGH Mannheim NJW 1993, 152 in dieser Entscheidung wird ausgeführt, dass auch keine darlehensweise Gewährung von Sozialhilfe nach dem damals geltenden § 89 BSHG (jetzt § 91 SGB XII) möglich war, da der durch die Anordnung der Testamentsvollstreckung beschränkte Erbe „auf unabsehbare Zeit", also gerade „nicht nur vorübergehend" nicht verfügen kann.

den Pflichtteil noch gar nicht geltend gemacht hat und soll sogar dann möglich sein, wenn durch Bestehen einer Pflichtteilsstrafklausel damit eine im späteren Erbfall geltende Schlusserbeneinsetzung verliert.[121] Setzen sich daher **Ehegatten gegenseitig zu Erben** ein, so ist zu beachten, dass dann bereits nach dem ersten Todesfall ein Pflichtteilsanspruch des Kindes entsteht und damit übergeleitet werden kann.[122]

Auf das **Erbe des behinderten Kindes** kann der Sozialhilfeträger nach § 102 SGB XII im Wege des Kostenersatzes (bisher § 92c BSHG) zugreifen. War also ggf. ein beim Kind vorhandenes geerbtes Vermögen nicht verwertbar und fällt dieses Vermögen in den eigenen Nachlass des behinderten Kindes, das zu Lebzeiten Sozialhilfeleistungen erhalten hat, so droht eine Inanspruchnahme der Erben des behinderten Kindes im Wege des Kostenersatzes nach § 102 SGB XII,[123] wobei die Haftung des/der Erben auf den Wert des Nachlasses – unter Berücksichtigung gewisser Schonbeträge nach § 102 Abs. 2 SGB XII – sowie auf die Kosten der Sozialhilfe innerhalb der letzten zehn Jahre vor dem Tod beschränkt ist.

173

II. Erbrechtliche Gestaltungsvarianten bei behinderten Abkömmlingen[124]

1. Gestaltungsüberlegung: Erbschaftslösung

Es sind daher verschiedene erbrechtliche Gestaltungen überlegt worden, um einen **Zugriff des Sozialhilfeträgers** auf ererbtes Vermögen des behinderten Kindes auszuschließen.[125] Die mittlerweile klassische Lösung geht von einer Erbeinsetzung des behinderten Kindes aus.

174

a) Rechtliche Gestaltung

Das behinderte Kind wird dabei in Höhe eines Erbteils, der zumindest geringfügig über dem gesetzlichen Pflichtteil liegen muss, zum **nicht befreiten Vorerben** eingesetzt, da anderenfalls wegen § 2306 Abs. 1 Satz 1 BGB sowohl die angeordnete Nacherbfolge als auch die Anordnung der Testamentsvollstreckung als nicht angeordnet gilt. Durch die Anordnung der Vor- und Nacherbfolge bzw. durch die Einsetzung des behinderten Kindes als ausdrücklich „nicht befreiten Vorerben" wird zunächst erreicht, dass das behinderte Kind nur nach Maßgabe der §§ 2112 ff. BGB über Nachlassgegenstände verfügen kann und es bzw. seine Erben zudem nach § 2130 Abs. 1 BGB zur **Herausgabe der Vorerbschaft und der Surrogate** (vgl. § 2111 BGB) ver-

175

---

121 BGH ZEV 2005, 117 m. krit. Anm. *Muscheler*; vgl. im Übrigen zur Überleitung und dem Übergang von Ansprüchen nach der Sozialrechtsreform nach „Hartz IV" z.B. *Hußmann*, ZEV 2005, 54 ff., *Müller*, „Der Rückgriff gegen Angehörige von Sozialleistungsempfängern".
122 Hieran knüpft der Formulierungsvorschlag von *Bengel* in: *Dittmann/Reimann/Bengel*, Testament und Erbvertrag, Formulare, Rn. 79 an, der eine sofortige Erbeinsetzung des behinderten Kindes nach dem ersten Todesfall vorsieht; ebenso der unten dargestellte Formulierungsvorschlag nach *Tanck/Krug/Daragan*, Testamente, § 24 Rn. 25.
123 Sog. „selbstständige Erbenhaftung" in Abgrenzung zur „unselbständigen Erbenhaftung" nach § 103 SGB XII.
124 Klarstellend ist darauf hinzuweisen, dass die Gestaltungsvorschläge immer davon ausgehen, dass der behinderte Abkömmling durch einen Betreuer vertreten wird und daher die Entscheidung über die Ausschlagung nach §§ 2306 Abs. 1, 2307 BGB nicht vom Behinderten getroffen wird/werden kann. Daher sind die Gestaltungsvarianten sicherlich nicht uneingeschränkt für den „lediglich" körperlich Behinderten geeignet, der ggf. wider der eigenen Vernunft die Ausschlagung der Zuwendung erklärt.
125 Dazu etwa *Bengel*, ZEV 1994, 29 ff.

pflichtet ist.¹²⁶ Durch die Einsetzung zum nicht befreiten Vorerben wird ferner der dem Vorerben zugewandte Nachlass bzw. Nachlassgegenstände vor dem Zugriff seiner Eigengläubiger geschützt (§ 2115 BGB, Drittwiderspruchsklage des Nacherben nach § 773 ZPO, § 83 InsO). Es handelt sich daher um **nicht verwertbares Vermögen** und kann daher auch nicht im sozialhilferechtlichen Sinne eingesetzt werden. Zugleich soll dadurch verhindert werden, dass dies auch dann gilt, wenn die nachstehend angeordnete Verwaltungsanordnung für die Testamentsvollstreckung von der Rspr. nicht anerkannt wird,[127] andernfalls im Umfang der Befreiung ggf. einsetzbares Vermögen i.S.d. Sozialhilferechtes vorliegt.

176 Als Nacherben werden die Abkömmlinge des behinderten Kindes und, falls keine vorhanden, dessen Geschwister oder andere Verwandte eingesetzt. Der Nacherbfall tritt mit dem Tod des Vorerben ein, was als Ereignis in der Person des Vorerben i.S.d. § 2109 Abs. 1 Nr. 1 BGB[128] daher auch über die 30-jährige Frist für die Anordnung der Nacherbschaft hinweghilft. Die **Nacherbeneinsetzung des Heimes**, in dem das behinderte Kind untergebracht ist, ist vor dem Hintergrund der Verbotsnorm des § 14 HeimG zu unterlassen, da dies die Unwirksamkeit der Nacherbeneinsetzung zur Folge hätte.[129]

177 Für den Erbteil des Behinderten wird eine **Dauertestamentsvollstreckung** i.S.d. § 2209 BGB bis zu seinem Tod angeordnet (§ 2210 Satz 2 BGB). Zum Testamentsvollstrecker wird eine dem Behinderten besonders verbundene Person bestellt; im Rahmen einer Verwaltungsanordnung nach § 2216 Abs. 2 BGB erteilt der Erblasser dabei die Anweisung, aus den Erträgen des Erbteils dem Behinderten entsprechende Zuwendungen zu machen, die möglichst nicht auf Sozialhilfeleistungen anrechenbar sind, um eine Leistungskürzung zu vermeiden.

178 Mit der Geltung des **Grundsicherungsgesetzes (GSiG) seit 1.1.2004** wurde dabei die Frage diskutiert, inwieweit ggf. die Formulierung der Verwaltungsanordnung derart vorzunehmen ist, dass Geldzuwendungen durch den Testamentsvollstrecker aus den Nutzungen nicht nur dann vorgenommen werden dürfen, soweit hierauf kein Anspruch auf Sozialhilfeleistungen, sondern auch soweit kein Anspruch auf Grundsicherungsrente besteht. Anderenfalls könnte die Frage auftreten, inwieweit ein Anspruch auf Grundsicherungsrente ausgeschlossen ist, weil die vom Testamentsvollstrecker auszuzahlenden Nutzungen zumindest nach dem GSiG einsetzbares Vermögen darstellten.[130]

> **Praxishinweis:**
> Durch Eingliederung der Grundsicherung als Teil des SGB XII (§§ 41 ff. SGB XII) und der ausdrücklichen Erwähnung der Leistungsvoraussetzungen für die Grundsicherungsrente in § 19 Abs. 2 SGB XII dürften diese Befürchtungen zwar an „Brisanz" verloren haben, dennoch ist zur Vermeidung irgendwelcher Einwände seitens der Leistungsträger eine entsprechend klarstellende Formulierung[131] i.R.d. Verwaltungsanordnungen sicherlich anzuraten.

---

126 Palandt/*Edenhofer*, § 2130 Rn. 3.
127 *D. Mayer* in: *Bengel/Reimann*, HB Testamentsvollstreckung, Kap. V Rn. 351.
128 Palandt/*Edenhofer*, § 2109 Rn. 2.
129 Gilt im Übrigen wegen der durch die Rspr. vorgenommenen weiten Auslegung des § 14 HeimG auch für Heimleiter, dessen Angehörige sowie Mitarbeiter des Heimes.
130 *J. Mayer*, ZEV 2003, 173, 178.
131 Vorschlag im nachfolgenden Formulierungsbsp. (Rn. 195) enthalten.

Die Einsetzung des Kindes zum **Vorerben** verhindert nach seinem Tod, dass der von den Eltern/einem Elternteil ererbte Nachlass in den eigenen Nachlass des behinderten Kindes und damit auf seine eigenen Erben übergeht und damit dem Kostensatz nach § 102 SGB XII unterliegt, denn der Nacherbe ist gerade nicht Erbe des Vorerben, sondern des eigentlichen Erblassers.[132]

179

Durch die Anordnung der **Testamentsvollstreckung** hinsichtlich des Erbteils des Kindes bleibt auch bei einer geistigen Behinderung des Kindes der Nachlass „handlungsfähig", da das Recht, den Nachlass zu verwalten, und das Verfügungsrecht über Nachlassgegenstände nach § 2205 BGB dem Testamentsvollstrecker zusteht. Es bedarf daher insoweit dann auch keiner **Betreuerbestellung** oder gar familien- oder vormundschaftsgerichtlicher Genehmigungen; zugleich werden zusätzlich zu den bereits durch Anordnung der Vor- und Nacherbfolge erzielten Wirkungen damit dem Behinderten gehörende einzelne Nachlassgegenstände dem Zugriff von Eigengläubigern des behinderten Kindes entzogen (§ 2214 BGB), weshalb es sich dabei auch um kein verwertbares Vermögen i.S.d. § 90 SGB XII handelt.[133] Allerdings bleibt sein Erbteil – und i.d.R. erfolgt nur hierauf die Erbeinsetzung – grundsätzlich pfändbar, und zwar auch dann, wenn es sich um einen Vorerbteil handelt. Jedoch hindert dies nicht die Verfügungsbefugnis des Testamentsvollstreckers, über weitere Nachlassgegenstände – evtl. zusammen mit anderen Miterben – zu verfügen. Die Pfändung des Erbteils wird zudem mit Eintritt des Nacherbfalls unwirksam, da der Nacherbe nicht Rechtsnachfolger des Vorerben ist und damit auch nicht Schuldner des Pfandgläubigers (§ 2139 BGB); gleiches gilt bei der Pfändung einzelner Nachlassgegenstände, bei der nach § 2115 Satz 1 BGB ebenfalls die Unwirksamkeit der Pfändung im Fall des Eintritts der Nacherbfolge eintritt.[134]

180

Entscheidend ist die richtige **Ausgestaltung der Verwaltungsanordnung** nach § 2216 Abs. 2 Satz 1 BGB.[135] Ein abschreckendes Beispiel für eine diesbezüglich verunglückte Anordnung ist der Fall von OVG Bautzen,[136] wobei das OVG allerdings eine „wohlwollende Auslegung" vorgenommen hat, und – zumindest vorläufig (da nur Eilentscheidung) – das Behindertentestament rettete, indem es i.R.d. Auslegung einen mutmaßlichen Erblasserwillen angenommen hat, wonach der Nachlass nicht zum Bestreiten der Unterbringungskosten zur Verfügung stehen sollte, anderenfalls ein Testament vollkommen entbehrlich gewesen wäre.

181

b) Schwachstellen und Bedenken

Inwieweit das Behindertentestament in seiner klassischen Ausgestaltung mit Vor- und Nacherbschaft und Testamentsvollstreckung das hält, was es verspricht, hängt von der Klärung der folgenden Fragen ab:

182

---

[132] Palandt/*Edenhofer*, Einf. v. § 2100 Rn. 1.
[133] *Van de Loo*, NJW 1990, 2852; *D. Mayer* in: Bengel/Reimann, HB Testamentsvollstreckung, Rn. 354.
[134] *Van de Loo*, NJW 1990, 2852; *D. Mayer* in: Bengel/Reimann, HB Testamentsvollstreckung, Rn. 355.
[135] Staudinger/*Reimann*, § 2216 Rn. 23.
[136] OVG Bautzen NJW 1997, 2898 = ZEV 1997, 344: „Hinsichtlich der Verwendung des Nachlasses bestimmte die Erblasserin, dass dieser dazu dienen soll, ihren Kindern die bestmöglichste Betreuung, Pflege und Unterbringung zu ermöglichen, ohne Rücksicht darauf, ob zur Finanzierung dieser Maßnahme der Nachlass in seinem Bestand angegriffen wird oder nicht".

aa) Sittenwidrigkeit des Behindertentestament

183 Stellt es eine **sittenwidrige** und daher nach § 138 BGB nichtige Gestaltung zu Lasten der Sozialhilfe und der öffentlichen Hand dar, weil dadurch insb. das sozialhilferechtliche **Nachrangprinzip** in sein Gegenteil verkehrt wird? Der BGH hat dies in zwei Entscheidungen verneint,[137] allerdings klingen in der ersten, wie aber auch in der zweiten Entscheidung Überlegungen an, dass u.U. bei sehr großen Nachlassen, aus denen der Behinderte seinen Lebensunterhalt bestreiten könnte, die Sache anders gesehen werden könnte, insb. wenn allein aus dem Pflichtteil die Sicherstellung der Versorgung des Behinderten möglich wäre und daher eine günstigere Rechtsstellung des Behinderten als sie durch das Pflichtteilsrecht gewährleistet wird, nicht vorliegt. Es wird daher eine **Nachlassobergrenze** für derartige Gestaltungen geben.[138]

184 Unabhängig von der Frage der dahingehenden Wertung bei größeren Nachlässen zeichnet sich bislang noch keine grundsätzliche Änderung der Rspr. zur Sittenwidrigkeit des Behindertentestamentes ab, auch wenn in verschiedenen Entscheidungen zur Erhaltung des sozialhilferechtlichen Nachranggrundsatzes die Sittenwidrigkeit bemüht wird bzw. keine einheitliche Rspr. zur **Verschärfung des Sozialhilferegresses** zu erkennen ist.[139] So wird bspw. die Ausschlagung einer dem Behinderten anfallenden Erbschaft durch einen Betreuer – selbst vor dem Hintergrund des Abschlusses einer Vereinbarung mit dem durch die Ausschlagung Begünstigten, durch die dem Behinderten ein „Mehr", als dies durch die Sozialhilfe gewährt wird, zugewendet werden soll – nicht einheitlich als sittenwidrig beurteilt.[140] Auch im Bereich der Vereinbarung von nur ortsgebunden zu erbringenden Versorgungsrechten wurde vom BGH in der Vergangenheit in einer Entscheidung[141] zunächst von einer unzulässigen Vereinbarung zu Lasten Dritter, namentlich des Sozialhilfeträgers, gesprochen. Allerdings ist bei diesen Entscheidungen zu berücksichtigen, dass jeweils nicht der vom BGH in seinen maßgeblichen Entscheidungen zum Behindertentestament angenommene Grundsatz der Testierfreiheit einschlägig war. In einer späteren Entscheidung des BGH vom 23.1.2003[142] wurde dann wieder eine Kehrtwende vorgenommen und nicht zwingend in der Vereinbarung der Ortsgebundenheit von Leistungen ein Vertrag zu Lasten Dritter gesehen.

bb) Gefahren aus § 2306 BGB

185 Ist die **Erbeinsetzung zu gering**, d.h. der hinterlassene Erbteil übersteigt die Hälfte des gesetzlichen Erbteiles nicht, so gelten nach § 2306 Abs. 1 Satz 1 BGB all die notwendigen Anordnungen zur Durchführung des Testamentszwecks (Anordnung der Vor-/Nacherbfolge und Testamentsvollstreckung) nicht als angeordnet und fallen automatisch weg. Es besteht damit in den Grenzen des § 90 SGB XII einsetzbares Vermögen. Ist der hinterlassene Erbteil geringer als die Hälfte des gesetzlichen Erbteils,

---

137 BGHZ 111, 36 = NJW 1990, 2055; BGHZ 123, 368 = NJW 1994, 248. Für eine unzulässige Umgehung des Nachranggrundsatzes hält dies aber Staudinger/*Sack* (1996), § 138 Rn. 365; krit. auch *Mayer-Maly*, AcP 1994 (1994), 105, 146; MünchKomm/*Mayer-Maly*, § 138 Rn. 38a; auch LG Flensburg NJW 1993, 1866 bei einer Erbeinsetzung eines Dritten anstelle des behinderten Kindes mit dem Ziel, das Erbe dem Zugriff des Sozialhilfeträgers zu entziehen.
138 Zur Vorsicht mahnen daher bei größeren Nachlässen *Kerscher/Tanck/Krug*, Erbrechtliche Mandat, § 8 Rn. 355.
139 *Krauß*, MittBayNot 2002, 248 m. kurzem Überblick über die aktuelle Rspr.
140 OLG ZEV 2002, 367 bejaht § 138 BGB; a.A. LG Aachen ZErb 2005, 1 m. Anm. *Ivo*.
141 BGH NJW 2002, 440 = ZEV 2002, 116; Anm. v. *J.Mayer*, MittBayNot 2002, 152.
142 BGH ZErb 2003, 259 ff. m. Anm. *Littig*.

besteht zudem zusätzlich ein Zusatzpflichtteilsanspruch nach § 2305 BGB, der nach § 93 SGB XII durch den Sozialhilfeträger überleitbar ist.

Hinzu kommt in diesem Zusammenhang die Frage der Anwendung der **Quotentheorie oder der Werttheorie**[143] soweit anrechnungspflichtige (§ 2315 BGB) und/oder ausgleichungspflichtige (§§ 2055 ff. BGB) Vorempfänge zu berücksichtigen sind. Hat aus irgendwelchen Gründen das behinderte Kind z.B. einen anrechnungspflichtigen Vorempfang erhalten, dann berechnet sich der Wert seines Pflichtteils nur unter Berücksichtigung dieses Vorempfanges. Wird dieser unter Berücksichtigung der Anrechnungsbestimmung ermittelte Pflichtteil (Hälfte des Erbteiles) mit dem hinterlassenen Erbteil verglichen, ergibt sich nach der Quotentheorie dann ggf., dass der hinterlassene Erbteil höher ist. Dies könnte dazu verleiten, den dem behinderten Kind zuzuwendenden Erbteil geringer auszugestalten. Im umgekehrten Fall stellt sich die gleiche Problematik bei ausgleichungspflichtigen Vorempfängen an die „nicht behinderten Abkömmlinge", da durch die durchzuführende Ausgleichung dann der Wert des dem „behinderten Abkömmling" Hinterlassene unter die Hälfte des gesetzlichen Erbteiles absinken kann. Die Problematik der Anwendung der Wert- oder Quotentheorie könnte auch bei Vorliegen von ergänzungspflichtigen Schenkungen an Dritte (§ 2325 BGB) entstehen,[144] wenn bei Annahme der Werttheorie der Wert des hinterlassenen Erbteils mit dem Wert der Hälfte des Erbteiles zzgl. der Pflichtteilsergänzung verglichen wird. Bei Anwendung der Werttheorie könnte dabei sehr schnell der hinterlassene Erbteil unter der Grenze des § 2306 Abs. 1 Satz 1 BGB liegen.

Praxishinweis:
Es sollte daher bei der Bemessung des Erbteils des Behinderten nicht zu kurz gegriffen werden. Noch besser ist, diesen möglichst abstrakt in Anlehnung an die Wertgrenze des § 2306 Abs. 1 Satz 1 BGB zu formulieren.

Auch bei **ausreichend großer Erbquote** für den Behinderten gibt es Probleme: Denn dann besteht nach § 2306 Abs. 1 Satz 2 BGB ein Ausschlagungsrecht des Pflichtteilsberechtigten. Nach zwischenzeitlich wohl überwiegender Ansicht kann der Sozialhilfeträger das Ausschlagungsrecht als höchstpersönliches Gestaltungsrecht nicht auf sich überleiten,[145] damit auch nicht selbst die Ausschlagung erklären und das Entstehen eines überleitbaren Anspruches nach § 93 SGB XII herbeiführen. Unter Umständen kann aber die Sozialhilfebehörde die Ausschlagung vom Behinderten verlangen und zur Voraussetzung der Gewährung von Sozialhilfe machen, wenn das Ausschlagungsrecht zur Erlangung des Pflichtteils eine i.S.d. SGB XII einzusetzende Vermögensposition ist.[146]

Ist ein „familienfremder" **Betreuer** für den Behinderten bestellt, könnte dieser sich ggf. veranlasst sehen eine solche Ausschlagung zu erklären. Soweit in derartigen Fällen der gesetzliche Betreuer eines Behinderten gleichzeitig Miterbe, Nacherbe oder in sonstiger Weise i.S.d. § 1795 BGB durch **Interessenkollision** von der Vertretung ausgeschlossen ist bzw. eine Entziehung der Vertretungsmacht nach § 1796 BGB durch das Vormundschaftsgericht erfolgt, kommt es ggf. zur Bestellung eines Ergänzungsbe-

---
143 Ausführlich hierzu *Weidlich*, ZEV 2001, 94 ff.; *Kerscher/Tanck/Krug*, Erbrechtliche Mandat, § 11 Rn. 259 f.
144 Str. vgl. MünchKomm/*Frank*, § 2306 Rn. 3.
145 Palandt/*Edenhofer*, § 2306 Rn. 9; ausführlich *Ivo*, ZErb 2004, 174 ff. u. *Joussen*, ZErb 2003, 134 ff.; *Grube/Wahrendorf*, Sozialhilfe, § 93 SGB XII Rn. 11 „höchstpersönliche Ansprüche" sind nicht überleitbar".
146 Erwähnt in *Damrau/J.Mayer*, ZEV 2001, 293.

treuers nach § 1988 Abs. 4 BGB[147] mit dem Aufgabenkreis der „Prüfung bzgl. der Ausschlagung der Erbschaft". Gerade bei Nachlässen mit hohem Wert und daher möglicherweise einem mit der Ausschlagung entstehenden hohen Pflichtteilsanspruch, der die Sicherstellung der Versorgung des Behinderten ermöglicht – daher eine günstigere Rechtsstellung des Behinderten als durch die Beschwerungen der Vor- und Nacherbfolge mit Testamentsvollstreckung ermöglicht –, würde die Ausschlagung dem Wohl des Betreuten entsprechen (§ 1901 Abs. 2 BGB).[148] Bei großen Nachlässen gilt daher insoweit die gleiche Vorsicht, wie dies im Hinblick auf die Rspr. des BGH zur Sittenwidrigkeit bereits geboten ist. Auch bei **ertragslosen Nachlässen** kann sich für den Betreuer die Pflicht zur Ausschlagung des Erbteiles zum Wohle des Betreuten ergeben, da ein sich ergebender Pflichtteilsanspruch möglicherweise trotz Verbrauch i.R.d. eigenen Bedarfes immer noch als vorteilhafter zu werten wäre, als eine (Vor-) Erbenstellung, aus der keinerlei Nutzungen zugunsten des Behinderten resultieren.

cc) Höhe und Verwendung der Früchte des Nachlasses

189 Offen ist noch, in welchem Umfang die restriktive Verwaltungsanordnung nach § 2216 BGB zulässig ist. Eine **völlige Thesaurierung** der „Nachlassfrüchte" dürfte wohl nicht möglich sein. Der unterhaltsbedürftige, pflichtteilsberechtigte Behinderte hat einen grundsätzlich unentziehbaren Anspruch auf die Auskehrung der Früchte des Nachlasses.[149] In den sog. „**Mangelfällen**", bei denen diese Früchte nicht zur Deckung des Lebensunterhalts einschließlich dessen, was die Sozialhilfe bestreitet, ausreichen, werden Verwaltungsanweisungen i.S.d. § 2216 Abs. 2 BGB, die die Verwendung derselben für Zwecke wie i.d.R. im Behinderten-Testament vorsehen, wirksam sein. Ist der Wert der Vorerbschaft aber so groß, dass die Früchte zumindest teilweise ausreichen, um den Unterhaltsbedarf des Behinderten zu decken, so sind die nach Erfüllung der zusätzlichen Unterhaltsleistung i.S.d. Behindertentestaments verbleibenden Nutzungen ggf. überleitbare Ansprüche gegen den Testamentsvollstrecker.[150]

190 Sind die **Nutzungen bei Tod des Behinderten** nicht aufgrund der Auskehrung an den Behinderten in Vollzug der Verwaltungsanordnungen verbraucht und eine Überleitung zu Lebzeiten des Behinderten im vorerwähnten Sinne nicht erfolgt, besteht ggf. die Möglichkeit des Zugriffs durch den Sozialhilfeträger nach § 102 SGB XII. Nach § 2130 Abs. 1 BGB ist der Vorerbe bzw. dessen Erben nach Eintritt der Nacherbfolge zur Herausgabe des Nachlasses in dem Zustand verpflichtet, der sich bei einer bis zur Herausgabe fortgesetzten ordnungsmäßigen Verwaltung ergibt. Die Nutzungen aus dem Vorerbennachlass unterliegen nicht der Surrogation des § 2111 BGB und stehen daher dem Vorerben zu.[151] Sie fallen damit auch in den **Eigennachlass des Behinderten** und zwar auch dann, wenn sie trotz des Entnahmerechtes noch nicht entnommen wurden.[152] Ein dahingehend beim Tod des Behinderten bestehender Anspruch gegen den Nacherben fällt daher in den Nachlass und kann seinerseits im Wege des § 102 SGB XII als Wert des Nachlasses für gewährte Sozialhilfe **haften**. Die Anordnung eines Nachvermächtnisses bzgl. der nichtverbrauchten Nachlassfrüchte erscheint dabei

---

147 Palandt/*Diederichsen,* § 1899 Rn. 5.
148 Vgl. hierzu auch *Ditmann/Reimann/Bengel,* Testament und Erbvertrag, Rn. 215: aus der dortigen Formulierung entsteht der Eindruck, dass die Ausschlagung i.d.R. pflichtwidrig wäre.
149 *Nieder,* NJW 94, 1264; *Haegele/Winkler,* Testamentsvollstrecker, Rn. 182.
150 *Nieder,* NJW 94, 1264.
151 Palandt/*Edenhofer,* § 2111 Rn. 10.
152 MünchKomm/*Grunsky,* § 2111 Rn. 15d.

wegen der Beschwerung des Vorerben(Eigen-)nachlasses problematisch (vgl. zur Problematik des Nachvermächtnisses unter Rn. 199 ff.).

dd) Gefahren bei lebzeitiger Zuwendung durch den Erblasser

Bei lebzeitigen (gemischten oder reinen) Schenkungen entstehen **Pflichtteilsergänzungsansprüche** nach §§ 2325 ff. BGB, die dann gerade nicht der Testamentsvollstreckung unterliegen und dann der Sozialhilfeträger auf sich überleiten kann, wenn die Ausschlussfrist des § 2325 Abs. 3 BGB noch nicht verstrichen ist.

191

> **Praxishinweis:**
> Als Ausweg wird vorgeschlagen, dem Behinderten zusätzlich ein Vorausvermächtnis hinsichtlich eines Geldbetrages zuzuwenden, der über dem gesetzlichen Pflichtteilsergänzungsanspruch liegt und für dieses Geldvermächtnis ebenfalls die Testamentsvollstreckung anzuordnen. Erbteil und Vermächtnis werden nach § 2326 Satz 2 BGB auf den Pflichtteilsergänzungsanspruch angerechnet[153] und stellen diesen im Idealfall auf „Null". Damit beim Tod des Behinderten der noch nicht verbrauchte Teil des Vorausvermächtnisses nicht dem Kostenersatzanspruch des Sozialhilfeträgers nach § 102 SGB XII unterliegt, wird weiter empfohlen, diesbezüglich auf den Tod des Behinderten noch ein Nachvermächtnis anzuordnen[154] (vgl. zur Frage des Nachvermächtnisses aber Rn. 199 ff.).

ee) Praktischer Vollzug

Der praktische Vollzug des Behindertentestaments ist schwieriger als gedacht. Erfüllt der Testamentsvollstrecker seine Aufgaben nicht, so drohen ihm Haftung (§ 2219 BGB)[155] oder gar Entlassung (§ 2227 BGB). Derartige Rechte sind ggf. durch den gesetzlichen Vertreter des Behinderten, in vielen Fällen daher durch einen **Betreuer** vor dem Hintergrund des Wohles des Betreuten nach § 1901 Abs. 2 BGB wahrzunehmen.

192

ff) Personenidentität von Testamentsvollstrecker und Betreuer

Ist der Testamentsvollstrecker zugleich der gesetzliche Vertreter (z.B. Betreuer) des Behinderten, so kann es im Hinblick auf die §§ 1795 f. BGB zur **Bestellung eines Ergänzungsbetreuers** mit dem Aufgabenkreis der Wahrnehmung der Rechte des Betreuten gegen den Testamentsvollstrecker kommen.[156] Gleiches gilt bei der Vertretung des betreuten Behinderten i.R.d. Auskunfts- und Rechnungslegungspflichten gegenüber dem Testamentsvollstrecker, §§ 2218, 666, 259 Abs. 1 BGB.[157]

193

c) Allgemeine Würdigung der „Erbschaftslösung"

Abgesehen von diesen „Grundproblemen" lässt sich hinsichtlich der Erbschaftslösung folgende Beurteilung treffen:[158]

194

- **Vorteile:**

---

153 MünchKomm/*Frank*, § 2326 Rn. 3.
154 *Weidlich*, ZEV 2001, 94; krit. hierzu *Trilsch-Eckardt*, ZEV 2001, 229.
155 Wobei der Schadensersatzanspruch nach § 90 BSHG wiederum auf den Sozialhilfeträger überleitbar wäre.
156 Eingehend dazu *Littig/Mayer*, Sozialhilferegress, Rn. 318.
157 OLG Nürnberg ZEV 2002, 158.
158 Nach *Spall*, MittBayNot 2001, 249.

- die Rechtslage erscheint doch in vielen Punkten **einigermaßen gesichert** (mit den obigen Vorbehalten); auch die Praxis der Sozialhilfeträger scheint diese Gestaltung weitgehend akzeptiert zu haben.
- die „**Feineinstellung**" entsprechend den Bedürfnissen des Einzelfalls erfolgt durch eine detaillierte, individuelle Verwaltungsanordnung für den Testamentsvollstrecker (§ 2216 Abs. 2 BGB), ggf. durch Vorausvermächtnisse für den Behinderten.
- durch die Anordnung der Vor- und Nacherbschaft kann die dem Behinderten hinterlassene Erbschaft erhalten bleiben, soweit sie nicht für seine notwendigen Bedürfnisse verwendet werden muss.

- **Nachteile:**
  - dadurch, dass der Behinderte **Miterbe** wird, entstehen aber infolge der gesamthänderischen Bindung erhebliche Abwicklungsprobleme, woraus wiederum, erhebliche rechtliche und praktische Probleme entstehen.[159] Deutlich wird dies etwa, wenn bereits nach dem Tod des erstversterbenden Elternteils der Behinderte Miterbe bzgl. des Eigenheimanteils des Erstverstorbenen wird oder gar bei einer Miterbschaft im gewerblichen Bereich. Soweit die Zusammensetzung des Nachlasses es zulässt, sollte im Wege einer Teilungsanordnung das Bestehen einer Erbengemeinschaft an diesen Nachlassgegenständen vermieden und dem behinderten Kind sein Erbteil in Geld zugewandt werden.

195 Ein derartiges **Behinderten-Testament** mit Vor- und Nacherbschaft könnte in einem einseitigen Testament wie folgt formuliert werden:[160]

> **Formulierungsbeispiel:**
> *Testament*
>
> Ich, ..., geb. am ... in ..., wohnhaft in ..., deutscher Staatsangehöriger, errichte nachfolgendes Testament:
>
> **I. Testierfreiheit**
>
> Ich erkläre, dass ich nicht durch Bindungen aus einem früheren gemeinschaftlichen Testament oder aus einem Erbvertrag an der Errichtung dieses Testaments gehindert bin. Vorsorglich hebe ich alle bisher von mir getroffenen Verfügungen von Todes wegen in vollem Umfang auf.
>
> **II. Erbeinsetzung**
>
> Hiermit setze ich meinen Sohn ... zu 2/3 und meine Tochter ... zu 1/3 zu meinen Erben ein. Meine Tochter ... wird jedoch nur Vorerbin, Nacherbe nach meiner Tochter ... wird mein Sohn ..., ersatzweise seine Abkömmlinge nach gesetzlicher Erbfolge. Die Nacherbenanwartschaft ist weder übertragbar noch vererblich. Der Nacherbfall tritt mit dem Tod des Vorerben ein. Ein Ersatzvorerbe wird nicht benannt, es gilt die Vorschrift des § 2102 Abs. 1 BGB.
>
> Zum Ersatzerben für meinen Sohn ... bestimme ich entgegen jeder anders lautenden gesetzlichen oder richterlichen Vermutungs- und Auslegungsregel meine Ehefrau, wiederum ersatzweise ... .

---

159 Dazu etwa *Damrau*, ZEV 1998, 1; *Engelmann*, Letztwillige Verfügungen zugunsten Verschuldeter oder Sozialhilfebedürftiger, S. 27 ff.; *Hartmann*, ZEV 2001, 89, 91.
160 Nach *Tanck/Krug/Daragan*, Testamente, § 24 Rn. 25; weitere Formulierungsbsp. in *Kerscher/Tanck/Krug*, Erbrechtliche Mandat, § 8 Rn. 356; *D. Mayer* in: *Bengel/Reimann*, HB Testamentsvollstreckung, Kap. 5, Rn. 359; *Dittmann/Reimann/Bengel*, Testament und Erbvertrag, Formularteil, Rn. 79.

III. Vermächtnisse

Meine Ehefrau …, geb. am … in …, erhält im Wege des Vermächtnisses mein Haus in … (Fl.Nr. …), in dem wir derzeit wohnen. Sollte das Haus zum Zeitpunkt meines Todes nicht mehr im Nachlass vorhanden sein, so ist ein Ersatz nicht zu leisten. Etwaige Belastungen des Grundstücks tragen die Erben.

Im Wege des Vermächtnisses erhält meine Ehefrau … das gesamte Inventar und den Hausrat unseres Wohnhauses in … . Darüber hinaus erhält sie 1/3 des zum Zeitpunkt des Erbfalls noch vorhandenen Barvermögens und aller Guthaben auf Bankkonten einschließlich Bausparkonten als Geldvermächtnis. Fällt meine Ehefrau vor oder nach dem Erbfall weg, so wird ein Ersatzvermächtnisnehmer entgegen jeder anders lautenden gesetzlichen oder richterlichen Vermutungs- oder Auslegungsregel nicht benannt.

Alle Kosten für die Umschreibung des Eigentums im Grundbuch fallen dem Nachlass zur Last.

IV. Testamentsvollstreckung für meine Tochter …

Mit Rücksicht darauf, dass meine Tochter … wegen ihrer Behinderung nicht in der Lage sein wird, ihre Angelegenheiten selbst zu besorgen, insb. die ihr durch den jeweiligen Erbfall zufallenden Vermögensteile selbst zu verwalten, ordne ich für den Fall meines Todes für den Erbteil bzw. die Erbschaft von … Testamentsvollstreckung als Dauervollstreckung (§ 2209 BGB) auf die Lebenszeit von … an.

Zum Testamentsvollstrecker benenne ich meinen Sohn …, ersatzweise …, wiederum ersatzweise soll das Nachlassgericht einen geeigneten Testamentsvollstrecker bestimmen. Der Testamentsvollstrecker ist von den Einschränkungen des § 181 BGB befreit. Der Testamentsvollstrecker hat die Erbschaft meiner Tochter … einschließlich der Erträge und Nutzungen zu verwalten.

Der Testamentsvollstrecker ist verpflichtet (§ 2216 Abs. 2 BGB), meiner Tochter … entsprechende Mittel aus den Erträgnissen des Erbteils so zuzuwenden, dass sie hierdurch gegenüber den etwa ihr gewährten Sozialleistungen im weitesten Sinne (insb. Sozialhilfe, Grundsicherung und ähnliches) eine Verbesserung der Lebensqualität erfährt. Unter Beachtung dieser Zielsetzung entscheidet der Testamentsvollstrecker nach freiem Ermessen über die Art und Höhe der Zuwendung. Insb. kommen folgende Zuwendungen in Betracht:
- Taschengeld in angemessener Höhe,
- Kleidung, Bettwäsche,
- persönliche Anschaffungen, bspw. zur Erfüllung geistiger oder künstlerischer Bedürfnisse, wozu insb. auch die Ausübung von Hobbies und Liebhabereien zählt, gerade im Hinblick auf die Stärkung der Psyche,
- die Einrichtung ihres Zimmers,
- Freizeiten und Urlaubsaufenthalte einschließlich der Anschaffung der dafür notwendigen Materialien und Ausstattungsgegenstände,
- ärztliche Behandlung, Therapien und Medikamente, die von der Krankenkasse nicht oder nicht vollständig bezahlt werden, z.B. Brille, Zahnersatz
- Kuraufenthalte,
- Besuche bei Verwandten und Freunden

> **V. Benennung eines Betreuers**
> Für den Fall, dass meine Ehefrau vorverstorben ist, schlage ich vor, ..., ersatzweise ... zum Betreuer meiner Tochter zu bestellen.
> Ort, Datum, Unterschrift

2. *Gestaltungsüberlegung: Vor- und Nachvermächtnislösung*

a) Rechtliche Gestaltung

196 Vor allem aufgrund der Nachteile der praktischen Handhabung der Erbschaftslösung durch gesamthänderische Bindung des Nachlasses, sowie der Problematik der regelmäßig aufkommenden Personenidentität zwischen Betreuer und Testamentsvollstrecker und der dann daraus erforderlichen Bestellung eines weiteren ggf. familienfremdem Ergänzungsbetreuers/weiterer Betreuer wurde als Alternativlösung eine Gestaltung entwickelt, die zur Vermeidung der gesamthänderischen Bindung des Nachlasses nicht die Einsetzung des Behinderten als Erben vorsieht, sondern ihm lediglich ein Vermächtnis zugewendet.[161]

197 Der Schutz des Zugriffs des Sozialhilfeträgers zu Lebzeiten des Behinderten wird dabei erneut durch Anordnung der **Dauertestamentsvollstreckung** mit den entsprechenden Verwaltungsanordnungen nach § 2216 Abs. 2 BGB bewirkt. Die Anordnung der Verwaltungsvollstreckung ist nach allg. Ansicht auch für den Vermächtnisnehmer möglich.[162] Im Übrigen entsteht hierdurch der gleiche Schutz wie bei der Erbschaftslösung.[163] Das Entstehen eines nach § 93 SGB XII überleitbaren Pflichtteilsanspruches wird verhindert, indem der Behinderte ein Vermächtnis i.H.d. Pflichtteils erhält. Nach § 2307 Abs. 1 BGB wird der Wert des Vermächtnisses auf den Pflichtteil angerechnet.

198 Zum Schutz des Vermögens nach dem Versterben des Behinderten schlägt diese Gestaltungsvariante dann die Anordnung eines **Nachvermächtnisses** vor, um nach dem Tod des Behinderten einen Zugriff des Sozialhilfeträgers auf das Vermächtnis nach § 102 SGB XII zu verhindern.

b) Schwachstelle bzgl. des Schutzes des Vermögens nach Versterben des Behinderten

199 Besondere Bedeutung kommt dabei der Vorschrift des § 2191 Abs. 1 BGB zu, nach der – anders als nach § 2139 BGB – der Vermächtnisanfall nicht vom Erblasser gilt, der das Nachvermächtnis angeordnet hat, sondern der Nachlass des Vorvermächtnisnehmers mit dem Nachvermächtnis beschwert ist. Folge ist, dass hier – anders als im Fall der Erbschaftslösung – die aus dem Vermögen des ursprünglichen Erblassers stammende Zuwendung nicht nach dem Tod des Behinderten automatisch auf den „weiteren Bedachten" – unabhängig von dem nach § 2130 BGB geltend zu machenden Herausgabeanspruch – übergeht, sondern sich der Vermächtnisanspruch gegen den Nachlass des Behinderten richtet, § 2174 BGB. Der Vermächtnisgegenstand fällt daher mit dem Tod des Behinderten in seinen Nachlass.[164] Gegen den Nachlass des Behinderten richtet sich jedoch auch ein Anspruch des Sozialhilfeträgers nach § 102 SGB XII, welcher Nachlassverbindlichkeit i.S.d. § 1967 BGB (vgl. § 102 Abs. 2 SGB XII)

---

161 Vgl. hierzu *Damrau*, ZEV 1998, 1; *Hartmann*, ZEV 2001, 89.
162 BGHZ 13, 203; MünchKomm/*Brandner*, § 2223 Rn. 1.
163 *Hartmann*, ZEV 2001, 98.
164 *Damrau*, ZEV 1998, 1.

ist. Dabei ist nicht von Bedeutung, dass nach § 102 SGB XII eine Haftung des (Nach-)Vermächtnisnehmers nicht vorgesehen ist[165] – auch der Wortlaut des § 102 SGB XII spricht wie der frühere § 92c BSHG nur vom Erben –, da i.d.R. der Nachvermächtnisnehmer auch Erbe des Behinderten ist und daher durch Konfusion der Anspruch auf **Erfüllung des Nachvermächtnisses erlischt**. Weiterhin wird begründet, dass es sich regelmäßig um ein **Universalvermächtnis** handeln wird und daher eine Haftung des Vermächtnisnehmers nach §§ 2378 Abs. 1, 2385 BGB analog ergeben würde.[166] Zudem endet mit dem Tod des Behinderten das **Amt des Testamentsvollstreckers**, weswegen gleichzeitig die Wirkungen des § 2214 BGB entfallen.[167]

Die gleiche Problematik besteht auch in dem Fall der zusätzlichen Anordnung eines Nachvermächtnisses bei der Erbschaftslösung, wodurch die Wirkungen des § 2306 Abs.1 BGB in Fällen der lebzeitigen ergänzungspflichtigen Zuwendungen verhindert werden sollen, bzw. nicht verbrauchte Nachlassfrüchte geschützt werden sollen.

200

Zur Frage der Konkurrenz dieser i.d.R. nicht aus dem Nachlass des Behinderten vollumfänglich erfüllbaren Ansprüche auf Nachvermächtnis und Kostenersatz der Sozialhilfe nach § 92c BSHG – bzw. in gleicher Weise nunmehr auch für § 102 SGB XII einschlägig – hat sich ein reger **„Schlagabtausch" in der Lit.** entwickelt. Immer zu berücksichtigen ist dabei, dass diese nach dem Tod des Behinderten entstehende Problematik nichts mehr mit der Sinn und Zweck der Gestaltung „zugunsten des Behinderten" und seinem Schutz zu tun hat, sondern allein die wirtschaftlichen Interessen der Nachvermächtnisnehmer/Erben des Behinderten bzw. den Willen des Erblassers am Schutz des Familienvermögens im Blick hat.

201

Ob ein derartiges Konkurrenzverhältnis zwischen dem Nachvermächtnisanspruch und dem Erstattungsanspruch des Sozialhilfeträgers besteht oder ob der Nachvermächtnisanspruch dem Anspruch des Sozialhilfeträgers auf Erstattung der geleisteten Sozialhilfe nach § 102 SGB XII vorgeht,[168] wird dabei mit verschieden Begründungsansätzen diskutiert und schließlich u.a. auf die Frage abgestellt, inwieweit der Zugriff des Sozialhilfeträgers dadurch ausgeschlossen werden kann, dass dem Testamentsvollstrecker auch die Vollziehung des Nachvermächtnisses nach § 2223 BGB übertragen wird.[169] Einschlägige Entscheidungen aus der Rspr. liegen hierzu offensichtlich noch nicht vor.

202

c) Würdigung der Vor- und Nachvermächtnislösung

Unabhängig davon, ob vertreten wird,[170] dass durchaus eine Konkurrenz der Ansprüche auf Nachvermächtnis und Kostenersatz besteht bzw. diese Ansicht die dahingehende Gestaltung als **„terra incognita"** bezeichnet, räumt die Gegenansichten zumindest teilweise ein, dass die dahingehenden „Rechtsfragen keineswegs als geklärt" und daher „Haftungsfragen nicht als sicher gebannt angesehen werden" können.[171]

203

---

165 Vgl. im Einzelnen *Schellhorn*, BSHG, § 92c Rn. 9 zur Rechtslage nach dem BSHG.
166 *Damrau/J.Mayer*, ZEV 2001, 293.
167 *Damrau*, ZEV 1998, 1; *Damrau/J.Mayer*, ZEV 2001, 293.
168 So z.B. *Spall*, MittBAyNot 2001, 249, der dies bereits mit der Haftungsbeschränkung aus § 92c Abs. 2 Satz 2 BSHG begründet.
169 *Spall*, ZEV 2002, 5; *Hartmann*, ZEV 2001, 98.
170 *Damrau*, ZEV 1998, 1; *Damrau/J.Mayer*, ZEV 2001, 293.
171 *Hartmann*, ZEV 2001, 98.

204 Soweit daher bei der Gestaltung der letztwilligen Verfügung der Wille des Erblassers über den reinen **Versorgungsgedanken** betreffend das behinderte Kind hinausgeht und daher auch nach dessen Versterben zwingend der Erhalt des anteiligen Vermögens für die „Nachfolger" beabsichtigt wird, kann wohl diese Gestaltungsvariante bis auf Weiteres nicht empfohlen werden. Sie wird daher unter Berücksichtigung der aufgezeigten Risiken letztlich nur in den Einzelfällen zu empfehlen sein, in denen aufgrund der Erbschaftslösung die gesamthänderisch entstehende Bindung des Nachlasses unbedingt vermieden werden muss.

205 Im Übrigen können auch bei dieser Gestaltungsvariante einige der bei der Erbschaftslösung zusätzlich bestehenden Bedenken und Schwachstellen nicht abschließend ausgeräumt werden (Verwaltungsanordnung, Sittenwidrigkeit, Ausschlagung, etc.), vgl. oben Rn. 182 ff.

3. Gestaltungsüberlegung: „einfache" Vermächtnislösung

a) Rechtliche Gestaltung

206 Soweit aufgrund der mit der Erbschaftslösung strukturell verbundenen Schwierigkeiten die Anordnung einer Vor- und Nacherbeneinsetzung vermieden werden soll, bietet sich in gewissen Fällen die Anordnung von Vermächtnissen an, ohne dass die Anordnung eines Nachvermächtnisses im Hinblick auf den Erhalt eines vom Erblasser stammenden Vermögens oder Vermögensgegenstandes erforderlich ist. Auch bei dieser Gestaltung gilt zunächst selbstverständlich, dass das Vermächtnis nach § 2307 BGB auf den **Pflichtteil** des Behinderten **angerechnet wird**.[172] Ebenfalls identisch mit den vorbeschriebenen Gestaltungsvarianten ist die Anordnung der Testamentsvollstreckung als Dauervollstreckung nach § 2209 BGB. Als Vermächtniszuwendungen kommen aber bei dieser Variante nur diejenigen Leistungen in Betracht, die nicht dem „Zugriff" des Sozialhilfeträgers unterliegen,[173] nicht als einzusetzendes Einkommen oder Vermögen i.S.d. SGB XII anzusehen sind und auch zu keinen Einschränkungen der Sozialhilfeleistungen aus einem anderen Grund, etwa wegen der anderweitigen Bedarfsdeckung, führen.

207 Die **Zuwendung eines Altenteilrechts**, zu dem regelmäßig die Übernahme von Wart- und Pflegeleistungen, die haushaltsübliche Verköstigung sowie die Einräumung eines Wohnungsrechtes gehört, wird dabei regelmäßig zumindest zu einer anteiligen Anrechnung auf das Einkommen nach §§ 85 ff. SGB XII (bisher §§ 76 ff. BSHG) führen.[174] Ferner ist zu berücksichtigen, dass bei Unterbringung des Behinderten in einem Heim dann aufgrund landesrechtlicher Bestimmungen (Art. 96 EGBGB z.B. i.V.m. Art. 18 ff. Bay AGBGB) regelmäßig eine Geldersatzleistung entsteht. Gleiches gilt nach den Grundsätzen des Wegfalls der Geschäftsgrundlage beim **gewöhnlichen Versorgungsvertrag**.[175] Die empfohlene Anordnung der Ortsgebundenheit der Versorgungsleistungen[176] zur Vermeidung einer Ersatzrente erscheint vor dem Hintergrund einer Entscheidung des BGH von Anfang 2003 vorläufig gesichert, da in einem derar-

---

172 Bei der Zuwendung von auf Lebenszeit beschränkten Versorgungsrechten und Renten ist jedoch dann zu beachten, dass bei der Bewertung des Wertes derartiger Rechte eine Kapitalisierung durchzuführen ist, um den Anrechnungsbetrag nach § 2307 BGB zu ermitteln.
173 *Van de Loo,* MittRhNotK 1999, 233, 242.
174 *Van der Loo,* NJW 1990, 2852; *Grube/Wahrendorf,* Sozialhilfe, § 93 Rn. 11, da überleitbarer Anspruch.
175 Vgl. hierzu näher *Littig/Mayer,* Sozialhilferegress, Rn. 99 ff., 253 ff.
176 *Van der Loo,* NJW 1990, 2852.

tigen Versorgungsvertrages als Vereinbarung zwischen Übergeber und Übernehmer nicht grundsätzlich eine Vereinbarung zu Lasten des Sozialhilfeträgers angenommen wird.[177]

Bei der Ausgestaltung der **Zuwendung eines Wohnrechtes** ist darauf zu achten, dass dieses nicht zur Nutzung an Dritte überlassen werden darf, da anderenfalls das Wohnungsrecht zweifelsfrei der Überleitung durch den Sozialhilfeträger nach § 93 SGB XII ausgesetzt ist. Hinzuweisen ist hierbei allerdings darauf, dass noch nicht von einer gesicherten Rechtslage bzgl. der Verneinung der Überleitungsfähigkeit eines Wohnrechtes ausgegangen werden kann.[178] Auch hier droht nach entsprechender Umwandlung in eine Geldersatzleistung nach den Grundsätzen des Wegfalls der Geschäftsgrundlage dann jedoch ggf. eine Überleitung. Die Anordnung des Ruhens des Rechts, während der Behinderte das **Wohnungsrecht nicht ausübt**, erscheint daher sicherlich sinnvoll. Gleiches gilt für die Anordnung des ersatzlosen Wegfalls, wenn der Behinderte nicht nur vorübergehend auszieht. Ob insoweit die zur Ortsgebundenheit von Versorgungsleistungen dargestellte Entscheidung des BGH[179] in Zukunft Bedeutung haben wird, ist auch hier sicherlich noch offen.

208

Unproblematisch ist dagegen im Wesentlichen die Zuwendung von Vermögenswerten, die **Schonvermögen** i.S.v. § 90 Abs. 2 SGB XII darstellen. Zu denken wäre also hierbei insb. an das angemessene Hausgrundstück i.S.d. § 90 Abs. 2 Nr. 8 SGB XII, das allerdings bei der vermächtnisweisen Zuwendung ohne Anordnung eines Nachvermächtnisses dann jedenfalls in den Eigennachlass des Behinderten fällt und daher dem Zugriff nach § 102 SGB XII ausgesetzt wäre, soweit nicht ein Haftungsausschluss nach § 102 Abs. 3 SGB XII vorliegt, weil z.B. ein angemessenes selbstgenutztes Einfamilienhaus auch beim Erben Schonvermögen i.S.d. § 90 Abs. 2 Nr. 8 SGB XII ist.[180]

209

Auch die vermächtnisweise **Zuwendung einer Leibrente** dürfte in diesen Fällen denkbar sein, da mit der Anordnung der Testamentsvollstreckung mit Verwaltungsanordnung nach § 2216 Abs. 2 BGB analog den obigen Gestaltungsvarianten zur Erbschaftslösung und Vor-/Nachvermächtnislösung einsetzbares bzw. zu Lebzeiten des Behinderten verwertbares Einkommen (§§ 82 ff. SGB XII) und Vermögen (§ 90 SGB XII) nicht vorliegt.

210

b) Würdigung

Die auf die Lebensdauer des Behinderten beschränkten Leistungsansprüche bieten den Vorteil, dass sie mit dem Tod des Behinderten enden und daher – ausgenommen von nicht verbrauchten Nutzungen/Rentenbeträgen – dann nicht weiter in den Eigennachlass des Behinderten fallen und daher auch nicht einem Zugriff nach § 102 SGB XII unterworfen sind. Soweit in derartigen Fällen bzgl. nicht verbrauchter Nutzungen/Rentenbeträgen die Anordnung eines Nachvermächtnisses empfohlen wird,[181] bleibt es allerdings bei der oben unter Rn. 199 ff. dargestellten Frage der Konkurrenz der Ansprüche aus Nachvermächtnis und dem Erstattungsanspruch nach § 102 SGB XII.

211

---

177 BGH ZErb 2003, 259 ff. m. Anm. *Littig*.
178 Die Überleitungsfähigkeit wird verneint durch OLG Braunschweig FamRZ 1997, 27; *van der Loo*, MittRhNotK 1989, 233, 243; vgl. auch OLG Münster NJW 2001, 2191.
179 Vgl. BGH ZErb 2003, 259 ff.
180 *Grube/Wahrendorf*, Sozialhilfe, § 102 Rn. 16.
181 *Spall*, MittBayNot 2001, 249 m. Formulierungsvorschlag S. 255.

212   **Formulierungsbeispiel:**[182]

„I. Ich vermache meinem Sohn … eine lebenslange Leibrente, die ihm von dem oder den Erben zu bezahlen ist.

Ausgangswert für die Rente ist der Reinwert von drei Vierteln des fiktiven gesetzlichen Erbteils meines Sohnes … . Der so ermittelte Betrag ist unter Berücksichtigung eines Rechnungszinses von 4 Prozent jährlich auf der Grundlage der an meinem Todestag geltenden Sterbetafel auf Lebzeit des Berechtigten zu verrenten.

Die so errechnete Rente ist von dem oder den Erben in monatlichen Raten von je einem Zwölftel des errechneten Jahresbetrages zu zahlen. Die erste Rate ist zahlbar ab dem vollen Monat, der auf die Testamentseröffnung erfolgt. Die Zahlung hat jeweils am ersten Werktag eines jeden Monats im Voraus zu erfolgen.

Zur Abtretung des Anspruchs bedarf es der Zustimmung des oder der Erben. Ein Kapitalwahlrecht besteht nicht.

Der Beschwerte hat sich auf ein erstes Anfordern aufgrund der Zahlungsverpflichtung der sofortigen Zwangsvollstreckung zu unterwerfen; Sicherheitsleistung kann nur in folgender Form verlangt werden: (…). Eine Wertsicherung der Rente oder ein Anpassungsvorbehalt wird nicht angeordnet. Ersatzvermächtnisnehmer werden nicht bestimmt.

2. Hinsichtlich dieses Vermächtnisses wird ein

Nachvermächtnis

angeordnet. Nachvermächtnisnehmer sind die Geschwister von … zu gleichen Teilen, ersatzweise deren Abkömmlinge, untereinander nach den Regeln der gesetzlichen Erbfolge, wiederum ersatzweise tritt Anwachsung ein. Das Anwartschaftsrecht ist nicht vererblich und nicht übertragbar. Nachvermächtnisfall ist der Tod meines Sohnes … . Vermacht ist dasjenige, was von der Substanz der … zugeflossenen Rentenbeträge samt Erträgnissen hieraus und Surrogaten beim Nachvermächtnisfall noch vorhanden ist. Es wird klargestellt, dass sich durch das Nachvermächtnis die Verpflichtung zur Zahlung der Rente nicht verlängert.

III. Zum Zwecke der dauernden Verwaltung des meinem Sohn … Zugewendeten , einschließlich der Erträgnisse hieraus, wird

Testamentsvollstreckung

in Form der Dauertestamentsvollstreckung angeordnet. (…)"
(Es folgt die übliche Anordnung der Dauertestamentsvollstreckung beim Behindertentestament bzgl. des Vermächtnisses.)

4. Gestaltungsüberlegung: gegenständlich beschränkte Erbschaftslösung mit Vermächtnis zugunsten der gesunden Abkömmlinge

213   Der Vollständigkeit halber soll noch auf einen weiteren Gestaltungsvorschlag[183] hingewiesen werden, der auf der Grundlage der Erbschaftslösung basiert und durch Anordnung von Vermächtnissen zugunsten der nicht behinderten Kinder die Nachteile der gesamthänderischen Bindung des Nachlasses vermeidet.

---

182 *Spall*, MittBayNot 2001, 249.
183 Vgl. hierzu *Grziwotz*, ZEV 2002, 409.

a) Rechtliche Gestaltung

Nach diesem Vorschlag erfolgt zunächst die Einsetzung des behinderten Kindes als **nicht befreiter Vorerbe**, die Einsetzung der Geschwister zu Nacherben. Gleichzeitig wird erneut für das behinderte Kind Testamentsvollstreckung mit entsprechenden Verwaltungsanordnungen angeordnet. Dabei erfolgt die Vorerbeneinsetzung des behinderten Kindes gegenständlich beschränkt, der Rest des Nachlasses wird im Wege der Anordnung von Vermächtnissen den gesunden Kindern zugewandt und der Vollzug dieser Vermächtnisse ebenfalls dem Testamentsvollstrecker übertragen (§ 2223 BGB).

b) Würdigung

Dieser Gestaltung ist sicherlich zuzugestehen, dass sie das Bestehen einer **Erbengemeinschaft** zwischen den nicht behinderten Kindern und dem behinderten Kind vermeidet und daher einer der wesentlichen Nachteile der Erbschaftslösung, nämlich die gesamthänderische Bindung des Nachlasses und die Mitsprache eines ggf. familienfremden Testamentsvollstreckers vermeidet. Ferner fällt mit dem Tod des Behinderten die Vorerbschaft nicht in den Eigennachlass des Behinderten, da der Nacherbe nicht Erbe des Vorerben sondern Erbe des Erblassers wird.[184] Ein Zugriff des Sozialhilfeträgers nach § 102 SGB XII scheidet daher ebenfalls aus.

Die Möglichkeit, auf der Grundlage dieser Lösung die Gestaltung einer letztwilligen Verfügung vorzunehmen, wird sich allerdings nach hiesiger Ansicht nur in den Fällen umsetzen lassen, in denen sich das Erblasservermögen in sinnvoller Weise in Vorerbennachlass und **Vermächtniszuwendung** teilen lässt. So wird ausgeführt,[185] dass in den typischen Fallkonstellationen, in denen es um die Sicherung des Familienheimes geht, Voraussetzung für eine derartige Gestaltung ist, dass außer der Immobilie ausreichend weiteres Vermögen vorhanden ist, das den Pflichtteil des behinderten Kindes übersteigt. Nicht übersehen werden darf bei dieser Gestaltungsvariante allerdings, dass im Falle der Unwirksamkeit der belastenden Anordnungen (z.B. § 138 BGB, § 2306 BGB) der Behinderte ohne Beschränkung Erbe wurde und damit das gesamte ihm als Alleinerbe zugewandte Vermögen dem Zugriff des Sozialhilfeträgers unterworfen ist.

Formulierungsbeispiel[186]

Testament

Ich, ..., geb. am ..., wohnhaft in ..., setze hiermit meinen Sohn, ..., geb. am ..., zu meinem Alleinerben ein; er ist jedoch nur Vorerbe und wird von den Beschränkungen der §§ 2113 ff. BGB ausdrücklich nicht befreit.

Nacherbe ist mein weiterer Sohn ..., geb. am ... . Ersatzerben sind die Abkömmlinge meines Sohnes ..., wobei bei mehreren § 1924 BGB entsprechend gilt. Der Nacherbfall tritt mit dem Tod des Vorerben ein. Die Nacherben bzw. die Ersatzerben sind gleichzeitig auch Ersatzerben in der angegebenen Rangfolge.

Mein Sohn ... erhält vermächtnisweise sämtliche Nachlassgegenstände, die bei meinem Versterben vorhanden sind, ausgenommen das Guthaben auf dem Konto Nr. ... bei den Vereinigten Sparkassen ... . Ersatzvermächtnisnehmer sind die Abkömmlinge meines Sohnes ..., wobei bei mehreren § 1924 BGB entsprechend gilt.

---

184 Vgl. oben Rn. 179.
185 *Grziwotz*, ZEV 2002, 409.
186 *Grziwotz*, ZEV 2002, 409.

Ich ordne Testamentsvollstreckung auf Lebensdauer meines Sohnes ... als Vorerben an, und zwar als Dauervollstreckung (§ 2209 BGB). Aufgabe des Testamentsvollstreckers ist es, sämtliche Verwaltungs- und Verfügungsbefugnisse des Vorerben auszuüben; er hat insb. auch die Aufgabe der Erfüllung des vorstehenden Vermächtnisses.

Als Testamentsvollstreckerin wird meine ..., geb. am ..., wohnhaft in ... bestimmt. Diese wird hiermit ermächtigt, jederzeit einen Nachfolger zu ernennen.

Die Testamentsvollstreckerin hat, was hiermit als verbindliche Verwaltungsanordnung gemäß § 2216 Abs. 2 BGB angeordnet wird, meinem Sohn ..., die jährlichen Zinsen, die auf dem vorbezeichneten Konto anfallen, in der Form der Überlassung von Geldbeträgen i.H.d. jeweiligen Rahmens, der nach den jeweiligen einschlägigen Gesetzen einem Behinderten maximal zur freien Verfügung zustehen kann, als Geschenk zu Weihnachten und Ostern, zum Geburtstag und Namenstag, wobei bei der Auswahl der Geschenke auf die Bedürfnisse meines Sohnes ausdrücklich einzugehen ist, als Zuschüsse zur Finanzierung eines Urlaubs bzw. Ausfluges, als Zuwendungen zur Befriedigung geistiger und künstlerischer Bedürfnisse sowie zur Befriedigung individueller Bedürfnisse in Bezug auf die Freizeitgestaltung, wozu insb. auch das Hobby Malen zählt, zuzuwenden. Für welche der genannten Aktivitäten die Zinsen verwendet werden sollen, ob diese also auf sämtliche gleichmäßig oder nach einem bestimmten Schlüssel anteilsmäßig verteilt werden, ob diese in einem Jahr nur für die eine oder mehrere der genannten Aktivitäten verwendet werden, entscheidet die Testamentsvollstreckerin nach billigem Ermessen, wobei sie allerdings immer auf das Wohl meines Sohnes ... bedacht sein soll. Werden die Zinsen in einem Jahr nicht in voller Höhe meinem Sohn zugewandt, so sind diese gewinnbringend anzulegen. Sind größere Anschaffungen, wie bspw. der Kauf eines Gegenstandes zur Steigerung des Lebensstandards, eine größere Reise oder Ähnliches beabsichtigt, hat die Testamentsvollstreckerin entsprechende Rücklagen zu bilden und diese zu gegebener Zeit zur Finanzierung zu verwenden. Im Übrigen gelten für die Testamentsvollstreckung die gesetzlichen Bestimmungen.

... [Ort], den ... [Datum]

[Name/Unterschrift]

(handschriftlich oder notariell beurkundet)

5. Gestaltungsüberlegung: Anordnung von Auflagen

218 Die zunächst augenscheinlich dem Wunsch nach Versorgung des behinderten Kindes am nächsten kommende Möglichkeit der Anordnung von Auflagen nach §§ 1940, 2192 ff. BGB, also z.B. die Verpflichtung der gesunden und als Erben eingesetzten Geschwister des Behinderten sich um diesen zu kümmern oder ihm Wohnraum zu gewähren, ist dagegen nicht empfehlenswert. Die so erfolgten vermögenswerten Zuwendungen können nicht auf den Pflichtteil angerechnet werden, wie dies bei der Zuwendung eines Erbteiles nach § 2305 BGB oder bei Zuwendung eines Vermächtnisses nach § 2307 BGB erfolgt.

219 Der **Pflichtteilsanspruch** nach §§ 2303 ff. BGB besteht daher und kann vom Sozialhilfeträger nach § 93 SGB XII übergeleitet werden. Unabhängig hiervon wäre allerdings besonderes Augenmerk auf die Frage zu richten, wer die Vollziehung der Auflage verlangen kann, da nach § 2194 BGB der Begünstigte der Auflage gerade nicht vollzie-

hungsberechtigt ist, damit auch nicht sein gesetzlicher Vertreter. „Sinnvollerweise wäre dann die Auflage mit einer Testamentsvollstreckung zu verbinden".[187]

6. Allgemeine Stellungnahme zu den Gestaltungsvorschlägen

Insgesamt lässt sich sagen, dass aufgrund der aufgezeigten Grenzen bei der Abfassung des Behinderten-Testaments äußerste Sorgfalt geboten ist. Dabei ist insbesondere auf die Besonderheiten des Einzelfalls noch mehr als sonst einzugehen.

220

Nach den genannten Grundsatzentscheidungen des BGH bezieht das Behindertentestament seine innere Rechtfertigung, gerade gegenüber dem Vorwurf der Sittenwidrigkeit, daraus, dass es dem Behinderten ein „Mehr" gibt als dasjenige, was ihm der Sozialhilfeträger an allg. Leistungen nach dem BSHG gewähren kann. Das **Wohl des Behinderten** muss daher die **Richtschnur für die Gestaltung** sein und nicht die Erhaltung des Vermögens im Familienbesitz. Dies muss auch in der konkreten Ausgestaltung der Verfügung von Todes wegen deutlich werden. Dabei gilt: Es gibt kein Behindertentestament von der Stange.[188]

221

Zudem stellt sich sicherlich die Frage, inwieweit einem juristischen Laien die Wirkungen, Folgen und auch Pflichten (Testamentsvollstrecker) einer derartigen Gestaltung vermittelt werden können, bzw. in jedem Einzelfall auch der/die Eltern eines behinderten Kindes sich über die **Tragweite und Bedeutung** „seines/ihres testierten Willens" wirklich bewusst sind. Hier hat der Berater sicherlich ein erhebliches Maß an Aufklärung zu leisten.

222

G. „Bedürftigentestament"[189] für Langzeitarbeitslose

I. Gesetzliche Ausgangslage

Seit 1.1.2005 erhält nach § 7 SGB II **Grundsicherung für Arbeitsuchende** (Erwerbsfähige im Alter zwischen 15 und 65 mit gewöhnlichen Aufenthalt in der Bundesrepublik Deutschland), wer hilfebedürftig ist. Leistungen in Form des sog. Sozialgeldes erhalten dabei auch Personen, die mit einem erwerbsfähigen Hilfebedürftigen in einer Bedarfsgemeinschaft leben.

223

Hilfebedürftig ist nach § 9 Abs. 1 SGB II, wer seinen Lebensunterhalt, seine Eingliederung in Arbeit und den Lebensunterhalt der mit ihm in einer Bedarfsgemeinschaft lebenden Personen nicht oder nicht ausreichend aus eigenen Kräften und Mitteln, vor allem nicht durch Aufnahme einer zumutbaren Arbeit oder aus dem zu berücksichtigenden Einkommen und Vermögen sichern kann und die erforderliche Hilfe nicht von anderen, insb. von Angehörigen oder von Trägern anderer Sozialleistungen erhält. Das zu berücksichtigende Vermögen ergibt sich dabei aus § 12 SGB II, das zu berücksichtigende Einkommen aus § 11 SGB II.

224

Dabei entspricht § 12 Abs. 1 SGB XII inhaltlich der Parallelbestimmung des § 90 Abs. 1 SGB XII. Als Vermögen ist hier alles **verwertbare Vermögen** zu berücksichtigen. Die Verwertbarkeit kann dabei sowohl aus **wirtschaftlichen wie auch aus recht-**

225

---
[187] *Dittmann/Reimann/Bengel*, Testament und Erbvertrag, Systemat. Teil E, Rn. 207.
[188] Eingehend dazu *J. Mayer*, ZErb 1999, 60 ff. u. 2000, 16 ff.
[189] Bezeichnung nach *Kornexl* entsprechend seinem Vortrag „Vom Behindertentestament zum Bedürftigentestament" vgl. DAI-Skript zur 2. Jahresarbeitstagung des Notariats 2004, S. 171 ff. – nicht veröffentlicht.

lichen Gründen ausgeschlossen sein.[190] Dabei liegt ein Fall der rechtlichen Unverwertbarkeit dann vor, wenn der Hilfesuchende einer zumindest nicht nur vorübergehenden Verfügungsbeschränkung unterliegt. Im Bereich des früheren Sozialhilferechts hat dabei der VGH Mannheim eine solche zu berücksichtigende Verfügungsbeschränkung bejaht, wenn der Erbe über den Nachlass aufgrund einer angeordneten Dauertestamentsvollstreckung nicht verfügen konnte.[191]

226 Auch die **Überleitungsmöglichkeit** nach § 33 Abs. 1 SGB II decken sich dabei im Wesentlichen mit den Bestimmungen des § 93 SGB XII zur Sozialhilfe.

II. Gestaltungsüberlegung

1. Rechtliche Gestaltung

227 Vor dem Hintergrund dieser sich seit dem 01.01.2005 aufzeigenden Parallelen zwischen Grundscherung für Arbeitsuchende nach SGB II und Sozialhilfe nach SGB XII drängt sich eine Übertragung der Gestaltung des Behindertentestaments auch auf Fälle der Absicherung von Langzeitarbeitslosen auf.

228 Es werden sich dabei auch in den Fällen, bei denen es zur Inanspruchnahme der Grundsicherung für Arbeitsuchende kommt, in gleicher Weise wie beim klassischen Behindertentestament – und bei der Erbeinsetzung eines Überschuldeten durch Anordnung einer Verwaltungsvollstreckung (§ 2209 BGB) auf Lebenszeit des Betroffenen zusammen mit einer sorgfältigen Verwaltungsanordnung nach § 2216 Abs. 2 Satz 1 BGB zu Lebzeiten des Langzeitarbeitslosen – die sich ergebenden Probleme abfangen lassen.

229 Denn dann besitzt der Leistungsberechtigte weder eigenes, verwertbares Vermögen, auf dessen Einsatz er vorrangig verwiesen werden kann, noch kann dies durch Überleitung von Ansprüchen nach § 33 Abs. 1 SGB XII vom Leistungsträger realisiert werden.

230 Ferner ist bei diesen Konstellationen, wie bisher auch schon im Sozialhilferecht (hierzu bisher § 92c BSHG, jetzt § 102 SGB XII), zu berücksichtigen, dass es eine sehr weitreichende **Erbenhaftung** gibt. Diese findet sich bei der Grundsicherung für Arbeitsuchende in § 35 SGB II. Danach ist der Erbe desjenigen, der Leistungen zur Sicherung des Lebensunterhalts empfangen hat, zum Ersatz der Leistung verpflichtet, soweit diese innerhalb der letzten zehn Jahre vor dem Erbfall erbracht worden sind und den Betrag von 1.700,- €[192] übersteigen. Die Ersatzpflicht ist auf den Wert des Nachlasses im Zeitpunkt des Erbfalls begrenzt.

231 Auch diese Regelung deckt in weiten Teilen die Bestimmung des § 103 SGB XII bzw. des bisherigen § 92c BSHG,[193] so dass zu ihrer Auslegung die Rspr. und die einschlägige Lit. zu dieser sozialhilferechtlichen Vorschrift herangezogen werden kann.[194] Dies bedeutet weiterhin, dass den Gefahren der Inanspruchnahme des Erben des Leistungsempfängers auch mit einem weitgehend bekannten Instrumentarium begegnet

---

190 *Krauß*, MittBayNot 2004, 330, 333; *Grube/Wahrendorf*, Sozialhilfe, § 12 SGB II Rn. 6.
191 VGH Mannheim NJW 1993, 152 ebenso *Birk/Brühl* u.a., LPK-BSHG, § 88 Rn. 17.
192 § 35 Abs. 2 SGB II: 15.500 wenn Erbe Partner des Leistungsempfängers oder mit diesem verwandt war u. mit ihm in häuslicher Gemeinschaft gelebt und ihn gepflegt hat; bei besonderer Härte kein Ersatzanspruch.
193 *Grube/Wahrendorf*, Sozialhilfe, § 35 Rn. 2.
194 *Grube/Wahrendorf*, Sozialhilfe, § 102 Rn. 1; *Birk/Brühl* u.a., LPK-BSHG, § 92c Rn. 17.

werden kann. Um nach dem Erbfall die Erbenhaftung des § 35 SGB II zu vermeiden, besteht daher, ebenso wie beim Behindertentestament bereits entwickelt, die Möglichkeit, folgende Anordnungen zu treffen:
– eine Vor- und Nacherbschaft oder alternativ hierzu
– ein Vor- und Nachvermächtnis,
wobei nach den obigen Ausführungen zum Behindertentestament der Vor- und Nacherbschaft eindeutig als der „bewährteren Gestaltung" der Vorzug gegeben werden sollte.

2. *Schwachstellen und Bedenken*

a) Sittenwidrigkeit und Unwirksamkeit

Zunächst kann hinsichtlich der Schwachstellen und Bedenken im Wesentlichen auch auf die hierzu gemachten Ausführungen beim Behindertentestament, insb. zur **Sittenwidrigkeit** und den Problematiken aus § 2306 BGB verwiesen werden.

232

Zusätzlich dürfte dabei abzuwarten sein, inwieweit die Rspr. auch bei einer derartigen Gestaltung „zugunsten eines Langzeitarbeitslosen" mit gleicher Begründung das Vorliegen einer Sittenwidrigkeit verneint, steht bei der Grundsicherung für Arbeitssuchende nicht nach § 1 SGB II der Grundsatz des „*Fördern* und *Fordern*" im Vordergrund. Auch wenn dadurch sicherlich nicht die nach Art. 14 GG geschützte Testierfreiheit in ihrer Bedeutung tangiert wird, kann sich in diesen Fällen doch zumindest „ergebnisorientiert" eine andere Sichtweise der Gerichte ergeben.[195]

233

Gleiches dürfte im übrigen zu bedenken sein, wenn eine Gestaltung soweit geht, als sie die Wirkungen der Beschränkungen auf die Dauer eines Bezuges der Leistungen aus der Grundsicherung beschränkt, also **mit Ende der Langzeitarbeitslosigkeit** diese wegfallen (z.B. auflösende Vorerbenstellung mit Ende der Testamentsvollstreckung) oder mit Eintritt der Langzeitarbeitslosigkeit (z.B. durch bedingtes Herausgabevermächtnis[196]) erst eintreten.

234

Letztlich bleibt abzuwarten, ob derartige Gestaltungen, die den **sozialhilferechtlichen Nachranggrundsatz** in sein Gegenteil verkehren, von den sozialrechtlichen Leistungsträgern anerkannt oder nicht aber als sittenwidrig (§ 138 BGB) verworfen und damit die Gewährung von Leistungen auf „Alog. II" und „Sozialgeld" verweigert werden.

235

Sollten darüber hinaus bei dem „langzeitarbeitslosen" Abkömmling die Voraussetzungen nach § 2338 BGB vorliegen, sollte daher sicherlich auch weiter die Möglichkeit der **„Pflichtteilsbeschränkung in guter Absicht"** in die Gestaltungsüberlegungen miteinbezogen werden.

236

b) Verhalten des „Langzeitarbeitslosen"

Während in den Fällen des Behindertentestaments für den Behinderten ein gesetzlicher Vertreter, i.d.R. ein Betreuer, über die Frage der **Ausschlagung der Erbschaft**

237

---

195 Vgl. hierzu auch *Kornexl*, DAI-Skript, S. 226, der allerdings zwischen fehlender Erwerbsfähigkeit (Behinderung) und fehlender Erwerbsmöglichkeit (dauerhafte Arbeitslosigkeit) keinen qualitativen und damit rechtlich anders zu bewertenden Unterschied sieht.
196 Vorschlag nach *Kornexl*, DAI-Skript, S. 224.

unter den Voraussetzungen des § 2306 Abs.1 BGB entscheidet, liegt die Entscheidungsbefugnis vorliegend beim Langzeitarbeitslosen.

238 Dieser kann auch letztlich für sich wirtschaftlich nachteilige Entscheidungen treffen, ohne dass hiergegen seitens der Miterben bzw. der Familie irgendwelche Möglichkeiten bestehen. So ist nicht auszuschließen, dass der Langzeitarbeitslose die Dauer seiner zukünftigen Arbeitslosigkeit vollkommen anders als der Erblasser bewertet.

239 Gerade bei sich ergebenden nicht unerheblichen und kurzfristig realisierbaren Pflichtteilsansprüchen stehen möglicherweise auch eigene aktuelle Wünsche, wie Urlaubsreisen, Luxusgüter, etc. im Vordergrund, nicht jedoch eine länger dauernde Versorgung, geschweige denn ein Schutz des Familienvermögens zugunsten anderer – ohnehin ggf. bereits abgesicherter – Familienangehöriger.

240 Nicht übersehen werden darf ferner, dass sich aus dem Verhältnis zwischen Langzeitarbeitslosem und Testamentsvollstrecker erhebliches **Konfliktpotential** über die Frage der Verwaltung des Erbteiles bzw. die Ausschüttung der Nutzungen entsprechend der Auslegung der Verwaltungsanordnungen des Erblassers nach § 2216 Abs. 2 BGB bis hin zu Entlassungsanträgen (§ 2227 BGB) ergeben kann.

c) Zusammenfassende Würdigung

241 Als **erste Einschätzung** ergibt sich aber insgesamt, dass „*Hartz IV*" die Gestaltungspraxis zwar nicht vor qualitativ neue Probleme stellen wird, also im Wesentlichen ein Rückgriff auf das bewährte Gestaltungsinstrumentarium zum Behindertentestament denkbar ist, allerdings insoweit die Entwicklung der Rspr. zu beobachten ist. Sollte nach Vorliegen der ersten Entscheidungen diese Gestaltungsmöglichkeit als gesichert angesehen werden können, wird dann aber bei weiterer Fortdauer der derzeitigen Situation auf dem Arbeitsmarkt mit großer Wahrscheinlichkeit, trotz der außerhalb der Sittenwidrigkeit weiter bestehenden Problemkreise, in quantitativer Hinsicht mit einem wesentlich häufigerer Regelungsbedarf zu rechnen sein.

21. Kapitel
Testamentsgestaltung

Übersicht:

- A. Allgemeines 1089
  - I. Vorsorgeplanung 1089
  - II. Ermittlung der Ausgangslage 1089
    1. Persönliche Verhältnisse 1089
    2. Wirtschaftliche Verhältnisse 1090
       - a) Ist-Vermögen 1091
       - b) Fiktives Vermögen 1091
    3. Wünsche und Absichten des Erblassers 1092
  - III. Berücksichtigung möglicher Entwicklungen 1092
  - IV. Begleitende Maßnahmen 1093
  - V. Berücksichtigung von Auslegungsregeln 1093
  - VI. Pflichtteilsrecht als Schranke der erbrechtlichen Verfügungsfreiheit 1094
- B. Rechtliche Grundlagen 1095
  - I. Testierfähigkeit 1095
  - II. Formalien des eigenhändigen Testaments 1097
    1. Testamentsniederschrift 1097
    2. Unterschrift 1098
    3. Zeit- und Ortsangabe 1099
    4. Gemeinschaftliches Testament 1099
  - III. Testierfreiheit 1099
  - IV. Erbeinsetzung 1101
    1. Grundsatz der Universalsukzession 1101
    2. Die Bestimmung der Erben 1101
    3. Erbengemeinschaft 1103
    4. Bestimmung des Ersatzerben 1103
    5. Anwachsung 1104
  - V. Anordnung von Vor- und Nacherbschaft 1104
  - VI. Anordnungen für die Auseinandersetzung der Erbengemeinschaft 1106
    1. Teilungsanordnung (§ 2048 BGB) 1106
    2. Das Vorausvermächtnis (§ 2150 BGB) 1107
    3. Überquotale Teilungsanordnung 1108
    4. Übernahmerecht 1109
    5. Auseinandersetzungsverbot 1109
  - VII. Vermächtnis 1110
    1. Allgemeines 1110
       - a) Ausschlagung des Vermächtnisses 1110
       - b) Beschwerter 1111
       - c) Ersatzvermächtnisnehmer und Anwachsung 1111
       - d) Pflichtteilslast bei Vermächtnissen 1111
    2. Vermächtnisformen 1112
       - a) Verschaffungsvermächtnis 1112
       - b) Bestimmungsvermächtnis 1112
       - c) Gattungsvermächtnis 1113
       - d) Wahlvermächtnis 1113
       - e) Rentenvermächtnis 1113
       - f) Nießbrauchsvermächtnis 1114
       - g) Wohnungsrechtsvermächtnis 1114
  - VIII. Auflage 1115
  - IX. Familienrechtliche Anordnungen 1116
  - X. Testamentsvollstreckung 1117
    1. Sinn und Zweck der Testamentsvollstreckung 1117
    2. Rechtsstellung des Testamentsvollstreckers 1117
    3. Arten der Testamentsvollstreckung 1118
       - a) Abwicklungsvollstreckung 1118
       - b) Schlichte Verwaltungsvollstreckung 1118
       - c) Dauertestamentsvollstreckung 1118
       - d) Vermächtnisvollstreckung 1119
       - e) Testamentsvollstreckung mit beschränktem Aufgabenkreis 1119
       - f) Nacherbentestamentsvollstreckung 1119
    4. Anordnung der Testamentsvollstreckung 1120
    5. Verhältnis zwischen Testamentsvollstrecker und Erben 1120
    6. Verhältnis zwischen Testamentsvollstrecker und Nachlaßgericht 1121
  - XI. Enterbung, Pflichtteilsentziehung, Pflichtteilszuwendung 1121
    1. Enterbung: 1121
    2. Pflichtteilsentziehung 1122
       - a) Pflichtteilserziehung bzgl. Abkömmlingen, § 2333 BGB 1122
       - b) Pflichtteilsentziehung gegenüber den Eltern, § 2334 BGB 1123

	c) Pflichtteilsentziehung gegenüber dem Ehegatten, § 2335 BGB	1123	
	d) Form und Begründung der Entziehung	1124	
	e) Verzeihung	1124	
3.	Pflichtteilsentziehung in guter Absicht, § 2338 BGB	1124	
4.	Pflichtteilszuweisung	1125	
XII.	Ehegattentestament	1126	
1.	Allgemeines	1126	
2.	Verfügungen für den ersten Todesfall	1127	
3.	Verfügungen für den zweiten Todesfall	1127	
4.	Bindungswirkung, Wechselbezüglichkeit und Abänderungsmöglichkeit	1128	
5.	Wiederverheiratungsklausel	1129	
6.	Anfechtungsverzicht	1129	
7.	Pflichtteilsklausel	1130	
8.	Regelung für den Fall der Scheidung	1130	
XIII.	Verwahrung	1131	
XIV.	Testamente mit Auslandsbezug	1131	
1.	Erbstatut	1132	
2.	Rückverweisung	1132	
3.	Nachlassspaltung	1132	
C. Formulierungsbeispiele Einzeltestamente		1133	
I.	Teilungsanordnung; Schweigepflichtentbindungserklärung	1133	
II.	Vor- und Nacherbschaft; Testamentsvollstreckung; Vorausvermächtnis	1133	
III.	Erbengemeinschaft; überquotale Teilungsanordnung	1135	
IV.	Nießbrauchsvermächtnis; Hausratsvermächtnis; Pflichtteilsklausel	1135	
V.	Benennung eines Pflegers; Vermögensverwaltungsausschluss	1136	
D. Formulierungsbeispiele Ehegattentestamente		1137	
I.	Alleinerbeneinsetzung; Teilungsanordnung; Bindungswirkung; beschränkter Änderungsvorbehalt; Anfechtungsverzicht	1137	
II.	Erbengemeinschaft; Nießbrauch zugunsten der Ehegatten; Testamentsvollstreckung; Hausratsvermächtnis; Auseinandersetzungsausschluss; Regelung für den Fall der Scheidung	1139	
E. Besondere Gestaltungssituationen		1141	
I.	Behindertentestament	1141	
1.	Allgemeines	1141	
2.	Formulierungsbeispiel: Gemeinschaftliches Testament bei einem behinderten Erben	1143	
II.	Unternehmertestament	1146	
1.	Allgemeines	1146	
	a) Einzelunternehmen im Erbfall	1146	
	b) Personengesellschaften im Erbfall	1147	
	aa) Fortsetzungsklausel	1148	
	bb) Einfache Nachfolgeklausel	1148	
	cc) Qualifizierte Nachfolgeklausel	1149	
	dd) Eintrittsklausel	1149	
	c) Kapitalgesellschaften im Erbfall	1150	
	aa) GmbH	1150	
	bb) Aktiengesellschaft	1150	
2.	Formulierungsbeispiel:		
	a) Unternehmertestament (1)	1150	
	b) Unternehmertestament (2)	1151	
III.	Testament des Landwirts	1152	
1.	Allgemeines	1152	
2.	Formulierungsbeispiel: Einzeltestament des Landwirts	1154	
IV.	Testamente für Geschiedene und Patchworkehen	1155	
1.	Allgemeines	1155	
	a) Nacherbenlösung	1156	
	b) Bestimmung des Vorerben	1156	
	c) Zeitpunkt des Nacherbfalls	1157	
	d) Bestimmung des Nacherben	1157	
	e) Anwartschaftsrecht des Nacherben	1157	
	f) Stellung des Vorerben	1158	
	g) Zusammenfassung	1158	
	h) Vermächtnislösung	1158	
	i) Stellungnahme	1159	
2.	Formulierungsbeispiel: Geschiedenentestament	1159	

A. Allgemeines

I. Vorsorgeplanung

In den nächsten zehn Jahren werden in Deutschland ca. zwei Bill. € vererbt. Lediglich in 43 Prozent aller Fälle wird jedoch nur eine letztwillige Verfügung abgeschlossen. In den übrigen Todesfällen tritt die **gesetzliche Erbfolge** ein. Die gesetzliche Erbfolge entspricht aber in den meisten Fällen nicht den Wünschen der Beteiligten, insb. nicht im Fall von Ehegatten. Der Todesfall bringt neben dem persönlichen Verlust eine Vielzahl rechtlicher und steuerlicher Probleme mit sich. Eine vernünftige und umfassende Vorsorgeplanung sollte deshalb unbedingt vorhanden sein. Zur Absicherung der Vermögensnachfolge dient insb. die **Verfügung von Todes wegen**.

II. Ermittlung der Ausgangslage

Die Erarbeitung einer letztwilligen Verfügung setzt zwingend eine detaillierte Kenntnis des Sachverhalts durch den Berater voraus. Der Berater kann bei Erfassung des Sachverhalts gar nicht penibel und kleinlich genug vorgehen. Nur die exakte Kenntnis des Sachverhalts garantiert letztendlich eine erfolgreiche Mandatsführung. Die Ermittlung der Ausgangslage wird i.d.R. einen Großteil des Zeitaufwandes des Mandats beanspruchen. Der Berater sollte sich hierzu sämtliche notwendigen Dokumente vorlegen lassen oder selbst beiziehen.

> **Praxishinweis:**
> Aus haftungsrechtlichen Erwägungen sollte dem Mandanten vor Gestaltung der Verfügung von Todes wegen der ermittelte Sachverhalt nochmals schriftlich überlassen werden mit der Bitte um Durchsicht und ggf. Korrektur. So kann später nachvollzogen werden, von welchen Voraussetzungen der Berater bei Erstellung der Verfügung von Todes wegen ausgehen durfte.
>
> Im Wesentlichen untergliedert sich die **Sachverhaltsdarstellung** in drei Bereiche:
> – persönliche Verhältnisse
> – wirtschaftliche Verhältnisse
> – Wünsche und Absichten des Erblassers

1. Persönliche Verhältnisse

Bei der Personenerfassung wird es zunächst in jedem Fall ratsam sein, einen **Familienstammbaum** des Mandanten zu erstellen. Der Stammbaum versetzt den Berater in jeder Phase des Mandats in die Lage, einen schnellen Überblick über die am Verfahren Beteiligten zu gewinnen. Außerdem können aus dem Stammbaum heraus sehr schnell die Erbquoten und Pflichtteilsquoten der Beteiligten ermittelt werden.

Hinsichtlich der Daten des Erblassers sollten im Testament wenigstens Name, Vorname, Geburtsname, Geburtsdatum, Geburtsort und der derzeitige Wohnsitz angegeben werden. Gleiches empfiehlt sich auch für die übrigen Beteiligten, egal ob diese **Erben**, **Vermächtnisnehmer** oder **Auflagenbegünstigte** sind.

Daneben sind auch die **Güterstände** festzustellen, da diese aus zivilrechtlicher Sicht erheblichen Einfluss auf die Höhe der Erbquoten haben und auch steuerlich i.R.d. Freibeträgen im Erbschaftsteuerrecht zu berücksichtigen sind (§ 5 ErbStG).

6   Bei Feststellung der Güterstände gilt es zu bedenken, dass die Ehegatten, die am 31.3.1953 im damaligen gesetzlichen Güterstand der Verwaltung und Nutznießung des Mannes gelebt haben, in den neuen gesetzlichen Güterstand der **Zugewinngemeinschaft** transferiert wurden, es sei denn, dass bis zum 30.6.1958 von einem der Ehegatten gegenüber dem AmtsG erklärt wurde, dass für die Ehe weiter **Gütertrennung** gelten soll. Einer Zustimmung des anderen Ehegatten war hierzu nicht erforderlich.[1]

7   In diesem Zusammenhang ist für die **neuen Bundesländer** Art. 234 § 4 EGBGB zu beachten, dessen Absatz 1 wie folgt lautet:

> *„Haben die Ehegatten am Tag des Wirksamwerdens des Beitritts im gesetzlichen Güterstand der Eigentums- und Vermögensgemeinschaft des Familiengesetzbuches der DDR gelebt, so gelten, soweit die Ehegatten nichts anderes vereinbart haben, von diesem Zeitpunkt an die Vorschriften über den gesetzlichen Güterstand der Zugewinngemeinschaft."*

Die Fortgeltung des alten DDR-Güterstandes wurde von ca. 1200 Ehen gewählt. Es sollten deshalb alle Ex-DDR-Eheleute vorsorglich nach der Geltendmachung dieser Option befragt werden.

8   Ferner ist freilich auch die Frage der **Staatsangehörigkeit** zu klären, weil sich das Erbrechtsstatut nach der Staatsangehörigkeit richtet (§ 25 EGBGB) und auch das Güterrechtsstatut der Staatsangehörigkeit folgen kann (Art. 14, 15 EGBGB); Näheres hierzu in Rn. 178 ff.

2. Wirtschaftliche Verhältnisse

9   Neben einem Familienstammbaum sollte der Berater bei Ermittlung der Ausgangslage das Vermögen des Mandanten in einem **Nachlassverzeichnis** erfassen. Hierbei sollte insb. nach Immobilien, Geld bzw. Bar- und sonstigem Vermögen differenziert werden. Ebenso erfasst werden sollten Lebensversicherungen und Verträge zugunsten Dritter auf den Todesfall. In Bezug auf die Lebensversicherungen sollte die Art der Versicherung, die Versicherungssumme sowie die beteiligten Personen (Versicherungsnehmer, versicherte Person und bezugsberechtigte Person) festgehalten werden. Eingang in das Nachlassverzeichnis müssen natürlich auch Verbindlichkeiten des Mandanten finden.

10 Bei Eheleuten ist es wichtig festzuhalten, wer im **Grundbuch** als Eigentümer einer Immobilie steht und/oder auf welchen Namen vorhandene Bankkonten laufen. Ferner ist die Frage der Vererblichkeit des Vermögens abzuklären. Handelt es sich bei bestimmten Vermögensbestandteilen bspw. nur um Vorerbenvermögen, dann kann der Erblasser selbst hierüber nicht verfügen. Im Weiteren hat der Berater sein Augenmerk darauf zu richten, ob sich **Grundbesitz im Ausland** befindet. Hier kann es zu einer **Nachlassspaltung** kommen, wenn das ausländische Erbrecht das sog. **„lex rei sitae"** (Recht des Lageortes oder Belegenheitsstatut) vorsieht; Näheres hierzu in Rn. 181 ff. Eine Nachlassspaltung bewirkt auch die Zugehörigkeit eines Hofes im Sinne einer **Höfeordnung** zum Nachlass.[2] Sofern der Hof nicht in die Höferolle eingetragen ist oder sich außerhalb eines Bundeslandes befindet, in dem es ein Anerbenrecht gibt,[3] gilt das sog. Landgutrecht. Ein Miterbe des Hofes kann nur über das besondere Zu-

---

[1] *Krug/Rudolf/Kroiß*, Erbrecht, § 3 Rn. 9.
[2] Palandt/*Edenhofer*, § 1922 Rn. 9.
[3] So in Berlin, Bayern, dem Saarland und den neuen Bundesländern.

weisungsverfahren gem. §§ 13 ff. Grundstückverkehrsgesetz das Eigentum an dem Hof allein erwerben. Das Verfahren dauert i.d.R. sehr lange und der Ausgang ist zudem ungewiss; Näheres hierzu unten Rn. 216 ff.

Des Weiteren sind im Mandantengespräch Besonderheiten in der familiären Struktur herauszuarbeiten. Hierunter fallen bspw. behinderte (vgl. Rn. 189) oder drogenabhängige Kinder. Beinahe schon die Regel stellt die Fallkonstellation dar, dass einer oder gar beide Ehegatten bereits verheiratet waren und Kinder mit in die Ehe bringen, wenn also sog. **„Patchworkfamilien"** bestehen (vgl. Rn. 227). 11

Ganz besondere Vorsicht ist geboten bei der Errichtung eines Testaments für einen Unternehmer. Es ist streng zwischen **Privat- und Betriebsvermögen** zu unterscheiden. Hier gelten sowohl in zivilrechtlicher als auch in steuerlicher Sicht Sondervorschriften, vgl. dazu speziell Rn. 198. 12

Sodann hat hinsichtlich der jeweiligen Vermögensgegenstände eine steuerliche Qualifizierung zu erfolgen. Auch an dieser Stelle ist zwischen Privat- und Betriebsvermögen zu unterscheiden. Dies spielt nicht nur für die Berechnung der Erbschaftsteuer eine Rolle, sondern auch für die erbrechtliche Gestaltung sowie i.R.d. Einkommensteuerrechts. Der Berater hat den Mandanten bei Mandatsaufnahme jedoch nicht nur nach seinem **Ist-Vermögen**, sondern auch nach seinem **fiktiven Vermögen** zu befragen. 13

a) Ist-Vermögen

Ist-Vermögen, ist das derzeitige Vermögen des Erblassers und das zum Zeitpunkt des Erbfalls vorhandene Vermögen umfasst. 14

b) Fiktives Vermögen

Unter dem fiktiven Vermögen sind die sog. **Vorempfänge**. Der Berater muss unbedingt feststellen, welche **lebzeitigen Zuwendungen** der Mandant und sein Ehegatte an seine Abkömmlinge, seinen Ehegatten oder an Dritte vorgenommen hat. Zum einen spielen diese im Rahmen von **Pflichtteilsergänzungsansprüchen** eine Rolle, zum anderen sind Vorempfänge zur Ausgleichung (§§ 2050 ff. BGB) unter Abkömmlingen von Relevanz. Bei Zuwendungen nach § 2050 Abs. 1 BGB (Ausstattungen gem. § 1624 BGB) und § 2050 Abs. 2 BGB (Übermaßausbildung) sind das sog. „geborene" Ausgleichungen, da diese von ihrem Wesen her immer auszugleichen sind. Es sei denn, es liegt eine anders lautende Anordnung des Erblassers vor. Bei den sonstigen Zuwendungen i.S.d. § 2050 Abs. 3 BGB spricht man von einer „gekorenen" Ausgleichung, da die Ausgleichung nur dann vorzunehmen ist, wenn dies ausdrücklich durch den Erblasser angeordnet wurde.[4] Zudem sind die Vorempfänge zur Ermittlung von **Pflichtteilsansprüchen** nach den §§ 2315, 2316 BGB von Bedeutung. 15

Nach Feststellung der Art des Vorempfangs ist sodann festzuhalten, von wem der Vorempfang stammt. Grundsätzlich sind immer nur Vorempfänge des direkten Erblassers auszugleichen. Sofern die Ehegatten jedoch ein **Berliner Testament** verfügt und ihre Kinder zu Schlusserben eingesetzt haben, gilt der sog. **„erweiterte Erblasserbegriff"**.[5] Demnach sind auch die Vorempfänge auszugleichen, die der Abkömmling über den Erstverstorbenen erworben hat. 16

---

4 *Kerscher/Riedel/Lenz*, Pflichtteilsrecht in der anwaltlichen Praxis, § 5 Rn. 24.
5 BGHZ 88, 102.

> **Praxishinweis:**
> Der erweiterte Erblasserbegriff gilt nicht zur Berechnung des Pflichtteils nach § 2315 und § 2316 BGB!

Um das vom Mandanten gewünschte Ziel mittels der Verfügung von Todes wegen zu erreichen, ist also die Kenntnis und Berücksichtigung von Vorempfängen unerlässlich.

3. Wünsche und Absichten des Erblassers

17 Die Wünsche und Absichten des Mandanten sind mit diesem ganz konkret herauszuarbeiten und festzuhalten. Der Wille des Mandanten ist das Maß aller Dinge für den Berater! In aller Regel stehen für den Mandanten folgende Kriterien im Vordergrund:
– eigene Absicherung;
– Absicherung des Ehegatten oder Lebenspartners;
– Familienbindung des Vermögens;
– Vermeidung oder Minimierung von Erbschafts-/Schenkungssteuer;
– Schutz des Vermögens vor Gläubigerzugriffen.

Die genannten Themen sollten zwingend mit dem Mandanten diskutiert werden.

> **Praxishinweis:**
> Eine ausreichende Liquidität und Versorgung des überlebenden Ehegatten sollte immer gewährleistet sein, um die Nachlassverbindlichkeiten (Pflichtteilsansprüche, Steuern, allg. Erbfallkosten) tilgen zu können. Von einer Gestaltung, wonach der Erblasser oder der überlebende Ehegatte nicht mehr über genügend Barmittel verfügt, ist selbst im Falle einer Steuerersparnis abzuraten!

III. Berücksichtigung möglicher Entwicklungen

18 Stets sollte der Berater auch die Entwicklung des Vermögens im Auge behalten. In personeller Hinsicht ist darauf zu achten, dass das Vermögen nicht einseitig einem Ehegatten zugeordnet ist. Es besteht sonst die Gefahr, dass **erbschaftsteuerliche Freibeträge** verschenkt werden. Ferner sollte gerade bei größeren Vermögen darauf geachtet werden, dass Vermögen vorhanden ist, das steuerlich privilegiert ist (z.B. Immobilienvermögen und Betriebsvermögen).

19 Drüber hinaus ist auch die wirtschaftliche Entwicklung des Vermögens für die Gestaltung von hoher Relevanz. Ist bspw. absehbar, dass der Mandant bzw. der überlebende Ehegatte die **liquiden Barmittel zum Lebensunterhalt** benötigt, so sollte dieses keinesfalls vorschnell an die Abkömmlinge abgeschichtet werden. Ist der Mandant bzw. der überlebende Ehegatte jedoch durch entsprechend sichere Vermögensanlagen abgesichert, kann bereits zu Lebzeiten oder auf den ersten Todesfall der Eheleute mehr Vermögen an die Kinder fließen. Ist vorauszusehen, dass sich die Vermögensstruktur in den nächsten Jahren ändern wird, so ist von der Zuweisung von Einzelgegenständen abzuraten, da sich der zugewiesene Gegenstand beim Erbfall möglicherweise nicht mehr im Nachlass befindet. Sofern dennoch eine Zuweisung einzelner Gegenstände gewünscht wird, ist entsprechende Vorsorge zu treffen. Bei einem **Grundstücksvermächtnis** ist dann bspw. an ein **Verschaffungsvermächtnis** zu denken oder an den Wegfall des Vermächtnisses (vgl. hierzu Rn. 98).

Abschließend ist mit dem Mandanten eine „**finale Substanz- bzw. Nutzungszuweisung**" zu besprechen. Das heißt, es ist zu klären, wem welches Objekt letztlich zukommen soll bzw. wer an welchem Objekt ein bestimmtes Nutzungsrecht erhalten soll.[6] Erst wenn dies feststeht kann der Berater richtig agieren und bereits für den ersten Todesfall eine Regelung treffen, die sowohl aus steuerlicher als auch zivilrechtlicher Sicht einen Schritt in die richtige Richtung bedeutet.[7]

> **Praxishinweis:**
> Es ist dringend zu empfehlen, zwischen Eltern und Kindern ein sog. Generationengespräch zu führen. Die Eltern sollten den Kindern ihre Wünsche und Absichten darlegen. Die Kinder wiederum können i.R.d. Gesprächs ihre eigenen Vorstellungen äußern. Das Generationengespräch soll in erster Linie zu einer maßgeblichen Orientierung führen und eine friedfertige Vermögensnachfolge unter den Kindern vorbereiten.

IV. Begleitende Maßnahmen

I.R.d. Vermögensübergabe ist es unter Umständen geboten, die Verfügung von Todes wegen mit geeigneten anderen Maßnahmen zu flankieren. Geboten kann eine **lebzeitige Vermögensübertragung** sein, bspw. um die persönlichen Steuerfreibeträge nach Ablauf von **zehn Jahren** erneut ausschöpfen zu können (sog. **Dekadentransfer**) Zudem wirken sich derartige Maßnahmen i.d.R. auch friedensstiftend auf die Kinder aus, da diese bereits zu Lebzeiten wissen, welche Vermögensbestandteile ihnen zugewiesen werden. Gerade durch die Möglichkeit der getrennten Substanz- und Nutzungszuweisung lassen sich für alle Beteiligten interessante Möglichkeiten gestalten.

Sofern zu Lebzeiten bereits erhebliche Vermögensbestandteile auf die Abkömmlinge transferiert werden, sollte in aller Regel ein **Pflichtteilsverzicht** bzw. zumindest ein gegenständlich beschränkter Pflichtteilsverzicht vereinbart werden. Dadurch wird eine „Störquelle" (Pflichtteilsanspruch) schon zu Lebzeiten ausgeschlossen.

Ferner haben sowohl die Eltern als auch die Kinder zu überlegen, ob es bei dem **bestehenden Güterstand** verbleiben kann oder ob ggf. ein anderer Güterstand vorteilhaft ist.

Abschließend ist zu überprüfen, ob nicht Vermögensumgestaltungen für die Beteiligten von Vorteil sind. Befindet sich bspw. das gesamte Familienvermögen nur in der Hand eines Ehegatten, kann es ratsam sein, Teile davon auf den anderen Ehegatten zu transferieren, um die **Ausschöpfung der steuerlichen Freibeträge** zu sichern. So kann ein Ehegatte eine im Inland belegene, eigengenutzte Immobilie nach § 13a Abs. 4 ErbStG steuerfrei auf den anderen Ehegatten übertragen. Zu denken ist aber auch an die Änderung der Rechtsform von Gesellschaften, Unternehmen und Betrieben, aber auch an diverse landwirtschaftsrechtliche Gestaltungsmöglichkeiten.

V. Berücksichtigung von Auslegungsregeln

Bei der Errichtung letztwilliger Verfügungen von Todes wegen sollte der Berater die gesetzlichen erbrechtlichen Auslegungsregeln beachten. Diese sind immer dann heranzuziehen, wenn nach **Ermittlung des Erblasserwillens** und nach Auslegung der Ver-

---
6 *Tanck/Krug/Daragan*, Testamente, § 1 Rn. 15.
7 *Tanck/Krug/Daragan*, Testamente, § 1 Rn. 15.

fügung von Todes wegen entsprechend den allg. Vorschriften (§ 133 BGB) kein Resultat erzielt werden kann. In den §§ 2066–2076 BGB finden sich allg. Auslegungsregeln für die letztwillige Bestimmung der Person des Bedachten. Die Auslegungsregeln für die Erbeinsetzung sind in den §§ 2087–2099 BGB enthalten. Für die Vor- und Nacherbschaft gelten die §§ 2101–2108 BGB und für das Vermächtnis die § 2148 ff. BGB. Die Kenntnis dieser Auslegungsregeln sollte zum unbedingten Rüstzeug eines jeden Beraters gehören.

VI. Pflichtteilsrecht als Schranke der erbrechtlichen Verfügungsfreiheit

26 Aufgrund der **Testierfreiheit** steht es dem Erblasser frei, die Nachfolge in seinen Nachlass weitgehend nach Gutdünken und freiem Ermessen durch Verfügung von Todes wegen zu regeln.[8] Er kann also auch seine nächsten Angehörigen enterben. Aus diesem Grund sieht das Gesetz in den §§ 2303 ff. BGB für diesen Personenkreis ein Pflichtteilsrecht vor. Die Testierfreiheit ist durch die **verfassungsrechtliche Garantie des Erbrechts** gem. Art. 14 Abs. 1 Satz 1 GG geschützt und hat Vorrang vor dem **Prinzip der Familienerbfolge**. Durch die §§ 2303 ff. BGB ist nahen Familienangehörigen eine Mindestteilhabe am Nachlass gesichert und damit ein Ausgleich zwischen Familienerbrecht und Testierfreiheit geschaffen.

27 Grundsätzlich muss sich der Testierende bei der Errichtung einer Verfügung von Todes wegen nicht um das Pflichtteilsrecht kümmern. Sofern der Pflichtteilsberechtigte seinen **Geldanspruch gegen den Erben** oder die Erbengemeinschaft geltend macht, bleibt die letztwillige Verfügung hiervon unberührt. Regelmäßig will der Erblasser aber den Erben die mit dem Pflichtteilsverlangen verbundenen Unannehmlichkeiten ersparen. Deshalb muss er bei Errichtung des Testaments die Grenzen, die ihm das Pflichtteilsrecht aufbürdet, einkalkulieren. Dabei ist festzustellen, dass für den Erblasser, bei dem bei Eintritt der gesetzlichen Erbfolge der gesamte Nachlass Pflichtteilsberechtigten zufallen würde, lediglich die Hälfte des Nachlasses frei disponibel ist.[9]

28 Damit der Erblasser das Pflichtteilsrecht nicht zu Lebzeiten außer kraft setzen kann, sieht das Gesetz den sog. **Pflichtteilsergänzungsanspruch** vor, der quasi den Pflichtteilsanspruch auf alle Schenkungen des Erblassers zu Lebzeiten (innerhalb von zehn Jahren vor seinem Tod) erweitert. Bei Schenkungen unter Ehegatten beginnt die Zehnjahresfrist nicht vor Auflösung der Ehe (§ 2325 Abs. 3 Satz 2 BGB).

29 Lediglich in den Fällen des § 2306 Abs. 1 Satz 1 BGB kann es zu einer **Teilunwirksamkeit** der letztwilligen Verfügung kommen. Die Übergehung des § 2306 Abs. 1 Satz 1 BGB stellt in der Praxis einen klassischen Gestaltungsfehler dar. Danach entfaltet die Anordnung von Beschränkungen (Nacherbschaft, Testamentsvollstreckung, Teilungsanordnung) oder die Anordnung von Beschwerungen (Vermächtnisse und Auflagen) gegenüber einem pflichtteilsberechtigten Erben nur dann Wirkung, wenn dieser quotenmäßig auf einen größeren Erbteil als seinen Pflichtteil eingesetzt wurde. Die Wirkungen des § 2306 Abs. 1 Satz 1 BGB treffen i.d.R. ausschließlich den Erbteil des Pflichtteilsberechtigten. Kann die Anordnung nur einheitlich erfüllt werden, entfällt sie ganz.[10]

---

8 BGHZ FamRZ, 1956, 130.
9 *Dieckmann*, DNotZ 1983, 631.
10 *Kerscher/Riedel/Lenz*, Pflichtteilsrecht in der anwaltlichen Praxis, § 6 Rn. 46.

Ist der hinterlassene Erbteil größer als die Hälfte des gesetzlichen Erbteils, so kann der Pflichtteilsberechtigte den Pflichtteil verlangen, wenn er den Erbteil ausschlägt (§ 2306 Abs. 1 Satz 2 BGB).

Für die Frage, ob § 2306 BGB zur Anwendung kommt, ist grundsätzlich auf die **Quotentheorie** abzustellen.[11] Demnach ist die konkret zugewandte Erbquote mit der abstrakten Pflichtteilsquote zu vergleichen. Die auf dem Erbteil des Pflichtteilsberechtigten lastenden Beschwerungen bleiben für diese Betrachtungsweise zunächst außer Betracht.[12]

Die Quotentheorie kommt dann nicht zur Anwendung, wenn zur Berechnung des Pflichtteils Werte heranzuziehen sind, die nicht tatsächlich im Nachlass enthalten sind. Dies ist dann der Fall, wenn die Anrechnungsvorschriften des § 2315 BGB bzw. die Ausgleichungsvorschriften des § 2316 BGB greifen. Hat der pflichtteilsberechtigte Erbe einen **ausgleichspflichtigen Vorempfang** erhalten, dann ist sein Pflichtteil tatsächlich nicht mehr die Hälfte der gesetzlichen Erbquote, sondern nur die Hälfte des durch Ausgleichung ermittelten Erbteils (§§ 2050 ff., 2316 BGB). In den Fällen, in denen sich die Erb- und Pflichtteilsquote durch die für Vorempfänge geltenden Berechnungsarten verändert, ist der **tatsächliche Wert** des Pflichtteils, also der Wert nach durchgeführter Verrechnung der Vorempfänge, nicht aber die Hälfte des gesetzlichen Erbteils, mit dem Wert der zugewandten Erbquote zu vergleichen[13] (**Werttheorie**).

B. Rechtliche Grundlagen

I. Testierfähigkeit

Grundlegende Voraussetzung für die Wirksamkeit eines jeden Testaments ist die **Testierfähigkeit**, die in § 2229 BGB geregelt ist. Hierunter ist die Fähigkeit zu verstehen, ein Testament wirksam zu errichten, zu ändern oder aufzuheben.[14] Erforderlich ist hierfür die Einsicht des Erblassers in die Tragweite und Bedeutung seines Handelns. Er muss also zum einen verstehen, dass es sich bei seinem Tun um die Errichtung eines Testaments handelt. Zum anderen muss der Erblasser den Inhalt seines Handelns und damit die wirtschaftliche und persönliche Bedeutung konkret überblicken. Eine nur vage Vorstellung über die Errichtung eines Testaments und seines Inhalts genügt nicht. Dabei geht es nicht darum, den Inhalt der letztwilligen Verfügung auf seine Angemessenheit zu beurteilen, sondern nur darum, ob sie frei von krankheitsbedingten Störungen zustande kommt.[15] Der Testierende muss grundsätzlich frei von Einflüssen Dritter handeln können.[16] Das schließt nicht aus, dass er Anregungen Dritter aufnimmt und sie kraft eigenen Entschlusses in seiner letztwilligen Verfügung umsetzt.[17]

Die Testierfähigkeit muss beim Abschluss des Testaments vorliegen.[18] Dieser Moment wird beim **privatschriftlichen Testament** grundsätzlich zum Zeitpunkt der Unterschrift angenommen. Dies führt zu der Konsequenz, dass ein im Zustand der Testier-

---

11 *Staudinger/Haas*, § 2306 BGB Rn. 5.
12 BGHZ 19, 309.
13 *Tanck/Krug/Daragan*, Testamente, § 4 Rn. 6.
14 OLG Frankfurt NJW-RR 1998, 870.
15 BayObLG FamRZ 2000, 701.
16 BayObLG FamRZ 1999, 819; KG FamRZ 2000, 912.
17 BayObLG FamRZ 2001, 55.
18 BGHZ 30, 294.

unfähigkeit errichtetes Testament durch eine erneute Unterschrift im testierfähigen Zustand „geheilt" werden kann.

35 Die Testierfähigkeit ist deshalb eine im Erbrecht besonders geregelte Unterart der **Geschäftsfähigkeit**.[19] Dies ergibt sich aus § 2229 Abs. 2 BGB, der die Heranziehung des § 111 BGB auf den minderjährigen Testierfähigen ausschließt.

36 Grundsätzlich kann nach § 2229 Abs. 1 BGB ein Testament errichten, wer das 16. Lebensjahr vollendet hat. Allerdings kann der Minderjährige sein Testament nur wirksam als **öffentliches Testament** durch mündliche Erklärung oder durch Übergabe einer offenen Schrift zur Niederschrift eines Notars errichten (§§ 2233 Abs. 1, 2247 Abs. 4 BGB), während ihm die Errichtung eines privatschriftlichen Testaments untersagt bleibt.

37 Ferner sind nach § 2229 Abs. 4 BGB diejenigen Personen **testierunfähig**, die wegen krankhafter Störung der Geistestätigkeit, Geistesschwäche oder Bewusstseinsstörung nicht in der Lage sind, die Tragweite und Bedeutung einer von ihnen abgegebenen Willenserklärung einzusehen und danach zu handeln. Der objektivierbare Befund einer Geisteskrankheit reicht für sich allein nicht aus, um schon daraufhin den Erblasser für testierunfähig zu erklären.[20] Für die Beurteilung entscheidend ist nicht die Diagnose einer organischen Störung, sondern Grad und Ausmaß der nachweisbaren psychopathologischen Auffälligkeiten. Eine diagnostische Zuordnung allein genügt daher nicht; es kommt vielmehr auf Ausmaß und Intensität der psychischen Störung an.[21]

38 Schwierig erweist sich in der Praxis der altersbedingte Wegfall bzw. die altersbedingte Einschränkung der Testierfähigkeit. Es handelt sich hierbei zumeist um alters- oder krankheitsbedingte Demenz, die sich über Jahre hinweg manifestiert und aus medizinischer Sicht schwer zu erfassen ist. Eine konkrete Aussage zur Testierfähigkeit ist häufig sehr schwierig und mit Zweifeln behaftet. Es ist allg. anerkannt, dass bei einer an **Altersdemenz** leidenden Person die Voraussetzungen der Testierfähigkeit nur aufgrund des Gesamtverhaltens und des **Gesamtbildes der Persönlichkeit** im Zeitpunkt der Testamentserrichtung festgestellt werden können. Bestimmte Abbauerscheinungen aufgrund der Altersdemenz können durch eine äußere Fassade verdeckt und überspielt werden.[22]

39 Die **Annahme einer Testierunfähigkeit** nach § 2229 Abs. 4 BGB muss aber als Ausnahmefall von dem allg. Grundsatz aufgefasst werden, dass jede Person solange als testierfähig gilt, bis das Gegenteil zur vollen Gewissheit des Gerichts bewiesen ist.[23] Dies gilt selbst dann, wenn für den Erblasser eine Gebrechlichkeitspflegschaft oder eine Betreuung bestanden hat.[24]

40 Im Rahmen eines **Erbscheinsverfahrens** hat das Nachlassgericht von Amts wegen zu ermitteln, ob Testierfähigkeit vorlag. Dies geschieht i.d.R. durch Einvernahme von Zeugen, den Erblasser behandelnden Ärzten und die Einholung von Sachverständigengutachten. Das Gericht ist verpflichtet, alle zur Sachaufklärung dienlichen Beweise zu erheben. Dies bedeutet nicht, dass es allen denkbaren Möglichkeiten von Amts wegen nachzugehen hätte. Seine Pflicht reicht vielmehr nur so weit, als der Sachverhalt

---

19 BayObLG FamRZ 1994, 593, 594.
20 BayObLG FamRZ, 2002, 1088.
21 BayObLG FamRZ 2002, 1066.
22 BayObLG FamRZ 1998, 1511.
23 BGHZ 18, 184 ff.; BayObLG NJW 1995, 3260.
24 OLG Frankfurt FamRZ 1996, 635.

oder das Vorbringen der Beteiligten bei sorgfältiger Überlegung dazu Anlass geben. Die **Ermittlungen** sind soweit auszudehnen, bis der Sachverhalt vollständig aufgeklärt ist, und abzuschließen, wenn von weiteren Ermittlungen ein sachdienliches, die Entscheidung beeinflussendes Ergebnis nicht mehr zu erwarten ist. Zu überflüssigen und nur ergänzenden Beweiserhebungen ist das Gericht nicht verpflichtet.[25]

Im Falle eines Rechtsstreits liegt die Beweislast bei demjenigen, der sich auf die Testierunfähigkeit beruft.[26] Der Erblasser kann in seiner letztwilligen Verfügung die ihn behandelnden Ärzte von der ärztlichen Schweigepflicht entbinden (vgl. Formulierungsbeispiel Rn. 182). Nach h.M. enden **gesetzliche und vertragliche Verschwiegenheitspflichten** nicht mit dem Tod des Erblassers.[27] Auch wenn die Verschwiegenheitspflicht nach dem Tod des Erblassers weiter besteht, gilt sie nicht gegenüber den Erben, wenn sie sich auf vermögensrechtliche Positionen des Erblassers beziehen. Da die Erben das Vermögensrecht des Erblassers übernommen haben, stehen ihnen auch die **Auskunfts- und Einsichtsrechte**, die der Erblasser hatte, zu.[28] Schwierigkeiten in der Praxis stellen sich bei der Frage, inwieweit ein Arzt über die Testierfähigkeit seines Patienten aussagen darf. Die h.M. geht in einem solchen Fall davon aus, dass es dem Interesse des Erblassers entspricht, Klarheit über die Erbfolge zu schaffen und dass es seinem mutmaßlichen Willen entspricht, dass der die Testierfähigkeit anzweifelnde gesetzliche Erbe Auskunft verlangen kann.[29]

Vor der Gestaltung einer Verfügung von Todes wegen hat der Berater also mit der gebotenen Sorgfalt zu prüfen, ob der Mandant testierfähig ist.

> **Praxishinweis:**
> Sofern Zweifel an der Testierfähigkeit des Mandanten bestehen, sollte dem Mandanten angeraten werden, ein Attest eines Facharztes zur Testierfähigkeit einzuholen und dies dem Testament beizufügen. Das Attest sollte natürlich zeitnah verfasst sein, am besten am Tag der Errichtung des Testaments.

II. Formalien des eigenhändigen Testaments

1. Testamentsniederschrift

Zwingende Voraussetzung für ein eigenhändig geschriebenes Testament ist gem. § 2247 Abs. 1 BGB die eigenhändig geschriebene und unterschriebene Erklärung. Ein Verstoß hiergegen hat die Formnichtigkeit nach § 125 BGB zur Folge. Der gesamte Inhalt des Testaments muss vom Erblasser persönlich in der ihm **eigenen Schrift** geschrieben sein, so dass eine Nachprüfung der Echtheit und Einheit aufgrund der besonderen Schriftzüge des Erblassers durch ein **graphologisches Gutachten** möglich ist und eine Nachahmung erschwert wird.[30]

Als eigenhändig wird die Niederschrift auch dann anerkannt, wenn sie mit dem Fuß, dem Mund oder einer Prothese geschrieben wurde.

---

25 KG FamRZ 2000, 912.
26 BGH FamRZ 1958, 127.
27 BGH NJW 1983, 2627.
28 *Damrau/Tanck*, Erbrecht, § 1922 Rn. 68.
29 BGHZ 91, 392; BayObLG NJW-RR 1991, 1287; OLG Düsseldorf NJW 1959, 821.
30 *Damrau/Weber*, Erbrecht, § 2247 Rn. 17.

45 Ein mit **Blaupause** oder Kohlepapier niedergeschriebenes Testament erfüllt die Anforderungen des § 2247 BGB, weil hierbei die charakteristischen Züge einer Handschrift erhalten sind.[31] Die Wahl des Schreibmaterials spielt keine Rolle. Aus Beweisgründen sollte aber **kein Bleistift oder Filzstift** verwendet werden, da diese keine Drucklinien hinterlassen.[32] Es kommt auch nicht darauf an, in welcher **Sprache** das Testament verfasst ist. Entscheidend ist allein, dass der Erblasser den Text und seinen Inhalt verstanden hat.

2. Unterschrift

46 Durch die **eigenhändige** Unterschrift soll die Identifizierung des Erblassers ermöglicht werden und zudem sichergestellt werden, dass der zum Ausdruck gebrachte Wille ernsthaft ist und es sich nicht um einen bloßen Entwurf handelt. Nach § 2247 Abs. 3 BGB soll die Namensunterschrift aus Vor- und Familiennamen bestehen. Es kann folglich auch mit anderen Kennzeichnungen unterschrieben werden. Es sind Namensabkürzungen, die Unterzeichnung mit dem Vornamen allein, aber auch Pseudonyme, Künstlernamen, Kosenamen ausreichend, sofern im Einzelfall dadurch kein Zweifel über die Person des Unterzeichnenden besteht.[33] Selbst die Unterzeichnung mit der Familienstellung („Eure Mutter")[34] ist ausreichend.

47 Grundsätzlich soll die Unterschrift den Namen des Erblassers als dessen sprachliches Kennzeichen auch kenntlich machen. Dazu ist aber eine Lesbarkeit des Namens selbst nicht erforderlich. Es ist ausreichend, wenn die Unterschrift aufgrund ihrer charakteristischen und individuellen Merkmale erkennbar ist und der Schriftzug als Unterschrift gedeutet werden kann.[35] Nach dem maßgeblichen **Gesetzeszweck** muss jedenfalls ein aus Buchstaben bestehendes Gebilde vorliegen, das die Urkunde als durch entsprechende Schriftzeichen abgeschlossen erscheinen lässt.[36]

48 Grundsätzlich hat die Unterschrift **am Ende der Urkunde** zu erfolgen, um auszudrücken, dass damit der Text beendet ist und räumlich abgeschlossen wurde. Demgemäß sind **Zusätze** unter der Unterschrift regelmäßig gesondert zu unterschreiben. Diesem Erfordernis ist aber auch dann genügt, wenn die Unterschrift sich in einem derartigen räumlichen Verhältnis und Zusammenhang zum Text befindet, dass sie die textliche Erklärung nach der Verkehrsauffassung als abgeschlossen deckt.[37] Die Rspr. hat es in Einzelfällen auch als ausreichend angesehen, dass die Unterschrift auf dem Testamentsumschlag die fehlende Unterschrift auf dem Testament selbst ersetzt, wenn die Urkunde in einem verschlossenen Umschlag mit der Aufschrift „Testament" aufbewahrt wurde.[38]

49 Besteht die Niederschrift aus **mehreren Blättern**, reicht eine Unterschrift am Ende aus. Nicht jedes Blatt muss unterschrieben sein. Allerdings müssen durch Angabe von Seitenzahlen, gleichartige Schreibmaterialien o.ä. erkennbar sein, dass es sich um einen zusammenhängenden Text handelt.

---

31 BGHZ 47, 68.
32 *Krug/Rudolf/Kroiß*, Erbrecht, § 3 Rn. 72.
33 *Damrau/Weber*, Erbrecht, § 2247 Rn. 37.
34 BGH NJW 1985, 1227.
35 MünchKomm/*Hagena*, § 2247 Rn. 27.
36 BGH Rpfleger 1976, 127.
37 MünchKomm/*Hagena*, § 2247 Rn. 25.
38 *Damrau/Weber*, Erbrecht, § 2247 Rn. 44.

Nachträgliche Radierungen oder Änderungen müssen nicht gesondert unterschrieben werden.[39] Trotzdem ist aus Beweiszwecken zu empfehlen, entsprechende **Randvermerke** mit Datum und Unterschrift zu versehen. Erfolgt allerdings eine Ergänzung des Testaments, dann ist eine neue Unterschrift mit Ort und Datum anzubringen.[40]

3. Zeit- und Ortsangabe

In § 2247 Abs. 2 BGB ist lediglich als **Sollvorschrift** geregelt, dass angegeben werden soll, an welchem Ort und zu welcher Zeit das Testament errichtet wurde. Aus Beweisgründen sollte die Angabe gerade des Zeitpunktes der Errichtung des Testaments zwingend erfolgen. Sollten nämlich **mehrere Testamente** vorliegen, kann fraglich sein, welches Testament das jüngste ist und bei einander widersprechendem Inhalt gelten mag.

4. Gemeinschaftliches Testament

In § 2267 BGB ist geregelt, dass Ehegatten ein gemeinschaftliches Testament in der Weise handschriftlich errichten können, dass ein Ehegatte den Text eigenhändig verfasst, unterschreibt und mit Ort und Datum versieht. Es ist ausreichend, wenn der andere Ehegatte mit unterschreibt. Insofern besteht an dieser Stelle für den mitunterschreibenden Ehegatten eine Ausnahme des Grundsatzes der Eigenhändigkeit des Testamentes.

> **Praxishinweis:**
> Aus Beweisgründen ist zu raten, den zweiten Ehegatten nicht nur mit unterschreiben zu lassen, sondern auch einen kurzen Zusatztext verfassen zu lassen.

> **Formulierungsvorschlag:**
> „Dies ist auch mein letzter Wille", oder „ Ich, …, will die vorstehenden Verfügungen auch als mein Testament gelten lassen."
> Ferner ist auch nochmals Ort und Datum anzugeben.

III. Testierfreiheit

Von der Testierfähigkeit zu trennen ist die **Testierfreiheit**. Diese kann bspw. dadurch eingeschränkt sein, das der Erblasser bereits in einem Erbvertrag oder einer wechselbezüglichen und bindend gewordenen gemeinschaftlichen Verfügung von Todes wegen testiert hat. Bei Vorliegen einer derartigen bindenden Verfügung von Todes wegen sind alle späteren Verfügungen nichtig, wenn sie der früheren letztwilligen Verfügung widersprechen (§§ 2270, 2271 Abs. 1, 2289 Abs. 1 BGB).[41]

Häufig wissen die Mandanten gar nicht mehr, ob und in welcher Art und Weise sie bereits einmal testiert haben. Es sollte deshalb in jedem Testament zunächst klargestellt werden, dass alle bisherigen Verfügungen von Todes wegen widerrufen werden.

---

39 BGH NJW 1974, 1083.
40 OLG Köln NJW-RR 1994, 74.
41 BGHZ 82, 274.

> **Formulierungsbeispiel:** In der freien Verfügung über mein Vermögen von Todes wegen bin ich in keiner Weise beschränkt, insb. bin ich nicht durch einen Erbvertrag mit einem Dritten oder durch ein gemeinschaftliches Testament gebunden. Rein vorsorglich hebe ich hiermit alle bisher von mir getroffenen letztwilligen Verfügungen, seien es notarielle oder privatschriftliche, in vollem Umfange auf und widerrufe sie.

55 Bei einem Ehegattentestament liegt eine **Bindungswirkung** dann vor, wenn es sich um eine **wechselbezügliche Verfügung** handelt. Dies ist immer dann der Fall, wenn die Verfügung des einen Ehegatten nicht ohne die des anderen getroffen worden wäre. Es muss also eine innere Abhängigkeit beider Verfügungen vorliegen.[42] Nach § 2270 Abs. 3 BGB kann aber nur die Erbeinsetzung, das Vermächtnis oder die Auflage in einem Ehegattentestament wechselbezüglich und damit bindend sein.

56 Die Bindungswirkung eines gemeinschaftlichen Testaments i.S.d. § 2270 Abs. 2 BGB tritt erst mit dem Tod des Erstversterbenden ein. Vor dem Tod ist jeder Ehegatte befugt, durch **einseitigen notariellen Widerruf**, der dem anderen Ehegatten zugehen muss, das Testament aufzuheben (vgl. §§ 2271 Abs. 1, 2296 BGB).

> **Praxishinweis:**
> Der Widerruf muss dem anderen Ehegatten in Ausfertigung zugehen. Eine beglaubigte Abschrift reicht nicht![43] Ferner ist die Zustellung durch den Gerichtsvollzieher empfehlenswert, der darauf hingewiesen werden soll, dass die Original-Ausfertigung und nicht eine beglaubigte Abschrift zuzustellen ist.

57 Sofern sich die **Ehegatten einig** sind, können sie das Testament gemeinsam jederzeit in einem Ehegattentestament widerrufen.

58 Mit dem Ableben des erstversterbenden Ehegatten tritt hinsichtlich wechselbezüglicher Verfügungen die Bindungswirkung ein. Der überlebende Ehegatte kann dann die Wechselbezüglichkeit nicht mehr durch einseitige Verfügung beseitigen. Die Bindungswirkung kann der überlebende Ehegatte nur durch **Ausschlagung der Erbeinsetzung** (§ 2271 Abs. 2 BGB) oder **Anfechtung** gem. den §§ 2078, 2079 BGB beseitigen. Das OLG Zweibrücken hat aber darauf hingewiesen, dass eine den überlebenden Ehegatten bindende Schlusserbeneinsetzung in einem gemeinschaftlichen Testament nicht dadurch hinfällig und ein späteres widersprechendes Testament des Überlebenden nicht dadurch wirksam wird, dass nach dem Tod des zuletzt verstorbenen Ehegatten die von diesem in dem jüngeren Testament Bedachten als seine Erben die ihm von dem zuerst verstorbenen Ehegatten hinterlassene Erbschaft ausschlagen. Das Recht auszuschlagen, kann nicht aus einer letztwilligen Verfügung hergeleitet werden, die zunächst unwirksam ist und allenfalls infolge der Ausschlagung wirksam werden könnte.[44]

Auch im Ehegattentestament kann ein **Änderungsvorbehalt** aufgenommen werden. Die Beseitigung der Bindungswirkung hängt in diesen Fällen stets vom Umfang der Abänderungsklausel ab. Zunächst besteht die Möglichkeit, einen Abänderungsvorbehalt ohne jegliche Einschränkung aufzunehmen. Hierin wird in aller Regel eine Aufhebung der Wechselbezüglichkeit gesehen mit der Konsequenz, dass eine Bindungswirkung nicht besteht. Der BGH hat entschieden, dass durch eine derartige Klausel

---

42 Vgl. *Pfeiffer*, FamRZ 1993, 1266.
43 BGHZ 31, 5; OLG Hamm FamRZ, 1991, 1486.
44 OLG Zweibrücken ZErb 2005, 55.

nicht notwendig die Wechselbezüglichkeit von beiderseitigen Verfügungen ausgeschlossen wird.[45] Unter Umständen kann jedoch eine Auslegung dahingehend vorgenommen werden, dass die Einsetzung des Schlusserben nicht wechselbezüglich sein soll.[46]

Es besteht aber auch die Möglichkeit, lediglich einen **eingeschränkten Abänderungsvorbehalt** aufzunehmen, bspw. innerhalb der ehegemeinschaftlichen Kinder und deren Abkömmlingen. Dies würde schließlich dazu führen, dass die Bindungswirkung dann nicht besteht, wenn der überlebende Ehegatte einem als Schlusserben eingesetzten gemeinschaftlichen Kind eine Zuwendung macht oder die Schlusserbeneinsetzung innerhalb des Kreises der ehegemeinschaftlichen Kinder abändert.

IV. Erbeinsetzung

1. Grundsatz der Universalsukzession

§ 1922 BGB beinhaltet den Grundsatz, dass mit dem Tod des Erblassers dessen Vermögen durch „**Von-Selbst-Erwerb**" auf den Erben oder die Erbengemeinschaft übergeht. Dies gilt sowohl für die gesetzliche als auch für die gewillkürte Erbfolge. Man spricht von der Universalsukzession bzw. **Gesamtrechtsnachfolge**. Da dieser Grundsatz eine unmittelbare Einzelzuwendung von Nachlassgegenständen verbietet, ist bei Erbenmehrheit nur die dingliche Beteiligung an sämtlichen Nachlassgegenständen nach Erbquoten möglich. Will der Erblasser alle oder einzelne Nachlassgegenstände bestimmten Personen zukommen lassen, dann kann er dies durch ein Vermächtnis, insb. ein Vorausvermächtnis, einer Teilungsanordnung oder einer Auflage tun, und zwar nach seiner Wahl unter Anrechnung auf die Erbquote (Teilungsanordnung § 2048 BGB) oder über die Erbquote hinaus (Vorausvermächtnis § 2150 BGB). Der Erblasser kann sich bei einer Mehrheit von Bedachten immer dann mit der Einsetzung von Erbquoten begnügen, wenn er nur rechnerisch-abstrakte Verteilungsvorstellungen hat, d.h. es ihm nur auf die wertmäßige Verteilung seines Nachlasses ankommt und er die konkrete Verteilung der einzelnen Nachlassgegenstände seinen Erben oder einem **Testamentsvollstrecker** überlassen will.[47]

2. Die Bestimmung der Erben

Die Zuteilung des Vermögens an die Erben kann grundsätzlich als Ganzes oder in Bruchteilen erfolgen. Derartige Zuwendungen stellen nach der allg. Auslegungsregel des § 2087 Abs. 1 BGB immer eine Erbeinsetzung dar. Die Vorschrift ist nicht zwingend, sondern nur **Ergänzungsregel** für den Fall, dass der Erblasser nichts anderes bestimmt hat.[48] Einen Ausnahmefall von dieser Auslegungsregel stellt das Universalvermächtnis dar. Hierbei wird der gesamte Nachlass vermächtnisweise einer Person zugewandt. Ist in diesen Fällen kein gewillkürter Erbe eingesetzt, tritt gesetzliche Erbfolge ein. Analog §§ 2378 Abs. 1, 2385 BGB hat der Vermächtnisnehmer beim Universalvermächtnis auch die Nachlassverbindlichkeiten zu tragen. Auch das sog. **Quotenvermächtnis**, durch das der Vermächtnisnehmer eine bestimmte Quote des Nachlasses erhält, stellt eine Ausnahme von der Regel des § 2087 Abs. 1 BGB dar.

---

45 BGH NJW 1987, 901.
46 BayObLGZ 87, 23.
47 *Nieder*, HB Testamentsgestaltung, Rn. 456.
48 MünchKomm/*Schlichting*, § 2087 Rn. 6.

61 Es ist die Aufgabe des Erblassers, seine Verfügung von Todes wegen selbst zu durchdenken und seinen eigenen Willen zum Ausdruck zu bringen. Als Folge der Testierfreiheit hat der Erblasser das Recht, von der gesetzlichen Erbfolge abzuweichen. Diese Verfügungsbefugnis kann er aber nicht auf Dritte abwälzen.[49] Ist der Erblasser nicht in der Lage, eine abschließende Entscheidung zu treffen, ist es der Wille des Gesetzgebers, dass es bei der gesetzlichen Erbfolge verbleibt. Eine Entscheidung in die Hände Dritter zu legen, ist nicht gewollt.[50] Nach § 2065 Abs. 1 BGB kann der Erblasser eine letztwillige Verfügung auch nicht in der Weise treffen, dass ein anderer zu bestimmen hat, ob sie gelten soll oder nicht. Gleiches gilt für die Bestimmung und die Auswahl des als Erben Bedachten selbst (§ 2065 Abs. 2 BGB).

62 Häufig stellt sich das Problem, dass der Erblasser nicht in der Lage ist, die Bestimmung seines Nachfolgers zu treffen, da bspw. die Abkömmlinge noch zu jung sind oder der Erblasser noch gar nicht weiß, ob die Personen später tatsächlich auch geeignet sind und seinen Vorstellungen entsprechen. Es wird deshalb in der Lit. das Problem diskutiert, inwieweit die **Vor- und Nacherbschaft** so geregelt werden kann, dass zum Nacherben derjenige bestimmt wird, den der Vorerbe zu seinem eigenen Erben seines freien Vermögens bestimmt[51] („**Dieterle-Klausel**"). Das OLG Frankfurt/Main hat eine derartige Formulierung, dass Nacherbe derjenige wird, der Erbe des Vorerben wird, als unzulässig erachtet.[52] Das Problem besteht darin, dass gem. § 2075 BGB es grundsätzlich zulässig ist, eine Zuwendung an eine auflösende Bedingung zu knüpfen. Zulässig ist es darüber hinaus, dass der Eintritt dieser Bedingung vom Willen des Bedachten abhängig sein kann. Wird hingegen die **Bestimmung des Nacherben** insgesamt vom Willen eines anderen abhängig gemacht, so ist nach der Entscheidung des OLG Frankfurt/Main von einem Verstoß gegen § 2065 Abs. 2 BGB auszugehen, da in diesem Fall die Person des Nacherben, wenn auch nur mittelbar, frei zur Disposition des Vorerben stehen würde. Der Vorerbe hätte also völlig freie Hand im Hinblick auf die Wahl des Nacherben. Das RG[53] hat eine Verfügung für zulässig erklärt, wenn der Erbe aus einem eng begrenzten Bedachtenkreis ausgewählt werden kann, wobei die Kriterien für die Auswahl so genau bestimmt sein müssen, dass für eine willkürliche Entscheidung kein Raum bleibt. Allerdings hat der BGH diese Möglichkeit eingeschränkt, und zwar dahingehend, dass eine Ermessensentscheidung eines Dritten nicht möglich ist.[54] Nach Ansicht des BGH soll es einem Dritten zwar möglich sein, den Erben zu bezeichnen, nicht aber die Bestimmung des Bedachten selbst zu treffen.[55] Die Angaben zur Person des Erben sind deshalb so konkret zu formulieren, dass es jedem Dritten möglich ist, den Bedachten ohne eigenen Beurteilungsspielraum zu benennen.

63 Bei einem **Vermächtnis** ist der Grundsatz der höchstpersönlichen Errichtung nicht anzuwenden. Hier kann vielmehr die Bestimmung des Vermächtnisnehmers i.R.d. § 2151 BGB auch einem Dritten überlassen werden. Ferner findet der Gedanke des § 2065 Abs. 2 BGB auch keine Anwendung bzgl. der Auflage nach § 2193 BGB, der Auswahl des Testamentsvollstreckers nach §§ 2198 ff. BGB und der Auseinandersetzung nach § 2048 Satz 2 BGB.

---

49 *Damrau/Seiler/Rudolf*, Erbrecht, § 2065 Rn. 1.
50 Münch/Komm/*Leipold*, § 2065 Rn. 1.
51 *Wagner*, ZEV 1998, 255; vgl. auch *Nieder*, HB Testamentsgestaltung, Rn. 639.
52 OLG Frankfurt/Main FamRZ, 2000, 1667.
53 RGZ 159, 296.
54 BGH NJW 1955, 100.
55 BGHZ 5, 199.

3. Erbengemeinschaft[56]

Die Erbengemeinschaft entsteht unabhängig vom Willen der Erben kraft Gesetzes als **Zufallsgemeinschaft** mit dem Tod des Erblassers aufgrund gesetzlicher oder testamentarischer Erbfolge. Sie ist auf Auseinandersetzung ausgerichtet. Das Vermögen ist gesamthänderisch gebunden. Der einzelne Erbe kann lediglich über seinen ganzen Anteil am Nachlass verfügen (§ 2033 Abs. 1 BGB), jedoch nicht über einzelne Nachlassgegenstände (§ 2033 Abs. 2 BGB).

Der anwaltliche Berater sollte den Mandanten unbedingt auf die Schwierigkeiten und Risiken einer Erbengemeinschaft hinweisen und ggf. von der Bildung einer solchen abraten. Gerade die Probleme hinsichtlich der **Nachlassverwaltung** und -auseinandersetzung, der Teilungsversteigerung sowie auch der Erbenhaftung sollten dem Mandanten deutlich vor Augen geführt werden. Zur Vermeidung einer Erbengemeinschaft sollte der Erblasser einen seiner Nachkommen zum Alleinerben einsetzen und die übrigen Beteiligten mit entsprechend hohen Vermächtnissen ausstatten. Sollte sich eine Erbengemeinschaft, aus welchen Gründen auch immer, nicht vermeiden lassen, so ist dem Mandanten dann jedenfalls anzuraten, entsprechende Auseinandersetzungsanordnungen (Teilungsanordnung, Vorausvermächtnis) vorzusehen oder/und eine Testamentsvollstreckung anzuordnen.

4. Bestimmung des Ersatzerben

Der Erblasser kann für den Fall Vorsorge treffen, dass der Erbe vor oder nach dem Eintritt des Erbfalls (Ausschlagung, Erbunwürdigkeit, Anfechtung) wegfällt, indem er einen anderen als Erben einsetzt. Der **Ersatzerbe** nach § 2096 BGB ist streng vom Nacherben gem. §§ 2100 ff. BGB zu unterscheiden. Der Ersatzerbe ist nicht Nachfolger des Erben, sondern ist statt des Erben berufen. Hat der Erblasser eine Ersatzerbenregelung nicht getroffen, so greifen die gesetzlichen Auslegungsvorschriften (§§ 2067, 2068, 2069 BGB). Hat der Erblasser einen seiner Abkömmlinge eingesetzt und fällt dieser nach der Errichtung des Testaments weg, so ist im Zweifel davon auszugehen, das dessen Abkömmlinge insoweit bedacht sind, als sie bei der gesetzlichen Erbfolge dessen Stelle einnehmen würden (§ 2069 BGB). Nach Auffassung des BGH ist § 2069 BGB nicht über den gesetzlich geregelten Fall („Abkömmlinge") hinaus auf andere Bedachte anzuwenden.[57] In einem derartigen Fall ist jedoch durch Auslegung zu ermitteln, ob in der Einsetzung des Erben zugleich die Kundgabe des Willens gesehen werden kann, die Abkömmlinge des Bedachten zu Ersatzerben zu berufen. Kann der wirkliche oder mutmaßliche Wille des Erblassers nicht festgestellt werden, ist eine ergänzende Auslegung in Betracht zu ziehen. Entscheidend ist hierbei, ob die Zuwendung dem Bedachten als Ersten seines Stammes oder nur ihm persönlich gegolten hat. Die erforderliche Andeutung im Testament kann dann schon in der Tatsache der Berufung dieser Person zum Erben gesehen werden. In jedem Fall ist aber der Erblasserwille anhand aller Umstände des Einzelfalls zu ermitteln.[58] Die Erbeinsetzung des nichtehelichen Sohnes des Ehemannes der Erblasserin kann dahin auszulegen sein, dass im Falle des Vorversterbens des Bedachten dessen Abkömmlinge Ersatzerben sein sollen.[59]

---

56 S. zur Erbengemeinschaft ausführlich Kap. 8.
57 BGH NJW 1973, 240.
58 BayObLG FamRZ 2001, 516.
59 BayObLG ZErb 2005, 51.

5. Anwachsung

67 Hat der Erblasser durch Verfügung von Todes wegen mehrere Personen in der Weise zu Miterben berufen, dass sie die gesetzliche Erbfolge ganz ausschließen und fällt einer der eingesetzten Miterben vor oder nach dem Erbfall weg, dann **wächst** nach § 2094 BGB, sofern keine ausdrückliche oder stillschweigende Ersatzerbeneinsetzung gegeben ist (§ 2099 BGB), der Anteil des Weggefallenen den übrigen Miterben im **Verhältnis ihrer Erbteile** an.[60] Die Anwachsung scheidet aus, wenn der Erblasser ausdrücklich oder schlüssig etwas anderes bestimmt hat, etwa eine Ersatzerbfolge angeordnet hat (§§ 2094 Abs. 3, 2069, 2096 BGB). Nach § 2099 BGB geht die Ersatzerbfolge, und zwar gleichgültig ob ausdrückliche, stillschweigende oder durch Auslegung ergänzte, der Anwachsung vor. Folglich ist bei jeder letztwilligen Verfügung zunächst zu prüfen, ob der Erblasser ausdrücklich Ersatzerben bestimmt hat, ob eine Auslegungsregel eingreift oder ob ein Ersatzerbe durch ergänzende Auslegung ermittelt werden kann. Erst wenn dies nicht der Fall ist, kann unter den Voraussetzungen des § 2094 BGB eine Anwachsung stattfinden.

V. Anordnung von Vor- und Nacherbschaft

68 § 2100 BGB erlaubt die Anordnung einer zeitlichen Aufeinanderfolge verschiedener Erben nach einem Erblasser. Dies bedeutet, dass der **Vorerbe** den ererbten Nachlass an den als **Nacherben** berufenen Erben herauszugeben hat. Vorerbe und Nacherbe werden beide Erben des Erblassers. Jeder ist auf Zeit Alleinerbe und beide sind jeweils Gesamtrechtsnachfolger des Erblassers, der folglich zweimal beerbt wird. Mit dem Nacherbfall geht die Erbschaft, die bis dahin ein durch das Nacherbenrecht gebundenes **Sondervermögen** war, von selbst und unmittelbar auf den Nacherben über (§ 2139 BGB). Deshalb kann es vom Vorerben nicht weitervererbt werden. An dem Sondervermögen entstehen auch keine Pflichtteilsansprüche der Verwandten des Vorerben gem. § 2303 BGB. Tritt die Nacherbfolge, was in der Praxis den Regelfall darstellt, mit dem Tod des Vorerben ein, kommt es dadurch zu zwei Erbfällen: das Eigenvermögen des Vorerben fällt an dessen Erben, während der Erblasser hinsichtlich des der Vorerbschaft unterliegenden Vermögens vom Nacherben beerbt wird.[61]

69 Mit dem Institut der Vor- und Nacherbschaft[62] ist es möglich, den Vermögensfluss über mehrere Generationen zu steuern. Typischerweise werden damit insb. folgende Zwecke verfolgt[63]

- der Erblasser möchte sein Vermögen in seiner Familie behalten und eine Weitergabe an familienfremde Dritte verhindern; so wird zum einen die Vor- und Nacherbschaft bspw. bei **Geschiedenentestamenten** und **Ehegattentestamenten von „Patchworkfamilien"** (siehe Rn. 227) eingesetzt und zum anderen verhindert, dass der geschiedene Ehegatte oder nichteheliche Kinder des zum Vorerben eingesetzten Ehegatten am Nachlass partizipieren;

- dem zum Vorerben Berufenen soll unter Versorgungsgesichtspunkten lediglich die **Nutzung des Nachlasses** zukommen, während der Nacherbe die **Nachlasssubstanz** erhalten soll;

---

60 *Nieder*, HB Testamentsgestaltung, Rn. 504.
61 *Damrau/Hennicke*, Erbrecht, § 2100 Rn. 1.
62 S. zum Ganzen auch ausführlich Kap. 8.
63 Vgl. *Damrau/Hennicke*, Erbrecht, § 2100 Rn. 7.

- der an sich vorgesehene Erbe soll den Nachlass erst erhalten, wenn ein **bestimmtes Ereignis** (Heirat, Ausbildungsende etc.) **eingetreten** ist oder er ein bestimmtes Alter erreicht hat.
- Mit Hilfe der **Vollstreckungssperre** des § 2115 BGB soll verhindert werden, dass Eigengläubiger des überschuldeten Vorerben auf den Nachlass zugreifen.
- Der Erblasser möchte ein **bestimmtes Verhalten** des Erben **sanktionieren oder belohnen** (z.B. ein Kind soll erst dann in den Genuss des Erbes kommen, wenn es eine bestimmte Prüfung bestanden hat)
- Bei einem **Behinderten,** der Unterstützung vom Staat bezieht, soll verhindert werden, dass der Staat bei Ableben eines Elternteils auf das Erbe des Behinderten zugreifen und regressieren kann.

Es können grundsätzlich einer oder mehrere Vorerben eingesetzt werden. Durch die Einsetzung mehrerer Vorerben entsteht eine **Vorerbengemeinschaft.** Diese kann sich als Miterbengemeinschaft jederzeit gem. § 2042 BGB auseinander setzen. Die Mitwirkung des Nacherben ist nur dann nötig, wenn zur Auseinandersetzung Verfügungen notwendig sind, die unter die §§ 2113 Abs. 1, 2114 BGB fallen.[64] Der Nacherbe ist grundsätzlich zur Zustimmung hinsichtlich der Auseinandersetzung der Vorerbengemeinschaft verpflichtet.

70

Der Erblasser kann den Eintritt des Nacherbfalls grundsätzlich frei diktieren. Trifft er keine Bestimmung, so tritt der Nacherbfall mit dem Tod des Vorerben ein (§ 2106 Abs. 1 BGB). Der Erblasser kann den Eintritt der Nacherbfolge von einer **Bedingung** abhängig machen oder aber an einen bestimmten Zeitpunkt knüpfen.

71

Mit dem Ableben des Erblassers nimmt der Vorerbe automatisch die Rechtsposition des Erblassers ein und der Nacherbe erwirbt ein **erbrechtliches Anwartschaftsrecht.** Dieses ist grundsätzlich übertragbar und vererblich.[65] Zu Problemen und unerwünschten Ergebnissen kann es kommen, wenn der Nacherbe nach dem Tod des Erblassers verstirbt, aber vor dem Eintritt des Nacherbfalls. Nach § 2108 Abs. 2 Satz 1 BGB geht das Recht des Nacherben wiederum auf dessen Erben über. Dies kann dazu führen, dass Personen an dem Nachlass partizipieren, die der Erblasser niemals als seine Rechtsnachfolger akzeptiert hätte. Um dies zu verhindern, muss der Erblasser die Vererblichkeit des Nacherbenanwartschaftsrechts ausschließen. Hierzu bedarf es einer ausdrücklichen Regelung in der letztwilligen Verfügung[66]

72

Häufig ist eine klare Abgrenzung zwischen Vollerbschaft und Vorerbschaft der letztwilligen Verfügung nicht zu entnehmen. Hier ist durch den Berater eine exakte testamentarische Formulierung zu wählen.

73

> **Formulierungsbeispiel:** Ich setze zu meinen alleinigen Erben je hälftig meine beiden Kinder ..., geb. am ..., und ..., geb. am ..., ein.
> Die von mir benannten Erben sind jedoch nur Vorerben. Sie sind von allen gesetzlichen Beschränkungen, soweit dies möglich und rechtlich zulässig ist, befreit. Ein Ersatzvorerbe wird nicht benannt, es gilt die Vorschrift des § 2102 Abs. 1 BGB.
> Nacherben sind die Abkömmlinge meiner Kinder entsprechend den gesetzlichen Regeln, wiederum ersatzweise soll Anwachsung, zunächst innerhalb eines Stammes,

---

64 OLG Hamm, ZEV 1995, 336.
65 MünchKomm/*Grunsky,* § 2108 Rn. 4.
66 *Tanck/Krug/Daragan,* Testamente, § 12 Rn. 23.

Enzensberger

> eintreten. Der jeweilige Nacherbfall tritt mit dem Tod des jeweiligen Vorerben ein. Die Nacherbenanwartschaft ist weder vererblich noch übertragbar.
>
> Schlägt einer der Nacherben seinen Erbteil aus, macht er seinen Pflichtteil geltend und erhält ihn auch, dann ist er mit seinem ganzen Stamm von der Erbfolge ausgeschlossen.

74 Die Nachteile des Instituts der Vor- und Nacherbschaft liegen zum einen in der rechtlichen Komplexität und Kompliziertheit, die sich insb. aus den zahlreichen Beschränkungen, denen die Vorerbschaft unterliegt, ergibt. Streitigkeiten unter den Erben sind häufig das Resultat. Auch aus erbschaftssteuerrechtlicher Sicht kann die Vor- und Nacherbschaft erhebliche Nachteile in sich tragen. Nach § 6 ErbStG liegen **zwei Besteuerungsvorgänge** vor. Der Vorerbe wird nach § 3 Abs. 1 Nr. 1 ErbStG besteuert, und zwar als Vollerbe des Erblassers. Der Erwerb des Nacherben kommt nicht vom Erblasser, wie nach zivilrechtlicher Betrachtung, sondern vom Vorerben (§ 6 Abs. 1 Satz 1 ErbStG). Steuerbefreiungen, Steuerklasse, Freibetrag und Steuersatz folgen dem Verhältnis des Nacherben zum Vorerben. Das Erbschaftsteuerrecht folgt hier eigenen Regeln.

VI. Anordnungen für die Auseinandersetzung der Erbengemeinschaft

75 Für den Fall, dass sich die Bildung einer Erbengemeinschaft nicht verhindern lässt, sollte unbedingt darauf hingewirkt werden, dass der Erblasser in seiner letztwilligen Verfügung Anordnungen trifft, um die spätere **Auseinandersetzung** der Erbengemeinschaft zu erleichtern. Hierdurch lassen sich einzelne Gegenstände aus dem Nachlass bestimmten Personen zuordnen. Dies kann grundsätzlich durch folgende Stilmittel geschehen:

– Teilungsanordnung
– Vorausvermächtnis
– Übernahmerecht

1. Teilungsanordnung (§ 2048 BGB)

76 Will der Erblasser einem Miterben einen bestimmten Gegenstand **unter Anrechnung auf seinen Erbteil** zuwenden, dann ist die Anordnung als Teilungsanordnung zu bezeichnen. Entgegen dem Grundprinzip der Gesamtrechtsnachfolge kann der Erblasser mittels Teilungsanordnung über die Zuwendung einer bestimmten Quote hinaus sein Vermögen gegenständlich den Erben zuordnen.

> **Formulierungsbeispiel:** Ich setze zu meinen Erben meine beiden Söhne ..., geb. am ..., und ..., geb. am ..., je hälftig ein.
>
> Für die Auseinandersetzung der Erbengemeinschaft ordne ich folgendes an: Mein Sohn ... erhält im Wege der Teilungsanordnung und somit in Anrechnung auf seinen Erbteil das Hausanwesen in ..., eingetragen im Grundbuch von ..., Fl.Nr. ... .
>
> Meine Tochter ... erhält im Wege der Teilungsanordnung und somit in Anrechnung auf ihren Erbteil das Wertpapierdepot ... bei der ... Bank in ... mit dem Bestand am Todestag.

77 Die Teilungsanordnung führt nicht zu einer wertmäßigen Besserstellung eines Miterben. Es kann aber zu Streitigkeiten über die **Wertbestimmung** kommen, wenn ein

über den Erbteil hinausgehender Wert unter den Erben auszugleichen ist. Hier kann der Erblasser durch die Einsetzung eines Testamentsvollstreckers, der im Streitfall als **Schiedsgutachter** verbindlich entscheiden kann, vorbeugen. Zusammen mit der Anordnung einer Testamentsvollstreckung ist es dem Erblasser möglich, die Umsetzung seines letzten Willens mit größtmöglicher Sicherheit zu gewährleisten, da die Anordnungen des Erblassers gem. § 2048 BGB Vorrang vor den gesetzlichen Vorschriften über die Auseinandersetzung nach §§ 749 ff., 2042 BGB haben.

Eine einseitige **Ausschlagung** durch den Begünstigten einer Teilungsanordnung ist grundsätzlich nicht möglich, da ihm insoweit eine Verpflichtung gegenüber den Miterben zur Durchführung der vom Erblasser gewünschten Teilungsanordnung obliegt.[67] Die Erben sind jedoch nicht verpflichtet, die Teilungsanordnungen durchzuführen. Sofern unter den Miterben Einigkeit erzielt werden kann, besteht auch die Möglichkeit sich einvernehmlich über die Auseinandersetzungsanordnung hinwegzusetzen.[68] Um dies zu verhindern bleibt dem Erblasser nur die Möglichkeit, einen Testamentsvollstrecker einzusetzen, der darauf achtet, dass die von Seiten des Erblassers gewünschten Teilungsanordnungen auch tatsächlich umgesetzt werden.

Praxishinweis: 78
Die Teilungsanordnung ist ausdrücklich als Beschränkung in § 2306 BGB aufgelistet, so dass, für den Fall, dass ein Pflichtteilsberechtigter damit beschwert ist, unter den Voraussetzungen des § 2306 Abs. 1 Satz 1 BGB die Teilungsanordnung in Wegfall gerät!

2. Das Vorausvermächtnis (§ 2150 BGB)

Will der Erblasser einem Miterben etwas vorab zukommen lassen, ohne das dieser sich 79 den Zuwendungswert auf seinen Erbteil anrechnen lassen muss, kann dies durch Bestimmung eines Vorausvermächtnisses erfolgen. Ein Vorausvermächtnis stellt die vermächtnisweise Zuwendung eines Rechts oder Gegenstandes an einen Erben dar. Es handelt sich um ein Gestaltungsmittel, um einem der Erben einen bestimmten Gegenstand zu übertragen, **ohne** dass diesbezüglich eine **Anrechnung auf seinen Erbteil** erfolgt. Ein Wertausgleich findet nicht statt.

Bereits vor der **Nachlassteilung** hat der Vorausvermächtnisnehmer einen Anspruch 80 auf Übertragung des vermachten Gegenstandes durch die anderen Erben, ohne dafür einen Wertausgleich vornehmen zu müssen. Bei der späteren Teilung des Nachlasses erhält der Vorausvermächtnisnehmer dann seinen ungekürzten Erbteil am Nachlass entsprechend der festgelegten Quote. Das Vorausvermächtnis stellt eine **Nachlassverbindlichkeit** i.S.d. § 1967 Abs. 2 BGB dar.

Das Vorausvermächtnis bringt dem Erben eine Reihe von Vorteilen. Beim Erbschafts- 81 kauf bleibt das Vorausvermächtnis unberührt (§ 2373 BGB). Die Erfüllung des Vorausvermächtnisses kann schon vor der Erbauseinandersetzung verlangt werden. Ferner unterliegt das Vorausvermächtnis grundsätzlich nicht der Vor- und Nacherbschaft (§ 2110 Abs. 2 BGB).

Formulierungsbeispiel: Ich setze zu meinen alleinigen Erben meine Ehefrau …, geb. am …, geborene …, und meine Tochter …, geb. am … je zur Hälfte ein.

---

67 *Lange/Kuchinke*, Erbrecht, § 32 I 2.
68 MünchKomm/*Heldrich*, § 2048 Rn. 8.

> Meine Ehefrau ... erhält im Wege des Vorausvermächtnisses, also ohne Anrechnung auf den Erbteil, mein Wertpapierdepot ... bei der ... Bank mit dem Bestand am Todestag.
>
> Meine Tochter ... erhält im Wege des Vorausvermächtnisses, also ohne Anrechnung auf den Erbteil, meine Eigentumswohnung in ..., vorgetragen im Grundbuch von ..., Fl.Nr. ... .
>
> Die Kosten der Vermächtniserfüllung trägt der jeweilige Vermächtnisnehmer bzgl. seines Erwerbs selbst. Ein Ersatzvermächtnisnehmer wird entgegen jeder anders lautenden gesetzlichen oder richterlichen Auslegungs- und Vermutungsregel nicht benannt.

82 Die rechtlichen und praktischen **Unterschiede** zwischen **Teilungsanordnung** und **Vorausvermächtnis** können zusammenfassend wie folgt dargestellt werden:

- Die Teilungsanordnung konkretisiert nur den Erbteil, während das Vorausvermächtnis zusätzlich zum Erbteil erworben wird.
- Die Teilungsanordnung kann nur im Wege der Erbauseinandersetzung geltend gemacht werden, während der Vorausvermächtnisnehmer einen schuldrechtlichen Erfüllungsanspruch gegen die Erbengemeinschaft bereits mit dem Erbfall erhält (§ 2176 BGB).
- Nur das Vermächtnis kann ausgeschlagen werden (§ 2180 BGB), eine Teilungsanordnung jedoch nicht.
- Schlägt der Erbe die Erbschaft aus, so wird auch die mit seinem Erbteil verbundene Teilungsanordnung gegenstandslos, während er das Vorausvermächtnis annehmen kann. Der Erblasser kann jedoch das Vorausvermächtnis unter die Bedingung stellen, dass der Bedachte auch die Erbschaft annimmt.
- Der Vorausvermächtnisgegenstand unterliegt gem. § 2110 Abs. 2 BGB nicht der Nacherbenbeschränkung und ist beim schuldrechtlichen Erbteilsverkauf nicht als mitverkauft anzusehen (§ 2373 BGB), während der durch eine Teilungsanordnung einem Erben zugewiesene Gegenstand von der Nacherbeneinsetzung und vom Erbteilsverkauf mit umfasst wird.
- Grundsätzlich unterliegt zwar der durch Teilungsanordnung zugewiesene Gegenstand der Testamentsvollstreckung, nicht dagegen ein im Voraus vermachter Gegenstand, es sei denn, die Testamentsvollstreckung ist auch bzgl. des Vorausvermächtnisses angeordnet.

3. Überquotale Teilungsanordnung

83 Hat der Erblasser den Erben einzelne Nachlassgegenstände zugewiesen, deren Werte aber nicht deren Erbquote am Gesamtnachlass entsprechen, stellt diese **„überquotale"** **Zuweisung** ein Vorausvermächtnis dar, sofern und soweit feststeht, dass der Erblasser dem Begünstigten einen **Mehrwert** zukommen lassen wollte. Der Erblasser nimmt zwar eine gegenständliche Teilung des Nachlasses vor, er wünscht aber gerade **keinen Wertausgleich** bzgl. der sich hieraus ergebenden Wertdifferenz. Es liegt eine Kombination von Teilungsanordnung und Vorausvermächtnis vor. Die Anordnung bis zur

Höhe des Wertes des Erbteils gilt als Teilungsanordnung gem. § 2048 BGB und bzgl. des überschießenden Teils als Vorausvermächtnis (§ 2150 BGB).[69]

> **Formulierungsbeispiel:** Ich setzte meine beiden Töchter ..., geb. am ..., und ..., geb. am ..., zu meinen Erben zu gleichen Teilen ein.
>
> Für die Teilung des Nachlasses unter den beiden Miterben bestimme ich in Form einer Teilungsanordnung und bzgl. des über den Erbteil hinausgehenden Wertes als Vorausvermächtnis folgendes:
>
> Meine Tochter ... erhält im Wege der Teilungsanordnung mein Wertpapierdepot ... bei der ... Bank in ... .
>
> Meine Tochter ... erhält im Wege der Teilungsanordnung meine Sparbücher mit den Nr. ... bei der ... Bank nebst Girokonto mit der Nr. ... bei der ... Bank.
>
> Falls einer der Erben hierbei wertmäßig mehr erhält als es seiner Erbquote entspricht, so ist dieser Überschuss als Vorausvermächtnis angeordnet, so dass ein Ausgleich insofern nicht vorgenommen werden soll.

4. Übernahmerecht

Als weiteres Gestaltungsmittel zur Auseinandersetzung der Erbengemeinschaft kann der Erblasser auch ein **Übernahmerecht** anordnen. Hierunter ist die Zuweisung eines bestimmten Nachlassgegenstandes an einen Miterben oder Dritten mit der Bestimmung, das dieser das Recht haben soll, den bezeichneten Gegenstand zum Verkehrswert oder zu einem vom Erblasser angegebenen Übernahmepreis aus dem Nachlass zu entnehmen zu verstehen. Mit einer derartigen Anordnung kann der Erblasser die Entscheidung eines Miterben, ob er den für ihn zunächst bestimmten Gegenstand übernehmen will, dem Bedachten selbst überlassen. Inhaltlich kann das Übernahmerecht sowohl Teilungsanordnung als auch Vermächtnis sein.[70]

84

5. Auseinandersetzungsverbot

Die Möglichkeit eines Erben nach § 2042 BGB jederzeit die Auseinandersetzung verlangen zu können, kann vom Erblasser häufig unerwünscht sein, da er darauf bedacht sein kann, sein Vermögen oder Teile davon als Einheit zu erhalten. Grundsätzlich ist die Erbengemeinschaft zwar auf Auseinandersetzung angelegt. Durch § 2044 BGB wird dem Erblasser aber die Möglichkeit gegeben, hier gestaltend einzugreifen. Das bloße **Teilungsverbot** nach § 2044 BGB ist eine Teilungsanordnung i.S.v. § 2048 BGB mit negativem Inhalt. Es kann aber auch als Vorausvermächtnis i.S.v. § 2150 BGB oder Auflage i.S.v. § 1940 BGB ausgestaltet sein. Da der Erblasser abweichend von § 2042 BGB das Recht auf Auseinandersetzung vollständig ausschließen kann, ist es auch möglich, bspw. eine **Mehrheitsentscheidung** der Erbengemeinschaft zu verlangen oder die Auseinandersetzung nur hinsichtlich einzelner Nachlassgegenstände auszuschließen.[71] Grundsätzlich können sich die Erben jedoch einvernehmlich über das Auseinandersetzungsverbot hinwegsetzen. Um dies zu verhindern, kann der Erblasser einen Testamentsvollstrecker mit der Überwachung und Durchsetzung beauftragen.

85

---

69 Vgl. BGH NJW-RR 1990, 1220.
70 Vgl. *Tanck/Krug/Daragan*, Testamente, § 13 Rn. 23.
71 *Damrau/Rißmann*, Erbrecht, § 2044 Rn. 1.

VII. Vermächtnis

1. Allgemeines

86 Unter einem Vermächtnis ist die **Zuwendung eines Vermögensvorteils** in einer Verfügung von Todes wegen ohne Erbeinsetzung (§ 1939 BGB). Das Vermächtnis begründet keine unmittelbare Vermögensnachfolge. Es erfolgt also kein „Von-Selbst-Erwerb" des zugewandten Vermögensvorteils an den Vermächtnisnehmer. Dieser erlangt lediglich einen schuldrechtlichen Anspruch auf Erfüllung gegen den Beschwerten (§ 2147 BGB). Das Vermächtnis wird i.d.R. mit dem Erbfall fällig. Der Erblasser kann die Fälligkeit jedoch auch durch eine aufschiebende Bedingung bzw. Befristung auf einen späteren Zeitpunkt hinausschieben (§ 2177 BGB). Zwischenzeitlich entsteht zugunsten des Bedachten ein **Anwartschaftsrecht**.[72] Vermächtnisnehmer kann jede natürliche oder juristische Person sein.

87 Vor dem Anfall des Vermächtnisses ist auch **keine dingliche Sicherung** des mit einem Grundstückvermächtnis Bedachten durch eine Vormerkung gem. § 883 BGB möglich, da vorher für den Bedachten lediglich eine Hoffnung, aber keine gesicherte Anwartschaft besteht.[73] Der Anspruch auf Forderung des Vermächtnisses, den der Bedachte mit Anfall des Vermächtnisses erwirbt, ist allerdings im Grundbuch vormerkungsfähig, sofern es sich um einen Anspruch auf dingliche Rechtsänderung an Grundstücken handelt.

88 Möglicher Gegenstand eines Vermächtnisses kann alles sein, was Ziel eines Anspruchs, also Inhalt einer Leistung sein kann.[74]

89 Bei der Gestaltung letztwilliger Verfügungen ist aus steuerlicher Sicht unbedingt darauf zu achten, dass der BFH[75] wohl fest entschlossen ist, die Regeln für die Bewertung des Anspruchs aus einem Grundstücksvermächtnis zu ändern. Darauf läuft der Hinweis des BFH hinaus, die Rspr., wonach der Sachleistungsanspruch des Vermächtnisnehmers ausnahmsweise mit dem Steuerwert des Grundstücks zu bewerten sei, müsse unter der Geltung der §§ 138 ff. BewG überprüft werden. Das Vorhaben entspricht einer sich immer mehr verfestigenden Praxis, den gemeinen Wert als allg. gültigen Wert festzuschreiben.

a) Ausschlagung des Vermächtnisses

90 Der Bedachte kann das Vermächtnis durch **formlose empfangsbedürftige Willenserklärung** gegenüber dem Beschwerten ausschlagen (§§ 2176, 2180 BGB). Eine Ausschlagung gegenüber dem Nachlassgericht ist nicht möglich. Die Erklärung kann erst nach dem Erbfall erfolgen und ist **bedingungs- und befristungsfeindlich** (§ 2180 Abs. 2 BGB). Nach der Annahme kann der Vermächtnisnehmer das Vermächtnis nicht mehr ausschlagen (§ 2180 BGB). Eine Ausschlagungsfrist besteht nicht. Der Beschwerte kann dem Bedachten auch keine Erklärungsfrist setzen, weswegen der Beschwerte grundsätzlich beliebig lang durch den Bedachten hingehalten werden kann. Der Anspruch auf Erfüllung eines Vermächtnisses verjährt nach altem (§ 195 BGB a.F.) wie neuem Recht (§ 197 Abs. 2 Satz 2 BGB) in 30 Jahren. Die Frist beginnt unab-

---

72 Palandt/*Edenhofer*, § 2179 Rn. 1.
73 BGHZ 12, 115, 120; BGH NJW 1961, 1916.
74 MünchKomm/*Schlichting*, vor § 2147 Rn. 3.
75 BFH ZErb 2005, 61 ff.

B. Rechtliche Grundlagen

hängig von der Kenntnis des Anspruchs mit seiner Entstehung. Jedoch setzt die Entstehung des Anspruchs seine Fälligkeit voraus.[76]

b) Beschwerter

Mit dem Vermächtnis kann ein Erbe oder Vermächtnisnehmer beschwert werden. Ist ein Vermächtnisnehmer beschwert, so bedeutet das die **Verpflichtung zu Lasten eines Dritten**. Auch der Ersatzerbe und ein Nacherbe können beschwert werden.[77] Hat der Erblasser nichts anderes bestimmt, ist der Erbe beschwert (§ 2147 Satz 2 BGB). Mehrere Erben oder Vermächtnisnehmer sind im Zweifel unter sich im Verhältnis ihrer Erbquoten bzw. dem Wert ihrer Vermächtnisse beschwert (§ 2148 BGB). Die Miterben sind im Zweifel als Gesamtschuldner beschwert und haften grundsätzlich sowohl mit dem Nachlass als auch mit ihrem Privatvermögen. Es besteht jedoch die Möglichkeit, die Haftung auf den Nachlass zu beschränken. Die Haftung im Innenverhältnis bestimmt sich nach h.M. nach § 2148 BGB, wohingegen sich die Haftung im Außenverhältnis nach den §§ 2058, 420 ff. BGB bestimmt.[78]

c) Ersatzvermächtnisnehmer und Anwachsung

Hat der Erblasser ausdrücklich für den Fall, dass der zunächst Bedachte wegfällt, den Gegenstand einem anderen zugewandt, finden gem. § 2190 BGB die Vorschriften für die Einsetzung eines Ersatzerben Anwendung (§§ 2097 bis 2099 BGB). Das heißt, dass das Recht des Ersatzvermächtnisnehmers dem Anwachsungsrecht nach § 2158 BGB vorgeht. Der Ersatzvermächtnisnehmer erhält das Vermächtnis nicht nur für den Fall, dass der zunächst Bedachte vorverstirbt (§ 2160 BGB), sondern auch bei Ausschlagung (§ 2180 BGB), Verzicht (§ 2352 BGB) Vermächtnisunwürdigkeit (§ 2345 BGB), Tod vor Eintritt der Bedingung (§ 2074 BGB) sowie bei Anfechtung (§§ 2078 ff., 2345 BGB).[79]

Wie auch bei der Bestimmung eines Ersatzerben gilt auch beim Vermächtnis die Auslegungsregel des § 2069 BGB, für den Fall, dass der Erblasser einen seiner Abkömmlinge bedacht hat und dieser weggefallen ist.

§ 2158 BGB enthält eine **Anwachsungsregel** für den Fall, dass mehrere gemeinschaftlich einen Vermächtnisanspruch haben. Die ausdrückliche Ersatzberufung geht dem Anwachsungsrecht allerdings vor.

> Praxishinweis:
> Dem Mandanten ist dringend bzgl. jeder Vermächtnisanordnung die ausdrückliche Bestimmung eines Ersatzvermächtnisnehmers zu empfehlen, oder aber die Ersatzvermächtnisnehmerschaft ausdrücklich auszuschließen.

d) Pflichtteilslast bei Vermächtnissen

Der Pflichtteilsberechtigte hat sich zur Erfüllung seines Anspruchs an den bzw. die Erben zu halten. Der Alleinerbe bzw. die Miterben haben auch die vom Erblasser angeordneten Vermächtnisse und Auflagen zu erfüllen. Bei der Berechnung des Pflicht-

---

76 *Damrau/Linnartz*, Erbrecht, § 2174 Rn. 24.
77 Staudinger/*Otte*, § 2147 Rn. 2.
78 MünchKomm/*Skibbe*, § 2148 Rn. 2.
79 Palandt/*Edenhofer*, § 2160 Rn. 3.

teils bleiben die Vermächtnisse und Auflagen unberücksichtigt. Deshalb gewährt § 2318 BGB dem Erben ein **Kürzungsrecht**, das es ihm erlaubt, die Pflichtteilslast im Innenverhältnis anteilsmäßig auf Vermächtnisnehmer und Auflagenbegünstigte abzuwälzen.

96 Nach § 2318 Abs. 2 BGB ist einem pflichtteilsberechtigten Vermächtnisnehmer gegenüber die Kürzung nur soweit zulässig, dass ihm der Pflichtteil verbleibt. Ist der Erbe selbst pflichtteilsberechtigt, so kann er das Vermächtnis und die Auflage soweit kürzen, dass ihm (selbst) zumindest sein eigener Pflichtteil verbleibt (§ 2318 Abs. 3 BGB).

97 § 2318 BGB will die **wertverhältnismäßige Verteilung der Pflichtteilslast** auf Erbe und Vermächtnisnehmer. Dies wird erreicht, wenn sich die Pflichtteilslast der Erben im Verhältnis zu der des Vermächtnisnehmers entsprechend der wertmäßigen Nachlassbeteiligung des Erben zu der des Vermächtnisnehmers verhält. Der Nachlasswert wird hierbei ohne Abzug des Pflichtteils, aber unter Berücksichtigung aller Vermächtnisse und Auflagen ermittelt.[80] Der Kürzungsbetrag ermittelt sich nach der sog. **Martin'schen Formel**:

$$\text{Kürzungsbetrag} = \frac{\text{Pflichtteilslast} \times \text{Vermächtnis}}{\text{Ungekürzter Nachlass}}$$

2. *Vermächtnisformen*

a) Verschaffungsvermächtnis

98 Der Erblasser vermacht einen nicht zum Nachlass gehörenden bestimmten Gegenstand und der Beschwerte ist nach dem Willen des Erblassers verpflichtet, den Gegenstand dem Bedachten zu verschaffen (§ 2170 BGB). Ist die Verschaffung nur mit unverhältnismäßig hohen Aufwendungen möglich, so kann sich der Beschwerte durch Entrichtung des Wertes befreien (§ 2170 Abs. 2 Satz 2 BGB). Da § 2169 Abs. 1 BGB eine Vermutung für die Unwirksamkeit des Vermächtnisses eines nicht zum Nachlass gehörenden Gegenstandes und damit gegen die Annahme eines **Verschaffungsvermächtnisses** enthält, trägt der Bedachte die Beweislast dafür, dass der Erblasser entgegen dieser Regel ihm den nachlassfremden Gegenstand zuwenden wollte. Deshalb sollte sich aus der Anordnung des Erblassers in der Verfügung von Todes wegen ergeben, dass er das Vermächtnis auch gerade für diesen Fall angeordnet hat. Außerdem sollte das Vermächtnis zusätzlich ausdrücklich als Verschaffungsvermächtnis bezeichnet werden.

b) Bestimmungsvermächtnis

99 Nach § 2151 BGB kann der Beschwerte oder ein Dritter den mit dem Vermächtnis Bedachten aus mehreren vom Erblasser benannten Personen auswählen. Die Vorschrift des § 2151 BGB hilft bei der Zuwendung wirtschaftlicher oder ideeller Werte von Todes wegen, eine Drittbestimmung zu ermöglichen und so unmittelbar der gewünschten und geeigneten Person zuzuwenden. Anwendung findet die Regelung insb. im Rahmen von **Unternehmertestamenten**.[81]

---

80 *Damrau/Riedel*, Erbrecht, § 2318 Rn. 6.
81 *Damrau/Linnartz*, Erbrecht, § 2151 Rn. 1.

Im Gegensatz zur Erbeinsetzung (§ 2065 BGB) genügt es bei § 2151 BGB, wenn der Erblasser einen bestimmten Personenkreis angibt, aus dem der Dritte durch **formlose, empfangsbedürftige** und **unwiderrufliche Willenserklärung** den Bedachten auszuwählen hat. Allerdings muss der Personenkreis hinreichend bestimmt sein.[82] Die Auswahl kann nicht in das völlige Belieben eines Dritten gestellt werden. Ist die Bestimmbarkeit des in Betracht kommenden Personenkreises nicht möglich, ist die Verfügung insgesamt unwirksam.

100

Sofern der **Bestimmungsberechtigte** von dem Erblasser nicht eindeutig bestimmt ist, in dem Testament aber geregelt ist, dass unter mehreren nur der eine oder der andere Vermächtnisnehmer sein soll, bestimmt § 2152 BGB, dass im Zweifel der Beschwerte das Bestimmungsrecht ausüben soll.

101

c) Gattungsvermächtnis

Durch ein Gattungsvermächtnis räumt der Erblasser dem Vermächtnisnehmer eine **Gattungsforderung** ein. Geschuldet wird nicht eine Sache mittlerer Art und Güte, sondern eine den Verhältnissen des Bedachten entsprechende Sache.[83] Bestimmungsberechtigter kann der Beschwerte, der Bedachte oder ein Dritter sein. Fehlt es an einer besonderen Anordnung des Erblassers, steht das Bestimmungsrecht dem Bedachten zu. Entgegen dem Wortlaut des § 2155 BGB ist die Vorschrift über das Gattungsvermächtnis nicht nur auf Sachen i.S.v. § 90 BGB, sondern auch auf Rechte und Dienstleistungen anzuwenden.[84]

102

d) Wahlvermächtnis

Nach § 2154 BGB kann der Erblasser mehrere Vermächtnisgegenstände benennen, von denen der Bedachte jedoch nur einen oder eine bestimmte Anzahl erhalten soll. Dabei ist ausreichend, wenn die Gegenstände nur ihrer Gattung nach bestimmt sind. Neben § 2154 BGB finden hier die Vorschriften über die Wahlschuld gem. §§ 262–265 BGB ergänzend Anwendung. Das Wahlvermächtnis kann auch dann eingesetzt werden, wenn der Erblasser dem Bedachten die Auswahl des Gegenstandes aus dem Nachlass selbst überlassen will. Sofern der Erblasser nichts anderes bestimmt hat, steht die Auswahl unter den Gegenständen nach § 262 BGB dem Beschwerten zu. Der Beschwerte übt sein Wahlrecht dann durch **unwiderrufliche Erklärung** gegenüber dem Bedachten nach § 263 Abs. 1 BGB aus. Es gilt dann die seitens des Beschwerten ausgewählte Leistung als die von Anfang an allein geschuldete Leistung.

103

e) Rentenvermächtnis

Mit dem Rentenvermächtnis werden dem Bedachten periodisch wiederkehrende gleich bleibende Leistungen in Geld oder vertretbare Sachen auf Lebenszeit oder einen genau festgelegten Zeitraum vermacht.[85] Es ist vorab vom Erblasser die grundlegende Entscheidung für eine **Leibrente** oder eine **dauernde Last** zu treffen.

104

Eine **dauernde Last** ist gegeben, wenn die Leistung zwar auf Lebenszeit erbracht werden muss, aber nicht gleichmäßig, sondern jederzeit veränderbar. Sie ist grundsätzlich von der sich ändernden **Leistungsfähigkeit** des Verpflichteten bzw. der **Bedürf-**

105

---

82 MünchKomm/*Schlichting*, § 2151 Rn. 1.
83 MünchKomm/*Schlichting*, § 2155 Rn. 1.
84 MünchKomm/*Schlichting*, § 2155 Rn. 2.
85 *Nieder*, HB Testamentsgestaltung, Rn. 566.

tigkeit des Berechtigten abhängig. Die Anpassung erfolgt über § 323 ZPO. Bei der dauernden Last besteht der Vorteil, dass die hieraus resultierenden Bezüge einkommenssteuerrechtlich in voller Höhe beim Verpflichteten abzugsfähig sind.

106 Die **Leibrente** wird dadurch charakterisiert, dass sie nicht abänderbar ist und dem Berechtigten einen fortwährend konstanten Rentenanspruch sichert. Der Nachteil der Leibrente liegt darin, dass der Verpflichtete (=Vermächtnisbeschwerter) die Leibrente nur i.H.d. Ertragsanteils steuerlich abziehen kann. Dementsprechend muss der Empfänger (=Vermächtnisnehmer) auch nur den Ertragsanteil versteuern.[86] Die Leibrente ist in den §§ 759–761 BGB geregelt.

f) Nießbrauchsvermächtnis

107 Der Nießbrauch ist das unvererbliche und bei natürlichen Personen **unübertragbare dingliche Recht**, einen Gegenstand in Besitz zu nehmen, zu verwalten und zu bewirtschaften und die **Nutzungen** daraus zu ziehen (§§ 1030 Abs. 1, 1036, 1059, 1061 BGB). Es verpflichtet den Eigentümer nur zu Duldung dieser Nutznießung, nicht zu irgendwelchen Leistungen.[87] Er ist grundsätzlich möglich, an Sachen (§§ 1030–1067 BGB), an Rechten (§§ 1068–1084 BGB), an Vermögen (§§ 1085–1088 BGB) sowie an einer Erbschaft als Sachgemeinschaft (§ 1089 BGB).[88]

108 Der Nießbrauch berechtigt nur zur Nutznießung – nicht zur Verfügung über den nießbrauchbelasteten Gegenstand. Eine derartige Verfügungsbefugnis (Dispositionsnießbrauch) kann nicht als dinglicher Inhalt eines Nießbrauchs vereinbart werden.[89]

g) Wohnungsrechtsvermächtnis

109 Der Inhalt des Wohnrechts besteht in dem Recht, ein ganzes Gebäude oder Teile davon unter Ausschluss des Eigentümers als Wohnung zu nutzen. Ein Wohnrecht kann sowohl **schuldrechtlich** vereinbart werden, als auch **dinglich** (§ 1093 BGB). Das Vermächtnis dinglicher Wohnrechte bietet dem Erblasser die Möglichkeit, einer bestimmten Person die wirtschaftliche Nutzung des Grundstückes zuzuwenden und gleichzeitig einer weiteren Person (Eigentümer) den Erhalt seiner Substanz zu gewährleisten, da diese Rechte grundsätzlich unveräußerlich und nicht vererbbar sind.

110 Aufgrund der Zuwendung des Vermächtnisses auf Bestellung eines Wohnungsrechts hat der Bedachte Anspruch auf Erklärung der **dinglichen Einigung** nach § 873 BGB, **Eintragung** des Wohnungsrechts im Grundbuch nach Bewilligung von Seiten der Erben (§ 19 GBO) und Einräumung des unmittelbaren Besitzes.[90]

111 Jede natürliche Person, aber auch eine juristische Person kann **Begünstigte** eines **Wohnungsrechts** sein. Soll das Wohnungsrecht für mehrere Personen bestimmt sein, von denen jeder das Wohnrecht ausüben können soll, so ist anzuraten, für jeden Berechtigten ein gesondertes Wohnrecht zu bestellen und diese im gleichen Rang im Grundbuch eintragen zu lassen.

---

86 *Tanck/Krug/Daragan*, Testamente, § 15 Rn. 199.
87 BayObLG 1972, 364.
88 *Krug/Rudolf/Kroiß*, Erbrecht, § 3 Rn. 144.
89 *Nieder*, HB Testamentsgestaltung, Rn. 686.
90 *Tanck/Krug/Daragan*, Testamente, § 15 Rn. 174.

VIII. Auflage

Die Auflage ist eine Anordnung von Todes wegen, durch die der Erblasser den Erben oder einen Vermächtnisnehmer zu einer **Leistung** oder einem **Unterlassen** verpflichtet, ohne einem anderen ein Recht auf diese Leistung oder Unterlassung im eigenen Interesse zuzuwenden (§ 1940 BGB). Durch die Auflage kann aber auch dem Erben oder einem Dritten ein Vermögensvorteil zugewandt werden. Die Einzelheiten zur Auflage regeln die §§ 2192–2196 BGB.

Es handelt sich bei der Auflage somit nicht um eine letztwillige Zuwendung. Dadurch, dass die begünstigte Person keinen Anspruch erhält, unterscheidet sich die Auflage vom Vermächtnis. Die aufgrund der Auflage zu erbringende Leistung braucht im Gegensatz zum Vermächtnis **keinen Vermögenswert** zu besitzen.[91] Ferner setzt die Auflage **keinen Begünstigten** voraus.[92]

Aufgrund dieser Rechtsnatur (kein Begünstigter und kein notwendiger Vermögensvorteil) eignet sich die Auflage in der Kautelarpraxis besonders für folgende Fallgruppen:

– da kein Begünstigter angegeben werden muss, eignet sich die Auflage zur Begünstigung von **Erbunfähigen**, z.B. nicht rechtsfähigen Personengemeinschaften oder Tieren;

– mit der Auflage kann der Erblasser **eigennützige oder fremdnützige Zwecke** für die Zeit nach seinem Tod verfolgen, ohne deshalb jemand Bestimmten begünstigen oder ihm ein subjektives Recht zuwenden zu müssen;

– der Erblasser kann dadurch auch auf das Verhalten der von ihm mit Zuwendungen bedachten Personen über seinen Tod hinaus Einfluss nehmen, ihnen Pflichten auferlegen und sie zur Förderung seiner Ziele veranlassen;

– Beispielhaft können folgende Pflichten auferlegt werden: ein Grundstück nicht zu veräußern, zu heiraten, einen bestimmten Beruf zu ergreifen, den Beruf, die Konfession oder den Wohnsitz nicht zu wechseln, einer Vereinigung beizutreten oder nicht beizutreten, Geld- oder Sachleistungen für bestimmte Zwecke, Durchführung der Beerdigung und der Grabpflege, Errichtung eines Grabmals, Pflege von Tieren etc.[93] (allerdings darf die Verpflichtung nicht sittenwidrig sein).

Mit einer Auflage kann **nur** ein **Erbe** oder ein **Vermächtnisnehmer** beschwert werden. Wird der Beschwerte nicht Erbe oder Vermächtnisnehmer, etwa weil er die Zuwendung ausschlägt, so bleibt die angeordnete Auflage wirksam, sofern nicht ein anderer Wille des Erblassers anzunehmen ist. Beschwert ist dann der, dem der Wegfall des zunächst Beschwerten unmittelbar zustatten kommt (§§ 2192, 2161 BGB). Mehrere Erben gelten im Zweifel im Verhältnis ihrer Erbteile als beschwert.

Da bei der Auflage kein Begünstigter vorhanden sein muss bzw. ihm kein **Vollziehungsanspruch** zusteht, hat das Gesetz, um die Vollziehung nicht vom Belieben des Beschwerten abhängig zu machen, den in § 2194 BGB genannten Personen das Recht eingeräumt, die Erfüllung der Auflage notfalls im Wege der Klage vom Beschwerten zu verlangen. Vollziehungsberechtigte Personen sind nach § 2194 BGB:[94]

---

91 Palandt/*Edenhofer*, § 1940 Rn. 1.
92 Palandt/*Edenhofer*, § 2192 Rn. 1.
93 Vgl. *Nieder*, HB Testamentsgestaltung, Rn. 950 u. *Damrau/Seiler*, Erbrecht, § 1941 Rn. 8.
94 Vgl. *Nieder*, HB Testamentsgestaltung, Rn. 954.

- Erben, falls ein Vermächtnisnehmer mit der Auflage beschwert ist;
- Miterbe gegenüber dem beschwerten Miterben oder Vermächtnisnehmer;
- zuständige Behörde, wenn die Vollziehung im öffentlichen Interesse liegt;
- Testamentsvollstrecker;
- vom Erblasser als Vollziehungsberechtigte in einer Verfügung von Todes wegen Benannte.

117 Der Erwerb einer Auflage unterliegt gem. § 3 Abs. 2 Nr. 2 ErbStG der Erbschaftsteuer. Der Beschwerte kann die **Auflage als Nachlassverbindlichkeit** abziehen. Zuwendungen, die kirchlichen, gemeinnützigen oder mildtätigen Zwecken dienen, sind jedoch von der Besteuerung **freigestellt** (§ 13 Abs. 1 Nr. 15 und 17 ErbStG). Im Unterschied zum Vermächtnis hat der Begünstigte keinen Anspruch gegen den Erben auf Leistung (§ 1940 BGB). Aus diesem Grund kann die Besteuerung nur an die Erfüllung und nicht an den Erwerb des Anspruchs anknüpfen, wie beim Vermächtnis. Folglich entsteht die Steuer gem. § 9 Abs. 1 Nr. d ErbStG mit der Vollziehung der Auflage.[95] Um Abkömmlingen ihre Freibeträge beim Berliner Testament zu bewahren, kann durchaus mit einer Auflage gearbeitet werden. Dies wird durch § 6 Abs. 4 ErbStG nicht unterbunden, da er die Auflage nicht erwähnt.[96] Der **Vorteil** aus steuerlicher Sicht im Verhältnis zum Vermächtnis liegt darin, dass der Begünstigte erst mit Vollziehung der Auflage erwirbt, der Belastete dessen ungeachtet die Verpflichtung von seinem Erwerb abziehen kann (§ 10 Abs. 5 Nr. 2 ErbStG).

> **Formulierungsbeispiel: Haustierversorgung durch Vermächtnis mit Auflage**
> Ich, ..., vermache dem Tierschutzverein München e.V., eingetragen im Vereinsregister ... mit der Nr. ... einen Geldbetrag i.H.v. 30.000 € verbunden mit der Auflage, meinen Dackel ... nach meinem Tod aufzunehmen und bis zu seinem Tod zu versorgen. Das Vermächtnis entfällt, wenn der Verein der Auflage nicht nachkommt.

IX. Familienrechtliche Anordnungen

118 Durch familienrechtliche Anordnungen in einer letztwilligen Verfügung kann der Erblasser in zwei Bereiche eingreifen: Zum einen kann in die **elterlichen Vermögensverwaltungsrechte** nach Scheidung eingegriffen werden und zum anderen können Vormünder und Pfleger für unversorgte Kinder benannt werden.

119 Nach § 1626 Abs. 1 BGB obliegen das Recht und die Pflicht der elterlichen Vermögenssorge für die ehelichen Kinder beiden Eltern. Nach dem Tod eines Ehegatten steht die elterliche Sorge dem Überlebenden allein zu. Der Erblasser kann das **elterliche Vermögenssorgerecht** für Vermögensteile, die aus seinem Nachlass stammen, ausschließen, ohne dass es hierfür einer Begründung bedarf. Hat der Erblasser das Vermögenssorgerecht nur für einen Elternteil beschnitten, so wird das betroffene Vermögen vom anderen Elternteil verwaltet. Ist allerdings das Verwaltungsrecht für beide Elternteile ausgeschlossen, so mangelt es insoweit an einem gesetzlichen Vertreter, weswegen ein **Ergänzungspfleger** nach § 1909 BGB durch das VormG eingesetzt werden muss. Der Erblasser kann die Person des Pflegers gem. § 1917 Abs. 1 BGB im Testament bestimmen.

---

95 *Tanck/Krug/Daragan*, Testamente, § 23 Rn. 101.
96 Dazu *Daragan*, DStR 1999, 393; ferner *Daragan/Tanck*, ZErb, 1999, 1.

> **Formulierungsbeispiel:** Ich entziehe den Eltern des minderjährigen ... gem. § 1638 BGB das Vermögensverwaltungsrecht bzgl. aller Vermögensgegenstände, die er von mir von Todes wegen erwirbt.
> Als Pfleger zur Ausübung des Verwaltungsrechts wünsche ich die Bestellung von Frau ... .

Für den Fall, dass minderjährige Kinder nach dem Tod der Eltern eines Vormunds bedürfen, können die Eltern im Testament diejenigen Personen vorgeben, die das Amt des Vormunds ausüben sollen (§§ 1776, 1777 Abs. 3 BGB). Die vom Erblasser Benannten dürfen nur bei Vorliegen der Voraussetzungen des § 1778 BGB übergangen werden.

> **Formulierungsbeispiel:** Hiermit benennen wir, ..., falls unsere minderjährigen Kinder nach unserem Tod ohne gesetzlichen Vertreter sind, als Vormund
> – in erster Linie Frau ...
> – in zweiter Linie Frau ...
> – in dritter Linie Herrn ...

X. Testamentsvollstreckung[97]

1. Sinn und Zweck der Testamentsvollstreckung

Durch die Einsetzung eines Testamentsvollstreckers kann der Erblasser eine Person seines Vertrauens mit gesetzlich festgelegten Machtbefugnissen für die Zeit nach dem Erbfall hinsichtlich des Nachlasses unter Ausschluss der Erben ausstatten. Der Erblasser will dabei seine Herrschaft über sein Vermögen mit seinem Tod nicht aufgeben, sondern sie über ihn hinaus durch die Person des Testamentsvollstreckers weiter ausüben. Dies kann aus den verschiedensten Motivlagen heraus geschehen, zum Vorteil, aber auch zum Nachteil des Erben. Völlig zu Recht gewinnt die Testamentsvollstreckung in der täglichen Praxis immer mehr an Bedeutung.

In **nachstehenden Fallkonstellationen** empfiehlt sich die Einsetzung eines Testamentsvollstreckers:
– Ordnungsgemäße Nachlassverwaltung bei mehreren Beteiligten;
– Vermächtniserfüllung;
– Schutz des Nachlasses gegen den Zugriff durch ungeeignete, böswillige oder geschäftsunerfahrene Erben;
– Vereinfachung der Erbauseinandersetzung;
– Einräumung einer bevorzugten Verwaltungsstellung für einen von mehreren Miterben;
– Schutz vor dem Vollstreckungszugriff der Eigengläubiger des Erben (§ 2214 BGB).

2. Rechtsstellung des Testamentsvollstreckers

Nach der mittlerweile h.M. ist der Testamentsvollstrecker Träger und Inhaber eines dem Privatrecht zugehörigen Amtes, nicht also eines öffentlichen Amtes. Der Testa-

---
[97] S. dazu im Übrigen Kap. 17.

mentsvollstrecker handelt zwar aus eigenem Recht und in eigenem Namen, unabhängig von den Erben, aber nicht mit Wirkung für seine Person, sondern im Interesse und für die Person des Erben.[98] Der Testamentsvollstrecker ist weder Vertreter des Nachlasses, da dieser keine eigene Rechtspersönlichkeit hat, noch der Nachlassgläubiger, da er nicht von ihnen bestellt ist und auch nicht vornehmlich deren Interesse zu vertreten hat. Er übt das ihm zugewiesene Amt aus eigenem Recht gem. dem letzten Willen des Erblassers und dem Gesetz selbstständig aus.

3. Arten der Testamentsvollstreckung

a) Abwicklungsvollstreckung

124 Sofern der Erblasser nichts anderes bestimmt hat, hat der Testamentsvollstrecker die letztwilligen Verfügungen des Erblassers zur Ausführung zu bringen (§ 2303 BGB) und bei Erbenmehrheit den Nachlass auseinanderzusetzen (§ 2204 BGB). Diese Art der Vollstreckung stellt den Regelfall der Testamentsvollstreckung dar. Die Auseinandersetzung unter den Miterben hat der Testamentsvollstrecker alsbald zu bewirken,[99] sofern der Erblasser die Auseinandersetzung nicht nach § 2044 BGB ausgeschlossen hat. Die Auseinandersetzung hat nach den gesetzlichen Vorschriften (§§ 752, 753, 754, 755 ff., §§ 2204, 2042, 2046 ff., 2050 ff. BGB) zwischen den Miterben zu erfolgen; bewegliche Sachen nach den Vorschriften über den **Pfandverkauf**, Grundstücke durch **Teilungsversteigerung**. Regelmäßig entspricht dies aber nicht dem Willen des Erblassers, weswegen sich die zusätzliche Anordnung empfiehlt, dass die Auseinandersetzung des Nachlasses durch den Testamentsvollstrecker nach seinem billigen Ermessen erfolgen soll. Außerdem hat der Testamentsvollstrecker die Nachlassverbindlichkeiten zu erfüllen.

b) Schlichte Verwaltungsvollstreckung

125 Hinsichtlich der schlichten Verwaltungsvollstreckung nach § 2209 Satz 1 1. HS BGB ist dem Testamentsvollstrecker die **bloße Verwaltung** des Nachlasses übertragen, ohne dass dem Testamentsvollstrecker weitere Aufgaben zugewiesen sind. Sie muss ausdrücklich angeordnet oder festgestellt werden, da andernfalls aufgrund von § 2203 BGB von einer Abwicklungsvollstreckung auszugehen ist. Anwendungsfälle sind insb.
– Verwaltung des Nachlasses bis zum Eintritt der Volljährigkeit des Erben;
– Verhinderung des Zugriffs von Eigengläubigern des Erben auf den Nachlass (§ 2214 BGB);
– Verwaltung des Nachlasses eines behinderten Erben;
– Pflichtteilsbeschränkung in guter Absicht (§ 2338 Abs. 1 Satz 2 BGB).

c) Dauertestamentsvollstreckung

126 Die Dauertestamentsvollstreckung (§ 2209 Satz 1 2. HS BGB) ist eine Kombination aus Abwicklungsvollstreckung und Verwaltungsvollstreckung. Sie beinhaltet die Anordnung des Erblassers, dass der Testamentsvollstrecker nach der Erledigung der ihm sonst zugewiesenen Aufgaben, die Verwaltung des Nachlasses fortzuführen hat, also **Abwicklungsvollstreckung** und **Verwaltungsvollstreckung** zeitlich aneinander ge-

---

98 RGZ 56, 330; 68, 558; BGHZ 13, 205 = NJW 1959, 1036.
99 Staudinger/*Reimann*, § 2204 Rn. 9.

fügt werden.[100] Bei Vorhandensein mehrerer Erben führt die Dauertestamentsvollstreckung folglich zur Aufschiebung der Auseinandersetzung.[101] Die Verwaltung dauert fort bis zu dem vom Erblasser festgesetzten Zeitpunkt bzw. bis zur zeitlichen 30-Jahresgrenze nach § 2210 Satz 1 BGB. Nach § 2210 Satz 2 BGB kann der Erblasser sogar anordnen, dass die Verwaltung bis zum Tode des Erben oder des Testamentsvollstreckers oder bis zum Eintritt eines anderen Ereignisses in der Person des einen oder anderen fortdauern soll.

d) Vermächtnisvollstreckung

Während § 2218 BGB nach seinem Wortlaut nur das Rechtsverhältnis zwischen Erben und Testamentsvollstrecker regelt, eröffnet § 2223 BGB zusätzlich die Möglichkeit des Testamentsvollstreckers mit der **beschränkten Aufgabe**, für die Umsetzung der einem Vermächtnisnehmer auferlegten Beschwerungen zu sorgen. Die Befugnisse des Testamentsvollstreckers können sich hierbei auf die bloße Ausführung der Beschwerung des Vermächtnisnehmers beschränken. Der Testamentsvollstrecker kann aber auch mit der Verwaltung des Vermächtnisgegenstandes beauftragt werden (§ 2209 BGB). Auch dem Vermächtnisvollstrecker ist ein **Testamentsvollstreckerzeugnis** zu erteilen, wobei jedoch der beschränkte Aufgabenkreis zu vermerken ist. Die Vermächtnisvollstreckung endet mit der Erledigung der Aufgabe, also der Ausführung der Beschwerungen.[102]

127

e) Testamentsvollstreckung mit beschränktem Aufgabenkreis

Nach der Vorschrift des § 2208 BGB kann der Erblasser den Wirkungskreis des Testamentsvollstreckers, und zwar auch dinglich[103] nach jeder Richtung, ebenso zeitlich beschränken, insb. kann er anordnen, dass die Verwaltung des Nachlasses dem Testamentsvollstrecker nur hinsichtlich einzelner Nachlassgegenstände zustehen soll.[104]

128

f) Nacherbentestamentsvollstreckung

I.R.d. angeordneten Nacherbentestamentsvollstreckung sind dem Testamentsvollstrecker lediglich die **Rechte und Pflichten des Nacherben** bis zum Eintritt des Nacherbfalls zugewiesen. Sie beschränkt nicht den Vorerben, sondern nimmt nur die Rechte der Nacherben während der Vorerbschaft wahr. Der Nacherbentestamentsvollstrecker hat also nicht die Befugnisse des allg. Testamentsvollstreckers nach den §§ 2203 ff. BGB, insb. kein eigenes Verwaltungs- und Verfügungsrecht.[105] Der nach § 2222 BGB eingesetzte Nacherbentestamentsvollstrecker hat nicht mehr aber auch nicht weniger Rechte und Pflichten, als sie dem Nacherben im Allgemeinen gegenüber dem Vorerben zustehen.[106]

129

---

100 MünchKomm/*Zimmermann*, § 2209 Rn. 2.
101 Palandt/*Edenhofer*, § 2209 Rn. 3.
102 MünchKomm/*Zimmermann*, § 2223 Rn. 5.
103 BGH NJW 1984, 2464; OLG Köln FamRZ 1990, 1402.
104 *Nieder*, HB Testamentsgestaltung, Rn. 897.
105 Staudinger/*Reimann*, § 2222 Rn. 11.
106 *Haegele/Winkler*, Testamentsvollstrecker, Rn. 15.

4. Anordnung der Testamentsvollstreckung

130 Die eigentliche Anordnung der Testamentsvollstreckung muss immer durch den Erblasser erfolgen. Der Erblasser kann aber von der Ernennung einer konkreten Person absehen und hierfür eine andere Person oder das Nachlassgericht ermächtigen (§§ 2198, 2199, 2200 BGB). Die grundsätzliche Entscheidung, ob überhaupt eine Testamentsvollstreckung angeordnet werden soll, kann nicht auf einen Dritten übertragen werden.[107] Dies trifft auch für die Abänderung oder Aufhebung der Testamentsvollstreckung zu, wofür ebenfalls keine dritte Person ermächtigt werden kann.[108] Die Form der Anordnung der Testamentsvollstreckung ist in § 2197 BGB geregelt. Dies kann nur durch letztwillige Verfügung des Erblassers im Testament erfolgen. Das Testament braucht keine weiteren Verfügungen zu enthalten. Folglich kann auch bei gesetzlicher Erbfolge die Anordnung der Testamentsvollstreckung wirksam sein.[109] Die Anordnung kann auch in einem gemeinschaftlichen **Ehegattentestament** gem. §§ 2265 ff. BGB erfolgen. Aufgrund § 2270 Abs. 3 BGB ist es aber nicht gestattet, eine derartige Anordnung mit der Wirkung der Wechselbezüglichkeit zu versehen.

131 Zum Testamentsvollstrecker kann grundsätzlich **jede Person** bestimmt werden, soweit diese zum Zeitpunkt, zu dem sie das Amt anzutreten hat, **geschäftsfähig** ist und **nicht nach § 1896 BGB unter Vermögensbetreuung** steht (§ 2201 BGB). Ihre Stellung als Erbe, Vermächtnisnehmer, Familienangehöriger oder sonstiger materiellrechtlich Beteiligter schließt die wirksame Ernennung nicht aus.[110] Auch juristische Personen und Personenhandelsgesellschaften sowie Behörden können als Testamentsvollstrecker ernannt werden.[111]

5. Verhältnis zwischen Testamentsvollstrecker und Erben

132 Soweit die Verfügungsbefugnis des Testamentsvollstreckers geht, ist dem oder den Erben die Verfügungsbefugnis entzogen (§§ 2205 Satz 2, 2211, 2212 BGB). Die Anordnung der Testamentsvollstreckung enthält somit eine **Beschränkung der Rechtsstellung des Erben** (§§ 2306, 2338 Abs. 1, 2376 BGB). Die trotzdem vorgenommenen Verfügungen des Erben sind absolut unwirksam. Die Verfügungsbeschränkung des Erben beginnt mit dem Erbfall, und zwar unabhängig davon, ob der Testamentsvollstrecker sein Amt angenommen hat oder nicht.[112] Vor dem Amtsantritt ist weder der Testamentsvollstrecker noch der Erbe verfügungsbefugt.

133 Auf das Rechtsverhältnis zwischen Testamentsvollstrecker und Erben finden nach § 2218 BGB gewisse für den Auftrag geltende Vorschriften entsprechende Anwendung. Die Pflichten des Testamentsvollstreckers gegenüber den Erben ergeben sich aus den §§ 2215 bis 2219 BGB und sind gem. § 2220 BGB zwingender Natur. Es sind im Einzelnen die Ansprüche der Erben gegen den Testamentsvollstrecker auf Mitteilung eines Nachlassverzeichnisses (§ 2215 BGB), auf ordnungsmäßige Verwaltung des Nachlasses (§ 2216 BGB), auf Auskunftserteilung und Rechnungslegung (§§ 2218, 666 BGB) und auf Schadensersatz, wenn der Testamentsvollstrecker schuldhaft eine ihm obliegende Pflicht verletzt (§ 2219 BGB).

---

[107] Bengel/Reimann, II Rn. 8.
[108] *Bengel/Reimann*, II Rn. 10.
[109] MünchKomm/*Zimmermann*, § 2197 Rn. 3.
[110] *Bengel/Reimann*, II Rn. 177 ff.
[111] Münch/Komm, *Zimmermann*, § 2197 Rn. 9.
[112] BGHZ 25, 282.

Enzensberger

Der Testamentsvollstrecker hat gegenüber den Erben das Recht, die **Herausgabe des Nachlasses** an ihn (§ 2205 Satz 1 BGB), den Ersatz seiner notwendigen Aufwendungen (§§ 2218, 670 BGB) und eine angemessene Vergütung zu verlangen (§ 2221 BGB).

134

6. Verhältnis zwischen Testamentsvollstrecker und Nachlassgericht

Über die Amtsführung des Testamentsvollstreckers hat das Nachlassgericht **kein Aufsichtsrecht**. Der Erblasser kann den Testamentsvollstrecker auch nicht der Aufsicht des Nachlassgerichts unterstellen. Das Gesetz kennt keine gerichtliche oder behördliche Dauerkontrolle des Testamentsvollstreckers durch das Nachlassgericht, auch existiert keine Genehmigungsbedürftigkeit wichtiger Geschäfte. Nur in den nachgenannten Fällen wirkt das Nachlassgericht bei der Testamentsvollstreckung mit:

135

– bei **Annahme oder Ablehnung** des Testamentsvollstreckeramtes (§ 2202 Abs. 2 Satz 1 BGB);
– bei der **Ernennung** des Testamentsvollstreckers, wenn das Nachlassgericht vom Erblasser darum ersucht wird (§ 2200 BGB);
– bei der **Entlassung** des Testamentsvollstreckers aus wichtigem Grund (§ 2227 BGB);
– bei der Entgegennahme der **Kündigung** durch den Testamentsvollstrecker (§ 2226 BGB);
– bei der Entscheidung über **Meinungsverschiedenheiten** unter mehreren Testamentsvollstreckern, wenn der Erblasser für diesen Fall keine Anordnungen getroffen hat (§ 2224 BGB);
– bei der **Entgegennahme der Bestimmung** des Testamentsvollstreckers durch den vom Erblasser dazu bestimmten Dritten, indem es dem bestimmungsberechtigten Dritten auf Antrag eines Beteiligten eine Frist zur Bestimmung des Testamentsvollstreckers (§ 2198 Abs. 2 BGB) setzt;
– bei der Erteilung und Einziehung des Testamentsvollstreckerzeugnisses (§§ 2368, 2361 BGB);
– Außerkraftsetzung letztwilliger Anordnungen (§ 2216 Abs. 2 Satz 2 BGB).

XI. Enterbung, Pflichtteilsentziehung, Pflichtteilszuwendung

1. Enterbung

Enterbung ist der Ausschluss eines gesetzlichen Erben von der Erbfolge durch eine letztwillige Verfügung. Die Enterbung kann grundsätzlich durch ein „**Negativtestament**" (§ 1938 BGB) oder ein "**Positivtestament**" (§ 1937 BGB) erfolgen. Der Fiskus kann als gesetzlicher Noterbe nicht enterbt werden, weil sonst der Nachlass unter Umständen ohne Rechtsträger wäre. Die Enterbung kann dadurch erfolgen, dass der Erblasser einen, mehrere oder alle gesetzlichen Erben von der Erbfolge ausschließt, ohne andere Erben einzusetzen, so dass zwar weiterhin die gesetzliche Erbfolge eintritt, jedoch so, als ob die testamentarisch Enterbten nicht vorhanden wären (**Negativtestament**, § 1938 BGB).[113] Die andere Möglichkeit ist, dass er unter Übergehung der zu Enterbenden andere Personen zu seinen gewillkürten Erben einsetzt, dabei den vollen Nachlass vergibt und damit konkludent die Übergangenen enterbt (Positivtes-

136

---

113 *Nieder*, HB Testamentsgestaltung, Rn. 506.

tament, § 1937 BGB).[114] Wenn auch nur ein kleiner Teil des Nachlasses von dem Testament nicht umfasst wird, tritt insoweit die gesetzliche Erbfolge ein. Die Enterbung eines gesetzlichen Erben wirkt grundsätzlich nur in seiner Person und hindert nicht das Eintrittsrecht seiner Abkömmlinge.

137 §§ 2069 und 2349 BGB sind als Ausnahmevorschriften nicht analog auf die Enterbung anwendbar.[115] **Enterbungen** werden nicht vermutet. Die individuelle Auslegung kann jedoch ergeben, dass sich die Enterbung auf den ganzen Stamm und damit auch auf die Abkömmlinge erstrecken soll. Die Enterbung berührt das Pflichtteilsrecht nicht. Das Pflichtteilsrecht kann nur unter den besonderen Voraussetzungen der §§ 2333 ff. BGB entzogen werden.

2. Pflichtteilsentziehung

138 Nur bei Vorliegen besonders schwerwiegender Verfehlungen des Pflichtteilsberechtigten gegenüber dem Erblasser oder dessen Ehegatten kann der Pflichtteil durch den Erblasser entzogen werden. Die Entziehungsgründe sind in den §§ 2333–2335 BGB abschließend geregelt und nicht ausdehnungs- oder analogiefähig.[116] Alle Gründe setzen ausnahmslos Verschulden, Rechtswidrigkeit und Zurechnungsfähigkeit voraus.[117]

139 a) Pflichtteilsentziehung bzgl. Abkömmlingen, § 2333 BGB

- Nr. 1: Trachten nach dem Leben des Erblassers, seines Ehegatten oder eines anderen Abkömmlings.

  Voraussetzung ist hierbei der **ernste Wille** zur Herbeiführung des Todes, wobei auch Anstiftung, Beihilfe, Versuch und bloße Vorbereitungshandlungen genügen.[118]
- Nr. 2: **Vorsätzliche körperliche Misshandlung** des Erblassers oder des Ehegatten, von dem der Abkömmling abstammt.

  Nach h.M. muss die Misshandlung eine konkrete schwere Pietätsverletzung darstellen.[119]
- Nr. 3: **Verbrechen oder schweres vorsätzliches Vergehen** gegen den Erblasser oder dessen Ehegatten.

  Die Schwere bestimmt sich nach dem Grad des sittlichen Verschuldens. Eine strafrechtliche Verurteilung ist nicht Voraussetzung der Pflichtteilsentziehung.[120]
- Nr. 4: Böswillige Verletzung der gesetzlichen Unterhaltspflicht.

  Hierunter fällt auch die Unterlassung der Pflege im Krankheitsfall. Nach h.M. wird auch verlangt, dass der Abkömmling **verwerflich** gehandelt hat.[121]
- Nr. 5: Führen eines **ehrlosen und unsittlichen Lebenswandels** gegen den Willen des Erblassers. Der verschuldete Lebenswandel muss die schutzwürdigen Interessen des Erblassers verletzen, die mit dem Begriff der Familienehre umschrieben wer-

---

114 *Nieder*, HB Testamentsgestaltung, Rn. 506.
115 BGH FamRZ, 1959, 149; BayOblG FamRZ, 1989, 1232.
116 BGH NJW 1974, 1084; BGH NJW 1977, 339.
117 BGHZ 102, 227, 229 f = NJW 1988, 822.
118 Palandt/*Edenhofer*, § 2333 Rn. 3.
119 BGHZ 109, 306.
120 MünchKomm/*Lange*, § 2333 Rn. 12.
121 MünchKomm/*Lange*, § 2333 Rn. 10.

den.¹²² Einmalige Verfehlungen reichen grundsätzlich nicht aus. Bei der Bewertung des Verhaltens sind zwar die Wertvorstellungen und die Lebensführung des Erblassers und seiner Familie zu berücksichtigen, jedoch an den objektiven und allgemeingültigen Wertvorstellungen zu messen, weil sonst das Pflichtteilsrecht eines Abkömmlings der Disposition des Erblassers unterstellt wäre.¹²³

b) Pflichtteilsentziehung gegenüber den Eltern, § 2334 BGB

Die Pflichtteilsentziehung gegenüber den Eltern erfolgt bei Vorliegen einer der in § 2333 Nr. 1, 3 und 4 BGB genannten Gründe. Dagegen sind die vorsätzliche körperliche Misshandlung und der ehrlose oder unsittliche Lebenswandel hier keine Pflichtteilsentziehungsgründe. Dies führt teilweise zu erheblichen rechtspolitischen Bedenken gegen die Norm. Ausgehend vom Familienbild um 1900 sollte die Vorschrift der Stärkung der elterlichen Autorität dienen und Ausdruck ihrer überragenden Stellung gegenüber den Kindern sein.¹²⁴ Die praktische Bedeutung des Fehlens einer § 2333 Nr. 2 BGB entsprechenden Norm ist als gering einzustufen, da **grobe körperliche Misshandlungen** regelmäßig gleichzeitig schwere vorsätzliche Vergehen gegen den Erblasser oder seinen Ehegatten darstellen werden. Dass Kinder ihren Eltern nicht im Hinblick auf deren Lebenswandel den Pflichtteil entziehen können, wird mit dem Argument gerechtfertigt, Kinder hätten über die Eltern nicht Gericht zu halten. Ob dies nach heutigem Verständnis noch angemessen ist, erscheint äußerst fraglich und wird teilweise auch unter verfassungsrechtlichen Gesichtspunkten für bedenklich gehalten. Schließlich kann die Familienehre und damit auch das Ansehen des Kindes in der Öffentlichkeit durch entsprechende Verhaltensweisen der Eltern durchaus beeinträchtigt werden.¹²⁵

140

c) Pflichtteilsentziehung gegenüber dem Ehegatten, § 2335 BGB

Solange im **Ehescheidungsrecht** das Verschulden den Scheidungsgrund bildete, waren das Recht der Pflichtteilsentziehung und das der Ehescheidung eng miteinander verknüpft. Die jetzt bestehende Regelung wurde nach kontroverser Diskussion erst im Vermittlungsausschuss in die endgültige Version gebracht, nachdem zunächst der völlige Wegfall einer Entziehung des Ehegattenpflichtteils vorgesehen war. Die Entziehungsgründe des § 2335 BGB stimmen im Wesentlichen mit denen des § 2333 BGB überein, wobei dessen Nr. 5 – ehrloser oder unsittlicher Lebenswandel – auf den Ehegatten nicht anwendbar ist. Hierdurch sollte verhindert werden, dass das Verschuldensprinzip quasi „durch die Hintertür" wieder Einzug hält.¹²⁶

141

Im Weiteren ist an dieser Stelle § 1933 BGB zu beachten. Danach ist das Erb- und Pflichtteilsrecht des überlebenden Ehegatten grundsätzlich ausgeschlossen, wenn zur Zeit des Todes des Erblassers die **Voraussetzungen für die Scheidung der Ehe** gegeben waren und der Erblasser die **Scheidung beantragt** oder ihr **zugestimmt** hatte.

---

122 BGHZ 76, 109 = NJW 1980, 936.
123 OLG Hamburg NJW 1988, 977.
124 MünchKomm/*Lange,* § 2334 Rn. 1.
125 *Damrau/Riedel,* Erbrecht, § 2334 Rn. 1.
126 Battes FamRZ 1977, 433, 439.

d) Form und Begründung der Entziehung

142 Die Entziehung des Pflichtteils hat nach § 2336 Abs. 1 BGB durch letztwillige Verfügung zu erfolgen. Der Grund der Entziehung muss **zur Zeit der Errichtung der letztwilligen Verfügung** bestehen und in ihr angegeben werden (§ 2336 Abs. 2 BGB). Dabei fordert der BGH neben der **Entziehungserklärung** die Angabe eines **Sachverhaltskerns**, d.h. der individualisierenden Umschreibung der tatsächlichen Vorgänge, auf die der Erblasser die Entziehung stützt.[127] Es reicht nicht aus, wenn der Erblasser aufgrund des Entziehungsgrundes lediglich auf andere, der Testamentsform nicht entsprechende Erklärungen verweist.[128] Die **Beweislast** für das Vorliegen des vom Erblasser in der letztwilligen Verfügung angegebenen Entziehungsgrundes im Zeitpunkt der Errichtung trifft gem. § 2336 Abs. 3 BGB denjenigen, der sich auf die Entziehung beruft. Der Erblasser kann durch Feststellungsklage sein Entziehungsrecht schon zu seinen Lebzeiten gerichtlich feststellen lassen.[129] Auch der zukünftige Pflichtteilsberechtigte kann bereits zu Lebzeiten die Frage des Vorliegens eines Entziehungsgrundes gerichtlich feststellen lassen.[130]

e) Verzeihung

143 Das Recht zur Entziehung erlischt gem. § 2337 BGB durch Verzeihung. Die Verzeihung braucht nicht durch ausdrückliche Willenserklärung zu erfolgen. Vielmehr erfolgt sie i.d.R. durch tatsächliches Verhalten. Der BGH definiert die Verzeihung als ein kundgetanes Verhalten des Erblassers, die mit der erlittenen Verletzung verbundene Kränkung überwunden zu haben.[131] Folglich genügt also **schlüssiges Verhalten**, wobei nicht einmal erforderlich ist, dass der Pflichtteilsberechtigte davon weiß.[132] Setzt der Abkömmling sein Verhalten trotz der Verzeihung fort, wird dieses spätere Verhalten nicht von der Wirkung des § 2337 BGB erfasst. Die Beweislast für die Verzeihung trägt der Pflichtteilsberechtigte.

3. Pflichtteilsentziehung in guter Absicht, § 2338 BGB

144 § 2338 BGB gestattet dem Erblasser eines pflichtteilsberechtigten Abkömmlings, der überschuldet ist oder einen verschwenderischen Lebenswandel führt, dessen Pflichtteil entgegen § 2306 BGB durch Anordnung der Nacherbfolge, einem Nachvermächtnis und/oder der Testamentsvollstreckung zu belasten. Die Vorschrift soll dazu dienen, das Familienvermögen zugunsten der Familienangehörigen vor der Gefahr des Verlustes durch **Verschwendungssucht** oder **Überschuldung** zu schützen und stellt damit einen Akt der Zwangsfürsorge dar.[133] Die Erbschaft wird vor dem Zugriff der Gläubiger des Pflichtteilsberechtigten geschützt und zudem wird der Pflichtteilsberechtigte daran gehindert, seine Erbschaft zu verschwenden.

145 Der Grund der Beschränkung muss zum Zeitpunkt der Errichtung der Verfügung bereits bestehen, und der Abkömmling darf sich zum Zeitpunkt des Erbfalls nicht dau-

---

127 BGH FamRZ 1964, 86; BGHZ 94, 36 = NJW 1985, 1554; OLG Nürnberg NJW 1976, 2020; OLG Köln ZEV 1996, 430 = FamRZ 1997, 454.
128 BGHZ 94, 36 = NJW 1985, 1554.
129 BGHZ 109, 306, 309 f. = NJW 1990, 911; OLG Hamburg NJW 1988, 977.
130 OLG Saarbrücken NJW 1986, 1182; BGH FamRZ 1990, 398, 399.
131 BGHZ 91, 273, 280; BGH FamRZ 1961, 437; OLG Köln ZEV 1998, 144; OLG Hamm MDR 1997, 844.
132 BayObLGZ 1921, 328, 330.
133 *Nieder*, HB Testamentsgestaltung, Rn. 513.

erhaft von der Verschwendung abgewendet haben bzw. die **Überschuldung muss noch bestehen**.[134] Eine derartige Beschränkung kann immer nur gegenüber dem Abkömmling, nicht gegenüber dem Ehegatten oder den Eltern des Erblassers erfolgen.[135]

Die Pflichtteilsbeschränkung hat in der Form einer letztwilligen Verfügung zu erfolgen. Für den Fall des Vorliegens der Voraussetzungen des § 2338 BGB greift die Pflichtteilsbeschränkung auch in Bezug auf den Pflichtteilsanspruch nach § 2305 BGB oder den Pflichtteil nach §§ 2315, 2316 BGB. Die Pflichtteilsbeschränkung kommt auch dann zum Tragen, wenn der Erbe nach § 2306 BGB ausschlägt und seinen Pflichtteil verlangen will, da der ihm zustehende Pflichtteil den Beschränkungen des § 2338 BGB unterliegt.[136]

Nach § 2338 Abs. 1 Satz 1 BGB kann der Erblasser dem Erben seinen Erb- und Pflichtteil lediglich als **Vorerbe bzw. Vorvermächtnisnehmer** übertragen und die gesetzlichen Erben des Pflichtteilsberechtigten zu dessen **Nacherben bzw. Nachvermächtnisnehmern** benennen. Dies führt zu der Konsequenz, dass durch die Vorerbschaft nicht nur der Pflichtteil bzw. Erbteil der Pfändung entzogen ist, sondern gem. § 863 ZPO auch die Nutzungen, soweit diese für den standesgemäßen Unterhalt des Pflichtteilsberechtigten und dessen Familie erforderlich sind.[137]

> **Praxishinweis:**
> Im Fall einer Nachvermächtnisanordnung sollte aber immer an eine **begleitende Verwaltungsvollstreckung** gedacht werden, weil sich der Bedachte ansonsten durch Verfügung über den Gegenstand von der Beschränkung des Nachvermächtnisnehmers befreien kann.[138] Dies gilt auch für die nach § 2338 Abs. 1 Satz 2 BGB bestehende Variante, eine **Dauertestamentsvollstreckung** anzuordnen. Auch hier kommt der Schutz des § 863 ZPO zur Anwendung, und dem Abkömmling steht ein Anspruch auf den jährlichen Ertrag zu.[139]

4. Pflichtteilszuweisung

Für den Fall, dass der Erblasser einen Pflichtteilsberechtigten auf den Pflichtteil setzt, kommen drei Auslegungsmöglichkeiten in Frage:

– Es kann eine Enterbung durch **negatives Testament** vorliegen nach § 1938 BGB, verbunden mit einer Verweisung auf den gesetzlichen Pflichtteilsanspruch.
– Es kann eine Erbeinsetzung i.H.d. Pflichtteilsquote vorliegen.
– Schlussendlich kann aber auch eine **Vermächtniszuwendung** i.H.d. Pflichtteilsanspruchs gegeben sein. Für diesen Fall sind dann die Bestimmungen für das Vermächtnis anwendbar.

Die **Auslegungskriterien** dafür, welche der Alternativen im Einzelfall zutreffen, sind umstritten. Nach der wohl h.M. kommt es darauf an, ob der Erblasser gewähren oder

---

134 MünchKomm/*Lange*, § 2338 Rn. 6.
135 MünchKomm/*Lange*, § 2338 Rn. 3.
136 *Krug/Rudolf/Kroiß*, Erbrecht, § 3 Rn. 211.
137 *Langenfeld*, Testamentsgestaltung, Rn. 330.
138 *Weirich*, Erben und Vererben, Rn. 915.
139 *Krug/Rudolf/Kroiß*, Erbrecht, § 3 Rn. 209.

aberkennen wollte. Für den ersteren Fall liegt dann ein Vermächtnis vor, für den zweiteren Fall eine Pflichtteilsverweisung.[140]

151 Von besonderer Bedeutung ist dies bei der Pflichtteilszuweisung an den überlebenden Ehegatten bei Vorliegen einer Zugewinngemeinschaft. Bei einer Pflichtteilsverweisung erhält der überlebende Ehegatte den **kleinen Pflichtteil** nebst dem **konkreten güterrechtlichen Zugewinnanspruch** ohne Wahlmöglichkeit.[141] Bei einem Vermächtnis dürfte es sich i.d.R. um das des erhöhten Pflichtteils handeln, mit der Folge, dass der überlebende Ehegatte es ausschlagen und den kleinen Pflichtteil nebst dem güterrechtlichen Zugewinnausgleich verlangen kann.[142] Ist ausdrücklich der kleine Pflichtteil vermächtnisweise zugewendet, so kann der Ehegatte den Restanspruch zum großen Pflichtteil oder stattdessen neben dem kleinen Pflichtteil den güterrechtlichen Zugewinnausgleich verlangen. Liegt ausnahmsweise eine Erbeinsetzung des Überlebenden i.H.d. Pflichtteils vor, muss er ausschlagen, um den güterrechtlichen Zugewinnausgleich neben dem kleinen Pflichtteil verlangen zu können.[143]

XII. Ehegattentestament

1. Allgemeines

152 Außer bei der Gütergemeinschaft (§ 1416 BGB) führt die Ehe nicht zu einem gemeinschaftlichen Ehevermögen, sondern jedem Ehegatten bleiben weiterhin seine Vermögensgegenstände dinglich zugeordnet. Trotzdem betrachten die meisten Eheleute während der Ehezeit ihr beiderseitiges Vermögen faktisch als Einheit und wollen dieses meist auch beim Tod eines von ihnen bewahren. Eheleute wollen in aller Regel eine Variante, die einerseits mindestens die Alleinverwaltung des „Ehevermögens" – bestehend aus dem Nachlass des Erstversterbenden und dem Eigenvermögen des Überlebenden – durch den Überlebenden sichert und andererseits verhindert, dass der überlebende Ehegatte die gemeinsam getroffene Nachfolgeregelung auf Ableben des Längstlebenden durch Verfügungen von Todes wegen oder unter Lebenden durchkreuzt.[144] Die gesetzliche Erbfolge befriedigt dieses Bedürfnis nicht.

153 Ein gemeinschaftliches Testament liegt vor, wenn Ehegatten ihren letzten Willen gemeinschaftlich erklären, wobei jedoch, sofern es sich nicht um **wechselbezügliche Verfügungen** handelt, jeder von ihnen ohne inneres Beziehungsverhältnis einseitig für den Fall seines Todes verfügt, beide aber einen gemeinsamen Testierwillen haben, der in einer der gewählten Testamentsform entsprechenden Weise zum Ausdruck gebracht werden muss.[145] Die Erstellung eines gemeinschaftlichen Testaments ist gem. § 2265 BGB ausdrücklich Ehegatten vorbehalten.

154 Ein wesentlicher Unterschied im Vergleich zum Einzeltestament ist darin zu sehen, dass aufgrund der **Wechselbezüglichkeit der Verfügungen** (§§ 2270, 2271 BGB) eine gegenseitige Bindungswirkung entsteht. Es muss aber nicht immer Wechselbezüglichkeit gegeben sein. Den Ehegatten steht es frei einzelne oder gar keine Anordnungen wechselbezüglich zu gestalten. Hierin liegt gerade der Sinn und Zweck eines Ehegattentestaments.

---

140 Soergel/*Dieckmann*, § 2304 Rn. 3.
141 Palandt/*Edenhofer*, § 2304 Rn. 4.
142 Palandt/*Edenhofer*, § 2304 Rn. 5.
143 Palandt/*Edenhofer*, § 2304 Rn. 6.
144 *Nieder*, HB Testamentsgestaltung, Rn. 809.
145 *Nieder*, HB Testamentsgestaltung, Rn. 810.

Praxishinweis:
Im Falle der Testamentsgestaltung hat der Berater ein Augenmerk darauf zu richten, dass der längerlebende Ehepartner durch die Bindungswirkung in seiner letztwilligen Testierfreiheit nicht zu sehr beschnitten wird, um auf überraschende Vorkommnisse nach dem ersten Erbfall reagieren zu können. Die Ehegatten können bestimmen, ob eine Verfügung wechselbezüglich sein soll. Es steht ihnen aber auch das Recht zu, die Wechselbezüglichkeit und Bindungswirkung einzuschränken und sich eine **Änderungsbefugnis** vorzubehalten.[146] Gerade hier ist der Berater gefragt, hinreichende Erläuterungen zu Vor- und Nachteilen zu geben und eine entsprechende Klausel i.S.d. Mandanten zu entwerfen.

2. Verfügungen für den ersten Todesfall

Gleich dem Einzeltestament kann die Alleinerbeneinsetzung des Ehegatten sowohl in Form der Vollerbschaft, als auch im Wege der Vor- und Nacherbschaft erfolgen. Die Vollerbschaft wird auch als **Einheitslösung** bzw. Berliner Testament bezeichnet, wohingegen die Vor- und Nacherbschaft als **Trennungslösung** bezeichnet wird, da hierdurch zwei Vermögensmassen entstehen. 155

Diese sog. **Einheitslösung** ist nach der Auslegungsregel des § 2269 Abs. 1 BGB im Zweifel anzunehmen, wenn die Eheleute sich in einem gemeinschaftlichen Testament gegenseitig als Erben eingesetzt und bestimmt haben, dass nach dem Tod des Überlebenden der beiderseitige Nachlass einem Dritten zufallen soll (sog. Berliner Testament). 156

Im Falle der **Trennungslösung** wird der zuletzt versterbende Ehegatte dagegen Vorerbe und die Abkömmlinge der Ehegatten, oder Dritte, werden zu Nacherben bestimmt. Es kommt in diesem Fall nicht zu einer Fusion der Vermögensmassen wie bei der Einheitslösung. Der überlebende Ehegatte bekommt das Vermögen des Erstversterbenden als Vorerbenvermögen und hält daneben sein gesondertes Eigenvermögen. In der Verfügung für den ersten Todesfall wird zugleich die Nacherbfolge geregelt, während in der Verfügung für den zweiten Todesfall nur noch im Hinblick auf das Eigenvermögen des länger lebenden Ehegatten eine Regelung bestimmt werden kann. 157

Als weitere Variante kommt die sog. **Nießbrauchslösung** in Frage. Bei diesem Modell werden die ansonsten erst im Schlusserbfall bedachten Kinder (oder Dritte) gleich zu Erben eingesetzt. Dabei können die Abkömmlinge der Ehegatten (oder Dritte) entweder ganz oder zusammen mit dem überlebenden Ehegatten in Erbengemeinschaft eingesetzt werden. Der überlebende Ehepartner erhält zusätzlich ein **Nießbrauchsvermächtnis** am gesamten oder an Teilen des Nachlasses. 158

3. Verfügungen für den zweiten Todesfall

Die **Vollerbenlösung** führt zu einer einheitlichen Vermögensmasse. In der Verfügung für den zweiten Todesfall ist folglich eine Schlusserbenlösung zu treffen. Hierbei stehen Ehegatten wiederum sämtliche Gestaltungsmittel zur Verfügung, die auch bei einem Einzeltestament in Frage kommen. Auch hier ist an eine ausreichende Ersatzerbenlösung zu denken. 159

---

146 BGHZ 30, 265; OLG Hamm ZEV 1995, 146.

160 Im Falle der **Vor-** und **Nacherbschaft** ist in der Verfügung für den zweiten Sterbefall nur noch eine Bestimmung im Hinblick auf das gesonderte Eigenvermögen des überlebenden Ehegatten zu treffen. Den Testierenden stehen hier ebenfalls sämtliche Gestaltungsvarianten des Einzeltestaments zur Verfügung.

4. Bindungswirkung, Wechselbezüglichkeit und Abänderungsmöglichkeit

161 § 2270 BGB i.V.m. § 2271 BGB ermöglicht im gemeinschaftlichen Testament bindende – sog. **wechselbezügliche Verfügungen** – zu treffen und damit ähnliche Wirkungen zu erzielen wie durch eine **vertragsmäßige Verfügung in einem Erbvertrag**. Ein Ehegattentestament kann wechselbezügliche Verfügungen enthalten, aber auch nicht wechselbezügliche. Es kommt deshalb darauf an, welchen Verfügungen die Ehegatten in dem gemeinschaftlichen Testament den Charakter der Wechselbezüglichkeit geben wollen.

162 Wechselbezüglich sind diejenigen Verfügungen der Ehegatten, die jede mit Rücksicht auf die andere getroffen ist und die **miteinander stehen und fallen** sollen.[147] Da § 2270 Abs. 1 BGB eine Auslegungsregel darstellt, ist es für die testamentarische Gestaltung unerlässlich, die Wechselbezüglichkeit ausdrücklich zu bestimmen, damit es im Wege einer Auslegung später nicht zu einem vom Erblasser nicht gewünschten Ergebnis kommt.

163 Im **Regelfall** wird davon ausgegangen, dass die Verfügungen beider Ehegatten wechselbezüglich und bindend sein sollen. Es ist aber auch denkbar, dass sich die Wechselbezüglichkeit nur auf die Verfügungen eines Ehegatten beziehen soll.[148]

164 Der überlebende Ehegatte ist an seine wechselbezüglichen Verfügungen **gebunden** und kann nicht mehr abweichend testieren, nachdem er das ihm Zugewandte angenommen hat (§ 2271 Abs. 2 BGB). Mit dieser Rechtsfolge trägt das Gesetz dem Umstand Rechnung, dass der erstverstorbene Ehegatte seine Verfügung nur im Vertrauen auf die Beständigkeit der Verfügungen des anderen getätigt hatte und dieses Vertrauen über den Tod hinaus geschützt werden muss.[149]

165 Abweichend von dieser gesetzlichen Wirkung der Wechselbezüglichkeit können die Wirkungen, die das Gesetz an die Wechselbezüglichkeit knüpft, von den Ehegatten ausgeschlossen oder beschränkt werden.[150] Eine derartige **Abänderungsklausel** hat den Vorteil, dass dem nach dem Ableben des Erstversterbenden gebundenen Ehegatten die Möglichkeit offen steht, auf überraschende Ereignisse im Leben der möglicherweise als Schlusserben eingesetzten Abkömmlinge zu reagieren. Die Wirkungen der Wechselbezüglichkeit können auch nur für bestimmte Fälle von den Ehegatten abbedungen werden. So kann sich die Abänderungsbefugnis auf eine rein gegenständliche Abänderung, eine **Quotenabänderung** oder eine allg. Abänderung beschränken.[151] Des Weiteren ist es auch möglich, den Personenkreis, in dessen Rahmen die Abänderung erfolgen darf, genau zu definieren, z.B. die ehegemeinschaftlichen Kinder und deren Abkömmlinge.

---

147 RGZ 116, 149; OLG Stuttgart FamRZ 1977, 274; BayObLGZ 1987, 23; BayObLG FamRZ 1999, 1388, 1389; BayObLG FamRZ 2001, 1734.
148 MünchKomm/*Museliak*, § 2270 Rn. 3.
149 *Damrau/Klessinger*, Erbrecht, § 2270 Rn. 25.
150 BGH NJW 1964, 2065; OLG Hamm NJW 1972, 1088, 1089.
151 *Krug/Rudolf/Kroiß*, Erbrecht, § 3 Rn. 230.

5. Wiederverheiratungsklausel

Mit einer **Wiederverheiratungsklausel** wollen die Eheleute verhindern, dass nach dem Tode des Erstversterbenden durch eine Wiederheirat des Überlebenden der ungeschmälerte Übergang des Nachlassvermögens des Erstversterbenden nach dem Tod des Längstlebenden auf die Endbedachten gefährdet wird.[152] Diese Gefährdung tritt insb. durch das automatisch entstehende Pflichtteilsrecht des zweiten Ehegatten und denen der eventuell aus der Ehe hervorgegangenen Kinder auf. Mit der Klausel soll folglich das Abwandern des Vermögens in einen fremden Familienstamm verhindert werden.

Ist der überlebende Ehegatte nur zum **Vorerben** eingesetzt, so liegt bereits von vorneherein eine Trennung des Nachlassvermögens vom Eigenvermögen vor. An dem Vermögen des Erstversterbenden können bei der Trennungslösung keine Pflichtteilsrechte des neuen Ehegatten entstehen.

Im Falle der **Einheitslösung** (der überlebende Ehegatte wird Vollerbe) bestimmen die Ehegatten für den Wiederverheiratungsfall, dass der Überlebende den Nachlass ganz oder zu Bruchteilen an die vorgesehenen Schlusserben herauszugeben hat. Nach der h.M. ist der überlebende Ehegatte bzgl. dieser Wiederverheiratungsklausel ab dem ersten Erbfall sowohl durch die Wiederheirat auflösend bedingter Vollerbe als auch gleichzeitig dadurch aufschiebend bedingter Vorerbe. Dies bedeutet, dass die Klausel die Einheitslösung in die Trennungsklausel verwandelt.[153] Mit Wiederverheiratung und damit dem Eintritt des Nacherbfalls entfällt regelmäßig die Bindung des überlebenden Ehegatten an seine wechselbezüglichen Verfügungen im gemeinschaftlichen Testament. Diese Befreiung ist Inhalt jeder Wiederverheiratungsklausel, sofern nicht ausdrücklich eine gegenteilige Anordnung getroffen wird.[154]

> **Praxishinweis:**
> Um hier Streitigkeiten von vorneherein auszuschließen, ist es ratsam, in der Wiederverehelichungsklausel klarzustellen, was mit den wechselbezüglichen und bindenden Verfügungen des überlebenden Ehegatten im Hinblick auf den zweiten Erbfall mit Eintritt der Wiederverheiratung geschehen soll.

6. Anfechtungsverzicht

Nach § 2079 BGB kann eine Verfügung von Todes wegen angefochten werden, wenn der Erblasser einen Pflichtteilsberechtigten übergangen hat, dessen Vorhandensein ihm nicht bekannt war oder der erst nach Errichtung der Verfügung von Todes wegen pflichtteilsberechtigt wurde. Ein **Ausschluss dieser Anfechtungsmöglichkeit** wegen Hinzutretens weiterer Pflichtteilsberechtigter nach § 2079 BGB sollte sich in jeder letztwilligen Verfügung befinden.

Bei gegenseitigen Testamenten ist auch eine Anfechtung wegen **Motivirrtums** nach § 2078 Abs. 2 BGB bzw. unbewusster Erwartungen gem. §§ 2078 bis 2083 BGB denkbar.

---

152 Zawar NJW 1988, 16.
153 BGHZ 96, 198.
154 MünchKomm/*Museliak*, § 2269 Rn. 62.

171 Das **Selbstanfechtungsrecht** des Ehegatten und das Anfechtungsrecht Dritter kann aber in der gegenseitigen Verfügung von Todes wegen ausgeschlossen werden.[155]

7. Pflichtteilsklausel

172 Grundsätzlich kann der Pflichtteil nur unter den Voraussetzungen der §§ 2333 ff. BGB wirksam entzogen werden. In Ehegattentestamenten kann aber die Klausel aufgenommen werden, dass diejenigen, die zu Schlusserben eingesetzt worden sind, im zweiten Todesfall auch nur ihren Pflichtteil erhalten, wenn sie bereits im ersten Erbfall ihren Pflichtteil geltend machen. Die Ehegatten verfolgen mit dieser Klausel das Ziel, den Nachlass im Falle des Todes des Erststerbenden ungeschmälert dem Längstlebenden zukommen zu lassen. Ein mutwilliges Verhalten oder das Bewusstsein, den Erblasserwillen bewusst zu missachten, müssen nicht vorliegen.[156] Der Berater sollte den Mandanten allerdings darauf hinweisen, dass die **Pflichtteilsklausel** in der Praxis ein „**stumpfes Schwert**" darstellt, und der Pflichtteilsberechtigte sich i.d.R. hierdurch nicht von der Geltendmachung seines Pflichtteilsanspruchs abhalten lassen wird.

173 Eine noch massivere Sanktion stellt die sog. **Jastrow'sche Klausel** dar. Hierbei erhalten diejenigen Abkömmlinge, die den Pflichtteil nicht geltend machen, einen zusätzlichen Vermächtnisanspruch nach dem Tod des Erstversterbenden. Der Vermächtnisanspruch wird allerdings erst mit dem Tod des Zweitversterbenden fällig, da der überlebende Ehegatte möglichst keinen Vermögensabfluss erleiden soll. Die Bestrafung erfolgt dadurch, dass sich der Nachlass des Zweitsterbenden erheblich schmälert und sich dadurch der Pflichtteil nach dem zweiten Sterbefall reduziert.[157] Die Klausel wirkt indes nur bei Vorhandensein mehrerer pflichtteilsberechtigter Abkömmlinge. Aber auch diese Klausel bietet keinen letztendlichen Schutz vor der Geltendmachung von Pflichtteilsansprüchen.

> **Formulierungsbeispiel: Pflichtteilsstrafklausel (Jastrow'sche Klausel)**
>
> Macht eines unserer Kinder nach dem ersten Todesfall entgegen dem Willen des Überlebenden seinen Pflichtteil oder Pflichtteilsergänzungsanspruch geltend und erhält er ihn auch ganz oder teilweise, dann ist er mit seinem ganzen Stamm sowohl für den ersten als auch für den zweiten Sterbefall von der Erbfolge einschließlich eventuell angeordneter Vermächtnisse und Auflagen ausgeschlossen.
>
> Diejenigen Kinder, die ihren Pflichtteil nicht geltend machen, erhalten aus dem Nachlass des Erststerbenden ein Geldvermächtnis in Höhe ihres gesetzlichen Erbteils. Das Vermächtnis wird mit dem Tod des Überlebenden fällig und steht nur den zu diesem Zeitpunkt noch lebenden Bedachten zu.

8. Regelung für den Fall der Scheidung

174 § 2268 Abs. 2 BGB stellt eine **Vermutungsregel** dar zur Frage, ob im Falle der Erhebung der Klage auf Auflösung oder Scheidung der Ehe oder im Falle der Zustimmung zur Scheidung durch den Erblasser, eine Verfügung von Todes weiterhin bestehen bleiben soll. Die Lebenserfahrung spricht dafür, dass die Ehegatten ein gemeinschaftliches Testament nicht errichtet hätten, hätten sie mit dem Scheitern ihrer Ehe gerechnet. Dieser Erfahrungssatz liegt der Vorschrift des § 2268 BGB zu Grunde.

---

155 OLG Oldenburg OLG-Report 1999, 23.
156 BayObLG FamRZ 1990, 1158; BayObLG FamRZ 1996, 440, 441.
157 *Langenfeld*, Testamentsgestaltung, Rn. 231.

Um Auslegungsstreitigkeiten von vorneherein auszuschließen, sollte im Testament entweder ausdrücklich festgelegt werden, ob die Verfügung auch bei Eintritt der oben genannten Voraussetzungen wirksam bleiben soll oder nicht. Bei der Erstellung eines gemeinschaftlichen Ehegattentestaments ist folglich immer eine Regelung für den Fall der Scheidung vorzusehen.[158]

175

> **Formulierungsbeispiel:**[159] Für den Fall, dass unsere Ehe vor dem Tode eines Ehegatten aufgelöst oder Klage auf Aufhebung erhoben oder die Scheidung der Ehe beantragt wurde oder im Falle der Zustimmung zur Scheidung durch den Erblasser selbst, sollen die hier getroffenen Verfügungen ihrem ganzen Inhalt nach unwirksam sein, und zwar unabhängig davon, wer von uns beiden den Antrag auf Scheidung gestellt oder Klage auf Aufhebung erhoben hat.

Verfügungen gemeinschaftlich testierender Ehegatten bleiben **trotz späterer Auflösung** ihrer Ehe oder ihr gleichgestellter Voraussetzungen allerdings dann wirksam, wenn sie auch für einen derartigen Fall getroffen würden oder anzunehmen ist, dass der Erblasser sie auch für diesen Fall getroffen hätte. Für diese Ausnahme wird einzig und allein auf den Willen der Eheleute im Zeitpunkt der Testamentserrichtung abgestellt.[160] Ihr Aufrechterhaltungswille kann sich auch auf wechselbezügliche Verfügungen beziehen. Ist dies der Fall, behalten diese über den Bestand der Ehe hinaus ihre in §§ 2270, 2271 BGB normierten Wirkungen und können dann nicht durch einseitige Verfügung aufgehoben werden.[161]

176

XIII. Verwahrung

§ 2248 BGB gibt dem Erblasser die Möglichkeit, ein eigenhändiges Testament in **amtliche Verwahrung** zu geben. Der Sinn der Verwahrung besteht darin, das Auffinden des Testaments zu erleichtern und Schutz vor Fälschung, Unterdrückung und Beschädigung zu bieten. Sachlich zuständig ist das AmtsG (§ 2258a BGB). Örtlich zuständig ist bei Errichtung eines eigenhändigen Testaments nach § 2258a Abs. 2 Nr. 3 BGB jedes AmtsG. In Baden-Württemberg sind für die amtliche Verwahrung die Staatlichen Notariate zuständig. Funktionell wird diese Aufgabe vom Rechtspfleger wahrgenommen (§ 3 Nr. 2 c RPflG). Ein notarielles Testament wird gem. § 34 Abs. 1 Satz 1 BeurkG in amtliche Verwahrung gebracht. Der Erblasser kann das Testament jederzeit wieder aus der Verwahrung nehmen. Beim privatschriftlichen Testament hat die Rücknahme aus der amtlichen Verwahrung aber keine **Widerrufswirkung** – im Gegensatz zum beurkundeten Testament (§ 2256 BGB).

177

XIV. Testamente mit Auslandsbezug

Ein Erbfall mit Auslandsberührung liegt vor oder kann aus Sicht bei Testamentserrichtung eintreten, wenn der Erblasser oder Testator eine fremde Staatsangehörigkeit hat, im Ausland wohnt, Nachlassgegenstände im Ausland liegen oder eine Verfügung von Todes wegen im Ausland errichtet wurde.

178

---

158 *Nieder*, ZEV 1994, 156.
159 *Tanck/Krug/Daragan*, Testamente, § 20 Rn. 115.
160 Palandt/*Edenhofer*, § 2268 Rn. 2.
161 BGH NJW 2004, 3113.

1. Erbstatut

179 Welche der nationalen Rechtsordnungen der am Erbfall beteiligten Staaten Anwendung findet, bestimmt sich in erster Linie aufgrund eines zwischen den beteiligten Staaten geschlossenen **Staatsvertrages**. Wenn zwischen den betreffenden Staaten kein Staatsvertrag besteht, bestimmen die **international-erbrechtlichen Kollisionsnormen** des Staates, aus dessen Sicht der Erbfall behandelt werden soll, welche nationale Rechtsordnung Anwendung findet. Die Kollisionsnormen für das Erbrecht sind im deutschen internationalen Privatrecht (IPR) die Art. 25, 26 EGBGB. Da beim Erbrecht **Anknüpfungspunkt** die **Staatsangehörigkeit** ist, wird jeder Erblasser aus deutscher Sicht nach seinem Heimatrecht zur Zeit seines Todes beerbt. Mit dieser Regel ist aber die Frage nach dem anwendbaren Recht noch nicht abschließend geklärt, denn die Verweisung von Art. 25 Abs. 1 EGBGB auf das Heimatrecht des Erblassers umfasst nicht nur die Verweisung auf die erbrechtlichen Vorschriften, sondern auch auf die IPR-Vorschriften des Heimatstaates. Andere Staaten richten sich nämlich zum Teil nach anderen Anknüpfungspunkten als der Staatsangehörigkeit. So kann es sein, dass das IPR des fremden Staates auf das deutsche Recht ganz oder teilweise zurückverweist (renvoi).

2. Rückverweisung

180 Wenn das **Kollisionsrecht** des fremden Staates auf das deutsche Erbrecht zurückverweist, so wird diese Verweisung vom deutschen Recht nach Art. 4 Abs. 1 EGBGB grundsätzlich angenommen.[162] Hierdurch soll sichergestellt werden, dass das anzuwendende Recht möglichst schnell festgestellt wird. Die Rückverweisung betrifft aber nur die Sachnormen und nicht auch die Kollisionsnormen (Art. 4 Abs. 1 Satz 2 EGBGB).

3. Nachlassspaltung

181 Die Rück- oder Weiterverweisung nach Art. 4 Abs. 1 EGBGB kann nur Teile des zu beurteilenden Rechtsverhältnisses umfassen. Das ist bei Ländern, die in ihrem IPR für die Beerbung des unbeweglichen Nachlasses **Lagerecht (lex rei sitae oder Belegenheitsstatut)** anwenden, der Fall und führt zur sog. **Nachlassspaltung**. Der durch Aufspaltung entstandene Nachlassteil ist dabei als selbstständiger Nachlassteil anzusehen und entgegen dem Prinzip der Universalsukzession nach dem für ihn maßgeblichen **Erbstatut** so zu behandeln, als ob er der Gesamtnachlass wäre.[163] In diesen Fällen ist es möglich, bzgl. den verschiedenen Rechten unterliegenden Erbmassen unterschiedliche Erben einzusetzen. Für jede Nachlassmasse ist dann ein besonderer Erbschein (Eigen- oder Fremdrechtserbschein) auszustellen.

---

162 BGH NJW 1958, 750; BGHZ 45, 351.
163 BGHZ 24, 352, 355; BayObLG NJW 1960, 775.

C. Formulierungsbeispiele Einzeltestamente

I. Teilungsanordnung; Schweigepflichtentbindungserklärung

Formulierungsbeispiel:

182

Testament

Ich, ..., geb. am ..., in ..., wohnhaft in ..., deutscher Staatsangehöriger, errichte nachfolgendes Testament.

(I.) Testierfreiheit

In der freien Verfügung über mein Vermögen von Todes wegen bin ich in keiner Weise beschränkt, insb. bin ich nicht durch einen Erbvertrag mit einem Dritten oder durch ein gemeinschaftliches Testament gebunden. Rein vorsorglich hebe ich hiermit alle bisher von mir getroffenen letztwilligen Verfügungen, seien es notarielle oder privatschriftliche, in vollem Umfange auf und widerrufe sie.

(II.) Erbeinsetzung

Zu meinen alleinigen Erben setze ich je hälftig meine beiden Töchter ..., geb. am ..., in ..., wohnhaft ... und ..., geb. am ..., in ..., wohnhaft ..., ein.

Zu meinen Ersatzerben erkläre ich jeweils die Abkömmlinge meiner Kinder nach den Regeln der gesetzlichen Erbfolgeordnung, wiederum ersatzweise soll, zunächst innerhalb eines Stammes, Anwachsung eintreten.

(III.) Teilungsanordnung

Für die Auseinandersetzung der Erbengemeinschaft verfüge ich folgende Anordnungen:

Meine Tochter ... erhält im Wege der Teilungsanordnung und somit in Anrechnung auf ihren Erbteil mein Grundstück in ..., ... str. ..., eingetragen im Grundbuch von ..., Fl.Nr. ... .

Meine Tochter ... erhält im Wege der Teilungsanordnung und somit in Anrechnung auf ihren Erbteil alle meine Sparbücher bei der ... Bank in ... .

(IV.) Schweigepflichtentbindungserklärung

Sofern meine Testierfähigkeit in Zweifel gezogen wird, entbinde ich hiermit alle Ärzte, die mich behandelt haben und mich zukünftig noch behandeln werden, von ihrer ärztlichen Verschwiegenheitspflicht.

Ort, Datum, Unterschrift
Ort, Datum, Unterschrift

II. Vor- und Nacherbschaft; Testamentsvollstreckung; Vorausvermächtnis

Formulierungsbeispiel:

183

Testament

Ich, ..., geb. am ..., in ..., wohnhaft in ..., verwitwet, deutscher Staatsangehöriger, errichte nachfolgendes Testament.

(I.) Testierfreiheit

Vgl. Formulierungsbeispiel Rn. 182.

(II.) Vor- und Nacherbeneinsetzung

Ich bestimme zu meinen alleinigen Erben meine beiden Töchter ..., geb. am ..., in ..., wohnhaft ... und ..., geb. am ..., in ..., wohnhaft ..., zu gleichen Teilen ein.

Meine Töchter sollen aber nur Vorerben werden. Ich befreie sie von allen gesetzlichen Beschränkungen, soweit dies rechtlich zulässig ist. Einen Ersatzvorerben will ich nicht bestimmen, es soll die Vorschrift des § 2102 Abs. 1 BGB zur Anwendung kommen.

Zu Nacherben erkläre ich die Abkömmlinge meiner Kinder entsprechend den gesetzlichen Bestimmungen, wiederum ersatzweise soll Anwachsung, zunächst innerhalb eines Stammes, eintreten. Der jeweilige Nacherbfall tritt mit dem Tod des jeweiligen Vorerben ein. Die Nacherbenanwartschaft ist ausdrücklich nicht vererblich und nicht übertragbar.

(III.) Vorausvermächtnisse

Meine Tochter ..., geb. am ..., erhält im Wege des Vorausvermächtnisses und somit ohne Anrechnung auf ihren Erbteil, mein Sparguthaben ... bei der ... Bank in ... mit dem Bestand am Todestag.

Meine Tochter ..., geb. am ..., erhält im Wege des Vorausvermächtnisses und damit ohne Anrechnung auf ihren Erbteil, mein Mehrfamilienhaus in ..., ... str. eingetragen im Grundbuch von ..., Fl.Nr. ... .

Meine Töchter sollen die Kosten der Erfüllung der ihnen zugeteilten Vorausvermächtnisse jeweils selbst tragen. Einen Ersatzvermächtnisnehmer ernenne ich entgegen jeder anders lautenden gesetzlichen oder richterlichen Auslegungs- und Vermutungsregel nicht.

(IV.) Testamentsvollstreckung

Ich ernenne meine beiden Töchter ... und ... jeweils zum Testamentsvollstrecker mit der ausschließlichen Aufgabe, sich selbst das jeweilige Vorausvermächtnis zu erfüllen. Eine Vergütung soll für die Testamentsvollstreckung nicht anfallen.

(V.) Schweigepflichtentbindungserklärung

Vgl. Formulierungsbeispiel Rn. 182.

Ort, Datum, Unterschrift

III. Erbengemeinschaft; überquotale Teilungsanordnung

Formulierungsbeispiel:

Testament

Ich, ..., geb. am ..., in ..., wohnhaft in ..., geschieden, deutscher Staatsangehöriger, errichte nachfolgendes Testament.

(I.) Testierfreiheit
Vgl. Formulierungsbeispiel Rn. 182.

(II.) Erbeinsetzung
Zu meinen alleinigen Vollerben ernenne ich meine beiden Kinder ..., geb. am ..., in ..., wohnhaft ... und ..., geb. am ..., in ..., wohnhaft ..., zu gleichen Teilen.

Zu Ersatzerben setze ich jeweils die Abkömmlinge meiner Kinder nach den Regeln der gesetzlichen Erbfolgeordnung, wiederum ersatzweise soll, zunächst innerhalb eines Stammes, Anwachsung eintreten.

(III.) Überquotale Teilungsanordnung
Zur Aufteilung des Nachlasses unter den beiden Miterben verfüge ich in Form einer Teilungsanordnung und für den über den jeweiligen Erbteil hinausgehenden Wert als Vorausvermächtnis:

Mein Sohn ..., geb. am ..., erhält im Wege der Teilungsanordnung die Eigentumswohnung in ..., ... str. ..., eingetragen im Grundbuch von ..., Fl.St.Nr. ... .

Mein Sohn ..., geb. am ..., erhält im Wege der Teilungsanordnung mein Einfamilienhaus in ..., ... str. ..., eingetragen im Grundbuch von ..., Fl.St.Nr. ... .

Sollte eines meiner Kinder dadurch wertmäßig mehr erhalten als es seiner Erbquote entspricht, so wird dieser Mehrwert in Form eines Vorausvermächtnisses zugeteilt, so dass ein Ausgleich unter meinen Kindern nicht durchgeführt werden soll. Ich bestimme ausdrücklich, dass das Vorausvermächtnis erst bei Auseinandersetzungen des Nachlasses anfallen soll und nur unter der Bedingung, dass der mit dem Vorausvermächtnis bedachte Erbe die Erbschaft annimmt.

Die Teilungsanordnung und die Vorausvermächtnisse sollen ausdrücklich nicht für Ersatzerben gelten.

(IV.) Schweigepflichtentbindungserklärung
Vgl. Formulierungsbeispiel Rn. 182.

Ort, Datum, Unterschrift

IV. Nießbrauchsvermächtnis; Hausratsvermächtnis; Pflichtteilsklausel

Formulierungsbeispiel:

Testament

Ich, ..., geb. am ..., in ..., wohnhaft in ..., deutsche Staatsangehörige, errichte nachfolgendes Testament.

(I.) Testierfreiheit, Güterstand

Vgl. Formulierungsbeispiel Rn. 182.

Mit meinem Ehegatten ..., lebe ich im gesetzlichen Güterstand der Zugewinngemeinschaft.

(II.) Erbeinsetzung

Zu meinen Erben bestimme ich meine Tochter ..., geb. am ..., in ..., wohnhaft in ... und meinen Sohn ..., geb. am ..., in ..., wohnhaft in ... zu jeweils gleichen Teilen.

Zu Ersatzerben bestimme ich jeweils die Abkömmlinge meiner Kinder nach den gesetzlichen Bestimmungen, ersatzweise soll Anwachsung eintreten, zunächst innerhalb eines Stammes.

Für den Fall, dass einer meiner Erben seinen Erbteil ausschlägt und gegen den Willen meines Ehemannes seinen Pflichtteil oder Pflichtteilsergänzungsanspruch geltend macht und ihn auch ganz oder teilweise erhält, so ist er mit seinem ganzen Stamm von der Erbfolge ausgeschlossen.

(III.) Nießbrauchsvermächtnis

Im Wege des Vermächtnisses soll mein Ehegatte ..., geb. am ..., in ..., derzeit wohnhaft ..., den lebenslangen unentgeltlichen Nießbrauch am gesamten Nachlass erhalten. Einen Ersatzvermächtnisnehmer will ich entgegen jeder anders lautenden gesetzlichen oder richterlichen Vermutungs- und Auslegungsregel ausdrücklich nicht bestimmen.

In Abwandlung zu § 1041 BGB hat der Nießbraucher auch die außergewöhnlichen Lasten und Erhaltungsmaßnahmen zu tragen.

Der Nießbrauch soll mit der Wiederverheiratung meines Ehemannes wegfallen.

(IV.) Hausratsvermächtnis

Des Weiteren soll mein Ehemann ... das gesamte Inventar und den Hausrat unseres Wohnhauses in ..., ... str. ..., einschließlich aller persönlichen Gegenstände und des PKW im Wege des Vermächtnisses erhalten.

(V.) Schweigepflichtentbindungserklärung

Vgl. Formulierungsbeispiel Rn. 182.

Ort, Datum, Unterschrift

V. Benennung eines Pflegers; Vermögensverwaltungsausschluss

186 Formulierungsbeispiel:

Testament

Ich, ..., geb. am ..., in ..., wohnhaft in ..., deutscher Staatsangehöriger, errichte nachfolgendes Testament.

(I.) Testierfreiheit

Vgl. Formulierungsbeispiel Rn. 182.

(II.) Erbeinsetzung

Mein Alleinerbe soll mein Sohn ..., geb. am ..., in ..., wohnhaft ..., werden. Zu Ersatzerben bestimme ich die Abkömmlinge meines Sohnes nach den gesetzlichen Bestimmungen, wiederum ersatzweise soll Anwachsung eintreten.

(III.) Vermögensverwaltungsausschluss

Ich schließe ausdrücklich die Vermögensverwaltung hinsichtlich des Vermögens, dass mein Sohn von mir im Wege des Erbgangs erhält, durch die Mutter meines Sohnes, meine geschiedene Ehefrau, aus.

Sofern das Vormundschaftsgericht einen Ergänzungspfleger zur Verwaltung des bezeichneten Vermögens einsetzt, bestimme ich Herrn RA ..., ersatzweise soll das Vormundschaftsgericht einen geeigneten Pfleger benennen. Der jeweils eingesetzte Pfleger soll von allen Beschränkungen befreit sein, soweit das Gesetz dies zulässt.

(IV.) Schweigepflichtentbindungserklärung

Vgl. Formulierungsbeispiel Rn. 182.

Ort, Datum, Unterschrift

D. Formulierungsbeispiele Ehegattentestamente

I. Alleinerbeneinsetzung; Teilungsanordnung; Bindungswirkung; beschränkter Änderungsvorbehalt; Anfechtungsverzicht

Formulierungsbeispiel:

Gemeinschaftliches Testament

187

Wir, die Eheleute ..., geb. am ..., in ... und ..., geb. am ..., in ..., beide deutsche Staatsangehörige, errichten nachfolgendes gemeinschaftliches Ehegattentestament:

(I.) Testierfreiheit, Güterstand

In der freien Verfügung über unser Vermögen von Todes wegen sind wir in keiner Weise beschränkt, insb. ist keiner von uns durch einen Erbvertrag mit einem Dritten oder durch ein gemeinschaftliches Testament gebunden. Rein vorsorglich heben wir hiermit alle bisher von uns getroffenen letztwilligen Verfügungen, seien es notarielle oder privatschriftliche, in vollem Umfange auf und widerrufen sie.

Wir haben am ... vor dem Standesamt ... die Ehe geschlossen und leben im gesetzlichen Güterstand der Zugewinngemeinschaft.

(II.) Bestimmungen für den ersten Todesfall

Hiermit setzen wir uns gegenseitig zum alleinigen Vollerben unseres gesamten Vermögens ein. Eine Nacherbfolge soll nicht stattfinden.

(III.) Bestimmungen für den zweiten Todesfall

(1.) Erbeinsetzung

Zu Schlusserben nach dem Tod des Überlebenden benennen wir unsere ehegemeinschaftlichen Kinder ..., geb. am ..., uns ..., geb. am ..., zu gleichen Teilen ein. Zu Ersatzerben bestimmen wir die Abkömmlinge unserer Kinder nach den Regeln der gesetzlichen Erbfolgeordnung, wiederum ersatzweise soll, zunächst innerhalb eines Stammes, Anwachsung eintreten.

(2.) Teilungsanordnung

Im Hinblick auf die Auseinandersetzung des Nachlasses verfügen wir folgende Teilungsanordnung:

Unsere Tochter ... soll im Wege der Teilungsanordnung und damit in Anrechnung auf ihren Erbteil unsere Doppelhaushälfte in ..., ... str. ..., eingetragen im Grundbuch von ..., Fl.Nr. ..., erhalten.

Unsere Tochter ... soll im Wege der Teilungsanordnung und damit in Anrechnung auf ihren Erbteil unser Einfamilienhaus in ..., ... str. ..., eingetragen im Grundbuch von ..., Fl.Nr. ..., erhalten.

(3.) Pflichtteilsklausel

Für den Fall, dass eine unserer Töchter nach dem Tod des Zuerstversterbenden entgegen dem Willen des überlebenden Ehegatten den Pflichtteilsanspruch oder Pflichtteilsergänzungsanspruch geltend macht, ordnen wir an, dass sie nicht Erbe des länger lebenden Ehegatten wird. Er soll dann sowohl für den ersten als auch für den zweiten Erbfall mit seinem ganzen Stamm auf den Pflichtteil gesetzt und von der Erbfolge ausgeschlossen sein.

(IV.) Anfechtungsverzicht

Wir verzichten hinsichtlich der von uns für den ersten und den zweiten Erbfall getroffenen Anordnungen auf das uns zustehende Anfechtungsrecht nach § 2079 BGB für den Fall des Vorhandenseins oder Hinzutretens weiterer Pflichtteilsberechtigter und schließen insofern auch das Anfechtungsrecht Dritter aus.

(V.) Wechselbezüglichkeit, Bindungswirkung

Die in diesem Testament getroffenen Anordnungen für den ersten wie auch zweiten Todesfall sollen alle wechselbezüglich und bindend sein, allerdings mit der Maßgabe, dass der Überlebende durch letztwillige Verfügung die Schlusserbfolge einschließlich der Teilungsanordnungen innerhalb unserer gemeinsamen Kinder und deren Abkömmlinge abändern darf.

(VI.) Katastrophenklausel

Für den Fall, dass wir beide gleichzeitig oder innerhalb von vier Wochen aufgrund derselben Ursache versterben, wird jeder von uns entsprechend der für den zweiten Erbfall angeordneten Schlusserbfolge einschließlich der Teilungsanordnungen beerbt.

Ort, Datum, Unterschrift

Dies ist auch mein letzter Wille.
Ort, Datum, Unterschrift

II. Erbengemeinschaft; Nießbrauch zugunsten der Ehegatten; Testamentsvollstreckung; Hausratsvermächtnis; Auseinandersetzungsausschluss; Regelung für den Fall der Scheidung

Formulierungsbeispiel:

Gemeinschaftliches Testament

Wir, die Eheleute ..., geb. am ..., in ... und ..., geb. am ..., in ..., wohnhaft in ..., beide deutsche Staatsangehörige, errichten nachfolgendes gemeinschaftliches Ehegattentestament:

(I.) Testierfreiheit, Güterstand

Vgl. Formulierungsbeispiel Rn. 187.

(II.) Verfügungen für den ersten Sterbefall

Der überlebende Ehegatte benennt zu seinen Erben:
(1.) den Überlebenden von uns zu 1/2
(2.) unsere Kinder
   (a) ... zu 1/6
   (b) ... zu 1/6
   (c) ... zu 1/6.

Zu Ersatzerben unserer Kinder bestimmen wir deren Abkömmlinge nach gesetzlicher Erbfolge, wiederum ersatzweise soll, zunächst innerhalb eines Stammes, Anwachsung eintreten.

(III.) Nießbrauchsvermächtnis

Dem Überlebenden von uns vermachen wir den lebenslangen und unentgeltlichen Nießbrauch an den Erbteilen unserer Kinder.

In Abwandlung zu § 1041 BGB hat der Nießbraucher auch die außergewöhnlichen Lasten und Erhaltungsmaßnahmen an den Erbteilen zu tragen.

(IV.) Testamentsvollstreckung

Der überlebende Ehegatte wird auf Lebenszeit zum Testamentsvollstrecker für den gesamten Nachlass berufen. Ihm sollen alle Rechte und Pflichten zustehen, die einem Testamentsvollstrecker nach dem Gesetz eingeräumt werden können. In der Eingehung von Verbindlichkeiten für den Nachlass soll er zudem nicht beschränkt sein.

(V.) Auseinandersetzungsausschluss

Für die Dauer der Testamentsvollstreckung und des Nießbrauchs ist die Auseinandersetzung des Nachlasses nur mit Zustimmung des überlebenden Ehegatten möglich. Der Überlebende kann die Nachlassauseinandersetzung zu jeder Zeit betreiben. Eine Vergütung erhält der Testamentsvollstrecker nicht.

(VI.) Hausratsvermächtnis

Der Überlebende erhält im Wege des Vorausvermächtnisses den gesamten Hausrat und das Inventar des von uns gemeinschaftlich bewohnten Einfamilienhauses in einschließlich des PKW und aller persönlichen Gegenstände.

(VII.) Verfügungen für den zweiten Sterbefall

Der Überlebende von uns setzt zu seinen Erben unsere Kinder

(1.) ... zu 1/3

(2.) ... zu 1/3

(3.) ... zu 1/3.

Zu Ersatzerben bestimmen wir deren Abkömmlinge nach gesetzlicher Erbfolgeordnung. Sollten keine Abkömmlinge vorhanden sein, soll, zunächst innerhalb eines Stammes, Anwachsung eintreten.

(VIII.) Bindungswirkung

Der überlebende Ehegatte ist an diese Erbeinsetzung insoweit gebunden, als er die Erbteile unserer Abkömmlinge nicht niedriger als die Pflichtteilsquote festsetzen kann. Ansonsten soll er in seiner Testierfreiheit nicht beschränkt sein.

(IX.) Pflichtteilsklausel

Macht eines unserer Kinder nach dem Tod des Erststerbenden gegen dessen Willen seinen Pflichtteilsanspruch oder Pflichtteilsergänzungsanspruch geltend, dann ist er mit seinem ganzen Stamm sowohl für den ersten als auch für den zweiten Sterbefall von der Erbfolge ausgeschlossen, einschließlich aller sonstigen letztwilligen Zuwendungen, insb. der angeordneten Vermächtnisse.

(X.) Regelung für den Fall der Scheidung

Die von uns beiden getroffenen Anordnungen sollen nur dann gelten, wenn unsere Ehe zum Zeitpunkt des Todes des Erststerbenden noch besteht. Für den Fall, dass einer der Ehegatten einen Antrag auf Ehescheidung gestellt hat und die rechtlichen Voraussetzungen der Scheidung vorliegen, sollen die Verfügungen ebenfalls nicht gelten.

Ort, Datum, Unterschrift

Dies ist auch mein Wille.

Ort, Datum, Unterschrift

E. Besondere Gestaltungssituationen

I. Behindertentestament[164]

1. Allgemeines

Die richtige Gestaltung von letztwilligen Verfügungen für den Fall des Vorhandenseins eines behinderten Kindes gewinnt immer mehr an Bedeutung. Zum einen sind die öffentlichen Kassen leer, zum anderen stehen in den nächsten Jahren erhebliche Vermögensmassen zur Vererbung an.

Erblassermotive von Eltern mit behinderten Kindern sind meist einerseits das Abwälzen der Kosten der notwendigen Heimunterbringung des Kindes auf die Allgemeinheit durch weitgehende Sicherung des Familienvermögens vor **Überleitungsansprüchen** des Fiskus, andererseits soll das behinderte Kind nicht leer ausgehen, aber nur solche Zuwendungen erhalten, die zwar seine Lebensqualität verbessern, aber weder übergeleitet noch auf die Sozialhilfeleistungen angerechnet werden können.[165]

Regelmäßig wird zur Erreichung der Ziele folgende Gestaltungsmöglichkeit gewählt: Das behinderte Kind wird als **Vorerbe** auf einen Erbteil eingesetzt, der höher als sein Pflichtteil ist. Ein gesundes Kind oder ein Abkömmling dieses Kindes wird zum **Nacherben** berufen. Außerdem wird hinsichtlich des Erbteils des behinderten Kindes eine **Dauertestamentsvollstreckung** auf Lebenszeit angeordnet mit der Vorgabe, dem Vorerben nur ganz bestimmte Nutzungen und Erträgnisse zukommen zu lassen. Die Nutzungen sollten einerseits zum **Schonvermögen** nach § 90 SGB XII gehören, andererseits aber auch die Lebensverhältnisse des behinderten Kindes verbessern.

Diese **Kombination** von Nacherbfolge mit Dauertestamentsvollstreckung stellt einen perfekten Vollstreckungsschutz der Substanz der Vorerbschaft gegenüber den Eigengläubigern des Vorerben (hier des behinderten Kindes) und damit dem Sozialhilfeträger dar.

Der Erblasser muss aber darauf achten, dass er den Behinderten jeweils auf eine über dessen Pflichtteilsquote liegenden Erbquote einsetzt, da bei einer Erbeinsetzung unter oder gleich seiner Pflichtteilsquote die Beschwerungen des Erbteils des Behinderten durch Nacherbfolge und Testamentsvollstreckung gem. § 2306 Abs. 1 Satz 1 BGB von Gesetzes wegen wegfallen würden und damit die Erbquote und der **Zusatzpflichtteil** gem. § 2305 BGB dem Zugriff durch den Sozialhilfeträger offen stehen würden. Grundsätzlich wäre es ausreichend, um den Automatismus des § 2306 Abs. 1 Satz 1 BGB auszuschließen, wenn die Erbquote lediglich minimal (1 Prozent) über die Pflichtteilsquote erhöht würde. Allerdings ist zu bedenken, dass der Behinderte oder dessen Betreuer nach § 2306 Abs. 1 Satz 2 BGB die Erbschaft ausschlagen und den Pflichtteil verlangen können, der dann allerdings vom Sozialhilfeträger auf sich übergeleitet werden wird. Es sollte deshalb berücksichtigt werden, dass durch eine entsprechende Einsetzung der Höhe nach, die Ausschlagung durch den Behinderten bzw. dessen Betreuer verhindert wird. Hierbei ist zu beachten, dass Grundlage der Entscheidung eines Betreuers einzig und allein das Interesse des Behinderten ist und nicht etwa das der Allgemeinheit.[166]

189

190

191

192

193

---

164 S. dazu auch Kap. 20 Rn. 174 ff.
165 *Nieder*, HB Testamentsgestaltung, Rn. 1296.
166 *Bengel*, ZEV 1994, 30.

Bei der Auswahl des **Testamentsvollstreckers** ist darauf zu achten, dass er nicht Betreuer des Behinderten ist oder wird, da diese Konstellation aufgrund der Personenidentität von manchen VormG abgelehnt wird.[167]

194 Des Weiteren ist die Frage zu klären, ob das **Ausschlagungsrecht** des behinderten Kindes nach § 2306 Abs. 1 Satz 2 BGB auf den Sozialhilfeträger übergeleitet werden kann.[168] Dies wird von der h.M. grundsätzlich abgelehnt.[169] Auch das LG Aachen hielt in einer aktuellen Entscheidung[170] die Ausschlagung eines Sozialhilfeempfängers nicht für sittenwidrig. Nach Auffassung des LG Aachen handelt es sich bei dem Ausschlagungsrecht nach § 2306 Abs. 1 Satz 2 BGB um ein höchstpersönliches Recht, das nicht überleitungsfähig ist. Es gibt keinen Zwang zur Annahme der Erbschaft. Eine Erbschaftsausschlagung kann auch nicht mit einem Unterhaltsverzicht gleichgestellt werden, der sittenwidrig sein kann, auch nicht, wenn er zur Sozialhilfebedürftigkeit führen mag. Anders als der Unterhaltsanspruch hat das Erbe als solches keine Unterhaltsfunktion. Es ist nicht Aufgabe des Erbrechts, eine missbräuchliche Inanspruchnahme von Sozialhilfe zu verhindern. Der Betreuer kann allerdings mit Zustimmung des VormG die Ausschlagung erklären und den Pflichtteil geltend machen (§§ 1793, 1902, 1908i, 1822 Nr. 2 BGB). Der Betreuer muss seine Entscheidung von der Frage abhängig machen, was für den Behinderten vorteilhafter ist. Regelmäßig wird eine Ausschlagung abzulehnen sein, da das behinderte Kind dann noch nicht einmal die Nutzungen und Erträgnisse erhalten und es schlussendlich schlechter stehen werde als durch die beschränkte Vorerbenstellung.

195 Aufgrund der oben genannten Konstellation drängt sich die Frage auf, ob hierin nicht eine **Gläubigerbenachteiligung** und **Sittenwidrigkeit** nach § 138 Abs. 1 BGB wegen unerträglicher Belastung der Allgemeinheit vorliegt. Dieser Einwand ist spätestens seit den Entscheidungen des BGH[171] vom Tisch. Anders lässt sich dies unter Umständen bei einem sehr hohen Vermögen sehen, bei dem aus den Nutzungen des Pflichtteils des Behinderten neben den Sonderzuwendungen für besondere Annehmlichkeiten praktisch auch seine gesamte Grundversorgung auf Lebenszeit bestritten werden könnte.[172]

196 Neben der klassischen Kombination von Nacherbfolge und Dauertestamentsvollstreckung sollte immer über weitere Möglichkeiten nachgedacht werden, dem Behinderten zusätzliche Vermögensvorteile zukommen zu lassen. So kann z.B. dem behinderten Kind ein **Wohnungsrecht** im Wege des Vermächtnisses zugedacht werden. Das Vermächtnis kann an die Bedingung geknüpft werden, dass der Behinderte bzw. der Betreuer den Pflichtteil nicht geltend macht.

---

167 *Damrau*, ZEV 1994, 6.
168 Insb. zu dem Problem des Sozialhilferegress Kap. 20 Rn. 185 ff.
169 *Weirich*, Erben und Vererben, Rn. 677.
170 LG Aachen ZErb 2005, 1.
171 BGHZ 111, 36 = NJW 1990, 2055; BGHZ 123, 368 = NJW 1994, 248.
172 *Nieder*, HB Testamentsgestaltung, Rn. 1304.

2. Formulierungsbeispiel: Gemeinschaftliches Testament bei einem behinderten Erben

Formulierungsbeispiel:
Gemeinschaftliches Testament

Wir, die Eheleute ..., geb. am ..., in ... und ..., geborene ..., geb. am ..., in ..., wohnhaft in ..., beide deutsche Staatsangehörige, errichten nachfolgendes Ehegattentestament:

(I.) Testierfreiheit, Güterstand
Vgl. Formulierungsbeispiel Rn. 187.

(II.) Bestimmungen für den ersten Sterbefall
(1.) Erbeinsetzung
Auf den ersten Todesfall bestimmen wir folgende Erbfolge:
(a) der überlebende Ehegatte zu 1/2
(b) unser Sohn ... 1/4
(c) unser Sohn ... 1/4

Unser Sohn ... soll hinsichtlich seines Erbteils jedoch nur Vorerbe werden. Zum Nacherben von ... bestimmen wir seinen Bruder ... . Zu Ersatznacherben ernennen wir dessen Abkömmlinge nach den Regeln der gesetzlichen Erbfolgeordnung, wiederum ersatzweise soll Anwachsung, zunächst innerhalb eines Stammes, eintreten. Die Nacherbenanwartschaft ist weder übertragbar noch vererblich. Der Nacherbfall tritt mit dem Tod des Vorerben ein.

(2.) Testamentsvollstreckung für den Erbteil unseres behinderten Sohnes ... .
Im Hinblick darauf, dass unser Sohn ... aufgrund seiner Behinderung seine Angelegenheiten nicht selbst in gehörigem Maße besorgen kann, ordnet der Erstversterbende für den Erbfall lebenslange Dauertestamentsvollstreckung für den Erbteil unseres Sohnes ... an.

Zum Testamentsvollstrecker ernennen wir unseren (zweiten) Sohn ..., ersatzweise soll das Nachlassgericht einen geeigneten Testamentsvollstrecker bestimmen. Der Testamentsvollstrecker ist von den Einschränkungen des § 181 BGB befreit.

Aufgabe des Testamentsvollstreckers ist die Verwaltung des unserem Sohn ... zustehenden Erbteils einschließlich der Erträgnisse und Nutzungen.

Im Wege der Verwaltungsanordnung nach § 2216 Abs.2 BGB wird der jeweilige Testamentsvollstrecker verbindlich angewiesen, unserem Sohn ... aus den ihm gebührenden anteiligen jährlichen Reinerträgen (Nutzungen) des Nachlasses nach billigem Ermessen solche Geld- oder Sachleistungen nach Art und Höhe zukommen zu lassen, die zur Verbesserung seiner Lebensqualität beitragen, auf die der Sozialhilfeträger aber nicht zugreifen kann und die auch nicht auf die unserem Sohn ... gewährten Sozialhilfeleistungen anrechenbar sind. Dies sind vor allem:

– Geschenke zum Geburtstag und zu den üblichen Festtagen, wie Weihnachten, Namenstag und Ostern;
– Aufwendungen zur Befriedigung seiner individuellen Bedürfnisse hinsichtlich Freizeitgestaltung und Hobbies, einschließlich der dafür notwendigen Materialien und Ausstattungsgegenstände und ggf. Bezahlung einer erforderlichen, geeigneten Begleitperson;

- Aufwendungen für Besuche bei Verwandten und Freunden;
- Aufwendungen für ärztliche Behandlungen, Heilbehandlungen, Therapien und Medikamente, die von der Krankenkasse nicht oder nur teilweise bezahlt werden, wie z.B. Brille, Zahnersatz usw.;
- Anschaffungen von Hilfsmitteln und Ausstattungsgegenständen, die von der Krankenkasse nicht oder nur teilweise bezahlt werden; dabei sollen die Hilfsmittel von der Qualität so bemessen und ausgewählt sein, dass sie dem Kind optimal dienlich sind;
- Aufwendungen für eine Teilnahme an Ferien- und Kuraufenthalten;
- Aufwendungen für zusätzliche Betreuung, z.B. bei Spaziergängen, Theater- und Konzertbesuchen, Einkäufen und ähnlichem;
- Geldzuwendungen, die jedoch, soweit unser Sohn ... erstattungspflichtige Sozialleistungen in Anspruch nimmt, den Rahmen dessen nicht übersteigen dürfen, was ein behindertes Kind nach den einschlägigen Bestimmungen maximal zur freien Verfügung haben darf.

Soweit die jährlichen Reinerträge nicht in voller Höhe in der obigen Weise verwendet werden, sind sie entsprechend der obigen Zielsetzungen für größere Anschaffungen oder Unternehmungen zugunsten von unserem Sohn ... anzulegen.

Eine Vergütung erhält der Testamentsvollstrecker nicht.

(III.) Bestimmungen für den zweiten Sterbefall
(1.) Erbeinsetzung
Zu Schlusserben des Überlebenden bestimmen wir unsere ehegemeinschaftlichen Kinder zu jeweils 1/2.

Unser Sohn ... wird jedoch nur Vorerbe. Zum Nacherben bestimmen wir unseren (zweiten) Sohn ..., ersatzweise dessen Abkömmlinge nach den Regeln der gesetzlichen Erbfolge, wiederum ersatzweise soll, zunächst innerhalb eines Stammes, Anwachsung eintreten. Die Nacherbenanwartschaft ist weder übertragbar noch vererblich. Der Nacherbfall tritt mit dem Tod des Vorerben ein.

(2.) Testamentsvollstreckung für unseren Sohn ... .
Im Hinblick darauf, dass unser Sohn ... aufgrund seiner Behinderung seine Angelegenheiten nicht selbst in gehörigem Maße besorgen kann, ordnet der Letztversterbende lebenslange Dauertestamentsvollstreckung für den Erbteil unseres Sohnes ... an.

Zum Testamentsvollstrecker ernennen wir unseren (zweiten) Sohn ..., ersatzweise soll das Nachlassgericht einen geeigneten Testamentsvollstrecker bestimmen. Der Testamentsvollstrecker ist von der Einschränkung des § 181 BGB befreit.

Aufgabe des Testamentsvollstreckers ist die Verwaltung des unserem Sohn ... zustehenden Erbteils einschließlich der Erträgnisse und Nutzungen.

Im Wege der Verwaltungsanordnung nach § 2216 Abs. 2 BGB wird der jeweilige Testamentsvollstrecker verbindlich angewiesen, unseren Sohn ... aus den ihm gebührenden anteiligen jährlichen Reinerträgen (Nutzungen) des Nachlasses nach billigem Ermessen solche Geld- oder Sachleistungen nach Art und Höhe zukommen zu lassen, die zur Verbesserung seiner Lebensqualität beitragen, auf die der Sozialhilfeträger aber nicht zugreifen kann und die auch nicht auf die unserem Sohn ... gewährten Sozialhilfeleistungen anrechenbar sind. Dies sind vor allem:

- Geschenke zum Geburtstag und zu den üblichen Festtagen, wie Weihnachten, Namenstag und Ostern;
- Aufwendungen zur Befriedigung seiner individuellen Bedürfnisse hinsichtlich Freizeitgestaltung und Hobbies, einschließlich der dafür notwendigen Materialien und Ausstattungsgegenstände und ggf. Bezahlung einer erforderlichen, geeigneten Begleitperson;
- Aufwendungen für Besuche bei Verwandten und Freunden;
- Aufwendungen für ärztliche Behandlungen, Heilbehandlungen, Therapien und Medikamente, die von der Krankenkasse nicht oder nur teilweise bezahlt werden, wie z.B. Brille, Zahnersatz usw.;
- Anschaffungen von Hilfsmitteln und Ausstattungsgegenständen, die von der Krankenkasse nicht oder nur teilweise bezahlt werden; dabei sollen die Hilfsmittel von der Qualität so bemessen und ausgewählt sein dass sie dem Kind optimal dienlich sind;
- Aufwendungen für eine Teilnahme an Ferien- und Kuraufenthalten;
- Aufwendungen für zusätzliche Betreuung, z.B. Spaziergängen, Theater- und Konzert besuchen, Einkäufen und ähnlichem;
- Geldzuwendungen, die jedoch, soweit unser Sohn ... erstattungspflichtige Sozialleistungen in Anspruch nimmt, den Rahmen dessen nicht übersteigen dürfen, was ein behindertes Kind nach den einschlägigen Bestimmungen maximal zur freien Verfügung haben darf.

Soweit die jährlichen Reinerträge nicht in voller Höhe in obiger Weise verwendet werden, sind sie entsprechend der obigen Zielsetzungen für größere Anschaffungen oder Unternehmungen zugunsten von ... anzulegen.

Eine Vergütung erhält der Testamentsvollstrecker nicht.

(IV.) Pflichtteilsklausel

Für den Fall, dass einer der Abkömmlinge nach dem Tod des erststerbenden Ehegatten seinen Pflichtteilsanspruch oder Pflichtteilsergänzungsanspruch entgegen dem Willen des überlebenden Ehegatten geltend macht, ist er mit seinem ganzen Stamm sowohl für den ersten als auch für den zweiten Todesfall von der Erbfolge ausgeschlossen.

(V.) Wechselbezüglichkeit, Abänderung

Die in unserem gemeinschaftlichen Ehegattentestament getroffenen Anordnungen für den ersten Sterbefall sollen insgesamt wechselbezüglich und bindend sein. Dies gilt nicht für die Anordnungen für den zweiten Sterbefall. Diese sollen insgesamt entgegen jeder anders lautenden gesetzlichen oder richterlichen Vermutungs- und Auslegungsregel nicht wechselbezüglich und nicht bindend sein. Dem überlebenden Ehegatten steht somit die Möglichkeit offen, die für den Schlusserbfall angeordneten Verfügungen in vollem Umfang aufzuheben oder abzuändern.

(VI.) Katastrophenklausel

Für den Fall, dass wir beide gleichzeitig oder binnen vier Wochen aufgrund derselben Ursache versterben, werden wir entsprechend der für den zweiten Todesfall angeordneten Schlusserbfolge einschließlich der dort angeordneten Testamentsvollstreckung beerbt.

Ort, Datum, Unterschrift

Dies ist auch mein letzter Wille.

Ort, Datum, Unterschrift

II. Unternehmertestament[173]

1. Allgemeines

198 Mit der Testierfreiheit hat der Gesetzgeber dem Einzelnen ein Instrument zur Verfügung gestellt, über den eigenen Tod hinaus das Schicksal des während eines Unternehmerlebens erwirtschafteten Vermögens zu bestimmen. Sofern der Erblasser von der Testierfreiheit keinen Gebrauch macht, greift die **gesetzliche Erbfolge**. Die gesetzliche Erbfolge mit der durch sie regelmäßig begründeten Erbengemeinschaft ist meist völlig ungeeignet, die Vorstellungen des Unternehmers über die Fortführung seines Unternehmens zu verwirklichen. Regelmäßig wird der Unternehmer folgende Ziele verwirklichen wollen:

– Versorgung der nächsten Angehörigen
– Fortführung des Unternehmens
– Streitvermeidung
– Steuervermeidung.

199 Für den Fall der Gestaltung einer letztwilligen Verfügung für einen Unternehmer ist im Hinblick auf die zu treffenden Bestimmungen unbedingt darauf zu achten, dass bei der Ermittlung des Sachverhalts **Privat- und Betriebsvermögen** getrennt erfasst werden. Ferner ist für die Gestaltung des Unternehmertestaments von Bedeutung, in welcher Rechtsform das Unternehmen geführt wird. Je nach der **Rechtsform** ergeben sich unterschiedliche zivilrechtliche und steuerrechtliche Auswirkungen. Diese muss sich der Berater vergegenwärtigen, um zu einer angemessenen Gestaltung des Testaments zu gelangen.

200 Bei **Gesellschaftsverträgen**, besonders bei Personengesellschaften, bedarf es einer präzisen Abstimmung von Gesellschaftsvertrag und Verfügungen von Todes wegen. Dies vor allem deshalb, da der gesellschaftsrechtlichen Bestimmung grundsätzlich der Vorrang vor der erbrechtlichen Bestimmung einzuräumen ist.

a) Einzelunternehmen im Erbfall

201 Mit dem Tod des Unternehmers gehen im Wege der **Universalsukzession** alle der natürlichen Person zuzuordnenden Rechtspositionen und Verbindlichkeiten auf den oder die Erben über. Der Erbe hat grundsätzlich die Möglichkeit, seine Haftung auf den Nachlass zu beschränken durch Anordnungen von Nachlassverwaltung oder Eröffnung des Nachlassinsolvenzverfahrens (§§ 1975 ff. BGB) so wie durch Erhebung der Einrede der Unzulänglichkeit des Nachlasses (§ 1990 BGB). Problematisch ist der Anfall eines Einzelunternehmens an eine Erbengemeinschaft. Nach h.M. kann die Erbengemeinschaft das einzelkaufmännische Unternehmen zeitlich unbegrenzt als unge-

---

[173] Ausführlich dazu in Kap. 18 Rn. 1 ff.

teilte Erbengemeinschaft fortführen.[174] Da die Erbengemeinschaft auf Auseinandersetzung angelegt ist, ist die Fortführung eines Einzelunternehmens durch eine Erbengemeinschaft mit Schwierigkeiten behaftet. So sind denkbare Probleme einer einheitlichen Willensbildung mehrere Miterben, von denen sich möglicherweise einige im Ausland befinden, geschäftlich unerfahren oder minderjährig sind, so ist daraus der Schluss zu ziehen, dass der Anfall eines Einzelunternehmens an eine Erbengemeinschaft die denkbar ungünstigste Gestaltung darstellt.

> **Praxishinweis:**
> Deshalb sollte der Übergang eines Einzelunternehmens auf eine Erbengemeinschaft nach Möglichkeit vermieden werden. Ist dies nicht möglich, sollte **Testamentsvollstreckung** angeordnet und dem Testamentsvollstrecker aufgegeben werden, das Einzelunternehmen unverzüglich in eine GmbH & Co. KG auszugliedern.[175]

b) Personengesellschaften im Erbfall

Wird das Unternehmen als Personengesellschaft geführt (GbR, OHG, KG, GmbH & Co. KG) ist **Rechtsträger die Gesellschaft**. Während früher insb. die Gesellschaft bürgerlichen Rechts lediglich als gesamthänderisch gebundenes Sondervermögen der Gesellschafter galt und nach der traditionellen Lehre durch Rechtsgeschäfte nicht die Gesellschaft, sondern viel mehr die Gesellschafter in ihrer gesamthänderischen Verbundenheit berechtigt und verpflichtet wurden, hat der BGH 2001 die Gesellschaft bürgerlichen Rechts selbst als Trägerin von Rechten und Pflichten anerkannt.[176] Somit kann auch die Gesellschaft bürgerlichen Rechts Gläubigerin und Schuldnerin oder Partei eines Zivilprozesses und Gesellschafterin einer anderen Gesellschaft sein. Die Personengesellschaft selbst kann allerdings nicht vererben. Voraussetzung ist stets der Tod einer natürlichen Person (§ 1922 BGB). Es ist daher zu klären, welche erbrechtlichen Folgen der Tod eines Gesellschafters für seine Beteiligung an der Personengesellschaft hat.

202

Nach der gesetzlichen Regelung ist die Beteiligung an einer **BGB-Gesellschaft** nicht vererblich. Der Tod eines Gesellschafters führt daher zur Auflösung der Gesellschaft (§ 727 BGB). Die Gesellschaft wird zur Liquidationsgesellschaft. Das Vermögen der Gesellschaft wird auseinander gesetzt. Der Erbe wird Liquidationsgesellschafter und erhält nach Abschluss der Liquidation sein Auseinandersetzungsguthaben. Besteht eine Erbengemeinschaft, so ist diese Liquidationsgesellschafterin.

203

Stirbt der Gesellschafter einer **OHG**, scheidet er gem. § 131 Abs. 1 HGB aus der Gesellschaft aus, sofern der Gesellschaftsvertrag nichts anderes vorsieht. Die Anteile des Ausgeschiedenen wachsen den übrigen Gesellschaftern an (§§ 105 Abs. 3 HGB, 738 BGB). Die Erben werden nicht Gesellschafter. Ihnen steht stattdessen lediglich ein Zahlungsanspruch i.H.d. Betrages zu, der sich bei hypothetischer Auflösung und Liquidation der Gesellschaft für den Erblasser ergeben würde (§ 738 Abs. 1 Satz 2 BGB). Der **Abfindungsanspruch** fällt in den Nachlass.[177]

204

Auch beim Tod des **Komplementärs** einer **Kommanditgesellschaft** scheidet dieser aus der Gesellschaft aus. Die übrigen Gesellschafter führen die Gesellschaft fort. Die

205

---

174 BGHZ 92, 259 ff.
175 *Semrau*, Unternehmertestament, Rn. 20.
176 BGH NJW 2001, 1056 ff.
177 BGHZ 22, 186, 194.

Rechtslage ist identisch mit der beim Tod des Gesellschafters einer OHG (§§ 161 Abs. 2, 131 Abs. 3 Satz 1 Nr. 1 HGB).

206 Der **Kommanditanteil** ist entgegen dem Geschäftsanteil eines persönlich haftenden Gesellschafters nach der gesetzlichen Regelung vererblich (§ 177 HGB). Sind mehrere Erben vorhanden, geht der Kommanditanteil des Erblassers allerdings nicht im Wege der Universalsukzession auf die Erbengemeinschaft zur gesamten Hand über. Vielmehr erhält jeder einzelne Kommanditist eine eigene Kommanditbeteiligung, die sich nach der jeweiligen Höhe der Erbquote des einzelnen Miterben bestimmt.

207 Die Gesellschafter haben jedoch die Möglichkeit, eine hiervon abweichende vertragliche Vereinbarung zu treffen. In der Praxis kommen drei verschiedene Fortführungsarten zum Tragen: die sog. **Fortsetzungsklausel**, die **Eintrittsklausel** und die **Nachfolgeklausel** (einfache oder qualifizierten Nachfolgeklausel).

aa) Fortsetzungsklausel

208 Die Fortsetzungsklausel führt zu einer Fortsetzung der Gesellschaft mit den verbliebenen Gesellschaftern unter Ausschluss des verstorbenen Gesellschafters und seiner Erben. Der Anteil des Verstorbenen wächst hierbei den übrigen Gesellschaftern an. Der Gesellschaftsanteil fällt also nicht in den Nachlass, sondern lediglich der **schuldrechtliche Abfindungsanspruch**, sofern dieser nicht für alle Gesellschafter im Gesellschaftsvertrag ausgeschlossen wurde. Ist im Gesellschaftsvertrag eine solche Fortsetzungsklausel verankert, dann besteht keine Möglichkeit des Erblassers, hierüber durch letztwillige Verfügung zu verfügen. Eine letztwillige Verfügung ist insoweit auch nicht notwendig, da der Gesellschaftsanteil durch eine lebzeitige Anordnung bzw. durch Gesetz (KG und OHG) den übrigen Gesellschaftern anwächst.

> **Formulierungsbeispiel:** Ein Gesellschafter scheidet mit seinem Tod aus der Gesellschaft aus. Die Gesellschaft wird mit den verbliebenen Gesellschaftern fortgeführt. Den Erben des verstorbenen Gesellschafters steht entsprechend dem Anteil des Erblassers ein Abfindungsanspruch gem. § 738 Abs. 1 Satz 2 BGB zu.

bb) Einfache Nachfolgeklausel

209 Die einfache Nachfolgeklausel führt zur **Fortführung der Gesellschaft** mit dem Erben oder der Erbengemeinschaft des verstorbenen Gesellschafters. Die Erben scheiden nicht aus der Gesellschaft aus, sondern werden unmittelbar Gesellschafter der Personengesellschaft. Nach h.M.[178] erfolgt der Übergang ausnahmsweise im Wege der Singularsukzession. Dies bedeutet, dass der Gesellschaftsanteil direkt auf die Erben des verstorbenen Gesellschafters übergeht und jeder Erbe entsprechend seiner Erbquote in die Position des verstorbenen Gesellschafters eintritt. Der Anteil des verstorbenen Gesellschafters an der Gesellschaft wird demnach nicht Gesamthandsvermögen der Erbengemeinschaft.[179]

> **Formulierungsbeispiel:** Der Anteil eines Gesellschafters geht bei dessen Tod auf seinen Erben über.

---

178 BGHZ 22, 186; OLG Frankfurt NJW 1983, 1806.
179 *Tanck/Krug/Daragan*, Testamente, § 21 Rn. 34.

cc) Qualifizierte Nachfolgeklausel

Die qualifizierte Nachfolgeklausel führt im Gegensatz zur einfachen Nachfolgeklausel dazu, dass nicht alle, sondern nur einer oder einige der Erben Gesellschafter werden. Auch bei einer **qualifizierten Nachfolgeklausel** erhalten diejenigen Erben eine eigene unmittelbare Beteiligung an der Personengesellschaft, die durch die qualifizierte Nachfolgeklausel begünstigt sind.[180] Ein gesellschaftsrechtlicher Abfindungsanspruch zugunsten des Nachlasses entsteht nicht, da die Beteiligung des Erblassers an der Gesellschaft wertmäßig erhalten bleibt und der Gesellschaftsanteil des Erblassers unmittelbar auf den oder die qualifizierten Nachfolger – bei mehreren durch Begründung je einer eigenständigen Mitgliedschaft – übergeht.[181] Es drängt sich die Frage auf, ob der qualifizierte Nachfolger, dem die Gesellschafterstellung zufällt, sich den Wert des Gesellschaftsanteils im Verhältnis zu den übrigen Miterben zurechnen lassen und zur Ausgleichung bringen muss. Hat der Erblasser diesen Punkt nicht durch letztwillige Verfügung anderweitig geregelt, ist die qualifizierte Nachfolgeklausel wie eine Teilungsanordnung zu behandeln.[182] Dies kann durch Anordnung eines Vorausvermächtnisses hinsichtlich des Vermögenswertes des Gesellschaftsanteils vermieden werden.

210

> **Formulierungsbeispiel:**[183] Beim Tod eines Gesellschafters wird die Gesellschaft nur mit einem einzigen leiblichen Abkömmling des verstorbenen Gesellschafters fortgesetzt. Sind mehrere leibliche Abkömmlinge vorhanden und hat der verstorbene Gesellschafter seinen Nachfolger nicht durch letztwillige Verfügung bestimmt, wird die Gesellschaft nur mit dem ältesten leiblichen Abkömmling fortgesetzt.
> **alternativ:**
> Beim Tod eines Gesellschafters wird die Gesellschaft mit den Abkömmlingen des verstorbenen Gesellschafters als Nachfolger fortgesetzt.

dd) Eintrittsklausel

Des Weiteren kann ein Gesellschaftsvertrag auch ein sog. **Eintrittsrecht** für einen oder alle Erben vorsehen.[184] Eine derartige Klausel führt mit dem Erbfall nicht zu einem automatischen Anfall der Gesellschaftsbeteiligung des Erblassers bei dem durch die Eintrittsklausel Begünstigten. Der Begünstigte erhält vielmehr einen schuldrechtlichen Anspruch auf Aufnahme als Gesellschafter. Die Eintrittsklausel im Gesellschaftsvertrag begründet einen **Vertrag zugunsten** des durch die Eintrittsklausel begünstigten **Dritten** (§§ 328, 331 BGB). Begünstigter der Eintrittsklausel kann sowohl ein Erbe als auch ein sonstiger Dritter sein. Da die Gesellschaftsbeteiligungen nicht kraft Universalsukzession bzw. gesellschaftsrechtlicher Sondererbfolge wie bei einer Nachfolgeklausel auf die Erben übergeht, wächst der Gesellschaftsanteil des Erblassers zunächst den übrigen Gesellschaftern an.[185] Der Eintritt in die Gesellschaft erfolgt somit nicht durch Erbfolge.

211

---

180 *Semrau*, Unternehmertestament, Rn. 35.
181 BGHZ 68, 225 ff.
182 BGHZ 68, 225 ff.
183 *Semrau*, Unternehmertestament, Rn. 35.
184 BGH DNotZ 1967, 387.
185 *Semrau*, Unternehmertestament, Rn. 38.

> **Formulierungsbeispiel:** Jeder Gesellschafter ist berechtigt, für den Fall seines Todes einen Nachfolger zu bestimmen. Der Nachfolger ist berechtigt, innerhalb von sechs Monaten nach Eintritt des Erbfalls durch Erklärung gegenüber allen übrigen Gesellschaftern in die Gesellschaft einzutreten.

c) Kapitalgesellschaften im Erbfall

aa) GmbH

212 Grundsätzlich sind die Anteile an einer GmbH frei vererblich (§ 15 GmbHG). Die **Vererblichkeit der GmbH-Anteile** kann auch nicht durch die Satzung ausgeschlossen werden. Somit geht der GmbH-Anteil immer zunächst mit dem gesamten Vermögen des Erblassers im Wege der Universalsukzession auf den Erben über. Sind mehrere Erben vorhanden, steht der Geschäftsanteil der Erbengemeinschaft zur gesamten Hand zu. Das GmbH-Recht kennt keine Sondererbfolge wie das Personengesellschaftsrecht. Trotz der nicht dispositiven Vererblichkeit des GmbH-Anteils kann aber mittels eines gesellschaftsvertraglichen Einziehungsrechts oder einer Abtretungspflicht unterbunden werden, dass unliebsame Personen in die Gesellschaft eindringen. Sofern nach der Satzung einer GmbH die Anteile der verstorbenen Gesellschafter eingezogen werden, fallen diese zunächst in den Nachlass. Per Gesellschafterbeschluss kann jedoch festgelegt werden, dass die Anteile gegenüber den Erben eingezogen werden.[186]

bb) Aktiengesellschaft

213 **Aktien** sind nach h.M. frei vererblich. Diese Vererblichkeit kann auch durch die Satzung nicht ausgeschlossen werden. Die Aktien, die im Eigentum des Erblassers standen, gehen im Wege der Universalsukzession (§ 1922 BGB) auf die Erben über, wobei **mehrere Miterben** die Aktien **gesamthänderisch** als gemeinschaftliches Vermögen (§ 2032 BGB) erhalten. Aber auch hier kann gem. § 237 AktG in der Satzung die Zwangseinziehung im Falle des Todes festgeschrieben sein. Eine in der Satzung verankerte Verpflichtung der Erben, die Anteile an bestimmte Aktionäre zu übertragen, ist allerdings unzulässig.[187]

2. *Formulierungsbeispiel:*

a) Unternehmertestament (1)

214 **Formulierungsbeispiel:**

Testament

Ich, ..., geb. am ..., in ..., wohnhaft in ..., deutscher Staatsangehöriger, errichte nachfolgendes Testament.

(I.) Testierfreiheit

Vgl. Formulierungsbeispiel Rn. 182.

---

186 *Tanck/Krug/Daragan*, Testamente, § 21 Rn. 23.
187 *Schaub*, ZEV 1995, 82.

(II.) Erbeinsetzung

Ich ernenne meinen Sohn ... zum Alleinerben meines gesamten Vermögens und ordne ihm den gesamten Betriebsvermögensfreibetrag (§ 13a ErbStG)zu.

Ersatzerbe soll meine Ehefrau ... werden.

Mein unbedingter Wille ist es, dass der Alleinerbe meinen Betrieb ... auf Dauer weiter führt.

(III.) Vermächtnisse

Im Wege des Vermächtnisses soll meine Ehefrau ... von meinem Alleinerben eine monatliche Leibrente i.H.v. monatlich ... €, beginnend am Ersten des auf meinen Tod folgenden Monats erhalten.

Zur Sicherung der Leibrente ist zugunsten meiner Ehefrau auf dem Grundstück ... eine Reallast gem. §§ 1105 ff. BGB einzutragen.

Darüber hinaus erhält meine Ehefrau ... ebenfalls im Wege des Vermächtnisses ein lebenslanges, nicht übertragbares dingliches Wohnrecht an meiner Wohnung ... in ... . Der Eigentümer ist zur Instandhaltung verpflichtet. Er trägt die außergewöhnlichen Erhaltungskosten. Die gewöhnlichen Ausbesserungskosten, so wie die Kosten für Heizung, Strom, Wasser, Abwasser und Gas trägt die Berechtigte dagegen selbst.

Im Wege des Vermächtnisses erhält meine Ehefrau zudem das gesamte Inventar und den Hausrat meiner Wohnung in ... sowie meinen PKW, einschließlich der persönlichen Gegenstände.

Fällt meine Ehefrau vor oder nach dem Erbfall weg, so wird ein Ersatzvermächtnisnehmer entgegen jeder anders lautenden gesetzlichen oder richterlichen Vermutungs- oder Auslegungsregel nicht benannt.

(IV.) Testamentsvollstreckung

Ferner ordne ich hinsichtlich des kompletten Nachlasses Abwicklungstestamentsvollstreckung an. Zum Testamentsvollstrecker bestimme ich meinen Freund ..., ersatzweise soll das Nachlassgericht einen geeigneten Testamentsvollstrecker bestimmen. Aufgabe des Testamentsvollstreckers ist es, den Nachlass abzuwickeln und die Vermächtnisse zu erfüllen. Der Testamentsvollstrecker erhält für seine Tätigkeit eine angemessene Vergütung unter Heranziehung der Grundsätze der Rheinischen Tabelle.

Ort, Datum, Unterschrift

b) Unternehmertestament (2)

Formulierungsbeispiel:

Testament

Ich, ..., geb. am ..., in ..., wohnhaft in ..., deutscher Staatsangehöriger, errichte nachfolgendes Testament.

(I.) Testierfreiheit und persönliche Verhältnisse

Vgl. Formulierungsbeispiel Rn. 182.

Meine Ehefrau ... ist bereits im Jahre ... vorverstorben. Aus unserer Ehe sind zwei Söhne ... und eine Tochter ... hervorgegangen.

> **(II.) Erbeinsetzung**
> Ich bestimme meine beiden Kinder, meinen Sohn ..., und meinen (zweiten) Sohn ... zu Erben meines gesamten Vermögens zu gleichen Teilen. Zu Ersatzerben bestimme ich die Abkömmlinge meiner Söhne nach den Regeln der gesetzlichen Erbfolgeordnung, wiederum ersatzweise soll, zunächst innerhalb eines Stammes, Anwachsung eintreten.
>
> **(III.) Vorausvermächtnisse**[188]
> Mein Sohn ... erhält im Wege des Vorausvermächtnisses und damit ohne Anrechnung auf seinen Erbteil, meinen Gesellschaftsanteil an der ... OHG. Er erhält zudem den gesamten Betriebsvermögensfreibetrag gem. § 13a ErbStG.
>
> Einen Ersatzvermächtnisnehmer will ich entgegen jeder anders lautenden gesetzlichen oder richterlichen Vermutungs- und Auslegungsregel nicht bestimmen.
>
> **(IV.) Testamentsvollstreckung und Vollmachtserteilung**
> Ich ernenne meinen Sohn ... zum Testamentsvollstrecker mit der Aufgabe, das Vorausvermächtnis zu erfüllen und alle hierfür erforderlichen Erklärungen abzugeben. Von den Beschränkungen des § 181 BGB wird der Testamentsvollstrecker befreit. Eine Vergütung soll er nicht erhalten.
>
> Ort, Datum, Unterschrift

III. Testament des Landwirts

1. Allgemeines

216 Die Testierfreiheit wird eingeschränkt, wenn das **landwirtschaftliche Sondererbrecht (Anerbenrecht)** zur Anwendung kommt. Das Anerbenrecht stellt eine Sonderregelung der Erbfolge für land- und forstwirtschaftliche Betriebe dar, das darauf ausgerichtet ist, die Zerschlagung von landwirtschaftlichen Höfen durch den Erbfall zu vermeiden. Immer dann, wenn sich landwirtschaftliches Vermögen im Nachlass des Erblassers befindet, besteht die Möglichkeit, dass es zu einer sog. Nachlassspaltung kommt und zwar für den Fall, dass für den Erbgang des Hofes Sondererbrecht herangezogen wird. In der Bundesrepublik Deutschland gibt es allerdings kein einheitliches Anerbenrecht. Findet eine Höfeordnung Anwendung, so kann der Erblasser in seiner letztwilligen Verfügung über zwei separate Vermögensmassen disponieren. Einerseits kann der Erblasser Anordnungen für sein Hofesvermögen treffen, wobei hierfür die Höfeordnung einschlägig ist. Andererseits kann er über das restliche Vermögen entsprechend den Vorschriften des BGB bestimmen.

217 Kommt die **Höfeordnung** nicht zur Anwendung, dann kann die Vererbung des Hofes durch Anordnung des Erblassers im Wege der letztwilligen Verfügungen oder nach dem **Grundstückverkehrsgesetz** erfolgen. Dies bewirkt jedoch keine Nachlassspaltung. Hat der Erblasser angeordnet, dass einer der Miterben das Recht haben soll, ein zum Nachlass gehörendes Landgut zu übernehmen (§ 2049 BGB), so führt dies lediglich zu einem schuldrechtlichen Übertragungsanspruch gegenüber der Erbengemein-

---

[188] Achtung: Wird die Unternehmensbeteiligung durch Vermächtnis übertragen, sollte besonders geprüft werden, ob Sonderbetriebsvermögen vorhanden ist und es sollte verhindert werden, dass es zu einer Aufdeckung stiller Reserven kommt; vgl. hierzu *Tanck/Krug/Daragan*, Testamente, § 21 Rn. 64 ff.

schaft. Diesen Übernahmeanspruch kann der Miterbe durch das Zuweisungsverfahren des Grundstückverkehrsgesetz (§§ 13 ff. GrdstVG) geltend machen.[189]

Die **Abfindung der weichenden Erben** errechnet sich in diesem Fall aus dem Ertragswert des Landguts. Es entsteht eine Gesamtrechtsnachfolge nach BGB mit einem Übernahmerecht durch den Hofnachfolger und einer Abfindungsregelung für die weichenden Erben. Die Berechnung des Ertragswerts unterliegt landesrechtlichen Bestimmungen (Art. 137 EGBGB).

218

Kommt weder das Höferecht zur Anwendung und liegt auch kein Landgut vor, kann ein Miterbe, wenn kraft gesetzlicher Erbfolge eine Erbengemeinschaft entstanden ist, zu der auch ein landwirtschaftlicher Hof zählt, ebenfalls die Zuweisung des Hofes gem. § 13 GrdstVG beantragen. Zuständig ist das **Landwirtschaftsgericht** – AmtsG –. Hierzu ist ein förmlicher Antrag eines Miterben auf Zuweisung erforderlich. Außerdem muss die Erfolglosigkeit eines Einigungsversuches nachgewiesen werden. Ein gleichzeitig laufendes Teilungsversteigerungsverfahren kann für die Dauer des Zuweisungsverfahren eingestellt werden (§ 185 Abs. 1 ZVG).

219

Ein Hof i.S.d. HöfeO liegt vor, wenn
– der Wirtschaftswert des Hofes 10200 € beträgt oder
– der Besitzer eines Hofes mit einem Wirtschaftswert von 5100 € bis 10200 € erklärt, dass der Hof die Hofeseigenschaft erhalten und den Bestimmungen der HöfeO unterliegen soll;
– der Hof im Alleineigentum einer natürlichen Person oder von Ehegatten steht;
– der Hofvermerk im Grundbuch eingetragen ist.

220

Wirtschaftswert ist dabei der **Einheitswert minus** dem **Wohnungswert,** da sich der Einheitswert einer land- und forstwirtschaftlichen Besitzung gem. § 48 BewG aus dem Wirtschaftswert (§ 46 BewG) und dem Wohnungswert (§ 47 BewG) zusammensetzt.[190]

221

Sofern der Erblasser keine andere **Hoferbenbestimmung** trifft, was ihm gem. § 7 HöfeO ohne Beschränkung auf einen bestimmten Personenkreis möglich ist, stellt § 5 HöfeO folgende Rangordnung der Hoferben auf: – in erster Linie sind die Kinder des Erblassers und deren Abkömmlinge zu Hoferben berufen, – in zweiter Linie der Ehegatte, – in dritter Linie die Eltern des Erblassers, wenn der Hof von ihnen oder aus ihrer Familie stammt, – und danach die Geschwister des Erblassers und deren Abkömmlinge. Diese Regelung wird in § 6 HöfeO dahin präzisiert, dass sich der Alleinerbe aus der Zahl der Abkömmlinge aufgrund nachstehender Kriterien in folgender Reihenfolge bestimmt:

222

– die Bewirtschaftungsübertragung,
– Ausbildung,
– Beschäftigung und
– Jüngster oder Ältester je nach dem in der Gegend bestehenden Brauch.

Innerhalb dieser Hoferbenordnung scheidet als Hoferbe aus, wer nicht wirtschaftsfähig ist.[191] **Wirtschaftsfähig** ist derjenige, der nach seinen körperlichen und geistigen

223

---

189 *Tanck/Krug/Daragan*, Testamente, § 21 Rn. 80.
190 *Nieder*, HB Testamentsgestaltung, Rn. 320.
191 *Nieder*, HB Testamentsgestaltung, Rn. 321.

Fähigkeiten, nach seinen Kenntnissen und seiner Persönlichkeit in der Lage ist, den Hof selbstständig zu bewirtschaften (§ 6 Abs. 7 HöfeO). Nach § 10 HöfeO vererbt sich der Hof nach der bürgerlich rechtlichen Erbfolge, wenn kein gesetzlicher Hoferbe vorhanden ist und durch den Erblasser keine Hoferbenbestimmung erfolgte (sog. verwaister Hof).

224 Die übrigen Miterben, die nicht Hoferben geworden sind, müssen sich gem. § 4 Satz 2 HöfeO mit dem Hofwert begnügen. Hieraus berechnet sich eine Abfindung gegen den Hoferben (§ 12 HöfeO), es sei denn, der Erblasser hat durch Verfügung von Todes wegen oder Rechtsgeschäft unter Lebenden etwas anderes bestimmt. Die **Abfindung der weichenden Erben auf Ertragswertbasis** stellt einen gravierenden Nachteil dar, der nur gerechtfertigt ist, wenn der Hof auch tatsächlich weitergeführt wird.[192] Nach § 13 HöfeO steht deshalb den weichenden Erben ein Nachabfindungsanspruch zu, falls der Hoferbe innerhalb von 20 Jahren nach dem Erbfall den Hof oder Teile desselben veräußert oder ihn gewinnträchtig in anderer Weise als land- oder forstwirtschaftlich nutzt. Die nach § 12 HöfeO Berechtigten können dann die Herausgabe des erzielten Erlöses, unter Anrechnung einer bereits empfangenen Abfindung, zu dem Teil verlangen, der ihrem nach dem allg. Recht bemessenen Anteil am Nachlass oder an dessen Wert entspricht.

225 § 16 HöfeO regelt, dass der Eigentümer eines landwirtschaftlichen Betriebs, der der Höfeordnung unterliegt, die Erbfolge kraft Höferechts nicht ausschließen kann. Allerdings kann diejenige Person, die nicht wirtschaftsfähig ist, nicht Hoferbe werden. Aus diesen Vorgaben resultiert eine Einschränkung der Testierfreiheit im Hinblick auf den landwirtschaftlichen Betrieb. Will der Eigentümer eines Hofes seine Testierfreiheit in vollem Umfang wieder erhalten, so bleibt ihm nur die Möglichkeit, den Hof der Höfeordnung zu entziehen. Hierzu ist es notwendig, den Hof aus der Höferolle auszutragen. Andernfalls kann der Hofeigentümer lediglich innerhalb der Grenzen, die ihm durch die Höfeordnung vorgegeben sind, über seinen Betrieb von Todes wegen verfügen.

2. Formulierungsbeispiel: Einzeltestament des Landwirts

226 **Formulierungsbeispiel:**

Testament

Ich, ..., geb. am ..., in ..., derzeit wohnhaft ..., deutscher Staatsangehöriger, errichte nachfolgendes Testament.

(I.) Testierfreiheit, Güterstand
Vgl. Formulierungsbeispiel Rn. 182.
Ich lebe mit meiner Ehefrau im gesetzlichen Güterstand.

(II.) Hoferbfolge
Ich bin Alleineigentümer des ... Hofes, eingetragen im Grundbuch von .... Der Hof besitzt die Hofeigenschaft i.S.d. Höfeordnung und ist in der Höferolle ... eingetragen.

---

[192] *Tanck/Krug/Daragan*, Testamente, § 21 Rn. 91.

Enzensberger

Zu meinem alleinigen Hoferben bestimme ich meinen Sohn ..., geb. am ..., in ..., derzeit wohnhaft in ... . Ihm weise ich den gesamten Betriebsvermögensfreibetrag nach § 13a ErbStG zu.

Meine Ehefrau erhält im Wege des Vermächtnisses ein lebenslanges, unentgeltliches Wohnrecht im Wohnhaus ... in ..., in der Form, dass sie die Räume ... und ... unter Ausschluss des Eigentümers nutzen kann. Die Kosten der Instandhaltung hat der Eigentümer zu tragen. Die Kosten für Heizung, Wasser, Strom etc. trägt die Berechtigte selbst.

Außerdem hat der Hoferbe vermächtnisweise eine Rente in Form einer dauernden Last i.H.v. monatlich ... € an meine Ehefrau zu bezahlen.

Ist der standesgemäße Unterhalt des Berechtigten oder Verpflichteten aufgrund einer Änderung der wirtschaftlichen Verhältnisse gefährdet, dann sind die Berechtigte und der Verpflichtete je einzeln berechtigt, eine Abänderung der Leistungen in entsprechender Anwendung des § 323 ZPO zu verlangen.

Zur Sicherung der dauernden Last ist zugunsten der Rentenberechtigten auf dem Grundstück ... eine Reallast gem. §§ 1105 ff. BGB einzutragen.

Das Wohnrecht und die Rentenzahlung erlöschen, wenn sich meine Ehefrau wieder verheiratet.

(III.) Hofesfreies Vermögens

Zur Alleinerbin meines hofesfreien Vermögens bestimme ich meine Ehefrau ... . Sie soll jedoch nur Vorerbin werden, wobei sie von den gesetzlichen Beschränkungen befreit sein soll, soweit dies gesetzlich zulässig ist. Einen Ersatzvorerben will ich nicht benennen. Ich wünsche viel mehr die Anwendung der Vorschrift des § 2102 Abs. 1 BGB.

Zum Nacherben bestimme ich meinen Sohn. Fällt der Nacherbe vor oder nach dem Erbfall weg, so benenne ich seine Abkömmlinge zu Ersatznacherben, wiederum ersatzweise tritt, zunächst innerhalb eines Stammes, Anwachsung ein. Sollte der Nacherbe seinen Erbteil ausschlagen und seinen Pflichtteil gegen den Willen meiner Ehefrau geltend machen und erhält er ihn auch ganz oder teilweise, dann ist er mit seinem ganzen Stamm von der Erbfolge ausgeschlossen.

Der Nacherbfall tritt mit dem Tod der Vorerbin ein. Das Nacherbenanwartschaftsrecht ist weder vererblich noch übertragbar.

Für den Fall, dass sich meine Ehefrau wieder verheiratet, endet ihre Befreiung als Vorerbin. Sie unterliegt ab diesem Zeitpunkt den allg. gesetzlichen Beschränkungen eines Vorerben.

Ort, Datum, Unterschrift

IV. Testamente für Geschiedene und Patchworkehen

1. Allgemeines

Nach der Scheidung wollen Geschiedene in aller Regel verhindern, dass der frühere Ehegatte weder unmittelbar noch mittelbar an seinem Nachlass partizipiert. Spätestens mit Rechtskraft der Scheidung hat der ehemalige Ehegatte aber ohnehin sein **gesetzliches Erbrecht** verloren. Dem geschiedenen Ehegatten steht auch kein **Pflichtteilsrecht** mehr zu, da er nach rechtskräftiger Scheidung nicht mehr Ehegatte i.S.d. § 2303

BGB ist. Eine unmittelbare Teilhabe des früheren Ehegatten aufgrund einer letztwilligen Verfügung des Erblassers ist nach der rechtskräftigen Scheidung meist ebenfalls nicht möglich. Denn Verfügungen zugunsten des Ehegatten in einem einseitigen Testament werden laut § 2077 Abs. 1 BGB unwirksam, ein gemeinschaftliches Testament seinem ganzen Inhalt nach (§§ 2268, 2077 BGB).[193]

Sind aus der **geschiedenen Ehe Kinder** hervorgegangen, besteht die Möglichkeit, dass ein geschiedener Ehegatte über diese gleichwohl an dem Nachlass seines früheren Ehegatten partizipiert. Das Vermögen eines Geschiedenen kann in die Hände des Ex-Ehegatten gelangen, wenn die gemeinsamen Kinder sterben, ohne selbst Abkömmlinge zu hinterlassen, nachdem sie Erben des erstversterbenden Elternteils geworden sind. Der überlebende Elternteil wird dann nicht Erbe, wenn die Kinder, nach Erreichen der Testierfähigkeit anderweitig letztwillig verfügt haben. Allerdings wird der überlebende Elternteil über sein Pflichtteilsrecht nach dem Kind gem. § 2303 BGB am Vermögen des geschiedenen Ehegatten indirekt beteiligt. Voraussetzung ist hierfür allerdings erneut, dass die Kinder selbst noch keine Abkömmlinge hinterlassen haben. Zu guter Letzt besteht auch noch die Möglichkeit, dass die Kinder den geschiedenen Ehegatten durch eine letztwillige Verfügung am ursprünglichen Nachlass beteiligen.

228 Das gleiche gilt häufig auch nach Auflösung einer **nichtehelichen Lebensgemeinschaft**. Eine direkte Teilhabe des Lebenspartners aufgrund der gesetzlichen Erbfolge scheidet zwar von vorneherein aus. Sind aus der Beziehung jedoch gemeinsame Kinder hervorgegangen, besteht die Möglichkeit, dass das Vermögen des Erblassers über diese mittelbar an den anderen Elternteil gelangt. Folglich besteht auch für diesen Fall Regelungsbedarf.

a) Nacherbenlösung[194]

229 Bei dieser Gestaltungsvariante fällt dass Erbe zunächst dem **Vorerben** an, § 2100 BGB. Erst zu einem vom Erblasser bestimmten späteren Zeitpunkt, dem Nacherbfall, geht die Erbschaft auf den **Nacherben** über, § 2139 BGB. Dabei wird der Nacherbe nicht Erbe des Vorerben, sondern Erbe des Erblassers. Das der Nacherbschaft unterliegende Vermögen bildet in der Hand des Vorerben ein **Sondervermögen**, das beim Tod des Vorerben nicht in dessen Nachlass fällt. An diesem Sondervermögen können auch keine Pflichtteilsansprüche der Verwandten des Vorerben entstehen. Tritt die Nacherbfolge mit dem Tod des Vorerben ein, was mangels anderer Regelungen vermutet wird, so kommt es nach dem Tod des Vorerben zu zwei Erbfolgen. Hinsichtlich seines eigenen Vermögens wird der Vorerbe durch seine gesetzlichen Erben beerbt oder aber gem. seiner letztwilligen Verfügung. Das der Nacherbschaft unterliegende Sondervermögen wird an den Nacherben weitervererbt. Personen, die vom Erbe ausgeschlossen werden sollen, wie bspw. der geschiedene Ehegatte, können daher weder im Wege der Erbfolge noch über ein etwaiges Pflichtteilsrecht nach dem Vorerben am Nachlass des Erblassers teilnehmen.

b) Bestimmung des Vorerben

230 Beim „**Geschiedenentestament**" wird der Erblasser in aller Regel die gemeinsamen Abkömmlinge aus der geschiedenen Ehe als Vorerbe berufen. Wird ein Abkömmling nicht Vorerbe, weil er entweder vor dem Erbfall oder nach diesem rückwirkend weg-

---

193 *Frohnmayer*, Geschiedenentestament, DNotI, Bd. 14, Kap. A.
194 S. zum Thema Vor- und Nacherbe ausführlich Kap. 8.

fällt, ist der nach ihm zum Nacherben Eingesetzte gem. § 2102 BGB im Zweifel als Ersatzerbe berufen. Sind aus der geschiedenen Ehe mehrere Kinder hervorgegangen und setzt der Erblasser auch mehrere zu Vorerben ein, so bilden diese eine Miterbengemeinschaft nach § 2032 BGB. Mit dem Nacherbfall scheidet der davon betroffene Vorerbe aus der Erbengemeinschaft aus. An seine Stelle rücken der nach ihm berufene Nacherbe oder die Nacherben, im letzteren Fall wiederum in Erbengemeinschaft.[195]

c) Zeitpunkt des Nacherbfalls

Der Erblasser kann den **Zeitpunkt** des **Nacherbfalls** frei bestimmen. Falls er keine Bestimmung getroffen hat, tritt der Nacherbfall mit dem Tod des Vorerben ein (§ 2106 Abs. 1 BGB). Dem Willen des geschiedenen Ehegatten wird es regelmäßig entsprechen, wenn seine Abkömmlinge aus der geschiedenen Ehe bis zu ihrem Tod Vorerben bleiben. Schließlich sollen die bedachten Abkömmlinge typischerweise eine möglichst umfangreiche Erbenstellung erhalten. Für den Normalfall wird der Erblasser den Nacherbfall so bestimmen, dass er mit dem Tod des Vorerben eintritt.[196] Auf jeden Fall sollte bei der Bestimmung des Nacherbfalls darauf geachtet werden, dass dieser nicht erst nach dem Tod des Vorerben eintritt. Ansonsten geht die Rechtsstellung des Vorerben auf seine eigenen Erben über, wenn er nach dem Erbfall, aber noch vor dem Nacherbfall stirbt.[197] Gehört in diesem Fall eine Person zu den eigenen Erben des Vorerben, die der Erblasser ausschließen wollte, so kann diese Person über die Stellung als Vorerbe an dem Nachlass des geschiedenen Erblassers teilnehmen.

231

d) Bestimmung des Nacherben

Der Erblasser bestimmt von vorneherein, welche Person nach dem Vorerben Nacherbe werden soll. Für den Fall, dass der namentlich genannte Nacherbe nicht Erbe wird, ist die Anordnung einer **Ersatznacherbfolge** zweckmäßig. Dabei tritt ein Ersatznacherbe an die Stelle des Nacherben, wenn der Nacherbe vor oder nach dem Nacherbfall wegfällt. Tritt bei einem Wegfall des Nacherben keine Ersatznacherbfolge ein, besteht die **Gefahr**, dass der Vorerbe als unbeschränkter Vollerbe und die Nacherbfolge als gegenstandslos angesehen wird. In diesem Fall besteht dann die Gefahr, dass die Person, die vom Nachlass des Erblassers ausgeschlossen werden soll, an dem Nachlass dennoch partizipiert. Diese Gefahr besteht auch, wenn der Nacherbe vor dem Erblasser verstirbt. Stirbt der Nacherbe erst nach dem Erbfall, besteht die Gefahr nur, wenn dessen **Anwartschaftsrecht** nicht vererblich ist.

232

> **Praxishinweis:**
> Um also sicher zu verhindern, dass die auszuschließenden Personen am Nachlass des Erblassers teilnehmen, sollte unbedingt eine Ersatznacherbfolge bestimmt werden. Wer Ersatznacherbe wird, hängt alleine von den Wünschen des Erblassers ab.

e) Anwartschaftsrecht des Nacherben

Zwischen dem Tod des Erblassers und dem Eintritt der Nacherbfolge erwirbt der Nacherbe ein Anwartschaftsrecht, das sowohl übertragbar als auch vererblich ist, sofern nicht ein entgegenstehender Wille des Erblassers vorliegt. Eine Vererblichkeit des

233

---

[195] *Frohnmayer*, Geschiedenentestament, DNotI, Bd. 14, Kap. B II, 2.
[196] *Frohnmayer*, Geschiedenentestament, DnotI, Bd. 14, Kap. B II, 2.
[197] Palandt/*Edenhofer*, Einf. vor § 2100 Rn. 1 u. 8.

Nacherbenanwartschaftsrechts kommt nur für die vom Erblasser namentlich genannten Nacherben und die als Nacherben eingesetzten Abkömmlinge des Vorerben in Betracht. Dagegen ist das Nacherbenanwartschaftsrecht in jedem Fall übertragbar. Also besteht auch hier die Gefahr, dass eine unerwünschte Person am Nachlass beteiligt wird. Folglich muss der Übergang des Nacherbenanwartschaftsrechts durch den Erblasser verhindert werden. Gem. § 2108 Abs. Satz 1 BGB ist das Anwartschaftsrecht vererblich, sofern nicht ein anderer Wille des Erblassers anzunehmen ist. Die Vererblichkeit muss also durch den Erblasser im Testament ausgeschlossen werden. Ob auch die **Veräußerlichkeit** des Nacherbenanwartschaftsrechts per letztwilliger Verfügung ausgeschlossen werden kann ist umstritten. Eine Mindermeinung lehnt dies ab. Dagegen hält die h.M. dies für möglich. Wenn ein Ausschluss der Vererblichkeit möglich sei, so müsse auch ein Ausschluss der Veräußerlichkeit durch Testament möglich sein.[198] Nur dann könne der Erblasser, wie beim Ausschluss der Vererblichkeit, verhindern, dass ein Dritter an die Stelle des Nacherben tritt. Folglich kann der Erblasser also die Übertragbarkeit verhindern, indem er diese durch letztwillige Verfügung ausschließt.

f) Stellung des Vorerben

234 Im Rahmen eines „**Geschiedenentestaments**" wird es häufig der Wille des Erblassers sein, seinen Vorerben eine möglichst umfangreiche Rechtsstellung einzuräumen und diese deshalb von allen gesetzlichen Beschränkungen zu befreien, soweit gesetzlich zulässig.

g) Zusammenfassung

235 Eine Beteiligung des geschiedenen Ehegatten am Nachlass kann also, wie dargestellt, durch die **Nacherbenlösung** verhindert werden. Außerdem kann dem Vorerben weitgehende letztwillige Gestaltungsfreiheit hinsichtlich des ererbten Vermögens eingeräumt werden. Es ist aber zu bedenken, dass die Nacherbenlösung letztlich die Mitwirkung der Vorerben bedarf. Als Abkömmling aus der geschiedenen Ehe ist er pflichtteilsberechtigt (§ 2303 BGB). Daher kann er die Erbschaft ausschlagen und nach § 2306 BGB den Pflichtteil verlangen. Der Pflichtteilsanspruch und das zu seiner Erfüllung Geleistete kann dann ohne weiteres auf den geschiedenen Ehegatten übergehen. Aus diesem Grund sollte der Erblasser bei Errichtung des Testaments darauf achten, dem Vorerben keinen Anlass zu geben, die Erbschaft auszuschlagen. Als Anreize kommen hier ein entsprechender Umfang der Erbschaft im Vergleich zur Pflichtteilsquote sowie eine möglichst umfangreiche und befreite Rechtsstellung des Vorerben in Betracht.

h) Vermächtnislösung

236 Die Regelungsziele eines Geschiedenentestaments können auch durch die Anordnung eines **aufschiebend befristeten Vermächtnisses** erreicht werden. Bei dieser Variante geht die Erbschaft ausschließlich auf einen Vollerben über. In Abweichung von der allg. Regel des § 2176 BGB erwirbt der Vermächtnisnehmer erst mit einem vom Erblasser bestimmten Zeitpunkt oder Ereignis, dem Anfall des Vermächtnisses, einen schuldrechtlichen Anspruch gegen den Erben auf die vermachten Gegenstände.[199] Anders als bei der Nacherbschaft bilden die befristet vermachten Gegenstände in der

---

198 RGZ 170, 163, 168; Palandt/*Edenhofer*, § 2108 Rn. 8.
199 *Frohnmayer*, Geschiedenentestament, DNotI, Bd. 14, 3. Kap., C I.

Hand des Beschwerten kein Sondervermögen. Beim Tod des Erben fallen sie grundsätzlich in dessen Nachlass. Soweit das Vermächtnis nicht erfüllt ist, kann der Beschwerte daher die betreffenden Gegenstände weitervererben. Der geschiedene Erblasser wird den Anfall des Vermächtnisses deshalb so bestimmen, dass er mit dem Tod des Beschwerten eintritt. Die Erben des Beschwerten haben die vermachten Gegenstände dann sofort herauszugeben. Diese Gegenstände werden nicht von Pflichtteilsansprüchen der Verwandten des Beschwerten gem. § 2303 BGB erfasst. Bei der Berechnung des Pflichtteils ist das Vermächtnis vielmehr nach § 2311 BGB als Verbindlichkeit vom Aktivbestand des Nachlasses abzuziehen. Das Vermächtnis wurde vom ursprünglichen Erblasser angeordnet. Daher belastet es das Vermögen des Beschwerten als Erblasserschuld i.S.v. § 1967 BGB. Wirtschaftlich betrachtet können unerwünschte Personen daher weder im Wege der Erbfolge noch über ein etwaiges Pflichtteilsrecht nach dem beschwerten Erben an den vermachten Gegenständen teilhaben.

i) Stellungnahme

Grundsätzlich ist der **Nacherbenlösung** der Vorzug vor der Vermächtnislösung zu geben. Mit der Vermächtnislösung sind lebzeitige Verfügungen zugunsten ausgeschlossener Personenkreise nicht sinnvoll zu unterbinden. Außerdem bedarf es nicht nur der Mitwirkung des Erben, wie bei der Nacherbenlösung, sondern auch der des Vermächtnisnehmers. Denn mit dem Anfall des Vermächtnisses gehen die Nachlassgegenstände nicht automatisch auf den Bedachten über. Vielmehr hat der Beschwerte die Nachlassgegenstände nur dann herauszugeben, wenn der Bedachte den Anspruch nach § 2174 BGB (Leistung des vermachten Gegenstandes) tatsächlich geltend macht oder der beschwerte Erbe ihn freiwillig erfüllt. Andernfalls bleiben auch ausgeschlossene Personen im Genuss der Nachlassgegenstände.

237

2. *Formulierungsbeispiel: Geschiedenentestament*[200]

Formulierungsbeispiel:

Testament

Ich, ..., geb. am ..., wohnhaft in ..., deutscher Staatsangehöriger, errichte nachfolgendes Testament.

(I.) Testierfreiheit
Ich erkläre, dass ich nicht durch ein bindend gewordenes gemeinschaftliches Testament oder einen Erbvertrag an der Errichtung dieses Testaments gehindert bin. Hiermit hebe ich alle bisher von mir errichteten Verfügungen von Todes wegen in vollem Umfang auf.

(II.) Erbeinsetzung
Hiermit setze ich meine Kinder
(1.) ..., geb. am ...
(2.) ..., geb. am ...
zu gleichen Teilen zu meinen Vorerben ein.
Ersatzvorerben sind die Abkömmlinge der Eingesetzten, untereinander nach den Regeln der gesetzlichen Erbfolge erster Ordnung. Hat ein Vorerbe keine Abkömm-

238

---

200 *Frohnmayer*, Geschiedenentestament, DNotI, Bd. 14, § 17 Anh.

linge oder fallen sämtliche Abkömmlinge eines Vorerben weg, sind die übrigen Vorerben zu gleichen Teilen berufen. Die Anwartschaft des Ersatzvorerben ist zwischen Erbfall und Ersatzerbfall nicht vererblich und nicht übertragbar.

Die Vorerben sind von allen Beschränkungen und Verpflichtungen befreit, von denen nach Gesetz Befreiung erteilt werden kann. Vor Eintritt des Nacherbfalls sind die Vorerben berechtigt, unentgeltlich über folgende Gegenstände zu verfügen: sofern sie dabei weder meinen geschiedenen Ehegatten noch dessen einseitige Abkömmlinge oder dessen Verwandten aufsteigender Linie bedenken. Machen die Vorerben von dieser Befugnis Gebrauch, so gelten ihnen die genannten Gegenstände als durch Vorausvermächtnis zugewandt, das nicht der Nacherbfolge unterliegt.

(III.) Nacherbfall

Die Nacherbfolge tritt bzgl. jedes Vorerben mit seinem Tode ein. Die Nacherbfolge tritt jeweils auch dann ein, wenn der betreffende Vorerbe seine Vorerbenstellung auf meinen geschiedenen Ehegatten, dessen einseitigen Abkömmlinge oder dessen Verwandten aufsteigender Linie überträgt.

(IV.) Nacherbeneinsetzung

Nacherben nach dem jeweiligen Vorerben sind die Erben des Vorerben unter Ausschluss meines geschiedenen Ehegatten, dessen einseitigen Abkömmlinge sowie dessen Verwandte aufsteigender Linie.

Zu Ersatznacherben sind jeweils in folgender Reihenfolge berufen:

(1.) die Abkömmlinge des betreffenden Vorerben, untereinander nach den Regeln der gesetzlichen Erbfolge erster Ordnung.

(2.) meine übrigen Abkömmlinge, untereinander nach den Regeln der gesetzlichen Erbfolge erster Ordnung.

(3.) diejenigen Personen, die meine gesetzlichen Erben wären, wenn ich im Zeitpunkt des Eintritts des Nacherbfalls ohne Hinterlassung von Abkömmlingen gestorben wäre, untereinander nach den Regeln der gesetzlichen Erbfolge.

Tritt die Nacherbfolge bzgl. eines Vorerben bereits mit der Übertragung der Vorerbenstellung auf meinen geschiedenen Ehegatten, dessen einseitigen Abkömmlingen oder dessen Verwandten aufsteigender Linie ein, sind die Abkömmlinge des betreffenden Vorerben, untereinander nach den Regeln der gesetzlichen Erbfolge erster Ordnung, als Nacherben berufen.

Ersatzerben sind in diesem Fall jeweils in folgender Reihenfolge:

(1.) meine übrigen Abkömmlinge, untereinander nach den Regeln der gesetzlichen Erbfolge erster Ordnung.

(2.) diejenigen Personen, die meine gesetzlichen Erben wären, wenn ich im Zeitpunkt des Eintritts des Nacherbfalls ohne Hinterlassung von Abkömmlingen gestorben wäre, untereinander nach den Regeln der gesetzlichen Erbfolge.

Die Nacherbenanwartschaften sind zwischen Erbfall und Nacherbfall nicht vererblich und nicht übertragbar.

Die Nacherbfolge entfällt mit dem Tode meines geschiedenen Ehegatten.

(V.) Weitere Nacherbeneinsetzungen

Soweit gemeinschaftliche Abkömmlinge von mir und meinem geschiedenen Ehegatten Nacherben werden, so unterliegt die Erbschaft auch bei diesen jeweils wieder der für deren Vorerben angeordneten Nacherbfolge. (III.) und (IV.) gelten entsprechend. Die zeitliche Schranke des § 2109 BGB bleibt unberührt.

(VI.) Familienrechtliche Anordnung
Soweit die Vorerben bei meinem Tod noch minderjährig sind, entziehe ich meinem geschiedenen Ehegatten gem. § 1638 BGB das Recht, den Erwerb von Todes wegen der Kinder zu verwalten. Zur Verwaltung des von Todes wegen erworbenen Vermögens benenne ich als Pfleger Herrn/Frau … .
Für Herrn/Frau … gelten die in den §§ 1852–1854 BGB bezeichneten Befreiungen.

Ort, Datum, Unterschrift

22. Kapitel
Verzichtsverträge

Übersicht:

		S.
A.	Allgemeines	1163
B.	Rechtliche Grundlagen und Abgrenzung	1163
C.	Erb- und Pflichtteilsverzicht	1165
I.	Voraussetzungen des Verzichts	1165
	1. Beteiligte des Verzichts	1165
	a) Erblasser und Verzichtender	1166
	b) Stellvertretung	1166
	2. Bedingungen und Befristungen	1167
	3. Formvorschriften	1168
	4. Besonderheiten des Pflichtteilsverzichts	1168
	a) Grundsätzliches	1168
	b) Gefahren bei Aufhebung	1169
	c) Beschränkungen des Pflichtteilsverzichts	1169
II.	Gestaltungshinweise	1170
	1. Erbverzicht	1170
	a) Zugewinnausgleichsanspruch	1170
	b) Unterhaltsansprüche	1170
	c) Voraus und Dreißigster	1171
	d) Auswirkungen auf die Pflichtteilsquoten	1171
	e) Verzicht zugunsten Dritter	1171
	f) Auswirkungen auf die eigenen Erben des Verzichtenden	1172
	2. Pflichtteilsverzicht	1172
	3. Abfindung	1172
III.	Folgen des Verzichts	1173
	1. Erbverzicht	1173

		S.
	2. Pflichtteilsverzicht	1173
	3. Unterschiede zwischen Erb- und Pflichtteilsverzicht	1173
	4. Steuerliche Folgen	1174
IV.	Beseitigung des Erb- und Pflichtteilsverzichts	1174
	1. Rücktritt, Widerruf, Aufhebung	1174
	2. Anfechtung	1175
	3. Wegfall der Geschäftsgrundlage	1175
V.	Leistungsstörung	1175
	1. Fehlender Erbverzicht	1175
	2. Mängel des Kausalgeschäfts	1176
VI.	Notarielle Besonderheiten, Kosten	1176
VII.	Checkliste Erbverzicht	1177
VIII.	Formulierungsbeispiel Erbverzicht	1177
IX.	Checkliste Pflichtteilsverzicht	1178
X.	Formulierungsbeispiel Pflichtteilsverzicht	1178
D.	Zuwendungsverzicht	1180
I.	Allgemeines	1180
II.	Gegenstand	1180
III.	Voraussetzungen und Form	1181
IV.	Rechtsfolgen	1181
V.	Aufhebung des Zuwendungsverzichts	1182
VI.	Gestaltungshinweise	1182
VII.	Checkliste	1183
VIII.	Formulierungsbeispiel Zuwendungsverzicht	1183

Literaturhinweise:

Baumgärtel, Die Wirkung des Erbverzichts auf Abkömmlinge, DNotZ 1959, 63; *Bergschneider*, Der Tod des Unterhaltsverpflichteten – Praktische Anmerkung zu § 1586b BGB, FamRZ 2003, 1049; *Böhmer*, Das postmortale Zustandekommen erbrechtlicher Verzichtsverträge, Diss., 2004; *ders.*, Der Erb- und Pflichtteilsverzicht im anglo-amerikanischen Rechtskreis, ZEV 1998, 251; *Coing*, Zur Lehre vom teilweisen Erbverzicht, JZ 1960, 209; *Cremer*, Zur Zulässigkeit des gegenständlich beschränkten Pflichtteilsverzichtsvertrages, MittRhNotK 1978, 169; *Damrau*, Bedarf der dem Erbverzicht zugrunde liegende Verpflichtungsvertrag notarieller Beurkundung, NJW 1984, 1163; *ders.*, Der Erbverzicht als Mittel zweckmäßiger Vorsorge für den Todesfall, Diss., 1966; *Degenhart*, Erbverzicht und Abfindungsvereinbarung, Rpfleger 1969, 145; *Edenfeld*, Die Stellung weichender Erben beim Erbverzicht, ZEV 1997, 134; *Faßbender*, Erbverzicht, MittRhNotK 1962, 602; *Fette*, Die Zulässigkeit eines gegenständlich beschränkten Pflichtteilsverzichts, NJW 1970, 743; *Frenz*, Einzelprobleme bei der Gestaltung von Pflichtteilsverzichten, in FS 50 Jahre Deutsches Anwaltsinstitut e.V., 2003, S. 387; *Gierse*, Die Abschlussmöglichkeiten des Erb- und Pflichtteilsverzichts nach dem Tod des Erblassers, Diss., 2004; *Grziwotz*, Pflichtteilsverzicht und nacheheliche Unterhalt, FamRZ 1991, 1258; *Habermann*, Stillschweigender Erb- und Pflichtteilsverzicht im notariellen gemeinschaftlichen Testament, JuS 1979, 169; *Haegele*, Inhalt und wirtschaftliche Bedeutung des Erb(Pflichtteils-)verzichts, Rpfleger 1968, 247; *Holthaus*, Leistungsstörungen beim entgeltlichen Erbvertrag, Diss., 1992; *Ivo*, Die Zustimmung zu erstvertraglichen letztwilligen Zuwendungen, ZEV 2003, 250; *Jackscath*, Der Zuwendungsverzichtsvertrag, MittRhNotK 1977, 117; *Keim*, Der stillschweigende Erbverzicht, ZEV 2001, 1; *ders.*, Zuwendungsausgleich durch Erbverzicht, Diss., 1979; *Keller*, Die Form des Erbverzichts, ZEV 2005, 229; *Kornexl*, Der Zuwendungsverzicht, Diss., 1998; *Kramm*, Entstehung und Beseitigung der Rechtswirkungen eines Erbverzichts, 2004; *Krupka-Göll*, Erbverzicht und Abfindung bei Störung der vorweggenommenen Erbfolge, 2002; *Kuchinke*, Bedarf der dem Erbverzicht zugrunde liegende Verpflichtungsvertrag notarieller Beurkundung?, NJW 1983, 2358; *ders.*, Der Erbverzicht zugunsten eines Dritten, FS Kralik, 1986, S. 451; *ders.*, Zur Aufhebung des Erbverzichts mit Drittwirkung, ZEV 2000, 169; *Lange*, Der entgeltliche Erbverzicht, FS Nattorp, 1961, 119 ff.; *Mayer*, Wird der durch die Erbringung der Abfindungsleistung bedingt erklärte Erb- und Pflichtteilsverzicht unwirksam, wenn der Erblasser vor Leistungserfüllung verstirbt?, MittBayNot 1985, 101; *ders.*, Erfasst der Pflichtteilsverzicht auch Pflichtteilsvermächtnisse?, ZEV 1995, 41; *ders.*, Nachträgliche Änderung von erbrechtlichen Anrechnungs- und Ausgleichsbestimmungen; ZEV 1996, 441; *ders.*, Zweckloser Zuwendungsverzicht, ZEV 1997, 127; *ders.*, Der beschränkte Pflichtteilsverzicht, ZEV 2000, 263; *Meincke*, Abfindungsleistungen aus erbschaftsteuerlicher Sicht, ZEV 2000, 214; *Kuchinke*, Zur Aufhebung des Erbverzichts mit Drittwirkung, ZEV 2000, 169; *Mittenzwei*, Die Aufhebung des Zuwendungsverzichts, ZEV 2004, 488; *Muscheler*, Die Aufhebung des Erbverzichts nach dem Tod des Verzichtenden, ZEV 1999, 163; *Pentz*, Anfechtung eines Erbverzichts, MDR 1999, 785; *Quantius*, Die Aufhebung des Erbverzichts, Diss., 2001; *Regler*, Erbverzicht von Vorfahren oder Ehegatten mit Wirkung für deren Abkömmlinge, DNotZ 1970, 646; *Reul*, Erbverzicht, Pflichtteilsverzicht, Zuwendungsverzicht, MittRhNotK 1997, 373; *Riering*, Der Erb- und Pflichtteilsverzicht im islamischen Rechtskreis, ZEV 1998, 455; *ders.*, Der Erbverzicht im Internationalen Privatrecht, ZEV, 1998, 248; *Rheinbay*, Erbverzicht, Abfindung, Pflichtteilsergänzung, Diss., 1983; *Schindler*, Erbvertragliche Bindung und Aufhebung des Pflichtteilsverzichts, ZEV 2005; *ders.*, Pflichtteilsverzicht und Pflichtteilsaufhebungsvertrag, DNotZ 2004, 824; *Schopp*, Der „gegenständliche" Pflichtteilsverzicht, Rpfleger 1984, 175; *Schotten*, Das Kausalgeschäft zum Erbverzicht, DNotZ 1998, 163, *ders.*, Die Erstreckung eines Zuwendungsverzichts auf die Abkömmlinge des Verzichtenden, ZEV 1997, 1; *Speckmann*, Der Erbverzicht als „Gegenleistung" in Abfindungsverträgen, NJW 1970, 117; *Tanck*, Umfasst der Verzicht auch den Pflichtteilsanspruch auch die Einrede nach § 2328 BGB?, ZErb 2001, 194; *Wachter*, Inhaltskontrolle von Pflichtteilsverzichtsverträgen, ZErb 2004, 238, 386; *Weirich*, Der gegenständlich beschränkte Pflichtteilsverzicht, DNotZ 1986, 5; *Zellmann*, Dogmatik und Systematik des Erbverzichts und seiner Aufhebung i.R.d. Lehre von den Verfügungen von Todes wegen, Diss., 1990.

A. Allgemeines

Nach § 311b Abs. 4 BGB sind **Rechtsgeschäfte über den Nachlass** eines **noch lebenden Dritten** grundsätzlich nichtig. Die Vorschriften der §§ 2346 ff. BGB machen hiervon, ebenso wie die Regelung des Erbvertrages gem. §§ 2274 ff. BGB, eine Ausnahme, indem sie unter bestimmten Formerfordernissen Verzichtsverträge mit dem Erblasser gestatten. Mit Hilfe dieser Vorschriften ist es möglich, Vereinbarungen über den künftigen Nachlass des Erblassers zu treffen und die Vertragspartner hieran zu binden. 1

Der **Verzicht** ist gerade für den Verzichtenden ein Risikogeschäft. Der Verzichtende gibt seine Erbenstellung auf, i.d.R. ohne den genauen Umfang des Erblasservermögens und dessen zukünftige Entwicklung zu kennen. Im Gegenzug wird regelmäßig eine Abfindung für den Verzichtenden vereinbart (entgeltlicher Erbverzicht). Ob die Abfindung den Verlust der Erbenstellung oder des Pflichtteilsrechts kompensiert, lässt sich erfahrungsgemäß kaum voraussehen. 2

B. Rechtliche Grundlagen und Abgrenzung

Das Gesetz unterscheidet zwischen dem **Verzicht auf das gesetzliche Erbrecht** unter Einschluss des Pflichtteilsrechts, geregelt in §§ 2346, 2349, 2350 BGB, und dem Verzicht auf eine Zuwendung aus einer letztwilligen Verfügung, § 2352 BGB. Möglich ist 3 auch ein **isolierter Verzicht auf das Pflichtteilsrecht** gem. § 2346 Abs. 2 BGB (Pflichtteilsverzicht) oder ein Verzicht allein auf das gesetzliche Erbrecht unter Vorbehalt des Pflichtteils. Auch kann der Verzicht auf eine Zuwendung gem. § 2352 BGB mit einem Erbverzicht verbunden werden. Wegen der zahlreichen Gestaltungsmöglichkeiten ist genau zu prüfen, auf welches Recht verzichtet werden soll.

4   Die Vorschriften der §§ 2346 ff. BGB regeln lediglich den abstrakten, erbrechtlichen **Verfügungsvertrag** zwischen dem Erblasser und dem Erbanwärter, der im Falle des Erbverzichts unmittelbar den Verlust des gesetzlichen Erbrechts bewirkt[1] oder den Anfall der Erbschaft verhindert, wenn auf eine letztwillige Zuwendung des Erblassers verzichtet wird. Die Bedeutung des Erbverzichts liegt auch darin, dass i.R.d. Kausalgeschäfts häufig zwischen dem Verzichtenden und dem Erblasser die Zahlung einer Abfindung vereinbart wird.

5   Dem Erbverzicht liegt regelmäßig ein **Kausalgeschäft** zu Grunde,[2] das den Rechtsgrund für den Verzicht darstellt. Rechtsgrund kann sowohl ein gegenseitig verpflichtender Vertrag bspw. über die Zahlung einer Abfindung als Gegenleistung für den Verzicht als auch eine Schenkung sein.

6   Ob die Erklärung als Erb-, Pflichtteils- oder Zuwendungsverzicht anzusehen ist, ist im Wege der **Auslegung** zu ermitteln. Der Erbverzicht umfasst gem. § 2346 Abs. 2 Satz 2 BGB auch das Pflichtteilsrecht, wenn dieses nicht in der Erklärung ausdrücklich vorbehalten wird.

7   Schwierigkeiten kann die Auslegung solcher Erklärungen bereiten, die sowohl als Erbverzicht i.S.d. § 2346 BGB als auch als **Zuwendungsverzicht** nach § 2352 BGB verstanden werden können. Weil es sich bei der gesetzlichen und gewillkürten Erbfolge um zwei unterschiedliche Berufungsgründe handelt, enthält der Verzicht auf das Erb- und Pflichtteilsrecht nicht notwendig zugleich einen Zuwendungsverzicht. Allerdings ist die Erklärung „auf (sämtliche) Erb- und Pflichtteilsansprüche gegen den Nachlass für jetzt und in der Zukunft" i.d.R. so auszulegen, dass der Verzicht den vollständigen Wegfall der künftigen Erbenstellung bedeutet mit der Folge, dass nicht nur auf das gesetzliche Erb- und Pflichtteilsrecht, sondern auch auf die Zuwendungen einer bei Abgabe der Erklärung bestehenden letztwilligen Verfügung verzichtet wurde.[3] Haben sich die Ehepartner wechselseitig zu Erben und ihre Kinder zu Schlusserben eingesetzt, liegt es nahe, dass sich ein später mit einem Kind geschlossener Erbverzicht auch auf die Schlusserbeneinsetzung erstreckt.[4] Im Zweifel tendiert die Rechtsprechung dazu, die Erklärung extensiv auszulegen und einen umfassenden Verzicht anzunehmen. Aufgrund dieser „großzügigen" Auslegung sollte der Verzicht so genau wie möglich formuliert werden.

---

1 BGHZ 37, 319, 327; BGH NJW 1997, 653; MünchKomm/*Strobel*, § 2346 Rn. 2; Staudinger/*Schotten*, § 2346 Rn. 57.; Soergel/*Damrau*, § 2346 Rn. 1.
2 Vgl. BGH NJW 1997, 653; MünchKomm/*Strobel*, § 2346 Rn. 1; Staudinger/*Schotten*, § 2346 Rn. 115 ff.; Soergel/*Damrau*, § 2346 Rn. 1.
3 BGH DNotZ 1972, 500.
4 OLG Frankfurt FamRZ 1994, 197.

C. Erb- und Pflichtteilsverzicht

Nach der Rspr. des BGH kann der Erb- oder Pflichtteilsverzicht auch konkludent erfolgen.[5] Nach einer einschränkenden Ansicht des Reichsgerichts und einiger Obergerichte muss der Verzicht dagegen ausdrücklich erklärt werden oder sich zumindest eindeutig aus dem Inhalt des Vertrages ergeben.[6] Ein **stillschweigend** erklärter **Erbverzicht** sei wegen der Formvorschrift des § 2348 BGB ausgeschlossen. Die Rechtsprechung des BGH geht einstweilen recht weit bei der Annahme eines schlüssig erklärten Erb- oder Pflichtteilsverzichts. So soll in der notariell beurkundeten Zustimmung eines Kindes zu der wechselseitigen Erbeinsetzung seiner Eltern in einem Erbvertrag konkludent ein Pflichtteilsverzicht nach dem Erstversterbenden liegen, wenn das Kind als Schlusserbe eingesetzt ist, während den anderen Kindern Vermächtnisse zugewandt werden, unter der Bedingung, dass sie keine Pflichtteilsansprüche geltend machen.[7] Der Umstand, dass das Vermögen nach dem Sinn und Zweck eines notariell beurkundeten gemeinschaftlichen Testaments ungeschmälert den gemeinsamen Abkömmlingen zufallen soll, hat der BGH ebenfalls als Pflichtteilsverzicht des überlebenden Ehegatten ausgelegt.[8]

> **Praxishinweis:**
> Die notarielle Praxis ist durch die Rechtsprechung gezwungen, die Frage des Pflichtteilsverzichts in gemeinschaftlichen Testamenten und Ehegattenerbverträgen ausdrücklich zu regeln und diesen mit in die Urkunde aufzunehmen. Ist kein Verzicht gewünscht, empfiehlt sich in einem gemeinschaftlichen Testament oder Ehegattenerbvertrag zur Klarstellung die Formulierung: „Trotz Belehrung wünschen die Parteien (Ehegatten) keinen (gegenseitigen) Pflichtteilsverzicht."

I. Voraussetzungen des Verzichts

Die Voraussetzungen des Verzichtes sind im Einzelnen in den Vorschriften der §§ 2346 ff. BGB geregelt. Zu beachten sind insbesondere die Vorschriften über die persönlichen Anforderungen an die Vertragsbeteiligten und die **Stellvertretung** gem. § 2347 BGB sowie die **Formvorschrift** des § 2348 BGB. Zulässig ist es auch, den Verzicht unter bestimmte Bedingungen zu stellen, insbesondere, dass an die Stelle des Verzichtenden ein Dritter treten soll, § 2350 BGB.

1. Beteiligte des Verzichts

Der Verzichtsvertrag wird zwischen dem Erblasser und dem Verzichtenden geschlossen. Besondere Regelungen sind in Bezug auf die Stellvertretung und die Anforderungen an die Geschäftsfähigkeit vorgesehen, § 2347 BGB.

---

5 BGHZ 22, 362; BGH NJW 1974, 43; BGH NJW 1977, 1728; OLG Düsseldorf FamRZ 2000, 856; Palandt/*Edenhofer*, § 2348 Rn. 3; RGRK/*Johannsen*, § 2346 Rn. 10.
6 RGZ 115, 385; RGZ 118, 63; BayObLG MDR 1981, 673; OLG Hamm FamRZ 1996, 1176; Lange/*Kuchinke*, Erbrecht, § 7 I 5d; MünchKomm/*Strobel*, § 2348 Rn. 8; Staudinger/*Schotten*, § 2346 Rn. 13; Soergel/*Damrau*, § 2346 Rn. 8.
7 BGHZ 22, 364.
8 BGH NJW 1977, 1728, 2. Sp.

a) Erblasser und Verzichtender

12 Nur mit dem Erblasser kann nach § 2346 Abs. 1 BGB ein Verzichtsvertrag geschlossen werden; Verträge unter künftigen Erben beseitigen das Erbrecht nicht, sofern sie gem. § 311b Abs. 5 BGB überhaupt zulässig sind. Nach dem **Tod des Erblassers** ist die **Annahme eines Angebotes** auf Abschluss eines Erbverzichtsvertrages nicht mehr möglich; die Erklärung kann auch nicht in ein Angebot zum Abschluss eines Erlassvertrages über den Pflichtteilsanspruch umgedeutet werden.[9]

13 Als **Verzichtende** kommen in Betracht: Verwandte des Erblassers, insbesondere eheliche und nichteheliche Kinder; nicht erforderlich ist, dass der Verwandte im Zeitpunkt des Verzichts zur Erbfolge berufen oder pflichtteilsberechtigt ist. Auch der Ehegatte oder Verlobte kann einen Erbverzicht leisten. Entsprechend ist auch schon vor der Adoption ein Verzicht zwischen dem zu Adoptierenden und dem Annehmenden möglich;[10] ebenso können Vater und nichteheliches Kind einen Erbverzicht vereinbaren, bevor die Vaterschaft anerkannt oder gerichtlich festgestellt ist. Beschränkungen in der Verfügungsbefugnis in der Insolvenz oder aufgrund güterrechtlicher Bestimmungen hindern den Abschluss des Erbverzichts nicht.

b) Stellvertretung

14 Der Verzichtende kann ebenso vertreten werden wie sonst bei Rechtsgeschäften unter Lebenden; eine Stellvertretung ist – im Gegensatz zur Regelung beim Erblasser – im Umkehrschluss aus § 2347 Abs. 2 Satz 1 BGB zulässig. Handelt der Vertreter ohne Vertretungsmacht, kann die **Genehmigung** des Verzichtenden nur bis zum Eintritt des Erbfalls erteilt werden.[11] Ist der **Verzichtende geschäftsunfähig**, so schließen seine gesetzlichen Vertreter den Vertrag für ihn ab. Ist er beschränkt geschäftsfähig, kann er den Vertrag mit Zustimmung des gesetzlichen Vertreters abschließen oder wird durch ihn vertreten. Der Vertrag bedarf, wenn der Verzichtende unter Vormundschaft oder Betreuung steht, gem. § 2347 Abs. 1 BGB der Zustimmung des Vormundschaftsgerichts, es sei denn, der Verzichtende steht unter elterlicher Sorge und schließt den Vertrag mit seinem Ehegatten oder Verlobten.

15 Der Erblasser selbst muss gem. § 2347 Abs. 2 Satz 1 1. HS BGB persönlich handeln. Ist der Erblasser **geschäftsunfähig**, so kann der Vertrag gem. § 2347 Abs. 2 Satz 2 BGB durch den gesetzlichen Vertreter geschlossen werden. Die Zustimmung des Vormundschaftsgerichts ist hier in demselben Umfang wie beim Verzichtenden erforderlich. Der beschränkt geschäftsfähige Erblasser kann den Verzichtsvertrag gem. § 2347 Abs. 2 Satz 1 2. HS BGB ohne Zustimmung des gesetzlichen Vertreters schließen; eine Stellvertretung ist sogar ausgeschlossen. Der geschäftsfähige Erblasser, der **unter Betreuung** steht, kann den Vertrag nur selbst schließen und bedarf bei Bestehen eines Einwilligungsvorbehalts der Zustimmung seines Betreuers. Die Zustimmung des Betreuers bedarf wiederum der Genehmigung des Vormundschaftsgerichts.[12]

---

9 BGH NJW 1997, 521.
10 OLG Hamm Rpfleger 1952, 89.
11 BGH NJW 1978, 1159.
12 Soergel/*Damrau*, § 2347 Rn. 7.

2. Bedingungen und Befristungen

Der Verzicht kann unter einer Bedingung oder Befristung erfolgen.[13] Insbesondere kann der Verzicht unter der Bedingung erklärt werden, dass der Verzichtende eine Gegenleistung erhält (vgl. auch Rn. 37). Der Erbverzicht ist auch dann wirksam, wenn die Bedingung erst nach dem Erbfall eintritt;[14] in diesem Fall besteht bis zum Eintritt der Bedingung Vor- und Nacherbfolge. Ein **Rücktrittsvorbehalt** ist aufgrund der abstrakten Natur des Verzichts nicht möglich,[15] wohl aber bzgl. des schuldrechtlichen Kausalgeschäfts.

16

Besonderheiten ergeben sich beim Erbverzicht: Ist dem Verzichtenden nicht gleichgültig, wer an seine Stelle tritt, kann der Verzicht auch gem. § 2350 BGB zugunsten einer dritten Person oder eines bestimmten Personenkreises erklärt werden. § 2350 BGB gilt nur für den Erbverzicht, ein Pflichtteilsverzicht zugunsten eines Dritten ist nicht möglich.[16] Allerdings kann auch die Wirksamkeit des Pflichtteilsverzichts an die Bedingung geknüpft werden, dass ein Dritter Erbe wird.[17] Im Zweifel steht ein Erbverzicht zugunsten eines Dritten unter der Bedingung, dass die begünstigte Person auch tatsächlich Erbe wird. Tritt die Bedingung nicht ein, ist der Verzicht unwirksam.

17

Dem Erbverzicht selbst kommt keine unmittelbar das Erbrecht auf den begünstigten Dritten übertragende Wirkung zu.[18] Die für den Eintritt der Bedingung erforderliche Erbfolge kann entweder kraft Gesetzes oder aufgrund einer vom Erblasser errichteten Verfügung von Todes wegen erfolgen. Keinesfalls beinhaltet allein die Annahmeerklärung des Erbverzichts zugunsten eines Dritten durch den Erblasser die Wirkung einer Erbeinsetzung des Begünstigten.

18

> **Beispiel:**
> Verzichtet der Sohn A gegenüber seinem (verwitweten) Vater zugunsten seines Bruders B auf sein gesetzliches Erbrecht, und ist ein weiterer Bruder D vorhanden, fällt dem B bei gesetzlicher Erbfolge nach der hier vertretenen Auffassung nicht allein aufgrund des Erbverzichts der gesamte Erbteil des A zu. B wird gem. § 2346 Abs. 1 Satz 2 BGB lediglich so gestellt, als habe A bei Eintritt des Erbfalls nicht mehr gelebt und erhält eine Erbquote von 1/2. Auf die Erbquote des D wirkt sich der Verzicht nicht aus, dieser erhält nach wie vor 1/3. A verbleibt trotz des Erbverzichts eine Erbquote von 1/6. Nach der Gegenauffassung erhalten A 2/3 und D 1/3. Um hier Klarheit zu schaffen, sollte der Erbverzicht mit einem entsprechenden Erbvertrag zwischen dem Erblasser und dem Verzichtenden verbunden werden, der die Erbquoten verbindlich festlegt, sofern der Erblasser eine solche Bindung überhaupt eingehen will.

---

13 BGHZ 37, 319; BayObLG ZEV 1995, 228.
14 BayObLG NJW 1958, 344 f.; *Damrau/Mittenzwei*, Erbrecht, § 2346 Rn. 12; *Mayer*, MittBayNotK 1985, 101; MünchKomm/*Strobel*, § 2346 Rn. 25; Soergel/*Damrau*, § 2346 Rn. 12; Staudinger/*Schotten*, § 2346 Rn. 54; Palandt/*Edenhofer*, Vorbem. § 2346 Rn. 7; a.A. *Lange*, FS Nattorp, S. 119, 123.
15 Palandt/*Edenhofer*, Vorbem. § 2346 Rn. 12.
16 Vgl. MünchKomm/*Strobel*, § 2350 Rn. 2; Soergel/*Damrau*, § 2350 Rn. 1.
17 *J. Mayer*, ZEV 2000, 263, 266.
18 OLG Hamm MDR 1982, 320; OLG Oldenburg FamRZ 1992, 1226; *Damrau*, Erbverzicht, S. 38, Staudinger/*Schotten*, § 2350 Rn. 14; a.A. KG DNotZ 1942, 148 ff.; *Kipp/Coing*, § 82 II 6.

3. Formvorschriften

19 Angebot und Annahme des Erb- oder Pflichtteilsverzichts bedürfen gem. § 2348 BGB der **notariellen Beurkundung**, die Erklärungen können jedoch **getrennt beurkundet** werden. Auch die Verbindung mit einem Testament, Ehevertrag oder Erbvertrag in einer Urkunde ist zulässig. In einer derartigen Urkunde kann ein Erbverzicht auch konkludent enthalten sein (vgl. Rn. 8). Der Erbverzicht, der der nach § 2348 BGB vorgeschriebenen Form ermangelt, ist gem. § 125 BGB nichtig. Der **formnichtige Erbverzicht** selbst ist nicht heilbar, selbst wenn die Abfindung gezahlt oder eine sonstige Gegenleistung bereits erbracht wurde.[19] Zum Problem der Annahme nach dem Tod einer Vertragspartei Rn. 12.

20 Das **Kausalgeschäft** (vgl. Rn. 5) bedarf ebenfalls der notariellen Beurkundung,[20] zumindest in dem Umfang, in dem sich der Verzichtende zur Abgabe einer entsprechenden Verzichtserklärung verpflichtet oder der Erblasser als Gegenleistung bspw. die Übereignung eines Grundstückes verspricht, § 311b Abs. 1 BGB. Der rechtswirksam erklärte Erbverzicht sowie die Erfüllung der Gegenleistung durch den Erblasser soll jedoch den **Mangel der Form** des Kausalgeschäfts nach dem Rechtsgedanken des § 311b Abs. 1 Satz 2 BGB heilen.[21] Bedarf auch die vom Erblasser eingegangene Verpflichtung zur Gegenleistung bspw. gem. § 311b Abs. 1 BGB der notariellen Beurkundung, erscheint es zweifelhaft, ob allein die formgültige Erklärung des Erbverzichts, ohne dass die Gegenleistung erbracht wurde, die Formunwirksamkeit des Kausalgeschäfts insgesamt heilt[22] oder nach der h.M. nur die jeweils zu Grunde liegende Verpflichtung, sofern das Rechtsgeschäft nicht nach der Auslegungsregel des § 139 BGB insgesamt nichtig ist.[23] Die Einschränkungen bei der Stellvertretung hinsichtlich des Erblassers gem. § 2347 Abs. 2 BGB finden auf das Kausalgeschäft keine Anwendung.[24]

4. Besonderheiten des Pflichtteilsverzichts

a) Grundsätzliches

21 Der Erbverzicht umfasst gem. § 2346 Abs. 1 Satz 2 2. HS BGB auch das Pflichtteilsrecht; der Verzicht kann gem. Abs. 2 aber auch auf dieses beschränkt werden (Pflichtteilsverzicht). Weil der Erblasser den gesetzlichen Erben jederzeit enterben kann, liegt gerade in dem Verzicht auf das Pflichtteilsrecht eine wesentliche Bedeutung des Rechtsinstituts. Durch einen isolierten Pflichtteilsverzicht ändert sich nichts an der gesetzlichen Erbfolge.

---

19 OLG Düsseldorf FamRZ 2002, 1147; a.A. *Damrau*, NJW 1984, 1163, 1164.
20 KG MDR 1974, 76; Staudinger/*Schotten*, § 2346 Rn. 119 u. § 2348 Rn. 10; Soergel/*Damrau*, § 2346 Rn. 2; *Damrau*, NJW 1984, 1163; a.A. *Kuchinke*, NJW 1984, 2348: Abschluss des Kausalgeschäfts formlos möglich.
21 LG Bonn ZEV 1999, 356 f.; *Damrau*, Erbverzicht, S. 138; Soergel/*Damrau*, § 2348 Rn. 5; Staudinger/*Schotten*, § 2348 Rn. 17.
22 Sehr weitgehend: *Damrau*, NJW 1984, 1163, 1164.
23 OLG Düsseldorf FamRZ 2002, 1147; *Bamberger/Roth/Mayer*, § 2348 Rn. 5; Staudinger/*Schotten*, § 2348 Rn. 18.
24 BGHZ 37, 319, 328.

b) Gefahren bei Aufhebung

Regelmäßig wird der Pflichtteilsverzicht erklärt, um den eigentlichen Zuwendungsempfänger, insbesondere erbvertraglich Begünstigten, von eventuellen **Pflichtteils- oder Pflichtteilsergänzungsansprüchen** freizustellen. Um Streit zwischen den Beteiligten vorzubeugen, sollte vorsorglich bei der Vertragsgestaltung klargestellt werden, dass der Pflichtteilsverzicht nur mit Zustimmung des Zuwendungsempfängers wieder aufgehoben werden kann, insbesondere wenn dieser wiederum Leistungen gegenüber dem Erblasser erbringt. Auch wenn der **Pflichtteilsverzicht** mit der Zuwendung im Rahmen einer einheitlichen Urkunde zusammengefasst wird, ist nicht sichergestellt, dass dieser Verzicht nicht als zweiseitiges Rechtsgeschäft zwischen Verzichtendem und Erblasser ausgelegt wird. In diesem Fall läuft der Zuwendungsempfänger Gefahr, dass Verzichtender und Erblasser zum Nachteil des Zuwendungsempfängers den Verzichtsvertrag wieder aufheben, und er unvorhersehbaren Pflichtteils- oder Pflichtteilsergänzungsansprüchen ausgesetzt wird. Der Vertragserbe kann sich nämlich nicht darauf berufen, dass die Aufhebung der Pflichtteilsverzichtsverträge durch den Erblasser mit den Verzichtenden gegen den Schutz des § 2287 BGB verstößt.[25]

22

c) Beschränkungen des Pflichtteilsverzichts

Weil der Pflichtteil nur ein schuldrechtlicher Anspruch ist und daher dem Typenzwang des Erbrechts in geringerem Umfang unterliegt, ist auch eine **Stundung des Pflichtteilsanspruchs** oder der Abschluss einer Ratenzahlungsvereinbarung möglich. Ebenso wird ein **Teilverzicht** des Pflichtteilsberechtigten in der Weise zugelassen, dass bei der Pflichtteilsberechnung z.B. ein Unternehmen oder ein landwirtschaftlicher Betrieb nicht berücksichtigt wird. Desgleichen können Absprachen über die Berechnungsweise.[26] getroffen oder der Pflichtteil auf einen Bruchteil des ideellen Pflichtteils oder der Verzicht auf einen Höchstbetrag[27] beschränkt werden. Im letzteren Fall ist an die Notwendigkeit einer Wertsicherungsklausel zu denken.

23

Der Pflichtteilsverzicht umfasst auch den **Pflichtteilsrestanspruch** nach §§ 2305, 2307 BGB und den **Pflichtteilsergänzungsanspruch** gem. §§ 2325 ff. BGB oder kann auf diesen beschränkt werden und schließt die Berufung auf die Rechte aus §§ 2306, 2318 Abs. 2 und 2319 BGB aus. Ein beschränkter Pflichtteilsverzicht kann auch dahingehend vereinbart werden, dass die Rechte aus § 2306 BGB des durch die Ernennung eines Testamentsvollstreckers oder durch eine Teilungsanordnung beschränkten oder mit Vermächtnissen oder Auflagen beschwerten pflichtteilsberechtigten Erben ausgeschlossen werden.

24

Die **Anrechnung** einer Zuwendung auf den Pflichtteil darf gem. § 2315 Abs. 1 BGB **nur** erfolgen, wenn der Erblasser dies vor oder spätestens mit der Zuwendung bestimmt hat. Eine nachträgliche Anrechnungsbestimmung durch den Erblasser ist nicht möglich. Der Pflichtteilsberechtigte kann jedoch seinerseits mit derselben Wirkung auf den entsprechenden Teil seines Pflichtteilsanspruches verzichten, der der Zuwendung des Erblassers oder sogar eines Dritten entspricht.[28]

25

---

25 BGH NJW 1980, 2307.
26 *Fette*, NJW 1973, 743; *Mayer*, ZEV 2000, 263; MünchKomm/*Strobel*, § 2346 Rn. 20; Soergel/*Damrau*, § 2346 Rn. 10; Staudinger/*Schotten*, § 2346 Rn. 50; Palandt/*Edenhofer*, § 2346 Rn. 6; *Nieder*, Rn. 878; *Cremer*, MittBayNot 1978, 169 f.; *Jordan*, Rpfleger 1985, 7; *Weirich*, DNotZ 1986, 11; a.A. *Schopp*, Rpfleger 1984, 175.
27 *Mayer/Süß/Tanck/Bittler/Wälzholz*, HB Pflichtteilsrecht, § 11 Rn. 17.
28 *Mayer/Süß/Tanck/Bittler/Wälzholz*, HB Pflichtteilsrecht, § 11 Rn. 17.

26 Bei dem Verzicht auf **Pflichtteilsergänzungsansprüche,** der in vielen Fällen anlässlich einer konkreten Zuwendung erklärt und auf diesen Zuwendungsgegenstand beschränkt werden kann, ist zu beachten, dass sich der Verzicht nicht nur auf Ansprüche nach §§ 2325 ff. BGB, sondern auch auf eventuelle **Ausgleichsansprüche** gem. § 2316 BGB beziehen muss, weil der isolierte Verzicht auf einen Pflichtteilsergänzungsanspruch den Ausgleichsanspruch unberührt lässt.[29] Bei der Zuwendung eines Gegenstandes zu Lebzeiten des Erblassers sollte daher daran gedacht werden, dass die übrigen Pflichtteilsberechtigen einen gegenständlich beschränkten Pflichtteilsverzicht mit dem Inhalt erklären, dass die Zuwendung bei der Pflichtteilsberechnung unberücksichtigt bleibt (zur Formulierung vgl. auch Rn. 54). Ein Verzicht auf zukünftige Pflichtteilsergänzungsansprüche soll nicht möglich sein.[30]

27 **Praxishinweis:**
Verzichtet der Ehegatte in einem gemeinschaftlichen Testament, in dem der andere einen Dritten zu seinem Erben eingesetzt hat, auf seine Pflichtteilsansprüche, ist ein „relativer" Pflichtteilsverzicht zu empfehlen. Der Pflichtteilsverzicht ist unter die Bedingung zu stellen, dass der Dritte auch Erbe wird.[31]

II. Gestaltungshinweise

1. Erbverzicht

28 Die Einsetzung als Erbe oder Vermächtnisnehmer bleibt auch nach Abschluss des Erbverzichts ohne weiteres möglich.

a) Zugewinnausgleichsanspruch

29 Der **Erbverzicht** des einen Ehegatten gegenüber dem anderen umfasst nicht automatisch den **Zugewinnausgleichsanspruch** des Verzichtenden.[32] Hat der Ehegatte auf das Erbrecht verzichtet, sich aber das Pflichtteilsrecht vorbehalten und ist er weder durch Verfügung von Todes wegen zum Erben eingesetzt noch mit einem Vermächtnis bedacht, so kann er neben dem kleinen Pflichtteilsanspruch den Zugewinnausgleich verlangen, soweit ihm dieser nach den erbrechtlichen Vorschriften zusteht, § 1371 Abs. 2 BGB. Ist er mit einem Vermächtnis bedacht oder bleibt sein Erbrecht hinter dem Pflichtteil zurück, so kann er nach §§ 2305, 2307 BGB vorgehen. Aus diesem Grund sollte auf jeden Fall ein Ehevertrag geschlossen werden, der den Ausschluss des Zugewinnausgleichs beinhaltet oder die Gütertrennung vorsieht. Der alleinige Ausschluss des Zugewinnausgleichs hat den Nachteil, dass die Verfügungsbeschränkungen der §§ 1365, 1369 BGB erhalten bleiben. Vereinbaren die Parteien Gütertrennung, können sie sich allerdings bei der Erbschaftsteuer schlechter stehen.

b) Unterhaltsansprüche

30 Unterhaltsansprüche erlöschen i.d.R. mit dem Tod des Verpflichteten. Eine Ausnahme besteht gem. § 1586b Abs. 1 BGB hinsichtlich des Anspruchs auf **nachehelichen Unterhalt** des geschiedenen Ehegatten, der mit dem Tod des Verpflichteten auf dessen Erben übergeht. Nach der wohl h.M. soll die Unterhaltslast der Erben entfallen, wenn

---

29 *J. Mayer*, ZEV 2000, 263, 264.
30 *J. Mayer*, ZEV 1996, 441; str.
31 *J. Mayer*, ZEV 2000, 263 – vgl. auch Rn. 54.
32 Palandt/*Edenhofer*, § 2346 Rn. 10.

der geschiedene Ehegatte einen Erbverzicht ohne Pflichtteilsvorbehalt oder einen Pflichtteilsverzicht geleistet hat.³³ Solange es keine höchstrichterliche Rechtsprechung zu der Frage gibt, sollte in der Urkunde klargestellt werden, ob der Unterhaltsanspruch mit dem Tod des Erblassers erlischt und §§ 1933 Satz 3, 1586b BGB anwendbar sind.

c) Voraus und Dreißigster

Der Erbverzicht eines Ehegatten umfasst auch den Voraus gem. § 1932 BGB, der Erbverzicht eines hausangehörigen Verwandten jedoch nicht den Dreißigsten gem. § 1969 BGB.³⁴ Auch hier ist eine Klarstellung in der Urkunde geboten.

31

d) Auswirkungen auf die Pflichtteilsquoten

Der **vollständige Verzicht** auf das gesetzliche Erbrecht geht häufig nicht nur aus Sicht des Verzichtenden, sondern auch aus der des Erblassers zu weit. Im Gegensatz zum isolierten Pflichtteilsverzicht bewirkt dieser gem. § 2310 Satz 2 BGB eine häufig unerwünschte Erhöhung der Pflichtteilsquoten der übrigen Berechtigten. Um eine nicht gewollte Erhöhung der Erb- und Pflichtteilsquoten zu vermeiden, ist zu empfehlen, einen isolierten Pflichtteilsverzicht, ergänzt durch eine Enterbung durch Verfügung von Todes wegen, zu vereinbaren. Der Erbverzicht ist i.d.R. kein geeignetes Mittel, die Erbfolge zu gestalten.

32

e) Verzicht zugunsten Dritter

Ist dem Verzichtenden nicht gleichgültig, wer an seiner Stelle Erbe wird, besteht die Möglichkeit, den Erbverzicht gem. § 2350 Abs. 1 BGB zugunsten einer bestimmten Person oder eines bestimmten Personenkreises zu erklären. Zugunsten eines Dritten kann nur auf das gesetzliche Erbrecht, nicht jedoch auf das Pflichtteilsrecht verzichtet werden.³⁵ Allerdings kann der Pflichtteilsverzicht unter der Bedingung erfolgen, dass ein Dritter Erbe wird.³⁶ Der Verzicht steht unter der **Bedingung**, dass der begünstigte Dritte kraft gesetzlicher oder gewillkürter Erbfolge Erbe wird. Der **Erbverzicht zugunsten eines Dritten** ist gem. § 2350 Abs. 1 BGB im Zweifel unwirksam, wenn der Begünstigte nicht Erbe wird, weil der Erblasser z.B. abredewidrig testiert (vgl. auch Rn. 17).

33

Wird von **mehreren Begünstigen** i.S.v. § 2350 Abs. 1 BGB ein Teil nicht Erbe, so ist der Erbverzicht nicht teilweise unwirksam; vielmehr ist in analoger Anwendung des § 2350 Abs. 2 BGB davon auszugehen, dass der Erbverzicht wirksam bleibt, so lange auch nur eine Person aus dem begünstigten Personenkreis Erbe wird.³⁷ Daher sollte in der Urkunde klargestellt werden, ob der Erbverzicht seine Wirksamkeit behält, wenn nur ein Teil der Begünstigen Erben werden.

34

---

33 *Dieckmann*, FamRZ 1999, 1029; Erman/*Dieckmann*, § 1986b Rn. 11; MünchKomm/*Leipold*, § 1933 Rn. 16; Soergel/*Stein*, § 1933 Rn. 13; a.A. *Grziwotz*, FamRZ 1991, 1258; *Schmitz*, FamRZ 1999, 1569; Staudinger/*Schotten*, § 2346 Rn. 64 ff.
34 Soergel/*Damrau*, § 2346 Rn. 16; a.A. *Bamberger/Roth/Mayer*, § 2346 Rn. 21.
35 MünchKomm/*Strobel*, § 2350 Rn. 2; Soergel/*Damrau*, § 2350 Rn. 1.
36 *J.Mayer*, ZEV 2000, 263, 266.
37 Soergel/*Damrau*, § 2350 Rn. 2; a.A. *Kuchinke*, FS Kralik, S. 452, 456.

f) Auswirkungen auf die eigenen Erben des Verzichtenden

35 Die **Wirkungen des Erbverzichts** eines Abkömmlings (§ 1924 BGB) oder von Seitenverwandten erstreckt das Gesetz nach § 2349 BGB **auf den ganzen Stamm**, also auf vorhandene und künftige Abkömmlinge. Das Gesetz unterstellt den Fall, dass der Verzicht gegen eine Abfindung erfolgt und will eine Bevorzugung des Stammes vermeiden. Die Bestimmung ist auch auf das Pflichtteilsrecht anzuwenden. Der Verzicht wirkt gegen die Abkömmlinge ohne Rücksicht auf eine eventuelle Abfindung. Sofern eine Abfindung nicht geleistet wird, ist sowohl beim Erb- als auch beim Pflichtteilsverzicht daran zu denken, entgegen der Vermutung des § 2349 BGB durch einen entsprechenden ausdrücklichen Vorbehalt die Abkömmlinge des Verzichtenden ausdrücklich von den Wirkungen des Verzichts auszunehmen. Verzichtet ein Abkömmling des Erblassers auf sein gesetzliches Erbrecht, so wird gem. § 2350 Abs. 2 BGB vermutet, dass der Verzicht nur zugunsten der anderen Abkömmlinge und des Ehegatten des Erblassers gelten soll. Eine unbeabsichtigte Begünstigung anderer Personen soll vermieden werden.

2. Pflichtteilsverzicht

36 Die Bedeutung des **(isolierten) Pflichtteilsverzichts** liegt vor allem darin, dass es im Gegensatz zum Erbverzicht unter Einschluss des Pflichtteils nicht gem. § 2310 Satz 2 BGB zu einer Erhöhung der Pflichtteilsquoten etwaiger Berechtigter kommt. Hat der Ehegatte lediglich auf seinen Pflichtteil verzichtet, bleibt es bei der Erhöhung seines Erbteils um 1/4 gem. § 1371 Abs. 1 BGB. Wird der Ehegatte Erbe oder Vermächtnisnehmer aufgrund einer letztwilligen Verfügung, so kann er neben diesem Erwerb nichts mehr beanspruchen, es sei denn, er schlägt die Erbschaft aus und verlangt den Zugewinnausgleich nach den güterrechtlichen Vorschriften oder geht gem. §§ 2305, 2307 BGB vor. Hierbei ist allerdings zu beachten, dass ihm neben dem Zugewinnausgleich wegen des Pflichtteilsverzichts kein Anspruch auf den kleinen Pflichtteil zusteht. Die Wirkung des Pflichtteilsverzichts erfasst gem. § 2349 BGB den **ganzen Stamm**, sofern nicht ausdrücklich etwas anderes bestimmt wird (vgl. Rn. 35).

3. Abfindung

37 Weil der Erb- und Pflichtteilsverzicht ein abstraktes Verfügungsgeschäft ist (vgl. Rn. 4), kann er mit dem Kausalgeschäft selbst kein einheitliches Rechtsgeschäft i.S.d. §§ 320 ff. BGB bilden. Der Verknüpfung zwischen Erbverzicht und Abfindung ist daher besonderes Augenmerk zu widmen. Zur Absicherung des Verzichtenden sind möglich:
- bei Geldleistungen eine notariell beurkundete **Unterwerfung unter die sofortige Zwangsvollstreckung** gem. § 794 ZPO, u.U. auch Absicherung über eine Hypothek oder Grundschuld gerade bei langfristigen Zahlungsverpflichtungen;
- die Vereinbarung von **Bedingungen**, durch die der Erb- oder Pflichtteilsverzicht an die vollständige Zahlung der Abfindung geknüpft wird (s. auch Rn. 16).

Der Erb- und Pflichtteilsverzicht ist nach der h.M. auch dann wirksam, wenn die Bedingung erst nach dem Tod des Erblassers eintritt;[38] dann besteht bis zum Eintritt der Bedingung Vor- und Nacherbfolge.

Praxishinweis:
Praktisch kann der Verzichtende auch dadurch geschützt werden, dass die Abfindung bei Abschluss des Verzichtsvertrages auf einem Ander-Konto des Notars hinterlegt wird. Häufig wird der Erblasser jedoch nicht die liquiden Mittel haben, um den Verzichtenden sofort abzufinden und bspw. Raten zahlen wollen. Dann bleibt nur die Vereinbarung einer Bedingung.

III. Folgen des Verzichts

1. Erbverzicht

Durch den Erbverzicht ist der Verzichtende von der gesetzlichen Erbfolge so ausgeschlossen, wie wenn er zur Zeit des Erbfalls nicht mehr leben würde (sog. **Vorversterbensfiktion**). Dementsprechend erhöhen sich gem. § 2310 Satz 2 BGB die Pflichtteilsquoten der übrigen Berechtigten, eine i.d.R. unerwünschte Folge des Erbverzichts (vgl. auch Rn. 32). Der Verzichtende hat auch kein Pflichtteilsrecht mehr, soweit er sich dieses nicht ausdrücklich vorbehalten hat (vgl. auch Rn. 3). Entsprechendes gilt für den gleichgeschlechtlichen Lebenspartner (§ 10 Abs. 7 LPartG).

38

2. Pflichtteilsverzicht

Der Pflichtteilsverzicht bewirkt, dass dem Verzichtenden im Erbfall keine sich aus dem Pflichtteilsrecht ergebenden Ansprüche mehr zustehen, lässt das Erbrecht, gleich ob gesetzlich oder aufgrund gewillkürter Erbfolge begründet, jedoch unberührt. Wenn im Einzelfall nichts Abweichendes vereinbart ist, umfasst der Pflichtteilsverzicht auch den Pflichtteilsrestanspruch gem. § 2307 BGB und den Pflichtteilsergänzungsanspruch gem. § 2325 BGB und schließt zugleich die Berufung auf die Verteidigungsrechte aus §§ 2306, 2318 Abs. 2, 2319 und 2328 BGB aus (vgl. auch Rn. 24).

39

3. Unterschiede zwischen Erb- und Pflichtteilsverzicht

Der Erbverzicht umfasst gem. § 2346 Abs. 1 BGB auch das Pflichtteilsrecht, sofern sich der Verzichtende dieses nicht vorbehält. Der Erbverzicht schließt daher i.d.R. den Pflichtteilsverzicht mit ein. Durch den **isolierten Pflichtteilsverzicht** gem. § 2346 Abs. 2 BGB wird das (gesetzliche) Erbrecht nicht berührt.

40

Praxishinweis:
Der Verzichtende kann demnach trotz Pflichtteilsverzicht Erbe werden. Hierauf müssen die Vertragsparteien hingewiesen werden. Soll der Verzichtende nicht Erbe werden, ist eine entsprechende Verfügung von Todes wegen zu errichten.

Der Erbverzicht führt gem. § 2310 Satz 2 BGB zu einer entsprechenden **Erhöhung der Pflichtteilsquoten** der übrigen Berechtigten und kann deshalb zu den Zielen des Erblassers geradezu kontraproduktiv sein (s. auch Rn. 32). Über die Erhöhung der

---

38 Vgl. BayObLG ZEV 1995, 228; BayObLG NJW 1958, 344 f.; *Damrau/Mittenzwei*, § 2346 Rn. 12; *J. Mayer*, MittBayNot 1985, 101; *Mayer/Süß/Tanck/Bittler/Wälzholz*, HB Pflichtteilsrecht, § 11, Rn. 9; MünchKomm/*Strobel*, § 2346 Rn. 25; *Nieder*, Rn. 879; Soergel/*Damrau*, § 2346 Rn. 12; Staudinger/*Schotten*, § 2346, Rn. 54; Palandt/*Edenhofer*, Vor § 2346 Rn. 7; a.A. *Lange*, FS Nattorp, S. 119, 123.

Pflichtteilsquoten muss der Notar oder sonstige Rechtsberater den Erblasser zur Vermeidung einer Haftung belehren.

Der Erbverzichtsvertrag sollte daher nur dann abgeschlossen werden, wenn alle Pflichtteilsberechtigten den Erbverzicht erklären. Nur so kann vermieden werden, dass sich (ungewollt) die Pflichtteilsquote eines Berechtigten durch den Erbverzicht der anderen erhöht.

4. Steuerliche Folgen

41 Der **unentgeltliche Erbverzicht** ist steuerneutral, dagegen unterliegt eine Abfindung oder sonstige Gegenleistung nach § 7 Abs. 1 Nr. 5 ErbStG der Schenkungsteuer. Die Steuerklasse bestimmt sich nach dem Verhältnis des Verzichtenden zum Erblasser, auch wenn die Abfindung von einem Dritten geleistet wird.[39] Obwohl der Pflichtteilsanspruch mit dem Tod des Erblassers entsteht, erfasst die **Erbschaftsteuer** diesen Anspruch nur, wenn er auch tatsächlich geltend gemacht wird. Erklärt der Pflichtteilsberechtigte zu Lebzeiten des Erblassers einen Erb- und/oder Pflichtteilsverzicht und ist eine Abfindung vereinbart, unterliegt diese der Schenkungsteuer.[40] Besteht die Gegenleistung in der Übertragung eines Grundstücks, ist zu beachten, dass übernommene Grundpfandrechte bei der Schenkungsteuer nur anteilig im Verhältnis zum Verkehrswert des Grundstücks Berücksichtigung finden, während sie bei der Berechnung der Erbschaftsteuer voll abzugsfähige Nachlassverbindlichkeiten darstellen, wenn der Erblasser auch persönlicher Schuldner ist. Verzichtet der Berechtigte ausdrücklich nach dem Tod des Erblassers auf seinen Pflichtteilsanspruch, ist der Verzicht gem. § 13 Abs. 1 Nr. 1 ErbStG von der Steuerpflicht freigestellt. Erfolgt dieser Verzicht im Zusammenhang mit einer Gegenleistung, ist diese Gegenleistung wiederum schenkungsteuerpflichtig gem. § 3 Abs. 2 ErbStG.

42 Wird die **Stundung** des Pflichtteiles vereinbart, tritt ab Geltendmachung des Pflichtteils ein steuerbarer Erwerb beim Pflichtteilsberechtigten ein (§§ 3 Abs. 1 Nr. 1, 9 Abs. 1 a ErbStG) und der Erbe kann die Pflichtteilsansprüche **als Nachlassverbindlichkeit in Abzug bringen**. Auf diese Weise soll bei einem gemeinschaftlichen Testament die Steuerlast des Ehegatten als Alleinerben gesenkt und Freibeträge doppelt ausgenutzt werden, wenn mit den Abkömmlingen eine Stundung des Pflichtteilsanspruchs im Rahmen eines beschränkten Pflichtteilsverzichts nach dem Erstversterbenden vereinbart wird. Diese Konstruktion birgt allerdings die Gefahr, dass die zu erwartende Inflation den Pflichtteilsanspruch wirtschaftlich aushöhlt. Die zinslose Stundung führt dazu, dass die Forderung in einen Kapital- und (einkommensteuerpflichtigen) Zinsanteil zerlegt wird. Die (fiktiven) Zinsen werden bei Fälligkeit des Pflichtteilsanspruchs dem Pflichtteilsberechtigten auf einmal zugerechnet und können eine erhebliche Progressionsbelastung zur Folge haben.

IV. Beseitigung des Erb- und Pflichtteilsverzichts

1. Rücktritt, Widerruf, Aufhebung

43 Wegen der vertraglichen Bindung kann der Erbverzicht nicht – auch nicht vom Erblasser – einseitig widerrufen werden. Der Erbverzicht kann jedoch gem. §§ 2347 Abs. 2 Satz 1, 2348, 2351 BGB durch notariellen Vertrag zwischen dem Erblasser und

---

[39] *Kapp/Ebeling*, ErbStG, § 7 Rn. 122.
[40] H.M. vgl. *Kapp/Ebeling*, ErbStG, § 7 Rn. 122.

dem Verzichtenden aufgehoben werden. Ein **Aufhebungsvertrag** nur mit den Erben einer Vertragspartei des Erbverzichts, sei es mit denen des Erblassers oder des Verzichtenden, ist unzulässig.[41] Auch kann der Erblasser die Erstreckung des Erbverzichts auf Abkömmlinge des Verzichtenden gem. § 2349 BGB nicht durch Vertrag mit den betroffenen Abkömmlingen zu Lasten Dritter aufheben.[42]

Ein **Rücktritt** scheidet aus, weil ein Rücktrittsvorbehalt nicht wirksam vereinbart werden kann (vgl. Rn. 16) und die Vorschriften über den Rücktritt von Verträgen keine Anwendung finden.[43] Allerdings ist der Rücktritt vom Kausalgeschäft unter den gesetzlichen Voraussetzungen oder der Widerruf bei einem entsprechenden Vorbehalt möglich; sofern der Erbverzicht durch den Bestand des Kausalgeschäfts auflösend bedingt ist, entfällt dieser mit dem Widerruf des bzw. Rücktritt vom Kausalgeschäft.

44

2. Anfechtung

Die Anfechtung richtet sich nach den Vorschriften der §§ 119 ff., 123 BGB, so dass ein **Motivirrtum** (vgl. §§ 2078, 2081 BGB) unbeachtlich ist. Str. ist, ob die Anfechtung des Erbverzichts noch nach dem Tod des Erblassers zulässig bleibt.[44] Die Rechtssicherheit steht der Anfechtung des Erbverzichts nicht entgegen, auch eine Bedingung kann erst nach dem Tod des Erblassers eintreten. Vielmehr gebietet die Rechtssicherheit gerade mit Blick auf eine mögliche Täuschung oder gar Drohung gegenüber dem Verzichtenden, dass der Erbverzicht auch nach dem Tod des Erblassers noch angefochten werden kann. Eine Anfechtung wegen **Irrtums** gem. § 119 BGB – insbesondere über die Vermögensverhältnisse des Erblassers – dürfte allerdings **nur in Bezug auf das Kausalgeschäft** in Betracht kommen, weil sich dieser nach den allg. Grundsätzen regelmäßig nicht auf das abstrakte Geschäft erstreckt.

45

3. Wegfall der Geschäftsgrundlage

Bei der Beurteilung, ob das mit dem Erbverzicht erzielte Ergebnis nach den Grundsätzen des Wegfalls der Geschäftsgrundlage gem. § 313 BGB anzupassen ist, sind die Besonderheiten des Erbverzichts und dessen Risikocharakter zu berücksichtigen. **Veränderungen in der Vermögenslage** des Erblassers zwischen dem Abschluss des Erbverzichts und dem Eintritt des Erbfalls sind deshalb unbeachtlich.[45] Der Erblasser ist auch nicht berechtigt, die Abfindung von den Erben des Verzichtenden zurückzufordern, wenn dieser vor dem Erblasser stirbt. Besonderheiten gelten für die Rückabwicklung bei gestörtem Kausalgeschäft (vgl. Rn. 48).

46

V. Leistungsstörung

1. Fehlender Erbverzicht

Der Verzichtsvertrag kann nur mit dem Erblasser selbst geschlossen werden; der nachträgliche Abschluss mit seinen Erben ist unzulässig (vgl. Rn. 12). Dies bereitet u. a. dann Schwierigkeiten, wenn zwar das Kausalgeschäft (vgl. Rn. 5) wirksam abgeschlos-

47

---

41 BGH NJW 1998, 3117; BGH NJW 1999, 798.
42 BGH NJW 1998, 3117; *Kuchinke*, ZEV 2000, 169; a.A. Staudinger/*Schotten*, § 2346 Rn. 97 ff.
43 BayObLG ZEV 1995, 228; Staudinger/*Schotten*, § 2346 Rn. 111.
44 Soergel/*Damrau*, § 2346 Rn. 20; *Mankowski*, ZEV 1998, 33; *Damrau/Mittenzwei*, Erbrecht, § 2346 Rn. 22; a.A. OLG Koblenz FamRZ 1993, 1498; OLG Celle, Beschl. v. 8.7.2003 – Az. 6 W 63/03 – n.v.; OLG Schleswig ZEV 1998, 28; Palandt/*Edenhofer*, Vor § 2346 Rn. 7.
45 BayObLG FamRZ 1995, 964, 966; vgl. auch BGH ZEV 1999, 62.

sen, der Erbverzicht aber noch nicht (formgerecht) erklärt wurde. Stirbt der Erblasser nach Abschluss des Kausalgeschäfts, aber vor Annahme des Erbverzichts, wird der andere Teil von seiner Verpflichtung, den Verzicht zu leisten, frei und muss das Erhaltene zurückerstatten.[46] Nach a.A. muss er die Erbschaft ausschlagen; in Bezug auf den Pflichtteil sei der Vertrag in einen Erlass umzudeuten.[47]

2. Mängel des Kausalgeschäfts

48 Wird der Erbverzicht wirksam erklärt, zeigen sich jedoch Mängel beim Kausalgeschäft, weil dieses etwa nichtig ist, der Verzichtende wegen Nichterfüllung (Nichtzahlung der Abfindung) zurückgetreten oder das Kausalgeschäft nach den Vorschriften der §§ 119 ff. BGB wirksam angefochten hat, sind die Einzelheiten der **Rückabwicklung** streitig. Nur wenn der Erbverzicht unter der Bedingung steht, dass eine Abfindung geleistet wird, und diese (unter Berufung auf die Unwirksamkeit des Kausalgeschäfts) nicht geleistet wird, ist der Erbverzicht mangels Bedingungseintritts unwirksam. Fehlt es an einer derartigen Bedingung, steht dem Verzichtenden zu Lebzeiten des Erblassers gem. §§ 812 ff. BGB ein Anspruch auf Abschluss eines entsprechenden **Aufhebungsvertrages** zu.[48] Nach a.A. soll dem Verzichtenden ein **Anfechtungsrecht** zustehen oder dem Erbverzicht die Geschäftsgrundlage fehlen; letztere Auffassung hat den Vorteil, dass ohne weiteres im Erbscheinsverfahren geltend gemacht werden kann, der Erbverzicht sei unwirksam.[49] In jedem Fall sollte sowohl die Anfechtung des Erbverzichts gegenüber dem Erblasser erklärt oder dieser auf Abgabe einer entsprechenden Willenserklärung in Anspruch genommen werden. Ist der Erblasser bereits verstorben, sollte die Anfechtung (vorsorglich) gegenüber seinen Erben erklärt werden.

49 Nach dem Tod des Erblassers scheitert eine Rückabwicklung nach den Vorschriften des §§ 812 ff. BGB, weil der Erbverzicht nunmehr weder aufgehoben noch die entsprechende Erklärung durch Gerichtsurteil ersetzt werden kann. Daher soll dem Verzichtenden nach der erstgenannten Auffassung ein Wertersatzanspruch gegen die Erben in Höhe seines (fiktiven) Erbteils zustehen.[50] Vorzugswürdig erscheint jedoch, die **Geschäftsgrundlage entfallen** zu lassen oder dem Verzichtenden zumindest ein Anfechtungsrecht gegenüber den Erben zuzubilligen, weil er durch einen bloßen Wertersatzanspruch benachteiligt wird. Er trägt das Risiko, dass die Schätzwerte hinter demjenigen zurückbleiben, was er bei einer Erbteilung zu erwarten hätte. Auch bleibt ihm eine Beteiligung an den aus dem ungeteilten Nachlass gezogenen Früchten verwehrt. Ferner stehen ihm keine Auskunftsrechte gegen Dritte zu.

VI. Notarielle Besonderheiten, Kosten

50 Der Erbverzicht ist keine Verfügung von Todes wegen, es gilt die **Verfahrensgebühr** gem. § 36 KostO. Da der Wert des Rechtsgeschäfts zum Zeitpunkt des Vertragsschlusses noch nicht feststeht, ist dieser gem. § 30 Abs. 1 KostO nach freiem Ermessen zu bestimmen. Zu schätzen ist der Umfang des Nachlasses zum Zeitpunkt des Verzichts sowie der Erbteil des Verzichtenden.

---

46 BGHZ 37, 319, 329.
47 *Damrau*, Erbverzicht, S. 128; *Lange/Kuchinke*, Erbrecht, § 7 V 2d.
48 MünchKomm/*Strobel*, § 2346 Rn. 24; Staudinger/*Schotten*, § 2346 Rn. 182 ff.
49 *Damrau*, Erbverzicht, S. 125; Palandt/*Edenhofer*, Vor § 2346 Rn. 11.
50 Staudinger/*Schotten*, § 2346 Rn. 184.

VII. Checkliste Erbverzicht

Checkliste:
- Verzicht unter Einschluss oder Vorbehalt des Pflichtteilsrechts?
- Notarielle Form zwingend
- Soll sich der Verzicht (nicht) auf die Abkömmlinge des Verzichtenden erstrecken, wenn der Verzichtende seitenverwandt oder ein Abkömmling des Erblassers ist?
- Soll der Verzicht zugunsten einer dritten Person erklärt werden?
- Wird der Verzicht zugunsten mehrerer Personen erklärt, soll dieser auch seine Wirksamkeit behalten, wenn nur ein Teil der Begünstigten Erben werden?
- Soll der Verzicht lediglich auf einen ideellen Bruchteil der Erbschaft beschränkt werden?
- Ist die Bestellung eines Ergänzungspflegers oder die vormundschaftliche Genehmigung erforderlich?
- Soll eine Gegenleistung vereinbart werden?
- Sind Bedingungen oder Befristungen aufzunehmen, insbesondere wenn der Verzicht gegen Zahlung einer Abfindung erfolgt?
- Soll das Grundgeschäft/die Erbringung der Gegenleistung durch eine entsprechende Bedingung mit dem Erbverzicht verknüpft werden?
- Ist der Zugewinnausgleich durch Ehevertrag auszuschließen?
- Soll auch der nacheheliche Unterhalt gem. § 1586b Abs. 1 BGB ausgeschlossen werden?
- Ist der Hinweis erfolgt, dass der Zugewinnausgleich nicht vom Verzicht umfasst wird?
- Ist der Hinweis erfolgt, dass sich der Pflichtteil der anderen Berechtigten gem. § 2310 Abs. 2 BGB erhöht, wenn ein selbst Pflichtteilsberechtigter verzichtet?
- Ist der Hinweis erfolgt, dass sich der Verzicht nicht auf Zuwendungen durch Verfügung von Todes wegen erstreckt?
- Ist der Hinweis erfolgt, dass sich der Verzicht auch auf Abkömmlinge erstreckt, wenn der Verzichtende selbst ein Abkömmling oder Seitenverwandter des Erblassers ist?
- Ist der Hinweis erfolgt, dass nach der Rechtsprechung unsicher ist, ob der nacheheliche Unterhaltsanspruch mit dem Erbverzicht entfällt.

VIII. Formulierungsbeispiel Erbverzicht

Formulierungsbeispiel:
Der … (Verzichtende) verzichtet gegenüber dem …(Erblasser) mit Wirkung für sich und seine Abkömmlinge auf sein gesetzliches Erbrecht. Der Verzicht steht unter der Bedingung, dass der … (Erblasser) den …(Begünstigten) testamentarisch zum Alleinerben einsetzt und dieser Alleinerbe wird. Der …(Erblasser) nimmt diesen Verzicht an.

IX. Checkliste Pflichtteilsverzicht

53 **Checkliste:**
Beseitigung des Pflichtteils- und Pflichtteilsergänzungsanspruchs, Verzicht auf die Rechte aus §§ 2305 ff. BGB, die Anrechnungspflicht nach § 2316 BGB, die Kürzung von Vermächtnissen gem. § 2318 Abs. 2 BGB und die Verweigerungsrechte aus §§ 2319, 2328 BGB!

Notarielle Form zwingend
Ist die Bestellung eines Ergänzungspflegers oder die vormundschaftliche Genehmigung erforderlich?
Soll sich der Verzicht auf Abkömmlinge des Verzichtenden erstrecken?
Soll der Pflichtteilsverzicht auf Teilaspekte beschränkt werden (vgl. Rn. 23 ff.)?
Ausschluss der Wirkungen der §§ 1586b, 1933 BGB?
Soll eine Gegenleistung vereinbart werden?
Ist das Grundgeschäft / die Erbringung der Gegenleistung durch eine entsprechende Bedingung mit dem Verzicht zu verknüpfen?
Soll der Verzicht mit einer Enterbung des Verzichtenden verbunden werden?
Soll der Pflichtteilsverzicht an die Bedingung geknüpft werden, dass ein Dritter Erbe wird?
Soll sich der Verzicht auch auf Ausgleichsansprüche gem. § 2316 BGB erstrecken?
Soll der Verzicht nur mit Zustimmung eines Dritten wieder aufgehoben werden können?
Soll bei einer Beschränkung des Verzichts auf einen Höchstbetrag oder Stundung des Pflichtteilsanspruchs eine Wertsicherungsklausel aufgenommen werden?
Ist der Hinweis erfolgt, dass der Zugewinnausgleich nicht von dem Verzicht umfasst ist?
Ist der Hinweis erfolgt, dass das gesetzliche Erbrecht bestehen bleibt und der Verzichtende Erbe wird, wenn der Erblasser ihn nicht durch letztwillige Verfügung enterbt?
Ist der Hinweis erfolgt, dass der Verzicht auch für Abkömmlinge gilt, wenn der Verzichtende selbst Abkömmling oder mit dem Erblasser seitenverwandt ist?

X. Formulierungsbeispiel Pflichtteilsverzicht

54 **Formulierungsbeispiel:**

(1.) Pflichtteilsverzicht ohne Bedingungen oder Auflagen:
Der ... (Verzichtende) verzichtet hiermit für sich und seine Abkömmlinge gegenüber ... (Erblasser) auf sein gesetzliches Pflichtteilsrecht.

(2.) Bedingter und gegenständlich beschränkter Pflichtteilsverzicht
Der Verzicht beschränkt sich allein auf die Nachlassbewertung zum Zwecke der Pflichtteilsberechnung, die Ausgleichspflicht gem. § 2316 BGB sowie den Pflichtteilsergänzungsanspruch in der Weise, dass die ... (Firma) mit allen nach den Grundsätzen ordnungsgemäßer Bilanzierung zu ermittelnden Aktiven und Passiven und dem gesamten notwendigen Betriebsvermögen einschließlich dem Sonderbe-

triebsvermögen nicht zum Nachlass gehörig angesehen wird (ggfs. sollte das Betriebsvermögen näher konkretisiert werden, insbesondere bei der Beteiligung an anderen Unternehmen und bzgl. Aufwendungen des Erblassers aus seinem Privatvermögen für das Betriebsvermögen). Das Betriebsvermögen dient somit nicht der Berechnungsgrundlage für die o.g. Ansprüche.

Der Erblasser verpflichtet sich, an den Verzichtenden eine Abfindung i.H.v. … € zu zahlen.

Der Verzicht erfolgt unter der aufschiebenden Bedingung, dass der Erblasser dem Verzichtenden oder seinen Erben eine Abfindung i.H.v. …€ zahlt.

(Weiterhin hat der Hinweis durch den Notar zu erfolgen, dass durch diesen Vertrag der Verzichtende und seine Abkömmlinge lediglich ihre Pflichtteilsansprüche bzgl. des Wertes des Betriebsvermögens verlieren, die gesetzliche Erbfolge sowie die Pflichtteilsansprüche bzgl. anderer Nachlassgegenstände aber unberührt bleiben. Ferner, dass der Erblasser die gesetzliche Erbfolge jederzeit ändern kann.)

oder

Der … (Verzichtende) verzichtet mit Wirkung auch gegenüber seinen Abkömmlingen gegenüber dem … (Erblasser) auf seinen Pflichtteils- und Pflichtteilsergänzungsanspruch einschließlich einer eventuellen Ausgleichspflicht gem. § 2316 BGB in der Weise, dass das dem … (XY) zugewendete Grundstück in keiner Weise als jemals zum Nachlass angehörend angesehen und demgemäß aus der Berechnung des Pflichtteils völlig ausgeschieden wird. (Hinweis des Notars entsprechend wie vor)

(3.) „Relativer" Pflichtteilsverzicht

Der Pflichtteilsverzicht erfolgt unter der Bedingung, dass … Erbe wird. Er ist unwirksam, wenn dieser nicht alleiniger Erbe wird.

(4.) Annahme des Verzichts:

Der … (Erblasser) nimmt diesen (gegenständlich beschränkten) Verzicht an.

(5.) Antizipierte Pflichtteilsstundung der Abkömmlinge bei gemeinschaftlichem Testament

Ich … (Verzichtender) erkläre mich gegenüber … (Eltern) schon jetzt damit einverstanden, dass mein dereinstiger Pflichtteilsanspruch am Nachlass des Erstversterbenden meiner Eltern nicht schon bei dessen Tod fällig wird, sondern bis zum Tod meines zuletztversterbenden Elternteils zinslos gestundet wird. Eine Wertsicherung oder eine Sicherung der Zahlungsverpflichtung, etwa durch Grundpfandrechte, kann nicht verlangt werden. Soweit durch diese Stundung mein gesetzliches Pflichtteilsrecht eingeschränkt wird, erkläre ich mich hiermit ausdrücklich einverstanden und verzichte insoweit, auch mit Wirkung gegenüber meinen Abkömmlingen, auf mein Pflichtteilsrecht am Nachlass des erstversterbenden Elternteiles. Die … (Eltern) nehmen diesen beschränkten Verzicht an.

D. Zuwendungsverzicht

I. Allgemeines

55 Der Zuwendungsverzicht ist ein Mittel zur Beseitigung einer Verfügung von Todes wegen und gewinnt insbesondere in den Fällen Bedeutung, wenn der Erblasser mit seinem (vorverstorbenen) Ehegatten ein gemeinschaftliches Testament errichtet hat und nach dem Tod des Ehegatten wegen der nunmehr eingetretenen Bindungswirkung seine Verfügung nicht mehr widerrufen kann oder die Aufhebung erbvertraglicher Verfügungen (§§ 2290 ff. BGB) nicht mehr möglich ist, weil der Vertragspartner zwischenzeitlich verstorben ist. Durch den Abschluss eines Zuwendungsverzichtsvertrages kann es dem Erblasser u.U. möglich sein, seine **Testierfreiheit** wiederherzustellen. Eine Kombination mit einem Erb- oder Pflichtteilsverzicht ist ohne weiteres möglich.[51]

56 Der Verzicht kann sowohl von dem testamentarischen Erben, dem Vermächtnisnehmer als auch dem erbvertraglich Begünstigten erklärt werden. Verzichten können allerdings auch Ersatzerbe oder Ersatzvermächtnisnehmer. Soll auf die Zuwendung aus einem Erbvertrag verzichtet werden, kann den Verzicht nach der Rechtsprechung nicht der Vertragspartner des Erblassers, sondern nur der **erbvertraglich begünstigte Dritte** leisten. Die Vertragspartner können nur durch die Aufhebung des Erbvertrages gem. §§ 2290 ff. BGB die Bindungswirkung des Erbvertrages beseitigen. Daher kann auch derjenige, der zwar Vertragspartner eines mehrseitigen Erbvertrages ist und in diesem durch eine Zuwendung begünstigt wird, die Zuwendung aber nicht ihm, sondern einem Dritten gegenüber vertragsmäßig ausbedungen wird, keinen Zuwendungsverzichtsvertrag schließen, weil er nicht Dritter i.S.d. § 2352 Satz 2 BGB ist.[52] Diese Auslegung des § 2352 Satz 2 BGB führt zu dem zweifelhaften Ergebnis, dass eine erbvertragliche Zuwendung nicht mehr aufgehoben werden kann, wenn diese mit einem anderen Vertragspartner vereinbart war, der bereits verstorben oder zwischenzeitlich geschäftsunfähig geworden ist, und der Begünstigte an dem Vertrag beteiligt war.

II. Gegenstand

57 Gegenstand des Zuwendungsverzichts können gem. § 2352 Satz 1 u. 2 BGB nur eine **Erbeinsetzung** oder ein **Vermächtnis** sein, die auf einer Verfügung von Todes wegen beruhen. Auf ein Vermächtnis kann verzichtet werden, sofern dieses nicht gesetzlich angeordnet ist, wie der Voraus des Ehegatten (§ 1932 BGB) oder der Dreißigste (§ 1969 BGB). Der Verzicht auf eine künftige Zuwendung ist unzulässig.[53]

58 Streitig ist, ob auf die Begünstigung aus einer **Auflage** verzichtet werden kann.[54] Soweit bestimmte Personen die Vollziehung der Auflage verlangen können (§§ 2294 Abs. 1, 2208 Abs. 2, 2223 BGB), besteht auch die Notwendigkeit, die Auflage aufheben zu können.

---

51 Zu weiteren Auslegungsfragen vgl. auch Rn. 7.
52 BayObLGZ 1977, 751; OLG Celle NJW 1959, 1923; a.A. *Bamberger/Roth/Mayer*, § 2352 Rn. 12; *Lange/Kuchinke*, Erbrecht, § 7 II 4 Fn. 62; *Soergel/Damrau*, § 2352 Rn. 3; *Staudinger/Schotten*, § 2352 Rn. 23 ff.; *Palandt/Edenhofer*, § 2352 Rn. 7.
53 BGHZ 30, 261, 267; BayObLG Rpfleger 1987, 374; *J.Mayer*, ZEV 1996, 128.
54 So *Lange/Kuchinke*, Erbrecht, § 7 III 3 Fn. 57; *Soergel/Damrau*, § 2352 Rn. 1; *Staudinger/Schotten*, § 2352 Rn. 3; abl. *Bamberger/Roth/Mayer*, § 2352 Rn. 2; *Brox*, Erbrecht, Rn. 296; *J.Mayer*, ZEV 1996, 127; MünchKomm/*Strobel*, § 2352 Rn. 4.

Auch ein **teilweiser Verzicht** in Bezug auf einzelne Zuwendungen ist möglich; ebenso eine Beschränkung auf den ideellen Bruchteil des Erbteils oder einen Teil oder einzelne Gegenstände aus dem Vermächtnis.[55] Ferner können Beschränkungen und Beschwerungen zugelassen werden. Auch kann der Zuwendungsverzicht unter einer Bedingung oder zugunsten eines Dritten abgeschlossen werden. Ob die Erklärung der Vertragspartner als Zuwendungsverzicht anzusehen ist oder nicht, ist ggfs. im Wege der Auslegung zu ermitteln. Schwierigkeiten kann die Auslegung derartiger Erklärungen bereiten, die sowohl einen Erbverzicht i.S.d. § 2346 BGB als auch einen Zuwendungsverzicht gem. § 2352 BGB zum Inhalt haben (vgl. auch Rn. 7).

III. Voraussetzungen und Form

Der Erblasser kann den Vertrag gem. § 2347 Abs. 2 BGB grundsätzlich nur persönlich schließen; auf der Seite des Verzichtenden ist eine Vertretung unbeschränkt zulässig (vgl. zu den Einzelheiten Rn. 14). Zur Wirksamkeit ist die **notarielle Beurkundung** des Verzichtes notwendig. Angebot und Annahmeerklärung können wie beim Erb- und Pflichtteilsverzicht in zwei getrennten Urkunden beurkundet werden.

IV. Rechtsfolgen

Analog zum § 2346 Abs. 1 Satz 2 BGB gilt die **Vorversterbensfiktion**. Der Zuwendungsverzicht bewirkt nicht die Aufhebung der betroffenen Verfügung von Todes wegen, sondern er verhindert den Anfall der Erbschaft. Der Verzicht des Vorerben führt dazu, dass die Nacherben an seine Stelle treten; entsprechend ist die Rechtslage beim Vorausvermächtnis. Der Erblasser erhält daher seine Testierfreiheit nur zurück, wenn Vor- und Nacherbe auf die Zuwendung verzichten. Auch bei einem gemeinschaftlichen Testament oder Erbvertrag erlangt der Erblasser durch den Verzicht seine Testierfreiheit nicht zurück, wenn ein Ersatzerbe (§ 2096 BGB) oder Ersatzvermächtnisnehmer (§ 2190 BGB) bestimmt ist; der Wegfall des Verzichtenden bewirkt lediglich, dass die Erbschaft dem Ersatzerben anfällt oder der Ersatzvermächtnisnehmer berechtigt ist, die Erfüllung des Vermächtnisses zu verlangen. Der Verzicht auf eine Auflage (vgl. Rn. 58) hat zur Folge, dass die Auflage von keiner Seite mehr erzwingbar ist. Ein Teilverzicht lässt die Bindung an die Verfügung von Todes wegen entfallen, soweit der Teilverzicht reicht.

Der **Zuwendungsverzicht** eines Abkömmlings oder Seitenverwandten des Erblassers erstreckt sich nicht auf Abkömmlinge des Verzichtenden.[56] Ebenso wenig ist es möglich, den Verzicht durch ausdrückliche Vereinbarung auf Abkömmlinge zu erstrecken. Daher kann es sein, dass an die Stelle des Verzichtenden dessen Abkömmlinge aufgrund der Auslegungsregel des § 2069 BGB oder einer ausdrücklichen Berufung als Ersatzerben treten. Hiervon macht allerdings die Rechtsprechung eine Ausnahme, wenn dem Zuwendungsverzicht eine Gegenleistung in Form einer Abfindung gegenübersteht. Eine Ersatzerbeneinsetzung soll entfallen, wenn der Zuwendungsverzicht gegen eine vollständige Abfindung erfolgte;[57] in diesem Fall soll auch ohne ausdrückli-

---

55 *J.Mayer*, ZEV 1996, 128.
56 OLG Düsseldorf DNotZ 1974, 367; OLG Stuttgart NJW 1958, 347; OLG Hamm MDR 1982, 320; OLG Köln FamRZ 1990, 99; OLG Frankfurt ZEV 1997, 454 m. Anm. *J.Mayer*; BayObLG Rpfleger 1984, 65; *Brox*, Erbrecht, Rn. 296; Palandt/*Edenhofer*, § 2352, Rn. 6; a.A. Bamberger/Roth/*Mayer*, § 2352 Rn. 21 ff.; *Lange/Kuchinke*, Erbrecht, § 7 III 2b; Staudinger/*Schotten*, § 2352 Rn. 31 ff. – § 2349 BGB sei analog auf den Zuwendungsverzicht anzuwenden.
57 OLG Köln FamRZ 1990, 99; BayObLG ZEV 1997, 377; a.A. wohl OLG Frankfurt ZEV 1997, 454.

che Bestimmung eine Vermutung gegen eine Ersatzerbenberufung nach der Auslegungsregel des § 2069 sprechen.[58]

63 **Praxishinweis:**
Insbesondere beim bindend gewordenen gemeinschaftlichen Testament oder Erbvertrag ist daher zu beachten: Ist der Verzichtende ein Abkömmling des Erblassers oder des (vorverstorbenen) Ehegatten, werden gem. § 2069 BGB dessen Kinder (Ersatz-)Erben. Auch diese müssen in einem notariellen Vertrag auf die Zuwendung verzichten, um die volle Testierfreiheit des Erblassers wiederherzustellen.

Wegen der **steuerlichen Auswirkungen** sei auf die entsprechenden Ausführungen zum Erb- und Pflichtteilsverzicht verwiesen (Rn. 41 f.).

V. Aufhebung des Zuwendungsverzichts

64 Str. ist die Frage, ob der Zuwendungsverzicht analog § 2351 BGB durch Vertrag zwischen dem Erblasser und dem Verzichtenden aufgehoben werden kann[59] oder die Wirkung (nur) durch die Errichtung einer neuen Verfügung von Todes wegen beseitigt werden können.[60]

Die Frage nach der Möglichkeit der Aufhebung des Zuwendungsverzichts gewinnt dann praktische Bedeutung, wenn der **Erblasser nachträglich geschäftsunfähig** wird und der gesetzliche Vertreter die testamentarische Erbfolge wiederherstellen möchte, oder wenn nach dem Tod des Ehegatten die Verfügungen des Erblassers in einem gemeinschaftlichen Testament bindend geworden sind und nicht mehr widerrufen werden können oder sich der Erblasser erbvertraglich gebunden hat und die Aufhebung des Erbvertrages bspw. nach dem Tod des anderen Vertragsteiles nicht mehr möglich ist. In diesen Fällen erscheint eine Aufhebung des Zuwendungsverzichtes durch Vertrag problematisch: Zweifelhaft erscheint zum einen, ob der gesetzliche Vertreter durch den Abschluss des Aufhebungsvertrages auf die Nachlassverteilung Einfluss nehmen kann. Hat der Erblasser nach Abschluss des Zuwendungsverzichts, aber vor dessen Aufhebung, einen Erbvertrag geschlossen, käme die Aufhebung des Zuwendungsverzichts einem Vertrag zu Lasten Dritter gleich, wenn dadurch die ursprünglich (bindend gewordene) Verfügung (aus einem gemeinschaftlichen Testament oder Erbvertrag) wieder aufleben würde.

Eine weitergehende Wirkung als der **Aufhebung** des **Erbverzichts** gem. § 2351 BGB kann der nicht ausdrücklich geregelten Aufhebung des Zuwendungsverzichts nicht zukommen. Eine zwischenzeitlich eingetretene Bindungswirkung kann durch die Aufhebung des Zuwendungsverzichts ebenso wenig wie beim Erbverzicht mit ex-tunc Wirkung beseitigt werden.[61]

VI. Gestaltungshinweise

65 Hat der Erblasser mit seinem (vorverstorbenen) Ehegatten ein gemeinschaftliches Testament errichtet und kann er seine in dem Testament enthaltene Verfügung wegen der

---

58 BGH NJW 1974, 43 f.; vgl. Staudinger/*Otte*, § 2069 Rn. 15.
59 LG Kempten MittBayNot 1978, 63 m. zust. Anm. *Büttel*; Erman/*Schlüter*, § 2352 Rn. 5; Lange/*Kuchinke*, Erbrecht, § 7 III 2a; Soergel/*Damrau*, § 2352 Rn. 2; Staudinger/*Schotten*, § 2352 Rn. 54; Palandt/*Edenhofer*, § 2352 Rn. 1.
60 *Brox*, Erbrecht, Rn. 296; *Kipp/Coing*, § 82 V 2; *Kornexl*, Zuwendungsverzicht, Rn. 550 ff.
61 *Mittenzwei*, ZEV 2004, 488.

eintretenden Bindungswirkung nicht mehr widerrufen, ist zunächst auch an die Möglichkeit zu denken, dass er die Erbschaft seines vorverstorbenen Ehegatten ausschlägt. Damit entfallen sowohl Bindungszweck als auch Vermögensanfall.[62]

VII. Checkliste

Checkliste:
- Notarielle Form zwingend
- Erblasser muss den Vertrag persönlich abschließen, Stellvertretung beim Verzichtenden u.U. möglich
- Ist die Bestellung eines Ergänzungspflegers oder vormundschaftliche Genehmigung notwendig?
- Soll sich der Verzicht auch auf das gesetzliche Erbrecht/Pflichtteilsrecht erstrecken?
- Soll nur ein teilweiser Zuwendungsverzicht erklärt werden?
- Sind die Zuwendungen und die Verfügung von Todes wegen genau bezeichnet?
- Haben auch die Ersatzerben auf die Zuwendung verzichtet?
- Wurden alle Ersatzerbeneinsetzungen durch den Erblasser widerrufen, sofern diese nicht bindend sind?
- Erfolgt der Zuwendungsverzicht gegen eine Abfindung?
- Ist der Hinweis erfolgt, dass nach Vertragsschluss weitere Ersatzerben geboren werden können, so dass der Zuwendungsverzicht ggf. nicht die gewünschte Wirkung entfalten kann?

VIII. Formulierungsbeispiel Zuwendungsverzicht

Formulierungsbeispiel:
Der ... (Verzichtende) verzichtet hiermit gegenüber dem ... (Erblasser) sowohl auf sämtliche Zuwendungen als auch auf seine testamentarische Erbeinsetzung aus dem bindend gewordenen gemeinschaftlichen privatschriftlichen Testament des ... (Erblasser) und seiner Ehefrau ... vom ... (Datum). Der Verzicht bezieht sich lediglich auf die Zuwendungen und Erbeinsetzung, nicht jedoch auf das gesetzliche Erb- und Pflichtteilsrecht. Der ... (Erblasser) nimmt diesen Zuwendungsverzicht an.

---

62 Palandt/*Edenhofer*, § 2271 Rn. 17.

23. Kapitel
Vorweggenommene Erbfolge

Übersicht:

		S.
A.	Begriff, Bedeutung sowie Vor- und Nachteile der vorweggenommenen Erbfolge	1186
I.	Begriff	1187
II.	Vorteile	1188
III.	Nachteile	1188
B.	Rechtliche Instrumente der vorweggenommenen Erbfolge	1189
I.	Schenkung unter Nießbrauchsvorbehalt	1189
1.	Zivilrechtliche Grundlagen	1189
	a) Allgemeines	1189
	b) Verteilung der Lasten und Kosten	1189
	c) Entstehen des Nießbrauchs	1190
	d) Beendigung des Nießbrauchs	1190
	e) Besonderheiten bei der Bestellung eines Nießbrauchs an Gesellschaftsanteilen	1190
2.	Nießbrauch im Ertragssteuerrecht	1191
	a) Vorbehaltsnießbrauch an Grundstücken	1191
	b) Vorbehaltsnießbrauch an Kapitalvermögen	1192
	c) Vorbehaltsnießbrauch an Personengesellschaften	1192
3.	Erbschaftsteuerliche Behandlung des Nießbrauchs	1192
II.	Schenkung unter Vorbehalt eines Wohnrechts	1197
1.	Zivilrechtliche Grundlagen	1197
2.	Dingliches Wohnrecht im Ertragsteuerrecht	1198
3.	Dingliches Wohnrecht im Erbschaftsteuerrecht	1198
III.	Vermögensübergabe gegen Versorgungsleistungen	1198
1.	Vermögensübergabe gegen Versorgungsleistungen im Zivilrecht	1198
2.	Vermögensübergabe gegen Versorgungsleistungen im Ertragsteuerrecht	1199
3.	Vermögensübergabe gegen Versorgungsleistungen im Erbschaftsteuerrecht	1201
IV.	Altenteilsvertrag/Leibgeding	1202

		S.
V.	Vermögensübergabe gegen Übernahme von Schulden und Grundpfandrechten	1203
1.	Zivilrechtliche Grundlagen	1203
2.	Ertragsteuerrecht	1204
3.	Erbschaftsteuer	1205
VI.	Familiengesellschaften	1205
1.	Allgemeines	1205
2.	Schenkung- und Erbschaftsteuerersparnis	1205
3.	Hinführung an die Aufgabe der Vermögensverwaltung	1206
4.	Für alle Vermögensarten geeignet; Wahl der richtigen Gesellschaftsform	1206
5.	Einkommensteuerersparnis	1206
6.	Familiengesellschaft hält das Vermögen zusammen	1207
7.	Umwandlung von Privatvermögen in Betriebsvermögen	1207
8.	Zusammenfassung	1208
VII.	Exkurs: Familiengesellschaft – Speziell: Belastungsvergleich Personen- zu Kapitalgesellschaften	1208
1.	Allgemeines	1208
2.	Ertragsteuern	1209
	a) Ausgangssituation	1209
	b) Vergleich zur alten Rechtslage (vor 2001)	1210
	c) Vergleich zur gewerblichen Personengesellschaft	1210
	d) Vergleich zur Vermögensverwaltung bei Direktanlage	1212
3.	Schenkung- bzw. Erbschaftsteuer	1213
	a) Rechtliche Ausgangslage	1213
	b) Vergleich zu Personengesellschaften	1213
	c) Vergleich zur Direktanlage	1214
VIII.	Lebensversicherungen in der vorweggenommenen Erbfolge	1214
1.	Übertragung von bestehenden Kapitallebensversicherungen	1214
	a) Schenkung der gesamten Lebensversicherung	1215
	b) Schenkung der Bezugsberechtigung	1215

	2. Abschluss von Risikolebensversicherungen	1216	
IX.	Zuwendungen unter Ehegatten	1216	
	1. Zuwendung des Familienwohnheims	1216	
	2. Lebzeitiger Ausgleich des Zugewinns	1217	
X.	Mittelbare Schenkung	1219	
	1. Allgemeines	1219	
	2. Mittelbare Grundstücks-, Gebäudeschenkung	1219	
	a) Mittelbare Schenkung eines Grundstücks	1219	
	b) Mittelbare Gebäudeschenkung	1221	
	3. Mittelbare Schenkung von Gesellschaftsanteilen	1222	

C. Sonstige Regelungen im Zusammenhang mit der vorweggenommenen Erbfolge   1223
   I. Rückabwicklungsvorbehalte in Schenkungsverträgen   1223
     1. Ungünstige Weiterleitungsklausel   1224
     2. Weitere ungünstige Klauseln   1224
     3. Einzelne zu empfehlende Gestaltungsmöglichkeiten   1225
       a) Widerrufsvorbehalt   1225
       b) Vertragliches Rücktrittsrecht   1225
       c) Dingliche Absicherung   1225
       d) Vollmachten   1226
     4. Einzelprobleme   1226
       a) Minderjährige Beschenkte   1226
       b) Ansprüche auf Aufwendungsersatz   1226
       c) Rückgabegegenstand   1227
       d) Fristen für die Geltendmachung des Rückabwicklungsrechts   1227
       e) Abschließende Tatbestandsvoraussetzungen oder freier Rückabwicklungsvorbehalt?   1228
       f) Schenkung von Gesellschaftsanteilen   1229
     5. Muster   1229
   II. Ausgleichung, Pflichtteilsanrechnung, §§ 2050 ff., 2315 ff., 2327 BGB   1230
     1. Ausgleichung gemäß §§ 2050 ff. BGB   1231
     2. Pflichtteilsanrechnung gemäß § 2315 BGB   1231
       a) Abwägung   1232
       b) Anrechnung nach § 2327 BGB   1232
   III. Abfindungszahlungen an Geschwister   1233
     1. Zivilrecht   1233
     2. Ertragsteuerrecht   1234
     3. Schenkungsteuerrecht   1235

D. Probleme bei der Beteiligung Minderjähriger   1235
   I. Erforderlichkeit der Bestellung eines Ergänzungspflegers   1235
     1. Schenkung eines vermieteten Grundstücks unter Nießbrauchsvorbehalt   1236
     2. Vereinbarung von Rückforderungsrechten   1236
     3. Pflichtteilsverzicht und Pflichtteilsanrechnung   1237
     4. Übernahme von Verbindlichkeiten   1238
   II. Familien-/vormundschaftsgerichtliche Genehmigung   1238
     1. Genehmigungserfordernisse bei Rechtsgeschäften, bei denen die Eltern vertreten   1238
     2. Genehmigungserfordernisse bei Rechtsgeschäften, bei denen der Ergänzungspfleger vertritt   1238
   III. Probleme im Zusammenhang mit Minderjährigen als Gesellschafter   1239
     1. Gründung einer Gesellschaft   1239
       a) Notwendigkeit der Zuziehung eines Pflegers   1239
       b) Vormundschaftsgerichtliche Genehmigung   1240
     2. Schenkung des Anteils einer bereits bestehenden Gesellschaft   1241
       a) Hinzuziehung eines Pflegers   1241
       b) Vormundschaftsgerichtliche Genehmigung   1242
     3. Änderungen des Gesellschaftsvertrages   1242
     4. Laufende Geschäftsführung der Gesellschaft   1243
     5. Haftungsbeschränkung gemäß § 723 Abs. 1 Nr. 2 BGB   1243
   IV. Bestimmungen über die Vermögenssorge des geschenkten Vermögens   1244

Literaturhinweise:

Böhringer, Walter, Das Altenteil in der notariellen Praxis, MittBayNot 1988, 103; *Christmann, Verena,* Die Geltendmachung der Haftungsbeschränkung zugunsten Minderjähriger, ZEV 2000, 45; *Damrau, Jürgen,* Den Elternstreit bei der Verwaltung von geschenktem Kindesvermögen vermeiden, ZEV 2001, 176; *Damrau, Jürgen,* Kein Erfordernis der gerichtlichen Genehmigung bei Schenkungen von Gesellschaftsbeteiligungen an Minderjährige, ZEV 2000, 209; *Eich, Hans-Dieter,* Probleme durch Vermögensvermischungen unter Ehegatten, ErbStG 2003, 360; *Feick, Ernst Martin,* Die Schenkung unter Auflage als alternative, pflichtteilsfeste Gestaltung zur (unzulässigen) dinglichen Weiterleitungsklausel, ZEV 2002, 85; *Fembacher, Tobias/ Franzmann, Till,* Rückforderungsklauseln und Pflichtteilsklauseln in Überlassungsverträgen mit Minderjährigen, MittBayNot 2002, 78; *Fiedler, Andre,* Entwurf einer Steueränderungsgesetzes 2001: Wegfall des 2/3-Wertes und verbleibende erbschaftsteuerliche Besonderheiten bei der Bewertung von Lebensversicherungen, DStR 2001, 1648; *Fiedler, Andre,* Die Besteuerung der unentgeltlichen Übertragung von Lebensversicherungsverträgen, DStR 2000, 533; *Gebel, Dieter,* Mittelbare Schenkung einer Versicherungssumme durch unentgeltliche Einräumung eines Bezugsrechts aus einer Kapitallebensversicherung, ZEV 2005, 236; *Geck, Reinhard,* Lebensversicherungen und Erbschaftsteuer, ZEV 1995, 140; *Geck, Reinhard,* Zuwendungsgegenstand bei Übertragung des Bezugsrechtes an einer Kapitallebensversicherung, ZEV 2000, 21; *Heinemann, Klaus,* Gesellschafter am seidenen Faden?, ZHR 155, 447 (1991); *Hohaus, Benedict/Eickmann, Marco,* Die Beteiligung Minderjähriger an vermögensverwaltenden Familien-Kommanditgesellschaften – Anforderungen für die steuerliche Anerkennung, BB 2004, 1707; *Holland, Gerd,* Das Rückforderungsrecht des Alleinerben aus erbschaftsteuerlicher Sicht, ZEV 2000, 356; *Hübner, Heinrich,* Das Bereicherungsprinzip des ErbStG und seine Bedeutung für die Begünstigung des Produktivvermögens – mittelbare Erwerbe nach dem StÄndG 2001, DStR 2003, 4; *Hüttemann, Rainer,* Zwischenzeitlicher Zugewinnausgleich bei fortgesetzter Zugewinngemeinschaft, DB 1999, 248; *Ivo, Malte,* Die Übertragung von Kommanditanteilen an minderjährige Kinder, ZEV 2005, 193; *Jülicher, Marc,* Vertragliche Rückforderungsrechte und Weiterleitungsklauseln in Schenkungsverträgen, DStR 1998, 1977; *Kamps, Heinz-Willi,* Steuerneutrale Rückabwicklung von Schenkungen – zivilrechtliche Rückforderungsrechte (Teil 1), ZERB 2002, 174; *Kamps, Heinz-Willi,* Steuerneutrale Rückabwicklung von Schenkungen – zivilrechtliche Rückforderungsrechte (Teil 2), ZERB 2002, 212; *Klumpp, Hans-Hermann,* Die Schenkung von Gesellschaftsanteilen und deren Widerruf, ZEV 1995, 385; *ders.,* Beschränkung der Minderjährigenhaftung – ein überfälliger Gesetz, ZEV 1998, 409; *Kollhosser, Helmut,* Aktuelle Fragen der vorweggenommenen Erbfolge, AcP 194 (1994), 231; *Korn, Klaus,* Nießbrauchsgestaltungen auf dem Prüfstand, DStR 1999, 1461; *Korn, Klaus,* Nießbrauchsgestaltungen auf dem Prüfstand, DStR 1999, 1512; *Mayer, Jörg,* Die Rückforderung der vorweggenommenen Erbfolge, DNotZ 1996, 604; *Mayer, Dieter,* Schenkungswiderruf bei Gesellschaftsanteilen im Spannungsfeld zwischen Gesellschafts- und Schenkungsrecht, ZGR 1995, 93; *Messner, Michael/Götz, Hellmut,* Lebzeitige Beendigung der Zugewinngemeinschaft als Gestaltungsmittel zur Erlangung rückwirkender Steuer- und Straffreiheit bei unbenannten Zuwendungen, DStR 2001, 417; *Mohr, Günter,* Ausgleichung und Anrechnung bei Schenkungen, ZEV 1999, 257; *Noll, Bernd,* Aktuelle Beratungs-Know-how-Erbschaftsteuerrecht, DStR 2002, 842; *Noll, Bernd,* Aktuelles Beratungs-Know-how-Erbschaftsteuerrecht; DStR 2003, 968; *Pentz, Adolf,* Anrechnung von Zuwendungen auf den Pflichtteil ohne Pflegerbestellung, MDR 1998, 1266; *Pluskat, Sorika,* Der entgeltliche Erwerb eines GmbH-Geschäftsanteils eines beschränkt geschäftsfähigen Minderjährigen, FamRZ 2004, 677; *Reich, Thomas,* Vermeidung der Erbschaftsteuer durch mittelbare Grundstücks- bzw. Gebäudeschenkung, ZEV 2003, 349; *Reichert, Jochen/Schlitt, Michael/Düll, Alexander,* Die gesellschafts- und steuerrechtliche Gestaltung des Nießbrauchs an GmbH-Anteilen, GmbHR 1998, 565; *Reimann, Wolfgang,* Der Minderjährige in der Gesellschaft – Kautelarjuristische Überlegungen aus Anlaß der Minderjährigenhaftungsbeschränkungsgesetz, DNotZ 1999, 179; *Rossak, Erich,* Pfändbarkeit, Pfändung und Pfandverwertung von Nießbrauch und Wohnungsrecht, MittBayNot 2000, 383; *Scherer, Stephan/Feick, Ernst Martin,* Die GbR als Erbin – Thesen und Gestaltungsmöglichkeiten, ZEV 2003, 341; *Schmidt, Karsten,* Die Schenkung von Personengesellschaftsanteilen durch Einbuchung, BB 1990, 1992; *Spiegelberger, Sebastian,* Die Rückabwicklung der vorweggenommenen Erbfolge, MittBayNot 2000, 1; *Tiedtke, Klaus/Wälzholz, Eckhard,* Zuwendungen eines Familienwohnheims i.S. des § 13 Abs. 1 Nr. 4 a ErbStG bei teilweiser Fremdvermietung, ZEV 2000, 19; *Viskorf, Hermann-Ulrich,* Der Erwerb vom Ehegatten, NWB 2001, 3229.

A. Begriff, Bedeutung sowie Vor- und Nachteile der vorweggenommenen Erbfolge

I. Begriff

Eine **intelligente Nachfolgeplanung** verbindet meistens Elemente der vorweggenommenen mit der letztwilligen Erbfolge. Nur in seltenen Fällen werden Extremlösungen sinnvoll sein, in denen bereits lebzeitig fast das gesamte Vermögen auf die Nachfolger übertragen wird, wie es umgekehrt meistens ebenfalls nicht sinnvoll ist, wenn die gesamte Nachfolge erst mit dem Tod einsetzt. Gerade im Bereich der **Unternehmensnachfolge** gibt es eine große Anzahl von Möglichkeiten, den designierten Unternehmensnachfolger bereits zu Lebzeiten des Übergebers an das Unternehmen heranzuführen und somit eine vorweggenommene Erbfolge mit einer letztwilligen Erbfolge zu verbinden. Das klassische Instrument ist die frühzeitige Beteiligung des späteren Nachfolgers am Unternehmen des Übergebers, die Beteiligungsquote kann dann bspw. im Zuge der Freibeträge, d.h. alle zehn Jahre, erhöht werden.

Der Schenker sollte im Schenkungsvertrag durch sog. **Rückfallklauseln** sichern, dass er den verschenkten Gegenstand bei Eintritt bestimmter Umstände (insb. Vorversterben des Beschenkten, aber auch bei Eintritt eines tiefgreifenden Zerwürfnisses zwischen Beschenktem und Schenker etc.) wieder an sich ziehen kann. Gleichzeitig behält sich bei einer derartigen ganzen oder teilweisen lebzeitigen Übertragung seines Vermögens der Übergeber meistens ein **Nutzungsrecht** vor, so dass sein Lebensunterhalt aus den Erträgnissen/Nutzungen des Vermögens gesichert ist.

Schließlich bietet die Gründung einer **Familiengesellschaft** eine weitere Möglichkeit, eine vorweggenommene Erbfolge und eine letztwillige Erbfolge zu verbinden. Bei dieser Konstruktion gründen der Übergeber und seine Nachfolger lebzeitig eine Gesellschaft, in die der Übergeber lebzeitig Teile seines Vermögens einbringt. Später kann er diese Familiengesellschaft auch als seine Erbin benennen.[1] Erbschaftsteuerlich hat dies die Konsequenz, dass dann, wenn für die Familiengesellschaft die Rechtsform einer Personengesellschaft gewählt wird, Erbe nicht die Gesellschaft, sondern die Gesellschafter sind. Sind die Gesellschafter Kinder des Schenkers, führt dies zur günstigen Steuerklasse I. Durch eine derartige Familiengesellschaft kann erreicht werden, dass das Vermögen der Familie nicht durch Aufteilung entsprechend den verschiedenen Erbquoten im Zuge der Auseinandersetzung verkleinert, sondern durch die Gesellschaft zusammengehalten wird, jedenfalls solange, bis einer der Gesellschafter von seinem Kündigungsrecht Gebrauch macht.[2]

Der **Begriff** der **vorweggenommenen Erbfolge** ist gesetzlich nicht definiert, in § 593a BGB aber vorausgesetzt. In § 13a Abs. 1 Nr. 2 ErbStG (früher: § 13 Abs. 2a Satz 1 Nr. 2 ErbStG) wurde der Begriff in der bis zum 20.12.2001 geltenden Fassung ebenfalls vorausgesetzt und bei Zuwendungen unter Lebenden der Betriebsvermögensfreibetrag nur gewährt, wenn dieser „im Wege der vorweggenommenen Erbfolge" erfolgte. Diese Formulierung gab dem BFH Anlass, sich in einer Entscheidung mit der De-

---

1 Vgl. *Scherer/Feick*, ZEV 2003, 341 zur Erbfähigkeit der GbR u. den mit der Erbeinsetzung verbundenen Problemen.
2 BFH BStBl. II 1995, 81; vgl. auch *Meincke*, ErbStG, § 1 Rn. 7; sind an der Gesellschaft Minderjährige beteiligt, ist zu beachten, dass diese die Gesellschaft unabhängig von den im Gesellschaftsvertrag niedergelegten Kündigungsfristen jedenfalls nach Vollendung ihres 18. Lebensjahres kündigen können, vgl. § 723 BGB.

finition des Begriffes „vorweggenommene Erbfolge" auseinanderzusetzen.[3] Der BFH hat in dieser Entscheidung die vorweggenommene Erbfolge als einen Vermögensübergang definiert, der dem Erwerb durch Erbanfall materiell vergleichbar sein müsse. Daran fehle es, wenn der Schenker nicht seine volle Rechtsstellung, sondern nur einen Ausschnitt daraus übertrage (z.B. eine atypisch stille Unterbeteiligung). Die Finanzverwaltung hat auf das Urteil schnell mit einem Nichtanwendungserlass reagiert[4] und das Gesetz zum 20.12.2001 mit Rückwirkung für alle noch offenen Fälle dergestalt geändert, dass sämtliche Schenkungen unter Lebenden in den Anwendungsbereich des § 13a Abs. 2 ErbStG fallen konnten. Schenkung- bzw. erbschaftsteuerlich ist dieser Begriff daher nicht mehr relevant.

5 Dieser kurze „historische" Exkurs soll verdeutlichen, dass es eine einheitliche Definition des Begriffs der vorweggenommenen Erbfolge nicht gibt. Grundsätzlich können sämtliche Schenkungen unter Lebenden als vorweggenommene Erbfolge angesehen werden. Der Berater wird i.d.R. jedoch mit dem Begriff der „vorweggenommenen Erbfolge" mehr als eine reine Schenkung verbinden, da zu jeder Schenkung, die die Erbfolge vorwegnehmen soll, ein Mindestmaß an ergänzenden Regelungen vorzusehen ist (wie z.B. Rückforderungsrechte des Schenkers, Pflichtteilsanrechnung, Nutzungsvorbehalte für den Schenker etc.). Die in der Praxis am häufigsten verwendeten Gestaltungsmöglichkeiten werden nachfolgend im Einzelnen dargestellt.

II. Vorteile

6 Die vorweggenommene Erbfolge ist ein sehr wichtiges und bedeutendes Gestaltungsinstrument in der Praxis. Die Vorteile gegenüber einer Vermögensübertragung im Todesfall liegen auf der Hand. Durch die genaue zeitliche **Planbarkeit** der Vermögensübertragung unter Lebenden lässt sich diese nicht nur zivilrechtlich, sondern auch **steuerrechtlich besser gestalten** als der Vermögensübergang von Todes wegen. Regelmäßig kann der Schenker auch nach der Vermögensübertragung (zumindest faktisch) noch Einfluss auf den Beschenkten und ggf. den weitergegebenen Vermögensgegenstand (z.B. bei vorbehaltenen Rechten) nehmen. Durch eine schrittweise Übertragung des Vermögens können die Nachfolger zudem behutsam an das Vermögen herangeführt werden. Darüber hinaus können die **alle zehn Jahre** gewährten **Freibeträge** gemäß § 16 ErbStG regelmäßig ausgenutzt werden. Ertragsteuerlich kann die Verlagerung des Vermögens auf die Beschenkten zu einer eventuell niedrigeren Progression führen. Schließlich sollte auch der psychologische Aspekt des Schenkens „mit warmer Hand" nicht unterschätzt werden. Der Schenker kann selbst noch miterleben, wie die Beschenkten von seinem Geschenk profitieren können (z.B. bei der Geldschenkung zum Hauserwerb oder bei der Beteiligung von Familienunternehmen).

III. Nachteile

7 Gerade aus psychologischer Sicht kann sich die vorweggenommene Erbfolge für den Schenker auch nachteilig auswirken. In der Praxis kommt es durchaus vor, dass **Schenker es bereut** haben, Teile ihres Vermögens frühzeitig aus der Hand gegeben zu haben. Insb. wenn die selbstgenutzte Immobilie – gegen Nutzungsrecht – auf die eigenen Kinder übertragen wird, kann sich – trotz des vorbehaltenen Nutzungsrechts –

---

3 Vgl. BFH, Urt. v. 25.1.2001 – II R 52/98 – BB 2001, 819 m. Anm. Scherer/Geuyen.
4 Erlass v. 15.5.2001, DB 2001, 1282.

schnell das Gefühl einstellen, nicht mehr Herr im eigenen Haus zu sein.[5] Auch eine – aus Sicht des Schenkers bestehende – **Undankbarkeit** der Beschenkten kann unter Umständen zu familiären Konflikten führen. Ein Rückgängigmachen der vorweggenommenen Erbfolge durch den Schenker ist nicht ohne weiteres möglich. Es gilt zunächst der Grundsatz „geschenkt ist geschenkt". Aus Sicht des Schenkers ist es daher i.R.d. vorweggenommenen Erbfolge besonders wichtig, in die Vereinbarung Rückforderungsrechte mit aufzunehmen (vgl. im Einzelnen hierzu Rn. 141 ff.).

B. Rechtliche Instrumente der vorweggenommenen Erbfolge

I. Schenkung unter Nießbrauchsvorbehalt

Nießbrauchsgestaltungen haben zur Folge, dass das Vermögen und dessen Erträge – vorübergehend – unterschiedlichen Personen zugeordnet werden. Insb. deshalb bieten sich diese Gestaltungen für die Regelungen der vorweggenommenen Erbfolge an. Der Übergeber kann sich den Ertrag und i.d.R. auch die wirtschaftliche Verfügungsbefugnis über den zu übertragenden Gegenstand vorbehalten, während die Substanz – häufig aus steuerlichen Gründen – bereits auf die nächste oder gar übernächste Generation übertragen werden kann. Sollten in Zukunft die **Wertansätze** des Immobilienvermögens und von unternehmerischen Vermögen bei der Schenkung- und Erbschaftsteuer angehoben werden, ist vermutlich mit einer Welle von Übertragungen unter Nießbrauchsvorbehalt zu rechnen.

8

Die **Wirkungen** des **Nießbrauchs**, die wie eingangs bereits ausgeführt, den Vermögenswert und die Erträge verschiedenen Personen zuweisen, werfen zahlreiche zivilrechtliche und steuerliche **Probleme** auf.

9

1. Zivilrechtliche Grundlagen

a) Allgemeines

Der Nießbrauch ist in den §§ 1030–1089 BGB gesetzlich geregelt. I.R.d. vorweggenommenen Erbfolge ist insb. der Nießbrauch an beweglichen und unbeweglichen Sachen, z.B. Grundstücken (§§ 1030–1067 BGB) sowie der Nießbrauch an Rechten, z.B. Aktien, GmbH-Anteilen, Anteilen an Personengesellschaften (§§ 1068–1084 BGB) von Bedeutung.

10

Der Nießbrauch ist ein **dingliches Recht,** das dem Berechtigten die umfassende Nutzung des belasteten Gegenstandes gestattet, ohne dass er über dessen Substanz verfügen kann. Als Sicherungsrecht für den Übergeber ist der dingliche Charakter wichtig, da der Nießbrauch durch einseitige Rechtshandlungen des Übernehmers als Inhaber des belasteten Gegenstandes oder durch sonstige Dritte nicht beeinträchtigt wird.

11

b) Verteilung der Lasten und Kosten

Die Trennung der Vermögenssubstanz vom Ertrag des Vermögensgegenstandes bedingt, dass sich Übergeber und Übernehmer darüber im Klaren sein müssen, wer welche Kosten im Zusammenhang mit dem übertragenen Gegenstand trägt. Eine klare

12

---

5 Vgl. schon aus der biblischen Zeit, Buch Jesus Sirach, 33, 21: „Solange noch Leben und Atem in dir sind/mach dich von niemand abhängig! Übergib keinem dein Vermögen/sonst musst du ihn wieder darum bitten."

Regelung hierzu in dem Übergabevertrag ist zu empfehlen. Nach der gesetzlichen Regelung ist der Nießbraucher zur Versicherung der Sache auf seine Kosten (§ 1045 BGB) und zur **Erhaltung** der Sache in ihrem rechtlichen Bestand auf eigene Kosten (§ 1041 BGB), zur Tragung der **öffentlichen Lasten** – z.B. Grundsteuern – (§ 1047 BGB) verpflichtet, es sei denn, es handelt sich um außergewöhnliche, nicht laufend wiederkehrende Lasten (z.B. Erschließungsbeiträge). Bei der Übertragung von belasteten Grundstücken ist der Nießbraucher gemäß § 1047 BGB weiter verpflichtet, die Zinsen der Hypothekenforderungen und Grundschulden zu entrichten, während die Tilgungsbeträge vom Eigentümer aufzubringen sind.

13   Die vorstehenden **Kostentragungsregeln** sind mit dinglicher (bei Grundstücken Eintragung im Grundbuch) oder schuldrechtlicher Wirkung abänderbar.[6]

c) Entstehen des Nießbrauchs

14   Die **rechtsgeschäftliche Bestellung** des Nießbrauchs in einem Übergabevertrag setzt voraus:
– bei Grundstücken Einigung und Eintragung des Nießbrauchs in das Grundbuch (§§ 873, 874, ggf. auch § 892 BGB);
– bei beweglichen Sachen Einigung und Übergabe bzw. Übergabeersatz (§ 1032 BGB);
– bei Rechten die Übertragungsform des betreffenden Rechts (§ 1069 BGB, z.B. notarielle Beurkundung bei Bestellung des Nießbrauchs an GmbH-Anteilen).

d) Beendigung des Nießbrauchs

15   Der Nießbrauch erlischt gemäß § 1061 BGB mit dem **Tode des Nießbrauchers**. Das Nießbrauchsrecht ist demnach **nicht vererblich**. Möchte ein Ehegatte, der einen in seinem Alleineigentum stehenden Gegenstand (z.B. Grundstück) auf eines seiner Kinder überträgt, dass der ihm vorbehaltene Nießbrauch nach seinem Tode dem überlebenden Ehegatten zusteht, kann dies dadurch erreicht werden, dass dem Ehegatten des Übergebers aufschiebend bedingt auf den Todeszeitpunkt des Übergebers bereits im Übergabevertrag ein eigenes Nießbrauchsrecht eingeräumt wird. Dieses **aufschiebend bedingte Nießbrauchsrecht** kann bereits zu Lebzeiten des Übergebers in das Grundbuch eingetragen werden.

e) Besonderheiten bei der Bestellung eines Nießbrauchs an Gesellschaftsanteilen

16   Es ist im Grundsatz allg. anerkannt, dass sowohl der Nießbrauch am Anteil an einer Personengesellschaft[7] als auch der Nießbrauch an Kapitalgesellschaftsanteilen[8] zivilrechtlich zulässig ist. Im Detail ist jedoch umstritten, welche Verwaltungsrechte der Nießbraucher in der Gesellschaft hat bzw. welche ihm eingeräumt werden können.[9]

---

6   Vgl. zu dinglich wirkenden Änderungen Palandt/*Bassenge*, vor § 1030 Rn. 1 u. § 1047 Rn. 8.
7   Vgl. BGHZ 58, 316; BGH DStR 1999, 246 betr. Nießbrauch an einer grundstücksverwaltenden GbR.
8   Vgl. z.B. Palandt/*Bassenge*, § 1068 Rn. 3.
9   Vgl. hierzu z.B. *Jansen/Jansen,* Nießbrauch im Zivil- und Steuerrecht, Tz. 64 f. und 106 f.; zur GmbH. *Reichert/Schlitt/Düll,* GmbHR 1998, 565 ff.; *Korn,* DStR 1999, 1461 ff. u. 1512 ff.

> **Praxishinweis:**
> Es ist daher dringend zu empfehlen, im Übergabevertrag klar zu regeln, welche Gesellschaftsrechte dem Übergeber als Nießbraucher und welche dem Übernehmer als Gesellschafter zustehen sollen. Da i.d.R. gewollt ist, dass der Übergeber als Nießbraucher weiterhin die Gesellschaftsrechte ausüben können soll, ist zu überlegen, ob zusätzlich eine umfassende Vollmacht an den Nießbraucher in den Übergabevertrag mit aufgenommen wird.[10]

Darüber hinaus sind bei Nießbrauchsbestellungen an Gesellschaftsbeteiligungen die jeweiligen Regelungen im Gesellschaftsvertrag im Auge zu behalten. Nach § 1069 BGB ist die Bestellung eines Nießbrauchs an Personengesellschaftsanteilen nur möglich, wenn die Verfügung über den Anteil auch **gesellschaftsvertraglich zugelassen** ist.[11] Auch in Gesellschaftsverträgen von GmbHs findet sich häufig eine Beschränkung der Verfügungsmöglichkeit über den GmbH-Anteil, die einer wirksamen Nießbrauchsbestellung entgegenstehen kann.

2. Nießbrauch im Ertragsteuerrecht

Die **Abspaltung** der **Erträge** von der Eigentümerstellung durch den Nießbrauch führt dazu, dass nicht nur zivilrechtlich, wie vorstehend kurz ausgeführt, sondern auch ertragsteuerlich Probleme bestehen. Hinzu kommt, dass generell unterschieden werden muss, ob der Nießbrauch an einer Sache (z.B. einem Grundstück) oder einem Recht (z.B. Gesellschaftsanteil) bestellt wird und ob sich der Vermögensgegenstand, auf den sich der Nießbrauch bezieht, im steuerlichen Privat- oder Betriebsvermögen gehalten wird.

Allgemein gilt heute, dass den Nießbrauchern – und nicht den Eigentümern – die **Einkünfte dann zugerechnet** werden, wenn

– ihre Rechtsstellung es ihnen gestattet, die Tatbestandsmerkmale zu verwirklichen, die für die jeweils betroffene Einkunftsart charakteristisch sind und
– sie ihre Rechtsstellung auch tatsächlich in dieser Weise zur Erzielung von Einkünften nutzen.[12]

a) Vorbehaltsnießbrauch an Grundstücken

Für den Vorbehaltsnießbrauch an Grundstücken im steuerlichen Privatvermögen bedeutet dies, dass die Einkünfte dem Nießbraucher zuzurechnen sind, wenn ihm die volle **Besitz- und Verwaltungsbefugnis** zusteht, er die Nutzungen tatsächlich zieht, das Grundstück in Besitz hat und es verwaltet.[13] Im Falle der Nutzung des Grundstücks durch Vermietung und Verpachtung darf der Vorbehaltsnießbraucher die AfA für das Gebäude wie zuvor als Eigentümer in Anspruch nehmen.[14]

---

10 Beachte aber das Abspaltungsverbot (Trennung von Stimm- und Mitgliedschaftsrechten); hierzu: *Baumbach/Hueck/Fastrich*, GmbHG, § 14 Rn. 13 m. zahlreichen w.N.
11 Vgl. *Korn*, DStR 1999, 1461, 1465.
12 Vgl. *Korn*, DStR 1999, 1461, 1466 m.w.N.
13 Vgl. BMF v. 24.7.1998, BStBl. I 1998, S. 914, geändert durch BMF v. 9.2.2001, BStBl. I 2001, S. 171 Rn. 39.
14 Zu beachten ist auch, inwieweit die Übertragung unter Nießbrauchsvorbehalt u. gleichzeitigem Zuwendungsnießbrauch an den Ehegatten oder an eine andere Person zum Verlust der AfA führen kann; s. hierzu das vorstehend zitierte BMF-Schreiben v. 24.7.1998 u. v. 9.2.2001, Rn. 41 ff.

b) Vorbehaltsnießbrauch an Kapitalvermögen

21 Beim **Vorbehaltsnießbrauch** an Kapitalvermögen (z.B. Aktien, verzinslichen Forderungen und GmbH-Anteilen) ist die einkommensteuerrechtliche Beurteilung umstritten.[15] Die überwiegende Ansicht und die Finanzverwaltung geht davon aus, dass die erzielten Einkünfte bei einem Vorbehaltsnießbrauch vom Nießbraucher zu versteuern sind.[16] Aufgrund der bestehenden Unsicherheiten und der möglichen steuerlichen Änderungen in der Zukunft sollte in jedem Übergabevertrag daher klar geregelt werden, wer letztlich wirtschaftlich die Steuerlast zu tragen hat. Regelmäßig wird dies der **Nießbraucher** sein, da dem Übernehmer, der lediglich die Vermögenssubstanz behält, keine ausreichenden liquiden Mittel zur Zahlung der Steuern zur Verfügung stehen.

c) Vorbehaltsnießbrauch an Personengesellschaften

22 Beim Vorbehaltsnießbrauch an Personengesellschaften mit betrieblichen Einkünften (sog. **Mitunternehmerschaften**) hängt die ertragsteuerliche Beurteilung auch davon ab, ob der Nießbraucher, der Übernehmer oder beide ertragsteuerlich als **Mitunternehmer** anzusehen sind. Nach h.M. ist der Gesellschafter (Übernehmer) stets Mitunternehmer der Gesellschaft, wenn der Anteil selbst die Mitunternehmerstellung begründet.[17] Der Nießbraucher (Übergeber) ist dann Mitunternehmer, wenn er aufgrund der getroffenen Abreden eine Stellung erlangt, die dem Typusbegriff des Mitunternehmers entspricht, d.h. über **Mitunternehmerinitiative** und **Mitunternehmerrisiko** verfügt.[18] Ist der Nießbraucher Mitunternehmer, hat er den ihm zustehenden Gewinnanteil (entnahmefähiger Teil am festgestellten Gewinn) zu versteuern. Der restliche Teil des Steuerbilanz-Gewinnanteils ist dem Gesellschafter als weiterem Mitunternehmer zuzurechnen.[19]

3. Erbschaftsteuerliche Behandlung des Nießbrauchs

23 (1) Wird Vermögen unter Nießbrauchsvorbehalt unter Lebenden übertragen, wird der Nießbrauch nicht als übernommene Gegenleistung des Beschenkten angesehen und dementsprechend auch nicht ein teilentgeltliches Geschäft angenommen. Es handelt sich vielmehr um eine **Nutzungs- bzw. Duldungsauflage**, die nicht zu den Gegenleistungen zählt.[20] Der Nießbrauch ist mit seinem Kapitalwert als Last von dem Steuerwert der Schenkung abzuziehen, sofern dem nicht § 25 ErbStG entgegensteht. Nach § 25 Abs. 1 ErbStG ist ein Abzug des Kapitalwerts des Nießbrauchs vom Steuerwert der Schenkung nicht zulässig, wenn der Schenker selbst oder dessen Ehegatte nutzungsberechtigt sind, was in der Praxis i.R.d. vorweggenommenen Erbfolge den Regelfall darstellt. In diesen Fällen ist die Schenkung gemäß § 25 Abs. 1 Satz 2 ErbStG ohne Berücksichtigung der Nießbrauchsbelastung zu besteuern. Die Steuer, die auf dem Kapitalwert des Nießbrauchs entfällt, ist jedoch gemäß § 25 Abs. 1 Satz 2 ErbStG bis zum Erlöschen des Nießbrauchs zinslos zu stunden. Die gestundete Steuer kann auf Antrag des Erwerbers jederzeit mit ihrem Barwert nach § 12 Abs. 3 BewG abgelöst werden (§ 25 Abs. 1 Satz 3 ErbStG). Zur Veranschaulichung der Wirkungsweise des § 25 Abs. 1 ErbStG folgendes Berechnungsbeispiel:

---

15 Vgl. *Korn,* DStR 1999, 1461, 1467.
16 Vgl. BMF v. 23.11.1983, BStBl. I 1983, 508.
17 BFH v. 1.3.1994 – VIII R 35/92 – BStBl. II 1995, 241, 245; *Schmidt/Wacker,* EStG, § 15 Rn. 309 ff.
18 Vgl. *Schmidt/Wacker,* EStG, § 15 Rn. 306.
19 Vgl. *Schmidt/Wacker,* EStG, § 15 Rn. 307 u. 313 m.w.N.
20 Vgl. R 17 Abs. 1 ErbStR.

> **Beispiel:**
> Der 52-jährige Vater schenkt seiner Tochter ein Grundstück im Schenkungsteuerwert von € 3 Mio. unter Vorbehalt des Nießbrauchs bei einem angenommenen Kapitalwert des Nießbrauchs auf die Lebenszeit des Vaters von € 1 Mio.[21] Freibeträge bleiben der Einfachheit halber unberücksichtigt.
> Steuer ohne Berücksichtigung des Nießbrauchs:
> € 3.000.000,00 x 19 %   € 570.000,00
> Auf den Wert des Nießbrauchs entfallende Steuer:
> € 1.000.000,00 x 19 %   € 190.000,00
> Sofort fälliger Betrag:
> € 570.000,00 – € 190.000,00   € 380.000,00
> Gestundeter Betrag: € 190.000,00
> Sofort fälliger Betrag, wenn die gestundete Steuer abgelöst wird:
> € 190.000,00 x 0,262[22]   € 49.780,00
> Gegenüber der reinen Schenkung entsteht somit bei sofortiger Ablösung der gestundeten Steuer eine Steuerersparnis i.H.v. € 140.220,00.

Gerade in Zeiten niedriger Zinsen empfiehlt sich häufig eine **sofortige Ablösung** der Steuer, die auf den Kapitalwert des Nießbrauchs entfällt. Da bei der Abzinsung mit einem Zinssatz von 5,5 Prozent gerechnet wird, macht die sofortige Ablösung nur dann keinen Sinn, wenn der Steuerpflichtige davon ausgeht, mit dem Ablösungsbetrag eine Rendite von mehr als 5,5 Prozent p.a. zu erzielen oder er darauf spekuliert, dass der Übergeber überdurchschnittlich alt wird, mithin die gestundete Steuer erst in sehr ferner Zukunft fällig wird.

(2) Im Zusammenhang mit der Übertragung von Betriebsvermögen i.S.v. § 13a Abs. 4 ErbStG unter Nießbrauchsvorbehalt ist zu beachten, dass nach Auffassung der Finanzverwaltung § 13a ErbStG nicht anwendbar ist, wenn eine Beteiligung an einer Personengesellschaft geschenkt wird, an der sich der Schenker den Nießbrauch vorbehält, und sofern der Bedachte dabei **nicht Mitunternehmer** der Personengesellschaft wird.[23] Die fehlende Mitunternehmerstellung des Bedachten führt danach dazu, dass dieser kein Betriebsvermögen, sondern sonstiges (nicht steuerbegünstigtes) Vermögen erwirbt.

(3) Das **Erlöschen** des Nießbrauchs im Todeszeitpunkt des Nießbrauchers ist erbschaftsteuerlich irrelevant. Es erlischt lediglich das Nutzungsrecht des Nießbrauchers. Zu beachten ist aber, dass der vorzeitige lebzeitige unentgeltliche Verzicht auf ein vorbehaltenes Nießbrauchsrecht als Rechtsverzicht den Tatbestand einer freigebigen Zuwendung gemäß § 7 Abs. 1 Nr. 1 ErbStG erfüllt.[24]

---

21 Der Kapitalwert errechnet sich aus dem Jahreswert multipliziert mit einem Faktor, der sich nach der durchschnittlichen Lebenserwartung richtet, § 14 Abs. 1 BewG i.V.m. Anlage 9, 15, § 16 BewG.
22 Bei einem erreichten Lebensalter von 52 Jahren beträgt die durchschnittliche Lebenserwartung für einen Mann 23 Jahre (vgl. Steuererlasse, Tabelle 6 zu § 12 BewG). Nach Steuererlasse, Tabelle 1 zu § 12 Abs. 3 BewG beträgt der Vervielfältiger für die Abzinsung einer unverzinslichen Forderung 0,292.
23 Vgl. H 51 Abs. 1 a.E. ErbStH; BFH v. 1.3.1994, BStBl. 1995 II, 241 m.w.N.
24 BFH v. 17.3.2004 – II R 3/01 – ZEV 2004, 211; H 85 Abs. 4 ErbStH.

Praxishinweis:
Eine steuerliche Doppelbelastung des Nießbrauchsrechts als Folge der Nichtberücksichtigung als Abzugsposten nach § 25 Abs. 1 Satz 1 ErbStG einerseits und seine Erfassung beim späteren Verzicht des Berechtigten andererseits wird bei der Besteuerung des Verzichts wie folgt vermieden: Der bei der Besteuerung des nutzungsrechtsbelasteten Gegenstandes tatsächlich unberücksichtigt gebliebene Steuerwert des Nutzungsrechts wird vom Steuerwert des Nutzungsrechts im Zeitpunkt des Rechtsverzichts abgezogen.[25]

– Zur Veranschaulichung folgende Berechnungsbeispiele (nach H 85 Abs. 4 ErbStH) –

Beispiel 1:
Vater V schenkt seinem Sohn im Dezember 1996 ein Grundstück mit einem Grundbesitzwert von DM 1.564.000,00, das entspricht € 799.660,00, unter Nießbrauchsvorbehalt. Der Jahreswert des Nießbrauchs beträgt DM 120.000,00. Zum Zeitpunkt der Ausführung der Zuwendung ist V 65 Jahre alt. Mit Abgabe der Schenkungsteuererklärung wurde auch die sofortige Ablösung der zu stundenden Steuer beantragt. Im Juli 2004 verzichtet er unentgeltlich auf den Nießbrauch. Zum Zeitpunkt der Ausführung dieser Zuwendung ist V 72 Jahre alt. Der Grundbesitzwert beträgt € 799.500,00.

Erwerb 1996

Bruttowert des Erwerbs		DM 1.564.000,00
Persönlicher Freibetrag		./. DM 400.000,00
Steuerpflichtiger Erwerb		DM 1.164.000,00
Steuersatz 19 %		
Steuer 1996		DM 221.160,00
Bruttowert des Erwerbs	DM 1.564.000,00	
Jahreswert Nießbrauch		
DM 1.564.000,00 : 18,6 (§ 16 BewG) = DM 84.087,00		
(tatsächlicher Wert höher)		
Kapitalwert Nießbrauch		
DM 84.087,00 x 9,019	./. DM 758.381,00	
das entspricht € 387.755,00		
Nettowert des Erwerbs	DM 805.619,00	
Persönlicher Freibetrag	./. DM 400.000,00	
Steuerpflichtiger Nettoerwerb	DM 405.619,00	
abgerundet	DM 405.600,00	
Sofort fällige Steuer 1996		
11 % von DM 405.600,00		
das entspricht € 22.812,00		./. DM 44.616,00
Zu stundende Steuer		DM 176.544,00

---

25 BFH v. 17.3.2004 – II R 3/01 – ZEV 2004, 211; H 85 Abs. 4 ErbStH.

Die gestundete Steuer ist abgelöst worden zum Barwert
DM 176.544,00 x 0,473   DM 83.505,00
das entspricht € 42.696,00

Erwerb 2004
Erwerb aus Nießbrauchsverzicht
Jahreswert Nießbrauch 2004
€ 799.500,00 : 18,6 (§ 16 BewG) = € 42.983,00
(tatsächlicher Wert höher)
Kapitalwert Nießbrauch 2004
€ 42.983,00 x 6,904   € 296.754,00
Kapitalwert Nießbrauch 1996   ./. € 387.755,00
Bereicherung 2004   € 0,00

Beispiel 2:
Vater V schenkte seinem Sohn im Dezember 1995 ein Grundstück mit einem Steuerwert von DM 560.000,00, das entspricht € 286.323,00, unter Nießbrauchsvorbehalt. Zum Zeitpunkt der Ausführung der Zuwendung ist er 65 Jahre alt. Mit Abgabe der Schenkungsteuererklärung wurde auch die sofortige Ablösung der zu stundenden Steuer beantragt. Im Juli 2004 verzichtet er unentgeltlich auf den Nießbrauch. Zum Zeitpunkt der Ausführung dieser Zuwendung ist V 73 Jahre alt. Der Grundbesitzwert beträgt € 985.500,00.

Erwerb 1995
Bruttowert des Erwerbs   DM 560.000,00
Persönlicher Freibetrag   ./. DM 90.000,00
Steuerpflichtiger Erwerb   DM 470.000,00
Steuersatz 7,5 %
Steuer 1995   DM 35.250,00
Bruttowert des Erwerbs   DM 560.000,00
Jahreswert Nießbrauch
DM 560.000,00 : 18,6 (§ 16 BewG) = DM   30.108,00
(tatsächlicher Wert höher)
Kapitalwert Nießbrauch
DM 30.108,00 x 9,019   ./. DM 271.545,00
das entspricht € 138.839,00
Nettowert des Erwerbs   DM 288.455,00
Persönlicher Freibetrag   /. DM 90.000,00
Steuerpflichtiger Nettoerwerb   DM 198.455,00
abgerundet   DM 198.400,00

Sofort fällige Steuer 1995	
5,5 % von DM 198.400,00	./. DM 10.912,00
das entspricht € 5.580,00	
Zu stundende Steuer	DM 24.338,00
Die gestundete Steuer ist abgelöst worden zum Barwert	
DM 24.338,00 x 0,473	DM 11.511,00
das entspricht € 5.886,00	
Erwerb 2004	
Erwerb aus Nießbrauchsverzicht	
Jahreswert Nießbrauch 2004	
€ 985.500,00 : 18,6 (§ 16 BewG) = € 52.983,00	
(tatsächlicher Wert höher)	
Kapitalwert Nießbrauch 2004	
€ 52.983,00 x 6,604	€ 349.899,00
Kapitalwert Nießbrauch 1995 (s.o.)	./. € 138.839,00
Bereicherung 2004	€ 211.060,00
Bruttowert des Erwerbs 1995 (s.o.)	+ € 286.323,00
Gesamterwerb	€ 497.383,00
Persönlicher Freibetrag	./. € 205.000,00
Steuerpflichtiger Gesamterwerb	€ 292.383,00
abgerundet	€ 292.300,00
Steuer auf Gesamterwerb (15 %)	
Abzuziehende Steuer auf Vorerwerb	
(hier die tatsächliche Steuer 1995	
= Summe aus sofort fälliger Steuer + Ablösungsgeldbetrag	
€ 5.580,00 + € 5.886,00, s.o.)	./. € 11.466,00
Festzusetzende Steuer 2004	€ 32.379,00

27 Bei der Gestaltung der vorweggenommenen Erbfolge unter Nießbrauchsvorbehalt sollte der anwaltliche Berater seinen Mandanten auf die nach wie vor bestehenden zivilrechtlichen und insb. **ertragsteuerlichen Risiken** hinweisen. Die bislang höchstrichterlich noch nicht geklärten Wirkungen des Nießbrauchs sollten durch möglichst klare Bestimmungen zu den jeweiligen Rechten und Pflichten sowie zur Verteilung der Kosten, Lasten und Steuern, soweit rechtlich möglich, geregelt werden. Bei Beachtung dieser Punkte kann die Schenkung unter Nießbrauchsvorbehalt insb. erbschaftsteuerlich sehr interessant sein, da die Vermögenssubstanz frühzeitig auf die nächsten Generationen übertragen werden kann. Wertsteigerungen der Vermögenssubstanz, die nach der Schenkung unter Nießbrauchsvorbehalt eintreten, unterliegen dann im Todesfall des Nießbrauchers keiner Erbschaftsteuer.

II. Schenkung unter Vorbehalt eines Wohnrechts

1. Zivilrechtliche Grundlagen

I.R.d. vorweggenommenen Erbfolge spielt in der Praxis die Übertragung von selbstgenutzten Immobilien der Übergeber an Kinder oder an sonstige nahe stehende Personen eine große Rolle. Der anwaltliche Berater des Übergebers sollte seinen Mandanten in jedem Fall über die **rechtlichen Risiken der Übertragung des Eigentums** belehren. In der Praxis kommt es immer wieder vor, dass es zu Streitigkeiten zwischen Übergeber und Übernehmer kommt, die dazu führen, dass der Übernehmer mit allen Mitteln versucht, seine Eigentumsrechte an dem übertragenen Grundstück gegen den Willen des Übergebers auszunutzen.

28

Eine zum Nießbrauch alternative Möglichkeit, den Übergeber abzusichern, besteht darin, für ihn (und ggf. seinen Ehegatten) ein **dinglich gesichertes Wohnrecht** gemäß § 1093 Abs. 1 Satz 1 BGB zu bestellen. Ein derartiges Wohnrecht ist einer beschränkten persönlichen Dienstbarkeit nach §§ 1090–1092 BGB i.d.R. vorzuziehen, da das Wohnrecht nach § 1093 BGB die Nutzung eines Gebäudes oder eines Teils eines Gebäudes unter Ausschluss des Eigentümers gestattet. Auf dieses Wohnrecht finden gemäß § 1093 Abs. 1 Satz 2 BGB zahlreiche Nießbrauchsvorschriften Anwendung.

29

> **Praxishinweis:**
> Da die Bestellung eines Nießbrauchs ein umfassendes Nutzungsrecht gewährt (vgl. hierzu bereits Rn. 10 ff.), ist aus Sicht des Übergebers zu überlegen, ob ihm nicht statt des Wohnrechts gleich ein Nießbrauchsrecht eingeräumt wird. Dann hat er auch die Möglichkeit, die Erträge aus der übertragenen Immobilie zu nutzen, selbst wenn er die Räumlichkeiten nicht selbst nutzen möchte oder – z.B. bei Eintritt eines Pflegefalls – nicht mehr nutzen kann.[26]

Im Übrigen unterscheidet sich das **Wohnrecht** vom Nießbrauch insb. dadurch, dass ersteres auch in Ansehung einzelner Räume oder Wohnungen eines Mehrfamilienhauses bestellt werden kann.[27] Ein Unterschied zum Nießbrauch besteht auch darin, dass das Wohnrecht durch Gläubiger des Wohnberechtigten nicht gepfändet werden kann, da es nicht übertragbar ist (vgl. §§ 1092 Abs. 1 Satz 1, 1274 Abs. 2 BGB).[28] Der Nießbrauch ist dagegen pfändbar, ein Ausschluss der Überlassungsbefugnis steht dem nicht entgegen.[29]

30

Die **Zwangsversteigerung** des Grundstücks führt sowohl bei Bestellung eines Wohnrechts als auch bei Bestellung eines Nießbrauchs dazu, dass das Recht in das geringste Gebot kommt, sofern es rangbesser ist und somit nach Zuschlag bestehen bleibt (§§ 44, 52 ZVG). Geht das Wohnrecht oder der Nießbrauch dem betreibenden Gläubiger in der Rangstelle nach, erlischt das Recht mit dem Zuschlag (§§ 51 Abs. 1 Satz 2, 91 Abs. 1 ZVG). An seine Stelle tritt der Anspruch auf Wertersatz aus dem Erlös, falls

31

---

26 Allerdings nimmt die Rspr. im Einzelfall bei einem Wohnrecht an, dass aus Vermietung zu erzielende Erträge dem Wohnberechtigten zustehen sollen, wenn sich dieser in einer Notlage befindet u. nach Lage u. Art der Räume die Gebrauchsüberlassung an Dritte für den Verpflichteten zumutbar ist, OLG Köln ZMR 1995, 256; OLG Celle DNotI-Report 1999, 104.
27 Vgl. Palandt/*Bassenge*, § 1093 Rn. 3. Landesrechtliche Vorschriften, wie z.B. Art. 15 § 9 PrAG-BGB, § 14 Bad.-Württ. AGBGB, § 16 Nds. AGBGB, sehen vor, dass der Wohnberechtigte eine Satzrente verlangen kann, wenn er das Recht aufgibt.
28 Vgl. hierzu *Rossak*, MittBayNot 2000, 383 ff.
29 BGHZ 62, 133; BGHZ 95, 99; Palandt/*Bassenge*, § 1059 Rn. 5.

dieser dafür ausreicht (§§ 92 Abs. 2, 121 ZVG). Sowohl bei einem Wohnrecht als auch bei einem Nießbrauchsvorbehalt ist es daher für den Übergeber von existentieller Bedeutung, dass sein Recht an erster Rangstelle eingetragen wird.

2. Dingliches Wohnrecht im Ertragsteuerrecht

32   Die Finanzverwaltung behandelt das vorbehaltene dingliche Wohnrecht nach den für den Vorbehalt des Nießbrauchs geltenden Grundsätzen.[30] Die Einräumung des Wohnrechts stellt **kein Entgelt** für die Übertragung des Grundstücks dar. Es kann daher auf die Ausführung in Rn. 18 ff. verwiesen werden.

3. Dingliches Wohnrecht im Erbschaftsteuerrecht

33   Auch erbschaftsteuerlich wird das dingliche Wohnrecht wie das Nießbrauchsrecht behandelt. Das für den Übergeber oder dessen Ehegatten vorbehaltene dingliche Wohnrecht unterliegt daher dem **Abzugsverbot** gemäß § 25 Abs. 1 Satz 1 ErbStG.[31] Die Steuer, die auf den Kapitalwert des dinglichen Wohnrechts entfällt, ist bis zum Erlöschen des dinglichen Wohnrechts **zu stunden**, es sei denn, die gestundete Steuer wird mit ihrem Barwert nach § 12 Abs. 3 BewG abgelöst (vgl. im Einzelnen hierzu bereits oben R. 23 ff.).

III. Vermögensübergabe gegen Versorgungsleistungen

34   Ebenfalls in der Praxis sehr beliebt, sind Vermögensübertragungen gegen Versorgungsleistungen. Hierunter sind Vereinbarungen zu verstehen, in denen der Übernehmer als Gegenleistung für die Übergabe eines oder mehrerer Vermögensgegenstände zu mehr oder weniger regelmäßigen Zahlungen an den Übergeber, regelmäßig bis zu dessen Tod, verpflichtet wird. Insb. die ertragsteuerliche Behandlung der verschiedenen Gestaltungen hat Anlass gegeben zu einer umfangreichen Rspr. und ebenso umfangreichen Stellungnahmen der Finanzverwaltung, die in die sog. „Rentenerlasse I–III" mündeten. Bevor in diesem Kap. jedoch die ertragsteuerlichen Folgen der Vermögensübergabe gegen Versorgungsleistungen in ihren Grundzügen dargestellt werden, erfolgen einige allg. zivilrechtliche Hinweise.

1. Vermögensübergabe gegen Versorgungsleistungen im Zivilrecht

35   Bei der Gestaltung von Übergabeverträgen gegen Versorgungsleistungen ist aus Beratersicht zu bedenken, dass sich zwischen Übergeber und Übernehmer durchaus widerstreitende Interessen ergeben können. Während es dem Übergeber regelmäßig um die Sicherung seiner Altersversorgung geht, möchte der Übernehmer sich nicht zu Leistungen verpflichten, die er nicht aus dem übertragenen Vermögen erwirtschaften kann. Während bei einer Schenkung unter Nießbrauchsvorbehalt der Übergeber nur diejenigen Erträge erhält, die aus dem übertragenen Vermögen auch tatsächlich erwirtschaftet werden, ist der Übernehmer bei einer Vereinbarung zur Erbringung von regelmäßig wiederkehrenden Leistungen auch dann zur Leistung verpflichtet, wenn die Erträge aus dem übergebenden Vermögen zur Erbringung der versprochenen Leistungen nicht ausreichen. Aus zivilrechtlicher Sicht kann es daher sinnvoll sein, die **Versorgungsleistungen abänderbar zu gestalten**, z.B. indem eine Abänderungsmöglichkeit gemäß § 323 ZPO vorgesehen wird.

---

30 Vgl. Nießbrauchserlass BMF v. 24.7.1998, BStBl. I 1998, S. 914, geändert durch BMF v. 9.2.2001, BStBl. I 2001, S. 171 Rn. 49.
31 Vgl. *Troll/Gebel/Jülicher*, ErbStG, § 25 Rn. 23.

2. Vermögensübergabe gegen Versorgungsleistungen im Ertragsteuerrecht

Das **BMF** hat erst jüngst im sog. „**Rentenerlass III**"[32] erneut ausführlich zur ertragsteuerlichen Behandlung wiederkehrender Leistungen im Zusammenhang mit Vermögensübertragungen Stellung genommen, seine bisherigen Rentenerlasse (Rentenerlass I[33] und Rentenerlass II[34]) abermals geändert und insb. die Beschlüsse des Großen Senats des BFH[35] mit Übergangsregelungen umgesetzt. Der Rentenerlass III entspricht jetzt weitestgehend der neuen Rspr. Die Einzelheiten der Rspr. und des insgesamt 76 Randziffern umfassenden Rentenerlasses III können an dieser Stelle allerdings nicht im Detail dargestellt werden.

Ertragsteuerliches Ziel der beratenden Gestaltung im Zusammenhang mit der Vermögensübergabe gegen Versorgungsleistungen ist i.d.R., dass der Übernehmer die zu erbringenden Versorgungsleistungen als Sonderausgaben nach § 10 Abs. 1 Nr. 1a EStG abziehen kann, während der Übergeber korrespondierend hierzu Einkünfte aus wiederkehrenden Bezügen nach § 22 Abs. 1 EStG zu versteuern hat. Denn häufig hat der Übergeber nach der Übergabe geringere Einkünfte als der Übernehmer, so dass die Vorteile aus dem Sonderausgabenabzug beim Übernehmer die steuerlichen Nachteile der Versteuerung beim Übergeber überwiegen.

– Zur Veranschaulichung folgendes kurzes Berechnungsbeispiel –

Beispiel:
Sohn S hat sich im Übergabevertrag verpflichtet, seinem Vater V als Gegenleistung für die Übertragung sämtlicher Gesellschaftsanteile aus der XY KG jährlich € 40.000,00 zu zahlen. Aus Vereinfachungsgründen soll der Steuersatz des V 30 Prozent und der des Sohnes S (z.B. aufgrund sonstiger Einkünfte) 40 Prozent betragen.
Die XY-KG erwirtschaftet im Jahr 2005 von S zu versteuernde Gewinne i.H.v. € 100.000,00.

Variante 1:
Die Zahlungen an V sind von ihm nicht als Einkünfte zu versteuern und können korrespondierend von S nicht als Sonderausgaben abgezogen werden:
S hat ein zu versteuerndes Einkommen i.H.v. € 100.000,00, so dass er € 40.000,00 (40 Prozent) zu versteuern hat. V hat keine Steuern zu zahlen, so dass die Steuerlast von V und S insgesamt € 40.000,00 beträgt.

Variante 2:
V hat die Zahlungen seines Sohns in voller Höhe als wiederkehrende Bezüge nach § 22 Nr. 1 EStG zu versteuern, S kann sie nach § 10 Abs. 1 Nr. 1a EStG als Sonderausgaben abziehen.
S versteuert € 60.000,00 (€ 100.000,00 – € 40.000,00) und zahlt hierauf € 24.000,00 Steuern (40 Prozent). V hat € 40.000,00 mit seinem persönlichen Steuersatz von 30 Prozent zu versteuern, so dass er € 12.000,00 an Steuern zahlt. Die Gesamtsteuer-

---

32 Vgl. BMF-Schreiben v. 16.9.2004, BStBl. I 2004, 922.
33 Vgl. BMF-Schreiben v. 23.12.1996, BStBl. I 1996, 1508, geändert durch BMF-Schreiben v. 31.12.1997, BStBl. I 1998, 21; BMF-Schreiben v. 30.10.1998, BStBl. I 1998, 1417.
34 BMF-Schreiben v. 26.8.2002, BStBl. I 2002, 893.
35 Vgl. BFH, Beschl. v. 12.5.2003 – GrS 1/00 – BStBl. II 2004, 95; BFH v. 12.5.2003 – GrS 2/00 – BStBl. II 2004, 100.

last von V und S beträgt in Variante 2 € 36.000,00, so dass eine Ersparnis i.H.v. € 4.000,00 gegenüber der Gestaltung in Variante 1 vorliegt.

38 Die ertragsteuerliche Anerkennung von **Versorgungsleistungen** als **Sonderausgaben** setzt, kurz zusammengefasst, Folgendes voraus:

(1) Der Übernehmer muss wenigstens teilweise eine unentgeltliche Zuwendung erhalten. Bei Vermögensübertragungen an Angehörige wird dies allerdings widerlegbar vermutet.[36]

(2) Gegenstand der Vermögensübertragung muss eine die Existenz des Übergebers wenigstens teilweise sichernde Wirtschaftseinheit sein (z.B. Gewerbebetrieb, Geschäfts- oder Mietwohngrundstücke, Eigentumswohnungen, verpachtete unbebaute Grundstücke; nicht jedoch Hausrat, Kunstsammlungen und sonstige Wertgegenstände).[37]

(3) Die übertragene Wirtschaftseinheit muss ausreichend ertragbringend sein. Dies ist der Fall, wenn nach überschlägiger Berechnung die wiederkehrenden Leistungen nicht höher sind als der langfristig erzielbare Ertrag des übergebenen Vermögens.[38]

(4) Versorgungsleistungen werden regelmäßig nur dann als wiederkehrende Leistungen anerkannt, wenn sie auf die Lebenszeit des Empfängers gewährt werden.[39]

(5) Empfänger des Vermögens können sowohl die Abkömmlinge als auch grundsätzlich gesetzlich erbberechtigte entfernte Verwandte des Übergebers sein.[40]

(6) Allerdings können Empfänger der Versorgungsleistungen primär nur der Übergeber selbst, dessen Ehegatte und die gesetzlich erb- und pflichtteilsberechtigten Abkömmlinge des Übergebers sowie der Lebenspartner einer eingetragenen Lebenspartnerschaft sein. Nicht zum Generationennachfolge-Verbund gehörende Personen (z.B. langjährige Haushälterin, Lebensgefährtin, Mitarbeiter im Betrieb) können nicht Empfänger von Versorgungsleistungen sein.[41]

(7) Wichtig für den anwaltlichen Berater ist, dass die steuerrechtliche Anerkennung des Übergabevertrags voraussetzt, dass die gegenseitigen Rechte und Pflichten klar und eindeutig sowie rechtswirksam vereinbart und ernsthaft gewollt sind. Die Leistungen müssen später auch wie vereinbart tatsächlich erbracht werden. Hierauf sollte der anwaltliche Berater seine Mandanten hinweisen. Wesentlicher Inhalt des Übergabevertrags müssen der Umfang des übertragenen Vermögens, die Höhe der Versorgungsleistungen und die Art und Weise der Zahlung sein.[42]

39 Rechtsfolge des Vorliegens einer Vermögensübergabe gegen Versorgungsleistungen ist, wie bereits eingangs erwähnt, dass die Versorgungsleistungen vom Berechtigten als Einkünfte aus **wiederkehrenden Bezügen** nach § 22 Nr. 1 EStG zu versteuern sind, während der Verpflichtete zum Abzug der Leistungen als Sonderausgaben nach § 10

---

36 Rentenerlass III Rn. 4.
37 Vgl. Rentenerlass III Rn. 6–17.
38 Vgl. Rentenerlass III Rn. 19–33.
39 Rentenerlass III Rn. 34.
40 Rentenerlass III Rn. 35.
41 BFH v. 26.11.2003 – X R 11/01 – ZEV 2004, 163; Rentenerlass III Rn. 36.
42 Rentenerlass III Rn. 37–39.

Abs. 1 Nr. 1a EStG (Leibrente oder dauernde Last) berechtigt ist.⁴³ Wichtig zu wissen ist, dass die Versorgungsleistungen nur dann in vollem Umfang steuerpflichtige wiederkehrende Bezüge und beim Verpflichteten in vollem Umfang als Sonderausgaben abziehbar sind, wenn und soweit die Vertragsparteien ihre Abänderbarkeit nicht ausdrücklich ausschließen.⁴⁴ Eine Bezugnahme auf § 323 ZPO oder eine gleichwertige Änderungsklausel nach den Bedürfnissen des Übergebers und/oder der Leistungsfähigkeit des Übernehmers ist nicht erforderlich. Wird die **Abänderbarkeit ausdrücklich ausgeschlossen**, sind die Versorgungsleistungen dagegen nur mit dem Ertragsanteil steuerpflichtig und hierzu korrespondierend nur mit dem Ertragsanteil als Sonderausgaben abziehbare **Leibrenten** (§ 22 Nr. 1 Satz 3 lit. a), § 10 Abs. 1 Nr. 1a Satz 2 EStG).

Kann die gewählte Gestaltung nach den vorstehenden Kriterien nicht als Vermögensübergabe gegen Versorgungsleistungen qualifiziert werden, z.B. weil keine existenzsichernde und ausreichend ertragbringende Wirtschaftseinheit übertragen worden ist, ist von einem **entgeltlichen Geschäft** auszugehen. Ist der Barwert der wiederkehrenden Leistungen höher als der Wert des übertragenen Vermögens, ist Entgeltlichkeit i.H.d. angemessenen Kaufpreises anzunehmen. Der übersteigende Betrag ist eine ertragsteuerlich unbeachtliche Unterhaltsleistung i.S.d. § 12 Nr. 2 EStG. Ist der Barwert der wiederkehrenden Leistungen sogar mehr als doppelt so hoch wie der Wert des übertragenen Vermögens, liegt nach Auffassung der Finanzverwaltung insgesamt eine **Zuwendung i.S.d. § 12 Nr. 2 EStG** vor.⁴⁵

Die Regelungen des Rentenerlasses III sind grundsätzlich in allen noch offenen Fällen anzuwenden, die Regelungen in den früheren Schreiben des BMF sind nicht mehr anzuwenden.

3. Vermögensübergabe gegen Versorgungsleistungen im Erbschaftsteuerrecht

Erbschaftsteuerlich wird die Vermögensübergabe gegen Versorgungsleistungen nach der Rspr. des Bundesfinanzhofs wie eine **gemischte Schenkung** behandelt.⁴⁶ Nach dieser Rspr. wird bei der gemischten Schenkung ein freigebiger und ein entgeltlicher Anteil ermittelt. Das hat zur Folge, dass der freigebige Anteil nicht i.S.d. § 25 ErbStG belastet sein kann, während der entgeltliche Anteil schenkungsteuerlich irrelevant ist. Dies gilt nach Auffassung des BFH selbst dann, wenn § 25 Abs. 1 ErbStG seinem Wortlaut nach erfüllt ist.⁴⁷

Bei der Vermögensübergabe gegen Versorgungsleistungen unterscheidet sich die schenkungsteuerliche wesentlich von der ertragsteuerlichen Behandlung. Während schenkungsteuerlich teilweise ein entgeltliches Rechtsgeschäft angenommen wird, gehören vom Beschenkten übernommene Versorgungsleistungen ertragsteuerlich nicht zum Entgelt für die Vermögensübergabe und führen deshalb weder zu Anschaffungskosten noch zu Veräußerungserlösen.

Aufgrund der Behandlung als gemischte Schenkung wird die Zuwendung also in einen entgeltlichen und einen freigebigen Teil zerlegt. Nur der freigebige Teil der Leistung

---

43 BFH v. 26.7.1995 – X R 113/93 – BStBl. II 1996, 157; BFH v. 31.3.2004 – X R 66/98 – ZEV 2004, 253.
44 Rentenerlass III Rn. 47 u. 48.
45 Rentenerlass III Rn. 50 ff.
46 Vgl. BFH v. 12.4.1989 – II R 37/87 – u. – II R 45/86 – BStBl. II 1989, 524; *Moench*, ErbStG, § 25 Rn. 13; *Troll/Gebel/Jülicher*, ErbStG, § 7 Rn. 206 ff. u. Rn. 231 ff.
47 BFH v. 21.10.1981 – II R 176/78 – BStBl. II 1982, 82, 83.

des Übergebers entspricht der Bereicherung des Bedachten und ist Bemessungsgrundlage für die Schenkungsteuer. Der aus Sicht des BFH als entgeltlich anzusehende Teil ist schenkungsteuerlich unbeachtlich. Der Steuerwert der freigebigen Zuwendung wird dabei – wie bei der **Grundstückszuwendung** gegen Übernahme bestehender Verbindlichkeiten – nach folgender Berechnungsformel ermittelt (R 17 Abs. 2 ErbStR):

Steuerwert der freigebigen Zuwendung

$$= \frac{\text{Steuerwert der Leistung des Schenkers} \times \text{Verkehrswert der Bereicherung des Beschenkten}^*}{\text{Verkehrswert der Schenkerleistung}}$$

* Verkehrswert der Bereichung des Beschenkten = Verkehrswert der Schenkerleistung – Verkehrswert der übernommenen Versorgungsleistung

> **Beispiel:**[48]
> Der Vater überträgt im Alter von 75 Jahren seiner Tochter ein Grundstück gegen Einräumung einer Rente im Jahreswert von € 12.000,00. Der Verkehrswert des Grundstücks beträgt € 425.000,00 und der steuerliche Grundstückswert € 260.000,00. Der Kapitalwert der Rente auf Lebenszeit des Vaters beträgt € 72.240,00 (bei einem erreichten Lebensalter von 75 Jahren beträgt der Kapitalwert einer lebenslänglichen Nutzung für einen Mann das 6,02-fache des Jahreswerts). Der Steuerwert der freigebigen Zuwendung berechnet sich dann anhand vorstehender Formel wie folgt:
>
> $$\frac{€\ 260.000{,}00 \times (€\ 425.000{,}00 - €\ 72.240{,}00)}{€\ 425.000{,}00} = €\ 215.806{,}12$$
>
> Unter Berücksichtigung des persönlichen Freibetrags der Tochter i.H.v. € 205.000,00 ist Schenkungsteuer lediglich auf einen (gerundeten) Betrag i.H.v. € 10.800,00 zu zahlen (die Steuer beträgt dann 7 Prozent, mithin € 756,00).

Die Schwierigkeit bei der Durchführung dieser Verhältnisrechnung besteht in der Praxis darin, die jeweiligen Werte zu ermitteln.

IV. Altenteilsvertrag/Leibgeding

45 Das gesetzlich nicht definierte Leibgeding/Altenteil entstammt dem Bereich **landwirtschaftlicher Betriebsübergaben** und stellt einen Inbegriff von dinglich gesicherten Nutzungsrechten und Leistungen dar, die der allg. Versorgung des Übergebers dienen und eine – im Allgemeinen auf die Lebensdauer des Übergebers – Verknüpfung des Übergebers mit dem belasteten Grundstück/Hofgut bezwecken.[49] Insb. im ländlichen Bereich spielt das Leibgeding/Altenteil in der notariellen Praxis noch eine durchaus bedeutende Rolle.

46 Wichtiger Bestandteil von Leibgedingen/Altenteilen ist die **Reallast** gemäß §§ 1105 ff. BGB. Eine durch Reallast gesicherte Verpflichtung zur Gewährung einer Wohnung ist – anders als das Wohnrecht – vom Bestand des Gebäudes unabhängig und bleibt von seiner Zerstörung unberührt, da die Reallast zur Erhaltung der **Gebrauchsfähigkeit**

---

48 Nach *Moench*, ErbStG, § 25 Rn. 14.
49 Vgl. schon RGZ 162, 52 ff.

verpflichtet.[50] Andererseits ist bei der Wohnreallast der Eigentümer lediglich verpflichtet, allg. und nicht an bestimmten Räumen dem Berechtigten Wohnraum zu gewähren.[51] Die Reallast dient daher in der Praxis in erster Linie zur dinglichen Sicherung **vereinbarter Pflegeleistungen** sowie von Leistungen in Geld, z.B. für Nebenkosten des Wohnrechts, für Krankheitskosten oder für die Versorgungsrente.[52] Bei Abschluss eines Leibgedings/Altenteils ist zudem Landesrecht zu beachten. Art. 96 EGBGB gewährt die Möglichkeit von landesgesetzlichen Regelungen zu Altenteilsverträgen. Hiervon haben die meisten Bundesländer Gebrauch gemacht.[53]

Werden in einem Altenteilsvertrag Pflegeverpflichtungen übernommen, ist darauf zu achten, diese möglichst konkret zu formulieren, um einerseits Streitigkeiten zu vermeiden und andererseits die Eintragungsfähigkeit im Grundbuch (Reallastfähigkeit) zu gewährleisten. 47

Unbedingt geregelt werden sollten auch die Voraussetzungen und Rechtsfolgen von **Leistungsstörungen** insb. im Zusammenhang mit übernommenen Pflegeleistungen. Bei Leistungsstörungen sollte sich ggf. der Übergeber zur Absicherung umfangreiche **Rückforderungsrechte** (vgl. hierzu unten Rn. 111 ff.) vorbehalten, um die Nichterfüllung oder Schlechterfüllung der Pflegeverpflichtungen durch Rückgängigmachen der Übertragung sanktionieren zu können. 48

In der Praxis sind Formulierungen zur möglichst genauen Beschreibung der geschuldeten Pflegeleistungen schwierig. Dennoch ist sich darum zu bemühen, möglichst differenzierte Vorgaben zu machen. Zur Streitvermeidung kann auch geregelt werden, dass im Wege einer **Schiedsgutachterklausel** der behandelnde Hausarzt oder ein neutraler dritter Arzt verbindlich zu entscheiden hat, welche Pflegeleistungen erforderlich und zumutbar sind.[54] 49

Da der Altenteilsvertrag/Leibgeding, wie eingangs dargestellt, einen Inbegriff von dinglich gesicherten Nutzungsrechten und Leistungen darstellt, kann dessen ertrag- und erbschaftsteuerliche Behandlung nicht allg. dargestellt werden. Hier muss im Einzelfall geprüft werden, welche Gegenleistungen vom Übernehmer übernommen wurden. Wenn also Bestandteil des Altenteilsvertrag/Leibgedings ein Wohnrecht ist, gelten insoweit die Ausführungen zur steuerlichen Behandlung des Wohnrechts (vgl. hierzu unter Rn. 32 u. 33), wenn Versorgungsleistungen übernommen werden, finden – bei Vorliegen der entsprechenden Voraussetzungen – die Grundsätze zur Vermögensübergabe gegen Versorgungsleistungen Anwendung (vgl. hierzu Rn. 36 ff. u. 42 ff.). 50

V. Vermögensübergabe gegen Übernahme von Schulden und Grundpfandrechten

1. Zivilrechtliche Grundlagen

Trennt sich der Übergeber bereits lebzeitig von einem Teil seines Vermögens, der noch mit Verbindlichkeiten belastet ist, möchte er i.d.R., dass der Übergeber auch die bestehenden Verbindlichkeiten übernimmt. So soll bei der Übergabe einer fremdfi- 51

---

50 Vgl. Palandt/*Bassenge*, Überbl. v. § 1105 Rn. 3.
51 Vgl. Nachw. in vorstehender Fn.
52 Vgl. zu einem Formulierungsbsp. *Sandweg* in: Beck'sches Formularbuch Bürgerliches, Handels- und Wirtschaftsrecht, Form. IV 7 m. Anm.
53 Vgl. z.B. §§ 6–15 Bad.-Württ. AGBGB sowie die Übersicht v. *Böhringer*, MittBayNot 1988, 103, 106.
54 Vgl. den Vorschlag von *Langenfeld* in: *Langenfeld/Günther*, Grundstückszuwendung zur lebzeitigen Vermögensnachfolge, Rn. 397 sowie Rn. 386 ff. zu weiteren Formulierungsbsp.

nanzierten Immobilie der Übernehmer i.d.R. auch die noch bestehenden Darlehensverpflichtungen (Zins und Tilgung) übernehmen. Eine vollständige Freistellung des Übergebers von den bisherigen Verbindlichkeiten, auch im Außenverhältnis gegenüber dem Gläubiger setzt voraus, dass der Gläubiger die Schuldübernahme genehmigt. Der Übernehmer tritt dann mit schuldbefreiender Wirkung gemäß § 415 BGB in das bestehende Schuldverhältnis ein. Übergeber und Übernehmer sollten vorab mit dem Gläubiger abklären, ob er einer schuldbefreienden Übernahme gemäß § 415 BGB zustimmt. Für den Fall, dass die Genehmigung nicht erteilt wird, sollten Übergeber und Übernehmer im Vertrag klar regeln, dass der Übernehmer im Innverhältnis dem Übergeber gegenüber verpflichtet ist, den Gläubiger rechtzeitig zu befriedigen und somit den Übergeber von eventuellen Ansprüchen frei zu stellen. § 415 Abs. 3 BGB enthält diesbzgl. lediglich eine Auslegungsregel, so dass eine Klarstellung im Vertrag hierzu geboten ist.

52 Auch ist vor Abschluss des Übergabevertrags zu prüfen, ob dem Gläubiger eventuell ein **außerordentliches Kündigungsrecht** zusteht, wenn bei der regelmäßig als Sicherheit dienenden Sache (z.B. Grundstück oder Unternehmen) das Eigentum auf einen Dritten übergeht.[55] Von der Schuldübernahme gemäß §§ 414 ff. BGB ist die Übernahme der dinglichen Grundpfandrechte zu unterscheiden. Die Grundpfandrechte werden i.R.d. vorweggenommenen Erbfolge i.d.R. nicht vom Übergeber abgelöst, sondern werden vom Übernehmer übernommen.

2. *Ertragsteuerrecht*

53 Die Übernahme von Verbindlichkeiten durch den Übernehmer führt bei ihm zu **Anschaffungskosten**. Dies gilt selbst dann, wenn die übernommenen Verbindlichkeiten nicht im wirtschaftlichen oder rechtlichen Zusammenhang mit dem übertragenen Vermögensgegenstand stehen.[56] Beim Übergeber kann bei der (teil-)entgeltlichen Übertragung ein steuerpflichtiger **Veräußerungsgewinn** entstehen (z.B. bei der Übertragung eines Grundstücks innerhalb der Zehn-Jahres-Frist des § 23 EStG, bei Übertragung einer wesentlichen Beteiligung gemäß § 17 EStG oder bei Übertragung eines Mitunternehmeranteils). Liegt ein teilentgeltliches Rechtsgeschäft vor, ist das Rechtsgeschäft nach dem Verhältnis des Verkehrswerts zur Gegenleistung „wertmäßig" in einen vollentgeltlichen und einen voll unentgeltlichen Teil aufzuspalten.[57]

> **Beispiel:**
> V hält GmbH-Anteile im Verkehrswert von € 120.000,00. Er überträgt seine GmbH-Anteile im Wege der vorweggenommenen Erbfolge auf seinen Sohn S, der hierfür Verbindlichkeiten des V i.H.v. € 60.000,00 übernimmt. V hatte die Anteile an der GmbH für € 94.000,00 erworben.
>
> **Lösung:** V erhält ein Veräußerungsentgelt i.H.v. € 60.000,00. Nach dem Verhältnis des Veräußerungsentgelts zum Verkehrswert ist die Beteiligung zu 1/2 entgeltlich übertragen worden. Der Veräußerungsgewinn wird nach § 17 Abs. 3 EStG nur insoweit zur Einkommensteuer herangezogen, als er den Teil der anteiligen Anschaffungskosten übersteigt.

---

55 Vgl. hierzu auch *Langenfeld/Günther*, Grundstückszuwendungen zur lebzeitigen Vermögensnachfolge, Rn. 426.
56 Vgl. *Langenfeld/Günther*, Grundstückszuwendungen zur lebzeitigen Vermögensnachfolge, Rn. 157.
57 Vgl. *von Sothen* in: *Scherer*, MAH Erbrecht, § 42 Rn. 207; *Schmidt/Weber-Grellet*, EStG, § 17 Rn. 1; BMF-Schreiben v. 13.1.1993, BStBl. I 1993, 80, 464 Tz. 9.

Der steuerpflichtige Veräußerungsgewinn i.S.d. § 17 EStG beträgt:
Veräußerungspreis € 60.000,00
abzüglich 1/2 Anschaffungskosten des V € 47.000,00
€ 13.000,00

3. Erbschaftsteuer

Erbschaftsteuerlich stellt die Übernahme von Verbindlichkeiten eine **gemischte Schenkung** dar.[58] Demnach wird wie im Ertragsteuerrecht ein entgeltlicher und ein freigebiger Anteil ermittelt. Insoweit kann auf die Ausführungen zur erbschaftsteuerlichen Behandlung der Vermögensübergabe gegen Versorgungsleistungen (s. Rn. 42 ff.) und das dortige Berechnungsbeispiel verwiesen werden.

VI. Familiengesellschaften

1. Allgemeines

Die Familiengesellschaft in ihren vielfältigen Erscheinungsformen gehört zu den klassischen Instrumenten der vorweggenommenen Erbfolge. Wesentlicher Zweck einer Familiengesellschaft ist die schrittweise Übertragung des Vermögens auf die Familienmitglieder, was zu deutlichen **Erbschaftsteuerersparnissen** führen kann. Die Verteilung des Einkommens auf mehrere Familienmitglieder kann zudem zu einer Einkommensteuerersparnis durch Minderung der Steuerprogression auf das Gesamteinkommen der Familie führen. Bei Einsatz einer Kapitalgesellschaft kann zudem unter Ausnutzung der Vergünstigungen des § 8b KStG und des im Jahr 2001 eingeführten Halbeinkünfteverfahrens eine zusätzliche Ersparnis bei der **Körperschaft-** und **Einkommensteuer** erzielt werden. Weiterhin ermöglicht die Familiengesellschaft die schrittweise Heranführung der Familienmitglieder an die Verwaltung des Vermögens und den Vermögenszusammenhalt. Dabei ist die Familiengesellschaft sowohl interessant, wenn die Familie ein Unternehmen betreibt, als auch dann, wenn die Familie insb. über liquide Vermögenswerte (Aktien, Bargeld etc.) oder Grundbesitz verfügt. Im Einzelnen:

2. Schenkung- und Erbschaftsteuerersparnis

Im Bereich der Schenkung- und Erbschaftsteuer bietet die Familiengesellschaft erhebliche Vorteile: Geht z.B. ein Vermögen erst im Erbfall vollständig auf die Nachfolger über, bleibt die Möglichkeit zur **Mehrfachausnutzung der Schenkung- und Erbschaftsteuerfreibeträge** für Ehegatten i.H.v. € 307.000,00, Kinder i.H.v. € 205.000,00 und Enkel i.H.v. € 51.200,00 ungenutzt. Werden dagegen die Familienmitglieder schrittweise an einer Familiengesellschaft beteiligt, können diese Freibeträge mehrfach ausgeschöpft werden (§§ 14, 15 ErbStG). Die vorgenannten Freibeträge können von jedem Elternteil und Großelternteil jeweils im Abstand von zehn Jahren voll ausgenutzt werden. Allein durch konsequente Nutzung dieser Freibeträge können bspw. Eltern, die drei Jahrzehnte lang i.R.d. Freibeträge Vermögen auf ihre zwei Kinder übertragen, fast € 2.500.000,00 erbschaftsteuerfrei übertragen. Diese Beträge erhöhen sich noch deutlich, wenn sich auch die Großeltern an den Zuwendungen beteiligen.

---

58 *Troll/Gebel/Jülicher*, ErbStG, § 7 Rn. 156 u. 201 ff.

3. Hinführung an die Aufgabe der Vermögensverwaltung

57 Neben den Vorteilen bei der Schenkung- und Erbschaftsteuer bietet eine **Familiengesellschaft** die Möglichkeit, Familienmitglieder schrittweise an verantwortungsvolle Aufgaben der Vermögensverwaltung heranzuführen. So können den Kindern z.B. zunächst rein vermögensrechtliche Beteiligungen und später auch Mitentscheidungsrechte übertragen werden. In diesem Zusammenspiel werden die Kinder mit gesellschaftsrechtlichen Sachverhalten durch Teilnahme an den Gesellschaftsversammlungen, Lit. der Jahresabschlüsse, Mitwirkung an Gesellschafterbeschlüssen, etc. vertraut gemacht. Daneben werden die Nachkommen sukzessive an einen verantwortungsvollen Umgang mit dem Familienvermögen gewöhnt. Sie erleben als Mitgesellschafter die Entstehung und Durchführung von Anlage- und Investitionsentscheidungen. Da das Mitspracherecht zunächst ausgeschlossen oder doch sehr beschränkt ist, brauchen die Eltern und Großeltern keine Bedenken zu haben, ihre Kontrolle auf die Vermögensverwaltung zu verlieren.

4. Für alle Vermögensarten geeignet; Wahl der richtigen Gesellschaftsform

58 Die Familiengesellschaft kann insb. genutzt werden, um liquides Vermögen (Aktien, Rentenpapiere etc.) oder Grundbesitz zu verwalten. Je nach der gegebenen steuerlichen Situation, der geplanten Tätigkeit und der Ausschüttungspolitik muss entschieden werden, in welcher Rechtsform die Familiengesellschaft ausgestaltet wird. Bei der Wahl der Gesellschaftsform ist auch darauf zu achten, ob eine **steuerneutrale Einbringung** der jeweiligen Vermögensgegenstände in die Familiengesellschaft möglich ist. Vor diesem Hintergrund empfiehlt sich i.d.R. für die Verwaltung von Privatvermögen die Nutzung einer vermögensverwaltenden Personengesellschaft (GbR, KG oder OHG) und zur Verwaltung von Betriebsvermögen die Nutzung einer gewerblichen oder gewerblich geprägten Personengesellschaft (KG, OHG oder GmbH & Co. KG). Daneben ist zu prüfen, ob es nicht auch aufgrund der besonderen steuerlichen Gegebenheiten (nachfolgend unter Rn. 66 ff.) sinnvoll ist, alternativ oder zusätzlich die Familiengesellschaft als Kapitalgesellschaft (GmbH oder KG) zu organisieren. Unter Umständen kann sich daher die Gründung von zwei oder drei Familiengesellschaften empfehlen, damit für die einzelnen Vermögensgruppen die jeweils richtige Gesellschaft mit der richtigen Gesellschaftsform zur Verfügung steht. Dabei ist darauf zu achten, dass die Gesellschaftsverträge so aneinander angeglichen werden, dass sich trotz einer Mehrzahl von Gesellschaften kein allzu großer Verwaltungsmehraufwand ergibt.

59 Auch dann, wenn das Familienvermögen in einem Unternehmen gebunden ist, können manche Gedanken der Familiengesellschaft übernommen werden. So ist natürlich daran zu denken, die Kinder am Unternehmen sukzessive zu beteiligen; insofern wird dann das **Unternehmen** automatisch zur **Familiengesellschaft**. Alternativ ist aber bspw. zu überlegen, ob sich nicht deutliche Vereinfachungen in der laufenden Verwaltung, aber auch bei der Übertragung oder Vererbung des Unternehmens dadurch erzielen lassen, dass anstelle der unmittelbaren Beteiligung der Kinder am Unternehmen eine Familiengesellschaft in der Form der Familien-Holding errichtet wird, in die das Unternehmen eingebracht wird.

5. Einkommensteuerersparnis

60 Im ertragsteuerlichen Bereich bietet die Familiengesellschaft den Vorteil, dass durch die Aufteilung erzielter Gewinne auf mehrere Familienmitglieder regelmäßig eine **Minderung der Steuerprogression** auf das Gesamteinkommen der Familie erreicht

wird: Zum einen kann der einkommensteuerrechtliche Grundfreibetrag von derzeit
€ 7.664,00 (Grundtabelle 2004) bzw. € 15.329,00 (Splittingtabelle 2004) für jeden Beteiligten der Familiengesellschaft ausgenutzt werden. Zum anderen führt die Verteilung des Einkommens zu einer tendenziellen Minderung der Steuerprogression auf das Gesamteinkommen der Familie, da die Einkünfte bei den einzelnen Familienmitgliedern nach der Verteilung gelegentlich nicht mehr mit dem Spitzensteuersatz besteuert werden. Auch können unter Umständen auf der Ebene der Familiengesellschaft Verluste einzelner Familienmitglieder mit Gewinnen anderer Familienmitglieder verrechnet werden. Bei größeren Vermögen, insb. Vermögen, die in Aktien angelegt sind, kann sich ein Vorteil der als Kapitalgesellschaft (GmbH, AG) organisierten Familiengesellschaft durch das sog. **Halbeinkünfteverfahren** ergeben. Gewinnauszahlungen der GmbH werden beim Gesellschafter nur mit der Hälfte des Betrages für die individuelle Einkommensteuerberechnung angesetzt. Hinzu kommt, dass Dividenden, die eine Kapitalgesellschaft von einer anderen Kapitalgesellschaft erhält, zu 95 Prozent körperschaftsteuerfrei sind. Gleiches gilt für Gewinne aus der Veräußerung eines Anteils an einer anderen Kapitalgesellschaft. Ein Wermutstropfen in diesem Zusammenhang ist jedoch die Besteuerung der Dividendeneinkünfte aus Streubesitz (bei Anteilen an Kapitalgesellschaften von unter 10 Prozent) mit der **Gewerbesteuer.** Dies betrifft auch Familiengesellschaften, die entweder aufgrund originärer gewerblicher Tätigkeit oder kraft Rechtsform (gewerblich geprägte Personengesellschaften, Kapitalgesellschaften) gewerbesteuerpflichtig sind. Aufgrund dieser Gewerbesteuerbelastung ist letztlich die geplante Ausschüttungspolitik das entscheidende Abwägungskriterium bei der Frage, ob Aktienvermögen über eine Kapitalgesellschaft oder eine vermögensverwaltende Personengesellschaft verwaltet werden sollte.

6. Familiengesellschaft hält das Vermögen zusammen

Die **Familiengesellschaft** kann auch **als Erbin** in Betracht gezogen werden.[59] Dies kann zur Erhaltung eines Vermögens als Ganzes sinnvoll sein. Zunächst kann die Einbindung des Vermögens in die Familiengesellschaft die oft ausgesprochene streitanfällige Erbauseinandersetzung vermeiden helfen. Insb. aber kann durch Vererbung von Vermögen an die Familiengesellschaft einer Zersplitterung des Vermögens durch mehrere Erbgänge und Veräußerungen vorgebeugt werden. Dieser Schutz ist zwar wegen des grundsätzlichen Kündigungsrechtes eines jeden Gesellschafters nicht so ausgeprägt wie bei einer Stiftung, andererseits ist aber die Familiengesellschaft ein wesentlich flexibleres Instrument: Änderungen des Gesellschaftsvertrags sind ohne weiteres möglich, zudem kann die Familie bei Bedarf Vermögenswerte aus dem Gesellschaftsvermögen zum eigenen Verbrauch entnehmen. Allerdings sollten vor einer Entnahme die steuerlichen Konsequenzen geprüft werden.

61

7. Umwandlung von Privatvermögen in Betriebsvermögen

Bei der Vererbung von Betriebsvermögen wird zum einen ein **Freibetrag** i.H.v. € 225.000,00 gewährt und zum anderen ein **Bewertungsabschlag** i.H.v. 35 Prozent des verbleibenden Werts des Betriebsvermögens.

62

---

59 Vgl. zur Erbfähigkeit der GbR *Scherer/Feick*, ZEV 2003, 341.

> **Beispiel:**
> Wird ein Unternehmen mit einem Steuerwert von € 8.000.000,00 an eine Person vermacht, die nicht mit dem Übergeber verwandt ist, ergibt sich folgende Steuerlast:
>
> | | |
> |---|---:|
> | Steuerwert des Unternehmens | € 8.000.000,00 |
> | ./. Freibetrag gem. § 13a Abs. 1 ErbStG = € 225.000,00 | € 7.775.000,00 |
> | ./. 35 %iger Bewertungsabschlag gem. § 13a Abs. 2 ErbStG: | € 5.053.750,00 |
> | ./. Freibetrag gemäß § 16 Abs. 1 Ziff. 5: € 5.200,00 | € 5.048.550,00 |
> | ./. Abrundung | € 5.048.500,00 |
> | Steuer aus € 5.048.500,00 (Steuerklasse I) gemäß §§ 19, 19a ErbStG: | **€ 1.056.146,00** |
>
> Zum Vergleich: Die Steuer ohne die Begünstigungen für Betriebsvermögen und unter Berücksichtigung der Steuerklasse III würde € 3.277.868,00 betragen.

63 Allerdings ist vor einer pauschalen Empfehlung zur Umwandlung von Privat- in Betriebsvermögen zu warnen. Einerseits stehen die Vergünstigungen der §§ 13a, 19a ErbStG derzeit unter gerichtlicher Überprüfung der Verfassungsgemäßheit, andererseits wird derzeit über eine Änderung des Erbschaftsteuergesetzes in Bezug auf die Unternehmensnachfolge diskutiert.[60] Des Weiteren droht eine Besteuerung der anwachsenden stillen Reserven bei einer späteren Entnahme oder Veräußerung eines im Betriebsvermögen gehaltenen Gegenstands. Schließlich fallen die genannten Begünstigungen mit Wirkung für die Vergangenheit weg, wenn das neu gebildete Betriebsvermögen vom Erwerber innerhalb von fünf Jahren nach dem Erwerb veräußert oder wieder in das Privatvermögen zurückgeführt wird.

8. Zusammenfassung

64 Die Gründung einer Familiengesellschaft eröffnet die Möglichkeit, die designierten Nachfolger schrittweise mit der Vermögensverwaltung vertraut zu machen, ihnen langsam Mitverantwortung und schließlich die Geschäftsführung zu übertragen. Zudem ist die Familiengesellschaft ein hochinteressantes Instrument, um das Familienvermögen über einen längeren Zeitraum zusammenzuhalten und einer Zersplitterung vorzubeugen. Daneben lassen sich durch die Gründung einer Familiengesellschaft sowohl schenkung-, erbschaft- als auch einkommen- und körperschaftsteuerliche Vorteile erzielen.

VII. Exkurs: Familiengesellschaft – Speziell: Belastungsvergleich Personen- zu Kapitalgesellschaften

1. Allgemeines

65 Die Rechtsform der Kapitalgesellschaft kommt als Familiengesellschaft in Betracht, wenn größere **Wertpapier- oder Grundstücksvermögen** vorhanden sind. Aufgrund

---

60 Es existieren Gesetzesentwürfe der Bundesregierung, des Bundesrates sowie der CDU/CSU-Fraktion, die allesamt versuchen, die Umwandlung von reinem Privatvermögen in Betriebsvermögen zu verhindern. I.R.d. Vergünstigung für Betriebsvermögen soll künftig zwischen sog. Produktivvermögen u. nichtproduktivem Vermögen unterschieden werden. Begünstigt werden soll künftig nur noch sog. Produktivvermögen; vgl. BT-Drucks. 15/5555 (Entwurf der Bundesregierung); BT-Drucks. v. 1.6.2005, 15/5604 (Gesetzesentwurf des Bundesrates) u. BT-Drucks. 15/5448 v. 10.5.2005 (Gesetzentwurf der Fraktion der CDU/CSU).

der Änderung der steuerlichen Rahmenbedingungen für Kapitalgesellschaften hat sich ein weiteres für die Steuerplanung nutzbares Gestaltungspotential ergeben. In diesem Zusammenhang ist insb. die Einführung des sog. **Halbeinkünfteverfahrens** für die Besteuerung von Dividenden von Gesellschaftern der Kapitalgesellschaft zu nennen sowie die **Steuerfreiheit von Gewinnausschüttungen**, die eine Kapitalgesellschaft von einer anderen in- oder ausländischen Kapitalgesellschaft (GmbH oder AG) erhält. Aber auch im Bereich der Schenkung- bzw. Erbschaftsteuer kann die Kapitalgesellschaft eine interessante Alternative zur Vermögensverwaltung im Privatvermögen sein. Bei der Wahl der Gesellschaftsform ist in jedem Fall nicht nur einseitig die Ertragsteuerbelastung, sondern die Gesamtsteuerbelastung durch Schenkungen und Erbgänge in die Planungen mit einzubeziehen. Im Zusammenhang mit der Nachfolgeplanung sollte stets auch die **Vererblichkeit der Familiengesellschaftsbeteiligungen** beachtet werden. Allerdings sind bei der Wahl der Kapitalgesellschaft als Familiengesellschaft auch die Gründungs- und Rechtsformkosten (Mindestkapital) sowie die handelsrechtlichen Publizitätspflichten (Erstellung einer zumindest gekürzten Bilanz) zu berücksichtigen.

2. *Ertragsteuern*

a) Ausgangssituation

Aus ertragsteuerlicher Sicht ist – anders als bei den Personengesellschaften – zunächst die Steuerbelastung der Gesellschaft einerseits und der Gesellschafter andererseits zu unterscheiden. Die Kapitalgesellschaft unterliegt der Körperschaftsteuer mit einem Definitivsatz von 25 Prozent. Werden also Erträge der Kapitalgesellschaft nicht an die Gesellschafter ausgeschüttet, sondern thesauriert, unterliegen sie nicht dem hohen persönlichen Einkommensteuersatz (seit 2005 bis zu 42 Prozent) der Gesellschafter. Auch der Solidaritätszuschlag wird somit von einer geringeren Bemessungsgrundlage errechnet. Kirchensteuer fällt nicht an. Erzielt die Kapitalgesellschaft Gewinne aus der Veräußerung von Anteilen anderer Kapitalgesellschaften (insb. beim Verkauf von Aktien), so bleiben diese Gewinne nach § 8b KStG zu 95 Prozent körperschaft- und damit grundsätzlich auch zu 95 Prozent gewerbesteuerfrei. Gleiches gilt für **Dividendeneinnahmen** der Kapitalgesellschaft aus anderen Kapitalgesellschaftsbeteiligungen. Hält die vermögensverwaltende GmbH z.B. Aktien verschiedener Unternehmen, so sind die Dividendenerträge aus diesen Aktien seit 1.1.2004 zu 95 Prozent körperschaftsteuerfrei.

Je nach Anlageform kann aber auf die gesamten Erträge **Gewerbesteuer** anfallen, so dass die Gesamtsteuerbelastung bei Thesaurierung je nach dem anwendbaren örtlichen Hebesatz bis zu 40 Prozent (25 Prozent Körperschaftsteuer plus Gewerbesteuer) betragen kann (z.B. bei Erträgen aus festverzinslichen Wertpapieren). Ein Wermutstropfen ist besonders die auf Drängen der Kommunen i.R.d. Gesetzes zur Fortentwicklung der Unternehmensteuerreform eingeführte Gewerbesteuer auf **Dividenden aus Streubesitz**, die rückwirkend ab dem Erhebungszeitraum des Jahres 2001 in Kraft getreten ist. Danach müssen Kapitalgesellschaften für Dividenden aus Beteiligungen an anderen Kapitalgesellschaften von weniger als 10 Prozent Gewerbesteuer entrichten. Insb. bei vermögensverwaltenden GmbHs mit einem diversifizierten Portefeuille wird die Beteiligung z.B. an einer börsennotierten Aktiengesellschaft selten 10 Prozent oder mehr betragen. Für derartige vermögensverwaltende Gesellschaften ist daher die Einführung der Gewerbesteuer auf Streubesitzdividenden sehr nachteilig. Wenigstens bleiben die Gewinne aus dem Verkauf dieser Beteiligungen entgegen der Forderungen der Kommunen weiterhin zumindest zu 95 Prozent gewerbesteuerfrei.

b) Vergleich zur alten Rechtslage (vor 2001)

68 Da die Körperschaftsteuer nunmehr definitiven Charakter hat, wird sie auf Ebene des Gesellschafters nicht mehr – wie nach dem früheren Anrechnungsverfahren – auf die Einkommensteuer des Anteileigners angerechnet. Werden Erträge an die Anteilseigner ausgeschüttet, unterliegen diese Ausschüttungen dem im Jahr 2001 eingeführten sog. **Halbeinkünfteverfahren**. Dies bedeutet, dass der Anteilseigner die halben Einkünfte mit seinem individuellen Einkommensteuersatz zzgl. Solidaritätszuschlag und ggf. Kirchensteuer zu versteuern hat. Liegt der persönliche Einkommensteuersatz (Grenzsteuersatz aufgrund der Progression) des Anteilseigners über 40 Prozent, ergeben sich durch das Halbeinkünfteverfahren Vorteile gegenüber der alten Rechtslage.

> **Beispiel:**
> Die Kapitalgesellschaft erzielt einen Gewinn i.H.v. 100. Der Einkommensteuersatz des Anteilseigners beträgt 42 Prozent. Zur Vereinfachung erfolgt die Berechnung ohne Solidaritätszuschlag, Kapitalertragsteuer und Kirchensteuer (sowie ohne Gewerbesteuer).
>
> **Ebene der Kapitalgesellschaft**
>
> | | |
> |---|---:|
> | Gewinn vor Körperschaftsteuer: | 100 |
> | Körperschaftsteuer 25 % | ./. 25 |
> | Gewinnausschüttung (Dividende) | 75 |
>
> **Ebene des Anteilseigners**
>
> | | |
> |---|---:|
> | Einnahmen aus Kapitalvermögen | 75 |
> | die Hälfte steuerfrei nach § 3 Nr. 40d EStG | ./. 37,5 |
> | steuerpflichtig | 37,5 |
> | Einkommensteuer (42 %) von 37,5 | 15,75 |
>
> **Einkommen des Anteilseigners nach Steuern**
>
> | | |
> |---|---:|
> | Einnahmen aus Kapitalvermögen | 75 |
> | abzüglich Steuerbelastung | ./. 15,75 |
> | verbleibendes Nettoeinkommen | 59,25 |

69 Nach dem **alten Anrechnungsverfahren** wurde dem Anteilseigner die Körperschaftsteuer der Kapitalgesellschaft angerechnet, so dass er i.E. den ausgeschütteten Gewinn der Kapitalgesellschaft vor Körperschaftsteuer mit seinem Einkommensteuersatz zu versteuern hatte. Bei einem Gewinn der Kapitalgesellschaft und der vollständigen Ausschüttung dieses Gewinns von 100 wäre daher nach dem Anrechnungsverfahren eine Einkommensteuer von 42 (42 Prozent) fällig gewesen. Dem Anteilseigner wären nach Steuern daher nur 58 verblieben.

c) Vergleich zur gewerblichen Personengesellschaft

70 Bei der **Wahl** der richtigen **Gesellschaftsform** aus ertragsteuerlicher Sicht ist nicht nur die alte und die neue Rechtslage bei Kapitalgesellschaften, sondern insb. auch die Kapitalgesellschaft mit der gewerblichen oder der gewerblich geprägten Personengesellschaft, wie z.B. der GmbH & Co. KG, zu vergleichen. Eine pauschale Beurteilung, welche Gesellschaftsform aus ertragsteuerlicher Sicht vorteilhafter ist, lässt sich nicht treffen. Werden die Gewinne in der Gesellschaft nicht ausgeschüttet, sondern vollständig **thesauriert**, ist die Steuerbelastung in der Kapitalgesellschaft regelmäßig ge-

ringer, da die Kapitalgesellschaft nur der definitiven Körperschaftsteuer i.H.v. 25 Prozent unterliegt, zzgl. der Gewerbesteuer, während bei der Personengesellschaft der persönliche Einkommensteuersatz eines jeden Gesellschafters (Mitunternehmers) maßgeblich ist, der derzeit bis zu 42 Prozent betragen kann. Wenn dagegen die Kapitalgesellschaft ihre Gewinne ausschüttet und neben die Definitivbelastung der Gesellschaft die hälftige Besteuerung der Dividende beim Anteilseigner tritt, geht der Vorteil gegenüber der Personengesellschaft verloren. Als grobe Faustformel lässt sich festhalten, dass auch nach den letzten Steuerreformen die Gesamtbelastung von Kapitalgesellschaften und ihren Gesellschaftern, wenn der Gewinn voll ausgeschüttet wird, stets höher ist als die von Personengesellschaften und ihren Gesellschaftern.

Als **Zusammenfassung** der ertragsteuerlichen Rahmenbedingungen bei der Kapitalgesellschaft und der Personengesellschaft kann folgende Tabelle dienen:

	Thesaurierende Kapitalgesellschaft	Ausschüttende Kapitalgesellschaft	Gewerbliche Personengesellschaft
Gewinn	100.000	100.000	100.000
GewSt[61]	17.526	17.526	17.526
Gewinn nach GewSt	**82.474**	**82.474**	**82.474**
KSt	20.619	20.619	0,0
Gewinn nach KSt[62]	**61.855**	**61.855**	**82.474**
zu versteuern	0,0	30.928	82.474
ESt	0,0	42 %	42 %
Ermäßigung gem. § 35 EStG	0,0	0,0	7.423
Gewinn nach Steuern	**61.855**	**48.866**	**55.258**
Gesamtbelastung in Prozent	**ca. 38 %**	**ca. 51 %**	**ca. 44,7 %**

Verwaltet die Familiengesellschaft aber Beteiligungen an anderen Kapitalgesellschaften, wie z.B. Aktien, ist die Kapitalgesellschaft der Personengesellschaft regelmäßig vorzuziehen. Nachdem in den Jahren 2002 und 2003 Gewinne aus der Veräußerung von Anteilen anderer Kapitalgesellschaften (z.B. Aktien) gänzlich steuerbefreit worden waren, müssen seit 2004 **Wertsteigerungen** seit der Anschaffung der Aktien bei der Veräußerung durch eine Kapitalgesellschaft i.H.v. 5 Prozent versteuert werden (5 Prozent der Veräußerungsgewinne gelten als nicht abziehbare Betriebsausgaben). Diese Wertsteigerungen unterliegen daher zu 95 Prozent erst bei Ausschüttung der Gewinne an den Gesellschafter dessen Einkommensteuer nach dem Halbeinkünfteverfahren.

Würden aber die Aktien von einer gewerblichen Personengesellschaft gehalten, müssten deren Gesellschafter (sofern es natürliche Personen sind) bei der Veräußerung dieser Aktien die Differenz zwischen Veräußerungserlös und Anschaffungspreis sogleich nach dem Halbeinkünfteverfahren versteuern. Zwar hat der Gesetzgeber zum Jahresanfang 2002 eine steuerfreie Reinvestitionsrücklage bei Personengesellschaften für Gewinne aus der Veräußerung von Anteilen an Kapitalgesellschaften i.H.v. maximal € 500.000,00 eingeführt (§ 6b Abs. 10 EStG). Diese **steuerfreie Rücklage** hilft indes

---

61 Die Höhe der Gewerbesteuer richtet sich nach dem Gewerbesteuerhebesatz, der von jeder Gemeinde festgelegt wird. Im Bsp. ist von einem Hebesatz von 425 Prozent ausgegangen worden. Im Ergebnis kann die Gewerbesteuerbelastung in Großstädten über 20 Prozent des Ertrags betragen; in kleineren Gemeinden im Schnitt 17 Prozent.
62 Der Einfachheit halber bleibt der SolZ unberücksichtigt.

nur, wenn der **erzielte Veräußerungsgewinn** wieder angelegt wird. Soll der Gewinn dagegen in das Privatvermögen überführt, d.h. an die Gesellschafter ausgezahlt werden, bleibt es bei der sofortigen Besteuerung nach dem Halbeinkünfteverfahren.

– An dieser Stelle sei nochmals ausdrücklich darauf hingewiesen, dass abstrakte Berechnungen über die steuerliche Belastung ohne Berücksichtigung individueller Gegebenheiten (z.B. der Ausschüttungspolitik) stets mit Vorsicht zu genießen sind. –

d) Vergleich zur Vermögensverwaltung bei Direktanlage

74 Im Vergleich zur direkten Vermögensanlage im Privatvermögen empfiehlt sich die Vermögensverwaltung über eine **zwischengeschaltete Kapitalgesellschaft** aus rein ertragsteuerlichen Gründen i.d.R. nicht. Zwar besteht bei der Thesaurierung von Gewinnen in der Kapitalgesellschaft ein Vorteil beim Steuersatz, da der Körperschaftsteuersatz i.H.v. 25 Prozent auch zzgl. einer eventuell anfallenden Gewerbesteuer noch deutlich unter dem Spitzensteuersatz der Einkommensteuer von 42 Prozent (ab 2005) liegt. Sobald allerdings ein Gesellschafter die Erträge aus der Vermögensverwaltung über eine zwischengeschaltete Kapitalgesellschaft privat verwenden will, wird der Steuersatzvorteil der Vermögensverwaltungs-GmbH zu einem Steuersatznachteil gegenüber der direkten Vermögensverwaltung im Privatvermögen. Dies beruht vor allem auf der Gewerbesteuerpflicht der Erträge bei der Vermögensverwaltungs-GmbH. Bei der Anlage des Vermögens in Aktien empfiehlt sich die mittelbare Vermögensanlage über eine Kapitalgesellschaft i.d.R. dann, wenn nahezu ausschließlich Einkünfte erzielt werden, die auch bei direkter Vermögensanlage der Besteuerung unterlägen (Veräußerungsgewinne innerhalb der einjährigen **Spekulationsfrist** nach § 23 EStG bzw. Veräußerungsgewinne, falls die Beteiligungsquote zu irgendeinem Zeitpunkt innerhalb der der Veräußerung vorangehenden fünf Jahre mindestens 1 Prozent (seit 2002) betrug, vgl. § 17 EStG. Entsprechende Veräußerungsgewinne sind auf der Ebene der Kapitalgesellschaft steuerfrei und unterliegen bei der Ausschüttung nur zur Hälfte der Einkommensteuer (Halbeinkünfteverfahren) des Gesellschafters. Sind dagegen die Einkünfte, die mit der Anlage in Aktien erzielt werden, bei Direktanlage im Privatvermögen nicht steuerpflichtig (z.B. weil die Spekulationsfrist von einem Jahr abgewartet wurde und die Beteiligung weniger als 1 Prozent betrug), führt die Anlage über die Zwischenschaltung einer Vermögensverwaltungs-GmbH zu einem steuerlichen Nachteil. Zwar sind auch bei der Vermögensverwaltungs-GmbH die Veräußerungsgewinne steuerfrei, sie unterliegen jedoch im Falle der Ausschüttung wiederum hälftig der Einkommensteuer beim Gesellschafter, während bei der Direktanlage keine Einkommensteuer anfällt.

75 Verwaltet die Kapitalgesellschaft **Grundbesitz**, der vermietet wird, so ist dies ertragsteuerlich gegenüber der direkten Vermögensanlage im Privatvermögen regelmäßig vorteilhaft, wenn damit Einkünfte erzielt werden, die auch bei direkter Vermögensanlage steuerpflichtig sind (Mieteinnahmen, private Veräußerungsgeschäfte innerhalb der zehnjährigen Behaltensfrist des § 23 EStG). Sofern die Kapitalgesellschaft nur eigenen Grundbesitz verwaltet und keinen gewerblichen Grundstückshandel betreibt, entsteht aufgrund der erweiterten Kürzung nach § 9 Nr. 1 Satz 2 bis 5 GewStG auf die Mieteinnahmen und eventuelle Veräußerungsgewinne **keine Gewerbesteuer**. Werden die Gewinne thesauriert, fällt lediglich Körperschaftsteuer i.H.v. 25 Prozent an. Selbst bei einer Ausschüttung der Gewinne an die Gesellschafter ist die Steuerbelastung mit der 25 prozentigen Körperschaftsteuer und der hälftigen Einkommensteuer auf die ausgeschütteten Gewinne regelmäßig etwas niedriger als die Einkommensteuer auf die vollen Gewinne aus Mieteinnahmen bei direkter Vermögensanlage im Privatvermögen.

Werden dagegen **Veräußerungsgewinne** erzielt, die bei einer direkten Vermögensanlage nicht steuerbar sind (z.B. nach Ablauf der zehnjährigen Behaltensfrist oder bei selbstgenutzten Immobilien), ist die Zwischenschaltung einer Kapitalgesellschaft steuerlich nachteilig. Ebenso wie bei der Anlage in Aktien tritt dann zu der definitiven Belastung mit 25 Prozent Körperschaftsteuer im Falle der Ausschüttung der Veräußerungsgewinne an die Gesellschafter die hälftige Einkommensteuer auf diese Ausschüttungen hinzu, während der Veräußerungsgewinn aus dem Verkauf von Immobilien bei einer direkten Vermögensanlage nach Verstreichen der Behaltefrist gemäß § 23 EStG komplett steuerfrei ist.

3. Schenkung- bzw. Erbschaftsteuer

Allerdings sollte die Wahl der Rechtsform der Familiengesellschaft nicht nur ertragsteuerliche Auswirkungen berücksichtigen. Vielmehr ist aus steuerlicher Sicht stets eine **Gesamtsteuerbelastung** über einen längeren Zeitraum zu prognostizieren. Da das verwaltete Vermögen idealerweise auf die nächsten Generationen weiter übertragen werden soll, ist insb. auch die Erbschaft- bzw. Schenkungsteuerbelastung bei der Entscheidung über die Vermögensverwaltung durch eine Kapitalgesellschaft zu berücksichtigen.

76

a) Rechtliche Ausgangslage

Bei der Vererbung von Betriebsvermögen wird ein Freibetrag i.H.v. € 225.000 und ein **Bewertungsabschlag** i.H.v. 35 Prozent des verbleibenden Werts des Betriebsvermögens gewährt. Zudem errechnet sich die Erbschaftsteuer zu 88 Prozent stets nach der günstigen Steuerklasse I. Bei Kapitalgesellschaften gelten diese Vorteile der §§ 13a, 19a ErbStG im Gegensatz zu gewerblichen Personengesellschaften jedoch nur, wenn der Übergeber (Schenker) am Nennkapital der Gesellschaft zu mehr als **25 Prozent unmittelbar beteiligt** war. Der Freibetrag und der verminderte Wertansatz fallen mit Wirkung für die Vergangenheit weg, soweit der Erbe (Beschenkte) innerhalb von fünf Jahren nach dem Erwerb die erhaltenen Anteile ganz oder teilweise veräußert. Es besteht also eine Behaltensfrist von fünf Jahren, deren Verletzung zu einer Nachversteuerung führt.

77

b) Vergleich zu Personengesellschaften

Im Vergleich zur Personengesellschaft ergibt sich bei der Berechnung des Steuerwerts, der die Bemessungsgrundlage für die Erbschaftsteuer darstellt, ein weiterer Unterschied. Der Anteilswert bei der Kapitalgesellschaft errechnet sich i.d.R. nach dem sog. **„Stuttgarter Verfahren"**. Dieses Verfahren berücksichtigt sowohl den Substanzwert als auch die Ertragsaussichten der Gesellschaft. Bei einem Bilanzwert des Betriebsvermögens von € 1.000.000 und einem Jahresertrag von € 500.000 ergibt sich z.B. ein Steuerwert der Gesellschaft i.H.v. € 2.380.000. Bei einer Personengesellschaft bleiben die Ertragsaussichten demgegenüber unberücksichtigt. Das gleiche Unternehmen, betrieben in der Rechtsform der Personengesellschaft, hätte deshalb nur einen Steuerwert von € 1.000.000. Hält die Kapitalgesellschaft allerdings insgesamt zu mehr als **75 Prozent Beteiligungsbesitz** an Kapitalgesellschaften, gleichgültig wie hoch die jeweilige individuelle Beteiligung ist, entspricht der Steuerwert der Gesellschaft dem Vermögenswert. Besteht das Vermögen der Gesellschaft z.B. ausschließlich aus Aktien börsennotierter AGs, ist für den Steuerwert allein der Börsenkurs der Aktien maßgeblich.

78

79 Daher sind **Personengesellschaften** aus erbschaftsteuerlichen Gesichtspunkten regelmäßig gegenüber Kapitalgesellschaften zu bevorzugen, wenn der Jahresertrag des Vermögens sehr hoch ist. Verwaltet die Gesellschaft dagegen ausschließlich oder überwiegend niedrig verzinsliches Vermögen (z.B. festverzinsliche Wertpapiere, Renten und niedrig verzinsliche Immobilien), wird dieses Vermögen in einer **Kapitalgesellschaft** deutlich niedriger bewertet als in einer Personengesellschaft. Die krit. Verzinsung, bei der die Bewertung des Vermögens sowohl in der Kapitalgesellschaft als auch in der Personengesellschaft etwa gleich ist, liegt bei ungefähr 9 Prozent. Bleibt die Verzinsung des verwalteten Vermögens unter dieser Grenze, ist die Wahl einer Kapitalgesellschaft i.d.R. erbschaftsteuerlich günstiger als die Personengesellschaft.

c) Vergleich zur Direktanlage

80 Der bereits erwähnte Freibetrag i.H.v. € 225.000 sowie der 35 prozentige Bewertungsabschlag auf den verbleibenden Betrag sind ein erheblicher schenkung- bzw. erbschaftsteuerlicher Vorteil der Kapitalgesellschaft gegenüber der **Direktanlage**, wenn der Übergeber bzw. Schenker an der Kapitalgesellschaft zu mehr als 25 Prozent beteiligt ist. Wird z.B. eine 100 prozentige Beteiligung an einer GmbH im Steuerwert von € 8.000.000 an eine Person vererbt, die nicht mit dem Übergeber verwandt ist, ergibt sich ein Steuervorteil von € 2.221.722 gegenüber der Vererbung von Privatvermögen im gleichen Steuerwert an die gleiche Person.

81 Berechnungen ergeben, dass in typischen Konstellationen mit einer Thesaurierungsrate der Erträge von ca. 1/3 die Investition liquiden Vermögens (Aktien, festverzinsliche Wertpapiere etc.) über eine **Vermögensholding** (GmbH, AG) unter Einbeziehung sowohl der laufenden Ertragsteuern wie auch der Erbschaftsbesteuerung zu einer günstigeren Gesamtbesteuerung als die Direktinvestition in dasselbe Portefeuille führt. Allerdings sollte die abstrakte Berechnung nie zur Grundlage der Entscheidung für die Wahl der richtigen Gesellschaftsform für die Vermögensverwaltung gemacht werden. Stets sind den individuellen Vorstellungen und Wünschen Vorrang einzuräumen. So kann sich z.B. durch eine geplante vorweggenommene Erbfolge und die frühzeitige Beteiligung von Kindern und Enkeln an der Familiengesellschaft eine andere, i.d.R. günstigere, Gesamtsteuerbelastung ergeben.

VIII. Lebensversicherungen in der vorweggenommenen Erbfolge

1. Übertragung von bestehenden Kapitallebensversicherungen

82 Eine weitere Möglichkeit, Vermögen steuergünstig bereits lebzeitig auf Ehegatten oder auf die nächste Generation zu übertragen, besteht im Zusammenhang mit bereits existierenden Lebensversicherungen.

83 Vor der Befassung mit den erbschaftsteuerlichen Vorteilen ist sich jedoch die zivilrechtliche Ausgangslage bei einem **Lebensversicherungsvertrag** zu vergegenwärtigen. Vertragspartner des Versicherungsvertrags sind die Versicherungsgesellschaft und der Versicherungsnehmer. Letzterer ist zur Zahlung der Prämien verpflichtet. Gegenstand des Vertrags ist die Leistung einer bestimmten Versicherungssumme, wenn eine versicherte Person einen bestimmten Stichtag erlebt oder vor einem bestimmten Stichtag verstirbt (vgl. § 159 VVG). Die versicherte Person kann – muss aber nicht – mit dem Versicherungsnehmer identisch sein. Darüber hinaus kann in dem Versicherungsvertrag ein Bezugsberechtigter benannt werden, wenn die Auszahlung der Versicherungssumme bei Eintritt des Versicherungsfalls nicht an den Versicherungsnehmer, sondern an einen Dritten (häufig Ehegatten) gezahlt werden soll. Zivilrechtlich handelt es sich bei der Benennung eines Bezugsberechtigten um einen echten **Vertrag zugunsten Dritter** gemäß § 328 BGB.[63] Die Benennung des Bezugsberechtigten kann bis zum Eintritt des Versicherungsfalls jederzeit durch schriftliche Mitteilung gegenüber der Versicherung geändert werden, es sei denn, der Bezugsberechtigte ist unwiderruflich benannt worden.

a) Schenkung der gesamten Lebensversicherung

Wird eine bestehende Versicherung mit allen Rechten und Pflichten auf den Ehegatten oder Abkömmlinge schenkweise übertragen, d.h. wird die Stellung als Versicherungsnehmer übertragen, findet die i.d.R. sehr günstige Bewertung der Kapitallebensversicherung nach § 12 Abs. 1 ErbStG, § 12 Abs. 4 BewG Anwendung. Danach ist Bemessungsgrundlage für die Schenkungsteuer entweder der Rückkaufswert oder ein Betrag, der 2/3 der bisher eingezahlten Prämien entspricht. Somit kann ein Bewertungsabschlag von 1/3 oder – wenn der Rückkaufswert geringer ist als 2/3 der bisher eingezahlten Prämien – ein noch höherer Bewertungsabschlag erreicht werden.[64] Bei dem **Rückkaufswert** handelt es sich um den Betrag, den das Versicherungsunternehmen im Falle einer vorzeitigen Aufhebung des Vertragsverhältnisses zu erstatten hätte.

84

Wichtig bei der Gestaltung der lebzeitigen Übertragung einer Lebensversicherung ist, dass der **Übernehmer der Lebensversicherung** (neuer Versicherungsnehmer) mit der bezugsberechtigten Person identisch ist. Denn dann fällt im Erbfall bei Auszahlung der Versicherungssumme keine zusätzliche Erbschaftsteuer an. Der (neue) Versicherungsnehmer erhält die Versicherungssumme aufgrund seines eigenen Versicherungsvertrags aus eigenem Recht. Ein erbschaftsteuerpflichtiger Erwerb vom Erblasser gemäß § 3 Abs. 1 Nr. 1 oder Nr. 4 ErbStG liegt somit nicht vor.[65]

85

Beispiel:
Ehemann M möchte für den Fall seins Versterbens seine Ehefrau F absichern. M schließt im Jahr 2001 als Versicherungsnehmer mit der Versicherungsgesellschaft A einen Versicherungsvertrag über eine Kapitallebensversicherung auf sein Ableben. F ist bezugsberechtigt. Im Jahr 2010 überträgt M die Stellung als Versicherungsnehmer auf seine Ehefrau F. Sie bleibt weiterhin bezugsberechtigt. Ein Jahr später verstirbt M.
Lösung: F hat im Jahr 2010 den gesamten Lebensversicherungsvertrag erworben. Sie hat diesen Erwerb als freigebige Zuwendung gemäß § 7 Abs. 1 Nr. 1 ErbStG zu versteuern. Bemessungsgrundlage für den Wert des Erworbenen ist entweder der Rückkaufswert oder der 2/3-Wert der bisher eingezahlten Prämien, je nachdem welcher Wert geringer ist. Der Todesfall von M im Jahr 2011 ist erbschaftsteuerlich irrelevant. F braucht die an sie ausgezahlte Versicherungssumme nicht der Erbschaftsteuer zu unterwerfen.

b) Schenkung der Bezugsberechtigung

Um in den Genuss der erbschaftsteuerlichen Vorteile zu kommen, ist es wichtig, dass nicht bloß die Bezugsberechtigung, sondern der gesamte Lebensversicherungsvertrag geschenkt wird. Setzt der Versicherungsnehmer eine Person lediglich als Bezugsberechtigten seiner Kapitallebensversicherung ein, ist diese Einsetzung zunächst schen-

86

---

63 *Geck*, ZEV 1995, 140.
64 Vgl. *Geck*, ZEV 1995, 140; *Geck*, ZEV 2000, 21; *Fiedler*, DStR 2000, 533; s. auch *Gebel*, ZEV 2005, 236.
65 Vgl. *Geck*, ZEV 1995, 140.

kungsteuerlich unbeachtlich. Es handelt sich zum einen um den Erwerb eines lediglich **aufschiebend bedingten Anspruchs** nach § 12 Abs. 1 ErbStG i.V.m. § 4 BewG, der keine Schenkungsteuer auslöst.[66] Zum anderen stellt § 3 Abs. 1 Nr. 4 ErbStG ausdrücklich klar, dass der Erwerb des Vermögensvorteils, der aufgrund eines vom Erblasser geschlossenen Vertrages bei dessen Tod vom Dritten unmittelbar erworben wird, als Erwerb von Todes wegen gilt und damit nicht auch einen Erwerb unter Lebenden darstellen kann. Im Todesfall hat der Bezugsberechtigte die an ihn ausgezahlte Versicherungssumme mit ihrem vollen Wert nach § 3 Abs. 1 Nr. 4 ErbStG als Erwerb von Todes wegen zu versteuern (im Erlebensfall gemäß § 7 Abs. 1 Nr. 1 ErbStG), was i.d.R. steuerlich ungünstiger ist.[67]

2. Abschluss von Risikolebensversicherungen

87 Risikolebensversicherungen sind keine Gestaltungsmittel der vorweggenommenen Erbfolge, sondern dienen als Absicherung der Familie im Todesfall. Deshalb sei hier nur kurz am Rande erwähnt, dass sich auch bei **Risikolebensversicherungen** große Erbschaftsteuervorteile erzielen lassen.[68] Schließt bspw. ein Ehemann eine Risikolebensversicherung auf sein Leben ab und benennt als Bezugsberechtigten für den Fall seines Tod seine Ehefrau, ist dieser Erwerb der Ehefrau gemäß § 3 Abs. 1 Nr. 4 ErbStG erbschaftsteuerpflichtig. Diese Steuerbelastung kann jedoch vermieden werden, wenn in dem gewählten Beispiel die Ehefrau die Versicherung abschließt (d.h. Versicherungsnehmerin wird) und anschließend die Prämien zahlt. Versichert wird weiterhin das Leben des Ehemannes. Verstirbt der Ehemann, fällt bei dieser Ausgestaltung die Versicherungssumme erbschaftsteuerfrei an die Ehefrau als Versicherungsnehmerin.

IX. Zuwendungen unter Ehegatten

88 Gestaltungsziel i.R.d. vorweggenommenen Erbfolge ist i.d.R., Vermögen schon auf die nächste oder übernächste Generation zu transferieren. Es gibt aber in der Praxis auch häufig Situationen, in denen ein Ehegatte wünscht, Teile seines Vermögens lebzeitig auf den anderen Ehegatten zu übertragen. Dies ist z.B. dann der Fall, wenn einer der Ehegatten vermögender ist als der andere (z.B. weil nur er erwerbstätig ist und der andere Ehegatte i.R.d. gemeinsamen Familienplanung auf Erwerbsmöglichkeiten verzichtet hat). Darüber hinaus kann eine lebzeitige Übertragung zwischen Ehegatten aus erbschaftsteuerlichen Gründen günstiger sein als ein Vermögensübergang im Todesfall. Nachfolgend werden steuerlich günstige Übertragungsmöglichkeiten zwischen Ehegatten dargestellt.

1. Zuwendung des Familienwohnheims

89 Zunächst ist auf eine vielfach unbekannte, jedoch vergleichsweise einfache und effektive Möglichkeit zur Reduzierung der Schenkung- bzw. Erbschaftsteuer bei Übertragungen zwischen Ehegatten hinzuweisen. Nach § 13 Abs. 1 Nr. 4a ErbStG ist die lebzeitige Zuwendung des zu eigenen Wohnzwecken genutzten Hauses oder der zu eigenen Wohnzwecken genutzten Eigentumswohnung (Familienwohnheim) schenkung-

---

66 Vgl. BFH v. 30.6.1999 – II R 70/97 – DStR 1999, 1746; *Fiedler*, DStR 2001, 1648, 1649.
67 Vgl. *Troll/Gebel/Jülicher*, ErbStG, § 3 Rn. 278 m.w.N.
68 Vgl. *Scherer*, Münchener Anwaltshandbuch Erbrecht, § 3 Rn. 63.

steuerfrei.[69] Eine derartige Zuwendung des Familienwohnheims geht auch nicht zu Lasten des **Ehegattenfreibetrags** i.H.v. € 307.000,00, der noch zusätzlich ausgenutzt werden kann. Eine Einschränkung gilt insoweit, als das Familienwohnheim **im Inland belegen** sein muss. Die Steuerfreiheit nach § 13 Abs. 1 Nr. 4a ErbStG greift nur bei Schenkungen unter Lebenden ein.[70] Möchte ein Übergeber seinem Ehegatten das Familienwohnheim dagegen vererben, gilt die Steuerfreiheit für das Familienwohnheim nicht. Als Gestaltungsmittel ist daher zu empfehlen, das Familienwohnheim schon lebzeitig i.R.d. vorweggenommenen Erbfolge zu übertragen. Der übertragende Ehegatte kann sich dabei durch entsprechende **Rückforderungsrechte** (vgl. hierzu Rn. 111 ff.) gegen unvorhergesehene Entwicklungen schützen, wie z.B. das Scheitern der Ehe oder der Vermögensverfall beim Ehegatten. Wird zudem ein Rückforderungsrecht für den Fall vereinbart, dass der beschenkte Ehegatte zuerst verstirbt, muss der überlebende Ehegatte nach h.M. keine Erbschaftsteuer für die Rückübertragung des Familienwohnheims zahlen, auch wenn er Erbe seines Ehegatten wird.[71] Die Rückgabe des Geschenks aufgrund des Rückforderungsrechts stellt dann keine schenkungsteuerlich relevante Zuwendung dar.

2. Lebzeitiger Ausgleich des Zugewinns

Leben Ehegatten im gesetzlichen Güterstand der (modifizierten) Zugewinngemeinschaft, kann durch den lebzeitigen **Ausgleich** des **Zugewinns** Vermögen von dem Ehegatten, der den höheren Zugewinn erzielt hat, auf den anderen Ehegatten schenkungsteuerfrei gemäß § 5 Abs. 2 ErbStG übertragen werden.[72]

90

Nach § 5 Abs. 2 ErbStG gehört die **Ausgleichsforderung** nach § 1378 BGB nicht zum schenkungsteuerlichen Erwerb i.S.d. §§ 3 und 7 ErbStG, wenn der Güterstand der Zugewinngemeinschaft in anderer Weise als durch den Tod eines Ehegatten beendet wird. Der lebzeitige Zugewinnausgleich gemäß § 5 Abs. 2 ErbStG hat gegenüber der Steuerfreiheit des Zugewinnausgleichsanspruchs im Todesfall gemäß § 5 Abs. 1 ErbStG im Wesentlichen zwei Vorteile:

91

Erstens kommt es nur bei Anwendung des **§ 5 Abs. 1 ErbStG** zu einer Kürzung des steuerfreien Betrages, wenn der Nachlass des Übergebers bei der Ermittlung des als Ausgleichsforderung steuerfreien Betrages mit einem höheren Wert als dem nach den steuerlichen Bewertungsgrundsätzen maßgebenden Wert anzusetzen ist (§ 5 Abs. 1 Satz 5 ErbStG). Beträgt, vereinfacht gesprochen, der Zugewinn bei Zugrundelegung der steuerlichen Bewertungsgrundsätze nur 60 Prozent des Zugewinns bei Zugrundelegung der Verkehrswerte (was bei Vorhandensein von Grund- und Betriebsvermögen durchaus realistisch ist), wäre im Anwendungsbereich von § 5 Abs. 1 ErbStG auch nur 60 Prozent der Zugewinnausgleichsforderung erbschaftsteuerfrei. Diese Kürzung soll verhindern, dass bei dem nicht selten auftretenden Auseinanderfallen von Steuer- und Verkehrswerten einzelner Vermögenspositionen die steuerfreie Ausgleichsforderung höher wäre als der Steuerwert des gesamten Nachlasses und deshalb der Ehepartner den gesamten Nachlass steuerfrei erwerben könnte.[73] Eine entsprechende Kürzung ist

92

---

69 Vgl. zur Def. des Begriffs „Familienwohnheim" *Troll/Gebel/Jülicher,* ErbStG, § 13 Rn. 59 ff.; ausführlich zu § 13 Abs. 1 Nr. 4 ErbStG *Tiedtke/Wälzholz,* ZEV 2000, 19.
70 *Troll/Gebel/Jülicher,* ErbStG, § 13 Rn. 58.
71 Vgl. *Troll/Gebel/Jülicher,* ErbStG, §§ 29 Rn. 33, Vgl. aber zu dem erbschaftsteuerlichen Problem des Rückforderungsrechts des Alleinerben *Holland,* ZEV 2000, 356, 357 ff.
72 *Viskorf,* NWB 2001, 3229 ff.; *Götz,* DStR 2001, 417 ff.; *Hüttemann,* DB 1999, 248 ff., *Eich,* ErbStB 2003, 360 ff.
73 Vgl. *Noll,* DStR 2002, 842.

in § 5 Abs. 2 ErbStG nicht vorgesehen, so dass der volle Verkehrswert der Zugewinnausgleichsforderung schenkungsteuerfrei ist.

93 Zweitens bleiben bei Anwendung des § 5 Abs. 1 ErbStG von den Vorschriften der §§ 1373 ff. BGB abweichende güterrechtliche Vereinbarungen unberücksichtigt (§ 5 Abs. 1 Satz 2 ErbStG). Individualvertragliche Veränderungen des Zugewinnausgleichsanspruchs können daher nur im Anwendungsbereich des § 5 Abs. 2 ErbStG berücksichtigt werden. Sofern der Zugewinnausgleichsanspruch individualvertraglich beschränkt wurde (z.B. durch Herausnahme von unternehmerischem Vermögen oder der Einfügung eines Höchstbetrags) können diese Veränderungen allerdings auch zu einer im Vergleich zu § 5 Abs. 1 ErbStG niedrigeren steuerfreien Zugewinnausgleichsforderung führen. Zu beachten ist, dass nach Auffassung der Finanzverwaltung, **Individualvereinbarungen**, die lediglich einem Ehegatten eine überhöhte Ausgleichsforderung verschaffen sollen, nicht anerkannt werden.[74]

> **Praxishinweis:** 94
> Um den Einwand eines Gestaltungsmissbrauchs (§ 42 AO) seitens der Finanzverwaltung zu vermeiden, sollte die Zugewinngemeinschaft rechtswirksam, d.h. durch notariell beurkundeten Wechsel in den Güterstand der Gütertrennung (oder Gütergemeinschaft) beendet werden.[75] Darüber hinaus sollte auch nicht kurze Zeit nach dem Wechsel in den Güterstand der Gütertrennung zurück in den Güterstand der Zugewinngemeinschaft gewechselt werden (sog. Güterstandsschaukel).

Das FG Köln[76] hat festgestellt, dass es keine Schenkungsteuer auslöse, wenn Eheleute notariell vereinbaren, die Zugewinngemeinschaft für einen Tag zu beenden und anschließend erneut zu begründen. Diese Rechtsauffassung hat der BFH nunmehr ausdrücklich bestätigt.[77] Auch in der Lit. wird vor der Durchführung einer „Güterstandsschaukel" gewarnt.[78]

95 Haben Ehegatten sich gegenseitig während des Bestehens der Ehe unentgeltliche Zuwendungen gemacht (z.B. sog. unbenannte Zuwendungen), ohne sich bewusst zu sein, dass hierin ein schenkungsteuerpflichtiger Vorgang zu sehen ist, kann auch hier die lebzeitige **Beendigung** der **Zugewinngemeinschaft** als **Gestaltungsmittel** in Betracht kommen.[79] Nach § 29 Abs. 1 Nr. 3 ErbStG erlischt die Steuer mit Wirkung für die Vergangenheit, soweit in den Fällen des § 5 Abs. 2 ErbStG unentgeltliche Zuwendungen auf die Ausgleichsforderung angerechnet worden sind. Der Abschluss eines notariellen Ehevertrages, der die Beendigung des Güterstandes „Zugewinngemeinschaft" regelt, bewirkt damit rückwirkend, dass die Steuerpflicht von ehemals steuerpflichtigen unbenannten Zuwendungen unter Ehegatten entfällt. Die unbenannten Zuwendungen können als Folge des Abschlusses des notariellen Ehevertrages angerechnet werden und führen somit zur vollen Steuerfreiheit dieser Zuwendungen.[80] Insofern ist es möglich, rückwirkend Steuer- und ggf. Straffreiheit zu erlangen. Der Ehegatte, der die unentgeltlichen Zuwendungen erhalten hat, muss lediglich gemäß § 29 Abs. 2

---

74 Vgl. H 12 ErbStH.
75 Vgl. R 12 Abs. 3 ErbStR.
76 FG Köln v. 4.6.2002 – 9 K 5053/98 – DStRE 2002, 1248 = EFG 2002, 1258.
77 Urteil des BFH vom 12.7.2005 – II R 29/02 (im Zeitpunkt der Drucklegung noch nicht veröffentlicht).
78 Vgl. *von Sothen* in: *Scherer*, Münchener Anwaltshandbuch Erbrecht, § 43 Rn. 241.
79 Vgl. allg. hierzu *Götz*, DStR 2001, 417 ff.
80 Vgl. *Götz*, DStR 2001, 417, 420.

ErbStG für den Zeitraum, in dem ihm die Nutzung des zugewandten Vermögens zugestanden haben, diese wie ein Nießbraucher versteuern.

X. Mittelbare Schenkung

1. Allgemeines

In der Praxis kommt es häufig vor, dass sich die Eltern an der Finanzierung des Hauskaufs oder des Umbaus des Hauses ihrer Kinder finanziell beteiligen möchten. Wenn die Eltern dann ohne nähere Bestimmung den Geldbetrag ihren Kindern schenken, unterliegt der volle Geldbetrag mit seinem Nennwert der Schenkungsteuer. Entsprechendes gilt – mit gewissen Restriktionen –, wenn die Kinder eine Gesellschaftsbeteiligung erwerben möchten. In der Praxis hat sich zur schenkungsteuerlichen Optimierung der vorgehend beschriebenen Gestaltungen die sog. **„mittelbare Schenkung"** etabliert. Hierbei handelt es sich um eine von der höchstrichterlichen Zivilrechtsprechung entwickelte[81] und vom BFH übernommene Rechtsfigur.[82] Sie trägt dem Umstand Rechnung, dass der Zuwendungsgegenstand bei Schenkungen mit vertraglicher Grundlage vom übereinstimmenden Parteiwillen und bei Schenkungen ohne vertragliche Grundlage vom Willen des Zuwendenden bestimmt wird.[83] Bei der mittelbaren Schenkung entspricht die Entreicherung des Schenkers (hier: Geld) nicht der Bereicherung des Beschenkten (hier: Grundstücke, Gebäude oder Gesellschaftsanteil). Der Vorteil der mittelbaren Schenkung besteht darin, dass Bemessungsgrundlage für die Schenkungsteuer nicht der Nennwert des Betrages des hingegebenen Geldes, sondern der – nach derzeit geltendem Recht – noch i.d.R. deutlich günstigere Erbschaftsteuerwert des Grundstücks, Gebäudes oder Gesellschaftsanteils ist. Entscheidend für die Bestimmung des Schenkungsgegenstandes ist nämlich, wie sich die Vermögensvermehrung im Zeitpunkt der Ausführung der Schenkung beim Bedachten darstellt, d.h. worüber der Bedachte im Verhältnis zum Schenker – endgültig – tatsächlich und rechtlich frei verfügen kann. Dies ist die den steuerpflichtigen Erwerb (§ 10 Abs. 1 Satz 1 ErbStG) darstellende Bereicherung des Beschenkten, an die die Wertermittlung gemäß den §§ 11, 12 ErbStG in der jeweils geltenden Fassung anknüpft.[84]

2. Mittelbare Grundstücks-, Gebäudeschenkung

a) Mittelbare Schenkung eines Grundstücks

Wie bereits in Rn. 96 ausgeführt, ist dasjenige geschenkt, was die Parteien zum Gegenstand der Schenkung machen wollen. Der anwaltliche Berater sollte daher unbedingt darauf hinwirken, dass die Beteiligten eine klare **schriftliche Vereinbarung** treffen. Inhalt der schriftlichen Vereinbarung[85] muss
- die konkrete Bezeichnung des zu erwerbenden Grundstücks,
- die Zusage der Zahlung des vereinbarten Geldbetrags sein.

---

81 Vgl. BGH NJW 1972, 274.
82 Vgl. BFH v. 3.8.1988, BStBl. II 1988, 1025.
83 Vgl. dazu BFH v. 19.8.1959 – II 259/75 – BStBl. III 1959, 417; BFH v. 9.11.1994 – II R 87/92 – BStBl. II 1995, 83; *Troll/Gebel/Jülicher*, ErbStG, § 7 Rn. 73 ff.
84 BFH v. 10.11.2004 – II R 44/02 – BStBl. II 2005, 188 = BB 2005, 257 m.w.N.
85 Vgl. zur Schriftlichkeit R 16 Abs. 1 Satz 5 ErbStR.

Praxishinweis:

98 Weiter sollte in dem Schriftstück klargestellt werden, dass der Beschenkte den Geldbetrag nur zum Erwerb eines bestimmten Grundstücks verwenden und nicht anderweitig hierüber verfügen darf.[86] Des Weiteren ist wichtig, dass die Zusage zur Übernahme der Anschaffungskosten bereits vor Abschluss des notariellen Kaufvertrags erfolgt ist. Dann kann die Zahlung des vereinbarten Geldbetrags auch nachträglich erfolgen.[87] Zwischen der Bereitstellung des Geldes und seiner bestimmungsmäßigen Verwendung muss darüber hinaus ein enger zeitlicher Zusammenhang bestehen.[88] In der Praxis kann es sich auch anbieten, in der schriftlichen Schenkungsvereinbarung zu verabreden, dass der Schenker den Kaufpreis für das zu erwerbende Grundstück unmittelbar an den Verkäufer zahlt. Dann wird auch das Risiko ausgeschlossen, dass das Finanzamt für den Zeitraum zwischen der Zurverfügungstellung des Geldbetrags und der tatsächlichen Zahlung des Kaufpreises an den Verkäufer eine schenkungsteuerpflichtige Kapitalnutzung annimmt, die wie ein zinsloses Darlehen zu behandeln ist.[89] Auch wenn der Schenker nur einen Teil des Kaufpreises für ein Grundstück finanzieren möchte, kann eine mittelbare Schenkung angenommen werden.[90]

99 Wichtig zu wissen ist, dass der für die Entstehung der Schenkungsteuer **maßgebliche Zeitpunkt** der Ausführung der Schenkung gemäß § 9 Abs. 1 Nr. 2 ErbStG bei mittelbaren Schenkungen nicht bereits der Abschluss der schriftlichen Vereinbarung oder die Zahlung des Geldbetrags an den Beschenkten ist. Die Finanzverwaltung vertritt vielmehr den Standpunkt, dass die Grundsätze zur Ausführung von unmittelbaren Grundstücksschenkungen auch bei mittelbaren Grundstücksschenkungen gelten. Demnach ist eine mittelbare Schenkung grundsätzlich erst dann ausgeführt, wenn die **Auflassung des Grundstücks** i.S.d. § 925 BGB sowie die Eintragungsbewilligung (§ 19 GBO) vorliegen.[91]

100 Die Rspr. und auch die überwiegende Ansicht in der Lit. vertritt hierzu jedoch einen anderen Standpunkt. Danach ist die mittelbare Schenkung erst dann ausgeführt, wenn der **Grundstückskaufvertrag grundbuchmäßig vollzogen** ist.[92] Die BFH-Rspr. zum Zeitpunkt der Ausführung der unmittelbaren Grundstücksschenkung, die die Finanzverwaltung auch auf mittelbare Grundstücksschenkungen angewendet wissen will, könne nach Auffassung des FG Baden-Württemberg[93] nicht auf mittelbare Grundstücksschenkung übertragen werden, da hier der Erwerb von einem Dritten erfolgt. Gegen das Urteil des FG Baden-Württemberg vom 7.5.2003 ist Revision beim BFH eingelegt.[94] Hier ist zu hoffen, dass die Rspr. des BFH in Kürze Klarheit über den Zeitpunkt der Ausführung der mittelbaren Grundstücksschenkung bringen wird.

---

86 Vgl. allg. hierzu *Schuhmann*, UVR 2004, 93 ff.
87 R 16 Abs. 1 Satz 5 ErbStR.
88 R 16 Abs. 1 Satz 6 ErbStR.
89 Vgl. BFH v. 4.12.2003 – II R 75/00 – ErbStB 2003, 113 m. Anm. *Hartmann*.
90 H 16 Nr. 2 ErbStH.
91 R 23 Abs. 2 Satz 1 i.V.m. Abs. 1 Satz 2 ErbStR.
92 FG Baden-Württemberg v. 7.5.2003 – 13 K 84/97 – EFG 2003, 1715; FG Rheinland-Pfalz v. 6.4.2004 – K 345/98, DStRE 2000, 758, 760; *Troll/Gebel/Jülicher,* ErbStG, § 9 Rn. 100.
93 FG Baden-Württemberg v. 7.5.2003 – 13 K 84/97 – EFG 2003, 1715; FG Rheinland-Pfalz v. 6.4.2004 – K 345/98, DStRE 2000, 758, 760; *Troll/Gebel/Jülicher,* ErbStG, § 9 Rn. 100.
94 Az. beim BFH II R 31/03.

Der vorstehende **Meinungsstreit** kann insb. dann **erhebliche praktische Relevanz** erlangen, wenn ein neues Erbschaftsteuergesetz mit einer dann geänderten Bewertung von Grundstücken in Kraft tritt. Der nach Ansicht der überwiegenden Literaturmeinung und der FG erforderliche grundbuchmäßige Vollzug der Grundstücksübertragung kann sich erfahrungsgemäß über einen mehrere Monate dauernden Zeitraum hinziehen, so dass selbst wenn der schriftliche Vertrag über die mittelbare Schenkung und auch der notarielle Kaufvertrag noch vor in Kraft treten einer Gesetzesänderung abgeschlossen werden, die Schenkung womöglich steuerlich erst nach der Gesetzesänderung als ausgeführt gilt.

101

Beispiel:
V hat erfahren, dass zum 1.1.2006 Grundstücke i.R.d. Erbschaftsteuer mit ihren Verkehrswerten bewertet werden sollen. Auf Drängen des V kauft sein Sohn S am 20.12.05 ein Grundstück mit finanziellen Mitteln, die ihm V aufgrund entsprechender schriftlicher Vereinbarung im Wege der mittelbaren Schenkung zur Verfügung gestellt hat. Die Auflassungserklärung und die Grundbuchbewilligung werden bereits im Beurkundungstermin am 20.12.05 erklärt. Die Eintragung von S als Eigentümer der Immobilie erfolgt im März 2006. Zum 1.1.2006 ist, wie von V befürchtet, das geänderte Erbschaftsteuerrecht in Kraft getreten. Welcher Grundstückswert ist für die mittelbare Schenkung des V an S zugrunde zu legen?
Nach der bisherigen Auffassung der Finanzverwaltung wäre der gemäß § 9 Abs. 1 Nr. 2 ErbStG für die Entstehung der Erbschaftsteuer maßgebliche Zeitpunkt bereits der 20.12.2005, da zu diesem Zeitpunkt die erforderlichen Erklärungen zur Eigentumsumschreibung vorlagen. Es kämen mithin noch die im Dezember 2005 geltenden Bedarfswerte zur Anwendung. Nach überwiegender Ansicht in der Lit. und der Finanzgerichte wäre die Schenkung dagegen erst mit Eintragung im März 2006 ausgeführt. Bemessungsgrundlage für die Schenkungsteuer wäre mithin der Verkehrswert der Immobilien.[95]

b) Mittelbare Gebäudeschenkung

Eine mittelbare Schenkung kann auch dergestalt ausgeführt werden, dass der Schenker die Kosten der Errichtung eines Gebäudes auf einem bereits dem Beschenkten gehörenden oder von ihm noch zu erwerbenden Grundstück übernimmt. Dann gilt der Teil des Steuerwerts des bebauten Grundstücks als zugewendet, der auf das Gebäude entfällt.[96] Der **Gebäudewertanteil** ermittelt sich dabei aus der Differenz zwischen dem Grundstückswert des bebauten Grundstücks nach Bezugsfertigkeit des Gebäudes (vgl. §§ 146, 147 BewG) und dem Grundstückswert des unbebauten Grundstücks (vgl. § 145 BewG). Hierdurch werden für die Gestaltungspraxis i.R.d. vorweggenommenen Erbfolge interessante steuerliche Gestaltungsmöglichkeiten eröffnet.

102

---

95 Z. Zpkt. der Erstellung dieses Kap. ist weder abzusehen, ob zum 1.1.2006 ein neues Erbschaftsteuergesetz in Kraft tritt, noch ob u. ggf. wie die Bewertung von Immobilien geändert werden soll.
96 H 16 Nr. 5 ErbStH; vgl. BFH v. 3.8.1988 – II R 39/86 – BStBl. II 1988, 1025.

> **Beispiel (nach Moench):**[97]
>
> Der Beschenkte ist Eigentümer eines unbebauten Baugrundstücks für das ein Grundstückswert (§ 145 BewG) von € 400.000,00 zu ermitteln ist. Der Schenker übernimmt die vollen Kosten für den Bau eines Einfamilienhauses, die € 150.000,00 betragen.
>
> Für das fertig gebaute Grundstück ergibt sich ein Bedarfswert von € 425.000,00.
>
> Hier ist ein Betrag von lediglich € 25.000,00 Bemessungsgrundlage der mittelbaren Gebäudeschenkung, obwohl ein Geldbetrag i.H.v. € 150.000,00 zur Verfügung gestellt wurde.

Insb. in Regionen mit hohen Grundstückspreisen und Bodenrichtwerten spielt die Bebauung des Grundstücks für den steuerlichen Bedarfswert keine oder nur eine geringe Rolle. In diesen Fällen bleibt die mittelbare Gebäudeschenkung unbesteuert.[98]

103 Nachdem die Finanzverwaltung früher eine mittelbare Gebäudeschenkung nur bei der Finanzierung neuer Gebäude anerkannt hat, kommt mittlerweile eine Gebäudeschenkung auch bei der Übernahme der Kosten für einen Umbau, Ausbau oder Anbau sowie Maßnahmen zur Reparatur, Modernisierung, Renovierung oder Sanierung von Gebäuden in Betracht.[99]

3. Mittelbare Schenkung von Gesellschaftsanteilen

104 Die mittelbare **Schenkung** von **Gesellschaftsanteilen** ist steuerlich aufgrund der bestehenden Vergünstigung von Betriebsvermögen gemäß §§ 13a, 19a ErbStG interessant. Es gelten die gleichen Grundsätze wie bei der mittelbaren Grundstücksschenkung.[100]

105 Bei der mittelbaren Schenkung von **Anteilen an Kapitalgesellschaften** ist jedoch zu beachten, dass die Vergünstigungen des § 13a ErbStG nur dann gewährt werden, wenn der Schenker unmittelbar an der Gesellschaft beteiligt ist (§ 13a Abs. 4 Nr. 3 ErbStG). Der BFH[101] hat in einer aktuellen Entscheidung die Auffassung der Finanzverwaltung[102] bestätigt, wonach auch bei einer mittelbaren Schenkung von Anteilen an einer Kapitalgesellschaft die Steuerbegünstigungen des § 13a ErbStG zu versagen sind, wenn der Schenker nicht zu mehr als 1/4 am Nennkapital der Gesellschaft beteiligt ist. Eine mittelbare Schenkung von Anteilen an einer Kapitalgesellschaft bietet sich daher aus erbschaftsteuerlicher Sicht nur an, wenn der Schenker selbst zu mehr als 25 Prozent an der Kapitalgesellschaft beteiligt ist und vom Schenker unmittelbar gehaltene Anteile an einer Kapitalgesellschaft erwirbt.[103] Der Schenker müsste also dem Beschenkten einen Geldbetrag mit der Bestimmung zuwenden, dass der Beschenkte damit die vom Schenker unmittelbar gehaltenen Anteile an der Kapitalgesellschaft erwirbt. Diese Gestaltung wird aber i.d.R. in der Praxis nicht sinnvoll sein. Sofern der Schenker bereits in der Kapitalgesellschaft beteiligt ist und seinen Anteil auf den Beschenkten

---

97 *Moench*, ErbStG, § 7 Rn. 52.
98 Vgl. hierzu auch *Reich*, ZEV 2003, 349.
99 H 16 Nr. 6 ErbStH; *Moench*, ErbStG, § 7 Rn. 53.
100 Vgl. *Moench*, ErbStG, § 7 Rn. 23; *Troll/Gebel/Jülicher*, ErbStG, § 7 Rn. 85.
101 BFH v. 16.2.2005 – II R 6/02 – DStR 2005, 827 = DB 2005, 1199.
102 R 56 Abs. 3 ErbStR.
103 Vgl. hierzu auch *Moench/Weinmann*, ErbStG, § 13a Rn. 40; *Hübner*, DStR 2003, 4, 9; R 56 Abs. 2 Satz 1 ErbStR.

übertragen möchte, kann er dies unmittelbar tun. Der Weg über die mittelbare Schenkung ist nicht erforderlich.

Ist der Schenker nicht unmittelbar an der Kapitalgesellschaft beteiligt, wäre zu überlegen, die negativen Folgen der mittelbaren Schenkung dadurch zu vermeiden, dass Schenker und Beschenkter, statt den in der mittelbaren Schenkung liegenden abgekürzten Zuwendungsweg zu beschreiten, den **langen Zuwendungsweg** zu gehen. Danach müsste in einem ersten Schritt der Schenker den begünstigten Anteil an der Kapitalgesellschaft von dem Dritten käuflich erwerben und diesen anschließend – in einem zweiten Schritt – unentgeltlich auf den Beschenkten übertragen. Diese Gestaltung könnte allerdings vor dem Hintergrund des § 42 AO als rechtsmissbräuchlich angesehen werden. Zwar enthält § 13a ErbStG keine Bestimmungen zu einer Mindesthaltedauer der Beteiligung beim Schenker. Das FG Münster[104] hat Zweifel geäußert, ob der Freibetrag und der Bewertungsabschlag zu gewähren gewesen wären, wenn zunächst der Schenker die GmbH-Anteile erworben und unmittelbar danach auf den Beschenkten übertragen hätte. Ob durch Auslegung der Gerichte eine Mindestvorbesitzzeit verlangt werden kann, bleibt mithin abzuwarten.

106

Bei der **Übertragung von Anteilen an Personengesellschaften** vertritt die Finanzverwaltung dieselbe einschränkende Auffassung. Die Entlastungen des § 13a ErbStG werden demnach nur dann gewährt, wenn der Beschenkte mittelbar Betriebsvermögen des Schenkers erwerben muss, sich also in einen Gewerbetrieb oder ein Mitunternehmeranteil des Schenkers einkauft.[105] Die Finanzverwaltung ist der Auffassung, dass § 13a ErbStG den Zweck hat, lediglich Betriebsvermögen des Schenkers oder Übergebers beim Übergang auf den Betriebsnachfolger zu schonen. In der Praxis bleibt daher nur der Weg, dass der Schenker zunächst selbst den Gewerbebetrieb oder Mitunternehmeranteil erwirbt und ihn anschließend begünstigt überträgt.[106]

107

C. Sonstige Regelungen im Zusammenhang mit der vorweggenommenen Erbfolge

I. Rückabwicklungsvorbehalte in Schenkungsverträgen

Gerade im Bereich der vorweggenommenen Erbfolge dienen Schenkungen dazu, Vermögensmassen möglichst schon Jahre vor dem Tod des künftigen Übergebers auf seine Nachfolger zu übertragen. Dies bringt es für den Schenker jedoch häufig mit sich, dass er jeden Einfluss auf das Geschenk verliert und keine Möglichkeit mehr hat, auf unvorhergesehene zukünftige Ereignisse zu reagieren. Auch der Gesetzgeber hat dieses Problem gesehen und mit den §§ 528 und 530 BGB Regelungen für die Fälle geschaffen, dass der Schenker plötzlich verarmt oder dass sich der Beschenkte in grober Weise undankbar erweist; in beiden Fällen kann der Schenker das Geschenk zurückverlangen. Es sind allerdings zahllose andere Anlässe denkbar, bei denen der Schenker an einer Rückabwicklung der Schenkung interessiert sein könnte. So z.B. bei vorzeitigem Tod oder Geschäftsunfähigkeit des Beschenkten; hier ist auch zu beachten, dass der **Rückfall eines Geschenks von einem verstorbenen Kind** zurück an die Eltern gemäß § 13 Nr. 10 ErbStG steuerbefreit ist. Sollen Gesellschaftsanteile ge-

108

---

104 FG Münster v. 18.10.2001 – 3 K 2640/98 Erb – DStRE 2002, 845 = GmbHR 2002, 505; (Vorinstanz zu dem Urt. des BFH v. 16.2.2005 (vgl. den Nachw. in der vorvorstehenden Fn.).
105 R 56 Abs. 2 ErbStR; *Moench/Weinmann*, ErbStG, § 13a Rn. 25.
106 Vgl. *Moench/Weinmann*, ErbStG, § 13a Rn. 25.

schenkt werden, könnte ein Rückabwicklungsgrund auch darin liegen, dass der Beschenkte die Ausbildung nicht abschließt, die ihn zur Führung des Familienunternehmens befähigt hätte, oder dass er insolvent wird oder die Zwangsvollstreckung in den (geschenkten) Gesellschaftsanteil droht. Wichtig ist es oft auch, durch die Möglichkeit, die Schenkung rückabwickeln zu können, entsprechenden Druck auf den Beschenkten ausüben zu können, der den Beschenkten anhält, bestimmte **Eheverträge** (Gütertrennung oder – oft besser – modifizierte Zugewinngemeinschaft[107]) abzuschließen, die im Ergebnis dazu führen, dass im Fall einer Scheidung die Wertsteigerungen[108] des geschenkten Vermögens nicht in die Zugewinnausgleichsrechnung fallen. Die Beispiele ließen sich beliebig fortführen. In allen diesen Fällen bedarf es einer vertraglichen Regelung, denn das Gesetz (§§ 528 ff. BGB) sieht diese Umstände nicht als Rückübertragungsgründe vor.[109]

1. Ungünstige Weiterleitungsklausel

109 Auch wenn es im Einzelfall nicht im Interesse des Schenkers sein mag, das Geschenk zurückzuerhalten, bspw. wenn es ihm um eine Nachfolgeregelung für sein Familienunternehmen geht, aus dem er sich gerade zurückziehen wollte, ist eine **Weiterleitungsklausel** an einen Dritten oft nicht zu empfehlen. Schon gegen die grundsätzliche Zulässigkeit einer derartigen Weiterleitungsklausel bestehen rechtliche Bedenken.[110] Darüber hinaus bleibt dem Schenker bei Eintritt des Weiterleitungsfalls keine Wahl, dem ursprünglich Beschenkten den Gegenstand eventuell doch zu belassen oder diesen einer völlig anderen Person zuzuwenden. Wird bspw. bestimmt, dass im Falle des Todes des beschenkten Kindes das geschenkte Grundstück an das Geschwisterkind fallen soll, so kann der Schenker im Falle des Todes des beschenkten Kindes die Beteiligung nicht mehr einem Enkelkind zuwenden, wenn er sich zwischenzeitlich mit seinem anderen Kind überworfen haben sollte. Aus steuerlicher Sicht ist noch anzumerken, dass sich bei Eintritt des Weiterleitungsfalles die Steuerklasse nach dem Verhältnis zwischen dem ursprünglichen Schenker zu dem Begünstigen (im Beispielsfall Vater zu Geschwisterkind) und nicht nach dem Verhältnis zwischen dem Zwischenberechtigten und dem Begünstigten bestimmt.[111]

2. Weitere ungünstige Klauseln

110 Will sich der Schenker die Möglichkeit einer angemessenen Reaktion offen halten, sind rechtstechnisch verschiedene Konstruktionen denkbar: Ungünstig ist eine auflösend bedingte Schenkung gem. § 158 Abs. 2 BGB, weil dem Schenker bei Eintritt der Bedingung keine Wahl bleibt, dem Beschenkten das Geschenk doch zu belassen.[112] Auch eine Schenkung unter Auflagen gemäß § 527 BGB ist nur scheinbar vorteilhaft. Zwar kann der Schenker hier bei Nichtvollzug frei entscheiden, ob er das Geschenk zurückverlangen möchte. Die Auflage eignet sich jedoch nur zur Regelung von Fällen, in denen der Beschenkte eine Leistung aus dem Wert des Geschenkes bewirken soll.[113] Die Auflage bezieht sich also nur auf materielle Leistungen, außerdem besteht das Rück-

---

107 Vgl. hierzu *Langenfeld*, HB Eheverträge und Scheidungsvereinbarungen, Rn. 338 ff.
108 Vgl. § 1374 Abs. 2 BGB: Der Wert des Geschenkes selbst fällt ohnehin nicht in die Zugewinnausgleichsberechnung; anderes gilt aber für die Wertsteigerungen.
109 S. auch sehr ausführlich *Kamps*, ZErb 2002, 174 ff., 212 ff.
110 Vgl. *Feick*, ZEV 2002, 85, 86.
111 BFH BStBl. II 1993, 523; *Jülicher*, DStR 1998, 1977, 1983
112 *Kollhosser*, AcP 194 (1994), 230, 236.
113 Soergel/*Mühl*/*Teichmann*, § 525 Rn. 1.

C. Sonstige Regelungen im Zusammenhang mit der vorweggenommenen Erbfolge

forderungsrecht nur bei verschuldeter Nichterfüllung,[114] es ist also ersichtlich für o.g. Fälle ungeeignet.

3. Einzelne zu empfehlende Gestaltungsmöglichkeiten

Es verbleiben somit zwei empfehlenswerte Gestaltungsmöglichkeiten: Ein vertragliches Rücktrittsrecht und der Widerrufsvorbehalt. Gemeinsam ist diesen Gestaltungsmitteln, dass die **Rückforderung** durch den Schenker die zunächst **angefallene Schenkungsteuer entfallen** lässt, § 29 Abs. 1 Nr. 1 ErbStG, was nur dann nicht der Fall wäre, wenn der Beschenkte über Behalten oder Rückgabe des Geschenkes entscheiden könnte oder umgekehrt ein unwiderrufliches Rückübertragungsangebot abgegeben hätte.[115] Die jeweiligen Vor- und Nachteile lassen sich folgendermaßen gegenüber stellen:

a) Widerrufsvorbehalt

Der **Widerruf** der Schenkung löst gem. § 531 Abs. 2 BGB die Rechtsfolgen des Bereicherungsrechts, §§ 812 ff. BGB, aus. Das Rückforderungsrecht erfasst nur das Geschenk selber und wirkt ex nunc,[116] daher sind bspw. gezogene Nutzungen nicht herauszugeben.[117] Das Widerrufsrecht ist pfändbar,[118] was sich ggf. sehr nachteilig für den Schenker auswirken kann.

b) Vertragliches Rücktrittsrecht

Das **Rücktrittsrecht** ist als Gestaltungsrecht nicht pfändbar.[119] Die Rechtsfolgen des Rücktritts ergeben sich aus §§ 346 ff. BGB. Der Rücktritt verpflichtet zur Rückabwicklung des gesamten Vertrages („ex tunc"), also auch der zwischenzeitlich gezogenen Nutzungen bei gleichzeitiger Erstattung von Aufwendungen usw.[120] Wichtig ist, dass sich die weiteren Rechte des Schenkers im Falle des Rücktritts nicht nach Bereicherungsrecht ableiten, sondern die Vorschriften des Rücktrittsrechts gemäß §§ 346 ff. BGB greifen. Dies hat eine erhebliche Stärkung der Position des Schenkers zur Folge, da sich der Beschenkte bspw. nicht auf Entreicherung berufen kann. Im Vergleich zu den Rechtsfolgen nach §§ 812 ff. BGB ist dies für den Schenker i.d.R. vorteilhaft, so dass insgesamt ein Rücktrittsrecht in vielen Fällen die günstigste Konstruktion sein wird.[121]

c) Dingliche Absicherung

Da sowohl der Schenkungswiderruf als auch der Rücktritt lediglich schuldrechtliche Wirkung haben, müsste sich der Schenker im Fall der **Insolvenz** des Beschenkten, wenn er von einem vertraglichen Rückabwicklungsrecht Gebrauch macht, mit einer

---

114 Soergel/*Mühl/Teichmann*, § 527 Rn. 1.
115 *Spiegelberger*, MittBayNot 2000, 1, 6.
116 BGB DB 1990, 1656, 1657.
117 Staudinger/*Cremer*, § 531 Rn. 6.
118 *Spiegelberger*, MittBayNot 2000, 1, 6.
119 *Spiegelberger*, MittBayNot 2000, 1, 6; einschränkend: BGH FamRZ 2003, 858 = ZEV 2003, 293 m. Anm. *Langenfeld*. Pfändbar ist allerdings der künftige Rückübertragungsanspruch, vgl. hierzu *Langenfeld/Günther*, Rn. 696.
120 *J. Mayer*, DNotZ 1996, 604, 605 ff.
121 *Spiegelberger*, MittBayNot 2000, 1, 6; a.A. *J. Mayer*, DNotZ 1996, 604, 606; *Langenfeld/Günther*, Grundstückszuwendungen im Zivil- u. Steuerrecht, Rn. 301 ff., der die weitgehende Haftung des Beschenkten im Rücktrittsrecht für unangemessen hält.

Quote zufrieden geben. Auch in sonstigen Fällen wäre er zudem für die Rückabwicklung von der Mitwirkung des Beschenkten abhängig. Diesem Dilemma lässt sich dadurch entkommen, dass die Übereignung des Geschenkes mit der auflösenden Bedingung der Ausübung des Rücktritts- oder Widerrufsrechts versehen wird. Das vertragliche Rücktrittsrecht erhält auf diese Weise indirekt dingliche Wirkung. Soweit die Rückforderung von Grundstücken vorbehalten wird, scheidet die bedingte Übereignung wegen § 925 Abs. 2 BGB aus. Eine dingliche Absicherung des Rückforderungsrechts kann jedoch durch eine Rückauflassungsvormerkung im Grundbuch eingetragen werden.[122]

d) Vollmachten

115 Es empfiehlt sich, gleich durch welches Institut das Rückgängigmachen geregelt wird, dem Schenker eine Vollmacht zu erteilen, die ihn in die Lage versetzt, alle zur Rückgängigmachung erforderlichen Schritte ggf. selbst einzuleiten und durchzuführen.

> **Formulierungsbeispiel:** Die Erwerber erteilen hiermit dem Schenker, Herrn/Frau ... unwiderruflich (alt: die über seinen Tod hinausgehende) Vollmacht, für ihn unter Befreiung von den Beschränkungen des § 181 BGB die Rückübertragung der mit dieser Urkunde geschenkten gesellschaftsrechtlichen Beteiligungen zu erklären und entgegenzunehmen sowie alle eventuell erforderlichen registerlichen Anmeldungen, die im weitesten Sinne hierzu erforderlich sind, vorzunehmen. Diese Vollmacht ist im Außenverhältnis unbeschränkt. Im Innenverhältnis darf Herr/Frau ... davon jedoch nur Gebrauch machen, wenn die Voraussetzungen für ein Rückübertragungsverlangen gemäß den gesetzlichen Vorschriften und/oder entsprechend den hier geregelten Bestimmungen gegeben sind. Zurückbehaltungsrechte hinsichtlich der zu übertragenden Beteiligung im Hinblick auf einen ggf. zu leistenden Ersatz für Verwendungen und Aufwendungen werden ausgeschlossen.

4. Einzelprobleme

Im Folgenden sollen einige Rückabwicklungsprobleme dargestellt werden, die bei dem Entwurf eines Schenkungsvertrages bedacht werden sollten.

a) Minderjährige Beschenkte

116 Selbst die bloße Vereinbarung eines Rückabwicklungsrechts kann der Schenkung den Charakter eines rechtlich lediglich vorteilhaften Geschäfts nehmen.[123] Nach §§ 107, 181, 1629 Abs. 2, 1795 Satz 1 Nr. 1 BGB ist in diesen Fällen die Einschaltung eines Ergänzungspflegers nach § 1909 Abs. 1 BGB erforderlich.

b) Ansprüche auf Aufwendungsersatz

117 Eine häufige Quelle langwieriger **Auseinandersetzungen** ist die Frage, welche Aufwendungen dem Beschenkten zu ersetzen sind und welche Nutzungen er sich anrechnen lassen muss. In der regelmäßig emotional angeheizten Situation der Rückabwicklung entzünden sich nicht selten an der Frage der Bewertung dieser Einzelposten Streitigkeiten, die es möglichst durch geschickte Gestaltung des Schenkungsvertrages

---

122 *Spiegelberger*, MittBayNot 2000, 1, 9.
123 Vgl. *Jülicher* DStR 1998, 1977; für die Schenkung unter Auflage Soergel/*Mühl/Teichmann*, § 525 Rn. 1 sowie nachfolgend unter Rn. 146 ff.

zu vermeiden gilt. Die Ausgangslage lässt sich folgendermaßen beschreiben: Wurde ein Widerrufsvorbehalt vereinbart, kann der Beschenkte seine Aufwendungen als Entreicherung i.R.d. § 818 Abs. 3 BGB geltend machen.[124] Dem stehen gemäß § 818 Abs. 1 BGB die tatsächlich gezogenen Nutzungen gegenüber. Wurde ein Rücktrittsrecht vereinbart, besteht für den Beschenkten lediglich ein Anspruch auf Ersatz der **notwendigen Verwendungen** gemäß §§ 347 Abs. 2 Satz 1 BGB. Dem steht jedoch ein weiter reichender Anspruch des Schenkers gegenüber, der Ersatz der schuldhaft nicht gezogenen Nutzungen gemäß §§ 346 Abs. 1 Satz 1 BGB verlangen kann. Auf Entreicherung kann sich der Beschenkte im Falle eines Rücktritts überhaupt nicht berufen. Es zeigt sich also, dass ein Rücktrittsrecht zu einer schärferen Haftung des Beschenkten führt, während ein Widerrufsvorbehalt seine Position zu Lasten des Schenkers stärkt.

Praxishinweis:
Zu empfehlen ist in beiden Fällen jedoch eine Klausel, die dem Beschenkten die gezogenen Nutzungen belässt, und dafür gleichzeitig Ansprüche auf Aufwendungsersatz ausschließt.

c) Rückgabegegenstand

Die auf den ersten Blick unscheinbare Frage, was der Beschenkte im Fall der **Rückabwicklung** genau herauszugeben hat, kann u.U. problematisch sein und sollte bereits bei dem Entwurf des Schenkungsvertrages bedacht werden: Nicht immer halten die Vorschriften des Rücktritts- oder Bereicherungsrechts passende Lösungen bereit. Es sind nämlich zahlreiche Fälle denkbar, in denen sich das Geschenk zum Zeitpunkt der Rückabwicklung nicht mehr im Vermögen des Beschenkten befindet. So könnte dieser das geschenkte Haus bspw. verkauft und den Erlös in Aktien angelegt haben. Denkbar ist auch, dass die geschenkte Gesellschaft fusioniert oder umgewandelt worden ist. Zu bedenken ist daher, ob der Rückabwicklungsanspruch sich auch auf das Surrogat beziehen soll und wem mögliche Gewinne oder Verluste zugeschrieben werden.

118

d) Fristen für die Geltendmachung des Rückabwicklungsrechts

Das Gesetz sieht für die Rückforderung des Geschenkes lediglich im Fall der Verarmung des Schenkers gemäß § 528 BGB eine Frist von zehn Jahren seit der Leistung des Geschenkes vor,[125] denkbar ist, dass diese Frist analog auf andere Rückabwicklungsgründe anzuwenden ist. Auch in diesem Fall könnte diese dispositive Vorschrift[126] durch eine Ausübungsfrist im Schenkungsvertrag ersetzt werden. Da eine derartige vertragliche Frist andererseits an § 138 BGB zu messen ist, wird darum gestritten, welche Frist noch zulässig ist.[127] Die **Sittenwidrigkeit** setzt voraus, dass der Schenker dem Beschenkten durch die Gestaltung des Schenkungsvertrages einseitig dermaßen übervorteilt, dass die Vertragsgestaltung das Anstandsgefühl aller billig und gerecht Denkenden verletzt. Dies ist angesichts der Unentgeltlichkeit der Zuwendung allein durch eine auch sehr lange Rückabwicklungsfrist von bspw. 15 Jahren nur schwer vorstellbar: Da der Schenker frei ist, überhaupt nichts zu schenken, muss er, wenn er sich schon entschließt, einen Teil seines Vermögens unentgeltlich aus der Hand zu geben, die Abwicklungsmodalitäten für ihn günstig festsetzen dürfen. Der

119

---

124 *Jülicher*, DStR 1998, 1977, 1981.
125 § 529 Abs. 1 BGB.
126 *Klumpp*, ZEV 1995, 388.
127 *Schmidt*, BB 1990, 1992, 1997.

Ausgangspunkt kann daher nur sein, dass im Regelfall Rückabwicklungsfristen von mindestens zehn Jahren zulässig sind, da auch das Gesetz eine zehnjährige Frist in § 529 BGB vorsieht.[128] Die Sittenwidrigkeit einer derartigen Rückabwicklungsfrist kann nur in Ausnahmefällen angenommen werden. Dafür müssen weitere Umstände hinzukommen, die über die bloße Länge oder Kürze der Frist hinausgehen.

e) Abschließende Tatbestandsvoraussetzungen oder freier Rückabwicklungsvorbehalt?

120 Lange umstritten war die Frage, ob sich der Schenker die Rückabwicklung für eine abschließende, im Voraus beschriebene Zahl von Fällen vorbehalten muss, oder ob er auch frei ist, die Ausübung des Rückabwicklungsrechts gänzlich in sein eigenes Ermessen zu stellen. Diese Frage ist mittlerweile zugunsten eines derartigen **freien Rückabwicklungsvorbehalts** geklärt.[129] Dies hat nicht nur den Vorteil, dass der Schenker auf Entwicklungen reagieren kann, die selbst bei großer Phantasie nicht vorhergesehen werden konnten,[130] es schließt auch den oft unerfreulichen und nicht selten gerichtlichen Streit darüber aus, ob die Voraussetzung der Rückabwicklung erfüllt sind oder nicht.[131] Andererseits kann ein freier Vorbehalt steuerliche Probleme verursachen. Zwar bestehen keine Bedenken an der zivilrechtlichen Wirksamkeit der Schenkung trotz des **freien Widerrufsrechts**, daraus folgt weiter, dass auch erbschaftsteuerlich von einer wirksamen Schenkung auszugehen ist. Für Unruhe hatte allerdings das Urteil des BFH vom 25.1.2001 gesorgt´.[132] In diesem Urteil vertraten die Bundesrichter die Auffassung, dass der besondere Freibetrag bei der Übertragung von betrieblichem Vermögen in einer alten Fassung des § 13a ErbStG (vor dem Jahre 1997) nicht zu gewähren ist, wenn die Zuwendung unter dem Vorbehalt von aufschiebenden Bedingungen steht. Auf dieses Urteil hat die Finanzverwaltung mit einem gleich lautenden Nichtanwendungserlass vom 15.5.2001 reagiert. Zwischenzeitlich wurde auch das Gesetz geändert, so dass die Vorteile des § 13a ErbStG unzweifelhaft auch bei einer vorweggenommenen Erbfolge zu gewähren sind, auch wenn diese unter bestimmten Voraussetzungen rückgängig gemacht werden kann.[133] Der freie Rückabwicklungsvorbehalt ist aber unter einkommensteuerlichen Gesichtspunkten problematisch. Er kann dazu führen, dass argumentiert wird, dass das wirtschaftliche Eigentum beim Schenker verbleibt, solange diesem das freie Rückabwicklungsrecht zusteht.[134]

121 Es ist daher festzustellen, dass auch ein freies Rückabwicklungsrecht, das also vom Vorliegen bestimmter Voraussetzungen unabhängig ist, zulässig ist. Dies kann i.d.R. auch mit einer langen Frist von bspw. zehn Jahren verknüpft werden, ohne dass hierdurch die Schenkung sittenwidrig würde. Andererseits ist es (ertragsteuerlich) ungünstig; zudem sollte bedacht werden, dass eine derartige Vertragsgestaltung nicht gerade die Identifikation des Beschenkten mit dem Geschenk fördern wird, da er auf Jahre vom Wohlwollen des Schenkers abhängig bleibt.

---

128 *Schmidt*, BB 1990, 1992, 1997; *Mayer*, ZGR 1995 93, 105, der auch eine Frist von 15 Jahren noch als zulässig ansieht.
129 *Kollhosser*, AcP 194 (1994) 230, 236 ff. *Klumpp*, ZEV 1995, 388.
130 *Kollhosser*, AcP 194 (1994) 231, 236 ff.; *Langenfeld/Günther*, Grundstückszuwendungen zur lebzeitigen Vermögensnachfolge, Rn. 231 ff..
131 *Klumpp*, ZEV 1995, 388; *Kollhosser*, AcP 194 (1994) 231, 236 ff.; *Mayer*, ZGR 1995, 93, 105 hält einen freien Rückabwicklungsvorbehalt generell für unzulässig.
132 BStBl. II 2001, 44 ff.
133 Zum Ganzen *Scherer/Geuyen*, BB 2001, 819 ff.
134 *Spiegelberger*, MittBayNot 2000, 1, 8, 9.

f) Schenkung von Gesellschaftsanteilen

Problematisch werden diese Überlegungen, wenn Gesellschaftsanteile verschenkt wurden: Soll der Beschenkte bspw. in den Familienbetrieb einsteigen und soll seine Motivation durch die schenkweise Übertragung von Gesellschaftsanteilen gesteigert werden, so sind recht schnell Situationen denkbar, in denen die finanzielle Existenz des Beschenkten von dem Geschenk abhängt. Aus diesem Grund hat sich die Diskussion über die **Sittenwidrigkeit** von Schenkungsvereinbarungen auf den Bereich des Gesellschaftsrechts konzentriert, in dem der BGH seit den späten 70er Jahren für die Hinauskündigung eines Gesellschafters das Vorliegen bestimmter Tatbestandsvoraussetzungen verlangt.[135] Danach ist eine **Hinauskündigungsklausel**, die die Kündigung in das freie Ermessen eines anderen Gesellschafters stellt, nur bei Vorliegen ganz besonderer Umstände zulässig. Das Gleiche gilt für die Frage der Abfindung, zu der die Rspr. ebenfalls einen weitgehenden Schutz des Gesellschafters erwirkt hat.

122

Verglichen mit den Regeln des Schenkungsrechts, scheint die Gefahr der Umgehung der gesellschaftsrechtlichen Schutzrechte auf der Hand zu liegen: Der geschenkte Gesellschaftsanteil könnte so zur Mitgliedschaft minderen Rechts verkommen.[136] Der Überlegung, dass als Mittel gegen mögliche Umgehungen der gesellschaftsrechtlichen Schutzbestimmungen das Schenkungsrecht eingeschränkt werden müsse, wenn Gesellschaftsbeteiligungen verschenkt werden, ist der BGH jedoch in der bekannten **Benteler-Entscheidung** entgegengetreten.[137] Nach den Grundsätzen dieser Entscheidung muss das Schenkungsverhältnis streng vom Gesellschaftsverhältnis getrennt werden: Im Gesellschaftsverhältnis bleibe der oben dargestellte Schutz bestehen, jedoch können die Gesellschafterrechte aus dem Schenkungsverhältnis entzogen werden, ohne dass es danach zu einer Übertragung der gesellschaftsrechtlichen Grundsätze auf das Schenkungsrecht kommt. Diese Entscheidung ist auf breite Zustimmung gestoßen, wenngleich einige Einzelheiten noch ungeklärt sind. Die Diskussion spitzt sich danach auf eine begrenzte Einschränkung der Rückforderungsrechte im Rahmen von Sittenwidrigkeitsüberlegungen nach § 138 BGB zu: Die Schenkung von Gesellschaftsanteilen kann im Einzelfall den Beschenkten in eine Abhängigkeitsposition gegenüber dem Schenker bringen, die ein freies, auf lange Frist gewährtes Rückabwicklungsrecht als sittenwidrig erscheinen lässt. Daher sollte in derartigen Fällen entweder die Frist zur Rückabwicklung auf unter zehn Jahre verkürzt oder auf ein freies Rückabwicklungsrecht zugunsten eines abschließenden Voraussetzungskataloges verzichtet werden.[138]

123

5. *Muster*

Eine typische Rückabwicklungsvereinbarung in einem Schenkungsvertrag über eine Gesellschaftsbeteiligung könnte folgendermaßen aussehen:

124

---

135   BGHZ 68, 212, 215.
136   Für GmbH: *Hachenburg/Ulmer*, GmbHG, § 34, Rn. 43 ff.
137   BGHZ 112, 103 = DB 1990, 56.
138   *Kollhosser*, AcP 194 (1994), 231 , 241 ff.; *Heinemann*, ZHR 1994, 447, 460 ff.; *Mayer*, ZGR 1995, 93, 104 ff.; *Schmidt*, BB 1990, 1992.

1. Die Übertragung der Gesellschaftsanteile erfolgt unter der auflösenden Bedingung der Ausübung des Rücktrittsrechts gemäß Nr. 2.
2. Der Veräußerer kann, solange er lebt, längstens jedoch innerhalb von zehn Jahren ab dem heutigen Tag, von dem Schenkungsvertrag zurücktreten, wenn
   a) Zwangsvollstreckungsmaßnahmen in die Gesellschaftsbeteiligung erfolgen und nicht binnen vier Wochen nach Aufforderung durch den Veräußerer ersatzlos aufgehoben werden;
   b) über das Vermögen des Erwerbers das Insolvenz- oder Vergleichsverfahren eröffnet, oder die Eröffnung mangels Masse abgelehnt wird;
   c) der Erwerber [mögliche Ergänzung: kinderlos] vor dem Veräußerer versterben sollte;
   d) der Erwerber die Gesellschaft oder seine Gesellschafterstellung vor dem ... kündigen sollte;
   e) der Erwerber bei seiner Eheschließung nicht durch güterrechtliche Regelung die hier geschenkte Beteiligung aus der Zugewinnberechnung (auch hinsichtlich der Wertsteigerungen der Beteiligung und aller Surrogate) herausnimmt oder
   f) in den gesetzlich geregelten Fällen der §§ 528 ff. BGB.
3. Der Rücktritt ist mittels eingeschriebenen Briefes dem Erwerber oder hilfsweise seinen Erben gegenüber zu erklären. Das Rücktrittsrecht kann nur binnen einer Frist von sechs Monaten ab Eintritt der Kenntnis der den Rücktrittsgrund begründenden Tatsachen geltend gemacht werden. Das Rücktrittsrecht ist [nicht] übertragbar und vererblich.
4. In Abweichung zu den Vorschriften der §§ 346 ff. BGB wird für die Zeit bis zum Ende des dem Rücktritt vorausgehenden Geschäftsjahres der Gesellschaft vereinbart, dass dem Veräußerer kein Anspruch auf Herausgabe der Nutzungen zusteht und der Erwerber dafür keinen Ersatz von Verwendungen jeder Art, einschließlich werterhöhender Maßnahmen, oder für eingesetzte Arbeitskraft verlangen kann. Die Rückübertragung der hier übertragenen Beteiligung erfolgt mit allen Rechten und Pflichten, ferner mit dem Gewinnbezugsrecht und dem Stimmrecht und mit dinglicher Wirkung zum Tag der Stellung des begründeten Rückübertragungsverlangens, mit schuldrechtlicher Wirkung zu Beginn desjenigen Jahres der Gesellschaft, in dem das Rückübertragungsverlangen gestellt wird.
5. Vollmacht [vgl. Rn. 115]

II. Ausgleichung, Pflichtteilsanrechnung, §§ 2050 ff., 2315 ff., 2327 BGB

125 Der Übergeber sollte sich im Rahmen einer vorweggenommenen Erbfolge immer auch der folgenden Probleme bewusst sein:

Zum einen ist stets das **Pflichtteilsrecht** im Auge zu behalten, wenn der Übergeber nur einen von mehreren Abkömmlingen dadurch begünstigt, dass er ihm Vermögensteile lebzeitig zuwendet. Dies gilt insb. dann, wenn aus dem übrigen Vermögen kein hinreichender Ausgleich für die anderen Abkömmlinge geschaffen werden kann. Zum anderen sind oft die §§ 2050 ff., 2315 und 2327 BGB zu bedenken:

1. Ausgleichung gemäß §§ 2050 ff. BGB

Wenn ein Übergeber einem seiner Kinder im Wege der vorweggenommenen Erbfolge oder durch schlichte Schenkung lebzeitig Vermögenswerte zuwendet und seine Vermögensnachfolge von Todes wegen entweder gar nicht oder durch ein Testament regelt,[139] das mit der gesetzlichen Erbfolge im Wesentlichen im Gleichklang steht, ist zu beachten, dass bei der **Miterbenauseinandersetzung** gemäß der §§ 2050 ff. BGB die lebzeitigen Zuwendungen des Übergebers mit auszugleichen sind. Die §§ 2050 ff. BGB versuchen dem Grundsatz, dass die Abkömmlinge zu gleichen Teilen erben sollen, dadurch größere Geltung zu verschaffen, dass bestimmte lebzeitige Zuwendungen des Übergebers an seine Kinder in der Auseinandersetzung Berücksichtigung finden. Ausgleichsberechtigt nach §§ 2050 ff. BGB sind lediglich die Abkömmlinge des Übergebers, nicht aber sein Ehepartner.

Wichtigste Vorschrift in diesem Zusammenhang ist § 2050 BGB: Diese Norm ordnet bei drei verschiedenen Arten von **Zuwendungen Ausgleichspflichten** unter den Abkömmlingen an, nämlich bei

– Ausstattungen,
– Zuschüssen, die als Einkünfte dienen, und bei
– Aufwendungen für die Berufsbildung.

Diese Ausgleichspflichten sind aber nicht zwingend. Der Übergeber kann anordnen, dass die Zuwendungen nicht ausgleichspflichtig sind. Hierbei ist wichtig, dass diese Anordnung vor oder spätestens bei Vornahme der Zuwendung erfolgen muss. Nach erfolgter Zuwendung kann die Anrechnung nicht mehr einseitig durch Rechtsgeschäft unter Lebenden angeordnet werden. Umgekehrt bestehen für die in § 2050 Abs. 1 und 2 BGB nicht genannten Arten von Zuwendungen nur dann Ausgleichspflichten, wenn der Übergeber dies vor oder bei der Zuwendung angeordnet hat.

Will der Übergeber, dass an einen Abkömmling eine erfolgte Zuwendung, die nicht unter § 2050 Abs. 1 oder 2 BGB fällt, ausgeglichen wird, obgleich er bei der Zuwendung die **Ausgleichung** nicht angeordnet hatte, oder will er umgekehrt, dass eine Zuwendung, die gemäß § 2050 Abs. 1 oder 2 BGB auszugleichen ist, nicht ausgeglichen wird, obwohl er bei der Zuwendung die Ausgleichung nicht ausgeschlossen hat, kann dies der Übergeber – abgesehen von der bereits erwähnten Vereinbarung mit dem betroffenen Abkömmling – nur durch entsprechende **letztwillige Verfügung** erreichen: Er muss dazu den Kindern entsprechend höhere oder niedrigere Erbquoten zuweisen, denn dann gelten die §§ 2050 ff. BGB nicht (vgl. § 2052 BGB), oder er muss versuchen, durch die Zuwendung von Vorausvermächtnissen eine Ausgleichung zu erreichen.[140]

2. Pflichtteilsanrechnung gemäß § 2315 BGB

Nach § 2315 BGB muss sich der Pflichtteilsberechtigte lebzeitige Zuwendungen auf seinen Pflichtteil anrechnen lassen, wenn die Zuwendung von einer Erklärung des

---

139 Vgl. § 2052 BGB.
140 Gestaltungsbeispiele bei *Mohr*, ZEV 1999, 257.

Übergebers begleitet war, dass die Zuwendung auf den eventuellen Pflichtteil angerechnet wird.[141]

> **Beispiel:**
> Beträgt der Pflichtteilsanspruch € 100.000,00 und wurden dem Pflichtteilsberechtigten zu Lebzeiten des Übergebers € 30.000,00 mit der Maßgabe der Anrechnung zugewandt, so beträgt der tatsächliche Pflichtteilsanspruch nur € 70.000,00.

131 Zur wirtschaftlichen Vergleichbarkeit des Wertes der lebzeitigen Zuwendung im Todeszeitpunkt ist der **Kaufkraftschwund** des Geldes zu berücksichtigen, indem der Wert im Zeitpunkt der Schenkung auf die Zeit des Erbfalls umgerechnet wird.[142] Hierzu wird der Wert der lebzeitigen Schenkung im Zeitpunkt der Zuwendung mit der Preisindexzahl der Lebenshaltung des Todesjahres multipliziert und durch die entsprechende Preisindexzahl für das Zuwendungsjahr dividiert.[143] Sonstige nachträgliche Veränderungen, die den Wert des lebzeitig Zugewandten erhöhen, mindern oder ganz beseitigen, bleiben unberücksichtigt.[144]

a) Abwägung

132 Der Übergeber steht daher bei jeder Zuwendung an Abkömmlinge vor der Frage, ob die Zuwendung bei der Auseinandersetzung nach seinem Tod angerechnet werden soll oder nicht. Die Frage stellt sich nicht in voller Schärfe, wenn der Übergeber – was bei einer vernünftigen Nachfolge die Regel sein sollte – die Erbfolge durch letztwillige Verfügung regelt, denn er ist frei durch die zugewiesenen Erbquoten oder durch Vorausvermächtnisse den Wert der lebzeitigen Zuwendungen in der letztwilligen Verfügung zu berücksichtigen.

> **Praxishinweis:**
> Wenn eine lebzeitige Zuwendung an einen Abkömmling gemacht wird, empfiehlt es sich jedoch dringend, nicht nur über die Anrechnung gemäß § 2050 BGB nachzudenken, sondern auch über die Anrechnung gemäß § 2315 BGB: Da ein Übergeber bei Vornahme der Zuwendung selten hinreichend genau weiß, wie sich das Verhältnis zwischen ihm und dem Abkömmling weiter entwickelt, ist dringend zu empfehlen, bei jeder Zuwendung auch die Anrechnung der Zuwendung auf den Pflichtteil anzuordnen. Sollte das Kind nicht enterbt werden oder aus anderen Gründen seinen Pflichtteil erhalten, spielt die Klausel keine Rolle. Wird das Kind jedoch enterbt oder schlägt es aus und kann – ausnahmsweise – einen Pflichtteil verlangen (vgl. § 2306 BGB), muss es sich den Wert der Zuwendung auf den Pflichtteil anrechnen lassen.

b) Anrechnung nach § 2327 BGB

133 Nicht selten entbrennt unter Geschwistern nach dem Erbfall aufgrund Zuwendungen im Zuge der vorweggenommenen Erbfolge Streit darüber, ob Pflichtteilsergänzungsansprüche aufgrund dieser Zuwendungen gemäß §§ 2325 ff. BGB bestehen. Bekanntlich wird gemäß § 2325 BGB der Wert der **Schenkungen, die in letzten zehn Jahren**

---

[141] Auch hier gilt, dass die Erklärung, dass die Zuwendung auf den eventuellen Pflichtteil angerechnet wird, vor oder spätestens bei Vornahme der Zuwendung erfolgen muss, vgl. nur MünchKomm/*Lange*, § 2315 Rn. 6.
[142] BGHZ 65, 75 m.Anm. v. *Löbbecke* in NJW 1975, 2292.
[143] Vgl. BGH FamRZ 1992, 1071.
[144] Palandt/*Edenhofer*, § 2315 Rn. 5.

vor dem Erbfall vorgenommen wurden, dem Nachlasswert zugerechnet. Als Ergänzungsanspruch zum Pflichtteil kann der Pflichtteilsberechtigte den Betrag verlangen, um den sich der Pflichtteil bei fiktiver Hinzurechnung des Wertes der weggeschenkten Gegenstände erhöht.[145] Den **Pflichtteilsergänzungsanspruch** kann aber nicht nur ein Pflichtteilsberechtigter stellen, der völlig enterbt ist, sondern gemäß § 2326 BGB auch der pflichtteilsberechtigte Erbe.

Beispiel:
Die Übergeberin hinterlässt ihren mit ihr in Zugewinngemeinschaft lebenden Ehemann und eine Tochter. Der Ehemann ist zu 3/4 als Erbe eingesetzt, die Tochter (i.H.d. Pflichtteils) zu 1/4. Vor dem Tod hat die Übergeberin ihrem Gatten Geschäftsanteile an einer GmbH im Wert von € 500.000,00 geschenkt. Der Nachlasswert beträgt € 1 Mio. Der Wert der Erbschaft der Tochter beträgt somit € 250.000,00. Wird allerdings der Wert der Schenkung dem Nachlass zugerechnet, so ergibt sich ein Nachlasswert von € 1,5 Mio. und ein fiktiver Wert des Pflichtteils der Tochter (1/4) von € 375.000,00. Die Tochter kann daher als Pflichtteilsergänzung € 125.000,00 verlangen.

Häufig wird aber in diesem Zusammenhang die Regelung des § 2327 BGB übersehen. Hat der **Gläubiger** des Pflichtteilsanspruches – im Fall die Tochter – selbst eine Schenkung vom Übergeber erhalten, so ist diese Schenkung auf den Ergänzungsanspruch anzurechnen. Dabei, und dass ist das Besondere, ist diese Anrechnungsvorschrift völlig unabhängig davon, wann die in Frage stehende Schenkung vorgenommen wurde (es findet also keine Beschränkung etwa auf eine Zehn-Jahres-Frist statt) und ob der schenkende Übergeber bei der Schenkung eine derartige Anrechnung auf den Pflichtteil verfügt hat, wie dies etwa bei § 2315 BGB erforderlich ist.[146]

134

Beispiel:
Hat die Tochter in dem vorstehenden Beispielsfall selbst € 100.000,00 von der Mutter lebzeitig geschenkt bekommen, erhöht sich der fiktive Nachlasswert auf € 1,6 Mio. Der fiktive Wert des Pflichtteils der Tochter (1/4) beträgt dann € 400.000,00. Die Tochter kann daher als Pflichtteilsergänzung nur € 50.000,00 (400.000–250.000–100.000) verlangen.

III. Abfindungszahlungen an Geschwister

Häufig verfügen Eltern lediglich über einen oder wenige **werthaltige Vermögensgegenstände**, die i.R.d. Nachfolge unter den Kindern nicht geteilt werden können oder sollen, wie z.B. der elterliche Betrieb oder das elterliche Grundstück. Möchten die Eltern dennoch ihre Kinder wirtschaftlich gleich behandeln, wird in Übergabeverträgen mit dem Übernehmer häufig vorgesehen, dass er seinen Geschwistern Ausgleichszahlungen zu leisten hat.

135

1. Zivilrecht

Die Zahlungen des Übernehmers an seine Geschwister sind ihrem Wesen nach keine direkten Leistungen des Übernehmers an seine Geschwister. Vielmehr handelt es sich der Sache nach um Zuwendungen des Übergebers an die Geschwister. Es handelt sich somit um einen **Vertrag zugunsten Dritter** (§ 328 BGB), in dem sich der Überneh-

136

---

145 Vgl. das **Klagbeispiel** im Beck'schen Prozessformularbuch/*Böhmer*, II.1.7.
146 Vgl. *Kerscher/Riedel/Lenz*, Pflichtteilsrecht, § 9 Rn. 134 f.

mer (Versprechender) gegenüber dem Übergeber (Versprechensempfänger) zu einer Leistung an seine **Geschwister (Dritte)** verpflichtet. Da § 328 Abs. 2 BGB nur eine Auslegungsregel zum Bestehen eines unmittelbaren Forderungsrechts des Dritten enthält, sollte im Übergabevertrag klar geregelt werden, ob die weichenden Geschwister einen unmittelbaren Anspruch gegen den Übernehmer haben.[147]

137 Die dogmatische Einordnung dieser **gemischten Schenkung** im Zivilrecht ist umstritten. Nach den Anhängern der sog. **Trennungstheorie** ist der Vertrag in einen entgeltlichen und einen unentgeltlichen Teil zu zerlegen. Nach der ebenfalls vertretenen **Einheitstheorie** handelt es sich bei der gemischten Schenkung um einen einheitlichen Vertrag, der – auch wenn er Elemente mehrerer gesetzlicher Vertragstypen (z.B. Kauf gemäß §§ 433 ff. BGB und Schenkung gemäß §§ 516 ff. BGB) enthält – nicht in einen entgeltlichen und einen unentgeltlichen Teil zerlegt werden kann. In der Praxis ist dieser Theorienstreit nur für die Frage relevant, welche Vorschriften für die miteinander verschmolzenen Vertragstypen gelten. Es setzt sich allerdings vermehrt die Erkenntnis durch, dass es letztlich auf den Vertragszweck, der vom Parteiwillen bestimmt wird, sowie auf den Sinn und Zweck der jeweiligen gesetzlichen Regelung ankommt.[148]

2. Ertragsteuerrecht

138 Ausgleichszahlungen an weichende Geschwister haben zur Folge, dass es sich bei der Vermögensübertragung um ein **(teil-)entgeltliches Rechtsgeschäft** handelt.[149] Dem Übernehmer entstehen i.H.d. geleisteten Ausgleichszahlungen **Anschaffungskosten**, die er bei einer einkunftsrelevanten Nutzung des übergebenen Gegenstandes (z.B. Vermietung des Grundstücks) abschreiben kann. Korrespondierend hierzu ist zu beachten, dass die teilentgeltliche Übertragung beim Übergeber zur Erzielung eines Veräußerungsgewinns führen kann, z.B. bei der Übertragung von Grundstücken innerhalb der zehnjährigen Veräußerungsfrist des § 23 EStG.

Beispiel:
V überträgt sein vermietetes Grundstück im Verkehrswert von € 600.000,00 (Steuerwert € 400.000,00) am 07.07.2005 auf seine Tochter T. T ist verpflichtet, ihrem Bruder S einen Ausgleichsbetrag i.H.v. € 300.000,00 zu zahlen. V hatte das Grundstück am 01.01.1996 zu einem Preis von € 200.000,00 angeschafft.

Lösung: V erhält ein Veräußerungsentgelt von T i.H.v. € 300.000,00. Nach dem Verhältnis des Veräußerungsentgelts zum Verkehrswert ist das Grundstück zu 1/2 entgeltlich auf T übertragen worden. Dementsprechend sind bei der Ermittlung des Veräußerungsgewinns auch nur die hälftigen Anschaffungskosten des V zu berücksichtigen:

Veräußerungspreis	€ 300.000,00
abzüglich 1/2 Anschaffungskosten des V	€ 100.000,00
steuerpflichtiger Veräußerungsgewinn	€ 200.000,00

Hätte V die Übertragung des Grundstücks erst nach dem 01.01.2006, mithin nach zehn Jahren oder mehr gegen Zahlung von Gleichstellungsgeldern auf seine Tochter T übertragen, wäre der von ihm erzielte Veräußerungsgewinn nicht steuerpflichtig gewesen.

---

147 Vgl. hierzu auch *Langenfeld/Günther*, Grundstückszuwendungen zur lebzeitigen Vermögensnachfolge, Rn. 423.
148 Vgl. BGH NJW 1990, 2616, 2620; MünchKomm/*Kollhosser*, § 516 Rn. 31; Palandt/*Weidenkaff*, § 516 Rn. 14.
149 BMF-Schreiben v. 13.1.1993, BStBl. I 1993, 80, Rn. 7–9.

3. Schenkungsteuerrecht

Die Zuwendung von Vermögensgegenständen gegen Zahlung von Abstandsgeldern oder Gleichstellungsgeldern wird **schenkungsteuerlich** als **gemischte Schenkung** qualifiziert.[150] Die Abstands- bzw. Gleichstellungsgelder werden also im Verhältnis zwischen dem Übergeber und dem Übernehmer (sog. Deckungsverhältnis) als Gegenleistung des Übernehmers qualifiziert, die angesichts des i.d.R. höheren Werts des übertragenen Vermögensgegenstandes eine gemischte Schenkung begründet.[151]

139

Die Gleichstellungsgelder selbst sind nicht als **freigebige Zuwendungen** des Übernehmers an seine weichenden Geschwister, sondern des Übergebers an seine übrigen Kinder anzusehen. Dies ist i.d.R. auch schenkungsteuerlich günstiger. Die weichenden Kinder haben die erhaltenen Beträge als Forderungsschenkung von ihrem Elternteil zu versteuern.[152] Bei der Vorfrage, ob es sich um ein vollentgeltliches Geschäft oder aber aufgrund des Ungleichgewichts der einzelnen Leistungen eine gemischte Schenkung vorliegt, ist nach zivilrechtlichen Bewertungsgrundsätzen der Verkehrswert der beiden Leistungen gegenüber zu stellen.[153]

140

D. Probleme bei der Beteiligung Minderjähriger

Sollen im Wege der vorweggenommenen Erbfolge Vermögensgegenstände auf minderjährigen Kinder übertragen werden, ist aus Beratersicht vorab zu prüfen, inwieweit die Eltern von einer Vertretung ihres Kindes ausgeschlossen (hierzu Rn. 142 ff.) und ob familien- oder vormundschaftsgerichtliche Genehmigungen des Übergabevertrags (hierzu Rn. 151 f.) erforderlich sind. Vor der Beteiligung von Minderjährigen an Gesellschaften sollte der Berater auch auf die hierdurch in der Gesellschaft entstehenden zusätzlichen Probleme hinweisen (hierzu Rn. 153 ff.). Schließlich ist häufig unbekannt, dass im Zusammenhang mit der vorweggenommenen Erbfolge Bestimmungen über die Vermögenssorge des geschenkten Vermögens getroffen werden können. Diese erweisen sich insb. dann als sinnvoll, wenn es zu einer Scheidung der Eltern des Minderjährigen kommt (hierzu Rn. 167 ff.).

141

I. Erforderlichkeit der Bestellung eines Ergänzungspflegers

Grundsätzlich werden Kinder gemäß § 1629 Abs. 1 Satz 2 BGB von ihren Eltern gemeinschaftlich vertreten. Eine Vertretung ist jedoch gemäß § 1629 Abs. 2 Satz 1 BGB insoweit nicht möglich, als nach § 1795 BGB ein **Vormund von der Vertretung des Kindes ausgeschlossen** ist. Liegt bei nur einem Elternteil des Kindes ein Ausschlussgrund vor, kann es auch nicht durch den anderen Elternteil vertreten werden. Die Eltern sind dann insgesamt von der Vertretung ausgeschlossen.[154]

142

In den Anwendungsbereich des § 1629 Abs. 2 Satz 1 i.V.m. § 1795 BGB fallen zunächst sämtliche Schenkungen von einem Elternteil oder von den Großeltern an das minderjährige Kind. Allerdings ist nach Rspr. und Lit. bei Vorliegen eines „lediglich rechtlich vorteilhaften" Geschäfts eine **teleologische Reduktion** der Vorschriften vor-

143

---

150 Vgl. *Moench*, ErbStG, § 7 Rn. 60.
151 Vgl. zur schenkungsteuerlichen Behandlung der gemischten Schenkung die Ausführungen zur Vermögensübergabe gegen Versorgungsleistungen Rn. 42 ff.
152 BFH v. 23.10.2002 – II R 71/00 – BStBl. II 2003, 162 = ZErb 2003, 78, m. Anm. *Daragan; Noll*, DStR 2003, 968.
153 Vgl. *Moench*, ErbStG, § 7 Rn. 14; R 14 Abs. 1 Satz 3 ErbStR.
154 Vgl. Palandt/*Diederichsen*, § 1629 Rn. 23; BayObLG FamRZ 1976, 168.

zunehmen, so dass die Eltern in diesen Fällen ihr Kind vertreten können.[155] Die entscheidende Frage für die Notwendigkeit der Bestellung eines Ergänzungspflegers ist daher, ob der abzuschließende Übergabevertrag für das minderjährige Kind lediglich rechtlich vorteilhaft i.s.v. § 107 BGB ist. Bei einer reinen Barschenkung, aber auch bei einer reinen Grundstücksschenkung liegt nach gefestigter Rspr. ein lediglich rechtlich vorteilhaftes Geschäft i.S.d. § 107 BGB vor, selbst wenn das Grundstück dinglich belastet ist.[156] Nachfolgend soll anhand einiger typischer Übertragungsbeispiele im Zusammenhang mit der vorweggenommenen Erbfolge die Problematik der Bestimmung des Vorliegens eines lediglich rechtlichen Vorteils dargestellt werden.

1. Schenkung eines vermieteten Grundstücks unter Nießbrauchsvorbehalt

144 Erst jüngst hatte sich der BGH mit der Frage zu befassen, ob die Schenkung eines vermieteten oder verpachteten Grundstücks auch dann nicht lediglich rechtlich vorteilhaft ist, wenn sich Übergeber den **Nießbrauch** an dem zu übertragenden Grundstück vorbehalten hat. Bislang schon allg. anerkannt war, dass der Erwerb eines vermieteten oder verpachteten Grundstücks für einen Minderjährigen nicht lediglich rechtlich vorteilhaft ist.[157] Der BGH hat nunmehr entschieden, dass sich an diesem rechtlichen Befund nichts ändert, auch wenn sich der Veräußerer den Nießbrauch vorbehalten hat und somit das unverändert fortbestehende Miet- oder Pachtverhältnis von ihm als Vermieter oder Verpächter (Nießbraucher) fortgeführt wird.[158]

145 Der BGH ist der Ansicht, dass aufgrund des bereits im Zeitpunkt der Auflassung bestehenden Miet- oder Pachtverhältnisses die hinreichend konkrete Möglichkeit besteht, dass der **Minderjährige** bei Beendigung des Nießbrauchs mit Pflichten aus dem Miet- oder Pachtvertrag belastet werden kann. Dies genüge, um einen Rechtsnachteil anzunehmen.[159] Andererseits stellt der BGH in dem Urteil aber klar, dass die Schenkung eines Grundstücks unter Nießbrauchsvorbehalt (ohne bestehendes Miet- oder Pachtverhältnis) nicht bereits deshalb rechtlich nachteilig sei, weil eine in Zukunft erfolgende Vermietung oder Verpachtung durch den Nießbraucher nicht ausgeschlossen werden kann.

2. Vereinbarung von Rückforderungsrechten

146 In der Praxis werden die Eltern sich häufig Rückforderungsrechte für **unvorhergesehene Fälle** (z.B. das Vorversterben ihres Kindes) vorbehalten wollen (vgl. im Einzelnen hierzu Rn. 111 ff.). Auch bei diesen Gestaltungen stellt sich die Frage, ob die Zuwendung unter dem Vorbehalt eines Rückforderungsrechts für das minderjährige Kind lediglich rechtlich vorteilhaft i.S.v. § 107 BGB ist.[160] Hierbei kommt es auf die Ausgestaltung des Rückforderungsrechts im jeweiligen Einzelfall an. In einer früheren Entscheidung hat das BayObLG z.B. rechtliche Vorteilhaftigkeit für den Fall verneint, dass der Minderjährige eine schuldrechtliche Verpflichtung zur Rückübertragung des zugewendeten Grundstücks eingegangen ist.[161] Die Haftung des Minderjährigen für

---

155 Vgl. Palandt/*Heinrichs*, § 181 Rn. 9; BGHZ 94, 235; *Fembacher/Franzmann*, MittBayNot 2002, 78, 81 f.
156 Vgl. BGH ZEV 2005, 66, 68.
157 OLG Karlsruhe OLG-Report Karlsruhe 2000, 259, 260; BayObLG NJW 2002, 1129; MünchKomm/*Schmitt*, § 107 Rn. 48; Palandt/*Heinrichs*, § 107 Rn. 4.
158 BGH ZEV 2005, 209.
159 BGH ZEV 2005, 209, 211 m. krit. Anm. *Everts*.
160 Vgl. hierzu instruktiv *Fembacher/Franzmann*, MittBayNot 2002, 78 ff.
161 BayObLG DNotZ 1975, 219, 220.

die Erfüllung dieser persönlichen Verpflichtung sei nicht auf das Zugewendete beschränkt, der Minderjährige haftet nach dieser Auffassung nach allg. Grundsätzen.

Ist das **Rückforderungsrecht** lediglich bereicherungsrechtlich ausgestaltet, führt dies nach der bisherigen Rspr. nicht zum Verlust der lediglich rechtlichen Vorteilhaftigkeit.[162] Die Beschränkung auf die Haftung nach Bereicherungsrecht ist daher eine Gestaltungsmöglichkeit für einen genehmigungsfreien Übergangsvertrag.[163]

> **Praxishinweis:**
> Aufgrund der noch nicht höchstrichterlich geklärten Rechtslage, empfiehlt sich in der Praxis dennoch vorsorglich die Einschaltung eines Ergänzungspflegers, da andernfalls die schwebende Unwirksamkeit des ohne den erforderlichen Ergänzungspfleger abgeschlossenen Rechtsgeschäfts droht (vgl. § 108 Abs. 1 BGB).

3. Pflichtteilsverzicht und Pflichtteilsanrechnung

Die Erklärung eines **Pflichtteilsverzichts** des Minderjährigen im Zusammenhang mit einem Übergabevertrag führt nach allg. Meinung dazu, dass der Vertrag nicht mehr als lediglich rechtlich vorteilhaft qualifiziert werden kann.[164] Ein zu bestellender Ergänzungspfleger, der sich nicht einem möglichen Haftungsanspruch gegenüber dem minderjährigen Kind ausgesetzt sehen möchte, wird einem derartigen Pflichtteilsverzicht i.d.R. auch nicht zustimmen können, da im Zeitpunkt der Verzichtserklärung noch in keiner Weise abgeschätzt werden kann, wie sich der Verzicht wirtschaftlich auswirken wird. Aus diesem Grund wird in der Praxis auch die erforderliche vormundschaftsgerichtliche Genehmigung eines Pflichtteilsverzichts eines Minderjährigen gemäß § 2347 Abs. 1 Satz 1 2. HS BGB i.d.R. nicht erteilt werden.

Bei der Aufnahme einer Bestimmung zur **Pflichtteilsanrechnung** gemäß § 2315 BGB ist die Rechtslage nicht so eindeutig. Dies liegt insb. daran, dass es sich bei der Anrechnungsbestimmung um eine einseitige Erklärung des Übergebers handelt, deren rechtlicher Charakter nicht zweifelsfrei eingeordnet werden kann. In der Lit. wird teilweise die Auffassung vertreten, die Anrechnungspflicht habe die Wirkung eines beschränkten Pflichtteilsverzichts und sei daher nicht lediglich rechtlich vorteilhaft. Die Zuwendung bedürfe daher sogar der Zustimmung des VormG gemäß § 2347 Abs. 2 BGB.[165] Der BGH hat in einer älteren Entscheidung zur Frage der Anordnung einer Ausgleichspflicht gemäß § 2050 BGB im Rahmen eines Schenkungsvertrags ausgeführt, dass diese Bestimmung ihrem rechtlichen Gehalt nach **keine Auflage i.S.d. § 525 BGB** darstelle, die die Notwendigkeit einer Zustimmung seitens des gesetzlichen Vertreters zum Abschluss des Schenkungsvertrags nach § 107 BGB begründen könnte.[166] Eine derartige Anordnung begründet demnach keine schuldrechtliche Verpflichtung des Beschenkten, sondern macht nach dieser Auffassung lediglich deutlich, dass die Schenkung bei der Erbfolge mitberücksichtigt werden soll. Es ist gut möglich, dass die Rspr. diese Grundsätze auch auf die einseitige Pflichtteilsanrechnungsbestimmung überträgt.[167] Aufgrund der bestehenden rechtlichen Unsicherheiten kann in der Ge-

---

162 OLG Dresden MittBayNot 1996, 288, 289 f.; OLG Köln MittBayNot 1998, 106 = NJW-RR 1998, 363.
163 Vgl. *Schöner-Stöber,* Grundbuchrecht, Rn. 3611 m.w.N.
164 Vgl. *Fembacher/Franzmann,* MittBayNot 2002, 78, 85.
165 Vgl. MünchKomm/*Lange,* § 2315 Rn. 9; *Lange/Kuchinke,* Erbrecht, § 37 VII 9. a) α; Staudinger/*Haas,* § 2315 Rn. 31 f.
166 BGHZ 15, 168, 170.
167 Ebenso *Pentz,* MDR 1998, 1266; einschränkend: *Fembacher/Franzmann,* MittBayNot 2002, 78, 85.

staltungspraxis jedoch nur empfohlen werden, vorsorglich die Zustimmung eines Ergänzungspflegers sowie des VormG einzuholen.[168]

4. Übernahme von Verbindlichkeiten

150 Schenken Eltern ihrem Kind ein Grundstück, das mit einem **Grundpfandrecht** belastet ist, bedarf es, wie bereits ausgeführt, keiner Bestellung eines Ergänzungspflegers. Die Belastung des Grundstücks schränkt den rechtlichen Vorteil des Eigentumserwerbs ein, begründet aber neu keinen rechtlichen Nachteil, weil durch diese Belastung dem Kind als solchem keine schuldrechtliche Zahlungsverpflichtung entsteht, sondern es als Eigentümer nur zu dulden hat, dass der Gläubiger zu seiner Befriedigung wegen des Grundpfandrechts und der damit verbundenen Nebenansprüche die Zwangsvollstreckung des Grundstücks betreibt.[169] Verpflichtet sich in dem Übergabevertrag das Kind allerdings auch zur Übernahme der Verbindlichkeit, d.h. der dem Grundpfandrecht zugrunde liegenden Forderung, ist der Erwerb für das Kind nicht mehr bloß rechtlich vorteilhaft, so dass die Bestellung eines Pflegers erforderlich wird.[170]

II. Familien-/vormundschaftsgerichtliche Genehmigung

1. Genehmigungserfordernisse bei Rechtsgeschäften, bei denen die Eltern vertreten

151 Auch wenn für den Abschluss des konkreten Rechtsgeschäfts die Bestellung eines Ergänzungspflegers nicht erforderlich ist, gibt es Rechtsgeschäfte des minderjährigen Kindes, für die die Eltern der **familiengerichtlichen Genehmigung** bedürfen. Hierbei handelt es sich um die in § 1643 i.V.m. § 1821 und § 1822 Nr. 1, 3, 5, 8–11 BGB genannten Rechtsgeschäfte. In der Praxis der vorweggenommenen Erbfolge kann insb. die Regelung des § 1634 Abs. 1 i.V.m. § 1821 Abs. 1 Nr. 5 BGB relevant werden. Danach bedürfen Verträge, die auf den entgeltlichen Erwerb eines Grundstücks gerichtet sind, der familiengerichtlichen Genehmigung. Wird ein belastetes Grundstück auf einen Minderjährigen übertragen und übernimmt er die auf der Immobilie belasteten Verpflichtungen, liegt eine **gemischte Schenkung** vor. Auch diese ist entgeltlich i.S.v. § 1821 Abs. 1 Nr. 5 BGB.[171] Allerdings wäre ein entsprechendes Geschäft für den Minderjährigen bereits nicht lediglich rechtlich vorteilhaft, so dass er schon bei Abschluss des Geschäfts nicht von seinen Eltern vertreten werden könnte, sondern einen Ergänzungspfleger benötigt.

2. Genehmigungserfordernisse bei Rechtsgeschäften, bei denen der Ergänzungspfleger vertritt

152 Über die Vorschrift des § 1915 BGB finden die Bestimmungen über genehmigungspflichtige Geschäfte gemäß § 1821 und § 1822 BGB für Rechtsgeschäfte des Ergänzungspflegers ebenfalls Anwendung, so dass auch bei einer Vertretung des minderjährigen Kindes durch einen Ergänzungspfleger insoweit die vormundschaftsgerichtliche Genehmigung erforderlich ist. Die Zuständigkeit des VormG ergibt sich aus § 1915 Abs. 1 i.V.m. §§ 1821, 1822 BGB.[172]

---

168 Die Genehmigungsbedürftigkeit der Pflichtteilsanrechnung ist allerdings nicht ausdrücklich gesetzlich bestimmt; für Genehmigungsbedürftigkeit z.B. *Jerschke* in Beck'sches Notarhandbuch, A V Rn. 55.
169 BayObLG 1979, 49, 53 = DNotZ 1979, 543; *Schöner/Stöber*, Grundbuchrecht, Rn. 3606.
170 *Schöner/Stöber*, Grundbuchrecht, Rn. 3606.
171 Vgl. Palandt/*Diederichsen*, § 1821 Rn. 20.
172 Vgl. auch *Reimann*, DNotZ 1999, 179, 184.

III. Probleme im Zusammenhang mit Minderjährigen als Gesellschafter

Nachfolgend soll im Einzelnen dargestellt werden, wann im Zuge der Gründung einer Familiengesellschaft bzw. beim Eintritt in eine bereits bestehende Familiengesellschaft, bei Änderungen des Gesellschaftsvertrages und im Zusammenhang mit der **laufenden Geschäftsführung** minderjährige Kinder der Vertretung und Zustimmung ihrer Eltern bedürfen, wann die Eltern nicht selbst handeln können, sondern ihrerseits einen Pfleger einschalten müssen, und schließlich wann überdies das FamG bzw. das VormG den Handlungen zustimmen muss. Denn i.R.d. Gestaltung der vorweggenommenen Erbfolge sollte vor der Beteiligung von Minderjährigen an Gesellschaften genau abgewogen werden, ob die Vorteile der Beteiligung Minderjähriger den höheren Verwaltungs- und organisatorischen Aufwand durch die Bestellung von Pflegern und die Beteiligung von Gerichten rechtfertigen.

153

1. Gründung einer Gesellschaft

a) Notwendigkeit der Zuziehung eines Pflegers

Nach der oben unter Rn. 142 ff. skizzierten gesetzlichen Regelung handeln für Minderjährige ihre **gesetzlichen Vertreter** bei der Gründung einer Familiengesellschaft. Das sind im **Regelfall** die **Eltern**, soweit sie sorgeberechtigt sind. Das ist auch in einer nichtehelichen Lebensgemeinschaft der Fall, wenn beide Elternteile erklärt haben, die Sorge gemeinsam übernehmen zu wollen, § 1626a Abs. 1 Nr. 1 BGB, anderenfalls ist nur die Mutter vertretungsberechtigt, § 1626a Abs. 2 BGB. Ebenso wurde schon einleitend gezeigt, dass Eltern in einigen Fällen von der Vertretung ausgeschlossen sind. In diesen Fällen muss ein Pfleger bestellt werden. Umstritten ist hierbei allerdings noch, ob und in welchem Umfang das FamG bzw. das VormG zuständig ist.[173] Wird eine Pflegschaft erforderlich, sind die Eltern nach § 1909 Abs. 2 BGB verpflichtet, dies dem Gericht anzuzeigen. Mit der Bestellung tritt der Pfleger an die Stelle der Eltern.[174]

154

Wird eine **Familiengesellschaft** neu gegründet, sind die Eltern an der Gründung der Gesellschaft oft selbst beteiligt. In diesem Fall können sie ihre Kinder unter Anwendung der §§ 1629 Abs. 2, 1795 Abs. 1 Nr. 1 BGB nicht vertreten.[175] Das gilt grundsätzlich sowohl für die Gründung einer Personengesellschaft wie auch für Verträge zur Errichtung einer Kapitalgesellschaft.[176] Hierbei genügt schon die Beteiligung auch nur eines Elternteils am Gesellschaftsvertrag für den Ausschluss auch des anderen Elternteils von der Vertretung.[177] Nach § 1909 Abs. 1 Satz 1 BGB muss in diesen Fällen ein Pfleger durch das FamG bzw. VormG bestellt werden.[178]

155

Wird ein **Gesellschaftsvertrag ohne Pfleger** geschlossen, ist der Vertrag unwirksam. Nach h.M. heilt die nachträgliche gerichtliche Genehmigung nicht diesen unwirksa-

156

---

173 Seit der Einführung des § 1693 BGB zum 1.7.1998 ist äußerst umstritten, ob das FamG auch für die Anordnung einer Ergänzungspflegschaft zuständig ist, oder ob die Zuständigkeit weiter beim VormG liegt, vgl. hierzu Palandt/*Diederichsen*, § 1697 Rn. 1 m. zahlreichen Nachw. Weitgehende Einigkeit besteht dahingehend, dass jedenfalls für die Bestellung des Pflegers das VormG ausschließlich zuständig ist, Palandt/*Diederichsen*, § 1697 Rn. 2, selbst wenn das FamG die Anordnungs- u. Auswahlkompetenz hat, vgl. OLG Dresden FamRZ 2001, 715, 716; OLG Hamm FamRZ 2001, 717; a.A. OLG Stuttgart FamRZ 2001, 364.
174 Palandt/*Diederichsen*, § 1909 Rn. 2.
175 Vgl. *Reimann*, DNotZ 1999, 179, 182 f.
176 MünchKomm/*Wagenitz*, § 1795 Rn. 7; vgl. *Pluskat*, FamRZ 2004, 677.
177 *Reimann*, DNotZ 1999, 179, 183.
178 MünchKomm/*Schwab*, § 1909 Rn. 37; *Hohaus/Eickmann*, BB 2004, 1707, 1708.

men Vertragsschluss, denn das Gericht ist nicht befugt, durch eine nachträgliche Genehmigung von den Beschränkungen des § 181 BGB zu befreien.[179] Haben die Eltern mehrere Kinder und sollen sämtliche Kinder in die Familiengesellschaft aufgenommen werden, ist zum Abschluss des Gesellschaftsvertrages für jedes Kind ein eigener Ergänzungspfleger zu bestellen. Denn die Kinder vereinbaren nicht nur mit den Eltern, sondern auch untereinander die Förderung des gemeinsamen Zwecks der Gesellschaft.[180] Die Pflegschaft wird üblicherweise nach § 1918 Abs. 3 BGB mit dem wirksamen Abschluss des Gesellschaftsvertrages enden.

b) Vormundschaftsgerichtliche Genehmigung

157 Neben die Notwendigkeit, einen **Ergänzungspfleger** i.R.d. Gründung einer Familiengesellschaft zu bestellen, wird in vielen Fällen noch das Erfordernis einer vormundschaftsgerichtlichen Genehmigung treten. Nach § 1915 Abs. 1 BGB i.V.m. §§ 1821, 1822 BGB ist das immer dann der Fall, wenn auch ein **Vormund der Genehmigung** des VormG bedürfte.[181] Hinsichtlich der Gründung der Familiengesellschaft ist § 1822 Nr. 3 2. Alt. BGB relevant, wonach die Genehmigung des VormG erforderlich ist, wenn ein Gesellschaftsvertrag geschlossen wird, der zum Betrieb eines Erwerbsgeschäfts eingegangen wird. Ebenso ist die Genehmigung durch das VormG notwendig, wenn ein Vertrag, der auf den entgeltlichen Erwerb oder die Veräußerung eines Erwerbsgeschäftes gerichtet ist, geschlossen wird, § 1822 Nr. 3 1. Alt. BGB. Wird die Familiengesellschaft in der Rechtsform einer KG gegründet, ist die vormundschaftsgerichtliche Genehmigung auch dann nötig, wenn der **Minderjährige** bei der Gründung nur als Kommanditist mit einer bestimmten Einlage an der Familiengesellschaft beteiligt wird.[182] Schwieriger ist die Situation bei der GbR. Die Gründung einer GbR ist jedenfalls dann genehmigungspflichtig, wenn der Gesellschaftszweck auf den Betrieb eines Erwerbsgeschäfts gerichtet ist.[183] Entscheidend ist danach, ob der Minderjährige ein gewisses **Unternehmerrisiko** mit seiner Beteiligung an der GbR übernimmt und für fremde Verbindlichkeiten haftet.[184] Nach der Rspr. ist ferner die Errichtung einer GbR dann genehmigungspflichtig, wenn der Gesellschaftszweck den Erwerb, die Verwaltung und die Verwertung von Immobilien erfasst und die Gesellschaft auf lange Dauer errichtet wird.[185]

> **Praxishinweis:**
> Folglich ist zwar nach dieser Differenzierung eine wirksame Gründung einer ausschließlich vermögensverwaltenden Familiengesellschaft bei der Beteiligung minderjähriger Kinder theoretisch nicht von einer Genehmigung durch das VormG abhängig. In der Praxis empfiehlt es sich gleichwohl dringend, die Gründung auch einer

---

179 Vgl. BGHZ 21, 229, 234 = DNotZ 1956, 559; OLG Hamm OLGZ 1975, 173 (alle zit. Entscheidungen sind vom VormG ergangen, die Vorschrift des § 1693 BGB für Angelegenheiten der elterlichen Sorge wurde erst im Jahr 1998 eingeführt).
180 Vgl. BGHZ 21, 229, 231 ff. = DNotZ 1956, 559; *Reimann*, DNotZ 1999, 179, 183.
181 Zur ausschließlichen Zuständigkeit des VormG zur Genehmigung von Rechtshandlungen des Ergänzungspflegers vgl. *Reimann*, DNotZ 1999, 179, 184.
182 BGHZ 17, 160 ff.; BGHZ 38, 26 ff.; Soergel/*Zimmermann*, § 1822 Rn. 23.
183 OLG Zweibrücken FamRZ 2000, 117, 119; BayObLG FamRZ 1990, 280.
184 Vgl. OLG Hamm FamRZ 2001, 53.
185 BayObLG FamRZ 1997, 842, 844 = DNotZ 1998, 495 m. Anm. *Spiegelberger*.

vermögensverwaltenden Familiengesellschaft bei Beteiligung von Minderjährigen durch das VormG genehmigen zu lassen.[186]

Auch der **Gründungsvertrag** einer Kapitalgesellschaft, die ein Erwerbsgeschäft betreibt, ist genehmigungsbedürftig.[187] Sofern der Minderjährige Aktien erhält und nur unbedeutend an einer Aktiengesellschaft beteiligt ist, ist eine Genehmigungsbedürftigkeit abzulehnen.[188]

158

2. *Schenkung des Anteils einer bereits bestehenden Gesellschaft*

a) Hinzuziehung eines Pflegers

Für den Eintritt in eine bereits bestehende Gesellschaft bspw. durch Anteilsabtretung oder durch die Aufnahme des Minderjährigen im Wege des Beitritts unter Abschmelzung der Beteiligung der bisherigen Gesellschafter am Vermögen der Gesellschaft gelten bzgl. der Vertretung eines Minderjährigen die bereits dargelegten Grundsätze entsprechend vgl. Rn. 142 ff. Bei sämtlichen erforderlichen Verträgen wird der Minderjährige durch seinen gesetzlichen Vertreter vertreten, sofern das Rechtsgeschäft nicht nur rechtlich vorteilhaft für den Minderjährigen ist. Sind die gesetzlichen Vertreter, d.h. also die Eltern selbst an den Verträgen beteiligt, weil sie z.B. entweder selbst einen Gesellschaftsanteil abtreten oder ihren Kapitalanteil verringern, ist zumindest bei Personengesellschaften wieder eine **Pflegschaft** erforderlich. Die Rechtsprechungspraxis hat die Beteiligung Minderjähriger an einer Gesellschaft,[189] insb. die **Schenkung eines Kommanditanteils**[190] oder eines GbR-Anteils[191] als nicht lediglich rechtlich vorteilhaft betrachtet. Auch hier ist darauf hinzuweisen, dass bei mehreren Minderjährigen, die in die Gesellschaft nachfolgen, für jeden Minderjährigen separat ein Ergänzungspfleger zu bestellen ist.[192] Die Schenkung und Abtretung eines voll eingezahlten GmbH-Anteils lässt sich dagegen als lediglich rechtlich vorteilhaft qualifizieren.[193] Umstritten ist auch die Pflicht zur Pflegerbestellung, wenn die Eltern an einer GmbH beteiligt sind und das minderjährige Kind dadurch beitritt, dass mittels Kapitalerhöhung ein neuer Geschäftsanteil geschaffen wird, die Eltern zunächst die Übernahme für ihr Kind erklären sowie das Kind zur Leistung der Stammeinlage verpflichten und anschließend das Kind den neu gebildeten Geschäftsanteil übernimmt.[194]

159

---

186 Vgl. *Hohaus/Eickmann,* BB 2004, 1707, 1709; vgl. auch *Reimann,* DNotZ 1999, 179, 185, der davon spricht, dass die Genehmigungspflichtigkeit eines Vertrages, durch den eine Familiengesellschaft bürgerlichen Rechts unter Einschluss Minderjähriger gegründet werde, regelmäßig zu bejahen sei.
187 Erman/*Holzhauer,* § 1822 Rn. 19 m.w.N.
188 Erman/*Holzhauer,* § 1822 Rn. 19 a.E.
189 Zur Schenkung von Gesellschaftsanteilen ausführlich *Damrau,* ZEV 2000, 209 ff. sowie *Reimann,* DNotZ 1999, 179 ff.
190 OLG Zweibrücken ZEV 2001, 77, 78; LG Köln Rpfleger 1970, 245; *Ivo,* ZEV 2005, 193 ff.
191 OLG Braunschweig ZEV 2001, 75 m. Anm. *Sticheling/Stücke.*
192 MünchKomm/*K. Schmidt,* HGB, 2004, § 105 Rn. 129; a.A. bei volleingezahlten Kommanditanteilen *Ivo,* ZEV 2005, 193, 195.
193 Vgl. zur Gründung der GmbH Staudinger/*Peschel-Gutzeit,* § 1629 Rn. 248; krit. wegen der Möglichkeit einer Ausfallhaftung nach § 24 GmbHG u. einer Erstattungspflicht nach §§ 30, 31 GmbHG Staudinger/*Knothe,* § 107 Rn. 29; BGH MDR 1980, 737.
194 Hierzu ausführlich *Pluskat,* FamRZ 2004, 677, 678 f. m.w.N.; vgl. auch *Hohaus/Eickmann,* BB 2004, 1707, 1708.

b) Vormundschaftsgerichtliche Genehmigung

160 Tritt ein Minderjähriger in eine bestehende **Personengesellschaft** ein, ist nach § 1915 Abs. 1 i.V.m. § 1822 Nr. 3 BGB die Genehmigung des VormG erforderlich.[195] Ist der Minderjährige als stiller Gesellschafter im Falle einer atypischen stillen Gesellschaft durch eine Beteiligung an der **Geschäftsführung** einem unternehmerischen Risiko unterworfen, wird auch dieser Fall als Gesellschaftsvertrag qualifiziert, der nach § 1822 Nr. 3 BGB zum Betrieb eines Erwerbsgeschäftes geschlossen wird und damit eine vormundschaftsgerichtliche Genehmigung erfordert.[196]

161 Erhält ein Minderjähriger einen **Anteil an einer Kapitalgesellschaft** geschenkt, z.B. einen GmbH-Geschäftsanteil, so ist i.d.R. keine Genehmigung des VormG erforderlich.[197] Die erwähnte Vorschrift des § 1822 Nr. 3 BGB soll nach h.M. weder direkt noch entsprechend anwendbar sein.[198] Das ist jedenfalls unstreitig im Fall der rein vermögenverwaltenden GmbH.[199] Etwas anderes gilt nur, sofern konkret und tatsächlich im Zeitpunkt des Eintritts ein Fall des § 1822 Nr. 10 BGB (Übernahme einer fremden Verbindlichkeit, z.B. bei der Einstandspflicht der GmbH-Gesellschafter für eine fehlende Stammeinlage gemäß § 24 GmbHG) oder der Fall der **Einmann-GmbH** vorliegt. Eine Genehmigung wird auch erforderlich, wenn die GmbH vor der Eintragung in das Handelsregister mit Zustimmung aller Gesellschafter den Geschäftsbetrieb aufnimmt, da für den Minderjährigen Risiken durch eine eventuelle Inanspruchnahme von im Zeitpunkt der Anmeldung bereits fälliger Ansprüche entstehen, die den Wert seiner Beteiligung übersteigen können.[200] Unbestritten besteht ferner eine Genehmigungspflicht, wenn der Minderjährige sämtliche Aktien einer Aktiengesellschaft erhält. Insgesamt aber ist die Frage der Genehmigungspflichtigkeit des Eintritts eines Minderjährigen in eine GmbH oder Aktiengesellschaft sehr umstritten.[201] Im Fall der Aktiengesellschaft ist z.B. strittig, ob eine Genehmigungspflicht auch besteht, wenn der Minderjährige eine Sperrminorität oder die Mehrheit der Aktien erhält.[202]

3. Änderungen des Gesellschaftsvertrages

162 Zunächst gelten auch hier wiederum die **allg. Vertretungsgrundsätze**, die bereits i.R.d. Darlegungen zur Gründung einer Gesellschaft aufgezeigt wurden (vgl. Rn. 154 f.). Soll ein Gesellschaftsvertrag oder eine GmbH-Satzung geändert werden, so muss in aller Regel ein **Pfleger** bestellt werden.[203] Das gilt für Personen- und Kapitalgesellschaften.[204] Wie im Fall der Gründung einer Gesellschaft oder des Eintrittes

---

195 H.M., a.A. *Damrau*, Minderjährige im Erbrecht, S. 37 Rn. 139. Zur Genehmigungspflicht bei der Neubegründung einer stillen Gesellschaft vgl. *Reimann*, DNotZ 1999, 179, 191 i.V.m. 186: Bei einmaliger Einlageleistung, ohne am Verlust oder Geschäftsbetrieb teilzunehmen, ist eine Genehmigung nicht erforderlich. Zu dieser Problematik vgl. Soergel/*Zimmermann*, § 1822 Rn. 25.
196 OLG Hamm OLGZ 1974, 158/162 = DNotZ 1974, 455; OLG Hamm FamRZ 1984, 1036/1028 = DNotZ 1985, 165.
197 MünchKomm/*Wagenitz*, § 1822 Rn. 17, vgl. *Pluskat*, FamRZ 2004, 677, 680 ff.
198 *Reimann*, DNotZ 1999, 179, 191.
199 *Pluskat*, FamRZ 2004, 677, 680 m.w.N.
200 BGHZ 107, 24, 29 f.
201 Nachw. bei Erman/*Holzhauer*, § 1822 Rn. 16 ff.; Soergel/*Zimmermann*, § 1822 Rn. 42; MünchKomm/*Wagenitz*, § 1822 Rn. 17.
202 MünchKomm/*Wagenitz*, § 1822 Rn. 17.
203 Vgl. Erman/*Holzhauer*, § 1795 Rn. 7; Soergel/*Zimmermann*, § 1822 Rn. 26; MünchKomm/*Wagenitz*, § 1822 Rn. 28, *Pluskat*, FamRZ 2004, 677, 680 ff.
204 Vgl. Erman/*Holzhauer*, § 1795 Rn. 7.

eines Minderjährigen in eine bestehende Gesellschaft ist der Pfleger grundsätzlich nicht berechtigt, bei Änderung des Gesellschaftsvertrages mehrere Minderjährige zu vertreten. Zu den Änderungen des Gesellschaftsvertrags, die eine Pflegerbestellung notwendig werden lassen, gehören z.B. Änderungen der Stimm-, Gewinn-, Informations- und Liquidationserlösrechte, Änderungen hinsichtlich einer freien Abtretbarkeit des Gesellschaftsanteils sowie je nach Gesellschaftsform Änderungen des Geschäftsführungsrechts sowie auch des Rechts, an Gesellschafterversammlungen teilnehmen zu können.

Sehr umstritten ist jedoch, ob die Änderung eines Gesellschaftsvertrages durch das **VormG** genehmigt werden muss. Das Schrifttum geht zwar teilweise von einer Genehmigungspflicht aus.[205] Dagegen führen nach Auffassung des BGH weder das Ausscheiden eines Gesellschafters aus einer OHG, an der der Minderjährige beteiligt ist,[206] **noch** der Eintritt eines neuen Gesellschafters in eine derartige Gesellschaft[207] zur Genehmigungspflicht durch das VormG. Der Fall der Beteiligung eines Minderjährigen an der Errichtung einer Gesellschaft soll der Änderung des Gesellschaftsvertrags, wenn der Minderjährige der Gesellschaft bereits angehört, nicht gleichzustellen sein.[208]

163

4. Laufende Geschäftsführung der Gesellschaft

Der Minderjährige als Nachfolger in die Beteiligung des Schenkers wird i.R.d. laufenden Geschäftsführung der Familiengesellschaft von seinen gesetzlichen Vertretern vertreten. Bei Beschlussfassungen in laufenden Angelegenheiten wendet die heute h.M. und die Rspr. §§ 181, 1795 BGB nicht an,[209] solange sich die Beschlüsse und Maßnahmen i.R.d. bestehenden Gesellschaftsvertrags bewegen. Für diese Beschlüsse ist also **kein Pfleger** notwendig. Korrespondierend mit der fehlenden Notwendigkeit eines Pflegers ist auch keine **familien- oder vormundschaftsgerichtliche** Genehmigung erforderlich. Etwas anderes soll gelten, wenn der minderjährige Kommanditist einer GmbH & Co KG und sein gesetzlicher Vertreter geschäftsführender Alleingesellschafter der GmbH ist. Aufgrund § 35 Abs. 4 GmbHG soll das Vertretungsverbot des § 181 BGB in diesem Fall bestehen bleiben.[210] Zur laufenden Geschäftsführung gehören sämtliche Maßnahmen, die direkt auf die Erreichung des jeweiligen Gesellschaftszwecks zielen. Das sind z.B. Vertragsabschlüsse, aber auch die Buch- und Prozessführung.

164

5. Haftungsbeschränkung gemäß § 723 Abs. 1 Nr. 2 BGB

Neben den Erfordernissen der Bestellung eines Ergänzungspflegers und der Kontrolle durch das FamG bzw. VormG wird ein Minderjähriger zusätzlich durch eine Haftungsbeschränkung geschützt. Nach § 1629 a BGB beschränkt sich die Haftung des Minderjährigen für Verbindlichkeiten auf den Vermögensbestand des Kindes bei Eintritt der Volljährigkeit. Es spielt dabei keine Rolle, ob die Verbindlichkeit des Minderjährigen durch Rechtsgeschäft oder durch eine sonstige Handlung der Eltern oder ei-

165

---

205 Erman/*Holzhauer*, § 1822 Rn. 20; MünchKomm/*Wagenitz*, § 1822 Rn. 28; vgl. aber dagegen *Reimann*, DNotZ 1999, 179, 198.
206 BGH NJW 1961, 724.
207 BGHZ 38, 26, 32.
208 Vgl. BGHZ 38, 26, 32.
209 BGHZ 65, 93, 96; Palandt/*Heinrichs*, § 181 Rn. 11.
210 *Reimann*, DNotZ 1999, 179, 197 f. m.w.N.; *Hohaus/Eickmann*, BB 2004, 1707, 1710.

nes sonstigen Vertreters begründet worden ist. In die Haftungsbeschränkung sind auch vormundschaftsgerichtlich genehmigte Verbindlichkeiten einbezogen.

166 Nach § 1629a Abs. 4 BGB wird z.B. vermutet, wenn ein Minderjähriger an einer BGB-Gesellschaft oder an einer OHG beteiligt ist, dass die Verbindlichkeit nach **Volljährigkeitseintritt** begründet wurde, sofern der nun volljährig Gewordene nicht innerhalb von drei Monaten nach Eintritt der Volljährigkeit seine Beteiligung an der Gesamtheitsgemeinschaft aufgibt.[211] Das bedeutet, dass der volljährig Gewordene nach Eintritt der Volljährigkeit innerhalb von drei Monaten die Gesellschaft kündigen oder sein Ausscheiden sonst wie verhandeln muss (vgl. § 723 Abs. 1 Nr. 2 BGB). Dieses Kündigungsrecht ist insb. zu berücksichtigen, wenn durch die Beteiligung des Minderjährigen an einer Familiengesellschaft gerade ein Vermögenszusammenhalt erreicht und verhindert werden soll, dass der Minderjährige über das Vermögen in der Familiengesellschaft frei verfügen kann.

IV. Bestimmungen über die Vermögenssorge des geschenkten Vermögens

167 Die Zahl der **Scheidungen** in Deutschland nimmt stetig zu. Wenn Großeltern schon lebzeitig Teile ihres Vermögens auf ihren noch minderjährigen Enkel übertragen, möchten sie i.d.R. nicht, dass im Falle der Scheidung dieses Vermögen von ihrem Schwiegerkind verwaltet wird. Entsprechendes gilt, wenn Eltern lebzeitig Vermögen auf ihre Kinder übertragen.

168 Hier hilft die in der Praxis relativ wenig bekannte Vorschrift des § 1638 BGB weiter. Hiernach kann der Schenkende bestimmen, dass beide Eltern von der **Verwaltung** des Kindesvermögens ausgeschlossen sind. Er kann aber auch nur einen Elternteil von der Verwaltung des geschenkten Vermögens ausschließen. Dann verwaltet gemäß § 1638 Abs. 3 BGB der andere Elternteil allein und vertritt insoweit auch das Kind allein.[212] Allerdings werden **minderjährige Kinder** gemäß § 1629 Abs. 1 Satz 2 BGB von ihren Eltern gemeinschaftlich vertreten, so dass auch der Elternteil, der von der Verwaltung des Kindesvermögens ausgeschlossen werden soll, der Vereinbarung zustimmen muss, es sei denn, das über sieben Jahre alte Kind handelt gemäß § 107 BGB im eigenen Namen. Die Anordnung, dass der andere Elternteil den Schenkgegenstand nicht mitverwalten soll, ist wohl kein rechtlicher Nachteil i.S.d. § 107 BGB, da es sich nur um eine familienrechtliche Anordnung und nicht nur um einen vermögensrechtlichen Nachteil handelt, so dass eine Einwilligung des gesetzlichen Vertreters nicht erforderlich ist.[213]

169 Vielen Eltern unbekannt ist auch die Vorschrift des § 1640 Abs. 1 BGB, wonach die Eltern das ihrer Verwaltung unterliegende Vermögen ihrer Kinder, das das Kind von Todes wegen oder durch **unentgeltliche Zuwendungen** erwirbt, zu verzeichnen haben, das Verzeichnis mit der Versicherung der Richtigkeit und Vollständigkeit zu versehen und dem FamG einzureichen haben. Von dieser Pflicht kann der Übergeber bzw. der Zuwendende jedoch die Eltern gemäß § 1640 Abs. 2 Nr. 2 BGB befreien.

---

211 Zur Beschränkung der Minderjährigenhaftung vgl. allg. *Klumpp*, ZEV 1998, 409 ff.; *Christmann*, ZEV 2000, 45 ff.
212 Vgl. hierzu eingehend *Damrau*, ZEV 2001, 176 ff.
213 *Damrau*, ZEV 2001, 176, 177.

24. Kapitel
Stiftungsrecht

Übersicht:

A. Stiftung als Instrument der Vermögensnachfolge — 1247
B. Stiftung im Zivilrecht — 1249
   I. Verhältnis zwischen Staat und Stiftung — 1249
   II. Errichtung einer Stiftung — 1250
      1. Stiftungsgeschäft — 1250
         a) Stiftungsgeschäft unter Lebenden — 1251
         b) Stiftungsgeschäft von Todes wegen — 1251
      2. Stiftungssatzung — 1252
         a) Name und Sitz der Stiftung — 1252
         b) Stiftungszweck — 1252
            aa) Zivilrechtliche Aspekte — 1253
            bb) Gemeinnützigkeitsrechtliche Aspekte — 1254
         c) Stiftungsvermögen — 1255
         d) Organisation der Stiftung — 1256
            aa) Organstruktur — 1257
            bb) Besetzung der Organe — 1259
            cc) Beschlussfassung der Organe — 1261
            dd) Vergütung der Organmitglieder — 1262
            ee) Satzungsänderungen — 1263
            ff) Aufhebung und Vermögensanfall — 1264
         e) Rechtsstellung der Destinatäre — 1265
      3. Anerkennung der Stiftung — 1266
      4. Vermögensübertragung — 1267
         a) Stiftungserrichtung unter Lebenden — 1267
         b) Stiftungserrichtung von Todes wegen — 1268
   III. Stiftungsaufsicht — 1269
      1. Funktion der Stiftungsaufsicht — 1270
      2. Grenzen der Stiftungsaufsicht — 1270
      3. Stiftungsaufsicht im Einzelnen — 1271
         a) Informations- und Prüfungsrechte — 1271
         b) Genehmigungsvorbehalte — 1271
         c) Maßnahmen gegen Organmitglieder — 1271
      4. Besonderheiten bei Familienstiftungen — 1272
      5. Rechtsschutz gegen Maßnahmen der Stiftungsaufsicht — 1273
      6. Amtshaftung der Stiftungsaufsichtsbehörde — 1273

C. Stiftung im Steuerrecht — 1273
   I. Gemeinnützige Stiftungen — 1273
      1. Überblick zum Gemeinnützigkeitsrecht — 1273
         a) Begriff der Gemeinnützigkeit — 1274
         b) Gemeinnützige Körperschaften — 1274
         c) Rechtsfolgen der Gemeinnützigkeit — 1274
         d) Voraussetzungen der Gemeinnützigkeit — 1275
         e) Verfahren zur Erlangung der Steuerbegünstigung — 1276
            aa) Vorläufige Bescheinigung — 1276
            bb) Freistellungsbescheid — 1277
            cc) Zeitpunkt des Vorliegens der Voraussetzungen — 1277
      2. Steuerliche Behandlung der Stiftungserrichtung — 1278
         a) Unentgeltlicher Betriebsvermögenserwerb — 1278
         b) Zuwendung aufgrund einer letztwilligen Verfügung — 1278
         c) Nachträglicher Wegfall der Steuerpflicht des Erben — 1279
         d) Sonderausgabenabzug — 1279
            aa) Erweiterter Abzugsbetrag bei Zuwendungen an Stiftungen — 1279
            bb) Erweiterter Abzugsbetrag für die Errichtungsdotation — 1280
   II. Privatnützige Stiftungen (insbesondere Familienstiftungen) — 1281
      1. Überblick — 1281
      2. Besteuerung der Stiftung bei Errichtung — 1282
         a) Zeitpunkt der Steuerentstehung — 1282
            aa) Erstausstattung bei Stiftungen von Todes wegen — 1282
            bb) Zustiftung von Todes wegen — 1283
            cc) Erstausstattung bei Stiftungen unter Lebenden bzw. Fall der lebzeitigen Zustiftung — 1283
         b) Bemessungsgrundlage und Bewertung — 1283
            aa) Grundsätze — 1283

Richter

bb)	Besonderheiten bei Übertragung von Todes wegen	1284	c) Sonstige Steuern	1291
			4. Besteuerung der Stiftungsaufhebung	1292
cc)	Besonderheiten bei Übertragung von Betriebsvermögen	1285	a) Aufhebung einer steuerpflichtigen Stiftung	1292
c) Berechnung der Steuer		1285	b) Aufhebung einer Familienstiftung	1292
aa)	Steuerklassenprivileg bei Erstausstattung einer Familienstiftung	1285	c) „Umwandlung" einer Familienstiftung	1293
			5. Besteuerung des Stifters	1293
(1)	Begriff der Familienstiftung i.S.d. § 15 Abs. 2 Satz 1 ErbStG	1286	6. Besteuerung der Destinatäre	1294
			III. Ausländische Familienstiftungen	1295
			1. Überblick	1295
(2)	Begriff des „entferntest Berechtigten"	1286	2. Besteuerung der Stiftung	1295
			a) Besteuerung bei Errichtung	1295
(3)	Auswirkung des Steuerklassenprivilegs	1287	b) Laufende Besteuerung	1296
			3. Besteuerung des Stifters	1296
bb) Zustiftung		1287	a) Besteuerung bei Errichtung	1296
cc)	Berücksichtigung früherer Erwerbe	1287	b) Laufende Besteuerung	1296
			c) Besteuerung bei Aufhebung	1297
d) Entrichtung der Steuer		1287	4. Besteuerung der Anfalls- und Bezugsberechtigten	1297
e) Sonstige Steuern		1288	a) Laufende Besteuerung	1297
3. Laufende Besteuerung der Stiftung		1288	b) Besteuerung bei Aufhebung	1298
			D. Gestaltungsmodelle	1298
a) Körperschaftsteuer		1288	I. Gemeinnützige Stiftung mit teilweiser Familienbegünstigung	1299
aa) Grundsätze		1288	1. Überblick	1299
bb) Steuerabzug		1288	2. Begriff der „nächsten Angehörigen"	1299
cc)	Beteiligung an einer Kapitalgesellschaft	1288	3. Grenzen der Begünstigung	1299
dd)	Besonderheiten beim Erwerb von Todes wegen	1289	II. Doppelstiftung	1300
			III. Unternehmensverbundene Stiftung	1301
b)	Erbersatzsteuer als Besonderheit bei Familienstiftungen	1289	IV. Kombination aus Familiengesellschaft und Stiftung	1302
aa) Überblick		1290	E. Beispiel: Satzung einer Familienstiftung	1303
bb)	Berechnung der Erbersatzsteuer	1290		
cc)	Bemessungsgrundlage und Bewertung	1290		

Literaturhinweise:

Achilles, Stiftungsrechtsreform und Gesetzgebungskompetenz des Bundes, ZRP 2002, 23 ff.; *Andrick/ Suerbaum,* Das Gesetz zur Modernisierung des Stiftungsrechts, NJW 2002, 2905 ff.; *Apitz,* Betriebsprüfungen bei gemeinnützigen Körperschaften, StBp 2004, 89 ff.; *Berndt,* Zur aktuellen Besteuerung der Familienstiftungen und ihrer Destinatäre, Stiftung & Sponsoring, Heft 3/2004, 16 ff. und Heft 4/2004, 15 ff.; *Binz/Sorg,* Aktuelle Erbschaftsteuerprobleme der Familienstiftung, DStR 1994, 229 ff.; *Burgard,* Das neue Stiftungsprivatrecht, NZG 2002, 697 ff.; *Busch/Heuer,* Die österreichische Privatstiftung und die liechtensteinische Familienstiftung im Lichte des deutschen Steuerrechts, Die Roten Seiten zum Magazin Stiftung & Sponsoring, Heft 1/2003; *Crezelius/Rawert,* Das Gesetz zur weiteren steuerlichen Förderung von Stiftungen, ZEV 2000, 421 ff.; *Damrau/Wehinger,* Übersicht zum Mindeststiftungsvermögen nach dem Recht der Bundesländer, ZEV 1998, 178; *Dietlein/Thiel,* Ringen um eine „Kultur des Gebens – Renaissance des Stiftungswesens?, ZRP 2001, 72 ff.; *Eversberg,* Gesetz zur weiteren steuerlichen Förderung von Stiftungen, Stiftung & Sponsoring Heft 4/2000, 3 f.; *Gebel,* Erbschaftsteuer bei Stiftung von Todes wegen, BB 2001, 2554 ff.; *Geserich,* Das Spendenrecht, DStJG 26 (2003), 245 ff.; *Hüttemann,* Das Gesetz zur weiteren steuerlichen Förderung von Stiftungen, DB 2000, 1584 ff.; *Hüttemann,* Der neue Anwendungserlass zum Gemeinnützigkeitsrecht (§§ 51 bis 68 AO), FR 2002, 1337 ff.; *Hüttemann,* Das Gesetz zur Modernisierung des Stiftungsrechts, ZHR 167 (2003), 35 ff.; *Hüttemann,* Grundprinzipien des steuerlichen Gemeinnützigkeitsrechts, DStJG 26 (2003), 49 ff.; *Hüttemann/Herzog*, Steuerfragen bei gemeinnützigen nichtrechtsfähigen Stiftungen, DB 2004, 1001 ff.; *Jachmann*, Steuerrechtfertigung aus der Gemeinwohlverantwortung, DStZ 2001, 225 ff.; *Jachmann*, Reformbedarf im Gemeinnützigkeitsrecht, ZSt 2003, 35 ff.; *Jülicher*, Brennpunkt der Besteuerung der inländischen Familienstiftung im ErbStG, StuW 1999, 363 ff.; *Kirchhof*, Gemeinnützigkeit – Erfüllung staatsähnlicher Aufgaben durch selbstlose Einkommensverwendung, DStJG 26 (2003), 1 ff.; *Lex*, Das neue Stiftungsrecht: Reform, Modernisierung oder Kosmetik?, ZEV 2002, 405 ff.; *Maier*, Zurechnung von Vermögen einer Auslandsstiftung nach § 15 AStG, IStR 2001, 589 ff.; *Müller/Schubert*, Die Stifterfamilie und die Sicherstellung ihrer Versorgung im Rahmen einer gemeinnützigen Stiftung, DStR 2000, 1289 ff.; *Nietzer/Stadie*, Die Familienstiftung & Co. KG – eine Alternative für die Nachfolgeregelung bei Familienunternehmen, NJW 2000, 3457 ff.; *v. Oertzen*, Versorgung der Stifterfamilie und gemeinnützige Stiftung, Stiftung & Sponsoring Heft 3/1998, 16 f.; *v. Oertzen*, Auswirkungen der Unternehmenssteuerreform auf inländische Familienstiftungen, Stiftung & Sponsoring, Heft 2/2001, 24 ff.; *v. Oertzen/Müller*, Die Familienstiftung nach Stiftungszivilrechts- und Unternehmenssteuerreform, Die Roten Seiten zum Magazin Stiftung & Sponsoring, Heft 6/2003; *Orth*, Stiftungsvermögen im Zeitraum zwischen Todestag des Stifters und Genehmigung der Stiftung, ZEV 1997, 327 ff.; *Priester*, Nonprofit-GmbH – Satzungsgestaltung und Satzungsvollzug, GmbHR 1999, 149 ff.; *Richter*, Steuerpflicht bei der Veräußerung einbringungsgeborener Anteile in Stiftungen, Stiftung & Sponsoring Heft 5/2003, 14 f.; *Richter*, Die Reform des Stiftungsrechts, in: Bundesverband Deutscher Stiftungen, Vom Steuerstaat zum Stifterengagement, 2003, S. 44 ff.; *Richter*, Die Unternehmensstiftung – ein Instrument der Unternehmensnachfolge?, Berater-Brief Vermögen, Heft 1/2004, 17 ff.; *Richter*, Zuwendungen an Stiftungen als pflichtteilsergänzungspflichtige Schenkung, Berater-Brief Vermögen, Heft 7/2004, 9 f.; *Richter*, Die Vermögensanlage von rechtsfähigen Stiftungen, Berater-Brief Vermögen Heft 9/2004, 11 ff.; *Richter/Sturm*, Die Beteiligung gemeinnütziger Stiftungen an Personen- und Kapitalgesellschaften, Stiftung & Sponsoring, Heft 6/2004, 11 ff.; *Richter/Sturm*, Die Reform des englischen Stiftungsrechts, RIW 2004, 346 ff.; *Richter/Sturm*, Das englische Gemeinnützigkeitsrecht, Stiftung & Sponsoring, Heft 1/2005, 34 ff.; *Richter/Sturm*, Stiftungsrechtsreform und Novellierung der Landesstiftungsgesetze, NZG 2005, 655 ff.; *dies.*, Das neue Stiftungsrecht in Bund und Ländern, Die Roten Seiten zum Magazin Stiftung & Sponsoring Heft 4/2005; *Richter/Welling*, Die Erbschaftsteuer auf dem verfassungsrechtlichen Prüfstand, BB 2002, 2305 ff.; *Schauhoff*, Begründung und Verlust des Gemeinnützigkeitsstatus, DStJG 26 (2003), 133 ff.; *Schiffer*, Aktuelles Beratungs-Know-how Gemeinnützigkeits- und Stiftungsrecht, DStR 2004, 1031 ff.; *Schiffer/v. Schubert*, Stiftung und Unternehmensnachfolge: Verständnis und Missverständnisse, BB 2002, 265 ff.; *Schindler*, Auswirkungen des Gesetzes zur weiteren steuerlichen Förderung von Stiftungen, BB 2000, 2077 ff.; *K. Schmidt*, Deutschland und seine Unternehmenserben auf dem Weg in ein Stiftungs-Dorado?, ZHR 166 (2002), 145 ff.; *Schwarz*, Zur Neuregelung des Stiftungsprivatrechts, DStR 2002, 1718 ff. und 1767 ff.; *Schwintek*, Die Haftung der Stiftungsaufsicht für Aufsichtsmängel, Stiftung & Sponsoring Heft 2/2003, 14 ff.; *Söffing/Thoma*, Steuerliche Konsequenzen der Einsetzung einer gemeinnützigen Stiftung als Vorerbin, BB 2004, 855 ff.; *Thiel*, Die gemeinnützige GmbH, GmbHR 1997, 10 ff.; *Thiel*, Die Neuordnung des Spendenrechts, DB 2000, 392 ff.; *Wachter*, Zurechnungssteuer bei einer Familienstiftung nach liechtensteinischem Recht, ZEV 2001, 500 ff.; *Wernicke*, Vorstandskontrolle in der Stiftung, ZEV 2003, 301 ff.

A. Stiftung als Instrument der Vermögensnachfolge

Stiftungen haben – insbesondere in Beraterkreisen – den Ruf, sich vorwiegend dazu zu eignen, große Vermögen zu privaten Zwecken auf Dauer gegen die Zufälligkeiten der Erbfolge und vor allem gegen Zugriffe des Fiskus zu isolieren. Die Wirklichkeit sieht anders aus: Geschätzte 95 Prozent aller neu gegründeten wie existierenden **Stiftungen** dienen gemeinnützigen Zwecken.

1

Stiftungen sind sowohl in historischer Perspektive wie auch heute vor allem Instrumente des nachhaltigen Engagements für das Gemeinwohl. Die Errichtung einer Stiftung ist zum einen Ausfluss der vielfältigen Vorstellungen und Wünsche des Stifters, wie er sein Vermögen oder Teile seines Vermögens „auf ewig", insbesondere über seinen Tod hinaus, verwenden und welche Bestimmungen er dafür dauerhaft treffen möchte. Zum anderen dient eine gemeinnützige Stiftung der **Förderung des Gemeinwohls**. Dies schließt nicht aus, dass mit ihnen zugleich private Zwecke verfolgt werden. Ein Unternehmer, der große Teile seines Unternehmens auf eine gemeinnützige

2

Stiftung überträgt, mag damit primär das Ziel verfolgen, dem Unternehmen im Nachfolgefall einen Erbstreit und den Nachkommen die Erbschaftsteuer zu ersparen, damit sein Lebenswerk nicht zerstört wird. Mit der Entscheidung für die gemeinnützige Stiftung hat er gleichwohl die Verfügungsgewalt über substanzielle Vermögenswerte aufgegeben. Vermögen und Erträge stehen fortan nicht mehr für die private Nutzung zur Verfügung.

3 Vor diesem Hintergrund stellen sich Stiftungen vor allem als rechtliche Gestaltungsmöglichkeiten für eine bestimmte Form altruistischen Handelns dar: die **langfristige Widmung** eines Vermögens für gemeinnützige Zwecke. Die Errichtung einer Stiftung kann eine elegante, nachhaltige und zutiefst befriedigende Investition in das Gemeinwohl darstellen. Gleichwohl ist die Stiftung nicht in jedem Fall die richtige Form für diese Investition. Vor Errichtung einer Stiftung sollte der Stifter sorgfältig Optionen und Alternativen prüfen, um die ihm zur Verfügung stehenden Mittel optimal zur Förderung seines Anliegens einzusetzen.[1]

4 Es gibt auch Stiftungen, deren Erträge nicht dem Gemeinwohl, sondern privaten Zwecken gewidmet sind. Wichtigste Erscheinungsform ist die **Familienstiftung**, die zumeist als Prototyp der privatnützigen Stiftung bezeichnet wird.[2] Dabei ist allerdings weder die privatnützige Stiftung im Allgemeinen noch die Familienstiftung im Speziellen eine besondere Rechtsform der Stiftung, sondern eine Anwendungsform.[3] Das Charakteristikum der Familienstiftung, das sie von anderen Stiftungen unterscheidet, liegt in ihrem familiären Bezug.[4]

5 Die **Familienstiftung** kann in einzelnen Konstellationen ein interessantes Instrument der Vermögensnachfolge sein. So können die Familienmitglieder die Stiftung anders als z.B. bei der Familiengesellschaft nicht kündigen, keine Anteile auf Dritte übertragen und keine Stimm-, Kontroll- oder auch nur Informationsrechte nach Gesellschaftsrecht ausüben. Darüber hinaus bewirkt die Stiftung einen absoluten Schutz gegen das Auseinanderfallen des Vermögens, u. a. im Erbwege. Da es beim Generationengang der Begünstigten keinen Erbfall für das Stiftungsvermögen gibt, gehen auch erbrechtliche Ansprüche ins Leere. Insbesondere gibt es keine Ansprüche, die zur Liquidation und Zersplitterung von Vermögen führen können. Eventuelle Pflichtteilsansprüche bemessen sich nicht nach dem Vermögen der Familienstiftung, sondern lediglich nach dem Nachlass eines Erblassers außerhalb der Stiftung, ggf. aber unter der Zurechnung von Werten, die in den letzten zehn Jahren vor dem Tod auf Stiftungen übertragen wurden.[5]

6 **Praxishinweis:**
Bei den verschiedenen Anwendungsmöglichkeiten der Stiftung ist stets zu beachten, dass **pauschale Vorteilhaftigkeitsanalysen** dieser Rechtsform nicht möglich sind. Vielmehr sind stets die jeweiligen zivil- und steuerrechtlichen Vor- und Nachteile unter Berücksichtigung aller gegebenen Einzelfallumstände und möglicher künftiger Änderungen dieser Umstände zu beachten.

---

1 Zu den Alternativen zur Stiftungsgründung vgl. *Meyn/Richter*, Stiftung, Rn. 19 ff.
2 Vgl. *Seifart/v. Campenhausen*, HB Stiftungsrecht, § 2 Rn. 12; *Hof/Hartmann/Richter*, Stiftungen, S. 193; Staudinger/*Rawert*, Vorbem. zu §§ 80 ff. Rn. 122.
3 Vgl. *Meyn/Richter*, Die Stiftung, Rn. 36; *Seifart/v. Campenhausen/Pöllath*, HB Stiftungsrecht, § 14 Rn. 1, 5.
4 Vgl. *Seifart/v. Campenhausen/Pöllath*, HB Stiftungsrecht, § 14 Rn. 9.
5 Vgl. *Richter*, Berater-Brief Vermögen, Heft 1/2004, 17, 19.

B. Stiftung im Zivilrecht

I. Verhältnis zwischen Staat und Stiftung

Der **Staat** hat im Stiftungsrecht weit reichende Befugnisse. Bereits bei der Errichtung einer rechtsfähigen Stiftung bürgerlichen Rechts bedarf es der Mitwirkung des Staates. Die Stiftung entsteht nicht allein durch das Stiftungsgeschäft. Zur Entstehung einer rechtsfähigen Stiftung bürgerlichen Rechts ist daneben die Anerkennung durch die Stiftungsbehörde erforderlich, vgl. § 80 Abs. 1 BGB. Die Anerkennung der Stiftung erfolgt durch einen privatrechtsgestaltenden Verwaltungsakt.[6] Sodann unterliegen rechtsfähige Stiftungen bürgerlichen Rechts einer laufenden Überwachung durch die Landesstiftungsbehörden.[7] Notwendig sei die **Stiftungsaufsicht** wegen der eigenartigen Rechtsgestalt der Stiftung, dem Defizit mangelnder Eigentümer- oder Mitgliederkontrolle.[8] Adressat von Aufsichtsmaßnahmen ist grundsätzlich die Stiftung.[9] Die Stiftungsbehörde kann der Stiftung durch einen hoheitlichen Akt eine andere Zweckbestimmung geben oder sie ganz aufheben, wenn die Erfüllung des Stiftungszwecks unmöglich geworden ist oder die Stiftung das Allgemeinwohl gefährdet, § 87 Abs. 1 BGB.

Diese Kompetenzen der Stiftungsbehörden stehen in einem Spannungsverhältnis zur **Stifterfreiheit** und **Stiftungsautonomie**. Die Errichtung einer Stiftung ist sowohl privater Gemeinwohlbeitrag als auch Ausübung grundrechtlich geschützter Freiheit zur Teilhabe an der Gemeinschaft.[10] Im Schrifttum wird daher auch überwiegend angenommen, Art. 14 Abs. 1 GG gewähre ein **Grundrecht auf Stiftung** als eine bestimmte Form der Nutzung privaten Eigentums.[11] Mit dem Gesetz zur Modernisierung des Stiftungsrechts hat der Gesetzgeber ausdrücklich das Recht auf Anerkennung einer rechtsfähigen Stiftung normiert.[12] Damit hat er letztlich dem Grundrecht auf Stiftung einfachgesetzlich Rechnung getragen.[13]

Neben der Stifterfreiheit umfasst das sog. Grundrecht auf Stiftung auch den **Grundrechtsschutz der Stiftung** selbst. Aufgrund einer grundrechtstypischen Gefährdungslage hat das BVerfG den Grundrechtsschutz der Stiftung anerkannt, obwohl ihr das „personale Substrat" fehle.[14] Somit sind rechtsfähige Stiftungen bürgerlichen Rechts als juristische Personen i.S.d. Art. 19 Abs. 3 GG und als Träger von Grundrechten anzusehen. Die im Errichtungsstadium stehende Stiftung kann sich ebenfalls auf den Grundrechtsschutz berufen.[15] Als Grundrechte einer rechtsfähigen Stiftung bürgerli-

---

6 Vgl. *Sontheimer*, Neue Stiftungsrecht, S. 45 m.w.N.
7 Demgegenüber unterliegen unselbständige bzw. nicht-rechtsfähige Stiftungen u. die sog. Ersatzformen der Stiftung nicht der Stiftungsaufsicht; vgl. *Bamberger/Roth/Schwarz*, Vor § 80 Rn. 22, 24.
8 Vgl. *Andrick/Suerbaum*, Stiftung und Aufsicht, § 4 Rn. 2 u. 18 ff.; *Seifart/v. Campenhausen/Hof*, HB Stiftungsrecht, § 11 Rn. 29; *Staudinger/Rawert*; Vorbem. §§ 80 ff. Rn. 61.
9 Vgl. *Meyn/Richter*, Stiftung, Rn. 585.
10 Vgl. *Meyn/Richter*, Stiftung, Rn. 10.
11 Vgl. *Richter*, Rechtsfähige Stiftung und Charitable Corporation, S. 402 ff. m.w.N.
12 Vgl. Gesetz zur Modernisierung des Stiftungsrechts v. 15.7.2002, in Kraft getreten am 1.9.2002, BGBl. I 2002, 2634; aus den zahlreichen Veröffentlichungen s. *Achilles*, ZRP 2002, 23 ff.; *Andrick/Suerbaum*, NJW 2002, 2905 ff.; *Burgard*, NZG 2002, 697 ff.; *Hüttemann*, ZHR 167 (2003), 35 ff.; *Lex*, ZEV 2002, 405 ff.; *Richter*, in: Bundesverband Deutscher Stiftungen, S. 44 ff.; *Richter/Sturm*, Die Roten Seiten zum Magazin Stiftung & Sponsoring Heft 4/2005, S. 2 ff.; *Schwarz*, DStR 2002, 1718 ff., 1767 ff.
13 Vgl. *Meyn/Richter*, Stiftung, Rn. 10.
14 BVerfGE 46, 73, 83; vgl. auch BVerwGE 30, 347 ff.
15 Vgl. *Seifart/v. Campenhausen/Hof*, HB Stiftungsrecht, § 4 Rn. 104.

chen Rechts kommen insbesondere die allgemeine Handlungsfreiheit nach Art. 2 Abs. 1 GG und das Eigentumsrecht des Art. 14 Abs. 1 GG in Betracht.[16]

10 Da die **Befugnisse des Staates** nicht zur Disposition des Stifters stehen, stellen diese zweifellos im System der Privatautonomie „einen Fremdkörper dar".[17] Die Eingriffsmöglichkeiten bestehen hier nicht wie in den klassischen Bereichen der Wirtschaftsaufsicht[18] aufgrund einer bestimmten Tätigkeit und die ihr beigemessenen potentiellen Gefährlichkeit, sondern bereits aufgrund der Rechtsform.[19] Keine andere juristische Person privaten Rechts ist einer derart umfassenden Kontrolle unterworfen.[20] Infolge der Grundrechtsfähigkeit der Stiftung sind den **Stiftungsbehörden** jedoch auch Grenzen gesetzt.

11 Nach dem **Grundsatz der Subsidiarität** sind Maßnahmen der Stiftung bzw. ihrer Organe grundsätzlich der Vorrang vor einem behördlichen Einschreiten einzuräumen.[21] Darin kommt die grundrechtlich geschützte **Stiftungsautonomie** zum Ausdruck und trägt das Stiftungsrecht der Tatsache Rechnung, dass die Stiftung Grundrechtsträger mit eigener und vorrangiger Regelungskompetenz ist.[22] Die Erforderlichkeit staatlicher Aufsicht steht insbesondere dann in Frage, wenn bei der Stiftung die Einhaltung von Stiftungszweck, Satzung und Gesetz durch **interne Kontrollorgane** gewährleistet ist.[23]

12 Darüber hinaus haben die Stiftungsbehörden den **Grundsatz der Verhältnismäßigkeit**, der Verfassungs- und Verwaltungsrecht gleichermaßen durchdringt, zu wahren. Der Verhältnismäßigkeitsgrundsatz besagt, dass milderen Maßnahmen gegenüber schwerer wiegenden Eingriffen Vorrang zu geben ist.[24] Die Stiftungsbehörden müssen die ihnen gesetzlich eingeräumten Befugnisse unter Beachtung dieser Grundsätze treffen.

II. Errichtung einer Stiftung

13 Die rechtsfähige Stiftung bürgerlichen Rechts entsteht durch das **Stiftungsgeschäft** und die staatliche Anerkennung durch die zuständige Stiftungsbehörde, § 80 Abs. 1 BGB.[25]

1. Stiftungsgeschäft

14 Die Anforderungen an das Stiftungsgeschäft richten sich danach, ob es sich um eine **Stiftung unter Lebenden** oder um eine **Stiftung von Todes wegen** handelt. Bei der Stiftung unter Lebenden kann der Stifter selbst auf die Entstehung und konkrete Ausgestaltung seiner Stiftung hinwirken. Dagegen entsteht die Stiftung von Todes wegen erst nach seinem Tod.

---

16 Umfassend zu Stiftungen als Träger von Grundrechten vgl. *Seifart/v. Campenhausen/Hof*, HB Stiftungsrecht, § 4 Rn. 104 ff.
17 *Seifart/v. Campenhausen/Hof*, HB Stiftungsrecht, § 11 Rn 7.
18 Bspw. Banken-, Versicherungs- oder Kapitalmarktaufsicht.
19 Vgl. *Andrick/Suerbaum*, Stiftung und Aufsicht, § 4 Rn. 10 ff., § 5 Rn. 89.
20 *Seifart/v. Campenhausen/Hof*, HB Stiftungsrecht, § 11 Rn. 7.
21 BGH NJW 1994, 184, 186.
22 Vgl. Staudinger/*Rawert*, Vorbem. § 80 Rn. 70.
23 Vgl. *Kronke*, Stiftungstypus und Unternehmensträgerstiftung, S. 150; *Hof*, Stiftungsrecht in Europa, S. 301, 311, 325.
24 Vgl. *Seifart/v. Campenhausen/Hof*, HB Stiftungsrecht, § 11 Rn. 12.
25 Zur Errichtung einer Stiftung s. auch *Wachter*, Stiftungen, Teil B, Rn. 1 ff.

a) Stiftungsgeschäft unter Lebenden

Die Anforderungen an das Stiftungsgeschäft unter Lebenden sind in § 81 Abs. 1 BGB abschließend geregelt. Das Stiftungsgeschäft muss die verbindliche Erklärung des Stifters enthalten, ein Vermögen zur Erfüllung eines von ihm vorgegebenen Zweckes zu widmen, vgl. § 81 Abs. 1 Satz 2 BGB. Darüber hinaus muss das Stiftungsgeschäft eine **Satzung** enthalten, vgl. § 81 Abs. 1 Satz 3 BGB.[26] Genügt das Stiftungsgeschäft diesen Erfordernissen nicht und ist der Stifter gestorben, wird der Stiftung durch die zuständige Behörde vor der Anerkennung eine Satzung gegeben oder eine unvollständige Satzung ergänzt, vgl. §§ 81 Abs. 1 Satz 4, 83 Satz 2 BGB.

Das Stiftungsgeschäft unter Lebenden ist eine einseitige, nicht empfangsbedürftige Willenserklärung.[27] Das Stiftungsgeschäft darf zum Schutz des Rechtsverkehrs nicht unter einer auflösenden Bedingung vorgenommen werden.[28] Zulässig ist indes eine **aufschiebende Bedingung**. In diesem Fall kann die Stiftung erst nach Eintritt der Bedingung anerkannt werden.[29]

Das Stiftungsgeschäft unter Lebenden bedarf der **schriftlichen Form** nach § 126 BGB, vgl. § 81 Abs. 1 Satz 1 BGB. Der Stifter hat das Stiftungsgeschäft handschriftlich zu datieren und zu unterschreiben. Nach wohl überwiegender Meinung reicht die Schriftform auch dann für das Stiftungsgeschäft, wenn Grundstücke, grundstücksgleiche Rechte oder Anteile an einer GmbH auf die Stiftung übertragen werden sollen.[30] Zweckmäßigerweise enthält das Stiftungsgeschäft die ausdrückliche Erklärung des Stifters, eine **rechtsfähige Stiftung** errichten zu wollen. Die der Stiftung zu übertragenden Vermögensgegenstände sind genau zu bezeichnen.[31]

Stellvertretung ist nach den Regeln für einseitige Rechtsgeschäfte zulässig, vgl. §§ 164 ff., 174, 180 BGB. Das Stiftungsgeschäft erfordert unbeschränkte Geschäftsfähigkeit. Gesetzliche Vertreter dürfen nicht für Geschäftsunfähige oder beschränkt Geschäftsfähige stiften (§§ 1641, 1804 BGB). Dies gilt damit auch für die Eltern minderjähriger Kinder und über § 1908i Abs. 2 Satz 1 BGB auch für den Betreuer.[32]

b) Stiftungsgeschäft von Todes wegen

Stiftungen können auch im Wege der **letztwilligen Verfügung** (Testament oder Erbvertrag) errichtet werden, § 83 BGB. Mit dem Erbfall soll Vermögen auf eine Stiftung übertragen werden, die zu diesem Zeitpunkt noch gar nicht errichtet ist. Um dies zu ermöglichen, fingiert § 84 BGB, dass die Stiftung schon vor dem Tod des Stifters entstanden sei, wenn sie später als rechtsfähig anerkannt wird.

Für das Stiftungsgeschäft von Todes wegen gelten die erbrechtlichen Vorschriften über das Testament (§§ 2247 ff., 2265 ff. BGB) bzw. den Erbvertrag (§§ 2274 ff. BGB). Dies bedeutet, dass das Stiftungsgeschäft nur höchstpersönlich abgeschlossen werden kann und **Stellvertretung unzulässig** ist, vgl. §§ 2064 f. BGB.[33] Es gelten die erbrechtlichen Formvorschriften. Das Testament muss eigenhändig (§§ 2247, 2267 BGB)

---

26 Einzelheiten zu den Anforderungen an die Satzung unter Rn. 21 ff.
27 Vgl. *Bamberger/Roth/Schwarz*, § 80 Rn. 3, § 81 Rn. 2; *Wachter*, Stiftungen, Teil B, Rn. 6.
28 Vgl. *Hof/Hartmann/Richter*, Stiftungen, S. 21.
29 Vgl. *Meyn/Richter*, Stiftung, Rn. 110; *Wachter*, Stiftungen, Teil B, Rn. 7.
30 Vgl. *Meyn/Richter*, Stiftung, Rn. 111 m.w.N.
31 Ausführlich zur Form des Stiftungsgeschäfts *Wachter*, Stiftungen, Teil B, Rn. 9 ff.
32 Vgl. *Meyn/Richter*, Stiftung, Rn. 110.
33 Vgl. *Wachter*, Stiftungen, Teil B, Rn. 24.

oder notariell (§ 2232 BGB) errichtet werden, der Erbvertrag bedarf der notariellen **Beurkundung** (§ 2276 BGB). Wird die Stiftung durch eigenhändiges Testament errichtet, muss das Testament alle wesentlichen Angaben zur Stiftung enthalten; eine Bezugnahme auf eine maschinenschriftliche Satzung reicht nicht aus.[34]

2. Stiftungssatzung

21 Das Stiftungsgeschäft muss eine **Satzung** enthalten, vgl. § 81 Abs. 1 Satz 3 BGB. Die Satzung ist die Verfassung der Stiftung. Ihre gesetzlichen Bestandteile sind Regelungen über den Namen, den Sitz, den Zweck, das Vermögen und die Bildung des Vorstands der Stiftung.

a) Name und Sitz der Stiftung

22 Der Stifter kann den Namen der Stiftung frei wählen. Ein **Rechtsformzusatz** „Stiftung" ist nicht erforderlich, aber üblich. Denkbar ist aber auch eine Bezeichnung wie „Institut" oder „Foundation".[35]

23 Der Sitz der Stiftung ist ausschlaggebend für die Anwendbarkeit des jeweiligen Landesstiftungsrechts sowie die Zuständigkeit von Stiftungsbehörde und Finanzamt. Der Sitz kann nicht beliebig gewählt werden, sondern muss einen Bezug zur Stiftung aufweisen. Am Sitzort sollte auch die Verwaltung der Stiftung eingerichtet werden.[36] Eine spätere Verlegung des Sitzes stellt eine **Satzungsänderung** dar.[37] Wird der Sitz in ein anderes Bundesland verlegt, bedarf diese Satzungsänderung der Genehmigung beider örtlich zuständiger Behörden (des ursprünglichen und des zukünftigen Sitzes).[38]

> **Formulierungsbeispiel:** *„Satzungsgestaltung"*[39]
>
> **§ 1 Name, Rechtsform, Sitz und Geschäftsjahr**
>
> (1) Die Stiftung führt den Namen [Name der Stiftung].
> (2) Sie ist eine rechtsfähige [zusätzlich in Bayern und Rheinland-Pfalz: öffentliche] Stiftung des bürgerlichen Rechts.
> (3) Sie hat ihren Sitz in … [Ortsangabe].
> (4) Geschäftsjahr der Stiftung ist das Kalenderjahr.

b) Stiftungszweck

24 Der Stiftungszweck ist das zentrale Element des Stiftungsbegriffs. Er definiert, was mit den Mitteln der Stiftung getan werden soll und darf. Die Stiftung existiert nur um der Zweckerfüllung willen. So sind die Organe der Stiftung auch nicht zu autonomer Willensbildung, sondern allein zur Erfüllung des Stiftungszwecks berufen. Die Vorschriften über die **staatliche Stiftungsaufsicht** haben das Ziel, den Stiftungszweck notfalls gegen die Organe der Stiftung, u.U. selbst gegen den Stifter zu verteidigen, falls er sich nach der Anerkennung der Stiftung anders entscheiden und in diesem Sin-

---

34 Vgl. *Meyn/Richter*, Stiftung, Rn. 178 m. Hinw. auf LG Berlin v. 26.5.2000 – 87 T 708/99, n.v.
35 Siehe auch *Wachter*, Stiftungen, Teil B, Rn. 48.
36 Vgl. *Seifart/v. Campenhausen/Hof*, HB Stiftungsrecht, § 7 Rn. 131.
37 Vgl. *Wachter*, Stiftungen, Teil B, Rn. 49.
38 Vgl. *Seifart/v. Campenhausen/Hof*, HB Stiftungsrecht, § 7 Rn. 186.
39 Quelle: *Bundesverband Deutscher Stiftungen*; s. www.stiftungen.org/stiftungswesen/index.html m. weit. Mustern u. Informationen zum Stiftungswesen.

ne Einfluss auf die Stiftung nehmen sollte. Deshalb sollte der Stiftungszweck so eindeutig wie möglich formuliert werden.⁴⁰

> **Praxishinweis:** 25
> Zu beachten ist, dass bei **gemeinnützigen Stiftungen** das Steuerrecht weitergehende Anforderungen an den Stiftungszweck stellt. Die Satzung muss in diesem Fall beiden Anforderungen hinreichend Rechnung tragen.⁴¹

aa) Zivilrechtliche Aspekte

Eine Stiftung kann zu jedem Zweck errichtet werden, der „das Gemeinwohl nicht gefährdet", vgl. § 80 Abs. 2 BGB. Der Gesetzgeber bekennt sich mit dieser Formulierung zu dem in Rspr. und Schrifttum entwickelten **Leitbild der gemeinwohlkonformen Allzweckstiftung**. Sämtliche Stiftungstypen (auch Familien- und unternehmensverbundene Stiftungen⁴²) sind von Gesetzes wegen erlaubt, solange sie im Einklang mit dem Gemeinwohl stehen.⁴³ 26

Der Stiftungszweck muss auf (gewisse) **Dauer** angelegt sein.⁴⁴ Dauerhaftigkeit bedeutet nicht Ewigkeit. Auch die Stiftung „auf Zeit" oder die Verbrauchsstiftung sind zivilrechtlich zulässig. Der Zweck der Stiftung darf sich nur nicht in der einmaligen Verwendung von Vermögen erschöpfen.⁴⁵ 27

Die Stiftung kann **mehrere Zwecke** haben, die auch nicht in einem inhaltlichen Zusammenhang stehen müssen. Der Stifter kann zudem vorsehen, unter welchen Voraussetzungen und/oder in welcher Reihenfolge die Stiftungszwecke verwirklicht werden sollen, etwa nach Maßgabe der zur Verfügung stehenden Mittel.⁴⁶ 28

Verschiedene Zwecke sind insbesondere für die Familienstiftung denkbar.⁴⁷ Bspw. kann die Familienstiftung auf eine Förderung und Unterstützung von Familienangehörigen oder auf die Fortführung eines Unternehmens als Familienunternehmen ausgerichtet sein.⁴⁸ Dem Stifter steht es frei, den Begriff „Familienangehöriger" in seinem vollen Umfang oder unter Einschränkungen zu verwenden.⁴⁹ Eine Familienstiftung kann auch gemeinnützige oder mildtätige Zwecke i.S.d. §§ 52 und 53 AO verfolgen. Insbesondere kann die sog. „gemeinnützige Familienstiftung" in den Grenzen des § 58 Nr. 5 AO Familienmitglieder begünstigen.⁵⁰ 29

---

40 Vgl. *Meyn/Richter*, Stiftung, Rn. 119.
41 Vgl. auch das Bsp. zur Satzungsgestaltung bei *Meyn/Richter*, Stiftung, Rn. 124 f.
42 Vgl. *Richter*, Berater-Brief Vermögen, Heft 1/2004, 17 ff.
43 Vgl. *Bamberger/Roth/Schwarz*, Vor § 80 Rn. 11 ff.; krit. *K. Schmidt*, ZHR 166, 145, 147 f.
44 Vgl. *Wachter*, Stiftungen, Teil B, Rn. 51.
45 Vgl. Staudinger/*Rawert*, Vorbem. §§ 80 ff. Rn. 8.
46 Vgl. *Meyn/Richter*, Stiftung, Rn. 122.
47 Zur Gestaltung der Satzung einer Familienstiftung s. unten Rn. 227.
48 Vgl. *Nietzer/Stadie*, NJW 2000, 3458; *Richter*, Berater-Brief Vermögen, Heft 1/2004, 17 ff.
49 Vgl. *Hof/Hartmann/Richter*, Stiftungen, S. 197.
50 S. dazu unter Rn. 207 ff.

> **Praxishinweis:**
> Für den Fall, dass die Stiftungserträge den Bedarf zur Erfüllung der familienbezogenen Zwecke überschreiten oder eine spätere Umwidmung in eine steuerbefreite Stiftung beabsichtigt wird, empfiehlt es sich, gemeinnützige Zwecke zumindest subsidiär in die Satzung aufzunehmen.[51]

bb) Gemeinnützigkeitsrechtliche Aspekte

30 Bei gemeinnützigen Stiftungen ist der Formulierung des Stiftungszwecks besondere Aufmerksamkeit zu schenken. Es muss sich aus der Stiftungssatzung ergeben, dass die Stiftung alle **Voraussetzungen der Gemeinnützigkeit** erfüllt.[52] Daher ist es zweckmäßig, Formulierungen zu wählen, die eine Zuordnung zu den entsprechenden steuerrechtlichen Tatbeständen zweifelsfrei erlauben. Verfolgt die Stiftung mehrere Zwecke, so ist zu beachten, dass das Gemeinnützigkeitsrecht an die unterschiedlichen Zwecke zum Teil unterschiedliche Rechtsfolgen (insbesondere im Hinblick auf den Sonderausgabenabzug[53]) knüpft. Hier müssen dann später auch die Aktivitäten der Stiftung eindeutig zuzuordnen sein.[54]

31 Neben der allgemeinen Angabe des Stiftungszwecks ist es gemeinnützigkeitsrechtlich erforderlich, die Art der Zweckverwirklichung in räumlicher, sachlicher und persönlicher Hinsicht zu konkretisieren und dabei auch festzulegen, ob die Stiftung die Zwecke vor allem durch eigene Aktivitäten und/oder durch Förderung Dritter verwirklichen soll.[55]

> **Formulierungsbeispiel:** *„Satzungsgestaltung"*[56]
> **§ 2 Stiftungszweck**
> (1) Zweck der Stiftung ist die Förderung von Kunst und Kultur, Wissenschaft und Forschung etc. auf dem Gebiete ... .
> (2) Der Stiftungszweck wird insbesondere verwirklicht durch ... .
> [Anm. Hier sollte eine Konkretisierung des Zwecks vorgenommen werden; bspw. kommen hierfür folgende Formulierungen in Frage:
> -Trägerschaft der ... (Einrichtung) in ...,
> -Zuwendungen an die ... (Einrichtung) in ...,
> -Förderung von Vorhaben, die geeignet sind ...,
> -Förderung von Maßnahmen, die ... zum Ziel haben,
> -Durchführung von wissenschaftlichen Veranstaltungen und Forschungsvorhaben,
> -Vergabe von Forschungsaufträgen,
> -Gewährung von Stipendien, etc.]

---

51 Vgl. *Hof/Hartmann/Richter*, Stiftungen, S. 198.
52 Zu den Voraussetzungen der Gemeinnützigkeit s. unter Rn. 98 ff.
53 Zum Sonderausgabenabzug vgl. *Meyn/Richter*, Stiftung, Rn. 490 ff.
54 Vgl. *Meyn/Richter*, Stiftung, Rn. 123.
55 Vgl. *Meyn/Richter*, Stiftung, Rn. 124.
56 Quelle: *Bundesverband Deutscher Stiftungen*; s. www.stiftungen.org/stiftungswesen/index.html m. weit. Mustern u. Informationen zum Stiftungswesen.

> **§ 3 Gemeinnützigkeit**
> (1) Die Stiftung verfolgt ausschließlich und unmittelbar gemeinnützige/mildtätige/kirchliche Zwecke i.S.d. Abschnitts „Steuerbegünstigte Zwecke" der Abgabenordnung.
> (2) Die Stiftung ist selbstlos tätig. Sie verfolgt nicht in erster Linie eigenwirtschaftliche Zwecke. Die Mittel der Stiftung dürfen nur für die satzungsmäßigen Zwecke verwendet werden.
> (3) Keine Person darf durch Ausgaben, die dem Zweck der Stiftung fremd sind, oder durch unverhältnismäßig hohe Vergütungen begünstigt werden.
> (4) Die Stiftung erfüllt ihre Aufgaben selbst oder durch eine Hilfsperson i.S.d. § 57 Abs. 1 Satz 2 AO, sofern sie nicht im Wege der Mittelbeschaffung gem. § 58 Nr. 1 AO tätig wird. Die Stiftung kann zur Verwirklichung des Stiftungszwecks Zweckbetriebe unterhalten.

c) Stiftungsvermögen

Die Stiftung muss bereits bei der Errichtung derart mit Vermögenswerten ausgestattet sein, dass „die dauernde und nachhaltige **Erfüllung des Stiftungszweckes** gesichert erscheint", § 80 Abs. 2 BGB.[57] Die Stiftungsaufsicht wird einer Stiftung regelmäßig bereits die Anerkennung versagen, wenn das vom Stifter bereit- oder in Aussicht gestellte Vermögen nicht ausreicht, um aus dessen Erträgen diese Zielvorgabe zu erreichen.[58] Zwar kann die Stiftung Vermögensgegenstände aller Art haben. Die Stiftung benötigt aber in jedem Fall auch ein rentierliches Vermögen, das sich etwa aus Wertpapieren, Unternehmensbeteiligungen oder vermietbaren Immobilien zusammensetzen kann.[59] Das Gesetz schreibt – anders als bei der GmbH oder der AG – **kein Mindestvermögen** vor. In der Praxis fordern die Stiftungsbehörden eine Mindestausstattung zwischen 25.000 und 50.000 €, teilweise – je nach Stiftungszweck – auch mehr.[60] Eine Ausstattung mit einem geringeren Stiftungsvermögen als 500.000 € erscheint insbesondere bei Familienstiftungen aber wenig sinnvoll.[61]

Der Stifter, der sich noch nicht völlig der Verfügungsgewalt seines Vermögens begeben will, kann durch ein Stiftungsgeschäft unter Lebenden zunächst die Stiftung mit einem geringeren Vermögen als sog. **„Vorratsstiftung"** entstehen lassen und ihr sodann durch Rechtsgeschäft von Todes wegen weitere Mittel zuwenden.[62] Die gemeinnützige „Vorratsstiftung" muss aber laufend gemeinnützige Zwecke verwirklichen. Sie kann nicht zunächst inaktiv sein. Dies lässt das Gemeinnützigkeitsrecht nicht zu.

Die Anforderung an die Vermögensausstattung soll zum Schutz des Rechtsverkehrs die dauerhafte Existenz der mitgliederlosen juristischen Person „Stiftung" gewährleisten. Darüber hinaus trägt sie dem Umstand Rechnung, dass Stiftungen grundsätzlich auf unbegrenzte Dauer angelegt sind. Die **Anerkennungsbehörde** hat eine Prognose-

---

57 Krit. dazu *Richter*, in: Bundesverband Deutscher Stiftungen, S. 44, 49 f.
58 Vgl. *Burgard*, NZG 2002, 697, 699; *Richter*, Berater-Brief Vermögen, Heft 9/2004, 11.
59 Vgl. das Bsp. zur Satzungsgestaltung bei *Meyn/Richter*, Stiftung, Rn. 139.
60 Für eine Übersicht der Verwaltungspraxis in den Bundesländern vgl. *Damrau/Wehinger*, ZEV 1998, 178.
61 Vgl. *v. Oertzen/Müller*, Stiftung & Sponsoring, Heft 6/2003 (RS), S. 2.
62 Vgl. *Hof/Hartmann/Richter*, Stiftungen, S. 198.

entscheidung zu treffen.[63] Sie darf aber keine Zweckmäßigkeitserwägungen anstellen, ob der Stiftungszweck nachhaltig i.S.v. „besonders intensiv" oder „wirkungsvoll" erfüllt werden kann.[64]

35 Der Wortlaut des Gesetzes nimmt nicht dazu Stellung, wer für die Aufbringung des Stiftungsvermögens verantwortlich sein soll.[65] Die Anerkennungsbehörde wird aber regelmäßig ein Anfangsvermögen verlangen, das **vom Stifter** aufzubringen ist.[66] Eine Mindestkapitalausstattung ist jedoch gerade nicht gesetzlich vorgeschrieben. Daher sollte eine Unterkapitalisierung der Stiftung dann kein Anerkennungshindernis sein, wenn mit Zuwendungen von dritter Seite zu rechnen ist.[67]

> **Formulierungsbeispiel:** *„Satzungsgestaltung"*[68]
>
> **§ 4 Stiftungsvermögen**
>
> (1) Das Stiftungsvermögen ergibt sich aus dem Stiftungsgeschäft. [und/oder: Die Stiftung ist ferner Testamentserbe.]
>
> (2) Das Stiftungsvermögen ist nach dem Abzug von Vermächtnissen und der Erfüllung von Auflagen in seinem Bestand dauernd und ungeschmälert zu erhalten und möglichst ertragreich anzulegen. Es kann zur Werterhaltung bzw. zur Stärkung seiner Ertragskraft umgeschichtet werden.
>
> (3) Dem Stiftungsvermögen wachsen alle Zuwendungen zu, die dazu bestimmt sind (Zustiftungen).
>
> **§ 5 Verwendung der Vermögenserträge und Zuwendungen**
>
> (1) Die Stiftung erfüllt ihre Aufgaben aus den Erträgen des Stiftungsvermögens und aus Zuwendungen, soweit diese nicht ausdrücklich zur Stärkung des Stiftungsvermögens bestimmt sind.
>
> (2) Die Stiftung kann ihre Mittel ganz oder teilweise einer Rücklage zuführen, soweit dies erforderlich ist, um ihre steuerbegünstigten Zwecke nachhaltig erfüllen zu können und soweit für die Verwendung der Rücklage konkrete Ziel- und Zeitvorstellungen bestehen.
>
> (3) I.R.d. steuerrechtlich Zulässigen können zur Werterhaltung Teile der jährlichen Erträge einer freien Rücklage oder dem Stiftungsvermögen zugeführt werden.
>
> (4) Ein Rechtsanspruch Dritter auf Gewährung der jederzeit widerruflichen Förderleistungen aus der Stiftung besteht aufgrund dieser Satzung nicht.

d) Organisation der Stiftung

36 In der Satzung wird nicht nur der Stifterwille in Form des Stiftungszwecks dokumentiert. In ihr wird zugleich die **Organisationsverfassung** der Stiftung festgelegt.

---

63 Vgl. *Bamberger/Roth/Schwarz*, § 80 Rn. 11; *Richter*, in: Bundesverband Deutscher Stiftungen, S. 44, 49.
64 Vgl. *Schwarz*, DStR 2002, 1718, 1725.
65 Vgl. *Hüttemann*, ZHR 167 (2003), 35, 49.
66 So auch die Praxis in den einzelnen Bundesländern; vgl. *Bamberger/Roth/Schwarz*, § 80 Rn. 12 m.w.N.
67 Vgl. *Hüttemann*, ZHR 167 (2003), 35, 49.
68 Quelle: *Bundesverband Deutscher Stiftungen*; s. www.stiftungen.org/stiftungswesen/index.html m. weit. Mustern u. Informationen zum Stiftungswesen.

aa) Organstruktur

Die Stiftung muss zur Sicherstellung ihrer Handlungsfähigkeit einen Vorstand haben, § 86 Satz 1 BGB i.V.m. § 26 Abs. 1 Satz 1 BGB. Der Stiftungsvorstand ist als Leistungsorgan nach der gesetzlichen Konzeption zugleich zur **Geschäftsführung** und zur Vertretung berufen.[69] Er beschließt somit über die Verwendung der Stiftungsmittel und vertritt die Stiftung im Rechtsverkehr. Der Umfang der Vertretungsmacht ist grundsätzlich unbeschränkt, kann aber durch die Satzung mit Wirkung gegen Dritte beschränkt werden, § 86 Satz 1 i.V.m. § 26 Abs. 2 Satz 2 BGB.

Der Stifter ist frei, **weitere Organe** oder Gremien vorzusehen. Entscheidungs-, Beratungs- und Kontrollfunktionen können nahezu beliebig ausgestaltet werden.[70] Zahl und Größe der Organe sollten aber der Stiftungsgröße und der Komplexität der Aufgaben angemessen sein. Eine kleine Förderstiftung rechtfertigt kaum den Aufwand einer umfangreichen Gremienstruktur, während dies bei einer großen Stiftung mit weit reichender operativer Arbeit kaum zu umgehen sein dürfte.[71]

> Formulierungsbeispiel: *„Satzungsgestaltung"*[72]
>
> *§ 6 Organe der Stiftung*
>
> *(1) Organe der Stiftung sind der Vorstand und das Kuratorium.*

Soweit die Satzung weitere Organe vorsieht, ist zu beachten, dass keine korporativen Elemente eingeführt werden können. Diese sind dem Stiftungsrecht aufgrund des **Primats des Stifterwillens** fremd.[73] Sieht die Satzung fakultative Stiftungsorgane vor, müssen die sie betreffenden Satzungsbestimmungen in sich und insbesondere in Beziehung zu den Regelungen über den Vorstand widerspruchsfrei und vollziehbar sein.

Die Aufgaben, Rechte und Pflichten der Organe sind genau zu beschreiben und gegeneinander abzugrenzen. Regelmäßig dürfte es sich anbieten, dem Vorstand alle Exekutivfunktionen zu übertragen, während das Kuratorium (bzw. der Beirat) Beratungs- und Kontrollfunktionen übernimmt. Damit das Kuratorium diese Funktion in angemessener Weise erfüllen kann, müssen Berichtspflichten des Vorstands bzw. Informationsrechte des Kuratoriums in die Satzung aufgenommen werden. Dem Kuratorium können darüber hinaus Mitwirkungsrechte bei strategisch wichtigen Entscheidungen oder Entscheidungen von grundsätzlicher Bedeutung übertragen werden.[74]

Werden dem Kuratorium umfangreiche Mitwirkungsrechte eingeräumt, so muss einerseits darauf geachtet werden, dass die **Handlungsspielräume** des **Vorstands** nicht über Gebühr eingeschränkt werden. Andererseits müssen die Kuratoren in die Lage versetzt werden, ihre Entscheidung auf einer angemessenen Informationsgrundlage zu treffen. Dazu ist neben dem entsprechenden zeitlichen und inhaltlichen Engagement der Kuratoren auch eine angemessene Vorbereitung der Entscheidungen durch Vorlagen, Informationsmaterial usw. erforderlich. Ist dieser Aufwand nicht beabsichtigt (oder ein entsprechendes Engagement der Kuratoren nicht realistisch zu erwarten),

---

[69] Vgl. *Seifart/v. Campenhausen/Hof*, HB Stiftungsrecht, § 9 Rn. 26 ff.
[70] Vgl. *Wachter*, Stiftungen, Teil B, Rn. 75.
[71] Vgl. *Meyn/Richter*, Stiftung, Rn. 142.
[72] Quelle: *Bundesverband Deutscher Stiftungen*; s. www.stiftungen.org/stiftungswesen/index.html m. weit. Mustern u. Informationen zum Stiftungswesen.
[73] Vgl. *Hof/Hartmann/Richter*, Stiftungen, S. 194; Staudinger/*Rawert*, Vorbem. zu §§ 80 ff. Rn. 26.
[74] Vgl. *Meyn/Richter*, Stiftung, Rn. 145.

gerät die Mitwirkung zur bloßen Förmlichkeit, auf die besser verzichtet werden sollte.[75]

42 Nicht alle Organmitglieder müssen gleiche Rechte und Pflichten haben. So kann der Stifter sich und/oder seiner Familie besondere Rechte in der Satzung vorbehalten, etwa ein Vetorecht, ein stärker gewichtetes Stimmrecht, die ausschlaggebende Stimme in Pattsituationen oder das Recht, bestimmte Beschlüsse ohne Mitwirkung der anderen Organmitglieder zu fällen. Hier ist jedoch Vorsicht geboten: Auch der Stifter handelt nur als Mitglied eines Organs der Stiftung. Sein Ermessen ist durch den **Stiftungszweck** begrenzt.[76] Im Streitfall verteidigt die Stiftungsaufsicht den ursprünglichen Stifterwillen auch gegen abweichende spätere Entscheidungen des Stifters als Stiftungsorgan und kann sie beanstanden oder aufheben.[77]

Formulierungsbeispiel: *„Satzungsgestaltung"*[78]

§ 7 Aufgaben des Vorstandes

(1) Der Vorstand entscheidet in allen grundsätzlichen Angelegenheiten nach Maßgabe der Satzung in eigener Verantwortung und führt die laufenden Geschäfte der Stiftung. Er hat die Stellung eines gesetzlichen Vertreters und vertritt die Stiftung gerichtlich und außergerichtlich. Die Mitglieder des Stiftungsvorstandes sind einzelvertretungsberechtigt. Im Innenverhältnis vertritt der Vorsitzende des Stiftungsvorstandes die Stiftung allein, für den Fall der Verhinderung der stellvertretende Vorsitzende.

(2) Der Vorstand hat i.R.d. Stiftungsgesetzes und dieser Stiftungssatzung den Willen des Stifters so wirksam wie möglich zu erfüllen. Seine Aufgaben sind insbesondere:

– die Verwaltung des Stiftungsvermögens,

– die Verwendung der Stiftungsmittel,

– die Aufstellung eines Haushaltsplanes, der Jahresrechnung und des Tätigkeitsberichtes.

(3) Zur Vorbereitung seiner Beschlüsse, der Erledigung seiner Aufgaben und insbesondere der Wahrnehmung der laufenden Geschäfte kann der Vorstand einen Geschäftsführer bestellen und Sachverständige hinzuziehen.

§ 8 Aufgaben des Kuratoriums

(1) Das Kuratorium berät, unterstützt und überwacht den Vorstand i.R.d. Stiftungsgesetzes und dieser Stiftungssatzung, um den Willen des Stifters so wirksam wie möglich zu erfüllen. Seine Aufgaben sind insbesondere:

– Empfehlungen für die Verwaltung des Stiftungsvermögens,

– Empfehlungen für die Verwendung der Stiftungsmittel,

– Genehmigung des Haushaltsplanes, der Jahresrechnung und des Tätigkeitsberichtes,

– Entlastung des Vorstandes,

– Bestellung von Mitgliedern des Vorstandes.

---

75 Vgl. *Meyn/Richter*, Stiftung, Rn. 145.
76 Vgl. Staudinger/*Rawert*, § 86 Rn. 5.
77 Vgl. *Meyn/Richter*, Stiftung, Rn. 144.
78 Quelle: *Bundesverband Deutscher Stiftungen*; s. www.stiftungen.org/stiftungswesen/index.html m. weit. Mustern u. Informationen zum Stiftungswesen.

> (2) Zur Vorbereitung seiner Beschlüsse kann das Kuratorium Sachverständige hinzuziehen.

bb) Besetzung der Organe

Neben **natürlichen Personen** können auch **juristische Personen** als Organmitglieder berufen oder in der Satzung bestimmt werden.[79] Dabei ist deutlich zu unterscheiden, ob ein bestimmter Vertreter ad personam berufen werden soll oder ob es darum geht, dass die juristische Person repräsentiert werden soll. Im letzteren Fall müsste bestimmt werden, dass der jeweilige Inhaber eines bestimmten Amtes berufen ist oder dass die entsendende Organisation im Falle des Ausscheidens ihres Vertreters aus ihren Diensten einen Nachfolger benennt.

Soweit andere Personen als der Stifter als Organmitglieder berufen werden sollen, ist deren **Bereitschaft zur Mitwirkung** zu klären, bevor der Antrag auf Anerkennung gestellt wird. Regelmäßig sind mit dem Antrag auch Annahmeerklärungen der Berufenen bei der Anerkennungsbehörde vorzulegen.

Für alle Organe muss die Satzung festlegen, wie die Mitglieder berufen werden und was nach ihrem Ausscheiden geschieht. Die Satzung muss sicherstellen, dass die Organe zu allen Zeiten **ordnungsgemäß besetzt** sind oder werden können. Andernfalls wird dies durch das Amtsgericht (Notbestellung gem. § 86 Satz 1 i.V.m. § 29 BGB) bzw. die Stiftungsbehörde (nach dem jeweiligen Landesrecht) erfolgen müssen. Regelmäßig legen die Stiftungsbehörden daher im Anerkennungsverfahren großen Wert darauf, dass die Stiftungssatzung Regelungen für alle Eventualitäten enthält. Die Schwierigkeit besteht hier darin, dass es in Ermangelung von Mitgliedern oder Gesellschaftern kein anderes allzuständiges Organ (wie die Mitglieder- oder Gesellschafterversammlung) gibt, das diese Entscheidung treffen könnte.[80]

Die ersten Mitglieder der Organe werden regelmäßig vom Stifter im Stiftungsgeschäft berufen. Die Bestellung nachfolgender Organmitglieder kann dann durch Kooptation, andere Organe oder Dritte erfolgen.[81] Diese Verfahren können nahezu beliebig kombiniert werden. Es ist auch möglich, dass der Stifter sich bzw. benannten Angehörigen seiner Familie die Auswahl von Organmitgliedern zu Lebzeiten vorbehält.

Regelmäßig wird die Amtsdauer von **Organmitgliedern** zeitlich begrenzt, etwa auf drei oder fünf Jahre. Dabei kann entweder die Amtszeit für das jeweilige Organ insgesamt festgelegt werden – die Amtszeit von später berufenen Mitgliedern ist dann entsprechend kürzer – oder die Amtszeit beginnt jeweils mit dem Eintritt in das Organ zu laufen mit der Folge, dass im Extremfall die Amtszeit von jedem Organmitglied zu einem anderen Zeitpunkt endet.

> **Praxishinweis:**
> Die erste Lösung hat den Vorteil der Übersichtlichkeit. Ein großer Teil des Schriftverkehrs zwischen Stiftungsbehörden und Stiftungen besteht aus der Erinnerung an abgelaufene Amtszeiten von Vorstandsmitgliedern, denn die jeweiligen neuen Berufungen müssen der Behörde mitgeteilt werden. Die Satzung sollte vorsehen, dass

---

79 Vgl. *Seifart/v. Campenhausen/Hof*, HB Stiftungsrecht, § 9 Rn. 74 ff.
80 Vgl. das Bsp. zur Satzungsgestaltung bei *Meyn/Richter*, Stiftung, Rn. 148, 150 f.
81 Zu den Bestellungsverfahren vgl. *Meyn/Richter*, Stiftung, Rn. 148.

Mitglieder nach Ablauf der Amtszeit bis zur Entscheidung über die Neuberufung oder Nicht-Wiederbesetzung im Amt bleiben.

Indes sind **Sonderregelungen für einzelne Mitglieder**, namentlich den Stifter, zulässig.

48 Andere Gründe für das Ende der Mitgliedschaft sind **Tod**, **Rücktritt** oder **Ausschluss**. Der Ausschluss kann erforderlich sein, wenn ein Organmitglied seine Pflichten nachhaltig verletzt (auch z.B. durch dauernde Inaktivität oder Nichtteilnahme an Sitzungen und Entscheidungsprozessen). Die Satzung sollte entsprechende Regelungen vorhalten. Soweit die Satzung keine abweichenden Regelungen enthält, können Organmitglieder aus wichtigem Grund von demjenigen abberufen werden, der sie auch berufen hat.

> **Formulierungsbeispiel: „Satzungsgestaltung"**[82]
>
> **§ 9 Besetzung des Vorstands**
>
> (1) Der Vorstand besteht aus ... Mitgliedern. [Hier kann auch eine Minimal- und Maximalanforderung formuliert werden.]
>
> (2) Der Stifter gehört dem Vorstand auf Lebenszeit an. Zu seinen Lebzeiten ist der Stifter Vorsitzender des Vorstandes und bestellt auch den stellvertretenden Vorsitzenden und die anderen Vorstandsmitglieder. Der Stifter ist berechtigt, das Amt jederzeit niederzulegen.
>
> (3) Scheidet der Stifter oder ein anderes Vorstandsmitglied aus dem Vorstand aus, so bestellt das Kuratorium auf Vorschlag der verbleibenden Vorstandsmitglieder ein neues Vorstandsmitglied. Eine Wiederbestellung ist zulässig. Die Amtszeit der Vorstandsmitglieder beträgt vier Jahre. Der Vorstand wählt nach Ausscheiden des Stifters und der Ergänzung des Vorstandes aus seiner Mitte einen Vorsitzenden und einen stellvertretenden Vorsitzenden.
>
> (4) Dem Vorstand sollen Personen angehören, die besondere Fachkompetenz und Erfahrung in Hinblick auf die Aufgabenerfüllung der Stiftung aufweisen. Ein Mitglied soll in Finanz- und Wirtschaftsfragen sachverständig sein. Mitglieder des Kuratoriums dürfen nicht zugleich dem Vorstand angehören.
>
> (5) Das Amt eines Vorstandsmitgliedes endet nach Ablauf der Amtszeit oder bei Vollendung des ... Lebensjahres. Das Vorstandsmitglied bleibt in diesen Fällen solange im Amt, bis ein Nachfolger bestellt ist. Das Amt endet weiter durch Tod und durch Niederlegung, die jederzeit zulässig ist. Vom Stifter bestellte Vorstandsmitglieder können von diesem, andere Vorstandsmitglieder können vom Kuratorium jederzeit aus wichtigem Grunde abberufen werden. Ihnen ist zuvor Gelegenheit zur Stellungnahme zu geben.
>
> **§ 10 Besetzung des Kuratoriums**
>
> (1) Das Kuratorium besteht aus ... Mitgliedern. Die Mitglieder des ersten Kuratoriums werden vom Stifter berufen. [Auch hier ist eine Minimal- und Maximalanforderung denkbar.]
>
> (2) Scheidet ein Kuratoriumsmitglied aus, so wählt das Kuratorium auf Vorschlag des Vorstandes einen Nachfolger. Eine Wiederwahl ist zulässig. Die Amtszeit der

---

82 Quelle: *Bundesverband Deutscher Stiftungen*; s. www.stiftungen.org/stiftungswesen/index.html m. weit. Mustern u. Informationen zum Stiftungswesen.

Kuratoriumsmitglieder beträgt vier Jahre. Das Kuratorium wählt aus seiner Mitte einen Vorsitzenden und einen stellvertretenden Vorsitzenden.

(3) Dem Kuratorium sollen Personen angehören, die besondere Fachkompetenz und Erfahrung in Hinblick auf die Aufgabenerfüllung der Stiftung besitzen. Ein Mitglied soll in Finanz- und Wirtschaftsfragen sachverständig sein.

(4) Das Amt eines Kuratoriumsmitgliedes endet nach Ablauf der Amtszeit oder bei Vollendung des … Lebensjahres. Das Kuratoriumsmitglied bleibt in diesen Fällen solange im Amt, bis ein Nachfolger bestellt ist. Das Amt endet weiter durch Tod und durch Niederlegung, die jederzeit zulässig ist. Ein Kuratoriumsmitglied kann vom Kuratorium in einer gemeinsamen Sitzung mit dem Vorstand jederzeit aus wichtigem Grunde abberufen werden. Der Beschluss bedarf der Mehrheit der Mitglieder von Vorstand und Kuratorium. Das betroffene Mitglied ist bei dieser Abstimmung von der Stimmabgabe ausgeschlossen. Ihm ist zuvor Gelegenheit zur Stellungnahme zu geben.

cc) Beschlussfassung der Organe

Bestehen die Organe aus mehreren Personen und sieht die Satzung nichts anderes vor, gelten für die Beschlussfassung § 86 Satz 1 i.V.m. §§ 28 Abs. 1, 32, 34 BGB. Demnach werden Beschlüsse mit der Mehrheit der erschienenen **Organmitglieder** gefasst, § 32 Abs. 1 BGB. Beschlüsse können einstimmig auch schriftlich gefasst werden, § 32 Abs. 2 BGB. Ein Organmitglied ist nicht stimmberechtigt, wenn die Beschlussfassung die Vornahme eines Rechtsgeschäfts mit ihm oder die Einleitung oder Erledigung eines Rechtsstreits zwischen ihm und der Stiftung betrifft, § 34 BGB. Die Regelungen des § 32 BGB können durch Satzungsregelungen geändert werden, die Vorschrift des § 34 BGB ist hingegen zwingend, § 40 BGB.[83]

49

Zur Vermeidung von **Interessenkollisionen** regeln § 86 Abs. 1 i.V.m. §§ 28 Abs. 1, 34 BGB, dass ein Organmitglied nur dann nicht stimmberechtigt ist, wenn es um ein Rechtsgeschäft oder einen Rechtsstreit mit ihm und der Stiftung geht. Hier ist eine weitergehende Regelung in der Satzung empfehlenswert, um Organmitglieder vor der Versuchung zu bewahren, Entscheidungen der Stiftung zu ihrem eigenen Vorteil oder zum Vorteil anderer Organisationen zu beeinflussen, bei denen sie selbst einen verantwortlichen Posten bekleiden.[84]

50

Formulierungsbeispiel: „*Satzungsgestaltung*"[85]

§ 11 Beschlussfassung des Vorstandes

(1) Beschlüsse des Vorstandes werden i.d.R. auf Sitzungen gefasst. Der Vorstand wird vom Vorsitzenden oder seinem Stellvertreter nach Bedarf, mindestens aber einmal jährlich unter Angabe der Tagesordnung und Einhaltung einer Frist von zwei Wochen zu einer Sitzung einberufen. Sitzungen sind ferner einzuberufen, wenn … Mitglieder des Vorstandes dies verlangen.

(2) Ein Vorstandsmitglied kann sich in der Sitzung durch ein anderes Vorstandsmitglied vertreten lassen. Kein Vorstandsmitglied kann mehr als ein anderes Vorstandsmitglied vertreten.

---

83 Vgl. das Bsp. zur Satzungsgestaltung bei *Meyn/Richter*, Stiftung, Rn. 153.
84 Vgl. das Bsp. zur Satzungsgestaltung bei *Meyn/Richter*, Stiftung, Rn. 154.
85 Quelle: *Bundesverband Deutscher Stiftungen*; s. www.stiftungen.org/stiftungswesen/index.html m. weit. Mustern u. Informationen zum Stiftungswesen.

(3) Der Vorstand ist beschlussfähig, wenn nach ordnungsgemäßer Ladung mindestens ... Mitglieder, unter ihnen der Vorsitzende oder sein Stellvertreter, anwesend oder vertreten sind. Ladungsfehler gelten als geheilt, wenn alle Mitglieder anwesend sind und niemand widerspricht.

(4) Der Vorstand trifft seine Entscheidungen mit einfacher Mehrheit der abgegebenen Stimmen, sofern die Satzung nichts Abweichendes bestimmt. Bei Stimmengleichheit gibt die Stimme des Vorsitzenden, ersatzweise die seines Stellvertreters den Ausschlag.

(5) Wenn kein Mitglied des Vorstandes widerspricht, können Beschlüsse im schriftlichen oder fernmündlichen Umlaufverfahren gefasst werden.

(6) Über die Sitzungen sind Niederschriften zu fertigen und vom Sitzungsleiter und dem Protokollanten zu unterzeichnen. Sie sind allen Mitgliedern des Vorstandes und dem Vorsitzenden des Kuratoriums zur Kenntnis zu bringen.

(7) Weitere Regelungen über den Geschäftsgang des Vorstandes und diejenigen Rechtsgeschäfte, zu deren Durchführung der Vorstand der Zustimmung des Kuratoriums bedarf, kann eine vom Kuratorium zu erlassende Geschäftsordnung enthalten.

§ 12 Beschlussfassung des Kuratoriums

(1) Das Kuratorium soll mindestens einmal im Jahr zu einer ordentlichen Sitzung zusammenkommen. Eine außerordentliche Sitzung ist einzuberufen, wenn mindestens ... Mitglieder oder der Vorstand dies verlangen. Die Mitglieder des Vorstandes, der Geschäftsführer und Sachverständige können an den Sitzungen des Kuratoriums beratend teilnehmen.

(2) Für die Beschlussfassung des Kuratoriums bzw. von Vorstand und Kuratorium gemeinsam gilt § 9 entsprechend. Das Kuratorium kann sich eine Geschäftsordnung geben.

dd) Vergütung der Organmitglieder

51 Die Mitwirkung in Organen der Stiftung wird zumeist als **Ehrenamt** ausgestaltet, wobei lediglich die Erstattung angemessener Auslagen vorgesehen ist. Darüber hinausgehende Vergütungen (Sitzungsgelder, Pauschalvergütungen) können in der Satzung vorgesehen werden.[86] Hier ist in besonderer Weise auf ein **angemessenes Verhältnis** zwischen den voraussichtlichen Kapitalerträgen und der Höhe der Vergütungen zu achten. Die Festlegung oder Änderung dieser Vergütungen durch die Stiftungsorgane kann auch von der Zustimmung der Stiftungsbehörde abhängig gemacht werden, um einen späteren Missbrauch zu verhindern.

52 Bei **gemeinnützigen Stiftungen** liegt die Grenze für Entschädigungen darin, dass niemand durch unverhältnismäßig hohe Vergütungen begünstigt werden darf, § 55 Abs. 1 Nr. 3 AO. Einen Verstoß gegen das Gemeinnützigkeitsrecht stellt es bspw. dar, wenn die Arbeit eines Vorstandsmitglieds, das laut Satzung ehrenamtlich tätig sein soll, vergütet wird. Da die **Unentgeltlichkeit** geradezu charakteristisch für das Ehrenamt ist, kommt es in diesem Fall nicht darauf an, ob die Vergütung im Übrigen angemessen ist oder nicht.[87]

53 Es spricht indes nichts dagegen, mit einzelnen Organmitgliedern **Anstellungsverträge** zu schließen, jedenfalls dann nicht, wenn die Satzung diese Möglichkeit vorsieht. Auf

---

86 Vgl. *Wachter*, Stiftungen, Teil B, Rn. 77.
87 FG München EFG 2001, 538.

diese Weise ist die **Berufung** eines geschäftsführenden Vorstandsmitglieds möglich. Die Laufzeit des Anstellungsvertrags kann dabei auf die Dauer der Mitgliedschaft im entsprechenden Organ begrenzt werden. Zulässig ist die Verknüpfung der beiden Rechtsverhältnisse durch eine auflösende Bedingung, wobei zu beachten ist, dass die Mindestkündigungsfrist aus § 622 Abs. 5 BGB nicht unterschritten werden darf. Die Satzung muss in diesem Fall regeln, wer zum Abschluss von Verträgen mit Organmitgliedern berechtigt ist. Im Zweifel sind dies die übrigen Mitglieder unter Ausschluss der Mitwirkung des Betreffenden. Notfalls muss vom Amtsgericht ein Notvertreter nach § 86 Abs. 1 i.V.m. § 29 BGB bestellt werden.[88]

Formulierungsbeispiel: *"Satzungsgestaltung"*[89]

§ 6 Organe der Stiftung

(2) Die Mitglieder der Stiftungsorgane sind ehrenamtlich tätig. Sie haben Anspruch auf Ersatz der ihnen entstandenen Auslagen und Aufwendungen. Für den Zeitaufwand und Arbeitseinsatz der Mitglieder des Vorstandes kann das Kuratorium eine in ihrer Höhe angemessene Pauschale beschließen.

ee) Satzungsänderungen

Die Satzung kann ein Verfahren zur **Satzungsänderung** auf Beschluss der Stiftungsorgane vorsehen. Dabei ist zwischen der Änderung des Stiftungszwecks und der Änderung übriger Satzungsbestimmungen zu unterscheiden. Änderungen des Stiftungszwecks sind nach h.M. auch bei entsprechender Ermächtigung in der Satzung nur zulässig, wenn eine wesentliche Veränderung der Verhältnisse sie rechtfertigen bzw. wenn konkrete Bedingungen für die Änderung schon vom Stifter explizit festgelegt wurden. Demgegenüber sind Änderungen der übrigen Satzungsbestimmungen schon unterhalb dieser Schwelle zulässig. Alle Änderungen der Satzung müssen mit dem ursprünglichen Stifterwillen vereinbar sein und bedürfen der Genehmigung durch die Stiftungsbehörde.[90]

54

Formulierungsbeispiel: *"Satzungsgestaltung"*[91]

§ 13 Satzungsänderung

(1) Die Organe der Stiftung können Änderungen der Satzung beschließen, wenn sie den Stiftungszweck nicht berühren und die ursprüngliche Gestaltung der Stiftung nicht wesentlich verändern oder die Erfüllung des Stiftungszwecks erleichtern.

(2) Beschlüsse über Änderungen der Satzung können nur auf gemeinsamen Sitzungen von Vorstand und Kuratorium gefasst werden. Der Änderungsbeschluss bedarf einer Mehrheit von zwei Dritteln der Mitglieder des Vorstandes und des Kuratoriums.

---

88 Vgl. *Seifart/v. Campenhausen/Hof*, HB Stiftungsrecht, § 9 Rn. 136.
89 Quelle: *Bundesverband Deutscher Stiftungen*; s. www.stiftungen.org/stiftungswesen/index.html m. weit. Mustern u. Informationen zum Stiftungswesen.
90 Vgl. *Hof/Hartmann/Richter*, Stiftungen, S. 51 ff.; s. auch das Bsp. zur Satzungsgestaltung bei *Meyn/Richter*, Stiftung, Rn. 158.
91 Quelle: *Bundesverband Deutscher Stiftungen*; s. www.stiftungen.org/stiftungswesen/index.html m. weit. Mustern u. Informationen zum Stiftungswesen.

(3) Beschlüsse über Änderungen der Satzung bedürfen der Genehmigung der Stiftungsaufsichtsbehörde. Sie sind mit einer Stellungnahme der zuständigen Finanzbehörde anzuzeigen.

§ 14 Zweckerweiterung und Zweckänderung

(1) Die Organe der Stiftung können der Stiftung einen weiteren Zweck geben, der dem ursprünglichen Zweck verwandt ist und dessen dauernde und nachhaltige Verwirklichung ohne Gefährdung des ursprünglichen Zwecks gewährleistet erscheint, wenn das Vermögen oder der Ertrag der Stiftung nur teilweise für die Verwirklichung des Stiftungszwecks benötigt wird.

(2) Die Organe der Stiftung können die Änderung des Stiftungszwecks beschließen, wenn der Stiftungszweck unmöglich wird oder sich die Verhältnisse derart ändern, dass die dauernde und nachhaltige Erfüllung des Stiftungszwecks nicht mehr sinnvoll erscheint (möglich ist).

(3) Beschlüsse über Zweckerweiterung und Zweckänderung können nur auf gemeinsamen Sitzungen von Vorstand und Kuratorium gefasst werden. Der Änderungsbeschluss bedarf einer Mehrheit von drei Vierteln (der Einstimmigkeit) der Mitglieder des Vorstandes und des Kuratoriums.

(4) Beschlüsse über Zweckerweiterung und Zweckänderung werden erst nach Genehmigung der Stiftungsaufsichtsbehörde wirksam. Sie sind mit einer Stellungnahme der zuständigen Finanzbehörde anzuzeigen.

ff) Aufhebung und Vermögensanfall

55 Die Satzung kann Vorschriften über die **Aufhebung** der Stiftung enthalten. Die Aufhebung der Stiftung kommt regelmäßig nur in Betracht, wenn ihr Zweck erfüllt ist oder (von ihr) nicht mehr sinnvoll verfolgt werden kann, das Vermögen vollständig entwertet wurde oder die Stiftung das Gemeinwohl gefährdet. Zu den Fällen der Zweckerfüllung gehört auch die Stiftung auf Zeit, deren Zweck von vornherein nur zeitlich begrenzt definiert ist.

56 Der Stifter kann in der Satzung festlegen, in welchem Verfahren und unter welchen besonderen **Bedingungen** die Stiftungsorgane die Aufhebung der Stiftung beschließen können. Davon unberührt bleibt die Kompetenz der Stiftungsbehörden, die Stiftung bei Vorliegen der Voraussetzungen des § 87 BGB aufzulösen.

57 Soll das Vermögen der Stiftung nach der Aufhebung nicht an den Fiskus fallen (vgl. § 88 BGB i.V.m. dem Landesrecht), muss die Satzung den Anfallsberechtigten bezeichnen oder den Stiftungsorganen ermöglichen, vor oder bei der Aufhebung der Stiftung einen Anfallsberechtigten zu bestimmen. Bei **gemeinnützigen Stiftungen** erfordert das Gebot der Vermögensbindung für gemeinnützige Zwecke, dass das Stiftungsvermögen einem ebenfalls steuerbegünstigten Anfallsberechtigten zufällt.[92] Bei **privatnützigen Stiftungen** kann die Satzung den Rückfall des eingebrachten Vermögens an den Stifter oder seine Erben vorsehen.[93]

---

[92] Zum Grundsatz der Vermögensbindung im Gemeinnützigkeitsrecht u. den Anforderungen an die sog. Anfallklausel vgl. *Meyn/Richter*, Stiftung, Rn. 363 ff.
[93] Vgl. *Hof/Hartmann/Richter*, Stiftungen, S. 203.

> **Formulierungsbeispiel:** „*Satzungsgestaltung*"[94]
>
> **§ 15 Aufhebung und Vermögensanfall**
>
> (1) Die Organe der Stiftung können die Aufhebung der Stiftung beschließen, wenn der Stiftungszweck unmöglich wird oder sich die Verhältnisse derart ändern, dass die dauernde und nachhaltige Erfüllung des Stiftungszwecks nicht mehr sinnvoll erscheint (möglich ist).
>
> (2) Der Beschluss über die Aufhebung kann nur auf gemeinsamen Sitzungen von Vorstand und Kuratorium gefasst werden. Der Aufhebungsbeschluss bedarf einer Mehrheit von drei Vierteln (der Einstimmigkeit) der Mitglieder des Vorstandes und des Kuratoriums.
>
> (3) Der Beschluss über die Aufhebung wird erst nach Genehmigung der Stiftungsaufsichtsbehörde wirksam. Sie sind mit einer Stellungnahme der zuständigen Finanzbehörde anzuzeigen.
>
> (4) Im Falle der Aufhebung der Stiftung oder beim Wegfall der steuerbegünstigten Zwecke fällt das Vermögen an (steuerbegünstigte Körperschaft oder Körperschaft des öffentlichen Rechts) mit der Auflage, es unmittelbar und ausschließlich für selbstlos gemeinnützige und/oder mildtätige/kirchliche Zwecke zu verwenden, die dem Stiftungszweck möglichst nahe kommen.

e) Rechtsstellung der Destinatäre

Der Stifter muss nicht zuletzt die Rechtsstellung der Destinatäre bedenken. Allerdings ist das Vorhandensein bestimmter Destinatäre kein notwendiges Element der Stiftung. Der Stifter kann sich daher bei der Satzungsgestaltung auch darauf beschränken, die Stiftung auf die Verfolgung von Zwecken auszurichten, die nur mittelbar einem bestimmten oder unbestimmten Personenkreis dienen.[95] Ohne besondere Anordnung ist davon auszugehen, dass Destinatäre der Stiftung als Dritte gegenüberstehen, die keinerlei Einflussmöglichkeiten auf die Stiftung und keine rechtlichen Ansprüche gegen sie haben. Regelmäßig bringt der Stifter dies durch eine **ausdrückliche Satzungsformulierung** zum Ausdruck.[96]

58

Der Stifter kann aber auch bestimmten Dritten **Leistungsansprüche** gegen die Stiftung in der Satzung einräumen. Voraussetzung ist, dass der Kreis der Berechtigten genau bestimmt oder jedenfalls eindeutig bestimmbar ist. Ebenso müssen der Umfang des Anspruchs und die Fälligkeit so genau bestimmt sein, dass dem Vorstand kein Ermessensspielraum mehr verbleibt. Die Destinatäre haben dann einen eigenen klagbaren Anspruch gegen die Stiftung, wenn und sobald die satzungsmäßigen Voraussetzungen vorliegen. Bei **gemeinnützigen Stiftungen** kann allerdings eine Verengung auf bestimmte Destinatäre die Steuerbegünstigung in Frage stellen.[97]

59

Ausdrückliche Regelungen zur Rechtsstellung der Destinatäre finden sich dagegen häufig in **Familienstiftungen**. Der Begünstigtenkreis der Familienstiftung ist durch dessen familiären Bezug gekennzeichnet. Allerdings werden die in Betracht kommen-

60

---

94 Quelle: *Bundesverband Deutscher Stiftungen*; s. www.stiftungen.org/stiftungswesen/index.html m. weit. Mustern u. Informationen zum Stiftungswesen.
95 Vgl. *Hof/Hartmann/Richter*, Stiftungen, S. 50.
96 Vgl. *Wachter*, Stiftungen, Teil B, Rn. 81; s. auch das Bsp. zur Satzungsgestaltung bei *Meyn/Richter*, Stiftung, Rn. 558.
97 Vgl. *Meyn/Richter*, Stiftung, Rn. 559.

den Destinatäre uneinheitlich definiert. Die Ansätze reichen von der Person des Stifters und seinen Verwandten in gerader Linie bis hin zu mehreren Familien i.S.d. viel weiteren Definition der Familie in der Abgabenordnung (vgl. § 15 AO).[98] Aufgrund der Privatautonomie ist es jedoch dem Stifter vorbehalten, den Kreis der Begünstigten zu bestimmen. Dabei ist er nicht an den Gleichbehandlungsgrundsatz gebunden.[99] Die Empfänger von Stiftungsleistungen können daher nur bestimmte Familienmitglieder aber auch mehrere Familien gemeinsam sein, darüber hinaus sogar andere, nicht zur Familie gehörende Personen.[100]

61 Der Stifter hat zu bedenken, dass sich die Familie und damit der Kreis potentieller Destinatäre im Laufe der Zeit und in der Generationenfolge mehr und mehr verzweigt. Eine weite Bestimmung des Begünstigtenkreises kann daher zu einer **Zersplitterung der Stiftungsaktivitäten** führen. Andererseits leiden viele Familienstiftungen aber auch darunter, dass die Familie ausstirbt und sich damit auch die Zahl der Destinatäre verringert.

> **Praxishinweis:**
> Da sie ihre Erträge nicht thesaurieren darf, sondern zeitnah ausschütten muss (**Gebot der Ertragsverwendung**[101]), empfiehlt es sich, für diese Entwicklungen dadurch Vorsorge zu treffen, dass die Satzung neben den familienbezogenen mindestens hilfsweise auch der Allgemeinheit dienende Zwecke ausweist, denen überschüssige Erträge zugeführt werden können.[102]

62 Die **Kontrolle des Vorstands** einer Familienstiftung durch die Destinatäre erscheint besonders wirkungsvoll, da diese wesentlich von ihrem Eigeninteresse geleitet werden. Darin liegt jedoch zugleich ein erhebliches Konfliktpotential. Die Begünstigten könnten versuchen, lediglich ihre Interessen durchzusetzen, ohne den Fortbestand der Stiftung zu wahren.[103] Der Stifter ist jedenfalls in der Ausgestaltung von Kontroll- und Informationsrechten zugunsten der Destinatäre frei. Fehlen allerdings derartige Regelungen in der Satzung, ist davon auszugehen, dass er ihnen keine weitergehenden Befugnisse einräumen wollte.[104]

3. Anerkennung der Stiftung

63 Die Stiftung entsteht nicht allein durch das Stiftungsgeschäft. Zur Entstehung einer rechtsfähigen Stiftung bürgerlichen Rechts ist daneben die Anerkennung durch die Stiftungsbehörde erforderlich, § 80 Abs. 1 BGB. Formell zuständig ist die **Behörde des Bundeslandes**, in dem die Stiftung ihren Sitz haben soll.[105] Sind Stiftungsgeschäft

---

98 Vgl. *Hof/Hartmann/Richter*, Stiftungen, S. 197.
99 BGHZ 70, 313, 324 ff.
100 Vgl. *Hof/Hartmann/Richter*, Stiftungen, S. 197; *Müller/Schubert*, DStR 2000, 1290.
101 Vgl. *Richter*, Berater-Brief Vermögen; Heft 9/2004, 11.
102 Vgl. *Hof/Hartmann/Richter*, Stiftungen, S. 195.
103 Vgl. *Hof/Hartmann/Richter*, Stiftungen, S. 206; *Schwintek*, Vorstandskontrolle in Stiftungen, S. 282.
104 Vgl. *Wernicke*, ZEV 2003, 304 f.
105 Eine Übersicht der einzelnen nach Landesrecht zuständigen Stiftungsbehörden findet sich bei *Hof/Hartmann/Richter*, Stiftungen, S. 149 ff.; *Richter/Sturm*, Die Roten Seiten zum Magazin Stiftung & Sponsoring Heft 4/2005, S. 6 f.

und Satzung entworfen (und ggf. mit dem Finanzamt abgestimmt[106]) und liegen die Annahmeerklärungen der vorgesehenen Organmitglieder vor, kann bei der zuständigen Stiftungsbehörde die Anerkennung der Stiftung als rechtsfähig beantragt werden. Der Antrag selbst erfolgt formlos unter Übersendung von Stiftungsgeschäft und Satzung, die vom Stifter handschriftlich zu datieren und zu unterschreiben sind.[107]

Beim **Stiftungsgeschäft von Todes** wegen genügt es, dass die Stiftungsbehörde in irgendeiner Weise von dem Stiftungsgeschäft Kenntnis erlangt.[108] Sofern der Antrag auf Anerkennung der Stiftung nicht von dem Erben oder dem Testamentsvollstrecker gestellt wird, sieht § 83 Satz 1 BGB die Benachrichtigung der Stiftungsbehörde von der Verfügung des Erblassers durch das Nachlassgericht vor. 64

Im Anerkennungsverfahren wird gem. § 80 Abs. 2 BGB geprüft, ob das Stiftungsgeschäft den Anforderungen des § 81 Abs. 1 BGB genügt, die dauernde und nachhaltige Erfüllung des Stiftungszwecks gesichert erscheint und der Stiftungszweck das Gemeinwohl nicht gefährdet. Liegen diese Voraussetzungen vor, hat der Stifter einen **Anspruch auf Anerkennung** der Stiftung.[109] 65

Die Anerkennung der Stiftung erfolgt durch einen **privatrechtsgestaltenden Verwaltungsakt**.[110] Für den Erlass gilt das Verwaltungsverfahrensrecht des Landes, in dem der Antrag auf Anerkennung gestellt wurde. Für den Rechtsschutz gilt die VwGO.[111] Lässt sich die Stiftungsbehörde im Anerkennungsverfahren zu viel Zeit bzw. versucht einen aus ihrer Sicht kritischen Fall auszusitzen, kann die **Untätigkeitsklage** gem. § 75 VwGO erhoben werden. 66

Nebenbestimmungen zur Anerkennung sind nur zulässig, soweit sie die Einhaltung der Anerkennungsvoraussetzungen zum Ziel haben.[112] Anderenfalls verstoßen sie gegen den Rechtsanspruch auf Anerkennung und können auch isoliert im Wege der Anfechtungsklage gem. § 42 Abs. 1 1. Alt. VwGO angegriffen werden.[113] 67

4. Vermögensübertragung

Ebenso wie bei den Anforderungen an das Stiftungsgeschäft ist auch bei der Vermögensübertragung zwischen der **Stiftungserrichtung unter Lebenden** und der Stiftungserrichtung von Todes wegen zu unterscheiden. 68

a) Stiftungserrichtung unter Lebenden

Der Stifter hat der Stiftung im Stiftungsgeschäft ein bestimmtes Ausstattungsvermögen versprochen. Der **Stifter** ist daher **verpflichtet**, der als rechtsfähig anerkannten Stiftung das zugesicherte Vermögen zu übertragen, § 82 Satz 1 BGB. Reicht zur Übertragung eines Rechtes ein Abtretungsvertrag (also insbesondere bei Forderungen ge- 69

---

106 Zu beachten ist, dass bei gemeinnützigen Stiftungen das Steuerrecht weitergehende Anforderungen an die Satzung stellt, da sich alle Voraussetzungen der Gemeinnützigkeit unmittelbar aus der Satzung ergeben müssen; zur formellen Satzungsmäßigkeit gem. § 60 AO vgl. *Hof/Hartmann/Richter*, Stiftungen, S. 336 ff.; *Meyn/Richter*, Stiftung, Rn. 414 ff.
107 Vgl. *Meyn/Richter*, Stiftung, Rn. 162.
108 Vgl. *Hof/Hartmann/Richter*, Stiftungen, S. 63.
109 Vgl. *Hof/Hartmann/Richter*, Stiftungen, S. 18 ff., 151 ff.; *Richter*, in: Bundesverband Deutscher Stiftungen, S. 44, 47.
110 Vgl. *Sontheimer*, Neue Stiftungsrecht, S. 45 m.w.N.
111 Vgl. *Meyn/Richter*, Stiftung, Rn. 165.
112 Vgl. *Bamberger/Roth/Schwarz*, § 80 Rn. 17.
113 Vgl. *Seifart/v. Campenhausen/Hof*, HB Stiftungsrecht, § 7 Rn. 216 ff.

gen Dritte), geht dieses mit der Anerkennung der Stiftung von Gesetzes wegen auf sie über, vgl. § 82 Satz 2 BGB. Der Stifter kann dies aber im Stiftungsgeschäft anders regeln, sich insbesondere die Übertragung von Forderungen selbst vorbehalten. Das ist vor allem deshalb sinnvoll, weil sich die Dauer des Anerkennungsverfahrens schlecht vorhersehen lässt, der Zeitpunkt des Forderungsübergangs damit im Vorhinein nicht bestimmt werden kann. Dies kann zu vermeidbaren Unsicherheiten führen.[114] Hinsichtlich aller übrigen Vermögensgegenstände erwirbt die Stiftung einen schuldrechtlichen Anspruch gegen den Stifter. Der Stifter muss die einzelnen Vermögensgegenstände nach den allgemeinen Regeln (§§ 873 ff., 929 ff. BGB) auf die Stiftung übertragen.[115]

70 Kommt der Stifter seiner Verpflichtung aus dem Stiftungsgeschäft nicht nach, muss der Stiftungsvorstand die Ansprüche gegen den Stifter notfalls gerichtlich geltend machen. Tut er dies nicht, ist die Aufsichtsbehörde berechtigt (möglicherweise sogar verpflichtet), den Vorstand durch **Aufsichtsmaßnahmen** (Weisung, ggf. Abberufung und Bestellung eines anderen Vorstands) zur Geltendmachung der Forderungen anzuhalten. Fehlen entsprechende landesrechtliche Vorschriften und ist der Stifter selbst der Vorstand, hat das Amtsgericht einen **Notvorstand** zu bestellen, § 86 Satz 1 i.V.m. § 29 BGB.[116]

b) Stiftungserrichtung von Todes wegen

71 Bei der Stiftungserrichtung von Todes wegen erfolgt die Zuwendung des Vermögens nach **erbrechtlichen Vorschriften**. Die Stiftung kann Alleinerbe, Miterbe, Vor- oder Nacherbe, Vermächtnisnehmer oder Empfänger einer Zuwendung in Ausführung einer Auflage des Erblassers sein.

72 Wird die Stiftung als **Alleinerbin** eingesetzt, geht das Vermögen des Erblassers gem. § 1922 BGB auf die Stiftung über. Sie haftet auch für Nachlassverbindlichkeiten;[117] ggf. bestehen Pflichtteils- bzw. Pflichtteilsergänzungsansprüche.[118] Die Stiftung kann das Erbe nicht ausschlagen, da die Vermögensausstattung ihre Existenz gerade erst begründet.[119]

73 Die Stiftung kann auch als **Miterbin** eingesetzt werden. Sie befindet sich dann in der Erbengemeinschaft mit den anderen Erben. Dies führt zu der schwierigen Situation, dass bis zur Auseinandersetzung die auf die Stiftung zu übertragenden Vermögensgegenstände nicht genau bestimmt werden können. Es ist also unklar, mit welchem Vermögen die Stiftung ausgestattet sein wird. Umgekehrt ist aber auch die Auseinandersetzung bis zur Anerkennung der Stiftung nicht möglich, § 2043 BGB. Um dies zu vermeiden, sollte der Erbteil der Stiftung durch genaue Bezeichnung einzelner Vermögensgegenstände bestimmt werden. Es besteht dann hinreichende Sicherheit über das zu erwartende Vermögen und die Stiftungsbehörde kann die Anerkennung aussprechen. Andernfalls muss ggf. mit der Stiftungsbehörde verhandelt werden. Ist die

---

114 Vgl. das Bsp. zur Satzungsgestaltung bei *Meyn/Richter*, Stiftung, Rn. 167.
115 Zum Problem der Unmöglichkeit u. einer evtl. Haftung des Stifters gegenüber der Stiftung vgl. *Meyn/Richter*, Stiftung, Rn. 169 ff.
116 Vgl. Staudinger/*Rawert*, § 82 Rn. 11.
117 Vgl. *Berndt*, Stiftung und Unternehmen, S. 116.
118 Vgl. *Meyn/Richter*, Stiftung, Rn. 940 ff.; *Richter*, Berater-Brief Vermögen, Heft 7/2004, 9 f.
119 Vgl. *Seifart/v. Campenhausen/Hof*, HB Stiftungsrecht, § 7 Rn. 97 m.w.N.; *Wachter*, Stiftungen, Teil B, Rn. 25.

Regelung für die Auseinandersetzung unter den Erben in der Sache geklärt, kann auch dies die Grundlage für die Anerkennung der Stiftung sein.[120]

Die Einsetzung der Stiftung als **Nacherbin** (§ 2100 BGB) führt im Zweifel dazu, dass die Stiftung erst mit dem Eintritt des Nacherbfalls anerkannt wird, da der Vorerbe nur in den Grenzen der §§ 2113 ff. BGB in der Verfügung über den Nachlass beschränkt ist. Dies kann auch dazu führen, dass die Stiftung mangels Vermögen gar nicht mehr anerkannt werden kann. Allerdings können die Rechte des Vorerben testamentarisch beschränkt werden.[121]

74

Die Stiftung als **Vorerbin** einzusetzen, ist nur möglich, wenn die Stiftung (ausnahmsweise) „auf Zeit" errichtet werden soll, der Stiftungszweck also nur während eines bestimmten Zeitraums erfüllt werden soll.[122] Wird die Stiftung als **Ersatzerbin** eingesetzt (§ 2096 BGB), wird die Stiftungsbehörde die Stiftung erst anerkennen, wenn die Stiftung tatsächlich Erbin wird.[123]

75

Wird der Stiftung ein **Vermächtnis** (§§ 2147 ff. BGB) hinterlassen, so hat die Stiftung einen schuldrechtlichen Anspruch gegen den Erben. Auch können Eheleute bspw. in einem Erbvertrag vereinbaren, dass nach dem Tod des Erstversterbenden eine Stiftung errichtet werden soll. Für den jeweils überlebenden Ehepartner handelt es sich dabei um ein Stiftungsgeschäft unter Lebenden, für den Erstversterbenden um eines von Todes wegen. Diese Kombination ist zulässig, allerdings darf die Stiftungserrichtung nicht von weiteren Bedingungen als dem Tod des Erstversterbenden abhängig gemacht werden.[124]

76

III. Stiftungsaufsicht

Die **rechtsfähigen Stiftungen bürgerlichen Rechts** unterliegen einer laufenden Aufsicht durch die Stiftungsbehörden.[125] Die Zuständigkeit bestimmt sich nach dem Landesrecht. Die Aufsichtsbehörde kann von der Anerkennungsbehörde verschieden sein.[126] Der Schwerpunkt der Stiftungsaufsicht ist der Schutz der Stiftung vor sich selbst und ihren Organen. Darüber hinaus tritt sie als verlängerter Arm des Stifters auf und wahrt dessen historischen Willen. Die Stiftungsaufsicht ist auf eine reine Rechtsaufsicht beschränkt.[127] Alleiniger Maßstab der Stiftungsaufsicht ist, dass sich die Stiftung im Rahmen von Satzung und Gesetz bewegt. Darüber hinaus steht der Stiftungsaufsicht kein Beanstandungsrecht zu. Zur Erfüllung ihrer Aufgaben stehen der Stiftungsaufsicht die sog. präventiven und repressiven Aufsichtsmaßnahmen zur Verfügung.[128]

77

---

120 Vgl. *Meyn/Richter*, Stiftung, Rn. 182.
121 Vgl. *Meyn/Richter*, Stiftung, Rn. 183.
122 A.A. *Sontheimer*, Neue Stiftungsrecht, S. 54; *Wachter*, Stiftungen, Teil B, Rn. 33, nach denen die Einsetzung einer Stiftung als Vorerbin unzulässig sei.
123 Vgl. *Meyn/Richter*, Stiftung, Rn. 184.
124 Vgl. *Seifart/v. Campenhausen/Hof*, HB Stiftungsrecht, § 7 Rn. 73.
125 Vgl. *Bamberger/Roth/Schwarz*, Vor § 80 Rn. 26 ff.; *Richter/Sturm*, NZG 2005, 655, 657 f.
126 Vgl. *Meyn/Richter*, Stiftung, Rn. 579.
127 BVerwGE 40, 347, 351; s. auch *Bamberger/Roth/Schwarz*, Vor § 80 Rn. 28; *Seifart/v. Campenhausen/Hof*, HB Stiftungsrecht, § 11 Rn. 24.
128 Zur Stiftungsaufsicht im Einzelnen vgl. *Andrick/Suerbaum*, Stiftung und Aufsicht, § 7 u. § 8.

1. Funktion der Stiftungsaufsicht

78 Die zentrale Funktion der Stiftungsaufsicht ist die Kontrolle des Stiftungsvorstandes sowohl **im öffentlichen Interesse** als auch im Interesse der Stiftung selbst.[129] Notwendig ist eine derartige Aufsicht aufgrund der eigenartigen Rechtsgestalt der Stiftung, dem Defizit mangelnder Eigentümer- oder Mitgliederkontrolle.[130] Es besteht ein öffentliches, von der Stiftungsaufsicht zu wahrendes Interesse daran, dass der Stiftungsvorstand seine Handlungsfreiheit nicht entgegen dem in der Satzung niedergelegten Willen des Stifters ausnutzt.[131] Dies ist jedoch nicht eine Wohltat, die der Staat dem Stifter als Gegenleistung für seinen Dienst am Gemeinwohl gewährt. Der Gesetzgeber darf selbstständige Teilnehmer am Rechtsverkehr nur zulassen, wenn hinreichend gewährleistet ist, dass ihr haftendes Vermögen ordnungsgemäß verwaltet wird und der Regress gegen pflichtvergessene Organwalter funktioniert.[132]

2. Grenzen der Stiftungsaufsicht

79 Die Stiftungsaufsicht ist auf eine reine **Rechtmäßigkeitskontrolle** der Handlungen der Stiftungsorgane beschränkt.[133] Sie darf unter keinen Umständen ihr Ermessen an die Stelle des Ermessens der Stiftungsorgane setzen.[134] Darüber hinaus wird der Umfang der Stiftungsaufsicht durch den Grundsatz der Subsidiarität und den Grundsatz der Verhältnismäßigkeit begrenzt.[135]

80 Gegenstand der Rechtsaufsicht durch die Stiftungsaufsichtsbehörde sind Maßnahmen der Stiftungsorgane, die nicht mit der Stiftungssatzung, insbesondere dem Stiftungszweck, oder anderen stiftungsrechtlichen Vorschriften des Landes- oder Bundesrechts vereinbar sind. Die Stiftungsaufsicht ist aber keine allgemeine Rechtmäßigkeitskontrolle des Handelns der Stiftungsorgane.[136] Sie ist auf die Kontrolle der stiftungsrechtlichen Vorschriften beschränkt.[137]

81 Probleme ergeben sich in diesem Bereich vor allem in den Fällen, in denen die Rechtmäßigkeit wirtschaftlicher Maßnahmen überprüft wird, da die Satzung oft unbestimmte Rechtsbegriffe wie Sparsamkeit oder Wirtschaftlichkeit enthält. Die Behörde darf aber nicht ihre eigene Einschätzung an die Stelle der Beurteilung durch den Stiftungsvorstand setzen. Erst wenn das Handeln des Vorstandes mit einer vernünftigen wirtschaftlichen Betrachtungsweise unvereinbar wäre, kann die Stiftungsaufsicht bspw. die Genehmigung von Verträgen ablehnen.[138]

---

129 BGHZ 68, 142 ff.; BVerwGE 40, 347 ff.; s. auch *Andrick/Suerbaum*, Stiftung und Aufsicht, § 4 Rn. 18 ff.; *Seifart/v. Campenhausen/Hof*, HB Stiftungsrecht, § 11 Rn. 24; *Richter*, Rechtsfähige Stiftung und Charitable Corporation, S. 367.
130 Vgl. *Seifart/v. Campenhausen/Hof*, HB Stiftungsrecht, § 11 Rn. 29.
131 BGH NJW 1991, 713.
132 Vgl. *Hopt/Reuter*, Stiftungsrecht in Europa, S. 1, 8.
133 BVerwGE 40, 347 ff.; s. auch *Bamberger/Roth/Schwarz*, Vor § 80 Rn. 28; *Seifart/v. Campenhausen/Hof*, HB Stiftungsrecht, § 11 Rn 8 m.w.N.
134 Vgl. *Nietzer/Stadie* NJW 2000, 3457, 3458; *Staudinger/Rawert*, Vorbem. §§ 80 ff. Rn. 63.
135 Vgl. *Bamberger/Roth/Schwarz*, Vor § 80 Rn. 28.
136 Vgl. *Schwintek*, Vorstandskontrolle in Stiftungen, S. 218 f.
137 Vgl. *Seifart/v. Campenhausen/Hof*, HB Stiftungsrecht, § 11 Rn. 164 m.w.N.
138 BVerwGE 40, 347, 352.

3. Stiftungsaufsicht im Einzelnen

Die Stiftungsaufsicht setzt im Anschluss an die Anerkennung der Stiftung ein und endet mit ihrem Erlöschen. Zwischen diesen Zeitpunkten gibt es eine Reihe stiftungsaufsichtsrechtlicher Maßnahmen, die darauf zielen, die Erfüllung des Stiftungszwecks sicherzustellen.

82

a) Informations- und Prüfungsrechte

Wichtigste Voraussetzung für die Erfüllung der Überwachungspflicht ist das Wissen der Behörde von der Tätigkeit des Vorstandes. Die Landesstiftungsgesetze räumen der Stiftungsaufsicht das Recht ein, sich über alle Angelegenheiten der Stiftung jederzeit zu unterrichten.[139] **Formen der Unterrichtung** sind u.a. die Durchsicht der Geschäfts- und Kassenbücher sowie die Einsicht in Akten und sonstige Unterlagen. Das Informationsrecht beschränkt sich aber nicht auf die ausdrücklich vom Gesetz genannten Unterrichtungsmöglichkeiten.[140] Die Stiftungsaufsicht prüft periodisch den Jahresbericht, die Vermögensübersicht und den Bericht über die Erfüllung des Stiftungszweckes.[141]

83

b) Genehmigungsvorbehalte

Im Laufe der Zeit kann es zu wesentlichen Veränderungen der wirtschaftlichen oder rechtlichen Verhältnisse kommen, die es nötig machen, die Satzung zu ändern oder die **Stiftung letztlich aufzuheben**. Um zu verhindern, dass dadurch der Wille des Stifters verletzt wird, ist bei derartigen Beschlüssen des Vorstandes die Genehmigung der Aufsichtsbehörde notwendig.[142]

84

Bei bestimmten Handlungen und Vorhaben des Stiftungsvorstandes bzgl. der Vermögensverwaltung ist ebenfalls die Genehmigung der Aufsichtsbehörde erforderlich. Dadurch soll verhindert werden, dass der Vorstand **leichtfertige und riskante Geschäfte**[143] tätigt, die mit dem Stiftungszweck unvereinbar wären und den Bestand und die Zweckerfüllung der Stiftung gefährden könnten.[144]

85

c) Maßnahmen gegen Organmitglieder

Bei Verstößen der Organmitglieder gegen Stiftungszweck, Satzung oder Gesetze stehen der Stiftungsaufsichtsbehörde die sog. **repressiven Aufsichtsmaßnahmen** zur Verfügung.[145] Dadurch kann der Vorstand zum rechtskonformen Handeln angehalten bzw. rechtswidriges Verhalten geahndet werden. Die wichtigsten Mittel sind in diesem

86

---

139 Vgl. § 7 Abs. 2 StiftG Bbg; § 12 Abs. 1 StiftG Brem; § 12 HmbgAGBGB; § 12 StiftG Hess; § 15 StiftG M-V; § 11 Abs. 1 StiftG NS; § 9 StiftG R-P; § 8 Abs. 2 StiftG S-H.
140 Vgl. *Seifart/v. Campenhausen/Hof*, HB Stiftungsrecht, § 11 Rn. 126.
141 Vgl. Art. 25 BayStG; § 9 Abs. 2 StiftG BW; § 6 Abs. 2 StiftG Bbg; § 12 Abs. 2 StiftG Brem; § 13 Abs. 1c HmbgAGBGB; § 7 Abs. 2 StiftG Hess; § 11 Abs. 3 und 4 StiftG NS; § 10 StiftG S-H.
142 Vgl. bspw. § 5 Abs. 1 StiftG Bln; beachte hier die Möglichkeit der Stiftungsbehörde, derartige Entscheidungen gem. § 87 BGB autonom vorzunehmen.
143 Zu nennen sind hier insbesondere Vermögensumschichtungen u. die Fälle des Selbstkontrahierens; statt vieler *Andrick/Suerbaum*, Stiftung und Aufsicht, § 7 Rn. 29 ff.
144 Vgl. *Seifart/v. Campenhausen/Hof*, HB Stiftungsrecht, § 11 Rn. 220.; *Richter/Sturm*, NZG 2005, 655, 658.
145 Vgl. *Andrick/Suerbaum*, Stiftung und Aufsicht, § 8 Rn. 1 ff.

Zusammenhang die Beanstandung von Vorstandsbeschlüssen, die Anordnung von Maßnahmen und die Abberufung des Vorstandes aus wichtigem Grund.[146]

4. Besonderheiten bei Familienstiftungen

87 Eine wesentliche Folge der Einordnung als Familienstiftung ist die **reduzierte staatliche Stiftungsaufsicht** nach einigen Landesstiftungsgesetzen. Wann eine Stiftung als „Familienstiftung" einzuordnen ist, wird in den jeweiligen Landesstiftungsgesetzen unterschiedlich geregelt. Während es nach einigen Landesstiftungsgesetzen genügt, wenn die Stiftung bereits „überwiegend" dem Wohl der Mitglieder einer oder mehrerer bestimmter Familien dient,[147] fordern andere, dass die Stiftung „ausschließlich" diesbzgl. tätig wird.[148] Allerdings wird der in den meisten Landesstiftungsgesetzen verwendete Begriff „überwiegend" in der Praxis der Stiftungsbehörden nicht einheitlich verstanden.[149] Zumindest muss die Familienbegünstigung als Hauptzweck der Stiftung deutlich hervortreten. Wann dies der Fall ist, hängt vom jeweiligen Einzelfall ab. Bei der Entscheidung sind die Rechtfolgen, die an die Qualifizierung als Familienstiftung geknüpft sind, zu berücksichtigen.

88 In **Bayern** findet nur eine „Eingangskontrolle" bei der staatlichen Anerkennung statt.[150] In der Folgezeit sind privatnützige Stiftungen sich selbst überlassen. In **Brandenburg** unterliegen Familienstiftungen nur insoweit der Stiftungsaufsicht, als sicherzustellen ist, dass ihr Bestand und ihre Betätigung nicht dem Gemeinwohl zuwiderlaufen, § 4 Abs. 3 Satz 2 StiftG Bbg. In **Niedersachsen** findet eine Stiftungsaufsicht über Stiftungen mit privatnütziger Zwecksetzung nur in Hinblick auf Maßnahmen nach § 87 BGB und zur Sicherstellung der Handlungsfähigkeit der Stiftungsorgane statt, § 10 Abs. 2 StiftG Nds. Ähnlich werden die Aufsichtsbehörden in **Hessen** (§ 21 Abs. 2 StiftG Hess), **Mecklenburg-Vorpommern** (§ 27 Abs. 2 StiftG M-V) und **Rheinland-Pfalz** (§ 9 Abs. 1 Satz 3 StiftG R-P) darauf beschränkt, darüber zu wachen, dass Bestand und Betätigung der Stiftung dem öffentlichen Interesse nicht zuwiderlaufen. In **Baden-Württemberg** sind Familienstiftungen gem. § 13 Abs. 3 StiftG B-W von der Pflicht zur Anzeige bestimmter Rechtsgeschäfte befreit. In **Berlin** (§ 10 Abs. 2 Satz 1 StiftG Bln), **Bremen** (§ 17 Satz 2 StiftG Brem) und **Hamburg** (§ 14 Abs. 2 Satz 1 HmbgAGBGB) beschränkt sich die Stiftungsaufsicht auf die Überwachung der Zusammensetzung der Stiftungsorgane und die Sicherstellung ihrer Handlungsfähigkeit, in **Schleswig-Holstein** (§ 19 Satz 2 StiftG S-H) auf die Bestandswahrung und Beachtung von Rechtsvorschriften.

---

146 Vgl. §§ 8 f. StiftG Bbg; § 9 Abs. 3 bis 5 StiftG Bln; §§ 10 ff. StiftG BW; § 15 HmbgAGBGB; §§ 13 ff. StiftG Hess; §§ 16 ff. StiftG M-V; §§ 12 ff. StiftG Nds.; §§ 11 ff. StiftG S-H.
147 Vgl. § 2 Abs. 2 StiftG Bbg; § 10 Abs. 1 Satz 1 StiftG Bln; § 17 Satz 1 StiftG Brem; § 14 Abs. 2 HmbgAGBGB; § 21 Abs. 1 StiftG Hess; § 27 Abs. 1 StiftG M-V; § 3 Abs. 2 StiftG R-P; § 19 Satz 1 StiftG S-H.
148 Vgl. § 13 Abs. 3 StiftG B-W.
149 Vgl. *Härtl*, Ist das Stiftungsrecht reformbedürftig?, S. 153, wonach die Auslegung von über 50 Prozent bis zu 100 Prozent variiere; z.T. gilt auch die Steuergesetzgebung als Richtschnur, was sogar eine Spanne von 25 Prozent (vgl. R 2 Abs. 2 Satz 2 ErbStR 2003) bis 90 Prozent (vgl. *Sorg*, Die Familienstiftung, S. 80, 88) ermöglicht.
150 Vgl. *Schwintek*, Vorstandskontrolle in Stiftungen, S. 279; siehe auch *Richter/Sturm*, NZG 2005, 655, 658.

5. Rechtsschutz gegen Maßnahmen der Stiftungsaufsicht

Adressat von Aufsichtsmaßnahmen ist regelmäßig die Stiftung. Einzelne Verwaltungsakte können sich aber auch an die Organe insgesamt oder einzelne Mitglieder richten.[151] Weder die Stiftung noch deren Organe bzw. Organmitglieder müssen Maßnahmen der Stiftungsaufsicht, die über die beschriebenen Grenzen ihrer Befugnisse hinausgehen, hinnehmen.[152] Für die Maßnahmen der Stiftungsaufsicht gilt das entsprechende Landesverwaltungsverfahrensgesetz i.V.m. dem Landesstiftungsgesetz und ggf. den Vorschriften des BGB. Für den Rechtsschutz ist der **Verwaltungsrechtsweg** nach § 40 Abs. 1 Satz 1 VwGO gegeben.[153]

89

6. Amtshaftung der Stiftungsaufsichtsbehörde

Erleidet die Stiftung einen Schaden, bspw. durch eine pflichtwidrige Geschäftsführung des Stiftungsvorstands, so stellt sich die Frage, ob die Stiftungsbehörde für eine mangelhafte Aufsicht haftet.[154] Ein **Amtshaftungsanspruch** nach § 839 BGB i.V.m. Art. 34 GG kann grundsätzlich in Betracht kommen. Die Aufsicht über die Stiftung obliegt dem zuständigen Beamten als Amtspflicht auch gegenüber der Stiftung selbst.[155] Zu den Amtspflichten gehört auch die sorgfältige Prüfung der Jahresrechnung und der anderen Finanzberichte, soweit sie durch das Landesrecht vorgeschrieben sind. Nach der Rspr. kommt eine Anwendung von § 254 BGB (Mitverschulden) in Betracht, wenn bei der Entstehung des Schadens ein Verschulden des Stiftungsvorstands mitgewirkt hat.[156]

90

C. Stiftung im Steuerrecht

I. Gemeinnützige Stiftungen

1. Überblick zum Gemeinnützigkeitsrecht

Die Gemeinnützigkeit ist im deutschen Recht ein **Tatbestand des Steuerrechts**.[157] Das Gemeinnützigkeitsrecht ist in den §§ 51 bis 68 AO geregelt. Die Antwort auf zahlreiche Detailfragen findet sich im Anwendungserlass zur Abgabenordnung (AEAO). Der AEAO gibt teilweise den Standpunkt der Finanzverwaltung wieder, teilweise fasst er aber auch die Rspr. des BFH zusammen.[158] Die Steuervergünstigungen selbst sind hingegen in den jeweiligen **Einzelsteuergesetzen** geregelt.[159] Diese Begünstigungen sind allerdings nicht mit der Entlastung des Staates,[160] sondern mit der Förderung der Allgemeinheit zu rechtfertigen.[161] Welche der Allgemeinheit dienenden Zwecke als gemeinnützig anzusehen sind, ist nicht nur seit jeher umstritten, sondern

91

---

151 Vgl. *Meyn/Richter*, Stiftung, Rn. 585.
152 Vgl. BVerfGE 40, 347, 349 ff. unter Hinw. auf Art. 2 Abs. 1 i.V.m. Art. 19 Abs. 3 GG.
153 Vgl. *Bamberger/Roth/Schwarz*, Vor § 80 Rn. 28.
154 Vgl. *Schwintek*, Stiftung & Sponsoring, Heft 2/2003, 14.
155 BGHZ 68, 142, 145.
156 BGHZ 68, 142, 151; vgl. auch *Meyn/Richter*, Stiftung, Rn. 598 f. m.w.N.
157 Anders z.B. in England, vgl. *Richter/Sturm*, RIW 2004, 346 ff.; *Richter/Sturm*, Stiftung & Sponsoring, Heft 1/2005, 34 ff.
158 Einen detaillierten Überblick und eine krit. Würdigung gibt *Hüttemann*, FR 2002, 1337 ff.
159 Vgl. bspw. § 5 Abs. 1 Nr. 9 KStG; § 3 Nr. 6 GewStG; § 13 Abs. 1 Nr. 16, Nr. 17 ErbStG.
160 So aber bspw. *Tipke/Kruse*, Vor § 51 Rn. 4.
161 In diesem Sinn auch *Jachmann*, DStZ 2001, 225, 226; *Kirchhof*, DStJG 26 (2003), 1.

unterliegt auch dem Wandel der Zeit.[162] Zum Teil hat der Gesetzgeber die Liste der gemeinnützigen Zwecke erweitert,[163] zum Teil ist die Rspr. aktiv geworden.[164]

a) Begriff der Gemeinnützigkeit

92 Soweit bisher die Rede von der Gemeinnützigkeit war, war damit der weite Begriff der Gemeinnützigkeit gemeint. Dieser umfasst neben den gemeinnützigen Zwecken gem. § 52 AO auch die zur Steuerbefreiung führenden mildtätigen und kirchlichen Zwecke, vgl. §§ 53, 54 AO. Gemeinnützigkeit im engeren Sinne liegt vor, wenn die Tätigkeit der Körperschaft nach Satzung und tatsächlicher Geschäftsführung ausschließlich und unmittelbar darauf gerichtet ist, die Allgemeinheit auf materiellem, geistigem oder sittlichem Gebiet selbstlos zu fördern, vgl. §§ 52 Abs. 1, 59, 63 AO. Wesentliches Element der Gemeinnützigkeit ist somit die selbstlose Förderung der Allgemeinheit.[165]

b) Gemeinnützige Körperschaften

93 Die Steuerbegünstigung aufgrund gemeinnütziger Zweckverfolgung gilt für alle unbeschränkt steuerpflichtigen Körperschaften mit Geschäftsleitung oder Sitz im Inland, vgl. § 51 Satz 2 AO, § 1 Abs. 1 KStG. **Gemeinnützigkeit** ist ein Status und nicht an eine bestimmte Organisationsform gebunden. Somit können neben rechtsfähigen Stiftungen und Vereinen auch Kapitalgesellschaften in den Genuss der Gemeinnützigkeit kommen.[166] Nicht-rechtsfähige Vermögensmassen wie treuhänderische Stiftungen oder auch nicht-rechtsfähige Vereine können ebenfalls gemeinnützig sein.[167] Hingegen können natürliche Personen, Personengesellschaften des Handelsrechts und Gesellschaften des bürgerlichen Rechts die Steuervergünstigung aufgrund von Gemeinnützigkeit nicht in Anspruch nehmen.[168] Bei diesen könnte nicht ohne größere Schwierigkeiten sichergestellt werden, dass ohne wirtschaftliche Eigeninteressen selbstlos gehandelt wird.[169]

Praxishinweis:
In jüngerer Zeit wird jedoch zunehmend diskutiert, ob der Ausschluss der Personengesellschaften noch sachgerecht ist.[170]

c) Rechtsfolgen der Gemeinnützigkeit

94 Rechtsfolge der Gemeinnützigkeit sind verschiedene Steuervergünstigungen, welche für die Errichtung und die laufende Tätigkeit der gemeinnützigen Körperschaft greifen.

---

162 Vgl. *Schauhoff*, DStJG 26 (2003), 133, 135.
163 Vgl. Vereinsförderungsgesetz v. 18.12.1989, BStBl. I 1989, 499.
164 Vgl. BFH BStBl. II 1995, 499 (Modellbau).
165 Vgl. *Troll/Wallenhorst/Halaczinsky*, Besteuerung gemeinnütziger Vereine und Stiftungen, Kap. C Rn. 37 ff.
166 Ausführlich zur gemeinnützigen GmbH vgl. *Priester*, GmbHR 1999, 149 ff.; *Thiel*, GmbHR 1997, 10 ff.
167 Zu Steuerfragen bei gemeinnützigen nichtrechtsfähigen Stiftungen vgl. *Hüttemann/Herzog*, DB 2004, 1001 ff.
168 Vgl. *Troll/Wallenhorst/Halaczinsky*, Besteuerung gemeinnütziger Vereine und Stiftungen, Kap. C Rn. 1 f. und 4.
169 Vgl. *Tipke/Kruse*, § 51 Rn. 3 m.w.N.
170 Vgl. *Hüttemann*, DStJG 26 (2003), 49, 53; *Koss*, in: *Kötz/Rawert/Schmidt/Walz*, Non Profit Law Yearbook 2003, S. 113, 117.

Bei der Errichtung einer gemeinnützigen Körperschaft ebenso wie bei Spenden oder Zustiftungen liegt die Steuervergünstigung in der Befreiung des Vermögensübergangs von der **Erbschaft- und Schenkungsteuer** sowie der Grunderwerbsteuer, §§ 13 Abs. 1 Nr. 16, Nr. 17 ErbStG; § 3 Nr. 2 GrEStG. Den Spender berechtigt die Gemeinnützigkeit der Empfängerkörperschaft zum **Spendenabzug** gem. § 10b Abs. 1 EStG.

95

Für die laufende Tätigkeit einer gemeinnützigen Körperschaft ist vor allem die Befreiung von **Ertragssteuern** von Bedeutung, § 5 Abs. 1 Nr. 9 KStG; §§ 3 Nr. 6, 20b, c GewStG. Relevant ist ferner die Befreiung von oder die Ermäßigung der **Umsatzsteuer** auf 7 Prozent, § 4 Nr. 18, Nr. 22, Nr. 25; § 12 Abs. 2 Nr. 8 UStG. Ferner sind gemeinnützige Körperschaften von der Grundsteuer befreit; § 3 Abs. 1 Nr. 3 GrStG.

96

Bei einer Stiftung von Todes wegen wirkt die **steuerliche Privilegierung** auf den Zeitpunkt des Todes des Stifters zurück.[171] Einkünfte zwischen Todestag und Stiftungserrichtung sind daher auch steuerbegünstigt, sofern die materiellen Voraussetzungen der §§ 51 ff. AO erfüllt sind.[172]

97

d) Voraussetzungen der Gemeinnützigkeit

Der Gesetzgeber knüpft die Gewährung von Steuervergünstigungen an die Gemeinnützigkeit einer Körperschaft. Die Voraussetzungen der Gemeinnützigkeit lassen sich untergliedern in die Anforderungen an die Einkommens- oder Mittelverwendung („subjektiv") und die Anforderungen an die Einkommenserzielung („objektiv") der Körperschaft.

98

Die **subjektive Steuerbegünstigung** der Körperschaft liegt vor, wenn sie ausschließlich (§ 56 AO) und unmittelbar (§ 57 AO) gemeinnützige, mildtätige und/oder kirchliche Zwecke verfolgt, § 51 Satz 1 AO. Diese Zwecke werden auch als **steuerbegünstigte Zwecke** bezeichnet. Der Begriff der steuerbegünstigten Zwecke entspricht damit den gemeinnützigen Zwecken im weiteren Sinne. Zudem muss die Tätigkeit der Körperschaft darauf gerichtet sein, die Allgemeinheit auf materiellem, geistigem oder sittlichem Gebiet selbstlos zu fördern, § 52 Abs. 1 Satz 1 AO. Eine Förderung geschieht selbstlos, wenn dadurch nicht in erster Linie eigenwirtschaftliche Zwecke verfolgt werden, § 55 Abs. 1 Satz 1 AO. Die gemeinnützige Körperschaft darf ihr Einkommen sowie sämtliche ihrer Mittel grundsätzlich nur i.R.d. gemeinnützigen Zwecke verwenden. Die formelle Satzungsmäßigkeit und die tatsächliche Geschäftsführung dienen der Überprüfung dieser Voraussetzungen und sollen sie gewährleisten.[173]

99

Die objektive Steuerbegünstigung liegt vor, wenn die Körperschaft ihr Einkommen nur aus den Sphären des ideellen Bereichs, der Vermögensverwaltung und der Zweckbetriebe erzielt. Demgegenüber entsteht bei der Unterhaltung eines wirtschaftlichen Geschäftsbetriebes eine **partielle Steuerpflicht**, § 64 Abs. 1 AO, § 5 Abs. 1 Nr. 9 Satz 2 KStG.[174] Während die Anforderungen an die Mittelverwendung der Körperschaft zwingend sind, d.h. bei einem Verstoß entfallen die Steuervergünstigungen insgesamt,[175] ist die Einkommenserzielung nur insoweit steuerschädlich, als das Einkom-

100

---

171 Vgl. BFH ZEV 2004, 85 f.; Vorinstanz Hess. FG EFG 2003, 569 ff.
172 Vgl. auch *Schiffer*, DStR 2004, 1031, 1032 f.
173 Vgl. *Hof/Hartmann/Richter*, Stiftungen, S. 290 ff.; *Hüttemann*, DStJG 26 (2003), 49, 51.
174 Vgl. *Kötz/Rawert/Schmidt/Walz*, Non Profit Law Yearbook 2001, S. 197, 201 ff.
175 Vgl. *Troll/Wallenhorst/Halaczinsky*, Besteuerung gemeinnütziger Vereine und Stiftungen, Kap. C Rn. 38 u. 45.

men aus einer gewerblichen oder ähnlichen Betätigung erzielt wird (wirtschaftlicher Geschäftsbetrieb). Die Steuervergünstigungen entfallen nur für diesen Bereich, die steuerliche Stellung der gemeinnützigen Körperschaft insgesamt bleibt dadurch jedoch grundsätzlich unberührt.[176]

e) Verfahren zur Erlangung der Steuerbegünstigung

aa) Vorläufige Bescheinigung

101 Ein besonderes Verfahren zur Anerkennung der Gemeinnützigkeit gibt es nicht.[177] Soweit gemeinnützige Körperschaften noch nicht veranlagt worden sind, erlässt das Finanzamt auf Antrag eine vorläufige Bescheinigung der Gemeinnützigkeit, die befristet und frei widerruflich ist.[178] Ihre tatsächliche Bedeutung liegt in dem Recht, Spenden entgegenzunehmen und Zuwendungsbestätigungen ausstellen zu dürfen.[179] Wird eine vorläufige Bescheinigung über die Gemeinnützigkeit erteilt, bei einer späteren Überprüfung der Körperschaft aber festgestellt, dass die **Satzung** (nicht die tatsächliche Geschäftsführung) doch nicht den Anforderungen des Gemeinnützigkeitsrechts genügt, dürfen aus **Vertrauensschutzgründen** hieraus keine nachteilige Folgerungen für die Vergangenheit gezogen werden.[180] Vertrauensschutz kann sich auch nach Treu und Glauben, insbesondere aus einer verbindlichen Auskunft der zuständigen Finanzbehörde ergeben. Verbindliche Auskünfte sind grundsätzlich möglich, jedoch nicht im Anfangsstadium der Satzungserstellung, da dies dem Regelungsgehalt der vorläufigen Bescheinigung vorgreifen würde.[181]

102 Insbesondere wenn die steuerbegünstigte Körperschaft zur Erfüllung ihrer gemeinnützigen satzungsmäßigen Zwecke auf den Erhalt von **Spenden** angewiesen oder sonst in ihrer wirtschaftlichen Existenz bedroht ist, kann das zuständige Finanzamt im Rahmen einer einstweiligen Anordnung verpflichtet werden, eine vorläufige Bescheinigung auszustellen.[182]

> **Praxishinweis:**
> Während dies früher nur bei Neugründungsfällen galt, kann heute die Erteilung einer vorläufigen Bescheinigung über die Gemeinnützigkeit auch dann in Betracht kommen, wenn eine Körperschaft schon längere Zeit existiert und die Gemeinnützigkeit im Veranlagungsverfahren versagt wurde.[183] Geboten ist dies nach Ansicht der Finanzverwaltung dann, wenn die Körperschaft die Voraussetzungen für die Gemeinnützigkeit im gesamten Veranlagungszeitraum, der dem Zeitraum der Nichtgewährung folgt, voraussichtlich erfüllen wird.[184]

---

176 Vgl. *Hof/Hartmann/Richter*, Stiftungen, S. 293.
177 AEAO Nr. 3 zu § 59 AO.
178 AEAO Nr. 5 zu § 59 AO; *Apitz*, StBp 2004, 89, 90.
179 Vgl. *Troll/Wallenhorst/Halaczinsky*, Besteuerung gemeinnütziger Vereine und Stiftungen, Kap. C Rn. 256.
180 BMF-Schreiben v. 17.11.2004 – IV C 4 – S 0171 – 120/04.
181 Vgl. *Schauhoff*, DStJG 26 (2003), 133, 142.
182 BFH BStBl. II 2000, 320.
183 BFH BStBl. II 2000, 320.
184 BMF BStBl. I 2000, 814.

bb) Freistellungsbescheid

Endgültig entschieden wird über die Steuerfreiheit als Folge der Gemeinnützigkeit jedoch erst **im Veranlagungsverfahren** für die jeweilige Steuer und den jeweiligen Steuerabschnitt (Freistellungsbescheid).[185] Die erstmalige Überprüfung der Gemeinnützigkeit ist erst nach Aufnahme der tatsächlichen Geschäftsführung möglich. Hier gelten die gleichen allgemeinen Regeln wie für die Überprüfung jedes Steuerfalls und aller Voraussetzungen von Steuerpflicht und Steuerfreiheit nach Grund und Höhe. Obwohl die Steuerbefreiung i.R.d. Veranlagungsverfahrens jährlich ausgesprochen werden müsste, erfolgt eine Überprüfung der Aufzeichnungen einer steuerbefreiten Körperschaft regelmäßig nur alle drei Jahre von Amts wegen.[186] Der Freistellungsbescheid wird daher entsprechend auch für drei Jahre ausgestellt. Zu beachten ist jedoch, dass weder die vorläufige Bescheinigung noch ein Freistellungsbescheid einen schutzwürdigen Vertrauenstatbestand für zukünftige Veranlagungszeiträume schaffen.[187]

cc) Zeitpunkt des Vorliegens der Voraussetzungen

Die Voraussetzungen der Steuervergünstigung müssen bei einer Körperschaft grundsätzlich entweder bei Entstehen der Steuer (z.B. Schenkung- oder Erbschaftsteuer) **oder** bei zeitraumbezogenen Steuern (z.B. Körperschaft- oder Gewerbesteuer) im jeweiligen Zeitraum vorliegen. Die Bestimmungen über die formelle und materielle Satzungsmäßigkeit wiederholen diese Voraussetzungen, § 60 Abs. 2 2. HS AO. Teilweise enthalten sie aber auch Verschärfungen, §§ 60 Abs. 2 1. HS, 61 Abs. 3 AO. Zu unterscheiden ist zwischen allgemeinen zeitlichen Anforderungen und den zeitlichen Anforderungen an die Vermögensbindung.

Hinsichtlich der formellen Satzungsmäßigkeit und der materiellen Satzungsmäßigkeit der tatsächlichen Geschäftsführung gelten grundsätzlich die gleichen Voraussetzungen wie für die Steuervergünstigung als solche. Diese müssen im Zeitpunkt der Entstehung der Steuer vorliegen. Maßgeblicher Zeitpunkt ist daher der Zeitpunkt des Erwerbs bei **Erbschaft- oder Schenkungsteuer** (§ 9 ErbStG), der Beginn des Kalenderjahres bei der Grundsteuer (§ 9 Abs. 2 GrStG) oder das Ende des Voranmeldungszeitraums bei der Umsatzsteuer (§ 13 UStG).[188]

Hingegen entfällt die Steuervergünstigung für die Körperschaft- und Gewerbesteuer (§ 31 KStG, § 14 Satz 2 GewStG) **für den ganzen Veranlagungs- bzw. Bemessungszeitraum**, wenn Satzung oder tatsächliche Geschäftsführung die Anforderungen an die Steuervergünstigung auch nur zu irgendeinem Zeitpunkt während dieses Zeitraums verletzen.[189] Die Steuervergünstigung entfällt nicht nur ab diesem Zeitpunkt bis zum Ende des Zeitraums, sondern rückwirkend ab dessen Beginn (Grundsatz der Abschnittsbesteuerung). Entsprechend bewirkt eine korrigierende Satzungsänderung oder korrekte Wiederaufnahme der tatsächlichen Geschäftsführung erst wieder ab Beginn des folgenden Veranlagungszeitraums die Vorteile der Steuerbegünstigung.

---

185 Vgl. *Apitz*, StBp 2004, 89, 90, betr. Verfahrensfragen zur Gemeinnützigkeit vgl. *Jachmann*, ZSt 2003, 35, 43.
186 AEAO Nr. 7 zu § 59 AO.
187 Vgl. *Troll/Wallenhorst/Halaczinsky*, Besteuerung gemeinnütziger Vereine und Stiftungen, Kap. C Rn. 249.
188 Vgl. *Troll/Wallenhorst/Halaczinsky*, Besteuerung gemeinnütziger Vereine und Stiftungen, Kap. C Rn. 164.
189 *Troll/Wallenhorst/Halaczinsky*, Besteuerung gemeinnütziger Vereine und Stiftungen, Kap. C Rn. 164, 185.

> **Praxishinweis:**
> Zu beachten ist, dass dabei auf die Rechtswirksamkeit der Satzungsänderung abzustellen ist. Bei der Stiftung muss daher die **Genehmigung durch die Stiftungsaufsicht** vorliegen.[190]

2. Steuerliche Behandlung der Stiftungserrichtung

107 Bei der Errichtung einer Stiftung steht aus steuerlicher Sicht die Behandlung der **Vermögensübertragung** im Vordergrund. Auch wenn für gemeinnützige Stiftungen grundsätzlich eine Befreiung von der Erbschaft- und Schenkungsteuer vorliegt (§ 13 Abs. 1 Nr. 16, 17 ErbStG),[191] sind einige Besonderheiten zu beachten.

a) Unentgeltlicher Betriebsvermögenserwerb

108 Wird einer Stiftung unentgeltlich ein Wirtschaftsgut des Betriebsvermögens zugewandt, so führt dies beim Zuwendenden zu einer Entnahme dieses Wirtschaftsguts. Dies würde für ihn normalerweise eine Realisierung der in dem Wertansatz für das Wirtschaftsgut enthaltenen stillen Reserven mit sich bringen. Insofern enthalten § 6 Abs. 1 Nr. 4 Sätze 4 und 5 EStG jedoch eine Sonderregel. Hiernach kann das Wirtschaftsgut von der Stiftung mit dem **Buchwert** angesetzt werden, sofern die Zuwendung beim Zuwendenden gem. § 10b Abs. 1 Satz 1 oder 3 EStG als Sonderausgabe abzugsfähig ist.[192] Eine Realisierung der stillen Reserven bleibt also aus.

109 Dieses **Buchwertprivileg** kann auch in Anspruch genommen werden, wenn im Rahmen einer Personengesellschaft Wirtschaftsgüter des Sonderbetriebsvermögens auf eine Stiftung als Erbin eines Gesellschafters übergehen und die Stiftung nicht selbst Mitunternehmerin ist.[193]

b) Zuwendung aufgrund einer letztwilligen Verfügung

110 Erfolgt eine **Zustiftung** oder die Erstausstattung einer gemeinnützigen Stiftung aufgrund einer letztwilligen Verfügung, die den Erben zu einer entsprechenden Leistung an die Stiftung verpflichtet, kommt ein Sonderausgabenabzug weder beim Erblasser noch beim Erben in Betracht.[194] Bei der Einkommensteuerveranlagung des Erblassers für das Todesjahr scheidet ein Abzug aus, weil die aufgrund eines Vermächtnisses oder einer Auflage zugewendeten Vermögensmittel nicht zu seinen Lebzeiten aus seinem Vermögen abgeflossen sind (§ 11 Abs. 2 EStG). Der Erbe kann die Zustiftung nicht als Spende abziehen, weil er die Vermögensmittel nicht freiwillig auf die Stiftung überträgt, sondern damit einer ihm vom Erblasser auferlegten Verpflichtung, einer in seiner Person begründeten Erbenschuld, nachkommt. Entsprechendes gilt bei Auflagen eines Erblassers.[195]

---

190 Vgl. BFH BStBl. II 2001, 518, 519; *Hof/Hartmann/Richter*, Stiftungen, S. 344.
191 Nach Auffassung des Bayerischen Staatsministeriums der Finanzen entfällt die Steuerbefreiung bei der Einsetzung einer gemeinnützigen Stiftung als Vorerbin; s. Erl. v. 12.11.2003, ZEV 2004, 65 f.; ablehnend *Söffing/Thoma*, BB 2004, 855 ff., nach denen der Erlass keine gesetzliche Grundlage hat.
192 Vgl. *Gebel*, Betriebsvermögensnachfolge, Rn. 1170.
193 BFH ZEV 2002, 200.
194 BFH DStR 1994, 782.
195 Vgl. *Gebel*, Betriebsvermögensnachfolge, Rn. 1171.

c) Nachträglicher Wegfall der Steuerpflicht des Erben

Wendet jemand einer gemeinnützigen Stiftung zu Lebzeiten im Rahmen einer Erstausstattung oder einer Zustiftung Vermögensgegenstände zu, die er von Todes wegen oder durch Schenkung unter Lebenden erlangt hat, so kann die für diesen Erwerb angefallene Erbschaft- oder Schenkungsteuer nach § 29 Abs. 1 Nr. 4 ErbStG **mit Wirkung für die Vergangenheit entfallen**. Die Voraussetzungen hierfür sind, dass die Zuwendung innerhalb von 24 Monaten nach der Entstehung erfolgt und der Zuwendungsempfänger eine inländische Stiftung ist, die nach ihrer Satzung bzw. dem Stiftungsgeschäft und nach ihrer tatsächlichen Geschäftsführung ausschließlich und unmittelbar als gemeinnützig anzuerkennende, steuerbegünstigte Zwecke i.S.d. §§ 52 bis 54 AO **mit Ausnahme der Freizeitzwecke** des § 52 Abs. 2 Nr. 4 AO verfolgt. Der rückwirkende Wegfall der Erbschaft- und Schenkungsteuerpflicht tritt jedoch nicht ein, wenn die Stiftung Leistungen i.S.d. § 58 Nr. 5 AO an den Erwerber oder seine nächsten Angehörigen zu erbringen hat oder soweit für die Zuwendung der Sonderausgabenabzug gem. § 10b EStG, § 9 Abs. 1 Nr. 2 KStG oder § 9 Nr. 5 GewStG in Anspruch genommen wird (§ 29 Abs. 1 Nr. 4 Satz 2 ErbStG). Welche Steuerbegünstigung er geltend machen will, muss der Stifter im Jahr der Zuwendung durch unwiderrufliche Erklärung festlegen.

111

d) Sonderausgabenabzug

Zuwendungen an gemeinnützige (steuerbegünstigte) Stiftungen können innerhalb bestimmter Grenzen steuerlich im Wege des Sonderausgabenabzugs geltend gemacht werden. Der Gesetzgeber honoriert die **Förderung** von gemeinnützigen Zwecken, indem Zuwendungen an gemeinnützige Körperschaften **einkommensmindernd** geltend gemacht werden können, vgl. § 10b EStG, § 9 Abs. 1 Nr. 2 KStG, § 9 Nr. 5 GewStG.

112

Der Gesetzgeber hat zuletzt durch das „Gesetz zur weiteren steuerlichen Förderung von Stiftungen" aus dem Jahr 2000 die steuerlichen Rahmenbedingungen, insbesondere für das **Dotationskapital** bei der Stiftungserrichtung, verbessert.[196] Das Gesetz hat dem Spendenabzug gem. § 10b Abs. 1 Satz 1 und 2 EStG[197] zwei einkommensunabhängige Höchstbeträge für Zuwendungen an steuerbefreite Stiftungen des öffentlichen und des privaten Rechts eingeführt. Stiftungen des privaten Rechts sind alle rechtsfähigen und auch nicht-rechtsfähigen (unselbstständigen) Stiftungen.[198] Zuwendungen an steuerbegünstigte Vereine oder auch an eine gemeinnützige GmbH sind nicht von der Neuregelung umfasst, was in der steuerlichen Lit. unter verfassungsrechtlichen Aspekten wiederholt kritisiert wurde.[199] Die steuerliche Förderung von Zuwendungen an Stiftungen ergibt sich aus einem erweiterten Abzugshöchstbetrag bei allgemeinen Zuwendungen sowie einem erweiterten Spendenabzug bei der Errichtungsdotation

113

aa) Erweiterter Abzugsbetrag bei Zuwendungen an Stiftungen

Neu eingefügt wurde die Möglichkeit, laufende Zuwendungen an Stiftungen des öffentlichen und privaten Rechts zur Förderung steuerbegünstigter Zwecke i.S.d. §§ 52

114

---

[196] Gesetz zur weiteren steuerlichen Förderung von Stiftungen v. 14.7.2000, BGBl. I, 1034; vgl. aus den zahlreichen Veröffentlichungen *Crezelius/Rawert*, ZEV 2000, 421 ff.; *Dietlein/Thiel*, ZRP 2001, 72 ff.; *Hüttemann*, DB 2000, 1584 ff.; *Walz*, in: *Hopt/Reuter*, Stiftungsrecht in Europa, S. 197 ff.
[197] Ausführlich dazu *Meyn/Richter*, Stiftung, Rn. 494 ff.
[198] Vgl. *Eversberg*, Stiftung & Sponsoring, Heft 4/2000, 3.
[199] Vgl. *Hüttemann*, in: *Kötz/Rawert/Schmidt/Walz*, Non Profit Law Yearbook 2001, S. 145; *Thiel*, DB 2000, 392; *Schindler*, BB 2000, 2077.

bis 54 AO (mit Ausnahme der Zwecke des § 52 Abs. 2 Nr. 4 AO, die so genannten Freizeitzwecke) bis zu einer Höhe von 20.450 € abzuziehen, vgl. § 10b Abs. 1 Satz 3 EStG. Eine unmittelbare Verwirklichung der durch § 10b Abs. 1 Satz 3 EStG besonders geförderten Zwecke ist nicht erforderlich. Damit kann auch bei Spenden (und nicht nur Zustiftungen) an Förderstiftungen der erweiterte Abzugsbetrag geltend gemacht werden.[200]

115 Unerheblich ist, ob die Zuwendung das Stiftungsvermögen erhöht oder den Stiftungsmitteln zufließt und dann zeitnah zur Zweckverwirklichung verwendet wird. Der **Sonderausgabenabzug** nach § 10b Abs. 1 Satz 3 EStG tritt neben die bisher geltenden Höchstgrenzen und damit auch kumulativ zur **Großspendenregelung**.[201] Bei Zuwendungen an eine Stiftung ist daher zunächst der Abzug i.R.d. allgemeinen Höchstbeträge zu ermitteln, ein verbleibender Rest ist bis zur Höhe von 20.450 € nach § 10b Abs. 1 Satz 3 EStG abziehbar. Ein danach bestehender Restbetrag kann i.R.d. Großspendenregelung mit der Vor- und Rücktragsmöglichkeit abgezogen werden, soweit die Zuwendung Zwecken dient, die zur Inanspruchnahme der Großspendenregelung berechtigen.[202]

116 Für Ehegatten wird laut Gesetzeswortlaut der erweiterte Abzugsbetrag nicht verdoppelt. Das FG Köln[203] kommt zu dem Ergebnis, dass § 10b Abs. 1 Satz 3 EStG **verfassungskonform** dahingehend auszulegen ist, dass Ehegatten auch bei Zusammenveranlagung den zusätzlichen Abzugshöchstbetrag i.H.v. 20.450 € eigenständig geltend machen dürfen. Da dieser zusätzliche Höchstbetrag bei getrennt zu veranlagenden Ehegatten und Partnern einer nichtehelichen Lebensgemeinschaft zustehe, dürften zusammen veranlagte Ehegatten nicht benachteiligt werden.[204]

bb) Erweiterter Abzugsbetrag für die Errichtungsdotation

117 Um die Bereitschaft zur Errichtung von gemeinnützigen Stiftungen zu fördern sowie eine Erhöhung der durchschnittlichen Anfangsvermögen von Stiftungen zu erreichen, können Zuwendungen, die innerhalb der ersten zwölf Monate nach Errichtung einer Stiftung in deren Vermögensstock erbracht werden, beim Zuwendenden im Jahr der Zuwendung und in den folgenden neun Veranlagungszeiträumen bis zu einem Höchstbetrag von 307.000 € steuerlich geltend gemacht werden, § 10b Abs. 1a EStG. Für Ehegatten wird dieser Betrag nicht verdoppelt. Die Vorschrift ist allerdings verfassungskonform so auszulegen, dass sich der Betrag bei zusammenveranlagten Ehegatten verdoppelt.[205]

118 Den Abzugsbetrag für Stiftungsdotationen kann der Steuerpflichtige innerhalb von zehn Jahren nur einmal geltend machen, § 10b Abs. 1a Satz 3 EStG. Die Regelung gilt allerdings nicht für Zuwendungen von Körperschaften, sondern richtet sich vorrangig an Privatpersonen. Eine entsprechende Regelung fehlt im **Körperschaftsteuerrecht**. Die entsprechende gewerbesteuerliche Regelung ist auf Einzelunternehmer und Personengesellschaften beschränkt, § 9 Nr. 5 Satz 5 GewStG.

119 Die Zuwendung muss in den „**Vermögensstock der Stiftung**" geleistet werden. Der Begriff „Vermögensstock" ist weder im Zivil- noch im Steuerrecht bekannt. Ausge-

---

200 A.A. *Geserich*, DStJG 26 (2003), 245, 263.
201 Vgl. dazu *Meyn/Richter*, Stiftung, Rn. 521 ff.
202 Vgl. *Hüttemann*, DB 2000, 1584.
203 FG Köln, Urt. v. 15.10.2003 – 14 K 4553/01 u. 14 K 4907/02, n.v. [?]
204 S. auch *Geserich*, DStJG 26 (2003), 245, 261.
205 Vgl. *Geserich*, DStJG 26 (2003), 245, 261.

hend von der Intention des Gesetzgebers wird allgemein davon ausgegangen, dass es sich um das Vermögen der Stiftung handelt, welches nicht dem Gebot der zeitnahen Mittelverwendung unterliegt. Daher dürfen allein die Erträge der zugewendeten Vermögensgegenstände zur Zweckerfüllung verwendet werden.

Die begünstigte Stiftung kann alle gemeinnützigen Zwecke i.S.d. §§ 52 ff. AO verfolgen, mit Ausnahme der gemeinnützigen Freizeitzwecke i.S.v. § 52 Abs. 2 Nr. 4 AO. Eine Begrenzung auf einzelne Zwecke besteht nicht. In zeitlicher Hinsicht muss die Zuwendung innerhalb von zwölf Monaten nach Errichtung der Stiftung, d.h. bei rechtsfähigen Stiftungen des Privatrechts ab Wirksamkeit der Anerkennung bzw. bei unselbstständigen Stiftungen ab Abschluss des Stiftungsvertrags[206] erbracht werden. 120

Das Gesetz spricht in einer umständlichen Formulierung davon, dass entsprechende Zuwendungen „neben den als Sonderausgaben i.S.d. Absatzes 1 zu berücksichtigenden Zuwendungen und über den nach Absatz 1 zulässigen Umfang hinaus abgezogen werden" können, § 10b Abs. 1a EStG. Damit wird die kumulative Anwendung der Abzugsvorschriften angeordnet. Für Zuwendungen i.S.d. § 10b Abs. 1a EStG sind daher die Abzugsbeträge des § 10b Abs. 1 Satz 1 bis 3 EStG zu ermitteln sowie die Großspendenregelung des § 10b Abs. 1 Satz 4 EStG. Soweit die Grenzen des § 10b Abs. 1 EStG ausgeschöpft sind, greift die Regelung des §10b Abs. 1a EStG. Auf Antrag wird der verbleibende Betrag im Zuwendungsjahr und in den folgenden neun Veranlagungszeiträumen bis zu einer Höhe von 307.000 € abgezogen. Dies ist eine Besonderheit, denn grundsätzlich hat die Finanzverwaltung den Sonderausgabenabzug von Amts wegen zu berücksichtigen. Der Steuerpflichtige hat weiter die Möglichkeit, den Sonderausgabenabzug bei den Einkommensteuer-Vorauszahlungen berücksichtigen zu lassen, § 37 Abs. 3 EStG. Bei Lohnsteuerzahlern darf ein entsprechender Lohnsteuerfreibetrag auf der Lohnsteuerkarte eingetragen werden, § 39a Abs. 1 Nr. 2 EStG. Nicht erfasst von der Neuregelung sind Zustiftungen, d.h. Zuwendungen in das Grundstockvermögen bereits bestehender Stiftungen. 121

II. Privatnützige Stiftungen (insbesondere Familienstiftungen)

1. Überblick

Bedeutendste Erscheinungsform der nicht steuerbegünstigten Stiftung ist die **Familienstiftung**. Die rechtsfähige Familienstiftung ist eine juristische Person und wird regelmäßig wie eine solche besteuert. Besonderheiten ergeben sich jedoch, da aufgrund des Familienbezuges ein „Durchgriff" durch die ansonsten steuerlich verselbstständigte Stiftung auf die begünstigten Familienmitglieder erfolgt. Bei Errichtung und Aufhebung der Stiftung führt dies zu einer Steuererleichterung, da sich die anzuwendende Steuerklasse bei der Erbschaftsteuer nach dem Verwandtschaftsverhältnis der beteiligten Familienmitglieder richtet. Nach Errichtung der Stiftung wirkt sich dieser Durchgriff auf die Familie hingegen nachteilig aus, weil bei inländischen Familienstiftungen eine Erbersatzsteuer erhoben wird, die generell alle 30 Jahre einen „Erbgang" zum Zwecke der Erbschaftsbesteuerung fingiert.[207] In ihrer laufenden Besteuerung unterliegen die Familienstiftungen dem vollen Körperschaftsteuersatz.[208] Auf die Einkünfte der Destinatäre findet das sog. **Halbeinkünfteverfahren** Anwendung. Unentgeltliche Übertragungen von Vermögen auf Familienstiftungen sind im vollen Umfang schen- 122

---

206 Vgl. dazu *Meyn/Richter*, Stiftung, Rn. 188 f.
207 Vgl. *Seifart/v. Campenhausen/Pöllath*, HB Stiftungsrecht, § 14 Rn. 25, 43.
208 Vgl. *v. Oertzen*, Stiftung & Sponsoring, Heft 2/2001, 24.

123 Stiftungen, die weder gemeinnützigen noch Familienzwecken gewidmet sind, sind äußerst selten. Ihr einziger Steuervorteil liegt darin, dass ihre Steuerpflicht sich nicht auf die besondere Erbschaftsteuer für Familienstiftungen (sog. Erbersatzsteuer) erstreckt. Allerdings unterliegen Zustiftungen in die Stiftung und Zuwendungen aus der Stiftung der Schenkungsteuer mit der ungünstigen Steuerklasse III. Ansonsten gilt für nicht gemeinnützige Stiftungen und Familienstiftungen gleichermaßen, dass sie alle Einkunftsarten verwirklichen können. Insoweit stehen sie steuerlich wie ein Individuum und nicht wie die Kapitalgesellschaften (z.B. GmbH, AG). Letztere können nur gewerbliche Einkünfte erzielen (vgl. § 8 Abs. 2 KStG). Da Stiftungen juristische Personen sind, gilt für sie bei der Ertragsbesteuerung der Körperschaftsteuertarif, und sie kommen in den Genuss der Befreiung von Körperschaftsteuer für Dividenden und Veräußerungserlöse (vgl. § 8b Abs. 1, 2 KStG).

2. Besteuerung der Stiftung bei Errichtung

124 Stiftungen werden im Erbschaft- und Schenkungsteuergesetz (ErbStG) an mehreren Stellen angesprochen.[210] Besondere Steuertatbestände existieren für den Erwerb der Erstausstattung von Todes wegen und durch Rechtsgeschäft unter Lebenden. Dabei ist der Empfang einer unentgeltlichen Zuwendung grundsätzlich erbschaft- und schenkungsteuerpflichtig.[211] Die Zuwendung einer Erstausstattung als notwendiger Bestandteil des Ausstattungsversprechens sowie jede Zustiftung sind regelmäßig freigiebige Zuwendungen in diesem Sinne.

125 An der die Steuerpflicht begründenden Freigebigkeit fehlt es jedoch, wenn die Zustiftung objektiv oder subjektiv entgeltlich erfolgt. Die **objektive Entgeltlichkeit** liegt vor, wenn der Vermögenshingabe eine adäquate Gegenleistung gegenübersteht. Versorgungsleistungen, die nicht in der Satzung vorgesehen sind, sondern anlässlich der Zustiftung auferlegt oder vereinbart werden, können demgegenüber als Gegenleistungen zu bewerten sein. Soweit hier der Verkehrswert des zugestifteten Vermögens den Verkehrswert der Versorgungsleistungen übersteigt, handelt es sich insoweit um eine teilentgeltliche Zuwendung. Gleiches gilt, wenn von der Stiftung in rechtlichem Zusammenhang mit der Zustiftung Abstands- oder Ausgleichszahlungen zu erbringen sind.[212]

a) Zeitpunkt der Steuerentstehung

aa) Erstausstattung bei Stiftungen von Todes wegen

126 Wird eine Stiftung von Todes wegen errichtet, ist die Zuwendung erbschaftsteuerpflichtig, § 3 Abs. 2 Nr. 1 ErbStG. Diese Steuerpflicht besteht auch dann, wenn der Erbe aufgrund einer ihn beschwerenden Auflage des Erblassers die Stiftung erst noch durch eigenes Stiftungsgeschäft unter Lebenden errichten muss, § 3 Abs. 2 Nr. 1 i.V.m. Nr. 2 ErbStG. Der Zeitpunkt der Entstehung der Erbschaftsteuer hängt davon ab, ob die Stiftung als Erbe oder Vermächtnisnehmer einerseits oder als Auflagenbegünstigter andererseits eingesetzt ist.

---

209 Vgl. *Meyn/Richter*, Stiftung, Rn. 484 ff.
210 Zur Verfassungsmäßigkeit der geltenden Erbschaftsteuer vgl. *Richter/Welling*, BB 2002, 2305.
211 Vgl. *Seifart/v. Campenhausen/Pöllath*, HB Stiftungsrecht, § 40 Rn. 6.
212 Vgl. zum Ganzen *Gebel*, Betriebsvermögensnachfolge, Rn. 1257 ff.

Ist die Stiftung Erbe oder Vermächtnisnehmer, entsteht die Erbschaftsteuerpflicht im Zeitpunkt der Anerkennung der Stiftung durch die Stiftungsaufsicht (vgl. § 9 Abs. 1 Nr. 1 c ErbStG).[213] Damit sieht das Erbschaftsteuergesetz eine Rechtsfolge vor, die der Regelung des § 84 BGB, die eine zivilrechtliche Rückwirkung der Anerkennung seitens der Stiftungsaufsicht bewirkt, entgegenläuft. Aufgrund dieser Fiktion ist die Stiftung bereits erbfähig, auch wenn sie, soweit das Stiftungsgeschäft auf einer letztwilligen Verfügung beruht, erst später durch Anerkennung der Stiftungsaufsicht entsteht.[214] Steuerrechtlich ist jedoch der Zeitpunkt des Eintritts aller tatbestandlichen Voraussetzungen für die Steuerpflicht maßgeblich, § 38 AO.

127

Erfolgt die Erstausstattung durch eine Auflage, entsteht die Steuer erst mit der Vollziehung des letztwilligen Ausstattungsversprechens, d.h. im Zeitpunkt der Übertragung des der Stiftung zugedachten Vermögens durch den auflagenbeschwerten Erben oder Vermächtnisnehmer, § 9 Abs. 1 Nr. 1 d ErbStG.[215]

128

bb) Zustiftung von Todes wegen

Zustiftung ist eine Zuwendung in das Stiftungsvermögen einer bereits bestehenden Stiftung. Die Steuerpflicht für Zustiftungen von Todes wegen ergibt sich im Falle der Erbeinsetzung oder Vermächtnisanordnung aus § 3 Abs. 1 Nr. 1 ErbStG. Zeitpunkt der Steuerentstehung ist der Todestag des Erblassers, vgl. § 9 Abs. 1 Nr. 1 ErbStG.

129

Beruht die Zustiftung auf einer Auflage, greift der Steuertatbestand des § 3 Abs. 2 Nr. 2 ErbStG. Bei dieser Zuwendung entsteht die Steuer zum **Zeitpunkt der Vollziehung der Auflage**, § 9 Abs. 1 Nr. 1 d ErbStG.[216]

130

cc) Erstausstattung bei Stiftungen unter Lebenden bzw. Fall der lebzeitigen Zustiftung

Die Errichtung der Stiftung zu Lebzeiten des Stifters qualifiziert die Übertragung der Erstausstattung als Schenkung unter Lebenden. Die Vermögensausstattung unterliegt daher der **Schenkungsteuer**, § 7 Abs. 1 Nr. 8 Satz 1 ErbStG. Die lebzeitige Zustiftung ist ebenfalls als freigebige Zuwendung steuerpflichtig, § 7 Abs. 1 Nr. 1 ErbStG.

131

Sowohl bei der unentgeltlichen Zuwendung einer Erstausstattung als auch einer Zustiftung unter Lebenden entsteht die Steuer im Zeitpunkt der Ausführung der Zuwendung, d.h. mit Übertragung des Stiftungsvermögens, § 9 Abs. 1 Nr. 2 ErbStG.

132

b) Bemessungsgrundlage und Bewertung

aa) Grundsätze

Die Bemessungsgrundlage der Erbschaft- und Schenkungsteuer bei der Erstausstattung oder Zustiftung ist der Gesamtsteuerwert der auf die Stiftung übergehenden Vermögensgegenstände zum Zeitpunkt der Entstehung der Steuer, §§ 9, 11 ErbStG.[217] Die Berechnung des Gesamtsteuerwerts beruht auf den Bewertungsmaßstäben des § 12 ErbStG i.V.m. den Vorschriften des Bewertungsgesetzes.

133

---

213 Vgl. *Meyn/Richter*, Stiftung, Rn. 460; a.A. *Orth*, ZEV 1997, 327, 328.
214 Vgl. *Gebel*, BB 2001, 2554.
215 Vgl. *Gebel*, Betriebsvermögensnachfolge, Rn. 1227; *Meyn/Richter*, Stiftung, Rn. 461.
216 Vgl. *Meyn/Richter*, Stiftung, Rn. 462.
217 Vgl. *Gebel*, Betriebsvermögensnachfolge, Rn. 1226.

134 Die Stiftung ist um den Mehrbetrag der Aktiva über die Passiva bereichert.[218] Wird die anfallende Steuer durch den Zuwendenden übernommen, so erhöht sich der steuerpflichtige Erwerb entsprechend, § 10 Abs. 2 ErbStG.[219]

bb) Besonderheiten bei Übertragung von Todes wegen

135 Eine Besonderheit ergibt sich bei der Übertragung von Todes wegen, da **Nachlassverbindlichkeiten** die Bemessungsgrundlage der Erbschaftsteuer mindern, § 10 Abs. 5 ErbStG. Zu den Nachlassverbindlichkeiten gehören Erblasserschulden als vom Erblasser begründete Schulden, Erbfallschulden, die sich aus beschwerenden Vermächtnissen oder Auflagen des Stifters ergeben sowie Erbfallverbindlichkeiten.

136 Für den Wert der Erstausstattung sind auch Vermögensgegenstände zu berücksichtigen, die zwar erst nach dem Tode des Stifters aber vor Rechtsfähigkeit der Stiftung in das Stiftungsvermögen gelangen (z.B. durch Surrogation), da die Erbschaftsteuer frühestens mit dem Zeitpunkt der Anerkennung durch die Stiftungsaufsicht entsteht. Auch die Wertermittlung ist regelmäßig auf diesen Stichtag hin vorzunehmen, vgl. § 11 i.V.m. § 9 Abs. 1 Nr. 1c ErbStG.[220] Die Frage, ob auch Erträge, die nach dem Tode des Stifters bis zur Anerkennung mit dem Stiftungsvermögen erwirtschaftet worden sind, werterhöhend zu berücksichtigen sind, hat der BFH bejaht.[221] Aus den strikt an den Zeitpunkt der Steuerentstehung anknüpfenden Bestimmungen der §§ 11 und 12 ErbStG ergebe sich, dass auch zwischenzeitliche Vermögensänderungen zu berücksichtigen seien.[222] In der Lit. wird diese Entscheidung kritisiert.

137 Namentlich *Gebel* lehnt die Rspr. mit einem Verweis auf die Notwendigkeit einer verfassungsgemäßen **Abgrenzung von Erbschaftsteuer und Schenkungsteuer** ab.[223] Die doppelte Erfassung ein und desselben Vermögenszuwachses bei ein und demselben Steuerpflichtigen, wie sie hier aufgrund der Doppelbelastung mit Erbschaftsteuer und Schenkungsteuer gegeben sei, sei verfassungsrechtlich inakzeptabel. Die mit dem Stiftungsvermögen bis zur Anerkennung der Stiftung erwirtschafteten Erträge seien nach dem Tod des Stifters erzieltes Markteinkommen, das der Stiftung zuzurechnen sei und daher bei ihr der Körperschaftsteuer unterliege. Es dürfe mithin nicht in den die Bemessungsgrundlage der Schenkungsteuer bildenden Gesamtsteuerwert der Erstausstattung einbezogen werden.

138 Zwar erscheint die mehrfache Erfassung von Vermögenszuwächsen, die von verschiedenen Personen aus unterschiedlichen Gründen in zeitlicher Abfolge erzielt werden, durchaus systemgerecht. Die Erfassung eines identischen Vermögenszuwachses bei ein und demselben Steuerpflichtigen gleichzeitig durch mehrere Steuerarten, welche sich nach den Vorstellungen des Gesetzgebers nur tatbestandlich, nicht aber hinsichtlich ihrer Belastungswirkung ergänzen sollen, ist als systemwidriger Verstoß gegen den

---

218 Vgl. *Seifart/v. Campenhausen/Pöllath*, HB Stiftungsrecht, § 40 Rn. 25. Die Fortgeltung dieser Regel ist aufgrund eines Vorlagebeschlusses des BFH zweifelhaft; vgl. *Richter/Welling*, BB 2002, 2305.

219 Dennoch ist die Steuerübernahme durch den Zuwendenden steuerlich günstiger als eine Erhöhung der Zuwendung um den für die Steuerzahlung erforderlichen Betrag, da dann wiederum der Gesamtbetrag für die Berechnung der Steuer zugrunde gelegt würde; vgl. *Seifart/v. Campenhausen/Pöllath*, HB Stiftungsrecht, § 40 Rn. 25.

220 Vgl. *Gebel*, Betriebsvermögensnachfolge, Rn. 1232.

221 BFH, Urt. v. 25.10.1995 – II R 20/92, BStBl. II 1996, 99 ff.

222 BFH, Urt. v. 25.10.1995 – II R 20/92, BStBl. II 1996, 99, 101.

223 Vgl. *Gebel*, Betriebsvermögensnachfolge, Rn. 1233; *Meyn/Richter*, Stiftung, Rn. 469.

Grundsatz der steuerlichen Gleichbehandlung zu werten, der nicht das Ergebnis einer sachgerechten Gesetzesinterpretation sein kann.[224]

cc) Besonderheiten bei Übertragung von Betriebsvermögen

Soweit zur **Erstausstattung** oder **Zustiftung** ein Betrieb oder Mitunternehmeranteil gehören, umfasst der Gesamtsteuerwert der Zuwendung auch den nach § 12 Abs. 5 ErbStG ermittelten Reinwert des Betriebsvermögens bzw. den nach § 97 Abs. 1 BewG ermittelten Anteilsteuerwert. Bei beiden Werten dürfen etwaige passive Wertansätze, die für die Verpflichtung der Stiftung zur Erfüllung ihrer satzungsmäßigen Zwecke gebildet wurden, nicht wertmindernd berücksichtigt werden.[225]

139

Führt die Stiftung die unternehmerische Tätigkeit des Stifters fort, kann sie den **Betriebsvermögensfreibetrag** i.H.v. 225.000 € (bei entsprechender Erklärung des Stifters) und den Bewertungsabschlag von 35 Prozent in Anspruch nehmen, vgl. § 13a Abs. 1 und 2 ErbStG. Setzt die Stiftung das Unternehmen jedoch innerhalb von fünf Jahren nach dem Erwerb nicht fort, droht eine Nachversteuerung, vgl. § 13a Abs. 5 ErbStG. Die Stundungsregelung (§ 28 ErbStG), die bei einem Nachlass, der Betriebsvermögen enthält, eine zinslose Stundung der Erbschaftsteuer für bis zu zehn Jahre vorsieht, ist dann ebenfalls nicht anwendbar.[226]

140

Gehören zur Erstausstattung Anteile an einer **Kapitalgesellschaft**, ist deren Steuerwert nach § 12 Abs. 2 ErbStG i.V.m. § 11 Abs. 2 BewG zu ermitteln, wobei das **Stuttgarter Verfahren** anzuwenden ist. Dies gilt auch dann, wenn die Anteile an der Kapitalgesellschaft nach dem Vermögensübergang zum (Sonder-)Betriebsvermögen der Stiftung gehören, vgl. § 12 Abs. 5 Satz 3 ErbStG. Wurde ein derartiger Anteil zuvor vom Stifter im Privatvermögen gehalten, greifen die Steuerbegünstigungen für Betriebsvermögen bei der Stiftung nur ein, wenn die Beteiligung unmittelbar an einer inländischen Kapitalgesellschaft bestand und mehr als ein Viertel des Nennkapitals betrug, § 13a Abs. 4 Nr. 3 ErbStG. Ist der Anteil als **Sonderbetriebsvermögen** einem gleichzeitig zugewendeten Mitunternehmeranteil zugeordnet, kann es sich auch bei niedrigerer Beteiligung um insgesamt begünstigtes Betriebsvermögen i.S.d. § 13a Abs. 4 Nr. 1 ErbStG handeln.[227]

141

c) Berechnung der Steuer

aa) Steuerklassenprivileg bei Erstausstattung einer Familienstiftung

Das Erbschaftsteuer- und Schenkungsteuergesetz enthält für die Bestimmung der Steuerklasse bei inländischen Familienstiftungen eine Sonderregelung. Für Vermögenszuwendungen an eine Familienstiftung wäre mangels Verwandtschaftsverhältnisses zwischen Stifter und Stiftung an sich stets die ungünstige Steuerklasse III[228] anzuwenden.[229] Der Gesetzgeber sieht jedoch insoweit eine **Privilegierung der Familienstiftung** vor, als für die Ermittlung der Steuerklasse ein Durchgriff auf die begünstigten Familienmitglieder erfolgt. Die Steuerklasse für Vermögenszuwendungen im Zuge der Errichtung einer Familienstiftung richtet sich nach dem Verwandtschaftsverhält-

142

---

224 Vgl. *Meyn/Richter*, Stiftung, Rn. 471.
225 Vgl. *Gebel*, Betriebsvermögensnachfolge, Rn. 1228.
226 Vgl. *Gebel*, Betriebsvermögensnachfolge, Rn. 1228.
227 Vgl. zum Ganzen *Gebel*, Betriebsvermögensnachfolge, Rn. 1230.
228 Bei Steuerklasse III kann nur ein Freibetrag von 5200 € abgezogen werden, § 16 Abs. 1 Nr. 5 i.V.m. § 15 Abs. 1 ErbStG. Die Steuersätze steigen in Steuerklasse III von 17 bis 50 Prozent an, § 19 ErbStG.
229 Vgl. *Meincke*, Erbschaft- und Schenkungssteuergesetz, § 15 Rn. 19; *Meyn/Richter*, Stiftung, Rn. 479.

nis[230] des nach der Stiftungsurkunde entferntest Berechtigten zu dem Stifter, § 15 Abs. 2 Satz 1 ErbStG.[231] Die ungünstige Steuerklasse III ist damit nicht zwingend.

(1) Begriff der Familienstiftung i.S.d. § 15 Abs. 2 Satz 1 ErbStG

143 Von einer Familienstiftung ist auszugehen, wenn eine inländische Stiftung wesentlich im Interesse einer Familie oder bestimmter Familien errichtet ist, § 15 Abs. 2 Satz 1 ErbStG. Unter „Familie" ist der Stifter, seine Angehörigen und deren Abkömmlinge i.S.d. § 15 AO zu verstehen.[232]

144 Nach Ansicht des BFH ist eine Stiftung dann „wesentlich" im Interesse einer Familie oder bestimmter Familien errichtet, wenn nach der Satzung und ggf. dem Stiftungsgeschäft das Wesen der Stiftung darin besteht, den berechtigten Familien zu ermöglichen, das Stiftungsvermögen, soweit es einer privaten Nutzung zugänglich ist, zu nutzen und die Stiftungserträge an sich zu ziehen. Auf tatsächliche Ausschüttungen von Erträgen oder Nutzungen des Stiftungsvermögens soll es dabei nicht ankommen.[233]

145 Die Finanzverwaltung nimmt ein „wesentliches" Familieninteresse in Anlehnung an § 15 Abs. 2 AStG stets an, wenn nach der Satzung der Stifter und seine Familie zu mehr als der Hälfte hinsichtlich der Ausschüttungen bezugs- oder anfallsberechtigt sind, R 2 Abs. 2 Satz 1 ErbStR 2003. Treten weitere besondere Merkmale hinzu, z.B. wesentlicher Einfluss der Familie auf die Geschäftsführung der Stiftung,[234] kann eine Familienstiftung sogar bereits bei einem **Bezugs- und Anfallsrecht** von nur 25 Prozent angenommen werden, R 2 Abs. 2 Satz 2 ErbStR 2003.

146 Die in der Lit. verwendete „**Löwenanteil**"-**Theorie**[235] konnte sich in der Praxis nicht durchsetzen. Die von der Finanzverwaltung vertretene Grenze von 25 Prozent wird jedoch als zu niedrig erachtet.[236]

(2) Begriff des „entferntest Berechtigten"

147 Nach Ansicht der Finanzverwaltung ist zur Ermittlung des „entferntest Berechtigten" nicht allein auf die derzeit Berechtigten (sprich die lebenden Familienmitglieder), sondern auf alle potenziell Berechtigten künftiger Generationen abzustellen, R 73 Abs. 1 ErbStR 2003.

148 **Praxishinweis:**
In der Beratungspraxis sollte daher bei der Gestaltung der Stiftungssatzung sichergestellt werden, dass die Anwendung der Steuerklasse I möglich ist. Dazu sollte die Stiftungssatzung vorsehen, dass nur der überlebende Ehegatte, die Kinder und die Abkömmlinge der Kinder des Stifters bezugsberechtigt sind.[237] Werden laut Stif-

---

230 Abgestellt wird insofern auf das persönliche Verhältnis i.S.d. § 15 Abs. 1 ErbStG.
231 Vgl. *Jülicher*, StuW 1999, 363, 367.
232 Vgl. R 2 Abs. 2 Satz 1 ErbStR 2003.
233 BFH, Urt. v. 10.12.1997 – II R 25/94, BStBl. II 1998, 114, 116; R 2 Abs. 3 Satz 6 ErbStR 2003.
234 So bereits FinMin. S-H v. 14.11.1983, VI 330 a – S 3800 – 28, WPg 1984, 23.
235 Vgl. *Seifart/v. Campenhausen/Pöllath*, HB Stiftungsrecht, § 14 Rn. 92 ff.
236 Vgl. *Berndt*, Stiftung und Unternehmen, Rn. 813.
237 Vgl. *Meyn/Richter*, Stiftung, Rn. 480.

tungssatzung weitere Personen begünstigt, ist die Steuerklasse für den Vermögensübergang aufgrund deren Verhältnisses zum Stifter zu bestimmen.[238]

(3) Auswirkung des Steuerklassenprivilegs

Das Steuerklassenprivileg wirkt sich vor allem bei der Ermittlung des Steuersatzes aber auch i.R.d. steuersatzabhängigen Freibeträge nach § 16 ErbStG sowie bei allen anderen Regelungen, in denen das Erbschaft- und Schenkungsteuergesetz nach dem persönlichen Verhältnis unterscheidet, aus.[239] Wird die Begünstigung eines weiten Personenkreises beabsichtigt, kann die Errichtung **mehrerer Familienstiftungen** günstiger sein. Dadurch können Freibeträge optimal ausgeschöpft und die starke Progressionswirkung erheblich vermindert werden.[240]

bb) Zustiftung

Bei Zustiftungen gilt das **Steuerklassenprivileg** grundsätzlich nicht. Spätere Zuwendungen des Stifters oder Dritter gelten als gewöhnliche Schenkungen i.S.d. § 7 Abs. 1 Nr. 1 ErbStG und unterliegen damit stets der **Steuerklasse III**.[241] Die Anwendung des Steuerklassenprivilegs auf Zustiftungen kann jedoch dadurch erreicht werden, dass sich der Stifter bereits mit dem Stiftungsgeschäft verbindlich zur Vornahme der Zustiftungen verpflichtet.[242] Alternativ zur Zuwendung nach Stiftungserrichtung kann eine **neue Stiftung** gegründet werden, für die wiederum das Steuerklassenprivileg gilt. Diese kann später steuerfrei mit der älteren Stiftung „verschmolzen" werden.[243] Diese Möglichkeiten sind jedoch nicht unumstritten. Der Stifter sollte daher jedenfalls eine entsprechende verbindliche Auskunft der Finanzverwaltung einholen.[244] Der Zustifter kann schließlich durch die Übertragung von Betriebsvermögen in den Genuss der Steuerklasse I gelangen (vorbehaltlich der Beachtung der Regeln in §§ 13a, 19a ErbStG).

cc) Berücksichtigung früherer Erwerbe

Zur Anwendung der Freibeträge und zur Bestimmung der Steuersätze werden Erwerbe von demselben Zuwendenden innerhalb von **zehn Jahren** zusammengerechnet, § 14 Abs. 1 Satz 1 ErbStG.

d) Entrichtung der Steuer

Der Steuerschuldner, d.h. die Stiftung und bei Zuwendungen unter Lebenden auch der Stifter bzw. Zustifter (§ 20 Abs. 1 ErbStG) hat die Steuer nach Bekanntgabe des Steuerbescheids, der im Allgemeinen eine Zahlungsfrist von einem Monat einräumt, zu entrichten.[245] Die Steuer auf **Betriebsvermögen** ist auf Antrag bis zu sieben Jahre ver-

---

238 So greift bspw. bei einer Bezugsberechtigung der Schwiegerkinder Steuerklasse II u. im Falle der Einbeziehung von Ehegatten der weiteren Abkömmlinge Steuerklasse III; vgl. *Meincke*, Erbschafts- und Schenkungsteuergesetz, § 15 Rn. 19; *v. Oertzen/Müller*, Stiftung & Sponsoring, Heft 6/2003 (RS), S. 6.
239 Vgl. *Seifart/v. Campenhausen/Pöllath*, HB Stiftungsrecht, § 14 Rn. 107.
240 Vgl. *Berndt*, Stiftung und Unternehmen, Rn. 811.
241 Vgl. *Seifart/v. Campenhausen/Pöllath*, HB Stiftungsrecht, § 14 Rn. 102.
242 Vgl. *Berndt*, Stiftung & Sponsoring, Heft 4/2004, 15; *Gebel*, Betriebsvermögensnachfolge, Rn. 1246.
243 Vgl. *Seifart/v. Campenhausen/Pöllath*, HB Stiftungsrecht, § 14 Rn. 102.
244 BMF-Schreiben v. 24.7.1987, BStBl. I 1987, 474; vgl. *v. Oertzen/Müller*, Stiftung & Sponsoring, Heft 6/2003 (RS), S. 6.
245 Vgl. *Seifart/v. Campenhausen/Pöllath*, HB Stiftungsrecht, § 40 Rn. 38.

zinslich (sechs Prozent p.a.) zu stunden, soweit dies zur Erhaltung des Betriebs notwendig ist, § 28 ErbStG.[246] Die Praxis der Finanzverwaltung ist restriktiv.

e) Sonstige Steuern

153 Bei der Übertragung inländischer Immobilien auf eine Stiftung kann ggf. **Grunderwerbsteuer** anfallen.[247] Da sich die Stiftungserrichtung jedoch grundsätzlich unentgeltlich vollzieht, greift die Steuerbefreiung gem. § 3 Nr. 2 GrEStG. Dies gilt jedoch nicht, soweit eine gemischte Schenkung oder eine Schenkung unter Leistungsauflage vorliegt.[248]

3. Laufende Besteuerung der Stiftung

154 Die privatnützige Stiftung ist als juristische Person unbeschränkt **körperschaftsteuerpflichtig**. Je nach den Umständen fällt auch **Gewerbesteuer, Umsatzsteuer** sowie **Grundsteuer** an. Bei der Familienstiftung ist zusätzlich die **Erbschaft- und Schenkungsteuer** in Form der Erbersatzsteuer zu beachten.[249]

a) Körperschaftsteuer

aa) Grundsätze

155 Das Einkommen einer Stiftung unterliegt dem vollen Körperschaftsteuersatz i.H.v. 25 Prozent (§§ 1 Abs. 1 Nr. 4, 23 Abs. 1 KStG) sowie der Belastung durch den Solidaritätszuschlag i.H.v. 5,5 Prozent auf den Körperschaftsteuerbetrag (§§ 2 Nr. 3, 3 Nr. 1 und 4 SolZG).

156 Die Stiftung kann grundsätzlich steuerbare Einkünfte in allen sieben Einkunftsarten des § 2 Abs. 1 EStG erzielen.[250] Sofern in der Satzung einer Stiftung allerdings steuerbegünstigte Sukzessiv- bzw. Ersatzzwecke vorgesehen sind, entsteht ab Eintritt der Sukzession keine Körperschaftsteuer mehr.[251]

bb) Steuerabzug

157 Die satzungsgemäße Verwendung des Einkommens der Stiftung für Geld- oder Sachzuwendungen an die Begünstigten mindert das steuerpflichtige Einkommen der Stiftung **nicht**, vgl. § 10 Nr. 1 KStG. Ebenso wenig ist bei Familienstiftungen ein Abzug der Erbersatzsteuer von der Körperschaftsteuerbemessungsgrundlage zulässig.[252]

cc) Beteiligung an einer Kapitalgesellschaft

158 Eine Stiftung, die Anteile an einer **Kapitalgesellschaft** hält,[253] wird regelmäßig Einkünfte aus Vermögensverwaltung haben. Dazu gehören die Einkünfte aus Kapitalver-

---

246 Vgl. *Meyn/Richter*, Stiftung, Rn. 478.
247 Vgl. *v. Oertzen/Müller*, Stiftung & Sponsoring, Heft 6/2003 (RS), S. 7.
248 Vgl. *v. Oertzen/Müller*, Stiftung & Sponsoring, Heft 6/2003 (RS), S. 7.
249 Vgl. z.B. §§ 1 Abs. 1, 2 Abs. 1 Nr. 1 d ErbStG; § 2 Abs. 1 GewStG i.V.m. § 15 Abs. 2 EStG, § 2 Abs. 3 GewStG; § 1 Abs. 1 Nr. 1 UStG; § 2 Nr. 2 GrStG.
250 Vgl. *Meyn/Richter*, Stiftung, Rn. 840; *Müller/Schubert*, DStR 2000, 1289, 1292; *v. Oertzen/Müller*, Stiftung & Sponsoring, Heft 6/2003 (RS), S. 7.
251 Vgl. Erlass des FM Baden-Württemberg v. 28.10.1983, DStR 1983, 745; *Berndt*, Stiftung & Sponsoring, Heft 3/2004, 18.
252 Vgl. § 10 Nr. 2 KStG für die sofort entrichtete Steuer; ansonsten BFH, Urt. v. 14.9.1994 – I R 78/94, BStBl. II 1995, 207, 208; OFD Düsseldorf, StEK § 10 KStG Nr. 2.
253 Vgl. *Gebel*, Betriebsvermögensnachfolge, Rn. 1189 ff.

mögen (§ 20 Abs. 1 Nr. 1 EStG) sowie die Einkünfte aus Veräußerungsgewinnen bei der Veräußerung einer qualifizierten Beteiligung (§ 17 EStG) oder innerhalb der Spekulationsfrist (§ 23 Abs. 1 Satz 1 Nr. 2 EStG). Diese Einkünfte unterliegen nach dem sog. **Halbeinkünfteverfahren** lediglich zur Hälfte der Steuer. Zur Vermeidung einer Doppel- bzw. Mehrfachbesteuerung greifen hier jedoch die **Befreiungsvorschriften** des § 8b Abs. 1 und 2 KStG i.d.F. des StSenkG ein, wenn derartige Einkünfte von inländischen Körperschaften, Personenvereinigungen und Vermögensmassen erzielt werden.[254] Sie bleiben daher auch bei einer Stiftung steuerfrei. Die vom Kapitalertrag abzuziehende Kapitalertragsteuer von 20 Prozent ist anzurechnen und i.R.d. Körperschaftsteuerveranlagung zu erstatten.

Erzielt die Stiftung Dividenden bzw. veräußert sie ihre Anteile an einer Kapitalgesellschaft, so werden von den Bezügen, die bei der Ermittlung des Einkommens außer Ansatz bleiben, pauschal 5 Prozent als nicht abzugsfähige Betriebsausgaben angesehen und unterliegen somit der Besteuerung bei der Stiftung als Gesellschafterin, § 8b Abs. 3, 5 KStG. Das Abzugsverbot ist auf jeden Gewinn i.S.d. § 8b Abs. 2 Satz 1 und 3 KStG anzuwenden und gilt daher auch für Gewinne aus Wertaufholungen i.S.d. § 6 Abs. 1 Nr. 2 Satz 3 EStG und Gewinne i.S.d. § 21 Abs. 2 UmwStG.

159

Von der Steuerbefreiung nach § 8b KStG sind regelmäßig **einbringungsgeborene Anteile** (§ 21 UmwStG), die innerhalb von sieben Jahren nach dem Erwerb veräußert werden, ausgenommen, § 8b Abs. 4 KStG.[255]

160

dd) Besonderheiten beim Erwerb von Todes wegen

Erlangt die Stiftung die Erstausstattung oder spätere Zustiftungen durch Erwerb von Todes wegen, sind folgende ertragsteuerliche Besonderheiten zu berücksichtigen. Die als Erbe eingesetzte Stiftung kann Aufwendungen, die ihr im Zusammenhang mit der Erfüllung von Vermächtnissen oder Pflichtteilsansprüchen entstehen, grundsätzlich nicht als Werbungskosten/Betriebsausgaben abziehen.[256] Diese Lasten können nicht dem unternehmerischen Bereich der Stiftung zugeordnet werden, da sie von vornherein mit dem Erbe verbunden waren. Ist die Stiftung als Erbe eines Betriebsvermögens o.ä. verpflichtet, in Erfüllung eines Vermächtnisses einzelne Wirtschaftsgüter an Dritte weiterzugeben, so stellt dies regelmäßig eine Entnahme dar,[257] die mit dem **Teilwert** anzusetzen ist. Handelt es sich bei den betreffenden Einzelwirtschaftsgütern um wesentliche Betriebsgrundlagen, so kann die Weitergabe sogar eine Betriebsaufgabe zur Folge haben.[258]

161

b) Erbersatzsteuer als Besonderheit bei Familienstiftungen

Inländische Stiftungen, die wesentlich im Interesse einer Familie oder bestimmter Familien errichtet worden sind, unterliegen in 30-jährigem Turnus der Erbersatzsteuer, die das Stiftungsvermögen der Erbschaftsteuer unterwirft, § 1 Abs. 1 Nr. 4 ErbStG. Dadurch soll verhindert werden, dass das in den Familienstiftungen gebundene Vermögen auf Generationen der Erbschaftsteuer entzogen wird.[259]

162

---

254 Vgl. Verfügung der OFD Kiel v. 19.9.2002, FR 2002, 1255; a.A. *Frotscher/Maas*, KStG/UmwStG, § 8b Rn. 56e.
255 Vgl. *Meyn/Richter*, Stiftung, Rn. 734 ff.; *Richter*, Stiftung & Sponsoring, Heft 5/2003 (RS), 15.
256 Vgl. *Gebel*, Betriebsvermögensnachfolge, Rn. 1183.
257 Vgl. *Gebel*, Betriebsvermögensnachfolge, Rn. 1184.
258 Vgl. *Gebel*, Betriebsvermögensnachfolge, Rn. 1184.
259 BFH, Urt. v. 10.12.1997 – II R 25/94, BStBl. II 1998, 114, 115; vgl. auch *Meyn/Richter*, Stiftung, Rn. 863.

aa) Überblick

163 Der Gesetzgeber hat 1974 die Erbersatzsteuer eingeführt. Das BVerfG hat die Verfassungsmäßigkeit dieser Bestimmung ausdrücklich bestätigt.[260] Trotz Belastung kann die Erbersatzsteuer in einzelnen Fällen günstiger sein als die Erbschaftsteuer auf den normalen Erbgang. Dies gilt z.B. bei einer kürzeren Erbfolge als 30 Jahre, bei Eingreifen einer ungünstigeren Steuerklasse als Klasse I oder bei nur einem oder gar keinem Kind als Erben.[261] Darüber hinaus ist aufgrund des bekannten Zeitpunkts des Anfalls eine bessere Planung und Gestaltung möglich (Umschichtung in Vermögen mit niedrigen Steuerwerten; negatives Betriebsvermögen etc.).

bb) Berechnung der Erbersatzsteuer

164 Die Höhe der Erbersatzsteuer bemisst sich so, als entfalle das Gesamtvermögen der Familienstiftung auf zwei Kinder, vgl. § 15 Abs. 2 Satz 3 ErbStG. Dies gilt ungeachtet der tatsächlichen Verwandtschaftsverhältnisse und auch, wenn gar keine oder weniger als zwei Kinder begünstigt sind.[262]

165 Entsprechend ist der **doppelte Kinderfreibetrag** i.H.v. jeweils 205.000 € vom Wert des Stiftungsvermögens abzuziehen, vgl. §§ 16 Abs. 1 Nr. 2, 15 Abs. 2 Satz 3 1. HS ErbStG. Die Steuer für den danach verbleibenden Gesamtwert bemisst sich nach dem Vomhundertsatz der Steuerklasse I, der für die Hälfte dieses Gesamtwertes gelten würde, vgl. § 15 Abs. 2 Satz 3 2. HS ErbStG.

166 Die so berechnete Steuer kann auf Antrag über 30 Jahre verrentet werden, vgl. § 24 ErbStG. Diese Jahresraten setzen sich aus der Tilgungsleistung und einer Verzinsung i.H.v. 5,5 Prozent p.a. zusammen.[263]

cc) Bemessungsgrundlage und Bewertung

167 Die Bemessungsgrundlage der Erbersatzsteuer erstreckt sich auf das gesamte Stiftungsvermögen zum Zeitpunkt des Entstehens der Steuerpflicht.[264] Zustiftungen nach Errichtung der Stiftung werden demnach unabhängig von dem Zeitpunkt ihres Zugangs von der Erbersatzsteuer erfasst.

> **Praxishinweis:**
> Das ist bei der Gründung einer sog. Stufenstiftung zu berücksichtigen. Dabei gründet der Stifter die **Familienstiftung noch zu Lebzeiten** und überträgt ihr vorerst geringe Vermögenswerte. Vorteile dabei sind, dass der Stifter bei aufkommenden Schwierigkeiten selbst eingreifen kann und auch den Wert des übertragenen Vermögens durch Bestimmung des Zeitpunkts beeinflussen kann. Die Steuer entsteht mit dem Zeitpunkt der Übertragung, unüberschaubare Vermögensentwicklungen zwischen dem Anfall der Zuwendung und der Anerkennung der Stiftung von Todes wegen können daher vermieden werden.

Allerdings beginnt die **30-Jahres-Frist** ab dem Zeitpunkt der ersten Vermögensübertragung zu laufen. Liegt daher zwischen der anfänglichen Zuwendung unter Lebenden und der bedeutenderen Zuwendung von Todes wegen ein längerer Zeitraum, wird die Erbersatzsteuer bereits verhältnismäßig früh auf den Gesamtwert ausgelöst. Die Vor-

---

260 BVerfGE 63, 312 ff.; s. auch *Sorg*, Familienstiftung, S. 79 ff. m.w.N.
261 Vgl. *Seifart/v. Campenhausen/Pöllath*, HB Stiftungsrecht, § 14 Rn. 112.
262 Vgl. *Seifart/v. Campenhausen/Pöllath*, HB Stiftungsrecht, § 14 Rn. 123.
263 Vgl. *Seifart/v. Campenhausen/Pöllath*, HB Stiftungsrecht, § 14 Rn. 124.
264 Vgl. *Seifart/v. Campenhausen/Pöllath*, HB Stiftungsrecht, § 14 Rn. 117.

und Nachteile einer solchen Stufengründung sind daher im Einzelfall sorgfältig abzuwägen.

Eine Beschränkung auf die Vermögensteile, die dem Interesse der Familie dienen, findet nicht statt.²⁶⁵ Ebenso wenig kann der Kapitalwert künftiger Leistungen an satzungsmäßig Begünstigte abgezogen werden, § 10 Abs. 7 ErbStG.²⁶⁶ Das **Abzugsverbot** gilt grundsätzlich auch für Versorgungsleistungen an den Stifter oder seine Angehörigen, zu denen die Stiftung anlässlich einer zur Erstausstattung gehörenden Betriebsübergabe verpflichtet worden ist. Bei Zustiftungen kann die Sachlage jedoch anders zu bewerten sein.²⁶⁷ Die Koppelung der Zustiftung an die Verpflichtung zu künftigen Versorgungsleistungen kann eine Last darstellen, die von vornherein das für satzungsmäßige Zwecke zur Verfügung stehende Vermögen mindert. Eine solche Leistungspflicht ist bei der Ermittlung der Bemessungsgrundlage zu berücksichtigen.

168

Die Familienstiftung kann die Bemessungsgrundlage jedoch durchaus gestalten und entsprechend mindern.²⁶⁸ Insbesondere kann sie die satzungsmäßigen Mittelabflüsse an die Begünstigten vor Ablauf der 30 Jahre intensivieren oder auch die „normalen" Zuwendungen der nächsten Folgejahre vorziehen.²⁶⁹ Zu einer **Optimierung der Bemessungsgrundlage** können zudem Umschichtungen von Vermögenswerten (z.B. von Geldvermögen in Grundvermögen oder von Privatvermögen in Betriebsvermögen) erfolgen oder der fremdfinanzierte Erwerb vermieteter Grundstücke genutzt werden.²⁷⁰ In diesem Zusammenhang kamen Formen des Kommunalleasing auf, insbesondere durch Sale-and-Lease-Back Modelle. Dadurch sollten die Kommunen neue Liquidität gewinnen und die steuerpflichtigen Familienstiftungen Erbersatzsteuer sparen. Spektakulärstes Beispiel war wohl der geplante Verkauf des Münchener Rathauses. Derartige Gestaltungen sind jedenfalls für Bayern ausdrücklich steuerlich nicht anzuerkennen.²⁷¹

169

Praxishinweis:
Bereits bei Errichtung der Familienstiftung empfiehlt sich im Hinblick auf die Erbersatzsteuer nicht eine Stiftung für mehrere Kinder gemeinsam, sondern **für jedes Kind einzeln** zu gründen.²⁷² Die steuerliche Privilegierung des Betriebsvermögens gilt auch i.R.d. Erbersatzsteuer, § 13a Abs. 1, 2, 7 ErbStG.

170

c) Sonstige Steuern

Die Stiftung ist beim Vorliegen eines **inländischen Gewerbebetriebs** gewerbesteuerpflichtig.²⁷³ Nach derzeit geltendem Gewerbesteuerrecht erhält die Stiftung gem. § 11 Abs. 1 Satz 3 Nr. 2 GewStG einen Freibetrag von 3.900 €.

171

Ebenso gelten die allgemeinen Bestimmungen des Umsatzsteuergesetzes, sofern die **Stiftung als Unternehmerin** i.S.d. Umsatzsteuergesetzes tätig wird. Die satzungsge-

172

---

265 Vgl. *Seifart/v. Campenhausen/Pöllath*, HB Stiftungsrecht, § 14 Rn. 117.
266 Vgl. *v. Oertzen/Müller*, Stiftung & Sponsoring, Heft 6/2003 (RS), S. 8.
267 Vgl. *Gebel*, Betriebsvermögensnachfolge, Rn. 1214.
268 Vgl. *Seifart/v. Campenhausen/Pöllath*, HB Stiftungsrecht, § 14 Rn. 118 ff.
269 Vgl. *Hof/Hartmann/Richter*, Stiftungen, S. 204.
270 Vgl. *Meyn/Richter*, Stiftung, Rn. 874.
271 Erlass des FM Bayern v. 19.11.2002, ZEV 2003, 73; Pressemitteilung der Bayerischen Staatskanzlei Nr. 400 v. 3.12.2002.
272 Vgl. *v. Oertzen/Müller*, Stiftung & Sponsoring, Heft 6/2003 (RS), S. 8.
273 Vgl. *Berndt*, Stiftung & Sponsoring, Heft 3/2004, 15, 19.

mäßen Zuwendungen unterliegen mangels Gegenleistung der Begünstigten jedoch nicht der Umsatzsteuer.[274]

4. Besteuerung der Stiftungsaufhebung

173 Im Fall der Aufhebung einer privatnützigen Stiftung sind einige steuerliche Besonderheiten zu beachten. So gilt der Erwerb durch Anfallsberechtigte bei Aufhebung einer steuerpflichtigen Stiftung als Schenkung unter Lebenden. Die Besteuerung bei Aufhebung einer Familienstiftung ist ähnlich der bei der Errichtung der Stiftung, es greift das Steuerklassenprivileg. Ebenfalls als Aufhebung einer Familienstiftung wird die Änderung des Stiftungscharakters (so genannte „Umwandlung") angesehen.

a) Aufhebung einer steuerpflichtigen Stiftung

174 Bei Aufhebung einer Stiftung fällt das Stiftungsvermögen den im Stiftungsgeschäft bzw. in der Satzung bestimmten Personen zu, § 88 BGB. Da die Anfallsberechtigten einen Anspruch auf den Vermögensanfall haben, kann dieser Vorgang nicht als freigebige Zuwendung gewertet werden. So bliebe der Vermögensübergang schenkungsteuerfrei, obgleich er mit dem steuerpflichtigen Vermögensübergang im Erbfall vergleichbar wäre.[275] Dieses Ergebnis verhindert jedoch der Sondertatbestand des § 7 Abs. 1 Nr. 9 Satz 1 ErbStG, der den Erwerb durch Anfallsberechtigte bei **Stiftungsaufhebung als Schenkung unter Lebenden** (um)qualifiziert. Der Sondertatbestand erfasst indes nur den Erwerb durch Anfallsberechtigte. Beim Erwerb anderer Personen richtet sich die Steuerpflicht einzig nach § 7 Abs. 1 Nr. 1 ErbStG.[276]

175 Schüttet die Stiftung ohne endgültige Aufhebung Teile ihres Vermögens an Anfallsberechtigte aus, so richtet sich auch die Schenkungsteuerpflichtigkeit dieses Erwerbs nicht nach § 7 Abs. 1 Nr. 9 Satz 1 ErbStG, sondern ausschließlich nach § 7 Abs. 1 Nr. 1 ErbStG.[277]

176 Gehört zum Stiftungsvermögen ein Betrieb oder Mitunternehmeranteil oder war die aufgehobene Stiftung zu mehr als 25 Prozent an einer inländischen Kapitalgesellschaft beteiligt, so kommt den Anfallsberechtigten der **Betriebsvermögensfreibetrag** und der Bewertungsabschlag des § 13a Abs. 1 und 2 ErbStG sowie der tarifliche Entlastungsbetrag nach § 19a ErbStG zugute. Ist der Anfallsberechtigte eine natürliche Person, kann auch der Erwerb eines Teils eines Mitunternehmeranteils begünstigt sein.[278]

b) Aufhebung einer Familienstiftung

177 Die vollständige Aufhebung der Familienstiftung gilt als **Schenkung unter Lebenden** und ist als solche steuerpflichtig, § 7 Abs. 1 Nr. 9 ErbStG. Als Schenker gilt nicht die Stiftung, sondern der Stifter. Für die Bestimmung der Steuerklasse des Anfallsberechtigten ist daher auf das Verhältnis zum Stifter abzustellen. Dadurch gilt als anzuwendende Steuerklasse nicht zwingend die ungünstige Steuerklasse III.[279] Die **persönlichen Freibeträge** des Anfallsberechtigten bestimmen sich ebenfalls nach seinem Verhältnis zum Stifter. Der **Rückfall des Stiftungsvermögens an den Stifter** selbst ist

---

274 Vgl. *v. Oertzen/Müller*, Stiftung & Sponsoring, Heft 6/2003 (RS), S. 8.
275 Vgl. *Gebel*, Betriebsvermögensnachfolge, Rn. 1268.
276 Vgl. *Gebel*, Betriebsvermögensnachfolge, Rn. 1269.
277 Vgl. *Gebel*, Betriebsvermögensnachfolge, Rn. 1269.
278 Vgl. *Gebel*, Betriebsvermögensnachfolge, Rn. 1273.
279 Vgl. *Meincke*, Erbschafts- und Schenkungssteuergesetz, § 15 Rn. 19; *Seifart/v. Campenhausen/Pöllath*, HB Stiftungsrecht, § 14 Rn. 136.

grundsätzlich nicht steuerfrei oder -privilegiert, sondern unterliegt der Besteuerung nach Steuerklasse III.[280]

Soweit die Rückübertragung auf den Stifter grundsätzlich angedacht ist, sollte sich der Stifter zur Vermeidung einer doppelten Besteuerung ein **Rückforderungsrecht** ausdrücklich vorbehalten oder seine Anfallsberechtigung vorgeben bzw. die Übertragung unter einer aufschiebenden Bedingung vornehmen. In diesen Fällen würde die ursprünglich für die Übertragung durch die Stiftung getragene Steuer rückwirkend erlöschen, vgl. § 29 Abs. 1 Nr. 1 ErbStG. Der **Rückfall an den Stifter** bliebe steuerfrei.[281]

178

Erfolgt die Aufhebung der Familienstiftung zeitnah nach dem Stichtag der Erbersatzsteuer, kann die Steuer ermäßigt werden, vgl. § 26 ErbStG. Liegen zwischen Stiftungsaufhebung und Stichtag für die Erbersatzsteuer höchstens zwei Jahre, wird die Erbersatzsteuer auf die Schenkungsteuer zu 50 Prozent angerechnet. Bei einem Zeitraum von höchstens vier Jahren erfolgt eine Anrechnung i.H.v. 25 Prozent.

179

c) „Umwandlung" einer Familienstiftung

Ein Sonderproblem ergibt sich beim Übergang von der Familienstiftung zur gewöhnlichen Stiftung. Motivation kann z.B. das Aussterben der Familie sein, das den Charakter als Familienstiftung entfallen lässt. Die Finanzverwaltung behandelt die „Umwandlung" (im Sinne einer Umwidmung) einer Familienstiftung in eine gewöhnliche Stiftung durch Satzungsänderung als **Aufhebung der Familienstiftung** und Errichtung einer neuen Stiftung, vgl. R 2 Abs. 4 ErbStR 2003. Der Erwerb der neuen Stiftung unterliegt der Schenkungsteuer nach Steuerklasse III, vgl. § 7 Abs. 1 Nr. 9 ErbStG i.V.m. § 15 Abs. 1 ErbStG.

180

Entsprechendes gilt, wenn durch Satzungsänderung lediglich bisher nicht bezugs- oder anfallsberechtigte Familienmitglieder, die mit dem Stifter entfernter verwandt sind, in den **Kreis der Destinatäre** aufgenommen werden und durch ihre Zugehörigkeit zu diesem Personenkreis bereits zum Zeitpunkt der Besteuerung der Erstausstattung sich damals eine ungünstigere **Steuerklasse** ergeben hätte, vgl. R 2 Abs. 4 Satz 2 bis 5 ErbStR 2003.

181

Die „Umwandlung" in eine gemeinnützige Stiftung ist allerdings **steuerfrei** möglich, vgl. § 13 Abs. 1 Nr. 16b ErbStG.[282] Eine derartige „Umwandlung" kann steuerlich interessant sein, um vor Ablauf der 30-Jahres-Frist den Anfall der Erbersatzsteuer zu verhindern.[283]

182

5. *Besteuerung des Stifters*

Die unentgeltliche Übertragung von Vermögenswerten auf eine Stiftung – ob als Erstausstattung, Zustiftung, Spende oder sonstige Zuwendung – können beim Zuwendenden grundsätzlich dieselben **ertragsteuerlichen Rechtsfolgen** auslösen wie eine Veräußerung. Dieser realisiert unter Umständen durch die Entnahme des Vermögensgegenstandes etwaige bestehende stille Reserven, wenn nicht das Gesetz im Einzelfall auf die steuerliche Realisierung verzichtet und die **Entnahme zum Buchwert** zulässt.[284]

183

---

280 BFH, Urt. v. 25.11.1992 – II R 77/90, BStBl. II 1993, 238, 239; ablehnend *Binz/Sorg*, DStR 1994, 229, 232.
281 Vgl. *Busch/Heuer*, Stiftung & Sponsoring, Heft 1/2003 (RS), S. 7; *Jülicher*, StuW 1999, 363, 371.
282 Vgl. *v. Oertzen/Müller*, Stiftung & Sponsoring, Heft 6/2003 (RS), S. 8.
283 Vgl. *Seifart/v. Campenhausen/Pöllath*, HB Stiftungsrecht, § 14 Rn. 137.
284 Vgl. *Seifart/v. Campenhausen/Pöllath*, HB Stiftungsrecht, § 40 Rn. 2.

Während die Gewinnrealisierung im steuerlichen Privatvermögen regelmäßig steuerfrei möglich ist (Ausnahmen innerhalb der Spekulationsfrist, bei qualifizierten Beteiligungen oder einbringungsgeborenen Anteilen), ist sie beim steuerlichen Betriebsvermögen selbst bei unentgeltlicher Übertragung i.d.R. steuerpflichtig.[285]

184 Für den unentgeltlichen Übergang eines Betriebes, Teilbetriebes oder Mitunternehmeranteils gilt jedoch die **Pflicht zur Buchwertfortführung**, vgl. § 6 Abs. 3 EStG.[286] Die Stiftung als Zuwendungsempfänger ist somit an die Wertansätze des Rechtsvorgängers gebunden. Die Aufdeckung der stillen Reserven, die an sich mit einem Subjektwechsel verbunden ist, wird hierdurch vermieden.

185 Die Buchwertfortführungspflicht gilt dagegen nicht, wenn der Stiftung nur ein Teil eines Mitunternehmeranteils unentgeltlich zugewendet wird.[287] In diesem Fall ist eine Buchwertfortführung nur vorgesehen, wenn der Erwerb durch natürliche Personen erfolgt, § 6 Abs. 3 Satz 1 1. HS EStG. Der Erwerb eines Teilanteils durch eine Stiftung führt somit beim Stifter bzw. Zustifter zu einer anteiligen Entnahme des Gesamthandvermögens mit der Folge einer eventuellen **Gewinnrealisierung durch Aufdeckung stiller Reserven**.[288]

186 Andererseits können Zuwendungen an die Stiftung zum steuerlichen Abzug als Betriebsausgabe oder Werbungskosten berechtigen, sofern diese für den Stifter oder Zustifter der Erzielung von Einkünften in einer bestimmten Einkunftsart dienen.[289]

6. Besteuerung der Destinatäre

187 **Satzungsmäßige Zuwendungen** aus dem Vermögen von Stiftungen fallen den Begünstigten unentgeltlich zu. Dennoch sind sie schenkungsteuerfrei, da sie nicht um der Bereicherung der Bedachten willen, sondern zur Erfüllung des Stiftungszwecks geleistet werden.[290] Allerdings unterliegen die Einkünfte der Destinatäre dem **Halbeinkünfteverfahren**. Das bedeutet, dass die Einkünfte zur Hälfte einkommensteuerpflichtig sind, § 3 Nr. 40 EStG. Entsprechend sind Betriebsausgaben und Werbungskosten lediglich hälftig abzugsfähig, §§ 3c Abs. 2 Satz 1, 52 Abs. 8a EStG.

188 Nicht abschließend geklärt ist, welcher Einkunftsart die Ausschüttungen einer steuerpflichtigen Stiftung zuzuordnen sind und ob es sich hierbei um Einkünfte aus Kapitalvermögen nach § 20 Abs. 1 Nr. 9 EStG oder um sonstige Einkünfte i.S.d. Auffangtatbestandes des § 22 Nr. 1 Satz 2 2. HS EStG handelt.[291] Dieser Streit ist nur insoweit relevant, als der Anfall der Kapitalertragsteuer nur im Rahmen von § 20 Abs. 1 Nr. 9 EStG, nicht dagegen bei Anwendung des § 22 Nr. 1 Satz 2 2. HS EStG einschlägig ist. Dabei ist zu beachten, dass § 22 Nr. 1 Satz 1 EStG formell subsidiär gegenüber anderen Einkunftsarten ist. Außerdem ist § 20 Abs. 1 Nr. 9 EStG gerade als Spezialnorm zur Regelung der Besteuerung der Ausschüttungen von Stiftungen (und sonstigen juristischen Personen des privaten Rechts) eingeführt worden.[292] Für die Anwendung des § 22 Nr. 1 Satz 1 EStG bleibt daher kein Raum.[293] Somit führen die Ausschüttun-

---

285 Vgl. *Seifart/v. Campenhausen/Pöllath*, HB Stiftungsrecht, § 40 Rn. 44.
286 Vgl. *Brandmüller/Lindner*, Gewerbliche Stiftungen, S. 53.
287 Vgl. *Gebel*, Betriebsvermögensnachfolge, Rn. 1202.
288 Vgl. *Gebel*, Betriebsvermögensnachfolge, Rn. 1202.
289 Vgl. *Seifart/v. Campenhausen/Pöllath*, HB Stiftungsrecht, § 40 Rn. 42 u. 49.
290 Vgl. *Gebel*, Betriebsvermögensnachfolge, Rn. 1260.
291 Vgl. *Meyn/Richter*, Stiftung, Rn. 853 ff.
292 Vgl. *Schiffer/v. Schubert*, BB 2002, 265, 268.
293 Vgl. *Meyn/Richter*, Stiftung, Rn. 858.

gen bei den Destinatären zu Einkünften aus Kapitalvermögen gem. § 20 Abs. 1 Nr. 9 EStG. Als solche unterliegen sie der Kapitalertragsteuer, §§ 43 Abs. 1 Nr. 7a, 52 Abs. 53 EStG.

Von dem Begünstigten geleistete **Kapitalertragsteuer** kann er vollständig auf seine Steuerschuld anrechnen, § 36 Abs. 2 Nr. 2 Satz 1 EStG. Das gilt auch für den Teil der Kapitalertragsteuer, der auf die steuerfreie Hälfte der Ausschüttung entfällt. Ist der Bedachte steuerbegünstigt, kann vom Kapitalertragsteuerabzug Abstand genommen werden, vgl. § 44a Abs. 7 EStG.

III. Ausländische Familienstiftungen

1. Überblick

Sonderregelungen greifen für Familienstiftungen, deren **Geschäftsleitung und Sitz nicht in Deutschland** liegt.[294] Ausländische Familienstiftungen sind gem. § 15 Abs. 2 AStG solche Stiftungen, bei denen der Stifter, seine Angehörigen und deren Abkömmlinge zu mehr als der Hälfte bezugs- oder anfallsberechtigt sind. Die Feststellung des maßgeblichen Familienbezugs wird erschwert, wenn die Zuwendungen an Begünstigte im Ermessen der Leitungsorgane liegen.[295] Die ausländische Familienstiftung muss nicht notwendigerweise rechtsfähig sein, vielmehr genügt das Vorliegen eines Zweckvermögens. Nach der Rspr. des BFH fällt hierunter auch ein **Trust**.[296] Dies ist zweifelhaft, da der Trust anders als das Zweckvermögen nicht durch die Bindung an einen objektiven Zweck, sondern gerade durch die subjektive Begünstigung der Familienmitglieder gekennzeichnet ist.[297] Rechtsfolge für die Einordnung als ausländische Familienstiftung ist die Unanwendbarkeit der Steuerklassenprivilegierung und der Erbersatzbesteuerung. Daneben besteht die Möglichkeit des einkommensteuerrechtlichen Durchgriffs auf den Stifter bzw. die hinter der ausländischen Familienstiftung stehenden Anfalls- oder Bezugsberechtigen.

2. Besteuerung der Stiftung

a) Besteuerung bei Errichtung

Die Erstausstattung einer ausländischen Familienstiftung stellt gem. §§ 3 Abs. 2 Nr. 1, 7 Abs. 1 Nr. 8 ErbStG einen erbschaft- und schenkungsteuerpflichtigen Vorgang dar, sofern der Stifter aufgrund seines Wohnsitzes in der Bundesrepublik Deutschland als Inländer unbeschränkt steuerpflichtig ist.[298] Infolge des eindeutigen Wortlauts des § 15 Abs. 2 Satz 1 ErbStG findet das Steuerklassenprivileg allerdings **keine** Anwendung. Dies gilt trotz der Tatsache, dass ausländische Familienstiftungen, wenn der Stifter als Steuerinländer unbeschränkt steuerpflichtig ist, in vollem Umfang der Erbschaftsteuer unterliegen, § 2 Abs. 1 Nr. 1 ErbStG.[299] Es gilt somit Steuerklasse III. Zu Recht erachtet *Wachter* diese Rechtslage – sofern es um Familienstiftungen im europä-

---

294 Zur Zulässigkeit von Familienstiftungen in Österreich u. Liechtenstein vgl. *Busch/Heuer*, Stiftung & Sponsoring, Heft 1/2003 (RS), S. 2 f.
295 Vgl. *Seifart/v. Campenhausen/Pöllath*, HB Stiftungsrecht, § 14 Rn. 127.
296 BFH, Urt. v. 5.11.1992 – I R 39/92, BStBl. II 1993, 388, 389; BFH, Urt. v. 2.2.1994 – I R 66/92, BStBl II 1994, 727.
297 Vgl. *Seifart/v. Campenhausen/Pöllath*, HB Stiftungsrecht, § 14 Rn. 128.
298 Vgl. *Busch/Heuer*, Stiftung & Sponsoring, Heft 1/2003 (RS), S. 4.
299 Vgl. *Gebel*, Betriebsvermögensnachfolge, Rn. 1237.

ischen Ausland geht – wegen Verstoßes gegen die Niederlassungs- und Kapitalverkehrsfreiheit als europarechtswidrig.[300]

b) Laufende Besteuerung

192 Es ist grundsätzlich davon auszugehen, dass ausländische Familienstiftungen weder ihren Sitz noch ihre Geschäftsleitung in der Bundesrepublik Deutschland haben. Sie sind daher beschränkt körperschaftsteuerpflichtig und unterliegen mit ihren inländischen Einkünften der deutschen Körperschaftsteuer, §§ 2 Nr. 1, 8 KStG i.V.m. § 49 EStG. Die Erbersatzsteuer ist auf ausländische Familienstiftungen nicht anwendbar.

3. *Besteuerung des Stifters*

a) Besteuerung bei Errichtung

193 Die Vermögensausstattung einer ausländischen Familienstiftung kann zu einer Ertragbesteuerung in Deutschland führen. Der deutsche Gesetzgeber fingiert nach § 6 Abs. 1 i.V.m. Abs. 3 Nr. 1 AStG eine **steuerpflichtige Veräußerung**, wenn der Steuerpflichtige die letzten zehn Jahre vor der Vermögensübertragung in Deutschland unbeschränkt einkommensteuerpflichtig gewesen ist und Anteile i.S.d. § 17 EStG auf die ausländische Familienstiftung überträgt. Nach § 6 Abs. 3 Nr. 1 2. HS AStG wird die Steuer auf Antrag ermäßigt oder erlassen, wenn für die Übertragung der Anteile Erbschaftsteuer zu entrichten ist.

b) Laufende Besteuerung

194 Ist der Stifter **unbeschränkt steuerpflichtig**, wird ihm für seine Einkommensteuer das Einkommen, das der ausländischen Familienstiftung während des entsprechenden Veranlagungszeitraums zugeflossen ist, unmittelbar zugerechnet.[301] Von der Durchgriffsregelung betroffen sind ausländische Stiftungen, bei denen der Stifter, seine Angehörigen oder deren Abkömmlinge zu mehr als der Hälfte begünstigt sind, § 15 Abs. 2 AStG. Entsprechendes gilt auch für **ausländische Unternehmensstiftungen**, bei denen eine Begünstigung zu mehr als der Hälfte für den Stifter, seine Gesellschafter, von ihm abhängige Gesellschafter, Mitglieder, Vorstandsmitglieder, leitende Angestellte und Angehörige dieser Personen besteht, § 15 Abs. 3 AStG.

195 Der **Begriff des Stifters** wird in § 15 AStG nicht definiert. Einigkeit herrscht jedoch darüber, dass sich seine Beurteilung an den tatsächlichen, wirtschaftlichen Verhältnissen zu orientieren hat. Ein Abstellen allein auf den formalen Akt des Unterzeichnens der Stiftungsurkunde würde nämlich Umgehungsmöglichkeiten eröffnen und dem Sinn und Zweck des § 15 AStG, Steuerflucht und Steuervermeidung entgegenzuwirken, widersprechen.[302] Der BFH beurteilt als Stifter die Person, für deren Rechnung das Stiftungsgeschäft abgeschlossen worden ist, oder die in der Art des Stifters Vermögen auf die Stiftung überträgt bzw. der das Stiftungsgeschäft bei wirtschaftlicher Betrachtung zuzurechnen ist.[303] Konsequenz dieser Rechtsauffassung ist, dass die Durchgriffsbesteuerung beim inländischen Steuerpflichtigen nicht durch Zwischenschaltung von Gesellschaften oder Familienstiftungen umgangen werden kann.[304]

---

300 Vgl. *Wachter*, ZEV 2001, 501.
301 Vgl. AEAStG, Nr. 15.1.2 zu § 15 AStG in BStBl. I 1995 – Sondernr. 1/1995 – S. 54.
302 BFH, Urt.v. 25.4.2001 – II R 14/98, BFH/NV 2001, 1457, 1459.
303 BFH, Urt. v. 25.4.2001 – II R 14/98, BFH/NV 2001, 1457, 1459.
304 Vgl. *Jülicher*, PIStB 2002, 9.

c) Besteuerung bei Aufhebung

Der **Rückfall des Stiftungsvermögens** i.R.d. Aufhebung einer ausländischen Familienstiftung an den in Deutschland ansässigen Stifter unterliegt der Besteuerung nach Steuerklasse III.[305]

4. Besteuerung der Anfalls- und Bezugsberechtigten

a) Laufende Besteuerung

Ist nicht der Stifter, aber ein Bezugs- oder Anfallberechtigter unbeschränkt steuerpflichtig, so erfolgt die **Zurechnung** an diesen entsprechend seiner Anteile, vgl. § 15 Abs. 1 AStG. Eine zentrale Frage i.R.d. § 15 Abs. 1 AStG ist die Auslegung des Begriffs des Anfalls- bzw. Bezugsberechtigten. Einigkeit besteht insofern, dass bei Bestehen eines rechtlichen Anspruchs auf die Leistung in jedem Fall eine Anfalls- bzw. Bezugsberechtigung gegeben ist. Ob Anfalls- bzw. Bezugsberechtigungen jedoch auch bei Ansprüchen geringerer Qualität bestehen können, ist umstritten.

Die Finanzverwaltung vertritt insofern eine weite Auffassung, nach der eine Person nicht nur dann bezugs- bzw. anfallsberechtigt ist, wenn sie nach der Satzung der Familienstiftung Leistungen der Stiftung rechtlich verlangen, sondern auch dann, wenn sie den Erhalt solcher Leistungen tatsächlich bewirken kann.[306] *Runge* geht sogar soweit, eine Anfallsberechtigung bereits dann anzunehmen, wenn die Umstände dafür sprechen, dass bei typischem Geschehensablauf das Stiftungsvermögen der betreffenden Person zufallen wird.[307] Demgegenüber beschränkt *Wassermeyer* die Anfalls- und Bezugsberechtigung auf solche Personen, die einen satzungsmäßigen Rechtsanspruch auf die jeweilige Leistung haben.[308]

Für die Kautelarpraxis ist diese Streitfrage nunmehr gelöst: In einer Grundsatzentscheidung v. 25.4.2001 entschied der BFH, dass Anfalls- und Bezugsberechtigung nach § 15 Abs. 1 AStG keinen einklagbaren Rechtsanspruch voraussetzen. Ausreichend sei vielmehr eine gesicherte Rechtsposition in Bezug auf den Anfall des Stiftungsvermögens.[309] Zur Begründung seiner Rechtsauffassung verwies der BFH auf den Sinn und Zweck des § 15 AStG, Steuerflucht und Steuervermeidung durch Errichtung ausländischer Familienstiftungen entgegenzuwirken und auf den entstehungsgeschichtlichen Hintergrund der Norm.[310] Diese Entscheidung entspricht einer allgemeinen Tendenz des BFH, die Tatbestandsmerkmale des § 15 AStG weit auszulegen.

Als **Zurechnungsgegenstand** ist das Einkommen der Stiftung, mit dem sie bei Steuerinländerschaft steuerpflichtig gewesen wäre, insgesamt zu ermitteln und anteilig zuzurechnen. Es erfolgt also eine Zurechnung des Einkommens und nicht der einzelnen Einkünfte.[311]

Positiver Aspekt der Einkommenszurechnung ist, dass nicht nur der Bezugsberechtigte sondern auch die Familienstiftung die einkommensteuerlichen Freibeträge geltend

---

305 BFH, Urt.v. 25.11.1992 – II R 77/90 , BStBl. II 1993, 238, 240.
306 BMF v. 2.12.1994, BStBl. 1995 – Sondernr. 1, Tz. 15.2.1.
307 Vgl. *Runge*, in: *Klam/Brezing*, Außensteuerrecht Komm., § 15 Rn. 14, 18.
308 Vgl. *Flick/Wassermeyer/Baumhoff*, Außensteuerrecht, § 15 Rn. 34 f.
309 BFH, Urt.v. 25.4.2001 – II R 14/98, BFH/NV 2001, 1457, 1460.
310 BFH, Urt.v. 25.4.2001 – II R 14/98, BFH/NV 2001, 1457, 1460.
311 Niedersächsisches FG, Urt. v. 15.7.1999, 14 K-347/93, EFG 2000, 742; vgl. *Seifart/v. Campenhausen/Pöllath*, HB Stiftungsrecht, § 14 Rn. 131.

machen kann. Der Zurechnung an die bezugsberechtigten Personen vorangehend ist nämlich das Einkommen der Stiftung nach den Grundsätzen unbeschränkter Steuerpflicht und damit unter Berücksichtigung von Werbungskostenpauschalbeträgen, Sparer-Freibeträgen und Sonderausgaben zu ermitteln.[312]

202 Eine Gestaltungsmöglichkeit ergibt sich hier daraus, dass sich die Freibeträge bei Bildung mehrerer, auch gleicher Familienstiftungen vervielfachen.[313] Dabei sind jedoch die Grenzen des Missbrauchsverbots zu beachten. Nach *Pöllath* müssen zur Bejahung der Rechtsmissbräuchlichkeit indes besondere unübliche Umstände gegeben sein. Allein das Nebeneinander mehrerer Familienstiftungen reiche dagegen nicht.[314]

203 Eine **Doppelbesteuerung** wird dadurch vermieden, dass eine seitens der Stiftung geleistete ausländische Steuer auf die inländische Steuer des Zurechnungsempfängers angerechnet wird, vgl. §§ 15 Abs. 5, 12 AStG.[315] Im Ergebnis macht die Durchgriffsbesteuerung die Auslandsstiftung als Medium der Steuergestaltung weitgehend uninteressant.[316] Die Vorteile des Einsatzes ausländischer Familienstiftungen im ausländischen Recht werden bei Inlandsbezügen nämlich größtenteils wieder zunichte gemacht, indem die Besteuerung auf deutsches Steuerniveau angehoben wird.[317] Auch Umwegskonstruktionen zur Verschleierung des tatsächlichen Stifters oder eine komplizierte Aufteilung von Begünstigungsregeln erscheinen insoweit nicht Erfolg versprechend.[318] Interessant ist die Auslandsstiftung regelmäßig nur bei Wegfall der unbeschränkten und auch erweitert beschränkten Steuerpflicht des Stifters sowie des Bezugs- oder Anfallsberechtigten im Zurechnungszeitpunkt.[319]

b) Besteuerung bei Aufhebung

204 Der Vermögensübergang i.R.d. Aufhebung einer ausländischen Familienstiftung auf einen Dritten ist gem. § 7 Abs. 1 Nr. 9 EStG schenkungsteuerpflichtig. Dabei bestimmt sich gem. § 15 Abs. 2 Satz 2 ErbStG die Steuerklasse nach den persönlichen Verhältnissen zwischen Stifter und Begünstigten.[320]

D. Gestaltungsmodelle

205 Die **Vorzüge der Familienstiftung** liegen im Zivilrecht aufgrund der Bestandsfestigkeit dieser Rechtsform ohne Gesellschafterpositionen, Pflichtteilsansprüche etc. Steuerlich ist die Familienstiftung selten attraktiv. Unter Berücksichtigung des Einzelfalls kann statt der Errichtung einer reinen Familienstiftung bspw. eine gemeinnützige Stiftung mit Familienbezug oder eine Kombination aus beidem denkbar sein.

206 Bei den verschiedenen Gestaltungsmodellen ist aber stets zu beachten, dass pauschale Vorteilhaftigkeitsanalysen nicht möglich sind. Vielmehr sind stets die jeweilgen zivil- und steuerrechtlichen Vor- und Nachteile unter Berücksichtigung aller gegebenen

---

312 Niedersächsisches FG, Urt. v. 15.7.1999, 14 K-347/93, EFG 2000, 742.
313 Vgl. *Seifart/v. Campenhausen/Pöllath*, HB Stiftungsrecht, § 14 Rn. 132.
314 Vgl. *Seifart/v. Campenhausen/Pöllath*, HB Stiftungsrecht, § 14 Rn. 132.
315 Vgl. *Seifart/v. Campenhausen/Pöllath*, HB Stiftungsrecht, § 14 Rn. 133.
316 Vgl. *Busch/Heuer*, Stiftung & Sponsoring, Heft 1/2003 (RS), S. 7; *Wachter*, ZEV 2001, 500.
317 Vgl. *Jülicher*, PIStB 2002, 11.
318 Vgl. *Jülicher*, PIStB 2002, 11.
319 Vgl. *Maier*, IStR 2001, 594.
320 Vgl. *Busch/Heuer*, Stiftung & Sponsoring, Heft 1/2003 (RS), S. 7.

D. Gestaltungsmodelle

Einzelfallumstände und möglicher künftiger Änderungen dieser Umstände zu beachten.

I. Gemeinnützige Stiftung mit teilweiser Familienbegünstigung

1. Überblick

Die **Familienstiftung** kann grundsätzlich aufgrund ihres auf das Familienwohl und nicht das Allgemeinwohl gerichteten Zwecks nicht gemeinnützig sein, vgl. § 52 AO. Trotzdem ist eine so genannte „gemeinnützige Familienstiftung" möglich. Diese verfolgt ausschließlich gemeinnützige, mildtätige bzw. kirchliche Zwecke. Sie darf jedoch bis zu einem Drittel ihres Einkommens dazu verwenden, um in angemessener Weise den Stifter und seine nächsten Angehörigen zu unterhalten, deren Gräber zu pflegen und deren Andenken zu ehren, ohne dadurch ihre Steuerbegünstigung zu gefährden, § 58 Nr. 5 AO. Es ist stets die **Drittel-Grenze** einzuhalten.[321] In diesem Fall entfallen alle Belastungen auf Seiten der Stiftung durch Erbschaft- und Schenkungsteuer, Körperschaftsteuer und Erbersatzsteuer. Die Ausschüttungen an die Begünstigten bleiben hingegen bei diesen steuerpflichtig.[322] Allerdings darf eine Unterstützung hilfsbedürftiger Angehöriger des Stifters nicht der alleinige Satzungszweck der Stiftung sein.[323]

207

2. Begriff der „nächsten Angehörigen"

Der Begriff der „nächsten Angehörigen" i.S.d. § 58 Nr. 5 AO ist **enger** gefasst als der allgemeine Begriff der Angehörigen gem. § 15 AO. Die Finanzverwaltung beschränkt die für die Anerkennung der Gemeinnützigkeit unschädliche Familienbegünstigung auf die Ehegatten, Eltern, Großeltern, Kinder (auch bei Adoption), Enkelkinder (ebenso im Fall der Adoption), Geschwister, Pflegekinder und Pflegeeltern. Weitere Verwandte oder Abkömmlinge nach den Enkeln sind dabei ausgeschlossen.[324]

208

Allerdings lässt sich der Kreis der Begünstigten bei Stiftungserrichtung durch den **Umweg der „Miterrichtung"** erweitern.[325] Gleiches gilt, wenn der Begünstigte selbst Zustifter wird, indem er selbst oder der Testamentsvollstrecker für ihn der Stiftung Vermögen zustiftet.[326] Das soll auch dann gelten, wenn das Vermögen zuvor vom Erststifter an ihn übertragen worden ist.[327]

209

3. Grenzen der Begünstigung

Die Begünstigung der **nächsten Angehörigen** ist auf ein Drittel des Einkommens[328] der gemeinnützigen Stiftung begrenzt. Diese Regelung bezieht sich auf den jeweiligen Veranlagungszeitraum. Nachholung und Vortrag sind nicht gestattet. Bei wechselnden Einkünften ist eine Grundversorgung des Stifters und seiner Angehörigen unter Umständen nicht gesichert.[329]

210

---

321 AEAO Nr. 5 zu § 58 Nr. 5 AO; AEAO Nr. 14 zu § 55 AO.
322 Vgl. *Seifart/v. Campenhausen/Pöllath*, HB Stiftungsrecht, § 14 Rn. 18.
323 AEAO Nr. 8 Satz 2 zu § 58 Nr. 5 AO.
324 Vgl. *v. Oertzen*, Stiftung & Sponsoring, Heft 3/1998, 16.
325 Vgl. *Seifart/v. Campenhausen/Pöllath*, HB Stiftungsrecht, § 14 Rn. 18.
326 Vgl. *Seifart/v. Campenhausen/Pöllath*, HB Stiftungsrecht, § 43 Rn. 57.
327 Vgl. *Seifart/v. Campenhausen/Pöllath*, HB Stiftungsrecht, § 43 Rn. 57.
328 Zur Auslegung des Begriffs „Einkommen" vgl. *Berndt*, Stiftung und Unternehmen, Rn. 1168; *Müller/Schubert*, DStR 2000, 1289, 1295 f.
329 Vgl. *Meyn/Richter*, Stiftung, Rn. 393.

211 Außerdem müssen die einzelnen Aufwendungen angemessen sein. Abzustellen ist dabei auf den **Lebensstandard des Zuwendungsempfängers**.[330] Aufgrund der Drittel-Regelung hat die gemeinnützige Familienstiftung an Stelle der reinen **Familienstiftung** in der Praxis regelmäßig nur geringe Bedeutung. Auch wenn zwischen der Stifterfamilie und der Finanzverwaltung Einigkeit über die Angemessenheit des Lebensunterhalts erzielt würde, wäre weiterhin zu klären, ob dieser Lebensunterhalt nicht bereits aus den sonstigen Mitteln der Begünstigten bestritten werden kann.[331]

II. Doppelstiftung

212 Für Unternehmerfamilien bietet die so genannte Doppelstiftung eine interessante Möglichkeit, die Steuervorteile der gemeinnützigen Stiftung zu erlangen und dennoch die **Familieninteressen** zu wahren.[332]

213 Durch die Errichtung einer Doppelstiftung kann es je nach den konkreten Umständen möglich sein, die gemeinnützigkeitsbezogenen Steuervorteile zu nutzen, die Erbschaft- und Schenkungsteuerlast bei Stiftungserrichtung zu minimieren, die Erbersatzsteuer auf die notwendigen Vermögensteile zu beschränken und die unternehmerische Verantwortung bei der Familie zu bündeln.[333]

214 Bei einer Doppelstiftung sind **zwei Stiftungen**, eine gemeinnützige und eine Familienstiftung, zu errichten. Auf die Familienstiftung werden sodann so viele Anteile eines Unternehmens übertragen, wie für die in der Satzung vorgesehene Unterstützung von Familienmitgliedern und der nachfolgenden Generationen erforderlich ist. Die restlichen Anteile erhält die gemeinnützige Stiftung. Für sie werden jedoch **Stimmrechte ausgeschlossen** oder zugunsten der Familienstiftung beschränkt.[334]

215 Die Familienstiftung hält somit **stimmberechtigte Stammaktien** oder Stammgeschäftsanteile, die gemeinnützige Stiftung Vorzugsaktien oder Vorzugsgeschäftsanteile. Gegenüber dem Unternehmen decken sich die Interessen beider Stiftungen jedenfalls bzgl. des Hauptinteresses, nachhaltige Erträge aus dem Unternehmen zu erlangen. Durch ein geringeres Volumen der Familienstiftung lassen sich Steuernachteile verringern. Die Steuerfreiheit der gemeinnützigen Stiftung schont die Kapitalbasis des Unternehmens.

216 Aus gesellschaftsrechtlicher Sicht stellt sich die Frage, ob diese Kombination von Mehrstimmrechten und stimmrechtslosen Anteilen im Falle einer kapitalmäßig nur symbolischen Beteiligung des Mehrstimmberechtigten eine **Umgehung des Abspaltungsverbots** darstellt. Inhalt des von der h.M. als allgemeiner Grundsatz anerkannten Abspaltungsverbots ist das Verbot, einzelne Mitgliedschaftsrechte von der Mitgliedschaft als solcher getrennt zu übertragen. Es ist unzulässig durch Gesellschaftsvertrag anteilslose Stimmrechte zu schaffen.[335]

---

330 Vgl. AEAO Nr. 7 zu § 58 Nr. 5 AO; a.A. *Müller/Schubert*, DStR 2000, 1289, 1296 f.; *Tipke/Kruse*, § 58 Rn. 6.
331 Vgl. *Meyn/Richter*, Stiftung, Rn. 392.
332 Zur Doppelstiftung vgl. *Richter*, Berater-Brief Vermögen, Heft 1/2004, 17, 20; *Richter/Sturm*, Stiftung & Sponsoring, Heft 6/2004, 11, 13.
333 Ein bekanntes Bsp. einer Doppelstiftung war die ursprüngliche Struktur der Gemeinnützigen Hertie-Stiftung u. der Hertie-Stiftung als Familienstiftung; nach der Veräußerung von Beteiligungen besteht die Struktur als Doppelstiftung nicht mehr.
334 Vgl. *Richter/Sturm*, Stiftung & Sponsoring, Heft 6/2004, 11, 13.
335 Vgl. *K. Schmidt*, Gesellschaftsrecht, S. 560 f.

Umgekehrt ist jedoch anerkannt, dass es den Gesellschaftern im Innenverhältnis frei steht, sowohl stimmrechtslose Anteile zu schaffen, als auch einzelnen Gesellschaftern Mehrstimmrechte einzuräumen. § 47 GmbHG ist insofern dispositiv.[336] Eine gemeinnützige Stiftung kann demnach Mehrheitsgesellschafterin einer GmbH sein und gleichzeitig stimmrechtslos gestellt werden. Im Umkehrschluss kann ein Mehrstimmrecht auch zugunsten eines symbolisch beteiligten Gesellschafters geschaffen werden.[337]

217

III. Unternehmensverbundene Stiftung

Unternehmensstiftungen sind eine Anwendungsform der Rechtsform Stiftung. Anders als bei der Familienstiftung oder der gemeinnützigen Stiftung braucht die Bezeichnung „Unternehmens"-stiftung nicht unbedingt darauf hinzuweisen, dass ein Unternehmen der oder ein Zweck ist, den die Stiftung verfolgt. Jedoch deutet der Begriff Unternehmensstiftung auf die Anlage von Vermögen der Stiftung in einem Unternehmen und die Herkunft von Mitteln aus einem Unternehmen hin. Von ihrer Zweckbestimmung her wird die Unternehmensstiftung Familienstiftung oder gemeinnützige Stiftung oder eine Kombination aus beiden sein.[338]

218

Grundsätzlich werden zwei Arten von Unternehmensstiftungen unterschieden, die **Unternehmensträgerstiftung** und die **Unternehmensbeteiligungsstiftung**. Die Unternehmensträgerstiftung betreibt selbst ein Unternehmen, die Unternehmensbeteiligungsstiftung hält dagegen Beteiligungen an Personen- oder Kapitalgesellschaften. Eine Stiftung kann sich an einer AG bzw. GmbH oder einer Personengesellschaft beteiligen. Beteiligt sich eine Stiftung an einer KG, so kann die Stiftung entweder als Kommanditistin in Erscheinung treten oder es kann die Errichtung einer Stiftung & Co. KG erwogen werden.

219

Die **Stiftung & Co. KG** ist die Verbindung einer Stiftung als Komplementär mit einer KG, deren Kommanditisten Familienmitglieder oder andere Personen sind.[339] Dabei kann die Stiftung als Komplementär entweder der Vermittlung der Kontrolle der Kommanditisten über das Unternehmen dienen oder gerade umgekehrt der „Entmachtung" der übrigen Gesellschafter, weil sie eine Stiftung wesensmäßig eben nicht kontrollieren können, anders als eine GmbH. In Anlehnung an die GmbH & Co. KG hat die Stiftung oft einen Komplementäranteil an der KG von 0 Prozent.

220

Der Stiftung & Co. KG stehen in der Diskussion Bedenken gegenüber. So wird u. a. angemerkt, dass die Stiftung u.U. nur als bloßes Hilfsmittel eingesetzt wird, um dem Unternehmen in der Rechtsform der KG einen **Komplementär** mit „Sondervorzügen" zu verschaffen. Ferner wird die mit der Komplementärstellung verbundene **Risikoübernahme** als Einwand genannt. Beide Einwände sind jedoch nicht durchschlagend. Ersterer relativiert sich schon angesichts der zahlenmäßig sehr geringen, wenn auch mitunter prominenten, Anwendungsfälle. Letzterem kann entgegengehalten werden, dass man nur schwerlich ein allgemeingültig vorgeschriebenes Risikoprofil für eine Stiftung definieren kann.[340]

221

---

336 OLG Frankfurt GmbHR 1990, 79, 82.
337 Vgl. *Richter/Sturm*, Stiftung & Sponsoring, Heft 6/2004, 11, 13.
338 Vgl. *Richter*, Berater-Brief Vermögen Heft, 1/2004, 17, 18.
339 Vgl. *Hof/Hartmann/Richter*, Stiftungen, S. 239 ff.
340 Ausführlich dazu *Seifart/v. Campenhausen/Pöllath*, HB Stiftungsrecht, § 13 Rn. 85 ff.

222 Nicht nur aus steuerlichen Gründen sollte bei **unternehmensverbundenen Stiftungen** die Kombination von gemeinnütziger Stiftung und Kapitalgesellschaft stets erwogen werden.[341] Die Errichtung einer Stiftung als Rechtsakt löst das Nachfolgeproblem nicht. Dies gilt freilich nicht nur für die Stiftung, denn auch die Vererbung an den Nachfolger in der Familie oder überhaupt die Familiengesellschaft sorgt nicht schon an sich für die Unternehmensnachfolge. Ob die Stiftung aber ein guter Eigentümer des Unternehmens sein wird, hängt zunächst von der im Vorhinein schwer zu beeinflussenden und vorherzusehenden Qualifikation der Handelnden ab. Wichtig ist dabei, dass die Stiftung als Eigentümerin des Unternehmens ihre Eigentümerrechte auch wirklich ausüben kann. Zur Ausübung der Eigentümerrechte gehört nicht das Hineinregieren in das Unternehmen, aber die distanzierte Kontrolle und als ultima ratio die Möglichkeit, sich ganz oder teilweise von dem Unternehmen zu trennen. Der Unternehmerstifter, der Unternehmen und Stiftungen unlösbar voneinander abhängig macht, tut damit voraussichtlich weder dem Unternehmen noch der Stiftung Gutes.

223 In einem Punkt kann die Absicht zur Errichtung einer Unternehmensstiftung die **Risiken der Unternehmensnachfolge** sogar erhöhen, wenn nämlich die Errichtung der Stiftung auf den Todeszeitpunkt oder kurz zuvor geplant ist. Denn die Institutionalisierung des Unternehmens wie die Einübung der Unternehmer- oder Eigentümerfunktionen der Stiftung bedürfen Zeit. Der Übergang vom Unternehmer auf die Stiftung soll kein Bruch sein, noch dazu verstärkt durch den natürlichen Bruch beim Tod des Unternehmers, sondern ein Prozess, bei dem die unvermeidlichen Fehler gemacht und berichtigt werden können. Dabei sollte sogar die Möglichkeit des Abbruchs des Versuchs der Unternehmensstiftung nicht ausgeschlossen sein. Auch auf dem Weg der Unternehmensstiftung braucht die Unternehmensnachfolge Zeit. Der Unternehmer sollte bereits zu Lebzeiten seine Nachfolge regeln, um im Einzelfall Korrekturen vornehmen zu können.[342]

IV. Kombination aus Familiengesellschaft und Stiftung

224 Eine weitere Alternative ist die Kombination von Familiengesellschaft und Stiftung. Hierbei wird das Familienvermögen zur organisatorischen Sicherung zunächst in eine Familiengesellschaft eingebracht, deren Anteile im Erbfall auf eine Stiftung übertragen werden.[343]

225 Dies ist insofern vorteilhaft, als die Übertragung von Vermögen auf eine Familiengesellschaft **erbschaftsteuerlich neutral** ist, wohingegen bei Übertragung des Vermögens auf eine Stiftung i.d.R. Erbschaft- und Schenkungsteuer anfällt. Im Kombinationsmodell unterliegt indes die Übertragung der Gesellschaftsanteile auf die Stiftung im Zeitpunkt des normalen Erbgangs der Erbschaft- oder Schenkungsteuer.[344]

226 Um diese Steuerpflicht zu reduzieren, muss die Bemessungsgrundlage der Schenkungsteuer im Übertragungszeitpunkt möglichst niedrig gehalten werden. Eine **Minderung der Bemessungsgrundlage** lässt sich erreichen, indem die Gesellschaft nur zu einem sehr geringen Teil mit Eigenkapital und zu einem möglichst großen Teil mit Fremdkapital einschließlich Gesellschafterdarlehen ausgestattet wird. Werden dann

---

341 Zur gemeinnützigen Stiftung als Instrument der Unternehmensnachfolge vgl. *Richter*, in: *Krimphove/Tytko*, PraktikerHB Unternehmensfinanzierung, S. 609 ff.; *Richter*, Berater-Brief Vermögen, Heft 1/2004, 17 ff.
342 Vgl. bspw. die Bertelsmann-Struktur u. ihre „Einübung" zu aktiven Zeiten von Reinhard Mohn.
343 Vgl. *Seifart/v. Campenhausen/Pöllath*, HB Stiftungsrecht, § 14 Rn. 142 ff.
344 Vgl. *Seifart/v. Campenhausen/Pöllath*, HB Stiftungsrecht, § 14 Rn. 143.

nur die Eigenkapitalanteile auf die Stiftung übertragen und die Gesellschafterdarlehen zurückbehalten, so geht die Chance der künftigen Wertsteigerung durch eine Vermögensrendite oberhalb der Darlehensverzinsung steuerfrei auf die Stiftung über. Dabei sollte zur Vermeidung von Schenkungsteuer der marktübliche Zinssatz verlangt werden.[345]

E. Beispiel: Satzung einer Familienstiftung

227

Formulierungsbeispiel:

Präambel

[In einer kurzen Präambel sollte der Stifter den Anlass und das Motiv für die Errichtung der Familienstiftung beschreiben. Dies kann für die spätere Auslegung des Stifterwillens eine wertvolle Hilfe darstellen.]

§ 1 Name, Rechtsform, Sitz, Stifter

(1) Die Stiftung führt den Namen [...].
(2) Sie ist eine rechtsfähige Stiftung bürgerlichen Rechts.
(3) Sie hat ihren Sitz in [...].
(4) Stifter im Sinne dieser Satzung ist [...].

§ 2 Stiftungszweck

(1) Zweck der Stiftung ist
(a) die Förderung der Aus- und Weiterbildung der Familie des Stifters,
(b) die angemessene Unterstützung der Familienangehörigen in Fällen wirtschaftlicher Not und sonstiger Bedürftigkeit,
(c) die angemessene Unterhaltung und Pflege der Familiengrabstätten,
(d) [...].
(2) Soweit die Erträge aus dem Stiftungsvermögen den Bedarf zur Erfüllung der familienbezogenen Zwecke überschreiten, sind die überschüssigen Mittel zur Förderung der künstlerischen und kulturellen Aktivitäten in der Heimatstadt des Stifters [...] zu verwenden.

§ 3 Stiftungsvermögen

(1) Das Stiftungsvermögen im Zeitpunkt der Errichtung der Stiftung ergibt sich aus dem Stiftungsgeschäft. Das Stiftungsvermögen ist in seinem Bestand dauernd und ungeschmälert zu erhalten; Vermögensumschichtungen sind zulässig.
(2) Zustiftungen zum Stiftungsvermögen sind zulässig. Der Stiftungsvorstand ist berechtigt, aber nicht verpflichtet, Zuwendungen Dritter zur Stärkung des Stiftungsvermögens anzunehmen und kann demgemäß auch generelle Einschränkungen für die Annahme vorsehen.

§ 4 Verwendung der Erträge aus dem Stiftungsvermögen

(1) Die Stiftung erfüllt ihre Aufgaben aus den Erträgen des Stiftungsvermögens.
(2) Die Stiftung darf Erträge in Höhe der allgemeinen Inflationsrate des Vorjahres in eine Rücklage einstellen oder dem Vermögen zuführen, soweit dies erforderlich ist, um den satzungsmäßigen Zweck nachhaltig erfüllen zu können.

---

345 Vgl. *Seifart/v. Campenhausen/Pöllath*, HB Stiftungsrecht, § 14 Rn. 144.

§ 5 Begünstigte der Stiftung

(1) Begünstigte der Stiftung sind die ehelichen Kinder des Stifters; an deren Stelle treten nach deren Ableben jeweils deren Abkömmlinge [usw.]

(2) Nicht eheliche und adoptierte Abkömmlinge gelten als ehelich, wenn dies der Stifter – oder nach dessen Ableben – der Familienrat, bestimmt.

(3) Ansprüche auf Stiftungsleistungen bestehen nicht und werden auch durch die wiederholte Gewährung von Leistungen nicht begründet.

§ 6 Stiftungsorgane

(1) Organe der Stiftung sind

(a) der Stiftungsvorstand und

(b) der Familienrat.

(2) Die Mitglieder der Stiftungsorgane erhalten für ihre Tätigkeit eine angemessene Vergütung, soweit die Stiftungsmittel dies zulassen. Anderenfalls kann vom Stiftungsvorstand zur Deckung von Auslagen eine Aufwandsentschädigung (auch pauschaliert) oder ein Sitzungsgeld festgesetzt werden.

(3) Mit Vollendung des fünfundsechzigsten Lebensjahres endet das Amt der Vorstandsmitglieder; das Amt der Mitglieder des Familienrats endet mit Vollendung des siebzigsten Lebensjahres. Diese Regelung gilt nicht für den Stifter. Im Einzelfall kann von der Einhaltung der Altersgrenzen in beiden Stiftungsorganen mit Zustimmung des Stiftungsvorstandes oder des Stifters zu dessen Lebzeiten abgewichen werden.

§ 7 Stiftungsvorstand

(1) Der Stiftungsvorstand besteht aus mindestens […] und höchstens […] Mitgliedern; wenn der Stifter nicht Mitglied des Vorstands ist, aus mindestens […] und höchstens […] Mitgliedern. Ist der Stifter selbst Mitglied des Vorstands, ist er zugleich Vorstandsvorsitzender und bestimmt die Zahl der Mitglieder des Vorstands. In diesem Fall bestellt er zudem ggf. seinen Stellvertreter. Ansonsten wählt der Stiftungsvorstand aus seiner Mitte einen Vorsitzenden und dessen Stellvertreter und bestimmt die Zahl der Mitglieder.

(2) Die Mitglieder des Stiftungsvorstands dürfen nicht zugleich dem Familienrat angehören. Diese Regelung gilt nicht für den Stifter.

(3) Die Mitglieder des ersten Stiftungsvorstandes werden durch den Stifter im Stiftungsgeschäft bestellt und können durch ihn abberufen werden.

(4) Die Bestellung und Abberufung nachfolgender Vorstandsmitglieder erfolgt zu Lebzeiten des Stifters durch ihn selbst. Ansonsten werden die Mitglieder des Stiftungsvorstands vom Familienrat mit einer Dreiviertel-Mehrheit seiner Mitglieder gewählt. Die Vorstandsmitglieder können nach dem Ableben des Stifters nur einstimmig aus wichtigem Grund vom Familienrat abberufen werden. Dem betroffenen Mitglied des Vorstands ist zuvor Gelegenheit zur Stellungnahme zu geben.

(5) Die Amtszeit der Mitglieder des Vorstands beträgt […] Jahre; Wiederbestellung ist zulässig. Ein Mitglied des Stiftungsvorstands bleibt auch nach dem Ablauf seiner Amtszeit im Amt, bis ein Nachfolger bestellt ist.

§ 8 Vertretung der Stiftung

Der Stiftungsvorstand vertritt die Stiftung gerichtlich und außergerichtlich. Er hat die Stellung eines gesetzlichen Vertreters. Ist der Stifter Mitglied des Stiftungsvorstandes, ist er einzelvertretungsberechtigt und von der Beschränkung des § 181 BGB befreit. Ansonsten wird die Stiftung durch zwei Mitglieder des Stiftungsvorstands vertreten. Solange der Stifter Mitglied des Vorstands ist, ist jedes weitere Vorstandsmitglied nur zusammen mit dem Stifter vertretungsberechtigt.

§ 9 Tätigkeit des Stiftungsvorstands

(1) Der Stiftungsvorstand verwaltet die Stiftung und führt den Willen des Stifters aus. Hierzu gehören insbesondere

(a) die Verwaltung des Stiftungsvermögens,

(b) die Beschlussfassung über die Verwendung der Stiftungsmittel,

(c) die Aufstellung eines Wirtschaftsplans und die Rechenschaftslegung gegenüber der Stiftungsaufsichtsbehörde und dem Familienrat,

(d) […].

(2) Der Stiftungsvorstand kann sich eine Geschäftsordnung geben.

§ 10 Geschäftsführung, Geschäftsjahr

(1) Geschäftsjahr ist das Kalenderjahr.

(2) Der Vorstand hat die Einnahmen und Ausgaben der Stiftung aufzuzeichnen und die Belege zu sammeln. Zum Ende eines jeden Geschäftsjahrs sind Aufstellungen über die Einnahmen und Ausgaben der Stiftung und über ihr Vermögen sowie ein Bericht über die Erfüllung des Stiftungszwecks zu fertigen.

§ 11 Familienrat

(1) Der Familienrat besteht aus mindestens […] und höchstens […] Mitgliedern; wenn der Stifter nicht Mitglied des Familienrats ist, aus mindestens […] und höchstens […] Mitgliedern. Ist der Stifter selbst Mitglied des Familienrats, ist er zugleich Vorsitzender des Familienrats und bestimmt die Zahl der Mitglieder des Familienrats. In diesem Fall bestellt er zudem ggf. seinen Stellvertreter. Ansonsten wählt der Familienrat aus seiner Mitte einen Vorsitzenden und dessen Stellvertreter und bestimmt die Zahl der Mitglieder.

(2) Die Mitglieder des Familienrats dürfen nicht zugleich dem Stiftungsvorstand angehören. Diese Regelung gilt nicht für den Stifter.

(3) Die Mitglieder des ersten Familienrats werden durch den Stifter im Stiftungsgeschäft bestellt und können durch ihn abberufen werden.

(4) Die Bestellung und Abberufung nachfolgender Mitglieder des Familienrats erfolgt zu Lebzeiten des Stifters durch ihn selbst. Ansonsten erfolgt die Bestellung per Kooptation durch die übrigen Mitglieder des Familienrats. Der Beschluss über die Kooptation eines Mitglieds des Familienrats bedarf im ersten Wahlgang einer Mehrheit von zwei Dritteln, bei jedem weiteren Wahlgang der einfachen Mehrheit der Stimmen der Mitglieder des Familienrats. Sofern ansonsten die Mindestmitgliederzahl unterschritten wäre, sind ausgeschiedene Mitglieder des Familienrats unverzüglich durch Zuwahl zu ersetzen. Bis zum Amtsantritt der Nachfolger führen die verbleibenden Mitglieder die unaufschiebbaren Aufgaben des Familienrats allein weiter.

(5) Die Amtszeit der Mitglieder des Familienrats beträgt […] Jahre; Wiederbestellung ist zulässig. Ein Mitglied des Familienrats bleibt auch nach dem Ablauf seiner Amtszeit im Amt, bis ein Nachfolger bestellt ist.

§ 12 Aufgaben und Befugnisse des Familienrats

(1) Der Familienrat hat die Aufgabe, den Stiftungsvorstand zu beraten und ihn bei seiner Tätigkeit zu überwachen.

(2) Zu den Aufgaben des Familienrats gehört insbesondere

(a) die Bestellung und Abberufung der Vorstandsmitglieder nach dem Ableben des Stifters,

(b) die Genehmigung des vom Vorstand zu erstellenden Wirtschaftsplans,

(c) die Genehmigung der Jahresrechnung, der Vermögensübersicht und des Berichts des Vorstands über die Erfüllung des Stiftungszwecks,

(d) die Beschlussfassung über Fragen, die der Vorstand vorlegt.

(3) Der Familienrat kann vom Vorstand jederzeit Auskunft über alle Vorgänge der Stiftung verlangen und Einsicht in die Unterlagen der Stiftung nehmen.

(4) Der Familienrat kann sich eine Geschäftsordnung geben.

§ 13 Beschlüsse des Stiftungsvorstands

(1) Der Stiftungsvorstand wird mindestens […] jährlich vom Vorsitzenden zu einer Sitzung schriftlich (auch Fax oder E-Mail) unter Angabe der Tagesordnung (insbesondere der Beschlussgegenstände mit Beschlussvorlagen) geladen. Die Ladungsfrist beträgt […] Woche[n].

(2) Der Stiftungsvorstand ist beschlussfähig, wenn ordnungsgemäß geladen wurde und mehr als die Hälfte der Mitglieder anwesend ist oder wenn sich an einer schriftlichen Abstimmung sämtliche Mitglieder beteiligen. Ladungsfehler gelten als geheilt, wenn alle betroffenen Mitglieder an der Sitzung teilnehmen, ohne den Ladungsfehler ausdrücklich vor Sitzungsbeginn zu rügen, oder wenn alle betroffenen Mitglieder auf die Rüge verzichten. Beschlüsse im schriftlichen Verfahren sind mit Ausnahme von Beschlüssen nach §§ 15 und 16 dieser Satzung zulässig, wenn kein Mitglied des Vorstands dem Abstimmungsverfahren widerspricht.

(3) Beschlüsse werden mit einfacher Mehrheit der abgegebenen Stimmen gefasst, wenn diese Stiftungssatzung nichts Abweichendes bestimmt. Bei Stimmengleichheit entscheidet die Stimme des Vorsitzenden, bei dessen Verhinderung die Stimme seines Stellvertreters.

(4) Über die Sitzungen des Stiftungsvorstands sind Niederschriften zu fertigen. In ihnen sind zumindest alle Beschlussanträge und Beschlüsse (mit Abstimmungsergebnis) schriftlich festzuhalten. Entsprechendes gilt für die Niederlegung der Beschlussfassung im schriftlichen Verfahren. Niederschriften sind unverzüglich allen Mitgliedern des Stiftungsvorstands sowie der Stiftungsaufsicht zu übersenden.

§ 14 Beschlüsse des Familienrats

(1) Der Familienrat wird mindestens […] jährlich vom Vorsitzenden zu einer Sitzung geladen. Bzgl. der Ladung gilt § 13 Abs. 1 entsprechend. Bzgl. der Sitzungen des Familienrats gilt § 13 Abs. 4 entsprechend.

(2) Der Familienrat ist beschlussfähig, wenn mindestens zwei Drittel seiner Mitglieder persönlich anwesend sind. Er fasst seine Beschlüsse mit einfacher Mehrheit der Anwesenden, wenn diese Stiftungssatzung nichts Abweichendes bestimmt. Bei Stimmengleichheit entscheidet die Stimme des Vorsitzenden, bei dessen Verhinderung die Stimme seines Stellvertreters.

§ 15 Satzungsänderungen

(1) Der Stiftungsvorstand kann im Einvernehmen mit dem Familienrat eine Änderung der Satzung beschließen, wenn er dies aufgrund veränderter Verhältnisse für notwendig erachtet. Dabei soll der Stiftungszweck in seinem Wesen nicht geändert werden.

(2) Der Beschluss über die Satzungsänderung bedarf einer Zweidrittel-Mehrheit der Mitglieder des Stiftungsvorstands und des Familienrats. Zu Lebzeiten des Stifters bedarf er ferner dessen Zustimmung.

(3) Der Vorstand hat den Beschluss dem zuständigen Finanzamt anzuzeigen.

§ 16 Aufhebung der Stiftung und Vermögensanfall

(1) Wird die Erfüllung des Stiftungszwecks unmöglich oder ändern sich die Verhältnisse derart, dass die Erfüllung des Stiftungszwecks nicht mehr sinnvoll erscheint, können Vorstand und Familienrat gemeinsam die Aufhebung der Stiftung beschließen.

(2) Der Beschluss über die Aufhebung der Stiftung bedarf einer Zweidrittel-Mehrheit der Mitglieder des Stiftungsvorstands und des Familienrats. Zu Lebzeiten des Stifters bedarf er ferner dessen Zustimmung.

(3) Bei Aufhebung der Stiftung fällt das Stiftungsvermögen zu einem Drittel an die Heimatstadt des Stifters mit der Auflage, es ausschließlich und unmittelbar für steuerbegünstigte Zwecke zu verwenden und im Übrigen an die nach der Satzung zu diesem Zeitpunkt begünstigten Abkömmlinge des Stifters zu gleichen Teilen.

§ 17 In-Kraft-Treten

Die Stiftungssatzung tritt mit Anerkennung durch die Stiftungsaufsichtsbehörde in Kraft.

25. Kapitel
Steuerrechtliche Bezüge im Erbrecht

Übersicht:

	S.
A. Erbfolge und Steuern	1312
I. Rechtsnachfolge in Vermögen	1312
II. Steuerliche Denkstrukturen	1312
1. Vermögensgegenstand und Wirtschaftsgut	1312
2. Positive und negative Wirtschaftsgüter	1313
3. Wirtschaftliche Einheit	1313
4. Zivilrechtliches und wirtschaftliches Eigentum	1314
III. Art des Erwerbs	1316
1. Gewollte und ungewollte Gewinnrealisierungen	1316
2. Unentgeltlicher oder entgeltlicher Erwerb	1316
3. Vollentgeltlicher Erwerb	1317
4. Teilentgeltlicher Erwerb	1317
5. Unentgeltlicher Erwerb	1318
6. Gestaltungsrisiken	1319
a) Betriebsaufspaltung	1319
b) Sonderbetriebsvermögen	1319
IV. Praktische Normenhierarchie	1320
1. Gesetz und Verwaltungsvorschriften	1320
2. Verfahren vor dem Finanzgericht	1320
3. Verfahren beim Finanzamt	1320
a) Amtsverfügungen	1321
b) OFD-Verfügungen	1321
c) Erlasse des Finanzministeriums oder Finanzsenators	1321
d) Richtlinien	1321
e) BMF-Schreiben	1321
f) Veröffentlichungspraxis	1322
g) Entscheidungen der Finanzgerichte	1322
aa) Entscheidungen des zuständigen Finanzgerichts	1322
bb) Entscheidungen des BFH	1322
cc) Entscheidungen anderer Finanzgerichte	1323
4. Konsequenzen für die Beratung	1323
V. Grundstruktur der Besteuerung	1324
1. Begriff der Steuer	1324
2. Steuersubjekt und Steuerobjekt	1324
a) Steuersubjekt	1324
b) Steuerobjekt	1325
c) Wer kommt zuerst?	1325
3. Verbindung von Steuerobjekt und Steuersubjekt	1325
VI. Steuerbarkeit und Steuerbefreiungen	1325
1. Bewertung	1326
2. Bemessungsgrundlage, Steuersatz, Steuer	1326
3. Festsetzung der Steuer	1326
VII. Grundzüge einiger Steuern	1326
1. Einkommensteuer	1326
2. Körperschaftsteuer	1328
3. Besteuerung der Gesellschaften und ihrer Gesellschafter	1329
a) Personengesellschaften	1329
b) Kapitalgesellschaften	1329
4. Gewerbesteuer	1330
5. Umsatzsteuer	1331
6. Grunderwerbsteuer	1332
B. Einführung in das Erbschaft- und Schenkungsteuerrecht	1333
I. Verfassungsmäßigkeit der Erbschaftsteuer	1333
II. Drei Steuern in einem Gesetz	1334
1. Erbschaftsteuer	1334
2. Schenkungsteuer	1335
3. Ersatzerbschaftsteuer oder Erbersatzsteuer	1335
4. Abschließende Aufzählung	1335
5. Verhältnis von Erbschaftsteuer und Schenkungsteuer	1335
6. Umfang der Steuerpflicht	1336
a) Unbeschränkte Steuerpflicht	1336
b) Beschränkte Steuerpflicht	1336
III. Erwerb von Todes wegen	1336
1. Unwirksame Anordnungen des Erblassers	1336
2. Erbvergleiche	1336
3. Mittelbare Zuwendungen	1336
4. Erbfolge	1337
a) Alleinerbe	1337
b) Miterben	1337
c) Vor- und Nacherbschaft	1338

```
        aa) Besteuerung des
            Vorerben                1338
        bb) Besteuerung des
            Nacherben               1338
            (1) Anwartschaftsrecht
                des Nachererben     1338
            (2) Nacherbfall mit dem
                Tod des Vorerben    1338
            (3) Nacherbfolge in
                anderen Fällen      1339
    d)  Vermächtnis                 1339
        aa) Geldvermächtnis         1339
        bb) Sachvermächtnis         1339
        cc) Verschaffungsver-
            mächtnis                1340
        dd) Kaufrechtsvermächt-
            nis                     1340
        ee) Renten- und Nieß-
            brauchsvermächtnis      1340
        ff) Beim Tod des Be-
            schwerten fälliges
            Vermächtnis             1340
    e)  Auflage                     1340
    f)  Pflichtteil                 1341
        aa) Besteuerung des
            Berechtigten            1341
        bb) Besteuerung des
            Erben                   1341
        cc) Geltendmachung          1341
        dd) Leistung an Erfüllung
            Statt                   1342
    g)  Herausgabeanspruch nach
        § 2287 BGB                  1342
    h)  Schenkung von Todes
        wegen, Schenkung auf den
        Tod                         1342
        aa) Schenkung von Todes
            wegen                   1342
        bb) Schenkung auf den
            Tod                     1343
IV. Erwerb unter Lebenden           1343
    1.  Schenkungen                 1343
        a)  Traditionsgut           1343
        b)  Zuwendung               1343
        c)  Bereicherung des Zuwen-
            dungsempfängers         1343
        d)  Eintritt der Bereicherung 1344
        e)  Freigebigkeit           1344
        f)  Bereicherung auf Kosten
            des Zuwendenden         1345
        g)  Mittelbare Schenkungen  1345
            aa) Mittelbare Sach-
                schenkung           1345
            bb) Mittelbare Geld-
                schenkung           1346
        h)  Gemischte Schenkung     1346
        i)  Schenkung unter Auflage 1347
        j)  Mischfälle              1347
        k)  Erwerbskosten           1347
        l)  Übernahme der Schen-
            kungsteuer              1347
        m)  Zuwendungen unter
            Ehegatten               1348
            aa) Ehebedingte Zuwen-
                dungen              1348
            bb) Gemeinschaftskonten 1348
    2.  Vollziehung einer Auflage,
        Erfüllung einer Bedingung   1349
    3.  Abfindung für einen Erb-
        verzicht                    1349
    4.  Abfindung für aufschiebend
        bedingte, betagte oder
        befristete Erwerbe          1349
    5.  Dritterwerbe                1350
        a)  Vertrag zugunsten Dritter 1350
        b)  Lebensversicherungen    1350
            aa) Prämienzahlung      1350
            bb) Versicherung auf
                verbundene Leben    1350
            cc) Bezugsberechtigung,
                Übertragung des Ver-
                sicherungsvertrags  1351
        c)  Versorgungsansprüche    1351
        d)  Sparbücher              1351
V.  Zweckzuwendungen                1351
    1.  Begriff                     1351
    2.  Unpersönlicher Zweck        1352
    3.  Zweckzuwendungen zuguns-
        ten von Tieren              1352
    4.  Zweckzuwendungen zuguns-
        ten eines objektiven Zwecks 1352
    5.  Zweckbindung zugunsten des
        Erwerbers                   1352
VI. Wegfall der Steuer              1353
    1.  Rückforderungsrecht         1353
    2.  Abwendung der Herausgabe    1353
    3.  Anrechnung auf die Aus-
        gleichsforderung            1353
    4.  Weitergabe des Erwerbs      1353
    5.  Besteuerung der Zwischen-
        nutzungen                   1354
VII. Steuerbefreiungen              1354
    1.  Hausrat, bewegliche körper-
        liche Gegenstände           1354
    2.  Gelegenheitsgeschenke       1355
    3.  Familienwohnheim            1355
    4.  Pflege, Unterhalt           1355
    5.  Vermögensrückfall an Eltern
        und Voreltern               1356
    6.  Zuwendungen an gemein-
        nützige Körperschaften      1356
    7.  Freibetrag beim
        Zugewinnausgleich           1357
        b)  Güterrechtliche Lösung  1358
        c)  Qual der Wahl           1358
        d)  Anrechnung von Zuwen-
            dungen                  1358
```

e) Beendigung des Güterstandes	1359
VIII. Vergünstigungen für Betriebsvermögen	1359
1. Allgemeines	1359
2. Begünstigte Erwerbe	1359
3. Begünstigtes Vermögen	1360
4. Betriebsvermögen	1360
5. Anteil an einer Kapitalgesellschaft	1361
6. Aufteilung des Freibetrags	1361
7. Weitergabepflichten	1362
8. Nachversteuerung	1362
9. Verzicht auf die Steuerbefreiung	1362
10. Tarifbegrenzung	1362
11. Gestaltungsmöglichkeiten	1363
12. Erbschaftsteuerfonds	1363
IX. Bewertung	1363
1. Bewertungsgegenstand	1363
2. Stichtagsprinzip	1364
3. Bewertungsmethodik	1364
a) Ohne Bewertung geht es nicht	1364
b) Verweisung auf das BewG	1365
c) Bewertung im ErbStG	1365
4. Erbfall	1365
a) Vermögenswerte und Verbindlichkeiten	1365
b) Erblasserschulden	1366
c) Erbfallschulden	1366
d) Sonstige Nachlassverbindlichkeiten	1367
e) Abzugsbeschränkungen	1367
5. Schenkungen	1368
a) Analoge Anwendung des § 10 Abs. 5 ErbStG	1368
b) Erwerbskosten	1368
6. Zweckzuwendungen	1368
7. Bewertung einzelner Vermögensgegenstände	1368
a) Wertpapiere, börsennotierte Anteile an Kapitalgesellschaften	1368
b) Nicht notierte Anteile an Kapitalgesellschaften	1369
aa) Vermögenswert	1370
bb) Ertragshundertsatz	1370
cc) Gemeiner Wert	1370
c) Kapitalforderungen, Kapitalschulden	1370
d) Sachleistungsansprüche und Sachleistungsverpflichtungen	1371
e) Nutzungen und Leistungen	1371
aa) Kapitalwert	1371
bb) Jahreswert	1372
f) Grundbesitz	1372
aa) Bedarfsbewertung statt Einheitsbewertung	1372
bb) Land- und forstwirtschaftliche Grundbesitzwerte	1373
cc) Grundstückswert für Grundvermögen und Betriebsgrundstücke	1373
dd) Wohnungseigentum und Teileigentum	1374
ee) Sonderbewertungen	1374
(1) Keine übliche Miete	1374
(2) Weitere Sonderfälle	1374
(3) Betriebsvermögen	1375
X. Berechnung der Steuer	1376
1. Steuerklassen, Freibeträge	1376
2. Mehrere Schenker, mehrere Beschenkte	1377
3. Berechnung der Steuer	1377
a) Progressive Besteuerung	1377
b) Härteausgleich	1377
c) Steuerermäßigung bei mehrfachem Erwerb von Vermögen	1378
XI. Zusammenrechnung	1379
1. Allgemeines	1379
2. Anrechnung der Steuer auf die Vorschenkung	1379
a) Anrechnung einer fiktiven Steuer	1379
b) Anrechnung der tatsächlich gezahlten Steuer	1380
c) Zehn-Jahres-Frist	1381
d) Bewertung des Vorerwerbs	1381
e) Negativer Vorerwerb	1382
f) Höchstbetragsbegrenzung	1382
XII. Steuerschuldner	1382
1. Erwerber	1382
2. Schenker	1382
3. Zweckzuwendung	1383
4. Ersatzerbschaftsteuer, Erbersatzsteuer	1383
XIII. Besteuerungsverfahren	1383
1. Anzeige	1383
a) Anzeigepflicht	1383
b) Kontrollmitteilungen	1384
2. Steuererklärung	1385
3. Steuerbescheid	1385
a) Inhalt	1385
b) Bekanntgabe	1386
c) Fälligkeit	1386
4. Stundung	1386
5. Festsetzungsverjährung	1387
a) Erbschaftsteuer	1387
b) Schenkungsteuer	1387
c) Anforderung einer Steuererklärung	1387

XIV.	Steuerhaftung		1387		a)	Allgemeine unbeschränkte Steuerpflicht 1397
	1. Haftung des Nachlasses		1387			aa) Inländer 1397
	2. Weitergabe des Erwerbs		1388			bb) Inland 1397
	3. Haftung eines Gewahrsamsinhabers		1388			cc) Wohnsitz 1397
	4. Haftung nach der AO		1388			dd) Gewöhnlicher Aufenthalt 1398
XV.	Steuerorientierte Gestaltungen		1388			ee) Gesamter Vermögensanfall 1398
	1. Wiederholte Nutzung der Freibeträge		1388			ff) Maßgeblicher Zeitpunkt 1399
	2. Schenkungen über den Freibetrag hinaus		1388			gg) Vermeidungsstrategien 1399
	3. Kettenschenkung		1389		b)	Erweiterte unbeschränkte Steuerpflicht 1399
	4. Mittelbare Grundstücksschenkung		1390			aa) Voraussetzungen 1399
	5. Übernahme der Schenkungsteuer oder der Erbschaftsteuer		1390			bb) Vermeidungsstrategien 1400
	6. Umwandlung von Privatvermögen in Betriebsvermögen		1391			cc) Erweiterte unbeschränkte Steuerpflicht für Diplomaten und Auslandsbedienstete 1400
	7. Modifizierte Zugewinngemeinschaft statt Gütertrennung		1391		3.	Beschränkte Steuerpflicht 1400
	8. Ausschlagung		1391		a)	Allgemeine beschränkte Steuerpflicht 1400
	9. Zurückweisung eines Erwerbs		1392			aa) Inlandsvermögen 1400
	10. Lebensversicherung statt Bargeld		1392			bb) Umfang des Inlandsvermögens 1400
C.	Grundzüge des internationalen Erbschaftsteuerrechts		1393			cc) Schuldenabzug des beschränkt steuerpflichtigen Erben 1401
I.	Begriff des internationales Steuerrecht		1393		b)	Erweiterte beschränkte Steuerpflicht 1402
	1. Deutsches Recht		1393		4.	Vergleich von unbeschränkter und beschränkter Steuerpflicht 1402
	a) Erbschaftsteuergesetz (ErbStG)		1393	III.	Internationale Doppelbesteuerung	1403
	b) Bewertungsgesetz (BewG)		1393		1.	Doppelte unbeschränkte Steuerpflicht 1403
	c) Abgabenordnung (AO)		1393		2.	Unbeschränkte und beschränkte Steuerpflicht 1404
	d) Außensteuergesetz (AStG)		1393		3.	Doppelte beschränkte Steuerpflicht 1404
	2. Abkommen zur Vermeidung der Doppelbesteuerung (DBA)		1393	IV.	Vermeidung der internationalen Doppelbesteuerung	1404
	a) Zustandekommen		1394		1.	Anrechnung ausländischer Erbschaftsteuer nach § 21 ErbStG 1404
	b) Verhältnis zum nationalen Steuerrecht		1394		a)	Überblick 1404
	c) Wirkungen eines DBA		1394		b)	Unbeschränkte Steuerpflicht 1404
	d) Bestehende DBA		1395		c)	Auslandsvermögen 1404
	3. Europarecht		1395		d)	Ausländische Steuer 1405
	a) Grundfreiheiten		1395		e)	Festsetzung und Zahlung der ausländischen Steuer, Nachweise 1405
	b) Auswirkungen auf das Erbschaft- und Schenkungsteuerrecht		1396		f)	Antrag 1405
	c) Gemeinschaftswidrige Vorschriften		1396		g)	Umfang der Anrechnung 1406
II.	Deutsches Erbschaft- und Schenkungsteuerrecht bei internationalen Sachverhalten		1396			
	1. Unbeschränkte und beschränkte Steuerpflicht		1396			
	2. Unbeschränkte Steuerpflicht		1397			

Daragan

2.	Vermeidung oder Milderung der Doppelbesteuerung durch ein DBA	1406	g) Überdachende Besteuerung	1408

<small>(Inhaltsverzeichnis-Fortsetzung:)</small>

2. Vermeidung oder Milderung der Doppelbesteuerung durch ein DBA ... 1406
   a) Geltungsbereich des DBA ... 1406
   b) Begriffsbestimmungen ... 1406
   c) Besteuerungsregeln für die einzelnen Vermögensgegenstände ... 1407
   d) Methoden zur Vermeidung der Doppelbesteuerung ... 1407
   e) Gleichbehandlungsgebot, Verständigungsverfahren, Informationsaustausch ... 1408
   f) Inkrafttreten, Kündigung des DBA ... 1408
   g) Überdachende Besteuerung ... 1408

V. Internationale Erbschaftsteuerplanung ... 1409
  1. Schenkungen ... 1409
  2. Vermögensumschichtung ... 1409
  3. Wegzug des potentiellen Erblassers ... 1409
  4. Wegzug auch des Erwerbers ... 1410
  5. Wechsel der Staatsangehörigkeit ... 1410
  6. Vermögensübertragung auf einen Trust oder eine Stiftung ... 1410

A. Erbfolge und Steuern

I. Rechtsnachfolge in Vermögen

1 Erbfolge ist Rechtsnachfolge in Vermögen, die sich von Todes wegen ereignet. Sie vollzieht sich durch erbrechtliche Maßnahmen wie Erbeinsetzung, Vermächtnis, Auflage oder Schenkung von Todes wegen. **Vorweggenommene Erbfolge** ist Rechtsnachfolge in Vermögen **unter Lebenden**, die sich durch schuldrechtliche und sachenrechtliche Verträge vollzieht.

2 Immer geht es um den **Übergang von Vermögen** als Summe von Vermögensgegenständen und Verbindlichkeiten oder einzelner Vermögensgegenstände von einem Rechtssubjekt auf ein anderes. Dadurch verbessert sich im Allgemeinen die Vermögenssituation des Erwerbers, damit einher geht eine Erhöhung seiner wirtschaftlichen Leistungsfähigkeit, für die sich das Steuerrecht interessiert.

II. Steuerliche Denkstrukturen

1. Vermögensgegenstand und Wirtschaftsgut

3 Im Steuerrecht von Bedeutung ist, auf welche Weise das, was handelsrechtlich Vermögensgegenstand und steuerlich Wirtschaftsgut genannt wird, von einem Steuersubjekt zu einem anderen Steuersubjekt gewechselt hat.

4 Wirtschaftsgüter sind Sachen und Rechte, also Gegenstände i.S.d. Bürgerlichen Rechts. Wirtschaftsgüter sind aber auch rechtliche oder wirtschaftliche Positionen, die einen Vermögenswert haben, vorausgesetzt, sie haben Kosten verursacht, können nach der Verkehrsauffassung selbstständig bewertet werden und erbringen i.d.R. einen Nutzen für mehrere Wirtschaftsjahre. Nicht erforderlich ist, dass sie einzeln und selbstständig veräußert werden können. Vielmehr genügt es, wenn sie nur als unselbstständiger Teil einer größeren Einheit veräußerlich sind, z.B. wie ein Geschäfts- oder Firmenwert als Teil eines Betriebs.[1]

---

[1] *Schmidt/Weber-Grellet*, EStG, § 5 Rn. 93 ff.

2. Positive und negative Wirtschaftsgüter

Vermögenswerte wie z.B. ein Grundstück oder ein Wertpapierdepot werden positive Wirtschaftsgüter genannt. Verbindlichkeiten sind, spiegelbildlich gesehen, negative Wirtschaftsgüter.

3. Wirtschaftliche Einheit

Mehrere Wirtschaftsgüter können zusammenhanglos nebeneinander stehen, wie z.B. ein Wertpapierdepot und ein Einfamilienhaus. Sie können aber auch eine wirtschaftliche Einheit bilden, wenn sie **demselben Eigentümer gehören** (§ 2 Abs. 2 BewG). Dieser Zusammenhang hat u.a. zur Folge, dass die wirtschaftliche Einheit Gegenstand einer einheitlichen steuerrechtlichen Verfügung sein kann, vor allem einer unentgeltlichen Übertragung oder einer entgeltlichen Veräußerung. Außerdem ist die wirtschaftliche Einheit nach der Grundregel des § 2 Abs. 1 Satz 2 BewG im Ganzen zu bewerten, ein Grundsatz, der allerdings weitgehend durchbrochen wird.

Eine wirtschaftliche Einheit ist das **Betriebsvermögen**, also Vermögen, das einem Gewerbebetrieb (§ 15 EstG; § 95 BewG) oder einer freiberuflichen Tätigkeit (§ 18 EStG; § 96 BewG) dient. Der Begriff wird in zweierlei Bedeutung verwendet. Zum einen erfasst er die Wirtschaftsgüter, die zu dem **Betriebsvermögen** gehören, bspw. bei der Bewertung (§ 6 Abs. 1 Satz 1 EStG), zum anderen bezeichnet er den Saldo zwischen den positiven und den negativen Wirtschaftsgütern, bspw. bei der Gewinnermittlung durch Betriebsvermögensvergleich (§§ 4 Abs. 1, 5 EStG). Die Wirtschaftsgüter, die Betriebsvermögen sind, können zumeist für sich allein die Gesamtheit verlassen, durch Veräußerung oder Entnahme. Beides wirkt sich auf das Betriebsergebnis aus, den Gewinn oder einen Verlust. Anderseits sind sie ein unselbstständiger Teil der Einheit, so dass sie in steuerrechtlicher Hinsicht alle zusammen mit der Einheit übertragen werden können (§ 6 Abs. 3 EStG: unentgeltliche Übertragung eines Betriebs; § 16 Abs. 1 Satz 1 Nr. 1 und § 18 Abs. 3 EStG: entgeltliche Veräußerung eines Betriebs), ungeachtet des zivilrechtlichen Befundes, dass bei einer Einzelrechtsnachfolge jeder Gegenstand einzeln übertragen werden muss.

> **Beispiel:**
> Anton gehört ein Gewerbebetrieb. In seiner Bilanz weist er Vermögensgegenstände gleich positive Wirtschaftsgüter im Gesamtwert von 1.000.000 € aus. Außerdem weist er Passivposten wie Verbindlichkeiten und Rückstellungen von insgesamt 800.000 € aus. Sie sind Fremdkapital. Der Saldo von 200.000 € stellt sein Eigenkapital dar, das auf seinem Kapitalkonto gebucht wird. Der handelsrechtliche und der steuerliche Wert des Betriebs zu Buchwerten beträgt 200.000 €. Überträgt Anton den Betrieb in vorweggenommener Erbfolge auf seinen Sohn Siegfried, handelt es sich um eine unentgeltliche Übertragung. Die übernommenen betrieblichen Verbindlichkeiten usw. sind keine Gegenleistung für die Übertragung der Aktivwerte.

Im Bereich des **Privatvermögens** wird ein Gesellschaftsvermögen hingegen nicht als wirtschaftliche Einheit behandelt. Vielmehr wird sie in die einzelnen Bestandteile zerlegt, also in die positiven und negativen Wirtschaftsgüter – oder, bei mehreren Beteiligten, in deren Anteile an diesen Wirtschaftsgütern. Alle diese Wirtschaftsgüter behalten steuerrechtlich ihre Selbstständigkeit, so dass ihre Werte nicht miteinander saldiert werden, und – anders als bei Betriebsvermögen – eine Übertragung oder Veräußerung der Einheit als Übertragung oder Veräußerung der einzelnen Wirtschaftsgüter oder der Anteile daran angesehen wird.

> **Beispiel:**
> Anton ist alleiniger Gesellschafter einer GmbH & Co KG. Die KG verwaltet Grundbesitz. Sie ist keine gewerblich geprägte Gesellschaft nach § 15 Abs. 3 Nr. 2 EStG, weil Anton geschäftsführender Kommanditist ist. Deshalb hat sie keinen Gewerbebetrieb, sondern erzielt als vermögensverwaltende Gesellschaft Einkünfte aus Vermietung und Verpachtung, die Anton zu versteuern hat. Steuerrechtlich sind die Grundstücke Privatvermögen, wie sie es wären, wenn sie Anton nach wie vor unmittelbar gehörten. Die Grundstücke haben zusammen einen Wert von 1.000.000 €. Die Verbindlichkeiten betragen 800.000 €. Handelsrechtlich hat Anton ein Kapitalkonto von 200.000 €. Steuerrechtlich hat er kein Kapitalkonto, sondern nur einzelne positive Wirtschaftsgüter und damit zusammenhängende negative Wirtschaftsgüter. Überträgt er seine Gesellschaftsanteile auf seinen Sohn Siegfried, erwirbt Siegfried die positiven Wirtschaftsgüter gegen Übernahme der negativen Wirtschaftsgüter. Die Übertragung ist daher entgeltlich, entweder vollentgeltlich oder teilentgeltlich, sowohl für die Schenkungsteuer (§ 10 Abs. 1 Satz 3 ErbStG) wie für die Einkommensteuer (§§ 22 Nr. 3, 23 EStG). Über die GmbH & Co KG wird Anton so behandelt, als ob er die Grundstücke gegen Übernahme der Verbindlichkeiten an Siegfried verkauft hätte. Das kann bei ihm zu einem Veräußerungsgewinn aus einem privaten Veräußerungsgeschäft führen (früher Spekulationsgewinn genannt).

4. Zivilrechtliches und wirtschaftliches Eigentum

9 Einige Steuern sehen den Erwerb darin, dass der Eigentümer gewechselt hat. Sie sind vornehmlich zivilrechtlich orientiert, wie die **Erbschaftsteuer**, die **Schenkungsteuer** und die **Grunderwerbsteuer**. Steuern wie die Einkommensteuer und die Umsatzsteuer fragen demgegenüber danach, ob sich die wirtschaftliche Zuordnung des Wirtschaftsguts verändert hat.

10 Im Regelfall folgt die **steuerrechtliche Zurechnung**, um die es hier geht, der zivilrechtlichen Eigentumslage. Denn ein Wirtschaftsgut wird grundsätzlich seinem (zivilrechtlichen) Eigentümer zugerechnet (§ 39 Abs. 1 AO). Aber es gibt Abweichungen, die unter dem Stichwort des wirtschaftlichen Eigentums[2] diskutiert werden (§ 39 Abs. 2 AO).

> **Praxishinweis:**
> Die Grundregel lautet: Wenn ein anderer als der Eigentümer die tatsächliche Herrschaft über ein Wirtschaftsgut in der Weise ausübt, dass er den Eigentümer im Regelfall für die gewöhnliche Nutzungsdauer von der Einwirkung auf das Wirtschaftsgut wirtschaftlich ausschließen kann, so ist ihm das Wirtschaftsgut zuzurechnen (§ 39 Abs. 2 Nr. 1 AO).[3]

---

[2] Wirtschaftliches Eigentum, also eine vom Eigentum oder der Inhaberschaft des BGB abweichende Zuordnung eines Gegenstands ist entgegen landläufiger Meinung kein rein steuerrechtliches Phänomen. Wirtschaftliches Eigentum gibt es auch im Zivilrecht. Es ist von Bedeutung im Handelsrecht für die Frage, welche Vermögensgegenstände im Jahresabschluss zu berücksichtigen sind. Für die Bilanzierung nach den §§ 246 ff. HGB kommt es nicht auf die bürgerlich-rechtliche Eigentumslage an, sondern auf die wirtschaftliche Zugehörigkeit. Deshalb bilanziert der Vorbehaltskäufer die Kaufsache und nicht nur sein Anwartschaftsrecht. Auch im Vollstreckungsrecht spielt die wirtschaftliche Zuordnung eine Rolle. Deshalb kann z.B. ein Nichteigentümer wie der Treugeber bei einem Treuhandverhältnis zur Drittwiderspruchsklage nach § 771 ZPO oder zur Aussonderung nach § 47 InsO berechtigt sein.
[3] Allg. M., s. *Klein/Brockmeyer*, AO, § 39 Rn. 10 ff. u. die dort zitierte Rspr. des BFH.

Daragan

Das gilt gleichermaßen im betrieblichen Bereich, in dem § 39 AO zwar nicht angewendet wird, aber letztendlich die gleichen Regeln gelten. Auch für die steuerliche Bilanzierung kommt es unstreitig auf das wirtschaftliche Eigentum an.

Beispiel:
Anton ist Kommanditist einer KG. Er schenkt seinem Sohn Siegfried seinen Kommanditanteil, behält sich jedoch den freien Widerruf der Schenkung vor. Für die Einkommensteuer ist alles beim alten geblieben. Siegfried ist zwar Kommanditist geworden, aber kein Mitunternehmer. Anton ist wirtschaftlicher Eigentümer des Kommanditanteils und in vollem Umfang Mitunternehmer geblieben. Deshalb muss er die Gewinnanteile versteuern, die Siegfried bekommt. Für die Schenkungsteuer handelt es sich um eine freigebige Zuwendung. Der Widerrufsvorbehalt bleibt unbeachtet. Erst wenn die Schenkung widerrufen und rückabgewickelt wurde, kommt es zu einer Korrektur. Der Widerrufsvorbehalt, der Siegfried die Mitunternehmerstellung vorenthält, hat allerdings auch schenkungsteuerliche Auswirkungen: Die Vergünstigungen für gewerbliches Betriebsvermögen nach § 13a ErbStG gibt es nicht. Denn sie knüpfen an den Erwerb eines Mitunternehmeranteils an, der nicht stattgefunden hat. Deshalb wird die Schenkung als eine Schenkung von Privatvermögen besteuert.

Auch **Treuhandverhältnisse** führen zu einer von der zivilrechtlichen Eigentumslage abweichenden Zurechnung. Manchmal wirkt sich die vom Zivilrecht abweichende Zurechnung steuerlich nicht aus.

Beispiel:
Anton schenkt Siegfried ein bebautes Grundstück, das Siegfried vermietet. Für die Einkommensteuer ist auch hier alles beim alten geblieben. Das Grundstück wird weiterhin Anton als dem wirtschaftlichen Eigentümer zugerechnet. Aber anders als im vorherigen Beispiel versteuert Siegfried die Mieten, weil er den Tatbestand der Einkunftserzielung erfüllt. Denn als Vermieter kann auch der auftreten, dem die Mietsache nicht zugerechnet wird. Für die Schenkungsteuer handelt es sich um eine freigebige Zuwendung. Der Widerrufsvorbehalt bleibt unbeachtet. Erst wenn die Schenkung widerrufen und rückabgewickelt wurde, kommt es zu einer Korrektur.

Auch **innerhalb eines Steuergesetzes** können sich zivilrechtliche und wirtschaftliche Zuordnungen abwechseln.

Beispiel:
Die Erwerbe, für die sich die Erbschaftsteuer interessiert, werden weitgehend nach zivilrechtlichen Regeln beurteilt. Aber wenn es um den Abzug von Verbindlichkeiten geht, spielen wirtschaftliche Überlegungen sehr wohl eine Rolle. Verbindlichkeiten sind nach § 10 Abs. 5 ErbStG nur abzugsfähig, wenn sie nicht nur eine rechtliche, sondern auch eine wirtschaftliche Belastung darstellen. Das ist z.B. wichtig, wenn sich herausstellt, dass der Erblasser im Ausland Kapitalvermögen hatte und die Erträge nicht versteuert hat.[4] Die Grunderwerbsteuer interessiert sich für den Er-

---

[4] Dazu BFH v. 24.3.1999, BFH/NV 1999, 1339: Ein zeitlicher Zusammenhang der nachzuzahlenden Einkommensteuer mit dem Erbfall ist nur gegeben, wenn das verschwiegene Vermögen innerhalb der analog anzuwendenden Drei-Monats-Frist des § 30 Abs. 1 ErbStG dem FA angezeigt wird; FG Düsseldorf v. 10.7.2002, EFG 2002, 1317.

werb des (zivilrechtlichen) Eigentums an einem Grundstück. Aber steuerbar ist auch der Erwerb der wirtschaftlichen Verwertungsbefugnis (§ 1 Abs. 2 GrEStG).

III. Art des Erwerbs

1. Gewollte und ungewollte Gewinnrealisierungen

13 Eine Vermögensnachfolge durch Erbfolge oder vorweggenommene Erbfolge kann sich steuerneutral vollziehen. Sie kann aber auch zu Veräußerungsgeschäften und damit zur Realisierung stiller Reserven führen. Das kann gewollt sein, ist meistens aber nicht gewollt, weil damit Steuerzahlungen verbunden sind. Deshalb ist es wichtig, die Problemfelder zu kennen, auf denen ungewollte Gewinnrealisierungen auftreten können. Denn wie auch sonst, gilt im Steuerrecht der Satz: Problem erkannt, Problem gebannt.

14 Jedes Mal, wenn ein zivilrechtlicher und/oder **wirtschaftlicher Eigentümerwechsel** erfolgt ist, stellt das Steuerrecht zwei Fragen:
– Wurde entgeltlich oder unentgeltlich erworben?
– Wurde Betriebsvermögen oder Privatvermögen erworben?

2. Unentgeltlicher oder entgeltlicher Erwerb

15 **Vollentgeltlich** ist der Erwerb, wenn der Erwerber eine vollwertige Gegenleistung erbringt. Ist seine Gegenleistung nicht vollwertig, handelt es sich um einen **teilentgeltlichen** Erwerb. Erfolgt keine Gegenleistung, liegt ein unentgeltlicher Erwerb vor.

16 Unentgeltliche Nachfolge stößt vornehmlich auf das Interesse der **Erbschaft- und Schenkungsteuer**. Aber auch im Einkommensteuerrecht ist sie von Bedeutung. Die **entgeltliche Nachfolge** ist im Bereich der Einkommensteuer, Gewerbesteuer, Umsatzsteuer und Grunderwerbsteuer von Bedeutung.

Aber Vorsicht: Die Frage, was entgeltlich ist, wird nicht einheitlich durch alle Steuern hindurch beantwortet.

> Beispiel:
> Wenn Anton seinem Sohn Siegfried ein Mehrfamilienhaus unter Nießbrauchsvorbehalt schenkt, sehen Einkommen- wie Schenkungsteuer darin ein unentgeltliches Geschäft. Erhält Anton statt eines Nießbrauchs eine Versorgungsleibrente, bleibt das Geschäft für die Einkommensteuer weiterhin unentgeltlich. Für die Schenkungsteuer ist es jedoch ganz oder teilweise entgeltlich. Wendet Anton das Grundstück seinem Enkel Egon unter der Auflage zu, seinem Vater Siegfried daran den Nießbrauch zu bestellen, behandeln Einkommensteuer und Schenkungsteuer den Nießbrauch nicht als Entgelt. Anders die Grunderwerbsteuer (§ 3 Nr. 2 Satz 2 GrEStG).

17 Auch ist Entgeltlichkeit i.S.d. Zivilrechts nicht immer Entgeltlichkeit i.S.d. Steuerrechts.

> Beispiel:
> Onkel Otto schenkt seinem Neffen Nikolaus ein Mehrfamilienhaus gegen Leibrente, das er vor drei Jahren für 1.000.000 € gekauft hat. Das Grundstück und Haus haben einen Verkehrswert von 1.200.000 €. Die Leibrente hat einen Kapitalwert von 600.000 €. Die monatlichen Beträge können aus den Mieten gezahlt werden. Zivil-

rechtlich ist der Erwerb teilentgeltlich. Es handelt sich um eine gemischte Schenkung. Einkommensteuerrechtlich ist der Erwerb unentgeltlich. Schenkungsteuerrechtlich ist der Erwerb teilentgeltlich. Der unentgeltliche Teil unterliegt der Schenkungsteuer. Grunderwerbsteuerrechtlich ist der Erwerb teilentgeltlich. Der entgeltliche Teil unterliegt der Grunderwerbsteuer.

3. Vollentgeltlicher Erwerb

Ob ein Erwerb entgeltlich ist, hat vor allem bei der **vorweggenommenen Nachfolge Bedeutung**. Ein entgeltlicher Erwerb ist ertragsteuerrechtlich ein Veräußerungsgeschäft. Es kann im betrieblichen wie im privaten Bereich zu einem Veräußerungsgewinn oder Veräußerungsverlust führen.

18

Im **betrieblichen Bereich** sind **Veräußerungsgewinne immer steuerpflichtig**, soweit es keine gesetzlichen Ausnahmen gibt, wie z.B. eine Rücklage nach § 6b EStG. Das gilt sowohl für eine Veräußerung der wirtschaftlichen Einheit, also des ganzen Betriebs oder, bei mehreren Beteiligten, eines Mitunternehmeranteils (§§ 16 Abs. 1 Satz 1 Nr. 1 und 2, Satz 2, 18 Abs. 3 EStG), wie auch für eine Veräußerung eines einzelnen Wirtschaftsguts, die sich i.R.d. Gewinnermittlung auswirkt. Veräußerungsgewinne im privaten Bereich sind demgegenüber nur eingeschränkt steuerpflichtig. Sie werden erfasst, wenn ein Anteil an einer Kapitalgesellschaft veräußert wird, der mindestens 1 Prozent des Gesellschaftskapitals ausmacht (§ 17 EStG) oder wenn ein Wirtschaftsgut innerhalb der Veräußerungsfrist (früher Spekulationsfrist) des § 23 EStG veräußert wird, die bei Grundstücken zehn Jahre und bei anderen Wirtschaftsgütern ein Jahr beträgt.

19

4. Teilentgeltlicher Erwerb

Aber bei der Beurteilung, wann ein Veräußerungsgewinn verwirklicht wird, besteht ein entscheidender Unterschied zwischen dem betrieblichen und dem privaten Bereich, wenn es um teilentgeltliche Veräußerungen geht. Im betrieblichen Bereich entsteht bei der Übertragung oder Veräußerung eines Betriebs nur dann ein Gewinn, wenn die Gegenleistung den Saldo zwischen den aktiven und passiven Wirtschaftsgütern übersteigt, der bei bilanzierenden Betrieben dem Kapitalkonto in der Bilanz entspricht (**Einheitstheorie**).

20

Beispiel:
Anton gehört ein Handwerksbetrieb, der einen Verkehrswert von 400.000 € hat. Er übergibt ihn an seinen Sohn Siegfried, der an seine Schwester Thea ein Abstandsgeld zahlen muss. Antons Kapitalkonto beträgt 200.000 €, das Abstandsgeld beträgt 100.000 €. Der Erwerb ist voll unentgeltlich, da die Gegenleistung Antons Kapitalkonto nicht übersteigt. Auf den Verkehrswert des Betriebs kommt es nicht an. Anton macht auch keinen Veräußerungsverlust, da die Veräußerung aus privaten Gründen unter Preis erfolgt. Siegfried führt die Buchwerte Antons fort.[5] Erbschaftsteuerrechtlich handelt es sich um einen teilentgeltlichen Erwerb. Der Steuerwert des Betriebs, der dem Kapitalkonto entspricht (§ 12 Abs. 5 ErbStG, §§ 95, 103 BewG), wird im Verhältnis von Verkehrswert zu Gegenleistung in einen entgeltlich und einen unentgeltlich erworbenen Teil aufgeteilt, also hier zu drei Vierteln unentgeltlich

---

5 Vgl. zum Ganzen *Schmidt/Wacker*, EStG, § 16 Rn. 58 f.

und einem Viertel entgeltlich. Der unentgeltlich erworbene Teil von 150.000 € ist eine freigebige Zuwendung nach § 7 Abs. 1 Nr. 1 ErbStG,[6] für die Anton die Vergünstigungen des § 13a ErbStG in Anspruch nehmen kann.

21 Im privaten Bereich gilt hingegen die **Trennungstheorie**. Ein teilentgeltliches Veräußerungsgeschäft wird daher immer gewinnwirksam.

> **Beispiel:**
> Anton hat seinen Handwerksbetrieb zu Buchwerten in eine GmbH eingebracht. Die Anschaffungskosten seines Geschäftsanteils haben 200.000 € betragen. Er überträgt den Anteil, wiederum gegen ein Gleichstellungsgeld. Hier ist § 17 EStG einschlägig. Der Kaufpreis liegt zwar unter den Anschaffungskosten Antons, so dass sich bei wörtlicher Anwendung des § 17 EStG kein Gewinn erkennen lässt. Aber ein Gewinn entsteht deshalb, weil Anton seine Anschaffungskosten nicht voll gegen rechnen kann. Der Verkehrswert des Anteils soll 400.000 € betragen. Siegfrieds Gegenleistung macht daher ein Viertel dieses Werts aus. Deshalb kann Anton auch nur ein Achtel seiner Anschaffungskosten von der hälftigen Gegenleistung von 50.000 € abziehen, also nur 25.000 €. Von daher macht er einen Veräußerungsgewinn von 25.000 € (§§ 17, 3 Nr. 40c, 3c Abs. 2 EStG).[7]

22 Nach zutreffender, wenn auch umstrittener Auffassung gilt die **Trennungstheorie** auch im **betrieblichen Bereich,** nämlich dann, wenn nur ein einzelnes oder mehrere einzelne Wirtschaftsgüter aus privaten Gründen unter Preis veräußert werden. Hier wird der Vorgang als gewinnwirksame Kombination von Veräußerung und Entnahme behandelt.[8] Derartige Veräußerungsgeschäfte können auch bei der Erbregelung durch **Kaufrechtsvermächtnisse** realisiert werden, oder bei der Erbauseinandersetzung unter den Miterben. Das muss bei der Erbregelung bedacht werden.

5. Unentgeltlicher Erwerb

23 Der unentgeltliche Erwerb der wirtschaftlichen Einheit **Gewerbebetrieb** oder **freiberuflicher Betrieb** ist bei der Einkommensteuer **ergebnisneutral**, führt also beim Übertragenden weder zu einem Gewinn noch einem Verlust (§ 6 Abs. 3 EStG). Schenkungsteuerrechtlich handelt es sich um eine freigebige Zuwendung, die nach § 7 Abs. 1 Nr. 1 ErbStG steuerbar und nach den §§ 13a, 19a ErbStG begünstigt ist.

24 Der unentgeltliche Erwerb eines einzelnen Wirtschaftsguts aus dem Betriebsvermögen dieser Einheit ergibt eine **Entnahme**. Sie wird gewinnwirksam, wenn der dafür anzusetzende Teilwert des Wirtschaftsguts (§ 6 Abs. 1 Nr. 4 EStG) den **Buchwert übersteigt**. Auch schenkungsteuerrechtlich geht der freigebigen Zuwendung eine Entnahme voraus, so dass ein Wirtschaftsgut aus dem Privatvermögen des Schenkers erworben wird, so dass § 13a ErbStG nicht anwendbar ist.[9] Auch hier können die gleichen Ergebnisse eintreten, wenn Wirtschaftsgüter durch **Vermächtnis** oder **Auflage** zugewendet werden, oder die Miterben sich entsprechend auseinandersetzen. Beides muss bei der Erbregelung bedacht werden.

---

6 *Gebel*, Betriebsvermögensnachfolge, 210 Rn. 639.
7 *Schmidt/Weber-Grellet*, EStG, § 17 Rn. 105.
8 *Schmidt/Weber-Grellet*, EStG, § 5 Rn. 653 a.E.
9 R 51 Abs. 3 Satz 6 ErbStR.

6. Gestaltungsrisiken

Gestaltungsrisiken bestehen vor allem dann, wenn ein Vermögensgegenstand **steuerliches Betriebsvermögen** ist, obwohl er zivilrechtlich nicht zu einem Betrieb gehört.

Praxishinweis:
Wenn das nicht erkannt wird, kann es zu unerwünschter Gewinnrealisierung kommen. Ein typischer Problembereich ist die entgeltliche oder unentgeltliche Überlassung eines Grundstücks zur Nutzung durch eine Gesellschaft, an der der Überlassende als Gesellschafter beteiligt ist. Stichworte sind die Betriebsaufspaltung[10] aufgrund einer Nutzungsüberlassung an eine vom Überlassenden beherrschte Kapitalgesellschaft und das Sonderbetriebsvermögen bei der Nutzungsüberlassung an eine gewerbliche Personengesellschaft.

a) Betriebsaufspaltung

Beispiel:
An der Anton Muster GmbH sind Anton zu 60 Prozent und sein Sohn Christian zu 40 Prozent beteiligt. Anton vermietet der GmbH ein Grundstück, das ihm allein gehört. Es liegt eine Betriebsaufspaltung vor, weil das Grundstück eine wesentliche Grundlage für den Betrieb der GmbH bildet (sachliche Verflechtung), und Anton sowohl die GmbH beherrscht wie die Vermietung (das sog. Besitzunternehmen), da er in beiden Bereichen seinen geschäftlichen Willen durchsetzen kann (personelle Verflechtung). Die Vermietung ist daher gewerbliche Tätigkeit und ergibt einen Gewerbebetrieb. Grundstück und GmbH-Anteil Antons sind Betriebsvermögen dieses Gewerbebetriebs oder Besitzunternehmens. Wenn Anton an seine Ehefrau Berta, die ihn jahrelang gedrängt hatte, einen Teilgeschäftsanteil abtritt, so dass sie zu 10 Prozent an der GmbH beteiligt ist, ist die Steuerkatastrophe perfekt. Anton beherrscht die GmbH nicht mehr und die Betriebsaufspaltung hat ein Ende.[11] Es kommt zu einer Betriebsaufgabe. Anton muss nicht nur den Gewinn aus dem entnommenen Berta-Anteil versteuern, sondern auch die stillen Reserven in seinem Anteil von 50 Prozent und im vermieteten Grundstück.

b) Sonderbetriebsvermögen

Beispiel:
Anton ist Gesellschafter einer GmbH & Co KG. Er vermietet der Gesellschaft ein Grundstück mit einer Lagerhalle, in denen sie Baumaterial lagert. Zivilrechtlich ist das Grundstück privates Vermögen Antons. Es gehört nicht zum Vermögen der Gesellschaft. Einkommensteuerrechtlich ist das Grundstück Betriebsvermögen (Sonderbetriebsvermögen I). Stille Reserven sind daher steuerverhaftet. Werden sie durch Verkauf des Grundstücks realisiert, entsteht ein Gewinn, der ganz normal zu versteuern ist. Wird das Grundstück verschenkt, handelt es sich um eine Entnahme, die zum gleichen Ergebnis führt. Schenkt Anton seinem Sohn Siegfried den Kommanditanteil ohne das betriebsnotwendige Grundstück, das er zu seiner Versorgung zu-

---

10 Dazu *Schmidt/Wacker*, EStG, § 15 Rn. 800 ff.
11 Ein Wahlrecht wie bei der Betriebsverpachtung zwischen Betriebsaufgabe u. ruhendem Betrieb gibt es bei einer Betriebsaufspaltung nur, wenn das Pachtvermögen als Betrieb anzusehen ist. Bei einem einzelnen Wirtschaftsgut ist das nicht der Fall.

rückbehält, hat Anton seinen Mitunternehmeranteil aufgegeben, da er nur seinen Gesellschaftsanteil übertragen hat. Denn der steuerlich relevante Mitunternehmeranteil besteht aus Antons Gesellschaftsanteil und seinem wesentlichen Sonderbetriebsvermögen. Anton muss dann die stillen Reserven in dem ganzen Mitunternehmeranteil versteuern, also in dem Kommanditanteil und in dem Grundstück. Schenkungsteuerrechtlich ist aufgrund der Anknüpfung an das Ertragsteuerrecht ebenfalls kein Mitunternehmeranteil übergegangen, sondern Privatvermögen.

IV. Praktische Normenhierarchie

1. Gesetz und Verwaltungsvorschriften

28 Aus juristischer Sicht gilt bei der Besteuerung die gewohnte Normenhierarchie: An oberster Stelle steht die Verfassung, dann kommt das Europarecht, dann das Gesetz, dann eine ergänzende Rechtsverordnung. Für Verwaltungsvorschriften und ähnliche Nichtgesetze interessieren sich Juristen außerhalb der Verwaltung im Allgemeinen nicht.

2. Verfahren vor dem Finanzgericht

29 Vor dem Finanzgericht schadet diese Sichtweise nicht. Denn so denken Finanzrichter auch. Sie sind schließlich auch Juristen. Verwaltungsanweisungen oder Verwaltungsvorschriften[12] sind für sie zumeist unverbindliche Meinungsäußerungen, ähnlich der Fachliteratur, wenn auch von besonderem Gewicht.

30 Uneingeschränkt gilt das für **norminterpretierende Verwaltungsvorschriften**. Richter halten Gesetzesinterpretationen für ihren Job und lassen sich von der Verwaltung nicht dreinreden.

31 Anders verhält es sich bei **typisierenden Verwaltungsvorschriften** wie z.B. Richt- und Pauschalsätzen oder dem Stuttgarter Verfahren, das bei der Bewertung nicht notierter Anteile an Kapitalgesellschaften angewandt wird. Sie binden auch die Finanzgerichte jedenfalls dann, wenn es sich um vertretbare Schätzungen handelt.

32 Anders steht es auch um **Ermessensrichtlinien**, mit denen die Finanzverwaltung ihr Ermessen nach den §§ 163, 227 AO ausübt. Sie führen zu einer Selbstbindung der Finanzverwaltung und sind, wie andere Ermessensentscheidungen der Verwaltung auch, für die Gerichte verbindlich, wenn keine Ermessensfehler vorliegen, die sie rechtswidrig machen.[13]

3. Verfahren beim Finanzamt

33 Hier herrscht Weisungsgebundenheit. Für den Finanzbeamten in erster Linie maßgebend sind die Anordnungen seiner Vorgesetzten, also die Verwaltungsanweisungen oder Verwaltungsvorschriften. Sie sagen ihm, wie er das Gesetz zu verstehen hat. Mit einem Urteil oder einem Kommentar dagegen zu argumentieren, verspricht in aller Regel keinen Erfolg.

---

12 Zur Außenwirkung der Verwaltungsvorschriften vgl. *Kruse/Drüen*, in: *Tipke/Kruse*, AO, FGO, § 4 AO Rn. 82 ff.
13 FG Saarland EFG 2002, 951 m. Anm. *Büchter-Hole*.

a) Amtsverfügungen

An **erster Stelle** orientiert sich der Sachbearbeiter an den Amtsverfügungen, also den Weisungen seines Vorstehers zur Anwendung des Steuerrechts. Denn er ist sein direkter Vorgesetzter. Für Außenstehende sind sie schwierig festzustellen, da sie nicht veröffentlicht werden. Hier sind Beziehungen notwendig.

34

b) OFD-Verfügungen

An **zweiter Stelle** stehen die Verfügungen der übergeordneten Oberfinanzdirektion (OFD), so es in dem Bundesland noch eine OFD gibt. Sie sind Anweisungen an die nachgeordneten Finanzämter. Auch sie sind zumeist geheim. Wichtige Verfügungen gelangen dennoch offiziell oder inoffiziell an das Licht der Öffentlichkeit und finden sich in der Fachliteratur. Diese Verfügungen sind innerhalb eines Landes zwischen den OFDen abgestimmt, manchmal auch bundesweit. Auch ohne Abstimmung werden sie von den Finanzverwaltungen anderer Bundesländer beachtet. Aber nicht immer, denn es gibt in den Ländern auch eine unterschiedliche Verwaltungspraxis, die sich in unterschiedlichen OFD-Verfügungen abbildet.

35

c) Erlasse des Finanzministeriums oder Finanzsenators

An **dritter Stelle** stehen die Erlasse des jeweiligen Finanzministeriums des Landes (FinMin oder SenFinanzen in den Stadtstaaten). Bei wichtigen Fragen sind sie das Ergebnis von Besprechungen und Entscheidungen, die von den Länderreferenten mit ihren Gegenübern beim Bundesminister der Finanzen (BMF) getroffen werden. Dann ergehen sie als einheitliche oder gleich lautende (koordinierte) Ländererlasse.

36

d) Richtlinien

Zu den wichtigsten Steuergesetzen gibt es Richtlinien: im Ertragsteuerbereich die **Einkommensteuerrichtlinien** (EStR) zum EStG, die **Körperschaftsteuerrichtlinien** (KStR) zum KStG und die **Gewerbesteuerrichtlinien** (GewStR) zum Gewerbesteuergesetz. Zum UStG gibt es die **Umsatzsteuerrichtlinien** (UStR) und zum ErbStG die **Erbschaftsteuerrichtlinien** (ErbStR). Das sind umfassende Gebrauchsanweisungen, in denen das jeweilige Steuergesetz ganz oder in Teilen kommentarmäßig erläutert wird. Oft wird mit ergänzenden Hinweisen gearbeitet, die Beispiele enthalten, zum Teil auch mit Berechnungen, so in den Hinweisen zu den EStR und den ErbStR, den EStH und den ErbStH. Darin ist auch die höchstrichterliche Rspr. berücksichtigt, der sich die Verwaltung angeschlossen hat. Diese Richtlinien erlässt das BMF in Abstimmung mit den Finanzministerien oder Finanzsenatoren der Länder. Sie sind Verwaltungsvorschriften i.S.d. Art. 108 Abs. 7 GG und gelten bundesweit.

37

e) BMF-Schreiben

Weniger umfassend äußert sich das BMF in Schreiben, die auch mit den Ländern abgestimmt sind. Derartige Schreiben können **Einzelfragen** betreffen, aber auch ein **Thema** durchaus umfassend abhandeln, wie z.B. die wichtigen Schreiben zur Erbauseinandersetzung,[14] zur vorweggenommenen Erbfolge,[15] zum Nießbrauch an Grundvermögen (Nießbrauchserlass)[16] und zur Beurteilung wiederkehrender Bezüge (Ren-

38

---

14 BStBl. I 1993, 62 = *Bonefeld/Daragan/Tanck*, Arbeitshilfen, I 26 a.
15 BStBl. I 1993, 80 = *Bonefeld/Daragan/Tanck*, Arbeitshilfen, I 26 b.
16 BStBl. I 1998, 914 = *Bonefeld/Daragan/Tanck*, Arbeitshilfen, I 26 d.

tenerlass).[17] Um die Normenflut einzudämmen, hat das BMF[18] kürzlich alle Schreiben aufgehoben, die aus der Zeit vor dem 1.1.1980 stammen, bis auf die Schreiben, die in einer Positivliste stehen – immerhin noch 134 Stück. Aber ein Anfang ist gemacht.

f) Veröffentlichungspraxis

39 Ländererlasse, vor allem einheitliche Erlasse, Richtlinien und BMF-Schreiben veröffentlicht die Finanzverwaltung in ihrem Mitteilungsblatt, dem **Bundessteuerblatt** (BStBl.). Eingedenk des technischen Fortschritts veröffentlicht sie das BMF neuerdings auch im Internet unter *www.bundesfinanzministerium.de*. Sie sind dann ebenso verbindlich, als ob sie im BStBl. stehen würden.

40 Das BStBl. besteht **seit 1968** aus **zwei** Teilen.
 – Im Teil I stehen Verwaltungsanweisungen des Bundes und der Länder.
 – Im Teil II stehen Entscheidungen des Bundesfinanzhofs (BFH), aber auch des BVerfG, des BGH und des EuGH.

41 **Vor 1968** besteht das BStBl. aus **drei** Teilen.
 – Teil I enthält Verwaltungsanweisungen des Bundes,
 – Teil II enthält Verwaltungsanweisungen der Länder,
 – Teil III enthält Entscheidungen des BFH.

g) Entscheidungen der Finanzgerichte

42 Danach interessieren die Entscheidungen der Finanzgerichte. Auch hier ist die Instanzenhierarchie auf den Kopf gestellt.

aa) Entscheidungen des zuständigen Finanzgerichts

43 An **erster Stelle** stehen die Entscheidungen des für das Finanzamt zuständigen Finanzgerichts (FG). Denn es entscheidet in der Mehrzahl der Fälle als erste und letzte Instanz, und es erlässt mehr an Entscheidungen, die für das Finanzamt relevant sind als der BFH.

bb) Entscheidungen des BFH

44 Dann kommen die Entscheidungen des BFH. Bei ihnen wird differenziert:

Entscheidungen, die die **Finanzverwaltung** für wichtig und richtig hält, druckt sie im **BStBl.** ab. Was dort steht, ist innerhalb der Finanzverwaltung verbindlich, gilt also auch in allen anderen vergleichbaren Fällen. Diese Entscheidungen gehen entgegenstehenden Verwaltungsanweisungen vor. Deshalb dauert es manchmal sehr lange, bis eine Entscheidung dort abgedruckt wird, manchmal Jahre. Manchmal wird sie auch nicht abgedruckt. Aber manchmal wird die Entscheidung vom BMF als verbindlich vorab im Internet unter *www.bundesfinanzministerium.de* veröffentlicht.

45 Will die Verwaltung eine wichtige **Entscheidung des BFH** nicht akzeptieren, druckt sie die Entscheidung im BStBl. II ab, aber begleitet von einem Nichtanwendungserlass im BStBl. I. Er besagt, das Urteil sei über den entschiedenen Fall hinaus nicht anzuwenden. Zumeist ist ein für die Steuerzahler günstiges Urteil betroffen. Ziel ist es, einen vergleichbaren Fall erneut zum BFH zu bringen. Eher selten wird einem für die

---

17 BStBl. I 2004, 922.
18 BMF DStR 2005, 1059.

Steuerzahler ungünstigen Urteil die Gefolgschaft verweigert, wie das im Erbschaft- und Schenkungsteuerrecht schon wiederholt der Fall war.[19]

Für die Steuerzahler ungünstige Urteile werden manchmal mit einer **Übergangsregelung** begleitet, wonach sie erst auf künftige Fälle anzuwenden sind. So wird aber im Allgemeinen nur verfahren, wenn der BFH eine steuerzahlerfreundliche Verwaltungsregelung verworfen hat.

46

Manchmal begleitet die Verwaltung die Entscheidung auch mit einem **Erläuterungserlass**. Darin steht, wie sie die Entscheidung versteht, und welche Konsequenzen sie daraus ziehen oder auch nicht ziehen möchte.

47

An nächster Stelle stehen Entscheidungen des BFH, die anderswo abgedruckt sind. Das kann in der Amtlichen Sammlung sein, die – ganz anders als z.B. die des BGH – außerhalb des BFH kaum benutzt wird. Es kann auch eine private Entscheidungssammlung sein, die amtlich nicht veröffentlichte Entscheidungen des BFH enthält, die BFH/NV, oder eine Fachzeitschrift.

48

cc) Entscheidungen anderer Finanzgerichte

Ganz zum Schluss kommen Entscheidungen anderer Finanzgerichte. Sie sind über den entschiedenen Fall hinaus nicht verbindlich, können aber, so die Verwaltung, durchaus brauchbare Denkanstöße liefern und deshalb auch übernommen werden. Sie haben praktisch den Status von gehobener Fachliteratur.

49

4. *Konsequenzen für die Beratung*

Praxishinweis:
Wer also Steuerrecht intensiv machen möchte, kommt nicht darum herum, sich mit den Verwaltungsvorschriften zu befassen. Sonst steht er sich selbst im Weg. Bei dieser praktischen Arbeit differenzieren wir zwischen Verwaltungsvorschriften, die für unsere Mandanten ungünstig sind, und diejenigen, die für sie günstig sind. Damit wird kein neuer Typus von Verwaltungsvorschriften eingeführt, sondern nur Antwort auf die Frage gesucht: Cui bono? Zumeist geht es hier immer nur um Teilbereiche einer umfassenden Regelung, manchmal aber auch um Einzelfallentscheidungen. Es geht auch nicht um Fragen der Verbindlichkeit, sondern allein um Gestaltungs- und Durchsetzungsstrategien: Wie kann ich es vermeiden, mit dem Finanzamt über eine Verwaltungsvorschrift diskutieren zu müssen, die dem Anliegen des Mandanten hinderlich ist? Und wo habe ich mit dem Anliegen des Mandanten die größere Erfolgsaussicht: innerhalb der Finanzverwaltung oder außerhalb beim FG?

50

Ungünstige Verwaltungsvorschriften sollten bei der Gestaltung berücksichtigt werden. Zuvörderst versuchen wir, diesen Verwaltungsvorschriften auszuweichen. Wenn das nicht gelingt, muss sich der Mandant entweder damit abfinden oder den Gang zu den Gerichten wagen. Erst dort können wir die Rechtswidrigkeit der Vorschrift mit Erfolg rügen. Auf Verwaltungsebene ernten wir mit diesem Anliegen bestenfalls höfliches Interesse.

51

Günstige Verwaltungsvorschriften werden vorzugsweise bei der Verwaltung durchgesetzt. Mittel der Wahl ist die **Dienstaufsichtsbeschwerde** als Sachbeschwerde.

52

---

19 Ein Bsp. aus neuerer Zeit: einheitliche Ländererlasse, BStBl. I 2004, 271; ZErb 2004, 173.

> **Praxishinweis:**
> Derartige Beschwerden sind entgegen einem weit verbreiteten Vorurteil **nicht formlos, fristlos und fruchtlos**. Sie müssen nur über das Finanzamt hinaus zur OFD oder zum FinMin oder zum BMF gebracht werden. Sachorientierte Hartnäckigkeit zahlt sich hier aus. Das geschieht zweckmäßigerweise vor einem finanzgerichtlichen Verfahren, ist aber auch noch während des Verfahrens möglich, auch wenn zu diesem Zeitpunkt mit Abwimmelungsmanövern gerechnet werden muss. Zu versuchen, für den Mandanten günstige norminterpretierende Verwaltungsvorschriften nur beim FG durchzusetzen, ist fast schon ein Kunstfehler.

V. Grundstruktur der Besteuerung

1. Begriff der Steuer

53 Steuern sind nach § 3 Abs. 1 AO
- Geldleistungen,
- die nicht eine Gegenleistung für eine besondere Leistung darstellen – also keine Gebühren oder Beiträge sind,
- von einem öffentlich-rechtlichen Gemeinwesen
- zur Erzielung von Einnahmen
- allen (Gleichmäßigkeit der Besteuerung)
- auferlegt werden,
- bei denen der Tatbestand zutrifft, an den das Gesetz die Leistungspflicht knüpft (**Tatbestandsmäßigkeit der Besteuerung** als Unterfall der Gesetzesbindung der Verwaltung).

54 Die Erzielung von Einnahmen kann Nebenzweck sein.

2. Steuersubjekt und Steuerobjekt

Der erste Schritt des Auferlegens besteht darin, einem **Steuersubjekt** ein **Steuerobjekt** zuzuordnen.

a) Steuersubjekt

55 Wer **Steuersubjekt** ist, bestimmt das einzelne Steuergesetz:
- bei der **Einkommensteuer** sind es natürliche Personen;
- bei der **Körperschaftsteuer** sind es Körperschaften, Personenvereinigungen oder Vermögensmassen;
- bei der **Gewerbesteuer** sind es gewerbliche Unternehmen und Unternehmer;
- bei der **Umsatzsteuer** sind es Unternehmer;
- bei der **Grunderwerbsteuer** ist es der Erwerber eines inländischen Grundstücks;
- bei der **Erbschaft- und Schenkungsteuer** ist es der Erwerber inländischen und ausländischen Vermögens.

Das potentiell steuerpflichtige Steuersubjekt wird auch **Steuerpflichtiger** (vgl. § 33 AO), das aktuell steuerpflichtige Steuersubjekt **Steuerschuldner** (vgl. § 43 AO) genannt.

b) Steuerobjekt

Das **Steuerobjekt**, auch **Steuergegenstand** genannt, wird in dem einzelnen Steuergesetz mehr oder weniger ausführlich beschrieben. Im Allgemeinen handelt es sich um eine Tätigkeit, einen Vorgang oder einen Erwerb:

- bei der **Einkommensteuer** ist es das zu versteuernde Einkommen;
- bei der **Körperschaftsteuer** ist es das zu versteuernde Einkommen;
- bei der **Gewerbesteuer** ist es der Gewerbeertrag eines inländischen Gewerbebetriebs;
- bei der **Umsatzsteuer** sind es entgeltliche und bestimmte unentgeltliche Lieferungen und Leistungen, die im Inland oder im Ausland erbracht werden;
- bei der **Grunderwerbsteuer** ist es ein inländisches Grundstück oder ein auf seinen Erwerb gerichteter Vorgang, z.B. der Anspruch auf das Grundstück aus einem Kaufvertrag;
- bei der **Erbschaftsteuer** und bei der **Schenkungsteuer** sind Steuerobjekte der Erwerb von Todes wegen und die freigebigen Zuwendungen.

c) Wer kommt zuerst?

Die **Ertragsteuergesetze** beginnen damit, dass sie das Steuersubjekt nennen. Erst danach nennen sie das Steuerobjekt.

> **Beispiel:**
> § 1 EStG bestimmt, dass natürliche Personen einkommensteuerpflichtig sind. Steuerobjekt ist das zu versteuernde Einkommen (§ 2 Abs. 5 Satz 1 EStG). § 1 KStG zählt die körperschaftsteuerpflichtigen Körperschaften, Personenvereinigungen und Vermögensmassen auf. Steuerobjekt ist das zu versteuernde Einkommen (§ 7 Abs. 1 KStG).

Realsteuergesetze und **Verkehrsteuergesetze** kehren die Dinge um. Sie fangen mit dem Steuerobjekt an und erwähnen erst danach das Steuersubjekt.

> **Beispiele:**
> Nach § 2 GewStG unterliegt der Gewerbesteuer jeder stehende Gewerbebetrieb, soweit er im Inland betrieben wird. Steuerschuldner ist der Unternehmer (§ 3 Abs. 1 GewStG). § 1 GrEStG bestimmt, welche Vorgänge der Grunderwerbsteuer unterliegen. Steuerschuldner ist im Allgemeinen der Erwerber (§ 13 GrEStG).

3. Verbindung von Steuerobjekt und Steuersubjekt

Die Zuordnung eines Steuerobjekts oder von Elementen des Steuerobjekts zu einem Steuersubjekt nennt man **Zurechnung**. Wann und wie sie möglich ist, ergibt sich entweder aus dem Einzelsteuergesetz oder aus § 39 AO.

VI. Steuerbarkeit und Steuerbefreiungen

Wenn ein Geschehen den gesetzlichen Tatbestand erfüllt, ist es steuerbar. Steuerbarkeit bedeutet nicht zwangsläufig, dass auch eine Steuer anfällt. Denn es gibt **Steuerbefreiungen**.

Sie können **persönliche Befreiungen** sein, die nur bestimmten Steuersubjekten zustehen, wie z.B. der persönliche Freibetrag für Kinder von 205.000 €.

62 Es können auch **sachliche Steuerbefreiungen** sein, die bestimmte Steuerobjekte von der Besteuerung ausnehmen, wie z.B. der Freibetrag von 256.000 € für den Erwerb von Betriebsvermögen.

1. Bewertung

63 Wenn das Steuerobjekt nicht schon auf einen Geldbetrag lautet, muss es in einen Geldbetrag umgerechnet werden. Das wird als Bewertung bezeichnet. Zu bewerten ist aber auch, wenn besondere Umstände vorliegen, die sich auf den Wert des bereits auf Geld lautenden Steuerobjekts auswirken, wie z.B. die Zinslosigkeit einer Forderung oder die drohende Zahlungsunfähigkeit des Schuldners. Wie zu bewerten ist, ergibt sich entweder aus dem **Einzelsteuergesetz** oder aus einem eigens dafür geschaffenen Gesetz, dem **Bewertungsgesetz (BewG)**.

2. Bemessungsgrundlage, Steuersatz, Steuer

64 Der **Wert des Steuerobjekts**, der manchmal nach oben oder unten verändert wird, ist die Bemessungsgrundlage. Sie wird immer in einem Geldbetrag ausgedrückt. Auf diesen Geldbetrag wird der im Gesetz bestimmte Steuersatz angewandt. Er kann als einfacher Prozentsatz aus einer Tabelle gegriffen werden, z.B. aus der Tabelle in § 19 ErbStG, oder sich aus einer komplizierteren Formel ergeben, z.B. aus § 32a EStG, auf dem wiederum zur Vereinfachung Tabellen aufbauen. **Bemessungsgrundlage** mal Steuersatz ergibt die vorläufige Steuer. Manchmal mindert sich die vorläufige Steuer um Beträge, die darauf angerechnet, also abgezogen werden. Was dann herauskommt, ist die endgültige Steuer.

3. Festsetzung der Steuer

65 Steuern werden im Allgemeinen in einem Verwaltungsakt festgesetzt, der **Steuerbescheid** heißt. Der Bescheid, der vom Finanzamt kommt, besteht i.d.R. aus einer Mehrzahl von Verwaltungsakten, die alle selbstständig angefochten werden können und auch müssen.

66 Steuerbescheid ist nur die Steuerfestsetzung selbst; sie ist ein **deklaratorischer Verwaltungsakt**.

67 Die Zahlungsaufforderung (**Leistungsgebot**) ist ein **selbstständiger Verwaltungsakt**.

68 Auch die Anrechnung von **Vorauszahlungen** ist ein selbstständiger Verwaltungsakt, ebenso die Festsetzung eines Verspätungszuschlags und die Festsetzung von Nachzahlungszinsen.

69 Bei den Steuern, die laufend anfallen, wie z.B. die Einkommensteuer, heißt der Vorgang Veranlagung (vgl. § 25 EStG).

VII. Grundzüge einiger Steuern

1. Einkommensteuer

70 **Steuersubjekte** sind **natürliche Personen** (§ 1 Abs. 1 Satz 1 EStG).

71 **Steuerobjekt** ist das **zu versteuernde Einkommen**. Es bildet die Bemessungsgrundlage für die Einkommensteuer (§ 2 Abs. 5 EStG).

72 Das Einkommen seinerseits besteht aus dem Gesamtbetrag der Einkünfte, vermindert um Sonderausgaben und außergewöhnliche Belastungen (§ 2 Abs. 4 EStG). **Sonder-**

A. Erbfolge und Steuern

ausgaben (§ 10 EStG) sind Ausgaben, die privat veranlasst sind und aus sozialpolitischen Gründen zum Abzug zugelassen werden. Dazu gehören Leibrenten und **dauernde Lasten** (§ 10 Abs. 1 Nr. 1a EStG).

Der Gesamtbetrag der Einkünfte setzt sich aus der Summe der Einkünfte zusammen, die um Freibeträge gekürzt worden sind (§ 2 Abs. 3 EStG). 73

Einkünfte, die zusammengerechnet zur Summe der Einkünfte führen, auch **Einkunftsarten** genannt, gibt es sieben (§ 2 Abs.1 EStG): 74
– Einkünfte aus Land- und Forstwirtschaft;
– Einkünfte aus Gewerbebetrieb;
– Einkünfte aus selbstständiger Arbeit;
– Einkünfte aus nichtselbstständiger Arbeit;
– Einkünfte aus Kapitalvermögen;
– Einkünfte aus Vermietung und Verpachtung;
– Sonstige Einkünfte, die in § 22 EStG abschließend aufgezählt sind.

§ 2 Abs. 2 EStG unterscheidet zwischen 75
– **Gewinneinkünften**, zu denen die Einkünfte aus Land- und Forstwirtschaft, Gewerbebetrieb und selbstständiger Arbeit gehören, und
– **Überschusseinkünften**, zu denen alle übrigen Einkünfte gehören.

Der **Gewinn** wird üblicherweise durch Betriebsvermögensvergleich ermittelt (§§ 4 Abs. 1, 5 EStG). Steuerpflichtige, die nicht verpflichtet sind, Bücher zu führen, und dies auch nicht freiwillig machen, können als Gewinn den Überschuss der Betriebseinnahmen über die Betriebsausgaben ansetzen (§ 4 Abs. 3 EStG). Dazu gehören u.a. Freiberufler. Bei allen anderen Einkunftsarten wird das Ergebnis als Überschuss der Einnahmen über die Werbungskosten ermittelt (§ 2 Abs. 2 Nr. 2 EStG). 76

Betriebsausgaben und Werbungskosten sind Erwerbsaufwand. **Betriebsausgaben** sind Aufwendungen, die durch den Betrieb veranlasst sind (§ 4 Abs. 4 EStG). **Werbungskosten** sind Aufwendungen zur Erwerbung, Sicherung und Erhaltung der Einnahmen (§ 9 Abs. 1 Satz 1 EStG). Trotz der unterschiedlichen Definitionen werden beide Begriffe gleich verstanden. 77

Bestimmte Einnahmen bleiben steuerfrei. § 3 EStG, der das anordnet, enthält eine bunte Mischung sachlicher und persönlicher Steuerbefreiungen. 78

Der **Einkommensteuertarif** ist progressiv gestaltet. Ein bestimmter Betrag, Grundfreibetrag genannt, bleibt steuerfrei. Er beträgt derzeit 7.235 €. Das darüber hinausgehende zu versteuernde Einkommen wird zunächst bis zu einem bestimmten Betrag linear mit einem Eingangssteuersatz besteuert. Das Mehr wird progressiv besteuert. Ab einem bestimmten Betrag wird dann wieder ein Spitzensatz linear angewendet (§ 32a EStG). 79

Ehegatten, die nicht dauernd getrennt leben, werden zusammen zur Einkommensteuer veranlagt, wenn sie keine getrennte Veranlagung wählen (§ 26 EStG). Ihr zu versteuerndes Einkommen wird halbiert, die Steuer, die sich darauf ergibt, verdoppelt (§ 32a Abs. 5 EStG). Das nennt sich **Splittingverfahren** 80

Bestimmte Einkünfte werden zu einem **ermäßigten Tarif** besteuert (§ 34 EStG). Dazu gehören u.a. Veräußerungsgewinne, die bei der Veräußerung oder Aufgabe eines Gewerbetriebes entstanden sind (halber Steuersatz des § 34 Abs. 3 EStG). 81

Daragan

82 Der **Umfang der steuerbaren Einkünfte** und damit des zu versteuernden Einkommens ist unterschiedlich, je nachdem, ob der Steuerpflichtige ein Steuerinländer oder ein Steuerausländer ist.

83 **Steuerinländer** sind alle natürlichen Personen, die im Inland ihren Wohnsitz (§ 8 AO) oder ihren gewöhnlichen Aufenthalt (§ 9 AO) haben. Sie sind mit ihrem gesamten Einkommen steuerpflichtig, gleichgültig, ob es im Inland oder im Ausland erzielt worden ist. Das wird **unbeschränkte Steuerpflicht** oder Besteuerung nach dem Welteinkommen (§ 2 Abs. 1 Satz 1 EStG) genannt. Die Besteuerung des ausländischen Einkommens wird üblicherweise gemildert, indem bestimmte Einkünfte entweder von der deutschen Steuer ausgenommen werden oder eine ausländische Einkommensteuer auf die deutsche Einkommensteuer angerechnet wird.

84 Personen ohne Wohnsitz oder gewöhnlichen Aufenthalt im Inland sind **Steuerausländer**, auch dann, wenn sie die deutsche Staatsangehörigkeit haben. Sie sind nur mit den Einkünften steuerpflichtig, die einen Bezug zum Inland haben und in § 49 EStG abschließend aufgezählt sind. Bei ihnen wird von **beschränkter Steuerpflicht** oder Besteuerung nach dem Inlandseinkommen (§§ 2 Abs. 1 Satz 1, 49 EStG) gesprochen.

85 Allerdings ist die **Staatsangehörigkeit** nicht ganz gleichgültig. Denn deutsche Staatsangehörige, die ins Ausland verzogen sind, werden unter weiteren Voraussetzungen auch mit Einkünften aus dem Inland besteuert, die nicht in § 49 EStG aufgezählt sind. Diese besondere Steuerpflicht nennt sich erweiterte beschränkte Steuerpflicht. Ihre Voraussetzungen sind in einem besonderen Gesetz geregelt, dem Außensteuergesetz (AStG). Sie hat Auswirkungen auf die Einkommensteuer (§ 2 AStG) und die Erbschaftsteuer (§ 4 AStG).

2. *Körperschaftsteuer*

86 **Steuersubjekte** sind Körperschaften, Personenvereinigungen und Vermögensmassen. Besteuert werden aber nur diejenigen, die in § 1 KStG aufgezählt sind. Dazu gehören Kapitalgesellschaften. § 3 KStG ist eine Auffangvorschrift. Danach sind alle Personenvereinigungen körperschaftsteuerpflichtig, wenn ihr Einkommen nicht unmittelbar bei ihren Mitgliedern nach dem EStG oder dem KStG zu versteuern ist.

87 **Steuerobjekt** ist wie bei der Einkommensteuer das Einkommen (§ 7 Abs. 1 KStG). Dieses Einkommen ist nicht mit dem Einkommen i.S.d. EStG identisch (§ 8 Abs. 1 Satz 1 KStG). Offene Gewinnausschüttungen sind kein Aufwand und mindern das Einkommen nicht (§ 8 Abs. 3 Satz 1 KStG). Auch verdeckte Gewinnausschüttungen mindern es nicht (§ 8 Abs. 3 Satz 2 KStG). Soweit sie den Gewinn gemindert haben, erfolgt die Korrektur außerhalb der Bilanz bei der Ermittlung des Einkommens. Wer nach den Vorschriften des HGB verpflichtet ist, Bücher zu führen, hat stets Einkünfte aus Gewerbebetrieb (§ 8 Abs. 2 KStG). Dazu gehören die Kapitalgesellschaften.

88 Auch hier wird zwischen der **unbeschränkten Steuerpflicht** (§ 1 KStG) und der **beschränkten Steuerpflicht** (§ 2 Nr. 1 KStG) unterschieden. Die unbeschränkte Steuerpflicht knüpft an den Sitz (§ 11 AO) oder die Geschäftsleitung (§ 10 AO) im Inland an. Zusätzlich kennt das Körperschaftsteuerrecht eine weitere Form der beschränkten Steuerpflicht der Körperschaften usw., die nicht unbeschränkt steuerpflichtig sind, soweit sie inländische Einkünfte haben, von denen ein Steuerabzug vorzunehmen ist. Darunter fallen die Körperschaften usw., die steuerbefreit sind (§ 5 KStG).

Der **Steuersatz** beträgt **einheitlich 25 Prozent** (§ 23 Abs. 1 KStG).

3. Besteuerung der Gesellschaften und ihrer Gesellschafter

a) Personengesellschaften

Personengesellschaften sind die Gesellschaft des bürgerlichen Rechts (GbR), die offene Handelsgesellschaft (OHG), die Kommanditgesellschaft (KG) auch in ihrer Sonderform der GmbH & Co KG oder eine Partnerschaft. 89
- Führen sie einen Betrieb oder ein Unternehmen, werden sie **Mitunternehmerschaften** genannt.
- Erzielen sie Überschusseinkünfte, z.B. Einkünfte aus Vermietung und Verpachtung, werden sie **vermögensverwaltende Gesellschaften** genannt.

Eine Personengesellschaft unterliegt nicht der Einkommen- oder der Körperschaftsteuer. Steuerpflichtig sind nur die Gesellschafter: Natürliche Personen zahlen auf ihre Gewinnanteile Einkommensteuer, Kapitalgesellschaften zahlen Körperschaftsteuer. 90

Bei den gewerblichen Personengesellschaften genügt es nicht, Gesellschafter zu sein. Damit der Gesellschafter am Ergebnis einer Mitunternehmerschaft beteiligt wird, muss er **Mitunternehmer** sein (§ 15 Abs. 1 Nr. 2 EStG). Das ist er, wenn er als Ausfluss seiner Gesellschafterstellung **Mitunternehmerinitiative** entfalten kann und ein **Mitunternehmerrisiko** trägt. Deshalb kann jemand ausnahmsweise auch dann Mitunternehmer sein, wenn er kein Gesellschafter ist (faktischer Mitunternehmer), wie auch umgekehrt jemand Gesellschafter sein kann, ohne Mitunternehmer zu sein. 91

Die Personengesellschaften sind jedoch **partielle Steuersubjekte**. Sie sind Subjekte der Einkunftserzielung, Einkunftsermittlung und Einkünftequalifikation. D.h.: 92
- Die Frage, ob überhaupt steuerlich relevante Einkünfte vorliegen – Stichwort: Liebhaberei –, wird zunächst auf der Ebene der Personengesellschaft entschieden. Ein zweites Mal wird diese Frage auf der Ebene des Gesellschafters geprüft.
- Der Gewinn wird gegenüber der Personengesellschaft mit Wirkung für alle Gesellschafter festgestellt.
- Die Tätigkeit oder die Rechtsform (vgl. die gewerblich geprägte Gesellschaft des § 15 Abs. 3 Nr. 2 EStG) bestimmt die Einkunftsart.
- Gesellschafter und Gesellschaft können sich als Erwerber und Veräußerer gegenübertreten.

Jeder Gesellschafter muss seinen **Anteil am Gewinn** der Gesellschaft unabhängig davon versteuern, ob und in welchem Umfang er an den Gesellschafter ausgeschüttet wird oder nicht, dieser ihn entnehmen kann oder nicht. **Verlustanteile** können die Gesellschafter – vorbehaltlich gesetzlicher Einschränkungen – auch mit ihren anderen Einkünften verrechnen. 93

Bei anderen Steuern – wie der Umsatzsteuer und der Grunderwerbsteuer – sind die Personengesellschaften jedoch selbst **Steuersubjekt**. Die Gesellschafter unterliegen diesen Steuern nur dann, wenn sie ihrerseits Steuersubjekte für diese Steuern sind, weil sie die dafür erforderlichen Aktivitäten entfalten. 94

b) Kapitalgesellschaften

Kapitalgesellschaften werden selbstständig besteuert. Sie sind **Steuersubjekte der Körperschaftsteuer** wie auch aller anderen Steuern. Für die Körperschaftsteuer kommt es nicht darauf an, ob die Kapitalgesellschaft ihren Gewinn ausschüttet oder 95 einbehält (thesauriert). Gewinnausschüttungen sind auch nicht als betrieblicher Aufwand abzugsfähig. Die Körperschaftsteuer ist definitiv. Sie wird nicht mehr – Altgesellschaften für eine Übergangszeit ausgenommen – auf die Einkommen- oder Körperschaftsteuer des Gesellschafters angerechnet.

96 Die **Besteuerung der Gesellschafter** sieht so aus:

– Einbehaltene Gewinne muss der Gesellschafter nicht versteuern.

– Verluste der Gesellschaft kann der Gesellschafter nicht nutzen, indem er sie mit seinen Einkünften verrechnet. Diese Verrechnungsmöglichkeit hat nur die Gesellschaft selbst für vergangene und zukünftige Geschäftsjahre.

– Ist der Gesellschafter eine natürliche Person, muss er die Hälfte des an ihn ausgeschütteten Gewinns versteuern (**Halbeinkünfteverfahren**, § 3 Nr. 40 Buchst. d EStG).

– Ist der Gesellschafter eine Kapitalgesellschaft, bleibt die Ausschüttung zu 95 Prozent steuerfrei (§ 8b Abs. 1 KStG).

– Gewinne aus der Veräußerung von Anteilen an **Personengesellschaften** sind bei gewerblichen Gesellschaften immer und bei vermögensverwaltenden Gesellschaften im Allgemeinen nur steuerpflichtig, wenn ein privates Veräußerungsgeschäft (ehemals Spekulationsgeschäft) vorliegt.

– Gewinne aus der Veräußerung von Anteilen an einer **Kapitalgesellschaft** sind bei natürlichen Personen, die mindestens zu 1 Prozent am Nennkapital beteiligt sind, im Ergebnis zur Hälfte steuerpflichtig (§ 3 Nr. 40c EStG). Bei Kapitalgesellschaften sind sie grundsätzlich steuerfrei (§ 8b Abs. 2 Satz 1 KStG). Zur Vermeidung von Missbräuchen gibt es aber Ausnahmen (§ 8b Abs. 4 KStG).

4. Gewerbesteuer

97 **Steuersubjekte** sind die Unternehmer, die ein gewerbliches Unternehmen betreiben, für das im Inland eine Betriebsstätte (§ 12 AO) besteht (§ 2 Abs. 1 GewStG). Die Gewerblichkeit kann sich aus der Art der Tätigkeit ergeben oder aus der Rechtsform, unter der die Tätigkeit ausgeübt wird (§ 2 Abs. 2 GewStG). Eine GmbH hat immer einen Gewerbebetrieb. Eine GmbH & Co KG hat im Allgemeinen auch einen Gewerbebetrieb, aber nicht immer.

98 **Steuerobjekt** ist der Gewerbeertrag (§ 10 Abs. 1 GewStG). Er entspricht dem gewerblichen Gewinn (§ 7 Satz 1 GewStG), der um bestimmte Beträge nach oben oder unten korrigiert wird (Hinzurechnungen nach § 8 GewStG, Kürzungen nach § 9 GewStG). Zinsen für langfristiges Fremdkapital, die den Gewinn gemindert haben, werden zur Hälfte hinzugerechnet. Eine GmbH, die nur Grundstücke vermietet, kann den Gewerbeertrag um den Teil kürzen, der auf die Vermietung entfällt. Dass sie ihre Gewinne aus der Vermietung verzinslich anlegt, stört nicht; die Zinsen sind aber gewerbesteuerpflichtig.

99 Der **korrigierte Gewerbeertrag** wird mit einem Prozentsatz, **Steuermesszahl genannt**, multipliziert (§ 11 Abs. 1 GewStG). Bei Einzelunternehmen und bei Personengesellschaften wird vorab ein Freibetrag von 24.500 € abgezogen; der übersteigende Betrag wird zunächst in Teilen von jeweils 12.000 € besteuert, beginnend mit 1 Prozent und ansteigend bis 5 Prozent (§ 11 Abs. 1 Satz 3 Nr. 1, Abs. 2 Nr. 1 GewStG). Für Kapitalgesellschaften gibt es keinen Freibetrag und einheitlich die Steuermesszahl von 5 Prozent (§ 11 Abs. 2 Nr. 2 GewStG). Gewerbeertrag mal Steuermesszahl ergibt

den Steuermessbetrag (§ 11 Abs. 1 Satz 1 GewStG). Der Steuermessbetrag wird mit einem Hebesatz multipliziert, den die Gemeinde bestimmt (§ 16 Abs. 1 GewStG). Das ergibt die Gewerbesteuer.

Für die Gewerbesteuer ist ein **zweistufiges Festsetzungsverfahren charakteristisch**: 100
- Das Finanzamt setzt den Steuermessbetrag in einem Gewerbesteuermessbescheid fest.
- Die Gemeinde setzt die Gewerbesteuer im Gewerbesteuerbescheid fest.

5. Umsatzsteuer

Steuersubjekte sind die **Unternehmer** (§§ 1 Abs. 1 Nr. 1, 2 UStG). Das können natürliche Personen sein, Personengesellschaften, Kapitalgesellschaften aber auch andere Personenzusammenschlüsse. 101

Unternehmer ist, wer eine selbstständige nachhaltige Tätigkeit, in der Absicht ausübt, Einnahmen zu erzielen (§ 2 Abs. 1 UStG). Gefordert wird eine Marktteilnahme in der Art eines Kaufmanns oder Gewerbetreibenden. 102

Steuerobjekte sind u.a. die Lieferungen und Leistungen, die der Unternehmer ausführt (§ 1 Abs. 1 Nr. 1 UStG). Steuerbar sind sowohl die echten Lieferungen und Leistungen gegen Entgelt, wie auch bestimmte fiktive Lieferungen und Leistungen, die unentgeltlich erfolgen – früher Eigenverbrauch genannt (§ 3 UStG). 103

Steuerbar sind alle Umsätze, die im **Inland** erfolgen (§ 1 Abs. 1 Nr. 1 UStG). Eine wichtige Ausnahme ist die entgeltliche oder unentgeltliche Geschäftsveräußerung (§ 1 Abs. 1a UStG) 104

> **Beispiel:**
> Anton hat ein Geschäftsgrundstück gekauft. Er vermietet es an Gewerbetreibende. Auf die Steuerfreiheit der Mieten hat er verzichtet, um die Vorsteuern aus dem Kaufpreis abziehen zu können. Anton schenkt das Grundstück seinem Sohn Siegfried in vorweggenommener Erbfolge. Die Schenkung unterliegt nicht der Umsatzsteuer. Veräußert Anton das Grundstück an Siegfried, tätigt er einen Umsatz, der als Geschäftsveräußerung nicht steuerbar ist.

§ 4 UStG enthält einen langen Katalog von **Steuerbefreiungen**. So sind u.a. befreit Umsätze, die mit Grundstücken zusammenhängen. Das sind Grundstückslieferungen, die der Grunderwerbsteuer unterliegen, und Grundstücksvermietungen. Auf einige der Befreiungen kann der Unternehmer verzichten (§ 9 UStG – **Option**). 105

Bemessungsgrundlage ist das **Entgelt** (§ 10 Abs. 1 Satz 1 UStG). Das ist die **Gegenleistung**, die der Empfänger einer Lieferung oder Leistung aufzubringen hat. Wenn ein Entgelt fehlt, kommen Ersatztatbestände zum Tragen. Die Bemessungsgrundlage wird mit einem **Steuersatz** multipliziert. Es gibt zwei Steuersätze (§ 12 UStG), den Regelsteuersatz von 16 Prozent und einen ermäßigten Steuersatz von 7 Prozent. 106

Von der **Umsatzsteuer**, die sich durch die Multiplikation ergibt, werden die Vorsteuern abgezogen (§ 16 Abs. 2 UStG). Das sind Umsatzsteuern, die für Lieferungen oder Leistungen an das Unternehmen geschuldet und in einer Rechnung gesondert ausgewiesen sind (§ 15 UStG). Der Vorsteuerabzug wird nach § 15a UStG ganz oder teilweise rückgängig gemacht, wenn sich bei einem Wirtschaftsgut die Verhältnisse ändern, die dafür im Kalenderjahr der erstmaligen Verwendung maßgebend waren. Für 107

Gebäude gilt eine Frist von zehn Jahren, für andere Wirtschaftsgüter eine Frist von fünf Jahren.

> **Beispiel:**
> Die Schenkung des Geschäftsgrundstücks von Anton an Siegfried führt zu keiner Korrektur der Vorsteuer bei Anton. Die restliche Frist des § 15a UStG läuft nun aber für Siegfried. Wandelt er das Geschäftsgrundstück in ein Ärztezentrum um, muss er die Vorsteuer, die sein Vater Anton abgezogen hat, anteilig zurückzahlen.

6. Grunderwerbsteuer

108 **Steuersubjekte** sind im Allgemeinen die Erwerber (§ 13 GrEStG). Erwerber können natürliche Personen, Personengesellschaften, Kapitalgesellschaften und bestimmte Gesamthandsgemeinschaften sein. Die Erbengemeinschaft ist kein Steuersubjekt.

109 **Steuerobjekt** ist der Erwerb des Eigentums an inländischen Grundstücken und grundstücksgleichen Rechten wie das Erbrecht. Erfasst werden auch vorauslaufende Geschäfte, wie z.B. ein Grundstückskaufvertrag (§ 1 Abs. 1 GrEStG).

110 Der Erwerb eines Anteils an einer Gesellschaft mit Grundbesitz unterliegt grundsätzlich nicht der Grunderwerbsteuer. Aber es gibt Ausnahmen:

- Bei einer **Personengesellschaft** löst ein Gesellschafterwechsel von mindestens 95 Prozent Grunderwerbsteuer aus (§ 1 Abs. 2a GrEStG).
- Die unmittelbare oder mittelbare Vereinigung in einer Hand von mindestens 95 Prozent der Anteile an einer **Gesellschaft** ist steuerbar (§ 1 Abs. 3 GrEStG).

Wichtige **Steuerbefreiungen** gibt es für

111 (1) Grundstückserwerbe, die unter das ErbStG fallen (§ 3 Nr. 2 GrEStG).

> **Beispiel:**
> Anton schenkt seinem Neffen Nikolaus ein Grundstück unter Nießbrauchsvorbehalt. Schenkungsteuerrechtlich ist der Nießbrauch keine Gegenleistung, grunderwerbsteuerrechtlich ist er es. Aber da der Nießbrauch aufgrund von § 25 ErbStG bei der Berechnung der Schenkungsteuer nicht abgezogen werden kann, wird sein Wert nicht berücksichtigt (§ 3 Nr. 2 Satz 2 GrEStG). Hätte Anton das Grundstück unter der Auflage geschenkt, dass Nikolaus seiner Schwester Nina den lebenslangen Nießbrauch bestellt, wäre der Kapitalwert des Nießbrauchs bei der Berechnung der Schenkungsteuer abzugsfähig und unterläge der Grunderwerbsteuer.

112 (2) Grundstückserwerbe durch **Miterben**, die bei der Auseinandersetzung einer Erbengemeinschaft stattfinden (§ 3 Nr. 3 GrEStG).

> **Beispiel:**
> Begünstigt ist nur der Erwerb eines Grundstücks, das im Erbfall zum Nachlass gehört. Die nachträgliche „Einlage" eines Grundstücks in den Nachlass hilft nicht. Auch der Erwerb eines Grundstücks, das ein Miterbe vom Erblasser vorweg erhalten hat, und das er an einen benachteiligten Miterben herausgibt, ist nicht begünstigt[20]

(3) Grundstückserwerbe zwischen Personen, die in **direkter** Linie verwandt sind (§ 3 Nr. 6 GrEStG). 113

(4) Grundstückserwerbe durch den **Ehegatten** (§ 3 Nr. 4 GrEStG). 114

(5) Grundstückserwerbe durch den früheren Ehegatten im Rahmen einer Vermögensauseinadersetzung nach der Scheidung (§ 3 Nr. 5 GrEStG). 115

Bemessungsgrundlage ist die Gegenleistung des Erwerbers oder der Grundbesitzwert (§ 8 GrEStG). Der **Steuersatz** beträgt 3,5 Prozent (§ 11 Abs. 1 GrEStG). 116

B. Einführung in das Erbschaft- und Schenkungsteuerrecht

I. Verfassungsmäßigkeit der Erbschaftsteuer

Der BFH[21] hat das BVerfG angerufen, weil er wesentliche Teile des Erbschaftsteuerrechts für verfassungswidrig hält. Der Gesetzgeber habe sich für den **gemeinen Wert** des § 9 BewG als Regelwert entschieden, diese Belastungsentscheidung aber nicht folgerichtig umgesetzt. Denn der Steuerwert bebauter Grundstücke liege üblicherweise bei rd. 50 Prozent, der Wert von Betriebsvermögen bei rd. 58 Prozent und der Wert land- und forstwirtschaftlichen Vermögens bei rd. 10 Prozent des gemeinen Werts. Auch die Bewertung nicht notierter Anteile an Kapitalgesellschaften im Stuttgarter Verfahren ergebe Werte deutlich unter dem gemeinen Wert. Verstärkt würden diese Unterbewertungen durch die Vergünstigungen der §§ 13a, 19a ErbStG, die zudem willkürlich in Anspruch genomen werden könnten, indem Privatvermögen in einer gewerblich geprägten Gesellschaft verwaltet werde. Schulden, die mit dem unterbewerteten Vermögen zusammenhängen, seien in voller Höhe abzugsfähig, eine Schuldenkappung nach § 10 Abs. 6 ErbStG sei nicht möglich.[22] 117

Wann das BVerfG über die Vorlage entscheidet, steht nicht fest. Auch über das zu erwartende Ergebnis besteht keine Einigkeit. Überwiegend wird die Zulässigkeit der Vorlage nicht problematisiert und angenommen, dass sich das BVerfG der Auffassung des BFH anschließen wird. Richtigerweise ist jedoch davon auszugehen, dass die Vor- 118

---

20 BFH ZEV 2002, 425 m. Anm. *Daragan*.
21 BFH BStBl. II 2002, 598.
22 Im Widerspruch dazu hat der BFH (BStBl. II 2004, 1039; BFH ZEV 2004, 474 m. Anm. *Crezelius*) vor kurzem die Frage aufgeworfen, ob diese Rspr. einer Überprüfung bedarf. *Viskorf*, ein Mitglied des II. Senats, hat das in einer Urteilsanmerkung (FR 2004, 1337) bejaht. Zu beraterischen Gegenmaßnahmen *Daragan*, ZErb 2005, 40.

lage unzulässig ist und das BVerfG allenfalls in einer Appellentscheidung Vorgaben für eine Neuregelung machen wird.[23]

119 Die Finanzverwaltung erlässt alle **Erbschaftsteuerbescheide nur noch vorläufig**.[24] Dadurch sind die Erwerber gegen Steuernachforderungen auch dann geschützt, wenn das BVerfG wider Erwarten die betroffenen Vorschriften rückwirkend für verfassungswidrig erklären sollte (§ 176 Abs. 1 Nr. 1 AO).[25] Ob ein Steuerbescheid notwendig ist, um diesen Schutz zu erreichen, oder eine Mitteilung des Finanzamts genügt, Erbschaftsteuer sei nicht angefallen, ist streitig.

> **Praxishinweis:**
> Der vorsichtige Berater muss deshalb einen Steuerbescheid verlangen, der auch in der Feststellung bestehen kann, dass keine Steuer angefallen ist (Freistellungsbescheid nach § 155 Abs. 1 Satz 3 AO). Darauf hat der Steuerpflichtige einen Anspruch, der in einem Rechtbehelfsverfahren mit dem Einspruch (§ 347 Abs. 1 Satz 2 AO) oder einer Verpflichtungsklage (§§ 40 Abs. 1, 46 FG) durchgesetzt werden kann.

II. Drei Steuern in einem Gesetz

1. Erbschaftsteuer

120
- Sie erfasst nach § 3 ErbStG Erwerbe von Todes wegen. Steuerbar ist:
  - der Erwerb durch Erbanfall,
  - der Erwerb durch Vermächtnis,
  - der Erwerb aufgrund eines geltend gemachten Pflichtteils,
  - der Erwerb durch Schenkung auf den Todesfall,
  - der Erwerb aus einem vom Erblasser geschlossenen Vertrag,
  - der Erwerb infolge Vollziehung einer Auflage,
  - Abfindungen für den Verzicht auf den entstandenen Pflichtteilsanspruch oder für die Ausschlagung einer Erbschaft oder eines Vermächtnisses,
  - das Entgelt, das der Nacherbe für die Übertragung seiner Anwartschaft erhält, der Erwerb eines Vertragserben nach § 2287 BGB.

- Steuerbar sind auch vermächtnisgleiche Erwerbe:
  - der Voraus des Ehegatten (§ 1932 BGB), der i.d.R. steuerfrei ist (§ 13 Abs. 1 Nr. 1 ErbStG),
  - der Dreißigste (§ 1969 BGB), der im allg. steuerfrei ist (§ 13 Abs. 1 Nr. 4 ErbStG),
  - eine Zuwendung nach § 1514 BGB, der Abfindungsergänzungsanspruch des weichenden Hoferben nach § 13 Abs. 1 HöfeO.

---

23 Dazu *Daragan*, DStR 2004, 170 u. DB 2005, 634; BFH BStBl. II 2005, 25, 28; BVerfGE 26, 302, 310 ff.; BVerfGE 27, 111 ff.; BVerfGE 28, 227 ff.: der Dualismus der Einkünfte des EStG mit seiner unterschiedlichen Erfassung der Einkünfte, vor allem der Veräußerungsgewinne, ist trotz des einheitlichen Tarifs nicht verfassungswidrig. *Meincke*, ZEV 2002, 493, 494: Der einheitliche Tarif ist nur vorgeschoben, in Wahrheit geht es dem BFH um die Vereinheitlichung der Bemessungsgrundlage. Ebenso *Halaczinsky*, ZErb 2005, 26. Zur materiellrechtlichen Seite der Vorlage vgl. *Daragan*, BB 2002, 649.
24 Einheitliche Erlasse BStBl. I 2001, 985.
25 Zum Ganzen *von Oertzen/Slabon*, DStR 2002, 251; *Hannes*, ZEV 2002, 66; *Noll*, DStR 2002, 1699, 1702 f.; *Heidemann/Ostertun*, ZEV 2002, 386; *Daragan*, BB 2003, 82; a.A. *Anzinger/Mittermaier*, BB 2002, 2355.

2. Schenkungsteuer

Sie erfasst in § 7 ErbStG unentgeltliche Erwerbe unter Lebenden, die den Erwerben von Todes wegen entsprechen. Dadurch wird verhindert, dass die Erbfolge im Vorgriff steuerfrei unter Lebenden stattfindet. Unter anderem werden besteuert

- freigebige Zuwendungen, durch die der Erwerber auf Kosten des Zuwendenden bereichert wird,
- der Erwerb infolge einer vom Schenker angeordneten Auflage,
- die Abfindung für einen Erbverzicht,
- der Erwerb aufgrund eines Erbschaftsvertrags nach § 311b Abs. 5 BGB,
- der Erwerb des Nacherben vom Vorerben vor Eintritt des Nacherbfalls.

121

3. Ersatzerbschaftsteuer oder Erbersatzsteuer

Sie betrifft Familienstiftungen und Familienvereine (§ 1 Abs. 1 Nr. 4 ErbStG).[26] Das Gesetz fingiert, dass die **Stiftung oder der Verein** alle 30 Jahre von zwei Kindern beerbt wird. Diese Fiktion macht die Steuer formal zu einer Erbanfallsteuer. Tatsächlich ist sie eine Steuer auf das Stiftungs- oder Vereinsvermögen, eine Art Vermögensteuer[27] also.

122

4. Abschließende Aufzählung

Die steuerbaren Erwerbe von Todes wegen sind in § 3 ErbStG abschließend aufgezählt. Was dort nicht steht, ist nicht als Erwerb von Todes wegen steuerpflichtig. Lücken dürfen also nicht durch Analogie geschlossen werden. In § 7 ErbStG finden sich zwar Ersatz- und Auffangtatbestände zu § 3 ErbStG, was nichts daran ändert, dass auch § 7 ErbStG die steuerbaren Schenkungen abschließend aufzählt.

123

5. Verhältnis von Erbschaftsteuer und Schenkungsteuer

Nach § 1 Abs. 2 1. HS ErbStG gelten die Vorschriften über den Erwerb von Todes wegen auch für Schenkungen und **Zweckzuwendungen**. Nach § 1 Abs. 2 2. HS ErbStG gelten die Vorschriften über Schenkungen auch für Zweckzuwendungen unter Lebenden. Beides steht unter dem Vorbehalt, dass gesetzlich nichts anderes bestimmt ist.

124

Dazu zwei Beispiele: § 10 ErbStG bestimmt, wie die Bereicherung bei einem Erwerb von Todes wegen zu berechnen ist. Für **Schenkungen** fehlt eine vergleichbare Regelung; deshalb wird § 10 ErbStG entsprechend angewendet, sofern sich das der Sache nach nicht verbietet, wie z.B. bei den Kosten der Grabpflege.[28] § 13 Abs. 1 Nr. 10 ErbStG befreit den Rückfall von Vermögen an Eltern und Voreltern bei Erwerben von Todes wegen. Der BFH wendet ihn wortlautgetreu an. **Rückschenkungen** sind daher nicht befreit.[29] Warum das eine so und das andere anders sein soll, ist oft nicht erkennbar.

125

---

26 Sie ist verfassungsgemäß: BVerfG BStBl. II 1983, 779.
27 *Meincke*, Erbschaftsteuer, § 1 Rn. 14.
28 FG Nürnberg EFG 1993, 729.
29 BFH BStBl. II 1986, 622. Zweifelnd für einen Sonderfall FG Nürnberg EFG 1990, 65.

6. Umfang der Steuerpflicht[30]

a) Unbeschränkte Steuerpflicht

126 Sie besteht nach § 2 Abs. 1 Nr. 1 ErbStG, wenn der Erblasser, der Schenker oder der Erwerber ein Inländer ist. Inländer sind natürliche Personen, die im Inland einen Wohnsitz (§ 8 AO) oder ihren gewöhnlichen Aufenthalt (§ 9 AO) haben oder Kapitalgesellschaften mit Sitz (§ 11 AO) oder Geschäftsleitung (§ 10 AO) im Inland (§ 2 Abs. 1 Nr. 1a ErbStG). Besteuert wird der gesamte Erwerb, inländisches wie ausländisches Vermögen.

b) Beschränkte Steuerpflicht

127 Sie ergibt sich aus § 2 Abs. 1 Nr. 3 ErbStG. Hier beschränkt sich die Besteuerung auf den Vermögensanfall, der aus Inlandsvermögen besteht (§ 2 Abs. 1 Nr. 3 Satz 1 ErbStG). Das Inlandsvermögen ist in § 121 BewG abschließend aufgeführt. Was dort nicht zu finden ist, kann steuerfrei erworben werden.

III. Erwerb von Todes wegen

1. Unwirksame Anordnungen des Erblassers

128 Umwirksame Anordnungen des Erblassers sind erbschaftsteuerrechtlich beachtlich, wenn die Beteiligten das wirtschaftliche Ergebnis der Anordnung gleichwohl eintreten und bestehen lassen (§ 41 AO).

> **Beispiel:**
> Anton Muster äußert kurz vor seinem Tod, seine Schwester Sophie solle von ihm 100.000 € erben. Das wolle er auch so aufschreiben. Dazu ist es aber nicht mehr gekommen. Sebastian, Antons Sohn und Alleinerbe, hält sich an den Willen seines Vaters und gibt Sophie das Geld. Anton hat eine Anordnung getroffen, nicht nur einen Wunsch geäußert. Es handelt sich um ein Vermächtnis, das unwirksam ist, weil die Testamentsform nicht eingehalten wurde. Erbschaftsteuerrechtlich ist das unbeachtlich (§ 41 AO), da Sebastian das Vermächtnis erfüllt hat. Sein Erwerb wird um die Zahlung gemindert. Sophie muss sie als Erwerb nach ihrem Bruder Anton versteuern.

2. Erbvergleiche

129 Erhält ein **Miterbe mehr** als ihm nach seiner **Erbquote** zukommt, kann darin eine freigebige Zuwendung der anderen Miterben an den begünstigten Miterben liegen.[31] Das gilt aber nicht für einen Vergleich, der ernsthafte und nicht nur zur Steuerersparnis simulierte Meinungsverschiedenheiten über ein Erbrecht erledigt.[32] Auch für ihn gilt § 41 AO.

3. Mittelbare Zuwendungen

130 Der Erblasser kann nur das vererben, was er hat. Mittelbare Erbfolge in einen Gegenstand, der mit Mitteln aus dem Nachlass erst noch beschafft werden soll, gibt es daher

---

30 Vgl. dazu die Darstellung in Grundzüge des internationalen Erbschaftsteuerrechts.
31 RFH RStBl. 1937, 6; BFH BStBl. II 1982, 714.
32 Dazu *Moench*, ZErb 2000, 8.

nicht.³³ Aber mit einem **Verschaffungsvermächtnis**³⁴ oder einer **Verschaffungsauflage**³⁵ können mittelbare Zuwendungen gemacht werden.

4. *Erbfolge*

a) Alleinerbe

Der Erbe ist nach § 3 Abs. 1 Nr. 1 ErbStG mit allem steuerpflichtig, was er nach § 1922 BGB erworben hat. Wann der Erbfall eingetreten ist, ergibt sich aus dem BGB und dem Verschollenheitsgesetz.

131

b) Miterben

Besteuert wird nicht die Erbengemeinschaft (Nachlasssteuer), sondern jeder Miterbe (Erbanfallsteuer). Die gesamthänderische Beteiligung am Nachlass wird nach § 39 Abs. 1 Nr. 2 AO entsprechend den Erbquoten in **Bruchteilseigentum** zerlegt. Damit wird jeder Miterbe separat besteuert.

132

Erbschaftsteuerrechtlich ist die Art und Weise der **Auseinandersetzung** des Nachlasses irrelevant. Dadurch kann der Vermögenserwerb der Erben nicht mehr geändert oder beeinflusst werden. Allenfalls schenkungsteuerrechtlich kann sie Bedeutung haben. Denn eine von den Erbquoten abweichende Auseinandersetzung kann eine freigebige Zuwendung nach § 7 Abs. 1 Nr. 1 ErbStG an den begünstigten Erben sein.³⁶

133

Auch **Teilungsanordnungen** des Erblassers sind unbeachtlich.³⁷ Wertverschiebende Teilungsanordnungen, die eine Kombination von Teilungsanordnung und Vorausvermächtnis darstellen,³⁸ beeinflussen hingegen den steuerbaren Erwerb i.H.d. nicht auszugleichenden Mehrbetrags.

134

Ausgleichspflichten nach den §§ 2050 ff. BGB sind zu berücksichtigen.³⁹ Die Besteuerung folgt der Beteiligung am Ausgleichungsnachlass.

135

Beispiel:⁴⁰
Anton wird von seinen Kindern Christian und Dagmar je zur Hälfte beerbt. Der Steuerwert des Nachlasses beträgt 1.000.000 €, sein Verkehrswert 1.500.000 €. Christian hat von Anton vorab unter Ausgleichspflicht ein Grundstück bekommen. Es hat einen Steuerwert von 200.000 € und einen Verkehrswert von 500.000 €.

Nachlass zum Verkehrswert	1.500.000 €
zzgl. Grundstück	500.000 €
	2.000.000 €
Anteil Christian	1.000.000 €
abzüglich Schenkung	500.000 €
	500.000 €

---

33 BFH ZEV 1996, 438. Das gilt auch für einen Erwerb aus einem Erbvertrag: BFH BStBl. II 1997, 28.
34 Dazu *Daragan (Wohlschlegel)*, ZEV 1997, 107.
35 Dazu *Daragan*, DStR 1999, 393.
36 RFH RStBl. 1937, 6; BFH BStBl. II 1982, 714.
37 BFH BStBl. II 1983, 329; BFH BStBl. II 1992, 669; R 5 Abs. 1 ErbStR.
38 Dazu R 5 Abs. 4, H 5 Abs. 4 ErbStR.
39 R 5 Abs. 5 ErbStR, H 5 Abs. 5 ErbStH.
40 H 5 Abs. 5 ErbStH.

> Teilungsanteil Christian (500.000 € zu 1.500.000 € =) 1/3. Teilungsanteil Dagmar (1.000.000 € zu 1.500.000 € =) 2/3. Christian versteuert 1/3 gleich 333.333 €. Dagmar versteuert 2/3 gleich 666.667 €.

c) Vor- und Nacherbschaft

aa) Besteuerung des Vorerben

136 Er wird als Erbe besteuert (§ 6 Abs. 1 ErbStG). Die erbrechtlichen Beschränkungen, die ihn treffen, werden nicht berücksichtigt. Nach § 20 Abs. 4 ErbStG hat er die Steuer aus den Mitteln der Erbschaft zu entrichten. Das versteht sich als Ergänzung zu § 2326 BGB. Hat der Vorerbe die Steuer bis zu seinem Tod nicht bezahlt, geht sie als **Nachlassverbindlichkeit** (§ 10 Abs. 5 Nr. 1 ErbStG) auf seinen Erben über. Aber sein Erbe erbt nicht nur die Erbschaftsteuer, sondern auch den Ersatzanspruch seines Vorgängers gegen den Nacherben.

bb) Besteuerung des Nacherben

(1) Anwartschaftsrecht des Nachererben

137 Mit dem Tod des Erblassers erwirbt der Nacherbe ein **Anwartschaftsrecht**. Dieser Erwerb löst keine Steuer aus. Veräußert der Nacherbe sein Anwartschaftsrecht entgeltlich, muss er das Entgelt versteuern (§ 3 Abs. 2 Nr. 6 ErbStG). Erwerber kann auch der Vorerbe sein.[41] Die Steuer entsteht mit der Übertragung der Anwartschaft (§ 9 Abs. 1 Nr. 1i ErbStG).

138 Stirbt der Nacherbe vor dem **Nacherbfall** und ist sein **Anwartschaftsrecht** vererblich, geht es auf seine Erben über. Steuerlich gehört es aber nicht zu seinem Nachlass (§ 10 Abs. 4 ErbStG). Erst im Nacherbfall ist der Erbe des Nacherben mit dem kraft Nacherbfolge auf ihn übergehenden Nachlass steuerpflichtig. Er erwirbt ihn vom Vorerben (§ 6 Abs. 2 ErbStG) oder vom Erblasser (§ 6 Abs. 3 ErbStG).

(2) Nacherbfall mit dem Tod des Vorerben

139 Stirbt der Vorerbe, wird der Nacherbe Erbe. Aber sein Erwerb kommt nicht vom Erblasser, sondern vom Vorerben (§ 6 Abs. 2 Satz 1 ErbStG). Steuerbefreiungen, Steuerklasse, Freibetrag und Steuersatz folgen dem Verhältnis des Nacherben zum Vorerben. Auf Antrag wird der Nacherbe entsprechend seinem Verhältnis zum Erblasser besteuert (§ 6 Abs. 2 Satz 2 ErbStG). Darunter ist das Verwandtschaftsverhältnis zu verstehen. Der Antrag wirkt sich daher nur auf die Steuerklasse aus und auf alles, was damit zusammenhängt.[42]

> **Beispiel:**
> Anton Muster setzt seine Ehefrau Berta zur Vorerbin ein und seinen Sohn Christian zum Nacherben. Kurz vor seinem Tod schenkt er Christian seinen Betrieb. Fünf Jahre später stirbt auch Berta. Christian wird als Erbe Bertas besteuert. Die Schenkung, die Anton gemacht hat, wird dabei nicht berücksichtigt.

140 Erwirbt der Nacherbe auch Vermögen des Vorerben, werden Nacherbschaft nach dem Erblasser und Erbschaft nach dem Vorerben zu einem einheitlichen Erwerb zusammengerechnet (§ 6 Abs. 2 Satz 1 ErbStG). Ein Antrag nach § 6 Abs. 2 Satz 2 ErbStG führt dazu, dass der Gesamterwerb fiktiv in Nacherbschaft und Erbschaft zerlegt

---

41 BFH BStBl. II 1980, 46.
42 BFH BStBl. II 1999, 235.

wird. Auf jeden Erwerb ist die ihm entsprechende Steuerklasse und der daraus abzuleitende Freibetrag anzuwenden. Danach wird jeder Erwerb zu dem Steuersatz besteuert, der für den Gesamterwerb gelten würde (§ 6 Abs. 2 Satz 5 ErbStG).

Zwei Freibeträge, einen nach dem Erblasser und einen nach dem Vorerben-Erblasser, gibt es nicht. Es gibt insgesamt nur einen. Er richtet sich nach dem günstigsten Verwandtschaftsverhältnis (§ 6 Abs. 2 Satz 4 ErbStG). Für das Eigenvermögen des Vorerben bekommt der Nacherbe als Erbe deshalb einen Freibetrag nur noch, wenn und soweit sein Freibetrag nach dem Erblasser nicht verbraucht ist.

141

(3) Nacherbfolge in anderen Fällen

Tritt die Nacherbfolge durch ein anderes Ereignis ein, z.B. aufgrund einer Wiederverheiratungsklausel, gilt die Vorerbfolge als **auflösend bedingter**, die Nacherbfolge als **aufschiebend bedingter Anfall** (§ 6 Abs. 3 ErbStG). Die Erbschaftsteuer, die der Vorerbe entrichtet hat, wird angerechnet – abzüglich des Steuerbetrags, der der tatsächlichen Bereicherung des Vorerben entspricht (§ 6 Abs. 3 Satz 2 ErbStG). Worin sie besteht, ist zweifelhaft. Sie lassen sich in den Nachlassgegenständen sehen, die der Vorerbe behalten darf. Sie lassen sich auch in den Gegenständen plus dem kapitalisierten Wert der Erträge sehen, die dem Vorerben während der Dauer seiner Berechtigung zugeflossen sind, und die sein bleiben.

142

d) Vermächtnis

Nach § 3 Abs. 1 Nr. 1 ErbStG steuerbar ist der Erwerb des Anspruchs auf das Vermächtnis, nicht erst seine Erfüllung.[43] Die Steuer entsteht nach § 9 Abs. 1 Nr. 1 ErbStG grundsätzlich mit dem Tode des Erblassers. § 9 Abs. 1 Nr. 1a ErbStG enthält Sonderregelungen für **bedingte, befristete** und **betagte Vermächtnisse**.

143

aa) Geldvermächtnis

Ein Geldvermächtnis bleibt ein Geldvermächtnis, auch wenn es durch eine Leistung an Erfüllung Statt erfüllt wird.[44] Zu einer Sachzuwendung, die meistens in einem Grundstück besteht, lässt sich aber durch eine **taktische Ausschlagung** gelangen: Der Vermächtnisnehmer schlägt das Vermächtnis aus und erhält als Abfindung das begehrte Grundstück, das Gegenstand eines Erwerbs nach § 3 Abs. 2 Nr. 4 ErbStG ist. Für den Erben ist das Geschäft nachteilig, da er nicht mehr den Geldbetrag als Nachlassverbindlichkeit nach § 10 Abs. 5 ErbStG abziehen kann, sondern nur noch den Steuerwert des Grundstücks. Es kommt also zu einer Verschiebung der Steuerlast. Sie kann durchaus erwünscht sein.

144

bb) Sachvermächtnis

Sachvermächtnisse werden mit dem Steuerwert des Vermächtnisgegenstandes angesetzt, bei einem Grundstück also mit dem **Bedarfswert** (§ 12 Abs. 3 ErbStG; §§ 138 ff. BewG). Der BFH[45] hat allerdings erwogen, dies rückwirkend zum 1.1.1996 zu ändern

145

---

43 A.A. NWBK/*Hübner*, ErbStG, BewG, 2. Aufl., § 3 Rn. 127.
44 BFH BStBl. II 1996, 97.
45 BFH BStBl. II 2004, 1039; BFH ZEV 2004, 474 m. Anm. *Crezelius*. Bislang hat der BFH in std. Rspr. (u.a. BStBl. II 1996, 97; BStBl. II 2000, 588, 590) die Auffassung vertreten, dass der Sachleistungsanspruch aus einem Grundstücksvermächtnis mit dem Grundstückswert zu bewerten ist. *Viskorf*, ein Mitglied des II. Senats, hat sich in einer Urteilsanmerkung (FR 2004, 1337) für eine Änderung der Rspr. ausgesprochen.

und den gemeinen Wert zu nehmen, so dass es auf den Verkehrswert eines Grundstücks ankommt. Das Risiko kann mit Hilfe der Auflage ausgeschlossen werden.[46]

cc) Verschaffungsvermächtnis

146 Umstritten ist, wie ein Verschaffungsvermächtnis zu bewerten ist, das ein Grundstück zum Gegenstand hat. Richtigerweise ist der **Grundstückswert** maßgebend. Dessen ungeachtet zieht der Erbe seine Aufwendungen ab, also den Kaufpreis und damit den Verkehrswert des Grundstücks.[47]

dd) Kaufrechtsvermächtnis

147 Dem Bedachten wird das Recht eingeräumt, einen Nachlassgegenstand zu einem **Preis** zu kaufen, der i.d.R. **unter dem Marktpreis** liegt. Nach Meinung des BFH[48] erwirbt der Vermächtnisnehmer ein Gestaltungsrecht; es sei mit dem gemeinen Wert zu bewerten, der sich im Regelfall mit dem gemeinen Wert des Grundstücks decke. Das ist unzutreffend. Nach der überzeugenden Rspr. des BGH,[49] die der BFH nicht beachtet hat, erwirbt der Vermächtnisnehmer eine aufschiebend bedingte Forderung auf den Vermächtnisgegenstand (§ 2174 BGB). Die zutreffende Besteuerung besteht darin, den Steuerwert des Vermächtnisgegenstandes nach den Regeln aufzuteilen, die für teilentgeltliche Erwerbe gelten, also im Verhältnis des Verkehrswerts des Vermächtnisgegenstandes zum Verkehrswert der Gegenleistung.[50]

ee) Renten- und Nießbrauchsvermächtnis

148 Der Vermächtnisnehmer versteuert den Erwerb des Rechts (§ 3 Abs. 1 Nr. 1 ErbStG). Er hat nach § 23 ErbStG jedoch die Wahl, ob er den Erwerb sofort in voller Höhe nach dem Kapitalwert versteuert, oder ob er sukzessiv nach dem Jahreswert versteuert. Der Erbe zieht immer den Kapitalwert ab (§ 10 Abs. 5 Nr. 1 ErbStG), soweit dem nicht § 25 ErbStG – Ehegatte des Erblassers ist Vermächtnisnehmer – entgegensteht.

ff) Beim Tod des Beschwerten fälliges Vermächtnis

149 Auch ein mit dem Tod des Beschwerten (Erbe oder Vermächtnisnehmer) fälliges Vermächtnis wird nach den Regeln der Vor- und Nacherbschaft behandelt (§ 6 Abs. 4 ErbStG). § 6 Abs. 4 ErbStG greift daher auch dann ein, wenn das Vermächtnis erst beim Tod des Belasteten anfällt und zugleich fällig wird.

e) Auflage

150 Von Todes wegen erworben wird auch das, was jemand infolge einer vom Erblasser angeordneten Auflage erlangt, sofern keine Zweckzuwendung vorliegt (§ 3 Abs. 2 Nr. 2 ErbStG). Über den Wortlaut hinaus regelt die Bestimmung nicht nur einen Erwerbstatbestand, sondern aufgrund des Zusammenhangs mit Abs. 1 indirekt auch, von wem der Erwerb stammt. Der entscheidende **Unterschied zwischen Auflage und Vermächtnis** besteht darin, dass der Begünstigte keinen Anspruch gegen den Erben auf die Leistung hat (§ 1940 BGB). Er erwirbt ein subjektives Recht in Gestalt eines Erwerbsgrunds für die Leistung, die er in Erfüllung der Auflage erhält, und die Emp-

---

46 *Daragan*, ZErb 2005, 40.
47 *Meincke*, ErbStG, 14. Aufl., § 3 Rn. 42; a.A. *Troll/Gebel/Jülicher*, ErbStG, § 3 Rn. 174.
48 BFH BStBl. II 2001, 605. Ebenso die Finanzverwaltung, H 5a ErbStH.
49 BGHZ 31, 13, 30; BGH NJW 2001, 2883.
50 Dazu eingehend *Daragan*, DB 2004, 2389.

fangszuständigkeit nach § 362 Abs. 1 BGB für die Leistung.[51] Aber gegen den Erben durchsetzen kann er sein subjektives Recht nicht. Deshalb kann die Besteuerung auch nicht, wie beim Vermächtnis, an den Erwerb eines Anspruchs oder eines Rechts anknüpfen, sondern nur an die Erfüllung. Die Steuer entsteht daher nach § 9 Abs. 1 Nr. 1d ErbStG mit der Vollziehung der Auflage.

Um Kindern ihre **Freibeträge beim Berliner Testament** zu erhalten, kann mit einer Auflage gearbeitet werden. Jeder Ehegatte macht Wertzuwendungen i.H.d. erbschaftsteuerrechtlichen Freibeträge an die Kinder, die beim Tod des Letztversterbenden fällig werden.[52] Derart angeordnete Vermächtnisse haben den gewünschten Effekt nicht, wohl aber Auflagen, da sie in § 6 Abs. 4 ErbStG nicht erwähnt sind. **Steuerlicher Vorteil** der Auflage gegenüber dem Vermächtnis ist zudem, dass der Begünstige erst erwirbt, wenn die Auflage vollzogen wird, der Belastete dessen ungeachtet die Verpflichtung von seinem Erwerb abziehen kann (§ 10 Abs. 5 Nr. 2 ErbStG), die ggf. abgezinst werden muss. Im Einkommensteuerrecht kann es hingegen nicht zu einer Abzinsung mit der Folge kommen, dass der Auflagenbegünstigte Zinsen nach § 20 Abs. 1 Nr. 7 EStG zu versteuern hat.

151

f) Pflichtteil

Grundlegend für das Verständnis der Besteuerung ist die gedankliche Trennung zwischen der Entstehung und der Geltendmachung des Pflichtteils.

152

aa) Besteuerung des Berechtigten

Der Erwerb des **Pflichtteilsanspruchs** ist nicht steuerpflichtig. Erst die **Geltendmachung** lässt die Erbschaftsteuer entstehen (§§ 3 Abs. 1 Nr. 1, 9 Abs. 1 Nr. 1b ErbStG). Macht der Berechtigte seinen Anspruch nicht geltend oder verzichtet er darauf einfach so, löst das keine Erbschaftsteuer aus (§ 13 Abs. 1 Nr. 11 ErbStG).[53] Nur ein **Verzicht gegen Abfindung** ist steuerpflichtig (§ 3 Abs. 2 Nr. 4 ErbStG), auch wenn die Abfindung von einem Dritten kommt.[54] Verzichtet der Berechtigte hingegen ganz oder teilweise auf den geltend gemachten Anspruch, kann das eine nach § 7 Abs. 1 Nr. 1 ErbStG steuerpflichtige freigebige Zuwendung an den Verpflichteten sein.[55]

153

bb) Besteuerung des Erben

Der entstandene Pflichtteil ist **keine Nachlassverbindlichkeit**, sondern nur der geltend gemachte Pflichtteil (§ 10 Abs. 5 Nr. 2 ErbStG). Der Vorteil, den der Verpflichtete erlangt, weil der Berechtigte ganz oder zum Teil[56] auf die Geltendmachung des Pflichtteilsanspruchs verzichtet, ist steuerfrei (§ 13 Nr. 11 ErbStG).

154

cc) Geltendmachung

Geltend gemacht ist der Pflichtteil, sobald der Berechtigte zu erkennen gibt (ausdrücklich oder konkludent), dass er aus seinem Anspruch Rechte herleiten will,[57] wenn er

155

---

51 *Damrau/Daragan*, Erbrecht, Vorbem. zu den §§ 2192 ff. Rn. 8 ff.
52 *Daragan*, DStR 1999, 393; ferner *Daragan/Tanck*, ZErb 1999, 1.
53 Die Vorschrift dient der Klarstellung. Es kann keinen Unterschied ausmachen, ob der Berechtigte ausdrücklich darauf verzichtet, den Pflichtteil geltend zu machen, oder ob er ihn schlicht und einfach nicht geltend macht.
54 BFH BStBl. II 1982, 76.
55 RFH RStBl. 1940, 3; BFH BStBl. II 1973, 798.
56 BFH BStBl. II 1973, 798.
57 RFH RStBl. 1929, 515.

also seinen Entschluss, den Pflichtteil zu verlangen, erkennbar macht.[58] Gemeint ist ein Erfüllungsverlangen, bezogen auf den Pflichtteilsanspruch.[59] Ein Auskunftsverlangen oder eine Auskunftsklage ist noch keine Geltendmachung.[60]

dd) Leistung an Erfüllung Statt

156 Der Pflichtteilsanspruch geht auf Geld. Erhält der Berechtigte ein Grundstück an Erfüllung Statt, muss er dennoch den Nennwert seines Geldanspruchs versteuern.[61] In dieser Höhe zieht der Erbe eine Nachlassverbindlichkeit ab.

g) Herausgabeanspruch nach § 2287 BGB

157 Nach § 3 Abs. 2 Nr. 7 ErbStG unterliegt der Erbschaftsteuer, was der Vertragserbe aufgrund beeinträchtigender Schenkungen des Erblassers (§ 2287 BGB) von dem Beschenkten nach den Vorschriften über die ungerechtfertigte Bereicherung erlangt. Die Steuer entsteht nach § 9 Abs. 1 Nr. 1j ErbStG, wenn der **Vertragserbe** den Anspruch geltend macht. Die Vorschrift gilt auch für den Schlusserben eines Berliner Testaments.[62]

h) Schenkung von Todes wegen, Schenkung auf den Tod

aa) Schenkung von Todes wegen

158 Der Erwerb aufgrund einer Schenkung von Todes wegen (§ 2301 BGB) ist nach § 3 Abs. 1 Nr. 2 ErbStG steuerbar. Vorausgesetzt ist, dass die Zuwendung zu einer Bereicherung führt. Das ist nach bürgerlich-rechtlichen Maßstäben zu beurteilen. Deshalb müssen sich die Beteiligten über die **Unentgeltlichkeit** der Zuwendung einig sein[63].

159 Im Gegensatz dazu ist eine **vollzogene Schenkung** von Todes wegen nach § 7 Abs. 1 Nr. 1 ErbStG zu versteuern, obwohl sie anschließend unter der auflösenden Bedingung steht, dass der Beschenkte den Schenker überlebt.[64]

Praxishinweis:
Das lässt sich gestalterisch für die steuerfreie Zuwendung eines Familienwohnheims nutzen, die nach § 13 Abs. 1 Nr. 4a ErbStG bei einer Zuwendung unter Lebenden immer steuerfrei bleibt, bei einem Erwerb von Todes wegen hingegen nicht.

160 Noch umstritten ist, ob die Regeln über gemischte Schenkungen und Auflagenschenkungen anwendbar sind.[65] Die Finanzverwaltung meint nein. Im Anschluss an diese Auffassung, wird die Gegenleistung nach § 10 Abs. 1 Satz 2 ErbStG vom Steuerwert abgezogen.[66] Das ist im Allgemeinen für den Erwerber günstiger.

---

58 RFH RStBl. 1936, 1131.
59 *Troll/Gebel/Jülicher*, ErbStG, § 9 Rn. 52.
60 Ob Stufenklage Geltendmachung bedeutet, ist str.; dafür FG Rheinland-Pfalz (ZErb 2002, 196 m. Anm. *Daragan*).
61 BFH BStBl. II 1999, 23 = ZEV 1999, 34 m. Anm. *Daragan*.
62 BFH BStBl. II 2000, 585.
63 BFH BStBl. II 1991, 181.
64 BFH BStBl. 1991, 181.
65 Zum Meinungsstand vgl. *Meincke*, ErbStG, 14. Aufl. ErbStG, § 3 Rn. 61.
66 R 6 ErbStR. Zustimmend *Moench/Weinmann*, ErbStG, § 3 Rn. 132.

bb) Schenkung auf den Tod

Im Gegensatz dazu ist die Schenkung auf den Todesfall[67] eine **Handschenkung** (§ 516 BGB) oder ein **Schenkungsversprechen unter Lebenden** (§ 518 BGB), deren Vollzug auf den Tod des Schenkers befristet ist. Sie stehen nicht unter einer Überlebensbedingung. Das hat zur Folge, dass der Anspruch des Beschenkten und des Versprechensempfängers mit ihrem Tod nicht erlischt, sondern auf seine Erben übergeht. Diese Schenkung fällt unter § 7 Abs. 1 Nr. 1 ErbStG, wobei die Schenkungsteuer nicht schon mit dem Versprechen entsteht, sondern erst mit der Ausführung der Zuwendung (§ 9 Abs. 1 Nr. 2 ErbStG).

IV. Erwerb unter Lebenden

1. Schenkungen

a) Traditionsgut

Dass sich die Schenkungsteuer immer noch auf **Schenkungen** bezieht, erklärt sich historisch. So hat es halt einmal angefangen. Inzwischen hat sie sich von der Schenkung i.S.d. § 516 BGB gelöst und **erfasst freigebige Zuwendungen**. Das Verhältnis der beiden lässt sich auf folgenden logischen Nenner bringen: Jede Schenkung des § 516 BGB ist eine freigebige Zuwendung des § 7 Abs. 1 Nr. 1 ErbStG. Aber es gibt freigebige Zuwendungen, die keine Schenkungen i.S.d. BGB sind. Der Begriff der freigebigen Zuwendung ist also weiter. Außerdem ist er ein eigenständiger steuerlicher Begriff, für den die im Erbschaft- und Schenkungsteuerrecht vielfach beschworene Maßgeblichkeit des Zivilrechts nicht durchgängig gilt.

b) Zuwendung

Darunter ist die bewusste und gewollte Mehrung fremden Vermögens zu verstehen. Es wird ein Vermögenswert übertragen oder eine Verbindlichkeit fällt weg. Keine Einigkeit besteht darüber, ob eine Zuwendung immer voraussetzt, dass sich das Vermögen des Bedachten in seiner Substanz vermehrt hat, oder ob auch bloße Wertsteigerungen vorhandenen Vermögens als Zuwendungen angesehen werden können.[68]

c) Bereicherung des Zuwendungsempfängers

Der Erwerber der Zuwendung ist bereichert, wenn sich sein **Vermögen vermehrt** hat. Ob das der Fall ist, ergibt sich aus einer Saldierung des Erwerbs mit dem Erwerbsaufwand, der sich in einer Gegenleistung an den Zuwendenden ausdrückt. Das beurteilt sich nach bürgerlichrechtlichen Kriterien und damit nach den **Verkehrswerten** von Leistung und Gegenleistung. Steuerwerte kommen erst ins Spiel, wenn eine freigebige Zuwendung dem Grunde nach feststeht, und nun ihre Höhe nach steuerlichen Kriterien bestimmt werden muss.

> **Beispiel:**
> Egon verkauft seinem Busenfreund Herbert ein Grundstück. Der Kaufpreis beträgt 100.000 €, außerdem übernimmt Herbert ein durch Grundschuld gesichertes Darlehen von 200.000 €. Seine Gegenleistung beträgt also 300.000 €. Das Grundstück hat

---

[67] Dazu eingehend *Nieder*, HB Testamentsgestaltung, 257 ff.
[68] S. dazu *Daragan*, DStR 1998, 1241; *Troll/Gebel/Jülicher*, ErbStG, Einführung Rn. 1, § 7 Rn. 8, 57.

einen Verkehrswert von 900.000 €. Objektiv betrachtet, ist das Geschäft zu einem Drittel entgeltlich und zu zwei Dritteln unentgeltlich. Deshalb handelt es sich dem Grunde nach um eine freigebige Zuwendung. Der Wert der Bereicherung wird nun nach steuerlichen Maßstäben bestimmt, in dem der – unterstellte – Grundbesitzwert von 450.000 € In diesem Verhältnis aufgeteilt wird. Er beträgt demnach 2/3 von 450.000 € = 300.000 €.

d) Eintritt der Bereicherung

165 Die Bereicherung muss eingetreten sein. Es genügt nicht, dass sie verbindlich zugesagt ist. Deshalb unterliegt ein Schenkungsversprechen nicht der Schenkungsteuer; steuerbar ist erst die **Erfüllung** (§ 9 Abs. 1 Nr. 2 ErbStG).[69] Auch die Zuwendung eines Anwartschaftsrechts ergibt noch keine Bereicherung, wenn es eine Vorstufe des Erwerbs ist, der sich zwischen dem Zuwendendem und dem Erwerber vollzieht und noch nicht vollendet ist.[70]

> **Beispiel:**
> Anton Muster hat eine Lebensversicherung abgeschlossen und benennt seinen Sohn Christian unwiderruflich zum Bezugsberechtigten. Christian ist erst bereichert, wenn er die Versicherungssumme erhält.

166 Anders ist es hingegen, wenn der Zuwendende ein Anwartschaftsrecht hat, das er an den Erwerber weitergibt.[71] Dann ist der Erwerb des Anwartschaftsrechts steuerpflichtig.

167 Ein **Widerrufsvorbehalt** und ein **Rückforderungsrecht** verhindern weder die Zuwendung noch die Bereicherung, selbst wenn sie frei i.S.v. voraussetzungslos und bei Grundstücken durch eine Rückauflassungsvormerkung gesichert sind.[72] Im Einkommensteuerrecht ist das anders. Dort bleibt alles beim Alten, da zwar das zivilrechtliche Eigentum übergegangen ist, das wirtschaftliche Eigentum jedoch nicht. Deshalb wird der Schenkungsgegenstand weiterhin dem Schenker zugerechnet.

> **Praxishinweis:**
> Dieser Effekt lässt sich nutzen, um günstige Schenkungsteuerwerte bei sonst unveränderten steuerlichen Verhältnissen zu sichern. Aber Vorsicht: Wo das Schenkungsteuerrecht wie in § 13a ErbStG an das Ertragsteuerrecht anknüpft, ist ein freier Widerrufsvorbehalt schädlich, wenn ein Mitunternehmeranteil geschenkt wird, da er verhindert, dass der Beschenkte Mitunternehmer wird.[73]

e) Freigebigkeit

168 Sie ist zu bejahen, wenn die Zuwendung zumindest **zum Teil unentgeltlich** geschieht (objektives Element) und der Zuwendende das weiß (subjektives Element). Anders als nach § 516 BGB bedarf es keiner Einigung über die Unentgeltlichkeit. Auch ein auf

---

[69] RFH RStBl. 1921, 157.
[70] RFH RStBl. 1935, 1366, 1368; BFH BStBl. II 1999, 742 = DStR 1999, 1764 m. Anm. *Viskorf* = ZErb 1999, 83 m. Anm. *Daragan*.
[71] *Daragan*, DB 2005, 634; a.A. BFH BStBl. II 1999, 742; BFH BStBl. 2002, 598, 615.
[72] BFH BStBl. II 1989, 1034.
[73] R 51 Abs. 1 Satz 1 ErbStR, H 51 Abs. 1 ErbStH.

Bereicherung gerichteter Wille des Zuwendenden ist nach der Rspr. des BFH[74] nicht erforderlich. Vielmehr genügt der Wille des Zuwendenden zur Unentgeltlichkeit. Er besteht, wenn der Zuwendende weiß, dass er zu der Vermögenshingabe rechtlich nicht verpflichtet ist, auch nicht aufgrund einer Naturalobligation, und er außerdem weiß, dass er keine Gegenleistung erhält, die seiner Leistung gleichwertig ist und mit ihr in einem synallagmatischen, konditionalen oder kausalen Zusammenhang steht. Entscheidend ist, ob der Zuwendende vernünftigerweise davon ausgehen konnte, er erhalte eine **angemessene Gegenleistung**, auch wenn sich das später als Irrtum herausstellt. Dann hat er keinen Willen zur Unentgeltlichkeit[75] – immer vorausgesetzt, er ist auch glaubwürdig.

Bei einem **groben Missverhältnis von Leistung und Gegenleistung** spricht eine tatsächliche Vermutung dafür, dass die Beteiligten das erkannt haben.[76] Wer etwas anderes behauptet, muss dafür Gründe nennen und sie beweisen.[77] Zudem werden Gegenleistungen, die sich nicht in Geld veranschlagen lassen, nicht berücksichtigt (§ 7 Abs. 3 ErbStG). Und nach § 7 Abs. 4 ErbStG wird die Steuerpflicht einer Schenkung nicht dadurch ausgeschlossen, dass sie zur Belohnung oder unter einer Auflage gemacht oder in die Form eines lästigen Vertrages gekleidet wird.

169

> **Beispiel (fortgeführtes):**
> Egon verkauft seinem Busenfreund Herbert ein Grundstück. Der Kaufpreis beträgt 100.000 €, außerdem übernimmt Herbert ein durch Grundschuld gesichertes Darlehen von 200.000 €. Seine Gegenleistung beträgt also 300.000 €. Das Grundstück hat einen Verkehrswert von 900.000 €. Objektiv betrachtet, ist das Geschäft zu einem Drittel entgeltlich und zu zwei Dritteln unentgeltlich. Subjektiv betrachtet ist aufgrund der Wertdifferenz davon auszugehen, dass Egon gewusst hat, dass er unter Wert verkauft und dadurch auch eine Zuwendung an Herbert machen wollte. Der erforderliche Wille zur Unentgeltlichkeit ist also zu bejahen. Deshalb handelt es sich dem Grunde nach um eine freigebige Zuwendung.

f) Bereicherung auf Kosten des Zuwendenden

Dieses Tatbestandselement verlangt, dass Bereicherung und Entreicherung dem Grunde nach zwischen dem Zuwendenden und dem Bedachten geschehen müssen. Sie brauchen sich aber der Höhe nach nicht zu decken, auch wenn das normalerweise so ist.

170

g) Mittelbare Schenkungen

aa) Mittelbare Sachschenkung

Es ist nicht erforderlich, dass der Gegenstand, um den der Beschenkte bereichert wird, sich vorher im Vermögen des Schenkers befunden hat und wesensgleich übergeht.[78] Deshalb kann der Schenker einen Gegenstand aus seinem Vermögen unter der Auflage oder mit der Zweckbindung geben, dass der Beschenkte damit von einem anderen einen bestimmten Gegenstand erwirbt. Dann ist Gegenstand der Schenkung nicht das

171

---

74 BStBl. II 1997, 832, 834.
75 BFH BStBl. III 1957, 449.
76 BGH NJW 1972, 1709; BGH NJW 1981, 1956.
77 BFH BStBl. II 1987, 80.
78 BFH BStBl. II 1980, 260.

Geld, sondern der damit erworbene Gegenstand. Unter anderem die **mittelbare Schenkung von Grundstücken**[79] wird auf diese Weise bewerkstelligt.

bb) Mittelbare Geldschenkung

172 Eine mittelbare Geldschenkung liegt nicht schon dann vor, wenn der Beschenkte eine Sache, die ihm geschenkt wurde, z.B ein Grundstück, noch am Tage der Schenkung veräußert[80] und diese Möglichkeit der Geldbeschaffung Motiv der Schenkung war. Nur dann, wenn der Beschenkte gegenüber dem Schenker verpflichtet war, das Grundstück an einen bestimmten Dritten zu veräußern, oder er sich der Veräußerung aufgrund einer tatsächlichen Zwangssituation nicht entziehen konnte, handelt es sich um eine **Geldschenkung** und nicht um eine **Grundstücksschenkung**.[81] Zu diesem Ergebnis lässt sich auch dann kommen, wenn der Beschenkte im Verhältnis zum Schenker tatsächlich und rechtlich nur über den Verkaufserlös und nicht über das Grundstück frei verfügen kann. Dann ist der Wille der Beteiligten, es solle nicht der Verkaufserlös sondern das Grundstück geschenkt sein, unerheblich.[82]

h) Gemischte Schenkung

173 Es handelt sich um eine gemischte Schenkung, wenn der Zuwendungsempfänger eine **Gegenleistung** erbringt, die **hinter dem Wert der Zuwendung zurückbleibt**. Der BFH[83] und ihm folgend die Finanzverwaltung[84] teilen den **Steuerwert der Zuwendung im Verhältnis der Verkehrswerte von Leistung und Gegenleistung** in einen entgeltlich und einen unentgeltlich erworbenen Anteil auf. Vordergrund dieser Praxis ist das Wort „soweit" in § 7 Abs. 1 Nr. 1 ErbStG, Hintergrund ist das Zurückbleiben der steuerlichen Grundstückswerte hinter den Verkehrswerten.

> **Beispiel (fortgeführtes):**
> Egon verkauft seinem Busenfreund Herbert ein Grundstück. Der Kaufpreis beträgt 100.000 €, außerdem übernimmt Herbert ein durch Grundschuld gesichertes Darlehen von 200.000 €. Seine Gegenleistung beträgt also 300.000 €. Das Grundstück hat einen Verkehrswert von 900.000 €. Objektiv betrachtet, ist das Geschäft zu einem Drittel entgeltlich und zu zwei Dritteln unentgeltlich. Subjektiv betrachtet, ist aufgrund der Wertdifferenz davon auszugehen, dass Egon gewusst hat, dass er unter Wert verkauft und dadurch auch eine Zuwendung an Herbert machen wollte. Der erforderliche Wille zur Freigebigkeit ist also zu bejahen. Deshalb handelt es sich dem Grunde nach um eine freigebige Zuwendung. Der Wert der Bereicherung wird nun nach steuerlichen Maßstäben bestimmt, in dem der – unterstellte – Grundbesitzwert von 450.000 € in diesem Verhältnis aufgeteilt wird. Er beträgt demnach 2/3 von 450.000 € = 300.000 €. Davon kann die Gegenleistung nicht anteilig abgezogen werden. Deshalb ist dieser Wert zugleich die Bemessungsgrundlage nach § 10 Abs. 1 ErbStG.

174 Die Schenkungsteuerfinanzämter sind angewiesen, von Ermittlungen zum Verkehrswert abzusehen und die Werte, die in der **Schenkungsteuererklärung** angegeben sind,

---

79 Dazu eingehend *Moench*, ErbStG, § 7 Rn. 28 ff.
80 BFH BStBl. II 1974, 521.
81 BFH BStBl. II 1991, 320.
82 BFH BStBl. II 1991, 32; BFH BStBl. II 1995, 83.
83 BFH BStBl. II 1982, 83; BStBl. II 1982, 714.
84 R 17 ErbStR.

zu übernehmen, wenn sie nicht offensichtlich unter den Verkehrswerten liegen.[85] Der Wert, den der Erwerber für Grundstücke und Betriebsgrundstücke angibt, wird im Regelfall übernommen, wenn er für unbebaute Grundstücke das **1,2fache** und für bebaute Grundstücke das Zweifache des festgestellten Grundstückswerts nicht unterschreitet.[86]

i) Schenkung unter Auflage

Die obige Beurteilung (Vgl. Rn. 57 f.) hat der BFH auf die **Schenkung unter Auflage** übertragen, allerdings modifiziert.[87] Nunmehr unterscheidet er zwischen Leistungsauflagen und Nutzungs- oder Duldungsauflagen. 175

Eine **Schenkung unter Leistungsauflage** verpflichten den Beschenkten zu einer Leistung, sei es an den Schenker oder einen Dritten, z.B. zur Zahlung einer Leibrente. Derartige Schenkungen werden wie gemischte Schenkungen behandelt. 176

Im Gegensatz dazu stehen die Schenkungen unter **Nutzungs- oder Duldungsauflage**. Sie enthalten dem Beschenkten auf Zeit die Nutzungen der Sache oder des Rechts vor oder belasten ihn mit einer Duldungspflicht, so z.B. bei einem Vorbehalts- oder Zuwendungsnießbrauch[88] oder einem Wohnungsrecht.[89] Sie sind in vollem Umfang unentgeltlich. Die Auflage ist eine nach § 10 Abs. 5 Nr. 2 ErbStG analog abzugsfähige Last, soweit § 25 ErbStG den Abzug nicht ausschließt. 177

j) Mischfälle

In Mischfällen mit Gegenleistungen oder Leistungsauflagen und Nutzungs- oder Duldungsauflagen wird zunächst der anteilige Steuerwert der Zuwendung durch Verhältnisrechnung ermittelt. Davon wird der Kapitalwert der Nutzungs- oder Duldungsauflage anteilig als Last abgezogen, soweit § 25 Abs. 1 ErbStG dem nicht entgegensteht.[90] Was übrig bleibt, ist steuerpflichtig. 178

k) Erwerbskosten

Kosten für Notar, Grundbuch oder Handelsregister sind voll vom Steuerwert abzuziehen, wenn es sich um eine **reine Schenkung** oder eine Schenkung unter einer Nutzungs- oder Duldungsauflage handelt. Bei einer gemischten Schenkung oder einer Schenkung unter Leistungsauflage werden diese Kosten nur anteilig berücksichtigt, nämlich insoweit, als sie auf den unentgeltlichen Teil entfallen. Maßgebend ist der Prozentsatz, nach dem bereits der steuerpflichtige Teil der Zuwendung ermittelt worden ist. 179

l) Übernahme der Schenkungsteuer

Übernimmt der Schenker die Schenkungsteuer, bedeutet das nach § 10 Abs. 2 ErbStG einen zusätzlichen Erwerb. Er wird der Schenkung zugeschlagen. Vom Gesamtbetrag wird dann die Schenkungsteuer berechnet. Das verlangt aber keine fortschreitende In-Sich-Rechnung, bis sich die übernommene Steuer und die Steuer aus dem Gesamtbe- 180

---

[85] R 17 Abs. 5 Satz 2 ErbStR.
[86] R 17 Abs. 6 Satz 4 ErbStR; zur Nachprüfung s. R 17 Abs. 6 Satz 5 ErbStR.
[87] BStBl. II 1989, 524; s. auch BFH BFH/NV 1994, 373.
[88] BFH BStBl. II 1989, 814; BFH/NV 1990, 809.
[89] BFH BFH/NV 1993, 298.
[90] R 17 Abs. 4 ErbStR.

trag entsprechen. Denn die übernommene Steuer wird nur einmal als Erwerb erfasst. Bei größeren Zuwendungen, vor allem, wenn sie nach einer ungünstigen Steuerklasse besteuert werden, kann sich daraus eine erhebliche Steuerersparnis ergeben. Das Ganze macht allerdings etwas Rechenarbeit, wenn man kein Programm hat, das die Steuer berechnet.

181 Diese steuerlich günstigere Gestaltung unter Ausnutzung des § 10 Abs. 2 ErbStG ist nicht auf Zuwendungen unter Lebenden beschränkt, sondern auch in Erbfällen möglich.

> **Beispiel:**
> Der Erbe ist verpflichtet, die Erbschaftsteuer des Vermächtnisnehmers zu übernehmen.

m) Zuwendungen unter Ehegatten

aa) Ehebedingte Zuwendungen

182 Der BFH[91] hat nach anfänglichem Schwanken[92] entschieden, dass ehebedingte Zuwendungen der Schenkungsteuer unterliegen. Ehebezogene Motive wie Ausgleich für geleistete Mitarbeit, angemessene Beteiligung an den Früchten des ehelichen Zusammenlebens schließen die Unentgeltlichkeit nicht aus. Auch die Bestimmung, dass die Zuwendung auf einen Anspruch aus dem Zugewinnausgleich anzurechnen ist, ändert an ihrer Steuerbarkeit zunächst nichts. Erst wenn sie angerechnet wird, fällt die Schenkungsteuer für die Vergangenheit weg (§ 29 Abs. 1 Nr. 3 ErbStG). Zwischenzeitlich gezogene Nutzungen bleiben aber steuerpflichtig (§ 29 Abs. 2 ErbStG). Aber Mitarbeit kann eine **Ehegatteninnengesellschaft** begründet haben. Ihre Auseinandersetzung erfolgt entgeltlich.[93]

183 Der Gesetzgeber hat die Rspr. des BFH teilweise korrigiert, indem die Zuwendung eines **Familienwohnheims** unter Lebenden nach § 13 Abs. 1 Nr. 4a ErbStG steuerfrei bleibt. Gelegenheitsgeschenke sind auch unter Ehegatten nach § 13 Abs. 1 Nr. 14 ErbStG steuerfrei. Weitere Vermögensverschiebungen können steuerfrei erfolgen, soweit der Leistende seine **gesetzliche Unterhaltsverpflichtung** erfüllt. Dazu gehört auch der Vorsorgeunterhalt. In dem durch Einkommen- und Vermögensverhältnisse der Eheleute vorgegebenen Rahmen kann für den nicht verdienenden Ehegatten eine **Altersversorgung** steuerfrei aufgebaut werden.[94]

bb) Gemeinschaftskonten[95]

184 Es handelt sich um **Oder-Konten**, über die jeder Ehegatte allein verfügen kann, oder um **Und-Konten**, über die nur beide Ehegatten verfügen können. Für beide gilt nach § 430 BGB die Vermutung, dass jeder Ehegatte zur Hälfte beteiligt ist.

185 **Einzahlungen** auf das Konto sind keine Schenkungen, unabhängig davon, von wem das Geld stammt.[96] Die Umwandlung eines Einzelkontos in ein Gemeinschaftskonto soll eine Schenkung sein.[97]

---

91 BFH BStBl. II 1994, 366.
92 BFH BStBl. II 1979, 740.
93 *Troll/Gebel/Jülicher*, ErbStG, § 7 Rn. 179.
94 Einschränkend BFH BStBl. II 2002, 153 für eine befreiende Lebensversicherung; dazu *Troll/Gebel/Jülicher*, ErbStG, § 7 Rn. 175 ff.
95 Dazu OFD Koblenz DStR 2002, 591; Hess. FG DStRE 2002, 1023; *Götz/Jorde*, DStR 2002, 1462.

Die hälftige Zurechnung hat für den Ehegatten, der das Konto aus seinem Einkommen gespeist hat, das seltsame Ergebnis, dass er beim Tod des anderen Ehegatten sein eigenes Geld versteuern muss.

Praxishinweis:
Soweit dies verhindert werden soll, ist den Eheleuten zu raten, dass diese mit dem Ehegatten eine schriftliche Vereinbarung über einen von § 430 BGB abweichenden Maßstab treffen. Noch besser ist es, dass jeder Ehegatte sein eigenes Konto hat.

2. Vollziehung einer Auflage, Erfüllung einer Bedingung

Als Schenkung unter Lebenden gilt, was infolge Vollziehung einer von dem Schenker angeordneten Auflage (§ 525 BGB) oder infolge Erfüllung einer einem Rechtsgeschäft unter Lebenden beigefügten Bedingung **ohne entsprechende Gegenleistung erlangt** wird, es sei denn, dass eine einheitliche Zweckzuwendung vorliegt (§ 7 Abs. 1 Nr. 2 ErbStG).[98] Nach § 9 Abs. 1 Nr. 2 ErbStG entsteht die Steuer mit dem Vollzug der Auflage oder der Erfüllung der Bedingung. Wenn der Begünstigte ein eigenes Forderungsrecht gegen den Beschwerten erworben hat, entsteht die Steuer nach § 7 Abs. 2 Nr. 1 ErbStG mit der Begründung der Forderung, also mit dem Vertragsschluss.[99]

Beispiel:
Anton schenkt seinem Sohn Bertram ein Geschäftshaus. Dafür soll er an seine Schwester Christa einen Ausgleich zahlen. Sie wird nach ihrem Verhältnis zu ihrem Vater, nicht zu ihrem Bruder, besteuert.[100]

3. Abfindung für einen Erbverzicht

Der Erbverzicht (§ 2346 Abs. 1 BGB) ist ein Vertrag zwischen dem Erblasser und den künftigen Erben, durch den der Erbe auf sein Erbrecht verzichtet. Der Verzicht kann sich auf den Pflichtteil (§ 2346 Abs. 2 BGB) oder auf eine Zuwendung (§ 2352 BGB) beziehen. Üblicherweise wird der Verzicht mit einer **Abfindung** honoriert. Sie gilt nach § 7 Abs. 1 Nr. 5 ErbStG als Schenkung unter Lebenden.

4. Abfindung für aufschiebend bedingte, betagte oder befristete Erwerbe

Als **Schenkung unter Lebenden** gilt nach § 7 Abs. 1 Nr. 10 ErbStG auch, was als Abfindung für aufschiebend bedingt, betagt oder befristet erworbene Ansprüche aus einem Rechtsgeschäft unter Lebenden vor dem Eintritt der Bedingung oder des Ereignisses gewährt wird. Die Abfindung ist nur steuerbar, wenn der Erwerb aufgrund des abgefundenen Anspruchs steuerbar wäre.[101] Eine Abfindung, die für einen Verzicht auf bloße Erwerbsaussichten gezahlt wird, fällt nicht unter § 7 Abs. 1 Nr. 10 ErbStG,[102] sie kann aber nach § 7 Abs. 1 Nr. 1 ErbStG steuerpflichtig sein.

---

96 FG Düsseldorf EFG 1996, 242.
97 OFD Koblenz DStR 2002, 591.
98 Dann wird nach § 8 ErbStG besteuert.
99 BFH BStBl. II 1981, 78.
100 BFH DB 1993, 1337.
101 *Troll/Gebel/Jülicher*, ErbStG, § 7 Rn. 352.
102 FG München ZEV 1998, 237; *Troll/Gebel/Jülicher*, ErbStG, § 7 Rn. 351; *Meincke*, ErbStG, 14. Aufl., § 7 Rn. 116 a.E.

> **Beispiel:**
> Daniel und Emil vereinbaren, dass Daniel auf seinen Pflichtteil nach der gemeinsamen Mutter verzichtet. Dafür erhält er von Emil eine Abfindung. Die Abfindung nach § 7 Abs. 1 Nr. 1 ErbStG steuerpflichtig.[103]

5. Dritterwerbe

a) Vertrag zugunsten Dritter

190 Als Erwerb von Todes wegen gilt jeder Vermögensvorteil, der aufgrund eines vom Erblasser geschlossenen Vertrags bei dessen Tod von einem Dritten unmittelbar erworben wird (§ 3 Abs. 1 Nr. 4 ErbStG). Es geht um Leistungen aufgrund eines echten oder unechten Vertrags zugunsten Dritter (§ 328 BGB), den der Erblasser abgeschlossen hat. Die Leistung erfolgt nach seinem Tod unabhängig von der Erbfolge an den, den er als Empfänger benannt hat. Nach § 331 Abs. 1 BGB erwirbt der Dritte ein Recht auf die Leistung im Zweifel mit dem Tode des Erblassers. Er erwirbt es unmittelbar in dem Sinne, dass es nicht aus dem Vermögen des Erblassers kommt, weil es dort nie gewesen ist. Es entsteht originär in seiner Person. Gegenleistungen des Dritten oder Leistungsauflagen, die er zu erfüllen hat, sind in voller Höhe als **Erwerbskosten** (§ 10 Abs. 5 Nr. 3 ErbStG) abzugsfähig. Die Regeln über gemischte Schenkungen sind nicht anzuwenden.[104]

191 Der Dritte kann den Erwerb zurückweisen. Dann gilt das Recht als nicht erworben (§ 333 BGB). Eine Abfindung, die er dafür erhält, ist nicht steuerpflichtig. Dessen ungeachtet kann sie der **Leistende als Erwerbskosten** von seinem Erwerb abziehen (§ 10 Abs. 5 Nr. 3 ErbStG).[105]

b) Lebensversicherungen

aa) Prämienzahlung

192 Unter § 3 Abs. 2 Nr. 4 ErbStG fallen Auflaufleistungen aus Lebensversicherungen. Der Erwerb ist freigebig, wenn der Erblasser den Vertrag als Versicherungsnehmer abgeschlossen und die Versicherungsprämien gezahlt hat. Zahlt der Erblasser die Prämien auf einen Vertrag, den der Erwerber abgeschlossen hat, sind nur die abgezinsten Prämien geschenkt. Hat der Erwerber die Prämien gezahlt, erwirbt er die Versicherungssumme steuerfrei, und zwar nicht nur dann, wenn er der Versicherungsnehmer ist,[106] sondern auch, wenn der Erblasser die Versicherung abgeschlossen hat.[107]

bb) Versicherung auf verbundene Leben[108]

193 Der **Leistungsempfänger** erwirbt insoweit steuerfrei, als er die Prämien bezahlt hat. Hat er sie zur Hälfte getragen, ist er demzufolge mit der halben Versicherungsleistung

---

103 BFH BStBl. II 2001, 456.
104 *Moench*, ErbStG, § 3 Rn. 152; FG Rheinland-Pfalz ZEV 1996, 276.
105 *Moench*, ErbStG, § 3 Rn. 214.
106 Echte (Fremd-)Versicherung auf das Leben eines anderen, § 159 Abs. 1 VVG.
107 BFH BStBl. III 1953, 243; FG Rheinland-Pfalz EFG 1994, 665. Einschränkend: FinMin Baden-Württemberg, ZEV 1999, 225.
108 Das ist eine Lebensversicherung mit zwei Versicherungsnehmern, bei der einmal gezahlt wird, und zwar beim Tod des zuerst Versterbenden.

steuerpflichtig. Bei Ehegatten wird unterstellt, dass jeder die Prämien zur Hälfte getragen hat.[109]

cc) Bezugsberechtigung, Übertragung des Versicherungsvertrags

Auch bei einer unwiderruflichen Bezugsberechtigung erwirbt der Bezugsberechtigte erst mit dem Tod des Versicherungsnehmers, und zwar die volle Versicherungssumme.[110]

194

Praxishinweis:
Deshalb ist es aus steuerlicher Sicht günstiger, rechtzeitig vor dem Versicherungsfall den Versicherungsvertrag zu schenken, und den Erwerber die restlichen Prämien zahlen zu lassen. Dann hat der Erwerber die Wahl, ob er den Erwerb mit zwei Drittel der vom Schenker gezahlten Prämien oder mit dem Rückkaufswert versteuern möchte (§ 12 Abs. 4 BewG). Die Ablaufleistung bekommt er dann steuerfrei aus eigenem Recht.[111]

c) Versorgungsansprüche

Nicht von § 3 Abs. 1 Nr. 4 ErbStG erfasst werden Vermögensvorteile, die den Hinterbliebenen kraft Gesetzes zustehen. Dazu gehören **Versorgungsansprüche** von Beamten oder Versorgungsansprüche von Freiberuflern aus einer berufsständischen Pflichtversicherung. Private Hinterbliebenenbezüge können erbschaftsteuerfrei oder erbschaftsteuerpflichtig sein. Bei Gesellschaftergeschäftsführern kommt es darauf an, ob sie wie ein Angestellter in der Gesellschaft gearbeitet haben. Dann sind Witwenbezüge steuerfrei, andernfalls sind sie steuerpflichtig.[112]

195

d) Sparbücher

Bei ihnen ergeben sich häufig **Abgrenzungsschwierigkeiten** zwischen § 3 Abs. 1 Nr. 1 und § 3 Abs. 1 Nr. 4 ErbStG einerseits und § 7 ErbStG andererseits. Richten Großeltern ein Sparbuch ein, beruht der Erwerb der Kinder oder Enkelkinder auf Verträgen unter Lebenden, wenn sie selbst die Inhaber der Sparkonten sind. Davon ist auszugehen, wenn die Großeltern nicht mehr verfügungsberechtigt sind. Indiz dafür ist, dass sie die Sparbücher nicht mehr in Besitz haben. Sonst handelt es sich um Verträge zugunsten der Enkelkinder, die unter § 3 Abs. 1 Nr. 4 ErbStG fallen.[113]

196

V. Zweckzuwendungen

1. Begriff

Es handelt sich um eine **Zuwendung von Todes wegen oder unter Lebenden**. Sie geht, wie sonst auch, an einen Erwerber. Er ist verpflichtet, seinen Erwerb ganz oder teilweise für einen Zweck zu verwenden, den der Erblasser oder Schenker ihm vorgegeben hat. Das geschieht durch eine Zweckauflage (§§ 2192, 525 BGB), bei einer

197

---

109 R 9 Abs. 3 ErbStR.
110 BFH BStBl. II 1999, 742 = DStR 1999, 1744 m. Anm. *Viskorf* = ZErb 1999, 83 m. Anm. *Daragan*.
111 *Daragan*, ZErb 1999, 85; *Viskorf*, DStR 1999, 1746.
112 BFH BStBl. II 1990, 322 zum Geschäftsführer einer GmbH; BFH BStBl. II 1990, 325 zum geschäftsführenden Gesellschafter einer GbR u. zum persönlich haftenden Gesellschafter einer Personenhandelsgesellschaft. Dazu eingehend *Moench*, ErbStG, § 3 Rn. 172 ff.
113 Zum Ganzen *Moench*, ErbStG, § 7 Rn. 144.

Schenkung unter Lebenden durch eine Zweckauflage oder eine Zweckbindung im Schenkungsvertrag. Dadurch mindert sich die Bereicherung des Erwerbers (§ 8 ErbStG). Anders als bei sonstigen Auflagen gibt es hier keinen Begünstigten, der als weiterer Erwerber besteuert werden kann. Damit der gebundene Betrag nicht steuerfrei bleibt, wird der als eigenständige Zuwendung an Unbekannt in der Steuerklasse III besteuert (§ 15 Abs. 1 ErbStG).

2. Unpersönlicher Zweck

198 Der Zweck, der verfolgt werden muss, ist losgelöst von einer Person.[114] Das ist der entscheidende Unterschied zum regulären Erwerb unter Auflage. Es gibt keine bestimmte Person oder bestimmbare Personen, die begünstigt sind.

3. Zweckzuwendungen zugunsten von Tieren

199 Zweckzuwendungen kommen einem Lebewesen zugute, das **kein Steuersubjekt ist**, wie bspw. ein Tier (§ 90a BGB).

> **Beispiel:**
> Egon hat seinen Freund Friedrich unter der Auflage zum Erben eingesetzt, dass er Antons Hund Bello bis zu dessen Ableben hegt und pflegt. Dafür sollen 20.000 € aus dem Nachlass entnommen werden. Anton kann die Verpflichtung aus der Auflage abziehen. Da Bello kein Steuersubjekt ist, kommt er als Erwerber nicht in Betracht. Deshalb muss die Auflage als Zweckzuwendung in der Steuerklasse III versteuert werden.[115]

4. Zweckzuwendungen zugunsten eines objektiven Zwecks

200 Zweckzuwendungen dienen einem objektiven Zweck, z.B. bei einer unselbstständigen Stiftung, bei der es keinen bestimmten Begünstigten gibt, auch keinen Kreis von bestimmbaren Begünstigten.

5. Zweckbindung zugunsten des Erwerbers

201 Eine Zweckzuwendung liegt nicht vor, wenn die **Auflage** nur dem Erwerber zugute kommt. Dann erfolgt eine Zuwendung an den Erwerber, die nicht um den Wert der Auflage gekürzt werden darf (§ 10 Abs. 9 ErbStG).

> **Beispiel:**
> Der Erwerber erhält Geld unter der Auflage, sein denkmalgeschütztes Haus zu renovieren.

Aber Zweckzuwendungen zugunsten der Allgemeinheit bleiben steuerfrei, wie alle andern Zuwendungen auch.

> **Beispiel:**
> Die Zuwendung wird einer öffentlich-rechtlichen Körperschaft gemacht (§ 13 Nr. 15 ErbStG) oder der Zweck ist gemeinnützig (§ 13 Abs. 1 Nr. 16 u. Nr. 17 ErbStG).

---

[114] BFH BStBl. II 1993, 161.
[115] Zum Hund: BFH BStBl. II 1993, 161; zur Katze: FG Düsseldorf EFG 1998, 1274.

VI. Wegfall der Steuer

1. Rückforderungsrecht

Nach § 29 Abs. 1 Nr. 1 ErbStG erlischt die Steuer mit Wirkung für die Vergangenheit, soweit ein **Geschenk** wegen eines Rückforderungsrechts herausgegeben werden muss. Freiwillige Rückgabe ohne Gegenleistung ist eine **Rückschenkung**.[116] Sie beseitigt nicht die Steuerpflicht der Erstschenkung, sondern lässt als Zweitschenkung nur weitere Schenkungsteuer entstehen.

Das Rückforderungsrecht kann sich aus dem Gesetz oder aus einem Rechtsgeschäft ergeben, z.B. aus einem Übergabevertrag oder einem Wegfall der Geschäftsgrundlage.[117]

Praxishinweis:
Hier findet sich ein Einsatzgebiet für eine Steuerklausel,[118] die für den Fall, dass die von den Parteien vorausgesetzten Steuerfolgen nicht eintreten, eine Rückgängigmachung des Rechtsgeschäfts vorsieht. Gesetzliche Rechte, eine Schenkung zurückzufordern, ergeben sich aus § 527 Abs. 1 BGB (Nichtvollziehung einer Auflage), § 528 Abs. 1 BGB (Verarmung des Schenkers) und aus § 530 BGB (grober Undank). Immer aber ist erforderlich, dass die Schenkung tatsächlich rückgängig gemacht wird. Ein Anspruch auf Rückgängigmachung genügt für sich allein also nicht.

2. Abwendung der Herausgabe

Wird die Herausgabe eines Geschenks durch Geldhingabe abgewendet, steht das einer Herausgabe gleich. Deshalb erlischt nach § 29 Abs. 1 Nr. 2 ErbStG auch in diesem Fall die Steuer mit Wirkung für die Vergangenheit.

3. Anrechnung auf die Ausgleichsforderung

Nach § 1380 Abs. 1 BGB sind **unentgeltliche Zuwendungen**, die ein Ehegatte dem anderen gemacht hat und die den Wert von Gelegenheitsgeschenken übersteigen, als Vorausempfänge auf die Zugewinnausgleichsforderung anzurechnen. Muss sich der beschenkte Ehegatte bei der Berechnung der nach § 5 Abs. 2 ErbStG steuerfreien Ausgleichsforderung die Schenkung anrechnen lassen, erlischt die Steuer auf die Zuwendung nach § 29 Abs. 1 Nr. 3 ErbStG mit Wirkung für die Vergangenheit. Das gilt auch bei der Berechnung der fiktiven Ausgleichsforderung nach § 5 Abs. 1 ErbStG.[119]

4. Weitergabe des Erwerbs

Nach § 29 Abs. 1 Nr. 4 ErbStG erlischt die Erbschaftsteuer oder Schenkungsteuer rückwirkend, wenn der Erwerber das Erworbene innerhalb von 24 Monaten öffentlichen Zwecken zukommen lässt, indem er es an den Bund, das Land oder eine inländische Gemeinde weitergibt. Auch die Weitergabe an eine **gemeinnützige Stiftung**, die bestimmten steuerbegünstigten Zwecken dient, lässt die Steuer erlöschen.

---

116 RFH RStBl. 1928, 270.
117 BFH BStBl. II 1978, 217; FG München EFG 1987, 571; *Langenfeld*, ZEV 1995, 289.
118 Dazu allg. *Tipke/Kruse*, AO, FGO, § 41 AO Rn. 49 ff.
119 H 11 Abs. 5 ErbStR; *Moench*, ErbStG, § 29 Rn. 14.57.

5. Besteuerung der Zwischennutzungen

207 Die Steuer soll nur insoweit erlöschen, als die ursprüngliche Bereicherung weggefallen ist. Deshalb ist in § 29 Abs. 2 ErbStG bestimmt, dass der Erwerber für den Zeitraum, für den ihm die Nutzungen des zugewendeten Vermögens zugestanden haben, wie ein **Nießbraucher zu behandeln** ist. Die Nutzungen werden über § 12 Abs. 1 ErbStG nach den §§ 13 ff. BewG bewertet. Danach ist ihr Kapitalwert – unter Beachtung des § 16 BewG – auf den Zeitpunkt der Schenkung zu berechnen. Sind die Nutzungen ganz herauszugeben (§ 818 Abs. 1, Abs. 3 BGB), kommt es nicht zu einer Nutzungsbesteuerung. Bei einer Verpflichtung zur teilweisen Herausgabe wird nur der Kapitalwert der Nutzungen besteuert, die der Erwerber behalten darf.

VII. Steuerbefreiungen

1. Hausrat, bewegliche körperliche Gegenstände

208 **Hausrat** ist die gesamte Wohnungseinrichtung einschließlich aller Haushaltsgegenstände. Ob dazu auch Gebrauchsgegenstände gehören, die zudem außerhalb eines Haushalts Verwendung finden, wie bspw. ein Pkw, ist streitig.[120]

> **Beispiel:**
> Onkel Otto schenkt seiner Nichte Nina 25.000 €. Sie steht kurz davor zu heiraten und soll sich davon ihre Wohnungseinrichtung kaufen. Auch Hausrat, der erst beschafft werden soll, ist nach den Regeln der mittelbaren Schenkung befreit.[121]

Andere bewegliche körperliche Gegenstände sind alle beweglichen Sachen (§ 90 BGB), die kein Hausrat sind. Nicht befreit sind unter anderem Geld, Wertpapiere, Edelmetalle, Edelsteine und Perlen (§ 13 Abs. 1 Satz 2 ErbStG).

209 Hausrat ist in der Steuerklasse I bis 41.000 €, in den anderen Steuerklassen bis 10.300 € befreit (§ 13 Abs. 1 Nr. 1a ErbStG). Andere bewegliche körperliche Gegenstände sind in allen Steuerklassen bis 10.300 € befreit (§ 13 Abs. 1 Satz 1 Nr. 1b ErbStG). Aber ein wichtiger Unterschied besteht: Erwerber der Steuerklasse I bekommen zwei Freibeträge, einen für Hausrat und einen für andere bewegliche Sachen. Erwerbern der Steuerklasse II und III steht nur ein einheitlicher Freibetrag für Hausrat und andere bewegliche Sachen zu.

210 Ein Erwerb kann aus mehreren Zuwendungen bestehen. Sie können insgesamt steuerfrei bleiben, gleichgültig welchen Wert sie zusammen haben. Jede Befreiungsvorschrift ist selbstständig anzuwenden (§ 13 Abs. 3 Satz 1 ErbStG).

> **Beispiel:**
> Christian und Dagmar erben von ihrem verwitweten Vater Anton zu gleichen Teilen unter anderem einen Teppich im Wert von 30.000 €, einen Pkw im Wert von 20.000 €, Silbergeschirr im Wert von 10.000 € und ein Gemälde im Wert von 40.000 €. Teppich, Geschirr und Gemälde sind Hausrat mit einem Gesamtwert von 80.000 €. Er ist nach § 13 Abs. 1 Nr. 1a ErbStG bis jeweils 41.000 € pro Erwerber befreit. Ist hier davon auszugehen, dass der Pkw nicht zum Hausrat, sondern zu den beweglichen Gegenständen i.S.d. § 13 Abs. 1 Nr. 1b ErbStG gehört, gibt es dafür einen weiteren Freibetrag pro Erwerber von 10.300 €. Alles in allem erwerben Chris-

---

[120] Dafür *Troll/Gebel/Jülicher*, ErbStG, § 13 Rn. 8; dagegen *Moench/Kien-Hümbert*, ErbStG, § 13 Rn. 9a.
[121] *Moench/Kien-Hümbert*, ErbStG, § 13 Rn. 4; *Troll/Gebel/Jülicher*, ErbStG, § 13 Rn. 16.

tian und Dagmar jeweils 50.000 € steuerfrei. Die persönlichen Freibeträge von 205.000 € können gegen andere Nachlassgegenstände gesetzt werden.

2. Gelegenheitsgeschenke

Steuerfrei sind auch die üblichen Gelegenheitsgeschenke (§ 13 Abs. 1 Nr. 14 ErbStG). Es muss ein Anlass dazu vorhanden sein, bei dem üblicherweise Geschenke gemacht werden. Beispiele für derartige Anlässe sind Taufe, Konfirmation, Verlobung, Hochzeit, Geburtstag. Was üblich ist, orientiert sich an den Vermögensverhältnissen des Schenkers und des Beschenkten, dem Verwandtschaftsgrad und den sozialen Verhältnissen.[122] Soweit ein Gelegenheitsgeschenk diesen Wert übersteigt, ist es in vollem Umfang steuerpflichtig. **Jubiläumsgeschenke** an Arbeitnehmer sind im Allgemeinen Arbeitslohn,[123] keine Schenkung.

211

3. Familienwohnheim

§ 13 Abs. 1 Nr. 4a ErbStG befreit eine Zuwendung unter Lebenden, mit der ein Ehegatte dem anderen Eigentum oder Miteigentum an einem Familienwohnheim verschafft. Ein Erwerb von Todes wegen ist nicht befreit.

212

Familienwohnheim ist ein Haus oder eine Eigentumswohnung. Sie müssen sich im Inland befinden und von den Ehegatten **zu eigenen Wohnzwecken genutzt** werden. Gleichgestellt sind zwei Ersatztatbestände: Ein Ehegatte stellt den anderen von Verpflichtungen frei, die der andere im Zusammenhang mit der Anschaffung oder der Herstellung des Familienwohnheims eingegangen ist oder ein Ehegatte trägt nachträglich Herstellungs- oder Erhaltungsaufwand für ein Familienwohnheim, das einem oder beiden gehört.

213

Die Befreiung ist der Höhe nach nicht begrenzt. Es gibt keinen Objektverbrauch und keine Behaltensfrist. Deswegen kann zwischen Ehegatten Vermögen in beliebiger Höhe übertragen werden, vorausgesetzt, die Ehegatten sind beweglich und bereit, wiederholt umzuziehen.

214

4. Pflege, Unterhalt

Nach § 13 Abs. 1 Satz 1 Nr. 9 ErbStG ist eine Zuwendung an eine Person steuerfrei, die dem Erblasser unentgeltlich oder gegen unzureichendes Entgelt Pflege oder Unterhalt gewährt hat. Über den Wortlaut hinaus sind nicht nur letztwillige Zuwendungen befreit, sondern auch Zuwendungen unter Lebenden.[124] Aber die Generosität ist zweifach begrenzt: Die Zuwendung bleibt nur steuerfrei, soweit sie als angemessenes Entgelt anzusehen ist. Außerdem ist die Angemessenheit auf 5.200 € limitiert.

215

Unter **Pflege** ist außer der Krankenpflege auch jede anderweitige notwendige Fürsorge für das körperliche oder seelische Wohlbefinden des Erblassers zu verstehen.[125] **Unterhalt** ist die Leistung von Mitteln (Geld- oder Sachwert) für Unterkunft, Verpflegung und Bekleidung.

216

---

122 *Moench/Kien-Hümbert*, ErbStG, § 13 Rn. 80. Teilweise anders *Troll/Gebel/Jülicher*, ErbStG, § 13 Rn. 168.
123 BFH BStBl. II 1980, 705.
124 R 44 Abs. 1 Satz 1 ErbStR.
125 RFH RStBl. 1931, 268.

217 Keine Befreiung gibt es für Unterhalt oder Pflege, die aufgrund gesetzlicher Pflicht oder familiärer Bindung gewährt werden.[126] Ein geleistetes Entgelt ist unzureichend, wenn es niedriger war als das, was sonst für derartige Dienste oder Leistungen üblicherweise gezahlt wird. **Vergütungen** für unzureichend bezahlte Dienstleistungen, die noch offen sind, können nach § 10 Abs. 5 Nr. 1 ErbStG abgezogen werden. Pflegeleistungen sind als Kosten zur Erlangung des Erwerbs nach § 10 Abs. 1 Nr. 3 ErbStG abzugsfähig, wenn der Erbe dem Erblasser gegenüber dazu erbvertraglich verpflichtet war.[127] Dienstleistungsvergütungen können der Einkommensteuer unterliegen.[128]

5. Vermögensrückfall an Eltern und Voreltern

218 Wenn Eltern ihre Kinder und Großeltern ihre Enkel beerben, kann es sein, dass sie etwas bekommen, was ihnen schon einmal gehört hat, und das sie dem Kind oder dem Enkel geschenkt haben. Derartige Rückerwerbe von Todes wegen bleiben nach § 13 Abs. 1 Nr. 10 ErbStG steuerfrei. Rückschenkungen sind nicht befreit.[129]

219 Erwerb und Rückfall müssen sich zwischen denselben Personen ereignen (personelle Identität), und es muss der geschenkte Gegenstand zurück erworben werden (sachliche Identität). Ein **Surrogat** genügt nur, wenn zwischen dem zugewandten und dem zurückfallenden Vermögensgegenstand **bei objektiver** Betrachtung **Art- und Funktionsgleichheit** besteht.[130] Eine wirtschaftliche Identität reicht nicht aus. Wertsteigerungen, die ausschließlich auf der wirtschaftlichen Entwicklung beruhen, bleiben steuerfrei. Hat der Bedachte den Wert durch sein Kapital oder seine Arbeit erhöht, ist der Mehrwert steuerpflichtig.[131]

> **Beispiel:**
> Anton hatte seinem Sohn Christian eine stille Beteiligung an seinem Unternehmen geschenkt. Nicht entnommene Gewinnanteile wurden auf einem Darlehenskonto gebucht. Das Darlehen ist kein art- und funktionsgleiches Surrogat. Es wird nicht steuerfrei erworben.[132]

220 Schenkungen oder Übergaben an Kinder oder Enkel müssen deshalb durch das Vorversterben des Bedachten **auflösend bedingt** sein oder für diesen Fall einen Rückforderungsanspruch vorsehen.[133]

6. Zuwendungen an gemeinnützige Körperschaften

221 Zuwendungen an **inländische** Religionsgesellschaften oder gemeinnützige Körperschaften sind nach § 13 Abs. 1 Nr. 16a und 16b ErbStG steuerfrei. Zuwendungen an **ausländische** Religionsgesellschaften und gemeinnützige Körperschaften, Personenvereinigungen und Vermögensmassen bleiben nach § 13 Abs. 1 Nr. 16c ErbStG unter der Voraussetzung steuerfrei, dass der ausländische Staat für Zuwendungen an deutsche Rechtsträger gleicher Art eine entsprechende Steuerbefreiung gewährt und das

---

126 R 44 Abs. 15 ErbStR.
127 BFH BStBl. II 1984, 37.
128 Einschränkend BFH BStBl. II 1999, 776.
129 BFH BStBl. II 1986, 622.
130 BFH BStBl. II 1994, 656.
131 R 45 Abs. 2 Satz 4 u. 5 ErbStR.
132 BFH BStBl. II 1994, 759; Verfassungsbeschwerde unbegründet: BVerfG ZEV 1997, 466.
133 Dazu *Jülicher*, ZEV 1995, 24; DStR 1998, 1977 – auch zu den einkommensteuerrechtlichen Konsequenzen eines vereinbarten Rückfalls.

Bundesministerium der Finanzen dies durch förmlichen Austausch entsprechender Erklärungen mit dem ausländischen Staat feststellt.

Erfolgt die Zuwendung an eine Person, die nicht unter § 13 Abs. 1 Nr. 16 ErbStG fällt, kann sie gleichwohl nach § 13 Abs. 1 Nr. 17 ErbStG steuerfrei sein, wenn sie ausschließlich zu **gemeinnützigen Zwecken** erfolgt, also kirchlichen, gemeinnützigen oder mildtätigen Zwecken gewidmet ist, sofern die Verwendung zu dem bestimmten Zweck gesichert ist. **Widmung** bedeutet, dass der Zuwendende rechtsverbindlich den entsprechenden Verwendungszweck festgelegt hat. Die Verwendung zu diesem Zweck ist als gesichert anzusehen, wenn sie durch eine öffentliche Dienststelle oder eine kirchliche Stelle – auch ausländische – erfolgt oder beaufsichtigt wird. In allen anderen Fällen wird i.d.R. ein entsprechender Einzelnachweis erforderlich sein. Der Anwendungsbereich des § 13 Abs. 1 Nr. 17 ErbStG ist nicht auf Zweckzuwendungen i.S.d. § 8 ErbStG beschränkt. Ausländische Empfänger sind nicht nur bei Gegenseitigkeit begünstigt.[134] Aber die Finanzverwaltung verlangt, dass die Zuwendung zur Bildung eines selbstständigen Zweckvermögens führt. Sie darf danach nicht in das zweckfreie Eigenvermögen der ausländischen Körperschaft gelangen.[135]

222

7. Freibetrag beim Zugewinnausgleich

Die pauschale Erhöhung der Erbquote um 1/4 nach § 1371 Abs. 1 BGB wird steuerlich nicht nachvollzogen. Nach § 5 Abs. 1 Satz 1 ErbStG bleibt nur der Betrag steuerfrei, der als **güterrechtliche Ausgleichsforderung** hätte geltend gemacht werden können. Er muss deshalb berechnet werden. Dabei gilt: Vereinbarungen, die von den §§ 1373–1383 und 1390 BGB abweichen, bleiben unberücksichtigt (§ 5 Abs. 1 Satz 2 ErbStG). Die Vermutung des § 1377 Abs. 3 BGB, wonach die Ehegatten jeweils ohne Anfangsvermögen in die Ehe gegangen sind, wenn sie nichts anderes vereinbaren, ist nicht anwendbar (§ 5 Abs. 1 Satz 3 ErbStG). Eine rückwirkende Vereinbarung der Zugewinngemeinschaft wird nicht akzeptiert (§ 5 Abs. 1 Satz 4 ErbStG). Nominelle Wertsteigerungen werden eliminiert, indem das Anfangsvermögen indexiert wird.

223

Diese Ausgleichsforderung beruht auf den **Verkehrswerten**. Erbschaftsteuerrechtlich wird auch das korrigiert (§ 5 Abs. 1 Satz 5 ErbStG). Dafür ist eine Verhältnisrechnung anzustellen:

224

- **Erster Schritt:** Für jeden Ehegatten wird das Anfangs- und das Endvermögen nach den zivilrechtlichen Grundsätzen ermittelt, also zu den Verkehrswerten, und durch Zu- und Abrechnungen nach den §§ 1374 ff. BGB korrigiert. Ergibt sich keine Ausgleichsforderung, hat die Sache ein Ende. Sonst geht es weiter.

- **Zweiter Schritt:** Der Wert des Endvermögens des verstorbenen Ehegatten wird erneut berechnet, diesmal nach den Steuerwerten. Dabei wird alles berücksichtigt, was im bürgerlichrechtlichen Endvermögen enthalten ist, auch wenn es nicht zum steuerpflichtigen Erwerb gehört, z.B. deshalb, weil es steuerbefreit ist.

- **Dritter Schritt:** Ist der Steuerwert des Endvermögens niedriger als der Verkehrswert, wird die Ausgleichsforderung im Verhältnis von Verkehrswert zu Steuerwert des Endvermögens aufgeteilt. Das ergibt den nach § 5 Abs. 1 ErbStG steuerfreien

---

134 BFH ZEV 1997, 80.
135 R 49 Abs. 2 ErbStR.

Betrag.[136] Diese Verhältnisrechnung wird auch durchgeführt, wenn der Steuerwert des Nachlasses negativ ist.[137]

225 Entgegen der Meinung der Finanzverwaltung kommt es nach dem Gesetzeswortlaut nicht auf den Wert des Endvermögens an, sondern auf den Wert des Nachlasses.[138] Deshalb müssen der Steuerwert und der Verkehrswert des Nachlasses in die Verhältnisrechnung eingehen.[139]

b) Güterrechtliche Lösung[140]

226 Alternativ kann der letztversterbende Ehegatte die Erbschaft ausschlagen, den güterrechtlichen **Zugewinnausgleich** verlangen und zusätzlich den **kleinen Pflichtteil**. Die Ausgleichsforderung, die sich im güterrechtlichen Ausgleich ergibt, ist immer und in voller Höhe nach § 5 Abs. 2 ErbStG steuerfrei. Nach Meinung der Finanzverwaltung[141] kann allerdings eine Schenkung vorliegen, wenn einem Ehegatten eine Ausgleichsforderung verschafft wird, die über das hinausgeht, was sich nach den §§ 1373–1383 und 1390 BGB ergeben hätte, und die Eheleute damit in erster Linie nicht güterrechtliche, sondern erbrechtliche Wirkungen herbeiführen wollen.

c) Qual der Wahl

227 Was günstiger ist, muss im Einzelfall berechnet werden.

> **Beispiel:**[142]
> Anton und Berta leben im gesetzlichen Güterstand. Sie haben ein Berliner Testament. Beide haben ein Anfangsvermögen von 0 €. Als Anton stirbt, hat sein Endvermögen einen Verkehrswert 2.000.000 €. Der Steuerwert beträgt 1.000.000 €. Bertas Endvermögen beträgt 600.000 €. Berta hat einen Ausgleichsanspruch von 1.400.000 €. Schlägt sie aus und macht diesen Anspruch geltend, bleibt sie damit steuerfrei. Behält sie die Erbschaft, ist ihr fiktiver Ausgleichsanspruch steuerfrei. Er wird aber nicht mit 1.400.000 € angesetzt, sondern nur im Verhältnis des Steuerwerts des Endvermögens zu seinem Verkehrswert, also nur zur Hälfte und deshalb mit 700.000 €.

d) Anrechnung von Zuwendungen

228 Werden Zuwendungen (Schenkungen) nach § 1380 BGB auf die Ausgleichsforderung angerechnet, wird das in den Fällen des § 5 Abs. 2 ErbStG über § 29 Abs. 1 Nr. 3 ErbStG neutralisiert, so dass die Besteuerung der Zuwendung rückgängig gemacht wird. Auch beim fiktiven Zugewinnausgleich nach § 5 Abs. 1 Satz 1 ErbStG lässt die Finanzverwaltung diese Korrektur zu.[143]

---

136 BFH BStBl. II 1993, 510.
137 BFH ZEV 1997, 36 m. Anm. *Meincke*.
138 FG München EFG 2001, 450.
139 BFH BStBl. II 1993, 510.
140 Dazu R 12 ErbStR.
141 R 12 Abs. 2 ErbStR.
142 Ein umfassendes Bsp. findet sich in H 11 Abs. 5 ErbStH.
143 H 11 Abs. 5 ErbStH.

e) Beendigung des Güterstandes

Ehegatten können den gesetzlichen Güterstand jederzeit beenden und den Zugewinn ausgleichen. Wie lange die Gütertrennung bestehen muss, ist derzeit offen. Möglicherweise ist die Beendigung und die unmittelbar anschließende Wiederherstellung der Zugewinngemeinschaft unschädlich.[144] Ein fliegender Ausgleich unter Beibehaltung des Güterstandes ist nicht befreit.[145]

VIII. Vergünstigungen für Betriebsvermögen

1. Allgemeines

Für Betriebsvermögen, für land- und forstwirtschaftliches Vermögen und für bestimmte Anteile an Kapitalgesellschaften gibt es nach § 13a ErbStG einen **sachlichen Freibetrag** von 225.000 €, einen **Bewertungsabschlag** von 35 Prozent auf den Restbetrag, nach § 16 ErbStG den persönlichen Freibetrag der einschlägigen Steuerklasse, und nach § 19a ErbStG für natürliche Personen unabhängig von Verwandtschaft oder Schwägerschaft grundsätzlich die Steuerklasse I.

2. Begünstigte Erwerbe

Begünstigt sind der **Erwerb von Todes wegen** und der Erwerb durch **Schenkung unter Lebenden** (§ 13a Abs. 1 Satz 1 Nr. 1 und 2 ErbStG). Der Freibetrag nach der Nr. 2 wird durch jede Zuwendung in voller Höhe verbraucht und steht nur alle zehn Jahre zur Verfügung (§ 13a Abs. 1 Satz 2 ErbStG).

Im Falle der **Vor- und Nacherbfolge** geht das Vermögen im Regelfall durch Erbanfall auf den Vorerben, und später bei dessen Tod auf den Nacherben über. Nach der Konzeption des § 6 ErbStG handelt es sich um zwei selbstständige Erwerbe von Todes wegen. Beide Erwerber können nach § 13a ErbStG entlastet werden, und zwar auch dann, wenn zwischen den beiden Erwerben ein Zeitabstand von weniger als zehn Jahren liegt. Tritt die Nacherbfolge nicht durch den Tod des Vorerben, sondern in anderer Weise ein, z.B. aufgrund einer **Wiederverheiratungsklausel**, gilt nach § 6 Abs. 3 Satz 1 ErbStG die Vorerbfolge als auflösend bedingter, und die Nacherbfolge als aufschiebend bedingter Anfall. Auch hier wird nach dem Standpunkt der Finanzverwaltung bei jedem der beiden Erwerber das begünstigte Vermögen nach § 13a ErbStG gekürzt. Der Vorteil einer zweifachen Entlastung wird dadurch begrenzt, dass die geminderte Steuer des Vorerben die Steueranrechnung beim Nacherben mindert.

Der Erwerb durch **Vermächtnis**, auch durch Vorausvermächtnis, ist begünstigt, wenn es sich um ein Sachvermächtnis handelt.[146] Ein Beispiel ist ein Bestimmungsvermächtnis, das bei der Unternehmensnachfolge in der Familie benutzt wird, um das Unternehmen weiterzugeben, wenn noch nicht feststeht, wer von den Kindern als Nachfolger geeignet ist.

---

144 FG Köln EFG 2002, 1258 (BFH II R 29/02).
145 FG Köln EFG 2002, 1254 (BFH II R 28/02); ebenso R 12 Abs. 3 ErbStR – a.A. *Hüttemann*, DB 1999, 248.
146 Zum Verschaffungsvermächtnis vgl. *Daragan (Wohlschlegel)* ZEV 1997, 107; ebenso *Meincke*, ErbStG, 14. Aufl., § 13a Rn. 7. A.A. R 55 Abs. 4 Satz 3 ErbStR; ebenso *Moench/Weinmann*, ErbStG, § 13a Rn. 46.

3. Begünstigtes Vermögen

234 Der **Gewerbebetrieb, Teilbetrieb** oder **Mitunternehmeranteil**, der übergeht, muss im **Inland** liegen (§ 13a Abs. 4 Nr. 1 und 2 ErbStG). Analog dazu muss der Anteil an einer unbeschränkt steuerpflichtigen Kapitalgesellschaft mit Sitz oder Geschäftsleitung im Inland erworben werden (§ 13a Abs. 4 Nr. 3 ErbStG). Der Ausschluss von Betriebsvermögen usw., das sich in einem EU-Staat befindet, verstößt gegen das vorrangige Gemeinschaftsrecht.

4. Betriebsvermögen

235 Begünstigt ist der Erwerb von Betriebsvermögen nur, wenn er durch Erwerb eines Betriebs, Teilbetriebs oder eines Mitunternehmeranteils (§§ 15 Abs. 1 Nr. 2, Abs. 3, 18 Abs. 4 EStG) oder des einem Mitunternehmeranteil weitgehend gleichkommenden Anteils des persönlich haftenden Gesellschafters einer KGaA erfolgt. Betriebsvermögen ist Vermögen, das einem Gewerbebetrieb (§ 95 BewG) oder der Ausübung eines freien Berufes (§ 96 BewG) dient. Was **Betriebsvermögen** ist, ergibt sich also in erster Linie aus dem **Ertragsteuerrecht**. Umfasst werden alle Wirtschaftsgüter, die bei der steuerlichen Gewinnermittlung zum Betriebsvermögen gehören, also alles, was notwendiges oder gewillkürtes Betriebsvermögen ist.[147] Zum Betriebsvermögen gehört bei Beteiligungen an Personengesellschaften nach § 97 Abs. 1 Nr. 5 Satz 2 und 3 BewG auch das Sonderbetriebsvermögen der Gesellschafter. Bei bestimmten Körperschaften, Personenvereinigungen und Vermögensmassen mit Geschäftsleitung oder Sitz im Inland bilden unabhängig von der ertragsteuerrechtlichen Beurteilung alle Wirtschaftsgüter einen Gewerbebetrieb, die diesen Gebilden gehören (§ 97 BewG).

236 **Einbringungsgeborene Anteile** an Kapitalgesellschaften (§ 21 UmwStG), die keine wesentlichen Beteiligungen sind,[148] und Nutzungsrechte an Betriebsvermögen[149] sind kein Betriebsvermögen. Die Zuwendung eines Nießbrauchs an einem Gewerbebetrieb oder an einem Mitunternehmeranteil ist daher keine Zuwendung von Betriebsvermögen.[150]

237 Betriebsvermögen, das durch **mittelbare Schenkung** zugewendet wird, ist begünstigt, wenn sich der Erwerber mit Geld am Betriebsvermögen des Schenkers beteiligt.[151] Nicht begünstigt soll aber die mittelbare Zuwendung von Betriebsvermögen eines Dritten sein.

238 Was erworben wird, muss beim Rechtsvorgänger Betriebsvermögen gewesen sein und beim Erwerber Betriebsvermögen bleiben.[152] Der Erwerber eines Mitunternehmeranteils muss Mitunternehmer werden, sonst erwirbt er kein Betriebsvermögen, sondern nicht begünstigtes Privatvermögen. Das wird vor allem wichtig und praktisch, wenn dem Erwerber eines Anteils an einer Personengesellschaft Beschränkungen auferlegt werden, die verhindern, dass er Mitunternehmer wird.

---

147 Vgl. dazu R 13 Abs. 1 Satz 1 und 3 EStR.
148 BFH, BFH/NV 2005, 785; *Moench/Weinmann* § 13a Rn. 17; Troll/Gebel/*Jülicher,* ErbStG, § 13a Rn. 137; a.A. *Kapp/Ebeling,* ErbStG, § 13a Rn. 187.
149 FinMin Baden-Württemberg DB 2000, 118.
150 *Moench/Weinmann,* ErbStG, § 13a Rn. 18. Der Nießbraucher kann aber mehr als ein Nutznießer sein, nämlich ein Mitunternehmer. Dann ist § 13a ErbStG einschlägig: *Piltz,* ZEV 1997, 61; *Troll/Gebel/Jülicher,* ErbStG, § 14 Rn. 149; a.A. *Moench/Weinmann,* ErbStG, § 13a Rn. 18.
151 BFH BFH/NV 2005, 975; R 56 Abs. 2 ErbStR.
152 H 51 Abs. 1 ErbStH.

5. Anteil an einer Kapitalgesellschaft

Der Erwerb eines Anteils an einer Kapitalgesellschaft ist begünstigt, wenn der Erblasser oder Schenker zu mehr als einem Viertel an der Kapitalgesellschaft beteiligt war. Der Anteil kann auch mittelbar geschenkt werden.[153] In welchem Umfang der Erwerber beteiligt oder der Anteil überragen wird, ist nicht von Bedeutung.

239

Es muss sich um eine **inländische Kapitalgesellschaft** handeln. Sie muss also zur Zeit der Steuerentstehung Sitz oder Geschäftsleitung im Inland haben. Nennkapital ist bei der GmbH die Summe des Nennwerts der Geschäftsanteile und bei der AG die Summe des Nennwerts der Aktien.

240

Der Zuwendende muss an der Kapitalgesellschaft unmittelbar beteiligt sein. Eine nur mittelbar über eine andere Kapitalgesellschaft oder über eine Personengesellschaft gehaltene Beteiligung bleibt ebenso außer Betracht wie eine atypische stille Beteiligung oder eine Unterbeteiligung.

241

Die Beteiligung von mehr als einem Viertel muss im Zeitpunkt des Beteiligungsübergangs bestehen. Es gilt hier eine strenge **Stichtagsbetrachtung**,[154] Haltefristen bestehen nicht, so dass es nicht darauf ankommt, wie lange der Schenker seinerseits an der Kapitalgesellschaft beteiligt war. Auch wenn der Umfang der übergehenden Beteiligung keine Bedeutung hat, kann dadurch die Beteiligung unwesentlich werden. Weitere Übertragungen sind dann nicht mehr begünstigt.

242

Soll eine wesentliche Beteiligung auf mehrere Nachfolger übergehen, muss das zeitgleich geschehen. Das bedeutet gleicher Zeitpunkt des Übergangs. Dann ist es nicht wichtig, ob sich alles in einer Urkunde abspielt oder in mehreren.[155] Aber alles zeitgleich in einer Urkunde wirkt sicherlich unverfänglicher.

243

6. Aufteilung des Freibetrags

Ob und in welchem Umfang und für wen der Freibetrag in Anspruch genommen wird, entscheidet der Zuwendende. Erwerben mehrere, kann er für einen Erwerb von Todes wegen den Freibetrag schriftlich aufteilen. Hat er keine Aufteilung vorgenommen, steht der Freibetrag, wenn nur Erben begünstigtes Vermögen erwerben, jedem Erben entsprechend seinem Erbteil zu und sonst den Erwerbern zu gleichen Teilen (§ 13a Abs. 1 Satz 1 Nr. 1 ErbStG). Bei einer Schenkung muss der Schenker dem **Finanzamt unwiderruflich erklären**, dass der Freibetrag für die Schenkung in Anspruch genommen wird. Dabei hat der Schenker, wenn zum selben Zeitpunkt mehrere Erwerber bedacht werden, den für jeden Bedachten maßgebenden Teil des Freibetrags zu bestimmen (§ 13a Abs. 1 Satz 1 Nr. 2 ErbStG). Das Recht des Schenkers, den Freibetrag in Anspruch zu nehmen, erlischt mit Bestandskraft des Schenkungsteuerbescheids, mit dem der Übergang des Betriebsvermögens besteuert wird. Es lebt nicht wieder auf, auch dann nicht, wenn es zu einer Zusammenrechnung mit einer weiteren Schenkung oder einem Erwerb von Todes wegen nach § 14 Abs. 1 Satz 1 ErbStG kommt, und steht daher insoweit auch den Erben des Schenkers nicht zu.[156]

244

---

153 BFH BFH/NV 2005, 975.
154 R 53 Abs. 1 Satz 1 ErbStR.
155 *Moench/Weinmann*, ErbStG, § 13a Rn. 38; *Jülicher*, ZEV 1996, 104.
156 BFH DStR 2005, 1003 m. Anm. *Schm*.[??]

7. Weitergabepflichten

245 Nach § 13a Abs. 3 ErbStG kann ein Erwerber den Freibetrag oder Freibetragsanteil und den Bewertungsabschlag nicht in Anspruch nehmen, soweit er dass begünstigte Vermögen aufgrund einer letztwilligen Verfügung des Erblassers oder einer rechtsgeschäftlichen Verfügung des Erblassers oder Schenkers auf einen Dritten überträgt. Der bei ihm entfallende Freibetrag oder Freibetragsanteil geht auf den Dritten über, bei mehreren Dritten zu gleichen Teilen. Der eine verliert also, der andere gewinnt.

8. Nachversteuerung

246 Verlangt wird außerdem, dass der Erwerber den Betrieb, den Mitunternehmeranteil oder den Anteil an der Kapitalgesellschaft mindestens **fünf Jahre lang** behält, § 13a Abs. 5 ErbStG. Dort findet sich ein umfangreicher Katalog von Maßnahmen und Ereignisse, die dazu führen, dass der Freibetrag und der Bewertungsabschlag rückwirkend wegfallen. Schädlich ist bspw., dass der erworbene Betrieb veräußert wird. Daher geht die Vergünstigung verloren, wenn ein Geldanspruch durch Übertragung begünstigten Vermögens erfüllt wird.[157]

9. Verzicht auf die Steuerbefreiung

247 Schulden und Lasten, die mit dem Erwerb eines nach § 13a ErbStG befreiten Anteils an einer Kapitalgesellschaft zusammenhängen, sind nur mit dem Betrag abzugsfähig, der dem Verhältnis des nach Anwendung des § 13a ErbStG anzusetzenden Werts dieses Vermögens zu dem Wert entspricht, der sich vor Anwendung des § 13a ErbStG ergibt. Der Erwerber kann nach § 13a Abs. 6 ErbStG auf die Befreiung verzichten, um die Schulden und Lasten vollständig abziehen zu können.

10. Tarifbegrenzung

248 Der Erwerb des begünstigten Vermögens wird weitgehend so besteuert, als ob der Erwerber der Steuerklasse I angehört. Steuertechnisch wird das Ergebnis erreicht, indem von der Erbschaft- oder Schenkungsteuer, die sich nach der tatsächlichen Steuerklasse ergibt, ein **Entlastungsbetrag** abgezogen wird (§ 19a Abs. 1 ErbStG). Zur **Ermittlung** des Entlastungsbetrags wird die Steuer zunächst nach der tatsächlichen Steuerklasse des Erwerbers berechnet und dann im Verhältnis des Wertes des Werts des begünstigten Vermögens nach Anwendung des § 13a ErbStG zum Wert des gesamten Vermögensanfalls aufgeteilt. Für den steuerpflichtigen Erwerb ist schließlich die Steuer nach der Steuerklasse I zu berechnen und gleichermaßen in dem genannten Verhältnis aufzuteilen. Der Entlastungsbetrag beträgt 88 Prozent des Unterschiedsbetrags zwischen der Steuer, die sich nach der tatsächlichen Steuerklasse und der Steuerklasse I für das begünstigte Vermögen ergibt (§ 19a Abs. 3, 4 Satz 1 ErbStG).

249 § 19a ErbStG ist unabhängig von § 13a ErbStG anwendbar. Auch er bezieht sich auf Erwerbe von Todes wegen und unter Lebenden. Aber er verlangt keinen Erwerb in vorweggenommener Erbfolge. Aber anders als § 13a ErbStG begünstigt § 19a ErbStG keine juristischen Personen, sondern nur **natürliche Personen**, die nicht ohnehin in der Steuerklasse I erwerben. Die **Tarifbegrenzung** erfolgt, indem ein Entlastungsbetrag von der Steuer abgezogen wird, die sich nach der tatsächlichen Steuerklasse ergibt.[158] Dadurch bleibt die Progressionswirkung des begünstigten Vermögens grund-

---

157 R 62 Abs. 2 Satz 2 ErbStR.
158 Wie er berechnet wird, ist in R 79 ErbStR eingehend dargestellt u. m. Bsp. erläutert.

sätzlich erhalten. Es erhöht also den Steuersatz für das nicht begünstigte sonstige Vermögen. Sonst wären Erwerber der Steuerklasse II und III besser dran als Erwerber der Steuerklasse I. § 19a ErbStG hat keine Auswirkungen auf den Freibetrag. Er folgt immer der nach § 15 ErbStG maßgebenden Steuerklasse.

11. Gestaltungsmöglichkeiten

Nicht begünstigtes Privatvermögen, vornehmlich **Immobilie**,[159] kann mit Hilfe einer gewerblich geprägten Personengesellschaft nach § 13a ErbStG begünstigt werden. Optimiert werden kann das **Einbringungsmodell**,[160] wenn Vermögen eingebracht wird, das ertragsteuerlich notwendiges Privatvermögen und bewertungsrechtlich dennoch Betriebsvermögen ist, weil es einer gewerblich geprägten Gesellschaft gehört. Bei aller Euphorie über die ersparte Erbschaft- und Schenkungsteuer dürfen mögliche Nachteile bei den Ertragsteuern nicht aus dem Blick geraten.[161]

250

Eine andere Optimierungsstrategie besteht darin, Betriebschulden zu privatisieren, also ein **seitenverkehrtes Zwei-Konten-Modell** zu praktizieren. Danach können Betriebsschulden in voller Höhe abgezogen werden, und nicht anteilig gekürzt um den Freibetrag und den Bewertungsabschlag des § 13a ErbStG.[162] Aber Vorsicht: Es muss sichergestellt sein, dass die Zinsen bei der Einkommensbesteuerung weiterhin abzugsfähig sind.

251

12. Erbschaftsteuerfonds

Der Wert des **Betriebsvermögens** ist **negativ**, wenn die Verbindlichkeiten die Vermögenswerte übersteigen. Das ist der Fall, wenn eine Mitunternehmerschaft ausschließlich Grundvermögen hat, das vollständig fremdfinanziert ist. Da der Grundstückswert zumeist unter dem Verkehrswert liegt, ergibt sich in der Vermögensaufstellung – anders als in der Steuerbilanz – ein Schuldenüberhang. Der negative Wert kann mit anderen Zuwendungen steuerfrei bis auf Null oder bis zum persönlichen Freibetrag aufgefüllt werden. Dieser Effekt wird bei gewerblich geprägten geschlossenen Grundstücksfonds genutzt.

252

IX. Bewertung

1. Bewertungsgegenstand

Steuerpflichtiger Erwerb ist die Bereicherung des Erwerbers, soweit sie steuerpflichtig ist (§ 10 Abs. 1 ErbStG). Sie wird auf volle 100 € abgerundet (§ 10 Abs. 1 Satz 4 ErbStG). Aber bewertet wird nicht die Bereicherung, sondern es werden die Einzelelemente bewertet, deren Saldo die Bereicherung ergibt, also die Zuwendung und die damit zusammenhängenden Verbindlichkeiten und Lasten.

253

---

159 Gewerbesteuerliche Nachteile sind wegen der erweiterten Kürzung nach § 9 Nr. 1 S. 2 GewStG bei der laufenden Besteuerung nicht zu befürchten. Zu einkommensteuerlichen Nachteilen vgl. *Weßling*, DStR 1997, 1381; *Stollenwerk*, GmbH-StB 1999, 312.
160 Dazu *Kowallik*, DStR 1999, 1834; *Daragan*, DStR 2000, 272.
161 Vgl. dazu *Ottersbach/Hansen*, DStR 1997, 1264; *Weßling*, DStR 1997, 1381; *Stollenwerk*, GmbHStB 1999, 312.
162 *Gebel*, DStR 1996, 1386, 1387.

2. Stichtagsprinzip

254 Bewertet wird jeder Erwerb auf den Zeitpunkt, an dem die Steuer entstanden ist (§ 11 ErbStG).[163] Nach den Verhältnissen am Stichtag wird auch über persönliche und sachliche[164] Steuerbefreiungen entschieden. Ereignisse, die erst nach dem Stichtag eintreten, bleiben unberücksichtigt. Sie können allenfalls und nur ausnahmsweise durch Billigkeitsmaßnahmen nach § 163 AO oder § 227 AO berücksichtigt werden.

> **Beispiel:**[165]
> Egon, viel versprechender Vorstandsvorsitzender einer viel versprechenden börsennotierten AG, verunglückt tödlich. Beerbt wird er von seiner Lebenspartnerin Leonore. Der Wert seiner Aktien an der AG beträgt am Todestag 20.000.000 €. Sein übriges Vermögen wird durch Verbindlichkeiten egalisiert. Als sein Tod bekannt wird, bricht der Kurs ein und die Aktien fallen auf 9.500.000 €. Leonore erhält einen Erbschaftsteuerbescheid über 8.200.000 €, da die Steuer in der Steuerklasse III zu 41 Prozent vom Wert der Aktien am Todestag berechnet wird. Denn der Kursverlust bleibt außer Betracht, die latente Ertragsteuerbelastung auch. Damit Leonore die Steuer bezahlen kann, muss sie die Aktien verkaufen. Sie fängt an zu rechnen: Der Verkauf ergibt einen Veräußerungsgewinn von 9.000.000 €, der nach den §§ 17, 3 Nr. 40c EStG zur Hälfte steuerpflichtig ist. Der kombinierte Steuersatz von ESt und SolZ beträgt rd. 50 Prozent, so dass sich eine Steuer von 2.250.000 € ergibt. Insgesamt sind also Steuern von 10.450.000 € zu zahlen. Da die Ausschlagungsfrist verstrichen ist, beantragt Leonore ein Nachlassinsolvenzverfahren und steht mit leeren Händen da.

255 Aber nicht immer steht am Stichtag schon alles fest. Manchmal muss eine künftige Entwicklung abgeschätzt werden.

> **Beispiel:**
> Der Kapitalwert von Nutzungen berechnet sich nach dem Jahreswert. Er muss geschätzt werden. Dabei können auch Umstände berücksichtigt werden, die erst nach dem Stichtag eintreten, vorausgesetzt, sie waren am Stichtag schon erkennbar.[166]

3. Bewertungsmethodik

a) Ohne Bewertung geht es nicht

256 Die Erbschaftsteuer und die Schenkungssteuer werden berechnet, indem die steuerpflichtige Bereicherung (§ 10 ErbStG) mit dem maßgebenden Steuersatz (§ 16 ErbStG) multipliziert wird. Zu diesem Zweck muss alles, das nicht schon Geld ist, bewertet werden, d. h. in Geld ausgedrückt und daher in Geld umgerechnet werden. Aber auch Forderungen, die auf Geld lauten (Kapitalforderungen) müssen bewertet werden. Denn ihr Wert ist davon abhängig, ob es sich um eine risikofreie oder eine risikobehaftete Forderung handelt.

---

163 Zu den Ausnahmen vgl. *Meincke*, ErbStG, 14. Aufl., § 11 Rn. 7.
164 R 41 Abs. 1 ErbStR.
165 Vgl. *Elser/Neininger*, DStR 2000, 1718.
166 R 113 Abs. 1 Satz 3 ErbStR.

> **Beispiel:**
> Anton hat Herbert 500.000 € ungesichert geliehen. Als Herbert insolvent wird und auf Hartz IV umsteigt, trifft Anton der Schlag, von dem er sich nicht mehr erholt. Berta, seine Witwe, beerbt ihn. Drei Wochen danach ruft Herbert sie freudestrahlend an, berichtet, er habe die Partie seines Lebens gemacht, und kündigt einen Scheck an. Aber alle Freude über den guten Ausgang ändert nichts daran, dass die Forderung am Todestag Antons wertlos war (§ 12 Abs. 1 ErbStG; § 12 Abs. 2 BewG).

b) Verweisung auf das BewG

In § 12 Abs. 1 ErbStG wird die Bewertungsfrage weitergereicht, indem auf die Vorschriften des Ersten Teils des BewG verwiesen wird, also auf die §§ 1–16 BewG. Danach werden die Wirtschaftsgüter regelmäßig mit dem **gemeinen Wert** bewertet (§ 9 BewG). Er wird durch den Preis bestimmt, der im gewöhnlichen Geschäftsverkehr nach der Beschaffenheit des Wirtschaftsgutes bei einer Veräußerung zu erzielen wäre. Das ist der Einzelveräußerungspreis.

257

c) Bewertung im ErbStG

Die Verweisung greift nicht, soweit in § 12 Abs. 2–6 ErbStG etwas anders bestimmt ist. Aber auch das ist nicht die reine Wahrheit, weil auch dort nicht alles, sondern nur Teile der Bewertung geregelt und ansonsten erneut weiter verwiesen wird:

258

- **Grundbesitz** (Grundvermögen und Betriebsgrundstücke) wird mit dem Grundbesitzwert zum Zeitpunkt der Entstehung der Steuer angesetzt (§ 12 Abs. 3 und Abs. 5 Satz 1 ErbStG; §§ 138 ff. BewG).
- **Anteile an nicht börsennotierten Kapitalgesellschaften**, deren Wert unter Berücksichtigung des Vermögens und der Ertragsaussichten zu schätzen ist, werden mit dem Wert des Vermögens angesetzt, der sich im Zeitpunkt der Entstehung der Steuer nach ertragsteuerlichen Grundsätzen ergibt, auch wenn sie zu einem Betriebsvermögen gehören, wobei ausländischer Grundbesitz und ausländisches Betriebsvermögen mit dem gemeinen Wert bewertet werden (§ 12 Abs. 2, Abs. 5 Satz 3 und Abs. 6 ErbStG).
- **Bodenschätze** werden, wenn überhaupt, mit ihrem ertragsteuerlichen Wert angesetzt (§ 12 Abs. 4 ErbStG).
- **Betriebsvermögen** wird mit den ertragsteuerlichen Werten angesetzt (§ 12 Abs. 4 ErbStG, § 109 BewG), soweit nicht andere Ausnahmen bestehen wie z.B. für Grundbesitz.
- **Ausländischer Grundbesitz und ausländisches Betriebsvermögen** werden nach § 31 BewG bewertet.

4. Erbfall

a) Vermögenswerte und Verbindlichkeiten

Der Erwerb besteht im Grundsatz aus dem Nettonachlass, also dem Saldo zwischen dem Vermögen des Erblassers (§ 1922 Abs. 1 BGB) und den Nachlassverbindlichkeiten (§ 1967 BGB). Erbschaftsteuerrechtlich gehören auch Forderungen und Verbindlichkeiten zwischen Erblasser und Erben, die zivilrechtlich durch Konfusion erlö-

259

schen, zum Erwerb (§ 10 Abs. 3 ErbStG). Das gilt aber nicht, wenn die Forderung des Erblassers mit seinem Tod und nicht erst durch Konfusion erlischt, wie das bei einer Leibrente der Fall ist.

260 Was abzugsfähig ist, ergibt sich aus § 10 Abs. 5 ErbStG. Die Verbindlichkeiten lassen sich einteilen in die aus dem Erbrecht bekannten Kategorien der **Erblasserschulden** (§ 10 Abs. 5 Nr. 1 ErbStG), **Erbfallschulden** (§ 10 Abs. 5 Nr. 2 ErbStG) und Nachlasserbenschulden, hier sonstige Nachlassverbindlichkeiten genannt[167] (§ 10 Abs. 5 Nr. 3 ErbStG).

261 Aber es gilt eine wichtige **Einschränkung**: Verbindlichkeiten sind nur abzugsfähig, wenn sie nicht nur rechtlich bestehen, sondern auch tatsächlich und wirtschaftlich eine Last darstellen.[168]

> **Beispiel:**
> Der Erblasser hat die Einkommensteuer mehrerer Jahre hinterzogen. Davon weiß das Finanzamt noch nichts. Die potentiellen Steuerschulden sind nicht abzugsfähig.[169]

b) Erblasserschulden

262 Vom Erblasser rühren solche Schulden her, die im Erbfall mindestens dem Grunde nach bestanden haben. Dann ist jede Schuld abzugsfähig (§ 10 Abs. 5 Nr. 1 ErbStG), auch eine Steuerschuld des Erblassers. Für den Abzug dem Grunde nach ist die Fälligkeit der Verbindlichkeit unerheblich. Sie wirkt sich aber auf die Höhe aus. Ist sie hinausgeschoben, muss die Verbindlichkeit abgezinst werden (§ 12 Abs. 1 und Abs. 3 BewG). Aufschiebend bedingte Verbindlichkeiten sind allerdings erst abzugsfähig, wenn die Bedingung eingetreten ist (§ 6 Abs. 1 BewG), und dann auch nur auf Antrag (§§ 5 Abs. 2, 6 Abs. 2 BewG).

263 Der **Unterhaltsanspruch** eines **geschiedenen Ehegatten** geht auf den Erben als Nachlassverbindlichkeit über (§ 1586b BGB). Er kann mit dem kapitalisierten Wert abgezogen werden.

264 Eine Verbindlichkeit aus dem **Zugewinnausgleich** wird mit dem Nennwert abgezogen. Das gilt auch dann, wenn sie einverständlich durch Übereignung eines Grundstücks erfüllt wird.[170]

c) Erbfallschulden

265 Die Verbindlichkeiten aus **Vermächtnissen, Auflagen** und geltend gemachten **Pflichtteilen**, sind nach § 10 Abs. 5 Nr. 2 ErbStG abzugsfähig. Solange der Pflichtteil nicht geltend gemacht wurde, kann der Erbe keine Verbindlichkeit abziehen; wird er nach Bestandskraft des Steuerbescheids geltend gemacht, ist der Bescheid nach § 175 Abs. 1 Nr. 2 AO zu ändern und der geltend gemachte Pflichtteilsanspruch abzuziehen.

---

167 *Meincke*, ErbStG, 14. Aufl., § 10 Rn. 42.
168 *Moench/Weinmann*, ErbStG, § 10 Rn. 46 m. Rechtsprechungsnachweisen.
169 BFH BFH/NV 1999, 1339.
170 BFH BStBl. III 1993, 368.

d) Sonstige Nachlassverbindlichkeiten

Bestattungskosten sind in voller Höhe abzugsfähig. Nur begrenzt abzugsfähig sind die Kosten für ein Grabdenkmal, nämlich nur, soweit sie angemessen sind, und die Kosten für die Grabpflege, nämlich nur, soweit sie üblich sind.[171]

266

Abzugsfähig sind auch die Kosten, die dem Erben unmittelbar im Zusammenhang mit der Abwicklung, Regelung und Verteilung des Nachlasses oder mit der Erlangung des Erwerbs entstehen (§ 10 Abs. 5 Nr. 3 Satz 1 ErbStG).[172] Dazu gehören die Kosten für die **Eröffnung des Testaments** oder einen **Erbschein**. Dazu rechnen die **Beratungskosten** für Rechtsanwälte und Steuerberater zur Feststellung des Nachlasses und seiner Aufteilung auf die Erben, auch die Kosten für die Erstellung der Erbschaftsteuererklärung.

267

Nicht abzugsfähig sind aber die Kosten für die Verwaltung des Nachlasses (§ 10 Abs. 5 Nr. 3 Satz 3 ErbStG).

268

Das Schicksal der Kosten einer **Testamentsvollstreckung** entscheidet sich danach, ob es sich um eine Abwicklungs- oder Auseinandersetzungsvollstreckung – Kosten abzugsfähig – oder um eine Verwaltungsvollstreckung[173] – Kosten nicht abzugsfähig – handelt.

269

Die nach § 10 Abs. 5 Nr. 3 ErbStG abzugsfähigen Kosten werden ohne Nachweis insgesamt bis zu 10.300 € abgezogen. Höhere Kosten können abgezogen werden, wenn sie nachgewiesen sind. Der Pauschbetrag steht den Erben insgesamt nur einmal zu. Hatte ein Erwerber Aufwendungen nur für seinen Erwerb, die nicht den Nachlass belasten, kann er sie neben dem Pauschbetrag abziehen[174] – bei Nachweis, versteht sich.

270

e) Abzugsbeschränkungen

Schulden und Lasten dürfen **nicht** abgezogen werden, soweit sie in wirtschaftlichem Zusammenhang mit **steuerfreien Vermögensgegenständen** stehen. Bleiben die Vermögensgegenstände nur teilweise frei, sind die Schulden und Lasten mit dem Betrag abzugsfähig, der dem steuerpflichtigen Teil entspricht (§ 10 Abs. 6 Satz 1 und 3 ErbStG).[175]

271

Schulden, die mit Hausrat oder beweglichen Sachen zusammenhängen, sind trotz der Befreiungen in § 13 Abs. 1 Nr. 1 ErbStG voll abzugsfähig.[176]

272

Der Abzug von Schulden und Lasten, die mit dem nach § 13a ErbStG befreiten Betriebsvermögen in wirtschaftlichem Zusammenhang stehen, ist in § 10 Abs. 6 Satz 4 und 5 ErbStG geregelt. Bei Betriebsvermögen sind die Schulden und Lasten bereits nach § 103 BewG voll abgezogen worden. Der Schuldenabzug nach § 10 Abs. 6 Satz 4 ErbStG steht daher nur auf dem Papier. Bei land- und forstwirtschaftlichem Vermögen und wesentlichen Beteiligungen an Kapitalgesellschaften kommt nur ein anteiliger

273

---

171 Abgezogen wird ihr Kapitalwert (§ 13 Abs. 2 BewG) – also Jahreswert mal 9,3 – *Moench/Weinmann*, ErbStG, § 10 Rn. 75; eingehend zu den Kosten der Grabpflege H 29 ErbStR.
172 Zu den Pflegeleistungen vgl. *Moench/Weinmann*, ErbStG, § 10 Rn. 85.
173 So vor allem bei einer langfristigen Testamentsvollstreckung: BFH BStBl. III 1966, 362.
174 R 30 Abs. 4 ErbStR.
175 Das gilt für Vermögensgegenstände, die nach einem DBA von der deutschen Steuer ausgenommen sind, soweit das DBA den Schuldenabzug nicht selbst regelt, dazu *Flick/Piltz*, Internationale Erbfall, Rn. 1416 ff.
176 R 31 Abs. 3 Satz 2 ErbStR.

Abzug in Frage. Um den vollen Abzug zu erreichen, muss der Erwerber auf die Steuerbefreiung verzichten, was nach § 13a Abs. 6 ErbStG möglich ist.[177]

5. Schenkungen

a) Analoge Anwendung des § 10 Abs. 5 ErbStG

274 Sie werden in § 10 ErbStG nicht erwähnt, abgesehen von dem falsch platzierten § 10 Abs. 1 Satz 3 ErbStG. Da es auch bei ihnen Erwerbskosten gibt, muss die Regelungslücke[178] über § 1 Abs. 2 ErbStG geschlossen werden. Dazu muss alles, was für einen Erwerb von Todes wegen gilt, bei Schenkungen entsprechend berücksichtigt werden.

b) Erwerbskosten

275 **Direkte Erwerbskosten**, also Gegenleistungen, sind aufgrund der Rspr. des BFH zur gemischten Schenkung und der Schenkung unter Leistungsauflage nur über die Verhältnisrechnung abzugsfähig. Nachdem aufgeteilt worden ist, gibt es nur noch einen von Verbindlichkeiten freien unentgeltlichen Anteil.

276 **Erwerbsnebenkosten**[179] für Notar, Grundbuch oder Handelsregister sind voll abzugsfähig, wenn es sich um eine reine Schenkung oder eine Schenkung unter Duldungsauflage handelt. Bei einer gemischten Schenkung oder einer Schenkung unter Leistungsauflage können sie nur anteilig berücksichtigt werden, nämlich nur insoweit, als sie auf den unentgeltlichen Teil entfallen. Kostenübernahme durch den Schenker bei einer reinen Schenkung und einer Schenkung unter Duldungsauflage ist eine zusätzliche Schenkung. In gleicher Höhe ist der Beschenkte entreichert. Es bleibt daher beim Steuerwert. Kosten für die Erstellung der **Schenkungsteuererklärung** sind voll abzugsfähig.

6. Zweckzuwendungen

277 Bei ihnen besteht der Erwerb in der Verpflichtung des Beschwerten (§ 10 Abs. 1 Satz 4 ErbStG). Das ist der Wert des Vermögens, mit dem der Beschwerte den Zweck erfüllen soll.[180]

7. Bewertung einzelner Vermögensgegenstände

a) Wertpapiere, börsennotierte Anteile an Kapitalgesellschaften

278 Sie sind mit dem **Kurswert** oder mit dem gemeinen Wert anzusetzen (§ 11 BewG). Wertpapiere und Schuldbuchforderungen, die am Stichtag an einer deutschen Börse zum amtlichen Handel zugelassen sind, werden nach § 11 Abs. 1 BewG mit dem niedrigsten am Stichtag (§ 9 ErbStG) für sie im amtlichen Handel notiertem Kurs[181] angesetzt.

---

177 Zu den Einzelheiten vgl. R 31 Abs. 4, R 51 ff. ErbStR.
178 *Meincke*, ErbStG, 14. Aufl., § 10 Rn. 18.
179 Dazu eingehend *Moench*, ErbStG, § 7 Rn. 58.
180 *Moench/Weinmann*, ErbStG, § 10 Rn. 29.
181 BFH BStBl. II 1990, 490.

> **Praxishinweis:**
> Da es verschiedene Börsen, aber keine Einheitskurse gibt, lohnt sich in der Praxis eine Anfrage bei der Hausbank nach dem niedrigsten Kurs; wenn sie ihn nicht kennt, sollte man bei den verschiedenen Börsen nachgefragt werden. Gibt es keine Notierung, so ist der letzte innerhalb von 30 Tagen vorher im amtlichen Handel notierte Kurs maßgebend.

Der Kurs ist als gemeiner Wert anzusehen. Deshalb bleiben ungewöhnliche oder persönliche Verhältnisse außer Betracht (§ 9 Abs. 2 Satz 3 BewG). In gleicher Weise sind diese Papiere zu bewerten, wenn sie zum geregelten Markt zugelassen oder in den geregelten Freiverkehr einbezogen sind (§ 11 Abs. 1 Satz 3 BewG).

b) Nicht notierte Anteile an Kapitalgesellschaften

Anteile an Kapitalgesellschaften, die nicht unter § 11 Abs. 1 BewG fallen, also nicht notierte Aktien und alle **GmbH-Geschäftsanteile**, sind nach § 11 Abs. 2 BewG mit dem gemeinen Wert anzusetzen. Er muss in erster Linie aus Verkäufen abgeleitet werden, die weniger als ein Jahr zurückliegen, vom Stichtag des § 11 ErbStG aus gerechnet, und im gewöhnlichen Geschäftsverkehr erzielt worden sein. Käufe, die erst nach dem Stichtag zustande gekommen sind, bleiben demnach außer Betracht. Haben sich Verkäufer und Käufer aber vor dem Stichtag über den Preis geeinigt, indem sie einen Preisrahmen vereinbart haben, wird der Verkauf als vor dem Stichtag zustande gekommen behandelt. Denn danach wird der zuvor vereinbarte Kaufpreis nur noch dokumentiert.[182] Der gemeine Wert kann auch aus einem einzigen Verkauf abgeleitet werden, wenn nicht nur ein Zwerganteil verkauft wurde.[183]

279

Da es auf die **Preisbildung** im gewöhnlichen Geschäftsverkehr ankommt (§ 9 Abs. 2 BewG), können Preise nicht berücksichtigt werden, bei denen ungewöhnliche Umstände vorliegen. Das kann bei Familiengesellschaften und Veräußerungen in der Familie der Fall sein.[184] Gesellschaftsvertragliche Veräußerungs- und Vererbungsbeschränkungen bleiben außer Betracht.[185]

280

Ist der gemeine Wert von Anteilen, die einem Inhaber gehören, infolge besonderer Umstände höher als der Wert, der sich nach dem Kurswert oder dem aus Verkäufen abgeleiteten gemeinen Wert ergibt, so ist nach § 11 Abs. 3 BewG der gemeine Wert der Beteiligung maßgebend. Dieser sog. **Paketzuschlag** kommt dann in Betracht, wenn jemand mehr als 25 Prozent der Anteile besitzt.[186]

281

Wenn sich der gemeine Wert der Anteile nicht aus Verkäufen ermitteln lässt, muss er unter Berücksichtigung des Vermögens und der Ertragsaussichten der Gesellschaft geschätzt werden (§ 11 Abs. 2 Satz 2 BewG). Das geschieht mit Hilfe des **Stuttgarter Verfahrens**, das in den ErbStR eingehend dargestellt ist.[187] Deshalb soll es hier mit einem Hinweis und einer Kurzdarstellung der Regelbewertung sein Bewenden haben.

282

---

182 BFH BStBl. II 1989, 80.
183 Nach BFH BStBl. II 1986, 591 ist eine Beteiligung von 25 Prozent kein Zwerganteil.
184 Vgl. dazu BFH BStBl. II 1981, 353.
185 BFH BStBl. II 1994, 503.
186 R 95 Abs. 6, R 101 Abs. 7 ErbStR.
187 R 96 ff. ErbStR. Ergänzend FinMin Baden-Württemberg GmbHR 1999, 1114.

aa) Vermögenswert

283 Zunächst wird der Vermögenswert ermittelt. Zu diesem Zweck wird der Wert des Vermögens (Aktiva und Passiva) der **Steuerbilanz** entnommen, wobei die Wertansätze ggf. nach den Bewertungsregeln des § 12 Abs. 2, Abs. 5 und Abs. 6 ErbStG korrigiert werden müssen. Außerdem sterben die Leute üblicherweise nicht an dem Tag, auf den die Steuerbilanz erstellt wird (**Bilanzstichtag**), so dass die Dinge bis zu dem erbschaftsteuerrechtlich relevanten Stichtag – Entstehung der Steuer (§ 12 Abs. 2 ErbStG) – fortgeschrieben werden müssen. Das Ergebnis wird auf das Grund- oder Stammkapital der Gesellschaft bezogen und in einem Prozentsatz ausgedrückt. Das ergibt den Vermögenswert.

bb) Ertragshundertsatz

284 Dann wird der Ertragshundertsatz berechnet. Dafür kommt es auf den voraussichtlichen **künftigen Jahresertrag** an. Er wird aus dem zu versteuernden Einkommen der letzten drei vor dem Besteuerungszeitpunkt abgelaufenen Wirtschaftsjahre hergeleitet. Für jedes dieser Jahre wird das zu versteuernde Einkommen der Gesellschaft um bestimmte Beträge korrigiert, darunter die Körperschaftsteuer, die das Einkommen nicht beeinflusst hat. Diese Berechnung wird für die letzten drei Jahre vor dem Stichtag angestellt; daraus wird ein gewichteter Durchschnittsertrag berechnet. Er wird auf das Grund- oder Stammkapital bezogen und ergibt den in einem Prozentsatz ausgedrückten Ertragshundertsatz.

cc) Gemeiner Wert

285 Und schließlich wird der gemeine Wert (gW) der Anteile mit 68 Prozent der Summe von Vermögenswert (V) und fünffachem Ertragshundertsatz (E) berechnet. Oder als

Formel: gW = 0,68 (V + 5 × E).

> **Beispiel:**
> Die Anton Muster GmbH hat ein Stammkapital von 100.000 €. Ihr Vermögen beträgt 300.000 €, ihr Jahresertrag 50.000 €. Das ergibt einen Vermögenswert von 300 Prozent und einen Ertragshundertsatz von 50 Prozent. Der gemeine Wert beträgt 0,68·(300 + 5·50) = 374 Prozent. Der Wert aller Anteile beträgt daher 374.000 €.

c) Kapitalforderungen, Kapitalschulden

286 Kapitalforderungen sind Forderungen, die auf Zahlung von Geld gerichtet sind und nicht unter § 11 BewG fallen. Dazu gehören auch die **typische stille Beteiligung**, d.h. die Einlage eines stillen Gesellschafters i.S.d. §§ 230 ff. HGB,[188] und ein partiarisches Darlehen.

287 **Kapitalforderungen** und **Kapitalschulden** werden regelmäßig mit ihrem **Nennwert** angesetzt (§ 12 Abs. 1 BewG). Das ist der Betrag, den der Schuldner bei Fälligkeit zu zahlen hat. Aber der Nennwert zählt nur, wenn keine Umstände existieren, die einen höheren oder geringeren Wert begründen. Dann gilt:[189] Der Wert zweifelhafter Forderungen ist nach dem Ausfallrisiko zu schätzen.[190] Uneinbringliche Forderungen werden weggelassen (§ 12 Abs. 2 BewG). Bei niedrig verzinslichen Forderungen wird der

---

[188] Dazu R 112 ErbStR.
[189] Genaueres ergibt sich aus den gleich lautenden Erlassen v. 15.9.1997, BStBl. I 1997, 832.
[190] BFH BFH/NV 1993, 354; BFH BStBl. II 1994, 36; FG Hamburg EFG 1994, 737.

Nennwert um den Kapitalwert des jährlichen Zinsverlustes gekürzt[191] und bei hochverzinslichen Forderungen um den Kapitalwert des jährlichen Zinsgewinns erhöht, sofern der Zinsverlust oder der Zinsgewinn nicht durch andere wirtschaftliche Vorteile ausgeglichen wird.[192] Der Wert **unverzinslicher Forderungen** mit einer Restlaufzeit von mehr als einem Jahr und bestimmter Fälligkeit wird um Zwischenzinsen zu 5,5 Prozent gekürzt (§ 12 Abs. 3 BewG).

d) Sachleistungsansprüche und Sachleistungsverpflichtungen

Sachleistungsansprüche haben eine Sache, ein Recht, das **keine Geldforderung** (Kapitalforderung) oder ein anderes Wirtschaftsgut, z.B. nicht geschütztes Know-how, zum Gegenstand.

288

Zweiseitige Sachleistungsansprüche und Sachleistungsverpflichtungen ergeben sich aus gegenseitigen Verträgen, vornehmlich Kaufverträgen. Sie werden mit dem gemeinen Wert angesetzt, vorausgesetzt, sie werden überhaupt angesetzt. Denn Ansprüche und Verbindlichkeiten aus schwebenden Geschäften bleiben außer Betracht, solange sie gleichwertig sind. Meistens kommt ein Ansatz nur dann in Betracht, wenn der Käufer vorgeleistet hat.

289

Einseitige Sachleistungsansprüche und Sachleistungsverpflichtungen beruhen auf einem Rechtsgrund, der kein gegenseitiger Vertrag ist, z.B. auf einem Vermächtnis. Sie sind mit dem Steuerwert des Leistungsgegenstandes anzusetzen,[193] bei Grundstücken also mit dem Grundstückswert der §§ 138 ff. BewG.

290

e) Nutzungen und Leistungen

aa) Kapitalwert

Der Kapitalwert wiederkehrender oder lebenslänglicher Nutzungen und Leistungen wird berechnet, indem der Jahreswert (§ 15 BewG) mit einem Vervielfältiger multipliziert wird, der von der Laufzeit abhängt (§§ 13, 14 BewG).

291

Nutzungen sind wiederkehrende geldwerte Vorteile. Sie fließen aufgrund eines einheitlichen Rechts aus einem Vermögen zu, das dem Nutzungsberechtigten nicht gehört und auch nicht zuzurechnen ist.

292

Beispiel:
Anton hat Berta einen Nießbrauch an einem Geschäftshaus bestellt. Die Mieteinnahmen, die Berta bezieht, sind Nutzungen.

Leistung ist alles, was der Gläubiger vom Schuldner aus einem Schuldverhältnis fordern kann, das kein Nutzungsrecht ist.

293

---

191 BFH BStBl. II 1981, 247.
192 S. dazu BFH BStBl. II 1980, 595; BFH BStBl. II 1982, 639.
193 BStBl. II 2004, 1039; ZEV 2004, 474 m. Anm. *Crezelius*. Bislang hat der BFH in std. Rspr. (u.a. BStBl. II 1996, 97; BStBl. II 2000, 588, 590) die Auffassung vertreten, dass der Sachleistungsanspruch aus einem Grundstücksvermächtnis m. dem Grundstückswert zu bewerten ist. *Viskorf*, ein Mitglied des II. Senats, hat sich in einer Urteilsanm. (FR 2004, 1337) für eine Änderung der Rspr. ausgesprochen. Zu gestalterischen Gegenmaßnahmen vgl. *Daragan*, ZErb 2005, 40.

> **Beispiel:**
> Anton zahlt seiner Nichte Nina eine Unterhaltsrente, bis sie ihr Jurastudium abgeschlossen hat.

294 Die §§ 13 und 14 BewG unterscheiden vier Laufzeiten:[194]

- **Bestimmte Zeit** (§ 13 Abs. 1 BewG): Das Ende ist nach dem Kalender bestimmt, steht also von vornherein fest.
- **Unbestimmte Zeit** (§ 13 Abs. 2 2. Fall BewG): Das Ende steht nicht kalendermäßig fest. Es hängt von einem Ereignis ab, das in absehbarer Zeit sicher eintritt. Offen ist nur, wann.
- **Immerwährende** Nutzungen oder Leistungen (§ 13 Abs. 2 1. Fall BewG): Ihr Ende hängt von einem Ereignis ab, von dem nicht sicher ist, ob und wann es eintritt.
- **Lebenslängliche** Nutzungen und Leistungen (§ 14 BewG): Sie enden, wenn der Berechtigte stirbt.

295 Ist der gemeine Wert wiederkehrender Nutzungen und Leistungen nachweislich höher, wird er zugrunde gelegt (§ 13 Abs. 4 BewG). Stellt sich nachträglich heraus, dass statistische und tatsächliche Laufzeit von einander abweichen, wird der Steuerbescheid unter bestimmten Voraussetzungen korrigiert (§ 14 Abs. 2 BewG).

bb) Jahreswert

296 Der Jahreswert der Nutzung einer **Geldsumme** wird im Allgemeinen mit **5,5 Prozent** berechnet (§ 15 Abs. 1 BewG). Nutzungen und Leistungen, die nicht in Geld bestehen, werden mit den ortsüblichen Mittelpreisen angesetzt (§ 15 Abs. 2 BewG). Nutzungen und Leistungen, die ungewiss sind oder schwanken, haben den Jahreswert, der in Zukunft im Durchschnitt der Jahre voraussichtlich erzielt wird (§ 15 Abs. 3 BewG).

297 Der Jahreswert der Nutzung eines **Wirtschaftsguts** kann höchstens **1/18,6 des Steuerwerts** betragen (§ 16 BewG). Die Begrenzung kommt nur zum Tragen, wenn sich der Anspruch des Nutzungsberechtigten auf die Erträge des Wirtschaftsgutes beschränkt. Er darf also nicht unabhängig davon bestehen, ob das Wirtschaftsgut den erwarteten Nutzen bringt oder auch gar keinen.[195]

> **Beispiel:**
> Es wird ein Gewinnbezugsrecht eingeräumt, das 70 Prozent des näher definierten Gewinns beträgt, mindestens aber 80.000 € pro Jahr.

f) Grundbesitz

aa) Bedarfsbewertung statt Einheitsbewertung

298 Seit dem 1.1.1996[196] werden die nach wie vor festgestellten Einheitswerte des Grundbesitzes nicht mehr angewendet. Statt dessen werden von Fall zu Fall neue Werte festgestellt, nämlich die **Grundstückswerte** für das Grundvermögen und die Betriebsgrundstücke, die losgelöst vom Betrieb Grundvermögen wären, sowie die **Grundbesitzwerte** für land- und forstwirtschaftliches Vermögen und Betriebsgrundstücke, die

---

194 Dazu *Gürsching/Stenger*, BewG, § 13 Rn. 3 ff.
195 BFH BFH/NV 1995, 342.
196 Anlass dazu hat das BVerfG m. einer Entscheidung (BStBl. II 1995, 671) gegeben.

losgelöst vom Betrieb land- und forstwirtschaftliches Vermögen wären. Diese Werte gelten für die Erbschaftsteuer und die Schenkungsteuer.[197] Sie werden nicht fortlaufend, sondern nur bei Bedarf von der Bewertungsstelle des Lagefinanzamts gesondert festgestellt (§ 138 Abs. 5 BewG). Deshalb spricht man von **Bedarfsbewertung**.

Maßgebend sind die tatsächlichen Verhältnisse zum Besteuerungszeitpunkt und – bis zum 31.12.2006 die Wertverhältnisse zum 1.1.1996 (§ 138 Abs. 1, Abs. 4 BewG). Materiell wirkt sich das im Wesentlichen nur bei unbebauten Grundstücken aus, bei der Bewertung von bebauten Grundstücken nur ausnahmsweise.

bb) Land- und forstwirtschaftliche Grundbesitzwerte[198]

Der Betrieb der Land- und Forstwirtschaft umfasst den Betriebsteil, die Betriebswohnungen und den Wohnteil (§ 141 BewG). Der **Betriebsteil** deckt sich mit dem Wirtschaftsteil (§ 34 Abs. 2 BewG), aber abzüglich Betriebswohnungen. Sein Wert, Betriebswert genannt, wird nach § 142 BewG ermittelt. Der **Wohnteil** umfasst die Gebäude und Gebäudeteile i.S.d. § 34 Abs. 3 BewG, z.B. die Wohnung des Landwirts selbst, und den dazugehörigen Grund und Boden. Der Wert der Betriebswohnungen und des Wohnteils wird wie bei anderen bebauten Grundstücken auch nach den §§ 146–150 BewG ermittelt (§ 143 BewG). Betriebswert, Wert der Betriebswohnungen und Wert des Wohnteils ergeben zusammen den land- und forstwirtschaftlichen Grundbesitzwert (§ 144 BewG).

cc) Grundstückswert für Grundvermögen und Betriebsgrundstücke[199]

Der Grundbesitzwert umfasst den Grund und Boden, die Gebäude, die wesentlichen Bestandteile wie z.B. Außenanlagen und das Zubehör. Betriebsvorrichtungen (§ 68 Abs. 2 Nr. 2 BewG) gehören nicht dazu. Sie sind also neben dem Grundstück gesondert zu erfassen. Maßgebend ist im Allgemeinen ihr **Steuerbilanzwert**.

Bei den Grundstücken wird unterschieden zwischen unbebauten und bebauten Grundstücken.

Unbebaute Grundstücke sind alle Grundstücke, auf denen sich keine benutzbaren Gebäude oder Gebäude im Bau sowie Gebäude, die keiner oder nur einer unbedeutenden Nutzung zugänglich sind, befinden (§ 145 Abs. 1 und Abs. 2 BewG). Ihr Wert beträgt nach § 145 Abs. 3 BewG 80 Prozent des **Bodenrichtwerts**.[200] Der Steuerpflichtige darf nachweisen, dass der gemeine Wert niedriger ist (§ 145 Abs. 3 Satz 3 BewG). Bodenrichtwerte werden von den Gutachterausschüssen ermittelt und in Bodenrichtwertkarten ausgewiesen. Sie entsprechen dem aktuellen örtlichen Verkehrswertniveau, da sie aus tatsächlichen Verkäufen abgeleitet werden (vgl. § 196 BauGB).

Alle anderen Grundstücke sind bebaute Grundstücke (§ 146 Abs. 1 BewG). Sie werden in einem **vereinfachten Ertragswertverfahren** bewertet.

Im Normalfall wird der Wert eines bebauten Grundstücks mit der **12,5-fachen Jahresmiete** abzüglich Wertminderung berechnet (§ 146 Abs. 2–4 BewG). Maßgebend ist die Jahresmiete (Nettokaltmiete), die im Durchschnitt der letzten drei Jahre vor dem Besteuerungszeitpunkt tatsächlich erzielt wurde (§ 146 Abs. 1 Satz 1 BewG). Der Dreijahreszeitraum ist genau vom Besteuerungszeitpunkt zurückzurechnen. Es wird

---

197 *Daragan (Wohlschlegel)*, DStR 1997, 486; a.A. *Grube/Kloyer*, DStR 1997, 228.
198 Dazu eingehend R 125 ff. ErbStR.
199 Dazu eingehend R 158 ff. ErbStR.
200 Zu Anpassungen an die Verhältnisse des individuellen Grundstücks vgl. R 160 ff. ErbStR.

also nicht auf Kalenderjahre abgestellt. Ein kürzerer Zeitraum ist zugrunde zu legen, wenn das Grundstück vor dem Besteuerungszeitraum noch keine drei Jahre vermietet war (§ 146 Abs. 2 Satz 4 BewG). Für **ungenutzte Grundstücke** und Grundstücke, die **unentgeltlich überlassen** sind, wird die übliche Miete genommen. Sie ist auch maßgebend für Grundstücke, die ganz oder teilweise vom Eigentümer oder seiner Familie selbst genutzt werden, an Angehörige (§ 15 AO) oder an Arbeitnehmer des Eigentümers vermietet sind (§ 146 Abs. 3 BewG). Es handelt sich um die Miete, die für nach Art, Lage, Größe, Ausstattung und Alter vergleichbare, nicht preisgebundene Grundstücke, von fremden Mietern bezahlt wird, ebenfalls eine Nettokaltmiete (§ 146 Abs. 3 BewG).

305 Die **Wertminderung wegen Alters** des Gebäudes beträgt für jedes Jahr, das seit der Bezugsfertigkeit des Gebäudes bis zum Besteuerungszeitpunkt beendet worden ist, 0,5 Prozent, höchstens jedoch 25 Prozent des Grundstückswerts (§ 146 Abs. 4 Satz 1 BewG).

306 Ein- und Zweifamilienhäuser werden zunächst wie jedes andere bebaute Grundstück bewertet. Dann wird der Wert um einen Zuschlag von 20 Prozent erhöht (§ 146 Abs. 5 BewG). Das geschieht aber nur, wenn das Grundstück im Besteuerungszeitpunkt ausschließlich Wohnzwecken dient. Wird eine Wohnung in einem Zweifamilienhaus oder ein Teil eines Einfamilienhauses zu beruflichen oder gewerblichen Zwecken genutzt, bleibt es bei der Regelbewertung.

307 Der niedrigere gemeine Wert kann auch bei bebauten Grundstücken nachgewiesen werden (§ 146 Abs. 7 BewG).

dd) Wohnungseigentum und Teileigentum

308 Es gelten die allg. Regeln zur Bewertung bebauter Grundstücke entsprechend (§ 146 Abs. 8 BewG). Hier unterbleibt aber der Zuschlag von 20 Prozent.

ee) Sonderbewertungen

(1) Keine übliche Miete

309 Für die Grundstücke, für die eine übliche Miete nicht ermittelt werden kann, weil es sie nicht gibt, wie bspw. für Kühlhäuser, ist eine **Sonderbewertung** vorgesehen. Hier entspricht der Wert der Summe aus dem Bodenwert, der mit 70 Prozent des Bodenrichtwerts mal Fläche ermittelt wird, und aus dem Steuerwert der Gebäude (§ 147 BewG). Der Wert der Gebäude ist zum Zeitpunkt der Besteuerung nach den ertragsteuerlichen Bewertungsvorschriften zu ermitteln. Das führt zu dem seltsamen Ergebnis, dass ein bis auf den Erinnerungswert abgeschriebenes Gebäude in die Wertermittlung mit 1 € eingeht, gleichgültig, wie hoch sein Wert tatsächlich ist. Der Gesamtwert ist verbindlich und kann nicht korrigiert werden. Ein niedrigerer gemeiner Wert darf hier nicht nachgewiesen werden. Das liegt wahrscheinlich weniger an einer Gesetzeslücke als daran, dass es diesen Wert faktisch nie geben kann.

(2) Weitere Sonderfälle

310 Besondere Regeln gelten für ein **Erbbaurecht**, das nach den für bebaute Grundstücke geltenden Grundsätzen bewertet und um den Wert des belasteten Grundstücks gemindert wird, wobei es auf den nach den vertraglichen Bestimmungen zu zahlenden jährlichen Erbbauzins ankommt (§ 148 Abs. 1 BewG),[201] für ein **Gebäude auf frem-**

---

[201] Das belastete Grundstück wird nach § 148 BewG m. dem 18,6-fachen des nach den vertraglichen Bestimmungen im Besteuerungszeitpunkt zu zahlenden jährlichen Erbbauzinses bewertet.

dem **Grund und Boden**, das nach den Regeln über das Erbbaurecht bewertet wird, allerdings auf der Grundlage der vereinbarten Jahresmiete (§ 148 Abs. 2 BewG), und für Grundstücke im Zustand der Bebauung[202] (§ 149 BewG). Auch in diesen Fällen kann ein niedrigerer gemeiner Wert nachgewiesen werden.[203] Die Finanzverwaltung hat sich dieser Rspr. angeschlossen.[204]

(3) Betriebsvermögen

Was zum Betriebsvermögen gehört,[205] ist in den entsprechend anzuwendenden §§ 95–99, 103 und 104 BewG bestimmt. Der Wert des Betriebsvermögens ergibt sich als Saldo zwischen der Summe der Werte aller aktiven Wirtschaftsgüter und Ansätze (Rohbetriebsvermögen) und der Summe der Schulden und sonstigen Abzüge (§ 103 BewG). Die §§ 4–8 BewG sind nicht anzuwenden (§ 98a BewG). Im Ergebnis bedeutet das weitgehende Bestands- und Wertidentität zwischen Steuerbilanz und Vermögensaufstellung.

311

Ausnahmen bestehen auch für **Wertpapiere, Anteile und Genussscheine von Kapitalgesellschaften**, die vorbehaltlich des § 12 Abs. 2 ErbStG mit dem nach § 11 oder § 12 BewG ermittelten Wert anzusetzen sind und für Betriebsgrundstücke, für die der Grundbesitzwert nach § 12 Abs. 3 ErbStG maßgebend ist.

312

Zu einer Divergenz zwischen Steuerbilanz und Vermögensaufstellung kommt es auch, wenn ein Wirtschaftsgut **ertragsteuerrechtlich notwendiges Privatvermögen** ist, also in die Steuerbilanz nicht aufgenommen werden darf, das Wirtschaftsgut aber einer Körperschaft, Personenvereinigung oder Vermögensmasse – darin eingeschlossen gewerblich geprägte Gesellschaften – i.S.d. § 97 BewG gehören,[206] und deshalb bewertungsrechtlich Betriebsvermögen ist, das in die Vermögensaufstellung eingeht.

313

Beispiel:
Der Muster GmbH & Co. KG gehört eine Villa, die der beherrschende Gesellschafter Anton mit seiner Familie bewohnt. Ertragsteuerrechtlich ist die Villa kein Betriebsvermögen, sondern notwendiges Privatvermögen. Sie gehört in die Handelsbilanz der KG, aber nicht in die Steuerbilanz. Schenkt Anton seinen Kommanditanteil an seinen Sohn Christian, gehört die Villa zu dem nach § 13a ErbStG begünstigten Vermögen, da sie bewertungsrechtlich Betriebsvermögen der KG ist und daher in die Vermögensaufstellung aufgenommen wird.

Ausnahmen bestehen ferner für **Forderungen und Schulden** zwischen einer Mitunternehmerschaft und einem Mitunternehmer, die wegen § 97 Abs. 1 Nr. 5 Satz 3 BewG nicht anzusetzen sind, soweit es sich nicht um Forderungen und Schulden aus dem regelmäßigen Geschäftsverkehr zwischen der Gesellschaft und dem Gesellschafter oder aus der kurzfristigen Überlassung von Geldbeträgen an die Gesellschaft oder einen der Gesellschafter handelt.

314

Für Betriebsgrundstücke gilt nach § 99 Abs. 2 BewG eine weitere Besonderheit. Sie gehören entweder ganz oder gar nicht zum Betriebsvermögen. Entscheidend ist, ob die betriebliche oder die nicht betriebliche Nutzung überwiegt. In § 26 BewG ist be-

315

---

202 Grundstücke im Zustand der Erbauung sind nach den allg. Regeln zu bewerten.
203 BFH BStBl. II 2004, 1036; BStBl. II 2004, 1039; BStBl. II 2004, 1041.
204 Gleich lautende Ländererlasse: BStBl. I 2004, 1194.
205 Die Zuordnung zum Betriebsvermögen hat erbschaftsteuerlich insb. Bedeutung für die Vergünstigungen der §§ 13a, 19a ErbStG.
206 Dazu *Daragan*, DStR 2000, 272.

stimmt, dass Grundstücke, die Eheleuten gehören, trotz des Vorhandenseins zweier Eigentümer eine wirtschaftliche Einheit darstellen können. Ob das auch für § 99 Abs. 2 BewG gilt, ist umstritten.[207]

316 **Schulden**, die nach § 95 Abs. 1 BewG zum Betriebsvermögen gehören, sind auch bewertungsrechtlich Betriebsvermögen (§ 103 Abs. 1 BewG), soweit sie mit der Gesamtheit oder einzelnen Teilen des bewertungsrechtlichen Betriebsvermögens in wirtschaftlichem Zusammenhang stehen. Ein wirtschaftlicher Zusammenhang besteht, wenn die Entstehung der Schuld ursächlich und unmittelbar auf Vorgängen beruht, die das Betriebsvermögen betreffen.[208]

X. Berechnung der Steuer

1. Steuerklassen, Freibeträge

317 In die Steuerklasse I gehört der **Ehegatte** (§ 15 Abs. 1 Nr. 1ErbStG), solange die Ehe besteht. Als Verlobte(r) fängt er in der Steuerklasse III an.[209] Aber dorthin muss er nie wieder zurück. Nach einer Ehescheidung gehört er in die Steuerklasse II. Sein allg. Freibetrag beträgt 307.000 € (§ 16 Abs. 1 Nr. 1 ErbStG). Zusätzlich erhält er einen Versorgungsfreibetrag von 256.000 € (§ 17 Abs. 1 ErbStG), der um Versorgungsbezüge, die nicht der Erbschaftsteuer unterliegen, gekürzt wird (§ 17 Abs. 1 Satz 2 ErbStG).

318 Auch **Kinder** erwerben in der Steuerklasse I (§ 15 Abs. 1 Nr. 2 ErbStG). Es handelt sich um eheliche Kinder, nichteheliche Kinder, Kinder mit der Stellung eines ehelichen Kindes, Adoptivkinder, Stiefkinder. Stiefkind ist ein Kind des anderen Ehegatten. Ob es ein eheliches oder nichteheliches Kind oder ein Adoptivkind ist, oder ob es die rechtliche Stellung eines ehelichen Kindes hat, ist unerheblich.[210] Stiefkinder sind den anderen Kindern vollständig gleichgestellt, so dass der Ehegatte eines Stiefkindes ein Schwiegerkind ist.[211] Sie erhalten einen allg. Freibetrag von 205.000 € (§ 16 Abs. 1 Nr. 1 ErbStG). Nach § 17 Abs. 2 ErbStG erhalten sie außerdem einen Versorgungsfreibetrag, wenn sie von Todes wegen erwerben. Dieser Freibetrag ist altersabhängig gestaffelt und wird nach dem gleichen Schema gekürzt, wie der Versorgungsfreibetrag eines Ehegatten.

319 Zur Steuerklasse I gehören auch die **Abkömmlinge** der Kinder und Stiefkinder (§ 15 Abs. 1 Nr. 3 ErbStG), also die Enkel und Urenkel. Waisenenkel[212] erhalten einen Freibetrag von 205.000 € (§ 16 Abs. 1 Nr. 2 ErbStG). Andere Enkel erhalten einen Freibetrag von 51.200 € (§ 16 Abs. 1 Nr. 3 ErbStG).

320 **Eltern** und Voreltern gehören zur Steuerklasse I, aber nur bei Erwerben von Todes wegen. Sie erhalten einen Freibetrag von 51.200 € (§ 16 Abs. 1 Nr. 3 ErbStG).

321 In die Steuerklasse II gehören Eltern, die unter Lebenden erwerben, Voreltern, Stiefeltern, Geschwister, Abkömmlinge ersten Grades von Geschwistern. Auch Schwieger-

---

207 Zum Meinungsstand vgl. *Meincke*, ErbStG, 14. Aufl., § 12 Rn. 140.
208 BFH BStBl. II, 1991, 911.
209 Nach der Rspr. (Nachw. bei *Moench*, ErbStG, § 15 Rn. 12) liegt darin keine unbillige Härte.
210 BFH BStBl. II 1973, 453.
211 BFH BStBl. II 1989, 898; H 72 ErbStH.
212 Eine witzig-einprägsame Namensgebung durch *Moench*, ErbStG, § 15 Rn. 5. Es handelt sich um Enkel, deren Vater oder Mutter, über den sie mit dem Schenker oder Erblasser in direkter Linie verwandt sind, gestorben ist.

kinder und **Schwiegereltern** gehören hierher. Schwiegerkind ist der jeweilige Ehegatte eines Kindes, auch eines Adoptivkindes und eines Pflegekindes. Schwiegereltern sind die Eltern des jeweiligen Ehepartners, also seine leiblichen Eltern oder seine Adoptiveltern. Sie alle erhalten einen Freibetrag von 10.300 € (§ 16 Abs. 1 Nr. 4 ErbStG).

Die Steuerklasse III nimmt sich aller übrigen Erwerber an, der meisten Verschwägerten und aller juristischen Personen. Hier gibt es nur noch einen bescheidenen Freibetrag von 5.200 € (§ 16 Abs. 1 Nr. 5 ErbStG).

Bei **beschränkter Steuerpflicht** wird ein Freibetrag von 1.100 € gewährt (§ 16 Abs. 2 ErbStG).

2. Mehrere Schenker, mehrere Beschenkte

Wenn mehrere Schenker gleichzeitig Zuwendungen machen, erfolgen jeweils selbstständige Zuwendungen. Deshalb steht jedem Erwerber für seine Zuwendung der Freibetrag zu, der seinem Verhältnis zum jeweiligen Schenker entspricht.

> **Beispiele:**
> Anton und Berta haben zwei Kinder, Christian und Dagmar. Anton kann jedem Kind in der Steuerklasse I bis zu 205.000 € steuerfrei zuwenden, ebenso Berta. Zusammen sind das 820.000 €.

3. Berechnung der Steuer

a) Progressive Besteuerung

Die Besteuerung erfolgt nach einem **progressiven Stufentarif mit Härteausgleich**. Stufentarif bedeutet, dass jeder Erwerb insgesamt auf der ermittelten Wertstufe besteuert wird und nicht teilweise auf den vorausgehenden Stufen. Die Steuer ergibt sich, indem der nach § 19 Abs. 1 ErbStG maßgebende Steuersatz mit dem Wert des steuerpflichtigen Erwerbs (§ 10 ErbStG) multipliziert wird.

b) Härteausgleich

Wird eine Wertstufe überschritten, gilt der neue höhere Steuersatz für den gesamten Erwerb. Das kann dazu führen, dass die Steuer den Mehrbetrag nicht nur auffrisst, sondern sogar übersteigt. Um derartige **Übermaßbesteuerung** zu **vermeiden**, ist in § 19 Abs. 3 ErbStG ein Härteausgleich vorgesehen. Dafür wird zunächst die Normalsteuer berechnet, also die Steuer, die sich nach der Tabelle für den Erwerb ergibt. Dann wird dafür die Vorsteuer berechnet, also die Steuer, die nach der unmittelbar vorausgehenden Wertstufe hätte gezahlt werden müssen. Sodann wird der Unterschied der beiden Steuerbeträge berechnet. Und nun wird verglichen: Bei einem Normalsteuersatz bis zu 30 Prozent muss der Mehrbetrag zur Hälfte, bei einem Normalsteuersatz über 30 Prozent bis zu 50 Prozent muss der Mehrbetrag zu drei Vierteln, bei einem noch höheren Normalsteuersatz muss er ganz aus dem Mehrbetrag gedeckt werden können.

> **Beispiel:**
> Anton schenkt seinem Sohn Christian 260.000 €. Nach Abzug des Freibetrags von 205.000 € sind 55.000 € steuerpflichtig. Sie sind zum Steuersatz von 11 Prozent zu versteuern. Das ergibt eine Steuer von 6.050 €. Auf der Vorstufe beträgt der Steuer-

satz 7 Prozent und die Steuer 3.850 €. Der Unterschied beträgt 2.200 €. Da der Steuersatz von 11 Prozent innerhalb der Grenze von 30 Prozent liegt, muss Anton die Hälfte des Betrags, der die Wertgrenze von 52.000 € übersteigt, auch noch abgeben. Das ist die Hälfte von (55.000 − 52.000 =) 3.000 € = 1.500 €. Die Steuer beträgt damit 3.850 € + 1.500 € = 5.350 €. Erspart werden 700 €.

c) Steuerermäßigung bei mehrfachem Erwerb von Vermögen

327 Wird Vermögen innerhalb kurzer Zeit mehrfach von Personen des engsten Familienkreises erworben, also innerhalb der Steuerklasse I, könnte es zu einer hohen Belastung kommen, wenn die Freibeträge nicht ausreichen. § 27 ErbStG steuert gegen, indem die Erbschaftsteuer auf den zweiten Vermögensübergang ermäßigt wird. Die Ermäßigung ist gestaffelt, je nach der Zeit, die zwischen dem Vorerwerb und dem Folgeerwerb liegt. Der Vorerwerb darf allerdings längstens zehn Jahre vor dem letzten Erwerb stattgefunden haben. Nach dem Wortlaut des § 27 ErbStG gibt es eine Ermäßigung nur für einen Folgeerwerb von Todes wegen. Der BFH[213] hält sich an den Wortlaut und kommt deshalb zu dem Ergebnis, dass die Vorschrift auf einen Folgeerwerb durch Schenkung nicht anwendbar ist. Der Vorerwerb allerdings kann Erwerb von Todes wegen wie Schenkung unter Lebenden sein.

328 Am Vorerwerb und am Folgeerwerb müssen Personen der Steuerklasse I beteiligt sein. Es ist nicht erforderlich, dass der Letzterwerber im Verhältnis zum Erblasser oder Schenker, der den Vorerwerb veranlasst hat, zur Steuerklasse I gehört. Steuerklasse I im Verhältnis zum Veranlasser des Folgeerwerbs genügt.

> **Beispiel:**
> Christian hat seinen Vater Anton beerbt. Kurz danach wird er von seiner Ehefrau Carla beerbt. Sie ist im Verhältnis zu Anton Schwiegertochter und gehört zur Steuerklasse II. Dass sie im Verhältnis zu ihrem Ehemann Christian in die Steuerklasse I fällt, rettet den § 27 ErbStG.

329 Ob die Steuerklasse I beim Vorerwerb vorliegt, entscheidet sich nach den Verhältnissen beim Folgeerwerb.[214]

> **Beispiel:**
> Christian hat 1994 seinen Großvater Gustav beerbt. Nach dem seinerzeit maßgebenden ErbStG 1974 galt die Steuerklasse II. Als Christian 2005 stirbt, beerbt ihn seine Ehefrau Carla in der Steuerklasse I. Nach dem nunmehr geltenden ErbStG hätte die Erbfolge von Gustav zu Christian auch in der Steuerklasse I stattgefunden. Das führt zur Anwendung des § 27 ErbStG.

330 Erneut übergehen muss dasselbe Vermögen. **Wirtschaftliche Identität** genügt. Anders als bei § 13 Abs. 1 Nr. 10 ErbStG muss es sich nicht um dieselben Vermögensgegenstände handeln.[215] Surrogate sind daher begünstigt.[216]

331 § 27 ErbStG ist nur einschlägig, wenn der **Vorerwerb besteuert** worden ist.[217] Es muss dafür Erbschaft- oder Schenkungsteuer festgesetzt worden sein.

---

213 BFH BStBl. II 1997, 625.
214 FG Berlin EFG 1992, 470.
215 BFH BStBl. II 1980, 46.
216 *Meincke*, ErbStG, 14. Aufl., § 27 Rn. 5.

Daragan

§ 27 Abs. 3 ErbStG begrenzt die Ermäßigung der Steuer für das begünstigte Vermögen auf den Betrag, der sich bei Anwendung der in Abs. 1 genannten Hundertsätze auf die Steuer ergibt, die der Vorerwerber für das begünstigte Vermögen tatsächlich entrichtet hat. Geht es zweimal um dasselbe Vermögen, ergibt sich der Ermäßigungsbetrag bei gleichen Wertverhältnissen nach Ermittlung der Steuer für den Folgeerwerb unmittelbar aus § 27 Abs. 1 ErbStG. Wird begünstigtes und anderes Vermögen erworben, muss zunächst die Verhältnisrechnung nach § 27 Abs. 2 ErbStG durchgeführt werden. Sie ergibt den Wert, auf den der nach § 27 Abs. 1 ErbStG ermäßigte Steuersatz anzuwenden ist. Die Ermäßigung, die sich daraus errechnet, ist ggf. nach § 27 Abs. 3 ErbStG zu ermäßigen.

XI. Zusammenrechnung

1. Allgemeines

Nach § 14 ErbStG werden **mehrere Erwerbe** zusammengerechnet, die von derselben Person kommen und keine zehn Jahre auseinander liegen.

Beispiel:
Anton und Berta schenken ihrem Sohn Christian im Jahre 2002 je 205.000 €. Im Jahre 2005 legt Anton 100.000 € dazu. Zusammengerechnet werden die beiden Schenkungen Antons.

Der Gesamterwerb bestimmt den Verbrauch des Freibetrags und die Höhe des Steuersatzes. Trotz Zusammenrechnung bleiben die einzelnen Erwerbe selbstständige steuerpflichtige Vorgänge.[218]

2. Anrechnung der Steuer auf die Vorschenkung

Werden die Erwerbe zusammengerechnet und besteuert, muss die Steuer berücksichtigt werden, die auf den einbezogenen Vorerwerb bezahlt werden musste. Sie wird von der Steuer auf den Gesamterwerb abgezogen. Dafür bietet das Gesetz zwei Möglichkeiten, unter denen der Steuerpflichtige wählen kann.

Praxishinweis:
Das Finanzamt hilft, indem es von sich aus berechnet, was günstiger ist.

a) Anrechnung einer fiktiven Steuer

Von der Steuer für den Gesamtbetrag wird die Steuer abgezogen, die für die früheren Erwerbe nach den persönlichen Verhältnissen des Erwerbers und auf der Grundlage der geltenden Vorschriften zur Zeit des letzten Erwerbs zu erheben gewesen wäre (§ 14 Abs. 1 Satz 2 ErbStG). Angerechnet wird nicht die Steuer, die auf den Vorerwerb gezahlt worden ist, sondern eine **fiktive Steuer**. Der Grund liegt darin, dass neues Recht nicht auf einen alten Erwerb angewendet werden kann. Aus dem gleichen Grund kommt es auf die persönlichen Verhältnisse des Erwerbers zur Zeit des letzten Erwerbs an. Hat sich die Rechtslage zwischen den Erwerben nicht geändert, und sind auch die persönlichen Umstände gleich geblieben, vor allem die Steuerklasse, ent-

---

217 BFH BStBl. III 1961, 135.
218 BFH BStBl. II 1991, 522; BStBl. II 1999, 25; R 70 Abs. 1 ErbStR.

spricht die fiktive Steuer der tatsächlichen Steuer. Hat sich die Steuerklasse verbessert, mindert das den anrechenbaren Betrag.

> **Beispiel:**
> Anton hat Berta zur Verlobung ein Familienheim geschenkt. Die Erfüllung des Heiratsversprechens hat sich etwas hingezogen. Vier Jahre später war es endlich so weit. Dann hat Anton ein namhaftes Sümmchen dazu gelegt, den Scheck allerdings, diesmal gut beraten, erst nach dem Ja auf dem Standesamt übergeben. Die fiktive Steuer auf das Familienheim wird nicht mehr nach der Steuerklasse III berechnet, sondern nach der Steuerklasse I. Das mindert den anrechenbaren Betrag.

337 Hat sich die **Steuerklasse verschlechtert**, verschlechtert sich zwar die Besteuerung, aber der anrechenbare Betrag erhöht sich.

> **Beispiel:**
> Acht Jahre nach der Heirat trennen sich Anton und Berta als gute Freunde. Anton gibt Berta noch ein namhaftes Sümmchen auf ihren weiteren Lebensweg mit. Das Gute-Reise-Geschenk ist in der Steuerklasse II zu versteuern, nach der auch die anrechenbare Steuer auf die Vorschenkung berechnet wird.

b) Anrechnung der tatsächlich gezahlten Steuer

338 Anstelle der fiktiven Steuer kann er auch die tatsächlich auf den in die Zusammenrechnung einbezogenen früheren Erwerb **gezahlte Steuer** anrechnen, wenn sie höher ist (§ 14 Abs. 1 Satz 3 ErbStG).

> **Beispiel:**[219]
> Anton hat 1998 seiner damaligen Lebenspartnerin Berta 200.000 DM geschenkt, was 102.258 € entspricht. Nach der Heirat in 2003 schenkt er ihr weitere 500.000 €. Die Schenkung in 1998 von 200.000 DM ergab nach Abzug des Freibetrags der Steuerklasse III von 10.000 DM eine Schenkungsteuer von (23 Prozent von 190.000 DM =) 43.700 DM, was 22.344 € entspricht. 2003 wird so gerechnet: Die Schenkung von 102.258 € in 1998 und die Schenkung von 500.000 € in 2003 werden zusammengerechnet. Vom Gesamtbetrag von 602.258 € geht Bertas Freibetrag als Ehefrau von 307.000 € ab, so dass abgerundet 295.200 € zu versteuern sind. Der Steuersatz beträgt in der Steuerklasse I 15 Prozent, so dass sich eine Steuer von 44.280 € ergibt. Die fiktive Steuer auf den Vorerwerb 1998 beträgt 0 €, da die Zuwendung geringer ist als der nunmehr anwendbare Freibetrag von 307.000 €. Deshalb ist die höhere tatsächlich gezahlte Steuer von 22.344 € anzurechnen, so dass 2003 noch 21.936 € zu zahlen sind.

339 Das Anrechnungsvolumen kann durch **Änderungen der persönlichen Verhältnisse** des Erwerbers oder durch eine Änderung der Rechtslage nicht wieder verloren gehen.[220]

Ist die tatsächliche Steuer für den Vorerwerb höher als die Steuer für den Gesamterwerb, wird nichts erstattet.[221]

---

219 Nach H 70 Abs. 3 ErbStH.
220 *Meincke,* ZEV 1997, 52, 57.
221 H.M. u. R 70 Abs. 4 Satz 5 ErbStR.

Das Steuerguthaben in Gestalt der tatsächlich gezahlten Steuer kann innerhalb der Zehn-Jahres-Frist genutzt werden. Während dieses Zeitraums ermöglicht es **steuerfreie Folgeschenkungen**.[222] Das Guthaben gilt nicht nur für eine Folgeschenkung, es kann auch durch mehrere Schenkungen nach und nach verbraucht werden.

340

c) Zehn-Jahres-Frist

Der erste und der letzte Erwerb dürfen nicht mehr als zehn Jahre auseinander liegen. Maßgebend ist jeweils der Entstehungszeitpunkt der Steuer (§ 9 ErbStG). Ob die §§ 187 ff. BGB gelten,[223] ist umstritten. Aber wer wird unter Lebenden schon das Risiko eingehen, sich um einen Tag verrechnet zu haben. Der Zeitraum wird nicht erweitert, wenn mehrere Zuwendungen sich über mehr als zehn Jahre erstrecken.

341

> **Beispiel:**
> Anton schenkt Christian 1989 und 1990 Geld. 1990 werden die beiden Schenkungen zusammengerechnet. Macht Anton 2000 eine dritte Schenkung, bleibt die Zuwendung des Jahres 1989 außer Betracht.

d) Bewertung des Vorerwerbs

Vorerwerbe werden immer mit ihrem **früheren Wert** einbezogen (§ 14 Abs. 1 Satz 1 ErbStG). Wertänderungen zwischen Vorerwerb und Folgeerwerb bleiben unberücksichtigt. Das gilt auch dann, wenn die Summe der Werte höher ist als der Wert des erworbenen Gegenstandes.[224]

342

> **Beispiel:**
> Anton hat seinem Sohn Christian 1990 ein zinsloses Darlehen mit einer Laufzeit von sieben Jahren gewährt. Als die Zeit um ist, verzichtet er großmütig auf die Rückzahlung. Hier wird der Wert des Zinsverzichts als Vorerwerb berücksichtigt. Christian muss also insgesamt mehr als den Nennbetrag des Darlehens versteuern.[225]
>
> Hat der Schenker die **Steuer** für einen steuerpflichtigen Vorerwerb **übernommen** (§ 10 Abs. 2 ErbStG), wird der Vorerwerb mit dem Bruttobetrag angesetzt, also inklusive der übernommenen Steuer.[226]

War der Vorerwerb aufgrund eines **persönlichen Freibetrags** steuerfrei, geht er in die Zusammenrechnung ein.[227] Blieb er wegen einer **sachlichen Steuerbefreiung**[228] frei, wird er nicht als Vorerwerb berücksichtigt.[229] Dazu gehören die Befreiungen in § 13 Abs. 1 Nr. 2, 3, 4a, 12 und 14 ErbStG.[230] § 13 Abs. 1 Nr. 1 ErbStG gehört nicht dazu.[231]

343

---

222 *Rose*, DB 1997, 1485; *Koretzkij*, ZEV 1998, 291.
223 So FG Hamburg EFG 1976, 509. Zum Meinungsstand vgl. *Meincke*, ErbStG, 14. Aufl., § 14 Rn. 8.
224 BFH BStBl. II 1999, 25.
225 BFH BStBl. II 1999, 25.
226 BFH BStBl. II 1978, 220.
227 BFH BStBl. III 1953, 14.
228 Es kommt darauf an, ob es sich um eine qualitative oder eine quantitative Steuerbefreiung handelt: *Moench*, ErbStG, § 14 Rn. 12.
229 BFH BStBl. III 1953, 145.
230 Wohin § 13a ErbStG gehört, ist str.; für eine qualitative Steuerbefreiung zu Recht *Jülicher*, ZEV 1994, 285, 286; *Moench*, ErbStG, § 14 Rn. 12.
231 BFH BStBl. III 1953, 14.

e) Negativer Vorerwerb

344 Nach § 14 Abs. 1 Satz 4 ErbStG bleiben Erwerbe, für die sich nach den steuerlichen Bewertungsvorschriften kein positiver Wert ergeben hat, bei der Zusammenrechnung unberücksichtigt. Es ist gleichgültig, ob der positive Erwerb dem negativen folgt, oder der negative Erwerb dem positiven. Ein **negativer Erwerb** liegt vor, wenn sich nach den steuerlichen Bewertungsvorschriften ein Schuldenüberhang ergibt. Denn es können Schulden und Lasten, die mit dem übergehenden Vermögen verbunden sind, mit einem höheren Betrag abgezogen werden. Derartige Erwerbe gibt es unter Lebenden nur noch ausnahmsweise, z.B. beim Erwerb eines Anteils an einer Mitunternehmerschaft mit negativem Betriebsvermögen.

345 Wenn ein derartiger Fall ansteht, muss überlegt werden, ob der Negativbetrag mit einer gleichzeitigen Huckepackschenkung aufgefüllt wird, damit er nicht verloren geht. Damit mehrere Zuwendungen verrechnet werden können, müssen sie **zeitgleich wirksam** werden, aber nicht uno actu gemacht oder gar in einer Urkunde gemacht werden.[232]

> **Praxishinweis:**
> In der Praxis empfiehlt es sich, den Willen schriftlich zu dokumentieren, dass aufeinander folgende Zuwendungen Teil eines einheitlichen Schenkungskonzepts sind. Das vermeidet Nachweisschwierigkeiten.

f) Höchstbetragsbegrenzung

346 Nach § 14 Abs. 2 ErbStG wird die Steuer für den Folgeerwerb begrenzt. Sie darf 50 Prozent des (Steuer)Werts des Folgeerwerbs nicht übersteigen. Wird nach § 13a ErbStG begünstigtes Vermögen dazu erworben, darf die Steuer nicht mehr als 40 Prozent des Folgeerwerbs ausmachen. Die Begrenzung greift vor allem, wenn auf einen Vorerwerb, der zu mehr als 30 Prozent besteuert worden ist, ein vergleichsweise geringer Folgeerwerb folgt. Aber meistens hilft bereits § 19 Abs. 3 ErbStG.[233]

XII. Steuerschuldner

1. Erwerber

347 Er ist immer **Steuerschuldner** (§ 20 Abs. 1 Satz 1 1. HS ErbStG). Erwerber ist, wer bereichert ist. Gemeint ist die Bereicherung erster Stufe, also der Erwerb. Dafür ergeben sich die Kriterien in erster Linie aus dem ErbStG, da es den Steuertatbestand und die Entstehung der Steuer regelt.

2. Schenker

348 Bei einer Schenkung wird auch der **Schenker zum Steuerschuldner** gemacht (§ 20 Abs. 1 Satz 1 2. HS ErbStG). Er und der Beschenkte sind Gesamtschuldner (§ 44 AO). Normalerweise muss sich das Finanzamt an den Beschenkten halten.[234] Hält sich das Finanzamt ermessensgerecht an den Schenker, der zahlt, hat er damit nicht zwangsläufig die Steuer i.S.d. § 10 Abs. 2 ErbStG übernommen. Davon kann erst ausgegangen

---

232 BFH BStBl. II 1981, 532.
233 *Moench*, ErbStG, § 14 Rn. 35.
234 BFH BStBl. III 1962, 323.

werden, wenn er gegenüber dem Beschenkten auf einen Ausgleich ausdrücklich verzichtet.[235]

3. Zweckzuwendung

Bei einer Zweckzuwendung gibt es keinen Erwerber, der besteuert werden kann. Deshalb wird der zum **Steuerschuldner** gemacht, der die Zweckzuwendung ausführen muss (§ 20 Abs. 1 Satz 1 3. HS ErbStG). 349

4. Ersatzerbschaftsteuer, Erbersatzsteuer

Die Ersatzerbschaftsteuer schuldet die **Familienstiftung** oder der **Familienverein** (§ 20 Abs. 1 Satz 1 4. HS ErbStG). 350

XIII. Besteuerungsverfahren

1. Anzeige

a) Anzeigepflicht

Jeder der Erbschaftsteuer – ergänze: der Schenkungsteuer – unterliegende Erwerb ist dem zuständigen Finanzamt anzuzeigen (§ 30 Abs. 1 ErbStG). Eine Anzeigepflicht entfällt dann und nur dann, wenn die Steuerfreiheit außer Zweifel steht.[236] Entgegen einer im Schrifttum vertretenen Einzelmeinung[237] müssen daher die üblichen Geburtstags- und Weihnachtsgeschenke nicht aufgelistet und angezeigt werden. Selbstverständlich bleibt es jedem unbenommen, nach dem Festtag auch das Finanzamt mit einer Liste zu beschenken. 351

Nach § 30 Abs. 1 ErbStG hat der **Erwerber** seinen Erwerb anzuzeigen. Damit angesprochen sind vor allem Erben, Vermächtnisnehmer, Auflagenbegünstigte, Pflichtteilsberechtigte, Begünstigte aus Lebensversicherungen und bei Zweckzuwendungen der Beschwerte. 352

Bestimmte **Dritte** müssen den Erwerb anderer anzeigen: Den Erwerb unter Lebenden muss der anzeigen, aus dessen Vermögen der Erwerb stammt (§ 30 Abs. 2 ErbStG). Der Schenker muss das Finanzamt informieren. Anzeigen müssen diejenigen, die in den §§ 34, 35 AO genannt sind, also gesetzliche Vertreter und Verfügungsberechtigte. Ist der Erwerber minderjährig, muss daher der gesetzliche Vertreter anzeigen. Weitere Anzeigepflichten ergeben sich aus § 33 ErbStG für Vermögensverwahrer, Vermögensverwalter und Versicherungsunternehmen, und aus § 34 ErbStG für Gerichte, Behörden, Beamte und Notare. 353

Einige Anzeigepflichten haben **Vorrang**: Wurde eine Verfügung von Todes wegen amtlich eröffnet, informiert der **Eröffnende**[238] das Finanzamt (§ 34 Abs. 2 Nr. 3 ErbStG). Wurde eine Schenkung oder Zweckzuwendung beurkundet, hat der **Beurkundende** anzuzeigen (§ 34 Abs. 1 ErbStG). Deshalb streicht § 30 Abs. 3 ErbStG die Anzeigepflicht des Erwerbers unter Vorbehalt: Es muss sich aus dem Testament, dem Erbvertrag oder der Urkunde das Verhältnis des Erwerbers zum Erblasser oder Schenker unzweifelhaft ergeben. Mit „Verhältnis des Erwerbers zum Erblasser" i.S.d. 354

---
235 *Moench/Kien-Hümbert*, ErbStG, § 20 Rn. 9.
236 BFH BStBl. III 1958, 339.
237 *Christoffel/Pahlke*, ErbStG, § 30 Rn. 7.
238 Im Allgemeinen das Nachlassgericht.

§ 30 Abs. 3 Satz 1 ErbStG sind, anders als nach § 30 Abs. 4 Nr. 5 ErbStG, nicht die „persönlichen Verhältnisse" des Erwerbers zum Erblasser oder Schenker gemeint, insb. nicht der Verwandtschaftsgrad. Gemeint sind die rechtlichen oder sonstigen Verhältnisse, die den Erbschaft- oder Schenkungsteuertatbestand ausgelöst haben. Es reicht daher regelmäßig die namentliche Bezeichnung des Erblassers oder Schenkers und des Erwerbers sowie des Rechtsgrundes für den Erwerb.[239] Denn anhand dieser Angaben kann das Finanzamt alles Weitere veranlassen.

355 Bei **gleichrangiger Anzeigepflicht** gilt als **Regel:** Jeder muss für sich selber sorgen. Eine Anzeigepflicht entfällt erst dann, wenn einer von ihnen vollständig angezeigt hat, so dass das Finanzamt aus seiner Anzeige alle anderen Erwerber erkennen kann. Bei **Miterben** genügt es, wenn einer alle anzeigt, also sich und die anderen.

> **Beispiel:**
> Gibt der Erbe seine Steuererklärung ab, befreit das den Pflichtteilsberechtigten nicht von seiner Anzeigepflicht.[240] Allerdings können die Angaben in der Steuererklärung des Erben über den Erwerb des Pflichtteilsberechtigten genügen, um die Anlaufhemmung des § 170 Abs. 2 Nr. 1 AO zu beenden.

356 Für die **Anzeige** ist in völlig undeutscher Weise kein Vordruck vorgesehen. Ihr Inhalt ergibt sich aus § 30 Abs. 4 ErbStG. Sie soll folgende Angaben enthalten: Vorname und Familienname, Beruf, Wohnung des Erblassers oder Schenkers und des Erwerbers (Nr. 1), Todestag und Sterbeort des Erblassers oder Zeitpunkt der Ausführung der Schenkung (Nr. 2), Gegenstand und Wert des Erwerbs (Nr. 3), Rechtsgrund des Erwerbs wie gesetzliche Erbfolge, Vermächtnis, Ausstattung (Nr. 4), persönliches Verhältnis des Erwerbers zum Erblasser oder zum Schenker wie Verwandtschaft, Schwägerschaft, Dienstverhältnis (Nr. 5), frühere Zuwendungen des Erblassers oder Schenkers an den Erwerber nach Art, Wert und Zeitpunkt der einzelnen Zuwendung (Nr. 6).

357 Die **Frist** für die Anzeige beträgt **drei Monate** und läuft ab Kenntnis des Erwerbs (§ 30 Abs. 1 und Abs. 2 ErbStG). Wird sie nicht eingehalten, darf das Finanzamt deswegen **keinen Verspätungszuschlag** (§ 152 AO) festsetzen.[241] Ist angezeigt worden und stellt sich später heraus, dass die Anzeige ganz oder teilweise falsch war, muss sie berichtigt werden (§ 153 AO).

b) Kontrollmitteilungen

358 Das Erbschaftsteuerfinanzamt und das Einkommensteuerfinanzamt tauschen in Nachlassfällen und bei Schenkungen Kontrollmitteilungen[242] aus. Das Erbschaftsteuerfinanzamt informiert das Einkommensteuerfinanzamt, wenn der Reinwert mehr als 250.000 € oder das Kapitalvermögen mehr als 50.000 € beträgt. Umgekehrt informiert das Einkommensteuerfinanzamt das Erbschaftsteuerfinanzamt, wenn der erbschaftsteuerliche Bruttoerwerb mehr als 250.000 € oder das Kapitalvermögen mehr als 50.000 € beträgt. Auf die Zahlen ist aber nur bedingt Verlass. Kontrollmitteilungen werden, wie es amtlich so schön heißt, aus gegebener Veranlassung auch bei kleineren Beträgen versandt. Und ganz allg. werden die Finanzämter, die Prüfungsdienste und

---

239 BFH BStBl. II 1997, 73.
240 BFH BStBl. II 1997, 11.
241 FG Baden-Württemberg EFG 1985, 52.
242 Gleich lautende Erlasse BStBl. I 2001, 665 = Arbeitshilfen I6f-1.

die Steuerfahndung angehalten, den Erbschaftsteuerfinanzämtern über alles zu berichten, was erbschaft- oder schenkungsteuerverdächtig ist.[243]

2. Steuererklärung

Das Erbschaftsteuerfinanzamt kann sich in einem einfachen Fall damit begnügen, nur Angaben in einem Fragebogen zu erhalten. Es kann auch von jedem an einem Erbfall oder einer Schenkung Beteiligten verlangen, dass er eine Erbschaft- oder Schenkungsteuererklärung abgibt. Ob der Beteiligte selbst steuerpflichtig ist, spielt keine Rolle. Für die Abgabe setzt das Finanzamt eine Frist, die **mindestens einen Monat** betragen muss (§ 31 Abs. 1 ErbStG). Die Frist kann verlängert werden (§ 109 AO). Die Abgabe der Erbschaftsteuererklärung kann nach den allg. Grundsätzen erzwungen werden (§§ 328 ff. AO). Außerdem kann ein **Verspätungszuschlag** festgesetzt werden (§ 152 AO).

359

Die Erklärung ist auf einem **amtlichen Vordruck** abzugeben. Es gibt deren zwei, einen für die Erbschaftsteuer, einen für die Schenkungsteuer. Der Steuererklärung muss ein **Verzeichnis** mit Angaben über die zum Nachlass gehörenden Gegenstände und die sonstigen relevanten Umstände, darunter den Wert des Erwerbs enthalten (§ 31 Abs. 2 ErbStG).

360

Grundsätzlich muss jeder **Erwerber** eine Steuererklärung nur für seinen Erwerb abgeben. Ein Erbe muss also nichts zum Erwerb eines Miterben oder Vermächtnisnehmers sagen. Nach § 31 Abs. 4 ErbStG können alle oder einige Miterben jedoch eine gemeinsame Steuererklärung abgeben. Dann müssen alle unterschreiben, für die die Erklärung gilt. Im Einverständnis mit den Erben können auch andere Erwerber einbezogen werden, selbstverständlich nur mit ihrem Einverständnis, die an dem Erbfall beteiligt sind, also Vermächtnisnehmer, Auflagenbegünstigte, Pflichtteilsberechtigte.[244]

361

Gibt es einen **Testamentsvollstrecker**, hat er die Erbschaftsteuererklärung für den oder die Erben abzugeben. Das Finanzamt kann verlangen, dass die Erklärung von einem oder mehreren Erben mitunterschrieben wird (§ 31 Abs. 5 ErbStG). Die Erklärungspflicht des Testamentsvollstreckers besteht selbstständig. Sie hängt nicht davon ab, dass die Erben aufgefordert wurden, eine Steuererklärung abzugeben.[245] Der Umfang der Erklärungspflicht des Testamentsvollstreckers hängt von den Aufgaben ab, mit denen ihn der Erblasser betraut hat. Deshalb genügt es im Regelfall, dass er die Steuererklärung für die Erben abgibt. Eine Steuererklärung für einen Vermächtnisnehmer muss er nur dann abgeben, wenn der Erblasser auch oder nur für das Vermächtnis Testamentsvollstreckung angeordnet hat.[246]

362

3. Steuerbescheid

a) Inhalt

Die Steuer wird durch einen **schriftlichen Bescheid** festgesetzt (§§ 155, 157 AO). Er muss den Steuerschuldner und die Steuer nach Art und Betrag nennen und eine Rechtsbehelfsbelehrung enthalten. Außerdem muss der Bescheid inhaltlich bestimmt sein (§ 119 Abs. 1 AO).

363

---

243 Einen umfangreichen Katalog von Berichtspflichten enthält Nr. 3.1.3.1 ErbStVA.
244 Wegen der Einzelheiten, auch zur Abgabefrist, vgl. H 87 ErbStH.
245 BFH BStBl. II 1999, 233.
246 BFH BStBl. II 1999, 529.

364 **Mehrere Steuerfälle**, z.B. mehrere Schenkungen zwischen denselben Beteiligten, können in einem Bescheid zusammengefasst werden.[247] Aber die Steuer muss für jeden Sachverhalt gesondert berechnet werden. Eine Aufgliederung darf nur unterbleiben, wenn die einzelnen Steueransprüche kein unterschiedliches Schicksal haben können und der festgesetzten Steuer auch keine Bedeutung für eine Zusammenrechnung (§ 14 ErbStG) zukommen kann.[248]

365 Ein **zusammengefasster Steuerbescheid** nach § 155 Abs. 3 AO ist nicht zulässig,[249] auch nicht gegen mehrere Erben, die eine gemeinsame Steuererklärung abgegeben haben (§ 31 Abs. 4 ErbStG).[250] Denn sie sind dessen ungeachtet Einzelschuldner der auf ihren Erwerb entfallenden Steuer, keine Gesamtschuldner.

b) Bekanntgabe

366 Der Steuerbescheid muss grundsätzlich dem Steuerschuldner bekannt gegeben werden (§ 124 Abs. 1 AO).[251] Hatte ein **Testamentsvollstrecker**, ein Nachlassverwalter oder ein Nachlasspfleger die Steuererklärung abgegeben, muss ihm der Steuerbescheid bekannt gegeben werden (§ 32 Abs. 1 Satz 1 ErbStG). In dem Bescheid muss klar zum Ausdruck kommen, dass der Testamentsvollstrecker usw. nicht selbst der Steuerschuldner ist, sondern nur der **Bekanntgabeadressat**. Sonst kann der Bescheid nichtig sein.[252]

c) Fälligkeit

367 Da das ErbStG die Fälligkeit der Steuer nicht regelt, gilt § 220 AO. Und da die Steuer durch Steuerbescheid festgesetzt werden muss, kann die Fälligkeit frühestens mit Bekanntgabe des Steuerbescheids eintreten (§ 220 Abs. 2 AO). Aber in Wirklichkeit wird die Steuer einen Monat nach der Bekanntgabe fällig, weil der Steuerbescheid üblicherweise ein dahingehendes **Leistungsgebot** enthält (§ 220 Abs. 2 Satz 1 AO).

4. *Stundung*

368 Das ErbStG bietet eine eigene Stundungsmöglichkeit. Sie ergänzt § 222 AO, der daneben anwendbar bleibt (§ 28 Abs. 1 Satz ErbStG), und soll verhindern, dass die **Fortführung eines Betriebs** durch die Steuerzahlung gefährdet wird.

369 Vorausgesetzt ist, dass **Betriebsvermögen** oder land- und forstwirtschaftliches Vermögen erworben wurde. Betriebsvermögen sind auch die Anteile an einer Mitunternehmerschaft i.S.d. § 15 Abs. 1 Nr. 2 oder 3 oder § 18 Abs. 4 EStG. Aktien und Geschäftsanteile an einer GmbH sind nicht geschützt;[253] hier will die Finanzverwaltung nur nach § 222 AO helfen.[254]

---

247 BFH BStBl. II 1980, 414.
248 BFH BFH/NV 1999, 1091.
249 *Moench/Kien-Hümbert*, ErbStG, § 32 Rn. 9.
250 A.A. *Meincke*, ErbStG, 14. Aufl., § 32 Rn. 2.
251 Wegen der Einzelheiten, vor allem wenn Inhaltsadressat, Bekanntgabeadressat u. Empfänger auseinanderfallen, vgl. AEAO zu § 122, BStBl. I 2000, 190, 193.
252 BFH BFH/NV 1998, 855.
253 R 86 Abs. 1 Satz 2 ErbStR.
254 R 86 Abs. 2 Satz 4 ErbStR.

Die Steuer kann auf Antrag bis zu zehn Jahre gestundet werden, soweit dies zur Erhaltung des Betriebs erforderlich ist.²⁵⁵ Für eine Stundung ist daher kein Raum, wenn der Erwerber die Erbschaftsteuer aus erworbenem weiterem Vermögen oder aus seinem eigenen Vermögen aufbringen kann.²⁵⁶

370

Anders als nach § 222 AO, der die Stundung in das Ermessen der Finanzbehörde stellt, hat der Erwerber nach § 28 ErbStG einen **Anspruch auf Stundung**. Bei einem Erwerb von Todes wegen wird zinslos gestundet (§ 28 Abs. 1 Satz 2 2. HS ErbStG). Sonst erfolgt eine Stundung grundsätzlich gegen Verzinsung (§§ 234, 238 AO), eine zinslose Stundung oder eine Stundung zu einem niedrigeren Zinssatz ist nur nach § 234 Abs. 2 AO möglich. Da § 222 AO anwendbar bleibt, ist nach Meinung der Finanzverwaltung²⁵⁷ auch die Möglichkeit eröffnet, Sicherheitsleistung zu verlangen. Aber darauf wird i.d.R. verzichtet.²⁵⁸

371

5. Festsetzungsverjährung

a) Erbschaftsteuer

Die Festsetzungsfrist beginnt nicht vor **Ablauf des Kalenderjahres**, in dem der Erwerber **Kenntnis** von dem Erwerb erlangt hat (§ 170 Abs. 5 Nr. 1 AO).

372

b) Schenkungsteuer

Nach § 170 Abs. 5 Nr. 2 AO beginnt die Festsetzungsfrist nicht vor **Ablauf des Kalenderjahres**, in dem der Schenker gestorben ist oder die Finanzbehörde von der vollzogenen Schenkung Kenntnis erlangt hat. Finanzbehörde ist das für die Festsetzung der Schenkungsteuer zuständige Finanzamt.²⁵⁹ Die Anzeige der Schenkung bei einem anderen Finanzamt setzt daher die Frist nicht in Gang; sie beginnt erst, wenn das Schenkungsteuerfinanzamt Kenntnis erlangt hat, z.B. durch Weiterleitung der Anzeige. Das Gleiche gilt, wenn z.B. bei einer Außenprüfung eine noch nicht besteuerte Schenkung festgestellt wird.

373

c) Anforderung einer Steuererklärung

Hat das Finanzamt eine Steuererklärung verlangt, beginnt die Festsetzungsverjährung nach § 170 Abs. 2 Nr. 1 AO erst mit Ablauf des Kalenderjahres, in dem die Erklärung eingereicht wird. Außerdem setzt nur eine ordnungsgemäß unterschriebene Erklärung die Festsetzungsfrist in Lauf.²⁶⁰

374

XIV. Steuerhaftung

1. Haftung des Nachlasses

Nach § 20 Abs. 3 ErbStG haftet der Nachlass bis zur Auseinandersetzung für die Steuer der am Erbfall Beteiligten. Ob das nur die Erben sind oder auch Vermächtnisnehmer und Pflichtteilsberechtigte, ist streitig.²⁶¹ **Nach der Teilung** hat es ein Ende

375

---

255 Zu den Kriterien vgl. R 86 Abs. 2 Satz 2 ErbStR.
256 BFH BStBl. II 1988, 730; ebenso R 86 Abs. 2 Satz 1 ErbStR.
257 Dazu *Moench/Kien-Hümbert*, ErbStG, § 28 Rn. 12 m. Angaben zum Meinungsstand.
258 R 86 Abs. 3 ErbStR.
259 BFH DStR 2003, 748.
260 BFH BFH/NV 2005, 406.
261 Zum Meinungsstand s. *Moench/Kien-Hümbert*, ErbStG, § 20 Rn. 14.

mit der Nachlasshaftung, weil es dann auch keinen Nachlass mehr gibt. Dann ist jeder Erbe für seine eigene Erbschaftsteuer zuständig. Der Nachlass selbst ist kein Steuersubjekt und kann auch kein Haftungsschuldner sein. Das wirft die interessante Frage auf, gegen wen und wie die Haftung geltend zu machen ist.[262]

2. Weitergabe des Erwerbs

376　Gibt der Steuerschuldner den Erwerb ganz oder teilweise weiter, bevor er die Steuer bezahlt hat, hält sich das Finanzamt an den, der den Erwerb bekommen hat, vorausgesetzt, er hat unentgeltlich erworben. Er haftet nunmehr selbst, sagt § 20 Abs. 5 ErbStG, aber der Höhe nach begrenzt auf den Wert dessen, was er bekommen hat.

3. Haftung eines Gewahrsamsinhabers

377　Nach § 20 Abs. 6 ErbStG haftet der Gewahrsamsinhaber, soweit er Vermögen des Erblassers vorsätzlich oder fahrlässig vor Entrichtung oder Sicherstellung der Steuer in ein Gebiet außerhalb des Geltungsbereichs des Erbschaftsteuergesetzes bringt oder dort wohnhaften Berechtigten zur Verfügung stellt. Gewahrsam lässt sich nicht nur an Sachen, sondern auch an Forderungen und sonstigem Vermögen haben. Nach § 20 Abs. 7 ErbStG findet § 20 Abs. 6 ErbStG nur bei Beträgen über 600 € pro Steuerfall Anwendung.

4. Haftung nach der AO

378　Danach haften Vermögensverwalter oder Verfügungsberechtigter, die schuldhaft, d.h. vorsätzlich oder grob fahrlässig, Nachlassvermögen auskehren, auch an Erben, ohne vorher für die Steuer gesorgt zu haben (§§ 34, 35, 69 AO). Treffen kann das einen Testamentsvollstrecker, der es zu eilig hatte. § 71 AO sieht bei Steuerhinterziehung für Täter und Teilnehmer einer Steuerhinterziehung eine Haftung für die verkürzte Steuer einschließlich der Hinterziehungszinsen nach § 235 AO vor.

XV. Steuerorientierte Gestaltungen[263]

1. Wiederholte Nutzung der Freibeträge

379　**Praxishinweis:**
Alle zehn Jahre wieder kann ein persönlicher Freibetrag und eine quantitative Befreiung des § 13 ErbStG wie z.B. für Hausrat erneut in Anspruch genommen werden. Deshalb geht ein guter Rat dahin, im Zehnjahresrhythmus zu schenken – vorausgesetzt, es lässt sich einrichten.

2. Schenkungen über den Freibetrag hinaus

380　**Beispiel:**
Anton will seiner Tochter Dagmar 400.000 € zukommen lassen. Er überlegt, ob er das auf einmal macht oder in zwei Raten, über mehr als zehn Jahre verteilt.

Schenkt Anton den vollen Betrag, fällt Schenkungsteuer an. Keiner mag das. Aber die Schenkungsteuer ist nicht alles. Die Entscheidung, nicht aufs Ganze zu gehen, hat

---

[262] Dazu *Moench/Kien-Hümbert*, ErbStG, § 20 Rn. 14.
[263] Dazu *Moench*, ZEV 1999, 308, 345.

auch andere Folgen: Die Erträge aus den zurückbehaltenen 195.000 € versteuert weiterhin Anton, höher, als sie Dagmar hätte versteuern müssen. Was übrig bleibt und nicht verbraucht wird, ergibt bei Anton innerhalb der Zehn-Jahres-Frist weiteres Vermögen, dessen Übergang auf den Noch-nicht-Beschenkten irgendwann der Erbschaft- oder Schenkungsteuer unterliegt. Investiert Anton die Nettoerträge weise, z.B. indem er gute Aktien kauft, kann der Wert des erworbenen Gegenstandes steigen, so dass im Erbfall ein Mehrwert versteuert werden muss, den der Beschenkte bei einer Vollschenkung steuerfrei bekommen hätte.

3. Kettenschenkung

Beispiel:
Großvater Gustav möchte seiner Enkeltochter Erika bei der Existenzgründung mit 150.000 € unter die Arme greifen. Gibt er ihr das Geld, schmälert die Schenkungsteuer von 16.660 € deutlich die Gabe. Deshalb überweist Gustav die 150.000 € auf das Konto seines Sohnes Sebastian mit dem rechtlich unverbindlichen Hinweis, es wäre schön, wenn Erika auch etwas davon hätte. Sebastian, der aufgrund seines noch unverbrauchten Freibetrags von 205.000 € steuerfrei erworben hat, nimmt sich eine ausreichende Bedenkzeit und beschenkt dann seine Tochter mit 149.000 €. Erika erhält die Schenkung aufgrund des Freibetrags nach ihrem Vater von 205.000 € auch steuerfrei.

Eine Kettenschenkung liegt dann vor, wenn der Schenker auf dem Umweg über den Beschenkten einen Dritten unmittelbar hat bedenken wollen. Früher würde das als Missbrauch rechtlicher Gestaltungsmöglichkeiten beurteilt. Heute kommt es darauf an, ob dem unmittelbar Beschenkten ein eigener Entscheidungsspielraum bleibt.

Entscheidend dafür, dass zwei Schenkungen vorliegen, die in Folge geschehen, ist, dass der Erstbeschenkte über seinen Erwerb frei und selbstständig verfügen kann. Eine Verwendungsvereinbarung oder Verwendungsauflage ist schädlich in dem Sinne, dass es sich dann um eine direkte Schenkung des Schenkers an den Endbeschenkten handelt und der Erstbeschenkte steuerlich nur eine unbeachtliche Durchgangsperson ist. Es handelt sich dann entweder um einen **Vertrag zugunsten eines Dritten** oder um eine **Schenkung unter Auflage**. Sie fällt beim unmittelbar Beschenkten unter § 7 Abs. 1 Nr. 1 ErbStG und beim mittelbar Beschenkten unter Nr. 2, jeweils mit Erwerb vom Schenker. Ein den unmittelbar Beschenkten nicht bindender Wunsch des Schenkers ist hingegen unschädlich. Bloßes Wissen, selbst das Einverständnis des Schenkers damit, dass der unmittelbar Beschenkte mit Mitteln der Schenkung eine Zuwendung ausführen wird, genügt nicht.[264]

Praxishinweis:
Zweckmäßigerweise sollte eine Schamfrist eingehalten werden, und die Weitergabe sollte nicht 1:1 geschehen. Wird das alles beachtet, liegt auch kein Gestaltungsmissbrauch vor (§ 42 AO).

Auf die gleiche Weise können Eltern ihren Kindern helfen. Liegt der Wert der Schenkung über dem Freibetrag oder ist der Freibetrag nach einem Elternteil durch Vorschenkungen verbraucht, der Freibetrag nach dem anderen noch nicht, kann der eine Elternteil über den anderen das Kind steuerfrei beschenken.

---

264 BFH BStBl. III 1962, 206.

> **Beispiel:**
> Anton will seinem Sohn Christian 400.000 € zukommen lassen. Er schenkt ihm 200.000 €. Seiner Ehefrau Berta schenkt er 210.000 € zur freien Verwendung, verbunden mit dem Wunsch, auch an Christian zu denken. Berta schenkt Christian nach reiflicher Überlegung auch 200.000 €. Alle Schenkungen bleiben steuerfrei.

384 **Zuwendungen an ein Schwiegerkind**, die 10.300 € übersteigen, erfolgen über das eigene Kind. Zuwendungen an Abkömmlinge von Geschwistern ab dem zweiten Grad erfolgen über deren Eltern oder Großeltern, was die Zuwendung aus der Steuerklasse III in die Steuerklasse II versetzt und eine zusätzliche Entlastung von 5.100 € mit sich bringt. Zuwendungen unter entfernteren Verschwägerten werden über Schwiegereltern abgewickelt.

4. Mittelbare Grundstücksschenkung

385 Sie wird aufgrund der unter dem Verkehrswert liegenden Grundbesitzwerte als **Steuermodell** angepriesen. Aber das ist sie mitnichten. Denn statt ein Grundstück mittelbar zu schenken, könnte es der Schenker zunächst selbst erwerben und dann weitergeben. Das Ergebnis dieser unmittelbaren Schenkung wäre steuerlich keinen Deut anders. Nur die Kosten wären höher.

386 Eine mittelbare Grundstücksschenkung setzt zum Ersten zwingend voraus, dass das Geld unter der Auflage oder mit der **Zweckbindung** gegeben wird, ein Grundstück zu erwerben. Das bedarf nicht der Form des § 518 Abs. 1 BGB,[265] sondern kann mündlich geschehen. Dennoch ist zu empfehlen, eine schriftliche Vereinbarung zu treffen. Zum Zweiten setzt sie voraus, dass das Geld nicht zum Erwerb irgendeines Grundstücks gegeben wird, sondern zum Erwerb eines bestimmten Grundstücks. Außerdem muss zum Dritten ein **zeitlicher Zusammenhang** zwischen der Geldzuwendung und dem Grundstückserwerb vorliegen.

387 Mittelbar kann auch ein **Teil eines Grundstücks** geschenkt werden, indem der Schenker nur einen Teil des Kaufpreises übernimmt. Dann wird der Teil des Grundstücks geschenkt, der dem Verhältnis des Geldbetrags zum Gesamtkaufpreis entspricht. In diesem Verhältnis ist der Grundbesitzwert aufzuteilen.

388 Auch ein **Gebäude** allein kann mittelbar geschenkt werden, wenn der Erwerber das Grundstück schon hat, dessen Bebauung der Zuwendende finanziert. Das kann zu dem Ergebnis führen, dass der Beschenkte keine Steuer zahlt, weil sein Grundstück aufgrund der Mindestbewertung nach § 146 Abs. 6 BewG keine Wertsteigerung erfahren hat.

5. Übernahme der Schenkungsteuer oder der Erbschaftsteuer

389 Denn die Schenkungsteuer wird nach § 10 Abs. 2 ErbStG der Zuwendung zugeschlagen, muss also auch versteuert werden. Deshalb kürzt der Schenker eine Geldschenkung entsprechend, so dass er am Ende nicht mehr aufzubringen hat. Die endgültige Schenkungsteuer wird in einer Näherungsrechnung berechnet. Die h.M.[266] geht davon aus, dass der Beschenkte eine Gegenleistung i.H.d. übernommenen Steuer an den Schenker erbringen kann. Das bietet sich bei einem Sachgeschenk an.

---

265 BFH ZErb 2005, 98; R 16 Abs. 1 Satz 5 ErbStR.
266 *Moench*, ErbStG, § 10 Rn. 38.

Die Höhe der **Steuerersparnis** hängt vom Freibetrag und vom Steuersatz ab, weshalb sie in der Steuerklasse I am geringsten und daher oft zu vernachlässigen ist, und in der Steuerklasse III am größten, weshalb für die Darstellung des Steuereffekts üblicherweise eine Schenkung zwischen Partnern einer **nicht ehelichen Lebensgemeinschaft** gewählt wird, so auch hier:

> **Beispiel:**
> Hugo möchte seiner Lebensgefährtin Lola 1.000.000 € zukommen lassen. Das kostet in der Steuerklasse III viel Schenkungsteuer, so dass Lola noch rd. 650.000 € bleiben. Auf Anraten seines Steuerberaters schenkt Hugo weniger und übernimmt dafür die Schenkungsteuer. Dann kostet die Schenkung insgesamt auch rd. 1.000.000 €. Aber Lola bleiben rd. 680.000 €, also stolze 30.000 € mehr.

Mit dem gleichen Effekt kann der Erblasser dem Erben auferlegen, die Erbschaftsteuer eines Vermächtnisnehmers oder Auflagebegünstigten zu übernehmen.

6. Umwandlung von Privatvermögen in Betriebsvermögen

Die Flucht ins Betriebsvermögen dient dazu, die Vergünstigungen für Betriebsvermögen nach § 13a ErbStG zu erlangen. Zu diesem Zweck wird Privatvermögen in eine **GmbH** oder eine **gewerblich geprägte GmbH & Co KG** (§ 15 Abs. 3 Nr. 2 EStG) eingebracht.

Die Hoffnung auf ersparte Schenkungsteuer darf allerdings nicht den Blick dafür verstellen, dass das so kreierte Betriebsvermögen **fünf Jahre beibehalten** werden muss. Stille Reserven, die sich in dieser Zeit gebildet haben, müssen versteuert werden, wenn eine Rückkehr ins Privatvermögen erfolgt. Außerdem eignen sich nicht alle Wirtschaftsgüter.

7. Modifizierte Zugewinngemeinschaft statt Gütertrennung

Die Modifizierung sieht so aus, dass im Scheidungsfall kein Zugewinnausgleich erfolgt, wohl aber im Erbfall. Oder es werden bestimmte Vermögensgegenstände wie z.B. ein Betrieb vom Zugewinnausgleich ausgenommen.

Beim **Wechsel** von der Gütertrennung zur Zugewinngemeinschaft kann nach Meinung der Finanzverwaltung[267] eine Schenkung vorliegen, wenn einem Ehegatten eine erhöhte Ausgleichsforderung verschafft wird, die über das hinausgeht, was sich nach den unmodifizierten §§ 1373–1383, 1390 BGB ergeben hätte. Davon wird ausgegangen, wenn der gesetzliche Güterstand vorverlagert oder ein abweichendes Anfangsvermögen vereinbart wird.

8. Ausschlagung[268]

Schlägt der Erbe aus, gilt der Anfall an ihn als nicht erfolgt (§ 1953 Abs. 1 BGB). Das wird erbschaftsteuerrechtlich beachtet und kann genutzt werden, um den Vermögensfluss in der Familie steuergünstig zu steuern.

---

267 R 12 Abs. 2 ErbStR.
268 Zu anderen steuertaktischen Maßnahmen nach dem Erbfall vgl. *Wachter*, ErbStB 2005, 218 u. 256.

> **Beispiel:**
> Die Eheleute Anton und Berta sterben kurz hintereinander. Sie haben sich in einem Berliner Testament gegenseitig zu Erben eingesetzt und ihre Kinder Christian und Dagmar zu Schlusserben und Ersatzerben. Die steuerlich ungünstige Vereinigung der beiden Vermögen in Bertas Hand kann vermieden werden, indem die Kinder die Erbschaft der Mutter nach dem Vater ausschlagen und als Ersatzerben nach dem Vater direkt zum Zuge kommen. Darin liegt auch kein Gestaltungsmissbrauch.[269]

397 Die **taktische Ausschlagung** kann auch für ein Nachlasssplitting genutzt werden, um die Nachteile eines Berliner Testaments zu verringern. Der letztversterbende Elternteil schlägt die Erbschaft aus, so dass die Kinder als Ersatzerben zum Zuge kommen. Dafür erhält er eine Abfindung. Dadurch verteilt sich der Nachlass des erstverstorbenen Elternteils auf Ehegatten und Kinder. Diese Lösung bietet sich vor allem dann an, wenn das Splitting nicht durch die Wahl des Zugewinnausgleichs mit einer nach § 5 Abs. 2 ErbStG steuerfreien Ausgleichsforderung erreicht werden kann, sei es, dass die Eheleute in Gütertrennung leben oder der Letztversterbende den höheren Zugewinn hat.

9. Zurückweisung eines Erwerbs

398 > **Beispiel:**
> Egon hat eine Lebensversicherung abgeschlossen und seinen Sohn Herbert als Begünstigten im Todesfall benannt. Die Versicherungsleistung unterliegt nach § 3 Abs. 1 Nr. 4 ErbStG der Erbschaftsteuer. Herbert vereinbart mit seiner Mutter Erika, die Alleinerbin ist, dass er den Erwerb nach § 333 BGB gegen eine Abfindung in gleicher Höhe zurückweist.

Im Ergebnis bleibt die **Versicherungsleistung steuerfrei**. Die Versicherungssumme fällt zwar in den Nachlass, aber der Erwerb wird durch die abzugsfähige **Abfindung** neutralisiert. Herbert muss die Abfindung nicht nach § 3 Abs. 1 Nr. 4 ErbStG versteuern, da Abfindungen dort nicht erwähnt sind.

10. Lebensversicherung statt Bargeld

399 > **Beispiel:**
> Werner will für das Studium seiner Tochter Thea, zehn Jahre alt und hochbegabt, vorsorgen. Dafür will er 300.000 € bereitstellen. Schenkungsteuer leider 11 Prozent von 95.000 € = 10.450 €. Statt Thea das Geld zu schenken, schließt Werner eine Kapitallebensversicherung auf sein Leben ab, in die er die 300.000 € in fünf Raten einzahlt. Danach schenkt er Thea die Versicherung und überträgt den Versicherungsvertrag auf sie.

Die Schenkung wird mit zwei Drittel der eingezahlten Prämien bewertet (§ 12 Abs. 4 BewG). Also mit 200.000 €. Sie bleibt daher steuerfrei.

---

[269] FG Düsseldorf EFG 1965, 183.

C. Grundzüge des internationalen Erbschaftsteuerrechts

I. Begriff des internationales Steuerrecht

Das internationale Erbschaftsteuerrecht ist deutsches Recht mit Auslandsbezug. Es handelt sich
- um **originär deutsches Recht**, das über mehrere Steuergesetze verstreut ist,
- um **abgeleitetes deutsches Recht**, das seinen Entstehungsgrund in einem völkerrechtlichen Vertrag hat.

Zu beidem hinzu tritt das vorrangige **Europarecht**, das Einfluss auch auf das Erbschaftsteuerrecht nimmt.

400

1. Deutsches Recht

a) Erbschaftsteuergesetz (ErbStG)

Hier geht es um
- die Unterscheidung zwischen unbeschränkter und beschränkter Steuerpflicht,
- die Höhe der persönlichen Freibeträge,
- Steuervergünstigungen, die nur für Inlandsvermögen gewährt werden,
- die Einordnung ausländischer Erwerbe und Rechtsformen in die deutsche Begrifflichkeit,
- die Vermeidung einer Doppelbesteuerung, wenn ein Erwerb sowohl im Ausland wie im Inland besteuert wird.

401

b) Bewertungsgesetz (BewG)

Hier geht es um die Bewertung von Vermögen, das sich im Ausland befindet.

402

c) Abgabenordnung (AO)

Die AO gibt Antwort auf die Frage, wo jemand seinen Wohnsitz oder seinen gewöhnlichen Aufenthalt hat und welche Mitwirkungspflichten ihn bei der Aufklärung eines ausländischen Sachverhalts treffen.

403

d) Außensteuergesetz (AStG)

Das AStG will verhindern, dass Einkünfte und Vermögen gemindert werden, indem sie in ausländischen Kapitalgesellschaften und Familienstiftungen steuerfrei oder steuerermäßigt gebunkert werden. Außerdem sollen deutsche Steuerflüchtlinge, die hierzulande noch bedeutende wirtschaftliche Interessen haben, für eine gewisse Zeit in größerem Umfang als sonst bei Nichtansässigen üblich mit Erbschaft- und Schenkungsteuerzahlungen zur Gesundung der Länderfinanzen beitragen.

404

2. Abkommen zur Vermeidung der Doppelbesteuerung (DBA)

Regeln des allg. Völkerrechts, die nach Art. 25 GG dem Bundesrecht vorgehen, gibt es im internationalen Steuerrecht kaum. Eine Regel ist, dass die deutsche Besteuerung nur die Personen erfassen darf, die zu Deutschland eine hinreichend enge Beziehung haben, die in einem inländischen Wohnsitz, dem gewöhnlichen Aufenthalt im Inland,

405

der deutschen Staatsangehörigkeit oder in inländischem Vermögen bestehen kann.[270] Sie wird im deutschen Steuerrecht beachtet. Wohl aber gibt es bilaterale völkerrechtliche Verträge, die spezielles Völkerrecht schaffen. Im Steuerrecht sind das die Abkommen zur Vermeidung der Doppelbesteuerung. Sie werden im Branchenjargon etwas missverständlich **Doppelbesteuerungsabkommen** genannt, oder noch kürzer DBA.

a) Zustandekommen

406 DBA werden völkerrechtlich zwischen den Vertragsparteien verbindlich, wenn sie ratifiziert worden sind, wobei deren Verfassungsrecht darüber entscheidet, wann eine Ratifikation erfolgen darf. DBA bedürfen nach Art. 59 Abs. 2 GG der Zustimmung durch Bundesgesetz, da sie sich auf einen Gegenstand der Gesetzgebung des Bundes beziehen, wozu die Erbschaftsteuer gehört (Art. 105 Abs. 2, 72 Abs. 2 GG). Wenn das Zustimmungsgesetz wirksam geworden ist,[271] wird es innerstaatlich ohne weiteres verbindlich. Denn ein DBA ist zur unmittelbaren innerstaatlichen Anwendung bestimmt und geeignet. Es ist also anwendungsfähig oder self-executing, wie es allg. heißt.

b) Verhältnis zum nationalen Steuerrecht

407 Die Vorschriften eines DBA sind leges speciales gegenüber den Regeln des deutschen Steuerrechts, hier des Erbschaftsteuerrechts. Soweit sie deutsche Besteuerungsrechte aufheben oder beschränken, sind sie von den Finanzbehörden von Amts wegen zu beachten. Der Steuerpflichtige hat außerdem ein vor den Finanzgerichten nach Art. 19 Abs. 4 GG durchsetzbares subjektiv-öffentliches Recht, dass diese Einschränkungen beachtet werden.

408 In § 2 AO – ähnlich wie in Art. 3 Abs. 2 EGBGB – steht, dass völkerrechtliche Verträge den Bundesgesetzen vorgehen, soweit sie unmittelbar anwendbares innerstaatliches Recht geworden sind. Aber wie § 2 AO selbst, hat auch ein DBA nur den Rang einfachen Bundesrechts. Deshalb kann sich der deutsche Gesetzgeber nach h. M. darüber nachträglich hinwegsetzen, da insoweit die lex-posterior-Regel uneingeschränkt gilt. Verlangt wird nur, dass er deutlich macht, er weiche von einem DBA ab.[272] Diese Praxis wird **treaty overriding** oder **treaty override** genannt. Die Verletzung des DBA ist völkerrechtswidrig, was indes Wirkungen nur im Verhältnis zum Vertragspartner zeitigt, ihm also ein Recht gibt, völkerrechtliche Sanktionen anzuwenden. Innerstaatlich bleibt sie folgenlos.[273]

c) Wirkungen eines DBA

409 In einem DBA verteilen die beteiligten Staaten den Steuerkuchen unter sich, indem sie die Besteuerungsrechte, die ihnen nach ihrem Steuerrecht originär zustehen, aufgeben

---

270 *Vogel/Lehner*, DBA, Einl. Rn. 11.
271 Wie diese Wirksamkeit zu erklären ist, darüber streiten sich die Transformationstheorie und die Theorie vom Anwendungsbefehl, vgl. *Vogel/Lehner*, DBA, Einl. Rn. 61.
272 *Vogel/Lehner*, DBA, Einl. Rn. 203.
273 BFH BStBl. II 1995, 129; a.A. *Daragan*, FR 1993, 48; *Daragan*, IStR 1998, 225 unter Berufung auf Art. 59 Abs. 2 GG u. das materielle Rechtsstaatsprinzip des Art. 20 Abs. 3 GG; *Vogel*, IStR 2005, 29 unter Hinw. auf eine Entscheidung des BVerfG (IStR 2005, 31) zur EGMR. Der Grundsatz pacta sunt servanda ist zwar eine Regel des allg. Völkerrechts, ändert aber nichts daran, dass das DBA selbst spezielles Völkerrecht enthält.

oder beschränken. Ein DBA begründet keinen Steueranspruch und erweitert ihn nicht. Was nach deutschem Steuerrecht nicht besteuert werden kann, ist auch nach einem DBA nicht steuerbar. Deshalb kann sich ein Steueranspruch immer nur aus dem deutschen Steuerrecht ergeben. Das DBA regelt, ob und in welchem Umfang Deutschland diesen Anspruch noch geltend machen kann.[274]

d) Bestehende DBA

Auf dem Gebiet der Erbschaftsteuer und der Schenkungsteuer gibt[275] es nur wenige umfassende Abkommen, nämlich fünf,[276] mit

- Dänemark,[277]
- Österreich,[278]
- Schweden,[279]
- Schweiz,[280]
- USA.[281]

410

Daneben gibt es Abkommen mit partieller Geltung, wie das Abkommen zwischen Frankreich und dem Saarland[282] und das Abkommen mit Griechenland.[283] Sie regeln Teilbereiche und sind nur von lokalem Interesse.

3. Europarecht

Eine weitere internationale Rechtsquelle ist das Europarecht. Es geht deutschem Recht vor, mit Einschränkung auch deutschem Verfassungsrecht.[284]

411

a) Grundfreiheiten

Auswirkung auf das deutsche Steuerrecht haben vor allem die Vorschriften über

412

- die Freizügigkeit der Arbeitnehmer (Art. 39 EGV);
- die Niederlassungsfreiheit zur Aufnahme und Ausübung einer selbstständigen Erwerbstätigkeit, darunter die Gründung und Leitung von Unternehmen, insb. von Gesellschaften, für Staatsangehörige und für Gesellschaften (Art. 43, 48 EGV);
- die Freiheit des Dienstleistungsverkehrs (Art. 49 ff. EGV);
- die Kapitalverkehrsfreiheit (Art. 56 ff. EGV).

---

274 BFH BStBl. II 1980, 531; *Vogel/Lehner*, DBA, Einl. Rn. 68 ff.
275 Mit Frankreich, Großbritannien u. den Niederlanden steht die Bundesrepublik in Verhandlungen.
276 H 3 ErbStH.
277 BGBl II 1996, 2565 = BStBl. I 1996, 1219; das Abkommen ist ab 1.1.1997 anwendbar.
278 BGBl II 1955, 755 = BStBl. I 1955, 375; das Abkommen ist ab 8.9.1955 anwendbar.
279 BGBl II 1994, 686 = BStBl. I 1994, 422; das Abkommen ist ab 1.1.1995 anwendbar.
280 BGBl II 1980, 594 = BStBl. I 1980, 243; das Abkommen ist ab 24.4.1980 anwendbar.
281 Zum Protokoll 1998: BGBl II 2000, 1170 = BStBl. I 2001, 110. Es ist am 14.12.2000 in Kraft getreten u. auf die danach eintretenden Todesfälle u. Schenkungen anzuwenden. Ferner Bekanntmachung der Neufassung: BGBl II 2001, 65 = BStBl. I 2001, 114.
282 Anl. 4 des Saarvertrages, BGBl II 1956, 1587 u. Art. 21 Abs. 7 des Abkommens vom 21.7.1959 i.d.F. des Zusatzabkommens v. 28.9.1989 (BGBl II 1990, 770 = BStBl. I 1990, 413).
283 Abkommen v. 18.11.1910 bzw. 1.12.1910, RGBl. 1912, 173 = BStBl. I 1953, 375; das Abkommen ist ab 1.1.1953 anwendbar.
284 Dazu *Jarass/Pieroth*, GG, Art. 23 Rn. 32 ff.

b) Auswirkungen auf das Erbschaft- und Schenkungsteuerrecht

413 Vor allem die **Niederlassungs-** und die **Kapitalverkehrsfreiheit** werden seit der Barbier-Entscheidung des EuGH[285] zunehmend für das deutsche Erbschaftsteuerrecht entdeckt. Darin hat der EuGH entschieden, dass der Erwerb einer Immobilie von Todes wegen unter die Kapitalverkehrsfreiheit fällt. Es liege eine unzulässige Beschränkung vor, wenn das nationale Erbschaftsteuerrecht so gestaltet ist, dass es bei Nichtinländern zu ungünstigeren Ergebnissen führt als bei Inländern. Denn bei der Entscheidung über die wirtschaftlichen Folgen einer Investition werde auch die Erbschaftsteuer berücksichtigt. Außerdem hat er angedeutet, es könne darin auch ein Verstoß gegen die Niederlassungsfreiheit zu sehen sein.

c) Gemeinschaftswidrige Vorschriften

414 Die Barbier-Entscheidung des EuGH hat im Schrifttum eine lebhafte Diskussion über Einfluss des Gemeinschaftsrechts auf das deutsche Erbschaftsteuerrecht angestoßen.[286] Als vorläufiges Ergebnis lässt sich festhalten, dass aller Wahrscheinlichkeit nach folgende **Regelungen gegen das Gemeinschaftsrecht verstoßen**:

– die erweiterte unbeschränkte Steuerpflicht für deutsche Staatsangehörige (§ 2 Abs. 1 Satz 2 b ErbStG);
– die erweiterte beschränkte Steuerpflicht (§ 4 AStG);
– die Bewertung von Auslandsvermögen (§ 31 BewG);[287]
– Freibetrag bei beschränkter Steuerpflicht (§ 16 Abs. 2 ErbStG);
– Beschränkung des Schuldenabzugs bei beschränkter Steuerpflicht (§ 10 Abs. 6 Satz 2 ErbStG);
– die Nichtbefreiung der Schenkung eines ausländischen Familienheims (§ 13 Nr. 4 a ErbStG);
– die Nichtbegünstigung des Erwerbs ausländischen Betriebsvermögens (§13a, § 19a ErbStG);
– die Besteuerung ausländischer Familienstiftungen (§ 15 Abs. 2 Satz 1 ErbStG).[288]

II. Deutsches Erbschaft- und Schenkungsteuerrecht bei internationalen Sachverhalten

1. Unbeschränkte und beschränkte Steuerpflicht

415 Der deutschen Erbschaft- und Schenkungsteuer unterliegen nur die Erwerbe, die einen Bezug zum Inland haben. Er kann aus persönlichen oder aus sachlichen Gründen bestehen:

---

285 Erben von H. Barbier/Inspecteur van de Belastingsdienst Particulieren/Ondernemingen buitenland *te Heerlen*, BFV/NV Beilage 2004, 105 = DStRE 2004, 93 = ZEV 2004, 74 m. Anm. *Dautzenberg*.
286 *Schaumburg*, RIW 2001, 161, 165; *Meincke*, ErbStG, § 2 Rn. 6; *Schnitger*, FR 2004, 185; *Wilms/Maier*, UVR 2004, 327 u. 362; *Wachter*, DStR 2004, 540; *Jochum*, ZErb 2004, 253; *Sedlacek*, UVR 2004, 395. Umfassend *Kessler/Spengel*, Checkliste potenziell EG-rechtswidriger Normen des deutschen direkten Steuerrechts – Update 2004, DB-Beilage 06/2004.
287 Einschränkend BFH BStBl. II 2005, 370; BFH DStR 2005, 644: keine ernstlichen Zweifel, dass die Bewertung für Erwerbsvorgänge bis 1995 nicht europarechtswidrig ist; offengelassen für die Jahre ab 1996.
288 Einschränkend *Meincke* (ZEV 2005, 174). Zu dem bei *Meincke* anklingenden Gedanken der Kohärenz als Rechtfertigungsgrund vgl. *Elicker*, IStR 2005, 89.

– **Persönlicher Bezug:** Die beteiligten Personen oder eine von ihnen ist Inländer.
– **Sachlicher Bezug:** Der Erwerb betrifft inländisches Vermögen, also Vermögen, das im Inland belegen ist wie z.B. ein Grundstück.

Der persönliche Bezug führt zur unbeschränkten Steuerpflicht (§ 2 Abs. 1 Nr. 1 und 2 ErbStG[289]), der sachliche Bezug zur beschränkten Steuerpflicht (§ 2 Abs. 1 Nr. 3 ErbStG[290]).

416

Vereinfacht ausgedrückt, lässt sich sagen:
– Die **unbeschränkte Steuerpflicht** bezieht sich auf das gesamte Vermögen des Erblassers, egal wo es sich befindet, also das **Weltvermögen**.
– Die beschränkte Steuerpflicht erstreckt sich nur auf das Inlandsvermögen.

2. *Unbeschränkte Steuerpflicht*

Die unbeschränkte Steuerpflicht gibt es in zwei Varianten:

417

– als **allg. unbeschränkte Steuerpflicht** oder
– als **erweiterte unbeschränkte Steuerpflicht**.

a) Allgemeine unbeschränkte Steuerpflicht

Nach § 2 Abs. 1 Nr. 1 Satz 1 a ErbStG tritt Steuerpflicht für den gesamten Vermögensanfall ein, wenn

418

– der Erblasser / Schenker **oder**
– der Erwerber

ein Inländer ist.

aa) Inländer

Als Inländer gelten

419

– **natürliche Personen**, die im Inland einen Wohnsitz oder ihren gewöhnlichen Aufenthalt haben (§ 2 Abs. 1 Nr. 1 Satz 2 a ErbStG),
– **Körperschaften, Personenvereinigungen und Vermögensmassen**, die ihre Geschäftsleitung oder ihren Sitz im Inland haben (§ 2 Abs. 1 Nr. 1 Satz 2 d ErbStG).

bb) Inland

Der Inlandsbegriff wird im Gesetz nicht definiert. Er stimmt mit dem Begriff „Geltungsbereich dieses Gesetzes" (§ 20 Abs. 6 Satz 1 ErbStG) überein.

420

cc) Wohnsitz

Einen Wohnsitz hat jemand dort, wo er eine Wohnung unter Umständen innehat, die darauf schließen lassen, dass er die Wohnung beibehalten und benutzen wird (§ 8 AO). Dazu liegt reichhaltige Rspr. des BFH[291] vor, aus der sich ergibt, dass der steuerrechtliche Wohnsitzbegriff nur an tatsächliche Umstände anknüpft. Ein Wille zur Begründung oder Nichtbegründung eines Wohnsitzes ist irrelevant.

421

---

[289] R 3 Abs. 1 ErbStR.
[290] R 3 Abs. 2 ErbStR.
[291] Vgl. aus neuerer Zeit BFH BStBl. II 1989, 182; BFH/NV 2001, 1402; DStRE 2003, 346 = BFH/NV 2003, 1411; BFH/NV 2004, 917.

- Eine **Wohnung** setzt voraus, dass Räume vorhanden sind, die sich zum Wohnen eignen. Anhaltspunkte dafür können die Ausstattung und Einrichtung sein. Auch ein möbliertes Zimmer kann ausreichen, nicht nur bei Studenten.
- Der Steuerpflichtige muss die Wohnung **innehaben**, d.h. er muss tatsächlich darüber verfügen können. Die Wohnung muss ihm jederzeit als Bleibe zur Verfügung stehen.
- Die Wohnung muss **tatsächlich** als Bleibe nicht nur vorübergehend **benutzt** werden. Es ist nicht erforderlich, dass sich der Steuerpflichtige während einer bestimmten Mindestzahl von Tagen oder Wochen im Jahr in der Wohnung aufhält oder vor dort aus seiner Arbeit nachgeht. Der steuerrechtliche Wohnsitzbegriff knüpft demnach nicht an eine 183 Tage-Regel an.

> **Beispiel:**
> Die Erbin und der Erblasser benutzten über Jahre hinweg während der Rehwildjagd jedes Jahr für einige Wochen eine Doppelhaushälfte.

422 Bei **Ehegatten** und **Kindern** muss für jeden Einzelnen geprüft werden, wo er oder sie ihren Wohnsitz hat. Ein Ehegatte, der nicht dauernd getrennt lebt, hat seinen Wohnsitz grundsätzlich dort, wo seine Familie lebt. Kinder haben ihren Wohnsitz bis zur Volljährigkeit bei ihren Eltern.

423 § 8 AO spricht von einem Wohnsitz in Inland. Er geht also davon aus, dass der Einzelne mehrere Wohnsitze zur gleichen Zeit an verschiedenen Orten haben kann. Wichtig: Jeder Wohnsitz im Inland genügt, auch ein Zweitwohnsitz, ein Drittwohnsitz etc.

dd) Gewöhnlicher Aufenthalt

424 Inländer ist auch, wer im Inland zwar keinen Wohnsitz, aber seinen gewöhnlichen Aufenthalt hat (§ 9 AO). Den gewöhnlichen Aufenthalt hat jemand dort, wo er sich unter Umständen aufhält, die erkennen lassen, dass er an diesem Ort oder in diesem Gebiet nicht nur vorübergehend verweilt. Als gewöhnlicher Aufenthalt ist stets und von Beginn an ein zeitlich zusammenhängender Aufenthalt von mehr als sechs Monaten Dauer anzusehen; kurzfristige Unterbrechungen bleiben dabei unberücksichtigt. Dies gilt jedoch nicht, wenn der Aufenthalt ausschließlich zu Besuchs-, Erholungs-, Kur- oder ähnlichen privaten Zwecken genommen wird und nicht länger als ein Jahr dauert.

425 Der Aufenthalt muss von einer gewissen Dauer sein. Deshalb wird der gewöhnliche Aufenthalt erst begründet, wenn der Aufenthalt mehr als sechs Monate dauert oder diese Dauer geplant war, wenn der tatsächliche Aufenthalt kürzer ausgefallen ist. Die sechs Monate müssen jedoch nicht in einem Kalenderjahr liegen. Immer aber muss es sich um einen zeitlich zusammenhängenden Aufenthalt handeln. Kurzfristige Unterbrechungen, z.B. durch Urlaub oder Wochenendheimfahrten, bleiben unberücksichtigt, und die Uhr tickt weiter.

ee) Gesamter Vermögensanfall

426 Die unbeschränkte Steuerpflicht erfasst den gesamten Vermögensanfall, unabhängig davon, wo sich die Vermögensgegenstände befinden, die dazu gehören. Aber:
- Ist der **Erblasser Inländer**, besteht der „gesamte Vermögensanfall" aus der Summe der Nachlassgegenstände, und zwar für jeden Erwerber.

– Ist der **Erblasser kein Inländer**, besteht der „gesamte Vermögensanfall" aus der Summe der Nachlassgegenstände, aber nur für den Erwerber, der Inländer ist.

ff) Maßgeblicher Zeitpunkt

Entscheidend ist, ob der Erblasser zur Zeit seines Todes, der Schenker zur Zeit der Ausführung der Schenkung oder der Erwerber zur Zeit der Erstehung der Steuer (§ 9 ErbStG) **Inländer** ist. Da die Schenkungsteuer mit der Ausführung der Zuwendung entsteht (§ 9 Abs. 1 Nr. 2 ErbStG), stimmen bei einer Schenkung der maßgebende Zeitpunkt für den Schenker und für den Erwerber überein. Bei Erwerben von Todes wegen entsteht die Erbschaftsteuer grundsätzlich mit dem Tod des Erblassers (§ 9 Abs. 1 Nr. 1 ErbStG). Tritt bei einer Vor- und Nacherbschaft der Nacherbfall mit dem Tod des Vorerben ein, gilt der Vorerbe – anders als im Zivilrecht – auch dann als Erblasser des Nacherben (§ 6 Abs. 2 Satz 1 ErbStG), wenn der Nacherbe nach § 6 Abs. 2 Satz 2 ErbStG beantragt, der Besteuerung sein Verhältnis zum zivilrechtlichen Erblasser zugrunde zu legen.[292] Ist der Nacherbe Ausländer, kommt es darauf an, ob der Vorerbe zur Zeit seines Todes ein Inländer ist. Der Status des Erblassers ist nicht von Bedeutung.

427

gg) Vermeidungsstrategien

Die allg. unbeschränkte Steuerpflicht lässt sich nur durch Aufgabe jedes Wohnsitzes in Deutschland vermeiden. An die Aufgabe eines inländischen Wohnsitzes werden sehr hohe Anforderungen gestellt. Die Behauptung, ins Ausland verzogen zu sein, wird daher in bedeutenden Fällen von den Finanzbeamten anhand aller tatsächlichen und wirtschaftlichen Gegebenheiten sehr krit. geprüft. Vielleicht findet sich doch noch irgendwo eine Zahnbürste oder ein Anzug im Schrank.

428

b) Erweiterte unbeschränkte Steuerpflicht

aa) Voraussetzungen

Nach § 2 Abs. 1 Nr. 1 Satz 2 b ErbStG gelten als Inländer auch die Steuerpflichtigen, die zwar im Inland weder einen Wohnsitz noch ihren gewöhnlichen Aufenthaltsort haben, dem Inland aber durch die **deutsche Staatsangehörigkeit** verbunden sind und dadurch, dass sie sich nicht länger als fünf Jahre im Ausland aufhalten. In der Sache handelt es sich um eine abstrakte Missbrauchsregelung, mit der verhindert werden soll, dass die deutsche Erbschaft- und Schenkungsteuer durch kurzfristige Wohnsitzverlegung vermieden wird.

429

Die erweiterte unbeschränkte Steuerpflicht gilt, anders als die allg. unbeschränkte Steuerpflicht, nur für Deutsche (Art. 116 GG). Deutscher ist auch der, der neben der deutschen eine weitere Staatsangehörigkeit hat. Gleich der allg. unbeschränkten Steuerpflicht erfasst sie den weggezogenen Erblasser, Schenker **oder** Erwerber.

430

Die erweiterte unbeschränkte Erbschaftsteuerpflicht kann durch ein DBA aufgehoben oder eingeschränkt werden, z.B. dem DBA/Österreich. Im DBA/USA und im dazu ergangenen Zustimmungsgesetz[293] ist die erweiterte unbeschränkte Steuerpflicht auf die Dauer zehn Jahre nach dem Wegzug ausgedehnt worden. Das soll Deutsche, die

431

---

292 RFH RStBl. 1929, 67; *Moench/Weinmann*, ErbStG, § 2 Rn. 15; a.A. NWBK/*Hübner*, ErbStG, BewG, 2. Aufl., § 6 Rn. 21; *Troll/Gebel/Jülicher*, ErbStG, § 2 Rn. 43.

293 Das war erforderlich, weil eine partielle Änderung des § 2 Abs. 1 Nr. 1 Satz 2 b ErbStG notwendig war, die in dem DBA allein nicht hätte erfolgen können: denn ein DBA kann keinen Steueranspruch begründen oder erweitern.

auf begrenzte Zeit in den USA arbeiten, vor der höheren amerikanischen Erbschaftsteuer schützen.

bb) Vermeidungsstrategien

432 Der potentielle Erblasser und Schenker kann erweiterte unbeschränkte Steuerpflicht außer durch Abwarten und Überleben nur dadurch vermeiden, dass er oder sie die deutsche Staatsangehörigkeit aufgibt. Das muss nicht schon vor oder gleich nach dem Wegzug geschehen. Es genügt, wenn die deutsche Staatsangehörigkeit nicht mehr besteht, wenn der steuerpflichtige Erwerb stattfindet.

433 Soweit die erweiterte unbeschränkte Steuerpflicht nur beim Erwerber ansetzt, kann sie vermieden werden, indem der Erwerb von Todes wegen hinausgeschoben wird, so dass der Erwerber die Möglichkeit hat, seinen inländischen Wohnsitz aufzugeben, bevor der Erwerb eintritt.

cc) Erweiterte unbeschränkte Steuerpflicht für Diplomaten und Auslandsbedienstete

434 Diplomaten und bestimmte sonstige Auslandsbedienstete unterliegen unabhängig von ihrer Ansässigkeit und ihrer Abwesenheit aus Deutschland stets der unbeschränkten Steuerpflicht (§ 2 Abs. 1 Nr. 1 Satz 2 c ErbStG). Betroffen sind vor allem deutsche Staatsangehörige mit Wohnsitz oder gewöhnlichem Aufenthalt im Ausland, die in einem Dienstverhältnis zu einer inländischen Körperschaft des öffentlichen Rechts stehen und dafür Arbeitslohn aus einer öffentlichen Kasse beziehen. Die unbeschränkte Steuerpflicht wird in diesem Fall auch auf die zum Haushalt gehörenden Angehörigen, den Ehegatten und die minderjährigen Kinder, erstreckt.

3. *Beschränkte Steuerpflicht*

435 Auch die beschränkte Steuerpflicht gibt es in zwei Varianten:
- als **allg. beschränkte Steuerpflicht**,
- als **erweiterte beschränkte Steuerpflicht**.

a) Allgemeine beschränkte Steuerpflicht

436 Die allg. beschränkte Steuerpflicht setzt nach § 2 Abs. 1 Nr. 3 ErbStG voraus, dass keiner der Beteiligten, weder der Erblasser noch Schenker noch der Erwerber, im Inland seinen Wohnsitz oder den gewöhnlichen Aufenthalt hat.

Diese Steuerpflicht erfasst nur den Erwerb von Inlandsvermögen.

aa) Inlandsvermögen

437 Inlandsvermögen ist nicht gleichbedeutend mit Vermögen, das sich im Inland befindet.[294] Es ist vielmehr in § 121 BewG abschließend aufgeführt. Was sich nicht in § 121 BewG findet, kann steuerfrei erworben werden.

bb) Umfang des Inlandsvermögens

438 Zum Inlandsvermögen gehören:
- das inländische land- und forstwirtschaftliche Vermögen (§§ 121 Nr. 1 BewG, nicht aber die § 33 Abs. 3 BewG genannten Vermögenswerte);
- das inländische Grundvermögen (§ 121 Nr. 2 BewG);[295]

---

[294] BFH HFR 1966, 401.

- das inländische Betriebsvermögen, soweit es zu einer Betriebstätte (§ 12 AO) in Deutschland gehört oder in Deutschland dafür ein ständiger Vertreter (§ 13 AO) bestellt ist (§ 121 Nr. 3 BewG);[296]
- ein Anteil an einer inländischen Kapitalgesellschaft, wenn die Gesellschaft Sitz (§ 11 AO) oder Geschäftsleitung (§ 10 AO) in Deutschland hat und der Gesellschafter entweder allein oder zusammen mit anderen ihm nahe stehenden Personen i.S.d. § 1 Abs. 2 AStG in der jeweils geltenden Fassung am Grund- oder Stammkapital der Gesellschaft mindestens zu einem Zehntel unmittelbar oder mittelbar beteiligt ist (§ 121 Nr. 4 BewG);[297]
- Erfindungen, Gebrauchsmuster und Topographien, wenn sie in ein inländisches Buch oder Register eingetragen sind (§ 121 Nr. 5 BewG);
- gewerblich genutzte Wirtschaftsgüter (§ 121 Nr. 6 BewG);[298]
- Hypotheken, Grundschulden und Rentenschulden und andere Forderungen oder Rechte, wenn sie durch inländischen Grundbesitz unmittelbar oder mittelbar gesichert sind (§ 121 Nr. 7 BewG);
- Forderungen aus der Beteiligung an einem Handelsgewerbe als stiller Gesellschafter und aus partiarischen Darlehen, wenn der Schuldner Steuerinländer ist (§ 121 Nr. 8 BewG);[299]
- Nutzungsrechte am Inlandsvermögen (§ 121 Nr. 9 BewG).[300]

Nicht zum Inlandsvermögen gehören u.a.: 439
- Bank- und Sparguthaben bei Kreditinstituten im Inland,
- im Inland verwahrte Wertpapiere,
- im Inland befindlicher Hausrat oder Schmuck,
- im Inland befindliche Kunstgegenstände,
- Beteiligungen an Kapitalgesellschaften mit Sitz und Geschäftsleitung im Ausland,
- dinglich nicht gesicherte Kapitalforderungen gegen inländische Schuldner wie z.B. ein Pflichtteilsanspruch,
- nach h.M.[301] auch Ansprüche auf Übereignung von Vermögensgegenständen, die sich im In- oder Ausland befinden, also z.B. Grundstücksvermächtnisse.

cc) Schuldenabzug des beschränkt steuerpflichtigen Erben

Im Falle der beschränkten Steuerpflicht sind bei der Feststellung der Bereicherung nach § 10 ErbStG von den zum Inlandsvermögen gehörenden Gegenständen nur die damit im wirtschaftlichen Zusammenhang stehenden Schulden und Lasten abzugsfähig (§ 10 Abs. 6 Satz 2 ErbStG). Umfasst der Erwerb **Inlands- und Nichtinlandsvermögen**, müssen die zum Nichtinlandsvermögen gehörenden Schulden und Lasten unberücksichtigt bleiben. 440

---

295 R 4 Abs. 8 ErbStR.
296 R 4 Abs. 2 ErbStR.
297 R 4 Abs. 3 ErbStR.
298 R 4 Abs. 4 ErbStR.
299 R 4 Abs. 5 ErbStR.
300 R 4 Abs. 6 ErbStR.
301 *Troll/Gebel/Jülicher*, ErbStG, § 2 Rn. 72 m. Nachw. zum Meinungsstand; a.A. *Daragan*, BB 2002, 649 f.; *Daragan*, DB 2004, 2389, 2391.

b) Erweiterte beschränkte Steuerpflicht

441 Die erweiterte unbeschränkte Steuerpflicht baut auf der allg. beschränkten Steuerpflicht auf. Anders als die allg. und die erweiterte unbeschränkte Steuerpflicht knüpft die erweiterte beschränkte Steuerpflicht nur an den Wegzug des Erblassers oder Schenkers an. Der Erwerber kann daher immer nur allg. beschränkt steuerpflichtig sein und niemals erweitert beschränkt.

442 Ihre Voraussetzungen ergeben sich aus § 4 AStG. Nach § 5 Abs. 1 Satz 2 AStG kann sie nicht durch Zwischenschaltung einer ausländischen Gesellschaft vermieden werden, die eine Zwischengesellschaft i.S.d. § 7 AStG ist.

443 Liegen die Voraussetzungen der erweitert beschränkten Erbschaft- bzw. Schenkungsteuerpflicht vor, unterliegt nicht nur das Inlandsvermögen i.S.v. § 121 BewG, sondern auch das **erweiterte Inlandsvermögen der Besteuerung**. Das erweiterte Inlandsvermögen ist im Grundsatz das gesamte im Inland belegene Vermögen. Dazu gehören:
– Kapitalforderungen gegen Schuldner im Inland,
– Spareinlagen und Bankguthaben bei Geldinstituten im Inland,
– Aktien und Anteile an Kapitalgesellschaften, Investmentfonds und offene Immobilienfonds sowie Geschäftsguthaben bei Genossenschaften im Inland,
– Ansprüche auf Renten und andere wiederkehrende Leistungen gegen Schuldner im Inland,
– Erfindungen und Urheberrechte, die im Inland verwertet werden,
– Versicherungsansprüche gegen Versicherungsunternehmen im Inland,
– sämtliche beweglichen Wirtschaftsgüter, die sich im Inland befinden,
– Vermögen, dessen Erträge (nach § 5 AStG) der erweitert beschränkten Steuerpflicht unterliegen,
– Nießbrauchs- und Nutzungsrechte an Vermögensgegenständen im Inland,
– Vermögen, das (nach § 15 AStG) der erweitert beschränkten Steuerpflicht zuzurechnen ist.

444 Nicht zum erweiterten Inlandsvermögen gehören unter anderem
– Kapitalforderungen gegen Schuldner im Ausland,
– Spareinlagen und Bankguthaben bei Geldinstituten im Ausland,
– Aktien und Anteile an Kapitalgesellschaften im Ausland, sofern es sich nicht um Zwischengesellschaften handelt.

4. *Vergleich von unbeschränkter und beschränkter Steuerpflicht*

445 Die Unterscheidung zwischen unbeschränkter und beschränkter Steuerpflicht hat Auswirkungen über die Frage hinaus, was der deutschen Erbschaftsteuer unterliegt.
– Die **sachlichen Steuerbefreiungen des § 13 ErbStG** gelten auch bei der beschränkten Steuerpflicht, sofern sie nach ihren Voraussetzungen dazu passen.[302]
– Ob der **fiktive Freibetrag nach § 5 Abs. 1 ErbStG** bei der beschränkten Steuerpflicht in vollem Umfang oder nur gekürzt auf den Anteil gewährt wird, zu dem bei

---

[302] Vgl. dazu BFH, BStBl. II 1984, 9

einem güterrechtlichen Ausgleich das Inlandsvermögen belastet würde, ist streitig.[303]

– Die **Freibeträge** des § 16 Abs. 1 ErbStG von 307.000 € für Ehegatten und von 205.000 € für Kinder wie auch die Versorgungsfreibeträge des § 17 ErbStG werden bei beschränkter Steuerpflicht nicht gewährt.[304] Der persönliche Freibetrag beträgt daher unabhängig vom Verwandtschaftsverhältnis einheitlich 1.100 € (§ 16 Abs. 2 ErbStG).

– Der Freibetrag und der Bewertungsabschlag der §§ 13a und 19a ErbStG werden bei beschränkter Steuerpflicht gewährt.

– Der **Steuertarif** ist einheitlich (§ 19 ErbStG).

– **Schulden und Lasten** können bei beschränkter Steuerpflicht nur eingeschränkt abgezogen werden (§ 10 Abs. 6 Satz 2 ErbStG). Sie werden nur insoweit berücksichtigt, als sie mit dem Inlandsvermögen im wirtschaftlichen Zusammenhang stehen und dieses Vermögen belasten.[305] Übersteigen die Schulden den Wert der Wirtschaftsgüter, die kein Inlandsvermögen sind, wird der Schuldenüberhang nicht berücksichtigt.

Die **unbeschränkte Steuerpflicht** kann günstiger sein, wenn der Erwerber der Ehegatte oder ein Kind des Erblassers oder Schenkers ist. Um die damit verbundenen Vorteile zu nutzen, kann es daher sinnvoll sein, dass der **Erwerber** einen Wohnsitz im Inland begründet. Der Erblasser oder Schenker sollte nur in Ausnahmefällen einen Wohnsitz im Inland begründen, da dies zur unbeschränkten Steuerpflicht des gesamten Weltvermögens führt, und die Fünf-Jahres-Frist des § 2 Abs. 1 Nr. 1 Satz 2 b ErbStG jedes Mal wieder neu beginnt.

446

III. Internationale Doppelbesteuerung

Sie tritt auf, wenn zwei oder mehr Staaten nach ihrem Steuerrecht einen Erwerb besteuern können.

447

1. Doppelte unbeschränkte Steuerpflicht

> **Beispiel:**
> Egon Muster war vor zwanzig Jahren mit Hauptwohnsitz nach Frankreich verzogen. In Deutschland hatte er nur noch seinen Zweitwohnsitz. Frankreich[306] wie Deutschland behandeln Egon als unbeschränkt steuerpflichtig und besteuern seine Erben nach dem gesamten Nachlass, gleichgültig, wo sich die Nachlassgegenstände befinden.

448

---

303 Vgl. *Meincke*, ErbStG, § 2 Rn. 11a einerseits u. *Moench/Weinmann*, ErbStG, § 5 Rn. 15 andererseits – beide m.w.N. Dazu eingehend *von Oertzen*, ZEV 1994, 93.
304 Das beruht auf der Vorstellung, der Nichtinländer unterliege mit dem Inlandserwerb einer Besteuerung im Ausland, bei der die deutsche Steuer angerechnet wird. Höhere Freibeträge würden nur das Anrechnungsvolumen verkürzen u. daher den Wohnsitzstaat, aber nicht den beschränkt Steuerpflichtigen begünstigen.
305 R 4 Abs. 7 ErbStR.
306 *Tillmanns*, in: *Mennel/Förster*, Steuern in Europa, Amerika und Asien – Frankreich Rn. 347.

2. Unbeschränkte und beschränkte Steuerpflicht

449 **Beispiel:**
Egon Muster hatte seinen Wohnsitz in Deutschland. Ihm gehörte ein Grundstück in Frankreich. Deutschland besteuert den gesamten Nachlass, also auch das Grundstück in Frankreich. Frankreich besteuert den Erwerb des Grundstücks.

3. Doppelte beschränkte Steuerpflicht

450 Derartige Fälle sind selten. Zumeist beruhen sie auf einem Qualifikationskonflikt.

Beispiel:
Egon Muster lebt in Italien. Ihm gehört eine deutsche GmbH, der ein Ferienhaus in Frankreich gehört. In Deutschland wird der Anteil an der GmbH i.R.d. beschränkten Steuerpflicht als Inlandsvermögen erfasst (§ 121 Nr. 4 BewG). Frankreich greift durch die GmbH hindurch und besteuert den Erwerb des Grundstücks.[307]

IV. Vermeidung der internationalen Doppelbesteuerung

451 Eine Doppelbesteuerung kann auf zweierlei Weise vermieden oder gemildert werden:
– **unilateral** durch **Anrechnung** der ausländischen Erbschaftsteuer auf die deutsche Erbschaftsteuer,
– **bilateral** durch ein DBA.

1. Anrechnung ausländischer Erbschaftsteuer nach § 21 ErbStG

a) Überblick

452 Soweit kein DBA eingreift, kann eine mehrfache Besteuerung dadurch abgemildert werden, dass die ausländische Erbschaftsteuer auf Auslandsvermögen auf die deutsche Erbschaftsteuer angerechnet wird (§ 21 ErbStG).[308] Die Vorschrift gilt über § 1 Abs. 2 ErbStG auch für eine ausländische Schenkungsteuer. Ausländische Erbschaftsteuer, die nicht anrechenbar ist, kann im Allgemeinen als Nachlassverbindlichkeit abgezogen werden (§ 10 Abs. 5 Nr. 1 ErbStG).

b) Unbeschränkte Steuerpflicht

453 Der Erwerber muss in Deutschland **unbeschränkt** steuerpflichtig sein, allg. oder erweitert (§ 21 Abs. 1 Satz 1 ErbStG). Bei jeder Art von beschränkter Steuerpflicht gibt es daher keine Anrechnung.

c) Auslandsvermögen

454 Das Auslandsvermögen bestimmt sich danach, ob der Erblasser oder Schenker zur Zeit des Entstehens der Steuer Inländer war oder nicht (§ 21 Abs. 2 ErbStG).
– **Enger Begriff des Auslandsvermögens:** War der Erblasser oder Schenker **Inländer**, gelten nach § 21 Abs. 2 Nr. 1 ErbStG nur die Vermögensgegenstände als Auslandsvermögen, die in § 121 BewG genannt sind und auf einen ausländischen Staat entfallen. § 121 BewG wird gewissermaßen spiegelbildlich angewandt.

---

307 *Tillmanns*, in: *Mennel/Förster*, Steuern in Europa, Amerika und Asien – Frankreich Rn. 347.
308 R 82 ErbStR.

- **Weiter Begriff des Auslandsvermögens:** War der Erblasser oder Schenker dagegen **kein Inländer**, gelten nach § 21 Abs. 2 Nr. 2 ErbStG alle Vermögensgegenstände als Auslandsvermögen, die kein Inlandsvermögen nach § 121 BewG sind.
- Nutzungsrechte an Auslandsvermögen werden als Auslandsvermögen behandelt.

d) Ausländische Steuer

Der Erwerber muss in dem ausländischen Staat zu einer der deutschen Erbschaftsteuer entsprechenden Steuer herangezogen werden. Darunter ist jede ausländische Steuer zu verstehen, die unmittelbar auf einen Erwerb von Todes wegen entsteht oder auf einen freigebigen Vermögensübergang erhoben wird. Ausländische Gewinnsteuern wie die kanadische capital gains tax sind nicht anrechenbar. Sie erfassen einen fiktiven Veräußerungsgewinn des Erblassers und entsprechen daher der deutschen Einkommensteuer. Solche Steuern können nur nach § 10 Abs. 5 abgezogen werden.[309]

455

Darauf, ob die ausländische Steuer den Erben rechtlich belastet, kommt es nicht an. Es genügt, dass sie ihn wirtschaftlich trifft. Anrechenbar ist eine ausländische Steuer daher unabhängig davon, ob sie – gleich der deutschen Erbschaftsteuer – den Erbanfall erfasst (Erbanfallsteuer) oder ob der Nachlass im Ganzen besteuert wird (Nachlasssteuer).[310] Handelt es sich um eine Nachlasssteuer, wird bei jedem Erwerber der Teil der Steuer auf die deutsche Erbschaftsteuer angerechnet, der auf die von ihm erworbenen Rechtspositionen entfällt.[311]

456

Die ausländische Steuer muss das Vermögen belasten, das auch der deutschen Steuer unterworfen ist. Es muss also, mit anderen Worten, Vermögensidentität bestehen.

457

e) Festsetzung und Zahlung der ausländischen Steuer, Nachweise

Die ausländische Steuer muss bestandskräftig festgesetzt und gezahlt sein. Sie darf keinem Ermäßigungsanspruch unterliegen. Der Erwerber hat den Nachweis über die Festsetzung und Zahlung der ausländischen Steuer durch Vorlage entsprechender Urkunden zu führen (§ 21 Abs. 3 ErbStG). Die dadurch entstehenden Kosten sind als Erwerbskosten abzugsfähig (§ 10 Abs. 5 Nr. 3 Satz 1 ErbStG). Nach § 21 Abs. 1 ErbStG ist die ausländische Steuer nur anrechenbar, wenn die deutsche Erbschaftsteuer für das Auslandsvermögen innerhalb von fünf Jahren seit dem Zeitpunkt der Entstehung der ausländischen Erbschaftsteuer entstanden ist.

458

f) Antrag

Angerechnet wird nur auf Antrag, dann aber immer. Denn auf die Anrechnung besteht ein Rechtsanspruch. Der Antrag ist nicht fristgebunden. Er kann also bis zur Bestandskraft des Erbschaftsteuerbescheides gestellt werden. Antragsberechtigt sind der Steuerschuldner und die Personen, die zur Abgabe der Steuererklärung verpflichtet sind wie z.B. ein Testamentsvollstrecker oder ein Nachlasspfleger (§ 31 Abs. 5 und 6 ErbStG).

459

---

309 BFH BStBl. II 1995, 540 für den Erbfall; ebenso FG Rheinland-Pfalz, ZErb 2000, 38 m. Anm. *Daragan* – für eine Schenkung.
310 BFH BStBl. II 1995, 540; dazu *Jülicher*, ZEV 1996, 295; ferner H 82 ErbStH.
311 BFH BStBl. II 1990, 786.

g) Umfang der Anrechnung

460 Besteht der Erwerb **nur** aus **Auslandsvermögen**, das uneingeschränkt der ausländischen und der deutschen Besteuerung unterliegt, wird die ausländische Steuer vollständig auf die deutsche Steuer angerechnet. Ist die ausländische Steuer höher, wird der Mehrbetrag nicht erstattet.

461 Besteht der Erwerb aus **Inlands- und Auslandsvermögen**, ist die ausländische Steuer nur bis zu dem Betrag der deutschen Erbschaftsteuer anrechenbar, der auf das Auslandsvermögen entfällt. Dieser Höchstbetrag ergibt sich, indem die für das steuerpflichtige Gesamtvermögen einschließlich des steuerpflichtigen Auslandsvermögens sich ergebende Erbschaftsteuer im Verhältnis des steuerpflichtigen Auslandsvermögens zum steuerpflichtigen Gesamtvermögen aufgeteilt wird.[312] Wenn das Auslandsvermögen in verschiedenen ausländischen Staaten gelegen ist, muss der anrechenbare Höchstbetrag für jeden einzelnen ausländischen Staat gesondert berechnet werden, sog. **per-country-limitation** (§ 21 Abs. 1 Satz 3).

2. Vermeidung oder Milderung der Doppelbesteuerung durch ein DBA

462 Die neueren deutschen DBA folgen dem Musterabkommen der OECD auf dem Gebiet der Erbschaft- und Schenkungsteuer, kurz **OECD-MA** ErbSt genannt. Es wird in einem Kommentar erläutert, den der Steuerausschuss der OECD erarbeitet hat. Er gibt das Verständnis der OECD-Mitglieder wieder und ist eine wertvolle Auslegungshilfe.

463 Am Aufbau des OECD-MA lassen sich der Aufbau eines deutschen DBA exemplarisch studieren. Aber wichtig: DBA ist nicht gleich DBA. Es gibt Abweichungen. Deshalb muss das jeweils einschlägige DBA herangezogen werden. Sonst kann es unliebsame Überraschungen geben.

a) Geltungsbereich des DBA

464 Er wird im **I. Abschnitt** geregelt.

- In Art. 1 werden die **Erwerbe** aufgeführt, auf die das DBA anwendbar ist. Das sind Nachlässe und Erbschaften sowie Schenkungen.
- In Art. 2 werden die **Steuern** aufgezählt, für die das DBA gilt. In einer Auffangklausel wird bestimmt, dass das DBA auch für alle Steuern gleicher oder im Wesentlichen ähnlicher Art gilt, die nach der Unterzeichnung des DBA neben oder an Stelle der bestehenden Steuern erhoben werden.

b) Begriffsbestimmungen

465 Sie finden sich Im **II. Abschnitt**.

- Art. 3 Abs. 1 definiert u.a. das **steuerpflichtige Vermögen**.
- Art. 3 Abs. 2 enthält eine **Auslegungsregel**: Bei der Anwendung des Abkommens durch einen Vertragstaat hat, wenn der Zusammenhang nichts anderes erfordert, jeder im Abkommen nicht definierte Ausdruck die Bedeutung, die ihm nach dem Recht dieses Staates über die Steuern zukommt, für die das Abkommen gilt. Daraus ergibt sich folgende **Reihenfolge**: Definition des DBA, Zusammenhang, in dem der

---

[312] Bzgl. der Einzelheiten wird auf die Kommentarliteratur verwiesen.

Begriff steht, Bedeutung des Begriffs nach dem Erbschaft- und Schenkungsteuerrecht des jeweiligen Anwenderstaates.

– In Art. 4 wird der **Wohnsitz** definiert. Eine Person mit Wohnsitz in einem Vertragsstaat ist eine Person, die dort unbeschränkt erbschaft- oder schenkungsteuerpflichtig ist. Besteht unbeschränkte Steuerpflicht in beiden Vertragsstaaten (Doppelwohnsitz), kommt es zunächst darauf an, in welchem Vertragsstaat der Steuerpflichtige über eine ständige Wohnstätte verfügt. Verfügt der Steuerpflichtige in beiden Vertragstaaten über eine ständige Wohnstätte, kommt es darauf an, wo sich der Mittelpunkt der Lebensinteressen befindet. Kann der Mittelpunkt der Lebensinteressen nicht bestimmt werden, ist der gewöhnliche Aufenthalt maßgebend. Besteht der gewöhnliche Aufenthalt in beiden Vertragsstaaten oder in keinem von ihnen, wird auf die Staatsangehörigkeit abgestellt. Lässt sich der Wohnsitz auch danach nicht bestimmen, entscheiden die Vertragsstaaten darüber im gegenseitigen Einvernehmen.

c) Besteuerungsregeln für die einzelnen Vermögensgegenstände

Sie sind im **III. Abschnitt** enthalten. Es geht hier um die Besteuerungsrechte des Staates, der nicht der Wohnsitzstaat ist und üblicherweise Belegenheitsstaat genannt wird.

466

– Nach Art. 5 kann jeder Staat das **unbewegliche Vermögen** besteuern, das sich auf seinem Gebiet befindet, und zwar auch dann, wenn es einem Unternehmen oder der Ausübung eines freien Berufs dient (Art. 5 Abs. 3).

– **Betriebsvermögen eines Unternehmens** kann jeder Staat nach Art. 6 besteuern, wenn sich auf seinem Gebiet eine Betriebsstätte des Unternehmens befindet, zu der das Vermögen gehört. Zugleich wird definiert, wann eine Betriebstätte vorliegt und wann nicht.

– Vermögen, das der **Ausübung eines freien Berufs** dient und zu der einer Betriebsstätte vergleichbaren festen Einrichtung gehört, wird wie Unternehmensvermögen behandelt (Art. 6 Abs. 6).

– Alles **andere Vermögen** kann nur im Wohnsitzstaat besteuert werden (Art. 7).

– Art. 8 regelt den **Schuldenabzug**. Er sieht dafür eine bestimmte Reihenfolge vor, durch die ein mehrfacher Schuldenabzug ausgeschlossen werden soll. Schulden die durch unbewegliches Vermögen oder Betriebsstättenvermögen gesichert sind oder mit ihm in wirtschaftlichem Zusammenhang stehen, sind vorrangig im Belegenheitsstaat abzuziehen. Die übrigen Schulden sind im Wohnsitzstaat abzuziehen.

d) Methoden zur Vermeidung der Doppelbesteuerung

Sie werden im **IV. Abschnitt** vorgestellt.

467

– **Freistellungsmethode:** Nur der Belegenheitsstaat darf unbewegliches Vermögen und Vermögen besteuern, das zu einer Betriebsstätte oder einer festen Einrichtung gehört, die sich auf seinem Gebiet befinden. Der Wohnsitzstaat darf dieses Vermögen nicht besteuern. Er darf es jedoch berücksichtigen, um den Steuersatz zu bestimmen, nach dem er alles andere Vermögen besteuert, für das ihm ein Besteuerungsrecht zusteht (**Progressionsvorbehalt**). Das freigestellte Vermögen darf also nur einmal besteuert werden, nämlich vom Belegenheitsstaat. Sein Steuerniveau bestimmt die Belastung.

- **Anrechungsmethode:** Sowohl der Belegenheitsstaat wie der Wohnsitzstaat dürfen unbewegliches Vermögen und Vermögen besteuern, das zu einer Betriebsstätte oder einer festen Einrichtung gehört, die sich auf dem Gebiet des Belegenheitsstaates befinden. Der Wohnsitzstaat muss aber auf die Steuer, die er auf dieses Vermögen erhebt, die Steuer anrechnen, die der Belegenheitsstaat seinerseits darauf erhoben hat (vgl. § 21 Abs. 4 ErbStG). Im Ergebnis wird das Vermögen auch hier nur einmal besteuert. Aber das Steuerniveau bestimmt der Staat, dessen Steuer am höchsten ist. Besteuert der Belegenheitsstaat höher, wird seine Steuer nur bis zur Höhe der Steuer des Wohnsitzstaates angerechnet. Besteuert der Wohnsitzstaat höher, wird seine Steuer nur zum Teil durch die anrechenbare Steuer des Belegenheitsstaates gemindert.

e) Gleichbehandlungsgebot, Verständigungsverfahren, Informationsaustausch

468 Im **V. Abschnitt** finden sich Regelungen über
- das Gleichbehandlungsgebot der Staatsangehörigen, also ein **Diskriminierungsverbot** (Art. 10),
- das **Verständigungsverfahren**, wenn eine dem DBA widersprechende Besteuerung in einem Vertragsstaat geltend gemacht wird (Art. 11),
- den **Informationsaustausch** (Art. 12).

Ferner finden sich dort Regelungen über
- die Aufrechterhaltung der **diplomatischen und konsularischen Vorrechte** (Art. 13),
- den **räumlichen Ausdehnungsbereich** (Art. 14).

f) Inkrafttreten, Kündigung des DBA

469 Sie regelt der **VI. Abschnitt**
- **Inkrafttreten** (Art. 15),
- **Kündigung** (Art. 16).

g) Überdachende Besteuerung

470 In verschiedenen Fällen möchte sich der Nicht-Wohnsitzstaat des Erblassers bzw. Schenkers ein weitergehendes Besteuerungsrecht sichern:

- Beim Wegzug wird für die eigenen Staatsangehörigen, die Erblasser oder Schenker sind, fingiert, dass sie noch für eine bestimmte Zeit als in Deutschland ansässig gelten, so im DBA/USA für zehn Jahre (Art. 4 Abs. 3), im DBA/Schweiz für maximal sechs Jahre (Art. 4 Abs. 4). Deutschland darf dann den Nachlass in vollem Umfang besteuern, muss aber die Steuern voll anrechnen, die der andere Staat darauf erhebt.
- Wenn Deutschland der Wohnsitzstaat des Erwerbers ist, darf es den gesamten Erwerb des Erwerbers nach seinem Recht besteuern. Es muss aber die gesamte in dem Wohnsitzstaat des Erblassers oder Schenkers auf diesen Erwerb erhobene Steuer anrechnen, soweit sie nicht auf Vermögen entfällt, das Deutschland ohnehin besteuern darf, weil es sich in Deutschland befindet.

V. Internationale Erbschaftsteuerplanung[313]

Ziel der Nachfolgeplanung im internationalen Erbschaftsteuerrecht ist es, die mehrfache Besteuerung einer Vermögensübertragung in verschiedenen Staaten zu vermeiden, Schulden steuergünstig zuzuordnen und die Gesamtsteuerbelastung in allen beteiligten Ländern zu optimieren.

Geht es um ein größeres Vermögen, ist es immer ratsam, die rechtliche und steuerliche Situation im Ausland durch ortsansässige und spezialisierte Berater beurteilen zu lassen und die Gestaltung mit ihnen abzustimmen. Das ist trotz der weiteren Kosten sinnvoller und billiger als eine verunglückte Erbregelung. Denn spätestens dann müssen Berater vor Ort hinzugezogen werden.

1. Schenkungen

Praxishinweis:

Wer unter Lebenden schenken will, sollte das vor einem Umzug nach Österreich tun. Sonst kann es zu unerfreulichen Doppelbesteuerungen kommen, da das DBA/Österreich für Schenkungen nicht gilt.

Auch das DBA/Schweiz gilt nicht für Schenkungen. Es gibt aber eine Verständigungsvereinbarung zwischen Deutschland und der Schweiz, wonach die für Erbschaftsfälle geltenden Regelungen des DBA auch für Schenkungen von Geschäftsbetrieben entsprechend anzuwenden sind.[314] Die DBA mit Dänemark, Schweden und den USA gelten auch für Schenkungen.

2. Vermögensumschichtung

Immer unter dem Vorbehalt, dass es nicht nur steuerlich, sondern vornehmlich wirtschaftlich Sinn macht: Deutsches Vermögen sollte in Schweizer Vermögen umgeschichtet werden. Andernfalls muss es vorher verkauft werden. Dadurch wird verhindert, dass steuerpflichtiges Inlandsvermögen übrig bleibt – vorausgesetzt, die Erben ihrerseits bleiben nicht alle in Deutschland. Und Wegzügler nach Österreich tun sich und ihren Erben einen Gefallen, wenn sie direkt oder auf Umwegen in endbesteuertes Kapitalvermögen investieren. Außerdem müssen Schulden i.R.d. Möglichen steuerorientiert zugeordnet werden.

3. Wegzug des potentiellen Erblassers[315]

Praxishinweis:

Wer in die Schweiz umzieht, sollte in Deutschland jedweden Wohnsitz aufgeben. Sonst kann es zu einer ewigen überdachenden Besteuerung kommen. Wer nach Österreich zieht, kann sein geliebtes deutsches Heim beibehalten. Er muss nur den Mittelpunkt seiner Lebensinteressen nach Österreich verlegen.

Anders als die Gründung einer ausländischen Gesellschaft ist eine Wohnsitzverlegung kein beliebig einsetzbares Gestaltungsmittel. Sie verlangt eine sorgfältige und langfristige Planung. Der Wunsch nach steuerlicher Entlastung verträgt sich nicht immer mit dem, was allg. außerhalb des Steuerrechts unter einem lebenswerten Leben vorstellbar

---

313 Vgl. dazu auch die Beiträge in *Grotherr*, HB Internationalen Steuerplanung, 1505 ff.
314 BMF-Schreiben DB 1988, 938.
315 Zum Wegzug nach Österreich oder in die Schweiz s. *Deininger*, Wegzug aus steuerlichen Gründen, passim.

ist. Vor allem kann dieses Gestaltungsmittel nicht kurzfristig eingesetzt werden. Dem steht die erweiterte unbeschränkte Erbschaftsteuerpflicht entgegen – so sie denn europarechtskonform sein sollte.

4. Wegzug auch des Erwerbers

477 Der überdachenden Besteuerung des Erwerbers nach dem DBA/Schweiz kann Einhalt geboten werden. Der Erwerber muss nur seinen Wohnsitz in dem Zeitpunkt, in dem der steuerliche Erwerb erfolgt, nicht mehr in Deutschland haben. Dieser Zeitpunkt ist normalerweise der Tod des Wegzüglers. Aber es ist auch möglich, den Erwerber aufschiebend bedingt zu bedenken, so dass der erbschaftsteuerliche Erwerb erst erfolgt und die Steuer erst dann entsteht, wenn die Bedingung eingetreten ist. Der Eintritt der Bedingung kann in das Belieben des Erwerbers gestellt werden (Potestativbedingung). Dann hat es der Erwerber in der Hand, die Bedingung erst dann eintreten zu lassen, wenn er dem deutschen Erbschaftsteuerzugriff entronnen ist.

5. Wechsel der Staatsangehörigkeit

478 Dadurch wird das deutsche Besteuerungsrecht eingeschränkt. Zum einen entfällt die erweiterte unbeschränkte Erbschaftsteuerpflicht des Erblassers, was für sich allein nichts nutzt, solange der Erbe noch in Deutschland weilt. Zum anderen darf im Verhältnis zur Schweiz Grundbesitz in der Schweiz nicht in Deutschland besteuert werden. Außerdem kann das ein erster Schritt gegen eine überdachende Besteuerung des Erben sein. Aber zu diesem Zweck muss der Wechsel rechtzeitig vor dem Wegzug erfolgt sein, nicht erst danach.

479 Ein Wechsel in die österreichische Staatsangehörigkeit beseitigt die erweiterte unbeschränkte Steuerpflicht Deutschlands und bringt die Vorteile der beschränkten Steuerpflicht, und zwar der allg. beschränkten Steuerpflicht, da die erweiterte beschränkte Steuerpflicht nach dem DBA/Österreich nicht greift. Ein möglicher Nachteil für den, der als Neuösterreicher weiter wandert, besteht nicht, da Österreich seine nachhinkende erweitere unbeschränkte Steuerpflicht, die analog der deutschen nur für österreichische Staatangehörige galt, unter dem (Ein)Druck der Barbier-Entscheidung des EuGH[316] inzwischen aufgehoben hat.

6. Vermögensübertragung auf einen Trust oder eine Stiftung

480 Sobald der Wegzügler die erweiterte unbeschränkte Erbschaftsteuerpflicht hinter sich gelassen hat, kann er einen Trust gründen und auf ihn Vermögen übertragen. Die Trusterrichtung ist aus deutscher Sicht die Schenkung eines beschränkt Steuerpflichtigen an einen anderen beschränkt Steuerpflichtigen. Sie löst keine deutsche Schenkungsteuer aus, wenn Vermögen verwendet wird, das weder der allg. noch der erweiterten beschränkten Steuerpflicht unterliegt. Aber die Steuerfolgen einer Trusterrichtung in der Schweiz oder in Österreich müssen selbstverständlich mitbedacht werden. Außerdem können Wegzügler nach Österreich sich die Segnungen einer österreichischen Privatstiftung zunutze machen.

---

316 Dazu oben Rn. 14.

Daragan

26. Kapitel
Internationales Privatrecht im Erbrecht

Übersicht:

A. Zweck, Inhalt und Funktion des Internationalen Privatrechts ... 1416
   I. Regelungsgegenstand des Internationalen Privatrechts ... 1416
   II. Kollisionsrecht ... 1417
   III. Internationales Zivilprozessrecht ... 1417
   IV. Internationales Nachlassverfahrensrecht ... 1417
   V. Quellen des deutschen IPR ... 1418
      1. Deutsch-Türkisches Nachlassabkommen vom 28.5.1929 ... 1418
      2. Deutsch-Persisches Niederlassungsabkommen vom 17.2.1929 ... 1419
      3. Deutsch-Sowjetischer Konsularvertrag vom 25.4.1958 ... 1419
      4. Bilaterale Abkommen auf dem Gebiet des IZPR ... 1420

B. Bestimmung des Erbstatuts ... 1420
   I. Funktionsweise der Kollisionsnormen ... 1420
   II. Ermittlung der maßgeblichen Staatsangehörigkeit (Personalstatut) ... 1422
      1. Vorliegen der deutschen Staatsangehörigkeit ... 1422
      2. Anknüpfung bei mehrfacher fehlender Staatsangehörigkeit ... 1422
      3. Geltung deutschen Personalstatuts trotz fehlender deutscher Staatsangehörigkeit ... 1422
   III. Rück- und Weiterverweisungen ... 1423
      1. Rückverweisungen ... 1423
      2. Weiterverweisung und mittelbare Rückverweisung ... 1424
      3. Teilweise Rückverweisung aufgrund funktioneller Nachlassspaltung ... 1425
   IV. Vorrangiges Einzelstatut ... 1425
   V. Bestimmung des Erbstatuts durch Rechtswahl ... 1426
      1. Voraussetzungen für die Wirksamkeit der Rechtswahl nach Art. 25 Abs. 2 EGBGB ... 1426
      2. Beschränkung auf unbewegliches Vermögen ... 1427
         a) Allgemeine Qualifikation ... 1427
         b) Qualifikation von Grundpfandrechten ... 1427
         c) Qualifikation von Grundstückszubehör ... 1428
         d) Qualifikation gesamthänderisch gebundenen Vermögens ... 1428
         e) Qualifikation des Anteils an einer Gütergemeinschaft ... 1428
      3. Bindungswirkung einer Rechtswahl ... 1428
      4. Rechtswahl nach ausländischem Recht ... 1429
      5. Formulierungsvorschläge für die Rechtswahl ... 1429

C. Gegenstand des Erbstatuts ... 1430
   I. Qualifikation und Vorfrage ... 1430
   II. Gesetzliche Erbfolge ... 1431
      1. Gesetzliches Erbrecht der Verwandten ... 1432
      2. Gesetzliches Erbrecht des Ehegatten ... 1432
         a) Zustandekommen der Ehe ... 1432
         b) Auflösung der Ehe ... 1433
         c) Besonderheiten bei gesetzlichem Nießbrauch und Voraus des Ehegatten ... 1433
         d) Einfluss des Güterrechts ... 1434
      3. Gesetzliches Erbrecht in der eingetragenen Lebenspartnerschaft ... 1434
      4. Gesetzliches Erbrecht aufgrund von Adoption ... 1435
      5. Gesetzliches Erbrecht nichtehelicher Lebenspartner ... 1436
   III. Testamentarische Erbfolge ... 1437
      1. Materielle Wirksamkeit ... 1437
      2. Wirkungen ... 1437
      3. Formwirksamkeit ... 1438
   IV. Gemeinschaftliches Testament ... 1439
      1. Materielle Wirksamkeit ... 1439
      2. Wirkungen ... 1440
      3. Formwirksamkeit des gemeinschaftlichen Testaments ... 1441
   V. Erbvertrag ... 1441
      1. Materielle Wirksamkeit ... 1441
      2. Zusammentreffen mehrerer Errichtungsstatute ... 1442
      3. Formwirksamkeit ... 1442
      4. Erb- und Pflichtteilsverzicht ... 1443
   VI. Erbgang ... 1443

D. Sonderfragen ... 1444
   I. Erbstatut und internationales Güterrecht ... 1444
      1. Bestimmung des Güterstatuts ... 1444

a) Objektiv bestimmtes Güterstatut	1444
b) Durch Rechtswahl bestimmtes Güterstatut	1445
c) Übergangsregeln für vor dem 9.4.1983 geschlossene Ehen	1446
d) Sonderanknüpfung für Aussiedler	1447
2. Abgrenzung des Güterstatuts vom Erbstatut	1447
II. Erbstatut und Gesellschaftsrecht	1449
III. Besonderheiten bei Nachlassspaltung	1450
E. Grenzen der Anwendung ausländischen Rechts	1452
F. Internationales Nachlassverfahrensrecht	1453
I. Internationale Zuständigkeit deutscher Nachlassgerichte	1453
II. Fremdrechtserbschein	1454
1. Inhalt des Fremdrechtserbscheins	1454
2. Erteilung eines Erbscheins bei Bestehen von Noterbrechten	1455
III. Formulierung des Erbscheins bei deutschem Erbstatut	1456
G. Internationaler Erbprozess	1456
I. Allgemeines	1456
II. Internationale Zuständigkeit	1456
III. Anerkennung und Vollstreckung ausländischer Entscheidungen	1458
H. Deutscher Erblasser mit Nachlass im Ausland (Checkliste)	1459
I. Übersicht zur Anknüpfung des Erbstatuts in ausländischen Rechtsordnungen	1459

Literaturhinweise

Bestelmeyer, Pflichtteilsergänzungsansprüche im Hinblick auf verschenktes Auslandsvermögen bei eingetretener oder fiktiver pflichtteilsfeindlicher Nachlassspaltung?, ZEV 2004, 359; *Derstadt*, Der Zugewinnausgleich nach § 1371 BGB bei Geltung französischen Erbrechts, IPRax 2001, 84; *Dörner*, Probleme des neuen Internationalen Erbrechts, DNotZ 1988, 67; ders., Zur Beerbung eines in der Bundesrepublik verstorbenen Iraners, IPRax 1994, 33; *Frank*, Die eingetragene Lebenspartnerschaft unter Beteiligung von Ausländern, MittBayNot 2001 Sonderheft Lebenspartnerschaften S. 35; *Gruber*, Pflichtteilsrecht und Nachlassspaltung, ZEV 2001, 463; *Heiderhoff*, Das Erbrecht des adoptierten Kindes nach der Neuregelung des internationalen Adoptionsrechts, FamRZ 2002, 1682; *Henrich*, Ehegattenerbrecht und IPR, FF 2000, 85; *Klingelhöffer*, Kollisionsrechtliche Probleme des Pflichtteils, ZEV 1996, 258; *Lange*, Rechtswahl als Gestaltungsmittel bei der Nachfolgeplanung, DNotZ 2000, 332; *St. Lorenz*, Schenkung von Todes wegen, Sachstatut und internationales Bereicherungsrecht, ZEV 1996, 406; *Lucht*, Internationales Privatrecht in Nachlassachen, Rpfleger 1997, 133; *Ludwig*, Internationales Adoptionsrecht in der notariellen Praxis nach dem Adoptionswirkungsgesetz, RNotZ 2002, 253; ders., Gestaltungsmittel zur Nachlassplanung im IPR außerhalb der Verfügung von Todes wegen, FS Zehn Jahre DNotI, 2003, S. 407; *Mankowski/Osthaus*, Gestaltungsmöglichkeiten durch Rechtswahl im Erbrecht des überlebenden Ehegatten in internationalen Fällen, DNotZ, 1997, 10; *Müller*, Erbrechtliche Konsequenzen der Adoption im Internationalen Privatrecht, NJW 1985, 2056; *Rauscher*, Konten deutscher Erblasser bei Banken in New York, FS W. Lorenz, 2001, S. 525; *Riering*, Der Erbverzicht im Internationalen Privatrecht, ZEV 1998, 248; *V. Stoll*, Die Rechtswahl im Namens-, Ehe- und Erbrecht, 1991; *Schurig*, Ererbte Kommaditanteile und US-amerikanischer Trust, IPRax 2001, 446; *Sonnenberger*, Die question anglaise als Problem deutsch-englischer Nachlassspaltung: Das Appartement des deutschen Erblassers an der Cote d'Azur, IPRax 2002, 169; *Steiner*, Grundregeln der Testamentsgestaltung in Fällen der faktischen Nachlassspaltung, ZEV 2003, 145; *Süß*, Die Rückverweisung im Internationalen Erbrecht – Einführung mit Länderübersicht, ZEV 2000, 486; ders., Das Verbot gemeinschaftlicher Testamente im Internationalen Erbrecht, IPRax 2002, 22; *Tiedemann*, Die Rechtswahl im deutschen Internationalen Erbrecht, RabelsZ 55 (1991) 17; *Umstätter*, Gemeinschaftliche Testamente mit Auslandsberührung, DNotZ 1984, 532.

Literaturhinweise zum Erbrecht ausgewählter Staaten

Belgien

Cieslar, Belgien in: *Ferid/Firsching*, Internationales Erbrecht (Stand: 1990); *Erauw*, Das neue „privilegium Belgicum – eine Überraschung im belgischen internationalen Erbrecht, IPrax 1982, 260 f.; *Grote*, Die Besteuerung deutsch-belgischer Erb- und Schenkungsfälle, 1999; *Hustedt*, Grundzüge des belgischen Ehegüter- und Erbrechts, MittRhNotK 1996, 337; *Hustedt/Sproten*, Länderbericht Belgien, in: Handbuch

Erbrecht in Europa, 2004, S. 263; *Pintens*, Das Spannungsverhältnis zwischen Familienerbrecht und Testierfreiheit im belgischen Recht, in *Henrich/Schwab*, Familienerbrecht und Testierfreiheit im europäischen Vergleich, S. 15; Handbuch Pflichtteilsrecht, 2003, § 16 Länderübersicht Belgien, S. 758.

England

Claudi, Die Erbfolge nach englischem materiellem und internationalem Privatrecht, MittRhNotK 1981, 79 und 115; *Haas*, in Bengel/Reimann, Handbuch der Testamentsvollstreckung, Kap. 9 Rn. 167–191; *Henrich*, Der Domizilbegriff im englischen Internationalen Privatrecht, RabelsZ 25 (1960), 456 ff.; Handbuch Pflichtteilsrecht, § 16 Länderübersicht Großbritannien; *Odersky*, Die Abwicklung deutsch-englischer Erbfälle, 2001; *ders.*, Länderbericht Großbritannien, in: Anwaltkommentar BGB, Band V: Erbrecht, 2003; Gestaltungsempfehlungen für Erbfälle mit anglo-amerikanischem Bezug, ZEV 2000, 492; *ders.*, Länderbericht Großbritannien, in: Handbuch Erbrecht in Europa, 2004, S. 480; *Schack,* Behandlung von Nachlässen im anglo-amerikanischen und internationalen Zivilrecht, in: *Schlosser*, Die Informationsbeschaffung für den Zivilprozess, 1997.

Frankreich

Döbereiner, Christoph: Ehe- und Erbverträge im deutsch-französischen Rechtsverkehr, 2001; *ders.*, Länderbericht Frankreich, in: Handbuch Erbrecht in Europa, 2004, S. 380; *Dostal:* Die Vererbung von Gesellschaftsanteilen im französischen Recht, ZEV 1997, 96; *Ekkernkamp, Dieter:* Die Abwicklung deutsch-französischer Erbfälle in der Bundesrepublik Deutschland, BWNotZ 1988, 158; *Exner*, Die Auseinandersetzung der Erbengemeinschaft im deutschen und im französischen Recht, Ein Rechtsvergleich, 1994; *Ferid /Sonnenberger*, Das französische Zivilrecht, Band 3: Familienrecht, Erbrecht, 2. Aufl., 1987; *Ferid*, Frankreich, in: *Ferid/Firsching* (Stand: 1.12.1987); *Ferrand*, Familienerbrecht und Testierfreiheit: Das französische Recht, in: *Henrich/Schwab*, Familienerbrecht und Testierfreiheit im europäischen Vergleich, 2001, S. 87; *Frank*, Grundlagen zum Immobilienerwerb in Frankreich, MittBayNot 2001, 39; *dies.*, Die Reform des Erbrechts in Frankreich – insbesondere: die neuen Rechte des überlebenden Ehegatten, RNotZ 2002, 270; *dies.*, Länderbericht Frankreich, in: Anwaltkommentar BGB, Band V: Erbrecht, 2003; *Gresser*, Gesetzliche und gewillkürte Erbfolge im französischen Erbrecht, ZEV 1997, 492; *Haas*, in: *Bengel/Reimann*, Handbuch der Testamentsvollstreckung, IX Rn. 138, *Klingelhöffer*, Ein lohnender Blick über die Grenze: Änderung des französischen Ehegattenerbrechts, ZEV 2003, 148; *Pütz-Kücking, Ingrid:* Die Grundzüge des französischen Erbrechts, MittRhNotK 1981, 273; *Riering*, Das gemeinschaftliche Testament deutsch-französischer Ehegatten, ZEV 1994, 225; *Rombach*, Reform des französischen Erbrechts, ZEV 2002, 271; *Sonnenberger:* Die question anglaise als Problem deutsch-französischer Nachlassspaltung: Das Appartment des deutschen Erblassers an der Côte Azur, IPRax 2002, 169; *Süß*, Reform des Erbrechts in Frankreich, ZErb 2002, 62; *Wachter*, Änderungen der französischen Erbschaft- und Schenkungsteuer, ZErb 2003, 332; *Wehrens/Gresser,*Der Kauf von Grundeigentum in Frankreich, in: FS Schippel 1996, S. 961; *dies.:* Nachfolgeplanung für Immobilien in Frankreich, in: FS Rheinisches Notariat 1998, S. 479.

Griechenland

Androulidakis-Dimitriadis, Ehegattenerbrecht und Testierfreiheit im griechischen Recht, in: *Henrich/Schwab*, Familienerbrecht, S. 115; *Demetriou/Gottwald*, Zur Intestaterbfolge nach griechischen Muslimen, IPRax 1995, 193; *Galanulis*, Länderbericht Griechenland, in: Anwaltkommentar BGB, Band V: Erbrecht, 2003; *Georgiades/Papadimitropoulos*, Griechenland, in: *Ferid/Firsching/Dörner/Hausmann*, Internationales Erbrecht; *Georgiades*, Zum Erbverzicht nach griechischem Recht – Sonderregelung für Auslandsgriechen, DNotZ 1975, 354; *Gogos*, Das Zivilgesetzbuch von Griechenland, Berlin 1951; *Mouratidou*, Länderbericht Griechenland, Notarius International 6 [2001] 94; *Papantoniou*, Die Auswirkungen des Zugewinnausgleichs auf das Erbrecht, FamRZ 1988, 683; *Stamatiadis/Tsantinis*, Länderbericht Griechenland, in: Handbuch Erbrecht in Europa, 2004, S. 447; *Süß*, Einige praktische Hinweise für deutsch-griechische Erbfälle, ZErb 2002, 341; Länderbericht Griechenland in: HB Pflichtteilsrecht, 2003, § 16 Rn. 83; *Vlassopoulou*, Deutsch-griechisches Familien- und Erbrecht in rechtsvergleichender Perspektive, FF 2002, 123.

Italien

v. Daumiller, Die Rechtswahl im italienischen internationalen Erbrecht, 2003; *Ebenroth/Kleiser*, Das Internationale Erbrecht in Italien und seine Reform, RIW 1993, 353; *Engbers*, Deutsch-italienische Erbfälle – Nachlassplanung, Nachlassabwicklung, 2002; *Frank*, Zivilrechtliche und steuerrechtliche Fragen des Erwerbs, des Verkaufs und der Vererbung von Immobilien in Italien, IWB Fach 5 Gruppe 2 S. 503 und 517, 2003; *dies.*, Länderbericht Italien, in: Anwaltkommentar BGB, Band V: Erbrecht, 2003; *Gabrielli*, Familienbeziehungen und Testierfreiheit in der Erbfolge nach italienischem Recht, in: *Henrich/Schwab*, Familienerbrecht, S. 125; *Grundmann*, Zur Errichtung eines gemeinschaftlichen Testaments durch italienische Ehegatten in Deutschland, IPRax 1986, 94; *Haas*, in: *Bengel/Reimann*, Handbuch der Testamentsvollstreckung, Kap. 9 Rn. 192; *Hausmann*, Rechtliche Probleme bei der Errichtung letztwilliger Verfügungen durch italienische Staatsangehörige vor deutschen Notaren, JbItalR 15/16 (2002) 173; *Jayme*, Die Beteiligung des Pflichterben am Nachlass: Herabsetzungs- und Auskunftsklage sowie Inventarerrichtung nach italienischem Erbrecht vor deutschen Gerichten, JbItalR 12 (1999) 177; *Kindler*, Internationale Zuständigkeit und anwendbares Recht im italienischen IPR-Gesetz von 1995, RabelsZ 61 (1997), 227; *ders.*, Einführung in das italienische Recht, 2. Aufl. 2003; *Priemer*, Das italienische Internationale Privatrecht nach seiner Reform – insbesondere zum Recht der Allgemeinen Ehewirkungen, Güterrecht, Erbrecht, MittRhNotK 2000, 45–61; *Rauscher*, Fristen der „accettazione dell'eredita", DNotZ 1985, 204; *Reiß*, Die Erbengemeinschaft im italienischen Recht, ZErb 2005, 212; *Salaris*, Grundzüge und Besonderheiten des italienischen Erbrechts, ZEV 1995, 240; *Stadler*, in: *Ferid/Firsching*, Italien (Stand: 1.9.1995); *Süß*, Einige Besonderheiten bei der Beerbung von Italienern, ZErb 2000, 50; *Wiedemann/Wiedemann*, Länderbericht Italien, in: Handbuch Erbrecht in Europa, 2004, S. 550.

Niederlande

Brandi, Das Haager Abkommen über das auf die Erbfolge anwendbare Recht, 1996; *Breemhaar*, Familiäre Bindung und Testierfreiheit im neuen niederländischen Erbrecht, in: *Henrich/Schwab*, Familienerbrecht, S. 147; *Charisius*, Das niederländische Internationale Privatrecht, 2001; *Eule*, Probleme der gesetzlichen Verteilung im neuen niederländischen Partnerschaftserbrecht, RNotZ 2003, 434; *Luijten*, Die Reform des Erbrechts in den Niederlanden, RNotZ 2003, 119; *van Mourik/Schols/Schmellenkamp/Tomlow/Weber*, in: DNotI, Deutsch-Niederländischer Rechtsverkehr in der Notariatspraxis, 1997; *van Maas de Bie.*, Länderbericht Niederlande, in: Handbuch Erbrecht in Europa, 2004, S. 665; *Mincke*, Einführung in das niederländische Recht, 2002; *Riering*, Grundzüge des neuen niederländischen Erbrechts, FS 10 Jahre DNotI, 2003, S. 359; *Schimansky*, Die Reform des niederländischen Erbrechts, ZEV 2003, 149; *Schmellenkamp*, Änderungen des Internationalen Erbrechts im Verhältnis zwischen Deutschland und den Niederlanden aufgrund des Haager Erbrechtsübereinkommens, MittRhNotK 1997, 245; *Süß*, Länderbericht Niederlande, in: Anwaltkommentar BGB, Band V: Erbrecht, 2003; *Weber*, Niederlande, in: Ferid/Firsching Bd. IV (Stand: 2004); *Weber*, Internationales Erbrecht in den Niederlanden, IPRax 2000, 41.

Österreich

Dörner, Zur Anwendung des § 1371 Abs. 1 BGB aus österreichischer Sicht, IPRax 1999, 125; *Eberhartinger/Fraberger*, Erbschaftsteuer in Österreich – Quo vadis?, IStR 2004, 565; *Ferrari*, Familienerbrecht und Testierfreiheit in Österreich, in: *Henrich/Schwab*, Familienerbrecht und Testierfreiheit im europäischen Vergleich, 2001, S. 173 ff.; *Firsching/Wirner*, Österreich, in: *Ferid/Firsching/Dörner/Hausmann*, Internationales Erbrecht, Bd. IV (Stand: 1982); *Haas*, in: *Bengel/Reimann*, Handbuch der Testamentsvollstreckung, Kap. 9 Rn 219 ; *Haunschmidt/Haunschmidt*, Erbschaft und Testament, 3. Aufl., Wien 2003; *Haunschmidt*, Länderbericht Österreich, in: Handbuch Erbrecht in Europa, 2004, S. 702; *M. Meyer*, Grundzüge und Besonderheiten des österreichischen Erbrechts, ZEV 1995, 8; *von Oertzen/Mondl*, Anwendbares Erbrecht in deutsch-österreichischen Erbfällen, ZEV 1997, 240; *Schwind*, Erbstatut und Pflichtteilsanspruch im österreichischen IPR, IPRax 1988, 45; *Solomon*, Erbfolge und Erbgang in deutsch-österreichischen Erbfällen, ZVglRWiss 99 (2000) 170; Länderbericht Österreich, in: Handbuch Pflichtteilsrecht, 2003, § 16 Rn. 250 ff.; *Süß*, Länderbericht Österreich, in: Anwaltkommentar BGB Band 5: Erbrecht, 2003, S. 1494; *Wirner*, „Le mort saisit le vif" oder „hereditas iacens" – eine Grundsatzfrage bei der Abwicklung österreichisch-deutscher Erbfälle, FS Schippel, 1996, S. 981.

Schweiz

Druey, Jean Nicolas, Grundriss des Erbrechts, 5. Aufl., Bern 2002; *Hindersmann/Myßen*, Die Erbschafts- und Schenkungssteuern der Schweizer Kantone, Köln 2003; *Lorenz*, Schweiz, in: *Ferid/Firsching/Dörner/Hausmann*, Internationales Erbrecht, Band V (Stand: 1.12.2002); *Lorenz*, Disharmonie im deutsch-schweizerischen internationalen Erbrecht – Koordinierungsmittel für die notarielle Praxis, DNotZ 1993, 148; *Schneider*, Die Nachlassabwicklung deutsch-schweizerischer Erbfälle in Deutschland und in der Schweiz, Diss. Regensburg 1996; *Süß*, Länderbericht Österreich, in: Anwaltkommentar BGB, Band V:

Erbrecht, 2003; *von Oertzen,* Anwendbares Erbrecht in deutsch-schweizerischen Erbfällen, ZEV 2000, 495; *Taupitz,* Deutscher Fremdrechtserbschein und schweizerisches Pflichtteilsrecht, IPRax 1988, 207; *Wachter,* Schweiz: Viertellösung im Achtelstreit, ZEV 2002, 268; *Wolf/Steiner,* Länderbericht Schweiz, in: Handbuch Erbrecht in Europa, 2004, S. 891.

Spanien

Börner, Minderung der Steuerbelastung für spanische Ferienimmobilien durch Zwischenschaltung von Kapitalgesellschaften?, ZEV 2004, 368; *Gantzer,* Eintragung deutscher Erben im spanischen Eigentumsregister, ZEV 1999, 473; *Hellwege,* Die Besteuerung deutsch-spanischer Erb- und Schenkungs-Fälle, 2002; *Herzig/Watrin/Walkter,* Grundzüge des spanischen Erbschaft- und Schenkungsteuerrechts, ZEV 2000, 473; *Hierneis,* Das besondere Erbrecht der sogenannten Foralrechtsgebiete Spaniens, 1966; *ders.,* Spanien, in: *Ferid/Firsching/Dörner/Hausmann,* Internationales Erbrecht, Band V (Stand: 2004); *Jülicher,* Erbschaft- und Schenkungsteuerprobleme bei deutsch-spanischen Erbfällen und Schenkungen, ZErb 2000, 139; *Löber/Huzel,* Erben und Vererben in Spanien, 4. Aufl. 2003; *Löber/Huzel,* Länderbericht Spanien, in: Handbuch Erbrecht in Europa, 2004, S. 958; *López,* IPR und Erbrecht in der Praxis deutsch-spanischer Erbrechtsfälle, ZErb 2002, 278; *López i Salaver,* in: *Bengel/Reimann,* Handbuch der Testamentsvollstreckung, Kap. 9 S. 536; *Martín Casals/Solé Feliu,* Testierfreiheit im innerspanischen Vergleich, in: Henrich/Schwab, Familienerbrecht und Testierfreiheit im europäischen Vergleich, 2001, S. 295; *Reckhorn-Hengemühle,* Länderbericht Spanien, in: Anwaltkommentar BGB, Band V: Erbrecht, 2003; *Rudolph,* Grundzüge des spanischen Ehe- und Erbrechts unter Berücksichtigung des internationalen Privatrechts im Verhältnis zur Bundesrepublik Deutschland, MittRhNotK 1990, 93; *Sanchez-Henke,* Das Ehegattenerbrecht im spanischen Erbrecht, 1999; *Selbherr,* Immobilien in Spanien im Erbfall, MittBayNotK 2002, 165; *Wachter,* Gestaltungsüberlegungen zur steueroptimalen Übertragung von Immobilien in Spanien, ZEV 2003, 137.

Türkei

Davran/Davran, in: *Ferid/Firsching,* Internationales Erbrecht, Türkei; *Dörner,* Das deutsch-türkische Nachlassabkommen, ZEV 1996, 90; *Kesen,* Erbfall in der Türkei: Rechtliche und steuerliche Aspekte, ZEV 2003, 152; *ders.,* Länderbericht Türkei, in: Anwaltkommentar BGB, Band V: Erbrecht, 2003; *Kilic,* Länderbericht Türkei, in: Handbuch Erbrecht in Europa, 2004, S. 1069; *Krüger,* Das türkische IPR-Gesetz von 1982, IPRax 1982, 252; *Malkoc/Han,* Das neue türkische Zivilgesetzbuch- der gesetzliche Güterstand der Errungenschaftsbeteiligung, FuR 2003, 347; *Naumann,* Grundzüge des neuen türkischen Ehegüter- und Erbrechts, RNotZ 2003, 343; *Odendahl,* Das neue türkische Ehegüterrecht, FamRZ **[Jahrgang?]**, 648; *Rumpf,* Das neue türkische Zivilgesetzbuch, StAZ 2002, 97; *Rumpf,* Einführung in das türkische Recht, 2004; *Serozan,* Das türkische Erbrecht verglichen mit dem deutschen Erbrecht: mehr Gemeinsamkeiten als Besonderheiten, ZEV 1997, 473.

Vereinigte Staaten von Amerika

Böhmer, Der Erb- und Pflichtteilsverzicht im anglo-amerikanischen Rechtskreis, ZEV 1998, 251; *Burandt/Pfeiffer,* Grundzüge des Internationalen Erbrechts in den USA, ZErb 2001, 13; *Firsching,* Deutsch--amerikanische Erbfälle, 1965; *ders.* in: *Ferid/Firsching,* Vereinigte Staaten; *Haas* in: *Bengel/Reimann,* HB Testamentsvollstreckung, IX Rn. 385; *Hay,* US-amerikanisches Recht, 2000; *Jülicher,* Die Joint Tenancy, ZEV 2001, 469; *Odersky,* Länderbericht USA, in: Anwaltkommentar BGB, Band V: Erbrecht, 2003; *Rauscher,* Konten deutscher Erblasser bei Banken in New York, FS W. Lorenz, 2001, S. 525; *Schmidt/Dendorfer,* Vererbung von US-Vermögen durch in Deutschland ansässige Erblasser – Erleichterungen durch das geänderte deutsch-amerikanische Erbschaftsteuerübereinkommen, IStR 2001, 206; *Schurig,* Erbstatut, Güterrechtsstatut, gespaltenes Vermögen und ein Pyrrhussieg, IPRax 1990, 389.

A. Zweck, Inhalt und Funktion des Internationalen Privatrechts

Einleitungsfall: Der Schweizer Bankier Alfred Moser ist mit letztem Wohnsitz in Bamberg verstorben, wo er mit seiner spanischen Ehefrau Elvira, die dort als Bildrestauratorin arbeitet, zusammen lebte. Moser hatte seinen gesamten Nachlass testamentarisch seinen drei Kindern aus erster Ehe zugewandt, die in Zürich leben. Elvira erhebt beim LG Bamberg Stufenklage auf Auszahlung eines Pflichtteilsanspruchs in Höhe eines Viertels des Nachlasswertes.

Die drei Kinder wenden folgendes ein:

- das LG Bamberg sei für den Nachlass von Schweizer Bürgern unzuständig;[1]
- die Ehe sei nichtig, da die Eheleute in Brasilien sich nur durch den Priester hätten trauen lassen;[2]
- es gelte schweizerisches Recht, das keine Pflichtteilsansprüche, sondern Noterbrechte vorsehe; eine entsprechende Klageart kenne das deutsche Zivilprozessrecht nicht;[3]
- der Ehemann habe sein gesamtes Investmentvermögen in ein Depot nach Luxemburg geschafft; da nach dem Grundsatz der lex rei sitae hierfür das Luxemburger Recht gelte und dieses Pflichtteile nur für die Kinder vorsehe, sei der wertmäßig größte Vermögensteil ohnehin außen vor.[4]

Wie wird das Gericht entscheiden?

I. Regelungsgegenstand des Internationalen Privatrechts

1 Die Geltung des Rechts ist **territorial beschränkt**. In anderen Ländern gilt – bedingt durch abweichende Traditionen, Geschichte und soziale Verhältnisse – anderes Recht. Was den **Einleitungsfall** angeht, so ist darauf hinzuweisen, dass das Luxemburger Recht in französischer Tradition Pflichtteile nur für die Abkömmlinge vorsieht; in Ländern, die keinen „Kulturkampf" ausgefochten haben, äußert die Trauung durch den Geistlichen unmittelbar Wirkungen auch im „weltlichen" Recht; im Schweizer Zivilgesetzbuch gewährt das Pflichtteilsrecht keinen schuldrechtlichen Anspruch, sondern die Möglichkeit, durch Herabsetzungsklage die Erbenstellung in Höhe der Pflichtteilsquote herzustellen (Noterbrecht).

Würden die Gerichte in diesen Fällen immer ihr eigenes Recht anwenden, hätte dies für die Beteiligten u.U. verheerende Wirkungen. So wäre die Ehe von Elvira im Einleitungsfall eine „Nicht-Ehe", würde die Wirksamkeit der kirchlichen Eheschließung in Brasilien nach deutschem BGB beurteilt werden. Ist dem Ehemann zu erlauben, durch Umschichtung seiner Wertpapiere aus einem deutschen in ein Luxemburger Bankdepot luxemburgisches Erbrecht in Anwendung zu bringen und – quasi durch Rechtswahl – Pflichtteilsrechte seiner Ehefrau auszuschalten?

Das Internationale Privatrecht (IPR) enthält verschiedene Bereiche, deren Regelungen den Besonderheiten internationaler Sachverhalte gerecht werden.

---

[1] S. hierzu Rn. 4.
[2] S. Rn. 44.
[3] S. Rn. 118.
[4] S. Rn. 14.

II. Kollisionsrecht

Zur Regelung **internationaler Sachverhalte** gibt es mehrere Methoden: Zum einen lassen sich im materiellen Recht besondere Vorschriften schaffen, die den Besonderheiten internationaler Sachverhalte gerecht werden: Beispiel hierfür ist die Verlängerung der Frist für die Erbausschlagung in den Fällen, in denen der Erbe seinen Wohnsitz im Ausland hat (§ 1944 Abs. 3 BGB). Und zum anderen besteht die Möglichkeit der internationalen Vereinheitlichung materiellen Rechts, wie z.B. das Washingtoner Abkommen über eine einheitliche Testamentsform,[5] das jedoch von Deutschland nicht ratifiziert worden ist.

Das wesentliche Regelungsinstrument des deutschen IPR ist weiterhin das Kollisionsrecht. Dessen Normen bestimmen bei Sachverhalten mit Verbindung zum Recht eines ausländischen Staates, welche Rechtsordnung anzuwenden ist, vgl. Art. 3 Abs. 1 Satz 1 EGBGB. Im Gegensatz zu den uns bekannten Vorschriften des materiellen Rechts (z.B. des BGB) ist Rechtsfolge der Kollisionsnorm nicht die unmittelbare Entscheidung der auftauchenden Rechtsfrage (also: ist das Testament formwirksam), sondern die Bestimmung des auf die Entscheidung anwendbaren Rechts (also: nach welchem Recht ist zu entscheiden, ob das Testament formwirksam ist – hierzu Art. 26 Abs. 1 EGBGB).

III. Internationales Zivilprozessrecht

Das Internationale Zivilprozessrecht (IZPR) ist der Teil des Zivilprozessrechts, der die **Zuständigkeit deutscher Gerichte** in internationalen Zivilfällen bestimmt, die Voraussetzungen, unter denen von einem ausländischen Gericht gefällte Entscheidungen im Inland anerkannt und vollstreckt werden, vorgibt und die sich ergebenden Probleme bei der Durchführung (Zustellung im Ausland, Übersetzung, Beweiswirkung ausländischer Urkunden) regelt.

So wird im **Einleitungsfall** das LG Bamberg aus seiner örtlichen Zuständigkeit gem. § 27 Abs. 1 ZPO auch die internationale Zuständigkeit deutscher Gerichte für den Erbfall ableiten.[6]

IV. Internationales Nachlassverfahrensrecht

Das internationale Nachlassverfahrensrecht regelt die **Zuständigkeit deutscher Nachlassgerichte** für die Ausstellung von Erbscheinen und zur Vornahme sonstiger Akte in Nachlasssachen. Hier gelten für deutsche Nachlassgerichte – unabhängig davon, welches Recht auf die Erbfolge anwendbar ist – stets und ausschließlich die §§ 2352 ff. BGB und die Regeln des FGG. Selbstverständlich ergeben sich bei ausländischem Erbstatut diverse Besonderheiten.[7]

---

[5] Deutschland hat das Abkommen nicht gezeichnet. Dennoch kann ein Testament in Deutschland auch nach den Vorschriften dieses Abkommens errichtet werden, so dass es in den Beitrittsstaaten als dem dort geltenden Recht entsprechend anerkannt werden muss; hierzu *Süß/Haas*, Erbrecht in Europa, S. 90, 167.

[6] Sog. Doppelfunktionalität der Vorschriften über die örtliche Zuständigkeit, vgl. BGH NJW 1992, 974; BGH NJW 1999, 1395.

[7] Hierzu unten Rn. 110.

V. Quellen des deutschen IPR

6   Im IPR sind die Sachverhalte international. Das IPR ist weit überwiegend noch nationales Recht. In Deutschland ist es im EGBGB geregelt. Das internationale Erbrecht ist in den **Art. 25, 26 EGBGB** enthalten.

Vorrang vor den vom nationalen Gesetzgeber geschaffenen Vorschriften (dem autonomen Recht) haben gem. Art. 3 Abs. 2 Satz 1 EGBGB Regelungen in **völkerrechtlichen Vereinbarungen**, soweit sie unmittelbar anwendbares staatliches Recht geworden sind. Seit über hundert Jahren entwickelt die Haager Konferenz[8] multilaterale Übereinkommen zur Vereinheitlichung des internationalen Privatrechts. Auf dem Gebiet des Erbrechts ist hier vorrangig das Haager Übereinkommen über das auf die Form letztwilliger Verfügungen anzuwendende Recht vom 5.10.1961[9] zu erwähnen, das auch von Deutschland gezeichnet worden ist.[10] Die einschlägigen Kollisionsregeln befinden sich nun in Art. 26 EGBGB. Das **Haager Erbrechtsübereinkommen** vom 1.8.1989 versucht durch einen neuartigen Ansatz, auch den Gegensatz zwischen common law und kontinentaleuropäischen Systemen zu überwinden.[11] Bislang gilt es nur in den Niederlanden. Die weitreichenden Rechtswahlmöglichkeiten stoßen auf Widerstand – auch wenn der Beitrittsstaat für das Pflichtteilsrecht einen Vorbehalt erklären kann.[12] Praktisch bedeutsam sind für Deutschland auf dem Gebiet des Erbrechts folgende bilateralen Abkommen, die zur Anwendung gelangen, wenn der Erblasser Staatsangehöriger eines Abkommenstaates ist:

1. Deutsch-Türkisches Nachlassabkommen vom 28.5.1929[13]

7   Der zwischen dem Deutschen Reich und der Türkischen Republik vereinbarte[14] Konsularvertrag enthält im Anhang zu Art. 20 das sog. Nachlassabkommen.[15] § 14 bestimmt für das auf die Erbfolge anzuwendende Recht wie folgt:

> „(1) Die erbrechtlichen Verhältnisse bestimmen sich in Ansehung des beweglichen Nachlasses nach den Gesetzen des Landes, dem der Erblasser zur Zeit seines Todes angehörte.
> (2) Die erbrechtlichen Verhältnisse in Ansehung des unbeweglichen Nachlasses bestimmen sich nach den Gesetzen des Landes, in dem dieser Nachlaß liegt, und zwar in der gleichen Weise, wie wenn der Erblasser zur Zeit seines Todes Angehöriger dieses Landes gewesen wäre."

Abweichend von der in Art. 25 Abs. 1 EGBGB bestimmten Anknüpfung des Erbstatuts an die Staatsangehörigkeit gilt für den **unbeweglichen Nachlass** also das Recht des Landes, in dem das unbewegliche Vermögen belegen ist. Hat bspw. ein deutscher Erblasser eine Immobilie in der Türkei, so tritt – aus deutscher und türkischer Sicht – **Nachlassspaltung** ein, d.h. es gelten für einzelne Teile des Nachlasses desselben Erblassers unterschiedliche Rechtsordnungen. Darüber hinaus ergibt sich aus § 15 des

---

8   http://www.hcch.net.
9   Text und Übersetzung z.B. in Palandt/*Heldrich*, Anh. zu Art. 26 EGBGB.
10 S. die Übersicht in http://www.hcch.net/e/status/stat11e.html.
11 S. dazu z.B. *van Maas de Bie,* Erbrecht in Europa/Niederlande, Rn. 6 ff.; ausführlich *Brandi*, Haager Abkommen (Erbfolge), 1996; s. auch *Süß*, AnwK BGB V/Länderbericht Niederlande, Rn. 4 ff.
12 Für die Position der Bundesregierung vgl. z.B. *Pirrung*, FS Sturm 1999, S. 1619.
13 RGBl. II 1930, S. 747, 758; RGBl. II 1931, S. 538.
14 Nach dem Krieg laut Bekanntmachung v. 26.2.1952 (BGBl. II 1952, S. 608) wieder in Kraft gesetzt.
15 Ausführlich *Dörner*, ZEV 1996, 90, 91.

Nachlassabkommens eine ausschließliche¹⁶ Zuständigkeit der Gerichte des **Heimatstaates** bzw. bei Immobilien der Gerichte des Belegenheitsstaates.

2. *Deutsch-Persisches Niederlassungsabkommen vom 17.2.1929*¹⁷

Art. 8 Abs. 3 des Niederlassungsabkommens bestimmt:

> *„In bezug auf das Personen-, Familien- und Erbrecht bleiben die Angehörigen jedes der vertragsschließenden Staaten im Gebiet des anderen Staates jedoch den Vorschriften ihrer heimischen Gesetze unterworfen. Die Anwendung dieser Gesetze kann von den anderen vertragsschließenden Staaten ausnahmsweise nur insoweit ausgeschlossen werden, als ein solcher Ausschluss allgemein gegenüber jedem anderen Staat erfolgt."*

8

Das Schlussprotokoll bestimmt, dass das „Erbrecht" die testamentarische und gesetzliche Erbfolge, Nachlassabwicklung und Erbauseinandersetzung umfasst. Diese Verweisung auf das Heimatrecht führt dazu, dass ein iranischer Erblasser keine davon abweichende **Rechtswahl** gem. Art. 25 Abs. 2 EGBGB treffen kann.¹⁸

3. *Deutsch-Sowjetischer Konsularvertrag vom 25.4.1958*¹⁹

Art. 28 Abs. 3 des Abkommens bestimmt für das Erbrecht:

> *„Hinsichtlich der unbeweglichen Nachlassgegenstände finden die Rechtsvorschriften des Staates Anwendung, in dessen Gebiet diese Gegenstände belegen sind."*

9

Hiernach gilt für das in Deutschland und den jeweiligen anderen Abkommensstaaten belegene unbewegliche Vermögen das **Recht des Belegenheitsstaates**; bzgl. des beweglichen Nachlasses verbleibt es beim autonomen Kollisionsrecht des jeweiligen Staates. Mit **Auflösung der Sowjetunion** am 1.1.1992 ist die Sowjetunion als Vertragspartner untergegangen. Mit den meisten Nachfolgestaaten der UdSSR ist jedoch die Fortführung des völkerrechtlichen Vertrages ausdrücklich vereinbart worden. Dies gilt insb. für die Russische Föderation,²⁰ aber auch für Armenien, Aserbaidschan, Georgien, Kasachstan, Kirgisistan, Moldawien, Tadschikistan, die Ukraine, Usbekistan und Weißrussland.²¹ Im Verhältnis zu den drei baltischen Staaten (Litauen, Lettland, Estland) besteht keine Vereinbarung über die Weiteranwendung – offenbar weil diese sich als ehemals rechtswidrig okkupierte Gebiete nicht als Rechtsnachfolger der Sowjetunion verstehen.²²

---

16 Für eine einschränkende Auslegung *Bamberger/Roth/St. Lorenz*, Art. 25 EGBGB Rn. 9.
17 RGBl. II 1930, S. 1006, für weiterhin anwendbar erklärt durch das Deutsch-Iranische Protokoll v. 4.11.1954 (BGBl. II 1955, S. 829).
18 H.M., z.B. *Bamberger/Roth/Lorenz*, Art. 25 EGBGB Rn. 9; a.A. aber Staudinger/*Dörner,* Vorbem. zu Art. 25 f. EGBGB Rn. 148.
19 BGBl. II 1959, S. 33; zu diesen Vorschriften s. insb. Staudinger/*Dörner,* Vorbem. zu Art. 25 f. EGBGB Rn. 191 ff.; *Süß/Haas,* Erbrecht in Europa, S. 9 f.
20 BGBl. II 1992, S. 1016.
21 BGBl. II 1992, S. 1015; BGBl. II 1992, S. 1120; BGBl. II 1992, S. 1128; BGBl. II 1993, S. 169; BGBl. II 1993, S. 1189; BGBl. II 1993, S. 2038 u. II 1995, S. 205; BGBl. II 1994, S. 2533; BGBl. II 1995, S. 255; BGBl. II 1996, S. 2471; BGBl. II 1996, S. 768.
22 „Ungeklärt": Staudinger/*Dörner,* Vorbem. zu Art. 25 f. EGBGB Rn. 193; *Schotten,* Internationales Privatrecht, Rn. 265.

4. Bilaterale Abkommen auf dem Gebiet des IZPR

10   Im Bereich des IZPR bestehen eine Reihe bilateraler Abkommen, die auch die **Anerkennung** erbrechtlicher Entscheidungen erfassen; praktische Bedeutung kommt diesen jedoch kaum zu, da sie nur selten die Anerkennung über das in § 328 ZPO gewährte Maß hinaus ermöglichen.[23] Die **Europäische Gerichtsstands- und Vollstreckungsverordnung** vom 22.12.2000 (EuGV-VO bzw. Brüssel I-VO) klammert Klagen auf dem Gebiet des Erbrechts aus ihrem Anwendungsbereich ausdrücklich aus.[24]

B. Bestimmung des Erbstatuts

I. Funktionsweise der Kollisionsnormen

11   Art. 25 Abs. 1 EGBGB bestimmt: Die Rechtsnachfolge von Todes wegen unterliegt dem Recht des Staates, dem der Erblasser im **Zeitpunkt seines Todes** angehörte. Hierbei handelt es sich um eine typische Kollisionsnorm. Erkennbar ist dies an der Rechtsfolge „unterliegt dem Recht des Staates ...". Hier wird nicht – wie bei den uns im Übrigen geläufigen Regeln (den Sachnormen) – die unmittelbare materielle Rechtsfolge angeordnet (nämlich die Erbfolge), sondern nur die Anwendung einer bestimmten Rechtsordnung. Diese Rechtsfolge wird als Verweisung bezeichnet. Kollisionsnormen sind also Verweisungsnormen.

Eine **weitere Besonderheit** besteht darin, dass der Tatbestand der Kollisionsnorm (hier: die Rechtsnachfolge von Todes wegen) nicht in einem reinen Lebenssachverhalt besteht (z.B. der Tod des Erblassers). Vielmehr finden wir hier eine auf der Basis des Sachverhalts vor dem allg. Hintergrund des Zivilrechts systematisch näher eingegrenzte Rechtsfolgengruppe („die Erbfolge"). Dieser Bestandteil des Tatbestands der Kollisionsnorm wird als Systembegriff bezeichnet.

> **Praxishinweis:**
> Bei der Prüfung des Falles ist daher der objektive Sachverhalt mit der sich hieraus ergebenden tatsächlichen Fragestellung zu verbinden und unter juristischer Wertung eine Rechtsfrage zu bilden, wie:
> Wer ist Erbe? Hat die Ehefrau Ansprüche gegen den Nachlass oder dingliche Recht am Nachlass, obwohl der Erblasser seine Kinder zu Alleinerben eingesetzt hat?

12   Diese Rechtsfrage ist dann einer der bestehenden Kollisionsnormen zuzuordnen. Dieser Zuordnungsvorgang nennt sich **Qualifikation**. Im Grunde handelt es sich um nichts anderes, als um die Subsumtion der Rechtsfrage unter den Tatbestand der Kollisionsnorm. Die Qualifikation ist einer der kritischsten Punkte bei der Anwendung von Kollisionsnormen. Grund dafür ist, dass die Systembegriffe des IPR vor gut 100 Jahren vor dem Hintergrund des deutschen Rechts gebildet wurden. Institute des ausländischen Rechts und neuere Entwicklungen lassen sich bisweilen aber nicht eindeutig einem bestimmten Systembegriff zuordnen, so dass unklar ist, welche Kollisionsnorm einschlägig ist.

---

23   Übersicht in HB Pflichtteilsrecht, § 15 Rn. 316 ff.
24   Art. 1 Abs. 2 EuGVVO; Text der VO z.B. in den meisten gängigen ZPO-Kommentaren.

> **Beispiele:**
> (1) Ist die Erhöhung des Ehegattenerbteils gem. § 1371 Abs. 1 BGB Teil der „Rechtsnachfolge von Todes wegen" (dann gilt Art. 25 EGBGB) oder Teil der „güterrechtlichen Wirkungen der Ehe" (dann gilt Art. 15 EGBGB)?
> (2) Das niederländische Recht hat die Ehe auch gleichgeschlechtlichen Personen geöffnet. Hat eine deutsche Frau in den Niederlanden eine Niederländerin geheiratet, so gilt für die Wirksamkeit der „Ehe" deutsches Recht, wenn diese Heirat als „Eheschließung" i.S.v. Art. 13 EGBGB behandeln (mit der Folge, dass die „Ehe" unwirksam ist); behandeln wir sie als „eingetragene Lebenspartnerschaft" i.S.v. Art. 17b EGBGB, gilt das niederländische Registerrecht, wonach sie wirksam ist.

Die beschriebenen Fälle machen deutlich, wie wichtig die Qualifikation für die praktische Fallbearbeitung ist. Dennoch ist die theoretische Basis weiterhin umstritten.

Die Verweisung als Rechtsfolge kann in einer Verweisung auf eine einzige Rechtsordnung bestehen (Art. 25 Abs. 2 EGBGB enthält z.B. eine Verweisung auf das „deutsche Recht"). Eine derartige Kollisionsnorm, die nur auf ein bestimmtes Recht verweist, nennt man **einseitige Kollisionsnorm**. Mittlerweile enthält das EGBGB **weit überwiegend allseitige Kollisionsnormen**. Diese verweisen nicht auf eine einzige Rechtsordnung. Vielmehr wird das anwendbare Recht unter Bezugnahme auf ein bestimmtes Element des Sachverhalts bestimmt. So z.B. in Art. 25 Abs. 1 EGBGB der „Staat", dem der Erblasser im Zeitpunkt seines Todes angehörte. Diese Bezugnahme wird **Anknüpfung**, das verwandte Element (hier also die Staatsangehörigkeit des Erblassers) Anknüpfungspunkt genannt. 13

Das nach Prüfung des Kollisionsrechts gewonnene Ergebnis wird[25] als **Statut** bezeichnet. Das auf die Erbfolge anwendbare Recht heißt also **Erbstatut**, das auf die materielle Wirksamkeit des Testaments anwendbare Recht (Art. 26 Abs. 5 Satz 1 EGBGB) Errichtungsstatut, das auf die güterrechtlichen Wirkungen der Ehe anwendbare Recht Ehegüterstatut etc. Darüber hinaus wird man als **Personalstatut** die Rechtsordnung bezeichnen, die für alle persönlichen Verhältnisse einer Person maßgeblich sein soll. In Deutschland ist dies gem. Art. 5 EGBGB grundsätzlich an die Staatsangehörigkeit angeknüpft (**Heimatrecht**). Dies gilt für das gesamte Vermögen des Erblassers, gleich ob im Inland oder im Ausland belegen. Daher verweist das deutsche Recht im Einleitungsfall auch für die Pflichtteilsansprüche in Bezug auf den im Luxemburger Depot belegenen Nachlass auf das Schweizer, und nicht auf das Luxemburger Recht. Insoweit führt die Verlagerung oder Umschichtung von Vermögen durch den Erblasser noch nicht dazu, dass die Verweisung durch das deutsche Recht beeinflusst wird.[26] 14

Die Anknüpfung des Erbstatuts an die Staatsangehörigkeit hat sich seit dem 19. Jahrhundert in Kontinentaleuropa verbreitet. In **Frankreich** und **Belgien** wird die Anknüpfung gespalten und zwar für bewegliches Vermögen an den Wohnsitz und für unbewegliches Vermögen an die jeweilige Belegenheit *(lex rei sitae)* angeknüpft. In einigen mittelamerikanischen Staaten vererbt sich auch das bewegliche Vermögen nach dem Belegenheitsrecht. Einen ganz eigenen Ansatz verfolgt das Kollisionsrecht des Staates des anglo-amerikanischen Rechtskreises.[27] 15

---

25 Freilich gilt dies vorbehaltlich einer Rück- oder Weiterverweisung, s. unten Rn. 21 ff.
26 Zu den Fällen, in denen es dennoch zu einer Nachlassspaltung kommen kann, s. unten Rn. 90.
27 Vgl. die Übersicht unten Rn. 123.

II. Ermittlung der maßgeblichen Staatsangehörigkeit (Personalstatut)

1. Vorliegen der deutschen Staatsangehörigkeit

16 Die deutsche Staatsangehörigkeit kann grundsätzlich auf zweierlei Weise erworben werden. Regelmäßig wird sie durch **Abstammung** erworben. Wer Kind einer deutschen Mutter oder eines deutschen Vaters ist, ist gem. § 4 StAG deutscher Staatsangehöriger. Dabei ist unbeachtlich, ob er aufgrund der Abstammung vom anderen Elternteil bzw. aufgrund des Geburtsortes etc. mit der Geburt von Gesetzes wegen eine weitere Staatsangehörigkeit zusätzlich erwirbt. Der Erwerb der Staatsangehörigkeit ist auch nicht davon abhängig, dass dieser irgendwie behördlich bestätigt, angemeldet oder in sonstiger Weise verlautbart wird. Daher ist auch Deutscher, wer im Ausland als Kind einer deutschen Mutter geboren wurde und aufgewachsen ist, nie Kontakt zu Deutschland hatte und sich der deutschen Staatsangehörigkeit nicht bewusst ist.

17 Ein Erwerb der deutschen Staatsangehörigkeit ist auch durch Einbürgerung gem. § 8 StAG möglich. Bislang war Voraussetzung für den Erwerb der Staatsangehörigkeit durch Einbürgerung, dass die ausländische Staatsangehörigkeit aufgegeben wurde. Die Neufassung von § 8 StAG hat dieses Erfordernis beseitigt. Nach § 25 Abs. 1 StAG verliert ein Deutscher durch Erwerb einer ausländischen Staatsangehörigkeit auf Antrag seine deutsche Staatsangehörigkeit, wenn er in Deutschland weder Wohnsitz noch dauernden Aufenthalt hat. Während mithin bei ausländischen Staatsangehörigen die **mehrfache Staatsangehörigkeit** gestattet wird, wird dies bei deutschen Staatsangehörigen nicht hingenommen.

2. Anknüpfung bei mehrfacher fehlender Staatsangehörigkeit

18 Bei **mehrfacher Staatsangehörigkeit** führt eine Anknüpfung an die Staatsangehörigkeit zu keinem eindeutigen Ergebnis. Für diesen Fall enthält das EGBGB daher Hilfsnormen bereit. Wenn eine Person mehreren Staaten angehört ist gem. Art. 5 Abs. 1 Satz 1 EGBGB bei Verweisung auf das Recht des Staates, dem eine Person angehört, das **Recht des Staates** anzuwenden, mit dem die Person **am engsten verbunden** ist. Dabei ist für die engste Verbindung insb. auf den gewöhnlichen Aufenthalt und/oder den Verlauf des Lebens abzustellen. Es wird also bei mehreren Staatsangehörigkeiten die Zugehörigkeit zu dem Staat gesucht, mit dem die tatsächlichen Verbindungen enger sind (**effektive Staatsangehörigkeit**). Ist unter mehreren Staatsangehörigkeiten eine auch die Deutsche, so hat diese unabhängig von der Effektivität aus deutscher Sicht stets Vorrang (Art. 5 Abs. 1 Satz 2 EGBGB).

19 Bei der Feststellung der Staatsangehörigkeit handelt es sich um eine **öffentlich-rechtliche Vorfrage**. Es entscheidet das Staatsangehörigkeitsrecht jeweils des Landes, zu dem die Zugehörigkeit geprüft werden soll. Theoretisch wären daher die Staatsangehörigkeitsgesetze aller Staaten dieser Erde zu prüfen. Praktisch ergibt sich für die Bestimmung des aus deutscher Sicht anwendbaren Rechts aus Art. 5 Abs. 1 EGBGB, dass nach Feststellung einer deutschen Staatsangehörigkeit weitere Staatsangehörigkeiten nicht mehr geprüft werden müssen; ist die Staatsangehörigkeit keine deutsche, ist sinnvollerweise mit dem Staat zu beginnen, mit dem der Erblasser am engsten verbunden ist.

3. Geltung deutschen Personalstatuts trotz fehlender deutscher Staatsangehörigkeit

20 Für einige besondere Personengruppen gilt nicht die Anknüpfung an die Staatsangehörigkeit. Vielmehr wird hier aufgrund besonderer Umstände das Personalstatut –

und damit auch das Erbstatut – an den gewöhnlichen Aufenthalt oder Wohnsitz angeknüpft. Für **Kontingentflüchtlinge**, anerkannte **Asylberechtigte** und **Flüchtlinge** i.S.d. **Genfer Flüchtlingskonvention** gilt das an ihrem gewöhnlichen Aufenthalt geltende Recht als Personalstatut.[28] Sie werden also nicht nach ihrem Heimatrecht beerbt, sondern – nach Aufnahme in Deutschland – nach deutschem Recht. Ist jemand **staatenlos**, so gilt gem. Art. 5 Abs. 2 EGBGB das Recht des Staates, in dem er seinen gewöhnlichen Aufenthalt hat.[29] Diese **Ersatzanknüpfung** an den gewöhnlichen Aufenthalt gilt auch dann, wenn eine Staatsangehörigkeit nicht festgestellt werden kann.

III. Rück- und Weiterverweisungen

> **Beispiel:**
> Im Einleitungsfall (vor Rn. 1) führt die Anknüpfung des Erbstatuts gem. Art. 25 Abs. 1 EGBGB an die Staatsangehörigkeit des Erblassers Alfred Moser zu einer Verweisung auf dessen Schweizer Heimatrecht. Nach Art. 91 Abs. 1 des schweizerischen Bundesgesetzes über das Internationale Privatrecht v. 18.12.1987 (IPRG) hingegen gilt für den Nachlass einer Person mit letztem Wohnsitz im Ausland das „Recht, auf welches das Kollisionsrecht des Wohnsitzstaates verweist". Der Wohnsitz einer natürlichen Person wiederum befindet sich gem. Art. 20 Abs. 1 lit. a IPRG in dem Staat, in dem sie sich mit der Absicht dauernden Verbleibens aufhält.

1. Rückverweisungen

Für den deutschen Rechtsanwender ergibt sich damit die Frage, ob er nach Verweisung auf das ausländische Recht unmittelbar das erbrechtliche Sachrecht anwenden soll (**Sachrechtsverweisung**) oder das gesamte ausländische Recht, einschließlich des dortigen IPR (**Gesamtrechtsverweisung**).

Nach Art. 4 Abs. 1 Satz 1 EGBGB ist bei Verweisungen auf ausländisches Recht auch das ausländische Kollisionsrecht anzuwenden. Spricht die ausländische Kollisionsnorm ebenfalls eine Gesamtverweisung aus – wie im Beispielsfall Art. 91 schw. IPRG – träfe diese „Rückverweisung" auf Art. 25 Abs. 1 EGBGB, der wieder auf das schweizerische Recht verweisen würde. Folge wäre ein endloses Ping-Pong von Rückverweisungen, würde nicht Art. 4 Abs. 1 Satz 2 EGBGB anordnen, dass jede Rückverweisung als Verweisung unmittelbar auf deutsches Sachrecht behandelt wird. Damit ergibt sich für den Einleitungsfall, dass die Verweisungskette nach der Rückverweisung auf das deutsche Recht „abgebrochen" wird und damit aus deutscher Sicht deutsches Recht Erbstatut ist.

Entgegen verbreiteter Ansicht führt die Beachtung von Rückverweisungen nicht immer zum internationalen **Entscheidungseinklang**. So im Beispielsfall, wenn die schweizerischen Gerichte nach Anwendung des deutschen IPR die Rückverweisung durch das deutsche Recht als Sachnormverweisung behandeln würden. Ein dortiges

---

28 Art. 12 Genfer Flüchtlingskonvention v. 28.7.1951; ggf. i.V.m. § 1 Kontingentgesetz v. 22.7.1980 oder § 3 AsylverfahrensG, jeweils kommentiert bei Erman/*Hohloch*, Art. 5 EGBGB Rn. 66 ff.; Palandt/*Heldrich*, Anh. zu Art. 5 EGBGB.
29 Diese Vorschrift entspricht Art. 12 Abs. 1 des Übereinkommens über die Rechtsstellung der Staatenlosen v. 28.9.1954 (BGBl. II 1977, S. 235; Text auszugsweise u. kommentiert bei Palandt/*Heldrich*, Anh. zu Art. 5 EGBGB Rn. 1 f.). Dort ist zwar von „Wohnsitz" die Rede. Es ist allerdings allg. anerkannt, dass der „Wohnsitz" i.S.d. Vorschrift so auszulegen ist, wie der Begriff des „gewöhnlichen Aufenthalts" des deutschen Rechts, vgl. MünchKomm/*Sonnenberger*, Einl. IPR Rn. 661.

Gericht käme dann zur Anwendung schweizerischen Erbrechts.[30] In einer Reihe von Staaten bleibt eine Rückverweisung unbeachtet. **Griechenland, Dänemark, Schweden** und die meisten US-Staaten wenden unmittelbar das ausländische Sachrecht an. In **England, Irland und Australien** wird nach der sog. **foreign court-doctrine** verfahren. Danach ist das Recht des Staates anzuwenden, das ein Richter des Staates, auf dessen Recht zuerst verwiesen wurde, anwenden würde (sog. *double renvoi*).[31]

24 Wird die Erbfolge im Heimatstaat des Erblassers nicht insgesamt dem Personalstatut des Erblassers unterstellt (**Nachlasseinheit**), sondern z.B. für unbewegliches Vermögen der *lex rei sitae*, kann es über die Rückverweisung zur **Nachlassspaltung** kommen.

> **Beispiel:**
> Hinterlässt ein mit letztem Wohnsitz in Kalifornien verstorbener Erblasser ein Grundstück und ein Bankdepot in Dresden, so nimmt das Recht von Kalifornien in Bezug auf das *movable property* – und damit für das Depot – die Verweisung an; bzgl. des Grundstücks *(immovable property)* dagegen verweist das kalifornische IPR auf das deutsche Recht als das Belegenheitsrecht.[32] Bei gesetzlicher Erbfolge gelten dann für das Grundstück und das Bankdepot unterschiedliche Erbquoten; im Nachlassverfahren wäre ein „Eigenrechtserbschein" und ein „Fremdrechtserbschein"[33] auszustellen.

2. Weiterverweisung und mittelbare Rückverweisung

25 Das **ausländische IPR** wird auch dann beachtet, wenn es nicht auf das deutsche Recht zurückverweist, sondern auf eine dritte Rechtsordnung. Ob das IPR dieses dritten Staates anwendbar ist oder unmittelbar dessen Sachrecht, ist den kollisionsrechtlichen Grundsätzen des Rechts zu entnehmen, auf das unser Recht zuerst verwiesen hat.

> **Praxishinweis:**
> Besaß der kalifornische Erblasser ein weiteres Grundstück in Nizza, verweist das kalifornische Recht für dessen Vererbung auf das französische Recht (Weiterverweisung). Das französische Recht lässt für die Erbfolge von Grundstücken ebenfalls das Belegenheitsrecht gelten und nimmt damit diese Verweisung an.
> Hinterlässt dagegen eine in Deutschland lebende Französin ein Ferienhaus in Dänemark, verweist das französische Heimatrecht auf das dänische Belegenheitsrecht (Weiterverweisung). Das dänische IPR (die Verweisung durch das französische internationale Erbrecht ist ebenfalls Gesamtverweisung) wiederum verweist auf das deutsche Wohnsitzrecht. Diese Verweisung wird in entsprechender Anwendung von Art. 4 Abs. 1 Satz 2 EGBGB als „mittelbare Rückverweisung" angenommen und die

---

30 Praktisch ist dies in den meisten Fällen schon deswegen ausgeschlossen, da mangels Wohnsitzes in der Schweiz dort kein Gerichtsstand besteht – vgl. *Wolf/Steiner,* Erbrecht in Europa/Länderbericht Schweiz, Rn. 14; darüber hinaus würde im Wege der *foreign court theorie* (vgl. Rn. 24) mit dem deutschen IPR die zweite Verweisung des schweizerischen auf das deutsche Recht *(double renvoi)* befolgt werden.
31 Ausführlich hierzu: *Kegel/Schurig,* Internationales Privatrecht, S. 398.
32 Zum Internationalen Erbrecht der USA s. z.B. *Odersky,* AnwK BGB V/Länderbericht USA, Rn. 6 ff.
33 Hierzu unten Rn. 110.

Verweisungskette im deutschen Recht abgebrochen, so dass deutsches Recht anwendbar ist.[34]

3. Teilweise Rückverweisung aufgrund funktioneller Nachlassspaltung

Manche Rechtsordnungen unterstellen Rechtsfragen, die bei uns erbrechtlich qualifiziert werden, einer **anderen Kollisionsnorm**. Bspw. wird so im österreichischen IPR die Art und Weise (modus) des Eigentumserwerbes durch den Erben in Bezug auf unbewegliches Vermögen der sachenrechtlichen Kollisionsnorm zugeordnet, so dass insoweit nicht das Heimatrecht des Erblassers, sondern das jeweilige Belegenheitsrecht gilt. Österreichische Gerichte verlangen auch bei einem deutschen Erblasser für die Eintragung des Erben in das Grundbuch seine Erbserklärung und die gerichtliche **Einantwortung** in den Nachlass – ungeachtet des Umstands, dass nach deutschem Erbrecht ein Erwerb *ipso iure* stattfindet. Ähnliches gilt in Italien und in den *common-law* Rechtsordnungen wie England und den Einzelstaaten der USA.

26

> **Praxishinweis:**
> Für die Erbfolge nach einem Österreicher ergibt sich hieraus bzgl. eines in Deutschland belegenen Grundstücks eine „gegenständlich und funktionell beschränkte Rückverweisung", so dass entsprechend dem deutschen Recht ein *ipso iure* Erwerb stattfindet und keine **Einantwortung** nach österreichischem Recht erforderlich ist.[35]

IV. Vorrangiges Einzelstatut

Nach Art. 3 Abs. 3 EGBGB beziehen sich die Verweisungen des deutschen internationalen Erbkollisionsrechts nicht auf solche Gegenstände, die sich in einem Staat befinden, dessen Recht nicht anwendbar ist, die aber nach dem Recht dieses Staates „besonderen Vorschriften" unterliegen. Diese werden dann vorrangig vor dem auf den gesamten Nachlass anwendbaren Erbstatut (**Gesamtstatut**) angewandt.

27

„Besondere Vorschriften" i.d.S. sind vor allem derartige Regeln, die aus wirtschafts- oder gesellschaftspolitischen Gründen eine von den allg. Regeln abweichende Erbfolge vorsehen. Dies gilt z.B. für die (in- und ausländischen) Erbhofregeln. Die deutsche **Höfeordnung** setzt sich also auch gegen ein ausländisches Erbstatut durch.

28

Die Rspr. und die h.L. erkennt einen Anwendungsfall von Art. 3 Abs. 3 EGBGB auch dann an, wenn die Kollisionsnormen des Belegenheitsstaates im Inland belegenes Vermögen aufgrund seiner **Belegenheit inländischem Erbrecht unterwerfen**.[36] Dies betrifft vor allem die Länder, in denen für die Erbfolge des unbeweglichen Vermögens auf das jeweilige Belegenheitsrecht verwiesen wird, wie z.B. **Frankreich, Belgien**, die *common-law* Rechtsordnungen wie **England**, die **USA** etc. (**gegenständliche Nachlassspaltung**). Dabei ist es unbeachtlich, ob die Verweisung auf das Belegenheitsrecht nur für das im Inland belegene Immobiliarvermögen gilt, oder aber auch für ausländi-

29

---

34 Da die Verweisungen dänischen Rechts Sachnormverweisungen sind, wäre die Verweisungskette allerdings auch ohne Anwendung von Art. 4 Abs. 1 Satz 2 EGBGB in Deutschland zu Ende.
35 Wohl aber wäre diese für in Deutschland belegenen beweglichen Nachlass erforderlich; zu den insofern bestehenden Problemen der deutschen Gerichte *Süß*, AnwK BGB V/Länderbericht Österreich, Rn. 18 ff.
36 H.M. z.B. BGH NJW 1993, 1921; BayObLG FamRZ 1992, 1990, 1123; a.A. aber *Kegel/Schurig*, Internationales Privatrecht, S. 431 ff.; *Solomon*, IPRax 1997, 85 ff.; *Thoms*, Einzelstatut bricht Gesamtstatut, S. 105 ff.

sches Vermögen. Gleiches gilt, wenn sämtliches im Inland belegene Vermögen dem inländischen Erbrecht unterworfen wird – wie z.B. in den meisten Einzelrepubliken von Mexiko und in Panama. Unbeachtlich bleibt es dagegen, wenn der **Belegenheitsstaat** wegen eines inländischen Wohnsitzes oder Aufenthalts bzw. einer aus deutscher Sicht gem. Art. 5 Abs. 1 EGBGB unbeachtlichen Staatsangehörigkeit sein inländisches Recht anwendet. In diesem Fall beruht die Anwendung nämlich nicht auf der Belegenheit, sondern würde auch außerhalb dieses Staates belegenes Vermögen erfassen.

30 Art. 3 Abs. 3 EGBGB greift nicht nur bei gegenständlicher sondern auch bei **funktioneller Nachlassspaltung** ein.[37] Dies trifft. z.B. auf Österreich zu, wo der *modus* des Eigentumserwerbs durch den Erben in Bezug auf Immobilien nach sachenrechtlichen Grundsätzen an die Belegenheit angeknüpft wird. Daher ist trotz Geltung deutschen Erbstatuts für in Österreich belegene Grundstücke auch aus deutscher Sicht eine Einantwortung erforderlich.

V. Bestimmung des Erbstatuts durch Rechtswahl

1. Voraussetzungen für die Wirksamkeit der Rechtswahl nach Art. 25 Abs. 2 EGBGB

31 Bei der IPR-Reform 1986 hat man sich für die gesetzliche Anerkennung einer umfassenden Rechtswahl im Erbrecht nicht entschließen können, sondern als minimales Zugeständnis Art. 25 Abs. 2 EGBGB geschaffen. Die dort gewährte **Parteiautonomie** ist in mehrfacher Weise **beschränkt:**

– Die Wirkungen sind auf in Deutschland belegenes unbewegliches Vermögen beschränkt;
– gewählt werden kann nur deutsches Recht; eine Rechtswahl durch deutsche Erblasser scheidet damit aus.

32 Die **Rechtswahl** muss in **Form** einer Verfügung von Todes wegen erfolgen – also durch Einzeltestament, gemeinschaftliches Testament oder Erbvertrag. Dabei kann sie zusammen mit materiellen Verfügungen oder auch isoliert vorgenommen werden. Das auf die Form anwendbare Recht wird gem. Art. 26 Abs. 1 EGBGB ermittelt.[38] Die Rechtswahl muss nicht ausdrücklich sein, sondern kann auch konkludent erfolgen. Ein irrtümliches Ausgehen von der Geltung deutschen Rechts stellt freilich noch **keine konkludente Rechtswahl** dar, da der entsprechende Geschäftswille fehlen würde.[39]

33 In der Praxis wird eine **konkludente Rechtswahl** vielfach unterstellt, wenn die Verfügung nach dem ausländischen Erbstatut nichtig wäre.[40] Indes ergibt sich die Rechtswahl hier zumeist erst aus einer ergänzenden Auslegung durch den Richter nach Prüfung, unter welchem Recht die Verfügungen wohl wirksam wäre. Damit wird kein realer, sondern ein hypothetischer Wille ermittelt. Bisweilen geben die Gerichte damit die Verweisung auf das Heimatrecht auf und gelangen willkürlich zur alternativen Geltung der deutschen *lex fori*.[41]

---

37 Staudinger/*Dörner*, Art. 25 EGBGB Rn. 538; MünchKomm/*Sonnenberger*, Art. 3 EGBGB Rn. 25.
38 *Kropholler*, Internationales Privatrecht, S. 431.
39 So MünchKomm/*Birk*, Art. 25 EGBGB Rn. 43; Staudinger/*Dörner*, Art. 25 EGBGB Rn. 501; Soergel/*Schurig*, Art. 25 EGBGB Rn. 8.
40 Vgl. z.B. OLG Zweibrücken ZEV 2003, 162 m. Anm. *Süß*; LG Hamburg IPRspr. 1991 Nr. 142; *Tiedemann*, RabelsZ 55, 39; Staudinger/*Dörner*, Art. 25 EGBGB Rn. 501.
41 Krit. daher: *Kropholler*, Internationales Privatrecht, S. 431; Soergel/*Schurig*, Art. 25 EGBGB Rn. 10.

2. Beschränkung auf unbewegliches Vermögen

a) Allgemeine Qualifikation

Der Begriff des „**unbeweglichen Vermögens**" ist mit Art. 25 Abs. 2 EGBGB erstmalig in das deutsche Zivilrecht eingeführt worden und daher noch nicht abschließend geklärt. Eindeutig erfasst er das Eigentum an Grundstücken, Wohnungseigentum, Gebäudeeigentum, Fischereirechte, Erbbaurechte, Nießbrauch, Reallasten und andere beschränkt dingliche Rechte an Grundstücken.[42] Nach einer Entscheidung des BGH sind dagegen schuldrechtliche Ansprüche, auch wenn sie die Übertragung des Eigentums an einem Grundstück zum Inhalt haben, bewegliches Vermögen.[43] Dies soll nach der überwiegenden Lehre auch dann gelten, wenn sie durch Vormerkung dinglich gesichert sind.[44] Beweglich sind auch auf Grundstücke gerichtete Restitutionsansprüche.[45]

34

Umstritten ist, ob die Rechtswahl das gesamte im Inland belegene unbewegliche Vermögen umfassen muss[46] oder auf einzelne Rechte beschränkt werden kann (**objektbezogene Rechtswahl**). Der „Grundsatz der Nachlasseinheit" wird in diesem Zusammenhang zu Unrecht als Argument gegen die objektbezogene Rechtswahl angeführt, da die Nachlassspaltung bereits von Art. 25 Abs. 2 EGBGB selber angeordnet wird; die Beschränkung der Rechtswahl auf einzelne Objekte schafft darüber hinaus keine weiteren Spaltnachlässe, sondern verschiebt nur die Grenze zwischen dem deutschen und dem ausländischen Spaltnachlass. Überwiegend wird daher die objektbezogene Rechtswahl bejaht.[47]

35

b) Qualifikation von Grundpfandrechten

Umstritten ist zunächst die **Einordnung** von **Grundpfandrechten**. Die Grundschuld, die ein dingliches Recht an einem Grundstück darstellt und selbständig übertragen werden kann, ist noch ohne größere Probleme als unbewegliches Vermögen einzuordnen.[48] Problematischer ist die Qualifikation der **Hypothek** als unbeweglich, da sie aufgrund ihrer Akzessorietät von der gesicherten Forderung nicht getrennt werden kann.[49] Indes wird vielfach daraus die Konsequenz gezogen, dass auch die grundpfandrechtlich gesicherten Forderungen als unbeweglich zu qualifizieren seien.[50]

36

---

42 So die h.M. Vgl. statt aller die detaillierte Übersicht bei Soergel/*Schurig*, Art. 25 EGBGB Rn. 4 Fn. 15.
43 BGH NJW 2000, 2421 = DNotI-Report 2000, 138.
44 H.M. s. z.B. *v. Bar*, Internationales Privatrecht II, Rn. 369; MünchKomm/*Birk*, Art. 25 EGBGB Rn. 66; Staudinger/*Mankowski*, Art. 15 EGBGB Rn. 185 ff.; a.A. zuletzt aber Staudinger/*Dörner*, Art. 25 EGBGB Rn. 486; *Reithmann*, DNotZ 2000, 796.
45 BGH NotBZ 2000, 337.
46 So z.B. *Haas*, Erbrecht in Europa, S. 56; *Schotten*, Internationales Privatrecht, Rn. 292; *Kemp*, Rechtswahl, S. 72 f.
47 Z.B. LG Mainz Rpfleger 1993, 280; Palandt/*Heldrich*, Art. 25 EGBGB Rn. 8; *Kropholler*, Internationales Privatrecht, S. 431, 352; Bamberger/Roth/*Lorenz*, Art. 25 EGBGB Rn. 21 – letzterer aber mit Bedenken.
48 So LG Saarbrücken DNotI-Report 2000, 115.
49 So für alle Grundpfandrechte: *Ebenroth*, Erbrecht, Rn. 1256; *Kemp*, Rechtswahl, S. 80 f.; Soergel/*Schurig*, Art. 25 EGBGB Rn. 4; *Schotten*, Rpfleger 1991, 181, 186;
50 Staudinger/*Mankowski*, Art. 15 EGBGB Rn. 174; *Kropholler*, Internationales Privatrecht, S. 352; *Lichtenberger*, DNotZ 1986, 644, 659; *v. Stoll*, Rechtswahl im Namens-, Ehe und Erbrecht, S. 121; *Tiedemann*, RabelsZ 55 (1991), 35; MünchKomm/*Birk* zählt indes nur die Hypothek aber nicht die Forderung zum unbeweglichen Vermögen, Art. 25 EGBGB Rn. 66 f.

c) Qualifikation von Grundstückszubehör

37 Vielfach wird die Qualifikation von **Zubehör** als unbeweglich abgelehnt, da dieses nach § 97 BGB bewegliche Sache sei.[51] Allerdings kann der Begriff des unbeweglichen Vermögens weiter gefasst werden als der der unbeweglichen Sache. Dafür spricht der auch in § 2165 BGB eingegangene Gedanke, wirtschaftliche Einheiten zu erhalten.[52]

d) Qualifikation gesamthänderisch gebundenen Vermögens

38 Auch die Qualifikation von Gesamthandsanteilen war lange Zeit umstritten. Ein Teil der Lehre qualifizierte den Anteil an einer Personengesellschaft oder Erbengemeinschaft als unbeweglich, wenn sie ausschließlich oder weit überwiegend **inländischen Grundbesitz** enthält.[53] Nach überwiegender Auffassung steht hier aber die Beteiligung an der Gesellschaft und nicht das Vermögen im Vordergrund, so dass eine Qualifikation als bewegliches Vermögen unumgänglich sei.[54] Für die Erbengemeinschaft hat der BGH diese Ansicht bestätigt.[55] Damit ist wohl auch der Anteil an einer Personengesellschaft stets als beweglich zu qualifizieren.

e) Qualifikation des Anteils an einer Gütergemeinschaft

39 Hat der Erblasser in einer gesamthänderisch organisierten Güter- oder Errungenschaftsgemeinschaft (deutschen oder ausländischen Rechts) gelebt, stellt sich die Frage, ob die Rechtswahl auch das der gesamthänderischen Bindung unterliegende Vermögen erfasst. Da in der Ehe anders als in einer Personengesellschaft mit dem Versterben eines Teils diese zwingend beendet ist, steht hier nicht mehr der Anteil an der Gütergemeinschaft sondern das zur Auseinandersetzung anstehende Gesamtgut im Vordergrund. Daher sollte der **Anteil an im Inland belegenen Immobilien** des verstorbenen Ehegatten als unbewegliches Vermögen behandelt werden.[56]

3. *Bindungswirkung einer Rechtswahl*

40 Als Verfügung von Todes wegen ist die **Rechtswahl frei widerruflich**. In der Lit. wird teilweise allerdings zumindest dann eine Bindungswirkung der Rechtswahl gefordert, wenn sich die Rechtswahl auf bindende Verfügungen bezieht.[57] Dies erscheint zunächst plausibel, denn es wäre seltsam, wenn der ausländische Erblasser sich der Bin-

---

51 So *v. Bar*, Internationales Privatrecht II, Rn. 369 Fn. 77; *Schotten*, Internationales Privatrecht, Rn. 162; Soergel/*Schurig*, Art. 25 EGBGB Rn. 4.
52 Ebenso Palandt/*Heldrich*, Art. 25 EGBGB Rn. 7; *Kemp*, Rechtswahl, S. 81; *v. Stoll*, Rechtswahl, S. 115.
53 *Dörner*, DNotZ 1988, 67, 97; *Krzywon*, BWNotZ 1986, 154, 155; *Pünder*, MittRhNotK 1989, 4; Staudinger/*Dörner*, Art. 25 EGBGB Rn. 485; Erman/*Hohloch*, Art. 25 EGBGB Rn. 18.
54 MünchKomm/*Birk*, Art. 25 EGBGB Rn. 67; *Kropholler*, Internationales Privatrecht, S. 352; *Schotten*, Internationales Privatrecht, Rn. 162.
55 BGH ZErb 2001, 93 m. Anm. *Süß*; auch wenn die Entscheidung § 25 Abs. 3 RAG-DDR betraf, ließen die Urteilsgründe erkennen, dass der BGH insoweit keine Unterscheidung zu Art. 25 Abs. 2 EGBGB zu machen gedenkt.
56 So z.B. *Schurig*, IPRax 1990, 389, 391; Soergel/*Schurig*, Art. 25 EGBGB Rn. 4; anderer Ansatz bei Staudinger/*Dörner*, Art. 25 EGBGB Rn. 485: nur dann unbeweglich, „wenn die Gütergemeinschaft ganz oder nahezu ausschließlich aus inländischen Grundstücken besteht". Er hält also anders als *Schurig* an der einheitlichen Vererbung des Anteils am Gesamtgut fest. Für Qualifikation als „beweglich": *Riering*, ZEV 1995, 405.
57 V. *Bar*, Internationales Privatrecht II, Rn. 368; MünchKomm/*Birk*, Art. 25 EGBGB Rn. 59; *Kropholler*, Internationales Privatrecht, S. 352; *Lichtenberger*, DNotZ 1986, 665; *Schotten*, Internationales Privatrecht, Rn. 295; *Siehr*, IPRax 1987, 4, 7; *Tiedemann*, RabelsZ 55 (1991), 34.

dungswirkung eines aufgrund einer Rechtswahl gem. Art. 25 Abs. 2 EGBGB abgeschlossenen Erbvertrags dadurch entziehen könnte, dass er die Rechtswahl widerruft. Da Art. 25 Abs. 2 EGBGB für die Bindungswirkung einer Rechtswahl keine Regelung enthält, gilt für die Bindung das gewählte, also das deutsche Recht. § 2278 Abs. 2 BGB zählt die Rechtswahl jedoch nicht zu den Verfügungen, die vertragsmäßig getroffen werden können.[58] Daher bleibt die Rechtswahl jederzeit widerruflich.[59] Allerdings kann ein Widerruf der Rechtswahl die Bindungswirkung des Erbvertrags schon deswegen nicht beseitigen, weil diese über Art. 26 Abs. 5 Satz 1 EGBGB dem bei Abschluss gewählten Erbrecht weiterhin unterliegt. Vgl. unten Rn. 72.

4. Rechtswahl nach ausländischem Recht

Einige ausländische Staaten lassen eine Rechtswahl in Bezug auf das **gesamte Vermögen** zu. Dies gilt z.B. im europäischen Raum insb. für Italien (Aufenthaltsrecht), die Niederlande, die Schweiz, Finnland und Belgien (Heimatrecht). Eine derartige Rechtswahl kann in der Beratung in verschiedener Hinsicht Bedeutung entfalten:

41

Praxishinweise:
– Lebt ein italienischer Erblasser in Deutschland, könnte dieser z.B. gem. Art. 46 Abs. 2 des italienischen Gesetzes über die Reform des Internationalen Privatrechts vom 31.5.1995 die gesamte Erbfolge dem deutschen Recht unterstellen, da er hier seinen gewöhnlichen Aufenthalt hat.[60] Diese Rechtswahl wäre aus deutscher Sicht im Wege der Rückverweisung durch das italienische Recht zu beachten (Art. 4 Abs. 1 Satz 2 EGBGB, s. oben Rn. 21 ff.).
– Lebt ein Deutscher in der Schweiz, so gilt für seine Erbfolge aus Schweizer Sicht gem. Art. 90 Abs. 1 des schweizerischen Bundesgesetzes über das Internationale Privatrecht von 1978 (IPRG) das schweizerische Wohnsitzrecht; aus deutscher Sicht würde er nach deutschem Recht beerbt. Wählt er aber gem. Art. 90 Abs. 2 IPRG deutsches Erbrecht, so wird er auch aus Schweizer Sicht nach deutschem Recht beerbt. Ein möglicher Entscheidungsdissens im Verhältnis Deutschland-Schweiz wird so vermieden.
– Ein in Belgien lebender deutscher Erblasser kann gem. Art. 79 des belgischen Gesetzes über das IPR von 2004 für seine Erbfolge auch hinsichtlich seiner in Deutschland belegenen Immobilien belgisches Recht wählen und damit ggf. eine Nachlassspaltung nach belgischem IPR vermeiden. Diese Rechtswahl würde freilich aus deutscher Sicht nicht anerkannt, deutsche Gerichte blieben gem. § 27 Abs. 2 ZPO weiterhin zuständig.

5. Formulierungsvorschläge für die Rechtswahl

Formulierungsbeispiel: *(umfassende Rechtswahl):*
Die Erbfolge soll in Bezug auf das gesamte, gegenwärtige und künftige inländische unbewegliche Vermögen deutschem Recht unterliegen.

42

---

58 Da Art. 25 Abs. 2 EGBGB für die Bindungswirkung einer Rechtswahl keine Regelung enthält, kann er nicht als *lex specialis* bezeichnet werden.
59 Staudinger/*Dörner*, Art. 25 EGBGB Rn. 514; Palandt/*Heldrich*, Art. 25 EGBGB Rn. 8; *Kemp*, Rechtswahl, S. 139; *Bamberger/Roth/Lorenz*, Art. 25 EGBGB Rn. 22.
60 Hierzu s. auch *Süß*, ZErb 2000, 50.

> *(objektbezogene Rechtswahl)*:
> Für das Hausgrundstück ... gilt deutsches Erbrecht.

C. Gegenstand des Erbstatuts

I. Qualifikation und Vorfrage

43 Als **Qualifikation** wird die Zuordnung einer Rechtsfrage zu einer bestimmten Kollisionsnorm bezeichnet (s. oben Rn. 12). Wegen der unvermeidlichen „Plakativität" der kollisionsrechtlichen Systembegriffe, der systematischen Unterschiede in den einzelnen Rechtsordnungen und des Auftretens neuartiger Rechtsinstitute treten hier bisweilen Probleme bei der praktischen Anwendung auf.[61] Dabei gibt es im internationale Erbrecht einige ungelöste „Dauerbrenner". Einer ist bspw. die Wirksamkeit gemeinschaftlicher Testamente:

Viele Rechtsordnungen kennen gemeinschaftliche Testamente nicht oder enthalten sogar ein ausdrückliches Verbot. In Italien wird dies überwiegend als Frage der inhaltlichen Wirksamkeit verstanden, so dass ein gemeinschaftliches Testament bei Geltung italienischen Erbstatuts nichtig ist; in den Niederlanden und Frankreich ordnet man dies als Formfrage ein, so dass z.B. ein gemeinschaftliches Testament bei Errichtung in Deutschland selbst dann nach der Ortsform wirksam ist, wenn niederländisches bzw. französisches Recht Erbstatut ist. Hierzu unten, Rn. 69.

44 Ursprünglich wurde der Qualifikation die Systematik des nationalen Rechts zugrunde gelegt (**Qualifikation *lege fori***). Danach müsste der deutsche Richter, ausgehend von der mittlerweile in der Rspr. herrschenden subjektiven Theorie zum Vorliegen eines gemeinschaftlichen Testaments[62] bei Zugrundelegen dieses Ausgangspunkts die Frage stets unter Art. 25 EGBGB subsumieren. *Martin Wolff* vertrat die Auffassung, es sei die Zuordnung nach der Rechtsordnung vorzunehmen, der der zu qualifizierende Rechtssatz angehört (**Qualifikation *lege causae*)**.[63] Die Wirksamkeit gemeinschaftlicher Testamente wäre dann also bei französischem Erbstatut nach dem Formstatut, bei italienischem Erbstatut nach dem italienischen Recht zu beurteilen. So verfährt in der Tat in Deutschland die Praxis[64] – obgleich die Qualifikation *lege causae* in Lit. und Rspr. grundsätzlich abgelehnt wird.[65]

45 Nach mittlerweile wohl h.M. sind die kollisionsrechtlichen Systembegriffe der international privatrechtlichen Kollisionsnormen autonom auszulegen. Die **Qualifikation** soll also ausgehend von den deutschen Ordnungskriterien erfolgen, und zwar auch dann, wenn ausländisches Recht anwendbar ist und dieses die Rechtsfrage unter einen anderen Systembegriff fasst (die Qualifikation erfolgt also nach der *lex fori* und nicht *lege causae*). Indes soll die Beurteilung hierbei von der Systematik des deutschen materiellen Rechts gelöst und für das IPR eine eigene Systematik entwickelt werden (sog.

---

61 Vgl. die Bsp. oben (Rn. 12): pauschale Erhöhung des Ehegattenerbteils bei Zugewinngemeinschaft; Wirksamkeit einer gleichgeschlechtlichen Ehe; Erbrecht des Fiskus; Nachlassgestaltung mit *trusts*; Vindikationslegate etc.
62 Vgl. statt aller: *Klessinger*, Praxiskommentar Erbrecht, Vorbem. zu §§ 2265 ff. Rn. 8.
63 *Wolff*, Internationales Privatrecht, S. 54 ff.
64 Ausdrücklich unter Berufung auf die Qualifikation *lege causae*: OLG Frankfurt IPRax 1986, 111; *Grundmann*, IPRax 1986, 95; *Jayme*, IPRax 1982, 210 u. IPRax 1983, 308 f., 309, der dies als „h.M." bezeichnet.
65 S. nur BGHZ 44,124; BGHZ 75, 249;

funktionelle Qualifikation).[66] Unverzichtbare Hilfe bei diesem Loslösen von den nationalen Begriffen ist die Rechtsvergleichung.[67]

> **Beispiel:**
> Die gleichgeschlechtliche Ehe nach niederländischem Recht ist hiernach als „eingetragene Lebenspartnerschaft" i.S.v. Art. 17b EGBGB zu qualifizieren; beim gemeinschaftlichen Testament könnte danach unterschieden werden (str.), ob es um die Zusammenfassung der Verfügungen mehrerer in einer Urkunde geht (das betrifft die Art und Weise der Errichtung und ist Formfrage) oder um die Wirksamkeit und Wirkungen wechselbezüglicher Verfügungen (hier geht es um den Inhalt, daher gilt das Errichtungsstatut).[68]

Die Qualifikation tritt auch auf der **Rechtsfolgenseite der Kollisionsnorm** auf: Die Verweisung durch Art. 25 EGBGB gilt nur für „erbrechtlich" zu qualifizierende Rechtsfragen. Regelmäßig treten i.R.d. Prüfung Rechtsfragen auf, die unter den Systembegriff einer anderen Kollisionsnorm fallen; z.B. bei der Prüfung der gesetzlichen Erbfolge die materielle Wirksamkeit einer Ehe (Art. 13 EGBGB), die Abstammung (Art. 19 EGBGB), die Wirksamkeit einer Adoption (Art. 22 EGBGB) oder die Zugehörigkeit eines Grundstücks zum Nachlass (Art. 43 EGBGB). Dies sind die sog. Vorfragen. Deren Beantwortung ist nicht dem Erbstatut zu entnehmen, sondern dem Eheschließungsstatut, dem Abstammungsstatut, dem Adoptionsstatut, dem Sachenstatut etc. Es ist also erneut in die kollisionsrechtliche Prüfung einzusteigen und festzustellen, welches Recht auf diese Rechtsverhältnisse anzuwenden ist.

Umstritten ist, ob die Vorfragen auch dann mit den Kollisionsnormen des deutschen IPR zu entscheiden sind, wenn ausländisches Recht Erbstatut ist (sog. **selbstständige Vorfragenanknüpfung**). Nach anderer Ansicht ist das zum Erbstatut zugehörige IPR zugrunde zu legen **(unselbständige Vorfragenanknüpfung)**, damit im Ergebnis so entschieden wird, wie die Gerichte des Staates, dessen Recht Erbstatut ist (äußerer Entscheidungseinklang). Die Rspr. und h.L. in Deutschland bevorzugt unter Berufung auf den inneren Entscheidungseinklang die selbständige Vorfragenanknüpfung.[69]

II. Gesetzliche Erbfolge

Aus dem Erbstatut ergibt sich der Kreis der gesetzlichen Erben (Abkömmlinge, Ehegatte, Adoptivkinder, uneheliche Kinder, eingetragener Lebenspartner) sowie Umfang und Art der Beteiligung am Nachlass (Erbenstellung, Nießbrauch, Vorausvermächtnis). Das Entstehen und die Beendigung der familienrechtlichen Beziehung zum Erblasser ist aber Vorfrage. Es gilt insoweit nicht das Erbstatut sondern das von den einschlägigen familienrechtlichen Kollisionsnormen in Art. 13, 19, 22 EGBGB[70] normierte Recht.

---

66 BGHZ 29, 137, 139; BGH NJW 1967, 1177; *v. Bar/Mankowski*, Internationales Privatrecht I, § 7 Rn. 173; *Kropholler*, Internationales Privatrecht, S. 125 ff.; *Kegel/Schurig*, Internationales Privatrecht, S. 343 ff.; MünchKomm/*Sonnenberger*, Einl. IPR Rn. 465 ff.

67 Bahnbrechend: *Rabel*, Problem der Qualifikation, RabelsZ 5 (1931), 241.

68 Vgl. Palandt/*Heldrich*, Art. 25 EGBGB Rn. 14 u. unten Rn. 70.

69 Palandt/*Heldrich*, Art. 25 EGBGB Rn. 17; Staudinger/*Dörner*, Art. 25 EGBGB Rn. 559; *Kegel/ Schurig*, Internationales Privatrecht, S. 325; a.A. MünchKomm/*Sonnenberger*, Einl. Internationales Privatrecht Rn. 494 ff.

70 Die Kollisionsnormen des deutschen IPR gelten auch bei ausländischem Erbstatut: sog. selbständige Vorfragenanknüpfung (s. oben Rn. 46).

1. Gesetzliches Erbrecht der Verwandten

48 Die **Abstammung** unterliegt dem gem. Art. 19 Abs. 1 EGBGB anwendbaren Recht. Um die Feststellung der Abstammung zu begünstigen, sieht Art. 19 Abs. 1 EGBGB nebeneinander mehrere Anknüpfungspunkte vor (alternative Anknüpfung).[71]

> **Praxishinweis:**
> Für vor dem 1.7.1998 geborene Kinder ist nicht Art. 19 EGBGB in der aktuellen Fassung anwendbar, sondern es gelten die Art. 19, 20 EGBGB in der bis dahin geltenden Fassung (Art. 224 § 1 Abs. 1 EGBGB).[72]

49 Schwierigkeiten ergeben sich, wenn das ausländische Erbstatut eheliche und nichteheliche Abkömmlinge unterschiedlich behandelt. Da das deutsche Kollisionsrecht keine entsprechende Kollisionsnorm enthält,[73] besteht für die Feststellung der Ehelichkeit eine kollisionsrechtliche Regelungslücke. Die mittlerweile wohl überwiegende abweichende Ansicht befürwortet hier eine unselbständige Vorfragenanknüpfung; d.h., dass das auf die **Ehelichkeit anwendbare Recht** nach dem Internationalen Privatrecht des Staates bestimmt werden soll, dessen Recht Erbstatut ist.[74] Indes ist hier zu berücksichtigen, dass eine **erhebliche Zurücksetzung** des nichtehelichen Kindes bzw. ein Ausschluss von der gesetzlichen Erbfolge bei entsprechend intensiver „Inlandsbeziehung" des Sachverhalts einen Fall für den *ordre public* (Art. 6 EGBGB)[75] darstellen kann.[76] Weitere Vorfragen, wie z.B. das Bestehen einer Ehe der Mutter, sind selbstverständlich auch hier wieder nach deutschem IPR anzuknüpfen. Kommt es auf diese Weise zum deutschen Kindschaftsrecht, das nur eine einheitliche Kindschaft kennt, ist das Kind als ehelich zu behandeln.

2. Gesetzliches Erbrecht des Ehegatten

a) Zustandekommen der Ehe

50 Die Wirksamkeit der Eheschließung unterliegt in Bezug auf die materiellen Voraussetzungen gem. Art. 13 Abs. 1 EGBGB für jeden Nupturienten seinem eigenen Heimatrecht. Die sog. zweiseitigen Ehehindernisse – im deutschen Recht das Verbot der Mehrehe – beziehen aber auch die Person des anderen Verlobten ein. Für die **Formwirksamkeit der Eheschließung** – dies umfasst auch das für die Eheschließung zuständige Organ und die Wirksamkeit einer religiösen Zeremonie – genügt gem. Art. 11

---

71 *Dörner*, Probleme des neuen internationalen Kindschaftsrechts, FS Henrich, 2000, S. 118; *Henrich*, Kindschaftsrechtsreformgesetz und IPR, FamRZ 1998, 1401; ders., Internationales Familienrecht, S. 222 ff.; *Hepting*, Konkurrierende Vaterschaften in Auslandsfällen, StAZ 2000, 33.
72 *Bamberger/Roth/Otte*, Art. 19 EGBGB Rn. 2.
73 Für vor dem 1.7.1998 geborene Kinder bleiben Art. 19 f. EGBGB a.F. anwendbar, Art. 224 § 1 EGBGB.
74 Palandt/*Heldrich*, Art. 19 EGBGB Rn. 8; Erman/*Hohloch*, Art. 19 EGBGB Rn. 24; *Henrich*, FamRZ 1998, 1405; Staudinger/*Henrich*, 2001, Art. 19 EGBGB Rn. 99; *Hepting*, StAZ 1999, 97; *Kropholler*, Internationales Privatrecht, S. 225 f.; MünchKomm/*Klinkhardt*, Art. 19 EGBGB n.F. Rn. 1. Bamberger/*Roth/Otte*, Art. 19 EGBGB Rn. 26; MünchKomm/*Sonnenberger*, Einl. Internationales Privatrecht, Rn. 499a. A.A. *Dörner*, FS Henrich, S. 119, 126; Staudinger/*Dörner*, Art. 25 EGBGB Rn. 158, 565; *Sturm*, StAZ 1998, 313.
75 Hierzu unten Rn. 103.
76 So z.B. Staudinger/*Dörner*, Art. 25 EGBGB Rn. 693; Soergel/*Schurig*, Art. 25 EGBGB Rn. 104; anders: LG Stuttgart FamRZ 1998, 1627; s. insb. EuGH-MR FamRZ 2000, 1077 m. Anm. *Vanwinckelen*.

Abs. 1 Fall 2 EGBGB auch die Einhaltung des am Eheschließungsort geltenden Rechts.

> **Beispiel:**
> Die Eheschließung durch den Priester im Einleitungsfall (vor Rn. 1) ist daher nach dem brasilianischen Recht unabhängig davon zulässig, ob das Heimatrecht der Eheleute eine religiöse Eheschließung anerkennt oder nicht.

Im Inland ist gem. Art. 13 Abs. 3 EGBGB die **Ortsform** sogar **zwingend** – selbst wenn eine derartige Eheschließung aus Sicht des Heimatstaats der Eheleute zu einer Nichtehe führt.

b) Auflösung der Ehe

Das Erbrecht des Ehegatten endet mit der Auflösung der Ehe durch **Scheidung**. Dies gilt selbst dann, wenn die Rechtsordnung, der die Erbfolge unterliegt, keine Scheidung kennt. Die Durchführung der Scheidung bestimmt sich bei einer Scheidung in Deutschland nach dem gem. Art. 17 Abs. 1 EGBGB bestimmten Recht. Ein in einem anderen **EU-Mitgliedsstaat**[77] ergangenes **Scheidungsurteil** ist gem. Art. 21 Abs. 1 der EG-VO über die Zuständigkeit und Vollstreckung von Entscheidungen in Ehesachen und in Verfahren betreffend die elterliche Verantwortung („Brüssel IIa")[78] im Inland *ipso iure* wirksam, ohne dass es eines **Anerkennungsverfahrens** bedarf.[79] Ein **außerhalb der EU** ergangener Ausspruch ist anzuerkennen, wenn die Voraussetzungen des § 328 ZPO erfüllt sind. In beiden Fällen ist es ohne Bedeutung, ob das ausländische Gericht, das die Scheidung ausgesprochen hat, hierbei das aus deutscher Sicht einschlägige Recht angewandt hat oder ob nach diesem Recht die Scheidung überhaupt zulässig gewesen wäre.

> **Praxishinweis:**
> Ist einer der Eheleute Deutscher oder sind nicht beide Eheleute Angehörige des Urteilsstaates, kann ein ausländisches Scheidungsurteil (soweit sich die Pflicht zur Anerkennung nicht bereits aus der Brüssel II-VO ergibt) in Deutschland erst nach Anerkennung durch die Justizverwaltung gem. Art. 7 § 1 FamRÄndG geltend gemacht werden.[80]

Die Folgen einer gerichtlichen Trennung von Tisch und Bett und einer gerichtlichen Feststellung der Schuld im Scheidungsurteil auf das Ehegattenerbrecht werden erbrechtlich qualifiziert.[81] Dem Erbstatut ist ebenfalls zu entnehmen, ob dem geschiedenen Ehegatten aufgrund des Todes des Erblassers ggf. noch Ansprüche gegen den Nachlass zukommen.

c) Besonderheiten bei gesetzlichem Nießbrauch und Voraus des Ehegatten

Viele Rechte, wie z.B. das belgische, das französische, das spanische und das belgische Recht, lösen den Konflikt zwischen Erhalt des Familienvermögens und Versorgung

---

77 Ausgenommen ist allein Dänemark, Art. 1 Abs. 3 der VO.
78 ABl. EG L 338 v. 23.12.2003, S. 19.
79 Hierzu Zöller/*Geimer*, Anh II, Art. 21 Rn. 1; *Solomon*, FamRZ 2004, 1418.
80 BGH NJW 1983, 515; Zöller/*Geimer*, § 328 ZPO Rn. 222 ff.; Palandt/*Heldrich*, Art. 17 EGBGB Rn. 31 ff.; Soergel/*Schurig, Art.* 17 EGBGB Rn. 87 ff.
81 So z.B. BayObLG IPRax 1981, 100 m. krit. Anm. *Coester*, S. 206; Staudinger/*Dörner*, Art. 25 EGBGB Rn. 147.

des überlebenden Ehegatten in der Weise, dass der überlebende Ehegatte keine Miterbenstellung, sondern einen umfassenden bzw. Quoten-Nießbrauch am Nachlass erhält. Soweit der Nachlass in Deutschland belegen ist, wird gegen die Entstehung eines derartigen Nießbrauchs *ipso iure* eingewandt, es ergebe sich ein Konflikt mit dem Sachenstatut gem. Art. 43 EGBGB. Der gesetzliche Nießbrauch sei mit dem *numerus clausus* der Sachenrechte nach dem deutschen Sachenrecht nicht vereinbar. Er wirkte daher nur obligatorisch, die Erben seien verpflichtet, den Nießbrauch an den einzelnen Nachlassgegenständen durch dingliches Rechtsgeschäft unter Lebenden zu bestellen.[82] Gleiches gilt für den **Nießbrauch** der Witwe an der Ehewohnung samt Inventar nach dem italienischen Recht.

d) Einfluss des Güterrechts

53 Grundsätzlich ist die **Abwicklung des Güterstands** vorrangig zur erbrechtlichen Auseinandersetzung. Es ist daher zuerst die Gütergemeinschaft oder Errungenschaftsgemeinschaft auseinanderzusetzen bzw. der Zugewinnausgleich zu berechnen etc., bevor die Nachlassaktiva festgestellt werden können. Maßgeblich dafür ist das Güterstatut, das grundsätzlich gem. Art. 15 EGBGB zu bestimmen ist.

Probleme ergeben sich dann, wenn das Güterstatut **Sonderregeln** für die Abwicklung des Güterstands im Todesfall enthält, wie z.B. § 1371 Abs. 1 BGB mit der pauschalen Erhöhung des Ehegattenerbteils. Überlässt ein Ehegatte dem anderen für den Fall des Todes auch seinen Anteil an der Gütergemeinschaft, ist zweifelhaft, ob noch eine güterrechtliche oder schon eine erbrechtliche Vereinbarung vorliegt.[83]

3. *Gesetzliches Erbrecht in der eingetragenen Lebenspartnerschaft*

54 Nach Art. 17b Abs. 1 Satz 2 1. HS bleibt das gem. Art. 25 EGBGB bestimmte Erbstatut für das Erbrecht des Lebenspartners grundsätzlich anwendbar. Da die Begründung einer eingetragenen Lebenspartnerschaft gem. Art. 17b Abs. 1 Satz 1 EGBGB dem Recht des Ortes unterliegt, an dem diese registriert worden ist, können Ausländer eine **Lebenspartnerschaft im Inland** auch dann eingehen, wenn ihr Heimatrecht diese nicht anerkennt. Das Erbstatut wird in diesen Fällen für den überlebenden Lebenspartner kein gesetzliches Erbrecht vorsehen. Art. 17b Abs. 1 Satz 2 2. HS EGBGB **durchbricht** hier das Erbstatut und implantiert diesem das gesetzliche Erbrecht des Lebenspartners nach dem Recht des Staates, in dem die **Lebenspartnerschaft registriert** worden ist. Haben zwei Japanerinnen auf der Reise in Deutschland die Lebenspartnerschaft eintragen lassen, beerben sie sich also später nach deutschem Recht, während im Übrigen japanisches Erbrecht gilt.[84]

> **Praxishinweis:**
> Unklar bleibt, wie hier deutsches und ausländisches Erbrecht zusammengeführt werden können. Auch wird die eingetragene Lebenspartnerschaft im Heimatstaat – also im Beispielsfall nach Ende der Reise in Japan – i.d.R. nicht anerkannt werden. Daher ist bei jeder eingetragenen Lebenspartnerschaft unter Beteiligung von auslän-

---

[82] BayObLGZ 1961, 19; BayObLG DNotI-Rep 1995, 1996, 125; OLG Hamm NJW 1954, 1733; *v. Bar*, Internationales Privatrecht II, Rn. 377; *Johnen*, MittRhNotK 1986, 67; a.A. *Kegel/Schurig*, Internationales Privatrecht, S. 1023; *Süß*, Erbrecht in Europa, S. 125.
[83] S. im Einzelnen unten Rn. 91 ff.
[84] Zu den sich hier ergebenden Problemen *Frank*, MittBayNot 2001 (Sonderheft Lebenspartnerschaften), S. 35; *Henrich*, FamRZ 2002, 137; *Süß*, DNotZ 2001, 168.

dischen Staatsangehörigen bei Wohnsitz oder Vermögen im Ausland dringend die Errichtung von Testamenten anzuraten.

4. Gesetzliches Erbrecht aufgrund von Adoption

Zustandekommen und Wirkungen einer Adoption unterliegen gem. Art. 22 Abs. 1 Satz 1 EGBGB dem Heimatrecht **des Adoptierenden** (**Adoptionsstatut**). Ist dieser **verheiratet** oder nehmen Eheleute gemeinsam ein Kind an, gilt stattdessen das auf die allg. Wirkungen ihrer Ehe anwendbare Recht (Art. 14 Abs. 1 EGBGB) – bei unterschiedlicher Staatsangehörigkeit der Eheleute also das Recht des Staates, in dem sie beide ihren gewöhnlichen Aufenthalt haben. Zusätzlich dazu (**kumulativ**) sind gem. Art. 23 EGBGB die sich aus dem Heimatrecht des Angenommenen ergebenden Zustimmungserfordernisse einzuhalten.

55

Wirksamkeit und Wirkungen einer im Ausland durch gerichtlichen oder behördlichen Beschluss erfolgten Adoption unterliegen dem Recht, nach dem die Adoption vorgenommen worden ist. Sie kann gem. § 2 Adoptionswirkungsgesetz (AdWirkG)[85] durch hoheitlichen Akt im Inland mit Wirkung *erga omnes* gerichtlich anerkannt werden (**Anerkennungsfeststellung**).[86] Bewirkt die Adoption nach dem ausländischen Recht die Beendigung der familienrechtlichen Beziehungen zur leiblichen Familie (Volladoption), kann dem Adoptivkind durch Feststellung gem. § 2 Abs. 2 Nr. 1 AdWirkG (**Wirkungsfeststellung**) zugleich die Stellung eines nach deutschem Recht angenommenen Kindes verliehen werden. Hat die Adoption nach ausländischem Recht dagegen die Beziehungen zur leiblichen Familie bestehen lassen (**sog. schwache Adoption**), stellt das Gericht nur fest, dass das Kind im Hinblick auf die elterliche Sorge und die Unterhaltspflicht einem nach deutschem Recht angenommenen Kind gleichsteht (Wirkungsfeststellung gem. § 2 Abs. 2 Nr. 2 AdWirkG); auf Antrag des Kindes wird diesem aber die Rechtsstellung eines nach deutschem Recht angenommenen Kindes verliehen (**Umwandlungsausspruch**), § 3 Abs. 1 AdWirkG.

56

Was die **erbrechtlichen Wirkungen** der Adoption angeht, so entscheidet nach wohl überwiegender Ansicht[87] das Erbstatut darüber, ob angenommene Personen überhaupt erben und welche erbrechtliche Stellung ihnen aufgrund der Adoption und der Stellung in der Familie zukommt (**sog. erbrechtliche Qualifikation**). Das für die Adoption maßgebliche Recht entscheide, ob die Adoption wirksam ist (Vorfrage). Gewährt also das Erbstatut Angenommenen ein Erbrecht, so sei dem Adoptionswirkungsstatut zu entnehmen, ob es zwischen dem Erblasser und dem Adoptivkind zu einer so starken rechtlichen verwandtschaftlichen Beziehung gekommen sei, wie sie das für die Erbfolge maßgebende Recht für eine Beteiligung an der gesetzlichen Erb-

57

---

[85] Gesetz über Wirkungen der Annahme als Kind nach ausländischem Recht, v. 5.11.2001, BGBl. I 2001, S. 2950. Durch dieses Gesetz wurde die Haager Konvention v. 19.5.1993 über die internationale Adoption umgesetzt, allerdings mit der Besonderheit, dass die entsprechenden Anerkennungs- und Umwandlungsmöglichkeiten nach dem autonomen Recht nun auch für Adoptionen gelten, die in einem Nicht-Konventionsstaat vorgenommen wurden.

[86] Zu beachten ist, dass eine im Ausland vorgenommene Vertragsadoption dann nicht anerkannt werden kann, wenn gem. Art. 23 Abs. 1 EGBGB deutsches Recht Adoptionsstatut ist. Ausgenommen sind nur die Fälle, in denen die Adoption in einem Staat erfolgt ist, der der Haager Adoptionskonvention von 1993 beigetreten ist und über die Adoption die entsprechende Bescheinigung ausgestellt hat, s. *Süß* MittBayNot 2002, 90.

[87] Die Begründung des BGH und der anderen Rspr. hat sich nicht mit letzter Eindeutigkeit zu einer bestimmten Theorie bekannt, weshalb sie auch von beiden Ansichten für sich in Anspruch genommen wird.

folge voraussetze (Substitution).⁸⁸ Nachteil dieser Ansicht ist, dass sie bei Vorliegen einer Volladoption ein Erbrecht verneinen muss, wenn das Erbstatut ein Erbrecht des Angenommenen nur deswegen nicht gewährt, weil diese Rechtsordnung (wie z.B. das österreichische oder das islamische Recht) die Adoption gar nicht oder nur als „**schwache Adoption**" kennt.

58 Die Gegenansicht (**adoptionsrechtliche Qualifikation**) entnimmt dem Adoptionsstatut, ob der Adoptierte einem leiblichen Kind gleichsteht. Das Erbstatut entscheide dann nur noch über Art und Umfang der Erbberechtigung – wobei das sich aus dem Adoptionsstatut ergebende Verwandtschaftsverhältnis zugrunde zu legen ist.⁸⁹ Bei Zugrundelegung dieser Auffassung kann auch der Umwandlungsausspruch zur Begründung der erbrechtlichen Position führen – selbst dann, wenn das Erbstatut ein Erbrecht nur für leibliche, nicht aber für angenommene Kinder kennt.

> **Praxishinweis:**
> Der Erblasser sollte diese Unsicherheiten vermeiden, indem er entweder den Umwandlungsausspruch gem. § 3 AdWirkG herbeiführt⁹⁰ oder aber – soweit deutsches Recht Erbstatut ist – eine **Gleichstellungserklärung** gem. Art. 22 Abs. 3 Satz 1 EGBGB in sein Testament aufnimmt.⁹¹

5. Gesetzliches Erbrecht nichtehelicher Lebenspartner

59 In einer zunehmenden Anzahl von Staaten wird auch den Partnern einer formlosen dauerhaften Lebensgemeinschaft ein gegenseitiges gesetzliches Erbrecht eingeräumt.⁹² Die kollisionsrechtliche Behandlung dieses Erbrechts ist noch nicht abschließend geklärt. Nach einer Auffassung ist das Bestehen der nichtehelichen Lebensgemeinschaft den familienrechtlichen Vorschriften des Erbstatuts zu entnehmen.⁹³ Nach anderer Auffassung stellt das Vorliegen der nichtehelichen Lebensgemeinschaft eine Vorfrage dar. Hierfür fehlt bislang im deutschen Recht eine Kollisionsnorm. Ersatzweise wird in der Lit. wohl überwiegend eine analoge Anwendung von Art. 13 Abs. 1 EGBGB

---

88 So wohl BGH NJW 1989, 2197, 2198 = FamRZ 1989, 378; KG FamRZ 1983, 99; OLG Düsseldorf FamRZ 1998, 1627; *v. Bar*, Internationales Privatrecht II, Rn. 376; MünchKomm/*Birk*, Art. 25 EGBGB Rn. 217; Staudinger/*Dörner*, Art. 25 EGBGB Rn. 169; *Henrich*, Internationales Familienrecht, 2002, S. 317; Erman/*Hohloch*, Art. 22 EGBGB Rn. 19; *Bamberger/Roth/Lorenz*, Art. 25 EGBGB Rn. 46; *Bamberger/Roth/Otte*, Art. 22 EGBGB Rn. 31; *Schotten*, Internationales Privatrecht, Rn. 256; *Sonnenberger*, Gedächtnisschrift Lüderitz, S. 716.
89 *Heiderhoff*, FamRZ 2002, 1683 f.; *v. Hoffmann*, Internationales Privatrecht, S. 331; MünchKomm/*Klinkhardt*, Art. 22 EGBGB Rn. 45; *Kropholler*, Internationales Privatrecht, S. 435; *Müller*, NJW 1985, 2056, 2059; Soergel/*Schurig*, Art. 25 EGBGB Rn. 28; *Wandel*, BWNotZ 1992, 17, 23; Palandt/*Heldrich*, Art. 25 EGBGB Rn. 17.
90 Hierzu *Bamberger/Roth/Lorenz*, Art. 25 EGBGB Rn. 46; dies müsste auch bei Angenommenen möglich sein, die nach der Annahme volljährig geworden sind, da § 1 Satz 2 AdWirkG nur die „zur Zeit der Annahme" mindestens 18 Jahre alten Personen vom Anwendungsbereich des Gesetzes ausschließt.
91 Formulierungsvorschlag für die Gleichstellungserklärung bei *Süß*, MittBayNot 2002, 92.
92 So z.B. in Israel, Kroatien und Slowenien.
93 BayObLGZ 1976, 151, 163; so wohl auch *Hausmann/Hohloch/Martiny*, Recht der nichtehelichen Lebensgemeinschaft, 2. Aufl. 2004, S. 801.

befürwortet.⁹⁴ Folge wäre, dass das gesetzliche Erbrecht nur dann entsteht, wenn das Erbstatut ein Erbrecht des nichtehelichen Lebenspartners anerkennt und nach den Heimatrechten beider Partner eine „nichteheliche Lebensgemeinschaft" vorlag. Da gegenwärtig nur wenige Rechtsordnungen das Erbrecht des Lebenspartners kennen, kommt dieses also praktisch nur dann zur Entstehung, wenn beide Lebenspartner demselben Staat angehören.

III. Testamentarische Erbfolge

1. Materielle Wirksamkeit

Die materielle Wirksamkeit des Testaments erfasst die Testierfähigkeit, Auswirkung von Willensmängeln oder die Möglichkeit der Stellvertretung etc. Diese unterliegen gem. Art. 26 Abs. 5 Satz 1 EGBGB dem Recht, das nach den Umständen bei Errichtung der Verfügung **hypothetisch Erbstatut** wäre (sog. **Errichtungsstatut**).⁹⁵ Dieses ist so festzustellen, als ob der Erblasser unmittelbar nach Testamentserrichtung verstorben wäre. Bei Nachlassspaltung ist die Wirksamkeit der Verfügung für jeden der einzelnen Spaltnachlässe gesondert zu prüfen. So kann es dazu kommen, dass das Testament bzgl. des einen Spaltnachlasses wirksam ist, bzgl. eines anderen nicht. Auf diese Weise bleibt ein Testament auch dann wirksam, wenn der Erblasser nach Errichtung die **Staatsangehörigkeit wechselt**.

60

Das Errichtungsstatut entscheidet auch darüber, ob bedingte Verfügungen zulässig sind und welche Folgen sich aus der Bedingung ergeben. Dies gilt z.B. dann, wenn eine Verfügung in ihrem Bestand von der (korrespektiven) Verfügung eines anderen abhängig gemacht werden soll,⁹⁶ aber auch dafür, unter welchen Voraussetzungen eine **Wechselbezüglichkeit** gesetzlich vermutet wird.

61

Indes darf nicht übersehen werden, dass die Anknüpfung des Errichtungsstatuts nicht alle sich aus dem Statutenwechsel ergebenden Probleme beseitigt: Ist das Testament nach dem Recht des Staates, in dem der Erblasser Vermögen erworben hat, nichtig, weil dort das auf die Wirksamkeit anwendbare Recht nach anderen Regeln bestimmt wird, so wird es nur aus deutscher Sicht anerkannt werden, kann in dem ausländischen Staat aber nicht durchgesetzt werden (sog. **hinkendes Testament**).

62

2. Wirkungen

Die Erbfolge an sich, und damit insb. die Wirkungen des Testaments, unterliegen nicht dem Errichtungsstatut, sondern dem an die Staatsangehörigkeit des Erblassers im Zeitpunkt des Todes angeknüpften Erbstatut (sog. **effektives Erbstatut**). Dieses Recht bestimmt insb. über folgende Punkte:
– ob der Erblasser überhaupt durch Testament verfügen kann;
– ob er Erbeinsetzungen vornehmen kann (anders z.B. das englische und französische Recht, das keine testamentarischen Erben kennt);

63

---

94 Z.B. Staudinger/*Mankowski*, Anh. zu Art. 13 EGBGB Rn. 79; Staudinger/*Dörner*, Art. 25 EGBGB Rn. 561; MünchKomm/*Coester*, Art. 13 EGBGB Rn. 6; *Striewe,* Ausländisches und Internationales Privatrecht der nichtehelichen Lebensgemeinschaft, S. 411; für entsprechende Anwendung von Art. 14 Abs. 1 EGBGB mit der Folge, dass bei unterschiedlicher Staatsangehörigkeit das Aufenthaltsrecht gilt: *Kropholler,* Internationales Privatrecht, S. 371.
95 Verbreitet ist auch die Bezeichnung „hypothetisches" bzw. „fiktives" Erbstatut.
96 Italienisches Recht verbietet z.B. in Art. 635 Codice Civile wechselbezügliche Verfügungen.

- ob er Vermächtnisse auswerfen kann (vgl. das tschechische Recht, nach dem er nur Erben einsetzen kann), inwieweit diese bedingt sein können, Untervermächtnisse möglich sind, ein bestimmter Erbe mit dem Vermächtnis belastet werden kann, etc.

  Unklar ist hier die Qualifikation der dinglichen Wirkungen des Stückvermächtnisses beim sog. **Vindikationslegat**. Die h.M. entnimmt die dingliche Wirkung dem Erbstatut. Bei in Deutschland belegenen Sachen soll aber das deutsche Sachenstatut (Art. 43 EGBGB) entscheiden, so dass das Vermächtnis nur schuldrechtliche Wirkungen (**Damnationslegat**) entfaltet.[97] Die Gegenauffassung vermeidet diesen Widerspruch, indem sie die Frage nach der dinglichen Wirkung von Vermächtnissen von vornherein dem Sachenstatut unterstellt.[98]

- Ob und welchen Personen am Nachlass zwingende Rechte zukommen, wie diese Rechte ausgestaltet sind (Pflichtteilsansprüche oder dingliche Noterbquote), wie und in welcher Frist diese Rechte geltend zu machen sind (Gestaltungsklage, formlose Geltendmachung etc.), welchen Anteil am Nachlass sie ausmachen und welche lebzeitigen Verfügungen des Erblassers berücksichtigt werden etc.

  Umstritten ist hierbei, ob gesetzliche Unterhaltsansprüche bestimmter Angehöriger gegen den Nachlass erb- oder unterhaltsrechtlich (Art. 18 EGBGB) zu qualifizieren sind.[99]

- Ob der Erblasser einen Nachlassverwalter oder Testamentsvollstrecker[100] einsetzen kann, welche Befugnisse diesem zukommen, insb. ob die Erben neben ihm verfügungsbefugt bleiben, wie lange sein Amt dauert, ob er das Amt unmittelbar mit Annahme erwirbt oder einer gerichtlichen Einweisung bedarf sowie schließlich welche Verpflichtungen er gegenüber den Erben und dem Nachlassgericht hat und wie sein Amt endet.

- Ob die Vor- und Nacherbfolge möglich ist, welche zeitlichen und sonstigen Grenzen für die Nacherbfolge bestehen sowie welche Verfügungsbeschränkungen und Auskunftspflichten den Vorerben treffen etc.

3. Formwirksamkeit

64 Um die Formwirksamkeit des Testaments zu begünstigen, enthält Art. 26 Abs. 1 EGBGB in Nr. 1 bis 5 eine Vielzahl von Anknüpfungspunkten bereit. Diese Vorschrift geht auf das Haager Testamentsformübereinkommen[101] zurück. Kennt eine einzige des aufgeführten Rechtsordnungen das Testament als formwirksam an, so genügt dies *(favor testamenti)*.[102] Die praktisch bedeutendste Anknüpfung ist die Verweisung auf das Recht des Errichtungsortes in Art. 26 Abs. 1 Nr. 2 EGBGB (= Art. 1 Abs. 1 lit. a des Übereinkommens).

---

97 S. BGH NJW 1995, 58 (Vindikationslegat nach kolumbianischem Recht); Staudinger/*Dörner*, Art. 25 EGBGB Rn. 45, 268; *Ferid*, Internationales Privatrecht, Rn. 7–33, *Birk*, ZEV 1995, 285; a.A. OLG Köln NJW 1983, 525; Soergel/*Schurig*, Art. 25 EGBGB Rn. 24.
98 S. *Süß*, RabelsZ 65 (2001), 245.
99 Staudinger/*Dörner*, Art. 25 EGBGB Rn. 718 f.; Staudinger/*Ferid/Cieslar*, Einl. zu §§ 2303 ff. BGB Rn. 186; Staudinger/*Haas*, Vor § 2303 ff. BGB Rn. 60; *Henrich*, FS Gernhuber, S. 671; *Looschelders*, Anpassung im Internationalen Privatrecht, S. 352; Staudinger/*Mankowski*, Anh. I zu Art. 18 EGBGB Rn. 123; LG Arnsberg DAVorm 1978, 813 = IPRspr. 1977 Nr. 85; HB Pflichtteilsrecht, § 16 Rn. 116.
100 Ausführlich *Haas*, in: *Bengel/Reimann*, HB Testamentsvollstreckung, § 9.
101 V. 5.10.1961, BGBl. II 1965, S. 1145; Abkommenstext z.B. bei Palandt/*Heldrich*, Anh. zu Art. 26 EGBGB.
102 V. *Bar*, Internationales Privatrecht II, Rn. 393.

Das Abkommen ist ohne Rücksicht darauf anwendbar, ob der Erblasser Angehöriger eines anderen Abkommensstaates ist oder der Staat, dessen Recht anzuwenden ist, Abkommensstaat ist (sog. *loi uniforme*). Der abkommensrechtliche Hintergrund der Vorschriften hat dennoch zweierlei Folgen: Zunächst sind die Verweisungen als **Sachnormverweisungen** zu behandeln.[103] Das **ausländische Kollisionsrecht** bleibt also unbeachtet, Rück- und Weiterverweisungen kommen nicht vor. Zum anderen gilt Art. 3 Abs. 3 EGBGB nicht. Daher ist ein Testament aus deutscher Sicht auch insoweit formwirksam, wie es z.B. in Florida belegene Immobilien betrifft und mangels Einhaltung der dort statuierten Formerfordernisse aus Sicht von Florida formnichtig ist.[104]

Praxishinweis:
Für die Gestaltungssituation ist es indes unabdingbar, auch zu prüfen, ob das Testament in den Staaten, in denen Vermögen des Erblassers belegen ist, als formwirksam anerkannt wird. Der Berater darf sich nicht darauf verlassen, dass es aus deutscher Sicht formwirksam ist (Gefahr eines international „hinkenden Testaments"). Kann er diese Frage nicht abschließend klären, muss dem Erblasser nahe gelegt werden, die Formwirksamkeit vor Ort prüfen zu lassen.

Zur Form zählen nicht nur die Anforderungen an eine öffentliche bzw. eigenhändige Errichtung, sondern auch die Möglichkeit mündlicher Testamentserrichtung, das Erfordernis von Zeugen sowie Angaben zum Ort der Unterschriftsleistung etc. Umstritten ist die Qualifikation der Frage, ob eine **gemeinschaftliche Errichtung zulässig** ist.[105]

Verbreitet ist die Ansicht, für im Ausland belegene Immobilien sei in jedem Land ein **gesondertes Testament** zu errichten. Richtig ist daran, dass es im Fall einer Nachlassspaltung einfacher sein kann, die Verfügungen für jeden Spaltnachlass zu trennen und inhaltlich und sprachlich an die maßgebliche Rechtsordnung anzupassen. Tritt aber keine **Nachlassspaltung** ein, geraten die Verfügungen über die einzelnen Nachlassteile miteinander inhaltlich in Kollision, so dass ein Streit der Erben darüber, welches Testament Vorrang hat, vorprogrammiert ist. Dies gilt insb. dann, wenn die Testamente nicht von einem Berater zentral vorbereitet und nach Errichtung kontrolliert werden. Bei **nachträglichen Änderungen** im Vermögensbestand oder Errichtung weiterer Testamente droht auch einem noch so ausgeklügelten System der Kollaps. Auch wird das Nachlassverfahren durch die Trennung nicht entlastet, da dort sämtliche Testamente des Erblassers vorzulegen und zu prüfen sind. Gesonderte Testamente über einzelne Nachlassteile sollten daher selbst im Fall der Nachlassspaltung **nur als Notlösung** errichtet werden.

IV. Gemeinschaftliches Testament

1. Materielle Wirksamkeit

Das deutsche, das österreichische und das litauische Recht sowie einige spanische Foralrechte kennen das gemeinschaftliche Testament als **Ehegattentestament**; das dänische, das schwedische und das anglo-amerikanische Recht lassen die gemeinschaftliche

---

103 Vgl. den insoweit eindeutigen Wortlaut von Art. 1 Testamentsformübereinkommen: „dem innerstaatlichen Recht ... ".
104 BGH NJW 2004, 3558, unter Aufhebung von OLG Celle FamRZ 2003, 1878.
105 Hierzu unten Rn. 69.

Errichtung von Testamenten sogar allg. zu. In anderen Rechtsordnungen dagegen überwiegt die Ablehnung (insb. in Osteuropa und den sog. romanischen Rechtsordnungen). Vielfach wird die gemeinschaftliche Errichtung sogar ausdrücklich untersagt (so Art. 968 frz. Code civil und Art. 589 des italienischen Codice Civile).

69 Umstritten ist die Qualifikation der Wirksamkeit bzw. des Verbots. Eine dem Errichtungsstatut unterfallende Frage der materiellen Wirksamkeit soll nach der Rspr. und überwiegenden Literaturauffassung vorliegen, wenn das Verbot den freien Widerruf schützen und die Testierfreiheit aufrecht erhalten soll. Das Formstatut sei einschlägig, wenn die Vorschrift lediglich der einwandfreien Feststellung des Erblasserwillens dient und ihn vor Beeinflussung durch den anderen Testator schützt.[106] Die Feststellung dieses Zwecks ist indes praktisch kaum zu bewältigen. Einigkeit besteht bislang allein darüber, dass die Verbotsnorm im niederländischen und französischen Recht die Form und im italienischen Recht den Inhalt des Testaments betrifft.[107] Bei Spanien,[108] Belgien und der Schweiz herrscht dagegen schon Unsicherheit. Völlig offen ist die Qualifikation, wenn sich die Unwirksamkeit nicht aus einer ausdrücklichen Vorschrift ergibt (wie z.B. in Kroatien).

Nach einer Gegenansicht ist das Verbot der gemeinschaftlichen Testamentserrichtung aus **deutscher Sicht stets als Formfrage zu qualifizieren**, denn es betreffe nicht den Inhalt der Verfügung, sondern allein die äußere Art und Weise der Errichtung.[109]

> **Praxishinweis:**
> Aufgrund der Unsicherheiten durch die ungelöste Qualifikation ist daher **vom gemeinschaftlichen Testament abzuraten,** wenn die Wirksamkeit der gemeinschaftlichen Errichtung auch nach nur einem der auf Seiten beider Eheleute betroffenen Errichtungsstatute unklar ist. Zu beachten ist auch, dass z.B. in Griechenland für Erbverträge und sogar gemeinschaftliche Testamente ein *ordre public*-Verstoß für möglich gehalten wird – also wenn Deutsche über dortige Immobilien verfügen.[110] Eine Auseinandersetzung mit den vielfältigen Theorien ist dann nur noch unausweichlich, wenn der Erbfall bereits eingetreten ist.[111]

2. Wirkungen

70 Die gemeinschaftliche Errichtung hat in den einzelnen Rechtsordnungen in unterschiedlichem Maße besondere Wirkungen, wie z.B. die gesetzliche Vermutung der Wechselbezüglichkeit, die **Erschwerung des Widerrufs** durch Mitteilungserfordernis-

---

106 OLG Frankfurt IPRax 1986, 111; Staudinger/*Dörner,* Art. 25 EGBGB Rn. 309; *Kegel,* FS Jahreiß, S. 155 f.; *Kropholler,* Internationales Privatrecht, S. 440; *Schack,* Gedächtnisschrift Lüderitz, S. 659, 665 ff.; Soergel/*Schurig,* Art. 26 EGBGB Rn. 23; MünchKomm/*Sonnenberger,* Einl. Internationales Privatrecht Rn. 474; Staudinger/*Winkler/v. Mohrenfels,* Art. 11 EGBGB Rn. 130; dagegen ist nach *Schack* u. *Dörner* der Bereich der „Beeinflussung" bereits dem Bereich der inhaltlichen Wirksamkeit zuzurechnen.
107 Vgl. die Übersicht bei *Schotten,* Internationales Privatrecht, S. 229 Fn. 253.
108 Nach IPG 1997 Nr. 39 b (Hamburg), S. 529, geht die überwiegende Auffassung in Spanien seit Ratifikation des Haager Testamentsformübereinkommens von einer Qualifikation als Formvoraussetzung aus.
109 *Neuhaus,* Grundbegriffe des Internationalen Privatrechts, S. 148; *Rabel,* RabelsZ 5 (1931) 241, 260; *Süß,* IPRax 2002, 27; dieser Ansicht zuneigend Palandt/*Heldrich,* Art. 25 EGBGB Rn. 14.
110 Vgl. *Süß,* ZErb 2002, 346.
111 Zur Tendenz der deutschen Gerichte, hier eine „konkludente" Rechtswahl zu unterstellen, s. oben Rn. 33.

se oder gar eine Bindungswirkung nach Versterben des anderen Testators. Maßgeblich ist auch hierfür das Errichtungsstatut.[112] Gelten verschiedene Rechte, kann sich eine unterschiedliche Bindung der Testierenden ergeben.[113] Zur Vermeidung von Ungerechtigkeiten wird hier eine Reduzierung auf das **„schwächere Recht"** befürwortet.[114]

3. Formwirksamkeit des gemeinschaftlichen Testaments

Das **Haager Testamentsformübereinkommens** gilt gem. Art. 4 auch für gemeinschaftliche Testamente. Soweit dabei auf die Person der Erblassers abgestellt wird (Staatsangehörigkeit, Wohnsitz), sind die Voraussetzungen für jeden Erblasser getrennt festzustellen. 71

V. Erbvertrag

1. Materielle Wirksamkeit

Die Wirksamkeit **vertragsmäßiger Verfügungen** und ihre Bindungswirkung unterliegen dem gem. Art. 26 Abs. 5 Satz 1 EGBGB bestimmten **Errichtungsstatut**.[115] Bei einem einseitig verpflichtenden Erbvertrag gilt das für den verfügenden Erblasser maßgebliche Errichtungsstatut. Tritt eine Nachlassspaltung auf oder verfügen mehrere Erblasser vertragsmäßig, sind ggf. mehrere Rechtsordnungen nebeneinander anwendbar. 72

> **Praxishinweis:**
> Die meisten Länder kennen keine vertragsmäßigen Verfügungen (außer Deutschland z.B. Österreich, die Schweiz und Türkei sowie einige spanische Foralrechtsgebiete). Im anglo-amerikanischen Rechtskreis gibt es stattdessen Testierverträge.[116] Die praktische Bedeutung aber ist gering, da dort der trust[117] erheblich weiter reichende Gestaltungsmöglichkeiten bietet. Im romanischen Rechtskreis sind unter Eheleuten Zuwendungen auf den Todesfall in Eheverträgen (*institution contractuelle*) gebräuchlich (z.B. Frankreich, Luxemburg, Niederlande und Belgien). Bei Auslandsberührung, insb. bei Beteiligung von Erblassern mit ausländischer Staatsangehörigkeit oder Verfügung über im Ausland belegene Immobilien ist daher vor Abschluss von Erbverträgen äußerste Vorsicht angebracht.

---

112 S. bereits oben Rn. 61.
113 So wenn für einen der Ehegatten niederländisches Recht Errichtungsstatut ist: dieses kennt keine gemeinschaftlichen Testamente u. damit auch keine Bindungswirkung.
114 Z.B. MünchKomm/*Birk*, Art. 26 EGBGB Rn. 103; *Kropholler*, Internationales Privatrecht, S. 438; Palandt/*Heldrich*, Art. 25 EGBGB Rn. 13; *Rauscher*, Internationales Privatrecht, S. 206; Staudinger/*Dörner*, Art. 25 EGBGB Rn. 321; Soergel/*Schurig*, Art. 26 EGBGB Rn. 37; *Umstätter*, DNotZ 1984, 532, 536. *Kegel* vermeidet das Problem, indem er das Ortsrecht beruft u. so zu einer einheitlichen Anknüpfung gelangt: *Kegel/Schurig*, Internationales Privatrecht, S. 1015 f.
115 *V. Bar*, Internationales Privatrecht II, Rn. 381; MünchKomm/*Birk*, Art. 26 EGBGB Rn. 133; Palandt/*Heldrich*, Art. 25 EGBGB Rn. 13; *Bamberger/Roth/Lorenz*, Art. 25 EGBGB Rn. 27; zum Errichtungsstatut bereits oben, Rn. 60.
116 *Hepp*, Der amerikanische Testiervertrag – contract to make a will – aus Sicht des deutschen Rechts, 1991.
117 Vgl. auch *Jülicher*, Joint Tenancy, ZEV 2001, 469; *Odersky*, AnwK BGB V/Länderberichte Großbritannien u. USA.

2. Zusammentreffen mehrerer Errichtungsstatute

73 Beim mehrseitigen Erbvertrag treffen mehrere Errichtungsstatute möglicherweise zusammen, wenn die Parteien verschiedenen Staaten angehören oder wenn Nachlassspaltung eintritt. Die Verfügungen sind dann nur wirksam und bindend, soweit sämtliche Rechtsordnungen diese anerkennen. Fraglich ist, was passiert, wenn die Verfügungen nach einer Rechtsordnung teilweise unwirksam sind.

74 Nach einer älteren, kollisionsrechtlichen **Lösung** sind die Zulässigkeitsvoraussetzungen aller Errichtungsstatute **kumulativ zu erfüllen**.[118] Ist für einen Teil des Nachlasses die vertragsmäßige Verfügung nichtig, fällt der Erbvertrag insgesamt dahin (**Grundsatz „des ärgeren Rechts"**). Mittlerweile wird überwiegend ein flexiblerer Ansatz verfolgt. Es bleibt bei der Regel, dass sich Wirksamkeit und Bindungswirkung der Verfügungen für jeden Nachlassteil nach dem jeweils maßgeblichen Errichtungsstatut beurteilen („distributive Anknüpfung"). Ergibt sich aus einem der Rechte die Unwirksamkeit der Verfügung, entscheidet das für die andere Verfügung maßgebliche Errichtungsstatut, welche Folgen sich aus der Nichtigkeit für die andere Verfügung ergibt („Lösung auf sachrechtlicher Ebene").[119]

> **Praxishinweis:**
> Ist die Wirksamkeit des Erbvertrags teilweise zweifelhaft, und wollen die Parteien dennoch von der Errichtung nicht absehen, sollte daher durch eine ausdrückliche Klausel klargestellt werden, wie sich ggf. eine Teilnichtigkeit auf die übrigen Verfügungen auswirken soll.

75 Bisweilen werden in den Erbvertrag Anordnungen aufgenommen, die nicht erbrechtlicher Natur sind (**postmortale Vollmacht**, güterrechtliche Vereinbarungen, Bestimmung eines Vormunds für die gemeinsamen Kinder etc.). Für deren Wirksamkeit gilt, da sie nicht erbrechtlich zu qualifizieren sind, das von der hierfür einschlägigen Kollisionsnorm bestimmte Recht (also das Vollmachtsstatut, das Güterstatut oder das Vormundschaftsstatut).

3. Formwirksamkeit

76 Das **Haager Testamentsformübereinkommen** gilt für Erbverträge nicht. Allerdings bestimmt Art. 26 Abs. 4 EGBGB die entsprechende Anwendung der in Art. 26 Abs. 1 EGBGB übernommenen Kollisionsnormen, so dass diese dann als autonomes Kollisionsrecht gelten.

> **Praxishinweis:**
> In der Praxis findet sich häufig der Versuch, auf Seiten des ausländischen Ehegatten eine vertragsmäßige bzw. wechselbezügliche Verfügung zu errichten, indem eine Rechtswahl gem. Art. 25 Abs. 2 EGBGB getroffen wird und die vertragsmäßige Verfügung auf das hiervon erfasste inländische unbewegliche Vermögen beschränkt wird. Die dadurch erreichte Bindung aber ist nur scheinbar. Zwar kann der ausländische Erblasser die Verfügung selbst nach Widerruf der Rechtswahl nicht widerrufen, weil er das für die vertragsmäßige Verfügung maßgebliche Errichtungsstatut nicht mehr ändern kann (Art. 26 Abs. 5 Satz 1 EGBGB). Er kann aber die vertragsmäßige

---

[118] Erman/*Hohloch*, Art. 25 EGBGB Rn. 32; *Bamberger/Roth/Lorenz*, Art. 25 EGBGB Rn. 28.
[119] So z.B. *v. Bar*, Internationales Privatrecht II, Rn. 381; Staudinger/*Dörner*, Art. 25 EGBGB Rn. 341, 346; Palandt/*Heldrich*, Art. 25 EGBGB Rn. 13.

Verfügung aushöhlen, indem er die Immobilie verkauft oder in eine GbR oder GmbH einbringt.

4. Erb- und Pflichtteilsverzicht

Der Erb- und **Pflichtteilsverzicht** wird in vielen Rechtsordnungen (z.B. der Schweiz und Italiens) als Unterart des Erbvertrags (rinunziativer Erbvertrag) behandelt. Wie beim „verfügenden" Erbvertrag ist jedoch davon auszugehen, dass dieses Institut den meisten Rechtsordnungen unbekannt ist. Anerkannt wird der Erbverzicht in Deutschland, Österreich, der Schweiz, der Türkei und den skandinavischen Ländern[120] sowie Polen, Ungarn und vielen anglo-amerikanischen Rechtsordnungen.[121] Die romanischen und die übrigen osteuropäischen Rechtsordnungen hingegen kennen keinen Verzicht zu Lebzeiten des Erblassers an.[122]

77

Da der **Erbverzicht** sich auf Erb- und Pflichtteilsrechte nach dem Erblasser bezieht, wird er dem für dessen Nachlass geltenden Erbstatut unterstellt. Bei Nachlassspaltung ist seine Wirksamkeit also für jede Nachlassmasse gesondert zu prüfen. Auf die Staatsangehörigkeit des Verzichtenden kommt es dagegen nicht an. Überwiegend wird für die materielle Wirksamkeit Art. 26 Abs. 5 Satz 1, Art. 25 EGBGB entsprechend angewandt, so dass hier der **Zeitpunkt des Abschlusses des Verzichtsvertrages maßgeblich** ist (Errichtungsstatut).[123] Freilich bleibt es auch hier für die Verzichtswirkungen bei der Geltung des effektiven Erbstatuts.[124] Kennt dieses den Verzicht nicht, ist dessen Effektivität dahin.

Da beim Erbverzicht der Erblasser keine Verfügung trifft, soll für die Form Art. 26 Abs. 4 EGBGB nicht gelten.[125] Damit bleibt es gem. Art. 11 Abs. 1 EGBGB bei der alternativen Formwirksamkeit nach den Formvorschriften des Errichtungsstatuts oder nach der Ortsform.

78

VI. Erbgang

Das **Erbstatut** bestimmt, wie sich der Übergang des Nachlasses auf die Erben vollzieht. Darunter ist insb. zu verstehen, ob der Nachlass im Wege der Universalsukzession *ipso iure* auf die zur Erbfolge berufenen Personen übergeht, denen dann ggf. ein in vom Erbstatut genauer bestimmter Form und Frist auszuübendes Recht zur Ausschlagung zusteht oder aber ob hierfür – wie z.B. im österreichischen Recht vorgesehen – eine ausdrückliche Annahmeerklärung erforderlich ist und eine gerichtliche Einweisung in den Nachlass.[126] In den anglo-amerikanischen Rechtssystemen geht der

79

---

120 Zu Schweden z.B. *Johansson,* Erbrecht in Europa/Länderbericht Schweden, S. 865.
121 Ausgenommen ist aber insb. England; Länderübersicht auch bei Staudinger/*Schotten,* Einl. zu §§ 2346 ff. BGB Rn. 45 ff.
122 *Kipp/Coing,* Erbrecht, § 82 I; *Lange/Kuchinke,* Erbrecht, § 7 I 2.
123 *V. Bar,* Internationales Privatrecht II, Rn. 381; Staudinger/*Dörner,* Art. 25 EGBGB Rn. 374; Palandt/*Heldrich,* Art. 26 EGBGB Rn. 7; *Kropholler,* Internationales Privatrecht, S. 427; *Lichtenberger,* DNotZ 1986, 666; *Riering,* ZEV 1998, 250; Soergel/*Schurig,* Art. 26 EGBGB Rn. 42; OLG Hamm NJW-RR 1996, 906.
124 Staudinger/*Dörner,* Art. 25 EGBGB Rn. 385; *von Hoffmann,* Internationales Privatrecht, S. 349. MünchKomm/*Birk,* Art. 26 EGBGB Rn. 148 u. *Ferid,* Internationales Privatrecht, Rn. 9–66 gehen ohnehin von der Unanwendbarkeit von Art. 26 Abs. 5 Satz 1 EGBGB aus.
125 MünchKomm/*Birk,* Art. 26 EGBGB Rn. 146; Staudinger/*Dörner,* Art. 25 EGBGB Rn. 381; Palandt/*Heldrich,* Art. 25 EGBGB Rn. 5; *Kropholler,* Internationales Privatrecht, S. 441.
126 Vgl. hierzu *Hoyer,* IPRax 1986, 345; *Haunschmidt,* Erbrecht in Europa, S. 739.

Nachlass nicht auf einen Erben über, sondern auf eine testamentarisch oder gerichtlich bestellte Person (personal representative), die dann die Abwicklung des Nachlasses übernimmt. Zum Erbstatut gehört auch die Frage ob und ab welchem Zeitpunkt die Erben für die Nachlassverbindlichkeiten haften,[127] und wie sie diese Haftung beschränken bzw. ausschließen können.

80 Zu beachten ist, dass der „Erbgang" in vielen anderen Ländern nicht zum Erbstatut gehört. In Österreich z.B. werden diese Fragen – soweit Grundstücke betroffen sind – sachenrechtlich qualifiziert. Folge ist, dass für das in Deutschland belegene Grundstück eines österreichischen Erblassers insoweit durch die österreichische Kollisionsnorm eine „funktionell und gegenständlich beschränkte Rückverweisung" auf das deutsche Recht erfolgt, die eine korrespondierende **funktionelle Nachlassspaltung** bewirkt. Diesbezüglich tritt der Erwerb durch die (nach dem österreichischen Erbstatut bestimmten) Erben *ipso iure* auch ohne Erberklärung und gerichtliche Einantwortung ein.[128] Umstritten ist, ob dies auch für den *personal representative* gilt. Hier wird vielfach dem anglo-amerikanischen Recht eine Verweisung auf die *lex fori* des Nachlassgerichts entnommen, mit der Folge, dass ein deutsches Gericht bei Tätigwerden von der Geltung deutschen Rechts ausgehen kann.[129] Umgekehrt führen diese vom deutschen System abweichenden Kollisionsnormen bei Belegenheit von Grundstücken in Österreich bzw. Vermögen in den USA dazu, dass ein gem. Art. 3 Abs. 3 EGBGB beachtliches vorrangiges Einzelstatut entsteht, so dass trotz Geltung deutschen Erbstatuts insoweit die österreichischen Regeln über die Einantwortung bzw. das Erfordernis der Bestellung eines *personal representative* nach dem Recht des jeweiligen US-Staates eingreifen.[130]

D. Sonderfragen

I. Erbstatut und internationales Güterrecht

1. Bestimmung des Güterstatuts

81 Im Erbfall ist die güterrechtliche vor der erbrechtlichen Auseinandersetzung vorzunehmen. Das deutsche Recht macht sogar die gesetzliche Ehegattenerbquote vom Güterstand abhängig (§§ 1371 Abs. 1, 1931 Abs. 3, 4 BGB). In vielen Ländern sind güterrechtliche Vereinbarung für den Fall der Auflösung der Ehe durch Tod möglich, die wirtschaftlich weitgehend dem Ehegattenerbvertrag entsprechen.[131] Daher kommt dem internationalen Güterrecht i.R.d. Planung und Abwicklung internationaler Erbfälle eine große Bedeutung zu.

a) Objektiv bestimmtes Güterstatut

82 Art. 15 Abs. 1 EGBGB verweist für die Bestimmung des Güterstatuts auf das zum Zeitpunkt der Eheschließung für die allg. Wirkungen der Ehe (Art. 14 EGBGB) geltende Recht. Nach der Eheschließung eingetretene Änderungen wirken sich so auf die güterrechtlichen Beziehungen nicht mehr aus (**Unwandelbarkeit des Güterstatuts**).

---

127 BGHZ 9, 153.
128 S. hierzu *Süß*, AnwK BGB V/Länderbericht Österreich Rn. 16.
129 S. z.B. *Bamberger/Roth/Lorenz*, Art. 25 EGBGB Rn. 34.
130 S. *Süß*, ZEV 2000, 488.
131 Hierzu ausführlich *Döbereiner*, Ehe- und Erbverträge im deutsch-französischen Rechtsverkehr; *Henrich*, FF 2000, 85.

D. Sonderfragen

Damit gilt – vorbehaltlich einer Rechtswahl[132] die folgendermaßen bestimmte **Rechtsordnung:**

1. Das Recht des Staates, dem beide Eheleute bei Eheschließung angehörten, Art. 15 Abs. 1 i.V.m. Art. 14 Abs. 1 Nr. 1 EGBGB. War einer der Eheleute Mehrstaater, gilt die gem. Art. 5 Abs. 1 EGBGB ermittelte Staatsangehörigkeit – und nicht etwa die Staatsangehörigkeit, die er mit seinem Ehegatten gemein hat.
2. Hilfsweise gilt das Recht des Staates, in dem beide Eheleute bei Eheschließung ihren gewöhnlichen Aufenthalt hatten, Art. 15 Abs. 1 i.V.m. Art. 14 Abs. 1 Nr. 2 EGBGB.
3. In dritter Linie gilt gem. Art. 15 Abs. 1 i.V.m. Art. 14 Abs. 1 Nr. 3 EGBGB das Recht des Staates, mit dem die Eheleute bei Eheschließung auf andere Weise am engsten verbunden waren. Regelmäßig ist das der Staat, in dem die Eheleute schon bei Eheschließung beabsichtigten, anschließend gemeinsam zu leben, wenn sie bald nach Eheschließung dort auch ihre gemeinsame Wohnung begründet haben.[133]

Auch im internationalen Güterrecht ist gem. Art. 4 Abs. 1 EGBGB eine **Rück- oder Weiterverweisung** durch das ausländische Recht zu beachten. Diese ergeben sich z.B., wenn das ausländische Recht vorrangig an den gemeinsamen Wohnsitz oder gewöhnlichen Aufenthalt der Eheleute anknüpft.[134] Das IPR der Staaten mit einem angloamerikanischen Rechtssystem verweist für die güterrechtliche Zuordnung des unbeweglichen Vermögens auf das Belegenheitsrecht.[135]

83

Die Anknüpfung an die persönlichen Verhältnisse der Eheleute (Staatsangehörigkeit, gewöhnlicher Aufenthalt, etc.) führt dazu, dass ein Recht für das gesamte Vermögen der Eheleute gilt (**Einheitlichkeit des Güterstatuts**). Eine Spaltung des Güterstatuts kann jedoch gem. Art. 3 Abs. 3 EGBGB für in bestimmten Ländern belegene Immobilien eintreten, aufgrund einer Rechtswahl gem. Art. 15 Abs. 2 Nr. 3 EGBGB (hierzu unten Rn. 85) oder aufgrund einer gespaltenen Rück- bzw. Weiterverweisung.[136]

84

b) Durch Rechtswahl bestimmtes Güterstatut

Eheleute können gem. Art. 15 Abs. 2 EGBGB ihr jeweiliges Heimatrecht oder das Recht des Staates, in dem (mindestens) einer von ihnen seinen gewöhnlichen Aufenthalt hat, zum Güterstatut bestimmen. Für unbewegliches Vermögen können sie das Güterrecht des Lageortes wählen – im Gegensatz zu Art. 25 Abs. 2 EGBGB gilt letzteres auch für im Ausland belegenes Vermögen. Die **Rechtswahl** ist bei einer Vereinbarung in Deutschland **notariell zu beurkunden**, Art. 15 Abs. 3 i.V.m. Art. 14 Abs. 4 Satz 1 EGBGB. Sie kann jederzeit, also auch nach der Eheschließung, getroffen werden.

85

---

132 Hierzu Rn. 85.
133 LG Köln FamRZ 1998, 1590; Palandt/*Heldrich*, Art. 15 EGBGB Rn. 10; Soergel/*Schurig*, Art. 15 EGBGB Rn. 12.
134 So z.B. das Schweizer IPR u. das Haager Ehegüterrechtsabkommen, das für Frankreich, die Niederlande und Luxemburg in Kraft getreten ist. Weitere Fälle sind die Nachlassspaltung oder die wandelbare Anknüpfung im ausländischen internationalen Güterrecht.
135 Ebenso Art. 22 Abs. 3 des thailändischen Gesetzes über die Gesetzeskollisionen v. 14.3.1938, der für die güterrechtlichen Verhältnisse des unbeweglichen Vermögens auf das Recht des Ortes verweist, an dem dieses Vermögen belegen ist.
136 Vgl. Staudinger/*Mankowski*, Art. 15 EGBGB Rn. 20 m. umfassender Übersicht über Lit. u. Rspr.

Süß

c) Übergangsregeln für vor dem 9.4.1983 geschlossene Ehen

86 Für vor dem 1.4.1983 geschlossene Ehen enthält Art. 220 Abs. 3 EGBGB eine komplizierte Übergangsregelung.[137] Anlass hierfür war das Urteil des BVerfG vom 22.3.1983, mit dem das Gericht festgestellt hatte, dass die Anknüpfung des Güterstatuts an das Heimatrecht des Ehemannes bei Eheschließung in Art. 15 EGBGB a.F. gegen Art. 3 Abs. 2 GG verstoße.[138]

Hat die **Eheschließung vor dem 1.4.1953** stattgefunden, gilt. gem. Art. 220 Abs. 3 Satz 6 EGBGB, Art. 15 EGBGB a.F. weiterhin das Heimatrecht des Ehemannes bei Eheschließung, da für diese Ehen die Nichtigkeitsfolge aus Art. 3 Abs. 2 GG gem. Art. 117 Abs. 2 GG den Art. 15 EGBGB a.F. noch nicht erfasst.

87 Für **nach dem 1.4.1953** und **vor dem 9.4.1983**[139] geschlossene Ehen gilt gem. Art. 220 Abs. 3 Satz 1 Nr. 1 EGBGB das gemeinsame Heimatrecht der Eheleute bei Eheschließung. **Nach dem 8.4.1983** ergibt sich die Rechtswahlmöglichkeit aus Art. 15 Abs. 2 EGBGB. Gehörten die Eheleute bei Eheschließung verschiedenen Staaten an, gilt grundsätzlich das Heimatrecht des Ehemannes bei Eheschließung, Art. 220 Abs. 3 Satz 1 Nr. 3 EGBGB. Ist allerdings der güterrechtsrelevante Vorgang – insb. die Auflösung der Ehe durch Tod eines Ehegatten – nach dem 8.4.1983 eingetreten, bestimmt sich das Güterstatut (mit Rückwirkung) nach Art. 15 EGBGB n.F., wobei statt des Zeitpunkts der Eheschließung die Umstände (z.B. gewöhnlicher Aufenthalt der Eheleute) zum 9.4.1983 zugrunde zu legen sind, Art. 220 Abs. 3 Satz 2, 3 EGBGB.[140]

88 Die **Anknüpfung** an die Staatsangehörigkeit des Ehemannes gem. Art. 220 Abs. 3 Satz 1 Nr. 1 EGBGB entfällt auch, wenn die Eheleute, bis zum 9.4.1983, gemeinsam von der Geltung eines bestimmten Rechts ausgegangen sind oder sich diesem „unterstellt" haben, Art. 220 Abs. 3 Satz 1 Nr. 2 EGBGB. Dieser Tatbestand wird von der Rspr. großzügig ausgelegt, um die in Hinblick auf Art. 3 Abs. 2 GG problematische Geltung des Mannesrechts möglichst weit zurück zu drängen.[141] Im Wege einer Gesamtbetrachtung seien danach alle äußeren Umstände einzubeziehen, wie etwa gewöhnlicher Aufenthalt der Ehegatten, der Erwerb von Immobilien zur Schaffung eines Familienheimes, Grundbucheintragungen und andere gemeinsame Erklärungen gegenüber Behörden oder Handlungen, die ohne Bezug zu einer bestimmten Güterrechtsordnung nicht denkbar wären. Es reiche deshalb, dass die Eheleute „wie selbstverständlich von der ihnen am nächsten liegenden Rechtsordnung ausgegangen sind".[142] Als konkludent getroffene Rechtswahl gilt diese über den Stichtag des 8.4.1983 hinaus unter den Voraussetzungen des Art. 15 Abs. 2 EGBGB fort.[143] Entgegen dem Wortlaut von Art. 220 Abs. 3 Satz 2 EGBGB findet in diesen Fällen also keine rückwirkende Anknüpfung des Güterstatuts nach Art. 15 Abs. 1 EGBGB n.F. statt. Da das „Unterstellen" bzw. „Ausgehen von" in Art. 220 Abs. 3 Satz 1 Nr. 2 EGBGB als **konkludente**

---

137 Eingehend hierzu BGH NJW 1987, 583; NJW 1988, 638; *Lorenz*, Intertemporale internationale Ehegüterrecht; *Süß*, ZErb 2003, 148.
138 BVerfGE 63, 181 = NJW 1983, 1968.
139 An diesem Tag wurde die Entscheidung des BVerfG vom 22.3.1983 bekannt gemacht.
140 BGH NJW 1987, 584; BGH NJW 1988, 639; OLG Hamm FamRZ 1993, 115; Palandt/*Heldrich*, Art. 15 EGBGB Rn. 12; a.A. *Rauscher*, NJW 1987, 532; *Schurig*, IPRax 1988, 93.
141 Z.B. BGH NJW 1987, 584 = DNotZ 1987, 296; BGHZ 119, 400.
142 BGHZ 119, 400; NJW 1988, 639; FamRZ 1993, 292; OLG Köln, FamRZ 1996, 1480; OLG Frankfurt/Main FamRZ 1987, 1147; Palandt/*Heldrich*, Art. 15 EGBGB Rn. 9; krit.: *Schotten*, Internationales Privatrecht, Rn. 184.
143 BGH FamRZ 1986, 1202; *Lichtenberger*, DNotZ 1987, 299.

Rechtswahl gilt, bleibt gem. Art. 4 Abs. 2 EGBGB eine Rück- oder Weiterverweisung dieses Rechts unbeachtlich.[144]

Die weite Auslegung des Art. 200 Abs. 3 Satz 1 Nr. 2 EGBGB bereitet gerade in der rechtsgestaltenden Praxis Rechtsunsicherheit. Dies gilt umso mehr, als nach einem Urteil des BVerfG nicht jede Unterstellung unter ein bestimmtes Recht **wirksam** ist.[145] Das Ausgehen von der Geltung des Heimatrechts des Ehemannes sei unbeachtlich, wenn sie allein darauf beruht, dass die Eheleute auf der Wirksamkeit der damaligen gleichheitswidrigen Regelung in Art. 15 EGBGB a.F. vertraut hätten. Auch in diesen Fällen gilt dann also ab dem 9.4.1983 Art. 15 EGBGB n.F.

> **Praxishinweis:**
> Zur Klarstellung ist daher in allen Ehen, die vor dem 9.4.1983 geschlossen wurden, und in denen die Eheleute bei Eheschließung keine gemeinsame Staatsangehörigkeit besaßen, die Vornahme einer ausdrücklichen – ggf. nur klarstellenden – Rechtswahl gem. Art. 15 Abs. 2 EGBGB zu überlegen.

89

d) Sonderanknüpfung für Aussiedler

Für die sog. **volksdeutschen Vertriebenen** führt die Anknüpfung an die gemeinsame Staatsangehörigkeit bei Eheschließung regelmäßig zur Geltung des Rechts der „alten Heimat", auch wenn diese nach der Übersiedlung die deutsche Staatsangehörigkeit erworben haben. Das Gesetz über den ehelichen Güterstand von Vertriebenen und Flüchtlingen vom 4.8.1969[146] durchbricht hier die Unwandelbarkeit und führt mit Beginn des vierten Monats nach Aufnahme in Deutschland zu einem Wechsel in das eheliche Güterrecht des BGB und zwar gem. § 1 Abs. 1, § 3. Dies gilt regelmäßig auch dann, wenn nur ein Ehegatte Volksdeutscher ist, da gem. § 1 Abs. 3 BVFG zumeist auch der Ehegatte als Aussiedler gilt.

90

> **Praxishinweis:**
> **Umstritten** ist, ob dies auch für die sog. **Spätaussiedler** i.S.v. § 4 BVFG, die erst nach dem 31.12.1992 nach Deutschland gekommen sind, gilt. Die überwiegende Ansicht in der Lit. plädiert aufgrund der vergleichbaren Interessenlage für eine entsprechende Anwendung.[147] Das BMJ hatte einmal eine gesetzliche Klarstellung vorbereitet. Sicherheitshalber sollte man den Eheleuten bei entsprechendem Anlass zu einer Klarstellung durch ausdrückliche Rechtswahl gem. Art. 15 Abs. 2 Nr. 1 EGBGB raten.

2. Abgrenzung des Güterstatuts vom Erbstatut

Die Abgrenzung zwischen Erb- und Güterstatut (Qualifikation) ist besonders dann schwierig, wenn eine Rechtsordnung **Sonderregeln** zur güterrechtlichen Auseinandersetzung für den Fall enthält, dass die Ehe durch Tod eines Ehegatten beendet wird.

91

---

144 *V. Bar*, Internationales Privatrecht II, Rn. 230; Palandt/*Heldrich*, Art. 15 EGBGB Rn. 9; *Schotten*, Internationales Privatrecht, Rn. 184; einschränkend Staudinger/*Dörner*, Art. 220 EGBGB Rn. 130.
145 BVerfG ZErb 2003, 148 m. Anm. *Süß*.
146 Abdruck z.B. bei Palandt/*Heldrich*, Anh. zu Art. 15 EGBGB.
147 Staudinger/*Mankowski*, Art. 15 EGBGB Rn. 441; Erman/*Hohloch*, Art. 15 EGBGB Rn. 51; Soergel/*Schurig*, Art. 15 EGBGB Rn. 74; *Scheugenpflug*, MittRhNotK 1999, 374; *Wandel*, BWNotZ 1994, 85 – zumindest für den Fall, dass auch der nicht-deutsche Ehegatte aufgrund mindest dreijähriger Dauer der Ehe Spätaussiedlerstatus hat; a.A. aber nun Palandt/*Heldrich*, Anh. Art. 15 EGBGB Rn. 2.

Dies betrifft z.B. das „güterrechtliche Viertel" in § 1371 Abs. 1 BGB. Ebenso kann aber auch die Vereinbarung in Gütergemeinschaft lebender Eheleute, dass der Überlebende bei Beendigung der Ehe durch Tod über die ihm grundsätzlich zustehende Hälfte hinaus weitere Anteile, Gegenstände oder gar das gesamte Gut erhalten soll, als „Erbvertrag" wie auch als „güterrechtliche Vereinbarung" qualifiziert werden.

Erbrechtlich soll eine **Vermögenszuweisung** sein, wenn sie dem überlebenden Ehegatten eine Teilhabe allein aufgrund seiner Nähebeziehung zum Erblasser gewährt, **güterrechtlich**, wenn sie einen Ausgleich für während der Ehe erbrachte Leistungen darstellt und darauf beruht, dass bereits während der Ehe die Vermögen der Eheleute verschmolzen sind und sie „aus einem Topf gewirtschaftet haben".[148] Eine güterrechtliche Zuordnung liegt vor, wenn sie vom Bestehen eines bestimmten Güterstandes abhängig ist, während die erbrechtliche unabhängig vom Güterstand gewährt wird.[149] Die güterrechtliche Auseinandersetzung hat Vorrang vor der Nachlassverteilung. Das Erbrecht verteilt den für den Nachlass verbliebenen Rest.[150]

92 Bei § 1371 Abs. 1 BGB besteht inzwischen Einigkeit darüber, dass diese Vorschrift nur bei Geltung der **Zugewinngemeinschaft** deutschen Rechts, also bei Geltung deutschen Güterstatuts, zum Zuge kommt. Umstritten ist aber, inwieweit die Gewährung des güterrechtlichen Viertels des Weiteren davon abhängt, dass das deutsche Recht auch Erbstatut ist. Letztere Ansicht wird von einigen Autoren unter Berufung auf eine sog. „**Doppelqualifikation**" vertreten.[151] Diese Ansicht vermeidet, dass die Aufpfropfung des „deutschen" Ehegattenviertels auf ein anders ausgestaltetes ausländisches Erbrechtssystem dessen System auf den Kopf stellt. Im Gegenzug nimmt sie eine erhebliche Beeinträchtigung des deutschen Güterrechts in Kauf, denn sie erzwingt den Zugewinnausgleich auf güterrechtlichem Weg, obgleich § 1371 BGB den rechnerischen Zugewinnausgleich im Erbfall gerade ausschließen soll; die Privilegierung des überlebenden Ehegatten durch die Zuweisung einer Pauschale geht verloren. In Deutschland überwiegt daher die sog. **güterrechtliche Qualifikation**.[152] Die Erhöhung hängt danach allein von der Geltung deutschen Güterrechts ab. Zu absonderlichen Ergebnissen kommt es allerdings, wenn sich die Ehegattenerbquote (neben Abkömmlingen) nach dem ausländischen Erbrecht schon ohne die Erhöhung auf ein Halb beläuft oder gar darüber liegt. In diesen Fällen soll im Wege einer „Angleichung" der erhöhte Erbteil auf die Quote gedeckelt werden, die sich maximal bei Geltung nur

---

148 LG München I FamRZ 1978, 364; Staudinger/*Mankowski*, Art. 15 EGBGB Rn. 328; ausführlich *Döbereiner*, Ehe- und Erberträge im deutsch-französischen Rechtsverkehr, S. 276.
149 Staudinger/*Mankowski*, Art. 15 EGBGB Rn. 326.
150 *Ferid*, Internationales Privatrecht, Rn. 8–128; *Henrich*, FS Schippel, S. 906; *Schotten*, Internationales Privatrecht, Rn. 212.
151 Z.B. OLG Düsseldorf IPRspr. 1987 Nr. 105; *Ferid*, Internationales Privatrecht, Rn. 8–130; *Schotten*, MittRhNotK 1987, 18; MünchKomm/*Siehr*, Art. 15 EGBGB Rn. 114 f. will aber das Viertel dennoch gewähren, wenn das ausländische Erbstatut dem Ehegatten einen Erteil zuspricht, der genauso groß ist, wie er bei Geltung deutschen Erbrechts wäre – u. kommt damit zum gleichen Ergebnis wie das LG Mosbach (s. die nachfolgende Anm.); ebenso MünchKomm/*Birk*, Art. 25 EGBGB Rn. 158. Zuletzt wieder OLG Stuttgart – allerdings ließ die Entscheidung die Begründung für die Nichtanwendung von § 1371 Abs. 1 BGB offen – ZERB 2005, 162; Anm. *Süß*, ZErb 2005, 208.
152 BayObLG FamRZ 1975, 416 u. IPRax 1981, 100; OLG Karlsruhe NJW 1990, 1421; OLG Hamm IPRspr. 1995 Nr. 119; LG Mosbach ZEV 1998; *v. Bar*, Internationales Privatrecht II, Rn. 244; Staudinger/*Dörner*, Art. 25 EGBGB Rn. 34; Palandt/*Heldrich*, Art. 15 EGBGB Rn. 26; Erman/*Hohloch*, Art. 15 EGBGB Rn. 37; Soergel/*Schurig*, Art. 15 EGBGB Rn. 101 f.; ausführliche Auseinandersetzung mit der Theorie der Doppelqualifikation bei Staudinger/*Mankowski*, Art. 15 EGBGB Rn. 342 ff.

deutschen bzw. nur ausländischen Rechts sowohl für die Erbfolge wie auch den Güterstand ergeben würde.¹⁵³

> **Praxishinweis:**
> Ausländische Richter dagegen tendieren zu einer erbrechtlichen Qualifikation, um „ihr" Erbrecht vor Deformationen zu bewahren.¹⁵⁴ Daher kann es bei gesetzlicher Erbfolge selbst dann zur Festsetzung abweichender Erbquoten im Ausland kommen, wenn der ausländische Richter bei der Bestimmung von Erb- und Güterstatut zum selben Rechtsergebnis gelangt. Schutz bietet auch hiergegen die testamentarische Verfügung.

Bei **§ 1931 Abs. 4 BGB** besteht dagegen weitgehende Einigkeit, dass diese Bestimmung zum Erbstatut gehört.¹⁵⁵ Bei Geltung eines ausländischen Güterstands ist zu ermitteln, ob dieser der Gütertrennung deutschen Rechts gleichzusetzen ist (Substitution). 93

II. Erbstatut und Gesellschaftsrecht

Das Verhältnis von erbrechtlicher Nachfolge und Gesellschaftsrecht bereitet bei Personengesellschaften schon in nationalen Fällen Probleme. Gelten verschiedene Rechte als Gesellschafts- und Erbstatut, ergeben sich zusätzlich Probleme daraus, dass die Lösungsmechanismen jeweils dem **Erb- oder Gesellschaftsstatut** zugeordnet (also entsprechend qualifiziert) werden müssen. 94

Das **Gesellschaftsstatut** bestimmt, was mit der Gesellschaft aufgrund des Todes des Gesellschafters passiert, was und ob überhaupt etwas in den Nachlass fällt und was damit zur erbrechtlichen Verteilung ansteht. Des Weiteren ist dem Gesellschaftsstatut auch zu entnehmen, ob an diesen Positionen vom Erbstatut vorgesehene besondere Rechte (wie z.B. ein gesetzlicher Nießbrauch des überlebenden Ehegatten oder ein trust-Verhältnis) begründet werden können. Aus dem Erbstatut ergibt sich, wem diese – vom Gesellschaftsstatut dem Nachlass zugewiesenen – Rechte, in welcher Weise zustehen. Regelungswidersprüche zwischen Erb- und Gesellschaftsstatut sind im Zweifel also zugunsten des Gesellschaftsstatuts zu lösen.¹⁵⁶ 95

Charakteristikum der **Kapitalgesellschaften** ist, dass sie vom Bestand der Gesellschafter unabhängig – dabei die Anteile mehr oder weniger frei veräußerlich – in aller Regel aber vererblich sind. Das Gesellschaftsstatut setzt daher regelmäßig der Erbfolge, der Bildung von Erbengemeinschaften und sogar der Nachlassverwaltung und Testa- 96

---

153 *V. Bar*, Internationales Privatrecht II, Rn. 244; Palandt/*Heldrich*, Art. 15 EGBGB Rn. 26; Erman/*Hohloch*, Art. 15 EGBGB Rn. 37; *Kropholler*, Internationales Privatrecht, S. 237; Soergel/*Schurig*, Art. 15 EGBGB Rn. 40. Vgl. hierzu insb. den Fall des LG Mosbach ZEV 1998, 490, wonach der Ehegatte durch die Erhöhung der sich aus dem österreichischen Recht ergebenden Ehegattenerbquote (1/3) keinen Erbteil erhalten dürfe, der höher als nach deutschem Recht (neben Abkömmlingen also 1/2) wäre. In Bezug auf das österreichische Recht ist dieser Auffassung zuzustimmen, denn dort findet ebenfalls ein „Zugewinnausgleich" nur im Fall der Scheidung statt, im Fall der Auflösung der Ehe durch Tod dagegen glaubt man den überlebenden Ehegatten durch das erbrechtliche Drittel als abgefunden.
154 Zur Praxis in Frankreich z.B. *Derstadt*, IPRax 2001, 84.
155 *V. Bar*, Internationales Privatrecht II, Rn. 244; Staudinger/*Dörner*, Art. 25 EGBGB Rn. 149; *Kropholler*, Internationales Privatrecht, S. 348; *Schotten*, Internationales Privatrecht, Rn. 212; a.A. wohl allein Soergel/*Schurig*, Art. 15 EGBGB Rn. 38.
156 So treffend *Kropholler*, Internationales Privatrecht, S. 437.

mentsvollstreckung wenig entgegen.¹⁵⁷ Praktische Probleme treten hier allenfalls beim Nachweis der Erbfolge oder der verfahrensmäßigen Abwicklung auf.

97 Bei **Personengesellschaften** dagegen entscheidet zunächst das Gesellschaftsstatut, ob die Gesellschaft überhaupt den Erbfall überdauert oder mit dem Erbfall aufgelöst, und ob sie ggf. mit oder ohne die Erben fortgesetzt wird. Im letzteren Fall entscheidet auch das Gesellschaftsstatut, ob den Erben ein **Abfindungsanspruch** zusteht. Problematisch ist der Fall, dass nach dem Erbstatut in dem entschädigungslosen Ausscheiden aus der Gesellschaft eine ergänzungspflichtige Zuwendung an die verbleibenden Gesellschafter liegt.¹⁵⁸ Auch die Zulässigkeit der gesellschaftsrechtlichen **Sondererbfolge** und die Wirkungen sog. **qualifizierter Nachfolgeklauseln** unterliegen dem Gesellschaftsstatut, wobei sich dieses nach neuerer Auffassung nicht mehr über **Art. 3 Abs. 3 EGBGB**,¹⁵⁹ sondern im Wege der gesellschaftsrechtlichen Qualifikation durchsetzt.¹⁶⁰ Es tritt also keine Nachlassspaltung ein.

III. Besonderheiten bei Nachlassspaltung

98 Bei der Nachlassspaltung gilt nicht für den gesamten Nachlass einer Person dasselbe Recht, sondern einzelne Teile werden nach verschiedenen Rechtsordnungen vererbt. Obwohl das deutsche IPR dem Grundsatz der Nachlasseinheit folgt, kann es in zahlreichen Konstellationen zur Nachlassspaltung kommen. Regelmäßig kommt dies **in folgenden Fällen** vor:

– Es gilt auch unter Beachtung des Heimat-IPR das ausländische Heimatrecht als Erbstatut, der ausländische Erblasser übt aber für ein in Deutschland belegenes unbewegliches Vermögen die Rechtswahl gem. Art. 25 Abs. 2 EGBGB aus;
– der Erblasser ist Deutscher, es kommt aber wegen der Geltung des Deutsch-Türkischen Nachlassabkommens oder des Deutsch-Sowjetischen Konsularvertrages zur Geltung ausländischen Rechts für seine in einem der Vertragsstaaten belegenen Immobilie;
– der Erblasser ist Ausländer und sein Heimat-IPR nimmt eine Nachlassspaltung vor, so dass es aufgrund einer gespaltenen Rückverweisung nur für einen Teil des Nachlasses auf das deutsche oder das Recht eines dritten Staates verweist;
– für im Ausland belegenen Nachlass besteht ein kollisionsrechtliches vorrangiges Einzelstatut i.S.v. Art. 3 Abs. 3 EGBGB.

99 Bei der Nachlassspaltung entstehen (mindestens) **zwei unabhängig voneinander abzuhandelnde Nachlassmassen**. Die gesetzliche Erbfolge, materielle Wirksamkeit und Wirkungen von Testamenten sowie Erbverträgen wie Pflichtteilsrecht¹⁶¹ und der Erbschaftserwerb sind für jede Nachlassmasse selbständig zu beurteilen.

---

157 Ausführlich: *J. Mayer*, HB Testamentsvollstreckung, S. 206 ff.
158 Hierzu z.B. *Dörner*, IPRax 2004, 520.
159 So *Ferid*, FS Hueck, 1959, S. 343; in der aktuellen Lit. *v. Bar*, Internationales Privatrecht II, Rn. 371; MünchKomm/*Birk*, Art. 25 EGBGB Rn. 102, 198; *Schotten*, Internationales Privatrecht, Rn. 335.
160 MünchKomm/*Sonnenberger*, Art. 3 EGBGB Rn. 36; Staudinger/Dörner, Art. 25 EGBGB Rn. 524; *Ebenroth*, Erbrecht, Rn. 1246; *Bengel/Reimann/Haas*, HB Testamentsvollstreckung, IX Rn. 66 ff.; Erman/*Hohloch*, Art. 25 EGBGB Rn. 35; *Schurig*, IPRax 2001, 447; *Witthoff*, Vererbung von Anteilen deutscher Personengesellschaften im Internationalen Privatrecht, S. 72 f.; jetzt auch Palandt/*Heldrich*, Art. 3 EGBGB Rn. 13; unklar *v. Oertzen*, RIW 1994, 819 u. *Bamberger/Roth/Mäsch*, Anh. Art. 12 EGBGB Rn. 43, die offenbar weiterhin Art. 3 Abs. 3 EGBGB für erforderlich halten.
161 Vgl. hierzu *Gruber*, ZEV 2001, 463.

Praxishinweis:
Übersieht der Berater die Nachlassspaltung – z.B. in Bezug auf ein Grundstück in Frankreich – kann dies dazu führen, dass eine Verfügung von Todes wegen (z.B. ein Erbvertrag) insoweit teilnichtig ist, oder die gewünschten Wirkungen (z.B. Dauertestamentsvollstreckung) nicht entfalten kann. Daher ist es auch bei einem deutschen Erblasser wichtig, bei der Vorbereitung genau nach Vermögen im Ausland zu fragen.

Die **Nachlassspaltung** ermöglicht, dass der Testator für die einzelnen Nachlassmassen unterschiedliche Erben einsetzt. Durch eine objektbezogene Rechtswahl (hierzu oben, Rn. 35) gem. Art. 25 Abs. 2 EGBGB kann der Erblasser dann sogar z.B. die Universalsukzession beschränkt auf ein einzelnes in Deutschland belegenes Grundstück herbeiführen. 100

Probleme ergeben sich beim **Pflichtteilsrecht** in der Nachlassspaltung, wenn der Erblasser seinen Nachlass zwar „gerecht" verteilt, die Erben an den jeweiligen Nachlassmassen aber in unterschiedlicher Höhe bedenkt. Teilt der Erblasser seinen Nachlass in gleichgroße Portionen, indem er sein Häuschen in der Provence seiner Ehefrau, seinen deutschem Erbrecht unterliegenden restlichen Nachlass aber seinen drei Kindern zuwendet, könnten diese dennoch in Bezug auf das französische Häuschen Pflichtteilsansprüche i.H.v. 3/4 des Nachlasses nach französischem Recht geltend machen.[162] In der Lit. gibt es verschiedene Vorschläge, diese Folge der Nachlassspaltung im Wege einer **Angleichung** zu lösen. Der Pflichtteil soll ausgeschlossen sein, soweit die vom deutschen Nachlassteil testamentarisch ausgeschlossenen Personen aus den übrigen Nachlassteilen bereits so viel erhalten haben, wie ihnen bei Geltung deutschen Erbrechts für den gesamten Nachlass zustehen würde. Allerdings ist die Methode der Angleichung im Einzelnen umstritten.[163] Ein geschickter Berater wird die Verfügungen von Anfang an so gestalten, dass die Geltendmachung von Pflichtteilen keine Verschiebung bewirkt.[164] 101

Praxishinweis:
Eine Falle ergibt sich bei der **Erbausschlagung** wegen Überschuldung des Nachlasses. Hier muss ggf. für sämtliche Spaltnachlässe nach dem jeweils maßgeblichen Recht und vor der jeweils zuständigen Behörde wirksam ausgeschlagen werden, damit eine persönliche Haftung vermieden wird.

Kein Fall der Nachlassspaltung liegt vor, wenn in einem ausländischen Staat die Erbfolge insgesamt einem anderen Recht unterstellt wird – z.B. weil dort die Erbfolge eines deutschen Erblassers seinem ausländischen Wohnsitzrecht oder dem Recht des Staates, dessen Staatsangehörigkeit er neben der deutschen besaß, unterstellt wird. Ein derartiger **internationaler Entscheidungsdissens** erfasst regelmäßig das gesamte Vermögen (der bisweilen verwandte Begriff „faktische Nachlassspaltung" ist daher trotz aller Anschaulichkeit teilweise irreführend). Er wird aus deutscher Sicht – selbst beschränkt auf das in dem ausländischen Staat belegene Vermögen – auch nicht über Art. 3 Abs. 3 EGBGB berücksichtigt. Wichtig ist in derartigen Situationen für den Erblasser, so zu disponieren, dass die Gerichte beider Länder so entscheiden, wie er es 102

---

162 Ausführlich: HB Pflichtteilsrecht, S. 733 ff.
163 Staudinger/*Dörner*, Art. 25 EGBGB Rn. 742; *Derstadt*, Anpassung bei Nachlassspaltung im internationalen Erbrecht, S. 152 ff.
164 *Süß*, Erbrecht in Europa, S. 162 ff.

wollte. Wichtig für die Hinterbliebenen ist des Weiteren, dass sie vor dem „richtigen" Gericht klagen.[165]

E. Grenzen der Anwendung ausländischen Rechts

103 Die Verweisung auf ausländisches Recht kann aufgrund dort geltender abweichender Anschauungen zu Ergebnissen führen, die deutschen Wertmaßstäben eklatant widersprechen. Nach Art. 6 EGBGB ist daher eine **ausländische Rechtsnorm** nicht anzuwenden, wenn ihre Anwendung zu einem Ergebnis führt, das offensichtlich mit den wesentlichen Grundsätzen des deutschen Rechts, insb. den Grundrechten unvereinbar ist (**Vorbehaltsklausel** bzw. **ordre public**).

104 Von der **Vorbehaltsklausel** wird allerdings äußerst zurückhaltend Gebrauch gemacht. Im Erbrecht sind entsprechende Urteile deutscher Gerichte noch nicht veröffentlicht worden. Toleriert wird auch das Fehlen eines Pflichtteilsanspruchs für nahe Angehörige[166] und gesetzliche Erbrecht des nichtehelichen Lebensgefährten.[167] Am ehesten kommen folgende Fälle in Betracht:
– Ausschluss von der Erbfolge wegen Religionsverschiedenheit in verschiedenen islamischen Rechten;
– unterschiedliche gesetzliche Erbquoten für weibliche und männliche Angehörige, soweit diese nebeneinander erben;
– fehlendes oder vermindertes Erbrecht für nichteheliche Verwandte.

105 In der Lit. wird auch diskutiert, ob im Fall einer beabsichtigten **Rechtsumgehung** der fraudulös geschaffenen Anknüpfung die Anerkennung versagt werden kann.[168] Entsprechende Anwendungsfälle aus der deutschen Rspr. sind bislang jedoch nicht bekannt geworden.[169]

106 Mit der **Angleichung** sollen Widersprüche aufgelöst werden, die sich daraus ergeben, dass einzelne zusammenhängende Rechtsfragen in einem Sachverhalt unterschiedlichen Rechtsordnungen unterliegen, die in diesem Punkt nicht harmonisieren.[170] Klassischer Anlass ist der Umstand, dass in einigen Rechtsordnungen die überlebende Ehefrau durch eine hohe gesetzliche Erbquote ausschließlich erbrechtlich, in anderen Rechtsordnungen durch Zuweisung des ehelichen Vermögens allein auf güterrechtlichem Wege abgesichert wird. Ist die eine Rechtsordnung Güter-, die andere Erbstatut, so kommt es dazu, dass die überlebende Ehefrau – vorbehaltlich einer entsprechenden Vorsorge durch Ehevertrag bzw. Testament – entweder gar nichts (Mangelfall) oder zu Lasten der Abkömmlinge übermäßig viel erhält. Hier werden verschiedene Wege zu Korrektur diskutiert, ohne dass sich eine allgemeingültige Lösung herausgestellt hätte.[171]

---

165 Hierzu unten Rn. 121.
166 BGH NJW 1993, 1920.
167 BayObLGZ 1976, 151.
168 Ausführlich z.B. *Kegel/Schurig*, Internationales Privatrecht, S. 475 ff.; *Kropholler*, Internationales Privatrecht, S. 154 ff.
169 Vgl. die außerordentlich zurückhaltende Haltung in BGH NJW 1981, 522.
170 Ausführlich *v. Bar/Mankowski*, Internationales Privatrecht I, S. 706; *Kegel/Schurig*, Internationales Privatrecht, S. 357 ff.; *Kropholler*, Internationales Privatrecht, S. 232 ff.
171 Vgl. z.B. *Kegel/Schurig*, Internationales Privatrecht, S. 364.

F. Internationales Nachlassverfahrensrecht

I. Internationale Zuständigkeit deutscher Nachlassgerichte

Aufgrund der von der Rspr. beachteten sog. **Gleichlauftheorie** soll die internationale Zuständigkeit deutscher Nachlassgerichte davon abhängen, dass deutsches Erbrecht Erbstatut ist.[172] Dabei ist es freilich nicht erforderlich, dass der Erblasser Deutscher war. Die Geltung deutschen Rechts kann auch auf einer Rückverweisung beruhen. Gilt deutsches Erbrecht wegen Nachlassspaltung nur für einen Teil des Nachlasses, ist für diesen Nachlassteil die Zuständigkeit deutscher Gerichte gegeben.

107

Anders als im streitigen Zivilverfahren genüge die aus örtlicher Zuständigkeit hergeleitete internationale Zuständigkeit also nicht, da die enge Verflechtung von materiellem Erbrecht und Verfahrensrecht dazu führe, dass ausländisches Erbrecht nur mit Schwierigkeiten im deutschen Verfahren umzusetzen ist.[173] Die Lit. lehnt dies überwiegend ab, da auch auf anderen Rechtsgebieten Widersprüche zwischen materiellem Recht und Verfahrensrecht bewältigt würden.[174] Dies zeigt sich auch an zahlreichen Ausnahmen, die die Gleichlauftheorie durchlöchern:

108

– Für den im Inland belegenen Nachlass können deutsche Nachlassgerichte auch bei Geltung ausländischen Erbstatuts Erbscheine (**Fremdrechtserbscheine**, § 2369 Abs. 1 BGB) und (Fremdrechts-)Testamentsvollstreckerzeugnisse ausstellen (§§ 2368 Abs. 3, 2369 Abs. 1 BGB);
– diese sich aus dem BGB zwangsläufig ergebende Zuständigkeit erstreckt sich auch auf Verrichtungen, die mit der Erteilung des Fremdrechtserbscheins in unlösbarem Zusammenhang stehen, wie z.B. die **Testamentseröffnung**,[175] die Einziehung von unrichtigen Erbscheinen, die Entgegennahme von **Erbschaftsannahmen** und wohl auch ihrem Gegenstück,[176] der **Erbausschlagung**.[177]
– Unter Berufung auf „internationale Übung" wird auch die Zuständigkeit für Sicherungsmaßnahmen für den Nachlass, wie die Bestellung eines Nachlasspflegers, bejaht.[178]
– Außerdem haben Gerichte bei „drohender Rechtsverweigerung" eine Fürsorgezuständigkeit angenommen, wenn die Erben ansonsten rechtschutzlos blieben (**Notzuständigkeit**). Dies gilt dann, wenn die Behörden des Heimatstaates mangels Wohnsitz oder Vermögen des Erblassers ein Tätigwerden ablehnen. In der Praxis wurde dies bislang für die Errichtung eines Nachlassinventars[179] und die Entlassung eines Testamentsvollstreckers bejaht.[180]

---

172 S. z.B. BGHZ 49, 1; BayObLG ZEV 1999, 487; KG NJW 1970, 391; OLG Zweibrücken, FamRZ 1998, 264.
173 Z.B. BayObLGZ 1961, 176; *v. Bar*, Internationales Privatrecht II, Rn. 390.
174 *Berenbrok*, Internationale Nachlassabwicklung, 1989, S. 248 ff.; MünchKomm/*Birk*, Art. 25 EGBGB Rn. 320; Staudinger/*Dörner*, Art. 25 EGBGB Rn. 812; *Heldrich*, NJW 1967, 420; *Kegel/Schurig*, Internationales Privatrecht, S. 1018 f.; *Kropholler*, Internationales Privatrecht, S. 442; Soergel/*Schurig*, Art. 25 EGBGB Rn. 50.
175 LG Lübeck IPRspr. 1958–59 Nr. 202.
176 BayObLG NJW 1971, 991.
177 LG Hagen FamRZ 1997, 645; unter Bezugnahme auf § 7 FGG: BayObLG ZEV 1994, 177.
178 BGHZ 49, 1.
179 BayObLG 1965, 430.
180 OLG Hamm OLGZ 1973, 292.

109 Das Erbscheinsverfahren ist weitgehend gleich, ob ausländisches oder deutsches Recht Erbstatut gilt. Die Vorschriften des BGB über den Erbschein gelten auch im ersten Fall, da es sich hierbei nicht um erbrechtliche Vorschriften handelt (die dem Erbstatut unterlägen), sondern um Verfahrensrecht, das für das deutsche Nachlassgericht stets zu beachten ist. Dies ergibt sich schon im Rückschluss aus § 2369 BGB, der gerade voraussetzt, dass das deutsche Erbrecht keine Anwendung findet.

II. Fremdrechtserbschein

1. Inhalt des Fremdrechtserbscheins

110 Bei Geltung ausländischen Erbstatuts hat das deutsche Nachlassgericht gem. § 2369 BGB einen Erbschein beschränkt auf den im Inland belegenen Nachlass auszustellen (gegenständlich beschränkter Erbschein bzw. **Fremdrechtserbschein**). Dieser enthält zusätzlich zum gewöhnlichen (Eigenrechts-) Erbschein folgende Angaben:[181]
- Welches Recht als Erbstatut zugrunde gelegt wurde;
- die ausdrückliche Beschränkung auf den inländischen Nachlass;
- ggf. weitere gegenständliche Beschränkungen, so z.B. wenn aufgrund einer gespaltenen Rückverweisung oder einer Rechtswahl gem. Art. 25 Abs. 2 EGBGB der im Inland belegene unbewegliche Nachlass deutschem Erbstatut unterliegt;
- der Rechtsgrund für die Erbfolge (also testamentarische oder gesetzliche Erbfolge);
- Besonderheiten, die sich auf die Erbquoten auswirken, wie z.B. eine Korrektur aufgrund des deutschen *ordre public*;[182] gleiches sollte m.E. für die Erhöhung des Ehegattenerbteils nach § 1371 Abs. 1 BGB gelten;
- nach h.M. ggf. ein Hinweis auf Rechte zur Herabsetzung der testamentarischen Erbeinsetzung (s.u. Rn. 113).

> **Formulierungsvorschlag:** Der am ... in ... geborene, zuletzt in Aschaffenburg wohnhafte und dort am ... verstorbene US-Staatsangehörige ... ist in Anwendung des Rechts von South Carolina von ... aufgrund testamentarischer Erbfolge allein beerbt worden. Dies gilt nicht für den im Inland belegenen unbeweglichen Nachlass. Dieser Erbschein gilt ausschließlich für den in Deutschland belegenen Nachlass.

111 Schwierig ist die **Formulierung des Erbscheins**, wenn ein Testament auf der Basis englischen oder **US-amerikanischen Erbrechts** abgefasst wurde. Dort werden erbrechtliche Verfügungen in Form von **Vermächtnissen** oder *trusts* getroffen. Eine Universalsukzession tritt nicht zugunsten der Begünstigten, sondern zugunsten eines sog. *personal representative* ein, der als *executor* testamentarisch, ersatzweise als *administrator*, vom Gericht ernannt wird. Weitgehend Einigkeit besteht darin, dass die Vermächtnisse in entsprechender Anwendung der §§ 2087 ff. BGB in eine „Erbeinsetzung" umgedeutet werden können; der *executor* und der *trustee* seien zumindest dann als Testamentsvollstrecker anzuerkennen, wenn sie über die ihnen nach dem anglo-amerikanischen Recht notwendigerweise zukommenden Funktionen hinaus weitergehende Aufgaben erfüllen sollen. Streitig ist allerdings, ob der gerichtlich eingesetzte administrator bei Geltung anglo-amerikanischen Rechts als Erbstatut auch für das In-

---

[181] Vgl. Palandt/*Edenhofer*, § 2369 Rn. 10; umfassend MünchKomm/*J.Mayer*, § 2369 Rn. 21 ff.
[182] MünchKomm/*J.Mayer*, § 2369 Rn. 23.

land anzuerkennen (**Anerkennungstheorie**) oder ob überflüssig sei, da seine Funktionen von den „Erben" wahrgenommen würden (**Spaltungstheorie**).[183]

2. Erteilung eines Erbscheins bei Bestehen von Noterbrechten

In zahlreichen ausländischen Rechtsordnungen können **pflichtteilsberechtigte Personen** ihre Rechte in der Weise geltend machen, dass sie durch – zumeist gerichtlich geltend zu machende – Anfechtung des Testaments eine Herabsetzung der testamentarischen Verfügungen soweit erreichen, dass ihre Pflichtteilsquote (einschließlich der Pflichtteilsergänzung) wieder hergestellt wird. Unzweifelhaft ist ein solcher Noterbe im Erbschein aufzuführen, wenn und soweit die Herabsetzung nach dem Erbstatut bereits wirksam erfolgt ist.[184] Dies ist insb. dann gegeben, wenn wie im griechischen Recht das Noterbrecht *ipso iure* zur Unwirksamkeit der das Pflichtteil verletzenden Verfügungen führt.

112

> **Formulierungsbeispiel:** Der am ... in ... geborene, zuletzt in ... wohnhafte ... und dort am ... verstorbene italienische Staatsangehörige ... ist in Anwendung italienischen Rechts von ... aufgrund testamentarischer Erbfolge i.H.v. drei Vierteln und aufgrund Noterbrechts, wiederhergestellt durch Urteil des Amtsgerichts ... v. ..., Az. ... von seinem Sohn ... zu einem Viertel beerbt worden. Dieser Erbschein gilt ausschließlich für den in Deutschland belegenen Nachlass.

Umstritten ist die Formulierung des Erbscheins aber, wenn der Noterbe von der **Herabsetzungsmöglichkeit** noch keinen Gebrauch gemacht hat, diese aber mangels Ablauf der für die Klage vorgesehenen Frist weiterhin besteht. Einige wollen den Pflichtteilsberechtigten auch ohne Herabsetzung in den Erbschein als Miterben aufführen.[185] Nach anderer Ansicht ist allenfalls ein Teilerbschein[186] über die noterbrechtsfreie Quote auszustellen bzw. das gesamte Verfahren auszusetzen.[187] Zu bedenken ist, dass nach französischem Erbrecht die Klage 30 Jahre lang erhoben werden kann, bedeutet dies dass bei Geltung französischen Erbstatuts die Ausstellung eine Erbschein praktisch ausgeschlossen ist.[188] Nach wohl überwiegender Auffassung ist den Testamentserben ein Erbschein zu den testamentarischen Quoten zu erteilen, aber mit dem ausdrücklichen Hinweis, dass die Erbenstellung **„unter dem Vorbehalt der Herabsetzungsklage"** steht.[189] Der Erbschein wäre einzuziehen, wenn die Noterbrechte erfolgreich geltend gemacht worden sind. Ist umgekehrt die Frist ungenutzt verstrichen oder haben die Berechtigten auf die Pflichtteilsrechte verzichtet, könnten die testamentarischen Erben die Ausstellung eines Erbscheins ohne einen Vorbehalt verlangen. Freilich verliert der Erbschein die ihm vom Gesetz zugewiesene Funktion im Rechts-

113

---

183 Vgl. statt aller: *Bengel/Reimann/Haas*, HB Testamentsvollstreckung, Kap. 9 Rn. 443; *Bamberger/Roth/Lorenz*, Art. 25 EGBGB Rn. 34; MünchKomm/*J. Mayer*, § 2369 Rn. 33; *Odersky*, AnwK BGB V/Länderbericht USA, Rn. 22 ff.
184 *V. Bar*, Internationales Privatrecht II, Rn. 388.
185 MünchKomm/*Birk*, Art. 25 EGBGB Rn. 345.
186 So die Überlegung des BayObLG, s. BayObLGZ 1995, 366, 378, zustimmend *Riering*, MittBayNot 1999, 523 f.
187 Staudinger/*Firsching*, § 2369 BGB Rn. 43.
188 Vgl. BayObLGZ 1995, 366, 378.
189 Staudinger/*Dörner*, Art. 25 EGBGB Rn. 846; Staudinger/*Haas*, Vorbem zu §§ 2302 ff. BGB Rn. 72; *Johnen*, MittRhNotK 1986, 69; *Taupitz*, IPRax 1988, 207, 210; *Tiedemann*, Internationales Erbrecht in Deutschland und Lateinamerika, S. 97; *Schotten*, Internationales Privatrecht, Rn. 346.

verkehr, wenn er eine Rechtsstellung mit dem Hinweis ausweist, dass diese ggf. rückwirkend entfallen kann. Nach einer Gegenansicht ist die Erbenstellung daher unbedingt auszuweisen; die Interessen der Noterben sind dadurch zu wahren, dass diese vor Ausstellung des Erbscheins zu einer Erklärung darüber aufgefordert werden, ob sie ihre Rechte geltend machen wollen.[190] Ist die Herabsetzungsklage bereits bei einem international zuständigen Gericht[191] rechtshängig, wäre das Erbscheinsverfahren auszusetzen.

III. Formulierung des Erbscheins bei deutschem Erbstatut[192]

114 Keine Besonderheiten für den Erbschein ergeben sich, wenn deutsches Recht Erbstatut ist. Dabei ist es einerlei, ob die Geltung deutschen Rechts auf der deutschen Staatsangehörigkeit des Erblassers oder auf einer Rückverweisung beruht. Wenn lediglich für einen Teil des inländischen Vermögens kraft eines internationalen Übereinkommens, einer Rechtswahl gem. Art. 25 Abs. 2 EGBGB oder einer teilweisen Rückverweisung deutsches Recht Erbstatut ist, also Nachlassspaltung eintritt, ist für diesen Nachlassteil ein **gegenständlich beschränkter Eigenrechtserbschein** nach den Regeln des deutschen Rechts auszustellen, so als ob es sich um den gesamten Nachlass handeln würde.

> **Formulierungsvorschlag:** Der am ... in ... geborene, zuletzt in Aschaffenburg wohnhafte und dort am ... verstorbene US-Staatsangehörige ... ist hinsichtlich seines im Inland belegenen unbeweglichen Nachlasses von ... allein beerbt worden.

G. Internationaler Erbprozess

I. Allgemeines

115 Aus dem internationalen Zivilprozessrecht sind für die Behandlung von Erbprozessen mit Auslandsberührung die Regeln über internationale Zuständigkeit, die Voraussetzungen für die Anerkennung ausländischer Entscheidungen und einige inhaltliche Besonderheiten von besonderer Bedeutung.

II. Internationale Zuständigkeit

116 Bei der Bestimmung der internationalen Zuständigkeit sind **internationale Übereinkommen** vorrangig vor den nationalen (autonomen) Regeln zu beachten. Im Verhältnis zu den anderen EU-Mitgliedstaaten ist im Zivil- und Handelsrecht die am 1.3.2002 in Kraft getretene **Europäische Gerichtsstands- und VollstreckungsVO** (EuGV-VO)[193] von besonderer Bedeutung. Freilich sind Rechtsstreitigkeiten „auf dem Gebiet des Erbrechts einschließlich des Testamentsrechts" gem. Art. 1 Abs. 2 lit. a EuGV-VO vom Anwendungsbereich der EuGV-VO ausdrücklich ausgenommen. Die EuGV-VO

---

190 So HB Pflichtteilsrecht, S. 753; MünchKomm/*J. Mayer*, § 2369, Rn. 32 m.w.N.
191 Wäre die internationale Zuständigkeit nicht gegeben, wäre das Urteil gem. § 328 Abs. 1 Nr. 1 ZPO bzw. § 16a Nr. 1 FGG nicht anerkennungsfähig, so dass es auch nach Rechtskraft nicht zur Klärung beitragen könnte.
192 Formulierungsvorschläge bei *Kroiß*, Internationales Erbrecht, S. 123 ff.; *Firsching/Graf,* Nachlassrecht, Rn. 2.101 ff.
193 V. 22.12.2000, ABl. EG 2001 Nr. L 12, S. 1, abgedruckt z.B. in *Jayme/Hausmann*, Internationales Privat- und Verfahrensrecht, Nr. 160 sowie allen gängigen ZPO-Kommentaren.

spielt daher im Erbrecht nur mittelbar eine Rolle. Das Gleiche gilt für das sog. Luganer Übereinkommen,[194] das die internationale gerichtliche Zuständigkeit im Verhältnis zu den EFTA-Staaten regelt.

Unter den bilateralen Abkommen verdient das **deutsch-türkische Nachlassabkommen**[195] besondere Beachtung. § 15 Nachlassabkommen begründet eine ausschließliche internationale Zuständigkeit, und zwar parallel zur Rechtsanwendung für die Gerichte des Heimatstaates, soweit bewegliches Vermögen, und für die Gerichte des Belegenheitsstaates, soweit unbewegliches Vermögen betroffen ist.

117

Die internationale Zuständigkeit ergibt sich im Übrigen nach den Regeln über die **Doppelfunktionalität**[196] aus den ZPO-Vorschriften über die örtliche Zuständigkeit. Dabei ergibt sich die internationale Zuständigkeit deutscher Gerichte in mehreren Fällen, so z.B. aus § 12 ZPO bei Wohnsitz des Beklagten in Deutschland, über § 27 Abs. 1 ZPO, wenn der Erblasser seinen allg. Gerichtsstand in Deutschland hatte und aus § 27 Abs. 2 ZPO, wenn der Erblasser deutscher Staatsangehöriger war, auch wenn er keinen Wohnsitz in Deutschland hatte und der Nachlass sich im Ausland befindet. Aus § 23 ZPO könnte sogar bei Belegenheit von Nachlass im Inland gegen die Erben geklagt werden, selbst wenn weder diese noch der Erblasser einen Gerichtsstand in Deutschland hatten.

118

Dabei ist die Zuständigkeit deutscher Gerichte im streitigen Verfahren – anders als im Nachlassverfahren – nicht davon abhängig, dass deutsches oder ausländisches Recht Erbstatut ist. Für das Verfahren gilt stets das deutsche Zivilverfahrensrecht. Soweit das materielle Recht dies verlangt, ist dieses jedoch zu modifizieren, so z.B. im Pflichtteilsrecht, wenn das ausländische Erbrecht die gerichtliche Herabsetzung der testamentarischen Verfügungen vorsieht, so dass hier dann der *numerus clausus* der **Gestaltungsklagen** zu erweitern ist.[197]

Das Gericht hat von sich aus in jeder Lage des Verfahrens zu prüfen, ob das deutsche Recht die Anwendung des deutschen oder des ausländischen Rechts vorschreibt.[198] Die Kenntnis des ausländischen Erbrechts muss sich das Gericht von Amts wegen verschaffen (§ 293 ZPO). In der Praxis ergeben sich hier jedoch Defizite in der praktischen Durchführung. Die Komplexität des deutschen Kollisionsrechts und die Schwierigkeiten bei der Beschaffung aktueller Kenntnisse des ausländischen Erbrechts überfordern die Fähigkeiten eines ausschließlich am nationalen Recht ausgebildeten Richters – ohne dass man ihm dies persönlich vorwerfen könnte. Selbst in höheren Instanzen ergibt sich keine Garantie dafür, dass das deutsche internationale Erbrecht korrekt angewandt wird; noch größer sind die Probleme bei der Ermittlung des ausländischen Rechts.[199]

119

---

194 Luganer Übereinkommen über die gerichtliche Zuständigkeit u. die Vollstreckung gerichtlicher Entscheidungen in Zivil- u. Handelssachen, v. 16.9.1988, BGBl. II 1994, S. 2660; abgedruckt in: *Jayme/Hausmann*, Internationales Privat- und Verfahrensrecht, Nr. 152.
195 Hierzu oben Rn. 7.
196 S. oben Rn. 5.
197 Staudinger/*Dörner*, Art. 25 EGBGB Rn. 779.
198 BGH NJW 1995, 2097.
199 Vgl. hierzu den Fall BGH NJW 2004, 3558; Hinw. auf die selbst noch in der BGH-Entscheidung liegenden Defizite bei *Dörner*, LMK 2004, 222 = *Süß*, NotBZ 2004, 391.

> **Praxishinweis:**
> Die Literatur der Gerichte bestehen im Wesentlichen aus Loseblattsammlungen, die nicht immer in allen Teilen den aktuellen Stand wiedergeben. Auch die Auswahl der Sachverständigen zur Erteilung eines Gutachtenauftrags verlangt Geschick und Erfahrung. Hier sollten die Prozessvertreter rechtzeitig unterstützend und kontrollierend tätig werden, um den Prozess zu beschleunigen und um unnötige Kosten sowie spätere Überraschungen zu vermeiden.

III. Anerkennung und Vollstreckung ausländischer Entscheidungen

120 Auch hier gilt die **EuGV-VO** nicht (s. oben Rn. 116). Im Verhältnis zu einer Reihe von Staaten bestehen **bilaterale Abkommen** (Schweiz, Italien, Österreich, Belgien, Großbritannien, Griechenland, Niederlande, Tunesien, Norwegen, Spanien). Diese Abkommen sind daher im Verhältnis zu diesen Ländern zu beachten.[200] Da die Anerkennungsvoraussetzungen nach dem nationalen deutschen Recht (s. unten Rn. 121) regelmäßig großzügiger sind, spielen diese Abkommen allerdings auch im Erbrecht kaum noch eine Rolle.

121 Die Anerkennung eines ausländischen Urteils hängt gem. § 328 ZPO davon ab, dass gewisse **verfahrensrechtliche Mindeststandards** eingehalten worden sind. Insbesondere muss aus deutscher Sicht das ausländische Gericht international zuständig gewesen sein. Dabei wird die Zuständigkeit der ausländischen Gerichte in entsprechender Anwendung der für die deutschen Gerichte geltenden Regeln bestimmt (**Spiegelbildprinzip**).[201] Keine Voraussetzung für die Anerkennung ist, dass das ausländische Gericht der Entscheidung das materielle Recht zugrunde gelegt hat, dass auch aus deutscher Sicht anzuwenden wäre. Eine entsprechende Klausel, die sich früher in § 328 ZPO befand (**IPR-Vorbehalt**), ist mit der IPR-Reform 1986 aufgehoben worden. Das deutsche Recht ist daher als sehr anerkennungsfreundlich zu bezeichnen.

> **Praxishinweis:**
> Damit ist es legitim, wenn die Klage im Ausland erhoben wird, weil sich der Kläger dort die Anwendung eines ihm günstigeren Rechts erhofft (z.B. der Pflichtteilsberechtigte eine höhere Erbquote oder gar die gesetzliche Erbquote, weil die dortigen Gerichte einen aus deutscher Sicht wirksam errichteten Erbvertrag bzw. eine gültiges gemeinschaftliches Testament für unwirksam erachten). Insoweit ist der die Klage vorbereitende Anwalt berufen, auch diese Möglichkeiten in Betracht zu ziehen.

Indes sind auch weitere Aspekte bei der Auswahl des Gerichts zu beachten:
– Sind die ausländischen Gerichte nach ihren eigenen Vorschriften überhaupt zuständig?
– Welches Urteil hat Aussichten, in allen Ländern, in denen sich Nachlass befindet, anerkannt zu werden?
– Wie steht es mit der Verfahrensdauer und den Kosten des Prozesses? Hierbei sind neben den eigentlichen Kosten auch zusätzliche Belastungen aus der Prozessführung im Ausland (internationale Zustellungen, Übersetzungen oder Einschaltung von lokalen Prozessanwälten etc.) zu berücksichtigen.

---

[200] Darstellung z.B. in Staudinger/*Dörner*, Art. 25 EGBGB Rn. 783 ff.; Tabelle in HB Pflichtteilsrecht, § 15 Rn. 317.
[201] *Kegel/Schurig*, Internationales Privatrecht, S. 908.

– Erleichterungen (Verfahrensdauer, Kosten, richtige Rechtsanwendung) ergeben sich regelmäßig, wenn das Gericht unter Zugrundelegung des eigenen Zivilrechts entscheiden kann.

H. Deutscher Erblasser mit Nachlass im Ausland (Checkliste)

Bei Belegenheit von Nachlass im Ausland können sich auch bei deutschen Staatsangehörigen abhängig von Besonderheiten des dort geltenden Rechts Eigenheiten ergeben. Dies gilt u.U. selbst dann, wenn aus dortiger Sicht das Erbstatut ebenfalls an die Staatsangehörigkeit des Erblassers angeknüpft wird.

Praxishinweis:
Die folgende Liste soll helfen, die am häufigsten auftauchenden Probleme zu erkennen:
– Hat der Erblasser ggf. auch die Staatsangehörigkeit des ausländischen Staates, so dass dieser das Erbstatut unter Anknüpfung an die ausländische Staatsangehörigkeit bestimmt?
– Weicht etwa im Belegenheitsstaat das Erbstatut aufgrund Anknüpfung an den Wohnsitz, gewöhnlichen Aufenthalt o.ä. im konkreten Fall vom deutschen Recht ab?
– Ergibt sich gar aufgrund einer Unterstellung der Erbfolge unter das Belegenheitsrecht (insb. bei Immobilien) im Belegenheitsstaat die Geltung dortigen Rechts? Folge wäre dann über Art. 3 Abs. 3 EGBGB eine auch aus deutscher Sicht beachtliche Nachlassspaltung.
– Wird das errichtete/geplante Testament auch im Belegenheitsstaat als formwirksam anerkannt?
– Können sich bei der Anerkennung der Art der Verfügung (z.B. Erbvertrag) bzw. des Inhalts (Dauertestamentsvollstreckung, Nacherbfolge) Schwierigkeiten ergeben (weil das dortige Recht diese nicht kennt oder gar der ausländische *ordre public* berührt ist)?
– Wäre es aufgrund eines aufwendigen Nachlassverfahrens, hoher Erbschaftsteuern, stark begrenzter erbrechtlicher Gestaltungsmöglichkeiten etc. ratsam, den ausländischen Besitz in eine inländische Holding einzubringen oder Maßnahmen für einen Vermögensübergang außerhalb des Erbrechts zu suchen?[202]
– Besteht in dem ausländischen Staat ein zentrales Testamentsregister, ist zu empfehlen, die das dort belegene Vermögen betreffende Verfügung auch vor Ort zu hinterlegen; im Erbfall ist dementsprechend auch dort nach einem Testament zu recherchieren.

I. Übersicht zur Anknüpfung des Erbstatuts in ausländischen Rechtsordnungen

Die folgende Aufstellung soll dazu dienen, bei einem ausländischen Erblasser die Möglichkeit einer Rück- bzw. Weiterverweisung zu prüfen. Des Weiteren kann ihr

---

[202] Ausführlich hierzu HB Erbrecht in Europa, § 2 S. 164 ff.

entnommen werden, ob bei Belegenheit von Nachlass in einem der aufgelisteten Staaten ein vorrangiges Einzelstatut i.S.v. Art. 3 Abs. 3 EGBGB entstehen kann.

Staat	Anknüpfung[203]
Afghanistan	Heimatrecht, Art. 25 ZGB
Ägypten	Heimatrecht, Art. 17 ZGB
Albanien	Heimatrecht, albanische Immobilien nach Belegenheitsrecht, Art. 14 IPRG
Algerien	Heimatrecht, Art. 16 ZGB
Andorra	Heimatrecht, gewohnheitsrechtlich
Argentinien	Wohnsitzrecht Art. 10, 11, 3283 ZGB, Immobilien und bewegliche Güter mit festem Lageort im Inland nach argent. Recht (Rspr.)
Australien	common law-System
Belarus (Weißrussland)	Wohnsitzrecht, Rechtswahl zugunsten Heimatrechts, Immobilien nach Belegenheitsrecht, Art. 1133 f. ZGB, Konsularabkommen 1958
Belgien	gewöhnlicher Aufenthalt, Immobilien nach Belegenheitsrecht; der Erblasser kann das Erbrecht des Staates wählen, dem er zum Zeitpunkt der Rechtswahl oder des Todes angehört, vom objektiv bestimmten Erbstatut vorgesehene Pflichtteilsrechte bleiben allerdings bestehen, Art. 78, 79 IPRG
Bosnien-Herzegowina	Heimatrecht, Art. 30 IPRG
Brasilien	Wohnsitzrecht, Art. 10 EG-ZGB, Inländerprivileg
Bulgarien	wohl Heimatrecht, es liegt keine Gesetzgebung oder eindeutige Rspr. vor
Chile	Wohnsitzrecht, Art. 955 Abs. 2 ZGB, zwischen Inländern gilt chilenisches Erbrecht, Inländerprivileg
China, Republik (Taiwan)	Heimatrecht, Art. 22 IPRG, Inländerprivileg
China, Volksrepublik Festland: Hongkong: Makao:	Wohnsitzrecht, für Immobilien gilt Belegenheitsrecht, Art. 36 ErbG common law-System gewöhnlicher Aufenthalt; bis 1999: Heimatrecht
Costa Rica	Wohnsitzrecht; für inländischen Nachlass gilt weitgehend Belegenheitsrecht, Art. 24 ZGB

---

203 **Wohnsitz** und **Staatsangehörigkeit** sind zum Zeitpunkt des Todes festzustellen. Die Definition des Wohnsitzes ergibt sich aus der Rechtsordnung, deren Kollisionsnorm den Begriff enthält. Dabei ist zu beachten, dass die Anforderungen an den subjektiven und objektiven Tatbestand vom deutschen recht erheblich abweichen können.
„**Common law-System**" bedeutet die Geltung der *lex situs* für die Vererbung von Immobilien und des am *domicile* des Erblassers geltenden Rechts für die Vererbung seines beweglichen Vermögens. Für ein *domicile* ist neben dem Aufenthalt in einem Rechtsgebiet die Absicht erforderlich, diesen dauerhaft, wenn nicht gar endgültig beizubehalten. Diese Absicht und die Indizien hierfür werden unterschiedlich definiert. Für die Qualifikation als Immobilie wird auf das jeweilige Belegenheitsrecht verwiesen. Der Übergang und die Verwaltung des Nachlasses unterliegt nicht dem Erbstatut, sondern dem Recht des Landes, dessen Gericht den Nachlassverwalter bestellt (lex fori).
„**Konsularabkommen 1958**" ist das Deutsch-Sowjetische Konsularabkommen vom 25.4.1958 (hierzu oben Rn. 9)
„**Inländerprivileg**" ist die Möglichkeit für Personen, die dem Gerichtsstaat angehören oder dort ihren Wohnsitz haben, jedenfalls die ihnen nach dem dortigen Recht zustehenden Rechte am Nachlass geltend zu machen.
„**Vorbehaltlich religiösen Rechts**" bedeutet, dass die Verweisung auf das ausländische Recht bei Angehörigen bestimmter Religionsgruppen die Geltung des nach interreligiösen Grundsätzen berufenen Rechts (z.B. des islamischen Rechts einer bestimmten Schule) nicht verdrängen kann.

I. Übersicht zur Anknüpfung des Erbstatuts in ausländischen Rechtsordnungen

Staat	Anknüpfung[203]
Dänemark	Wohnsitzrecht, gewohnheitsrechtlich
Estland	Wohnsitzrecht, Rechtswahl für Heimat- oder Belegenheitsrecht, Immobilien nach Belegenheitsrecht, Art. 157 ZGB
Finnland	Domizil des Erblassers, soweit im Heimatstaat oder zumindest fünf Jahre vor dem Tode beibehalten, hilfsweise Heimatrecht; Rechtswahl eines Heimatrechts oder des Rechts am gewöhnl. Aufenthalt (bis zum 1.3.2002 galt gewohnheitsrechtlich Heimatrecht)
Frankreich	Wohnsitzrecht, Immobilien nach Belegenheitsrecht, Inländerprivileg
Gambia	common law-System, vorbehaltlich religiösen Rechts
Georgien	Heimatrecht, Art. 55 IPRG, Konsularabkommen 1958
Ghana	common law-System
Gibraltar	common law-System
Griechenland	Heimatrecht, Art. 28 ZGB
Großbritannien	common law-System
Indien	common law-System, vorbehaltlich religiösen Rechts für inländischen Nachlass
Indonesien	Heimatrecht, indonesische Immobilien nach Belegenheitsrecht
Irak	Heimatrecht, inländisches Recht bzgl. Gültigkeit eines Testaments über inländische Immobilien, Art. 22–24 ZGB
Iran	Heimatrecht, Art. 967 ZGB; ebenso Art. 8 Abs. 3 Deutsch-Persisches Niederlassungsabkommen 1929
Irland	common law-System
Island	Wohnsitzrecht, gewohnheitsrechtlich
Israel	Wohnsitzrecht, Art. 137 ErbG
Italien	Heimatrecht; Rechtswahl zugunsten des Rechts am gewöhnlichen Aufenthalt mit Inländerprivileg, Art. 46 IPRG
Japan	Heimatrecht, Art. 26 IPRG
Jemen	es gilt stets jemenitisches Recht, Art. 27 ZGB
Jordanien	Heimatrecht, Art. 18 ZGB
Jugoslawien	s. Serbien-Montenegro

Kanada
  Québec:
 	
  übrige Provinzen:
	
	Wohnsitzrecht, Immobilien nach Belegenheitsrecht, Rechtswahl zugunsten Heimatrechts vorbehaltlich der Pflichtteile des Ehegatten und der Kinder, Art. 3098 ff. ZGB
	common law-System

Kasachstan	Wohnsitzrecht, Rechtswahl zugunsten Heimatrechts, Immobilien nach Belegenheitsrecht, Art. 1121 ff. ZGB, Konsularabkommen 1958
Kenia	common law-System
Kirgisistan	Wohnsitzrecht, Rechtswahl zugunsten Heimatrechts, Immobilien nach Belegenheitsrecht, Art. 1206 ff. ZGB, Konsularabkommen 1958
Korea, Republik	Heimatrecht, Art. 49 IPRG. Rechtswahl zugunsten des am gewöhnlichen Aufenthalt geltenden Rechts, bzw. für Immobilien des Belegenheitsrechts
Kosovo	s. Serbien-Montenegro
Kroatien	Heimatrecht, Art. 30 IPRG
Kuba	Heimatrecht, Art. 15 ZGB
Kuwait	Heimatrecht, Art. 47 IPRG
Lettland	inländischer Nachlass nach lettischem Recht, Art. 16 ZGB
Libanon	Heimatrecht, gewohnheitsrechtlich

Süß

Staat	Anknüpfung[203]
Liberia	wohl common law-System
Libyen	Heimatrecht, Art. 17 ZGB
Liechtenstein	Heimatrecht, Rechtswahl eines der Heimatrechte oder des Rechts am letzten gewöhnlichen Aufenthalt, Art. 29 IPRG
Litauen	Wohnsitzrecht (zuvor: Heimatrecht), Immobilien (zuvor: nur inländische) nach Belegenheitsrecht, Art. 1.62 ZGB v. 1.7.2000, Inländerprivilegien
Luxemburg	Wohnsitzrecht, Immobilien nach Belegenheitsrecht
Malaysia	common law-System, Sect. 4 Distribution Act 1958
Malta	common law-System
Marokko	Heimatrecht, Art. 18 IPRG
Mazedonien	Heimatrecht, Art. 30 IPRG
Mexiko	
Quintana Roo:	Wohnsitzrecht
Puebla, San Luis Potosí:	Wohnsitzrecht, Immobilien nach Belegenheitsrecht
Bundesdistrikt und übrige (28) Staaten:	bewegliches und unbewegliches Vermögen nach dem Recht des Lageortes
Moldawien	Heimatrecht für Mobilien, Immobilien nach Belegenheitsrecht, Art. 1622 ZGB 2002, Konsularabkommen 1958
Monaco	Heimatrecht, Immobilien nach Belegenheitsrecht
Namibia	common law-System
Neuseeland	common law-System
Niederlande	gewöhnlicher Aufenthalt, soweit im Heimatstaat oder zumindest fünf Jahre ununterbrochen im Ausland, hilfsweise Heimatrecht; Rechtswahl eines Heimatrechts oder des Rechts am gewöhnl. Aufenthalt, Umsetzung der Haager Erbrechtskonvention
Niger	Immobilien nach Belegenheitsrecht, i. ü. wohl Heimatrecht
Nigeria	common law-System
Nikaragua	Wohnsitzrecht, Art. 939 ZGB, Inländerprivileg
Norwegen	Wohnsitzrecht, gewohnheitsrechtlich
Österreich	Heimatrecht, Art. 28 IPRG
Pakistan	common law-System, vorbehaltlich islamischen Rechts für Nachlass in Pakistan
Philippinen	Heimatrecht, Art. 16 ZGB
Polen	Heimatrecht, Art. 34 IPRG
Portugal	Heimatrecht, Art. 62 ZGB
Rumänien	Heimatrecht, Immobilien nach Belegenheitsrecht, Rechtswahl „vorbehaltlich zwingenden Rechts" möglich, Art. 66 IPRG
Russische Föderation	Wohnsitzrecht, Immobilien nach Belegenheitsrecht, Art. 1224 ZGB, Konsularabkommen 1958
Sambia	common law-System
San Marino	Heimatrecht, Immobilien nach Belegenheitsrecht
Saudi-Arabien	Heimatrecht
Schweden	Heimatrecht, Kap. 1 § 1 Erb-IPRG
Schweiz	Wohnsitzrecht, Wahl des Heimatrechts möglich, Art. 90 f. IPRG
Senegal	Heimatrecht, Art. 847 ZGB, Nachlassabwicklung nach *lex fori*, Eigentumsübergang von Immobilien nach Belegenheitsrecht

I. Übersicht zur Anknüpfung des Erbstatuts in ausländischen Rechtsordnungen

Staat	Anknüpfung[203]
Serbien und Montenegro	Heimatrecht, Art. 30 IPRG
Singapur	common law-System
Slowakei	Heimatrecht, Art. 17 IPRG
Slowenien	Heimatrecht, Art. 30 IPRG
Spanien	Heimatrecht, gesetzliches Erbrecht des Ehegatten unterliegt vorbehaltlich der Pflichtteile der Abkömmlinge dem Güterstatut, Art. 9 Abs. 8 ZGB
Sri Lanka	common law-System, evt. vorbehaltlich religiösen Rechts
Südafrika	common law-System
Sudan	Heimatrecht, Art. 11 Abs. 10 ZGB
Syrien	Heimatrecht, Art. 18 ZGB
Tadschikistan	Wohnsitzrecht, inländische Immobilien nach Belegenheitsrecht, Art. 563 ZGB, Konsularabkommen 1958
Tansania	common law-System
Thailand	Wohnsitzrecht, Immobilien nach Belegenheitsrecht, Art. 37 f. IPRG
Togo	Heimatrecht, Immobilien und Geschäftsvermögen nach Belegenheitsrecht, Nachlassabwicklung nach *lex fori*, Art. 714 ff. FamGB
Tschad	Heimatrecht, Art. 71 Nr. 4 VO 6/1967
Tschechien	Heimatrecht, Art. 17 IPRG
Tunesien	Heimatrecht, Art. 54 IPRG
Türkei	Heimatrecht, inländische Immobilien nach Belegenheitsrecht, Art. 22 IPRG. Deutsch-Türkisches Konsularabkommen 1929[204]
Turkmenistan	Wohnsitzrecht, inländische Immobilien nach Belegenheitsrecht; Fortgeltung des Konsularabkommens 1958 nicht vereinbart
Ukraine	Wohnsitzrecht, inländische Immobilien nach Belegenheitsrecht, Art. 570 ZGB, Konsularabkommen 1958
Ungarn	Heimatrecht, Art. 36 IPR-VO
Uruguay	Belegenheitsrecht, Art. 570 ZGB
USA	
Louisiana:	Wohnsitzrecht, Immobilien nach Belegenheitsrecht, Pflichtteilsrechte nach Recht von Louisiana bei domicile in Louisiana, Art. 3532 ff. ZGB
Mississippi:	common law-System, aber in Mississippi belegener unbeweglicher und beweglicher Nachlass nach Mississippi-Recht
Puerto Rico:	Heimatrecht (faktisch domicile), Immobilien nach Belegenheitsrecht, Art. 10 ZGB
übrige Staaten:	common law-System
Usbekistan	Wohnsitzrecht, Rechtswahl zugunsten Heimatrechts, Immobilien nach Belegenheitsrecht, in Usbekistan in Register eingetragene Sachen nach usbekischem Recht, Art. 1197 ff. ZGB, Konsularabkommen 1958
Venezuela	Wohnsitzrecht, Art. 34 IPRG, Inländerprivileg
Vereinigte Arabische Emirate	Heimatrecht, Art. 17 ZGB, inländisches Recht für Testament über im Inland belegene Immobilien
Vietnam	keine erbrechtliche Kollisionsnorm
Weißrussland	s. Belarus
Zypern	common law-System

---

204 Hierzu oben Rn. 7.

27. Kapitel
Privatrechtliche Vorsorgeregelung

Übersicht:

	S.		S.
A. Allgemeines	1464	2. Geschäftsbesorgung in persönlichen Angelegenheiten	1470
B. Vorsorgevollmachten	1465		
I. Grundsatz der Subsidiarität der Betreuung	1465	3. Geschäftsbesorgung in Vermögensangelegenheiten	1470
II. Risiken der privatrechtlichen Vorsorgeregelung	1466	4. Rangverhältnis der Bevollmächtigten	1471
III. Gestaltung der Vorsorgevollmacht	1467	5. Aufgabenübertragung	1471
C. Regelung des Innenverhältnisses der Vorsorgevollmacht	1469	6. Auskunfts- und Rechenschaftspflicht	1471
I. Gesetzliche Regelung des Innenverhältnisses	1469	7. Haftung	1472
II. Vertragliche Regelung des Innenverhältnisses mit den Bevollmächtigten	1470	8. Vergütung	1472
		9. Beginn und Beendigung	1473
1. Grundsätzliche Bedeutung	1470	III. Vertragliche Regelung des Innenverhältnisses mit dem Kontrollbevollmächtigten	1474

Literaturhinweise:

Bauer/Klie, Patientenverfügungen/Vorsorgevollmachten – richtig beraten?, 2003; *Dodegge/Roth*, Betreuungsrecht Systematischer Praxiskommentar, 2. Aufl. 2003; *Kierig/Kretz*, Formularbuch Betreuungsrecht, 2004; *Putz/Steldinger*, Patientenrechte am Ende des Lebens, Vorsorgevollmacht, Patientenverfügung, Selbstbestimmtes Leben, 2004; *Rudolf/Bittler*, Vorsorgevollmacht, Betreuungsverfügung, Patientenverfügung, 2000; Winkler, Vorsorgeverfügungen, Vorsorgevollmacht, Betreuungsverfügung, Patiententestament, Organverfügung, 2003.

A. Allgemeines

1 Das weite Feld der Vermögensnachfolge fordert heute zur **Absicherung des Vermögens** des Erblassers **bis zum Erbfall** eine über die erbrechtliche Beratung hinausgehende Beratung über die Möglichkeiten der privatrechtlichen Vorsorgeregelung. Noch bis in die Mitte der 80iger Jahre ereilte den Erblasser in aller Regel ein schneller Tod. Lange Phasen des Leidens und einer damit verbundenen Handlungsunfähigkeit waren eher die Ausnahme. Der Erblasser konnte somit meist selbst bis zuletzt sicherstellen, dass auf sein Vermögen nicht schon zu seinen Lebzeiten zugegriffen wurde und dass der seinen Erben zugedachte Nachlass bei seinem Tod noch vorhanden war. Seit aber die moderne Medizin in der Lage ist, den Erblasser über Monate oder gar Jahre in einem Zustand zwischen Leben und Tod zu halten, ist das Vermögen des handlungsunfähigen Erblassers, aber auch die Person des Erblassers selbst in dieser Lebensphase oft schutzlos Dritten ausgesetzt, insbesondere dann, wenn der Erblasser ohne Bedacht und ohne entsprechende Absicherung sog. Vorsorgevollmachten erteilt hat. Der Erbschleicher von heute bedient sich der Vorsorgevollmacht und braucht den Tod des Erblassers nicht mehr abzuwarten.

> **Praxishinweis:**
> Der erbrechtliche Berater in der Vermögensnachfolgeregelung sollte daher immer die Möglichkeit einer dem Erbfall vorgelagerten und möglicherweise über Jahre andauernden Phase der Handlungsunfähigkeit des Erblassers bedenken und eine sachgerechte Absicherung des Vermögens des Erblassers dieser Lebensphase anbieten, damit die Vermögensnachfolgeplanung im Zeitpunkt der Handlungsunfähigkeit des Erblassers nicht von Dritten unterlaufen werden kann.

Der Fachanwalt im Erbrecht wird sich diesem, dem Erbrecht vorgelagerten Bereich der **privatrechtlichen Vorsorgeregelung** in Zukunft nicht verschließen können, schon allein aufgrund der engen Verbindung zum Erbrecht und der immer größeren Nachfrage der Rechtssuchenden in diesem Bereich. Eine Spezialisierung des Fachanwalts für Erbrecht im Bereich der privatrechtlichen Vorsorgeregelung bietet zudem einen nicht zu unterschätzenden Wettbewerbsvorteil im Kampf um erbrechtliche Mandate, da bisher nur wenige Rechtsanwälte in Deutschland in diesem Bereich eine sachgerechte Beratung anbieten. Wer sich als Vorsorgespezialist einen Namen macht, erhält über diesem Weg in aller Regel zusätzliche erbrechtliche Mandate, insbesondere zur Regelung der Vermögensnachfolge aber auch lukrative Mandate zur Testamentsvollsteckung.

Neben der reinen Gestaltung von Vorsorgeregelungen kann der Vorsorgespezialist seinen Mandanten im Bereich der privatrechtlichen Vorsorgeregelung als Berufsbevollmächtigter auch die Übernahme von privatrechtlichen Bevollmächtigungen und/oder Kontrollbevollmächtigungen zur Vermeidung einer staatlichen Betreuung und/oder Kontrollbetreuung anbieten. Aufgrund des zweiten Betreuungsrechtsänderungsgesetzes (2.BtÄndG) wird sich hier für die Anwaltschaft ein interessanter Markt öffnen, wenn rechtliche Betreute seit dem 1.7.2005 als Folge der **Pauschalvergütung der Berufsbetreuer** nur noch verwaltet und verwahrt werden. Der Bevölkerung wird dann nämlich sehr schnell und schmerzlich bewusst werden, dass es nun auch im Betreuungsrecht ein **Zweiklassensystem** gibt, nämlich für Menschen, die aufgrund ihrer Handlungsunfähigkeit vom Staat unter eine pauschal abgerechnete rechtliche Betreuung gestellt werden und für Menschen, die für diesen Fall durch die Bevollmächtigung einer geeigneten Vertrauensperson Vorsorge getroffen haben.

Eine umfassende Vorsorgeregelung für den Erblasser beinhaltet eine Vorsorgevollmacht, also eine privatrechtliche Bevollmächtigung einer Vertrauensperson für den Fall der Entscheidungs- bzw. Handlungsunfähigkeit des Erblassers und eine zugrundeliegende vertragliche Regelung des Innenverhältnisses zwischen dem Vollmachtgeber und Bevollmächtigten sowie einer Patientenverfügung für den Erblasser.

B. Vorsorgevollmachten

I. Grundsatz der Subsidiarität der Betreuung

Das Betreuungsrecht wird von den Grundsätzen der Subsidiarität und der Erforderlichkeit beherrscht (§ 1896 Abs. 2 BGB). Vorrang vor der Bestellung eines Betreuers genießt insofern die Bevollmächtigung eines Dritten durch den Betroffenen. § 1896 Abs. 2 Satz 2 1. Alt. BGB regelt somit ausdrücklich den **Vorrang der Eigenvorsorge** vor staatlich angeordneter oder bereitgestellter Hilfe.[1] Die Eigenvorsorge birgt aber auch **erhebliche Risiken** für den Vollmachtgeber und sein Vermögen.

II. Risiken der privatrechtlichen Vorsorgeregelung

5 Die größten Gefahren im Bereich der privaten Vorsorgeregelung liegen in der **Überforderung** der bevollmächtigten Personen und in einem **Missbrauch** der erteilten Vollmacht durch die Bevollmächtigten.

6 Da der Rechtverkehr heute nur noch unbedingt erteilte Vorsorgevollmachten anerkennt und in der Praxis daher zunehmend auch nur noch solche erteilt werden, können die Bevollmächtigten mit diesen Vollmachten sofort vollumfänglich handeln, was eine nicht zu unterschätzende Versuchung für die Bevollmächtigten darstellt. Der Vollmachtgeber ist daher gut beraten, seine Bevollmächtigten der Kontrolle eines **sog. Kontrollbevollmächtigten** zu unterwerfen. Dabei muss die Einschränkung der Vollmacht durch einen Kontrollbevollmächtigten schon im Außenverhältnis aus der Vollmachtsurkunde selbst ersichtlich sein. Zum einen ist damit eine oftmals nicht gewollte gerichtliche Kontrolle der Vollmacht über einen fremden Kontrollbetreuer (vgl. § 1896 Abs. 3 BGB) ausgeschlossen, zum anderen können so gewisse Handlungen der Bevollmächtigten der Zustimmung des Kontrollbevollmächtigten unterworfen werden. So kann bspw. die Vollmacht der bevollmächtigten Kinder dahingehend eingeschränkt werden, dass sie das elterliche Wohnhaus nur mit Zustimmung des Kontrollbevollmächtigten belasten oder veräußern können. Auch die Verbringung der Eltern in ein Alters- oder Pflegeheim kann so von der Zustimmung des Kontrollbevollmächtigten abhängig gemacht werden.

7 Sofern ein Anwalt als Kontrollbevollmächtigter eingesetzt wird, ist zu überlegen, ob dieser nicht zugleich auch für möglicherweise notwendige Verfahrenspflegschaften i.R.d. Bevollmächtigung (vgl. §§ 67, 70b FGG) als **Verfahrensbevollmächtigter** eingesetzt werden soll, um auch hier ein Hineinwirken von außenstehenden Fremden in die Vorsorgeregelung des Vollmachtgebers zu verhindern.[2]

8 Eines der größten Probleme von Vorsorgevollmachten stellt die alleinige gegenseitige Bevollmächtigung und die damit verbundene **Überforderung der Bevollmächtigten** dar. So wird bspw. bei der gegenseitigen Bevollmächtigung kinderloser Ehepartner ohne die Bevollmächtigung einer weitern Vertrauensperson zumindest der Letztversterbende meist ein Opfer der staatlichen Pauschalbetreuung. Aber auch schon davor ist diese Art der Bevollmächtigung problematisch, da spätestens im fortgeschrittenen Alter davon ausgegangen werden muss, dass dann keiner der beiden Bevollmächtigten mehr in der Lage ist, die Interessen des anderen optimal zu vertreten. Dies kann wiederum zu einer staatlichen Betreuung führen, da gem. § 1896 Abs. 2 BGB eine Betreuung nur dann nicht erforderlich ist, wenn die Angelegenheiten des Betroffenen durch einen Bevollmächtigten ebenso gut wie durch einen Betreuer besorgt werden können.

9 Hier können **sog. Kombinationsbevollmächtigungen** von Privatbevollmächtigten und Berufsbevollmächtigten Abhilfe schaffen. So wird bspw. neben dem jeweiligen Ehepartner ein Anwalt als Berufsbevollmächtigter eingesetzt. Damit ist zum einen die Unterstützung des bevollmächtigten Ehepartners, zum anderen aber auch die Versorgung des Längstlebenden gewährleistet. Um einen möglichen Ausfall des bevollmächtigten Anwalts abzusichern, sollte entweder der Vorstand des örtlichen Anwaltsver-

---

[1] *Dodegge/Roth*, Betreuungsrecht, S. 169/Rn. 2.
[2] *Schmidl*, ZErb 2005, 82 ff.

eins oder der Vorstand der Deutschen Vereinigung für Vorsorge- und Betreuungsrecht e.V. (dvvb)[3] in der Vorsorgevollmacht des Vollmachtgebers bevollmächtigt werden, einen Ersatzanwalt zu benennen, der von Anfang an in der Vollmacht im selben Umfang bevollmächtigt wird, wie der namentlich schon benannte Anwalt. Das Kombinationsmodell mit einem Anwalt macht aber auch bei **Eltern mit Kindern** Sinn, wenn die Kinder räumlich weit entfernt wohnen oder aber beruflich so stark engagiert sind, dass sie eine verantwortungsvolle Bevollmächtigung für die Eltern nicht oder zumindest nicht ohne Unterstützung eines Anwalts als weiteren Bevollmächtigten übernehmen können.

III. Gestaltung der Vorsorgevollmacht

Bei der **Gestaltung der Vorsorgevollmacht** (Außenverhältnis) ist zunächst darauf zu achten dass die Vorsorgevollmacht auch mit Vorsorgevollmacht bezeichnet wird. Die Vollmachtgeber möchten hier in aller Regel nämlich keine allg. Vollmacht oder Generalvollmacht im eigentlichen Sinn erteilen. Eine Vorsorgevollmacht ist i.d.R. eine umfassende Vollmacht für die Bereiche der Vermögenssorge, der Aufenthaltsbestimmung und der Gesundheitssorge, die aber nur dann zum Einsatz kommen soll, wenn der Vollmachtgeber aufgrund einer psychischen Krankheit oder körperlichen, geistigen oder seelischen Behinderung seine Angelegenheiten ganz oder teilweise nicht mehr besorgen kann oder will. Nur um die **Akzeptanz dieser Vorsorgevollmacht** im Rechtsverkehr gegenüber Dritten sicherzustellen, die das Vorliegen des Vorsorgevollmachtsfalls im konkreten Fall nicht überprüfen können, sollte in der Vorsorgevollmachtsurkunde klargestellt werden, dass die Vollmacht im Außenverhältnis uneingeschränkt gültig ist. Daher sollte auf einen Nachweis der Bevollmächtigten gegenüber dritten Personen, denen die Vollmacht vorgelegt wird, dass der Vollmachtgeber aufgrund einer psychischen Krankheit oder körperlichen, geistigen oder seelischen Behinderung seine Angelegenheiten ganz oder teilweise nicht mehr besorgen kann oder will, oder dass er geschäftsunfähig ist, oder dass Zweifel an seiner Geschäftsfähigkeit bestehen, in der Vollmachtsurkunde explizit verzichtet werden. Damit kann jeder Dritte, dem diese Vollmacht vorgelegt wird, die Vollmacht ohne weitere Überprüfung, ob der Vorsorgefall tatsächlich eingetreten ist, und ohne Risiko akzeptieren. 10

Durch den **Umfang der Vollmacht** soll klargestellt werden, in wie weit die Bevollmächtigten für den Vollmachtgeber handeln dürfen. Die Vorsorgevollmacht umfasst grundsätzlich die Bereiche der **Vermögenssorge**, der **Gesundheitssorge** und der **Aufenthaltsbestimmung**. Durch eine weitere Untergliederung dieser Bereiche und durch deren möglichst genaue Bezeichnung soll dem Vollmachtgeber die Bedeutung und Tragweite der Vollmachtserteilung vor Augen geführt werden. Nur bei einer derart konkreten und für den jeweiligen Vollmachtgeber nachvollziehbaren Beschreibung der einzelnen Befugnisse der Bevollmächtigten kann sichergestellt werden, dass der Vollmachtgeber die von ihm den Bevollmächtigten erteilte Vertretungsbefugnis in seinen höchstpersönlichen Angelegenheiten in vollem Umfang verstanden hat und eine Bevollmächtigung in diesem Umfang auch tatsächlich wünscht.[4] So wird bspw., wenn in einem Abschnitt „Freiheitsentziehende Maßnahmen, Unterbringung" einer Vorsorgevollmacht den Bevollmächtigten das Recht eingeräumt wird, über die Verabreichung von Psychopharmaka zu entscheiden, die Warnfunktion, die die Vorsorgevollmacht für Vollmachtgeber ausüben soll, in aller Regel gerecht. 11

---

[3] Geschäftstelle der Deutschen Vereinigung für Vorsorge- und Betreuungsrecht e.V., www.dvvb-ev.de.
[4] LG Hamburg – 301 T 222/99, BtPrax 1999, 243, 244.

12 **Praxishinweis:**
Ob die Bevollmächtigten in der Vorsorgevollmacht dazu bevollmächtigt werden sollen, über sog. Anstands- und Pflichtschenkungen hinaus **Schenkungen** im Namen des Vollmachtgebers vorzunehmen, sollte im Hinblick auf mögliche Vermögensnachfolgeregelungen auf der einen Seite und der großen Missbrauchsgefahr auf der anderen Seite sehr genau bedacht werden.

13 Neben einer allg. Vorsorgevollmacht kann der Vollmachtgeber für konkrete Aufgabenbereiche auch eine oder mehrere Spezialvorsorgevollmachten auf entsprechend qualifizierte Bevollmächtigte verteilen. Der Vollmachtgeber kann bei der Bevollmächtigung mehrerer Personen entscheiden, ob diese einzelvertretungsberechtigt sein sollen oder zumindest in gewissen Bereichen nur als **Gesamtbevollmächtigte** handeln sollen. Für die Gesamtbevollmächtigung mag eine gewisse Kontrolle durch die Bevollmächtigten untereinander sprechen, dagegen spricht, dass die Handlungsfähigkeit der Bevollmächtigten durch die Gesamtbevollmächtigung zu sehr eingeschränkt wird und sich dies nachteilig für den Vollmachtgeber auswirken kann.

14 In der Vorsorgevollmacht sollte auch geregelt sein, ob und wie weit die Bevollmächtigten berechtigt sind, **Untervollmachten** zu erteilen. Während im Bereich der Vermögenssorge generell die Möglichkeit zur Unterbevollmächtigung stets gegeben sein sollte, wird dies im Bereich der Personensorge in aller Regel nicht dem Willen des Vollmachtgebers entsprechen.

15 Grundsätzlich sind Bevollmächtigte nicht befugt, **sog. Insichgeschäfte** zu tätigen, d.h. als Vertreter für den Vollmachtgeber auch Rechtsgeschäfte mit sich im eigenen Namen vorzunehmen und damit gleichzeitig auf beiden Seiten des Rechtsgeschäfts zu stehen, § 181 BGB. Ob von diesem gesetzlichen Verbot im Einzelfall Befreiung erteilt werden sollte, ist von einer Risiko- und Nutzenabwägung abhängig zu machen. Wird hier eine Befreiung erteilt, so führt dies, sofern kein Kontrollbevollmächtigter eingesetzt ist, leicht dazu, dass das Vormundschaftsgericht wegen der damit verbundenen Risiken für den Vollmachtgeber eine Kontrollbetreuung gem. § 1896 Abs. 3 BGB einrichtet.

16 Im Hinblick auf den Tod des Vollmachtgebers sollte die Vorsorgevollmacht als **sog. transmortale Vollmacht** ausgestaltet sein, d.h. als Vollmacht, die über den Tod des Vollmachtgebers hinaus gilt. Die transmortale Vollmacht hat den Vorteil, dass die Bevollmächtigten auch bei Eintritt des Erbfalles handeln und insbesondere auch die Vermögensverwaltung fortführen können, bis ein Erbschein oder ein Testamentsvollstreckerzeugnis erteilt wird.

17 Die **Vorsorgevollmacht** sollte grundsätzlich **frei widerruflich** gestaltet sein, da nach der Rspr. unwiderrufliche Vollmachten nur insoweit anzuerkennen sind, als der ihnen zugrundeliegende Auftrag nicht allein den Interessen des Vollmachtgebers dient, was bei Vorsorgevollmachten i.d.R. nicht der Fall ist.[5] Zu beachten ist auch, dass der Vollmachtgeber im vermögensrechtlichen Bereich nur solange die Vollmacht widerrufen kann, solange er selbst geschäftsfähig ist. Neben dem Widerruf der Vollmacht muss die Vollmachtsurkunde dem Vollmachtgeber zurückgegeben werden oder für kraftlos erklärt werden, andernfalls bleibt die Vertretungsmacht der Bevollmächtigten bestehen, § 172 Abs. 2 BGB. Der Verlust der Geschäftsfähigkeit ist für den Vollmachtgeber auch insoweit problematisch, als der Vollmachtgeber dann, anders als ein Betreuter, der von Gesetzes wegen immer verfahrensfähig ist, keinen Anwalt mehr mit

---

5 *Dodegge/Roth*, Betreuungsrecht, S. 185/Rn. 45.

der Vertretung seiner Interessen beauftragen kann und ein Widerruf der Vollmacht dann grundsätzlich nur noch durch einen vom Vormundschaftsgericht zu bestellenden Betreuer in Betracht kommt. Auch aus diesem Grund sollte von vorneherein immer ein Anwalt als Kontrollbevollmächtigter in der Vorsorgevollmacht bevollmächtigt sein, damit dieser jederzeit die Interessen des Vollmachtgebers wahrnehmen und im Zweifel die Vollmacht widerrufen kann.

Für die Erteilung einer Vorsorgevollmacht verlangt das Gesetz grundsätzlich keine besondere **Form**. Nach § 167 Abs. 2 GBG bedarf die Vollmachtserteilung auch nicht der Form, die für das Rechtsgeschäft bestimmt ist, auf das sich die Vollmacht bezieht. Dies gilt auch bei der Bevollmächtigung zu Grundstücksgeschäften, die nach § 311 b Abs. 1 BGB notariell zu beurkunden sind, solange die Vollmacht nicht unwiderruflich erteilt ist. Umfasst die Vorsorgevollmacht aber die Entscheidungsbefugnis der Bevollmächtigten, in Untersuchungen des Gesundheitszustandes, in eine Heilbehandlung oder in einen ärztlichen Eingriff mit der begründeten Gefahr, dass der Vollmachtgeber aufgrund der Maßnahme stirbt oder einen schweren und länger dauernden gesundheitlichen Schaden erleidet oder eine mit Freiheitsentziehung verbundene Unterbringung zuzustimmen, so bedarf nach § 1904 Abs. 2 BGB und nach § 1906 Abs. 5 BGB die Bevollmächtigung der Schriftform und der ausdrücklichen Benennung dieser Maßnahmen.

18

Bei der Bevollmächtigung zu **gesellschaftsrechtlichem Handeln** sind die Formvorschriften der §§ 134 Abs. 3, 135 AktG und § 2 Abs. 2 GmbHG zu beachten.

In der Praxis hat es sich trotz grundsätzlicher Formfreiheit bewährt, Vorsorgevollmachten dennoch immer gem. §§ 6 ff. BeurkG **notariell beurkunden** zu lassen, schon um etwaigen Streit um die Gültigkeit der Vollmacht von vornherein zu vermeiden. Der Notar muss hier gem. § 11 BeurkG Feststellungen über die Geschäftsfähigkeit des Vollmachtgebers treffen. Darüber hinaus sollte aber auch deshalb nicht auf eine notarielle Beurkundung verzichtet werden, weil heute der Rechtsverkehr und insbesondere die Banken i.d.R. nur noch notariell beurkundete Vollmachten akzeptieren.

19

C. Regelung des Innenverhältnisses der Vorsorgevollmacht

I. Gesetzliche Regelung des Innenverhältnisses

Durch die Erteilung einer Vorsorgevollmacht kommt zwischen dem Vollmachtgeber und seinen Bevollmächtigten bei Unentgeltlichkeit ein **Auftrag** gem. §§ 662 ff. BGB und bei Entgeltlichkeit ein **Geschäftsbesorgungsvertrag** gem. § 675 BGB zustande. Von einer reinen Gefälligkeitshandlung, d.h. von einer Tätigkeit der Bevollmächtigten ohne Rechtsbindungswillen gegenüber dem Vollmachtgeber, kann bei einer Vorsorgevollmacht grundsätzlich nicht ausgegangen werden.

20

Das **Problem des Innenverhältnisses der Vorsorgevollmacht** ist, dass sich aus Unkenntnis des Innenverhältnisses kaum ein Vollmachtgeber oder Bevollmächtigter bei der Erteilung der Vorsorgevollmacht darüber Gedanken macht. In aller Regel werden die Betroffenen nicht einmal bei notarieller Beurkundung der Vorsorgevollmacht von den Notaren über das bei der Erteilung einer Vollmacht entstehende Vertragsverhältnis und die sich daraus ergebenden Rechte und Pflichten zwischen Vollmachtgeber und Bevollmächtigten belehrt. Bei entsprechender Belehrung und Kenntnis der gesetzlichen Bestimmungen des Auftragsrechts würde kaum ein Bevollmächtigter zu gesetzlichen Bedingungen eine Bevollmächtigung übernehmen. So ist bspw. auf der einen

21

Seite den Bevollmächtigten der Umfang der gesetzlichen **Auskunfts- und Rechenschaftspflicht** und die Beweislast des § 666 BGB nicht zuzumuten. Auf der anderen Seite ist das jederzeitige Kündigungsrecht der Beauftragten nach § 671 Abs. 1 BGB für den Auftraggeber, der mit seiner Vorsorgevollmacht gerade Sicherheit für den Fall seiner Handlungsunfähigkeit schaffen will, nicht hinnehmbar.

II. Vertragliche Regelung des Innenverhältnisses mit den Bevollmächtigten

1. Grundsätzliche Bedeutung

22   Die sachgerechte vertragliche Regelung des Innenverhältnisses der Vorsorgevollmacht ist sowohl für den Vollmachtgeber als auch für die Bevollmächtigten von größter Bedeutung. In einem gesonderten Vertrag sind die schuldrechtlichen Beziehungen zwischen Vollmachtgeber und Bevollmächtigten, aber auch die Wünsche und Vorstellungen des Auftraggebers für den Fall seiner Handlungsfähigkeit konkret festzuhalten. Je detaillierter hier die Vorgaben des Auftraggebers sind, desto genauer ist deren Einhaltung durch einen Kontrollbevollmächtigten überprüfbar.

2. Geschäftsbesorgung in persönlichen Angelegenheiten

23   Hier ist die persönliche Versorgung des Auftraggebers, insbesondere die **Gesundheitssorge** und die **Aufenthaltsfrage** für den Vorsorgefall zu regeln.

> **Praxishinweis:**
> Viele Menschen wünschen auch bei Eintritt des Vorsorgefalles eine Versorgung in der häuslichen Umgebung. In diesem Fall sollte immer eine Regelung in den Vertrag aufgenommen werden, dass allg. Gefahren im Haushalt für die Gesundheit und das Leben des Auftraggebers (Stürze, Verletzungen, Gefahr einer hilflosen Lage etc.) nach dem ausdrücklichen Wunsch des Auftraggebers kein Grund für eine Unterbringung in einer Pflegeeinrichtung (Betreutes Wohnen, Alten- oder Pflegeheim etc.) sein sollen. Damit wird vermieden, dass, wenn dem Auftraggeber etwas zustößt, die Bevollmächtigten Vorwürfen ausgesetzt sind, hier unverantwortlich gehandelt zu haben.

Auch in dem Bereich der Gesundheitssorge sollten klare Vereinbarungen getroffen werden, soweit die Wünsche und Vorstellungen des Auftraggebers nicht bereits in der Patientenverfügung des Auftraggebers niedergelegt sind. So kann hier bspw. festgelegt werden, dass bestimmte medizinische Behandlungen nur in einer Privatklinik zu erfolgen haben oder dass Behandlungen, die in Deutschland nicht angeboten werden, im Ausland durchzuführen sind. Aber auch scheinbar banale Dinge, die aber für den Auftraggeber von großer Bedeutung sind, sollten immer schriftlich fixiert werden. Hierzu gehört z.B., dass es dem Auftraggeber ermöglicht wird, Gottesdienste zu besuchen oder an einer Vereinsfeier teilzunehmen oder Urlaub an einem bestimmten Ort zu machen.

3. Geschäftsbesorgung in Vermögensangelegenheiten

24   Grundsätzlich umfasst die Geschäftsbesorgung in Vermögensangelegenheiten insbesondere den Geschäftsverkehr mit Banken und Behörden, auch Steuerbehörden, die Antragstellung für Leistungen nach dem Pflegeversicherungsgesetz und die Vertretung gegenüber Sozialversicherungsanstalten, wie Kranken-, Renten-, Pensionskassen und Versorgungswerken sowie gegenüber Krankenversicherungen und Beihilfestellen. In

Vermögensangelegenheiten können auch Vereinbarungen getroffen werden, wie das Vermögen des Auftraggebers im Vorsorgefall verwaltet werden soll. Spätestens dann sollte hinsichtlich der zu wählenden Anlageform Sicherheit vor Wachstum gelten. Die Beauftragten sollten verpflichtet sein, das Vermögen des Auftraggebers unter Einhaltung der geltenden Rechts- und Steuervorschriften ordnungsgemäß und getrennt vom Vermögen der Beauftragten zu verwalten.

Praxishinweis:
Neben der Verwaltung des Kapitalvermögens ist immer auch an das sonstige bewegliche Vermögen und an das **Immobilienvermögen** zu denken. Hier sollten bspw. Vereinbarungen darüber getroffen werden, was mit der Wohnungseinrichtung zu geschehen hat, wenn der Auftraggeber dauerhaft in ein Pflegeheim umziehen muss, und ob das Wohnhaus dann vermietet, verkauft oder im Wege der vorweggenommen Erbfolge auf die Erben übertragen werden soll.

4. Rangverhältnis der Bevollmächtigten

In der Vorsorgevollmacht (Außenverhältnis) sollten die Bevollmächtigten nebeneinander einzeln und **alleinvertretungsberechtigt** bevollmächtigt sein, um sicherzustellen, dass der zuerst erreichbare Bevollmächtigte auch sofort handeln kann. Ein Rangverhältnis der Bevollmächtigten im Außenverhältnis oder gar eine Gesamtbevollmächtigung ist unpraktikabel und führt in der Praxis nur zu problematischen Handlungsverzögerungen. Im Innenverhältnis jedoch können die Bevollmächtigten verpflichtet werden, nach Möglichkeit nur nach Rücksprache mit den anderen Bevollmächtigten oder nach einer bestimmten Rangfolge zu handeln. So ist bspw. im Zweifel gewollt, dass zunächst der Ehepartner und erst dann die Kinder für den Auftraggeber handeln sollen. 25

5. Aufgabenübertragung

Nach § 664 Abs. 1 Satz 1 BGB darf der Beauftragte im Zweifel die Ausführung des Auftrags nicht einem Dritten übertragen. Im Rahmen einer Vorsorgevollmacht werden die Bevollmächtigten im Regelfall aber viele **Aufgaben delegieren** wollen, indem sie z.B. einen ambulanten Pflegedienst engagieren oder Essen auf Rädern bestellen. Die gesetzliche Regelung passt demnach nicht für den Fall der Vorsorgeregelung. Im Rahmen einer Vorsorgevollmacht sollten die Bevollmächtigten die meisten Aufgaben delegieren können, nur wichtige Entscheidungen, wie die Zustimmung zu ärztlichen Behandlungen, zu Unterbringungen oder unterbringungsähnlichen Maßnahmen oder die Aufhebung oder Begründung des Wohnsitzes des Auftraggebers sollten den Bevollmächtigten vorbehalten bleiben. 26

Praxishinweis:
Sofern ein Rechtsanwalt bevollmächtigt ist, sollte immer die Möglichkeit der Delegation aller Aufgaben auf einen anwaltlichen Vertreter vereinbart werden, so dass auch im Urlaubs- oder Krankheitsfall des Anwalts immer jemand für den Auftraggeber handeln kann.

6. Auskunfts- und Rechenschaftspflicht

Durch § 666 BGB wird den Beauftragten auferlegt, die erforderlichen Nachrichten zu geben, auf Verlangen über den Stand des Geschäfts **Auskunft** zu erteilen und nach der 27

Ausführung des Auftrags **Rechenschaft** nach § 259 BGB abzulegen. Zudem trifft den Beauftragten die Beweislast für die Richtigkeit seiner Rechnungslegung, insbesondere für den Verbleib der Einnahmen und dafür, dass er über nicht mehr vorhandene Vermögenswerte nach Weisungen oder im Interesse des Auftraggebers verfügt hat.[6] Aber gerade in den Fällen, in denen ein Familienangehöriger, ein Verwandter oder Freund auf der Grundlage eines Auftragsverhältnisses i.S.d. §§ 662 ff. BGB die Bevollmächtigung für den Auftraggeber unentgeltlich übernimmt, wird dieser nicht bereit sein, die Verpflichtungen des § 666 BGB zu übernehmen. Da § 666 BGB in vollem Umfang dispositiv ist, können diese Pflichten vertraglich anders gestaltet oder abbedungen werden.

> **Praxishinweis:**
> In erster Linie ist hierbei an eine verminderte **Rechungslegungspflicht** zu denken. So können Bevollmächtigte bspw. für Einzelbeträge bis zu 50,00 € und bis zu einem monatlichen Gesamtbetrag von 500,00 € von jeglicher Rechungslegung freigestellt werden. Auf diese Weise müssen die Bevollmächtigten über die regelmäßig anfallenden Haushaltskosten nicht Buch führen. Um die Bevollmächtigten hinsichtlich ihrer Rechnungslegungspflicht weiter zu entlasten, kann auch die Beweislast des § 666 BGB umgekehrt werden.

Die Darlegungs- und Beweislast für die Unrichtigkeit der Zusammenstellung der Einnahmen und Ausgaben und hierbei insbesondere für den Verbleib der Einnahmen und dafür, dass über nicht mehr vorhandene Vermögenswerte nicht nach den Weisungen oder im Interesse des Auftraggebers verfügt worden ist, trifft dann denjenigen, der sich darauf beruft. Keinesfalls erfolgen sollte jedoch eine völlige Freistellung der Beauftragten von der Auskunfts- und Rechenschaftspflicht des § 666 BGB. In diesem Fall wäre nämlich eine Kontrolle durch einen Kontrollbevollmächtigten hinsichtlich der Vermögensverwaltung der Beauftragten kaum mehr möglich, was nicht im Interesse des Auftraggebers sein kann. Auch bei der Bevollmächtigung eines Anwalts sollte über eine abgeschwächte **Auskunfts- und Rechenschaftspflicht** i.S.d. § 666 BGB nachgedacht werden, da ansonsten allein für die aufwendige Rechnungslegung hohe Kosten für den Auftraggeber anfallen, wenn die Ausgaben für jede Milchflasche und für jedes Stück Seife belegt sein müssen.

7. Haftung

28 Grundsätzlich haften die Beauftragten dem Auftraggeber für jede fahrlässige und vorsätzliche Verletzung ihrer Pflichten aus dem Grundverhältnis. Diese weitreichende Haftung wird, sofern nicht eine berufsmäßige Bevollmächtigung vorliegt, von den Beteiligten meist nicht gewollt sein. Im privaten Bereich sollte daher immer die Möglichkeit einer **Haftungsbeschränkung** auf Vorsatz und grobe Fahrlässigkeit in Erwägung gezogen werden.

8. Vergütung

29 Die **Vergütungsfrage** sollte, auch wenn nahe Angehörige mit der Übernahme einer Bevollmächtigung beauftragt werden, immer angesprochen werden, um Streit nach dem Tod des Auftraggebers zu vermeiden. Da die Tätigkeit als Vorsorgebevollmächtigter in vielen Fällen zu einer großen physischen und psychischen Belastung des Be-

---

[6] Palandt/Sprau (Bearbeiter??), § 666 Rn. 4.

vollmächtigten führen kann, werden gerade wenn nur einzelne Mitglieder der Familie damit belastet sind, diese spätestens nach dem Tod des Auftraggebers nicht akzeptieren, dass ihre Tätigkeit unentgeltlich gewesen sein soll. Zunächst einmal sollte es selbstverständlich sein (vgl. § 670 BGB), dass die Beauftragten ihre **Aufwendungen** ersetzt verlangen können. Was die Vergütung betrifft, so kann entweder eine monatliche Vergütung festgelegt werden oder aber die Beauftragten werden im Wege einer letztwilligen Verfügung (z.B. eines Vorausvermächtnisses, § 2150 BGB) bedacht. Im letzteren Fall sollte jedoch sicher sein, dass das Vermögen des Erblassers nicht bis zu seinem Tod aufgebraucht ist und die Beauftragten dann leer ausgehen. Bei einer monatlichen Vergütung hingegen sollte ein fester Pauschalbetrag vereinbart werden, unabhängig davon ob und in welchem Umfang die Leistung von den Beauftragten erbracht wird. Allein die Bereitschaft und das Bereithalten der Leistung sollte honoriert werden, da andernfalls leicht Streit darüber entsteht, ob die Vergütung für die jeweilige Tätigkeit der Beauftragten im Einzelfall zu hoch oder zu niedrig bemessen war.

Praxishinweis:
Die **Vergütung eines Anwalts** als berufsmäßig Beauftragten wird i.d.R. nach Stundensätzen abzurechnen sein. Da der Anwalt als Berufsbevollmächtigter keine anwaltspezifischen Leistungen erbringt bzw. diese, soweit sie erbracht werden, nach dem Rechtsanwaltsvergütungsgesetz (RVG) abrechnen kann, erscheint, auch um die Kosten für den Auftraggeber in einem vertretbaren Rahmen zu halten, ein **Stundensatz** von 120,00 € netto angemessen, wobei die kleinste Abrechnungseinheit 10 Minuten betragen sollte. Für die Tätigkeit von Bürokräften der Anwaltskanzlei sollte nicht mehr als 50% des Anwaltsstundensatzes und damit nicht mehr als 60,00 € in der Stunde abgerechnet werden.

9. Beginn und Beendigung

Grundsätzlich wird die Vorsorgevollmacht mit der Unterzeichnung der Vollmachtsurkunde durch den Vollmachtgeber und der Aushändigung an die Bevollmächtigten wirksam, d.h. die Bevollmächtigten können ab diesem Zeitpunkt für den Vollmachtgeber rechtsgeschäftlich handeln. Sinn und Zweck einer Vorsorgevollmacht ist es jedoch, dass die Bevollmächtigten erst dann für den Vollmachtgeber handeln sollen, wenn dieser aufgrund einer psychischen Krankheit oder einer körperlichen, geistigen oder seelischen Behinderung seine Angelegenheiten ganz oder teilweise nicht mehr besorgen kann oder will. Dass die Bevollmächtigten nur bei Eintritt dieser Voraussetzungen berechtigt sein sollen, für den Vollmachtgeber zu handeln, ist jedoch ausschließlich im **Innenverhältnis** der Vorsorgevollmacht schuldrechtlich zu vereinbaren, da der Rechtsverkehr heute nur noch im **Außenverhältnis** unbedingt erteilte Vorsorgevollmachten akzeptiert.

Die Vorsorgevollmacht **erlischt im Zweifel** nicht durch den **Tod** des Vollmachtgebers, §§ 168 Satz 1, 672 Satz 1, 675 Abs. 1 BGB. Entgegen *Dodegge*[7] ist jedoch davon auszugehen, dass die Vorsorgevollmacht i.d.R. über den Tod des Vollmachtgebers hinaus fortbestehen soll. Es ist gerade der Vorteil der privatrechtlichen Vorsorgeregelung gegenüber der staatlichen Betreuung, die generell mit dem Tod endet, dass bei der Vorsorgeregelung durch die Beauftragten auch nach dem Tod des Vollmachtgebers in allen Bereichen weiterhin vollumfänglich gehandelt werden kann. Gerade wenn Bevollmächtigte und Erben personenidentisch sind, muss nicht erst die Eröffnung eines no-

---

7 *Dodegge/Roth*, Betreuungsrecht, S. 193/Rn. 66.

tariell beurkundeten Testaments oder die Erteilung eines Erbscheins abgewartet werden, bevor sich jemand um den Nachlass kümmern kann.

Anders als beim Tod des Vollmachtgebers erlischt die Vorsorgevollmacht im Zweifel beim **Tod des Beauftragten**, §§ 168 Satz 1, 673 Satz 1, 675 Abs. 1 BGB. Diese Regelung ist von den Vollmachtgebern auch meist gewünscht.

III. Vertragliche Regelung des Innenverhältnisses mit dem Kontrollbevollmächtigten

31 In der Vorsorgevollmacht des Vollmachtgebers (Außenverhältnis) ist der **Kontrollbevollmächtigte** mit allen Rechten wie ein vom Vormundschaftsgericht nach § 1896 Abs. 3 BGB bestellter Kontrollbetreuer ausgestattet. Zu seinen Rechten zählen demnach u.a.: Das Verlangen nach Auskunft und Rechnungslegung, jährliche Prüfung der Rechungslegung und Entlastung des Beauftragten für seine Tätigkeit mit befreiender Wirkung gegenüber dem Auftraggeber und seinen Rechtsnachfolgern, Entscheidung über das Abweichen vom Auftrag, § 665 Satz 2 BGB, Erheben von Schadensersatzansprüchen zugunsten des Auftraggebers, Herausverlangen des zur Auftragsführung Erhaltenen für den Auftraggeber, Geltendmachung des durch die Geschäftsführung Erhaltenen für den Auftraggeber und der Widerruf der Vollmacht.

Im Innenverhältnis ist insbesondere der Zeitpunkt vertraglich festzulegen, ab dem der Kontrollbevollmächtigte als Kontrollorgan handeln soll. Aus Kostengründen wird meist vereinbart, dass der Kontrollbevollmächtigte erst dann tätig werden soll, wenn er von dritter Seite zuverlässig Kenntnis davon erhält, dass die Bevollmächtigten ihre Vollmacht missbrauchen oder dass es zu Unstimmigkeiten zwischen den Bevollmächtigten und Dritten im Zusammenhang mit der Ausübung ihrer Bevollmächtigung gekommen bzw. soweit eine Zustimmung des Kontrollbevollmächtigten zu einem Handeln der Bevollmächtigten erforderlich ist oder im Fall der beabsichtigten Einrichtung einer Kontrollbetreuung durch das Vormundschaftsgericht. Die **Vergütung** des **kontrollbevollmächtigten Anwalts** wird i.d.R. wie beim bevollmächtigten Anwalts nach einem festen Stundensatz erfolgen. Der Stundensatz des kontrollbevollmächtigten Anwalts kann dabei, je nach Verantwortungsgrad, auch über dem Stundensatz des bevollmächtigten Anwalts liegen.

28. Kapitel
Patientenverfügung

Übersicht:

	S.		S.
A. Allgemeines	1475	II. Formen aktiver Sterbehilfe und ihre Zulässigkeit:	1481
I. Recht auf Selbstbestimmung	1476	1. Indirekte (aktive) Sterbehilfe	1481
II. Notfallsituation	1477	2. Aktive, direkte Sterbehilfe	1482
III. Motive für die Errichtung	1477	3. Beihilfe zur Selbsttötung	1482
B. Voraussetzungen	1477	III. Formulierung bezüglich Patientenverfügung	1482
I. Einsichts – und Urteilsfähigkeit	1477	1. Möglichkeiten und Grenzen	1482
II. Bestätigung über ärztliche und anwaltliche Aufklärung	1478	2. Problem: Formulare	1483
C. Form	1478	G. Erklärung zur Organspende und Obduktion	1483
I. Schriftform	1478	I. Wille zur/gegen Organspende	1483
II. Notarielle Beurkundung	1478	II. Inhalt	1484
III. Wiederholung der Unterschrift	1478	III. Organentnahme Zeitpunkt	1484
D. Hinterlegung	1479	H. Offene Fragen: Bindungswirkung, Reichweite	1484
E. Widerruf	1480		
F. Inhalt	1480		
I. Formen passiver Sterbehilfe und ihre Zulässigkeit	1480		

Literaturhinweise:

Bauer/Klie, Patientenverfügung/Vorsorgevollmachten – richtig beraten, 2003; *BMJ*, Eckpunkte zur Stärkung der Patientenautonomie, www.bmj.de; *Grundsätze der Bundesärztekammer*, Deutsches Ärzteblatt 2004, A 1298; *Dodegge/Roth*, Betreuungsrecht, 2003; *Hahne*, Zwischen Fürsorge und Selbstbestimmung, FamRZ 2003, 1619; *Enquete-Kommission „Ethik und Recht der modernen Medizin"*, Zwischenbericht, BT-Drucks. 15/3700; *Kutzer*, Patientenautonomie am Lebensende, BtPrax 2005, 50; *Lipp*, „Sterbehilfe" und Patientenverfügung, FamRZ 2004, 317; *Milzer*, Die Patientenverfügung – ein Rechtsgeschäft mit ablaufendem Haltbarkeitsdatum?, NJW 2004, 2277; *Müller-Busch*, Patientenautonomie am Lebensende aus (palliativ-)medizinischer Sicht, BtPrax 2005, 52; *Putz/Steldinger*, Patientenrechte am Ende des Lebens, 2004; *Riedel*, Der Zwischenbericht der Enquetekommission Ethik und Recht der modernen Medizin des Deutschen Bundestages zu Patientenverfügungen, BtPrax 2005, 45; *Roth*, Die Verbindlichkeit der Patientenverfügung und der Schutz des Selbstbestimmungsrechts, JZ 2004, 494; *Rudolf/Bittler*, Vorsorgevollmacht, Betreuungsverfügung, Patientenverfügung, 2000; *Tröndle/Fischer*, Strafgesetzbuch, 51. Aufl. 2003; *Vossler*, Verwirklichung der Patientenautonomie am Ende des Lebens durch Patientenverfügungen, BtPrax 2002 240.

A. Allgemeines

Wird in die erbrechtliche Beratung das Thema „**Vorsorgevollmacht**" eingebunden, so kann die Beratung über die Notwendigkeit der Erstellung einer Patientenverfügung nicht außen vor bleiben. Für Bevollmächtigte ist die **Patientenverfügung** unbedingte Vorgabe, nach der diese im medizinischen und pflegerischen Bereich handeln bzw. Entscheidungen treffen sollen, wenn der Patient dazu nicht mehr selbst in der Lage ist und es insbesondere darum geht, Entscheidungen im Bereich der Sterbehilfe zu treffen. Der Last schwieriger Entscheidungen über Leben und Tod und dem Risiko unlösbarer Konflikte in der Familie kann mit der Errichtung einer wirksamen Patientenverfügung und der Bevollmächtigung von Personen, die zur Durchsetzung der Patientenverfügung geeignet sind, vorgebeugt werden. Eine lückenlose Absicherung des eigenen Willens in der letzten Lebensphase oder für den Fall eines Gesundheitszustan-

1

des, der die Abhängigkeit von künstlicher Ernährung, Beatmung etc. zur Folge hat, kann eine Patientenverfügung jedoch nicht gewährleisten, da u.a. dann, wenn es um die Frage der Sterbehilfe geht, viele Menschen (Ärzte, Pflegepersonal, Angehörige etc.) mit unterschiedlichen ethischen Einstellungen beteiligt sind, deren Kooperation für die Durchsetzung der Patientenverfügung notwendig ist. Zudem ist die Rechtslage bzgl. der Voraussetzung für die Beachtlichkeit einer Patientenverfügung noch nicht abschließend geklärt.

I. Recht auf Selbstbestimmung

2 Eine **Patientenverfügung** ist eine Willensäußerung, die für den Fall Geltung erhalten soll, dass der Patient selbst nicht mehr in der Lage ist, eine Entscheidung über individuelle Behandlungswünsche bzw. pflegerische Versorgungsmaßnahmen zu treffen oder diese gegenüber den behandelnden Ärzten oder dem Pflegepersonal zu artikulieren. Die Patientenverfügung hat demnach die Funktion einer Handlungsanweisung des Patienten, die sich zunächst direkt an den Arzt und das Pflegepersonal richtet. In diesem Zusammenhang ist zu beachten, dass ärztliches und pflegerisches Handeln grundsätzlich nur dann legitim ist, wenn es indiziert ist (nur dann wird es vom Arzt angeboten werden) und eine Einwilligung des Patienten – nach vorher erfolgter bzw. angebotener ärztlicher Aufklärung – vorliegt. Dies gilt auch, wenn es sich um dauerhafte Eingriffe handelt (z.B. PEG – Sonde). Eine rechtliche Grundlage für die Beachtlichkeit einer Patientenverfügung, als persönliche Willensäußerung in Gesundheitsfragen, findet sich in dem im Grundgesetz verankerten Recht auf Selbstbestimmung. Das **Recht auf Selbstbestimmung** über den eigenen Körper gehört zum Kernbereich der durch das Grundgesetz geschützten Würde und Freiheit des Menschen.[1] Es wird insoweit[2] höher bewertet als das Recht auf Leben, weshalb auch die persönliche Entscheidung einer Person, das eigene Leben durch Selbsttötung oder durch die Verweigerung lebensverlängernder oder lebenserhaltender Maßnahmen zu beenden, Beachtung finden muss. Inwieweit dies durch eine antizipierte schriftliche Erklärung möglich sein soll, steht nach wie vor in der politischen Diskussion.

3 Für Bevollmächtigte in **Gesundheitsangelegenheiten** oder gesetzliche Betreuer mit dem Aufgabenkreis der Gesundheitssorge erhält eine Patientenverfügung im Konfliktfall hohe Relevanz, da sie die Verantwortung dafür tragen, dass der in der Patientenverfügung geäußerte Wille des Patienten gegenüber den behandelnden Personen durchgesetzt wird. Soweit eine Lösung am „runden Tisch" mit allen Beteiligten nicht gefunden werden kann und auch die Androhung einer Strafanzeige wegen Körperverletzung (die Zwangsernährung durch eine PEG – Sonde ist rechtlich gesehen eine strafbare Körperverletzung) nicht die gewünschte Wirkung zeigt, kann es im Einzelfall unvermeidlich sein, den Klageweg (z.B. auf Unterlassung der Zwangsernährung als rechtswidrige Körperverletzung) zu beschreiten. In der Praxis wird vorher jedoch immer noch nach einer anderen Möglichkeit zu suchen sein, wie z.B. den Patienten in eine andere aufnahmebereite Einrichtung zu verlegen, wenn es sein Gesundheitszustand zulässt.[3]

---

1 *Vossler*, BtPrax 2002, 240.
2 *Roth*, JZ 2004, 495.
3 *Putz/Steldinger*, Patientenrechte am Ende des Lebens, S. 58, 64.

II. Notfallsituation

Die Patientenverfügung bezieht sich regelmäßig nicht auf Situationen, in denen es um **Notfallversorgung** am Unfallort geht.[4] Für diese Situationen ist es schwer denkbar, dass eine Patientenverfügung Beachtung findet und damit Wirksamkeit entfaltet, da der Notarzt zunächst nur seinem Auftrag folgen kann, akute, lebensbedrohliche Leiden zu versorgen und nicht möglicherweise notwendige Willenserforschung betreiben kann.

III. Motive für die Errichtung

In der Beratungspraxis zeigt sich, dass das Motiv für die Errichtung einer Patientenverfügung grundsätzlich die Angst bspw. vor jahrelangem Siechtum ohne Bewusstsein, vor geistigem Zerfall etc. sowie die Angst vor Schmerzen, Abhängigkeit aufgrund umfangreicher **Pflegebedürftigkeit** und damit der Wunsch nach einem natürlichen, selbstbestimmten Sterben ohne Angst und Schmerzen ist. Diese Angst erscheint berechtigt, wenn den veröffentlichten Zahlen Glauben geschenkt werden kann: Jährlich sterben rund 860.000 Menschen, davon über 70 Prozent in Krankenhäusern und Pflegeeinrichtungen. 90 Prozent der Patienten haben keine Patientenverfügung und 25 Prozent der Pflegenden sprechen von einem „unwürdigen" Tod, 70 Prozent der im Krankenhaus Beschäftigten sind der Ansicht, dass ein würdevolles Sterben dort nicht möglich sei.[5] Daneben wird mit der Errichtung einer Patientenverfügung auch die Verantwortung für schwierige Entscheidungen über den Abbruch oder die Einschränkung **lebenserhaltender Maßnahmen** von der betroffenen Person selbst übernommen. Ärzte und Pflegepersonal, Bevollmächtigte oder Betreuer sowie Angehörige können bei Vorliegen einer wirksamen Patientenverfügung im Ernstfall erheblich entlastet werden.

B. Voraussetzungen

I. Einsichts – und Urteilsfähigkeit

Voraussetzung für die Wirksamkeit einer Patientenverfügung ist zunächst die Einsichts- und Urteilsfähigkeit der betreffenden Person: Es handelt sich bei der Patientenverfügung um die **Erklärung bzw. Verweigerung einer Einwilligung** zu einem ärztlichen oder pflegerischen Eingriff in bestimmten Krankheitssituationen bzw. Krankheitsstadien. Der Einzelne trifft eine Verfügung im Rahmen seines **allg. Persönlichkeitsrechts** und des Rechts am eigenen Körper. Auf die Testierfähigkeit gem. § 2229 BGB oder Geschäftsfähigkeit kommt es demnach nicht an. Entscheidend für die Beurteilung der Einsichts- und Urteilsfähigkeit ist, ob der Patient sich der Art und Schwere möglicher Erkrankungen (z.B. der Folgen eines Schlaganfalls, des Zustandes im Wachkoma) bewusst ist und ob er sowohl das Wesen, die Bedeutung und die Tragweite des ärztlichen Eingriffs bzw. der Behandlung (z.B. künstliche Ernährung durch PEG – Sonde, Behandlung einer Begleiterkrankung mit Antibiotika) als auch die Folgen einer Verweigerung medizinisch indizierter Maßnahmen bzw. eines Behandlungsabbruchs erkennen kann.[6]

---

[4] Vgl. *Rudolf/Bittler*, Vorsorgevollmacht, Betreuungsverfügung, Patientenverfügung, S. 89.
[5] *Müller-Busch*, BtPrax 2005, 52.
[6] *Bauer/Klie*, Patientenverfügung/Vorsorgevollmachten – richtig beraten, S. 55.

II. Bestätigung über ärztliche und anwaltliche Aufklärung

7   Um den Nachweis für die **Einwilligungs-** und **Urteilsfähigkeit** der verfügenden Person bei Abgabe der Erklärung zu stützen, sollte die Patientenverfügung eine Bestätigung darüber beinhalten, dass die betreffende Person in eingehenden Gesprächen über die medizinische und rechtliche Bedeutung und die Konsequenzen ihrer Patientenverfügung unterrichtet wurde und ihre Fragen beantwortet wurden.

> **Praxishinweis:**
> Stempel und Unterschrift des aufklärenden Hausarztes sowie des beratenden Rechtsanwalts.

Bei dieser Verfahrensweise kommt deutlich zum Ausdruck, dass der Wille des Verfügenden den Inhalt der Patientenverfügung in vollem Umfang trägt und sich der Verfügende auch angesichts seines aktuellen Gesundheitszustandes der Tragweite seiner Erklärung bewusst ist.

C. Form

I. Schriftform

8   Eine besondere Form ist nach wie vor gesetzlich nicht festgelegt. Es wird jedoch allg. empfohlen, eine Patientenverfügung schriftlich abzufassen.[7] Um sicherzustellen, dass eine Patientenverfügung auch tatsächlich in die Hände der Entscheidungsträger gelangt und dort Beachtung findet, ist eine schriftliche Abfassung erfahrungsgemäß von grundlegender Bedeutung. Die Notwendigkeit der **eigenhändigen Unterschrift** der betreffenden Person unter ihre Patientenverfügung versteht sich von selbst.

II. Notarielle Beurkundung

9   Eine notarielle Beurkundung bietet sich im Einzelfall an: Gerade bei Personen fortgeschrittenen Alters kann eine notarielle Beurkundung relevant werden, wenn Beteiligte (Ärzte, Angehörige, Betreuer, Bevollmächtigte) behaupten, die Verfügung sei bzw. müsse, angesichts des Datums sowie des aktuellen **Gesundheitszustandes** der betreffenden Person, bereits in fortgeschrittenem demenziellen Stadium abgefasst worden sein. Zudem kann eine notarielle Beurkundung Zweifeln an der Selbstbestimmtheit der verfügenden Person im Zusammenhang mit der Patientenverfügung entgegenwirken.

III. Wiederholung der Unterschrift

10 Vielfach wird die **Bestätigung** der Patientenverfügung durch **regelmäßige Unterschriftenerneuerung** empfohlen. Diese Empfehlung kann jedoch nur dann gegeben werden, wenn davon auszugehen ist, dass der in der Patientenverfügung erklärte Wille mit Zeitablauf an Bedeutung verlieren könnte. Seit dem Beschluss des BGH vom 17.3.2003 ist höchstrichterlich anerkannt, dass einer Patientenverfügung Bindungswir-

---

[7] Bericht der *AG Patientenautonomie*, S. 16; Zwischenbericht der *Enquete-Kommission*, S. 40 ff.; RefE eines 3. BtÄndG, S. 16 f.; vgl. *Hahne*, die der Schriftform die beste Gewähr zuspricht, dass die Situationen, für die der Patient eine bestimmte Behandlung wünscht oder ablehnt, klar beschrieben werden u. Arzt und Pflegepersonal sowie dem Betreuer eine eindeutige Direktive für deren Handeln geben, amRZ 2003, 1620.

kung zukommt.⁸ Daraus ergibt sich, dass die Patientenverfügung den Regelungen über Rechtsgeschäfte unterworfen werden kann.⁹ Auf dieser Grundlage erscheint die Empfehlung einer Unterschriftenerneuerung widersprüchlich, da eine rechtsverbindliche Willensäußerung nach der Rechtsgeschäftslehre bis zu deren Widerruf grundsätzlich Geltung hat.¹⁰ Dies kann auch dem BGH-Beschluss entnommen werden, soweit dieser ausführt:

> *„Die Willensbekundung des Betroffenen für oder gegen bestimmte medizinische Maßnahmen darf vom Betreuer nicht durch einen Rückgriff auf den mutmaßlichen Willen des Betroffenen korrigiert werden, es sei denn, dass der Betroffene sich von seiner früheren Verfügung mit erkennbarem Widerrufswillen distanziert hat oder die Sachlage sich nachträglich so erheblich geändert hat, dass die frühere selbstverantwortlich getroffene Entscheidung die aktuelle Sachlage nicht umfasst".¹¹*

Übertragen auf die Lebenswirklichkeit kann eine regelmäßige Erneuerung der Unterschrift unter einer Patientenverfügung und damit die Bestätigung der Fortgeltung des verfügten Inhalts auch negative Folgen haben. Wird über viele Jahre hinweg pflichtbewusst so verfahren und tritt z.B. dann bei fortschreitender Demenz oder aufgrund eines Schlaganfalls Einwilligungsunfähigkeit ein, bleibt die (wirksame) Bestätigung aus und wird die Patientenverfügung erst Jahre später relevant, könnte erwogen werden, ob aus der Nichtbestätigung der Patientenverfügung nicht der Umkehrschluss gezogen werden muss, dass sich der Patient von dem Inhalt distanziert hat.¹²

Formulierungsbeispiel: „Ich wünsche nicht, dass in der akuten Situation eine Änderung oder die Aufgabe meines nachfolgend beurkundeten Willens z.B. wegen Fehlens einer aktuellen Bestätigung meines Willens unterstellt wird, solange keine konkreten Anhaltspunkte für eine Änderung meines Willens vorliegen.

D. Hinterlegung

Die Patientenverfügung ist als solche nicht hinterlegungsfähig. Anderes gilt, wenn sie im Rahmen einer Vorsorgevollmacht oder Betreuungsverfügung erklärt und mit diesen Verfügungen verbunden wird. Eine Registrierung der Vorsorgevollmachten ist im **Zentralen Vorsorgeregister der Bundesnotarkammer** möglich. Die Bundesnotarkammer führt dieses Register im gesetzlichen Auftrag (§§ 78a ff. BNotO) und unter der Aufsicht des Bundesministeriums der Justiz. Die Anmeldung kann über das Internet erfolgen (www.vorsorgeregister.de). Die Patientenverfügung muss im „Bedarfsfall" zur Hand sein: Aus diesem Grunde sollte sowohl der behandelnde **Hausarzt**, der oder die Bevollmächtigten oder der Betreuer in Gesundheitsangelegenheiten eine Abschrift erhalten. Der Hausarzt ist zur Aufbewahrung jedoch nicht verpflichtet.

11

---

8 BGH NJW 2003, 1588.
9 Vgl. *Milzer*, NJW 2004, 2277.
10 Vgl. *Renner*, BNotBZ 2003, 248; *Milzer*, NJW 2004, 2277.
11 BGH NJW 2003, 1588; vgl. *Hahne*, die eine Wiederholung oder Bekräftigung in zeitlichen Abständen nicht für erforderlich, aber auch nicht für schädlich hält, FamRZ 2003, 1620.
12 Vgl. *Milzer*, NJW 2004, 2278.

> **Praxishinweis:**
> Der Verfügende sollte eine „Hinweiskarte" bei sich führen, auf der die Namen, Anschriften und Telefonnummern oder E-Mail-Adressen der Personen vermerkt sind, die eine Abschrift der Patientenverfügung in Besitz haben. Ebenso empfiehlt sich ein Hinweis auf die Existenz der Patientenverfügung.

E. Widerruf

12 Patientenverfügungen sind **frei widerruflich**. Der Widerruf ist ebenso wie die Errichtung **formfrei** möglich. Es ist ausreichend, wenn der Widerruf in irgendeiner Form artikuliert wird. So genügt ein körpersprachliches Zeichen wie z.B. Kopfnicken oder Augenzwinkern. Ob für die Wirksamkeit des Widerrufs ebenso wie bei der Errichtung der Patientenverfügung die Urteils – und Einsichtsfähigkeit des Patienten zum Zeitpunkt der Widerrufserklärung Voraussetzung ist oder bereits ein konkludenter Widerruf auch eines einwilligungsunfähigen Patienten Geltung erhalten soll, ist streitig.[13] Es bleibt abzuwarten, welche gesetzliche Lösung in diesem Zusammenhang gefunden wird.

F. Inhalt

13 In einer Patientenverfügung kann der Verfügende u.a. erklären, welche Form der Sterbehilfe er für sich als Patient bzw. welche Form der medizinischen und pflegerischen Versorgung er in einer bestimmten Situation wünscht.

> **Praxishinweis:**
> Für diesen Bereich ist regelmäßig der vom Mandanten verfolgte Beweggrund in einer Patientenverfügung zu erklären, wobei auch Erklärungen über den Wunsch einer medizinischen Weiterbehandlung denkbar sind.[14]

Die Wirksamkeit des Inhalts einer Patientenverfügung hängt zunächst u.a. davon ab, dass keine unzulässigen Wünsche geäußert werden. Es stellt sich daher die Frage, was im Bereich der Sterbehilfe in Deutschland erlaubt und was verboten ist.[15] Grundsätzlich gilt, dass rechtlich erlaubt ist, was dem Willen des Patienten entspricht. Die Grenze bilden die Straftatbestände der §§ 211 ff. StGB (Fremdtötungsverbot, Verbot der aktiven Tötung auf Verlangen) sowie die Strafbarkeit wegen vorsätzlicher unterlassener Hilfeleistung (§ 323c StGB). In dem zuletzt genannten Fall ist zu beachten, dass der Wille des Patienten (**Behandlungsverweigerung**) ein tatbestandsmäßiges Unterlassen der Hilfeleistung rechtfertigen kann.

I. Formen passiver Sterbehilfe und ihre Zulässigkeit

14 Es gibt zwei Formen passiver Sterbehilfe,

(1.) Sterbebegleitung in Form von Beistand, humaner Umgebung, einfühlsamer Betreuung, Seelsorge, Palliativmedizin, Trost.

---

13 Vgl. für die Entbehrlichkeit der Einwilligungsfähigkeit *Kutzer*, BtPrax 2005, 51; a.A. *Hahne*, FamRZ 2003, 1619, 1620.
14 Vgl. *Bauer/Klie*, Patientenverfügung/Vorsorgevollmachten – richtig beraten, S. 58.
15 *Putz/Steldinger*, Patientenrechte am Ende des Lebens, S. 203 f.

(2.) Sterben Zulassen, d.h. Unterlassen oder Beenden von lebens- und im Einzelfall leidensverlängernden Maßnahmen (z.B. Beatmung, Sondenernährung, Flüssigkeitszufuhr, Antibiose, künstliche Niere).

Hat der **Sterbevorgang bereits eingesetzt**, so handelt es sich bei der passiven Sterbehilfe um eine „Hilfe beim Sterben".[16] In diesem Fall ist eine lebensverlängernde Behandlung mit den Mitteln der Intensivmedizin nicht mehr indiziert.[17] Der Arzt kann in Übereinstimmung mit dem Patienten von einer lebensverlängernden oder lebenserhaltenden Behandlung absehen und sein Handeln auf die Sterbebegleitung, die die Grundlage der ärztlichen Hilfeleistungspflicht gegenüber Sterbenden bildet, reduzieren. In diesem Zusammenhang ist darauf hinzuweisen, dass der Vorgang des Abschaltens z.B. einer Beatmungsmaschine oder das Einstellen der Zuführung künstlicher Ernährung oder die Entfernung einer PEG – Sonde als Unterlassen und damit als eine Form der **passiven Sterbehilfe** zu qualifizieren ist, auch wenn der Arzt dazu aktiv werden muss. Die „Hilfe beim Sterben" ist zulässig, da es an einer medizinischen Indikation fehlt. Hat der Sterbevorgang dagegen noch nicht eingesetzt und hält der Arzt eine lebenserhaltende Maßnahme für indiziert, so darf diese nur mit Willen des Patienten unterlassen oder abgebrochen werden.[18] Hier entfaltet sich das aktuell in der politischen Diskussion stehende Problem der Reichweite einer Patientenverfügung (s. hierzu unten Rn. 23).

Für den Fall, dass der **Sterbevorgang noch nicht eingesetzt** hat, der Patient jedoch nach ärztlicher Erkenntnis aller Voraussicht nach in absehbarer Zeit sterben wird (infauste Prognose), kann eine Änderung des Therapieziels indiziert sein, wenn lebenserhaltende Maßnahmen das Leiden nur verlängern würden, und die Änderung des Therapieziels dem Willen des Patienten entspricht.[19]

II. Formen aktiver Sterbehilfe und ihre Zulässigkeit:

1. Indirekte (aktive) Sterbehilfe

Indirekte (aktive) Sterbehilfe bedeutet, dass eine intensive Schmerzbehandlung (palliativmedizinische Behandlung) notwendig bzw. indiziert ist und es durch die Behandlung gleichzeitig zu einer Lebensverkürzung kommt, wobei diese Vorverlegung des Todeszeitpunktes als ungewollte, gegebenenfalls unvermeidbare Nebenwirkung vom Arzt billigend in Kauf genommen wird. Z.B. können Krebserkrankungen mit sehr schweren Schmerzzuständen einhergehen, so dass eine intensive palliative Behandlung notwendig ist, welche aber auch mit hoher Wahrscheinlichkeit zu einer Lebensverkürzung führt. Diese indirekte (**aktive**) **Sterbehilfe** ist generell zulässig. Wobei zur Begründung und den Voraussetzungen (Intensität der Schmerzen, Zeitraum der Lebensverkürzung etc.) verschiedene Ansichten vertreten werden.[20]

15

---

16 *Lipp*, FamRZ 2004, 319.
17 *Lipp*, FamRZ 2004, 319.
18 *Lipp*, FamRZ 2004, 319.
19 Grundsätze der Bundesärztekammer zur ärztlichen Sterbebegleitung, Deutsches Ärzteblatt 2004, A 1298.
20 Vgl. *Dodegge/Roth*, Betreuungsrecht, D Rn. 17; *Tröndle/Fischer*, Strafgesetzbuch, Vor §§ 211 bis 216 Rn. 18.

2. Aktive, direkte Sterbehilfe

16 Aktive, direkte Sterbehilfe bedeutet, dass die Tötung direkt gewollt ist z.B. durch Vergabe einer „Todesspritze". Diese Art der Sterbehilfe ist uneingeschränkt strafbar (§ 216 StGB).

3. Beihilfe zur Selbsttötung

17 Beihilfe zur Selbsttötung liegt dann vor, wenn bewusst und gewollt bei der Selbsttötung Hilfe geleistet wird, ohne dass die letzte Handlung selbst ausgeführt wird. Die Beihilfe zur Selbsttötung ist rechtlich erlaubt, da die Selbsttötung bereits straflos ist.[21] Den Ärzten ist die Beihilfe zur Selbsttötung jedoch aus standesrechtlichen Gründen untersagt.

III. Formulierung bezüglich Patientenverfügung

1. Möglichkeiten und Grenzen

18 Abstrakt gesprochen sollte in einer Patientenverfügung genau beschrieben werden, in welcher Situation der Verfügende welche Maßnahmen der medizinischen oder pflegerischen Behandlung wünscht (z.B. palliativmedizinische Begleitung, Flüssigkeitszufuhr nach ärztlichem Ermessen) und was er in diesen Situationen nicht wünscht (z.B. Antibiotikavergabe zu kurativmedizinischem Zweck, künstliche Beatmung, künstliche Ernährung).

> **Praxishinweis:**
> Bei der Formulierung ist u.a. darauf zu achten, dass keine aktive Sterbehilfe verlangt wird und eine Entscheidung über die indirekte Sterbehilfe zum Ausdruck kommt. Der Inhalt muss für Ärzte, Pflegepersonal, Bevollmächtigte und Betreuer gleichermaßen verständlich sein und von diesen akzeptiert werden können. Die Patientenverfügung kann zur Übersichtlichkeit einerseits Verfügungen für die Sterbephase und andererseits für den Eintritt bestimmter Gesundheits- bzw. Krankheitszustände (z.B. bei schweren Verletzungen, dauernder Bewusstlosigkeit, unaufhaltbarer Erkrankung) vor Eintritt der Sterbephase getroffen werden.

Die **Grenze der Verfügungsmöglichkeit** liegt darin, dass nicht alle denkbaren Situationen in einer Patientenverfügung erfasst werden können, insbesondere dann nicht, wenn bei dem Verfügenden keine konkrete Erkrankung mit absehbarem Verlauf vorliegt wie z.B. bei der ALS-Erkrankung. Es kann daher die Beschreibung nur auf bestimmte im Einzelfall weitgreifende Krankheitszustände begrenzt werden (z.B. apallisches Syndrom, locked-in Syndrom oder andere Formen der Bewusstlosigkeit, fortgeschrittener geistiger Verfall, erkennbare Aufgabe des Lebenswillens wie z.B. Nahrungsverweigerung). Zur Konkretisierung sollten die, für den Verfasser nicht akzeptierbaren Einbußen an Lebensqualität, die Folge der beschriebenen Zustände sein können (z.B. Wegfall der Kommunikationsfähigkeit, Ausfall der Umweltbezogenheit etc.) beschrieben werden. Im Ernstfall wird es dann zu der Frage kommen, ob die beschriebenen Situationen die zur Entscheidung stehende Situation erfassen, und welcher subjektive Gehalt der Patientenverfügung zugesprochen werden kann.

---

21 Vgl. *Tröndle/Fischer*, Strafgesetzbuch, Vor §§ 211 bis 216 Rn. 10.

> **Praxishinweis:**
> Im Rahmen der Beratung sollte dem Mandanten angesichts der Problematik, dass nicht jede möglicherweise eintretende Situation von einer Patientenverfügung erfasst werden kann, in jedem Fall empfohlen werden, auch gegenüber Angehörigen oder nahe stehenden Personen oder einem bereits eingesetzten ambulanten Dienst bzw. dem behandelnden Hausarzt, die eigenen Wertvorstellungen wie z.B. die Ablehnung schwerer Pflegebedürftigkeit, die Einschätzung der persönlichen Unabhängigkeit als unverzichtbares Gut sowie die selbstständige Nahrungsaufnahme als wichtiger Bestandteil des Lebens zu schildern. In diesem Zusammenhang ist auch die Ablehnung künstlicher Ernährung oder die persönliche Bedeutung körperlicher oder geistiger Aktivitäten und Kommunikation als zentraler Lebensinhalt etc. sowie letztlich die eigene Leidensfähigkeit und Leidensakzeptanz bzw. der eigene Meinungsbildungsprozess im Hinblick auf die Patientenverfügung zu vermitteln und zum Ausdruck zu bringen.

2. Problem: Formulare

Im Zusammenhang mit den unzähligen sich im Umlauf befindenden Formularen ist zu Recht Kritik laut geworden. Unklare, widersprüchliche und lückenhafte Formulierungen bieten unüberschaubaren Interpretationsmöglichkeiten Raum und verbieten nicht selten eine praktische Verwertbarkeit dieser **vorformulierten Patientenverfügungen**. So sei hier nur beispielhaft die Verfügung genannt, dass bei irreversibler Bewusstlosigkeit der Einsatz lebenserhaltender Maßnahmen abgelehnt werde. Unklar bleibt bei dieser Verfügung, welche Art dieses Krankheitsbildes der Verfasser gemeint hat.[22]

G. Erklärung zur Organspende und Obduktion

I. Wille zur/gegen Organspende

Eine Erklärung über die Bereitschaft zur **Organspende** bzw. die Verweigerung der Organspende sollte ausdrücklich in eine Patientenverfügung aufgenommen werden. Dies hat seinen Grund in der derzeitigen Gesetzeslage. Nach dieser können bei Hirntoten Organe entnommen werden, wenn und soweit die Toten dem zu Lebzeiten nicht schriftlich widersprochen haben und ihre nächsten Angehörigen der Organentnahme zustimmen, weil dies dem ihnen gegenüber früher einmal geäußerten Willen des Verstorbenen oder dessen mutmaßlichen Willen entspricht (vgl. §§ 3, 4 TPG). Sind Angehörige nicht erreichbar, ist die Organentnahme unzulässig. Den nächsten Angehörigen steht auch diejenige Person gleich, die dem Verstorbenen bis zu seinem Tod offenkundig in besonderer persönlicher Verbundenheit nahe gestanden hat und ist neben dem nächsten Angehörigen entscheidungsbefugt (vgl. § 4 Abs. 2 Satz 1 u. 6 TPG). Die Gesetzeslage „fordert" den Einzelnen demnach auf, sich mit der Frage der Organtransplantation auseinander zu setzen. Es wird in diesem Zusammenhang deutlich, welche Entlastung eine Patientenverfügung insbesondere für Angehörige, aber auch für Bevollmächtigte, Betreuer und Ärzte darstellt.

---

22 Zur Vertiefung der Thematik vgl. *Dodegge/Roth*, Betreuungsrecht, C Rn. 101.

II. Inhalt

21 In einer **Organspendeerklärung** kann der Erklärende folgende Organe und Gewebe nach seinem Tod zur Entnahme freigeben: Herz, Lunge, Leber, Nieren, Bauchspeicheldrüse, Darm und Teile der Haut (Organe) sowie Hornhaut der Augen, Gehörknöchelchen, Herzklappen und Teile der Blutgefäße, der Hirnhaut, des Knochengewebes, des Knorpelgewebes und der Sehnen (Gewebe). Die Erklärung über die Organspende kann einen Widerspruch, eine Einwilligung in die Organentnahme oder eine Einwilligung in die Entnahme einzelner genau bezeichneter Organe enthalten.

III. Organentnahme Zeitpunkt

22 Nach dem **Transplantationsgesetz** (TPG) von 1997 ist eine Organentnahme bei Toten nur dann erlaubt, wenn „der endgültige, nicht behebbare Ausfall der Gesamthirnfunktion des Großhirns, des Kleinhirns und des Hirnstamms (Hirntod) festgestellt ist". Im Fall des **Hirntods** werden die Organe weiterhin durchblutet, da der Kreislauf weiterhin funktionieren kann. Der Tod muss von zwei qualifizierten Ärzten unabhängig voneinander nach dem aktuellen Stand der Medizin festgestellt werden (§§ 3 Abs. 2 Nr. 2, 5 Abs. 1 Satz 1, Abs. 2 TPG). Dabei darf keiner der beiden Ärzte an der Organentnahme oder – transplantation beteiligt sein oder in einem abhängigen Weisungsverhältnis zu einem daran beteiligten Arzt stehen. Tot im Sinne des Transplantationsgesetzes ist ein Mensch, wenn der endgültige, nicht behebbare Stillstand von Herz und Kreislauf eingetreten ist (Herz – Kreislauf – Tod), seitdem mehr als drei Stunden vergangen sind und dies durch einen Arzt festgestellt wurde, der ebenfalls nicht an der Organentnahme oder -transplantation beteiligt und gegenüber den beteiligten Ärzten auch nicht weisungsgebunden sein darf (§ 5 Abs. 1 S. 2, Abs. 2 TPG). Der Eintritt des Hirntods vor dem Herz – Kreislauf – Tod ist jedoch die Ausnahme und führt daher zu dem gegenüber der Nachfrage bestehenden Mangel an transplantierbaren Organen.

H. Offene Fragen: Bindungswirkung, Reichweite

23 Das Recht der Sterbehilfe und insbesondere die Bedeutung der Patientenverfügung ist nicht zuletzt durch die unterschiedlich interpretierte Entscheidung des BGH vom 17.3.2003[23] Gegenstand kontroverser Diskussionen geworden.[24] Einigkeit besteht darüber, dass die Patientenverfügung gesetzlich geregelt werden soll, und so die durch die Entscheidung des BGH geschaffene Unsicherheit über die Reichweite von Patientenverfügungen und die Einschaltung des **Vormundschaftsgerichts** im Zusammenhang mit der Frage über den Abbruch lebenserhaltender, medizinisch indizierter Maßnahmen beseitigt werden soll.[25] Dabei wird allg. anerkannt, dass eine Patientenverfügung für Betreuer, Bevollmächtigte und Ärzte verbindlich sein sollte.[26] Umstritten ist, welche **Formerfordernisse** an eine **Patientenverfügung** zu stellen sind. Diskutiert wird u.a. ein zwingendes Schriftformerfordernis sowie der generelle Verzicht auf Formerfordernisse. Hinsichtlich der Reichweite möchte die Enquete-Kommission des Bundestages[27] eine Patientenverfügung, die verlangt, in bestimmten Situationen lebenserhaltende ärztliche Maßnahmen nicht einzuleiten oder zu beenden, rechtlich nur gelten

---

23 BGH NJW 2003, 1588.
24 Vgl. *Hahne*, FamRZ 2003, 1619 ff.
25 *Kutzer*, BtPrax 2005, 50.
26 Vgl. *Riedel*, BtPrax 2005, 45.
27 BT- Drucks. 15/3700.

zu lassen, wenn das Grundleiden irreversibel ist und trotz medizinischer Behandlung nach ärztlicher Erkenntnis zum Tod führen wird.[28] Folge einer gesetzlichen Regelung in diesem Sinne wäre, dass im Fall eines Demenzleidens oder eines Wachkomas Patientenwünsche keine Beachtung finden könnten. Der Gesetzesentwurf des Bundesjustizministeriums sieht keine Begrenzung der Reichweite einer Patientenverfügung auf den tödlichen Verlauf der Erkrankung vor, um gerade auch Dementen und Komapatienten eine zwangsweise Ernährung, Beatmung, Behandlung von Lungenentzündungen etc. gegen ihren Willen zu ersparen.[29] Die **Enquete-Kommission** beurteilt auch die Frage der Einschaltung des Vormundschaftsgerichts im Zusammenhang mit dem Abbruch lebenserhaltender Maßnahmen anders als das **Bundesjustizministerium**. So hält das Bundesjustizministerium die Einschaltung des Vormundschaftsgerichts dann für geboten, wenn zwischen gesetzlichem Vertreter des Patienten (Betreuer) und Arzt unterschiedliche Meinungen darüber bestehen, ob die Einleitung oder Fortsetzung der lebenserhaltenden Maßnahmen noch dem aktuellen Willen des Patienten entspricht. Der Gesundheitsbevollmächtigte soll dagegen von der Genehmigungspflicht völlig freigestellt sein. Dagegen verlangt die Enquete-Kommission nicht nur eine generelle Genehmigungspflicht sondern zusätzlich noch die Entscheidung eines vorgeschalteten Konsils.

---

28 Vgl. *Riedel* BtPrax 2005, 45; *Kutzer*, BtPrax 2005, 50, 51.
29 Vgl. ausführlich zum Meinungsstand *Kutzer*, BtPrax 2005, 50, 52 ff.

Klausur: Pflichtteilsrecht

Bearbeitungszeit für diese – mittelschwere – Klausur: 180 Minuten

Sachverhalt

Der Erblasser E ist am 3. Mai 2005 verstorben. Er war in zweiter Ehe verheiratet mit seiner Ehefrau F, mit der er im Güterstand der Gütertrennung lebte. Im Rahmen des Ehevertrages hatte F auch auf ihr Pflichtteilsrecht am dereinstigen Nachlass des E verzichtet.

In erster Ehe, die im Februar 2004 geschieden wurde, war E mit M verheiratet. M hatte anlässlich des Abschlusses eines Ehe- und Erbvertrages auf ihr gesetzliches Erbrecht nach E verzichtet. Aus der Ehe zwischen E und M sind drei ehegemeinschaftliche, leibliche Kinder hervorgegangen, nämlich X, Y und Z. Außerdem haben M und E im Jahr 2003 den im Jahr 2001 geborenen A adoptiert. Weitere Kinder hatte E nicht.

In seinem handschriftlichen Testament vom März 2005 hat E seine zweite Ehefrau F zur Alleinerbin eingesetzt. Zugunsten seiner geschiedenen Ehefrau M hat E ein Vermächtnis in Höhe von € 100.000,00 ausgesetzt. Seine Kinder hat E enterbt und nur dem Sohn Y ein Vermächtnis in Höhe von € 150.000,00 hinterlassen. Y hat dieses Vermächtnis bereits angenommen, F den entsprechenden Betrag unverzüglich ausgezahlt.

Der Nachlass des E setzt sich im Wesentlichen wie folgt zusammen:

Als E noch nicht mit F verheiratet war, hat er ihr ein Darlehen über € 200.000,00 gewährt, dass einen Tag nach seinem Tod zur Rückzahlung fällig geworden wäre. Dieses Darlehen wurde marktüblich verzinst. F hat die anfallenden Zinsen stets fristgerecht gezahlt. Des Weiteren verfügte E über Bar- bzw. Wertpapiervermögen in der Größenordnung von € 0,5 Mio. Hierin nicht enthalten ist ein Aktienpaket an der Kapital AG. Der Kurswert dieses Aktienpakets belief sich am 2. Mai 2005 auf € 200.000,00, am 3. Mai 2005 auf € 220.000,00 und am 4. Mai 2005 auf € 230.000,00 und heute wieder auf € 200.000,00. Auf einem gemeinsamen Bankkonto von E und F befand sich am Todestag ein Guthaben in Höhe von € 100.000,00. Dieses Bankkonto wurde von den Eheleuten zur Bestreitung des gemeinsamen Lebensunterhalts geführt; ob E oder F höhere Einzahlungen auf dieses Konto geleistet hatte, ist nicht bekannt. Im Rahmen einer im Übrigen vollentgeltlichen Immobilienübertragung im Jahr 2000 hat E sich einen Quotennießbrauch vorbehalten, der sich auf 50 % der Nettoerträge (nach Abzug von Bewirtschaftungs-, Instandhaltungskosten und ähnlichem) des Objekts bezieht. Die jährlichen Nettoerträge belaufen sich auf € 100.000,00. Im Zeitpunkt des Abschlusses des Kaufvertrages war E 51 Jahre alt. Schließlich verfügte E über Immobilienbesitz, der einen Verkehrswert in der Größenordnung von ca. € 3,0 Mio. aufweist. Einige der Immobilien waren bzw. sind jedoch fremdfinanziert. Die in diesem Zusammenhang bestehenden Verbindlichkeiten belaufen sich auf ca. € 2,8 Mio., von denen € 830.000,00 durch eine zur Sicherung an die kreditgewährende Bank abgetretene Lebensversicherung des E abgesichert sind. Weitere Schulden sind nicht vorhanden. Auch sonstiges Sachvermögen besaß E nicht, da er nach der Trennung von M unter Zurücklassung seiner gesamten Habe in die Wohnung der F gezogen war.

Zu seinen Lebzeiten hat E folgende Zuwendungen ausgeführt:

Y und Z schenkte E jeweils zum Bestehen des Abiturs (jeweils mehr als zehn Jahre vor dem Tod des E) eine ausgedehnte Fernreise. Da E sämtliche in diesem Zusammenhang anfallende Kosten übernahm, belief sich der Aufwand jeweils (inflationsbereinigt auf den Todestag) auf € 20.000,00.

Die Tochter X hat kurz nach ihrem 18. Geburtstag, also vor etwas mehr als 10 Jahren, die Schule abgebrochen, um einen Handwerksberuf zu erlernen. Da sich ihre Ausbildungsstelle in einiger Entfernung zum Wohnort befand, bezahlte ihr Vater (E) ihr ein Auto, dessen Eigentümerin X wurde und das erst wenige Wochen vor dem Tod des E einen Totalschaden erlitt. Bereinigt um die zwischenzeitlich eingetretene Geldentwertung repräsentierte dieses Fahrzeug eine Zuwendung im Wert von € 20.000,00. X hatte sich zunächst dagegen gesträubt, besser gestellt zu werden als ihre Brüder, die ihr erstes Auto jeweils selbst bezahlen mussten. E hatte sie dann aber beruhigt, indem er sagte, dieser Vorteil solle später, also nach seinem Tod, „glatt gezogen" werden.

Nach der Scheidung von M (dieser stand kein Anspruch auf nachehelichen Unterhalt zu) wollte E deren Lebensunterhalt und Versorgung absichern. Aus diesem Grund schenkte er ihr das bislang gemeinsam bewohnte Wohnhaus (Wert im Zeitpunkt der Schenkung: € 1 Mio.; Wert am Todestag € 800.000,00).

Auch F wurde von E beschenkt, und zwar im Jahr 2002. Sie erhielt einen Geldbetrag in Höhe von € 100.000,00 (bereinigt um die Geldentwertung: € 110.000,00), den sie zur Anschaffung eines Sportwagens und einiger Schmuckstücke verwendete (Zeitwert sämtlicher Anschaffungen am Todestag noch € 60.000,00).

Frage:

F hat die Erbschaft bereits angenommen, sie möchte nunmehr wissen, wer ihr gegenüber (noch) welche Ansprüche geltend machen kann und welche Beträge den einzelnen Anspruchsinhabern zustehen.

Hinweise für den Bearbeiter:

Verfassen Sie ein Schreiben an F, in dem sämtliche in Betracht kommenden Ansprüche korrekt dargestellt werden. F benötigt keine Aufklärung über Auskunfts- bzw. Wertermittlungsansprüche. Im Übrigen hat sie die Absicht, sämtliche berechtigten Forderungen so rasch als möglich zu erfüllen, um anschließend ihre Ruhe zu haben.

Lösung:

A. Vermächtnisansprüche

Da an der Wirksamkeit des handschriftlichen Testaments des E keine Zweifel bestehen, sind zunächst diejenigen Belastungen der F, die sich aus der letztwilligen Verfügung des E ergeben, zu betrachten. E hat in seinem Testament zwei Vermächtnisse i.S.d. §§ 2147 ff. BGB angeordnet, das eine zugunsten seiner ersten Ehefrau M, das andere zugunsten seines Sohnes Y. Letzteres wurde auch bereits angenommen und erfüllt, so dass weitergehende Belastungen der Alleinerbin F hieraus nicht zu erwarten sind.

Da das Testament keine weiteren Anordnungen enthält und F Alleinerbin ist, gilt sie als mit dem Vermächtnis zu Gunsten der M beschwert i.S.v. § 2147 BGB. F muss daher damit rechnen, auf Erfüllung des Vermächtnisses durch M in Anspruch genommen zu werden.

B. Ordentliche Pflichtteilsansprüche

I. Pflichtteilsrechtliche Legitimation

Pflichtteilsberechtigt sind gem. § 2303 Abs. 1 BGB grundsätzlich die Abkömmlinge des Erblassers, sofern sie durch Verfügung von Todes wegen von der Erbfolge ausgeschlossen sind. E hat seine Abkömmlinge testamentarisch enterbt (nur Y wurde ein Vermächtnis hinterlassen). Die leiblichen Abkömmlinge von E (X, Y und Z) gehören daher auf jeden Fall zum Kreis der pflichtteilsberechtigten Personen.

Dasselbe gilt für das adoptierte Kind A. Gem. § 1754 Abs. 1 BGB erlangt ein Kind, das durch ein Ehepaar angenommen wird, die rechtliche Stellung eines gemeinschaftlichen Kindes der Ehegatten. Da E und M A gemeinsam adoptiert haben, liegen diese Voraussetzungen im vorliegenden Fall vor. Hinsichtlich der pflichtteilsrechtlichen Legitimation von A würde jedoch auch nichts anderes gelten, wenn dieser durch E allein adoptiert worden wäre (§ 1754 Abs. 2 BGB). A ist in jedem Fall Kind des E i.S.d. § 2303 Abs. 1 Satz 1 BGB.

Nicht zum Kreis der pflichtteilsberechtigten Personen zählt die geschiedene Ehefrau des E, M. Denn gem. § 2303 Abs. 2 BGB ist nur der (aktuelle) Ehegatte prinzipiell pflichtteilsberechtigt, nicht jedoch der geschiedene Ehegatte, der ggf. sogar bereits vor rechtskräftiger Scheidung der Ehe gem. § 1933 BGB sein Erb- und Pflichtteilsrecht verloren hat.

Gem. § 2303 Abs. 1 Satz 1 BGB besteht der Pflichtteil in der Hälfte des Werts des gesetzlichen Erbteils. Der gesetzliche Erbteil von Abkömmlingen hängt gem. §§ 1924 Abs. 4, 1931 BGB bei einem verheirateten Erblasser von dessen Güterstand ab. Gem. § 1931 Abs. 1 Satz 1 BGB erbt der überlebende Ehegatte neben Erben der ersten Ordnung, also Abkömmlingen des Erblasser, zu 1/4. Eine Erbteilserhöhung gem. § 1931 Abs. 3 i.V.m. § 1371 BGB findet, wenn keine Zugewinngemeinschaft bestand, nicht statt. Somit kommt im Falle einer Gütertrennung lediglich noch eine Erbteilserhöhung gem. § 1931 Abs. 4 BGB in Betracht, wenn neben dem überlebenden Ehegatten nur höchstens zwei Kinder des Erblassers als gesetzliche Erben berufen sind.

Im vorliegenden Fall waren E und F in Gütertrennung verheiratet. Neben seiner Ehefrau hinterließ E vier Abkömmlinge. Mithin beläuft sich der gesetzliche Erbteil von F lediglich auf 1/4. Eine Erhöhung findet weder nach § 1371 BGB noch nach § 1931 Abs. 4 BGB statt. Die Kinder teilen sich daher eine gesetzliche Erbquote von insgesamt 3/4. Mithin steht jedem Kind ein gesetzlicher Erbteil in Höhe von 3/16 zu. Hieraus ergeben sich Pflichtteilsquoten i.S.v. § 2303 Abs. 1 Satz 1 BGB in Höhe von jeweils 3/32.

Der Umstand, dass F durch vertragliche Vereinbarungen mit E auf ihre Pflichtteilsansprüche verzichtet hatte, ändert an der Quotenberechnung nichts. Anders als der Erbverzicht gem. § 2346 Abs. 1 BGB hat der Pflichtteilsverzicht nicht die Konsequenz, dass der Verzichtende auch im Rahmen der Berechnung der Erb- und Pflichtteilsquoten nicht mitgezählt wird. Vielmehr entfällt lediglich ein zu seinen Gunsten eventuell bestehender Pflichtteilsanspruch.

Die anteilige Bestimmung der Pflichtteilsansprüche allein anhand der jeweiligen Erb- bzw. Pflichtteilsquoten versagt jedoch, wenn – wie hier – zur Berechnung des Pflichtteils Werte heranzuziehen sind, die effektiv im Nachlass gar nicht (mehr) enthalten sind. Dies ist namentlich dann der Fall, wenn über § 2316 Abs. 1 BGB die Vorschriften über die Ausgleichung (§§ 2050 ff. BGB) zur Anwendung gelangen. In diesen Fällen greift die h.M. auf die so genannte Werttheorie zurück, der zufolge so genannte Werterbteile und Wertpflichtteile individuell zu bestimmen sind (vgl. unten).

II. Bestimmung/Bewertung des Nachlasses

1. Realer Nachlass

Zum pflichtteilsrelevanten Nachlass gehören grundsätzlich sämtliche vererblichen Vermögenswerte, die mit dem Erbfall auf den Gesamtrechtsnachfolger übergehen. Hierzu zählen auch solche Rechtspositionen, die beispielsweise aufgrund einer erbrechtlichen Sonderrechtsnachfolge vererbt werden, bspw. Personengesellschaftsanteile. Nicht anzusetzen sind allerdings solche Nachlassbestandteile, die nur ideellen Wert haben.

Rechtsverhältnisse, die in Folge Konfusion (Vereinigung von Recht und Verbindlichkeit) oder Konsolidation (Vereinigung von Recht und dinglicher Belastung) mit dem Erbfall erlöschen, gelten für die Pflichtteilsberechnung als fortbestehend, da die Höhe des Pflichtteils nicht von der Zufälligkeit abhängen kann, wer gerade Erbe wird.

Vor diesem Hintergrund ist auch die Darlehensforderung des E gegenüber F in Höhe von € 200.000,00 trotz ihres Erlöschens durch Konfusion beim Aktivbestand des Nachlasses anzusetzen. Bewertungsmäßig ergeben sich hier keine Besonderheiten, da Geld bzw. auf Geld gerichtete Forderungen grundsätzlich mit ihrem Nennbetrag anzusetzen sind. Eine Abzinsung ist nicht erforderlich, da das Darlehen ohnehin einen Tag nach dem Tod des E fällig geworden wäre und mithin keinen geringeren Gegenwartswert aufweist.

Vor dem Hintergrund dieser Ausführungen ist das Bar- bzw. Wertpapiervermögen im Wert von € 0,5 Mio. ebenfalls mit diesem Wert, siehe Nennbetrag, bei den Nachlassaktiva anzusetzen. Hinsichtlich des gemeinschaftlichen Bankkontos von E und F ist der hälftige Guthabensbetrag (mithin € 50.000,00) anzusetzen. Denn bei gemeinschaftlichen Bankkonten bestimmt sich die Beteiligung der Ehegatten unabhängig davon, ob es sich um ein Und-Konto oder ein Oder-Konto handelte, diese Unterscheidung ist nur maßgebend dafür, welche Befugnisse jeder der Ehegatten im Außenverhältnis zur Bank besaß. Maßgeblich ist vielmehr das Innenverhältnis der Ehegatten. Insoweit wird grundsätzlich vermutet, dass beide je zu gleichen Teilen berechtigt sind. Von diesem Halbteilungsgrundsatz ist nur dann abzuweichen, wenn etwas anderes bestimmt wurde; dies ist aber <u>nicht</u> bereits deswegen anzunehmen, weil die auf das Konto geflossenen Mittel ganz oder überwiegend von einem der Kontoinhaber stammen. Auch die Gründe für die Errichtung des gemeinschaftlichen Kontos sind ohne Belang. Diese Grundsätze gelten auch bei Vorliegen einer Gütertrennung. Soweit ein Ehegatte auf das gemeinschaftliche Konto mehr einzahlt als der andere, kann hierin, wenn die Beiträge nicht zur gemeinsamen Wirtschaftsführung der Ehegatten dienen sollen, zwar eine (pflichtteilsergänzungsrelevante) ehebezogene Zuwendung zu sehen sein. Anhaltspunkte hierfür bietet der Sachverhalt jedoch nicht, so dass im Ergebnis von einer hälftigen Teilung auszugehen ist.

Zum Nachlass gehörende Wertpapiere (Aktien, Genussscheine etc.), zeichnen sich im Regelfall dadurch aus, dass Marktpreise bzw. Kurswerte ohne weiteres feststellbar sind. Diese sind auch der Bewertung zugrunde zu legen. Soweit die Anteile tatsächlich gehandelt werden und, wie hier, ein Kurswert festgestellt werden kann, ist dieser für die Bewertung maßgeblich. Im Hinblick auf das strenge Stichtagsprinzip gem. § 2311 Abs. 1 Satz 1 BGB kommt es entscheidend auf den Kurs am Todestag des Erblassers an. Starke Kursschwankungen am oder um den Stichtag sind grundsätzlich hinzunehmen. Eine hohe Volatilität stellt schließlich ein typisches Merkmal dieser Form der Kapitalanlage dar. Nur in wirklich extrem gelagerten Einzelfällen kann eine Ergebniskorrektur über § 242 BGB in Betracht kommen. Anzeichen hierfür sind im vorliegenden Fall jedoch nicht gegeben. Mithin ist auf den Kurs am Todestag abzustellen. Das Aktienpaket an der Kapital AG ist daher mit € 220.000,00 anzusetzen. Die Werte um den Stichtag bzw. der Wert am Tag des Beratungsgesprächs spielen keine Rolle.

Immobilien sind grundsätzlich mit dem jeweiligen Verkehrswert am Stichtag anzusetzen. Insoweit enthält der Sachverhalt eine Vorgabe, nämlich € 3,0 Mio.

Nicht im Rahmen des Nachlassverzeichnisses anzusetzen ist der von E im Rahmen einer Immobilientransaktion vorbehaltene Quotennießbrauch, da Nießbrauchsrechte grundsätzlich nicht vererblich sind, sondern vielmehr gem. § 1061 Satz 1 BGB mit dem Tod des Nießbrauchsberechtigten erlöschen. Soweit – wie hier – weitergehende vertragliche Vereinbarungen für den Fall des Todes des Berechtigten fehlen, kommt ein Ansatz im Rahmen der Pflichtteilsberechnung daher nicht in Betracht.

Lebensversicherungen sind in der Regel als Verträge zugunsten Dritter i.S.d. §§ 328 ff. BGB ausgestaltet. Soweit der Versicherungsnehmer gegenüber der Versicherung einen Bezugsberechtigten benannt hat, erwirbt dieser den Leistungsanspruch mit Eintritt des Versicherungsfalls unmittelbar in eigener Person. In diesen Fällen fällt der Leistungsanspruch nicht in den Nachlass, so dass auch ein Ansatz im Rahmen des § 2311 BGB nicht in Betracht kommt. Anders stellt sich die Situation jedoch dar, wenn – wie hier – die Lebensversicherung zur Absicherung von Krediten des Versicherungsnehmers/Erblassers dient. Der Anspruch auf die Versicherungsleistung wird in diesen Fällen an einen Gläubiger abgetreten, so dass sich dieser im Zeitpunkt des Todes des Versicherungsnehmers wegen der noch bestehenden Verbindlichkeiten durch die Einziehung der Versicherungssumme befriedigen kann. Der BGH geht in Fällen dieser Art davon aus, dass der Anspruch auf die Versicherungsleistung in der Höhe, in der diese der Absicherung von Verbindlichkeiten dient, zum Nachlass gehört. Ein etwa überschießender Teil wird entsprechend den allgemeinen Grundsätzen unmittelbar durch den Bezugsberechtigten erworben und fällt daher nicht in den Nachlass. Im vorliegenden Fall dient die vollständige Versicherungssumme der Absicherung von Kreditverbindlichkeiten. Mithin ist sie in voller Höhe, also mit € 830.000,00 bei dem Nachlass-Aktiva zu erfassen.

Als Nachlassverbindlichkeiten sind dementsprechend die im Zusammenhang mit dem Immobilienvermögen bestehenden Schulden in Höhe von € 2,8 Mio. anzusetzen. Eine Kürzung um den Betrag der kreditsichernden Lebensversicherung kann nicht erfolgen, soweit dieser auf der Aktivseite angesetzt wurde. Alternativ könnte auch in der Weise vorgegangen werden, dass die Kreditverbindlichkeiten in Höhe von € 2,8 Mio. zunächst um den Betrag der Lebensversicherung (€ 830.000,00) gekürzt werden und nur der nach Abzug der Versicherungssumme verbleibende Saldo, also € 2 Mio. auf der Passivseite angesetzt werden. In diesem Falle hätte ein Ansatz auf der Aktivseite zu unterbleiben. Klarer und daher zu bevorzugen ist aber der gesonderte Ausweis.

Riedel

Nicht als Nachlassverbindlichkeiten anzusetzen sind solche Verpflichtungen, die erst durch eine Verfügung des Erblassers von Todes wegen entstanden sind, also insbesondere dort angeordnete Vermächtnisse. Aus diesem Grunde sind auch im vorliegenden Fall weder das Vermächtnis zugunsten der M noch das Vermächtnis zugunsten von Y als Nachlassverbindlichkeiten anzusetzen. Dasselbe gilt auch für die im Raum stehenden Pflichtteilsansprüche.

Nicht abzugsfähig sind auch die auf F zukommenden Erbschaftsteuern, was seinen Grund insbesondere darin hat, dass diese nach dem deutschen Steuersystem keine Nachlasssteuern sind. Vielmehr handelt es sich bei der Erbschaftsteuer um eine so genannte Erbanfallsteuer, die dem jeweiligen Vermögensempfänger zur Last fällt.

Zu den Nachlassverbindlichkeiten, die im Rahmen der Pflichtteilsberechnung abgezogen werden können, zählen selbstverständlich auch die Beerdigungskosten sowie die Kosten der Errichtung eines angemessenen Grabdenkmals. Da der Sachverhalt hierzu keine weiteren Angaben enthält, bleiben diese Posten bei der nachfolgenden Betrachtung außer Ansatz.

Zusammenfassend lässt sich der reale Nachlass in Form einer Bilanz wie folgt darstellen:

Aktiva		Passiva	
Forderung gegen F	€ 200.000,00	Immobilienfinanzierung	€ 2.800.000,00
Bar- bzw. Wertpapiere	€ 500.000,00		
Bankkonto (1/2)	€ 50.000,00		
Aktienkapital AG	€ 220.000,00		
Immobilien	€ 3.000.000,00		
Lebensversicherung	€ 830.000,00		
Gesamt	€ 4.800.000,00		€ 2.800.000,00

Somit ergibt sich ein Nettonachlass im Wert von € 2.000.000,00.

2. Fiktiver Nachlass – lebzeitige Schenkungen

Der fiktive Nachlass umfasst diejenigen Vermögensgegenstände, die für Zwecke der Pflichtteilsberechnung bzw. der Ermittlung des Pflichtteilsergänzungsanspruches dem Nachlass hinzugerechnet werden müssen, weil der Erblasser lebzeitig über sie in pflichtteilsrelevanter Weise verfügt hatte. In diesen Bereich fallen insbesondere diejenigen Werte, deren lebzeitige Weggabe zu Pflichtteilsergänzungsansprüchen i.S.v. § 2325 Abs. 1 BGB führt. Im Rahmen der Bestimmung des fiktiven Nachlasses ist es auch jeweils erforderlich, den rechtlichen Charakter des lebzeitigen Vermögensabflusses zu bestimmen und zu entscheiden, ob im Einzelfall eine Schenkung oder sonstige ergänzungspflichtige Zuwendung des Erblassers vorlag. Im Einzelnen:

Seiner geschiedenen Ehefrau wendete E im zeitlichen Zusammenhang mit der Ehescheidung, also im Jahr 2004, das bislang gemeinsam von den Eheleuten bewohnte Wohnhaus zu. Da güterrechtliche Ansprüche (etwa gem. § 1371 BGB) wegen der für die Ehe geltenden Gütertrennung nicht bestanden und M auch keinerlei Ansprüche auf nachehelichen Unterhalt hatte, kann es sich bei dieser Zuwendung nur um eine Schenkung gem. § 516 Abs. 1 BGB handeln. Da der Schenkungsbegriff des § 2325 Abs. 1 BGB sich grundsätzlich mit dem des § 516 Abs. 1 BGB deckt, liegt hier also eine grundsätzlich pflichtteilsrelevante Zuwendung vor. Auch die 10-Jahresfrist des § 2325 Abs. 3 BGB ist noch nicht abgelaufen, so dass die Schenkung des Wohnhauses in die Berechnung von Pflichtteilsergänzungsansprüchen einzubeziehen ist.

Hinsichtlich der Bewertung gilt gem. § 2325 Abs. 2 Satz 2 das so genannte Niederstwertprinzip, da es sich bei dem Wohnhaus um eine nicht verbrauchbare Sache handelt. Für die Ermittlung des maßgeblichen Werts ist daher zunächst der Wert des Gegenstandes an zwei verschiedenen Stichtagen festzustellen, nämlich zum einen zum Zeitpunkt der Schenkung und zum anderen zum Zeitpunkt des Erbfalls. Beide Werte ergeben sich aus dem Sachverhalt mit € 1 Mio. bzw. € 800.000,00.

Der niedrigere dieser beiden Werte ist für die Berechnung des Ergänzungsanspruchs maßgebend. Grundsätzlich muss zwar der Wert zum Zeitpunkt der Schenkung anhand des Lebenshaltungskostenindexes auf den Zeitpunkt des Erbfalles hochindexiert werden; dieser Arbeitsschritt kann jedoch im vorliegenden Fall erspart werden, da der Wert am Todestag in jedem Fall geringer ist. Anzusetzen ist daher ein Betrag in Höhe von € 800.000,00.

Gegenstand der Schenkung an F im Jahr 2002 war ein Geldbetrag in Höhe von € 100.000,00 (inflationsbereinigt: € 110.000,00). Bei Geldbeträgen handelt es sich um verbrauchbare Sachen i.S.v. § 2325 Abs. 2 Satz 1 BGB. Insoweit geht der Begriff über die Definition nach § 92 BGB hinaus. Auf die tatsächliche Verwendung des zugewendeten Geldbetrages durch die Beschenkte, also F, kommt es nicht an, so dass der Umstand, dass mit Hilfe des geschenkten Geldes nicht verbrauchbare Sachen i.S.v. § 2325 Abs. 2 Satz 2 BGB angeschafft wurden (diese Einordnung gilt sowohl für das Kraftfahrzeug als auch für den Schmuck), mithin keine Rolle spielt. Etwas anderes könnte höchstens dann gelten, wenn E die Geldschenkung mit der ausdrücklichen Auflage verbunden hätte, das Geld in entsprechender Weise zu verwenden. In diesem Falle könnte unter Umständen eine mittelbare Sachschenkung angenommen werden. Zwingend ist aber selbst das nicht.

Da also im vorliegenden Fall § 2325 Abs. 2 Satz 1 BGB für die Bewertung des Geschenks Maß gibt, ist der ursprünglich geschenkte Geldbetrag um die zwischenzeitlich eingetretene Geldentwertung zu bereinigen, so dass sich ein Ansatz von € 110.000,00 ergibt.

Die Kinder Y und Z wurden jeweils anlässlich des Bestehens ihres Abiturs beschenkt, indem E Ihnen aufwendige Urlaubsreisen bezahlte. Dass es sich insoweit um Schenkungen i.S.v. § 2325 Abs. 1 BGB handelt, bedarf keiner weiteren Ausführungen. Ob für die Bewertung der Geschenke auf § 2325 Abs. 2 Satz 1 oder Satz 2 BGB zurückzugreifen ist, kann indes dahinstehen. Denn beide Zuwendungen liegen so lange zurück, dass zwischenzeitlich die Frist des § 2325 Abs. 3 BGB abgelaufen ist. Gem. dieser Vorschrift, bleiben solche Schenkungen unberücksichtigt, hinsichtlich derer im Zeitpunkt des Erbfalls seit der Leistung des Geschenks wenigstens 10 Jahre verstrichen sind. Diese Voraussetzung ist in beiden Fällen erfüllt. Vor diesem Hintergrund kann auch dahinstehen, ob es sich angesichts der Vermögensverhältnisse von E bei der Finanzierung der Reisen eventuell um Gelegenheits- oder Anstandsschenkungen i.S.v. § 534 BGB gehandelt haben könnte. Weitere Schenkungen hat E lt. Sachverhalt zu seinen Lebzeiten nicht ausgeführt.

3. Auszugleichende lebzeitige Zuwendungen

Über § 2316 BGB finden die Vorschriften über die Ausgleichung unter Abkömmlingen (§§ 2050 ff. BGB) Eingang in das Pflichtteilsrecht. Soweit im Rahmen der gesetzlichen Erbfolge ein Ausgleichungstatbestand i.S.v. § 2050 BGB zu berücksichtigen wäre, verlangt das Gesetz auch für die Ermittlung des Pflichtteilsanspruchs eine strikt an den Vorgaben der §§ 2050, 2056 BGB orientierte hypothetische Erbteilung, bei der alle relevanten Vorempfänge konsequent zu berücksichtigen sind. Während dabei im Rahmen der bloßen Erbteilung Anordnungen des Erblassers, dass bestimmte Zuwendungen entgegen der in § 2050 BGB formulierten Vermutung des Gesetzgebers nicht zur Ausgleichung gebracht werden sollen, durchaus beachtlich sind, gilt für die Pflichtteilsberechnung § 2316 Abs. 3 BGB. Hier wird klargestellt, dass derartige Anordnungen des Erblassers für die Pflichtteilsberechnung außer Betracht zu bleiben haben. Eine Verkürzung von Pflichtteilsansprüchen durch Anordnungen des Erblassers ist also ausgeschlossen.

An der Ausgleichung beteiligt sind grundsätzlich nur die quotengleichen Abkömmlinge des Erblassers; hierzu unten mehr.

Von den in § 2050 BGB genannten vier Arten von lebzeitigen Zuwendungen, die eine Ausgleichspflicht begründen können, kommen vorliegend zum einen die Ausstattung, zum anderen Aufwendungen für die Vorbildung zu einem Beruf in Betracht.

Der Begriff der Ausstattung ist in § 1624 BGB definiert. Als Ausstattung kommt jegliche Zuwendung in Betracht, die ein oder beide Elternteile aus Anlass der Existenzbegründung, zur Existenzförderung oder Existenzerhaltung eines Kindes in der Absicht vornehmen, die wirtschaftliche Selbständigkeit des Kindes zu begründen, zu fördern oder zu erhalten. Voraussetzung für das Vorliegen einer Ausstattung ist also, dass ein konkreter Ausstattungsanlass vorliegt und der zuwendende Elternteil mit seiner Leistung einen Ausstattungszweck verfolgt. Beide Voraussetzungen könnten vorliegend erfüllt sein. Der Start ins Berufsleben bzw. der Beginn der Ausbildung könnte einen ersten Schritt zur Existenzbegründung darstellen. E hatte auch sicherlich die Absicht, die wirtschaftliche Selbständigkeit seiner Tochter zu ermöglichen bzw. zu fördern. Mitunter wird jedoch in der Literatur unter Existenzbegründung nicht schon der erste, sondern vielmehr nur der letzte Schritt in die Selbständigkeit verstanden, also bspw. die Begründung eines eigenen Geschäfts oder ähnliches. Bei dieser engen Auslegung müsste das Vorliegen einer Ausstattung i.S.v. § 1624 BGB verneint werden. Diese Sichtweise ist jedoch sicherlich zu eng, da ohne die Förderung dieses ersten Schritts in die Selbständigkeit das eigentliche Ziel der elterlichen Aufgaben, nämlich die endgültige wirtschaftliche Selbständigkeit ihres Kindes nicht erreicht werden könnte.

Geht man davon aus, dass in der Zuwendung des Autos eine Ausstattung i.S.v. § 1624 Abs. 1 BGB zu sehen ist, so stellt sich die anschließende Frage, ob die Ausstattung angemessen war oder über das angemessene Maß hinausging. Angesichts der Vermögensverhältnisse des E und des Werts der Zuwendung, braucht von einer Übermaßausstattung (die nicht ausgleichungspflichtig wäre) nicht ausgegangen zu werden.

Nach h.M. ist die zwischen dem Zeitpunkt der Zuwendung (auch Ausstattung) und dem Erbfall eingetretene Geldentwertung auf jeden Fall zu korrigieren. Es ist also stets der inflationsbereinigte Wert in die Ausgleichungsberechnung einzustellen, hier also € 20.000,00.

Selbst wenn man der Auffassung sein sollte, dass die Voraussetzungen einer Ausstattung i.S.v. § 1624 BGB nicht vorlägen, so wäre eine Ausgleichung dennoch vorzunehmen, da E bei der Zuwendung die Ausgleichung angeordnet hatte (§ 2050 Abs. 3 BGB). Soweit die Ausgleichung aufgrund einer Anordnung des Erblassers durchgeführt werden soll, ist es erforderlich, dass der Erblasser diese Anordnung spätestens gleichzeitig mit der Ausführung der Zuwendung trifft. Dies ist vorliegend erfüllt, es kann auch kein ernstlicher Zweifel daran bestehen, dass E und X insoweit einig waren. Schließlich lag es X ausdrücklich am Herzen, nicht besser gestellt zu werden als ihre Brüder.

Bei den nachfolgenden Ausführungen wird davon ausgegangen, dass die Zuwendung des Autos bzw. die Übernahme der Anschaffungskosten als Ausstattung i.S.v. § 1624 BGB zu qualifizieren ist.

III. Pflichtteilsberechnung

1. ordentliche Pflichtteilsansprüche

Da – wie oben ausgeführt – die Finanzierung des Autos für die Tochter X eine Ausstattung i.S.v. § 1624 BGB und somit eine ausgleichungspflichtige Zuwendung nach § 2050 BGB darstellt, ist bei der Berechnung der ordentlichen Pflichtteilsansprüche § 2316 BGB zu beachten. Gemäß §§ 2050, 2316 BGB sind an Ausgleichungsvorgängen grundsätzlich nur die Abkömmlinge des Erblassers beteiligt. Andere Pflichtteilsberechtigte existieren im vorliegenden Fall aber ohnehin nicht. Im Übrigen kommt es lediglich darauf an, dass sämtliche, an der Ausgleichung zu beteiligenden Abkömmlinge im Zeitpunkt des Erbfalls gesetzliche Erben geworden wären. Auch diese Voraussetzung ist vorliegend erfüllt. Die Berechnung stellt sich daher wie folgt dar:

Im ersten Schritt wird der Ausgleichungsnachlass ermittelt, indem nach Maßgabe der §§ 2055 bis 2057a BGB dem auf die an der Ausgleichung beteiligten Pflichtteilsberechtigten (insgesamt) entfallenden Nachlass die zu berücksichtigenden ausgleichspflichtigen Zuwendungen hinzugerechnet werden. Anschließend wird die Ausgleichungserbquote unter Berücksichtigung aller an der Ausgleichung beteiligten Personen ermittelt. Der Ausgleichsverpflichtete muss sich dann seinen Vorempfang auf den ihm zustehenden Ausgleichungserbteil anrechnen lassen. Der Pflichtteil beträgt die Hälfte des so ermittelten Ausgleichungserbteils. Im Ergebnis kommt es auf diese Weise also zur Bestimmung des Wertpflichtteils (nicht Quotenpflichtteil). Übertragen auf den vorliegenden Fall, stellt sich die Berechnung wie folgt dar:

Nettowert des realen Nachlasses	€ 2.000.000,00
abzügl. gesetzlicher Erbteil der F (1/4)	€ 500.000,00
	€ 1.500.000,00
zzgl. Ausstattung	€ 20.000,00
Ausgleichungsnachlass	€ 1.520.000,00
Ausgleichungserbteile (je 1/4) =	€ 380.000,00

Nunmehr sind die einzelnen Pflichtteilsberechtigten getrennt voneinander zu betrachten:

Das Adoptivkind A hat von E keine lebzeitigen Zuwendungen erhalten; auch von Todes wegen wurde es nicht bedacht. Sein Pflichtteil besteht daher in der Hälfte seines gesetzlichen Erbteils, mithin € 190.000,00.

X hat einen ausgleichungspflichtigen Vorempfang in Höhe von € 20.000,00 erhalten. Dieser ist von dem quotenmäßig bestimmten Ausgleichungserbteil abzuziehen, so dass sich ein gesetzlicher Erbteil in Höhe von € 360.000,00 ergibt. Der ordentliche Pflichtteilsanspruch beträgt gem. § 2303 Abs. 1 Satz 2 BGB die Hälfte dieses gesetzlichen Erbteils, mithin € 180.000,00

Bei den Söhnen X und Y stellt sich die Pflichtteilsberechnung grundsätzlich ebenso dar wie bei dem Adoptivkind A mit der Folge, dass jeder der beiden Söhne grundsätzlich einen ordentlichen Pflichtteilsanspruch in Höhe von jeweils € 190.000,00 hat. Allerdings ist bei Y zu beachten, dass er von seinem Vater mit einem Vermächtnis in

Höhe von € 150.000,00 bedacht wurde und dieses Vermächtnis bereits angenommen hat. Gem. § 2307 Abs. 1 Satz 2 BGB kann Y daher den Pflichtteil nur insoweit verlangen, als dieser nicht durch den Wert des Vermächtnisses bereits gedeckt ist. Von seinem Pflichtteilsanspruch in Höhe von € 190.000,00 ist also der Vermächtnisbetrag in Höhe von € 150.000,00 abzuziehen, so dass noch ein Restpflichtteil i.S.v. § 2307 Abs. 1 Satz 2 BGB in Höhe von € 40.000,00 verbleibt.

Die ordentlichen Pflichtteilsansprüche bzw. Restpflichtteilsansprüche der Kinder belaufen sich daher auf insgesamt € 600.000,00.

2. Pflichtteilsergänzungsansprüche

Da Schuldner von Pflichtteilsergänzungsansprüchen nach § 2325 BGB grundsätzlich der Erbe ist (nur in Ausnahmefällen der Beschenkte, § 2329 BGB), sind auch die Pflichtteilsergänzungsansprüche für die Alleinerbin F relevant. Als Gläubiger von Pflichtteilsergänzungsansprüchen kommen grundsätzlich nur solche Personen in Betracht, die dem Kreis der Pflichtteilsberechtigten i.S.v. § 2303 BGB angehören. Allerdings ist insoweit nach der Rechtsprechung des BGH die Einschränkung zu machen, dass nur diejenigen Pflichtteilsberechtigten auch ergänzungsberechtigt sind, die bereits im Zeitpunkt der jeweiligen Schenkung zum Kreis der pflichtteilsberechtigten Personen zählten (so genannte Doppelberechtigung der Pflichtteilsergänzungsberechtigten). Demzufolge können Adoptivkinder Pflichtteilsergänzungsansprüche nur bezüglich solcher Schenkungen geltend machen, die nach ihrer Adoption erfolgt sind. Das gilt im Falle des A also nur für die Zuwendung des Wohnhauses an M, nicht aber für die vor seiner Adoption erfolgten Schenkungen an F. (Ungeachtet der in der Literatur teilweise zu Recht erhobenen Kritik an der höchstrichterlichen Rechtsprechung soll im Folgenden der h.M. gefolgt werden).

Bei der Berechnung von Pflichtteilsergänzungsansprüchen folgt der BGH entsprechend dem Wortlaut des Gesetzes der so genannten Subtraktionsmethode, auf deren Grundlage sich nachfolgendes Schema ergibt:

1. Bildung des Pflichtteilsergänzungsnachlasses = realer Nachlass + fiktiver Nachlass
2. Ermittlung des „Erbanteils"
3. Gesamtpflichtteil = 1/2 „Erbanteil"
4. Pflichtteilsergänzungsanspruch = Gesamtpflichtteil ./. ordentlicher Pflichtteil.

Übertragen auf den vorliegenden Fall stellen sich die Berechnungen wie folgt dar:

Bei A ist lediglich die Schenkung des Wohnhauses mit einem Wert von € 800.000,00 zu berücksichtigen. Die oben dargestellten ausgleichungspflichtigen Zuwendungen wurden im Rahmen der Ausgleichung vollständig berücksichtigt. Nach dem durch die Rechtsprechung entwickelten – und inhaltlich zutreffenden – Verbot der Doppelberücksichtigung sind diese Zuwendungen bei der Bestimmung der Pflichtteilsergänzungsansprüche nicht noch einmal zu berücksichtigen. Dies erfordert aber gleichzeitig, dass vom (ohne Addition der ausgleichungspflichtigen Zuwendungen berechneten) Gesamtpflichtteil nicht die oben errechneten (Wer-)Pflichtteile, sondern (nur) fiktive (Quoten-)Pflichtteile abgezogen werden. Es erfolgt eine getrennte Berechnung (für ordentlichen Ausgleichungs- bzw. Pflichtteilsergänzungsanspruch).

Andere Grundsätze gelten nur, wenn eine ausgleichungspflichtige Zuwendung nicht vollständig im Rahmen der Ausgleichung (z.B. wegen unzureichenden Nachlasses) berücksichtigt werden kann.[1]

Somit ergibt sich ein Pflichtteilsergänzungsnachlass in Höhe von (€ 2 Mio. + € 800.000,00 =) € 2.800.000,00. Auf dieser Grundlage ergibt sich ein fiktiver Quotenerbteil (3/16) in Höhe von € 525.000,00. Die Hälfte hiervon stellt den Gesamtpflichtteil dar, also € 262.500. Hiervon muss nach der Subtraktionsmethode der ordentliche Pflichtteilsanspruch (€ 2.000.000,00 x 3/16 x 1/2 = € 187.500,00) abgezogen werden, so dass ein Pflichtteilsergänzungsanspruch in Höhe von € 75.000,00 verbleibt.

Bei den Kindern aus erster Ehe sind bei der Bildung des Pflichtteilsergänzungsnachlasses auch die Zuwendungen an F zu berücksichtigen, da diese Abkömmlinge auch damals schon dem Kreis der pflichtteilsberechtigten Personen angehörten. Es ergibt sich somit ein Ergänzungsnachlass in Höhe von € 2.910.000,00. Dies entspricht bei einer Erbquote von 3/16 einem Erbanteil von jeweils € 545.625,00.

Die Hälfte hiervon stellt den Gesamtpflichtteil dar, mithin € 272.812,50. Hiervon wird der fiktive ordentliche Pflichtteil (€ 2.000.000,00 x 3/16 x 1/2 = € 187.500,00) abgezogen, so dass ein Pflichtteilsergänzungsanspruch in Höhe von € 85.312,50 verbleibt.

Da der Vorempfang im Rahmen der Ausgleichung gem. § 2316 BGB bereits in vollem Umfang berücksichtigt wurde, sind bei der Bestimmung des Pflichtteilsergänzungsanspruches keine weiteren Besonderheiten zu beachten.

Auch bei Y und Z ist grundsätzlich von einem Pflichtteilsergänzungsnachlass in Höhe von € 2.910.000,00 auszugehen. Allerdings ist für die beiden Söhne im Hinblick auf die Ihnen zuteil gewordenen Eigengeschenke (Fernreisen im Wert von jeweils € 20.000,00) die Vorschrift des § 2327 Abs. 1 BGB zu beachten. Da für Eigengeschenke in diesem Sinne die Zeitschranke des § 2325 Abs. 3 BGB nicht maßgeblich ist, sind für die Berechnung der Pflichtteilsergänzungsansprüche von Y und Z auch deren Eigengeschenke in den Ergänzungsnachlass einzubeziehen, der sich hierdurch auf insgesamt jeweils € 2.930.000,00 erhöht. Auf dieser Grundlage ergibt sich ein Erbanteil (3/16) in Höhe von € 549.375,00 und ein Gesamtpflichtteil in Höhe von € 274.687,50.

Da es auf den grundsätzlich bestehenden Meinungsstreit, ob der Restpflichtteil i.S.v. § 2307 BGB als ordentlicher Pflichtteil oder Pflichtteilsergänzungsanspruch anzusehen ist, hier nicht ankommt, weil Schuldner beider Ansprüche ohnehin die Alleinerbin F ist, kann im Falle des Y der Wert des Vermächtnisses unmittelbar vom Gesamtpflichtteil abgezogen werden, so dass sich – in Anbetracht der vorgegebenen Werte – hierdurch an der Höhe seines Pflichtteilsergänzungsanspruches nichts ändert. Denn bringt man vom Gesamtpflichtteil in Höhe von € 274.687,50 (€ 187.500, im Falle des Y zusätzlich vermindert um den Wert des Vermächtnisses = € 150.000,00) die jeweiligen fiktiven ordentlichen Pflichtteilsansprüche in Abzug, so verbleiben jeweils Pflichtteilsergänzungsansprüche in Höhe von € 87.187,50.

Hiervon sind gem. § 2327 Abs. 1 Satz 1 BGB die jeweiligen Eigengeschenke in Höhe von € 20.000,00 abzuziehen, so dass sowohl für Y als auch für Z jeweils ein Pflichtteilsergänzungsanspruch in Höhe von € 67.187,50 verbleibt.

Insgesamt ergeben sich also die F belastende Pflichtteilsergänzungsansprüche in Höhe von € 294.687,50.

---

[1] Im vorliegenden Fall führt aber auch die für die Ausnahmefälle vom BGH entwickelte Systematik zum selben Ergebnis wie die hier dargestellte getrennte Berechnungsweise.

Klausur: Testament und Testamentsgestaltung

Bearbeitungszeit für diese – einfache – Klausur: 180 Minuten

Sachverhalt:

Die Eheleute M und F sind im Güterstand der Zugewinngemeinschaft miteinander verheiratet.

Aus ihrer Ehe sind die Kinder S und T hervorgegangen. Die 15-jährige T ist geistig behindert. Sie wohnt noch bei ihren Eltern. Tagsüber besucht sie die Behindertenwerkstatt der Lebenshilfe.

S ist 8 Jahre alt und besucht die Grundschule.

M verstirbt am 01.05.2005 bei einem Verkehrsunfall auf der Rückfahrt von einer Geschäftsreise. Sein einziger Bruder B, der ihn begleitet hatte, überlebt schwer verletzt.

Die Eheleute M und F hatten kein gemeinschaftliches Testament errichtet.

F findet im Koffer des B einen Brief aus dem Dezember 2004 mit nachfolgendem Inhalt:

„ 24.12.2004
Lieber Bruder,
ich wünsche Dir eine gesegnete Weihnacht und einen guten Rutsch ins Neue Jahr.
Seit längerem bewegt mich die Frage, was aus meiner Familie wird, wenn ich einmal nicht mehr lebe.
Ich bin nach langem Überlegen zu dem Entschluss gekommen, dass mein Sohn S meinen gesamten Besitz bekommen soll. Ich möchte, dass Du Dich darum kümmerst, dass mein Vermögen zurückgelegt wird für seine Ausbildung. Bitte verwalte Du das Vermögen für S, bis er das 21. Lebensjahr vollendet hat.
F und T sollen so lange sie leben ein Wohnrecht in meinem Haus hier in Mannheim haben.
Für Deine Bemühungen sollst Du meinen Jaguar E-Type bekommen. Ich weiß, dass Du den Wagen schon immer gerne gefahren hast.
Dein Bruder."

T findet außerdem einen Umschlag, in dem sich ein mit „Mein letzter Wille" überschriebenes Papier befindet.

In diesem Schriftstück hat M alle seine bisherigen früheren Verfügungen in vollem Umfang aufgehoben und seine Ehefrau F zu seiner Alleinerbin eingesetzt.

Das Schriftstück datiert vom 01.01.2005, wurde von M handschriftlich geschrieben und unterschrieben.

Die Überschrift „Mein letzter Wille" ist mit der Schreibmaschine geschrieben.

Außerdem befindet sich auf dem Umschlag, in welchem sich das Schriftstück befand, der handschriftliche Vermerk des Erblassers: „nicht gültig, Mannheim, den 06.01.2005".

F sucht Rechtsanwalt Z auf und bittet um umfassende Beratung.

Lenz

Fragen:
1. *Wie gestaltet sich die Erbfolge nach M?*
2. *Wer vertritt S und T bei der Geltendmachung ihrer Rechte?*
3. *F möchte für den Fall ihres Todes ein Testament errichten. Sie bittet Rechtsanwalt Z um Hilfe.*

Hinweis für den Bearbeiter:
Entwerfen Sie ein geeignetes Testament.

Lösung:

A. Frage 1.

I. Alleinerbschaft des Bruders B infolge der Formulierungen im Brief vom 24.12.2004

Die Voraussetzungen der Errichtung eines eigenhändigen Testamentes regelt das BGB in § 2247.

Hiernach kann der Erblasser ein Testament durch eine eigenhändig geschriebene und unterschriebene Erklärung errichten. In der Erklärung soll angegeben werden, zu welcher Zeit und an welchem Ort sie niedergeschrieben wurde. Die Unterschrift soll den Vornamen und den Familiennamen des Erblassers enthalten. Sofern der Erblasser in anderer Weise unterschreibt, ist dies nur dann ausreichend, wenn die Unterzeichnung zur Feststellung der Urheberschaft des Erblassers und der Ernstlichkeit seiner Erklärung genügt.

Problem: Unterzeichnen mit „Dein Bruder" als ausreichende Unterschrift im Sinne des § 2247 Abs. 3 BGB?

Das Unterschriftserfordernis ist absolute Gültigkeitsvoraussetzung eines privatschriftlichen Testamentes. Grundsätzlich soll die Unterschrift den Vor- und Familiennamen des Erblassers enthalten.

Die Erklärung des Erblassers enthält weder Vor- noch Zunamen.

Dies ist unschädlich, sofern die Unterzeichnung, die der Erblasser gewählt hat, ausreicht, um seine Urheberschaft festzustellen. Weitere Voraussetzung ist, dass die Unterzeichnung auch zur Feststellung der Ernstlichkeit der Erklärung ausreicht.

Nach ständiger Rechtsprechung genügen als Unterschrift Namensabkürzungen, Pseudonyme, Künstler- und Kosenamen. Es reicht ebenfalls aus, wenn die Erklärung lediglich mit dem Vornamen unterzeichnet ist. Auch die Unterzeichnung mit der Familienstellung genügt, vgl. BGH NJW 1985, 1227, Jura 2004, 701. Voraussetzung ist jedoch, dass kein Zweifel über die Person des Unterzeichnenden besteht. Da der Erblasser außer seinem Bruder B keine weiteren Geschwister bzw. keinen weiteren Bruder hat, ist die Unterzeichnung eine gültige Unterschrift im Sinne des § 2247 Abs. 3 BGB.

Der Erblasser hat den Brief am 24.12.2004 geschrieben. Es nicht erkennbar, an welchem Ort die Erklärung niedergeschrieben wurde.

Gemäß § 2247 Abs. 2 BGB soll die Erklärung auch Angaben über Ort und Zeitpunkt der Errichtung enthalten. Auch insoweit handelt es sich also um eine „Soll-Vorschrift" mit der Folge, dass Erklärungen, die nicht erkennen lassen, wo sie errichtet wurden, als gültig anzusehen sind, wenn sich die notwendigen Feststellungen auch so treffen lassen, § 2247 Abs. 5 BGB.

Nach h.M. können unvollständige Angaben hinsichtlich des Ortes auch aus dem Testamentsinhalt sowie aus dessen Umschlag ergänzt werden, wobei auch auf allgemeine Erfahrungssätze und offenkundige Tatsachen zurückgegriffen werden darf, vgl. Weber im Praxiskommentar Erbrecht, § 2247 Rn. 48.

Aus dem Inhalt des Testamentes lässt sich erkennen, wo die Erklärung niedergeschrieben wurde. Die Formulierung „ein Wohnrecht in meinem Haus **hier** in Mannheim" lässt den Rückschluss darauf zu, dass der Erblasser den Brief in Mannheim geschrieben hat.

Die übrigen Formvorschriften sind erfüllt.

Problem: Errichtung eines Testamentes in Briefform

In der Erklärung des Erblassers muss zum Ausdruck kommen, damit ernstlich eine Verfügung von Todes wegen vorzunehmen, vgl. BayObLG NJW-RR 1989, 1092. Es muss erkennbar sein, dass das Schriftstück als letztwillige Verfügung gefertigt werden sollte. Sofern bei einem privatschriftlichen Testament nach Form, Urkundsmaterial oder Inhalt Zweifel an der Ernstlichkeit bestehen, so muss durch Auslegung ermittelt und deutlich werden, ob die Erklärung Testamentscharakter hat.

Nach der Rechtsprechung des BGH sind an die Feststellung, es handele sich bei einem Brief um eine Erklärung mit ernstlichem Testierwillen, strenge Anforderungen zu stellen, vgl. BGH FamRZ 2004, 736.

Im vorliegenden Fall lässt sich aus dem Brief deutlich die Sorge des Erblassers um seine Rechtsnachfolge im Todesfall erkennen. Es wird deutlich, dass diese Situation geregelt werden soll.

Der Erblasser hat klare Anweisungen getroffen, wie mit seinem Vermögen verfahren werden soll. Ein ernstlicher Testierwille besteht mithin.

Problem: Ist S Erbe geworden, obwohl er in dem Brief nicht als Erbe bezeichnet wurde?

Die Bezeichnung einer Person als Erbe ist gemäß § 2087 Abs. 1 BGB nicht zwingend erforderlich. Eine Verfügung ist als Erbeinsetzung anzusehen, wenn der Erblasser sein Vermögen oder einen Bruchteil seines Vermögens dem Bedachten zugewendet hat.

Hier spricht für die Alleinerbeneinsetzung des S, dass der Erblasser in seinem Brief von seinem „gesamten Besitz" spricht, den S erhalten soll.

Gegen die Einsetzung des B als Erben spricht, dass ihm nur ein einzelner Gegenstand aus dem Vermögen des Erblassers zugewendet wurde. Ist dies der Fall, so ist gemäß § 2087 Abs. 2 BGB im Zweifel nicht anzunehmen, dass die bedachte Person Erbe werden soll.

Im Wege der Auslegung kann sich jedoch Gegenteiliges ermitteln. Auch die Zuwendung von Einzelgegenständen kann eine Erbeinsetzung darstellen, sofern die Einzelgegenstände den Wert des verbleibenden Nachlassvermögens erreichen oder übersteigen, vgl. OLG Düsseldorf, ZEV 1995, 411 ff, OLG Celle, Beschluss vom 31.07.2002, Az. 6 W 96/02 nv.

Lenz

Hier ist davon auszugehen, dass der Wert des in den Nachlass fallenden Grundstückes den Wert des Jaguar E-Type übersteigt.

II. Alleinerbschaft der F durch Schriftstück vom 01.01.2005

Widerruf des Testamentes vom 24.12.2004 durch das Schriftstück vom 01.01.2005 mit der Folge, dass F Alleinerbin des Erblassers wurde?

Gemäß § 2254 BGB erfolgt der Widerruf eines Testamentes durch Testament.

Fraglich ist, ob es sich bei dem Schriftstück vom 01.01.2005 um ein formgültiges Testament handelt.

Das Testament wurde von M handschriftlich errichtet, mit Ort und Datum versehen und unterschrieben.

Es enthält jedoch die maschinell erstellte Überschrift „Mein letzter Wille".

Problem: Verstoß gegen das Gebot der „Eigenhändigkeit"

Ergibt der eigenhändig geschriebene Teil eines Testamentes einen abgeschlossenen Sinn, wird er als selbständige Verfügung betrachtet. Folglich kann die maschinell erstellte Überschrift „Mein letzter Wille" nicht zur Nichtigkeit des im Übrigen formfehlerfrei errichteten Testamentes führen, vgl. BayOLG 1. Zivilsenat, Beschluss vom 09.05.2005, Az.: 1 ZPR 112/04.

Ein formgültiges Testament liegt somit vor.

Problem: Widerruf durch den handschriftlich aufgebrachten Entwertungsvermerk auf dem Umschlag.

Hierbei könnte es sich um eine Veränderung der Testamentsurkunde im Sinne des § 2255 BGB handeln.

Unter der Veränderung einer letztwilligen Verfügung versteht man den Eingriff in die Schrift eines Testamentes, ohne die Urkunde insgesamt zu zerstören, vgl. Tanck/Bonefeld/Deininger, Praxiskommentar Erbrecht, § 2255, Rn. 4.

Hier hat der Erblasser keinen Eingriff in die Testamentsurkunde selbst vorgenommen. Er hat lediglich auf dem Umschlag des Testamentes den Entwertungsvermerk „nicht gültig" angebracht.

Ein Entwertungsvermerk, der lediglich auf dem Testamentsumschlag angebracht ist, genügt für einen Widerruf nicht, vgl. BayObLGZ 1963, 31.

Der Erblasser hat den Entwertungsvermerk zwar handschriftlich erstellt und auch Zeitpunkt und Ort der Errichtung vermerkt; er hat den Zusatz jedoch nicht unterschrieben.

Die Formvoraussetzungen des § 2254 BGB sind mithin nicht erfüllt. Hiernach hätten die Formvorschriften des § 2247 BGB eingehalten werden müssen.

Ergebnis: F wurde Alleinerbin des M

B. Frage 2.

Die Folge der Alleinerbeneinsetzung der F ist die Enterbung der Kinder S und T.

S und T können daher Pflichtteilsansprüche gemäß §§ 2303 ff BGB geltend machen.

Fraglich ist, ob zur Geltendmachung dieser Ansprüche ein Ergänzungspfleger gemäß §§ 1909 BGB zu bestellen ist, da der alleinige gesetzliche Vertreter der Kinder, die Mutter M, Alleinerbin geworden ist.

Als alleinige gesetzliche Vertreterin kann die Mutter die Pflichtteilsansprüche ihrer Kinder erfüllen. Die Zahlung des Pflichtteiles stellt die Erfüllung einer Verbindlichkeit dar mit der Folge, dass § 181 BGB nicht entgegensteht, vgl. Damrau in „Der Minderjährige im Erbrecht", Rn. 53.

Die Mutter ist allerdings nicht vertretungsbefugt, soweit ein Pflichtteilsanspruch von einem der Kinder gerichtlich geltend gemacht wird. In-sich-Prozesse sind grundsätzlich nicht statthaft.

Es ist also nicht von Vornherein vom Familiengericht ein Pfleger zu bestellen, wenn minderjährige Kinder von einem Elternteil enterbt wurden.

Grundsätzlich bleibt die Entscheidung darüber, ob der Pflichtteilsanspruch sichergestellt oder erfüllt werden soll, dem gesetzlichen Vertreter überlassen. Bei dieser Entscheidung des gesetzlichen Vertreters handelt es sich weder um ein Rechtsgeschäft im Sinne des § 181 BGB noch um eine Klage. Die §§ 1629 Abs. 2, 1795 Abs. 2, 181 BGB greifen nicht ein. Ein Ergänzungspfleger wird nicht benötigt.

Das Familiengericht wird vom Nachlassgericht informiert, § 74 a FGG, sofern ein Pflichtteilsanspruch besteht, dessen Wert € 15.000,00 übersteigt.

Auch in diesen Fällen ist nicht unbedingt ein Ergänzungspfleger zur Geltendmachung des Pflichtteilsanspruches zu bestellen. Insoweit verbleibt die Entscheidungsbefugnis beim alleinvertretungsberechtigten Elternteil. In diesen Fällen wird das Familiengericht vom allein erbenden Elternteil jedoch die Vorlage eines Vermögensverzeichnisses nach § 1640 BGB verlangen.

Voraussetzung für die Pflegerbestellung ist, dass dem alleinvertretungsberechtigten Elternteil auf Grundlage der §§ 1629 Abs. 2, Satz 3, 1696 BGB die Vertretungsmacht entzogen wird. Die Entziehung der Vertretungsmacht in Bezug auf den Pflichtteil sollte jedoch nach dem Wortlaut des § 1796 BGB nur dann erfolgen, wenn ein erheblicher Interessensgegensatz besteht. Dies ist bspw. dann der Fall, wenn ein Pflichtteilsanspruch in nicht unerheblicher Größe zur Debatte steht, vgl. hierzu Damrau, a.a.O., Rn. 60 ff.

C. Frage 3.[1]

1. Anschreiben an Mandantin zur Erläuterung

Sehr geehrte Frau F,

in der Anlage überlasse ich Ihnen den von mir gefertigten Testamentsentwurf, den ich wie folgt erläutere:

Das Testament orientiert sich am Muster des klassischen Behindertentestamentes, nach welchem das behinderte Kind zum Erben mit einer Erbquote eingesetzt wird,

---

[1] Zum Thema Behindertentestament vgl. ZEV 2005, S. 377 ff, I. Nazari, D. Golpayegani/Dr. Michael Burger „Aktuelle Gestaltungsempfehlungen zum Behindertentestament"; Mayer/Bonefeld/Wälzholz/Weidlich, „Handbuch Testamentsvollstreckung", S. 316 ff.

die wegen der Regelungen in § 2306 BGB zwischen der gesetzlichen und der Pflichtteilsquote liegen muss.

Es muss hiernach vermieden werden, dass die Anordnungen zur Vor- und Nacherbschaft sowie zur Testamentsvollstreckung infolge zu geringer Erbeinsetzung als nicht angeordnet werden. Die Einsetzung des behinderten Kindes zum Erben muss für das Kind einen Vorteil darstellen, um so den Anreiz einer Ausschlagung der Erbschaft zur Geltendmachung des Pflichtteiles zu verringern. Dies kann durch eine Einsetzung über dem Pflichtteil erreicht werden.

Der Pflichtteil beträgt die Hälfte des gesetzlichen Erbteiles. Würde nach Ihrem Tod die gesetzliche Erbfolge eintreten, würde Ihre Tochter Miterbin zu ½ Ihre Pflichtteilsquote beträgt daher 1/4 T wurde als Miterbin zu 1/3 eingesetzt, so dass ihre Erbeinsetzung über dem Pflichtteil liegt.

T wurde zur nicht befreiten Vorerbin eingesetzt, um den Nachlass vor der Verwertung durch Eigengläubiger (ev. Sozialhilfeträger) zu schützen, § 2115 BGB, 723 ZPO. Die Einsetzung eines Erben zum Vorerben bietet nur eingeschränkten Vollstreckungsschutz, das Eigengläubiger auf die Nachlasserträge, wie etwa Mieten aus der im Nachlass befindlichen Immobilie, zugreifen könnten.

Daher ist zusätzlich die Anordnung einer Dauertestamentsvollstreckung erforderlich. So wird verhindert, dass während der Dauer der Testamentsvollstreckung auf die der Verwaltung des Testamentsvollstreckers unterliegenden Nachlassgegenstände von außen zugegriffen werden kann.

Mit dem Tod des Erben endet die Testamentsvollstreckung und gleichzeitig auch das Zugriffsverbot.

Durch die Verwaltungsanordnung gemäß § 2216 II BGB an den Testamentsvollstrecker wird gewährleistet, dass die Nachlasserträge Ihre Tochter in einer Form zufließen, durch die sie gegenüber anderen Sozialleistungsberechtigten eine Besserstellung erfährt. Es wird den Interessen und Wünschen Ihrer Tochter Sorge getragen.

Durch die Anordnung der Vor- und Nacherbschaft erreichen Sie außerdem den Erhalt des Vermögens in Ihrer Familie. Ihr Sohn, ersatzweise dessen Abkömmlinge sind zu Nacherben eingesetzt. Nach dem Tod Ihrer Tochter fällt der Vermögensstamm an ihn. Er wird als Nacherbe auch Ihr Erbe, das heißt er erwirbt die Erbschaft nicht von seiner Schwester, sondern direkt von Ihnen. Durch die Anordnung der Vor- und Nacherbfolge ist es möglich, mehrere Personen in zeitlicher Reihenfolge nacheinander zu Erben einzusetzen.

Durch die Anordnung der Nacherbentestamentsvollstreckung wird vermieden, dass für minderjährige oder noch unbekannte Erben (z.B. ungeborene Abkömmlinge) vom Gericht ein Pfleger bestellt wird.

Bitte beachten Sie, dass das Testament von Ihnen handschriftlich, unter Angabe von Ort und Zeitpunkt der Errichtung, niederzulegen ist.

Mit freundlichen Grüßen

Rechtsanwalt

2. Testamentsentwurf

Testament

Ich, S, wohnhaft ..., errichte nachfolgendes Testament:

I. Testierfreiheit

Ich bin an der Errichtung dieses Testamentes nicht durch ein bindend gewordenes gemeinschaftliches Testament oder einen Erbvertrag gehindert. Sämtliche früheren Verfügungen von Todes wegen widerrufe ich hiermit in vollem Umfang.

II. Erbeinsetzung

Zu meinen Erben bestimme ich

meinen Sohn S zu 2/3

meine Tochter T zu 1/3.

T setze ich jedoch nur als Vorerbin ein. Von den Beschränkungen der §§ 2113 ff BGB ist sie mit Ausnahme der Beschränkungen des § 2119 BGB nicht befreit. Eine Zustimmung des Nacherben zu einer Erbauseinandersetzung ist nicht erforderlich. Einen Ersatzvorerben bestimme ich nicht, es gilt insoweit § 2102 Abs. 1 BGB.

Zum Nacherben meiner Tochter bestimme ich deren Bruder S, ersatzweise dessen Abkömmlinge nach den Regeln der gesetzlichen Erbfolge.

Der Nacherbfall tritt mit dem Tod des Vorerben ein.

Das Nacherbenanwartschaftsrecht ist weder vererblich noch übertragbar.

Zur Wahrnehmung der Rechte und Pflichten der Nacherben entsprechend den gesetzlichen Vorschriften ordne ich Nacherbentestamentsvollstreckung im Sinne des § 2222 BGB an.

Zum Nacherbentestamentsvollstrecker bestimme ich meinen Schwager B.

Sein Amt endet mit dem Eintritt des Nacherbfalles. Sofern einer der Nacherben beim Eintritt des Nacherbfalles minderjährig ist, wandelt sich die Nacherbentestamentsvollstreckung bezüglich dieses Nacherben in eine Verwaltungstestamentsvollstreckung um. Die Verwaltungstestamentsvollstreckung endet, sobald der jeweilige Nacherbe das 21. Lebensjahr vollendet hat.

Der Nacherbentestamentsvollstrecker erhält eine Vergütung in Höhe von € 100,00 pro Stunde.

III. Testamentsvollstreckung

Meine Tochter T ist geistig behindert. Infolge ihrer Behinderung wird sie nicht in der Lage sein, ihre Angelegenheiten selbst zu erledigen. Es wird ihr nicht möglich sein, die ihr durch die Erbeinsetzung zufallenden Vermögenswerte selbst zu verwalten.

Daher ordne ich hinsichtlich des ihr zufallenden Erbteiles Dauertestamentsvollstreckung im Sinne des § 2209 BGB an.

Der Testamentsvollstrecker hat den Erbteil meiner Tochter T zu verwalten. Er ist zur Verwaltung des Nachlasses in Gemeinschaft mit den anderen Miterben berechtigt und hierzu auch verpflichtet.

Nach Auseinandersetzung des Nachlasses setzt sich die Testamentsvollstreckung an den Vermögenswerten fort, die T bei der Teilung zugewiesen wurden.

Lenz

Ich weise den Testamentsvollstrecker gemäß § 2216 Abs. 2 BGB verbindlich an, die meiner Tochter T gebührenden anteiligen jährlichen Reinerträgnisse des Nachlasses in einer Form zuzuwenden, die geeignet ist ihre Lebensqualität zu verbessern. Über die Art und Höhe der Zuwendungen entscheidet der Testamentsvollstrecker nach freiem Ermessen.

Der Testamentsvollstrecker hat insbesondere folgende Zuwendungen zu erbringen, wobei auf die Bedürfnisse und Wünsche meiner Tochter Rücksicht zu nehmen ist:
- Geschenke zu Ostern, Weihnachten und zum Geburtstag;
- Zuschüsse zur Finanzierung von Urlauben, einschließlich erforderlich werdender Sach- und Materialkosten. Auch die Kosten einer Begleitperson, die für die Betreuung benötigt wird, sind zu begleichen;
- Aufwendungen für Besuche bei Verwandten und Freunden;
- Aufwendungen für ärztliche Behandlungen, Heilbehandlungen anderer Art, Therapien, Kuren und Medikamente, soweit diese von der Krankenkasse nicht oder nicht vollständig übernommen werden, wie etwa Aufwendungen für Zahnersatz, Brillen u.ä.;
- Anschaffung von Hilfsmitteln und Ausstattungsgegenständen, die von der Krankenkasse nicht oder nicht vollständig bezahlt werden;
- Aufwendungen für zusätzliche Betreuung bei Urlauben, Spaziergängen, Ausflügen, Freizeitaktivitäten, wie etwa Kino- oder Theaterbesuche;
- Aufwendungen für besondere Anschaffung des persönlichen Bedarfs, z.B. Zimmereinrichtung etc.;
- Zuwendung zur Befriedigung von individuellen Bedürfnissen geistiger und künstlerischer Art sowie zur Befriedigung der persönlichen Bedürfnisse meiner Tochter T, insbesondere in Bezug auf ihre Freizeitgestaltung. T soll Zuwendungen zur Ausübung ihrer Hobbys erhalten. Auf ihre körperlichen und geistigen Fähigkeiten ist Rücksicht zu nehmen.

Verwendet der Testamentsvollstrecker die jährlichen Reinerträge nicht in voller Höhe für die oben bezeichneten Zwecke, so hat er sie gewinnbringend anzulegen.

Für größere Anschaffungen hat der Testamentsvollstrecker entsprechende Rücklagen zu bilden, die dann zweckentsprechend zu verwenden sind.

Im Übrigen gelten die gesetzlichen Bestimmungen für die Dauer der Testamentsvollstreckung.

Zum Testamentsvollstrecker bestimme ich meinen Schwager B, ersatzweise soll das Nachlassgericht einen geeigneten Testamentsvollstrecker bestimmen.

Der Testamentsvollstrecker erhält eine Vergütung nach der Möhring'schen Tabelle.

IV. Familienrechtliche Anordnungen

Sollte nach meinem Tod einer meiner Abkömmlinge ohne gesetzlichen Vertreter sein, so bestimme ich als Vormund meine Schwester A. A kennt meine Kinder seit deren Geburt. Es besteht ein intensives Vertrauensverhältnis der Kinder zu meiner Schwester, das durch regelmäßigen Kontakt gepflegt wird.

Ort und Datum der Errichtung, Unterschrift der Testierenden

Klausur: Einstweiliger Rechtsschutz

Bearbeitungszeit für diese – mittelschwere – Klausur: 90 Minuten

Sachverhalt:

Ein in Zugewinngemeinschaft lebendes Ehepaar setzt sich in zwei Einzeltestamenten gegenseitig zu Alleinerben des gesamten Vermögens ein. Der einzige Abkömmling, die Tochter T, soll nur den Pflichtteil erhalten. Die in München lebende Mutter M verstirbt zuerst (am 01.06.2005), so dass Vater V Alleinerbe wird und einen Erbschein erhielt.

Im Nachlass befinden sich Siemens-Aktien mit den Nr. 1234-5678XYZ 0815/4711 (Wert: 150.000,00 €). Diese Wertpapiere befinden sich nicht bei der Bank, sondern werden im hauseigenen Safe gelagert. Des weiteren hat die Mutter 10.000,00 € als Bargeld im Safe hinterlassen. Nachlassverbindlichkeiten sind bereits zuvor ausgeglichen, so dass es sich um den Restnachlass handelt.

Die Tochter T hat ihren Vater mehrfach erfolglos aufgefordert, ihr auf jeden Fall den Pflichtteil auszubezahlen. Durch Zufall erfuhr T, dass ihr Vater eine neue junge Freundin aus Thailand hat und plant, seinen Wohnsitz nunmehr ebenfalls an den Wohnort seiner Urlaubsbekanntschaft in Phuket zu verlagern. Zudem erklärte V gegenüber den Nachbarn, er gebe nichts von dem Erbe ab, da er in Thailand mit seiner großen neuen Liebe neu anfangen und ein Hotel dort errichten möchte. Ihr Vater ist zur Zeit noch wohnhaft in der Arabellastr. 123 in München.

Des weiteren hat er dem Nachbarn, Herrn Müller, der als Zeuge zur Verfügung stehen würde, anvertraut, dass das Testament von seiner Ehefrau nur unterschrieben, aber nicht selbst von ihr gefertigt sei, da sie doch todkrank war. Aus diesem Grunde war er ihr bei der Abfassung des Testamentes behilflich.

Nachdem die Tochter ihn mit der Fälschung des Testamentes konfrontiert und zur Herausgabe der Gegenstände an die Erbengemeinschaft aufgefordert hatte, erklärte V nur kurz sein Vorhaben mit Thailand und dass sie nichts von ihm bekommen würde, da sie eine undankbare Tochter sei. Sein Flug nach Thailand ging schon übermorgen vom Flughafen München los. Dann sei er endlich auch bei seiner großen Liebe und könne mit ihr ein neues Leben anfangen. Es sei ein Abschied für immer.

Die Tochter T bittet Sie um anwaltliche Hilfe.

Fragen:

1. Welche Ansprüche stehen T zur Seite?
2. Welche Möglichkeiten bestehen zur gerichtlichen Sicherung bzw. Durchsetzung ihrer Ansprüche?

Hinweis für den Bearbeiter:

Aus Zeitgründen soll nicht auf eine etwaige Erbunwürdigkeit oder die Auseinandersetzung einer Erbengemeinschaft eingegangen werden.

Lösung:

Selbstverständlich kann der nachfolgende Lösungsvorschlag nur ein Leitfaden sein. Im Rahmen einer Klausur sind auf jeden Fall die Einzelheiten mehr auszuformulieren.

A. Frage 1:

Zunächst ist fraglich, welche Ansprüche die Tochter T gegen ihren Vater V haben könnte.

Sofern die Tochter T durch eine Zeugenaussage des Nachbarn Herrn Müller beweisen kann, dass das Testament nicht von der Mutter M stammt, wäre kein rechtsgültiges Testament vorhanden.

Nach § 2247 Abs. 1 BGB muss ein handschriftliches Testament vollständig eigenhändig gefertigt werden.

Problematisch wird es, wenn die Zeugenaussage aufgrund ihres Inhaltes allein das Gericht nicht überzeugt.

Im Rahmen der Beweiswürdigung hinsichtlich der Urkunde ist dann zudem § 416 ZPO zu beachten. Danach begründen Privaturkunden, sofern sie vom Aussteller unterschrieben sind, vollen Beweis dafür, dass die in ihnen enthaltenen Erklärungen von den Ausstellern abgegeben sind. Privaturkunden sind alle nichtöffentlichen Urkunden, also auch Testamente (Zöller/Geimer, § 416 ZPO Rn. 1).

Hier ist jedoch das Testament von der Mutter unterschrieben worden. Dies bedeutet, dass wenn – aufgrund guter Fälschung - selbst ein Schriftsachverständiger nicht ausschließen kann, dass der Haupttext von der Mutter M stammt, dann quasi die Echtheit der gesamten Urkunde unterstellt wird. Steht aber nur die Eigenhändigkeit der Unterschrift fest, ist dies nach herrschender Auffassung (vgl. Palandt/Edenhofer, § 2247 Rn. 20) lediglich ein Indiz, aber kein Beweis für die Eigenhändigkeit des gesamten Testamentes, da die §§ 416, 440 Abs. 2 ZPO eben nur eine Vermutung für die erfolgte Echtheit der über der Unterschrift stehenden Erklärung aufstellen. Dies gilt jedoch nicht hinsichtlich der Formgültigkeit!

Sofern das Schriftbild des Testamentsinhaltes von dem der Unterschrift auffällig abweicht, liegt im übrigen ein sonstiger äußerer Mangel vor. Dann entscheidet nach § 419 ZPO das Gericht nach freier Überzeugung über die Beweiskraft der Urkunde.

Kann die Tochter beweisen, dass das Testament unwirksam errichtet worden ist, dann steht ihr ein Anspruch gegenüber dem Vater auf Herausgabe aller Nachlassgegenstände aus § 2018 BGB zu. Der Vater maßt sich hier nämlich eine Alleinerbenstellung an, die ihm rechtlich nicht zusteht. Da die durch die gesetzliche Erbfolge entstandene Erbengemeinschaft zwischen Vater V und Tochter T noch nicht auseinandergesetzt ist, kann Tochter T wegen § 2039 Satz 2 BGB die Hinterlegung des Nachlassvermögens verlangen. Ist das Nachlassvermögen nicht für eine Hinterlegung geeignet, kann sie beantragen, dass an einen gerichtlich zu bestellenden Verwahrer abgeliefert wird. Da im Nachlass nur Aktien und Bargeld ist, ist jedoch eine Hinterlegung möglich.

Sofern die Tochter nicht die Unwirksamkeit des errichteten Testamentes beweisen kann, hat sie nach § 2303 BGB zumindest einen Anspruch auf ihren Pflichtteil als Abkömmling der Mutter M in Höhe von einem Viertel, mithin 40.000,00 €.

B. Frage 2:

Um die Ansprüche der Tochter T zu sichern, bietet sich der einstweilige Rechtsschutz an. In erster Linie kann wegen des Hauptanspruchs (T ist Miterbin) ein Antrag auf Erlass einer einstweiligen Verfügung gestellt werden. In zweiter Linie hilfsweise für den Anspruch auf den Pflichtteil ein Arrestgesuch.

Eine Antragsschrift könnte wie folgt aussehen:

An das
Landgericht München
Zivilkammer

Antrag auf Erlass einer einstweiligen Verfügung hilfsweise Arrestgesuch

der Frau T

– Antragstellerin –

Verfahrensbevollmächtigter RA …

gegen Herrn V, Arabellastr. 123, München

– Antragsgegner –

wegen Herausgabe

Namens und in beigefügter Vollmacht der Antragstellerin beantrage ich – wegen Dringlichkeit ohne mündliche Verhandlung – den Erlass folgender **einstweiliger Verfügung:**

1. Der Antragsgegner hat die Siemens-Aktien mit den Nr. 1234-5678XYZ 0815/4711 sowie einen Betrag von 10.000,00 € zum Zwecke der Hinterlegung an den Gerichtsvollzieher herauszugeben.
2. Zur Vollstreckung der Herausgabe wird die Durchsuchung der Wohnung des Antragsgegners in der Arabellastr. 123, München gestattet.

Hilfsweise wird zudem der Erlass des folgenden **Arrestbefehls** beantragt:

1. Wegen einer Pflichtteilsforderung nach der am 01.06.2005 verstorbenen Frau M der Antragstellerin in Höhe von 40.000,00 € gegen den Antragsgegner und einer Kostenpauschale von 5.000,00 € wird der persönliche Sicherheitsarrest des Antragsgegners angeordnet.
2. Es wird die Haft gegen den Antragsgegner Haft in Vollziehung des persönlichen Arrests verhängt.
3. Der Antragsgegner kann die Vollziehung des Arrestbefehls durch Hinterlegung eines Geldbetrages in Höhe von 45.000,00 € oder durch Stellung einer selbstschuldnerischen, unbeschränkten, unwiderruflichen und unbefristeten Bürgschaft eines im Inland zum Geschäftsbetrieb befugten Kreditinstituts in Höhe von 45.000,00 € hemmen.

Begründung:

I. Verfügungsanspruch der Antragstellerin

Die Antragstellerin T ist der einzige Abkömmling der am 01.06.2005 in München verstorbenen Frau M. Der Antragsgegner V ist der Vater der Antragstellerin und Ehemann der M, mit dem sie im Güterstand der Zugewinngemeinschaft lebte. Die Erblasserin hat eine Verfügung von Todes wegen hinterlassen, die den Antragsgegner zum Alleinerben bestimmt. Der Antragsgegner erhielt unter Vorlage dieses handschriftlichen Testamentes daraufhin einen Alleinerbschein.

Glaubhaftmachung: 1.) beigefügte Abschrift des Erbscheins des AG München
2.) Beiziehung der Nachlassakten des AG München Az. ...
3.) eidesstattliche Versicherung der Antragstellerin vom ...

Das von der Erblasserin hinterlassene Testament ist unwirksam, denn es ist nicht vollständig von der Erblasserin selbst errichtet, sondern lediglich von ihr unterzeichnet. Tatsächlich hat das Testament der Antragsgegner verfasst und die Erblasserin lediglich unterzeichnen lassen. Dies hat der Antragsgegner gegenüber dem Nachbarn Herrn Müller auch zugegeben.

Glaubhaftmachung: 1.) eidesstattliche Versicherung der Antragstellerin
2.) eidesstattliche Versicherung des Herrn Müller vom ...

Nach alledem liegt kein wirksames Testament der Erblasserin gem. § 2247 Abs. 1 BGB vor. Weitere letztwillige Verfügungen hat sie nicht hinterlassen, so dass gesetzliche Erbfolge eingetreten ist.

Glaubhaftmachung: 1.) Beiziehung der Nachlassakten des AG München Az. ...
2.) eidesstattliche Versicherung der Antragstellerin

Die Antragstellerin ist aufgrund der gesetzlichen Erbfolge mithin Erbin zu ½ geworden.

Der Antragsgegner hat sich somit aufgrund des von ihm beantragten Erbschein, der ihm zum Alleinerben ausweist, eine Alleinerbenstellung angemaßt. Daher kann die Antragstellerin als Miterbin nach § 2018 BGB die Herausgabe der aus dem Nachlass erlangten Gegenstände verlangen. Da bis dato noch keine Auseinandersetzung der Erbengemeinschaft erfolgt ist, kann sie nach § 2039 Satz 2 BGB die Hinterlegung dieser o.g. Gegenstände an alle Erben verlangen.

Nach Kenntnis der Antragstellerin ist noch folgender Nachlass vorhanden:
– Siemens-Aktien mit den Nr. 1234-5678XYZ 0815/4711 im Werte von 150.000,00 €
– sowie Bargeld in Höhe von 10.000,00 €

II. Verfügungsgrund

Der Antragsgegner ist mit dem Sachverhalt durch die Antragstellerin konfrontiert worden. Der Antragsgegner erklärte zudem, dass T nichts erhalten werde und er ohnehin nach Thailand auswandern werde, um sich dort mit seiner neuen Freundin in Phuket ein Hotel zu kaufen und neu anzufangen.

Glaubhaftmachung: 1.) eidesstattliche Versicherung der Antragstellerin
2.) eidesstattliche Versicherung des Herrn Müller

Des weiteren erklärte der Antragsgegner, dass sein Abreise nach Thailand bereits übermorgen stattfinden würde und es ein Abschied für immer sei.

Glaubhaftmachung: 1.) eidesstattliche Versicherung der Antragstellerin
2.) eidesstattliche Versicherung des Herrn Müller

Aus alledem wird deutlich, dass der Herausgabeanspruch der Antragstellerin erheblich gefährdet ist und ein weiteres Abwarten bis zur Entscheidung in der Hauptsache nicht zumutbar ist.

Bonefeld

Vorsorglich erfolgt ein Durchsuchungsantrag nach Maßgabe des § 758 Abs. 1 ZPO.

Zum Hilfsantrag:

III. Arrestanspruch der Antragstellerin

Sofern das Gericht von der Wirksamkeit der letztwilligen Verfügung der Erblasserin ausgeht, wird hilfsweise der Pflichtteilsanspruch geltend gemacht.

Gem. § 2303 BGB steht ihr als einziger Abkömmling der Erblasserin eine Pflichtteilsquote von 1/4 zu. Der bereinigte Nachlass beträgt 160.000,00 € so dass sich ein Betrag von 40.000,00 € ergibt.

Dieser Betrag ist von der Antragstellerin gegenüber dem Antragsgegner geltend gemacht worden. Dieser weigerte sich jedoch, überhaupt eine Zahlung vorzunehmen.

Glaubhaftmachung: eidesstattliche Versicherung der Antragstellerin

IV. Arrestgrund

Wegen des Vorliegens eines Arrestgrundes wird auf die obigen Ausführungen zum Verfügungsgrund unter II. verwiesen und darauf vollinhaltlich Bezug genommen.

Etwaige eigene Vermögenswerte des Antragsgegners sind der Antragstellerin unbekannt.

Glaubhaftmachung: eidesstattliche Versicherung der Antragstellerin

Rechtsanwalt

Des weiteren stellt sich die Frage, ob irgendwelche Maßnahmen gegen den Erbschein vorgenommen werden können, der den Antragsgegner als Alleinerben ausweist.

Hier bietet sich folgende Anregung auf **Einziehung des Erbscheins** (der in der Praxis jedoch als Antrag erfolgt) und zum **Erlass einer Einstweiligen Anordnung nach § 24 Abs. 3 FGG analog** an:

An das Amtsgericht München
– Abteilung für Nachlasssachen –

Az. ...

In der Nachlasssache der am 01.06.2005 verstorbenen Frau M, zuletzt wohnhaft Arabellastr. 123, in München stelle ich namens und in beigefügter Vollmacht der Beteiligten Frau T folgenden

Antrag auf Einziehung des Erbscheins und Erlass einer einstweiligen Anordnung

Begründung:

Die Antragstellerin T ist der einzige Abkömmling der am 01.06.2005 in München verstorbenen Frau M. Der Antragsgegner V ist der Vater der Antragstellerin und Ehemann der M, mit dem sie im Güterstand der Zugewinngemeinschaft lebte. Die Erblasserin hat eine Verfügung von Todes wegen hinterlassen, die den Antragsgegner zum Alleinerben bestimmt. Der Antragsgegner erhielt unter Vorlage dieses handschriftlichen Testamentes daraufhin einen Alleinerbschein am ...

Der Erbschein ist jedoch einzuziehen, weil das vorgelegte Testament nicht formwirksam errichtet ist. Das von der Erblasserin hinterlassene Testament ist unwirksam, denn es ist nicht vollständig von der Erblasserin selbst errichtet, sondern lediglich von ihr unterzeichnet. Tatsächlich hat das Testament der Antragsgegner verfasst und die Erblasserin lediglich unterzeichnen lassen. Dies hat der Antragsgegner gegenüber dem Nachbarn Herrn Müller auch zugegeben.

Beweis: 1.) Anhörung der Antragstellerin
2.) Anhörung des Nachbarn des Herrn Müller, (Adresse)

Bereits aus dem abweichenden Schriftbild des Testamentsinhalts zur Unterschrift wird deutlich, dass hier zwei unterschiedliche Personen das Testament gefertigt haben.

Beweis: Einholung eines Schriftsachverständigengutachtens

Demzufolge ist das Testament nicht gem. § 2247 Abs. 1 BGB errichtet worden. Weitere letztwillige Verfügungen hat sie nicht hinterlassen, so dass gesetzliche Erbfolge eingetreten ist.

Ferner wird beantragt, im Wege einer **einstweiligen Anordnung** die einstweilige Rückgabe des Erbscheins zu den Akten gem. § 24 Abs. 3 FGG analog zu verfügen. Bis über die Erbscheinseinziehung durch das Nachlassgericht entschieden ist, ist eine derartige einstweilige Maßnahme zulässig.

Rechtsanwalt

Klausur: Internationales Privatrecht

Bearbeitungszeit für diese – anspruchsvolle – Klausur: 180 Minuten[1]

Sachverhalt Grundfall:

Frau Isabelle Gaston und ihr Ehemann, Fabius Gaston, leben seit ihrer Eheschließung im Jahre 1997 in Freiburg/Breisgau, wo beide berufstätig sind. Der Ehemann ist französischer Staatsangehöriger; die Ehefrau hat von ihrem Vater die deutsche, von ihrer Mutter die französische Staatsangehörigkeit erworben. Die Eheleute haben nun gemeinsam ein Wohnhaus angeschafft. Dieses stellt gegenwärtig ihr wesentliches Vermögen dar. Die Eheleute haben einen gemeinsamen, 2001 geborenen Sohn. Fabius hat noch zwei in Marseille lebende Töchter aus erster Ehe. Die Eheleute leben in vertragsloser Ehe. Sie wollen nun einen Erbvertrag errichten, damit der Längstlebende von ihnen die Immobilie ungestört weiter nutzen kann. Der gemeinsame Sohn soll mit bindender Wirkung zum Schlusserben eingesetzt werden. Sie werden mit dem Entwurf der Verfügung beauftragt.

Fragen:

1. Welche Vorüberlegungen sind anzustellen?
2. Prüfen Sie die sich stellenden Fragen und machen Sie einen Vorschlag für eine entsprechende Verfügung!

Hinweise für den Bearbeiter:

– Im französischen internationalen Erbrecht gilt der Grundsatz Nachlassspaltung mit Anknüpfung an den Wohnsitz.
– Rück- und Weiterverweisungen werden seit dem Arrèt Forgo der Cour de Cassation vom 2.6.1878 anerkannt.
– Frankreich hat das Haager Testamentsformübereinkommen ratifiziert.
– Gem. Art. 913 c. c. erfasst der Pflichtteil der Kinder dann, wenn der Erblasser drei Kinder hinterlässt, drei Viertel des (ergänzten) Nachlasses. Dies gilt grundsätzlich auch dann, wenn der Erblasser einen Ehegatten hinterlässt.
– Erinnert sei daran, dass gem. Art. 1130 Abs. 2 c. c. jeglicher Vertrag über eine noch nicht eröffnete Erbschaft nichtig ist. Art. 968 frz. c. c. untersagt die gemeinschaftliche Testamentserrichtung - was allerdings als Frage der Form verstanden wird.

Sachverhaltsergänzung (Fallvariante):

Gegen Ende des Besprechungstermins kommt zufällig zur Sprache, dass die Eheleute planen, aus dem der Familie des Ehemannes gehörenden Landgut westlich von Avignon eine mit einem alten Gesindegebäude bebaute Parzelle zu erwerben. Diese wollen

---

[1] Die folgenden Fußnoten sollen dem Leser der „Musterlösung" lediglich Hinweise zu Wiederholung und Vertiefung geben, sind jedoch nicht Bestandteil der erwarteten Klausurleistung.

sie dann zu einem Wohngebäude ausbauen und für Ferienzwecke teils vermieten, teilweise auch selbst nutzen.

a) Ergeben sich hieraus Auswirkungen auf die Nachlassplanung?
b) Können die Eheleute diese Folgen vermeiden?

Lösung:

A. Grundfall

I. Gesetzliche Erbfolge nach den Eheleuten

1. Erbstatut nach der Ehefrau

Die Erbfolge unterliegt gem. Art. 25 Abs. 1 EGBGB dem Heimatrecht des Erblassers. Diese Anknüpfung an Staatsangehörigkeit des Erblassers führt im vorliegenden Fall jedoch zu keinem bestimmten Recht, denn die Ehefrau ist aufgrund Abstammung deutsch-französische Doppelstaaterin. Dieser Konflikt ist gem. Art. 5 Abs. 1 EGBGB zu lösen. Danach gilt bei der Anknüpfung an die Staatsangehörigkeit bei einer Person mit mehreren Staatsangehörigkeiten grundsätzlich das Recht des Staates, mit dem die betreffende Person am engsten verbunden ist. Hat sie jedoch auch die deutsche Staatsangehörigkeit – wie hier – so geht diese Rechtstellung in jedem Fall vor. Damit gilt hier das deutsche Heimatrecht als Erbstatut.

2. Erbstatut nach dem Ehemann

Für die Erbfolge nach dem Ehemann verweist das deutsche Recht in Art. 25 Abs. 1 EGBGB wegen dessen Staatsangehörigkeit auf das französische Recht. Auf diese Verweisung hin kann allerdings nicht unmittelbar auf das im Code Civil (c. c.) geregelte französische materielle Erbrecht zurückgegriffen werden. Vielmehr erfasst diese Verweisung auf das französische Recht gem. Art. 4 Abs. 1 S. 1 EGBGB auch das französische internationale Privatrecht. Daher ist zunächst zu prüfen, welches Recht aus französischer Sicht auf die Erbfolge anwendbar wäre.

Die Anknüpfung des Erbstatuts erfolgt im französischen Internationalen Privatrecht getrennt danach, ob es sich um beweglichen oder unbeweglichen Nachlass handelt. Für die Erbfolge des beweglichen Nachlasses gilt das Recht am letzten Wohnsitz des Erblassers (loi du domicile du de cujus), während für unbeweglichen Nachlass das Recht des Staates gilt, in dem dieser belegen ist (lex rei sitae).[2]

Der Miteigentumsanteil des Ehemannes an dem Hausgrundstück stellt unbeweglichen Nachlass iSd französischen IPR dar. Daher verweist das französische Recht für diesen Nachlassteil auf das deutsche Recht. Gem. Art. 4 Abs. 1 S. 2 EGBGB werden auf diese Verweisung auf das deutsche Recht (Rückverweisung) hin unmittelbar die deutschen Sachvorschriften angewandt. Die Verweisungskette wird also im Inland abgebrochen.

---

[2] Einzelheiten zum internationalen und materiellen Erbrecht in Frankreich z. B. bei *Döbereiner*, Ehe- und Erbverträge im deutsch-französischen Rechtsverkehr, 2001, S. 161; *ders.*, Länderbericht Frankreich, in: Erbrecht in Europa, 2004, S. 381 ff; *Ferid/Sonnenberger*, Das französische Zivilrecht, Bd. 3, 2. Aufl. 1987; *Ferid*, in: *Ferid/Firsching/Dörner/Hausmann*, Internationales Erbrecht, Frankreich; *Ferrand*, Familienerbrecht und Testierfreiheit: Das französische Recht, in: *Henrich/Schwab* (Hrsg), Familienerbrecht, S. 87; *Süß*, Reform des Erbrechts in Frankreich, ZErb 2002, 62.

Für die Bestimmung des auf die Erbfolge des beweglichen Nachlasses anwendbaren Rechts wäre festzustellen, wo der Ehemann seinen Wohnsitz iSd französischen Rechts hat. Erforderlich dafür wäre – nach französischem Recht – der Aufenthalt an einem Ort, verbunden mit der Absicht, dort auch zu bleiben. Da der Ehemann seit mehreren Jahren mit seiner Familie in Freiburg lebt, hier arbeitet und hier auch offenbar bleiben will, liegt sein Wohnsitz iSd französischen Rechts offenbar in Deutschland. Folglich gilt kraft Rückverweisung durch das französische Recht auch für die Erbfolge des beweglichen Vermögens das deutsche Recht.

Damit kommt es – vorbehaltlich im Ausland belegener Immobilien und vorbehaltlich einer Verlegung des Wohnsitzes des Ehemannes aus Deutschland heraus – für die Erbfolge des gesamten Nachlasses des Ehemannes zur Geltung deutschen Erbstatuts.

3. Güterstatut

Zur Feststellung der rechtlichen Ausgangssituation ist schließlich auch die güterrechtliche Situation zu berücksichtigen. Dies gilt insbesondere in Fällen mit Auslandsberührung, da in vielen – z. B. auch der französischen – Rechtsordnungen der gesetzliche Güterstand eine teilweise Gütergemeinschaft begründet und nur bei Geltung deutschen Güterrechts eine pauschale Erhöhung des gesetzlichen Ehegattenerbteils gem. § 1371 Abs. 1 BGB eintreten kann.

Zur Bestimmung des Ehegüterstatuts ist gem. Art. 15 Abs. 2 EGBGB vorrangig auf eine auf das Güterrecht bezogene Rechtswahl der Ehegatten abzustellen. Eine solche ist gem. Art. 15 Abs. 3 iVm Art. 14 Abs. 4 EGBGB in ehevertraglicher Form zu treffen. Da die Eheleute in vertragsloser Ehe leben, können sie daher keine formwirksame Rechtswahl getroffen haben.

Mangels Rechtswahl ist das Güterstatut gem. Art. 15 Abs. 1 EGBGB objektiv zu bestimmen. Vorrangig ist dabei gem. Art. 15 Abs. 1 iVm Art. 14 Abs. 1 Ziff. 1 EGBGB auf eine gemeinsame Staatsangehörigkeit der Eheleute bei Eheschließung abzustellen. Der Ehemann war bereits damals Franzose. Die Ehefrau war damals schon deutschfranzösische Doppelstaaterin, da sie beide Staatsangehörigkeiten bereits durch Abstammung erworben hatte, die französische Staatsangehörigkeit also nicht erst infolge der Eheschließung mit einem französischen Staatsangehörigen erworben wurde. Bevor jedoch die gemeinsame französische Staatsangehörigkeit der Eheleute zur Anknüpfung des Güterstatuts herangezogen wird, ist zunächst festzustellen, ob diese Staatsangehörigkeit auf Seiten der Ehefrau überhaupt „effektiv" ist. Dies ist aber nicht der Fall, da gem. Art. 5 Abs. 1 S. 2 EGBGB die ausländische neben der deutschen Staatsangehörigkeit stets unbeachtlich bleibt. Eine gemeinsame Staatsangehörigkeit iSv Art. 14 Abs. 1 Ziff. 1 EGBGB liegt daher nicht vor.

Daher ist das Güterstatut auf der nächsten Stufe der Anknüpfungsleiter gem. Art. 15 Abs. 1 iVm Art. 14 Abs. 1 Ziff. 2 EGBGB danach zu bestimmen, in welchem Staat die Eheleute zum Zeitpunkt der Eheschließung beide ihren gewöhnlichen Aufenthalt gehabt haben. Da beide seit der Eheschließung in Freiburg leben, ist zu unterstellen, dass der Ehemann schon vor der Heirat seinen Lebensmittelpunkt in Deutschland hatte. Damit gilt deutsche Ehegüterstatut, die Eheleute leben im gesetzlichen Güterstand der Zugewinngemeinschaft.

4. Auf die Verfügungen anwendbares Recht

a) Errichtungsstatut

Während das auf die Erbfolge anwendbare Recht sich nach der Staatsangehörigkeit des Erblassers bei seinem Tode richtet (Art. 25 Abs. 1 EGBGB), unterliegen gem. Art. 26 Abs. 5 S. 1 EGBGB Wirksamkeit und Bindungswirkung einer Verfügung von Todes wegen dem bei ihrer Errichtung (hypothetisch) geltenden Erbstatut (Errichtungsstatut). Wirksamkeit und Wirkungen einer Verfügung werden daher durch einen bei Errichtung der Verfügung unvorhergesehenen späteren Wechsel der Staatsangehörigkeit nicht berührt. Darüber hinaus könnte der Ehemann die Geltung des deutschen Rechts für die Erbfolge seines Miteigentumsanteils an dem Haus in Freiburg gem. Art. 25 Abs. 2 EGBGB auch dadurch herbeiführen, dass er in der Verfügung von Todes wegen eine Rechtswahl für diesen Gegenstand zugunsten des deutschen Erbrechts trifft.

b) Formstatut

Aufgrund von Art. 26 Abs. 1 Ziff. 2 EGBGB[3] ist ein in Deutschland den Bestimmungen des deutschen Ortsrechts entsprechend errichtetes Testament jedenfalls als formwirksam errichtet zu behandeln. Dies gilt für einseitige und für gemeinschaftliche Testamente,[4] darüber hinaus aber gem. Art. 26 Abs. 4 EGBGB auch für Erbverträge.

II. Rechtsanwendung aus französischer Sicht

Wegen der offenbar fortbestehenden engen Beziehungen der Eheleute nach Frankreich wäre auch zu prüfen, wie die Wirksamkeit der Verfügung von einem französischen Gericht beurteilt werden würde.

Das französische IPR würde für die Erbfolge bzgl. des beweglichen Vermögens wegen des Wohnsitzes und bzgl. des unbeweglichen Vermögens wegen dessen Belegenheit auf das deutsche Recht verweisen. Diese Verweisungen würden jedoch auch das deutsche Internationale Privatrecht erfassen, eine Rückverweisung des deutschen Rechts auf das französische Recht mit der Folge beachtet werden, dass letztlich französisches materielles Erbrecht angewandt würde.

Auf Seiten der Ehefrau gilt gem. Art. 25 Abs. 1 EGBGB das deutsche Heimatrecht als Erbstatut, so dass das deutsche Recht die Verweisung annimmt. Aus Seiten des Ehemannes dagegen unterstellt Art. 25 Abs. 1 EGBGB die Erbfolge seinem französischen Heimatrecht, so dass aus französischer Sicht kraft Rückverweisung französisches Erbrecht gelten würde. Die wechselseitige Verweisung würde aus französischer Sicht – anders als aus deutscher Sicht – also in Frankreich abgebrochen werden, so dass sich aus Sicht französischer Gerichte hier die Geltung französischen Erbrechts für den gesamten Nachlass ergäbe. Da das französische Recht kein Errichtungsstatut wie das deutsche Recht kennt, würde dieses auch für die materielle Wirksamkeit der Verfügungen des Ehemannes gelten.

Für die Formwirksamkeit der Verfügungen würde die Einhaltung der Bestimmungen des deutschen Ortsrechts genügen, da auch für Frankreich sich das Formstatut nach den Bestimmungen des Haager Testamentsformübereinkommens bestimmt (vgl. o. 4 b). Ein den Bestimmungen des deutschen Rechts entsprechend notariell beurkunde-

---

3 = Art. 1 lit. a des Haager Testamentsformübereinkommens vom 5.10.1961.
4 Vgl. Art. 4 Testamentsformübereinkommen.

tes oder holograph errichtetes Testament wäre mithin aus französischer Sicht auch bei Geltung französischen Erbstatuts anzuerkennen.

Zumindest für den Miteigentumsanteil an dem Haus in Freiburg könnte der Ehemann aber diese Rückverweisung auf das französische Recht dadurch vermeiden, dass er die Rechtswahl gem. Art. 25 Abs. 2 EGBGB ausübt. Diese wäre dann zwar aus deutscher Sicht wegen der Rückverweisung des französischen Rechts überflüssig, würde aber dennoch im Verhältnis zu Frankreich zumindest für diesen Vermögensteil die Rechtsanwendung harmonisieren.

Folge der Geltung französischen Erbrechts wäre zunächst, dass die vertragsmäßigen Verfügungen des Ehemannes gem. Art. 1030 Abs. 2 c. c. unwirksam wären. Würden die Eheleute stattdessen ein gemeinschaftliches Testament errichten, würde dieses zwar das Verbot gemeinschaftlicher Testamente in Art. 968 c. c. verletzen. Da aber die gemeinschaftliche Errichtung des Testaments als Formfrage qualifiziert wird, würde sich die Wirksamkeit insoweit auch aus französischer Sicht alternativ nach dem deutschen Recht beurteilen (Art. 1 lit a Haager Testamentsformübereinkommen), so dass die gemeinschaftliche Errichtung gem. § 2265 BGB wirksam wäre.

Weitere Folge der Geltung französischen Rechts wäre, dass die beiden erstehelichen Töchter des Ehemannes gemeinsam die Hälfte des Nachlasses als Noterbrecht geltend machen könnten, während ihnen bei Geltung deutschen Erbrechts allenfalls zusammen 1/6 zustände, wobei das französische Recht ihnen anders als das deutsche nicht nur einen Geldanspruch, sondern eine unmittelbare dingliche Beteiligung am Nachlass zuweisen würde.

III. Gestaltungsempfehlung

Dementsprechend können sich im Grundfall die Eheleute aus deutscher Sicht auf die Geltung des deutschen Erbrechts und die Wirksamkeit eines Erbvertrags verlassen.

Ein französisches Gericht freilich würde französisches Recht anwenden, so dass es den Erbvertrag nicht anerkennen würde und die Noterbrechte der Töchter nach französischem Recht anerkennen würde. Diese Rechtsfolge ließe sich zumindest für den in Deutschland belegenen Immobiliarnachlass vermeiden, indem der Ehemann hierfür die Rechtswahl gem. Art. 25 Abs. 2 EGBGB ausübt.

> **Formulierungsvorschlag:**
> Für die Erbfolge in meinen Anteil an unserem in Freiburg belegenen Wohnhaus, wie auch von jeglichem sonstigen, künftigen unbeweglichem Vermögen in Deutschland bestimme ich die Geltung deutschen Rechts.

Bezüglich des beweglichen Nachlasses kann der Ehemann die Anerkennung der Verfügung in Frankreich dadurch erreichen, dass er diese nicht als Erbvertrag, sondern als gemeinschaftliches Testament errichtet. Freilich würde es dann aus französischer Sicht bzgl. der Wirkungen des Testaments einschließlich der Bindungswirkungen bei der Geltung des französischen Rechts bleiben, welches bindende Verfügungen nicht kennt.

B. Fallvariante:

Wie stellt sich die Situation dar, wenn die Eheleute später das Grundstück in Languedoc erwerben?

I. Erbrechtliche Auswirkungen

1. Auswirkungen auf das Erbstatut nach dem Ehemann aus deutscher Sicht

Im französischen Internationalen Erbrecht unterliegt die Erbfolge des unbeweglichen Vermögens dem jeweiligen Belegenheitsrecht (s. o.). Mithin würde auf Seiten des Ehemannes für die die Erbfolge bzgl. seines Miteigentumsanteils an dem französischen Hausgrundstück aus französischer Sicht das französische Recht gelten und nur bzgl. des übrigen Vermögens auf das deutsche Recht verwiesen werden. Damit tritt aus deutscher Sicht für die Erbfolge dieses Grundstücks keine Rückverweisung ein. Vielmehr würde es insoweit bei der Geltung des französischen Rechts verbleiben.

Folglich würde eine Nachlassspaltung eintreten, so dass die Erbfolge des in Frankreich belegenen Grundstücks nach dem französischen Recht zu beurteilen wäre. Im Fall einer Nachlassspaltung ist auch die Wirksamkeit von Verfügungen von Todes wegen für jeden Nachlassteil (Spaltnachlass) gesondert zu beurteilen. Es kann dann also dazu kommen, dass diese für den einen Spaltnachlass wirksam, für einen anderen Spaltnachlass aber als unzulässig und damit nichtig zu behandeln ist. Hätte der Ehemann also bei Abschluss des Erbvertrags bereits eine Immobilie in Frankreich, so wäre der Erbvertrag in Bezug auf diesen Nachlassteil nichtig. In Bezug auf das übrige Vermögen wäre er aus deutscher Sicht grundsätzlich als wirksam zu behandeln, wobei dann allerdings genauer zu prüfen wäre, welche Auswirkungen sich aus der Nichtigkeit der Verfügungen in Bezug auf den französischen Spaltnachlass für den restlichen Nachlass ergeben.

Umstritten ist, inwieweit der nach Errichtung des Testaments erfolgende Erwerb des Vermögens auch dessen Wirksamkeit berühren kann. Nach wohl überwiegender Ansicht sind bei der Ermittlung des Errichtungsstatuts gem. Art. 26 Abs. 5 S. 1 EGBGB auch Rück- und Weiterverweisungen so zu beachten, wie sie zum Errichtungszeitpunkt vorgelegen haben.[5] Danach lässt man den Erwerb der französischen Immobilie unberücksichtigt und es bliebe bei der Geltung ausschließlich deutschen Rechts für die Wirksamkeit der Verfügung des Ehemannes.

2. Auswirkungen auf das Erbstatut nach der Ehefrau aus deutscher Sicht

Der Erwerb der Parzelle durch die Ehefrau würde dazu führen, dass aus französischer Sicht Erbfolge und Wirksamkeit der Verfügung von Todes wegen in Bezug auf diesen Nachlassteil französischem Recht unterliegen würden. Die h. A. in Deutschland sieht in dieser zwingenden Geltung französischen Erbrechts für in Frankreich belegene Immobilien ein „vorrangiges Einzelstatut" iSv Art. 3 Abs. 3 EGBGB.[6] Dies bedeutet, dass das französische Grundstück aus deutscher Sicht nach französischem Recht vererbt wird, also auch aus deutscher Sicht Nachlassspaltung eintritt.

Fraglich ist, ob sich insoweit das Errichtungsstatut gem. Art. 26 Abs. 5 S. 1 EGBGB durchsetzt. Da Art. 3 Abs. 3 EGBGB den gesamten „vierten Abschnitt" ausschaltet,

---

[5] *Von Bar*, Internationales Privatrecht II, 1991, Rn 379; *Palandt/Heldrich*, Art. 26 EGBGB Rn 7; *Staudinger/Dörner*, Neubearb. 2000, Art. 26 EGBGB Rn 81; *Staudinger/Hausmann*, Neubearb. 2003, Art. 4 EGBGB Rn 281; anderer Ansicht *Soergel/Schurig*, BGB, 12. Aufl. 1996 Art. 26 EGBGB Rn 26.
[6] BGH NJW 1993, 1921; BayObLG FamRZ 1992, 1990, 1123; aA Kegel/Schurig, 9. Aufl. 2004, S. 431 ff.

wird wohl auch die Anknüpfung des Errichtungsstatuts in Art. 26 Abs. 5 EGBGB durch das französische Kollisionsrecht verdrängt.[7]

3. Auswirkungen auf das Erbstatut aus französischer Sicht

Aus französischer Sicht käme auf Seiten des Ehemannes bzgl. des französischen Grundbesitzes das französische Erbrecht unmittelbar zur Anwendung. Bzgl. des beweglichen Nachlasses gilt kraft Rückverweisung durch das deutsche Recht das französische Recht ebenfalls für das Haus in Freiburg, soweit er keine Rechtswahl gem. Art. 25 Abs. 2 EGBGB ausübt. Es bleibt also bei der Nachlassspaltung. Eine Divergenz zur deutschen Sicht tritt aber insoweit ein, als das bewegliche Vermögen aus französischer Sicht dem französischen, aus deutscher Sicht dem deutschen Recht unterläge.

Auf Seiten der Ehefrau gilt für ihren beweglichen Nachlass weiterhin das deutsche Wohnsitzrecht und für das Haus in Freiburg das deutsche Belegenheitsrecht. Für die französische Immobilie dagegen wird französisches Erbrecht gelten. Insoweit tritt aus französischer wie auch aus deutscher Sicht eine übereinstimmende Nachlassspaltung ein.

II. Praktische Empfehlungen

Dementsprechend gibt es zwei Strategien, wie die Eheleute auf die Nachlassspaltung reagieren könnten: Zum einen könnten Sie die Nachlassspaltung akzeptieren. Dann müsste die Geltung des Erbvertrags durch eine ausdrückliche Klausel auf den Nachlass beschränkt werden, der dem deutschen Erbrecht unterliegt. Für den französischem Erbstatut unterliegenden Nachlass dagegen wären jeweils testamentarische Verfügungen zu errichten.

Formulierungsvorschlag:
Dieser Erbvertrag/Dieses Testament gilt nur für den Teil meines/unseres Nachlasses, der dem deutschen/französischen Erbrecht unterliegt.

Hierbei ist zu berücksichtigen, dass auf Seiten des Ehemannes sich die vom französischen und vom deutschen Erbrecht regierten Nachlassteile nicht decken, auch bei Ausübung der Rechtswahl gem. Art. 25 Abs. 2 EGBGB diese also konkurrierend für den beweglichen Nachlass Geltung beanspruchen. Zur Vermeidung von Widersprüchen zwischen beiden Rechtsordnungen sollte daher im Erbvertrag wie auch im Testament möglichst gleichlautend verfügt werden.

Eine andere Strategie bestände darin, die Geltung französischen Erbstatuts zu vermeiden. Dies könnte z. B. in der Weise erfolgen, dass der Erwerb der Immobilie nicht direkt erfolgt, sondern eine deutsche GmbH, eine GbR oder aber eine französische Personengesellschaft (société civile immobilière) zwischengeschaltet wird.

---

[7] Für den Vorrang von Art. 26 Abs. 5 S. 1 EGBGB aber *Staudinger/Dörner*, 2000, Art. 26 EGBGB Rn 80.

Klausurfragen: Testamentsvollstreckung

Bearbeitungszeit für diese – einfache – Klausur: 60 Minuten

Fragen

Frage 1

a) Welche Rechtsstellung hat der Testamentsvollstrecker?
   Schildern Sie, ob er Vertreter des Erben oder des Erblassers sein könnte.
   Wonach orientiert sich die Ausübung des Amtes?
b) Wodurch wird das Amt nachgewiesen?

Lösung:

a) Der Testamentsvollstrecker ist Treuhänder des hinterlassenen Vermögens und gleichzeitig Inhaber eines privaten Amtes. Die früheren Theorien, wie die sog. „Vertretertheorie", nach der der Testamentsvollstrecker als Vertreter des Nachlasses oder der Erben handelt, oder die reine Treuhandtheorie, haben sich in der Rechtspraxis durchgesetzt. Der Testamentsvollstrecker übt somit kraft eigenen Rechts ein Verwaltungs- und Verfügungsrecht über den Nachlass aus, und zwar unabhängig vom Willen der Erben. Er muss aber darüber hinaus fremdnützig, d.h. nach dem Willen des Erblassers und dem Gesetz handeln.

Dementsprechend ist er auch nicht der Vertreter des Erben oder des Erblassers, selbst wenn durch die Annahme des Amtes ein gesetzliches „Pflichtverhältnis eigener Art" begründet wird. Die Stellung ist aber der eines gesetzlichen Vertreters angenähert: Als Träger eines eigenen Amtes hat er gegenüber den Erben eine weitgehende freie Stellung. Dabei orientiert sich die Ausübung des Amtes allein nach objektiven Gesichtspunkten und dem wohlverstandenen Erblasserwillen.

b) Das Amt wird durch ein Testamentsvollstreckerzeugnis nachgewiesen, welches beim Nachlassgericht zu beantragen ist.

Frage 2

Welches Rechtsverhältnis besteht zwischen dem Testamentsvollstrecker und den Erben?

Lösung:

Zwischen dem Testamentsvollstrecker und dem oder den Erben besteht kein Auftragsverhältnis, sondern ein **gesetzliches Schuldverhältnis**. Obwohl auf das Rechtsverhältnis zwischen dem Testamentsvollstrecker und den Erben die für den Auftrag geltenden Vorschriften des Auftrags anlog anwendbar sind, ist der Testamentsvollstrecker nicht Beauftragter des Erblassers oder des Erben. Der Erbe kann somit keine Weisungen erteilen, aber Wünsche äußern. Auch eine Anhörung des Erben durch den Testamentsvollstrecker vor beabsichtigten Maßnahmen ist grundsätzlich nicht notwendig. Regelmäßig ist aber der Erbe ist soweit zu informieren, dass er auf jeden Fall seine Rechte wahrnehmen oder seine Pflichten erfüllen kann. Im übrigen ist der Erbe vor Ausführung des Auseinandersetzungsplans nach § 2204 Abs. 2 BGB anzuhören.

Frage 3:

Otto Normalerblasser verfügt im Rahmen eines Erbvertrages, dass seine sechs Kinder sein gesamtes Vermögen Erben. Es ist Testamentsvollstreckung angeordnet. Alle Kinder sind sich einig und möchten an den Interessenten Richard Reich die Immobilie verkaufen.

Können die Erben die Immobilie verkaufen, wenn alle Erben dafür sind?

Lösung:

Durch die Bestellung als Testamentsvollstrecker werden die Erbenrechte eingeschränkt. So schließt die Verfügungsbefugnis des Testamentsvollstreckers die des Erben aus (§ 2211 BGB).

Frage 4:

Welche Pflichten hat der Testamentsvollstrecker gegenüber den Erben ?

Nennen Sie einige Pflichten und erläutern Sie diese.

Lösung:

Die **Pflichten** des Testamentsvollstreckers gegenüber den Erben ergeben sich im wesentlichen aus den §§ 2215 - 2219 BGB und sind gem. § 2220 BGB zwingend.

Eine **Benachrichtigungs- und Anhörungspflicht des Testamentsvollstreckers besteht**:
– nur bei besonderen Umständen
– und nach § 2204 Abs. 2 BGB beim Auseinandersetzungsplan

Eine **Auskunftspflicht** besteht nur
– auf Verlangen bei berechtigtem Interesse, wobei die Auskunft notwendigerweise
– nachprüfbar sein muss.

Eine **Rechenschaftspflicht** besteht
– bei länger dauernden Verwaltung jährlich § 2218 Abs. 2 BGB
– Übersicht für allgemeines Bild notwendig
– Vorlage von Belegen nur soweit üblich

Erben, Miterben, Vorerben und Nacherben nach Eintritt des Nacherbfalles haben eine **Recht auf Information.** Ebenso der Pfändungspfandgläubiger bei § 859 Abs. 2 ZPO, Erbschaftserwerber, Nießbraucher gem. §§ 1035, 1068 BGB und der Testamentsvollstrecker-Nachfolger; nicht jedoch der Vermächtnisnehmer, sofern nicht ausnahmsweise der Anspruch mitvermacht ist[1] sowie Auflagenbegünstigter und Pflichtteilsberechtigter.

Frage 5:

Welche Rechte hat der Testamentsvollstrecker gegenüber den Erben?

Lösung:

Der Testamentsvollstrecker hat gegenüber den Erben nicht nur Pflichten, sondern auch das Recht,

---

1 Ggf. besteht auch Anspruch über Schadensatzanspruch gegen Testamentsvollstrecker, wenn Dritter ohne Auskunft das Vermächtnis nicht erfüllen kann

- die **Herausgabe des Nachlasses** (§ 2205 S. 1 BGB),
- den **Ersatz seiner notwendigen Aufwendungen** (§§ 2218, 670 BGB) und
- eine **angemessene Vergütung**

zu verlangen (§ 2221 BGB).

Frage 6:

Welche Arten von Testamentsvollstreckungen gibt es und erläutern Sie diese?

Lösung:

Grundsätzlich wird die Testamentsvollstreckung in folgende Arten unterteilt:
- Abwicklungsvollstreckung (§§ 2203, 2204 BGB)
- Dauertestamentsvollstreckung (§ 2209 S. 1, HS. 2 BGB)
- Verwaltungsvollstreckung (§ 2209 S. 1, HS. 1 BGB)
- Nacherbentestamentsvollstreckung (§ 2222 BGB)
- Vermächtnisvollstreckung (§ 2223 BGB)
- Testamentsvollstreckung mit beschränktem Aufgabenkreis (§ 2208)

Abwicklungsvollstreckung

Der gesetzliche Regelfall ist die **Abwicklungsvollstreckung**. Hat der Erblasser nichts anderes zu den Aufgaben des Testamentsvollstreckers bestimmt und führt eine Auslegung zu keinem anderen Ergebnis, hat der Testamentsvollstrecker die **letztwilligen Anordnung** des Erblassers **auszuführen** (§ 2203) und bei Miterben den **Nachlass auseinanderzusetzen** (§ 2204).

Dauertestamentsvollstreckung (§ 2209 S. 1, HS. 2 BGB)

Durch die Dauertestamentsvollstreckung ist der Nachlass zu verwalten ist. Im Unterschied zur Abwicklungsvollstreckung beendet die Erledigung der Aufgaben nicht die Testamentsvollstreckung. Es bedarf dabei der Anordnung einer Höchstdauer für die Testamentsvollstreckung (§ 2210 BGB).

Schlichte Verwaltungsvollstreckung (§ 2209 S. 1, HS. 1 BGB)

In Falle der Verwaltungsvollstreckung muss der Testamentsvollstrecke allein den Nachlass verwalten. Typische Fälle sind die Verwaltung bis zur Volljährigkeit des Erben oder bei der Pflichtteilsbeschränkung in guter Absicht (§ 2338 BGB).

Nacherbentestamentsvollstreckung (§ 2222 BGB)

Die Nacherbentestamentsvollstreckung dient der Wahrung und Sicherung der Rechte der Nacherben gegenüber dem Vorerben.

Vermächtnisvollstreckung (§ 2223 BGB)

Der Vermächtnisvollstrecker sorgt für die Ausführung einer dem Vermächtnisnehmer auferlegten Beschwerung (Untervermächtnis, Auflagen, Nachvermächtnis), wobei allerdings der Erblasser auch den Vermächtnisgegenstand einer Dauertestamentsvollstreckung unterstellen kann.

Testamentsvollstreckung mit beschränktem Aufgabenkreis (§ 2208)

Der Erblasser kann den Aufgabenkreis des Testamentsvollstreckers erheblich einschränken, auch dinglich.

Frage 7:

Was gehört zur Konstituierung des Nachlasses durch den Testamentsvollstrecker?

Lösung:

Zur einer der ersten Aufgaben des Testamentsvollstrecker gehört die Konstituierung des Nachlasses. Danach muss er
- den seiner Verwaltung unterliegenden Nachlass in Besitz nehmen
- ein Nachlassverzeichnis erstellen
- die vom Erblasser herrührenden Verbindlichkeiten regeln
- die Erbschaftsteuerschuld begleichen

Frage 8:

a) Wann muss ein Nachlassverzeichnis erstellt werden und
b) wer hat Anspruch auf ein Nachlassverzeichnis?
c) Wann endet diese Verpflichtung?
d) Kann der Erblasser den Testamentsvollstrecker von dieser Verpflichtung befreien?

Lösung:

a) Die Erstellung eines Nachlassverzeichnisses ist eines der zentralen Pflichten des Testamentsvollstreckers, so dass die Nichterstellung eine grobe Pflichtverletzung ist. Nach den Annahme des Amtes und der dann gebotenen Inbesitznahme des Nachlasses muss der Testamentsvollstrecker verpflichtet, dem Erben unverzüglich ein Nachlassverzeichnis vorlegen (§ 2215 Abs. 1 BGB), ohne dass er zuvor hierzu aufgefordert wurde.

b) Die Verpflichtung besteht gegenüber
- dem Erben, (bei einer Erbengemeinschaft gegenüber jedem Miterben), gegenüber einem Nacherbe nach Eintritt des Erbfalls
- einem Pfändungsgläubiger des Erbteils
- dem Nießbrauchsberechtigten an einem Erbteil oder an der Erbschaft.

Keine Verpflichtung besteht gegenüber
- Vermächtnisnehmer
- Pflichtteilsberechtigten.

c) Mit der Kündigung des Amtes endet diese Verpflichtung, selbst wenn bis dahin kein *Verzeichnis erstellt wurde.*

d) Der Testamentsvollstrecker kann von der Verpflichtung zur Erstellung des Verzeichnisses wegen § 2220 BGB nicht befreit werden. Der Erbe kann allerdings auf den Schutz dieser Vorschrift verzichten.

Frage 9:

a) Wie erfolgt die Auseinandersetzung durch den Testamentsvollstrecker und welche Variante ist die günstigste?
b) Wann kann die Auseinandersetzung erst erfolgen?

Lösung:

a) Entweder durch einen Auseinandersetzungsplan oder einen Auseinandersetzungsvertrag mit den Erben. Letztere Variante ist wegen der Haftungsfrage günstiger. Dabei wird ein Teilungsplan aufgestellt, bei dem die Erben zuvor angehört werden müssen.

b) Die Auseinandersetzung kann erst mit Erfüllung der Nachlassverbindlichkeiten erfolgen.

Frage 10:

Wer kann bzw. darf nach der Rechtsprechung grundsätzlich das Amt des Testamentsvollstreckers ausüben?

a) ein Rechtsanwalt
b) ein Steuerberater
c) ein Notar, der das Testament beurkundet hat
d) eine Bank (Kreditinsitut)
e) ein Sonderschüler ohne Schulabschluss

Lösung:

Der Rechtsanwalt und der Sonderschüler dürfen das Amt des Testamentsvollstreckers ausüben, sofern bei letzterem nicht § 2201 BGB vorliegt.

Der Bank und dem Steuerberater ist nach neuerer Rechtsprechung des BGH vom 11.11.2004 ebenfalls die Durchführung einer TV nicht versagt.

Beim Notar liegt wegen §§ 27, 7 Nr. 1 BeurkG ein Ausschlussgrund vor.

Frage 11:

a) Wie ist die Vergütung des Testamentsvollstreckers geregelt?
b) Welche Berechnungsmöglichkeiten kennen Sie?
c) Wann ist die Vergütung fällig?

Lösung:

a) Grundsätzlich bestimmt der Erblasser, ob und in welcher Höhe der Testamentsvollstrecker eine Vergütung erhält. Hat der Erblasser, was überwiegend vorkommt, keine Vergütungsregelung getroffen, so erhält der Testamentsvollstrecker nach § 2221 BGB eine angemessene Vergütung.

b) – „Rheinische Tabelle"
   – „Berliner Praxis"
   – „Möhring'sche Tabelle"
   – Tabelle von „Tschischgale"
   – „Eckelskemper'sche Tabelle"
   – Empfehlungen des Deutschen Notarvereins

c) Hat der Erblasser nichts anderes bestimmt ist, ist die Vergütung erst nach Beendigung des Amtes, bei längerwährenden Verwaltungen, aber in regelmäßigen Zeitabschnitten zu entrichten. Der Testamentsvollstrecker hat aber kein Recht auf Auszahlung eines Vorschusses.

Fachanwalt für Erbrecht –
Die richtige Antragstellung für die Verleihung

I. Auszug auf der Fachanwaltsordnung (FAO)

Zunächst sollen die wichtigsten Vorschriften der Fachanwaltsordnung aufgezeigt werden:

Erster Teil
Fachanwaltschaft

Zweiter Abschnitt:
Voraussetzungen für die Verleihung

§ 2 Anforderungen an Kenntnisse und Erfahrungen

(1) Für die Verleihung einer Fachanwaltschaftsbezeichnung hat der Antragsteller nach Maßgabe der folgenden Bestimmungen besondere theoretische Kenntnisse und besondere praktische Erfahrungen nachzuweisen.

(2) Besondere theoretische Kenntnisse und besondere praktische Erfahrungen liegen vor, wenn diese auf dem Fachgebiet erheblich das Maß dessen übersteigen, das üblicherweise durch die berufliche Ausbildung und praktische Erfahrung im Beruf vermittelt wird.

(3) Die besonderen theoretischen Kenntnisse müssen die verfassungs- und europarechtlichen Bezüge des Fachgebiets umfassen.

§ 3 Anforderungen an die anwaltliche Tätigkeit

Voraussetzung für die Verleihung einer Fachanwaltsbezeichnung ist eine dreijährige Zulassung und Tätigkeit innerhalb der letzten sechs Jahr

§ 4 Erwerb der besonderen theoretischen Kenntnisse

(1) Der Erwerb besonderer theoretischer Kenntnisse setzt in der Regel voraus, dass der Antragsteller an einem auf die Fachanwaltsbezeichnung vorbereitenden anwaltsspezifischen Lehrgang teilgenommen hat, der alle relevanten Bereiche des Fachgebiets umfasst. Die Gesamtdauer des Lehrgangs muss, Leistungskontrollen nicht eingerechnet, mindestens 120 Zeitstunden betragen. Im Fachgebiet Steuerrecht kommen für Buchhaltung und Bilanzwesen 40 Zeitstunden hinzu. Im Fachgebiet Insolvenzrecht kommen für betriebswirtschaftliche Grundlagen 60 Zeitstunden hinzu.

(2) Der Lehrgangsbeginn soll nicht länger als vier Jahre vor der Antragstellung liegen. Liegt er länger als vier Jahre zurück, ist eine zwischenzeitliche Fortbildung – in der Regel durch Teilnahme an Fortbildungskursen im Umfang des § 15 – nachzuweisen.

(3) Außerhalb eines Lehrgangs erworbene besondere theoretische Kenntnisse müssen dem im jeweiligen Fachlehrgang zu vermittelnden Wissen entsprechen.

§ 5 Erwerb der besonderen praktischen Erfahrungen

Der Erwerb besonderer praktischer Erfahrungen setzt voraus, dass der Antragsteller innerhalb der letzten drei Jahre vor der Antragstellung im Fachgebiet als Rechtsanwalt persönlich und weisungsfrei bearbeitet hat:

…

m) Erbrecht: 80 Fälle, davon mindestens 20 rechtsförmliche Verfahren (davon höchstens 10 Verfahren der freiwilligen Gerichtsbarkeit). Die Fälle müssen sich auf die in § 14f Nr. 1 bis 5 bestimmten Bereiche beziehen.

Bedeutung, Umfang und Schwierigkeit einzelner Fälle können zu einer anderen Gewichtung führen.

§ 6 Nachweise durch Unterlagen

(1) Zur Prüfung der Voraussetzungen nach § 4 sind Zeugnisse, Bescheinigungen oder andere geeignete Unterlagen vorzulegen.

(2) Soweit besondere theoretische Kenntnisse durch eine erfolgreiche Lehrgangsteilnahme (§ 4 Abs. 1) dargelegt werden sollen, hat der Antragsteller Zeugnisse des Lehrgangsveranstalters vorzulegen, die zusammen folgende Nachweise umfassen müssen:

a) dass die Voraussetzungen des § 4 erfüllt sind,

b) dass, wann und von wem im Lehrgang alle das Fachgebiet in § 2 Abs. 3, §§ 8 bis 14a betreffenden Bereiche unterrichtet worden sind,

c) dass der Antragsteller sich mindestens drei schriftlichen Leistungskontrollen (Aufsichtsarbeiten) aus verschiedenen Bereichen des Lehrgangs erfolgreich unterzogen hat. Eine Leistungskontrolle muss mindestens eine Zeitstunde ausfüllen und darf fünf Zeitstunden nicht überschreiten. Die Gesamtdauer der bestandenen Leistungskontrollen darf fünfzehn Zeitstunden nicht unterschreiten. Alle Aufsichtsarbeiten und ihre Bewertungen sind dem Antrag beizufügen.

(3) Zur Prüfung der Voraussetzungen nach § 5 sind Falllisten vorzulegen, die regelmäßig folgende Angaben enthalten müssen: Aktenzeichen, Gegenstand, Zeitraum, Art und Umfang der Tätigkeit, Stand des Verfahrens. Ferner sind auf Verlangen des Fachausschusses anonymisierte Arbeitsproben vorzulegen.

§ 7 Fachgespräch

(1) Zum Nachweis der besonderen theoretischen Kenntnisse oder der praktischen Erfahrungen führt der Ausschuss ein Fachgespräch. Er kann jedoch davon absehen, wenn er seine Stellungnahme gegenüber dem Vorstand hinsichtlich der besonderen theoretischen Kenntnisse oder der besonderen praktischen Erfahrungen nach dem Gesamteindruck der vorgelegten Zeugnisse und schriftlichen Unterlagen auch ohne ein Fachgespräch abgeben kann.

(2) Bei der Ladung zum Fachgespräch sind Hinweise auf die Bereiche zu geben, die Gegenstand des Fachgespräches sein werden. Die Fragen sollen sich an in diesen Bereichen in der Praxis überwiegend vorkommenden Fällen ausrichten. Die auf den einzelnen Antragsteller entfallende Befragungszeit soll nicht weniger als 45 und nicht mehr als 60 Minuten betragen. Über das Fachgespräch ist ein Inhaltsprotokoll zu führen.

§ 14 f Nachzuweisende besondere Kenntnisse im Erbrecht

Für das Fachgebiet Erbrecht sind besondere Kenntnisse nachzuweisen in den Bereichen:

1. materielles Erbrecht unter Einschluss erbrechtlicher Bezüge zum Familien-, Gesellschafts-, Stiftungs- und Sozialrecht,

2. Internationales Privatrecht im Erbrecht,

3. vorweggenommene Erbfolge, Vertrags- und Testamentsgestaltung,

4. Testamentsvollstreckung, Nachlassverwaltung, Nachlassinsolvenz und Nachlasspflegschaft,

5. steuerrechtliche Bezüge zum Erbrecht,

6. Besonderheiten der Verfahrens- und Prozessführung.

§ 22 Antragstellung

(1) Der Antrag, die Führung einer Fachanwaltsbezeichnung zu gestatten, ist bei der Rechtsanwaltskammer einzureichen, der der Antragsteller angehört.

(2) Dem Antrag sind die nach § 6 erforderlichen Unterlagen beizufügen.

(3) Die Rechtsanwaltskammer hat dem Antragsteller auf Antrag die Zusammensetzung des Ausschusses sowie deren Änderung schriftlich mitzuteilen.

§ 24 Weiteres Verfahren

(1) Der Vorsitzende prüft die Vollständigkeit der ihm von der Rechtsanwaltskammer zugegangenen Antragsunterlagen.

(2) Im schriftlichen Verfahren gibt der Berichterstatter nach formeller und inhaltlicher Prüfung der Nachweise eine begründete Stellungnahme darüber ab, ob der Antragsteller die besonderen theoretischen Kenntnisse und praktischen Erfahrungen nachgewiesen hat, ob ein Fachgespräch entbehrlich ist oder ob er weitere Nachweise für erforderlich hält. Die Stellungnahme des Berichterstatters ist den anderen Ausschussmitgliedern und anschließend dem Vorsitzenden jeweils zur Abgabe einer schriftlichen Stellungnahme zuzuleiten; Abs. 4 gilt entsprechend.

(3) Bei mündlicher Beratung ist ein Inhaltsprotokoll zu führen, das die Voten der Ausschussmitglieder und deren wesentliche Begründung wiedergibt.

(4) Gewichtet der Ausschuss Fälle zu Ungunsten des Antragstellers, hat er dem Antragsteller Gelegenheit zu geben, Fälle nachzumelden. Im Übrigen kann er dem Antragsteller zur ergänzenden Antragsbegründung Auflagen erteilen. Meldet der Antragsteller innerhalb einer angemessenen Ausschlussfrist keine Fälle nach oder erfüllt er die Auflagen nicht, kann der Ausschuss seine Stellungnahme nach Aktenlage abgeben. Auf diese Rechtsfolge ist der Antragsteller bei der Fristsetzung hinzuweisen.

(5) Der Vorsitzende lädt den Antragsteller unter Beachtung des § 7 Abs. 2 mit einer Frist von mindestens einem Monat zum Fachgespräch.

(6) Das Fachgespräch ist nicht öffentlich. Mitglieder des Vorstandes der Rechtsanwaltskammer und stellvertretende Ausschussmitglieder können am Fachgespräch und der Beratung als Zuhörer teilnehmen.

(7) Versäumt der Antragsteller zwei Termine für das Fachgespräch, zu dem ordnungsgemäß geladen ist, ohne ausreichende Entschuldigung, entscheidet der Ausschuss nach Lage der Akten.

(8) Der Ausschuss beschließt über seine abschließende Stellungnahme mit der Mehrheit seiner Stimmen. Bei Stimmengleichheit entscheidet die Stimme des Vorsitzenden.

(9) Der Vorsitzende gibt die abschließende Stellungnahme des Ausschusses dem Vorstand der für den Antragsteller zuständigen Rechtsanwaltskammer schriftlich bekannt. Auf Aufforderung des Vorstandes hat der Vorsitzende oder sein Stellvertreter die Stellungnahme mündlich zu erläutern.

(10) Für das Verfahren wird eine Verwaltungsgebühr (§ 89 Abs. 2 Nr. 2 Bundesrechtsanwaltsordnung) erhoben.

§ 25 Rücknahme und Widerruf

(1) Zuständig für die Rücknahme und den Widerruf der Erlaubnis ist der Vorstand der Rechtsanwaltskammer, welcher der Rechtsanwalt im Zeitpunkt dieser Entscheidung angehört.

(2) Die Rücknahme und der Widerruf sind nur innerhalb eines Jahres seit Kenntnis des Vorstandes der Rechtsanwaltskammer von den sie rechtfertigenden Tatsachen zulässig.

(3) Vor der Entscheidung ist der Rechtsanwalt zu hören. Der Bescheid ist mit Gründen zu versehen. Er ist dem Rechtsanwalt zuzustellen.

II. Die Antragstellung bei der Kammer

Der Antrag ist bei der jeweils zuständigen Rechtsanwaltskammer zu stellen, bei der man Mitglied ist. Dieser wird meist nur dann bearbeitet, wenn zuvor die Bearbeitungsgebühr eingezahlt wurde.[1]

Dabei ist neben dem eigentlichen Antrag auch eine Fallliste beizufügen. Wesentlich ist für den Fachanwalt für Erbrecht § 5 m FAO. Danach müssen 80 Fälle, davon mindestens 20 rechtsförmliche Verfahren (davon höchstens 10 Verfahren der freiwilligen Gerichtsbarkeit) nachgewiesen werden. Die Fälle müssen sich auf die in § 14f Nr. 1 bis 5 bestimmten Bereiche beziehen.

Bei den Nachweislisten sollte

- das **Aktenzeichen (kanzleiinternes oder gerichtliches)**
- der **Gegenstand des Falles**
- der **Zeitraum der Bearbeitung**
- **Art und Umfang der Tätigkeit** sowie
- der **Stand des Verfahrens** deutlich herausgestellt werden.

Nachfolgendes Beispiel soll eine Fallliste verdeutlichen:

---

[1] Die Gebührensätze sind sehr unterschiedlich. Sie liegen meist zwischen 200,00 € und 300,00 €. Kaum gerechtfertigt sein, dürften daher die Gebühren von 700,00 € im OLG-Bezirk Nürnberg.

Akten-zeichen	Gegenstand	Zeitraum	Art und Umfang der Tätigkeit	Stand des Verfahrens
FGG-Verfahren				
91/04 Name	Erbscheinsverfahren vor dem AG GAP VI 0123/03	02.11.2004	Unterstützung eines Kollegen im Erbscheinsverfahren auf Bitten des Mandanten Auslegung des Testamentes sehr streitig	Verfahren läuft noch
28/04 Name	Erbscheinsverfahren vor dem AG München 60 VI 1234/04	03.06.2004 – 25.08.2004	Erbscheinsbeantragung und anschließendes Verfahren einer Ehefrau, die kein Testament vorlegen konnte, da dieses abhanden gekommen war	Erbschein wurde vom NG München erteilt
Name	Nachlasspflegschaftsverfahren vor dem AG STA VI 0123/04	seit 01.04.2004	Nachlasspfleger hat zahlreiche Fehler begangen. Entlassungsverfahren	Verfahren läuft noch
Name	Erbscheinsverfahren vor dem AG München 61 VI 1234/04	02.04.2004 – 04.11.2004	Problem des Widerrufs eines Widerrufs eines Testamentes und Wiederherstellungsfiktion	Verfahren abgeschlossen. Erbschein wurde wie beantragt erteilt
Gerichtliche Verfahren				
Name ./. Name	Klage auf Quotenvermächtnis, hilfsweise Pflichtteil vor dem LG Augsburg 3 O 1234/00	Seit Juni 2002	Sehr umfangreiche Tätigkeit (zwei Aktenordner bis dato) Sehr komplizierter Sachverhalt mit der Problematik der Nachlassspaltung nach DDR Recht sowie Auslegung eines Testamentes Zahlreiche Wertgutachten wurden eingereicht	Urteil wird Anfang Januar erwartet

Akten-zeichen	Gegenstand	Zeitraum	Art und Umfang der Tätigkeit	Stand des Verfahrens
Name ./. Name	Berufung gegen Zwischenteilurteil vor dem OLG München	Seit 05.05.2004	Gleicher Sachverhalt wie zuvor. Auskunftsanspruch wegen Hauptanspruch wurde mit Teilurteil abgewiesen.	Berufung wurde nach Besprechung mit dem Gericht zurückgenommen. Zwischenzeitlich hat das Gericht I. Instanz ihre Ansicht im Verfahren geändert und wird Klage stattgeben.
Name ./. Name	Pflichtteilsansprüche LG München II 4 O 1234/04	Seit 06.02.2004	Sehr umfangreich. Abwehr von Pflichtteilsansprüchen des vermeintlichen nicht ehelichen Kindes aus der DDR (sehr kompliziert, da zusätzlich nach § 619 ZPO Erledigungsverfahren von mir vor dem AG Leipzig – 123 F 1234/04 – angestrengt wurde, weil Zustellung des Urteils ungewiss und „Vater" jetzt verstorben)	Verfahren hat gerade erst begonnen
Name ./. Name	Pflichtteilsansprüche	Seit 18.11.2004	Durchschnittlicher Umfang – Klage auf Ergänzungspflichtteil, da keine 10 Jahres Frist nach § 2325 III BGB wegen Totalnießbrauch in Gang gesetzt wurde	Mündliche Verhandlung steht im Winter 2005 an.

Außergerichtliche Verfahren:

Akten-zeichen	Gegenstand	Zeitraum	Art und Umfang der Tätigkeit	Stand des Verfahrens
1) Name	Ergänzungspflichtteil	02.11.2004 –	Umfangreicher Sachverhalt mit schwierigen Fragen der Auslegung eines Testamentes. Beantragung einer Nachlasspflegschaft solange Erbscheinsverfahren noch läuft	Verfahren läuft noch

Fachanwalt für Erbrecht – Die richtige Antragstellung für die Verleihung

Akten-zeichen	Gegenstand	Zeitraum	Art und Umfang der Tätigkeit	Stand des Verfahrens
2) Name	Pflichtteils- und Pflichtteilsergänzungsansprüche	22.06.2004 –	Normaler Umfang	Wertgutachten werden eingeholt
3) Name	Vorweggenommene Erbfolge	24.08.2004	Ausarbeitung Übergabevertrag mit Problematik Ausgleichung	Notartermin im Dezember
4) Name	Vorweggenommene Erbfolge	24.08.2004	Ausarbeitung Übergabevertrag	Notartermin im Dezember
5) Name	Wirksamkeit eines Testamentes	03.06.2004	Umfangreicher Sachverhalt und Tätigkeit – Überprüfung der Bindungswirkung eines Vortestamentes. Derzeit Haftungsklage gegen Notar wegen fehlerhafter Aufklärung	Beratung abgeschlossen
6) Name	Widerruf eines gemeinschaftliches Testamentes durch Scheidungsantrag und Neutestierung	03.06.2004 – 28.11.2004	Normaler Umfang Mandant wollte sich scheiden lassen. Hinweis auf neue Rspr. des BGH zum Widerruf eines Ehegattentestamentes	Verfahren beendet
7) Name	Testament	03.06.2004 – 30.06.2004	Normaler Umfang – Erstellung eines Testamentes unter Berücksichtigung der Unternehmensnachfolge	abgeschlossen
8) Name III	Gründung einer gewerblich geprägten GmbH & Co KG	03.06.2004 –	Sehr umfangreiche erbschaftsteuerliche Beratung – Gründung einer gewerblich geprägten GmbH & Co KG – Vorbereitung sämtlicher Verträge	Verträge sind gefertigt – Beurkundung hat zwischenzeitlich stattgefunden
9) Name	Testament	20.09.2004 –	Umfangreiche Tätigkeit im Bereich der Apothekennachfolge nebst Behindertentestament	Weiterer Beratungstermin wird noch stattfinden

Ferner sind die Listen mit dem Zusatz zu versehen:

Hiermit versichere ich, dass ich die in der Fallliste aufgeführten Fälle persönlich und weisungsfrei bearbeitet habe.

Ort, den …

Die Liste zeigt, dass man auf jeden Fall kurze, aber ausreichende Ausführungen in der Spalte „Art und Umfang der Tätigkeit" machen sollte, damit die Kammer überhaupt in die Lage versetzt wird, die Tätigkeit einzuschätzen und zu überprüfen, ob ein Bezug zum Erbrecht gegeben ist.

Problematisch und von den Kammern sehr unterschiedlich beantwortet wird die Frage, was ein „Fall" im Sinne der FAO ist. Die FAO gibt selbst auf diese Frage keine Antwort. So stehen sich zwei Lager gegenüber.[2]

Nach einer Auffassung orientiert sich der Begriff „Fall" am einzelnen Auftrag, so dass jeweils ein selbstständiger Fall vorliegt, wenn der Anwalt für diesen einen eigenen Auftrag benötigt und diesen separat abrechnen kann. Nach dieser Ansicht kann man also jede einzelne Instanz als eigenständigen Fall angeben.

Nach anderer Auffassung kommt es hingegen nur auf den Lebenssachverhalt an. Ist dieser in sich abgeschlossen und ist dieser abgrenzbar, handelt es sich um einen Fall. Nach dieser Auffassung könnte also nicht jede Instanz als ein eigenständiger „Fall" gelten. Der BGH tendiert wohl zu letzterer Auffassung.[3]

Wegen der Wertigkeit der einzelnen angegebenen Fälle sowie wegen der Frage, ob es sich um einen „Fall" i.S.d. der FAO handelt, sollte vor Einreichung auf jeden Fall Rücksprache mit der eigenen Kammer gehalten werden. Möglicherweise haben diese mittlerweile eigene Vorgaben gemacht.

Als **FGG-Verfahren** kommen insbesondere in Betracht:
– Erbscheinsverfahren
– Entlassungsverfahren gegenüber Testamentsvollstrecker nach § 2227 BGB

Als **gerichtliche Verfahren** mit Bezug zum Erbrecht kommen grundsätzlich alle Klagearten in Betracht, bei denen der Gerichtsstand der §§ 27 und 28 ZPO zum Zuge kommt:

Dies sind z.B.:

Feststellung des Erbrechts
– aus gesetzlicher Erbfolge nach §§ 1922, 2032 BGB
– aus Testament nach § 2087 BGB
– aus Erbvertrag nach § 2278 BGB
– gegen Fiskus nach § 1936 BGB

Klage auf Gewährung von Unterhalt nach § 1969 BGB

Ansprüche des Erben gegen den Erbschaftsbesitzer
– nach §§ 2018 bis 2027 BGB
– nach § 2029 BGB
– nach § 2030 BGB
– nach § 2037 BGB

Auskunftsklage wegen Auskunftsansprüche des Erbschaftsbesitzers oder Hausgenossen nach §§ 2027, 2028 BGB

Klage auf Ausgleichung unter Miterben nach §§ 2057a BGB

Klage auf Voraus nach § 1932 BGB

Klage auf Schenkung von Todes wegen nach § 2301 BGB

---

[2] Eingehend zur Problematik und insbesondere zur Rechtsprechung zur FAO: *Kirchberg* NJW 2002, 1386 ff.
[3] BGH BRAK-Mitt. 1999, 230.

Klage wegen Nacherbenrechte nach §§ 2100, 2108, 2142 BGB

Klagen wegen Teilung der Erbschaft

Klagen wegen Pflichtteilsansprüche
z.B. nach
- § 2303 ff. BGB
- § 2314 BGB
- § 2325 BGB
- § 2329 BGB
- § 2345 Abs. 2 BGB

Klage gegen Erbschaftskäufer nach § 2030 BGB

Klagen wegen Ansprüchen aus Vermächtnissen nach
- § 1939 BGB
- § 1941 BGB
- § 2174 BGB
- § 2279 BGB
- § 2299 BGB

Klage wegen des Rechts auf Widerruf einer in einem Erbvertrag vorgenommenen Erbeinsetzung

Klage wegen Rechte an einem einzelnen Nachlassgegenstand

Feststellungsklage oder Anfechtung
- der Erbeinsetzung nach § 2078 ff. BGB bzw.
- Anfechtung des Erbschaftserwerbs durch Erbunwürdigkeit nach § 2342 BGB oder durch
- Geltendmachung oder Anfechtung des Erbverzichts nach § 2346 ff. BGB

Klage des Erbschaftskäufers

Ansprüche aus Verfügungen von Todes wegen
- § 1940 BGB
- § 2192 ff. BGB
- § 2278 BGB
- § 2299 BGB

nebst Vollziehung des Anspruchs aus
- § 2194 BGB
- § 2208 Abs.2 BGB

sowie Herausgabe der Zuwendung nach
- § 2196 BGB nebst

Schenkung von Todes wegen nach
- § 2301 BGB

Klage des Testamentsvollstreckers gegen Erben wegen persönlicher Ansprüche

Klage des Testamentsvollstreckers gegen Erben wegen Stellung als Testamentsvollstrecker

Klage des Erben gegen Testamentsvollstrecker z.B. Klage nach § 2219 BGB auf Schadensersatz

Klagen wegen Nachlassverbindlichkeiten aus § 1967 BGB

Klage wegen Unterhaltsanspruch der schwangeren Witwe gem. § 1963 BGB

Klage wegen Dreißigster nach § 1969 BGB
Klage wg. Kosten für Verwaltung der Erbschaft
Klage wegen Bestattungskosten nach § 1968 BGB
Klage wegen Ansprüchen aus Rechtsgeschäften des Testamentsvollstreckers oder Nachlasspflegers nach §§ 2205 –2207 BGB

Obwohl kein Fall der §§ 27, 28 ZPO vorliegt, sondern von § 12 ZPO wird man auch folgende Fälle als erbrechtlich qualifizieren müssen:

Klage auf Herausgabe des Erbscheins oder Testamentsvollstreckerzeugnis

Einzelklage nach § 985 BGB gegen Erbschaftsbesitzer

Einzelklage gegen vermeintlichen Vermächtnisnehmer oder Beauftragten des Erblassers nach §§ 985, 989 ff., 2029 BGB

Daneben sind natürlich auch Verfahren des einstweiligen Rechtsschutzes (z.B. nach § 24 Abs. 3 FGG) als erbrechtliche Verfahren, wenn auch mit unterschiedlicher Wertigkeit, zu qualifizieren. Allerdings dürfte die Eintragung eines Rechtshängigkeitsvermerkes wohl nicht darunter fallen, da hier keine erbrechtlichen Ausführungen notwendig sind.

Problematisch ist, ob auch **erbschaftsteuerliche Verfahren**, die vor dem Finanzamt (Einspruchsverfahren) oder Finanzgericht geführt werden, als rechtsförmliche bzw. gerichtliche Verfahren aufgeführt werden können. Nach hiesiger Auffassung ist dies zulässig, wie sich bereits aus § 14 f Nr. 5 FAO ergibt. Nicht hierin gehört die Abgabe der Erbschaftssteuererklärung. Dennoch sollte man dies zuvor mit der Kammer abklären.

Selbstverständlich gilt dies auch bei der Liste für die **außergerichtlichen Angelegenheiten**.

Ergänzend sei hierzu noch ausgeführt, dass Beratungen in Testaments- und Erbvertragsangelegenheiten in derartigen Listen aufgeführt werden können. Gleiches gilt bei der Ausarbeitung von Gesellschaftsverträgen mit Schwerpunkt auf die Vermögensnachfolge (Nachfolgeklauseln etc.) oder die Gründung von Stiftungen.

Auch die Durchführung von Testamentsvollstreckungen oder Nachlasspflegschaften kann hierunter fallen. Es ist jedoch dann sicherlich bei der Bewertung aufgrund des erheblichen Umfangs ein Zuschlag vertretbar.

Des weiteren sollte man als **Anwaltsnotar** mit der Kammer klären, ob die Beratungen, die man als Notar in Erbsachen durchgeführt hat oder z.B. Erbscheinsanträge mit in die Liste für den Fachanwalt aufnehmen kann. Nach hiesiger Auffassung ist auf den Einzelfall abzustellen. Insbesondere in den Fällen, in denen der Notar eine dem Anwalt ähnliche Leistung vollbringt, wie z. B. das streitige Erbscheinsverfahren, sollten die Fälle angerechnet werden. Die überwiegenden Kammern mit Anwaltsnotariaten stimmen wohl einer Anrechnung für den Anwalt mit Hinweis auf die Formulierung in § 5 FAO nicht zu.

Falsch ist die Auffassung, unter rechtsförmliche Verfahren fallen grundsätzlich alle Verfahren, in denen vom Gericht ein Aktenzeichen vergeben wird.

Nicht rechtsförmliche Verfahren sind:
– Erbscheinsantrag
– Erklärung der Erbschaftsausschlagung

- Anfechtungserklärung
- Antrag auf Erteilung eines Testamentsvollstreckerzeugnisses
- Antrag auf Testamentseröffnung

III. Abfolge des Antragsverfahrens

Die Abfolge des Antragsverfahren ist regelmäßig folgende:

Zunächst ist eine Bearbeitungsgebühr gemäß der jeweiligen Kammerbestimmung einzuzahlen. Der Antragsteller erhält zudem eine Eingangsbestätigung des Antrages. Es ist ratsam, etwaige Bedenken zu eventuellen Mitwirkungsverboten gemäß § 23 FAO nunmehr geltend zu machen. Sodann wird nach der Geschäftsordnung des Fachanwaltsausschusses der zuständige Berichterstatter bestimmt.

Anschließend wird der Antrag vom Fachanwaltsausschuss nach schriftlicher Vorvotierung im Rahmen einer mündlichen Erörterung beraten und geprüft.

Die Sitzungen des Fachanwaltsausschusses finden überwiegend in dreimonatigem Turnus statt. Die tatsächliche Bearbeitungsdauer des Antrags kann insofern recht lang werden.

Sofern in der Antragsbegründung behebbare Mängel vorliegen, weist grundsätzlich der Ausschuss den Antragsteller darauf hin und gibt auch Gelegenheit, den Antrag nachzubessern.

Der Ausschuss kann sich im Einzelfall Arbeitsproben vorlegen lassen (§ 6 Abs. 3 FAO), wie zum Beispiel anonymisierte Klageschriften, Repliken oder Erbscheinsanträge etc.

Wegen § 7 Abs. 1. S. 1 FAO wird in dem Fachanwaltsverfahren obligatorisch ein Fachgespräch geführt. Hiervon wird regelmäßig abgesehen, wenn der Ausschuss bereits nach dem Gesamteindruck der vorgelegten Zeugnisse und schriftlichen Unterlagen eine fachliche Stellungnahme abgeben kann (vgl. § 7 Abs. 1 S. 2 FAO). Nach anderer – richtiger – Auffassung[4] findet entgegen dem Wortlaut des § 7 Abs. 2 FAO ein Fachgespräch nicht statt. Es soll daher nur ausnahmsweise in besonderen Einzelfällen und nur unter Beachtung bestimmter Restriktionen zulässig sein. Allerdings reicht meistens die formale Einhaltung der Anforderungen der besonderen theoretischen Kenntnisse und der praktischen Erfahrungen allein nicht aus, um von einem Fachgespräch abzusehen. Rechtfertigungen könnten sich z.B. aber ergeben bei

- besonders umfangreichen Falllisten,
- erkennbar schwierigen Mandaten,
- breiter inhaltlicher Streuung innerhalb des Fachgebietes,
- vorzüglichen Arbeitsproben,
- deutlich überdurchschnittlichen Klausurleistungen.

Mit Kleine-Cosack[5] ist jedoch unter Berücksichtigung der Entscheidung des BGH[6] zu fordern, dass dem Prüfungsgespräch nur Bedeutung als ergänzende Beurteilungsgrundlage zukommt.[7]

---

4 *Kleine-Cosack*, AnwBl 2005, 593 (599).
5 Siehe Fn. 4.
6 BGH, BRAK-Mitt. 2005, 123.
7 So auch *Trimborn* u. *Landsberg*, Vortrag, 8. Deutsches Erbrechtssymposium, S. 8.

Abschließend erarbeitet der Fachanwaltsausschuss eine Stellungnahme, die er gegenüber dem Vorstand der Rechtsanwaltskammer begründet. Aufgrund dieser Empfehlung fasst der Vorstand der Rechtsanwaltskammer eine Entscheidung, über die ein rechtsmittelfähiger Bescheid ergeht.

Stichwortverzeichnis

Abfindung
- zu versteuernde 182
Abfindungsanspruch
- Begrenzung 924
- Gesellschaftererbe 924
- Pflichtteilsansprüche 926
- Pflichtteilsergänzung 926
Abfindungsklauseln
- Gesellschaftsbeteiligungen 907
- Pflichtteilsrecht 907
Abfindungslösung
- OHG 941
- Pflichtteilsansprüche 943
Abfindungszahlungen
- Geschwister 1233
Abgabenordnung (AO) 1393
Abhängigkeit
- innere 752
Abkommen
- bilateral 1420, 1418
Abkömmling
- Enterbung 470, 473
- Pflichtteilsentziehung 1122
- Wegfall bzgl. Pflichtteilsrecht 496
Abrechnungspraxis
- wesentliche Änderungen 34
Abschichtung
- Erbengemeinschaft 356
Abspaltungsverbot 1300
Abstammung
- Anknüpfung 1432
Abstammungsurkunde 694
Abtretungsklausel
- Aktien 964
- Gesellschaftsanteil 961
- Vinkulierungsklausel 961
- Unternehmensfortführung 961
Abverfügungen
- Banken 596
Abwesenheitspflegschaft 573, 576
Abwicklungsvollstreckung 758, 762, 769, 793, 812, 818, 843, 898
- Testamentsgestaltung 1118
- Testamentsvollstreckervergütung 860, 864
Adoption
- Minderjähriger 154
Adoption (ausländische)
- Anerkennungsfeststellung 1435

- Umwandlungsausspruch 1435
- Wirkungsfeststellung 1435
Adoption Volljähriger
- sittlich gerechtfertigte 154
Adoptionsstatut 1435
Aktien
- Abtretungsklausel 964
- Erbengemeinschaft 964
- Gläubigerschutz 965
- Kapitalherabsetzung 965
- mehrere Erben 964
- Nachfolgeplanung 966
- Poolvertrag 966
- Testamentsvollstreckung 967
- Vererblichkeit 964
Aktiengesellschaft
- börsennotierte 966
- Einziehungsklausel 965
- Inhaberaktien 965
- Minderjährige 1242
- Testamentsgestaltung 1150
- Testamentsvollstrecker 824
- Vinkulierungsklausel 965
Aktienrecht
- Satzungsstrenge 964
Aktienregister
- Anzeige an das Finanzamt 964
- Namensaktien 964
Aktiva 193
Aktivlegitimation 269
Aktivprozess 269
Alleinerbe 729
- Auskunftsanspruch aus Treu u. Glauben 204
- Auskunftsansprüche 202, 203
- Auskunftspflichten 205
- Bank 203
- Beauftragte des Erblassers 203
- Erbschaftsbesitzer 203
- Familiengericht 203
- gesetzliche Auskunftsansprüche 203
- gesetzliche Auskunftsanspruchsgegner wie Banken etc. 203
- Grundbuchamt 203
- Handelsregister 203
- Hausgenossen (des Erblassers) 203
- Miterbe 203
- Nachlassgericht 203

– Nachlassverwalter 203
– Scheinerben 203
– Steuerpflicht 1337
– Testamentsvollstrecker 203
– Vormundschaftsgericht 203
Alleinerbenmodell
– Unternehmensnachfolge 890
Alleinerbin
– Stiftung 1268
Alleinerbschein 257
Altenteilsvertrag 1202
Amtstreuhänder 613
Amtsverfügungen
– Verwaltungsvorschriften 1321
Anatomie 108
– Überlassung gem. Formvorschriften 108
Anerkenntnis 66
Anerkennung
– ausländischer Entscheidungen 1458
Anerkennungsfeststellung
– ausländische Adoption 1435
Anfechtung
– Adressat 150
– Annahme 148, 149
– Ausschlagung 148, 149
– Enterbung 474
– Form 150
– Pflichtteilsberechtigter 149
– Wirkung 150
– Zeitpunkt 149
Anfechtungsklage
– Jahresfrist 179
Angleichung
– unterschiedlicher Rechtsordnungen 1452
anglo-amerikanisches Recht
– personal representative 1443
Ankaufsrecht 442
– Gesellschaftsanteile 962
– Unternehmensfortführung 962
Ankaufsrechtvermächtnis 442
Annahme Volljähriger
– erbberechtigt 467
– pflichtteilsberechtigt 467
Annahmeerklärung 192
– Anfechtung 193
Annahmefrist 396
Anordnung
– Herausgabe 240
– Nacherbfall 244
Anordnung (unwirksame)
– steuerrechtliche Auswirkung 1336

Anrechnung
– Pflichtteil 493
– Pflichtteilsrecht 490
– Pflichtteilsverzicht 1169
Anrechnungsbestimmung 494
Anrechnungsnachlass 495
Anrechnungspflichten 194
Anspruch
– einmaliger 262
Anspruchsinhalt
– Herausgabeanspruch 211
Anstandsschenkung 248
Anwachsung 1104
– Ersatzvermächtnisnehmer 1111
Anwaltpflichtversicherung
– Nachlasspfleger 586
Anwaltshaftung
– Verjährung 456
Anwaltspflichtverletzung
– Kenntnis des Mandanten 456
Anwartschaftsrecht 400
– Nacherbe 259
– Nachvermächtnis 417
– Veräußerbarkeit 260
– Vererblichkeit 260
Arrest 739
– dinglicher 669
– persönlicher 669
– Vermächtnissicherung 455
– Vollstreckung 669
Arrestanspruch 668
– Glaubhaftmachung 668
Arrestbefehl
– Voraussetzungen 668
Arrestgesuch 668
Arrestgrund 668
Arrestvollziehung 669
Asylberechtigte
– Erbstatut 1422
– Personalstatut 1422
Aufenthalt (gewöhnlicher)
– Begriff 1398
Aufgebotsverfahren 615
Auflage 532, 727, 894
– Abgrenzung zum Vermächtnis 392
– Besteuerung 1340
– Pflichtteilsberechtigung 472
– Testamentsgestaltung 1115
– Vermächtnis 728
Auflagenvermächtnis 420

Auflassung
– Erbvertragsanspruch 739
Auflassungserklärung 447
Auflassungsvollmacht
– postmortale 215
Auflösungsklausel
– Gesellschaft 923
Aufrechterhaltungswille 168
Aufsicht 631
Auftrag
– einheitlicher 36
Aufwendungen
– Vermächtnis 405
Aufwendungsersatz
– Ansprüche 1226
– Testamentsvollstreckung 791, 869
– Testamentsvollstreckervergütung 869
Auseinandersetzung
– Aktien 351
– Anerkennung einer Stiftung 344
– Annahme als Kind 344
– Barvermögen 351
– Besitzverhältnisse 351
– Bruchteile 351
– dritter Weg, Abschichtung 356
– Erbteile 351
– Erfindungen 352
– Forderungen 352
– GmbH-Anteil 352
– Grabrecht 352
– Grabstelle 352
– Immobilien 353
– Kunstwerke 353
– Mietverträge 353
– Nutzungsverhältnisse 351
– Pachtverträge 353
– Personengesellschaften 353
– Sammlung 353
– Schriftstücke 353
– Sparbücher 353
– steuerrechtliche Einordnung 1337
– Stiftungsrecht 344
– Wertpapiere (festverzinsliche) 352
Auseinandersetzungsguthaben 200
Auseinandersetzungsplan 784, 798
– Folgen 800
– konkludent geschlossen 801
– vormundschaftsgerichtliche Genehmigung 800
Auseinandersetzungsverbot
– Testamentsgestaltung 1109

Auseinandersetzungsvertrag 852
– Ausschluss 802
– Befriedigungsfunktion 802
– Haftungsgefahr 802
– Vertretungsverbot 802
Ausgleichsanspruch
– Einkommensteuer 932
– Gesellschafteranteil 931
– Pflichtteilsverzicht 1170
Ausgleichsforderung
– Anrechnung (steuerrechtlich) 1353
Ausgleichsgemeinschaft 169
Ausgleichspflichten
– Zuwendungen 1231
Ausgleichspflichten (Besteuerung) 1337
Ausgleichung
– Berechnung 491
– Pflichtteilsanspruch 493
– Pflichtteilsrecht 490
– Vorausvermächtnis 442
Ausgleichungspflichten 194
Aushöhlungsnichtigkeit 729
Auskunftsanspruch 460
– Auskunftsinhalte 205
– Ausschluss 523
– eidesstattliche Versicherung 528
– einstweiliger Rechtsschutz 207
– Erbengemeinschaft 306
– Fälligkeit 206, 528
– Güterstand 525
– Inhalt 524, 525
– Konkurrenz 209
– Kostentragung 530
– Nacherbe 263
– Nachlassbestand 263, 524, 525
– Stufenklage 207
– Verfahrensfragen 209
– Verjährung 206, 209, 549
– Vermächtnisnehmer 446
Auskunftsberechtigte
– pflichtteilsberechtigte Nichterben 522
Auskunftserteilung
– Nachlassverwalter 619
Auskunftsklage
– Pflichtteilsanspruch 555
Auskunftspflicht
– Alleinerbe 205
– Umfang 525, 526
Auskunftsrecht
– pflichtteilsberechtigter Erbe 523
Auskunftsschuldner 529

- Kenntnisverschaffungspflicht 530
Auslagenpauschalen 42, 58
Ausländer
- Adoption (sog. schwache) 1435
- erbrechtliche Wirkungen 1435
- Volladoption 1435
Ausländernachlass 577
Auslandsberührung
- Erbstatut 185
- Formgültigkeit 185
Auslegung
- Einheitslösung 274
- ergänzende 241
- letztwillige Verfügung 238
- Trennungslösung 274
- Vorrang 243
Auslegungsregeln 243, 391
Ausschlagung 140, 192, 470, 480, 483
- Adressat 144, 150
- anfechtende Person 149
- Anfechtung 148, 149
- Annahme 148, 149
- Ausübung 160
- Bedingung 144
- Bedingungsfeindlichkeit 193
- Berufung auf verschiedene Gründe 145
- Berufungsgründe nach § 1944 Abs. 2 BGB 145
- Entstehung Pflichtteilsrecht 142
- Erbe 142
- Erbschaft 933
- Erbvertrag 739
- Form 150
- GoA 146
- Kenntnis aller Umstände 142
- Minderjähriger 143
- Motive 141
- Motivirrtum 486
- Nacherbe 242, 258
- Nacherbschaft 147, 148
- Pflichtteil-Folgen 146
- Pflichtteilsberechtigter 149
- Sozialhilferegress 1063
- Stellvertretung 142
- steuerrechtliche 1391
- taktische 199, 237, 276, 478, 488
- Unteilbarkeit 145
- Vermächtnis 1110
- Vermächtnis-Folgen 146
- Vermächtnisnehmer 143
- Vorerbschaft 147, 148

- vorherige Geschäftsführung 146
- Wirkung 144, 145, 150
- Zeitpunkt 141, 142, 149
Ausschlagungsfiktion 485
Ausschlagungsfrist 396
- Verstreichen 149
Ausschlagungsrecht 160
- Sozialversicherungsträger 273
Außensteuergesetz (AStG) 1393
Aussiedler 1447
Bank
- Abverfügungen 596
- Alleinerbe 203
- Auskunftsanspruch 203
- Legitimationsprüfung 591
- Sperrvermerk 596
Bankvollmacht 214
Barbier-Entscheidung 1396
Baumbestattung 106
Bedarfswert
- Ermittlung 230
Bedingung
- auflösende 243, 244, 270
- aufschiebende 244, 261
Bedürftigentestament
- Langzeitarbeitslose 1083
Bedürftigkeit
- Sozialhilferegress 1030
Befreiungsmöglichkeit 248
- Formulierung, gesetzliche 253
Befreiungsvermächtnis
- Testamentsvollstrecker 853
Befriedigung
- Nachlassgläubiger 615
Befristung 244
Begräbnis
- kirchliches 110
Begünstigungswille
- Vermächtnis 393
Behinderte
- Enterbung 273
- Erbeneinsetzung 273
Behindertentestament
- Anordnung von Auflagen 1082
- erbrechtliche Gestaltungsvarianten 1067
- Erbschaftslösung 1067
- gegenständlich beschränkte Erbschaftslösung mit Vermächtnis zugunsten der gesunden Abkömmlinge 1080
- Gestaltung 271

– Gestaltungsüberlegung 1082
– Nachvermächtnislösung 1076
– Sittenwidrigkeit 271
– Sozialhilferegress 1066
– Sozialversicherungsträger 272
– Testamentsgestaltung 1141
– Testamentsvollstreckung 272
– Vermächtnis 273
– Verwaltungsanordnung 272
– Vorvermächtnislösung 1076
– zulässiges 271
Bekanntmachung, öffentliche 619
Belegenheitsstaat 1407
Belohnung
– von Wohlverhalten 270
Bemessungsgrundlage 1326
Beratung
– Kappungsgrenze 51
– Schuldenhaftung 633
– Zeitaufwand 16
– Zeiterfassung 16
– Zeitkontingent 16
Beratung von Ehegatten
– Interessenkollision 24
Beratungsgebühr 51, 61
– Anrechnung 57
– volle 55
Beratungsgespräch
– erstes 2
– Sachverhaltsaufklärung 5
– Vergütung 4
Bereicherung
– ungerechtfertigte 725
Bereicherungsanspruch
– Erbvertrag 737
Berliner Testament 172
– Ehegattentestament 1127
– erweiterter Erblasserbegriff 1091
– Herausgabeanspruch (§ 2287 BGB/Besteuerung) 1342
– taktische Ausschlagung 1392
– Testamentsgestaltung 1127
Berufshaftpflichtversicherung 20
Berufung 669
– Gebühren 49
Berufungsgründe
– Begrenzung der Ausschlagung 145
Beschaffungsvermächtnis
– Auswahlkriterien 413
Beschenkte
– Minderjährige 1226

Beschränkung
– zeitliche 245
Beschwerde
– Gebühren 49
– sofortige 669
Beschwerderecht
– Erben-Rechtsmittel 631
Beschwerungen
– Pflichtteil 476
Besitzverhältnisse
– Auseinandersetzung 351
Besprechungsgebühr 41
Bestandsveränderungen
– Vorerbe 266
Bestattung
– Ersatzvornahme durch Ordnungsbehörde 118
– standesgemäß (Kosten) 119
Bestattungsanspruch
– Wegzug aus pflegerischer Notwendigkeit 122
Bestattungsarten 102
Bestattungsgesetz
– Baden-Württemberg 82
– Bayern 82
– Berlin 83
– Brandenburg 83
– Bremen 83
– Hamburg 84
– Hessen 84
– Mecklenburg-Vorpommern 84
– Niedersachsen 84
– Nordrhein-Westfalen 84
– Rheinland-Pfalz 84
– Saarland 84
– Sachsen 85
– Sachsen-Anhalt 85
– Schleswig-Holstein 85
– Thüringen 85
Bestattungskosten
– abzugsfähige Kosten 138
– erforderliche Kosten 117
– Kosentragungspflicht 114
– Pauschbetrag 137
– Sozialhilfeträger 116, 117
– Steuer 1367
– steuerrechtliche Fragen 137
– Umfang der Kostenerstattung 117
– Unfallverursacher 115
– vorrangige nach § 1968 BGB 114
Bestattungspflicht 90, 91

Bestattungsunternehmen
- gesetzliche Bestimmungen 87
Bestattungsvorsorge
- Schonvermögen 119
Bestattungsvorsorgevertrag
- Anordnung 95, 96
- Kündigungsrecht 95, 96
- Vergütungsanspruch 95, 96
Bestattungszwang 102
Besteuerung
- Nacherbe 1338, 1339
- progressive 1377
Besteuerungsverfahren
- Anzeige 1383
- Anzeigepflicht 1383
Bestimmungsvermächtnis 412
- Testamentsgestaltung 1112
- Zugehörigkeit 412
Beteiligung (typisch still)
- Bewertung 1370
Beteler-Entscheidung 1229
Beteuerung
- überdachende 1408
Betragsrahmengebühren 51
Betreuer
- Testamentsvollstrecker 273
Betreuung
- Erbvertrag 744
Betreuungsrecht
- Zweiklassensystem 1465
Betriebsaufspaltung
- Nachfolgeklausel 936
- steuerrechtlich 1319
Betriebsfortführung
- Nachlasspflegschaft 600
Betriebsvermögen 1360
- Anteile (einbringungsgeborene) 1360
- begünstigter Erwerb 1359
- begünstigtes Vermögen (steuerrechtlich) 1360
- Einbringungsmodell 1363
- Erbschaftsteuerfonds 1363
- Freibetrag (Aufteilung) 1361
- Kapitalgesellschaft (Beteiligung Höhe) 1361
- Kapitalgesellschaft (Beteiligung unmittelbare) 1361
- Kapitalgesellschaft (inländische) 1361
- Kapitalgesellschaft (mehrere Erwerber) 1361
- Nachversteuerung 1362

- Nutzungsrechte (steuerrechtlich) 1360
- Steuerbefreiung (Verzicht) 1362
- Tarifbegrenzung 1362
- Übertragungen (steuerrechtliche Vergünstigungen) 1359
- Umwandlung (Privatvermögen) 1391
- Weitergabepflicht 1362
- wirtschaftliche Einheit 1313
Betriebsvermögen (Anteil)
- Kapitalgesellschaft 1361
Betriebsvermögen Schenkung mittelbare 1360
Beurkundung
- notarielle 727
Bevollmächtigter
- Testamentsvollstrecker 911
- Unterschiede 760
Beweihenkaufung
- Grabstättennutzung 124
Beweisaufnahmegebühr 42
Beweiserleichterung 266
- Vorerbe 265
Beweislast 55
Beweislastverteilung 265
Beweismittel 172
- präsente 668
Beweissicherungsverfahren 461
Bewertung 1364
- Beteiligung (typisch still) 1370
- Betriebsvermögen 1375
- Darlehen (partiarisch) 1370
- GmbH-Geschäftsanteile 1369
- Grundbesitz (bebautes Grundstück) 1373
- Grundbesitz (Bedarfsbewertung) 1372
- Grundbesitz (Erbbaurecht) 1374
- Grundbesitz (Gebäude auf fremdem Grund und Boden) 1374
- Grundbesitz (Grundbesitzwert) 1373
- Grundbesitz (Grundstückswert) 1373
- Grundbesitz (Sonderbewertung) 1374
- Grundbesitz (Teileigentum) 1374
- Grundbesitz (unbebautes Grundstück) 1373
- Grundbesitz (Wohnungseigentum) 1374
- Immobilien 510
- Jahreswert (Nutzungen) 1372
- Kapitalforderungen 1370
- Kapitalgesellschaften (börsennotierte Anteile) 1368
- Kapitalgesellschaften (nicht börsennotierte Anteile) 1369

– Kapitalgesellschaften (Paketzuschlag) 1369
– Kapitalschulden 1370
– Kapitalwert (Laufzeit) 1372
– Kapitalwert (Leistungen) 1371
– Kapitalwert (Nutzungen) 1371
– Miteigentumsanteil 510
– Renditeimmobilien 511
– Sachleistungsanspruch 1371
– Sachleistungsanspruch (einseitiger) 1371
– Sachleistungsanspruch (zweiseitiger) 1371
– Sachleistungsverpflichtung 1371
– Steuerobjekt 1326
– unsichere Rechte 519
– Verbindlichkeiten 519
– Wertpapiere 1368
Bewertungsgegenstand 1363
– Immobilienbewertung 231
Bewertungsgesetz (BewG) 1393
Bewertungsgrundsätze
– Nachlass 506
Bewertungsmaßstab 506
Bewertungsmethode
– Überblick 229
– Unternehmensbewertung 905
Bewertungsverfahren
– Gesellschaft 925
Bewirtschaftung
– ordnungsgemäße 428
BFH
– Entscheidungen 1322, 1323
Bindung 752
Blaupause
– Testamentsniederschrift 1098
Blinder
– der die Blindenschrift beherrscht 175
– leseunfähiger 175
Blutsverwandtschaft 153
Bruchteilsverzicht 180
Bundessteuerblatt
– Internet 1322
– Veröffentlichungspraxis 1322
Bürgermeistertestament 173
Bürgschaft
– Erbengemeinschaft 289
Damnationslegat 1437
Darlegungslast 55
Darlehen (partiarisch)
– Bewertung 1370
Dauertestamentsvollstreckung 758, 818, 898
– Testamentsgestaltung 1118
– Testamentsvollstreckervergütung 860, 865

DBA
– bestehende Abkommen 1395
– Verhältnis nationales Recht 1394
– Wirkungen 1394
– Zustandekommen 1394
Dekadentransfer 1093
Depotkonten 594
Deutscher Notarverein
– Vergütungsempfehlungen (TV) 863
Deutsch-türkisches Nachlassabkommen 1457
Dienstaufsichtsbeschwerde 1323
Dienstleistungsrecht
– Sozialhilferegress 1057
Dieterle-Klausel 1102
– Unwirksamkeit 238
Direktanlage
– Vermögensverwaltung 1212
Discounted-Cash-Flow-Verfahren 905
Dispositionsnießbrauch
– Testamentsgestaltung 1114
Doppelbesteuerung
– internationale 1403
Drei-Monats-Einrede 304
Dreißigster 167, 395
– Erbverzicht 1171
Drei-Zeugentestament 173
Drittwiderspruchsklage 268
– Zwangsverwaltung 255
Eckelskemper'sche Tabelle
– Testamentsvollstreckervergütung 863
Ehegatte
– Pflichtteilsentziehung 1123
Ehegatteninnengesellschaft 200
Ehegattentestament
– Abänderungsklausel 1128
– Änderungsvorbehalt 1100
– Anfechtungsverzicht 1129
– Berliner Testament 1127
– Bindungswirkung 1100
– Einheitslösung 274, 1127
– Fall der Scheidung 1130
– Formulierungsbeispiel 1137
– Nießbrauchslösung 1127
– Pflichtteilsklausel 1130
– Schlusserbenlösung 1127
– Testamentsgestaltung 1126
– Trennungslösung 274, 1127
– Verfügungen für den ersten Todesfall 1127
– Wiederverheiratungsklausel 275, 1129
Eheübergreifender Zweck 200
Ehewidriges Verhältnis 178

Eidesstattliche Versicherung
– Gebühren 69
Eigengläubiger
– Vorerbe 255
Eigenhändigkeit 171
Eigeninteresse 734
– Erblasser 726
– lebzeitiges 730
Eigenrechtserbschein 1456
Eigenschaft
– verkehrswesentliche 193
Eigenschaftsirrtum 193
Eigenvermögen 213
Eigenvorsorge 1465
– Vorsorgeregelung 1466
Einantwortung
– österreichisches IPR 1425
Einbürgerung 1422
Einfachgrab 124
Einheitlicher Plan 165
Einheitslösung
– Auslegung 274
– Ehegattentestament 274, 1127
– Testamentsgestaltung 1127
Einheitstheorie
– gemischte Schenkung 1234
Einigung
– dingliche 447, 449
Einigungsgebühr 35, 45
– Erbauseinandersetzung 46
– Klagerücknahme 46
Einkommensteuer
– Ausgleichsanspruch 932
– GmbH-Anteil 958
– Grundzüge 1326
Einkommensteuerbescheid
– Nachlassverwaltung 622
Einkünfte 633
Einlage des Eintrittsberechtigten
– OGH 941
Einmann-GmbH
– Minderjährige 1242
Ein-Personengesellschaft 926
Einrede
– Haftungsvorbehalt in Tenor aufnehmen 454
– peremptorische 406
Einstimmigkeitsprinzip
– Testamentsvollstrecker (mehrere) 870
Einstweilige Anordnung 673
Einstweilige Verfügung 670, 739

– Schadenersatzpflicht 673
– Vollziehung 673
Einstweiliger Rechtsschutz
– im FGG-Verfahren 673
– ZPO-Verfahren 667
Eintrittsberechtigter
– Gesellschaft 941
– Grundsatz der Höchstpersönlichkeit 941
– Kommanditist 942
– Unternehmensfortführung 941
– wirksamer Eintritt 942
Eintrittsklausel
– Gesellschaft 939
– Scheitern 942
– Testamentsgestaltung 1149
– Unternehmensfortführung 939
Eintrittsrecht
– Personengesellschaften 517
Einwilligungsklage
– Testamentsvollstrecker 810
Einzelbestellungsakt 430
Einzelgrab 124
Einzelkonto 592
Einzelstatut
– vorrangiges 1425
Einzeltestament
– Formulierungsbeispiel 1133, 1154
– Landwirt 1154
– Testamentsgestaltung 1133
Einzelunternehmen
– Einstellung (Gebühren) 723
– Erbengemeinschaft 301, 916
– Nutzungen 278
– Testamentsvollstreckung 918
– Vererblichkeit 915
– Vermächtnis 892
– Vorerbfolge 916
Einziehung
– Erbschein (unrichtiger) 709
Einziehungsklausel 959
– Aktiengesellschaft 965
Einziehungsverfahren 673
– Kosten 712
Eltern
– Pflichtteilsentziehung 1123
Elternunterhalt
– Unterhaltsverpflichtung 1043
– weichende Kinder (Geschwister) 1061
Endurteil 669
Enterbung 470, 471
– Abkömmling 470, 473

– Anfechtung 474
– Behinderte 273
– taktische 199
Entgeltlichkeit
– Nachweis 248
– steuerrechtlich 1316
Entlassung
– Testamentsvollstrecker 855
Entlassungsverfahren
– Haftung (TV) 860
– neuen Erbschein ohne Testamentsvollstreckervermerk 860
Entscheidungsdissens 1451
Entscheidungseinklang, fehlender
– Rückverweisung 1423
Entziehungserklärung
– Testamentsgestaltung 1124
Erbauseinandersetzung
– Abrechnung 62
– Anteilsübertragung 957
– Einigungsgebühr 46
– Erbvertrag 744
– Gesellschaftsanteile 957
– steuerrechtliche Einordnung 1337
Erbauseinandersetzung mit Vergleich
– Gebühren 64
Erbauseinandersetzung ohne Vergleich
– Gebühren 63
Erbausschlagung
– Nachlassspaltung 1451
– Spaltnachlass 1451
Erbberechtigung
– Ausschluss 474
Erbe 142, 239, 398
– Alleinerbe (Steuerpflicht) 1337
– Gesellschaftsanteil (Wahlrecht) 946
– gesetzlicher 166
– gewillkürte Prozessstandschaft 831
– Miterben (Steuerpflicht) 1337
– Nachlasspfleger 603
– Prozessfähigkeit 603
– Rechtsverhältnis 759
– siehe auch Alleinerbe 202
– testamentarischer 166
– Testamentsvollstrecker 759, 774
– Verfügungsfähigkeit 603
– Verfügungsrechtsbeschränkung (TV) 826
– Verpflichtungsfähigkeit 603
Erbe (mehrere)
– Gesellschaftsanteil (Wahlrecht) 947
Erbeinsetzung 191, 727

– Abgrenzung zum Vermächtnis 391
– Behinderte 273
– Erbvertrag 728
– Nacherbschaft 1102
– Quotenvermächtnis 1101
– Universalsukzession 1101
– Universalvermächtnis 1101
– Vorerbschaft 1102
Erben
– Angaben zum Erblasservermögen vor Nachlassverwaltung 633
– gesetzliche 240
– Haftungsbeschränkung 633
– KG 952
– minderjährige 891
– Minderjährige 928
– Nachfolgeberechtigte 928
– Schadenersatzanspruch gegen TV 850
– weichende 892
Erben, pflichtteilsberechtigte
– Leistungsverweigerungsrecht 547
Erbenbestimmung
– Grundsatz der Höchstpersönlichkeit 941
Erbeneinsetzung
– Bedingung 244
– Befristung 244
– bestimmbarer Personenkreis 891
Erbenermittlung 147
– Informationsquellen 604
– Institutionen/ 605
– Kostenersatz 608
Erbengemeinschaft
– Abschichtung 356
– Aktien 964
– Auseinandersetzung 1106
– Auskunftsanspruch 306
– Bürgschaft 289
– Einzelunternehmen 301, 916
– Formulierungsbeispiel 1135
– GbR 302
– Gesamthandsprinzip 298
– Gesamthandsvollstreckung 340
– Gesamtschuldvollstreckung 340
– Gesellschaftererben 303
– Gesellschaftsanteile 303
– GmbH-Anteile 303
– Haftung gegenüber Dritten 303
– Haftungsfallen 368
– Handelsgeschäft 294
– Interessenkollision 23
– KG 302

- Kostenrecht 374
- Liquidationsgesellschaft 302, 923
- Minderjährige 917
- Miterbe als Mandant 335
- moderne Gesamthandslehre 950
- Nachlasserhaltungskosten 327
- Nachlassgegenstände 324
- Nachlassgestaltung 288, 289
- OHG 302
- Personengesellschaft 302
- Pflichtteilslastverteilung 548
- Prozessführung 308, 334
- Rechenschaftsanspruch 306
- Rechtsformwechsel (Unternehmensfortführung) 917
- Rechtsstellung des Erwerbers 294
- Sondervermögen 289
- Teilungsklage 368
- Umwandlung (Unternehmensfortführung) 917
- Unternehmensbeteiligungen 301
- Unternehmensnachfolge 890
- Vergütungsrecht 374
- Vertreterklauseln 788
- vorweggenommene Erbfolge 294
- Zufallsgemeinschaft 288, 291
- Zwangsvollstreckung 308

Erbenhaftung
- vollstreckbarer Steuerbescheid 633

Erbennachweis
- Handelsregister 721

Erben-Rechtsmittel
- Erinnerung 630

Erbenstellung
- Nachlasspflegschaft 576

Erbentestamentsvollstrecker 774

Erbenverpflichtung
- Einwilligungsklage 810

Erbersatzanspruch 156
Erbersatzsteuer 1335
Erbfähigkeit 170
Erbfall 400
- zeitliche Nähe bzgl. Bewertung 507

Erbfallschulden
- Nachlassbewertung 498
- Steuer 1366

Erbfolge
- aufsteigende Linie 158
- Ausschluss 471
- Einschränkung durch Satzung 959
- gesetzliche 395

- nach Stämmen 157
- Steuern 1312
- vorweggenommene 732

Erblasser
- Eigeninteresse 726
- lebzeitige Rechtsgeschäfte 729
- Vollmachten 212

Erblasserbegriff
- enger 543

Erblasserschulden 1366
- Nachlassbewertung 498

Erblasserwille 239, 241

Erbprozess
- Gebühren 67
- international 1456

Erbquote
- abstrakte 487
- Güterstand 159

Erbrecht
- internationales (EGBGB) 1418
- Typenzwang 892

Erbrechtliche Lösung 159, 183, 197

Erbrechtsstatut 1090

Erbschaft
- Annahme 140, 192
- Ausschlagung 933
- Sozialhilferegress 1063
- Zustandsfeststellung 263

Erbschaftsanspruch 209

Erbschaftsausschlagung
- Gesellschaft 946

Erbschaftsbesitzer
- Alleinerbe 203
- Herausgabeanspruch 207, 208

Erbschaftslösung
- Behindertentestament 1067

Erbschaftsteuer 193
- Anrechnung 1404
- Anrechnung (Antrag) 1405
- Anrechnung (ausländische Steuer) 1405
- Anrechnung (Auslandsvermögen) 1404
- Anrechnung (Nachweise) 1405
- Anrechnung (Umfang) 1406
- Erwerb von Todes wegen 1334
- Festsetzungsverjährung 1387
- Nacherbe 281
- Nacherbfall 281
- Schenkungsteuer (Verhältnis) 1335
- Schuldenabzug 1401
- Steuerbescheid 1385
- Steuerpflicht 1396

– Steuerpflicht (allgemein beschränkt) 1400
– Steuerpflicht (allgemeine, unbeschränkte) 1397
– Steuerpflicht (beschränkte) 1400
– Steuerpflicht (erweiterte, beschränkte) 1402
– Steuerpflicht (erweiterte, unbeschränkte) 1399
– Steuerpflicht (unbeschränkte) 1397
– Steuerpflicht (Vergleich) 1402
– Steuerpflicht (Vermeidungsstrategien) 1400
– Steuerpflicht (Zeitpunkt) 1399
– Stundung 1386
– Übernahme 1391
– Verfassungsmäßigkeit 1333
– Vermeidungsstrategien 1399
– Vorerbe 281
Erbschaftsteuerbescheid
– Vorläufigkeit 1334
Erbschaftsteuererklärung 1385
Erbschaftsteuerfonds
– Betriebsvermögen 1363
Erbschaftsteuergesetz (ErbStG) 1393
Erbschaftsteuerplanung
– internationale 1409
Erbschaftsteuerrecht
– dingliches Wohnrecht 1198
– Pflichtteilsanspruch 561
Erbschaftszustand
– Feststellungsklage 267
Erbschein 244, 257
– amtliches Zeugnis 685
– Anträge (Muster) 676
– Arten 683
– bechränkter 705
– Begriff 683
– beschränkter 683
– Beschwerde gegen Erteilung 715
– Bindungswirkung 685
– deutsches Erbstatut 1456
– einstweilige Anordnung der Rückgabe des Erbscheins zu den Akten 716
– einstweilige Rückgabe 674
– Einziehungsanordnung 710
– Einziehungsverfahren 673, 709
– Erbstatut 1456
– Erteilung 701
– Funktion 682
– gemeinschaftlicher 683, 703
– Grundbuchamt 685
– Herausgabeanspruch 709

– Inhalt 257, 685
– IPR 1455
– Kraftloserklärung 709, 711
– Nacherbenvermerk 702
– Nacherbschaft 257
– Noterbrecht 1455
– notwendiger Inhalt 701
– öffentlicher Glaube 684
– Rechtswirkung 684
– Testamentsvollstreckervermerk 702
– Testamentsvollstreckerzeugnis 702
– Unrichtigkeit 710
– Vermutungswirkung 684
– Vorerbschaft 257
Erbschein (Einziehung)
– Beschwerde 715
Erbschein (Kraftloserklärung)
– Beschwerde 715
Erbschein (unrichtiger)
– Auskunftsanspruch 712
– Einziehung 709
– Herausgabeanspruch 712
Erbscheinsantrag
– Änderung 691
– ausländische öffentliche Urkunden 694
– gesetzlicher Erbe 692
– gewillkürter Erbe 692
– Inhalt 689
– inländische öffentliche Urkunden 694
– Rücknahme 691
– Versicherung an Eides statt 693
– Vorbescheid 699
– Zurückweisung 699
– Zwischenverfügung 699
Erbscheinsverfahren 257
– Abrechnung 65
– abzugsfähige Nachlassverbindlichkeiten 707
– Antragsberechtigte 687
– Antragstellung 687
– Beschwerde 713
– Beschwerdeverfahren 717
– Beschwerdeverwerfung 714
– Beteiligtenanhörung 698
– Bindungswirkung 714, 717
– Einstweiliger Rechtsschutz 716
– Ermittlungen von Amts wegen 695
– Form 687
– Freibeweis 696
– funktionelle Zuständigkeit 687
– Gegenstandswert 707, 708

- Gleichlautprinzip 719
- Kosten 707
- Nicht-Antragsberechtigte 687
- offenkundige Tatsachen 695
- örtliche Zuständigkeit 686
- Problem Beschwerde 49
- rechtliches Gehör 698
- Rechtsmittel 713
- sachliche Zuständigkeit 686
- sonstige Beweismittel 695
- Strengbeweis 696
- Testierfähigkeit 697, 1096
- verfahrensrechtliche Ermittlungen 696
- Verfügung von Todes wegen 697

Erbscheinsverfahren mit Beweisaufnahme
- Gebühren 65

Erbscheinsverfahren ohne Beweisaufnahme
- Gebühren 65

Erbstatut 1132
- Abwicklung 1443
- Anknüpfung 1421
- Anknüpfung (Länderüberblick) 1459
- Anknüpfungspunkt 1421
- Asylberechtigte 1422
- Bestimmung 1420
- effektives 1437
- Erbschein 1456
- Ersatzanknüpfung 1422
- Flüchtlinge 1422
- Höfeordnung 1425
- Lebensgemeinschaft (nichteheliche) 1436
- Lebenspartnerschaft (eingetragene) 1434
- Qualifikation 1447
- Rechtswahl 1426
- Übergang des Erbes auf Erben 1443
- Vorfragen 1431

Erbteil 450
- Ausschlagung 194
- geringer als der halbe gesetzliche Erbteil 194
- gleicher 161
- größer als der halbe gesetzliche Erbteil 194

Erbteilserhöhung 249
Erbteilsübertragung 958
Erbunwürdigkeit 470
Erbunwürdigkeitsgründe 177
Erbunwürdigkeitsklage 574
- Nachlasspflege 604

Erbvergleich 1336
Erbvertrag 174, 727, 734, 889, 1441
- Abgrenzungskriterium 174

- Änderungsvorbehalt 735
- Anfechtungsrechte 728
- Auslegung 727
- Ausschlagung 739
- Bereicherungsanspruch 737
- Betreuung 744
- Bindung 725
- Bindungswirkung 728
- Doppelnatur 174
- ehebedingte Zuwendung 732
- Erbauseinandersetzung 744
- Erbeinsetzung 728
- Ersatzerbe 735
- gemeinschaftliches Testament 727
- gemischte Schenkung 732
- Herausgabeanspruch 737, 744
- lebzeitige Rechtsgeschäfte 729
- lebzeitiges Eigeninteresse 734
- Miterben 740
- Miterbengemeinschaft 738
- Nacherbschaft 739
- Pflichtteilsanspruch 736
- Pflichtteilsentzug 728
- Schenkungen 737
- Schenkungsversprechen 732
- Teilungsanordnung 740
- Testamentsvollstrecker 738
- unentgeltliche Zuwendung 732
- Vorausvermächtnis 751
- Vorerbschaft 739
- vorläufiger Rechtsschutz 743
- Wechselbezüglichkeit 727
- Zahlungsanspruch 744

Erbvertragsanspruch
- Auflassung 739
- Auskunft 741
- Beweisfragen 742
- Gegenansprüche des Beklagten 747
- Gläubiger 750
- Herausgabe 739
- Klageantrag 745
- Nutzungen 739
- Übervorteilung 746
- Verfügungsanspruch 748
- Verfügungsgrund 749
- Verjährung 741, 752
- vorläufiger Rechtsschutz 748
- Vormerkung 739

Erbverzicht 470, 1165
- Abfindung 1172
- Absicherung des Verzichtenden 1172

- actus contrarius 185
- Anfechtung 1175
- Aufhebung 185, 1174
- Auswirkungen auf die eigenen Erben 1172
- Bedingungen 1167
- Befristungen 1167
- Beteiligte 1165
- Checkliste 1177
- Dreißigster 1171
- Folgen 1173
- formnichtige 1168
- Formulierungsbeispiel 1177
- Formvorschriften 1168
- Gestaltungshinweise 1170
- IPR 1443
- Kosten 1176
- Leistungsstörung 1175
- Leistungsstörungen 184
- Mängel des Kausalgeschäfts 1176
- notarielle Besonderheiten 1176
- Rücktritt 1174
- Rücktrittsvorbehalt 1167
- Stellvertretung 1166
- steuerliche Folgen 1174
- Unterhaltsansprüche 1170
- Unterschiede 1173
- Voraus 1171
- Voraussetzungen 1165
- Wegfall der Geschäftsgrundlage 1175
- Widerruf 1174
- Zugewinnausgleichsanspruch 1170
- zugunsten Dritter 1167, 1171

Erbverzicht (Abfindung)
- Besteuerung 1349

Erbverzichtsvertrag 158
- Willensmängel 184

Erdbestattung 103

Erhaltungskosten
- gewöhnliche 254
- Unternehmensnachfolge 279

Erhaltungsmaßnahmen
- außergewöhnliche 256

Erhöhungsgebühr 612

Erinnerung
- Erben-Rechtsmittel 630

Erlassvermächtnis 421

Erläuterungserlass
- Verwaltungsvorschriften 1323

Erledigungsverhandlungen 47

Ermächtigungstreuhand 813

Ermessensrichtlinien
- Verwaltungsvorschriften 1320

Errichtungsstatut 1437, 1441

Ersatzberufung
- Auslegung (§ 2069 BGB) 412

Ersatzerbe 239
- Bestimmung 1103
- Erbvertrag 735
- Stellung 240

Ersatzerbenlösung
- Testamentsgestaltung 1127

Ersatzerbschaftsteuer 1335

Ersatzerwerb 250

Ersatzleistungen
- Nachlass 250

Ersatznacherben 241, 260

Ersatzvermächtnis 422

Ersatzvermächtnisnehmer 482
- Anwachsung 1111
- Vermächtnis 399

Erstberatungsgebühr 55

Erstellung
- Vorerbenpflicht 253

Erstkontakt
- Rechtsanwaltsgehilfe/-in 2

Ertragshundertsatz (Bewertung)
- Kapitalgesellschaften (Anteile) 1370

Ertragsnießbrauch 430

Ertragsteuern
- Familiengesellschaften 1209
- Nießbrauch 1191

Ertragsteuerrecht
- Ausgleichszahlungen an Geschwister 1234
- dingliches Wohnrecht 1198
- Schuldübernahme 1204
- Übernahme von Verbindlichkeiten 1204

Ertragswertmethode
- gewerbliche Unternehmen 511

Ertragswertverfahren 223, 905
- Mietshäuser 511
- Renditeimmobilien 511

Erwerb
- steuerbarer 1335
- Weitergabe (steuerrechtlich) 1353
- Zurückweisung (steuerrechtlich) 1392

Erwerb (mehrfacher)
- Steuerermäßigung 1378

Erwerb (teilentgeltlich)
- steuerrechtlich 1317

Erwerb (unentgeltlich)
- steuerrechtlich 1318

Erwerb (vollentgeltlich)

– steuerrechtlich 1317
Erwerb (Weitergabe)
– Steuerhaftung 1388
Erwerb bedingter Abfindung
– Besteuerung 1349
Erwerb durch Schenkung
– Schenkungsteuer 1335
Erwerb von Todes wegen
– Erbschaftsteuer 1334
Erwerber
– Steuerschuldner 1382
Erwerbsaussicht 727
Erwerbsgeschäft
– Nachlass 618
Erwerbskosten
– Steuer 1367
Estate Planning 885
Europäische Gerichtsstands- und
    VollstreckungsVO 1456
Europarecht
– gemeinschaftswidrige Vorschriften 1396
– Grundfreiheiten 1395
Europarecht (ErbStG)
– Auswirkungen 1396
Europarecht (Steuerrecht) 1395
EWIV
– Testamentsvollstrecker 823
Familiengericht
– Alleinerbe 203
– Zuständigkeit 162
Familiengesellschaft
– Einkommensteuerersparnis 1206
– Ertragsteuern 1209
– vorweggenommene Erbfolge 1205
Familienstammbaum
– Verwandtschaftsverhältnisse 6
Familienwohnheim
– Besteuerung 1355
– Zuwendung 1216
Fehlgeburten 102
Ferienimmobilie
– Nachlass 510
Festsetzungsverjährung
– Erbschaftsteuer 1387
– Schenkungsteuer 1387
– Steuererklärung (Anforderung) 1387
Feststellungsantrag
– Nachlasszustand 257
Feststellungsklage
– Erbschaftszustand 267
– Pflichtteilsanspruch 556

Feuerbestattung 85, 104
– Durchführung 104
FG
– Entscheidungen 1322, 1323
FGG-Verfahren
– Gebühren 41
Fiktion
– des § 2077 Abs. 3 BGB 168
Fiktives Vermögen
– Pflichtteilsergänzungsanspruch 1091
– Testamentsgestaltung 1091
Finanzamt
– Verwaltungsvorschriften 1320
Firma
– Unternehmensfortführung 922
Firmenfortführung
– Beschränkung Erbenhaftung 916
– Haftung 916
– Haftungsausschluss 916
– handelsrechtliche Haftung 916
Flüchtlinge
– Erbstatut 1422
– Personalstatut 1422
Forderungsvermächtnis 426
foreign court-doctrine 1423
Formulierungsbeispiel
– Ehegattentestament 1137
– Einzeltestament 1133, 1154
– Erbengemeinschaft 1135
– Gemeinschaftliches Testament bei
    behinderten Erben 1143
– Geschiedenentestament 1159
– Hausratsvermächtnis 1135
– Landwirt-Testament 1154
– Nacherbschaft 1133
– Nießbrauchsvermächtnis 1135
– Pflichtteilsklausel 1135
– Teilungsanordnung 1133
– Teilungsanordnung, überquotale 1135
– Testamentsvollstreckung 1133
– Vermögensverwaltungsausschluss 1136
– Vorausvermächtnis 1133
– Vorerbschaft 1133
Formvorschriften
– Überlassung an Anatomie 108
Formwirksamkeit 1441
Fortsetzungsbeschluss
– Gesellschaft 923
Fortsetzungsklausel
– Gesellschaft 302, 924
– Sonderbetriebsvermögen 927

– Testamentsgestaltung 1148
Fortsetzungsvereinbarung 162
Freibetrag
– mehrere Beteiligte 1377
– Mehrschenkung 1388
– Nutzung (wiederholte) 1388
– persönlicher 1377
Freibetrag (Aufteilung)
– Betriebsvermögen 1361
Freibetrag (persönlicher)
– Abkömmlinge 1376
– Ehegatte 1376
– Eltern 1376
– Kinder 1376
Freibeweis 696
– Erbscheinsverfahren 696
Freibeweisverfahren 696
Fremdrechtserbschein 705, 1454
– Gleichlautprinzip 719
– Inhalt 719
– internationale Zuständigkeit 719
– Kosten 720
– örtliche Zuständigkeit 720
– Rechtsmittel 720
– sachliche Zuständigkeit 720
– Verfahren 720
Fremdverwaltung
– Nachfolgeklausel 818
– Personengesellschaften 818
Friedhof
– kirchlich 111
– kommunal 111
– Simultan-Friedhöfe 111
Friedhofsgebühren 113
Friedhofsgebührensatzung 113
Friedhofsordnung
– Leitfassung 86
Friedhofswesen 111
– res mixtae 111
Friedhofszwang 103
Friedhofszweck 111
Friedwald 106
Früchte
– Nacherbe 896
– Vermächtnis 404, 894
– Vorerbe 896
Gattungsvermächtnis 402, 415
– Testamentsgestaltung 1113
Gattungsvollmacht 213
GbR 966
– Erbengemeinschaft 302

Gebühren
– Abgeltungsbereich 35
– Abrechnung 56
– Auskunftsklage 68
– Ausschlagung 67
– Berufung 49
– Beschwerden 49
– Eidesstattliche Versicherung 69
– Eidesstattliche Versicherung nach § 888 ZPO 71
– Erbauseinandersetzung mit Vergleich 64
– Erbauseinandersetzung ohne Vergleich 63
– Erbprozess 67
– Erbscheinsverfahren mit Beweisaufnahme 65
– Erbscheinsverfahren ohne Beweisaufnahme 65
– Erstberatungsmandat 51
– FGG-Verfahren 41
– Gegenstandsgleichheit 39
– Gegenstandsverschiedenheit 39
– gleichgerichtetes Vorgehen 36
– Grundsatz der teilweisen Anrechnung 60
– innerer Zusammenhang 36
– Pflichtteilsverfahren 44
– Problem Beschwerde im Erbscheinsverfahren 49
– Rechtshängigkeitsvermerk 71
– Stufenklage 68
– Teilungsversteigerung 70
– Testamentserstellung 61
– Zwangsvollstreckung des Auskunftsanspruchs nach § 888 ZPO 71
– Zwangsvollstreckungsverfahren 70
Gebührenerhöhung
– Durchführung 40
Geburtsurkunde 694
Gegenstände (bewegliche)
– Nachlassverwaltung 620
– Steuerbefreiung 1354
Gegenstandswert 179
Gegenstandswertbestimmung
– nach dem RVG 71
Gegenstandswerte
– Übersicht 74
Gegenstandswerte in Erbsachen 71
– Überblick 72
Gegenstandswerte in Nachlasssachen
– Übersicht 77
Gegenstandswertvereinbarung
– Honorar 19

Geld 571
Geldanlage
– mündelsichere 247, 267
Geldsummenschuld 487
Geldvermächtnis 402
– Besteuerung 1339
– Erfüllung 451
Geldvermögen
– Aktien 425
– Bankvermögen 425
– Barvermögen 425
– Goldbarren 425
– Sparbriefe 425
– Wertpapiere 425
Gelegenheitsgeschenke
– Besteuerung 1355
Gemeiner Wert
– Schätzung 508
Gemeinnützigkeitsrecht
– Anforderungen an den Stiftungszweck 1254
– Begriff 1274
– Familienbegünstigung 1299, 1300
– Freistellungsbescheid 1277
– gemeinnützige Körperschaften 1274
– objektive Steuerbegünstigung 1275
– Rechtsfolgen 1275
– Rechtsfolgen der Gemeinnützigkeit 1274, 1275
– Sonderausgabenabzug 1279, 1280, 1281
– steuerbegünstigte Zwecke 1275
– Steuerrecht 1273, 1274, 1275, 1276, 1277
– subjektive Steuerbegünstigung 1275
– Verfahren zur Erlangung der Steuerbegünstigung 1276, 1277
– Vertrauensschutz 1276
– Voraussetzungen 1275
– vorläufige Bescheinigung 1276
Gemeinschaftliches Testament
– Anwendbarkeit der §§ 2287, 2288 BGB 752
Gemeinschaftskonten 214, 593
– Besteuerung 1348
Gemischte Schenkung 183
– Einheitstheorie 1234
– Trennungstheorie 1234
Generalvollmacht 213, 760
– Nachlassverwalter 618
Generalvollstrecker 792
Generalvollstreckung 793
Genfer Flüchtlingskonvention 1422

Genossenschaft
– Testamentsvollstrecker 822
Gerichtskosten in Erbsachen
– Übersicht 79
Gerichtskostenvorschuss
– Nachlasspflegschaft 627
Gerichtsstand
– Erbschaft 162
Gesamtgut
– als einheitliche Vermögensmasse 162
Gesamthandslehre
– moderne 950
Gesamthandsprinzip
– Erbengemeinschaft 298
Gesamthandsvollstreckung
– Erbengemeinschaft 340
Gesamtnutzungsdauer 224
Gesamtrechtsnachfolge 192, 1101
Gesamtrechtsverweisung
– ausländisches Recht 1423
Gesamtschuldnerische Haftung 40
Gesamtschuldvollstreckung
– Erbengemeinschaft 340
Gesamtstatut 1425
Gesamtvollstreckungsprinzip
– Ausnahme 871
Geschäftsanteil
– Teilung 957
– Vermächtnis 957
– Vinkulierungsklausel 957
Geschäftsbesorgung 1469
Geschäftsfähigkeit
– Testierfähigkeit 1096
Geschäftsführung ohne Auftrag
– Vorerbe 256
Geschäftsgebühr 42, 61
– Anrechnung 58
– Höhe 41
– Nr. 2400 VV 41
Geschäftswerte in Nachlasssachen
– Übersicht 77
Geschenkherausgabe (Abwendung)
– Wegfall der Steuer 1353
Geschiedene
– Testamentsgestaltung 1155
Geschiedenentestament
– Bestimmung des Nacherben 1157
– Bestimmung des Vorerben 1156
– Formulierungsbeispiel 1159
– Nacherbenlösung 1156
– Vermächtnislösung 1158

Geschwister
- Abfindungszahlungen 1233
Gesellschaft
- Auflösungsklausel 923
- Bewertungsverfahren 925
- Eintrittsklausel 939
- Erbe eines persönlich haftenden Gesellschafters (Wahlrecht) 946
- Erbschaftsausschlagung 946
- Fortsetzungsbeschluss 923
- Fortsetzungsklausel 302, 924
- Pflichtteilsansprüche 943
- Vertrag zugunsten Dritter 939
- Wertermittlung 925
- zweigliedrige 924, 943
Gesellschaft bürgerlichen Rechts
- Rechtsfähigkeit 950
Gesellschafter
- Besteuerung 1330
- Minderjähriger 940
Gesellschafteranteil
- Ausgleichsanspruch 931
Gesellschaftererben
- Erbengemeinschaft 303
- Rechte 303
- Testamentsvollstrecker (Aufgabenverteilung) 821
Gesellschafterstellung
- Nachlassverwalter 617
Gesellschaftsanteil
- Abtretungsklausel 961
- Nachlass 617
- Nachlassverwalter 621
- Testamentsvollstreckung 944
- Umwandlungsantrag 947
- Umwandlungsfrist 947
Gesellschaftsanteil (Einziehung)
- Abfindung 960
- Steuerrechtliche Folgen 961
- Stimmrechtsänderungen 960
- Umgehung 960
- Wirksamwerden 960
Gesellschaftsanteile
- Ankaufsrecht 962
- Erbengemeinschaft 303
- Kombinationsklausel 962
- mittelbare Schenkung 1222
- Nachfolgeklauseln 927
- Testamentsvollstreckung 818
- Verwaltungsvollstreckung 822
Gesellschaftsbeteiligung

- latente Steuern 908
- Nießbrauchsbestellung 1191
- Wertbestimmung 905
Gesellschaftsstatut 1449
Gesellschaftsvertrag
- Umwandlungsklausel 949
Gesetzliches Erbrecht 181
Gestaltungen
- steuerorientierte 1388
Gestaltungshinweise
- Erbverzicht 1170
- Zuwendungsverzicht 1182
Gestaltungsrisiken
- steuerrechtlich 1319
Gewalt, Täuschung oder Drohung 178
Gewerbesteuer
- Grundzüge 1330
Gewerbeübernahme
- weichende Geschwister 1060
Gewinn
- Nacherbe 896
- Versteuerung 894
- Vorerbe 896
Gewinnrealisierung
- steuerrechtlich 1316
Girokonto 592
Gläubiger
- Nachlasspflegschaft 625
- Vermächtnis 399
Gläubigerbenachteiligung 633
Gleichlauftheorie
- internationale Zuständigkeit 1453
Gleichlautprinzip
- Erbscheinsverfahren 719
- Fremdrechtserbschein 719
GmbH
- Gesellschafterliste 958
- Sonderrechte 956
- Testamentsgestaltung 1150
- Vererblichkeit 956
GmbH & Co. KG
- Nachfolgeplanung 954
GmbH-Anteil
- Abfindungsklauseln 907
- Bewertung 1369
- Einkommensteuer 958
- Erbengemeinschaft 303
- wesentliche Beteiligung 958
- Testamentsvollstreckung 962
Grabdenkmal
- Eigentum 134

– Erwerb 130
– Genehmigungspflicht 130, 131
– Gestaltung 131
– Gestaltungsauflagen 133
– Gestaltungsverbote 133
– Kunstwerk-Rang 134
– Pfändung 135
– Verfügungsrecht 134
– Verkehrssicherungspflicht 136
Grabdenkmalordnung 130
Grabgestaltung 127, 129
Grabmal
– Übergröße 133
Grabpflege 127
– abzugsfähige Kosten 137
– Auflagen 129
– Dauer 129
– Kosten 129
Grabpflegeauflagen 139
Grabpflegevertrag 138
Grabstätte
– Bepflanzung 127, 129
– Beschaffenheit 123
– Einfachgrab 124
– Einzelgrab 124
– Gestaltungsvorschriften 127
– Moslems 122
– Reihengrab 124
– Ruhezeit 127
– Sondergrab 124
– Tiefgrab 124
– Verleihung 122
– Wahlgrab 124
– Wiedererwerb 122
– Zuweisung (Ermessensentscheidung) 122
– Zwei-Felder-System 133
Grabstättennutzung
– Beweihenkaufung 124
Grabstelle
– Auseinandersetzung 352
Gradualsystem 158, 159
Großer Pflichtteil 161
Grundbesitz (Grundbesitzwert)
– Bewertung 1373
Grundbesitz (Grundstückswert)
– Bewertung 1373
Grundbesitzwerte
– Ermittlung 9
Grundbuch
– Testamentsvollstreckervermerk 761

Grundbuchamt
– Alleinerbe 203
– Bevollmächtigung Erblasser 447
– Erbschein 685
– Vermächtnisnehmer 448
Grundbuchberichtigungsklage
– Anträge (Muster) 676
Grunderwerbsteuer
– Grundzüge 1332
Grundpfandrechte
– eingezogenes Kapital 247
– Kündigung 247
– Tilgung von 254
Grundstück
– Nachlassbewertung 509
– Nachlasspflegschaft 600
– Sachwertverfahren 511
– Verfügungen zu Lasten Nacherbe 246
– vermächtnisweise Zuwendung 424
– Vorbehaltsnießbrauch 1191
Grundstücksschenkung
– mittelbare 1390
Grundstücksvermächtnis 448, 677
– Erfüllung 448
Grundstücksvollmacht 215
Grundzüge
– Umsatzsteuer 1331
Gruppenerbschein 683
Gütergemeinschaft
– Aufhebung Rechtsfolge 164
– fortgesetzte 163
Güterrecht
– Anrechnung von Zuwendungen 497
– internationales 1444
– Zuwendung 497
Güterrechtliche Lösung 159
Güterrechtsstatut 1090
Gütersonderungsverfahren 633
Güterstand
– am 31.3.1953 1090
– Auskunftsanspruch 525
– Erbquote 159
– Sachverhaltsaufklärung 7
– Sachverhaltsvorfragen 1090
Güterstandsschaukel 164, 1218
Güterstatut 1434, 1444
– Qualifikation 1447
– Spaltung (in verschiedenen Ländern belegene Immobilien) 1445
Gütertrennung 165
– ausländisches Recht 166

Gutglaubensschutz
– unentgeltlich Verfügung 249
Gutglaubensschutz (TV)
– Grundstücksgeschäfte 829
– Leistung eines Dritten 828
– Testamentsvollstreckerzeugnis 829
Haager Erbrechtsübereinkommen 1418
Haager Testamentsformübereinkommen 1442
– gemeinschaftliche Testamente 1441
Haftung 1472
– Anwalt 456
– Firmenfortführung 916
– Miterben gegenüber Dritten 303
– Pflichtteilsanspruch 544
– Vermächtnis 398
– Vertragserbe 726
– Vorerbe 266
Haftung, handelsrechtliche
– Firmenfortführung 916
Haftungsausschluss
– Firmenfortführung 916
Haftungsbegrenzung
– § 51a BRAO 21
Haftungsbegrenzungsvereinbarung
– Empfangsbekenntnis 21
Haftungsbeschränkung 1472
– Erben 633
– Mandatsvereinbarung 20
– Nachlassverwaltung 633
Haftungsbeschränkungsmaßnahmen
– Testamentsvollstrecker 804
Haftungsfalle Verjährung
– Pflichtteilsrecht 566
Haftungsmaßstab
– § 2131 BGB 266
Haftungsumfang
– Mandatsvereinbarung 20
Haftungsvorbehalt
– Aufnahme in Tenor 454
Halbeinkünfteverfahren 1206
Handelbilanz 790
Handelsregister
– Alleinerbe 203
– Erbennachweis 721
– Unternehmensfortführung 916
Härteausgleich
– Steuerberechnung 1377
Hauptvermächtnis 398, 420
Hauptvermächtnisnehmer 398
Hausgenossen (des Erblassers)

– Alleinerbe 203
Haushalt
– angemessener 166
Hausrat
– Steuerbefreiung 1354
Hausratsvermächtnis
– Formulierungsbeispiel 1135
Heiratsurkunden 694
Hemmung
– Pflichtteilsanspruch 551
– Verjährungsfrist 551
Herausgabe 740, 748
– Anordnung 240
– Erbvertragsanspruch 739
Herausgabeanspruch 677
– Anspruchsinhalt 211
– Auftragsverhältnis 210
– aus §§ 2287, 2288 BGB 677
– Beauftragter 210
– Erbvertrag 737, 744
– Konkurrenzen 211
– Nacherbschaft 264
– Verfahrensfragen 211
– Verjährung 211
Herausgabevermächtnis 419
– aufschiebend bedingtes 419
Herstellungswert
– Immobilienbewertung 225
Hinterlegung 172
– Nachlasspflegschaft 608
– Patientenverfügung 1479
Höchstbetragsbegrenzung
– Zusammenrechnung 1382
Höchstpersönlichkeit 891
Hof i.S.d. HöfeO
– Wirtschaftswert 1153
Höfeordnung
– besonderes Zuweisungsverfahren 1090
– Erbstatut 1425
– Zuständigkeit 686
Hoferbfolge
– Testamentsgestaltung 1154
Hoferbfolgezeugnis 683, 705
Höferecht 185, 1153
Hofgut
– Altenteilsvertrag 1202
– Leibgeding 1202
Hofübernahme
– weichende Geschwister 1060
Honorar
– erstes Beratungsgespräch 4, 5

– Gegenstandswertvereinbarung 19
– Mehrvertretungszuschlag 13
– Mindestgegenstandswert 19
– Mindestpauschalvergütung 17
– vereinbartes 52
– Zeit mit Mindestpauschalvergütung 17
– Zeitvergütung 16
Honorarvereinbarung 52
Honorierung
– Pauschalvergütung 14
Hypothek
– Nachlass 250
– Tilgung aus 250
Immobilie
– Beleihungswert 220
– Bewertung 510
– Pflichtteilsrecht 226
– Verkaufswert 220
– Zeitwert 220
Immobilienbewertung
– bebautes Grundstück 232
– Gesamtnutzungsdauer 224
– Herstellungswert 225
– Liegenschaftszins 224
– Nießbrauch 226
– Rechtsgrundlagen 229
– Restnutzungsdauer 224
– Sonderimmobilien 233
– Steuerrecht 229
– Teilungsanordnung 227
– unbebautes Grundstück 231
– Vergleichswertmethode 231, 232
– Verkehrswert 220
– Vorausempfang 227
– Wertbegriff 220
– Wohnrecht 226
Inland
– Begriff 1397
Inländer
– Steuerpflicht 1397
Inlandsvermögen
– steuerrechtlich 1400
Innenverhältnis 1469
In-Sich-Geschäft 1468
– Testamentsvollstrecker 900
Insolvenz
– Testamentsvollstreckung 768
– Vorerbe 269
institution contractuelle 1441
Interessenkollision
– Beratung von Ehegatten 24

– Erbengemeinschaft 23
– Mehrheit von Mandanten 23
– Übergabevertragspartner 25
– Vertretung mehrerer Pflichtteilsberechtigter 24
Internationales Steuerrecht
– Begriff 1393
Inventaruntreue 633
Inverwahrnahme
– amtliche 571
IPR
– Erbschein 1455
– Erbverzicht 1443
– Grundsatz 1442
– Pflichtteilsverzicht 1443
– Rechtsumgehung 1452
– Testament (gemeinschaftliches) 1439
– Testament (gesondertes) 1439
IPR-Vorbehalt
– internationale Zuständigkeit 1458
Irrtum 193
Islam
– Ruhezeit 127
Ist-Vermögen
– Testamentsgestaltung 1091
Jahresabrechnung
– Nachlasspfleger 602
Jahreswert (Nutzungen) 1372
Jastrow'sche Klausel
– Pflichtteilsstrafklausel 1130
Jubiläumsgeschenke
– Besteuerung 1355
Kapital
– eingezogenes 247
Kapitalanlagen
– Unternehmensnachfolge 888
Kapitalanteil
– OHG 941
Kapitalforderungen
– Bewertung 1370
Kapitalgesellschaft
– Besteuerung 1329
– Betriebsvermögen (Anteil) 1361
– Nutzungen 278
– Testamentsvollstreckung 823
Kapitalgesellschaft (Beteiligung Höhe)
– Betriebsvermögen 1361
Kapitalgesellschaft (Beteiligung unmittelbare)
– Betriebsvermögen 1361
Kapitalgesellschaft (inländische)
– Betriebsvermögen 1361

Kapitalgesellschaft (mehrere Erwerber)
– Betriebsvermögen 1361
Kapitalgesellschaften
– Kernrechtsbereichtheorie 823
– Stuttgarter Verfahren (Bewertung) 1369
– Stuttgarter Verfahren (Steuer) 1369
– Testamentsgestaltung 1150
Kapitalgesellschaften (Anteile)
– Ertragshundertsatz (Bewertung) 1370
– Vermögenswert (Bewertung) 1370
– Wert, gemeiner (Bewertung) 1370
Kapitalgesellschaften (börsennotierte Anteile)
– Bewertung 1368
Kapitalgesellschaften (nicht börsennotierte Anteile)
– Bewertung 1369
Kapitalgesellschaften (Paketzuschlag)
– Bewertung 1369
Kapitalgesellschaftsanteile
– Nießbrauch 1190
Kapitallebensversicherungen
– Übertragung 1214
Kapitalschulden
– Bewertung 1370
Kapitalvermögen
– Vorbehaltsnießbrauch 1192
Kapitalwert (Laufzeit)
– Bewertung 1372
Kappungsgrenze 67
Kaufkraftschwund
– lebzeitige Zuwendungen 1232
– Preisindexzahl 1232
Kaufkraftveränderung 437
Kaufrechtsvermächtnis
– Besteuerung 1340
Kenntnisabhängigkeit 193
Kernrechtsbereichtheorie 819
– Kapitalgesellschaften 823
Kettenschenkung 1389
KG
– Erbengemeinschaft 302
– Haftung (Erbfall) 952
– mehrere Erben 952
– minderjährige Erben 952
– s. OHG 951
– Vererblichkeit 951
– vormundschaftsgerichtliche Genehmigung 1240
Klagepflegschaft 456, 457
– Formulierungsbeispiel 628
– Nachlassgläubiger 627

– Prozessführungsbefugnis 579
Kleiner Pflichtteil 160, 183
– fiktiver 197
Kollisionsnorm 1420
Kollisionsrecht 1417
– Rückverweisung 1132
Kombinationsklausel
– Gesellschaftsanteile 962
– Unternehmensfortführung 962
Kommanditanteil
– Testamentsvollstreckung 953
– Verwaltungsvollstreckung 821
Kommanditist
– Eintrittsberechtigter 942
– Tod 951
Konkurrenz
– Abkömmling 261
– Erbe 261
– Herausgabeanspruch 211
Konsularvertrag
– Deutsch-Sowjetischer 1419
Kontensperrung 571
Kontenverwaltung
– Legitimationsprüfung 591
– Nachlasspfleger 591
Kontovollmacht 214
Kontrollbevollmächtigter
– Rechtsanwalt 1466
Kontrollmitteilungen
– Finanzämter 1384
Kontrollrechte
– Nacherbe 262
Körperschaft (gemeinnützig)
– Zuwendung (steuerfrei) 1356
Körperschaftsteuer
– Grundzüge 1328
Kosten
– Erbverzicht 1176
– Vermächtniserfüllung 410
Kostenersatz
– Sozialhilferegress 1065
Kostenrecht
– Erbengemeinschaft 374
Kostenrisiko
– Mandantenaufklärung 45
Kredit
– Eigenmittel des Vorerben 251
Kürzungsrecht
– Abdingbarkeit 410
– eingeschränktes (§ 2318 Abs. 2 BGB) 408
– erweitertes (§ 2318 Abs. 3 BGB) 409

Landwirt
- Testament 1152
Landwirtschaftserbrecht 1153
Landwirt-Testament
- Formulierungsbeispiel 1154
Lasten
- öffentliche 428
- private 428
Latente Steuern 508
Lebensgemeinschaft (nichteheliche)
- Erbstatut 1436
- Vorfrage 1436
Lebenspartner
- Vermögenstrennung 169
Lebenspartnerschaft (eingetragene) 1434
Lebenspartnerschaftsgesetz 169
Lebenspartnervertrag
- Gütergemeinschaft 169
Lebensverkürzung 1481
Lebensversicherung
- steuerfrei Schenkung 1392
Lebensversicherung (Prämienzahlung)
- Besteuerung 1350
Lebensversicherungen
- Testamentsgestaltung 1090
- vorweggenommene Erbfolge 1214
Lebzeitige Rechtsgeschäfte
- Fälle 729
Lebzeitige Zuwendungen
- Kaufkraftschwund 1232
- Pflichtteilsanrechnung 1231
Lebzeitiges Eigeninteresse
- Erbvertrag 734
Leibesfruchtpfleger 572
Leibgeding 1202
Leibgedingsvertrag 1056
Leibrente 437, 1114
Leiche
- Auslandsbeförderung 90
- Beförderung 89
- Besorgung 87
- Umbettung 100
Leichenausstellung
- Kunstfreiheit 108
Leichenbeförderung
- internationales Abkommen 86
Leichenhalle
- Benutzungszwang 88
Leichenschau 87
Leichnam
- Recht am 107

Leistungsgebot
- Zahlungsaufforderung 1326
Leistungsverfügung 672
Leistungsvorbehalt 438
Leseunkundige 175
Letztwillige Verfügung
- Auslegung 238, 472
lex rei sitae 1421
Liegenschaftszinssatz 224
Liquidation
- Nachlassverbindlichkeiten 601
Liquidationsgesellschaft
- Erbengemeinschaft 302, 923
Mandat
- vermögensverwaltende Tätigkeiten 27
Mandatsannahme 4
Mandatsmehrheit
- Interessenkollision 23
Mandatsvergütung
- Vereinbarung 12
Martin'sche Klausel
- Vermächtnis 1112
Masseschulden
- Nachlasspflegschaft 598
Mehrvertretungszuschlag
- Honorar 13
Minderjährige 270
- Aktiengesellschaft 1242
- als Gesellschafter 1239
- Beschenkte 1226
- Einmann-GmbH 1242
- Einzelunternehmen 915
- Erben (Gesellschaftsanteile) 947
- Erbenbestimmung 891
- Erbengemeinschaft 917
- KG 952
- Testierfähigkeit 1096
- über 16 Jahre 177
- vorweggenommene Erbfolge 1235
Minderjähriger 143
- Gesellschafter 940
Mindestgegenstandswert
- Honorar 19
Mindestnennbetrag
- GmbH 958
Mindestpauschalvergütung
- Honorar 17
Missbrauch 734
Miteigentumsanteil
- Bewertung 510

Miterbe 398
– Alleinerbe 203
– Erbvertrag 740
Miterben
– Feststellungsklage 334
– Haftung gegenüber Dritten 303
– Recht zum Besitz 324
Miterben (Steuerpflicht) 1337
Miterbenauseinandersetzung
– lebzeitige Zuwendungen 1231
Miterbengemeinschaft 247
– Erbvertrag 738
Mitgliedschaftsrechte
– Nachlassverwalter 621
Mittelsurrogation 250
Möhring'sche Tabelle
– Testamentsvollstreckervergütung 863
Moslems
– Grabfelder Richtung Mekka 122
Motivirrtum
– unbeachtlicher 193
Nacherbe 239
– Anrechnung 281
– Anwartschaftsrecht 259
– Anwartschaftsrecht (Besteuerung) 1338
– Auskunftsanspruch 263
– Ausschlagung 258
– Besteuerung 1338, 1339
– Bestimmung durch Erben 238
– Drittwiderspruchsklage 268
– Erbschaftsteuer 281
– Früchte 896
– Gewinn 896
– kein gesetzlicher 238
– Kontrollrechte 262
– Nutzungen 896
– Schadenersatzanspruch 266
– Sicherheitsleistung 264
– Sicherungsrechte 262, 264
– Surrogate 896
– über dingliche Rechte 246
– Vorversterben 241
– Zwangsverwaltungsanspruch 264
Nacherbenanwartschaftsrecht
– Vererblichkeit 1105
Nacherbeneinsetzung 243, 471
Nacherbenkette 245
Nacherbenlösung 1156
– Geschiedenentestament 1156
Nacherbenpflegschaft 573

Nacherbenrechte
– Verletzung 263
Nacherbentestamentsvollstreckung 825
– Testamentsgestaltung 1119
– Testamentsvollstreckervergütung 864
Nacherbenvermerk 244
– notwendiger Inhalt 702
– Umfang 702
Nacherbenvollstreckung 759, 761
Nacherbfall
– Aktivprozess 269
– Anordnung 244
– durch sonstiges Ereignis 281
– Eintritt 244, 269
– Erbschaftsteuer 281
– Passivprozess 269
– Tod des Vorerben (Besteuerung) 1338
– unwirksame Verfügung 246
– während Rechtsstreits 269
Nacherbfolge 895
– anderes Ereignis (Besteuerung) 1339
– konstruktive 240
Nacherbfolgeordnung
– zeitliche Beschränkung 245
Nacherbin
– Stiftung (Einsetzung) 1269
Nacherbschaft 237, 678
– Ausschlagung 147, 148
– Erbeinsetzung 1102
– Erbschein 257
– Erbvertrag 739
– Formulierungsbeispiel 1133
– Gestaltungshinweise 270
– Herausgabeanspruch 264
– Testamentsgestaltung 1104
– Unternehmensnachfolge 277
– Unterschied zum Nachvermächtnis 418
Nacherfüllungsanspruch 404
Nachfolgeklausel 818
– Betriebsaufspaltung 936
– einfache 1148
– Fremdverwaltung 818
– gescheiterte 933
– Gesellschaftsanteile 927
– OHG 927
– qualifizierte 277, 930, 1149
– rechtsgeschäftliche 277, 938
– verunglückte 933
Nachfolgeklausel, rechtsgeschäftliche
– Pflichtteilsansprüche 939
Nachfolgeklauseln 517

Nachfolgeplanung
- Aktien 966
- ganzheitliche 885
- generationenübergreifende 885
- GmbH & Co. KG 954
- Stiftung 1302
Nachlachlassgegenstände
- Erbengemeinschaft 324
Nachlass 1365
- Ausland 1459
- Ausländer 577
- ausländischer 765
- Bestandsaufnahme (Muster) 587
- bewegliche Sachen 620
- Bewertung 195
- Bewertungsgrundsätze 506
- Erfassen 8
- Ersatzleistungen 250
- Erwerbsgeschäft 618
- Ferienimmobilie 510
- gesamte 416
- Gesellschaftsanteil 617
- gutgläubiger Erwerb 620
- Seeleute 577
- Überschuldung 193
- Umfang 498
- unzureichender 493
- Vermögensverhältnisse 8
- Verwaltung 616
- Wald 252
- Wertermittlungsanspruch 528
- Zulänglichkeit 615
- Zusammensetzung 193
Nachlassabkommen
- deutsch-türkisches 1457
- Deutsch-Türkisches 1418
Nachlassabsonderung 623
Nachlassakte
- Beiziehung 452
- Originalurkunde 452
Nachlassauseinandersetzung 798
- Anhörungspflicht der Erben 799
- Teilungsregel 798
- Teilungsverbot 798
- Veräußerungsverbot 798
Nachlassbestand
- Auskunft 267
- Auskunftsanspruch 263, 524, 525
- Bilanz-Form 526
- Darstellung 8
- einstweilige Verfügung 267

- Sicherheitsleistung 267
Nachlassbewertung
- bzgl. Pflichtteilsrecht 503
- Erbfallschulden 498
- Erblasserschulden 498
- freiberufliche Unternehmen 513
- Geld 508
- Gesellschaftsanteile 514
- Grundstücke 509
- Kapitalgesellschaftsanteile 514
- Landgüter 514
- negatives ABC 503
- nichtpflichtteilsrelevante Verbindlichkeiten 502
- nichtpflichtteilsrelevantes Vermögen 502
- Personengesellschaftsanteile 514
- Pflichtteilsrecht 497, 498
- Stichtag 498
- wiederkehrende Leistungen 509
- Wurzeltheorie 498
Nachlasseinheit
- Nachlassspaltung 1424
Nachlasserhaltung 588
Nachlasserhaltungskosten
- Erbengemeinschaft 327
Nachlassgefährdung 846
Nachlassgegenstände 265
- Benutzung 324
- Bewertung einzelner 193
- Kosten und Lasten bei laufender Verwaltung 327
- Verfügung 298
- Verwaltung 324
- Wert der einzelnen 193
Nachlassgericht 771
- Alleinerbe 203
- Aufgaben 578
- Außerkraftsetzung der Erblasseranordnung 845
- Jahresrechnung 578
- Rechte 578
- Schlussrechnung 578
- Zuständigkeit 573
Nachlassgestaltung
- Erbengemeinschaft 288, 289
Nachlassgläubiger 580
- Befriedigung 615
- Klagpflegschaft 627
- Vertragserbe 726
Nachlassinsolvenz 573
- Ende Nachlassverwaltung 624

– Eröffnung 624
Nachlassinsolvenzverfahren
– Antrag 598
Nachlasspflege
– Erbunwürdigkeitsklage 604
– Nachlassverwaltung 604
Nachlasspfleger
– Aktivprozess 603
– allg. Pflichten 592
– Annahme der Bestellung 29
– Anwaltpflichtversicherung 586
– Aufgaben 29, 585
– Aufwendungsentschädigung 610
– Aufwendungsersatz 610
– Auseinandersetzung 609
– Belastungsvollmacht 600
– bereits angefallene Erbschaft 602
– Besitznahme 587
– besondere Pflichten 592
– Bestallung 578
– dürftige Nachlässe 599
– Entlassung 579, 610
– Erhöhungsgebühr 612
– Gegenansprüche 629
– Jahresabrechnung 602
– Kontenverwaltung 591
– Nachfolgeauftrag 609
– Nichtzuständigkeit 604
– Passivprozess 603
– Pflichten 29
– Pflichten bzgl. Konten 588
– Prozessfähigkeit 603
– Prozessführung 603
– Schlussrechnung 602
– Stellung 581
– Steuerbescheide 599
– Steuerschulden 600
– Tod 579
– Vergütung 30
– Vergütung 610
– Vergütungsfestsetzung (Antrag) 611
– Vermächtniserfüllung 601
– Vertretertheorie 29
– Zeitfaktor 610
– Zusammenarbeit mit Erben 608
Nachlasspflegertätigkeit
– Aufhebung 579
– Ende 579
– Wirkungskreis 629
Nachlasspflegschaft 456, 457, 558, 570
– Aufsicht 578

– Betriebsfortführung 600
– eidesstattliche Versicherung 597
– Erbenstellung 576
– gerichtliche Geltendmachung 581
– gerichtliche Undurchführbarkeit 581
– Gerichtskostenvorschuss 627
– Gläubiger (Antrag) 625
– Gläubigeraufgebot 597
– Gläubigerauskunft 597
– Grundstücke 600
– Hinterlegung 608
– Massenschulden 598
– nichteheliches Kind 576
– Prozesskostehilfe 597
– Sicherungsbedürfnis 576
– Titel 627
– Verpflichtungshandlung 578
– Verwaltung 597
Nachlasspflegschaftsanordnung
– Rechtsmittel der Erben 630
Nachlasssicherung
– Unbekanntheit des Erben 574
Nachlasssicherungsmaßnahme
– amtliche Aufbewahrung 571
– Hauswächter, bestellen 572
– Kontensperrung 571
– Postsperre 572
– Sicherungspflegschaft 570
– Siegelung 571
– Vormerkung 572
Nachlassspaltung 719, 1132, 1439, 1450
– Erbausschlagung 1451
– funktionelle 1425, 1426, 1444
– gegenständliche 1425
– Nachlasseinheit 1424
– Pflichtteilsrecht 1451
Nachlassveräußerung
– latente Steuern 508
Nachlassverbindlichkeit 1366
– Liquidation 601
– Nachlassverwalter 615
Nachlassverfahren
– Stand 11
Nachlassverfahrensrecht
– international 1417
Nachlassvermächtnis
– Unterfall Herausgabevermächtnis 419
Nachlassverwalter
– Aktivprozesse 620
– Alleinerbe 203
– Annahme der Bestellung 30

– Anwalt als 613
– Aufgaben 614
– Auskunftserteilung 619
– Entlassung 624
– Forderungseinzug 619
– Gegenansprüche 629
– Generalvollmacht 618
– Gesellschafterstellung 617
– Gesellschaftsanteil 621
– gewillkürte Prozessstandschaft 624
– Haftung 624
– Mitgliedschaftsrechte 621
– Nachlassverbindlichkeiten 615
– Nachlassverwaltungskosten 618
– Organ 623
– Prozessführungsbefugnis 620
– Schlussrechnung 625
– Unterhalt 620
– Vergütung 31, 622
– Vergütungsfestsetzung (Antrag) 622
– Vermögenssonderung 614
Nachlassverwaltung 616
– Ablehnung wegen offensichtlicher 633
– Antragsbegründung 583
– Aufhebung 584
– beantragen 604
– Begriff 842
– Einkommensteuerbescheid 622
– Grundsatz 613
– Gütersonderung 570
– Haftungsbeschränkung 633
– Kosten und Lasten bei laufender Verwaltung 327
– Masse 583
– ordnungsgemäße 842
– Sondervermögen 803
– Testamentsvollstrecker 803
– Testamentsvollstreckung 573
– Verfahren 583
– Vergütung 585
– Verwaltung 842
– Vorschuss 583
Nachlassverwaltungsanordnung
– Leistungen 619
– öffentliche Bekanntmachung 619
Nachlassverwaltungskosten
– Nachlassverwalter 618
Nachlassverzeichnis 253, 526, 614, 795
– Aktiva 795
– Antragsrecht 526
– Aufnahme (Notar) 796

– Erstellung 794
– Erstellungsanspruch 262
– gesetzlicher Vertreter 795
– Hinzuziehungsrecht der Erben 796
– Kostentragung 530
– Nachbesserungsanspruch 527
– Passiva 795
– Tag der Aufnahme 795
– Testamentsgestaltung 1090
– Vollständigkeitsvermutung 796
– ZPO-Verfahren 267
Nachlassvollmacht 910
– Form 910
– internationale 765
– postmortale Vollmacht 910
– transmortale Vollmacht 910
Nachlasswert 740
– Ermittlung 9
Nachlasszustand
– Feststellung 257
– Sachverständiger 254
Nachnacherbe 260
Nachranggrundsatz
– Sozialhilfe 1029
Nachvermächtnis
– Anwartschaftsrecht 417
– Gegenstand 418
– Unterschied zur Vor- und Nacherbschaft 418
Nachvermächtnisanordnung
– Testamentsgestaltung 1125
Nachvermächtnislösung
– Behindertentestament 1076
Nachzahlungszinsen
– Steuer 1326
Namensaktien
– Aktienregister 964
– Anzeige an das Finanzamt 964
– Erbenlegitimation 964
– Umschreibung 964
– vinkulierte 965
nasciturus 170
Naturalleistungen
– Sozialhilferegress 1057
Negativtestament 1121
Nennbetrag 508
Neue Bundesländer 1090
– ab dem 3.10.1990 159
– vor dem 3.10.1990 159
Nichtanwendungserlass
– Verwaltungsvorschriften 1322

Stichwortverzeichnis

Nichteheliche Kinder
- DDR-Sonderregeln 156

Nichterben
- auskunftsberechtigt 522

Niederlassungsabkommen
- Deutsch-Persisches 1419

Niederstwertprinzip
- fiktiver Nachlass 528
- Pflichtteilsergänzung 228
- Schenkung 541

Nießbrauch
- Aktien 430
- am Nachlass 432
- am Recht 429
- an Sachen 427
- andere Rechte 434
- Auseinandersetzungsguthaben 431
- Beendigung 1190
- dinglichen 426
- Einzelbestellungsakt 430
- Entstehen 1190
- Erbteil 432
- Ertragsnießbrauch 430
- Ertragssteuerrecht 1191
- Gegenstand 427
- Gewinnanteil 431
- GmbH-Anteile 430
- Immobilienbewertung 226
- Kapitalgesellschaftsanteile 1190
- Nutzungen 426, 428, 434
- Personengesellschaft 431, 1190
- schuldrechtlichen 426
- Unternehmensnießbrauch 430
- Verfügungsrecht 428
- Vermögen 433
- Wertersatz 432
- Zwangsversteigerung 1197
- Zwangsvollstreckung 432

Nießbrauchsbestellung
- Gesellschaftsbeteiligung 1191

Nießbrauchslösung
- Ehegattentestament 1127
- Testamentsgestaltung 1127

Nießbrauchsvermächtnis 426, 427, 432, 450
- Besteuerung 1340
- Erfüllung 449
- Formulierungsbeispiel 1135
- Testamentsgestaltung 1114

Nießbrauchsvorbehalt
- Betriebsvermögen 1193
- vorweggenommene Erbfolge 1196

- Wohnrecht 1197

Nießbrauchsvorbehalt unter Lebenden 1192

nondum conceptus 170

Normalverkaufswert
- Pflichtteilsrecht 226
- Wertermittlung 226

Notarkosten in Erbsachen
- Übersicht 79

Noterbquote 1437

Noterbrecht
- Erbschein 1455

Notfallsituation
- Patientenverfügung 1477

Notfrist 669

Nottestament 171, 173
- auf See 173
- auf See/deutsches Schiff 174
- Gültigkeitsdauer 173
- Niederschrift 173
- Öffentliche Urkunde 173

Notverwaltungsmaßnahmen
- Einzelfälle 318

Notzuständigkeit 1453

Nutzung (wiederholte)
- Freibetrag 1388

Nutzungen
- Einzelunternehmen 278
- Erbvertragsanspruch 739
- Kapitalgesellschaft 278
- Nacherbe 896
- Personengesellschaft 278
- Vermächtnis 404, 894
- Vorerbe 254, 896

Oder-Konto 214

OECD/Erb
- Begriffsbestimmungen 1406
- Belegenheitsstaat (Besteuerung) 1407
- Doppelbesteuerung (Vermeidung) 1407
- Geltungsbereich 1406
- Gleichbehandlungsgebot 1408
- Informationsaustausch 1408
- Inkrafttreten 1408
- Musterabkommen 1406
- Verständigungsverfahren 1408

OFD-Verfügungen
- Verwaltungsvorschriften 1321

OHG
- Abfindungslösung 941
- einfache Nachfolgeklausel 928
- Einlage des Eintrittsberechtigten 941
- Erbengemeinschaft 302

- Erbrecht 921
- Kapitalanteil 941
- Nachfolgeklausel 927
- Pflichtteilsansprüche 929
- Sonderbetriebsvermögen 934
- Sondererbfolge 928, 931
- Testamentsvollstreckung 944
- Treuhandlösung 941
- vormundschaftsgerichtliche Genehmigung 1240

ordre public 1452

Organentnahme
- zulässiger Zeitpunkt 1484
- Zulässigkeit 1483

Organspende
- Patientenverfügung 1483
- Widerspruch 1483

Organspendeerklärung
- Inhalt 1484

Paketzuschlag
- Kapitalgesellschaftsanteile (Bewertung) 1369

Parentelsystem 158

Partnerschaftsgesellschaft
- Testamentsvollstrecker 823

Passiva 193

Passivprozess 269

Patchworkehe
- Testamentsgestaltung 1155

Patientenverfügung
- allgemeines Persönlichkeitsrecht 1477
- Aufbewahrung 1479
- Aufklärung 1478
- Diskussionsstand 1484
- Einsichtsfähigkeit 1477
- formlos 1478
- Hinterlegung 1479
- Hinweiskarte 1479
- Motive 1477
- notarielle Beurkundung 1478
- Notfallsituation 1477
- Organspende 1483
- Recht am eigenen Körper 1477
- Recht auf Selbstbestimmung 1476
- Registrierung 1479
- Schriftform empfohlen 1478
- Sterbehilfe 1480
- Unterschriftenerneuerung 1478
- Urteilsfähigkeit 1477
- Verbindung 1475
- Widerruf 1480

- zulässiger Inhalt 1480

Pauschalhonorar 52

Pauschalvergütung
- Formulierungsvorschlag 14
- Honorierung 14

per-country-limitation 1406

Person
- noch nicht gezeugte 239, 242, 270

personal representative 1454
- anglo-amerikanisches Recht 1443

Personalstatut 1421, 1422
- Asylberechtigte 1422
- Flüchtlinge 1422

Personengesellschaft
- Besteuerung 1329
- Erbengemeinschaft 302
- Nießbrauch 431, 1190
- Nutzungen 278

Personengesellschaften
- Bewertung bei Nachfolge 518
- Eintrittsrecht 517
- Fremdverwaltung 818
- Vorbehaltsnießbrauch 1192

Personengesellschaftsanteile
- Abfindungsanspruch 515
- Nachlassbewertung 514

Personenkreis
- bestimmbarer 412

Personenstandsurkunden 694

Pflege
- Besteuerung 1355

Pflegeleistungen
- Sozialhilferegress 1057

Pflegevergütungsvermächtnis 443

Pflichtteil 237, 740
- Anrechnung 493
- Anrechnungspflicht 397
- Beschränkungen 476
- Beschwerungen 476
- Besteuerung 1341
- erhöht durch Leistung 492
- großer 545
- Kürzungsrecht 544
- latente Steuern 908
- Leistung an Erfüllung Statt (Besteuerung) 1342
- Stundung 1174
- Stundung (Muster) 561
- Zugewinn (Praxishinweis) 563

Pflichtteilsanrechnung
- lebzeitige Zuwendungen 1231

Pflichtteilsanspruch
– Ausgleichung 493
– Auskunftsklage 555
– außergerichtlicher Vergleich (Muster) 564
– Durchsetzung/Rechtsweg 552
– Erbschaftsteuerrecht 561
– Erbvertrag 736
– Feststellungsklage 556
– Geldsummenschuld 487
– großer 162
– Haftung 544
– Hemmung 551
– Klagpflegschaft 558
– Minderjährige/Verjährung 552
– Nachlasspflegschaft 558
– Neubeginn Verjährungsfrist 551
– Ratenzahlungsvereinbarung 1169
– Rechtsmotiv 487
– Stiefkindadoption 467
– Stufenklage 553
– Stundung 559, 909, 1169
– Teilverzicht 1169
– Überleitung 1066
– Verjährung 549
– Verjährungsbeginn 549
– Verschwägertenadoption 467
– Verwandtenadoption 467
Pflichtteilsansprüche
– Abfindungsansprüche 926
– Abfindungslösung 943
– Gesellschaft 943
– OHG 929
– rechtsgeschäftliche Nachfolgeklausel 939
– Sonderrechtsnachfolge 937
– Sozialhilferegress 1064
– Testamentsvollstreckung 838
– Unternehmensfortführung 943
– Unternehmensnachfolge 902
Pflichtteilsberechnung 483
Pflichtteilsberechtigte 270
– anwaltliche Vertretung 24
– Auskunftsansprüche 522
– auskunftsberechtigt 522
– Interessenkollision 24
– mehrere 24
Pflichtteilsberechtigte Erben
– Leistungsverweigerungsrecht 547
Pflichtteilsberechtigte Personen
– Adoptivkinder 467
– Ehegatte 468
– entferntere Abkömmlinge 469

– gleichgeschlechtliche Lebenspartner 469
– leibliche Kinder 467
– nichteheliche Kinder 468
– sonstige Verwandte 469
Pflichtteilsberechtigter
– Anfechtung 149
– Ausschlagung 149
– Besteuerung 1341
– Beweislastverteilung 558
– Eigengeschenke 543
– Vorerbe 476
– Wertermittlungsanspruch 528
Pflichtteilsberechtigung 740
– Auflage 472
– Vermächtnis 472
Pflichtteilsentziehung
– Abkömmling 1122
– Begründung 1124
– Ehegatte 1123
– Eltern 1123
– Form 1124
– in guter Absicht 1124
– Testamentsgestaltung 1122
– Überschuldung 1124
– Verschwendungssucht 1124
– Verzeihung 1124
Pflichtteilsentziehungsgrund
– Feststellungsklage 1124
Pflichtteilsergänzungsanspruch 187, 466, 556
– Abfindungsansprüche 926
– Anspruchsberechtigte 531
– Berechnungsweise 539
– fiktives Vermögen 1091
– Inhalt 540
– Niederstwertprinzip 228
– Pflichtteilsverzicht 1169
– Schenkung 531
– Schuldner 538
– Substraktionsmethode 539
– Verjährung 550
– vorweggenommene Erbfolge 1232
Pflichtteilsklausel
– Formulierungsbeispiel 1135
Pflichtteilslast
– Innenverhältnis 544
– pflichtteilsberechtigter Erbe 546
– pflichtteilsberechtigter Vermächtnisnehmer 545
– Vermächtnisnehmer 545
Pflichtteilslastverteilung
– Erbengemeinschaft 548

Pflichtteilsquote
– Erhöhung 182
Pflichtteilsrecht 534
– Abfindungsklauseln 907
– Anrechnung 490
– Ausgleichung 490
– Haftungsfalle Verjährung 566
– Immobilie 226
– Inhalt 487
– Nachlassbewertung 497, 498
– Nachlassspaltung 1451
– nichtrelevante Verpflichtungen 502
– nichtrelevantes Vermögen 502
– Normalverkaufswert 226
– Praxishinweise 563
– Stiftung von Todes wegen 533, 534
– Vergleich (Praxishinweis) 563
– Vermögenserwerb durch güterrechtliche Vereinbarung 535
– Vorweggenommene Erbfolge 1230
– Wegfall eines Abkömmlings 496
Pflichtteilsreduzierung 163
Pflichtteilsrestanspruch 194, 196, 474, 475
– Pflichtteilsverzicht 1169
– Wertermittlung 484
Pflichtteilsstrafklausel
– Jastrow'sche Klausel 1130
Pflichtteilsvermächtnis 422
Pflichtteilsverpflichteter
– Besteuerung 1341
Pflichtteilsverzicht 474, 1165
– Abfindung 1172
– Absicherung des Verzichtenden 1172
– Anrechnung 1169
– Aufhebung 1169
– Aufhebung 187
– Ausgleichsansprüche 1170
– Auswirkungen auf die eigenen Erben 1172
– Bedingungen 1167
– Befristungen 1167
– Beschränkungen 1169
– Besonderheiten 1168
– Beteiligte 1165
– Checkliste 1178
– Folgen 1173
– Formulierungsbeispiel 1178
– Formvorschriften 1168
– IPR 1443
– isolierter 1171
– Pflichtteilsergänzungsanspruch 1169
– Pflichtteilsrestanspruch 1169

– Rücktrittsvorbehalt 1167
– Stellvertretung 1166
– unentgeltlicher 187
– Unternehmensnachfolge 903
– Unterschiede 1173
– Voraussetzungen 1165
– Wertsicherungsklausel 1169
Pflichtteilsverzichtsvertrag
– Abfindung 904
– beschränkter 903
– Beschränkung 188
– Beschränkung auf einen Bruchteil 188
– Erbrechtliche Lösung 188
– isolierter 197
– Unterart des Erbverzichts 187
– Unternehmensnachfolge 903
– wesentliche Abweichungen 187
Pflichtteilszuweisung
– Zugewinngemeinschaft 1125
Pflichtteilszuwendung 472
– Zugewinn-Ehegatte 473
PKH-Verfahren 46
Plastination 108
Poolvertrag
– Aktien 966
Positivtestament 1121
Posteriorität 740
Postsperre
– Nachlasssicherungsmaßnahme 572
Potestativbedingung
– zulässige 238
Praxishinweise
– Pflichtteilsrecht 563
Preisentwicklung
– Marktanomalien 506
– Normalverkaufswert 506
– tatsächlicher Veräußerungspreis 507
Preisindexzahl
– Kaufkraftschwund 1232
Privatgutachten 179
Privatschriftliches Testament
– Gültigkeitsvoraussetzung 171
Privatvermögen
– wirtschaftliche Einheit 1313
Prozess 603
Prozessfähigkeit
– Nachlasspfleger 603
Prozessführung 633
– Erbengemeinschaft 308, 334
– für die Erbengemeinschaft 335
– gegen die Erbengemeinschaft 335

– Nachlasspfleger 603
– Testamentsvollstrecker 829
Prozessführungsbefugnis
– Klagpflegschaft 579
– Nachlassverwalter 620
Prozessgebühr 42
Prozesskostenhilfe
– Nachlasspflegschaft 597
Prozesspflegschaft 572
Prozessstandschaft, gewillkürte
– Nachlassverwalter 624
Prüfschema 195
Qualifikation 1420, 1430, 1440
– Erbstatut 1447
– funktionelle 1430
– Güterstatut 1447
Quoten 391
Quotennießbrauch 427
– ausländische Rechtsordnungen 1433
Quotentheorie 142, 194, 195, 478, 1071, 1095
Quotenvermächtnis 423
– Erbeinsetzung 1101
Rahmengebühr 13, 44, 56
Ratenzahlung 437
Reallast 438
Rechenschaftsanspruch
– Erbengemeinschaft 306
Rechenschaftslegung
– Vorerbe 266
Rechnungslegung 446
Rechtsanwalt
– Kontrollbevollmächtigter 1466
– Verfahrensbevollmächtigter 1466
– vermögensverwaltende Tätigkeiten 27
Rechtsbehelfe 668
Rechtsformwahl
– Unternehmensnachfolge 887
Rechtsformwechsel 921
Rechtsgeschäft
– lebzeitiges entgeltliches 725
– unentgeltliches 725
Rechtshängigkeit
– Scheidungsantrag 168
Rechtshängigkeitsvermerk
– weitere Rechtsschutzmöglichkeit 675
Rechtskreis
– anglo-amerikanischer 766
Rechtsmissbrauch
– Erblasser 725
Rechtsobjekte 170

Rechtsschutz 41
– vorläufiger 748
Rechtsschutzversicherung 50
Rechtssubjekte 170
Rechtsumgehung
– IPR 1452
Rechtswahl 1445
– Beschränkung auf unbewegliches Vermögen 1427
– Bindungswirkung 1428
– Erbstatut 1426
– Form 1426
– konkludent 1426
– nach ausländischem Recht 1429
– objektbezogen 1427, 1451
– Qualifikation unbeweglichen Vermögens 1427
– Widerruf 1428
Rechtswahrungsanzeige 1040
Regelgebühr 41
Regelungsverfügung 671
Regelvergütung 863
– Testamentsvollstreckervergütung 860
Reihengrab 124
Renditeimmobilien
– Bewertung 511
Rentenvermächtnis 437, 438
– Besteuerung 1340
– grundbuchrechtliche Absicherung 438
– Testamentsgestaltung 1113
Repräsentationsprinzip 158
Republikfluchtfälle 159
Restpflichtteil 194, 475
Rheinische Tabelle
– Testamentsvollstreckervergütung 862
Richtlinien
– Verwaltungsvorschriften 1321
Risikolebensversicherungen
– Absicherung der Familie im Todesfall 1216
Rückforderungsrecht 884
– Wegfall der Steuern 1353
Rücktrittsrecht
– gesetzliches 728
Rücktrittsvorbehalt
– Erbverzicht 1167
– Pflichtteilsverzicht 1167
Rückvermächtnis 419
Rückverweisung 1423
– Entscheidungseinklang, fehlender 1423
– Kollisionsrecht 1132

Ruhezeit
– Grabstätte 127
– Islam 127
RVG
– Berechnung 43
– wesentliche Änderungen 33
Sachen
– eingebrachte 255
Sachgesamtheiten 191
Sachleistungsanspruch
– Bewertung 1371
Sachleistungsanspruch (einseitiger)
– Bewertung 1371
Sachleistungsanspruch (zweiseitiger)
– Bewertung 1371
Sachleistungsverpflichtung
– Bewertung 1371
Sachnormverweisungen 1439
Sachrechtsverweisung
– ausländisches Recht 1423
Sachverhaltsaufklärung
– Beratungsgespräch 5
– Checkliste 6
– Güterstand 7
Sachvermächtnis 423, 424
– Besteuerung 1339
Sachwertverfahren 510
– Ein- und Zweifamilienhäuser 511
– Grundstücke 511
Sammelerbschein 683, 704
Sarg
– Beschaffenheit 88
Sargzwang
– Ausnahmen 87
Satzungsstrenge
– Aktienrecht 964
Schadenersatzanspruch 266
Schadenersatzanspruch (gegen TV)
– Verjährung 850
Schadenersatzpflicht
– nach § 945 ZPO 670
Schaukelmodell 164
Scheidungsantrag 167
Scheidungsfolgenvereinbarung 168, 182, 196
Scheidungsstatut 1433
Scheidungsurteile
– ausländische 168
Scheinerben
– Alleinerbe 203
Scheintod 109

Schenkung 277, 740, 748, 752
– Anrechnung von Eigengeschenken (Pflichtteilsberechtigter) 543
– Ausgleichspflicht 1052
– Begriff 531
– Besteuerung 1347
– Bewertung bzgl. Ergänzungspflicht 541
– Bewertung vorbehaltener Rechte 542
– Einzelfälle bzgl. Pflichtteilsergänzungsansprüchen 532
– Erwerbskosten (direkte) 1368
– Erwerbsnebenkosten 1368
– gegenseitige Verträge 533
– gemischte 248
– Kettenschenkung 1389
– Lebensversicherung 533
– mittelbare 1219
– Niederstwertprinzip 541
– Notbedarfsdeckung 1052
– Pflichtteilsergänzung 531
– remuneratorische 532
– Rückforderung 1052
– Sonderfälle bzgl. Pflichtteilsergänzungsansprüchen 533
– Sozialhilferegress 1052
– Steuerplanung 1409
– Vermögenserwerb durch güterrechtliche Vereinbarung 535
Schenkung von Todes wegen
– Besteuerung 1342
Schenkungen
– Erbvertrag 737
– gemischte 895
– gemischte (Regress) 1054
– Herausgabe 737
– mehrere zeitlich aufeinander folgende 740
– nichteheliche Lebensgemeinschaft 534
– Sozialhilferegress 1036
– Steuer (Abzugsfähigkeit) 1368
– Zehnjahresfrist 536
– Zuwendungen unter Ehegatten 534
Schenkungsauflage (Vollziehung)
– Besteuerung 1349
Schenkungsbedingung (Erfüllung)
– Besteuerung 1349
Schenkungsobjekt
– nicht teilbar (Regress) 1053
– teilbares 1053
Schenkungsteuer
– Ausgleichszahlungen an Geschwister 1235
– Erbschaftsteuer (Verhältnis) 1335

- Erwerb durch Schenkung 1335
- Festsetzungsverjährung 1387
- Steuerbescheid 1385
- Stundung 1386
- Übernahme 1390

Schenkungsteuer (Übernahme)
- Besteuerung 1347

Schenkungsteuererklärung 1385
Schenkungsverbot 895
- Testamentsvollstrecker 901

Schenkungsversprechen 213, 727
Schenkungsvertrag
- Rückabwicklungsvereinbarung (Muster) 1229

Schiedsfähigkeit 913
Schiedsgerichtsbarkeit
- Vorteile 913

Schiedsklausel 913
Schiedsvereinbarung 385
Schließfächer 594
Schließfachöffnung 594
Schlusserbe
- Vertrauensschutz 725

Schlusserbeneinsetzung 471
Schlusserbenlösung
- Ehegattentestament 1127
- Testamentsgestaltung 1127

Schlussrechnung
- Nachlasspfleger 602

Schmerzlinderung 1481
Schonvermögen 97
- Bestattungsvorsorge 119
- Sozialhilferegress 1054

Schreibbehinderte
- lesefähige 176

Schreibhilfe
- unterstützende 171

Schriftunkundige 175
Schuldanerkenntnis 421
Schuldübernahme
- Ertragsteuerrecht 1204

Schuldvermächtnis 421
Schweigepflichtentbindungserklärung 1133
Schwiegerkind 270
Seebestattung 106
Selbsttötung
- Beihilfe 1482

Sicherheitsleistung 252, 669
- Nacherbe 264

Sicherungsanspruch (§ 2288 BGB) 461
Sicherungsbedürftiger Nachlass 625

Sicherungspflegschaft 570
Sicherungsrechte
- Nacherbe 262, 264

Sicherungsverfügung 671
Sicherungszweck 625
Sichtung 615
Siegelung 571
Sittenwidrigkeit
- Behindertentestament 271

Sonderanknüpfung
- Vertriebene (volksdeutsche) 1447

Sonderbetriebsvermögen
- Fortsetzungsklausel 927
- OHG 934
- steuerrechtlich 1319

Sondererbfolge 818, 1450
- OHG 928, 931

Sondergrab 124
Sondergut
- Vorbehaltsgut 162

Sonderimmobilien
- Immobilienbewertung 233

Sonderrechtsnachfolge
- Pflichtteilsansprüche 937

Sondertestament
- Testamentsgestaltung 1141

Sondervermögen
- Erbengemeinschaft 289

Sozialhilfe
- Nachranggrundsatz 1029

Sozialhilferegress
- Altersvorsorge 1046
- angemessener Bedarf (unterhaltspflichtiges Kind) 1045
- angemessener Elternunterhalt 1044
- Auskunft 1040
- Ausschlagung 1063
- Bedürftigkeit 1030
- Begrenzung 1053
- Behindertentestament 1066
- Dienstleistungsrecht 1057
- Einsatz des Einkommens 1032
- Elternunterhalt 1043
- erbrechtliche Ansprüche 1063
- Erbschaft 1063
- Freibeträge 1034
- geschütztes Vermögen 1034
- gravierende Änderung zum 1.1.2005 1044
- Hausaufwendungen (wohnen im eigenen Haus) 1046
- Heimunterbringung 1059

- Kostenersatz 1065
- Kostenersatzausschluss 1065
- Leistungen 1030
- Leistungsberechtigte 1028
- Mietersparnis (wohnen im eigenen Haus) 1045
- Missbrauchsfälle 1050
- Naturalleistungen 1057
- Notbedarfsdeckung 1052
- Notgroschen 1034
- Pflegeeinrichtungen 1032
- Pflegeleistungen 1057
- Pflichtteilsansprüche 1064
- Rechtswahrungsanzeige 1040
- Schenkung 1052
- Schenkungen 1036
- Schwiegerkinderhaftung 1047
- Taschengeldentscheidung 1047
- Übergabeverträge 1051
- Übergang von Unterhaltsansprüchen 1040
- Überleitung 1036, 1052
- Unterbringungskosten (Eltern) 1044
- Unterhalt aus Vermögen (unterhaltspflichtiges Kind) 1046
- Unterhaltsansprüche/Übergang 1041
- Vermächtnis 1063
- Vermächtnisanordnung 1063
- Vermögenseinsatz 1034
- Versorgungsrechte 1055
- Vorsorgerechte 1051
- Wegfall der Unterhaltsverpflichtung (Kind/Eltern) 1050
- weichende Geschwister 1060
- wiederkehrender Unterhaltsbedarf 1053
- Wohnungsrecht 1057, 1058

Sozialversicherungsträger
- Ausschlagungsrecht 273
- Behindertentestament 272
- Überleitung 272

Spaltnachlass
- ausländisches 1427
- Erbausschlagung 1451

Sparbriefe 594

Sparbuch 571
- Besteuerung 1351

Sparkonten 593
- Versperrung 601

Sperrvermerk
- Banken 596

Spezialvollmacht 213

Spiegelbildprinzip
- internationale Zuständigkeit 1458

Sprachunkundige 177

Staatsangehörigkeit 1090
- deutsche 1422
- effektive 1422
- mehrfache 1422
- Steuerplanung 1410

Stammbaum 1089

Stellvertretung
- Erbverzicht 1166
- Pflichtteilsverzicht 1166

Sterbebegleitung 1480

Sterbegeld 121

Sterbehilfe
- direkte (aktive) 1482
- Formulierung 1482
- indirekte (aktive) 1481
- passive 1480
- zulässige (aktive) 1481, 1482

Sterben
- Zulassen 1480

Steuer
- Begriff 1324
- Festsetzung 1326
- Nachzahlungszinsen 1326
- Verspätungszuschlag 1326
- Vorauszahlungen 1326

Steueranrechnung
- Zusammenrechnung 1379, 1381

Steueranrechnung (fiktive Steuer)
- Zusammenrechnung 1379

Steueranrechnung (tatsächliche Steuer)
- Zusammenrechnung 1380

Steuerbarkeit 1325

Steuerbefreiung
- Gegenstände (bewegliche) 1354
- Hausrat 1354

Steuerbefreiungen 1325
- persönliche 1325
- sachliche 1326

Steuerbescheid 633, 1326
- Bekanntgabe 1386
- Fälligkeit 1386
- Inhalt 1385
- Nachlasspfleger 599

Steuerbilanzwertverfahren 229

Steuererklärung
- Testamentsvollstrecker 1385

Steuerfestsetzungsverfahren 633

Steuerhaftung
- Abgabenordnung 1388
- Erwerb (Weitergabe) 1388
- Gewahrsamsinhaber 1388
- Nachlass 1387

Steuerklasse I 1376

Steuerklasse II
- Freibetrag (persönlicher) 1376

Steuerklasse III
- Freibetrag (persönlicher) 1377

Steuern
- Erbfolge 1312
- latente 508, 908
- Vorweggenommene Erbfolge 1312
- wirtschaftliche Einheit 1313

Steuerobjekt 1325
- Bewertung 1326
- Zurechnung 1325

Steuerpflicht
- beschränkte 1336, 1377
- Erbschaftsteuer 1396
- Inländer 1397
- unbeschränkte) 1336

Steuerpflicht (Vermeidungsstrategien)
- Erbschaftsteuer 1400

Steuerpflicht (Zeitpunkt)
- Erbschaftsteuer 1399

Steuerplanung
- Schenkung 1409
- Staatsangehörigkeit (Wechsel) 1410
- Trust/Stiftung 1410
- Vermögensumschichtung 1409
- Wegzug (Erblasser) 1409
- Wegzug (Erwerber) 1410

Steuerrecht
- Gemeinnützigkeitsrecht 1273
- Immobilienbewertung 229
- Testamentsvollstrecker 767

Steuersatz 1326

Steuerschulden
- Nachlasspfleger 600

Steuerschuldner 599
- Erbersatzsteuer 1383
- Ersatzerbschaftsteuer 1383
- Erwerber 1382
- Schenker 1382
- Zweckzuwendung 1383

Steuersubjekt 1324
- Zurechnung 1325

Stichtagsprinzip 518, 1364
- Nachlassbewertung 498

- Unternehmensbewertung 906

Stiefkindadoption 155

Stifterwille
- Stiftungsorganisation 1257

Stiftung 576
- & Co. KG 1301
- Alleinerbin 1268
- Alternativen 1248
- Anerkennungsverfahren 1266, 1267
- Besteuerung 1273, 1274, 1275, 1276
- Doppelstiftung 1300, 1301
- Einsetzung Nacherbin 1269
- Ertragsverwendung – Gebot 1266
- Familienbegünstigung 1299, 1300
- Familienstiftung 1248, 1253, 1265, 1272, 1281, 1286, 1290, 1291, 1292, 1298
- Familienstiftung (Baden-Württemberg) 1272
- Familienstiftung (Bayern) 1272
- Familienstiftung (Begriff) 1286
- Familienstiftung (Berlin) 1272
- Familienstiftung (Brandenburg) 1272
- Familienstiftung (Bremen) 1272
- Familienstiftung (Hamburg) 1272
- Familienstiftung (Hessen) 1272
- Familienstiftung (Mecklenburg-Vorpommern) 1272
- Familienstiftung (Niedersachsen) 1272
- Familienstiftung (Privilegierung) 1285
- Familienstiftung (Rheinland-Pfalz) 1272
- Familienstiftung (Schleswig-Holstein) 1272
- Förderung 1247
- gemeinnützige 1253, 1262, 1264, 1265, 1273, 1277, 1293, 1353
- gemeinnützige Zwecke 1248
- geschäftsführendes Vorstandsmitglied 1262
- Gestaltungsmodelle 1298, 1299, 1300, 1301, 1302
- Grundrecht auf Stiftung 1249
- Grundrechtsschutz 1249
- laufende Besteuerung 1288
- Nachfolgeplanung 1302
- private Zwecke 1247
- privatnützige 1248
- Recht auf Anerkennung 1249
- steuerliche Privilegierung 1275
- Stifterfreiheit 1249
- Stimmrechte 1258
- Unternehmensnachfolge 891
- unternehmensverbundene 1301, 1302
- Vermögensbindung – Gebot 1264

Stiftung,
– Stiftungsautonomie 1249
Stiftungsaufhebung
– Besteuerung 1292
Stiftungsaufsicht 1249, 1252, 1268, 1269, 1271
– Amtshaftung 1273
– Familienstiftungen (Besonderheiten) 1272
– Funktion 1270
– Genehmigungsvorbehalte 1271
– Grenzen 1270
– Informationsrechte 1271
– Jahresrechnung 1273
– Prüfungsrechte 1271
– Rechtsschutz 1273
– repressive Aufsichtsmaßnahmen 1271
– Vergütung 1262
Stiftungserrichtung 1250
– § 139 ff. 1285
– Anerkennung 1266, 1267
– Besteuerung 1278
– Buchwertprivileg 1278
– Sonderausgabenabzug 1279, 1280, 1281
– Stiftungsgeschäft 1250, 1251
– Vermögensstock 1280
– Vermögensübertragung 1267, 1268, 1269
Stiftungserrichtung, Stiftungssatzung 1252
Stiftungsgeschäft 1250
– aufschiebende Bedingung 1251
– Formvorschriften 1251
– Stellvertretung 1251
– Stiftung unter Lebenden 1251
– Stiftung von Todes wegen 1251
Stiftungsorganisation 1256
– Abberufung der Organmitglieder 1260
– Amtsdauer von Organmitgliedern 1259
– Beschlussfassung Organe 1261
– Besetzung Organe 1259, 1260
– fakultative Stiftungsorgane 1257
– Organstruktur 1257, 1258
– Struktur 1257
– Vergütung Organmitglieder 1262
Stiftungsrecht
– Abspaltungsverbot 1300
– Auseinandersetzung 344
– Befugnisse des Staates 1249, 1250
– Gewerbesteuer 1291
– Stiftung 1253, 1269
– Subsidiarität – Grundsatz 1250, 1270
– Umsatzsteuer 1291
– Verbrauchsstiftung 1253

– Verhältnismäßigkeit – Grundsatz 1250, 1270
Stiftungssatzung 1251, 1252
– Aufhebung/Vermögensanfall 1264
– Rechtsstellung Destinatäre 1265, 1266
– Satzungsänderung 1263, 1271, 1277
– Stiftungsname 1252
– Stiftungsorganisation 1256, 1257, 1258, 1259, 1260, 1261, 1262
– Stiftungssitz 1252
– Stiftungsvermögen 1255, 1256
– Stiftungszweck 1252, 1253
Stiftungssteuerrecht 1281, 1282
– ausländische Familienstiftung 1295, 1296, 1297, 1298
– Destinatäre – Besteuerung 1294, 1295
– Erbersatzsteuer 1289, 1290, 1291
– Körperschaftsteuer 1288, 1289
– Steuerklassenprivileg 1285, 1286, 1287
– Steuerklassenprivilegierung 1295, 1296, 1297, 1298
– Stifter – Besteuerung 1293, 1294
– Stiftungsaufhebung – Besteuerung 1292, 1293
– Stiftungserrichtung – Besteuerung 1282
– Zuwendungen 1294, 1295
Stiftungsvermögen 1255, 1256
Stiftungsvorstand 1257
– Stifter als Vorstand 1258
Stiftungszweck 1252, 1253
– Familienstiftung 1253
– gemeinnützigkeitsrechtliche Aspekte 1254
– mehrere Zwecke 1253
– Unternehmensstiftung 1253
Stille Gesellschaften
– Testamentsvollstrecker 822
Streitwert
– Vereinbarung 52
Strengbeweis 696
– Erbscheinsverfahren 696
Strengbeweisverfahren 696
Stückvermächtnis 402
Stufenklage
– Auskunftsanspruch 207
– Gebühren 68
– Pflichtteilsanspruch 553
– Pflichtteilsanspruch (Muster) 554
Stufentarif
– progressive Besteuerung 1377
Stumme 176

Stundenhonorar
- Testamentsvollstreckervergütung 867
Stundung
- Pflichtteil (Muster) 561
- Pflichtteilsanspruch 559
- Steuer 1386
Stuttgarter Verfahren 1213
- Kapitalgesellschaften 1369
Substanzwertmethode 513
Surrogate
- Nacherbe 896
- Vorerbe 896
Surrogation 249
- § 2111 BGB 278
- Mittelsurrogation 250
Surrogationserwerb
- Testamentsvollstrecker 828
- Verfügungsbeschränkung 828
Tätigkeitsbericht 602
Tätigkeitsverbot 23
- § 45 BRAO 23
Taube 176
Taubstumme 176
Teilerbschein 683, 704
- gemeinschaftlicher 683, 704
Teilungsanordnung 1106
- Abgrenzung zum Vorausvermächtnis 393
- Ausschlagung 393
- Erbvertrag 740
- Formulierungsbeispiel 1133
- Immobilienbewertung 227
- Pflichtteilsrecht 393
- steuerrechtliche Einordnung 1337
- Übernahmerecht 394
- überquotale 1108, 1135
- Widerruf 393
Teilungsklage
- Erbengemeinschaft 368
Teilungsversteigerung
- Gebühren 70
Termingeldkonten 594
Terminsgebühr 46, 66
- Besprechungen 47
Terminvereinbarung
- Rechtsanwaltsgehilfe/-in 2
Testament
- Anlagen 171
- Auslandsbezug 1131
- Auslegungsregel 239
- Auslegungsregeln 172
- beschränkt abänderbares 173

- Bindungswirkung 173, 889
- datumsgleich 697
- Formerleichterungen 172
- gemeinschaftlich öffentliches 173
- gemeinschaftliches 240, 725, 889
- Geschiedene 1155
- hinkendes 1437
- Landwirt 1152
- mehrere 172
- mehrseitiger Testamentstext 171
- unverschlossener Umschlag 171
- Verfälschung 178
- verschlossener Umschlag 171
- verschwundenes 693
- Zeit und Ort 172
Testament (eigenhändiges)
- Formalien 1097
- gemeinschaftliches Testament 1099
- Ortsangabe 1099
- Testamentsniederschrift 1097
- Unterschrift 1097
- Zeitangabe 1099
Testament (gemeinschaftliches)
- Haager Testamentsformübereinkommen 1441
- IPR 1439
Testament (gesondertes)
- IPR 1439
Testamentserrichtung 171
Testamentserstellung
- Gebühren 61
Testamentsformübereinkommen 1438
Testamentsgestaltung 1106
- Absichten 1092
- Abwicklungsvollstreckung 1118
- Aktiengesellschaft 1150
- Auflage 1115
- Auseinandersetzungsverbot 1109
- Ausgangslage 1089
- begleitende Maßnahmen 1093
- Behindertentestament 1141
- Berliner Testament 1127
- Berücksichtigung von Auslegungsregeln 1093
- Bestimmung der Erben 1101
- Bestimmungsvermächtnis 1112
- Dauertestamentsvollstreckung 1118
- Dispositionsnießbrauch 1114
- Ehegattentestament 1126
- einfache Nachfolgeklausel 1148
- Einheitslösung 1127

- Eintrittsklausel 1149
- Enterbung 1121
- Entwicklung des Vermögens 1092
- Entziehungserklärung 1124
- Erbeinsetzung 1101
- Ersatzerben 1103
- Ersatzerbenlösung 1127
- Fall der Scheidung 1130
- familienrechtliche Anordnungen 1116
- fiktives Vermögen 1091
- Fortsetzungsklausel 1148
- Gattungsvermächtnis 1113
- Geschiedene 1155
- GmbH 1150
- Hoferbfolge 1154
- Ist-Vermögen 1091
- Kapitalgesellschaften 1150
- Lebensversicherungen 1090
- Nacherbentestamentsvollstreckung 1119
- Nacherbschaft 1104
- Nachlassverzeichnis 1090
- Nachvermächtnisanordnung 1125
- Nießbrauchslösung 1127
- Nießbrauchsvermächtnis 1114
- Patchworkehe 1155
- Personengesellschaft im Erbfall 1147
- persönliche Verhältnisse 1089
- Pflichtteilsentziehung 1122
- Pflichtteilsklausel 1130
- Pflichtteilsrecht als Schranke 1094
- qualifizierte Nachfolgeklausel 1149
- rechtliche Grundlagen 1095
- Rentenvermächtnis 1113, 1150
- Schlusserbenlösung 1127
- Sondertestament 1141
- Testamentsvollstreckung 1117
- Testamentsvollstreckung mit beschränktem Aufgabenkreis 1119
- Testamentsvollstreckungsanordnung 1120
- Testierfähigkeit 1095
- Trennungslösung 1127
- Unternehmertestament 1146
- Verfügungen für den zweiten Todesfall 1127
- Vermächtnis 1110
- Vermächtnisvollstreckung 1119
- Verschaffungsvermächtnis 1112
- Verträge zugunsten Dritter 1090
- Verwaltungsvollstreckung 1118
- Vollerbenlösung 1127
- Vorausvermächtnis 1107

- Vorempfänge 1091
- Vorerbschaft 1104
- Vorfragen 1089
- Wahlvermächtnis 1113
- Wiederverheiratungsklausel 276, 1129
- wirtschaftliche Verhältnisse 1090
- Wohnungsrechtsvermächtnis 1114
- Wünsche 1092

Testamentsinhalt 172
Testamentsniederschrift
- Blaupause 1098
Testamentsumschlag
- Unterschrift 1098
Testamentsvollstrecker
- Aktiengesellschaft 824
- Aktivlegitimation 830
- Aktivlegitimation (Umfang) 830
- aktivlegitimiert 445
- Aktivprozess 829
- Aktivprozess (Kostentragung) 833
- Alleinerbe 203
- als gesetzlicher Vertreter 781
- Amt beendet 791
- Amtsklagen der Erben 841
- Amtsunfähigkeit 874
- Anerkenntnis 838
- angemessene Vergütung 860
- Anhörungspflichten 784
- Anstandspflichten 808
- Anstandsschenkungen 808
- Anzeigepflicht 793
- Aufgaben 898
- Aufgaben (Beschränkungen) 824, 825
- Aufklärungspflicht 783
- Aufwendungsersatzanspruch 791
- Auseinandersetzungsanordnungen 798
- Auseinandersetzungsvertrag 851
- Auskunftskosten 786
- Auskunftspflicht 784
- Auswahl 899
- Banken 774
- Befreiungsvermächtnis 853
- Berichtigungspflicht 793
- Beschränkung des Aufgabenkreises 824
- besondere Anordnungen für Verwaltung 844
- Betreuer 273
- Bevollmächtigter 911
- Darlehensgewährung 806
- Dürftigkeitseinrede 794
- Einschaltung Dritter 782

- Einwilligungsklage 810, 851
- Entlassung 771, 847, 853, 855
- Entlassungsgrund 806
- Entlastung 851
- Erbe 759, 774
- Erblasserwillen 799
- Erbvertrag 738
- Ernennung 769
- Ersuchen 771
- EWIV 823
- fehlende Gegenleistung 807
- fehlende Passivlegitimation 836
- Genossenschaft 822
- Gesellschafter-Erben (Aufgabenverteilung) 821
- gesetzliche Vertreter 774
- gewillkürte Prozessstandschaft (der Erben) 832
- Gut-Glaubens-Vorschriften 766
- Haftung 28, 847
- Haftung mehrerer 849
- Haftung nach Entlassung 860
- Haftungsbeschränkungsmaßnahmen 804
- Haftungsgründe 848
- Haftungsvermeidung 851
- Haftungsvoraussetzungen 848
- Handelbilanz 790
- Heimleiter 776
- Heimmitarbeiter 776
- Informationspflichten 783
- In-Sich-Geschäfte 805, 900
- jährliche Rechnungslegung 789
- juristische Personen 773
- Kapitalanlagen 843
- kein Vermögensinhaber 767
- Kündigung 876
- Legitimation 761
- Mandatserteilung 27
- mehrere 870
- Mitvollstreckerernennung 770
- Nachlassgefährdung (Erbe) 846
- Nachlassinsolvenzverfahren 794
- Nachlassverwaltung 803
- Nachlassverzeichnis 794
- natürliche Personen 773
- Notare 776
- ordnungsgemäße Rechnungslegung 787
- ordnungsmäßige Verwaltung (Aufgaben) 842
- Partnerschaftsgesellschaft 823
- Passivlegitimation 834

- Passivlegitimation (Umfang) 835
- passivlegitimiert 445
- Passivprozess 834
- Personenkreis 773
- persönlich haftende Gesellschaftsanteile 818
- persönliche Klage (gegen Erben) 841
- persönliche Klagen (gegen TV) 840
- Pflichten 28
- Pflichtverletzung 848
- postmortale Vollmacht 762
- Prozessführung 829
- Rechtenschaftslegung 787
- Rechtsanwälte 776
- Rechtsstellung 757, 1117
- Rechtsverhältnis zu Erben 779
- Risikogeschäft 843
- Schadenersatzanspruch gegen TV 850
- Schenkungsverbot 901
- Schiedsrichter 776
- Schiedsutachter 776
- Schweigepflicht 785
- Selbstentnahme 791
- Stellung 27
- Steuerberater 776
- Steuererklärung 1385
- Steuerrecht 767
- stille Gesellschaften 822
- Surrogationserwerb 828
- Teilkündigung 876
- Tod 874
- Treuhandlösung (Übersicht) 815
- Umwandlungsanordnung 817
- unbekannter 759
- Verbot des Selbstkontrahierens 805
- Verbot unentgeltlicher Verfügungen 806
- verbotene unentgeltliche Verfügungen 808
- Verfügungen (Übersicht) 808
- Verfügungsbefugnis 761, 799, 804
- Vergleich 807
- Vergütung 28, 900
- Vergütungstabellen 862
- Verlust der Rechtsfähigkeit bei juristischen Personen 874
- Vermächtnis 447
- Vermächtnisnehmer 774
- vermeintlicher 766
- Vermögensschadenhaftpflichtversicherung 792
- Vermögensverwalter 767
- Verpflichtungsbefugnis 809

– Verpflichtungsbefugnis (Übersicht) 811
– Verschulden 849
– Verwaltungsbefugnis (Gegenstände) 803
– Verwaltungsbefugnis (Übersicht) 803
– Vollmachtslösung 812
– Vollmachtslösung (Übersicht) 813
– Vorleistung 807
– Wechselverbindlichkeiten 809
– Weisungsgeberlösung (Übersicht) 816
– Wirtschaftsprüfer 776
– Wissensverschaffungspflicht 786
– zulässige entgeltliche Verfügungen 808
Testamentsvollstrecker (mehrere)
– Einstimmigkeitsprinzip 870
– gemeinschaftliche Amtsführung 870
– Generalvollmacht 870
– Gesamtvollstreckungsprinzip 870
– Meinungsverschiedenheiten 871
Testamentsvollstrecker/Bevollmächtigter
– Unterschiede 760
Testamentsvollstreckeramt
– Ablehnung 777
– Annahme 777
– Beendigung 872
– Beendigungstatbestände 872
– kein Erlöschen bzw. keine Beendigung 873
– Kündigung 876
– Kündigungsverzicht 876
– Teilkündigung 876
Testamentsvollstreckerentlassung
– Gründe 855
Testamentsvollstreckerernennung
– Auslegung 771
– Ernennungszuständigkeit 771
Testamentsvollstreckervergütung
– Abwicklungsvollstreckung 860, 864
– Aufwendungsersatzanspruch 869
– Bewertungsgrundlage 866
– Dauervollstreckung 860, 865
– Deutscher Notarverein 863
– Eckelskemper'sche Tabelle 863
– Erben (Schuldner) 869
– Klage auf angemessene Vergütung (Betrag) 867
– Klageart 867
– Mittelwert (Tabelle) 867
– Möhring'sche Tabelle 863
– Nacherbentestamentsvollstreckung 864
– Nachlassbruttowert 866
– Regelvergütung 860
– Rheinische Tabelle 862

– Schlussvergütung 867
– Schuldner 869
– Steuern 870
– Stundenhonorar 867
– Testamentsvollstrecker, mehrere 866
– Vergütungsklage 867
– Verjährung 869
– Vermächtnisnehmer (Schuldner) 869
– Vervielfältigungstheorie 870
– Verwaltungsgebühr 860
– Verwaltungsgebühr (TV), periodische 865
– Verwaltungsvollstreckung 860
– Zurückbehaltungsrecht 868
– Zuschlag 866
Testamentsvollstreckervermerk
– Erbschein 702
– Grundbuch 761
– Unrichtigkeitsnachweis 761
Testamentsvollstreckervollmacht
– Widerruf 760
Testamentsvollstreckerzeugnis 761, 1119
– Erbschein 702
Testamentsvollstreckung 679
– Abwicklungsvollstreckung 758
– Aktien 967
– anglo-amerikanischer Rechtskreis 766
– Anordnung 769
– Anteil persönlich haftender Gesellschafter 944
– Arten 898, 1118
– Banken 774
– beaufsichtigende 816, 820
– beaufsichtigende (§ 2208 Abs. 2 BGB) 826
– beaufsichtigende (Übersicht) 817
– Behindertentestament 272
– Dauertestamentsvollstreckung 758
– Durchführung 792
– Einzelunternehmen 918
– Fallkonstellationen 1117
– Formulierungsbeispiel 1133
– Generalvollmacht 760
– Gesellschaftsanteil 944
– Gesellschaftsanteile 818
– gespaltene 765
– GmbH-Geschäftsanteile 962
– Handelsregister 762
– Insolvenz 768
– Kapitalerhöhung 963
– Kapitalgesellschaft 823
– Kollisionsrecht 763
– Kommanditanteil 953

– Kosten (Abzugsfähigkeit) 1367
– Nacherbenvollstreckung 759
– Nachlassverwaltung 573
– OHG 944
– Personengesellschaften 888
– persönlich haftende Gesellschaftsanteile 818
– Pflichtteilsansprüche 838
– Restschuldbefreiung 769
– Testamentsgestaltung 1117
– Treuhandlösung 762
– Unternehmensbereich 812, 901
– Unternehmertestament 898
– Urteilsrechtskraft 834
– Verbot unentgeltlicher Verfügungen 806
– Vergütungsanspruch 869
– Vermächtnisvollstreckung 759
– Verwaltungsvollstreckung 758
– Vollmacht 219
– Vollmachten 760
– Wohnsitz DDR v. 1.1.1976 bis 2.10.1990 766
– Zielsetzung 758
– Zugriffsverbot 768
– Zwei-Titel-Theorie 837
Testamentsvollstreckungsanordnung
– Testamentsgestaltung 1120
Testierfähigkeit 170, 574
– altersbedingte Einschränkung 1096
– Altersdemenz 1096
– ärztliche Schweigepflicht 1097
– Erbscheinsverfahren 697, 1096
– Geschäftsfähigkeit 1096
– Minderjährige 1096
– Testamentsgestaltung 1095
– Verschwiegenheitspflicht 1097
– Zweifel 1097
Testierfähigkeit 170
Testierfreiheit 276, 466
– Beschränkungen 1099
– entgegennehmende 1100
– Pflichtteilsrecht als Schranke 1094
– Testierfähigkeit 1099
Testiervertrag 1441
Testierwille 171
Thesaurierung 278
Tiefgrab 124
Titulargläubiger 599
Todesbesorgnis 173
Todesfall
– Anzeigepflicht 86

Todesfiktion 182
Totenfürsorge 90
– Anordnungen im Testament 92
– entgegen dem Willen des Erblassers 100
– mehrere Angehörige 99
– Übertragung auf Dritte 92
Totenfürsorgeberechtigte 91
– Reihenfolge 98
Totenfürsorgerecht
– Inhalt 102
– Umfang 102
Totgeburt 102
Traditionsgut
– Besteuerung 1343
treaty override 1394
Trennungsjahr 196
Trennungslösung
– Auslegung 274
– Ehegattentestament 274, 1127
– Testamentsgestaltung 1127
Trennungstheorie
– gemischte Schenkung 1234
Treuhand
– Ermächtigungstreuhand 813
– Verwaltungstreuhand 813
– Vollrechtstreuhand 813
Treuhandlösung 97, 813
– Ermächtigungstreuhand 919
– OHG 941
– Pflichtteilsergänzungsansprüche 943
– Unternehmensfortführung 918
– Verwaltungstreuhand 919
– Vollrechtstreuhand 919
Treuhandverhältnis
– steuerrechtlich 1315
trust 1441
Trust/Stiftung
– Steuerplanung 1410
trusts 1454
Übergabeverträge
– Sozialhilferegress 1051
Überleitung
– Sozialhilferegress 1036
Überleitungsbescheid 1040
Übernahmerecht 1109
– Abgrenzung zur Teilungsanordnung 394
– Wertdifferenz 394
Überschuldung
– Pflichtteilsentziehung 1124
Überschwerung
– Einrede der 453

Umbettung
- gerichtliche Durchsetzung 101
- Leiche 100
Umsatzsteuer
- Grundzüge 1331
Umwandlung
- Vorerbe 279
Umwandlungsanordnung
- Testamentsvollstrecker 817
Umwandlungsausspruch
- ausländische Adoption 1435
Umwandlungsfrist
- Gesellschaftsanteil 947
Umwandlungsklausel
- Gesellschaftsvertrag 949
- Unternehmensfortführung 949
Und-Konto 214
Universalvermächtnis
- Erbeinsetzung 1101
- gesamter Nachlass 416
Unterhalt
- Besteuerung 1355
- Nachlassverwalter 620
Unterhaltsanspruch
- erbrechtlicher 197
- familienrechtlicher 197
Unterhaltsansprüche 183
- Erbverzicht 1170
Unterhaltspflichtiger
- Missbrauchsfälle 1050
Unternehmen
- Verkehrswert 905
Unternehmen, freiberufliche
- Nachlassbewertung 513
Unternehmensbeteiligung
- Erbengemeinschaft 301
- erbrechtliche Nachfolge 915
Unternehmensbeteiligungsstiftung 1301
Unternehmensbewertung
- Bewertungsmethode 905
- latente Steuern 908
- Stichtagsprinzip 906
Unternehmensfortführung
- Abtretungsklausel 961
- Ankaufsrecht 962
- Eintrittsklausel 939
- Firma 922
- Handelsregister 916
- Handelsregister (Eintrag) 721, 723
- Handelsregister (Gebühren) 723
- Handelsregister (Kosten) 723

- Kombinationsklausel 962
- öffentlich-rechtliche Genehmigung 916
- Pflichtteilsansprüche 943
- Rechtsformwechsel 917
- Testamentsvollstreckung 918
- Treuhandlösung 918
- Umwandlung 917
- Umwandlungsklausel 949
- Vertrag zugunsten Dritter 939
- Vollmachtslösung 918
- Weisungsgeberlösung 919
Unternehmensnachfolge 188
- Alleinerbenmodell 890
- Erbengemeinschaft 890
- Erhaltungskosten 279
- Kapitalanlagen 888
- Nacherbschaft 277
- Pflichtteilsansprüche 902
- Pflichtteilsverzicht 903
- Pflichtteilsverzichtsvertrag 903
- Rechtsformwahl 887
- Stiftung 891
- unentgeltliche Verfügungen 277
- Vorerbschaft 277
- Vorweggenommene Erbfolge 881
Unternehmensnachfolge zu Lebzeiten
- Rückforderungsrecht
  (Formulierungsbeispiel) 881
Unternehmensnachfolger
- Pflichtteilsverzichtsvertrag 904
Unternehmensnießbrauch 430
Unternehmensträgerstiftung 1301
Unternehmertestament 879
- Absicherung der Familie 880
- kein 881
- Optimierung steuerlicher Belastung 880
- Reduzierung von Ausgleichs- und
  Abfindungsansprüchen 880
- Sicherung der Unternehmensfortführung 880
- Testamentsgestaltung 1146
- Testamentsvollstreckung 898
- Vorbereitung 886
- Zielkonflikte 880
Unterschrift 171
- Gesetzeszweck 1098
- Identifizierung des Erblassers 1098
- Kennzeichnungen 1098
- Randvermerke 1099
- Testamentsumschlag 1098
- Zusätze 1098

Untervermächtnis 398, 420
Urkunde
– öffentliche 248
Urkunden 451
Urkundsprozess
– Geltendmachung eines Geldvermächnisses 451
– Voraussetzungen 451
Urteile
– rechtskräftige 269
Verarbeitung 458
Verbindlichkeiten
– Abzugsbeschränkungen 1367
Verbindung 402
Verbrauch 458
Verbraucherpreisindex 438
Vereinbarungen
– völkerrechtliche 1418
Vererblichkeit
– GmbH 956
Verfahren
– nachlassgerichtliches 391
Verfahrensbevollmächtigter
– Rechtsanwalt 1466
Verfahrensfragen
– Herausgabeanspruch 211
Verfahrensgebühr 35
– Anrechnung 67
Verfehlung, schwerwiegende 734
Verfügung
– Begriff 827
– einseitige 727
– einstweilige 748
– einstweilige 455
– lebzeitige 725, 729
– letztwillige 725
– unentgeltliche 248, 725
– Unwirksamkeit im Nacherbfall 246
– Verbot unentgeltlicher 895
– wechselbezügliche 752
Verfügung von Todes wegen 181, 197, 734
– Auslegung 697
– Erbscheinsverfahren 697
– Umgehung der Bindungswirkung 939
– Wirksamkeit 697
Verfügungsanspruch 670, 748
– Glaubhaftmachung 673
– Leistungsverfügung 671
– Regelungsverfügung 671
– Sicherungsverfügung 671

Verfügungsbefugnis
– Gutglaubensschutz (TV) 828
– Mandanten 9
– Vorerbe 246
Verfügungsbeschränkung
– Gutglaubensschutz 828
– Nachlassverwaltung bzgl. Grundbuch 616
– Reichweite 827
– Surrogationserwerb 828
Verfügungsgrund
– Glaubhaftmachung 673
– Leistungsverfügung 671, 672
– Regelungsverfügung 671, 672
– Sicherungsverfügung 671, 672
Verfügungsrecht
– Nießbrauch 428
Verfügungsrechtsbeschränkung (TV)
– Erbe 826
– gegenüber dem Testamentsvollstrecker 826
Verfügungsunterlassungsvertrag 462
Vergleich
– Pflichtteilsrecht (Praxishinweis 563
– Testamentsvollstrecker 807
Vergleichsgebühr 35
Vergleichswertmethode 509
– Immobilienbewertung 231, 232
Vergleichswertverfahren
– Immobilienbewertung 223
Vergütung
– angemessene 13
– Informationspflicht des Rechtsanwalts 50
– mehrere Angelegenheiten 37
– mehrere Auftraggeber 37
– Nachlassverwalter 622
– Vorsorgevollmacht 1472
Vergütung (TV)
– Mittelwert aller Tabellen 867
Vergütungsklage
– Antragsinhalt 867
– Testamentsvollstreckervergütung 867
Vergütungsrecht
– Erbengemeinschaft 374
Vergütungstabellen
– Testamentsvollstrecker 862
Vergütungsvereinbarung 13, 52
Verjährung
– Auskunftsanspruch 206, 549
– Beginn (Pflichtteilsanspruch) 549
– Erbvertragsanspruch 741
– Herausgabeanspruch 211
– minderjährige Pflichtteilsberechtigte 552

– Pflichtteils- u. Ergänzungsanspruch 550
– Pflichtteilsanspruch 549
– Schadenersatzanspruch (gegen TV) 850
Verjährungsfrist
– dreijährige nach § 516 BRAO 456
– Hemmung 551
– Vermächtnis 443
Verkaufsfall
– erster 441
Verkaufsfälle
– alle 441
– mehrere 441
Verkaufsrecht
– Erlöschen 441
Verkehrswert
– Immobilienbewertung 220
Verkehrswertermittlung 230
Verkündung 192
Verlustausgleich 254
Vermächtnis 390, 727, 892
– Abgrenzung zur Auflage 392
– Abgrenzung zur Erbeinsetzung 391
– Anfall 400
– Annahme 395
– Annahmefrist 396
– Anteil an Kapitalgesellschaft 893
– Anteil an Personengesellschaft 893
– Auflage 728
– Aufwendungen 405
– ausgleichungspflichtige Vorempfänge 442
– Ausschlagung 196, 395, 1110
– Behindertentestament 273
– bei Tod des Beschwerten fällig
  (Besteuerung) 1340
– Belastungen 401
– Belastungen mit einer Hypothek 401
– Beschränkung 397
– Beschwerter 1111
– Beschwerung 397
– Besteuerung 1339
– Einzelunternehmen 892
– erbvertraglich bindend 457
– Erklärungen gegenüber Beschwertem 395
– Ersatzvermächtnisnehmer 399
– Fälligkeit 400
– Früchte 404, 894
– Gegenstand 1110
– geringes 161
– Geschäftsanteil 957
– gesetzliches 191
– Gläubiger 399

– Haftung im Außenverhältnis 398
– Haftung im Innenverhältnis 399
– Kürzungsrecht 407
– Martin'sche Klausel 1112
– Nutzungen 404, 894
– Pflichtteilsberechtigung 472
– Rechtsmangel 403
– Sachmangel 403, 404
– Sozialhilferegress 1063
– Testamentsgestaltung 1110
– Testamentsvollstrecker 447
– Unmöglichkeit 390
– Verjährung 390
– Verjährungsfristen 443
– Verwendungen 405
– Verzug 390
Vermächtnis (Geld)
– Besteuerung 1339
Vermächtnis (Kaufrechtsvermächtnis)
– Besteuerung 1340
Vermächtnis (Sache)
– Besteuerung 1339
Vermächtnis (Verschaffungsvermächtnis)
– Besteuerung 1340
Vermächtnis Wohnungsrecht 434, 435
Vermächtnisanordnung
– Sozialhilferegress 1063
Vermächtnisanspruch 445
– Erfüllung 444
– Verjährungsfrist 444
Vermächtnisarten
– Ankaufsrechtvermächtnis 442
– Auflagenvermächtnis 420
– Befreiungsvermächtnis 420
– Beschaffungsvermächtnis 413
– Bestimmungsvermächtnis 420
– Erlassvermächtnis 421
– Ersatzvermächtnis 396, 422
– Forderungsvermächtnis 425
– Gattungsvermächtnis 402, 415
– Geldvermächtnis 402
Vermächtniserfüllung
– Kosten 410, 424
– Lastentragung 424
– Nachlasspfleger 601
Vermächtnisform 411, 1112
Vermächtnisgegenstand 411
– Beeinträchtigungsabsicht 459
– Belastung 458
– Gegenstand 423
– Inhalt 423

– lebzeitiges Eigeninteresse 459
– objektive Beeinträchtigung 459
– Veräußerung 458
– Wegfall 402
Vermächtnislösung 276
– Geschiedenentestament 1158
Vermächtnisnehmer 143, 196, 928
– Auskunftsanspruch 446
– Pflichtteilsberechtigter 397
– Pflichtteilslast 545
– Schutz 749
– Testamentsvollstrecker 774
– Untervermächtnis 398
Vermächtnisrecht
– Kürzungsrecht 453
– Zurückbehaltungsrecht 453
Vermächtnisse
– Kürzungsrecht (Übersicht) 547
– Pflichtteilslast 546
Vermächtnissicherung
– Arrest 455
– Vormerkung 455
Vermächtnisvollstreckung 759
– Testamentsgestaltung 1119
Vermächtnisweise Zuwendung
– Geldbetrag 425
Vermeidungsstrategien
– Erbschaftsteuer 1399
Vermengung 402
Vermischung 402, 458
Vermögen
– unbewegliches 1427
Vermögensangelegenheiten
– Vorsorgevollmacht 1470
Vermögensgegenstand
– steuerliche Denkstrukturen 1312
Vermögensnießbrauch 432
Vermögensrückfall (Eltern)
– Besteuerung 1356
Vermögensrückfall (Voreltern)
– Besteuerung 1356
Vermögenssonderung 614
Vermögenssorge 270
Vermögensübergabe
– gegen Schuldübernahme 1203
– gegen Übernahme von Grundpfandrechten 1203
– gegen Übernahme von Schulden 1203
– gegen Vorsorgeleistungen 1198
Vermögensumschichtung
– Steuerplanung 1409

Vermögensumstrukturierung 887
Vermögensverwaltung
– Direktanlage 1212
Vermögensverwaltungsausschluss
– Formulierungsbeispiel 1136
Vermögensvorteil 390
Vermögenswert (Bewertung)
– Kapitalgesellschaften (Anteile) 1370
Vermögenszuordnung
– Struktur nach Erbfall 213
Verpflichtung
– schuldrechtliche 433, 727
Verpflichtungsbefugnis
– Übersicht 811
Versäumnisurteil 48
Verschaffungsvermächtnis 402, 411
– Besteuerung 1340
– Testamentsgestaltung 1112
VerschollenheitsG (§ 11) 157
Verschwendungssucht
– Pflichtteilsentziehung 1124
Verschwiegenheitspflicht
– Testierfähigkeit 1097
Versicherung
– eidesstattliche 265
Versicherung auf verbundene Leben
– Besteuerung 1350
Versicherungsvertrag (Bezugsberechtigung)
– Besteuerung 1351
Versicherungsvertrag (Übertragung)
– Besteuerung 1351
Versorgungsansprüche
– Besteuerung 1351
Versorgungsrechte
– Wegfall der Geschäftsgrundlage 1058
Verspätungszuschlag
– Steuer 1326
Versperrung
– Sparkonto 601
Verstorbener
– Bestattungswille 91
Verstrickung 670
Verteilungsvermächtnis 414
Vertrag zugunsten Dritter
– Besteuerung 1350
– Gesellschaft 939
– Testamentsgestaltung 1090
– Unternehmensfortführung 939
Vertragserbe
– Haftung 726
– Herausgabeanspruch (§ 2287

BGB/Besteuerung) 1342
- Nachlassgläubiger 726
Vertragsschluss 740
Vertriebene (volksdeutsche)
- Sonderanknüpfung 1447
Verwaltung
- nicht ordnungsgemäße 266
- ordnungsgemäße 279
Verwaltungsbefugnis
- Testamentsvollstrecker 803
Verwaltungsgebühr
- Testamentsvollstreckervergütung 860
Verwaltungsmaßnahmen
- Zustimmungsklage gegen Nacherben 258
Verwaltungspflichten
- Befreiungsmöglichkeit für Vorerben 253
- Behandlung von Wertpapieren 251
- Wirtschaftsplanerstellung 252
Verwaltungstestamentsvollstreckung 818
Verwaltungstreuhand 813
Verwaltungsvollstreckung 758, 898
- Gesellschaftsanteile 822
- Kommanditbeteiligung 821
- Testamentsgestaltung 1118
- Testamentsvollstreckervergütung 860
Verwaltungsvorschriften
- Amtsverfügungen 1321
- BMF-Schreiben 1321
- Erlasse 1321
- Erläuterungserlass 1323
- Ermessensrichtlinien 1320
- Finanzamt 1320
- Finanzgericht 1320
- günstige 1323
- Nichtanwendungserlass 1322
- Normenhierarchie 1320
- norminterpretierende 1320
- OFD-Verfügungen 1321
- Richtlinien 1321
- typisierende 1320
- Übergangsregelung 1323
- ungünstige 1323
Verwandtenerbrecht
- nasciturus 157
- zeitliche Koexistenz 157
Verwandtschaft
- rechtliche 153
- Sperrfunktion 153
Verwandtschaftsverhältnisse
- Aufklärung 6
- Familienstammbaum 6

Verwendungen
- notwendige 405
- Vermächtnis 405
Verwendungsersatz
- Vorerbe 256
Verzeihung 179
- Pflichtteilsentziehung 1124
Verzicht
- stillschweigender 181
Verzichtender
- geschäftsunfähiger 185
- Stellung 180
Vindikationslegat 1437
Vinkulierung
- Namensaktien 965
Vinkulierungsklausel
- Aktiengesellschaft 965
- Geschäftsanteile 957
Volladoption
- Ausländer 1435
Vollerbe 243
Vollerbenlösung 276
- Testamentsgestaltung 1127
Vollerbenstellung
- Feststellung 258
Vollerbschaft
- Erwerb 258
Vollmacht 52, 447
- Einwilligungserfordernis 212
- Erlöschen 217, 218
- Erteilung 212
- Form 212
- formfrei 760
- Genehmigungserfordernis 212
- Missbrauch 217
- postmortale 213, 449, 1442
- Testamentsvollstreckung
- transmortal 449
- transmortale 213
- Umfang 213
- Vertretungsmacht 217
- Widerruf 217, 218, 760
Vollmachten
- Testamentsvollstreckung 760
Vollmachtslösung
- Unternehmensfortführung 918
Vollmachtstypen
- Bankvollmacht 214
- Gattungsvollmacht 213
- Generalvollmacht 213
- Grundstücksvollmacht 215

– Kontovollmacht 214
– postmortale Auflassungsvollmacht 215
– Spezialvollmacht 213
– Vorsorgevollmacht 216
Vollrechtstreuhand 813
Von-Selbst-Erwerb 192
Voraus 166
– Ehegatten 395
– Erbverzicht 1171
Vorausempfang
– Immobilienbewertung 227
Vorausvermächtnis 191, 249, 421
– Abgrenzung zur Teilungsanordnung 393
– Annahme 396
– Ausgleichung 442
– Ausschlagung 393, 396
– Begriff 392
– Begünstigungswille 393
– Erbvertrag 751
– Formulierungsbeispiel 1133
– Formvorschriften 396
– Pflichtteilsrecht 393
– Testamentsgestaltung 1107
– Übernahmerecht 394
– Widerruf 393
Vorauszahlungen
– Steuer 1326
Vorbefassung 23
Vorbehaltsnießbrauch
– Grundstücke 1191
– Kapitalvermögen 1192
– Personengesellschaften 1192
Vorbescheid 576
Vorempfang 466
– erweiterter Erblasserbegriff 1091
Vorempfänge 195, 199
– ausgleichungspflichtig 442
– lebzeitige 478
– Testamentsgestaltung 1091
Vorerbe
– befreiter 246, 266
– beschränkter 246
– Bestandsveränderungen 266
– Besteuerung 1338
– Duldung 255
– Eigengläubiger 255
– eingebrachte Einrichtungen 255
– Erbschaftsteuer 281
– Früchte 896
– Geschäftsführung ohne Auftrag 256
– Gewinn 896

– Haftung 266
– Insolvenz 269
– Mitwirkungspflichten 252
– Nutzungen 254, 896
– ordnungsgemäße Verwaltung 252
– Pflichtteilberechtigter 476
– Rechenschaftslegung 252, 266
– Surrogate 896
– Tod 281
– Umwandlung 279
– Verfügungsbefugnis 246
– Verwaltung, nicht ordnungsgemäße 266
– Verwendungsersatz 256
– Vollstreckungsschutz 255
– Wald 252
– Wegfall 242
– Wertpapiere 251
– Wirtschaftsplan 252
Vorerben
– Ausschluss 270
– Verfügungsbeschränkungen 895
Vorerbenpflichtverletzung
– Feststellungsklage 268
Vorerbenstellung
– Ermittlung 9
Vorerbfolge 895
– Einzelunternehmen 916
Vorerbschaft 237, 678
– Ausschlagung 147, 148
– Erbeinsetzung 1102
– Erbschein 257
– Erbvertrag 739
– Formulierungsbeispiel 1133
– Gestaltungshinweise 270
– Testamentsgestaltung 1104
– Unternehmensnachfolge 277
– Unterschied zum Nachvermächtnis 418
Vorerwerb (Bewertung)
– Zusammenrechnung 1381
Vorerwerb (negativer)
– Zusammenrechnung 1382
Vorfrage
– Erbstatut 1431
– Lebensgemeinschaft (nichteheliche) 1436
Vorfrageanknüpfung
– selbstständige 1431
Vorkaufspreis 441
Vorkaufsrecht 260, 439
– Ausschlussfrist 440
– dinglich 439
– Kaufvertrag 440

– schuldrechtlich 439
Vorkaufsrechtvermächtnis 439
– Erfüllung 451
Vorläufiger Rechtsschutz
– Erbvertragsanspruch 748
Vormerkung 748
– Erbvertragsanspruch 739
– Nachlasssicherungsmaßnahme 572
– Vermächtnissicherung 455
Vormundschaftsgericht
– Alleinerbe 203
Vorratsstiftung 1255
Vorsorgeleistungen
– gegen Vermögensübergabe 1198
Vorsorgerechte
– Sozialhilferegress 1051
Vorsorgeregelung 1465
– Eigenvorsorge 1466
– privatrechtliche 1464
Vorsorgeregister 1479
Vorsorgevollmacht 1465
– Aufenthaltsfrage 1470
– Aufgabenübertragung 1471
– Auskunftspflicht 1471
– Außenverhältnis 1471
– Beendigung 1473
– Beginn 1473
– Form 216, 1469
– Geschäftsbesorgung 1469
– Gestaltung 1467
– Gesundheitssorge 1470
– Haftung 1472
– Inhalt 1468
– Innenverhältnis 1469
– Kombinationsbevollmächtigung 1466
– notarielle Beurkundung 1469
– Personensorge 216
– Rangverhältnis der Bevollmächtigten 1471
– Rechenschaftspflicht 1471
– schuldrechtliche Beziehung 1470
– transmortale 1468
– Überforderung 1466
– Umfang 1467
– unbedingt erteilte 1466
– Verbindung 1475
– Vergütung 1472
– Vermögensangelegenheiten 1470
– Vermögenssorge 216
– Widerruf 1468
Vorvermächtnis 249
Vorvermächtnislösung

– Behindertentestament 1076
Vorvermächtnisnehmer 417
Vorversterbensfiktion 1173, 1181
Vorweggenommene Erbfolge 1233
– Ausgleichung gem. §§ 2050 ff. BGB 1231
– Begriff 1187
– Enkel 1244
– Familiengesellschaften 1205
– Großeltern 1244
– Kindesvermögen (Verwaltungsausschluss) 1244
– Lebensversicherungen 1214
– Minderjährige 1235
– Minderjährige als Gesellschafter 1239
– Nachteile 1188
– Pflichtteilsergänzungsanspruch 1232
– Pflichtteilsrecht 1230
– rechtliche Instrumente 1189
– Steuern 1312
– Unternehmensnachfolge 881
– Vermögenssorge des geschenkten Vermögens 1244
– Verteilung der Kosten 1189
– Verteilung der Lasten 1189
– Vorteile 1188
– zivilrechtliche Grundlagen 1189
– Zuwendungen unter Ehegatten 1216
Wahlgrab 124
Wahlvermächtnis
– Bezeichnung 414
– Testamentsgestaltung 1113
– Vermächtnisgegenstand 414
Wechselverbindlichkeiten
– Testamentsvollstrecker 809
Wegzug (Erblasser)
– Steuerplanung 1409
Wegzug (Erwerber)
– Steuerplanung 1410
Weichende Geschwister
– Elternunterhalt 1061
– Freistellungsverpflichtung bei Gewerbeübernahme 1061
– Freistellungsverpflichtung bei Hofübernahme 1061
– Gewerbeübernahme 1060
– Hofübernahme 1060
Weisung 631
Weisungsgeberlösung 815
– Übersicht 816
– Unternehmensfortführung 919
Weiterleitungsklausel 1224

Wert, gemeiner (Bewertung)
- Kapitalgesellschaften (Anteile) 1370
Wertbegriff
- Immobilienbewertung 220
Wertermittlung
- Gesellschaft 925
- Legaldefinition 221
- Normalverkaufswert 226
Wertermittlungsanspruch
- Nachlass 528
- Pflichtteilsberechtigter 528
Wertermittlungsmethoden 222
Wertersatzanspruch 1053
Wertersatzansprüche
- Beweislast 460
Wertpapiere
- Bewertung 1368
Wertpflichtteile 478
Wertsicherungsklausel 438
- Pflichtteilsverzicht 1169
Werttheorie 142, 195, 478, 1071, 1095
Widerruf
- Vollmacht 760
Widerspruch 669
Wiederverheiratungsklausel 241, 257, 275
- Ehegattentestament 1129
- Testamentsgestaltung 276, 1129
Willenserklärung 192
Wirkungsfeststellung
- ausländische Adoption 1435
Wirtschaftliche Einheit
- Betriebsvermögen 1313
- Privatvermögen 1313
- Steuern 1313
Wirtschaftliches Eigentum 1314
Wirtschaftsgut
- steuerliche Denkstrukturen 1312
Wirtschaftsplan
- Vorerbe 252
Wohlverhalten
- Belohnungsklausel 270
Wohnrecht
- Immobilienbewertung 226
- Nießbrauchsvorbehalt 1197
- Zwangsversteigerung 1197
Wohnrecht, dingliches
- Erbschaftsteuerrecht 1198
- Ertragsteuerrecht 1198
Wohnsitz
- Begriff 1397
Wohnungsreallast 434, 435

Wohnungsrecht
- Berechtigte 436
- Bestellung 435
- Betriebskosten 436
- dinglich 434, 435
- Inhalt 435
- Lasten 436
- schuldrechtlich 434, 435
- Sozialhilferegress 1057, 1058
- Umfang 435
- Unterhaltungskosten 436
- Zwangsversteigerung 437
Wohnungsrechtvermächtnis 434, 435, 1114
- Erfüllung 450
Wurzeltheorie 498
Zahlungsanspruch
- Erbvertrag 744
Zehnjahresfrist 536
- Zusammenrechnung 1381
Zeit mit Mindestpauschalvergütung
- Honorar 17
Zeitaufwand
- Beratung 16
Zeiterfassung
- Beratung 16
Zeitfaktor
- Nachlasspfleger 610
Zeithonorar 52
Zeitkontingent
- Beratung 16
Zeitvergütung
- Honorar 16
Zivilprozessrecht
- international 1417
ZPO-Verfahren
- Einstweiliger Rechtsschutz 667
Zufallsgemeinschaft
- Erbengemeinschaft 288
Zugewinn
- lebzeitiger Ausgleich 1217
- Pflichtteil (Praxishinweis) 563
Zugewinnausgleich
- Besteuerung 1358
- konkreter 160
Zugewinnausgleich (erbrechtliche Lösung)
- Freibetrag (steuerrechtlich) 1357
Zugewinnausgleich (güterrechtliche Lösung)
- Freibetrag (steuerrechtlich) 1358
Zugewinnausgleichsanspruch 740
- Erbverzicht 1170
Zugewinn-Ehegatte 473

Zugewinngemeinschaft
- modifizierte 1391
- Pflichtteilszuweisung 1125
Zulänglichkeit 624
Zurechnung
- steuerrechtliche 1314
Zurückbehaltungsrecht
- Erbe gegen Vermächtnisnehmer 406
- Erbschaftsteuer 406
Zusammenrechnung (Steuer) 1379
Zusatzpflichtteil 474
Zuständigkeit
- funktionelle 687
- Höfeordnung 686
- internationale 1456
Zuständigkeitsprüfung
- örtliche 686
Zustiftung
- Auflage 1283
- Steuerklassenprivileg 1287
- Übertragung von Betriebsvermögen 1285
- von Todes wegen 1283
Zustimmungsklage
- gegen Nacherben 258
Zuwendung
- anrechnungspflichtige 494
- Begriff 1343
- Besteuerung 1343
- Bewertung 495
- ehebedingte 199, 1348
- Güterrecht 497
- Wert zum Zeitpunkt der 199
Zuwendung (freigebige)
- steuerrechtlicher Begriff 1343
Zuwendung (mittelbare)
- steuerrechtliche Auswirkung 1336
Zuwendung (steuerfrei)
- Körperschaft (gemeinnützig) 1356
Zuwendungen
- Ausgleichspflichten 1231
- Dritte 190
- erbvertragliche 190
- künftige 191
- Stiftungssteuerrecht 1294, 1295
- unbenannte 200, 1218

Zuwendungen unter Ehegatten
- nichteheliche Lebensgemeinschaft 534
- Schenkungen 534
- Vorweggenommene Erbfolge 1216
Zuwendungen, lebzeitige
- Ermittlung 10
Zuwendungsverzicht
- Aufhebung 1182
- Beteiligte 1180
- Checkliste 1183
- Form 1181
- Formulierungsbeispiel 1183
- Gegenstand 1180
- Gestaltungshinweise 1182
- Rechtsfolgen 190, 1181
- Voraussetzungen 1181
Zuwendungsverzichtsvertrag 190
Zwangsversteigerung
- Nießbrauch 1197
- Wohnrecht 1197
- Wohnungsrecht 437
Zwangsverwaltung 252
- Drittwiderspruchsklage 255
- Nacherbenanspruch 264
Zwangsvollstreckung
- Erbengemeinschaft 308
Zwangsvollstreckungsverfahren
- Gebühren 70
Zweckbindung
- Allgemeinheit (Steuerfrei) 1352
- zugunsten des Erwerbers (steuerrechtlich) 1352
Zweckschenkungen 532
Zweckvermächtnis 415
Zweckzuwendung
- § 13 Abs. 1 Nr. 17 ErbStG 1357
- Begriff 1351
- Besteuerung 1351
- objektiver Zweck 1352
- Tier 1352
- Zweck (unpersönlicher) 1352
Zwei-Felder-System
- Grabgestaltungsordnung 133
Zweigliedrige Gesellschaft 924, 926, 943
Zwischennutzungen
- Besteuerung 1354

Literaturverzeichnis

Alternativkommentar, Kommentar zum Bürgerlichen Gesetzbuch (Alternativkommentar), Bd. 6, Ebrecht, 1991

Andrick/Suerbaum, Stiftung und Aufsicht, 2001

Ann, Die Erbengemeinschaft, 2001

Bamberger/Roth, Kommentar zum Bürgerlichen Gesetzbuch, Band 3: §§ 1297-2385, EGBGB, CISG, 2002

Baumbach/Hopt, HGB, 31. Aufl. 2003

Baumgärtel/Laumen, Handbuch der Beweislast im Privatrecht, Band 2, 2. Aufl. 1999

Bayer, Die Schuld- und Haftungsstruktur der Erbengemeinschaft, 1993

Bengel/Reimann, Handbuch der Testamentsvollstreckung, 3. Aufl. 2001

Berenbrok, Internationale Nachlassabwicklung, 1989

Berndt, Stiftung und Unternehmen, 7. Aufl. 2003

Birk/Brühl/Conradis, Bundessozialhilfegesetz Lehr- und Praxiskommentar, 6. Aufl. 2003

Bonefeld, Gebührenabrechnung Familien- und Erbrechtlicher Mandate nach dem RVG, 2004

Bonefeld, Haftungsfallen im Erbrecht, 2005

Bonefeld/Daragan/Tanck, Arbeitshilfen im Erbecht, Loseblatt 2004

Bonefeld/Kroiß/Tanck, Der Erbprozess, 2. Aufl. 2005

Brandmüller/Lindner, Gewerbliche Stiftungen, 3. Aufl. 2005

Brox, Ebrecht, 20. Aufl. 2003

Bumiller/Winkler, Freiwillige Gerichtsbarkeit, 7. Aufl. 1999

Crezelius, Unternehmenserbrecht, 1998

Damrau, Der Minderjährige im Erbrecht, 2002

Damrau, Praxiskommentar Erbrecht, 2004

Dauner-Lieb, Unternehmen in Sondervermögen, 1998

Derstadt, Die Notwendigkeit der Anpassung bei Nachlassspaltung im internationalen Erbrecht, 1998

Dietzel, Untergang statt Fortbestand? Zur Abgrenzung der unvererblichen Rechtsbeziehungen im Schuldrecht, 1991

Druey, Grundriss des Erbrechts (Schweiz), 4. Aufl. 1997

Ebeling/Geck, Handbuch der Erbengemeinschaft (Loseblatt)

Ebenroth, Erbrecht, 1992

Eberl-Borges, Die Erbauseinandersetzung, 2000

Ehrenkönig, Die Erbenhaftung, 1990

Enders, RVG für Anfänger, 12. Aufl. 2004

Enneper, Die Reform der Erbenhaftung im Erbrechtsausschuss der Akademie für Deutsches Recht, 1993

Ermann, Handkommentar zum BGB, 11. Aufl. 2004

Ernst, Haftung des Erben für neue Geschäftsverbindlichkeiten: zugleich ein Untersuchung zur Nachlasseigenschuld und zur Nachlasszugehörigkeit ererbter Handelsgeschäfte und Personengesellschaftsanteile, 1994

Ferid, Internationales Privatrecht, 3. Aufl. 1986

Ferid/Firsching/Dörner/Hausmann, Internationales Erbrecht, Loseblatt

Finger, Die Nachfolge in einer offenen Handelsgesellschaft beim Tode eines Gesellschafters, 1974

Firsching/Graf, Nachlassrecht, 8. Aufl. 2000

Flick/Piltz, Der internationale Erbfall, 1999

Flick/Wassermeyer/Baumhoff, Außensteuerrecht, Loseblatt 2003

Frei, Die Erbenhaftung für Forderungen aus dem Steuerverhältnis, 1995

Friedrich, Die Haftung des endgültigen Erben und des "Zwischenerben" bei Fortführung eines einzelkaufmännischen Unternehmens, 1990

Frieser, Anwaltliche Strategien im Erbschaftsstreit, 2. Aufl. 2004

Frieser/Sarres/Stückmann/Tschichoflos, Handbuch Erbrecht, 2002

Frohnmayer, Geschiedenentestament, DNotI, 2004.

Frotscher/Mass, Körperschaftsteuergesetz/Umwandlungssteuergesetz, Loseblatt

Gebel, Betriebsvermögensnachfolge, 2. Aufl. 2002

Geimer, Internationales Zivilprozessrecht, 5. Aufl. 2004

Gottwald, Pflichtteilsrecht, 2000

Griem, Probleme des Fremdrechtserbscheins gemäß § 2369 BGB, 1990

Grimm/Krampe/Pieroth, Testamente zugunsten von Menschen mit geistiger Behinderung, 3. Aufl. 1997

Grube/Wahrendorf, SGB XII –Sozialhilfe–, 2005

Gustavus, Handelsregister-Anmeldungen, 6. Aufl. 2005

Haegele/Winkler, Der Testamentsvollstrecker, 17. Aufl. 2005

Hardt, Amtsermittlung, Parteiverhalten und Feststellungslast im Erbscheinsverfahren, 1998

Härtl, Ist das Stiftungsrecht reformbedürftig? Eine vergleichende Untersuchung der Landesstiftungsgesetze unter Berücksichtigung der Stiftungspraxis bei den staatlichen Stiftungsgenehmigungs- und -aufsichtsbehörden, 1990

Hartmann, Erbrecht und Nachlassverfahren in der DDR, 1989

Hartmann, Kostengesetze, 29. Aufl. 2000

Henrich, Internationales Familienrecht, 2. Aufl. 2000

Henrich/Schwab, Familienerbrecht und Testierfreiheit im europäischen Vergleich, 2001

Herweg, Die Vereinheitlichung des Internationalen Erbrechts im Europäischen Binnenmarkt, 2004

Hof/Hartmann/Richter, Rechtsberater Stiftungen, 2003

Hopt/Reuter, Stiftungsrecht in Europa, 2001

Jayme/Hausmann, Internationales Privat- und Verfahrensrecht (Textausgabe), 12. Aufl. 2004

Joachim, Die Haftung des Erben für Nachlassverbindlichkeiten, 2002

Kegel/Schurig, Internationales Privatrecht, 9. Aufl. 2004

Keidel/Kuntze/Winkler, Freiwillige Gerichtsbarkeit, 15. Aufl. 2003

Kemp, Grenzen der Rechtswahl im internationalen Ehegüter- und Erbrecht, 1998

Kerscher/Riedel/Lenz, Pflichtteilsrecht in der anwaltlichen Praxis, 3. Aufl. 2002

Kerscher/Tanck/Krug, Das erbrechtliche Mandat, 3. Aufl. 2003

Kersten/Bühling, Formularbuch und Praxis der Freiwilligen Gerichtsbarkeit, 21. Aufl. 2001
Kick, Die Haftung des Erben eines Personenhandelsgesellschafters, 1997
Kiefer/FS für Lukes, Der Vorbescheid im Erbscheinserteilungsverfahren - ein Produkt prozessualen Gewohnheitsrechts, 1989
Kieserling, Die erbrechtliche Haftung des Miterben-Gesellschafters einer Personengesellschaft bis zur Nachlassteilung, 1972
Kipp/Coing, Erbrecht, 14. Aufl. 1990
Klingelhöffer, Pflichtteilsrecht, 2. Aufl. 2003
Klinger, Münchener Prozessformularbuch, Erbrecht, 2004
Kopp, Probleme der Nachlassabwicklung bei kollisionsrechtlicher Nachlassspaltung, 1997
Kötz/Rawert/Schmidt/Walz, Non Profit Law Yearbook 2003, 2004
Krimphove/Tytko, Praktiker-Handbuch Unternehmensfinanzierung, 2002
Kronke, Stiftungstypus und Unternehmensträgerstiftung, 1988
Kropholler, Europäisches Zivilprozessrecht, 8. Aufl. 2005
Kropholler, Internationales Privatrecht, 5. Aufl. 2004
Krug/Rudolf/Kroiß, AnwaltFormulare Erbrecht, 2. Aufl. 2003
Krug/Zwissler, Schnittstellen Familien- und Erbrecht, 2002
Lambrecht, Der Zugriff des Sozialhilfeträgers auf den erbrechtlichen Erwerb, 2001
Landsittel, Gestaltungsmöglichkeiten von Erbfällen und Schenkungen, 2. Aufl. 2001
Lange/Kuchinke, Erbrecht, 5. Aufl. 2001
Langenfeld, Testamentsgestaltung, 3. Aufl. 2004
Leipold, Erbrecht, 14. Aufl. 2002
Lemke, Der Erbschein im System der Gutglaubensvorschriften, 1981
Littig/Mayer, Sozialhilferegress gegenüber Erben und Beschenkten, 1999
Mayer, Der Übergabevertrag, 2. Aufl. 2001
Mayer/Bonefeld/Wälzholz/Weidlich, Testamentsvollstreckung, 2. Aufl. 2005
Mayer/Kroiß/Ann, Anwaltkommentar, BGB Band 5: Erbrecht, 2003
Mayer/Tanck/Süß/Bittler/Wälzholz, Handbuch Pflichtteilsrecht, 2003
Meincke, Erbschaftsteuer- und Schenkungsteuergesetz, 14. Aufl. 2004
Meyn/Richter, Die Stiftung, 2004
Michalski, BGB-Erbrecht, 2. Aufl. 2001
Müller, Der Rückgriff gegen Angehörige von Sozialleistungsempfängern, 4. Aufl. 2004
Münchener Kommentar, Münchener Kommentar zum Bürgerlichen Gesetzbuch Band 9 Erbrecht, 4. Aufl. 2004
Münchener Kommentar, Münchener Kommentar zum Bürgerlichen Gesetzbuch Band 10 Internationales Privatrecht, 3. Aufl. 1998
Münchener Kommentar, Münchener Kommentar zur ZPO, 2. Aufl. 2001
Muscheler, Die Haftungsordnung der Testamentsvollstreckung, 1994
Nagel/Gottwald, Internationales Zivilprozessrecht, 5. Aufl. 2002
Nieder, Handbuch der Testamentsgestaltung, 2. Aufl. 2000
Olzen, Erbrecht, 2001

Ott-Eulberg/Eulberg/Halaczinsky, Die Lebensversicherung im Erb- und Erbschaftsteuerrecht, 2005

Ott-Eulberg/Schebesta/Bartsch, Erbrecht und Banken, 2000

Palandt, Kommmentar zum Bürgerlichen Gesetzbuch, 64. Aufl. 2004

Raddatz, Die Nachlasszugehörigkeit vererbter Personengesellschaftsanteile, 1991

Rauscher, Internationales Privatrecht, 2. Aufl. 2002

Reimann/Bengel/Mayer, Testament und Erbvertrag, 5. Aufl. 2005

Richter, Rechtsfähige Stiftung und Charitable Corporation, 2001

Riering, Gemeinschaftliche Schulden, 1991

Rohlfing, Erbrecht in der anwaltlichen Praxis, 2. Aufl. 1999

Rudolf, Testamentsauslegung und -anfechtung, 2000

Schack, Internationales Zivilverfahrensrecht, 3. Aufl. 2002

Scheer, Der Erbschein, 1988

Schellhammer, Ebrecht nach Anspruchsgrundlagen, 2004

Schellhorn, Kommentar zum BSHG, 16. Aufl. 2002

Schellhorn, Sozialhilferecht SGB XII „Textausgabe mit den wichtigsten Durchführungsverordnungen und einer systematischen Einführung", 12. Aufl. 2005

Scherer, Münchner Anwaltshandbuch Erbrecht, 2002

Schimansky/Bunte/Lwowski, Erbrechts-Handbuch, Bd. 1, 2001

Schlüter, Erbrecht, 14. Aufl. 2000

Schmidt, Gesellschaftsrecht, 4. Aufl. 2002

Schöner/Stöber, Grundbuchrecht, 13. Aufl. 2004

Schotten, Das Internationale Privatrecht in der notariellen Praxis, 1995

Schwabe/Burucker, Sozialhilfe „Grundriss für die Ausbildung und Fortbildung, 16. Aufl. 2000

Schwintek, Vorstandskontrolle in rechtsfähigen Stiftungen bürgerlichen Rechts, 2001

Seemüller, Die fortgesetzte Erbengemeinschaft, 1976

Seifart/v. Campenhausen, Handbuch des Stiftungsrechts, 2. Aufl. 1999

Semrau, Das Unternehmertestament, 2003

Siebert, Der Vorbescheid im Erbscheinsverfahren, 1991

Siegmann, Personengesellschaftsanteil und Erbrecht, 1992

Siehr, Internationales Privatrecht - Deutsches und europäisches Kollisionsrecht für Studium und Praxis, 2001

Soergel, BGB-Kommentar, 13. Aufl. 2002

Sontheimer, Das neue Stiftungsrecht. Die Stiftung des privaten Rechts im Zivil- und Steuerrecht, 2002

Sorg, Die Familienstiftung, 1984

Spiritus, Haftungsbeeinflussende Nachlassteilung zugleich mit erbrechtlicher Nachfolge in einer Personenhandelsgesellschaft?, 1974

Staudinger, Art. 13-18 EGBGB, Neubearb. 2003 von Peter Mankowski

Staudinger, Art. 219-222, 230-236 EGBGB, 14. Bearb. 2003 von Heinrich Dörner, Ulrich von Jeinsen, Dirk Neumann, Thomas Rauscher, Jürgen Sonnenschein.

Staudinger, Art. 25, 26 EGBGB; Anhang zu Art. 25 und 26 EGBGB

Staudinger, Kommentar zum BGB mit Einführungsgesetz und Nebengesetzen, Einleitung zum IPR, Art. 3-6 EGBGB, Neubearb. 2003 von Dieter Blumenwitz, Rainer Hausmann, Gudrun Sturm, Fritz Sturm

Staudinger, Kommentar zum Bürgerlichen Gesetzbuch, Erbrecht, 5. Buch, 13. Aufl. 2000

Steiner, Testamentsgestaltung bei kollisionsrechtlicher Nachlassspaltung, 2002

Süß/Haas, Erbrecht in Europa, 2004

Tanck/Krug/Daragan, Testamente, 3. Aufl. 2006

Thomas/Putzo, Zivilprozessordnung, 26. Aufl. 2004

Tipke/Kruse, Abgabenordnung. Finanzgerichtsordnung Kommentar, Loseblattsammlung, Stand 2004

Troll/Gebel/Jülicher, Erbschaft- und Schenkungsteuergesetz Kommentar (Loseblatt)

Troll/Wallenhorst/Halaczinsky, Die Besteuerung gemeinnütziger Vereine und Stiftungen, 5. Aufl. 2004

von Bar, Internationales Privatrecht, Band 2: Besonderer Teil, 1991

von Bar/Mankowski, Internationales Privatrecht, Band 1: Allgemeiner Teil, 2. Aufl. 2003

von Hoffmann/Thorn, Internationales Privatrecht, 8. Aufl. 2005

Wachter, Stiftungen. Zivil- und Steuerrecht in der Praxis, 2001

Weirich, Erben und Vererben, 5. Aufl. 2003

Windel, Über die Modi der Nachfolge in das Vermögen einer natürlichen Person bei Todesfall, 1998

Winkler, Beurkundungsgesetz Kommentar, 15. Aufl. 2003

Wöhrmann/Stöcker, Das Landwirtschaftserbrecht, 7. Aufl. 1999

Zimmermann, Erbschein und Erbscheinsverfahren, 2003

Zimmermann, Testamentsvollstreckung, 2. Aufl. 2003

Zöller, ZPO Kommentar, 25. Aufl. 2005

Der „Damrau"

>> ... ein ausgezeichneter Praxiskommentar* <<

1. Auflage 2004,
2.125 Seiten, gebunden,
98,– €
ISBN: 3-935079-11-7
mit CD-ROM 168,– €
ISBN: 3-935079-15-X

Herausgeber
Prof. Dr. Jürgen Damrau

Mit freundlicher Unterstützung durch die

(D)(V)(E)(V)

Pressestimmen:

*„Insbesondere für (angehende) Fachanwälte für Erbrecht, ist der Praxiskommentar **uneingeschränkt zu Empfehlen**. Für die Anwaltspraktiker im Erbrecht ist der Kommentar ein „Muss".*

NJW 15/2005,
RA Ralf M. Leinenbach, Magdeburg

*Diese neue Kommentierung zum Erbrecht ist eine **ungemeine Bereicherung für die Praxis**. Die Stärke des Kommentars liegt eindeutig in der am Wortlaut des Gesetzes ausgerichteten Systematik der Darstellung, die eine schnelle und sichere Herangehensweise auch an nicht alltägliche Probleme des Erbrechts erlaubt. Die Kommentierung, die überwiegend von Anwälten für Anwälte geschrieben worden ist, orientiert sich – praxisgerecht – an der Rechtsprechung des BGH und der Oberlandesgerichte. Eine als Anschaffung unbedingt zu empfehlende CD-ROM ermöglicht den direkten Zugriff auf die in der Kommentierung zitierten Gerichtsentscheidungen. Diese Neuheit ist eine unschätzbare Bereicherung für die tägliche Rechtsanwendung. Der wissenschaftliche Anspruch des Kommentars kommt keineswegs zu kurz. Die zu den erbrechtlichen Problematiken vertretenen Rechtsansichten werden bei der abgewogenen und gründlichen Kommentierung der Bestimmungen des Erbrechts umfassend berücksichtigt. In der Regel erläutern die Kommentatoren, warum sie sich einer bestimmten Rechtsauffassung anschließen. Damit findet der Praktiker in jedem Fall eine fundierte Grundlage für die Lösung seiner erbrechtlichen Fälle. Die Darstellung prozess- und vollstreckungsrechtlicher Probleme, praktische Hinweise auf Kosten und Gebühren sowie die Berücksichtigung steuerrechtlicher Aspekte runden die hohe Informationsdichte dieses für die Praxis mit Sicherheit unentbehrlich werdenden Hilfsmittel ab. Alles in allem *ein ausgezeichneter Praxiskommentar, der sich durch Praxisnähe, Benutzerfreundlichkeit, Aktualität und Handlichkeit auszeichnet und in der erbrechtlichen Kommentarliteratur einen ebenso festen wie hervorgehobenen Platz einnehmen wird."*

ZErb 12/2004, VRiLG Theodor Horstkötter, Potsdam

ZErb – Die Zeitschrift für den Erbrechtspraktiker

■ Erbrecht
■ Steuerrecht
■ Familienrecht
■ Gesellschaftsrecht

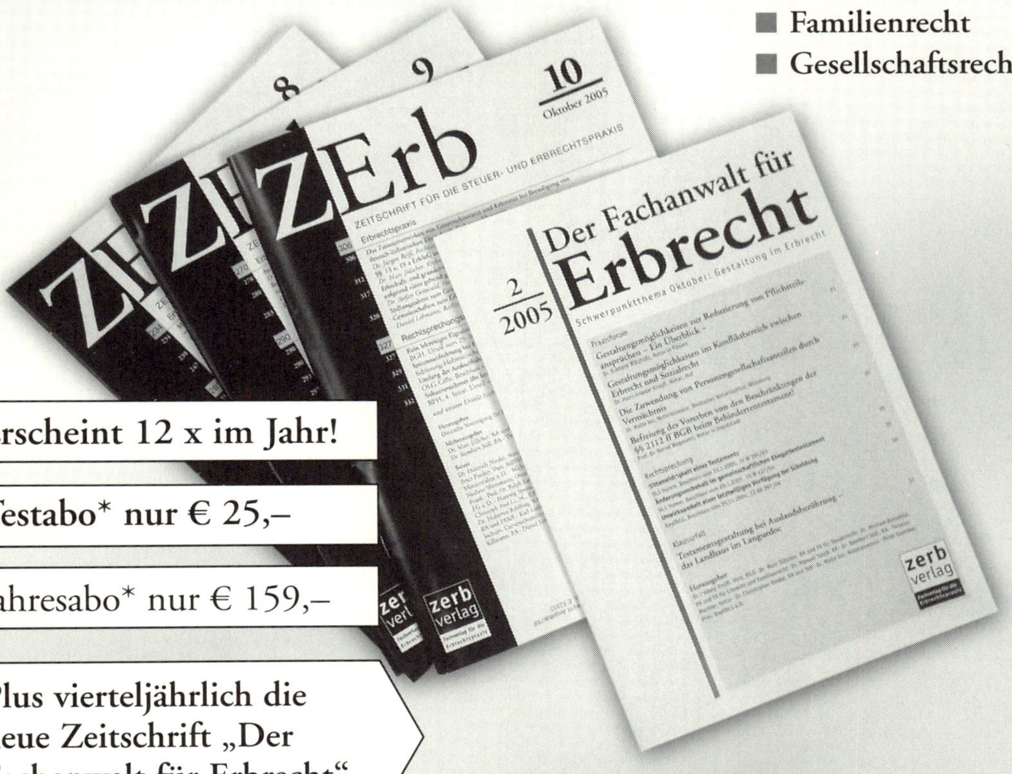

Erscheint 12 x im Jahr!

Testabo* nur € 25,–

Jahresabo* nur € 159,–

Plus vierteljährlich die neue Zeitschrift „Der Fachanwalt für Erbrecht"

* 3 Hefte (zzgl. Versandkosten). Nach Ablauf des Testabos erfolgt keine weitere Lieferung.

- Rechtsprechungsreport
- Praxisforum
- Literaturecke
- Musterformulare für die Praxis
- Gestaltungshinweise
- Checklisten
- Kostenecke
- Steuertipp
- Zwangsvollsteckung

zerb verlag
Fachverlag für die Erbrechtspraxis